D1697112

Bertram Wöhrmann, Günter Baumgart, Urs Stephan Alder, Marcel Brunner, Jan Große

VMware vSphere 6

Das umfassende Handbuch

Liebe Leserin, lieber Leser,

die marktführende Virtualisierungssoftware macht ihren nächsten großen Sprung. Nach der »Zwischenversion« 5.5 hat VMware mit vSphere 6 zahlreiche Neuerungen und Verbesserungen vorgestellt, die hier alle beschrieben werden. Auch die substanziellen Änderungen, die Update 1 im September 2015 mit sich brachte, werden in diesem umfassenden Handbuch besprochen und erläutert. Alle aktuellen Neuheiten an VMware ESXi, dem vSphere Web Client und dem klassischen vSphere Client, den Virtual Volumes (VVOLs), vSphere vMotion und vielem mehr sind für Sie anschaulich aufbereitet. Zahlreiche Tipps und Hinweise aus der Praxis, verbunden mit fundierten Hintergrundinformationen, helfen Ihnen bei Ihrer Arbeit.

Die Autoren Bertram Wöhrmann, Günter Baumgart, Urs Stephan Alder, Marcel Brunner und Jan Große können auf langjährige Erfahrung in jedem Aspekt der Servervirtualisierung zurückgreifen und bieten Ihnen erprobtes Know-how zum Betrieb von virtuellen Maschinen und Netzwerken. Klar und gut verständlich werden so die Planung, Installation, Konfiguration und Wartung einer virtuellen Landschaft erklärt, damit Sie das Potenzial von VMware vSphere voll ausnutzen können.

Dieses bewährte Standardwerk ist zahlreichen Administratoren, IT-Architekten und Beratern ein zuverlässiger Begleiter gewesen. Auch in der vierten Auflage wird es Ihnen bei Ihrer Arbeit mit vSphere zur Seite stehen.

Und noch ein Wort in eigener Sache: Dieses Werk wurde mit großer Sorgfalt geschrieben, geprüft und produziert. Sollte dennoch einmal etwas nicht so funktionieren, wie Sie es erwarten, freue ich mich, wenn Sie sich mit mir in Verbindung setzen. Ihre Kritik und konstruktiven Anregungen sind uns jederzeit willkommen.

Ihr Sebastian Kestel
Lektorat Rheinwerk Computing

sebastian.kestel@rheinwerk-verlag.de
www.rheinwerk-verlag.de
Rheinwerk Verlag · Rheinwerkallee 4 · 53227 Bonn

Auf einen Blick

Wir hoffen, dass Sie Freude an diesem Buch haben und sich Ihre Erwartungen erfüllen. Bitte teilen Sie uns doch Ihre Meinung mit. Eine E-Mail mit Ihrem Lob oder Tadel senden Sie direkt an den Lektor des Buches: *sebastian.kestel@rheinwerk-verlag.de*. Im Falle einer Reklamation steht Ihnen gerne unser Leserservice zur Verfügung: *service@rheinwerk-verlag.de*. Informationen über Rezensions- und Schulungsexemplare erhalten Sie von: *britta.behrens@rheinwerk-verlag.de*.

Informationen zum Verlag und weitere Kontaktmöglichkeiten finden Sie auf unserer Verlagswebsite *www.rheinwerk-verlag.de*. Dort können Sie sich auch umfassend und aus erster Hand über unser aktuelles Verlagsprogramm informieren und alle unsere Bücher versandkostenfrei bestellen.

An diesem Buch haben viele mitgewirkt, insbesondere:

Lektorat Sebastian Kestel, Christoph Meister
Korrektorat Friederike Daenecke, Zülpich
Herstellung Martin Pätzold
Typografie und Layout Vera Brauner
Einbandgestaltung Mai Loan Nguyen Duy
Titelbild iStockphoto6931452 © archives; Shutterstock: 210367267 © wavebreakmedia, 220878043 © Pixza Studio
Satz SatzPro, Krefeld
Druck und Bindung Beltz Bad Langensalza GmbH, Bad Langensalza

Dieses Buch wurde gesetzt aus der TheAntiquaB (9,35/13,7 pt) in FrameMaker.
Gedruckt wurde es auf chlorfrei gebleichtem Offsetpapier (70 g/m²).

Bibliografische Information der Deutschen Nationalbibliothek:
Die Deutsche Nationalbibliothek verzeichnet diese Publikation in der Deutschen Nationalbibliografie; detaillierte bibliografische Daten sind im Internet über *http://dnb.d-nb.de* abrufbar.

ISBN 978-3-8362-3816-8

4., aktualisierte und erweiterte Auflage 2016

Inhalt

3 vMotion und Storage vMotion 89

4 Cluster 143

15 Virtuelle Maschinen 1083

Geleitwort

Liebe Leserinnen, liebe Leser,

die Automatisierung kompletter IT-Prozesse wird den Markt revolutionieren. Derzeit wird die Automatisierung hauptsächlich in der Softwareentwicklung genutzt, um die Entwicklungszyklen extrem zu verkürzen und dabei zusätzlich für eine sehr hohe Qualität zu sorgen. Aber die Automatisierung fängt an, sich auf den gesamten IT-Markt auszudehnen. In der Softwareentwicklung wird dieser Prozess *DevOps* genannt, wobei die Entwickler enger mit dem Operations-Team zusammenarbeiten. Durch diesen Ansatz ist es möglich, hochqualitative Software in extrem kurzen Zyklen zu entwickeln.

Insbesondere für den Infrastruktur-Bereich benötigt man die Virtualisierung, um diesen Gedanken der übergreifenden Automatisierung zu realisieren. Durch die Virtualisierung können die einzelnen Schichten der Infrastruktur vorerst getrennt voneinander betrachtet, automatisiert und standardisiert werden, um dann wieder zu einer Einheit verbunden zu werden. Die Cloud macht dies vor, wobei dies erst der erste Schritt ist. Sind die gesamten Prozesse und Automatismen erst einmal erprobt und ein De-facto-Standard, wird wieder eine Dezentralisierung stattfinden. Diese ermöglicht wiederum die Virtualisierung, denn die Plattform der Cloud ist dann auch wieder die Plattform der dezentralen Infrastruktur, wobei die erprobten Mechanismen der Cloud übernommen werden.

Lesen und lernen Sie von den Experten in den folgenden Kapiteln alles über Virtualisierung mit VMware vSphere – dem Grundstein für diese neue, sich schnell entwickelnde Bewegung. Mit dem Experten-Know-how sind Sie bestens gerüstet für den IT-Markt der Gegenwart und der Zukunft.

Matthias Wessner
Login Consultants

Vorwort

Da wir in diesem Buch die sehr gute Diagramm- und Icon-Library von VMware zur Erstellung der Grafiken genutzt haben, sind wir verpflichtet, folgendes Statement abzudrucken:

Danksagung von Urs Stephan Alder

Bedanken möchte ich bei meiner Frau Yacquelin und meinem siebenjährigen Sohn Max: Danke, dass ihr es mir nicht übel genommen habt, dass ich zwischen Weihnachten und Neujahr »untergetaucht« bin, um mich voll auf das Buch zu konzentrieren!

Vorwort und Danksagung von Günter Baumgart

Bis Anfang der 1990er-Jahre studierte ich Elektrotechnik an der Fachhochschule in Bochum und absolvierte ab 2003 ein weiterbildendes Studium »IT-Sicherheit – Administration und Sicherheit von IT-Systemen und -Netzwerken« an der Ruhruniversität Bochum. Seit 1990 bin ich im Bereich der Softwareentwicklung, des Engineerings und der Architektur von IT-Systemen tätig. 1999 setzte ich erstmalig ein Virtualisierungsprodukt aus dem Hause VMware ein und war augenblicklich begeistert. Seit diesem Tag bin ich ein Anhänger der Idee der Virtualisierung. Beschäftigt bin ich bei der Firma EMC2 im Presales als Senior Systems Engineer im Enterprise-Segment. Ich freue mich ganz besonders darüber, auch in dieser neuen Auflage des vSphere-Buches mit zwei Beiträgen dabei sein zu können. Kapitel 16, »Die Lizenzierung von vSphere 6«, und Kapitel 3, »vMotion und Storage vMotion«, sind die Kapitel, die ich zu diesem Buch beisteuern konnte. Das Aufarbeiten und die Aktualisierung der Themen, sodass Sie als interessierter Leser auf Ihre Kosten kommen, war wie bei jedem der vielen Buchprojekte, an denen ich bisher beteiligt war, wie immer eine Herausforderung. Es hat natürlich auch wieder einiges an Freizeit gebraucht, um alle Kapitel fertigzustellen. Ich freue mich darüber, dass ich mir abermals der vollen Unterstützung meiner ganzen Familie sicher sein konnte.

Meine Frau Annette hat mich großartig unterstützt und stand mir jederzeit mit Rat und Tat zur Seite, um es mir zu ermöglichen, so zu schreiben, dass die Inhalte auch diesmal zum Weiterlesen bewegen. Sie hat mir den Rücken freigehalten, sodass ich die nötige Ruhe finden konnte, um gute Arbeit abliefern zu können. Alle, egal ob sie kleine oder große Kinder haben, werden wissen, wovon ich spreche. Und natürlich gilt mein ganz besonderer Dank Maxi und Flori, die wieder einmal auf Papa verzichten mussten. Vielen Dank euch allen für euer Verständnis.

Vorwort und Danksagung von Marcel Brunner

Nach meinem Besuch der Universität Zürich mit Studien in Wirtschaft und Psychologie entschloss ich mich zu einem Wechsel in die IT-Branche. Ende der 1990er-Jahre ergriff ich die Chance, bei dem amerikanischen Hersteller Sun Microsystems als Presales Systems Engineer zu arbeiten. Fünf Jahre später begann ich meine Tätigkeit bei EMC. Während der insgesamt elf Jahre bekleidete ich unterschiedliche Positionen im Presales als NAS- und später Virtualisierungsspezialist sowie zuletzt als Global Architect für einen Großkunden.

Heute arbeite ich als Global Solutions Consultant bei der VMware Switzerland GmbH und betreue schweizerische Großunternehmen weltweit. Nebenberuflich leite ich die Informatik des schweizerischen Kleinunternehmens wellwave.net AG. Zu meinen Hobbys gehört es auch, die Blogseite *http://cloudjockey.tech* zu pflegen. Auf ihr finden Sie immer wieder ergänzende Beiträge zu Themen in diesem Buch.

Kapitel 10, »Das EMC-VNX-Speichersystem unter vSphere 6.0«, und Kapitel 13, »Datensicherung von vSphere-Umgebungen«, wurden zu einem großen Teil unter Einbezug neuer Funktionalitäten und Produktversionen überarbeitet. Kapitel 8, »Storage-Architektur«, durfte ich von Dennis Zimmer übernehmen und weiterentwickeln. Darin warten mit Virtual Volumes und einer Neuauflage von Virtual SAN zwei spannende Themen rund um Software Defined Storage auf Sie. Ein ganz neues Kapitel verfasste ich gemeinsam mit Urs Stephan Alder. Es beschäftigt sich mit der Technologie der Converged Systems.

Ich hoffe, dass ich auch Experten den einen oder anderen Tipp vermitteln kann. Die Aufbereitung der vier Kapitel hat mir viel Spaß bereitet.

Danksagung

Besonderer Dank gebührt meiner Freundin Valérie für ihr Verständnis und ihre Fürsorge.

Ein großes Dankeschön gilt der Firma Fritz & Macziol GmbH, namentlich Wolfgang Hitzler für seine zum wiederholten Male unbürokratische Unterstützung zur Nutzung des Labs sowie für das Korrekturlesen des Kapitel 10, »Das EMC-VNX-Speichersystem unter vSphere 6.0«.

Ein dickes Dankeschön für das Korrekturlesen sämtlicher von mir verfassten Kapitel möchte ich Dennis Zimmer aussprechen.

Ich danke ebenfalls Alexander Kusterer für seine wertvollen fachmännischen Beiträge zum Thema Datensicherung von vSphere-Umgebungen (siehe Kapitel 13), das Korrekturlesen und die Qualitätssicherung.

Vorwort von Jan Große

Bereits von klein auf hatte ich ständig großes Interesse für die Welt der Computertechnik. Sobald der erste C64 oder x86-Rechner greifbar war, wurde getüftelt, gebastelt und analysiert, was das Zeug hielt. Aufgrund dieses regen Interesses zog es mich bereits zu meiner Schulzeit auf ein Berufskolleg, auf dem wir als erster Jahrgang die Möglichkeit hatten, einen höheren Schulabschluss mit dem Schwerpunkt Informatik zu erreichen.

Nach mehreren Jahren IT-Arbeit im SMB-Umfeld regte sich bei mir schon im Jahr 2006 ein starkes Interesse an der Virtualisierung. Ab 2009 konnte ich dann unter der Flagge von Siemens meine Fähigkeiten im Bereich VMware und Microsoft Windows im Enterprise-Umfeld bei der Planung, Umsetzung und Betreuung von diversen Infrastrukturen unter Beweis stellen. Im Jahr 2013 erweiterte sich mein Tätigkeitsfeld dann bei der opvizor GmbH. Dort habe ich als Systems Engineer nicht nur Kunden und die Produktentwicklung des opvizor Analyse-Tools für VMware vSphere betreut, sondern bekam auch das erste Mal die Möglichkeit, mein Wissen in Form von Schulungen und Vorträgen sowie im firmeneigenen Blog mit dem Schwerpunkt VMware weiterzugeben. Seit 2015 bin ich im Bereich Consulting der Login Consultants Germany GmbH tätig. Die Kollegen dort haben mich super aufgenommen und geben mir die Möglichkeit, mich weiterzuentwickeln und mein Wissen bei Kunden zu vermitteln.

Danksagung

Mein besonderer Dank gilt Bertram Wöhrmann, der mich ermutigt und mir die Möglichkeit gegeben hat, an dem Buchprojekt mitzuarbeiten. Ein weiterer Dank gilt Dennis Zimmer, der mich in vielen Dingen ermutigt hat und mir gezeigt hat, dass man mit seinen Herausforderungen wächst.

Ein weiterer Dank gilt Urs Stephan Alder, der uns mit seiner Infrastruktur die perfekte Basis für das Schreiben dieses Buchs verschafft hat.

Außerdem möchte ich mich bei meinen Freunden und meiner Familie bedanken, die in der Zeit, als ich an diesem Buch mitarbeitete, wenig von mir hatten und trotzdem immer wieder Verständnis gezeigt haben.

Vorwort von Bertram Wöhrmann

Anfang 2009 war es für mich ein großer Schritt, von Dennis in das Team für das vSphere-4-Buch aufgenommen zu werden. Bis heute folgten fünf weitere Bücher und viele Fachartikel. Es kamen dann noch drei Videotrainings zum Thema vSphere 5/5.5/6.0 hinzu. Dieser Einsatz für VMware und meine Tätigkeit als Co-Autor beim Blog *www.vmachine.de* haben mir bis heute fünf Ernennungen zum vExpert gebracht. Diese Auszeichnung vergibt VMware jedes Jahr an weltweit nur eine geringe Anzahl von Personen.

Doch nun zu meinem Werdegang: Nach meinem Informatikstudium begann ich als Programmierer und schrieb in Chile eine Teleskopsteuerungssoftware. Nachdem das Projekt abgeschlossen war, wechselte ich in den Bereich Windows-Administration und Netzwerke. Nach einem Arbeitgeberwechsel konzentrierte ich mich ganz auf die Administration von Windows-Servern. Im Jahr 2005 wurde ich auf das Thema VMware-Virtualisierung aufmerksam. Seitdem gilt diesem Bereich ein großer Teil meiner Aufmerksamkeit. Die Planung, der Aufbau und die Weiterentwicklung von virtuellen Landschaften sind dabei meine Hauptaufgaben. Mein Wechsel ins Consulting gibt mir die Möglichkeit, viele Konfigurationen zu sehen, und Sie als Leser können dadurch von meinem Wissen profitieren.

Ich hoffe, dass ich Ihnen das Thema *VMware vSphere* näherbringen kann und dass Sie von dem Buch für Ihre Arbeit profitieren.

Danksagung

Zuallererst möchte ich mich beim Buch-Team für die tolle Zusammenarbeit bedanken. Es ist schon fantastisch, mit so vielen Spezialisten an einem Projekt zusammenzuarbeiten. Der daraus resultierende Tiefgang kommt letztendlich dem Buch und Ihnen als Leser zugute. Das war wohl auch der Grund für den Erfolg der ersten Auflagen. Dennis hat mich zum Schreiben gebracht, sein Vertrauen in mich gesetzt und mir die Chance zur Mitarbeit in den Buchprojekten gegeben.

Mein Dank gilt ebenfalls allen Mitarbeitern des Verlags, die uns tatkräftig unterstützt haben und uns die Veröffentlichung des Buchs ermöglichen. Besonderer Dank gilt Sebastian Kestel, der aufseiten des Verlags die Fäden in der Hand gehalten hat. Auch unsere Korrektorin möchte ich an dieser Stelle erwähnen, die es geschafft hat, die Wahl von Begriffen und Namensgebungen abzugleichen, sodass Sie ein einheitlich verständliches Werk in der Hand halten können.

Viele Menschen haben mir mit Rat und Tat zur Seite gestanden und mich immer wieder motiviert. Den Kollegen, die uns dabei unterstützt haben, die Qualität des Buches zu sichern, gilt ebenfalls mein ausdrücklicher Dank.

Ich danke auch Urs Alder, der uns die Serverlandschaft zur Verfügung gestellt hat und uns somit das Schreiben des Buches erst ermöglicht hat.

Meiner Familie gilt mein größter Dank. Meine Frau Kornelia hat mich immer in meiner Arbeit bestärkt. Dieser Rückhalt und das Verständnis meiner Jungs Sven und Pit für das Schreiben haben es mir erst ermöglicht, meine Buchprojekte durchzuführen.

Widmen möchte ich das Buch meiner Familie. Sie gibt mir über alle Generationen hinweg den Halt und die Kraft, immer nach vorne zu schauen.

Vielen Dank an unsere Sponsoren

DATACENTER ON DEMAND

Log•in consultants

predictive analysis issue prevention

Software, Systeme und Dienstleistungen
FRITZ&MACZIOL
group

Kapitel 1
Einleitung

Virtualisierung ist heutzutage kaum noch aus der Welt der Server wegzudenken. Sie ist das Mittel der Wahl, wenn es darum geht, Ressourcen optimal zu nutzen, und bietet dabei noch ein großes Maß an Flexibilität.

Autor dieses Kapitels ist Jan Große, Login Consultants Germany GmbH
jgrosse@vpantheon.com

1.1 Server-Virtualisierung

Zu Beginn wollen wir die wichtigsten Fragen zum Thema Virtualisierung klärten.

1.1.1 Was ist Server-Virtualisierung?

Mithilfe der Virtualisierung kann man die bestehende 1:1-Beziehung von einem Betriebssystem auf einem Server aufheben. Mithilfe des Hypervisors wird die Ebene des Betriebssystems von der Hardwareebene abstrahiert. Auf Basis dieser neuen Zwischenebene können dann mehrere Instanzen von Betriebssystemen auf einem einzigen Server installiert werden. Der Hypervisor ist in unserem Fall VMware ESXi 6.0.

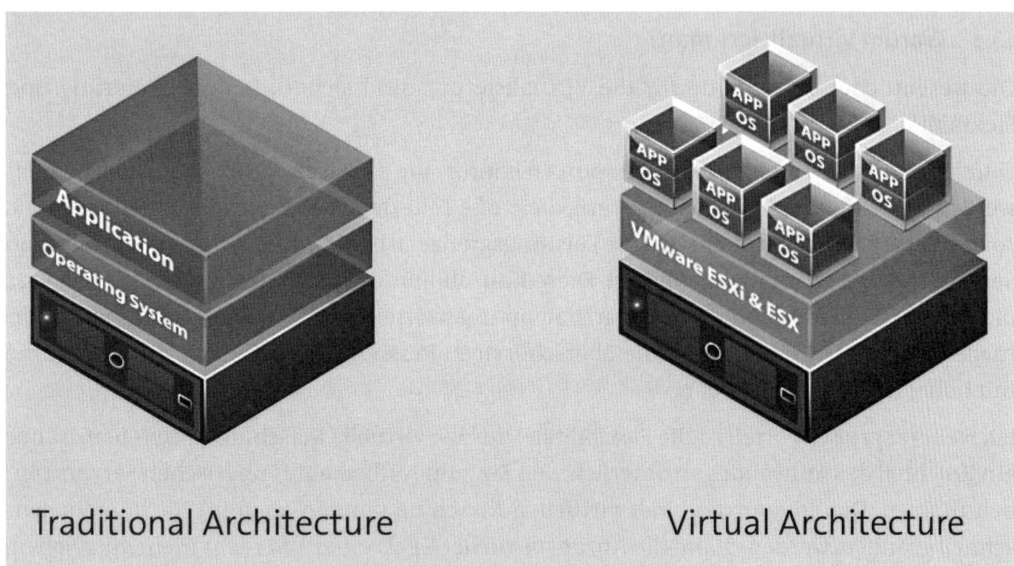

1.1.2 Was ist eine virtuelle Maschine?

Eine virtuelle Maschine, kurz VM, kann man sich vereinfacht als ein Stück vom »Kuchen der physischen Ressourcen« vorstellen.

Die Konfiguration einer virtuellen Maschine wird bei ihrer Erstellung festgelegt. So kann etwa bestimmt werden, über wie viele virtuelle CPUs und Arbeitsspeicher sie verfügen soll und welche Komponenten (wie Netzwerkkarten, USB-Controller und CD-Laufwerke) sie erhalten soll. Sie verfügt, wie ein physisches System auch, über ein BIOS bzw. UEFI.

Die Daten wie auch die Konfiguration der virtuellen Maschine werden auf einem Datenspeicher abgelegt, der vom Hypervisor erreichbar ist. Eine virtuelle Festplatte der VM ist auf dem Datenspeicher des ESXi-Hosts also nur ein Satz von Dateien.

Innerhalb einer virtuellen Maschine kann – wie auf einem physischen Server auch – ein Gastbetriebssystem installiert werden. Das Gastbetriebssystem kann zum Beispiel Microsoft Windows, Linux, Mac OS, aber auch ein Hypervisor sein. So können nicht nur Standardgastsysteme installiert werden, sondern auch verschiedene Testszenarien über virtualisierte Virtualisierung sehr effektiv abgebildet werden. Bitte beachten Sie, dass die Virtualisierung von Hypervisoren von VMware nicht offiziell unterstützt wird.

Nach Möglichkeit sollte jede installierte virtuelle Maschine mit den *VMware Tools* versehen werden. Die VMware Tools sind ein Paket aus verschiedenen Applikationen und Treibern und Skripten. Sie ermöglichen die Verwendung von VMware-eigener Hardware, beispielsweise der VMware-VMXNET-Netzwerkkarte, und bieten die Möglichkeit der Kommunikation zwischen Hypervisor und VM für Aufgaben wie z. B. Zeitsynchronisation, ein sauberes Herunterfahren des Gastsystems oder auch ein erweitertes Arbeitsspeicher-Management.

1.1.3 Warum virtualisiert man?

Die wesentlichen Argumente für die Virtualisierung sind sicherlich Konsolidierung und Flexibilität.

Durch die flexible Verteilung der Ressourcen können die physischen Server optimal genutzt werden. Systeme auf physischen Servern, die große Teile der Zeit vor sich hin *idlen*, aber auch solche Server, die permanent an der Leistungsgrenze arbeiten, werden auf einem großen Server in virtueller Form konsolidiert. Diese Konsolidierung bringt den großen Vorteil, dass die Ressourcen dadurch nun im Bedarfsfall optimal verteilt werden. Leistungshungrige virtuelle Maschinen können somit die überschüssigen Ressourcen nutzen, die durch Systeme mit hoher Idle-Zeit frei werden.

Ein weiterer großer Vorteil ist die Flexibilität. Um eine virtuelle Maschine zu erstellen, ist nur ein Bruchteil des Aufwandes erforderlich, den Sie zum Aufbau eines physischen Servers treiben müssen. Die Ressourcen einer virtuellen Maschine können auch im Nachhinein sehr schnell geändert werden. Sollte die Anzahl virtueller CPUs einer VM nicht mehr ausreichen, so können Sie auf aktuellen Systemen sogar via HotPlug im laufenden Betrieb CPUs per Mausklick oder Konsolenbefehl hinzufügen.

Die Flexibilität beschränkt sich dabei nicht nur auf die virtuellen Maschinen an sich. Eine Auszeit für die Hypervisoren muss nicht zwingend auch eine Auszeit für die virtuellen Maschinen bedeuten. Die virtuellen Maschinen können im laufenden Betrieb auf einen anderen physischen Server verschoben werden, ohne dass das Gastbetriebssystem etwas davon mitbekommt. Nach erfolgreicher Auszeit können die Maschinen dann wieder zurückverschoben werden.

Darüber hinaus können Ausfälle der Gastsysteme über verschiedene Mechanismen der vSphere abgesichert und somit geschützt werden.

1.1.4 Gibt es auch Nachteile?

Natürlich bietet Virtualisierung nicht nur Vorteile. Sie erfordert Know-how, und es gibt gewisse »No-Gos«.

Know-how

Virtualisierung, gerade mit VMware, lässt sich gut mit dem Satz »Easy to learn – but hard to master« beschreiben. Einen Hypervisor zu installieren und mit einigen virtuellen Maschinen zu versehen ist recht schnell erledigt. Möchte man allerdings den vollen Nutzen und die volle Leistung aus der Installation ziehen, so muss man sich intensiv mit dem Thema auseinandersetzen. Dieser zusätzliche Aufwand sollte gerade in kleineren Umgebungen nicht unterschätzt werden.

No-Gos

Auch wenn es immer mehr Lösungen für die sogenannten Totschlagargumente gibt, so lässt sich nicht jedes System virtualisieren. Gründe, die gegen eine Virtualisierung sprechen können, sind beispielsweise die Lizenzierung bzw. der Support des Betriebssystems oder der Software. Lizenziert ein Softwarehersteller sein Produkt beispielsweise auf Basis der darunter liegenden physischen Hardware, so kann dies ein klares Argument gegen Virtualisierung sein. In diesem Fall können Sie sich schnell in der Lage wiederfinden, dass die Software, die Sie in einer sehr spärlich ausgestatteten VM betreiben wollen, auf einmal utopische Summen kostet, weil die VM auf einem sehr großzügig ausgestattetem Hypervisor läuft.

Unterstützt der Hersteller einer Software oder eines Betriebssystems keine Virtualisierung, so heißt dies zwar nicht zwingend, dass das Produkt nicht in einer virtuellen Maschine läuft. Im Fehlerfall jedoch hat man keinen Anspruch auf Unterstützung dem Hersteller gegenüber.

Ein weiteres großes No-Go kann eine Server-Erweiterung darstellen. Solche Erweiterungen können beispielsweise ISDN-Karten oder externe Maschinen sein, die über die seriellen oder parallelen Ports eines Servers gesteuert werden. Hier muss im Einzelfall geprüft werden, ob es eine entsprechende Lösung für das jeweilige Szenario im Bereich der Virtualisierung gibt.

1.1.5 Welche Arten der Virtualisierung gibt es?

Es gibt verschiedene Arten von Virtualisierung. Die Technik im Bereich von VMware fußt auf der Technologie der Hypervisor-basierten Virtualisierung. Bei dieser mittlerweile gängigsten Technik ist ein Hypervisor, auch *Virtual Machine Manager* (VMM) genannt, für die Verwaltung der Gastsysteme verantwortlich. Diese Technologie gibt es in zwei Varianten:

- **Hypervisor-Typ 1**: Bei dieser Technologie werden die Hypervisoren unmittelbar als Betriebssystem auf die Hardware installiert. Diese Art von Hypervisor wird in der Regel zur Server- oder auch zur Desktop-Virtualisierung genutzt. Sie sind sehr schlank und versuchen, den Overhead zu minimieren. Zu dieser Technologie zählen beispielsweise *VMware ESXi* und *Microsoft Hyper-V*. VMware nutzt mit ESXi einen anderen Ansatz als Microsoft. Das eigens von VMware erstellte ESXi ist ein eher minimalistischer Ansatz mit sehr restriktiven Vorgaben im Hinblick auf Kompatibilität und Support.
- **Hypervisor-Typ 2:** Zum Typ 2 zählen solche Hypervisoren, die in ein bestehendes Betriebssystem installiert werden, beispielsweise *VMware Workstation*, *VMware Fusion*, *Microsoft Virtual PC* und *Oracle VirtualBox*. Diese Art der Virtualisierung wird häufig dazu genutzt, um Testsysteme innerhalb eines bestehenden PCs zu installieren.

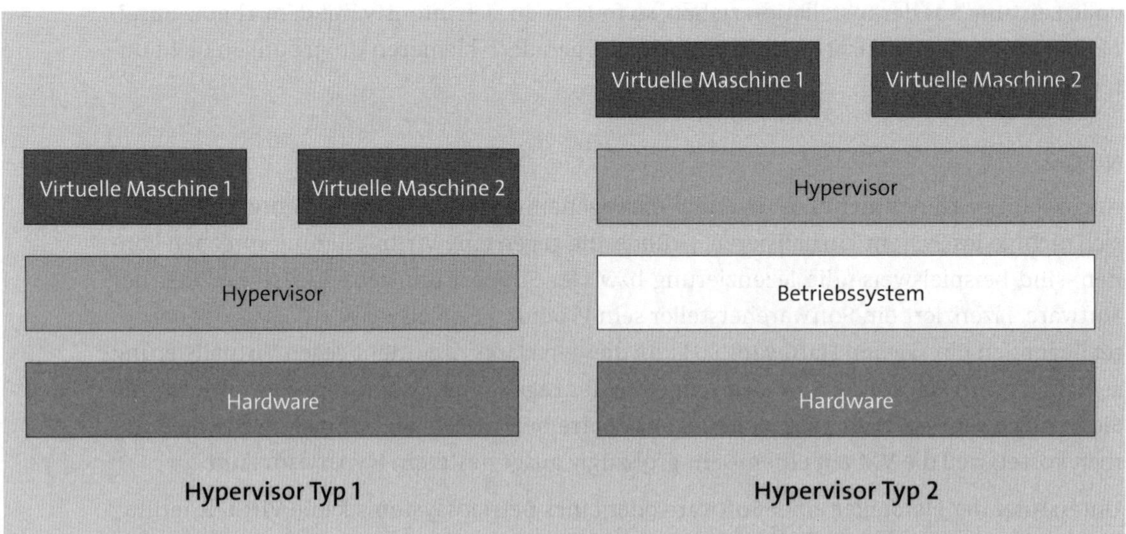

Abbildung 1.1 Hypervisor Typ 1 und Typ 2 im Vergleich

Neben der Hypervisor-basierten Virtualisierung gibt es noch die Hardwarevirtualisierung und die Betriebssystemvirtualisierung. Bei der Hardwarevirtualisierung wird die Verwaltung der Gastsysteme von der Hardware selbst übernommen. Ein Beispiel für Hardwarevirtualisierung ist die IBM-LPAR-(Logic Partition-)Technologie.

Die Betriebssystemvirtualisierung hebt sich stark von den anderen Varianten der Virtualisierung ab. Bei der Betriebssystemvirtualisierung wird ein einzelnes Betriebssystem partitioniert. Die dadurch entstehenden Instanzen laufen isoliert, aber anders als bei den anderen Virtualisierungsvarianten zwingend immer mit demselben Betriebssystem, da die Basis immer dieselbe ist. Beispiele für die Betriebssystemvirtualisierung sind *Linux vServer* und *BSD Jails*.

1.2 Die VMware-Produktfamilie

Die Produktfamilie aus dem Hause VMware nimmt stetig zu. Allein sämtliche Produkte zu erklären würde den Rahmen dieses Buches schon fast sprengen. Im Folgenden stellen wir die Produkte aus dem Bereich der Hypervisoren kurz vor.

1.2.1 VMware Workstation

VMware Workstation ist das Produkt, mit dem VMware groß geworden ist. Das kostenpflichtige Produkt VMware Workstation ist ein Hypervisor vom Typ 2 und für die Plattformen Windows und Linux verfügbar. Mithilfe von VMware Workstation können virtuelle Maschinen nicht nur ausgeführt, sondern auch erstellt, verwaltet und verändert werden. Die häufigsten Anwendungsszenarien sind Test- oder Entwicklungssysteme oder auch der Ersatz einer kompletten Test- oder Entwicklungsumgebung auf Basis virtueller Maschinen.

Mithilfe von VMware Workstation kann eine Vielzahl von Gastbetriebssystemen betrieben werden – von Linux über Windows und Mac OS bis hin zu Hypervisoren wie ESXi. Die Gastsysteme können über verschiedene Methoden an das Netzwerk des Wirtssystems angebunden oder auch nur intern mit anderen Gastsystemen verbunden werden. Über die Netzwerkverbindung hinaus können auch diverse Komponenten (wie USB-Geräte und CD/DVD-Laufwerke) mit dem Gastsystem verbunden werden.

VMware Workstation bietet mit der Snapshot-Funktion eine Möglichkeit, den derzeitigen Stand einer virtuellen Maschine festzuhalten, damit zu einem späteren Zeitpunkt bei Bedarf zu diesem Punkt zurückgekehrt werden kann. Dabei wird sowohl der Zustand der Datenspeicher als auch, wenn erwünscht, der Zustand des Arbeitsspeichers festgehalten.

Über diese Funktionen hinaus gibt es auch die Möglichkeit, die Grenzen des PCs zu überschreiten, auf dem die VMware Workstation ausgeführt wird. Man kann eine Verbindung zu anderen VMware-Workstations, einem vCenter-Server, ESXi-Servern oder auch der vCloud Air herstellen und dort liegende Systeme nutzen.

Bestehende virtuelle Maschinen können als OVF-Paket exportiert und auf andere Systeme übertragen werden.

Ein weiteres Feature ist das Verbinden von VMDK-Dateien mit dem PC-System, auf dem VMware Workstation ausgeführt wird. So kann – die Unterstützung für das in der VMDK-Datei verwendete Dateisystem vorausgesetzt – auch auf die Daten zugegriffen werden, während die virtuelle Maschine ausgeschaltet ist.

1.2.2 VMware Workstation Player

Den *VMware Workstation Player*, der zuvor *VMware Player* bzw. *VMware Player Plus* hieß, gibt es für Windows und Linux. Er ist in zwei Varianten verfügbar: in einer nichtlizenzierten Variante, die für die nichtkommerzielle, persönliche Nutzung vorgesehen ist, und in einer kommerziellen, lizenzierten Variante, die einige erweiterte Funktionen bietet. Unabhängig von der Version ist der Workstation Player primär dazu vorgesehen, virtuelle Maschinen abzuspielen. Über das Abspielen hinaus können auch virtuelle Maschinen erstellt werden und kann die Konfiguration vorhandener virtueller Maschinen angepasst werden.

Die Vorzüge der lizenzierten Variante bestehen darin, dass Sie mit ihr die Option haben, den Support seitens VMware zu nutzen, und dass sie die Möglichkeit zum Ausführen von sogenannten *Restricted VMs* bietet. Diese Restricted VMs können mit *VMware Workstation Pro* oder *VMware Fusion Pro* erstellt werden und mit verschiedenen Einschränkungen versehen werden. Diese Einschränkungen können beispielsweise ein Ablaufdatum sein oder darin bestehen, dass das Einbinden von USB-Geräten innerhalb der virtuellen Maschine deaktiviert ist.

1.2.3 VMware Fusion und VMware Fusion Professional

VMware Fusion bildet das Mac-OS-X-Äquivalent zu VMware Workstation Player, während *VMware Fusion Pro* das Äquivalent zu VMware Workstation Pro ist. Der Funktionsumfang ist zu großen Teilen identisch mit dem entsprechenden Pendant für Linux bzw. Windows – mit der Ausnahme, dass es keine nichtkommerzielle Version von VMware Fusion gibt.

1.2.4 VMware vSphere Hypervisor (ESXi)

Der *VMware vSphere Hypervisor* ist die freie Variante des ESXi-Hypervisors. Er bietet eine gute Basis für den Einstieg in die Virtualisierung. Voraussetzung für den Betrieb eines vSphere Hypervisor ist eine kompatible Hardware. Es gibt allerdings einige Einschränkungen im Vergleich zu den kostenpflichtigen Versionen. Die aktuellen Einschränkungen sind:

- maximal 8 vCPUs pro virtueller Maschine
- maximal 480 vCPUs insgesamt pro Host
- keine Möglichkeit zum zentralen Management über ein vCenter

Durch die fehlende zentrale Verwaltung sind Funktionen wie Hochverfügbarkeit, die integrierte Backup-Funktion und Live-Migration nicht verfügbar.

Die Verwaltung von vSphere Hypervisor funktioniert derzeit nur über den VMware Client oder über die VMware-Kommandozeile. Dabei sollten Sie aktuell darauf achten, dass es seit der VM-Hardwareversion 10 einige Features gibt, die nicht mehr über den vSphere Client kontrolliert werden können.

Die freie Version des vSphere Hypervisor kann im laufenden Betrieb mit einer Lizenz zu einer vSphere-Edition angehoben werden.

1.2.5 VMware ESXi

VMware ESXi gehört zu den Typ-1-Hypervisoren und stellt die kostenpflichtige Basis von VMware für Server- und Desktop-Virtualisierung dar.

ESXi ist in drei verschiedenen Editionen verfügbar:

- Standard
- Enterprise
- Enterprise Plus

Zusätzlich zu diesen Editionen gibt es noch verschiedene »Kits«, in denen vSphere angeboten wird.

Die Editionen bestimmen den Funktionsumfang an Features bzw. den Umfang von verschiedenen Features. So bietet eine Enterprise Edition beispielsweise nur Fault Tolerance für Systeme mit bis zu zwei vCPUs, während eine Enterprise Plus Edition eine Fault Tolerance mit bis zu vier vCPUs unterstützt.

1.2.6 VMware vSphere

VMware vSphere ist die VMware-Produktlinie für die Virtualisierung. Zu ihr gehört eine Vielzahl von Produkten. vSphere kann darüber hinaus auch durch diverse Produkte von Drittherstellern erweitert werden. So kann beispielsweise ein vCenter eingesetzt werden, um die Systeme zentral zu verwalten; ein *VMware Update Manager* kann genutzt werden, um Updates zu erleichtern; und ein Backup-Tool eines Drittherstellers kann verwendet werden, um Backups von virtuellen Maschinen zu erstellen.

1.3 Einführung in die VMware-Server-Virtualisierung

In der Welt der VMware-Server-Virtualisierung werden Sie häufig mit verschiedenen Produkten und Funktionen einzelner Produkte in Berührung kommen. Die einzelnen Begriffe werden hier nur kurz erläutert, um Ihnen einen ersten Überblick zu verschaffen. Eine detaillierte Beschreibung der einzelnen Punkte finden Sie in den jeweiligen Kapiteln.

1.3.1 VMware ESXi

VMware ESXi ist der VMware-Hypervisor. Er wird als Betriebssystem auf einen Server installiert und verwaltet sowohl die physischen als auch die virtuellen Ressourcen.

1.3.2 VMware vCenter Server

Das *vCenter* stellt die Anlaufstelle der vSphere dar. Das vCenter wird entweder als eigenständige virtuelle Appliance (VCSA) oder als Software auf einem Windows-System installiert.

Nach der Installation können die ESXi-Server hinzugefügt werden. Mithilfe des vCenters können auf Basis der ESXi-Systeme dann weitere Funktionen (wie Cluster für Hochverfügbarkeit und eine dynamische Ressourcenverteilung) konfiguriert und genutzt werden. Das vCenter dient außerdem als Anlaufstelle für viele Zusatzprodukte.

1.3.3 VMware vSphere Web Client und VMware vSphere Client

Der *VMware vSphere Web Client* ist ein auf *Flash* basierendes grafisches Interface für das vCenter. Der VMware Web Client wurde mit der Version *vSphere 5.1* eingeführt und soll den *VMware vSphere Client* ablösen. Bis zur Version 6.0 ist es allerdings an vielen Stellen noch notwendig, die Grätsche zwischen dem *Web Client* und dem *vSphere Client* zu machen, da einige Features bzw. Funktionen exklusiv entweder im Web Client oder im C# Client existieren. Das wohl bekannteste Beispiel ist der *VMware Update Manager*, der bis zu vSphere 6.0 nur über den vSphere Client konfigurierbar war. Mit dem *vSphere 6.0 Update 1* hat sich die Situation geändert, und der Update Manager ist jetzt vollständig über den Web Client konfigurierbar.

Darüber hinaus bringt vSphere 6.0 massive Änderungen im Hinblick auf Bedienkomfort (Menüstrukturen) und Performance des Web Clients mit sich. Laut VMware ist der Web Client das Werkzeug, das genutzt werden sollte. Während der vSphere Client in den älteren Versionen vollständig eine Konfiguration von virtuellen Maschinen mit der virtuellen Hardwareversion 9 oder höher verweigerte, ist es mit der Version 6.x des vSphere Clients nun wieder möglich, zumindest Teile der Konfiguration zu bearbeiten.

1.3.4 VMware Virtual Symmetric Multi Processing (SMP)

Mithilfe von SMP können die vCPUs einer virtuellen Maschine über mehrere physische Prozessoren verteilt werden.

1.3.5 VMware vSphere Virtual Machine File System (VMFS)

Das VMware-eigene Dateisystem VMFS ist optimiert für die Nutzung von Datenspeichern mit den Verzeichnissen und Dateien der virtuellen Maschinen. Es ermöglicht nicht nur eine hohe Performance, sondern auch spezielle Mechanismen für das Arbeiten mit Clustern.

1.3.6 VMware Virtual SAN (VSAN)

VSAN ist eine Technologie von VMware, die separat lizenziert werden muss. Mithilfe von VSAN können Festplatten aus verschiedenen Servern zu einem großen Storage-Verbund zusammengeschaltet werden. Virtuelle Maschinen, die auf dem darauf entstehenden Storage gespeichert werden, können über Policys mit Redundanzen versehen werden. VSAN fordert als Minimum das Zusammenschalten von drei Servern; jeder Server benötigt zusätzlich zum nutzbaren Speicher mindestens eine SSD.

1.3.7 VMware vSphere Virtual Volumes (VVOLs)

Die Virtual-Volumes-Technologie ist ein neuer Ansatz der Speicherverwaltung. Voraussetzung zur Nutzung von Virtual Volumes ist ein entsprechender Datenspeicher, der die Technologie über VMware VASA unterstützt.

Der Speicher wird dabei nicht in LUNs konfiguriert, sondern in verschiedene Kategorien unterteilt. Virtuelle Maschinen werden den verschiedenen Kategorien zugewiesen und von der vSphere organisiert. Die Verwaltung des Datenspeichers rückt somit in die vSphere.

1.3.8 VMware vSphere Storage Thin Provisioning

Thin Provisioning bietet die Möglichkeit, Datenspeicher von virtuellen Maschinen zu konfigurieren, ohne ihn direkt vollständig in Anspruch zu nehmen. Es wird nur so viel Datenspeicher genutzt, wie auch in der virtuellen Maschine verwendet wird. Dies funktioniert beim Wachstum vollautomatisch; beim Schrumpfen sind einige Handgriffe notwendig, um die virtuellen Datenspeicher auch auf dem Datenspeicher wieder schrumpfen zu lassen.

1.3.9 VMware Fault Tolerance

Mit der *Fault Tolerance* kann eine laufende virtuelle Maschine in Echtzeit auf einen weiteren Host gespiegelt werden. Beim Ausfall des Hosts mit der aktiven Instanz der virtuellen Maschine übernimmt dann die gespiegelte Instanz unterbrechungsfrei. Mit der Version 6.0 wurde hier die Einschränkung von maximal einer vCPU pro VM auf bis zu vier vCPU angehoben.

1.3.10 VMware vSphere vMotion und Storage vMotion

vMotion ist eine Funktion, mit der eine laufende virtuelle Maschine von einem physischen Host während der Laufzeit auf einen anderen Host übertragen werden kann. Der Anwender bekommt dabei in der Regel nichts von dem Vorgang mit und kann die Maschine während der gesamten Zeit nutzen.

Mit *Storage vMotion* können die Dateien der virtuellen Maschinen von einem Datenspeicher zu einem anderen verschoben werden. Ähnlich wie bei vMotion ist auch dieser Vorgang während der Laufzeit der virtuellen Maschine möglich.

1.3.11 VMware vSphere High Availability (HA)

Mit *High Availability* ist es möglich, Ausfälle von Hosts und virtuellen Maschinen zu erkennen und automatisch darauf zu reagieren. Die Systeme können, beispielsweise wenn ein Host-System ausfällt, automatisch auf einem anderen Host im selben HA-Cluster erneut gestartet werden.

1.3.12 VMware vSphere Distributed Resource Scheduler (DRS)

Der *Distributed Resource Scheduler* überwacht die Ressourcenauslastung der Hosts innerhalb eines Clusters und kann dazu genutzt werden, Vorschläge für eine optimale Ressourcennutzung zu machen, oder diesen Prozess direkt vollautomatisch umsetzen.

1.3.13 VMware vSphere Distributed Power Management (DPM)

Distributed Power Management stellt Ihnen die Möglichkeit zur Verfügung, virtuelle Maschinen bestmöglich auf einem Minimum an ESXi-Hosts zu bündeln. Die übrigen ESXi-Hosts werden dann abgeschaltet und erst bei Ressourcenengpässen wieder vollautomatisch gestartet.

1.3.14 VMware vSphere Big Data Extensions

Mit den *Big Data Extensions* bietet VMware eine Unterstützung für das Installieren und Automatisieren von Hadoop.

1.3.15 VMware vSphere Storage DRS

Storage DRS liefert Vorschläge zur Verteilung oder verteilt die virtuellen Datenspeicher automatisch aufgrund von Auslastung und I/O-Last auf den Datenspeichern innerhalb eines DRS-Clusters.

1.3.16 VMware vSphere Storage API

Die *vSphere Storage API* bietet Schnittstellen für Drittanbieter für die Kommunikation zwischen vSphere und Datenspeichersystemen. Zu diesen Schnittstellen gehören unter anderem die *VMware vSphere API for Storage Awareness* (VASA). Diese Steuer-API wird beispielsweise für Virtual Volumes oder die Nutzung von vSAN eingesetzt. Eine andere Schnittstelle ist die *vSphere API for Array Integration* (VAAI), die es zum Beispiel ermöglicht, Funktionen wie das Klonen oder Verschieben einer virtuellen Maschine vom Hypervisor auf den Datenspeicher auszulagern.

1.3.17 VMware vSphere Standard Switch (vSwitch), Distributed Switch (dvSwitch, vDS) und Port-Gruppen

vSphere Standard Switches und *Distributed Switches* sind virtuelle Switches, die dazu dienen, virtuelle Maschinen mit dem Netzwerk zu verbinden. Sie können nicht nur dazu genutzt werden, die virtuellen Maschinen untereinander kommunizieren zu lassen, sondern ermöglichen auch die Kommunikation über physische Netzwerk-Ports. Die Konfiguration der Switches erfolgt in sogenannten Port-Gruppen. Diese stellen Untermengen eines entsprechenden virtuellen Switchs dar.

Während vSphere Standard Switches pro ESXi-Host konfiguriert werden und somit auf jedem ESXi-Host einzeln angelegt und verwaltet werden müssen, ist die Konfiguration von vSphere Distributed Switches zentral über das vCenter organisiert. Dadurch kann das gesamte Datacenter verwaltet werden.

1.3.18 VMware vSphere Storage I/O Control und VMware vSphere Network I/O Control

Mithilfe von *Storage I/O Control* und *Network I/O Control* können Prioritäten für die Datenspeicher und Netzwerkkarten der virtuellen Maschinen vergeben werden. Auf Grundlage dieser Prioritäten regelt vSphere dann den Zugriff auf die gemeinsam genutzten Ressourcen innerhalb eines Clusters.

1.3.19 VMware vSphere Storage Policy-Based Management (SPBM)

Storage Policy-Based Management ist die Grundlage für den SDS-(*Software Defined Storage*-) Ansatz von VMware. Bei diesem Ansatz wandert die Verwaltung des Storage zur vSphere.

1.3.20 VMware vSphere Flash Read Cache (vFRC)

Die vFRC-Technologie ermöglicht es, Flash-Speicher in ESXi-Hosts als Lese-Cache für dediziert ausgewählte virtuelle Maschinen zur Verfügung zu stellen.

1.3.21 VMware vSphere Host-Profiles

In *Host-Profiles* kann ein Konfigurationsstand eines ESXi-Hosts festgehalten werden. Das Profil kann dann ESXi-Hosts zugewiesen werden, um zu prüfen, ob sie der darin gespeicherten Konfiguration entsprechen. Darüber hinaus kann die Konfiguration auch automatisch anhand der festgehaltenen Parameter geändert werden.

1.3.22 VMware vSphere vShield Endpoint

vShield Endpoint bietet die Möglichkeit, den Virenscan aus den virtuellen Maschinen auf eine zentrale Appliance eines Drittherstellers auszulagern.

1.3.23 VMware vSphere Update Manager (VUM)

Der *vSphere Update Manager* bietet Funktionen zum Vereinfachen und Automatisieren der Patch-Verwaltung von vSphere-Hosts sowie von Teilen der virtuellen Maschinen.

1.3.24 VMware vSphere Content Library

Mithilfe der *Content Library* können Daten wie Templates, ISO-Images, Skripte und vApps an zentraler Stelle verwaltet und über mehrere vCenter hinweg genutzt werden.

1.3.25 VMware vCenter Orchestrator

Das unter dem Namen *vCenter Orchestrator* bekannte Produkt zur Automatisierung wird von VMWare nun als Bestandteil der vRealize-Produktlinie unter dem neuen Namen *vRealize Orchestrator* fortgefürt.

1.3.26 VMware vSphere Data Protection (VDP)

vSphere Data Protection ist eine vollintegrierte Backup-Lösung für vSphere.

1.3.27 VMware vSphere Replication

Mithilfe der *vSphere Replication* können zeitversetzt Abbilder von virtuellen Maschinen erstellt und aktualisiert werden. Die Replikate können bei einem Ausfall genutzt werden, um die ausgefallenen Systeme zu ersetzen.

1.3.28 VMware vCenter Server Heartbeat (End of Availability)

vCenter Server Heartbeat ist ein eigenständiges Produkt, das eine Abbildung des vCenter Servers erstellt. Diese Abbildung kann im Fehlerfall als Ersatz genutzt werden. Seit dem 2. Juni

2014 ist der vCenter Server Heartbeat von VMware als »End of Availability« gekennzeichnet und somit nicht länger erhältlich. Das Ende des Supports und der Wartung ist von VMware für den 19. September 2018 angekündigt.

1.3.29 VMware Platform Services Controller (PSC)

Der *Platform Service Controller* wurde mit der Version vSphere 6.0 eingeführt. Er ist für die Verwaltung von Single Sign-on, Lizenzen, Zertifikaten und Services zuständig. Er kann entweder mit dem vCenter oder als separate Instanz installiert werden.

1.3.30 VMware vCenter Server Linked Mode

Mit dem *vCenter Server Linked Mode* können vCenter-Server miteinander verbunden werden. Diese Verbindung ermöglicht nicht nur die zentrale Verwaltung, sondern ermöglicht über den erweiterten Linked Mode auch ein vMotion einer virtuellen Maschine von einem vCenter in ein anderes vCenter.

1.3.31 VMware AppHA (End of Availability)

AppHA ist eine Funktion zur Überwachung von virtuellen Maschinen und Ihren Applikationen. AppHA steht seit dem 6. März 2015 auf dem Status »End of Availability«. Die Funktion wird bis zur Version vSphere 5.x unterstützt.

1.3.32 VMware vSphere Auto Deploy

Über *vSphere Auto Deploy* können Server-Systeme direkt aus dem Netzwerk mit ESXi gebootet und automatisch in ein vCenter eingebunden werden.

1.3.33 VMware vSphere SDKs und Tools

VMware stellt eine Reihe von SDKs und Tools zur Verfügung, die das Arbeiten mit vSphere flexibel machen und vereinfachen:

- **PowerCLI**: Allen voran soll an dieser Stelle die PowerCLI genannt werden. Die PowerCLI ist ein PowerShell-Interface, über das eine Vielzahl der Funktionen in der vSphere gesteuert und auch automatisiert werden können.
- **vSphere Command Line Interface (vCLI)**: Über die vCLI können Befehle an einen ESXi-Server oder ein vCenter über das Netzwerk gesendet werden.
- **SDK for Perl**: Das SDK for Perl bietet ein Perl-Scripting-Interface (clientseitig) für die *Web Services API*.

- **Virtual Infrastructure eXtension (VIX)**: VIX ist eine API, mit deren Hilfe Programme und Skripte erstellt werden können, die Arbeiten innerhalb einer virtuellen Maschine ausführen.
- **vSockets**: vSockets ist eine Programmierschnittstelle für die Kommunikation zwischen virtueller Maschine und ESXi-Server.
- **Web Client SDK**: Mit dem Web Client SDK können Erweiterungen für den *VMware Web Client* erstellt werden.
- **HTML Console SDK**: Die HTML Console SDK ist eine neue JavaScript-Bibliothek, die Möglichkeiten für Konsolenzugriffe auf virtuelle Maschinen über einen Webbrowser bietet.
- **Virtual Disk Development Kit (VDDK)**: Das VDDK ist eine Sammlung von C- und C++-Bibliotheken und -Utilitys, die darauf ausgerichtet sind, virtuelle Festplatten zu erstellen und zu verwalten.
- **Open Virtualization Format (OVF) Tool**: Das OVF Tool ist ein kommandozeilenbasierendes Programm, das speziell für den Im- und Export von OVF-Paketen entwickelt wurde.
- **Site Recovery Manager (SRM) API**: Die SRM API bietet eine Programmierschnittstelle mit Funktionen zum Auslösen und Testen von Ausfallszenarien im *SRM*.
- **VMware Studio**: Das VMware Studio ist ein frei verfügbares Tool, welches für die Erstellung und die Verwaltung von virtuellen Appliances und vApps genutzt werden kann, die für VMware Plattformen optimiert sind.

1.3.34 VMware-vSphere-Editionen

VMware vSphere ist in drei verschiedenen Editionen verfügbar. Die Editionen werden jeweils auf Basis von CPUs lizenziert. Der entsprechende vCenter-Server muss separat lizenziert werden.

Die Lizenzen heißen *Standard*, *Enterprise* und *Enterprise Plus* und haben folgende Features:

Standard

- vMotion
- Storage vMotion
- High Availability
- Data Protection
- Fault Tolerance (für virtuelle Maschinen mit maximal 2 vCPUs)
- vShield Endpoint
- vSphere Replication
- Hot Add
- Virtual Volumes
- Storage Policy-Based Management

- Content Library
- Storage APIs for Array Integration & Multipathing

Enterprise

- sämtliche Features der Standard-Edition
- Reliable Memory
- Big Data Extensions
- Virtual Serial Port Concentrator
- DRS & DPM

Enterprise Plus

- sämtliche Features der Standard- und Enterprise-Edition
- vMotion über vCenter
- vMotion »long Distance«
- Fault Tolerance (für virtuelle Maschinen mit bis zu 4 vCPUs)
- Storage DRS
- Storage I/O Control
- Network I/O Control
- Single Root I/O Virtualization (SR-IOV)
- Flash Read Cache (vFRC)
- NVIDIA GRID vGPU Support
- Distributed Switch (VDS)
- Host Profiles
- Auto Deploy

Neben diesen drei Editionen gibt es noch zwei besondere Lizenzierungsmodelle.

Das erste Modell nennt sich *Essentials Kit*. Dieses Kit bietet eine Lizenzvariante für kleine Unternehmen. Das Essentials Kit erlaubt die Nutzung von einem *vCenter Server Essentials* sowie von bis zu drei ESXi-Servern, die jeweils über maximal zwei CPUs verfügen dürfen.

Das Essentials Kit ist in zwei Editionen verfügbar, die sich im Funktionsumfang unterscheiden. Während das *Essentials Kit* lediglich vCenter und den Hypervisor mitbringt, können mit dem *Essentials Plus Kit* darüber hinaus auch vMotion, HA, Data Protection, vShield Endpoint und vSphere Replication genutzt werden.

Das zweite Modell nennt sich *vSphere Remote Office Branch Office* und ist ebenfalls in zwei verschiedenen Editionen verfügbar. Wie der Name schon vermuten lässt, ist es für Außenstandorte gedacht. Anders als beim Essentials Kit muss der vCenter Server Standard separat lizenziert werden. Die Lizenzen der Editionen *vSphere Remote Office Branch Office Standard* und *vSphere Remote Office Branch Office Advanced* erlauben jeweils die Nutzung von 25 virtuellen Maschinen. Die Editionen verfügen über folgenden Funktionsumfang:

vSphere Remote Office Branch Office Standard

- vMotion
- Storage vMotion
- High Availability (HA)
- Data Protection
- Fault Tolerance (für virtuelle Maschinen mit bis zu 2 vCPUs)
- vShield Endpoint
- vSphere Replication
- HotAdd
- Content Library

vSphere Remote Office Branch Office Advanced

- sämtliche Features von vSphere Remote Office Branch Office Standard
- Fault Tolerance (für virtuelle Maschinen mit bis zu 4 vCPUs)
- Hot Profiles
- Auto Deploy
- Distributed Switch (VDS)

Kapitel 2
vSphere-Architektur

Das folgende Kapitel beschäftigt sich mit dem strukturellen Aufbau einer virtuellen Infrastruktur. Wir gehen den Fragen nach, welche Elemente dazugehören, wie sie ineinandergreifen und wie sie aufgebaut sind.

Autor dieses Kapitels ist Bertram Wöhrmann, Ligarion
bwoehrmann@ligarion.de

Mit der Einführung der VMware Virtual Infrastructure in der Version 3.x vollzog VMware einen Strategiewechsel. Zusätzlich zu der eigentlichen Virtualisierungsplattform, dem ESX Server, und dem dazugehörigen Management begann VMware, Produkte rund um die Virtualisierung zu entwickeln. Es fing an mit der Service-Console-losen Version ESXi und dem Update Manager, vSphere HA, VMware DRS und der Plug-in-Schnittstelle. Alles integrierte sich nahtlos in das zentrale Management. Mit vSphere 4.0 wurde dieser Ansatz konsequent weiterverfolgt. Auch der Lizenz-Server ist, nach einer kurzen externen Stippvisite, wieder integraler Bestandteil des vCenter Servers. Mit der neuen Version ESXi 5.0 hat sich dieser Trend weiter fortgesetzt. Die offensichtlichste Änderung ist der Wegfall der Variante ESX mit der Service Console. Aber auch um den Hypervisor herum finden Sie viele neue Produkte, die Ihre Arbeit unterstützen und erleichtern sollen. Mit der Version vSphere 6.0 hat sich dieser Trend weiter manifestiert. Neben einer Optimierung der eigentlichen Virtualisierungskomponenten gibt es weitere Applikationen, die sich rund um vSphere gruppieren. Mit den vorgestellten Erweiterungen zeigt VMware den Weg zu einem *Software Defined Datacenter* auf. Der Bereich der Abstrahierung von Storage ist weiter ausgebaut worden, und nun gibt es die Option, auch Netzwerkkomponenten (wie Switches, Router und Firewalls) zu virtualisieren. Die Akquise der Software NSX zeigt in diesem Bereich, wie die Vision der Firma VMware ist.

Viele Themen reißen wir in diesem Kapitel nur kurz an. Wir sind der Meinung, dass es sinnvoller ist, die ausführlichen Erklärungen direkt in demjenigen Abschnitt zu geben, in dem wir auch die passende Komponente beschreiben.

2.1 Bestandteile der virtuellen Infrastruktur

Die vSphere-Infrastruktur bietet alle Komponenten zum Virtualisieren von Betriebssystemen. Sie umfasst die Verwaltung sowie das Management der Virtualisierungsserver (vSphere-Server). Diese Grundfunktionen hat VMware noch weiter optimiert, um eine Ausfallsicherheit der Virtualisierungsserver zu erreichen (HA) und eine bestmögliche Lastverteilung zwischen den Virtualisierungsservern (DRS) zu ermöglichen. Des Weiteren werden die virtualisierten Systeme optimal mit den Server-Ressourcen (CPU, RAM etc.) versorgt. Damit Sie einen grundlegenden Überblick über die Grundbestandteile der Infrastruktur erhalten, erläutern wir diese nachfolgend.

2.2 vSphere-Host

Der physische Server, der seine Ressourcen – wie CPU, Hauptspeicher (RAM), Netzwerkkarten und Festplattenspeicher – über eine Virtualisierungsschicht (Hypervisor) den virtuellen Maschinen zur Verfügung stellt, ist der *vSphere-Host* (siehe Abbildung 2.1).

Abbildung 2.1 vSphere-Host-Struktur

2.2.1 Hardware

Als Prozessorbasis für den Einsatz von VMware vSphere kommen nur 64-Bit-x86-Prozessoren zum Einsatz. Auf anderen CPUs ist das System nicht lauffähig, da der VMkernel einen 64-Bit-Kernel besitzt. Für die Installation benötigen Sie mindestens eine CPU mit minimal zwei Cores. Der minimale Arbeitsspeicherbedarf hat sich auf 4 GB erhöht, wobei VMware angibt, dass 8 GB Memory benötigt werden, um alle Funktionen nutzen zu können. Des Weiteren ist ein unterstützter Storage-Controller nötig. Möglich sind SCSI, SAS, SATA und Fibre-Channel. Abschließend wird noch mindestens eine Netzwerkkarte benötigt, damit Sie auf das System zugreifen können. Im Normalfall werden aber wohl mehr Netzwerk-Ports zum Einsatz kommen.

Intel VT-x / AMD-RVI

Alle Prozessoren, für die VMware Support anbietet, müssen eine Erweiterung zur Unterstützung von Virtualisierungstechnologien aufweisen. Durch diese Technologien wird im Wesentlichen der *Virtual Machine Monitor* (VMM) in seiner Arbeit unterstützt. Dadurch wird der Overhead reduziert. Auch der Prozess der Migration einer aktiven virtuellen Maschine zwischen verschiedenen Prozessorgenerationen wird erleichtert.

Die unterstützten CPUs von Intel und AMD bringen eine solche Technologie mit. Die zum Einsatz kommenden CPUs müssen unterschiedliche Voraussetzungen erfüllen. Dazu gehört die Nutzung des NX/XD-Flags, und es werden nur LAHF- und SAHF-Befehlssätze unterstützt.

2.2.2 Hardware Compatibility List (HCL)

Wie andere Betriebssystemhersteller bzw. Hersteller von Hypervisoren pflegt die Firma VMware eine *Hardware Compatibility List* (HCL). Vergewissern Sie sich, dass die Komponenten, die Sie einsetzen wollen, in dieser Liste aufgeführt sind. Sie müssen zwar keine Bedenken haben, dass ein nicht gelistetes System nicht funktionieren wird, aber Sie haben nur Support für Ihre Virtualisierungslandschaft, wenn Sie sich aus der Liste der unterstützten Hardware bedienen.

Die HCL finden Sie unter *http://www.vmware.com/resources/compatibility/search.php.*

2.2.3 Maximale Ausstattung eines ESXi-Hosts

Auch wenn Sie sich an die HCL halten, so müssen Sie doch wissen, welche Ausstattung des Hosts mengenmäßig noch unterstützt wird. Diesen Punkt möchten wir in den folgenden Tabellen näher aufschlüsseln.

In Tabelle 2.1 finden Sie die maximalen Werte für die CPUs; Tabelle 2.2 enthält den maximalen Wert für den Arbeitsspeicher.

CPUs pro Host	Anzahl	Bemerkungen
Logische Prozessoren	480	Die Anzahl berechnet sich wie folgt: Sockel × Cores × Threads
Virtuelle CPUs (vCPUs)	4096	–
NUMA-Knoten pro Host	16	–

Tabelle 2.1 Maximale CPU-Werte

CPUs pro Host	Anzahl	Bemerkungen
Maximale Anzahl von virtuellen CPUs pro Core	32	Die Anzahl ist abhängig von der Last, die die VMs verursachen. (Gilt ebenfalls für *vSphere 4.0 Update 1*; bei *vSphere 4.0* sind es 20 vCPUs.)
Maximale Anzahl von VMs pro Host	1024	Die Anzahl ist abhängig von der Last, die die VMs verursachen.

Tabelle 2.1 Maximale CPU-Werte (Forts.)

Memory pro Host	Menge
Arbeitsspeicher	6 TB

Tabelle 2.2 Maximaler Memory-Wert

Angesichts der Menge der Karten geben wir in den Tabellen für die Netzwerkkarten nur den Treiber und den Chiphersteller an. In Tabelle 2.3 finden Sie die maximale Anzahl von physischen Netzwerkkarten.

Netzwerkkarte	Chiphersteller	Speed	Anzahl
tg3	Broadcom	1 GBit	16 (NetQueue aktiv) 32 (NetQueue inaktiv)
e1000e	Intel	1 GBit	24
igb	Intel	1 GBit	16
bnx2	Broadcom	1 GBit	16
nx_nic	NetXen	10 GBit	8
ixgbe	Intel	10 GBit	16
bnx2x	Broadcom	10 GBit	8
mlx4_en	Mellanox	40 GBit	4
Kombination 10 GBit und 1 GBit	–	1 GBit 10 GBit	4 16

Tabelle 2.3 Maximale Anzahl physischer Netzwerkkarten

Tabelle 2.4 listet dagegen die maximale Anzahl der *virtuellen* Karten bzw. Ports auf.

PCI VMDirectPath	**Anzahl**
PCI VMDirectPath Devices (pro Host)	8
PCI VMDirectPath Devices (pro VM)	4
vNetzwerk-Standard-Switch	**Anzahl**
Virtuelle Switch-Ports pro vSwitch	4088
Port -Gruppen pro vSwitch	512
Port-Gruppen pro Host	1000
vNetzwerk-Distributed-Switch	**Anzahl**
Virtuelle Switch-Ports gesamt	60.000
Hosts pro Switch	1000
VDS pro vCenter	128
vNetzwerk	**Anzahl**
Maximal aktive Ports pro Host	1016
Virtuelle Switch-Ports gesamt	4096

Tabelle 2.4 Maximale Anzahl virtueller Karten/Ports

In Tabelle 2.5 finden Sie die maximale Anzahl von parallelen vMotion-Operationen.

Parallele vMotion-Operationen pro Host	**Anzahl**
1-GBit-Netzwerk	4
10-GBit-Netzwerk	8

Tabelle 2.5 Maximale Anzahl von parallelen vMotion-Operationen

Für den Storage gibt es ebenfalls Einschränkungen. Tabelle 2.6 trennt die verschiedenen Anbindungsmöglichkeiten voneinander und beschreibt außerdem das File-System VMFS.

VMFS allgemein	**Maximalwert**
Volume-Größe	64 TB

Tabelle 2.6 Maximalwerte im Storage-Umfeld

vDisks pro Host	2048
Volumes per Hosts	256
Hosts pro Volume	64
VMFS-3	**Maximalwert**
Files pro Volume	ca. 30.270
File-Größe	256 MB bis 2TB (– 512 Bytes)
Blockgröße	1 MB / 2 MB / 4 MB / 8 MB
RDM-Größe (virtuelle Kompatibilität)	2 TB (– 512 Bytes)
RDM-Größe (physische Kompatibilität)	2 TB (– 512 Bytes)
VMFS-5	**Maximalwert**
Files pro Volume	ca. 130.690
File-Größe	62 TB
Blockgröße	1 MB; bei einer Migration von VMFS-3 wird die alte Blockgröße übernommen.
RDM-Größe (virtuelle Kompatibilität)	62 TB
RDM-Größe (physische Kompatibilität)	64 TB
Fibre-Channel	**Maximalwert**
LUNs pro Host	256
Anzahl Pfade pro LUN	32
Maximale Anzahl pro Host	1024
HBAs pro Host	8
Maximale Anzahl von HBA-Ports	16
FCoE	**Maximalwert**
Maximale Anzahl von SW-Adaptern	4
NFS	**Maximalwert**
Maximale Anzahl von NFS-Datastores	256
Hardware-iSCSI-Initiator	**Maximalwert**

Tabelle 2.6 Maximalwerte im Storage-Umfeld (Forts.)

LUNs pro Host	256
Pfade pro Host	1024
Pfade pro LUN	8
QLogic – dynamische Targets pro Port – statische Targets pro Port	 64 62
Broadcom Targets pro Port (1 GBit) Targets pro Port (10 GBit)	 64 128
Software-iSCSI-Initiators	**Maximalwert**
Ziele pro Host	256

Tabelle 2.6 Maximalwerte im Storage-Umfeld (Forts.)

2.3 vCenter Server

Der vCenter Server ist der Dreh- und Angelpunkt der VMware-Infrastruktur. Mit ihm verwalten Sie das komplette VMware-Datacenter von der Konfiguration der ESXi-Server über das Erstellen von virtuellen Maschinen bis zum Einrichten der VMware-Features HA (High Availability) und DRS (Distributed Ressource Scheduling) sowie viele andere Funktionen. Des Weiteren bietet das vCenter eine Zugriffskontrolle auf Basis von Benutzern und Gruppen. Performance-Daten der vSphere-Server sowie der virtuellen Maschinen werden ebenfalls gesammelt und in der Datenbank abgelegt.

Der vCenter Server ist nicht zwingend notwendig zum Betreiben von vSphere-Hosts, damit diese die Dienste bereitstellen können, um virtuelle Maschinen zu erstellen. Sie können jeden Host einzeln und unabhängig voneinander verwalten. Einige Dienste aber, wie z. B. DRS, setzen zwingend einen vCenter Server voraus.

Die Software bietet eine zentralisierte Verwaltung aller im VMware-Datacenter zusammengefassten Ressourcen, deren virtueller Maschinen sowie der Benutzer.

Die zentralen Dienste des vCenters sind:

- Provisionierung von virtuellen Maschinen
- Konfiguration von vSphere-Servern (Hosts), virtuellen Maschinen (VMs) und vApps
- Konfiguration von Ressourcen-Pools
- Inventarisierung von vSphere-Ressourcen und virtuellen Maschinen
- Konsolenzugang zu den virtuellen Maschinen

- Statistiken und Protokolle zur Ressourcenauslastung
- Alarm- und Event-Management, um vSphere-Administratoren über Events und erhöhte Auslastung zu informieren
- ein rollenbasiertes Rechtemodell, um Objektgruppen zu verwalten
- ein Task-Scheduler, um bestimmte Aktivitäten zu bestimmten Zeiten automatisiert auszuführen

Diese zentralen Dienste des vCenters können um bestimmte Features erweitert werden. Dabei dient das vCenter als zentrale Schnittstelle, in der Sie die zusätzlichen Dienste verwalten, die *Distributed Services* genannt werden. Die erweiterten Dienste sind:

- vMotion
- Storage vMotion
- High Availability
- Fault Tolerance
- vShield Endpoint
- Hot Add
- Virtual Volumes
- Storage Policy Based Management
- Reliable Memory
- Virtual Serial Port Concentrator
- Distributed Resource Scheduler (DRS)
- Distributed Power Management (DPM)
- Storage DRS
- Storage I/O Control
- Network I/O Control
- Single Root I/O Virtualisation Support (SR-IOV)
- Flash Read Cache
- NVIDIA GRID vGPU
- Content Library
- Storage APIs for Array Integration
- Multipathing
- Distributed Switch
- Host Profiles
- Auto Deploy

Des Weiteren bieten der Management-Server sowie der vSphere-Client eine Schnittstelle für Plug-ins zur Erweiterung der Funktionalität. Dazu zählen z. B.:

- Data Protection
- vSphere Replication
- Big Data Extensions
- Update Manager
- Weitere Tools von VMware
- Tools von Drittanbietern oder auch Freeware-Tools

Integrierte Dienste

Eine der wichtigsten Neuerungen in der Version 5.1 des vCenter Servers war die Integration einer SSO-Lösung (Single Sign-On). Der Hintergedanke war grundsätzlich gut und sollte dem Anwender helfen, die Anzahl der Anmeldungen im System zu reduzieren. Alle VMware-eigenen Dienste wurden anmeldetechnisch unter dem Mantel des SSO-Dienstes zusammengefasst. Mit einer Anmeldung findet sich der Administrator im gesamten VMware-Framework wieder und kann so die komplette Umgebung administrieren. Dieser Dienst kann nicht umgangen werden und muss mitinstalliert werden. Die Erfahrungen mit dem SSO der Version 5.1 haben aber gezeigt, dass es eine Reihe von Problemen mit dem Tool gab. Die Aktualisierung des Tools im Rahmen eines Updates war sehr häufig eine große Herausforderung.

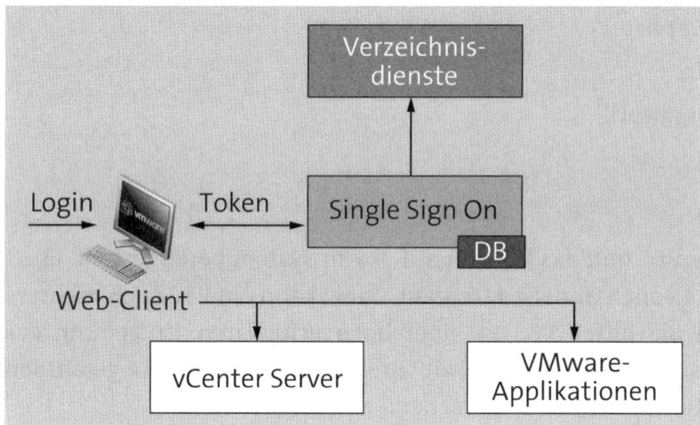

Abbildung 2.2 Aufbau einer SSO-Struktur

Der SSO-Dienst (siehe Abbildung 2.2) nutzt seine lokale Datenbank oder verifiziert die User über einen eingebundenen Verzeichnisdienst. Ist die Anmeldung erfolgreich, so kann der Anwender in seinem Webclient alle VMware-Komponenten sehen und nutzen, ohne sich erneut anmelden zu müssen. Voraussetzung dafür ist natürlich, dass er dafür freigeschaltet ist.

VMware hat diese Komponente in vSphere 5.1 erstmalig integriert, sie wurde aber in den Versionen 5.5 und jetzt auch wieder mit vSphere 6.x signifikant überarbeitet.

Mit dem SSO können sich zentral gepflegte Anwender an allen VMware-Komponenten anmelden. Dabei können unterschiedliche Verzeichnisdienste eingebunden werden:

- Windows Active Directory ab Version 2003
- Active Directory über LDAP
- Open LDAP ab Version 2.4
- die lokale SSO-Datenbank

Die Möglichkeiten der Installation sind dabei vielfältig. Je nach Ausprägung der Landschaften können Sie unterschiedliche Installationsszenarien auswählen.

Der SSO findet sich aber nicht mehr als einzelne Applikation, sondern er integriert sich in den neuen *Platform Services Controller* (PSC). In den PSC wurden aber noch weitere Komponenten integriert, und zwar:

- VMware Appliance Management Service (nur bei einer PSC-Installation in einer VCSA)
- VMware License Service
- VMware Component Manager
- VMware Identity Management Service
- VMware HTTP Reverse Proxy
- VMware Service Control Agent
- VMware Security Token Service
- VMware Common Logging Service
- VMware Syslog Health Service
- VMware Authentication Framework
- VMware Certificate Service
- VMware Directory Service

Im einfachsten Fall werden der PSC und das vCenter auf einem System bereitgestellt. Es ist aber auch möglich, die Systeme voneinander zu trennen. Dabei kann ein PSC auch mehrere vCenter versorgen. Bedenken Sie bitte, dass in einer hochverfügbaren Umgebung das schwächste Glied in der Kette die Leistungsfähigkeit Ihres gesamten Systems gefährden kann. Von daher müssen alle Komponenten entsprechend ausgelegt werden.

Auch beim PSC ist es möglich, Multisite- und High-Availability-Umgebungen zu designen, ohne zusätzliche weitere Komponenten zu benötigen. Dabei können Sie sowohl die Windows- als auch die Appliance-basierte Version nutzten. Die PSCs innerhalb einer Site replizieren ihre Datenbank untereinander, und dadurch kann auch beim Ausfall eines Systems trotzdem weitergearbeitet werden.

Editionen

Es gibt zwei Versionen des vCenter Servers von VMware:

- *vCenter Server Essentials* (maximal 3 Hosts)
- *vCenter Server Standard*

Wenn Sie ohne Einschränkungen arbeiten wollen, dann müssen Sie mit der Standard-Version des vCenter Servers arbeiten. Bei kleineren Umgebungen können Sie auf die andere Version zurückgreifen. Ein späteres Upgrade von z. B. der Essentials- auf die Standard-Version ist nur eine Frage des Geldes.

Maximale Ausstattung

Auch das vCenter kann nicht unendlich viele Ressourcen verwalten; es gilt die eine oder andere Einschränkung. Die Angaben in den folgenden Tabellen beziehen sich auf die Standard-Version des vCenter Servers.

vCenter Server Scalability – 64-Bit-OS-Server	Anzahl (interne DB)	Anzahl (externe DB)
Hosts	20	1000
Powered-on VMs	200	10.000
Registered VMs	–	15.000
Concurrent vSphere-Web-client-Verbindungen	–	180

Tabelle 2.7 Verwaltbare Infrastruktur für das vCenter mit 64-Bit-OS-Server

vCenter Server Appliance	Anzahl
Hosts (interne Datenbank)	1000
VMs (interne Datenbank)	15.000
Hosts (externe Datenbank)	1000
VMs (externe Datenbank)	15.000

Tabelle 2.8 Mögliche verwaltbare Infrastruktur für die vCenter Server Appliance

vCenter Server Scalability – vCenter Linked Mode	Anzahl
Linked vCenter Server	10
Hosts im Linked Mode	4000
Powered-on VMs	30.000

Tabelle 2.9 Mögliche verwaltbare Infrastruktur für das vCenter im Linked Mode

vCenter Server Scalability – vCenter Linked Mode	Anzahl
Registered VMs	50.000

Tabelle 2.9 Mögliche verwaltbare Infrastruktur für das vCenter im Linked Mode (Forts.)

vCenter Server Scalability – allgemein	Anzahl
Hosts pro Datacenter	500

Tabelle 2.10 vCenter – allgemeine Einschränkungen

Die Zahlen, die VMware hier ansetzt, sind an der einen oder anderen Stelle sicherlich sehr optimistisch gewählt. Sie sollen nur als Richtschnur dienen, damit Sie abschätzen können, wie viele Managementsysteme Sie benötigen.

Zugriff

Damit Sie die virtuelle Infrastruktur auch verwalten können, benötigen Sie ein Werkzeug, um auf die einzelnen Komponenten zuzugreifen. Hier haben Sie mehrere Möglichkeiten: Eine der Optionen ist die Nutzung eines Webbrowsers. Nur im Webclient werden alle neueren Funktionen integriert. Die zweite Möglichkeit ist die Nutzung des vSphere-Clients. Seien Sie sich dabei aber bewusst, dass Sie nicht alle Funktionen mit dem Webclient durchführen können. Die Weiterentwicklung des C#-Clients ist mit der Version 5.0 eingestellt worden, alle neuen Funktionen werden nur noch in den Webclient integriert. Mit diesem Client können Sie direkt einen Host administrieren oder sich damit am vCenter-Server anmelden.

Lizenzierung

Für die Verwaltung der VMware-Lizenzen in einer vSphere-Infrastruktur wird der im vCenter integrierte Lizenz-Server eingesetzt. In dieser Verwaltungskonsole tragen Sie alle VMware-Lizenzen ein und weisen sie den zugehörigen Hardwarekomponenten zu.

VMware Infrastructure SDK

Es gibt die verschiedensten Möglichkeiten, in der virtuellen Infrastruktur Aufgaben zu automatisieren, auch außerhalb des vCenters und seiner Komponenten. Sie haben als Anwender verschiedene Optionen zur Verfügung, um eigene Anforderungen abzubilden. Dabei ist es egal, ob Sie mit der PowerShell skripten oder mit C programmieren möchten. Es gibt noch viele andere Möglichkeiten, das Management der Infrastruktur zu optimieren. Abbildung 2.3 zeigt nur eine Auswahl von Softwarepaketen, die VMware zur Verfügung stellt, damit Anwender das Management an ihre Bedürfnisse anpassen können.

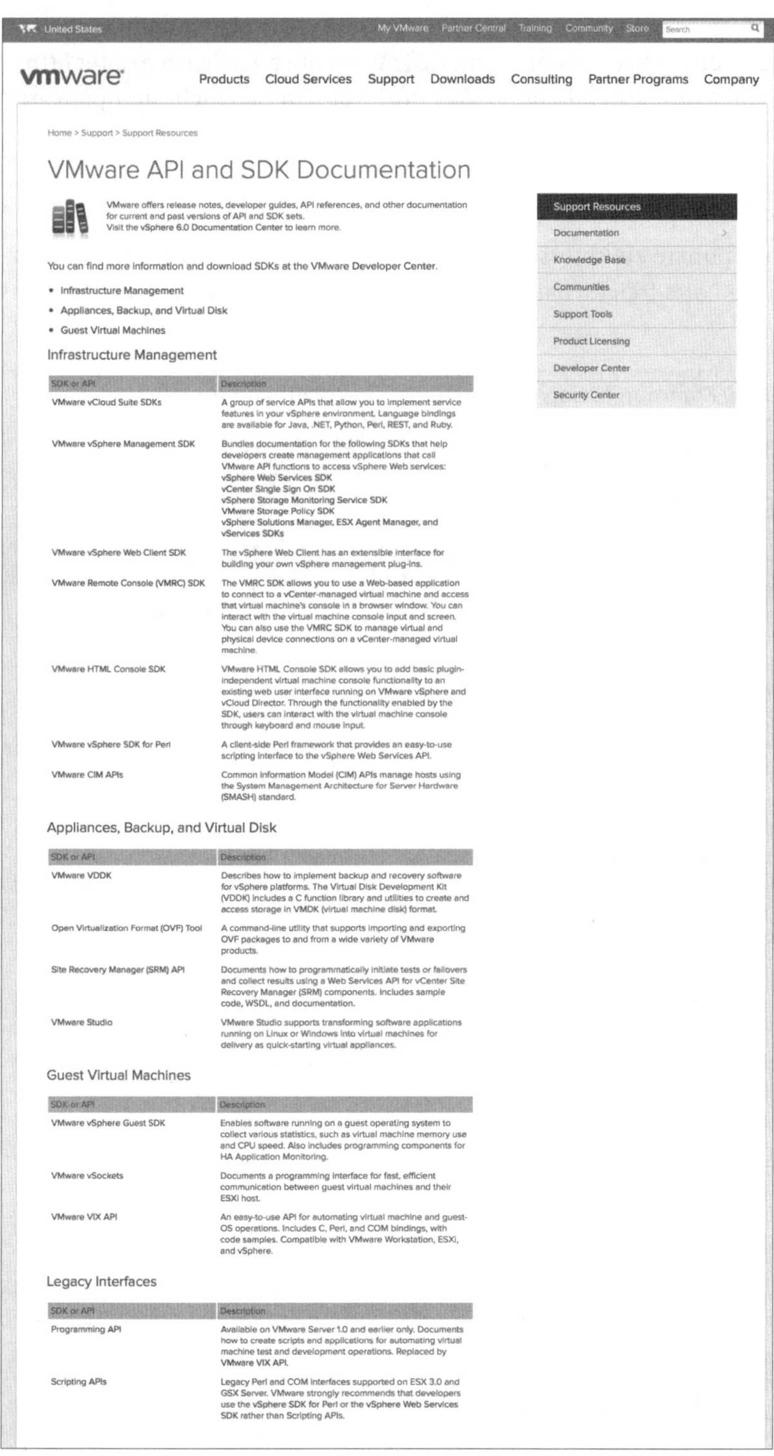

Abbildung 2.3 Webseite mit Informationen zu APIs und SDKs

Wenn Sie sich für alle Informationen interessieren, finden Sie auf der eigens dafür eingerichteten Webseite Näheres zu dem gewünschten Thema. Die Webseite erreichen Sie unter *http://www.vmware.com/support/pubs/sdk_pubs.html*. Von dort können Sie auch die Applikationen herunterladen.

Benötigte Netzwerkports – Implementierung

Der Host hat Berührungspunkte zu unterschiedlichen Komponenten. Hier muss das Netzwerk für unterschiedliche Ports freigeschaltet werden. Sie finden die entsprechenden Ports in Tabelle 2.11.

Port	Protokoll	Kommunikation	Beschreibung
22	TCP	Client → vSphere-Host	SSH-Server
53	UDP	vSphere-Host → DNS-Server	DNS-Abfragen
68	UDP	vSphere-Host → DHCP-Server	DHCP-Abfragen
80	TCP	Client → vSphere-Host	Browser Redirect to HTTPS (443)
88	TCP	vSphere-Host → AD-Server	Kerberos-AD-Authentifizierung
111	TCP/UDP	vSphere-Host → NFS-Server	NFS-Client
123	UDP	vSphere-Host → Time-Server	NTP-Client
162	UDP	vSphere-Host → SNMP-Collector	Senden von SNMP-Traps
389	TCP/UDP	vSphere-Host → LDAP-Server	Kerberos-AD-Authentifizierung
427	UDP	vSphere Client → vSphere-Host	CIM Service Location Protocol
443	TCP	vSphere Client → vSphere-Host	Management-Verbindung vom Client zum Host
443	TCP	vSphere-Host → vSphere-Host	Provisionierung und Migration von Host zu Host
445	UDP	vSphere-Host → MS Directory Service	AD-Authentifizierung
445	TCP	vSphere-Host → MS Directory Service	AD-Authentifizierung
445	TCP	vSphere-Host → SMB-Server	SMB-Verbindungen

Tabelle 2.11 vSphere-Host-Kommunikationsports

Port	Protokoll	Kommunikation	Beschreibung
514	UDP/TCP	vSphere-Host → Syslog-Server	Anbindung des Syslog-Servers
902	TCP/UDP	vSphere-Host → vCenter	vCenter-Server-Agent-Kommunikation
2049	TCP/UDP	vSphere-Host → NFS-Server	NFS-Datenport
3260	TCP	vSphere-Host → iSCSI-Storage	iSCSI-Datenport
5989	TCP	CIM Server → vSphere-Host	CIM-Transaktionen über HTTP
5989	TCP	vCenter → vSphere-Host	CIM-XML-Transaktionen über HTTPS
5989	TCP	vSphere-Host → vCenter	CIM-XML-Transaktionen über HTTPS
6500	UDP	vSphere-Host → vCenter	Kommunikation zum Syslog-Server
8000	TCP	vSphere-Host (Ziel-VM) → vSphere-Host (Quell-VM)	vMotion-Kommunikation über den VMkernel-Port
8000	TCP	vSphere-Host (Quell-VM) → vSphere-Host (Ziel-VM)	vMotion Kommunikation über den VMkernel-Port
8100	TCP/UDP	vSphere-Host → vSphere-Host	Datenverkehr zwischen den Hosts für Fault Tolerance
8182	TCP/UDP	vSphere-Host → vSphere-Host	Datenverkehr zwischen den Hosts für vSphere-HA
8200, 8300	TCP/UDP	vSphere-Host → vSphere-Host	Datenverkehr zwischen den Hosts für Fault Tolerance
8301	UDP	vSphere-Host → vSphere-Host	DVS-Portinformationen
8302	UDP	vSphere-Host → vSphere-Host	DVS-Portinformationen

Tabelle 2.11 vSphere-Host-Kommunikationsports (Forts.)

Das vCenter kommuniziert über das Netzwerk mit den zu verwaltenden Komponenten. Die Verbindungen werden über einen Windows-Dienst (*vpxd.exe*, gilt nur für die installierbare Version, nicht für die Appliance) hergestellt. In Tabelle 2.12 sehen Sie, welche Ports für die Kommunikation benötigt werden.

Port	Protokoll	Kommunikation	Beschreibung
22	TCP/UDP	SSH-Client -> vCenter	Nur bei der vCenter Server Appliance relevant
25	TCP	vCenter -> SMTP-Server	E-Mail-Benachrichtigungen
53	UDP	vCenter -> DNS-Server	DNS-Abfragen
80	HTTP	Client-PC -> vCenter	Dieser Port wird für den direkten Webzugriff benötigt. Es erfolgt aber nur eine Umleitung auf Port 443. Es können Konflikte mit einem installierten Microsoft IIS auftreten. (Achtung bei der Nutzung des Authentication Proxys!)
88	TCP/UDP	vCenter -> AD-Server	Authentifizierung am Active Directory
135	TCP	vCenter -> vCenter	vCenter-Linked-Modus
161	UDP	SNMP-Server -> vCenter	SNMP-Polling
162	UDP	vCenter -> SNMP-Server	Senden von SNMP-Traps
389	TCP/UDP	vCenter -> Linked vCenter Server	Dieser Port wird für die Kommunikation mit dem LDAP benötigt.
443	TCP	vSphere-Client -> vCenter	Port für die initiale Anmeldung über den vSphere-Webclient
443	TCP	vCenter -> vSphere-Hosts	vCenter-Agent, DPM-Kommunikation mit HP ILO
514	UDP	vCenter -> Syslog Collector	Syslog-Collector-Port
623	UDP	vCenter -> vSphere-Hosts	DPM-Kommunikation via IPMI
636	TCP	vCenter -> Platform Services Controller	SSL-Verbindung zwischen den Komponenten beim Linked-Modus
902	TCP	vCenter -> vSphere-Hosts	Kommunikation zwischen vCenter und vSphere-Hosts

Tabelle 2.12 vCenter-Server-Kommunikationsports

Port	Protokoll	Kommunikation	Beschreibung
902	UDP	vCenter → vSphere-Hosts	Heartbeat-Kommunikation zwischen Hosts und vCenter
902	TCP/UDP	vSphere-Client → vSphere-Hosts	Anzeige der Konsole von VMs
1433	TCP	vCenter → MS SQL	Verbindung zum Datenbank-Server MS SQL
1521	TCP	vCenter → Oracle	Verbindung zum Datenbank-Server Oracle
2012	TCP	vCenter (Tomcat Einstellungen) → SSO	Kontroll-Interface für SSO
2014	TCP	vCenter (Tomcat Einstellungen) → SSO	RPC-Port für VMware Certificate Authority
2020	TCP/UDP	vCenter	Authentication Services Framework
5480	TCP	Client PC → vCenter	Zugriff auf die Webkonfigurationsseite der VCSA
5988	TCP	vSphere-Host → vCenter	CIM-Transaktionen über HTTP
6500	TCP/UDP	vCenter → vSphere-Host	Port für den ESXi Dump Collector
6501	TCP	vCenter → vSphere-Host	Port für den Auto-Deploy-Dienst
6502	TCP	vCenter → vSphere Client	Port für das Auto-Deploy-Management
7500	UDP	vCenter → vCenter	Java-Port für den vCenter Linked Mode
8000	TCP	vCenter → vSphere-Host	vMotion-Anfragen
8005	TCP	vCenter → vCenter	Interner Kommunikationsport
8006	TCP	vCenter → vCenter	Interner Kommunikationsport

Tabelle 2.12 vCenter-Server-Kommunikationsports (Forts.)

Port	Protokoll	Kommunikation	Beschreibung
8009	TCP	vCenter → vCenter	AJP-Port (Apache JServ Protocol); dient zur Weiterleitung von Webserveranfragen an einen Applikationsserver.
8080	HTTP	Client-PC → vCenter	Webservices über HTTP für die vCenter-Webseite
8083	TCP	vCenter → vCenter	Interne Dienstediagnose
8085	TCP	vCenter → vCenter	Interne Dienstediagnose / SDK
8086	TCP	vCenter → vCenter	Interner Kommunikationsport
8087	TCP	vCenter → vCenter	Interne Dienstediagnose
8443	HTTPS	Client-PC → vCenter	Webservices über HTTPS für die vCenter-Management-Webseite
8443	TCP	vCenter → vCenter	Port für den Linked Mode
9443	TCP	Client-PC → vCenter	Webclient-Zugriff
10109	TCP	vCenter → vCenter	Service-Management vom vCenter Inventory Service
10111	TCP	vCenter → vCenter	Linked-Mode-Kommunikation des vCenter Inventory Service
10443	TCP	vCenter → vCenter	vCenter Inventory Server Service über HTTPS

Tabelle 2.12 vCenter-Server-Kommunikationsports (Forts.)

Mit der Version vSphere 5.1 und dem zugehörigen vCenter Server hat VMware ein Single Sign-On etabliert. Auch diese Funktion muss mit unterschiedlichen Elementen kommunizieren. Sie finden die Liste in Tabelle 2.13.

Port	Protokoll	Kommunikation	Bemerkungen
2012	TCP	vCenter (Tomcat) → SSO	RPC Control Interface
2014	TCP	vCenter (Tomcat) → SSO	PRC-Port für alle VMware-Certificate-Authority-APIs

Tabelle 2.13 SSO-Kommunikationsports

Port	Protokoll	Kommunikation	Bemerkungen
7005	TCP	vCenter Server -> SSO	–
7009	TCP	vCenter Server -> SSO	AJP-Port
7080	TCP	vCenter Server -> SSO	HTTP-Zugriff
7444	TCP	vCenter Server -> SSO Webclient -> SSO	HTTPS-Zugriff SSO-Lockup

Tabelle 2.13 SSO-Kommunikationsports (Forts.)

In Tabelle 2.14 sehen Sie, welche Kommunikationsports der Update Manager nutzt.

Ports	Protokoll	Kommunikation	Beschreibung
80	TCP	Update Manager -> Internet	Download von Patches aus dem Internet
80	TCP	vSphere-Host -> Update Manager	Kommunikation vom Host zum Update Manager
80	TCP	Update Manager -> vCenter	Kommunikation zwischen Update Manager und vCenter Server
443	TCP	Update Manager -> Internet	Download von Patches aus dem Internet
443	TCP	vSphere-Host -> Update Manager	Kommunikation vom Host zum Update Manager, Rückweg über 9084
443	TCP	vCenter -> Update Manager	Kommunikation vom vCenter zum Update Manager, Rückweg über 8084
735	TCP	Update Manager -> VMs	Update-Manager-Listener-Port für das Patchen von VMs
902	TCP	Update Manager -> vSphere-Host	Übermittlung von Patches vom Update Manager zum vSphere-Host
1433	TCP	Update Manager -> MS SQL	Verbindung zum Datenbank-Server MS SQL

Tabelle 2.14 Update-Manager-Kommunikationsports

Ports	Protokoll	Kommunikation	Beschreibung
1521	TCP	Update Manager → Oracle	Verbindung zum Datenbank-Server Oracle
8084	TCP	Update Manager → Client-Plug-in	SOAP-Server-Update-Manager
9084	TCP	vSphere-Host → Update Manager	Webserver-Update-Manager auf Updates wartend
9087	TCP	Update Manager → Client-Plug-in	Port für das Hochladen von Host-Update-Files
9000 → 9100	TCP	vSphere-Host → Update Manager	Ports für Hostscanning bzw. Bereich für Portalternativen, wenn 80 und 443 schon anderweitig genutzt werden

Tabelle 2.14 Update-Manager-Kommunikationsports (Forts.)

Beim *vCenter Converter* werden unterschiedliche Ports genutzt. Diese hängen unter Umständen sogar davon ab, welches Betriebssystem importiert werden soll. In Tabelle 2.15 finden Sie die Ports, die für die Übernahme eines Servers benötigt werden.

Ports	Protokoll	Kommunikation	Bemerkungen
22	TCP	vCenter Converter → Source-Maschine	Für die Konvertierung von Linux-basierten Systemen
137	UDP	vCenter Converter → Source-Maschine	Für die Migration einer aktiven Maschine. Wird nicht benötigt, wenn die Quelle kein NetBIOS nutzt.
138	UDP	vCenter Converter → Source-Maschine	
139	TCP	vCenter Converter → Source-Maschine	
443	TCP	vCenter Converter Client → vCenter Converter Server	Wird benötigt, wenn der *vCenter Converter*-Linux-Client nicht auf dem *vCenter Converter*-Server installiert ist.
443	TCP	vCenter Converter → vCenter	Dieser Port wird genutzt, wenn das Ziel ein vCenter ist.

Tabelle 2.15 vCenter-Converter-Kommunikationsports

Ports	Protokoll	Kommunikation	Bemerkungen
443	TCP	vCenter Converter Client → vCenter	Wird benötigt, wenn der *vCenter Converter Client* nicht auf dem *vCenter Converter Server* installiert ist.
443, 902	TCP	Source-Maschine → vSphere-Host	Datentransport-Port für das Cloning zum vSphere-Host
445	TCP	vCenter Converter → Source-Maschine	Dient zur Systemübernahme. Falls die Quelle NetBIOS nutzt, wird dieser Port nicht benötigt.
9089	TCP	vCenter Converter → Source-Maschine	Verteilung des Remote Agents

Tabelle 2.15 vCenter-Converter-Kommunikationsports (Forts.)

Kommt bei Ihnen das *Data Protection Tool* von VMware zum Einsatz, dann müssen Sie die folgenden Ports in der Firewall freischalten (siehe Tabelle 2.16).

Port	Protokoll	Kommunikation	Bemerkungen
22	TCP	Anwender → vSphere Data Protection	SSH-Zugriff
53	UDP	vSphere Data Protection → DNS	DNS
80	TCP	Anwender → vSphere Data Protection	HTTP-Zugriff
80	TCP	vSphere Data Protection → vCenter	Lizenzierungskommunikation
111	TCP, UDP	vSphere Data Protection → vSphere-Hosts	Kommunikation zwischen Data Protection und dem vSphere-Host
443	TCP	Anwender → vSphere Data Protection	HTTPS-Zugriff
902	TCP	vSphere Data Protection → vSphere-Host	Kommunikation zwischen Data Protection und dem vSphere-Host

Tabelle 2.16 Data-Protection-Kommunikationsports

Port	Protokoll	Kommunikation	Bemerkungen
8543	TCP	User → vSphere Data Protection	Management-Datenverkehr
8580	TCP	vCenter Server → vSphere Data Protection	Kommunikation zwischen vCenter Server und Data Protection
9443	TCP	vCenter Server → vSphere Data Protection	Kommunikation zwischen vCenter Server und Data Protection
28001/ 29000	TCP	MS App-Client → vSphere Data Protection Advanced	Agentenkommunikation (Exchange/SQL)

Tabelle 2.16 Data-Protection-Kommunikationsports (Forts.)

Der *vRealize Orchestrator* (vRO) nutzt sehr viele Ports (siehe Tabelle 2.17). Zur Gewährleistung einer einwandfreien Funktion sind diese Ports freizuschalten.

Port	Protokoll	Kommunikation	Bemerkungen
25	TCP	vRO-Server → SMTP-Server	E-Mail-Benachrichtigungen
80	TCP	vRO-Server → vCenter	Informationsaustausch über die virtuelle Infrastruktur
389	TCP/UDP	vRO-Server → LDAP-Server	LDAP-Authentifizierung
443	TCP	vRO-Server → vCenter	Informationsaustausch über die virtuelle Infrastruktur
636	TCP	vRO-Server → LDAP-Server	SSL-LDAP-Kommunikation zur Abfrage von Gruppenmitgliedschaften
1433	TCP	vRO-Server → MS SQL	Kommunikation mit MS SQL
1521	TCP	vRO-Server → Oracle	Kommunikation mit Oracle-Datenbanken
3306	TCP	vRO-Server → MySQL	Kommunikation mit MySQL-Datenbanken
5432	TCP	vRO-Server → PostgreSQL	Kommunikation mit PostgreSQL-Datenbanken

Tabelle 2.17 Orchestrator-Kommunikationsports

Port	Protokoll	Kommunikation	Bemerkungen
8230	TCP	vRO-Client → vRO-Server	Lookup-Port – Kommunikation mit dem Konfigurationsserver
8240	TCP	vRO-Client → vRO-Server	Kommando-Port – Kommunikation für Remote-Aufrufe
8244	TCP	vRO-Client → vRO-Server	Daten-Port
8250	TCP	vRO-Client → vRO-Server	Messaging-Port – Weitergabe von Nachrichten im Java-Umfeld
8280	TCP	vRO-Server → vRO-Server	Kommunikation zwischen vRO-Server und Web-Frontend über HTTP
8281	TCP	vRO-Server → vRO-Server	Kommunikation zwischen vRO-Server und Web-Frontend über HTTPS
8281	TCP	vCenter → vRO-Server	Kommunikation zwischen vRO-Server und vCenter-API
8282	TCP	vRO-Client-PC → vRO-Server	HTTP-Server-Port
8283	TCP	vRO-Client-PC → vRO-Server	HTTPS-Server-Port
8286	TCP	vRO-Client-PC → vRO-Server	Java-Nachrichtenport
8287	TCP	vRO-Client-PC → vRO-Server	SSL-gesicherter Java-Nachrichtenport

Tabelle 2.17 Orchestrator-Kommunikationsports (Forts.)

Bei der Nutzung des *vSphere Management Assistant* (vMA) wird über das Netzwerk nur ein Port verwendet (siehe Tabelle 2.18).

Port	Protokoll	Kommunikation	Bemerkungen
443	TCP	vMA → vSphere-Host	SDK-Traffic

Tabelle 2.18 vMA-Kommunikationsports

Weitere Informationen zu den Ports, die von VMware-Komponenten genutzt werden, finden Sie in einem recht übersichtlichen Dokument, das bei VMware auf der Webseite zu finden ist. Schauen Sie dort auf jeden Fall mal rein, denn bei den Ports hat sich einiges geändert:

http://kb.vmware.com/selfservice/microsites/search.do?language=en_US&cmd=displayKC&externalId=2131180

2.4 Architektur eines vSphere-Hosts

Die Architektur eines vSphere-Hosts definiert sich aus verschiedenen Kernkomponenten (siehe Abbildung 2.4). Auf diese wollen wir im Folgenden eingehen.

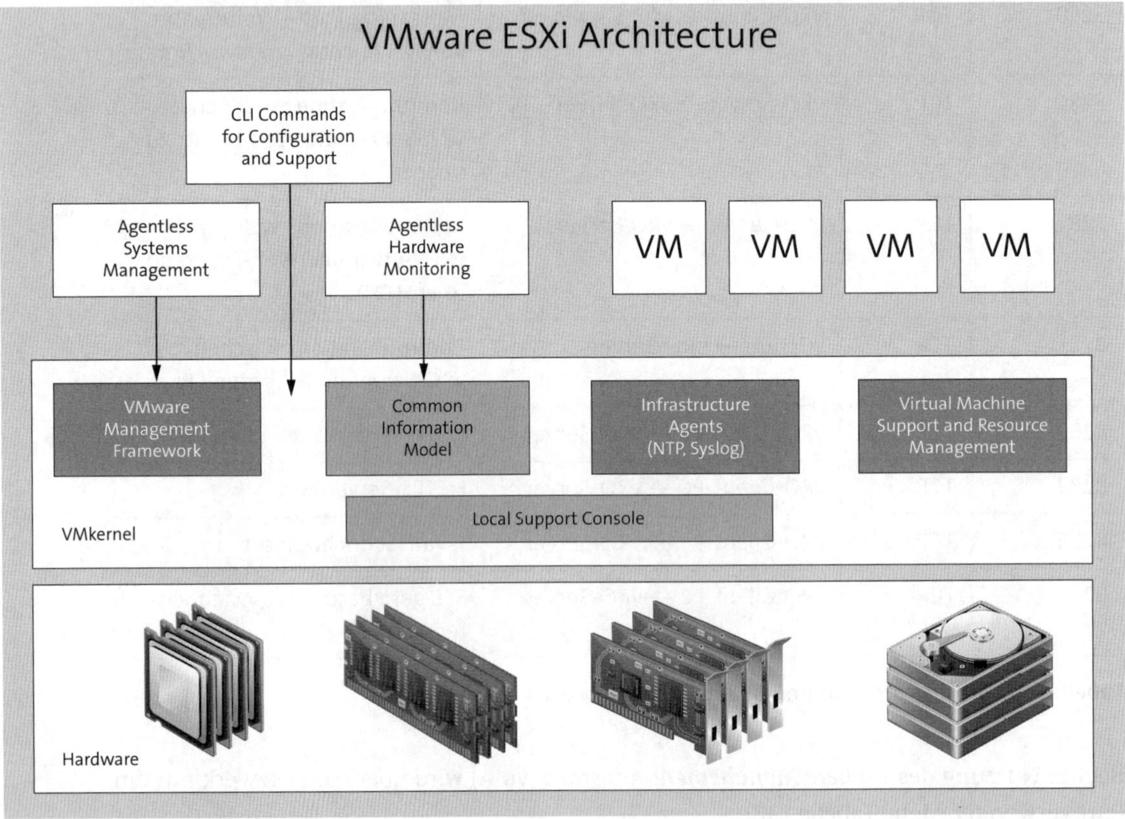

Abbildung 2.4 Struktur von VMware vSphere ESXi

VMkernel

Der VMkernel ist eine sehr schlanke Implementierung des Hypervisors. Er kontrolliert und verwaltet die meisten Ressourcen eines vSphere-ESXi-Servers. Die Regelung des Zugriffs auf die Ressourcen CPU, Memory und Disk wird mithilfe eines Schedulers erreicht. Der Kernel hat neben einem TCP/IP-Stack zur Netzwerkkommunikation auch einen Storage-Stack für die Kommunikation mit Speichermedien. Der VMkernel ist eine Eigenentwicklung von VMware und nicht, wie viele meinen, ein Linux-Derivat.

Reliable Memory

Seit der Version VMware vSphere 5.5 gibt es die Zusatzfunktion *Reliable Memory*. Zum genauen Verständnis ist es wichtig zu wissen, dass der Hypervisor von VMware nach dem Booten für seine Funktion keine Festplatte mehr benötigt, weil der gesamte Hypervisor in den Arbeitsspeicher geladen wird. Aus diesem Grund ist es wichtig, dass der Bereich im Arbeitsspeicher, in dem die Software abgelegt wird, keine »Probleme« bereitet. Mit der Funktion *Reliable Memory* hat VMware eine Engine implementiert, die den Arbeitsspeicher scannt, um mögliche problematische Bereiche zu erkennen. Stellt sie Probleme fest, wird der Hypervisor dort nicht abgelegt. Die »nicht mehr optimalen« Speicherzellen werden vom Hypervisor gemieden und er wird während der Laufzeit in andere Bereiche abgelegt.

VMware Management Framework

Sie können das System ohne zusätzlich zu installierende Agents verwalten. Ob Sie direkt auf den Host zugreifen oder den Host über einen vCenter Server managen, ist Ihnen dabei vollkommen freigestellt.

Common Information Model (CIM)

Mit dem *Common Information Model* gibt es eine offene Schnittstelle zum Management von Hardwareressourcen. Damit Ihre zum Einsatz kommende Hardware komplett unterstützt wird, müssen die passenden Treiber in dem ESXi-Image enthalten sein. Das Standard-Image von VMware bietet lediglich eine allgemeine Unterstützung. Arbeitet Ihr Hardwareanbieter nicht mit dieser freien Implementierung, müssen Sie bei ihm nach einem herstellerspezifischen Image fragen.

Infrastructure Agents

Die implementierten Infrastruktur-Agenten sind für das Syslogging, das SNMP-Handling und die Zeitsynchronisation zuständig. Zusätzlich werden hier die lokalen User verwaltet.

Resource Management

Der *Resource Manager* partitioniert die Hardware, um den virtuellen Maschinen mithilfe eines Share-Mechanismus die Ressourcen zur Verfügung zu stellen. Dabei werden die Einstellungen zur Reservierung und zur Limitierung der Ressourcen CPU und Memory beachtet sowie die Shares aller *Core Four* (CPU, Memory, Network und Disk) berücksichtigt. Der Resource Manager wird als Teilprozess des VMkernels gestartet.

Virtual Machine Support

Der *Virtual Machine Support* ist für die Virtualisierung der CPU zuständig. Er gibt die CPU-Befehle der virtuellen Maschine an die physische Hardware weiter. Außerdem kümmert er sich um die Verwaltung der virtuellen Maschine nach deren Start.

Hardware Interface Layer

Der *Hardware Interface Layer* setzt die Hardwareanfragen der VM in die physische Adressierung um und ermöglicht so eine Adressierung der Ressourcen. Außerdem koordiniert er die Bereitstellung des VMFS und der spezifischen Gerätetreiber. Er dient als Bindeglied zwischen dem VMkernel und der eigentlichen Server-Hardware.

2.5 Grundlagen der CPU-Virtualisierung

Eine Emulation bildet Prozessoranfragen des Gasts über *Software* ab. Der Gast hat in diesem Fall keinen direkten Zugriff auf die CPU. Ein Virtualisierer leitet die Prozessoranfragen des Gasts direkt an die *Hardware* weiter.

VMware vSphere ist ein Virtualisierer. Unter vSphere wird die CPU einer virtuellen Maschine direkt vom Host-System abgeleitet und auch für bestimmte Arten von CPU-Instruktionen teilweise physisch verwendet. Aus diesem Grunde sieht eine VM dieselbe CPU, wie sie im Host vorhanden ist (siehe Abbildung 2.5).

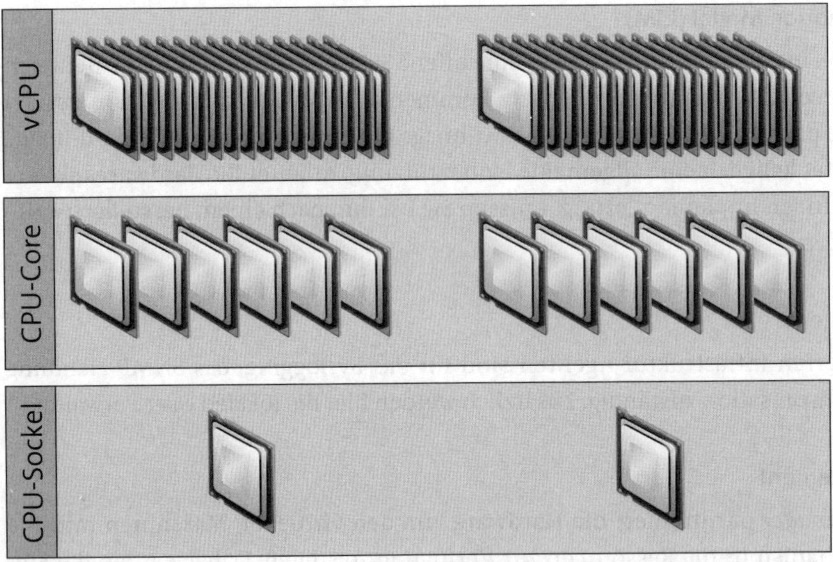

Abbildung 2.5 Zusammenhang zwischen physischen, logischen und virtuellen CPUs

Die virtuelle CPU einer VM kann CPU-Instruktionen in zwei verschiedenen Modi abarbeiten: im *Direct Execution Mode* und im *Virtualization Mode*. In den meisten Fällen werden die CPU-Instruktionen im Direct Execution Mode ausgeführt, der nahe an der Geschwindigkeit der realen CPU liegt. Sollte der Befehl nicht in diesem Modus ausführbar sein, wird der Virtualization Mode verwendet. Eine virtualisierte CPU bedient sich so oft wie möglich der realen physischen CPU-Ressource, und die Virtualisierungsschicht greift nur bei der Ausführung von bestimmten CPU-Instruktionen ein.

Durch diese Umsetzung entsteht der oft erwähnte Virtualisierungs-Overhead. Den Virtualisierungs-Overhead beschreiben wir näher in Abschnitt 2.6.2, »Memory-Overhead«, in Zusammenhang mit dem Arbeitsspeicher.

Dazu sei als Hintergrund erwähnt, dass eine CPU grundsätzlich vier Privilegierungsstufen hat, sogenannte *Ringe* oder auch *Domains* (siehe Abbildung 2.6). Ring 0 hat die höchste Priorität. Hier liegt der sogenannte *Supervisor Mode*, der manipulativ auf Hauptspeicher und Interrupts zugreifen darf. In dieser Stufe läuft normalerweise der Kernel des Betriebssystems, im Falle von VMware vSphere also der Hypervisor-VMkernel. In den Ringen 1 bis 3 liegt der User-Mode, wobei normalerweise nur Ring 3 genutzt wird; es gibt nur wenige Applikationen, die direkt auf Ring 1 oder Ring 2 zugreifen.

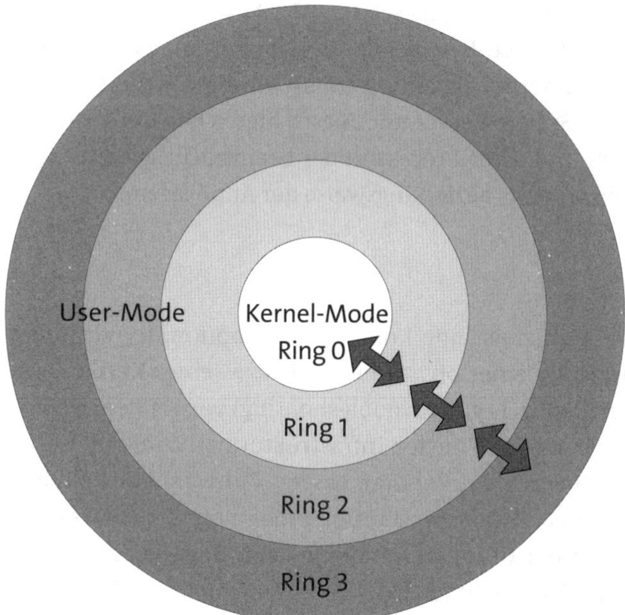

Abbildung 2.6 Ringstruktur der CPU

Bei einer virtuellen Maschine verhält sich das etwas anders: Die eigentlich an Ring 0 gestellten Anfragen des Betriebssystems werden an Ring 3 umgeleitet. Damit die Daten in Ring 1 bis 3 verarbeitet werden können, wird der physische Speicher in virtuelle Speicherseiten aufgeteilt. Der Memory-Controller (*Memory Management Unit*, MMU) übernimmt an dieser Stelle die Umsetzung von physischen Speicherinhalten in virtuelle. Damit der Programmcode auch richtig ausgeführt werden kann, enthält jede Speicherseite die Information, auf welchem Ring der Code ausgeführt werden muss. Um zu verhindern, dass ein solch komplexes System beeinflusst wird – z. B. durch Schadcode –, wurde das sogenannte *NX-Flag* kreiert (*No Execution Flag*). Diese Information hilft dem System, Daten von Programmcode zu unterscheiden. Dieser Mechanismus verhindert, dass Programmcode im Bereich der Daten ausgeführt werden kann.

Applikationen verwenden in der Regel den unprivilegierten Ring einer CPU, daher laufen diese Befehle im Direct Execution Mode. Wird hingegen eine Instruktion vom Betriebssystem ausgeführt, geschieht dies in der Regel modifizierend auf dem privilegierten Ring der CPU. Diese Anfragen werden von der Virtualisierungsschicht, dem VMM (Virtual Machine Monitor), abgefangen.

Dieser Managementaufwand wird als der *Virtualisierungs-Overhead* bezeichnet. Er hängt von der Arbeitslast der virtuellen CPU und der Menge der Aufrufe an den privilegierten Ring ab. Die Auswirkungen zeigen sich in verlängerten Laufzeiten der einzelnen Befehle und durch eine erhöhte CPU-Last.

Die reale CPU wird an das Betriebssystem der VM durchgereicht. Aus diesem Grund sind dem Betriebssystem auch die Besonderheiten der eingesetzten CPU bekannt. Verschiedene Betriebssysteme nutzen diese CPU-spezifischen Befehle. Es kann auch sein, dass der Gast während der Installation auf diese Besonderheiten hin optimiert wurde. Ein Verschieben einer solchen speziellen VM auf andere vSphere-Server mit unterschiedlichen CPUs – insbesondere beim Wechsel zwischen Intel- und AMD-Prozessoren – beeinträchtigt unter Umständen die Funktionalität des Betriebssystems beziehungsweise der Applikation.

2.5.1 CPU-Affinität

Die *CPU-Affinität* (engl. *CPU affinity*) bezeichnet eine Konfigurationsoption der virtuellen Maschine, und zwar die direkte Zuweisung einer physischen CPU bzw. eines Kerns. Diese Technik sollten Sie nur in Ausnahmefällen (z. B. zum Troubleshooting) verwenden, weil sie etliche Auswirkungen auf andere Bereiche der virtuellen Infrastruktur hat. Zum einen wird dadurch die CPU-Lastverteilung des ESXi-Servers außer Kraft gesetzt. Zum anderen kollidiert diese CPU-Zuordnung mit eventuell vorgenommenen Einstellungen von CPU-Shares und CPU-Reservierung. Durch das Umgehen der CPU-Lastverteilung kann der Hypervisor den Forderungen seitens der VM eventuell nicht mehr nachkommen. Die mögliche Virtualisierungsquote und die Flexibilität reduzieren sich. Die Nutzung von vMotion ist durch die CPU-Affinität eingeschränkt, und DRS verhindert diese sogar.

2.5.2 Hyperthreading

Der vSphere-Server unterstützt die Hyperthreading-Technologie von Intel. Diese bietet bei Nutzung von Ein-Sockel-Prozessoren der Pentium 4- und der Xeon-Reihe ein auf Hardwareebene realisiertes Multithreading zur Verbesserung der CPU-Performance. Lange Zeit gab es keine neuen Hyperthreading-fähigen CPUs, bis Intel dieses Feature in den 5500-Xeon-Prozessoren wieder integrierte. Dabei kann ein physischer Core – im Intel-Wortgebrauch wird er als »Hyperthread« bezeichnet – gleichzeitig zwei Threads ausführen. Er verhält sich mit aktiviertem Hyperthreading ähnlich wie zwei logische Cores. Sofern ein Betriebssystem und die darauf laufenden Applikationen mehrere CPUs nutzen können, sind hierdurch Geschwindigkeitsvorteile möglich. Dabei reicht die Performance nicht an eine Verdoppelung heran, wie sie durch eine Dual-Core-VM erreicht würde. Ungeeignete Applikationen werden durch die Hyperthreading-Technologie unter Umständen auch verlangsamt, wenn sie zu viel der gemeinsam genutzten Ressourcen eines Cores verwenden.

Auf der Hardwareebene muss das Hyperthreading im BIOS aktiviert sein. Im Host ist Hyperthreading per Default aktiv; bei Bedarf deaktivieren Sie es über den Webclient im Tab MANAGE eines vSphere-Hosts unter SETTINGS • HARDWARE • PROCESSORS • EDIT (siehe Abbildung 2.7). Bedenken Sie bitte beim Einsatz von Hyperthreading, dass ein vSphere-Host nur eine bestimmte Anzahl von CPUs unterstützt.

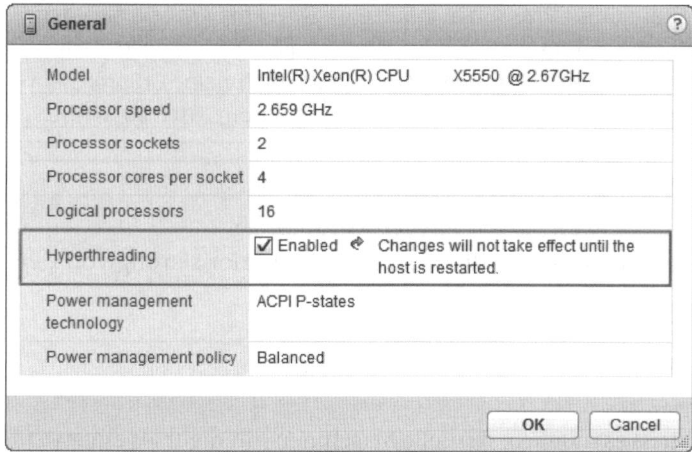

Abbildung 2.7 Aktivierung des Hyperthreadings auf dem vSphere-Host

Der vSphere-Server verteilt die Last zwischen den Cores, um eine ausgewogene Auslastung zu erreichen. Wenn für eine logische CPU keine Last gefordert wird, wird sie in einen speziellen *Halt State* geschaltet. Dabei kann eine andere VM auf dem Core von den zusätzlichen freien Ressourcen dieser CPU profitieren.

Um virtuelle Maschinen mit für Hyperthreading problematischen Anwendungen ohne dieses Feature zu betreiben, bietet vSphere auf Ebene der VM drei verschiedene Verhaltensmodi an (siehe Tabelle 2.19). Die Einstellung erreichen Sie über die Settings der VM: SETTINGS • VIRTUAL HARDWARE • CPU • HT SHARING.

Parameter	Funktion
ANY	Dies ist die Standardeinstellung. Sie ermöglicht es, die logischen CPUs eines Cores entweder mit einer weiteren virtuellen CPU derselben VM oder einer virtuellen CPU einer anderen VM zu teilen. Diese Einstellung bietet die optimale Performance, sofern die Anwendungen dafür ausgelegt sind.

Tabelle 2.19 Hyperthreading-Parameter

Parameter	Funktion
NONE	Diese Einstellung schaltet das Hyperthreading pro virtueller Maschine aus. Eine virtuelle CPU wird einer logischen CPU eines Cores zugeordnet, und die zweite logische CPU wird in den Halted State geschaltet. Da diese Einstellung eine virtuelle CPU vom restlichen System isoliert, wird diese Konfiguration für Hyperthreading-problematische Applikationen verwendet und sollte nur nach Aufforderung durch den VMware-Support oder den Support des Anwendungsherstellers implementiert werden.
INTERNAL	Diese Einstellung beschränkt die Nutzung der zwei logischen CPUs auf eine VM und gilt daher nur für VMs mit aktiviertem vSMP. Eine VM teilt sich den Core nicht mit anderen VMs, sondern der Core wird nur für die virtuellen CPUs einer VM verwendet. Haben Sie diese Einstellung für eine Uniprozessor-VM ausgewählt, schaltet vSphere diese Einstellung automatisch auf NONE.

Tabelle 2.19 Hyperthreading-Parameter (Forts.)

Diese Einstellungen haben keinen Einfluss auf die Verteilung und Priorisierung von CPU-Ressourcen an die virtuelle Maschine.

2.5.3 Virtual SMP (vSMP)

Auch in virtuellen Umgebungen ist es möglich, virtuelle Maschinen mit mehr als einer vCPU zu erstellen. Die aktuelle Version von VMware vSphere unterstützt bis zu 32 virtuelle CPUs pro VM. VMware nennt diese Funktion *Virtual SMP* (Symmetric Multi Processing) oder auch vSMP. Dabei ist einiges zu beachten: Grundsätzlich – und das unterscheidet eine virtuelle Maschine nicht von einem physischen Server – ist nicht jede Applikation multiprozessorfähig. Vor der Erzeugung einer vSMP-Maschine sollten Sie dies abklären und dabei nicht nur das Betriebssystem (achten Sie auf die HAL bzw. den Kernel), sondern auch die Anwendung beachten.

Schauen wir noch einmal zurück auf den Beginn von Abschnitt 2.5, »Grundlagen der CPU-Virtualisierung«, wo wir den logischen Aufbau einer CPU erklärt haben. Da es allen CPUs einer VM möglich sein muss, auf identische Speicheradressen zuzugreifen – auch beim Cache –, wird sofort klar, dass eine virtuelle Maschine mit mehreren CPUs am leistungsfähigsten arbeiten kann, wenn alle virtuellen Prozessoren auf einer logischen oder physischen CPU liegen. Liegen die Prozessoren auf unterschiedlichen Sockeln, dann können die virtuellen CPUs nicht in optimaler Geschwindigkeit miteinander kommunizieren. Die Ursache dafür ist, dass der Informationsaustausch der CPUs untereinander über den Frontside-Bus erfolgen muss. Ein ähnliches Verhalten zeigt sich bei der Überschreitung der NUMA-Grenzen. Die Geschwindigkeitseinbußen sind dabei aber nicht so groß wie im vorhergehenden Fall.

Auch beim Betriebssystem müssen Sie auf einiges achten. Denken Sie bitte daran, dass Sie bei mehreren CPUs in einer VM einen Multiprozessor-Kernel installieren müssen. Einen Weg zurück – zumindest bei Windows-VMs – unterstützt Microsoft nicht. Manche Betriebssysteme haben Einschränkungen bei der Anzahl der CPUs, nicht aber bei der Anzahl der Cores!

Sehen wir uns nun an, wie VMware mit dem Thema vSMP und der Tatsache umgeht, dass freie Ressourcen anderen VMs zur Verfügung gestellt werden. Während eine CPU im physischen Umfeld exklusiv einem Betriebssystem zur Verfügung steht, teilen sich die virtuellen Maschinen die CPU-Zyklen. Zur optimalen Abarbeitung der Prozesse werden diese in einem SMP- bzw. vSMP-System parallelisiert. Steht eine teilprozessabarbeitende Instanz nicht zur Verfügung, müssen alle anderen Teilprozesse so lange warten, bis auch dieser Prozess parallel zu den anderen abgearbeitet wurde. Diese Art der parallelen Abarbeitung wird auch *Co-Scheduling* genannt und dient grundsätzlich dazu, die Performance eines Systems zu erhöhen.

Es könnte vorkommen, dass ein Watchdog-Timer auf einen Schwesterprozess warten muss. Reagiert dieser Prozess aber nicht in einem passenden Zeitfenster, stirbt er. Zur Messung dieser Varianzen wird der sogenannte *Skew* herangezogen. Dieser Wert repräsentiert den zeitlichen Unterschied zwischen den Prozessteilen. Überschreitet der Skew einen definierten Schwellenwert, dann wird die CPU der VM mit angehalten (*co-stopped*). Sie wird erst wieder mitgenutzt (*co-started*), wenn genügend Ressourcen für die Abarbeitung auf der physischen CPU vorhanden sind. Der Co-Stop verhindert, dass der Skew-Wert sich erhöht; dieser kann nur sinken.

Mit dem *Relaxed Co-Scheduling* wurde mit ESXi 3 eine Funktion eingeführt, die dafür sorgt, dass angehaltene vCPUs keine Skew-Wert-Erhöhung mehr erfahren. Somit wird ein zu häufiges Co-Scheduling verhindert (siehe Abbildung 2.8).

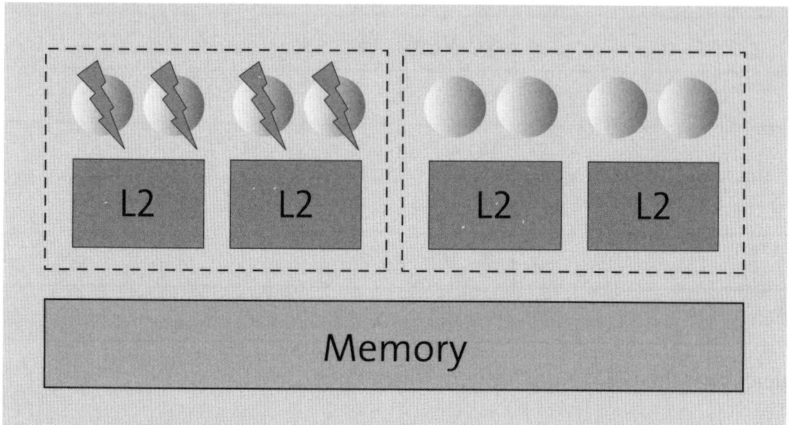

Abbildung 2.8 SMP-Handling unter ESXi 3

Der Skew-Wert hat aber noch eine weitere Funktion: Der VMkernel nutzt diesen Wert, um die Arbeitslast auf die physischen CPUs zu verteilen. Eine geskewte CPU hat Rechenzeit übrig, die andere VMs nutzen können.

vSphere bringt wesentliche Änderungen gegenüber ESXi 3 mit, da neben der deutlichen Minderung des Co-Stoppings nun auch die Nutzung aller Prozessorkerne ermöglicht wird (siehe Abbildung 2.9).

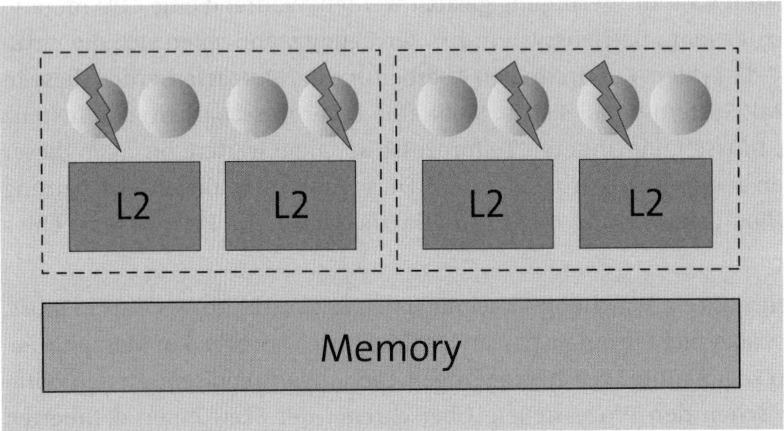

Abbildung 2.9 SMP-Handling seit ESXi 4

Dadurch wurde ein wesentliches Problem der ESXi-3-Welt gelöst, da CPU-Anfragen der VMs teilweise unnötig warten mussten, weil nicht genügend Kerne einer physischen CPU verfügbar waren. Somit hat der CPU-Scheduler ab ESXi 4 wesentlich mehr Möglichkeiten, CPU-Anfragen zu verteilen (siehe Tabelle 2.20).

ESXi 3.x	ESXi 4
V0, V1, V2, V3	V0, V1, V2, V3
V0, V1, V2	V0, V1, V2
V0, V1, V3	V0, V1, V3
V0, V1	V0, V1
–	V0, V2
–	V1, V2

Tabelle 2.20 SMP-Vergleich zwischen ESXi 3 und seinem Nachfolger

Seit vSphere 5.x hat sich eine weitere Änderung an dieser Stelle ergeben, die die Performance noch einmal erheblich steigert: VMware führt die *NUMA*-Architektur (*Non-Uniform Memory*

Access) in die VM ein (siehe Abbildung 2.10). Die Voraussetzung ist die virtuelle Hardware Version 8. Die Funktion wird bei VMs mit mehr als acht virtuellen CPUs automatisch aktiviert. Unterstützt wird diese Funktion sowohl von Intel- als auch von AMD-CPUs.

Lassen Sie uns zuerst darauf eingehen, was NUMA genau ist. NUMA ist interessant für Multiprozessorsysteme. Hier hat jede CPU ihren lokalen Arbeitsspeicher, den sie aber auch anderen CPUs zur Verfügung stellen kann. Auf physischer Ebene erkennen Sie das daran, dass jede CPU ihre eigenen Speicherbänke besitzt. Im Sinne einer guten Performance sollten diese Bänke auch symmetrisch mit Memory bestückt werden. Eine solche Kombination von CPU plus zugehörigem Speicher nennt man *NUMA-Knoten*. In Abbildung 2.10 sehen Sie eine CPU mit zwei NUMA-Knoten, die wie empfohlen symmetrisch mit 16 GB Arbeitsspeicher ausgestattet sind.

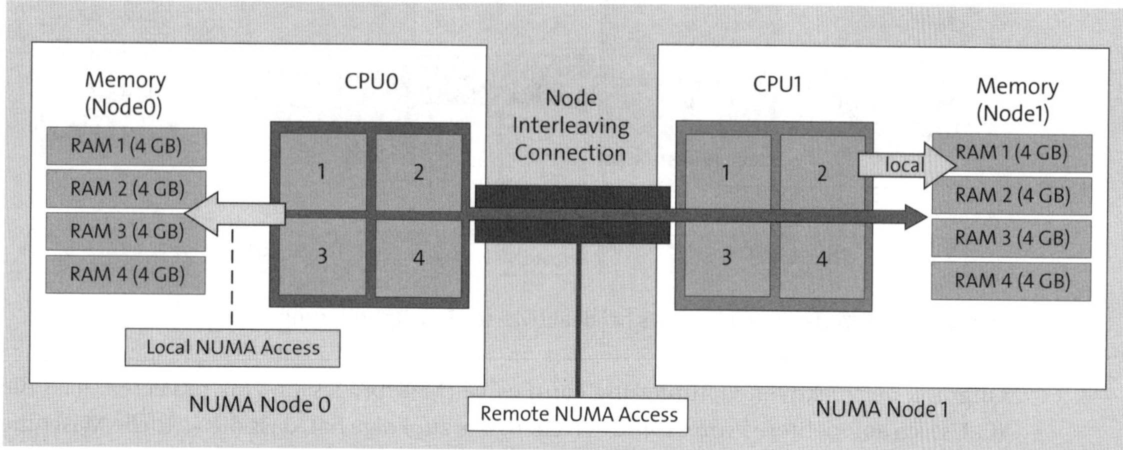

Abbildung 2.10 Die NUMA-Architektur

So wird gewährleistet, dass überwiegend auf schnellen lokalen Speicher zugegriffen werden kann. Das macht sich positiv bei der Gesamt-Performance bemerkbar, denn mehrere Prozessoren können nicht konkurrierend auf Speicherbereiche zugreifen. Mit der extremen Steigerung der Cores pro Prozessor ist das ein immer größer werdendes Problem. Gerade bei hochlastigen Anwendungen könnten sich die CPUs bzw. Cores untereinander ausbremsen.

Benötigt ein Kern nun mehr Arbeitsspeicher, als die eigene CPU direkt adressieren kann, so kann er diesen anfordern. Über einen Remote-NUMA-Zugriff kann der Speicher einer anderen CPU angefordert und für die eigenen Belange genutzt werden. Dass dieser Zugriff langsamer ist als das Nutzen des eigenen Speichers, müssen wir wohl nicht extra erwähnen.

Welche Vorteile oder Nachteile hat das für eine virtuelle Maschine? Lassen Sie uns tiefer einsteigen und die möglichen Szenarien betrachten. Eine NUMA-VM bekommt einen sogenannten *Home-Node*. Das bedeutet, sie bekommt damit einen Prozessor und Speicher zugewiesen. Braucht eine VM Speicher, so wird er optimalerweise vom Home-Node zugewiesen.

Dadurch sind schnelle Zugriffszeiten garantiert. Ist der Workload in einem Home-Node zu hoch, kann bzw. wird die VM auf einen anderen Home-Node verschoben. Gewährleistet werden kann das aber nur, wenn die ESX-Optimierung aktiv ist. Ist sie nicht aktiv, tritt nicht selten ein Fall auf, wie er in Abbildung 2.11 dargestellt ist.

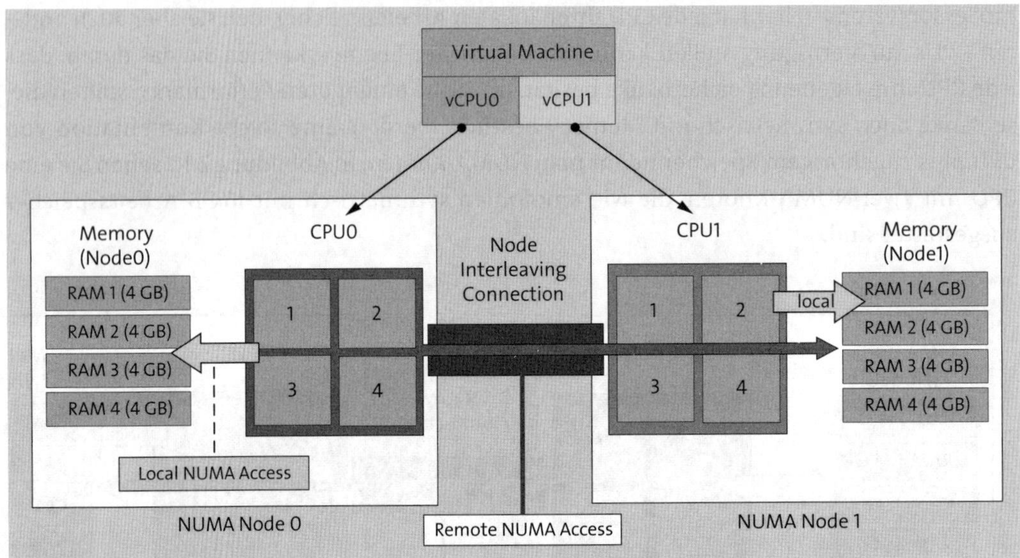

Abbildung 2.11 Verteilung der vCPUs bei deaktivierter ESX-Optimierung

Aufgrund der inaktiven Optimierung kann es bei Mehrprozessor-VMs passieren, dass die vCPUs sich auf mehrere Prozessoren verteilen, was zur Folge hat, dass die virtuelle Maschine nicht optimal arbeiten kann. In der Grundkonfiguration aktiviert sich NUMA automatisch in der virtuellen Maschine mit der virtuellen Hardwareversion 8. Da stellt sich sofort die Frage, wie Sie die ESX-Optimierung aktivieren können (siehe Abbildung 2.12). Lassen Sie uns das Pferd an dieser Stelle von hinten aufzäumen, denn es ist einfacher, die Konfigurationen aufzulisten, die eine NUMA-Optimierung verhindern:

- NUMA ist in der BIOS-Konfiguration des Servers deaktiviert.
- CPU-Affinitätsregeln binden die virtuelle Maschine an Cores, die auf unterschiedlichen NUMA-Knoten liegen.
- Die VM nutzt mehr Arbeitsspeicher, als ein NUMA-Knoten direkt adressieren kann.
- Es werden in der VM mehr CPU-Kerne genutzt, als ein NUMA-Knoten bereitstellen kann.
- Es sind weniger als vier Cores insgesamt oder 2 Cores pro NUMA-Knoten nutzbar.

Bei den zuletzt genannten Werten handelt es sich um die Standardeinstellungen des ESXi-Hosts. Diese können Sie in den Advanced Settings unter dem Punkt NUMA an Ihre Bedürfnisse anpassen. Die Werte Numa.RebalanceCoresTotal und Numa.RebalanceCoresNode sind für diese Einstellungen verantwortlich.

Es handelt sich also um eine Funktion, die speziell auf die Performanceoptimierung von Mehrprozessor-VMs abzielt.

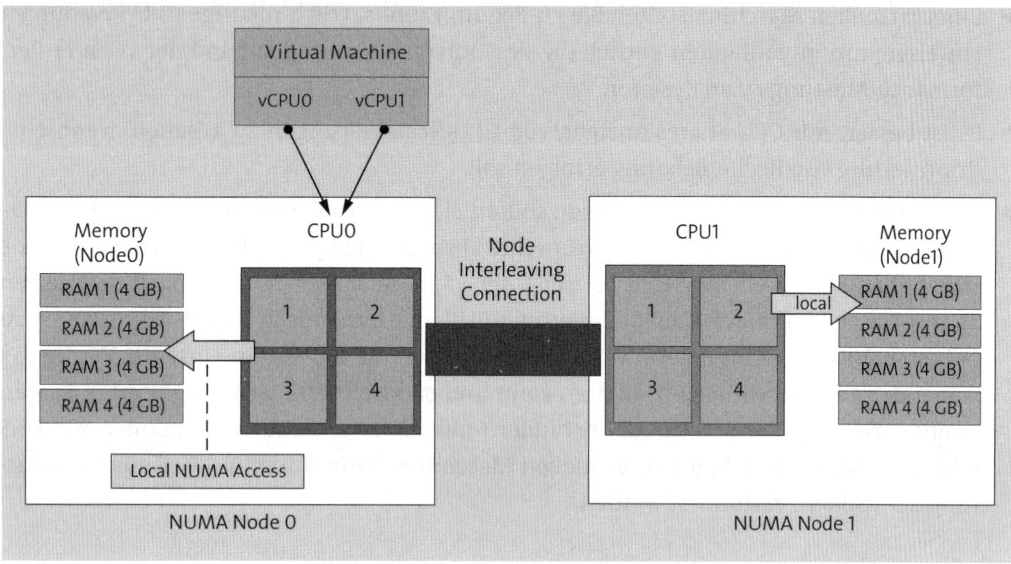

Abbildung 2.12 Aktivierte ESX-Optimierung: Die VM liegt auf einem NUMA-Knoten.

Es gilt zwar auch weiterhin unter vSphere vSMP, dass weniger mehr ist, allerdings ist es wesentlich entspannter geworden, Mehrprozessor-VMs zu verwenden. Das Hauptkriterium sollten immer noch die Anforderungen der Anwendung und des Systems sein und nicht der Gedanke, dass mehr CPUs auch automatisch mehr Leistung bedeuten.

Bedenken Sie aber bitte auch hier, dass es zwar möglich ist, VMs anzulegen, deren Anzahl von vCPUs der Anzahl der gesamten Cores der unterliegenden Hardware entspricht, aber in diesem Fall ist es nicht unwahrscheinlich, dass viele Remote-NUMA-Zugriffe stattfinden. Das bedeutet, dass die Prozessoren untereinander auf ihre Speicherbereiche zugreifen.

Für eine optimale Performance sollte somit eine virtuelle Maschine maximal so viele vCPUs besitzen, wie physische Cores auf einer CPU vorhanden sind. Diese Performance-Einschränkung greift auch, wenn Sie einer VM mehr Arbeitsspeicher zuweisen, als ein NUMA-Knoten – sprich eine physische CPU – direkt adressieren kann, ohne remote auf den Bereich einer anderen CPU zugreifen zu müssen.

2.5.4 Best Practices

Nachfolgend finden Sie einige Empfehlungen zum Umgang mit CPU-Reservierung, -Limits und -Shares:

- Erfahrungsgemäß werden Prozessoren nicht zurückgerüstet, auch wenn sie eigentlich nicht benötigt werden. Bei Mehrprozessor-VMs fangen Sie einfach mit einer Zweiprozessor-Maschine an. Weitere Prozessoren lassen sich immer noch später hinzukonfigurieren. Vergeben Sie niemals mehr Prozessoren, als sich Cores auf der CPU befinden.

- Einer virtuellen Maschine sollten Sie zu Beginn grundsätzlich niedrige CPU-Ressourcen zuweisen, um im laufenden Betrieb die Ressourcenauslastung anhand der vCenter-Performance-Messung zu analysieren.
- Es ist besser, mit CPU-Shares anstelle von CPU-Reservierungen zu arbeiten, wenn eine Priorisierung von Rechenleistung erfolgen soll.
- Beim Einsatz von CPU-Reservierungen sollten Sie das aktuelle Minimum definieren, das eine VM benötigt, nicht aber die gewünschte absolute Menge an CPU in MHz. Wenn eine VM mehr Ressourcen benötigt, so weist der vSphere-Server diese, je nach definierten Shares, bis zu einem eventuell definierten CPU-Limit dynamisch zu. Des Weiteren ist zu beachten, dass der Einsatz von CPU-Reservierungen die auf einem Host zur Verfügung stehenden CPU-Ressourcen limitieren kann und dadurch weniger VMs gestartet werden können. Zu hohe Reservierungen behindern möglicherweise auch Funktionen wie DRS oder HA. Das Verschieben von virtuellen Maschinen kann durch die Ressourcenauslastung der vSphere verhindert werden.

2.6 Grundlagen der Memory-Virtualisierung

Der physische Speicher eines Hosts wird in zwei Segmente unterteilt: *System* und *Virtual Machines*. Der Speicherbereich für das System wird vom VMkernel und von den Gerätetreibern verwendet und ist nicht konfigurierbar. Er wird mit einer Größe von mindestens 50 MB beim Starten des vSphere-Hosts angelegt und variiert je nach Anzahl und Art der verwendeten PCI-Geräte und deren Treibern. Der Speicherbereich für virtuelle Maschinen ist der Rest des physischen Speichers und wird komplett für die VMs genutzt.

Zur Verdeutlichung erklären wir zunächst die generelle Nutzung von Speicher innerhalb eines Betriebssystems. Speicher wird in einem Betriebssystem über virtuelle Speicheradressen erreicht, die auf physische Adressen verweisen (siehe Abbildung 2.13). Ein Zugriff von einer virtuellen Maschine auf den physischen Speicher eines vSphere-Hosts ist nicht erlaubt. Um den virtuellen Maschinen Speicher zur Verfügung zu stellen, bietet vSphere eine weitere, virtuelle Schicht. Diese gaukelt der VM die physischen Speicheradressen vor.

Im VMware-Jargon heißt der physische Speicher im Host *Machine Memory Pages*, und die der VM virtualisiert vorgegaukelten physischen Speicherseiten nennen sich *Physical Memory Pages*. Die Physical Memory Pages für eine VM sind – so wie es ein Betriebssystem erwartet – durchgängig mit Nullen gefüllt. Sie sind durch die Virtualisierungsschicht aus verschiedenen Bereichen, aber nicht zusammenhängend, zusammengefasst. Diese Bereiche sind z. B. normale, physische Speicherbereiche (Machine Memory Pages) von vSphere Shared Pages oder auch Swapped Pages.

Das virtuelle Speichermanagement erfolgt durch den Host über den VMkernel, unabhängig von dem Betriebssystem, das in der VM läuft. Der VMkernel greift von der VM alle Befehle ab, die auf den Speicherbereich schreibend zugreifen möchten, und leitet sie auf die der VM vorgegaukelten Physical Memory Pages um.

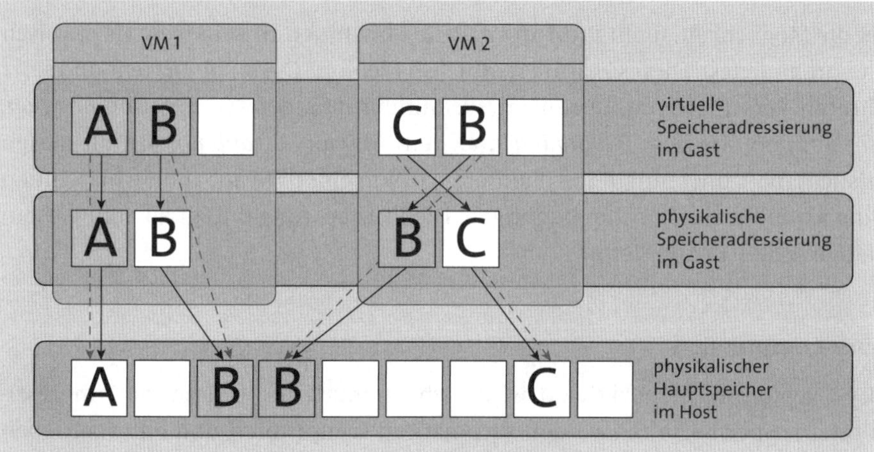

Abbildung 2.13 Speicheradressierung zwischen VM und Host

Der Speicher wird normalerweise in 4-KB-Blöcke eingeteilt. Es werden aber auch Memory-Blöcke von 2 MB unterstützt. Diese Funktion können Sie nur pro VM konfigurieren. Dazu aktivieren Sie in dem Konfigurations-File die Funktion `Mem.AllocGuestLargePage=1`. Dies ist empfehlenswert, wenn die VM große Speicherseiten benötigt, wie z. B. ein Datenbank-Server.

2.6.1 Virtual Machine Memory

Der Speicherbereich, der für die VMs zur Verfügung steht, wird *Virtual Machine Memory* genannt und bietet allen VMs die Speicherressourcen des vSphere-Servers abzüglich eines Virtualisierungs-Overheads. Dem Betriebssystem wird vorgegaukelt, dass der Speicher, der in der Konfiguration festgelegt wurde, auch vorhanden ist. Der physisch zugewiesene Speicher kann aber variieren – bis zum konfigurierten Maximum. Auch hier setzen Sie über die Einstellung der Shares-Werte eine Priorität gegenüber den anderen VMs, die auf demselben Host arbeiten. Eine Reservierung weist den Speicher der virtuellen Maschine fest zu.

2.6.2 Memory-Overhead

Der Memory-Overhead hängt von der Anzahl der CPUs und natürlich von dem der VM zugewiesenen Speicher ab. Dieser Memory-Overhead stellt einen Speicherbereich zur Verfügung, um VM-Frame-Buffer sowie verschiedene Virtualisierungsdatenstrukturen abzulegen. Die Nutznießer dieses Speichers sind der vmx-Prozess (Virtual Machine Executable), der VMM

(Virtual Machine Monitor), Speicher für die Verwaltung von Geräten und Speicher für das Management und die benötigten Agenten.

2.6.3 Memory-Overcommitment

vSphere bietet die Möglichkeit, mehr RAM an virtuelle Maschinen zu vergeben, als physisch im Host selbst vorhanden ist. Dieses Feature nennt sich *Memory-Overcommitment* und setzt sich aus mehreren verschiedenen Techniken zusammen: aus der *Memory-Compression*, dem *Page-Sharing*, dem *Memory-Ballooning* und dem *Memory-Swapping*. Mit all diesen Techniken versucht man, ungenutzte Speicherbereiche von einer VM auf andere Maschinen zu verteilen, die aktuell mehr Speicher benötigen. Die Priorisierung erfolgt auch in diesem Fall über die eingestellten Share-Werte.

2.6.4 Memory-Compression

Ist das Memory-Overcommitment aktiviert, wird auch automatisch die Memory-Compression eingeschaltet. Die Speicherseiten werden automatisch komprimiert und im Arbeitsspeicher vorgehalten. Die Performance ist dabei nur geringfügig eingeschränkt, denn der Zugriff auf den Arbeitsspeicher ist allemal schneller, als wenn das System auf geswappte Daten zugreifen muss. Zwei Einstellungen beeinflussen dabei das Verhalten der Funktion. In den ADVANCED SETTINGS lässt sich die Funktion ganz deaktivieren, indem Sie den Parameter MEM.MEMZIPENABLE auf 0 setzen. Der Parameter MEM.MEMZIPMAXPCT gibt prozentual an, wie viel Speicher der VM maximal als Kompressions-Cache genutzt werden soll. Der Standardwert dieses Parameters liegt bei 10 %.

2.6.5 Content-based Page-Sharing

Die Page-Sharing-Technik wird beim Betrieb von mehreren VMs auf einem Host verwendet. Es wird versucht, identische Memory-Pages der VMs zusammenzufassen. Die dabei beobachtete Speicher-Blockgröße ist so klein, dass es vollkommen unerheblich ist, ob auf den virtuellen Servern identische Software installiert ist oder nicht.

Trotzdem gelingt dies umso besser, je homogener die verschiedenen Gastbetriebssysteme sind, also wenn mehr identische Server-Applikationen auf ihnen laufen. Ein gutes Beispiel ist eine Server-Farm mit identischen Webservern, die aber alle unterschiedlichen Webcontent hosten. Es ist zu erwarten, dass diese Systeme eine große Anzahl von identischen Speicherblöcken haben, die von der VMM zusammengefasst werden können. So werden redundante Speicherinhalte eliminiert. Will nun eine der virtuellen Maschinen einen solchen Speicherbereich beschreiben, dann wird für diesen Server eine Kopie des Speicherblocks exklusiv angelegt, sodass er ihn frei nutzen kann. Bei dieser Technik sind bis zu 30 % Speicherersparnis erreichbar. Bei weniger homogenen Memory-Inhalten reduziert sich die Ersparnis auf circa 5 %.

2.6.6 Memory-Ballooning

Das in Abschnitt 2.6.3 beschriebene Memory-Overcommitment kann nur dann einwandfrei funktionieren, wenn dem Host ein Mechanismus zur Verfügung steht, der das Management des Arbeitsspeichers im virtuellen System übernimmt, und das natürlich im laufenden Betrieb. Dafür ist das sogenannte *Memory-Ballooning* zuständig (siehe Abbildung 2.14).

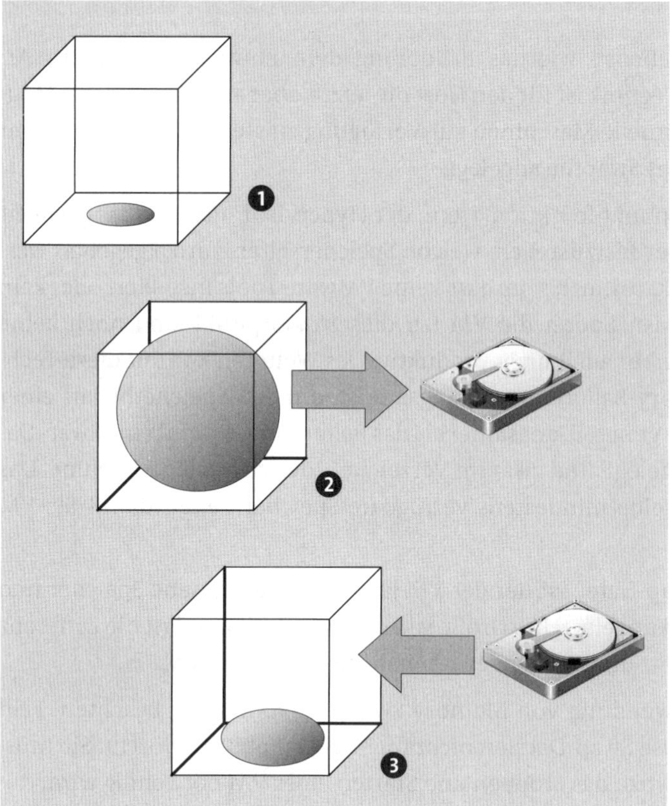

Abbildung 2.14 Darstellung des Memory-Balloonings

Der Memory-Balloon-Treiber (*vmmemctl*) kommt ins Spiel, wenn der Speicher eines Hosts zu knapp wird oder wenn eine VM an ihre Speichergrenzen stößt. Braucht der Host Speicher, dann hat das Ballooning immer Vorrang vor dem Swappen.

Wird Speicher benötigt, dann gibt der VMM dem Ballooning-Treiber das Kommando zur Anforderung von Speicher vom OS (siehe Abbildung 2.14, ❶). Ist genug Speicher vorhanden, gibt die VM demjenigen Treiber Speicher, der in der Free-List steht. Ist kein freier Speicher vorhanden, wird es dem Gast-OS überlassen, welcher Speicher freigegeben werden kann.

Der vSphere-Kernel gibt im Hintergrund die vom Ballooning-Treiber markierten Speicherseiten frei, bis genug Speicher für den Host akquiriert worden ist ❷. Anschließend beginnt der Ballooning-Treiber, den reservierten Speicher wieder freizugeben ❸.

Das Verhalten des Memory-Balloonings können Sie pro vSphere-Server durch den Parameter SCHED.MEM.MAXMEMCTL festlegen. Dieser Wert bestimmt die maximale Speichermenge, die durch diese Technik von einer virtuellen Maschine abgezogen werden kann, und wird in Megabytes angegeben.

2.6.7 Memory-Swapping

Das *Memory-Swapping* dient ebenso wie das Ballooning dem Zuweisen von mehr Arbeitsspeicher an die VM. Diese Technik ist für den Host die letzte, aber auch langsamste Möglichkeit, Speicher für andere virtuelle Maschinen zur Verfügung zu stellen. Beim Start einer VM wird automatisch ein solches Swapfile angelegt.

Das Swapping tritt zu dem Zeitpunkt in Aktion, wenn der Hypervisor nicht die Möglichkeit hat, über den Ballooning-Treiber festzustellen, welche Speicherseiten zurückgegeben werden können. Die Ursache dafür kann auch sein, dass keine VMware Tools installiert oder kein Ballooning-Treiber vorhanden ist. Bootet die VM (zu diesem Zeitpunkt sind noch keine VMware Tools aktiv), ist der Treiber auch nicht produktiv. Des Weiteren kommt diese Technik zum Zuge, wenn das Memory-Ballooning zu langsam ist, um den Speicherbedarf einer VM zu decken. Das Swapping ist generell langsamer als das Ballooning. Es wird eine Swap-Datei pro VM auf dem Volume abgelegt, und zwar im Verzeichnis der virtuellen Maschine. Das Swapping garantiert einer VM eine mindestens verfügbare Speichermenge, damit die VM starten kann.

Dieser Speicherbereich, die Swap-Datei, ist der der VM jetzt neu zugewiesene Speicher und wird beim Einschalten einer VM angelegt. Die Größe variiert je nach VM und ist die Differenz zwischen dem Reservierungswert und dem zugewiesenen Speicher einer VM.

Eine Besonderheit bei der Verwendung von Memory-Swapping sollten Sie beachten: Fällt der ESXi-Server aus, werden diese Swap-Dateien nicht mehr automatisch gelöscht. Sie müssen sie dann manuell löschen, wozu das Stoppen und Starten einer VM notwendig wird.

Ein gibt noch ein Feature von VMware vSphere: Es nennt sich *Swap to Host Cache*. Was soll damit erreicht werden? Voraussetzung für die Nutzung der Funktion ist das Vorhandensein einer lokalen SSD-Platte im vSphere-Host. Sie können diese Platte als lokale Swap-Disk für die virtuellen Maschinen einrichten. Der Vorteil liegt auf der Hand: Wenn schon geswappt werden muss, dann erfolgt das auf einer sehr schnellen lokalen Disk.

2.6.8 Best Practices

Im Folgenden finden Sie einige Empfehlungen zum Umgang mit Memory-Reservation, Memory-Limits und Memory-Shares:

- Grundsätzlich sollten Sie den Einsatz von Memory-Overcommitment vermeiden. Es bewirkt auf jeden Fall eine Verlangsamung. Sollte die Überbelegung des Speichers unvermeidbar sein, achten Sie darauf, dass nicht das Memory-Swapping genutzt wird, denn es reduziert die Performance einer VM deutlich.

- Sie sollten Memory-Shares gegenüber Memory-Reservierungen den Vorzug geben. Das gilt auch hier nur für die Priorisierung.
- Beim Einsatz von Memory-Reservierungen sollten Sie ein Minimum an RAM definieren, den eine VM benötigt. Falls eine VM mehr Ressourcen benötigt, so werden diese vom Host, je nach Shares, bis zum eventuell definierten Memory-Limit dynamisch zugewiesen. Beachten Sie außerdem, dass der Einsatz von Memory-Reservierungen die auf einem vSphere-Server zur Verfügung stehenden Speicherressourcen limitiert. Somit können weniger VMs gestartet werden – selbst dann, wenn andere VMs den reservierten Speicherbereich nicht nutzen. Auch kann das *Distributed Resource Scheduling* (DRS) in seiner Funktion behindert werden, da hier die Ressourcenauslastung des Hosts ein Verschieben von virtuellen Maschinen verhindert. Sie können diese Einschränkung aber umgehen, indem Sie die Slot-Size in der Cluster-Konfiguration von Hand ändern.
- Ein Delegieren des Ressourcen-Managements erreichen Sie idealerweise durch die Einführung von Ressourcen-Pools. Dabei geben Sie die Grenzen des Ressourcen-Pools an (also die Reservierung und das Limit), um die darin laufenden virtuellen Maschinen von den weiteren Ressourcen eines Hosts zu isolieren.

2.7 Grundlagen der Hardwarevirtualisierung

Wie wir bis jetzt gezeigt haben, wird bei der klassischen Virtualisierung dem Gast eine virtuelle Hardware zur Verfügung gestellt. Das sehen Sie sehr schön, wenn Sie eine virtuelle Maschine booten: Sofort ist der vom Computer bekannte BIOS-Schirm sichtbar. Gehen Sie in die Tiefen des BIOS, stellt sich die virtuelle Maschine wie ein ganz normaler Computer dar. Alle Elemente eines Computers werden in der VM emuliert, seien es der Festplatten-Controller, die Netzwerkkarte oder andere Hardwareelemente. Wie schon beschrieben, handelt es sich um einen »normalen« PC, nur eben virtuell. Der Vorteil besteht darin, dass Sie ein Betriebssystem – die passenden Treiber vorausgesetzt – einfach in die virtuelle Hülle bringen können. Anschließend installieren Sie die Applikation, und fertig ist der virtuelle Server.

Es gibt aber noch andere Varianten von virtuellen Maschinen, die sogenannten *paravirtualisierten VMs*.

Abbildung 2.15 stellt den Unterschied zwischen beiden Varianten dar. Sie veranschaulicht, dass bei der paravirtualisierten Maschine der Layer der virtuellen Hardware fehlt. Dafür existiert eine definierte Schnittstelle. Sie steuert die Ressourcen und den direkten gemeinsamen Zugriff auf die physische Hardware. Ein solcher Mechanismus kann aber nur funktionieren, wenn dem Betriebssystem der Hypervisor »bekannt« ist. Als Ergebnis erhöht sich die Performance der virtuellen Maschine, denn es fehlt die Schicht der virtuellen Hardware. Die direkte Kommunikation zwischen dem Gastsystem und dem Hypervisor wird als *Paravirtualisierung* bezeichnet.

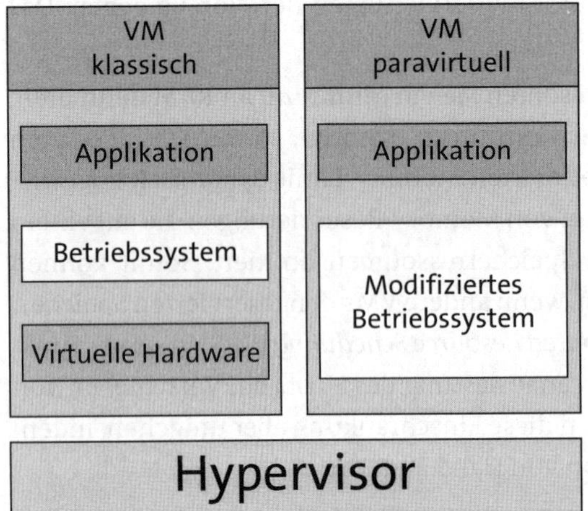

Abbildung 2.15 Unterschied zwischen klassischer und paravirtualisierter VM

Es gibt aber nur wenige Betriebssysteme, die die Paravirtualisierung unterstützen. Das rührt daher, dass starke Eingriffe in den Kernel erforderlich sind. Einzig einige freie Betriebssysteme unterstützen die Paravirtualisierung; nämlich verschiedene Linux-Derivate. Der Grund ist relativ einleuchtend, denn deren Kernel ist frei, und somit kann – das nötige Wissen vorausgesetzt – der Kernel für die Paravirtualisierung angepasst werden.

Im Gegensatz zu dem kompletten Ansatz, dass der Layer der virtuellen Hardware vollständig entfällt, gibt es Teilansätze, auf die wir hier kurz eingehen wollen. Lassen Sie uns zuvor etwas ausholen: Warum geht VMware diesen Weg, und welche Vorteile bringen diese Technologien?

Der Layer der Hardwarevirtualisierung ist eine Softwarekomponente, die die Hülle für die VM simuliert. Das bedeutet aber im Gegenzug, dass alle Aktionen, die über diese Schicht laufen, Last in diesem Layer erzeugen, bevor die Daten an die eigentliche Hardwarekomponente gelangen (wie z. B. die Netzwerkkarte). Das erzeugt Rechenzeit auf der CPU und bremst die Performance. Der Ansatz, dem nun gefolgt wird, besteht darin, Teilkomponenten zu paravirtualisieren. Der Vorteil dabei ist, dass nicht der gesamte Kernel angepasst werden muss, sondern dass es reicht, passende »Hardwaretreiber« für das Gastbetriebssystem zur Verfügung zu stellen.

Es gibt bereits entsprechende Ansätze bei dem paravirtualisierten SCSI-Adapter (PVSCSI). Auf die Funktionen des Adapters gehen wir an entsprechender Stelle in Kapitel 15, »Virtuelle Maschinen«, ein.

Lassen Sie uns jetzt die allgemeinen Beschreibungen verlassen und direkt in die Materie *vSphere 6.0* einsteigen.

Kapitel 3
vMotion und Storage vMotion

VMware führte im Jahr 2003 vMotion ein. Was damals eine echte Sensation war, gehört heute eher zum normalen IT-Alltag. Storage vMotion kam mit VMware Infrastructure 3.5 hinzu. Diese beiden äußerst mächtigen Funktionen sind heute im Umfeld von Migrationen im Datacenter gar nicht mehr wegzudenken und stellen eine echte Arbeitserleichterung für die Administration dar. Inzwischen nutzen Kunden rund um den Globus täglich diese Funktionen wie selbstverständlich, und man kann durchaus sagen, dass sie sich über Jahre hinweg als absolut zuverlässig bewährt haben.

Autor dieses Kapitels ist Günter Baumgart
guenter.baumgart@anmax.de

Das Kapitel, das Sie gerade lesen, wurde in den vergangenen Ausgaben dieses Buches von Dennis Zimmer geschrieben. Für diese Ausgabe hat Dennis mich nun gebeten, dieses Kapitel zu übernehmen und Ihnen neben der Historie der Migration von virtuellen Maschinen mit vMotion und Storage vMotion (SvMotion) auch die Neuigkeiten dieser Technologien in den einzelnen vSphere-Versionen aufzuzeigen.

Dieses Kapitel unterteilt sich in zwei große Abschnitte. Im ersten Abschnitt werden Sie einiges über die Funktionsweise von vMotion in der jüngsten Vergangenheit erfahren. Die Einschränkung »jüngste Vergangenheit« bedeutet dabei, dass wir uns anfänglich ausschließlich mit der vSphere-Version 5 beschäftigen und uns im Anschluss daran der Version 6 zuwenden werden.

Hierbei werden Sie die doch erheblichen Unterschiede in der Funktionsweise und den Merkmalen der einzelnen Evolutionsstufen von vMotion kennenlernen. Diese Betrachtung ist für all diejenigen von Ihnen interessant, die noch ältere vSphere-Versionen in der Produktion einsetzen. Meiner Erfahrung nach laufen gerade in großen Environments immer noch recht viele ältere Versionen von vSphere.

Es ist somit ein leichtes für Sie, dort hineinzuspringen, wo bei Ihnen das Hauptinteresse liegt. Das Gleiche gilt natürlich analog für SvMotion.

Doch kommen wir nun zum Thema: vMotion und Storage vMotion haben zwar unterschiedliche Funktionen, sind aber, was die Technologie angeht, teilweise recht ähnlich. Dies ist auch der Grund dafür, dass sie gemeinsam in einem Kapitel behandelt werden. Beide Technologien sind proaktiv. Das bedeutet: vMotion wird zur Migration einer virtuellen Maschine zwischen ESXi-Hosts verwendet, und Storage vMotion wird zur Migration der Daten einer virtuellen Maschinen zwischen unterschiedlichen Datastores verwendet. Beide Funktionen sind nicht verwendbar, sollte das Quell- oder Zielsystem nicht online bzw. ausgefallen sein.

vMotion und Storage vMotion dienen im Wesentlichen einer höheren Verfügbarkeit von Diensten in einer IT-Umgebung, da sie geplante Wartungsfenster sowohl an den beteiligten Hosts als auch an den Datastores ohne eine Downtime von virtuellen Maschinen (also den Unternehmensdiensten) ermöglichen.

Sicherlich haben Sie auch schon gehört, dass manchmal vMotion und SvMotion im Zusammenhang mit Hochverfügbarkeit genannt werden. Dies ist nicht korrekt! Bei vMotion und SvMotion handelt es sich nicht um Funktionen, die genutzt werden können, um für Hochverfügbarkeit innerhalb einer IT-Umgebung zu sorgen. Das heißt: Beide Funktionen können nicht zum Abfangen von unvorhersehbaren Ausfällen in einer IT-Umgebung genutzt werden.

3.1 vMotion

Von VMwares Live-Migrationsfunktion für virtuelle Maschinen, vMotion, haben Sie sicherlich schon gehört. Also erübrigt sich hier eine längere Erklärung. In einem Satz gesagt ist vMotion die Funktion, mit der Sie eingeschaltete virtuelle Maschinen von einem ESXi-Host auf einen anderen ESXi-Host verlegen können, und zwar ohne dass die virtuelle Maschine ausgeschaltet werden muss bzw. deren Dienstbereitstellung unterbrochen wird.

Vor vSphere 5.x war keine gleichzeitige Hot-Migration einer virtuellen Maschine im Hinblick auf den ESXi-Host (vMotion) und den Datastore (SvMotion) möglich. Diese Limitierung fiel dann allerdings mit vSphere 5.x.

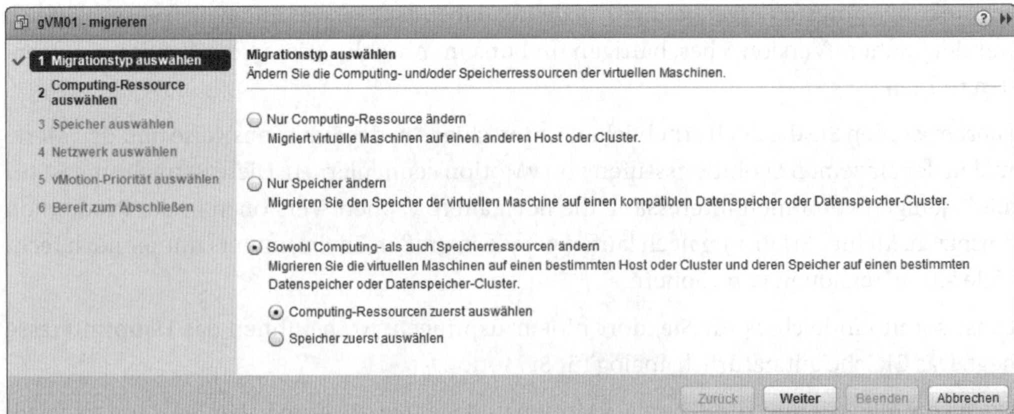

Abbildung 3.1 Es stehen drei Migrationsvarianten in einem Arbeitsgang zur Verfügung: vMotion, SvMotion und beide zusammen.

Übrigens: Mit Cold-Migration – also mit der Migrationsvariante, bei der die virtuelle Maschine abgeschaltet wird – war eine gleichzeitige Verlegung bezüglich Host und Datastore auch schon vor vSphere 5.x möglich.

vMotion wird immer wieder gern z. B. auf Messen den interessierten Anwendern vorgeführt. Hierbei werden dann Tests durchgeführt, in denen nachgewiesen wird, dass es auch bei Hunderttausenden von vMotion-Vorgängen niemals zum Verlust einer einzelnen VM oder eines damit verbundenen Dienstes kommt.

3.1.1 Die grundsätzliche Funktionsweise von vMotion

Wenn man sich vMotion einmal etwas näher anschaut, stellt man sehr schnell fest, wie simpel es eigentlich ist (siehe Abbildung 3.2). Es zeigt sich sofort auch ganz deutlich, was eine Isolation zwischen Hardware- und Betriebssystem-Layer bzw. der Applikation an Vorteilen im Hinblick auf erhöhte Verfügbarkeit von Diensten mit sich bringt.

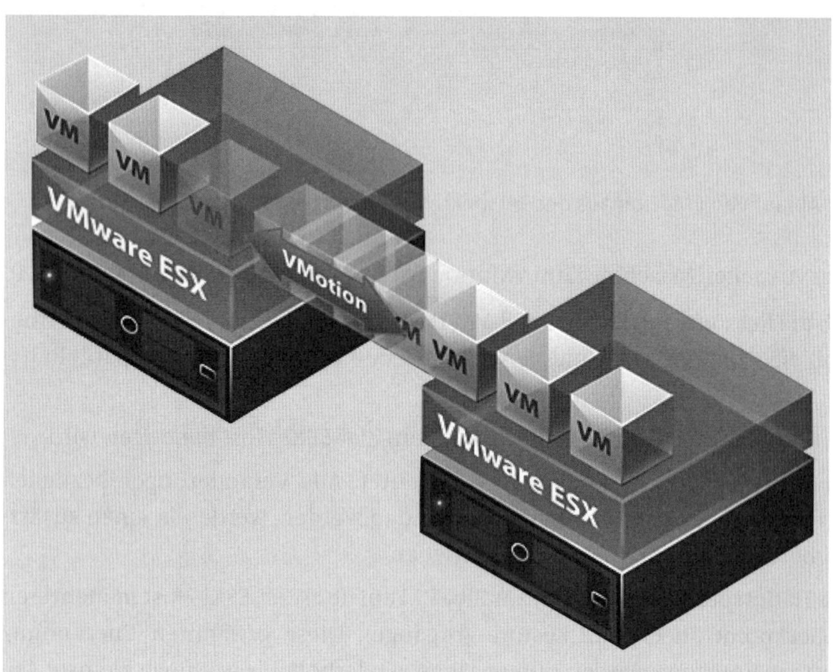

Abbildung 3.2 vMotion-Migration aktiver virtueller Maschinen zwischen ESXi-Hosts

In Abbildung 3.3 können Sie in einer Art von Sequenzdiagramm sehen, wie der vMotion-Vorgang aus der Sicht einer virtuellen Maschine abläuft.

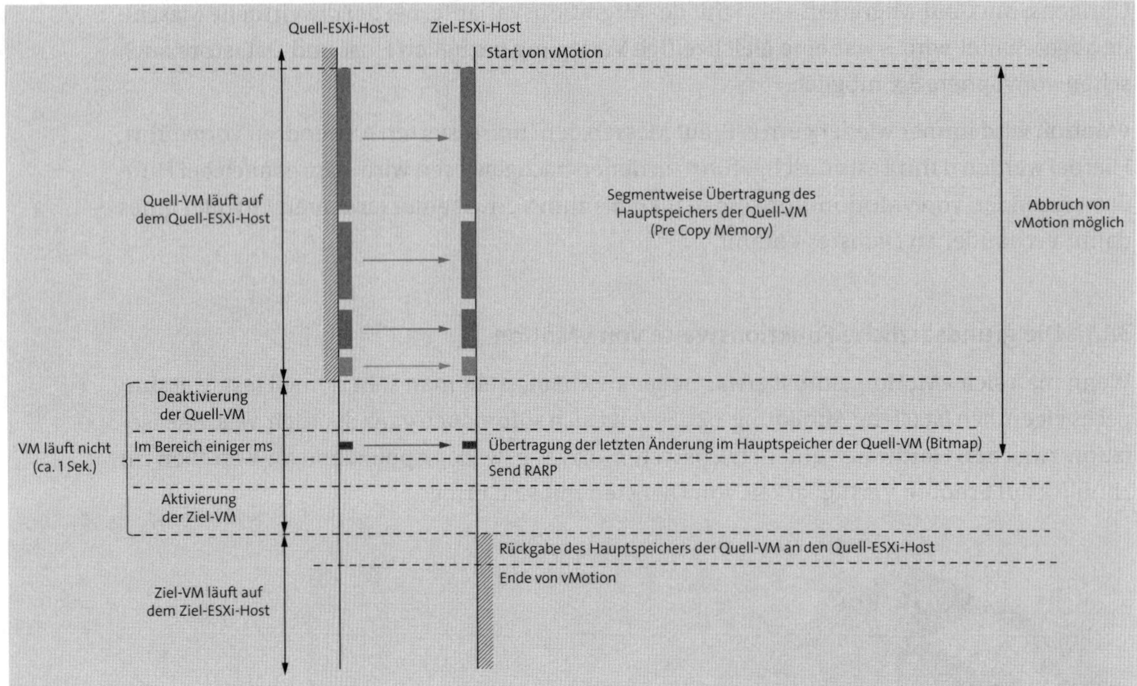

Abbildung 3.3 Der Ablauf von vMotion aus der Perspektive einer virtuellen Maschine

Aus der Sicht einer virtuellen Maschine läuft vMotion wie folgt ab (siehe auch Abbildung 3.3):

1. Überprüfen, ob die Ressourcen, die die Quell-VM benötigt, auf dem Ziel-ESXi-Host verfügbar sind und ob die Quell-VM ordnungsgemäß betrieben werden kann (Kompatibilitäts-Check).
2. Reservieren der Ressourcen, die die Quell-VM auf dem Ziel-ESXi-Host benötigen wird.
3. Anlegen von Hauptspeicher-Checkpoints. Das bedeutet: Alle Veränderungen bezüglich der Quell-VM, die im Zuge der Übertragung stattfinden werden, werden in einen zusätzlichen Speicherbereich (Memory Bitmap) geschrieben.
4. Übertragen des Hauptspeicherinhalts hin zur Ziel-VM auf dem Ziel-ESXi-Host in mehreren Iterationen (Checkpoint/Checkpoint-Restore-Vorgänge). Diese erwähnten Checkpoint/Checkpoint-Restore-Vorgänge werden nun so lange wiederholt, bis nur noch kleinste Änderungsmengen im Hauptspeicher des ESXi-Ziel-Hosts fehlen, um die Ziel-VM erfolgreich in Betrieb zu nehmen.
5. Stilllegen der CPU der Quell-VM (Quiescing). Ab jetzt kann es keine Veränderungen im Hauptspeicher der Quell-VM mehr geben.
6. Innerhalb von Millisekunden werden die relativ geringen Hauptspeicheränderungen, die noch kurz vor der Stilllegung der Quell-VM entstanden sind, an die Ziel-VM übertragen.

7. Initialisieren der VM, Übernahme des Festplattenzugriffs durch den Ziel-ESXi-Host und Starten des Ziel-VM-Prozesses sowie Beenden des vMotion-Prozesses.
8. Ein Reverse-ARP-Paket (RARP) wird an den physischen Switch gesendet (wichtig: NOTIFY SWITCHES muss in den Eigenschaften der virtuellen Switches aktiviert sein). Dadurch wird die MAC-Adresse der Ziel-VM nun am neuen Switch-Port bekannt gegeben.
9. Löschen des VM-Prozesses und Freigeben der Memory-Ressourcen der Quell-VM auf dem Quell-ESXi-Host.

Sehen wir uns noch einmal an, was die vMotion-Checkpoints alles beinhalten und wofür sie letztendlich stehen:

- Zustand und Status aller Geräte
- Zustand und Status der CPU-Register
- Inhalt des relevanten Hauptspeicherbereichs
- Serialisierung des Status zur Übertragung über das Netzwerk

Wie Sie sehen können, besteht vMotion im Wesentlichen aus der Verlegung eines Teils des Hauptspeicherinhalts von einem Quell-ESXi-Host auf einen Ziel-ESXi-Host sowie aus einer abschließenden Benachrichtigung des physischen Netzwerks über die Modifikation der Schnittstelle, über die die VM nun erreichbar ist. Von all dem bekommt das Gastsystem, also die virtuelle Maschine, selbstverständlich nichts mit.

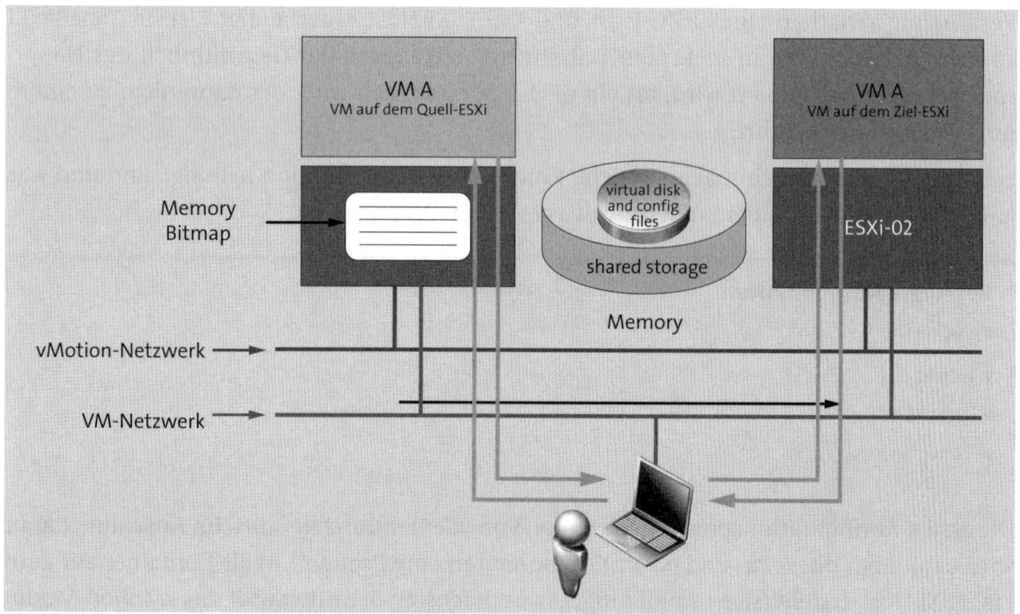

Abbildung 3.4 Schematische Darstellung des vMotion-Prozesses mit einem dedizierten vMotion-Netzwerk

In Tabelle 3.1 finden Sie ein Rechenbeispiel, wie eine Übertragung des Hauptspeichers einer VM mit 2 GB Memory-Belegung aussehen könnte. Real gemessene zeitliche Werte hängen natürlich im Wesentlichen davon ab, wie die Architektur, die zur Verfügung stehenden Bandbreiten und die vorhandene Latenz in der Umgebung aussehen, in der Sie den vMotion-Vorgang durchführen.

Pre-Copy-Iteration	zu übertragender Hauptspeicher	Übertragungszeit	Änderungen im Hauptspeicher während der Übertragung
1	2048 MB	16 Sekunden	512 MB
2	512 MB	4 Sekunden	128 MB
3	128 MB	1 Sekunde	32 MB
4	32 MB	0,25 Sekunden	8 MB
5	8 MB	Abschluss von vMotion, da eine Restübertragung des Hauptspeichers in ca. 0,06 Sekunden erfolgen kann	

Tabelle 3.1 Iterative Übertragung des Hauptspeichers während eines vMotion-Vorgangs

Als Fazit kann man festhalten, dass für die Ermittlung derartiger Werte immer die direkte Verbindung zwischen Quell-ESXi-Host und Ziel-ESXi-Host entscheidend ist. In Tabelle 3.1 können Sie sehen, wie in mehreren Teilschritten sukzessive der Gesamtinhalt des Hauptspeichers so lange kopiert wird, bis ein CPU-Stopp möglich wird, der dann nicht zu einem Ausfall des Dienstes führt.

Schauen wir uns nun einmal an, welche Komponenten an vMotion beteiligt sind und was jeweils ihre Aufgabe in der Steuerung des gesamten Prozesses ist.

Beteiligte Komponenten

- vCenter
- vpxa
- hostd
- vMotion-Modul

Die ersten Konfigurationsprüfungen werden von *vCenter* durchgeführt. Im Anschluss daran wird dann über die *vpxa*- und *hostd*-Komponenten eine Pseudo-VM als Container auf dem Ziel-ESXi-Host erstellt (siehe Abbildung 3.5). Im nächsten Schritt startet das *vMotion*-Modul den eigentlichen vMotion-Prozess und kontrolliert fortwährend die Datenübertragung.

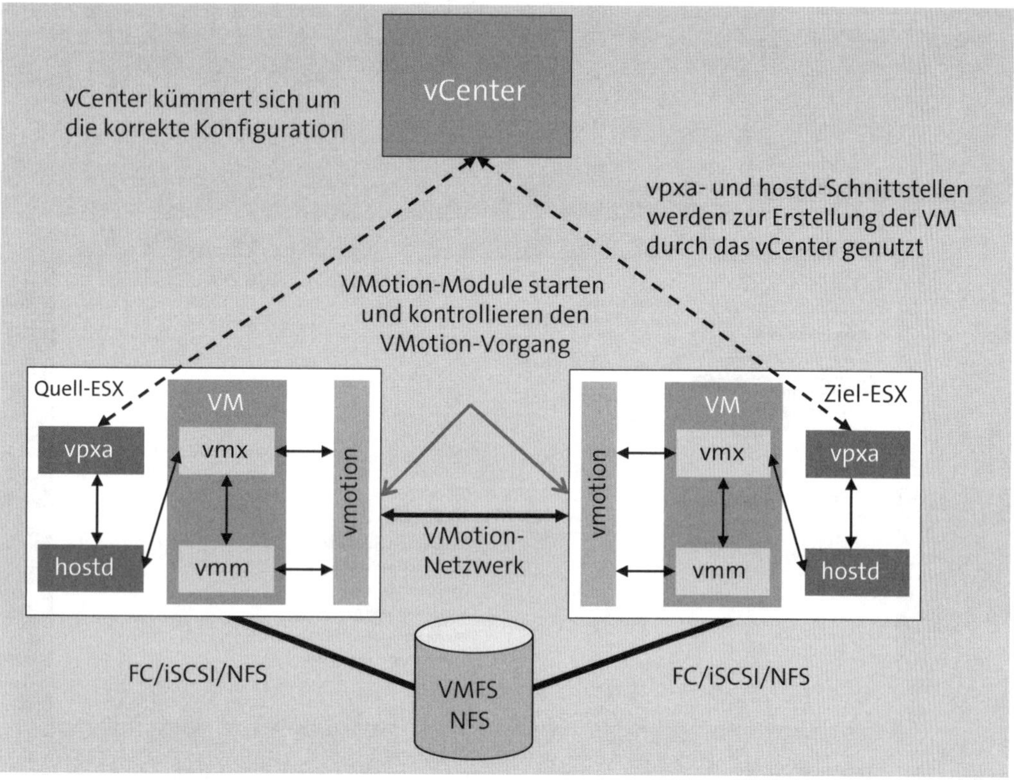

Abbildung 3.5 An vMotion beteiligte Komponenten

Da vCenter lediglich den Prozess validiert und im Anschluss daran startet, aber nicht an der eigentlichen Datenübertragung beteiligt ist, wird ein laufender vMotion-Prozess auch zu Ende geführt, wenn das vCenter zwischenzeitlich abstürzen sollte.

Sollte der soeben beschriebene Fall eintreten, dass das vCenter abstürzt, kann nach dem Wiederanfahren des vCenters unter Umständen immer noch die Quell-VM an der ursprünglichen Stelle in der Datenbank eingetragen sein. vCenter kennt dann ja noch nicht den neuen Ort, an dem sich die Quell-VM befindet. In so einem Fall hilft das Neustarten des Management Agents oder ein Disconnect mit anschließendem Connect des ESX-Hosts am vCenter.

Ein vMotion-Interface wird vom Administrator angelegt und setzt auf einem dedizierten VMkernel-Port auf. Hierbei wird der Datenverkehr für die Live-Migration virtueller Maschinen nicht nur durch einen eigenen TCP/IP-Stack zur besseren Isolierung verwendet, sondern auch für einen optimierten vMotion-Datenverkehr.

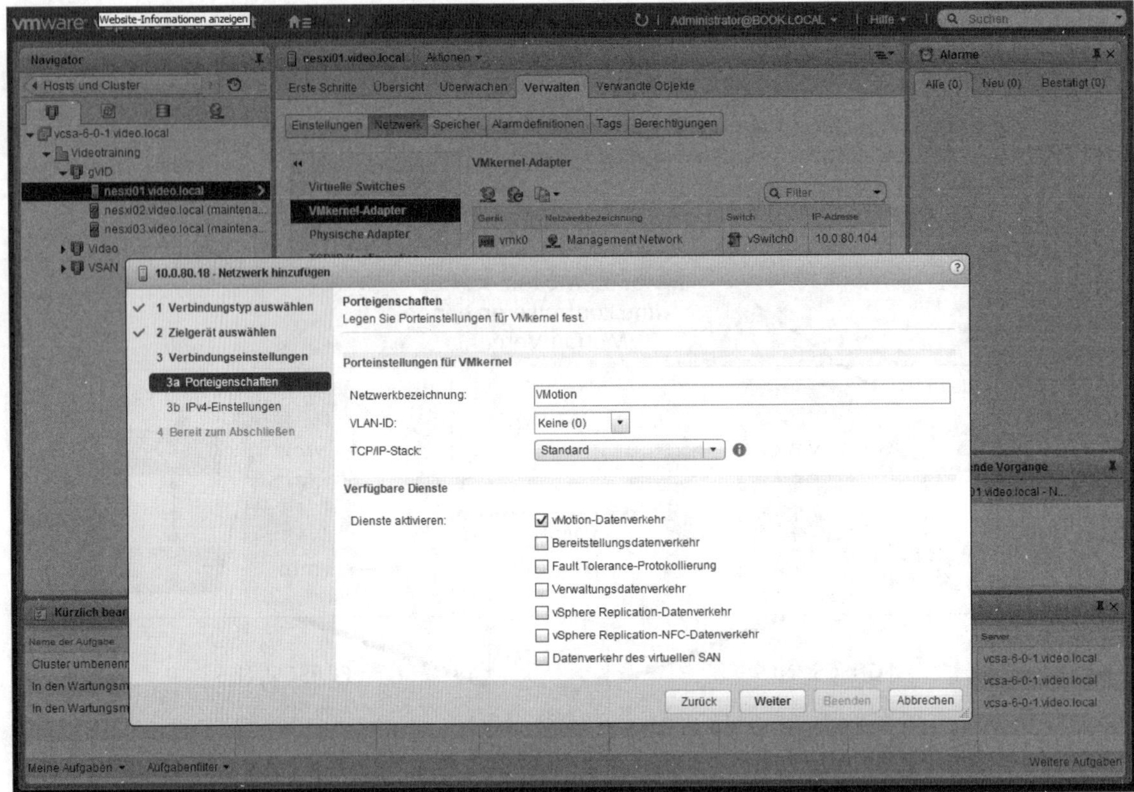

Abbildung 3.6 Unter den »Porteigenschaften« wird ein VMkernel-Adapter für vMotion aktiviert, damit vMotion genutzt werden kann.

Unter den PORTEIGENSCHAFTEN legen Sie die Eigenschaften für den VMkernel fest. Hier müssen Sie wie in Abbildung 3.6 VMOTION-DATENVERKEHR einschalten.

3.1.2 Voraussetzungen für ein erfolgreiches vMotion

vMotion ist immer ein Eingriff in eine aktive virtuelle Maschine, die keine Kenntnis davon hat, dass sie ihren Aufenthaltsort gerade ändert. Das bedeutet, dass unterschiedlichste Voraussetzungen erfüllt sein müssen, damit dieser Vorgang ohne Probleme oder gar Ausfälle ablaufen kann. Hierzu gehören grundsätzlich:

- Kompatibilität der CPU
- vMotion-Interface (mindestens 1-GBit-Adapter)
- gleich benannte virtuelle Portgruppen
- ausreichende Ressourcen auf dem Ziel-Host
- mindestens eine vSphere-Essentials-Plus-Lizenz auf den ESXi-Hosts

Meist stellt lediglich die CPU-Kompatibilität ein Problem dar, da die Server-Infrastrukturen in vielen Unternehmen nach wie vor organisch gewachsen sind und nicht immer alle Server eine identische Hardware-Ausstattung besitzen. Ob Sie eine virtuelle Maschine zwischen zwei ESXi-Hosts migrieren können, werden Sie sehr schnell feststellen. Das vCenter überprüft am Anfang des vMotion-Prozesses die Migrationsfähigkeit. Sollte eine Inkompatibilität festgestellt werden, bricht der Vorgang sofort mit einer Fehlermeldung ab.

Kompatibilität der CPU

Das Problem der CPU-Kompatibilität ist ganz leicht zu erklären: Stellen Sie sich vor, eine virtuelle Maschine wird auf einem ESXi-Host mit AMD-CPU und SSE3-Funktion gestartet. Da VMware ESXi ein Virtualisierer ist, sieht das Gastbetriebssystem die CPU-Funktionen im Standard komplett, und das Betriebssystem kann sich den Gegebenheiten anpassen und durch Zusatztreiber die Multimediafunktion gut nutzen.

Würde diese virtuelle Maschine nun einfach auf einen Host übertragen, dessen CPU nur SSE2 unterstützt, so würde das Gastbetriebssystem trotzdem weiter die SSE3-Funktion nutzen wollen. Es käme zwangsläufig zu Problemen bis hin zum Absturz. Während diese Schwierigkeit durch das sogenannte CPU-Masking noch in den Griff zu bekommen ist, wäre es bei größeren CPU-Unterschieden ein unlösbares Problem, z. B. beim Wechsel von einer AMD- auf eine Intel-CPU oder beim Wechsel von einer 64-Bit- auf eine 32-Bit-CPU.

Da der ESXi-Server nicht vorhersehen kann, welche CPU-Instruktion die virtuelle Maschine – oder besser gesagt das Gastbetriebssystem – nutzt und noch nutzen wird, muss der Anwender sich darum kümmern, entweder gleiche CPUs zu verwenden oder ein entsprechendes Masking einzurichten.

Welche Funktionen die eingebaute CPU hat, finden Sie mit dem VMware-eigenen *CPU Identification Utility* heraus, das die vMotion-Kompatibilität, EVC und den 64-Bit-Support anzeigt. Sie finden es unter *http://www.vmware.com/support/shared_utilities*.

Welche CPUs miteinander kompatibel sind, erfahren Sie übrigens in den VMware-Knowledge-Base-Artikeln 1991 (Intel) und 1992 (AMD):

- Intel: *http://kb.vmware.com/kb/1991*
- AMD: *http://kb.vmware.com/kb/1992*

Beim Upgrade von VI3.x auf vSphere existiert leider noch ein sehr ernstes Problem bezüglich des CPU-Maskings, das unter VI3.x oft automatisch in der Konfiguration der virtuellen Maschinen gesetzt wird. Nach dem Upgrade lassen sich manche virtuelle Maschinen dann nicht mehr per vMotion migrieren, und Sie erhalten eine Fehlermeldung. Dieses Problem ist beim Upgrade von vSphere 4 auf vSphere 5.x bzw. 6.x bisher nicht bekannt.

Die Lösung ist recht einfach, da nur das CPU-Masking per Default auf ALLE WERTE AUF STANDARDWERTE ZURÜCKSETZEN in den CPU-IDENTIFIKATIONSMASKE-Eigenschaften der virtuellen Maschinen ausgewählt werden muss (siehe Abbildung 3.7). Ärgerlich ist, dass die VM abgeschaltet werden muss, um diese Einstellung vorzunehmen.

Den dazugehörigen Knowledge-Base-Artikel finden Sie unter *http://kb.vmware.com/kb/1011294*.

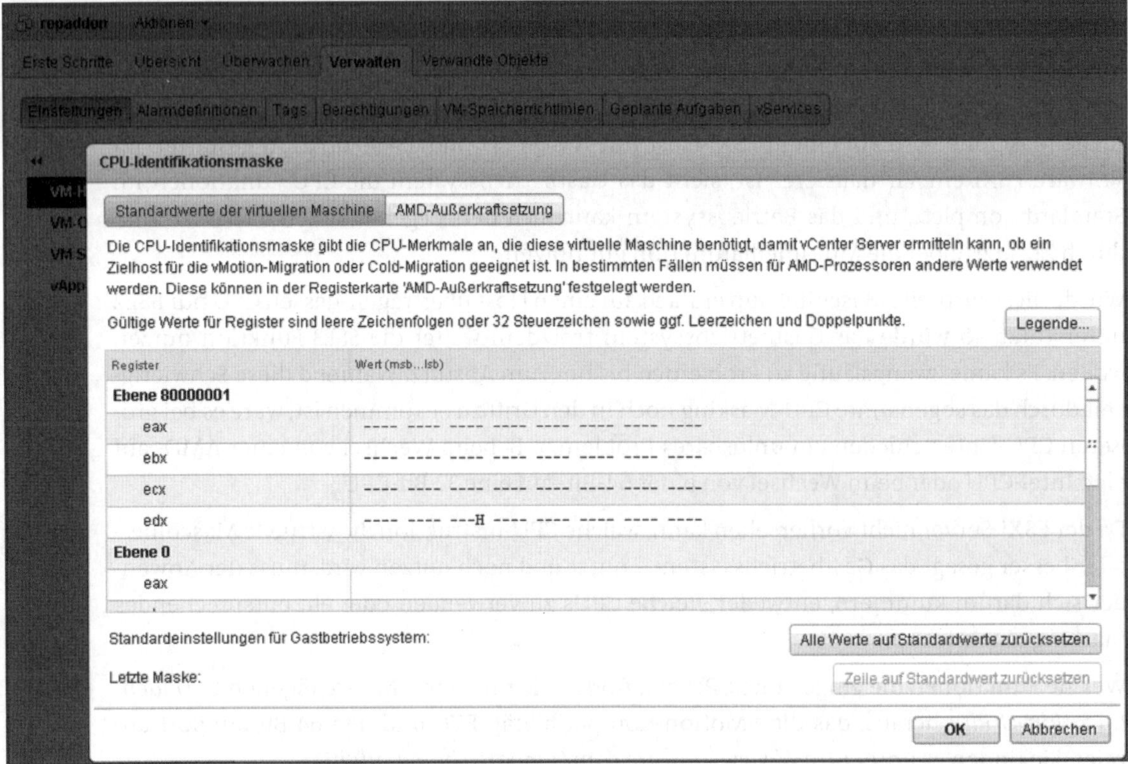

Abbildung 3.7 In den Eigenschaften der VM können Sie das CPU-Masking zurücksetzen.

CPU-Masking und EVC

In den Eigenschaften einer virtuellen Maschine finden Sie in der Rubrik Verwalten, Einstellungen unter VM HARDWARE • VIRTUELLE HARDWARE den Punkt CPU-ID-MASKE, um eine *abgeschaltete* VM-CPU-Funktion auszublenden. Durch diese Ausblendung von CPU-Features erhöhen Sie die vMotion-Kompatibilität zwischen ESXi-Hosts mit unterschiedlichen CPU-Generationen (siehe Abbildung 3.8).

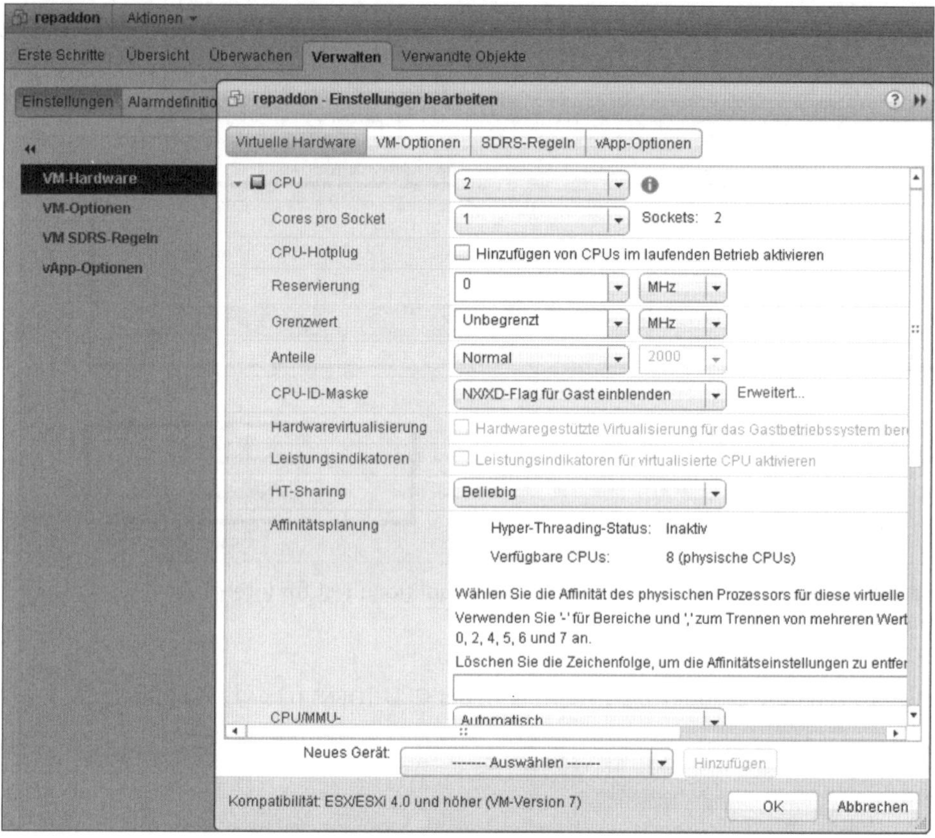

Abbildung 3.8 In den Eigenschaften der virtuellen Maschine beeinflussen Sie das CPU-Masking.

Die Standardmöglichkeit ist das Verstecken des Non-Execution-Bits, das nur von neueren CPUs unterstützt wird (NX/XD-FLAG). Wird dieses Flag aktiviert, so kann eine virtuelle Maschine zwischen ESX-Servern migriert werden, wobei es egal ist, ob die Prozessoren über die NX-Funktion verfügen oder nicht – es sei denn, es sind noch weitere CPU-Instruktionen auf den CPUs unterschiedlich, die nicht ausgeblendet werden (siehe Abbildung 3.9).

Reicht das Non-Execution-Bit nicht aus, so ist es möglich, CPU-Hersteller-spezifisch Anpassungen vorzunehmen, d. h. entweder allgemein, für AMD- oder für Intel-Prozessoren die Register anzupassen. Möchten Sie z. B. bei den genutzten AMD-Prozessoren die SSE3-Funktion verstecken, so sähe die Anpassung wie folgt aus:

Level 1 – Reihe **ecx** : ---- ---- ---- ---- ---- ---- ---0 -0-0

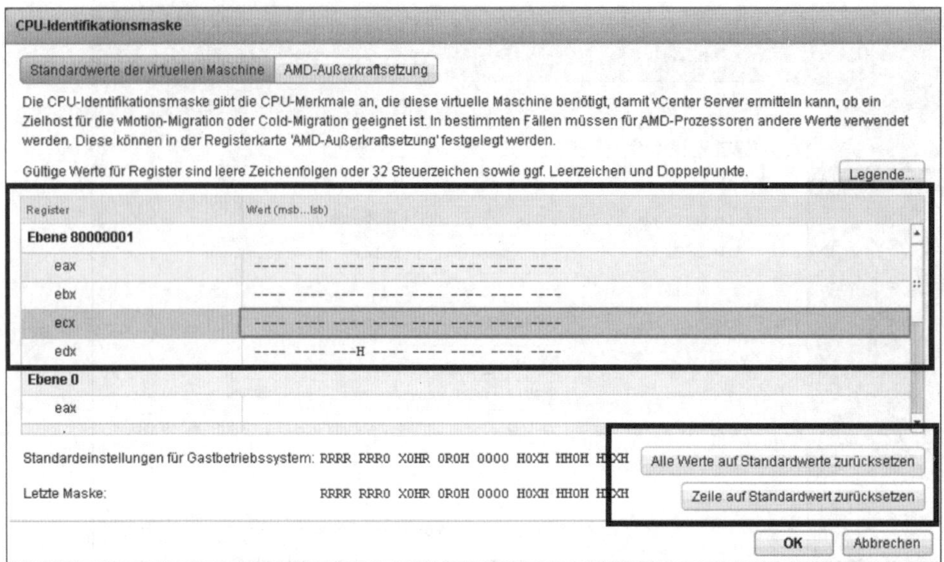

Abbildung 3.9 Eine direkte Ausblendung bestimmter Funktionen ist für Intel- und AMD-CPUs möglich.

Abbildung 3.10 zeigt die geänderte Einstellung in der CPU-IDENTIFIKATIONSMASKE.

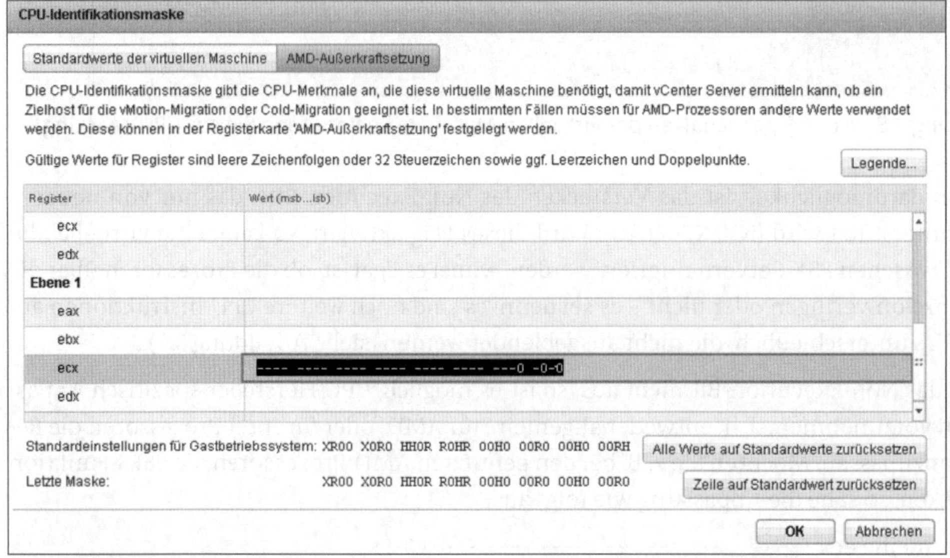

Abbildung 3.10 SSE3 wird durch diese Anpassung für die VM ausgeblendet.

Einen sehr guten VMware-Knowledge-Base-Artikel zu den verschiedenen Maskierungen mit den entsprechenden Prozessoren finden Sie unter:

http://kb.vmware.com/kb/1993

Möchten Sie die Änderung rückgängig machen, so reicht es, entweder Zeile auf Standardwert zurücksetzen anzuklicken, wenn Sie gerade die angepasste Reihe ausgewählt haben – oder Sie setzen direkt alles zurück, indem Sie Alle Werte auf Standardwerte zurücksetzen auswählen.

Komfort der Geschwindigkeit

Sie müssen bei der Anpassung der CPU-Maskierung immer bedenken, dass ein Verstecken bestimmter Funktionen das Gastbetriebssystem ausbremsen kann, falls es mit diesen Funktionen schneller betrieben werden könnte. Im Endeffekt entscheiden Sie sich zwischen Komfort und Geschwindigkeit, abhängig vom Gastbetriebssystem.

EVC (Enhanced vMotion Compatibility)

Wollen Sie die CPU-Maskierung nicht für jede virtuelle Maschine definieren, bietet der EVC-Cluster (er wird in Kapitel 4, unter »Cluster-Objekt« in Abschnitt 4.1.2, »Der EVC-Mode (Enhanced vMotion Compatibility Mode)«, näher beschrieben) die Möglichkeit, CPU-Funktionen global auszublenden. Das heißt, in den Cluster-Eigenschaften wird definiert, welche CPU-Generation von den virtuellen Maschinen innerhalb des Clusters gesehen wird (siehe Abbildung 3.11). Man kann hier von dem kleinsten gemeinsamen Nenner aller ESXi-Host-CPUs im Cluster sprechen.

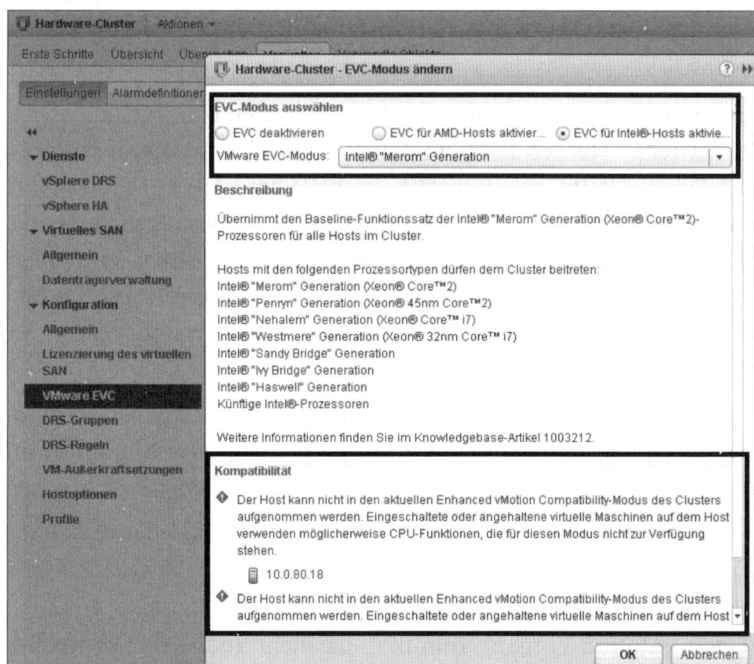

Abbildung 3.11 In den Cluster-Eigenschaften können Sie die CPU-Generation global für den gesamten Cluster einrichten.

EVC ermöglicht es seit vSphere auch, die Prozessorgeneration während des Betriebs der virtuellen Maschinen zu erhöhen, z. B. von CPU-Generation 1 auf 2, allerdings nicht umgekehrt. Wird die CPU-Generation erhöht, so erhalten aktive virtuelle Maschinen erst nach einer Abschaltung oder einem Reset die neue Einstellung (siehe Abbildung 3.12).

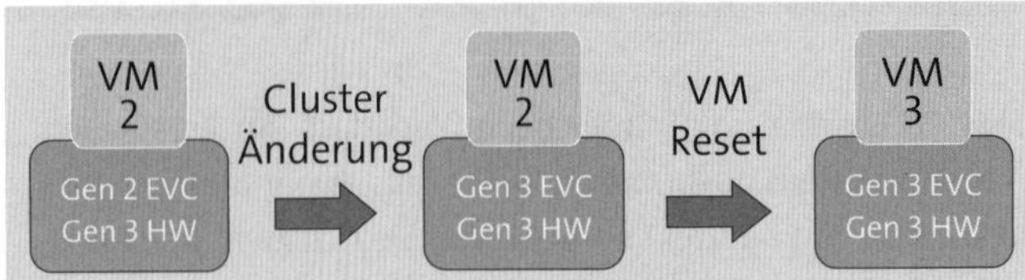

Abbildung 3.12 Änderung der EVC-Prozessorgeneration im Cluster während des laufenden Betriebs

Innerhalb des EVC-Clusters garantiert die EVC-Funktion, dass es zu keinen CPU-Inkompatibilitäten der CPU-Generationen bei den vMotion-Vorgängen kommt. Andere Gründe, die die Nutzung von vMotion verhindern, werden dadurch nicht ausgeschlossen, z. B. die Nutzung von lokalen Festplatten.

3.1.3 vMotion-Spezialfunktionen

Die Forderungen nach virtuellen Maschinen mit großem Hauptspeicher haben in den letzten Jahren ebenso stetig zugenommen wie der Wunsch, virtuelle Maschinen über große Distanzen und möglichst schmalbandige Leitungen zu transferieren. Denken Sie hier z. B. an In-Memory-Datenbanken (IMDB).

Damit auch Applikationen mit derartigen Anforderungen in virtuellen Maschinen, den sogenannten Monster-VMs, betrieben werden können, hat VMware hier massiv nachgelegt. Aktuell liegt die maximal zulässige Hauptspeichergröße einer VM bei 4 TB. Sie sehen schon, VMware musste reagieren und auch vMotion an diese neuen VM-Anforderungen anpassen. In diesem Abschnitt werden Sie nun die unterschiedlichen Spezialfunktionen kennenlernen, die dafür genutzt werden, vMotion-Vorgänge erfolgreich durchzuführen. Diese Spezialfunktionen werden für vMotion in den verschiedenen Versionen ab der Version vSphere 5.x in unterschiedlicher Art und Weise eingesetzt.

Vom Prinzip her kann man aber sagen, dass es grundsätzlich zwei unterschiedliche Grundüberlegungen zu vMotion gibt. Hierbei handelt es sich zum einen um die Live-Migration auf der Basis der *Post-Copy Memory Migration* und zum anderen auf der Basis der *Pre-Copy Memory Migration*.

Quick Resume

Quick Resume verändert den vMotion-Vorgang minimal, da nicht zuerst der komplette Hauptspeicherinhalt auf dem Ziel-Host benötigt wird, bevor es zu einer kompletten Umschaltung kommt. Bei *Quick Resume* wird die Ziel-VM bereits aktiv geschaltet, bevor alle

Hauptspeicherdaten migriert wurden, und die Quell-VM wird dabei angehalten (*Stun Mode*), aber die Ressourcen werden nicht gelöscht. Im Hintergrund kopiert VMware die restlichen Hauptspeicherinhalte weiter und ermöglicht den Zugriff auf Pages vom Ziel-ESXi-Host auf dem Quell-ESXi-Host.

So schön dieses Verfahren auf den ersten Blick auch erscheint, es bringt jedoch die Gefahr mit sich, dass Probleme auftreten, sollte ein Hardware-Ausfall in der Zeit des Quick Resumes passieren. Um dies abzufangen, nutzt VMware eine Datei auf dem zentralen Storage, die eine Art Datenpuffer bereitstellt, sodass bei einem Ausfall der Migrationsvorgang trotzdem abgeschlossen werden kann. Natürlich führt diese Form des Quick Resumes zu einem geringen Leistungsabgang, allerdings wäre ohne diese Funktion ein vMotion-Vorgang bei VMs mit viel vRAM nicht möglich.

Stun During Page Send

Stun During Page Send ermöglicht eine verlangsamte Ausführung einer virtuellen Maschine während der Übertragung mit vMotion. Stellen Sie sich vor, dass die Hauptspeicheraktivität bzw. die Änderungsgeschwindigkeit im Hauptspeicher einer virtuellen Maschine quasi in Zeitlupe abläuft.

Mit vSphere 5.x wurde Quick Resume durch *Stun During Page Send* ersetzt, das auch oftmals als *Slow Down During Page Send* (SDPS) bezeichnet wird. Der vMotion-Prozess beobachtet bei diesem Verfahren die Rate der veränderten Speicherseiten (*dirty pages*) während des vMotion-Vorgangs und vergleicht diese mit der aktuell möglichen Übertragungsrate zum Ziel-ESXi-Host.

Basierend auf diesem Ergebnis wird die vCPU der Quell-VM etwas verlangsamt, indem Stopps (Sleep) im Millisekundenbereich künstlich eingebaut werden, um die Änderungsrate etwas zu verlangsamen. Damit wird dem vMotion-Vorgang die Chance gegeben, selbst sehr dynamische Systeme zu migrieren. Auch hier kommt es zu Leistungseinbußen, allerdings müssen Sie bedenken, dass die langsame Datenübertragung bzw. die hohe Datenänderungsrate in früheren vMotion-Versionen oftmals zu Fehlschlägen bei vMotion-Vorgängen geführt hat.

Multi-NIC-vMotion-Unterstützung

Die *Multi-NIC-vMotion*-Unterstützung, die seit vSphere 5.x verfügbar ist, bietet deutliche Vorteile, um die Bandbreite beim vMotion-Transfer zu erhöhen, da mehrere Netzwerkadapter gleichzeitig genutzt werden können. Allerdings müssen Sie für die Multi-NIC-Unterstützung auch das Design – also die Netzwerkinfrastruktur der vSphere-Umgebung – überdenken.

Zum besseren Verständnis geben wir Ihnen einen Überblick über einige der gebräuchlichsten Darstellungsformen bzw. Bezeichnungen im Netzwerkumfeld: Oft werden Angaben zum Durchsatz in Gbit/s oder Gbps gemacht. Das Ethernet oder auch Gb-Ethernet (Gigabit-Ethernet) wird hier und da auch oft mit ETH oder einfach nur mit E abgekürzt. Hierbei entstehen dann Konstrukte in unterschiedlichster Konstellation wie z. B. Gbit/s-Ethernet oder GbpsE. Doch kommen wir wieder zurück zum Design der Netzwerkinfrastruktur.

Es ist möglich, bis zu vier 1-Gbit/s-Ethernet- und acht 10-Gbit/s-Ethernet-Netzwerkkarten für die vMotion-Übertragung zu benutzen.

Daher sollten Sie bei der Planung darauf achten, welche virtuellen Maschinen genutzt werden (vRAM-Konfiguration) und wie die Serversysteme (PCI-Bus-Nutzung) ausgelegt sind bzw. ausgelegt werden müssen, um einem erhöhten Netzwerkverkehr (Peaks) gerecht zu werden.

Außerdem sollten Sie unbedingt auf die Nutzung der CPU-Ressourcen Ihrer ESXi-Hosts achten. Neben den CPU-Ressourcen, die der vMotion-Prozess selbst benötigt (ca. 30 % eines Prozessorkerns), müssen Sie für jedes 1-Gbps-Ethernet-Interface ca. 10 % eines Prozessorkerns reservieren. Bei z. B. drei 1-Gbps-Ethernet-Interfaces müssten Sie zusätzlich noch 30 % an Kapazität eines Kerns auf Ihren ESXi-Hosts für das Netzwerk reservieren.

Nutzen Sie hingegen 10-Gbps-ETH-Adapter, dann rechnen Sie wie folgt: Gehen Sie davon aus, dass jedes 10-GbpsE-Netzwerkinterface einen eigenen Prozessorkern zu 100 % nutzt. Bei allen acht 10-Gbps-ETH-Interfaces benötigen Sie dann ganze acht Prozessorkerne lediglich für die Netzwerk-Interfaces!

Konfiguration eines Standard-vSwitchs

Die Einrichtung des Multi-NIC-Supports für vMotion ist nicht ganz so intuitiv wie erhofft, aber immer noch gut verständlich und planbar. Sie legen so viele VMkernel-Ports an, wie Sie benötigen, und stellen anschließend jeweils die zu nutzenden vmnic-Adapter auf AKTIV, während Sie alle übrigen Adapter auf UNUSED schalten.

Dazu müssen Sie an dem gewünschten virtuellen Switch einen neuen VMkernel-Adapter anlegen (siehe Abbildung 3.13).

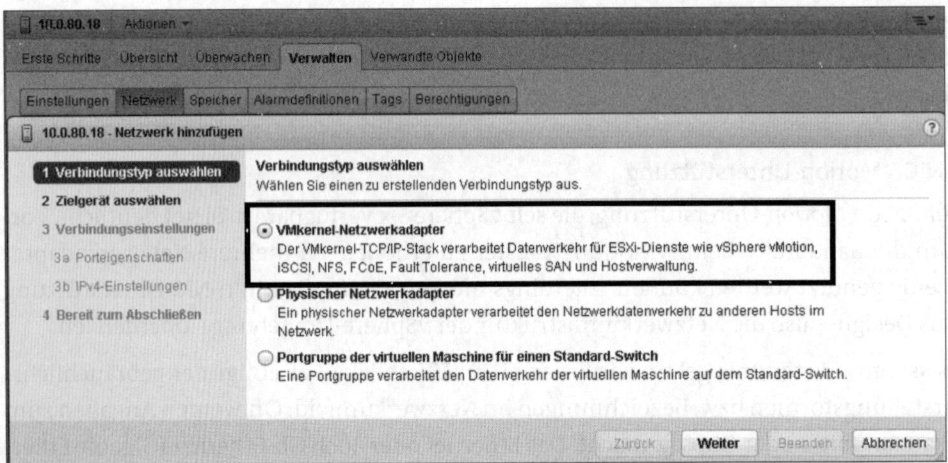

Abbildung 3.13 So legen Sie den ersten VMkernel-Adapter für vMotion an.

Diesen Adapter müssen Sie natürlich für vMotion aktivieren, und Sie sollten auch einen sprechenden Namen wie »vMotion1« oder »vMotion_1« oder »vMotion1_64« (bei VLAN-Nutzung) wählen, damit die Zuordnung später leichterfällt (siehe Abbildung 3.14).

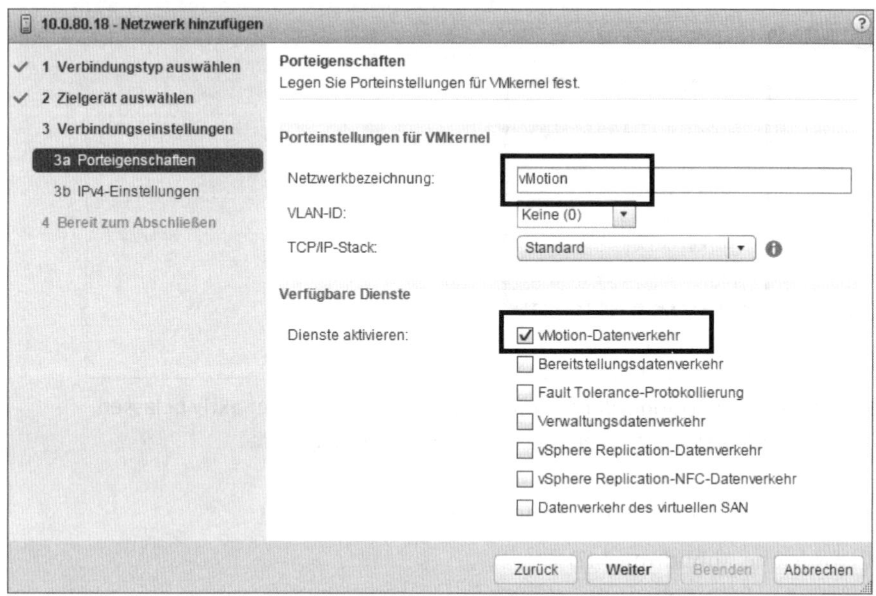

Abbildung 3.14 Aktivierung von vMotion

In diesem Beispiel erhält der erste VMkernel-Adapter die IP-Adresse 192.168.0.18 (siehe Abbildung 3.15). Wichtig ist hierbei nur, dass sich zumindest alle vMotion-Adapterpärchen der beteiligten ESX-Hosts im gleichen Netzwerksegment befinden.

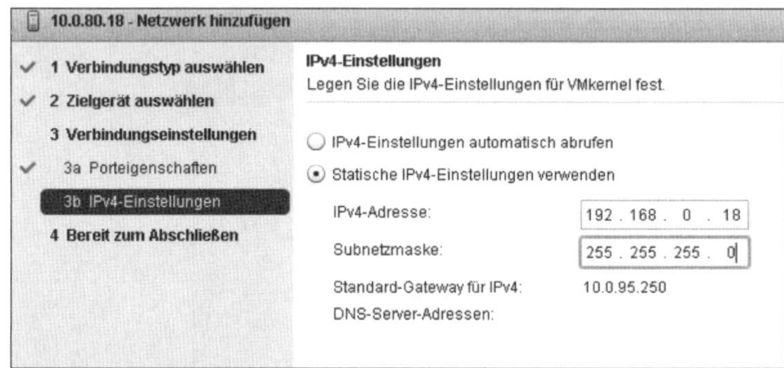

Abbildung 3.15 IP-Konfiguration des ersten vMotion-Adapters

Nach der Erstellung des VMkernel-Adapters ist es wichtig, die physischen Netzwerkkarten zu definieren, die Sie nutzen wollen. Genauer gesagt, darf immer nur ein *vmnic*-Adapter aktiv sein, alle anderen Adapter müssen auf NICHT VERWENDETE ADAPTER gesetzt werden (siehe Abbildung 3.16).

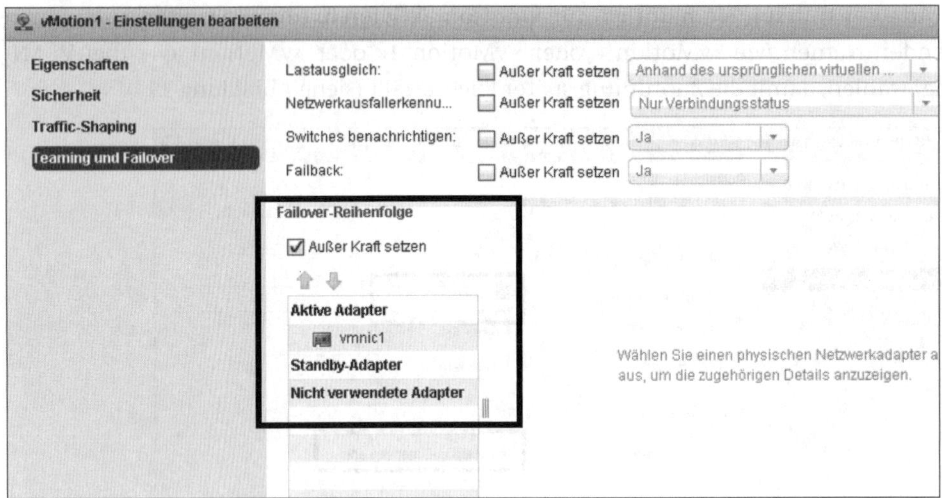

Abbildung 3.16 Beim ersten vMotion-Adapter wird nur der vmnic1-Adapter aktiv belassen, alle anderen Adapter werden als »Nicht verwendete Adapter« konfiguriert.

Danach werden weitere Adapter nach dem gleichen Schema angelegt:

1. Label und VLAN (siehe Abbildung 3.17)
2. IP-Konfiguration (siehe Abbildung 3.18)
3. Active/Standby-Konfiguration der Portgruppe bzw. des VMkernel-Adapters (siehe Abbildung 3.19)

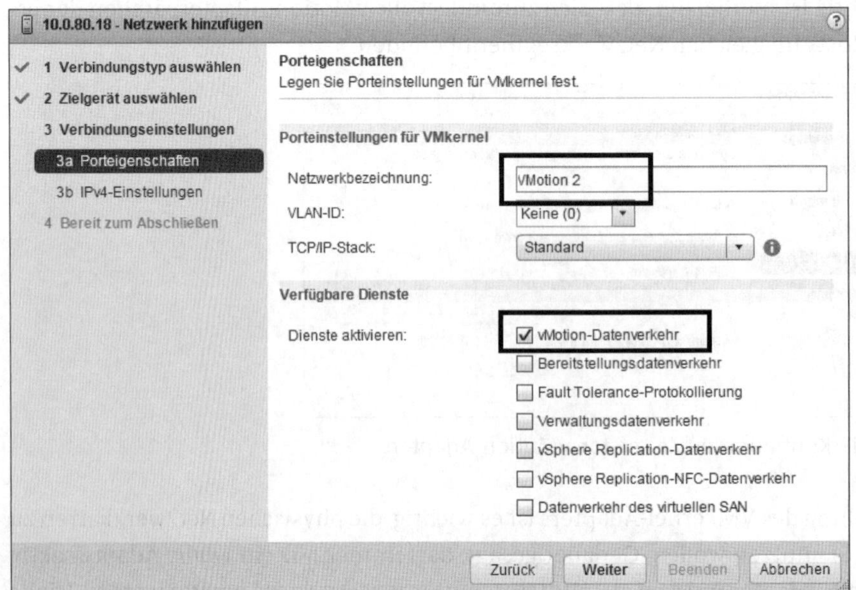

Abbildung 3.17 Anlegen des zweiten VMkernel-Adapters für vMotion

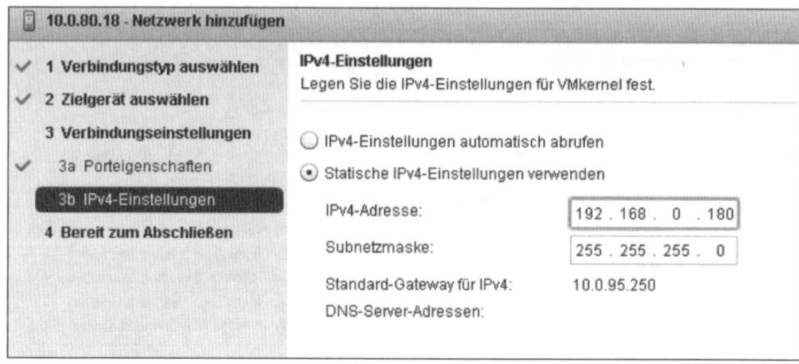

Abbildung 3.18 IP-Konfiguration des zweiten vMotion-Adapters

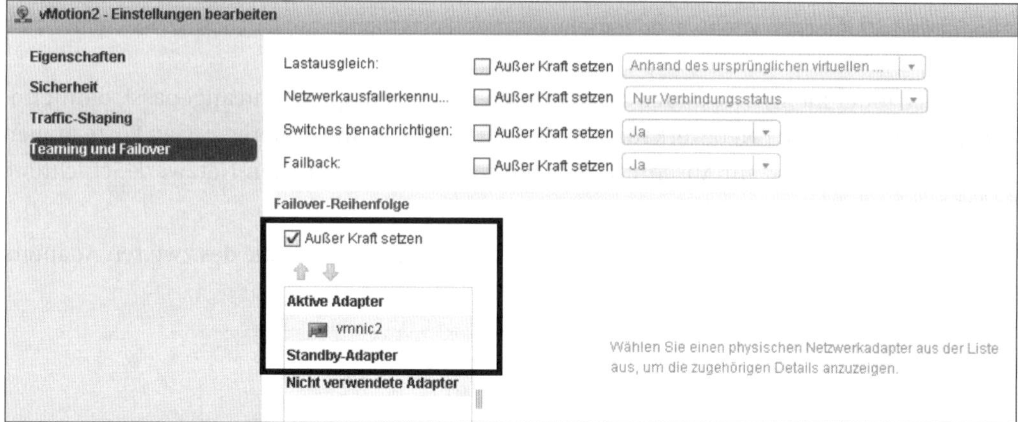

Abbildung 3.19 Beim zweiten vMotion-Adapter wird nur der vmnic2-Adapter aktiv belassen, alle anderen Adapter werden als »Nicht verwendete Adapter« konfiguriert.

Dieses Verfahren zur Erweiterung der Uplinks kann man annähernd beliebig fortführen, d. h., bis die maximale Anzahl der möglichen Multi-NIC-Unterstützung erreicht ist.

Konfiguration mit Distributed vSwitch

Die Konfiguration mittels *Distributed vSwitch* sieht auf ESX-Host-Seite identisch aus (VMkernel anlegen, IP-Adresse angeben). Allerdings muss man sich nicht um die »Active«/ »Unused«-Konfiguration jedes einzelnen vMotion-Adapters kümmern, sondern kann dies einmalig zentral einrichten (siehe Abbildung 3.20).

Abbildung 3.20 Anlegen von zwei oder mehr vMotion-Portgruppen am Distributed vSwitch

Die beiden (oder mehr) *Distributed*-Portgruppen werden entsprechend angepasst, damit immer nur ein physischer Netzwerkadapter genutzt werden kann. Näheres zu den Portgruppen finden Sie im Kapitel 7 im Abschnitt »Die physischen und virtuellen Netzwerk-Schichten« im Absatz »Port Group«.

Die Konfiguration des ersten Adapters sehen Sie in Abbildung 3.21, die des zweiten Adapters in Abbildung 3.22.

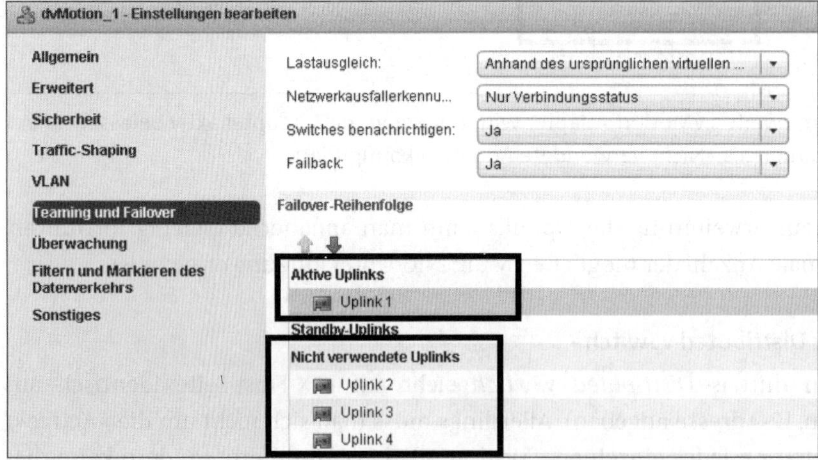

Abbildung 3.21 Die erste vMotion-Portgruppe wird so konfiguriert, dass nur der dvUplink1 (Uplink eines distributed virtual Switch)-Adapter aktiv ist. Alle anderen Adapter sind als »Nicht verwendete Uplinks« konfiguriert.

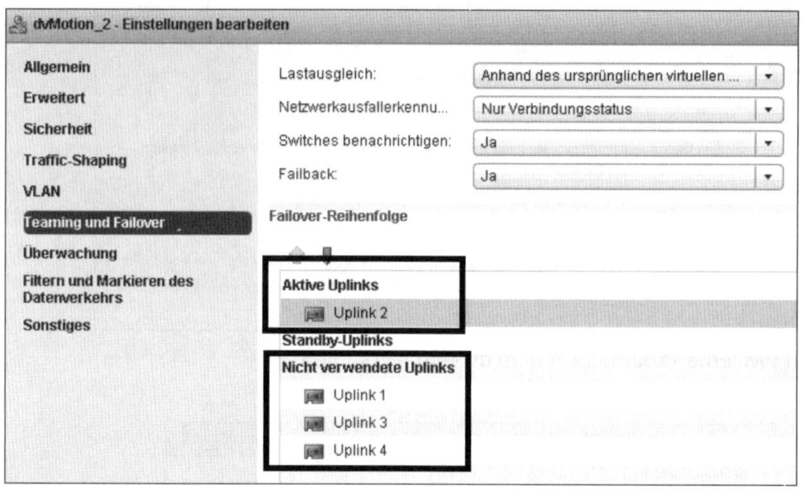

Abbildung 3.22 Die zweite vMotion-Portgruppe wird so konfiguriert, dass nur der dvUplink2Adapter aktiv ist. Alle anderen Adapter sind als »Nicht verwendete Uplinks« konfiguriert.

Sind die Portgruppen angelegt, muss man auf den ESX-Hosts die VMkernel-Adapter anlegen und den Portgruppen zuweisen:

1. Verwaltung der virtuellen Adapter (siehe Abbildung 3.23)
2. Erstellung des VMkernel-Adapters (siehe Abbildung 3.24)
3. Zuordnung zu der gewünschten Portgruppe (siehe Abbildung 3.25)
4. Vergabe der IP-Konfiguration (siehe Abbildung 3.26)

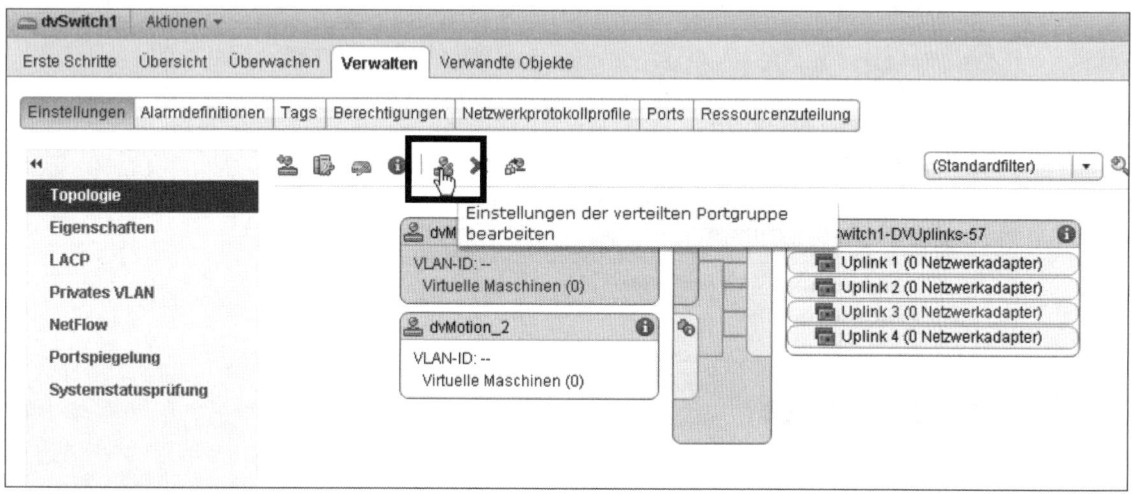

Abbildung 3.23 Verwaltung der VMkernel-Adapter auf dvSwitches auf dem ESX-Host

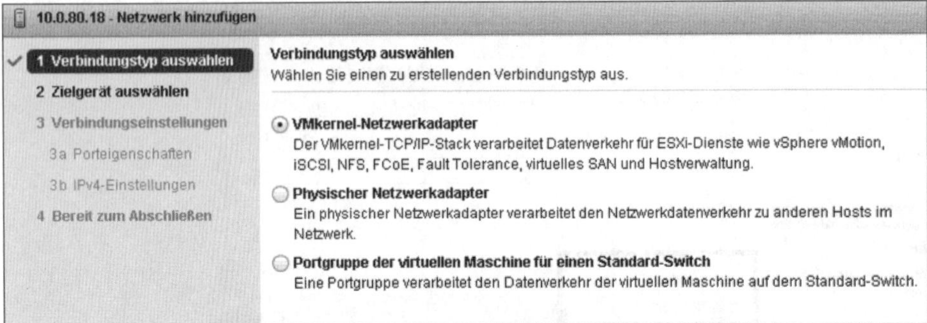

Abbildung 3.24 Neuen VMkernel-Adapter auf dem dvSwitch erstellen

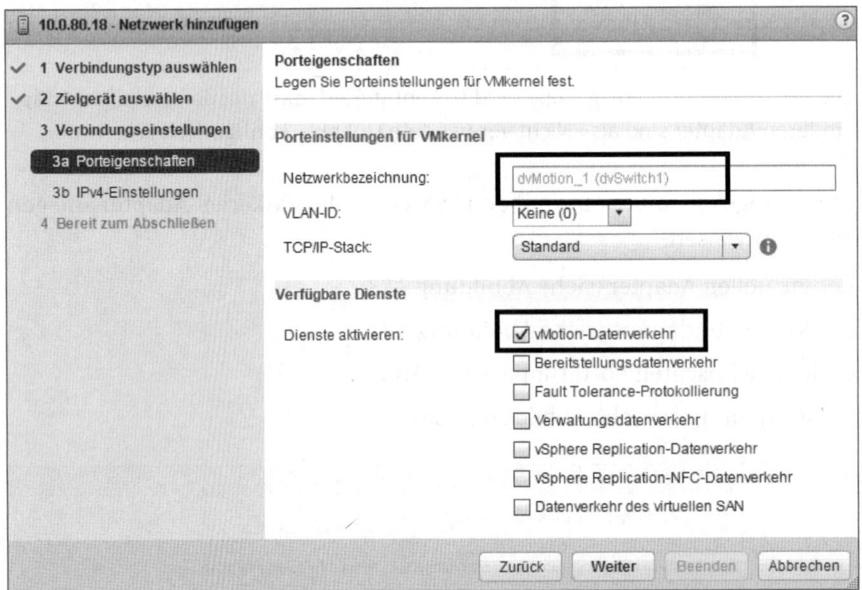

Abbildung 3.25 Eine dvPortgroup auswählen und vMotion aktivieren

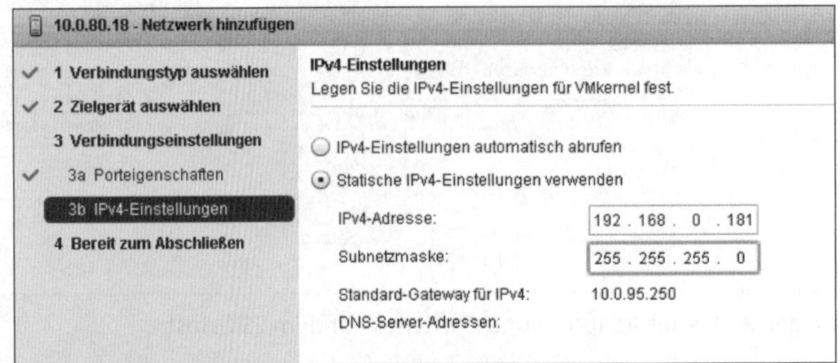

Abbildung 3.26 Die IP-Adresse für den vMotion-Adapter angeben

Nach Abschluss der Konfiguration sollten Sie zwei oder mehr Portgruppen mit VMkernel-Adapter vorfinden (siehe Abbildung 3.27).

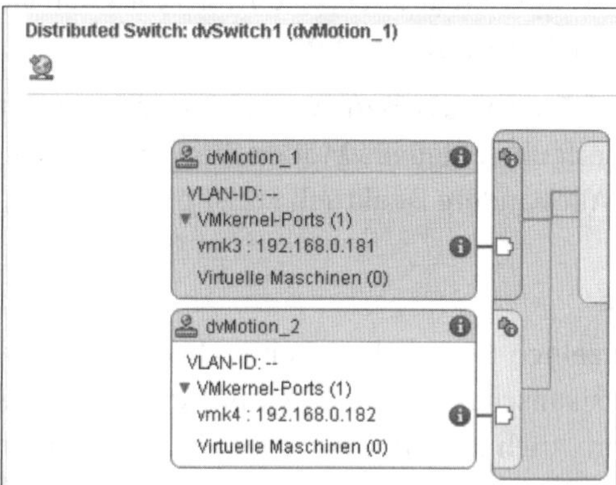

Abbildung 3.27 Am Ende der Konfiguration sollten zwei vMotion-Adapter an den unterschiedlichen vMotion-Portgruppen existieren.

Cross vSwitch vMotion

Mit der Möglichkeit, vMotion über unterschiedliche vSwitch-Typen hinweg durchzuführen, hat VMware eine weitere große Neuerung in vSphere 6.x einfließen lassen, die wiederum ganz neue Perspektiven im virtuellen Netzwerk eröffnet. Hier sind die Regeln im Detail:

Regeln zur Migration von VMs mit vMotion

vSwitch (vSS) zu vSwitch (vSS): Supported

dvSwitch (vDS) zu dvSwitch (vDS): Supported

vSwitch (vSS) zu dvSwitch (vDS): Supported

dvSwitch (vDS) zu vSwitch (vSS): Unsupported

Dass »dvSwitch zu vSwitch« nicht funktioniert und somit nicht unterstützt wird, liegt daran, dass der vSwitch mit den Metadaten der VM des dvSwitchs nichts anfangen kann. Der vSwitch verfügt ja nicht über den logischen Funktionsumfang eines dvSwitchs.

vMotion über vCenter-Grenzen hinweg

Seit vSphere 6.x ist es endlich möglich, virtuelle Maschinen mit vMotion über Datacenter-Grenzen hinweg zu migrieren. Dies wird *Cross vCenter vMotion* genannt. Bis vSphere 5.x war dies nur für virtuelle Maschinen in ausgeschaltetem Zustand möglich. Aber nach wie vor gilt natürlich, dass Datacenter meist räumlich voneinander getrennt sind und oftmals lediglich über schmalbandige Kommunikationsverbindungen verfügen, und auch die Anbindung des Shared Storage ist über sehr lange Strecken hier und da nicht immer so performant wie auf dem eigenen Kampus.

Aus diesem Grund sollten Sie immer im Hinterkopf haben, dass Migrationen mit vMotion zwischen den Rechenzentren schnell zu einer Überbuchung der Leitungskapazität beitragen können, was nach außen hin dann so aussieht wie eine Denial-of-Service-Attacke. Lassen Sie also Vorsicht walten, und prüfen Sie erst einmal die Leitungskapazität!

An dieser Stelle noch ein wichtiger Hinweis: Ein vMotion zwischen vCenter 5.x und vCenter 6.x wird von VMware nicht unterstützt. VMware erlaubt lediglich vMotion-Vorgänge von einem vCenter 6.x zu einem anderen vCenter 6.x. Alles andere ist aktuell »unsupported«.

vMotion-Support für Microsoft-Windows-Cluster

In Version 6.x ist es nun auch möglich, die einzelnen Server-Nodes eines Microsoft-Windows-2012-R2-Failover-Clusters (MSCS), der physikalisches RDM nutzt und über mehr als zwei Nodes verfügt, mittels vMotion zu verlegen. Auch ist nun hierbei gewährleistet, dass der vMotion-Prozess keine Störungen in einer geclusterten Applikation (wie z. B. Windows Server Failover Clustering (WSFC)) verursacht.

Die Voraussetzungen hierfür sind:

Version 11 der virtuellen Maschinen-Hardware

Der virtuelle SCSI-Controller muss im *physical SCSI Bus Sharing Mode* konfiguriert sein.

Der Festplattentyp muss als physikalisches RDM konfiguriert werden.

Weitere Informationen hierzu finden Sie im Knowledge-Base-Artikel 1037959 unter *http://kb.vmware.com/selfservice/microsites/search.do?language=en_US&cmd=displayKC&externalId=1037959*.

Erweiterung des vMotion-Netzwerks

Eine weitere Neuerung in *vSphere 6 vMotion* ist der Support für Layer-3-(L3-)Netzwerke (*Routed vMotion Network*). Das heißt, es ist nun nicht mehr wie in der Vergangenheit zwingend, das Netzwerk ausschließlich auf der Basis von Layer 2 (L2) aufzubauen. Ganz neu ist auch, dass der ESXi-Host nun gleichzeitig mit mehreren TCP/IP-Stacks arbeitet, wobei ein Stack exklusiv für den vMotion-Datenverkehr benutzt werden kann.

Dieser exklusive TCP/IP-Stack verfügt über die üblichen Merkmale:

- Memory Heap
- ARP-Tabelle
- Routing-Tabelle
- DNS-Konfiguration
- Default-Gateway

Dies ermöglicht eine wesentlich genauere Kontrolle über die Nutzung der einzelnen Netzwerk-Ressourcen und erhöht die Sicherheit dadurch, dass noch eine zusätzliche Möglichkeit der Isolation geschaffen wurde. Operationen wie das Klonen von virtuellen Maschinen können nun ebenfalls über ein dediziertes Netzwerk durchgeführt werden. Dies verhindert ebenfalls eine Beeinflussung des vMotion-Datenverkehrs in erheblichem Umfang.

Es gibt folgende TCP/IP-Stacks auf VMkernel-Level:

- Normaler TCP/IP-Stack des Kernels für den Management Traffic, System Traffic, vMotion Traffic, IP-Storage Traffic und Fault Tolerance Traffic
- Dedizierter TCP/IP-Stack für vMotion Traffic bezüglich isolierter Live-Migration
- Dedizierter TCP/IP-Stack für Provisioning Traffic bezüglich isolierter Cold-Migration, Cloning und Snapshot Creation
- Dedizierter TCP/IP-Stack für den isolierten Netzwerkverkehr von Applikationen

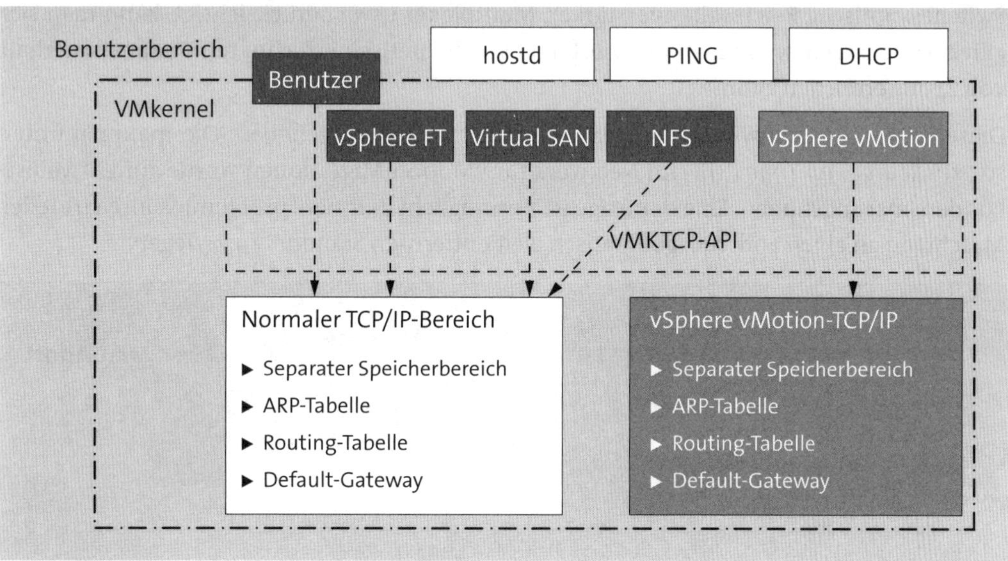

Abbildung 3.28 Der ESXi 6.x gestattet die Nutzung eines dedizierten TCP/IP-Stacks für vMotion.

vSphere Replication NFC (Network File Copy)

Auch neu in vSphere 6.x ist, dass ein eigenes Netzwerk für vSphere Replication NFC (*Network File Copy*) eingerichtet werden kann. Das heißt, in diesem Netzwerk befindet sich ausschließlich vSphere-Replication-NFC-Datenverkehr, also Cloning-Vorgänge und vMotion mit ausgeschalteten VMs, also ausschließlich Cold Data Migrations. Auch hier darf es sich sowohl um eine Layer-2- als auch eine Routed-Layer-3-Verbindung handeln.

Higher Latency Link Support

Vor vSphere 5.x durfte die Latenzzeit von 5 ms nicht überschritten werden, obwohl dies bei vMotion über große Distanzen (Long Distance vMotion) keine Seltenheit war. Manche Implementierungen von Clustern über Rechenzentrumsgrenzen hinweg konnten aufgrund dieser Anforderung nicht oder nur eingeschränkt betrieben werden.

Daher wurde die unterstützte Latenzzeit von 5 auf 10 ms verdoppelt, was allerdings eine Enterprise-Plus-Lizenz voraussetzte. Letztendlich repräsentieren derartige Latenzen aber ausschließlich den Metrodistanzbereich. Somit sind 10 ms natürlich im Bereich von Geodistanzen nicht gerade viel. Rein rechnerisch kommt man bei einer RTT (Round Trip Time) von 5 ms, was bei einer Strecke zwischen zwei Orten ca. 2,5 ms ergibt, mit der üblichen Ausbreitungsgeschwindigkeit des Lichts innerhalb von Glas bzw. Lichtwellenleitern (LWL) theoretisch gerade einmal um die 500 km weit.

In der Praxis ist dieser Wert natürlich überhaupt nicht haltbar und liegt bei deutlich weniger zu erreichender Distanz. Wenn man hier die ganzen verzögernden Streckenelemente (wie Switches, optische Reichweitenverstärker, Multiplexer usw.) berücksichtigt, kann man sich glücklich schätzen, wenn man ein Viertel dieser theoretisch errechneten Distanz innerhalb von 2,5 ms erreichen kann.

Diese engen Grenzen wurden mit vSphere 6.x vMotion aufgehoben. Die maximal unterstützte *Round Trip Time* (RTT) im Netzwerk für vMotion-Migrationen wurde auf 150 Millisekunden (ms) angehoben. Eine derartige RTT ermöglicht es Ihnen, problemlos Ihre virtuellen Maschinen an einen anderen, geografisch weit entfernten Standort zu verlegen.

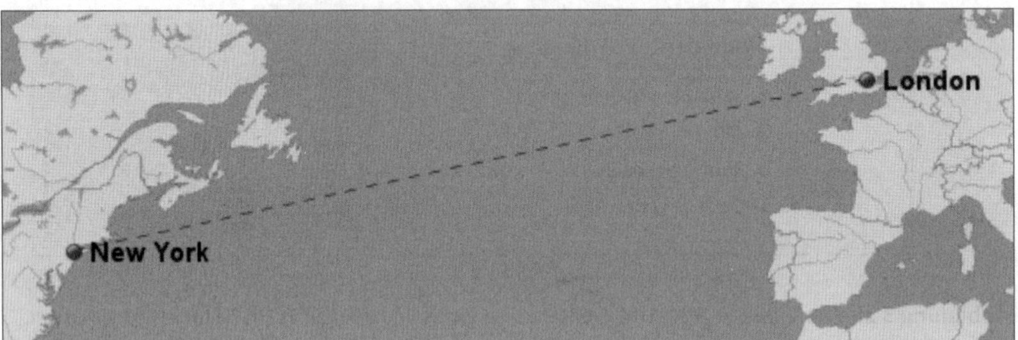

Abbildung 3.29 Die Stecke, auf der VMware erfolgreich die Verlegung einer Live-Workload mittels Long Distance vMotion vorgeführt hat

vMware beschreibt unter *http://www.vmware.com/de/products/vsphere/features/vmotion#sthash.TO1bHDYk.dpuf* eine erfolgreiche Verlegung einer virtuellen Maschine (Live-Workload) mit vMotion zwischen zwei physischen Rechenzentren in New York und London. Hierbei handelt es sich immerhin um eine Distanz von ca. 5600 km (Luftlinie).

Long Distance vMotion

Der Trend hin zu Long Distance vMotion zeichnete sich bereits in den vergangenen Jahren deutlich ab. Das heißt, Quell- und Ziel-ESXi stehen unter Umständen Tausende von Kilometern voneinander entfernt.

Es kamen schon sehr früh immer mehr Unternehmen auf den Markt, die an Systemen arbeiteten, die die Latenz und die Datenübertragung über große Distanzen so optimierten, dass auch zwischen den USA und Europa eine vMotion-Funktion realisiert werden konnte. VMware hat mit vSphere 5.x bereits damals reagiert und die Akzeptanz der Latenzzeit bei vMotion-Vorgängen deutlich erhöht. Die notwendigen Technologien für den als *Long Distance vMotion* bezeichneten Migrationsvorgang waren in der Vergangenheit im Laborbetrieb bereits zum großen Teil verfügbar und wurden auf Messen wie beispielsweise der VMworld auch früher schon eindrucksvoll vorgeführt. Aber mit vSphere 6.x verlässt *Long Distance vMotion* das Labor!

Long Distance vMotion ist immer eine Kombination aus vMotion und SvMotion. Nicht nur, dass nun für Long Distance vMotion eine RTT von 150 ms erlaubt ist, sondern der Long-Distance-vMotion-Datenverkehr kann auch mittels NFC (Network File Copy) durchgeführt werden. Hierbei können Sie dann selbstverständlich auch den Provisioning-TPC/IP-Stack nutzen. Dies ist ebenfalls eine Neuerung in vSphere 6.x. Man kann also sagen, dass NFC quasi einen FTP-(File Transfer Protocol-)Service bietet, der es ermöglicht, Daten zwischen den einzelnen Data-Stores zu kopieren.

Welche Anforderungen an gleichzeitige vMotion-Migrationen gibt es? Sie müssen in jedem Fall sicherstellen, dass das vMotion-Netzwerk über eine dedizierte Bandbreite von mindestens 250 Mbps (Mbit/s) je gleichzeitiger vMotion-Sitzung verfügt.

Eine größere Bandbreite ermöglicht selbstverständlich eine höhere Performance, die natürlich zu einer schnelleren Fertigstellung der einzelnen Migrationen führt.

Durchsatzgewinne, wie sie etwa durch WAN-Optimierungstechniken möglich sind, werden nicht auf das 250-Mbps-Limit angerechnet.

Informationen zur maximalen Anzahl von gleichzeitig möglichen vMotion-Vorgängen finden Sie unter *http://www.vmware.com/files/de/pdf/vsphere-60-configuration-maximums.pdf*.

Fazit

Halten wir abschließend fest: Die wesentliche Erweiterung für Long Distance vMotion ist die Erhöhung der RTT (Paketumlaufzeit/Latenz) von max. 10 ms auf max. 150 ms.

Einige interessante Informationen bezüglich RTT finden Sie auch unter *https://de.wikipedia.org/wiki/Paketumlaufzeit*. Doch wenn Sie es wirklich genau wissen möchten, dann empfehle ich Ihnen, die Latenz der Stecke, um die es geht, durchzumessen. Nur hierdurch sind Sie in der Lage, qualitativ hochwertige Aussagen zur Güte Ihrer Leitung zu machen.

Ein Thema, das derzeit ebenfalls in aller Munde ist, sind VMwares *Virtual Volumes*, kurz VVOLs. Natürlich unterstützt Long Distance vMotion auch Virtual Volumes, wobei diese selbstverständlich *keine* Voraussetzung für eine erfolgreiche Long-Distance-Live-Migration mit Long Distance vMotion sind.

3.1.4 Bedienung

Die Bedienung von vMotion ist sehr intuitiv und trivial, da eine aktive virtuelle Maschine einfach per Drag & Drop auf einen anderen ESXi-Host gezogen werden kann. Da die virtuelle Maschine angeschaltet ist, startet der vMotion-Prozess automatisch mit dem ersten Dialog.

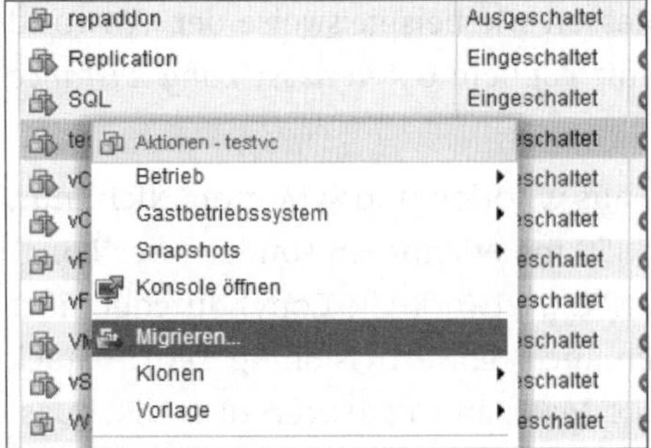

Abbildung 3.30 Start des vMotion-Vorgangs aus dem Kontextmenü der virtuellen Maschine

Eine andere Variante ist die Auswahl MIGRIEREN im Kontextmenü einer virtuellen Maschine (siehe Abbildung 3.30). Der Unterschied zwischen diesen beiden Möglichkeiten der Bedienung ist, dass Letztere auch für Storage vMotion genutzt werden kann und dass natürlich eine weitere Abfrage bezüglich des Zielsystems und des Ressourcen-Pools erscheint (siehe Abbildung 3.31).

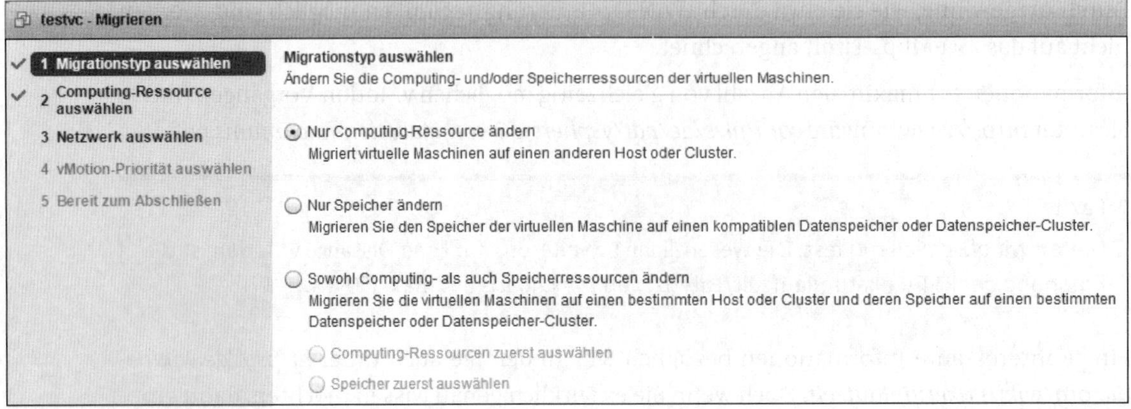

Abbildung 3.31 »Computing-Ressource« steht für vMotion, »Speicherressource« steht für Storage vMotion bei aktiven VMs.

Haben Sie sich für die Drag&Drop-Variante entschieden, fällt der Dialog deutlich kürzer aus, und Sie haben nur die Wahl der vMotion-Priorität (siehe Abbildung 3.32). Übrigens ist es auch möglich, mehrere virtuelle Maschinen gleichzeitig zu markieren und per Drag & Drop oder Kontextmenü zu migrieren.

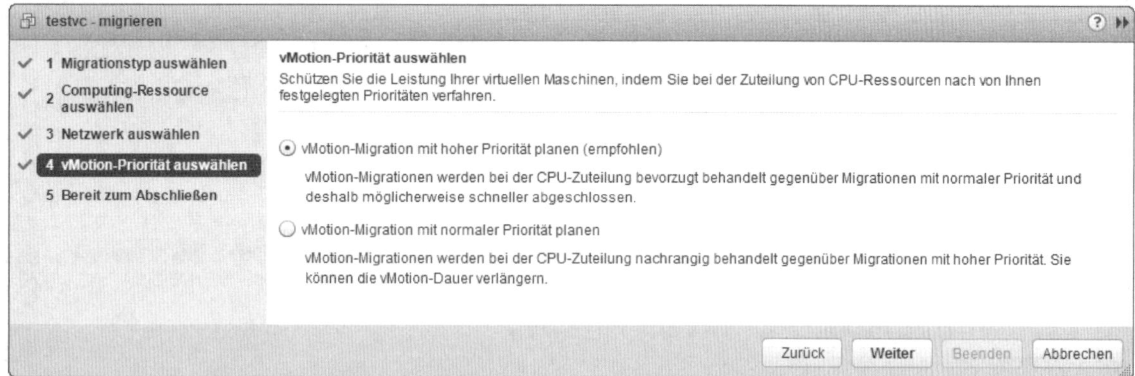

Abbildung 3.32 Auswahl der vMotion-Priorität

Bei der vMotion-Priorität sollten Sie möglichst immer vMotion-Migration mit hoher Priorität planen auswählen, damit eine entsprechende Absicherung der Ressourcen auf dem Zielsystem gewährleistet ist und der vMotion-Prozess möglichst schnell ablaufen kann. Außerdem wird der vMotion-Prozess direkt abgebrochen, falls die Ressourcen auf dem Zielsystem nicht zur Verfügung stehen.

Die Auswahl vMotion-Migration mit normaler Priorität planen kann den vMotion-Vorgang zeitlich deutlich in die Länge ziehen, da auf die Ressourcen gewartet wird, anstatt sie direkt zu reservieren. Daher werden diese Migrationen auch immer ausgeführt, selbst bei Problemfällen mit zu hohem Hauptspeicherbedarf.

Sobald der vMotion-Prozess gestartet wurde, können Sie den gesamten Prozess in den Events der Host-Systeme und der virtuellen Maschine nachvollziehen (siehe Abbildung 3.33).

Damit können Sie auch die Dauer des gesamten Prozesses im Nachhinein prüfen. Während der Laufzeit lässt sich nicht nachvollziehen, wie lange der Prozess noch dauern wird.

In der Standardkonfiguration sind nur vier (1-Gbps-Netzwerk) bzw. acht (10-Gbps-Netzwerk) vMotion-Migrationen gleichzeitig pro Host und 128 vMotion-Migrationen pro VMFS-Datastore zugelassen.

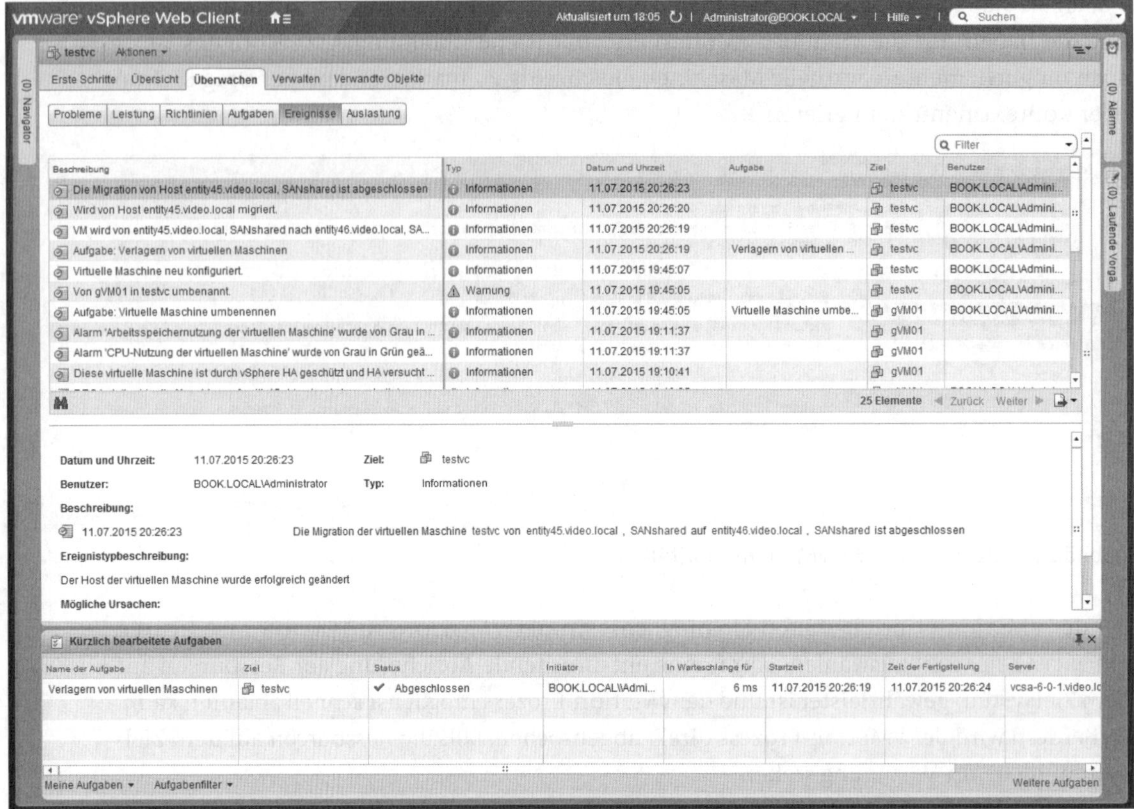

Abbildung 3.33 In der Anzeige »Ereignisse« der VM können Sie den vMotion-Vorgang detailliert nachvollziehen.

3.1.5 Sicherheit

Die vMotion-Datenübertragung findet im Klartext statt. Daher ist es nicht nur aus Performance-, sondern auch aus Sicherheitsgründen zu empfehlen, ein dediziertes Netzwerk für den vMotion-Verkehr zu betreiben. In keinem Fall sollte der vMotion-Verkehr mit dem Netzwerkverkehr der virtuellen Maschinen vermischt werden, sprich über die gleichen Netzwerkadapter betrieben werden, ohne zumindest eine Trennung via VLAN durchzuführen.

3.1.6 Problemfälle

Neben den vielen möglichen Inkompatibilitäten, die eine Migration verhindern, existieren auch Problemquellen, die nicht einfach zu erkennen oder zu beheben sind.

Lokale Geräte

Viele lokale Geräte verhindern unter Umständen vMotion, und der Prozess bricht bereits bei der ersten Überprüfung mit einer Fehlermeldung ab (siehe Abbildung 3.34).

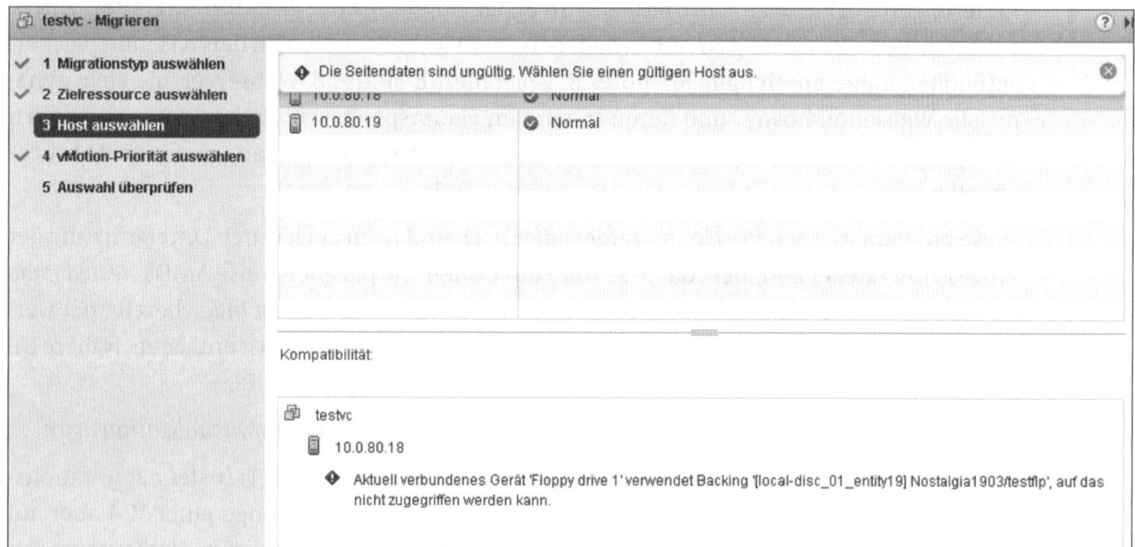

Abbildung 3.34 Problem beim Zugriff auf die Diskette durch den Ziel-ESXi-Host, da ein lokales Medium verwendet wurde

Dies ist z. B. bei lokalen Festplatten der Fall. Bei für den VMkernel »weniger wichtigen« Geräten (wie beispielsweise lokal verbundenen Wechselmedien) erscheint eine Warnmeldung, dass das Gerät auf dem Zielsystem nicht verfügbar ist. Sind Sie damit einverstanden, wird der vMotion-Vorgang ohne den Anschluss der CD oder Diskette fortgesetzt. Dies gilt nicht bei bestehender Verbindung eines Client-Device, da dort eine direkte Verbindung vom Client zum ESXi Server hergestellt ist. In diesem Fall ist vMotion verboten.

Gleiche Portgruppe = gleiches Netzwerk?

vMotion achtet bei der Prüfung der Netzwerke nur auf die Portgruppennamen, ohne die physische Verbindung prüfen zu können. Existieren zwei ESXi-Hosts mit der Portgruppe LAN (der die virtuelle Maschine auch angehört), die aber auf unterschiedliche physische Netzwerke konfiguriert sind, kann der vMotion-Prozess zwar erfolgreich abgeschlossen werden, der VM allerdings steht kein funktionierendes Netzwerk mehr zur Verfügung. Sie ist in dem Fall zwar noch aktiv, aber die Netzwerkverbindung zur Außenwelt ist gekappt – Sie hätten die VM sozusagen »totmigriert«. Daher müssen Sie auf die Gleichheit der Portgruppennamen auf den beteiligten ESXi-Hosts achten (Distributed vSwitches bieten durch die zentrale Verwaltung der Portgruppen eine deutliche Vereinfachung) und auch darauf, ob die physischen Gegebenheiten der Uplinks hinter den Portgruppen ebenfalls identisch sind.

Hauptspeicheränderungen

Eine sehr typische Ursache von Problemen sind virtuelle Maschinen, die enorm viele Änderungen im Hauptspeicher durchführen. Je größer die Hauptspeichermenge ist und je mehr Änderungen es gibt, desto schwieriger wird es, eine reibungslose vMotion-Migration durchzuführen. Kommt es stetig zu Abbrüchen bei einer VM, sollten Sie sich deren Hauptspeicheraktivitäten näher anschauen. Ein gutes Beispiel hierfür sind z. B. Webserver, die viele dynamische Webseiten hosten und deren Inhalte im Hauptspeicher vorhalten. Bei einer hohen Änderungsrate dieser Sites kommt es dann unter Umständen zu unangenehmen Abbrucheffekten.

Diese problematischen Vorgänge werden aber nach und nach auch durch Unterstützung der Prozessorhersteller behoben, da diese mit Funktionen wie beispielsweise AMDs *Nested Page Tables* und *Tagged TLBs* (die zusammen als *AMD Rapid Virtualization Index* bezeichnet werden) eine deutliche Beschleunigung bringen und den Hypervisor selbst entlasten. Nähere Informationen zu den AMD-Technologien finden Sie unter folgender URL:

http://www.amd.com/us/products/technologies/virtualization/Pages/virtualization.aspx

Mit vSphere 5.x hatte VMware zwar die Verfahren von vMotion beim Transfer der Iterationskopien weiter verbessert, die maximal zulässige Hauptspeichermenge einer VM aber auf 1 TB erhöht. Bei vSphere 6.x ist dieser Wert nun auf maximal 4 TB gestiegen. Um Systeme mit mehr als 64 GB Hauptspeicher oder mit einer Änderungsrate von mehr als 120 MB pro Sekunde mit vMotion zu migrieren, empfiehlt VMware, 10-Gbps-Verbindungen zwischen den einzelnen ESXi-Hosts zu etablieren. Die Migrationsfähigkeit bei VMs mit vielen Hauptspeicheränderungen wird durch 10 Gbps natürlich ebenfalls massiv gesteigert. Demzufolge ist eine dedizierte 10-Gbps-Verbindung für vMotion optimal geeignet.

Aktuell gibt es zwar keine Verpflichtung vonseiten VMwares, dies umzusetzen, aber es ist mit steigender Datenmenge und der Menge an Migrationen sicherlich eine gute Strategie, dies umzusetzen. Eine weitere massive Optimierung dieses Sachverhalts ist mit der Freigabe von bis zu vier 40-Gbps-Ethernet-Ports für vMotion verbunden. Hier hat VMware bereits den Grundstein für die Ansprüche gelegt, die voraussichtlich in der nahen Zukunft an virtuelle Umgebungen bzw. von virtuellen Maschinen gestellt werden.

SCSI-Reservation-Conflicts

Ein weiterer möglicher Grund für Probleme sind zu hohe *SCSI-Reservation-Conflicts*. Das heißt, die virtuelle Maschine kann nicht migriert werden, da das Zielsystem keinen rechtzeitigen Zugriff auf die SAN-Festplatten erhält. Dieses Problem tritt nur bei IP/FC SAN auf und kommt aufgrund von Treiberfehlern oder – deutlich häufiger – wegen Überlastung zum Tragen.

Informationen über SCSI-Reservations finden Sie in den VMkernel-Protokollen der ESXi-Server. Die Problematik SCSI-Reservation-Conflicts wurde mit vSphere 5.x nochmals deutlich minimiert und kann bei Storage-Systemen mit VAAI-Unterstützung sogar eliminiert werden, da nicht mehr die komplette LUN, sondern nur die betroffenen Blöcke gesperrt werden. Dieser Sachverhalt gilt natürlich auch weiterhin für vSphere 6.x.

Auslagerungsdateien (Swapfiles)

Auf Host-Ebene existiert die Möglichkeit, die Auslagerungsdateien der virtuellen Maschinen auf lokale Festplatten des ESXi-Hosts zu legen, anstatt sie im zentralen Speicher vorzuhalten. Das spart einerseits zwar teuren SAN/NAS-Plattenplatz, führt aber andererseits dazu, dass neben dem Hauptspeicher der virtuellen Maschine auch der Swap-Speicher übertragen werden muss. Liegen alle Daten im Shared Storage, so muss der Swap-Speicher nicht bewegt werden; liegt er jedoch auf dem lokalen ESXi-Host, muss er zusätzlich übertragen werden, was einen vMotion-Vorgang deutlich verlängern kann.

In Abbildung 3.35 und Abbildung 3.36 sehen Sie, wie Sie den Umgang mit dem Swap-Speicher konfigurieren.

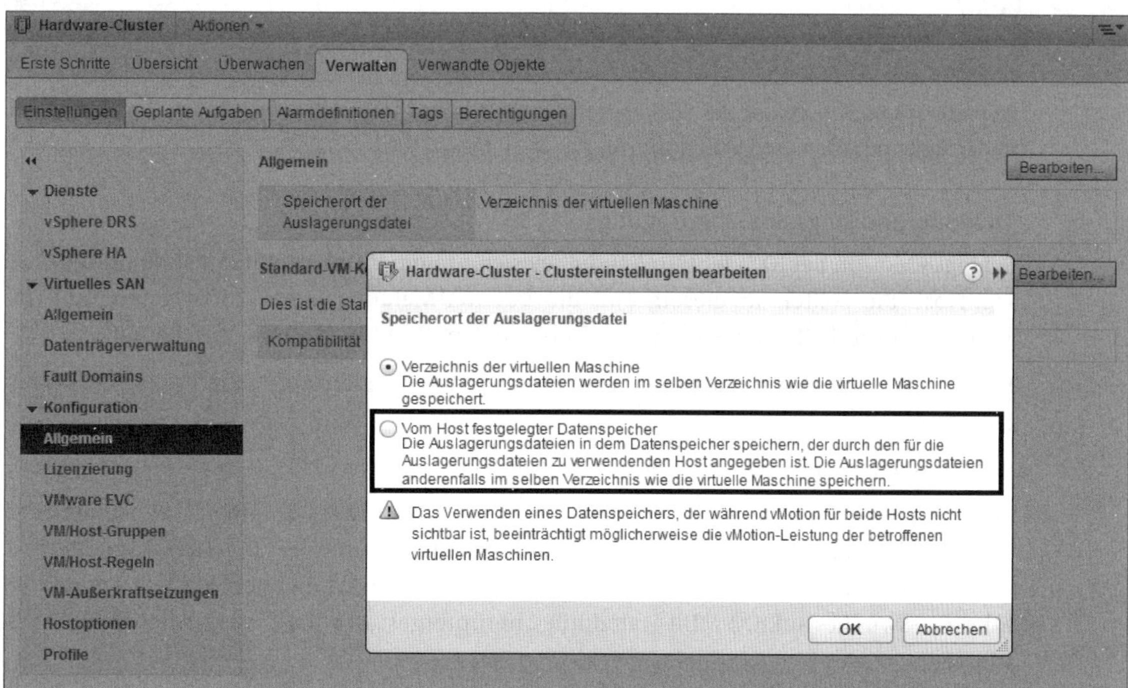

Abbildung 3.35 Anpassung des Speicherorts für die Auslagerungsdatei der virtuellen Maschinen im Cluster

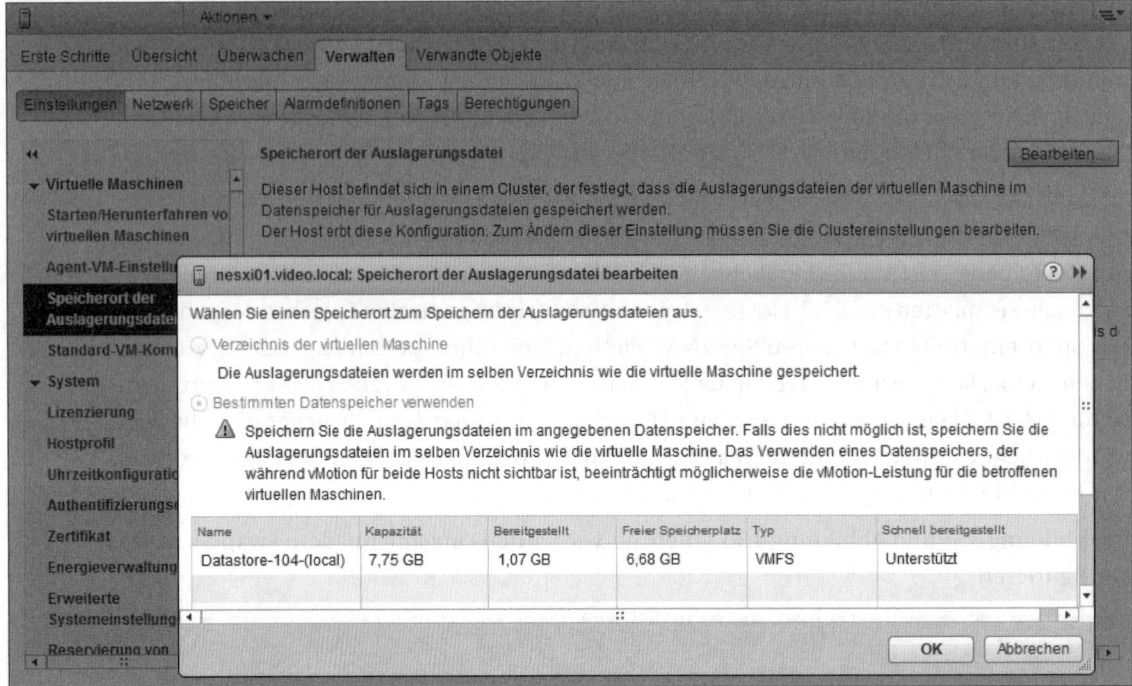

Abbildung 3.36 Anpassung des Speicherorts für die Auslagerungsdateien der virtuellen Maschinen in den Eigenschaften des ESXi-Hosts

Timeouts und langsame Übertragung

Schlägt vMotion bei 10 % fehl, so handelt es sich um ein Problem mit der Verbindung zum Ziel-Host. Sie sollten in diesem Fall die vCenter-Meldung genau analysieren und das VMkernel-Protokoll (*/var/log/vmkernel.log*) auf dem Quell-ESXi-Server anschauen.

Einen zwar schon etwas betagten, aber dennoch guten Blog-Eintrag zu diesem Thema finden Sie unter:

http://www.vmwarewolf.com/vmotion-fails-at-10-percent/

Dauert vMotion sehr lange oder bricht vMotion ab, kann dies an einem sehr langsamen Netzwerk liegen, in dem keine rechtzeitige Rückmeldung durch den Ziel-ESXi gesendet wird. Es existieren Fälle, in denen das Gigabit-Netzwerk aufgrund einer Fehleinstellung auf den Ethernet-Switches auf 100-MBit-Halbduplex heruntergestuft wurde, was zu diesem Problem führte.

Hier sollten Sie sich auch die aktuelle Geschwindigkeit der Netzwerkkarten anschauen (`esxcfg-nics -l` auf der Management Console/vCLI) und das VMkernel-Protokoll des Ziel-Servers einsehen.

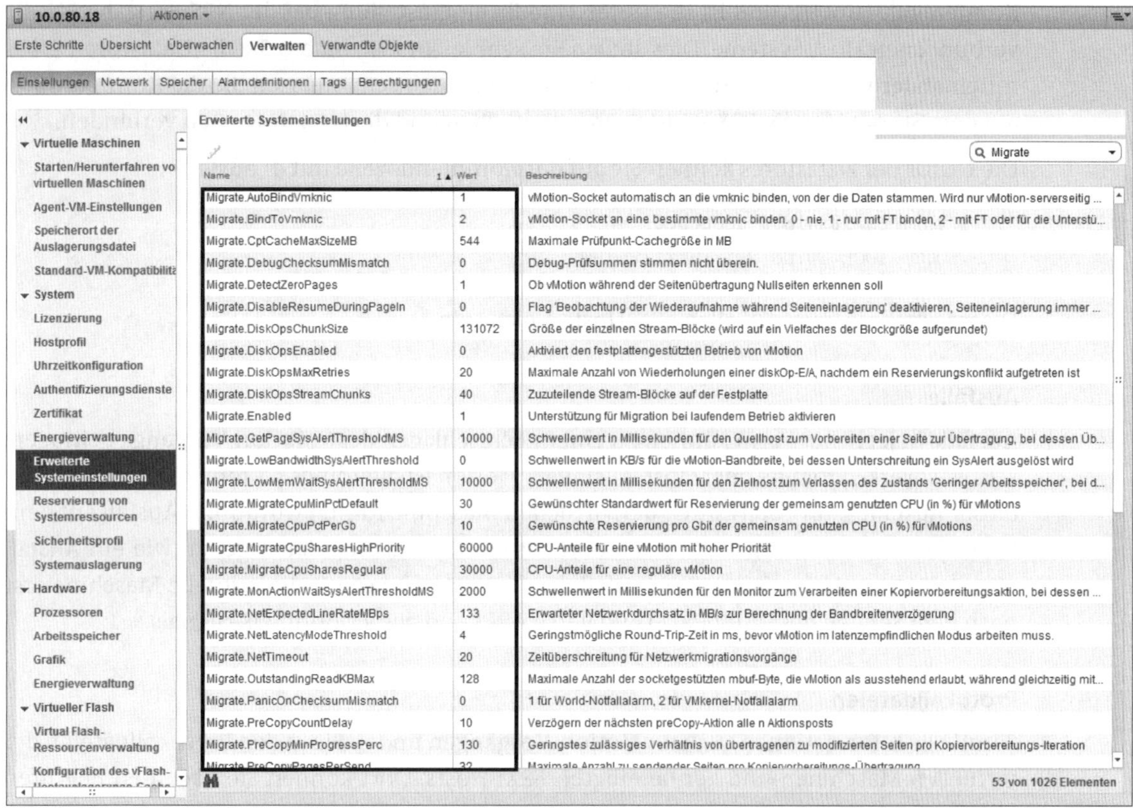

Abbildung 3.37 »Erweiterte Systemeinstellungen« für vMotion-Vorgänge in den Eigenschaften des ESXi-Hosts

Ist das Netzwerk im Normalzustand sehr langsam, ist es möglich, die Switchover-Time zu erhöhen, beispielsweise in den ERWEITERTEN SYSTEMEINSTELLUNGEN (siehe Abbildung 3.37) des ESX-Hosts: `PreCopySwitchoverTimeGoal` (Standard 500).

vMotion funktioniert nach einem VM-Hardware-Upgrade nicht mehr

Ein bekanntes Problem besteht übrigens bei virtuellen Maschinen, deren Hardware von Version 4 (ESX 3) auf Version 7 (vSphere) aktualisiert wurde und die entweder in einem EVC-Cluster waren oder deren CPU-Masking angepasst wurde. Bei diesen VMs bricht vMotion immer direkt mit einer Fehlermeldung ab, die auf eine nicht unterstützte VM-Konfiguration hinweist. Die Lösung in diesem Fall ist das Zurücksetzen des CPU-Maskings in den Eigenschaften der virtuellen Maschine.

NFS-Storage

In den VMware-Foren existieren Beiträge zu vMotion-Abbrüchen bei 78 %, wenn NFS-Datastores genutzt wurden. Das ist kein allgemeiner Fehler, sondern kommt nur bei vereinzelten

Kunden vor. Hintergrund ist die unterschiedliche Einstellung bei der NFS-Freigabe für die verbundenen Host-Systeme. Dies stellen Sie sehr leicht fest, indem Sie die Datastore-UUIDs miteinander vergleichen. Sollten diese unterschiedlich sein, müssen Sie die Konfiguration auf dem Storage für die ESXi-Hosts vereinheitlichen und die Datastores neu verbinden.

Die UUIDs der Datastores können Sie auf der Kommandozeile mit `df` auslesen:

```
/vmfs/volumes/18341836-debecbc6
     50.0G 100k 50.0G 0 % /vmfs/volumes/nfs
```

Dieses Ergebnis muss auf allen ESX-Hosts gleich sein.

Ausfälle

Ausfälle in jeglicher Form können zu einem Fehlschlagen des vMotion-Vorgangs beitragen, z. B. Netzwerk-, Storage- oder Host-Ausfälle. vMotion ist allerdings so konzipiert, dass keiner dieser Ausfälle zum Totalverlust der virtuellen Maschine führen würde. Ein Ausfall auf dem Quellsystem, während die VM noch dort residiert, wirkt sich daher genau wie ein Ausfall ohne vMotion-Vorgang aus. Ein Ausfall des Zielsystems betrifft die virtuelle Maschine erst nach dem Senden des RARP-Pakets (Reverse ARP) und des vMotion-OK-Signals.

Protokolldateien

Sämtliche Informationen zu den vMotion-Vorgängen finden Sie in den Protokolldateien der virtuellen Maschinen und der beteiligten ESXi-Hosts. Dort können Sie nach den Begriffen »Migrate«, »migration id« oder »vMotion« suchen.

- **Home-Verzeichnis der virtuellen Maschine:**

  vmware.log enthält die Informationen zu der Ziel-VM.

  vmware-<höchste Nummer>.log speichert die Informationen der Quell-VM.
- **Host-Protokolle befinden sich auf dem Quell- und dem Ziel-ESXi-Host:**

  /var/log/vmkernel.log

  /var/log/vmware/hostd.log*

> **Zeitunterschiede**
>
> Beachten Sie mögliche Zeitunterschiede der ESXi-Hosts bei der Protokollanalyse.

Die VMkernel-Protokolle enthalten Netzwerk- und Storage-Fehler sowie vMotion-Timeouts. Außerdem ist es möglich, die Migrationsdatenmenge, die Änderungsrate und die vMotion-Dauer in den Logs einzusehen.

Hier sehen Sie ein kleines Beispiel mit einem Extrakt aus dem *vmkernel.log*:

1. `Another pre-copy iteration needed with 38769 modified pages (last = -1)`
2. `Another pre-copy iteration needed with 9616 modified pages (last = 38769)`
3. `Stopping pre-copy: only 3872 pages were modified`

Berechnung:

1. Iteration: 34,2 Sekunden, 38.769 Page-Änderungen (151,4 MB) = 4,43 MB/s
2. Iteration: 2,9 Sekunden, 9616 Page-Änderungen (37,76 MB) = 12,97 MB/s
3. Iteration: 0,87 Sekunden, 3872 Page-Änderungen (15,1 MB) = 17,36 MB/s

Die dritte und letzte Iteration liegt unter 1 Sekunde und wird zum vMotion-Abschluss genutzt.

3.1.7 vMotion Configuration Maximums und Support

In diesem Abschnitt finden Sie sämtliche *Configuration Maximums* für vMotion in der vSphere-Version 6.x:

- 4 gleichzeitige vMotion-Vorgänge bei Verwendung von 1-Gbps-ETH-Adaptern sind je Host maximal möglich.
- 8 gleichzeitige vMotion-Vorgänge bei Verwendung von 10-Gbps-ETH-Adaptern sind je Host maximal möglich.
- 128 gleichzeitige vMotion-Vorgänge sind pro Datenspeicher maximal möglich.
- 128 gleichzeitige vMotion-Vorgänge sind pro VMFS-Volume maximal möglich.

Ausführliche Informationen finden Sie unter:

http://www.vmware.com/files/de/pdf/vsphere-60-configuration-maximums.pdf

Storage Protocol	VMotion Support
Fibre Channel	✓
FCoE	✓
iSCSI	✓
NFS	✓
DAS	✓
Virtual Volumes	✓
Virtual SAN	✓

Tabelle 3.2 Die wichtigsten Storage-Protokolle werden von vMotion vollständig unterstützt.

3.1.8 Lizenzierung

vMotion ist ab der Essentials-Plus-Edition und höher integriert und wird anhand der vSphere-Lizenzierung der Editionen pro CPU-Sockel lizenziert.

3.2 Storage vMotion

Das Verschieben einer virtuellen Maschine von einem Datastore auf einen anderen war bis zu VI3.5 nur im abgeschalteten Zustand erlaubt. Einen Ausblick auf die Storage-vMotion-Funktion bot erstmals die Online-Migration einer VM von ESX 2.5 (VMFS-2) auf ESX 3 (VMFS-3). Mit VI3.5 wurde erstmals Storage vMotion als Funktion etabliert. Es war allerdings nur über das VMware SDK und das Remote CLI als Befehl verfügbar; eine grafische Implementierung fehlte gänzlich. Andrew Kutz, ein VMware-Community-Mitglied, entwickelte daher das erste inoffizielle Storage-vMotion-Plug-in, das ein grafisches Frontend als vCenter 2.5-Plug-in bereitstellte. vSphere bringt nun von Haus aus die grafische Integration von Storage vMotion mit.

Storage vMotion hat sich wie vMotion als sehr zuverlässig und sehr schnell herausgestellt und wird daher von VMware-Kunden sehr gerne verwendet, um

- virtuelle Maschinen besser auf den Datastores zu verteilen,
- Storage-Planungsfehler der Vergangenheit zu beheben,
- die Systeme auf neue Datastores zu migrieren (z. B. Wechsel des zentralen Speichersystems, Tiered-Storage-Modell),
- die VMFS-Version zu aktualisieren und
- Storage-Wartungsfenster zu überbrücken.

Eine der wesentlichsten Storage-vMotion-Innovationen seit vSphere 5.x ist definitiv die Nutzung der VAAI-Storage-Kommunikation, um den Storage-vMotion-Vorgang komplett im Storage-Array abzubilden. Der große Vorteil daran ist, dass keine Datenübertragung der VMDK-Dateien zwischen ESXi-Host und Storage-Array stattfindet. Natürlich ist diese Methode nur möglich, wenn das Array auch VAAI-Unterstützung anbietet und die Migration nicht zwischen unterschiedlichen Storage-Arrays stattfindet.

3.2.1 Funktionsweise

Manchmal kommt es, wenn von »Storage vMotion« gesprochen wird, zu einem Missverständnis. Es wird sehr oft davon ausgegangen, dass durch Storage vMotion immer sowohl der ESXi-Host als auch der Datastore gleichzeitig gewechselt werden muss. Dies ist definitiv nicht der Fall!

Storage vMotion (SvMotion) ist ausschließlich dafür da, denjenigen Anteil einer virtuellen Maschine ohne Downtime zu migrieren, der sich im Storage befindet. In Abbildung 3.44 können Sie sehen, dass im dritten Unterpunkt zwar beides durchgeführt werden kann, dies ist aber lediglich ein Eindruck, den die GUI vermittelt. Beim Wechsel der Konfiguration der virtuellen Maschine wird ein sogenanntes Self-vMotion durchgeführt. Hierbei wird das Home Directory der virtuellen Maschine auf dem lokalen Host migriert, auf dem sie sich befindet. Dies ist allerdings lediglich SvMotion-prozessrelevant und hat nichts mit einem normalen vMotion zu tun. Storage vMotion kann aus dem vSphere-Client, dem Remote CLI, dem PowerCLI oder dem VMware SDK gestartet werden.

Storage vMotion hat folgende Eigenschaften:

- Die VM verbleibt auf dem gleichen ESXi-Host.
- VM-Festplatten sind individuell auf Datastores migrierbar.
- Es ist keine Abhängigkeit vom Massenspeicher (SAN/NAS) gegeben.
- Die Thick/Thin-Format-Unterstützung und -Konvertierung ist gegeben.
- Eine RDM-zu-VMDK-Konvertierung ist möglich.
- Eine Ausfallzeit (Downtime) ist nicht notwendig.
- Storage vMotion ist komplett transparent für das Gastbetriebssystem.
- Das System wird nur minimal belastet.

Damit Sie die Migration der virtuellen Maschine von einem Datastore auf einen anderen besser verstehen, müssen Sie zuerst darüber nachdenken, aus welchen Dateien die VM normalerweise besteht:

- Konfigurationsdatei (*.vmx*)
- Protokolldateien (*.log*)
- Auslagerungsdatei (*.vswp*)
- Snapshots (*-delta*)
- andere Dateien (*.nvram* etc.)
- Festplattendateien (*.vmdk*)

Bis auf die Festplattendateien liegen immer alle Dateien in der Standardkonfiguration im Home-Verzeichnis der virtuellen Maschine. Bei den Festplattendateien sind allerdings Ausnahmen möglich. Die Festplattendateien können entweder ebenfalls im Home-Verzeichnis liegen oder über mehrere Datastores verteilt werden.

vSphere 4.x

Schauen wir uns die einzelnen Schritte des Storage-vMotion-Prozesses einmal unter vSphere 4 aus Sicht der virtuellen Maschine im Detail an (siehe auch Abbildung 3.38):

1. Zunächst wird überprüft, ob die Quell-VM auf den bzw. die gewünschten Ziel-Datastore(s) verschoben werden kann.
2. Das Home-Verzeichnis wird auf den Ziel-Datastore kopiert (Ausnahme: Festplattendateien).
3. Ein Snapshot auf die Festplattendateien wird angelegt.
4. Die Festplattendateien werden zum Ziel-Datastore vor dem Snapshot übertragen.
5. Die Übertragung der restlichen aufgelaufenen Snapshot-Dateien erfolgt iterativ, bis nur noch wenige Restdaten vorhanden sind.
6. Alle restlichen Daten werden mit gleichzeitigem Self-vMotion (Fast Suspend/Resume) kopiert.
7. Das Quell-Home-Verzeichnis und die Quell-Festplatten werden gelöscht.

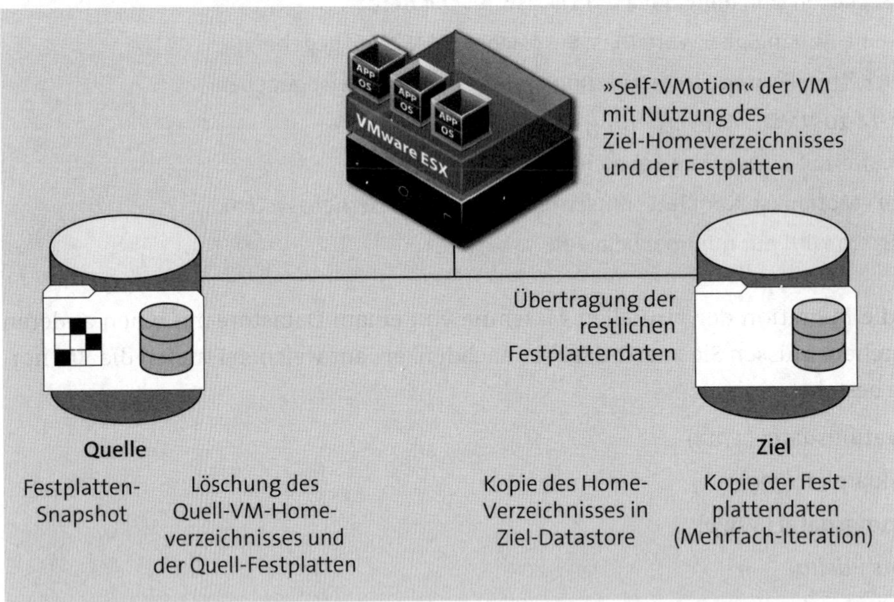

Abbildung 3.38 Schema des Storage-vMotion-Prozesses in vSphere 4

Für die unterschiedlichen Vorgänge sind zwei Komponenten zuständig: der *NFC Copier* und der *Data Mover*. Der NFC Copier ist für die »normalen« Dateien im Home-Verzeichnis verantwortlich, der Data Mover kümmert sich um die größeren Festplattendateien, die iterativ kopiert werden müssen.

Beide Komponenten arbeiten über dem Dateisystem. Das heißt, sie sind unabhängig vom Speichersystem und können mit VMFS und mit NFS arbeiten. Außerdem kann der Aufbau der Festplattendatei durch den Data Mover verändert werden (thick/thin).

Zwischenzeitlich wurde mit vSphere 4.1 die Funktion *Changed Block Tracking* für Storage vMotion genutzt.

vSphere 5.x

Durch die Verwendung von Snapshots hatte die vSphere-4-Version von Storage vMotion Probleme mit bestehenden Snapshots oder Linked Clones. Mit vSphere 5.x verändert sich der komplette Prozess, sodass diese Probleme der Vergangenheit angehören:

1. Es wird überprüft, ob die Quell-VM auf den bzw. die gewünschten Ziel-Datastore(s) verschoben werden kann.
2. Das VM-Home-Verzeichnis wird mittels *vpxa* auf den Ziel-Datastore kopiert.
3. Auf dem Ziel-Datastore wird eine »Shadow-VM« mit den bereits kopierten Dateien gestartet. Danach wartet die Shadow-VM auf die noch fehlenden Daten.
4. Storage vMotion startet den Storage-vMotion-Mirror-Treiber, mit dem alle Schreibvorgänge auf bereits kopierte Blöcke automatisch auf den Ziel-Datastore repliziert werden.
5. Ähnlich wie bei vMotion werden die Festplatten komplett auf den Ziel-Datastore übertragen, wenn nur noch wenige Restdaten zu kopieren sind.
6. Auf Basis der neuen Daten wird ein *Fast Suspend* und *Fast Resume* auf der VM durchgeführt, was mit dem vMotion dieser Version vergleichbar ist.
7. Nach dem erfolgreichen Fast Resume werden die Quelldaten gelöscht, und die VM ist auf dem Ziel-Datastore aktiv.

Die Shadow-VM wird übrigens nur gestartet, wenn das Home-Verzeichnis der VM migriert wurde. Werden nur einzelne Festplatten einer VM migriert, wird die VM nur kurz angehalten (Stun), was für das System und die Außenwelt nicht bemerkbar ist.

Das zwischenzeitlich von Storage vMotion verwendete *Changed Block Tracking* wurde durch die neuen Techniken ersetzt.

Zusätzlich zu der Änderung am *Mirror Mode* (Storage-vMotion-Mirror-Treiber) werden Snapshots und Linked Clones unterstützt, die Leistungsfähigkeit wurde verbessert, und die Fehlermeldungen in den Protokolldateien wurden weiter ausgebaut.

Nach wie vor wird für Storage vMotion ein Data Mover verwendet, der in drei Typen vorkommt:

- **fsdm**: Basistreiber, der immer funktioniert, aber der langsamste aller Data Mover ist, da alle Daten den kompletten Stack (Storage Array – VMkernel-Anwendungsebene) durchlaufen müssen. Dieser Treiber wird eingesetzt, wenn der Quell- und der Ziel-Datastore unterschiedliche Blockgrößen haben.
- **fs3dm**: Seit vSphere 4 steht der fs3dm-Modus zur Verfügung, der den Datenweg im Stack optimiert, d. h. auf ESXi-VMkernel-Hardware-Ebene und nicht mehr bis auf Anwendungsebene. Dieser Treiber wird eingesetzt, wenn der Quell- und der Ziel-Datastore gleiche VMFS-Blockgrößen haben.
- **fs3dm Hardware Offload**: Mit vSphere 4.1 wurde auch ein Hardware-Modus auf Basis von VAAI eingeführt, der den Host deutlich entlastet und die Daten auf Storage-Array-Ebene

kopiert. Dieser Treiber wird eingesetzt, wenn der Quell- und der Ziel-Datastore gleiche VMFS-Blockgrößen haben und VAAI-Unterstützung durch die Storage-Arrays zur Verfügung steht.

vSphere 6.x

In vSphere 6.x funktioniert der Storage-vMotion-Vorgang etwas anders als in den früheren Versionen (siehe Abbildung 3.39).

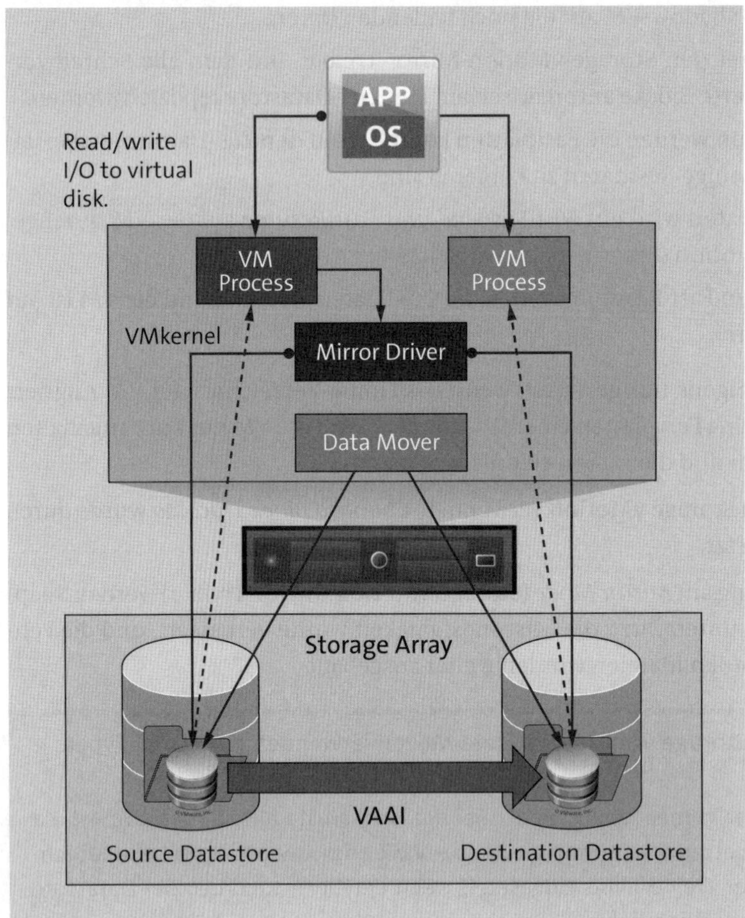

Abbildung 3.39 Schematische Darstellung von SvMotion in vSphere 6

Das SvMotion in vSphere 6.x benutzt eine I/O-Spiegelungsarchitektur, um die Datenblöcke von der Quelle zum Ziel zu kopieren. Damit dies erfolgen kann, sind einige Prozessschritte erforderlich. Nachdem Sie die Speichermigration mit SvMotion gestartet haben, geht es so wie im Kasten beschrieben weiter.

Der SvMotion-Vorgang in der Übersicht

- Überprüfung, ob die Quell-VM auf ein bzw. mehrere gewünschte Ziel-Volumes verschoben werden kann
- Überprüfung, ob der VMkernel-Data-Mover oder VAAI für den Kopiervorgang verwendet werden kann
- Erzeugung einer weiteren virtuellen Maschine (Schatten-VM)
- Storage vMotion startet den Storage-vMotion-Mirror-Treiber und beginnt mit der Festplatten-Übertragung und der Änderungssynchonisation.
- Wurden alle Daten auf die Ziel-Volumes übertragen, wird via vMotion der virtuellen Maschine der Zugriff auf die Ziel-Volumes gegeben (Cut Over).
- Löschen der Daten in den Quell-Volumes

In einem einzigen Durchgang überträgt der Storage-Migrationsprozess (SvMotion) sämtliche Datenblöcke (Blöcke) vom Quell-Volume in das Ziel-Volume. Eigentlich könnte man hier schon von Block-Streaming sprechen. Es wird bei dieser Übertragung auch nicht berücksichtigt, dass während des Block-Übertragungsprozesses einige der Blöcke nach der Übertragung zum Ziel-Volume noch auf dem Quell-Volume verändert werden. Sie sehen schon: Dieser Übertragungsprozess ist lediglich dafür vorgesehen, ohne Unterbrechung die Daten von A nach B zu kopieren.

Damit die veränderten Blöcke nach der Übertragung zum Ziel-Volume aber dennoch eine Korrektur erfahren, werden sie nachträglich berichtigt. Diese Aufgabe übernimmt der sogenannte Spiegel-Treiber (*Mirror Driver*). Der Mirror Driver überträgt ständig die Blöcke vom Quell-Volume zum Ziel-Volume. Hierbei werden dann kontinuierlich die nicht aktuellen Blöcke auf dem Ziel-Volume aktualisiert. Dieses neu in vSphere 6.x eingeführte SvMotion-Verfahren kann somit auf Rekursion vollständig verzichten und garantiert vollständige Transaktionsintegrität der Daten. Hinzu kommt, dass der gesamte Storage-vMotion-Vorgang in einer viel kürzeren Zeitspanne abläuft. Im Vergleich zum iterativen Vorabkopiermechanismus von Festplatten ist das Spiegeln von I/Os wesentlich effektiver.

Ein weiterer positiver Nebeneffekt ist, dass das SvMotion-Spiegelungsverfahren eine Verringerung von IOPS zur Folge hat und die Migrationszeit demnach kürzer ausfällt. Der ganze Migrationsprozess und auch das Ergebnis ist mit diesem neuen Verfahren einfacher und transparenter, und letztendlich ist das Ergebnis auch vorhersehbarer. Ein weiterer äußerst bemerkenswerter Aspekt dieses veränderten Migrationsverfahrens zeigt sich darin, dass auch das Vorhandensein von langsamen Festplatten im Ziel-Array oder in einem niedrigeren bzw. anderen Tier innerhalb des gleichen Arrays kein Problem darstellt.

Dadurch, dass der Mirror-Driver den VMkernel-Data-Mover zum Transfer der Blöcke vom Quell-Volume hin zum Ziel-Volume verwendet, schreibt der Mirror-Driver während des gesamten SvMotion-Prozesses synchron auf das Quell- und Ziel-Volume. Was die unterschiedlichen Ausprägungen der Data-Mover-Typen angeht, bleibt es nach wie vor so, dass entweder der Host oder bei Vorhandensein eines Arrays mit VAAI-Unterstützung der entsprechende Typ (fsdm, fs3dm, fs3dm Hardware Offload) genutzt wird (siehe dazu den Kasten im Abschnitt zu vSphere 5.x).

3.2.2 Voraussetzungen

Genau wie für vMotion müssen auch für Storage vMotion bestimmte Voraussetzungen erfüllt werden, damit ein problemloser Ablauf gewährleistet ist:

- VMs mit bestehenden Snapshots können erst seit ESX 5 migriert werden.
- Virtuelle Festplatten müssen im persistenten Modus sein, damit Snapshots möglich sind.
- Werden *Raw Device Mappings* (RDMs) im *Virtual Compatibility Mode* genutzt, sind eine Migration der reinen Mapping-Datei und die Konvertierung des RDMs in eine Thin- oder Thick-Festplattendatei (außer bei NFS) möglich. Bei RDMs im Physical Mode kann die Mapping-Datei nur migriert, nicht aber in eine VMDK-Datei konvertiert werden.
- Eine Migration während der Installation der VMware Tools wird nicht unterstützt.
- Der ESXi-Host, auf dem die virtuelle Maschine betrieben wird, muss über eine Storage-vMotion-fähige Lizenz verfügen. Das heißt, es ist mindestens eine Standard-Lizenz erforderlich.
- ESX/ESXi-3.5-Systeme müssen für vMotion lizenziert und konfiguriert sein.
- Seit ESX/ESXi 4.0 ist keine vMotion-Konfiguration mehr notwendig.
- Der ESXi-Host, auf dem die virtuelle Maschine betrieben wird, muss vollen Zugriff auf den Quell- und den Ziel-Datastore besitzen.
- Genau wie in vSphere 5.x sind in vSphere 6.x in der Standardkonfiguration nur zwei Storage-vMotion-Migrationen gleichzeitig pro Host und acht Storage-vMotion-Migrationen pro VMFS-Datastore zugelassen.

Vorsicht

Seien Sie vorsichtig mit VMware-Backups während Storage-vMotion-Vorgängen unter vSphere 4. Da beide Prozesse mit Snapshots arbeiten, kann es zu sehr kritischen Storage-vMotion-Problemen kommen, wenn ein zusätzliches Programm auf die Snapshots zugreift. Dieses Problem wurde mit vSphere 5.x behoben.

Wie Sie in Abbildung 3.40 sehen, kommt es zu einem deutlichen Anstieg der Ressourcenauslastung während des gesamten Storage-vMotion-Vorgangs. Allerdings ist Storage vMotion als Prozess so ausgelegt, dass es möglichst wenige von virtuellen Maschinen genutzte Ressourcen blockiert. Trotzdem ist eine gewisse Mehrbelastung des ESXi-Hosts nicht von der Hand zu weisen, und die Dauer der Storage-vMotion-Übertragung verlängert sich natürlich, je weniger Ressourcen zur Verfügung stehen.

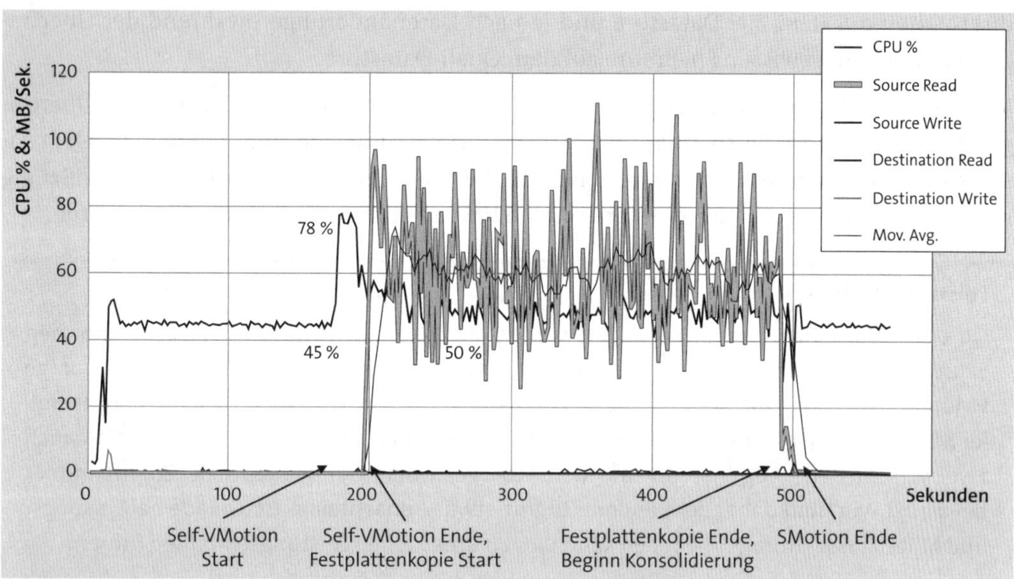

Abbildung 3.40 Belastung durch den Storage-vMotion-Vorgang

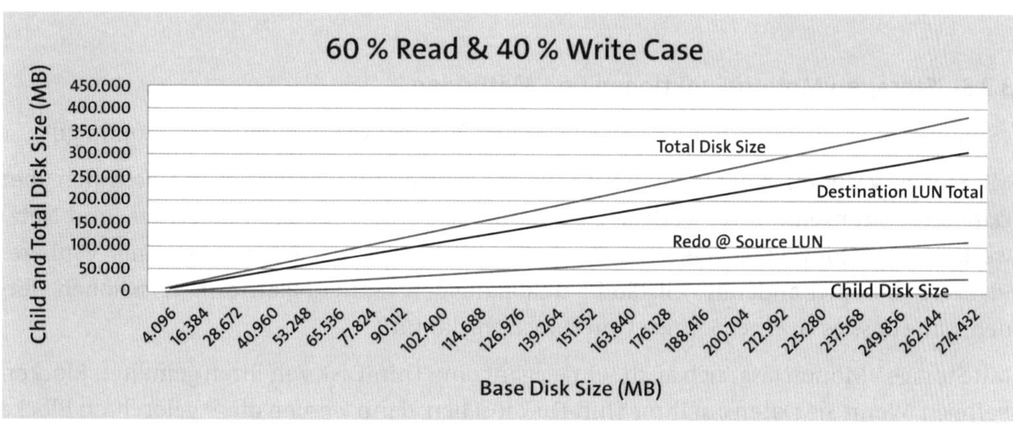

Abbildung 3.41 Festplattenbedarf während des Storage-vMotion-Vorgangs

Auch den Festplattenbedarf auf dem Quell- und dem Ziel-Datastore sollten Sie nicht vernachlässigen (siehe Abbildung 3.41). Sie müssen bedenken, dass auf dem Quell-Datastore in den vSphere-Vorgänger-Versionen durch die Snapshots zusätzlich REDO-Logs vorgehalten werden müssen, die die Änderungsdaten während des gesamten Storage-vMotion-Prozesses aufnehmen. Diese Logs wachsen kontinuierlich.

Auf dem Ziel-Datastore werden erst die Quellfestplatten mit den Daten vor der Anlage des Snapshots kopiert, und erst nach der vollständigen Übertragung werden die restlichen REDO-Logs kopiert. Daher benötigen Sie natürlich den gesamten Plattenplatz für die VM mit ihren Daten auf dem Ziel-Datastore und je nach Datenänderungen während der Übertragung noch einen gewissen Spielraum auf dem Quell-Datastore.

Je größer die Gesamtdatenmenge der virtuellen Maschine ist und je länger der Übertragungsprozess dauert, desto größer wird die benötigte Zusatzkapazität auf dem Quell-Datastore. Genaue Zahlen können wir nicht liefern, aber Sie sollten bei der Berechnung großzügig mit 20 % Zusatzkapazität der zu migrierenden VM auf dem Quell-Datastore kalkulieren.

Leistungseinbußen

Durch die Datenmenge, die übertragen werden muss, kommt es natürlich zu einer enormen Schreib/Lese-Belastung des Storage-Systems. Außerdem müssen Sie bedenken, dass Storage vMotion sequenziell mit sehr großen Blöcken arbeitet, während der normale Betrieb virtueller Maschinen eher von kleinen Blöcken und Random-Zugriff geprägt ist. Daher treffen auch zwei verschiedene Zugriffsarten auf den Storage, wobei der sequenzielle Zugriff immer bevorzugt wird und daher der Random-Zugriff etwas benachteiligt ist. Gerade bei Einstiegs- und Mittelklasse-Storage-Modellen kann dies zu erheblichen Leistungseinbußen führen.

Mittels VAAI kann diese Belastung deutlich reduziert werden, da das Storage-System die Kopiervorgänge intern realisieren kann.

3.2.3 Storage-vMotion-Funktionen und Methoden

vSphere Storage vMotion unterstützt NFS v3 und NFS v4.1 was ebenfalls für vMotion gilt.

Mit Storage vMotion in der Version 6.x können Sie nicht nur Ihre virtuellen Maschinen über Data-Store-Grenzen hinweg verlegen, sondern auch über vCenter-, Datacenter- und Netzwerk-Grenzen hinweg verschieben. Das heißt, die Workloads können von einer vSphere-Plattform zu einer anderen vollständig unabhängigen vSphere-Plattform verschoben werden, ohne dass es zu einer Service-Unterbrechung kommt.

Mit Storage vMotion lässt sich auch sehr elegant eine Thin-Disk von ihren genullten Blöcken befreien. Wenn Sie Daten auf Ihrer Thin-Disk löschen, dann werden diese gelöschten Blöcke lediglich mit Nullen überschrieben. Hierbei werden die Null-Blöcke aber nicht so gelöscht, dass die VMDK-Datei schrumpft. Hierzu können Sie bei Windows-VMs `sdelete` verwenden und bei Linux-VMs `dd` (*Thin Provisioning Space Reclamation*). Alternativ können Sie aber auch mittels Storage vMotion diesen Prozess umsetzen.

3.2.4 Bedienung

Da der gleiche Wizard für vMotion und Storage vMotion Verwendung findet, ist auch der Weg zum Aufruf des Wizards der gleiche: Gehen Sie über das Kontextmenü der virtuellen Maschine (siehe Abbildung 3.42).

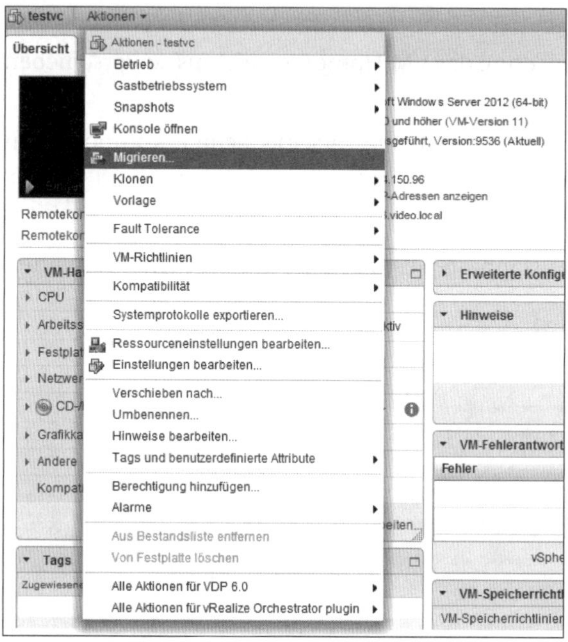

Abbildung 3.42 Wie bei vMotion öffnen Sie den Wizard über den Kontextmenüpunkt »Migrieren« auf einer oder mehreren VMs.

Alternativ ist auch ein Drag & Drop möglich, allerdings müssen Sie dazu in die Datastore-Ansicht des vSphere-Clients wechseln und die virtuelle Maschine per Drag & Drop von dem aktuellen Datastore auf den Ziel-Datastore verschieben (siehe Abbildung 3.43). In diesem Fall startet der Wizard bereits mit allen Angaben durch, und Sie müssen nur noch die Ziele des Home-Verzeichnisses und der virtuellen Festplatten angeben.

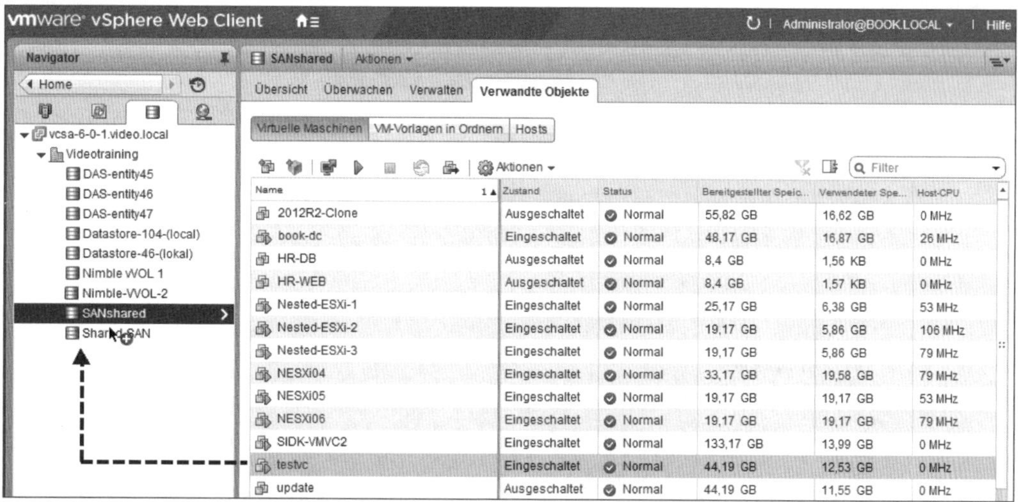

Abbildung 3.43 Storage vMotion per Drag & Drop im vSphere-Client

Der Wizard im vSphere-Client erlaubt:

- das Verschieben von Festplattendateien, ohne das VM-Home-Verzeichnis zu verschieben (siehe Abbildung 3.44)
- die Auswahl unterschiedlicher Datastores für die unterschiedlichen Komponenten (Home-Verzeichnis, einzelne Festplatten)
- die Konvertierung des Festplattenformats (thin/thick)
- das Kopieren von RDM-(Raw Device Mapping-)Festplatten zu virtuellen Festplatten (VMDK) im Thin- oder Thick-Format

Abbildung 3.44 »Change Datastore« bzw. »Nur Speicher ändern« ist gleichbedeutend mit Storage vMotion.

Der einfachste Storage-vMotion-Vorgang besteht im Verschieben der kompletten virtuellen Maschine. In diesem Fall muss nur der Ziel-Datastore angegeben werden, und es wird direkt angezeigt, ob eine Migration möglich wäre (siehe Abbildung 3.45).

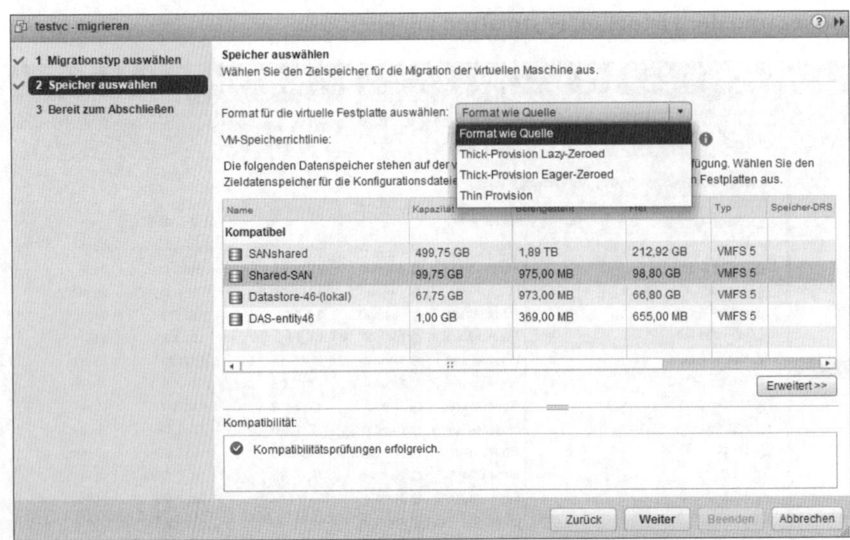

Abbildung 3.45 Auswahl des Ziel-Datastores bei Storage vMotion

Wählen Sie den Button Erweitert (Advanced), so schaltet die Ansicht direkt um, und Sie können unterschiedliche Datastores für das Home-Verzeichnis und die virtuellen Festplatten auswählen (siehe Abbildung 3.46). Auch hier findet direkt eine Prüfung statt, ob die Ziel-Datastores kompatibel mit dem Storage-vMotion-Vorgang sind.

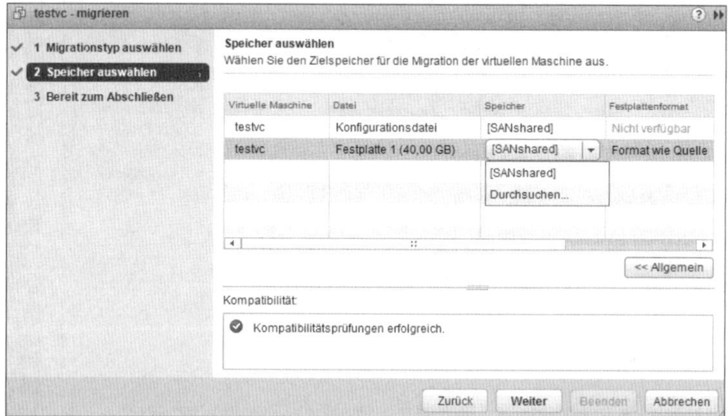

Abbildung 3.46 Erweiterte Auswahl der Ziel-Datastores

Sobald die Ziele bestimmt sind, fragt der Wizard nach dem Typ der virtuellen Festplatte, und Sie haben drei Möglichkeiten zur Auswahl: Format wie Quelle, Thin und Thick.

- Format wie Quelle ist einfach erklärt und bedeutet, dass Sie keine Änderung am Festplattentyp gegenüber dem derzeitigen Format der virtuellen Festplatten der zu migrierenden VM vornehmen wollen. Ist das Festplattenformat z. B. thin, dann bleibt es thin.
- Thin Provisioned Format bedeutet, dass die Festplatte ins Thin-Format konvertiert wird, falls sie derzeit im Thick-Format vorliegt. Ansonsten würde keine Anpassung erfolgen. Das Thin-Format ist sehr plattenplatzeffizient, da nur wirklich geschriebene Daten Plattenplatz auf dem Datastore belegen. Existiert eine 20-GB-Festplatte mit 5 GB Belegung, dann schlagen auch nur 5 GB auf dem Datastore zu Buche.
- Thick Format bedeutet, dass die Festplatte ins Thick-Format (*eagerzeroedthick*) konvertiert wird. Dabei ist zu bedenken, dass ein normales Anlegen einer virtuellen Festplatte mit dem Wizard das *zeroedthick*-Format verwendet, daher findet meist eine Konvertierung von *zeroedthick* in *eagerzeroedthick* statt, was unter Umständen viel Zeit in Anspruch nimmt, da die Festplatte komplett mit Nullen überschrieben wird. Das Thick-Format ist performanter als das Thin-Format, allerdings wird die komplette Plattengröße im Datastore belegt, unabhängig von den wirklich geschriebenen Daten. Existiert eine 20-GB-Festplatte mit 5 GB Belegung, schlagen trotzdem 20 GB zu Buche.

Zum Abschluss folgt eine Zusammenfassung des Vorgangs, und nach der Bestätigung beginnt die Übertragung der Daten mittels Storage vMotion, was Sie in den Tasks & Events des Host-Systems und der virtuellen Maschine sehen können (siehe Abbildung 3.47).

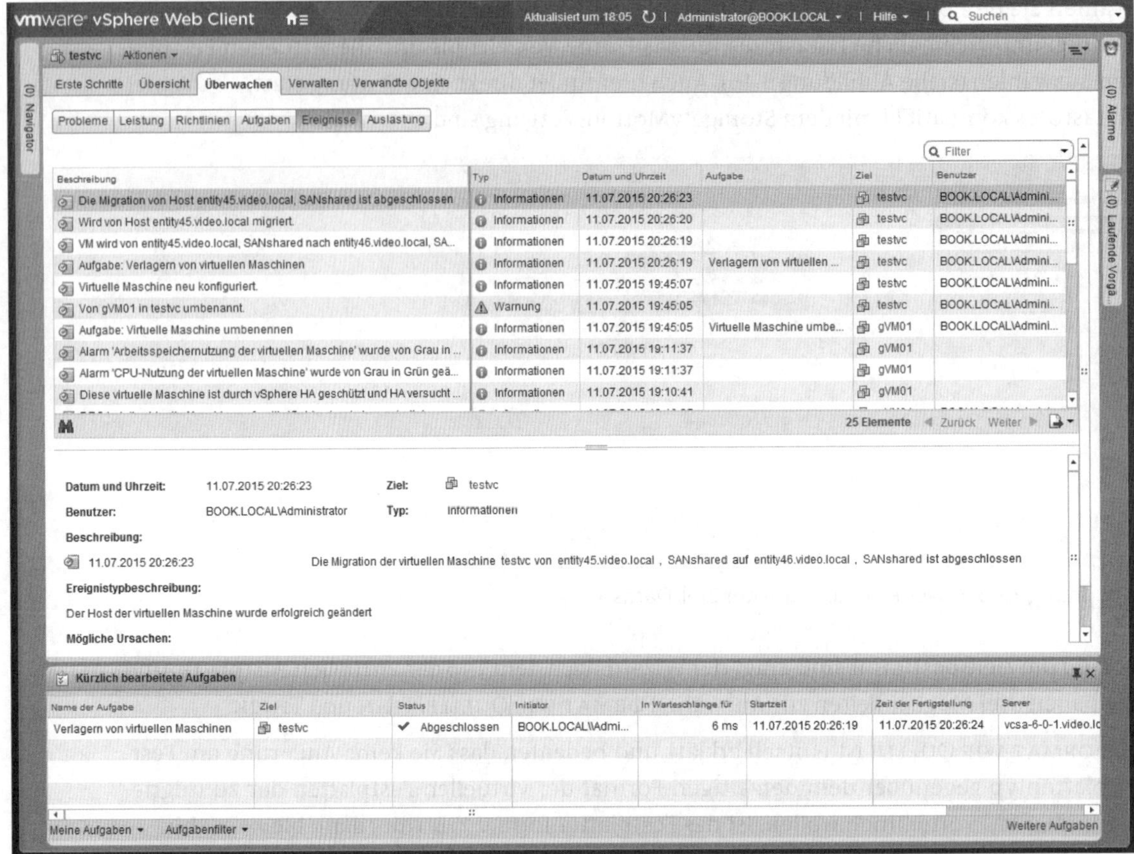

Abbildung 3.47 Storage-vMotion-Tasks in der »Überwachen/Ereignisse«-Ansicht der virtuellen Maschine

3.2.5 Problemfälle

Es sind derzeit wenige Problemfälle mit Storage vMotion bekannt, und die meisten rühren eher aus der Infrastruktur als aus der Software her. So werden natürlich leistungsfähige Storage-Systeme und -Anbindungen benötigt, damit Storage vMotion problemlos und schnell durchgeführt werden kann. Zu hohe Latenzzeiten oder Paketverluste bis hin zum Ausfall von Infrastrukturkomponenten bergen eine gewisse Gefahr für den SvMotion-Prozess, da dieser bei sehr großen virtuellen Maschinen mehrere Stunden andauern kann.

Generell sollten Sie bei Systemen mit mehr als 20 GB (1-Gbps-basierte Storage-Anbindung) bzw. 50 GB Daten (FC-basiert) die Storage-Migration eher nicht in der Hauptgeschäftszeit durchführen.

Große Raw Device Mappings

Ein sehr häufig übersehenes Problem ist die automatische Migration von RDMs in VMDK-Dateien. Wir müssen nicht lange nach einem Beispiel suchen – nehmen wir einfach einen Fileserver mit einer 1-TB-LUN, die über RDM angebunden ist. Wird diese auf einen Datastore per Storage vMotion verschoben, findet keine Prüfung statt, ob genügend Platz auf dem Ziel-Datastore verfügbar ist; irgendwann ist der Datastore voll, da die wenigsten Datastores 1 Terabyte Zusatzkapazität haben. Daher sollten Sie immer vorher kontrollieren, ob ein RDM angeschlossen ist und ob genügend Datastore-Kapazität zur Verfügung steht. Ansonsten besteht natürlich die Möglichkeit, nur die RDM-Mapping-Datei zu kopieren und nicht die Datastores selbst (FORMAT WIE QUELLE auswählen).

Snapshots

Achten Sie unter vSphere 4 darauf, dass niemals Snapshots während des Storage-vMotion-Prozesses für die betroffene virtuelle Maschine angelegt werden. Besonders Aktionen, die direkt auf dem ESXi-Server und nicht über das vCenter ausgeführt werden, sind gefährlich und führen im schlimmsten Fall zum Datenverlust. Achten Sie daher auf manuelle Snapshots, Snapshots durch VMware Consolidated Backup oder andere Backup-Skripte oder -Programme.

Informationen zu Problemen mit Snapshots und Storage vMotion finden Sie auch in der VMware Knowledge Base unter *http://kb.vmware.com/kb/1003114*. Dies ist seit vSphere 5.x allerdings kein Problem mehr.

Storage-vMotion-Timeout

Bei virtuellen Maschinen mit mehreren Festplatten können beim Storage-vMotion-Vorgang Abbrüche vorkommen. Betrachten wir einmal die Abbruchbeispiele bei 5, 10, 90 und 95 %.

In den Protokolldateien des vCenters sind dann folgende Einträge zu finden:

```
[2008-07-17 12:29:57.283 02828 error 'App'] [MIGRATE]
(1216409209437375) vMotion failed: vmodl.fault.SystemError
[2008-07-17 12:29:57.454 02828 verbose 'App'] [VpxVmomi]
Throw vmodl.fault.SystemError with:
(vmodl.fault.SystemError) {
 dynamicType = <unset>,
 reason = "Source detected that destination failed to resume.",
 msg = "A general system error occurred: Source detected that
destination failed to resume."
```

Eine mögliche Lösung ist die Reduzierung gleichzeitiger Migrationsprozesse (Migration, Klonen, VM-Erstellung), eine weitere die Erhöhung der Übertragungs-Timeouts. Dies können Sie in den Eigenschaften (VM-OPTIONEN • KONFIGURATION BEARBEITEN, siehe Abbildung

3.48) der virtuellen Maschinen oder direkt in der Konfigurationsdatei anpassen. Dazu müssen Sie den Eintrag `fsr.maxSwitchoverSeconds` als Timeout hinzufügen. Der Standardwert ist 100, daher sollten Sie den Wert entsprechend erhöhen.

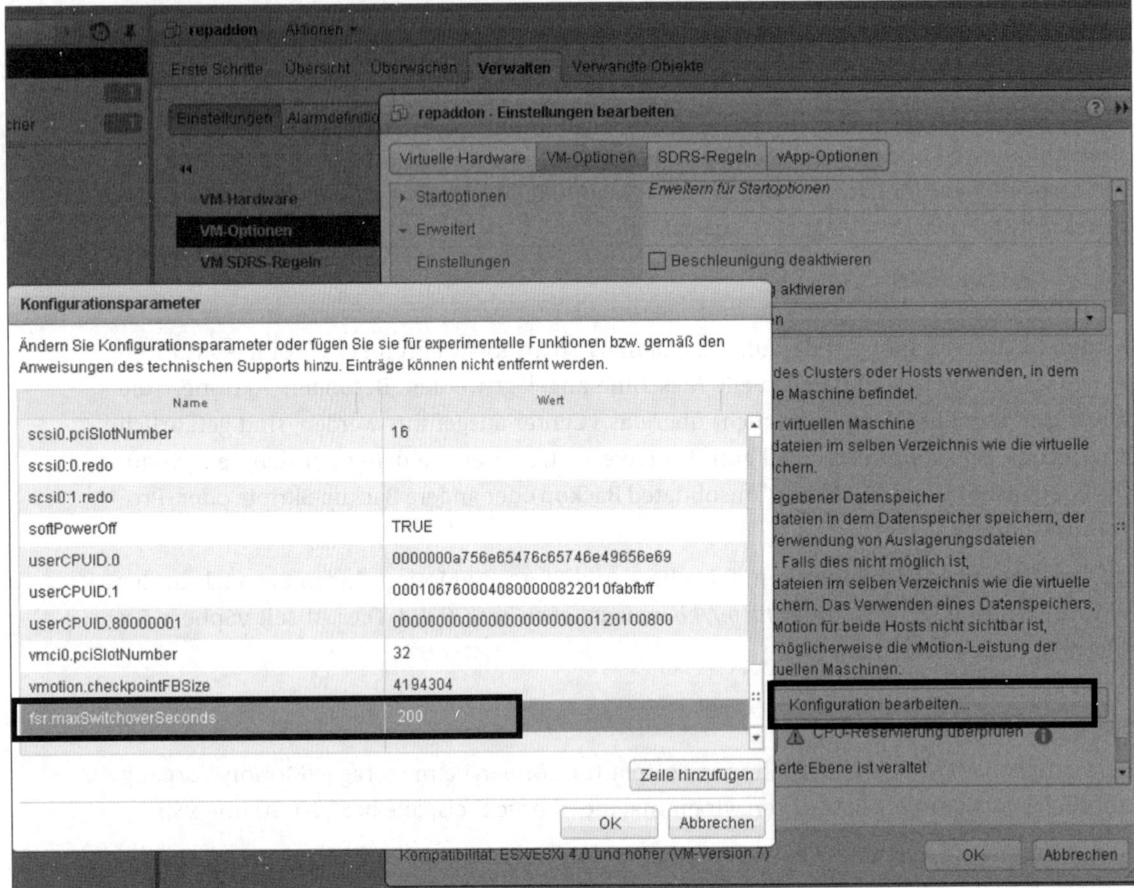

Abbildung 3.48 Erweiterte Konfiguration in den Eigenschaften einer VM

Den Knowledge-Base-Eintrag finden Sie unter *http://kb.vmware.com/kb/1010045*. Ab vSphere 5.x ist dies allerdings kein Problem mehr.

Storage vMotion und vSphere HA

Solange Storage vMotion aktiv läuft, ist es für HA nicht möglich, die VM neu zu starten, bis Storage vMotion entweder beendet oder abgebrochen wurde. Storage vMotion passt den Fehlerzustand der VM automatisch beim Start des Vorgangs an. Sollte vCenter allerdings ausfallen, verfällt diese Anpassung nach 15 Minuten, damit die VM spätestens dann neu gestartet werden kann.

3.2.6 Troubleshooting

Wenn Fehler auftreten, sollten Sie in folgende Log-Dateien hineinschauen:

- *VMKernel.log*
- *host.d*
- *VMware.log*
- *vpxd.log*

In *VMKernel.log* finden Sie Hinweise auf Storage- oder Netzwerkfehler im Zusammenhang mit Storage-vMotion-Timeouts. Die Interaktionen zwischen dem vCenter Server und dem ESXi-Host werden in der *host.d*-Log-Datei mitgeschrieben. Hinweise auf Probleme beim Starten des VM-Prozesses finden Sie der Datei *VMware.log*.

Fehler, wie z. B. Timeouts, die auf dem Host selbst entstanden sind, können Sie mithilfe der Einträge in der *vpxd.log*-Datei aufspüren.

Eine sehr gute Unterstützung bei der Fehlersuche in vMotion und SvMotion erhalten Sie auch in den opvizor-Blogs unter *VMware Health Analyzer*. Hier finden Sie unter *https://www.opvizor.com/blog/storage-vmotion-activities-report/* und *http://www.opvizor.com/blog/vmware-health-analyzer-vmotion-and-storage-vmotion-vsphere-report/* ausgezeichnete Unterstützung mit den vMotion- und Storage-vMotion-Reports. Dieses Reporting enthält z. B. detaillierte Angaben von der zu migrierenden virtuellen Maschine über das Quell- und Ziel-Volume bis hin zum eigentlichen SvMotion-Datentransfer.

3.2.7 Storage vMotion Configuration Maximums

Nach wie vor gelten auch in der Version 6.x unverändert die folgenden Maximalkonfigurationen:

Die maximale Anzahl von Storage-vMotion-Vorgängen pro Host liegt bei 2, und die maximale Anzahl von Storage-vMotion-Vorgängen pro Datenspeicher liegt bei 8. Ausführlichere Informationen finden Sie unter *http://www.vmware.com/files/de/pdf/vsphere-60-configuration-maximums.pdf*.

3.2.8 Lizenzierung

Die Storage-vMotion-Lizenz ist ab der vSphere-6-Standard-Edition enthalten.

Kapitel 4
Cluster

VMware führte bereits mit VI3.0 die ersten Cluster zur Ausfallsicherheit (HA) und zum Lastausgleich (DRS) ein. Deren Funktionsumfang wurde mit vSphere nochmals erhöht, und die Funktion Fault Tolerance (FT) basiert ebenfalls auf HA. Mit vSphere 5.x folgte als nächster Meilenstein Storage DRS.

Autor dieses Kapitels ist Bertram Wöhrmann, Ligarion
bwoehrmann@ligarion.de

VMware versteht unter einem *Cluster* in erster Linie eine Gruppe von zusammengehörenden Servern, die bei Funktionen wie Ausfallsicherheit oder Lastenausgleich füreinander einstehen. Die Funktionen sind rudimentär und nicht mit Applikations-Clustern oder Clustern im Mid-Range- oder High-End-Bereich vergleichbar, aber trotzdem äußerst wirkungsvoll und dadurch auch sehr beliebt bei Kunden. Man kann das Cluster-Objekt grob in EVC-, HA- und DRS-Cluster aufteilen. Da *Fault Tolerance* (FT) ebenfalls einen HA-Cluster als Basis verwendet, behandeln wir in diesem Kapitel auch FT.

4.1 Cluster-Objekt

Sie müssen nicht zwingend HA (*High Availability*) und DRS (*Distributed Resource Scheduler*) nutzen, sondern können ein Cluster-Objekt einfach als organisatorischen Container für ESX-Hosts und virtuelle Maschinen verwenden, um beispielsweise Berechtigungen zu vergeben. Unabhängig von HA oder DRS kann ein ESX-Host zwar aktiv in einen Cluster verschoben werden, muss allerdings zum Entfernen aus dem Cluster in den Maintenance-Modus versetzt werden. Durch Verwendung von vMotion bzw. DRS können die VMs manuell oder automatisch von dem Host, den Sie entfernen wollen, auf die übrigen ESX-Server verteilt werden. Damit ist es möglich, den ESX-Host aus einem Cluster zu entfernen, ohne die VMs abzuschalten. Danach kann der ESX-Host wieder problemlos für VMs genutzt werden.

4.1.1 Den Cluster anlegen

Um einen Cluster zu erstellen, wählen Sie einfach im Kontextmenü des Datacenter-Objekts den Button Neuen Cluster erstellen (siehe Abbildung 4.1).

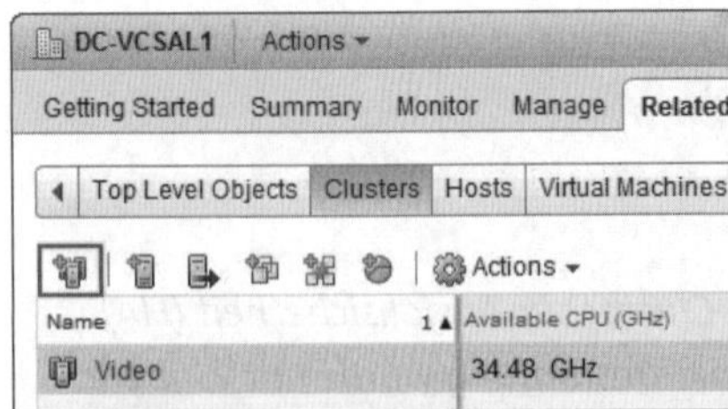

Abbildung 4.1 So legen Sie einen neuen Cluster an.

Nun geben Sie einen Cluster-Namens und gegebenenfalls gewünschte Features an. Damit ist der Cluster erstellt (siehe Abbildung 4.2), und Sie können per Drag & Drop ESX-Hosts in den Cluster ziehen. Wählen Sie keine Features aus, so ist die Integration in den Cluster nur aus vCenter-Sicht eine Änderung; es werden keine Komponenten auf dem ESX-Host installiert.

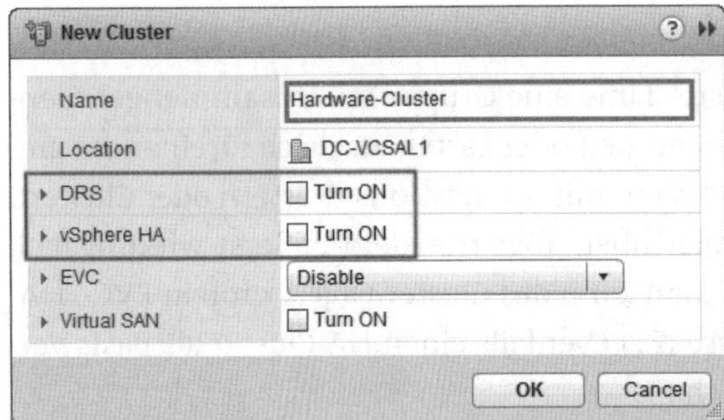

Abbildung 4.2 Name und Funktionsumfang des Clusters

4.1.2 Der EVC-Mode (Enhanced vMotion Compatibility Mode)

Eine Funktion, die nur im Cluster nutzbar ist, nennt sich EVC, was für *Enhanced vMotion Compatibility* steht. Die Bezeichnung deutet es bereits an: Es können ESX-Server mit unterschiedlichen CPU-Generationen in diesen Cluster integriert werden, und vMotion ist trotzdem möglich. Dies ist vergleichbar mit der Advanced-CPU-Funktion jeder virtuellen Maschine, CPU-Funktionen zu verstecken (siehe Abbildung 4.3).

Allerdings bietet EVC im Cluster den klaren Vorteil, dass diese Einstellung nicht pro VM getroffen werden muss, sondern Cluster-weit gilt, und dass jede VM automatisch konfiguriert wird. Trotzdem werden die Einstellungen einer VM durch den EVC-Cluster zugeordnet und erst beim Abschalten einer VM angepasst, selbst wenn diese den EVC-Cluster wechselt. Aus diesem Grund sollten Sie VMs bei Änderungen im EVC-Cluster nicht neu starten, sondern komplett abschalten und wieder anschalten, damit ihre EVC-Konfiguration aktuell ist.

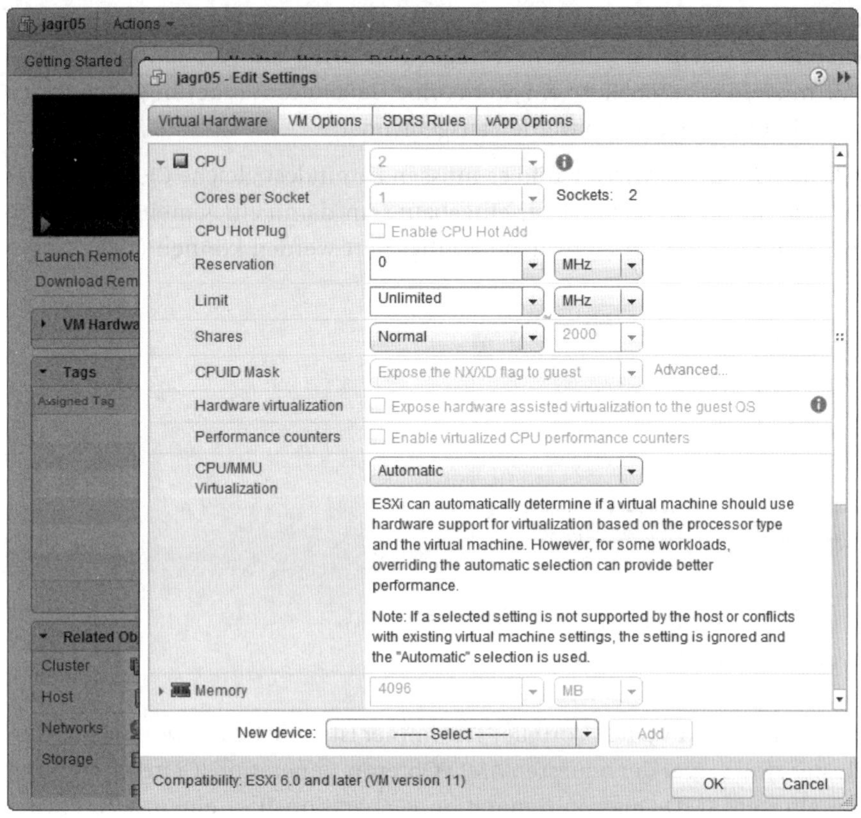

Abbildung 4.3 CPUID-Masking in den Eigenschaften einer VM

Dies bedeutet aber auch, dass VMs abgeschaltet sein müssen, bevor sie den ersten EVC-Cluster betreten dürfen, und damit betrifft dies natürlich auch die ESX-Hosts, die Sie integrieren möchten.

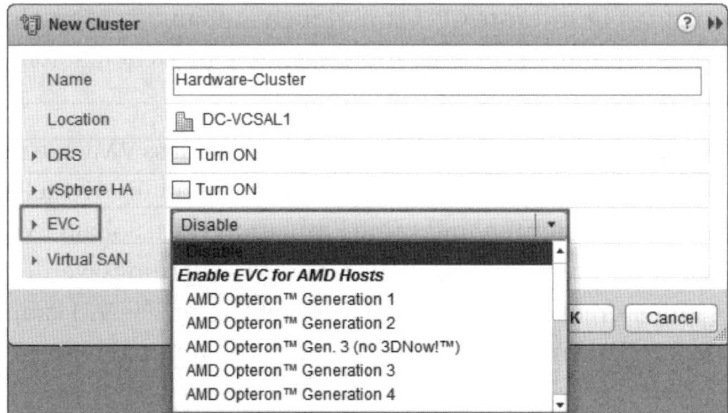

Abbildung 4.4 Ändern der EVC-Einstellungen eines bestehenden Clusters

Um die Funktion *VMware EVC* zu nutzen, können Sie dies entweder direkt beim Anlegen des Clusters angeben oder zu jedem Zeitpunkt nachträglich ändern (siehe Abbildung 4.4). Auch hier gilt: Die VMs müssen abgeschaltet sein, wenn eine Generationsänderung nach unten stattfindet (d. h., mehr CPU-Funktionen werden ausgeblendet).

Auch EVC kann keine Wunder bewirken, und es müssen zumindest gleiche CPU-Hersteller und ähnliche CPU-Familien in den ESX-Hosts eingebaut sein, damit ein gemeinsamer Nenner gefunden wird und die VMs entsprechend konfiguriert werden können (siehe Abbildung 4.5).

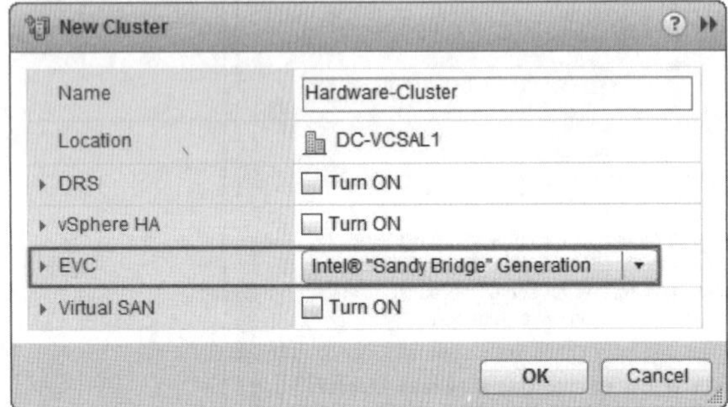

Abbildung 4.5 Aktivieren von EVC im Cluster

Man ist geneigt zu fragen: Hat EVC nur Vorteile? Wie immer ist die klare Antwort: Nein. Werden in einem Cluster zwei Server der neuesten AMD-Opteron-Generation (Generation 3) mit zwei Servern der ältesten AMD-Opteron-Generation (Generation 1) in einem EVC-Cluster kombiniert, so werden alle VMs auf Generation 1 zurückgestuft. Sind in Generation 3 CPU-Funktionen für einzelne Applikationen ideal zum Performance-Gewinn, so sind diese Funktionen für die VM nicht mehr sichtbar.

Das Gleiche gilt für virtuelle Maschinen, die auf einer aktuellen CPU gestartet und installiert wurden. Wenn die Applikation entsprechende Programmoptimierungen aufgrund der CPU-Funktionen mitinstalliert oder genau auf bestimmte CPU-Funktionen aufbaut, so kann ein Wechsel in einen EVC-Cluster mit einer älteren CPU-Generation Nachteile in Sachen Stabilität und Leistung bringen.

Obwohl ein solcher Wechsel selten vorkommt, sollten Sie hierbei bedenken, dass VMware in der Standardkonfiguration die CPU mit allen Funktionen komplett sichtbar an die virtuelle Maschine durchreicht. Es findet eine Virtualisierung und keine Emulation statt. Sobald EVC genutzt wird, sieht die virtuelle Maschine zwar immer noch die reale CPU, allerdings werden bestimmte Register, die die Prozessorgenerationen ausmachen, weggeblendet. Die VM kann also unter Umständen nicht auf den vollen Funktionsumfang der aktuell genutzten physischen CPU zugreifen.

Welche CPU-Funktionen genau zusätzlich eingeblendet werden, sehen Sie in der Generationenbeschreibung (siehe Abbildung 4.6).

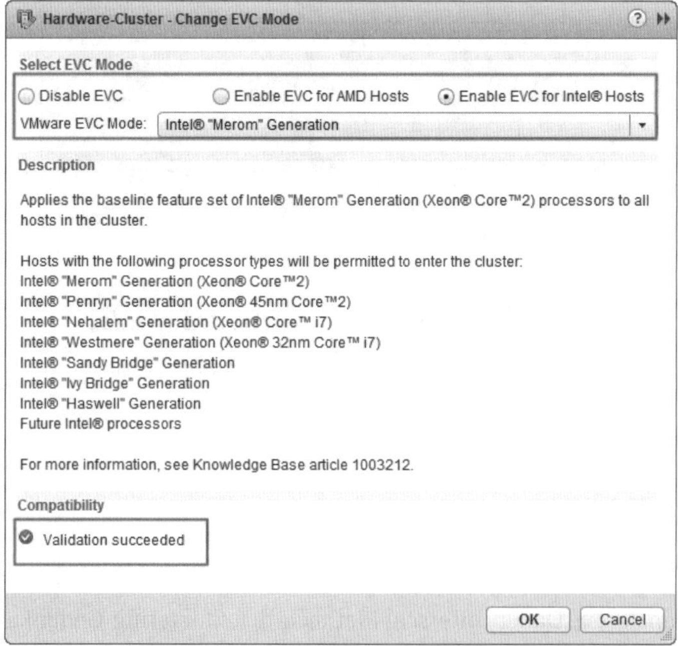

Abbildung 4.6 Die Beschreibung weist unter Umständen auf die zusätzlichen Funktionen der EVC-Generationsauswahl hin.

Allerdings existieren im vSphere 5.x-EVC-Mode neue Funktionen, die es ermöglichen, flexibler mit den CPU-Generationen umzugehen. So ist es möglich, eine VM bereits in einen EVC-Cluster mit Prozessoren der neuen Generation zu verschieben, ohne die VM auszuschalten. Sie behält einfach so lange die Einstellungen zum Betrieb unter der alten Generation bei, bis ein Power-Reset durchgeführt oder die VM ab- und wieder angeschaltet wird.

4.2 HA-Cluster

Ein vSphere-Cluster kann, wie bereits angekündigt, viel mehr, als nur virtuelle Maschinen zusammenzufassen und eine verbesserte vMotion-Kompatibilität herzustellen. Es ist durch den Einsatz der HA möglich, virtuelle Maschinen automatisch neu zu starten – sowohl bei einem Ausfall des ESX-Servers als auch bei einem Ausfall des Gastbetriebssystems (siehe Abbildung 4.7).

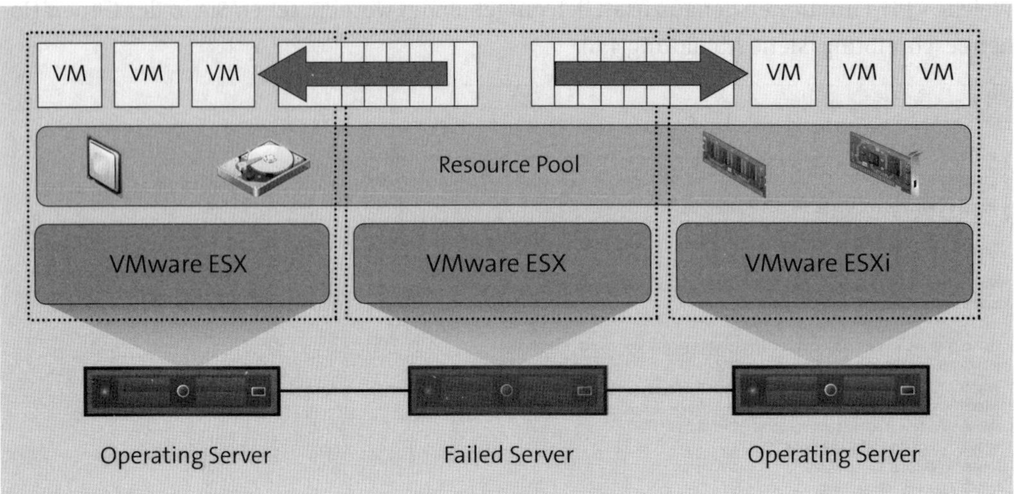

Abbildung 4.7 Übersicht der HA-Funktion von VMware

4.2.1 Technologie-Übersicht

Die Grundidee hinter *VMware High Availability* (HA) ist, den Ausfall eines ESX-Servers zu überwachen und ihn zu kompensieren. Dabei unterscheidet sich der Clustering-Gedanke von VMware komplett von Microsofts Cluster-Lösung oder von HPs *MC/ServiceGuard* für HP Unix: Deren Cluster stellt eine virtuelle Einheit dar, die auf mindestens zwei physischen Servern basiert, und Anwendungen laufen auf der virtuellen Einheit, z. B. bei Microsoft auf einem SQL-Server oder einem DHCP-Server. Dabei ist immer ein physischer Server aktiv und verwaltet die virtuelle Einheit. Hier teilt sich der aktive Server mit den passiven Servern des Clusters mithilfe einer gemeinsam genutzten Festplatten-Ressource die Informationen über den aktuellen Zustand der virtuellen Einheit und der darauf laufenden Anwendungen.

Fällt bei solch einem Cluster-Verbund der aktive physische Server aus, so übernimmt ein passiver Server die Verwaltung der virtuellen Einheit, und die auf dem ausgefallenen Server laufenden Anwendungen können ohne Unterbrechung fortgeführt werden. Diese Anwendungen müssen *cluster-aware* sein, um diese Ausfallsicherheit mit der Cluster-Lösung zu nutzen.

VMware realisiert mit HA eine andere Art des Clusterings, die besser in »VMware Fast Server Recovery« umbenannt werden sollte. Diese Lösung überwacht alle im HA-Verbund befindlichen ESX-Server, und bei einem Ausfall eines dieser Server wird versucht, die darauf aktiven virtuellen Maschinen auf einem anderen, freien ESX-Server wieder neu zu starten. In diesem Fall ist der Neustart der virtuellen Maschinen unumgänglich. Ebenso ist die Grundlage hierfür die Verwendung von zentralem Storage für die Ablage der virtuellen Festplatten und der

VM-Konfigurationsdateien sowie identische Virtual-Machine-Netzwerkverbindungen auf den ESX-Servern.

HA kann auch Ausfälle innerhalb der virtuellen Maschinen überwachen. Diese Funktion wird allerdings nicht durch den HA-Agent auf den ESX-Hosts, sondern durch das vCenter selbst realisiert. Mit vSphere 5.x existiert mittels HA auch die Möglichkeit, Anwendungen im Gastbetriebssystem zu überwachen (siehe Abbildung 4.8).

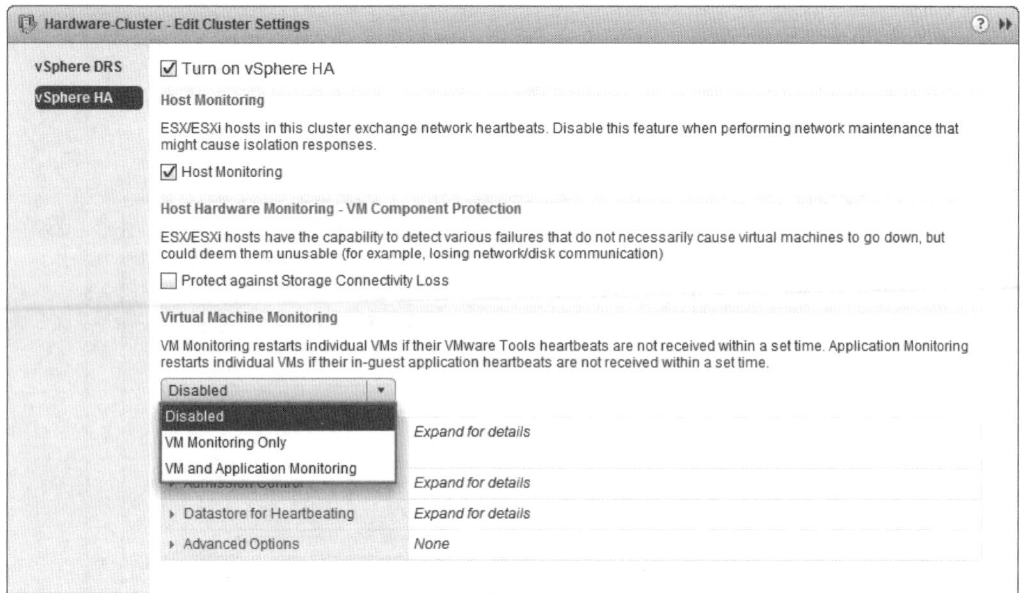

Abbildung 4.8 Applikationsüberwachung mittels HA

Ein Vorteil dieser Cluster-Lösung ist, dass keine redundante Hardware vorgehalten werden muss. Alle im HA-Verbund definierten ESX-Server sind aktive Server, die eine Anzahl von VMs hosten.

Der größte Nachteil dieser Lösung ist jedoch der Ausfall und Neustart aller virtuellen Maschinen des ausgefallenen ESX-Servers. Durch die *Strict Admission Control* besteht beim Failover die Gefahr, dass VMs mangels Ressourcen auf den restlichen ESX-Servern nicht gestartet werden können. Durch eine Priorisierung in den HA-Eigenschaften einer VM können zumindest die wichtigen VMs zuerst gestartet werden und die weniger wichtigen VMs zuletzt, sodass eine eventuelle Ressourcenknappheit nur unwichtige VMs betrifft.

Sie sollten bei der Admission Control auf jeden Fall die prozentuale Einstellung der Ressourcen in Betracht ziehen (siehe Abbildung 4.9), da in Umgebungen mit vielen ESX-Hosts im Cluster eine Host-Einstellung zu unscharf ist. Bei Scale-up-Clustern (wenige, hochperformante Server mit sehr vielen VMs pro Host) sollte der Failover-Host eine gute Alternative darstellen.

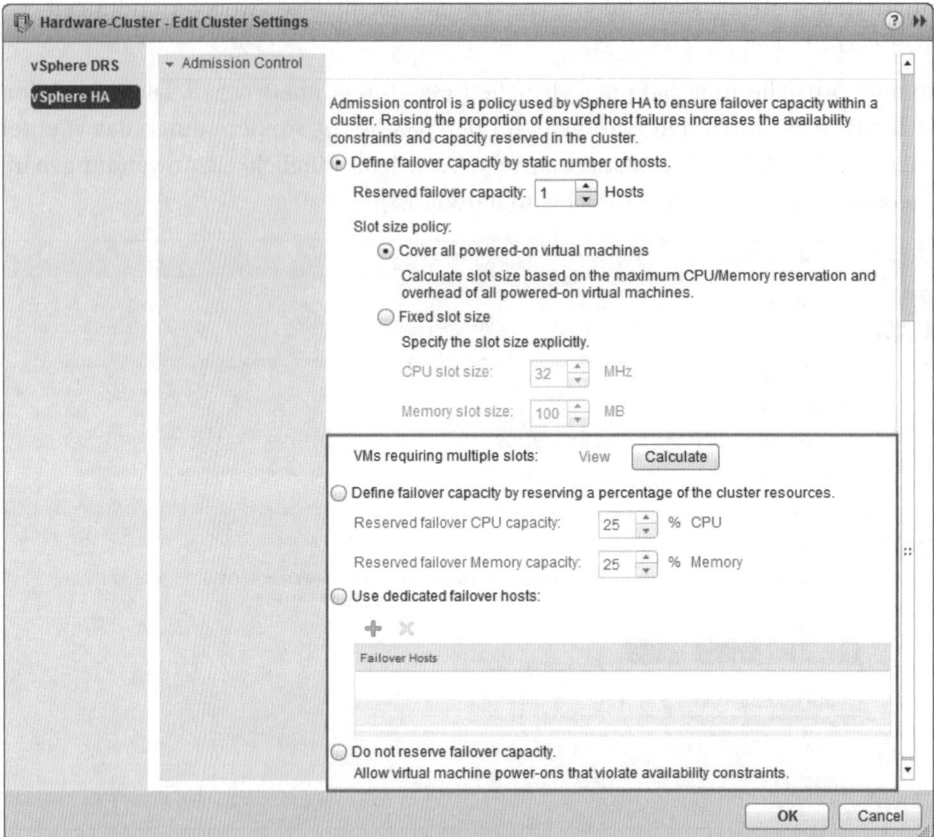

Abbildung 4.9 Admission Control mit Ressourceneinstellung

Auch ohne VC-Server

Ein HA-Cluster wird zwar über den vCenter-Server eingerichtet, bleibt aber auch ohne diesen lauffähig, da auf jedem ESX-Server lokale HA-Komponenten installiert sind, die unter anderem die komplette HA-Konfiguration vorhalten.

Seit vSphere 5.x wird nicht mehr zwischen primären und sekundären HA-Knoten unterschieden, was bei der Planung der Cluster-Umgebung deutliche Entspannung bringt. Das Konzept wurde auf Master/Slave umgestellt, wobei nur noch ein Master existiert.

Des Weiteren kann ein HA-Cluster mit DRS kombiniert werden: Beim Starten von virtuellen Maschinen wie auch im laufenden Betrieb wird immer die Auslastung der HA-Knoten im Cluster berücksichtigt, und je nach DRS-Konfiguration werden bestimmte VMs entweder automatisch auf freie ESX-Server verschoben oder dies wird nur als Empfehlung ausgesprochen, um eine ausgewogene Lastverteilung zwischen den ESX-Servern zu erreichen.

4.2.2 Voraussetzungen für HA

Die Anforderungen für HA entsprechen zum größten Teil denen von vMotion, allerdings existiert keine zwingende Voraussetzung, gleiche Prozessoren in den ESX-Host-Systemen zu nutzen. Dies rührt daher, dass HA die virtuellen Maschinen nicht im aktiven Zustand migriert, sondern einschaltet, nachdem sie bereits durch den Ausfall gestoppt wurden. Daher gilt: »HA setzt voraus, dass jede VM auf jedem ESX-Host neu gestartet werden kann.«

Die Empfehlungen zum Betrieb von vSphere HA lauten:

- vCenter-Integration
- zentraler SAN- oder NFS-Speicher, auf den alle ESX-Systeme zugreifen können
- Alternativ zum zentralen Speicher kann auch VSAN genutzt werden.
- installierte und funktionstüchtige HA-Komponenten auf den ESX-Hosts (mindestens 3 GB RAM pro Host)
- Die DNS-Namensauflösung ist seit vSphere 5.x ist kein kritisches Kriterium mehr, da der neue HA-Agent mit IP-Adressen arbeitet.
- Managementnetzwerk-Verbindung zwischen allen ESX-Hosts im Cluster
- gleiche Netzwerkkonfiguration für die VMs auf allen ESX-Hosts im Cluster
- keine Managementnetzwerk-Verbindung zwischen ESX-Hosts über Router zulässig, die *Gratuitous ARP* verwerfen

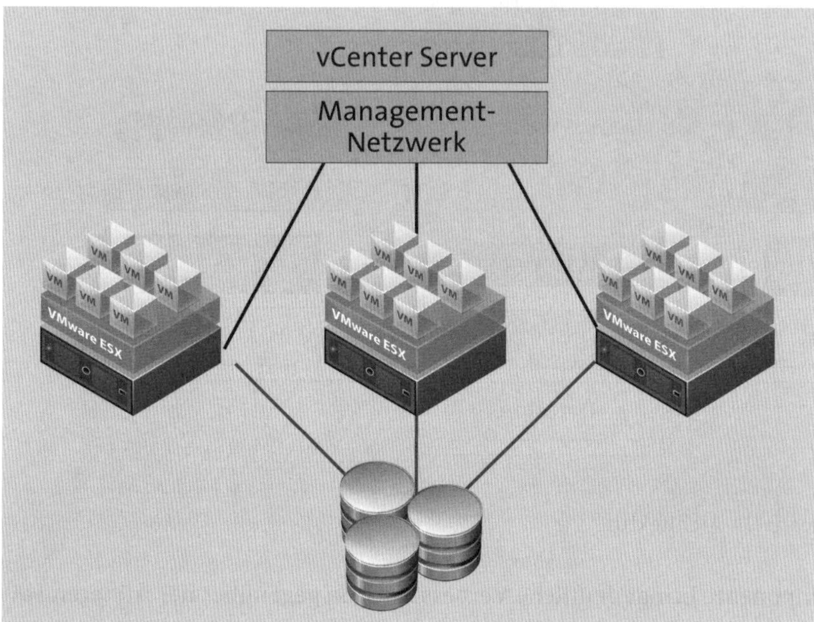

Abbildung 4.10 Grundstruktur der Anforderungen für vSphere HA

Tipp

Möchten Sie bei virtuellen Maschinen testen, ob sie die Anforderungen erfüllen, so können Sie dafür eine vMotion-Migration nutzen, da deren Voraussetzungen die von HA noch übertreffen. So ist es möglich, ohne Ausfall die HA-Fähigkeit einer VM zu überprüfen.

Aufgrund der Anforderungen an zentralen Shared Storage und direkte Netzwerkverbindungen zwischen den ESX-Hosts ist es manchmal schwierig, einen HA-Cluster zwischen mehreren Rechenzentren aufzubauen. Hier nutzt auch eine Replikation der Daten zwischen SAN-Systemen in den Rechenzentren nichts, sondern nur ein Zugriff auf die gleichen Daten. Schlagwörter hierzu sind *Metro-Cluster* und *Stretched Cluster*.

4.2.3 HA-Komponenten

Beim Einsatz von vSphere 6.x HA kommen drei Komponenten ins Spiel: der vCenter Server, der ESX-Host-Prozess (*hostd*) und der FDM (*Fault Domain Manager*; siehe Abbildung 4.11). Vor dem Sprung auf die Version 5 basierte HA auf den Komponenten des *Legato Automated Availability Managers* (AAM), der durch den *Fault Domain Manager*, eine Eigenentwicklung von VMware, ersetzt wurde.

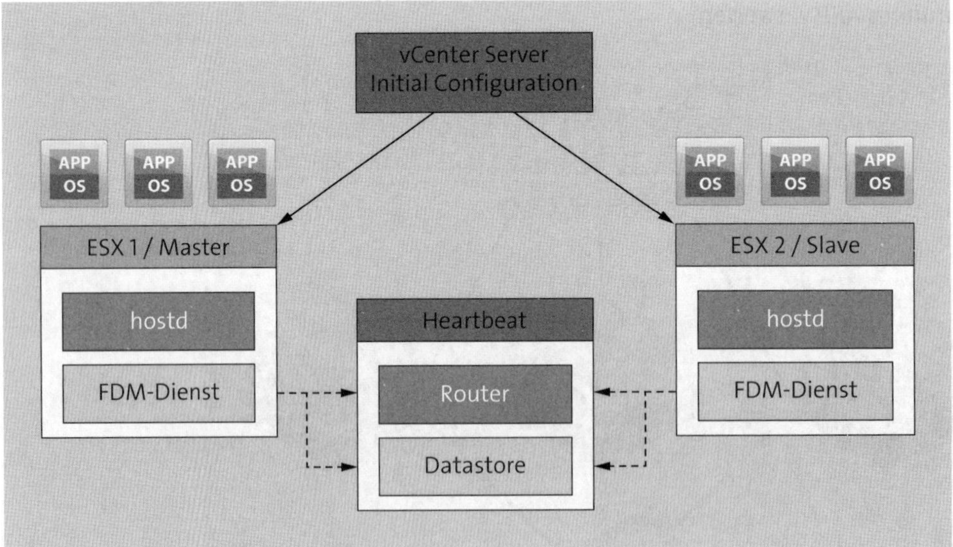

Abbildung 4.11 VMware-HA-Architektur

Die neue FDM-Komponente bringt deutliche Verbesserungen gegenüber der früheren HA-Funktionalität mit sich, darunter:

- kein Primary/Secondary-Konzept mehr (ein Master, sonst Slaves)
- keine Agenteninstallation

- keine DNS-Abhängigkeit mehr (IP-basiert)
- Verbesserungen bei Isolation Response und Admission Control
- Die HA-Protokollierung ist jetzt Syslog-fähig.
- Netzwerk- und Storage Heartbeat

4.2.4 Lizenzierung von HA

vSphere HA ist Bestandteil der vSphere-Suite, die auf CPU-Sockel-Basis lizenziert wird und ab der Edition *Essentials Plus* integriert ist.

4.2.5 Einrichtung von HA

Sie richten HA dadurch ein, dass Sie das Feature HA (vSphere HA, siehe Abbildung 4.12) in den Eigenschaften eines Clusters oder bei der Neuerstellung einschalten (Turn ON). Damit werden die HA-Komponenten auf den ESX-Hosts aktiviert und kommunizieren miteinander.

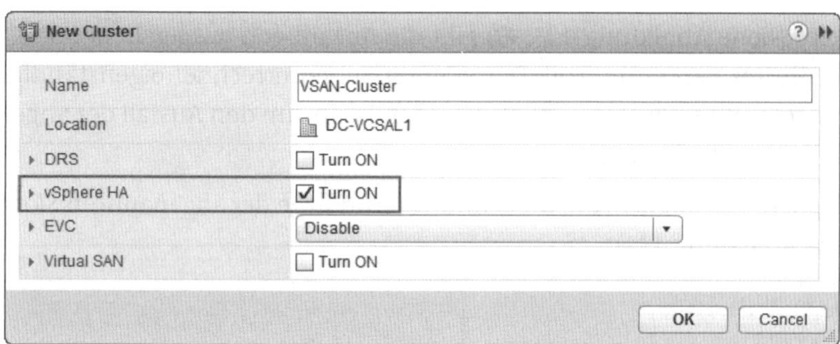

Abbildung 4.12 Aktivierung des VMware-HA-Features

Danach können Sie HA an die Bedürfnisse der Infrastruktur anpassen (siehe Abbildung 4.13).

Enable Host Monitoring

Die Option Enable Host Monitoring ❶ (siehe Abbildung 4.13) ist sinnvoll, wenn Sie Wartungsarbeiten an ESX-Hosts innerhalb eines Clusters ausführen, die zum Verlust der Heartbeat-Pakete führen würden. Ein typischer Fall wäre ein Austausch oder ein Firmware-Upgrade von Ethernet-Switches. Der Schalter ist neu mit vSphere hinzugekommen und sollte vor der eigentlichen Wartung deaktiviert und nach Abschluss der Wartungsarbeiten wieder aktiviert werden.

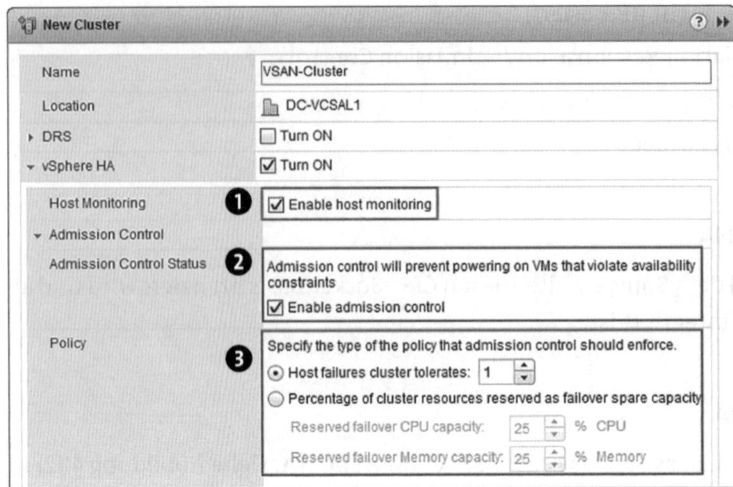

Abbildung 4.13 Konfigurationsübersicht der HA-Funktionen

HA-Failover-Capacity und Admission Control

Die HA-Failover-Capacity (siehe Abbildung 4.13, ❸) gibt die Anzahl von ausgefallenen ESX-Servern an, die ein HA-Cluster verkraften soll. Der vCenter-Server errechnet eigenständig, wie viele Ressourcen insgesamt im Cluster verfügbar sein müssen, um den Ausfall der angegebenen Anzahl von ESX-Servern abzufangen.

Allerdings ist es seit vSphere 5.5 möglich, die Berechnungsgrundlage der sogenannten *Slots* selbst vorzugeben (siehe Abbildung 4.14).

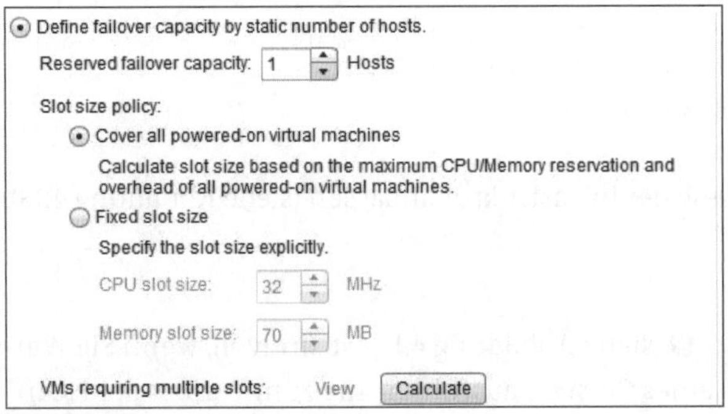

Abbildung 4.14 Slot-Größe für Ressourcenberechnung vorgeben

Als Grundlage hierfür dient der ESX-Server mit der stärksten Auslastung, wobei dieser Umstand eine sehr konservative Berechnung ergibt. Optimal wäre hier die Kombination von HA mit DRS, sodass alle ESX-Server im Cluster-Verbund mit einer ausgewogenen Lastverteilung aktiv sind. Der HA-Cluster überwacht dann die Gesamtmenge von startbaren virtuellen Maschinen, um die errechnete Kapazität nicht zu unterschreiten. Diese Funktion wird *Admission Control* (Richtlinie) genannt.

Die Admission Control (siehe Abbildung 4.13, ❷) überwacht die aktuelle Auslastung aller ESX-Server im HA-Cluster und stellt sicher, dass nicht so viele Ressourcen verbraucht werden, dass die HA-Failover-Capacity gefährdet ist. Das Sicherstellen der verfügbaren Ressourcen erfolgt mit der möglichen Sperre folgender Operationen:

- Start von virtuellen Maschinen
- Migration einer aktiven virtuellen Maschine in einen HA-Cluster
- zu einem Snapshot einer ausgeschalteten virtuellen Maschine zurückrollen und diesen aktivieren
- Erhöhen von CPU- oder Memory-Resource-Settings einer virtuellen Maschine

Diese Überwachung verringert die Flexibilität der ESX-Server im HA-Cluster und kann mit der Deaktivierung der Admission Control ausgeschaltet werden. Dadurch können mehr virtuelle Maschinen gestartet werden, als die Admission Control erlauben würde. Dabei signalisiert der vCenter-Client einen HA-Cluster mit niedriger Failover-Kapazität nicht mit einem roten Symbol, und virtuelle Maschinen können nach Belieben gestartet werden.

Die Folge dieser Aufhebung ist eine reduzierte Kapazität, um die konfigurierte Anzahl von ESX-Server-Ausfällen abzufangen. Werden jetzt bei einem Ausfall die virtuellen Maschinen auf den übrigen ESX-Servern neu gestartet, entscheidet die *HA Restart Priority* einer VM, wann diese gestartet wird, um somit die letzten freien Ressourcen des HA-Clusters in Beschlag zu nehmen. VMs mit einer niedrigen Priorität laufen Gefahr, mangels Ressourcen nicht mehr gestartet werden zu können.

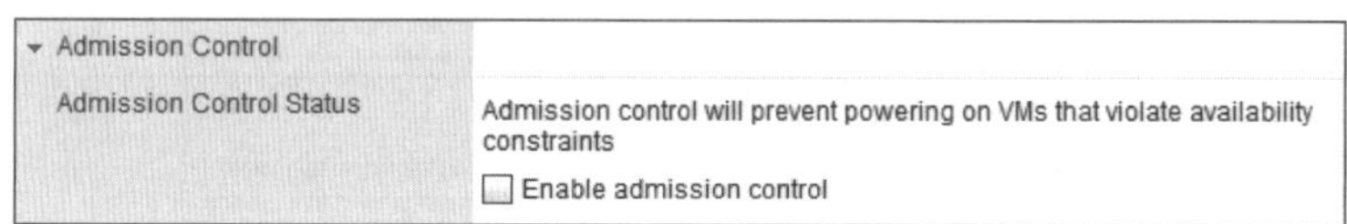

Abbildung 4.15 Deaktivierung der Ressourcenkontrolle der »Admission Control«

Dieses Standardverfahren der Admission Control können Sie jedoch in einem eingegrenzten Rahmen konfigurieren. So besteht auch die Möglichkeit, die Ressourcensperre der Admission Control komplett aufzuheben und auch bei erschöpften Ressourcen die VMs immer noch zu starten. Die Auswahl treffen Sie mit dem Schalter ENABLE ADMISSION CONTROL (siehe Abbildung 4.15). In diesem Fall ist es auch nicht mehr möglich, die POLICY detaillierter zu konfigurieren, und der Bereich wird grau unterlegt.

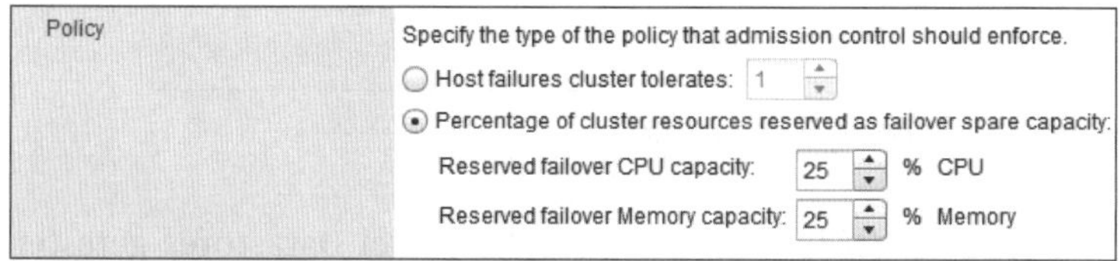

Abbildung 4.16 Die Richtlinie »Policy« dient zur detaillierten Einstellung der HA-Regeln

Deaktivieren Sie die POLICY, so können Sie die Regeln, die angewendet werden sollen, weiter konfigurieren (siehe Tabelle 4.1).

Option	Beschreibung
HOST FAILURES CLUSTER TOLERATES	Die Anzahl der Hosts, die ausfallen dürfen, bevor der Cluster nicht mehr aktiviert wird. Die Admission Control nimmt diesen Wert als Berechnungsgrundlage, um das Starten weiterer Systeme zu prüfen.
PERCENTAGE OF CLUSTER RESOURCES RESERVED AS FAILOVER SPARE CAPACITY	Prozentualer Anteil der Ressourcen, die bei der Laufzeit aller Systeme noch ungenutzt bleiben müssen, um Ausfälle abfangen zu können. Wahrscheinlich die beste Einstellung.

Tabelle 4.1 Optionen für die Richtlinien zur Zugangssteuerung

Zuletzt ist es auch möglich, die ERWEITERTEN OPTIONEN direkt zu beeinflussen.

Datastore-Heartbeat

Neben dem Netzwerk-Heartbeat existiert unter vSphere 5.x ein Datastore-Heartbeat, der bei einem Netzwerkausfall prüft, ob Sie noch auf die Dateien der virtuellen Maschinen zugreifen können (siehe Abbildung 4.17). Somit existiert ein weiterer Test, ob wirklich die VMs ausgefallen sind oder nur die Managementschnittstelle des ESX-Hosts.

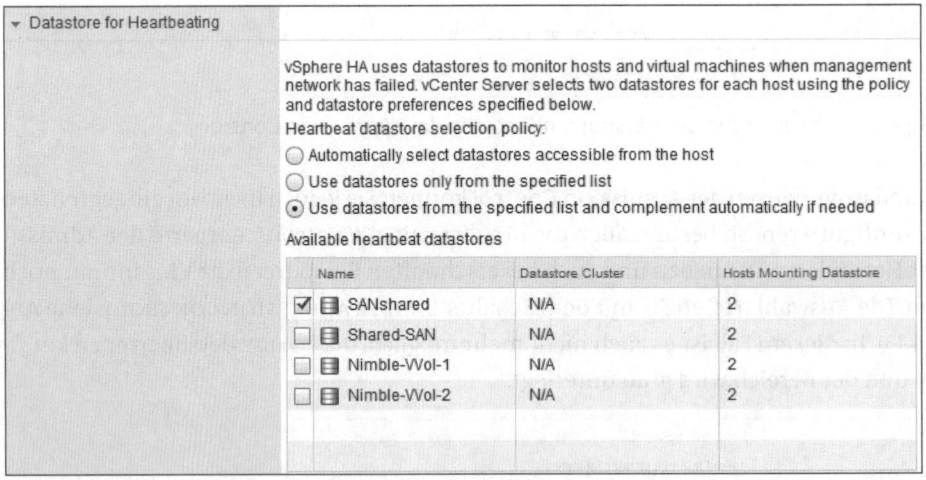

Abbildung 4.17 So richten Sie den Datastore-Heartbeat ein.

Bei Nutzung der Standardeinstellung werden (sofern verfügbar) zwei Datastores getestet, was Sie mit der Option `das.heartbeatDsPerHost` auf maximal fünf erhöhen können.

4.2.6 Gemeinsamer Einsatz von unterschiedlichen ESX-Versionen

VMware hat den FDM-HA-Agent abwärtskompatibel entwickelt, d. h., bei älteren ESX-Servern wird der gleiche FDM-Agent auf die Server installiert wie unter ESX 6. Somit können unterschiedliche ESX-Versionen in einem HA-Cluster-Verbund gemeinsam existieren.

4.2.7 HA Advanced Options

Es existiert eine Vielzahl von erweiterten Optionen für den Einsatz des HA-Clusters, um diesen auf die vielfältigen Gegebenheiten der Kunden und der Infrastruktur einzustellen (siehe Abbildung 4.18).

Eine komplette Liste aller Optionen finden Sie unter:

http://www.yellow-bricks.com/vmware-high-availability-deepdiv/#HA-advancedsettings

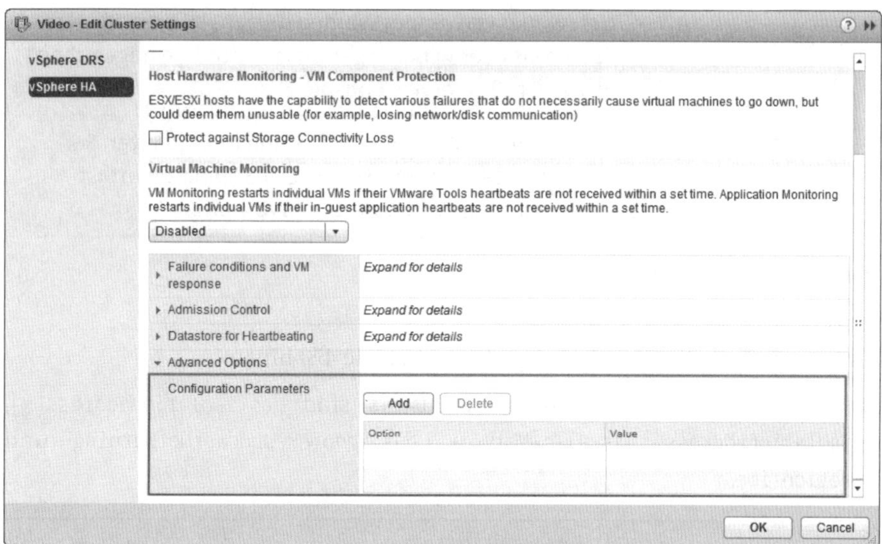

Abbildung 4.18 »Advanced Options« in den Cluster-Eigenschaften

Die ADVANCED OPTIONS (siehe Tabelle 4.2) legen Sie in den Eigenschaften des Cluster-Objekts fest.

Option	Beschreibung
`das.failuredetectiontime`	Anzahl Millisekunden des Timeouts für die Isolation Response (Standard 15.000 Millisekunden). Bei Anpassung der `das.isolationaddress` wurde der Wert früher erhöht. Mit vSphere 5.x kann der Defaultwert beibehalten werden.

Tabelle 4.2 »Advanced Options« für vSphere HA

Option	Beschreibung
das.isolationaddress[x]	IP-Adressen der Service Console des ESX-Hosts, die für Heartbeat-Tests genutzt werden sollen; [x] = 1–10. Im Standard wird nur das Default-Gateway genutzt.
das.usedefaultisolationaddress	Dieser Wert kann true oder false annehmen und gibt an, ob das Default-Gateway als Heartbeat-Adresse genutzt werden soll.
das.vmMemoryMinMB	Hauptspeichermenge für die Slot-Berechnung – Admission Control
das.vmCpuMinMHz	CPU-MHz für die Slot-Berechnung – Admission Control
das.allowNetwork[x]	Dedizierte Eintragung, welche Netzwerke als Heartbeat-Netzwerke verwendet werden dürfen; [x] = 1-10. Als Wert muss der wirklich genutzte Portname angegeben werden, z. B. »Service Console 2«.
das.ignoreRedundantNetWarning	Entfernen der Warnung, falls keine redundanten Service-Console-Ports existieren. Der Standardwert ist false, und true verhindert die Warnung.

Tabelle 4.2 »Advanced Options« für vSphere HA (Forts.)

Mit vSphere 6.x kamen neue *Advanced Settings* (siehe Tabelle 4.3) hinzu.

Die wichtigsten ADVANCED OPTIONS des HA-Clusters sind das.isolationaddress[x], das.usedefaultisolationaddress, das.allowNetwork, das.ignoreRedundantNetWarning und das.failuredetectiontime.

Option	Beschreibung
das.config.fdm.memreservationmb	Normalerweise benötigt der HA-Agent 250 MB Arbeitsspeicher. Kann vSphere aufgrund von Speicherengpässen den Speicher nicht zuweisen, so können Sie hier den zu nutzenden Speicher auf minimal 100 MB reduzieren. Für sehr große Umgebungen ist es ebenfalls möglich, den Speicher auf bis zu 325 MB zu erhöhen. **Hinweis:** Nachdem auf allen Hosts die Einstellung angepasst worden ist, erfolgt die Aktivierung über RECONFIGURE FOR HA an den betroffenen Hosts.

Tabelle 4.3 Wichtige neue vSphere 6.x-HA-Optionen

Option	Beschreibung
`das.maxresets`	Sollte ein Reset einer VM durch die Fehlersituation *All Paths down* (APD) oder *Permanent Drive Loss* (PDL) erfolglos ausgelöst werden, so kann durch diesen Parameter festgelegt werden, wie groß die Anzahl der Wiederholungsversuche sein soll. Gemanagt wird das Ganze durch die *VM Component Protection* (VMCP).
`das.maxterminates`	Maximale Anzahl von Versuchen, bevor die VM abgebrochen wird
`das.terminateretryintervalsec`	Sollte ein Abbruch fehlschlagen, legen Sie hier einen Zeitwert in Sekunden fest, nach dem ein erneuter Versuch gestartet wird.
`fdm.isolationpolicydelaysec`	Zeitwert in Sekunden, nach dem auf einem Host die *Isolation Response* greift. Der Minimalwert liegt bei 30 Sekunden. Sollten dennoch kleinere Werte eingetragen werden, arbeitet das System automatisch mit 30 Sekunden.
`das.config.fdm.reportfailover-failevent`	Wenn Sie den Parameter auf 1 setzen, wird im Falle eines ausgelösten HA-Events eine detallierte Meldung pro betroffener VM erzeugt. Der Standardwert ist 0.
`vpxd.das.completemetadataupdate-intervalsec`	Zeitfenster in Sekunden, in dem während eines HA-Ereignisses VMs neu gestartet werden. Der Standardwert ist 300. **Hinweis:** Gilt nur für Cluster, in denen DRS nicht aktiviert ist.

Tabelle 4.3 Wichtige neue vSphere 6.x-HA-Optionen (Forts.)

Weitere Informationen finden Sie unter:

http://kb.vmware.com/selfservice/microsites/search.do?language=en_US&cmd=displayKC&externalId=2033250

das.isolationaddress

Ein Beispiel für die Nutzung der Option `das.isolationaddress` ist sehr einfach gefunden, da es aus Sicherheitsgründen oft sinnvoll ist, neben dem Default-Gateway weitere Systeme als Heartbeat-Ziel zu nutzen, um eine Isolation auszuschließen (siehe Abbildung 4.19).

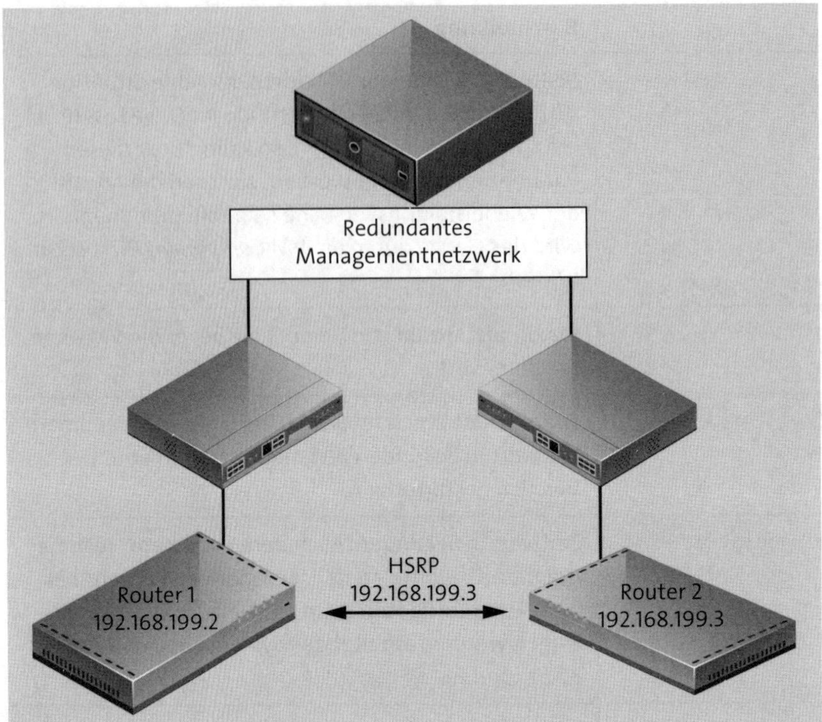

Abbildung 4.19 HSRP-ausfallsichere Konfiguration der beiden physischen Router

Soll außer auf das Default-Gateway, das z. B. ein HSRP-geschützter Router sein könnte (HSRP = Cisco *Hot Standby Router Protocol* – eine dynamische Adresse zeigt auf zwei Router), auch auf die beiden physischen Adressen der Router und des vCenter-Servers (192.168.199.22) gepingt werden, so sähen die ADVANCED OPTIONS wie folgt aus:

```
das.isolationaddress[1]  =  192.168.199.2
das.isolationaddress[2]  =  192.168.199.3
das.isolationaddress[3]  =  192.168.199.22
```

das.allowNetwork

Wann sollten Sie ein Heartbeat-Netzwerk definieren? Immer dann, wenn die Netze untereinander nicht direkt verbunden sind, sondern z. B. ein Router dazwischen eingesetzt werden muss. Dies kann bei physischer Trennung oder bei Nutzung unterschiedlicher IP-Adressen sinnvoll sein (siehe Abbildung 4.20).

In unserem Beispiel ist es daher notwendig, das SC2-Netzwerk auszuklammern und nur das SC1-Netzwerk zu nutzen:

```
das.allowNetwork[1] = "SC1"
```

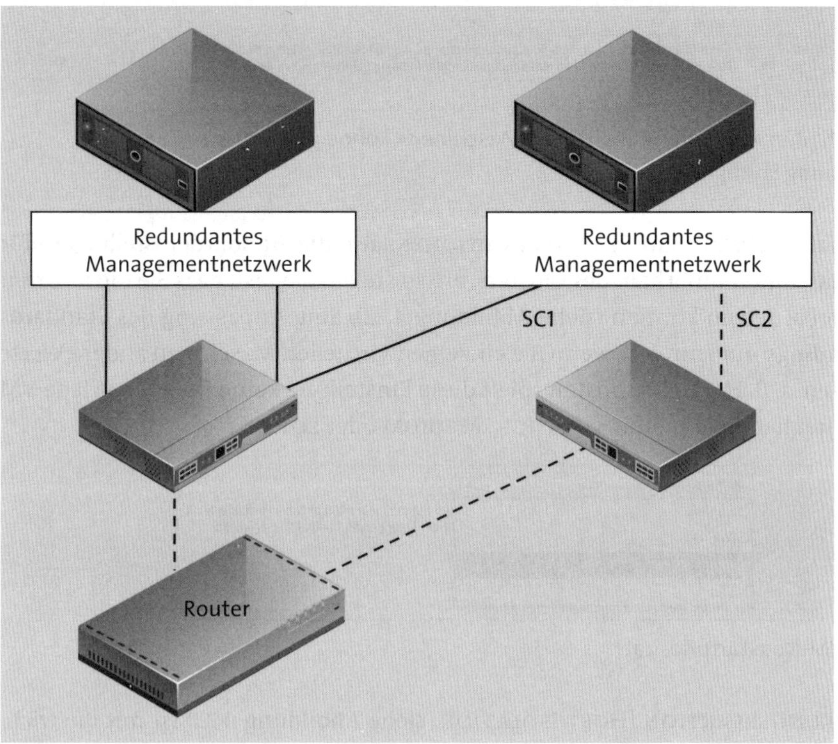

Abbildung 4.20 HA-Heartbeat-Pakete können nicht über Router weitergeleitet werden.

Zusätzlich entsteht das Problem, dass ESX2 keine Redundanz mehr besitzt. Daher wäre auch die Einstellung `das.ignoreRedundantNetWarning` interessant, zu der wir im folgenden Abschnitt kommen. Idealer wäre natürlich die Nutzung einer weiteren Netzwerkkarte.

das.ignoreRedundantNetWarning

Zu `das.ignoreRedundantNetWarning` müssen wir kein ausführliches Beispiel liefern. Haben Sie ein Testsystem konfiguriert und verfügen Sie dort nicht über genügend Netzwerkadapter, so werden Sie zwangsweise über Meldungen betreffs mangelnder Redundanz stolpern. Sind Sie davon genervt, ändern Sie `das.ignoreRedundantNetWarning` einfach auf `True`.

4.2.8 Virtual Machine Options

Da vSphere HA in erster Linie die VMs schützen soll und nicht die Host-Systeme, können Sie Regeln für einzelne virtuelle Maschinen aufstellen und auch das allgemeine Verhalten beim Neustart der VMs sowie das Verhalten bei erkannter Isolation konfigurieren.

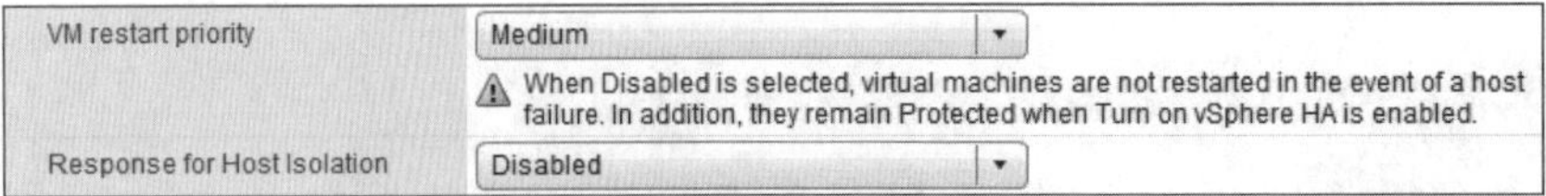

Abbildung 4.21 Mit den »Optionen für virtuelle Maschinen« können Sie unter anderem die Hostüberwachung konfigurieren.

Schauen Sie sich die CLUSTER VM STANDARDOPTIONEN, also die Standardeinstellungen für alle virtuellen Maschinen innerhalb des Clusters, an, so stellen Sie fest, dass Sie die Priorität des Neustarts global setzen können (siehe Abbildung 4.22). Eine Anpassung des Standards MEDIUM ist allerdings nur sinnvoll, wenn Sie einzelnen virtuellen Maschinen andere Werte zuweisen möchten, z. B. HIGH. Ansonsten spielt diese Einstellung keine Rolle, da ja jede VM die gleiche Priorität hat, unabhängig von HIGH, MEDIUM oder LOW.

Abbildung 4.22 VM-Neustartpriorität

Die HOSTISOLIERUNGSREAKTION (HOST ISOLATION, siehe Abbildung 4.23) ist mit die wichtigste Einstellung des HA-Clusters, da sie die Reaktion des isolierten ESX-Hosts bestimmt. Ist dieser wirklich ausgefallen, sind sowieso alle virtuellen Maschinen offline, und die restlichen Cluster-Mitglieder können die VMs neu starten. Ein Problem tritt auf, wenn der Host samt virtuellen Maschinen noch läuft, aber das Heartbeat-Netzwerk der Service Console aussetzt.

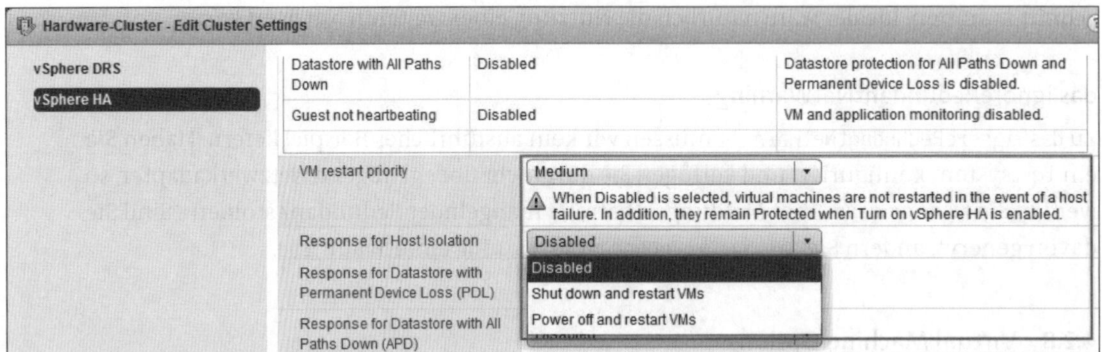

Abbildung 4.23 Hostisolierungsreaktion

Hier müssen Sie sich Gedanken machen, ob die virtuellen Maschinen dann wirklich automatisch vom ESX-Host gestoppt werden sollen (und wenn, in welcher Form) oder ob sie aktiv bleiben sollen. Entscheiden Sie sich für eine Abschaltung, bedeutet POWER OFF das harte Abschalten der VM, während SHUT DOWN die virtuelle Maschine über die VMware Tools aus dem Gast heraus herunterfährt.

Die Entscheidung fällt leicht, wenn die physischen Switches, auf denen das Management-Netz liegt, unabhängig von den physischen Switches der virtuellen Maschinen betrieben werden. In diesem Fall kann es zu einer Störung des Managementnetzwerks kommen, während die VMs aber normal weiterlaufen. Daher sollten Sie die RESPONSE FOR HOST ISOLATION auf ENABLED lassen einstellen (siehe Abbildung 4.23). Dies gilt generell, wenn Probleme im Netzwerk einer Infrastruktur nicht selten sind.

Hinweis

Alle übrigen ESX-Hosts, die den isolierten Host als ausgefallen erkennen, können ihrerseits die VMs nicht neu starten, da die Festplattendateien der virtuellen Maschinen während der Laufzeit gesperrt sind.

Die Einstellungen zur Restart-Priorität und zur Isolation Response können Sie auch für jede einzelne VM getrennt unter SETTINGS • VM OVERRIDES einrichten (siehe Abbildung 4.24), wenn diese Anforderung besteht. Hier ist es beispielsweise sinnvoll, die wichtigsten VMs mit einer hohen Priorität zu versehen, während alle anderen VMs im Standard auf NORMAL bleiben.

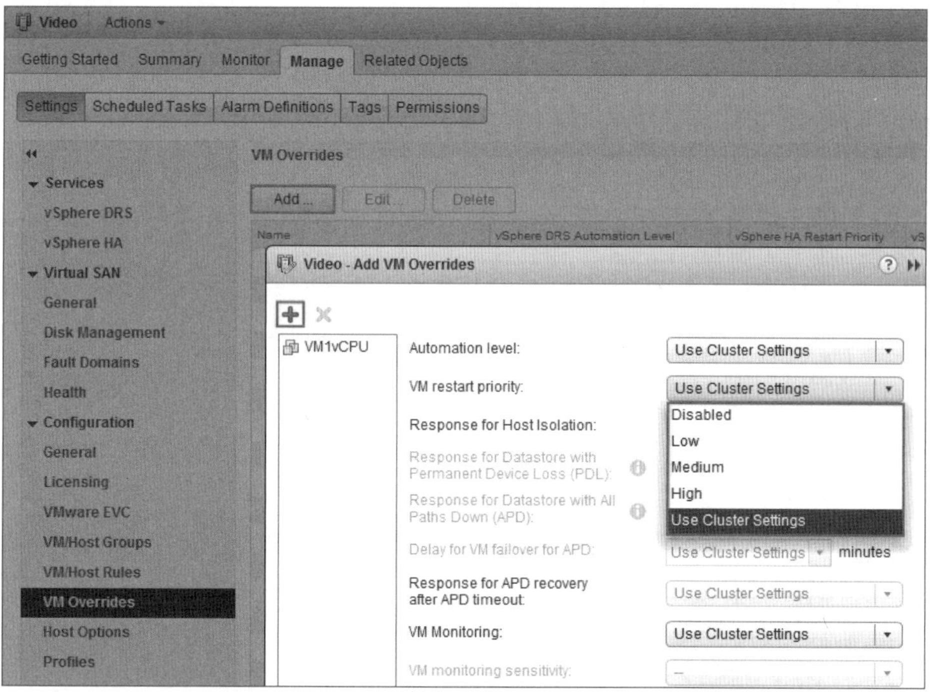

Abbildung 4.24 Einstellungen pro virtueller Maschine

4.2.9 Der HA-Agent oder »Was passiert beim Hinzufügen eines ESX-Hosts zum HA-Cluster?«

Diese Frage ist derzeit anders als bei früheren HA-Versionen leicht zu beantworten: Wenn der erste ESX-Server einem Cluster hinzugefügt wird, wird er automatisch Master, und jeder nachfolgende Server wird ein Slave.

Die einzelnen Cluster-Prozesse sind in Abbildung 4.25 dargestellt. Die HA-Agents überwachen sich im Verbund gegenseitig durch einen HA-Heartbeat über das Netzwerk-Interface des Managementnetzwerks. Die Datenbank mit den vCenter-Informationen hält der Agent im RAM vor.

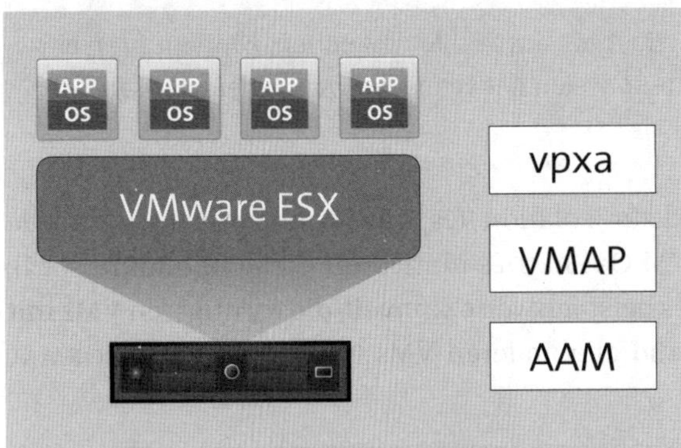

Abbildung 4.25 HA-Cluster-Prozesse pro ESX-Server

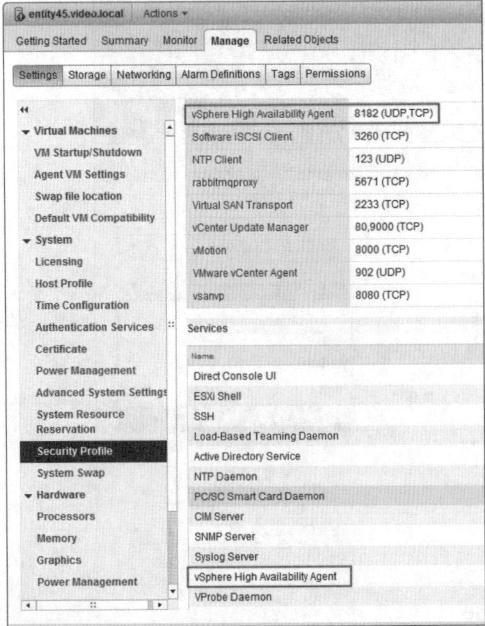

Abbildung 4.26 Firewall-Einträge für den HA-Agenten

Außerdem wird automatisch in der Firewall des ESX-Hosts der *vSphere High Availability Agent* erlaubt (siehe Abbildung 4.26), der unter anderem für die Heartbeat-Kommunikation zuständig ist.

4.2.10 Reconfigure for vSphere HA

Der laufende FDM-Prozess von vSphere HA auf dem ESX-Host wird durch einen zusätzlichen Monitoring-Prozess überwacht, der diesen Prozess bei einem Ausfall automatisch neu startet. Dies hilft bei versehentlichem Stoppen des FDM oder bei kleineren Problemen. Sollte ein Konfigurationsfehler vorliegen, schafft oft ein RECONFIGURE FOR VSPHERE im Kontextmenü des ESX-Hosts Abhilfe (siehe Abbildung 4.27). Dieser Aufruf rekonfiguriert den HA-Agenten komplett und startet ihn neu.

Abbildung 4.27 »Reconfigure for vSphere« kann bei Konfigurationsproblemen des Clusters Wunder bewirken.

4.2.11 Das Verhalten eines HA-Clusters

Der Master-Agent in einem Cluster überwacht die Verfügbarkeit der ESX-Server und startet die virtuellen Maschinen des ausgefallenen HA-Knotens auf den verbleibenden ESX-Servern mit genügend freier Kapazität neu. Die Heartbeat-Pakete, die zur Funktionsüberprüfung der einzelnen Systeme genutzt werden, werden sekündlich über alle Management-Verbindungen verschickt. Außerdem werden – falls es so konfiguriert wurde – zusätzlich die Datastores bzw. deren Verfügbarkeit getestet.

Ist die aktuelle Failover-Kapazität des HA-Clusters unter dessen konfigurierte Failover-Kapazität gefallen, zeigt sich das Cluster-Symbol im vCenter-Client bei aktiver Zugangssteuerung rot. Das rote Symbol kann zum einen durch Ausfall zu vieler ESX-Server bedingt sein oder zum anderen durch zu hohe Belegung der ESX-Server mit virtuellen Maschinen. Haben Sie bei den virtuellen Maschinen keine HA-Restart-Priorisierung vergeben, werden die ausgefallenen virtuellen Maschinen nacheinander auf den verbleibenden ESX-Servern gestartet, bis die Kapazität der ESX-Server erschöpft ist. Dies kann zur Folge haben, dass wichtige VMs nicht mehr gestartet werden können. Das Vergeben einer HA-Priorität hilft, diese Problematik etwas zu entschärfen, indem ein ESX-Administrator den wichtigeren VMs eine höhere Priorität verleiht, damit diese frühestmöglich gestartet werden, um die freien Ressourcen garantiert zu erhalten. Virtuelle Maschinen mit einer niedrigeren Priorität fallen dann gegebenenfalls der Ressourcenknappheit zum Opfer.

Ein Sonderfall stellt der Ausfall eines ESX-Servers während einer vMotion-Operation dar: Fällt der ursprüngliche ESX-Server aus, so versucht HA, die betreffende virtuelle Maschine auf dem vom Administrator vorgesehenen Ziel-Server der vMotion-Operation zu starten. Fällt hingegen der Ziel-Server aus, wird HA versuchen, diese VM auf dem ursprünglichen ESX-Server wieder zu starten. Fallen im Extremfall beide an der vMotion-Operation beteiligten ESX-Server aus, wird HA versuchen, einen dritten ESX-Server mit ausreichend verfügbarer Kapazität zu finden, um die betroffene virtuelle Maschine darauf erneut zu starten.

Bei einem HA-Failover werden die virtuellen Maschinen mit der höchsten Priorität zuerst gestartet. Dabei wählt HA, je nach Version des vCenter-Servers, über zwei verschiedene Wege die ESX-Server aus, auf denen die VMs neu gestartet werden: Die Version 2.0 des vCenter-Servers bedient sich der ESX-Hosts anhand der alphabetischen Auflistung der ESX-Knoten mit ausreichenden Ressourcen; ab der Version 2.1 wird der ESX-Knoten mit den meisten nicht reservierten Ressourcen als erster herangezogen.

4.2.12 HA-Slot-Berechnung

Seit vSphere 5.5 wird ein HA-Slot anhand der aktiven virtuellen Maschinen berechnet. Er kann jedoch auch an individuelle Slot-Größen angepasst werden (siehe Abbildung 4.14).

War man zu konservativ oder verfügt man wirklich über zu wenige Ressourcen, so ist eine Fehlermeldung beim Starten einer virtuellen Maschine, die die HA-Einstellungen übersteigt, unvermeidlich (siehe Abbildung 4.28).

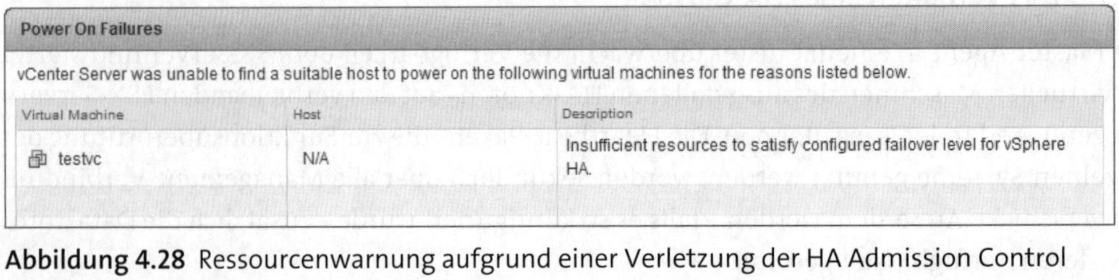

Power On Failures

vCenter Server was unable to find a suitable host to power on the following virtual machines for the reasons listed below.

Virtual Machine	Host	Description
testvc	N/A	Insufficient resources to satisfy configured failover level for vSphere HA.

Abbildung 4.28 Ressourcenwarnung aufgrund einer Verletzung der HA Admission Control

Die aktuellen Slot-Größen und die noch verfügbaren Slots lassen sich unter dem Menüpunkt ADVANCED RUNTIME INFO in der ÜBERSICHT des Clusters einsehen (siehe Abbildung 4.29).

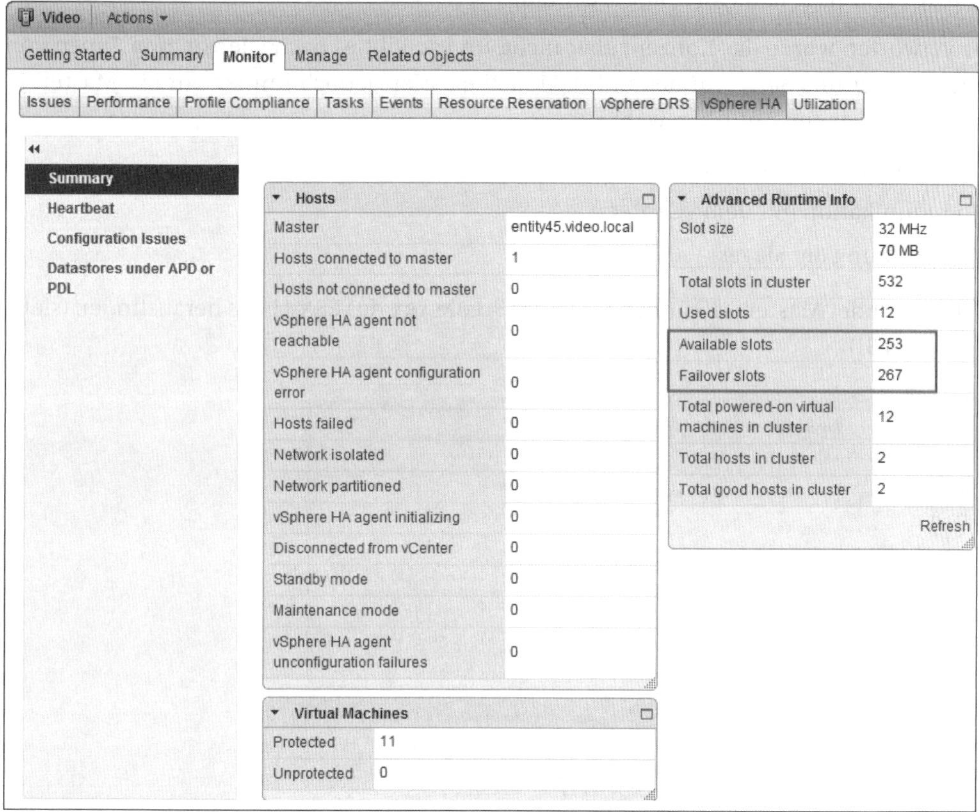

Abbildung 4.29 »Advanced Runtime Info« eines HA-Clusters

Dieses Problem können Sie auch umgehen, indem Sie die Admission Control auf einen Prozentteil des gesamten Clusters setzen (siehe Abbildung 4.30). Damit ändern Sie die fixe Regel in eine relative Bewertung. Diese relative Bewertung ist auch bei Clustern mit vielen ESX-Hosts (6 und mehr) interessant, um die Slot-Berechnung zu optimieren.

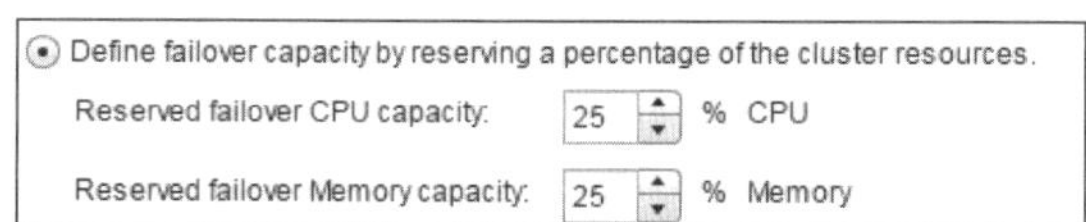

Abbildung 4.30 Cluster-Ressourcen nicht fix, sondern relativ angeben

4.2.13 HA-Master- und -Slave-Agents

Vor vSphere 5.x war die Aufteilung der HA-Agents auf *Primary* und *Secondary* Server und die Limitierung der Primarys auf 5 ein großes Thema beim Design von Clustern. Zum Problem konnte es sogar werden, wenn der Cluster über unterschiedliche Rechenzentren hinweg konfiguriert wurde. Dies hat sich mit vSphere 5.x erledigt, da das Verfahren und die beteiligten Agents komplett neu geschrieben wurden.

Ganz verworfen wurde das Konzept aber nicht, und so gibt es nach wie vor zwei Typen von Agents: *Master* und *Slave*. Im neuen HA-Modell existiert jedoch immer nur ein Master. Er nimmt die folgenden Aufgaben wahr:

- Neustart ausgefallener VMs
- Kommunikation mit dem vCenter
- Überwachung der Slaves

Welcher Host der Master ist, können Sie in der SUMMARY des ESX-Hosts herausfinden (siehe Abbildung 4.31).

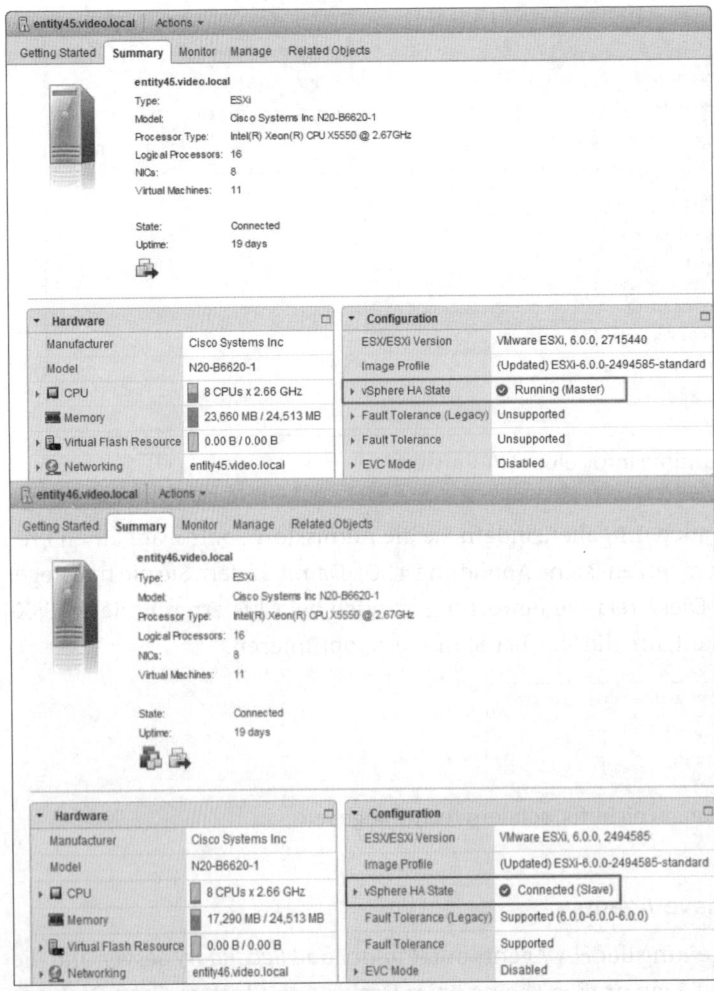

Abbildung 4.31 Status der HA-Agents

4.2.14 HA-Host-Isolation

Wie bereits erwähnt, werden die Heartbeat-Pakete im Standard sekündlich verschickt und auch erwartet. Verliert das Managementnetzwerk eines aktiven ESX-Knotens im HA-Cluster die Netzwerkverbindung, ohne aber komplett auszufallen, nennt man diesen ESX-Server *isoliert*. Der Master-Server würde diesen Zustand erkennen und den Neustart der vermeintlich ausgefallenen VMs beginnen. Fällt der Master aus, ernennen die übrigen HA-Slaves untereinander einen neuen Master. Der bisherige Master, der sich selbst ebenfalls als isoliert erkennt, stuft sich automatisch herab. Da der ESX-Server aber nur die Netzwerkverbindung verloren hat, die notwendigen Prozesse der virtuellen Maschinen jedoch weiterhin laufen, sind auch diese noch aktiv und können nicht auf anderen ESX-Servern neu gestartet werden – die VMDK-Dateien auf dem VMFS-Volume sind gelockt, und ein versuchter Neustart dieser VMs würde auf einem anderen ESX-Server mit einer Fehlermeldung quittiert.

Aber halt! So war dies mit vSphere 4.x – dank des Datastore-Heartbeats erkennt der Master zusätzlich, ob die VMs noch im Zugriff sind, und verzichtet automatisch auf einen Neustart. Diese Verbesserung trägt deutlich zur Entspannung bei »halb ausgefallenen« Infrastrukturen bei. Sind die VMs nicht mehr im Zugriff und ist der Host isoliert, dann wird ein Neustart ausgeführt – also das gleiche Verhalten wie bei einem ausgefallenen Host.

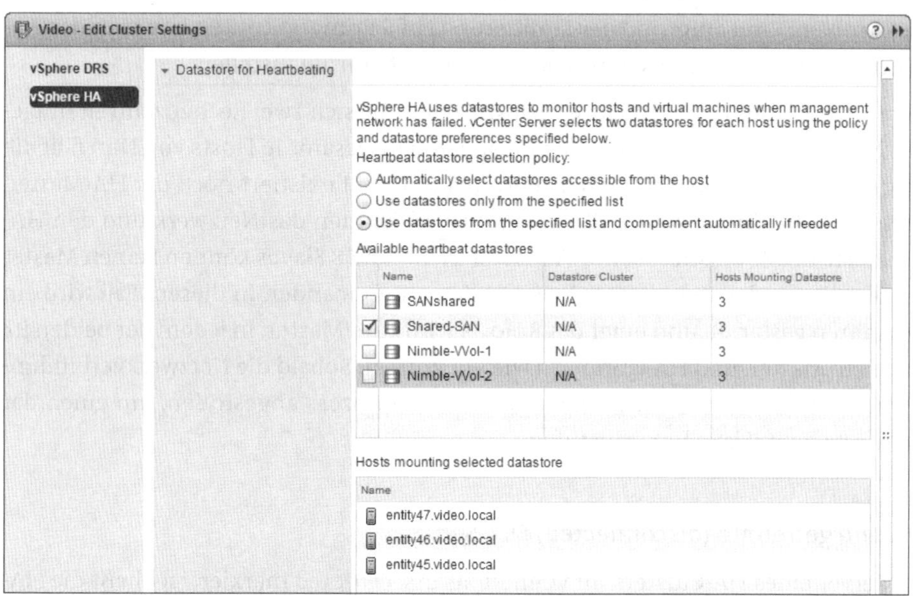

Abbildung 4.32 Datastore-Heartbeat

Isolationsvorgang

Slave isoliert:

1. 0 Sekunden – Der Slave-Host wird isoliert.
2. 10 Sekunden – Der Slave wechselt in den *election state*.

3. 25 Sekunden – Der Slave ernennt sich selbst zum Master.
4. 25 Sekunden – Der Slave pingt die Isolationsadressen an.
5. 30 Sekunden – Der Slave erkennt sich selbst als isoliert und startet den Isolationsprozess.

Master isoliert:

1. 0 Sekunden – Der Master-Host wird isoliert.
2. 0 Sekunden – Der Master pingt die Isolationsadressen an.
3. 5 Sekunden – Der Master erkennt, dass er isoliert ist, und startet den Isolationsprozess.

Split-Brain oder Partitioned

Es existiert jedoch noch eine weitere Form der Host-Isolation namens *Partitioned*. Partitioned bedeutet, dass kein Ping mehr vom ESX-Host beantwortet wird, dieser allerdings noch am Auswahlprozess der Hosts untereinander teilnimmt. Dieser Zustand kann eintreten, wenn beispielsweise bei einem verteilten Cluster die Netzwerkverbindung zwischen den Rechenzentren gekappt wird, was einer Split-Brain-Situation entsprechen würde. In diesem Fall können die Hosts innerhalb des jeweiligen Rechenzentrums noch miteinander kommunizieren, aber die Verbindung zum Master ist nur noch aus dem Rechenzentrum heraus möglich, in dem der ursprüngliche Master aktiv ist. Dies war in vSphere 4.x-Umgebungen ein sehr großes Problem, und aufgrund der Limitierung auf 5 Primary-Knoten war es in der Planung nur sinnvoll, maximal 4 ESX-Hosts pro Rechenzentrum aufzustellen.

Seit vSphere 5.x wird dies nun sehr clever gelöst: Stellen Sie sich zwei Rechenzentren mit jeweils 8 ESX-Hosts in einem übergreifenden Cluster von insgesamt 16 Hosts vor. Nun fällt die Verbindung zwischen den beiden Rechenzentren aus. In RZ1 existiert noch der HA-Master, und die sich im RZ1 befindlichen 7 ESX-Server (Slaves) können das Netzwerk und den HA-Master erreichen. In RZ2 existiert kein HA-Master mehr, und 8 Slaves können keinen Master erreichen. Allerdings erkennen die 8 ESX-Hosts sich untereinander. In diesem Fall wird ein Auswahlverfahren gestartet, und einer der 8 Hosts wird zum Master. In jedem der beiden RZ existiert nun ein Master, und HA läuft nach wie vor korrekt. Sobald die Netzwerkverbindungen wiederhergestellt werden, wird erneut ein Auswahlprozess angestoßen, um einen der beiden HA-Master zum Slave herabzustufen.

4.2.15 HA und getrennte (disconnected) ESX-Server

Ist ein ESX-Server eines HA-Clusters im vCenter als `disconnected` markiert, schließt die HA-Logik diesen Server aus ihren Failover-Berechnungen und Failover-Aktivitäten aus. War dieser Server ein Master-Knoten, so übernimmt einer der übrigen Slave-ESX-Hosts als neuer Master den HA-Cluster. Ein ESX-Server muss explizit durch einen Administrator vom Cluster getrennt werden (siehe Abbildung 4.33).

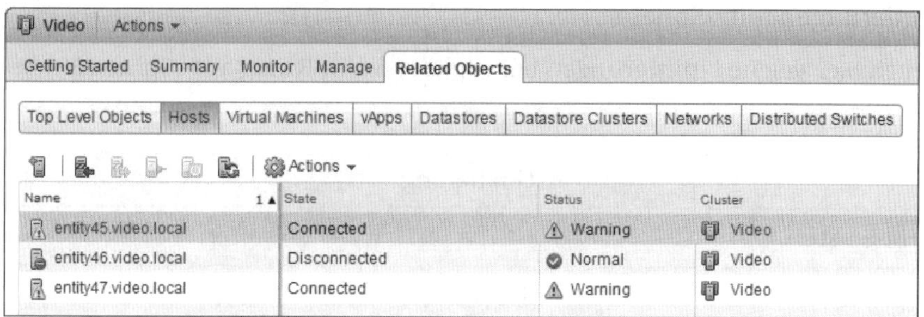

Abbildung 4.33 Werden Hosts getrennt, schaltet der HA-Agent ab.

4.2.16 HA und DNS

DNS ist keine Voraussetzung mehr für einen funktionierenden HA-Cluster, da alle Komponenten über IP kommunizieren. Für vSphere 4.1 gilt nach wie vor eine ausfallsichere und stabile DNS-Konfiguration als Notwendigkeit, um HA korrekt zu betreiben.

4.2.17 HA im vSphere-Client (oder: Der Cluster treibt's bunt ...)

Der HA-Cluster zeigt sich im vCenter genauso wie ein DRS-Cluster, da beide VMware-Funktionen gleichzeitig in einem Cluster aktiviert werden können. Das Symbol kann bei der Kombination von HA und DRS insgesamt drei verschiedene Status anzeigen – und zwei verschiedene Status, wenn HA allein betrieben wird:

- Ein normales Symbol informiert darüber, dass der HA-Cluster ohne Einschränkungen lauffähig ist.
- Ein gelbes Symbol bei einem mit DRS kombinierten Cluster signalisiert, dass DRS überbucht (*overcommitted*) ist (das heißt, es stehen nicht genügend Ressourcen zur Verfügung).
- Ein rotes Symbol signalisiert einen ungültigen HA- oder DRS-Cluster (zum Beispiel im HA-Bereich durch nicht ausreichende Ressourcen zum Erreichen der Failover-Kapazität).

Yellow Cluster – overcommitted

- Ein DRS-Cluster ist *overcommitted*, wenn ein ESX-Host ausfällt und somit nicht ausreichend Ressourcen mehr zur Verfügung stehen.
- Ein DRS-Cluster hat für einen Child-Ressourcen-Pool oder dessen VMs nicht ausreichend Ressourcen, um dessen Anforderungen zu erfüllen.

Red Cluster – invalid

- Ein HA-Cluster hat keine ausreichenden Kapazitäten (aktuelle Failover-Kapazität), um die konfigurierte Failover-Capacity abzudecken.

4.2.18 HA-Limitierungen mit vSphere

In Tabelle 4.4 sehen Sie, welche Limitierungen bei vSphere 6.x in Bezug auf vSphere HA bekannt sind.

Beschreibung	Limitierung
ESX-Hosts pro HA-Cluster	64
Aktive VMs per Cluster	8000
Aktive VMs pro ESX	1024

Tabelle 4.4 HA-Cluster-Limitierung

4.2.19 HA Virtual Machine Monitoring

Virtual Machine Monitoring, oft nur VMHA genannt, ist eine seit VI3.5 U3 bekannte Funktion, um virtuelle Maschinen auf Aktivität zu überwachen. Diese Aktivität wird in Form des Heartbeats gemessen, der über die *VMware Tools* erzeugt wird. Sobald während eines gewissen Zeitraums kein Heartbeat empfangen wird, führt vCenter einen harten Reset durch. Dieses Vorgehen soll z. B. Kernel-Panics unter Linux und Bluescreens unter Windows erkennen. Allerdings wurde diese Funktion erweitert, sodass mit den VMware Tools auf Ausfälle von Anwendungen in den virtuellen Maschinen reagiert werden kann.

Bei der Aktivierung von VM-Monitoring kann daher zwischen reiner VM- oder VM-und-Anwendungs-Überwachung unterschieden werden (siehe Abbildung 4.34).

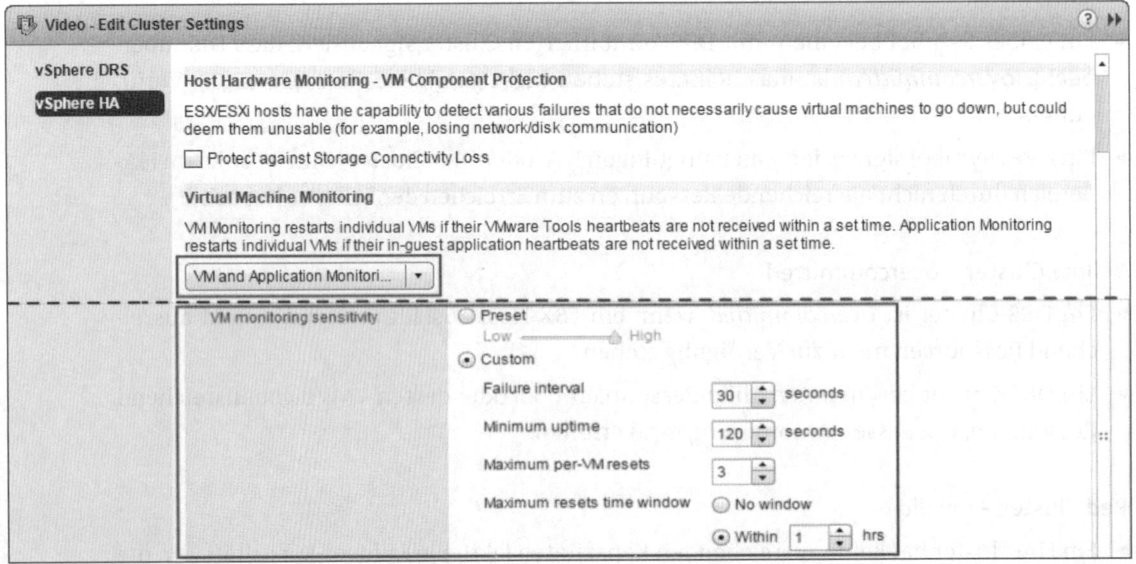

Abbildung 4.34 Die VM-Monitoring-Funktion von vSphere HA

In der ersten Version gab es noch einen sehr derben Fehler, der VMHA nach einem vMotion-Vorgang auslöste, da der Heartbeat in diesem Fall für mehr als 30 Sekunden ausfiel. Das Ergebnis war ein harter Reset der virtuellen Maschine nach jedem erfolgreichen vMotion-Vorgang.

Aus diesem Grund bestand die einfachste Lösung darin, die 30 Sekunden zu erhöhen, und zwar mittels der VM MONITORING SENSITIVITY, die Sie unter der Sektion VOREINGESTELLT finden.

Die Defaultwerte der Standardeinstellungen LOW, MEDIUM und HIGH sehen Sie in Tabelle 4.5.

Level	Failure Interval	Minimum Uptime	Maximum per-VM Resets	Maximum Resets Time Window
LOW	120 Sekunden	480 Sekunden	3	168 Stunden
MEDIUM	60 Sekunden	240 Sekunden	3	24 Stunden
HIGH	30 Sekunden	120 Sekunden	3	1 Stunde

Tabelle 4.5 Standard-Monitoring-Empfindlichkeit

Vier Werte sind für die Empfindlichkeit interessant:

- FAILURE INTERVAL: Dieser Wert steht für das Prüfintervall auf Ausfall einer VM, d. h. dafür, wie lange kein Heartbeat erkannt wurde.
- MINIMUM UPTIME: Bestimmt die Mindestlaufzeit zwischen einem Fehler mit Neustart und einer erneuten Heartbeat-Überwachung.
- MAXIMUM PER-VM RESETS: Bestimmt die maximale Anzahl an Neustarts aufgrund von erkannten VMHA-Fehlern. Danach findet kein weiterer Neustart statt, und die VMHA-Erkennung wird für die VM vorübergehend abgeschaltet.
- MAXIMUM RESETS TIME WINDOW: Zeitfenster, in dem die maximale Anzahl der VM-Resets gezählt wird. Ist das Zeitfenster seit dem ersten Ausfall überschritten, so startet das Reset-Time-Window von vorn.

Diese Einstellungen können nicht nur allgemein, sondern auch pro virtueller Maschine vorgenommen werden (siehe Abbildung 4.35). Hier ist es möglich, beim Standard (USE CLUSTER SETTINGS) zu bleiben oder ebenfalls zwischen HIGH, MEDIUM und LOW zu wählen. Das Application Monitoring kann zu- oder abgeschaltet (VM-MONITORING) werden. Reicht dies nicht aus, ist auch pro virtueller Maschine eine CUSTOM-Einstellung möglich (siehe Abbildung 4.36).

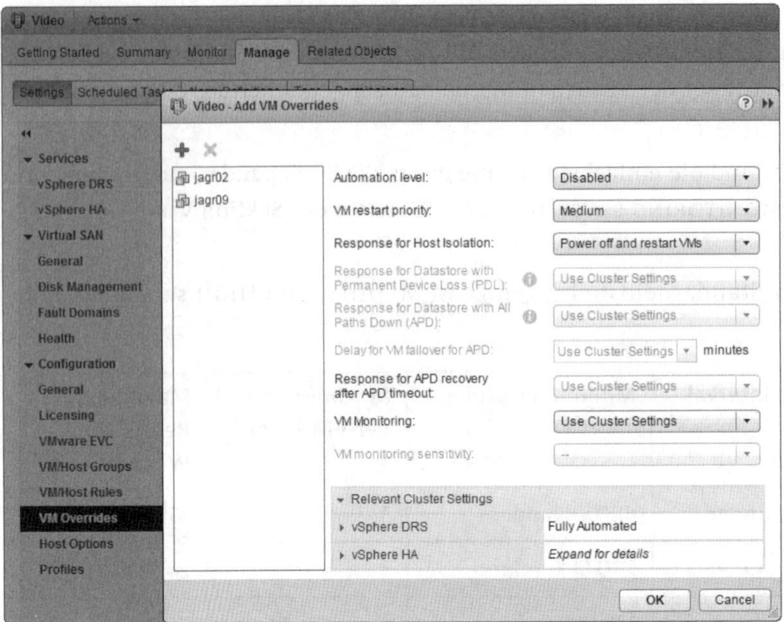

Abbildung 4.35 Pro-VM-Einstellungen für das VM-Monitoring

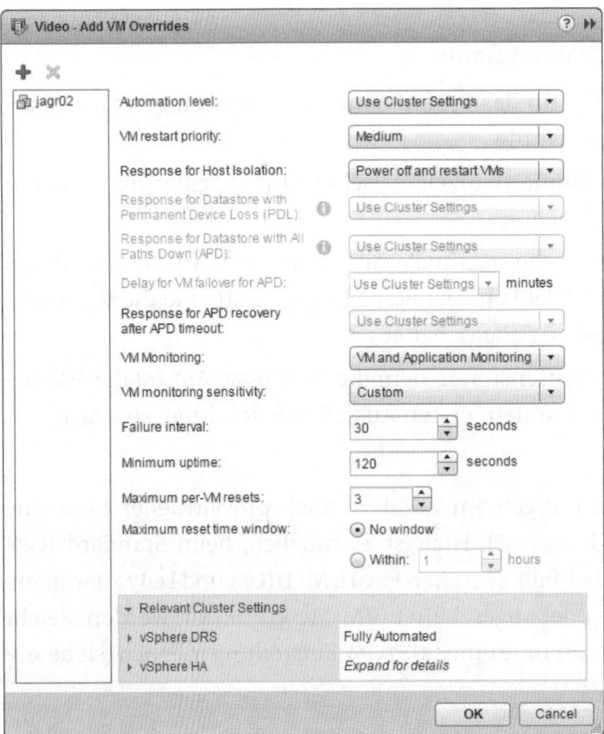

Abbildung 4.36 »Custom«-Einstellungen für das VM-Monitoring pro virtueller Maschine

Je nach der Konfiguration im Cluster ist es an dieser Stelle möglich, unterschiedliche Parametrierungen vorzunehmen.

vSphere-HA-geschützt

vSphere bietet übrigens eine einfache Möglichkeit, den aktuellen HA-Schutz einer virtuellen Maschine einzusehen, indem Sie in der Übersicht der VM auf den vSphere HA Schutz achten (siehe Abbildung 4.36 und Abbildung 4.37).

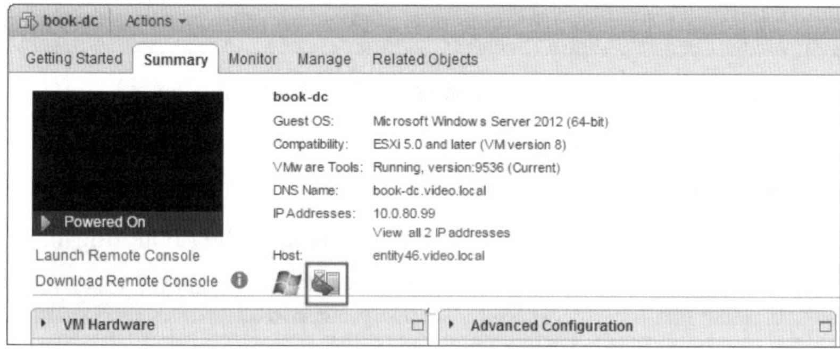

Abbildung 4.37 VM ist durch vSphere HA geschützt.

vSphere HA VM Application Monitoring

Die VM-Application-Monitoring-Funktion wurde bereits unter vSphere 4.1 als versteckte Programmierschnittstelle namens *Guest SDK* implementiert und zur Überwachung von Gastanwendungen über die VMware Tools genutzt. Mit vSphere 5.x wurde das Guest SDK öffentlich zugänglich, d. h., jeder Entwicklungspartner kann diese Funktionalität nutzen, wie es beispielsweise Symantec tut.

Virtual Machine Monitoring: Erweiterte Optionen

Neben den Erweiterten Optionen (Advanced Options) für die vSphere-HA-Funktion existieren auch Optionen für die Überwachung der virtuellen Maschinen (siehe Tabelle 4.6). Allerdings sind diese identisch mit den Einstellungen, die über die grafische Oberfläche verfügbar sind.

Option	Beschreibung
`das.failureInterval`	Prüfintervall auf Ausfall der VM. Der Standardwert ist 30.
`das.maxFailureWindows`	Mindestlaufzeit zwischen den Fehlern und den Neustarts. Der Standardwert sind 3600 Sekunden. Fällt die Maschine innerhalb von 3600 Sekunden zweimal aus, wird sie nur beim ersten Mal neu gestartet.

Tabelle 4.6 Erweiterte Optionen für das vSphere HA Virtual Machine Monitoring

Option	Beschreibung
`das.maxFailures`	Maximalanzahl an Fehlern (Neustarts). Sobald der angegebene Wert erreicht ist, wird die VM nicht mehr automatisch neu gestartet. Der Standardwert ist 3.
`das.minUptime`	Angabe der Mindestlaufzeit der virtuellen Maschine, bevor VMHA wieder die Prüfung beginnt. Der Standardwert sind 120 Sekunden. Hiermit wird verhindert, dass VMs ständig neu gestartet werden, ohne jemals aktiv zu werden.

Tabelle 4.6 Erweiterte Optionen für das vSphere HA Virtual Machine Monitoring (Forts.)

4.2.20 Host Hardware Monitoring

Ein neuer Punkt beim HA-Cluster ist das Host Hardware Monitoring (siehe Abbildung 4.38).

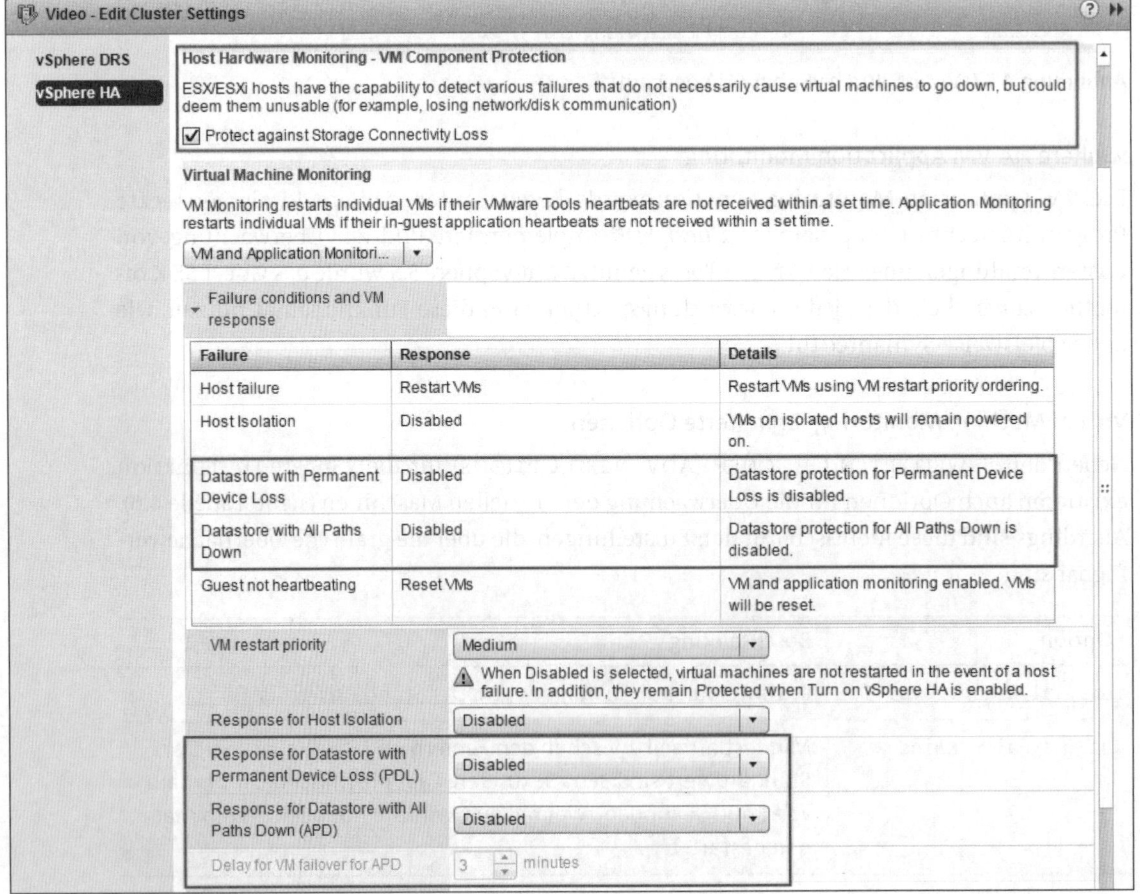

Abbildung 4.38 Aktivierung des Host Hardware Monitorings

Unter diesem Punkt hat VMware Funktionen zusammengefasst, die Situationen abfangen sollen, in denen VMs scheinbar nicht korrekt arbeiten. Im Speziellen verbergen sich hinter der Funktion Fehlerbilder wie *All Paths Down* (APD) und *Permanent Drive Loss* (PDL). Entsprechende weitergehende Konfigurationen im HA-Cluster können erst vorgenommen werden, wenn das Host Hardware Monitoring aktiviert worden ist.

Hinter diesen zwei Fehlerbildern verbergen sich unterschiedliche Ausfallsituationen. Der Ausfall einer LUN bzw. eines Datenbereichs wird durch PDL beschrieben. In dieser Situation findet noch eine Kommunikation zwischen dem Storage und dem Host statt. Der Storage schickt entsprechende SCSI-Fehlercodes an den Host zur Angabe des Fehlers. Zur Vermeidung von Folgefehlern wird der Pfad als *down* gekennzeichnet.

Das Fehlerbild APD beschreibt die Kommunikationsunterbrechung zum Storage ohne die Option, noch Fehlercodes an den Host senden zu können; PDL ist also ausgeschlossen.

Befehle werden noch so lange an den Storage geschickt, bis der Timeout erreicht wird. Antwortet der Storage innerhalb des Timeouts, wird die Verbindung wiederhergestellt, andernfalls bleibt die Verbindung unterbrochen.

4.3 DRS-Cluster

In den meisten Fällen unterstützen Cluster-Produkte sowohl die Ausfallsicherheit als auch die Lastverteilung. Dies ist bei VMware vSphere nicht anders, daher ist eine Lastverteilungsfunktion bei den Cluster-Objekten mit an Bord.

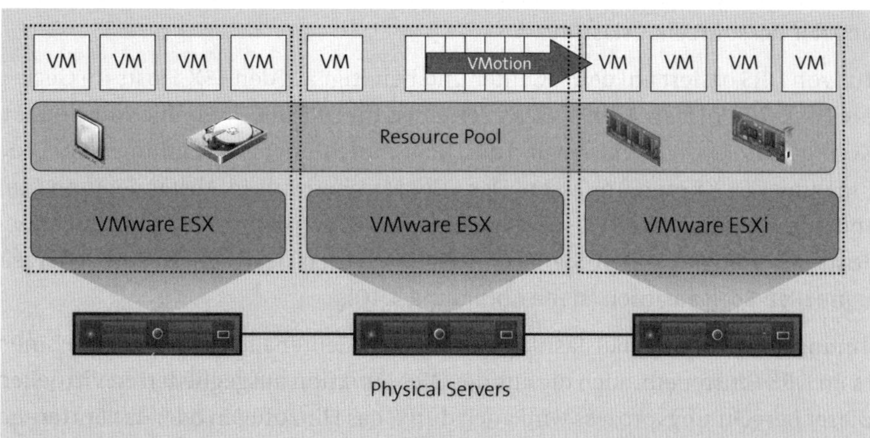

Abbildung 4.39 Funktionsübersicht zu DRS (Distributed Resource Scheduling)

4.3.1 Technologie-Übersicht

Um in einer VMware-Umgebung eine Lastverteilung zwischen den verschiedenen ESX-Hosts zu erreichen, fasst man bestimmte ESX-Hosts zu einem DRS-Cluster zusammen. DRS ist die

Abkürzung für *Distributed Resource Scheduling* und kann als ein Load-Balancing-Tool für virtuelle Maschinen betrachtet werden.

Zwischen diesen ESX-Hosts innerhalb des Clusters werden die virtuellen Maschinen verschoben, um unter Berücksichtigung der CPU- und Speicherauslastung der ESX-Hosts eine ausgeglichene Verteilung der Last zu erhalten. Dabei wird die Netzwerk- und Festplattenauslastung der ESX-Hosts nicht beachtet. Das Verschieben der VMs erfolgt mithilfe von vMotion, daher ist die Ablage der VM-Dateien auf einem zentralen Speichermedium die Grundvoraussetzung für DRS. Darum müssen Sie darauf achten, dass die verschiedenen ESX-Hosts eines DRS-Clusters auch CPU-kompatibel für vMotion-Aktivitäten sind.

Das Ziel von DRS kann man also in einen Satz fassen: Durch das Verschieben von virtuellen Maschinen von stark ausgelasteten Servern hin zu weniger ausgelasteten Servern wird versucht, eine ausgewogene Verteilung von virtuellen Maschinen auf der vSphere-Umgebung zu erreichen (siehe Abbildung 4.39).

DRS kann in verschiedenen Automatisierungsstufen betrieben werden. Diese reichen von reinen Empfehlungen, welche virtuellen Maschinen zu verschieben sind, bis hin zum voll automatisierten DRS-Betrieb, in dem jegliche Empfehlung sofort umgesetzt wird.

Des Weiteren können Regeln aufgestellt werden, wie virtuelle Maschinen im gesamten DRS-Regelwerk zu behandeln sind. Diese Regeln bestimmen, dass z. B. virtuelle Maschinen immer gemeinsam auf einem ESX-Host betrieben werden sollen, oder – was das Gegenstück dazu ist – dass virtuelle Maschinen niemals gemeinsam auf einem einzigen ESX-Host platziert werden dürften. Natürlich können bestimmte virtuelle Maschinen aus dem DRS-Cluster ausgeschlossen werden; diese werden bei allen DRS-Aktivitäten nicht berücksichtigt, wohl aber bei der Berechnung der Ressourcenauslastung.

Die Architektur von DRS basiert auf dem vCenter und benötigt auf den ESX-Hosts im Gegensatz zu vSphere HA keine lokalen Agents. Das vCenter ist für DRS der Dreh- und Angelpunkt, um die DRS-Konfiguration vorzunehmen und die DRS-Empfehlungen auszuführen. Ein DRS-Cluster kann maximal 64 Knoten umfassen. Das vCenter überprüft in Abständen von fünf Minuten (Standardeinstellung) die CPU- und Speicherauslastung der im DRS-Cluster befindlichen ESX-Hosts. Allerdings können Sie in den Eigenschaften des DRS-Clusters jederzeit auch einen manuellen Scan auslösen (siehe Abbildung 4.40).

Bei der Berechnung der Ressourcenauslastung bezieht das vCenter alle virtuellen Maschinen der ESX-Hosts im DRS-Cluster ein, auch die aus der DRS-Funktion ausgegliederten virtuellen Maschinen. Dieser Berechnungsprozess wird auch durch das Hinzufügen oder das Entfernen eines ESX-Hosts aus dem DRS-Cluster gestartet, um schnellstmöglich eine optimale Auslastung von CPU und Speicher der ESX-Hosts zu erlangen.

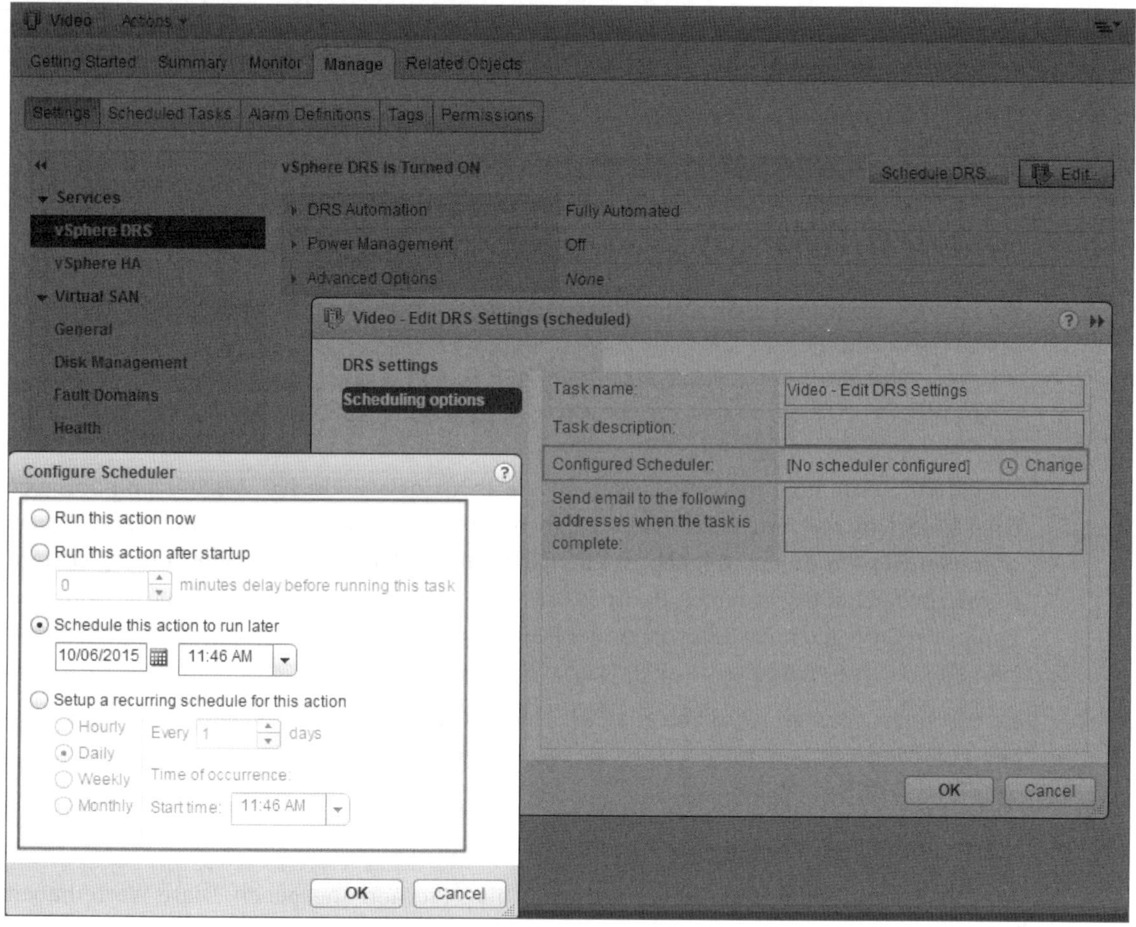

Abbildung 4.40 Manueller Start der DRS-Überprüfung

4.3.2 Lizenzierung von DRS

VMware DRS ist Bestandteil der vSphere Enterprise Edition, die auf CPU-Sockel-Basis und vRAM lizenziert wird.

4.3.3 Einen DRS-Cluster anlegen

Prinzipiell wird der DRS-Cluster genau so wie ein HA-Cluster angelegt, da DRS auch nur eine Funktion des Cluster-Objekts ist. Daher können Sie DRS direkt beim Anlegen eines Clusters aktivieren (siehe Abbildung 4.41) oder auch nachträglich.

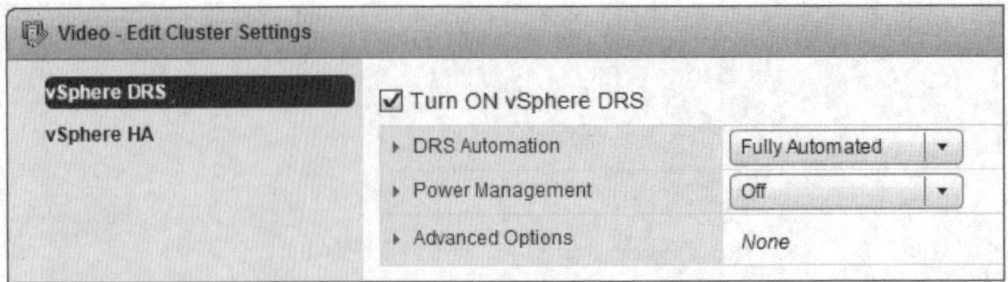

Abbildung 4.41 Aktivierung der DRS-Funktion im Cluster

Deaktivierung

Ebenso ist es jederzeit möglich, die DRS-Funktion zu deaktivieren, was allerdings direkte Auswirkungen auf die Systeme hat, da alle Ressourcen-Pools entfernt werden!

Sobald ein DRS-Cluster existiert, können Sie ESX-Hosts inklusive Ressourcen-Pools per Drag & Drop integrieren. Sie müssen lediglich entscheiden, wie die Ressourcen-Pools übernommen werden sollen. Möglich ist eine Übernahme der Ressourcen-Pools mit gleichem Namen in den Root-Ressourcen-Pool des Clusters (der Cluster selbst ist der Root-Ressourcen-Pool), oder Sie legen neue Ressourcen-Pools für alle VMs dieses Hosts mit dem zu wählenden Namen-Präfix an (Vorgabe: GRAFTED FROM ESX HOST).

Ist DRS nicht aktiviert, wird automatisch eine Warnmeldung ausgegeben, da alle Ressourcen-Pools verloren gehen.

4.3.4 Prioritäten-Ranking

Die DRS-Prioritäten werden in Werten von 1 bis 5 Sternen angegeben. Diese Werte haben Auswirkungen auf die Migration einer virtuellen Maschine von einem Host auf einen anderen sowie auf den Ziel-Host beim Neustart einer VM. Eine Empfehlung mit Priorität 5 hat die größte Auswirkung auf die Performance-Auslastung eines ESX-Hosts. Im Gegensatz dazu hat eine Empfehlung mit einem Stern die geringste Auswirkung. Die Empfehlungen mit Priorität 5 umfassen außerdem die Migrationen, die von den DRS-Affinity Rules herrühren oder vom Einschalten des Maintenance-Modus auf einem ESX-Host, was eine automatische Evakuierung der Gastsysteme durch DRS auslöst. Des Weiteren versprechen Operationen mit Priorität 5 eine Auflösung von sehr großen Ungleichgewichten bei der Auslastung. Die Empfehlungen mit weniger Priorität haben absteigend auch immer einen kleiner werdenden Einfluss auf den Ausgleich von Ungleichgewichten im DRS-Cluster.

4.3.5 DRS Automation Level

Der Automatisierungsgrad eines DRS-Clusters ist eine für alle ESX-Hosts des DRS-Clusters übergreifende Einstellung und umfasst die drei Ebenen MANUAL, PARTIALLY AUTOMATED und FULLY AUTOMATED (siehe Abbildung 4.42).

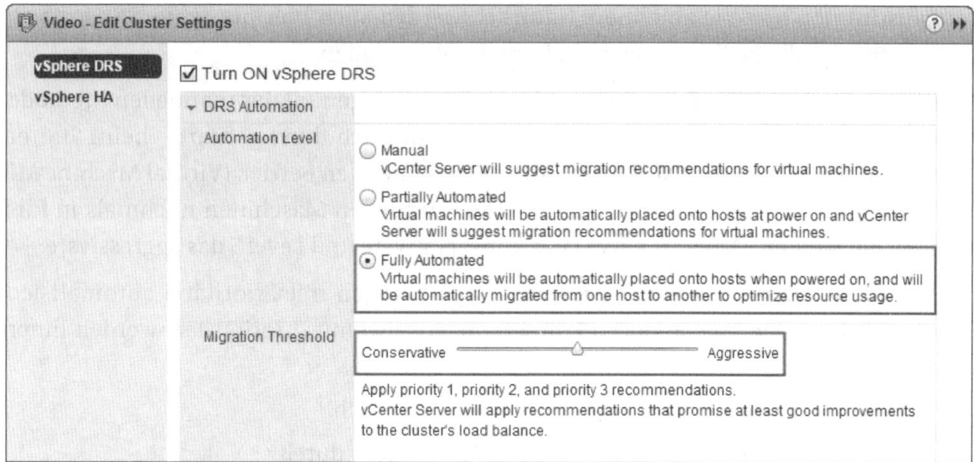

Abbildung 4.42 Eigenschaften des DRS-Clusters

Die Automatisierungsebene MANUAL gibt lediglich über den vCenter-Client dem VMware-Administrator Empfehlungen, welche virtuelle Maschine auf welchem ESX-Host zu starten ist, um eine ausgewogene Lastverteilung zu erreichen. Die aktuellen Empfehlungen werden im vCenter-Client nach Auswahl des DRS-Clusters aufgelistet (siehe Abbildung 4.43).

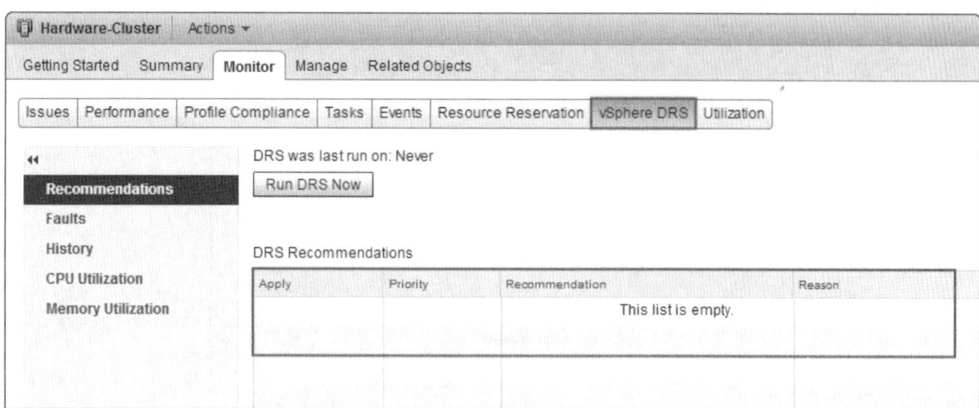

Abbildung 4.43 Prioritätenanzeige beim Start einer VM, wenn die Automatisierungsebene »Manual« eingestellt ist

Dieses *Prioritäten-Ranking* wird vom Automatisierungsgrad (Automation Level) auf der DRS-Automatisierungsebene FULLY AUTOMATED immer verwendet, bei PARTIALLY AUTOMATED nur beim Einschalten einer VM. Die Empfehlungen enthalten unter anderem den Namen der virtuellen Maschine und das jeweilige Prioritäten-Ranking. Als Administrator können Sie diese Empfehlungen zu einem beliebigen Zeitpunkt durch einen Klick umsetzen lassen. Hierbei müssen Sie die Empfehlung für die betroffene virtuelle Maschine auswählen und ihr zustimmen bzw. sie ablehnen. Natürlich werden auch hier nur jene ESX-Hosts als Ziel betrachtet, die alle Bedingungen zum Start der VM erfüllen.

Die Automatisierungsebene FULLY AUTOMATED ist das Gegenteil der manuellen Methode. Sämtliche Empfehlungen werden vom vCenter automatisch durchgeführt – beim Starten von virtuellen Maschinen (Initial Placement) und im laufenden Betrieb (Virtual Machine Migration). Auf dieser Ebene kann die Migration von virtuellen Maschinen nochmals in fünf Level unterteilt werden. Dabei ist Level 1 das konservativste und Level 5 das aggressivste:

- Level 1, KONSERVATIV, bedeutet, dass nur Empfehlungen mit Priorität 5 automatisiert durchgeführt werden. Alle anderen Empfehlungen, also mit Priorität 1–4, werden Ihnen als Empfehlung angeboten.
- Level 2 führt alle Empfehlungen mit Priorität 4 und 5 durch.
- Level 3 führt alle Empfehlungen mit Priorität 3 oder mehr durch.
- Level 4 führt alle Empfehlungen mit Priorität 2 oder mehr durch.
- Die am höchsten automatisierte Form des DRS erreichen Sie mit Level 5, AGGRESSIV. Hierbei werden grundsätzlich alle Empfehlungen, egal welche Priorität sie besitzen, vom System automatisch durchgeführt.

Im SUMMARY-Tab des DRS-Clusters (siehe Abbildung 4.44) können Sie alle Empfehlungen und eine Kurzübersicht sehen.

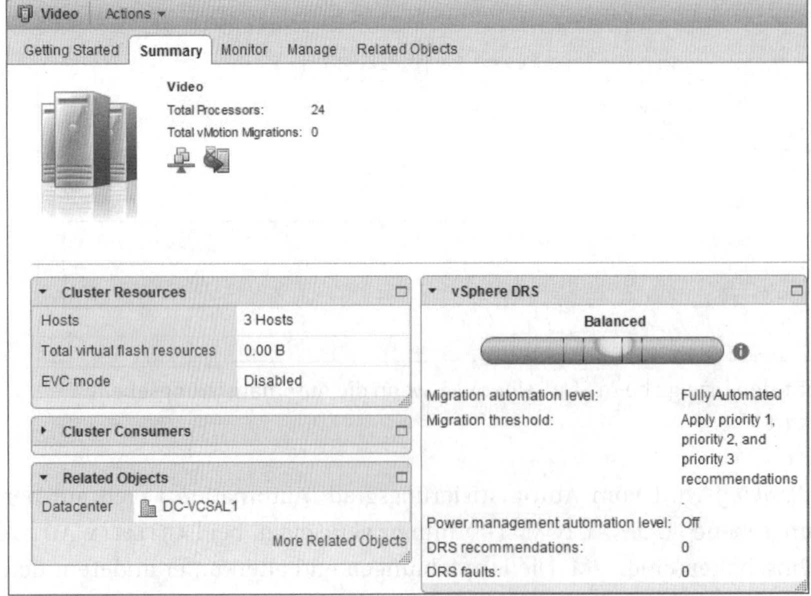

Abbildung 4.44 VMware-DRS-Kurzübersicht im »Summary«-Tab des DRS-Clusters

Die Automatisierungsebene PARTIALLY AUTOMATED ist eine Mischung aus den beiden Stufen MANUELL und FULLY AUTOMATED. Beim Starten von virtuellen Maschinen erfolgt deren

Initial Placement komplett automatisiert. Je nach Ressourcenauslastung der ESX-Hosts wird die zu startende virtuelle Maschine auf einen freien ESX-Host verschoben und dann gestartet. Dies ist die einzige vollautomatisierte Aktion in dieser Stufe. Die regelmäßige Überprüfung der ESX-Auslastung resultiert dann, wie unter der Stufe MANUAL, lediglich in Empfehlungen zur Migration von VMs. Diese können Sie dann bei Bedarf durchführen.

Außerdem lassen sich die vergangenen DRS-Migrationen und etwaige Fehler in den entsprechenden Ansichten gut nachvollziehen (siehe Abbildung 4.45).

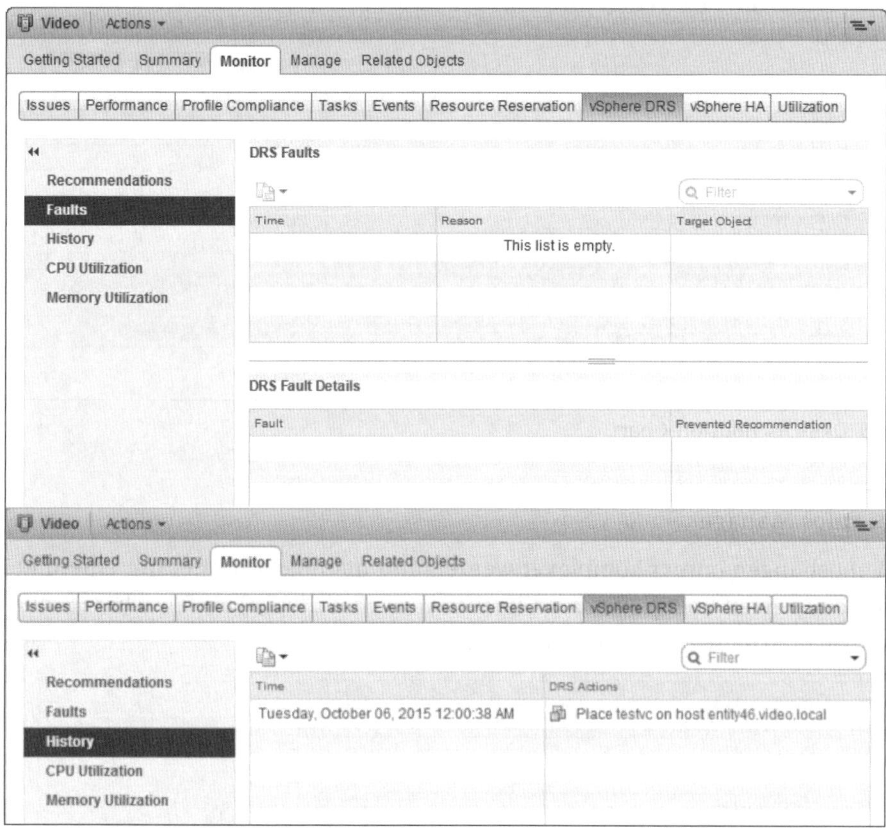

Abbildung 4.45 DRS-Verlauf und Fehleransicht

Möchten Sie sich die derzeitige Auslastung genauer anschauen, so bieten sich die Resource-Distribution-Charts im TAB MONITOR des DRS-Clusters an, die die Auslastung der einzelnen Hosts und eventuelle Ungleichgewichte anzeigen (siehe Abbildung 4.46).

Vorsicht

Sie sollten immer Vorsicht walten lassen und FULLY AUTOMATED nicht zu aggressiv einstellen, da es sonst zu enorm vielen vMotion-Aktivitäten kommen kann, die den Cluster massiv negativ beeinflussen.

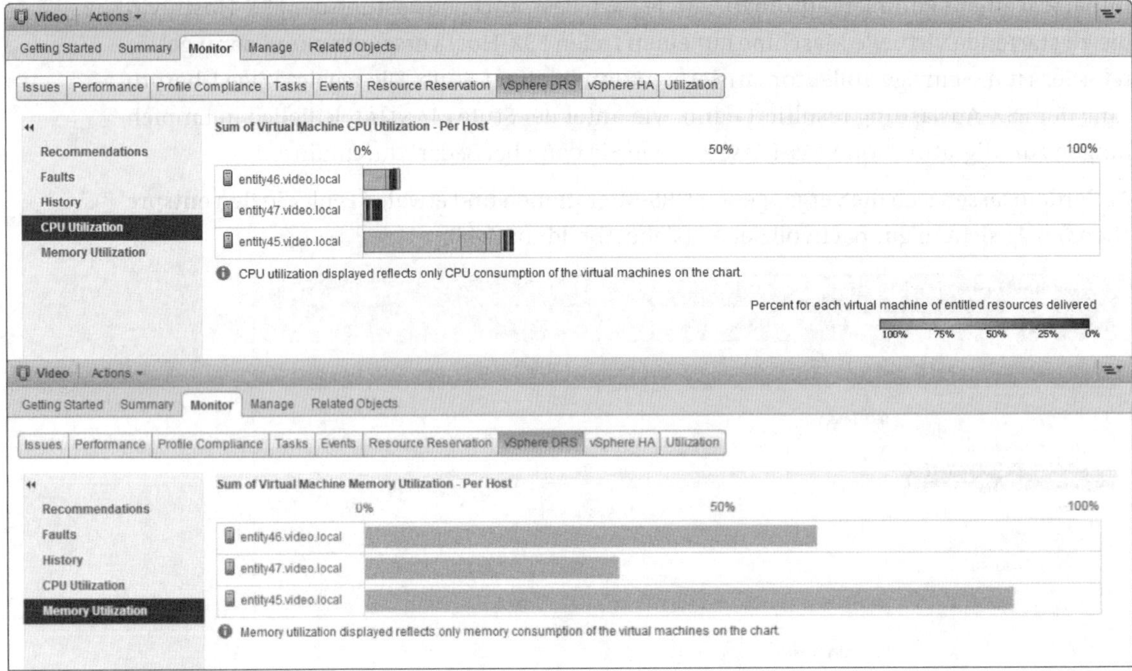

Abbildung 4.46 DRS-Distribution-Chart

4.3.6 DRS Groups Manager

Da vSphere-Umgebungen immer komplexer werden und man nicht immer mit einem Rechenzentrum, sondern mit übergreifenden Clustern (*Stretched Cluster*) ausfallsichere Szenarien realisiert, will man diese in DRS ebenso abbilden.

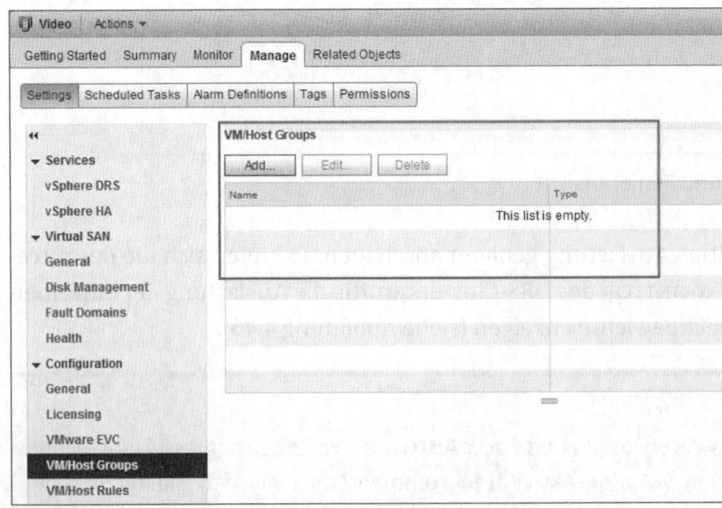

Abbildung 4.47 Einrichtung der DRS-Gruppen

An einem kleinen Beispiel wollen wir ein solches Szenario erklären:

1. Entity45 ist ein ESX-Server in RZ1.
2. Entity46 ist ein ESX-Server in RZ2.
3. VM1vCPU liegt auf einem Datastore in RZ1, auf den Entity45 optimal zugreifen kann; Entity18 hingegen sollte nur in Notfällen auf diesen Datastore zugreifen.
4. VM2vCPU liegt auf einem Datastore in RZ2, auf den Entity46 optimal zugreifen kann; Entity45 hingegen sollte nur in Notfällen auf diesen Datastore zugreifen.

Die DRS-Gruppen sollen daher die beiden Standorte mit ESX und VMs abbilden. Dazu verwenden Sie den DRS Groups Manager. Erstellen Sie eine VM-Gruppe (siehe Abbildung 4.47), in der jeweils nur eine VM enthalten ist. Dieses Szenario können Sie natürlich um eine beliebige Anzahl Hosts und VMs erweitern.

Dazu werden zwei DRS-VM-Gruppen angelegt, die jeweils den Namen des Rechenzentrums tragen und die jeweiligen virtuellen Maschinen enthalten (siehe Abbildung 4.48 und Abbildung 4.49). Nach Abschluss der Konfiguration erhalten Sie die Übersicht über alle DRS-VM-Gruppen (siehe Abbildung 4.50).

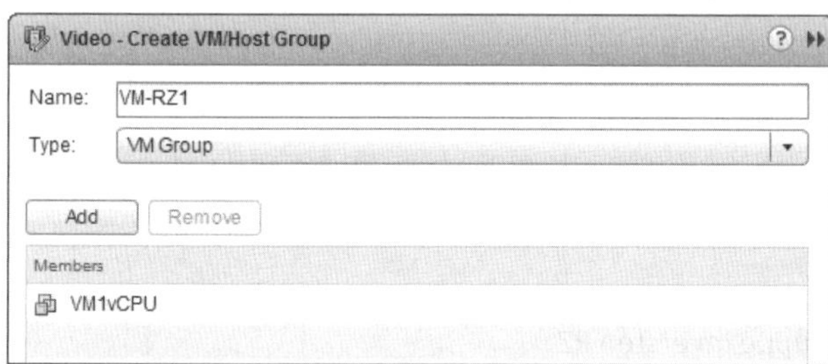

Abbildung 4.48 Anlegen einer DRS-VM-Gruppe im ersten RZ

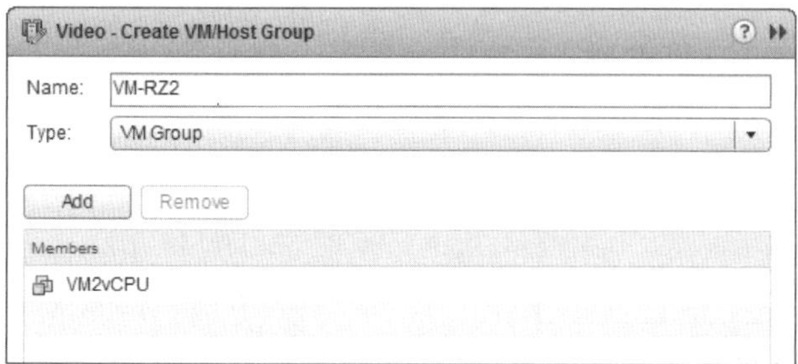

Abbildung 4.49 Anlegen einer DRS-VM-Gruppe im zweiten RZ

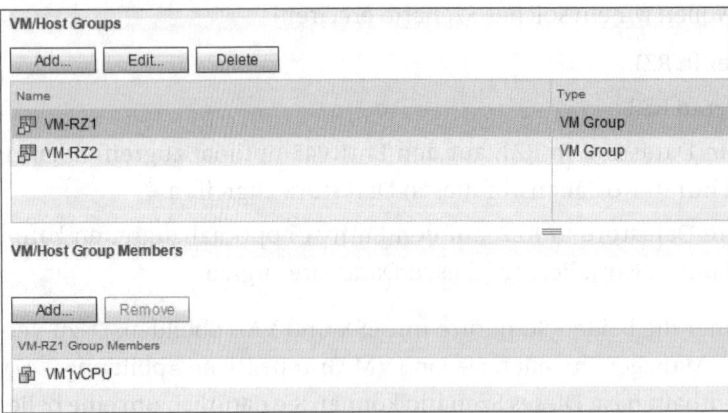

Abbildung 4.50 Die DRS-VM-Gruppen beider Rechenzentren

Danach erstellen Sie die DRS-Host-Gruppen nach dem gleichen Verfahren (siehe Abbildung 4.51 und Abbildung 4.52).

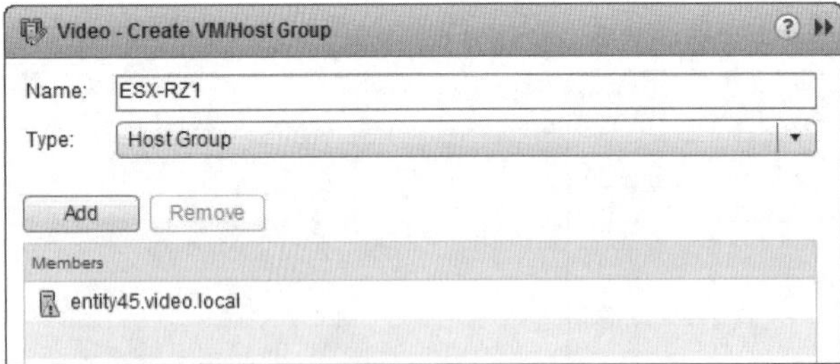

Abbildung 4.51 Anlegen der DRS-Host-Gruppe im ersten RZ

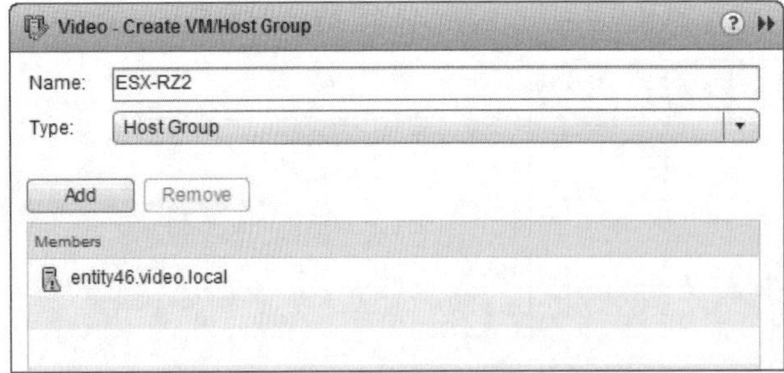

Abbildung 4.52 Anlegen der DRS-Host-Gruppe im zweiten RZ

Nach Abschluss der Konfiguration haben Sie alle notwendigen Gruppen (siehe Abbildung 4.53) angelegt und können diese über DRS-Affinity Rules steuern. Das Beispiel führen wir im nächsten Abschnitt weiter.

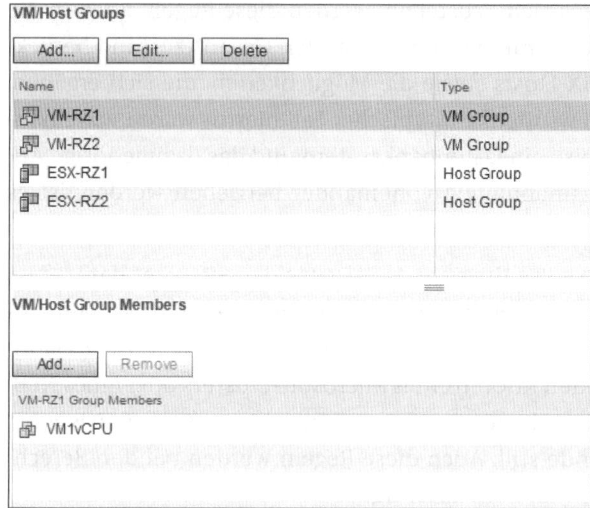

Abbildung 4.53 Die DRS-Host- und -VM-Gruppen beider Rechenzentren

4.3.7 DRS Affinity Rules

Die *DRS Affinity Rules* legen fest, ob und welche virtuellen Maschinen bei DRS-Migrationen immer gemeinsam oder niemals gemeinsam verschoben werden dürfen. Folgende zwei Regeln stehen zur Verfügung:

- KEEP VIRTUAL MACHINES TOGETHER
- SEPARATE VIRTUAL MACHINES (siehe Abbildung 4.54)

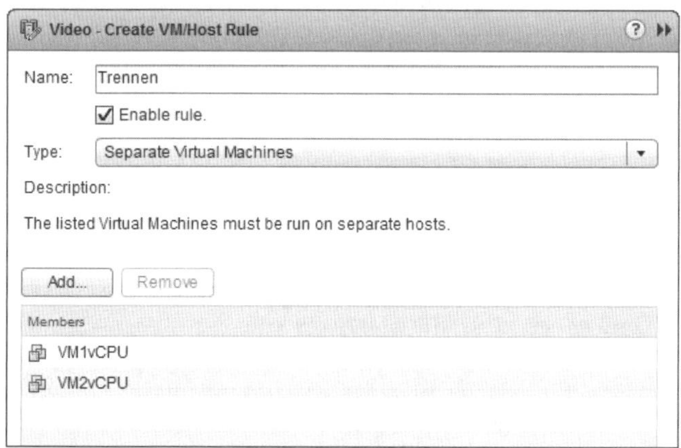

Abbildung 4.54 Die Affinity Rules sind das Regelwerk für DRS.

Die Regel KEEP VIRTUAL MACHINES TOGETHER stellt sicher, dass bei von DRS empfohlenen oder auch durchgeführten Migrationsvorgängen immer die in dieser Regel definierten virtuellen Maschinen zusammen verschoben werden. Das heißt, diese VMs befinden sich immer zusammen auf einem ESX-Host. Um dies sicherzustellen, werden diese Regeln auch in die Berechnungen eingeschlossen, sodass die Empfehlung immer den Gesamtzustand berücksichtigt, die aktuelle Auslastung der ESX-Hosts sowie die Möglichkeiten, die sich ergäben, wenn alle VMs dieser Regel verschoben würden. Ein typischer Fall hierfür wären voneinander abhängige Systeme, wie beispielsweise ein Datenbanksystem und das dazugehörige Applikationssystem. Können beide nicht unabhängig voneinander betrieben werden, ist es sinnvoll, sie immer auf dem gleichen ESX-Host zu betreiben.

Das Gegenteil dazu stellt die Regel SEPARATE VIRTUAL MACHINES dar. Sie sorgt dafür, dass die in dieser Regel definierten virtuellen Maschinen niemals auf einem ESX-Host gemeinsam laufen. Dies ist zum Beispiel für Cluster-Lösungen innerhalb der virtuellen Welt sinnvoll: Ein Ausfall eines ESX-Hosts mit beiden Knoten eines Microsoft-Clusters oder eines NLB-Verbundes umginge die auf der virtuellen Ebene getroffenen Vorsichtsmaßnahmen wieder, und das komplette Cluster-System stünde still. Auch diese Regeln werden bei den Berechnungen der Performance-Auslastung immer berücksichtigt.

Nach der Erstellung von neuen Regeln werden diese sofort mit der aktuellen Verteilung der VMs abgeglichen, und bei den Modi MANUAL und PARTIALLY AUTOMATED werden neue Migrationen empfohlen. Diese müssen nicht zwingend durchgeführt werden, aber sie bleiben als Empfehlung bestehen, bis keine Regel mehr verletzt wird.

Wird eine Regel z. B. beim Start einer virtuellen Maschine verletzt, so erscheint eine Fehlermeldung, und der Startvorgang wird gestoppt (siehe Abbildung 4.55).

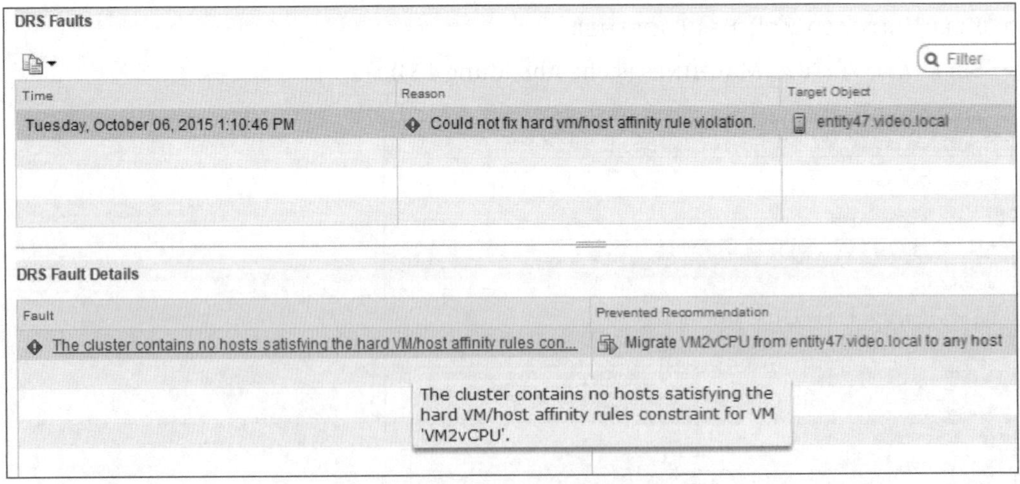

Abbildung 4.55 Verstoß gegen eine DRS-Affinitätsregel

Kombination mit den DRS-Gruppen

In Abschnitt 4.3.6, »DRS Groups Manager«, sind wir bereits auf die Erstellung der DRS-Gruppen eingegangen. Allerdings haben diese Gruppen keinerlei Relevanz, wenn sie nicht mit Affinity Rules kombiniert werden.

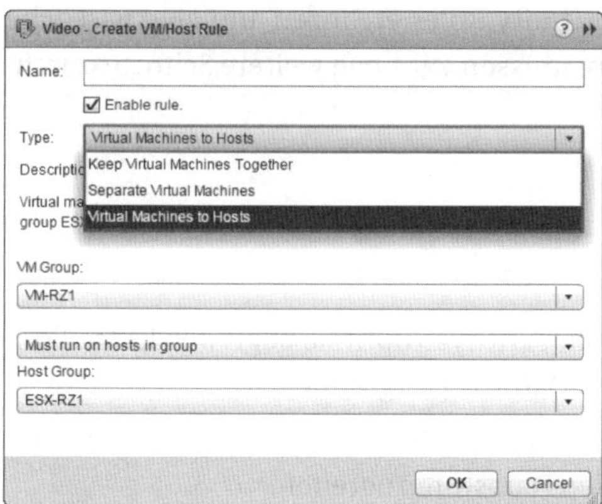

Abbildung 4.56 Regeln für DRS-Gruppen

Dies wird automatisch möglich, sobald Sie bei den DRS-Regeln VIRTUAL MACHINES TO HOST auswählen (siehe Abbildung 4.56). Danach werden Sie nach den zur Auswahl stehenden VM- und Host-Gruppen gefragt und danach, wie sich diese zueinander verhalten sollen. In Abbildung 4.57 sehen Sie die Optionen, die zur Auswahl stehen:

- MUST RUN ON HOSTS IN GROUP: Die VMs der VM-Gruppe müssen zwingend auf den ESX-Hosts der gewählten Host-Gruppe betrieben werden.
- SHOULD RUN ON HOSTS IN GROUP: Die VMs der VM-Gruppe sollen, falls möglich, auf den ESX-Hosts der gewählten Host-Gruppe betrieben werden.
- MUST NOT RUN ON HOSTS IN GROUP: Die VMs der VM-Gruppe dürfen nicht auf den ESX-Hosts der gewählten Host-Gruppe betrieben werden.
- SHOULD NOT RUN ON HOSTS IN GROUP: Die VMs der VM-Gruppe sollen, falls möglich, nicht auf den ESX-Hosts der gewählten Host-Gruppe betrieben werden.

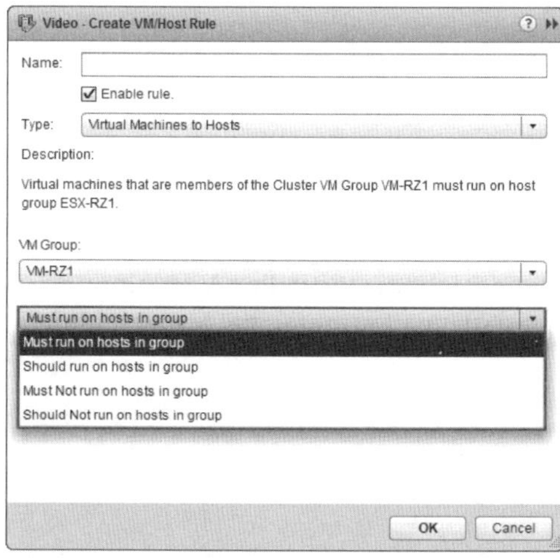

Abbildung 4.57 Wie stehen die VM- und Host-Gruppen zueinander?

Wenn wir den begonnenen Mini-Workshop um Affinity Rules ergänzen, um eine wirkliche Trennung der beiden Rechenzentren zu erreichen, müssen wir noch weitere Schritte durchführen.

Wir erinnern uns:

1. Entity45 ist ein ESX-Server in RZ1.
2. Entity46 ist ein ESX-Server in RZ2.
3. VM1vCPU liegt auf einem Datastore in RZ1, auf den Entity45 optimal zugreifen kann; Entity46 hingegen sollte nur in Notfällen auf diesen Datastore zugreifen.
4. VM2vCPU liegt auf einem Datastore in RZ2, auf den Entity46 optimal zugreifen kann; Entity45 hingegen sollte nur in Notfällen auf diesen Datastore zugreifen.

Ganz wesentlich in unserem Beispiel ist, dass es die Möglichkeit gibt, die VMs in RZ1 auch in RZ2 zu betreiben, es ist nur langsamer. Daher müssen wir für unsere Regeln nicht MUST RUN ON HOSTS IN GROUP, sondern SHOULD RUN ON HOSTS IN GROUP auswählen, damit im Fehlerfall – oder besser gesagt im Problemfall – eine Zuordnung nichtoptimaler Ressourcen noch durchgeführt wird (siehe Abbildung 4.58 und Abbildung 4.59).

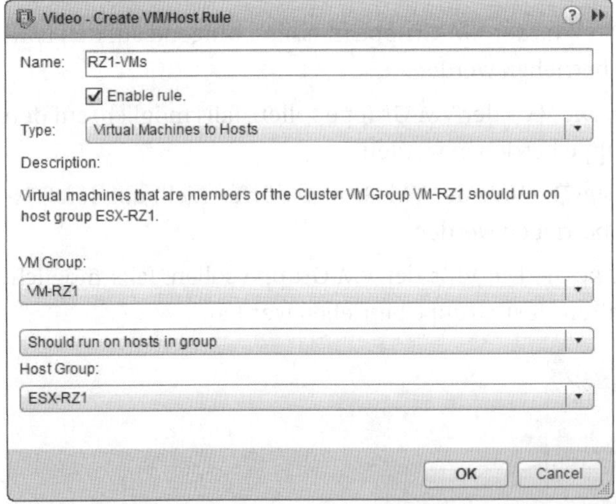

Abbildung 4.58 VMs in RZ1 sollen nur auf ESX-Hosts in RZ1 betrieben werden.

Somit ist die Zuordnung abgeschlossen, und DRS verschiebt die virtuellen Maschinen nach Möglichkeit nur innerhalb der Standorte. Im Problemfall oder bei einem Ressourcenengpass werden jedoch die Regeln aufgeweicht.

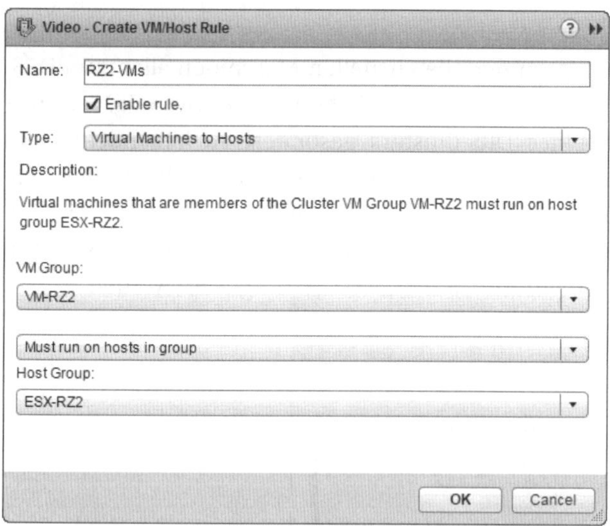

Abbildung 4.59 VMs in RZ2 sollen nur auf ESX-Hosts in RZ2 betrieben werden.

Diese Regeln können Sie natürlich auch für andere Aspekte verwenden, wie bei Lizenzproblemen oder in dem Fall, dass nur bestimmte ESX-Hosts mit sehr vielen Ressourcen ausgestattet sind und ressourcenfressende VMs auch nur dort betrieben werden sollen.

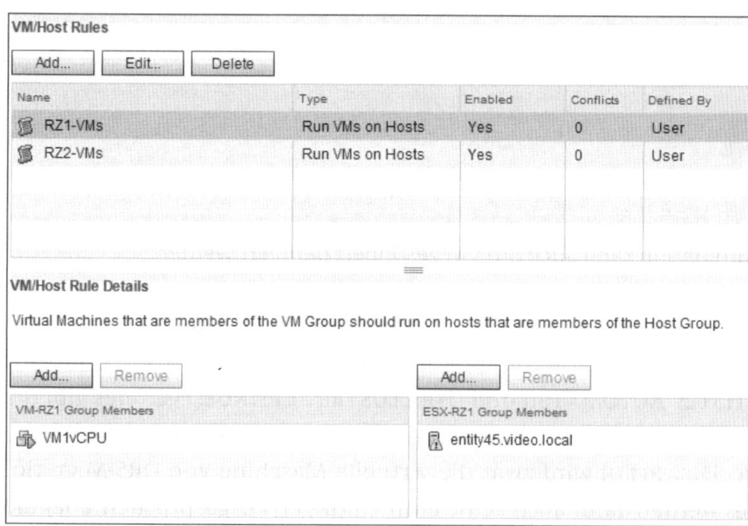

Abbildung 4.60 Das komplette Regelwerk für die RZ-Trennung

Natürlich war dieses Beispiel mit nur jeweils einem ESX-Host pro Rechenzentrum ein Minimalbeispiel, allerdings können Sie die Anzahl der ESX-Hosts und der VMs einfach erhöhen: Das Prinzip bleibt das gleiche.

4.3.8 DRS Virtual Machine Options

Die DRS-Regeln betreffen standardmäßig immer alle virtuellen Maschinen aller zum DRS-Cluster hinzugefügten ESX-Hosts. Zeitweise ist es aber möglicherweise notwendig, verschiedene virtuelle Maschinen innerhalb eines DRS-Clusters gesondert zu behandeln. Zum Beispiel sollten bestimmte VMs niemals via vMotion verschoben und somit von der DRS-Automatisierung ausgeschlossen werden. Andere wiederum sollten trotz Teil- oder Vollautomatisierung der DRS-Migration nur nach Zustimmung des Administrators verschoben werden – also entgegen der Cluster-Konfiguration auf MANUAL konfiguriert werden.

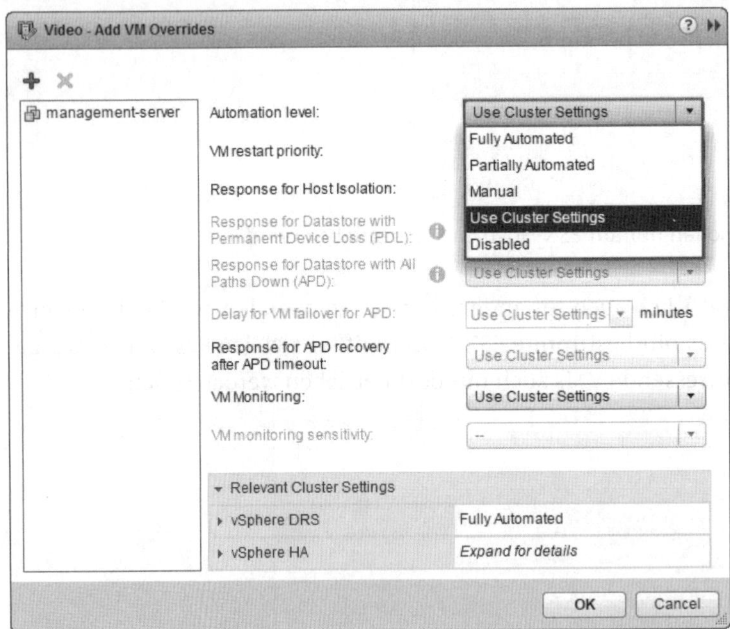

Abbildung 4.61 Die DRS-Automation kann auch pro VM gesondert definiert werden.

Diese Einstellungen definieren Sie in den DRS-Eigenschaften im Menü unter VM-AUTOMATION LEVEL (siehe Abbildung 4.61). Hier existieren die Einstellungen DISABLED, MANUAL, FULLY AUTOMATED, PARTIALLY AUTOMATED und USE CLUSTER SETTINGS. Letzteres gibt die globale DRS-Cluster-Einstellung wieder und ist auch der Standardwert jeder VM. Durch die Einstellung DEAKTIVIERT (DISABLED) wird zwar die virtuelle Maschine von DRS-Migrationen ausgenommen und es werden dafür auch keine Empfehlungen ausgesprochen, aber die Performance-Auslastung durch diese VM wird bei den DRS-Berechnungen dennoch berücksichtigt.

Abschließend sei zu diesen Möglichkeiten erwähnt, dass zu viele Ausnahmeregelungen die Möglichkeiten und auch den Sinn von DRS unterwandern. Diese DRS-Optionen sollten Sie nur in Maßen einsetzen!

4.3.9 DRS und Ressourcen-Pools

Die Ressourcen eines jeden ESX-Hosts im DRS-Cluster werden logisch zu einem Ressourcen-Pool zusammengefasst. Wie auch bei Ressourcen-Pools für alleinstehende ESX-Hosts können Ressourcen-Pools einen DRS-Cluster weiter in logische Ressourcengruppen unterteilen. Dabei sind die Grenzen der Pools nicht mehr an einen ESX-Host gebunden, sondern umfassen die gesamten Ressourcen eines DRS-Clusters.

Beim Hinzufügen eines neuen ESX-Hosts stehen zwei Möglichkeiten zur Verfügung, wie die neu hinzukommenden Ressourcen eines ESX-Hosts logisch verwaltet werden sollen: Die Option PUT THIS HOST'S VIRTUAL MACHINES IN THE CLUSTER'S ROOT RESOURCE POOL fügt den ESX-Host mitsamt seinen virtuellen Maschinen zum Ressourcen-Pool des DRS-Clusters hinzu. Sollten auf dem ESX-Host bereits Ressourcen-Pools existieren, so werden diese ignoriert.

Die Option CREATE A NEW RESOURCE POOL FOR THIS HOST'S VIRTUAL MACHINES AND RESOURCE POOLS fügt den neuen ESX-Host in einem neu erstellten Ressourcen-Pool dem DRS-Cluster hinzu. Der neu erstellte Ressourcen-Pool existiert in der Hierarchie auf der obersten Ebene, und alle VMs des ESX-Hosts werden diesem neuen Pool zugeordnet. Dieser neue Pool erhält standardmäßig den Namen »GRAFTED FROM SERVERNAME«, den Sie aber ändern können.

4.3.10 DRS und der Maintenance-Modus

Zum Patchen, Ausschalten oder für andere Administrationsaufgaben auf einem ESX-Host ist es notwendig, alle darauf laufenden VMs zu stoppen. In größeren Umgebungen mit DRS kann dies sehr problematisch werden, denn bei mehreren Administratoren führen Migrationen oder andere Aktivitäten auf dem gewünschten ESX-Host, das Herunterfahren oder das Patchen schnell zu größeren Problemen. Um diese Schwierigkeiten zu umgehen, entwarf VMware den Maintenance-Modus.

Vor den genannten Administrationstätigkeiten wird der Maintenance-Modus für einen ESX-Host entweder per vCenter-Client oder über die Kommandozeile aktiviert. In der Zeit, bis ein ESX-Host den Maintenance-Status erreicht hat (zuerst müssen alle darauf laufenden VMs verschoben oder gestoppt werden), und während des Maintenance-Modus werden auf diesem ESX-Server keine Aktionen mit den darauf abgelegten virtuellen Maschinen zugelassen. Dies betrifft auch das Verschieben von VMs mittels vMotion auf diesen Host.

Wird der Maintenance-Modus auf einem ESX-Host im DRS-Cluster gestartet, werden im vollautomatischen Betrieb alle VMs auf freie Ressourcen innerhalb des Clusters verschoben. Erst danach ist der Maintenance-Modus aktiv.

Manuell eingreifen

Bedenken Sie, dass der Maintenance-Modus erst aktiviert wird, wenn die VMs entweder auf andere Hosts migriert, abgeschaltet oder suspendiert wurden. Sind die vMotion-Kriterien nicht erfüllt, kann der Maintenance-Modus nicht automatisch aktiviert werden, und Sie müssen manuell eingreifen.

4.3.11 DRS-Limitierungen mit vSphere

Tabelle 4.7 listet die Limitierungen auf, die in vShpere 5.x in Bezug auf VMware DRS bekannt sind.

Beschreibung	Limitierung
ESX-Hosts pro DRS-Cluster	64
Aktive VMs in einem DRS-Cluster	8000
Aktive VMs pro ESX-Host in einem DRS-Cluster	1024

Tabelle 4.7 DRS-Cluster-Limitierung

4.3.12 DPM (Distributed Power Management)

DPM alias *Distributed Power Management* war lange Zeit nur experimentell verfügbar, hat aber nun die volle VMware-Unterstützung. Es ist eine der Funktionen, die äußerst kontrovers diskutiert werden, da DRS aufgrund der Auslastung versucht, viele VMs auf möglichst wenige ESX-Hosts zu verteilen, um die frei werdenden Hosts energiesparend in den Standby-Modus zu versetzen (siehe Abbildung 4.62).

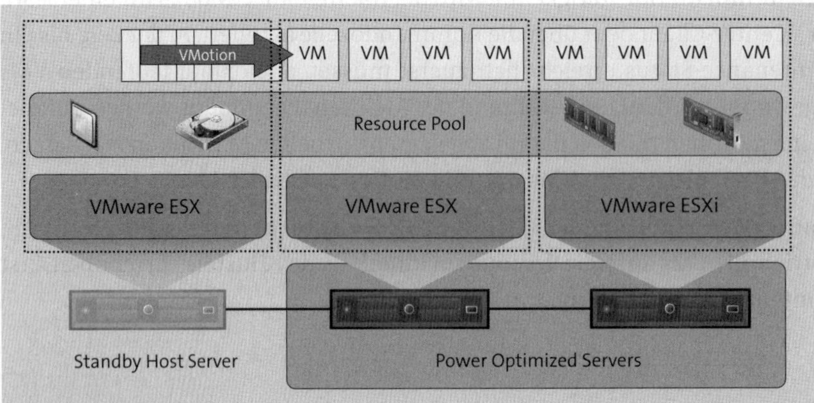

Abbildung 4.62 DPM schaltet nicht benötigte Hosts in einen Standby-Modus, um Energie einzusparen.

Die Kritiker möchten nicht, dass Ressourcen künstlich konsolidiert und vorhandene Systeme abgeschaltet werden. Außerdem bestehen Bedenken, dass die abgeschalteten Systeme vielleicht nicht oder zu langsam bei steigenden Anforderungen wieder aktiv werden.

Allerdings gibt es genügend Gründe, dieses Risiko einzugehen, wenn es um Energieeffizienz und Kosteneinsparungen geht. Vor allem Provider und große IT-Unternehmen, die Ihre Hardware nicht im Detail planen können, sondern, um die Spitzen abzufangen, zwangsweise mehr Hardware vorhalten müssen, als wirklich nötig ist, ziehen großen Nutzen aus DPM.

DPM erfordert allerdings, dass die ESX-Server-Hardware den Standby-Modus unterstützt und auch wieder »aufgeweckt« werden kann. An Möglichkeiten stehen *HP iLO*, sämtliche *IPMI*-Schnittstellen und *Wake on LAN* auf der ESXi-Management-Schnittstelle als Optionen bereit. Diese Konfiguration müssen Sie manuell in den Host Options des ESX-Hosts unter Power Management durchführen (siehe Abbildung 4.63).

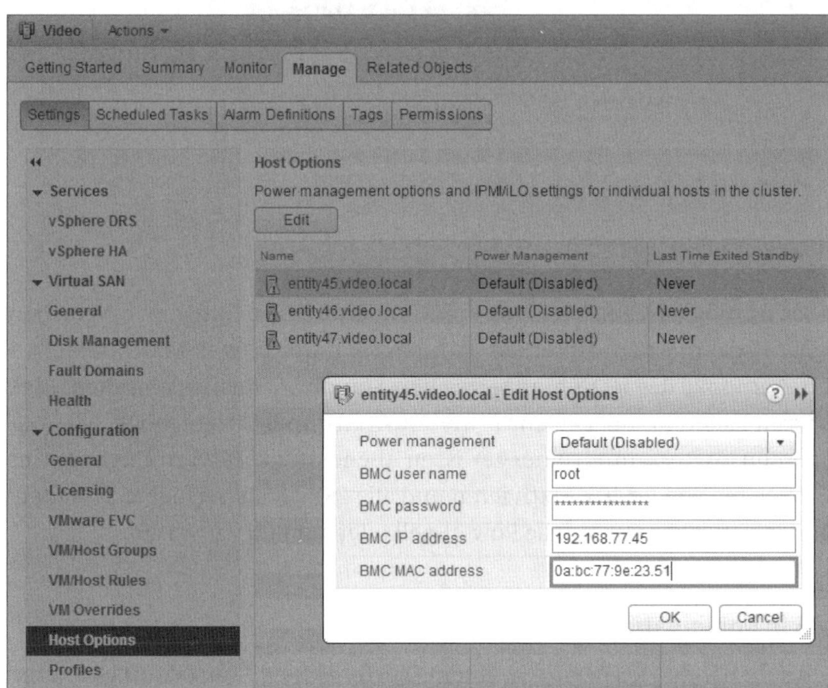

Abbildung 4.63 IPMI/iLO-Einstellung für DRS

Nachdem Sie sichergestellt haben, dass die Power-Management-Funktion des ESX-Servers korrekt eingetragen ist, können Sie DPM unter dem Punkt Power Management in den Eigenschaften des DRS-Clusters einrichten (siehe Abbildung 4.64). Schalten Sie DPM ein, so können Sie entweder den ESX-Host manuell evakuieren, und DRS stellt entsprechende Empfehlungen bereit, oder Sie lassen DPM ähnlich der Vollautomatisiert-Einstellung selbstständig agieren und bestimmen nur, anhand welcher Priorität die VMs migriert und die freien Systeme abgeschaltet werden.

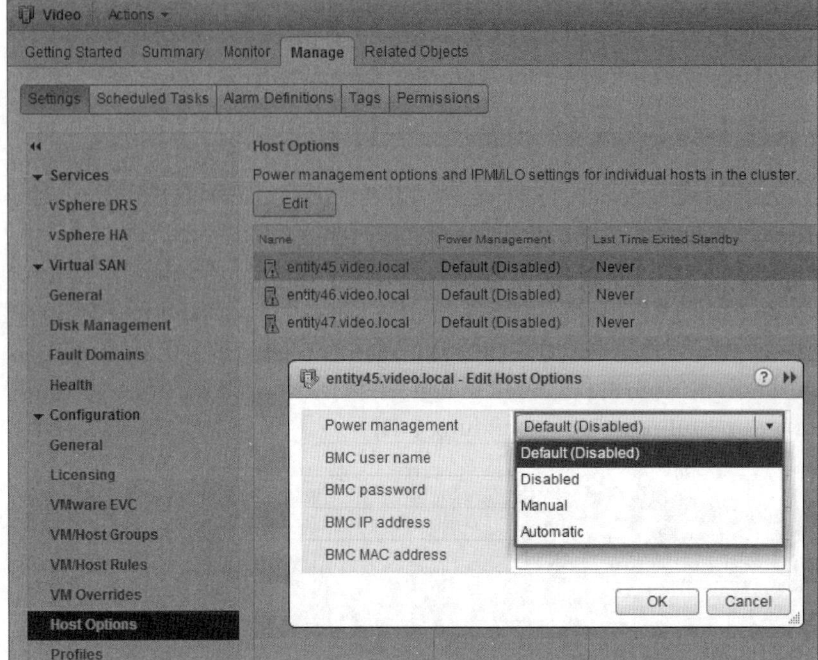

Abbildung 4.64 DPM-Konfiguration innerhalb des DRS-Clusters

Selbstverständlich ist es möglich, einzelne Hosts mit anderen Einstellungen zu versehen und komplett aus DPM zu entfernen. Außerdem können Sie unter POWER MANAGEMENT • HOST OPTIONS den Zeitpunkt des letzten erfolgreichen Standby-Vorgangs einsehen. Eine Zeitsteuerung ist derzeit leider nur über eigene Erweiterungen durch Skripte möglich. Es wäre für viele Unternehmen interessant, zu einer gewissen Abendstunde DPM zu aktivieren, es morgens vor den Stoßzeiten wieder zu deaktivieren und alle ESX-Hosts verfügbar zu halten. An dieser Stelle können wir daher nur auf die PowerShell oder auf Perl verweisen.

4.3.13 HA und DRS in Kombination

HA und DRS werden sehr häufig gleichzeitig in einem Cluster aktiviert, um sämtliche Funktionen nutzen zu können. Die beiden Produkte ergänzen sich auch sehr gut; so kann DRS beispielsweise die virtuellen Maschinen anhand ihrer Last optimal verteilen, nachdem ein ESX-Host ausfiel und die VMs »wahllos« auf den übrigen ESX-Servern neu gestartet wurden.

Außerdem bietet DRS einen großen Vorteil bezüglich des Wartungsmodus (Maintenance-Modus), da die virtuellen Maschinen automatisch von dem zu wartenden System evakuiert werden – vorausgesetzt, die virtuellen Maschinen sind korrekt konfiguriert (keine verbundenen Wechselmedien, gleiche Netzwerke, keine lokalen Festplatten). Allerdings sollten Sie beachten, dass eine HA-DRS-Kombination realistisch erst ab drei ESX-Hosts im Cluster sinnvoll genutzt werden kann.

4.4 Storage DRS

Als vor einigen Jahren DRS veröffentlicht wurde, das die CPU- und Memory-Last überwachte und auf deren Basis eine Lastverteilung durchführte, fragten viele Kunden, warum dies nicht auch mit Storage machbar sei. VMware hat in der Version vSphere 5.x genau dieses Feature mit *Storage DRS* in einer äußerst umfangreichen Art implementiert, die weit über die rudimentäre Überwachung von DRS hinausgeht. Storage DRS (SDRS) überwacht nicht nur die I/O-Last der Datastores, sondern auch die Plattenplatznutzung, und verschiebt VMDK-Dateien. Außerdem ist SDRS in der Lage, die Informationen der Storage-Awareness (VASA) zu nutzen.

Bei Storage DRS stechen fünf Funktionen besonders heraus:

1. **Datastore-Cluster**
   Der Datastore-Cluster fasst mehrere Datastores zu einem flexiblen Ressourcen-Pool zusammen, der mit Eigenschaften versehen werden kann, um das Initial Placement und die Lastverteilung zu optimieren.
2. **Datastore Maintenance Mode**
   Sobald ein Datastore geleert werden muss, hilft der Datastore-Maintenance-Modus, der ähnlich wie DRS bei der Wartung von Hosts die virtuellen Maschinen samt Festplatten und allen Dateien per Storage vMotion auf andere Datastores migriert. Diese Funktion ist beispielsweise auch sehr nützlich, wenn ein Neu-Design des Storage stattfinden soll und alte Datastores durch neue ersetzt werden sollen.
3. **Affinity Rules**
   Auch Storage DRS muss die Funktion der virtuellen Maschinen beachten und kann nicht wahllos VMs und Festplatten per Storage vMotion verschieben. Dazu dienen die Affinity-Regeln, mit denen VMs separiert und VMDK-Dateien zusammengehalten werden können.
4. **Initial Placement**
   Beim Anlegen virtueller Maschinen können Sie den Datastore-Cluster angeben. Dann sucht Storage DRS automatisch nach dem am besten geeigneten Datastore und gibt Empfehlungen aus.
5. **Load-Balancing**
   Anhand von I/O- und Festplattenplatz-Eigenschaften kann Storage DRS eine manuelle (per Empfehlung) oder automatische Lastverteilung durchführen, um Hot-Spots im Storage zu vermeiden (also Datastores mit besonders viel Last, während andere Datastores keinerlei Last oder Belegung verspüren).

4.4.1 Voraussetzungen und Limitierungen

Folgende Punkte sollten Sie bei Storage DRS (SDRS) beachten:

- SDRS benötigt eine Enterprise-Plus-Lizenz.
- SDRS setzt mindestens einen ESXi-5-Host voraus.

- SDRS-Datastore-Cluster können VMFS und NFS nicht mischen.
- SSD kann nicht mit anderen Datenträgern (SAS/FC/SATA) zusammen eingesetzt werden.
- Maximal werden 64 Datastores per Cluster unterstützt.
- Maximal werden 256 Datastore-Cluster per vCenter Server unterstützt.
- Maximal werden 9000 VMDK-Dateien per Datastore-Cluster unterstützt.
- Replizierte Datastores sollten mit nichtreplizierten nicht gemeinsam in einem Datastore-Cluster angelegt werden.
- SDRS-Datastore-Cluster dürfen nicht über mehrere Rechenzentren gespannt sein. (Zumindest gibt es dafür keinen offiziellen Support.)
- Eine Rebalance der VMDK-Dateien erfolgt alle acht Stunden.
- SDRS hat keine Kenntnis von Templates und VMs, die nicht im vCenter registriert sind.

4.4.2 Datastore-Cluster anlegen

Obwohl man aufgrund des »DRS« im Namen auch Storage DRS im Host-Cluster suchen würde, finden Sie die einzig mögliche Einstiegsstelle in der Datenspeicher-Ansicht des vCenters.

Dort beginnen Sie mit dem Anlegen der Hauptkomponente, des Datastore-Clusters, indem Sie im gewünschten Datacenter mit der Auswahl von NEW DATASTORE CLUSTER den Dialog starten (siehe Abbildung 4.65).

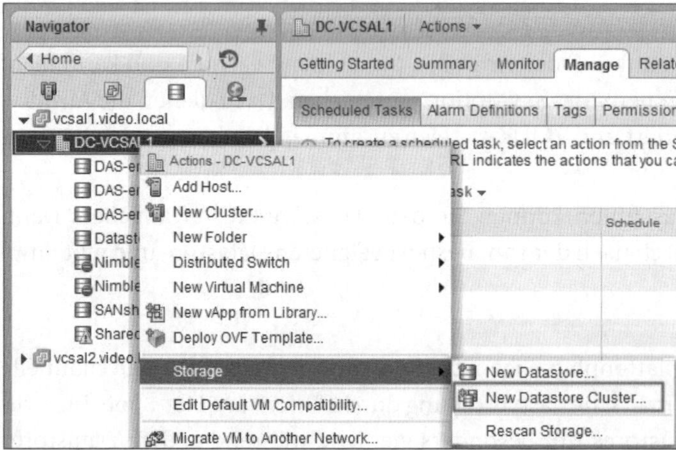

Abbildung 4.65 So legen Sie einen Datenspeicher-Cluster an.

Danach geben Sie dem Datenspeicher-Clusters einen Namen und können Storage DRS direkt aktivieren (siehe Abbildung 4.66).

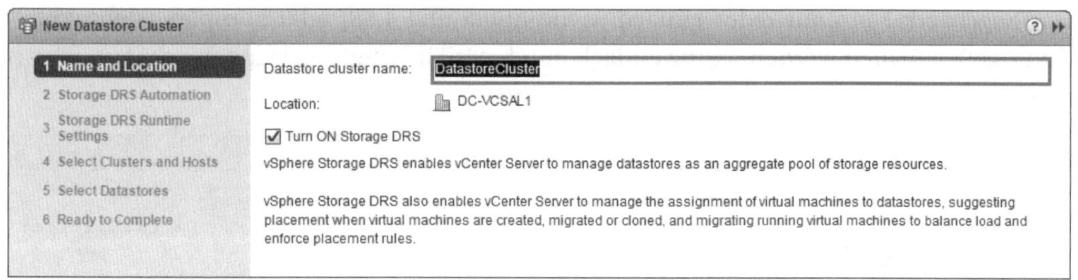

Abbildung 4.66 In diesem Dialog geben Sie dem Datenspeicher-Cluster einen Namen und aktivieren Storage DRS.

Im nächsten Dialogfenster geht es um die Form der Migration und darum, wie neue virtuelle Maschinen platziert werden sollen (siehe Abbildung 4.67). Wählen Sie No Automation (Manual Mode) aus, so werden Sie beim Anlegen der VMs gefragt, ob Sie mit der Empfehlung einverstanden sind, und es findet keine automatische Migration mittels Storage vMotion (nur durch Annahme der Empfehlungen, ähnlich DRS) statt.

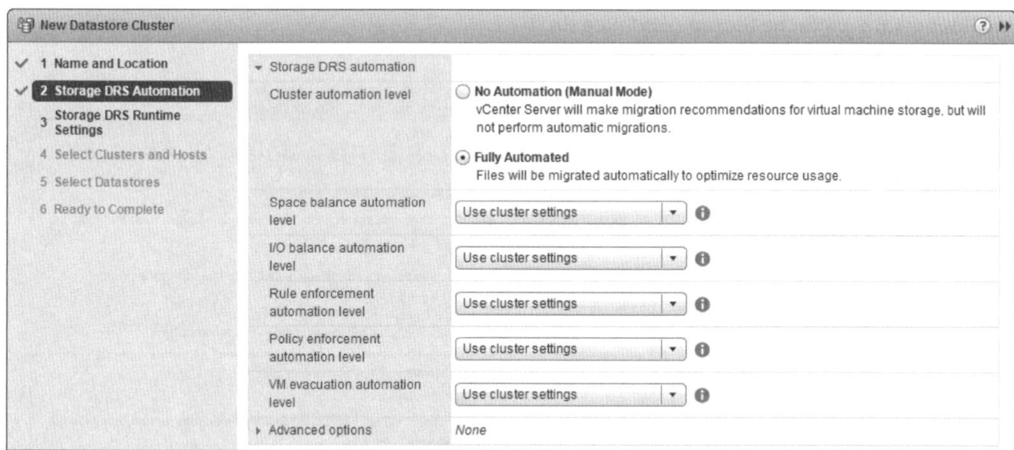

Abbildung 4.67 Einstellung der Automatisierungsebene

Fully Automated nimmt Ihnen dagegen einen großen Teil der Entscheidungen ab und funktioniert automatisiert anhand der vergebenen Regeln.

Wichtig

Sie sollten niemals ohne vorherige Absprache mit Ihrem Storage-Administrator Storage DRS aktivieren – geschweige denn auf automatisch stellen. **Bedenken Sie immer, dass Funktionen im Storage-System – wie Deduplizierung, Replikation und Thin Provisioning – mit zu häufigen Storage-vMotion-Vorgängen und damit Datenveränderungen Probleme haben können.** Diese Probleme reichen von erhöhtem Plattenplatzbedarf bis hin zum Versagen der Replikation (zu hohe Änderungsrate)!

Das Regelwerk kann entweder einfach (siehe Abbildung 4.68) oder komplex (siehe Abbildung 4.69) gehalten werden – ganz einfach durch das Ein- oder Ausklappen von ADVANCED OPTIONS.

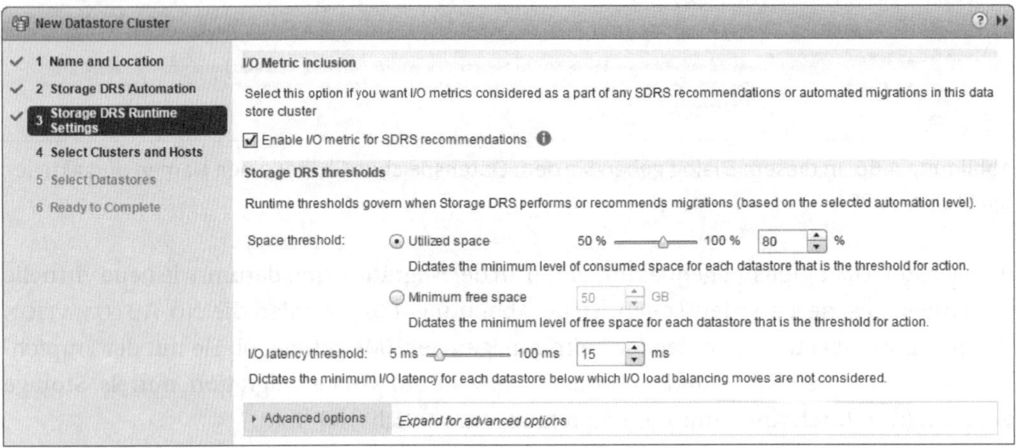

Abbildung 4.68 Einfache Storage-DRS-Regeln

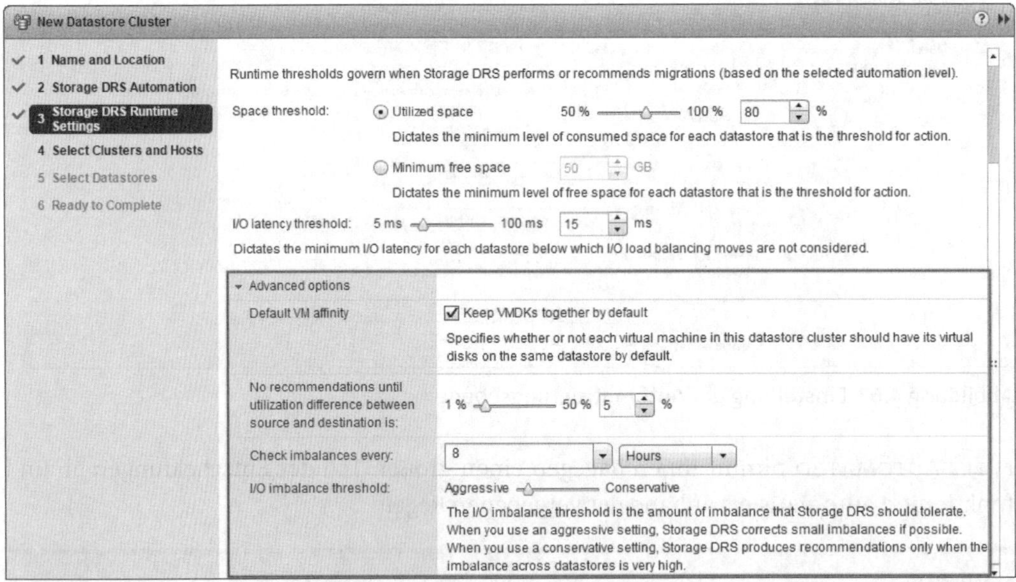

Abbildung 4.69 Erweitertes SDRS-Regelwerk

Folgende Werte können Sie definieren:

- ENABLE I/O METRIC FOR SDRS RECOMMENDATIONS: Sobald diese Option ausgewählt wird, werden I/O-Muster als Lastverteilungsgrundlage in die SDRS-Berechnung einbezogen.

Dadurch wird automatisch auf allen Datastores *Storage I/O Control* aktiviert, das in Idle-Zeiten, wenn der Storage im Leerlauf ist, Performance-Tests seitens VMware durchführt.

- UTILIZED SPACE: Diese Einstellung ist selbsterklärend – die Lastverteilung findet auf Basis des belegten Plattenplatzes statt.
- I/O LATENCY: Die Antwortzeiten des Storage-Systems, *I/O Latency* oder auf Deutsch *Latenzzeiten* genannt, sind ein wichtiger Aspekt bei der Zuordnung der virtuellen Maschinen. Systeme mit hoher Latenz sind von einem Leistungsverlust während des I/O-Transportwegs betroffen. Diese Einstellung lässt SDRS erst einsetzen, wenn Storage-Systeme erkannt werden, die höhere Latenzwerte aufweisen, als hier angegeben sind.
- DEFAULT VM AFFINITY: Wenn diese Option gewählt ist, werden die virtuellen Festplattendateien standardmäßig zusammen auf dem gleichen Datenspeicher gehalten.
- NO RECOMMENDATIONS UNTIL UTILIZATION DIFFERENCE BETWEEN SOURCE AND DESTINATION IS: Auch diese Einstellung ist aufgrund des langen Textes selbsterklärend. Wenn die Plattenbelegung nicht um mehr als den angegebenen Wert (im Beispiel 5 %) differiert, wird SDRS nicht eingreifen.
- CHECK IMBALANCES EVERY: Im Standard werden die Eigenschaften der Datastores alle 8 Stunden geprüft. Diese Einstellung sollten Sie auch nicht zu euphorisch nach unten anpassen, um Leistungsprobleme im Storage-Netz zu vermeiden.
- I/O IMBALANCE THRESHOLD: Vergleichbar mit dem DRS (Star-Rating-Prioritätenangabe mithilfe von Sternen) existiert auch bei SDRS eine Bewertung der Datastores anhand der Ungleichmäßigkeiten. Diese Einstellung dient dazu, die Aggressivität von Storage DRS festzulegen.

Im nächsten Dialog (siehe Abbildung 4.70) stehen die einzubeziehenden Cluster oder ESX-Hosts zur Auswahl.

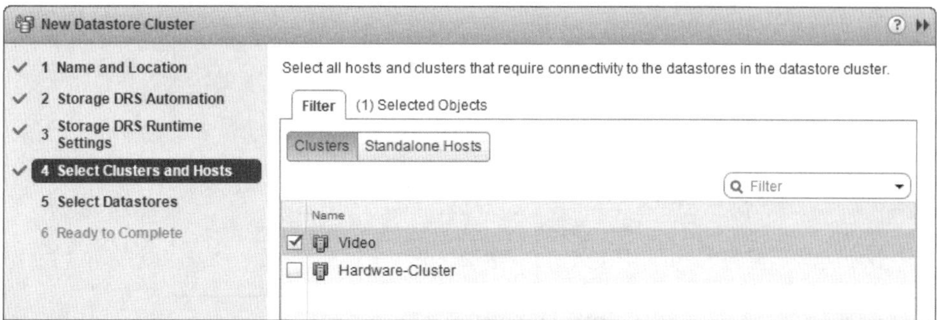

Abbildung 4.70 Auswahl der betroffenen Hosts und Cluster

Bei der Auswahl der zu integrierenden Datastores (siehe Abbildung 4.71) sollten Sie darauf achten, möglichst gleiche oder zumindest ähnliche Storage-Konfigurationen (RAID-Level, Datenträgertyp, Anbindung) zu verwenden und NFS nicht mit VMFS zu mischen. Außerdem sollten Sie nach Möglichkeit mit VASA (*vStorage API for Storage Awareness*) bei entsprechender Unterstützung durch das genutzte Storage-System arbeiten.

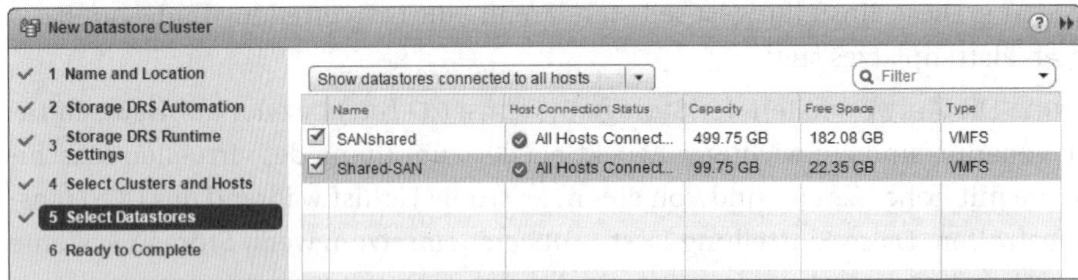

Abbildung 4.71 Auswahl der betroffenen Datastores

Zur Sicherheit erhalten Sie kurz vor dem Abschluss der Konfiguartion nochmals eine Zusammenfassung aller wesentlichen Einstellungen (siehe Abbildung 4.72).

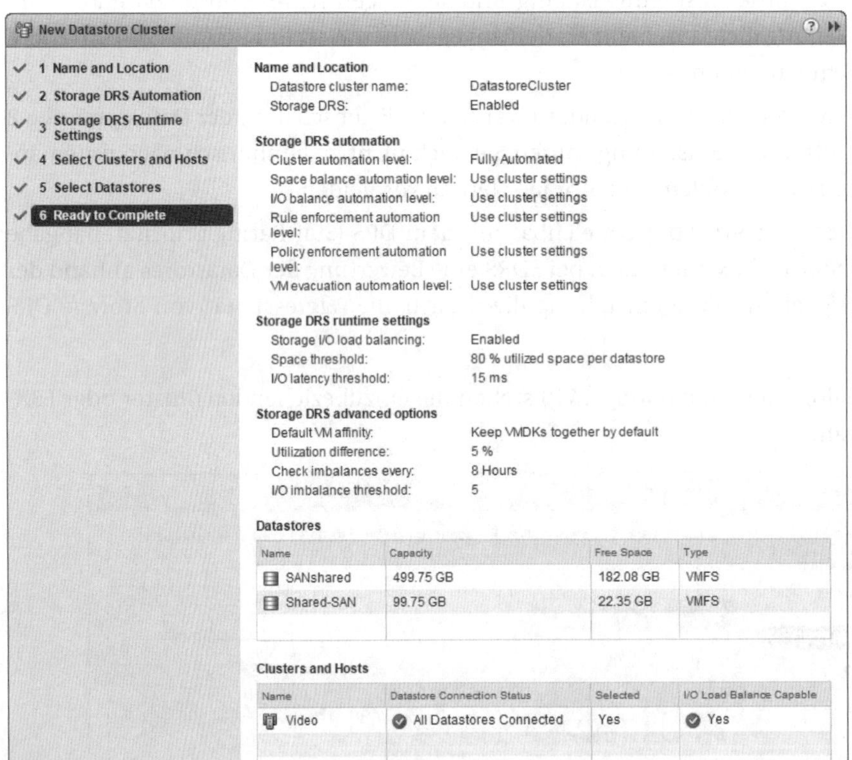

Abbildung 4.72 Zusammenfassung des Datastore-Clusters

Wenn Sie sich nach dem Anlegen die Datastore-Anzeige nochmals anschauen, erkennen Sie, dass ein neuer Cluster erstellt wurde, unter dem die beiden Datastores zu sehen sind (siehe Abbildung 4.73).

Abbildung 4.73 Datastore-Cluster in der Datastore-Ansicht

4.4.3 SDRS Initial Placement

Das *Initial Placement* kommt beim Anlegen neuer VMs zum Tragen, wenn nach dem Ablageort gefragt wird. Möchten Sie mit Storage DRS arbeiten, wählen Sie statt des einzelnen Datastores den Datastore-Cluster aus (siehe Abbildung 4.74).

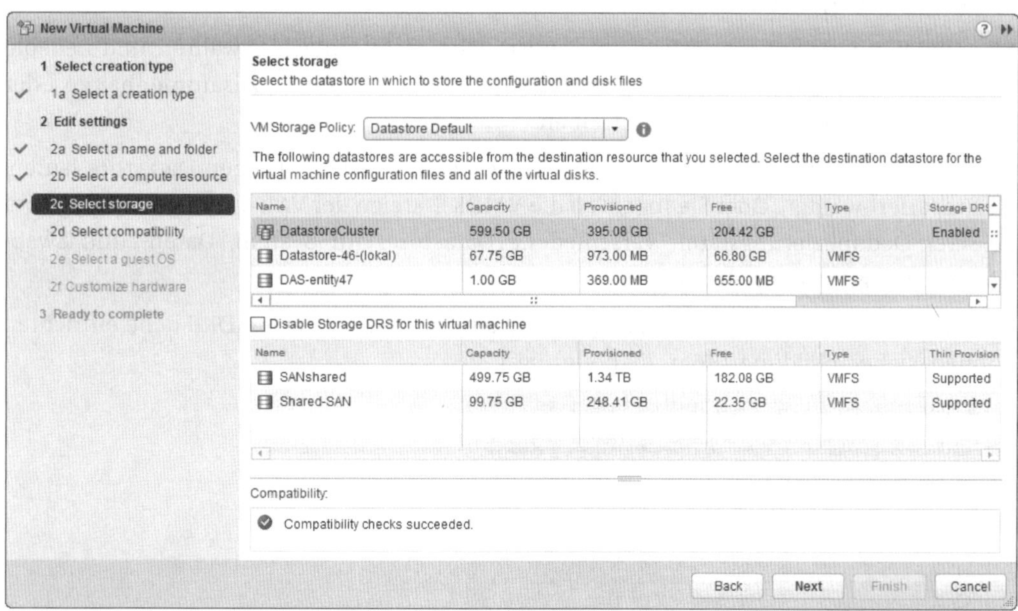

Abbildung 4.74 Auswahl des Datastore-Clusters beim Anlegen der VM

Nach der Auswahl erscheint abhängig von der Automatisierungsoption des Datastore-Clusters eine Empfehlung seitens SDRS, die Sie annehmen oder verändern können (siehe Abbildung 4.75).

Datastore Recommendations

Recommendations | Faults

vCenter Server recommends the following datastores for the virtual machines. Recommedations for virtual machines within the same datastore cluster are linked together and must either be accepted or rejected as a group. Click Apply Recommendations if these recommendations are acceptable.

Recommendation	Space Utilizatic	Space Utilizatic	I/O Latency Before (desti
Storage recommendations for DatastoreCluster			
Recommendation 1 (Reason: Satisfy storage initial placement requests)			
Place "VM"s disk "New Hard disk 1" on "SANshared"	63.6	63.8	0.7
Recommendation 2 (Reason: Satisfy storage initial placement requests)			
Place "VM"s disk "New Hard disk 1" on "Shared-SAN"	77.6	78.9	0.6

Abbildung 4.75 Datastore-Empfehlungen

Wird keine Möglichkeit der Platzierung gefunden, erscheint statt einer Empfehlung ein Fehler, den Sie beheben müssen.

4.4.4 SDRS-Regelwerk

Wie DRS können Sie auch SDRS unter Umständen nicht einfach gewähren und beliebig VMDK-Dateien verschieben lassen, sondern Sie möchten Systeme zusammenhalten oder auf unterschiedlichen Datastores betreiben.

Vielleicht sollen die beiden Applikations-Cluster nicht auf dem gleichen Datastore laufen, also separiert werden. Oder Sie möchten die VMDK-Dateien der VMs aufteilen, da aufgrund besserer Deduplizierungsraten verschiedene Datastores für System, Daten- und Swap-VMDK-Datei genutzt werden sollen.

Dies ist mit den SDRS-Regeln möglich, die Sie auf VM-Ebene oder VMDK-Ebene einrichten können (siehe Abbildung 4.76 und Abbildung 4.77).

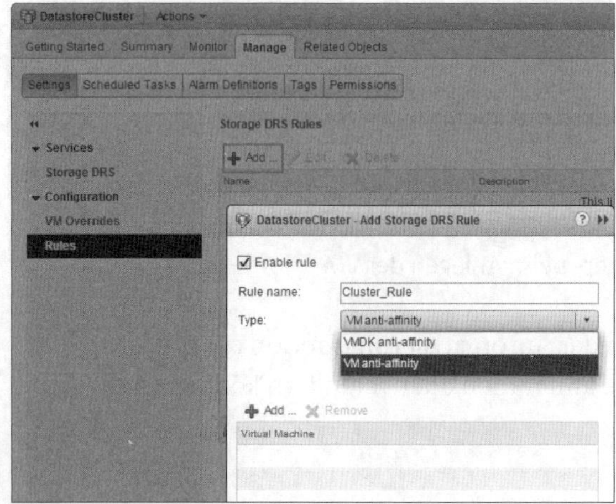

Abbildung 4.76 SDRS-Regeln

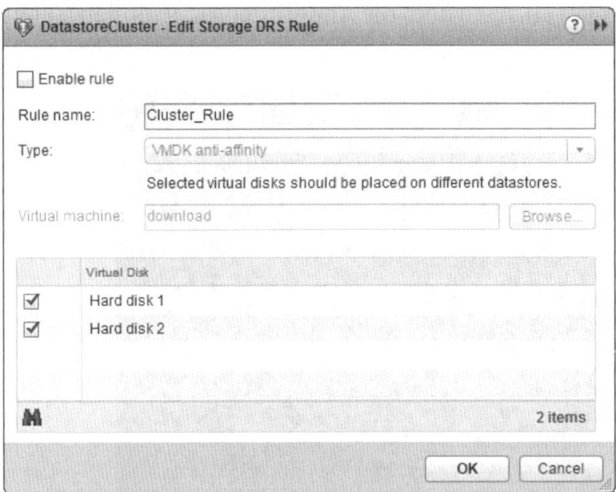

Abbildung 4.77 Auswahl der VMDK-Dateien für die SDRS-Regel

Pro virtueller Maschine bzw. VMDK-Datei können Sie die Automatisierungsebene einzeln anpassen, oder Sie bestimmen per Checkbox das Zusammenführen der VMDK-Dateien auf einem Datastore (siehe Abbildung 4.78).

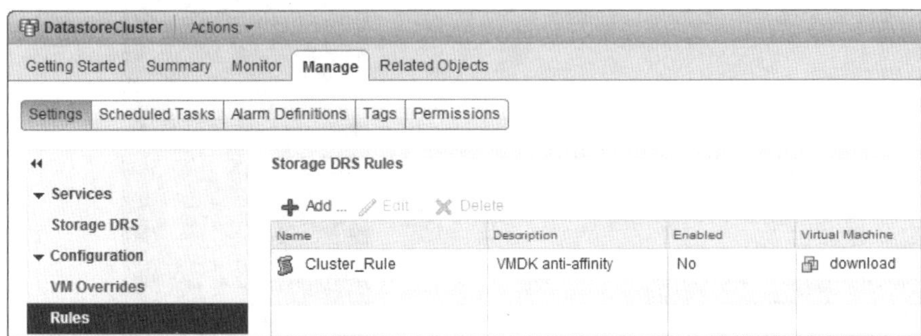

Abbildung 4.78 SDRS-VM-Regeln

Es gilt aber der gleiche Leitsatz wie bei der Verwendung der DRS-Regeln: Jede Regel benötigt bei der Auswertung Ressourcen und verlängert die Rechenzyklen bei der SDRS-Entscheidungsfindung.

4.4.5 SDRS-Zeitsteuerung

Storage DRS hat noch eine enorm nützliche Funktion zu bieten, falls es bei Ihnen Tages- oder Wochenzeiten gibt, an denen bestimmte virtuelle Maschinen oder Datastores, die sonst sehr genügsam sind, sehr viele I/O-Ressourcen benötigen. Um dem Rechnung zu tragen, können Sie die Lastverteilung anpassen, damit beispielsweise keinerlei Storage-vMotion-Aktivitäten stattfinden. In diesem Szenario kommt der *SDRS Scheduler* mit der Zeitsteuerung ins Spiel.

Mit ihm legen Sie einen generellen Zeitplan an, nach dem die Änderungen stattfinden sollen (siehe Abbildung 4.79).

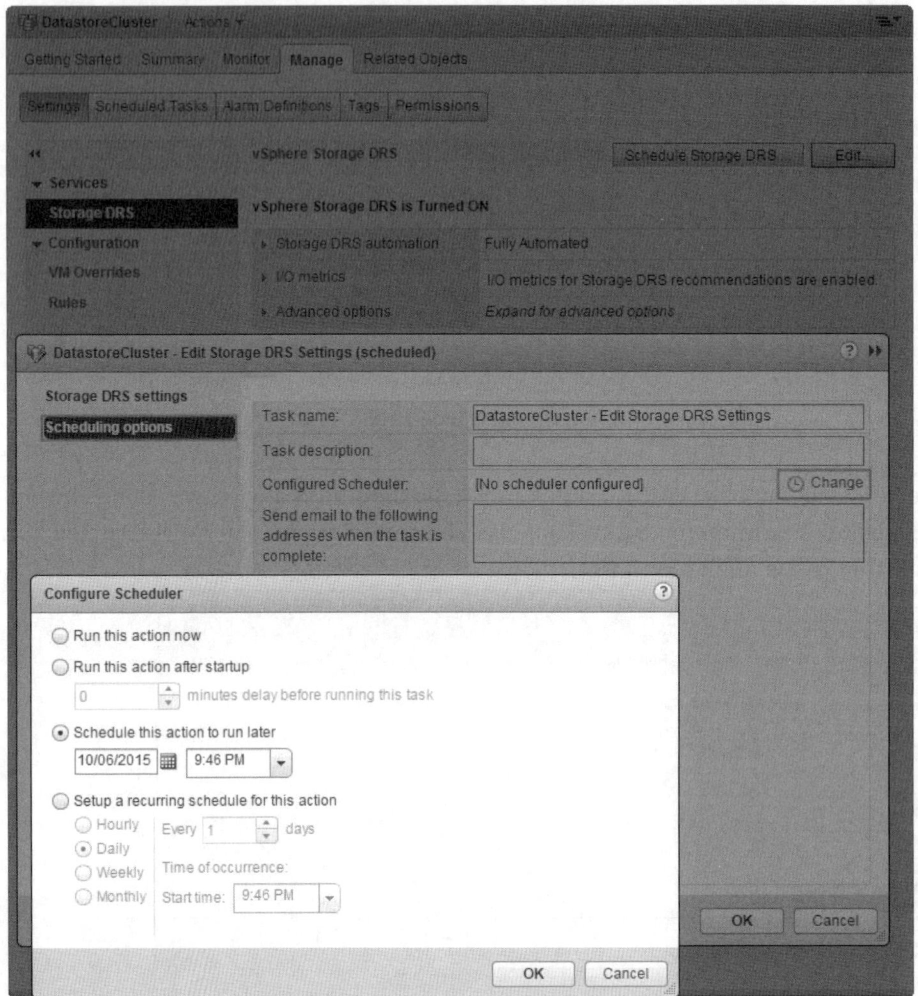

Abbildung 4.79 Einrichtung eines SDRS-Zeitplans

In den beiden folgenden Dialogen passen Sie die SDRS-Regel zur Startzeit des Zeitfensters entsprechend an (siehe Abbildung 4.80) und setzen diese zum Ende des Zeitfensters wieder auf die Startkonfiguration zurück.

Alle verfügbaren Regeln werden anschließend in der SDRS SCHEDULING-Ansicht angezeigt und können gelöscht oder editiert werden (siehe Abbildung 4.81).

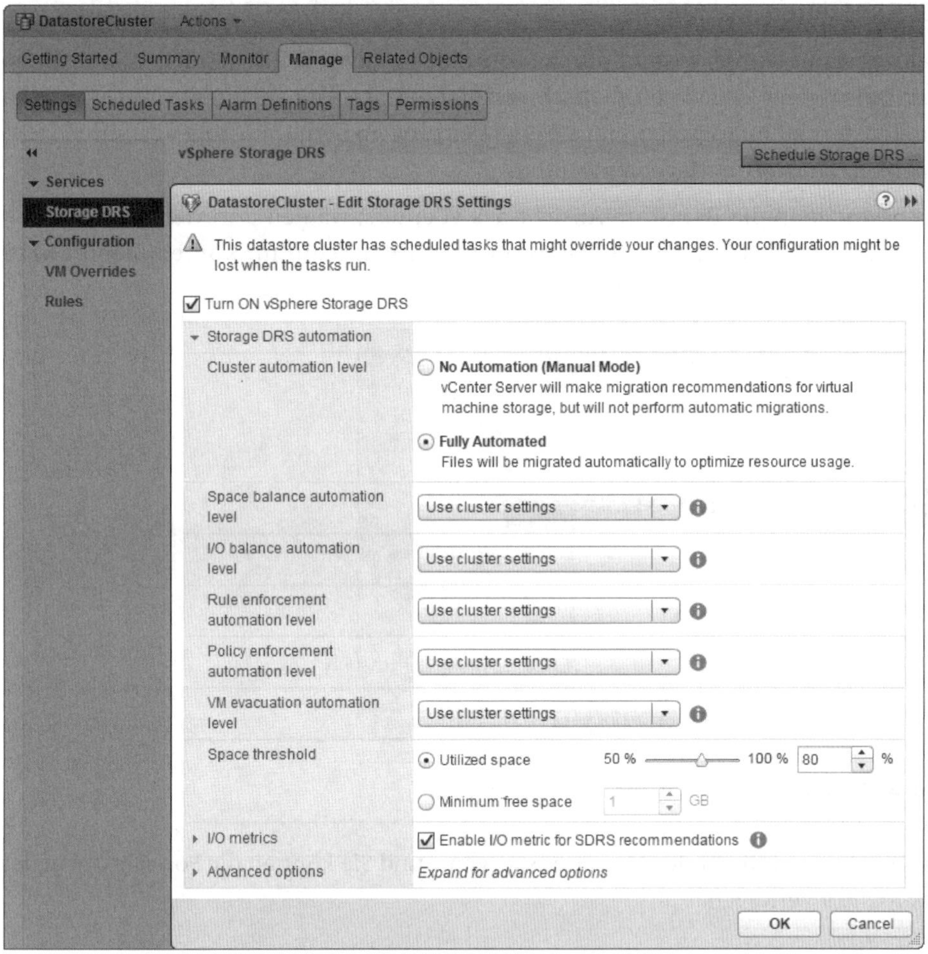

Abbildung 4.80 Starteinstellungen des SDRS Scheduled Tasks

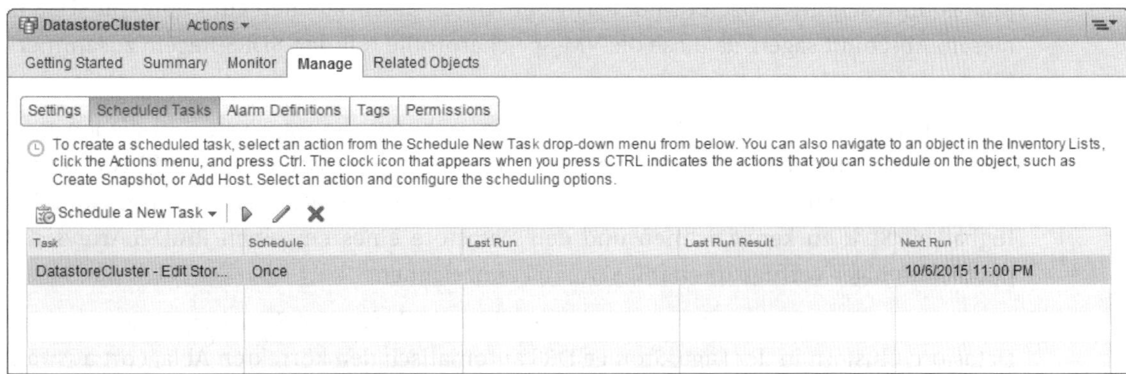

Abbildung 4.81 Übersicht des Zeitplans

4.4.6 SDRS Maintenance Mode

Wie bereits erwähnt wurde, besteht durch SDRS die Möglichkeit, alle virtuellen Maschinen samt Festplatten ohne Ausfall automatisch von einem Datastore auf andere Datastores des Datastore-Clusters zu migrieren, wenn Sie eine Wartung an dem Datastore ausführen müssen oder einen Datastore entfernen möchten.

Dazu wechseln Sie in die Datastore-Ansicht des vCenters, wählen dort den gewünschten Datastore innerhalb des Datastore-Clusters aus und rufen dann im Kontextmenü Enter Maintenance Mode auf (siehe Abbildung 4.82).

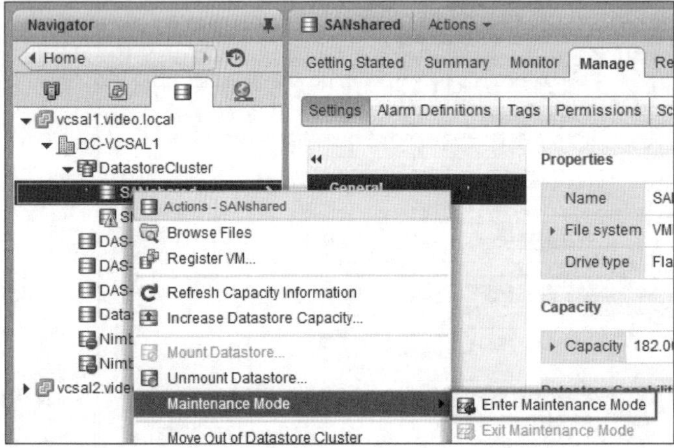

Abbildung 4.82 Den SDRS Maintenance Mode aktivieren

Anschließend beginnt direkt der Migrationsvorgang, und Sie können die Fortschritte in der Ereignis-Ansicht verfolgen.

4.4.7 SDRS und Speicherprofile

Man könnte definitiv »last, but not least« zur letzten beschriebenen Funktion von SDRS in diesem Abschnitt sagen, da diese die VM-Speicherprofile mit den SDRS-Regeln zusammenführt.

VM-Speicherprofile werden in Kapitel 8, »Storage-Architektur«, besprochen. Sie dienen dazu, Datastores Eigenschaften zuzuweisen, die den virtuellen Maschinen als Profil zugeordnet werden können. So ist es möglich, die Datastores eines Metro-Clusters mit der höchsten Verfügbarkeit SLA1 zu kennzeichnen und den Datastore eines einzelnen RAID-5-Arrays mit deutlich weniger Verfügbarkeit mit SLA2 zu kennzeichnen.

Während Sie virtuelle Maschinen anlegen, sind Sie dank den VM-Speicherprofilen und den Datastore-Clustern in der Lage, Storage DRS automatisch den korrekten Ablageort auswählen zu lassen (siehe Abbildung 4.83).

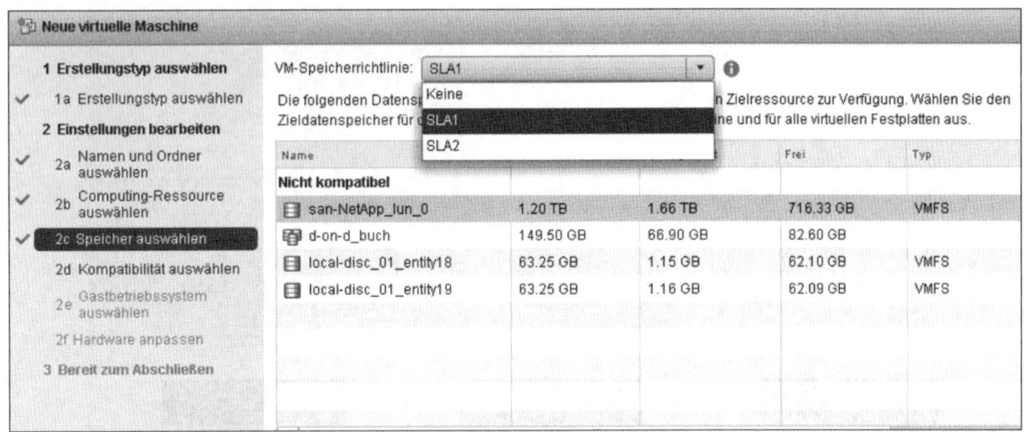

Abbildung 4.83 Die Kombination aus VM-Speicherprofil und SDRS

4.5 Fault Tolerance

Fault Tolerance (FT) ist eine Technologie, die von VMware entwickelt wurde und mit *VMware vSphere 4* eingeführt wurde. Im Gegensatz zu *VMware High Availability* (vSphere HA), bei dem die virtuellen Maschinen auf einem anderen Host neu gestartet werden, sobald ein Cluster-Knoten ausfällt, läuft die virtuelle Maschine bei FT nahtlos weiter.

Mit vSphere 6.0 haben sich hier signifikante Änderungen ergeben. Auch hier hat VMware Weiterentwicklung betrieben. Bis zur Version 5.5 wurden von FT nur VMs mit einer vCPU unterstützt. Mit vSphere 6.0 gibt es eine Unterstützung von bis zu vier vCPUs. Um diese Unterstützung zu ermöglichen, musste die FT-Funktion komplett überarbeitet werden.

Hinweis

Es gibt zwei Fault-Tolerance-Versionen: *FT* und *FT-Legacy*. Letztere gibt es nur für VMs mit einer vCPU aus Gründen der Rückwärtskompatibilität zu den vSphere-Vorgängerversionen.

FT-Legacy hat andere Einschränkungen als FT. Hier wird nur die neue FT-Version beschrieben.

Was verbirgt sich hinter der neuen Fault Tolerance?

Das bedeutet: Es gibt keine Ausfallzeit beim Absturz einer der durch FT geschützten virtuellen Maschine. Dabei spielt es keine Rolle, ob nur die primäre VM ausgefallen ist oder das komplette Host-System, auf dem die primäre VM lief. Es handelt sich also um eine erweiterte Hochverfügbarkeit, die vor ihrer Einführung auch als *Continuous High Availability* bezeichnet wurde. Ein Eingriff in den Gast ist nicht notwendig, allerdings müssen für FT einige Randbedingungen erfüllt sein. Damit ist FT sogar weit mächtiger als die bekannten Cluster-Produkte und bietet den höchsten Grad an Ausfallsicherheit.

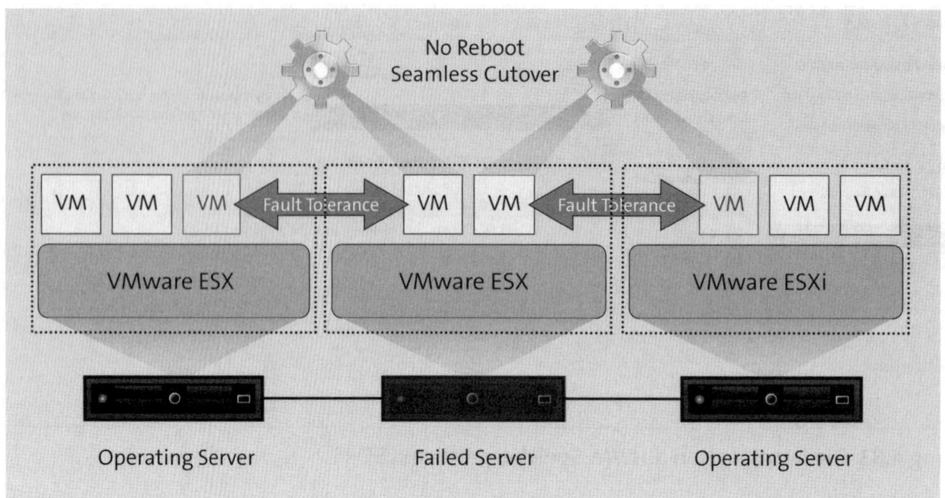

Abbildung 4.84 Fault Tolerance ermöglicht einen unterbrechungsfreien Betrieb virtueller Maschinen, sogar beim Ausfall des physischen ESX-Servers.

4.5.1 Wie funktioniert Fault Tolerance?

Fault Tolerance in der Version 6.x arbeitet mit einer ganz anderen Technologie. War es in der alten Version so, dass mit gemeinsamen Festplatten-Files gearbeitet wurde, so gibt es jetzt eine komplett identische zweite Maschine, die auch die gleichen Ressourcenmengen beansprucht (siehe Abbildung 4.85).

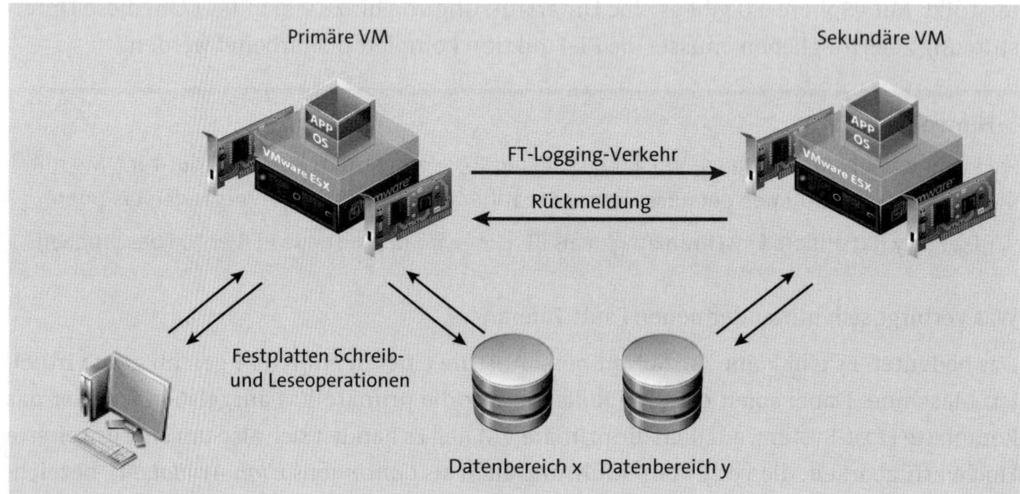

Abbildung 4.85 Funktionsübersicht von VMware Fault Tolerance

Beim Aktivieren von FT an einer virtuellen Maschine wird durch den *FT Motion Mirror*-Treiber die sekundäre Maschine angelegt. Dabei müssen Sie auswählen, auf welchem Datenbereich die sekundäre Maschine platziert werden soll. Anders als bei der Vorgängerversion eröffnen sich dem Administrator hier weitere Möglichkeiten der Ausfallsicherung.

Ist die zweite VM angelegt und gestartet, wird die *Fast Checkpointing*-Technologie aktiv und sorgt dafür, dass beide Maschinen immer abgeglichen sind. Was verbirgt sich hinter dieser Technologie? Lassen Sie uns das mit einer Änderungsanforderung erklären, die durch eine externe Anforderung an das System herangetragen wird (siehe Abbildung 4.86).

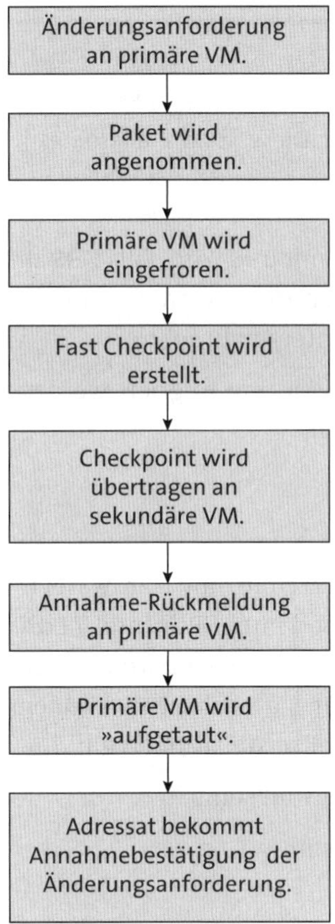
Änderungsanforderung an primäre VM.
Paket wird angenommen.
Primäre VM wird eingefroren.
Fast Checkpoint wird erstellt.
Checkpoint wird übertragen an sekundäre VM.
Annahme-Rückmeldung an primäre VM.
Primäre VM wird »aufgetaut«.
Adressat bekommt Annahmebestätigung der Änderungsanforderung.

Abbildung 4.86 Abarbeitung der Änderungsanforderung

Ein Paket wird zur primären VM geschickt. Nachdem das Paket angenommen worden ist, wird die primäre Maschine »eingefroren« und ein Checkpoint erstellt. Das Paket und die Daten aus dem Checkpoint werden zur zweiten Maschine übertragen. Die sekundäre Maschine bestätigt den Empfang der primären Maschine, damit wird die primäre Maschine sofort »aufgetaut« und schickt daraufhin eine Bestätigung an den Paketversender.

Vergleichen lässt sich das Fast Checkpointing mit einem endlosen vMotion-Prozess. Deshalb gibt es auch hier die Notwendigkeit eines eigenen Netzwerks für die Übertragung der FT-Daten.

Was ist ein Checkpoint?

Der Checkpoint enthält Daten aus dem Arbeitsspeicher. Diese werden über inkrementelle Änderungen auf die zweite Maschine übertragen, um die zu transportierenden Daten so gering wie möglich zu halten. Das Zeitintervall zur Übertragung ist dabei flexibel gestaltet, bewegt sich aber im Millisekunden-Bereich.

Wichtig

Fällt die primäre virtuelle Maschine aufgrund eines Bluescreens aus, wird dieses Schicksal mit sehr hoher Wahrscheinlichkeit auch die sekundäre VM ereilen. Diese könnte allerdings durch *HA Virtual Machine Monitoring* neu gestartet werden.

Wird die primäre VM gestartet, startet die sekundäre automatisch mit und wird, falls DRS aktiviert ist, anhand der DRS-Empfehlungen auf den entsprechenden Hosts verteilt. Wird die primäre VM heruntergefahren, wird auch die sekundäre VM heruntergefahren.

Sowohl die primäre als auch die sekundäre VM können mittels vMotion migriert werden, dürfen jedoch nie auf dem gleichen Host-System betrieben werden.

4.5.2 Technische Voraussetzungen

Damit FT funktioniert, werden in den ESX-Hosts CPUs vorausgesetzt, die eine Hardwarevirtualisierung unterstützen. Das bedeutet, dass AMD-CPUs AMD-V und Intel-CPUs Intel VT unterstützen müssen. Abhängig von der CPU existiert übrigens noch eine Liste im Knowledge-Base-Eintrag 1008027 (*http://kb.vmware.com/kb/1008027*), in der Sie nachsehen können, welche Einschränkungen es bei einigen Prozessor-Betriebssystem-Konstellationen gibt.

Neben der CPU-Kompatibilität müssen folgende Anforderungen erfüllt sein:

- Auf allen Hosts muss dieselbe VMware-ESX-Version installiert sein.
- Alle Hosts müssen im gleichen HA-Cluster konfiguriert sein.
- Shared Storage muss verwendet werden, da die Festplatten nicht repliziert, sondern gemeinsam genutzt werden.
- Mindestens zwei Netzwerkkarten werden benötigt: eine dedizierte Karte für vMotion und eine dedizierte 10-Gigabit-FT-Logging-Karte.
- Es können bis zu vier virtuelle CPUs verwendet werden.
- DRS kann nur genutzt werden, wenn auch EVC aktiviert wird.
- Storage vMotion ist nicht erlaubt.
- Snapshots sind nicht erlaubt, und es ist auch nicht möglich, sie anzulegen.
- Wechselmedien mit physischer Verbindung (nur ISO oder Client Device) sind nicht erlaubt.

- USB- oder Soundgeräte werden nicht unterstützt.
- Es ist keine PCI-Passthrough-Unterstützung vorhanden.
- Es ist keine Unterstützung für Device-Hot-Plugging vorhanden.
- RDM wird im Virtual Mode unterstützt, RDM im Physical Mode aber nicht.
- N-Port-ID-Virtualisierung (NPIV) wird nicht unterstützt.
- Die maximale Größe der virtuellen Festplattendatei darf 2 TB nicht überschreiten.
- Virtuelle EFI-Firmware wird nicht unterstützt.
- Videogeräte mit 3D-Option werden nicht unterstützt.
- Serielle und parallele Schnittstellen werden nicht unterstützt.
- Der Einsatz von Virtual SAN und vVols ist nicht möglich.

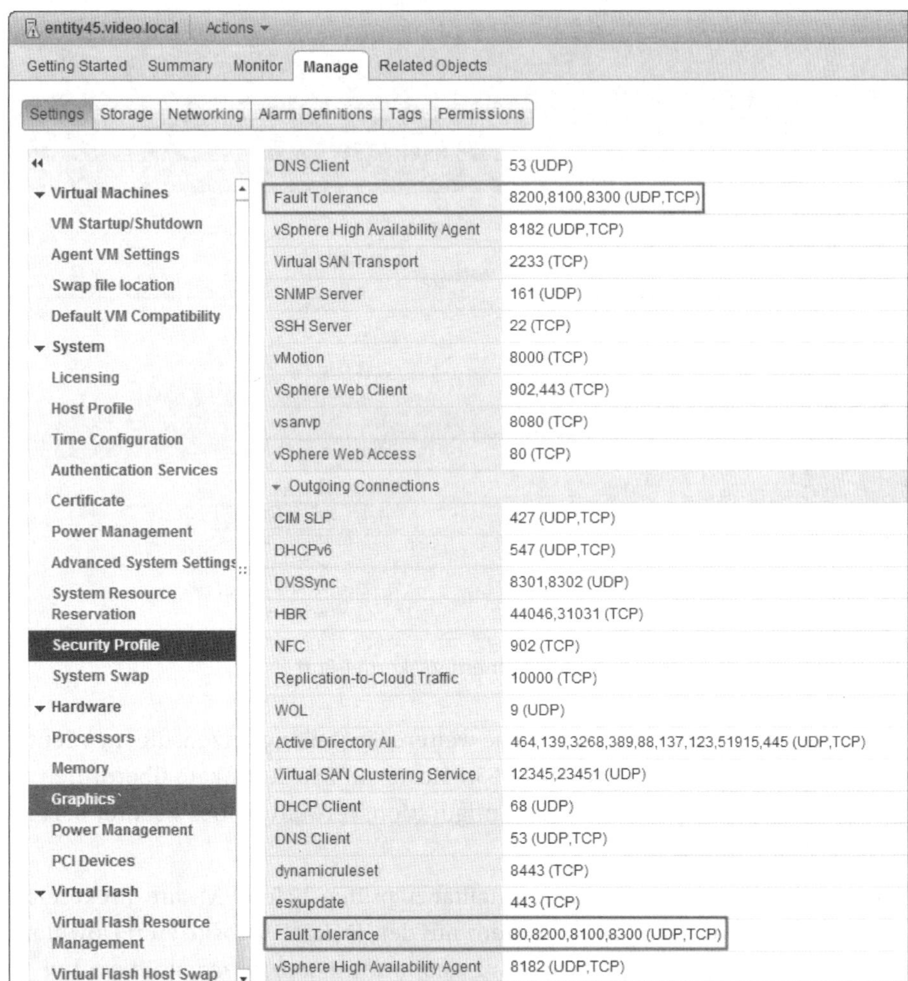

Abbildung 4.87 Fault-Tolerance-Firewall-Regel

Sobald ein FT-fähiger Management-Port eingerichtet ist und die CPU passt, wird automatisch eine Firewall-Regel für Fault Tolerance auf den ESX-Servern aktiviert (siehe Abbildung 4.87). Diese sollten Sie auch nicht abschalten. Beim Management-Port sollten Sie beachten, dass das Fault-Tolerance-Netzwerk auf guten Durchsatz beim Datenverkehr angewiesen ist und dass daher ein von sonstigem Netzwerkverkehr getrenntes Netzwerk empfohlen wird.

Für die Auswertung der FT- Funktion kann eine zusätzliche Protokollierung aktiviert werden (siehe Abbildung 4.88).

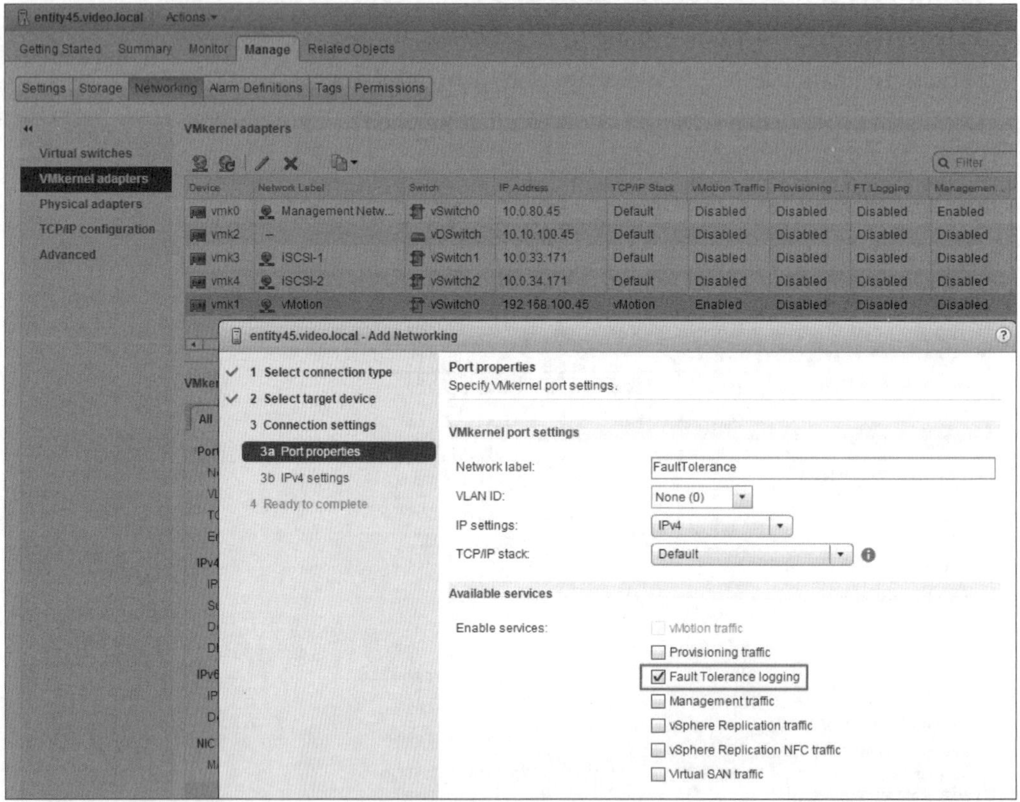

Abbildung 4.88 Aktivierung des FT-Loggings auf einem VMkernel-Port

Neben diesen Voraussetzungen müssen Sie eine weitere Einstellung setzen, die im vCenter konfiguriert wird. Es gibt die Möglichkeit, die ESX-Hosts auf SSL-Zertifikate überprüfen zu lassen. Diese Einstellung müssen Sie in der Konfigurationsverwaltung des vCenter Servers einschalten (siehe Abbildung 4.89).

Eine recht gute Möglichkeit, um die FT-Funktionalität zu prüfen, liefert VMware direkt selbst mit dem *SiteSurvey*-Tool, das auch ohne FT-Lizenz auf der VMware-Website zum Download bereitsteht. Sie finden es unter *http://www.vmware.com/download/shared_utilities.html*.

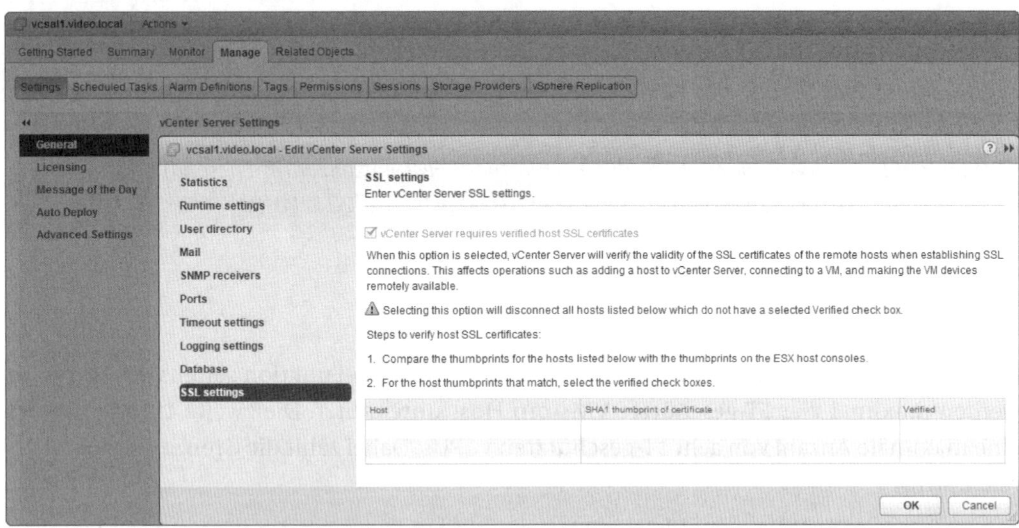

Abbildung 4.89 Die Überprüfung des SSL-Zertifikats muss für FT aktiviert sein.

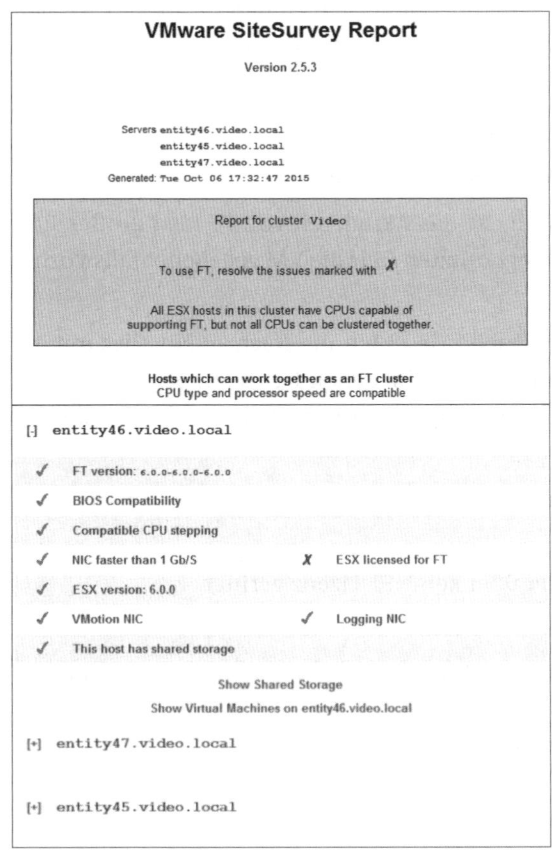

Abbildung 4.90 Eine sehr ärgerliche Meldung – die CPUs sind nicht FT-kompatibel.

Berechnung des Fault-Tolerance-Logging-Datenverkehrs

Wer an der Berechnung des Fault-Tolerance-Logging-Datenverkehrs interessiert ist, sollte sich die Formel merken, mit der VMware die Datenmenge ermittelt:

VMware-FT-Logging-Bandbreite ≅ (durchschnittliche Festplattenzugriffe (lesend) (MB/s) × 8 + durchschnittlicher Netzwerkverkehr (eingehend) (MBps)) × 1,2 [20 % Puffer]

4.5.3 Technische Einschränkungen

Es gibt auch einige Einschränkungen bei der Fault-Tolerance-Funktion seitens des Hosts. So werden maximal vier FT-geschützte VMs pro Host unterstützt. Die zweite Limitierung ist eine maximale Anzahl von acht FT-geschützten vCPUs. Dabei zählt die Grenze, die zuerst erreicht wird.

Beim zweiten Fall zählen sowohl die vCPUs der primären als auch der sekundären virtuellen Maschine.

Die Einschränkungen betreffen nicht nur den Host, sondern auch den Cluster. Es werden maximal 98 virtuelle, per FT geschützte VMs unterstützt. Die maximale Anzahl von geschützten vCPUs liegt bei 256 Stück.

4.5.4 Fault Tolerance für eine virtuelle Maschine aktivieren

Sind alle technischen Voraussetzungen erfüllt, ist das Aktivieren von FT kein großes Problem mehr. Sie müssen nur abhängig von der genutzten CPU die VM gegebenenfalls vorher abschalten.

Über das Menü im vCenter wählen Sie eine virtuelle Maschine aus. Nach einem Klick mit der rechten Maustaste öffnet sich das Menü mit den verschiedenen Einstellungen, in dem ein Punkt FAULT TOLERANCE heißt (siehe Abbildung 4.91). Über diesen Punkt im Menü aktivieren Sie TURN ON FAULT TOLERANCE .

Sollte der Menüpunkt ausgegraut sein, dann liegt dies mit hoher Wahrscheinlichkeit an einem der folgenden Punkte:

- Die VM wird auf einem Host betrieben, der über keine FT-Lizenz verfügt.
- Die VM wird auf einem Host im Maintenance- oder Standby-Zustand betrieben.
- Die VM ist vom vCenter getrennt oder verwaist (*orphaned*; das heißt, die *.vmx*-Datei ist nicht im Zugriff).
- Der Anwender hat keine Berechtigung, FT zu nutzen.

Danach findet direkt eine Überprüfung der VM auf Kompatibilität statt.

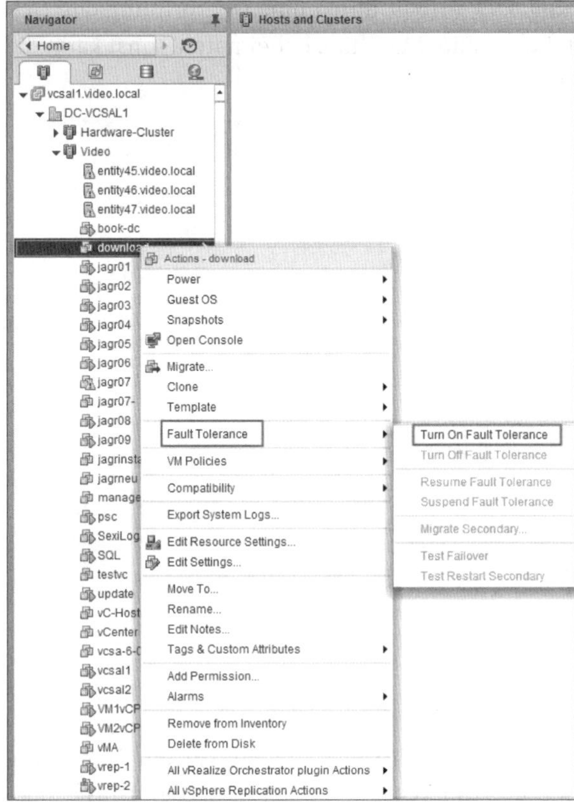

Abbildung 4.91 Aktivierung von FT über das Kontextmenü

Die Bereitstellung erfolgt in mehreren Schritten. Der Vorgang beginnt mit der Auflistung der Kernkomponenten und der Möglichkeit, den neuen Zieldatenbereich auszuwählen (siehe Abbildung 4.92).

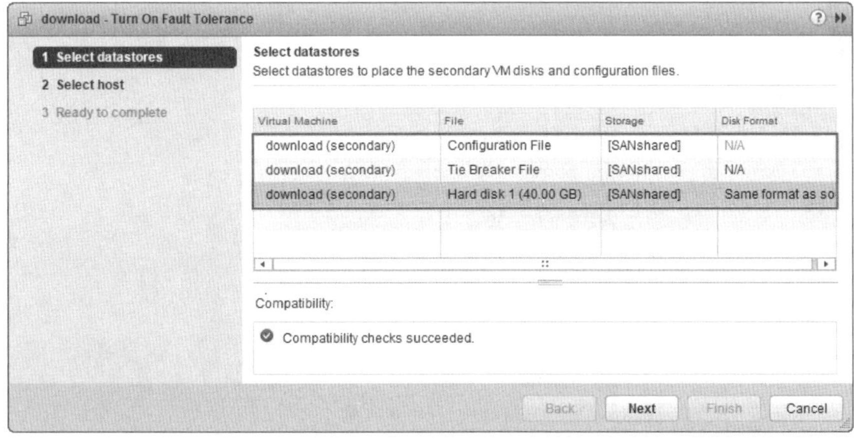

Abbildung 4.92 Festlegung des Datenbereichs für die sekundäre Maschine

Bei der Auswahl des Hosts (siehe Abbildung 4.93) erfolgt direkt eine Überprüfung des Zielhosts. Das ausgewählte System darf nicht die primäre Maschine beheimaten, sonst kann die sekundäre Maschine dort nicht abgelegt werden.

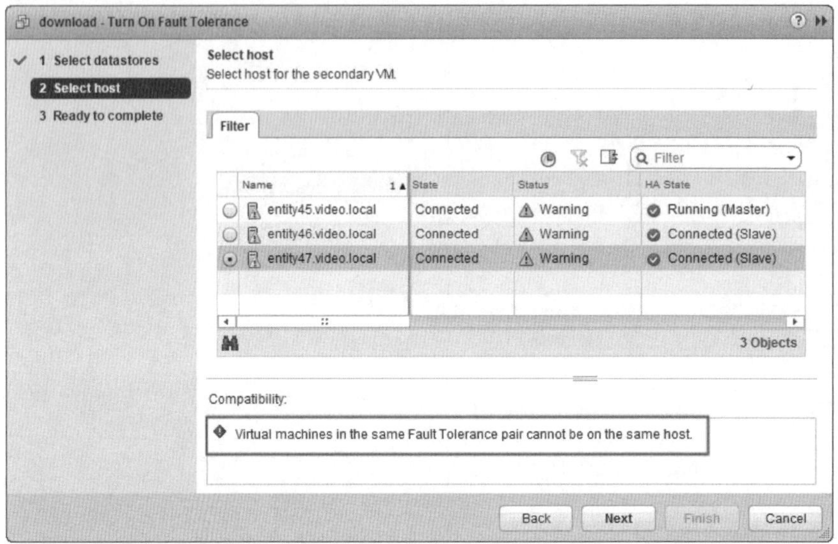

Abbildung 4.93 Platzierung der sekundären Maschine

Nachdem Sie die Aktivierung bestätigt haben, erscheint im EREIGNIS-Fenster ein Task für die ausgewählte virtuelle Maschine, der TURN ON FAULT TOLERANCE heißt. Ist dieser Task abgeschlossen, wird ein weiterer Task aufgerufen, der FT startet.

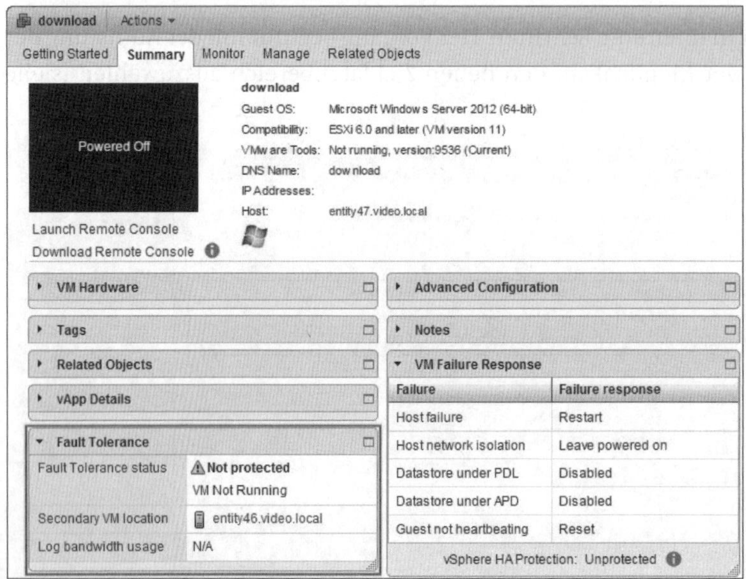

Abbildung 4.94 Anzeige des FT-Status in der »Summary«-Seite der VM

Im selben Zug wird das ÜBERSICHT-Fenster (SUMMARY-Page, siehe Abbildung 4.94) der virtuellen Maschine um ein FAULT TOLERANCE-Fenster erweitert. Dort finden Sie verschiedene Informationen zum FT-Status dieser virtuellen Maschine – zum Beispiel, auf welchem Host die sekundäre VM läuft und welche Latenzzeit bei der Log-Übertragung herrscht. Das bekannte Icon der primären virtuellen Maschine im Inventar des vCenters wird außerdem in Dunkelblau angezeigt, sodass eine FT-geschützte VM direkt erkennbar ist (siehe Abbildung 4.95).

Abbildung 4.95 Anpassung des VM-Symbols nach erfolgreicher FT-Aktivierung

Wenn Sie sich die virtuellen Maschinen im Cluster anschauen, werden Sie erkennen, dass ein weiterer Eintrag hinzugefügt wurde: Die durch FT geschützte virtuelle Maschine hat nun einen zweiten Eintrag, der durch (SECONDARY) erweitert wird (siehe Abbildung 4.96). Dies ist die sekundäre Maschine, die verwendet wird, wenn die primäre Maschine ausfällt. Die sekundäre VM ist nur in der VM-Ansicht des Clusters oder des ESX-Hosts oder in der Ansicht VMs & TEMPLATES sichtbar.

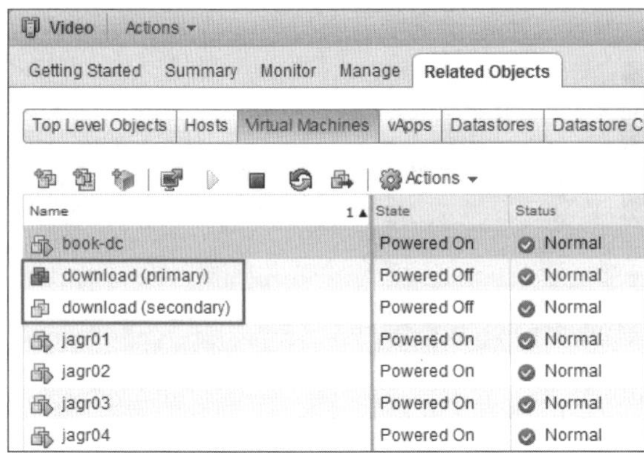

Abbildung 4.96 Anzeige der primären und sekundären VM

Sobald FT einwandfrei läuft, kann die primäre VM aus beliebigem Grund (mit Ausnahme des Ausfalls des Shared Storage) ausfallen, und die sekundäre VM springt in der gleichen Sekunde an und übernimmt die Funktionen der primären VM. Dies geschieht ohne Ausfall und ohne Datenverlust.

4.5.5 Bedienung von Fault Tolerance für eine virtuelle Maschine

Sobald Fault Tolerance für eine oder mehrere VMs aktiviert ist, existiert ein neues Kontextmenü mit deutlich mehr Menüpunkten zur Verwaltung von Fault Tolerance. In Tabelle 4.8 finden Sie Erklärungen zu den Optionen aus Abbildung 4.97.

Option	Beschreibung
Turn Off Fault Tolerance	Abschalten von FT mit Löschung aller FT-Statistikdaten
Resume Fault Tolerance	Reaktivieren der VM aus dem Suspend-Modus
Suspend Fault Tolerance	Setzen der VM in den Suspend-Modus
Migrate Secondary	Migration des sekundären Knotens auf einen anderen ESX-Host
Test Failover	FT-Umschaltung vom primären auf den sekundären Knoten testen
Test Restart Secondary	Neustart des sekundären Knotens

Tabelle 4.8 Optionen zur Verwaltung von Fault Tolerance

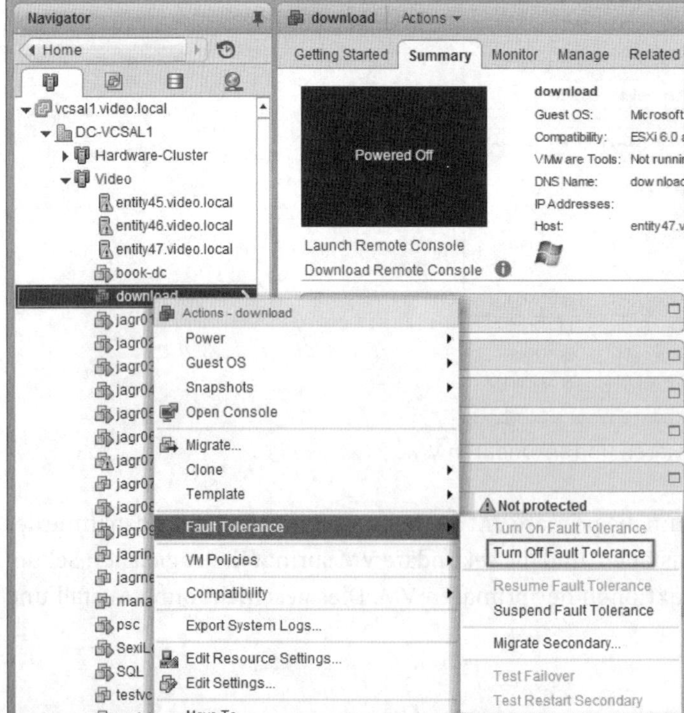

Abbildung 4.97 Kontextmenü bei aktivierter Fault Tolerance

4.5.6 Snapshots mit FT

Da mit FT geschützte VMs nicht gleichzeitig über Snapshots verfügen dürfen, ist eine Sicherung mit Sicherungsprogrammen außerhalb des Gastes nicht möglich. Um dies jedoch zu ermöglichen, ist es notwendig, FT temporär während der Aktivitäten mit Snapshot abzuschalten. Dies führen Sie idealerweise mit dem Menüeintrag TURN OFF FAULT TOLERANCE durch und aktivieren FT wieder, nachdem alle Snapshots gelöscht wurden.

Im Folgenden sehen Sie ein PowerShell-Beispiel zur Aktivierung und Deaktivierung von FT:

- **Activation:**
  ```
  Get-VM VM1 | Get-View | % { $_.CreateSecondaryVM($null) }
  ```
- **Turn off:**
  ```
  Get-VM VM1 | Select -First 1 | Get-View | % { $_.TurnOffFault-ToleranceForVM() }
  ```
- **Disable FT:**
  ```
  Get-VM VM1 | Select -First 1 | Get-View | % { $_.DisableSecondary-VM(get-vm
  "secondary VM") }
  ```
- **Enable FT:**
  ```
  Get-VM VM1 | Select -First 1 | Get-View | % { $_.EnableSecondary-VM(get-vm
  "secondary VM") }
  ```

4.5.7 Was passiert im Fehlerfall?

In Tabelle 4.9 finden Sie verschiedene Aktionen, mit denen auf Fehler reagiert wird.

Ausfall	Aktion
Teilausfall des primären Hosts (z. B. Fibre-Channel-Ausfall – kein Zugriff auf den Storage)	Fault Tolerance schaltet auf die sekundäre VM um.
Komplettausfall des primären Hosts	Fault Tolerance schaltet auf die sekundäre VM um.
Ausfall der Hosts, auf denen der primäre und der sekundäre Knoten laufen	vSphere HA startet den primären Knoten, und der sekundäre Knoten wird durch VMware FT gestartet.
Softwarefehler (Kernel-Panic, Bluescreen) auf dem primären Knoten	VM Monitoring (VMHA) erkennt den Ausfall aufgrund des fehlenden VMware Tools *Heartbeat* und startet den primären Knoten neu. Der sekundäre Knoten wird mit dem primären durch FT neu gestartet.

Tabelle 4.9 Was passiert im FT-Fehlerfall?

Ausfall	Aktion
Split-Brain-Situation, da der primäre und der sekundäre Knoten sich nicht mehr sehen (Netzwerkfehler)	Das Renaming (das Umbenennen einer Datei im Shared Storage) wird von einer VM »gewonnen«; die andere schaltet sich selbst ab.
Primäre VM wird suspendiert.	Die sekundäre VM wird ausgeschaltet.
Reset der primären VM (*hard*)	Die sekundäre VM wird beim Reset ausgeschaltet und beim Neustart des primären Knotens durch einen angepassten vMotion-Prozess erstellt.
Restart Guest der primären VM (*soft*)	Die primäre und die sekundäre VM führen einen Neustart ohne Abschaltung durch.

Tabelle 4.9 Was passiert im FT-Fehlerfall? (Forts.)

4.5.8 Lizenzierung von FT

VMwares *Fault Tolerance* ist Bestandteil der vSphere-Suite, die auf CPU-Sockel-Basis lizenziert wird und ab der Edition *Standard* integriert ist. In der Version *Standard* und *Enterprise* können VMs mit maximal zwei vCPUs abgesichert werden. Für die Absicherung von virtuellen Maschinen mit bis zu vier vCPUs ist die *Enterprise Plus*-Version notwendig.

4.5.9 Fault Tolerance Legacy Version

Um die alte FT-Version zu nutzen, die jetzt mit dem Zusatz *Legacy* versehen wurde, müssen Sie in der betroffenen virtuellen Maschine einen zusätzlichen Parameter setzen (siehe Abbildung 4.98).

Die Lecay-Version hat einige zusätzliche Voraussetzungen:

- Mindestens zwei Hosts müssen die gleiche FT-Version einsetzen (siehe Abbildung 4.99).
- Der Zugriff auf dieselben Datenbereiche und Netzwerke ist notwendig.
- Legacy FT funktioniert nur mit virtuellen Festplatten bzw. virtuellen RDMs, die im Thick-Format bereitgestellt worden sind.
- Die beteiligten Hosts müssen mit FT-kompatiblen CPUs ausgestattet sein.
- Durch FT Legacy abgesicherte VMs müssen auf Hosts liegen, deren CPUs miteinander kompatibel sind.

Ausführlichere Informationen finden Sie unter:

http://kb.vmware.com/selfservice/microsites/search.do?language=en_US&cmd=displayKC&externalId=1008027

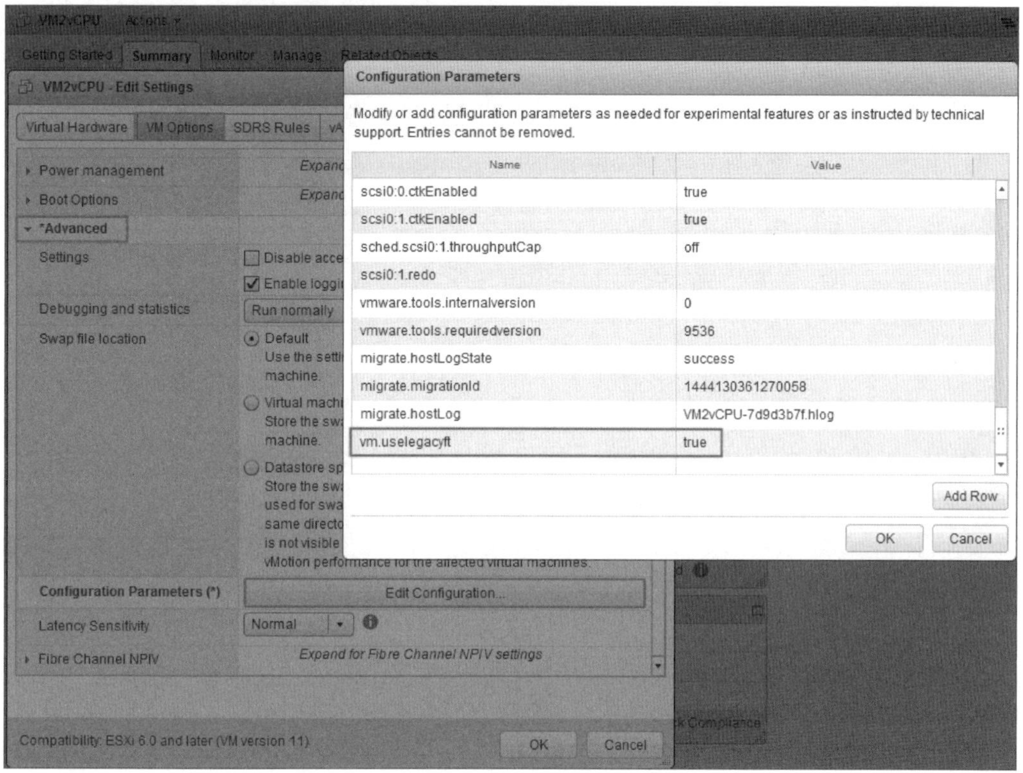

Abbildung 4.98 Aktivierung des Fault-Tolerance-Legacy-Modus

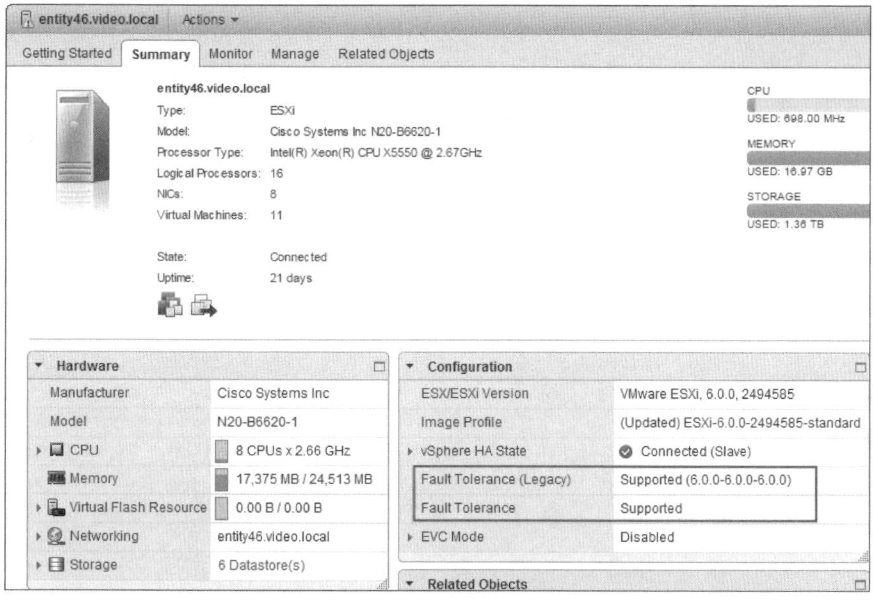

Abbildung 4.99 Darstellung der unterschiedlichen Versionsnummern für FT

Kapitel 5

Installation

In diesem Kapitel beschäftigen wir uns mit der Installation der verschiedenen Softwarekomponenten von VMware vSphere 6.0. Nicht nur die Standardinstallation wird hier beschrieben, sondern auch Installationen in DAS- und SAN-Umgebungen.

Autor dieses Kapitels ist Bertram Wöhrmann, Ligarion
bwoehrmann@ligarion.de

Auch wenn die Installation der einzelnen VMware-Komponenten an sich nicht kompliziert und aufwendig ist, sollen doch die einzelnen Schritte gezeigt werden, damit Ihnen klar wird, worauf Sie besonders achten müssen. Wir beginnen mit der Version ESXi, und zwar zunächst auf DAS-Systemen, und betrachten im Anschluss daran die Installationen im SAN näher. Abschließend liegt der Fokus auf der Vorgehensweise bei der Installation des vCenter Server und seiner Komponenten.

5.1 VMware vSphere 6.0

Die Version VMware vSphere 6.0 ist der Vorgängerversion 4.x/5.x immer noch sehr ähnlich. Auch wenn sich unter der Haube und an der Architektur Änderungen ergeben haben, so ist der Grundstock der Software seit der Einführung von ESXi gleich.

5.1.1 VMware-vSphere-Systemvoraussetzungen

Die genauen Systemvoraussetzungen für die Installation finden Sie in den *VMware Compatibility Guide* auf der VMware-Website (siehe Abbildung 5.1). Die Kompatibilitätslisten, d. h. die Auflistungen der von VMware unterstützten Hardware und Software, sind in mehrere Gruppen untergliedert. Hier sind die hardwarespezifischen Komponenten von Interesse:

- Systeme/Server
- I/O-Komponenten
- VMware Horizon View

- Storage/SAN
- Guest OS
- Host OS
- Netzwerk und Sicherheit

Der Vollständigkeit halber sollen die Softwarekomponenten ebenfalls noch aufgelistet werden:

- vSphere APIs for Storage Awareness (VASA)
- vSphere APIs for Virtual Volumes (VVols)
- Site Recovery Manager (SRM)
- vRealize Orchestrator
- CIM Provider (Hardware-Monitoring)
- Hostprofile
- VMware Horizon View Rapid Desktop Appliance (Turnkey Appliance)
- CPU-Typen
- VMware Flash Read Cache
- Virtual SAN
- Application Director Blueprints
- Virtual Shared Graphics Acceleration (vSGA)
- View Proven Storage for VDI Capacity
- Virtual Dedicated Graphics Acceleration (vDGA)
- vRealize Operations
- Virtual Graphics Processing Unit (vGPU)

Wenn Sie die Seite *http://www.vmware.com/resources/compatibility/search.php* aufrufen, können Sie die Kompatibilität überprüfen. Sie können dort entweder direkt eine Auswahl treffen oder den *Guided Search Wizard* nutzen. Der Link dorthin findet sich direkt auf der Startseite des *Compatibility Guide*. Es ist ebenfalls möglich, als Einstiegspunkt die VMware-Seite *http://www.vmware.com/resources/guides.html* zu nehmen.

Sollte noch genug Papier im Drucker vorhanden sein, können Sie auch die PDF-Variante des *Systems Compatibility Guide* ausdrucken. Diese beläuft sich auf mittlerweile 700 Seiten und ist unter der URL *http://www.vmware.com/resources/compatibility/pdf/vi_systems_guide.pdf* zu finden. Alternativ speichern Sie die Datei ab, damit Sie jederzeit auf sie als Referenz zugreifen können.

Mit dem *VMware Compatibility Guide* hat VMware eine separate Website aufgebaut, um die Überprüfung der Kompatibilität von Komponenten zu ermöglichen. Hier können Sie nach einzelnen Systemen oder Systemkomponenten suchen. Wer länger nicht auf der Website gewesen ist, wird feststellen, dass VMware die Website angepasst hat. Aus unserer Sicht ist sie ein Stück übersichtlicher geworden. Zudem sind dort nicht nur die Hardware-, sondern auch die Softwarekompatibilitäten abgebildet (siehe Abbildung 5.1).

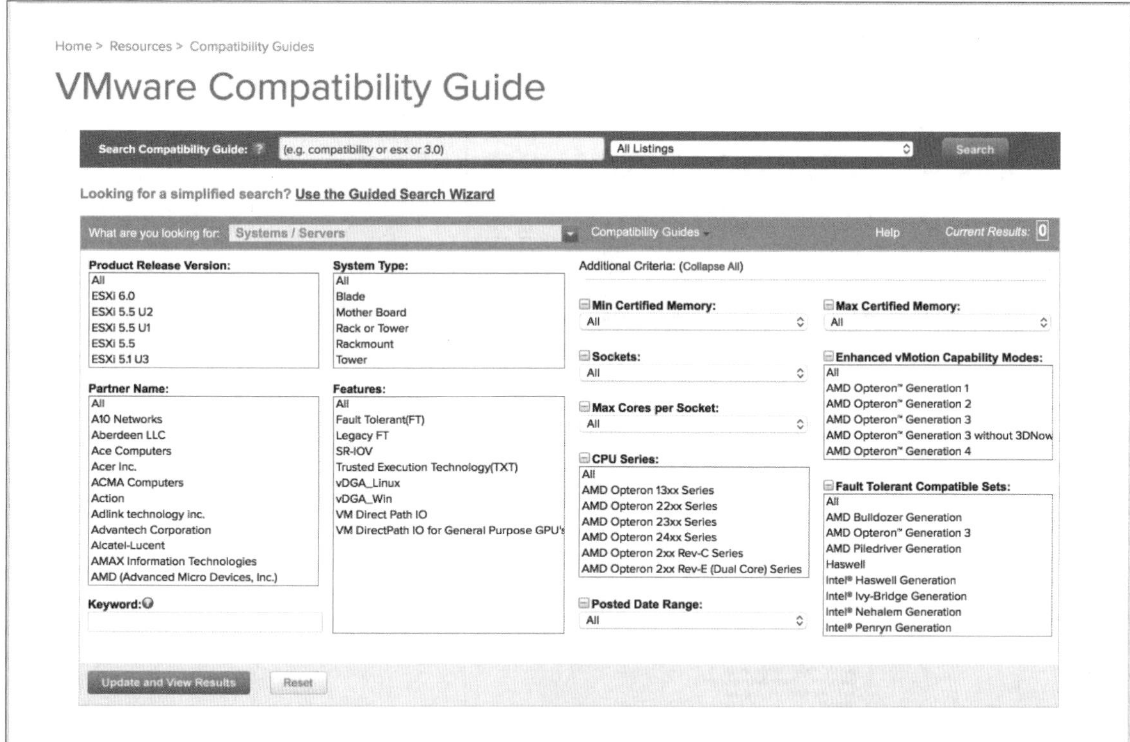

Abbildung 5.1 Der VMware Compatibility Guide

Neben der offiziellen VMware-Kompatibilitätsliste gibt es auch eine Liste von Partner-Tools (siehe Abbildung 5.2). Diese findet sich unter der URL *http://www.vmware.com/resources/compatibility/vcl/esxi.php*.

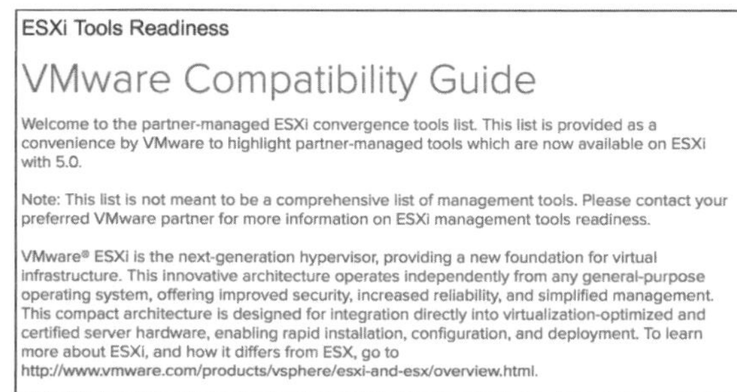

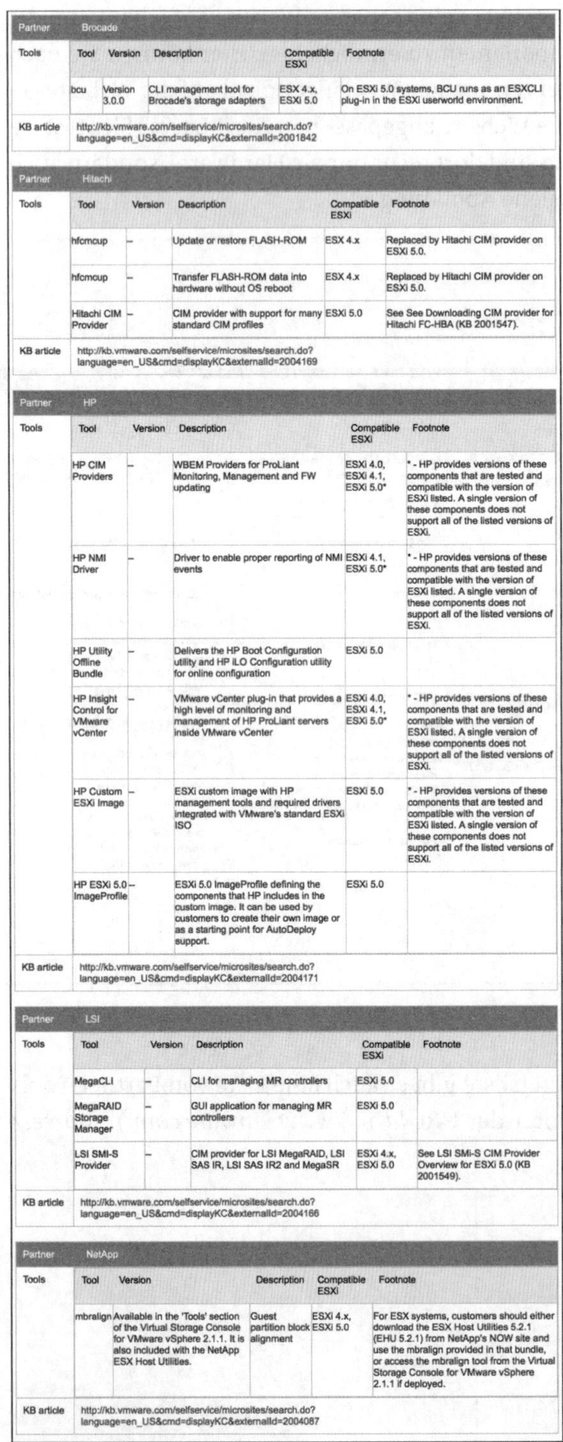

Partner	Brocade				
Tools	Tool	Version	Description	Compatible ESXi	Footnote
	bcu	Version 3.0.0	CLI management tool for Brocade's storage adapters	ESX 4.x, ESXi 5.0	On ESXi 5.0 systems, BCU runs as an ESXCLI plug-in in the ESXi userworld environment.
KB article	http://kb.vmware.com/selfservice/microsites/search.do?language=en_US&cmd=displayKC&externalId=2001842				

Partner	Hitachi				
Tools	Tool	Version	Description	Compatible ESXi	Footnote
	hfcmcup	–	Update or restore FLASH-ROM	ESX 4.x	Replaced by Hitachi CIM provider on ESXi 5.0.
	hfcmcup	–	Transfer FLASH-ROM data into hardware without OS reboot	ESX 4.x	Replaced by Hitachi CIM provider on ESXi 5.0.
	Hitachi CIM Provider	–	CIM provider with support for many standard CIM profiles	ESXi 5.0	See See Downloading CIM provider for Hitachi FC-HBA (KB 2001547).
KB article	http://kb.vmware.com/selfservice/microsites/search.do?language=en_US&cmd=displayKC&externalId=2004169				

Partner	HP				
Tools	Tool	Version	Description	Compatible ESXi	Footnote
	HP CIM Providers	–	WBEM Providers for ProLiant Monitoring, Management and FW updating	ESXi 4.0, ESXi 4.1, ESXi 5.0*	* - HP provides versions of these components that are tested and compatible with the version of ESXi listed. A single version of these components does not support all of the listed versions of ESXi.
	HP NMI Driver	–	Driver to enable proper reporting of NMI events	ESXi 4.1, ESXi 5.0*	* - HP provides versions of these components that are tested and compatible with the version of ESXi listed. A single version of these components does not support all of the listed versions of ESXi.
	HP Utility Offline Bundle	–	Delivers the HP Boot Configuration utility and HP iLO Configuration utility for online configuration	ESXi 5.0	
	HP Insight Control for VMware vCenter	–	VMware vCenter plug-in that provides a high level of monitoring and management of HP ProLiant servers inside VMware vCenter	ESXi 4.0, ESXi 4.1, ESXi 5.0*	* - HP provides versions of these components that are tested and compatible with the version of ESXi listed. A single version of these components does not support all of the listed versions of ESXi.
	HP Custom ESXi Image	–	ESXi custom image with HP management tools and required drivers integrated with VMware's standard ESXi ISO	ESXi 5.0	* - HP provides versions of these components that are tested and compatible with the version of ESXi listed. A single version of these components does not support all of the listed versions of ESXi.
	HP ESXi 5.0 ImageProfile	–	ESXi 5.0 ImageProfile defining the components that HP includes in the custom image. It can be used by customers to create their own image or as a starting point for AutoDeploy support.	ESXi 5.0	
KB article	http://kb.vmware.com/selfservice/microsites/search.do?language=en_US&cmd=displayKC&externalId=2004171				

Partner	LSI				
Tools	Tool	Version	Description	Compatible ESXi	Footnote
	MegaCLI	–	CLI for managing MR controllers	ESXi 5.0	
	MegaRAID Storage Manager	–	GUI application for managing MR controllers	ESXi 5.0	
	LSI SMI-S Provider	–	CIM provider for LSI MegaRAID, LSI SAS IR, LSI SAS IR2 and MegaSR	ESXi 4.x, ESXi 5.0	See LSI SMi-S CIM Provider Overview for ESXi 5.0 (KB 2001549).
KB article	http://kb.vmware.com/selfservice/microsites/search.do?language=en_US&cmd=displayKC&externalId=2004166				

Partner	NetApp				
Tools	Tool	Version	Description	Compatible ESXi	Footnote
	mbralign	Available in the 'Tools' section of the Virtual Storage Console for VMware vSphere 2.1.1. It is also included with the NetApp ESX Host Utilities.	Guest partition block alignment	ESXi 4.x, ESXi 5.0	For ESX systems, customers should either download the ESX Host Utilities 5.2.1 (EHU 5.2.1) from NetApp's NOW site and use the mbralign provided in that bundle, or access the mbralign tool from the Virtual Storage Console for VMware vSphere 2.1.1 if deployed.
KB article	http://kb.vmware.com/selfservice/microsites/search.do?language=en_US&cmd=displayKC&externalId=2004087				

Abbildung 5.2 Liste der Partner-Tools

5.1.2 Download der Installationsmedien

Die Installationsdateien von VMware vSphere 6.0 finden Sie auf der VMware-Website *www.vmware.com* unter dem Link DOWNLOADS. In dieser Sektion befinden sich die unterschiedlichen VMware-Produkte inklusive ihrer Versionsstände. Im oberen Bereich müssen Sie die Nummer der Version auswählen, die heruntergeladen werden soll. Klicken Sie neben dem gewünschten Produkt auf DOWNLOAD, um die Dateien herunterzuladen. Sollten Sie eine ältere Version suchen, finden Sie den passenden Link auf der Einstiegsseite ganz oben.

Über die Auswahl GO TO DOWNLOADS steigen Sie in den eigentlichen Download-Bereich ein. Der Ladeprozess kann nun über die browsereigene Download-Funktion oder über den Downloadmanager von VMware erfolgen. Letzterer bietet ein recht komfortables Interface, das auch das Wiederaufsetzen von Downloads und die einfache Steuerung zulässt. Für den endgültigen Download ist allerdings eine Anmeldung erforderlich.

Nach erfolgreicher Anmeldung befinden Sie sich auf der eigentlichen Download-Seite mit den Einzelkomponenten inklusive Download-Link (siehe Abbildung 5.3).

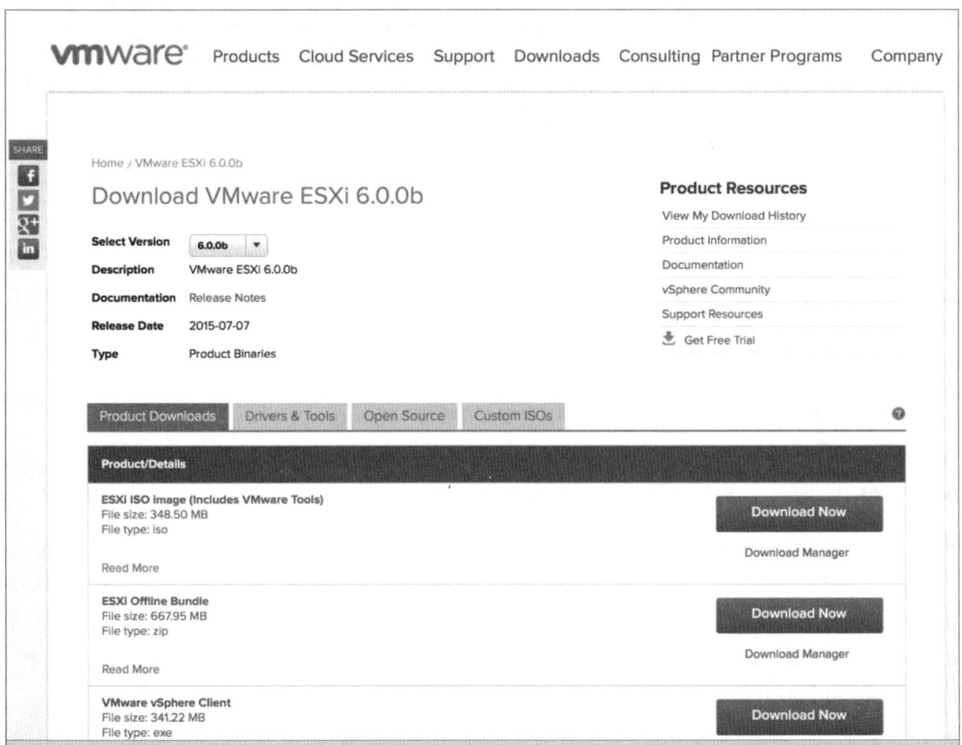

Abbildung 5.3 Download-Sektion mit den Komponenten von VMware vSphere 6.0

Auf der Webseite wählen Sie nun die Version aus, die Sie installieren wollen. Klicken Sie einfach auf den passenden Download-Link, und nach einer Anmeldung können Sie die Versionen herunterladen.

ESXi Version 6.0 ist in drei verschiedenen Varianten erhältlich: zum einen als *ISO-Image* zur direkten Installation eines Servers oder alternativ als *ZIP-Datei*. Diese ZIP-Datei können Sie mit dem Update Manager nutzen, um vorhandene Hosts zu aktualisieren. Die *Depot-Version* benötigen Sie, wenn Sie Auto-Deploy-Umgebungen für vSphere aufbauen wollen.

Generell sollten Sie jede heruntergeladene Datei auf die MD5-Checksumme hin prüfen (siehe Abbildung 5.4), da es immer wieder zu Übertragungsfehlern kommt, die zu sehr unschönen Effekten wie einer fehlerhaften Installation führen. Unter jedem Download-Link finden Sie die Checksummen zum Überprüfen der Datei. Seit der neuen Version sehen Sie an dieser Stelle nicht nur eine MD5-, sondern auch eine SHA1-Checksumme.

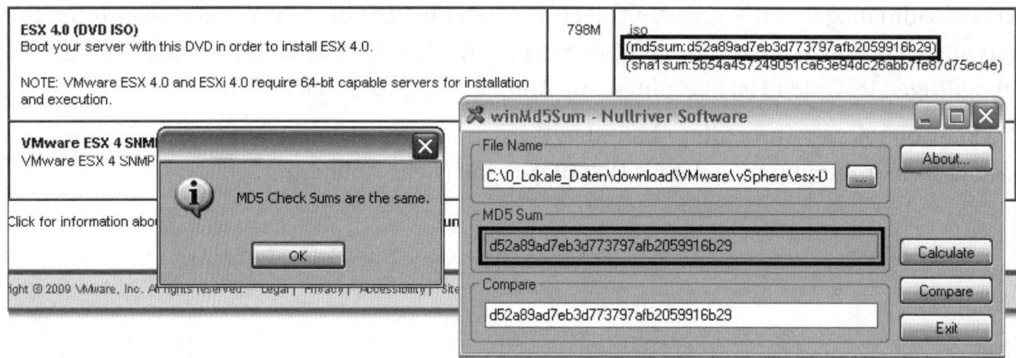

Abbildung 5.4 MD5-Checksummen-Vergleich mit »winMD5Sum«

Kostenfreie Programme zum MD5- oder SHA1-Checksummen-Test finden Sie mit Google wie Sand am Meer. Zwei recht empfehlenswerte MD5-Programme, die gerne genutzt werden, sind:

- Windows MD5 Checksum Tool
  http://getmd5checker.com/download/latest/Md5Checker.zip
- winMD5Sum
  http://www.nullriver.com/index/products/winmd5sum

Nachdem Sie das Installationsmedium auf Integrität getestet haben, nutzen Sie das ISO-DVD-Image – entweder auf eine DVD gebrannt oder über Softwareverteilungstools. DVD-Emulationsprogramme auf Server-Seite (z. B. *HP iLO*) können zur Anwendung kommen, um die Medien direkt zu nutzen. Alternativ besitzen Sie bereits eine Original-DVD von VMware, die auf dem aktuellsten Stand ist.

5.1.3 Vor der Installation

Vor der Installation sollten Sie unbedingt folgende Hinweise beachten.

Einrichten der Hardware

Bevor Sie beginnen, die Server aufzusetzen, müssen Sie die Hardware konfigurieren. Die Hardwarehersteller machen bestimmte Vorgaben, damit der vSphere Server seine volle Leistungsfähigkeit ausspielen kann. Dazu müssen Sie im BIOS einige Einstellungen vornehmen. Auf jeden Fall ist die Prozessorvirtualisierung zu aktivieren. Deaktivieren Sie eventuell vorhandene Power-Saving-Funktionen. Die Hardware eines vSphere-Hosts sollte immer auf maximale Leistung gestellt sein. Etwaige Stromsparmechanismen sollten über vSphere selbst konfiguriert werden.

Je nach CPU-Typ sehen die Empfehlungen für die BIOS-Einstellungen von HP für seine Server wie folgt aus:

AMD-CPU:

- Server Availability • ASR Status deaktivieren
- Advanced Options • Processor Options • AMD Virtualisation aktivieren
- Advanced Options • MPS table mode auf Full table APIC setzen
- Advanced Options • Processor Options • no-Execute Page-Protection aktivieren

Intel-CPU:

- Server Availability • ASR Status deaktivieren
- System Options • Processor Options • Intel® Virtualization Technology aktivieren
- Advanced Options • MPS table mode auf Full table APIC setzen
- System Options • Processor Options • no-execute memory protection aktivieren

Keine SAN-Verbindung

Außer bei Boot-from-SAN sollte der vSphere Server während der Installation keine Verbindung zum SAN und zum zentralen Speicher haben. Dies ist empfohlene Praxis und dient zu Ihrer eigenen Sicherheit, damit nicht ungewollt Formatierungen erfolgen. Die Auswahl einer falschen LUN passiert leider viel zu leicht.

Während der Installationsroutine werden bei der Partitionierung ausgewählte LUNs formatiert, unabhängig von den Daten – es sei denn, Sie wählen die Option, alle von der Installation betroffenen Datenbereiche nicht zu berücksichtigen.

Sie müssen allerdings nicht zwingend die FC- oder Ethernet-Kabel ziehen – ein Abschalten der Ports oder das Aufheben der Zuordnung am Speichersystem genügt in den meisten Fällen.

5.1.4 Lokale Installation

Zur lokalen Installation müssen Sie entweder die VMware-vSphere-6.0-Installations-DVD in das Server-System einlegen oder sie mittels Emulation (Virtual Media – HP iLO, Dell DRAC ...) dem Server bekannt machen. Sehr wichtig ist hier die passende Kombination aus Firmware-, Java- und ActiveX-Version. Die entsprechenden Informationen können Sie Tabelle 5.1 entnehmen.

Remote-Controller	Firmware	Java-Version
DRAC 7	1.30.30 (Build 43)	1.7.0_60-b19
DRAC 6	1.54 (Build 15) 1.70 (Build 21)	1.6.0_24
DRAC 5	1.0 1.45 1.51	1.6.0_20, 1.6.0_203
DRAC 4	1.75	1.6.0_23
ILO	1.81 1.92	1.6.0_22, 1.6.0_23
ILO2	1.8 1.81	1.6.0_20, 1.6.0_23
ILO3	1.28	1.7.0_60-b19
ILO4	1.13	1.7.0_60-b19
IBM RSA 2	1.03 1.2	1.6.0_22

Tabelle 5.1 Remote-Controller-Firmware-Versionen

Alternativ ist es auch möglich, den Host über ein USB-Medium bereitzustellen.

Während der Installation erfolgen fast keine Angaben; die eigentliche Konfiguration erfolgt nach dem Abschluss der Installation in der Managementkonsole des ESXi. An dieser Stelle haben Sie dann auch die Möglichkeit den Netzwerkadapter anzupassen, den Sie nutzen wollen.

Außerdem empfiehlt VMware, die Uhr im BIOS auf UTC-Zeit zu stellen. Die Anpassung an die entsprechende Zeitzone erfolgt nach der Installationsprozedur mit dem vSphere-Client.

PCI-ID-Plan

Sollte der Server über sehr viele Netzwerkkarten verfügen, ist ein PCI-ID-Plan des Server-Systems sehr hilfreich. (Die PCI-ID ist die PCI-Nummer von Geräten in PCI-Slots.) Es wird nach einer Netzwerkkarte als Uplink für den virtuellen Switch gefragt, der der Management-Portgruppe dient.

Vorbereitung des USB-Mediums

Soll die Installation über ein USB-Medium (z. B. einen USB-Stick) erfolgen, dann sind einige vorbereitende Arbeiten notwendig. Als Erstes benötigen Sie ein Tool, mit dem Sie einen USB-Stick bootfähig machen können. Sie können für diesen Zweck das Tool *UNetbootin* nutzen. Diese Software gibt es für alle gängigen Plattformen. Somit sind Sie vom Betriebssystem selbst unabhängig. Jetzt müssen Sie entweder in der oberen Auswahl eine DISTRIBUTION wählen, um den passenden USB-Stick zu erstellen, oder Sie wählen den unteren Auswahlpunkt aus und binden direkt das ISO-Abbild ein (siehe Abbildung 5.5).

Abbildung 5.5 Erstellen eines bootfähigen USB-Mediums

Nun folgt die Auswahl des USB-Mediums, auf das die vSphere-CD kopiert werden soll. Ist der Prozess abgeschlossen, dann können Sie mit Ihrem USB-Stick einen Server booten und dann installieren.

Installation

Die Installation von vSphere 6.0 ist absolut simpel und erfordert keinerlei Linux-Kenntnisse. Sie benötigen lediglich zertifizierte und von VMware freigegebene Hardware. Für Testumgebungen können Sie sich auch in der Community umschauen, auf welchen Systemen die Software noch erfolgreich installiert werden konnte.

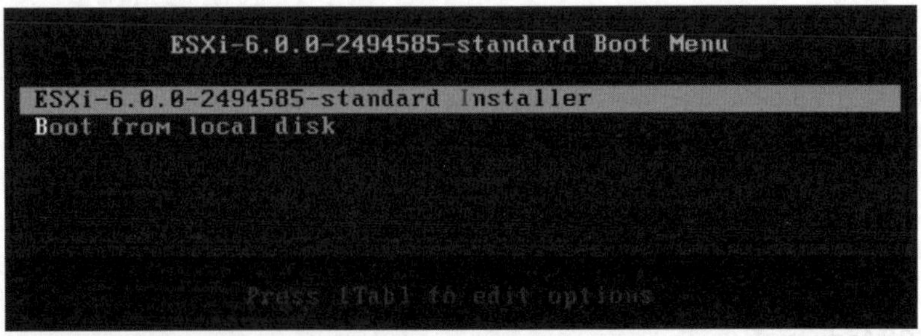

ESXi-6.0.0-2494585-standard Boot Menu

ESXi-6.0.0-2494585-standard Installer
Boot from local disk

Press [Tab] to edit options

Abbildung 5.6 Der vSphere-6.0-Installer

Nach dem Starten des ISO-Images oder der DVD wird direkt das Bootmenü mit dem Installer angezeigt (siehe Abbildung 5.6). Mit der [Tab]-Taste könnten Sie die Bootparameter ändern; zur Drucklegung des Buches war uns jedoch noch keine sinnvolle Nutzungsmöglichkeit bekannt.

Wie der zweite Menüpunkt besagt, können Sie die Installation auch umgehen. Dann bootet das System von der Festplatte.

Zu Beginn der Installation lädt das System verschiedene Treiber. Anschließend zeigt sich der Screen aus Abbildung 5.7.

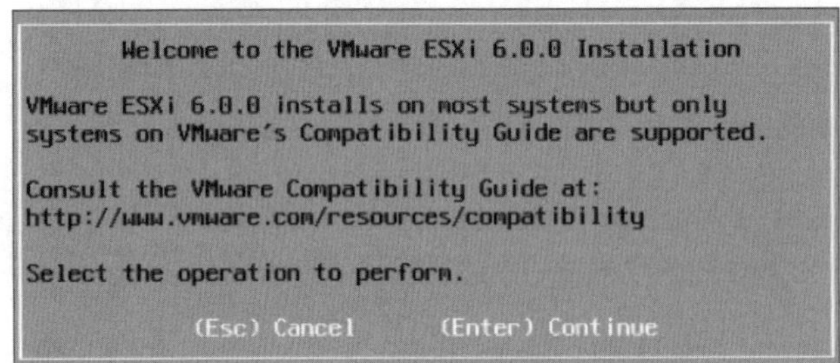

Abbildung 5.7 Hinweis auf den Compatibility Guide von VMware

Nachdem Sie mit CONTINUE die Installationsroutine fortsetzt haben, erscheint das EULA (End User License Agreement). Dieses müssen Sie bestätigen, und dann folgt die Auswahl der Installationspartition.

Die Installationsroutine des vSphere-6.0-Servers stellt keine Partitionierungsmöglichkeiten zur Verfügung. Stattdessen wird die angegebene Festplatte komplett genutzt (siehe Abbildung 5.8). Wenn Sie [F1] drücken, können Sie sich aber noch die Eigenschaften der markierten Festplatte anzeigen lassen.

An dieser Stelle finden Sie alle Angaben, die Sie für die Beurteilung der Festplatte benötigen (siehe Abbildung 5.9). Zusätzlich erhalten Sie die Information, ob die Installationsroutine eine vorhandene ESX(i)-Installation gefunden hat.

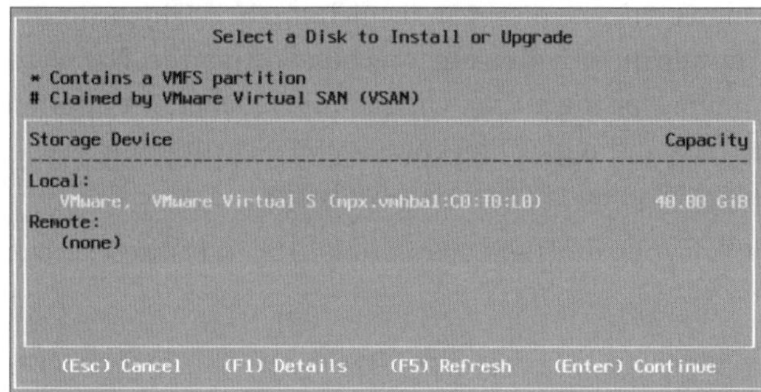

Abbildung 5.8 Auswahl der Zielfestplatte

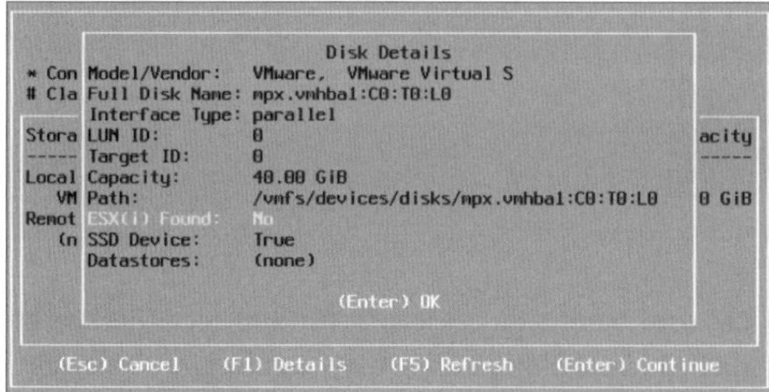

Abbildung 5.9 Eigenschaften der ausgewählten Festplatte

Tipp

Möchten Sie eine universale Installation auf einem USB-Stick erzeugen, dann können Sie ein USB-Medium einstecken. Wenn Sie anschließend [F5] drücken, wird der Stick angezeigt, und Sie können eine Installation direkt auf dem USB-Gerät vornehmen. Mit diesem Stick können Sie dann jeden unterstützten Host starten.

Nach der Auswahl und der Bestätigung der Festplatte wird Ihnen, falls bereits ein VMware-System auf der Festplatte installiert war, die Abfrage aus Abbildung 5.10 gezeigt.

```
ESXi and VMFS Found

The selected storage device contains an installation of
ESXi and a VMFS datastore.  Choose whether to upgrade
or install and overwrite the existing ESXi
installation.  Also choose whether to preserve or
overwrite the existing VMFS datastore.

(X) Upgrade ESXi, preserve VMFS datastore
( ) Install ESXi, preserve VMFS datastore
( ) Install ESXi, overwrite VMFS datastore

 Use the arrow keys and spacebar to select an option.

        (Esc) Cancel        (Enter) OK
```

Abbildung 5.10 Upgrade-Optionsauswahl bei gefundener Installation

Eine Reparatur wie in früheren Versionen gibt es an dieser Stelle nicht mehr. Wählen Sie einfach die gewünschte Aktion, und Sie können die Arbeiten entsprechend fortsetzen. Hier wird auch auf diejenigen Rücksicht genommen, die Single-Host-Umgebungen haben. Sie können die VMFS-Datastores behalten, ohne dass die darauf liegenden VMFS-Partitionen beeinträchtigt werden. Das wäre ein möglicher Upgradepfad, wenn gewünscht.

Wählen Sie nun Ihr bevorzugtes Tastaturlayout aus (siehe Abbildung 5.11), und fahren Sie mit der Installation fort.

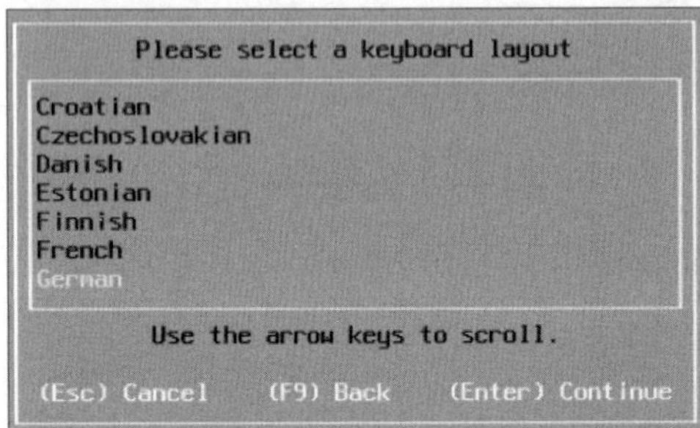

Abbildung 5.11 Auswahl des Tastaturlayouts

Im folgenden Dialog aus Abbildung 5.12 wird bereits das Passwort für den `root`-User vergeben. In dieser Version ist es nicht möglich, die Installation ohne die Vergabe eines Passworts durchzuführen.

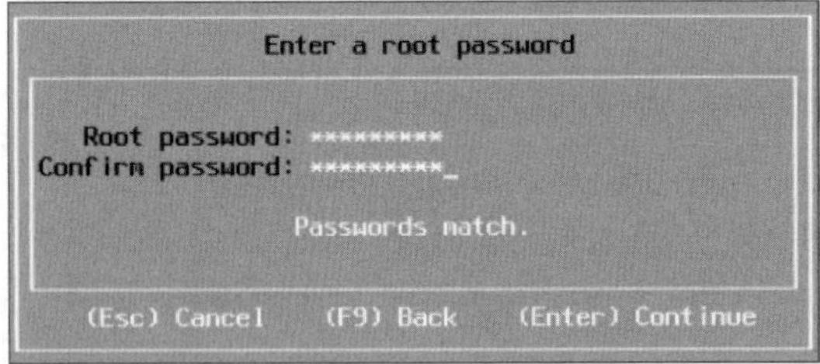

Abbildung 5.12 Festlegen des Passworts

Eine kurze Zusammenfassung bestätigt, dass eine Installation erfolgt, und zeigt an, auf welcher Festplatte sie durchgeführt wird. Nun haben Sie Zeit für ein Heißgetränk, während der Balken den Fortschritt der Installation anzeigt. Nach circa 5 Minuten sind alle Arbeiten abgeschlossen. Ist die Installation erfolgreich durchgelaufen, dann weist die Installationsroutine Sie darauf hin (siehe Abbildung 5.13).

Entnehmen Sie das Installationsmedium, und starten Sie das System neu. Der neu bereitgestellte Server heißt Sie willkommen, und Sie können mit den weitergehenden Konfigurationsarbeiten beginnen.

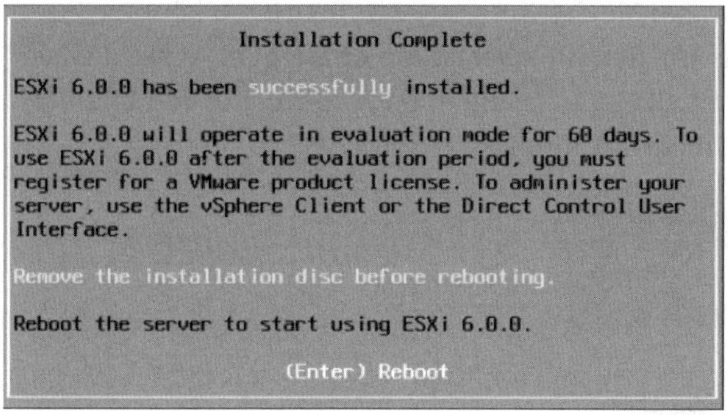

Abbildung 5.13 Installationsabschluss

Sie können selbstverständlich die Installation auch auf einem USB-Stick oder einer SD-Karte vornehmen. Es gibt Server, die passende Steckplätze im Gerät zur Verfügung stellen. Denken Sie aber daran, dass Sie dann einen Single Point of Failure haben. Über USB-Sticks und SD-Karten lässt sich kein RAID spannen, und daher sollten Sie genau überlegen, ob Sie mit dieser Technologie arbeiten wollen oder doch besser bei der klassischen Festplattenvariante im RAID-Verbund bleiben.

5.1.5 Der erste Start von vSphere 6.0

Sobald der vSphere-6.0-Server komplett gestartet ist, befinden Sie sich in einem rudimentären Startmenü, das Sie über die Tastatur bedienen können (siehe Abbildung 5.14). Da der vSphere-6-Server laut Standardeinstellungen eine IP-Adresse per DHCP bezieht, können Sie – wenn ein DHCP-Server im Netzwerk vorhanden ist – auch direkt über den *Virtual Infrastructure Client* auf den neu installierten Host zugreifen.

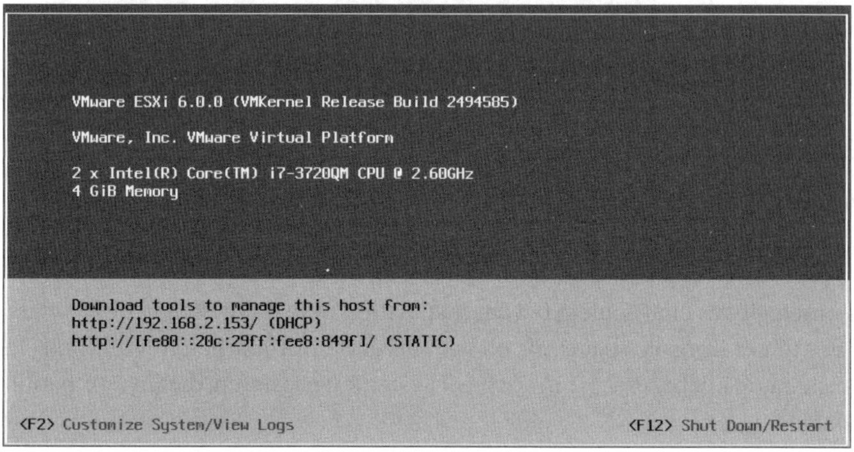

Abbildung 5.14 Erststart des vSphere-6.0-Systems

Daher bietet sich die Taste [F2] an, mit der Sie das Netzwerk konfigurieren können. Zuvor müssen Sie sich aber am System authentifizieren. Dabei ist die Anzeige im Anmeldedialog hilfreich, die das eingestellte Tastaturlayout angibt (siehe Abbildung 5.15). So vermeiden Sie Anmeldefehlversuche, weil das Layout nicht bekannt ist.

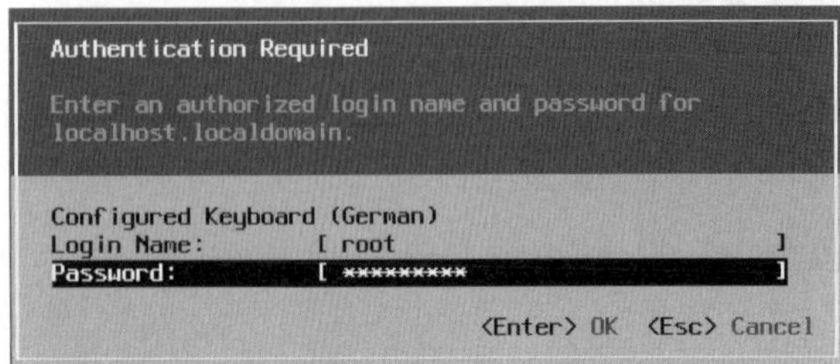

Abbildung 5.15 Server-Anmeldung mit der Anzeige des Tastaturlayouts

Nach der Anmeldung gelangen Sie in ein rudimentäres Konfigurationsmenü (siehe Abbildung 5.16). Hier können Sie die Basiseinstellungen des ESXi-Hosts vorgeben. Auf nähere Details zu seiner Konfiguration gehen wir in Kapitel 11, »Konfiguration von ESXi und vCenter«, ein.

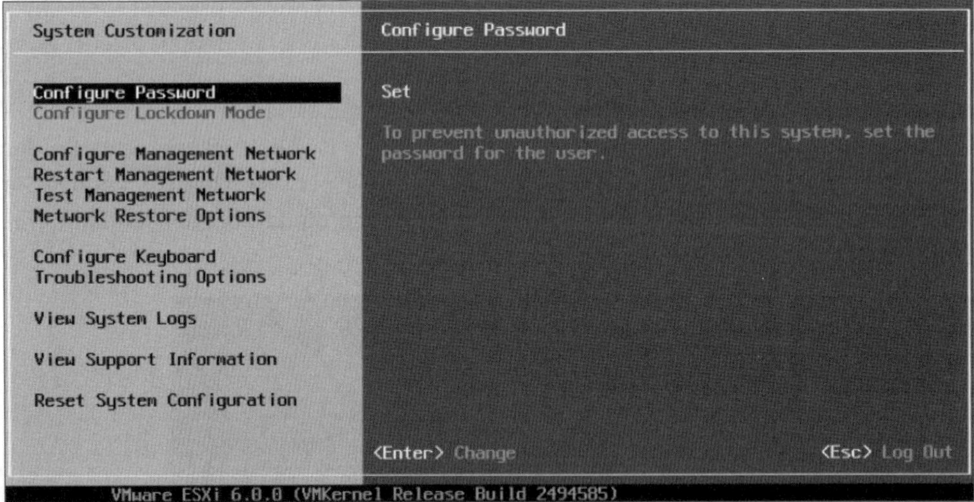

Abbildung 5.16 Konfigurationsseite des vSphere-6.0-Systems

Auf einigen Systemen gibt es ein Problem bei der Installation bzw. beim Booten des Servers. Bei ihnen sieht es auf der Konsole so aus, als ob der Server beim Umschalten vom Text- in den Grafikmodus hängen bliebe. (Das kann auch bei Systemen passieren, die im Compatibility Guide stehen.)

Die Ursache dafür ist die sogenannte HEADLESS-Funktion im BIOS. Ist sie aktiviert, kann das Problem auftreten. Schauen Sie dazu in den AHCI-Einstellungen im BIOS nach. Kann die Funktion nicht deaktiviert werden, so müssen Sie beim Starten vom Bootmedium einen Bootparameter angeben.

Durch Drücken der Tasten [⇧] + [O] gelangen Sie in den Eingabemodus. Setzen Sie dort den Parameter `ignoreHeadless` auf `TRUE`. Damit das Ganze auch nachhaltig ist, geben Sie nach erfolgter Installation im System einen persistenten Parameter an. Durch die Einstellung

```
esxcli system settings kernel set --setting=ignoreHeadless --value=TRUE
```

wird der Befehl jedes Mal beim Booten ausgeführt und verhindert so, dass der Bildschirm einfriert.

Die Aktualisierung eines Hosts kann aber auch mit dem Update Manager erfolgen und die Parametrierung über einen SSH-Zugriff.

5.1.6 vSphere CLI

Mit dem Wegfall der *Service Console*, der bereits in Version 5.0 erfolgte, musste sich die VMware-Entwicklungsabteilung Gedanken über einen entsprechenden Ersatz machen, da viele Hersteller und Anwender diese Konsole häufig für Skripte und Konfigurationen nutzten. Aus diesem Grund entstand das *vSphere CLI* (Command-Line Interface), das im Endeffekt eine Kombination aus Perl-Wrapper und Perl-Skripten ist. Diese Skripte nutzen die VI-API auf einfachem Weg über das Netzwerk und kommunizieren so mit dem vSphere Server und der vCenter-API.

Möchten Sie diese Funktionen verwenden, dann haben Sie grundsätzlich zwei Möglichkeiten, die Software herunterzuladen. Im Entwickler-Bereich bei VMware stellt der Hersteller die entsprechenden Dateien unter *https://developercenter.vmware.com/web/dp/tool/vsphere_cli/6.0* zur Verfügung.

Zumindest den *vSphere Client* können Sie direkt vom vSphere-6.0-Host herunterladen (siehe Abbildung 5.17). Mithilfe eines Webbrowsers verbinden Sie sich mit der URL des vSphere-Servers: *http://<IP-Adresse Host>*.

Alle anderen Links – bis auf BROWSE DATASTORES IN THIS HOST'S INVENTORY – leiten Sie direkt auf die VMware-Website. Im rechten Bereich finden sich die Links für das Herunterladen der *Remote Command Line*-Tools. Leider führen die Links nicht direkt auf die einzelnen Files, Sie müssen sich vom Einsprungpunkt bis zum Download herunterhangeln.

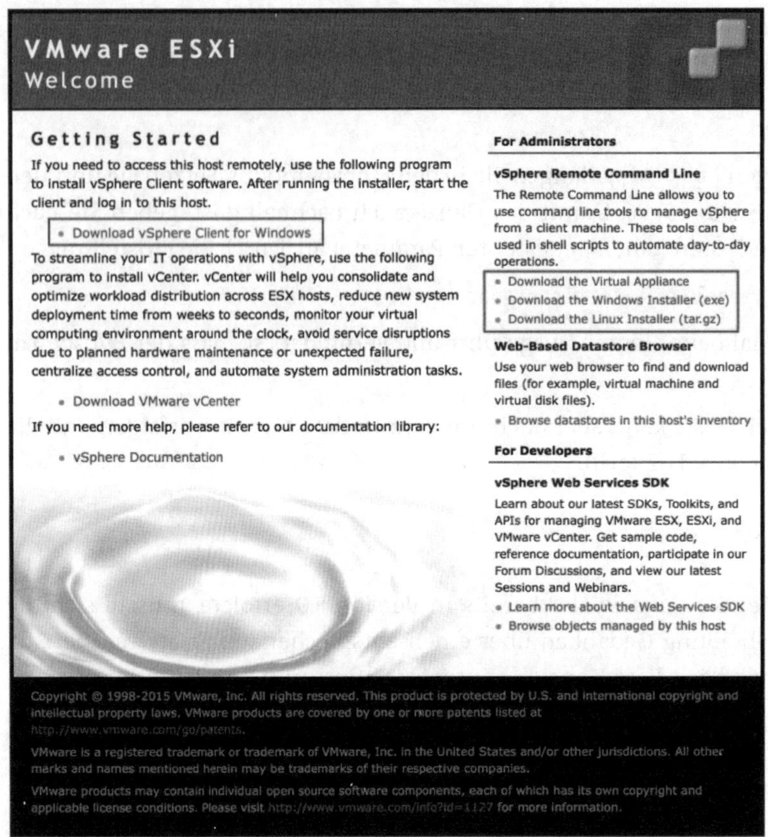

Abbildung 5.17 Zugriff auf den vSphere-Host mit dem Browser

Installation unter Linux

Kopieren Sie zuerst die Datei *VMware-vSphere-CLI-6.0.0-xxxxx.xxxx.tar.gz* auf das gewünschte Linux-System, und führen Sie sie mit `tar xzvf VMware-vSphere-CLI-6.0.0-2503617.xxxx.tar.gz` aus. Ersetzen Sie dabei `xxxx` durch `i386` oder `x86_64`, je nach verwendeter Linux-Version.

Dadurch wird ein Verzeichnis namens *vmware-vsphere-cli-distrib* erstellt, in das alle Dateien entpackt werden. Die Installation starten Sie z. B. mit */tmp/vmware-vsphere-cli-distrib/vmware-install.pl*, wodurch alle Dateien laut Standardeinstellungen in */usr/bin* kopiert werden. Eine Deinstallation führen Sie mit */usr/bin/vmware-uninstall-vSphere-CLI* durch. Jetzt finden Sie einen Großteil der Befehle, die Sie von der ehemaligen Service Console her kennen.

Installation unter Windows

Das vSphere CLI funktioniert als normale Setup-Routine für Windows (*VMware-vSphere-CLI-6.0.0-2503617.exe*) und läuft nach dem Start komplett selbstständig durch. Sollte bereits eine ältere Version installiert sein, wird diese vorher deinstalliert. Nach der Fertigstellung befindet sich eine ActivePerl-Installation im Verzeichnis *C:\Programme\VMware\VMware vSphere CLI* (oder *C:\Program files\VMware\VMware vSphere CLI*). Die Perl-Skripte finden Sie ebenfalls hier.

Virtual Appliance

Eine weitere Alternative ist der Import der Management-Appliance von VMware, die alle benötigten Remote-CLI-Komponenten samt Gastbetriebssystem enthält (siehe Abbildung 5.18). Die Virtual Appliance laden Sie entweder manuell als OVF (*Open Virtual Machine Format*) herunter, oder Sie importieren sie mit dem OVF-Tool.

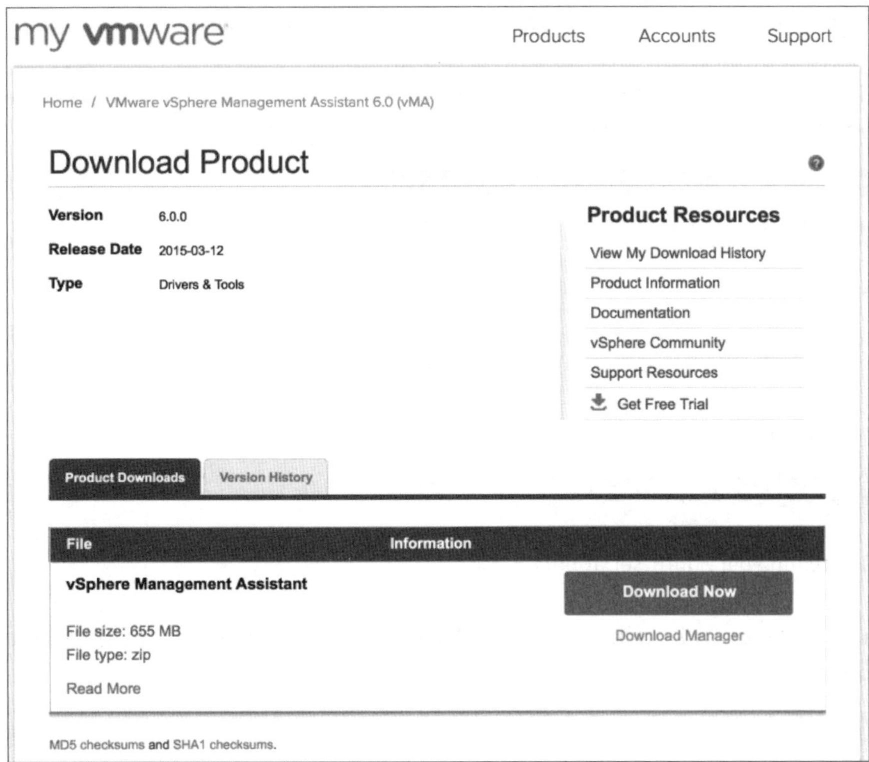

Abbildung 5.18 Download des »vSphere Management Assistant«

Auf der Webseite von VMware können Sie unter *https://my.vmware.com/group/vmware/details?downloadGroup=VMA600&productId=491#product_downloads* die Appliance herunterladen. Importieren Sie sie anschließend mit dem vSphere-Client.

Ist die Datei heruntergeladen, entpacken Sie sie. Den Import der Appliance stoßen Sie über den vSphere-Client oder den *vSphere Web Client* an (siehe Abbildung 5.19). Der Web Client kann nur genutzt werden, wenn schon ein vCenter Server bereitsteht.

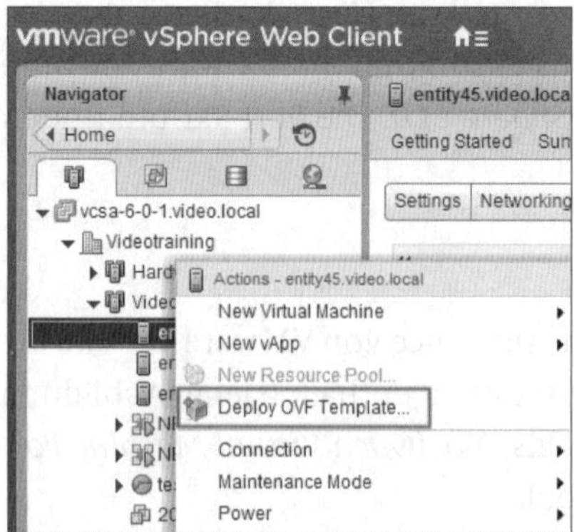

Abbildung 5.19 Importmenü für eine Virtual Appliance im »vSphere Web Client«

Erlauben Sie dem Plug-in für den Import, auf das Betriebssystem desjenigen Systems zuzugreifen, auf dem der Client gestartet worden ist (siehe Abbildung 5.20).

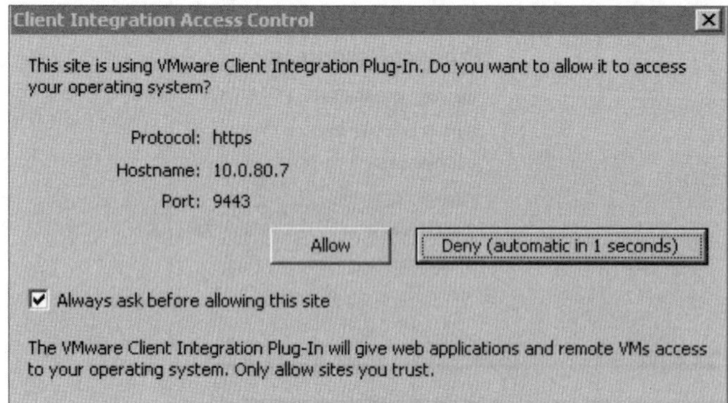

Abbildung 5.20 Erteilung der Zugriffserlaubnis

Zuvor muss aber das Plug-in installiert werden. Das erfolgt über einen Link im Webclient (siehe Abbildung 5.21).

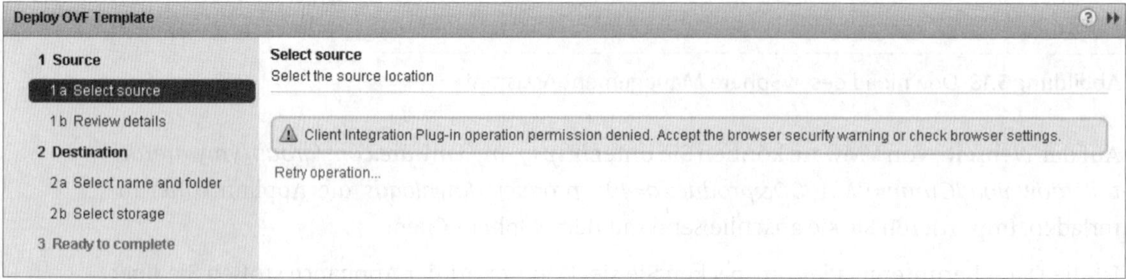

Abbildung 5.21 Installation des Plug-ins

Im folgenden Dialog importieren Sie anschließend über das File-System die Appliance (siehe Abbildung 5.22).

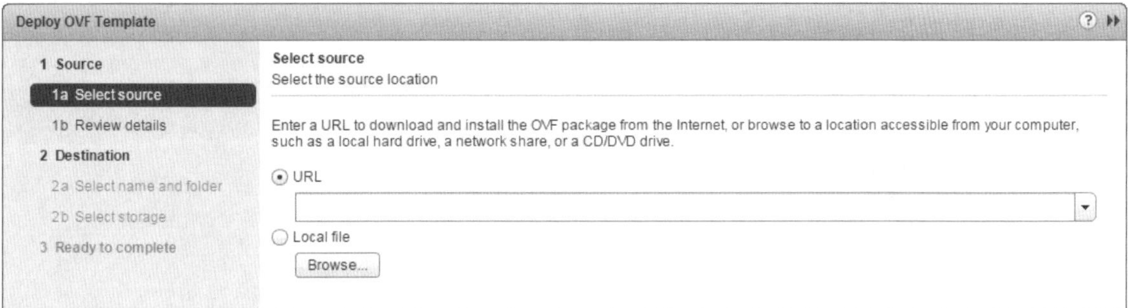

Abbildung 5.22 Appliance-Import

Beim Import der Appliance müssen Sie weitere Parameter angeben. Beginnen Sie mit der Bestätigung des EULA. Danach vergeben Sie einen Namen und geben an, wo die zu importierende Maschine gespeichert werden soll.

Anschließend legen Sie die Netzwerkeinstellungen fest (siehe Abbildung 5.23).

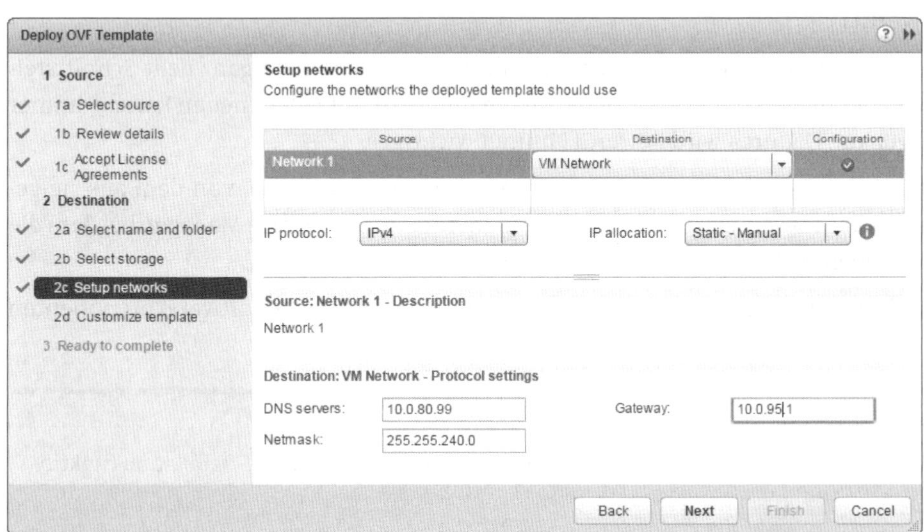

Abbildung 5.23 Konfiguration der Netzwerkparameter der virtuellen Maschine

Es werden auch IP-Adressen in der Version IPv6 unterstützt. Dabei können Sie sowohl statische als auch dynamische IP-Adressen vergeben (siehe Abbildung 5.24).

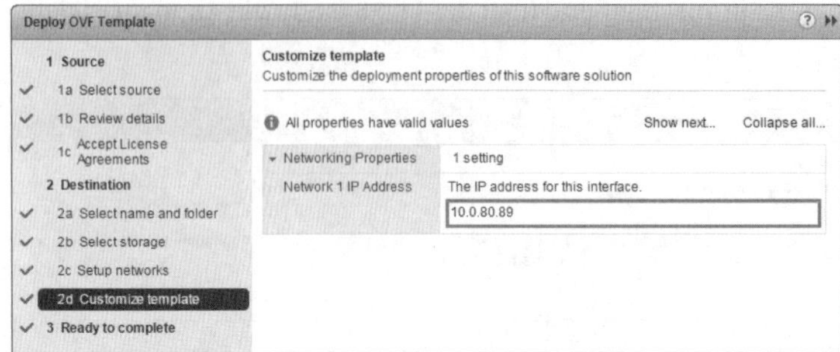

Abbildung 5.24 Die IP-Adresse der virtuellen Maschine

Bevor der Import anläuft, werden Ihnen noch alle Parameter angezeigt. Im nächsten Schritt läuft der Import ab.

Schlagen Sie einfach mal in Kapitel 11 nach: Dort beschreiben wir die Konfigurationsarbeiten. Ist der Import erfolgreich abgeschlossen, können Sie die virtuelle Maschine zur Administration von einzelnen ESXi-Hosts oder auch von größeren Landschaften nutzen.

5.1.7 PowerCLI

vSphere PowerCLI (Command-Line Interface) ist zwar eine nicht mehr ganz neue Schnittstelle von VMware, hat aber einen enormen Umfang und wird mit jedem neuen Release immer weiter ausgebaut. Dadurch wird PowerCLI immer wichtiger.

Diese Softwarekomponente müssen Sie auf dem System installieren, von dem aus sie genutzt werden soll. PowerCLI ist also keine Komponente wie der Update Manager, bei dem die Client-Komponente über den vSphere-Client heruntergeladen wird.

PowerCLI läuft nur unter Windows! Die Installation setzt diverse Softwarekomponenten voraus.

Voraussetzungen

Die folgenden Softwarepakete müssen bereits installiert sein, damit die Installation funktioniert:

- .NET 4.5 oder .NET 4.5.x
- PowerShell 3.0 bzw. 4.0
- OS-Typ 64-Bit:
- Windows Server 2012 R2
- Windows Server 2012 R2 SP1
- Windows 7 SP1
- Windows 8.1
- VMware-Umgebungen ab ESX 5.0 und ab vCenter 5.0 (mit Ausnahme der Version 5.5 U3)

Für die Installation laden Sie zuerst das Softwarepaket von der VMware-Website (siehe Abbildung 5.25). Sie finden es unter folgender URL:

https://my.vmware.com/group/vmware/details?downloadGroup=PCLI600R1&productId=491#product_downloads

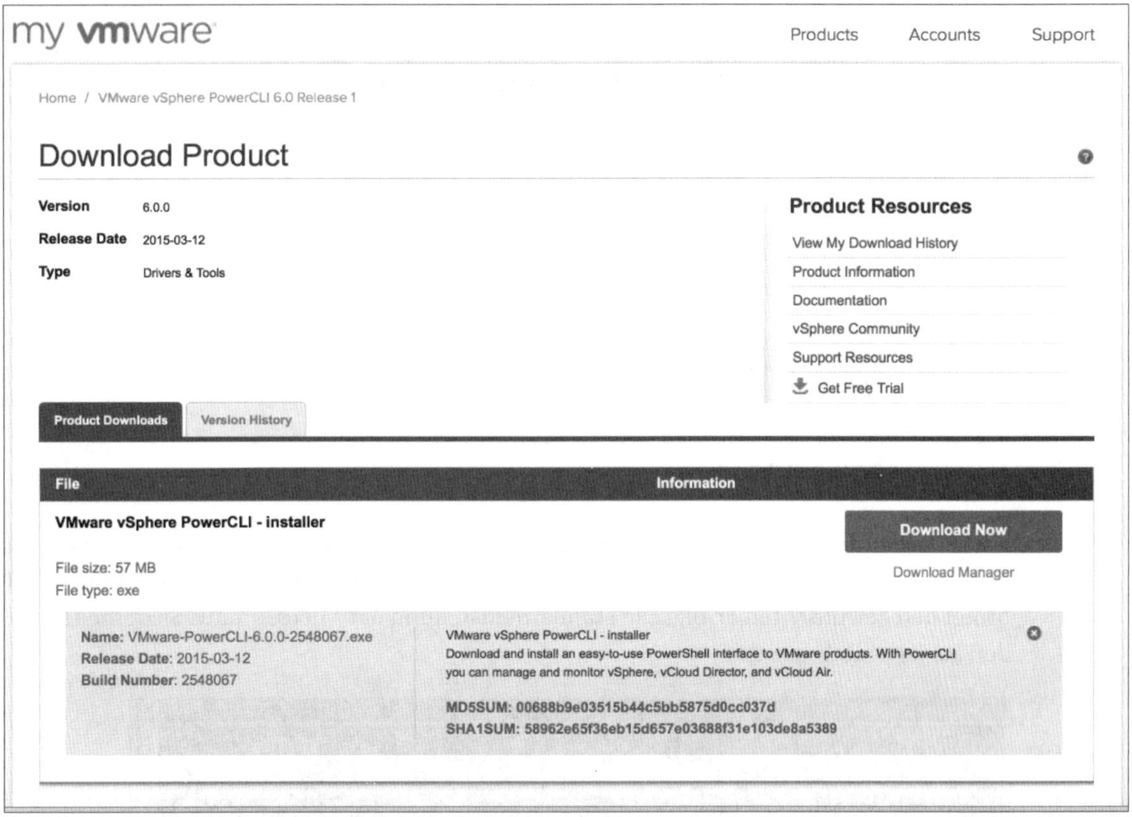

Abbildung 5.25 Download des PowerCLI

Hier finden Sie neben dem Download auch Beispiele und natürlich die notwendige Dokumentation zum PowerCLI. Nach dem Aufruf der *.exe*-Datei findet eine Überprüfung statt. Sollten Sie eine Vorgängerversion installiert haben, werden Sie mit einer Meldung wie in Abbildung 5.26 begrüßt.

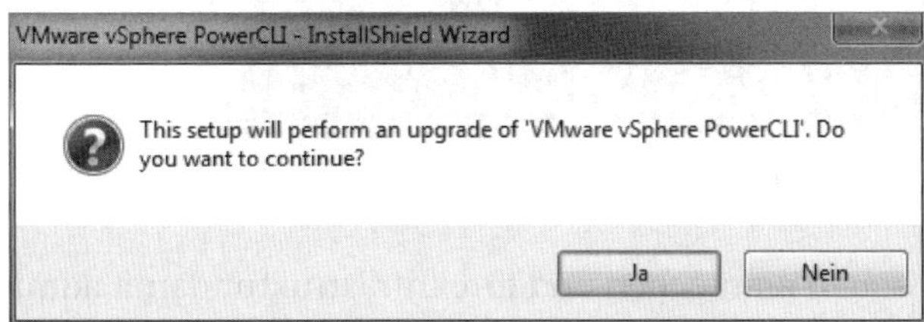

Abbildung 5.26 Installationshinweis zu PowerCLI

Zu Beginn wird angezeigt, welche weiteren Komponenten durch die Installation bereitgestellt werden müssen, damit das PowerCLI einwandfrei funktioniert. Beim *Remote Console Plug-in* (siehe Abbildung 5.27) gibt es keine weiteren Einstellmöglichkeiten. Anders ist das bei der Subkomponente *VMware VIX*; hier müssen Sie nur das EULA bestätigen und bei Bedarf den Installationspfad ändern. Bei der eigentlichen Installation des PowerCLI sind keine weiteren Eingaben notwendig.

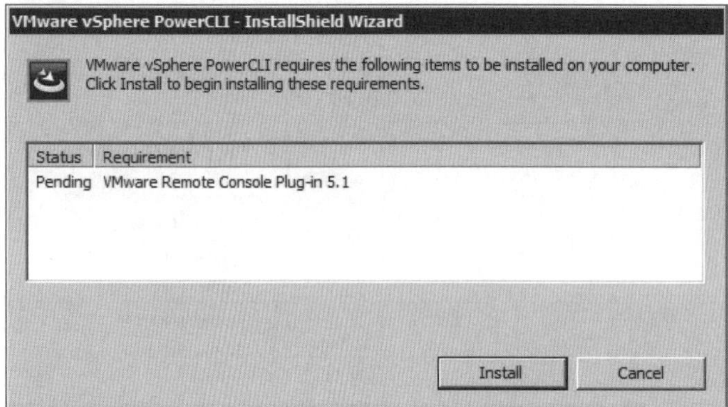

Abbildung 5.27 Installationskomponenten des PowerCLI

Damit Sie Skripte remote ausführen können, ist es erforderlich, eine Umgebungsvariable in der Shell zu setzen. Der Befehl `Set-ExecutionPolicy RemoteSigned` (siehe Abbildung 5.28) bringt den gewünschten Erfolg. Die Standardeinstellung hat Microsoft aus Sicherheitsgründen auf `Restricted` gesetzt.

```
Administrator: VMware vSphere PowerCLI
. : File C:\Program Files (x86)\VMware\Infrastructure\vSphere
PowerCLI\Scripts\Initialize-PowerCLIEnvironment.ps1 cannot be loaded because
running scripts is disabled on this system. For more information, see
about_Execution_Policies at http://go.microsoft.com/fwlink/?LinkID=135170.
At line:1 char:3
+ . "C:\Program Files (x86)\VMware\Infrastructure\vSphere
PowerCLI\Scripts\Initial ...
+ ~~~~~~~~~~~~~~~~~~~~~~~~~~~~~~~~~~~~~~~~~~~~~~~~~~~~~~~~~~~~~~~~~~~~~~~~~~~~~
~~~~
    + CategoryInfo          : SecurityError: (:) [], PSSecurityException
    + FullyQualifiedErrorId : UnauthorizedAccess
PS C:\Windows\system32> Set-ExecutionPolicy RemoteSigned

Execution Policy Change
The execution policy helps protect you from scripts that you do not trust.
Changing the execution policy might expose you to the security risks described
in the about_Execution_Policies help topic at
http://go.microsoft.com/fwlink/?LinkID=135170. Do you want to change the
execution policy?
[Y] Yes  [N] No  [S] Suspend  [?] Help (default is "Y"):
PS C:\Windows\system32> Get-ExecutionPolicy
RemoteSigned
PS C:\Windows\system32> _
```

Abbildung 5.28 So setzen Sie die Ausführungsrichtlinie.

Nun können Sie in die Weiten des PowerCLI eintauchen und Ihre Infrastruktur damit administrieren.

5.1.8 Installation über das Netzwerk

Sie können den vSphere Server auch über das Netzwerk installieren. Um diese Möglichkeit zu nutzen, benötigen Sie ein *Preboot Execution Environment* (PXE). Diese Umgebung besteht aus einem DHCP-Server (*Dynamic Host Configuration Protocol*-Server), einem TFTP-Server (*Trivial File Transfer Protocol*-Server) und einem Boot-Environment.

Bootet ein Server via PXE, wird ihm eine gültige IP-Adresse zugewiesen; über TFTP wird das Bootmenü auf den Host transferiert. Ist der Transfervorgang abgeschlossen, wird der Kernel geladen und eine RAM-Disk angelegt. Wählen Sie das Installationsskript, und sprechen Sie das Installationsmedium über das Netzwerk an. Seit der Einführung der Version 5 des VMware ESX-Servers können Sie auch den vSphere Server geskriptet installieren. Die Installation kann, wie beschrieben, automatisch mit einem Skript laufen, oder Sie führen sie manuell durch. Die Vorgehensweise ist weitestgehend so, wie wir es bereits im vorhergehenden Abschnitt beschrieben haben.

Es gibt auch verschiedene Installationstools, die es Ihnen ermöglichen, eine Konfiguration individuell einzurichten und automatisiert zu starten, so z. B. die *HP Insight Rapid Deployment*-Software von HP, die *ESXi Deployment Appliance* (EDA) oder – Sie haben es ja unter Umständen mitgekauft – das *VMware Auto Deploy*.

5.1.9 Installation im SAN

Bevor Sie Server-Systeme in einem SAN (*Storage Area Network*) nutzen, müssen Sie unbedingt den HBA-Controller daraufhin überprüfen, ob die Firmware und gegebenenfalls das BIOS auf einem aktuellen Stand sind.

Bei vSphere 6.0 ist das nicht so einfach möglich. Für ein Firmware-Update des Adapters müssen Sie mit einem bootfähigen Medium den Server starten und über diesen Weg die Firmware aktualisieren.

Einschränkungen

Leider bietet eine Systeminstallation im Speichernetzwerk nicht nur Vorteile, sondern auch Einschränkungen. Allerdings werden die Einschränkungen mit jeder VMware-ESXi-Version immer geringer.

Konnte man unter VMware ESXi 2.x keine *Raw Device Mappings* (RDM), also »Direktverbindungen« der VM zu einer LUN, in Verbindung mit SAN-Boot nutzen, ist dies seit der Version 3 kein Problem mehr. Das Gleiche gilt für die LUN-Nummerierung. Mittlerweile kann von jeder LUN-Nummer unterhalb 128 gebootet werden.

Auch die Einschränkung, dass immer nur von der niedrigsten LUN-ID gestartet werden kann, ist entfallen (bei LUNs 5, 6, 7 konnte nur von 5 gebootet werden). Allerdings sollten Sie im Interesse der Übersichtlichkeit und Verwaltung darauf verzichten, Boot-on-SAN-LUNs bunt durcheinander zu nummerieren.

Soll aus dem SAN gebootet werden, müssen Sie weiterhin darauf achten, dass der vSphere-Server während der Installationsphase nur die ersten 128 LUNs erkennen kann (nach der Installation sind es insgesamt 256 LUNs).

Aus Hardwaresicht bestehen derzeit noch Probleme bei manchen Systemen mit internen IDE-Festplatten (z. B. IBM-Blades), die im BIOS deaktiviert werden müssen. Aus Performance-Gründen bietet es sich außerdem an, den HBA, von dem gebootet wird, möglichst hoch am PCI-Bus (PCI-ID) anzusiedeln.

Boot-on-SAN

Die Möglichkeit der Installation und des Starts des vSphere Servers im bzw. aus dem SAN wurde hauptsächlich durch die Verbreitung von Blade-Servern forciert, da diese oft über keine lokalen Festplatten verfügen. Neben der Nutzung plattenloser Systeme bietet die Boot-on-SAN-Alternative einen weiteren Vorteil in Bezug auf Ausfallsicherheit: Blade-Server sind in vielen Fällen modellgleich, das heißt, es ist die gleiche Hardwaregrundlage vorhanden. Fällt ein Blade aus, können Sie durch einfaches Umsetzen der Boot-LUN im SAN ein anderes Blade mit identischer Konfiguration neu starten. Dadurch sparen Sie sich die Neuinstallation und Konfiguration bei Hardwareausfällen. Auch Replikationen oder die Spiegelung und Sicherung der Systempartition sind somit sehr einfach, da alles im SAN passieren kann.

Eine Installation bzw. der Start des vSphere-Servers von zentralem (oder nichtlokalem) Speicherplatz setzt einen bootfähigen und zertifizierten Fibre-Channel- oder iSCSI-HBA (Host-Bus-Adapter) voraus.

Allerdings sollten Sie im Idealfall die LUN-ID 0 für die Zuordnung der Bootfestplattenzuordnung. Wählen Sie eine andere Boot-LUN-ID, sollten Sie sich diesen Bereich gut merken, um später keine versehentlichen Formatierungen durchzuführen.

Zugriff beim Mapping der LUN

Beim Mapping der LUN (Zuordnung Host WWN/iSCSI Name ↔ Storage LUN in der Speicherverwaltung) sollten Sie nur dem einen Host den Zugriff gestatten, der auch von der LUN bootet!

Nachdem Sie eine entsprechende LUN angelegt und ein Mapping durchgeführt haben, können Sie den vSphere Server mit der VMware-vSphere-Installations-DVD starten. Bei der Auswahl des Bootloaders und der Festplatte, die Sie partitionieren wollen, müssen Sie die entsprechende LUN auswählen (im Idealfall LUN 0).

Fibre-Channel-HBAs und Boot-on-SAN

Die Installation kann bereits vor der Anpassung der Fibre-Channel-HBAs (Firmware-Update, Bootkonfiguration) stattfinden. Allerdings ist dies Geschmackssache. Der große Unterschied zwischen dem lokalen Boot und dem SAN-Boot besteht aus Sicht der Installationsroutine nur in der zugeordneten System- und Installationspartition. Daher muss der HBA die LUNs bereits vor dem Boot der vSphere-DVD sehen. Bei der Plattenauswahl wird die LUN dann angewählt.

Nach erfolgter Installation müssen Sie den Server allerdings vom lokalen Boot auf den Boot mittels HBA umkonfigurieren. Bevor Sie über die Einrichtung von Boot-on-SAN nachdenken, sollten Sie auf jeden Fall kontrollieren, ob die aktuelle Firmware auf dem Host-Bus-Adapter eingespielt ist. Falls nicht, sollten Sie dies zuerst nachholen. Außerdem bieten die Hersteller Anleitungen an, wie der HBA als Bootmedium eingerichtet wird.

5.1.10 Installation in der virtuellen Maschine

Seit der Version 7 von *VMware Workstation* und seit es einen VT-fähigen Prozessor (VT: Virtualization Technology) gibt, wird kein manueller Eingriff in der Konfigurationsdatei mehr benötigt, um einen VMware-vSphere-Server in der virtuellen Maschine zu betreiben.

Dies ist nicht besonders schnell, bietet jedoch viele Vorteile in Test- und Entwicklungsszenarien. Außerdem half diese Möglichkeit sehr, dieses Buch zu erstellen, da viele Tests und Versuche ansonsten viel zu aufwendig geworden wären.

Mittlerweile gibt es als Betriebssystemkonfiguration der VMware Workstation bzw. *VMware Fusion* den Punkt ESX SERVER 5. So können Sie einen vSphere-Host ohne Probleme innerhalb dieser Produkte installieren. Selbstverständlich ist das auch in ESXi-Umgebungen möglich.

5.2 Upgrade auf vSphere 6.0

Möchten Sie eine bereits bestehende Landschaft auf die neue VMware-Version updaten, müssen Sie grundsätzlich zuerst einen vorhandenen vCenter-Server auf die Version 6.0 aktualisieren. Alle Vorgängerversionen des vCenter Servers 6.0 können die neuen vSphere-Hosts nicht managen.

Ist die Management-Umgebung in der passenden Version vorhanden und betriebsbereit, haben Sie mehrere Möglichkeiten, das Update der Hosts durchzuführen. Bei den kurzen Bereitstellungszeiten sollten Sie sich aber überlegen, ob es nicht grundsätzlich sinnvoller ist, direkt eine Neuinstallation vorzunehmen. Über diesen Weg werden Sie auch die gesamten Altlasten los und haben ein frisches neues System.

5.2.1 Upgrade von der Version ESX 3.x/ESXi 3.x

Das Upgrade-Szenario von der Version ESX 3.x/ESXi 3.x ist relativ einfach beschrieben: Es gibt keinen direkten Weg von diesen Versionen zu der Version ESXi 6.x, ein solches Upgrade wird auch nicht unterstützt. Die einzige Option, die Sie haben, wenn Sie diesen Weg gehen wollen, ist ein Upgrade auf die Version 4.x mit dem anschließenden Upgrade auf Version 5.x und danach einem Upgrade auf Version 6.0. Denken Sie darüber nach, ob das arbeitstechnisch sinnvoll ist oder ob eine Neuinstallation nicht schneller geht oder ratsamer ist.

5.2.2 Upgrade von der Version ESX 4.x/ESXi 4.x

Das Upgrade-Szenario von der Version ESX 4.x/ESXi 4.x ähnelt dem Upgrade von der Version ESX 3.x/ESXi 3.x. Auch hier gibt es keinen direkten Weg von diesen Versionen zu der Version ESXi 6.x. Die einzige Option, die Sie haben, ist ein Upgrade auf die Version 5.x mit dem anschließenden Upgrade auf Version 6.x. Auch hier empfehlen wir, besser eine Neuinstallation vorzunehmen.

5.2.3 Upgrade von der Version ESX 5.x/ESXi 5.x

Ein Upgrade von der Version 5.x auf die aktuelle Version ist recht simpel und wird auch unterstützt. Legen Sie die CD mit der aktuellen Version ein, und gehen Sie den Installationsweg durch. Nach der Auswahl der Festplatte stellt das System fest, dass bereits eine VMware-Installation auf der Festplatte ist, und Ihnen wird angeboten, das System zu aktualisieren (siehe Abbildung 5.29).

Abbildung 5.29 Upgrade von der ESX-Version 5.x auf 6.x

> **Wichtig**
>
> Alle virtuellen Maschinen müssen auf dem zu aktualisierenden System gestoppt oder mit vMotion auf andere ESX(i)-Server verschoben werden.

Insgesamt gibt es zwei Möglichkeiten, einen aktualisierten vSphere-Host zu erhalten: durch die Installation von einem Datenträger oder durch ein Update über den Update Manager.

Neuinstallation

Aufgrund der schnellen Installation von VMware vSphere ist es möglich, alle Hosts neu zu installieren. Dazu versetzen Sie einen Host eines eventuell bestehenden Clusters in den Maintenance-Modus. Dadurch werden alle virtuellen Maschinen vom Server evakuiert. Trennen Sie den Host im vCenter, und installieren Sie ihn neu. Nach erfolgreicher Installation, Konfiguration und Aufnahme in den Cluster geben Sie den Host wieder für VMs frei. So können Sie einige der VMs wieder auf den neuen Host migrieren. Wiederholen Sie die

Vorgehensweise für alle betroffenen Server, bis alle Systeme aktualisiert worden sind. Der Vorteil dieser Vorgehensweise ist, dass Sie die Möglichkeit haben, die Systemkonfiguration anzupassen. Dieser Weg sollte die erste Wahl sein, wenn die Hostsysteme schon vorher von der Version ESX/ESXi 3.x aktualisiert wurden. Alternativ können Sie auch die Installation weglassen und die Systeme direkt vom Netzwerk starten. Dazu lesen Sie später mehr in Abschnitt 12.8, »VMware Auto Deploy«.

vCenter-Server

Damit der vCenter-Server die Option für das Updaten von ESXi 5.x-Hosts anbietet, muss der *vSphere Update Manager* installiert sein. Dies kann sowohl auf dem vCenter (nur bei der Windows-Version) selbst als auch auf einem anderen Windows-System erfolgen, das im Netzwerk steht. Selbstverständlich müssen Sie den passenden Update-Manager-Client installieren. Dieser Client integriert sich in den vSphere-Client und ist auf dem System einzurichten, von dem aus Sie die Arbeiten durchführen wollen.

Detaillierte und weitergehende Informationen zur Konfiguration des Update Managers finden Sie in Abschnitt 12.1, »Der vCenter Update Manager«. In diesem Abschnitt gehen wir nur darauf ein, wie Sie vorhandene Hosts aktualisieren.

Wenn Sie den Update Manager zuerst nur für das Update von ESXi-Servern einsetzen, müssen Sie zu Beginn kein Patch-Repository hinterlegen. Über den Button HOSTS (siehe Abbildung 5.30) treffen Sie die Auswahl, alle hostbasierten Baselines anzuzeigen.

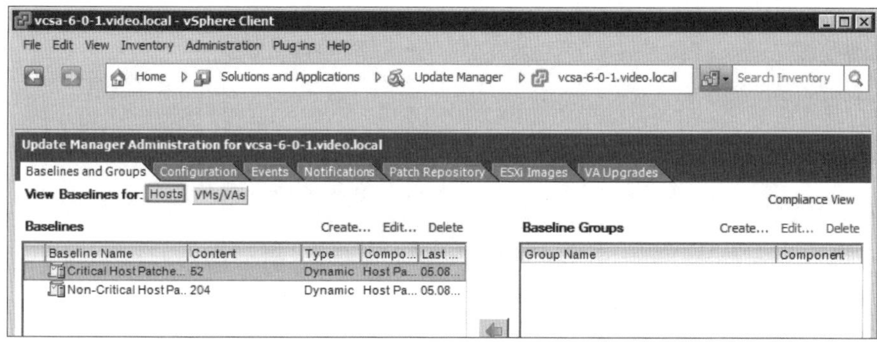

Abbildung 5.30 Der vSphere Update Manager

Danach importieren Sie ein ESXi-Image über den Reiter ESXI IMAGES. Nach dem Abschluss des Imports wird Ihnen die Option geboten, direkt eine Baseline zu erstellen. Das lehnen Sie an dieser Stelle ab und erstellen die Baseline in der Hauptoberfläche über das Kontextmenü. Auf diese Weise wird das Anlegen einer Upgrade-Baseline eingeleitet. Über den entsprechenden Auswahlpunkt im Kontextmenü starten Sie einen Wizard, der die passenden Abfragen stellt, um eine zugehörige Baseline zu erstellen.

Das erste Fenster des Assistenten ist an sich selbsterklärend. Wir wollen eine Baseline anlegen, mit der sich existierende Hosts upgraden lassen (siehe Abbildung 5.31).

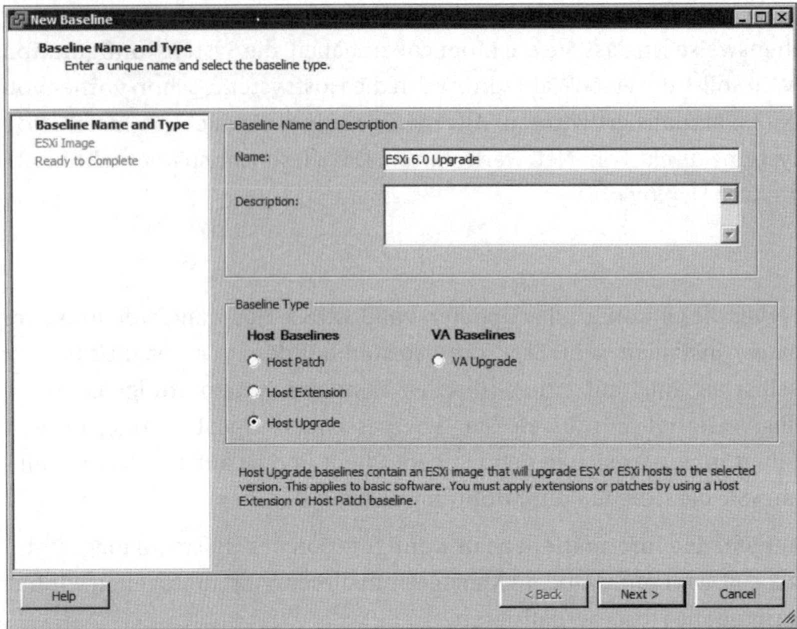

Abbildung 5.31 Erstellen einer Upgrade-Baseline

Damit die Arbeiten durchgeführt werden können, benötigt der Update-Server das ISO-File mit den vSphere-Installationsdateien (siehe Abbildung 5.32).

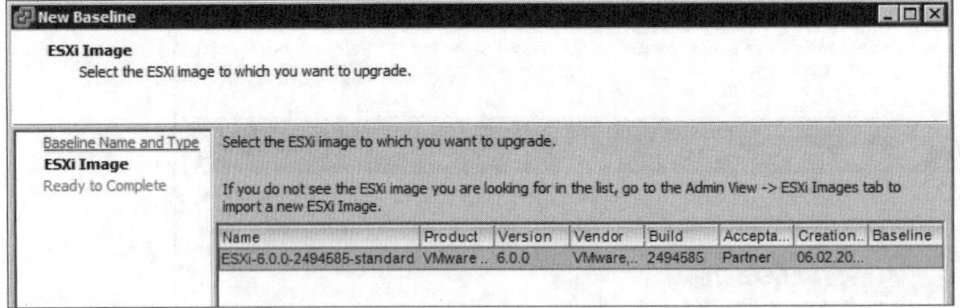

Abbildung 5.32 Einbinden der benötigten Medien

Die Baseline ist erstellt und nutzbar. Jetzt müssen Sie eine Baseline-Gruppe generieren. Über das Kontextmenü im Fenster BASELINE GROUPS legen Sie dieses Konfigurationselement an. Nun öffnet sich ein Dialog, in dem Sie einen Namen vergeben müssen. Selbstverständlich handelt es sich hier um eine Baseline für Hostsysteme. Anschließend verbinden Sie die jetzt erstellte Host-Baseline mit der Patch-Baseline, die Sie zuvor angelegt haben (siehe Abbildung 5.33).

Schließen Sie den Dialog mit BEENDEN ab. Wenn Sie jetzt auf die Hosts und dann auf den Reiter UPDATE MANAGER gehen, befinden Sie sich an der Stelle, wo Sie die Update-Policy mit dem Host verbinden können.

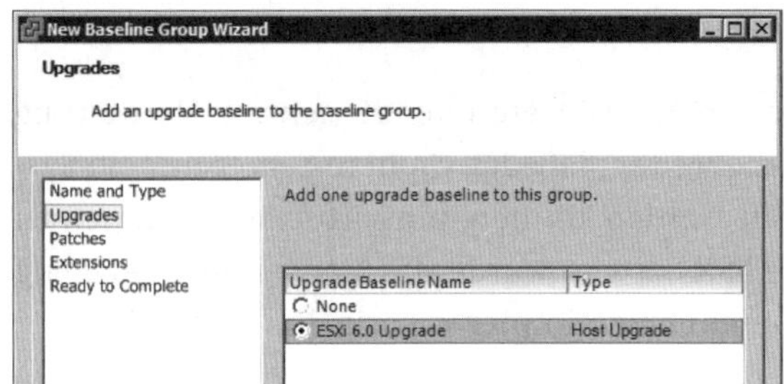

Abbildung 5.33 Verknüpfung von Patch- und Host-Baseline

Der ausgewählte Host ist zu überprüfen. Dieses geschieht automatisch, nachdem die Verbindung zwischen Host und Baseline hergestellt worden ist (siehe Abbildung 5.34). Der folgende Dialog erwartet die Auswahl der passenden Baseline und Baseline-Gruppe.

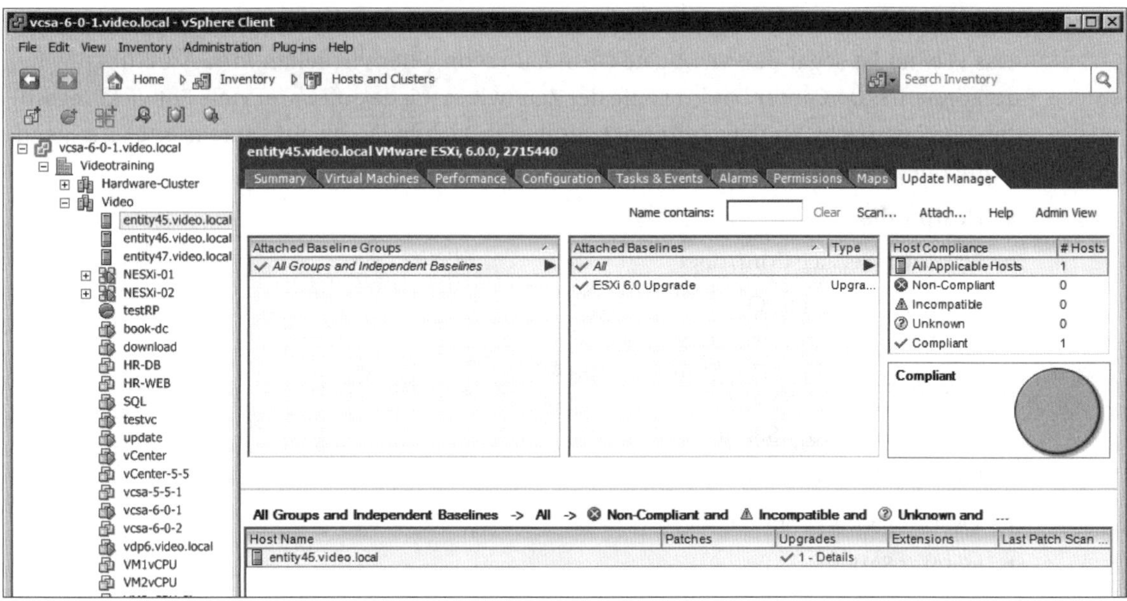

Abbildung 5.34 Update Manager für ein Host-Objekt

Es folgen die Lizenzvereinbarung und eine Zusammenfassung der eingestellten Konfiguration. Abschließend legen Sie die Startzeit des Auftrags fest und geben dem Auftrag einen eindeutigen Namen.

Stoßen Sie jetzt über den Button STAGE den Update-Vorgang an. Dieser läuft dann vollkommen automatisch ab; es sind keine manuellen Eingriffe nötig. Zuerst wird der Server automatisch in den Maintenance-Modus versetzt. Anschließend führt der Patch-Manager die Update-Arbeiten durch. Nach dem Abschluss der Arbeiten wird der Host automatisch neu gestartet. Das System ist wieder unter der alten Netzwerkkonfiguration erreichbar und ist nun wieder aus dem Maintenance-Modus zu nehmen.

5.3 VMware vCenter Server

Wenn es um erweiterte Funktionen wie vMotion, HA, DRS etc. oder die zentrale Verwaltung geht, hilft die reine vSphere-Installation wenig weiter, da jeder vSphere-Server nur ein System darstellt, dessen Ressourcen partitioniert werden können, um virtuelle Maschinen zu betreiben. Mit der Version 2.x des VMware-ESX-Servers wurde das Verwaltungswerkzeug vCenter in Version 1 eingeführt. Es stellt seitdem einen immer wichtigeren Bestandteil der VMware-Infrastruktur dar.

In der aktuellen Version von vCenter Server haben Sie die Möglichkeit, über 1000 vSphere-Server und über 10.000 eingeschaltete bzw. 15.000 registrierte virtuelle Maschinen zentral zu verwalten und durch Cluster, Ressourcen-Pools und vMotion zu einer virtuellen Gesamtheit zu verschmelzen. Nutzen Sie die Verlinkung von vCenter-Servern, dann sind bis zu 4000 vSphere-Server und maximal 30.000 eingeschaltete bzw. 50.000 registrierte virtuelle Maschinen adressierbar.

Das *vCenter* ist sogar der wichtigste Grund, um von einer virtuellen Infrastruktur sprechen zu können. Das vCenter hat im Laufe der Zeit (wie fast jede Software) viele Entwicklungsstufen durchgemacht. Zu dem Zeitpunkt, als dieses Buch in Druck ging, integrierte es folgende Komponenten:

- Hostprofile
- Plattform Service Controller
- vCenter Single Sign-On
- License Service
- Lookup Service
- VMware Directory Service
- VMware Certificate Authority
- VMware vCenter Server Services
- vCenter Server
- vSphere Web Client
- vCenter Inventory Service
- vSphere Auto Deploy
- vSphere ESXi Dump Collector
- vSphere Syslog Collector (Microsoft Windows) / VMware Syslog Service (Appliance)
- vCenter Update Manager
- vCenter Server Orchestrator

In den meisten Fällen empfiehlt es sich, alle benötigten (bzw. lizenzierten) Komponenten auf einem einzelnen System zu installieren und zu betreiben. Für kleinere Umgebungen können

Sie auch direkt die mitgelieferte Postgres-Datenbank nutzen, ansonsten sollten Sie auf einen MS-SQL- oder einen Oracle-Datenbank-Server zurückgreifen.

Handelt es sich um eine recht kleine Installation von 10 und weniger vSphere-Servern mit 100 und weniger virtuellen Maschinen, dann kann der Datenbank-Server auch auf der gleichen Maschine wie das vCenter laufen (20 Hosts, 200 VMs). Ansonsten sollten Sie den Datenbank-Server auf einer getrennten Maschine betreiben, weil die Last und das Datenaufkommen entsprechend der Infrastrukturgröße steigen.

Für die Planung des Datenbankwachstums existiert ein VMware-Excel-Dokument, das Ihnen eine ungefähre Größenberechnung für Microsoft SQL ermöglicht:

http://www.vmware.com/support/vsphere4/doc/vsp_4x_db_calculator.xls

Die Größenberechnung für Oracle finden Sie unter:

http://www.vmware.com/support/vsphere4/doc/vsp_4x_db_calculator_oracle.xls

Beide Versionen gelten leider nur für vSphere 4.x; eine neuere Version lag zur Drucklegung noch nicht vor.

Abbildung 5.35 zeigt eine solche Berechnung mit 20 Hosts und 200 VMs, deren Größe bei ca. 3,4 GB liegt, wenn Sie das 2. Protokoll-Level einschalten würden. Auch wenn im Kopf der Tabelle noch die alte Bezeichnung des Produkts steht (VMware vCenter Server 4.x), so gilt der errechnete Wert auch für die aktuelle Version des Management-Tools.

vmware®

vCenter Server Database Sizing Calculator for Microsoft SQL Server
Valid for vCenter Server 4.0

Number of hosts	20
Number of virtual machines	200
Number of clusters	1
Number of resource pools	0
Number of datastores	50
Number of datacenters	1
Number of root folders	1
Average number of network devices per host	2
Average number of network devices per virtual machine	1
Average number of disk devices per host	10
Average number of disk devices per virtual machine	4
Average number of CPUs per host	4
Average number of virtual CPUs (vCPUs) per virtual machine	2
Number of device types per virtual machine for datastore statistics	4
Average number of debugging statistics or devices	1000

	Number of Samples Collected Every 5 Minutes	Potential DB Size in Gigabytes at the End of 1 Year	+15%	-15%	Space Required for Temporary DB
Statistics Collection Level 1	5968	1,7	1,9	1,4	1,7
Statistics Collection Level 2	12156	3,4	4,0	2,9	3,4
Statistics Collection Level 3	27636	7,8	9,0	6,7	7,8
Statistics Collection Level 4	43957	12,5	14,3	10,6	12,5

Abbildung 5.35 VMware-vCenter-Datenbank-Kalkulation

Der Update Manager benötigt ebenfalls eine eigene Datenbank. Auch hier gibt es ein Excel-Sheet, das Sie bei der Berechnung der benötigten Datenbankgröße unterstützt. Sie finden dieses Dokument (siehe Abbildung 5.36) unter folgender URL:

http://www.vmware.com/support/vsphere4/doc/vsp_vum_41_sizing_estimator.xls

Answer these questions about the VMware vSphere 4.1 deployment in your organization:

Do you upgrade from 4.0 and continue using old ESXi upgrade bundles?	No
Do you perform patch remediation of virtual machines?	No
Do you have ESX 3.0.3+ hosts?	No
Do you have ESX 3.5+ hosts?	No
Do you have ESX 4.0 hosts?	No
Do you have ESX 4.0 U1+ hosts?	Yes
Do you have ESX 4.1 hosts?	Yes
Do you have ESXi 3.5+ hosts?	No
Do you have ESXi 4.0 hosts?	Yes
Do you have ESXi 4.0 U1+ hosts?	Yes
Do you have ESXi 4.1 hosts	Yes
How many concurrent ESXi host upgrades do you plan to do?	1
Number of hosts, including those in clusters	50
Number of virtual machines	1000
Number of Windows distributions (2k/XP/2k3/Vista) in the inventory	1
Average number of locales for Windows distribution	1
Average number of different Service Pack levels for Windows distribution	1
Patch scan frequency for virtual machines per month	1
VMware Tools upgrade scan frequency for virtual machines per month	1
Virtual machine hardware upgrade scan frequency per month	1
Patch scan frequency for hosts per month	2
Upgrade scan frequency for hosts per month	1
VMware vCenter Update Manager database deployment model recommendation:	Use a separate DB from the vCenter Server DB
VMware vCenter Update Manager server deployment model recommendation:	Install VUM on the same host as the vCenter Server host

Resource	**Initial Utilization MB**	**Estimated Monthly Utilization MB**		
		Median	**+20%**	**-20%**
Database Space Usage	150	79	94	63
Disk Utilization — Patch Content	12.938	2.700	3.240	2.160
Disk Utilization — Temporary Space	3.072	Not Applicable	Not Applicable	Not Applicable

Abbildung 5.36 VMware Update Manager – Berechnung von Platten- und Datenbankbelegung

Dieses Dokument berechnet die Datenbank- und Festplattenbelegung in einem. Während beim Update Manager nicht viel in der Datenbank passiert, ist die Festplattenbelegung nicht nennenswert und wächst, abhängig von der Anzahl verschiedener vSphere-Systeme und -stände.

Auch in diesem Sheet werden analog die Daten der ersten Berechnung zugrunde gelegt. Microsoft-Updates werden von dem aktuellen Update Manager aber nicht mehr unterstützt.

Fazit

Um vCenter und den vCenter Update Manager zu nutzen, benötigen Sie zwei unabhängige Datenbanken. Das voraussichtliche Wachstum können Sie mit den vorgestellten Excel-Dokumenten anhand der Infrastrukturdaten selbst berechnen.

5.3.1 vCenter-Systemvoraussetzungen

VMware vCenter Server gibt es mittlerweile in zwei unterschiedlichen Versionen: als Linux-Appliance und als Microsoft-Windows-Anwendung. Auf die Appliance gehen wir in Abschnitt 5.4 ein.

Für die Windows-Version wird als Basisbetriebssystem logischerweise nur ein Microsoft-Betriebssystem unterstützt. In der Kompatibilitätsliste sind die Einträge nicht mehr zu finden.

VMware hat diese Informationen in die Knowledge Base verschoden. Die relevanten Informationen finden Sie im Artikel KB2091273 (*http://kb.vmware.com/selfservice/search.do?cmd=displayKC&docType=kc&docTypeID=DT_KB_1_1&externalId=2091273*).

Auch wenn in Abbildung 5.37 nur das vCenter als abgefragte Einheit steht, so unterstützen der Update Manager und der vRealize Orchestrator genau dieselben Betriebssystemversionen wie das vCenter.

Resolution

This table lists the supported host operating systems for vCenter Server installation.

Note: Core versions of Windows Server are not supported for installation of vCenter Server.

Windows Operating System	6.0	5.5 U2	5.5 U1	5.5	5.1 U3	5.1 U2	5.1 U1	5.1	5.0 U3	5.0 U2	5.0 U1	5.0	4.1 U3	4.1 U2	4.0 U4
Microsoft Windows Server 2012 R2 64-bit	Yes	Yes	Yes		Yes	Yes									
Microsoft Windows Server 2012 64-bit	Yes	Yes	Yes	Yes	Yes	Yes	Yes		Yes	Yes					
Microsoft Windows Server 2008 Service Pack 2 64-bit	Yes	Yes	Yes	Yes	Yes	Yes	Yes	Yes	Yes	Yes	Yes	Yes			
Microsoft Windows Server 2008 Service Pack 1 64-bit					Yes	Yes	Yes	Yes	Yes	Yes	Yes	Yes			
Microsoft Windows Server 2008 R2 Service Pack 1 64-bit	Yes	Yes	Yes	Yes	Yes	Yes	Yes	Yes	Yes	Yes	Yes	Yes	Yes		
Microsoft Windows Server 2008 R2 64-bit	Yes	Yes	Yes	Yes	Yes	Yes	Yes	Yes	Yes	Yes	Yes	Yes	Yes	Yes	Yes
Microsoft Windows Server 2003 R2 Service Pack 2 64-bit					Yes	Yes	Yes	Yes	Yes	Yes	Yes	Yes			
Microsoft Windows Server 2003 R2 64-bit					Yes	Yes	Yes	Yes	Yes	Yes	Yes	Yes			
Microsoft Windows Server 2003 Service Pack 2 64-bit					Yes	Yes	Yes	Yes	Yes	Yes	Yes	Yes			
Microsoft Windows Server 2003 64-bit													Yes	Yes	Yes
Microsoft Windows Server 2003 32-bit															Yes
Microsoft Windows XP 64-bit													Yes	Yes	
Microsoft Windows XP 32-bit															Yes

Abbildung 5.37 Unterstützte Windows-Betriebssysteme für das vCenter, den Update Manager und vRealize Orchestrator

Als Datenbank können verschiedene Programmversionen des Microsoft SQL Servers oder des Oracle-Datenbank-Servers dienen. Für kleinere Umgebungen kann die mitgelieferte *Postgres*-Datenbank genutzt werden.

Tabelle 5.2 zeigt die derzeitige Kompatibilität zwischen der vCenter-Applikation und den Datenbanken von Microsoft und Oracle.

Datenbank	Bemerkung	vCenter	Update Manager
MS SQL 2014 Enterprise	32-Bit- und 64-Bit-Version	✓	✓
MS SQL 2014 Standard	32-Bit- und 64-Bit-Version	✓	✓

Tabelle 5.2 Datenbankkompatibilität von vCenter und Update Manager

Datenbank	Bemerkung	vCenter	Update Manager
MS SQL 2012 Enterprise	32-Bit- und 64-Bit-Version; nur mit SP1	✓	✓
MS SQL 2012 Standard	32-Bit- und 64-Bit-Version; nur mit SP1	✓	✓
MS SQL 2012 Express	32-Bit- und 64-Bit-Version; nur mit SP1	✓	✓
MS SQL 2008 R2 Datacenter	32-Bit- und 64-Bit-Version; nur mit SP1 oder SP2	✓	✓
MS SQL 2008 R2 Enterprise	32-Bit- und 64-Bit-Version; nur mit SP1 oder SP2	✓	✓
MS SQL 2008 R2 Standard	32-Bit- und 64-Bit-Version; nur mit SP1 oder SP2	✓	✓
MS SQL 2008 R2 Express	32-Bit- und 64-Bit-Version; nur mit SP1 oder SP2	✓	✓
Oracle 12c Standard ONE Edition, Release 1	32-Bit- und 64-Bit-Version	✓	✓
Oracle 12c Enterprise Edition, Release 1	32-Bit- und 64-Bit-Version	✓	✓
Oracle 12c Standard Edition, Release 1	32-Bit- und 64-Bit-Version	✓	✓
Oracle 11g Standard ONE Edition, Release 2	32-Bit- und 64-Bit-Version	✓	✓
Oracle 11g Enterprise Edition, Release 2	32-Bit- und 64-Bit-Version	✓	✓
Oracle 11g Standard Edition, Release 2	32-Bit- und 64-Bit-Version	✓	✓

Tabelle 5.2 Datenbankkompatibilität von vCenter und Update Manager (Forts.)

5.3.2 Download der Installationsmedien

Auf der VMware-vCenter-Download-Seite ist die Companion-DVD zu finden (siehe Abbildung 5.3), die alle notwendigen Komponenten enthält.

5.3.3 Vorbereitung der Datenbank

Als Datenbanken werden im produktiven Umfeld verschiedene Versionen von Microsoft SQL Server, Oracles Datenbank-Server und die mitgelieferte Postgres DB unterstützt. Es wird keine Version des *Microsoft SQL Server Express* mehr mitgeliefert.

Für den Zugriff auf die externen Datenbanken benötigt das vCenter eine ODBC-Verbindung zu dem Datenbank-Server. Beachten Sie bitte, dass der vCenter Server selbst eine 64-Bit-ODBC-Verbindung benötigt, der vCenter Update Manager aber eine 32-Bit-Verbindung!

VMware Postgres DB

Die Datenbanksoftware *vFabric Postgres* wird auf der Companion-DVD direkt mitgeliefert und durch die Installationsroutine automatisch installiert, sofern Sie keine externe Datenbank angeben. Diese Datenbank empfiehlt sich jedoch nur für kleinere Umgebungen bis zu 20 Hosts und 200 VMs.

Wenn Sie diese Datenbank verwenden, sind keine Vorbereitungen nötig.

Microsoft SQL 2008/12/14

Haben Sie selbst oder der Datenbankadministrator eine vCenter-Datenbank (und zusätzlich eine VMware-Update-Manager-Datenbank) im Microsoft SQL Server eingerichtet, benötigt die vCenter-Installation einen vorbereiteten ODBC-Zugriffsweg. Diesen erstellen Sie in VERWALTUNG • DATENQUELLEN (ODBC) 64-BIT, die innerhalb der SYSTEMSTEUERUNG (siehe Abbildung 5.38) zu finden sind.

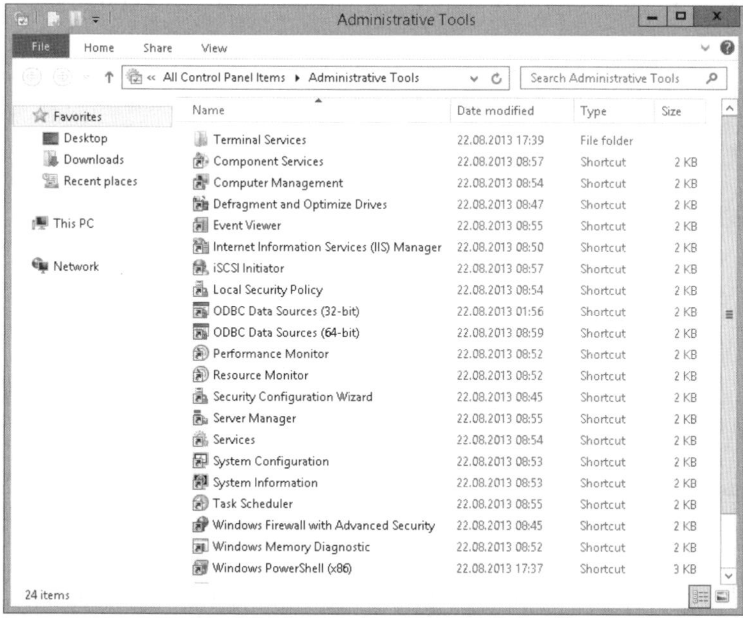

Abbildung 5.38 Anlegen der ODBC-Datenquelle

Auch auf 64-Bit-Systemen müssen Sie mit einer 32-Bit-ODBC-Verbindung arbeiten, um den Update Manager verwenden zu können. Dabei ist es unerheblich, welche Datenbank Sie im Hintergrund verwenden. Die Vorgehensweise ist dabei wie oben beschrieben.

Kommt der Microsoft SQL Server zum Einsatz, müssen Sie die 64-Bit-ODBC-Treiber installieren. Während der Installation werden auch automatisch die 32-Bit-Treiber installiert. Die Konfiguration der ODBC-Verbindungen erfolgt über den entsprechenden Menüpunkt im Windows-Betriebssystem.

System-DSN (Data Source Name) anlegen

Damit alles reibungslos funktioniert, müssen Sie einen System-DSN und keinen User-DSN anlegen!

Für den Zugriff auf den SQL-2008/12/14-Server wird der *SQL Native Client* benötigt. Beim Anlegen der ODBC-Verbindung sehen Sie sofort, ob der Client schon installiert ist. Ist er nicht vorhanden, dann müssen Sie ihn erst installieren, bevor Sie fortfahren können.

Den SQL Native Client finden Sie z. B. auf der SQL-Server-2008/12/14-DVD. Ist schon ein älterer Native Client vorhanden, kann er bei einer Aktualisierung Probleme verursachen. Deinstallieren Sie ihn daher sicherheitshalber vorher! Alternativ finden Sie den Client hier:

http://www.microsoft.com/en-gb/download/details.aspx?id=43339

Nach der Installation des SQL Native Clients steht ein neuer ODBC-Treiber zur Verfügung, den Sie zum Anlegen der Datenquelle für vCenter nutzen müssen (siehe Abbildung 5.39). Das weitere Vorgehen läuft exakt so ab wie in Abschnitt 5.3.4, »Installation von vCenter«, beschrieben.

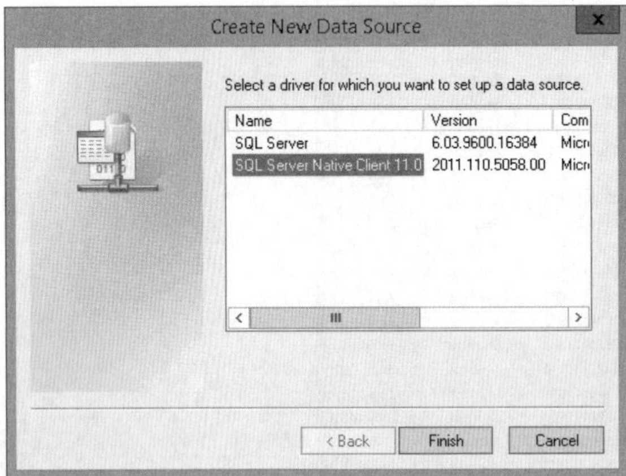

Abbildung 5.39 Der »SQL Native Client« für die Verbindung mit MS SQL 2008/12/14

Der Datenquellenname, den Sie an dieser Stelle vergeben müssen (siehe Abbildung 5.40), wird später vom vCenter-Server referenziert und genutzt. Außerdem werden Sie nach dem

SQL-Server-Namen gefragt. Idealerweise geben Sie hier den DSN an. Sind Datenbank und vCenter-Server gleich, genügt die Angabe »localhost«.

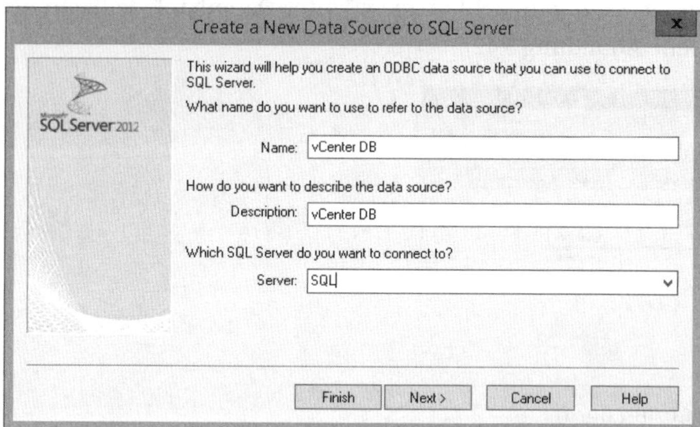

Abbildung 5.40 Konfiguration der ODBC-Datenquelle: SQL-Server- und Quellenname

Der Benutzername, den Sie im Dialog aus Abbildung 5.41 vergeben, wird nur für den Windows-Test der Datenquelle und nicht vom vCenter Server genutzt. Während der vCenter-Installation werden Sie auch nach einem Benutzerprofil gefragt, das in der Registry abgelegt wird. Daher hilft es auch nicht, die ODBC-Datenquelle anzupassen, falls das SQL-Benutzer-Kennwort geändert wird.

In den meisten Fällen wird die SQL-Benutzerauthentifizierung verwendet, wenn über das Netzwerk auf die Datenbank zugegriffen wird. Handelt es sich bei vCenter und SQL Server um das gleiche System, ist meist die Windows-Anmeldung erste Wahl. Die Registry-Angaben finden Sie in folgendem Zweig:

```
HKEY_LOCAL_MACHINE\SOFTWARE\VMware, Inc.\VMware VCenter\DB
```

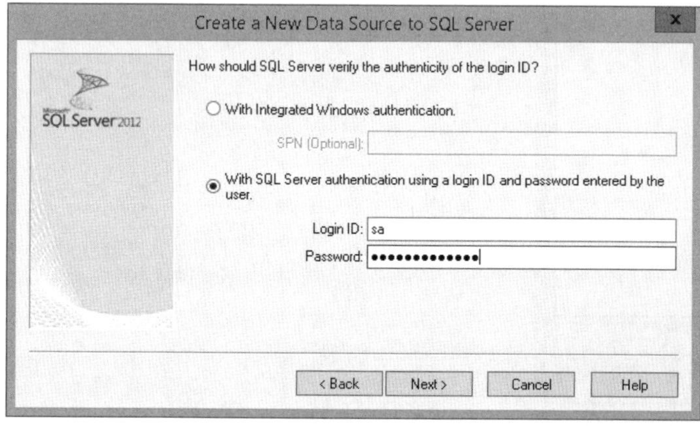

Abbildung 5.41 Verbindungsprofil – im Beispiel wird die SQL-Server-Authentifizierung genutzt.

Bei der Einrichtung des Benutzers und der vCenter-Datenbank auf dem Datenbank-Server empfehlen wir Ihnen, einen exklusiven Benutzer für die Datenbank anzulegen. Ist dieses nicht gewollt oder möglich, müssen Sie darauf achten, die vCenter-Datenbank dediziert als Default-Database anzugeben (siehe Abbildung 5.42).

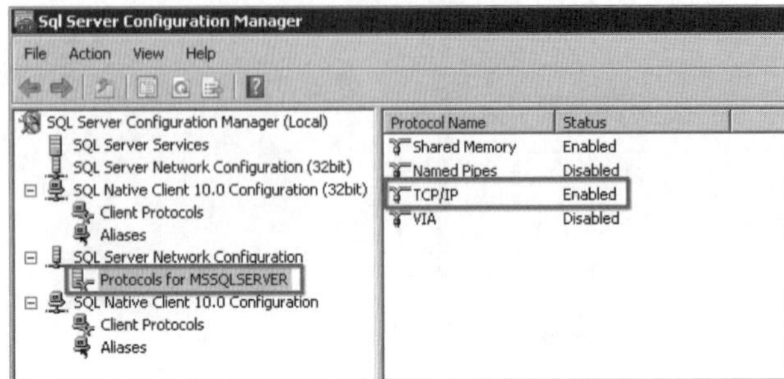

Abbildung 5.42 Aktivierung des TCP/IP-Zugriffs

Unter Umständen ist es dem vCenter Server nicht möglich, eine Verbindung zum Datenbank-Server herzustellen. Das kann natürlich an der Windows-Firewall liegen, viel wahrscheinlicher ist aber eine andere Ursache. Dazu müssen Sie auf dem DB-Server eine Konfiguration kontrollieren. Zur Kontrolle der DB-Parametrierung wird das Konfigurationstool benötigt. Der Aufruf erfolgt über das Tool SQL SERVER CONFIGURATION MANAGER. Hier müssen Sie das TCP/IP-Protokoll für den Zugriff aktivieren.

Bei der Aktivierung müssen Sie auch die Parameter der Verbindung richtig einstellen (siehe Abbildung 5.43). Davon ist nicht nur das Protokoll betroffen, sondern auch Teile des IP-Stacks.

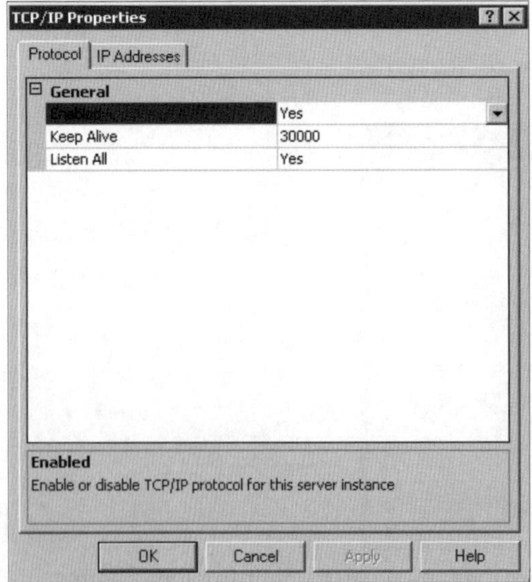

Abbildung 5.43 Parametrierung des Protokolls

Wenn Sie alle Einstellungen kontrolliert haben, wird normalerweise auch die Verbindung vom vCenter Server zum Datenbank-Server einwandfrei funktionieren.

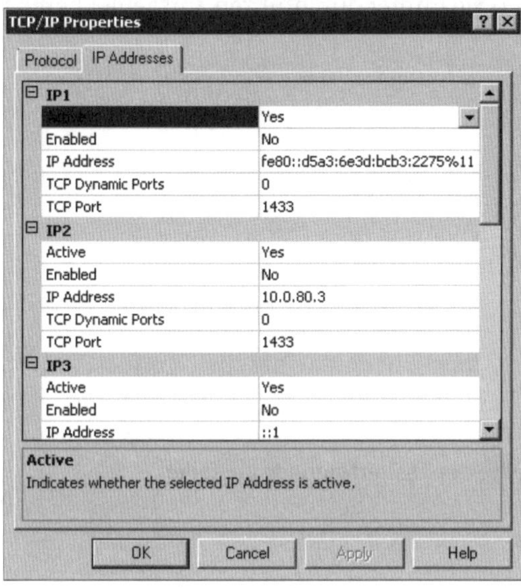

Abbildung 5.44 Port-Einstellungen des TCP/IP-Zugriffs

Nachdem Sie die Einstellarbeiten an der TCP/IP-Verbindung (siehe Abbildung 5.44) abgeschlossen haben, müssen Sie den SQL-Server-Dienst neu starten, damit die Änderungen wirksam werden.

Bei der Konfiguration der ODBC-Verbindung ist nun die vCenter-Server-Datenbank auszuwählen (siehe Abbildung 5.45).

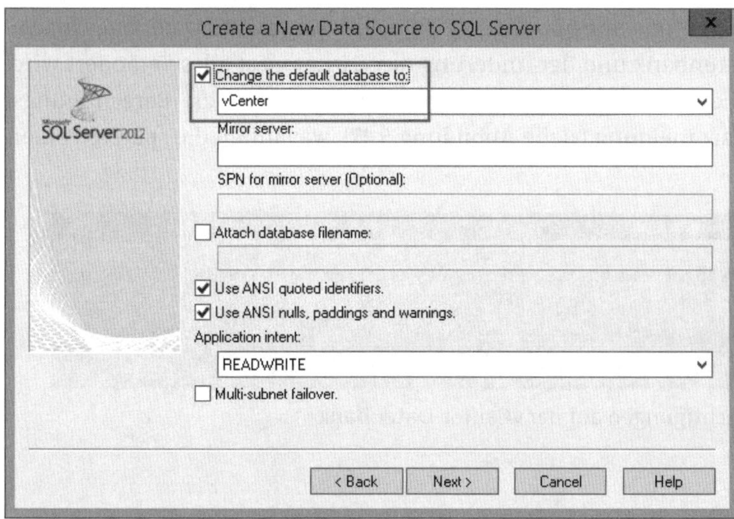

Abbildung 5.45 Die Standarddatenbank wird auf die vCenter-Datenbank umkonfiguriert.

Die weiteren Angaben im folgenden Fenster übernehmen Sie als Default. Ein abschließender Test (siehe Abbildung 5.46) zeigt, ob die ODBC-Datenbankverbindung funktioniert oder ob noch Fehler auszubügeln sind. Diesen Test sollten Sie immer durchführen, um Fehler bereits frühzeitig zu erkennen.

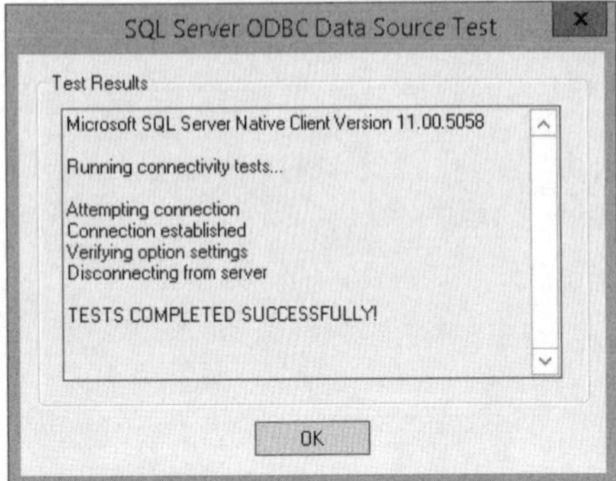

Abbildung 5.46 Sind alle Angaben korrekt, dann sollte der Test erfolgreich ausfallen.

Bekannte Probleme beim Microsoft SQL Server

Jede Datenbank sollte im Optimalfall mit einem eigens dafür eingerichteten User angelegt werden. Der MS SQL Server hat an dieser Stelle ein kleines Defizit: Bei der erstmaligen Verbindung mit dem Datenbankserver muss der Besitzer der vCenter-Datenbank auch Besitzer der MDB-Datenbank sein. Nach der Installation des vCenter Servers kann das Recht wieder entfernt werden. Gleiches gilt übrigens auch für den Update Manager.

Datenbankberechtigung

Beim Anlegen der vCenter-Datenbank muss natürlich eine entsprechende Berechtigung vorhanden sein. vCenter erwartet hier eine nahezu volle Berechtigung an der Datenbank, da außer einer Löschung der Datenbank und der Änderung des Owners fast alles verändert wird. Glücklicherweise kontrolliert die vCenter-Installationsroutine bereits die Berechtigungsstruktur und zeigt eine Warnmeldung (siehe Abbildung 5.47), was Ihnen die spätere Fehlersuche erspart.

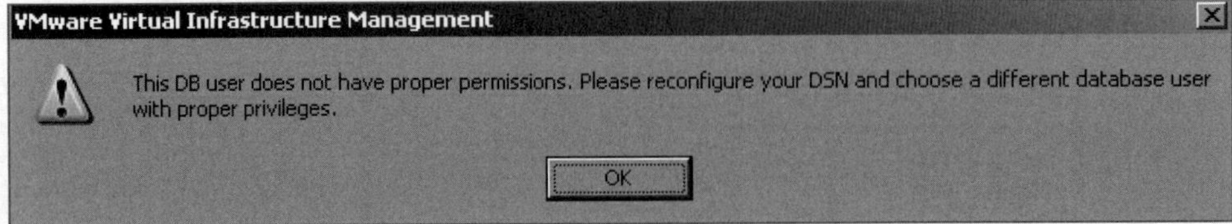

Abbildung 5.47 Falsche Berechtigungen auf der vCenter-Datenbank

Recovery-Modell

Beim Anlegen der beiden Datenbanken für vCenter und den VMware Update Manager sollten Sie außerdem die Einstellung des Recovery-Modells überdenken, da die Full-Recovery-Einstellung schnell die Festplattenpartition des Datenbank-Servers bis an die Kapazitätsgrenze füllt (siehe Abbildung 5.48 und Abbildung 5.49). Zumeist reicht die Einstellung SIMPLE für das Recovery-Modell.

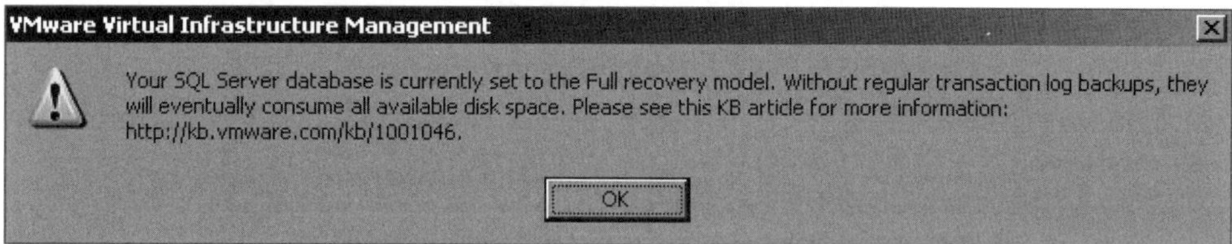

Abbildung 5.48 Das Recovery-Modell »Full« beim SQL Server kann zu einem vollen Dateisystem führen.

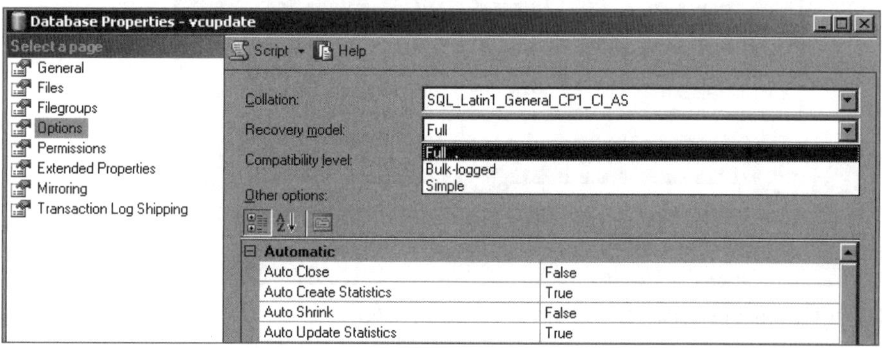

Abbildung 5.49 Simple-Recovery-Modell-Einstellung an der MS-SQL-Server-Datenbank

Kennwortänderung für den SQL-Benutzer

Bei einer Kennwortänderung empfehlen wir den Weg der Neuinstallation des VMware-vCenter-Servers unter Beibehaltung der bestehenden Datenbank.

Können Sie die Kennwortänderung planen, ist es am einfachsten, das Passwort im vCenter-Server zu ändern. Passen Sie dazu wie in Abbildung 5.50 das Datenbank-Passwort an (ADMINISTRATION • VCENTER SERVER SETTINGS • ADVANCED SETTINGS), und stoppen Sie den vCenter-Server-Dienst. Ändern Sie danach den SQL-Benutzer auf dem SQL Server, und starten Sie den vCenter-Dienst wieder.

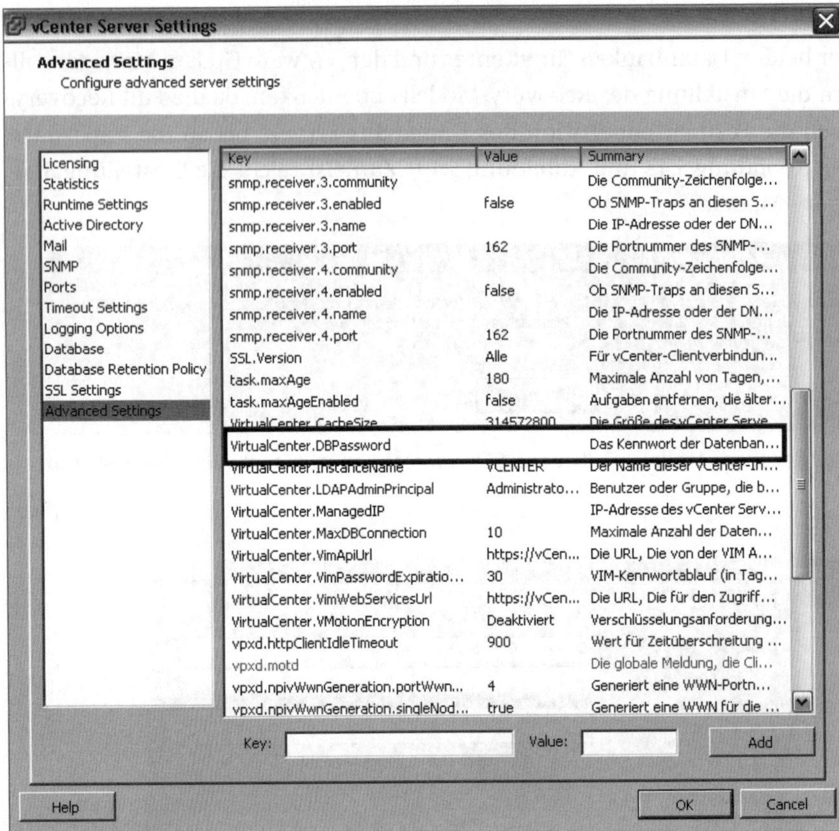

Abbildung 5.50 Änderung des Datenbank-Passworts im vCenter

> **Tipp**
> Das Vorgehen ist übrigens unabhängig von der genutzten Datenbanksoftware.

Oracle

Falls Sie eine Oracle-Datenbank für die vCenter-Komponenten nutzen, müssen Sie den Oracle-Client installieren. Dieser bringt auch einen ODBC-Treiber für Windows mit. Im folgenden Beispiel arbeiten wir mit einer Oracle 11g-Installation.

Neben dem Oracle-ODBC-Treiber für Windows muss unter 11g der Connection Manager auf dem vCenter-Server vorhanden sein, um die ODBC-Verbindung zu nutzen (siehe Abbildung 5.51 und Abbildung 5.52).

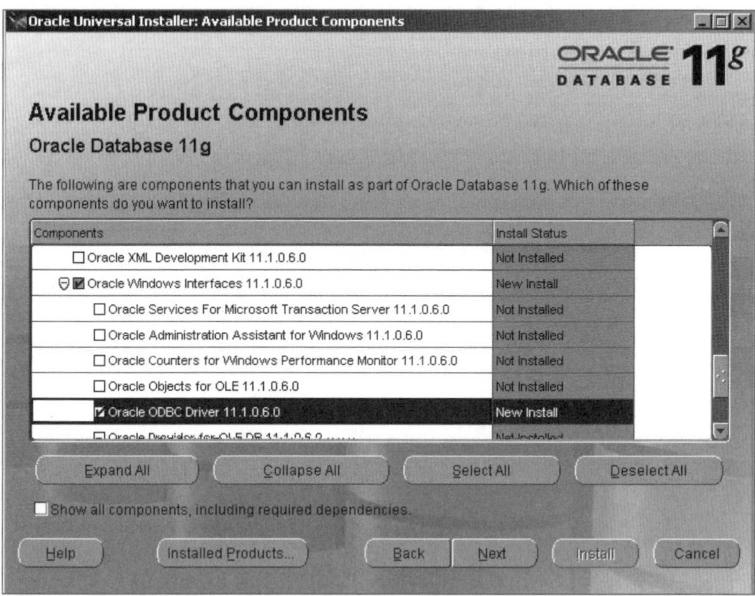

Abbildung 5.51 Oracle 11g-Installationsroutine – ODBC-Treiber

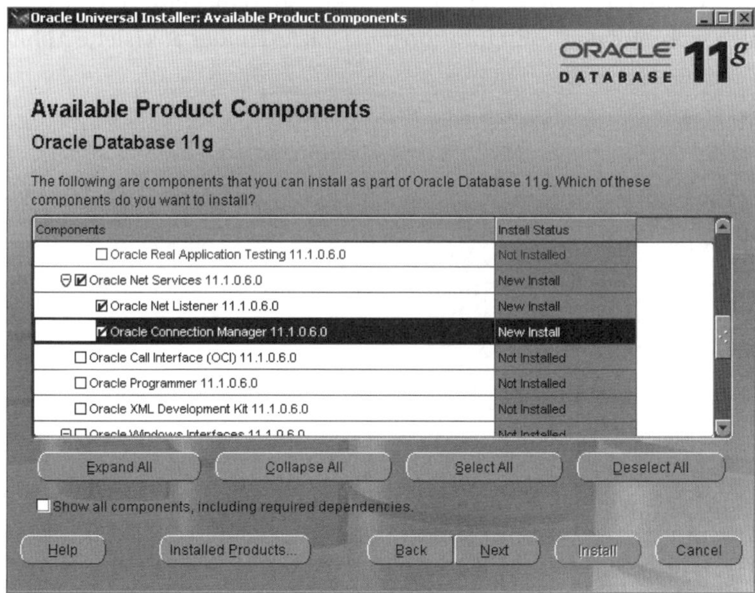

Abbildung 5.52 Oracle-Installationsroutine – Listener und Connection Manager

Nach der Installation der Oracle-Komponenten müssen Sie über den Connection Manager ein TNS-Profil einrichten. Im Endeffekt ist der Connection Manager lediglich eine grafische Oberfläche zur Erzeugung der Datei *tnsnames.ora*, die Oracle-Administratoren bekannt sein muss. Die *tnsnames.ora* enthält neben dem TNS-Service-Namen die Adresse des Oracle-Datenbank-Servers und den Datenbanknamen.

Beispiel »tnsnames.ora«:

```
VCENTER-DB =
 (DESCRIPTION =
  (ADDRESS_LIST =
  (ADDRESS = (PROTOCOL = TCP)(HOST = oracle)(PORT = 1521))
  )
  (CONNECT_DATA =
  (SERVICE_NAME = vcenter)
  )
 )
```

Beschreibung:

- VCENTER-DB = TNS-Service-Name
- oracle = Datenbank-Server (IP-Adresse, Host-Name oder DNS-Name möglich)
- vcenter = Service-Name = Oracle-Datenbank-Listener

Nach erfolgreicher *tnsnames.ora*-Erstellung durch den Connection Manager legen Sie eine System-DSN an und wählen während der Konfiguration den Oracle-Treiber aus (siehe Abbildung 5.53).

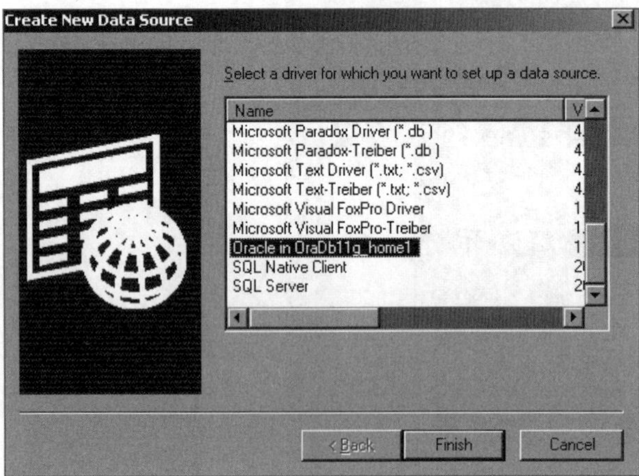

Abbildung 5.53 Oracle-ODBC-Treiber

Zum größten Teil ist die Erstellung der Oracle-ODBC-Verbindung mit der SQL-Server-Verbindung identisch, daher können Sie bei Bedarf gern in der SQL-Anleitung spicken (vergleiche weiter oben in diesem Abschnitt). Ein wesentlicher Unterschied ist jedoch die Frage nach dem TNS-Service-Namen (statt des SQL-Server-Namens), der durch die *tnsnames.ora* vorgegeben wird (siehe Abbildung 5.54).

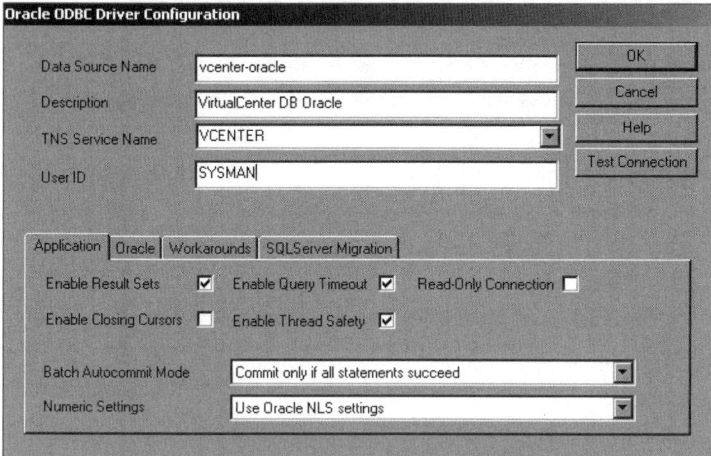

Abbildung 5.54 Konfiguration des Oracle-ODBC-Treibers

Funktioniert die Verbindung nach dem Klick auf TEST CONNECTION, ist die Wahrscheinlichkeit groß, dass auch die vCenter-Installation reibungslos durchläuft.

5.3.4 Installation von vCenter

Nachdem nun alle Vorbereitungen hinsichtlich der Datenbank getroffen sind, beginnen Sie mit der eigentlichen vCenter-Installation. Vor der Installation sollten Sie auf jeden Fall alle wesentlichen Windows-Patches einspielen. Prinzipiell ist die Installation absolut einfach und intuitiv gehalten, vorausgesetzt, alle Vorgaben sind erfüllt.

Auch in dieser Version hat VMware ein Autostartmenü auf die Installations-DVD gepackt und bietet hier die Auswahl der zu installierenden Komponenten an. Der Vorteil liegt auf der Hand: Möchten Sie nicht alle Komponenten auf einem Server installieren, so können Sie an dieser Stelle die passende Auswahl treffen. Wie Sie aber sehen können, hat sich die Anzahl der getrennt installierbaren Komponenten stark reduziert. Es gibt nur noch das vCenter, den Client und den Update Manager nebst Download Manager.

Wenn Sie die *autorun.exe* (manuell oder automatisch) starten, erscheint das Begrüßungsfenster mit den verschiedenen Installationsoptionen (siehe Abbildung 5.55).

Wirklich gut gemacht ist, dass zu jedem Installationspaket auf der rechten Seite des Fensters die Voraussetzungen angezeigt werden. Sollten diese auf Ihrem System nicht erfüllt sein, können Sie über einen passenden Link die Installation der noch benötigten Applikation starten.

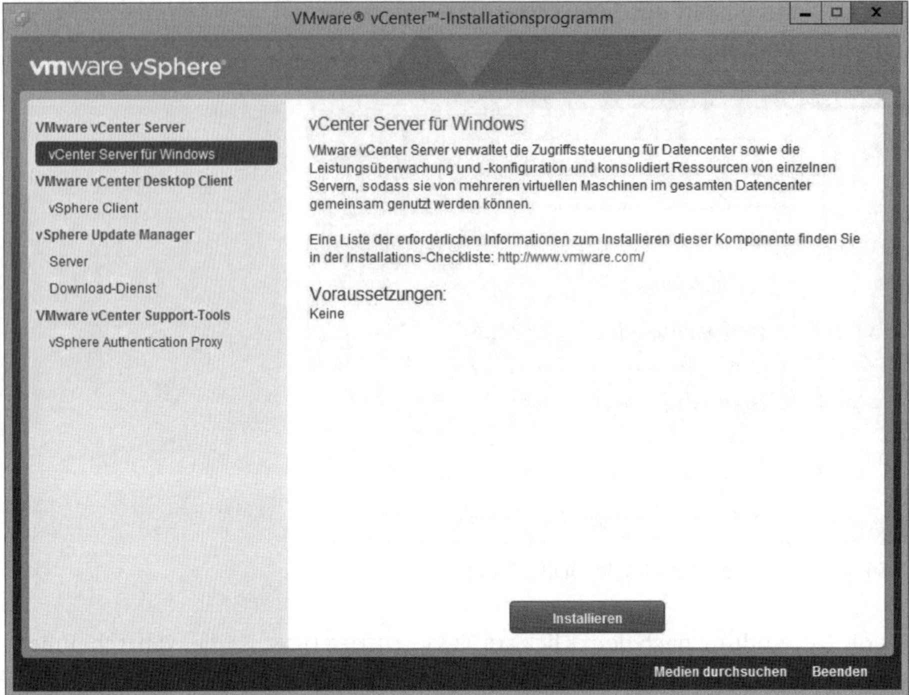

Abbildung 5.55 Auswahl der vCenter-Installationsroutine

Installation des vCenter Server

Mit den folgenden Schritten werden zuerst alle Komponenten auf einem System installiert, um »alle Fliegen mit einer Klappe zu schlagen«.

Über die Autostart-Funktion der vCenter-Server-DVD wird nur noch eine Option für die Installation angeboten. Das ist eine der Hauptänderungen bei der Installation. Eine Auswahl, welche Art der Installation durchgeführt werden soll – ob komplett, nur ein Plattform Service Controller oder nur ein vCenter Server –, erfolgt erst nach dem Beginn der Installation.

Die architektonischen Änderungen am vCenter beschreiben wir in Kapitel 2, »vSphere-Architektur«.

Der Platform Services Controller (PSC)

Alles beginnt mit der Festlegung des Installationsumfangs: Komplettinstallation, nur PSC oder nur vCenter-Komponenten?

Welche Option Sie in dem Dialog aus Abbildung 5.56 wählen, hängt von der Ziellandschaft ab. Bevor wir Ihnen zeigen, wie eine Komplettinstallation aussieht, möchten wir Ihnen die Dialoge für die anderen Installationen vorführen.

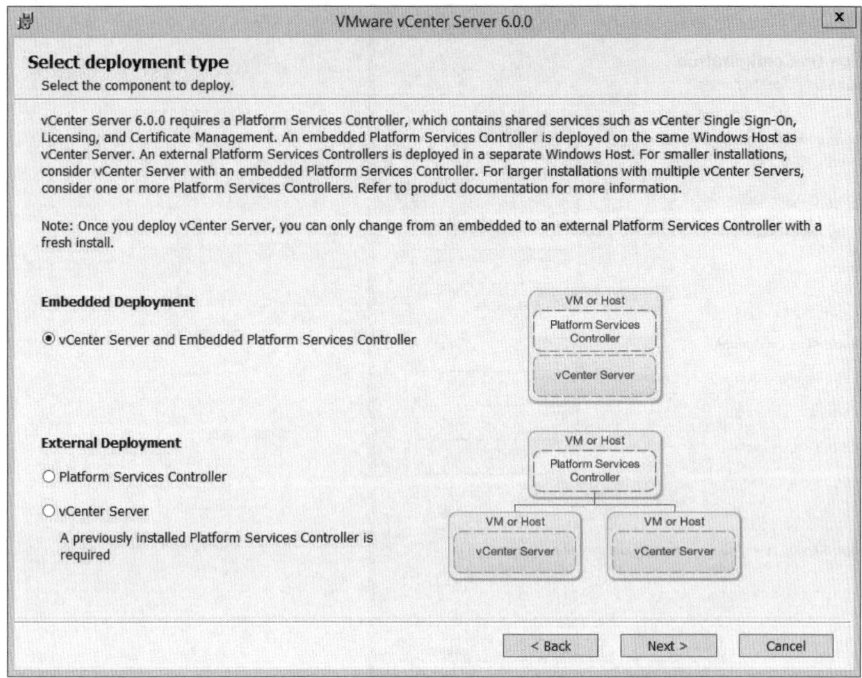

Abbildung 5.56 Die unterschiedlichen Installationsoptionen

Wir beginnen mit dem *Platform Services Controller*. Als Erstes kontrollieren Sie den Systemnamen (siehe Abbildung 5.57).

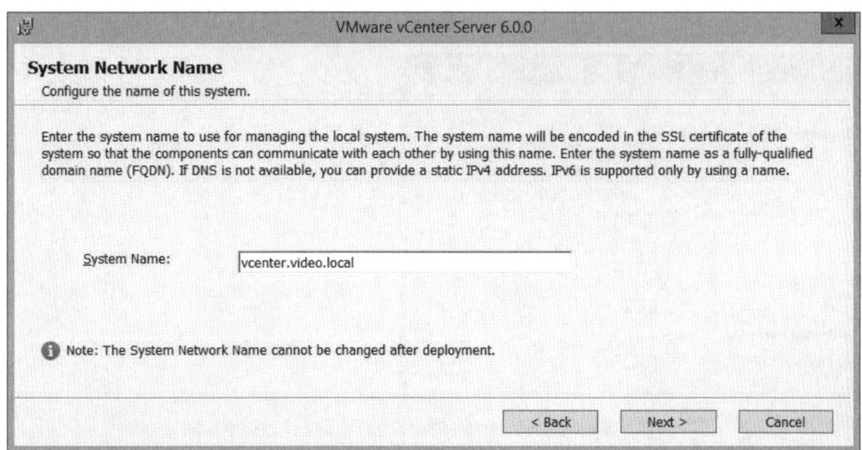

Abbildung 5.57 Kontrolle des Systemnamens

In Abhängigkeit von der Zielinfrastruktur folgen die weiteren Angaben. Zwei Optionen sind hier relevant: Wollen Sie eine PSC-Infrastruktur neu aufbauen oder eine bestehende PSC-Umgebung erweitern (siehe Abbildung 5.58)?

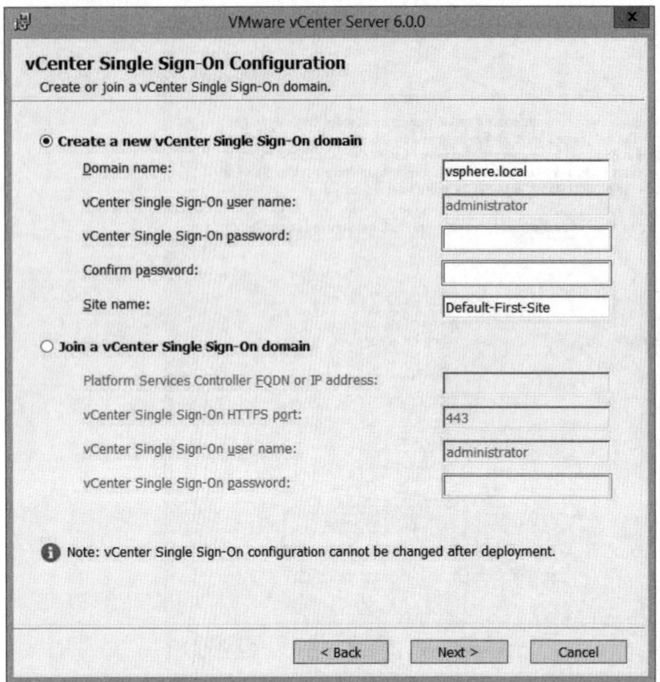

Abbildung 5.58 Auswahl der zu installierenden PSC-Konfiguration

Bei der Neuerstellung legen Sie im ersten Schritt die Ports fest, über die kommuniziert werden soll. Sehr hilfreich ist die Angabe der weiteren benötigten, aber nicht beeinflussbaren Ports (siehe Abbildung 5.59). Das erleichtert es Ihnen, deren Freischaltung zu beantragen.

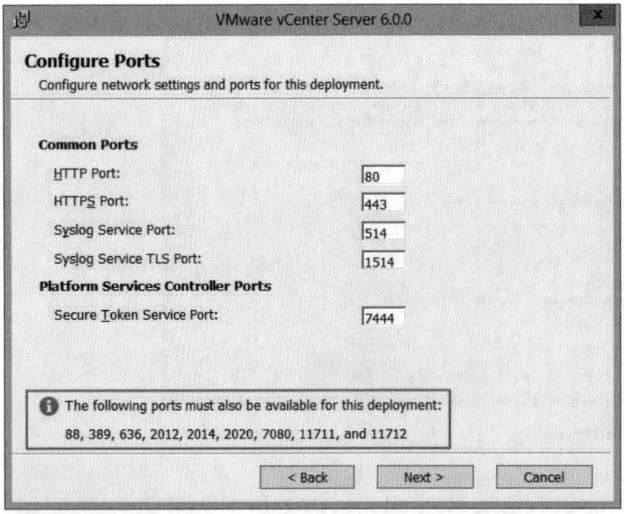

Abbildung 5.59 Festlegung der Kommunikationsports

Nachdem Sie die Installationspfade festgelegt haben, wird eine Zusammenfassung angezeigt und die Installation durchgeführt.

Soll eine bestehende PSC-Infrastruktur erweitert werden, so sind andere Einstellungen notwendig (siehe Abbildung 5.60).

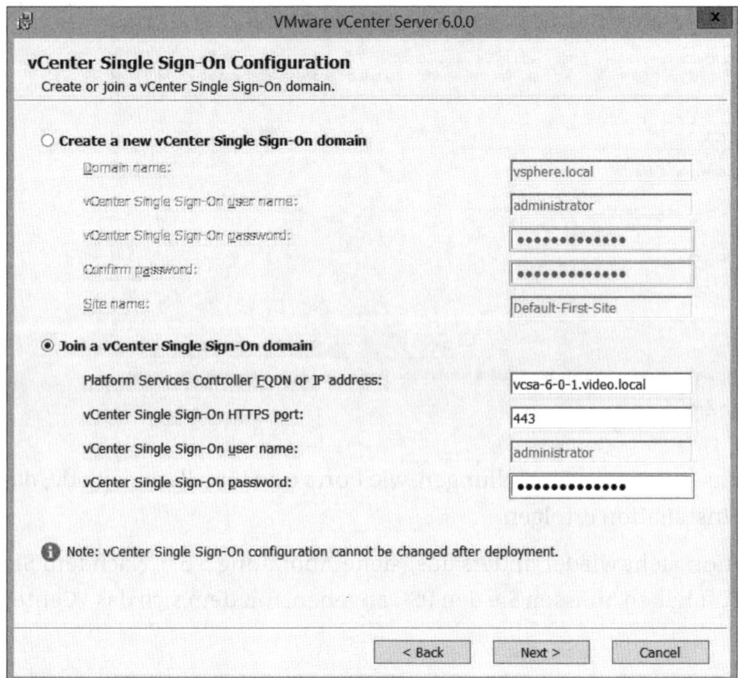

Abbildung 5.60 Anbindung an einen bestehenden PSC

Der wichtigste Punkt hierbei ist eine einheitliche Zeitquelle zwischen den einzelnen PSC-Controllern. War die Authentifizierung erfolgreich, wird das in dem Dialog aus Abbildung 5.61 angezeigt.

Abbildung 5.61 Anzeige des gültigen Zertifikats

Sie können das System jetzt einer bestehenden Site hinzufügen oder eine neue Site erstellen. Im Dialog aus Abbildung 5.62 fügen wir das System zur bestehenden Site hinzu.

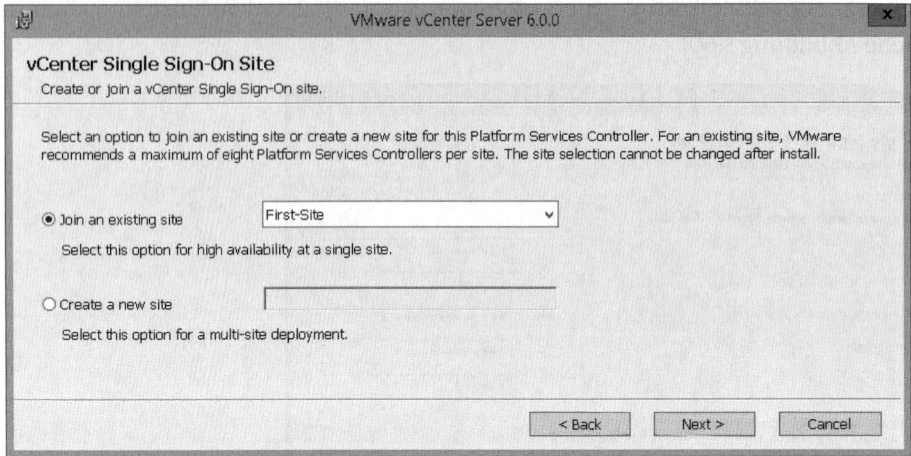

Abbildung 5.62 Auswahl der Ziel-Site

Jetzt folgen die schon bereits bekannten Einstellungen, wie Ports und Installationspfade; danach kann die eigentliche Installation erfolgen.

Die reine vCenter-Installation sieht wieder anders aus (siehe Abbildung 5.63). Nachdem Sie den Systemnamen überprüft haben, müssen Sie den PSC angeben, mit dem sich das vCenter verbinden soll.

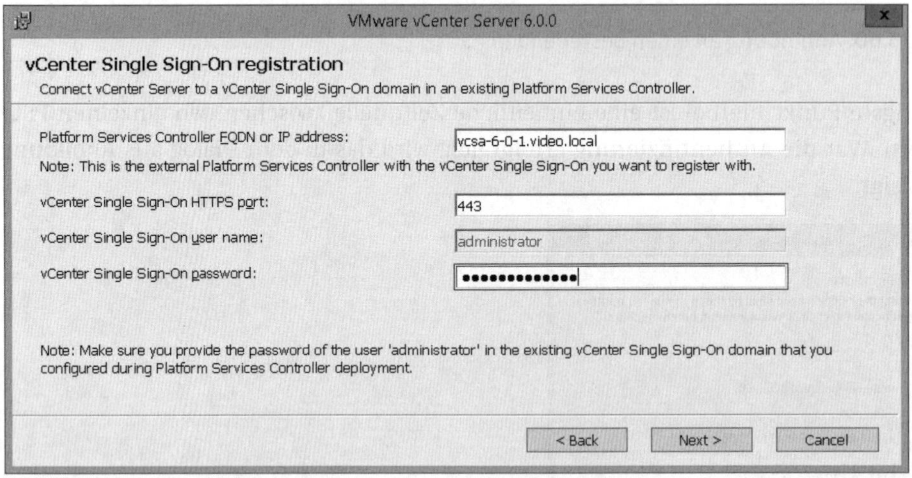

Abbildung 5.63 So wird die Verbindung zum PSC hergestellt.

Ab hier folgen nun die gesamten Einstellungen für den vCenter Server. Die weiteren Erklärungen zu diesem Installationstyp enden hier fürs Erste. Sie folgen im Rahmen der Komplettinstallation, zu der wir nun kommen.

Die Komplettinstallation besteht zum Teil aus Ihnen jetzt bereits bekannten Installationschritten und der Installation des vCenter Servers. Die passende Auswahl im Dialog aus Abbildung 5.56 ist vCenter Server and Embedded Platform Services Controller.

Nachdem Sie den Hostnamen überprüft haben, tragen Sie die Parameter der neuen SSO-Domäne ein (siehe Abbildung 5.64).

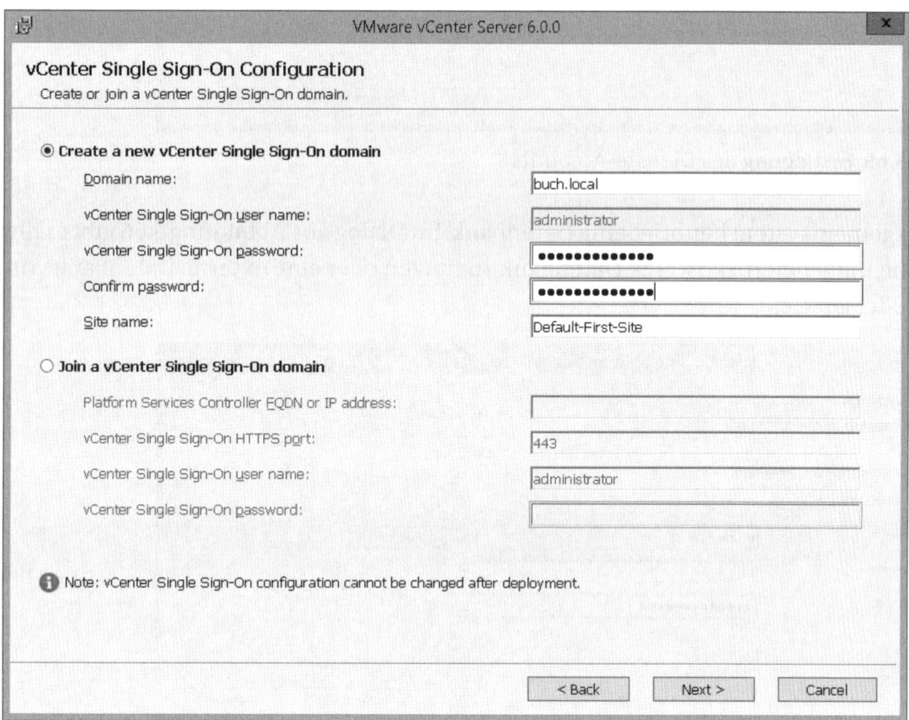

Abbildung 5.64 Parametrierung der integrierten SSO-Instanz

Nachdem Sie auf Next geklickt haben, erscheint ein Dialog, in dem Sie den Accounttyp festlegen, mit dem der Dienst gestartet werden soll (siehe Abbildung 5.65). Wir ziehen hier den lokalen Systemaccount vor.

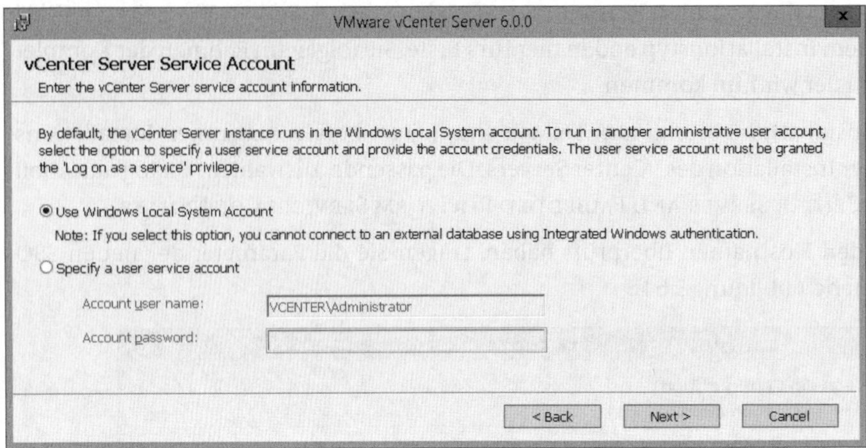

Abbildung 5.65 Festlegung des Dienste-Accounts

Jedes Managementsystem benötigt eine Datenbank. Im Dialog aus Abbildung 5.66 gibt es die Auswahl, die mitgelieferte Postgres-Datenbank zu nutzen oder eine externe Datenbank von Microsoft oder Oracle.

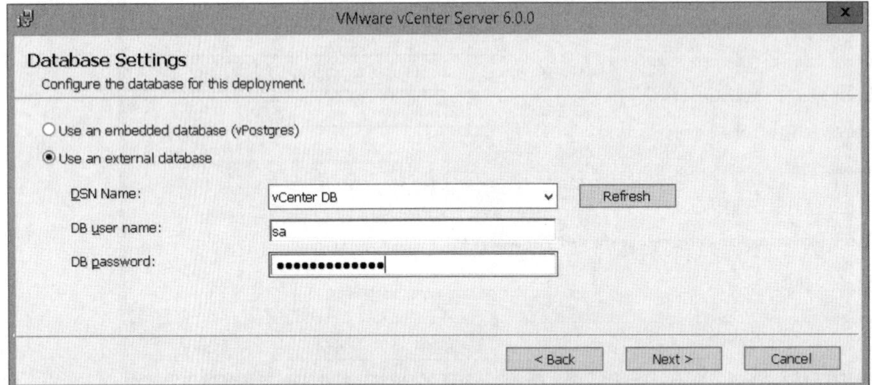

Abbildung 5.66 Anbindung des Servers an die SQL-Instanz

In den folgenden Eingabefeldern finden Sie alle für die Installation benötigten Ports (siehe Abbildung 5.67). Hier zeigt sich auch die Änderung, die schon beim Start der Installations-DVD sichtbar wurde. Die meisten der früher einzeln zu installierenden Komponenten sind jetzt direkt integriert, so wie es bei der vCenter Server Appliance vorher schon war.

Alle Elemente wie Web Client, Dump Collector Syslog Server und Autodeploy sind fest in die vCenter-Installation gerutscht. Auch hier sehen Sie im unteren Bereich des Fensters alle Ports, die unter Umständen freigeschaltet werden müssen.

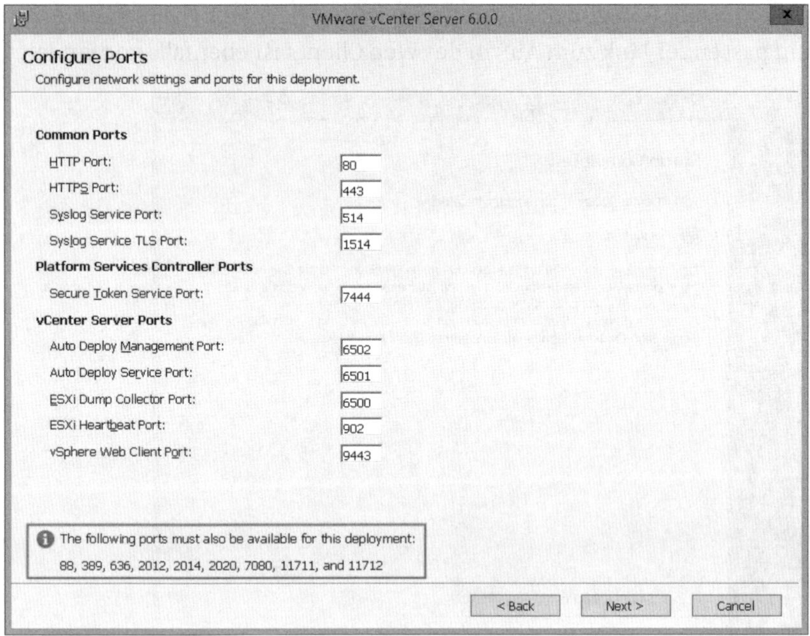

Abbildung 5.67 Portkonfiguration de vCenters

Im nächsten Dialog können die Pfade für die Installation geändert werden. Danach sehen Sie nur noch die Zusammenfassung einiger eingestellter Parameter (siehe Abbildung 5.68).

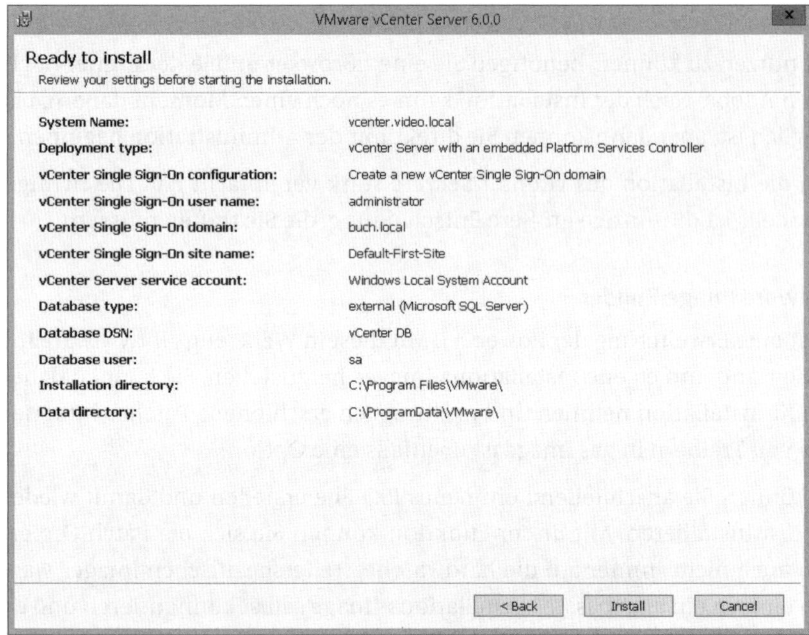

Abbildung 5.68 Zusammenfassung der Installation

Nach dem Abschluss der Installation gibt das System Hinweise, wie man sich am vCenter anmelden kann, und ein passender Link zum Aufruf des Web Clients ist ebenfalls vorhanden.

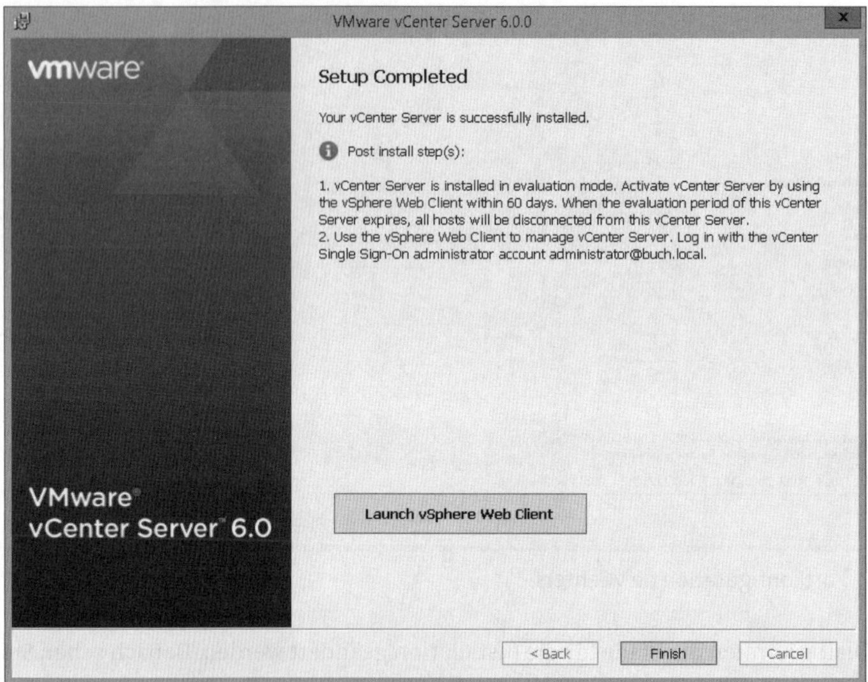

Abbildung 5.69 Installationsabschluss des vCenter Servers

Um den Web Client nutzen zu können, benötigen Sie einen Browser und leider immer noch das Flash-Plug-in von Adobe. Nach der Installation kann es noch einen Moment dauern, bis die Anmeldung möglich ist, aber dann können Sie direkt mit der Administration beginnen.

Sie sehen, dass sich die Installation des vCenter Servers stark vereinfacht hat. Die richtige Auswahl des PSC-Modells ist die einzige größere Entscheidung, die Sie treffen müssen.

Installation von VMware Image Builder

Der *Image Builder* ist eine Erweiterung der PowerCLI. Mit diesem Werkzeug gibt VMware Ihnen das Mittel an die Hand, um eigene Installations-Images herzustellen. Sie können dabei ein Image für die ESXi-Installation nehmen und nachträglich erschienene Patches integrieren. Eine Aufnahme von Treibern in das Image ist ebenfalls eine Option.

Selbstverständlich können Sie anschließend ein neues ISO-File erstellen und damit wiederum einen neuen Host installieren. Mit dieser Funktion können Sie sich die Patch-Orgien sparen und müssen auch nicht immer auf die hardwareherstellerspezifischen Images warten. Sie können sich einfach ein angepasstes Installations-Image selbst konfigurieren und es nutzen, sobald die Patches bzw. Treiber verfügbar sind.

Eine eigene Installationsroutine gibt es für den VMware Image Builder nicht. Die Komponente ist Teil des PowerCLI und wird mit diesem zusammen installiert.

Lassen Sie uns einen kurzen Blick auf den Image Builder und seine Funktion werfen. Dazu möchten wir zuallererst ein paar neue Begriffe klären. VMware nutzt im Rahmen des Auto Deploys und des Image Builders die Bezeichnungen *VIB*, *Depot* und *Profil*. In Tabelle 5.3 sehen Sie, was damit gemeint ist.

Begriff	Erklärung
VIB	Ein VIB (*VMware Infrastructure Bundle*) ist ein Softwarepaket, das VMware oder andere Hersteller zur Verfügung stellen. Diese Pakete können Treiber, Erweiterungen, CIM-Provider oder andere VMware-Komponenten und -Erweiterungen enthalten.
Depot	Ein Depot ist eine Ablage, wo der Image Builder die Installationskomponenten finden kann. Das dafür benötigte Offline-Bundle können Sie in der Basisversion bei VMware herunterladen. Es handelt sich dabei um die ZIP-Datei der ESXi-Version. Das Depot muss nicht zwingend auf dem lokalen Server liegen, es kann auch nur über eine URL erreichbar sein. Es ist möglich, mehrere Depots zu haben.
Profil	Das Profil fasst verschiedene Komponenten zusammen und bildet die Basis für die Installation eines Hosts.

Tabelle 5.3 Image-Builder-Begriffe

Ein Bild sagt mehr als tausend Worte, und deshalb wollen wir anhand von Abbildung 5.70 kurz auf die Struktur des Image Builders eingehen.

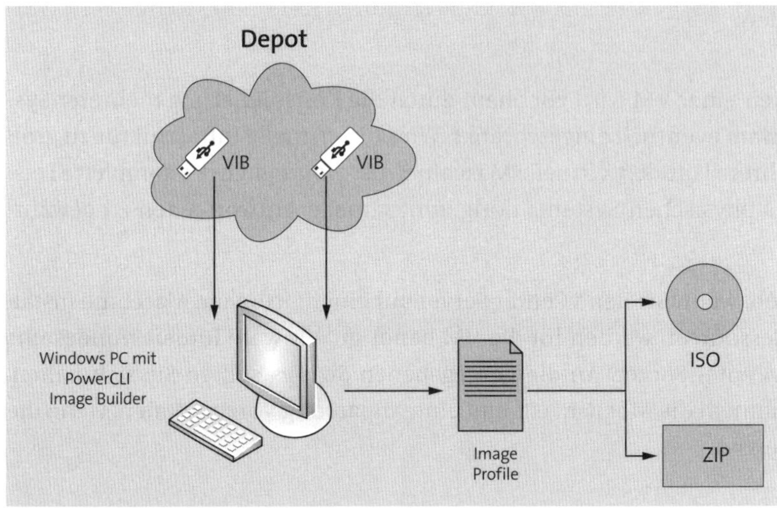

Abbildung 5.70 Image-Builder-Architektur

Mit den Befehlserweiterungen des PowerCLI für den Image Builder werden Ihnen die Befehle zur Verfügung gestellt, die Sie benötigen, um die Depots zu verwalten und die Profile zu erstellen. Letztendlich können Sie mit den Softwarekomponenten im Depot und den Profilen ein neues ISO-Image für die Installation mit dem klassischen Medium erstellen, oder Sie erzeugen eine ZIP-Datei, die später wiederum als Basis für ein Depot dienen kann. Sie können das erstellte ISO-Image auch nutzen, um per Auto Deploy einen Server neu zu betanken.

Installation in einer virtuellen Maschine

Auch wenn man bei VMware die Sinnhaftigkeit eines vCenter Servers in einer virtuellen Maschine zu Zeiten von Version 1.x noch beharrlich bestritt, preist man seit Version 2.x diese Lösung als sehr vorteilhaft an. Dass es das vCenter seit der Version 5.x auch als Appliance gibt, unterstreicht diesen Punkt zusätzlich. Die Vorteile liegen wirklich auf der Hand. Das System in der virtuellen Maschine genießt alle Vorteile der Virtualität. Das sind die unabhängige Hardware, schnelle Wiederherstellbarkeit und die einfache Erweiterbarkeit. Zusätzlich fördert die VMware-HA-Funktion die Ausfallsicherheit.

Allerdings gibt es auch folgende zwei Punkte, die Sie bei Ihrer Entscheidung, ob Sie die virtuelle oder die physische Variante wählen, im Vorfeld berücksichtigen sollten:

1. **Verwaltungssicherheit**
   Unabhängig von HA besteht bei einem Ausfall der virtuellen Infrastruktur die Gefahr, dass das betreuende Betriebsteam sich ohne den vCenter-Zugriff nicht zu helfen weiß und so der Wiederanlauf erschwert wird. Daher sollten Sie auf jeden Fall immer wissen, auf welchem Server die vCenter-VM läuft, und den Betriebsmitarbeitern den direkten vSphere-Client-Zugriff auf diesen vSphere-Server erklären. Alternativ bieten sich kleine Programme an, die automatisch die vCenter-VM (und gegebenenfalls den Datenbank-Server) gezielt neu starten. Bei der Nutzung von DRS kann der Ablagerort der vCenter VM einfach bestimmt werden.
2. **Performance**
   Die Leistungsfähigkeit einer VM wird vor allem durch die Konsolidierung mehrerer Systeme auf eine Hardware eventuell eingeschränkt. Wird die virtuelle Infrastruktur zu groß und umfasst sie mehrere Hundert virtuelle Maschinen, ist womöglich die komplette Leistungsfähigkeit eines physischen Systems nötig, um schnelle Antwortzeiten zu gewährleisten.

Was ist nun zu beachten, wenn Sie den vCenter Server auf einer virtuellen Maschine installieren, und wie viele Ressourcen werden für die VM benötigt? VMware fordert mindestens zwei CPUs für einen vCenter-Server. An die vorgegebenen Sizings sollten Sie sich halten. Dabei besteht im Nachhinein die Möglichkeit, hier eine Anpassung vorzunehmen, wenn die Infrastruktur gewachsen ist.

In Tabelle 5.4 haben wir eine Auflistung zusammengestellt, wann wie viele Ressourcen für den vCenter-Server nötig werden. Wir gehen dabei davon aus, dass die Datenbank nicht mit auf dem System läuft. Falls Sie den PSC mit auf dem vCenter-Server installieren, müssen Sie den Ressourcenbedarf beider Komponenten aufaddieren.

Bezeichnung	Anzahl ESXi-Hosts	Anzahl VMs	CPUs (64 Bit)	Memory
Platform Services Controller	Nicht relevant	Nicht relevant	2	2 GB
Tiny	≤ 10	≤ 100	2	8 GB
Small	≤ 400	≤ 1000	4	16 GB
Medium	≤ 400	≤ 4000	8	24 GB
Large	≤ 1000	≤ 10.000	16	32 GB

Tabelle 5.4 Ressourcenbedarf des vCenter-Servers

Damit Sie den vCenter-Server in der virtuellen Umgebung auch wiederfinden, sollten Sie die entsprechende VM fest auf einem Host »verankern«. Dazu bietet sich entweder der erste oder der letzte Host in einer Farm an. Schränken Sie das DRS für die virtuelle Maschine, auf der der vCenter-Server aktiv ist, auf zwei definierte Hosts ein. Bei den HA-Einstellungen für den virtuellen Server ist das Startup-Level auf HIGH zu setzen. Vernachlässigen Sie dabei nicht die virtuellen Server, die weitere wichtige Dienste für den vCenter-Server zur Verfügung stellen, wie z. B. ADS, DNS und den zugehörigen Datenbank-Server. Der virtuelle vCenter-Server startet nur einwandfrei, wenn die oben beschriebenen Dienste zur Verfügung stehen. Aus diesem Grund sollten Sie bei den Systemen, die ebenfalls virtuell sind, die Startpriorität heraufsetzen.

Zu guter Letzt sollten Sie die Shares der vCenter-VM auf HIGH setzen, damit immer genug Ressourcen für das Management der virtuellen Infrastruktur zur Verfügung stehen.

Plug-ins

Mit der Version 3.5 wurde eine neue Schnittstelle im Virtual Center eingeführt. Diese sogenannte Plug-in-Schnittstelle hat auch in der neuen Version 6.0 des vCenters weiterhin Bestand. So bindet sich z. B. der Update Manager als Plug-in ins vCenter ein.

Die Plug-ins erreichen und verwalten Sie, nachdem Sie eine Verbindung mit einem vCenter-Server hergestellt haben, über den Navigator mit ADMINISTRATION • SOLUTIONS • CLIENT PLUG-INS (siehe Abbildung 5.71).

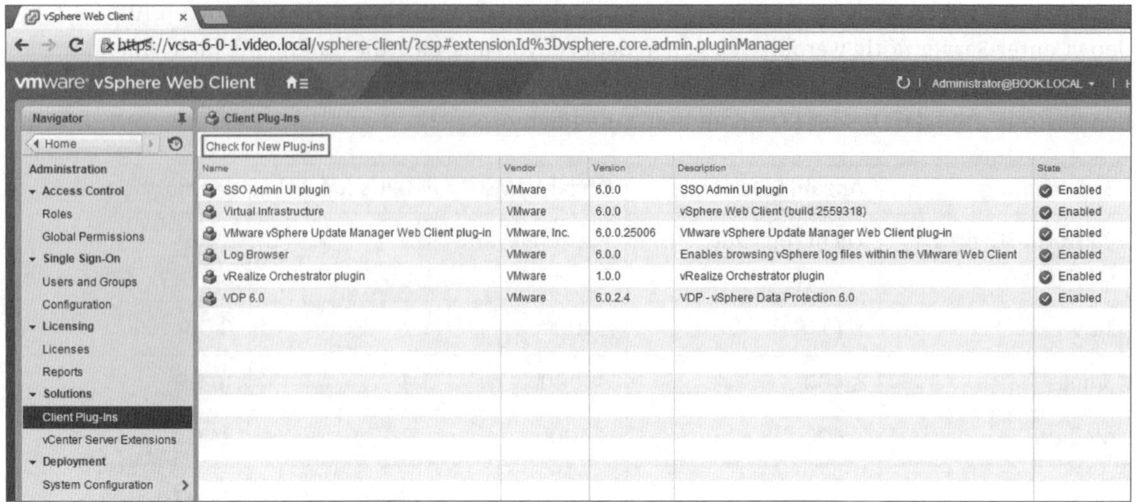

Abbildung 5.71 Verfügbare und bereits installierte Plug-ins

Innerhalb der Plug-in-Verwaltung sehen Sie verfügbare und bereits installierte Plug-ins mit ihren Informationen. Die Plug-ins werden nicht mehr auf dem Client-PC installiert. Das ist nur beim vSphere Client so, beim Web Client integrieren sich die Plug-ins auf andere Weise, und es werden keine Clientkomponenten auf dem Zugriffsgerät benötigt.

Über das Kontextmenü aktivieren oder deaktivieren Sie die Plug-ins. Wurden Komponenten installiert, die ein Plug-in mitbringen, so können Sie über den Link CHECK FOR NEW-PLUG-INS die Suche nach den neuen Komponenten anstoßen.

5.3.5 vCenter-Protokolldateien

Damit Sie möglicherweise auftretende Probleme erfolgreich analysieren können, sollten Sie wissen, wo die Dateien liegen, denen Sie nähere Informationen entlocken können.

Tabelle 5.5 zeigt, in welchen Verzeichnissen Sie die Protokolldateien finden. Selbstverständlich gibt es Unterschiede zwischen dem Windows-basierten vCenter und der vCenter Server Appliance. Auf dem Windows-System finden Sie die Logs im Verzeichnis *%ALLUSERSPROFILE%\VMWare\vCenterServer\logs*, und bei der Appliance werden Sie in */var/log/vmware/* fündig.

Protokoll	vCenter Server	vCenter Server Appliance
vCenter Server Log	*vmware-vpx\vpxd.log*	*vpxd/vpxd.log*
Profilmetriken	*vmware-vpx\vpxd-profiler.log*	*vpxd/vpxd-profiler.log*

Tabelle 5.5 Pfade zu den Protokolldateien der vCenter-Komponenten

Protokoll	vCenter Server	vCenter Server Appliance
Unkritische Informationen vom *vpxd*-Prozess	*vmware-vpx\vpxd-alert.log*	*vpxd/vpxd-alert.log*
Performance-Daten	*perfcharts\stats.log*	*perfcharts/stats.log*
ESX Agent Manager	*eam\eam.log*	*eam/eam.log*
Inventory Service	*invsvc*	*invsvc*
ESXi Dump Collector	*netdump*	*netdumper*
vAPI Endpoint	*vapi*	*vapi*
Directory Service Daemon	*vmdird*	*vmdird*
Syslog Collector	*vmsyslogcollector*	*syslog*
Profile-Driven-Storage-Dienst	*vmware-sps\sps.log*	*vmware-sps/sps.log*
Postgres-Database-Dienst	*vpostgres*	*vpostgres*
vSphere Web Client	*vsphere-client*	*vsphere-client*
VMware System und Hardware Health Manager	*vws*	*vws*
Workflow Manager	*workflow*	*workflow*
Single Sign-On	*SSO*	*SSO*
Installationsprotokoll	–	*%tmp%\vim*.log*
VMware vCenter Converter Standalone	–	*%ALLUSERSPROFILE%\VMware\VMware vCenter Converter Standalone\Logs*

Tabelle 5.5 Pfade zu den Protokolldateien der vCenter-Komponenten (Forts.)

5.3.6 vCenter Server Upgrade

Das Upgrade des vCenter Servers ist unproblematisch. Die Installationsroutine erkennt die Installation und aktualisiert den Server. Vergessen Sie nicht, im Vorfeld eine Sicherung des vCenters und der zugehörigen Datenbank durchzuführen.

Kommt eine Express-Datenbank zum Einsatz, dann wird sie durch die vPostgres ersetzt.

> **Achtung**
>
> Beim Upgrade kommt es zu Problemen mit den Rechten für diejenigen User, die das Privileg *Virtual Machine Power User* haben: Sie können keine VMs einschalten. Dieses Problem können Sie durch die zusätzliche Vergabe des *Read-only*-Rechts auf dem übergeordneten Objekt beheben.
>
> Dieser Fehler ist in der Version vSphere 6.0 Update 1 behoben worden!

5.4 VMware vCenter Server Appliance

Bei der *VMware vCenter Server Appliance* (VCSA) handelt es sich um einen *vCenter Server*, der in eine Linux-Appliance integriert wurde. Sie sparen sich so zusätzliche Betriebssystemlizenzen für das vCenter und haben ein Paket, das funktioniert.

Mit Version 6.0 ist die Wertigkeit der Appliance noch weiter gesteigert worden. Das wird deutlich, wenn man sich anschaut, welche Anzahlen von Hosts und VMs unterstützt werden (siehe Tabelle 5.6).

Protokoll	Interne DB	Externe DB
Hosts	1000	1000
Virtuelle Maschinen	10.000	10.000

Tabelle 5.6 Anzahl unterstützter Hosts und VMs

Bevor wir auf die Installation der Appliance eingehen, möchten wir uns mit den Funktionen und den Einschränkungen der derzeitigen Version beschäftigen.

Auch bei dieser vCenter-Appliance ist eine Datenbank enthalten. Dabei setzt VMware mit der Version 6.0 weiter auf eine vPostgres-Datenbank; deren Leistungsfähigkeit wurde aber um ein Vielfaches verbessert. Es ist aber kein Problem, eine externe Datenbank an das System anzubinden. Da geschieht weniger, um die Leistungsfähigkeit zu verbessern, sondern vielmehr, um auf bestehendes Know-how zurückgreifen zu können. An dieser Stelle werden allerdings nur Oracle-Datenbanken unterstützt. Ob zu einem späteren Zeitpunkt auch andere Datenbanken unterstützt werden sollen, ist uns derzeit nicht bekannt. Eine Unterstützung von MS-SQL-Datenbanken ist nicht gegeben. Der Grund dafür ist der fehlende native MS-SQL-Client für Linux-Betriebssysteme.

Die Tabelle 5.6 genannten Werte dürften für viele Umgebungen absolut ausreichen. Der *Linked Mode* fehlt nicht mehr in der Feature-Liste der Appliance. Mit Version 6.0 wird auch diese Funktion unterstützt.

Leider ist der Update Manager immer noch nicht Bestandteil der vCenter Server Appliance, und er benötigt auch immer noch eine MS-SQL-Datenbank. Wir wünschen uns, dass die Update-Funktion eines Tages in eine eigene Appliance wandert, sodass sie für die VCSA und das Windows-basierte vCenter gleichfalls genutzt werden kann, ohne dass eine zusätzliche Datenbank erforderlich ist.

5.4.1 Installation der vCenter Server Appliance

Kommen wir nun zur Installation der vCenter-Appliance (zum Upgrade siehe Abschnitt 5.4.3). Hier hat sich mit Version 6.0 einiges geändert. Der Import erfolgt nämlich nicht wie früher über den vSphere Client (der Web Client funktioniert ja erst, wenn das vCenter bereits installiert ist), sondern über den Browser.

Legen Sie einfach das ISO-Image der VCSA ein, und rufen Sie die Datei *vcsa-setup.html* auf. Es erscheint eine Auswahl zur Installation bzw. das Upgrade der VCSA auf die Version 6.0 (siehe Abbildung 5.73).

Zuvor aber fordert das System Sie auf, das *Client Integration Plugin* zu installieren. Andernfalls kann keiner der beiden Prozesse angestoßen werden (siehe Abbildung 5.72).

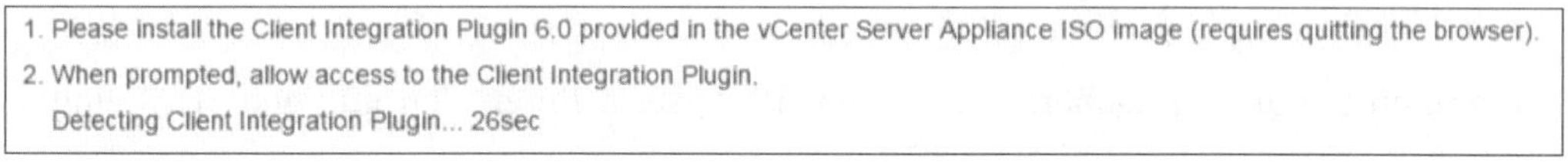

1. Please install the Client Integration Plugin 6.0 provided in the vCenter Server Appliance ISO image (requires quitting the browser).
2. When prompted, allow access to the Client Integration Plugin.
   Detecting Client Integration Plugin... 26sec

Abbildung 5.72 Das »Client Integration Plugin« wird benötigt.

Das Plug-in können Sie bei VMware herunterladen oder noch viel einfacher direkt von der DVD aus installieren. Es findet sich im Unterverzeichnis *vcsa*. Ist das Plug-in installiert, verschwindet der Hinweis automatisch, und Sie finden sich in dem Dialog aus Abbildung 5.73 wieder.

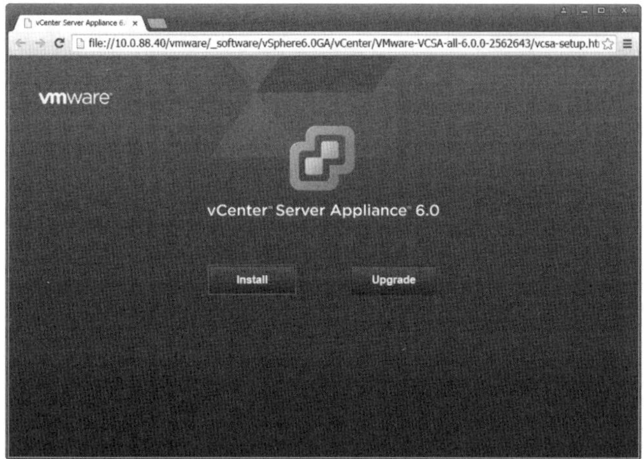

Abbildung 5.73 Auswahl der Installation

Nachdem Sie sich für die Installation entschieden haben, sehen Sie als Erstes das EULA und müssen es bestätigen.

Das System will nun wissen, auf welchem Host die Appliance bereitgestellt werden soll. Dazu geben Sie den Hostnamen und einen gültigen User-Account nebst Passwort an (siehe Abbildung 5.74).

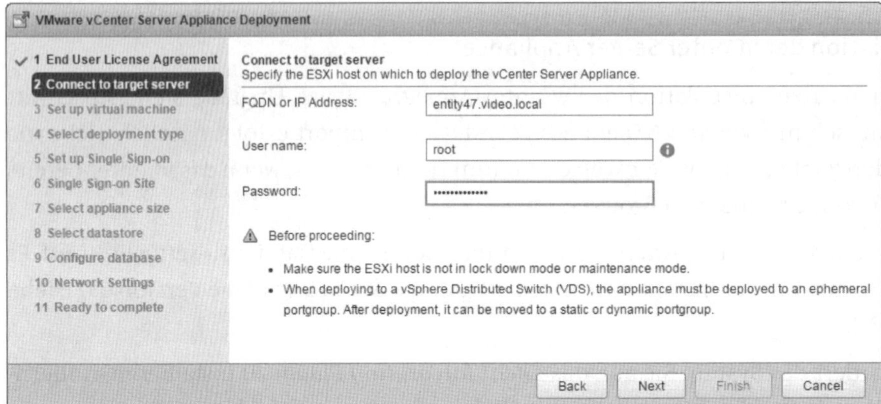

Abbildung 5.74 So legen Sie den Host fest, der die Appliance aufnehmen soll.

Überprüfen Sie diese Angaben. Dann zeigt das System Ihnen den gültigen SHA1-Fingerabdruck des Hosts (siehe Abbildung 5.75).

Abbildung 5.75 Fingerabdruck des Hosts

Nach der Bestätigung des Fingerabdrucks erwartet die Installationsroutine die Basisdaten für die VCSA. Damit sind der Parameter Appliance Name und das Passwort für den root-User gemeint (siehe Abbildung 5.76).

Beachten Sie, dass das Passwort bestimmten Regeln genügen muss. Es muss folgende Bedingungen erfüllen:

- mindestens 8 Zeichen lang
- weniger als 21 Zeichen lang
- mindestens 1 Großbuchstabe vorhanden

- mindestens 1 Kleinbuchstabe vorhanden
- mindestens 1 Ziffer vorhanden
- mindestens 1 Sonderzeichen vorhanden
- kein Leerzeichen erlaubt
- Es sind nur sichtbare ASCII-Zeichen aus dem unteren Bereich von 0–127 erlaubt.

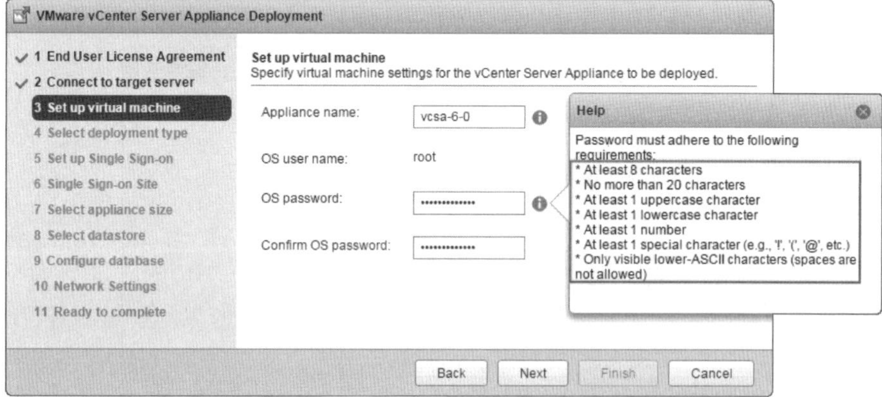

Abbildung 5.76 Festlegung der Basisparameter

Die Festlegung der Installationsart findet sich im Dialogschritt 4 (siehe Abbildung 5.77). Diese unterschiedlichen Punkte haben wir schon im Abschnitt »Der Platform Services Controller (PSC)« weiter oben in Abschnitt 5.3.4 erläutert. Schlagen Sie bei Bedarf bitte dort nach.

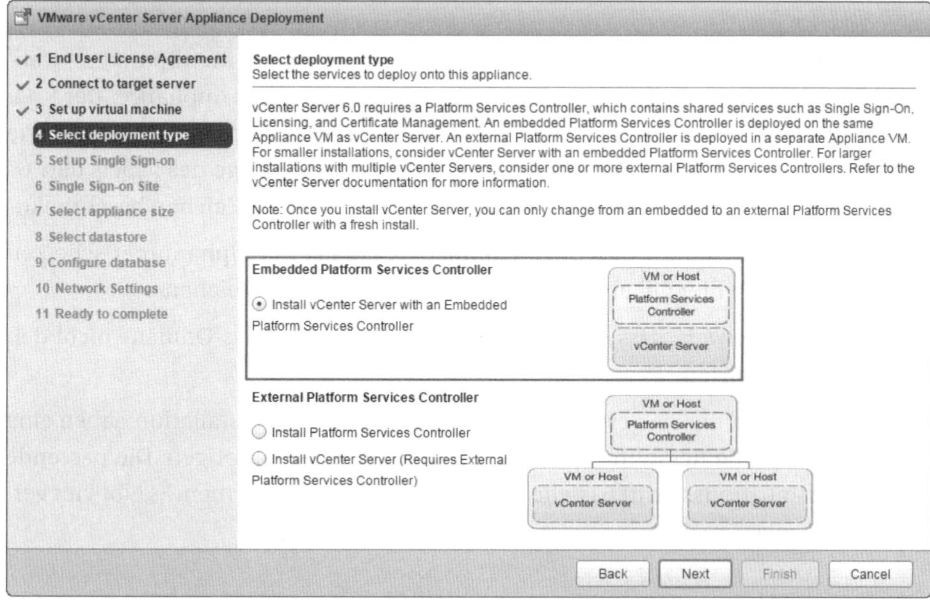

Abbildung 5.77 Auswahl der Installationsart

Auch bei dieser Installation möchten wir die kompakte Variante installieren und übernehmen daher die Vorauswahl, bei der der *Platform Services Controller* und der *vCenter Server* auf einer Maschine installiert werden. Die anderen Installationsarten unterscheiden sich nicht von der Windows-Version.

Bei der Bereitstellung einer neuen SSO-Instanz ist es notwendig, passende Parameter einzugeben (siehe Abbildung 5.78). Auch hier gibt es bestimmte Zeichen, die nicht genutzt werden dürfen.

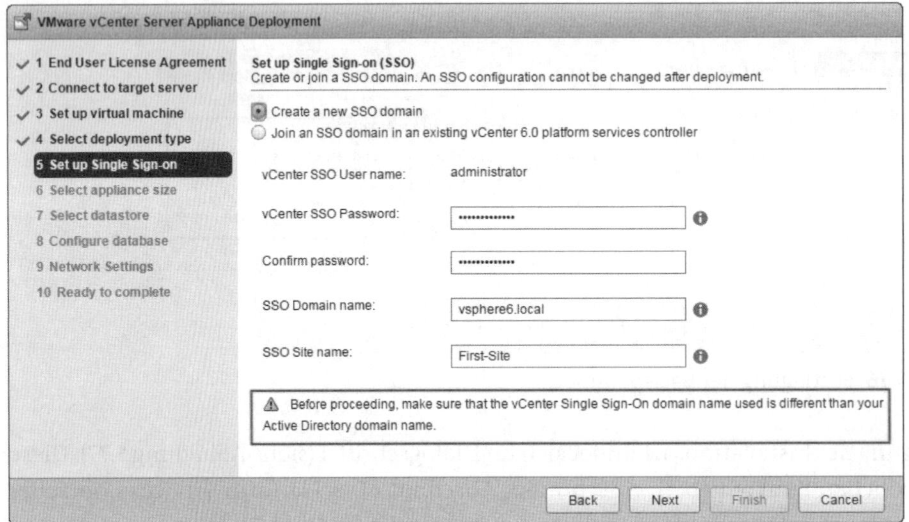

Abbildung 5.78 Konfiguration der SSO-Instanz

Erfolgt die Anbindung an eine bestehende SSO-Instanz, ist der zweite Menüpunkt zu wählen. Die Passwortrichtlinien entsprechen denen für den root-User der Appliance. Der SSO-Domänenname darf nur alphanumerische Zeichen und das Minus-Zeichen enthalten sowie mindestens einen Punkt, wie z. B. VSPHERE.LOCAL. Die maximale Länge des Labels darf 63 Zeichen nicht überschreiten. Die Gesamtlänge des Namens ist auf 253 Zeichen beschränkt.

Beim Site-Namen sind die Randbedingungen ähnlich: ebenfalls nur alphanumerische Zeichen und das Minus. Auch hier gilt eine Längenbeschränkung von 63 Zeichen.

Beachten Sie bitte den Hinweis, dass die SSO-Domäne und die Windows-Domäne nicht den gleichen Namen tragen dürfen.

Die Größe der Umgebung, die Sie verwalten wollen, und die Art der Installation haben eine direkte Auswirkung auf die Ressourcen, die Sie für die Appliance benötigen. Die passende Auswahl wird im Installationsschritt 6 (siehe Abbildung 5.79) vorgenommen. Es gibt vier verschiedene Größen (siehe Tabelle 5.7).

Appliance-Größe	vCPUs	vRAM	Storage
Tiny	2	8	101 GB
Small	4	16	146 GB
Medium	8	24	270 GB
Large	16	32	445 GB

Tabelle 5.7 Konfigurationsgrößen der VCSA mit PSC

In unserem Fall fällt die Wahl auf die TINY-Konfiguration.

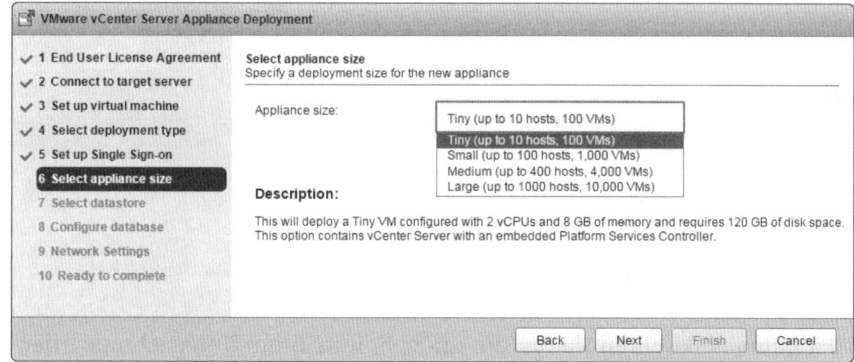

Abbildung 5.79 Auswahl der Managementgröße

Die Appliance benötigt ein Heim auf dem Storage, und das legen Sie im nächsten Schritt fest (siehe Abbildung 5.80).

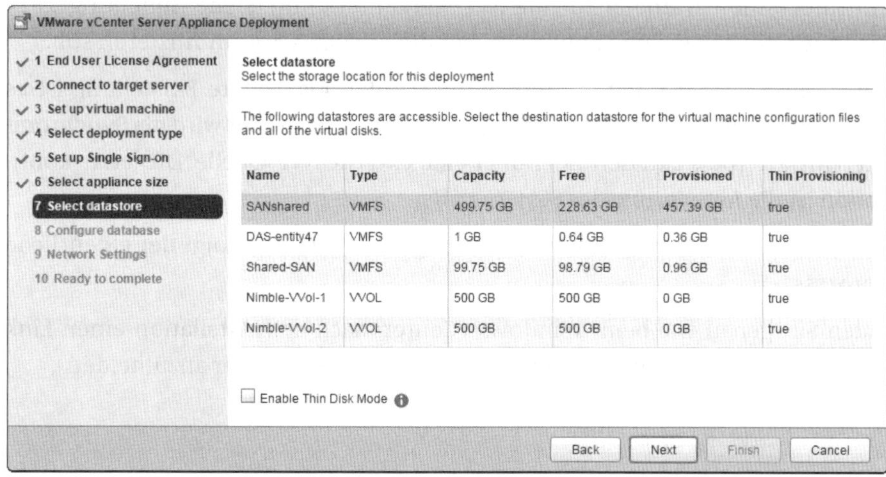

Abbildung 5.80 Auswahl des Storage

Den Thin-Disk-Modus können wir für produktive Umgebungen nicht empfehlen. Sollten Sie diesen Modus nutzen wollen, greifen Sie bitte auf Storage-basiertes Thin Provisioning zurück.

Erst jetzt müssen Sie festlegen, mit welcher Datenbank Sie arbeiten wollen. Es gibt hier nur zwei Auswahlmöglichkeiten: die integrierte vPostgres-Datenbank oder als externe Datenbank das Produkt von Oracle (siehe Abbildung 5.81). Andere Datenbanken werden nicht unterstützt.

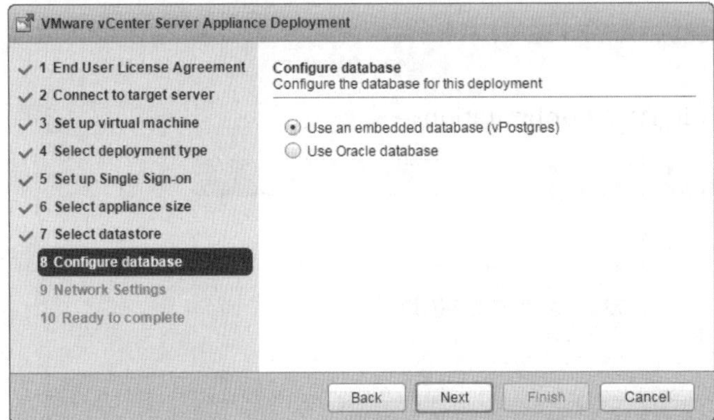

Abbildung 5.81 Auswahl der Datenbank

Bei der Auswahl der Datenbank sollten Sie sich am Know-how in Ihrem Unternehmen orientieren. Die Größe der zu betreuenden Umgebung ist kein Maßstab mehr für die Auswahl der Datenbank. Falls Sie Kollegen haben, die sich mit Oracle auskennen, oder besitzen Sie vielleicht bereits Oracle-Lizenzen, dann nutzen Sie diese Datenbank. Andernfalls nutzen Sie die mitgelieferte Software von VMware.

Jetzt fehlen nur noch die Parameter für die Netzwerkanbindung (siehe Abbildung 5.82). Zusätzlich wird auch die Portgruppe benötigt, über die die VCSA kommunizieren soll.

Es werden sowohl IPv4- als auch IPv6-Adressen unterstützt. Als weitere Einstellung ist es notwendig, die Quelle für die Zeitsynchronisation festzulegen. Entweder wird die Synchronisation über die VMware Tools aktiviert oder über eine externe NTP-Quelle. Die letzte konfigurierbare Option ist die Aktivierung des SSH-Zugriffs.

Nach der Anzeige der Installationszusammenfassung in Schritt 10 erfolgt der eigentliche Installationsprozess.

Auch hier finden Sie, genau wie beim Windows-vCenter, nach der Installation einen Link zum Aufruf des Web Clients, um sich am neu installierten vCenter Server anzumelden.

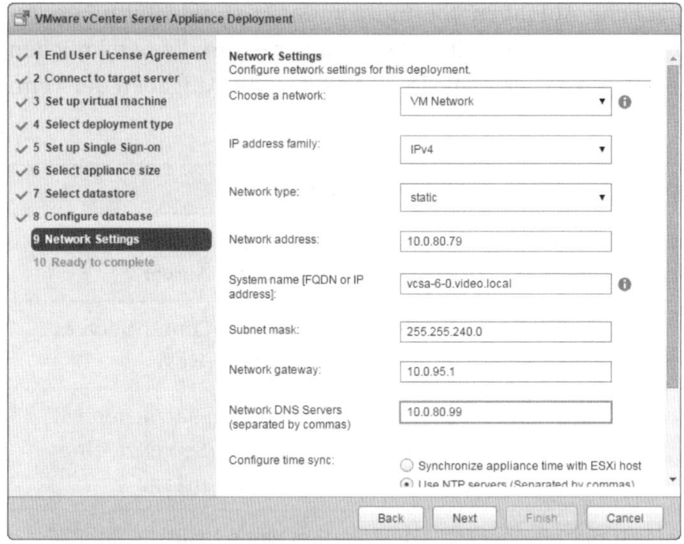

Abbildung 5.82 Netzwerkkonfiguration der VCSA

5.4.2 Kommandozeilenbasierte Installation

Ist es nicht erwünscht oder möglich, die *VMware vCenter Server Appliance* (VCSA) über den Browser zu installieren, so kann die Installation auch über die Kommandozeile erfolgen. Dazu benötigen Sie die VCSA-DVD und einen Editor.

Die Installationsbefehle für die unterschiedlichen Betriebssysteme finden Sie in den Ordnern *win32, mac* und *lin* (siehe Abbildung 5.83). Damit eine Installation aber überhaupt durchgeführt werden kann, benötigen Sie eine passende Template-Datei. Vorlagen dafür finden Sie im Unterordner *template/update* für Aktualisierungen und in *template/install* für Neuinstallationen.

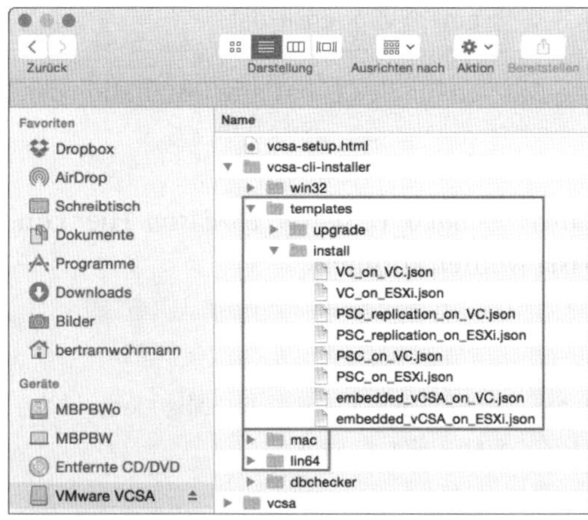

Abbildung 5.83 Befehle und Templates für die CLI-Installation

Die Templates haben unterschiedliche Aufgaben. Sie müssen das passende Template auf einen Datenträger kopieren, auf dem die Datei editiert werden kann, um die persönlichen Konfigurationsparameter einstellen zu können. Tabelle 5.8 erläutert die Aufgaben der Templates.

Template-Datei	Option	Bemerkung
VC_on_VC	Neuinstallation / Upgrade von 5.5	Installation eines vCenter-Servers auf einem vCenter-Server
VC_on_ESXi	Neuinstallation / Upgrade von 5.5	Installation eines vCenter-Servers auf einem vSphere-Host
PSC_replication_on_VC	Neuinstallation	Installation eines zusätzlichen PSC auf einem vCenter-Server zu einer vorhandenen SSO-Instanz
PSC_replication_on_ESXi	Neuinstallation	Installation eines zusätzlichen PSC auf einem vSphere-Host zu einer vorhandenen SSO-Instanz
PSC_on_VC	Neuinstallation / Upgrade von 5.5	Installation eines neuen PSC auf einem vCenter-Server
PSC_on_ESXi	Neuinstallation / Upgrade von 5.5	Installation eines neuen PSC auf einem vSphere-Host
embedded_vCSA_on_VC	Neuinstallation / Upgrade von 5.5 und 5.1	Installation eines vCenter-Servers mit einem integrierten PSC auf einem vCenter-Server
embedded_vCSA_on_ESXi	Neuinstallation / Upgrade von 5.5 und 5.1	Installation eines vCenter-Servers mit einem integrierten PSC auf einem vSphere-Host

Tabelle 5.8 Funktion der unterschiedlichen Template-Dateien für die CLI-basierte Installation der VCSA

Als Beispiel zeigen wir im Folgenden das Template *embedded_vCSA_on_ESXi.json*. Hier können Sie die einzelnen Einträge sehen, die angepasst werden können:

```
{
    "__version": "1.1",
    "__comments": "Sample template to deploy a vCenter Server with an embedded
                  Platform Services Controller to an ESXi host.",
    "target.vcsa": {
        "appliance": {
```

```
            "deployment.network": "VM Network",
            "deployment.option": "small",
            "name": "vCenter-Server-Appliance",
            "thin.disk.mode": true
        },
        "esx": {
            "hostname": "<ESXi host name or IP address>",
            "username": "root",
            "password": "<Password of the ESXi host root user>",
            "datastore": "<ESXi host datastore>"
        },
        "network": {
            "hostname": "<Host name>",
            "dns.servers": [
                "<DNS Server IP Address>",
                "<Alternate DNS Server IP Address>"
            ],
            "gateway": "<Gateway IP address>",
            "ip": "<Static IP address>",
            "ip.family": "ipv4",
            "mode": "static",
            "prefix": "<The value must be 0-32>"
        },
        "os": {
            "password": "<vCenter Server Appliance root password>",
            "ssh.enable": true
        },
        "sso": {
            "password": "<vCenter Single Sign-On password>",
            "domain-name": "vsphere.local",
            "site-name": "<SSO site name>"
        }
    }
}
```

Listing 5.1 Skript zur automatischen Installation der VCSA

Nach der Anpassung der einzelnen Parameter kann die Installation gestartet werden. Das erfolgt mit dem Befehl:

```
vcsa-deploy <Pfad zum Template-Ordner>/<Template-Name>.json
```

Für jedes der drei unterschiedlichen Betriebssysteme finden Sie einen Installationsbefehl im zugehörigen Ordner.

Nach dem Absetzen des Befehls erfolgt die Bereitstellung der Appliance vollautomatisch ohne weiteren Eingriff.

5.4.3 Upgrade der VMware vCenter Server Appliance auf Version 6.0

Das Upgrade der VMware vCenter Server Appliance (VCSA) hat sich mit der Version 6.0 signifikant geändert. Aufgrund der großen Änderungen in der neuen Appliance gibt es zwar einen Upgrade-Pfad, aber er beinhaltet eine komplette Neubereitstellung einer Appliance der Version 6.0 bei Übernahme der Konfiguration aus der alten Appliance. Aus diesem Grund werden auch temporäre Netzwerkparameter benötigt, damit beide Systeme parallel betrieben werden können.

Der Upgrade wird genau so gestartet wie die Neuinstallation der vSphere-Appliance der Version 6.x. Legen Sie dazu das ISO-Image ein, und rufen Sie die Datei *vcsa-setup.html* auf (siehe Abbildung 5.84). Auch hier müssen Sie das *Client Integration Plugin* installiert haben.

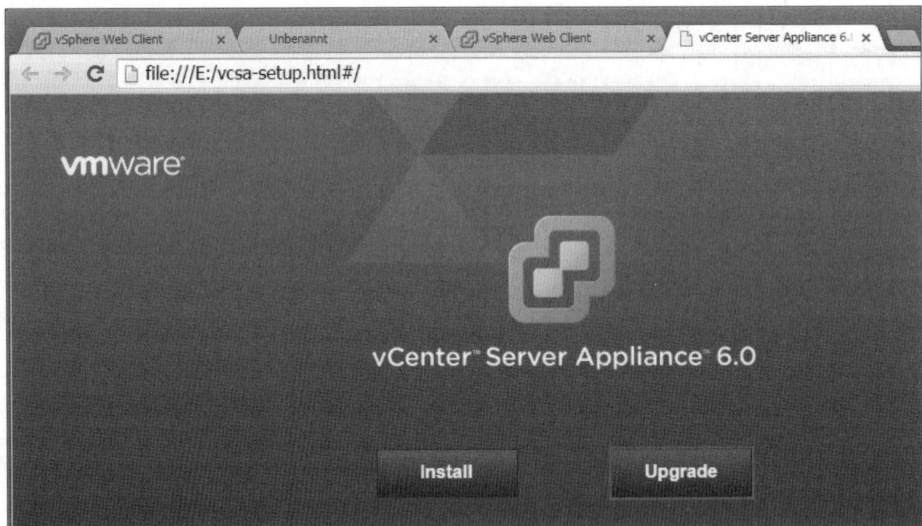

Abbildung 5.84 Starten des Upgrades aus einer VCSA der Version 5.5

Berücksichtigen Sie bitte, dass das Upgrade nur funktioniert, wenn Sie eine Appliance der folgenden beiden Versionen einsetzen:

- vCenter Server Appliance 5.1 U3
- vCenter Server Appliance 5.5

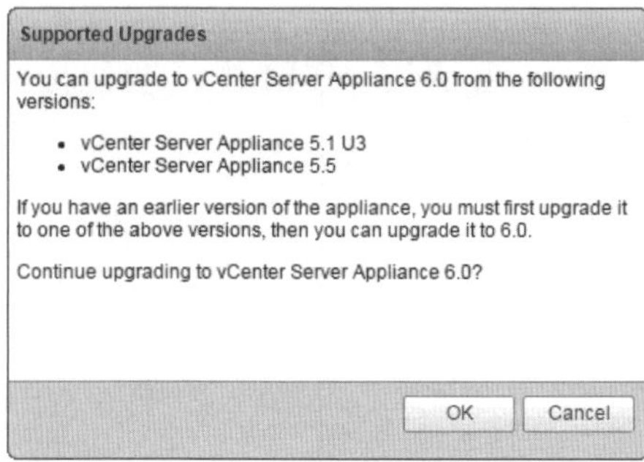

Abbildung 5.85 Upgrade-Versionsvoraussetzungen

Falls Sie eine andere Version verwenden, so müssen Sie im Vorfeld eine Aktualisierung der Appliance über die bekannten Wege vornehmen (siehe Abbildung 5.85). Verbinden Sie sich dazu mit dem Verwaltungsfenster der Appliance über die URL *https://<IP vCenter Appliance>:5480*. Danach können Sie über den Reiter UPDATE die Version der Appliance aktualisieren.

Es folgt nun eine ganze Reihe von Konfigurationsschritten, die alle den parallelen Aufbau und die Übernahme der Daten betreffen. Alles beginnt mit der Zustimmung zum EULA. Im folgenden Schritt müssen Sie als Erstes festlegen, auf welchem Host die neue Appliance bereitgestellt werden soll. Dazu benötigen Sie den Namen bzw. die IP-Adresse des Hosts und die zugehörigen Credentials (siehe Abbildung 5.86).

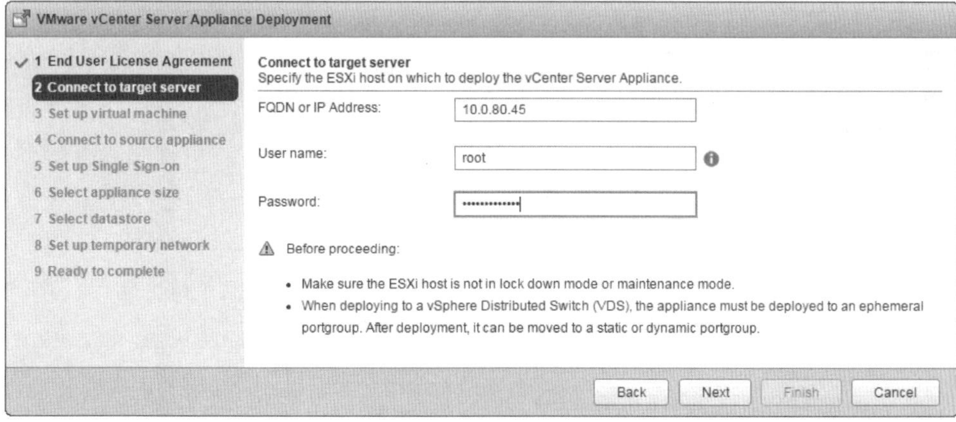

Abbildung 5.86 Festlegen des Bereitstellungs-Hosts

Nun erfolgt direkt die Überprüfung ob die eingegebenen Daten zusammenpassen. Wird der Host erreicht, zeigt das System den Fingerabdruck des Hosts an und erwartet Ihre Zustimmung, dass die Daten korrekt sind. Anschließend wird der Account überprüft.

In Schritt 3 (siehe Abbildung 5.87) müssen Sie Eingaben zur neuen Appliance vornehmen.

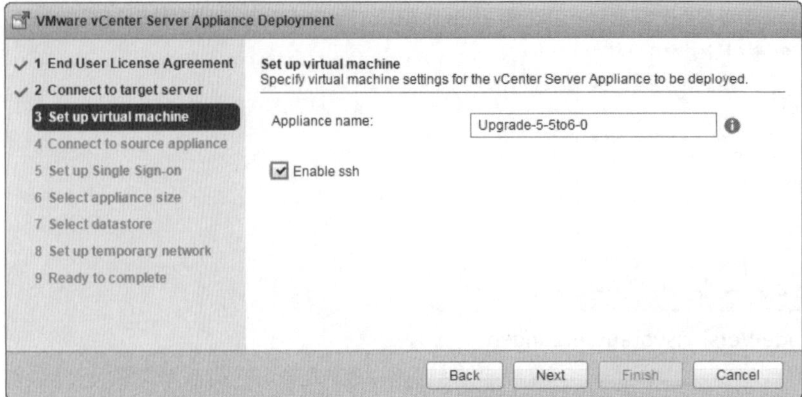

Abbildung 5.87 Geben Sie der neuen Appliance einen Namen.

An dieser Stelle können Sie auch den SSH-Zugriff aktivieren, was wir in diesem Fall auch getan haben. Das sind erst einmal alle Eingaben für die neue Appliance.

Nun müssen Sie Informationen zu der Appliance eingeben, die aktualisiert werden soll. Zwei Blöcke sind im Konfigurationsfenster auszufüllen: einer zur bestehenden Appliance und ein anderer zu dem Host, auf dem die Appliance derzeit läuft.

In Schritt 4 (siehe Abbildung 5.88) wählen Sie die Version der bestehenden Appliance und tätigen weitere Angaben.

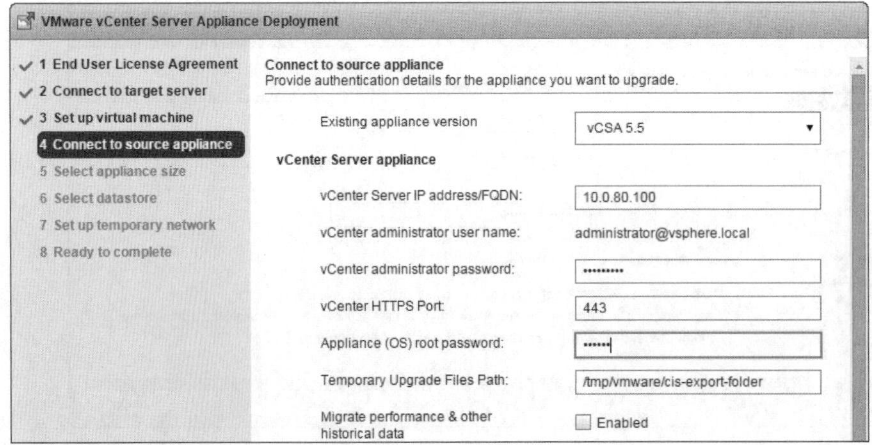

Abbildung 5.88 Die Daten der Quell-Appliance

Der Name der Appliance bzw. die IP-Adresse werden ebenso benötigt wie Zugangsdaten des SSO-Administrators und die Anmeldedaten für die Verwaltungsseite des Systems. Die Migration der Performance und der historischen Daten ist standardmäßig deaktiviert, kann aber aktiviert werden. Die Übernahme dieser Informationen kann den Migrationsprozess um ein Vielfaches verlangsamen.

Wir haben auch schon Upgrades durchgeführt, die abbrachen, weil die Menge der zu übernehmenden historischen Daten zu groß war. In solchen Fällen haben Sie nur die Möglichkeit, die Daten auszuschließen.

Im zweiten Bereich muss auch bei dieser Appliance angegeben werden, auf welchem Host sie derzeit aktiv ist (siehe Abbildung 5.89).

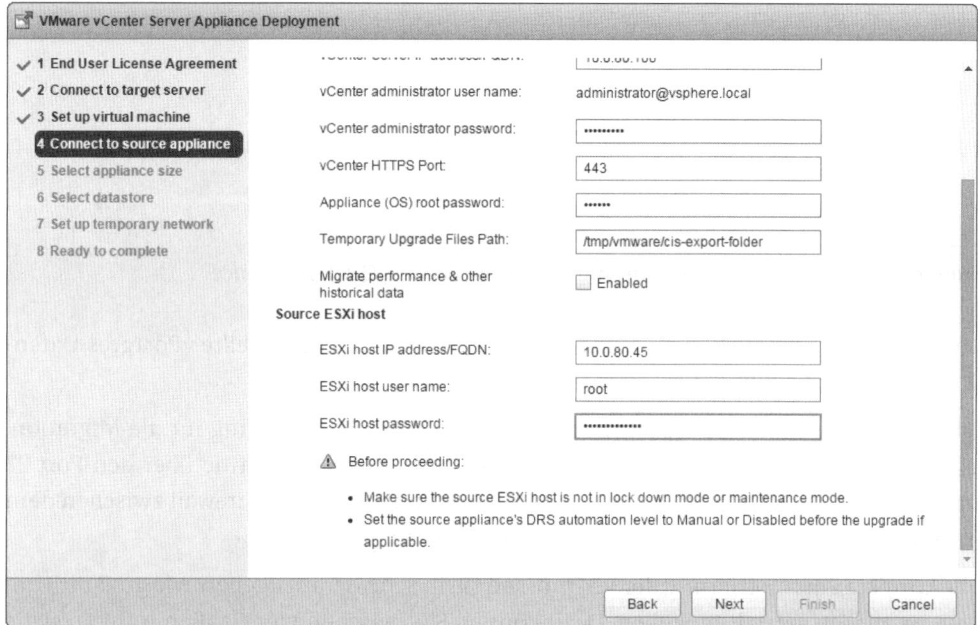

Abbildung 5.89 Tragen Sie hier den Host ein, auf dem die Appliance läuft.

Achten Sie bitte auf den Hinweis im unteren Bereich des Fensters. Der Host darf nicht im Lockdown- bzw. Maintenance-Modus sein. DRS darf ebenfalls nicht auf AUTOMATIC stehen. Sonst besteht die Gefahr, dass die Appliance während der Migration auf einen anderen Host verschoben wird. Als Resultat würde die Migration fehlschlagen.

Die Deaktivierung erfolgt im Web Client unter den Eigenschaften des Clusters MANAGE • SETTINGS • CONFIGURATION • VM OVERRIDES. Wählen Sie hier die Appliance aus, und ändern Sie den AUTOMATION LEVEL (siehe Abbildung 5.90).

Die nun folgende Verifikation kann dazu führen, dass unterschiedliche Hinweise angezeigt werden. Häufige Warnungen zeigen sich dann, wenn die Auflösung per DNS nicht richtig funktioniert.

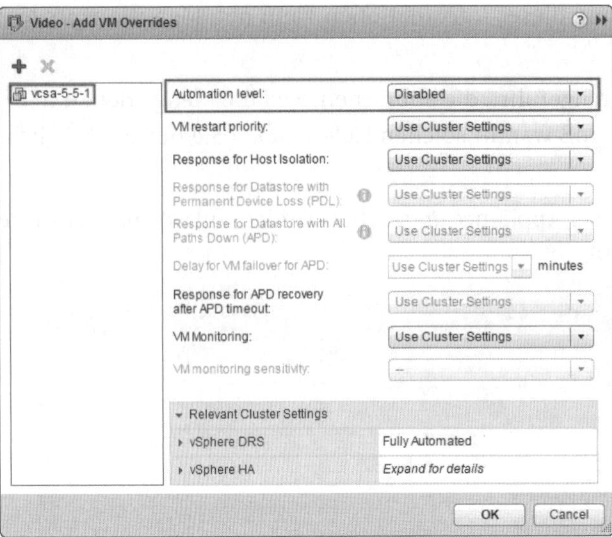

Abbildung 5.90 Deaktivierung des automatischen DRS für die Quell-Appliance

Des Weiteren gibt es einen Hinweis, dass das Passwort für die neu erstellte vPostgres-Datenbank dem Passwort des vCenter-Users entspricht.

Ein ganz wichtiger Punkt ist die Notwendigkeit einer Port-Freischaltung für die Migration. Zwischen dem neuen und dem alten System muss die Upgrade-Routine über den Port 22 kommunizieren. Dieser Abgleich erfolgt per SSH. Befindet sich eine Firewall zwischen dem alten und dem neuen System, muss hier eine Freischaltung erfolgen.

Für die korrekte Parametrierung der VM müssen Sie in Schritt 5 anzugeben, wie groß die Umgebung ist, die Sie verwalten wollen. Dazu können Sie zwischen vier Größen wählen (siehe Abbildung 5.91).

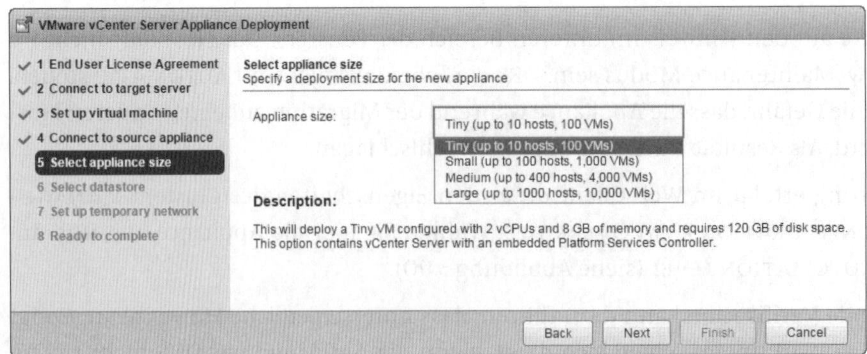

Abbildung 5.91 Festlegung der Umgebungsgröße

In Schritt 6 wird festgelegt, auf welchem Storage die Appliance abgelegt werden soll (siehe Abbildung 5.92).

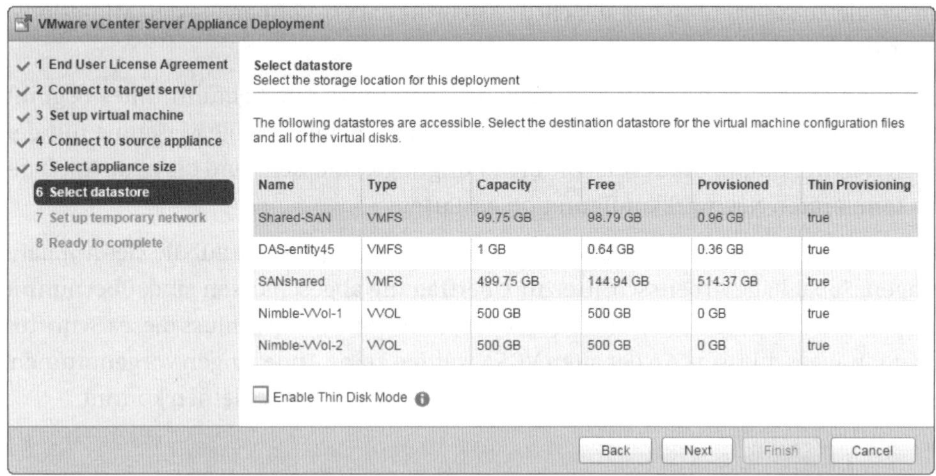

Abbildung 5.92 Festlegung des Storage für die Ablage der VCSA

Bis jetzt haben wir noch keine Angaben für das Netzwerk gemacht. Das holen wir in Schritt 7 nach. Es sind aber nur Angaben, die für die Migration benötigt werden. Nach dem Abschluss der Migration sind die Adressen wieder frei.

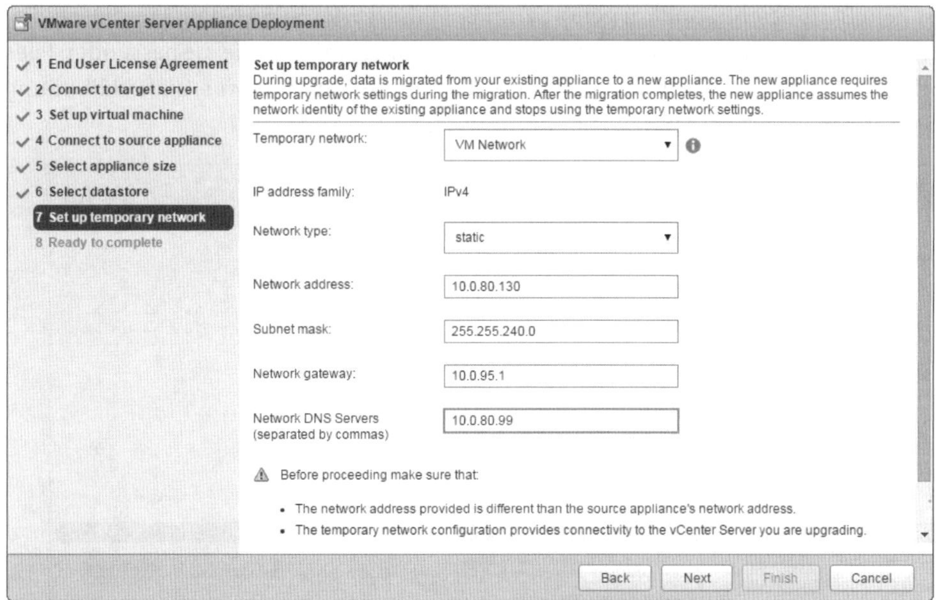

Abbildung 5.93 Temporäre Netzwerkangaben für die Migration

Selbstverständlich müssen sich die Adressen der bestehenden Appliance und der neuen Appliance unterscheiden. Nach dem Abschluss der Migration bekommt die Appliance dann die Adresse der Quellmaschine.

Nachdem Sie die Zusammenfassung in Schritt 8 geprüft haben, können Sie den Migrationsprozess starten.

Im Hintergrund werden nun unterschiedliche Arbeitsschritte durchgeführt. Alles beginnt mit der Bereitstellung der Appliance in der Version 6.x als neue virtuelle Maschine mit der temporären Netzwerkkonfiguration. Ist die Erstellung abgeschlossen, wird die neue Appliance mit der temporären Netzwerkkonfiguration gestartet.

Sind beide Systeme im Netzwerk, werden die Daten der Quell-Appliance auf die Ziel-Appliance übertragen. Sobald alle Arbeitsschritte zur Übertragung abgeschlossen sind, übernimmt die neue Appliance auch die Netzwerkidentität der alten. Mit dem Abschluss dieses Schrittes ist das Upgrade abgeschlossen. An der alten VCSA werden keine Änderungen vorgenommen, sodass Sie zu dem alten vCenter zurückkehren können, falls es zu Problemen kommt.

5.4.4 Upgrade der vCenter Server Appliance von Version 6.0 auf 6.x

Wie Sie an der Oberfläche der vCenter Server Appliance schon sehen konnten, gibt es dort keine Auswahl mehr für die Aktualisierung der VCSA. Es gibt hier einen neuen Prozess, den wir Ihnen jetzt zeigen möchten.

Für das Patchen verwenden Sie ein Kommandozeilentool mit dem Namen `software-packages`. Es ist kein Bash-Befehl, sondern gehört zum Befehlssatz der VCSA-Shell. Mit diesem Befehl können Sie die Appliance aktualisieren. Zuerst allerdings müssen Sie die passenden Files herunterladen. Dazu gehen Sie auf der VMware-Webseite zu My VMware (siehe Abbildung 5.94). Dort können Sie die passenden Files herunterladen.

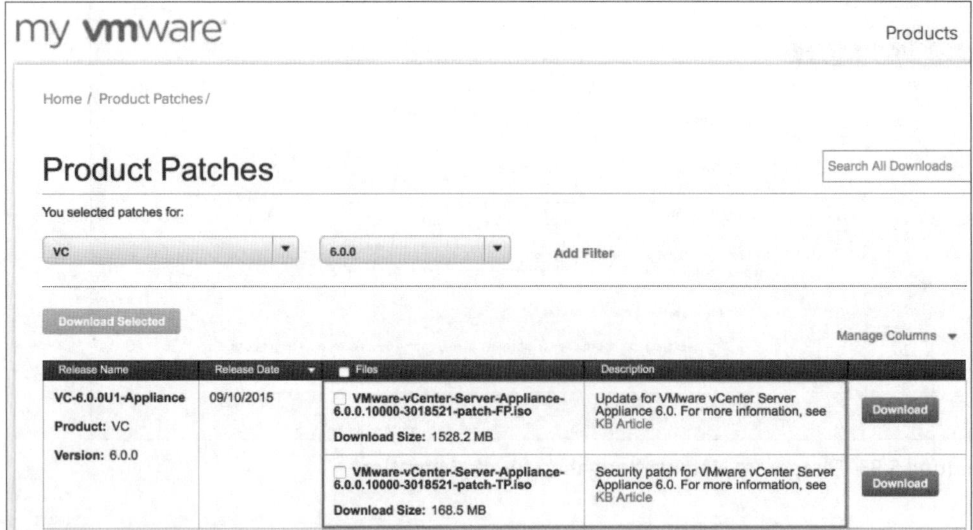

Abbildung 5.94 Download der VCSA-Patches

Sie finden auf der Download-Seite der Patches für das vCenter zwei unterschiedliche ISO-Images. Das hängt damit zusammen, wie die VCSA bereitgestellt worden ist. Den Patch mit der Bezeichnung FP am Ende könnte man als »Full Appliance« bezeichnen. Mit ihm bekommen Sie eine All-in-one-Installation, d. h., der PSC und das vCenter werden in einer Appliance bereitgestellt.

Das File mit der Endung TP ist der Patch für einen einzeln installierten PSC.

Nach dem Download müssen Sie das ISO-Image in die VCSA einbinden. Das erfolgt über den Web Client, oder Sie nutzen einfach die VMRC Console. Anschließend müssen Sie sich per SSH an der VCSA anmelden.

Die Befehlssyntax für das Update lautet:

```
software-packages install --iso --acceptEula
```

Alternativ kann auch erst ein Staging durchgeführt werden (siehe Abbildung 5.95); die Installation wird dann später durchgeführt. Tabelle 5.9 zeigt weitere Optionen.

Option	Bemerkung
`install`	Die Patches werden auf der VCSA bereitgestellt und sofort installiert bzw. bereitgestellte Patches werden installiert.
`stage`	Die Patches werden auf der VCSA bereitgestellt.
`unstage`	Bereitgestellte Patches werden wieder entfernt.
`list`	Zeigt die installierten Paketversionen an.
`list --staged`	Zeigt die bereitgestellten Paketversionen an.
`list --history`	Zeigt die Historie der installierten Patches an.

Tabelle 5.9 Übersicht über die Optionen des »software-packages«-Befehls

```
Command> software-packages stage --iso --acceptEula
 [2015-09-25T21:36:31.268] : Staging software update packages from ISO
 [2015-09-25T21:36:31.268] : ISO mounted successfully
 [2015-09-25T21:36:31.268] : Verifying staging area
 [2015-09-25T21:36:31.268] : Running pre-stage.py
 [2015-09-25T21:36:31.268] : Validating software update payload
 [2015-09-25T21:36:31.268] : Validation successful
 [2015-09-25 21:36:32,495] : Processing software packages in update payload 147/147
 [2015-09-25T21:36:34.268] : Packages in appliance are up to date with update payload, Nothing to stage
 [2015-09-25T21:36:34.268] : ISO unmounted successfully
```

Abbildung 5.95 Staging des Patches

Nach dem Reboot haben Sie eine aktualisierte VCSA einschließlich des Platform Services Controllers.

Der Vollständigkeit halber sei erwähnt, dass Sie die Patches nicht nur über ein ISO-Image einspielen können. Alternativ können Sie die Files auch über eine URL ins System installieren.

Upgrade der vCenter Server Appliance von Version 6.x auf 6.y

Während wir diese Auflage schrieben, haben sich durch die neue Version *VCSA 6.0 Update 1* einige Änderungen ergeben. Auch für sie gibt es eine Administrationswebseite, über die eine Aktualisierung der Appliance durchgeführt werden kann (siehe Abbildung 5.96).

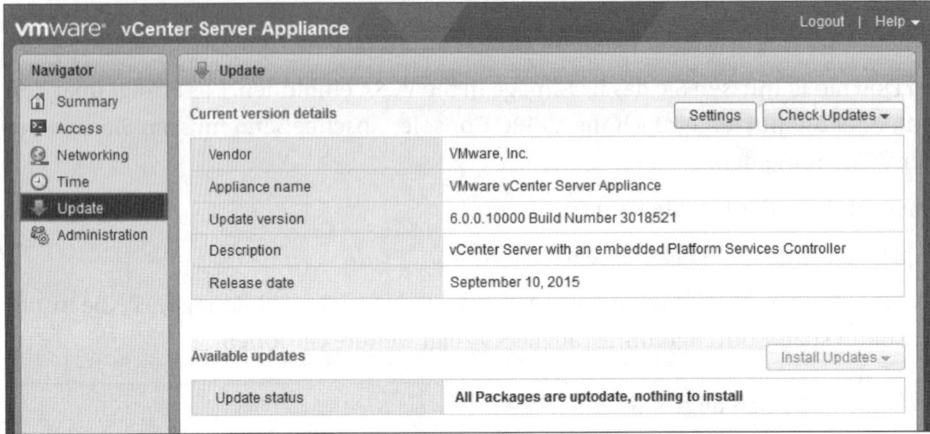

Abbildung 5.96 Das Update für die Version »VCSA 6.0 Update 1«

Auch wieder nehmen Sie den bereits bekannten Weg für die Aktualisierung. Außer über die Kommandozeile können Sie jetzt auch eine Aktualisierung über den Browser durchführen.

Klicken Sie auf den SETTINGS-Button (siehe Abbildung 5.96), um festzulegen, wo und ob automatisch nach Updates gesucht werden soll (siehe Abbildung 5.97).

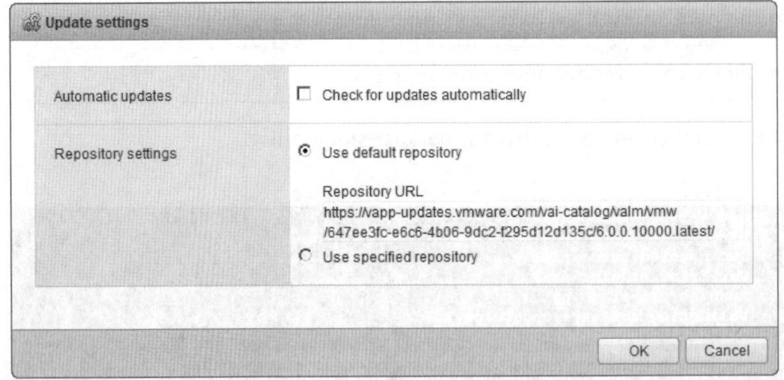

Abbildung 5.97 Wie soll nach Patches gesucht werden?

Klicken Sie auf den Button CHECK UPDATES, wenn Sie direkt nach neuen Updates suchen wollen.

5.4.5 Upgrade vom Windows-vCenter zur vCenter Server Appliance

VMware selbst bietet derzeit noch keine Option für eine Migration von einem Windows-basierten vCenter auf ein Appliance-basiertes vCenter, aber bei den *VMware Flings* gibt es ein Tool namens *VCS to VCVA Converter*, das Sie bei einer solchen Migration unterstützen kann.

Sie finden das Tool unter *https://labs.vmware.com/flings/vcs-to-vcva-converter*.

Bei der Nutzung des Tools müssen Sie aber ein paar Bedingungen beachten: Die Datenbank darf derzeit nur ein MS SQL Server sein, die auf einem anderen als dem vCenter Server bereitgestellt wird. Der Grund dafür ist, dass die VCSA sofort die Identität der Quellmaschine übernimmt, und damit muss die Quellmaschine zu einem sehr frühen Zeitpunkt heruntergefahren werden. Durch die extern bereitgestellte Datenbank kann die VCSA aber noch auf die Datenbank zugreifen, obwohl das vCenter schon heruntergefahren ist.

Sollten Sie die MS-Express-Datenbank nutzen oder sollte die MS-SQL-Datenbank auf dem vCenter liegen, bietet sich die Migration der Datenbank auf einen neuen temporären Server an. Bei der Migration wird die Datenbank übernommen. Das gilt auch für die Rollen, die Rechte, die Privilegien, die Zertifikate und den Inventory Service.

Für eine Migration gelten einige wichtige Randbedingungen:

- Beide vCenter müssen die gleiche Version haben: ab 5.5.
- Alle vCenter-Dienste müssen auf dem vCenter installiert sein.
- vCenter-Plug-ins müssen mit einem AD-Account eingerichtet worden sein.
- Der MS SQL Server muss mindestens in der Version 2008 R2 vorliegen.
- Linked-Mode-Konfigurationen werden nicht unterstützt.
- Plug-ins werden nicht migriert.

Achtung

- SSO-Gruppen werden nicht migriert!
- Gruppen und User aus der lokalen Windows-Datenbank werden nicht migriert!

Das Tool ist von sechs VMware-Ingenieuren programmiert worden.

5.5 Der Platform Services Controller

Der *Platform Services Controller* (PSC) kann auch einzeln installiert werden. Bei der Installation müssen Sie die gleichen Angaben machen wie bei der Bereitstellung eines vCenters mit integriertem PSC. Nur im Dialog aus Abbildung 5.98 sehen Sie den Unterschied bei der Installation.

Bei der APPLIANCE SIZE können Sie sehen, dass hier keine vCenter-Größen angegeben werden, sondern nur der PSC als Objekt.

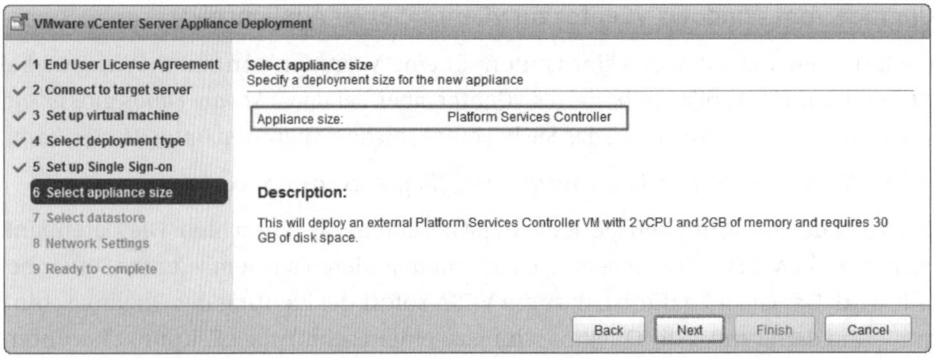
VMware vCenter Server Appliance Deployment
1 End User License Agreement
2 Connect to target server
3 Set up virtual machine
4 Select deployment type
5 Set up Single Sign-on
6 Select appliance size
7 Select datastore
8 Network Settings
9 Ready to complete
Select appliance size
Specify a deployment size for the new appliance
Appliance size:
Platform Services Controller
Description:
This will deploy an external Platform Services Controller VM with 2 vCPU and 2GB of memory and requires 30 GB of disk space.
Back
Next
Finish
Cancel

Abbildung 5.98 Installation eines »PSC only«-Systems

Ist die Installation abgeschlossen, kann mit einem zweiten PSC die Umgebung redundant aufgebaut werden, oder Sie verbinden einen vCenter Server mit dem PSC.

5.5.1 PSC-Architektur-Upgrade (ab vSphere 6.0 Update 1)

Beim Einsatz der Version 6.0 musste man sich schon im Vorfeld darüber im Klaren sein, wie die Umgebung wachsen wird bzw. wie sie zukünftig aussehen soll. Ein einmal als *all in one* installiertes vCenter konnte nicht mehr von seinem PSC getrennt werden.

Auch hier hat sich eine Änderung ergeben. VMware stellt jetzt ein Kommandozeilentool bereit, mit dem eine Auftrennung möglich ist.

Nachdem Sie sich per SSH mit der Appliance verbunden haben, rufen Sie den Befehl `/bin/cmsso-util` auf. Mit diesem Befehl können Sie eine solche Trennung vornehmen. Dazu ist es allerdings notwendig, in die Bash zu wechseln (siehe Abbildung 5.99).

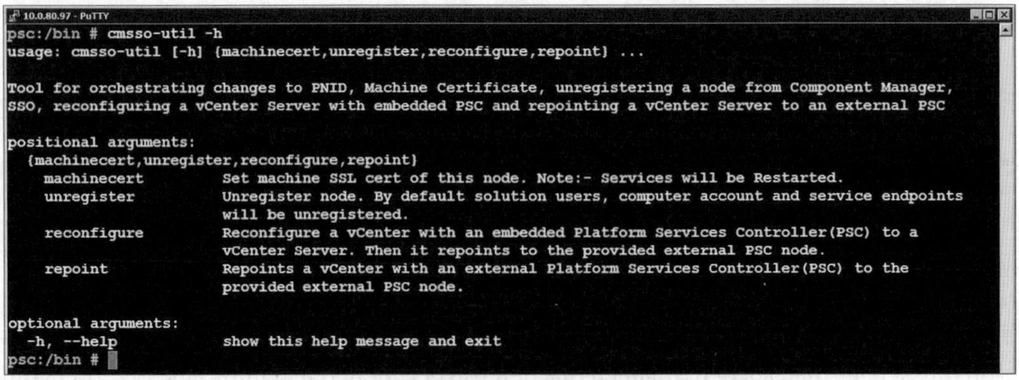
10.0.80.97 - PuTTY
psc:/bin # cmsso-util -h
usage: cmsso-util [-h] {machinecert,unregister,reconfigure,repoint} ...
Tool for orchestrating changes to PNID, Machine Certificate, unregistering a node from Component Manager, SSO, reconfiguring a vCenter Server with embedded PSC and repointing a vCenter Server to an external PSC
positional arguments:
{machinecert,unregister,reconfigure,repoint}
machinecert Set machine SSL cert of this node. Note:- Services will be Restarted.
unregister Unregister node. By default solution users, computer account and service endpoints will be unregistered.
reconfigure Reconfigure a vCenter with an embedded Platform Services Controller(PSC) to a vCenter Server. Then it repoints to the provided external PSC node.
repoint Repoints a vCenter with an external Platform Services Controller(PSC) to the provided external PSC node.
optional arguments:
-h, --help show this help message and exit
psc:/bin #

Abbildung 5.99 So ändern Sie die Verbindung des PSC zum vCenter Server.

Der Befehl bietet neben dem Aufruf der Hilfe mit `[-h]` vier mögliche Optionen, die für das Handling verantwortlich sind:

- `machinecert` setzt das Maschinenzertifikat von dem Knoten.
- Eine Deregistrierung eines Knotens erfolgt mit der Option `unregister`.
- Mit `reconfigure` können Sie aus einem vCenter mit einem integrierten PSC ein reines vCenter machen.
- Mit `repoint` verbinden Sie das vCenter mit einem externen PSC.

VMware hat mit diesem Tool eine große Unzulänglichkeit ausgebessert. Jetzt muss man bei der Planung nicht mehr berücksichtigen, was zukünftig mit dem Verbund aus PSC und vCenter geschehen soll. Aufteilungen und der Aufbau von Redundanzen sind so ohne Probleme auch nachträglich durchführbar.

5.6 vCenter-Server-Komponenten

Viele Komponenten sind mittlerweile Bestandteil des vCenters geworden, aber es gibt immer noch einige Erweiterungen, die separat installiert werden müssen. Diese Komponenten und ihre Installation beschreiben wir in den folgenden Unterabschnitten.

5.6.1 Installation des vSphere Clients

Wenn die Installation des vCenter-Servers abgeschlossen ist und Sie von diesem Server auf die einzelnen Hosts direkt zugreifen möchten, müssen Sie noch den vSphere-Client installieren. Nach dem Aufruf der *autostart.exe* von der vCenter-Server-DVD wählen Sie den Punkt zur Installation des Clients. Die Möglichkeit, den Client über die Webseite des vCenters zu installieren, gibt es nicht mehr.

Starten Sie die Installation durch den Aufruf des passenden Menüpunkts des DVD-Autostart-Menüs (siehe Abbildung 5.100).

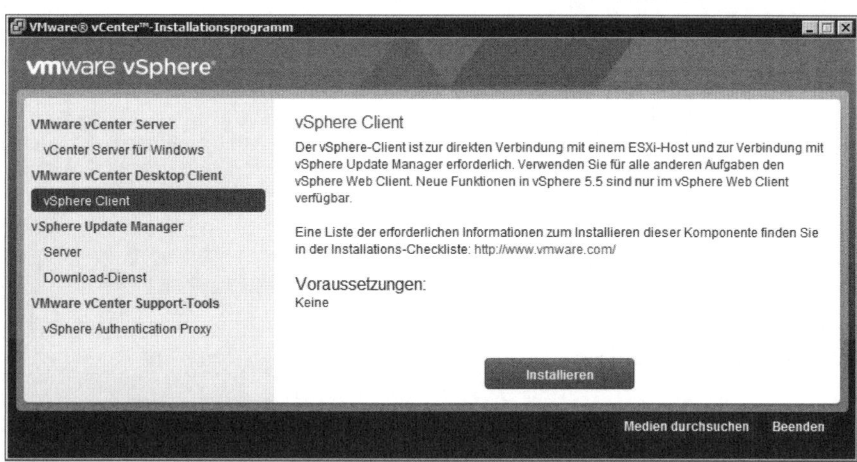

Abbildung 5.100 So starten Sie die Installations des vSphere Clients.

Bei der Installation selbst sind keine besonderen Einstellungen möglich. Sie können die Dialoge einfach durchklicken. Eine bereits vorhandene Installation wird dabei nicht überschrieben (siehe Abbildung 5.101).

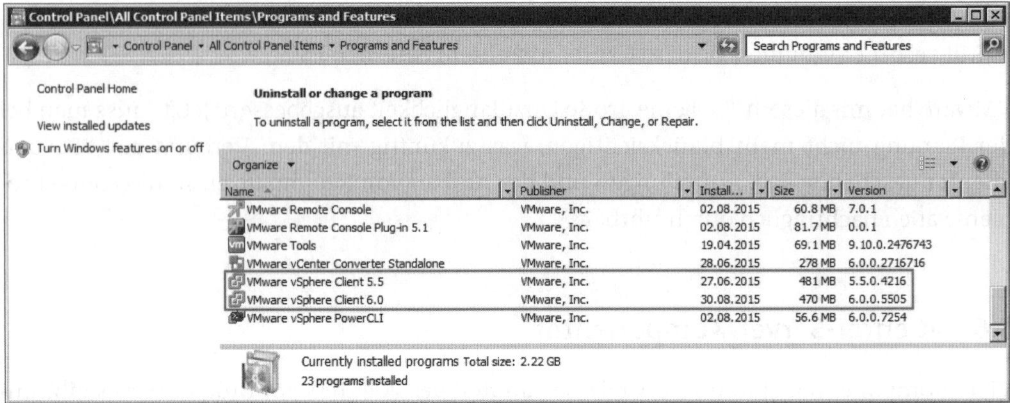

Abbildung 5.101 Parallele Client-Installation

Beim Zugriff auf einen Host wird dann automatisch der richtige Client ausgewählt.

Wenn Sie den installierten Client aufrufen, werden Sie – nachdem Sie Ihren Benutzernamen und das zugehörige Passwort eingegeben haben – direkt mit dem vSphere-Host verbunden. Sie können sich auch direkt vom Client aus mit dem vCenter verbinden (siehe Abbildung 5.102).

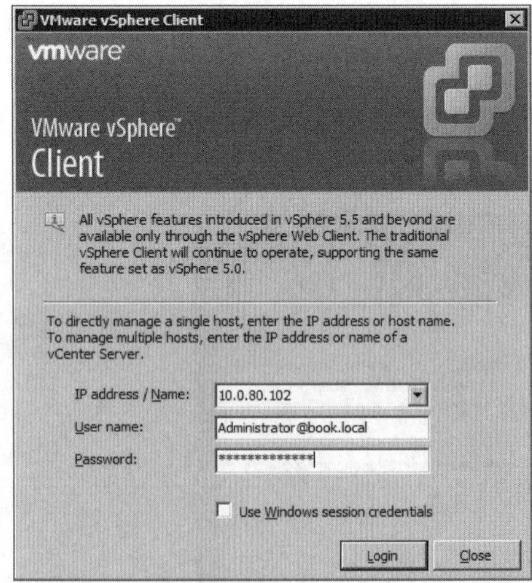

Abbildung 5.102 Client-Anmeldung am Host

Denken Sie daran, dass Sie beim Zugriff auf ein vCenter nur die Funktionen des Update Managers nutzen sollten, denn der Client wird nicht weiterentwickelt.

Zusätzlich zu dem Server-Namen ist eine gültige Kennung mit dem zugehörigen Passwort einzugeben (siehe Abbildung 5.102).

5.6.2 Installation des vCenter Update Managers

Die Installation des *vCenter Update Managers* gestaltet sich ebenfalls recht unspektakulär.

Zuvor möchten wir Sie aber auf ein wichtiges Detail aufmerksam machen, auch wenn es schon seit der Version vSphere 5.0 Bestand hat.

Achtung

Der *vCenter Update Manager* unterstützt nur noch das Patchen von vSphere-Hosts, die Aktualisierung von virtueller Hardware, die Aktualisierung von Appliances und das Patchen der *VMware Tools*. Betriebssysteme von virtuellen Maschinen können nicht mehr gepatcht werden.

Zum Patchen von Betriebssystemen virtueller Maschinen müssen Sie nun das Tool *VMware Configuration Manager* oder Drittanbieter-Tools nutzen.

Eine weitere Änderung hat VMware mit der Version 6.x vorgenommen. Musste bei einer reinen Download-Manager-Installation früher der Weg über das Filesystem eingeschlagen werden, so können Sie diese Art der Installation auch jetzt direkt im Installationsmenü wählen (siehe Abbildung 5.103).

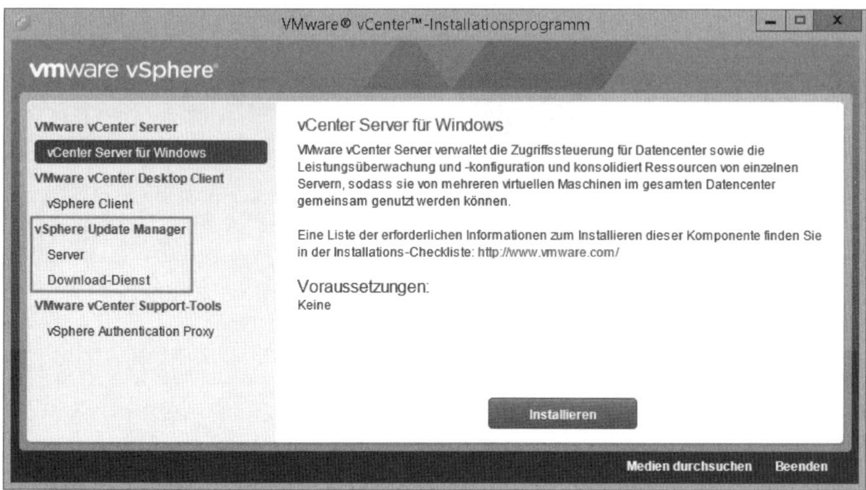

Abbildung 5.103 Installationsauswahl der beiden Update-Manager-Komponenten

Zu Beginn wollen wir die Komplettinstallation durchführen. Wählen Sie dazu VSPHERE UPDATE MANAGER • SERVER. Schon bei der Grundauswahl müssen Sie nun festlegen, mit welchem Dataenbank-Server Sie arbeiten wollen (siehe Abbildung 5.104).

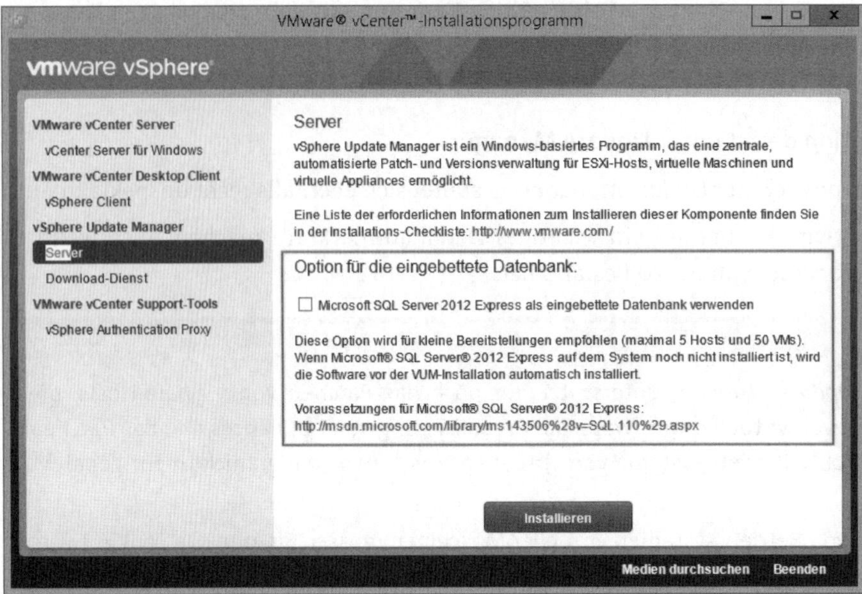

Abbildung 5.104 Auswahl der Datenbank

Nach den üblichen Abfragen zu Beginn der Routine können Sie auswählen, ob die Installationsroutine sofort alle Patches herunterladen soll (siehe Abbildung 5.105). Keine Angst: Wenn Sie die Option deaktivieren, können Sie den Download selbstverständlich später nachholen.

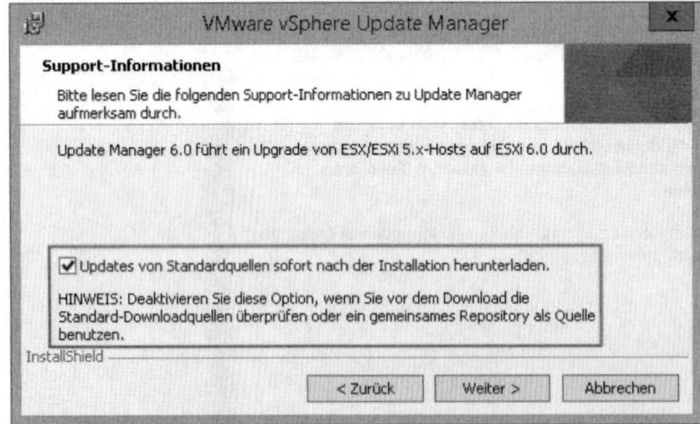

Abbildung 5.105 Automatischer Download des Patch-Repositorys

Im nächsten Dialog folgen die Parameter für die Integration des VMware Update Managers in den vCenter Server. Dazu sind der Server-Name bzw. die Server-IP-Adresse einzugeben. Der genutzte IP-Port liegt standardmäßig auf 80. Sie können ihn an Ihre Bedürfnisse bzw. Firmen-Policys anpassen. Abschließend wird noch ein gültiger Account benötigt, der dem Update Manager die Zugriffsrechte auf das vCenter gewährt (siehe Abbildung 5.106).

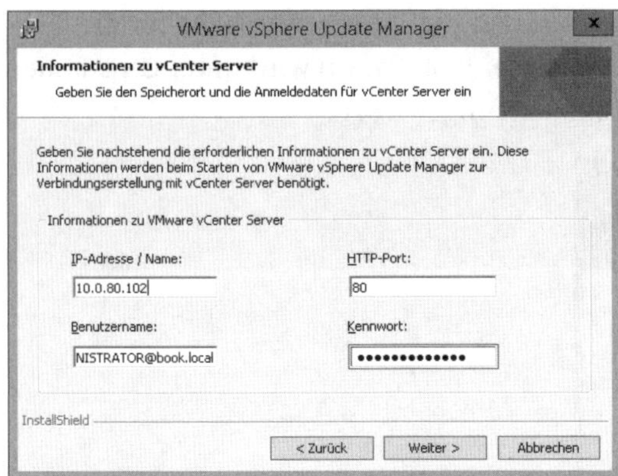

Abbildung 5.106 Verknüpfung von Update Manager und vCenter Server

Es folgt die Angabe der benutzten Zieldatenbank. An dieser Stelle ist es nur noch möglich, sich mit einer externen SQL-Datenbank zu verbinden. Die Auswahl, dass eine SQL-Express-2012-Datenbank genutzt werden soll, erfolgte schon weiter vorn in der Installation (siehe Abbildung 5.104).

Geben Sie hier eine gültige DSN-Verbindung (32-Bit-System-DSN) zu einer bestehenden Datenbank an (siehe Abbildung 5.107).

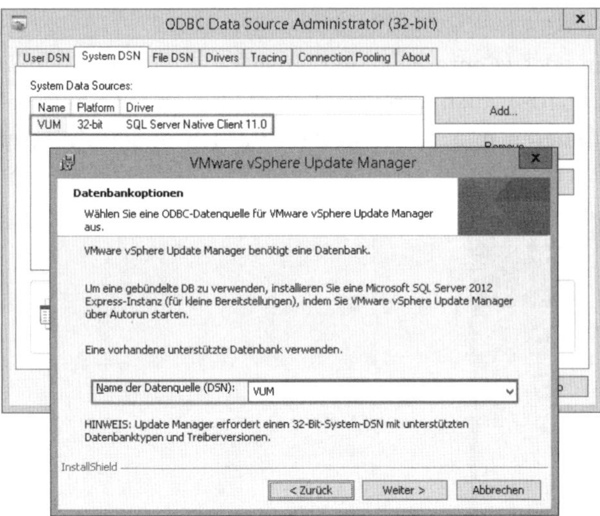

Abbildung 5.107 Festlegung der zu nutzenden Datenbank

Wichtig

Die ODBC-Verbindung muss eine 32-Bit-Verbindung sein, unabhängig davon, ob der Datenbank-Server in einer 32- oder 64-Bit-Version installiert ist.

Im nächsten Schritt geben Sie die passende Benutzerkennung nebst Passwort für die DSN-Verbindung ein (siehe Abbildung 5.108). Auch bei dieser Installation wird unter Umständen auf das konfigurierte Recovery-Modell der Datenbank hingewiesen.

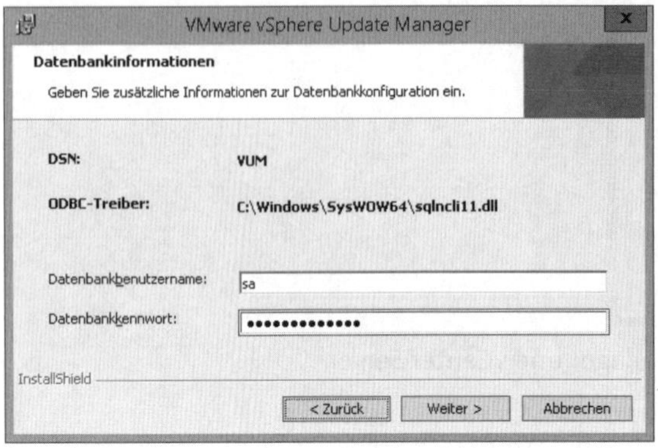

Abbildung 5.108 Accounting-Daten für die DSN-Verbindung

Wird eine bereits mit Daten gefüllte Datenbank gefunden, werden Sie gewarnt und gefragt, ob die Daten überschrieben werden sollen. Wünschen Sie, dass mit einer leeren Datenbank angefangen wird, wählen Sie JA aus. Falls Sie ein Update auf einen vorhandenen Update Manager durchführen und die Daten in der vorhandenen Update-Datenbank erhalten bleiben sollen, wählen Sie NEIN.

Anschließend findet die Identifizierung des vCenter Update Managers und die Konfiguration der IP-Ports statt (siehe Abbildung 5.109). Auch wenn Sie die Applikation auf einem bereits vorhandenen vCenter-Server installieren, müssen Sie die IP-Ports nicht ändern. Mit den Defaultwerten gibt es keine Kollision.

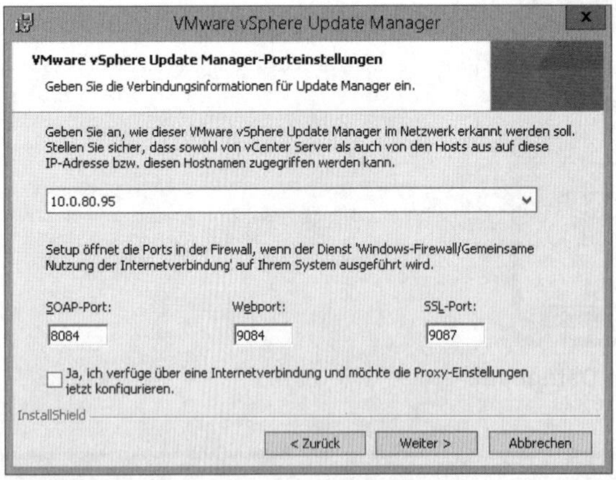

Abbildung 5.109 Portkonfiguration für den Update Manager

Auch bei dieser Applikation kann der Installationspfad angegeben und geändert werden, getrennt nach Applikation und Depotpfad (siehe Abbildung 5.110).

Abbildung 5.110 Festlegen der Zielordner für den Update Manager

Denken Sie daran, dass das Depot etwas mehr Plattenplatz benötigt, und zwar abhängig davon, wie viele unterschiedliche Komponenten mit dem Update Manager versorgt werden sollen. VMware gibt als Richtwert für das Depot eine Größe von 120 GB an. Das wird durch einen Hinweis untermauert, der angezeigt wird, wenn der Plattenplatz geringer ist als der genannte Wert.

Damit ist die Parametrierung des Update Managers abgeschlossen, und die Installation kann beginnen.

Wenn Sie jetzt den vSphere-Client starten, finden Sie an dieser Stelle zuerst einmal keine zusätzlichen Funktionen. Über den Menüpunkt PLUG-INS • PLUG-INS VERWALTEN müssen Sie zuerst die Client-Komponente für den Update Manager installieren (siehe Abbildung 5.111).

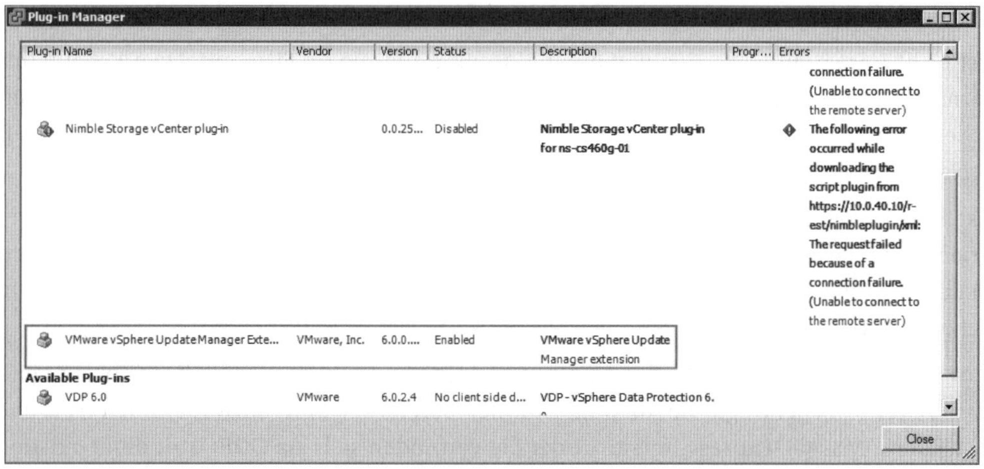

Abbildung 5.111 Auswahl des zu installierenden Plug-ins für den Update Manager

Nachdem Sie die Installation des Plug-ins angestoßen haben und diese abgeschlossen ist, finden Sie auf der Homepage des vSphere-Clients unter dem Punkt SOLUTIONS AND APPLICATIONS ein neues Konfigurations-Icon für den Update Manager (siehe Abbildung 5.112).

Nach dem Aufruf können Sie die Applikation weitergehend administrieren und konfigurieren.

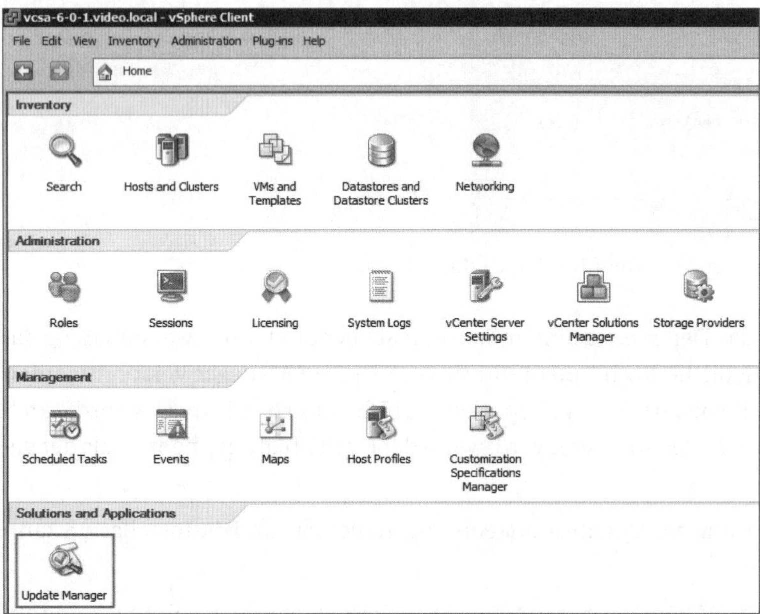

Abbildung 5.112 Die »Update Manager«-Applikation

5.6.3 Installation des Standalone-Download-Managers ohne Update Manager

Es ist nicht immer möglich, sich von einer Maschine aus, die im Firmennetzwerk steht, ins Internet zu verbinden. Aus diesem Grund können Sie die Updates für den Update Manager mit dem Standalone-Download-Manager-Server herunterladen und per DVD oder portabler Festplatte auf den Update-Manager-Server übertragen.

Diese Möglichkeit empfiehlt sich auch, wenn Sie häufig Installationen durchführen. Die Inbetriebnahme gestaltet sich dadurch einfacher, weil der initiale Download durch den Import von der DVD ersetzt wird. Dadurch müssen Sie nicht immer das Herunterladen der vielen Patches abwarten.

Bevor Sie mit der Installation beginnen, ist es wichtig zu wissen, dass auch diese Komponente eine Datenbank benötigt. Die Auswahl ist Ihnen bereits bekannt: Entweder nutzen Sie die mitgelieferte MS-SQL-Express-Version, oder Sie verbinden sich via ODBC mit einer existierenden Datenbank. Die zugehörigen ODBC-Einstellungen finden Sie in Abschnitt 5.3.3, »Vorbereitung der Datenbank«. Wie auch bei der Komplettinstallation wählen Sie die Datenbank direkt im Hauptfenster des Installationsmediums aus.

Nachdem Sie die Installationsroutine gestartet und die entsprechende Sprachversion ausgewählt haben, müssen Sie das EULA bestätigen. Es folgt die Eingabe der System-DSN für die Verbindung zur Datenbank.

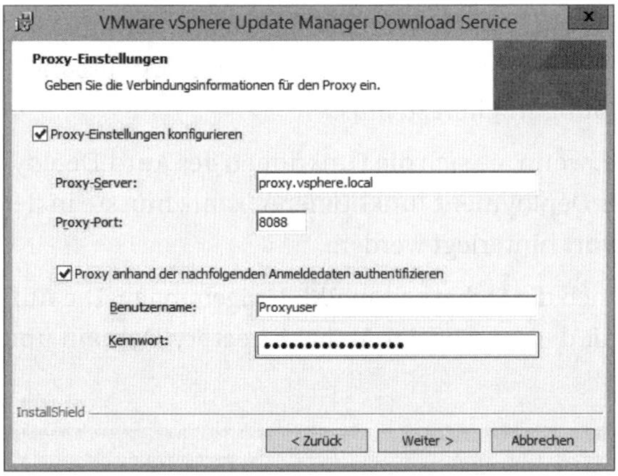

Abbildung 5.113 Proxy-Einstellungen für den Download-Manager

Sollte der Zugriff auf das Internet nur über einen Proxy-Server möglich sein, müssen Sie in dem Dialog aus Abbildung 5.113 die entsprechenden Einstellungen vornehmen. Jetzt benötigt die Routine die Angabe des Installationspfads. Auch das Zielverzeichnis für das Patch-Repository ist anzugeben. Nach der Festlegung des Pfades wird überprüft, ob mindestens 120 GB Plattenplatz frei sind. Ist das nicht der Fall, erhalten Sie eine Warnmeldung (siehe Abbildung 5.114).

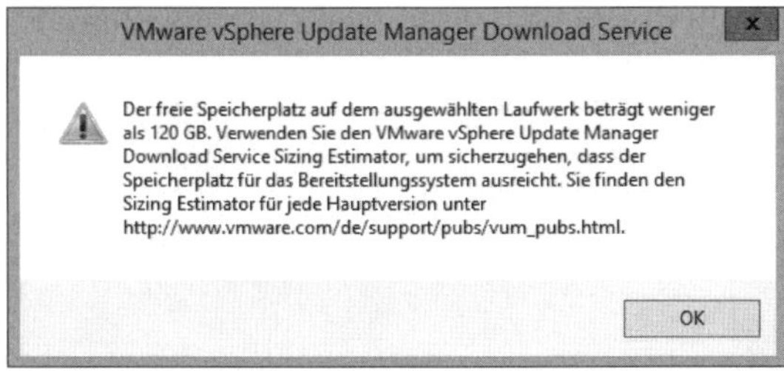

Abbildung 5.114 Plattenplatzwarnung der Installationsroutine

Der Pfad, der in der Fehlermeldung angegeben ist, verweist auf das Excel-Sheet, das die Sizing-Angaben für die Datenbank und das Patch-Repository enthält. Sollte die Prüfung ergeben, dass Softwarevoraussetzungen fehlen, erscheint ein Hinweis, und das Defizit wird behoben.

Nach dem Abschluss der Installationsroutine ist ein Reboot erforderlich. Nach der Installation finden Sie das Tool im Installationsverzeichnis. Sie kommen bei der Nutzung des Tools an der Kommandozeile nicht vorbei; ein GUI gibt es für diese Softwarekomponente nicht.

5.6.4 Installation von VMware vSphere Authentication Proxy

Der *VMware vSphere Authentication Proxy* ist ein Service, der die Sicherheit in VMware-Umgebungen erhöhen soll. Er ermöglicht es Ihnen, ESXi-Hosts in ein Active Directory aufzunehmen, ohne direkt mit einem Domänen-Account arbeiten zu müssen.

Der Vorteil dieser Vorgehensweise wird klar, wenn Sie sich die Funktionen des Auto-Deploy-Dienstes ansehen: Damit ein automatisches Deployment funktionieren kann, müsste in der Konfiguration eine Kennung und ein Passwort hinterlegt werden.

Mit der gewählten Vorgehensweise erhöht sich die Sicherheit in PXE-Umgebungen. Die Aufnahme des Servers erfolgt in diesem Fall mit der Angabe der Active-Directory-Domain und der IP-Adresse des Authentication-Proxys.

Achtung

Der Authentication Proxy benötigt den Microsoft-IIS-Server, um zu funktionieren. Der IP-Port 80 des IIS kollidiert aber mit dem vCenter Server. Sie haben also zwei Optionen: Passen Sie entweder den Port des IIS oder den Port des vCenters an. Letzteres funktioniert nur optimal, wenn Sie das vCenter und seine Komponenten noch nicht installiert haben.

Wird die Konfigurationsanpassung nicht vorgenommen, startet das vCenter nicht mehr.

Die Installation läuft nach dem bekannten Muster ab. Mit vSphere 6.0 kann der Proxy auch auf einer dedizierten Maschine installiert werden. So vermeiden Sie Probleme, die eventuell durch ein Umkonfigurieren des IIS entstehen. Falls die IIS-Installation fehlt, erhalten Sie eine detaillierte Fehlermeldung (siehe Abbildung 5.115).

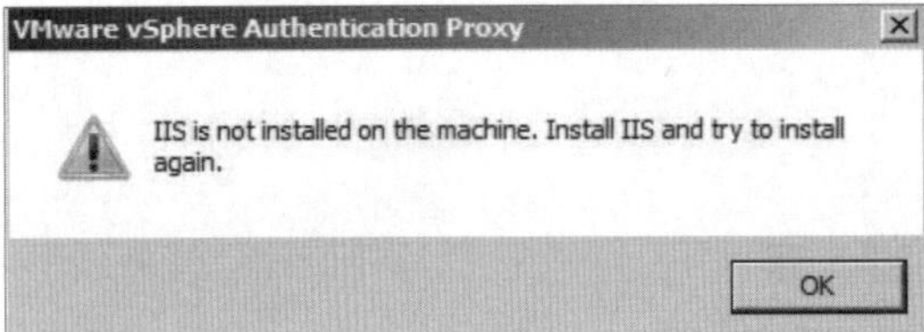

Abbildung 5.115 Fehlermeldung bei fehlender IIS-Installation

Neben dem IIS werden auch weitere Komponenten innerhalb der Microsoft-Webservices benötigt (siehe Abbildung 5.116).

Anschließend geben Sie die Daten für die Verbindung mit dem vCenter-Server ein und legen fest, wie der Dienst über das Netzwerk erreichbar ist. Damit ist die Installation beendet.

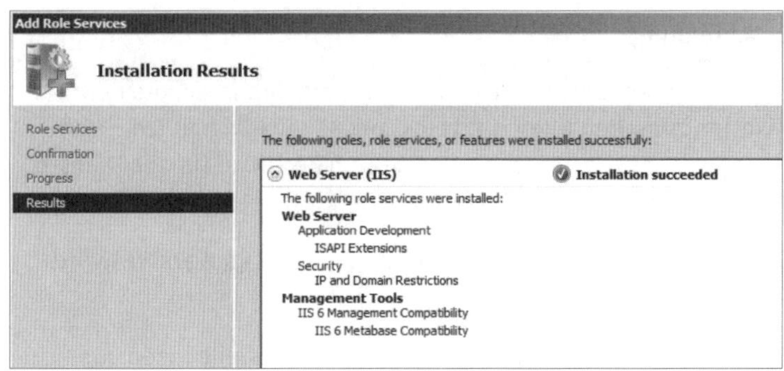

Abbildung 5.116 Benötigte IIS-Komponenten für die Authentication-Dienste

Achten Sie bitte darauf, dass die Verbindung mit dem IIS-Server hergestellt wird. Aus diesem Grund müssen Sie beim IP-Port den Port des IIS-Servers angeben.

Damit der Authentication Proxy einwandfrei funktioniert, wird – wenn man näher darüber nachdenkt – ein Domänen-Account benötigt, damit der Proxy-Dienst gestartet werden kann. Diese Arbeit brauchen Sie nicht von Hand durchzuführen, denn das übernimmt die Installationsroutine für Sie: Sie legt automatisch ein Domänen-Account an, der die notwendigen Rechte besitzt, um einwandfrei arbeiten zu können. Dieser Benutzer beginnt mit der Zeichenkette »CAM-«, und er bekommt ein zufällig vergebenes 32-stelliges Passwort. Das Passwort läuft nicht ab.

Achtung

- Bitte ändern Sie keine Parameter an dem Account!
- Es werden nur IPv4- oder IPv4/IPv6-mixed-Mode-Systeme unterstützt.
- Wenn Sie Windows Server 2008 R2 nutzen, muss das Hotfix KB981506 von Microsoft eingespielt werden.

5.6.5 Zertifikate

An dieser Stelle haben sich mit vSphere 6.x wesentliche Verbesserungen ergeben. Das Konzept ist dabei mehrstufig. Es gibt grundsätzlich mehrere unterschiedliche Arten von Zertifikaten (siehe Tabelle 5.10).

Zertifikat	Beschreibung
ESXi-Zertifikat	ESXi-Zertifikate werden erstellt, wenn eine Verbindung zwischen Host und vCenter aufgenommen wird. Sie werden im Filesystem des Hosts im Ordner */etc/vmware/ssl* abgelegt.

Tabelle 5.10 Zertifikatstypen in vSphere Umgebungen

Zertifikat	Beschreibung
Maschinen-Zertifikat	Die Maschinen-Zertifikate bilden die Basis für die sichere Kommunikation zwischen Client und Host per SSL. Dabei hält jeder Knoten ein eigenes Zertifikat. So gilt z. B. ein Zertifikat für alle Dienste, die ein PSC bereitstellt.
Solution-Zertifikat	Solution-Zertifikate werden benutzt, um Lösungen am VMware SSO Server anzumelden.
vCenter-SSO-Zertifikat	Der Identitätsanbieterdienst des SSO-Servers stellt Token aus. Ein solches Token dient als Basis für die Authentifizierung in der kompletten vSphere-Umgebung. Dabei werden die Gruppen- bzw. User-Informationen in dem Token abgespeichert. Bei der Erstellung des Tokens erfolgt eine Signierung mit einem Serverzertifikat. So ist gewährleistet, dass das Token aus einer vertrauenswürdigen Quelle stammt. Im normalen Betrieb ist es nicht notwendig, beim SSO-Server Serverzertifikate zu tauschen.

Tabelle 5.10 Zertifikatstypen in vSphere Umgebungen (Forts.)

Die Bereitstellung erfolgt über einen Reverse-HTTP-Proxy. Dieser Proxy verwaltet die Zertifikate für den vCenter Server, den Inventory Service, das Single Sign-On, den Web Client und den Log-Browser. Durch die Einführung des Proxys müssen nicht mehr alle Zertifikate getauscht werden, wenn ein Tausch gewünscht ist, sondern nur eines. Das ist für den Fall relevant, wenn Sie die Zertifikate tauschen wollen.

Durch die architektonischen Änderungen am vCenter Server ergibt sich damit ein Zertifikat-Endpoint für eine All-in-one-Installation, d. h., dass der Platform Services Controller (PSC) und das vCenter Server auf einer Maschine bereitgestellt werden. Im Falle einer getrennten Bereitstellung von PSC und vCenter Serverergeben sich zwei Zertifikat-Endpoints.

Im vCenter Server findet sich als weitere Komponente die *VMware Certificate Authority* (VMCA). Sie ist für das Ausstellen der Zertifikate verantwortlich. Es gibt dabei zwei Möglichkeiten der Konfiguration der VMCA: Sie kann als Hauptzertifizierungsstelle fungieren oder in einer bestehenden CA als Zwischenzertifizierungsstelle agieren.

Zertifikat-Tools

Zertifikate haben einen immer höheren Stellenwert, und es war nicht immer einfach, sie im Nachhinein gegen andere oder neuere Zertifikate auszutauschen. Ursprünglich gab es von VMware ein zusätzliches Tool – das *vCenter Certificate Automation Tool* –, aber dieses Tool ist für vSphere 6.x nicht mehr relevant.

Zur Unterstützung des Zertifikatmanagements gibt es einige neue Tools. Die Tools unterscheiden sich je nach durchzuführender Aufgabe und danach, in welchem Bereich die Zertifikate getauscht werden sollen.

Zur VMware Certificate Authority liefert VMware eine Komponente für das Zertifikatsmanagement. Sie finden das Tool im Filesystem der jeweiligen vCenter-Maschine.

Unter Windows liegt das Tool unter *<Installations Directory>\Program Files\VMware\vCenter Server\vmcad\certificate-manager.bat.*

Auf der VCSA findet sich das Tool unter */usr/lib/vmware-vmca/bin/certool*.

Der *VMware Endpoint Certificate Store* (VECS) ist für die Verwaltung der Zertifikat-Trusts verantwortlich. Es gibt drei Stores: einen für die VMware-Root-CA, einen für Maschinenzertifikate und einen für Solution-User.

Für das Management der Trusts gibt es ebenfalls ein eigenes Tool. Auch hier gibt es zwei unterschiedliche Ablageorte. Unter Windows liegt das Tool unter *<Installations Directory>\Program Files\VMware\vCenter Server\vmafdd\vecs-cli.exe*. Wenn Sie `help` eingeben, zeigen sich die möglichen Optionen des Tools (siehe Abbildung 5.117).

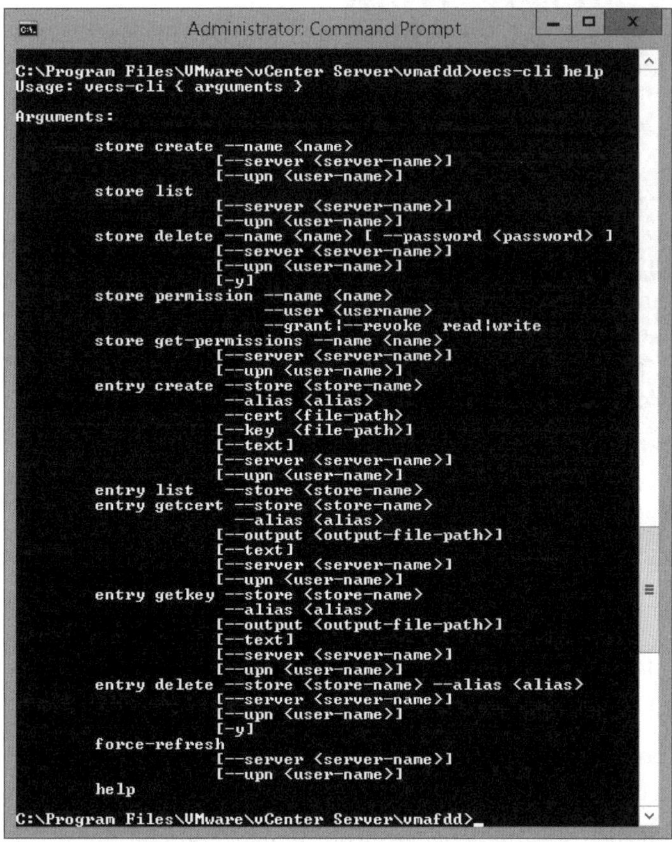

Abbildung 5.117 Optionen des Tools »vecs-cli.exe« unter dem Windows-vCenter

Auf der VCSA findet sich das Tool unter */usr/lib/vmware-vmafdd/vecs-cli*. Bei Nutzung des Parameters `help` zeigt sich auf der Linux-Appliance die Ausgabe aus Abbildung 5.118.

```
10.0.80.102 - PuTTY
vcsa-6-0-1:/usr/lib/vmware-vmafd/bin # ./vecs-cli help
Usage: vecs-cli { arguments }

Arguments:

        store create --name <name>
                    [--server <server-name>]
                    [--upn <user-name>]
        store list
                    [--server <server-name>]
                    [--upn <user-name>]
        store delete --name <name> [ --password <password> ]
                    [--server <server-name>]
                    [--upn <user-name>]
                    [-y]
        store permission --name <name>
                         --user <username>
                         --grant|--revoke  read|write
        store get-permissions --name <name>
                    [--server <server-name>]
                    [--upn <user-name>]
        entry create --store <store-name>
                     --alias <alias>
                     --cert <file-path>
                    [--key  <file-path>]
                    [--text]
                    [--server <server-name>]
                    [--upn <user-name>]
        entry list   --store <store-name>
        entry getcert --store <store-name>
                      --alias <alias>
                    [--output <output-file-path>]
                    [--text]
                    [--server <server-name>]
                    [--upn <user-name>]
        entry getkey --store <store-name>
                     --alias <alias>
                    [--output <output-file-path>]
                    [--text]
                    [--server <server-name>]
                    [--upn <user-name>]
        entry delete --store <store-name> --alias <alias>
                    [--server <server-name>]
                    [--upn <user-name>]
                    [-y]
        force-refresh
                    [--server <server-name>]
                    [--upn <user-name>]
        help
vcsa-6-0-1:/usr/lib/vmware-vmafd/bin #
vcsa-6-0-1:/usr/lib/vmware-vmafd/bin #
```

Abbildung 5.118 Optionen des Tools »vecs-cli.exe« unter der VCSA

Positiv fällt auf, dass beide Tool gleich »funktionieren«: Hier gibt es nicht zwei Tools für dieselbe Aufgabe mit unterschiedlicher Syntax.

Gleiches gilt für die weiteren Tools. Das Management der Solution-Zertifikate erfolgt mit dem Programm *dir-cli*. Sie finden die ausführbare Datei im gleichen Verzeichnis wie *vecs-cli*.

Sie können die Austauscharbeiten auch alle mit dem *Certificate Manager* durchführen.

Austausch von Zertifikaten

Sollte die Notwendigkeit bestehen, die Standardzertifikate von VMware zu ersetzen, so gibt es einiges zu tun. Grundsätzlich sind dafür unterschiedliche Aktionen mit mehreren Arbeitsschritten notwendig. Für diese Aufgabe verwenden Sie am besten den *Certificate Manager*. Nach dem Start der Batchdatei sehen Sie eine Reihe von Menüauswahlpunkten (siehe Abbildung 5.119).

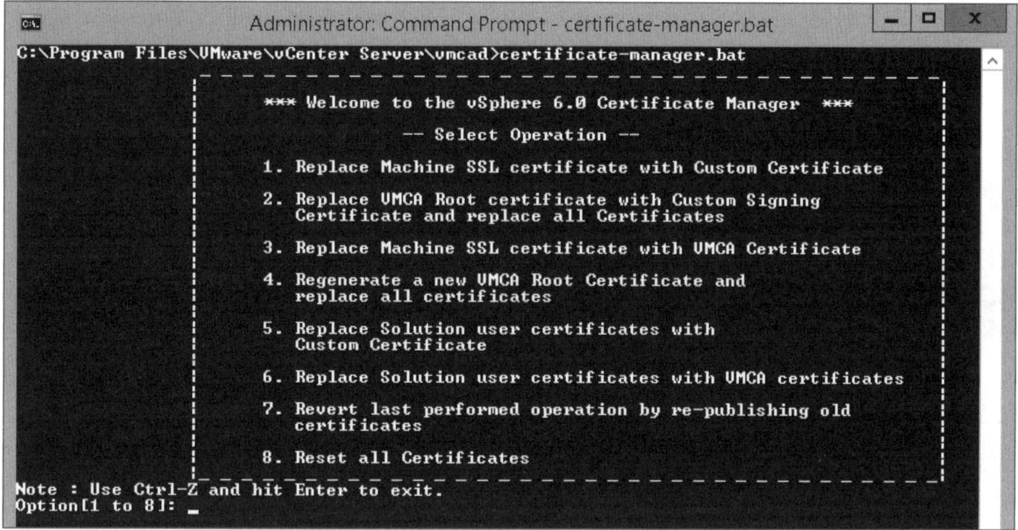

Abbildung 5.119 Auswahlmöglichkeiten im Certificate Manager

In Tabelle 5.11 schlüsseln wir auf, welche Aktionen sich hinter den einzelnen Menüpunkten verbergen.

Auswahlpunkt	Menüpunkt	Beschreibung
1	Replace Machine SSL certificate with Custom Certificate	Nutzen Sie diesen Menüpunkt, um das Maschinen-SSL-Zertifikat durch ein benutzerdefiniertes Zertifikat zu ersetzen.
2	Replace VMCA Root certificate with Custom Signing Certificate and replace all Certificates	Falls die VCMA als Zwischenzertifizierungsstelle fungiert, können Sie hier das Zertifikat der CA einbinden.
3	Replace Machine SSL certificate with VMCA Certificate	Hiermit können Sie das Maschinen-SSL-Zertifikat durch ein VMCA-Zertifikat ersetzen.

Tabelle 5.11 Auswahlmenüpunkte des Certificate Managers

Auswahlpunkt	Menüpunkt	Beschreibung
4	Regenerate a new VMCA Root Certificate and replace all certificates	Alle Maschinen-SSL-Zertifikate und lokalen Solution-Benutzerzertifikate werden hier ausgetauscht, nachdem zuvor ein neues VCMA-Root-Zertifikat erstellt worden ist. In Umgebungen mit mehreren PSC-Systemen muss der Befehl zuerst auf dem PSC und anschließend auf allen vCenter-Servern durchgeführt werden.
5	Replace Solution user certificates with Custom Certificate	Hiermit können Sie Solution-Benutzerzertifikate durch benutzerdefinierte Zertifikate ersetzen.
6	Replace Solution user certificates with VMCA certificates	Hiermit können Sie Solution-Benutzerzertifikate durch VCMA-Zertifikate ersetzen.
7	Revert last performed operation by re-publishing old certificates	Jede Aktion im Certificate Manager führt dazu, dass die letzten Zertifikate im BACKUP_STORE abgespeichert werden. Diese Auswahl führt ein Rollback durch und spielt die Zertifikate im letzten Stand wieder ein.
8	Reset all Certificates	Alle vorhandenen vCenter-Zertifikate werden durch VCMA-Zertifikate ersetzt.

Tabelle 5.11 Auswahlmenüpunkte des Certificate Managers (Forts.)

Nach dem Aufruf einzelner Menüpunkte können unter Umständen weitere Auswahlpunkte angezeigt werden. Wir möchten Ihnen hier an einem Beispiel erklären, wie Sie das vorhandene Zertifikat gegen ein eigenes Zertifikat austauschen.

Zu Beginn müssen Sie die Beispieldatei für ein Zertifikat editieren. Es empfiehlt sich, die Beispieldatei zu kopieren und die Kopie zu nutzen. Sie finden die Datei im Pfad */usr/lib/vmware-vmca/share/config/certool.cfg* bei VCSA (und unter *<Installations Directory>\Program Files\VMware\vCenter Server\vmcad\certool.cfg* beim Windows-vCenter). Es handelt sich um eine einfache Textdatei.

```
# Template file for a CSR request
#

# Country is needed and has to be 2 characters
Country = US
Name = Acme
Organization = AcmeOrg
OrgUnit = AcmeOrg Engineering
State = California
Locality = Palo Alto
IPAddress = 127.0.0.1
Email = email@acme.com
Hostname = server.acme.com
```

Listing 5.2 Mitgeliefertes »certool.cfg«-Template

Hinweis:

Nutzen Sie bitte den `IPAddress`-Eintrag nicht! Der Support von VMware für diesen Eintrag fällt weg, weil sich IP-Adressen ändern können und dann ein Zertifikatswechsel notwendig ist.

Nachdem Sie die Beispieldatei angepasst haben, müssen Sie den Certificate Manager starten und den ersten Menüpunkt auswählen. Um eine Verbindung zum System herzustellen, müssen Sie das gültige SSO-Passwort kennen. Es erfolgt eine Auswahl mit zwei Menüpunkten (siehe Abbildung 5.120).

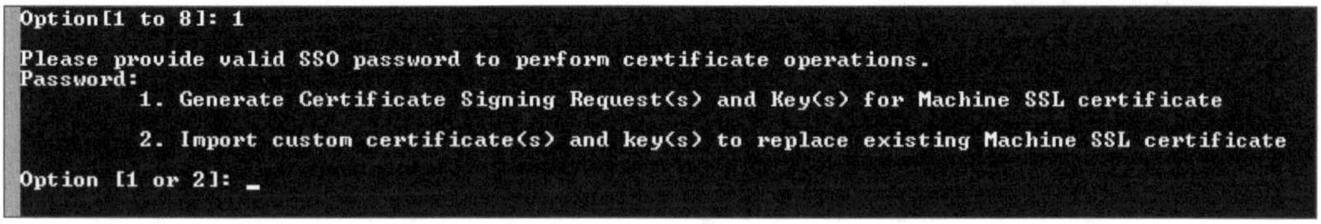

```
Option[1 to 8]: 1

Please provide valid SSO password to perform certificate operations.
Password:
         1. Generate Certificate Signing Request(s) and Key(s) for Machine SSL certificate

         2. Import custom certificate(s) and key(s) to replace existing Machine SSL certificate

Option [1 or 2]: _
```

Abbildung 5.120 Auswahl zur Generierung oder zum Import eines Zertifikats

Im folgenden Schritt legen Sie fest, wo das Zertifikat im Filesystem abgespeichert werden soll. Abgespeichert wird das Zertifikat unter dem Namen *machine_SSL.csr*.

Jetzt muss das erstellte Zertifikat an der Root-Zertifizierungsstelle registriert werden. Welche Schritte folgen, hängt davon ab, welche CA Sie einsetzen. Als Ergebnis erhalten Sie ein Root-Zertifikat. Abschließend muss das Zertifikat importiert werden. Dazu nutzen Sie den Menüpunkt 1. unten in Abbildung 5.121. Damit sind die Arbeitsschritte abgeschlossen.

Falls Sie sich schon bei den Vorversionen mit Zertifikaten beschäftigt haben, sehen Sie sofort, dass VMware hier stark nachgebessert hat.

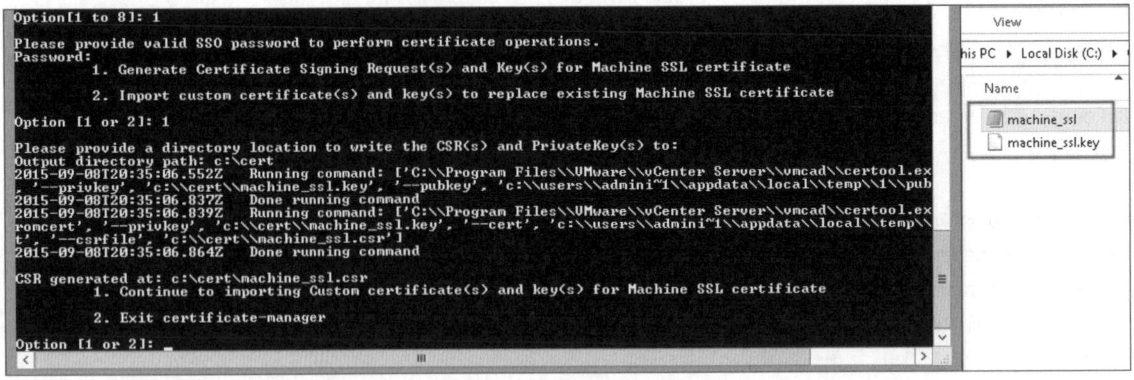

Abbildung 5.121 Erzeugung von Zertifikat und Private Key

5.7 VMware vCenter Converter Standalone

Der *VMware vCenter Converter* ist nur noch in einer Version erhältlich, die ohne vCenter Server lauffähig ist: die *Standalone* Version. Es handelt sich um eine reine Client-Server-Anwendung. Hier gehen wir kurz auf die Installation des Produkts ein.

Bevor die Installation gestartet werden kann, müssen Sie das Tool von der VWware-Webseite herunterladen (siehe Abbildung 5.122). Außer einem gültigen Account wird nichts weiter benötigt, weil das Tool selbst frei ist.

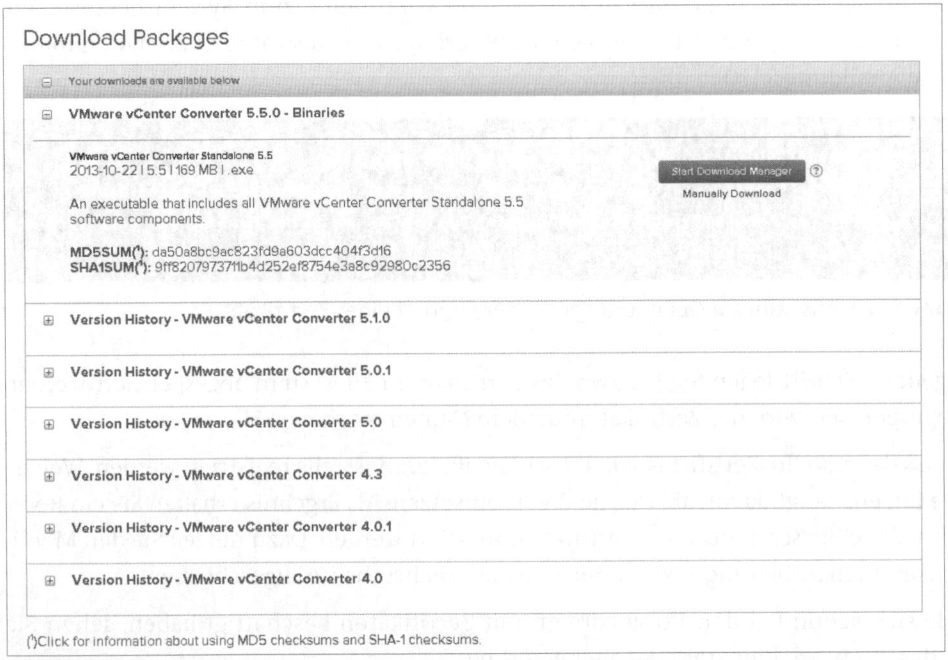

Abbildung 5.122 Download des Converters

Wenn Sie auf die URL *https://my.vmware.com/group/vmware/evalcenter?p=converter* gehen, finden Sie alle Converter-Versionen ab dem Release 4.0. Schade ist aber, dass der letzte Offline-Converter hier nicht mehr zu finden ist.

Nach dem Start des Installationsprogramms und der Bestätigung des EULA erscheint das Fenster für die Angabe des Installationspfades. Danach folgt die Auswahl des Installationstyps (siehe Abbildung 5.123).

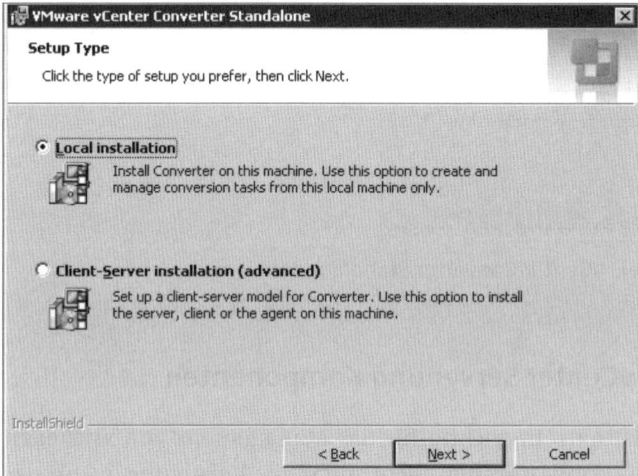

Abbildung 5.123 Auswahl der Installationsmethode

Der obere Punkt führt einfach eine Installation durch. Konvertierungen können von hier aus verwaltet werden. Keine weiteren Einstellmöglichkeiten trennen Sie von der endgültigen Installation. Beim zweiten Punkt besteht die Möglichkeit, Teile der Client-Server-Applikation *vCenter Server Standalone* zu installieren. Die Software besteht aus drei Komponenten: dem *Converter Server*, dem Agenten und dem Client. Beim Server handelt es sich um den Server-Applikation-Teil. Der Client wird benötigt, um auf den Server-Teil zuzugreifen. Der Agent wird auf den Systemen installiert, die virtualisiert werden sollen.

Bei der Standardinstallation werden alle Komponenten zusammen installiert. Im folgenden Dialog können Sie die Auswahl der Komponenten aber noch anpassen. Auch diese Applikation benötigt Ports für die Kommunikation; diese können Sie jetzt einstellen (siehe Abbildung 5.124).

Auch hier gilt, dass Sie die Ports nur ändern sollten, wenn es zwingende Gründe dafür gibt. Passen Sie aber bitte auf, denn wenn Sie den vCenter Converter mit auf dem vCenter-Server installieren wollen, dann kollidieren die Ports 443 und 80, und Sie müssen diese umkonfigurieren. Alternativ erstellen Sie eine virtuelle Maschine, die den Converter aufnimmt.

Sobald Sie die Eingabe bestätigen, beginnt die eigentliche Installation der Softwarekomponenten. Sie können die Installation mit dem automatischen Start des Clients abschließen. Jetzt steht das Tool für den Import von Computern in die virtuelle Infrastruktur bereit.

Abbildung 5.124 Portkonfiguration bei »vCenter Converter Standalone«

5.8 Hochverfügbarkeit für vCenter Server und Komponenten

Der *vCenter Server* von VMware ist extrem wichtig für das Management von virtuellen Infrastrukturen. Grundlegende Funktionen stehen nicht mehr zur Verfügung, wenn der Management-Server ausfällt. Diesen Aspekt sollten Sie bei der Planung von virtuellen Infrastrukturen berücksichtigen. In die Planung fließen die folgenden Faktoren ein:

- Welche Funktionen des vCenter Servers werden genutzt?
- Ist die Datenbank auf dem vCenter-Server installiert?
- Wie lange kann ein Ausfall verkraftet werden?

Zur Absicherung des vCenters kann auch die Funktion *Fault Tolerance* genutzt werden, solange das vCenter nicht mehr als 4 vCPUs besitzt.

Hinweis

Bedenken Sie, dass jedes Konstrukt nur so verfügbar ist wie das schwächste Glied in der Kette. Soll das vCenter hochverfügbar sein, so müssen auch die Datenbank und der Platform Services Controller einer entsprechenden Verfügbarkeit genügen. Das bedeutet am Ende, dass der Datenbank-Server ebenfalls ein Cluster sein muss und dass es mindestens zwei PSCs geben muss.

Mit vSphere 6.0 ergibt sich hier eine Änderung, auf die Sie achten müssen: Die Zweiteilung des Systems seit dieser Version ist auch beim Thema Hochverfügbarkeit zu berücksichtigen.

5.8.1 Der Platform Services Controller

Eine All-in-one-Installation kann mit den hier und in den folgenden Abschnitten vorgestellten Möglichkeiten ohne Probleme durchgeführt werden. Ist aber eine Trennung von PSC und vCenter erfolgt, dann gibt es weitere Punkte, die Sie betrachten müssen. Ein PSC kann singulär oder in Redundanz aufgebaut werden. Die Systeme gleichen sich automatisch ab. Beim Redundanzbetrieb ist aber ein Loadbalancer hinter dem PSC-Verbund und mindestans einem singulären oder einem geclusterten vCenter aufzubauen (siehe Abbildung 5.125).

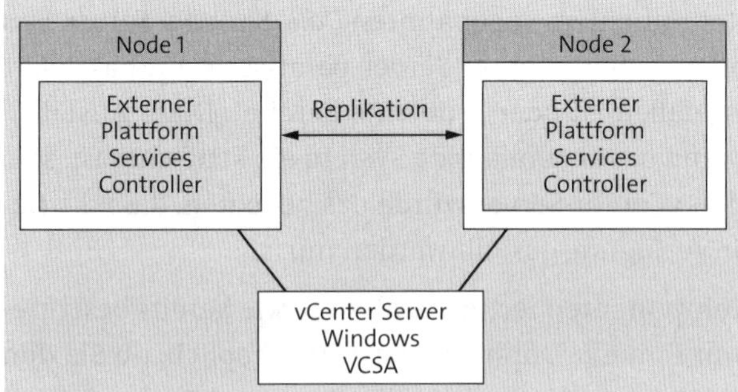

Abbildung 5.125 Aufbau mit redundantem PSC

Wie Sie sehen, es ist gar nicht so kompliziert, die Ausfallsicherheit der PSC-Komponente zu realisieren.

Mit einer entsprechenden höheren Verfügbarkeit des vCenter Servers sähe das Ganze dann so aus wie in Abbildung 5.126.

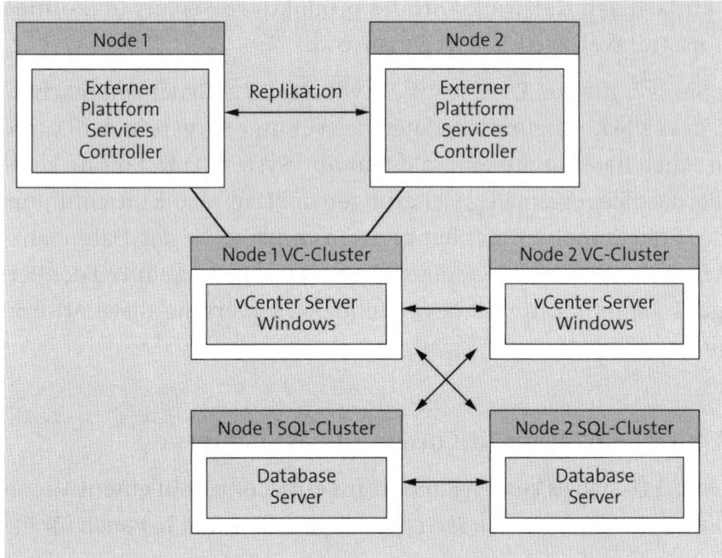

Abbildung 5.126 Redundanter PSC mit redundantem vCenter

5.8.2 Manuelle »Hochverfügbarkeit« des vCenter

Eine manuelle Hochverfügbarkeit setzt im Problem- oder Fehlerfall den Eingriff eines Administrators voraus. Es sind aber weitere Voraussetzungen zu erfüllen, damit ein solches Konstrukt funktioniert.

Aber von Anfang an: Wir haben bereits beschrieben, dass der vCenter Server aus drei Komponenten besteht: zum Ersten aus der benötigten Datenbank, zum Zweiten aus der vCenter-Applikation selbst und zum Dritten aus den zusätzlichen Softwarekomponenten.

Die manuelle Hochverfügbarkeit arbeitet mit einem sogenannten *Cold-Standby-Server*. Das bedeutet nichts anderes, als dass ein identischer vCenter-Server parat steht und aktiviert wird, wenn das produktive System ausgefallen ist oder Probleme bereitet. Diese Ausfallsicherheit kann aber nur funktionieren, wenn das abzubildende System ein statisches ist, also keine beweglichen Daten enthält. Für den vCenter-Server würde das bedeuten, dass die Datenbank auf einem separaten Server zur Verfügung gestellt werden muss.

Ist der Management-Server mit allen Komponenten fertig installiert – wie bereits beschrieben ohne Datenbank –, erstellen Sie von ihm ein Duplikat. Es ist unerheblich, ob Sie den Server physisch oder virtuell aufbauen. Nutzen Sie ein virtuelles System, können Sie zur Erstellung des Standby-Servers einfach den VMware Converter einsetzen. Wichtig ist nur, dass Name und IP-Adresse der Server identisch sind. Beide Systeme dürfen aber nicht gleichzeitig am Netz hängen; das würde zu Problemen führen. Die absolute Identität der Systeme ist wichtig, damit nach der Inbetriebnahme des Standby-Systems der Management-Server unter dem gleichen Namen erreichbar ist. Andernfalls müssten bei einem Ausfall nicht nur der Server, sondern auch die Clients angepasst werden.

Im Fehlerfall schließen Sie einfach den Netzwerk-Port des produktiven Servers und öffnen den Port des Standby-Systems. Der Weg zurück läuft genauso ab.

Selbstverständlich müssen Sie sich für den Datenbank-Server ähnliche Gedanken machen. Schwierig ist in diesem Fall, dass alle Konfigurationsdaten des vCenter-Servers in der Datenbank abgespeichert werden. Auch hier könnte ein Cold-Standby-System zum Einsatz kommen. Wichtig ist an der Stelle, dass Sie regelmäßig Sicherungen der Datenbank durchführen. Vor der Produktivsetzung des Cold-Standby-Datenbanksystems müssen Sie den Datenbankbestand auf den letztmöglichen Stand bringen. Es sollte Ihnen klar sein, dass ein Teil der Performance-Daten verloren geht, wenn der Ausfall des Datenbank-Servers auf diese Art und Weise abgefangen werden soll.

5.8.3 Hochverfügbarkeit mit einem Microsoft-Cluster für das vCenter

Bis zur Version *vCenter Server 5.5 U2* gab es keinen Support für ein vCenter auf einem Microsoft-Cluster. Das hat sich mit der Version *vCenter Server 5.5 U3* geändert und hat auch für die

Version 6.0 Bestand. Das gilt aber nicht nur für das vCenter, sondern auch für die zugehörige Datenbank. Erst mit der genannten Version unterstützt VMware die Nutzung einer geclusterten Datenbank.

Dazu wird einfach ein Microsoft-Cluster erstellt, und in diesen Verbund werden die vCenter-Dineste aufgenommen.

5.8.4 vCenter Server Heartbeat

vCenter Server Heartbeat war eine Softwareergänzung von VMware, die es Ihnen ermöglichte, den vCenter-Server hochverfügbar zu machen. Dabei wurde eine Schatteninstanz aufgebaut, die über ein privates Netzwerk mit dem produktiven Server online aktualisiert wurde. Im Fehlerfall wurde dann umgeschwenkt. So war zu jeder Zeit eine einwandfreie Funktion des Management-Servers gewährleistet.

Die Software war keine Selbstentwicklung von VMware, sondern stammte ursprünglich von der Firma *Neverfail*. Die Software ist inzwischen nicht mehr im Produktportfolio von VMware enthalten. Der Vollständigkeit haben wir sie hier noch erwähnt.

5.8.5 Zusätzliche Software

Es gibt Produkte, die ähnlich agieren wie vCenter Server Heartbeat seinerzeit. Wichtig ist dabei, ob die gesamte Applikation einschließlich der Datenbank auf einem Server läuft oder ob die Datenbank und die vCenter-Komponenten voneinander getrennt sind.

Zu diesen Programmen zählen *DoubleTake*, *Neverfail*, *Marathon* und ähnliche.

5.9 Lizenzierung

In diesem Abschnitt gehen wir auf den aktuellen und den im vCenter integrierten Lizenz-Server ein. In einer reinen vSphere-Umgebung benötigen Sie nur den integrierten Lizenz-Server.

5.9.1 Lizenzierung von vSphere

Den vSphere-Lizenz-Server finden Sie unter Administration • Licenses. Hier pflegen Sie die Lizenzen der Umgebung ein (siehe Abbildung 5.127).

Gehören Sie zu den Administratoren einer Mischumgebung, dann müssen Sie zusätzlich den Lizenz-Server für die VI3.x-Umgebung angeben. Soll eine sanfte Migration von einer bestehenden Landschaft in eine vSphere-Farm erfolgen, dann müssen Sie nach dem Umzug eines VI3.x-Hosts die Lizenz im alten Lizenz-Server abmelden. Anschließend pflegen Sie den vSphere-Lizenz-Key im vCenter ein.

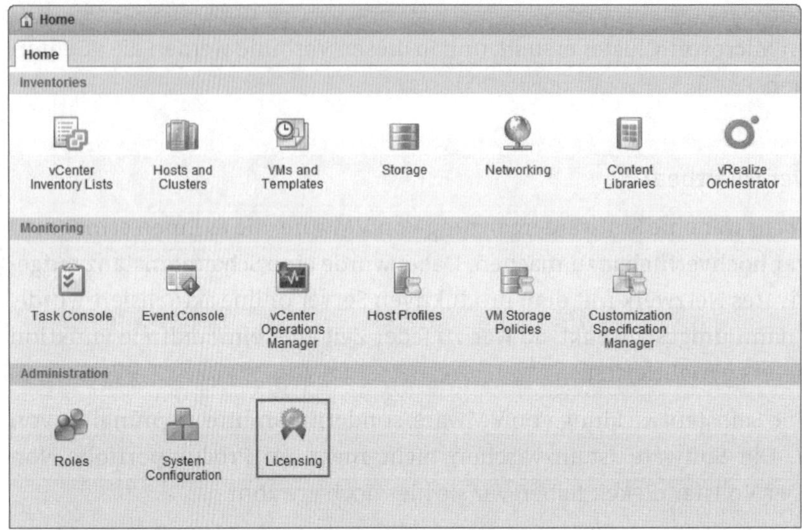

Abbildung 5.127 Lizenzen einpflegen

Die neue VMware-vSphere-Version läuft ohne Angabe einer Lizenz 60 Tage als Evaluation – mit vollem Funktionsumfang. Besitzen Sie bereits Lizenzen oder haben Sie Lizenzen bestellt, sind diese im VMware-Lizenzportal jederzeit abrufbar.

Für weitere Informationen schlagen Sie bitte in Kapitel 16, »Die Lizenzierung von vSphere 6«, nach.

5.10 Der freie VMware-Logserver SexiLog

Log-Dateien sind eine wahre Fundgrube für Informationen. Nur gut, wenn man sie zentral sammelt. Wir möchten Ihnen hier das Tool *SexiLog* vorstellen und Ihnen zeigen, wie es bereitgestellt wird. Die Konfiguration wird im Kapitel 12, »Konfiguration von vCenter-Add-ons« beschrieben.

Das Tool ist eine virtuelle Appliance und muss entsprechend importiert werden. Die Arbeitsschritte sollten Ihnen bekannt sein.

Außer der Auswahl des Datastores sind keine weiteren Eingaben notwendig. Die IP-Einstellungen kommen per Default aus DHCP, können aber über die Konsole bzw. per SSH angepasst werden.

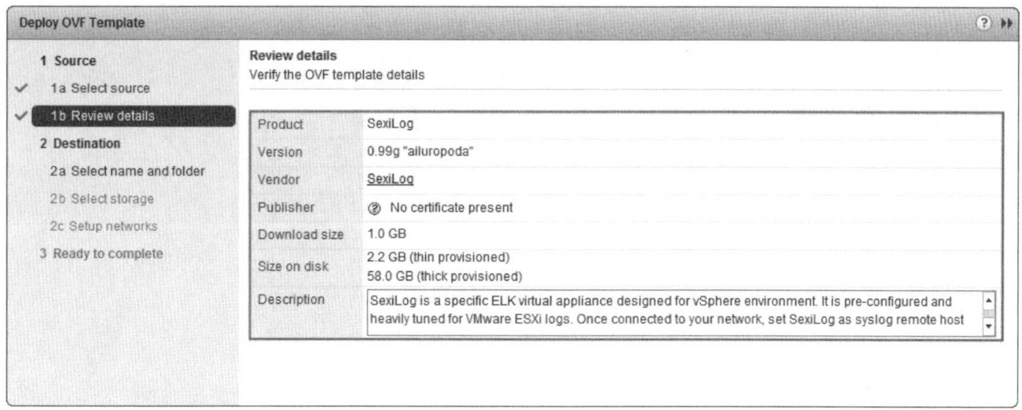

Abbildung 5.128 Bereitstellung der SexiLog-Appliance

5.11 vCenter Host Gateway

Das *vCenter Host Gateway* ist eine Erweiterung, die zum Management von Hypervisoren anderer Hersteller dient. VMware gibt Ihnen damit ein Mittel an die Hand, um VMware-fremde Systeme über das vCenter zu verwalten.

Auch diese Komponente ist eine virtuelle Appliance und muss auf die bekannte Weise importiert werden. Nutzen Sie dazu bitte wieder den Web Client.

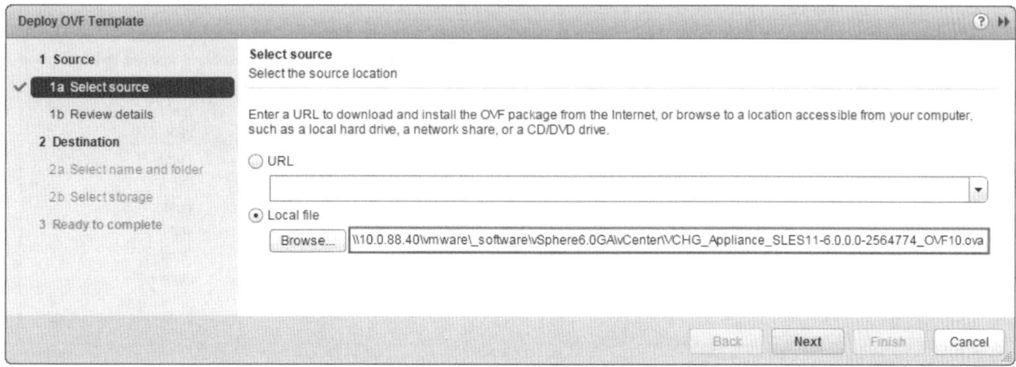

Abbildung 5.129 Auswahl der ».ova«-Datei des Host Gateways

An dieser Stelle sehen Sie eine erste Zusammenfassung, bevor weitere Einstellungen vorgenommen werden können (siehe Abbildung 5.130). Im Anschluss daran müssen Sie das EULA akzeptieren.

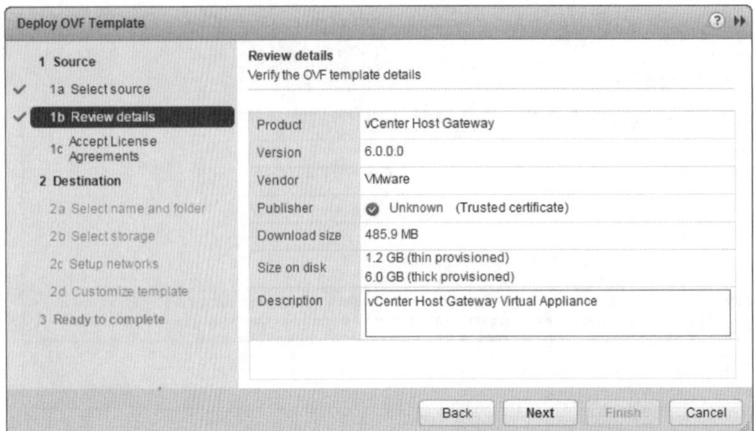

Abbildung 5.130 Zusammenfassung der Basiskonfiguration

Anschließend wird die Ablage in *VMs and Templates* festgelegt, nebst dem Maschinennamen. Bei der Auswahl des Storage (siehe Abbildung 5.131) können Sie jetzt auch die Bereitstellungsart anpassen. Wählen Sie dazu THIN oder THICK PROVISION. Bei der Größe des benötigten Plattenplatzes von nicht einmal 8 GB sollte das aber irrelevant sein.

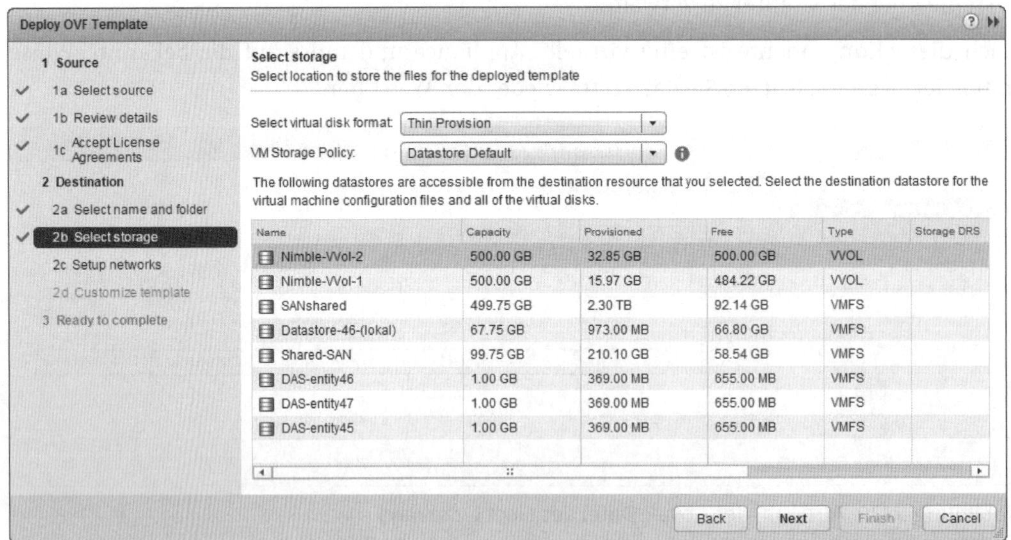

Abbildung 5.131 Auswahl des Ablageorts der Host-Gateway-VM

Damit eine Kommunikation mit dem vCenter stattfinden kann, müssen Sie eine Portgruppe auswählen, die zu dem gewünschten IP-Segment passt. Die Auswahl erfolgt über das Drop-down-Menü (siehe Abbildung 5.132).

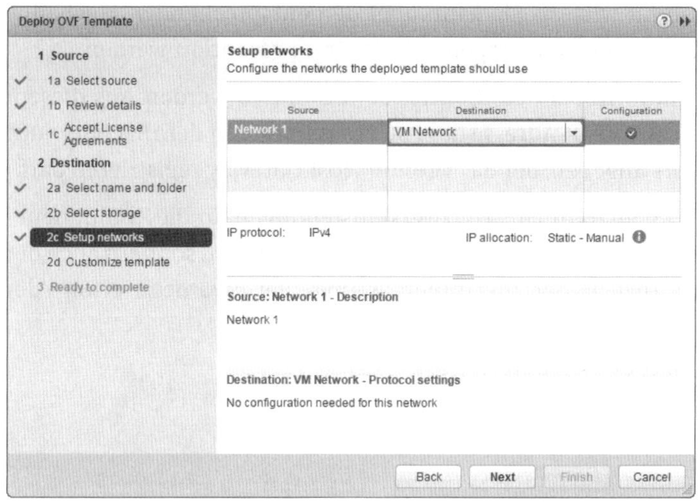

Abbildung 5.132 Auswahl der passenden Portgruppe

Die letzten Einstellungen erfolgen im Dialogschritt 2d. Hier müssen Sie einige Parameter festlegen (siehe Abbildung 5.133). Zunächst tragen Sie einen Namen für den administrativen Account des Host Gateways ein und vergeben ein sicheres Passwort.

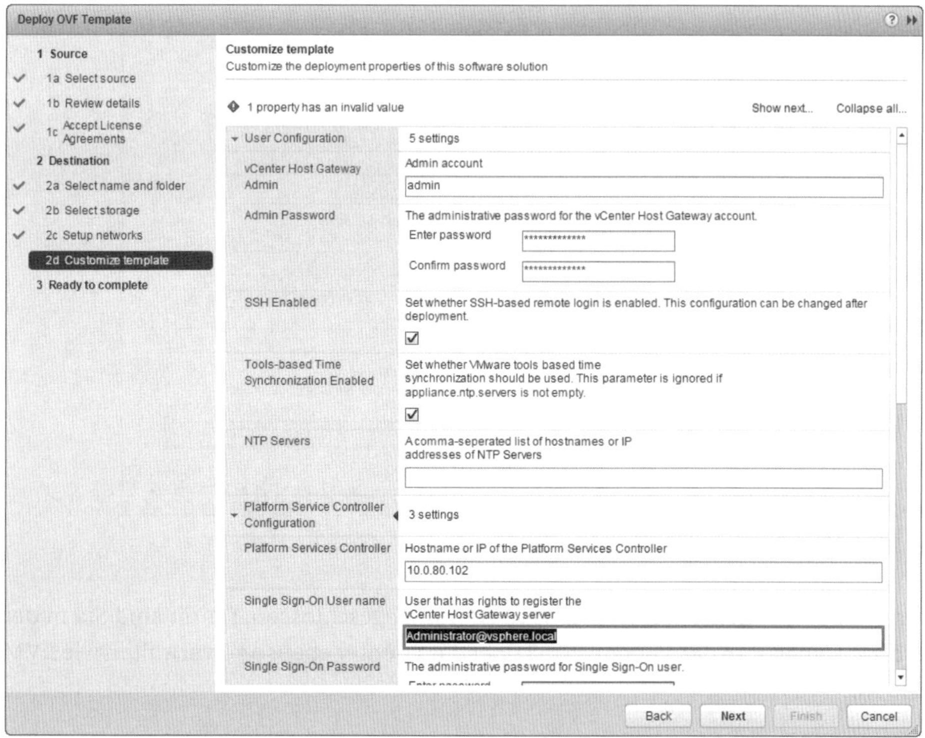

Abbildung 5.133 Host-Appliance-Parameter, Teil 1

Auch hier ist eine Zeitsynchronität wichtig. Sie kann über den entsprechenden Mechanismus der VMware Tools oder über einen eingetragenen NTP Server garantiert werden.

Das Gateway muss mit dem Platform Services Controller verbunden werden Aus diesem Grund müssen Sie den Namen bzw. die IP-Adresse des PSC zusammen mit dem SSO-Account und Passwort des Administrators angeben, der das vCenter Host Gateway registrieren darf.

Beim zweiten Teil der Parameter geht es um die Netzwerkeinstellungen für die Komponente (siehe Abbildung 5.134). Damit sind nicht nur die IP-Einstellungen gemeint, sondern auch der Name der Appliance. Nach der Anzeige der Zusammenfassung aller Parameter erfolgt der Import.

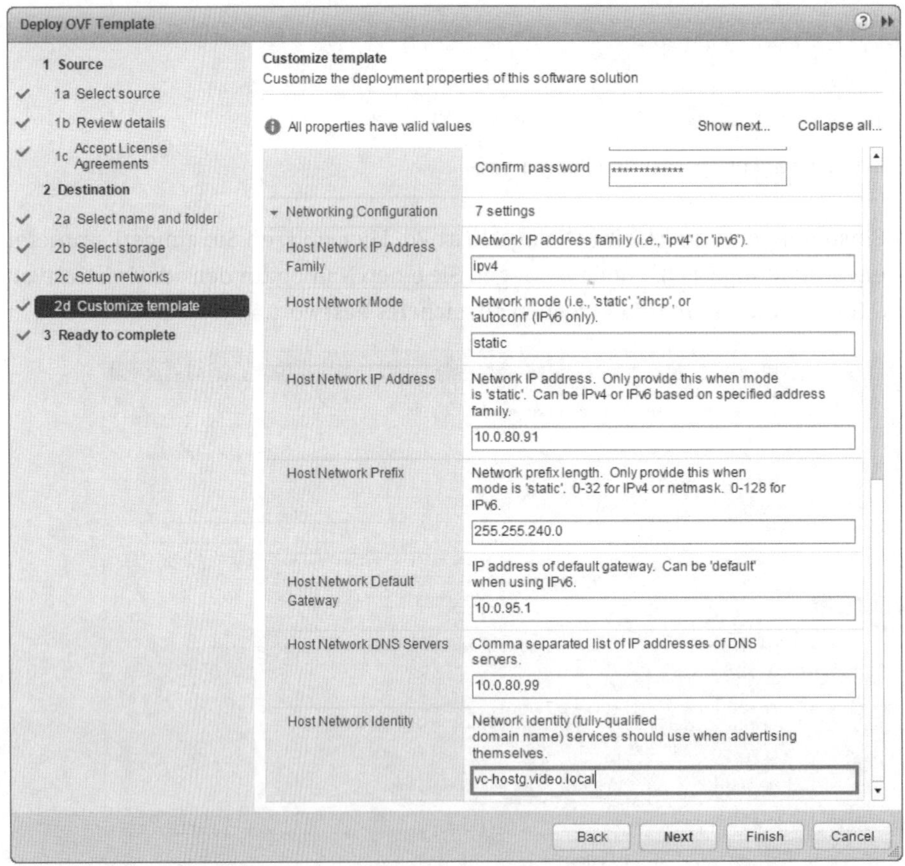

Abbildung 5.134 Host-Appliance-Parameter, Teil 2

Die Bereitstellung des vCenter Host Gateways ist nun abgeschlossen. Damit sind Sie in der Lage, Microsoft Hyper-V ab der Version 2008 über das vCenter ebenso zu verwalten wie KVM und vCloud Air.

5.12 VMware Data Protection

Bevor wir auf die Installation von *VMware Data Protection* eingehen, möchten wir darstellen, wie das Ganze funktioniert.

Die zugrunde liegende Technik hat sich mit vSphere 6.x nicht geändert. Es kommen weiterhin die Technologien zum Einsatz, die EMC bei seinen *Avamar*-Sicherungssystemen einsetzt.

Das gesamte Konglomerat besteht aus mehreren Teilen, die ineinandergreifen. Zuallererst benötigen Sie eine virtuelle Maschine. Diese liegt im OVF-Format vor und verwaltet den Datensicherungsstrom. Es wird ein Plug-in genutzt, das sich in den Zugriffs-Client einbindet. An dieser Stelle administrieren Sie Backups und Restores. Sehr wichtig ist, dass Sie die Daten auch sichern, wenn Sie die VM mit vMotion oder über DRS im Cluster verschieben! Als Ablageort für gesicherte Daten ist nur die lokale Platte der Appliance zugelassen. Externe Datenbereiche werden nicht mehr unterstützt.

Die Daten werden dedupliziert, was das Datenaufkommen um ein Vielfaches reduziert.

Bevor die Datensicherung über die Sicherungsapplikation angestoßen wird, erzeugt Data Protection einen Snapshot. Unter Zuhilfenahme des Microsoft-Dienstes *Volume Shadow Copy Service* wird dafür gesorgt, dass dieser Snapshot auch konsistent ist. Wäre das nicht der Fall, könnte man mit den Daten in der Sicherung nichts anfangen. Vergewissern Sie sich vor der Installation, dass die Voraussetzungen erfüllt sind. Es muss ein vCenter Server in der aktuellen Version vorhanden sein.

Im Vorfeld ist es sehr schwierig, festzustellen, wie viel Plattenplatz für die Sicherung benötigt wird. Die Größe wird im Wesentlichen davon beeinflusst, wie viele unterschiedliche Systeme gesichert werden sollen, wie oft sie gesichert werden sollen und wie lange die Daten vorgehalten werden müssen. Zur Optimierung des Plattenplatzbedarfs fassen Sie identische oder ähnliche Systeme auf derselben Zielplatte zusammen. So optimieren Sie die Deduplizierungsrate.

Der Importprozess als solcher muss wohl nicht näher beschrieben werden. Ihn haben wir im Buch ja schon mehrmals dokumentiert. Es zeigt sich hier aber auch offiziell, wo die Wurzeln der Data-Protection-Technologie liegen (siehe Abbildung 5.135).

Auch hier gilt, dass Sie diese Funktion nur über den Web Client nutzen können.

In diesem Bereich der Installation müssen Sie nur die rudimentären Konfigurationsschritte vornehmen, also den Namen, den Ablageort und die Netzwerkkonfiguration festlegen.

Achtung

Das System unterstützt nur statische IP-Adressen, aber kein DHCP!

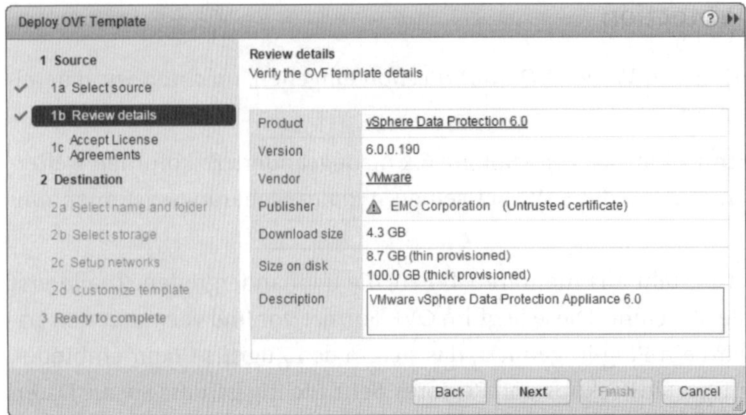

Abbildung 5.135 Die Eigenschaften der »Data Protection«-Appliance von EMC

Die erstmalige Konfiguration nimmt schon etwas Zeit in Anspruch, aber wenn der Prozess abgeschlossen ist, findet sich die Applikation als *VDP* im vCenter wieder (siehe Abbildung 5.136). Sie können entweder über die Favoriten gehen oder über das Icon auf dem Home-Bildschirm.

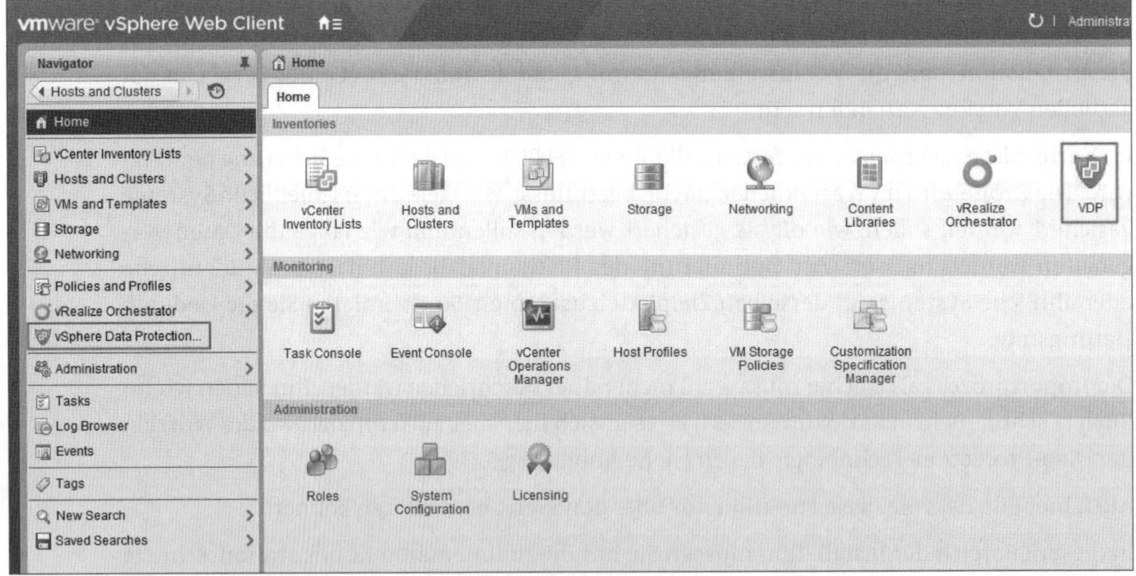

Abbildung 5.136 Das »vSphere Data Protection«-Plug-in

Damit ist die eigentliche Installation auch schon abgeschlossen. Alle weiteren Arbeiten werden im Rahmen der Konfiguration beschrieben.

Alle weiteren Informationen zu dem Produkt und seinen Erweiterungen finden Sie in einem eigenen Datensicherungskapitel: Kapitel 13, »Datensicherung von vSphere-Umgebungen«.

5.13 VMware vSphere Big Data Extension

Die zu verwaltenden Datenmengen werden immer größer, und die dahinterliegenden Umgebungen müssen immer schneller diese Datenmengen verwalten und verarbeiten können. *vSphere Big Data Extension* (BDE) ist ein Framework für die Abbildung von Hadoop-Clustern in VMware-vSphere-Umgebungen.

Hadoop-Cluster sind Umgebungen, die aus mehreren Komponenten bestehen. Im Wesentlichen sind das ein Web-Frontend, ein Datenbank-Server, eine Scripting Engine und ein Managementsystem. Dabei kommen nicht Softwarekomponenten von den bekannten Herstellern zum Einsatz, sondern die Applikationen stammen aus der Welt der freien Software und wurden von Firmen wie Google und Facebook entwickelt. Aber auch andere Unternehmen nutzen das Hadoop-Framework. Damit solche Umgebungen sinnvoll betrieben werden können, müssen sie einige Bedingungen erfüllen. Die Systemlandschaft muss so gestaltet werden, dass die Änderungsraten in der Datenbank nur sehr gering, aber die möglichen Erweiterungsraten können extrem hoch sein. Dabei sind die Hadoop-Komponenten hochverfügbar, damit der Kunde immer arbeiten kann.

Bevor die Installation gestartet werden kann, muss das Installationsziel definiert werden. Dafür gibt es aber ein paar Bedingungen: Das Ziel muss ein Cluster sein, und die Funktion *Dynamic Ressource Scheduling* muss aktiviert sein. Es gibt aber noch weitere Voraussetzungen für die Installation:

- vSphere HA
- Ein Hostausfall muss toleriert werden.
- Das Hostmonitoring muss aktiviert sein.
- Es muss eine hohe *Restart Policy* für die virtuellen Maschinen geben. Im Falle eines Fehlers müssen die ausgefallenen VMs also mit höchster Priorität wieder gestartet werden
- vMotion muss aktiviert werden.

Der Import funktioniert so wie bei allen anderen Appliance-basierten Systemen.

Damit ist der erste Teil der Installation abgeschlossen. Eine Administration ist bis jetzt nur über die Kommandozeile möglich. Um eine grafische Oberfläche nutzen zu können, müssen Sie zuvor das entsprechende Plug-in aktivieren (siehe Abbildung 5.137). Das geschieht über die URL *https://10.0.80.125:8443/register-plugin/*.

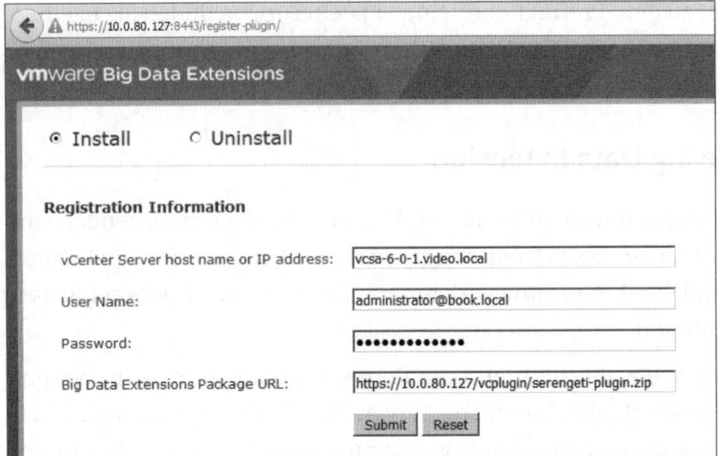

Abbildung 5.137 Aktivierung des BDE-Plug-ins

Die Eingaben sind hier selbsterklärend. Über diese Webseite kann das Plug-in installiert oder deinstalliert werden. Eine erfolgreiche Installation wird mit einer entsprechenden Nachricht quittiert. Schaut man nun im Web Client nach Veränderungen, so ist offensichtlich nichts zu sehen. Unter ADMINISTRATION • CLIENT PLUG-INS führt eine Suche nach neuen Plug-ins zum Erfolg (siehe Abbildung 5.138). Danach wird die entsprechende Erweiterung sichtbar, aber noch nicht im Web Client selbst.

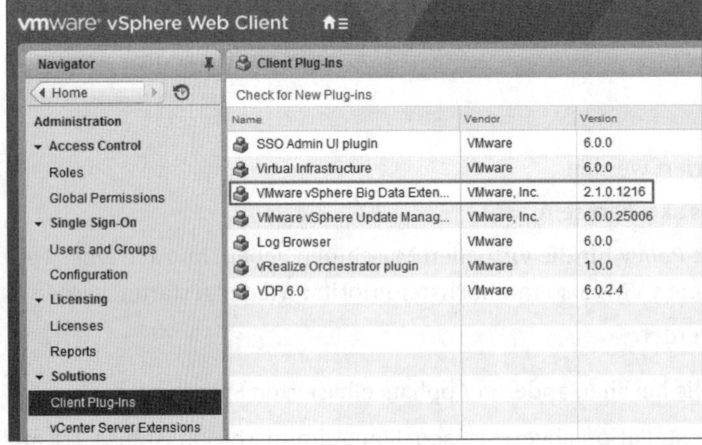

Abbildung 5.138 Suchen des neuen Plug-ins

Erst eine Abmeldung und eine anschließende Neuanmeldung zeigt das neu installierte Plug-in (siehe Abbildung 5.139).

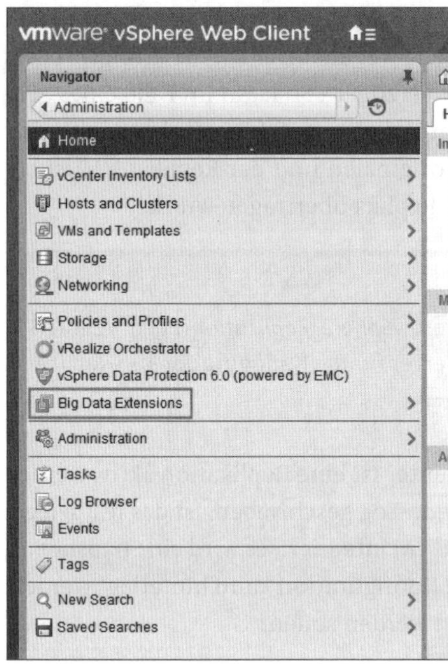

Abbildung 5.139 Das nutzbare BDE-Plug-in

Erst jetzt können Hadoop-Umgebungen mit den *vSphere Big Data Extensions* verwaltet werden.

Nach erfolgtem Import findet sich eine neue vApp im System, die den Namen *BDE* trägt. Innerhalb dieser vApp finden Sie zwei virtuelle Maschinen: den *management-server* und das *hadoop-template*. Der erste Server ist, wie der Name schon sagt, für die Verwaltung der Hadoop-Umgebung verantwortlich. Das Template dient als Basis für Hadoop-Umgebungen, die in der Umgebung noch provisioniert werden sollen.

5.14 VMware vSphere Replication

Mit der Version vSphere 5.1 wurde eine neue Softwarekomponente vorgestellt: *vSphere Replication*. Diese Software soll letztendlich eine Lücke zwischen *VMware Fault Tolerance* (FT) und der klassischen Datensicherung schließen.

Diese Funktion ist für all diejenigen gedacht, die es verschmerzen können, im Fehlerfall eine mehr oder minder große Menge an Daten zu verlieren – im Gegensatz zu FT, wo ein Spiegel einer Maschine erstellt wird. Nur bedeutet ein Spiegel, dass auch Fehler innerhalb der VM auf das Duplikat übertragen werden.

vSphere Replication erstellt ebenfalls ein Duplikat eines virtuellen Systems, aber das Duplikat hat nicht den gleichen Stand wie das Original. Was bedeutet das? Der Duplizierungsprozess läuft nicht zeitgleich, sondern um einen Zeitfaktor *x* verzögert. So kann im Falle eines Fehlers zwar auf ein Duplikat schnell zurückgegriffen werden, aber es fehlen die Daten der letzten *y* Minuten. Durch den »Abstand« zwischen der originalen und der Replikat-VM ist die Wahrscheinlichkeit hoch, dass der Fehler nicht in die Replika übertragen wurde.

Achtung

Im Gegensatz zu *vSphere Fault Tolerance* funktioniert *vSphere Replication* auch vCenter-übergreifend. Es werden also ein oder zwei vCenter-Server für die Konfiguration der Replikation benötigt.

Was verbirgt sich letztendlich hinter dieser Komponente? Ist eine Replikation aktiv, werden alle Änderungen, die in einer VM auflaufen, in ein Redo-Log geschrieben. Ist das festgelegte Delta-Intervall abgelaufen, so werden die Daten in die VM integriert, es wird ein Snapshot erstellt und ein weiteres Redo-Log wird angelegt. In der Konfiguration kann hinterlegt werden, wie viele Redo-Logs und wie viele Snapshots behalten werden sollen.

Auch bei dieser Applikation handelt es sich um eine virtuelle Appliance. Der Import erfolgt wieder über den Web Client in die virtuelle Umgebung. Die Appliance kann in unterschiedlichen Ausstattungen bereitgestellt werden. Nach den Entpacken des ZIP-Files finden Sie zwei unterschiedliche Appliances im entsprechenden Ordner. Eine Appliance kann immer nur mit einem vCenter verbunden sein. Das wird auch bei der Installation überprüft. Des Weiteren kann eine solche Maschine maximal 2000 Replikationen managen.

Eine Appliance kommt nie alleine. Zu einer Installation gehören immer zwei Appliances: eine im Quell-vCenter und eine im Ziel-vCenter. Es sind immer zwei Replikationsmaschinen in zwei unterschiedlichen vCentern notwendig. Der erste Server in einer Replikationsumgebung wird über das File *vSphere_Replication_OVF10.ovf* importiert. Reicht die Leistungsfähigkeit nicht aus, kann eine Erweiterung zur Master-Replikations-Appliance importiert werden. Hier wiederum ist das File *vSphere_Replication_AddOn_OVF10.ovf* die richtige Wahl.

Auch bei dieser Komponente müssen wieder einige Parameter übergeben werden (siehe Abbildung 5.140).

Nur die CPU-Ressourcen können beim Import festgelegt werden. Sie können 2 oder 4 virtuelle CPUs definieren. VMware empfiehlt 2 vCPUs. Der Arbeitsspeicher belegt eine Größe von 4 GB. Beim Plattenplatz werden 18 GB benötigt.

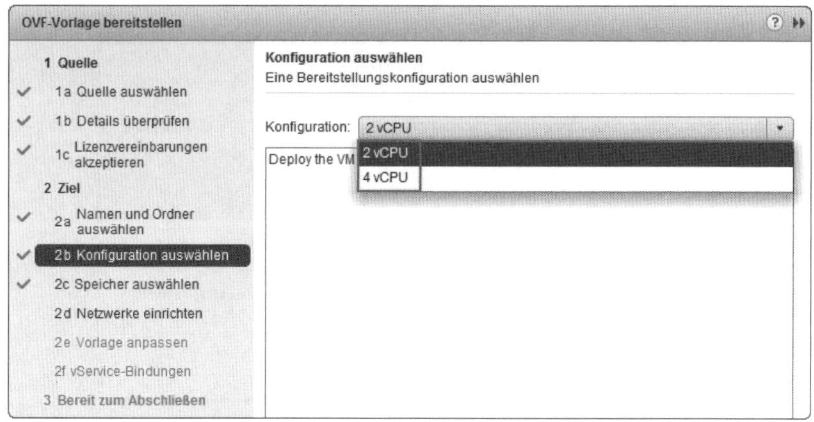

Abbildung 5.140 Festlegung der CPU-Ressourcen

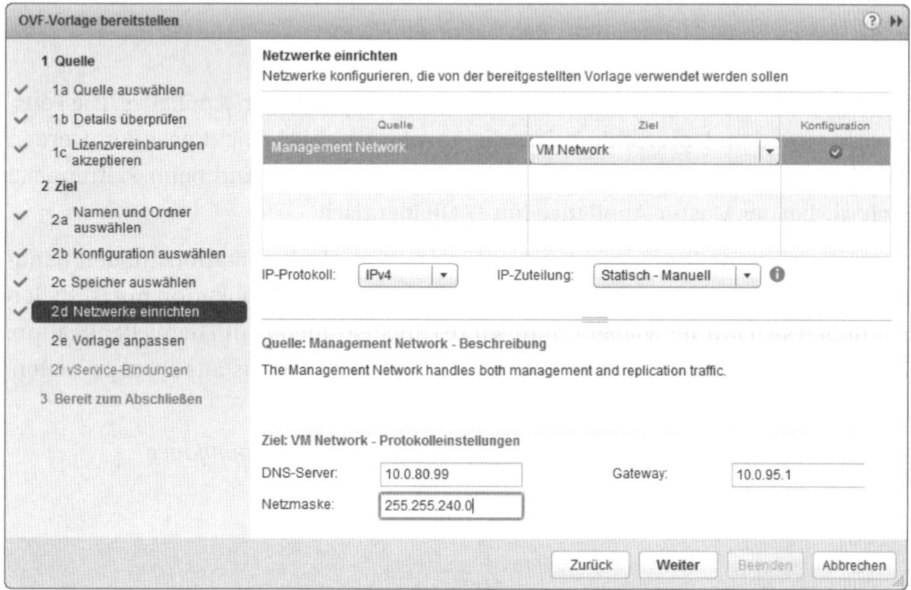

Abbildung 5.141 Festlegung der Netzwerkparameter

Die eigentliche IP-Adresse und das Passwort müssen Sie in der Maske aus Abbildung 5.142 eingeben.

Die Replikation integriert sich als Plug-in ins vCenter. Das zeigt sich im Webclient unter dem Menüpunkt FAVORITEN.

Wie schon zuvor beschrieben, ist bei Engpässen bei der Replikation eine Add-On-Appliance zu importieren. Auch hier wird der Web Client genutzt, aber es sind weniger Einstellungen notwendig.

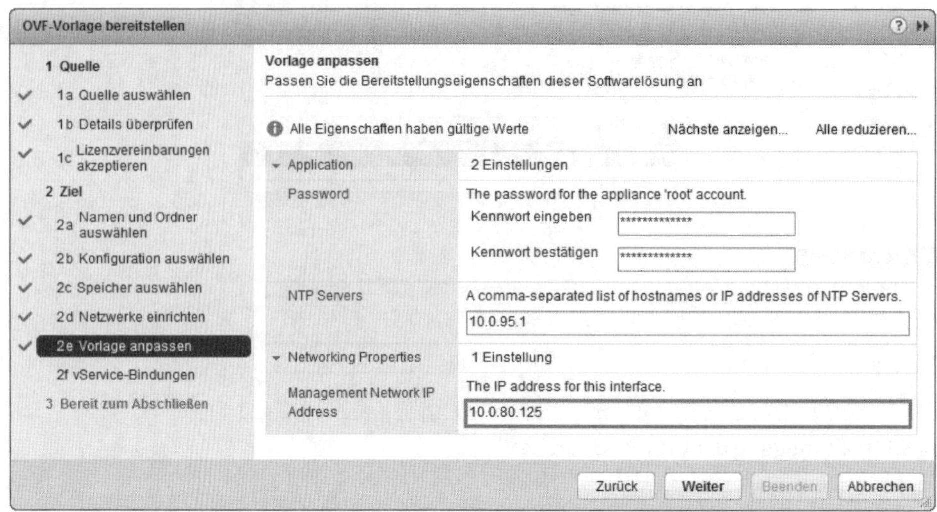

Abbildung 5.142 IP-Adresse und Passwort der Replication Appliance

Viele Einstellungen findet das System anhand der bereits importierten Appliance. Die Fenster gleichen sich – mit dem Unterschied, dass die Anzahl der vCPUs nicht geändert werden kann. An Arbeitsspeicher braucht das Add-On-System nur 768 MB, und beim Plattenplatz verhält es sich wie bei der Master-Appliance mit 18 GB identisch.

Zu guter Letzt möchten wir Ihnen nicht vorenthalten, dass ein Replikationsmodell Bandbreite benötigt. Wie hoch ist aber der Anteil der Bandbreite, die die Replikation nutzt? In den VMware Labs finden sich immer wieder interessante Dinge, so auch zum Thema Replikation. Eine Appliance soll letztendlich bei der Feststellung der Replikationsdatenmenge helfen. Schauen Sie in die Labs unter folgender URL nach:

http://labs.vmware.com/flings/vsphere-replication-capacity-planning-appliance

Kapitel 6
Verwaltungsmöglichkeiten

In diesem Kapitel erfahren Sie, wie Sie Ihre VMware Virtual Infrastructure verwalten. Wir werden auf alle Möglichkeiten der Verwaltung eingehen, die Sie in der VMware Virtual Infrastructure nutzen können.

Autor dieses Kapitels ist Bertram Wöhrmann, Ligarion
bwoehrmann@ligarion.de

Nachdem Sie dieses Kapitel gelesen haben, werden Sie alle Möglichkeiten kennen, die Ihnen die Firma VMware zur Verfügung stellt, um Ihre virtuelle Infrastruktur zu administrieren. Dabei werden wir näher beleuchten, wann Sie welches Tool verwenden sollten. Durch den richtigen Einsatz des richtigen Tools ist es möglich, die Landschaft effektiv zu administrieren.

Bei den grafischen Benutzeroberflächen hat sich einiges an der Wertigkeit geändert. Es gibt zwar immer noch den *vSphere Client* und den *vSphere Web Client*, doch neue Funktionen werden nur noch in den Web Client integriert. Bevor wir aber auf diese Art der Administration eingehen, wollen wir uns der Host-Konsole widmen.

6.1 Die lokale Host-Konsole

Der ESXi-Host hat direkt an der Serverkonsole eine Oberfläche, die einige rudimentäre Konfigurationsmöglichkeiten bietet. Sie gelangen über die Taste F2 zur Managementoberfläche (siehe Abbildung 6.1).

Hier können Sie das Passwort, die Netzwerkeinstellungen und die Tastatur konfigurieren. Des Weiteren können Sie die Log-Dateien einsehen. Viel mehr als diese rudimentären Funktionen steht in der Konsole des ESXi Servers nicht zur Verfügung. Eine weitere mögliche Einstellung ist der LOCKDOWN MODE. Wird dieser aktiviert, ist es nicht mehr möglich, sich remote auf der Maschine mit typischen Administrator-Accounts (z. B. »root« oder »admin«) anzumelden. Eine Konfiguration müssen Sie dann mit dem vCenter oder lokal an der Konsole durchführen.

Der Befehl RESTART MANAGEMENT AGENTS findet sich jetzt unter dem Punkt TROUBLESHOOTING OPTIONS. Dort können Sie auch die SSH-Freischaltung vornehmen und deren Parameter konfigurieren. Die Option REMOVE CUSTOM EXTENSIONS, aufgerufen in der direkten Konsole, erlaubt es, Zusatzpakete wieder zu deinstallieren. Hier gibt es keine Auswahl; es können immer nur alle Pakete auf einmal deinstalliert werden. Diese Erweiterungen können Sie entweder über den *vCenter Update Manager* installieren oder über das *vSphere CLI* mit dem Befehl `vihostupdate`.

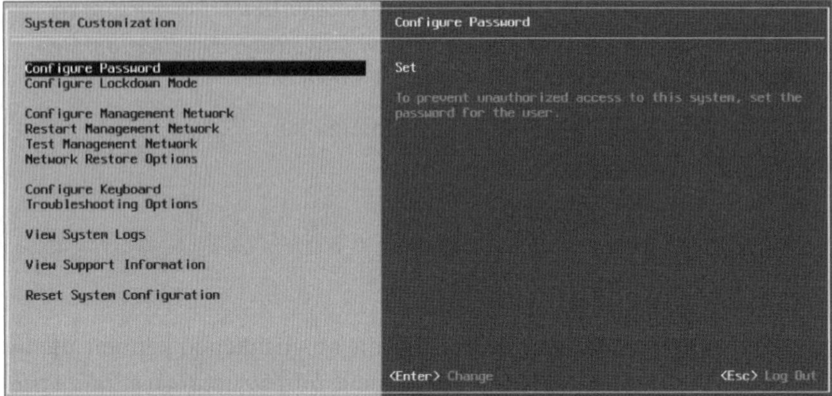

Abbildung 6.1 Die Managementoberfläche bei VMware ESXi

6.2 Zugriff auf die Host-Konsole per SSH

Der direkte Zugriff auf den Host ist natürlich über die lokale Konsole möglich. Sie können – die Freischaltung der Ports vorausgesetzt – per SSH auf Ihren Host zugreifen (*SSH Service*, siehe Abbildung 6.2).

```
VMware ESXi 6.0.0 (VMKernel Release Build 2715440)

Cisco Systems Inc N20-B6620-1

2 x Intel(R) Xeon(R) CPU X5550 @ 2.67GHz
24 GiB Memory

Download tools to manage this host from:
http://entity45/
http://10.0.80.45/ (STATIC)
http://[fe80::225:b5ff:fe10:1d]/ (STATIC)

<F2> Customize System/View Logs                <F12> Shut Down/Restart
```

Abbildung 6.2 Zugriff auf die Hardwarekonsole über SSH

An der einen oder anderen Stelle kann es aber auch schwierig sein, direkt auf die Host-Konsole zuzugreifen. Hier hat VMware Abhilfe geschaffen: Starten Sie den Dienst Direct Console UI im vSphere Client und den SSH-Dienst. Nachdem Sie eine SSH-Sitzung zum ESXi-Host geöffnet haben, geben Sie einfach den Befehl `dcui` ein, und Sie erhalten ein Fenster, das Ihnen nicht ganz unbekannt sein sollte.

Mit [Strg] + [C] kommen Sie wieder zurück in die Kommandozeile.

6.3 Die Weboberfläche des Hosts

Eine der ersten Möglichkeiten, sich mit dem vSphere-Server oder dem vCenter-Server zu verbinden, ist der Weg über die Weboberfläche. Die Weboberfläche ist direkt nach der Installation des vSphere-Hosts erreichbar. Wenn Sie in Ihrem Browser `http://SERVER-IP` eingeben, werden Sie auf die Startseite weitergeleitet (siehe Abbildung 6.3).

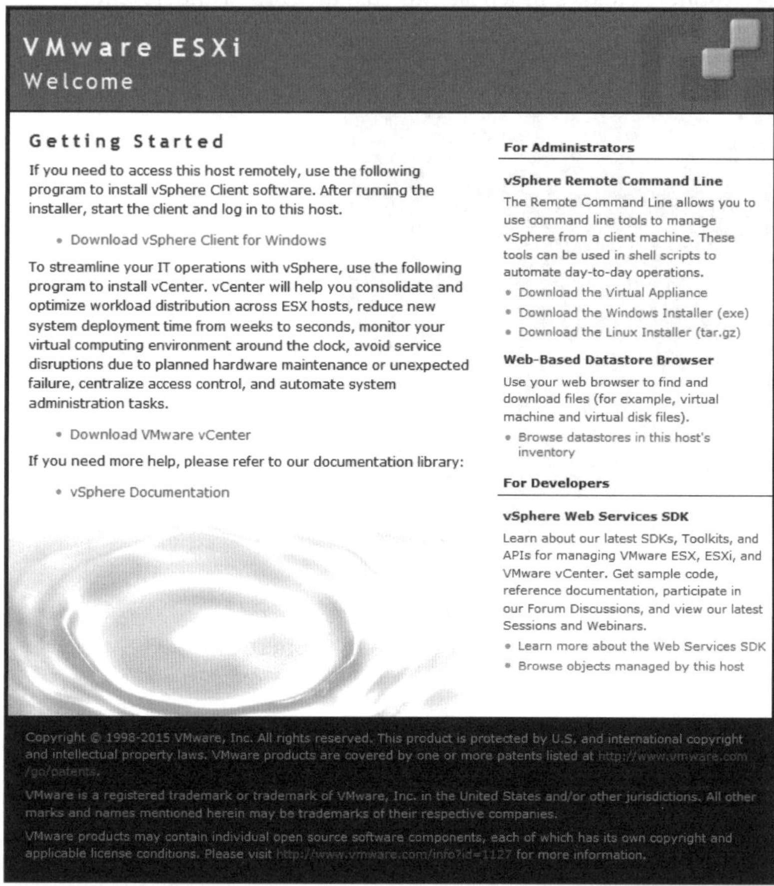

Abbildung 6.3 Weboberfläche – direkter Hostzugriff

Der Zugriff auf die Weboberfläche ermöglicht Ihnen nicht wirklich die Administration des Systems. Hier lassen sich diverse Tools herunterladen sowie der vSphere Client, der vCenter Server und weiterführende Dokumentation. Bedenken Sie bitte, dass die Links ins Internet führen, und von dort aus werden auch die Files heruntergeladen. Sollte also kein Zugriff auf das Internet möglich sein, so werden Sie hier keinen Erfolg haben. Die einzige direkte Verbindung zum Host ist die Option, sich die Datastores anzuschauen, ähnlich wie beim Webzugriff dieser Art auf das vCenter. Hier können Sie sich dann die Datastores in der Umgebung anzeigen lassen.

6.4 Die lokale VCSA-Konsole

Die lokale Konsole der *vCenter Server Appliance* (VCSA) hat sich gundlegend geändert. Sie sehen nicht mehr das Fenster mit der Angabe, wie Sie die Appliance managen können. Es gibt dort ein Bild, das dem des vSphere-Hosts ähnlich ist, nur dass die Farben anders sind.

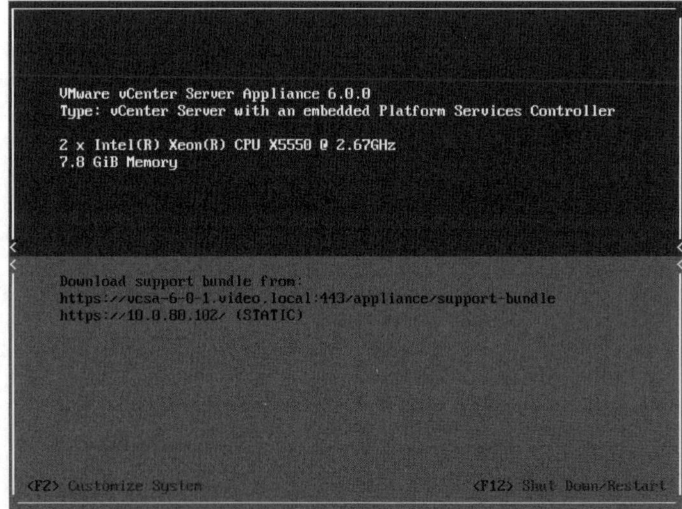

Abbildung 6.4 Die neue VCSA-Konsole

Die Einstellmöglichkeiten sind genauso rudimentär wie beim vSphere-Host.

6.5 Zugriff auf die VCSA per SSH

Ist die Funktion in der Oberfläche der VCSA aktiviert worden, so können Sie sich auch per SSH an der VCSA anmelden. Nutzen Sie dazu ein Tool wie PuTTY oder ein anderes Terminal.

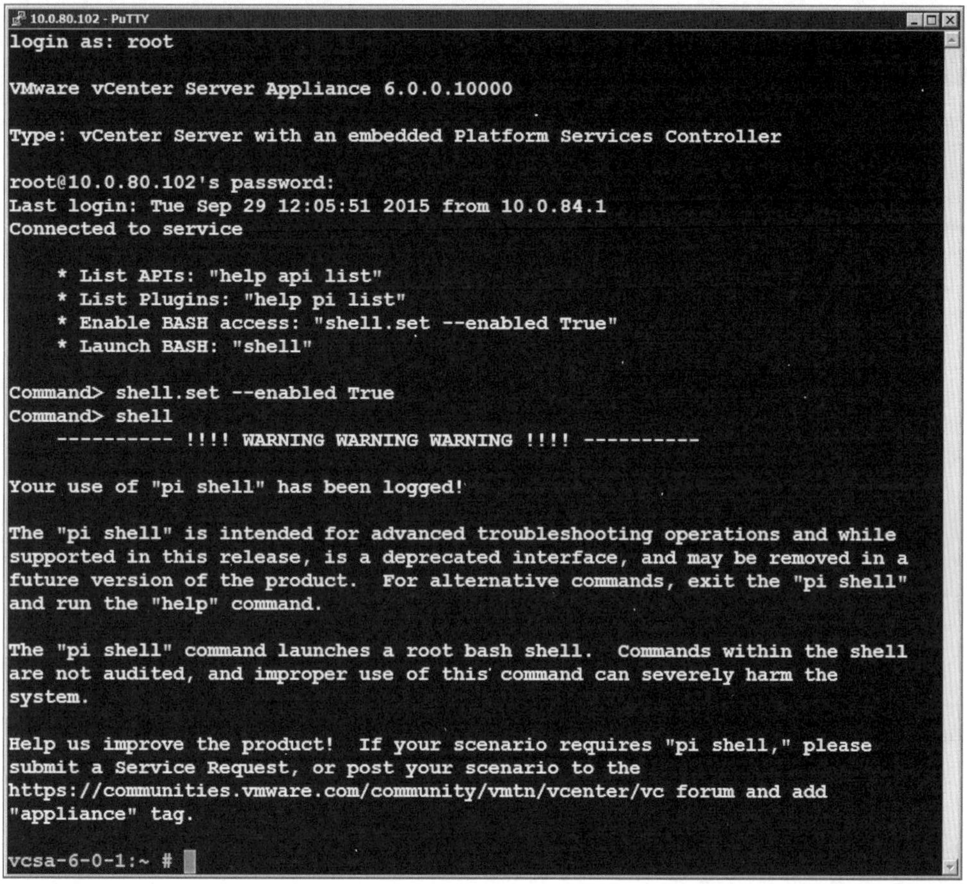

```
10.0.80.102 - PuTTY
login as: root

VMware vCenter Server Appliance 6.0.0.10000

Type: vCenter Server with an embedded Platform Services Controller

root@10.0.80.102's password:
Last login: Tue Sep 29 12:05:51 2015 from 10.0.84.1
Connected to service

    * List APIs: "help api list"
    * List Plugins: "help pi list"
    * Enable BASH access: "shell.set --enabled True"
    * Launch BASH: "shell"

Command> shell.set --enabled True
Command> shell
    ---------- !!!! WARNING WARNING WARNING !!!! ----------

Your use of "pi shell" has been logged!

The "pi shell" is intended for advanced troubleshooting operations and while
supported in this release, is a deprecated interface, and may be removed in a
future version of the product.  For alternative commands, exit the "pi shell"
and run the "help" command.

The "pi shell" command launches a root bash shell.  Commands within the shell
are not audited, and improper use of this command can severely harm the
system.

Help us improve the product!  If your scenario requires "pi shell," please
submit a Service Request, or post your scenario to the
https://communities.vmware.com/community/vmtn/vcenter/vc forum and add
"appliance" tag.

vcsa-6-0-1:~ #
```

Abbildung 6.5 SSH-Zugriff auf die VCSA

Es gibt in der VCSA eine neue Shell; die Bash ist standardmäßig nicht ohne Weiteres erreichbar. Über die Syntax `shell.set --enabled True` wird die altbekannte Shell wieder aktiviert. Nach der »Freischaltung« der Bash können Sie – wie auch von der alten VCSA her bekannt – die VCSA administrieren.

6.6 Die Weboberfläche der VCSA (Version 6.0)

Greift man mit dem Webbrowser auf einen vCenter-Server zu, zeigt sich eine ähnliche Oberfläche. Die Weboberfläche ist vergleichbar mit der eines Hosts. Erst wenn Sie genauer hinschauen, werden die Unterschiede deutlich (siehe Abbildung 6.6).

Die Anzahl der Download-Links ist geringer, und es gibt oben rechts einen Link, über den ein Webzugriff auf den vCenter-Server möglich ist – mit vollen administrativen Rechten, wenn eine Anmeldung mit einem passenden User erfolgt.

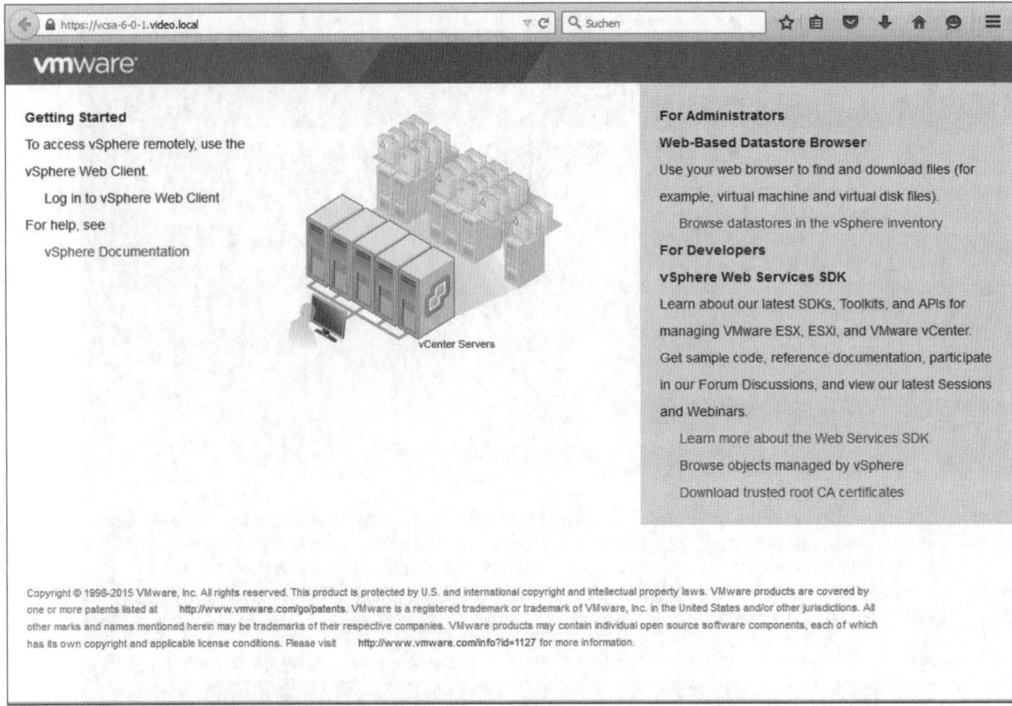

Abbildung 6.6 Die Weboberfläche des vCenter-Servers

6.7 Die Weboberfläche der VCSA (ab Version 6.0 U1)

Mit dem Update 6.0 U1 gibt es bei der VCSA wieder ein Webinterface für das Management der Appliance, das der alten Oberfläche ähnelt. Der Zugriff erfolgt über *https://<VCSA-IP-Adresse oder FQDN>:5480*.

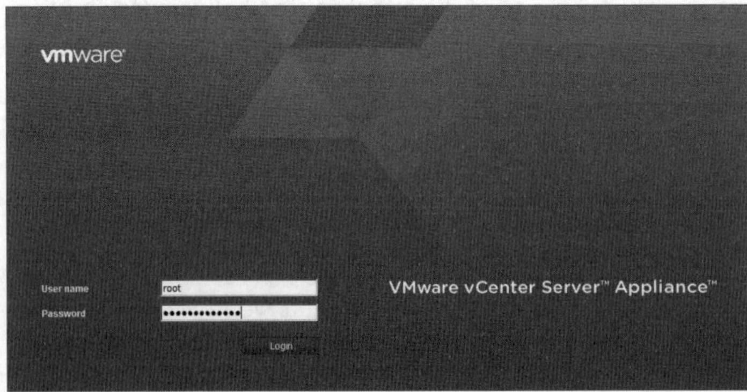

Abbildung 6.7 Anmeldung an der Managementoberfläche der VCSA

Die genauen Konfigurationsmöglichkeiten sind in Abschnitt 11.22 beschrieben.

6.8 vSphere Client

Der vSphere Client bietet eine komfortablere und ergonomische Oberfläche, um vSphere-Server zu administrieren. Der Client kann von jeder vSphere-Host-Weboberfläche heruntergeladen und unter Microsoft Windows installiert werden. Er ist auch kompatibel mit den Vorgängerversionen der aktuellen virtuellen Infrastruktur. Kommt bei Ihnen eine Mischumgebung zum Einsatz – bei der Migration von der Version ESX 4.x, ESX 5.x nach vSphere 6.x ist das temporär auf jeden Fall so –, dann können Sie mit dem neuen Client auf alle Systeme zugreifen. Auf den folgenden Seiten lesen Sie, wie Sie den vSphere Client installieren und ihn bedienen.

Hinweis

Der vSphere Client wird nicht mehr weiterentwickelt. Nutzen Sie den *vSphere Web Client*. Nur mit ihm haben Sie auch alle neuen Funktionen. Allerdings brauchen Sie den vSphere Client noch, um Teile des Update Managers zu bedienen.

6.8.1 Download und Installation von vSphere Client

Um den vSphere Client herunterzuladen, verbinden Sie sich mit der Weboberfläche eines vSphere-Hosts. Dort finden Sie einen Link, über den Sie den Client herunterladen können.

Nachdem Sie den Client heruntergeladen haben, installieren Sie ihn wie jedes andere Windows-Programm auch. Die Installation ist nach ein paar Klicks abgeschlossen, und es wird automatisch ein Icon auf dem Desktop angelegt. Näheres zur Installation des vSphere Clients finden Sie in Abschnitt 5.6.1.

6.8.2 vSphere Client verwenden

Nachdem Sie den Client gestartet haben, können Sie sich mit Host-Name, Benutzername und Passwort an einem vSphere- oder vCenter-Server anmelden (siehe Abbildung 6.8). Alternativ zu einem Host-Namen können Sie auch die IP-Adresse des Hosts verwenden.

Schon vor der Anmeldung zeigt der vSphere Client, für welche Arbeiten er noch genutzt werden kann. Für das Arbeiten mit dem vCenter ist er ein Auslaufmodell. Auch hier bestätigen aber Ausnahmen die Regel: Bei der Nutzung des Update Managers wird der vSphere Client noch benötigt. Für die direkte Administration eines Hosts ist der vSphere Client unerlässlich. Es gibt keine andere Option, um einen Host direkt zu parametrieren. Aus diesem Grund sollten Sie aufpassen, welche Komponenten wie konfiguriert werden. Hat eine virtuelle Maschine die neuste Hardwareversion, so ist es nicht möglich, mit dem klassischen Client die Ressourcen anzupassen. Am kritischsten ist das bei der *vCenter Server Appliance*. Daher empfiehlt VMware, die Hardwareversion der Appliance auf 7 zu belassen.

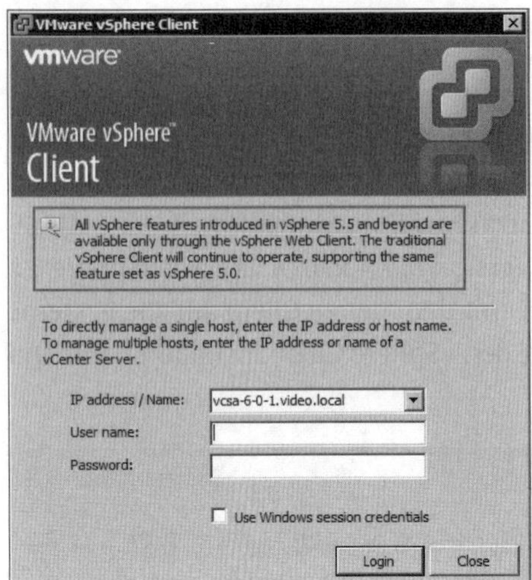

Abbildung 6.8 Die Anmeldung an vSphere Client

Je nachdem, ob Sie sich mit einem Host oder mit einem vCenter-Server verbunden haben, werden in der Oberfläche verschiedene Informationen angezeigt. Nach dem Laden des Inventorys und dem Aufbau der Oberfläche sehen Sie einen Bildschirm mit zwei verschiedenen Fenstern. Auf der linken Seite der Oberfläche finden Sie bei der Anmeldung an einem Host den vSphere-Host wieder, mit dem Sie sich verbunden haben (siehe Abbildung 6.9).

Abbildung 6.9 Die vCenter-Oberfläche

Auf der rechten Seite der Oberfläche sehen Sie verschiedene Informationen und Reiter zur Administration des Objekts, das auf der linken Seite aktiviert ist.

Tabelle 6.1 listet die verschiedenen Reiter auf, die Ihnen angeboten werden, und zeigt, welche administrativen Möglichkeiten sich dahinter verbergen. Wundern Sie sich nicht, wenn sich der vSphere Client auf verschiedenen Systemen in unterschiedlichen Sprachen darstellt. Das hängt mit den regionalen Einstellungen in dem Betriebssystem des Hosts zusammen, auf dem der Client installiert ist; das System sucht sich automatisch die Informationen aus dem Betriebssystem.

Reiter	Beschreibung
SUMMARY	Unter dem Reiter SUMMARY finden Sie eine Zusammenfassung über das gerade ausgewählte Objekt. Wenn Sie zum Beispiel einen vSphere-Host auswählen, sehen Sie allgemeine Informationen zum Host, wie zum Beispiel Hersteller, CPUs oder RAM. Außerdem werden Informationen über die Ressourcen des Hosts angezeigt, zum Beispiel die verwendeten Datastores, die angelegten virtuellen Netzwerke und die Auslastung von RAM und CPU.
VIRTUAL MACHINES	Den Reiter VIRTUAL MACHINES finden Sie nur bei Objekten wie dem vSphere-Host, der vApp oder einem Ressourcen-Pool. Dort wird eine Liste aller virtuellen Maschinen angezeigt sowie deren Status bezüglich Ressourcen, Alarmen und Power. Möglicherweise werden weitere Daten aufgelistet – abhängig davon, welche Ausgabefelder Sie in der Kopfzeile des Ausgabefensters aktiviert haben.
HOSTS	Auf einem Cluster- oder Datacenter-Objekt findet sich dieser Reiter. Hier werden alle Hosts angezeigt, die unter dem entsprechenden Objekt zu finden sind.
DRS	Diesen Reiter werden Sie nur in der Cluster-Ansicht finden. Hier erhalten Sie die Informationen bzw. Empfehlungen zur DRS-Funktion.
IP POOLS	Die IP-Pools finden Sie in der Ansicht des Datacenters. Hier werden IP-Adressen für die vApps abgelegt. Dabei können Sie unterschiedliche Pools anlegen.
RESOURCE ALLOCATION	RESOURCE ALLOCATION wird ebenfalls nicht bei virtuellen Maschinen angezeigt. Hier erhalten Sie eine komplette Übersicht über alle Ressourcen hinsichtlich CPU und RAM. Reservierungen, Shares usw. können Sie hier einsehen und verändern.

Tabelle 6.1 Die Reiter des vSphere Clients

Reiter	Beschreibung
PERFORMANCE	Unter PERFORMANCE wird ein Diagramm dargestellt, das die Auslastung der verschiedenen Objekte illustriert. Die Ausgabewerte lassen sich den Erfordernissen des Administrators anpassen.
CONFIGURATION	Auf dem Tab CONFIGURATION können Sie alle Einstellungen eines vSphere-Hosts vornehmen. Dort ist es möglich, unter anderem das Netzwerk zu konfigurieren oder Datastores zu verwalten. Im weiteren Verlauf dieses Kapitels gehen wir noch einmal näher darauf ein.
TASKS & EVENTS	Auf der Registerkarte TASKS & EVENTS werden alle protokollierten Tasks und Events aufgeführt.
ALARMS	An dieser Stelle werden zum einen die Alarmdefinitionen angezeigt und zum anderen die aufgetretenen Alarme. Hier können Sie auch eine Quittierung der Alarme durchführen.
CONSOLE	Unter den Eigenschaften der virtuellen Maschine ist dieser Reiter zu finden. Hinter ihm verbirgt sich der Bildschirm der VM.
PERMISSIONS	Auf der Registerkarte PERMISSIONS können Sie den Benutzern und Gruppen, die unter USERS & GROUPS erstellt wurden, bestimmte Berechtigungen geben. Sie können mit vorgefertigten Benutzerrollen arbeiten, oder Sie legen eigene Rollen an, die die Arbeitsprozesse im Unternehmen widerspiegeln.
MAPS	Eine grafische Darstellung der Infrastruktur der VM wird hier angezeigt.
HARDWARE STATUS	Dieser Reiter ist hostspezifisch. Der Status der einzelnen Hardwarekomponenten wird an dieser Stelle dokumentiert und grafisch dargestellt.
STORAGE VIEWS	Ähnlich wie auf dem Reiter MAPS wird eine grafische Ausgabe erzeugt, die darstellt, wie welche Komponenten miteinander verbunden sind. Es ist ebenfalls möglich, die Ausgabe als Report anzeigen zu lassen.
UPDATE MANAGER	Sollten Sie den Host und/oder VMs mit dem VMware Update Manager patchen, dann werden hier die Informationen zum Patch-Status des Objekts angezeigt.
PROFILE COMPLIANCE	Falls Sie die Hostprofile von VMware nutzen, können Sie hier den Status und die Compliance der Hosts einsehen.

Tabelle 6.1 Die Reiter des vSphere Clients (Forts.)

Sie konfigurieren und verwalten einen vSphere-Host auf der Registerkarte CONFIGURATION (siehe Abbildung 6.11). Wie bereits in Tabelle 6.1 erwähnt, können Sie dort alle wichtigen Einstellungen vornehmen (siehe Abbildung 6.10).

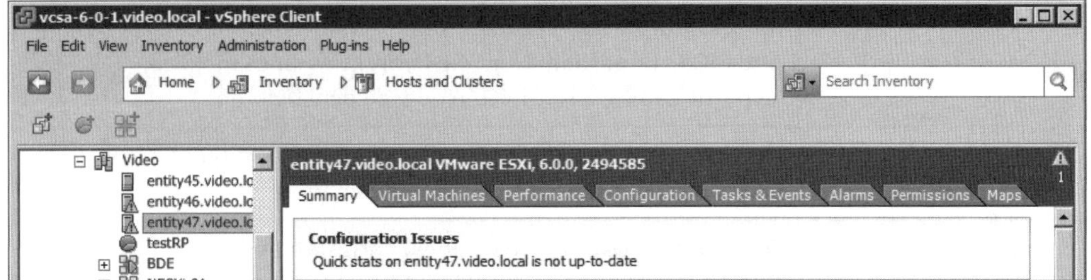

Abbildung 6.10 Reiter Host/Summary

Da es hierzu viele Fragen geben kann und eine falsche Konfiguration schnell zu Problemen führt, werden die einzelnen Punkte des Reiters in Tabelle 6.2 näher erläutert. Im Client stellt sich das dar wie in Abbildung 6.11.

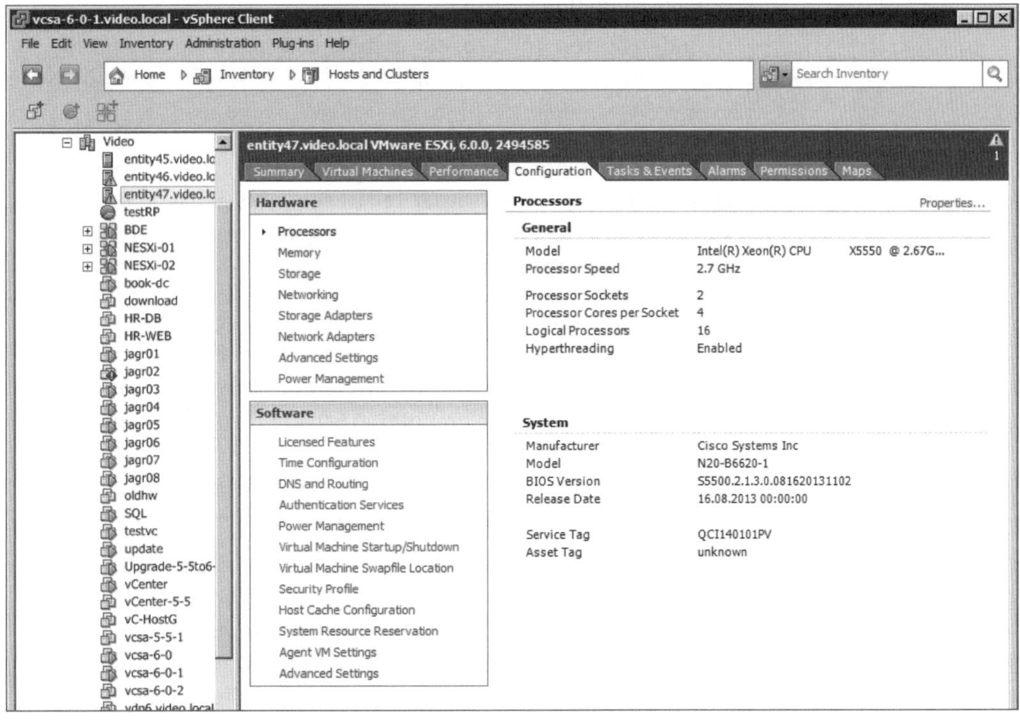

Abbildung 6.11 Host-Konfiguration

Option	Beschreibung
PROCESSORS	Die Option PROCESSORS zeigt alle vorhandenen Informationen zu der CPU an, die im Server verwendet wird. Außerdem werden allgemeine Informationen zum System, zum Beispiel Hersteller, Modell und BIOS, dargestellt. Über die PROPERTIES ist es möglich, Hyperthreading zu aktivieren oder zu deaktivieren.
MEMORY	MEMORY zeigt den physisch vorhandenen RAM an und wie viel Speicher dem vSphere-Host zugeordnet wird.
STORAGE	Die Option STORAGE ist eine der wichtigsten und gefährlichen Optionen. Hier gibt es die Möglichkeit, Datastores zu erstellen, zu löschen, zu formatieren, und viele weitere Optionen. Die vorhandenen Datastores werden im oberen Fenster angezeigt. Wählen Sie einen solchen Datastore aus, sehen Sie im unteren Fenster die Details zu diesem Datastore. Wenn Sie einen Datastore ausgewählt haben, können Sie ihn über den Button PROPERTIES umbenennen und erweitern. Über den Button ADD STORAGE erstellen Sie einen weiteren Datastore. Darauf gehen wir in Kapitel 7, »Das Netzwerk in VMware vSphere«, näher ein.
NETWORKING	NETWORKING bietet die Möglichkeit, das Netzwerk des vSphere-Hosts zu konfigurieren. Dieser Teil ist sehr entscheidend bei der korrekten Konfiguration des Hosts. Ausführlich wird dieser Teil der Konfiguration in Kapitel 7 erläutert.
STORAGE ADAPTERS	STORAGE ADAPTERS zeigt alle vorhandenen Storage-Adapter im System an. Dazu zählen zum Beispiel Fibre-Channel-Host-Bus-Adapter, lokale SCSI-Adapter oder iSCSI-Adapter. Bei der Auswahl eines solchen Gerätes werden im unteren Fenster die Targets angezeigt, die dieser Adapter sieht. Über den Button RESCAN scannt der Adapter einmal nach neuen LUNs. Wird zum Beispiel eine neue LUN präsentiert, müssen Sie erst einen Rescan durchführen, bevor die LUN sichtbar ist und Sie sie konfigurieren können. Wählen Sie eine LUN im unteren Fenster aus, können Sie die Pfade dieser LUN verwalten. Dafür aktivieren Sie mit der rechten Maustaste die LUN und wählen MANAGE PATH aus. Darauf gehen wir ebenfalls detailliert in Kapitel 8, »Storage-Architektur«, ein.
NETWORK ADAPTERS	Die Option NETWORK ADAPTERS zeigt alle installierten und verwendeten Netzwerkkarten des Hosts an.

Tabelle 6.2 Optionen des Reiters »Configuration«

Option	Beschreibung
Advanced Settings	An dieser Stelle wird die Funktion VMDirectPath parametriert. Diese Funktion erlaubt es, unterstützte Hardwarekomponenten direkt an eine virtuelle Maschine zu binden. Hier werden die Karten aufgelistet.
Power Management	Unter diesem Punkt lässt sich das Host-Verhalten im Hinblick auf die Einsparung von Strom konfigurieren. Das wird durch das *Dynamic Voltage and Frequency Scaling* (DVFS) erreicht. Durch die Reduzierung der CPU-Frequenz wird eine Stromersparnis erzielt.
Licensed Features	Der Reiter Licensed Features zeigt die Lizenzierung des Hosts an. Über die Edit-Buttons passen Sie diese bei Bedarf an. Nähere Informationen zum Thema Lizenzen finden Sie in Kapitel 16, »Die Lizenzierung von vSphere 6«.
Time Configuration	Der Menüpunkt Time Configuration ermöglicht die Konfiguration der Uhrzeit sowie die Angabe von Time-Servern.
DNS and Routing	DNS and Routing zeigt alle Informationen über den Host-Namen und die DNS-Domäne an und ermöglicht die Bekanntgabe von DNS-Servern.
Authentication Services	An dieser Stelle können Sie festlegen, wie die Authentifizierung beim vSphere-Host erfolgt. Mögliche Optionen sind die lokale Authentifizierung oder die Anmeldung über einen Active-Directory-Server.
Power Management	Hier geben Sie die Parameter an, die benötigt werden, um einen Host aus- oder einzuschalten.
Virtual Machine Startup/Shutdown	Es gibt die Option, die konfigurierten virtuellen Maschinen automatisch beim Starten oder Stoppen des vSphere-Hosts zu booten oder herunterzufahren. Dies können Sie hier über den Properties-Button konfigurieren.
Virtual Machine Swapfile Location	Das Swapfile, in das die virtuelle Maschine schreibt, kann im Ordner der virtuellen Maschine selbst oder in einem zentralen Ordner gespeichert werden. Dies konfigurieren Sie hier.
Security Profile	Hinter diesem Reiter versteckt sich die hostinterne Firewall des vSphere-Servers. Eine Portfreischaltung erfolgt an dieser Stelle.
Host Cache Configuration	Hier konfigurieren Sie die Auslagerung von Swap-Dateien auf schnelle SSD-Festplatten.

Tabelle 6.2 Optionen des Reiters »Configuration« (Forts.)

Option	Beschreibung
System Resource Reservation	Der Reiter System Resource Reservation bietet die Möglichkeit, die Ressourcen des Host-Systems einzustellen. So können Sie zum Beispiel dem Host einen garantierten Wert an CPU und Memory zuweisen.
Agent VM Settings	Die Einstellung korrespondiert mit dem *vSphere ESXi Agent Manager*. Er dient zur Installation, Aktualisierung und Überwachung von Host-Agents.
Advanced Settings	Die Advanced Settings bieten eine große Zahl von Einstellmöglichkeiten. Bei den wenigsten ist genau bekannt, welche Folgen eine Änderung hat. Änderungen der Einstellungen sollten Sie mit VMware absprechen und intensiv testen. Es kann erforderlich sein, Anpassungen vorzunehmen, wenn der Hardwarehersteller es fordert.

Tabelle 6.2 Optionen des Reiters »Configuration« (Forts.)

Den Sprachenmix auf dem vSphere Client verhindern

Je nachdem, wie Sie den Client installiert haben und welche Sprachversion das Betriebssystem hat, kann es passieren, dass Sie einen Sprachenmix im vSphere Client vorfinden. Mit einem Startparameter können Sie einen spracheinheitlichen Client forcieren:

- `locale en_US`: US-Englisch
- `locale de`: Deutsch
- `locale ja`: Japanisch
- `locale zh_CN`: traditionelles Chinesisch

6.9 Der ESXi Embedded Host Client – eine vSphere-Client-Alternative

Ich möchte hier das Tool *ESXi Embedded Host Client* vorstellen, das von VMware-Mitarbeitern programmiert worden ist und einen Zugriff auf einen vSphere-Host erlaubt, ohne dass Sie einen vSphere Client benötigen. Es reicht ein HTML5-fähiger Browser.

Das Tool findet sich auf der Fling-Webseite von VMware und kann unter der folgenden URL heruntergeladen werden:

https://labs.vmware.com/flings/esxi-embedded-host-client

Der Client bietet noch nicht alle Funktionen, aber ein Großteil der Möglichkeiten des vSphere Clients sind schon integriert. Damit das Ganze funktioniert, muss auf dem Host eine Softwarekomponente installiert werden. Die Installation gestaltet sich recht einfach. Das VIB-Paket laden Sie von der Webseite herunter, und mit dem Befehl

```
scp /Pfad/zum/heruntergeladenen/vib-File/esxui.vib root@<vSphere-Host-IP-Adresse>:/tmp
```

kopieren Sie das File auf den vSphere-Host. Alternativ können Sie auch den Datastore-Browser benutzen. Verbinden Sie sich per SSH mit dem Host, und installieren Sie das Tool mit folgendem Befehl:


```
ssh root@<esxip> esxcli software vib install -v /tmp/esxui.vib
```

Jetzt können Sie mit dem Browser auf den Host zugreifen (siehe Abbildung 6.12). Dazu benötigen Sie die URL *https://<vSphere Host IP-Adress>/ui*.

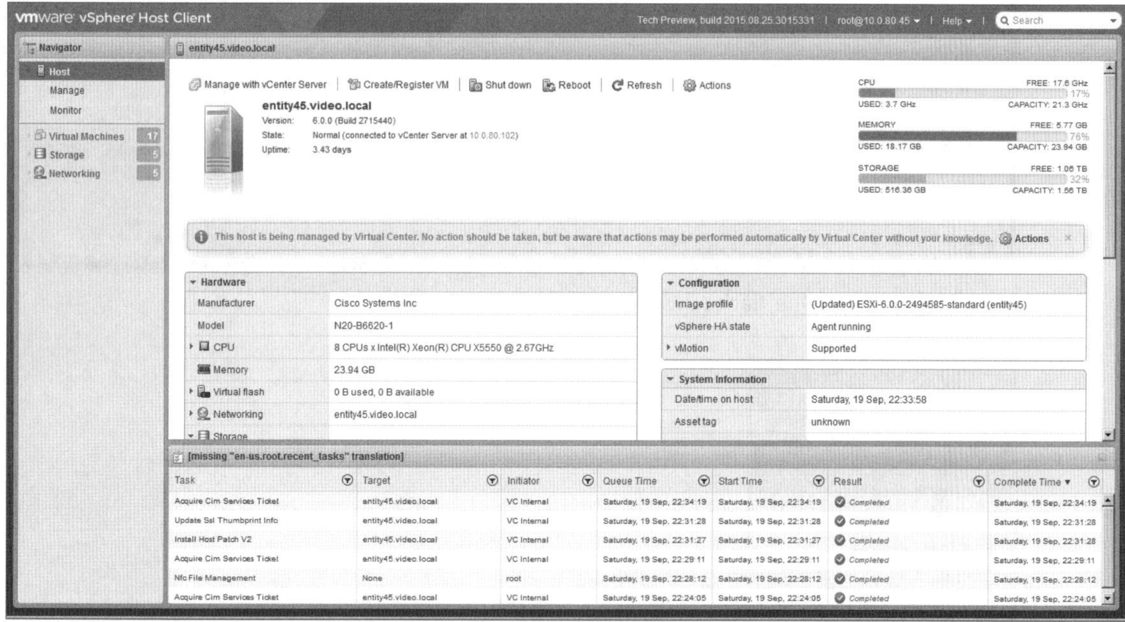

Abbildung 6.12 Host-Zugriff über den HTML5-Web-Client für den Zugriff auf den Host

6.10 vSphere Web Client

Der *vSphere Web Client* hat in der Funktionalität dem *vSphere Client* den Rang abgelaufen. Alle neuen Funktionen werden nur noch in diesen Client integriert und nicht mehr in den vSphere Client. Die Struktur des Web Clients ist eine andere als im C#-Client, und aus diesem Grund gehen wir hier näher auf die Struktur des Tools ein.

Die Oberfläche (siehe Abbildung 6.13) gliedert sich in drei Bereiche. Im linken Fensterbereich findet sich die Navigationsleiste (siehe Abbildung 6.14). Hier rufen Sie unterschiedliche administrative Bereiche auf.

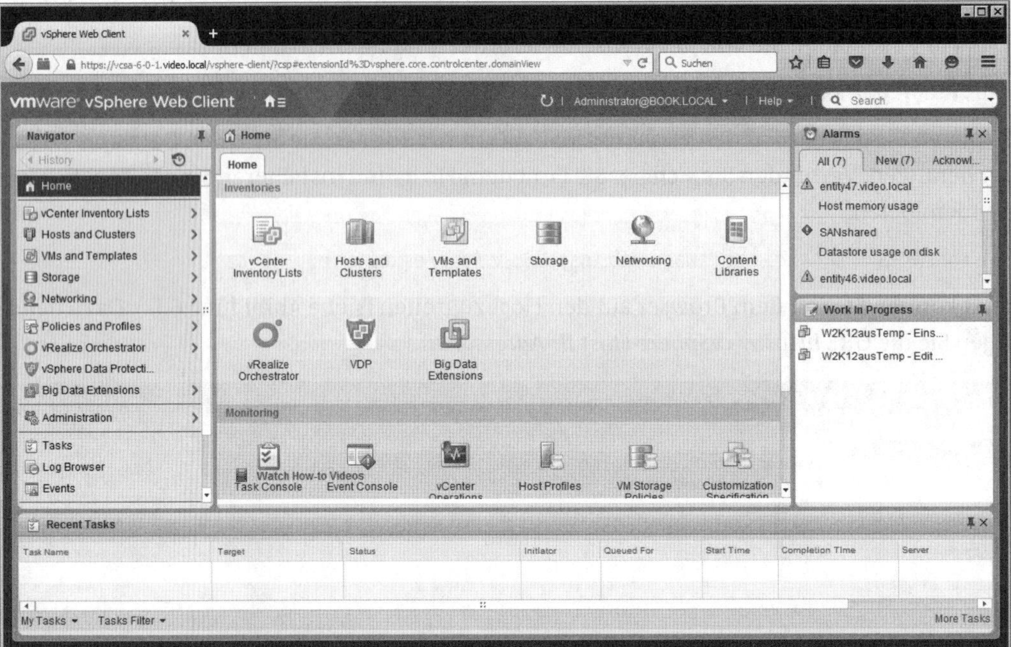

Abbildung 6.13 Die Oberfläche des »vSphere Web Client«

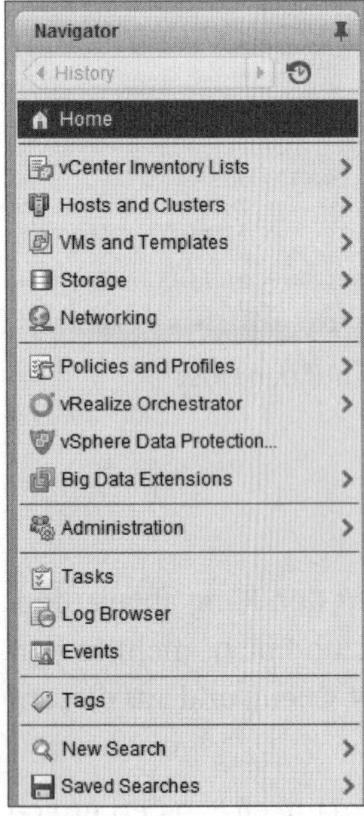

Abbildung 6.14 Der Navigationsbereich des »vSphere Web Client«

Der HOME-Button bringt Sie immer wieder in dieses Fenster, quasi zum Startscreen. Im folgenden Segment findet sich der Punkt zum Zugriff auf ein bestimmtes VCENTER. Rollen und Profile können hier genauso administriert werden wie die bereits installierten Applikationen. Diesem Abschnitt folgt der Bereich ADMINISTRATION. Alle Einstellungen, die mit dem vCenter zusammenhängen, finden sich hier wieder (siehe Abbildung 6.15).

Bestehende Rollen auf dem vCenter können in diesem Bereich angepasst und neue erstellt werden. Die Administration der SSO-eigenen Anwender erfolgt auch an dieser Stelle. Wer sich mit Lizenzen und den zugehörigen Reports beschäftigt, ist hier ebenfalls richtig. Im vorletzten Bereich finden sich noch der Aktivierungsbereich der Plug-ins und die Extensions des vCenter Servers. Last, but not least können Sie in den Bereich der Systemkonfiguration wechseln.

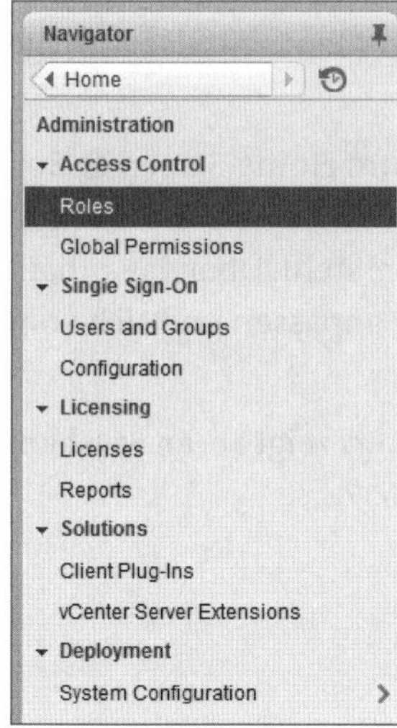

Abbildung 6.15 Die Administration im »vSphere Web Client«

Kommen wir zurück zum Home-Screen aus Abbildung 6.13. Das drittletzte Segment im Navigationsfenster verzweigt in die Anzeige der TASKS. Hier können Sie die Logs durchsuchen und die Events des vCenters analysieren. Die Tags haben nun auch den Weg in die Favoriten gefunden. Das Menü endet mit zwei Punkten zum Erstellen und Speichern von Suchen innerhalb des vCenters (NEW SEARCH und SAVED SEARCHES, siehe Abbildung 6.14).

Im mittleren Bereich der Oberfläche (siehe Abbildung 6.16) erfolgt dann schließlich die Anzeige der Informationen. Je nach ausgewähltem Punkt ändert sich die Anzeige in der Navigation und selbstverständlich auch im zentralen Fenster.

Kommen wir nun zum letzten Bereich auf der rechten Seite des Browsers. Hier finden Sie die aktuelleren Informationen zu den derzeit laufenden Aktionen und Alarmen.

So viel zum strukturellen Aufbau der Umgebung. Zusätzlich hat VMware in den Web Client weitere Hilfsmittel integriert, die das Arbeiten vereinfachen sollen (siehe Abbildung 6.16).

Abbildung 6.16 Oberer Arbeitsbereich des »vSphere Web Client«

Hinter einigen gezeigten Symbolen finden sich Schnellzugriffsmöglichkeiten. Das betrifft die vier Symbole für Cluster, VMs und Templates, Datastores und Netzwerke ❶. Je nach gewähltem Objekt finden Sie in der Mitte der Anzeige Reiter und zugehörige spezifische Menüs. Möchten Sie in der Anzeige eine Ebene zurückgehen, so ist dazu der Zurück-Button des Browsers nicht geeignet. Nutzen Sie stattdessen das Symbol oben links in der Anzeige ❷. Damit der Nutzer auch weiß, in welche Ansicht er zurückwechselt, wird der Button immer passend beschriftet. Direkt links daneben findet sich ein Dropdown-Menü mit der Anzeige der zuletzt genutzten Funktionen ❸.

Die oberste Zeile enthält ebenfalls einen Schnelleinsprungspunkt zum Home-Screen ❹. Soll eine Anzeige aktualisiert werden, müssen Sie den kreisrunden Pfeil ❺ nutzen, der oben in der Mitte vor dem Anmeldenamen des aktuell arbeitenden Benutzers steht. Über das anhängende Menü kann der angemeldete Nutzer seine Arbeitsumgebung anpassen und sich vom Client wieder abmelden.

Das Symbol auf der rechten Seite in der Titelleiste des mittleren Fensters zeigt an, an welchem Ort der Infrastruktur Sie gerade administrieren ❻ (siehe Abbildung 6.17).

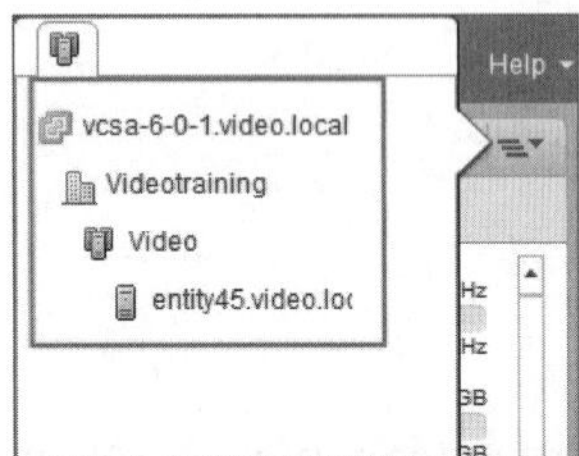

Abbildung 6.17 Administrationshierarchie

Zur Beschreibung des letzten Symbols werfen Sie bitte einen Blick auf Abbildung 6.18.

Zur besseren Übersicht hat VMware einen Filter in den Web Client eingebaut. Das hilft besonders in großen Umgebungen, die virtuellen Maschinen schnell zu finden, die gesucht werden. Hier hat sich eine signifikante Verbesserung ergeben.

Grundsätzlich ist der Web Client schneller geworden. Als zugreifende Betriebssysteme werden Windows und Mac OS X unterstützt, bei den Browsern stehen der Microsoft Internet Explorer, Mozilla Firefox und Google Chrome auf der Supportliste. Sie sollten sich schnell an den Web Client gewöhnen, denn wie bereits erwähnt fließen alle künftigen Funktionen nur noch in den *vSphere Web Client* ein, und der *vSphere Client* wird nicht mehr weiterentwickelt.

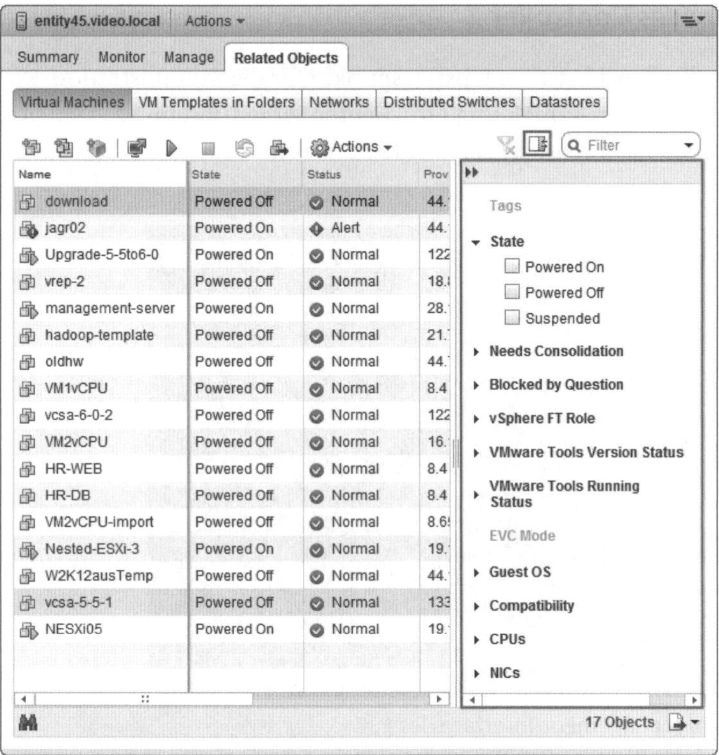

Abbildung 6.18 Filterfunktion im »vSphere Web Client«

Sprachenmix auf dem vSphere Web Client verhindern

Sollten Sie beim vSphere Web Client die Sprache fest einstellen wollen, dann müssen Sie in Ihrem Browser eine Einstellungsänderung vornehmen. In den Internetoptionen können Sie die Sprachen festlegen. Fügen Sie dort die gewünschte Sprache hinzu, und verschieben Sie sie in die in oberste Zeile der Wertigkeit.

6.11 Administration über mobile Geräte

Der Status für die Administration über die *Multimedia Appliance* hat sich bis dato nicht geändert. Aus diesem Grund möchten wir das Thema hier nicht weiter verfolgen.

Es gibt in den Stores der Tablet- bzw. Smartphone-Anbieter eine Reihe von Apps, die Sie unterstützen können. Alternativ können Sie den Host-Client von der VMware Fling-Webseite nutzen, um Hosts direkt zu administrieren. Hierzu benötigen Sie nur einen HTML5-fähigen Browser. Eine Alternative auf dem iPad ist das Tool *OPS1E*. Mit diesem Tool können Sie ohne weitere Infrastruktur auf eine VMware-Infrastruktur zugreifen.

6.12 Der Platform Services Controller

Der *Platform Services Controller* (PSC) hat zwei Einstiegspunkte für die Administration. Das ist zum einen der Web Client bei der Anmeldung am vCenter Server und mit der Version vSphere 6.0 Update 1 auch ein Webinterface. Dazu rufen Sie einfach die URL *https://<IP-Adresse bzw. FQDN PSC>/psc* auf.

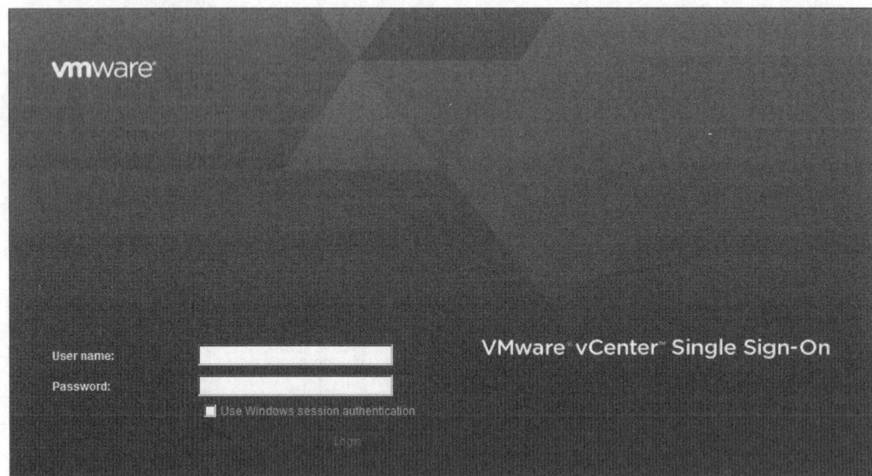

Abbildung 6.19 Anmeldung am Management-Interface des PSC

Nach der Anmeldung (siehe Abbildung 6.19) können Sie den PSC administrieren.

6.13 vCenter-Server

Das vCenter ist, im Gegensatz zu den bisher vorgestellten Möglichkeiten der Administration, ein komplett eigenes Produkt. Das vCenter fasst die Administration von Hosts und virtuellen Maschinen in einem Tool zusammen. Des Weiteren stellt das Tool zusätzliche Funktionen zur Verfügung, die die Funktionalität der virtuellen Infrastruktur ausbauen, sodass Sie die Verfügbarkeit weiter erhöhen können. Für die Anmeldung am vCenter-Server wird der schon bekannte Web Client eingesetzt, und mit eingeschränkter Funktionalität kann auch der vSphere Client genutzt werden. Zur Anmeldung nutzen Sie einfach den DNS-Namen des vCenters. Weil VMware den vSphere Client nicht mehr weiterentwickelt, zeigen wir Ihnen an dieser Stelle nur noch die Oberfläche des vSphere Web Clients.

6.13.1 Installation des vCenter-Servers

Das vCenter kann unter Microsoft Windows installiert werden. Für einen produktiven Einsatz ist unbedingt eines der unterstützten Server-Betriebssysteme zu verwenden (siehe Abschnitt 5.3.1), um Support von VMware zu erhalten. Alternativ nehmen Sie einfach die vCenter-Appliance. Das vCenter legt alle Daten in einer Datenbank ab, die lokal auf dem System des vCenter-Servers oder auf einem im Netzwerk befindlichen Datenbanksystem zur Verfügung gestellt wird.

Übrigens müssen Sie nicht zwingend eine Datenbank vorinstallieren, da die Installationsroutine des vCenters eine *vPostgress*-Datenbank mitinstallieren kann. Diese ist allerdings auf den Einsatz von wenigen vSphere-Hosts und einigen virtuellen Maschinen beschränkt. Eine genaue Anleitung zur Installation sowie alle weiteren wichtigen Randbedingungen finden Sie in Abschnitt 5.3, »VMware vCenter Server«.

6.13.2 Starten des vCenter-Servers

Nach der Installation des vCenters und einem Neustart des Systems können Sie auf das vCenter zugreifen. Zur Verbindung mit dem vCenter-Server benötigen Sie den Web Client, den wir bereits in Abschnitt 6.8, »vSphere Client«, beschrieben haben. Nachdem Sie diesen Client auf dem Administrations-PC oder einem beliebigen anderen PC, der das vCenter erreichen soll, installiert haben, kann er gestartet werden. Bei einer Installation auf derselben Maschine, auf der der vCenter-Server läuft, können Sie unter HOST: »localhost« eingeben. Als Benutzername ist ein Benutzer aus der integrierten SSO-Datenbank einzugeben. Für den Administrator wäre das z. B. der Anwender *administrator@vsphere.local*. Es kann auch mit den lokalen Anmeldeinformationen gearbeitet werden. Dazu müssen Sie nur das untere Auswahlfenster aktivieren (siehe Abbildung 6.20).

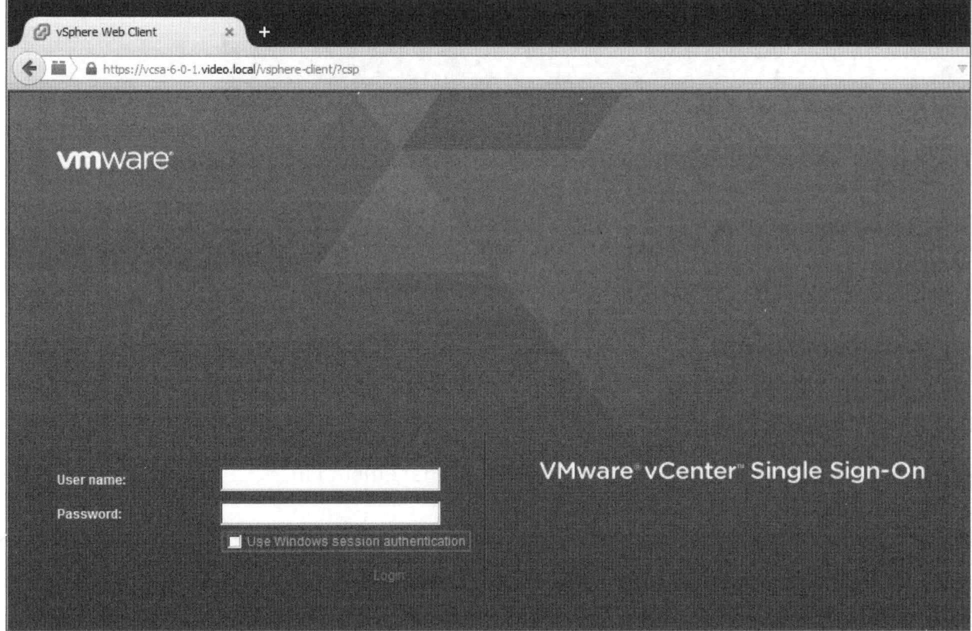

Abbildung 6.20 Anmeldung am vSphere Web Client

Um einem »normalen« Benutzer Zugriff zu gewähren, müssen Sie für diesen zuerst in den vCenter-Berechtigungen ein Zugriffsrecht hinterlegen.

6.13.3 Hinzufügen von ESXi-Hosts ins vCenter

Beim erstmaligen Aufruf des nicht konfigurierten vCenter-Servers sehen Sie nur eine leere Oberfläche. Im ersten Schritt sind einige Konfigurationsschritte vorzunehmen, um das vCenter mit Leben zu füllen. Sie haben eine Reihe von Möglichkeiten, um Server zu gruppieren. Es empfiehlt sich, zuerst ein Datacenter anzulegen. Unter dieser Struktur können Sie dann Hosts in Clustern zusammenfassen. Um ein neues Datacenter anzulegen, klicken Sie mit der rechten Maustaste auf den vCenter-Server. Über das Kontextmenü NEW DATACENTER wird das Anlegen eines Datacenters gestartet. Nach dem Anlegen geben Sie dem Objekt einen passenden Namen, und damit ist die Arbeit abgeschlossen. Jetzt haben Sie zwei Optionen: Entweder hängen Sie die Hosts direkt unter dem Datacenter ein oder Sie fassen sie in sogenannten *Clustern* zusammen. Darauf gehen wir in Kapitel 11, »Konfiguration von ESXi und vCenter«, ein.

Ein Host fügt sich ebenfalls über das Kontextmenü ein, wenn es auf dem Datacenter geöffnet wird. Der Dialog aus Abbildung 6.21 erscheint und fordert Sie dazu auf, hostspezifische Daten einzugeben.

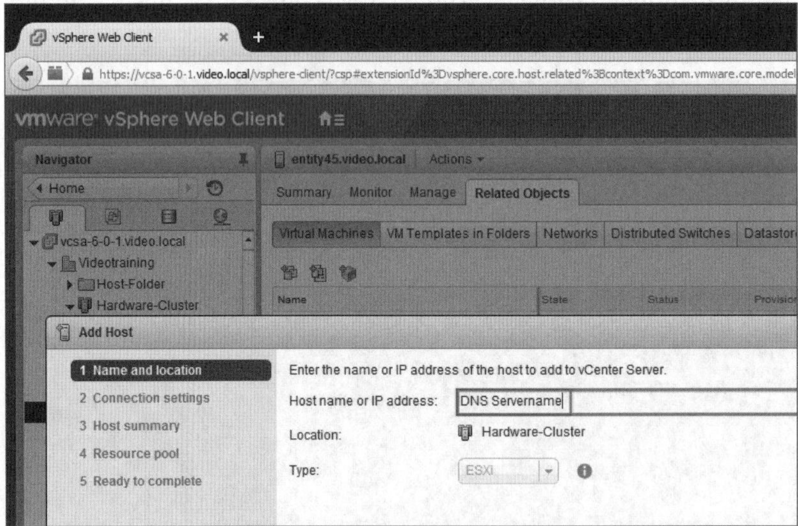

Abbildung 6.21 So binden Sie einen Host ins vCenter-Management ein.

Nach der Eingabe und Prüfung von Benutzername und Passwort wird eine Zusammenfassung des Hosts angezeigt, in der Sie unter anderem den Namen des Hosts, den Server-Hersteller, die installierte vSphere-Version und bereits registrierte virtuelle Maschinen finden. Allerdings sollten Sie sich genau überlegen, ob Sie den Host mittels DNS-Name oder IP-

Adresse hinzufügen. Gerade für spätere HA-Cluster und natürlich für die bessere Übersicht ist es sinnvoller, mit DNS-Namen zu arbeiten. Selbstverständlich können Sie auch im Nachhinein die Zuordnung des Hosts zur Organisationsgruppe ändern. Falls Sie das vCenter zum ersten Mal einsetzen, müssen Sie erst ein Datacenter anlegen, bevor Sie einen Host ins Management aufnehmen können.

Jetzt wird der Host dem vCenter hinzugefügt. Nach ein paar Sekunden im Status DISCONNECTED und dem Abschluss des Tasks ADD STANDALONE HOST können Sie den vSphere-Host über den vCenter-Server verwalten.

6.13.4 Verwaltung von vSphere-Hosts

Nachdem die vSphere-Hosts hinzugefügt worden sind, ist es möglich, sie fast so zu verwalten, als würden Sie sich per vSphere Client direkt mit dem Host verbinden. Wählen Sie im linken Fenster einen Host aus, werden im rechten Fenster verschiedene Informationen und Reiter angezeigt. Über diese Reiter verwalten Sie den Host und legen zum Beispiel ein virtuelles Netzwerk an. Die Reiter unterscheiden sich etwas von denen, die Sie sehen, wenn Sie sich direkt mit einem Host verbinden. In Tabelle 6.3 sehen Sie die Optionen, die Ihnen zur Verfügung stehen.

Reiter	Beschreibung
SUMMARY	Auf der Registerkarte SUMMARY finden Sie eine Zusammenfassung mit Informationen über das gerade ausgewählte Objekt. Wenn Sie zum Beispiel einen vSphere-Host auswählen, sehen Sie allgemeine Informationen zum Host, z. B. zu Hersteller, CPUs oder RAM. Außerdem werden Informationen über die Ressourcen des Hosts angezeigt, z. B. die verwendeten Datastores, die angelegten virtuellen Netzwerke und die Auslastung von RAM und CPU.
MONITOR	Hinter dem Reiter MONITOR verbergen sich Unterfunktionen zu Events und Tasks, der Update Manager, Performance-Daten und Logs. Hier sind Sie an der richtigen Stelle für den Betrieb der Hosts.
MANAGE	Wenn Sie den Host konfigurieren wollen, dann ist der Reiter MANAGE die richtige Wahl. Konfigurieren Sie hier den Host mit all seinen Facetten. Aber auch das Netzwerk, die Alarme und die Zugriffsrechte werden an dieser Stelle konfiguriert.
RELATED OBJECTS	Auf der Registerkarte RELATED OBJECTS finden Sie sämtliche mit dem Host verknüpften Objekte, z. B. VMs und Templates, die Datenbereiche und die Netzwerkkomponenten, getrennt nach virtuellen und Distributed Switches.

Tabelle 6.3 Die Reiter des Hosts im Web Client

Die angezeigte Struktur ist für die meisten Objekte im Web Client identisch, es unterscheiden sich nur diejenigen Objekte, die unterhalb des Reiters angezeigt werden.

6.13.5 Weitere Funktionen des vCenter-Servers

Durch den Einsatz des vCenter-Servers ist es nicht nur möglich, mehrere vSphere-Hosts gleichzeitig zu verwalten. Es kommen viele Funktionen hinzu, die erst durch n + 1 Hosts und vCenter möglich werden. Einen Teil dieser Funktionen und Möglichkeiten werden wir in diesem Abschnitt kurz erläutern.

HA-Cluster

Durch einen Cluster erhalten Sie die Möglichkeit, einige neue Features zu verwenden, die ohne vCenter und ohne den Cluster so nicht möglich wären. So können Sie zum Beispiel *vSphere HA* (High Availability) verwenden. Dies bietet die Möglichkeit, eine virtuelle Maschine hochverfügbar zu machen. Hosts, die in einem Cluster zusammengefasst sind, prüfen untereinander gegenseitig die Verfügbarkeit der restlichen Hosts im Cluster. Beim Ausfall eines physischen Hosts werden die virtuellen Maschinen, die auf diesem System betrieben wurden, automatisch auf den verbleibenden Hosts neu gestartet.

Virtual Machine Monitoring kommuniziert ständig mit den VMware Tools der virtuellen Maschine. Sollten diese in einem frei konfigurierbaren Zeitfenster nicht antworten, wird die virtuelle Maschine automatisch neu gestartet.

DRS-Cluster

VMware DRS (Distributed Resource Scheduling) bietet eine automatische Lastverteilung der virtuellen Maschinen über alle Hosts in einem Cluster. Erreicht wird diese Funktion durch die Unterstützung von vMotion. *vMotion* verschiebt virtuelle Maschinen ohne spürbare Unterbrechung von einem Host auf einen anderen. Eine Unterfunktion des DRS ist das Power-Management. Diese Option gibt dem Administrator ein Mittel an die Hand, zu lastarmen Zeiten vSphere-Hosts auszuschalten oder automatisiert ausschalten zu lassen. Steigt der Ressourcenbedarf wieder an, werden die vSphere-Hosts automatisch wieder gestartet.

EVC-Cluster

VMware EVC (Enhanced vMotion Compatibility) bietet einen Kompatibilitätsmodus, der vMotion zwischen Hosts ermöglicht, in denen unterschiedliche CPU-Typen verbaut sind. Der CPU-Herstellertyp muss schon identisch sein. Damit können Sie Cluster mit neueren Servern erweitern und die VMs in aktivem Zustand auf die neuen vSphere-Server migrieren, ohne eine Unterbrechung zu haben. Nach abgeschlossener Migration können die alten Hosts dann abgebaut werden.

All diese Funktionen sind nur durch die Verwendung von *VMware vCenter Server* möglich. Sie sehen also, dass das VMware vCenter nicht nur eine leichtere und komfortablere Administration mehrerer vSphere-Hosts ermöglicht, sondern dass auch viele weitere Funktionen hinzukommen.

6.13.6 Einbindung ins Active Directory

Auch wenn die Möglichkeit besteht, sich am vCenter-Server mit lokalen Accounts anzumelden, ist das sicherlich nicht immer das Mittel der Wahl. Mit der Einführung des Single Sign On (SSO) besteht zumindest die Möglichkeit, eine zentrale User-Basis für die meisten VMware-Produkte zu nutzen.

Viele Unternehmen haben bereits ein Active Directory (AD), in dem User gepflegt werden, und da ist es nicht sehr sinnvoll, zusätzlich lokale User für einen vCenter-Server zu pflegen oder dort neue Benutzer einzurichten. Das hat auch VMware erkannt und deshalb die Möglichkeit geschaffen, den vCenter-Server in ein vorhandenes Active Directory einzubinden (siehe Abbildung 6.22). Dort haben Sie die Option, Gruppen für den Zugriff auf das vCenter anzulegen und diese dann im vCenter zu berechtigen. Als Ergebnis werden die User nur noch an einer Stelle gepflegt, was den administrativen Aufwand stark reduziert.

Zur Nutzung von AD-Accounts muss der vCenter-Server Mitglied einer Domäne sein. Die Mitgliedschaft kann über den Web Client initiiert werden.

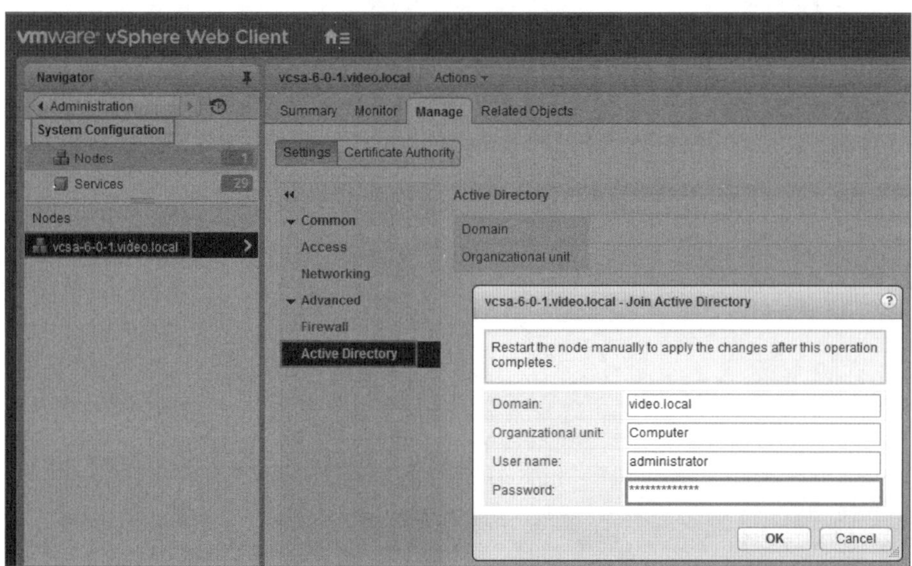

Abbildung 6.22 AD-Integration des vCenters

Nach erfolgtem Reboot kann das Active Directory dem SSO als Berechtigungs-Source hinzugefügt werden (siehe Abbildung 6.23).

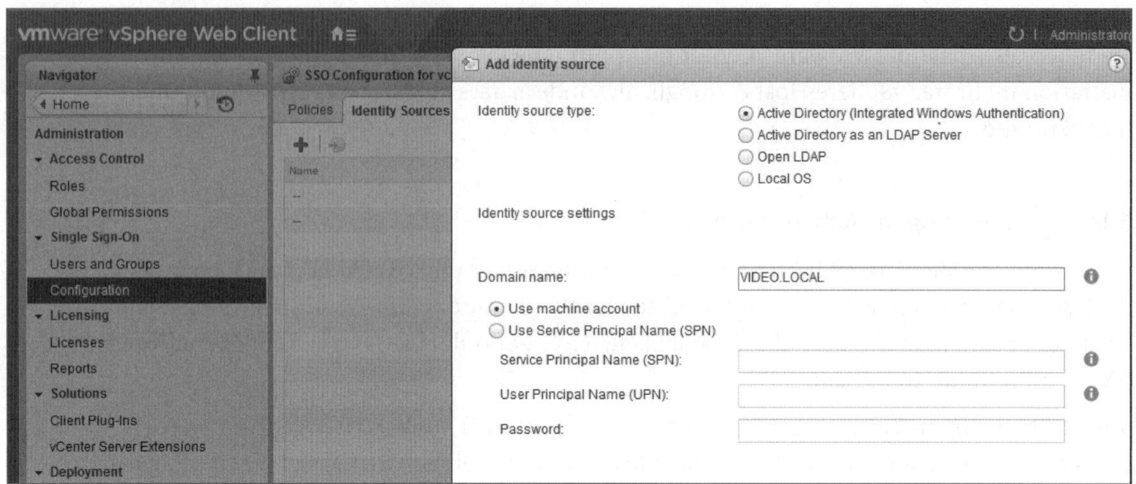

Abbildung 6.23 Einbinden des Active Directory ins SSO

Nach der Berechtigungserteilung an die User bzw. Gruppen im vCenter ist der Zugriff mit Domänen-Accounts möglich (siehe Abbildung 6.24).

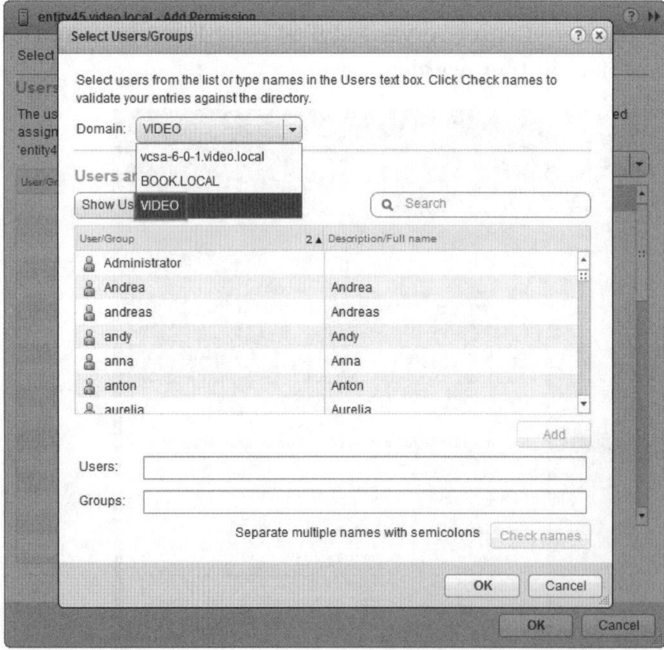

Abbildung 6.24 Dialog zum Hinzufügen von Benutzern

Über ADD fügen Sie einen Benutzer hinzu, indem Sie im Folgedialog die Domäne als Basis der Benutzerauswahl angeben. Mit ASSIGN ROLE weisen Sie dem entsprechenden Benutzer passende Rechte zu. Neue Rollen lassen sich über HOME • ADMINISTRATION • ROLES anlegen (siehe Abbildung 6.25). Es empfiehlt sich, an dieser Stelle vorhandene Rollen so zu belassen, wie sie sind, und sie nicht zu manipulieren. Möchten Sie ähnliche Rollen erstellen, dann besteht die Möglichkeit, eine vorhandene Rolle zu kopieren und entsprechend anzupassen. Näheres dazu finden Sie in Kapitel 11, »Konfiguration von ESXi und vCenter«.

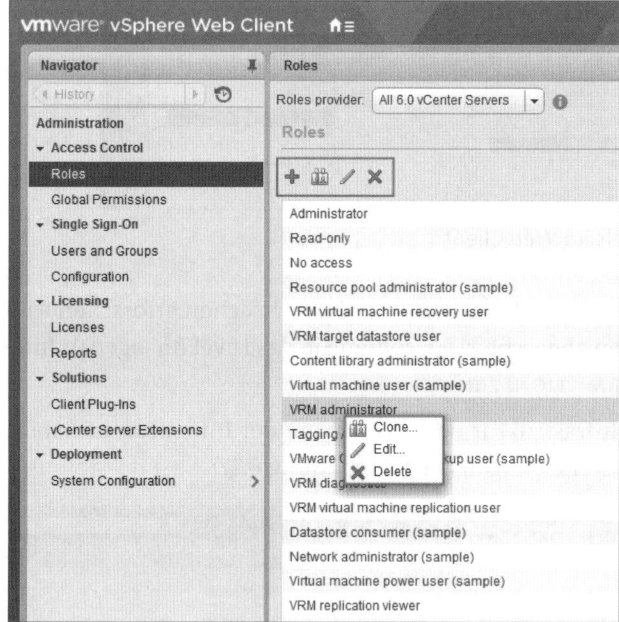

Abbildung 6.25 So legen Sie neue Rollen an.

6.13.7 Troubleshooting des vCenter-Servers

Sollte der Dienst des vCenters nicht starten, können Sie den Vorgang auch über die Kommandozeile initiieren. In diesem Fall ist besser sichtbar, welche Probleme den Start des Dienstes verhindern. Auf diese Art sehen Sie genau, bei welcher Aktion das Starten des vCenters abgebrochen wurde.

Dazu führen Sie einfach folgenden Befehl aus:

```
C:\Program Files\VMware\VirtualCenter Server\vpxd.exe -s
```

Nachdem Sie das vCenter mit dem Parameter `-s` aufgerufen haben, erscheint ein DOS-Fenster, das die verschiedenen Arbeitsschritte beim Starten des vCenters anzeigt. Bleibt beim Start die Ausgabe bei einem Fehler hängen, können Sie diesen schnell und einfach analysieren.

Des Weiteren lassen sich die vCenter-Log-Dateien für die Fehleranalyse exportieren. Auch die Tiefe des Log-Levels lässt sich genau einstellen (siehe Abbildung 6.26).

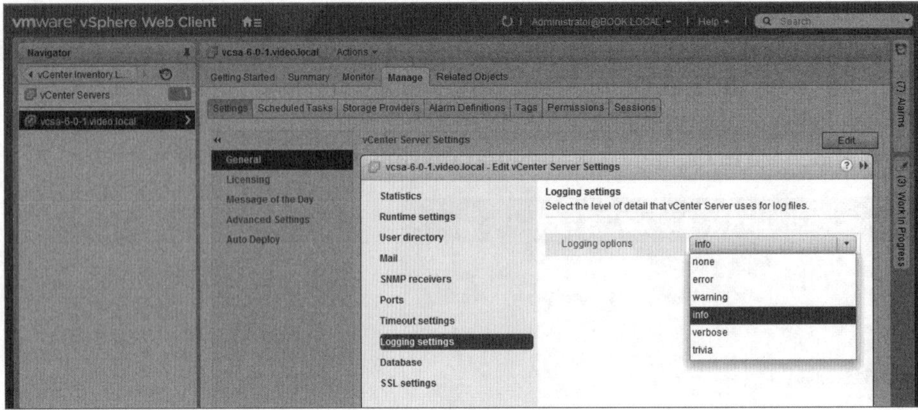

Abbildung 6.26 Einstellen des Log-Levels im Web Client

Ändern Sie das Log-Level nur, wenn Sie Probleme haben und die Ursachen erforschen wollen. Sind die entsprechenden Arbeiten abgeschlossen, sollten Sie das Level im eigenen Interesse wieder auf den Standard (INFORMATION) zurücksetzen.

Möchten Sie ein Log der gesamten Infrastruktur oder von Teilen der Infrastruktur haben, dann lässt sich das über das Menü bewerkstelligen (siehe Abbildung 6.27).

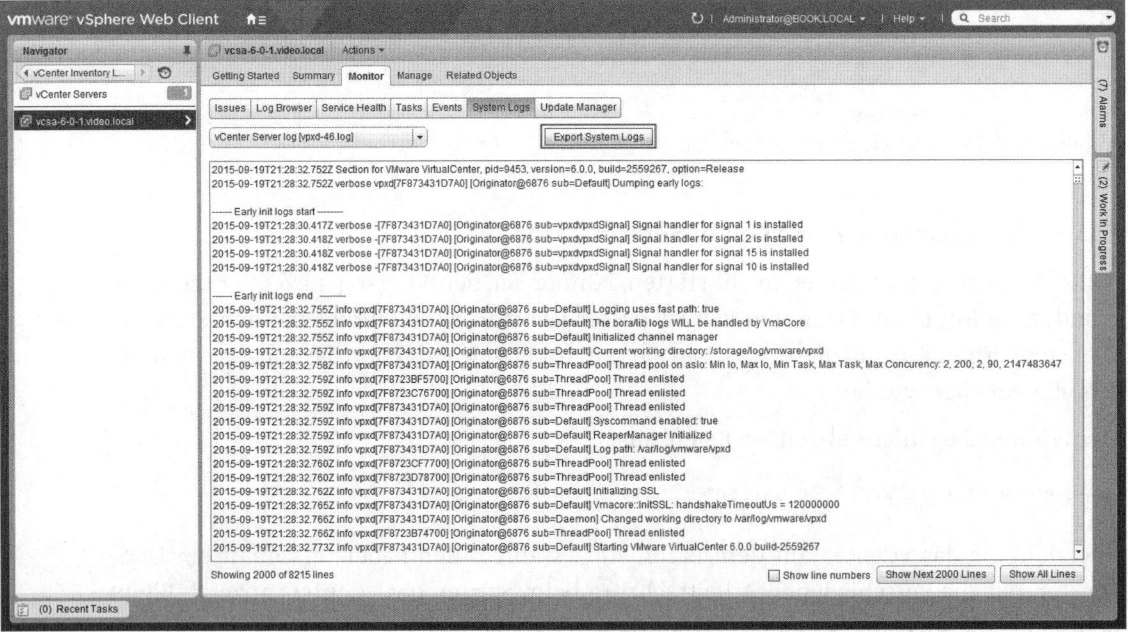

Abbildung 6.27 Export von Log-Dateien

Erschrecken Sie nicht – das kann durchaus einige Zeit in Anspruch nehmen. Die Granularität des Exports lässt sich parametrieren.

6.14 Das Remote Command-Line Interface

Das *Remote Command-Line Interface* (im Folgenden auch *Remote CLI* genannt) gewinnt stark an Bedeutung. Es wird genutzt, um remote Befehle auf ESXi-Hosts abzusetzen. Das Remote CLI wird verwendet, um Skripte und Anwendungen ausführen und Konfigurationen vorzunehmen zu können, ohne den *vSphere Client* oder den *vSphere Web Client* nutzen zu müssen.

Alternativ können Sie auch den *vSphere Management Assistant* (vMA) nutzen. Hierbei handelt es sich, einfach ausgedrückt, um eine Linux-basierte Appliance, in der das Remote Command-Line Interface direkt installiert ist.

6.14.1 Installation

Sie können alle Installationsdateien des Remote CLI auf der Webstartseite des Hosts herunterladen. Verbinden Sie sich einfach über Ihren Browser mit der Startseite des ESXi-Hosts, und laden Sie dort die nötigen Tools herunter (siehe Abbildung 6.28). Leider gibt es auf der Webseite einen Fehler, und Sie gelangen über den Link nur zur entsprechenden Dokumentation. Einfacher können Sie die gewünschte Software direkt über die URL *https://my.vmware.com/web/vmware/details?downloadGroup=VCLI600&productId=491* herunterladen.

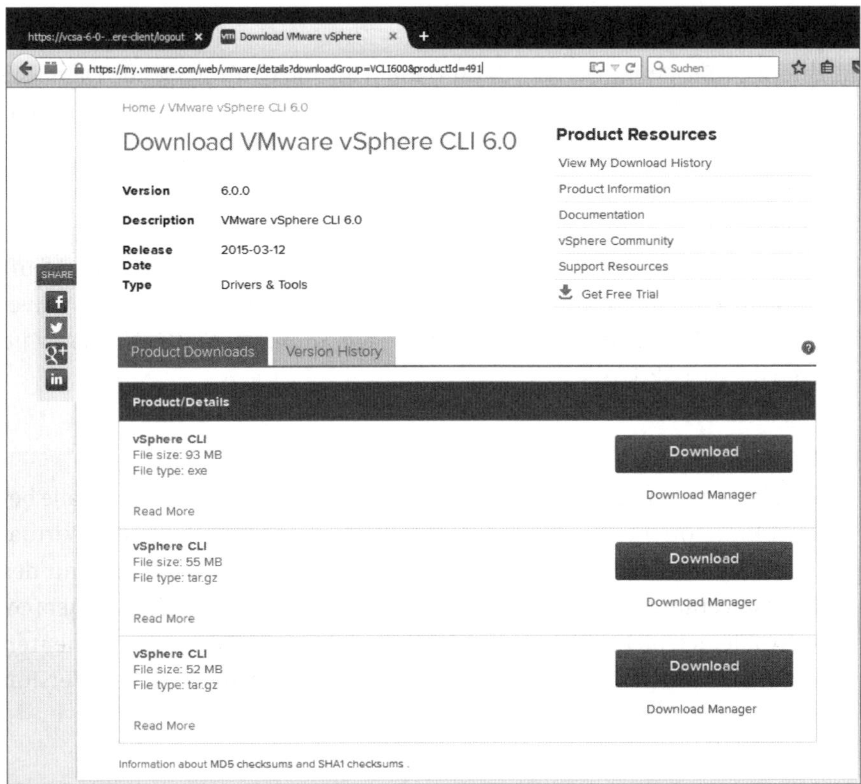

Abbildung 6.28 Download des vSphere CLI

Die Namen der vSphere-CLI-Befehle entsprechen den Namen der Befehle auf der früheren *Service Console*. Hierin sehen wir einen großen Vorteil: So müssen Sie sich, wenn Sie schon länger vSphere administrieren, für eine Funktion nicht unterschiedliche Befehle merken und können so auf einfachem Wege Ihre Arbeiten durchführen.

Installation unter Linux

Für eine Installation unter Linux müssen Sie zuerst prüfen, ob das Zielsystem eine 32-Bit- oder eine 64-Bit-Plattform ist. Laden Sie dann die entsprechende Version herunter.

Kopieren Sie die Datei *VMware-vSphere-CLI-6.0.0-2503617.i386.tar.gz* auf das gewünschte Linux-System in den Ordner */tmp*, und entpacken Sie sie mit:

```
tar xzvf VMware-vSphere-CLI-6.0.0-2503617.i386.tar.gz
```

Dadurch wird ein Verzeichnis *vmware-vsphere-cli-distrib* erstellt, in dem alle entpackten Dateien gespeichert werden. Die Installation wird mit `/tmp/vmware-vsphere-cli-distrib/vmware-install.pl` ausgeführt, wodurch alle Dateien laut Standardeinstellungen nach */usr/bin* kopiert werden. Eine Deinstallation führen Sie mit `/usr/bin/vmware-uninstall-vSphere-CLI.pl` durch.

Nach der erfolgreichen Installation finden sich viele `vicfg-` und `esxcfg-`Kommandos auf dem System wieder, die Ihnen nicht fremd sein sollten.

Arbeiten Sie mit einem 64-Bit-Linux-Derivat, dann wählen Sie die dafür passende Datei. Sie trägt den Namen *VMware-vSphere-CLI-6.0.0-2503617.x86_64.tar.gz*. Das Entpacken und Installieren erfolgt wie oben beschrieben.

Windows-Installation

Das Remote CLI für die Installation unter Windows ist eine normale Setup-Routine und läuft nach dem Start komplett selbstständig durch. Nach Fertigstellung befindet sich eine Active-Perl-Installation auf dem Endgerät. Im Verzeichnis *%Programfiles%\VMware\VMware vSphere CLI\bin* liegen die Perl-Skripte.

vSphere Management Assistant (vMA 6.0)

Eine weitere Alternative ist der Import der Management-Appliance von VMware, die alle benötigten vSphere-CLI-Komponenten inklusive Gastbetriebssystem enthält. Die Virtual Appliance importieren Sie idealerweise mit dem Web Client über das Kontextmenü des vCenter-Servers, des Datacenters, des Clusters oder des Hosts. Klicken Sie dafür auf DEPLOY OVF TEMPLATE. Die Appliance bietet den großen Vorteil, dass keine Client-Komponenten installiert werden müssen und so alle Administratoren immer mit der gleichen Version arbeiten!

6.14.2 Ausführen des vSphere CLI

Nach der Installation des vSphere CLI können Sie die mitgelieferten vSphere-Befehle ohne Probleme in der Kommandozeile ausführen. Für die Syntax der Befehle ist eine passende Hilfe in der Kommandozeile selbstverständlich enthalten.

Ausführen auf Linux-Systemen

Um auf einem Linux-System die Remote-CLI-Befehle auszuführen, müssen Sie als Erstes ein Command-Prompt öffnen. In diesem Fenster setzen Sie den gewünschten Befehl ab. Mit dem folgenden Kommando wird zum Beispiel ein Storage-vMotion-Vorgang durchgeführt:

```
svmotion --server <virtual_center_server> --username <user>
 --password <user_password> --help
```

Ausführen auf Windows-Systemen

Das Ausführen unter Windows ist ähnlich wie unter dem Betriebssystem Linux. Öffnen Sie auch hier ein Command-Prompt. Es ist nicht notwendig, in das Installationsverzeichnis des vSphere CLI zu wechseln, weil der Pfad in die entsprechende Environment-Variable aufgenommen wird.

Auch hier können Sie anschließend den gewünschten Befehl absetzen. Wie auch unter Linux nehmen wir dafür als Beispiel den Storage-vMotion-Befehl:

```
svmotion --server <virtual_center_server> --username <user>
 --password <user_password> --help
```

Ausführen auf der Virtual Appliance

Die Installation des *vSphere Management Assistant* (vMA) 6.0 haben wir bereits in Abschnitt 6.14.1, »Installation«, beschrieben. Zwei Optionen stehen Ihnen bei der Nutzung des vMA zur Verfügung: Entweder stellen Sie direkt eine Verbindung zu einem ESX/ESXi-Host her, oder Sie initiieren die Verbindung zu einem vCenter-Server. Bei einer Verbindung zu einem vCenter-Server ist es nicht mehr notwendig, sich zusätzlich mit den einzelnen Hosts zu verbinden. Diese Verbindungen sind über das vCenter automatisch vorhanden.

Auf der Appliance werden unterschiedliche Schnittstellen zur Verfügung gestellt. Tabelle 6.4 listet die Schnittstellen mit ihren Funktionen auf.

Schnittstelle	Typ	Kommando	Funktion
vifptarget		vifptarget	Festlegen des Default-Ziels

Tabelle 6.4 Schnittstellen des vMA 6.0

Schnittstelle	Typ	Kommando	Funktion
vifp	Administrative Interface	addserver	Hinzufügen eines Hosts oder vCenter-Servers
		listservers	Listet alle Target-Systeme auf.
		removeserver	Entfernen eines Hosts oder vCenter-Servers
		rotatepassword	Lebensdauer des Passworts für das gemanagte System (nicht für vCenter-Server)
		reconfigure	Anpassen der Authentifizierungsart
vmatargetlib	Library	enumerate_targets	Auflistung der mit dem vMA gemanagten Systeme
		Query_target	Anzeigen der Verbindungsinformationen zu den Ziel-Servern
		login	Verbindung zum Ziel-Server herstellen
		logout	Verbindung zum Ziel-Server unterbrechen

Tabelle 6.4 Schnittstellen des vMA 6.0 (Forts.)

Findet die Verbindung der Zielsysteme mit VI-FASTPASS statt, werden die Passwörter nicht verschlüsselt! VI-FASTPASS managt die Accounts für die Verbindung zwischen vMA und den Zielsystemen. So ist es nicht erforderlich, jedes Mal beim Absetzen eines Befehls die Accounting-Daten erneut einzugeben.

Ist alles eingerichtet, stehen Ihnen die Befehle des vSphere CLI und die vSphere-SDK-Perl-Skripte zur Verfügung.

6.15 VMware vSphere PowerCLI

Das *VMware vSphere PowerCLI* (im Folgenden auch *PowerCLI* genannt) setzt auf die *Microsoft Windows PowerShell* auf und ermöglicht eine sehr schnelle, einfache und unkomplizierte Administration der *VMware Virtual Infrastructure*.

Die Basis bildet wie erwähnt die PowerShell von Microsoft. Microsoft hat mit diesem Kommandozeilen-Tool, das Schnittstellen in viele bekannte Systeme (z. B. in das .NET Framework) bietet, eine übergreifende Shell programmiert, die sich an bereits bekannten Systemen orientiert. Das PowerCLI gliedert sich in diese Shell ein und stellt Ihnen eine große Anzahl von Befehlen zur Administration von vSphere-Umgebungen zur Verfügung.

Sie können das Tool im vSphere-Download-Bereich unter DRIVERS AND TOOLS herunterladen (siehe Abbildung 6.29).

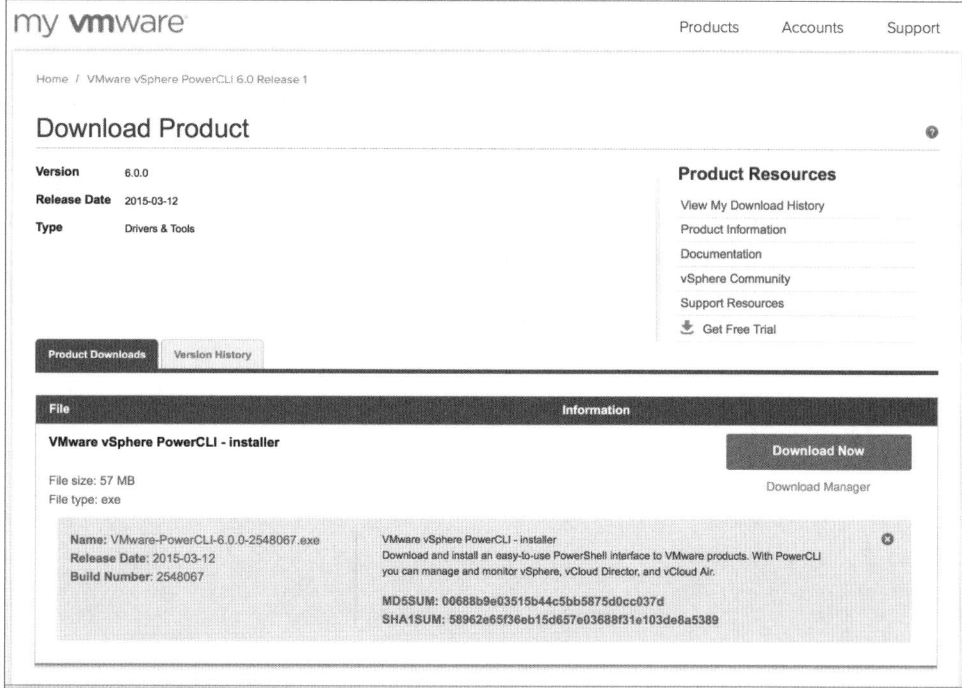

Abbildung 6.29 Download des PowerCLI

Die Installation ist ganz simpel. Ist sie abgeschlossen, sehen Sie zwei Icons auf dem Desktop. Über das eine starten Sie die 32-Bit-Version und über das andere die 64-Bit-Version der PowerCLI.

So reichen zum Teil nur wenige Zeichen Code, um Aufgaben in der virtuellen Infrastruktur abzuarbeiten.

Die erstellten Skripte können Sie an einzelnen oder mehreren Objekten gleichzeitig ausführen. Damit Sie ein Gefühl für die geringe Komplexität der Skripte bekommen, zeigen wir hier ein Beispielskript, das einen Rescan aller Host-Bus-Adapter der angewählten Hosts durchführt:

```
$_ | Get-VMHostStorage -RescanAllHBA
$_ | Get-VMHostStorage -Refresh
```

Mit etwas Einarbeitung ist es schnell möglich, komplexe Skripte zu erstellen, mit denen Sie als Administrator die Aufgaben erfüllen können, die Ihnen im Tagesgeschäft begegnen. Die Möglichkeiten, die sich Ihnen hier eröffnen, werden Ihnen sofort bewusst werden, wenn Sie sich Ihre täglichen administrativen Aufgaben anschauen. Allerdings ist es nicht jedermanns Sache, auf der Kommandozeile herumzuzaubern.

Welche Wichtigkeit die PowerShell-Schnittstelle für VMware hat und wie VMware diese Schnittstelle den Administratoren noch näherbringen möchte, zeigt die Software *Onyx*. Diese Software zeichnet Aktionen auf, die Sie im vCenter durchführen, und erzeugt im Anschluss daran ein lauffähiges PowerShell-Skript. Außerdem bestätigt sich die Wichtigkeit der PowerCLI, denn mit den neuen Versionen der PowerCLI werden immer mehr Funktionen integriert bzw. optimiert. Außerdem bestätigt sich die Wichtigkeit der PowerCLI, denn mit den neuen Versionen der PowerCLI werden immer mehr Funktionen integriert bzw. optimiert. Diese Funktionen betten sich tief in das PowerCLI ein und erweitern die Möglichkeiten dieser Managementschnittstelle um ein Vielfaches. So gibt es manche Funktionen, die nur über das PowerCLI abgebildet werden können.

Kapitel 7
Das Netzwerk in VMware vSphere

Aus welchen Elementen besteht die Netzwerkanbindung von vSphere?
In welcher Situation verwende ich welche Netzwerkdesigns?
Wie integriere ich vSphere in bestehende Netzwerkumgebungen?
Diese Fragen rund um das Netzwerk werden in diesem Kapitel behandelt.

Autor dieses Kapitels ist Urs Stephan Alder, KYBERNETIKA AG /d-on-d
usa@kybernetika.ch

Das Netzwerk spielt in jeder Server- oder Client-Virtualisierungslösung eine zentrale Rolle, findet darüber doch die Kommunikation zwischen den beteiligten Elementen im Netzwerk statt:

- vom *vSphere-Client* und *vCenter* zu den Virtualisierungs-Hosts
- Netzwerkverkehr zwischen den Virtualisierungs-Hosts untereinander
- Kommunikation zu und von den virtuellen Maschinen
- Zugriff vom Virtualisierungs-Host auf die IP-basierten Speichersysteme

Die Netzwerkanbindung kann von sehr einfach bis hochkomplex ausfallen – je nach der gewünschten Leistung und Integration in bestehende Netzwerkumgebungen.

7.1 Grundsätzliche Planungsaspekte

Es gibt sehr viele Aspekte, die bei der Planung für eine zukünftige Netzwerkimplementation berücksichtigt werden müssen. Der Planungsablauf stellt ein Wechselspiel zwischen vorhandener und zu beschaffender Technologie im Kontrast zu den Konfigurationsmöglichkeiten im Netzwerk-Stack von vSphere dar.

7.1.1 Gutes Netzwerkdesign

Das Netzwerkdesign unter vSphere sollte mehr beinhalten als »Ich kann den Host pingen – alles ist gut«. Designfehler können üble Folgen haben – bis hin zum gleichzeitigen Totalausfall aller VMs in einem Cluster, weil das Netzwerkdesign den Anforderungen von HA (*High Availability*) nicht genügte.

Was macht also ein gutes Design aus? Folgende Punkte sollten erfüllt sein:

- **Das Netzwerk ist robust gegenüber Ausfällen.**

  Hier ist insbesondere wichtig, dass das Design nicht an den Netzwerkschnittstellen des ESXi-Hosts aufhört. Die physische Netzwerkinfrastruktur muss mit einbezogen werden, und die Verteilung der physischen Netzwerkkarten auf die physischen Switches muss korrekt sein. Die physische Verteilung der Netzwerkkomponenten muss dann entsprechend auf den virtuellen Switches umgesetzt werden. Dies bedeutet, dass für die Uplinks an den virtuellen Switch auch die Netzwerkkarten verwendet werden, die jeweils mit einem anderen physischen Switch verbunden sind.

- **Das Netzwerk erfüllt die Leistungsanforderungen.**

  Alle I/O-Muster können auch zu Spitzenzeiten abgedeckt werden.

- **Die vorhandenen Ressourcen werden gut genutzt.**

  Dies bedeutet, dass die idealen Load-Balancing-Policys verwendet werden, sodass die I/O-Last auf den Netzwerkkarten gleichmäßig verteilt wird.

- **Die verschiedenen Verkehrsmuster – wie I/O der VMs, vSAN, vMotion, FT, iSCSI, NFS, HA-Heartbeat, Management-Verkehr – sind voneinander getrennt.**

  Wenn das nicht geht, weil nicht genügend Netzwerkkarten zur Verfügung stehen, sollten die Verkehrsmuster entweder vernünftig kombiniert oder mittels Active-Standby-Adaptern bzw. Network I/O-Control modelliert werden.

- **Sicherheitsaspekte werden berücksichtigt.**

  Verschiedene Netze müssen voneinander getrennt bleiben. Es ist zum Beispiel eine sehr schlechte Idee, das Benutzer-Netz mit dem iSCSI-Storage-Netz zu kombinieren. Falls ein Benutzer nämlich einmal der Netzwerkkarte seines Notebooks eine statische IP-Adresse zuweist, die mit derjenigen des iSCSI-Targets identisch ist, dann ist viel »Spaß« in der Infrastruktur garantiert.

7.1.2 1- und 10-Gigabit-LAN und die maximale Anzahl physischer NICs

In vSphere 6.0 werden folgende NICs (Netzwerkkarten) unterstützt: 1 GBit, 10 GBit und 40 GBit. Für welche Technologie Sie sich entscheiden, hat Einfluss auf das physische Server-Design, denn die Anzahl der maximal zugelassenen physischen Ports hängt von der Technologie ab. Bei 1 GBit liegt das Maximum – abhängig vom verwendeten Netzwerkkarten-Produkt – bei bis zu 32 Ports, bei 10 GBit sind es, je nach eingesetzter Netzwerkkarte, von 8 bis 16 physische Ports. Eine Kombination von beiden Adaptern ergibt 4× 1 GBit und bis zu 16× 10 GBit.

Diese Grenze können Sie in der Dokumentation *Configuration Maximums for VMware vSphere 6.0* nachschlagen:

https://www.vmware.com/pdf/vsphere6/r60/vsphere-60-configuration-maximums.pdf

Da sich diese Angaben bei neuen Versionen von vSphere ändern können, ist jeweils das passende Dokument zu der entsprechenden vSphere-Version zu verwenden.

Beachten Sie auch, dass neben den von VMware angegebenen Maxima auch solche vom Hersteller des Servers existieren können. Eine zu hohe Dichte von 10-GBit-NICs in bestimmten Server-Modellen kann problematisch sein, weil der I/O-Stack eines solchen Servers gar nicht fähig ist, diese große Datenmenge zu bewältigen. Es wird zu vielen Interrupts kommen, und der Server bricht in der Leistung ein.

7.1.3 1- und 10-GBit-Technologie versus Load-Balancing und Verkehrsmusterkontrolle

Außer auf die maximale Anzahl physischer Ports, die im Host verbaut werden können, hat die Verwendung von 1- oder 10-GBit-Technologie auch Einfluss auf die Nutzung der Load-Balancing-Policy.

Bei 1 GBit geht es eigentlich immer darum, den »Kanal« zu vergrößern und über ein entsprechendes Team-Konstrukt ein möglichst ideales Load-Balancing zu erreichen.

Wird 10-GBit-Technologie verwendet, so steht weniger der Load-Balancing-Mechanismus im Vordergrund, sondern verschiedene Verkehrsmuster müssen in dem »breiten Kanal« ideal getrimmt werden. Verkehrsmuster auf einem Kanal zu trimmen bedeutet zwingend die Verwendung eines *vNetwork Distributed vSwitch* (vDS), da der *vNetwork Standard vSwitch* (vSS) eine Möglichkeit für *Network I/O Control* bietet.

7.1.4 Wie viel Bandbreite benötige ich in der Praxis wirklich?

Bandbreiten- und designtechnisch gesehen ist die 10-GBit-Technologie sicher die erste Wahl, weil sie einfach die flexibelsten Möglichkeiten bietet. Informatiklösungen werden meist durch das Budget begrenzt, und nicht allen IT-Betreibern stehen die Mittel für 10-GBit-Backbones zur Verfügung.

Für die Praxis kann sicher gesagt werden: Mit 1 GBit – zusammen mit einem intelligenten Design – kommt man sehr weit. Für heutige Server mit 2 CPUs genügt mehrfaches 1 GBit im Aggregat vollkommen. 4-CPU-Server geraten mit 1-GBit-Aggregaten an eine Leistungsgrenze. Bei Blade-Systemen mit vollen Chassis und Blades, die prall gefüllt mit RAM sind, ist 10 GBit ein Muss, um die I/O-Leistung der vielen Server im Blade-Chassis optimal nutzen zu können. In Bezug auf die Storage-Anbindung ist mehrfaches 1 GBit im Entry-Level-Bereich unproblematisch und reicht vollauf. Sobald eine Stufe höher geschaltet wird, ist 10 GBit zu bevorzugen oder sogar ein Muss.

40 GBit wäre dann die höchste Bandbreite, die zurzeit unterstützt wird.

7.1.5 VLANs oder keine VLANs?

ESXi kann mit oder ohne VLANs betrieben werden. Selbstverständlich ist auch ein Mischbetrieb möglich. Keine VLANs zu verwenden führt bei mehreren Netzwerksegmenten dazu, dass diese Segmente physisch ab dem ESXi erschlossen werden müssen. Eine hohe Anzahl an physischen Ports im ESXi-Host ist die Folge (siehe Abbildung 7.1).

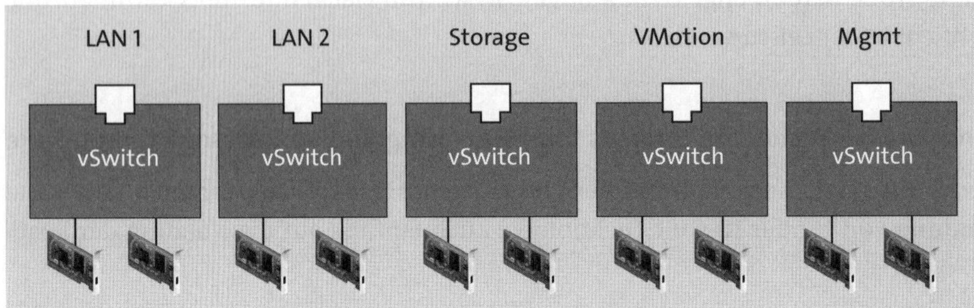

Abbildung 7.1 Fünf Segmente, ohne VLAN, redundant

Ein Beispiel

Anforderung: Es sollen fünf Segmente gebildet werden. VLANs werden nicht eingesetzt. Es ist ferner erforderlich, dass Redundanz vorhanden ist.

Das bedeutet, dass mit physischen Netzwerkkabeln eine Verbindung zu jedem einzelnen Segment hergestellt werden muss. Für jedes Segment muss ein virtueller Switch gebildet werden. Damit die Redundanz gewährleistet ist, müssen zwei physische Netzwerkkarten an einem virtuellen Switch vorhanden sein. Da eine Netzwerkkarte nur einem virtuellen Switch zugeordnet werden kann, führt dies zu einer Anzahl von 10 physischen Netzwerkkarten.

Werden VLANs verwendet und wird alles auf einen vSwitch konsolidiert, so können massiv physische Netzwerkkarten, Kabelverbindungen und Switch-Ports und letztendlich auch Kosten eingespart werden. Das Beispiel aus Abbildung 7.2 zeigt, dass es möglich ist, 60 % der Netzwerkkarten einzusparen und trotzdem praktisch dieselbe Qualität der Netzwerkanbindung zu erreichen.

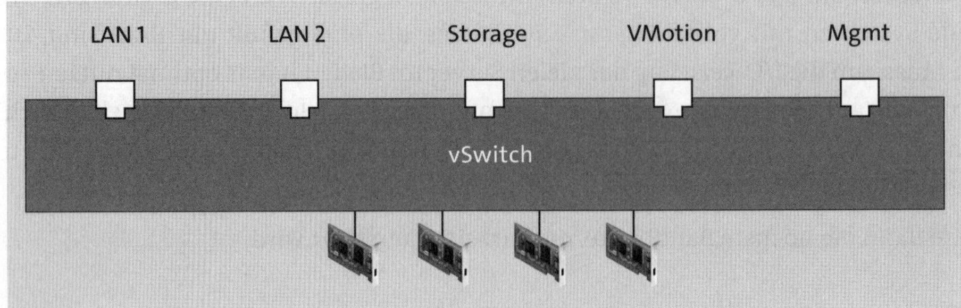

Abbildung 7.2 Fünf Segmente, mit VLAN, mehrfach redundant

7.1.6 Physische Switches können die Load-Balancing-Policy beeinflussen

Um ein voll redundantes Design zu erhalten, müssen die Netzwerkkarten in einem Host auf mindestens zwei physische Switches verteilt werden. Die verwendeten Switch-Komponenten im LAN haben einen Einfluss darauf, welche Load-Balancing-Policy in vSphere verwendet wird. Die Load-Balancing-Policy *IP-Hash* bedingt, dass die physischen Switch-Komponenten einen *Etherchannel*, statisches LACP (und dynamisches LACP bei vDS) oder eine Link-Aggregation nach IEEE 802.3ad bilden. Damit ergibt sich die zentrale Frage: Kann ich mit den eingesetzten Switches einen Channel über die Switch-Ports von mehreren Switches erzeugen (siehe Abbildung 7.3)?

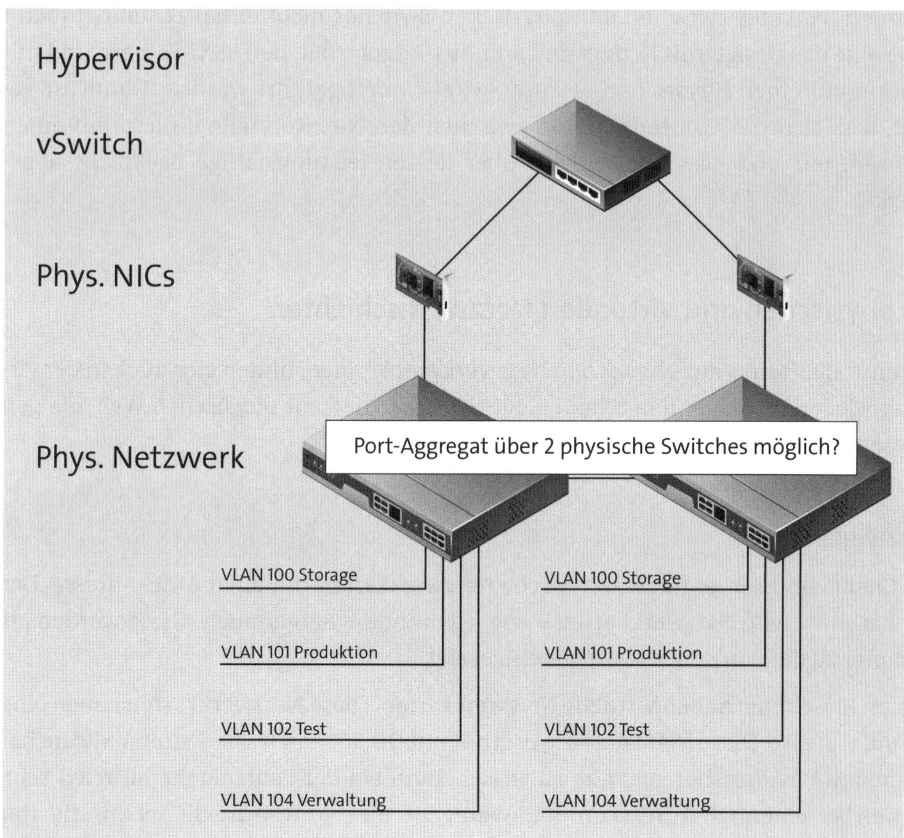

Abbildung 7.3 Ist ein Channel über mehrere Switches möglich?

Nur wenn Sie diese Frage mit Ja beantworten können, kann die Load-Balancing-Policy *IP-Hash* verwendet werden. Selbstverständlich können in diesem Fall auch alle anderen Policys auf diesen Switches verwendet werden, ohne dass ein Aggregat auf diesem physischen Switch konfiguriert wird.

Lautet die Antwort Nein, so können alle Policys außer *IP-Hash* verwendet werden.

7.1.7 Links zwischen den physischen Switches

Ein Aspekt, dem unbedingt Rechnung getragen werden sollte, sind die Verbindungen von physischen Switches untereinander. Es nützt nichts, wenn Sie Ihr ESXi-Netzwerkdesign nach Best Practice durchgeführt haben, aber die Kommunikation von einem ESXi-Server zu einem anderen ESXi-Server, die jeweils mit verschiedenen physischen Switches verbunden sind, über einen 1-GBit-Link zwischen den physischen Switches stattfindet.

Verbindungen zwischen physischen Switches sind so auszulegen, dass der Verkehr zwischen physischen Switches nicht als Begrenzer wirkt! Im extremsten Fall muss solch ein Link mehrfaches vMotion, Storage-Zugriff, Fault Tolerance, VM- und vSAN-Netzwerkverkehr verdauen. Können die Links zwischen den physischen Switches nicht entsprechend gestaltet werden, so sollte das Design mit Active- und Standby-Adaptern in den ESXi-Servern und mit Konzentration auf einen physischen »Haupt-Switch« durchgeführt werden. Damit ist gewährleistet, dass sich die Kommunikation zwischen den Netzwerkteilnehmern auf einen Switch konzentriert und dass der Verkehr über dessen leistungsfähige Backplane abgewickelt wird.

7.2 Die physischen und virtuellen Netzwerkschichten

Viele Elemente, die Sie aus der physischen Netzwerkwelt kennen, finden sich auch in der virtuellen Welt wieder. Im Folgenden arbeiten wir mit Analogien zur physischen Welt, die den meisten Lesern bestens vertraut sein dürften.

7.2.1 Netzwerkkarten

Physische Clients und Server haben physische Netzwerkkarten mit einer MAC-Adresse. Der ESXi-Host hat physische Netzwerkkarten – wie jeder andere Server auch. Diese werden als Uplink-Adapter zu den virtuellen Switches eingesetzt.

Die virtuellen Maschinen haben virtuelle Netzwerkkarten. Diese Netzwerkkarten haben eine virtuelle MAC-Adresse. Diese MAC-Adresse beginnt mit 00:50:56:. Das bedeutet, VMware hat einen eigenen MAC-Adressbereich. Das zu wissen kann bei der Fehlersuche hilfreich sein, zum Beispiel bei einem IP-Adresskonflikt: Wenn Sie eine MAC-Adresse sehen, die mit 00:50:56: beginnt, dann wissen Sie jetzt, dass es sich um einen VMware-Netzwerkadapter von einer VM oder von einem VMkernel handelt.

Die MAC-Adresse für eine virtuelle Netzwerkkarte kann automatisch oder statisch konfiguriert werden. Die MAC-Adressen zu den einzelnen virtuellen Netzwerkadaptern werden in der Konfigurationsdatei (*.vmx*) der virtuellen Maschine gespeichert.

7.2.2 Switches

In der physischen Welt gibt es den physischen Switch, und demzufolge existiert in der virtuellen Welt der virtuelle Switch. In der Tat sind die virtuellen Switches physischen Layer-2-Switches nachgebildet. Die virtuellen Switches haben aber nicht alle Eigenschaften von physischen Switches. Zum Beispiel sind virtuelle Switches nicht STP-fähig (STP – *Spanning Tree Protocol*).

7.2.3 Port

Ein physischer Switch hat physische Anschlüsse, die auch *Ports* genannt werden. Je nach Switch-Modell existiert eine bestimmte Menge an physischen Anschlüssen. Wenn Ihr Switch zum Beispiel 48 physische RJ45-Ports hat, so können Sie 48 Netzwerkkarten von Servern oder Clients über Netzwerkkabel mit ihnen verbinden.

Ein virtueller Switch hat ebenfalls eine bestimmte Menge an Ports, analog zu einem physischen Switch. Je nach Typ und Einstellungen des virtuellen Switchs kann die Menge an Ports beim vNetwork Standard Switch bis zu 4096 betragen und beim vNetwork Distributed Switch bis zu 60.000.

7.2.4 Port Group

In den physischen Switches gibt es je nach Modell unterschiedliche Module bzw. Steckverbinder für verschiedene Anwendungsgebiete. Zum Beispiel gibt es 10-GBit-CX4-Module für das Stacking von Switches oder Private-Ports, die mit GBICs bestückt werden können, um längere Distanzen mittels LWL überbrücken zu können. Kurz gesagt: Für verschiedene Anwendungszwecke gibt es verschiedene Module.

In der virtuellen Welt gibt es zwei unterschiedliche »Module«, sogenannte *Port Groups* (Port-Gruppen). Diese dienen zum Anschluss von virtuellen Maschinen und/oder dazu, um dem Hypervisor den Netzwerkzugang über TCP/IP zu ermöglichen.

Die Aufteilung der Schichten ist in Abbildung 7.4 dargestellt.

Wenn Sie in Abbildung 7.4 die Verbindungen von den VMs zu den virtuellen Switches und von diesen zu den physischen Netzwerkkarten etwas genauer betrachten, so fällt auf, dass die Ausprägung sehr unterschiedlich sein kann. Da gibt es:

- VMs an virtuellen Switches mit einer Netzwerkkarte
- VMs an virtuellen Switches mit zwei Netzwerkkarten
- VMs an virtuellen Switches ohne Netzwerkkarten

Im Folgenden sehen wir uns diese Möglichkeiten etwas genauer an.

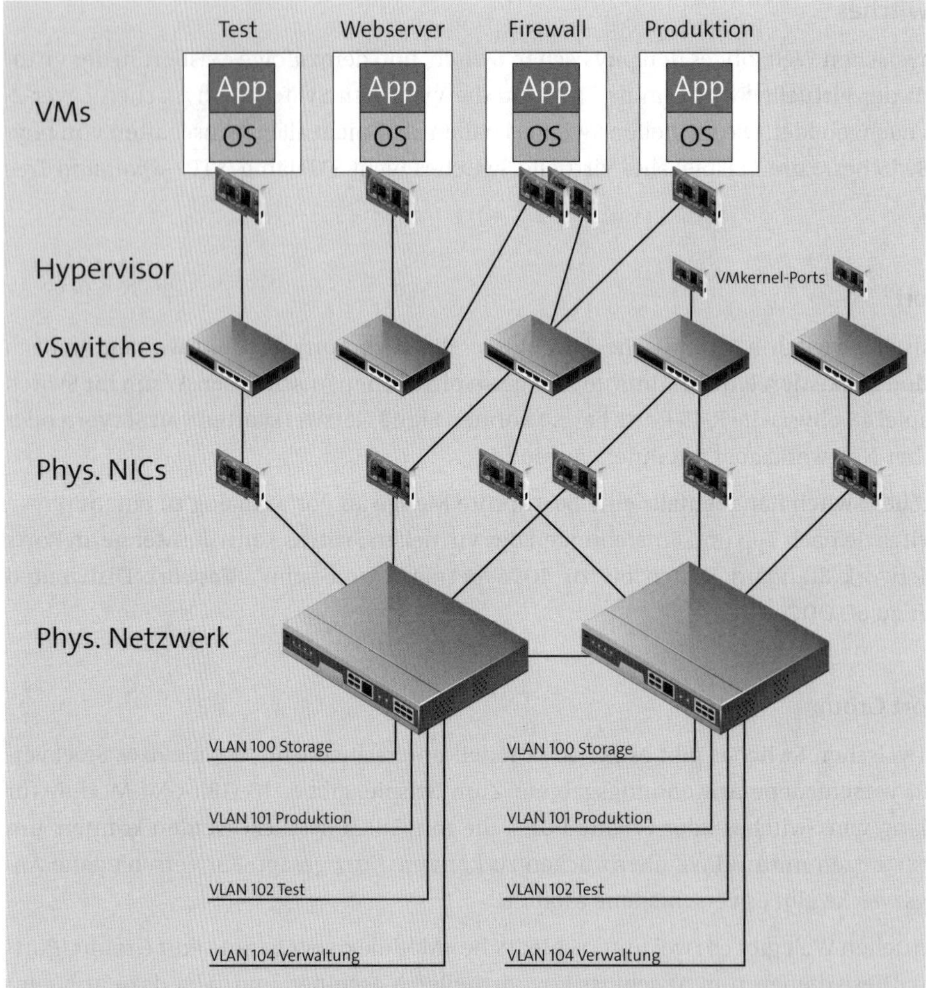

Abbildung 7.4 Die Schichten im virtuellen und physischen Netzwerk

VMs an virtuellen Switches mit einer Netzwerkkarte

Diese VMs können in das physische Netzwerk kommunizieren, besitzen aber keine Redundanz. Sind VMs an demselben virtuellen Switch angeschlossen, so kommunizieren sie direkt über diesen Switch miteinander, ohne das physische Netzwerk zu benutzen.

VMs an virtuellen Switches mit zwei Netzwerkkarten

Diese VMs können in das physische Netzwerk kommunizieren, besitzen aber Redundanz und automatische Lastverteilung (*Load Balancing*). Sind VMs an demselben virtuellen Switch angeschlossen, so kommunizieren sie direkt über diesen Switch miteinander, ohne das physische Netzwerk zu benutzen.

VMs an virtuellen Switches ohne Netzwerkkarten

Diese VMs können nicht direkt in das physische Netzwerk kommunizieren. Sind VMs an demselben virtuellen Switch angeschlossen, so kommunizieren sie direkt über diesen Switch miteinander.

In Abbildung 7.4 sehen Sie, dass die Webserver-VM an solch einen virtuellen Switch angeschlossen ist. Sie kann nicht direkt in das physische Netzwerk kommunizieren. Eine Kommunikation in das physische Netzwerk ist nur über die Firewall-VM möglich.

Ist eine VM an solch einen Switch mit einer aktiven Verbindung angeschlossen, so kann sie mittels vMotion nicht auf einen anderen ESXi-Host bewegt werden.

7.3 Die physischen Netzwerkkarten im Host

Innerhalb des ESXi-Servers gibt es zwei Typen von virtuellen Switches:

1. den *vNetwork Standard Switch* (vSS, vSwitch)
2. den *vNetwork Distributed Switch* (vDS, dvSwitch)

Beide Arten der vSwitch-Typen benötigen als Uplinks physische Netzwerkkarten im Server. Diese Netzwerkkarten werden als *vmnic#* angezeigt. Die Nummerierung fängt bei 0 an. Somit ist die erste Netzwerkkarte die *vmnic0*, die nächste *vmnic1* etc. Die vergebene *vmnic*-Nummer hängt von der PCI-Nummer der physischen Netzwerkkarte ab. Das bedeutet für Standard-Server, dass On-Board-Netzwerkkarten zuerst kommen. Danach folgen die in einen PCI-Bus gesteckten Netzwerkkarten. Je niedriger die PCI-Nummer in der Reihenfolge bei mehreren Netzwerkkarten ist, desto niedriger ist die *vmnic*-Nummer. Bei der Nummerierung ist es egal, ob es sich um 1-GBit- oder 10-GBit-Adapter handelt. Bei Blade-Systemen, die synthetische Netzwerkadapter verwenden, kann die Nummerierung eingestellt werden.

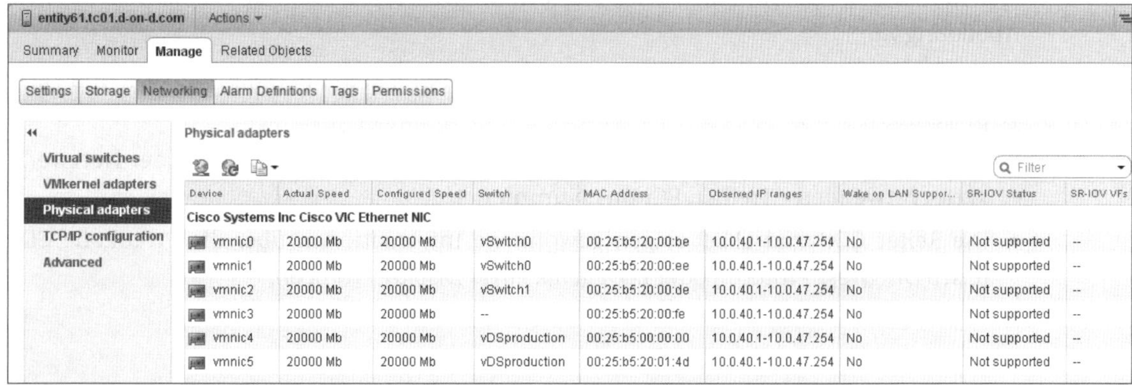

Abbildung 7.5 Die physischen NICs im Server

Wie Sie in Abbildung 7.5 sehen können, sind nebst dieser *vmnic*-Nummerierung, die Sie in der Spalte DEVICE finden, diverse andere Informationen vorhanden:

- In der Spalte ACTUAL SPEED sind der Verbindungsstatus und die Geschwindigkeit der Karte sichtbar.
- Die Spalte CONFIGURED SPEED zeigt, ob die Netzwerkkarte die Verbindungsgeschwindigkeit aushandelt oder ob diese fix eingestellt ist.
- Die Spalte SWITCH zeigt an, ob die Netzwerkkarte an einem – sowie an welchem – vSwitch-Typ verwendet wird.
- Die Spalte MAC ADDRESS zeigt die MAC-Adresse des physischen Netzwerkadapters an.
- In der Spalte OBSERVED IP RANGES sehen Sie das Netzwerksegment, das die Karte wahrnimmt. Dieses wahrgenommene Netzwerk wird durch sogenanntes *Snooping* erkannt. Dabei werden die IP-Adressen im Segment ausgewertet und die IP-Range ermittelt.

  Diese Angaben können als Hilfsmittel verwendet werden, um die korrekte Netzwerkkarte als Uplink einem vSS (*vNetwork Standard Switch*) oder vDS (*vNetwork Distributed Switch*) zuzuordnen.
- Die Spalte WAKE ON LAN SUPPORTED zeigt, ob die betreffende Netzwerkkarte *Wake on LAN Support* (WOL) besitzt oder nicht. Diese Information ist für DPM (*Distributed Power Management*) wichtig, falls die Server aus dem Standby-Modus mittels WOL eingeschaltet werden sollen.
- Die Spalte SR-IOV STATUS zeigt an, ob SR-IOV (*Single-root I/O Virtualization*) unterstützt wird oder nicht.
- Die Spalte NUMBER OF VFs gibt Informationen über individuelle virtuelle Funktionen, die mit SRO-IV freigeschaltet wurden.

Wenn Sie eine *vmnic* anklicken und damit markieren, haben Sie die Möglichkeit für die betreffende Netzwerkkarte noch weitere Informationen bzw. Funktionen einzusehen (siehe Abbildung 7.6).

- Unter ALL wird Ihnen eine Zusammenfassung der drei Reiter PROPERTIES, CDP und LLDP präsentiert.
- Der Reiter PROPERTIES enthält Informationen wie Hersteller und Name der Netzwerkkarte, verwendeter Treiber, PCI-Bus-Nummer etc.
- Die Reiter CDP und LLDP zeigen gewonnene Informationen über die Protokolle CDP (*Cisco Discovery Protocol*) oder LLDP (*Link Layer Display Protocol*).

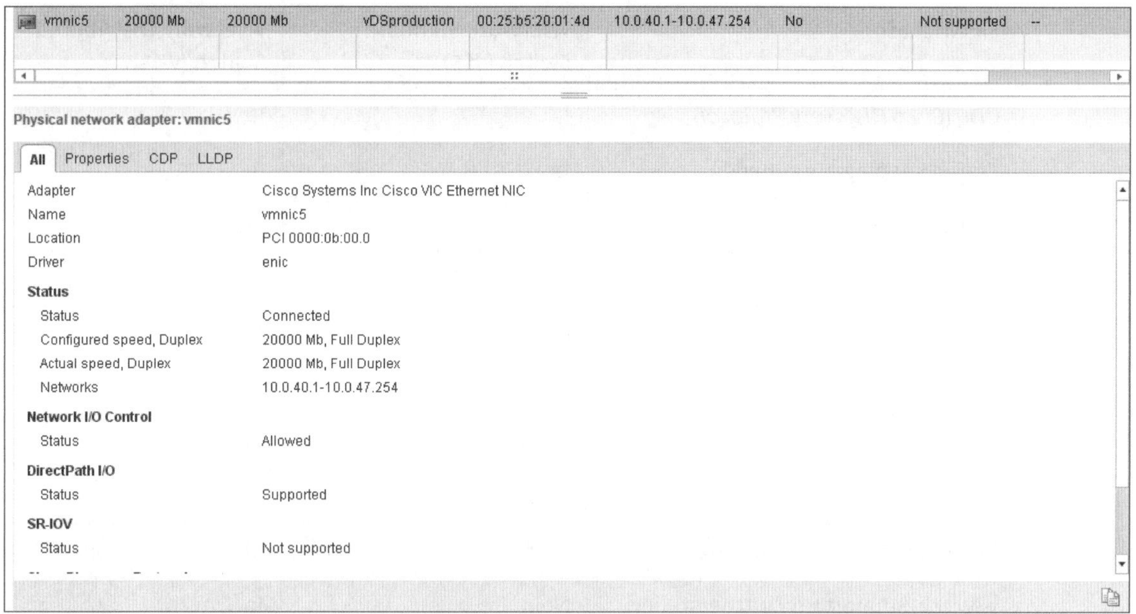

Abbildung 7.6 Weitere Details einer Netzwerkkarte

7.4 vSS und vDS – eine Gegenüberstellung

Wie schon erwähnt wurde, gibt es bei den beiden vSwitch-Typen vSS und vDS Gemeinsamkeiten, aber auch starke Differenzen im Konzept. Dieser Abschnitt stellt zuerst die Eigenschaften der zwei vSwitch-Konzepte einander gegenüber.

Danach folgt ein Vergleich der gemeinsamen Eigenschaften. Auf die spezifischen Eigenschaften gehen wir in Abschnitt 7.5, »Arbeiten mit dem vNetwork Standard Switch (vSS)«, und Abschnitt 7.6, »Arbeiten mit dem vNetwork Distributed Switch (vDS)«, ein.

7.4.1 Die Eigenschaften der vSwitch-Typen im Überblick

Tabelle 7.1 veranschaulicht die Fähigkeiten der beiden vSwitch-Typen.

Eigenschaft	vNetwork Standard Switch (vSS)	vNetwork Distributed Switch (vDS)
Layer-2-Switch	Ja	Ja
VLAN 802.1q	Ja	Ja
NIC Teaming	Ja	Ja

Tabelle 7.1 Eigenschaften des Standard vSwitch und des Distributed vSwitch

Eigenschaft	vNetwork Standard Switch (vSS)	vNetwork Distributed Switch (vDS)
CDP (*Cisco Discovery Protocol*)	Ja	Ja
Traffic Shaping ausgehend	Ja	Ja
Traffic Shaping eingehend	Nein	Ja
Net Flow	Nein	Ja
LLDP (*Link Layer Discovery Protocol*)	Nein	Ja
Port Mirroring	Nein	Ja
Enterprise Level Management	Nein	Ja
PVLAN	Nein	Ja
Blocken von individuellen Ports	Nein	Ja
vSwitch-Support für Dritthersteller	Nein	Ja
Network I/O Control	Nein	Ja
Port Mirroring	Nein	Ja
Verwaltung durch vCenter	Nein	Ja
Traffic-Filter	Nein	Ja
SR-IOV	Nein	Ja
LACP/LAG	Nein	Ja

Tabelle 7.1 Eigenschaften des Standard vSwitch und des Distributed vSwitch (Forts.)

Wie man unschwer erkennen kann, bietet der *vNetwork Distributed Switch* einiges mehr an Möglichkeiten als der *vNetwork Standard Switch*.

Hinweis

Auch wenn in Tabelle 7.1 bei den beiden verschiedenen vSwitch-Typen in den Eigenschaften ein »Ja« eingetragen ist, so kann es immer noch leicht unterschiedliche Möglichkeiten innerhalb dieser Einstellungen geben. Als Beispiel seien hier die Einstellungsmöglichkeiten bei VLANs und Ports genannt.

7.4.2 Die beiden vSwitch-Typen

Innerhalb des ESXi-Servers gibt es – wie in Abschnitt 7.3 schon erwähnt – zwei Typen von virtuellen Switches:

- den *vNetwork Standard Switch* (vSS, vSwitch)
- den *vNetwork Distributed Switch* (vDS, dvSwitch)

Wir werden in den folgenden Kapiteln primär folgende Begriffe verwenden, damit eine einheitliche Begrifflichkeit existiert:

- vNetwork Standard Switch: *vSS*
- vNetwork Distributed Switch: *vDS*
- Sind der vNetwork Standard Switch und der vNetwork Distributed Switch zusammen gemeint, sprechen wir von *vSwitch-Typ(en)*.

Die vSwitch-Typen bilden einen Layer-2-Ethernet-Switch ab (OSI-Modell: Layer 2), ohne jedoch alle Eigenschaften eines physischen Layer-2-Switchs zu besitzen. Als Beispiel sei hier STP (*Spanning Tree Protocol*) aufgeführt: Physische Layer-2-Switches beherrschen STP, in den vSwitch-Typen ist STP jedoch nicht implementiert.

Beide vSwitch-Typen stellen ein Verbindungselement dar, das auf der einen Seite sogenannte *Port Groups* (Port-Gruppen) und auf der anderen Seite physische Netzwerkadapter innerhalb des Hosts verwendet. Diese physischen Netzwerkadapter werden als *vmnic#* bezeichnet.

Es gibt zwei Typen von Port Groups:

- **Virtual Machine Port Group:** Diese Port-Gruppe wird verwendet, um virtuelle Maschinen mit einem der vSwitch-Typen zu verbinden, damit die VM über sie eine Netzwerkverbindung erhält.
- **VMkernel Port Group:** Diese Port-Gruppe ermöglicht es dem ESXi-Kernel/Hypervisor, über TCP/IP im Netzwerk zu kommunizieren.

Die TCP/IP-Kommunikation des Kernels/Hypervisors ist für folgende Kommunikationsbeziehungen des Hosts nötig:

- vom *vSphere Client* zum Host
- vom *vCenter Server* zum Host
- vom Host zu IP-basierten Speichersystemen
- zwischen den Hosts für vMotion-Traffic, Provisioning-Traffic, Fault-Tolerance-Logging, Management-Traffic, vSphere-Replication-Traffic, vSphere-Replication-NFC-Traffic und Virtual-SAN-Traffic.

Die beiden Switch-Typen weisen auf den ersten Blick viele gemeinsame Merkmale auf. Bei näherer Betrachtung ergeben sich dann aber doch signifikante Unterschiede. Während der vSS schon seit der VMware-ESX-Version 3.0 existiert, wurde der vDS mit der VMware-ESX-

Version 4.0 eingeführt. Der vDS erfuhr jeweils Erweiterungen mit den vSphere-Versionen 4.1, 5.0, 5.1, 5.5 und 6.0. Der vDS ist definitiv das modernere Konzept und bietet mehr Flexibilität. VMware implementiert neue Netzwerk-Features primär in den vDS. Damit der vDS verwendet werden kann, wird die größte vSphere-Edition, *Enterprise Plus*, benötigt.

Die folgenden Screenshots (Abbildung 7.7 und Abbildung 7.8) zeigen die Elemente für vNetwork Standard- (vSS) und vNetwork Distributed Switches (vDS).

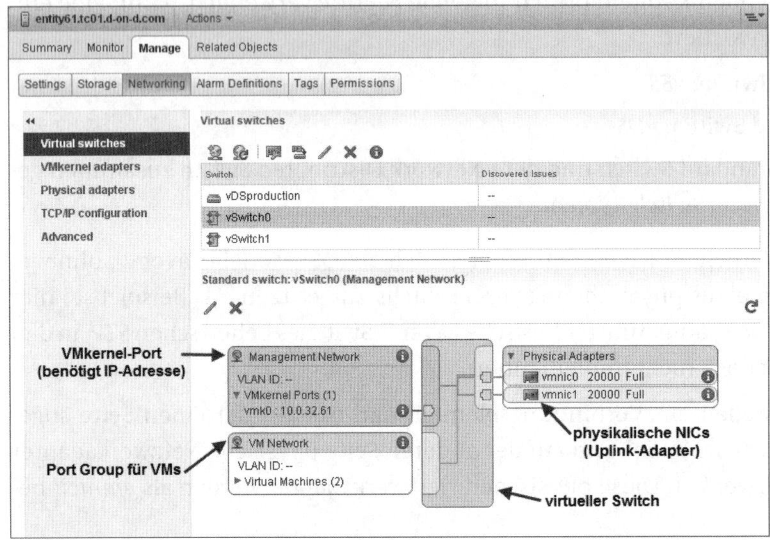

Abbildung 7.7 vSS – vNetwork Standard Switch

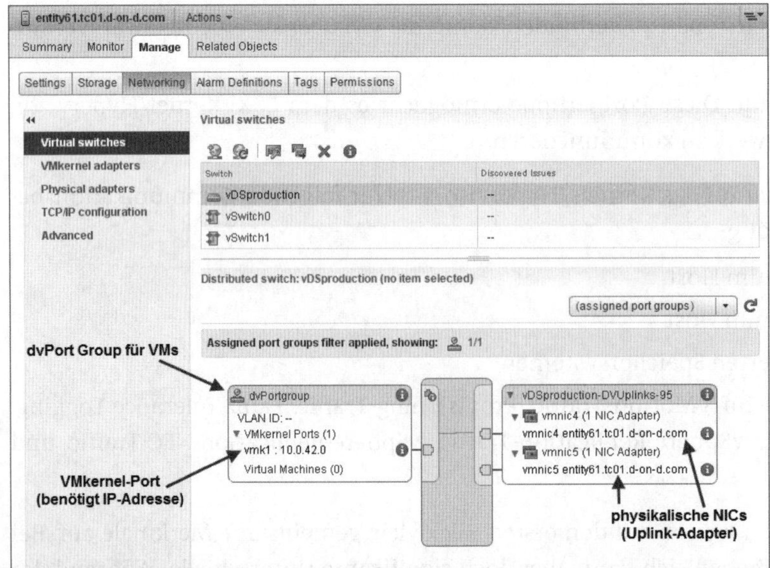

Abbildung 7.8 vDS – vNetwork Distributed Switch (aus der Sicht des Hosts)

7.4.3 Der Switch-Teil bei vSS und vDS

In Abbildung 7.7 und Abbildung 7.8 ist der Switch-Teil als grauer Kasten in der Mitte dargestellt. Links von ihm stehen die Port Groups, rechts sind die Uplink-Adapter zu sehen. Dieses Konzept ist bei beiden vSwitch-Typen aus Sicht des Hosts dasselbe.

Die Einstellungsmöglichkeiten und Eigenschaften der beiden vSwitch-Typen sind – bezogen auf den reinen Switch-Teil – recht unterschiedlich. Tabelle 7.2 listet die Möglichkeiten auf. Festzuhalten ist, dass Sie für den vDS die wenigsten Einstellungen direkt auf dem ESXi-Host vornehmen können. Die meisten Konfigurationen müssen über das *vCenter* vorgenommen werden.

Einstellungen vornehmen	vSS auf dem Host	vDS auf dem Host	vDS im vCenter
Anzahl der Ports einstellen	Ja	Ja	Nein
MTU-Größe	Ja	Nein	Ja
CDP bearbeiten	Ja (CLI)	Nein	Ja
LLDP bearbeiten	Nein	Nein	Ja
Layer-2-Security-Policys	Ja	Nein	Nein
Traffic Shaping Outbound	Ja	Nein	Nein
NIC Teaming	Ja	Nein	Nein
Uplink-Adapter bearbeiten	Ja (alles)	Ja (alles)	Ja (Link)
VMKernel bearbeiten	Ja	Ja	Ja
Port Group bearbeiten	Ja	Nein	Ja
NetFlow bearbeiten	Nein	Nein	Ja
Port Mirroring bearbeiten	Nein	Nein	Ja

Tabelle 7.2 vSS- und vDS-Einstellungsmöglichkeiten auf Switch-Ebene

7.4.4 Port Groups bei vSS und vDS

Bei den Port-Group-Einstellungen sind die Einstellungen für vSS und vDS möglich, die Sie in Tabelle 7.3 sehen. Auch hier ist deutlich zu erkennen, dass die meisten Einstellungen für den vDS ausschließlich über das vCenter erfolgen müssen.

Einstellungen vornehmen	vSS auf dem Host	vDS auf dem Host	vDS im vCenter
Anzahl der Ports einstellen	Ja	Nein	Ja
Layer-2-Security-Policys	Ja	Nein	Ja
Traffic Shaping Inbound	Nein	Nein	Ja
Traffic Shaping Outbound	Ja	Nein	Nein
VLAN	Ja	Nein	Ja
NIC Teaming	Ja	Nein	Ja
Ressource Allocation	Nein	Nein	Ja
Monitoring	Nein	Nein	Ja
VMKernel bearbeiten	Ja	Ja	Ja
Port Group bearbeiten	Ja	Nein	Ja
Alle Ports blocken	na	Nein	Ja

Tabelle 7.3 vSS- und vDS-Einstellmöglichkeiten auf Port-Group-Ebene

Ebenfalls fällt auf, dass diverse Einstellungen, die beim vSS auf Switch-Ebene erfolgen, bei dem vDS in die Port-Group-Ebene verschoben wurden. Beispiele sind die Layer-2-Security-Policys, das NIC-Teaming und das Traffic Shaping.

7.4.5 Ports bei vSS und vDS

Die Einstellung für die Anzahl der Ports ist beim vSS sehr begrenzt und könnte nur über den vSphere-Client vorgenommen werden. Dies ist jedoch nicht wirklich nötig, da die Voreinstellung auf *Elastic* eingestellt ist, was eine automatische Erhöhung der Ports, wenn benötigt, zur Folge hat.

Bei vNetwork Distributed Switches ist die Einstellung auf den Port Groups vorzunehmen, und hier gibt es drei Auswahlmöglichkeiten.

Weil diese beiden Ansätze völlig voneinander abweichen, sind die Details dazu in den entsprechenden Abschnitten der vSwitch-Typen hinterlegt. Dies sind für den:

- vSS → Abschnitt 7.5
- vDS → Abschnitt 7.6

7.4.6 Die Layer-2-Security-Policys

Die Security-Policys auf Layer 2 sind bei beiden Switch-Typen identisch. Es gibt drei Einstellungen (siehe Abbildung 7.9):

1. Promsicuous mode
2. MAC address changes
3. Forged transmits

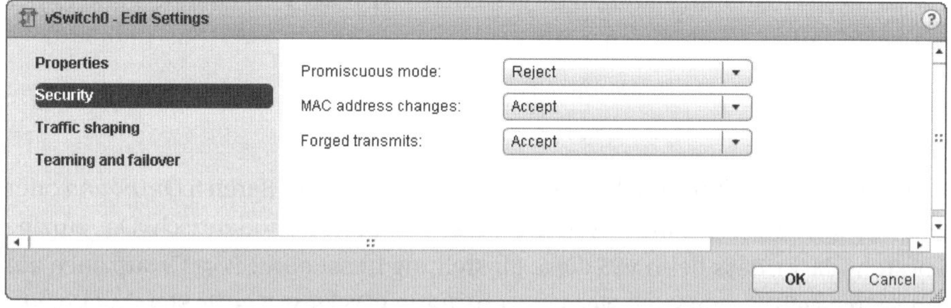

Abbildung 7.9 vSS-Konfiguration – »Security« (Switch und Port Groups sind identisch.)

Die Security-Einstellungsmöglichkeiten sind auf dem vSS und vDS absolut identisch. Einzig in den Voreinstellungen sind sie unterschiedlich. Auf dem vSS steht eine Einstellung auf Reject und die beiden andern auf Accept. Beim vDS sind alle auf Reject eingestellt. Die Policys beziehen sich auf den Ethernet-Stack (Layer 2). Sie können auf Reject oder Accept eingestellt werden. Wir sehen sie uns im Folgenden etwas genauer an.

Promiscuous Mode

Dieser Modus ist standardmäßig auf Reject eingestellt. Im *Promiscuous Mode* ist es möglich, den gesamten Netzwerkverkehr auf dem betreffenden vSS oder vDS an eine entsprechend eingestellte Port Group zu leiten. Diese Funktion wird für das *Sniffing* mit Paket-Analyse-Software innerhalb einer VM benötigt. Eine andere Anwendung ist die Verwendung eines IDS (*Intrusion Detection System*) innerhalb einer VM.

MAC Address Changes

Dieser Modus ist beim vSS standardmäßig auf Accept und beim vDS auf Reject eingestellt. Wenn innerhalb des Betriebssystems in der VM die MAC-Adresse verändert wurde, so wird dies je nach Konfiguration akzeptiert oder verworfen. Mit Accept kann die VM normal in das Netzwerk kommunizieren. Wird diese Einstellung auf Reject gestellt, so wird der eingehende Verkehr der nicht originalen MAC-Adresse verworfen.

Die MAC-Adresse einer virtuellen Netzwerkkarte ist in der Konfigurationsdatei *.vmx* hinterlegt. Somit weiß der ESXi-Host, welches die originale und somit gültige MAC-Adresse ist.

Forged Transmits

Dieser Modus ist beim vSS standardmäßig auf ACCEPT und beim vDS auf REJECT eingestellt. Wenn innerhalb des Betriebssystems in der VM die MAC-Adresse verändert wurde, so wird dies mit der Einstellung ACCEPT akzeptiert und die VM kann normal in das Netzwerk kommunizieren. Wird diese Einstellung auf REJECT gestellt, so wird der ausgehende Verkehr der nicht originalen MAC-Adresse verworfen.

7.4.7 Traffic Shaping

Die Traffic-Shaping-Eigenschaften sind bei beiden vSwitch-Typen im Bereich *Outbound* oder *Egress* (ausgehend vom ESXi-Host ins physische Netzwerk) praktisch identisch. Der einzige Unterschied besteht darin, dass beim vSS diese Einstellung nebst einer Port Group auch auf dem virtuellen Switch selbst eingestellt werden kann. Beim vDS kann Traffic Shaping nur auf einer Port Group eingestellt werden.

Ingress oder *Inbound* (vom physischen Netzwerk in den ESXi-Host) beherrscht nur der vDS. Darum schauen wir uns an dieser Stelle nur das gemeinsame Outbound an (siehe Abbildung 7.10).

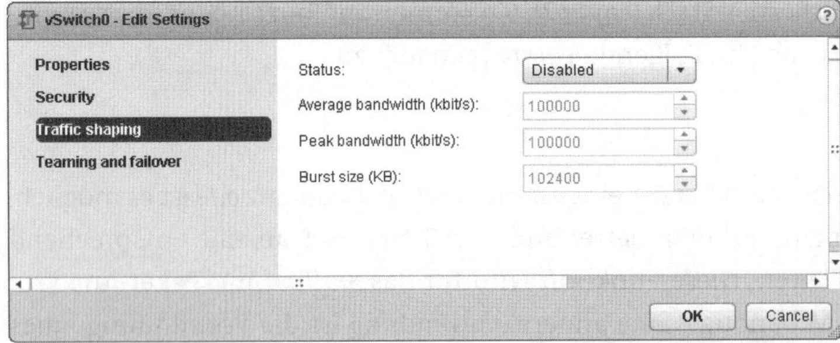

Abbildung 7.10 vSS-Konfiguration – »Traffic shaping« (Switch und Port Groups sind identisch.)

Das TRAFFIC SHAPING ist standardmäßig auf DISABLED gesetzt, also nicht aktiv. Das bedeutet, dass die volle zur Verfügung stehende Netzwerkbandbreite genutzt werden kann. Mit Traffic Shaping besteht die Möglichkeit, die Gesamtbandbreite zu beschränken. Es gibt drei Einstellungen zum Traffic Shaping (siehe Abbildung 7.11):

- Average Bandwidth
- Peak Bandwidth
- Burst Size

Average Bandwidth

Mit AVERAGE BANDWIDTH kann die zulässige Bandbreite in Kbits/sec eingestellt werden. Wird Traffic Shaping aktiviert, so ist der Standardwert 100.000 Kbit/sec, was 100 Mbit/sec entspricht. Das bedeutet, dass bei einem 1-GBit-Anschluss nur ein Zehntel der Bandbreite verwendet wird.

Peak Bandwidth

Mit PEAK BANDWIDTH kann die Average Bandwidth nach oben ausgedehnt werden. Eine Bedingung ist, dass genügend Bandbreite vorhanden ist. Der Wert, den Sie bei PEAK BANDWIDTH angeben, ist das effektive Maximum, das überhaupt verwendet werden kann. Die Peak Bandwidth kann nicht kleiner sein als die Average Bandwidth.

Burst Size

Mit BURST SIZE kann auf der Peak Bandwidth eine Volumen-Grenze durchgesetzt werden. Es ist die maximale Datenmenge, die in einem Burst versendet werden kann.

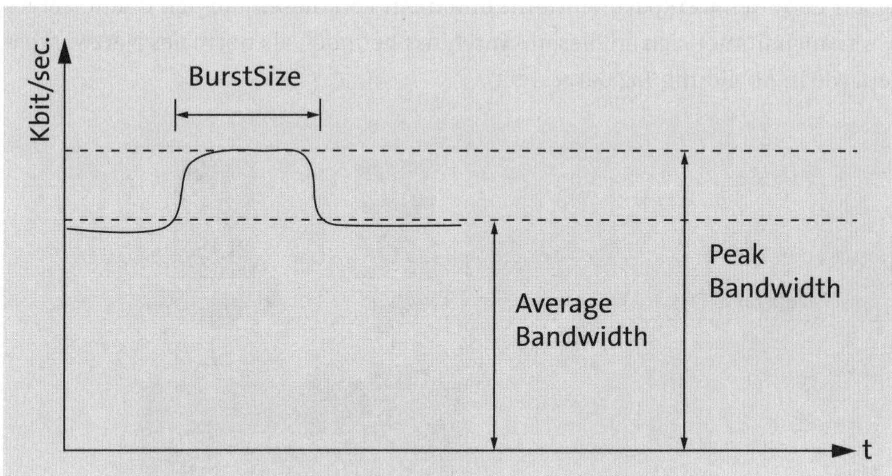

Abbildung 7.11 Traffic-Shaping-Einstellungen als Diagramm

7.4.8 Die VLAN-Einstellungen der vSwitch-Typen

Bevor wir auf die Unterschiede der VLAN-Einstellungen bei den vSwitches eingehen, schauen wir uns die VLANs aus Sicht von VMware an.

VLANs sind eine Layer-2-Eigenschaft, »da, wo das Ethernet-Protokoll stattfindet«. VMware unterstützt den IEEE-Standard 802.1q. Für die VLAN-Tags sind 12 Bits vorgesehen. 12 Bits entsprechen einem Adressraum von 2^{12}, also 4096 unterschiedlichen Werten. Da die Nummerierung mit 0 beginnt, ist die höchste VLAN-ID 4095, und somit betragen die gültigen Werte 0 bis 4095. 0 heißt »kein Tag« und ist die Standardeinstellung einer Port Group. Das bedeutet, sie selbst nimmt kein Tagging vor, sondern leitet den Verkehr 1:1 an die VM weiter. 4095 steht für *Trunk-Port*, das heißt, alle Pakete werden eine Schicht höher weitergegeben, und die Auswertung des eigentlichen Tags findet in der VM statt.

In der Praxis kommt am häufigsten das VST (*Virtual Switch Tagging*) zur Anwendung. Dieses wird von beiden vSwitch-Typen gleichwertig unterstützt.

Bei VST wird eine VLAN-ID auf einer Port Group eingegeben (gültige Werte: 1 bis 4094). Die Uplink-Adapter, die der vSwitch verwendet, werden an einen Trunk-Port des physischen Switchs angeschlossen.

Werden nun Netzwerkpakete von einer VM ins physische Netz gesandt, so baut die Port Group das konfigurierte Tag ein, das wäre in Abbildung 7.12 das Tag 50 oder das Tag 51. Das mit dem Tag bestückte Netzwerkpaket wird über die Netzwerkkarte an den Trunk-Port des physischen Switchs geliefert. Der physische Switch wertet das Tag aus und behandelt es entsprechend. »Entsprechend behandeln« bedeutet: Wenn das Endziel ein Access-Port ist, so wird das Tag aus dem Netzwerkpaket entfernt und dann von diesem an den Client, Server oder an das, was auch immer sich an diesem Anschluss befindet, als normales Netzwerkpaket abgeliefert, wie in Abbildung 7.12 dargestellt.

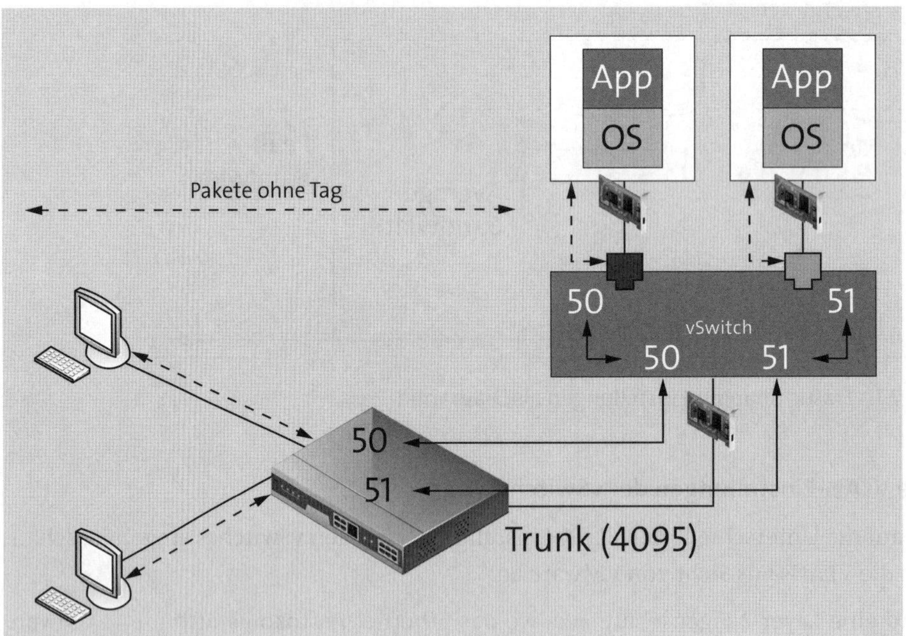

Abbildung 7.12 VST (Virtual Switch Tagging)

Sind weitere Trunk-Ports an dem physischen Switch vorhanden, so werden alle Netzwerkpakete so belassen, wie sie sind, und an diese Ports ausgegeben. Hat ein Trunk-Port am physischen Switch Begrenzungen (Filter), so werden nur diejenigen Netzwerkpakete durchgelassen, die auch der Filter unterstützt.

Die Screenshots aus Abbildung 7.13 und Abbildung 7.14 zeigen die Einstellungen bei den verschiedenen vSwitch-Typen bezüglich VST.

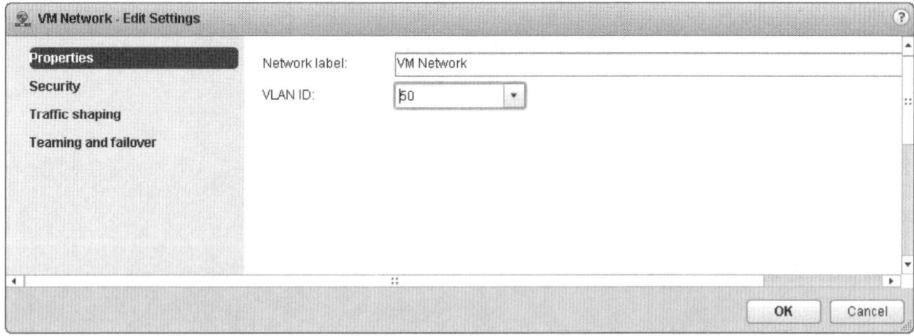

Abbildung 7.13 Standard vSwitch im VST-Modus, VLAN-ID 50 auf Port Group

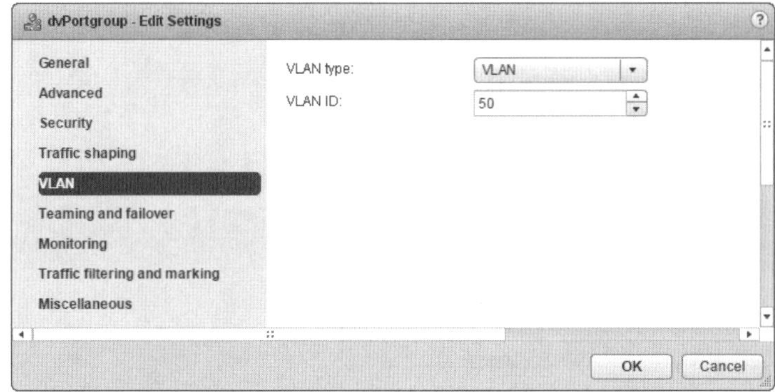

Abbildung 7.14 Distributed vSwitch im VST-Modus, VLAN-ID 50 auf Port Group

Außer dem Tagging auf vSwitch-Ebene wird auch das Tagging in der VM unterstützt. In diesem Fall ist die VLAN-ID der Port-Group 4095. Das führt dazu, dass alle Pakete unabhängig von den enthaltenen Tags der VM weitergegeben werden. Das Betriebssystem innerhalb der VM kann, wenn es die Fähigkeit dazu besitzt, die Tags auswerten. Das eingestellte Tag wird verwendet, die anderen Tags werden ignoriert. VMT (*Virtual Machine Tagging*) wird in der Praxis relativ selten verwendet.

Abbildung 7.15 veranschaulicht den Vorgang.

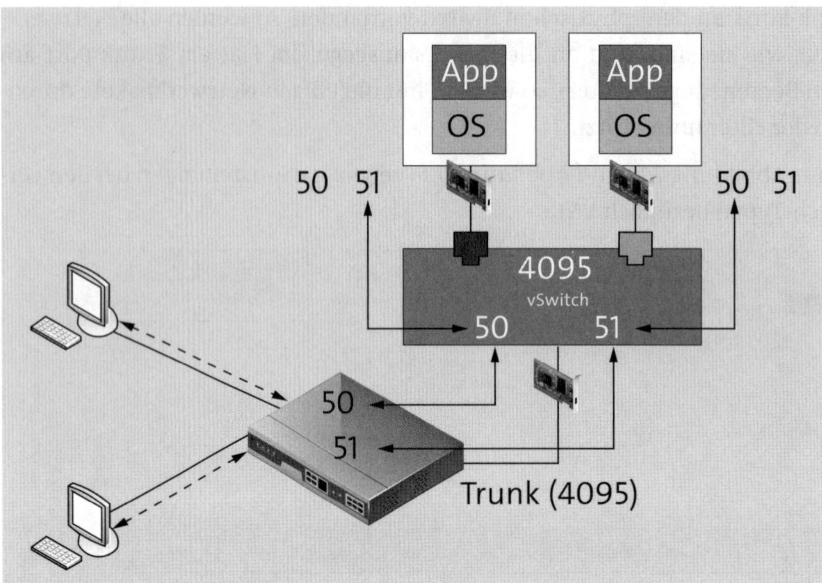

Abbildung 7.15 VMT (Virtual Machine Tagging)

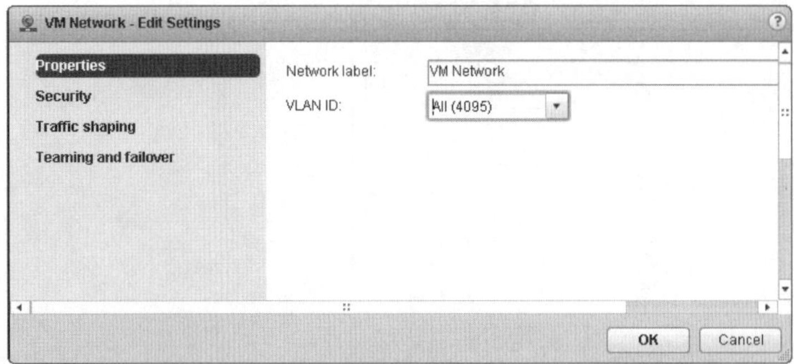

Abbildung 7.16 Standard vSwitch im VMT-Modus, VLAN-ID 4095

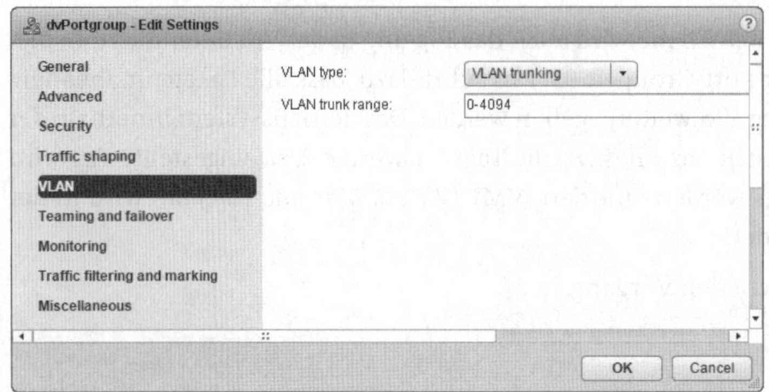

Abbildung 7.17 Distributed vSwitch im VST-Modus, VLAN-ID 4095

Wie man unschwer erkennen kann, bietet der vDS (siehe Abbildung 7.17) noch mehr Einstellmöglichkeiten für einen Trunk-Port. Im Feld VLAN TRUNK RANGE können Filter gesetzt werden. Möchten Sie nur bestimmte VLAN-IDs durchlassen, so geben Sie im freien Feld diese Blöcke an. Eine Eingabe von `5,19,55-57` würde bedeuten, dass nur Netzwerkpakete mit den Tags 5, 19, 55, 56 und 57 durchgelassen würden.

Eine weitere Einstellung, die nur vDS besitzen, sind PVLAN, also *Private VLANs*. Auf diese gehen wir später in Abschnitt 7.6.4 ein, da private VLANs ein Alleinstellungsmerkmal des vDS sind.

7.4.9 Die NIC-Teaming- und die Load-Balancing-Policys der vSwitch-Typen

Die Wirkungsweise der Load-Balancing-Policys ist bei beiden vSwitch-Typen identisch. Ein Unterschied besteht jedoch: Bei den Distributed vSwitches gibt es eine (sehr interessante) Policy mehr. Dies ist die *Route based on physical NIC load*. Tabelle 7.4 listet die vorhandenen Policys abhängig von den vSwitch-Typen auf (siehe auch Abbildung 7.18).

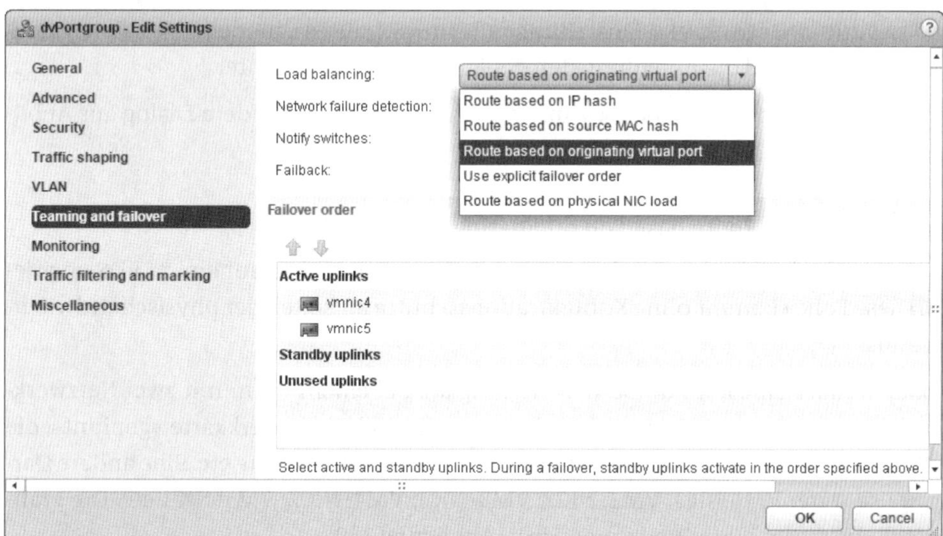

Abbildung 7.18 »Teaming and failover«-Einstellungen für den vDS

Einstellung	vSS	vDS	Konfiguration phys. Switch
Route based on originating virtual port	Ja	Ja	Nein
Route based on IP hash	Ja	Ja	Ja

Tabelle 7.4 Load-Balancing-Policys

Einstellung	vSS	vDS	Konfiguration phys. Switch
Route based on source MAC hash	Ja	Ja	Nein
Route based on physical NIC load	Nein	Ja	Nein
Use explicit failover order	Ja	Ja	Nein

Tabelle 7.4 Load-Balancing-Policys (Forts.)

7.4.10 Die Arbeitsweise der Load-Balancing-Policys

In diesem Abschnitt wird die Arbeitsweise der vorhandenen Einstellungen zum Load Balancing dargestellt.

Für alle Policys gilt, dass sie von innen nach außen wirken. Dies bedeutet: vom ESXi-Host ins Netz. Für die Richtung »aus dem Netz zum ESXi« sind die physischen Switches zuständig.

Weil die TEAMING AND FAILOVER-Einstellungen beim vSS (außer einer einzigen Policy) dieselben sind, wird hier auf die Abbildung der vSS-Einstellungen verzichtet.

In den folgenden Abschnitten sehen wir uns die Einstellungen, die in dem Dialog aus Abbildung 7.18 möglich sind, im Detail an.

Teaming and failover – Route based on originating virtual port

Dies ist die Standardeinstellung bei jeder neu erstellten Port Group auf einem vDS oder jedem vSS. Diese Policy kommt ohne Konfigurationsschritte aufseiten der physischen Switch-Hardware aus.

Diese Policy wendet eine Round-Robin-Verteilung an. Bei einem Team mit zwei Netzwerkkarten bedeutet das: Die erste VM wird an die erste physische Netzwerkkarte »gepinnt«, die zweite VM an die zweite physische Netzwerkkarte, die dritte an die erste etc. Eine andere Darstellungsweise wäre: VM1–NIC1, VM2–NIC2, VM3–NIC1, VM4–NIC2, VM5–NIC1 etc. Die grafische Darstellung dieser Verteilung sehen Sie in Abbildung 7.19.

Der Nachteil dieser Policy kann sein, dass die zwei VMs mit der höchsten benötigten Netzwerkleistung genau an dieselbe NIC gepinnt werden. Das führt dazu, dass jede VM nur noch die Hälfte der Netzwerkbandbreite zur Verfügung hat. Eine Umverteilung von VMs kann erst stattfinden, wenn diese ausgeschaltet und wieder eingeschaltet werden oder wenn ein Failover-Event vorliegt.

Diese Policy bedingt keine Konfiguration am physischen Switch.

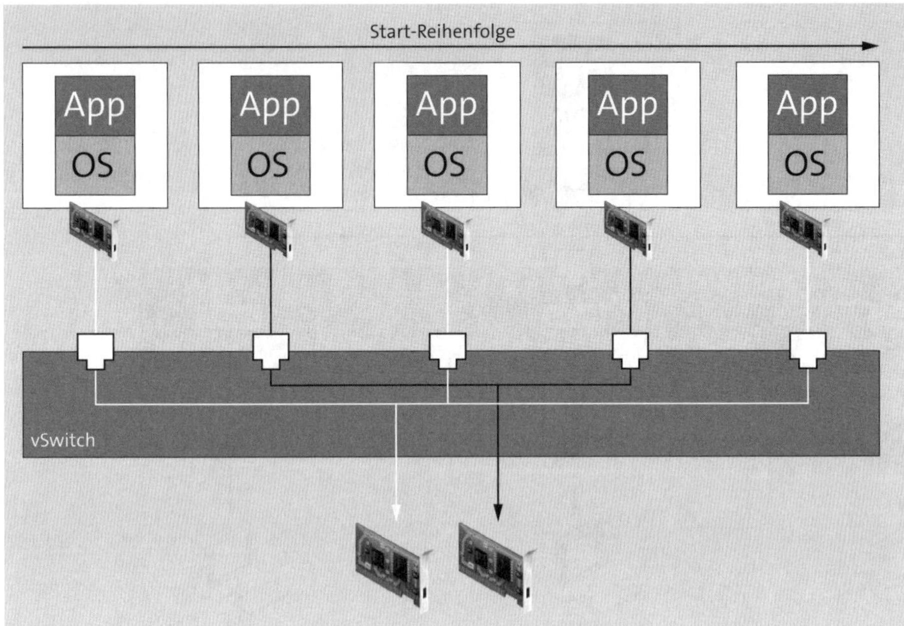

Abbildung 7.19 Load Balancing mit »Route based on originating virtual port«

Teaming and failover – Route based on IP hash

Wird die Policy ROUTE BASED ON IP HASH gewählt, so muss darauf geachtet werden, dass die physische Switch-Seite ebenfalls konfiguriert wird. Dies geschieht durch Aktivieren von statischem LACP, Etherchannel oder 801.3ad etc.

Die Arbeitsweise ist wie folgt: Die Quell- und Ziel-IP-Adresse oder anders ausgedrückt die Client-zu-Server-IP-Adresse in einer Kommunikationsbeziehung wird genommen und zu einem Hashwert verrechnet. Wenn viele Kommunikationsbeziehungen zwischen vielen Clients und einem Server existieren, gibt es entsprechend viele unterschiedliche Hash-Werte. Diese verschiedenen Hashes werden auf die vorhandenen physischen Netzwerkkarten verteilt (siehe Abbildung 7.20).

Diese Policy skaliert ideal, wenn es 1:n-Verbindungen gibt. Bei 1:1-Verbindungen findet keine Verteilung über mehrere Netzwerkkarten statt, da ja nur ein Hash-Wert existiert. Dies ist vielfach ein Problem bei der VMkernel-Konfiguration in Verbindung mit IP-basiertem Storage. Wird nur ein VMkernel-Port auf eine Storage-IP verwendet, so werden die weiteren Netzwerkadapter im Netzwerk-Team nicht für den Datentransport verwendet. Diese stehen dann nur für einen eventuell auftretenden Failover zur Verfügung.

Diese Policy bedingt eine Konfiguration am physischen Switch.

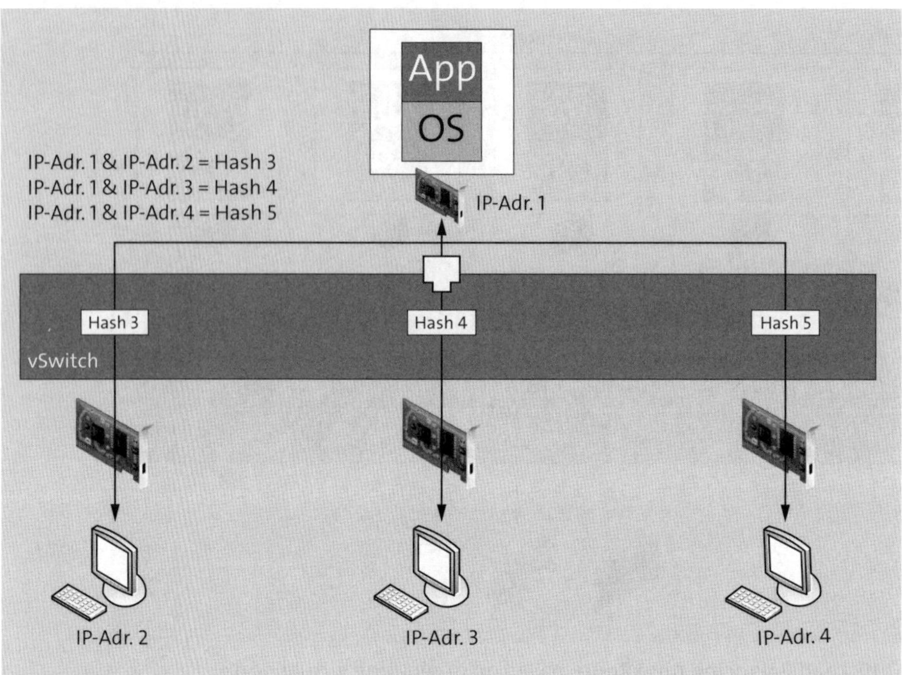

Abbildung 7.20 Wirkungsweise der »Route based on IP hash«-Policy

Teaming and failover – Route based on source MAC hash

Bei der Load-Balancing-Policy ROUTE BASED ON SOURCE MAC HASH wird die MAC-Adresse einer virtuellen Netzwerkkarte als Grundlage der Verteilung genommen. Diese Policy besitzt ansonsten dieselbe Arbeitsweise wie die Load-Balancing-Policy ROUTE BASED ON ORIGINATING VIRTUAL PORT.

Diese Policy bedingt keine Konfiguration am physischen Switch.

Teaming and failover – Route based on physical NIC load

Die Load-Balancing-Policy ROUTE BASED ON PHYSICAL NIC LOAD kann nur bei einer Port Group an einem dvSwitch verwendet werden.

Diese Policy skaliert sehr gut, da der Netzwerkverkehr auf einem Netzwerk-Interface im ESXi-Server beobachtet wird. Beträgt die Saturierung des Netzwerkinterfaces 75 % während 30 Sekunden, so werden die Verkehrsströme der verschiedenen Teilnehmer umverteilt. Diese Policy bedingt keine Konfiguration am physischen Switch.

Teaming and failover – Use explicit failover order

Die Policy USE EXPLICIT FAILOVER ORDER verwendet immer den ersten Adapter unter den ACTIVE UPLINKS. Ein Load-Balancing im eigentlichen Sinne findet damit nicht statt.

Diese Policy kann zum Beispiel dann verwendet werden, wenn zwei physische Switches untereinander mit relativ wenig Bandbreite verbunden sind. Dann sollte der Verkehr auf einen physischen Switch konzentriert werden, da die interne Backplane des Switches wesentlich mehr I/O bewältigen kann als ein schwacher Link zwischen den physischen Switches.

Werden alle ESXi-Hosts auf einen primären physischen Switch konzentriert, wird dessen Backplane benutzt und der Verkehr bleibt auf diesem physischen Switch. Das kann erreicht werden, wenn bei allen ESXi-Hosts der erste Adapter in der Liste der ACTIVE UPLINKS an den primären physischen Switch und der zweite Netzwerkadapter in der Liste der ACTIVE UPLINKS an den zweiten physischen Switch angeschlossen wird.

Fällt der primäre physische Switch aus oder wird zum Beispiel ein Firmware-Upgrade mit REBOOT am physischen Switch durchgeführt, wird die Kommunikation aller ESXi-Hosts über den zweiten Adapter auf dem zweiten physischen Switch fortgesetzt. Fällt bei einem ESXi-Host der erste Adapter in der Liste der ACTIVE UPLINKS aus, so wird der zweite Adapter über den zweiten physischen Switch kommunizieren. In diesem Fall muss die Kommunikation dieses ESXi-Hosts mit den anderen ESXi-Hosts über den schwachen Link zwischen den physischen Switches erfolgen.

Teaming and failover – Network failure detection

Bei der NETWORK FAILURE DETECTION, dem zweiten Feld aus Abbildung 7.18, geht es darum, wie der ESXi-Host einen Fehler oder Ausfall im Netzwerk wahrnimmt. Die Standardkonfiguration ist LINK STATUS ONLY. Bei dieser Konfiguration liegt ein Fehler vor, wenn das Netzwerkkabel keine Verbindung mehr an einen physischen Switch-Port hat, der physische Switch-Port abgeschaltet wurde oder ein ganzer physischer Switch ausfällt. Logische Fehler, wie ein physischer Port im falschen VLAN, kann LINK STATUS ONLY nicht auflösen.

Mit der Einstellung BEACON PROBING können auch logische Fehler kompensiert werden. In dieser Einstellung werden kleine UDP-Netzwerkpakete über die Uplinks versandt. Kommen alle Pakete zwischen allen Uplinks an, so ist alles in Ordnung. Gibt es einen Uplink, der nichts empfängt und von dem nichts empfangen werden kann, dann liegt ein Fehler vor. Dieser Uplink wird durch die Failover-Policy behandelt und in dem Fall nicht mehr verwendet. Damit die Einstellung zuverlässig funktioniert, müssen drei oder mehr Uplinks vorhanden sein.

Die Einstellung BEACON PROBING darf nicht mit der Load-Balancing-Policy ROUTE BASED ON IP HASH verwendet werden.

Teaming and failover – Notify switches

Die Standardeinstellung von NOTIFY SWITCHES, dem dritten Feld aus Abbildung 7.18, steht auf YES und ist somit aktiv. Die andere Möglichkeit wäre die Einstellung NO und damit die Deaktivierung dieser Einstellung.

Bei einem Ausfall einer Netzwerkverbindung, die über eine physische Netzwerkkarte hergestellt wurde, werden alle virtuellen Netzwerkkarten auf über einen anderen Uplink (Netzwerkverbindung) geleitet. Somit sind die auf einem physischen Switch-Port registrierten MAC-Adressen nicht mehr aktuell. Dasselbe geschieht auch bei vMotion oder wenn eine neue virtuelle Netzwerkkarte mit einer Port Group verbunden wird.

Beispiel *vMotion*: Damit bewegen Sie eine VM von einem ESXi-Host auf einen anderen ESXi-Host. Die MAC-Adresse der virtuellen Netzwerkkarte ist dann auf einmal an einem anderen physischen Switch-Port. Damit die Konvergenz im Netzwerk möglichst schnell wiederhergestellt wird, setzt der ESXi-Host ein ARP-Paket ab, damit sich die Lookup-Tables der physischen Switches aktualisieren.

In den meisten Fällen ist eine Einstellung auf YES sinnvoll. Es gibt jedoch Ausnahmen. Insbesondere sei hier Microsoft NLB (*Network Load Balancing*) im Unicast-Mode genannt. Wenn Sie NLB verwenden, dann muss die Einstellung NO sein.

Teaming and failover – Failback

Wurde ein Failover durchgeführt, weil ein Uplink die Netzwerkverbindung verloren hat, werden alle Netzwerkteilnehmer dieses Uplinks auf andere Uplinks verteilt. Wurde der Defekt des ausgefallenen Uplinks behoben, so werden die verschobenen Verbindungen wieder auf den alten Uplink zurückgeführt.

Dies ist besonders bei nicht dynamischen Load-Balancing-Policys (ROUTE BASED ON ORIGINATING VIRTUAL PORT, ROUTE BASED ON SOURCE MAC HASH oder USE EXPLICIT FAILOVER ORDER) wichtig, damit der Netzwerkverkehr wieder optimiert wird.

Bei Ausfällen und um für die Wiederverfügbarkeit von physischen Switches zu sorgen (wie zum Beispiel bei Firmware-Updates), müssen Sie Folgendes beachten: ESXi hat mitunter von einem bootenden Switch relativ früh wieder eine scheinbar intakte Verbindung am Uplink. Mitunter nimmt der Switch aber an den Ports noch keine Daten entgegen. Dies kann zu Störungen führen. Um dies möglichst zu verhindern, lautet die Empfehlung, an den physischen Switches die Ports auf PORTFAST zu konfigurieren.

Failover Order

Mit der FAILOVER ORDER (siehe Abbildung 7.18) können Netzwerkadapter in einem von drei Zustandsbereichen zugeordnet werden:

1. ACTIVE UPLINKS
2. STANDBY UPLINKS
3. UNUSED UPLINKS

In dieser Einstellung kann der Verkehr für alle Load-Balancing-Policys (außer für die Policy ROUTE BASED ON IP HASH) modelliert werden. Modellierung bedeutet in diesem Fall, dass zum Beispiel ein vSwitch-Typ mit sechs Uplink-Adaptern erzeugt wird und danach die Uplink-Adapter spezifisch auf einzelne Port Groups sortiert werden. Ein Beispiel sehen Sie in Tabelle 7.5.

NIC	Mgmt	vMotion	Storage	VMs Prod	VMs Test
vmnic0	Active	Standby	Standby	Standby	Active
vmnic1	Active	Unused	Standby	Active	Unused
vmnic2	Standby	Unused	Standby	Active	Unused
vmnic3	Standby	Unused	Active	Standby	Unused
vmnic4	Standby	Unused	Active	Standby	Unused
vmnic5	Standby	Active	Standby	Standby	Unused

Tabelle 7.5 Modellierung von Verkehrsmustern im Netzwerk

Damit wird erreicht, dass der Verkehr bei größeren Aggregaten über spezifische Netzwerkadapter abgewickelt wird. Bei einem Ausfall eines aktiven Uplinks würde ein Standby-Uplink hinzugenommen. Bei den Standby-Uplinks wäre noch die Sortierreihenfolge zu beachten, um eine absolut perfekte Konstellation zu erzeugen. Beim Ausfall eines aktiven Uplinks wird der erste Standby-Adapter ins Team eingebunden.

7.4.11 CDP – Cisco Discovery Protocol der vSwitch-Typen

CDP (*Cisco Discovery Protocol*) ist ein proprietäres Protokoll der Firma Cisco. Das Gegenstück dazu wäre das herstellerunabhängige LLDP (*Link Layer Display Protocol*), das nur vom vDS unterstützt wird. CDP wird von beiden vSwitch-Typen unterstützt.

CDP stellt Informationen (siehe Abbildung 7.21) über die Geräte im Netzwerk bereit. Damit lässt sich feststellen, an welchem physischen Switch-Port ein NIC-Port (*vmnic#*) des Hosts angeschlossen ist und in welchem VLAN er sich befindet, wie der physische Switch heißt, welches Betriebssystem verwendet wird, welche IP-Adresse er besitzt oder wie die SNMP-Location des Geräts ist.

CDP wird primär im Backbone-Bereich der Server und Switches verwendet. Unter den Netzwerk-Professionals herrschen unterschiedliche Meinungen darüber, ob es verwendet werden soll oder nicht. Die zwei Hauptargumente der Gegner von CDP sind:

- CDP erhöht das Grundrauschen im Netzwerk.
- CDP verbreitet Informationen, die abträglich für die IT-Sicherheit sein könnten.

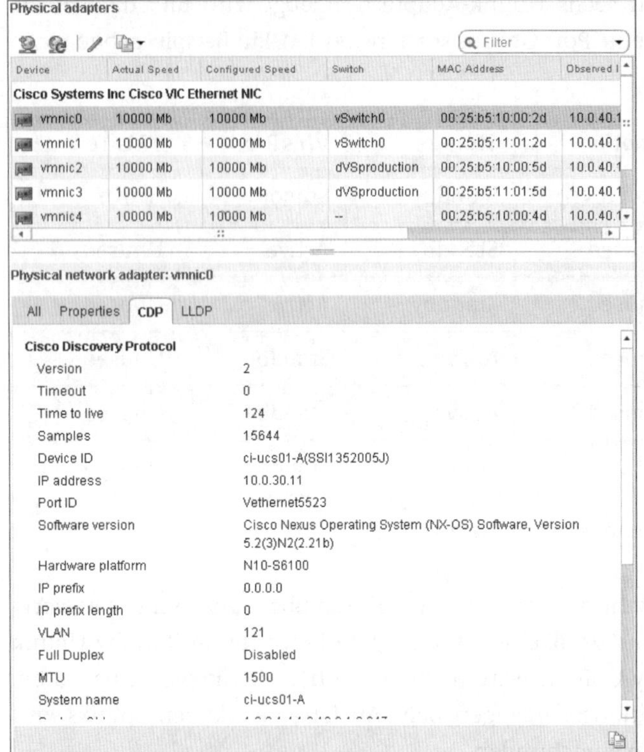

Abbildung 7.21 CDP-Informationen

Bei statischen Infrastrukturen mag die Betrachtungsweise stimmig sein, bei dynamischen Infrastrukturen, in denen sich dauernd die Konfigurationen ändern, weniger. Bei vielen Änderungen können sich schnell einmal Fehler in eine Konfiguration einschleichen. Wer schon mal eine Fehlersuche in einem komplexen Netzwerk durchgeführt hat, kann ein Lied davon singen, wie »einfach« die Nachverfolgung von Konfigurationen mit wenig Informationen ist. In so einem Fall ist CDP extrem hilfreich.

Die vSwitch-Typen des ESXi-Hosts sind in der Standardeinstellung im CDP-Listen-Modus aktiv. Das bedeutet, dass der ESXi-Host CDP-Informationen empfängt, wenn der Switch Advertising betreibt. Der physische Switch hingegen bekommt keine Informationen vom ESXi-Host. Dies kann selbstverständlich geändert werden. Tabelle 7.6 zeigt die Einstellungsmöglichkeiten.

Einstellung	Auswirkung
Disabled	Kein CDP
Listen (Standard)	CDP wird empfangen.

Tabelle 7.6 CDP-Modi

Einstellung	Auswirkung
Advertise	CDP wird gesendet.
Both	CDP wird empfangen und gesendet.

Tabelle 7.6 CDP-Modi (Forts.)

Beim vSS müssen die Modi über die Befehlszeile festgelegt werden. Beim vDS können die Modi über das GUI festgelegt werden. Die Konfiguration erfolgt immer pro einzelnem vSS oder vDS.

7.4.12 Configuration Maximums für vSS und vDS

Für vSS und vDS gibt es eine maximale Anzahl an Elementen, die erzeugt werden können.

Gegenstand	Max.
Totale Anzahl virtueller Netzwerk-Switch-Ports pro Host (vDS- und vSS-Ports)	4096
Maximum aktiver Ports pro Host (vDS und vSS)	1016
Maximale Anzahl an Ports pro vSS	4088
Maximale Anzahl an Port Groups pro vSS	512
Maximale Anzahl an vDS-Switch-Ports pro vCenter	60.000
Maximale Anzahl an statischen/dynamischen Port Groups pro vDS	10.000
Maximale Anzahl an *ephemeral Port Groups* pro vDS	1016
Maximale Anzahl an Hosts pro vDS	1000
Maximale Anzahl an vDS pro vCenter	128

Tabelle 7.7 Configuration Maximums für vSS und vDS

7.5 Arbeiten mit dem vNetwork Standard Switch (vSS)

Der *vNetwork Standard Switch* (vSS) wird in der Praxis nach wie vor häufig verwendet. Die Gründe hierfür sind sehr einfach:

- **Rückwärtskompatibilität:** Der vSS existiert seit der ESX-Version 3.0 und ist im Umgang bis heute weitestgehend identisch geblieben. Bestehende Umgebungen müssen nicht verändert werden.

- **Lizenzkosten:** Anders als für den vSS brauchen Sie für den vDS die höchste Lizenzstufe von vSphere. Sind die Enterprise-Plus-Lizenzen nicht vorhanden, so muss mit dem vSS gearbeitet werden.
- **Eigenschaften:** Die vorhandenen Eigenschaften des vSS reichen aus.
- **Unabhängigkeit:** Es ist absolute Unabhängigkeit vom *vCenter* gewünscht. Alles, was mit dem vSS zu tun hat, findet auf dem Host statt.
- **Kleine Umgebung:** Die Umgebungsgröße bedingt keinen vDS.

7.5.1 Der vSS ist Host-bezogen

Der vSS existiert immer pro VMware-ESXi-Host. Das bedeutet, dass Änderungen an einem vSS auf einem ESXi-Host nur auf diesem einen ESXi-Host stattfinden. Diese Änderungen übertragen sich nicht automatisch auf andere ESXi-Hosts. Bei vielen Hosts bedeutet dies eine Menge Handarbeit. Bei einer größeren Anzahl von Hosts und vSS können Sie sich die Arbeit erleichtern, indem Sie ein Skript erstellen oder Host-Profile verwenden.

Eine kurze Anmerkung zur Verwendung von Host-Profilen im Zusammenhang mit Netzwerkkonfigurationen: Wird ein Host-Profil an einem ESXi-Host angewendet, so muss dieser Host in den Maintenance-Mode versetzt werden. Damit ist er aus Sicht der Produktion offline. Somit sind Host-Profile kein Ersatz für die Eigenschaft ENTERPRISE LEVEL MANAGEMENT eines vDS. »Enterprise Level« bedeutet indirekt auch, dass Equipment nicht vollständig außer Betrieb genommen werden muss.

7.5.2 Die Konfigurationsmöglichkeiten zum vSS

Alle Verwaltungsarbeiten zum vSS finden über das *vCenter* mit dem *vSphere Web Client* statt. Bei einem Standalone-Host nutzen Sie den *vSphere Client* und dort die Konfigurationseinstellungen in der Ansicht CONFIGURATION.

Wird ein Host markiert und die Ansicht MANAGE • NETWORKING gewählt, so kann man auf alle Informationen und Konfigurationsmöglichkeiten des vSS zugreifen.

Der Screenshot aus Abbildung 7.22 zeigt diese Ansicht mit nummerierten Elementen.

Die Legende dazu:

❶ Die NETWORKING-Ansicht ermöglicht den Zugriff auf die Informationen und Konfigurationen des vSS.

❷ VIRTUAL SWITCHES zeigt alle Informationen über die vorhandenen virtuellen Switches des Hosts und lässt deren Konfiguration zu.

VMKERNEL ADAPTERS zeigt alle vorhandenen VMkernel des Hosts. Hier lassen sich alle VMkernel des Hosts verwalten.

PHYSICAL ADAPTERS ist die Sicht auf die physischen Adapter des Hosts.

TCP/IP CONFIGURATION ermöglicht den Zugriff auf die IP-Konfiguration des Hosts (DNS-Server, Standard-Gateway, Hostname etc.).

ADVANCED ermöglicht den Zugriff auf die IP-Version. Hier kann IPv6 deaktiviert oder aktiviert werden.

❸ Hier lassen sich VMkernel, VM-Port-Groups, physische Uplink-Adapter erzeugen und verwalten.

❹ Aktualisiert die Informationen zur Netzwerkkonfiguration.

❺ Ist für die Verwaltung der physischen Netzwerkadapter zuständig.

❻ Dient zur Migration von VMkernel zu anderen virtuellen Switches.

❼ Dient zum Editieren der vSS-Einstellungen.

❽ Löscht den markierten vSwitch.

❾ Gibt summarische Informationen über den markierten vSS aus.

❿ Dient zum Editieren einer Port Group, in diesem Falle der Port Group VM NETWORK.

⓫ Löscht den markierten vSS.

⓬ Gibt Informationen zum gewählten Objekt aus.

⓭ Gibt Informationen zur angeschlossenen physikalischen Switch-Hardware aus, z. B. über CDP.

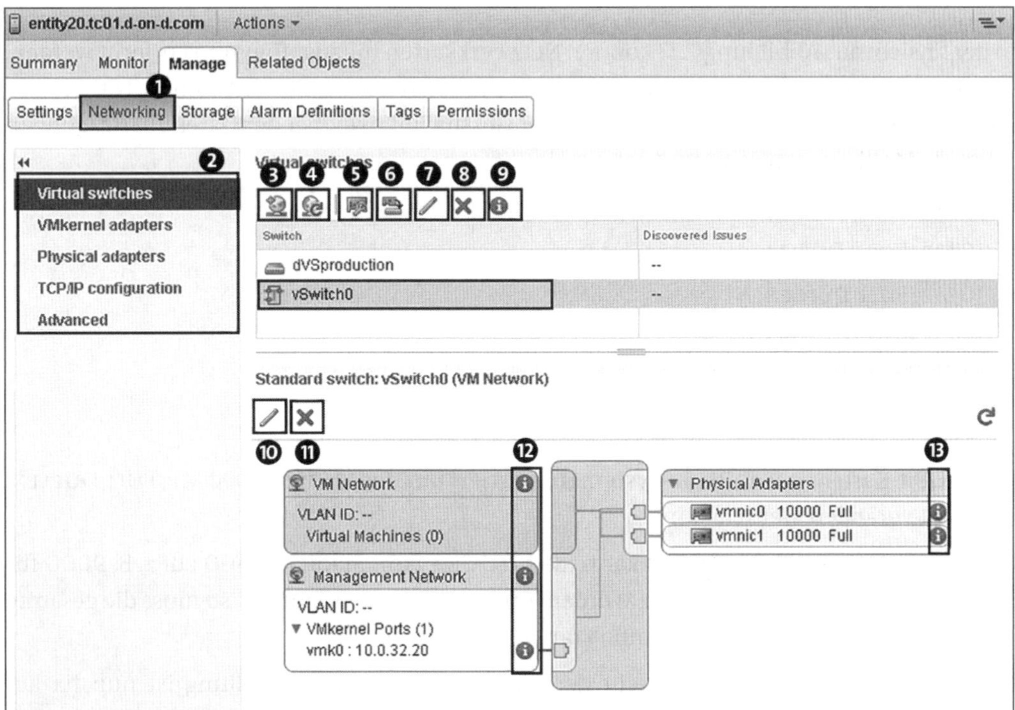

Abbildung 7.22 Die Konfigurations- und Informationselemente des vSS

7.5.3 Einstellungen auf dem Switch oder den Port Groups

Über PROPERTIES beim entsprechenden vSS können Sie den Switch, die Port Group oder die Netzwerkadapter konfigurieren.

Die Einstellungsmöglichkeiten für den Switch und die Port Groups sind weitestgehend identisch. Der einzige Unterschied ist, dass beim Switch die Anzahl der Ports und die MTU-Size sowie die physischen NICs eingestellt werden können.

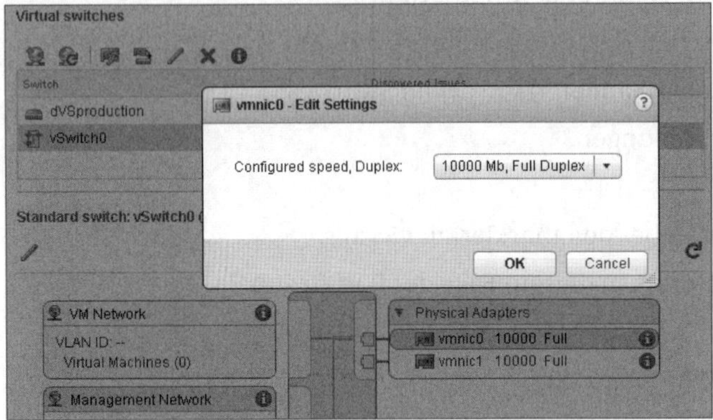

Abbildung 7.23 vSS-NIC-Konfiguration

In der Ansicht aus Abbildung 7.23 können Netzwerkkarten hinzugefügt und entfernt werden. Hier finden Sie die Informationen zu einer Netzwerkkarte, wie PCI-Slot-Position, NIC-Treiber etc. Eine Netzwerkkarte kann hinsichtlich der Geschwindigkeit bei der Datenübertragung in folgende Modi versetzt werden:

- AUTO NEGOTIATE
- 10 MB, HALF DUPLEX
- 10 MB, FULL DUPLEX
- 100 MB, HALF DUPLEX
- 100 MB FULL DUPLEX
- 1000 MB, FULL DUPLEX

Bei 10-GBit-Karten, in z. B. Blade-Systemen, existiert nur der Modus 10000 MB, FULL DUPLEX, der nicht verändert werden kann.

In der Ansicht aus Abbildung 7.24 kann die MTU-Size vom Standard 1500 auf z. B. 9000 für Jumbo Frames angehoben werden. Werden Jumbo Frames konfiguriert, so muss die gesamte Infrastrukturkette bis zum Ziel Jumbo Frames unterstützen.

Mit vSphere 6.0 wurde das Konzept der Ports geändert. Die Einstellung ist nun fix auf ELASTIC eingestellt. Das heißt, die Anzahl der Ports passt sich dynamisch an. Für jeden Uplink-Adapter oder jede angeschlossene virtuelle Netzwerkkarte wird automatisch ein Port bereitgestellt.

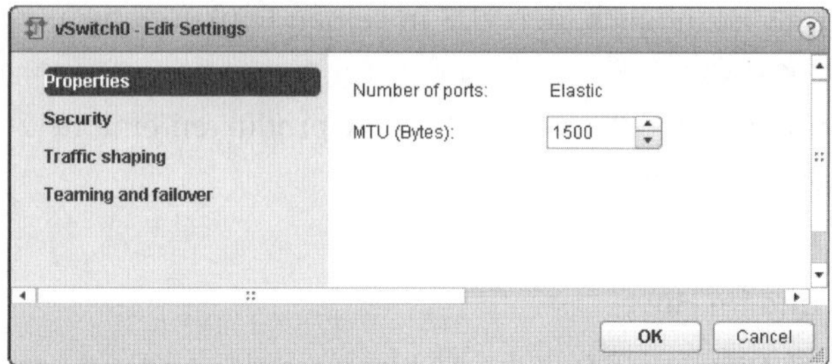

Abbildung 7.24 vSS-Konfiguration – Anzahl der Ports, MTU-Size (nur Switch)

Die Themen, die Sie in Tabelle 7.8 finden, wurden für vSS und vDS zusammen behandelt. Darum werden sie hier nicht nochmals aufgeführt. Dies gilt auch für den gleich folgenden Abschnitt 7.6, »Arbeiten mit dem vNetwork Distributed Switch (vDS)«.

Thema	Abschnitt	Titel
Layer-2-Security-Policy	7.4.6	Die Layer-2-Security-Policys
Traffic Shaping	7.4.7	Traffic Shaping
VLAN	7.4.8	Die VLAN-Einstellungen der vSwitch-Typen
Teaming and Failover	7.4.9	Die NIC-Teaming- und die Load-Balancing-Policys der vSwitch-Typen
CDP	7.4.11	CDP – Cisco Discovery Protocol der vSwitch-Typen

Tabelle 7.8 An früherer Stelle behandelte Themen

7.6 Arbeiten mit dem vNetwork Distributed Switch (vDS)

Der *vNetwork Distributed Switch* (vDS) unterstützt alle Features des vNetwork Standard Switch (vSS) und noch sehr viele mehr (siehe Tabelle 7.1).

Der vDS hat sehr wichtige spezifische Eigenschaften, die ihn vom vSS stark unterscheiden. Zu seinen wichtigen Merkmalen zählen:

- **Massenkonfiguartion:** Der vDS ist für die Konfiguration von großen Infrastrukturen konzipiert. Eine Änderung überträgt sich auf alle Mitglieder. Dies ergibt weniger Arbeitsschritte und ist weniger fehleranfällig.
- **Network vMotion:** Der Status einer Netzwerkverbindung wird übertragen und bleibt intakt. Auch werden die Zähler, die registrieren, welche Daten übertragen wurden, nicht auf null zurückgesetzt, sondern laufen kumulativ weiter.

- **Erweiterung durch Drittersteller:** Es ist möglich, den vDS in seinen Funktionen zu erweitern, zum Beispiel mit *Cisco Nexus 1000v*.
- **VMsafe-API:** Dank *VMsafe* können Dritthersteller von Sicherheitsprodukten eine netzwerknahe Integration dieser Produkte vornehmen.

7.6.1 Der vDS existiert im vCenter und im Host

Ein wesentliches Element des *vNetwork Distributed Switch* (vDS) ist, dass sich Änderungen, die Sie an ihm vornehmen, sofort auf die in ihm registrierten Hosts übertragen. Sind zum Beispiel 50 ESXi-Hosts in einem vDS registriert und wird an diesem eine Port Group neu erstellt, so wird diese Änderung an die 50 ESXi-Hosts übertragen. Diese Übertragung ist möglich, weil sich der Bauplan zum vDS in der *vCenter*-Datenbank befindet. Jede vorgenommene Änderung wird vom vCenter lokal in die einzelnen Hosts geschrieben. Dass die Informationen lokal auf die Hosts abgelegt werden, ist essenziell. Ansonsten würde der Ausfall des vCenters dazu führen, dass Netzwerkverbindungen verloren gehen. Der Ausfall des VMware vCenters führt jedoch dazu, dass ein vDS nicht mehr konfiguriert werden kann.

Eine Strategie, um das Management-Netzwerk vor dieser Situation zu schützen, besteht darin, dass das Management-Netzwerk nach wie vor als vSS ausgeprägt ist. Zum einen ist die vSS-Konfiguration über die Befehlszeile vollständig gegeben, während sie beim vDS nur in Teilen möglich ist, und der vSS ist vom vCenter völlig unabhängig.

Abbildung 7.25 zeigt die Architektur des vDS auf.

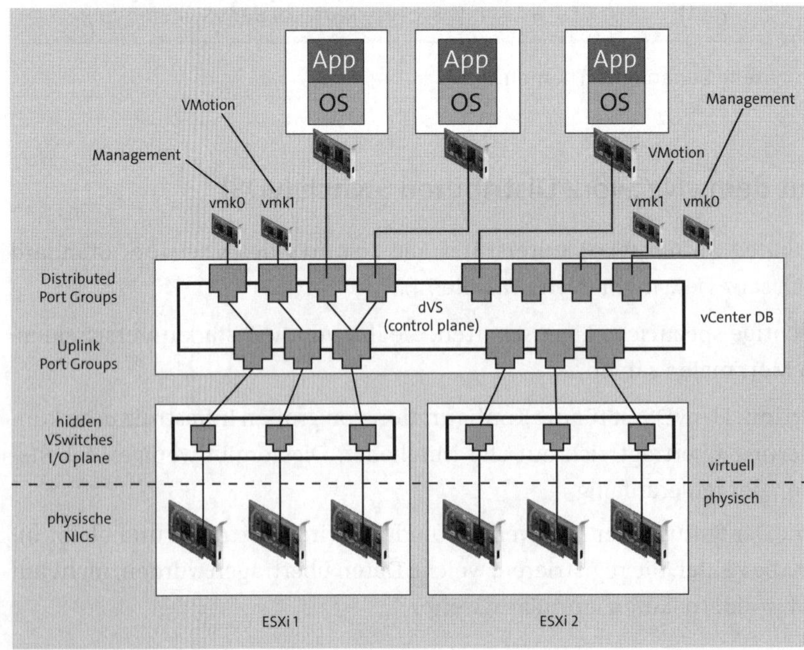

Abbildung 7.25 Architektur des vDS

7.6.2 Die Konfigurationsmöglichkeiten des vDS

Um einen vDS zu erzeugen, müssen Sie in die vCenter-Ansicht NETWORKING wechseln. Danach markieren Sie das Datacenter, zu dem der vDS gehört. Ein vDS kann nur einem Datacenter zugeordnet werden. Das bedeutet, er ist nicht Datacenter-übergreifend. Abbildung 7.26 veranschaulicht die Schritte.

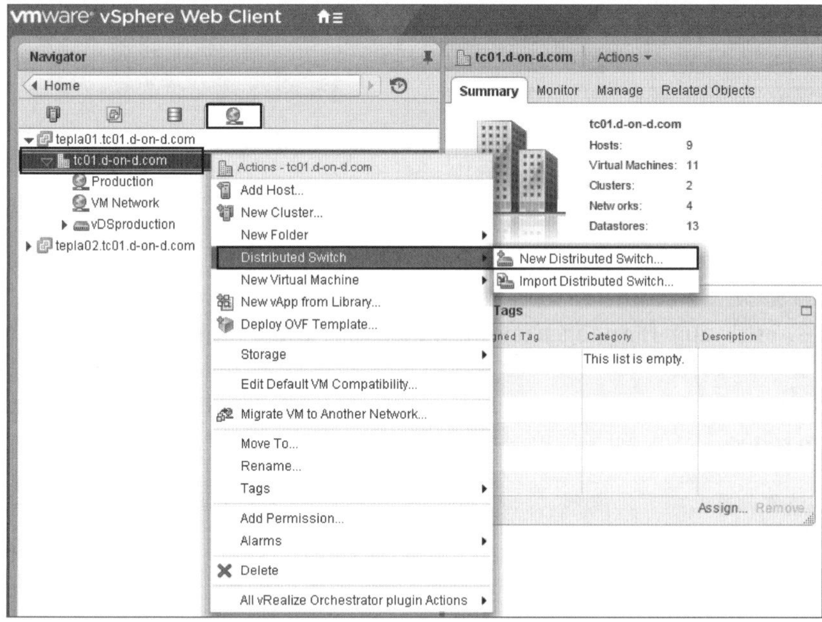

Abbildung 7.26 So erzeugen Sie einen vDS im vSphere Web Client.

Ein Assistent führt Sie mit Dialogen durch die Erstellung des vDS. Als Erstes geben Sie an, welche vDS-Version erzeugt werden soll: vDS 6.0.0, vDS 5.5.0, vDS 5.1.0 oder vDS 5.0.0. Jede dieser vSphere-Versionen brachte neue Eigenschaften im vDS. Die wesentliche Frage ist, welche ESX- beziehungsweise ESXi-Host-Version die älteste ist, die in den vDS aufgenommen wird. Damit ist Rückwärtskompatibilität gewährleistet, allerdings auf Kosten der Features. Ein Aktualisieren auf eine höhere vDS-Version, sobald keine älteren Hosts mehr vorhanden sind, ist jederzeit möglich.

Die nächste Seite betrifft die Anzahl der Uplinks. Die Konfiguration ist auf 4 eingestellt. Maximal sind 32 Uplinks möglich, analog den Configuration Maximums mit 32× 1-GBit-Adaptern. Diese Werte können später, falls nötig, verändert werden. In dieser Ansicht kann auch ein Name für den vDS eingegeben werden. Diesen Namen können Sie später gegebenenfalls verändern.

In der nächsten Ansicht (siehe Abbildung 7.27) können die Hosts hinzugefügt und verwaltet werden.

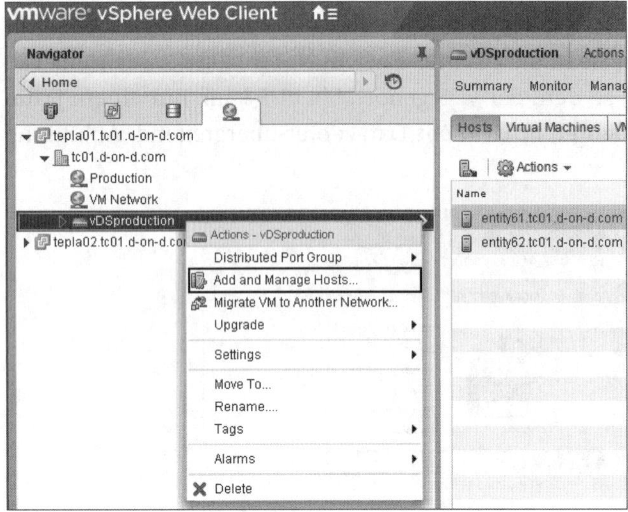

Abbildung 7.27 vDS – Ansicht zum Hinzufügen und Verwalten von Hosts

Zum Hinzufügen von Hosts müssen sieben Schritte vollzogen werden. Diese sind links in Abbildung 7.28 ❶ zu sehen.

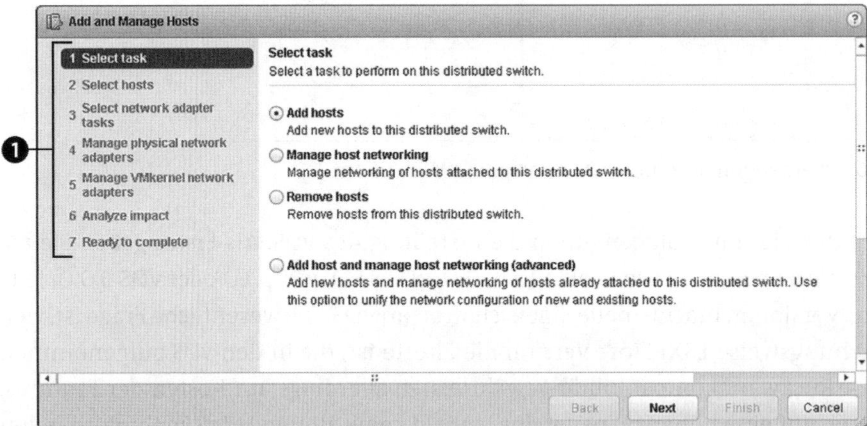

Abbildung 7.28 Dialogfeld für die Host-Verwaltung am vDS

Beim Hinzufügen von Hosts können Sie die *vmnic#*, die Sie verwenden wollen, als Uplink-Adapter bestimmen. Bei der gleichzeitigen Registrierung von vielen Hosts kann ein *Template Mode* verwendet werden. Dazu wird ein Host konfiguriert und dessen Konfiguration auf die anderen Hosts übertragen.

7.6.3 Einstellmöglichkeiten auf dem vDS-Switch-Teil

Falls ein vDS existiert, so können Sie ihn oder die Distributed Port Groups an ihm konfigurieren. Sie erreichen den Konfigurationsdialog, indem Sie den vDS markieren und mit der rechten Maustaste das Auswahl-Menü öffnen (siehe Abbildung 7.29).

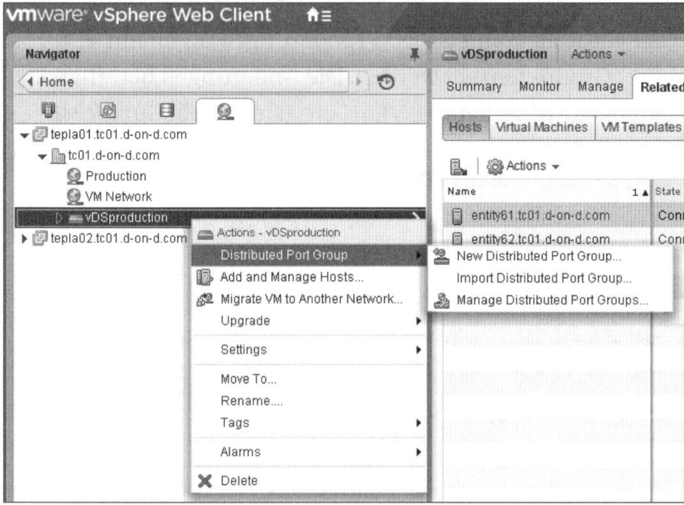

Abbildung 7.29 Konfigurationsmöglichkeiten für Port Groups auf dem vDS

New Distributed Port Group

Mit New Distributed Port Group können neue Port Groups erstellt werden. Im Konfigurationsdialog zum Erstellen einer neuen Port Group (siehe Abbildung 7.30) können Sie einen Namen vergeben sowie ein oder kein VLAN und die Art des VLANs und die Anzahl der Ports konfigurieren.

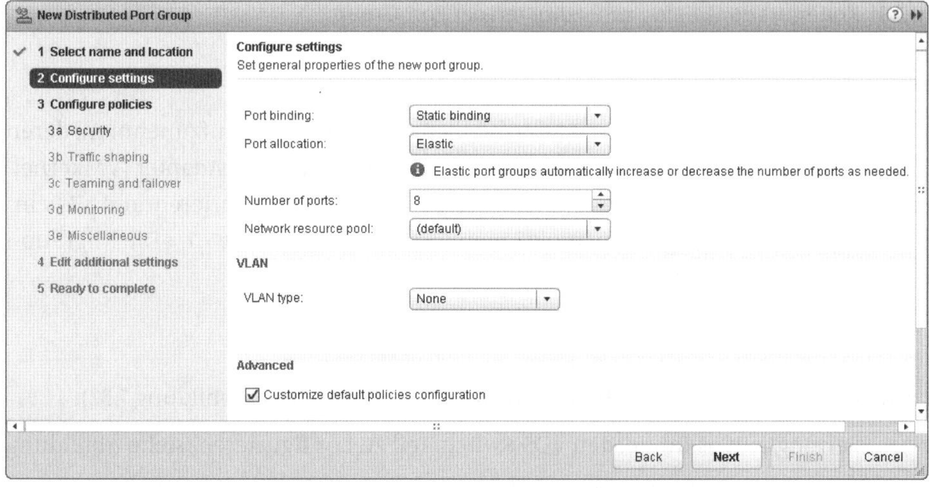

Abbildung 7.30 Konfigurationsdialog beim Erstellen einer Port Group

Import Distributed Port Group

Über IMPORT DISTRIBUTED PORT GROUP können Distributed Port Groups von einer Sicherung importiert werden.

Manage Distributed Port Groups

Über MANAGE DISTRIBUTED PORT GROUPS können Sie Veränderungen an einem vDS vornehmen, die gleichzeitig an alle Port Groups verteilt werden. Die Änderungen betreffen Einstellungen wie die Security Policys, das Traffic Shaping, VLAN etc. (siehe Abbildung 7.31).

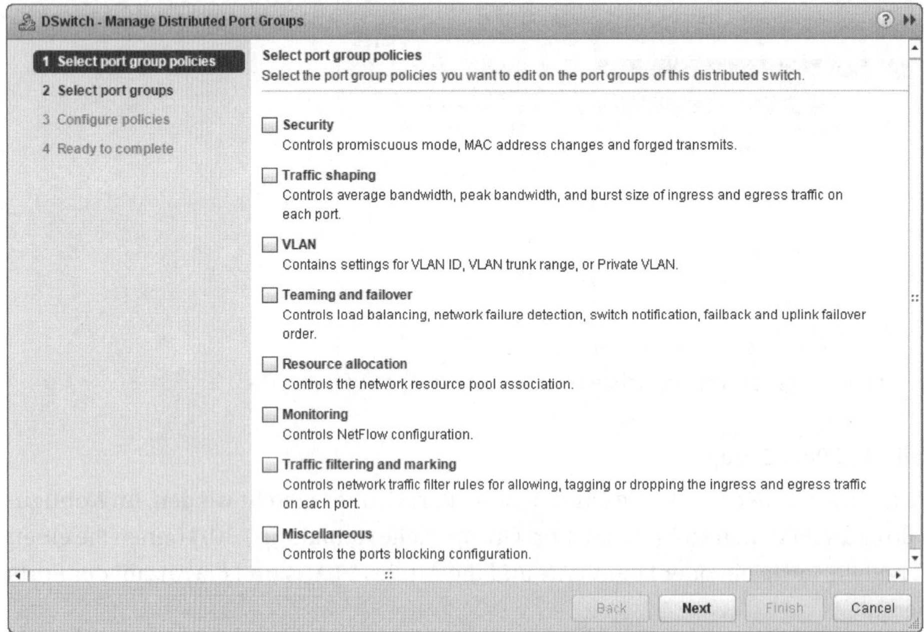

Abbildung 7.31 Konfigurationsdialog zum Editieren der Port Group

Add and Manage Hosts

Der Menüpunkt ADD AND MANAGE HOSTS ermöglicht es, neue Hosts aufzunehmen, deren Netzwerkkarten für die Uplink-Verwendung zuzuordnen, die virtuellen Adapter (VMkernel-Ports) der ESXi-Hosts zum Beispiel von einem vSS auf den vDS zu migrieren und VMs im Netzwerk zu migrieren. Die Migrationsfunktionen werden in Abschnitt 7.7, »Die Migration von vSS auf vDS«, ausführlich behandelt.

Settings

Unter SETTINGS gibt es mehrere Konfigurationsmöglichkeiten (siehe Abbildung 7.32).

EDIT SETTINGS ermöglicht es Ihnen, den vDS-Switch-Teil zu konfigurieren (siehe Abbildung 7.33 ❶).

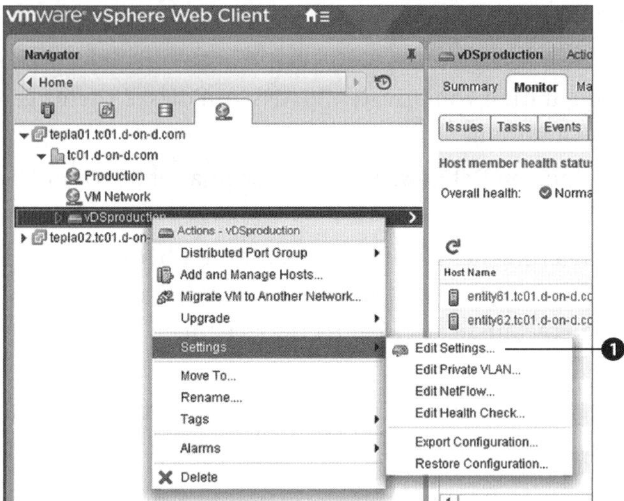

Abbildung 7.32 Einstellungen vDS

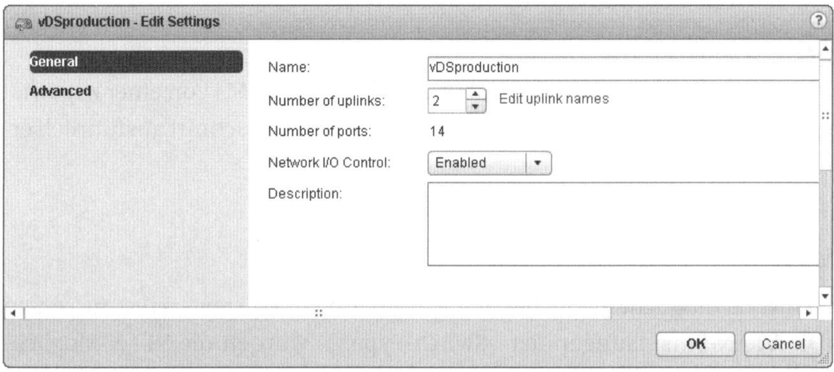

Abbildung 7.33 Eigenschaften des vDS

In den Eigenschaften des vDS gibt es die Konfigurationspunkte GENERAL und ADVANCED.

Unter GENERAL (siehe Abbildung 7.33) können Sie den NAME des vDS ändern, die Anzahl der Uplinks (NUMBER OF UPLINKS) anpassen und auch die Namen der Uplinks vergeben. Standardmäßig wird als Name *dvUplink#* vergeben. Grundsätzlich können irgendwelche Namen genutzt werden. Ideal ist, wenn die Hosts, die gemeinsam einem vDS zugeordnet sind, *hart standardisiert* werden. Das bedeutet: gleiche Anzahl *vmnics*, und die entsprechenden vmnic-Nummern über die ESXi-Server haben jeweils dieselbe Funktion. Dann können vmnic# und Uplinks vereint werden: *vmnic1* zu Uplink-Name VMNIC1, *vmnic2* zu Uplink-Name VMNIC2 etc.

Unter ADVANCED können Sie die MTU-Size 1500, den MULTICASTING FILTERING MODE und auch CDP oder LLDP in allen bekannten Modi konfigurieren.

Weitere Konfigurationsmöglichkeiten für den vDS unter dem Menüpunkt SETTINGS (siehe Abbildung 7.32) sind:

- EDIT PRIVATE VLAN: dient der Konfiguration von privaten VLANs. Auf dieses Thema gehen wir in Abschnitt 7.6.4, »Private VLANs« ein.
- EDIT NETFLOW: dient der Konfiguration von NetFlow. Auf dieses Thema gehen wir in Abschnitt 7.6.7, »NetFlow«, ein.
- EDIT HEALTH CHECK: dient der Aktivierung des Health Checks für die Überprüfung der Konfigurationen von VLAN AND MTU, wie auch TEAMING AND FAILOVER. Standardmäßig ist diese Funktion ausgeschaltet. Die Ergebnisse des Health Checks können Sie über den Reiter MONITOR / HEALTH einsehen.
- EXPORT CONFIGURATION: Hier kann der gesamte vDS inklusive dessen Port Groups und Einstellungen exportiert werden. Dies kann für Backups oder Migrationen in ein neues vCenter verwendet werden.
- RESTORE CONFIGURATION: Darüber können Sie den vDS beziehungsweise die Port Groups wiederherstellen.

Migrate Virtual Machine Networking

MIGRATE VM TO ANOTHER NETWORK ermöglicht die Migration von VMs von einer zugewiesenen auf eine neue Port Group. Diese Funktion wird im folgenden Abschnitt ausführlich erklärt.

7.6.4 Private VLANs

Private VLANs (PVLANs) ermöglichen eine bessere Ausnutzung der Netzwerkressourcen. In Abschnitt 7.4.8, »Die VLAN-Einstellungen der vSwitch-Typen«, wurden die VLAN-Möglichkeiten beschrieben. Normale VLANs sind auf 4094 verwendbare Möglichkeiten begrenzt. Private VLANs bieten die Möglichkeit einer erweiterten Konfiguration.

Der erste Konfigurationsschritt, um ein PVLAN benutzen zu können, muss auf dem Switch-Teil des vDS vorgenommen werden (siehe Abbildung 7.32 und Abbildung 7.34).

Zuerst geben Sie eine VLAN-ID für das primäre private VLAN ein (linke Seite in der Eingabemaske). Markieren Sie anschließend diese VLAN-ID, und geben Sie in einem zweiten Schritt die sekundäre private VLAN-ID (rechte Seite in der Eingabemaske) und deren Typ ein.

Es gibt drei Typen sekundärer privater VLANs, die erzeugt und später den Port Groups zugewiesen werden können:

1. PROMISCUOUS
2. ISOLATED
3. COMMUNITY

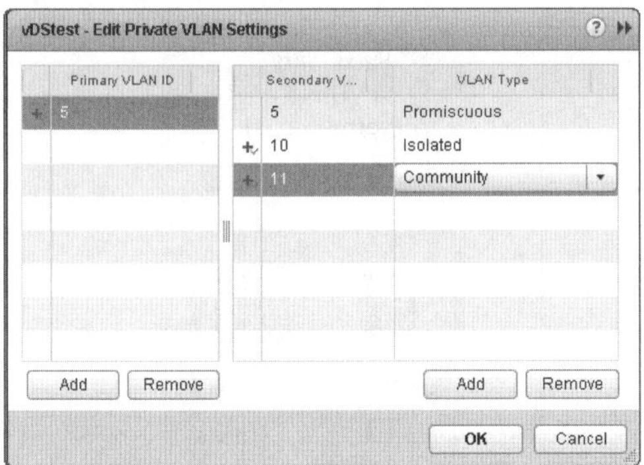

Abbildung 7.34 PVLAN-Einstellungen auf dem Switch-Teil des vDS

In Abbildung 7.35 ist die Zuweisung eines sekundären VLANs zu einer Port Group zu sehen.

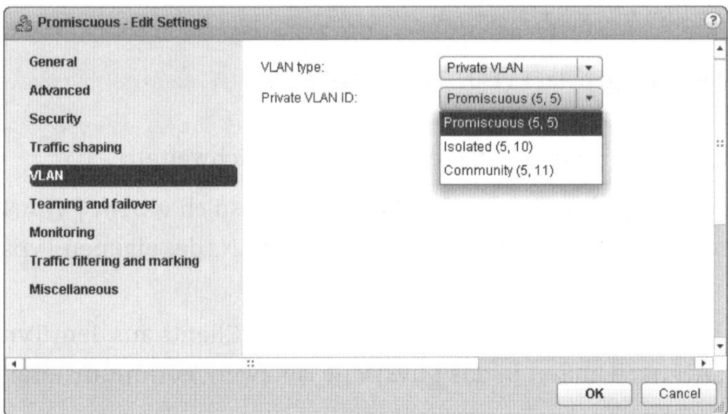

Abbildung 7.35 PVLAN-Einstellungen auf der Port Group

Die verschiedenen Typen, die an eine sekundäre private VLAN-ID vergeben werden können, haben verschiedene Reichweiten, was die Netzwerkkommunikationsmöglichkeiten betrifft. In der Zusammenfassung in Tabelle 7.9 ist dies ersichtlich.

	Promiscuous (5, 5)	**Community (5, 11)**	**Isolated (5, 10)**
Promiscuous (5, 5)	erreichbar	erreichbar	erreichbar
Community (5, 11)	erreichbar	erreichbar	nicht erreichbar
Isolated (5, 10)	erreichbar	nicht erreichbar	nicht erreichbar

Tabelle 7.9 Kommunikationsreichweite der PVLAN-Typen

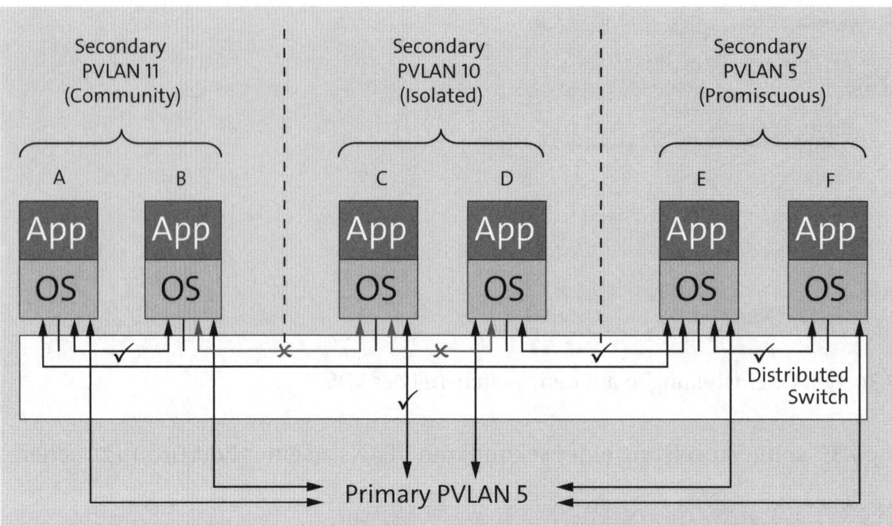

Abbildung 7.36 Kommunikationsbeziehungen der PVLAN-Typen als Grafik

Im Folgenden sehen wir uns diese Typen genauer an (geordnet nach Reichweite):

- PROMISCUOUS: Dieser Typ hat die größte Reichweite. Ein Client in solch einem PVLAN kann mit PVLANs vom Typ ISOLATED und COMMUNITY und mit PVLANs des eigenen Typs kommunizieren.

  Anwendungsgebiet: Hier befindet sich das Standard-Gateway, damit Clients aus dem Typ Isolated- und Community-VLAN nach außen in das physische Netzwerk kommunizieren können.

- COMMUNITY: Dieser Typ hat eine mittlere Reichweite. Ein Client in diesem PVLAN kann mit den Promiscuous-PVLANs innerhalb derselben Community, aber nicht mit den Isolated-PVLANs kommunizieren.

  Anwendungsgebiet: Hier werden Clients und Server einer Firma zusammengefasst, sodass die Firmenressourcen untereinander kommunizieren können, vor anderen Typen aber geschützt bleiben.

- ISOLATED: Dieser Typ hat die kürzeste Reichweite. Ein Client in diesem PVLAN kann mit PVLANs vom Typ PROMISCUOUS, aber nicht mit den Community- und nicht mit den Isolated-PVLANs kommunizieren.

  Anwendungsgebiet: Einzelne private Clients, die sich nicht sehen sollen, obwohl sie sich im selben IP-Adressbereich und in derselben sekundären VLAN-ID befinden.

7.6.5 Einstellmöglichkeiten auf der Distributed Port Group

Bei der Erzeugung einer Port Group auf einem vDS können nicht alle möglichen Einstellungen vorgenommen werden. Einige Einstellungen sind später vorzunehmen.

Dazu markieren Sie die Port Group und öffnen mittels Edit Settings die Konfigurationsmasken. Es gibt zwei Typen von Port Groups im vDS. In Abbildung 7.37 werden diese sichtbar.

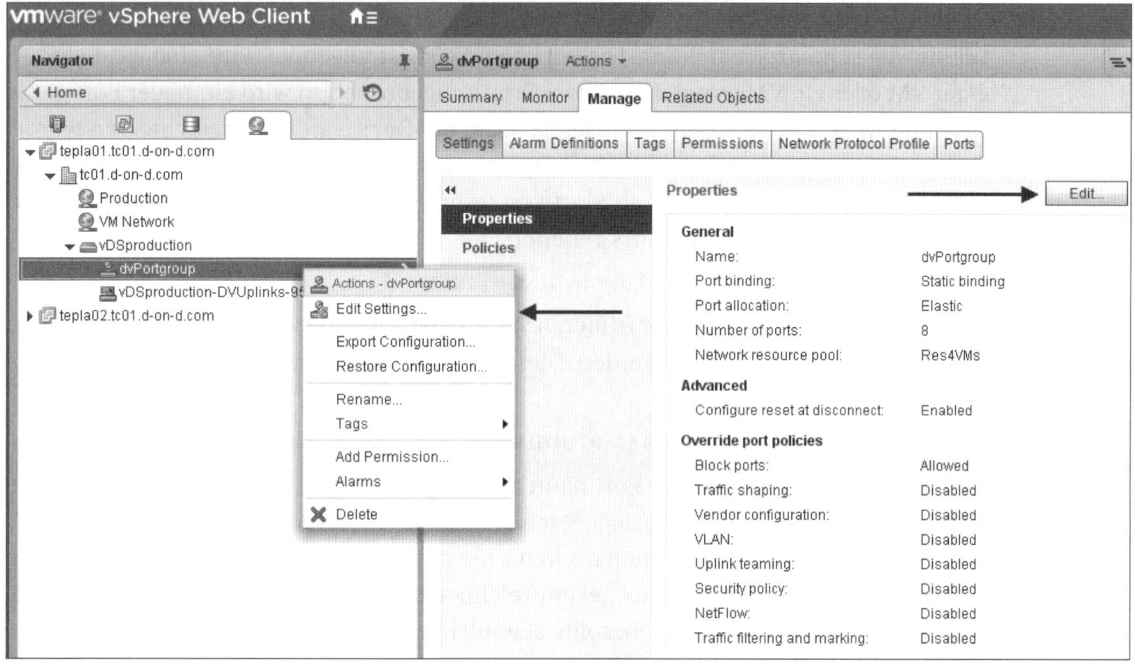

Abbildung 7.37 Übersicht der Eigenschaften einer Port Group

Die eine Port Group ist für die Verbindung von VMs und VMkernel gedacht. Die andere beinhaltet ausschließlich die Uplink-Adapter.

In der ersten Einstellung – General – kann der Name angepasst, die Anzahl der Ports und die Art des Port binding konfiguriert werden (siehe Abbildung 7.38).

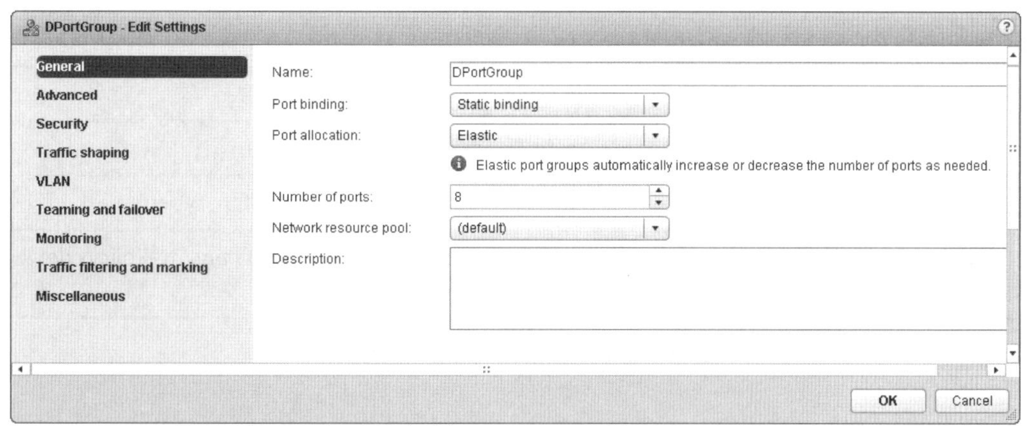

Abbildung 7.38 Geöffnete Konfigurationsmaske einer Port Group

Die einzelnen Einstellmöglichkeiten zu PORT BINDING und zu PORT ALLOCATION sehen wir uns im Folgenden genauer an:

- GENERAL • PORT BINDING • STATIC BINDING • ELASTIC

  Dies ist die Standardeinstellung. Die Wirkungsweise ist folgende: Wird eine virtuelle NIC einer VM oder ein VMkernel dieser Port Group zugeordnet, so wird ein neuer Port generiert und belegt. Der Port gilt als belegt, sobald ein Device an ihn angeschlossen wurde. Eine VM, die zum Beispiel nicht läuft, belegt trotzdem einen Port. In der Einstellung NUMBER OF PORTS ist der Wert 8 ist als Startwert festgelegt. Sind diese Ports aufgebraucht, so werden automatisch weitere Ports generiert.
- GENERAL • PORT BINDING • STATIC BINDING • FIXED

  Diese Einstellung entspricht der früheren Standardeinstellung vor ESXi 5.5. Hier kann eine fixe Anzahl Ports eingegeben werden. Diese ändert sich nicht, außer sie wird manuell erhöht.
- GENERAL • PORT BINDING • DYNAMIC BINDING

  Bei DYNAMIC BINDING gilt ein Port dann als belegt, wenn ein Teilnehmer aktiv ist. Eine VM, die läuft, gilt als aktiv und belegt einen Port. Haben Sie zum Beispiel 100 Ports und 150 Teilnehmer, so ist dies kein Problem, wenn nie mehr als 100 VMs parallel laufen. Diese Bindungsart ist als »depreciated« gekennzeichnet, d. h. aus Gründen der Rückwärtskompatibilität ist sie noch vorhanden, sollte aber nicht mehr verwendet werden.
- GENERAL • PORT BINDING • EPHEMERAL • NO BINDING

  Bei EPHEMERAL • NO BINDING gibt es keine fixe Port-Anzahl. Für jeden angeschlossenen Teilnehmer wird die Portanzahl um einen Port erhöht.

Die meisten weiteren Einstellungen, die folgen, wurden schon an anderer Stelle beschrieben oder folgen etwas später. Tabelle 7.10 zeigt, wo Sie die verschiedenen schon behandelten Themen finden.

Thema	Abschnitt	Titel
Layer-2-Security-Policy	7.4.6	Die Layer-2-Security-Policys
Traffic Shaping	7.4.7	Traffic Shaping
VLAN	7.4.8	Die VLAN-Einstellungen der vSwitch-Typen
Teaming and Failover	7.4.9	Die NIC-Teaming- und die Load-Balancing-Policys der vSwitch-Typen

Tabelle 7.10 Port-Group-Themen, die andernorts behandelt werden

Thema	Abschnitt	Titel
Resource Allocation	7.6.6	Network I/O Control
Monitoring	7.6.7	NetFlow

Tabelle 7.10 Port-Group-Themen, die andernorts behandelt werden (Forts.)

Auf der Port Group gibt es noch weitere Einstellmöglichkeiten für Policys unter MISCELLANEOUS und ADVANCED.

Unter MISCELLANEOUS (siehe Abbildung 7.39) können alle Ports für die ausgewählte Port Group auf einen Schlag blockiert werden. »Auf einen Schlag« meint alle daran angeschlossenen VMs auf allen in den vDS aufgenommenen Hosts (bis 1000). Das bedeutet, Tausende von VMs können innerhalb von Sekunden vom Netz genommen werden. Wenn Sie dasselbe mit vSS-Port-Groups machen möchten, müssen Sie bei 500 Hosts locker mit einer Stunde Zeitaufwand und mehr rechnen, weil jeder einzelne Host behandelt werden müsste.

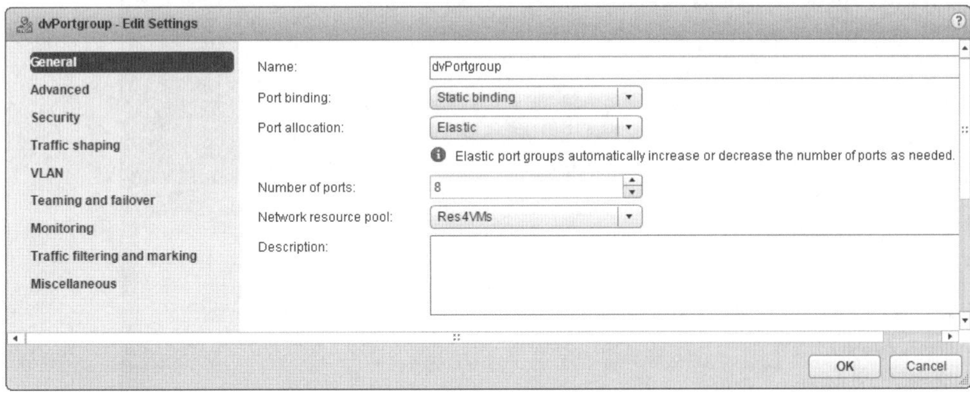

Abbildung 7.39 Port-Group-Einstellung »Miscellaneous«

In welchen Situationen macht so etwas Sinn? Wenn zum Beispiel ein neuer, bis dato unbekannter und hoch aggressiver Virus/Wurm durch das Netz ginge, so wäre es möglich, sehr schnell zu intervenieren – auch dann, wenn die Infrastruktur Tausende von VMs hätte. Einzelne Abschnitte könnten sofort stillgelegt werden.

Die Einstellung ADVANCED (siehe Abbildung 7.40) ermöglicht es, die Policy-Einstellungen auf eine Port Group zu fixieren. Fixierte Teile (OVERRIDE PORT POLICIES: DISABLED) können dann nicht mehr auf einem Port direkt verändert werden. Ist die Port-Group-Policy nicht fixiert (OVERRIDE PORT POLICIES: ALLOWED), so ist es möglich, die Einstellung auf dem Port zu verändern (siehe Abbildung 7.41).

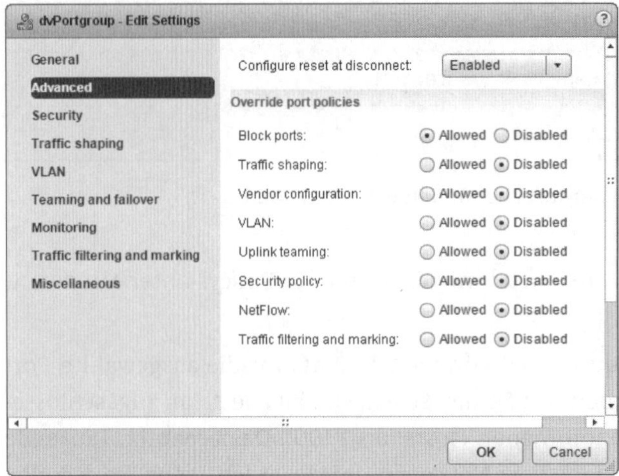

Abbildung 7.40 Die Port-Group-Einstellung »Advanced«

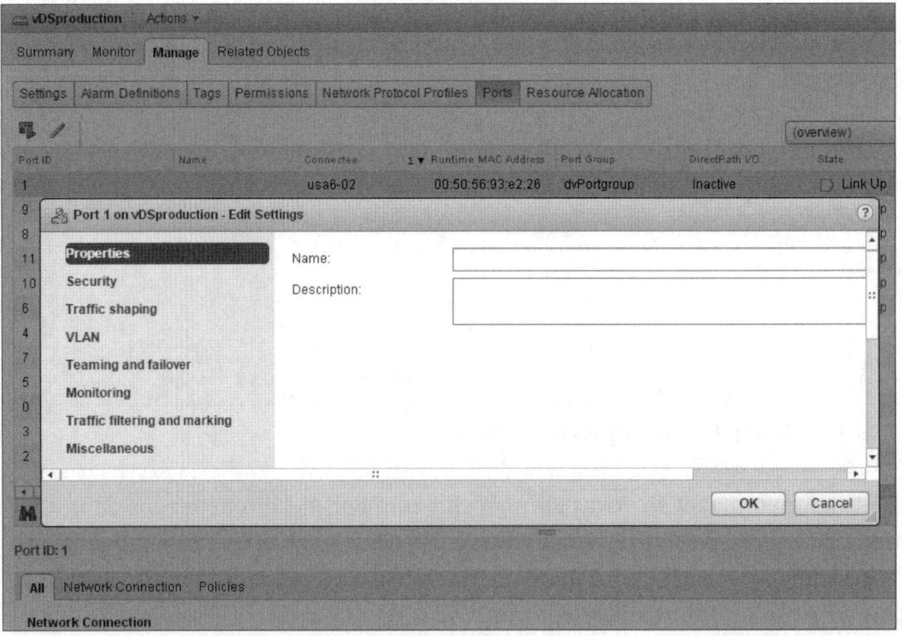

Abbildung 7.41 Die Einstellungen zur »Port Policy«

7.6.6 Network I/O Control

Mittels *Network I/O Control* (NIOC) kann der Netzwerkverkehr bei den vDS sehr granular modelliert werden. Beim Erstellen eines vDS ist die NETWORK I/O CONTROL eingeschaltet. Mit vSphere 6.0 wurde die Version 3 von Network I/O Control eingeführt. Die vorherige Version 2 ist dazu nicht kompatibel und verfolgt ein anderes Konzept.

Bei Version 2 konnte ein *CoS priority tag* verwendet werden, das auch als *Quality of Service tagging (802.1p)* bezeichnet wird. Bei der Version 3 gibt es dieses nicht mehr, dafür können aber Bandbreitenreservierungen vergeben werden. Sind aus früheren Konfigurationen vDS der Version 5.x vorhanden und sind CoS-Einstellungen verwendet worden, so kann bei der Aktualisierung auf einen vDS der Version 6.0.0 die NIOC-Version 2 behalten und später auf Version 3 aktualisiert werden.

Unter RESSOURCE ALLOCATION sind die Konfigurationen für die NIOC sichtbar, und es besteht die Möglichkeit, diese hier zu konfigurieren.

Der Abschnitt SYSTEM TRAFFIC in Abbildung 7.42 zeigt die Anzahl der Netzwerkadapter und die vorhandene Bandbreite sowie eventuell eingestellte Reservierungen der Netzwerkbandbreite. Hier können die Einstellungen (SHARES, RESERVATION, LIMIT) der neun vSphere-6.0-Verkehrstypen, wie Virtual Machine Traffic, Management Traffic, vMotion Traffic etc., vorgenommen werden. Diese können in den Einstellungen verändert, aber nicht gelöscht werden.

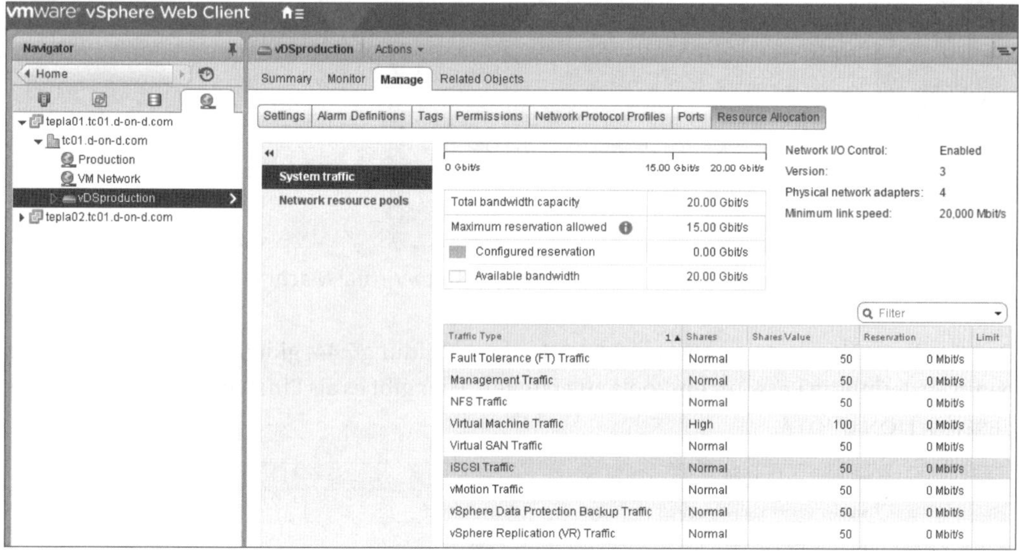

Abbildung 7.42 Der Reiter »Ressource Allocation« mit den Einstellungen für »System traffic« im »NIOC«

Wenn Sie eines der acht Netzwerkverkehrsmuster markieren und auf das Editieren-Symbol klicken, öffnet sich ein Fenster, in dem Sie alle Einstellungen vornehmen können (siehe Abbildung 7.43).

Sie können die folgenden Einstellungen vornehmen:

- SHARES: Das Konzept der *Shares* ist schon lange bei CPU und Memory bekannt. Dies ist hier praktisch dasselbe. Es gibt vordefinierte Werte: LOW (25), NORMAL (50), HIGH (100) und CUSTOM (zu definieren). Shares kommen nur dann zum Einsatz, wenn »der Hunger größer ist als der Kuchen«, das heißt, wenn mehr Bandbreite verwendet werden sollte, als vorhanden ist. Mehr Shares ergeben ein größeres Stück vom Kuchen. Wenn ein Verkehrsmuster also 25 Shares hat, das andere aber 50 Shares besitzt, so bekommt das Muster mit 50 doppelt so viel Bandbreite wie das mit 25 Shares.

- RESERVATION: Der Standard ist auf 0 gesetzt, also inaktiv. Hier kann eine Reservierung für das betreffende Verkehrsmuster eingegeben werden. Diese Reservation kann später z. B. auf benutzerdefinierte Netzwerk-Ressourcen-Pools und von diesen bis auf einzelne virtuelle Netzwerkkarten (vNICs) heruntergebrochen werden.
- LIMIT: Per Default ist die Einstellung auf UNLIMITED gesetzt. Wird ein Wert eingegeben, kann hier ein Shaping auf dem Netzwerkverkehrsmuster betrieben werden. Diese Obergrenze an Bandbreite wirkt (im Gegensatz zu den Shares) immer, also auch dann, wenn noch viel Bandbreite zur Verfügung stünde. Die Werte sind in Mbit/s definiert.

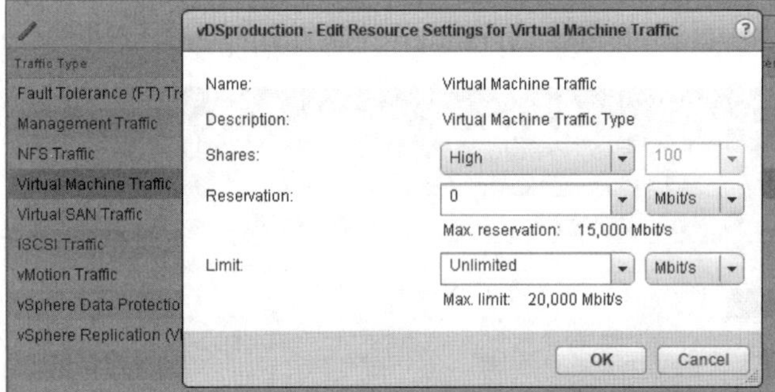

Abbildung 7.43 Einstellmöglichkeiten im Verkehrsmuster »Virtual Machine Traffic«

Der Abschnitt NETWORK RESOURCE POOLS (siehe Abbildung 7.44) gibt Ihnen die Möglichkeit, benutzerdefinierte Ressourcen-Pools zu erstellen. Hier gibt es als Einstellmöglichkeit nur die RESERVATION QUOTA.

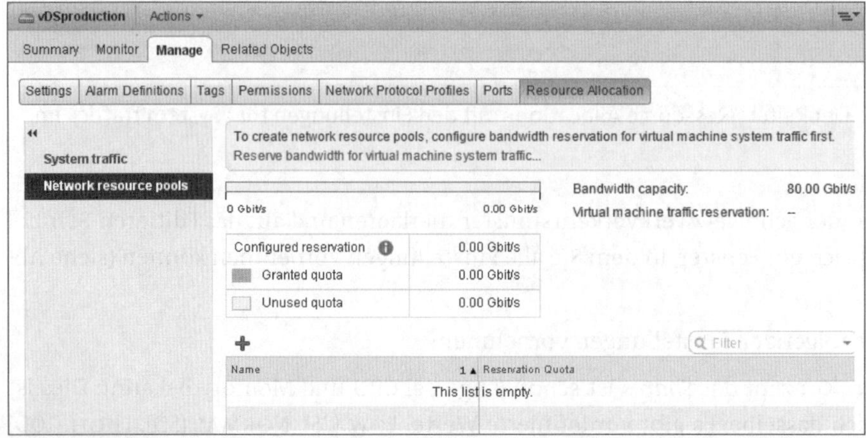

Abbildung 7.44 Der Reiter »Ressource Allocation« mit den Einstellungen für »Network resource pools« im »NIOC«

Benutzerdefinierte Netzwerk-Ressourcen-Pools

Ein benutzerdefinierter Netzwerk-Ressourcen-Pool kann über das grüne Plus-Symbol erstellt werden. Sehen wir uns dazu ein Beispiel an. Wir möchten zwei Netzwerk-Ressourcen-Pools für VIRTUAL MACHINE TRAFFIC erstellen – den einen mit einer Reservation von 100 Mbit/s, den anderen mit einer Reservation von 10 MBit/s. Dazu sind vier Schritte notwendig:

Schritt 1

Wir verändern im SYSTEM TRAFFIC die Reservation für VIRTUAL MACHINE TRAFFIC (siehe Abbildung 7.43).

Schritt 2

Wir erstellen zwei neue Netzwerk-Ressourcen-Pools: »High-Level-Apps« und »Low-Level-Apps«. Abbildung 7.45 zeigt die Erstellung des Ressourcen-Pools »High-Level-Apps«.

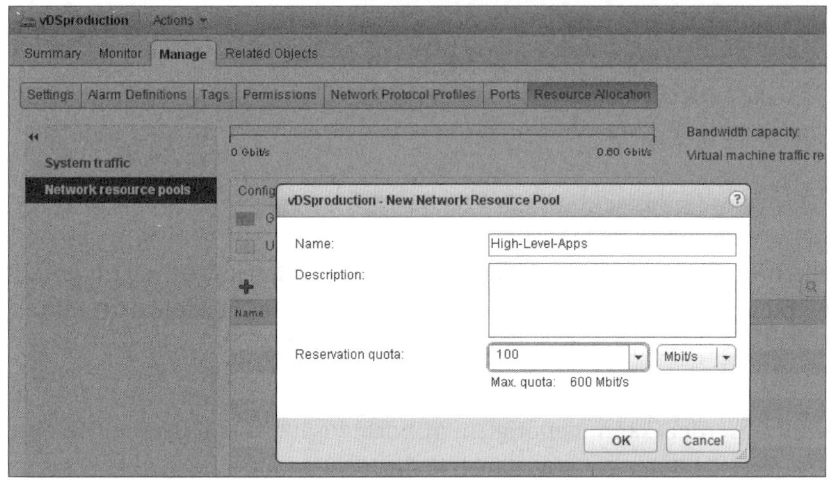

Abbildung 7.45 Erstellung des Netzwerk-Ressourcen-Pools »High-Level-Apps«

In Abbildung 7.46 sind beide erzeugten Ressourcen-Pools zu sehen.

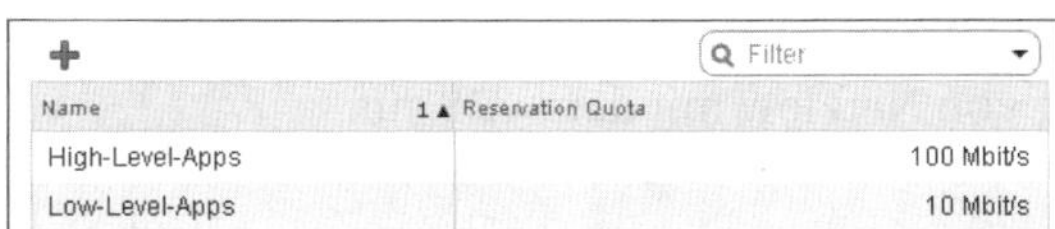

Abbildung 7.46 Zwei erstellte benutzerdefinierte Netzwerk-Ressourcen-Pools

Schritt 3

Nun muss die Zuordnung der Port Groups zu den entsprechenden Netzwerk-Ressourcen-Pools erfolgen. Dies sehen Sie in Abbildung 7.47.

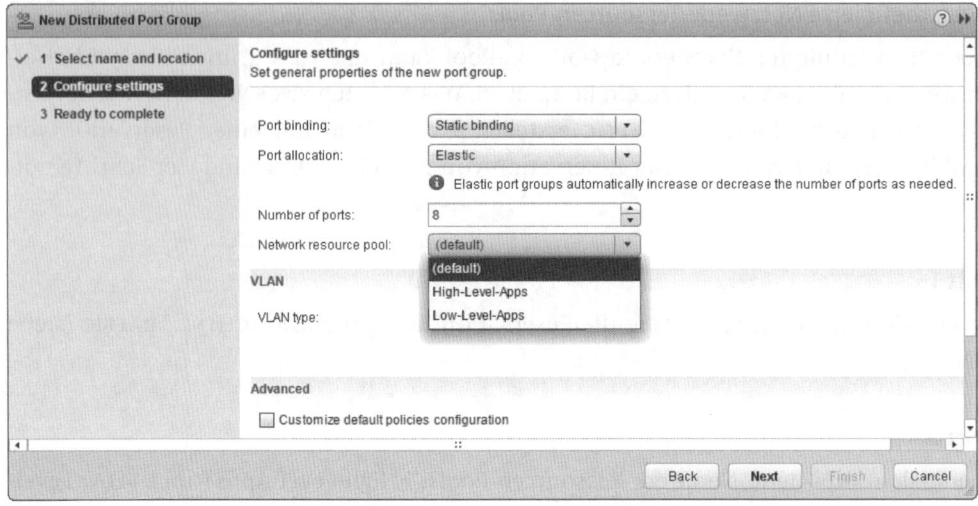

Abbildung 7.47 Zuordnung der Port Groups zu den Netzwerk-Ressourcen-Pools

Schritt 4

Abschließend müssen die entsprechenden VMs den jeweiligen Port Groups zugeordnet werden – und fertig ist die Konfiguration.

7.6.7 NetFlow

NetFlow ist eine Funktion, die mit vSphere 5.0 eingeführt wurde. NetFlow wurde ursprünglich von Cisco entwickelt und wird mittlerweile von vielen Herstellern unterstützt. Mittels NetFlow – der Name sagt es eigentlich schon – können Daten über den Netzwerkverkehr gesammelt werden.

Damit NetFlow benutzt werden kann, benötigt man noch zusätzliche Software. Die eine Komponente ist diejenige, die Daten sammelt, auch *Kollektor* genannt. Eine weitere Komponente dient zur Auswertung der gesammelten Daten. Dies ist der *Analyzer*. Es gibt diverse kostenlose Produkte, vor allem im Linux-Umfeld. Für Windows existieren deutlich weniger. Wir haben für den folgenden Implementierungsteil das kostenlose Tool *SolarWinds Realtime NetFlow Analyzer* der Firma *SolarWinds* verwendet.

Die folgenden Schritte zeigen die Einrichtung von NetFlow mit dem vDS auf.

Schritt 1

Der erste Schritt ist die Aktivierung von NetFlow auf dem vDS (siehe Abbildung 7.48).

Für die Konfiguration von NetFlow auf dem vDS muss unter EDIT NETFLOW SETTINGS die IP-Adresse des NetFlow-Collectors angegeben werden. Ebenfalls ist die Port-Nummer einzustellen. Beim vDS ist der Standard-Port 1, bei *SolarWinds* verwenden Sie Port 2055. Sie passen entweder den vDS oder den Collector-Port an. In unserem Beispiel haben wir den Port auf dem vDS angepasst.

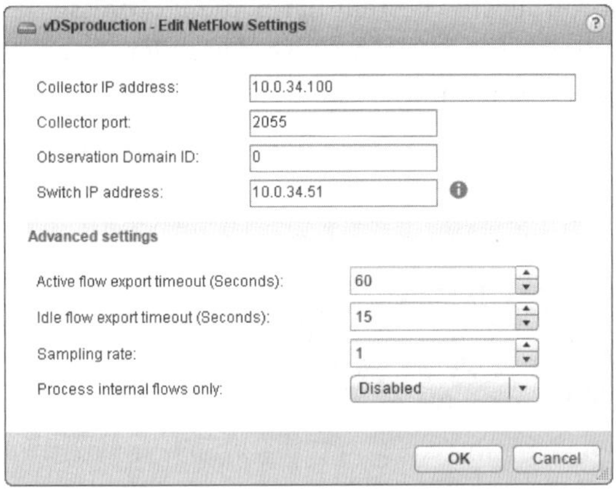

vDSproduction - Edit NetFlow Settings

Collector IP address: 10.0.34.100
Collector port: 2055
Observation Domain ID: 0
Switch IP address: 10.0.34.51

Advanced settings

Active flow export timeout (Seconds): 60
Idle flow export timeout (Seconds): 15
Sampling rate: 1
Process internal flows only: Disabled

OK Cancel

Abbildung 7.48 NetFlow-Einrichtung auf dem vDS

Unter SWITCH IP ADDRESS wird dem vDS eine IP-Adresse angegeben, damit der Collector die Daten abgreifen kann.

Unter ADVANCED SETTINGS können Timeout-Werte für den Datenfluss und die Sampling-Rate angegeben werden. Wir haben bei SAMPLING RATE den Wert 1 (für eine Sekunde) angegeben; dies bedeutet, dass jedes Netzwerkpaket aufgezeichnet wird. In der Praxis wird diese Sampling-Rate meist höher gesetzt, damit die Systemlast nicht zu hoch wird. Ein Wert von 10 würde bedeuten, dass jedes zehnte Netzwerkpaket bewertet wird.

Schritt 2

Nachdem der vDS für NetFlow vorbereitet wurde, müssen auch die Port Groups auf dem vDS für NetFlow aktiviert werden (siehe Abbildung 7.49). Hier wird NetFlow auf der Port Group PRODUCTION aktiviert.

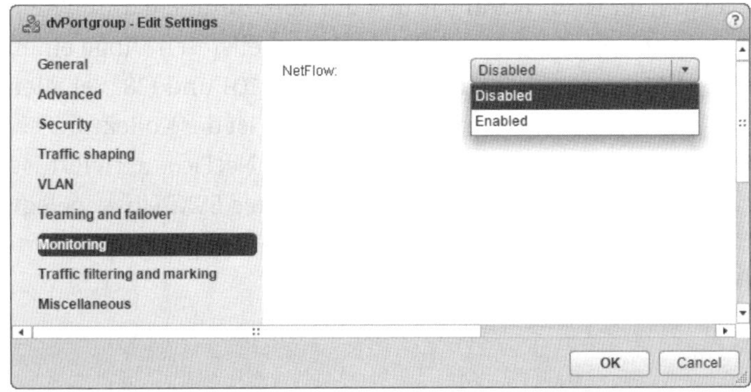

Abbildung 7.49 NetFlow auf der Port Group aktivieren

Schritt 3

Nachdem der vDS und die Port Group(s) aktiviert wurden, kann die NetFlow-Software konfiguriert werden. Der erste Schritt beim NetFlow-Collector besteht darin, die IP-Adresse des vDS anzugeben, damit die Software weiß, von wo Daten gesammelt werden sollen. In unserem Beispiel ist das die IP-Adresse 10.0.34.51 (siehe Abbildung 7.48).

Wurde unser NetFlow-Device registriert, so werden alle erkannten Port-IDs dargestellt und können eine nach der anderen konfiguriert werden. Sie sehen ein Beispiel in Abbildung 7.50. Hier wird die Port-ID 101 konfiguriert.

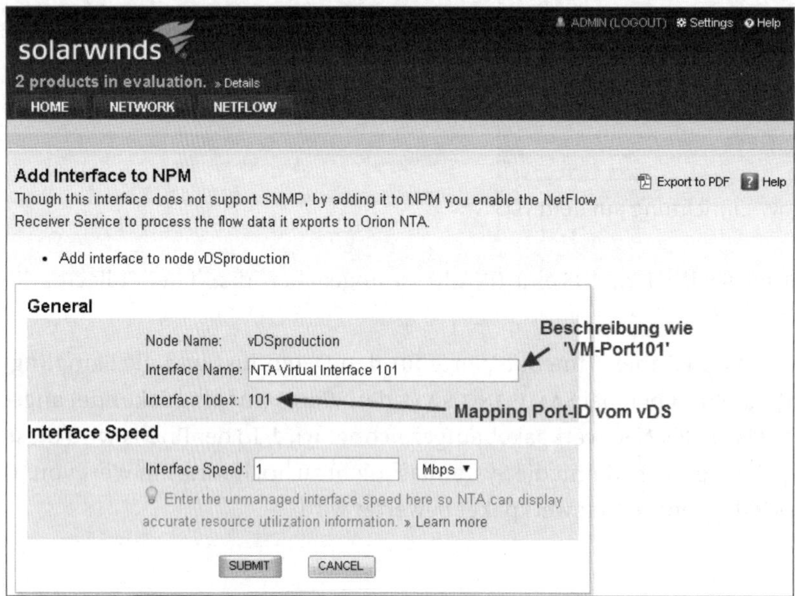

Abbildung 7.50 Selektieren des Ports für die Messung

In welcher Beziehung steht der Port aus Abbildung 7.50 zum Gesamtkonstrukt?

Es ist eine Port-ID, die im vDS verwendet wird. Wenn wir uns die Abbildung 7.51 anschauen und sie mit der Abbildung 7.52 vergleichen, so sehen wir, dass die aufgelisteten Dinge einen 1:1-Bezug zueinander besitzen. Die VMs sind auf den Port-IDs 36, 100, 101 und 138. Bei allen läuft das NetFlow-Protokoll, außer auf 172. Die VM *usa01vm* am Port 172 ist der Kollektor. Diese VM wurde an die Port Group *NetFlow* angeschlossen, die nicht für NetFlow aktiviert ist. Die Uplinks, die angezeigt werden, werden von den Netzwerkkarten des ESXi-Hosts belegt, über die der NetFlow-Verkehr abgewickelt wird. In der Kollektor-Software können diese Port-IDs nun hinzugefügt und konfiguriert werden.

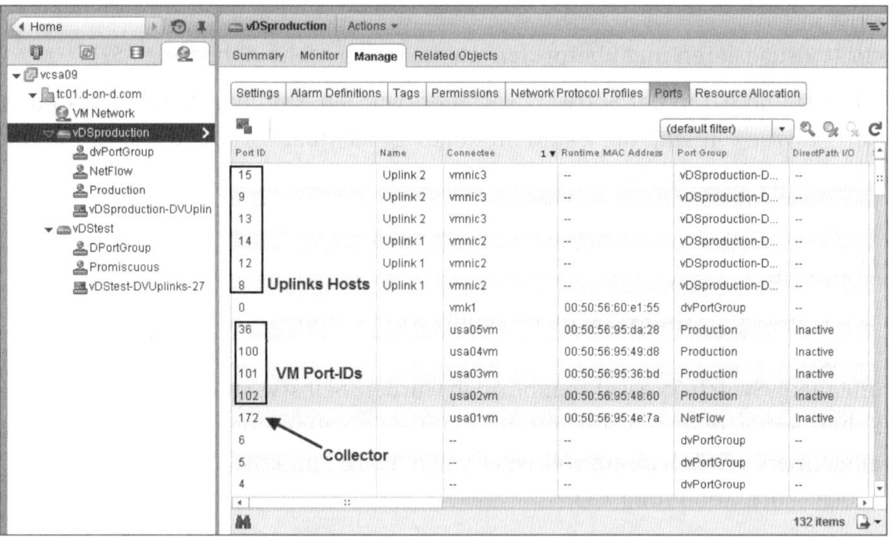

Abbildung 7.51 Port-Informationen auf dem vDS

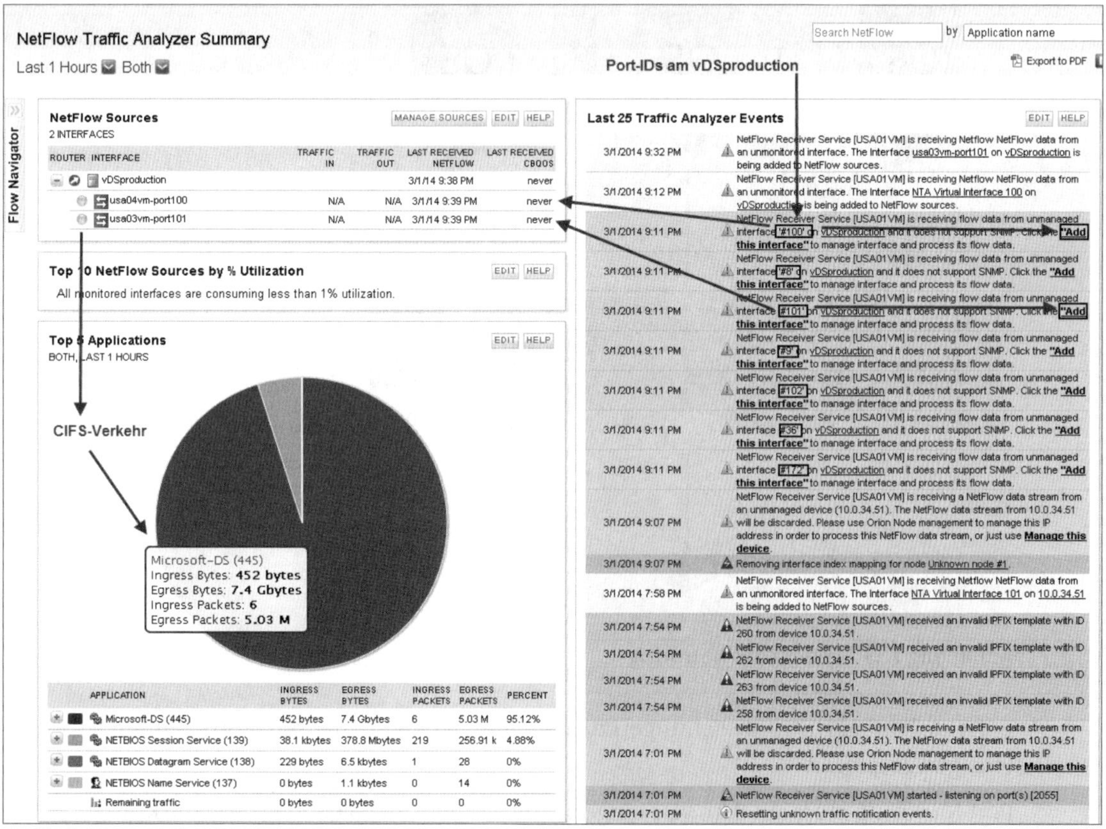

NetFlow Traffic Analyzer Summary

Last 1 Hours Both

Port-IDs am vDSproduction

Flow Navigator

NetFlow Sources

2 INTERFACES

ROUTER INTERFACE	TRAFFIC IN	TRAFFIC OUT	LAST RECEIVED NETFLOW	LAST RECEIVED CBQOS
vDSproduction			3/1/14 9:38 PM	never
usa04vm-port100	N/A	N/A	3/1/14 9:39 PM	never
usa03vm-port101	N/A	N/A	3/1/14 9:39 PM	never

Top 10 NetFlow Sources by % Utilization

All monitored interfaces are consuming less than 1% utilization.

Top 5 Applications

BOTH, LAST 1 HOURS

CIFS-Verkehr

Microsoft-DS (445)
Ingress Bytes: **452 bytes**
Egress Bytes: **7.4 Gbytes**
Ingress Packets: **6**
Egress Packets: **5.03 M**

APPLICATION	INGRESS BYTES	EGRESS BYTES	INGRESS PACKETS	EGRESS PACKETS	PERCENT
Microsoft-DS (445)	452 bytes	7.4 Gbytes	6	5.03 M	95.12%
NETBIOS Session Service (139)	38.1 kbytes	378.8 Mbytes	219	256.91 k	4.88%
NETBIOS Datagram Service (138)	229 bytes	6.5 kbytes	1	28	0%
NETBIOS Name Service (137)	0 bytes	1.1 kbytes	0	14	0%
Remaining traffic	0 bytes	0 bytes	0	0	0%

Last 25 Traffic Analyzer Events

3/1/2014 9:32 PM	NetFlow Receiver Service [USA01VM] is receiving Netflow NetFlow data from an unmonitored interface. The interface usa03vm-port101 on vDSproduction is being added to NetFlow sources.
3/1/2014 9:12 PM	NetFlow Receiver Service [USA01VM] is receiving Netflow NetFlow data from an unmonitored interface. The interface NTA Virtual Interface 100 on vDSproduction is being added to NetFlow sources.
3/1/2014 9:11 PM	NetFlow Receiver Service [USA01VM] is receiving flow data from unmanaged interface '#100' on vDSproduction and it does not support SNMP. Click the "Add this interface" to manage interface and process its flow data.
3/1/2014 9:11 PM	NetFlow Receiver Service [USA01VM] is receiving flow data from unmanaged interface '#8' on vDSproduction and it does not support SNMP. Click the "Add this interface" to manage interface and process its flow data.
3/1/2014 9:11 PM	NetFlow Receiver Service [USA01VM] is receiving flow data from unmanaged interface '#101' on vDSproduction and it does not support SNMP. Click the "Add this interface" to manage interface and process its flow data.
3/1/2014 9:11 PM	NetFlow Receiver Service [USA01VM] is receiving flow data from unmanaged interface '#9' on vDSproduction and it does not support SNMP. Click the "Add this interface" to manage interface and process its flow data.
3/1/2014 9:11 PM	NetFlow Receiver Service [USA01VM] is receiving flow data from unmanaged interface '#102' on vDSproduction and it does not support SNMP. Click the "Add this interface" to manage interface and process its flow data.
3/1/2014 9:11 PM	NetFlow Receiver Service [USA01VM] is receiving flow data from unmanaged interface '#36' on vDSproduction and it does not support SNMP. Click the "Add this interface" to manage interface and process its flow data.
3/1/2014 9:11 PM	NetFlow Receiver Service [USA01VM] is receiving flow data from unmanaged interface '#172' on vDSproduction and it does not support SNMP. Click the "Add this interface" to manage interface and process its flow data.
3/1/2014 9:07 PM	NetFlow Receiver Service [USA01VM] is receiving a NetFlow data stream from an unmanaged device (10.0.34.51). The NetFlow data stream from 10.0.34.51 will be discarded. Please use Orion Node management to manage this IP address in order to process this NetFlow data stream, or just use Manage this device.
3/1/2014 9:07 PM	Removing interface index mapping for node Unknown node #1.
3/1/2014 7:58 PM	NetFlow Receiver Service [USA01VM] is receiving Netflow NetFlow data from an unmonitored interface. The interface NTA Virtual Interface 101 on 10.0.34.51 is being added to NetFlow sources.
3/1/2014 7:54 PM	NetFlow Receiver Service [USA01VM] received an invalid IPFIX template with ID 260 from device 10.0.34.51.
3/1/2014 7:54 PM	NetFlow Receiver Service [USA01VM] received an invalid IPFIX template with ID 262 from device 10.0.34.51.
3/1/2014 7:54 PM	NetFlow Receiver Service [USA01VM] received an invalid IPFIX template with ID 263 from device 10.0.34.51.
3/1/2014 7:54 PM	NetFlow Receiver Service [USA01VM] received an invalid IPFIX template with ID 258 from device 10.0.34.51.
3/1/2014 7:01 PM	NetFlow Receiver Service [USA01VM] is receiving a NetFlow data stream from an unmanaged device (10.0.34.51). The NetFlow data stream from 10.0.34.51 will be discarded. Please use Orion Node management to manage this IP address in order to process this NetFlow data stream, or just use Manage this device.
3/1/2014 7:01 PM	NetFlow Receiver Service [USA01VM] started - listening on port(s) [2055]
3/1/2014 7:01 PM	Resetting unknown traffic notification events.

Abbildung 7.52 NetFlow-Informationen – grafisch dargestellt in SolarWinds

Schritt 4

Im letzten Schritt visualisieren und überprüfen wir die Daten (siehe Abbildung 7.52).

Da die Port-IDs 100 und 101 in der Software selektiert wurden, sind die Daten dieses Ports dargestellt. Nach kurzer Zeit sind die Daten im Kollektor sichtbar. Es sind die übermittelte Datenmenge wie auch verschiedene Protokolle sichtbar.

7.6.8 Port Mirroring

Vor vSphere 5.0 konnte Netzwerkverkehr von anderen Teilnehmern nur über den Promiscuous Mode aufgezeichnet werden. Das Problem daran ist, dass dann gleich alle Teilnehmer an dem betreffenden vSwitch-Typ wahrgenommen wurden. Selbstverständlich konnte man Filter in der Sniffer-Software setzen, um Einschränkungen vorzunehmen. Wenn nur der Verkehr eines Teilnehmers verfügbar sein soll, ist es auf jeden Fall praktischer, dass der Port gespiegelt wird (siehe auch Abbildung 7.53).

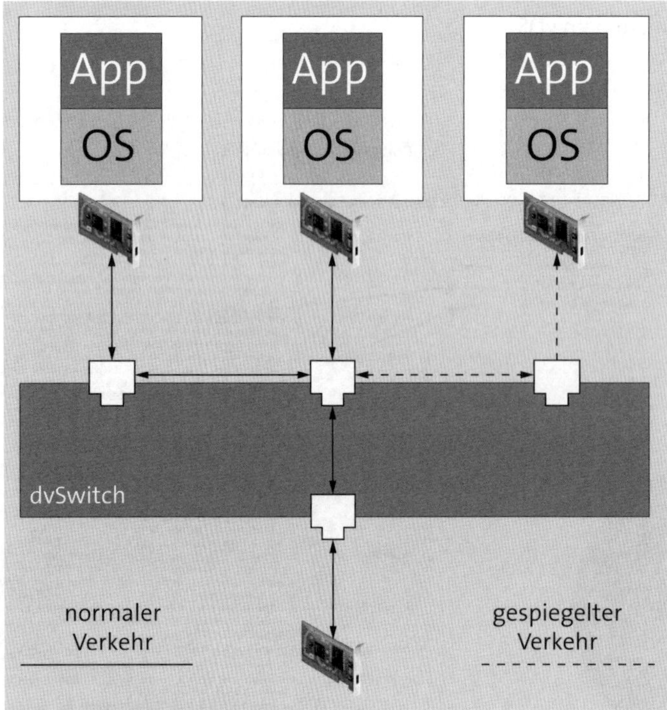

Abbildung 7.53 Schema des Mirroring

Es ist auch möglich, n:1-Beziehungen zu erstellen. Das heißt, mehrere Ports werden auf einen einzigen gespiegelt.

Port Mirroring muss auf dem vDS eingerichtet werden. Im Folgenden wird die Konfiguration eines Mirrorings beschrieben.

Schritt 1

Die Identifikation der Port-Nummer ist der erste Schritt. Dazu selektieren Sie den vDS und wählen anschließend die Registerkarte PORTS aus (siehe Abbildung 7.54).

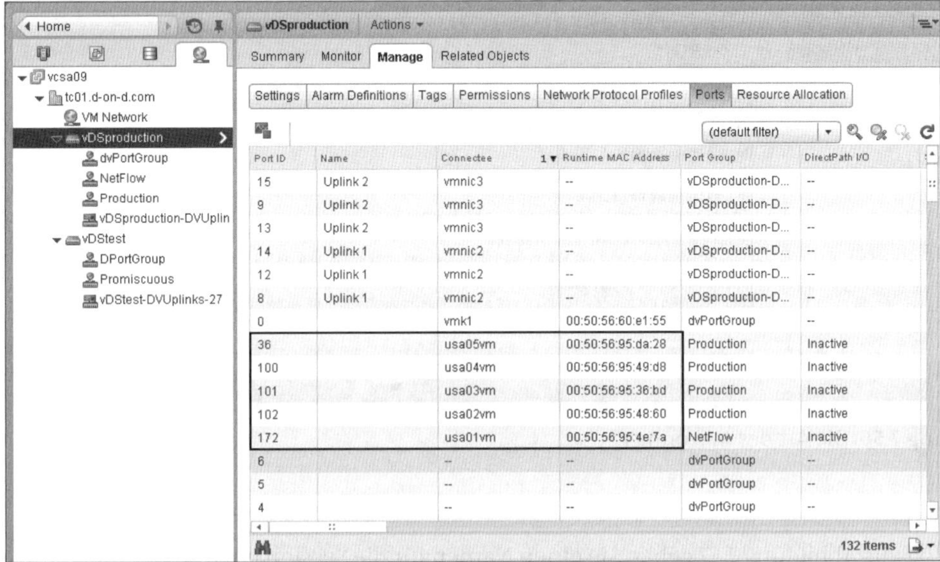

Abbildung 7.54 Die wichtigen Informationen für das Port Mirroring

Wie in der Abbildung zu sehen ist, gibt es fünf VMs an den Port-IDs 36, 100, 101, 102 und 172.

Wir zeigen nun die Einrichtung eines Port Mirrors der Port-ID 101 zu Port-ID 100.

Schritt 2

Im zweiten Schritt öffnen Sie auf dem vDS über MANAGE • SETTINGS den Konfigurationsdialog. Danach wählen Sie PORT MIRRORING (siehe Abbildung 7.55). Mit NEW starten Sie den Assistenten zur Einrichtung.

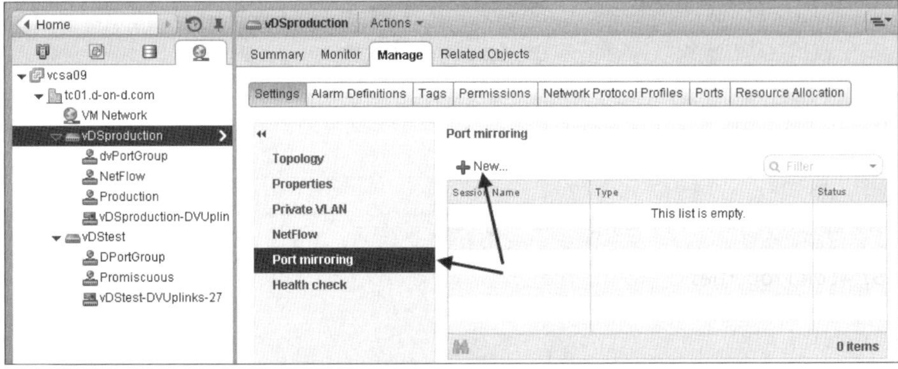

Abbildung 7.55 vDS »Manage • Settings« mit der Ansicht »Port mirroring«

Schritt 3

In diesem Schritt sind die Grundkonfigurationen zu erstellen. Mit Punkt 1 aus Abbildung 7.56 kann die Art der Session eingestellt werden.

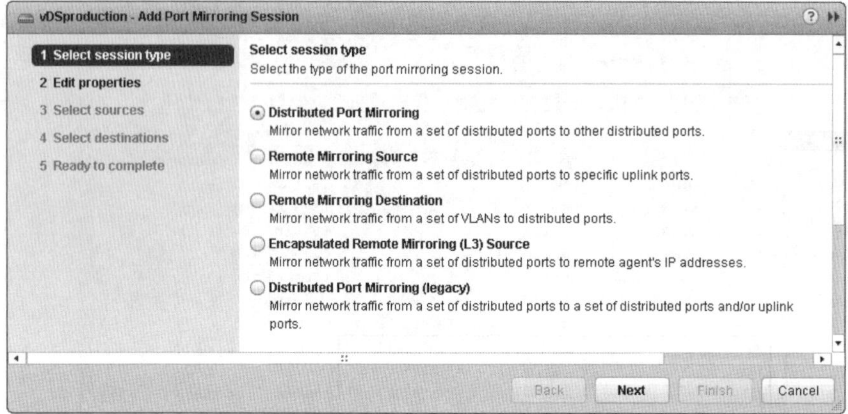

Abbildung 7.56 Die Art des Mirrorings

Schritt 4

Im Dialog aus Abbildung 7.57 geben Sie einen Namen für die Session ein und nehmen einige Einstellungen vor. Es können weitere Details eingegeben werden, wie Paketgrößen, Sampling-Rate, Beschreibung etc.

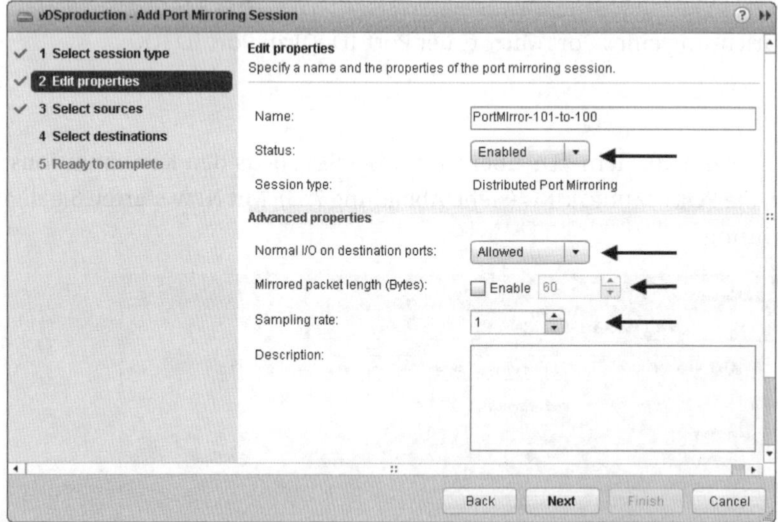

Abbildung 7.57 »Edit Properties«

Schritt 5

In diesem Schritt geben Sie die Quelle an, von der Daten bezogen werden (siehe Abbildung 7.58). Dazu muss bei der betreffenden Port-ID ein Häkchen gesetzt werden.

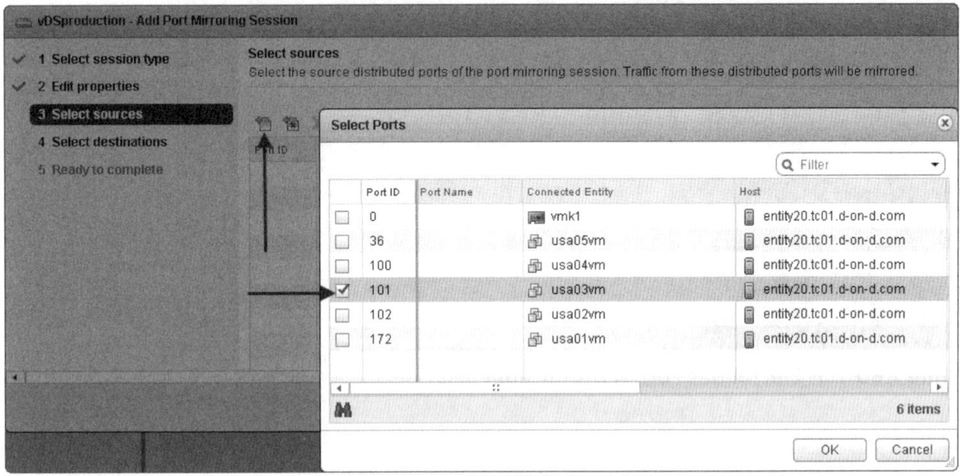

Abbildung 7.58 Auswählen der Quelle – Port 101

Mithilfe eines Selektors können Sie die Richtung des Netzwerkverkehrs einstellen (siehe Abbildung 7.59). Drei Möglichkeiten sind vorhanden:

1. Ingress/Egress (Eingehend/Ausgehend)
2. Ingress (Eingehend)
3. Egress (Ausgehend)

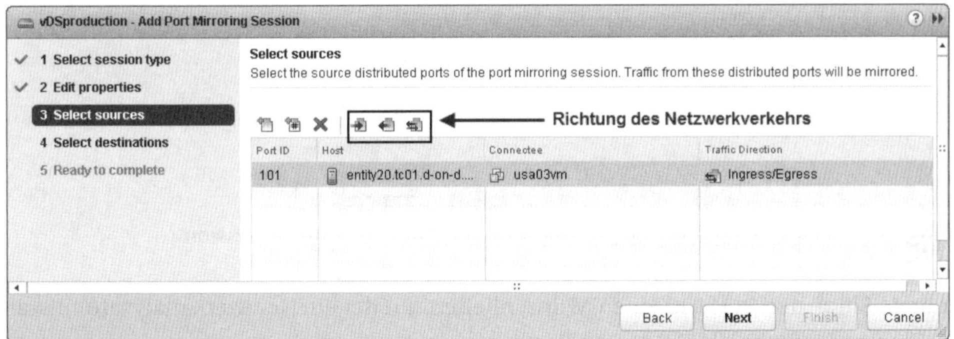

Abbildung 7.59 Eingabe der Richtung

Schritt 6

Im nächsten Schritt geben Sie das Ziel an (siehe Abbildung 7.60).

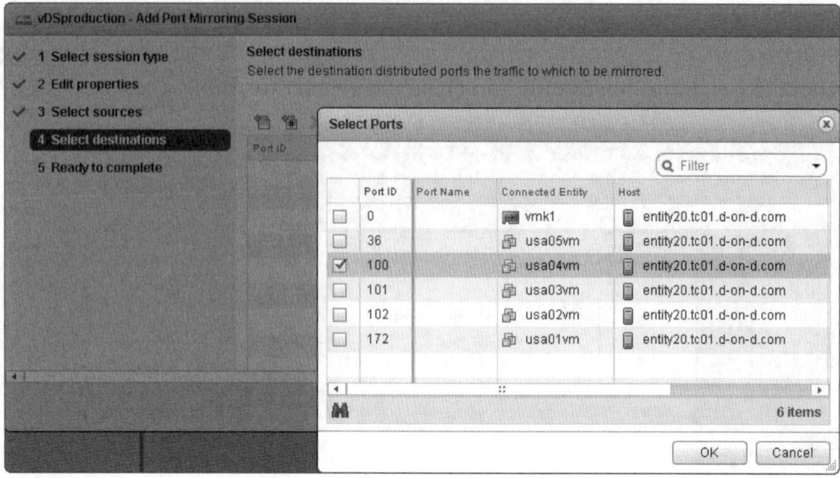

Abbildung 7.60 Das Ziel für das Port Mirroring angeben

Schritt 7

Im Dialog aus Abbildung 7.61 erfolgt eine Zusammenfassung der Einstellungen. Sobald Sie auf FINISH klicken, wird die Konfiguration durchgeführt.

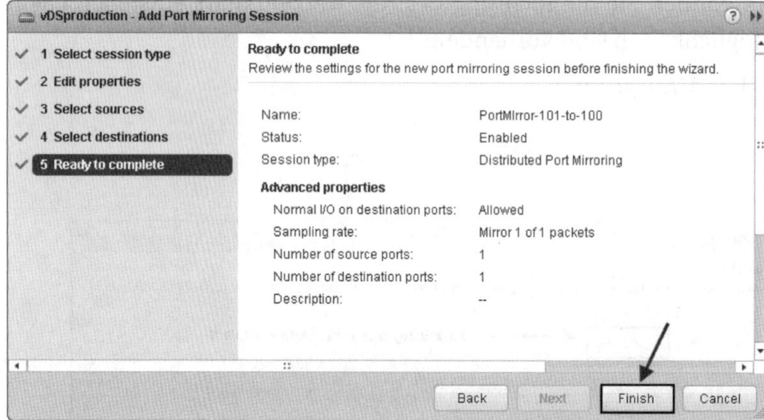

Abbildung 7.61 Zusammenfassung der Konfiguration für die Port-Mirror-Session

Nun können Sie an den Port 100 eine VM anschließen, auf der ein Netzwerkanalysator installiert ist. Dieser empfängt alle Daten von Port 101.

7.7 Die Migration von vSS auf vDS

Bei bestehenden Infrastrukturen ist es mitunter erwünscht, dass von den bestehenden Standard-vSwitches zu den dvSwitches migriert werden kann. Dieser Vorgang kann – wenn er gut geplant ist und bestimmte Voraussetzungen eingehalten wurden – ohne Unterbrechung und in einem Schritt durchgeführt werden.

Das folgende Szenario zeigt, wie Schritt für Schritt eine Migration durchgeführt werden kann. Folgende Ziele sollen erreicht werden:

- Es darf zu keinerlei Unterbrechungen in der Netzwerkkommunikation kommen.
- Das Management-Netzwerk soll als Standard-vSwitch erhalten bleiben.
- Die virtuellen Maschinen sollen von der Port Group *VM Network* auf eine neue Port Group namens *Prod* migriert werden.

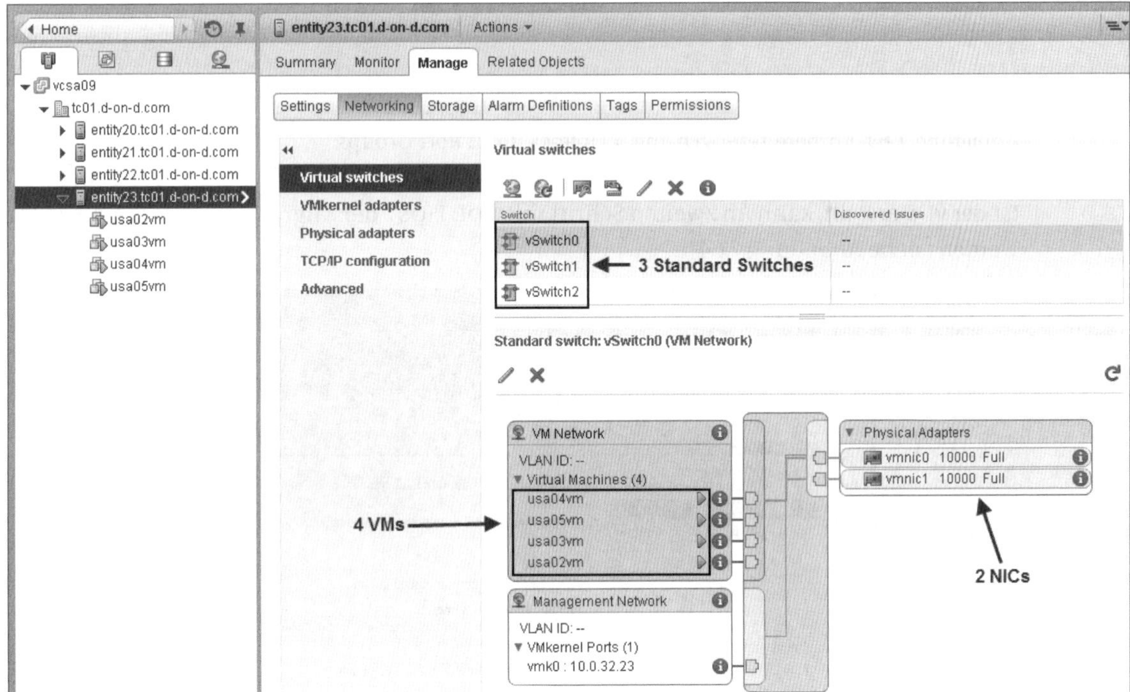

Abbildung 7.62 Ausgangslage für die Migration

Wie im Screenshot aus Abbildung 7.62 zu sehen ist, existieren drei vSS (vNetwork Standard Switches), die jeweils Redundanz besitzen. Am vSwitch 0 sind 4 VMs und 2 NICs vorhanden. In der Liste sind noch vSwitch 1 (vMotion) und vSwitch 2 (IP-Storage) aufgeführt. Diese besitzen jeweils einen VMkernel- und zwei Netzwerkadapter.

Im ersten Schritt wird der vDS erstellt. Dieser besitzt 4 Uplinks und 3 Port Groups mit den Namen *IPStorage* für den VMkernel *vmk2*, *Prod* für die 4 VMs und *VMotion* für den *vmk1* (siehe Abbildung 7.63).

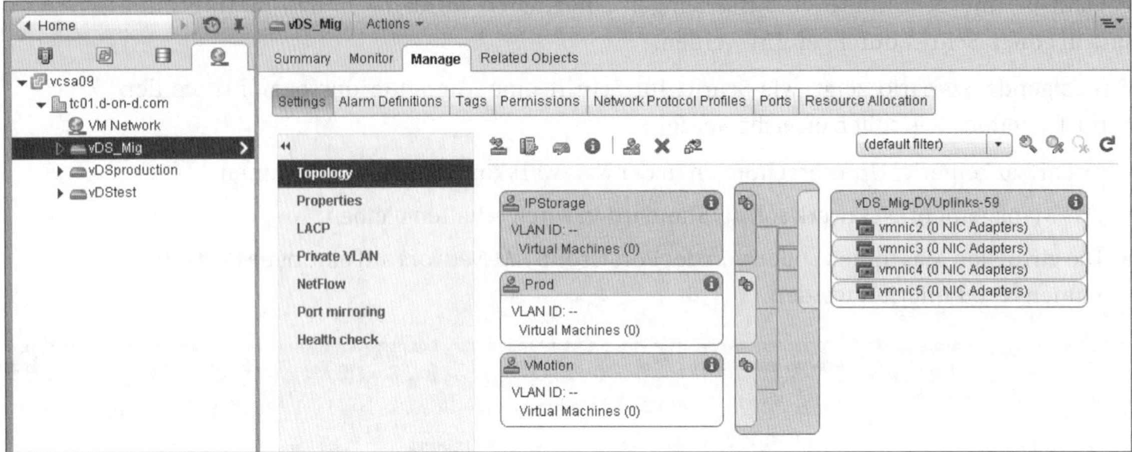

Abbildung 7.63 Vorbereiteter vDS mit 4 Uplinks und 3 Port Groups

Ist der vDS erstellt, kann im zweiten Schritt mit ADD HOST der Migrationsprozess eingeleitet werden (siehe Abbildung 7.64).

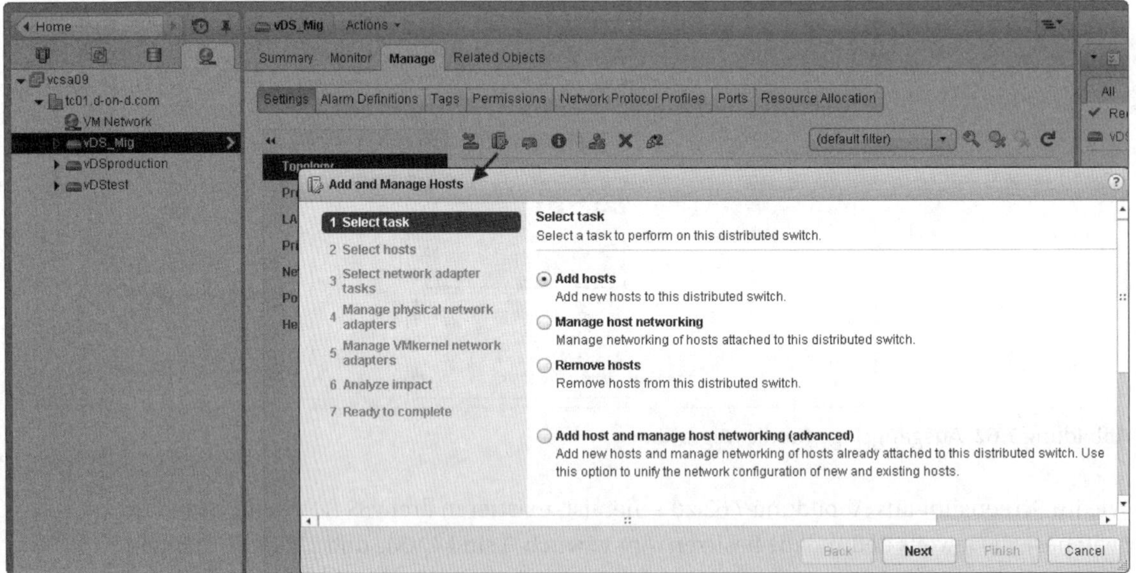

Abbildung 7.64 »Add Host« mit der Sicht auf den vDS »vDS_Mig«

Mit NEW HOST wird ein Fenster geöffnet, das die Auswahl der gewünschten Hosts ermöglicht (siehe Abbildung 7.65).

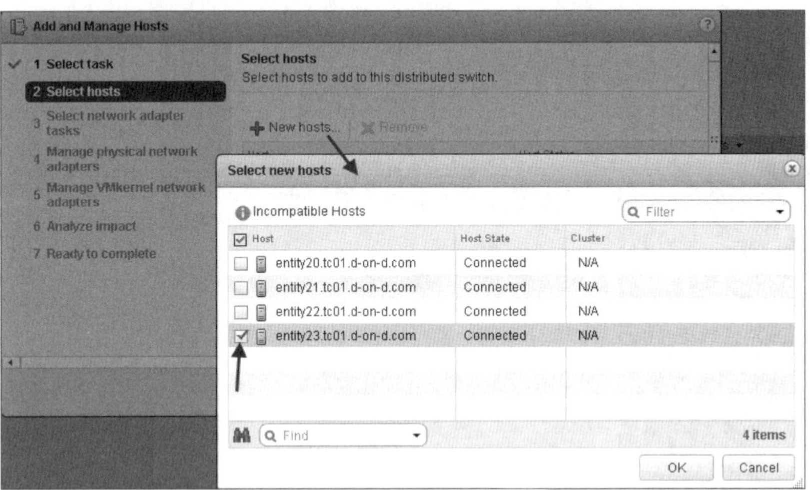

Abbildung 7.65 Host hinzufügen

Im dritten Schritt (siehe Abbildung 7.66) können Sie all die Komponenten auswählen, die gleichzeitig migriert werden sollen. In diesem Fall wären das die physischen Netzwerkadapter, die VMkernel-Adapter und die virtuellen Maschinen.

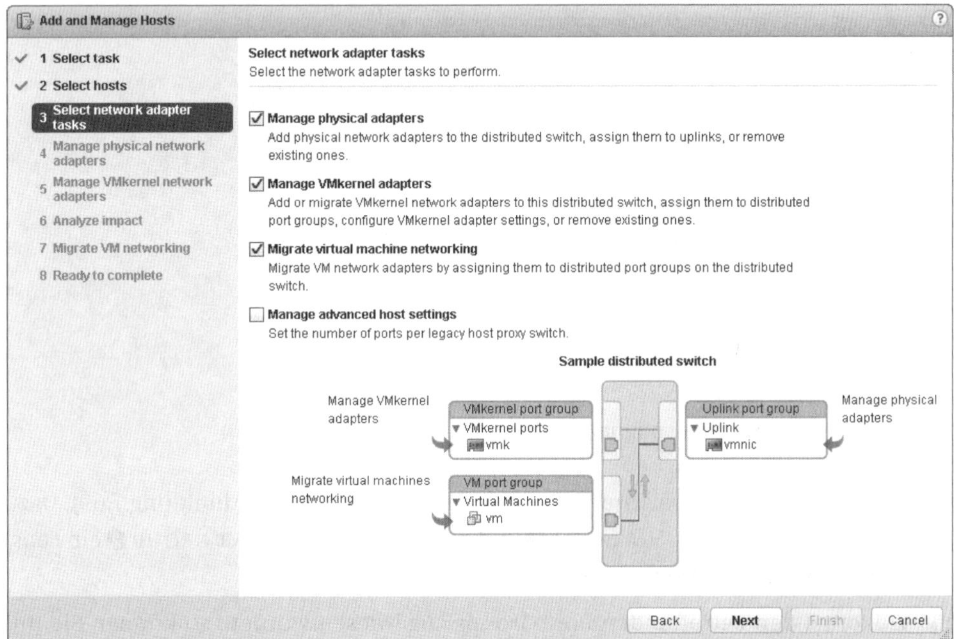

Abbildung 7.66 Komponenten für die Migration wählen

Im nächsten Schritt 4 können nun die Netzwerkadapter an die Uplink-Ports zugewiesen werden (siehe Abbildung 7.67).

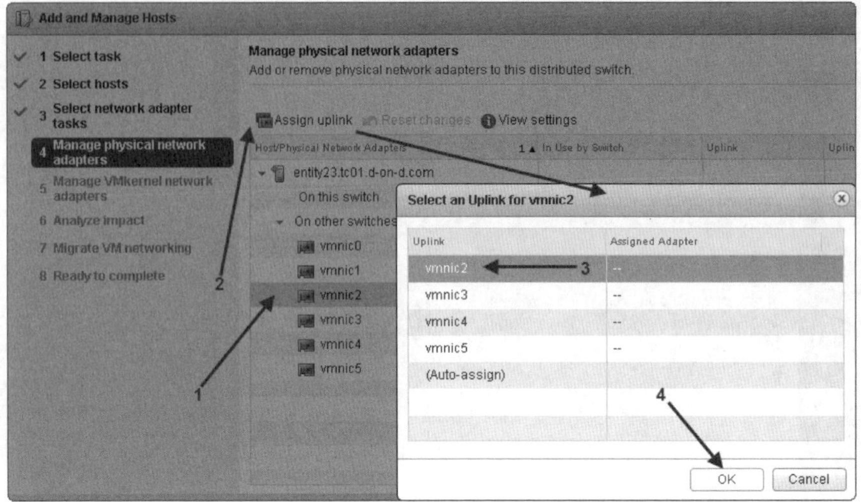

Abbildung 7.67 Netzwerkadapter migrieren – Zuweisung durchführen

Ist die Zuweisung erstellt (siehe Abbildung 7.68), so kann zu Schritt 5 gewechselt werden.

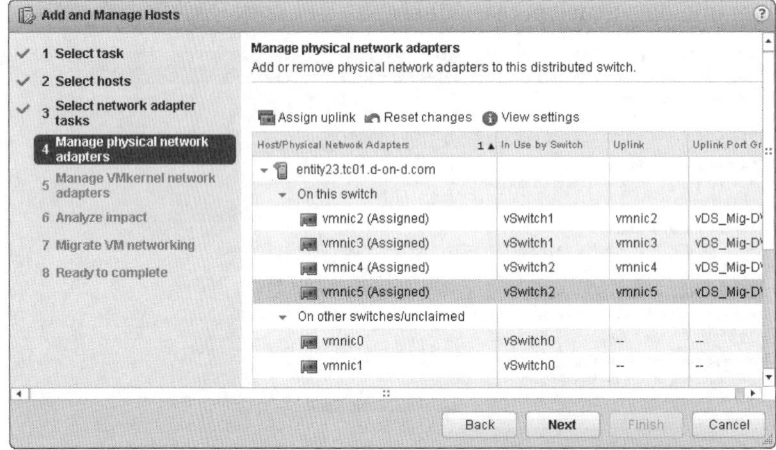

Abbildung 7.68 Netzwerkadapter migrieren – Zuweisung erstellt

In Schritt 5 werden die VMkernel ihrer Port Group zugewiesen (siehe Abbildung 7.69). Dazu markieren Sie den betreffenden VMkernel ❶ und rufen mit ASSIGN PORT GROUP ❷ ein Fenster auf, das die Zuweisung ermöglicht (siehe Abbildung 7.70).

Sind alle VMkernel den betreffenden Port Groups zugewiesen worden, so können Sie mit NEXT (siehe Abbildung 7.71) zu Schritt 6 wechseln.

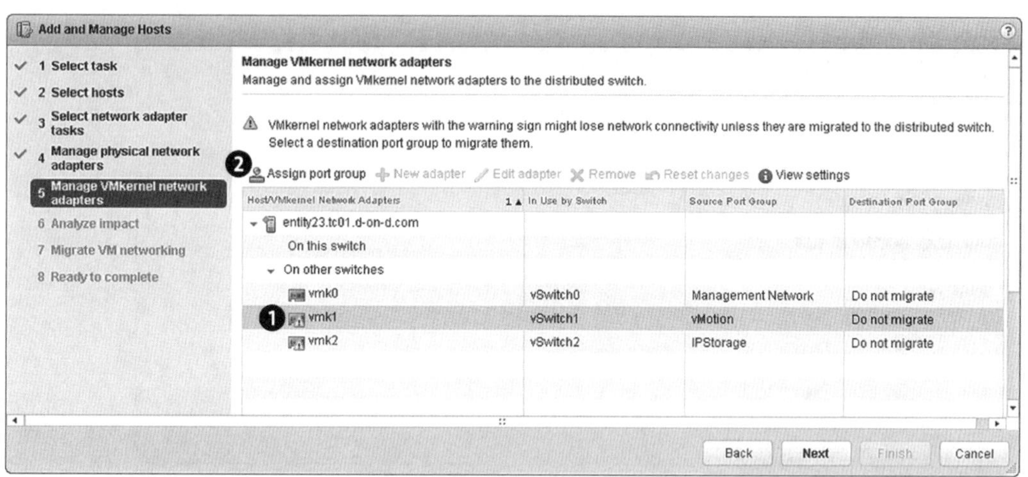

Abbildung 7.69 Zuweisen der VMkernel zur Port Group

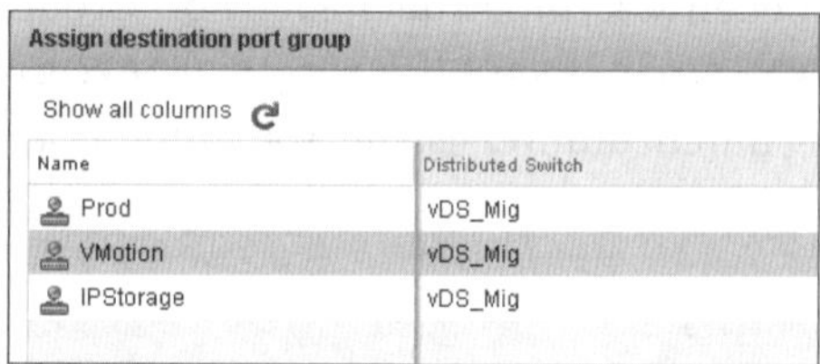

Abbildung 7.70 Zuweisen des vMotion-VMkernels zur Port Group »vMotion«

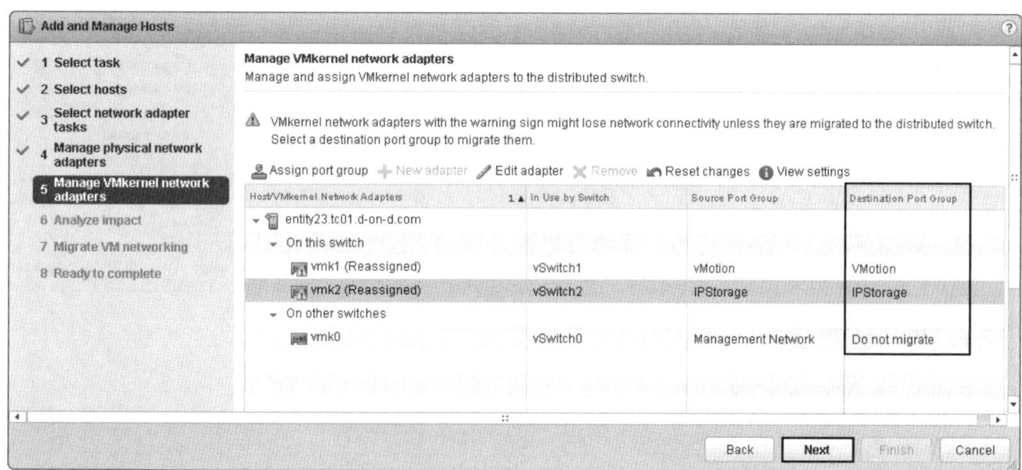

Abbildung 7.71 Alle VMkernel sind zugewiesen.

In Schritt 6 (siehe Abbildung 7.72) wird geprüft, ob die Verschiebung der VMkernel einen negativen Einfluss auf die Funktionsweise hat.

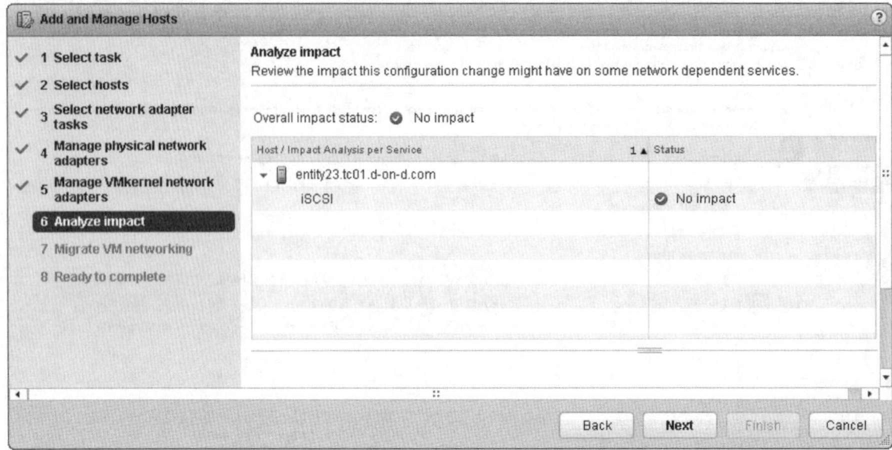

Abbildung 7.72 Analyse der VMkernel-Migration

In Schritt 7 (siehe Abbildung 7.73) können Sie die virtuellen Maschinen der neuen Port Group zuweisen. Dazu markieren Sie die betreffende VM ❶. Durch einen Klick auf ASSIGN PORT GROUP ❷ öffnen Sie ein Fenster, um diese Zuweisung durchzuführen (siehe Abbildung 7.74).

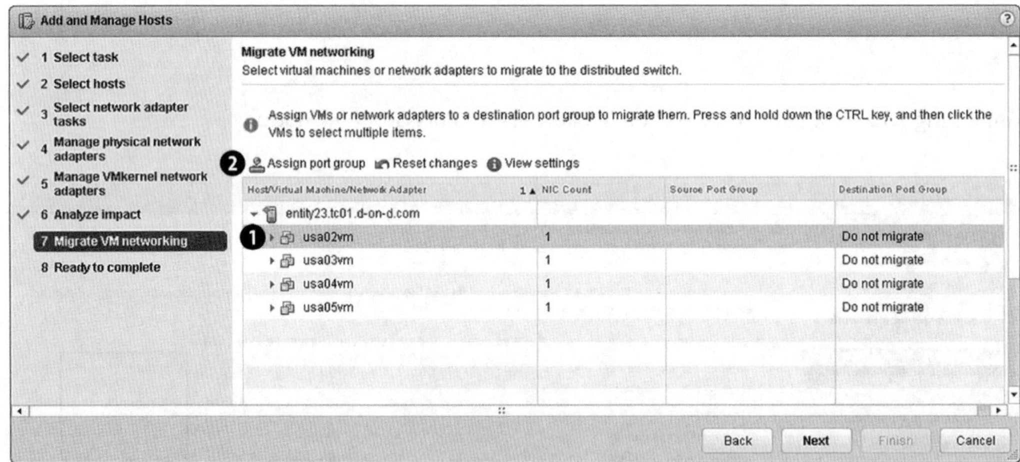

Abbildung 7.73 Migration von virtuellen Maschinen

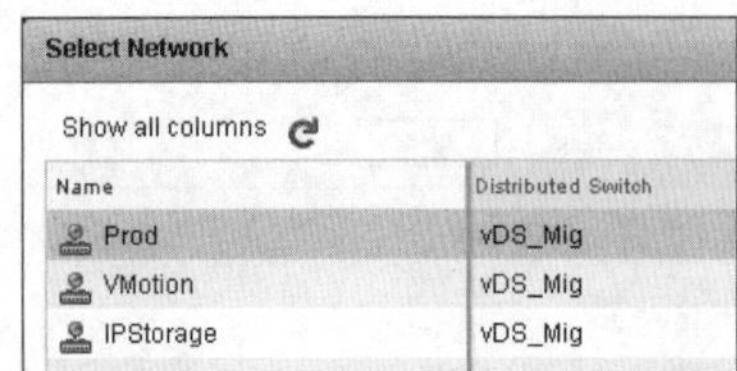

Abbildung 7.74 Zuweisen der VMs zur Port Group »Prod«

Wenn Sie alle VMkernel den betreffenden Port Groups zugewiesen haben (siehe Abbildung 7.75), wechseln Sie mit NEXT zu Schritt 8.

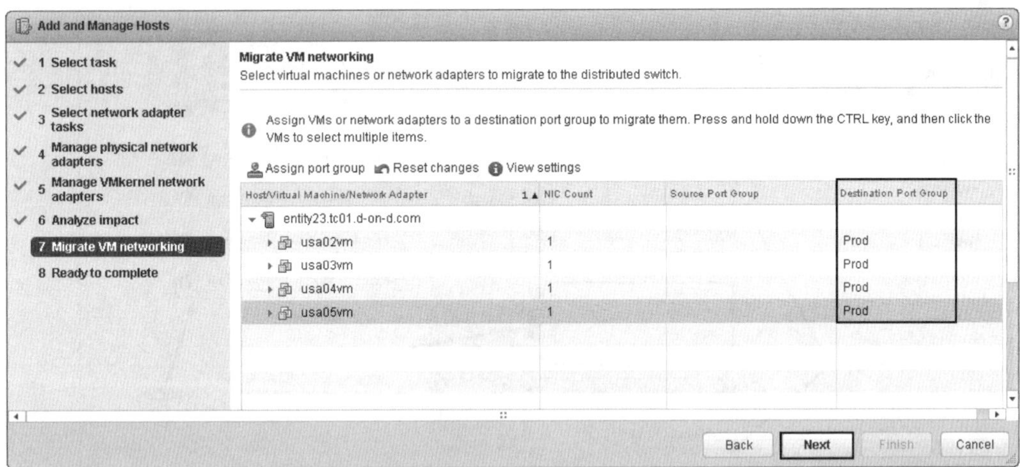

Abbildung 7.75 Alle VMs sind zugewiesen.

Zum Abschluss wird Ihnen eine Zusammenfassung der Migrationseinstellungen präsentiert (siehe Abbildung 7.76). Klicken Sie auf FINISH, um die Einstellungen durchzuführen.

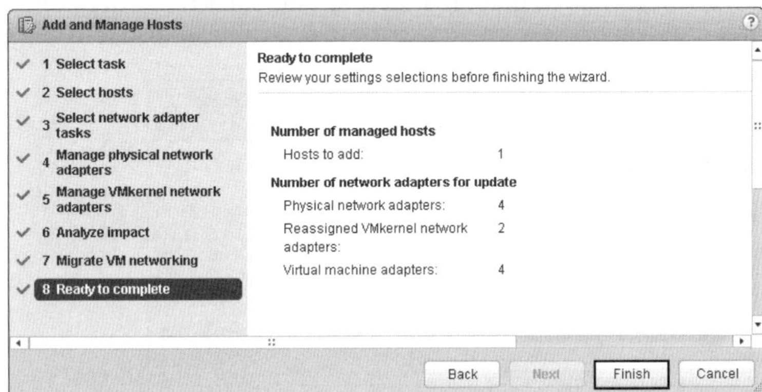

Abbildung 7.76 Zusammenfassung der Migrationseinstellungen

Die Migration wird so durchgeführt, dass es zu keinen Unterbrechungen kommt. Es kann durchaus ein »Ping« verloren gehen, weil die Konvergenz der physischen Netzwerkinfrastruktur kurzzeitig nicht gegeben ist. Ein Ping-Ausfall führt in der Regel nicht zu einem Kommunikationsverlust. Um definitiv sicherzugehen, dass keine Störungen im Produktivbetrieb entstehen, können Sie die Migration vorsichtshalber auf eine Randzeit legen.

Ist die Migration abgeschlossen, sind alle migrierten Elemente am vDS sichtbar (siehe Abbildung 7.77). In unserem Fall wurden zwei VMkernel, vier VMs und vier Netzwerkkarten migriert.

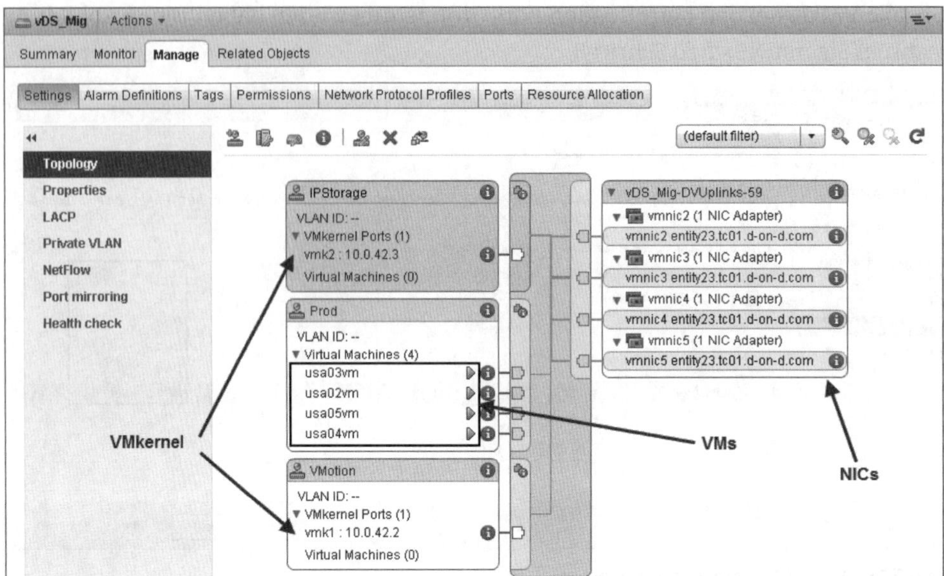

Abbildung 7.77 Endergebnis der Migration

Zum Abschluss der Migration können Sie noch die vSS entfernen, die nicht mehr gebraucht werden (siehe Abbildung 7.78). Dazu werden diese markiert ❶ und danach mit der Löschfunktion ❷ entfernt.

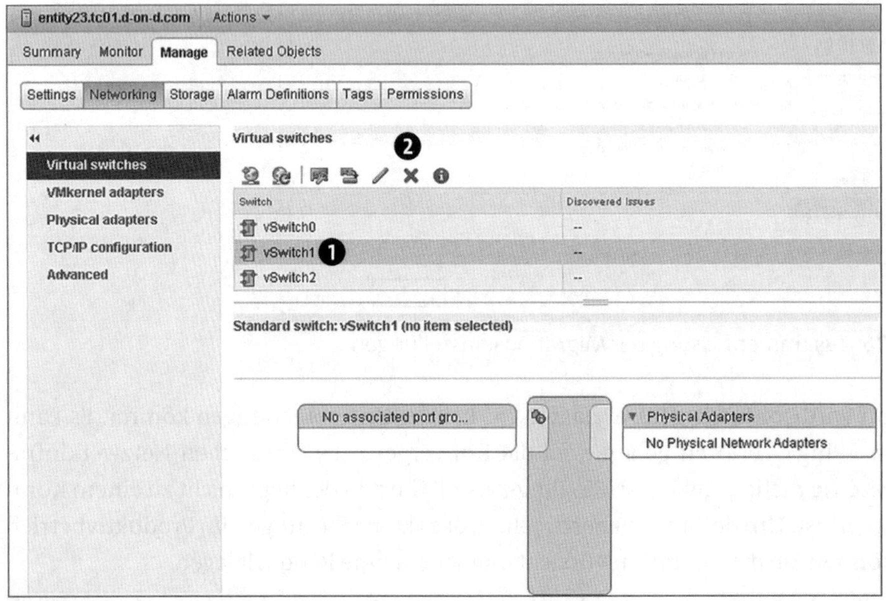

Abbildung 7.78 Entfernen der obsoleten vSS

Und hier noch zwei Überlegungen aus dem Bereich Troubleshooting:

1. **Was wäre, wenn etwas falsch migriert wurde?**
   Dies ist in den meisten Fällen kein gravierendes Problem, denn die Migrationstools arbeiten in beide Richtungen. Etwas mühsam wird es natürlich, wenn viele virtuelle Maschinen von einer Port Group auf eine falsche Port Group migriert wurden, an der schon viele korrekt verbundene virtuelle Maschinen existieren. In diesem Fall bleibt Ihnen nichts anderes übrig, als die falsch migrierten VMs zu identifizieren und zurückzuverschieben.
2. **Was wäre, wenn das Management-Netzwerk verloren ginge?**
   Es kann bei Fehlüberlegungen passieren, dass ein Management-Netzwerk ins Leere migriert wird. In diesem Fall können Sie den Anweisungen aus Abschnitt 7.8, »Management-Netzwerk – Reparaturfunktionen«, folgen.

7.8 Management-Netzwerk – Reparaturfunktionen

Das Management-Netzwerk ist für zwei Dinge sehr wichtig: erstens für die Verwaltung des Hosts und zweitens für den HA-Heartbeat. Ein Verlust des Management-Netzwerks würde dementsprechend in diesen Bereichen zu einem Problem führen.

Es gibt grundsätzlich zwei Möglichkeiten, das Management-Netzwerk zu betreiben: auf einem vSS oder auf einem vDS.

Ein Management-Netzwerk, das mit einem vSS implementiert wurde, bietet Unabhängigkeit gegenüber einem vCenter-Server. Ein vSS kann vollkommen über die Kommandozeile verwaltet werden. Über das DCUI (*Direct Console User Interface*) stehen Ihnen zudem Reparaturfunktionen zur Verfügung.

Wird ein Uplink entfernt, so kann mit der Funktion CONFIGURE MANAGMENT NETWORK • NETWORK ADAPTERS wieder ein Netzwerkadapter an den vSS *vSwitch0* angeschlossen werden (siehe Abbildung 7.79).

Alternativ können Sie auch die ESXi-Shell mit dem Kommando

```
esxcfg-vswitch vSwitch0 -L vmnic0
```

nutzen. Damit würde die *vmnic0* an den *vSwitch0* gebunden (`-L` steht für `link=pnic`, `-U` für `unlink=pnic`).

Die ESXi-Shell kann mit dem DCUI über TROUBLESHOOTING OPTIONS • ENABLE ESXI SHELL aktiviert werden. Mit [Alt] + [F1] schalten Sie in den Shell-Modus um, mit [Alt] + [F2] können Sie ihn beenden.

Wurde das komplette Netzwerk zerstört, so gibt es im DCUI ebenfalls Möglichkeiten, um dagegen anzugehen.

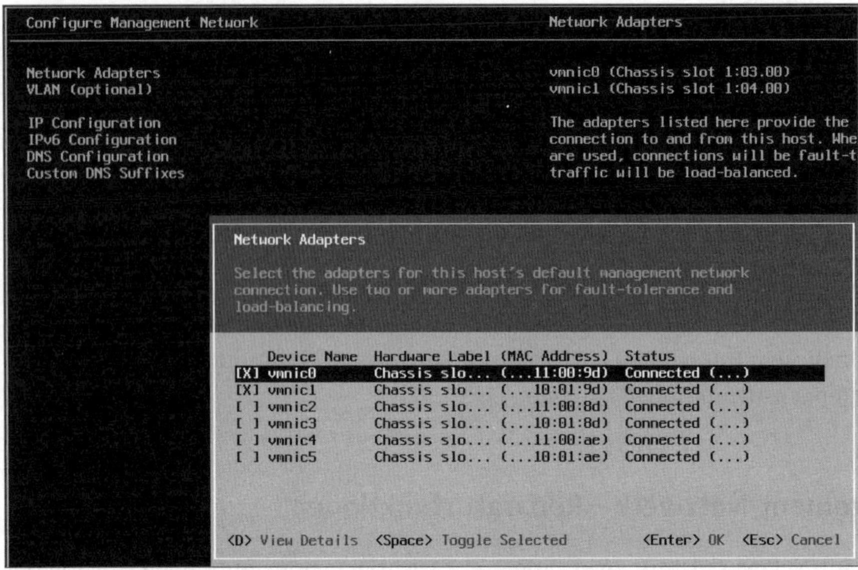

Abbildung 7.79 NICs an den »vSwitch0« binden

Im DCUI-Hauptmenü gibt es den Punkt NETWORK RESTORE OPTIONS (siehe Abbildung 7.80). Dieser umfasst drei Punkte:

1. RESTORE NETWORK SETTINGS
2. RESTORE STANDARD SWITCH
3. RESTORE vDS

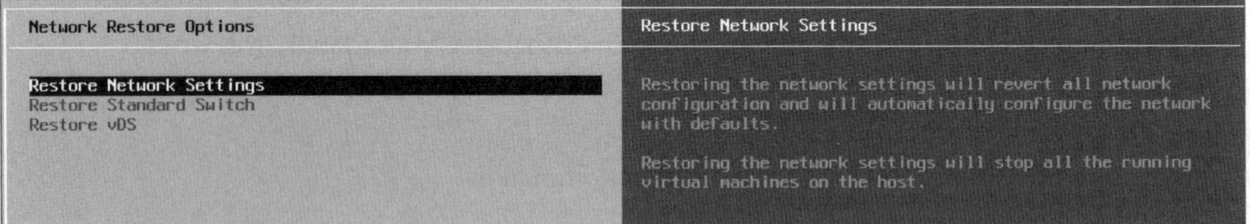

Abbildung 7.80 Netzwerkreparaturfunktionen

Je nach Situation kann einer dieser Punkte verwendet werden.

Da es für den vDS eingeschränktere Möglichkeiten mit der Kommandozeile gibt, wird gern ein Netzwerkdesign verwendet, das davon unabhängig macht. Dies kann realisiert werden, wenn das Management-Netzwerk nur mit einem vSS und alle anderen Funktionen mit dem vDS umgesetzt werden. Dies bedingt aber mindestens vier Netzwerkadapter.

Um vDS-Designs im Bereich Management-Netzwerk robuster zu machen, wurde mit vSphere 5.1 eine automatische Reparaturfunktion (*Network Rollback*) eingeführt. Diese ist standardmäßig eingeschaltet. Sie greift zum Beispiel, wenn die Migration des Management-

VMkernels auf einen vDS ohne Netzwerkadapter erfolgt. In diesem Fall ist die Verbindung zum Host kurz unterbrochen, erscheint aber nach kurzer Zeit wieder (siehe Abbildung 7.81).

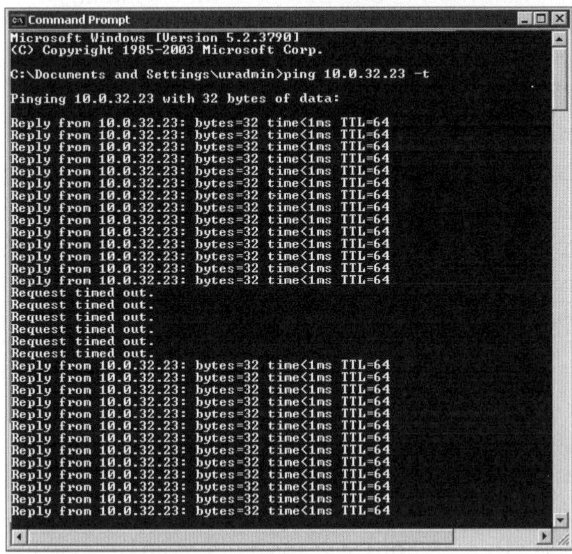

Abbildung 7.81 »Network Rollback« repariert den Host.

Diese Rollback-Funktion kann im vCenter-Server auch ausgeschaltet werden. In diesem Fall muss der ursprüngliche Wert `true` auf `false` gesetzt werden (siehe Abbildung 7.82).

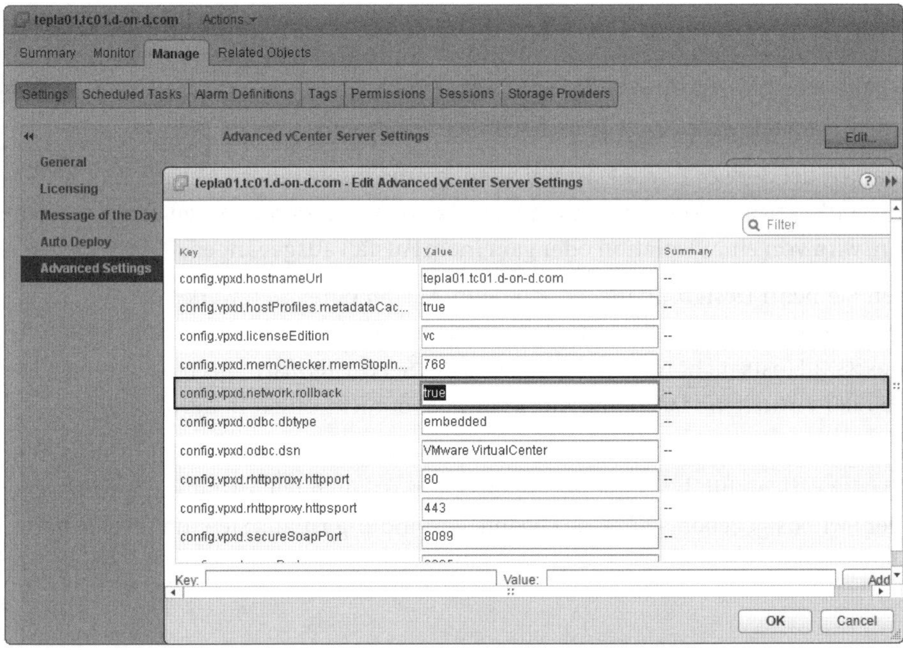

Abbildung 7.82 vCenter-Network-Rollback

7.9 Architektur-Beispiele

Die folgenden Abschnitte wurden von Sebastian Wischer und Dennis Zimmer erstellt.

7.9.1 Empfehlungen und Best Practices

Für die Umsetzung von Netzwerkkonzepten in der Praxis gibt es einige Empfehlungen und Anmerkungen. Diese sollen helfen, eine hohe Verfügbarkeit sowie ausreichende Performance und Sicherheit zu gewährleisten. Da die Anforderungen und Gegebenheiten aber sehr unterschiedlich sein können, ist es sehr schwer, einen Satz goldener Regeln zu entwerfen. Sie müssen die folgenden Empfehlungen und Anmerkungen also immer für Ihre eigene Umgebung einschätzen und eventuell auch anpassen.

Verwaltungsnetz – Service Console

Für die Verbindung der *Service Console* sind vor allem Verfügbarkeit und Sicherheit entscheidend. Die Performance im Verhältnis zu Netzen für die Storage- oder VM-Anbindung spielt eher eine geringere Rolle. Im Schnitt hat die Service Console eine Auslastung von ca. 100 Mbit/s. Dabei ist zu bedenken, dass dieser Durchschnitt sich aus sehr hohen Lastspitzen, aber auch aus längeren Zeitfenstern mit geringer Last errechnet. Eine Kombination mit anderen Netzen, zum Beispiel VMkernel, ist zu überlegen, aber generell nicht abzulehnen.

Aus Sicherheitsgründen sollte die Service Console in ein separates Verwaltungsnetzwerk eingebunden sein. Das kann bedeuten: physische Trennung oder mit Segmentierung mithilfe von VLANs. Letztere Lösung bietet dabei eine viel höhere Flexibilität im Design. Es sollte sichergestellt sein, dass die Service Console vom vCenter und den anderen ESX-Hosts im Cluster erreichbar ist. Der Zugriff sollte aber nur für Administratoren möglich sein oder von Systemen aus, die den direkten Zugriff auch wirklich benötigen.

Die Verfügbarkeit der Service Console ist vor allem beim Einsatz eines VMware-HA-Clusters wichtig. Sofern die Service Console eines ESX-Hosts nicht von den anderen Hosts erreicht werden kann, wird von einer Isolation oder gar einem Ausfall ausgegangen.

Daher sollten Sie beim Design überlegen, ob beim Ausfall eines Netzwerk-Ports im Server oder beim Ausfall eines Switchs die Verfügbarkeit gegeben ist. Sofern das *vCenter* die Service Console eines ESXi-Hosts nicht mehr erreicht, wird der Server als *disconnected* angezeigt. Die Verfügbarkeit der virtuellen Maschinen muss damit aber nicht direkt in Bezug stehen.

Die Service Console sollten Sie also immer in einem möglichst kleinen, abgeschlossenen Verwaltungsnetzwerk einbinden. Eine Verfügbarkeit muss auch bei Ausfall eines Netzwerkadapters oder Switchs gegeben sein. Eine Gigabit-Verbindung ist aus Sicht der Performance definitiv ausreichend.

NFS-Netz – VMkernel

Für die Anbindung eines NFS-Datastores ist sicher die Performance das größte Thema, gefolgt von der Verfügbarkeit und Sicherheit. Sofern die Verbindung zum NFS-Datastore nicht den Durchsatz ermöglicht, den die virtuellen Maschinen zum Lesen und Schreiben auf ihren virtuellen Disks benötigen, sind direkt mehrere Systeme betroffen.

In vielen Umgebungen reicht daher eine einfache Gigabit-Verbindung nicht aus. Es müssen mehrere Netzwerk-Ports im ESXi-Host aktiv verwendet werden. Das bedeutet: Abhängig von den externen Switches müssen Sie ein Teaming mit entsprechender Paketverteilung einrichten. Dabei ist es sinnvoll, auch eine Skalierbarkeit nach oben einzuplanen. Dies gewährleisten Sie durch frei bleibende Netzwerk-Ports im Server oder Switch.

Im Server lässt sich natürlich auch nachträglich ein freier Slot mit einem zusätzlichen Netzwerkadapter bestücken. vMotion ermöglicht dies zudem, ohne die Verfügbarkeit der virtuellen Maschinen zu beeinflussen.

Durch das Zusammenfassen von Ports erreichen Sie auch gleich eine ausreichende Verfügbarkeit der Netzwerk-Ports. Achten Sie jedoch darauf, Ports auf unterschiedlichen Adaptern zu kombinieren, sonst würde der Ausfall einer einzelnen Karte eine Trennung der Netze bedeuten. Sofern die externen Switches keinen Etherchannel über mehrere getrennte Systeme unterstützen, müssen Sie zusätzlich mit mindestens einem Standby-Port arbeiten.

Für ausreichend Sicherheit können Sie den NFS-Export nur für bestimmte Server freigeben. Zudem sorgt der Einsatz von VLANs wieder für eine gute Trennung des NFS-Netzes von zum Beispiel dem Verwaltungsnetzwerk. Natürlich können Sie auch auf physischer Ebene trennen. Der Einsatz separater Switches und Leitungen ist aber immer mit Kosten verbunden – nicht nur wegen des erhöhten Hardwarebedarfs, sondern auch aufgrund des Verwaltungsaufwands.

Für ein NFS-Netz sollten Sie demnach von Beginn an für eine gute Bandbreite mit Erweiterungsmöglichkeit sorgen. Die Verfügbarkeit gewährleisten Sie dadurch direkt mit; Sie müssen sie aber unbedingt überprüfen. Da ein Storage-Netz meist separiert ist – egal ob physisch oder per VLAN – können Sie dadurch eine grundlegende Sicherheit schaffen. Optional erweitern Sie dies noch auf dem Storage-System durch gezielte Freigaben.

iSCSI-Netz – VMkernel

Für ein iSCSI-Netz gilt ziemlich das Gleiche in Bezug auf Performance, Verfügbarkeit und Sicherheit. Ein wesentlicher Unterschied: Sie können nicht nur Ports durch ein Teaming zusammenfassen, sondern auch *Multipathing* einsetzen. Erstellen Sie zum Beispiel zwei VMkernel-Ports für die iSCSI-Anbindung in unterschiedlichen Netzen auf dem ESX und dem Storage-System, können Sie die Last mithilfe von Multipathing wie bei einer Fibre-Channel-Anbindung verteilen.

Die iSCSI-LUN wird einmal über das erste VMkernel-Netz in Netz A erkannt, ein weiteres Mal über den zweiten VMkernel-Port in Netz B. Dadurch können Sie zum Beispiel auf Etherchannels komplett verzichten. Selbst bei zwei getrennten physischen Switches, die keine systemübergreifenden Etherchannels unterstützen, erreichen Sie so aktiv über beide Switches mithilfe des Round-Robin-Verfahrens eine Lastverteilung.

Seit vSphere ist es übrigens nicht mehr notwendig, für eine iSCSI-Verbindung zu einem Datastore sowohl ein VMkernel- als auch ein Service-Console-Interface im Storage-Netzwerk zu haben.

Für die Anbindung von iSCSI- und NFS-Datastores auf einem NetApp-System empfiehlt sich ein Blick in den Technical Report 3749. Dieser enthält eine Menge Tipps und Tricks für die Optimierung des Storage-Netzwerks: *http://media.netapp.com/documents/tr-3749.pdf*.

Für iSCSI-Netze muss eine gute Performance und Verfügbarkeit gewährleistet werden! Eine Erhöhung der Sicherheit erreichen Sie durch Separieren des Netzes und gezielte Zugriffssteuerung auf dem Storage-System. Der wesentliche Unterschied zum NFS-Netz ist, dass Sie mehr Möglichkeiten beim Zusammenfassen von Ports durch Multipathing-Technologie haben.

vMotion-Netzwerk – VMkernel

Bei vMotion-Netzwerken gilt als Erstes immer noch die Empfehlung, ein dediziertes Gigabit-Netzwerk zu verwenden. Fällt ein vMotion-Netz einmal aus, bedeutet das nicht einen direkten Ausfall der virtuellen Maschinen. Es nimmt Ihnen aber die Flexibilität, virtuelle Maschinen zu verschieben, um zum Beispiel eine defekte Netzwerkkarte auszutauschen.

Die Last auf einem vMotion-Netz ist vor allem hoch, wenn Sie viele virtuelle Maschinen verschieben müssen, zum Beispiel während eines Patch-Vorgangs mithilfe des Update Managers. Wie bei der Service Console gibt es also Spitzenzeiten mit hohen Anforderungen und Phasen, in denen kaum Last erzeugt wird.

Eine gute Konfiguration für ein vMotion-Netzwerk wären dedizierte Ports pro ESXi-Server, die vielleicht auf einen dedizierten unmanaged Switch zusammengeführt werden. Dieses wäre eine Möglichkeit, nicht zu kostenintensiv ein dediziertes physisches Netz aufzubauen. Natürlich erreichen Sie eine Trennung auch über VLANs, um nicht in einen zusätzlichen Switch investieren zu müssen.

Ein Ausbau auf mehrere Ports pro ESXi-Host oder gar 10-Gigabit-Ethernet beschleunigt den vMotion-Prozess erheblich! Die Verfügbarkeit wird durch einen weiteren Port erhöht, dieser ist aber kein Muss. Sofern es sich um ein dediziertes Netz zwischen den ESX-Hosts oder ein definitiv abgeschottetes Netzwerk handelt, ist für ausreichend Sicherheit gesorgt.

Bei vMotion-Netzen müssen Sie in erster Linie immer gewährleisten, dass das Netz exklusiv für vMotion und nur für die notwendigen ESX-Hosts zugänglich ist. Dadurch ist eine ausreichende Sicherheit gleich mit gegeben, und die Verfügbarkeit lässt sich durch mehr Ports und Switches erhöhen. Letzteres bietet damit auch gleich mehr Performance, ausgenommen bei Active/Standby-Konfigurationen.

Fault Tolerance – VMkernel

Für *Fault Tolerance* ist die Mindestanforderung ein 1-Gigabit-Netzwerk. VMware empfiehlt sogar ein 10-Gigabit-Netzwerk. Letzteres gilt sicher nur dann, wenn auch viele virtuelle Maschinen über Fault Tolerance abgesichert werden sollen. Die Belastung dieses Netzwerktyps hängt stark von der Auslastung der virtuellen Maschinen und – wie zuvor erwähnt – von der Anzahl abgesicherter Systeme ab. Im Gegensatz zu vMotion-Netzen sind enorme Lastspitzen und lange Phasen mit wenig Last eher die Ausnahme.

Für den Performance-Aspekt bietet es sich an, auch hier zukunftsorientiert zu denken. Fault Tolerance ist eine sehr neue Funktion mit aktuell noch vielen Einschränkungen, die sich aber hoffentlich in Zukunft verringern. Damit steigt voraussichtlich auch die Anzahl der abgesicherten virtuellen Maschinen über diese Funktion. Freie Ports und Steckplätze für eine optionale Erweiterung und damit für eine Erhöhung des Durchsatzes sind auch hier sicher interessant.

Im Gegensatz zu vMotion ist die Verfügbarkeit dieses Netzwerktyps jedoch kritischer. Fällt ein Fault-Tolerance-Netzwerk aus, ist kein Schutz für die virtuellen Maschinen mehr gegeben.

Eine Trennung des Netzwerks von den anderen Netzen ist auch hier wieder sehr sinnvoll. Dies erhöht zudem die Sicherheit und reduziert die Systeme in diesem Netzwerk auf die Anzahl der ESX-Hosts.

Ein Fault-Tolerance-Netzwerk stellt eventuell sehr hohe Anforderungen an die Performance, die unbedingt erfüllt werden sollten – in manchen Fällen sogar bis zu 10 Gigabit. Eine Skalierung sollte möglich sein! Die Verfügbarkeit sollten Sie dabei nicht außer Acht lassen, und auch im Fehlerfall muss ausreichend Performance gegeben sein. Ansonsten gewährleistet Fault Tolerance keinen Schutz für die virtuellen Maschinen. Sicherheitstechnisch reduziert sich das Netz auch hier auf die ESX-Hosts selbst, und es sollte in der Regel ein getrenntes Netz sein.

Virtual-Machine-Netzwerke

Netzwerke virtueller Maschinen sind sehr variabel. Hier müssen Sie also wirklich genau auf die eigene Umgebung und auf damit verbundene Anforderungen schauen. Handelt es sich um ein Produktivnetz mit hohen Durchsätzen und großen Anforderungen an Verfügbarkeit und Sicherheit? Oder ist es ein Testnetzwerk, das vielleicht auch einmal ausfallen darf und nicht die durchgehend hohen Durchsätze benötigt? Genauso kann es ein Netzwerk sein, über das Anwender sich auf virtuelle Desktops verbinden.

Grundsätzlich sollten Sie wie zuvor darauf schauen, welche Anforderungen es in Richtung Performance, Verfügbarkeit und Sicherheit gibt. In den meisten Fällen wird mit mindestens zwei Ports gearbeitet, um Ausfälle abzufangen. Zur Sicherheit sollten Sie darauf achten, dass unterschiedliche Netze voneinander mithilfe von VLANs abgeschottet sind. Es gelten hier schon fast die gleichen Regeln wie bei der Anbindung physischer Server.

Eine häufige Frage während des Designs ist die Kombination unterschiedlicher Netze auf einem vSwitch. Dies lässt sich nach den Anforderungen von Performance und Verfügbarkeit gut einstufen. Die Sicherheit kann auf Basis von VLANs in den meisten Fällen außer Acht gelassen werden.

Beim Konzeptionieren von Lösungen für Netze von virtuellen Maschinen sollten Sie immer möglichst viele Informationen zum Verhalten der Netze sammeln.

Bei mehreren Netzen sollte über die Kombination lastintensiver mit weniger lastintensiven Netzen nachgedacht werden. Weiterhin sollten Sie daran denken, einen vSwitch mit mehreren aktiven Ports zu erstellen. Die aktiven Ports können dann auf der Port-Gruppenebene für jede Port-Gruppe individuell in den Modus »aktiv«, »Standby« oder »nicht zu verwenden« umgeschaltet werden. So kann eine erste Port-Gruppe Uplink 1 und 2 aktiv sowie Uplink 3 als Standby verwenden. Die zweite Port-Gruppe könnte Uplink 3 und 4 aktiv, Uplink2 jedoch als Standby verwenden. Dadurch lässt sich noch genauer die Verteilung der Netzlast der einzelnen Port-Gruppen auf einem gemeinsamen vSwitch konfigurieren.

Server-Management-Karten

Die Vernetzung von Server-Management-Controllern (iLOM, iRMC ...) kann auch – gerade beim Einsatz von DPM – für das Netzwerkdesign des ESX-Hosts interessant werden.

Für die Anbindung der Server-Verwaltungsschnittstellen ist keine enorm performante Verbindung notwendig. Daher können Sie diesen Aspekt getrost vernachlässigen. Verfügbarkeit ist gerade im Fehlerfall sehr wichtig. Fällt zum Beispiel die Verbindung zur Service Console aus, kann dies die letzte Möglichkeit sein, irgendwie den Server zum Beispiel per Remote-KVM zu verwalten – oder einfach, um einen Server-Status zu bekommen: eingeschaltet oder ausgeschaltet?

Da aber über diese Verbindung unter anderem auch Server ein- und ausgeschaltet werden können, sollte die Sicherheit eine große Rolle spielen.

Kurzum: Es gilt das Gleiche wie für die Service Console. Es handelt sich um eine Verwaltungsschnittstelle, die leider häufig in Konzepten vergessen wird!

7.9.2 Beispiel auf Basis verfügbarer Ports im Server

Es ist nicht einfach, eine optimale Konfiguration seines Netzwerks zu finden. Die folgenden drei Beispiele sollen Ihnen helfen, eine Vorstellung davon zu bekommen, wie eine mögliche Konfiguration aussehen könnte. Für die eigene Umgebung sollten Sie aber zwingend zunächst die Bedingungen und den Bedarf ermitteln, bevor Sie eines dieser Beispiele übernehmen. Vor allem sind in den meisten Fällen Anpassungen nötig, und gegebenenfalls brauchen Sie sogar eine bessere Konfiguration.

Für die Beispiele sind wir davon ausgegangen, dass VLANs eingesetzt werden. Geben wir in den folgenden Beispielen für eine Port Group keinen Uplink mit A für »aktiv« oder S für

»Standby« an, wird dieser nicht für die Port-Gruppe verwendet und muss also auch als nicht zu verwenden in der Port Group konfiguriert werden.

Grundlegend gilt natürlich: Je mehr Ports zur Verfügung stehen, umso mehr Konfigurationen sind möglich, und Sie können wesentlich besser optimieren.

Wir haben auch immer nur einen Standby-Adapter konfiguriert, da beim Ausfall eines Ports immer nur ein Standby-Adapter aktiviert wird. Es gibt keine Möglichkeit, Uplink-Port-Gruppen zu definieren. Haben Sie also zwei aktive Uplinks auf *Switch0* und zwei Standby-Adapter auf *Switch1* verbunden, kann es beim Ausfall nur eines aktiven Adapters dazu kommen, dass die Performance sinkt, da ein Etherchannel/LACP auf *Switch1* und einer auf *Switch0* konfiguriert wurde. Der ESX-Server wird daher nicht auch noch den zweiten Uplink umschalten. Fällt auch der zweite Link aus oder der komplette Switch, würden beide Standby-Uplinks aktiviert und komplett auf den anderen Switch umgeschaltet.

7

7.9.3 Beispiel 1 – ESX-Hosts mit zwei Netzwerk-Ports

Die wohl kleinste sinnvolle Konfiguration sind zwei Ports in einem ESX-Server (siehe Abbildung 7.83). Theoretisch könnten Sie auch mit nur einem Port arbeiten. Dabei dürfen Sie aber keine Verfügbarkeit oder hohe Performance erwarten.

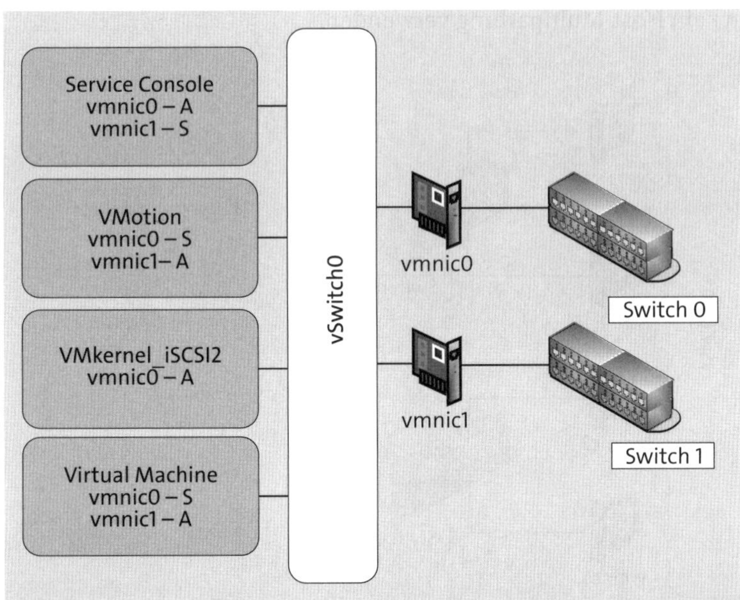

Abbildung 7.83 Beispielkonfiguration mit zwei Uplink-Ports

Bei der Aufteilung der Ports an die unterschiedlichen Port-Gruppen wurde versucht, eine möglichst gleiche Auslastung der Ports bei ausreichender Verfügbarkeit zu erhalten.

Im normalen Zustand werden über *vmnic1* die Service Console, *VMkernel_iSCSI1* und ein Teil des Virtual-Machine-Netzwerks kommunizieren, über *vmnic2* der *VMkernel_iSCSI2*, vMotion und der andere Teil des Virtual-Machine-Netzwerks.

Die Aufteilung des Virtual-Machine-Netzwerks auf beide Uplinks ist nur möglich, sofern ein Switch-übergreifender Etherchannel unterstützt wird oder mit einer Paketverteilung auf Basis der Source-MAC-Adresse oder des vSwitch-Ports eingerichtet ist.

Für die Anbindung eines iSCSI-Datastores wurden zwei VMkernel-Netze zum Storage gewählt. Eine Verteilung der Last erfolgt durch das Multipathing des ESX-Servers. Dabei wurde für jeden VMkernel ein anderer Uplink festgelegt. Warum verwenden wir iSCSI als Beispiel? Bei einer Zwei-Port-Konfiguration handelt es sich meist um eine günstige Lösung, und sie ist daher meist in Verbindung mit iSCSI-Storage zu finden.

Die Service Console und vMotion sind auf unterschiedlichen Uplinks, der zweite Uplink ist aber jeweils als Standby-Adapter für den Fehlerfall konfiguriert.

7.9.4 Beispiel 2 – ESX-Hosts mit vier Netzwerk-Ports

Im Vergleich zu dem Beispiel mit zwei Ports arbeiten wir in diesem Beispiel mit NFS (siehe Abbildung 7.84). Für NFS müssen Sie immer im Netzwerk für die Performance und Verfügbarkeit sorgen. Sie können kein Host-Multipathing verwenden.

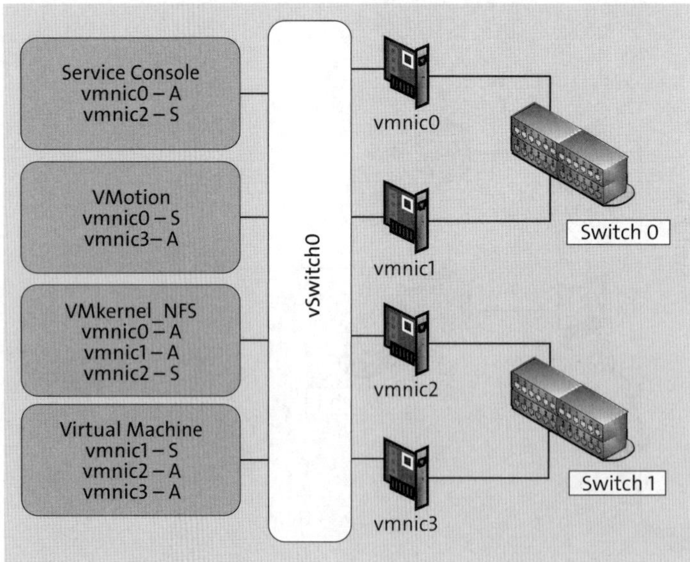

Abbildung 7.84 Beispielkonfiguration mit vier Uplink-Ports

Aus Sicht der Uplinks sind *vmnic0* und *vmnic1* auf *Switch0* verbunden. Über diese Ports wird der VMkernel verbunden. Um einen Switch-Ausfall abzufangen, konfigurieren wir noch *vmnic2* als Standby.

Die Service Console ist mit *vmnic0* verbunden und für den Ausfall des Ports oder Switches zusätzlich über *vmnic2* als Standby-Adapter abgesichert.

Über *Switch1* kommunizieren *vmnic2* und *vmnic3*. Das Virtual-Machine-Netzwerk verwendet diese beiden Ports aktiv und ist über *vmnic1* gegen den Ausfall von *Switch1* abgesichert.

Das vMotion-Netzwerk ist im Normalzustand über *vmnic2* verbunden und beim Ausfall des Ports oder Switches mit *vmnic0* als Standby-Adapter konfiguriert.

Für Netzwerke mit mehr als einem aktiven Port muss eine Paketverteilung eingerichtet werden, die wie bei der Zwei-Port-Konfiguration von den externen Switches abhängig ist. Bei einem Switch-übergreifenden Etherchannel muss IP-Hash oder LACP eingestellt werden, ansonsten entweder die MAC-Source-Adresse oder die *Originating Port-ID* als Verfahren zur Paketverteilung ausgewählt werden.

7.9.5 Beispiel 3 – ESX-Hosts mit sechs Netzwerk-Ports

Für die Sechs-Port-Konfiguration haben wir das vorherige Beispiel um wesentliche Best-Practice-Empfehlungen erweitert. So stehen pro Netzwerk im Normalfall dedizierte Ports zur Verfügung (siehe Abbildung 7.85). Beim Ausfall eines Ports oder Switchs kann es aber auch wieder dazu kommen, dass zwei Netzwerke über einen Port verbunden sind. Bei der Einstellung der Paketverteilung gilt das Gleiche wie in den beiden Beispielen zuvor.

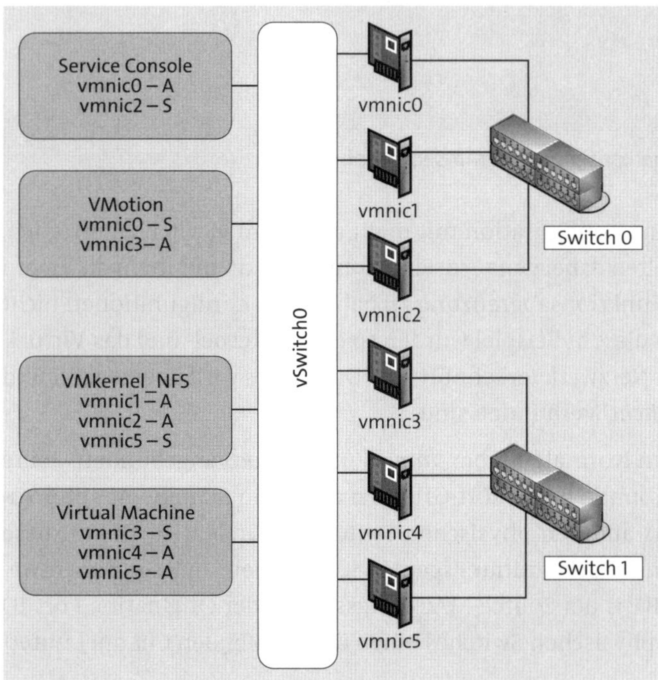

Abbildung 7.85 Beispielkonfiguration mit sechs Uplink-Ports

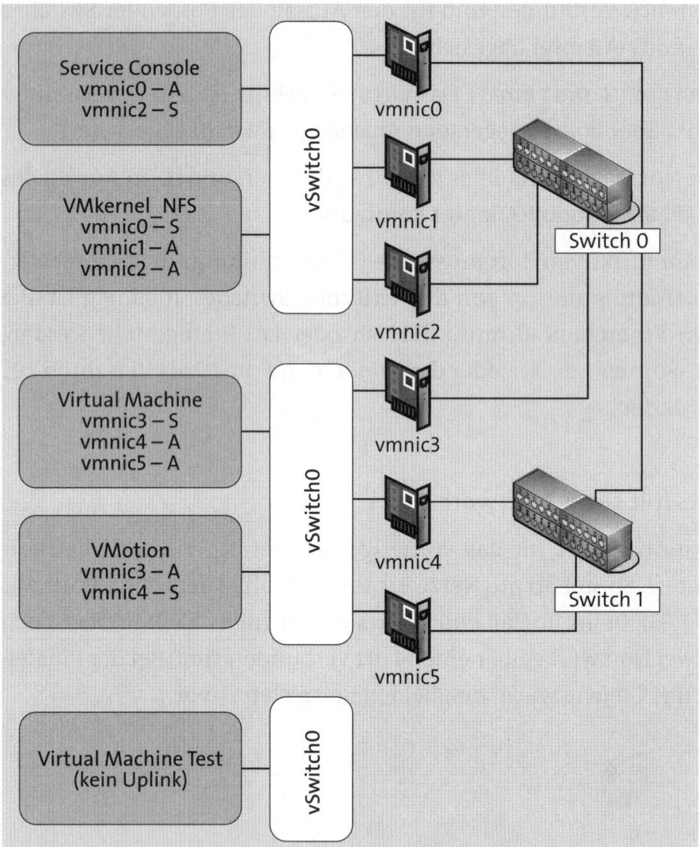

Abbildung 7.86 Eine weitere Beispielkonfiguration mit sechs Uplink-Ports

Natürlich ist es auch möglich, eine Konfiguration mit mehr als einem vSwitch zu erstellen. Die bisherigen Empfehlungen gelten dabei genauso. Eine Konfiguration mit mehr als einem vSwitch kann helfen, eine klare Funktionsabgrenzung zu haben und Konfigurationen nicht zu komplex werden zu lassen. In diesem Beispiel wurden so das VMkernel- und das Virtual-Machine-Netzwerk getrennt. Der Netzwerkverkehr für NFS-Datastores wird über *vmnic1* und *vmnic2* verteilt, die beide mit *Switch0* verbunden sind.

Die virtuellen Maschinen sind im Normalfall über *vmnic4* und *vmnic5* angebunden. Sollte ein Link oder Switch ausfallen, können beide Port-Gruppen auf einen Standby-Adapter zurückgreifen, der mit dem jeweils anderen physischen Switch verbunden ist. Damit diese Konfiguration bei Ausfall nur eines Ports ordnungsgemäß funktioniert, müssen Sie entweder mit der Paketverteilung auf Basis der Source-MAC-Adresse oder der Originating Port-ID arbeiten. Alternativ – sofern die physischen Switches einen übergreifenden Channel unterstützen – nutzen Sie IP-Hash.

Für die Service Console wurde wieder *vmnic0* im Normalfall exklusiv reserviert. vMotion auf dem zweiten vSwitch arbeitet über *vmnic3*. Beiden Port-Gruppen haben wir wieder einen Standby-Port zugewiesen. Der Ausfall eines Ports oder Switchs ist damit berücksichtigt.

Für eventuelle Tests haben wir einen internen vSwitch für virtuelle Maschinen eingerichtet. In manchen Umgebungen wird ein solcher vSwitch ohne externen Uplink auch für den Aufbau einer DMZ-Umgebung genutzt. Wichtig ist aber, die Einschränkungen der angebundenen virtuellen Maschinen für vMotion zu berücksichtigen.

Kapitel 8
Storage-Architektur

VMware vSphere 6.0 bringt wesentliche Neuerungen und Verbesserungen bei der Speicherunterstützung mit. Mit Virtual Volumes wurde eine neue Technologie eingeführt, die Bahnbrechendes im Umgang mit der Speicherverwaltung verspricht. Virtual SAN wurde um viele Funktionen erweitert und fürs Rechenzentrum fit gemacht. Das folgende Kapitel erläutert die Grundlagen und zeigt Ihnen, worauf Sie achten müssen, um für Performance und Ausfallsicherheit zu sorgen.

Die Autoren dieses Kapitels sind
Dennis Zimmer, opvizor GmbH – opvizor.com
virtuellemaschinen@email.de
und
Marcel Brunner, VMware Global Solution Consultant
marcelb@vmware.com
Blog: http://cloudjockey.tech

8

Die korrekte Planung der Storage-Architektur ist einer der wichtigsten Faktoren für eine erfolgreiche Virtualisierungslösung. Laut VMware sind fast 90 % der Support-Anfragen auf Storage-Probleme zurückzuführen. Dabei sind mit Storage-Problemen weniger physische Störungen, sondern vielmehr Planungsfehler gemeint, die z. B. zu Zugriffs- oder Leistungsproblemen führen. Es ist allerdings zu leicht, einfach alles auf die anfängliche Planung zu schieben, da viele der Schwierigkeiten erst auftreten, nachdem die virtuelle Infrastruktur über eine längere Zeit betrieben wurde und über gewisse Grenzwerte hinaus wuchs. Dieses Kapitel soll Ihnen bei der Planung helfen, sowohl für den Ist-Zustand als auch für das kommende Wachstum. Außerdem zeigen wir Hilfestellungen auf, wie Sie mit bestehenden und zu erwartenden Engpässen umgehen können.

8.1 Lokale Medien

VMware vSphere unterstützt die Installation und den Start des Systems auf bestimmten Typen lokaler Festplatten. Dabei bieten die unterschiedlichen Festplattentypen auch unterschiedliche Eigenschaften. Beispielsweise ist der Betrieb virtueller Maschinen nicht von jedem Medium aus möglich oder empfehlenswert. Allerdings ist es möglich, beispielsweise über externe USB-Festplatten Sicherungen durchzuführen.

8.1.1 SATA

Die offizielle Unterstützung von SATA-Festplatten kam relativ spät – mit Erscheinen der VMware-Version 3.5. Vorher war der SATA-Einsatz nur im SAN, im NAS durch zertifizierte Storage-Anbieter oder an »zufällig« unterstützten SATA-Controllern möglich. »Zufällig« bedeutet in diesem Fall, dass der gleiche Treiber für SCSI- und SATA-Controller verwendet werden konnte, wodurch verschiedene Intel- und LSI-Controller »versehentlich« verbunden wurden. Allerdings gab es nie einen offiziellen Hersteller-Support.

Seit VI3.5 und damit auch mit vSphere kann nun problemlos auf SATA-Festplatten zugegriffen werden, vorausgesetzt, der SATA-Controller besitzt offiziellen Support (siehe *VMware Compatibility Guide* unter *http://www.vmware.com/resources/compatibility/search.php*). Eine Installation auf SATA-Festplatten ist uneingeschränkt möglich, allerdings sollten Sie immer eine ausfallsichere RAID-Variante, z. B. RAID 1 oder RAID 5, wählen. Der Betrieb virtueller Maschinen auf lokalen SATA-Festplatten ist allerdings nicht zu empfehlen, wenn die VMs produktiv eingesetzt werden und entsprechend Leistung benötigt wird. Hinzu kommt, dass VMware keine offizielle Unterstützung für lokale IDE- und SATA-RAID-Controller anbietet.

Die Leistungsfähigkeit bei Random-Zugriff von SATA-Festplatten gegenüber Fibre-Channel-(FC-) oder SAS-Festplatten kann mit weniger als 50 % angegeben werden. Da beim Betrieb mehrerer VMs auf dem gleichen VMFS nahezu ausschließlich Random-Zugriff herrscht, entsteht mit SATA leicht ein Performance-Engpass. Hintergrund ist unter anderem die Datendichte, also reine Physik. Vergleichen Sie 4 TB SATA mit 1600 GB SAS, so sind auf ungefähr der gleichen Fläche nahezu zweieinhalbmal mehr Daten abgelegt.

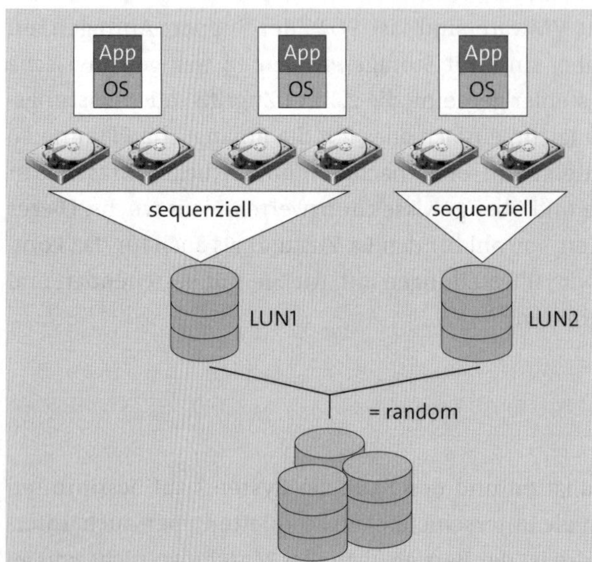

Abbildung 8.1 Aus sequenziellem Zugriff wird dank mehrerer virtueller Festplatten und LUNs ein reiner Random-Zugriff.

Dies ist beim sequenziellen Lesen und Schreiben von Vorteil, allerdings nicht bei Random-Zugriff, wo sich der Schreib-/Lesekopf stetig bewegen muss, um die Daten auszulesen.

Random-Zugriffe auf einer LUN

Sie müssen immer bedenken, dass die Random- oder sequenziellen Zugriffe nicht pro LUN, sondern pro RAID-Gruppe stattfinden. Daher ist es nahezu unmöglich, dass sequenzielle Zugriffe vorkommen, wenn mehrere VMs über mehrere LUNs auf einer RAID-Gruppe liegen. Daher ist ein sequenzieller Zugriff nur zu gewährleisten, wenn eine VM oder ein RAW Device Mapping (RDM) auf einer LUN liegt, die wiederum allein auf einer RAID-Gruppe liegt.

SATA-Festplatten sind zumeist mit 5400 oder 7200 Umdrehungen (RPM) erhältlich und wesentlich billiger als die FC-Typen. Mittlerweile verfügen die SATA-Platten über bis zu 64 MB Cache, was deutliche Leistungsvorteile bringt. Allerdings kann die einzelne SATA-Festplatte nicht mit einer FC/SAS-Platte mithalten. Es ist davon auszugehen, dass eine SATA-Platte zwischen 70 und 90 IOPS je nach Umdrehungen erreicht.

Dagegen hilft nur das Bündeln mehrerer SATA-Festplatten zu einem großen RAID-Verbund. Allerdings führen Sie dies besser im SAN (*Storage Area Network*) oder NAS (*Network Attached Storage*) als im DAS (*Direct Attached Storage*) durch.

Unter vSphere 4 mussten Sie noch einen wesentlichen Punkt bedenken, und zwar die Limitierung von VMware auf 2-TB-LUNs. Je nach Storage-System und der Umrechnung von 2 TB in Byte sollten Sie nur mit 1,99 TB formatieren, um VMFS-Probleme zu vermeiden. Dieses Limit von 2 TB pro LUN wurde mit vSphere 5 auf 64 TB angehoben!

Würden Sie fünf 1-TB-SATA-Festplatten in einem RAID 5 bündeln, so kämen Sie auf eine Nutzkapazität von etwa 4 TB. Existieren keine Möglichkeiten des lokalen RAID-Controllers oder des Storage-Systems, diese RAID-Gruppe nochmals logisch zu unterteilen (z. B. in 2 × 2 TB), dann kann diese RAID-Gruppe nicht mit VMware genutzt werden. Mit ein wenig Glück erkennt VMware vSphere 4 dieses RAID als 1,6-TB-Platte; allerdings ist es nicht empfehlenswert, in einem solchen Zustand produktiv zu arbeiten. Ab vSphere 5.x ist die LUN-Größe kein Problem mehr, und die 4 TB wären komplett nutzbar. Allerdings sollten Sie sich zweimal überlegen, ob die Leistungsfähigkeit von vier Festplatten im RAID 5 ausreicht, um virtuelle Maschinen zu betreiben.

Außerdem müssen Sie daran denken, dass SATA-Festplatten ursprünglich aus dem Desktop-Bereich kommen und dort MTBF (*Mean Time Between Failure*) nicht wirklich ein wichtiges Kriterium ist. Momentan ist zwar der Trend zu beobachten, SATA im professionellen Umfeld einzusetzen und die Festplatten als »RAID-ready« oder »Enterprise-ready« zu kennzeichnen, allerdings sind die Ausfallraten derzeit noch höher als im SCSI-, SAS- oder Fibre-Channel-Umfeld.

Kommt es nicht auf die Festplattenleistung an und ist nur die Festplattenkapazität von Bedeutung, ist SATA eine erstklassige Wahl. Übrigens können Sie SATA-Festplatten aufgrund ihrer sehr guten sequenziellen Leistung sehr gut im Backup/Restore-Umfeld einsetzen.

8.1.2 SCSI und SAS

SAS (*Serial Attached SCSI*) hat das parallele SCSI (finaler Standard Ultra-320) in rasanter Geschwindigkeit abgelöst. Die parallele SCSI-Anbindung hatte die physischen Belastungsgrenzen erreicht, da die Signallaufzeit der einzelnen Bits auf dem Bus zu sehr abwich. SAS überträgt das traditionelle SCSI seriell und ermöglicht damit höhere Übertragungsraten, nämlich bis zu 3 GBit/s, 6 GBit/s und bald 12 GBit/s. Außerdem nutzt SAS Punkt-zu-Punkt-Verbindungen, wodurch ein SCSI-Terminator überflüssig wird. SAS bietet aber mit Expandern und Dual Porting noch zwei weitere Vorteile.

Expander

SAS unterstützt die Erweiterung durch Expander, um Domänen von SAS-Geräten aufzubauen, was mit Netzwerk-Switches vergleichbar ist. Damit ist es möglich, bis zu 128 Endgeräte über ein SAS-Kabel zu betreiben. Real existieren derzeit 36er-Anschlüsse.

Dual Porting

SAS bietet die Möglichkeit, Festplatten mit einem oder mit zwei Ports zu nutzen, entweder gebündelt (zwecks Performance) oder um für Ausfallsicherheit zu sorgen. Eine Dual-Port-SAS-Platte kann somit an zwei unterschiedliche SAS-Controller angeschlossen werden, wodurch Ausfallsicherheit sehr einfach realisierbar ist.

Kein Hersteller verbaut noch SCSI-Festplatten in den Servern; SAS- und SSD-Festplatten nehmen mittlerweile ihren Platz ein. Auch im Storage-Bereich ist immer öfter SAS zu finden, z. B. bei Dell-EqualLogic- oder HDS-Systemen. Da SAS eine Weiterentwicklung von SCSI darstellt, besitzt SAS die gleichen positiven Eigenschaften: sehr gute Zugriffs- und Übertragungswerte. Hier ist von 120 IOPS (10.000 Umdrehungen) und 180 IOPS (15.000 Umdrehungen) auszugehen.

SCSI- und SAS-Platten sind ideale Kandidaten zur Verwendung als lokaler Speicher mit VMware ESXi. Auch bei SCSI und SAS gilt, dass Sie lokal ein ausfallsicheres RAID 1 oder RAID 5 aufbauen müssen, bevor Sie den ESXi-Server installieren.

Beide Plattentypen eignen sich zudem bei entsprechender Festplattenanzahl und entsprechendem RAID-Level (1, 10 oder 5, 50) zum Betrieb virtueller Maschinen auf lokalem Speicher. SAS-Festplatten werden inzwischen auch sehr oft im kleinen 2,5"-Format ausgeliefert und sind damit echte Allrounder.

8.1.3 Fibre-Channel (FC)

Fibre-Channel-Festplatten gehören (abgesehen von Solid-State-Festplatten) zu den schnellsten Festplattentypen im Storage-Bereich. Aufgrund des teuren FC-Anschlusses sind diese Festplatten im Server-Bereich sehr selten zu finden, dafür im Storage-Bereich umso öfter.

Wegen der guten Zugriffsgeschwindigkeit und der hohen Datenübertragungsraten wird FC meist in Bereichen eingesetzt, in denen Geschwindigkeit und Zuverlässigkeit gefragt sind.

Die Spindeln der FC-Platten drehen sich 10.000- oder 15.000-mal pro Minute (RPM), und man kann von minimal höheren IOPS-Raten wie bei SAS-Festplatten ausgehen. FC ist, obwohl SAS aufholt, nach wie vor die schnellste Festplattenvariante.

8.1.4 IDE

Aus der Not heraus integrierte VMware auch eine IDE-Unterstützung, nicht nur für Wechselmedien (CD/DVD), sondern auch für die Installation auf lokalen Festplatten. Die besagte Not wurde durch die ersten Blade-Server ausgelöst, die mit 2,5"-IDE-Festplatten ausgestattet waren. Allerdings wird nur die Installation des ESX-Servers auf diesem Medium unterstützt, VMFS-Unterstützung besteht nicht! Dies hat auch einen guten Grund, denn IDE-Festplatten bieten weder die Verfügbarkeit noch die Leistungsfähigkeit, die man sich für den Betrieb virtueller Infrastrukturen wünscht.

Bei IDE-Nutzung gilt genau wie bei anderen Festplattentypen, dass Sie zumindest ein RAID 1 über zwei Festplatten erstellen sollten, um den Defekt einer Festplatte ohne Datenverlust und Ausfall zu überstehen.

8.1.5 SSD

SSD steht für *Solid State Disk*. Das sind Festplatten, die aus Speicherchips und nicht aus den in der traditionellen Festplattenwelt bekannten Magnetscheiben bestehen. Als Speicherchips dienen entweder Flash- oder SDRAM-Speicher. Die beiden Speichertypen unterscheiden sich hauptsächlich in der Geschwindigkeit und Flüchtigkeit, wie Tabelle 8.1 zeigt.

Merkmal	SSD-Flash	SSD-SDRAM	Festplatte
Geschwindigkeit	mittel bis hoch	sehr hoch	hoch
Zugriffszeit	gut	sehr gut	mittel bis schlecht
Datenflüchtigkeit	nicht flüchtig	flüchtig	nicht flüchtig
Robustheit	hoch	hoch	niedrig
Leistungsaufnahme	niedrig	niedrig	hoch
Lautstärke	lautlos	lautlos	mittel bis hoch
Preis	mittel bis hoch	sehr hoch	günstig bis hoch

Tabelle 8.1 Vergleich der SSD-Typen mit herkömmlichen Festplatten

SSD-Festplatten dienen z. B. auch als Installationsbasis für die Embedded-Version des VMware ESXi, die bei der Server-Auslieferung bereits vorinstalliert ist. Dort werden entweder SSD-Festplatten oder USB-Memory-Sticks genutzt.

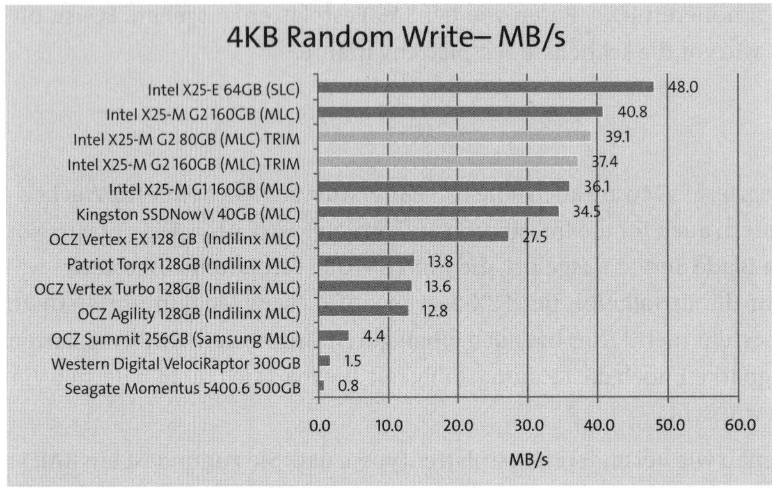

Abbildung 8.2 Deutliche Vorteile beim Random-Write durch die Verwendung von SSD gegenüber den letzten beiden Magnetplatten

Der Test der verschiedenen SSDs und die Gegenüberstellung mit den beiden Magnetfestplatten von Western Digital und Seagate zeigen sehr deutlich, dass die Solid-State-Laufwerke bei Random-Write und Random-Read im Vorteil sind (siehe Abbildung 8.2 und Abbildung 8.3). Dieser Test und auch die Grafiken sind bei *AnandTech* (*http://www.anandtech.com/storage/showdoc.aspx?i=3667&p=6*) zu finden.

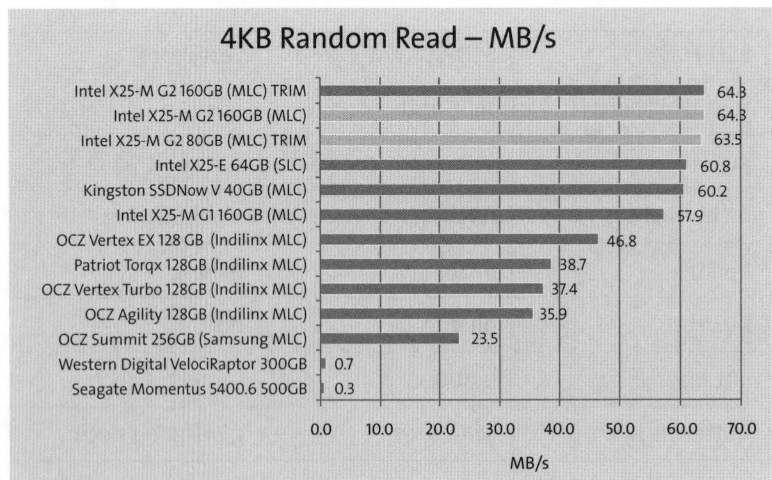

Abbildung 8.3 Noch deutlichere Vorteile ergeben sich bei Random-Read durch die Verwendung von SSD gegenüber den letzten beiden Magnetplatten.

Derzeit sind die Preise von SSD-Platten noch höher als die von Standard-SATA- oder SAS-Festplatten. Allerdings ist es sicher, dass SSD-Festplatten die Zukunft sind und in den nächsten Jahren die herkömmlichen Festplatten zum großen Teil als leistungsfähigerer Datenspeicher ersetzen werden. Herkömmliche Festplatten werden dann nur noch als Massenspeicher und nicht mehr als Performance-Lieferant genutzt. Diese Aussage soll für den Desktop-, Notebook- und Server-Markt gelten. Außerdem haben die SSD-Festplatten aufgrund der enormen Leistungsmöglichkeiten im Random-Zugriff sehr schnell im Storage-Markt Einzug erhalten. (*HDS*, *EMC* und *NetApp* haben bereits Module im Programm, und *Texas Memory* hat mit den RAMSAN-Modellen seit Längerem enorm schnelle Speichersysteme im Portfolio.)

Eine SSD-Festplatte kann im unteren Segment (MLC) ca. 1000 bis 2000 IOPS aufweisen, teure EFD (*Enterprise Flash Drive*) mit SLC-Technologie erreichen 6000 bis 30.000 IOPS.

Aber auch wenn man mit den hohen Preisen kalkuliert, so sind diese nur auf die Kapazität bezogen hoch – auf die I/O und damit die Leistungsfähigkeit gerechnet, sind die SSD-Laufwerke deutlich günstiger als die SAS- oder SATA-Festplatten, da Sie von diesen die 30- bis 50-fache Menge benötigen würden. Gerade im VMware-, aber auch im Datenbank- und Exchange-Umfeld sind die Kapazitäten der Festplatten zumeist wesentlich uninteressanter als die Leitungsfähigkeit. Daher ist der Erfolg der SSD-Laufwerke nur eine Frage der Zeit.

Eine sehr interessante Flash-PCIe-Karte, die enorme Geschwindigkeiten bietet, wurde von dem Unternehmen *FUSIONio* entwickelt (*www.fusionio.com*). In die gleiche Richtung entwickelt mittlerweile auch Texas Memory, das eine Flash-Storage-Karten anbietet, die mit 120.000 IOPS (im Vergleich EFD: bis zu 30.000 IOPS) und 700 MB/s Random-Durchsatz eine enorme Performance aufweist.

SSD-Karten werden besonders gern in Storage-Systemen zur Cache-Erweiterung eingesetzt.

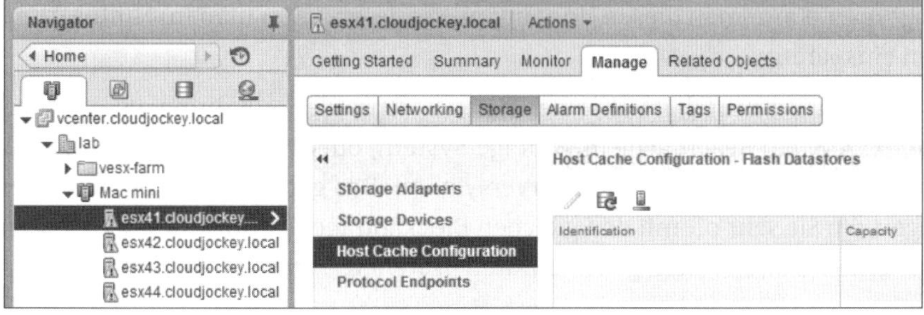

Abbildung 8.4 SSD-Datastores als Host-Cache unter vSphere

Seit vSphere 5 können SSD-Massenspeicher als Host-Cache eingesetzt werden, um eine Beschleunigung bei der Auslagerung des VM-Hauptspeichers (Swap) zu erreichen (siehe Abbildung 8.4). Weitere Informationen finden Sie in Abschnitt 8.9, »Flash-basierter Speicher«.

Unter vSphere 5.5 wurde die Funktion deutlich erweitert. Sie wird jetzt als vFRC (*Virtual Flash Resource Capacity*) bezeichnet (siehe Abschnitt 8.10.2).

8.1.6 USB

USB-Festplatten bieten aufgrund der guten Geschwindigkeit und des guten Preises eine hervorragende Möglichkeit, um virtuelle Maschinen zu sichern und wiederherzustellen.

Nachweislich kommt es allerdings bei einer Vielzahl von Server-Systemen zu Leistungseinbußen, wenn der USB-Anschluss aktiviert ist. Daher sollten Sie dies bei den Server-Systemen vorher prüfen! Falls es zu Leistungsproblemen kommt (im schlimmsten Fall zum Absturz des Systems), empfiehlt es sich, den On-Board-USB-Controller abzuschalten. Wenn Sie dennoch USB einsetzen möchten, ist eine USB-Zusatzsteckkarte die bessere Wahl.

Tipp

Trotz der Möglichkeit, virtuelle USB-Controller in den virtuellen Maschinen zu konfigurieren, können Sie keine USB-Sticks oder USB-Festplatten an den ESX-Host anschließen und diese Geräte direkt an die virtuelle Maschine weiterreichen. Dies würde außerdem vMotion und DRS und sogar HA verhindern.

8.1.7 Cache

Der Cache ist der transparente Beschleuniger in der Mitte der Kommunikation zwischen Abnehmer (Server) und Storage-System. Je nach Architektur sitzt der Cache auf dem Storage-Adapter (z. B. auf dem lokalen SCSI-Controller) oder im Storage-Controller und kann in Größe und Geschwindigkeit beliebig abweichen, je nachdem, wie viel Geld man in die Hardware investieren möchte.

Mit Cache versucht man, den Zugriff auf die langsamen Festplatten zu vermeiden oder besser gesagt zu reduzieren. Kann ein Block aus dem Cache gelesen werden, wurde der I/O auf den Festplatten gespart. Kann man diesen Vorgang maximieren, kann man im Hintergrund sogar Festplatten einsparen.

Cache ist zwar kein Wundermittel, ist aber bei vielen Lastprofilen nutzbringend, wie beispielsweise *NetApp PAM* (ein Read-Cache im Storage-System) oder Western Digital SANDisk FUSIONio-Memory-Karten (Flash-Karten im Serversystem). Das gilt vor allem bei VMware-View-Umgebungen, wo Sie sehr oft mit den gleichen Blockabfragen konfrontiert werden, da die View-VMs aus einen großen Anteil gleicher Daten bestehen (Template – Clone).

Eine Unart vieler Storage-Hersteller ist leider, dass sie die Messdaten ihrer Storage-Systeme mit Cache optimieren. Somit sind die typischen Performance-Vergleiche der Konkurrenten immer mit Vorsicht zu genießen, und die Tests entsprechen nicht den realen Lastdaten einer typischen Produktionsumgebung.

8.2 Die Wahl: Block oder File?

Grundlegend sei vorweg gesagt, dass bei vSphere alle Dateien, aus denen virtuelle Maschinen bestehen, zusammen in einem Unterverzeichnis oder in mehreren Unterverzeichnissen (je nach der Verteilung der virtuellen Festplatten) liegen. Dieses Verzeichnis liegt wiederum in einem sogenannten *Datastore* – einem Ablageort für virtuelle Maschinen. Dabei ist es für die virtuellen Maschinen im Alltagsbetrieb völlig transparent, um welche Art von Datastore es sich handelt. Das heißt, eine VM kann nicht unterscheiden, ob sie auf einem VMFS-5-formatierten – somit blockbasierten – Datastore gespeichert ist, oder ob sie auf einem NFS-Datastore liegt.

Beide Arten von Datastores haben ihre Vor- und Nachteile. Die Entscheidung ist hier sicherlich nicht trivial und auch nicht durch ein »gut« oder »schlecht« zu beantworten. Um eine Entscheidung zu treffen, müssen Sie immer die eigenen Anforderungen und Voraussetzungen berücksichtigen. Klassisch wurden von ESX in Version 2 ausschließlich Fibre-Channel-Datastores unterstützt. Daher war zu diesem Zeitpunkt die Wahl sehr einfach. Doch VMware begann mit Version 3.0 auch, iSCSI- und NFS-Datastores zu erlauben.

Es bleibt Ihnen daher selbst überlassen, die für Sie richtige Wahl zu treffen. Als Entscheidungshilfe können Sie Tabelle 8.2 heranziehen.

Eigenschaften	FCP	iSCSI	NFS
Durchsatz	hoch (100 %)	niedriger (92 %); eventuell besser bei 10-GBit-Ethernet (GBE)	mittel (95 %); eventuell besser bei 10 GBE
Latenz	sehr niedrig	mittel	mittel
Kosten	hoch; neue HBAs und eventuell Switches nötig	sehr niedrig; alles in zumeist kostenloser Software	niedrig; Infrastruktur und Wissen meist vorhanden
Redundanz	sehr gut und einfach	gut, abhängig von LAN-Switches, mittelschwer	gegeben, aber relativ komplex zu konfigurieren
Komplexität	hoch; oft neues Know-how nötig	mittel; iSCSI-Know-how schnell erlernbar	niedrig; NFS-Know-how meist vorhanden
Skalierbarkeit	gut (Beschränkungen von VMFS bis Version 3)	mittel (Beschränkungen von VMFS bis Version 3)	sehr gut, keine VMFS-Limits

Tabelle 8.2 Vergleich der Datastore-Protokolle

Eigenschaften	FCP	iSCSI	NFS
Management	komplex	mittelschwer	einfach
Platzverbrauch	normal, nur mit Thin Provisioning niedrig	normal, nur mit Thin Provisioning niedrig	niedrig, Thin Provisioning per Default

Tabelle 8.2 Vergleich der Datastore-Protokolle (Forts.)

Neben diesen Kriterien spielen bei der Wahl auch oft die bereits im Einsatz befindlichen Technologien eine ausschlaggebende Rolle:

- Sind bereits eine FCP-Infrastruktur und Know-how vorhanden?
- Ist eine 10-GBit-Ethernet-Infrastruktur vorhanden?
- Womit hat der betreffende Administrator am meisten Erfahrung, insbesondere beim Troubleshooting und Design der Infrastruktur?
- Welche Protokolle sind auf dem Storage-System lizenziert?

Um weitere Vorteile und Nachteile der entsprechenden Anbindungsarten kennenzulernen, haben wir die Storage-Themen auf insgesamt drei Kapitel verteilt, um Ihnen die bestmöglichen Angaben zu bieten.

VMware hat dazu ein sehr gutes Whitepaper veröffentlicht:

http://www.vmware.com/files/pdf/techpaper/Storage_Protocol_Comparison.pdf

8.3 Storage Area Network – was ist eigentlich ein SAN?

Auf diese kurze Frage könnte man mit einem oder mehreren Büchern antworten, allerdings fassen wir uns kurz und gehen nur auf das im VMware-Umfeld Wesentliche ein.

Ein *Storage Area Network* (SAN) ist ein eigenes Netzwerk, in dem Massenspeichersysteme mit Server-Systemen verbunden sind. Man unterscheidet mittlerweile FC-SAN (Fibre-Channel) und IP-SAN (iSCSI), allerdings stammen die Basiskonzepte aus der Fibre-Channel-Welt.

Traditionell wird ein SAN mit Fibre-Channel verbunden und in einer *Switched Fabric* betrieben. Die Switched Fabric ist eine Sternvernetzung, die durch Fibre-Channel-Switches realisiert wird (siehe Abbildung 8.5). Um die Ausfallsicherheit zu gewährleisten und auch Wartungen zu vereinfachen, werden meist mehrere Switched Fabrics aufgebaut, die komplett voneinander unabhängig sind, aber trotzdem die gleichen Endgeräte an anderen Ports miteinander verbinden.

Neben der Switched Fabric existiert der *Arbitrated Loop* (siehe Abbildung 8.6), der für Speichernetze allerdings veraltet ist und von VMware auch nicht unterstützt wird. Er ist wie ein Ring aufgebaut und kann durch die Nutzung von FC-Hubs vereinfacht verkabelt werden.

Eine enorme Einschränkung bei der Verwendung des Arbitrated Loops ist, dass die Gesamtbandbreite zwischen allen Teilnehmern aufgeteilt wird, da immer nur zwei Teilnehmer gleichzeitig miteinander kommunizieren können. Stehen 2 GBit in einem Ring mit 8 Knoten zur Verfügung, kann im Durchschnitt nur mit 256 MBit pro Knoten kalkuliert werden. Arbitrated Loop wird jedoch nach wie vor oft intern in Storage-Systemen verwendet, was allerdings für die VMware-Infrastruktur nicht sichtbar ist.

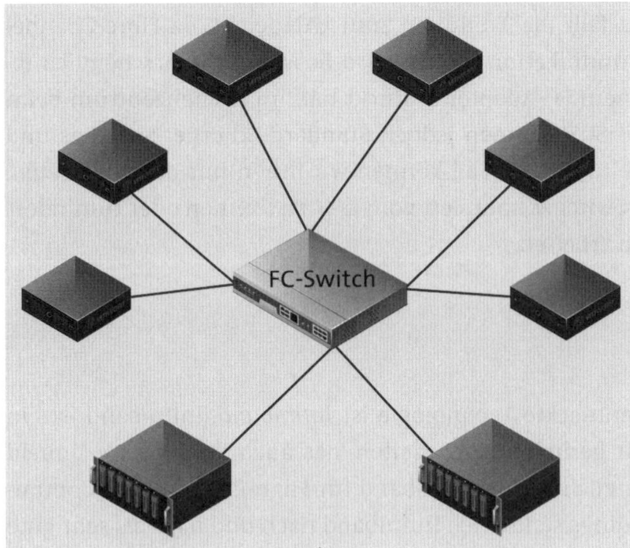

Abbildung 8.5 Switched Fabric

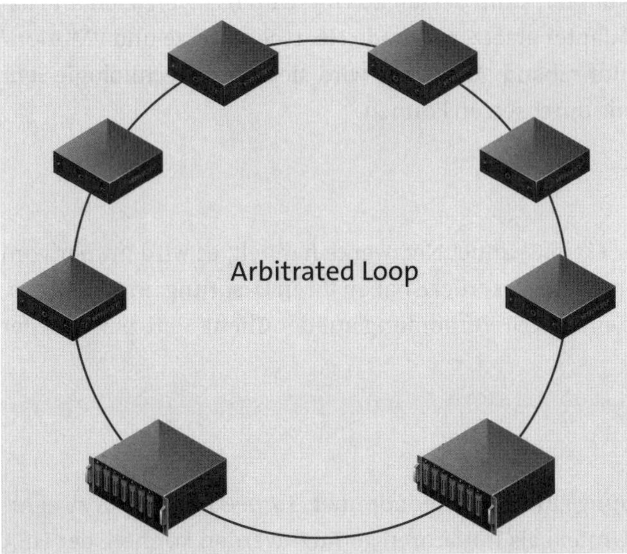

Abbildung 8.6 Arbitrated Loop im SAN

Mit der Einführung von iSCSI wurde auch Ethernet als Basis für Speichernetze populär. Man spricht hier von *IP-SAN*.

Ein wesentliches Unterscheidungsmerkmal zwischen SAN und LAN ist aber in jedem Fall, dass nur Speichergeräte und Server miteinander verbunden sein sollten und dass nur mit Speicherprotokollen kommuniziert wird (iSCSI, FCP). Diese Trennung ist unabhängig von der physischen Basis sinnvoll und sehr zu empfehlen.

Im aktuellen Fibre-Channel-Umfeld fällt die Trennung zum LAN leicht, da Fibre-Channel nicht zur »normalen« Netzwerkkommunikation genutzt wird. So ist es unwahrscheinlich, jemanden, der sein Notebook mit einem FC-Adapter bestückt hat, im Rechenzentrum beim Datenschnüffeln zu erwischen. Bei iSCSI können jedoch Standard-Ethernet-Switches und Netzwerkkarten verwendet werden. In diesem Fall können wir Ihnen nur dringend raten, entweder das IP-SAN mit separaten Switches komplett vom LAN zu trennen oder zumindest mit einer Trennung mittels VLAN zu arbeiten.

8.4 Infiniband

Eine nicht ganz neue, aber wiederentdeckte Technologie ist *Infiniband*. Infiniband ist ein Hochgeschwindigkeitsnetz mit sehr geringen Latenzzeiten, das auch im VMware-Umfeld durch viele Vorteile glänzt. Ursprünglich wurde Infiniband für High-Performance-Computing-Umgebungen entwickelt. Allerdings stellte sich Infiniband nach und nach als sehr gute Lösung für konsolidierte Umgebungen heraus, da neben der hohen Leistungsfähigkeit eine Konsolidierung der I/O-Adapter stattfinden kann.

Ein Infiniband-HCA (*Host Channel Adapter*) kann derzeit 20 GBit Durchsatz erzielen und damit etliche GBit-Ethernet- und FC-Adapter ersetzen. Gerade Heartbeat-Netze und vMotion/FT-Netzwerke profitieren sehr von Infiniband. Allerdings wird sich diese Technologie sehr schwer gegen die 10-GBit-Konkurrenz durchsetzen können.

8.4.1 Kommunikationsadapter

Egal ob es sich um iSCSI-, SCSI- oder Fibre-Channel-Netzwerke handelt, es wird immer vom *Initiator* und vom *Target* gesprochen. Diese Ausdrücke haben ihren Ursprung im SCSI-Protokoll und bezeichnen den Endpunkt einer SCSI-Verbindung auf der Client-Seite bzw. auf der Host/Storage-Seite.

8.4.2 Der Initiator

Der Initiator stellt die Datenverbindung zum Speicherendpunkt (*Target*) her. Es gibt zwei Arten von Adaptern, die im VMware-Umfeld als Initiatoren genutzt werden können: der HBA (als Hardware-Initiator) und der Software-Initiator.

Host-Bus-Adapter (FC, iSCSI)

Sowohl Fibre-Channel- als auch iSCSI-Verbindungen zum Speichersystem können über einen physischen Host-Bus-Adapter (HBA) hergestellt werden. Host-Bus-Adapter müssen über einen schnellen Bus zum Server-System verfügen. Daher sind sie zumeist als PCI-X- oder PCI-Express-Karten erhältlich.

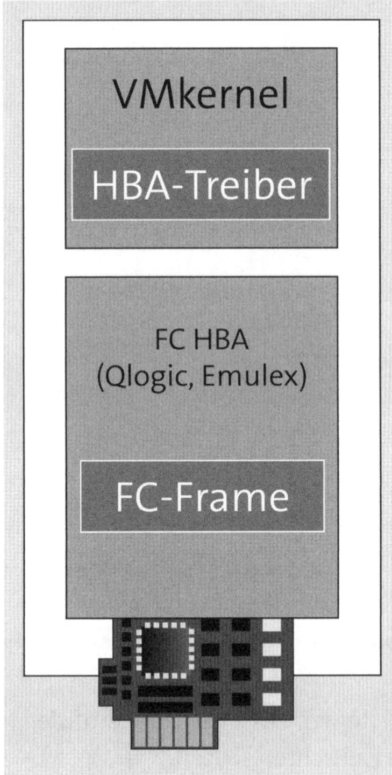

Abbildung 8.7 Fibre-Channel-HBA mit VMware-Treiber

Ein großer Vorteil von HBAs ist die eingebaute CPU, die die FC- oder iSCSI-Pakete empfängt, bearbeitet oder verschickt. Dadurch werden die Prozessoren des Host-Systems nicht belastet. In Abbildung 8.7 ist klar zu sehen, dass der HBA die FC-Frames verwaltet und der VMkernel nur den Treiber zur Nutzung stellen muss.

Im iSCSI-Fall dient die HBA-CPU zum Entpacken und Verpacken der SCSI-Kommandos in das TCP/IP-Protokoll (siehe Abbildung 8.8).

Die meisten HBAs verfügen außerdem über ein BIOS, das auch den Systemstart über den HBA ermöglicht. Durch diese Funktion ist die Nutzung von festplattenlosen Systemen möglich, deren Systempartitionen im SAN liegen. Auch diese Funktion entstand wie die IDE-Unterstützung aufgrund von Anforderungen aus den Blade-Systemen. Bei der Verwendung von HBAs in der gleichen Broadcast-Domäne sollten Sie immer die Firmware-Versionen identisch halten, um Inkompatibilitäten zu vermeiden.

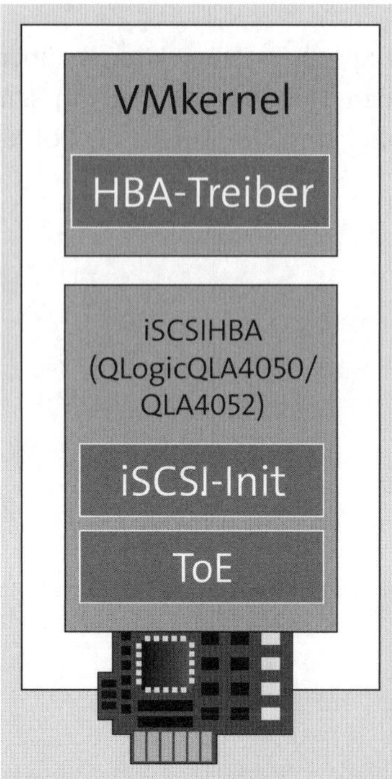

Abbildung 8.8 iSCSI-HBA mit VMware-Treiber

VMware-HBA und Software-Initiator

VMware unterscheidet bei der Unterstützung von Storage-Systemen zwischen der Zertifizierung für HBAs und Software-Initiatoren, worauf Sie in jedem Fall achten sollten.

Software-Initiator

Software-Initiatoren bzw. emulierte Controller, die als Initiator dienen, kommen unter VMware ESXi nur im iSCSI-Umfeld vor. Der große Vorteil der Software-Initiatoren ist die Verwendbarkeit von herkömmlichen Netzwerkkarten zur iSCSI-Kommunikation, was einen erheblichen Kostenvorteil bringt.

Unter VMware ESXi besteht nur der Nachteil, dass die Host-CPU belastet wird. Die Host-CPU-Belastung wird mit neueren VMware-ESXi-Versionen nach und nach durch TOE-(*TCP/IP Offload Engine*-)fähige Netzwerkkarten und die Verteilung der VMkernel-Last auf unterschiedliche CPU-Kerne minimiert oder sogar komplett wegfallen.

Bei Verwendung moderner Server-Systeme ist der Geschwindigkeitsunterschied zwischen Software- und Hardware-Initiatoren kaum spürbar. Allerdings ist es mit Software-Initiatoren nicht möglich, das System über SAN zu booten. Das heißt, Sie benötigen zwingend lokale Systemfestplatten.

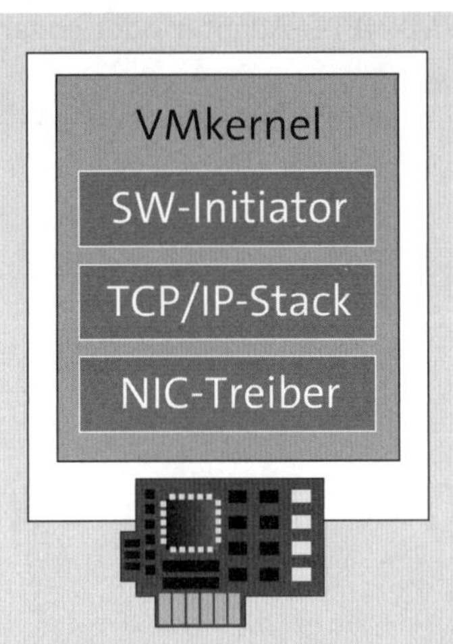

Abbildung 8.9 Der Software-iSCSI-Initiator wird komplett vom Kernel gestellt, basierend auf dem Netzwerkkartentreiber.

iSCSI und Gateways

Obwohl es möglich ist, die iSCSI-Anbindung über Router und Gateways zu betreiben, sollten Sie dies unter allen Umständen vermeiden.

Hier ist besonders auf eine performante Verbindung zwischen dem VMkernel-Port und dem Storage-Target zu achten. Die Management-Verbindung, die für die Metadaten zuständig ist, ist nicht minder wichtig, aber etwas anspruchsloser als der Datenkanal.

Software-Initiator im Gastbetriebssystem

Neben der Möglichkeit der Software-iSCSI-HBA-Nutzung im VMkernel bringen sowohl Linux als auch Windows eigene iSCSI-Initiator-Treiber mit, die über das Netzwerk der virtuellen Maschine die Verbindung mit dem Target aufnehmen. Diese Variante ist die schnellstmögliche iSCSI-Nutzung, da die Software-iSCSI-Initiatoren der Gastbetriebssysteme MPIO (Multipathing I/O) unterstützen, wodurch gleichzeitig mehrere Verbindungen (Netzwerkkarten) zum Storage-System hergestellt und genutzt werden können.

Ansonsten ist dieses Verfahren mit dem *Raw Device Mapping* vergleichbar, da die LUN nur der einzelnen VM – also dem einzelnen Software-iSCSI-Initiator – zur Verfügung steht. In diesem Fall benötigt der ESXi-Host keinerlei Zugriff auf den iSCSI-Storage.

Da kein Booten von iSCSI mittels Gastbetriebssystem möglich ist, müssen Sie diese Technik allerdings mit lokalen VMFS-Partitionen, NFS oder iSCSI über VMkernel kombinieren, z. B. indem Sie die Boot-Platte über VMkernel und die Datenplatte über Software-iSCSI im Gast betreiben (siehe Abbildung 8.10). Der größte Nachteil besteht in der recht hohen CPU-Belastung für das Gastsystem und damit den VMware ESXi-Host, da die komplette iSCSI-Berechnung im Gastsystem stattfindet. Abhilfe schaffen hier aber VMXNET-3-Adapter oder sogar VMDirectpath-I/O-Adapter.

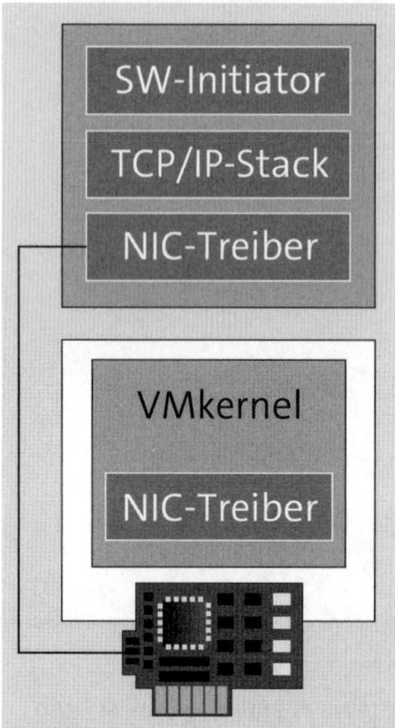

Abbildung 8.10 Der Software-iSCSI-Adapter im Gast (oberer Bereich) wird komplett vom Gastbetriebssystem betrieben, die Netzwerkverbindung basiert auf dem Netzwerkkartentreiber des VMkernels (vSwitch + Uplink).

Host-Channel-Adapter (Infiniband)

Im Infiniband-Umfeld spricht man nicht von *Host-Bus-Adaptern*, sondern von *Host-Channel-Adaptern*. Diese sind die Initiatoren und dienen zum Zugriff auf die Storage-Systeme. Infiniband hat wesentliche Vorteile bei Latenzzeiten, Konsolidierung und Gesamtgeschwindigkeiten. Seit Version 3.5 des ESX-Servers werden HCAs der Firma *Mellanox* als Community-Support unterstützt. Das heißt, der Hersteller übernimmt den Support für die VMware-Komponenten. Die Infiniband-Technik ist im hochpreisigen Segment angesiedelt und ist mit FC vergleichbar.

AoE-(ATA over Ethernet-)Adapter

ATA over Ethernet (AoE) ist definitiv der Außenseiter unter den Möglichkeiten einer Storage-Anbindung und wird nur vom Unternehmen *Coraid* angeboten. ATA over Ethernet ist ein Storage-Protokoll auf Layer 2 (Ethernet-Frames) und wurde ursprünglich von dem Unternehmen *Brantley Coile* entwickelt. Da keine Protokolle höherer Layer wie IP, UDP oder TCP verwendet werden, ist AoE schlanker als iSCSI.

Um AoE unter VMware ESXi zu nutzen, müssen Sie spezielle Ethernet-Adapter der Firma Coraid einsetzen und entsprechende Treiber im VMkernel einbinden. AoE ist im Niedrigpreissegment anzusiedeln und sogar günstiger als iSCSI und vom technischen Aufbau schneller. Außerdem dürfen Sie einen unfreiwilligen Sicherheitsaspekt nicht vergessen: Da AoE auf Ethernet-Frames basiert, sind die Pakete nicht routingfähig, wodurch sie ein physisches Ethernet-Segment nicht verlassen können.

FCoE-(Fibre-Channel over Ethernet-)Adapter

Fibre-Channel over Ethernet (FCoE) ist ein Protokoll, das Fibre-Channel-Frames über den Standard-Ethernet-Bus transportiert. So können Sie trotz Nutzung von Fibre-Channel die 10-GBit-Ethernet-Technologie einsetzen.

Somit ist es dank FCoE auch möglich, existierende FC-Architekturen zu nutzen und gleichzeitig Teile von FC über die Ethernet-Komponenten zu betreiben. Dazu müssen Sie z. B. die Fibre-Channel-N-Port-IDs und die Ethernet-MAC-Adressen miteinander verbinden, was FCoE als Funktion liefert. Dies bietet den Vorteil eines sanften Übergangs oder Wechsels von FC nach Ethernet bei weiterer Nutzung von »Altlasten« im FC-Umfeld.

Weitere Vorteile sind:

- Reduzierung der Anzahl von Anschlusskarten, die zur Storage- und Netzwerkverbindung genutzt werden
- Reduzierung von Kabeln und Switches
- Reduzierung von Energiebedarf und Kühlungskosten

FCoE wurde schon sehr früh von *NetApp* und *Cisco* in Angriff genommen, daher sind deren Integrationen derzeit technologisch führend.

8.4.3 Das Target

Initiatoren nützen nichts, wenn kein Target zur Verfügung steht, um an der Kommunikation teilzunehmen. Als Target wird allgemein das Storage-System bezeichnet, allerdings ist technisch jeder Storage-Prozessor, eigentlich sogar jeder Storage-Prozessor-Port, für den Initiator ein gültiges Target. Schauen wir uns den Aufbau eines Storage genauer an.

Systemaufbau (Storage-Prozessor)

Als *Storage-Prozessor* wird allgemein die Intelligenz des Storage-Systems bezeichnet. Andere Begriffe hierfür sind *Head* (Kopf), *Controller* oder sonstige herstellerspezifische Angaben. Jeder Storage-Prozessor, kurz SP, kann über einzelne oder viele Ports verfügen, die entweder als Target zum Frontend (z. B. ESXi-Server) oder selbst als Initiator ins Backend (weitere Storage-Systeme – typischerweise bei Verwendung von Storage-Virtualisierung) dienen.

Außerdem besitzen die SPs individuelle Technologien zur Leistungssteigerung, die auch speziell auf die Eigenschaften des Herstellers abgestimmt sind (z. B. Steigerung der Double-Parity-Geschwindigkeit). Dazu gehören auch leichter verständliche Konfigurationen, wie die Menge des verfügbaren Lese- und Schreib-Cache.

Abhängig von Hersteller, Modell und Typ verfügen die SPs über eine unterschiedliche Anzahl unterschiedlicher Technologien (FC, Ethernet, iSCSI, AoE, NFS ...), die die Leistungsfähigkeit und die Ausfallsicherheit für die angeschlossenen Server-Systeme bestimmen. Im Normalfall sind alle Anschlüsse eines SPs immer im *Active/Active-Zustand*, das heißt, jegliche Speicheranbindung ist gleichwertig und gleich performant. Sind mehrere SPs miteinander verbunden (interne Cluster), so ist die Architektur des Herstellers dafür ausschlaggebend, ob weiterhin alle Pfade aktiv sind oder manche passiv oder langsamer.

Anschlüsse (FC, iSCSI, Infiniband etc.)

Natürlich verfügt auch das Target über entsprechende Host-Bus-Adapter, die die entsprechenden Speicherprotokolle unterstützen müssen. Daher kommt es auch auf das jeweilige Speichersystem an, ob Fibre-Channel, iSCSI, Infiniband, FCoE oder AoE unterstützt wird. Die Anzahl der HBA-Ports bestimmt die Designmöglichkeiten und die Punkte Ausfallsicherheit und Lastverteilung. Die Storage-Anschlüsse oder -Ports sind der sichtbare Storage-Teil aus VMware-ESXi-Sicht. Das heißt, die Pfade werden über Intitiator-Target-Portverbindungen dargestellt.

8.4.4 Logical Unit Number (LUN)

Die *Logical Unit Number* oder kurz LUN ist das eigentliche Medium, das vom Initiator erkannt und genutzt wird. Statt einer physischen Festplatte kann dies auch eine logische Festplatte oder ein Bandlaufwerk sein.

Vereinfacht ausgedrückt, spiegelt die LUN für den vSphere-Host die Festplatte im SCSI-Bus wider, die entweder mit VMFS formatiert oder als Raw Device Mapping genutzt werden kann. Allerdings geht die LUN keine zwingende 1:1-Beziehung mit den physischen Festplatten ein, sondern kann auch eine logische Aufteilung darstellen. Legen Sie beispielsweise ein RAID-Set mit fünf Platten im RAID 5 an, können Sie dieses RAID je nach Speichersystem problemlos als zehn LUNs (auch mit unterschiedlicher Größe) herausgeben. Für das Initiator-System stellt sich diese LUN immer wie ein einzelnes nutzbares Medium dar, auf das zugegriffen werden kann.

Durch die Nutzung von LUN-IDs statt fester SCSI-IDs ist es möglich, weit mehr Geräte nach außen zu geben bzw. aus Initiatorsicht zu unterscheiden.

LUNs werden durch eine ID von 0 bis 255 gekennzeichnet und bilden in Verbindung mit dem HBA und dem Target den Pfad im SCSI-Umfeld.

Die LUN-ID spielte unter ESX 3 eine wesentliche Rolle, da sie bei der Erstellung der VMFS-Metadaten einbezogen wurde, um Snapshots von Original-Volumes zu unterscheiden. Mit *ESX 3.5 Update 4* wurde die LUN-ID-Abhängigkeit bereits aufgebrochen, und seit vSphere wird der NAA-(*Network Address Authority*-)Namespace oder der T10-Namespace genutzt. Letzterer kommt zum Einsatz, wenn das Storage-System nicht die LUN-WWN (*World Wide Number*) liefert.

8.4.5 Pfadmanagement (Active/Active, Active/Passive)

Die Verwaltung und die Nutzungsmöglichkeiten der verschiedenen Pfade zur Kommunikation und Datenübertragung zwischen Server-System und Storage-System sind ein wesentliches Leistungsmerkmal in der Virtualisierung. Pfade sind alle Wege, die zwischen Initiator und Target möglich sind. Erfolgt keine Aufteilung (Zoning), so wären bei einem ESX-Host mit zwei Anschlüssen, der mit einem Storage-System mit zwei Anschlüssen über eine Fabric kommuniziert, vier Pfade sichtbar.

Es wird grob zwischen *Active/Active-*, *Pseudo-Active/Active-* und *Active/Passive-* bzw. *Active/Standby-Systemen* unterschieden.

Active/Active

Ein *Active/Active-System* (siehe Abbildung 8.11) bietet die Möglichkeit, auf allen Anschluss-Ports des Storage Area Networks mit gleicher Geschwindigkeit und zur gleichen Zeit auf die vom Storage-System bereitgestellten Ressourcen zuzugreifen.

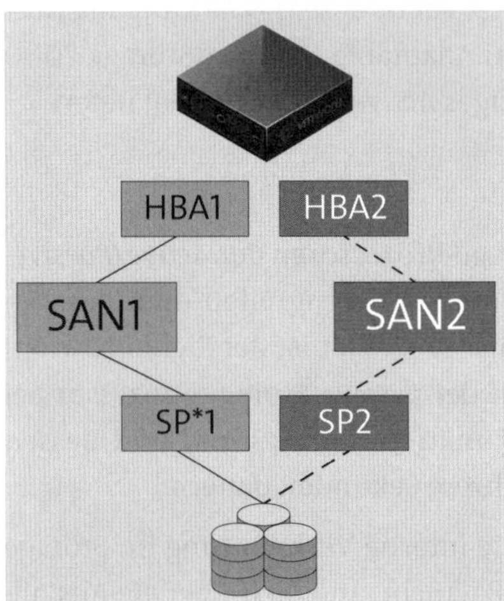

Abbildung 8.11 Active/Active-Speichersystem

Dies ermöglicht zum einen die Ausfallsicherheit über die Controller, zum anderen aber auch die gleichzeitige Nutzung mehrerer Pfade zu den LUNs, was eine höhere Leistung und Lastverteilung bedeutet.

Beim Pfadmanagement beginnen viele Hersteller, die Tatsachen etwas zu beschönigen, da Mischvarianten existieren, die zwar das beste Preis-Leistungs-Verhältnis bieten, allerdings nicht dem entsprechen, was man erwarten würde (siehe Abbildung 8.12). Wer sich mit den verschiedenen Speichersystemen und Controller-Architekturen bereits auskennt, der weiß mit Sicherheit, wovon ich rede: *Asymmetric Active/Active* oder *Pseudo-Active/Active* (siehe weiter unten).

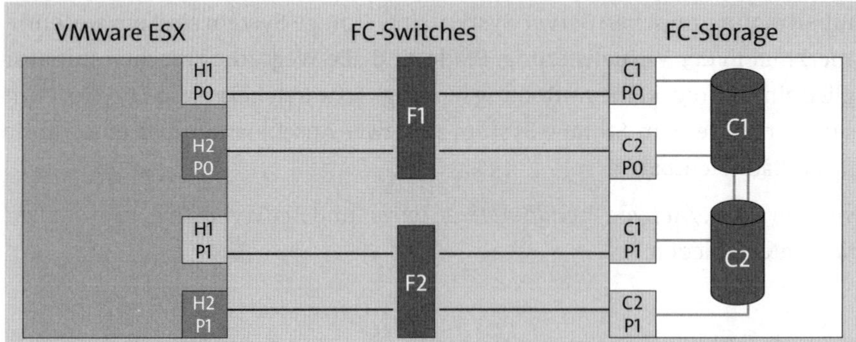

Abbildung 8.12 Active/Active-Anbindung in der Praxis

Die meisten vollwertigen *Active/Active-Systeme* sind im High-End- und damit auch im Höchstpreissegment zu finden, wie *HDS USP*, *EMC DMX*, *3PAR* oder *IBM DS8000*. Eine Ausnahme existiert mit der *Hitachi-AMS2000*-Reihe (Hitachi Adaptable Modular Storage 2000 Family), die im Mid-Range-Bereich ebenfalls ein vollwertiges *Active/Active-System* liefert.

Active/Passive

Im Gegensatz zu *Active/Active-Systemen* können die Storage-Prozessoren der *Active/Passive-Systeme* nicht gleichzeitig auf eine RAID-Gruppe und deren LUNs zugreifen und diese im SAN bereitstellen (siehe Abbildung 8.13). Der aktive Storage-Prozessor ist der Eigner (Owner) der LUN und steuert alle Zugriffe. Allerdings übernimmt der passive Storage-Prozessor bei einem Ausfall des aktiven Storage-Prozessors dessen Funktion (*Trespassing*) und dessen RAID/LUN-Zugriff. Dieser Trespassing-Vorgang kann mehrere Sekunden dauern.

Das wird noch deutlicher durch Abbildung 8.14, in der die interne Verknüpfung im Storage näher betrachtet wrid. Daher ist nur ein manuelles Load-Balancing möglich, aber die Ausfallsicherheit ist gewährleistet. Normalerweise existieren Path-Management-Anwendungen wie *EMC PowerPath/VE*, um die Pfadnutzung zu optimieren und ein sogenanntes Path-Trashing zu verhindern.

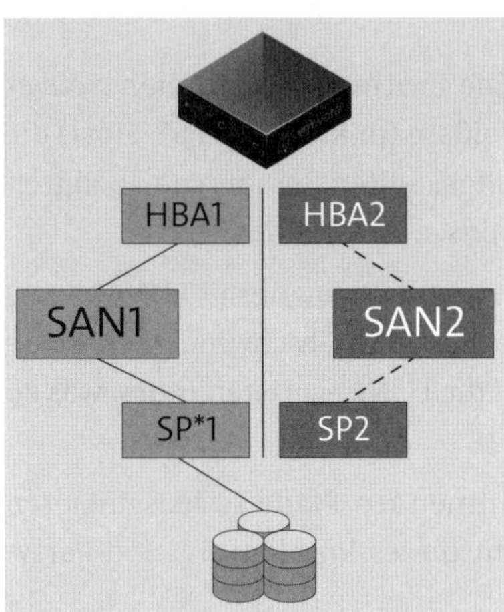

Abbildung 8.13 Active/Passive-Speichersystem

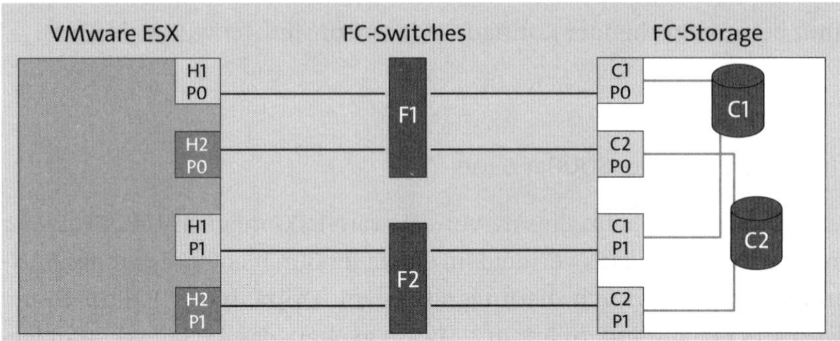

Abbildung 8.14 Active/Passive-Anbindung in der Praxis – Beachten Sie die Anbindung innerhalb des Storage!

Path-Trashing bedeutet, dass auf eine LUN über den Pfad des passiven Storage-Prozessors zugegriffen wird. Dieser Zugriff kann allerdings nicht direkt auf die LUN erfolgen, sondern er nimmt entweder einen internen Umweg über den LUN-Eigner oder ist schlichtweg nicht möglich.

Um dieses Path-Trashing zu verhindern, schalten viele Storage-Systeme den Eigner auf den zugreifenden Storage-Prozessor um, damit der Host bedient werden kann. Diese Schutzfunktion steht bei ESX-Hosts jedoch unter keinem guten Stern, da der gleichzeitige Zugriff vieler Hosts über verschiedene Pfade auf eine LUN möglich und realistisch ist.

Dadurch schwenkt das Storage-System stetig den Eigner in Richtung Pfadnutzung, was die Leistung des Storage-Systems enorm senkt. Daher ist es sehr wichtig, die vorgeschriebenen Multipathing-Einstellungen und das Zoning im SAN zu beachten, um das Path-Trashing zu verhindern.

Zumeist wird empfohlen, bei *Active/Passive-Systemen* MRU (*Most Recently Used*) zu nutzen.

Pseudo-Active/Active

Pseudo-Active/Active oder *Asymmetric Active/Active* ist eine Zwitterform zwischen *Active/Active* und *Active/Passive*. Zwar bieten alle Frontend-Anschlüsse (in Richtung ESX-Host) die Möglichkeit, gleichzeitig auf die vom Storage-System bereitgestellten Ressourcen zuzugreifen, allerdings ist die Geschwindigkeit der einzelnen Anschlüsse unterschiedlich.

Dies kommt daher, dass wie beim *Active/Passive-System* Ressourceneigner (= LUN-Owner) existieren, womit nur einer von zwei Storage-Prozessoren die volle Geschwindigkeit erreichen kann, während der zweite immer über den Eigner auf die LUNs zugreifen muss, was zu teilweise sehr deutlichen Leistungsengpässen führt.

ESX 3.x hat keinerlei Möglichkeiten, die vom Storage kommenden Pfade zu klassifizieren und der Geschwindigkeit nach einzuordnen. vSphere geht dieses Problem mit 3rd-Party-Multipathing und ALUA (*Asymmetric LUN Unit Access*) an.

Pseudo-Active/Active-Systeme sind sowohl im Entry- als auch im Mid-Range-Level zu finden. Die folgende Liste ist nur ein kleiner Auszug; es gibt wesentlich mehr:

- EMC CLARiiON (nur bei entsprechender Konfiguration, ansonsten *Active/Passive*)
- HP EVA
- NetApp
- LSI und IBM DS (mit Ausnahme der 8000er-Serie)

Bei all diesen Systemen sollten Sie beim Einsatz von VMware ESXi möglichst die Nutzung des langsameren (nichtoptimalen) Pfads vermeiden, entweder durch entsprechendes SAN-Design und Hilfsprogramme oder durch die Integration von Drittanbieter-Multipathing-Modulen (EMC PowerPath/VE). Außerdem bringt VMware vSphere das ALUA Path Management mit, das unter anderem von NetApp-Systemen unterstützt wird.

ALUA ermöglicht die Kommunikation zwischen Storage und ESX-Server, indem der Status der Pfade (*active-optimized, active-unoptimized, unavailable, standby*) übermittelt wird. Damit kann der ESX-Server die optimierten Pfade bevorzugt behandeln.

8.5 FC-Speichernetzwerk

Schauen wir uns den Aufbau des Fibre-Channel-Netzwerks einmal »aus 10.000 Meter Höhe« an. Das heißt, wir kratzen nur an der Oberfläche der Technologie und des Designs (siehe Abbildung 8.15). Ein sehr gutes vertiefendes Buch zum Thema Storage heißt »Speichernetze« und ist beim dpunkt.verlag erschienen (ISBN: 978-3-89864-393-1).

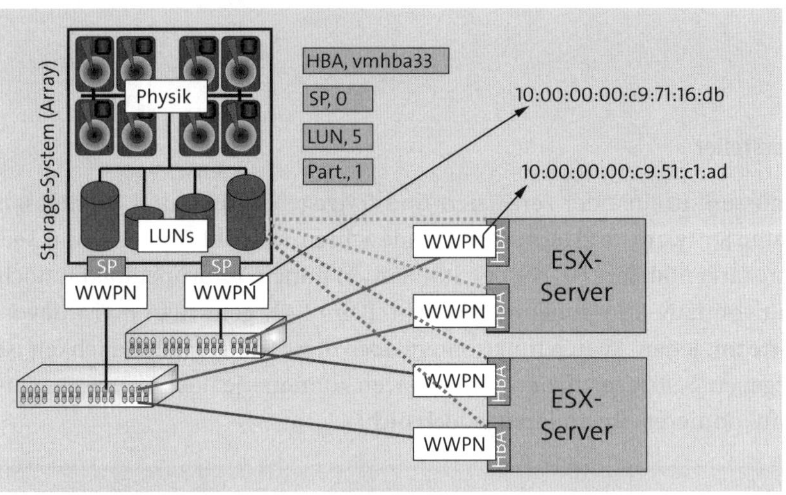

Abbildung 8.15 Beispiel eines Fibre-Channel-Netzes mit den einzelnen Komponenten

8.5.1 Vorteile und Nachteile

Wie alles in der IT und im Leben haben auch Fibre-Channel-Netzwerke ihre Vor-, aber auch Nachteile:

- **Vorteile von FCP**
  - hohe Geschwindigkeiten möglich
  - niedrige Latenzen
  - niedrige CPU-Belastung am Host
  - Load-Balancing und Failover einfach realisierbar
  - Raw Device Mappings möglich
- **Nachteile von FCP**
  - relativ hohe Kosten durch Infrastruktur
  - eventuell fehlendes Know-how
  - Skalierbarkeitsprobleme mit LUN-SCSI-Locking bei VMFS (viele VMs pro Datastore)
  - Umgang mit LUN-Clones teilweise komplizierter als NFS (Resignatur)
  - VMFS-Datastores nicht verkleinerbar
  - Thin Provisioning nicht per Default

8.5.2 Support-Matrix

Gerade im Zusammenhang mit Fibre-Channel sei ausdrücklich darauf hingewiesen, dass Sie sich unbedingt an die Support-Matrix aller beteiligten Hersteller halten sollten. Besonders zu berücksichtigen sind dabei folgende Hersteller:

- Server-Hersteller
- HBA-Hersteller
- Switch-Hersteller
- Storage-System-Hersteller

Alle Komponenten müssen füreinander zertifiziert und freigegeben sein, und Sie müssen auch auf die eingesetzten Software- und Firmware-Stände achten. Obwohl Fibre-Channel seit vielen Jahren auf dem Markt etabliert ist, hat der Standard in puncto Interoperabilität noch nicht ganz das Niveau von LAN-Komponenten erreicht. Beim LAN geht man meist davon aus, dass jede LAN-Karte mit jedem Switch funktioniert, doch diese Selbstverständlichkeit ist im SAN noch nicht gegeben. Selbst zertifizierte HBA-Karten können – je nach Firmware-Version – im einen Fall funktionieren, im anderen jedoch nicht.

Wichtige Datenbank zu Herstellerfreigaben

Sie müssen zwingend auf die Freigaben der Hersteller achten. VMware hat für vSphere eine eigene Datenbank für die Freigabe von Speichersystemen und I/O-Karten (SAN und LAN) im Internet bereitgestellt. Sie finden diese Freigabe-Matrix im *VMware Compatibility Guide* unter der URL:

http://www.vmware.com/resources/compatibility/search.php

Zusätzlich zur Freigabe der Hersteller sollten Sie darauf achten, dass die Anbindung des Storage-Systems zwingend redundant erfolgt (z. B. durch Multipath-I/O) und dass das Speichersystem selbst auch redundant ausgelegt ist (z. B. durch Clustering). Der Redundanzaspekt ist bei virtueller Infrastruktur genauso hoch oder noch höher als bei normaler Speicherzentralisierung – die Verfügbarkeit aller VMs hängt direkt von der Verfügbarkeit des Speichersystems ab.

8.5.3 Switch vs. Loop

VMware ESXi unterstützt bis auf wenige Ausnahmen nur Switched-Fabric-Umgebungen im FC-Umfeld. Manche Systeme (wie z. B. HP MSA) können auch direkt an die FC-Adapter des ESX-Servers angeschlossen werden. Ein Arbitrated Loop, also die »Hub«-Version von Fibre-Channel, wird von VMware nicht unterstützt, da der Arbitrated Loop im FC-Umfeld als veraltet gilt.

8.5.4 Fabric

Fabric wird ein abgegrenztes Netzwerk genannt, das Initiatoren (Hosts, Workstations) mit Targets (Storage-Systemen, Tape-Librarys) verbindet. Eine Fabric kann über mehrere FC-Switches verbunden sein.

Zumeist werden zwei oder mehr Fabrics im FC-Umfeld eingerichtet, um die FC-»Broadcasts« im kleinsten Rahmen zu halten (ähnlich wie bei Ethernet) und um außerdem eine klare Trennung für Wartungsfenster herzustellen.

Ein besonderer Vorteil der FC-Fabric ist, dass alle Geräte mit voller Bandbreite senden und empfangen können. Die HBAs der ESX-Server sind in diesem Fall über einen oder mehrere Pfade mit Fabric1 und Fabric2 verbunden, sodass im Wartungsfall einer Fabric die Verbindung zum Storage-System immer noch über die verbleibende Fabric zur Verfügung steht.

8.5.5 Verkabelung

Prinzipiell versucht man immer, über Kreuz zu verkabeln, was besonders bei *Active/Passive-* und *Asymmetric Active/Active-Systemen* sehr sinnvoll ist, um die Zuordnung von aktiven Ports über die Fabrics zu verteilen. In Abbildung 8.16 sehen Sie dies bei der Verbindung zur EMC CX. Wenn Sie ein vollwertiges *Active/Active-System* (wie im Beispiel die *HDS AMS2000*) einsetzen, so ist die Verkabelung eher Geschmackssache als wirklich notwendig.

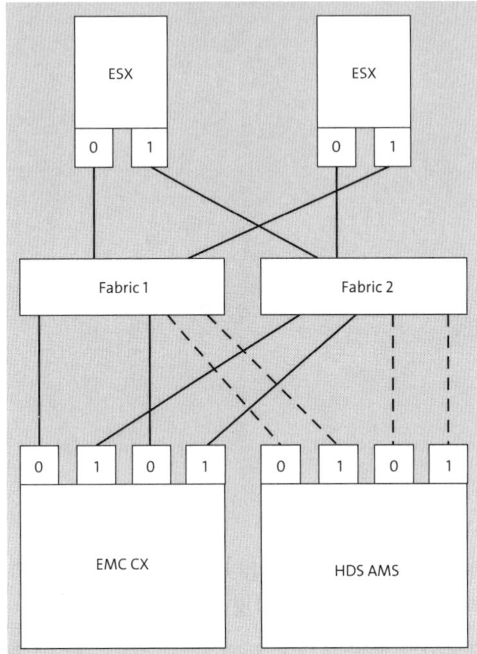

Abbildung 8.16 Verkabelungsmöglichkeiten

8.5.6 Zoning

Zoning nennt sich die Aufteilung der FC-Ports eines FC-Switchs, ähnlich der VLANs im Ethernet-Segment. Mittels Zoning erstellen Sie Gruppen, die eine Kommunikation zwischen den enthaltenen Ports oder WWNs ermöglichen. Das Erstellen von Zonen, die auf Ports basieren, nennt sich *Port-Zoning*, das heißt, man fasst FC-Ports zur Kommunikation zusammen. Damit können Sie auch einen Systemwechsel oder Hardwaretausch ohne erneute Änderung an den SAN-Zonen durchführen.

Dies steht im Gegensatz zum *WWN-Zoning*, wo die WWNs (*World Wide Numbers*), also die eindeutigen Identifikationsnummern des Ports oder des Systems, in Gruppen zusammengefasst werden. Dies hat den Vorteil, dass der HBA mit einer erlaubten WWN auf einem beliebigen Port auf dem FC-Switch angeschlossen werden kann. Kommt es jedoch zu einem Hardwareaustausch, müssen Sie auch das Zoning anpassen.

Zumeist ist Port-Zoning wegen der vereinfachten Verwaltung bei einem Hardwareaustausch beliebter. VMware empfiehlt übrigens mindestens vier Pfade zu einem Storage-System.

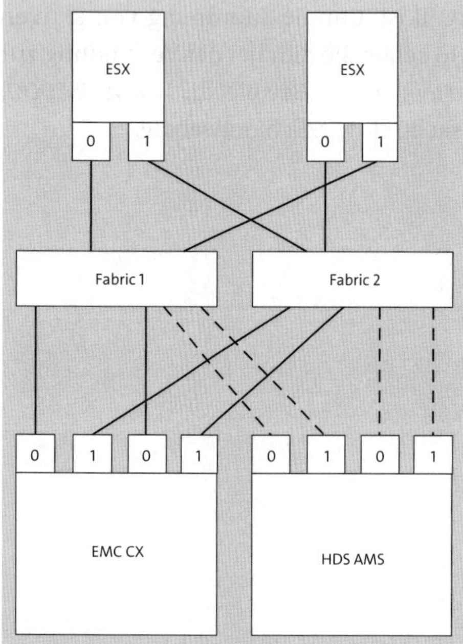

Abbildung 8.17 Zoning-Beispiel

Abbildung 8.17 zeigt, dass jeweils zwei Zonen auf jedem FC-Switch angelegt werden müssen. Dies wäre bei einem Single-Initiator-Zoning wie in Tabelle 8.3 zu konfigurieren.

FC-Switch	Zonenbeschreibung
FC-Switch 1	Server A, HBA 1 ↔ Storage SPA Port 0 Server A, HBA 1 ↔ Storage SPB Port 1
FC-Switch 1	Server B, HBA 1 ↔ Storage SPA Port 0 Server B, HBA 1 ↔ Storage SPB Port 1

Tabelle 8.3 Single-Initiator-Zoning

FC-Switch	Zonenbeschreibung
FC-Switch 2	Server A, HBA 2 ↔ Storage SPA Port 1 Server A, HBA 2 ↔ Storage SPB Port 0
FC-Switch 2	Server B, HBA 2 ↔ Storage SPA Port 1 Server B, HBA 2 ↔ Storage SPB Port 0

Tabelle 8.3 Single-Initiator-Zoning (Forts.)

Single-Initiator-Zoning

Beim *Single-Initiator-Zoning* wird pro Zone immer nur ein Initiator mit einem oder mehreren Targets verbunden. Das heißt, ein ESX-Server mit zwei FC-Anschlüssen muss in wenigstens zwei Zonen mit dem oder den Targets verbunden werden.

Diese Form des Zonings ist beim Einsatz von VMware äußerst empfehlenswert, um FC-Broadcasts zu limitieren. Außerdem ist es nie sinnvoll, dass sich mehrere Initiatoren »sehen« und miteinander kommunizieren können. Wenn Sie das Single-Initiator-Zoning ignorieren und eine Zone mit vielen Initiatoren und Targets erstellen, so stört möglicherweise nur eine fehlerhafte Komponente jegliche Kommunikation in der Zone, was zum Ausfall der Storage-Verbindung führen kann.

8.5.7 Mapping

Unter dem Begriff *Mapping* versteht man die Zuordnung von Initiator-WWNs zu LUNs des Targets. Beim Mapping wird übrigens auch die LUN-ID festgelegt. Nur wenige Storage-Systeme wie beispielsweise *Dell EqualLogic* verwenden immer die LUN-ID 0 (dafür verschiedene Targets). Das Mapping wird im Storage-System durchgeführt und sieht zum Beispiel so wie in Tabelle 8.4 aus.

Initiator	Target	LUN	LUN-ID	Zugriff
WWN ESX1	WWN-Target	400-GB-LUN	10	R/W
WWN ESX2	WWN-Target	400-GB-LUN	10	R/W

Tabelle 8.4 Mapping im Storage

Da viele Funktionen der virtuellen Infrastruktur nur bei gemeinsamem Zugriff mehrerer ESX-Server auf die gleichen LUNs möglich sind, ist es sinnvoll, die entsprechenden ESX-Server einer Gruppe zuzuordnen und diese beim Mapping zu verwenden. Damit ist gewährleistet, dass keine unterschiedlichen LUN-IDs für die gleiche LUN verwendet werden, was in VI3-Umgebungen schnell zu Chaos führt.

8.5.8 NPIV (N-Port ID Virtualization)

In der Historie des Fibre-Channel-Protokolls existierten immer Punkt-zu-Punkt-Verbindungen zwischen HBA und Switch (Netzwerk). Ein FC-Port hatte eine eindeutige WWPN (*World Wide Port Number*) und ein FC-Host eine eindeutige WWN (*World Wide Number*), über die die Kommunikation adressiert wurde. Das Konzept war bis zur Einführung der Virtualisierung auch für die meisten Installationen absolut ausreichend.

Durch die Virtualisierung und die Mehrfachbelegung der FC-Ports durch virtuelle Maschinen wurde eine entsprechende Technologie gesucht und mit NPIV (*N-Port ID Virtualization*) entwickelt. Somit war es auch problemlos möglich, einer virtuellen Maschine die Festplatten einer anderen virtuellen Maschine zuzuordnen. Aus Sicherheitsaspekten ist NPIV daher sinnvoll, da einer virtuellen Maschine eine LUN direkt zugeordnet werden kann. Nur der ESX-Host muss noch Read-only-Berechtigung besitzen. Dies verhindert eine Fehlkonfiguration oder nicht autorisierte Zugriffe auf die LUNs. Als Nachteil muss ganz klar aufgezeigt werden, dass die virtuelle Maschine »direkten« Zugriff auf den Storage bekommt und daher theoretisch durch Schadsoftware Schäden anrichten könnte.

NPIV bedeutet: Wenn der HBA und der Switch diese Technik unterstützen, können mehrere WWPNs auf einem HBA-Switch-Port genutzt werden. VMware ESXi unterstützt seit Version 3.5 die NPIV-Funktion, mit der Sie virtuellen Maschinen bis zu vier virtuelle WWNs zuweisen können. Allerdings ist die Funktion noch nicht komplett implementiert. Das heißt, die virtuellen WWNs werden nach wie vor vom VMkernel verwaltet, da noch keine virtuellen Fibre-Channel-Karten im Gast möglich sind. Bis dahin hat die NPIV-Nutzung hauptsächlich Sicherheitsvorteile; Path-Management-Tools im Gast können nach wie vor nicht verwendet werden.

8.6 FCoE

Fibre-Channel over Ethernet (FCoE) wurde entwickelt, um die Kompatibilität mit Fibre-Channel zu behalten, jedoch auf die flexible Ethernet-Basis umstellen zu können. Da Ethernet und Fibre-Channel über komplett getrennte Infrastrukturen verfügen mussten, ist der Schritt zu FCoE eine deutliche Vereinfachung für Architekten und Administratoren, um beide Technologien zusammenzuführen.

Damit wird die Verkabelung vereinfacht und reduziert, und Sie können eine weitere Konsolidierung im Rechenzentrum betreiben. Dabei ist allerdings zu beachten, dass die FC-Pakete nicht routingfähig sind und auch nicht in IP-Pakete gepackt werden, um diese routingfähig zu machen, wie dies bei iSCSI der Fall ist. Durch den Verzicht auf die Nutzung von Transportschichten wie TCP/IP und den damit verbundenen Overhead profitieren Sie von einer verbesserten Performance.

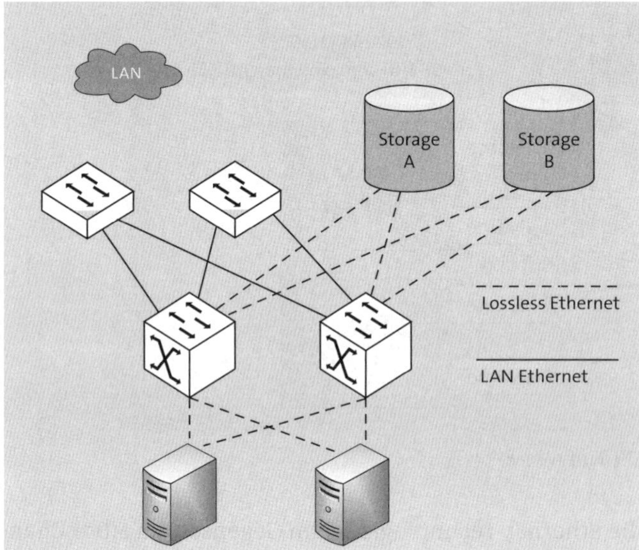

Abbildung 8.18 FCoE-Übersicht (Quelle: Autor Abisys, http://de.wikipedia.org/w/index.php?title=Datei:Storage_FCoE.tif)

VMware unterstützte bereits mit vSphere 4.1 die FCoE-Hardwareschnittstellen (CNA) und hat diese Unterstützung mit vSphere 5 um einen Software-FCoE-Initiator erweitert (siehe Abbildung 8.18).

8.7 iSCSI-Speichernetzwerk

Das *iSCSI-Speichernetzwerk*, das auch *IP-SAN* genannt wird, ist neben dem FC-SAN die beliebteste Methode, um zentralen Speicher an die ESX-Server zu koppeln. Statt WWN/WWPN-Adressen zur eindeutigen Identifizierung im Fibre-Channel-Umfeld werden MAC-Adressen, IP-Adressen und iNames genutzt. Während MAC-Adressen eher auf dem Ethernet-Level Verwendung finden, sind eine IP-Adresse und ein iName zum Mapping des Storage notwendig (siehe Abbildung 8.19). Zur Absicherung der Netzwerke können Sie mit eigenen physischen Switches oder VLANs arbeiten.

Zur Authentifizierung wurde CHAP (*Challenge Handshake Authentication Protocol*) als Protokoll integriert, was eine erste Sicherheitshürde bietet, da nur Systeme mit dem gleichen Schlüssel miteinander kommunizieren können. Die Integration einer Gesamtverschlüsselung mit IPsec (*Internet Protocol Security*) ist jedoch nicht möglich.

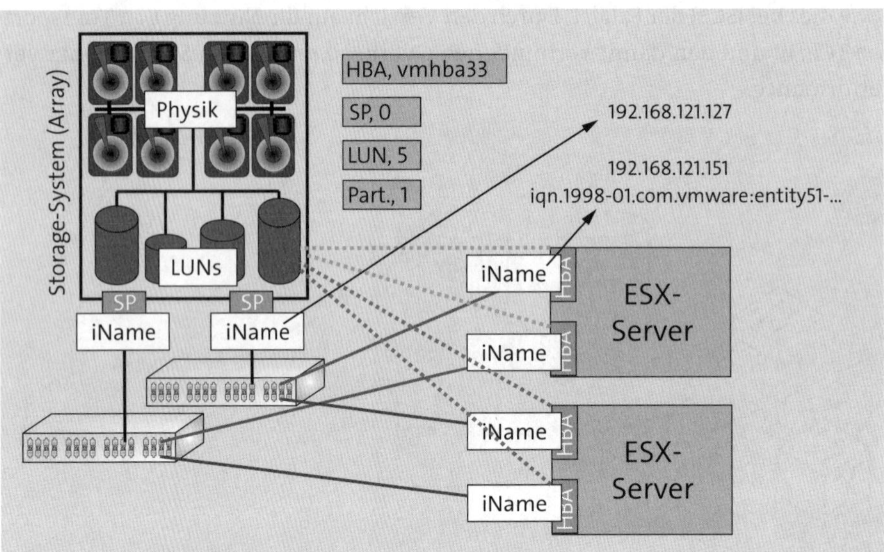

Abbildung 8.19 Komponenten im iSCSI-Netzwerk

Das sehr oft genannte Argument, die Ethernet-Technologie sei im Gegensatz zu Fibre-Channel bereits bekannt und damit sei auch die iSCSI-Einführung kostengünstiger, kann nicht in jedem Fall bestätigt werden.

Zuallererst ist es wichtig, sich mit der iSCSI-Technologie auseinanderzusetzen – mit ihren Anforderungen, Stärken und Schwächen. Die Verwaltbarkeit des Ethernet-Switchs oder der IP-Adressen ist zweitrangig. Im direkten Vergleich halten sich die Neuerungen von Standard-Ethernet nach IP-SAN oder FC-SAN eigentlich die Waage, da in beiden Technologien viele neue Themen beachtet werden müssen. Setzen Sie bereits FC-SAN ein, entfällt das Argument komplett.

Die Aussage »kostengünstiger« hängt sehr stark von den Anforderungen des Unternehmens an Leistungsfähigkeit und Ausfallsicherheit ab. Dazu sollten Sie sich Abschnitt 8.7.3, »IP-SAN-Trennung«, näher anschauen.

8.7.1 Vorteile und Nachteile

Ein iSCSI-Speichernetzwerk weist folgende Vor- und Nachteile auf:

- **Vorteile von iSCSI**
  - mittlere bis hohe Geschwindigkeiten möglich, je nach Anzahl der 1-GBit/s- bzw. 10-GBit/s-Abschlüsse
  - mittlere Latenzen
  - Load-Balancing und Failover einfach realisierbar
  - Raw Device Mappings möglich

  - sehr niedrige Einstiegskosten
  - relativ wenig Know-how erforderlich
- **Nachteile von iSCSI**
  - höchste CPU-Belastung am Host
  - Die Skalierbarkeitsprobleme mit LUN-Locking bei VMFS (viele VMs pro Datastore) werden mit vSphere 5.5 und VAAI größtenteils gelöst.
  - Umgang mit LUN-Clones teilweise komplizierter als bei NFS (Resignatur)
  - VMFS-Datastores nicht verkleinerbar
  - Thin Provisioning nicht per Default

8.7.2 Kommunikation

Die Kommunikation läuft aufgrund der SCSI-Verwandtschaft auch über Initiator und Target ab. Der Initiator kann entweder ein iSCSI-HBA, der Software-iSCSI-Initiator des VMkernels oder der Software-iSCSI-Initiator im Gastbetriebssystem sein.

In jedem Fall empfiehlt es sich, über den Einsatz von Jumbo Frames (MTU bis 9000 statt Standard-MTU von 1500) nachzudenken, da diese Änderung eine Beschleunigung des Datenverkehrs aufgrund der größeren Netzwerkpakete und der sich damit verringernden Header-Informationen zur Folge hat. Generell wurde die iSCSI-Implementierung in vSphere mit ESX 4 wesentlich beschleunigt, was in Abbildung 8.20 sehr gut zu erkennen ist.

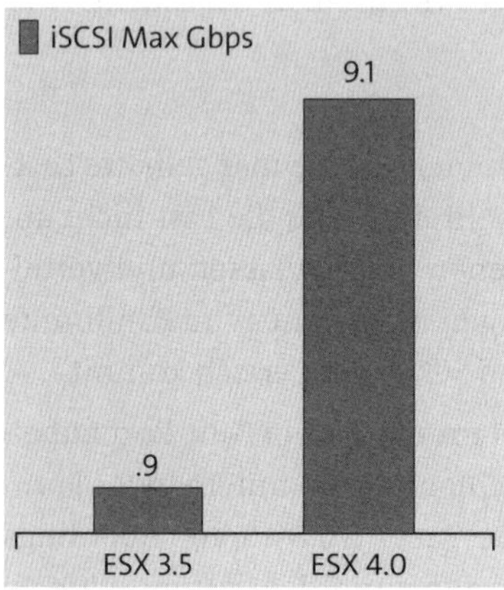

Abbildung 8.20 Verbesserungen mit ESX 4.0 im iSCSI-Netzwerk

Da unter ESX 5 keine Service Console mehr existiert, wird in jedem Fall ausschließlich der VMkernel-Adapter für die iSCSI-Verbindung genutzt. In Kapitel 7, »Das Netzwerk in VMware vSphere«, finden Sie weitere Informationen, wie die entsprechende Netzwerkkonfiguration aussehen kann.

8.7.3 IP-SAN-Trennung

Selbst kleine Umgebungen von 20 VMs bekommen bei entsprechendem Leistungsbedarf schnell große Probleme bei der Performance, wenn das iSCSI-Netzwerk nicht physisch vom produktiven IP-Netzwerk (LAN) getrennt ist.

In den meisten Fällen nützt auch keine Auftrennung mittels VLANs. Damit wäre zwar die Sicherheit der Pakete gewährleistet, aber nicht die Leistungsfähigkeit pro Port. Je nachdem, welche Ethernet-Switches im LAN eingesetzt werden, müssen Sie zusätzlich ein eigenes physisches Netzwerk mit eigenen Switches nur als Storage-Netzwerk aufbauen.

Sie sollten unbedingt auf eine entsprechend leistungsfähige Switch-Architektur achten, damit die Backplanes der Switches nicht an ihre Grenzen stoßen und es nicht zu Leistungsengpässen beim Betrieb der Netzwerkinfrastruktur kommt. Dieses Thema sollten Sie sehr ernst nehmen, da es auch mit höherwertigen Switches im Preissegment von mehreren Tausend Euro zu erheblichen Problemen kommen kann.

Zwei solcher Fälle sind bekannt:

- **Überbuchung**
  Der sehr einfach zu erklärende Fall ist das Überbuchen (*Overbooking*) von Switch-Ports. Das heißt, die Backplane des Switches verfügt nicht über ausreichend Leistung, um alle Front-Ports mit voller Bandbreite gleichzeitig zu bedienen. Bei einem 24-Port-Switch beispielsweise, der nur mit einer 12-GBit-Backplane ausgestattet ist, entsteht ein Problem bei Volllast. 24 Ports Full Duplex bedeuten maximal 48 GBit Last, was von der 12-GBit-Backplane nur zu einem Viertel abgedeckt wird. Daher ist jeder Port dreimal überbucht. Achten Sie daher immer auf *non-blocking* beim Switch-Kauf.
- **Lastverteilung**
  Ein sehr unschönes und nur schwierig festzustellendes Problem ist die mangelhafte Lastverteilung mancher Ethernet-Switches, die bei Volllast mehrerer Ports die Last nicht anteilig verteilen, sondern diese beliebig über die verbundenen Ports zulassen und verteilen. Dies führt im schlimmsten Fall dazu, dass Anwendungen nicht genügend Bandbreite zur Verfügung haben und es zu Applikationsabbrüchen im Sekundenbereich kommt.

  Auch hier ein kleines Beispiel: Es ist ein iSCSI-Storage-System mit einem GBit-Port auf einem Switch mit vier iSCSI-Initiatoren (ESX-Server) angeschlossen, die miteinander kommunizieren. Der Port des Storage-Systems erhält 90 % Last (*Utilization*). Allerdings schwankt die Kommunikation der vier Initiatoren-Ports aufgrund der Lastverteilungsprobleme des Switchs zwischen 20 und 80 %. Im Ergebnis kommt es zu Applikationsproblemen auf den virtuellen Maschinen des ESX-Servers mit der geringsten zugeordneten Priorität, da Pakete zu langsam verteilt oder sogar verworfen werden.

  Die Backplanes kostengünstigerer Switches sind einfach nicht auf die Volllast aller Ports, sondern nur für einen Bruchteil der Port-Volllast ausgelegt. Damit würden das LAN und das IP-SAN sich gegenseitig stören, da die Switch-Backplane diese Leistung nicht erbringen kann.

Selbst bei der Trennung der physischen Netzwerke mit eigenen Switches weichen die Leistungsanforderung und die Switch-Leistung stark voneinander ab. Nicht selten müssen daher Backbone-Switches angeschafft werden, um das iSCSI-Netzwerk, das zumeist höhere Anforderungen als die LAN-Kommunikation hat, vernünftig zu betreiben.

Solche Leistungsprobleme sind nicht immer leicht erkennbar, stellen sich aber oft durch »Hänger« in virtuellen Maschinen dar. Diese Stopps der Applikation in einer VM führen von der Verlangsamung der Anwendung für den Benutzer bis hin zum sporadischen Absturz der VM, da die iSCSI-Informationen nicht schnell genug umgesetzt werden können.

Daher ist es sehr wichtig, die Leistungsanforderungen genau zu bestimmen und ein entsprechendes Design der Ethernet-Infrastruktur aufzubauen. Sehr oft stellt sich heraus, dass sich Planungsschwächen viel schlimmer auswirken als bei der Nutzung von FC-SAN. Durch die Einführung von 10-GBit-Ethernet wird sich das Performance-Problem allerdings relativieren, wenn die Backplane der Ethernet-Switches entsprechende Leistung vorhält – wir empfehlen an dieser Stelle einen Blick auf die Switches von *Arista Networks* (*http://www.arista-networks.com*).

Übrigens findet sich eine sehr gute Abhandlung über die Möglichkeiten des iSCSI-Netzwerks und deren Implementierung auf dem Blog von Chad Sakac (Virtual Geek):

http://virtualgeek.typepad.com/virtual_geek/2009/09/a-multivendor-post-on-using-iscsi-with-vmware-vsphere.html

8.8 Network File System (NFS)

Was den Aufbau des Netzwerks betrifft, unterscheidet sich NFS nur unwesentlich von iSCSI. Das heißt, auch hier sollte ein Speichernetzwerk dediziert genutzt werden, und der VMkernel stellt die Verbindung zum NFS-Storage her.

Allerdings arbeitet NFS nicht blockorientiert, sondern dateiorientiert, NFS nutzt also kein VMFS im Backend. Die Erklärung liegt schon im Namen *Network File System* (NFS). Im Endeffekt ist es dem Storage-System überlassen, welches Dateisystem im Hintergrund die Dateien verarbeitet und organisiert, für den ESX-Server ist nur interessant, dass über NFS-Version 3 mit ihm kommuniziert wird.

NFS arbeitet im Gegensatz zu den blockorientierten VMFS-Datastores immer im Thin-Provisioning-Modus (Ausnahme: VAAI-Nutzung von NFS Reserve Space). Das heißt, nur die real abgespeicherten Daten verbrauchen im NFS wirklich Festplattenplatz, unabhängig von der angegebenen VMDK-Festplattendatei der virtuellen Maschine. Darüber hinaus ist es bei der Nutzung des standardisierten NFS-Protokolls möglich, von jedem anderen NFS-Client auf die NFS-Freigaben zuzugreifen, was Sicherungen sehr flexibel und einfach macht. Da auch das NAS-Storage-System selbst in der Lage ist, die Daten einzusehen, existieren auch dort sehr mächtige Sicherungsmöglichkeiten (z. B. *NetApp Filer*).

Ein weiterer Vorteil von NFS besteht darin, dass keine SCSI-Reservations auf dem kompletten Datastore (LUN) ausgeführt, sondern nur sogenannte File-Locks angewendet werden. Dadurch werden nur die im Zugriff befindlichen Dateien gesperrt und nicht die komplette LUN, was NFS eine sehr gute Flexibilität und Skalierbarkeit einbringt. Diese Vorteile werden besonders in großen VDI-(*Virtual Desktop Infrastructure*-)Umgebungen geschätzt, weswegen sich NFS in diesem Anwendungsbereich auch durchsetzt.

Kommunikation

Bei der Kommunikation von NFS handelt es sich um ein Client-Server-Protokoll. Das heißt, der NFS-Client verbindet (authentifiziert) sich mit dem NFS-Server und beginnt eine Standardkommunikation, die für NFS-Version 3 vordefiniert ist. Ein sehr wichtiger Aspekt ist dabei die Nutzung von IP-Adressen oder DNS-Namen, wobei IP-Adressen meist bevorzugt werden, um die Abhängigkeit vom DNS-Server zu minimieren. Da es bei NFS kein Multipathing gibt, sind Sie auf die Möglichkeiten des Storage-Systems angewiesen, intern Cluster abzubilden. Dies ist meist über Round-Robin-Mechanismen, MAC-Adressen-basiert oder IP-basiert möglich. Das Gleiche gilt für die Load-Balancing-Möglichkeiten.

Ein großes Problem ist hierbei, Ausfallsicherheit und Lastverteilung abzuwägen, wie es bei den blockbasierten Protokollen durch Multipathing möglich ist. Hier entscheiden die Anzahl der Netzwerk-Ports und die Möglichkeiten der Ethernet-Switches darüber, wie weit Sie gehen können. Auch hier brilliert die Firma *Arista Networks* mit ihren kostengünstigen 10-GBit-Switches, die eine Port-Aggregation über Switch-Grenzen erlauben. Dies ist bei anderen Herstellern nur mit vielfach teureren Switches möglich. Zum besseren Verständnis zeigt Abbildung 8.21 die Komponenten, die bei dieser Anbindungsart zum Einsatz kommen. Den Aufbau des VMkernel-NFS-Moduls zeigt Abbildung 8.22.

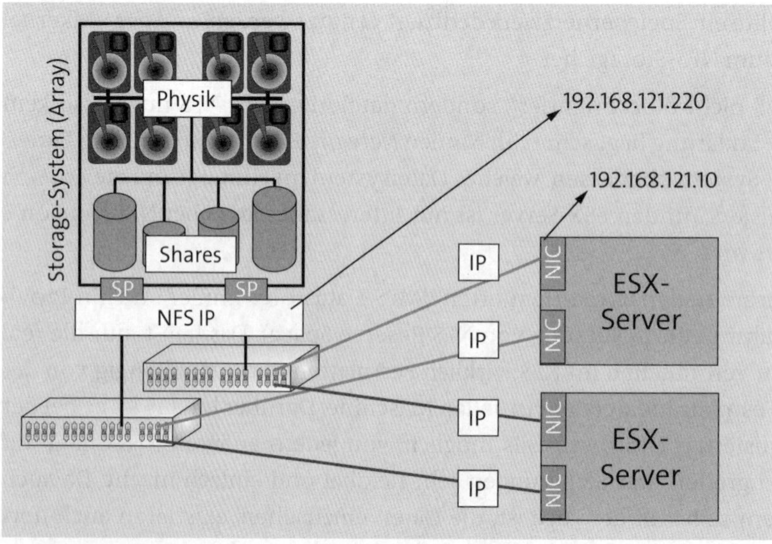

Abbildung 8.21 Komponenten bei der NFS-Nutzung

Abbildung 8.22 NFS-Modul im VMkernel

In jedem Fall empfiehlt es sich, über den Einsatz von Jumbo Frames (MTU bis 9000 statt Standard-MTU von 1500) nachzudenken, da Jumbo Frames aufgrund der größeren Netzwerkpakete und der sich damit verringernden Header-Informationen den Datenverkehr beschleunigen. Die Kommunikation findet über den VMkernel statt, der über das IP-Hash-basierte Load-Balancing-Verfahren die Last verteilen kann.

Lastverteilung unter NFS

Eine Lastverteilung mit NFS ist auch bei IP-Hash-basiertem Load-Balancing nur möglich, wenn dem ESX-Server mehrere IP-Adressen auf der Seite des NFS-Servers angeboten werden. Ansonsten würde der VMkernel-Port immer nur einen Adapter nutzen, da immer die gleiche Netzwerkkarte pro IP-Verbindung verwendet würde.

Durch die Nutzung von 10-GBit-Netzwerkkarten sind mit NFS enorme Geschwindigkeiten bei Datendurchsatz und Latenzzeiten möglich. Dies bringt weitere Marktdurchdringung für NFS und Entspannung, was die Verwendung von Load-Balancing auf ESX-Seite angeht.

Selbstverständlich ist es auch möglich, NFS-Systeme aus dem Gastbetriebssystem anzubinden und nur für eine dedizierte virtuelle Maschine zu nutzen (siehe Abbildung 8.23). Der Netzwerkverkehr läuft in diesem Fall über die Portgruppe der virtuellen Netzwerkkarte ab. Um mehr Performance im Gast zu erreichen, müssten Sie mit mehreren virtuellen Netzwerkkarten und mehreren NFS-Servern arbeiten.

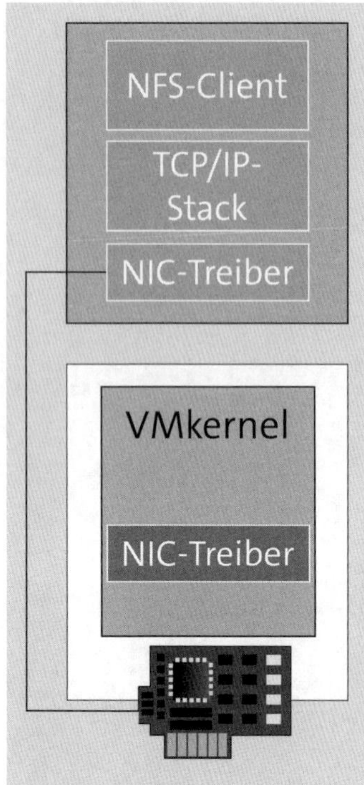

Abbildung 8.23 NFS im Gastbetriebssystem

Vorteile und Nachteile

Das Network File System (NFS) bietet folgende Vor- und Nachteile:

- **Vorteile von NFS**
  - mittlere bis hohe Geschwindigkeiten möglich, je nach Anzahl der 1-GBit/s- bzw. 10-GBit/s-Anschlüsse
  - mittlere Latenzzeiten
  - sehr niedrige Einstiegskosten
  - relativ wenig Know-how erforderlich
  - VMFS-Datastores sehr einfach verkleinerbar
  - Thin Provisioning per Default
  - sehr einfaches Management
  - Zugriff auf die VMs mit jedem NFS-Client möglich (Backup)
  - keine VMFS-Skalierungsprobleme
- **Nachteile von NFS**
  - Raw Device Mappings sind nicht auf NFS möglich.

- Load-Balancing und Failover sind je nach eingesetzter LAN-Infrastruktur schwieriger realisierbar.
- wenige Sicherheitsfunktionen im Protokoll
- bei Nutzung von 1-GBit-Ethernet geringere Geschwindigkeit als FC

8.9 Flash-basierter Speicher

Flash-basierte PCI-Express-Karten werden auch im VMware-Umfeld immer beliebter und sind seit Version 4.0 auch im *VMware Compatibility Guide* (*http://www.vmware.com/resources/compatibility/search.php*) fester Bestandteil. Der bekannteste Hersteller in diesem Umfeld ist *FUSIONio*, der auch bei IBM, HP oder Fujitsu als OEM-Partner hinter den Flash-basierten Beschleunigerkarten steckt.

Die FUSIONio-Karte ist schnell installiert, da Sie sie nur in einen Server einbauen und einen ESXi-5-Treiber installieren müssen. Danach muss der ESX-Host neu gestartet werden. Die Flash-Karte präsentiert sich anschließend als Block-Device, also als SSD-Festplatte (siehe Abbildung 8.24).

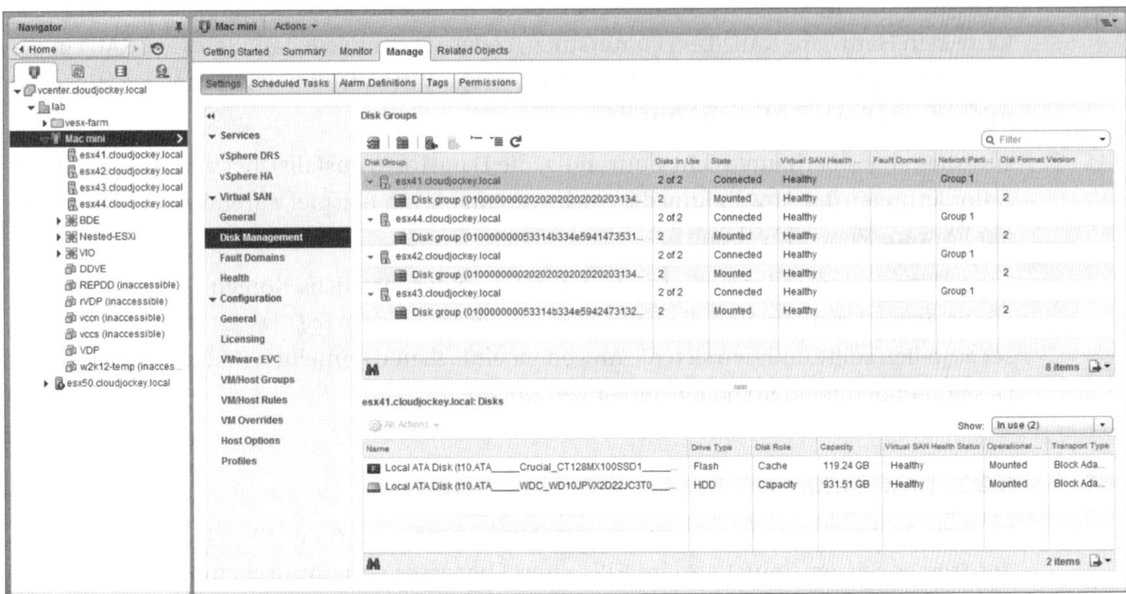

Abbildung 8.24 Eine FUSIONio-Flash-Karte unter VMware VSAN

Im nächsten Schritt können Sie sich zwischen vier Varianten der Nutzung entscheiden bzw. diese auch miteinander kombinieren:

- als Datastore nutzen (Formatierung mit VMFS), um VMs und VMDK-Dateien abzulegen
- VMDirectPath

- als Host-Cache nutzen
- im VSAN

Die Formatierung einer SSD oder Flash-Karte mit VMFS geschieht genau so wie bei einer normalen LUN- oder SAS-Festplatte.

Variante 1 (VMFS) und 3 (Host-Cache) können Sie miteinander kombinieren, und per Schieberegler stellen Sie die Nutzkapazität der SSD-Festplatte für die Auslagerungsdateien (*.vswp*) der VMs ein.

8.9.1 VMFS-Datastore

Variante 1 – also die Nutzung als Datastore – bietet natürlich den großen Vorteil, dass die darauf abgelegten virtuellen Maschinen einen deutlichen Leistungsschub bezüglich I/O-Durchsatz und Latenzzeiten erhalten.

Variante 2 (VMDirectPath) geht sogar einen Schritt weiter und lässt nur eine VM per RDM für den Zugriff zu. Das heißt, dies wäre für leistungsfressende Datenbank-Server oder auch Webserver mit hoher I/O-Last interessant.

Stellen Sie sich die Frage der Ausfallsicherheit, so ist es korrekt, dass eine Flash-basierte PCIe-Karte kein Hardware-RAID-Level unterstützt, sodass Sie entweder auf Software-RAID in den Gastbetriebssystemen zurückgreifen oder Storage-Virtualisierer wie DataCore einsetzen müssen, um Flash-Karten zu bündeln.

Oft ist es aber überhaupt nicht notwendig, die Datastores ausfallsicher aufzusetzen, da die Anforderungen der Anwendung dies nicht verlangen. Ein Beispiel wären *Linked Clones* in einer VMware-View-Umgebung.

Die *Golden Images* (oder auch die Master-VM, von der sämtliche Kopien, Linked Clones genannt, erzeugt werden) und die Linked Clones liegen auf dem SSD-Datastore, und wenn dieser ausfallen sollte, müssen sich die Anwender einfach neu anmelden und werden durch den Desktop-Pool mit einem neuen Server verbunden.

8.9.2 Host-Cache

Variante 3 ist sehr interessant, da man die Flash-Karte anstatt der NFS-, iSCSI- oder FC-LUN des Storage-Systems nutzt, um im Falle eines Engpasses von physischem RAM die VM mittels Auslagerungsdatei (*.vswp*) über den VMkernel zu versorgen. Dieses seit Jahren genutzte Verfahren des Memory-Overcommitment – d. h., es wurde deutlich mehr Hauptspeicher an die virtuellen Maschinen vergeben, als physisch vorhanden ist – kann mittels Host-Cache beschleunigt werden. Dies erleichtert die Ressourcenplanung und die Ausfallplanung.

Der VMkernel optimiert die Hauptspeichernutzung außerdem durch *Memory-Ballooning*, *Memory-Compression* sowie durch das *Transparent Page-Sharing* (Content-based Memory-

Sharing). Hat der VMkernel alle Möglichkeiten zur Optimierung ausgeschöpft und ist kein physischer RAM mehr verfügbar, so greift die letzte Instanz in Form der virtuellen Swap-Datei im Verzeichnis der VM. Da diese Swap-Datei auf dem im Vergleich zum RAM äußerst langsamen Datastore liegt, kann es zu massiven Geschwindigkeitseinbußen kommen.

Setzen Sie den Host-Cache ein, so wird statt der Swap-Datei im VM-Datastore die Swap-Datei der SSD-Karte genutzt, die zwar immer noch langsamer als der RAM ist, aber dennoch deutlich schneller (20- bis 100-mal schneller) als traditionelle Festplatten. Damit ist es möglich, den Geschwindigkeitsnachteil deutlich abzufedern und SSD-basierten Speicher als gangbare Alternative für Spitzen oder Ausfälle einzuplanen.

8.9.3 Western Digital SANDisk FUSIONio FLASHSOFT

FUSIONio hat mit der Software *FLASHSOFT* eine vierte Alternative entwickelt, um die superschnelle Cache-Karte in virtuelle Infrastrukturen zu integrieren und aus jeder Server-Hardware deutlich mehr Leistung herauszuholen, um die Konsolidierungsrate VM:Server noch weiter zu erhöhen.

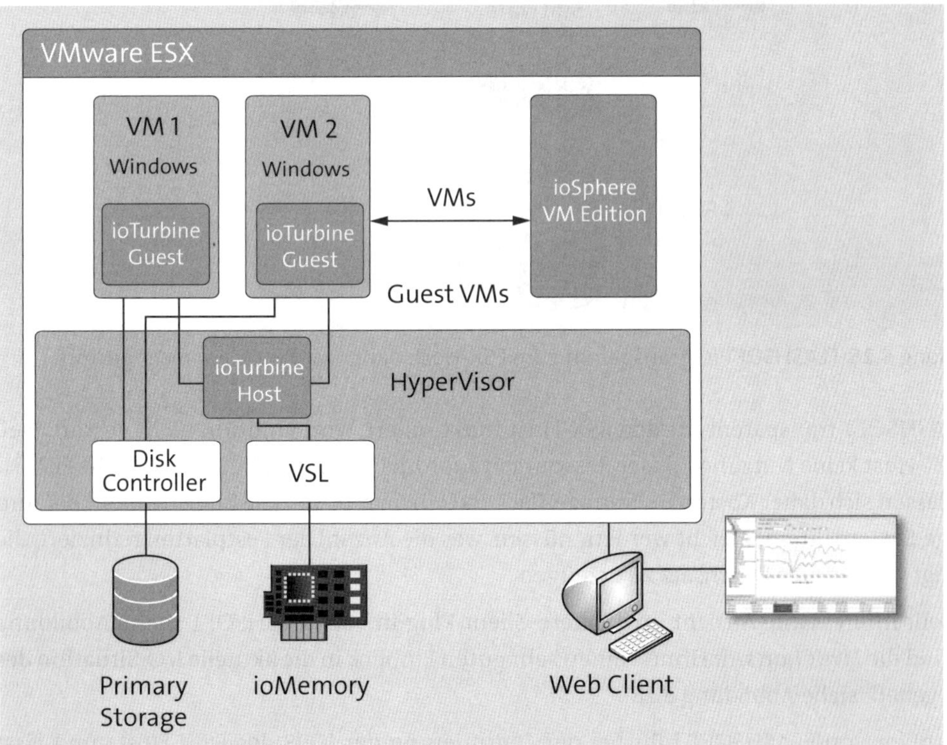

Abbildung 8.25 Integration von FLASHSOFT in VMware ESXi und VMs

FLASHSOFT wird als VM betrieben (es wird als virtuelle Appliance ausgeliefert) und integriert sich in den HyperVisor (VMkernel) und in die Gastbetriebssysteme (Microsoft Windows 2008 64-Bit, Microsoft Windows 2008 R2) der virtuellen Maschinen (siehe Abbildung 8.25). Voraussetzung ist natürlich, dass in jedem ESX-Host, der von FLASHSOFT verwaltet wird, eine FUSIONioDrive-Cache-Karte eingebaut ist.

FLASHSOFT optimiert den I/O der virtuellen Maschinen und priorisiert die Zugriffe der VMs. Durch die Sichtung der Dateisystemzugriffe im Gast und die Weiterleitung der I/O-Pattern auf die Cache-Karte entsteht ein sehr wirksamer Lese-Cache für jede überwachte virtuelle Maschine auf dem ESX-Host.

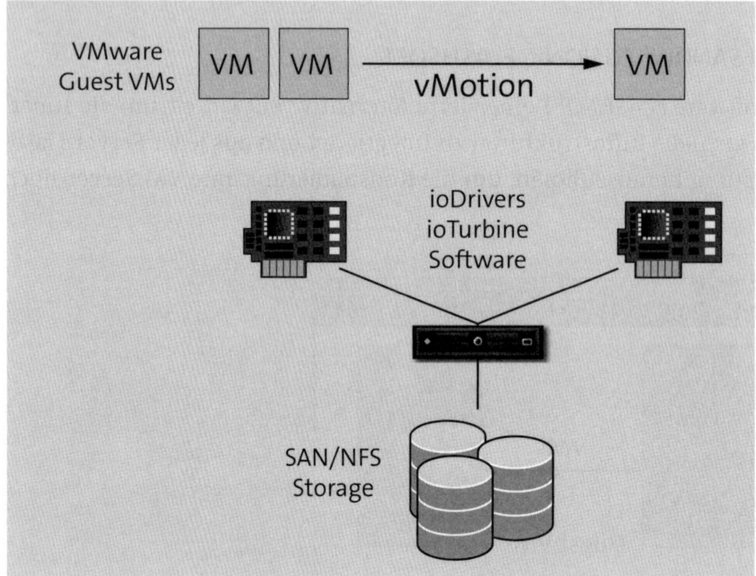

Abbildung 8.26 FLASHSOFT ist transparent zum ESX-Host, daher wird vMotion nicht gestört.

Da FLASHSOFT transparent für den ESX-Host funktioniert, wird vMotion nicht gestört, weil der ESX-Host keine Nutzung lokaler Ressourcen zuordnet (siehe Abbildung 8.26). Mit FLASHSOFT lassen sich daher Kosten im Storage-Backend einsparen, da viele Zugriffe nicht bis zum Storage-System durchgereicht werden müssen, was die Anzahl der Festplatten reduziert, die benötigt werden, um Durchsatz zu erzeugen.

Eine sehr interessante Ansicht im vSphere-Client-Plug-in von FLASHSOFT (siehe Abbildung 8.27) sind die *Live Charts*, die Ihnen einen sehr guten Einblick in die aktuelle I/O-Situation des Hosts geben (siehe Abbildung 8.28).

Der Profiler von FLASHSOFT hilft bei der Optimierung der IOPS des ESXi-Hosts und lässt auch Simulationen zu, um vorausschauend zu planen (siehe Abbildung 8.29).

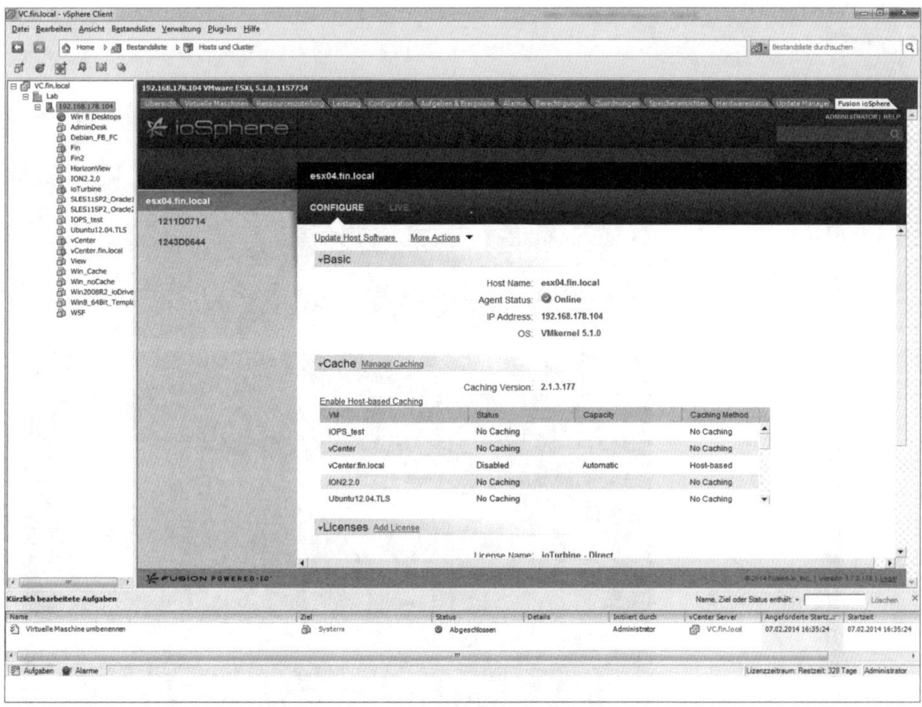

Abbildung 8.27 FLASHSOFT-Integration in den vSphere Client

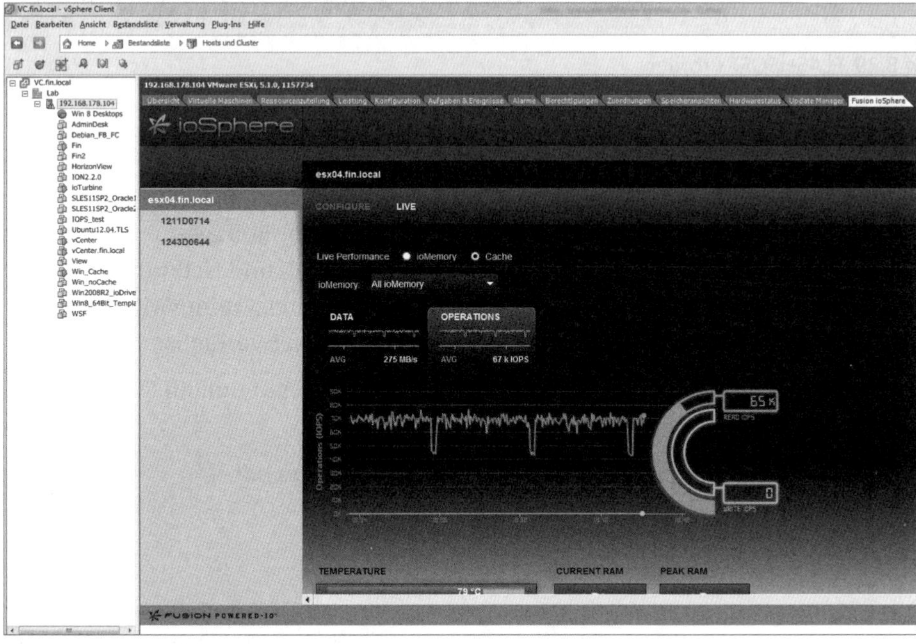

Abbildung 8.28 FLASHSOFT Live Charts

Abbildung 8.29 FLASHSOFT Profiler

8.10 VMware-Storage-Architektur

VMware besitzt seit der ersten Version des ESX-Servers eine eigene Storage-Architektur und -Implementierung. Diese besteht aus den verschiedenen Storage- und Netzwerk-Stacks sowie eigenen Multipathing-Möglichkeiten. Außerdem wird das Dateisystem VMFS stetig weiterentwickelt und ist seit dem ersten vSphere-Release 5 in Version 5 verfügbar.

Wenn Sie sich für eine Performance-Studie zu vSphere interessieren, sollten Sie sich dieses Whitepaper einmal näher anschauen:

http://www.vmware.com/files/pdf/perf_vsphere_storage_protocols.pdf

8.10.1 VMkernel-Storage-Stack

Der VMware-Storage-Stack ist für die Anbindung der verschiedenen Datenträger, die Verwendung von SCSI-Protokollen und NFS sowie für das Multipathing zuständig.

Der Speicherstack des VMkernel

VMware ESXi besitzt einen eigenen SCSI-Stack, der die Nutzung von lokalem und entferntem Storage (iSCSI, FC) möglich macht. Dieser Stack verfügt auch über eigene Queuing-Mechanismen und eigene Multipathing-Funktionen. Seit vSphere ist es allerdings auch Drittherstellern möglich, eigene Multipathing-Funktionen in den VMkernel zu integrieren. Dazu wird die PSA (*Pluggable Storage Architecture*) genutzt.

Folgende Verbesserungen wurden mit vSphere 5.5 eingeführt:

- **16-GBit-FC-End-to-End-Unterstützung**
  Es werden 16-GBit-FibreChannel-Adapter in voller Geschwindigkeit vom ESXi-Host zum Storage-System unterstützt. Zuvor waren nur 8 GBit auf dem FC-Switch zum Storage-System möglich.
- **PDL AutoRemove**
  Der automatische Umgang mit der Situation, dass alle Pfade zu einem Datastore ausfallen, wurde deutlich verbessert. Diese Situation trat beim Ausfall der Storage-Systeme oder bei plötzlichem Entfernen der LUNs (meist durch Fehlkonfiguration) auf. Probleme mit *All Paths Down* (APD) oder *Permanent Device Lost* (PDL) mussten in früheren Versionen oft durch einen Rescan des SAN oder teils sogar durch Neustarts behoben werden. Seit vSphere 5.5 erkennt der VMkernel diese Situation automatisch und sendet keine E/A-Kommunikation mehr an die Geräte (*http://kb.vmware.com/kb/2059622*).
- **VAAI UNMAP**
  Vor Version 5.5 musste ein Storage-Reclaim – also die Wiedergewinnung von eigentlich nicht mehr genutztem Speicherplatz (in Verbindung mit Thin Provisioning) – durchgeführt werden. Bisher wurde dazu der Befehl `vmkfstools -y` genutzt. Seit Version 5.5 existiert der Befehl `esxcli storage vmfs unmap`, der auch direkt den wiedergewinnbaren Speicherplatz in Blockgröße anzeigt, was besser zu berechnen ist. Außerdem kann der neue Befehl mit wesentlich größeren Bereichen zur Speicherplatzwiedergewinnung umgehen.
- **VMFS-Heap-Verbesserungen**
  In den Versionen 5.0 und 5.1U1 musste man bei großen LUNs (über 30 TB) ggf. die VMFS-Heap-Speicher-Größe manuell vergrößern. Das änderte sich mit Version 5.5 komplett. Durch die Bereitstellung von maximal 256 MB Heap kann ein ESXi-System die kompletten 64 TB eines VMFS-Datastores erfassen.

TCP/IP-Protokoll im VMkernel (vMotion, iSCSI)

Der VMkernel enthält neben dem Storage-Stack auch einen Netzwerk-Stack, der das TCP/IP-Protokoll unterstützt. Auf diesem VMkernel-Stack kommunizieren unter ESXi Management, vMotion, Fault Tolerance, NFS, die Software-iSCSI-Funktion und die Software-FCoE-Funktion. Da es sich bei TCP/IP um ein Standardprotokoll handelt, funktionieren leider auch Teile der Denial-of-Service-Attacken gegen dieses Protokoll. Daher sollten Sie diese Ports immer vom Netzwerk der virtuellen Maschinen und des produktiven LANs trennen. Dies ist z. B. mit VLANs für vMotion, iSCSI und Fault Tolerance möglich, ohne an Flexibilität bei den physischen Adaptern zu verlieren.

Multipathing

VMware setzte bis vSphere komplett auf die eigenen Multipathing-Möglichkeiten. Das heißt, wenn mehrere Pfade zum Storage erkannt wurden, entschied VMware durch eigene Komponenten, wie damit umzugehen war.

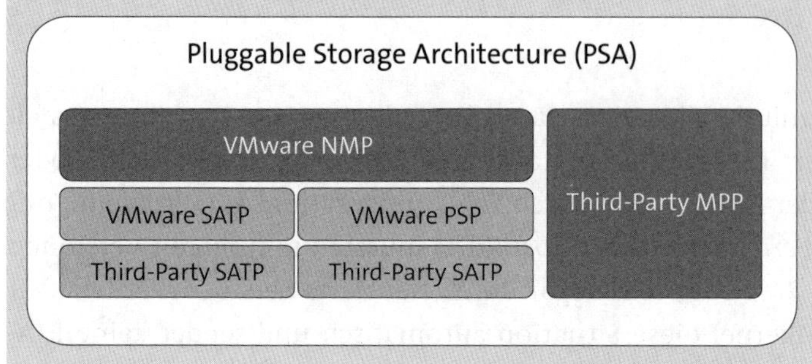

Abbildung 8.30 Multipathing unter vSphere

Zu den Multipathing-Komponenten gehören MPP (*Multi-Path-Plug-in*, VMware-eigene und Third-Party-Plug-in-Kontrolle), NMP (Native-Multipathing-Plug-in, VMware-eigene Pfadkontrolle), SATP (Storage-Array-Type-Plug-in, Failover-Kontrolle und Überwachung) und PSP (*Path-Selection-Plug-in*, Lastverteilung, Pfadauswahl anhand der Policys *Fixed*, *MRU* oder *Round-Robin*). Die »Pluggable-Storage«-Architektur (PSA) von vSphere ist in Abbildung 8.30 dargestellt.

Der Multipathing-Vorgang (Weg der I/Os)

- Das NMP-Modul ruft das entsprechende PSP-Modul auf (Fixed, MRU oder RR).
- PSP wählt den optimalen physischen Pfad aus, um die I/O zu versenden.
- Wenn die I/O-Operation erfolgreich ist, gibt NMP dies zurück.
- Wenn die I/O-Operation fehlschlug, wird ein SATP ausgewählt.
- Wenn SATP den I/O-Fehler erkennt, wird bei Bedarf ein inaktiver Pfad aktiviert.
- PSP sendet die I/O über den neuen Pfad.

Multipathing-Module

Führen Sie auf der Konsole (oder im vCLI) des ESX-Hosts den Befehl `esxcli nmp satp list` aus, so erhalten Sie eine Übersicht über die verschiedenen integrierten Module und deren Funktion (siehe Tabelle 8.5).

Modulname	Standard-PSP	Beschreibung
VMW_SATP_ALUA_CX	VMW_PSP_FIXED	Supports EMC CX that use the ALUA protocol
VMW_SATP_SVC	VMW_PSP_FIXED	Supports IBM SVC
VMW_SATP_MSA	VMW_PSP_MRU	Supports HP MSA
VMW_SATP_EQL	VMW_PSP_FIXED	Supports EqualLogic arrays
VMW_SATP_INV	VMW_PSP_FIXED	Supports EMC Invista
VMW_SATP_SYMM	VMW_PSP_FIXED	Supports EMC Symmetrix
VMW_SATP_LSI	VMW_PSP_MRU	Supports LSI and other arrays compatible with the SIS 6.10 in non-AVT mode
VMW_SATP_EVA	VMW_PSP_FIXED	Supports HP EVA
VMW_SATP_DEFAULT_AP	VMW_PSP_MRU	Supports non-specific active/passive arrays
VMW_SATP_CX	VMW_PSP_MRU	Supports EMC CX that do not use the ALUA protocol
VMW_SATP_ALUA	VMW_PSP_MRU	Supports non-specific arrays that use the ALUA protocol
VMW_SATP_DEFAULT_AA	VMW_PSP_FIXED	Supports non-specific active/active arrays
VMW_SATP_LOCAL	VMW_PSP_FIXED	Supports direct attached devices

Tabelle 8.5 VMware-Multipathing-Module

Die Multipathing-Policys *Fixed* und *Most Recently Used* (MRU) existierten schon seit vielen Versionen, während Round-Robin mit VMware ESX 3.5 experimentell hinzukam. Seit vSphere wird Round-Robin offiziell unterstützt.

Abhängig vom Storage-Hersteller ist die entsprechende Policy auszuwählen. Allerdings hat VMware auch eigene Tabellen hinterlegt, sodass bei vielen Storage-Systemen automatisch das korrekte Multipathing genutzt wird (siehe Abbildung 8.31).

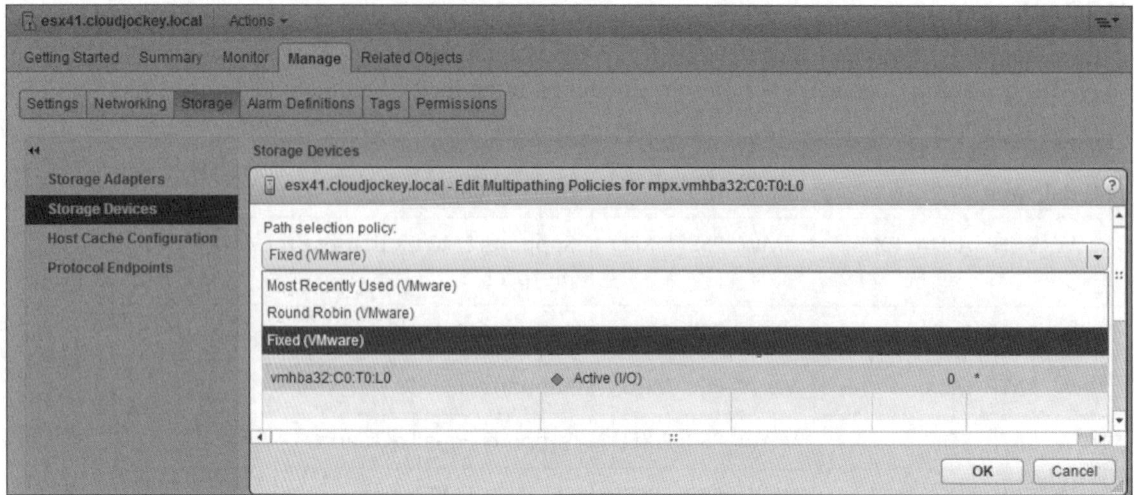

Abbildung 8.31 Multipathing-Auswahl unter vSphere 6.0

Fixed

Der angegebene bevorzugte Pfad wird immer genutzt, bis er ausfällt. Dann wird auf einen noch verfügbaren Pfad gewechselt. Ist der bevorzugte Pfad allerdings wieder online, so wird er direkt wieder genutzt. Die Policy FIXED empfiehlt sich für eine manuelle Lastverteilung zwischen den Pfaden, birgt aber die Gefahr des »Ping-Pongs«, wenn der bevorzugte Pfad immer einmal wieder ausfällt, z. B. aufgrund eines Port-Problems. *Fixed Multipathing* ignoriert ALUA (*Asymmetric Logical Unit Access*).

MRU

Die Policy MOST RECENTLY USED empfiehlt sich bei den meisten *Active/Passive-Storage-Systemen*. Der große Nachteil von MRU ist, dass immer nur ein Pfad genutzt wird und Sie somit kein manuelles Load-Balancing einstellen können. MRU hat jedoch den Vorteil, dass immer nur beim Ausfall eines Pfades auf einen noch aktiven Pfad gewechselt und dort geblieben wird. Dadurch sind fehlerhafte Ports nicht so dramatisch wie bei FIXED. MRU ist ALUA-fähig und ist einem *Fixed Multipathing* bei *Asymmetric Active/Active-Systemen* vorzuziehen.

Round-Robin

Die neueste Form der Pfadverwaltung ist ROUND-ROBIN, das auf den Möglichkeiten eines *Active/Active-Arrays* aufsetzt. Der Pfad wird anhand der Anzahl von durchgeführten I/O-Operationen oder Datendurchsatz stetig gewechselt, wodurch eine sehr effektive Lastverteilung entsteht. Round-Robin ist bei *Active/Passive* nicht sinnvoll einsetzbar und wird daher nicht empfohlen. Handelt es sich um einen *Asymmetric Active/Active-Storage*, so erkennt Round-Robin die optimalen Pfade mittels ALUA und benutzt die nicht optimalen nur im Notfall.

3rd-Party-Multipathing

vSphere bringt eine komplett neue Storage-Architektur mit, die es Drittherstellern erlaubt, eigene Multipathing-Plug-ins zu integrieren. Dies ist auch von großem Vorteil, da der Storage-Hersteller seine eigenen Produkte am besten kennt. So können Sie mittels Hersteller-Multipathing-Plug-ins ein Storage-System wesentlich performanter und optimaler anbinden. Zur Drucklegung des Buches war *PowerPath/VE* des Herstellers EMC verfügbar. Außerdem hat VMware den Standard ALUA, auf den beispielsweise *NetApp* setzt, als Multipathing-Möglichkeit implementiert.

SCSI-Timeout

Aufgrund des möglichen Zeitverzugs beim Ausfall des aktiven Pfades und des damit verbundenen Wechsels auf einen neuen Pfad wird empfohlen, die SCSI-Timeout-Zeiten in Windows-Gastbetriebssystemen zu kontrollieren und gegebenenfalls neu zu setzen. Dies ist im VMware-Knowledge-Base-Artikel 1014 beschrieben (*http://kb.vmware.com/kb/1014*).

Der folgende Registry-Wert wird bei der Installation der *VMware Tools* automatisch auf 60 gesetzt und ist im Standard 30:

```
HKLM/System/CurrentControlSet/Services/Disk/TimeOutValue (REG_DWORD /180 decimal)
```

Unter Linux müssen Sie nach der VMware-Tools-Installation eine UDEV-Datei manuell umkonfigurieren. VMware ESX 4 setzt den Wert direkt auf `180`, was im Normalfall ausreicht. Möchten Sie den Wert ändern, passen Sie die Datei */etc/udev/rules.d/99-vmware-scsi-udev.rules* an, indem Sie den `echo`-Wert in den `RUN`-Zeilen manipulieren:

```
RUN+="/bin/sh -c 'echo 180 >/sys$DEVPATH/device/timeout'"
```

Alternativ finden Sie die Timeouts bei Red-Hat-basierten Systemen unter:

```
/sys/block/<disk>/device/timeout
```

8.10.2 Virtual Flash Resource Capacity

Seit vSphere 5.5 gibt es eine neue Funktion namens *Virtual Flash Resource Capacity* (vFRC). Sie ist mit der *Enterprise Plus*-Edition von vSphere verfügbar.

vFRC ist in den VMkernel integriert und nutzt lokal eingebaute Flash/SSD-Komponenten, um einen hochperformanten Lese-Cache für den ESXi-Host und die virtuellen Maschinen bereitzustellen.

Der ESXi-Host kann vFRC nutzen, um die Auslagerungsdaten auf dem schnellen Speicher zu nutzen. Die virtuellen Maschinen können auf den Flash-Speicher als VMDK zugreifen. vFRC schreibt Daten direkt in den Cache und auf den Massenspeicher, wodurch nachfolgende Leseoperationen der gleichen Daten wesentlich beschleunigt werden.

Um den Flash-Cache nutzen zu können, muss dieser auf dem ESXi-Host als Ressource unter den Einstellungen VIRTUAL FLASH hinzugefügt werden (siehe Abbildung 8.32).

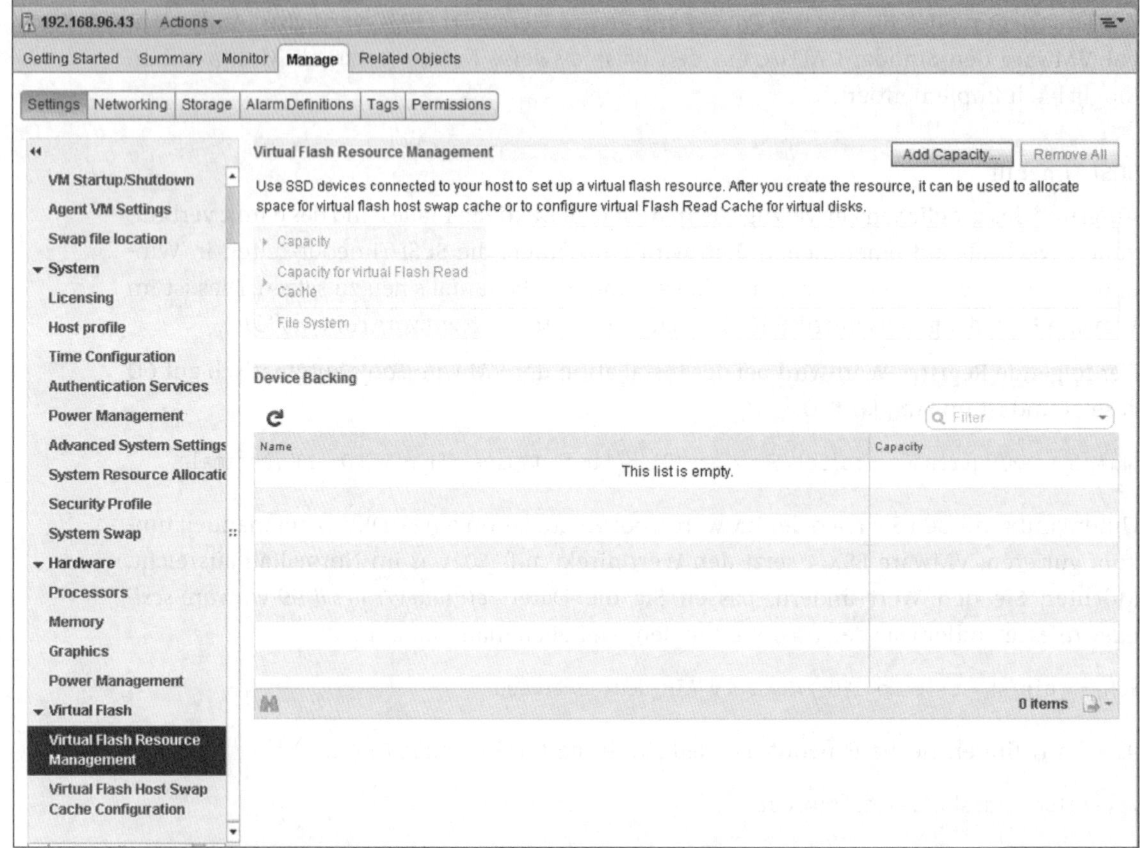

Abbildung 8.32 Flash-Cache auf dem ESXi-Host einrichten

Beim Hinzufügen von Kapazität werden nur die Komponenten angezeigt, die als Cache genutzt werden können, d. h. Flash oder SSD (siehe Abbildung 8.33).

Sobald der Cache konfiguriert ist (siehe Abbildung 8.34), kann er direkt vom ESXi-Host und von VMs genutzt werden.

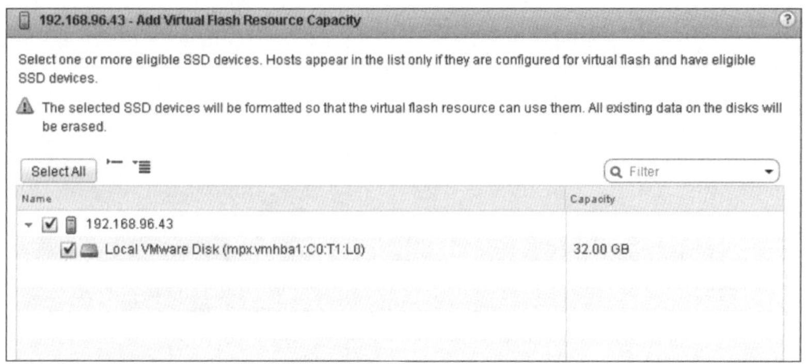

Abbildung 8.33 Hinzufügen einer SSD-Komponente

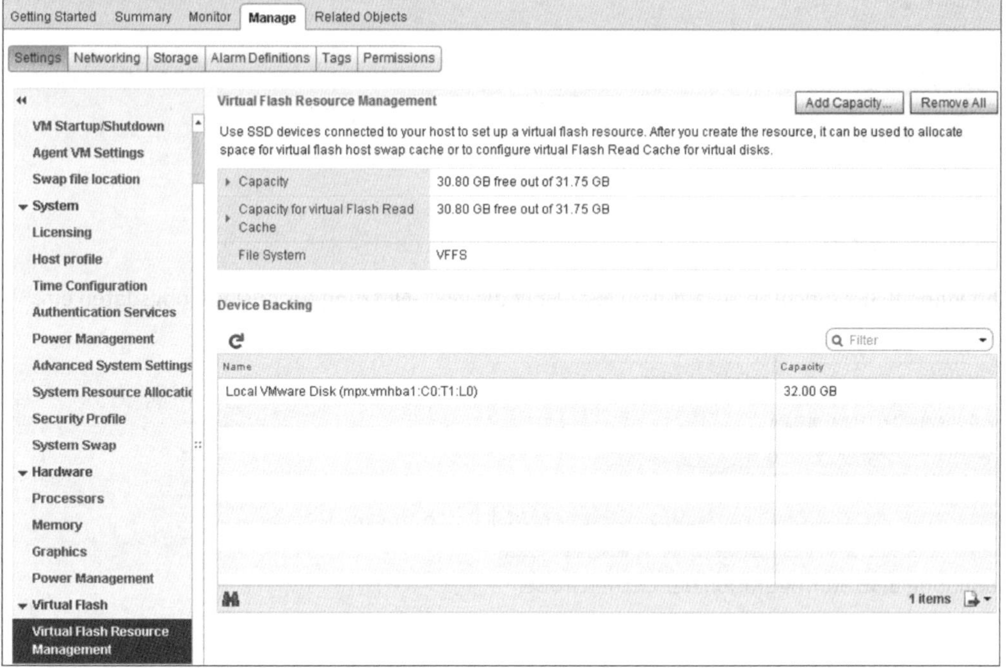

Abbildung 8.34 Eingerichteter Flash-Cache

vFRC-Nutzung im ESXi-Host

Um den ESXi-Host zur Nutzung der vFRC-Ressourcen zu bewegen, muss man den Host-Swap-Cache umkonfigurieren und die Flash-Komponente hinzufügen (siehe Abbildung 8.35).

Da im Beispiel nur eine Flash-Ressource zur Verfügung steht, genügt die Konfiguration der Cache-Größe. In unserem Fall sind es 16 GB (siehe Abbildung 8.36), die ab dem Klick auf OK genutzt werden (siehe Abbildung 8.37). Idealerweise sollten Sie alle Systeme in einem Cluster identisch konfigurieren (siehe Abbildung 8.38).

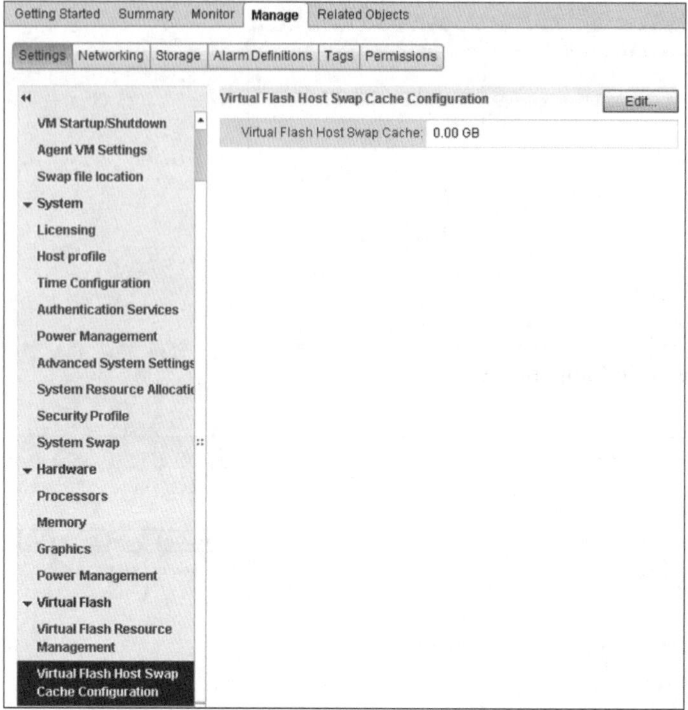

Abbildung 8.35 So richten Sie auf dem ESXi-Host die vFRC-Nutzung für Auslagerungsdaten ein.

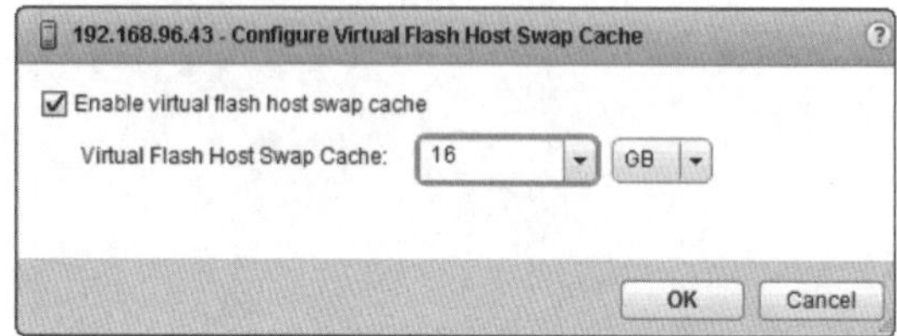

Abbildung 8.36 Konfiguration der Cache-Größe

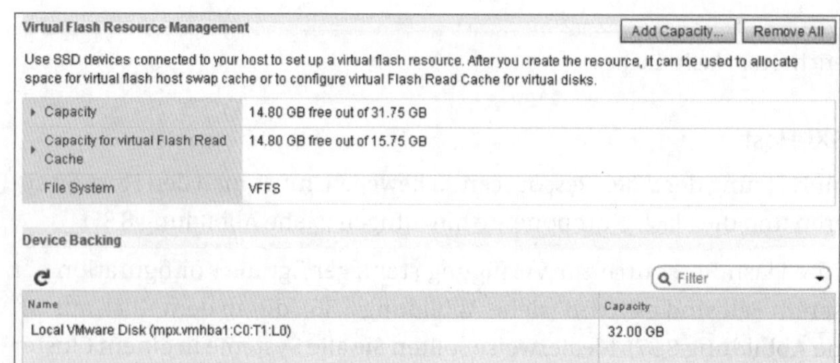

Abbildung 8.37 Aktive vFRC-Ressource zur Nutzung als Auslagerungsspeicher

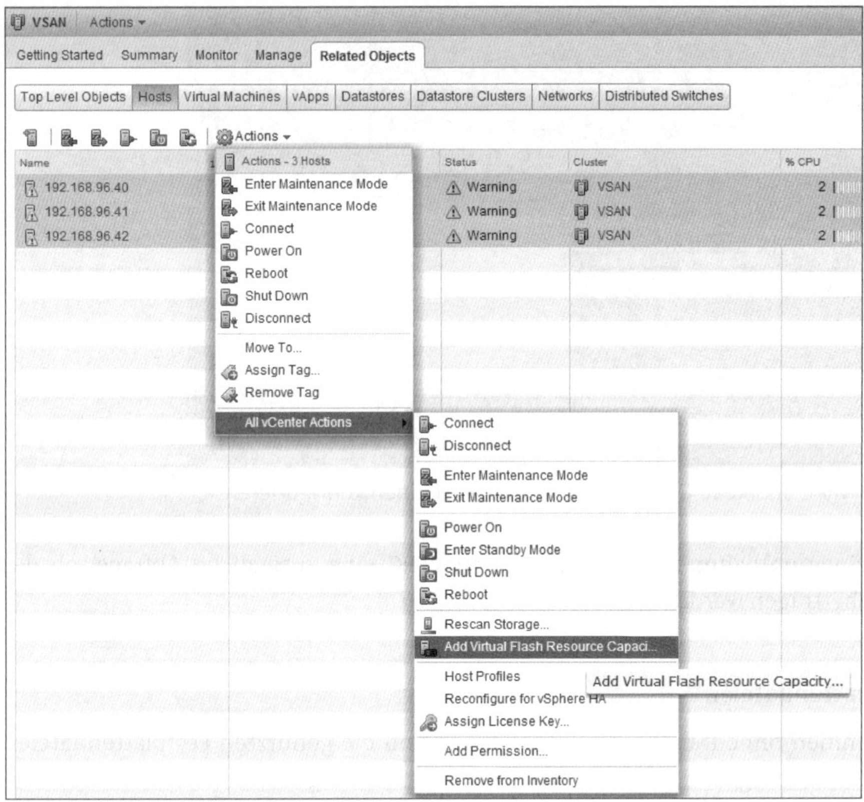

Abbildung 8.38 Einrichtung von vFRC im gesamten Cluster

Eine sehr gute Zusammenfassung der häufigsten Fragen zum vFRC ist hier zu finden:

http://www.vmware.com/files/pdf/techpaper/VMware-vSphere-Flash-Read-Cache-FAQ.pdf

vFRC-Nutzung in VMs

Die Konfiguration der virtuellen Maschinen sieht etwas anders aus und wird nach der Einrichtung der vFRC-Ressource im ESXi-Host in den Eigenschaften der virtuellen Maschine vorgenommen. Wenn vFRC in der virtuellen Maschine genutzt wird, nennt es sich *Virtual Flash Read Cache*. Es beschleunigt wiederkehrende Lesezugriffe in der virtuellen Maschine deutlich. Die Einrichtung findet pro virtueller Festplatte in den Eigenschaften statt (siehe Abbildung 8.39).

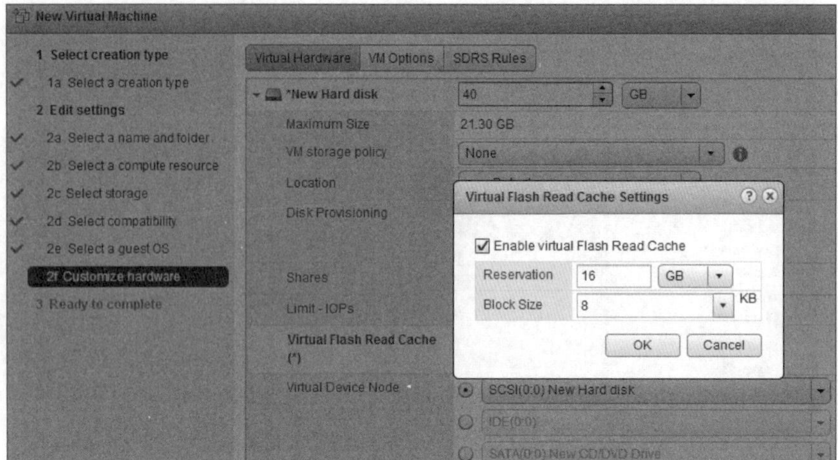

Abbildung 8.39 vFRC als »Read Cache« für virtuelle Maschinen konfigurieren

vMotion-Vorgänge enthalten mit eingerichtetem vFRC eine zusätzliche Abfrage, ob der Cache-Inhalt übertragen werden soll.

8.10.3 Festplattendateien

Virtuelle Maschinen ohne Daten sind selten, daher sind die genutzten Festplattendateien natürlich äußerst wichtig, und Sie müssen wissen, wie diese angebunden werden und funktionieren. Die Standardfestplatten unter vSphere sind im VMFS-Umfeld vom Typ *thick* und im NFS-Umfeld vom Typ *thin*. Allerdings werden die Thin-Festplatten seit vSphere 4.x auch auf VMFS-Partitionen unterstützt.

2gbsparse

2gbsparse-Festplattendateien sind aus den VMware-Versionen *Workstation* und *Server* bekannt. Die Festplatte ist in maximal 2 GB große Stücke eingeteilt und wächst mit ansteigendem Datenvolumen in der Festplattendatei mit. Das heißt, eine virtuelle 40-GB-Festplatte benötigt als *2gbsparse* nicht zwingend reale 40 GB auf dem Datenspeicher, sondern nur die wirklich verbrauchten Daten.

monolithic sparse

Eine *monolithic-sparse*-Festplatte wächst wie *2gbsparse* dynamisch, ist allerdings nicht in 2-GB-Dateien aufgeteilt, sondern existiert als einzelne Datendatei. Dieses Format hat Nachteile in Sachen Mobilität, da bei *2gbsparse* beispielsweise eine DVD als Backup-Medium genutzt werden könnte. Eine *monolithic-sparse*-Platte hingegen kann sehr groß werden und müsste demnach umkonvertiert werden. Unter VMware ESXi nennen sich diese Festplatten *thin*.

monolithic flat

monolithic-flat-Festplattendateien sind leistungsfähiger als *monolithic-sparse*-Festplatten. Sie werden beim Anlegen in voller Größe erstellt. Das heißt, eine 40-GB-Festplattendatei verbraucht 40 GB auf dem Datenspeicher. Außerdem ist die Datei nicht aufgeteilt, sondern als eine Datei vorhanden.

Des Weiteren existieren Festplattentypen, die nicht als Datei auf einem VMFS oder NFS angelegt werden, sondern als Verlinkung zu einer LUN über den direkten SCSI-Weg dienen. Das heißt, die LUN steht roh (*Raw Device Mapping*) der virtuellen Maschine zur Verfügung und kann nach Belieben genutzt werden (z. B. mit NTFS-Formatierung bei einer Windows-VM). Bei diesen Festplattentypen wird zwischen einem *Physical* und einem *Virtual Compatibility Mode* unterschieden. Der Physical Mode wird nur gebraucht, wenn Cluster benötigt werden, in denen sowohl virtuelle als auch physische Systeme liegen.

8

Zu jeder Festplattendatei existiert seit Version 3.x des VMware-ESX-Servers eine Beschreibungsdatei, die folgende Informationen enthält (Auszug):

```
# Disk DescriptorFile
version=1
CID=6a5e7aa0
parentCID=ffffffff
createType="vmfs"
# Extent description
RW 8388608 FLAT "test4mig2-flat.vmdk" 0
# The Disk Data Base
#DDB
ddb.adapterType = "lsilogic"
ddb.geometry.sectors = "63"
ddb.geometry.heads = "255"
ddb.geometry.cylinders = "522"
ddb.virtualHWVersion = "3"
```

Die Einträge haben folgende Bedeutung:

- **`version`**
  `version` gibt die Version der Beschreibungsdatei an. Derzeit verwendet VMware immer die Version 1.
- **`CID`**
  `CID` ist ein einmalig berechneter Zufallswert, den VMware als ID zur internen Zuordnung nutzt.
- **`parentCID`**
  Anhand dieser Identifikation wird bei Snapshots die Eltern-Festplatte erkannt. Existiert kein Snapshot oder ist es die Eltern-Festplatte, enthält `parentCID` immer den Wert `ffffffff`.

- `createType`

  Dieser Parameter beschreibt den Dateityp. Es existiert knapp ein Dutzend verschiedener Werte, wenn man alle VMware-Produkte betrachtet. Im VMware-ESXi-Umfeld ist dieser Wert meist `vmfs`.

  Versuchen Sie bitte nicht, den `createType` manuell zu ändern, da dies die Festplatte unbenutzbar machen kann.

Datentypen

VMware ESXi unterscheidet beim Anlegen zwischen vier Typen:

- *thick*
- *zeroedthick*
- *eagerzeroedthick*

  Diese drei Dateitypen sind nicht durch die Konfigurationsdatei voneinander zu unterscheiden. Alle drei Typen sind *monolithic flat*, das heißt, auf der Festplatte wird die volle Dateigröße verbraucht.
- *thin*

  Dieser Dateityp ist ein *monolithic-sparse*-Typ und wächst daher beim Beschreiben dynamisch. Thin-Festplatten-Dateien erkennen Sie an zwei Eigenschaften:

  Der Wert `ddb.thinProvisioned = "1"` steht in der Konfigurationsdatei.

  Die Dateigröße, die mit `ls -sh "disk-flat.vmdk"` oder `stat "disk-flat.vmdk"` angezeigt wird, ist kleiner als die angelegte Größe. Ein `ls -lah` bringt die angelegte Maximalgröße und nicht die reale Größe auf der Festplatte zum Vorschein.

- **`Extent description`**

  Der verwendete Festplattentyp hat direkte Auswirkungen auf die `Extent description`-Passage:

  - Die Zeilen sind nach dem folgenden Schema aufgebaut: Zugriffsmodus, Festplattengröße in Sektoren, Typ des Extents, Ort der Festplattendatei.
  - Die Festplattengröße in Sektoren wird bei der Verwendung der Festplattendateien durch das VMware-Server-Produkt benötigt. Diese Information ist vor allem dann wichtig, wenn der VMware-Server ESX-2-Festplattendateien mit nutzen soll oder wenn die Beschreibungsdatei verloren ging. Dieser Wert wird folgendermaßen berechnet:

    Größe in Sektoren = (VMDK-Größe in Bytes) ÷ Bytes pro Sektor (immer 512)

    Bei einer 2,7-GB-Festplatte wäre das beispielsweise:

    (2902327296 + 512) ÷ 512 = 5668607

  Im Folgenden zeigen wir Beispiele für zwei Arten von Festplatten:

  - *monolithicFlat*

    ```
    RW 8388608 FLAT "test4mig2-flat.vmdk" 0
    ```

– *2gbMaxExtendSparse*

```
RW 4192256 SPARSE "sol10-hdd1-s001.vmdk"
RW 4192256 SPARSE "sol10-hdd1-s002.vmdk"
RW 4192256 SPARSE "sol10-hdd1-s003.vmdk"
RW 4192256 SPARSE "sol10-hdd1-s004.vmdk"
RW 8192 SPARSE "sol10-hdd1-s005.vmdk"
```

- **Disk Data Base**

  Der `Disk Data Base`-Abschnitt beschreibt die Festplattengeometrie, die Hardwareversion und den Festplattenadaptertyp:

  – `ddb.adapterType`: Festplattenadapter; kann `buslogic`, `lsilogic` etc. sein.

  – Die weiteren Geometriedaten können Sie sehr leicht anhand von Tabelle 8.6 und der folgenden Formel berechnen (*Bytes pro Sektor* ist immer gleich 512):

  Cylinders = (VMDK-Größe in Bytes) ÷ (Heads × Sectors × Bytes pro Sektor)

  – Der Parameter `ddb.virtualHWVersion` beschreibt die Version der VMware-Plattform, unter der die Festplatte genutzt wird.

Format	Vorteile	Nachteile
thin	▶ effektive Speicherplatznutzung ▶ schnelle Erstellung der Festplattendateien	▶ Speicherplatz im Datastore ist zu überwachen, da dieser leicht überläuft. ▶ Belastung des Host-Systems ▶ häufige SCSI-Reservierungen bei Datenwachstum im Gast
thick	▶ keine Überprovisionierung des Datastores möglich ▶ keine SCSI-Reservierungen bei Datenwachstum im Gast ▶ schnelle Erstellung der Festplattendateien	▶ Teurer Speicherplatz geht verloren, da bei geringem Füllgrad der Gast-Festplatten alle Bytes trotzdem verbraucht werden.
zeroedthick	▶ gleiche Vorteile wie *thick* ▶ Überschreiben eventuell vorhandener Altdaten beim ersten Blockzugriff ▶ Standardformat für *thick*	▶ Es bestehen die gleichen Nachteile wie bei *thick*. ▶ Theoretisch ist ein Data-Leaking möglich, das heißt, Altdaten könnten gelesen werden. Derzeit sind allerdings keine Fälle bekannt.

Tabelle 8.6 Festplattenformate im Vergleich

Format	Vorteile	Nachteile
eagerzeroedthick	▸ gleiche Vorteile wie *thick*, bis auf die Geschwindigkeit der Plattenerstellung ▸ Überschreiben der kompletten Festplatte mit Nullen ▸ kein Data-Leaking möglich	▸ Die Nachteile sind die gleichen wie bei *thick*. ▸ Erstellung der Festplattendatei dauert sehr lange. ▸ Thin-Provisioning-Effizienz im Storage kann deutlich gestört werden.

Tabelle 8.6 Festplattenformate im Vergleich (Forts.)

Thin Provisioning ist nicht gleich Thin Provisioning

Man muss genau wie bei den Snapshots ganz klar zwischen Thin Provisioning im VMware-Umfeld und Thin Provisioning im Storage-Umfeld unterscheiden. Aus Performance-Gründen sind zweifellos die Thin-Provisioning-Möglichkeiten des Storage-Systems (falls vorhanden) vorzuziehen.

Thin Provisioning (siehe Abbildung 8.40) ist allerdings unabhängig von der ausführenden Komponente (VMkernel, Storage) schnell erklärt: Wenn Sie eine Festplatte von 40 GB anlegen und nur 20 GB Daten im Gast generiert werden, so sorgt Thin Provisioning dafür, dass die 40-GB-Festplatte physisch nur 20 GB belegt.

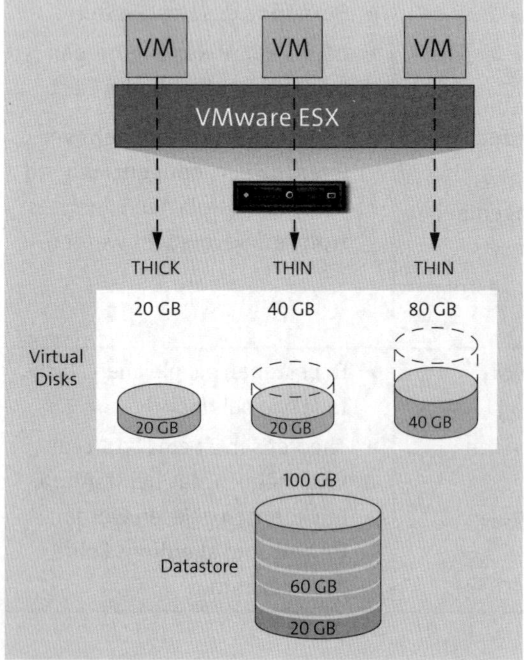

Abbildung 8.40 Thin Provisioning unter VMware

Damit können Sie die Storage-Effizienz deutlich steigern, da eine einfachere Vergabe von Storage möglich ist und sogar eine Überbelegung. Das heißt, es wird mehr Storage verwendet, als physisch vorhanden ist. Letzteres birgt natürlich auch die Gefahr, dass der Datastore (VMware) oder die physischen Kapazitäten (Storage-System) überlaufen und es zu massiven Problemen kommt. Dies kann bis zu Datenverlust und Systemausfällen führen, weswegen es äußerst wichtig ist, die Plattenkapazitäten dort zu überwachen, wo Thin Provisioning aktiviert ist.

In diesem Moment sollte auch klar werden, warum es sehr problematisch wäre, Thin Provisioning auf zwei Ebenen (VMware und Storage) gleichzeitig zu nutzen. Es gibt allerdings mehr zu beachten als nur die Verwaltung. Thin Provisioning belastet zwangsweise das ESX-Host-System mehr als Thick-Festplatten, da diese Festplattendateien mit den Daten wachsen. Das heißt, das ESX-System muss sich außer um das Schreiben der Daten auch um das Wachstum kümmern. Dieses Wachstum führt auch zu SCSI-Reservations, was vor allem bei der Verwendung älterer VMFS-Versionen sehr problematisch wird, wenn diese zu oft vorkommen. Ein Dokument von VMware zeigt jedoch, dass die SCSI-Reservations mit VMFS-Version 3.31 nur zu einer minimalen Beeinträchtigung nahe 0 % führen.

Die neue VMFS-Version 5 in Verbindung mit VAAI verzichtet komplett auf SCSI-Reservations auf LUN-Ebene und beschränkt sich darauf, nur die veränderten Blöcke zu schreiben. Dies gilt natürlich nur, wenn das genutzte Storage-System VAAI unterstützt. Außerdem kommt es bei der Nutzung von Thin Provisioning zur Fragmentierung im VMFS. VMware hat jedoch in einem internen Test angegeben, dass die Fragmentierung nur in seltenen Fällen zu einem Leistungsverlust führt.

Folgende Gründe kommen für den Leistungsverlust infrage:

- Eine Fragmentierung führt nur zu Performance-Nachteilen, wenn die I/O-Anfragen auf Blöcke gehen, die nicht nachfolgend sind, also weit verstreut auf dem Storage liegen. Die VMFS-Blockgröße ist jedoch so groß (VMFS-5: 1 MB, VMFS-3: 1 MB und mehr), dass die meisten Storage-Anfragen davon nicht betroffen sind. Sogar dann, wenn die Blöcke nicht direkt aufeinanderfolgen, sind sie doch in sehr begrenzten Regionen zu finden.
- Virtuelle Festplatten sind sehr große Dateien, sodass die »Datenlücken« und damit die I/O-Blockanfragen ebenfalls sehr groß sind. Die größte Leistungsverzögerung entsteht dann, wenn die Schreib-/Leseköpfe der Festplatten viele Blöcke suchen müssen, um eine komplette Datei bereitzustellen. Im Falle von einzelnen oder wenigen »Datenlücken« innerhalb größerer Datensektionen ist die Suchzeitverzögerung vernachlässigbar. Dies gilt insbesondere für Festplatten mit Thick Provisioning.
- Da Massenspeicher zumeist sehr große Caches (Datenpuffer) vorhalten, werden die meisten Schreibzugriffe bereits dort absorbiert. Daher führt die Fragmentierung der Daten sehr selten zu nennenswerten Performance-Nachteilen bei der Nutzung von SAN-Storage. Lokaler Datenspeicher (DAS) ist davon eher betroffen, da die Caches kleiner sind.

- Selbst sequenzielle Datenzugriffe auf einem Storage-System werden *random*, da die I/O-Anfragen mehrerer VMs über unterschiedliche ESX-Hosts gleichzeitig erfolgen. Daher kann man nicht von einem einzelnen Datenstrom einer einzelnen VM sprechen, sondern viele Systeme greifen gleichzeitig auf den Massenspeicher zu. Höhere Performance schaffen Sie daher besser durch die Eingrenzung der Zugriffe (Hot Blocks) auf einen Datastore (RAID-Set), als nur häufig und selten genutzte Blöcke (Cold Blocks) zu mischen. VMware spricht hier von *Hot Blocks*, also Datenblöcken, die sehr häufig genutzt werden, und *Cold Blocks*, die nur selten oder gar nicht verwendet werden (z. B. Betriebssystemdateien nach der Installation).
- Dies betrifft auch VMs mit Thin Provisioning. Das heißt, die meisten Anpassungen an der *Thin-provisioned* Disk passieren während der Installation des Betriebssystems oder einer Anwendung. Danach nehmen das stetige Wachstum und die Änderungen an der virtuellen Festplatte zumeist ab. Trägt man nun beide Fakten zusammen, bedeutet es, dass die Hot Blocks vieler VMs auf einem Datastore sehr nah aneinander geschrieben werden, was zu Leistungssteigerungen im Storage-System führt. Abbildung 8.41 stellt abstrakt dar, dass die Blöcke der Anfangsinstallationen (Hot Blocks, HB) recht nah beieinander sind.

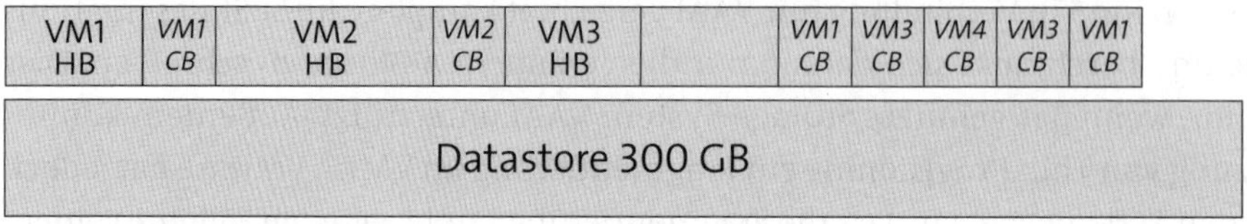

VM1 HB	*VM1 CB*	VM2 HB	*VM2 CB*	VM3 HB		*VM1 CB*	*VM3 CB*	*VM4 CB*	*VM3 CB*	*VM1 CB*

Datastore 300 GB

Abbildung 8.41 VM1 bis VM4 sind Thin-provisioned mit einer Aufteilung in Hot Blocks (HB) und Cold Blocks (CB) zur vereinfachten Darstellung.

Damit geht VMware nicht davon aus, der Fragmentierung entgegenwirken zu müssen, was in KB-Artikel 1006810 (*http://kb.vmware.com/kb/1006810*) nachzulesen ist.

Formatierung mit Nullen

Ein Problem, das jede Thin-Provisioning-Implementierung betrifft, sind Formatierungsvorgänge, bei denen Nullen geschrieben werden. Das heißt, obwohl keine Nutzdaten geschrieben werden, entstehen trotzdem Daten. Bei VMware-Thin-Provisioning-Festplatten führt dies direkt zu einer enormen Ineffizienz, da die Festplatte nach einiger Zeit in voller Größe auf dem Datastore liegt, weil ja alle Daten mit Nullen geschrieben wurden. Durch Thin Provisioning wird das Problem noch schlimmer, da die Festplatte langsam wächst (MB-Bereich) und bei jedem Wachstum eine SCSI-Reservation ausführt. Dies führt zur Verlangsamung des Formatiervorgangs und zur Belastung aufgrund der vielen SCSI-Reservations. Dies ist mit dem Wachstum von Snapshot-Dateien zu vergleichen.

Viele Storage-Systeme beginnen damit, genau diese Nullen zu erkennen, und begegnen dem Problem auch, indem sie die unnötig verbrauchten Kapazitäten nachträglich wieder freigeben (z. B. HP 3PAR, HDS) oder schon direkt beim Schreiben erkennen und ignorieren (z. B. HP 3PAR, IBM SVC, DataCore).

Datenwachstum

Findet ein Datenwachstum durch Generierung neuer Daten im Gast statt, so wächst die Thin-Festplatten-Datei mit an. Werden Daten gelöscht, so schrumpft sie allerdings nicht automatisch. Das gleiche Problem findet sich auch bei der Verwendung von Backup-Produkten über die vStorage-APIs oder bei den Kopiervorgängen mit *Storage vMotion*. Geschriebene Daten müssen kopiert werden. Da viele Dateisysteme die Daten nicht wirklich löschen, sondern nur als gelöscht markieren, befindet sich die Festplattendatei immer nur im Wachstum. Das Gleiche gilt übrigens auch für die Formatierung.

VMware hat von außerhalb des Gastes keine Möglichkeit zu erkennen, welche Daten gelöscht wurden. Dies ist nur im Gast über die *VMware Tools* möglich (siehe Abbildung 8.42).

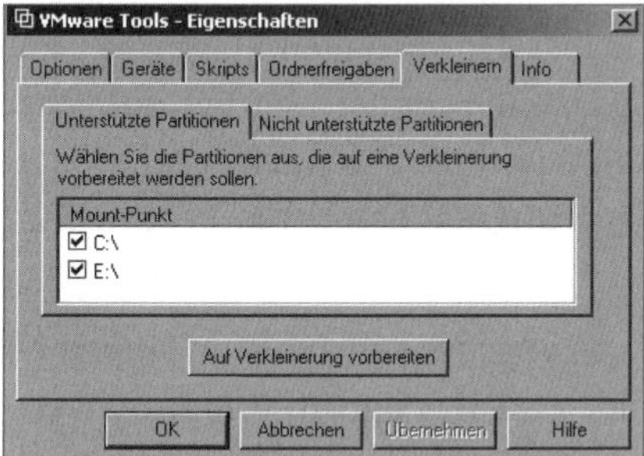

Abbildung 8.42 Shrink/Verkleinerung mittels VMware Tools im Gast

In den Eigenschaften der VMware Tools befindet sich ein Reiter namens VERKLEINERN oder SHRINK, der es ermöglicht, die nicht genutzten Datenbereiche so zu bearbeiten, dass die VMDK-Datei mittels Storage vMotion oder auch VCB wieder kleiner wird, da die vormals als gelöscht markierten Daten nun wirklich gelöscht sind. In diesem Zusammenhang ist auch eine Defragmentierung im Gast sehr interessant.

VMware-Tools-Shrink-Funktion und Thin-Festplatten

Die VMware-Tools-Shrink-Funktion kann leider nicht auf Thin-Festplatten ausgeführt werden. Möchten Sie diese Funktion nutzen, um ungenutzten Plattenplatz nochmals freizugeben, müssen Sie auf die Festplatte erst ein *Inflate* über den Datastore-Browser durchführen oder sie per Storage vMotion auf *thick* migrieren.

Danach funktioniert die Shrink-Funktion, und Sie können den Plattenplatz optimieren. Ab jetzt sind VCB-Sicherungen wieder optimiert. Stellen Sie wieder auf *thin* um, so wird die Festplatte nur mit den realen Daten und ohne Altlasten (Dateilöschungen, *SDelete* etc.) angelegt. Dies ist zwar umständlich und Sie benötigen Plattenplatz, aber es ist derzeit die einzig mitgelieferte Möglichkeit.

SDelete

Anders verhält es sich bei Tools wie *SDelete* von Microsoft, die die gelöschten Daten nochmals mit Nullen überschreiben, um diese nicht wiederherstellbar zu machen. Je nach Parameternutzung wird keine Basis für die Festplattenoptimierung wie bei dem VMware-Tools-Shrink-Verfahren ermöglicht. Ganz im Gegenteil: Die Parameter `-z` (Zero Free Space) und `-c` (Clear Free Space) beispielsweise führen zu einem Wachstum der Thin-Festplatten-Datei bis zur Maximalgröße oder natürlich auch eines Snapshots bis zur Maximalgröße der Ursprungsdatei.

Dies kann äußerst ärgerlich sein, wenn Plattenplatz stark überbucht wurde und jemand einen SDelete- oder einen SDelete-ähnlichen Befehl auf einer großen Festplatte ausführt, z. B. auf einem 500-GB-Fileserver, um auf Nummer sicher zu gehen.

8.10.4 Auslagerungsdateien

Wenn Sie sich das Gesamtkonstrukt VMware ESXi inklusive der virtuellen Maschinen anschauen, stellen Sie drei Orte fest, an denen Auslagerungsdateien genutzt werden: zunächst im VMkernel und im Gastbetriebssystem der virtuellen Maschine. Die Auslagerungsdatei der Service Console entfällt mit ESX 5. Jede dieser Auslagerungsdateien hat bzw. hatte ihre Daseinsberechtigung.

Allerdings müssen Sie immer bedenken, dass die Auslagerungsdatei virtuellen Hauptspeicher auf den lokalen oder entfernten Datenträgern abbildet. Da die Zugriffs- und Durchsatzzeiten von Datenträgern wesentlich langsamer sind als die von physischem Hauptspeicher, bedeutet ausgiebiges Auslagern immer auch verlangsamten Systemzugriff.

Eine Verwendung von SSD oder Flash-Speichern ist mit vSphere 5 als Cache-Erweiterung möglich und führt dazu, dass eine Überprovisionierung nicht zwingend zu starken Leistungseinbrüchen führt – siehe Abschnitt 8.9, »Flash-basierter Speicher«.

Service Console (nur ESX vor vSphere 5)

Da die Service Console ein getuntes Red-Hat-Linux ist, gelten auch alle Regeln für Red-Hat-Linux. Diese besagen unter anderem, dass man die doppelte Hauptspeichergröße für die Swap-Partition (Auslagerungsdatei) verwenden sollte. Dies sollten Sie bei der Installation des ESX-Servers bedenken, da spätere Partitionsänderungen so mühsam sind, dass meist eine Neuinstallation schneller wäre.

Die Swap-Partition dient dem Red-Hat-Betriebssystem als Puffer für kurzzeitige Spitzen bei der Hauptspeicherverwendung.

Möchten Sie die derzeitige Hauptspeichernutzung inklusive Swap-Nutzung auslesen, sollten Sie auf den Befehl `free` zurückgreifen.

VMkernel

Warum benötigt der VMkernel Swap-Space? Der VMkernel benutzt den Swap-Space zum sogenannten Memory-Overcommitment, also zur Überprovisionierung von Hauptspeicher. Bei einer Standardkonfiguration würde dies bedeuten, dass auf 14 GB verfügbaren Hauptspeicher für virtuelle Maschinen 14 GB weiterer Hauptspeicher als Swap-Space hinzukäme; es wären also maximal 28 GB RAM für virtuelle Maschinen nutzbar. Auch hier gilt: Swapping macht die Systeme nicht schneller, sondern langsamer. Allerdings ist die Nutzung der Auslagerungsdatei ideal, um mit kurzen Spitzen zurechtzukommen.

Außerdem verbrauchen die Gastbetriebssysteme in den seltensten Fällen den konfigurierten Hauptspeicher. Gäbe es kein Overcommitment, könnten nur so viele virtuelle Maschinen betrieben werden, wie physisch Hauptspeicher verfügbar ist, selbst wenn dieser nicht durch die VMs genutzt würde – den Hypervisor interessiert nur der konfigurierte Speicher der aktiven VMs.

Die Auslagerungsdatei selbst wird bei der Standardkonfiguration pro virtueller Maschine im gleichen Heimatverzeichnis der VM angelegt, wenn die VM startet. Die Größe der Swap-Datei entspricht der Größe des VM-Hauptspeichers. Daher müssen Sie bei der Planung der richtigen LUN-Größe die Swap-Datei jeder virtuellen Maschine mit einrechnen (siehe Abbildung 8.43).

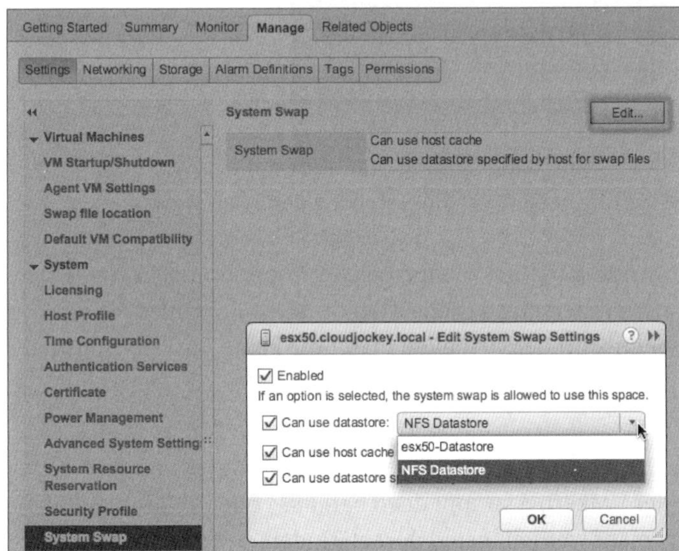

Abbildung 8.43 Anpassung des Speicherorts der Swap-Datei

Zwar ist es möglich, die Auslagerungsdateien auf den lokalen Storage der ESX-Server zu legen. Dies bringt aber Nachteile mit sich, da bei vMotion und damit auch bei DRS zusätzlich die Swap-Datei auf das Zielsystem übertragen werden muss.

Des Weiteren besteht die Möglichkeit, alle Auslagerungsdateien auf einer einzigen LUN zu betreiben, die im Zugriff aller von vMotion betroffenen Server ist. Damit schaffen Sie sich allerdings bei schlechter Planung ein potenzielles Nadelöhr bei der Leistung.

Eine Alternative außerhalb der GUI ist die Einstellung der Swap-Datei in der VMX-Datei der virtuellen Maschine (sched.swap.dir= "/vmfs/volumes/<volume_name>/<dir_name>"). Damit verteilen Sie die Swap-Dateien auf wenige LUNs, womit Sie eine gute Performance erreichen können. So könnten Sie beispielsweise die Swap-Dateien auf günstigerem Speicher als die VMs ablegen.

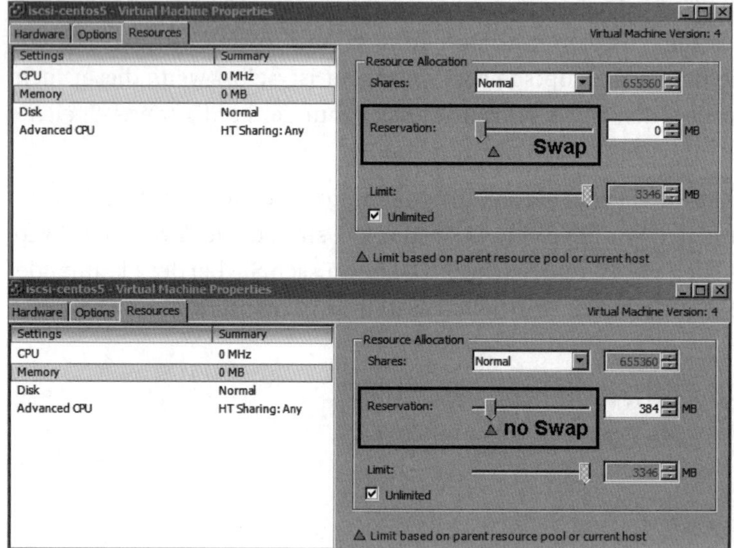

Abbildung 8.44 Die Memory-Reservierung beeinflusst die Erstellung der Swap-Datei.

Diese Größe können Sie durch Anpassung der Hauptspeicherreservierung in den Eigenschaften der virtuellen Maschine heruntersetzen (siehe Abbildung 8.44). Wählen Sie eine Reservierung von 100 %, entsteht beim Start der virtuellen Maschine keine Auslagerungsdatei.

Gastbetriebssystem

In den Foren liest man viel zum Thema Auslagerungsdateien. Fragen wie »Warum noch eine Auslagerungsdatei im Gast-OS, der VMkernel swappt doch bereits?« oder »Wie groß soll die Auslagerungsdatei im Gast-OS geplant werden?« sind dort zu finden.

Generell gilt, dass eine Auslagerungsdatei dort den meisten Nutzen bringt, wo die Daten entstehen, die ausgelagert werden können. Da der ESX-Server keinen Einblick in die Aktivitäten der jeweiligen Betriebssysteme hat, ist der VM-Swap nur als »Notnagel« bei Engpässen im physischen Hauptspeicher und natürlich für Peaks gedacht. Einen Ersatz für die Auslagerungsdatei im Gast stellt dies nicht dar. Daher sollten Sie alle Empfehlungen der Gastbetriebssysteme betreffend der Auslagerungsdateien weiterhin annehmen.

8.10.5 VMFS im Detail

VMFS, das VMware-proprietäre *Virtual Machine File System*, ist ein auf den Betrieb virtueller Infrastrukturen ausgelegtes und optimiertes Dateisystem. »Optimiert« bedeutet genauer:

- **Cluster-fähig**: Mehrere ESX-Server können zeitgleich auf die VMFS-Partitionen zugreifen, ohne Daten zu beschädigen.
- **Dateioptimiert**: Sehr große und sehr kleine Dateien werden unterstützt, womit schnell und zuverlässig auf kleine Konfigurationsdateien sowie auf große CD/DVD-Images und sehr große Festplattendateien zugegriffen werden kann. Offiziell wird nur eine Verzeichnisebene unterstützt.

Außerdem ist VMFS ein *journalisiertes Dateisystem*, was die Fehlersuche und die Fehlerbehandlung wesentlich erleichtert, und VMFS arbeitet mit einem LVM (*Logical Volume Manager*), der für Funktionen wie Extents oder VMFS-Vergrößerung zuständig ist.

Die Version 5 von VMFS bringt deutliche Veränderungen mit sich:

- **GTP**: VMFS-5 nutzt GPT statt MBR als Partitionstabelle, wodurch die maximale Partitionsgröße steigt und die Partition-Offset-Probleme umgangen werden (*Partition Alignment*).
- **64 TB**: Es werden bis zu 64 TB große VMFS-Partitionen und Raw Device Mappings unterstützt. Die Limitierung der VMDK-Dateien auf knapp 2 TB (2 TB – 512 Byte) wurde mit vSphere 5.5 aufgehoben und beträgt nun ebenfalls 64 TB (genauer gesagt 62,9 TB, da Speicherplatz für Metadaten und Snapshots verloren geht.)
- **1 MB Blocksize**: Statt der Auswahl zwischen 1, 2, 4 oder 8 MB Blockgröße – abhängig von der maximal möglichen VMDK-Datei-Größe – wird mit VMFS-5 auf eine einheitliche Blockgröße von 1 MB unabhängig von der VMDK-Datei-Größe gesetzt. Dies gilt allerdings nur für neue und nicht für bestehende VMFS-Partitionen, die aktualisiert werden. Das heißt, eine 8-MB-Blocksize bleibt bestehen und wird nicht reduziert.
- **Kleinere Sub-Blocks**: Die Sub-Block-Größe wurde von 64 KB auf 8 KB reduziert. Das heißt, dass die Performance bei Anfragen kleiner Blöcke im VMFS deutlich steigt.
- **Sehr kleine Dateien** (1 KB) werden unterstützt.
- **Unterbrechungsfreies Upgrade von VMFS-3 auf VMFS-5**: Bisher mussten Aktualisierungen vom VMFS immer durch eine Formatierung erfolgen, was zu Datenverlust führte. Mit vSphere 5 ist ein Upgrade von VMFS-3 auf Version 5 ohne Unterbrechung und Datenverlust möglich.
- **ATS Locking** (*Atomic Test & Set* – VAAI-Funktion): Vor VMFS-5 und ATS wurden SCSI-Reservations ausgeführt, wenn neue Dateien angelegt oder vergrößert wurden. ATS führt dazu, dass solche Aktivitäten nicht mehr zu SCSI-Reservierungen führen.
- **Die Microsoft-Cluster-Unterstützung wurde mit vSphere 5.5 verbessert**: Es gibt jetzt Unterstützung für FC, FCoE und iSCSI. Hinzu kommen Round-Robin-Multipathing-Unterstützung und die Unterstützung für Microsoft Windows Server 2012 (vergleiche dazu *http://kb.vmware.com/kb/2052238*).

VMFS-Aufbau

VMFS erlebte bereits mit Version 3 viele Änderungen, die sichtbar vor allem den Strukturaufbau der VMFS-Partitionsinformationen betrafen. Die neu eingeführten LVM-Offsets enthalten folgende Informationen:

- Volume-ID (Signatur)
- Anzahl der Extents (Spanning mehrerer VMFS-Volumes)
- Anzahl der Geräte
- Volume-Größe

Außerdem dienen die LVM-Offset-Informationen zum Erkennen eines Snapshot-Volumes.

In den Volume-Metadaten sind folgende Informationen zu finden:

- Eigenschaften aller Dateien inklusive
  - Name
  - Größe
  - letzte Zugriffszeit
  - Änderungszeit
  - Berechtigungen
  - Eigner
  - Gruppennamen

VMFS-UUID

Die VMware-Foren wimmeln von Einträgen über verloren geglaubte Datastores, und kaum ein Administrator oder Berater von VMware-ESXi-Umgebungen war noch nicht mit »falsch« erkannten Snapshot-LUNs konfrontiert. Dieser Aspekt ist den neu eingeführten LVM-Offset- und Volume-Metadaten zu verdanken.

In den folgenden Abschnitten schauen wir uns die Details an.

Snapshots

Neben Snapshots virtueller Maschinen auf VMware-Host-Ebene existieren Snapshots auf Storage-Ebene. Abhängig vom Storage-Hersteller handelt es sich entweder um einen Snapshot (das heißt, Änderungen werden in einen weiteren Speicherbereich geschrieben – ähnlich wie bei einem ESX-Snapshot) oder um einen Snapshot-Clone oder Clone (d. h. um eine 1:1-Kopie einer LUN, also doppelte Plattenbelegung). Dabei ist zu bedenken, dass LUN-Serials (LUN-Seriennummern) vom Storage beim Anlegen einer LUN automatisch vergeben werden und nicht mehr nachträglich zu ändern sind.

Beim Formatieren einer LUN mit dem VMFS wird automatisch der LVM-Header eingerichtet, in dem eine SCSI-Disk-ID anhand der LUN-Seriennummer (Serial) eingetragen wird (siehe Abbildung 8.45). Sobald es zu Änderungen an der Konfiguration kommt, die die Seriennummer betreffen, wird die LUN automatisch als Snapshot erkannt.

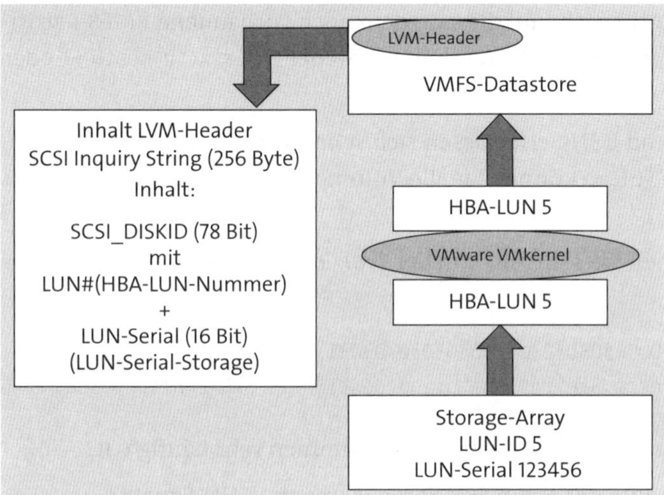

Abbildung 8.45 LVM-Header-Informationen zum Volume

Dieses Vorgehen schützt die LUNs vor Dateninkonsistenz oder Datenverlust, falls durch Konfigurationsfehler im SAN oder bei der Nutzung von Snapshots oder bei einem Umschalten einer Spiegelung (Sicherung) eine LUN doppelt ist oder eine falsche LUN in der virtuellen Infrastruktur sichtbar wird.

Sie sollten bedenken, dass zumeist nicht nur ein ESX-Server, sondern viele ESX-Server auf die gleichen LUNs zugreifen. Mit dem LVM-Header werden LUNs für alle Server der Infrastruktur eindeutig gekennzeichnet.

Sobald eine neue LUN mit VMFS-Partition auf einem ESX-Server erkannt wird, findet ein Vergleich der SCSI-Inquiry-Daten (unter anderem LUN-Serial) mit den geschriebenen Daten des LVM-Headers statt. Damit sind auch neu in die Infrastruktur integrierte ESX-Server direkt in der Lage, zwischen korrekten Konfigurationen und möglichen Fehlkonfigurationen oder Snapshots zu unterscheiden.

Beispiel: Erkennung eines Snapshots

```
LUN Anlage
LUN ID: 5
LUN Serial: 30303042303830303030303031383830
VMFS UUID: 47f77067-244ed1d5-bde0-0015173f9345
ESX-Server: esx1
```

```
LUN-Kopie auf ESX-Server ESX2
LUN ID: 5
LUN Serial: 3030304230383030303030303031383850
```

Durch die Erkennung der Snapshot-LUN anhand der veränderten Seriennummer herrscht auf dem System kein direkter Zugriff mehr auf die trotzdem noch vorhandene VMFS-Partition. Die LUN ist jedoch nach wie vor physisch zu sehen (entweder mit `esxcfg-mpath -l` oder über den vSphere Client).

Die Informationen zur LUN-ID und LUN-Serial lassen sich sehr gut mit dem Befehl `esxcfg-mpath -l -v` auslesen. Mit `esxcfg-volume` können Sie die Volumes auch wieder anzeigen und integrieren.

Einen erkannten Snapshot machen Sie sehr leicht in der */var/log/vmkwarning*-Protokolldatei ausfindig:

```
ALERT: LVM: 4475: vml.0100060000303030423038303030303030313838304178696f6d20:1
may be snapshot: disabling access. See resignaturing section in SAN config guide.
```

Folgende Fälle, die zum Erkennen eines Snapshots führen, kommen sehr häufig vor:

- Ein LUN-Snapshot im Storage wird auf einen ESX-Server gemappt (LUN-Serial).
- Ein LUN-Spiegel wird auf einen ESX-Server gemappt (LUN-Serial).

`esxcfg-volume -l` als Befehl sollten Sie daher immer auf der Konsole oder vCLI bereithalten.

VMFS-Partition-Alignment

Als hätte man mit dem Thema »Storage unter VMware« nicht schon genug Sorgen, so muss man sich auch noch um die Partitionen und deren Zuordnung kümmern ...

Ganz so schlimm ist es nicht, allerdings kann es bei einer inkonsistenten Zuordnung zu merklichen Leistungsverlusten beim Zugriff auf den Storage kommen. Aber eines vorweg: Wenn Sie LUNs mittels vSphere-Client (über die API) formatieren, wird bei Sektor 128 gestartet, was zu einer optimalen Leistung führt (minimale Latency, hohe Leistung).

Es ist zumeist nicht interessant, welches Alignment genau eingetragen wird, (d. h. 64, 128 ...), sondern eher, dass auf der Basis 64 überhaupt ein durchgehendes Alignment sowohl im VMFS als auch im Gastbetriebssystem erfolgt. Durch eine ungleiche Zuordnung kommt es zu Umrechnungen auf dem Storage, was zu Verzögerung sowie zu Leistungsverlust führt.

Gastsystem

Allerdings ist dies noch nicht alles, da in der virtuellen Maschine ebenfalls mit Zuordnungen im Dateisystem gearbeitet wird. Wie Sie im Beispiel in Abbildung 8.46 sehen, kann eine falsche Zuordnung den Storage dazu veranlassen, drei Chunks einzulesen, obwohl nur eine Cluster-Abfrage im Gast stattfand.

Daher ist anzuraten, auch die Partitionen des Gastbetriebssystems anzupassen, um die bestmögliche Leistung zu erreichen. Die Windows-Versionen 7 und 2008 passen das Alignment bereits automatisch an, wenn sie nicht auf eine bereits bestehende Partition installiert werden.

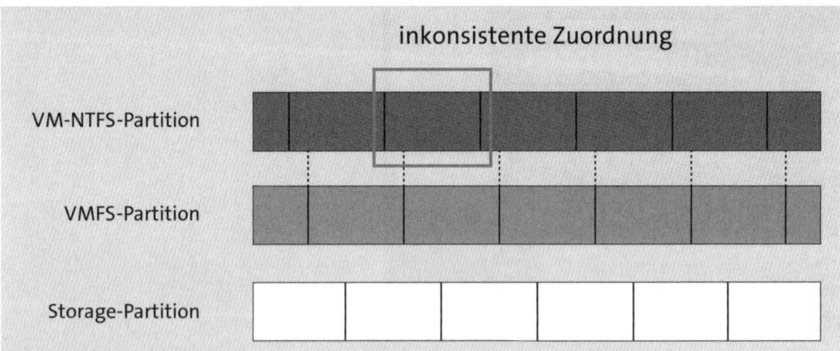

Abbildung 8.46 Partition-Alignment/Storage, VMFS, Gast

> **Achtung: Datenverlust!**
> Anpassungen an der Zuordnung können immer nur beim Anlegen einer Partition erfolgen und nicht nachträglich. Sollten Sie die folgenden Befehle auf produktive LUNs anwenden, ist ein Datenverlust sehr sicher.

Unter Linux geschieht dies exakt wie bei der vorher beschriebenen Partitionierung des VMFS, außer dass Sie statt des Partitiontyps `fb` einen anderen Typ, z. B. `83` (Linux), auswählen müssen.

Unter Windows müssen Sie das Programm `diskpart` bemühen, das seit der Version 2003 zur Standardausrüstung von aktuellen Windows-Betriebssystemen gehört. Unter Windows XP und Windows 2000 müssen Sie es mit den Support Tools installieren. Da Sie eine nicht formatierte Festplatte verwenden müssen, um das Alignment anzupassen, müssen Sie die Systempartition entweder so belassen, wie sie ist, oder diese zuvor mit einem anderen System partitionieren (oder durch Nutzung von WinPE) und formatieren. Schließen Sie sie dann nachträglich an das neu zu installierende System an:

- `diskpart.exe`
- `list disk` (Anzeigen der verfügbaren Festplatten)
- `select disk 1` (Auswahl der Festplatte – im Beispiel Disk 1)
- `create partition primary align=64` (Partition mit 64-KB-Offset anlegen)
- `exit`

Danach können Sie die Festplatte mit dem *Disk Manager* formatieren – allerdings sollten Sie als ALLOCATION UNIT SIZE 32K auswählen (siehe Abbildung 8.47).

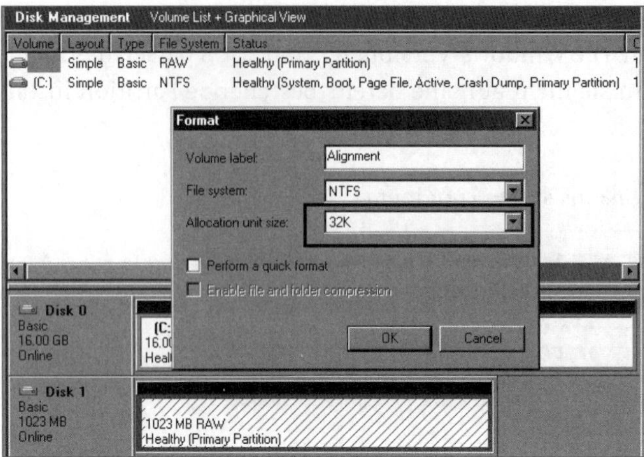

Abbildung 8.47 NTFS-Formatierung mit 32K

Nach dem korrekten Alignment sieht die Zuordnung so aus wie in Abbildung 8.48.

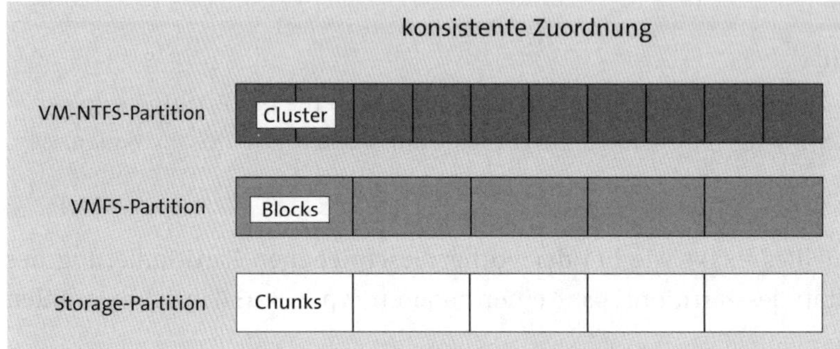

Abbildung 8.48 Konsistente Zuordnung vom Storage bis zum Gast

Es existieren kommerzielle Produkte, um das Partition-Alignment zu korrigieren, wie *Paragon PAT* und *Dell vOptimizer*, aber auch freie Werkzeuge von Storage-Herstellern (z. B. *NetApp mbralign*).

Migration zu VMFS-Version 5

Mit VMware ESXi 5.0 wurde die VMFS-Version 5 veröffentlicht, die neben einer erneuten Minimierung der SCSI-Reservierungen weitere Leistungsverbesserungen mit sich bringt. Mit vSphere 5 ist es im Gegensatz zu vorherigen VMFS-Versionen möglich, ein Upgrade von Version 3.31 und höher auf Version 5 durchzuführen, ohne dass es zu einer Neuformatierung und damit zu einem Ausfall der VMs kommt (bzw. ohne dass diese wegmigriert werden müssen).

Ein Upgrade können Sie in den Eigenschaften des VMFS-3-Datastores durchführen (siehe Abbildung 8.49).

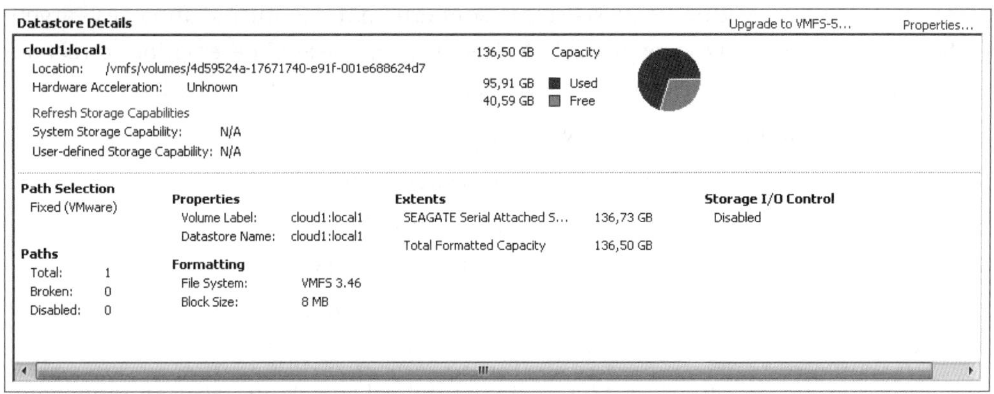

Abbildung 8.49 VMFS-5-Upgrade in den Eigenschaften eines Datastores

Mit dem vSphere Web Client funktioniert das Upgrade ähnlich:

- Wählen Sie den Datenspeicher aus, der dem Upgrade unterzogen werden soll.
- Rufen Sie die Registerkarte VERWALTEN auf, und klicken Sie anschließend auf EINSTELLUNGEN.
- Wählen Sie UPGRADE AUF VMFS5 aus.
- Führen Sie auf allen Hosts, die dem Datenspeicher zugewiesen sind, eine erneute VMFS-Prüfung durch.

SCSI-Reservation

SCSI-Reservierungen sind SCSI-2-Sperrmechanismen, um einen Datenverlust durch den gleichzeitigen Zugriff mehrerer Systeme auf die gleichen Daten zu verhindern. VMware ESXi nutzt SCSI-Reservierungen, um die Metadaten einer LUN zu ändern. Wichtig: Der ESX-Server sperrt die komplette LUN, um exklusiven Schreibzugriff auf die Metadaten zu erhalten. Sämtlicher I/O der VMs des reservierenden Hosts ist nach wie vor auf die LUN zugelassen, abgesehen von weiteren Metadaten-Updates. Dazu muss ein erneuter SCSI-Lock stattfinden. Lesezugriffe der anderen ESX-Hosts sind während der Reservierung weiterhin erlaubt, allerdings keine schreibenden I/Os (weder durch den Host noch durch die VM).

SCSI-Reservierungen kommen nur bei blockorientiertem Zugriff über das SCSI-Protokoll vor. Somit sind Fibre-Channel, iSCSI, FCoE und AoE betroffen.

Durch Aktivitäten wie Snapshots oder Thin Provisioning verschiedener virtueller Maschinen auf der gleichen LUN treten Metadatenänderungen relativ häufig und zu beliebigen Zeiten auf. Finden die Änderungen gleichzeitig statt, kommt es zu einem *SCSI-Reservation-Conflict*.

Reservierungen dauern zwischen 1 und 12 Millisekunden an, bei einer Standarddauer von ca. 7 Millisekunden. Sehr kleine Änderungen, z. B. an Berechtigungen, Zugriffszeiten oder Eignern, dauern in der Regel nur 1 bis 2 Millisekunden. Allerdings liegt das zeitliche Problem nicht an den SCSI-Reservation-Requests selbst, sondern an der Statusmeldung des Targets über das Fibre-Channel-Netz. Obwohl die SAN-Storage-Systeme SCSI-Reservations direkt bearbeiten, kann es bis zu 200 ms dauern, bis der ESX-Server eine Antwort erhält.

Folgende Aktionen führen zu SCSI-Reservations:

- Erstellung einer Datei (auch bei Erstellung eines Snapshots)
- Löschung einer Datei (auch bei Löschung eines Snapshots)
- Wechsel der VMDK-Datei in den REDO-Modus (Update alle 15 MB)
- Vergrößerung von 2-GB-Sparse- oder -Thin-Festplatten (Update alle 15 MB). Bei der Verwendung von NFS werden NFS-Locks statt SCSI-Reservations genutzt.
- Migration von VMDK-Dateien (je eine Reservierung bei Quelle und Ziel). vMotion kann bei Konflikten fehlschlagen.
- Suspend der virtuellen Maschine (eine Suspend-Datei wird erstellt.)
- VMDK-Festplatte mit aktivem Persistent Mode (aufgrund des Erstellens und Löschens des REDO-Logs – und alle 16 MB beim Datenwachstum)
- VM-Erstellung mittels Template (Wenn das Template auch auf einem VMFS liegt, werden Reservations auf Quelle und Ziel gesetzt.)
- Template-Erstellung aus VM (Wenn Quelle und Ziel im VMFS liegen, wird neben der Standardreservierung auch alle 16 MB eine SCSI-Reservierung im Target durchgeführt.)
- Export einer VMDK-Datei
- Dateisystemanpassung via `fdisk` etc.
- Ausführung von `vm-support`
- Änderung von Berechtigungen, Eigner, Zugriffs-/Änderungszeiten
- Größenänderung einer Festplattendatei
- das erste Hinzufügen einer LUN an einen ESX-Server

Wird eine SCSI-Reservierung fehlerhaft aufrechterhalten, ist dieser Befehl nützlich, um sie wieder aufzuheben:

```
vmkfstools -L lunreset /vmfs/devices/disks/vmhba#\:#\:#\:0
```

VMFS-Extents

Eine häufig gestellte Frage lautet, ob VMFS-Partitionen problemlos erweitert werden können, wie es bei vielen modernen Dateisystemen der Fall ist. Dies wünschen sich z. B. Administratoren, wenn sie eine stark gefüllte LUN auf dem Storage-System vergrößert haben. Die Antwort ist seit vSphere: Ja! Es ist möglich, die VMFS-Partition online zu vergrößern, ohne Extents zu nutzen. Daher werden Extents nur noch über die Kommandozeile oder bei einer Verbindung von zwei oder mehr LUNs miteinander verbunden. Befinden sich die zu verknüpfenden Partitionen auf der gleichen LUN, wird die VMFS-Partition einfach vergrößert.

Ein großes Problem besteht bei Extents darin, dass sie per Konkatenation an bestehende Partitionen geknüpft werden und nicht per Stripe. Hat dies Nachteile? Auch hier ist die Antwort definitiv: Ja! Da beim Concat einfach mehrere Partitionen logisch verbunden werden, werden die Daten nicht gleichmäßig über alle Partitionen verteilt wie beim Striping. Der ESX-Server legt die Daten schlicht so, wie sie entstehen, nacheinander über die Partitionen ab, als wäre es eine einzige Partition. Das heißt, zuerst wird das erste Extent mit Daten gefüllt, dann das zweite etc. bis zum letzten Extent. Sind die Daten größer als ein Extent, haben Sie z. B. eine 60-GB-VMDK-Datei bei 5 × 50-GB-Extents, wird zwangsweise über zwei LUNs geschrieben. Fällt eine der beiden genutzten LUNs aus, wird die VMDK-Datei entweder verschwinden, da der Header fehlt, oder sie wird beschädigt, da Datenteile fehlen.

Allerdings versucht der ESX-Server, falls es vom Plattenplatz her möglich ist, VMDK-Dateien komplett auf ein Extent zu legen, um zumindest einen Teil der Ausfallsicherheit zu wahren. Sobald nicht mehr genügend Plattenplatz für eine VMDK-Datei auf einem der Extents ist, beginnt der ESX-Server, die Lücken zu füllen, was entfernt mit einer Fragmentierung vergleichbar ist. Ist nicht mehr genügend Platz auf einem der Extents für eine Festplatte frei, so kann die Festplattendatei oder VM nicht mehr angelegt werden! Das Gemeine hierbei ist, dass Sie nicht sehen, wie stark die Extents belegt sind, sondern nur, wie stark der Datastore belegt ist. Besteht ein Datastore aus vier Extents à 74 GB und sind noch insgesamt 100 GB auf dem Datastore frei, können Sie trotzdem niemals eine Festplattendatei größer als 74 GB anlegen.

Thin Provisioning und Extents

Dieses Problem verschlimmert sich durch Thin Provisioning, da die Festplattendatei dann zwar angelegt werden kann, allerdings wird die Festplatte spätestens bei 74 GB nicht mehr weiter beschrieben werden können.

Das Gleiche gilt bei Snapshots, die zwar immer angelegt werden können, aber unter Umständen irgendwann aufgrund der Größenbeschränkung eines Extents nicht mehr wachsen können.

Entgegen der Meinung, bei Extents würden die VMDK-Dateien sinnvoll verteilt, wird sogar bei gleichzeitigem Anlegem mehrerer VMs auf dem gleichen Extent-Datastore die gleiche LUN genutzt, falls genügend freier Platz vorhanden ist. Daher ist eine Erhöhung der Leistung durch Zugriff auf mehrere Partitionen nicht steuerbar, sondern rein zufällig, abhängig vom Füllgrad. Wie bereits erwähnt wurde, ist es ganz fatal, Extents in Verbindung mit Linked Clones (Lab Manager) oder Thin-VMDK-Dateien zu nutzen, da im schlimmsten Fall alle VMs auf der ersten Festplatte des Extents angelegt würden und dieses irgendwann vollaufen würde, ohne dass es am Füllgrad des Datastores erkennbar wäre. Der Vorteil an der Konkatenation ist, dass bei einem Ausfall eines Extents im besten Falle nur die VMs nicht mehr im Zugriff sind, die auf genau dieser LUN lagen.

Abbildung 8.50 zeigt einen Kopierprozess auf einem Datastore, der aus vier Extents besteht. Nur Volume 3 wird genutzt. (Storage wurde in einer VM auf lokalen Festplatten mit »DataCore SANSymphony« virtualisiert, was zu den schlechten Performance-Werten führt.)

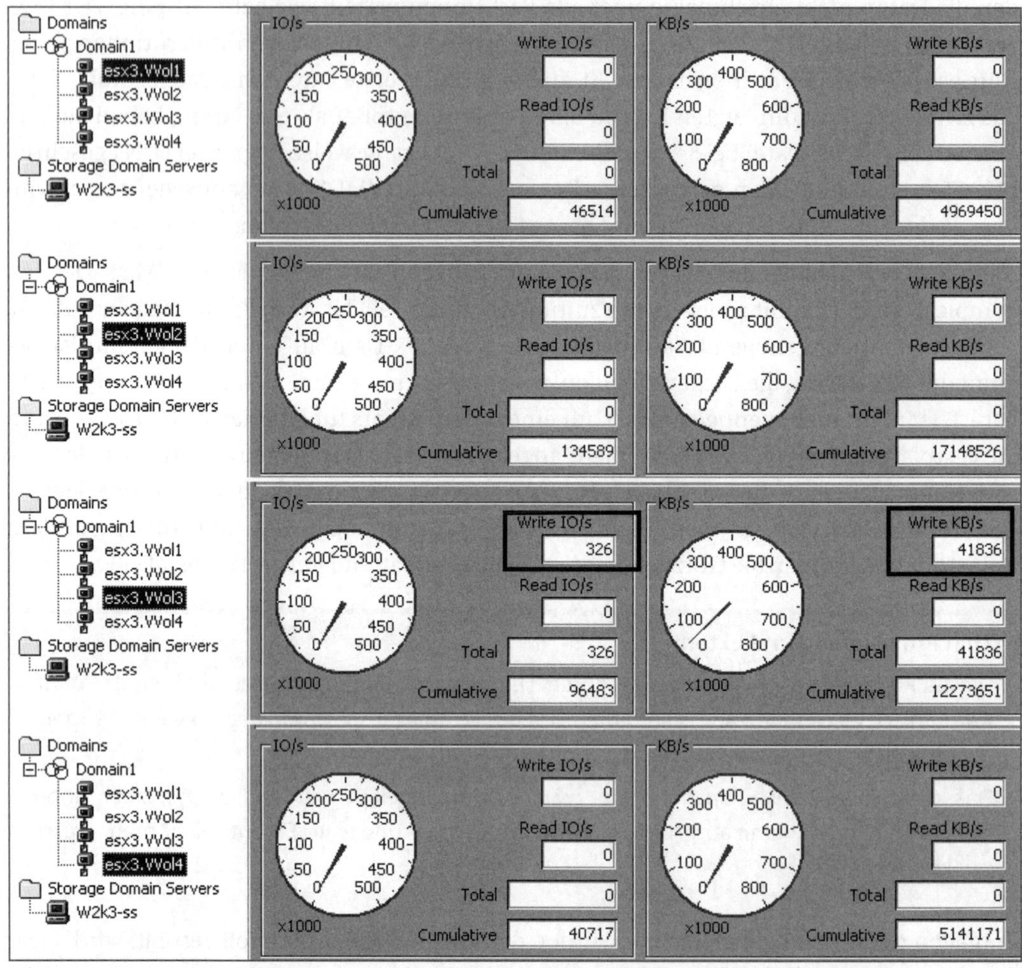

Abbildung 8.50 Kopierprozess auf einem Datastore, der aus vier Extents besteht

Beim *Striping* (das allerdings von VMware nicht verwendet wird) werden alle Partitionen logisch miteinander verknüpft, und die Daten werden beim Schreiben nahezu gleichmäßig über alle Partitionen oder Festplatten verteilt. Das führt wirklich zu mehr Performance (siehe Abbildung 8.51), da eine bessere Verteilung herrscht. Striping hätte allerdings bei einem Ausfall eines der Extents den Ausfall des kompletten Datastores zur Folge.

Bevor Sie Extents verwenden, sollten Sie erst alle Möglichkeiten durch Erstellen einer größeren LUN mit VMFS-Formatierung ausschöpfen. Die VMs verschieben Sie dann mit Storage vMotion. Extents wären nur im äußersten Notfall sinnvoll.

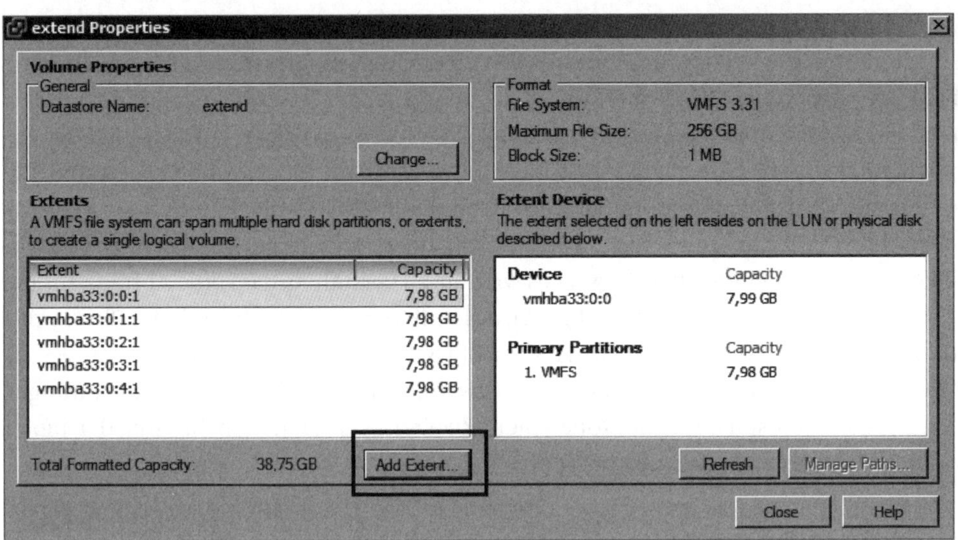

Abbildung 8.51 Ansicht eines Datastores mit vier Extents (Die Grafik wurde noch mit VMware ESX 3.5 erstellt – unter vSphere sieht es jedoch ähnlich aus.)

Nutzung von Extents

Neben der Vergrößerung von bestehenden Datastores durch das Anlegen weiterer Partitionen per Concat auf der gleichen LUN können Sie Extents auch auf beliebige Raw LUNs anwenden, sogar auf solche, die von unterschiedlichen Storage-Systemen kommen. Dabei sollten Sie aber mehrere Aspekte bedenken:

1. die Datensicherheit, da bei Ausfall einer der LUNs beliebige Zugriffe auf den Datastore versagen
2. ein weiteres Mal die Datensicherheit: Wenn Sie Extents über mehrere Storage-Systeme verteilen, entstehen mehrere potenzielle Ausfallpunkte, die schwer adressierbar sind.
3. QoS (Quality of Service): Bei einer Verteilung auf mehrere LUNs müssen Sie sehr darauf achten, dass diese immer gleicher Natur sind, also keine unterschiedlichen Performance-, RAID- oder QoS-Einstellungen besitzen. Dies würde zu unvorhersehbaren Problemen führen.

VMFS-Blockgröße

Die Spekulationen um die richtige VMFS-Blockgröße haben sich mit VMFS-5 erledigt, da VMFS-5 nur noch eine einzige Blockgröße zulässt, nämlich 1 MB. Nur bereits mit VMFS-3 angelegte Datastores, die auf VMFS-5 aktualisiert werden, behalten ihre bestehende Blockgröße von bis zu 8 MB. VMFS-5 unterstützt Dateigrößen (z. B. VMDK) bis 2 TB und seit Version 5.5 bis 64 TB. Die Blockgröße spielt hierbei keine Rolle mehr.

Aber auch hier ist nicht alles Gold, was glänzt: Wenn Sie Datastores, die von VMFS-3 auf VMFS-5 migriert wurden, zusammen mit VMFS-5-formatierten Datastores verwenden, kann es bei Storage vMotion zu unschönen Überraschungen bei der Datenübertragung kommen. Das liegt daran, dass Storage vMotion nur dann die VAAI-Funktionen zum Offload der Datenübertragung vom ESX-Host auf den Storage nutzt, wenn die Blockgrößen gleich sind. Daher sollten Sie bei der Verwendung von Datastores mit VMFS-3-Blockgrößen größer 1 MB über die Neuformatierung mit VMFS-5 nachdenken, um die optimale Storage-vMotion-Leistungsfähigkeit zu erreichen. Allerdings ist es wichtig, zu verstehen, dass eine Abfrage aus der Applikation im Gast nichts mit der Blockgröße des VMFS und auch nichts mit der Blockgröße im Storage zu tun hat. Erstens ist es so, dass sowohl NTFS unter Windows als auch VMFS unter VMware Dateisysteme sind und die Block- bzw. Cluster-Größe hier für die Zuordnungen in der Dateiallokationstabelle eine Rolle spielt. Zweitens hat beides nichts mit der blockorientierten Welt des Storage-Systems zu tun.

1 MB Blockgröße im VMFS bedeutet, dass jede Datei mindestens 1 MB belegt, unabhängig davon, ob sie kleiner ist. VMDK-Dateien betrifft dies nie, sondern nur VMX-, LOG- und andere Dateien. Kleinstdateien wie zum Beispiel VMX- oder LOG-Dateien existieren aber nicht millionenfach auf dem Datastore, sondern es sind eher ein paar Dutzend oder wenige Hundert; daher ist die Verschwendung uninteressant.

Werden aus dem Windows-Gast 4 KB angefordert, so weiß das Dateisystem aus der *File Allocation Table* (FAT), wo diese 4 KB auf der Festplatte stehen, und gibt die Anfrage an den SCSI-Treiber weiter. Dies betrifft den VMkernel, der die Zuordnung zwischen dem angefragten Datenblock und der Ablage auf dem Storage kennt. Daher werden auch bei einer Blockgröße des VMFS von 8 MB bei einer 4-KB-Abfrage die 64 KB (bzw. das, was im Storage eingestellt ist) des Storage zählen und nicht die 8 MB des VMFS. VMware hat allerdings bis VMFS-3 selbst 64-KB-Sub-Blöcke verwendet und diese mit VMFS-5 auf 8-KB-Sub-Blöcke reduziert. Das heißt, falls die Abfrage aus dem Gast 4 KB beträgt, fragt VMware in jedem Fall 8 KB ab.

Fazit: Alignment ist wichtig, aber die Blockgröße und der Alignment-Wert sind für die Leistungsfähigkeit zweitrangig.

VMFS-SCSI-Errorcodes

Alle Fehler, die beim Betrieb von VMFS-Partitionen auftreten, sind in der Protokolldatei */var/log/vmkwarning* zu finden. Sie unterscheiden sich jedoch zwischen den VMware-ESXi-Versionen. Ein sehr hilfreiches Knowledge-Base-Dokument (289902) finden Sie hier:

http://kb.vmware.com/kb/289902

Eine SCSI-Fehlermeldung ist wie folgt aufgebaut:

```
H:0x8 D:0x0 P:0x0 Possible sense data: 0x0 0x0 0x0
```

Tabelle 8.7 stellt die generelle Syntax für ESX 5.0 dar.

Code	Eigenschaft
A	Host-Status (Initiator)
B	Gerätestatus (Target)
C	Plug-in (VMware-spezifisch)
D	Fehlercode
E	erweiterter Fehlercode
F	Kennzeichner des erweiterten Fehlercodes

Tabelle 8.7 SCSI-Fehlercode-Aufbau

8.10.6 Virtuelle Maschinen

Die virtuellen Maschinen haben zwar technisch nicht allzu viel mit Storage zu tun, allerdings sind sie der erste Ansatzpunkt, an dem die Leistungsengpässe als Erstes bemerkt und gespürt werden. vSphere bringt für die virtuellen Maschinen mittlerweile fünf verschiedene Adapter mit und unterstützt Raw Device Mappings und NPIV. Nach wie vor können die VMware-Snapshots die Speicherleistung deutlich verschlechtern.

IDE-Adapter

Für ältere Gastbetriebssysteme hat VMware nun auch den IDE-Adapter, der bei den VMware-Workstation-Produkten schon seit jeher verfügbar ist, mit vSphere ins Enterprise-Segment gebracht. Während Sie eine virtuelle Festplatte anlegen, müssen Sie statt SCSI den IDE-Controller wählen (siehe Abbildung 8.52). Diesen Adapter sollten Sie wirklich nur im Notfall verwenden, da er keinerlei Leistungsvorteile bringt, sondern nur Kompatibilitätsvorteile.

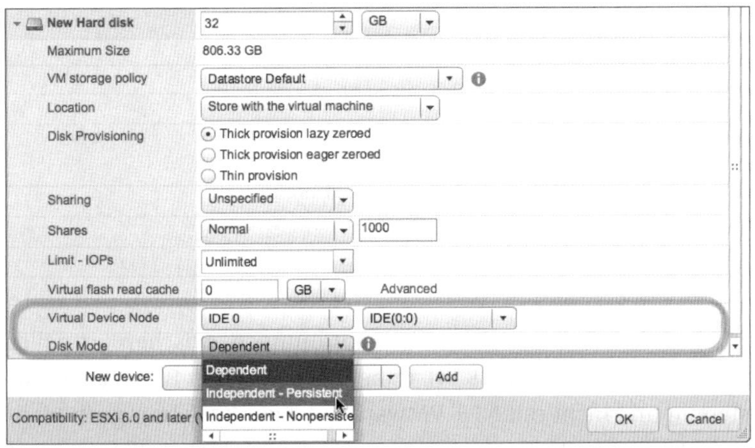

Abbildung 8.52 Der IDE-Festplattencontroller in den Eigenschaften der VM

Standard-SCSI-Adapter

Als Standard-SCSI-Adapter werden die bereits bekannten BusLogic-Parallel- und LSI-Logic-Parallel-Emulationen mitgeliefert. *BusLogic* sollten Sie nur bei älteren Systemen auswählen und ansonsten immer *LSI Logic* vorziehen. Reichen Sie notfalls während der Installation den LSI-Treiber per Diskette nach ([F6] unter Windows). *LSI Logic Parallel* ist für SAN-Umgebungen optimiert, da diese eine bessere Busbandbreite und bessere Cache- und Queue-Möglichkeiten bieten.

Um den neuen LSI-Logic-SAS-Controller zu verwenden, muss die virtuelle Maschine über die neue Hardware-Version 7 verfügen, und er ist als Adapter für geclusterte Windows-2008-Gastsysteme gedacht.

Paravirtualized SCSI

Mit vSphere kam ein neuer SCSI-Adapter für die virtuellen Maschinen hinzu, der paravirtualisiert läuft (siehe Abbildung 8.53). Dies bedeutet, dass der Treiber dieses Gerätes ähnlich wie die VMXNET-Netzwerkkarte über seine Virtualisierung »Bescheid weiß«. Dies ermöglicht eine optimierte Kommunikation zwischen Gastkomponente und VMkernel und bietet daher erhebliche Leistungsvorteile. Der paravirtualisierte SCSI-Adapter kann mit ESX 4.0 nur als Datenfestplatte und nicht als Bootfestplatte verwendet werden. Des Weiteren werden nur die Betriebssysteme Windows Server 2003, 2008 und Red Hat Enterprise Linux 5 unterstützt.

Außerdem existieren Limitierungen bei den Hot-Add- und Hot-Remove-Funktionen, und Sie sollten bedenken, dass paravirtualisierte SCSI-Platten mit Snapshots keine Leistungsvorteile mehr besitzen. Weitere Informationen erhalten Sie in der VMware Knowledge Base unter *http://kb.vmware.com/kb/1010398*.

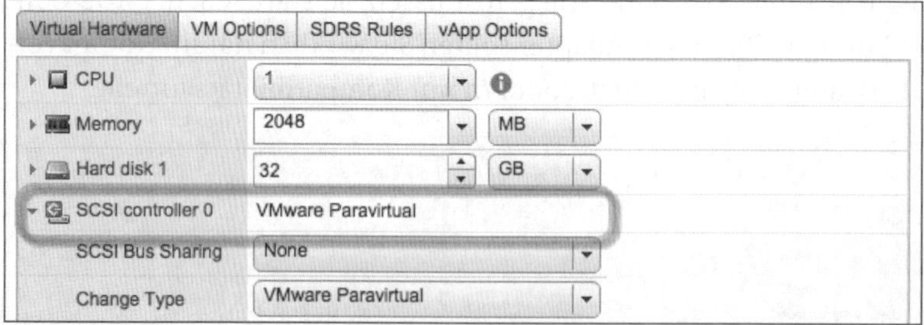

Abbildung 8.53 Paravirtualisierter SCSI-Adapter unter VMware vSphere in den Eigenschaften einer VM

RDM

Bei *Raw Device Mappings* (RDM) handelt es sich um 1:1-Zuordnungen zwischen virtueller Festplatte und physischer LUN (siehe Abbildung 8.54). Daher funktionieren RDMs auch nur mit blockorientierten Systemen und nicht mit NFS. VMware nutzt zur Zuordnung ein Mapping-File, das als Proxy für die SCSI-Befehle dient. Man unterscheidet zwischen *Physical* und

Virtual Mode, wobei der Physical Mode für Cluster zwischen virtuellen und physischen Systemen eingesetzt wird und der Virtual Mode Funktionen wie Snapshots unterstützt.

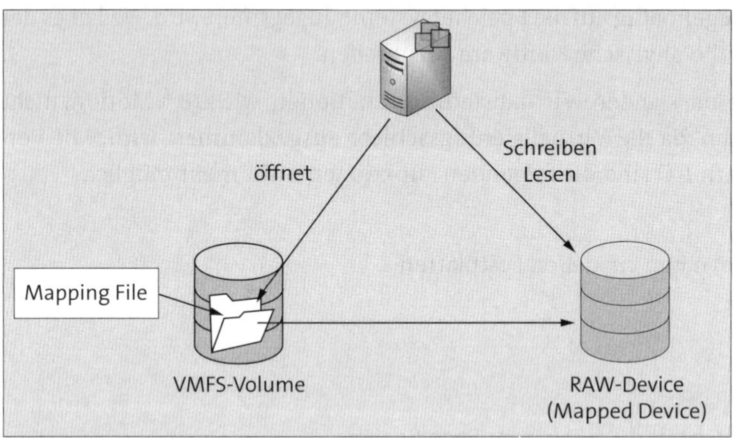

Abbildung 8.54 Raw-Device-Mapping-Zuordnung

Sie sollten bei der Verwendung von RDMs sehr vorsichtig agieren, da das Betriebssystem im Gast die Festplatten mit eigenen Daten und Dateisystemen beschreibt. Während VMware NTFS und EXT3 als Daten erkennt, was beim Überschreiben von RDM-LUNs mit VMFS zumindest eine Hürde darstellt, sind z. B. Oracle-Raw-Daten nicht erkennbar. Daher sollten Sie die LUN-IDs für RDMs in einem bestimmten Bereich (z. B. größer 100) halten, um Missverständnisse und Datenverlust zu vermeiden.

Vorteile von RDMs sind die bessere Unterstützung von Storage-Snaphots, die Lesbarkeit der Daten von anderen Systemen (z. B. NTFS statt VMFS) und die effektive Einzelnutzung durch die VM oder den VM-Cluster. Nachteile liegen in der Verwaltung, da Sie für jede virtuelle Festplattendatei einen RDM und eine LUN anlegen und verwalten müssen.

Die LUNs müssen bei der RDM-Verwendung mit dem ESX-Server verbunden werden. Dies unterscheidet sich nicht von VMFS-Datastores. vMotion, HA und DRS funktionieren in diesem Fall dann auch wie normal.

Setzen Sie Storage vMotion ein, sollten Sie unbedingt beachten, dass aus der RDM-LUN eine VMDK-Datei erzeugt wird, wenn Sie dies nicht dediziert ausschließen. Dies hat zur Folge, dass eine 1-TB-RDM-LUN als 1-TB-VMDK-Datei auf dem Ziel-Datastore erstellt wird.

NPIV ist nur bei der Verwendung von RDMs möglich und erlaubt eine direkte Zuordnung der virtuellen Festplatte der virtuellen Maschine zu einer LUN, da auf den virtuellen Maschinen zusätzliche virtuelle WWPNs konfiguriert werden. Diesen virtuellen WWPNs, die der ESX-Server an die FC-Ports weitergibt (daher müssen Sie die Funktion auf den FC-Switches freischalten), können Sie schreibenden Zugriff auf die LUNs erlauben, während der ESX-Host nur lesenden Zugriff erhält. Damit sichern Sie ab, dass die entsprechende LUN nicht aus Versehen oder absichtlich einer anderen, nicht autorisierten VM zugeordnet wird.

VMDirectPath-I/O

Der I/O-Zugriff von *VMDirectPath* belastet die CPU beim Verarbeiten von Storage-Last weniger, wenn dauerhaft und regelmäßig auf die Speichersysteme zugegriffen wird, weil er es der VM ermöglicht, direkt auf die physische Hardware zuzugreifen.

Dies führt allerdings dazu, dass andere Virtualisierungsfunktionen, wie z. B. vMotion, nicht mehr zur Verfügung stehen, da die Virtualisierungsschicht ausgeklammert wird. Mit Verwendung von VMDirectPath-I/O sind die folgenden Funktionen nicht mehr möglich:

- vMotion
- Hot Add bzw. Hot Remove von virtuellen Festplatten
- Suspend und Resume
- Fault Tolerance
- vSphere HA
- Memory-Overcommitment und Transparent Page-Sharing

Um VMDirectPath-I/O für Netzwerkkarten zu nutzen, benötigen Sie 10-Gigabit-Ethernet-Controller des Typs *Intel 82598* oder *Broadcom 57710* oder *57711* im ESX-Server. Experimentelle Unterstützung wird bei HBAs von *QLogic* (QLogic QLA25xx 8GB Fibre-Channel), *Emulex* (LPe12000 8GB Fibre-Channel) sowie *LSI-3GB-SAS*-Adaptern (3442e-R und 3801e – basierend auf dem 1068-Chip) angeboten.

8.10.7 VMware-Snapshots

Wenn Sie einen Snapshot auf einer virtuellen Maschine erstellen, so wird ein bestimmter Zeitpunkt festgehalten. Das heißt, ab dem Zeitpunkt des Snapshots bleiben die Ursprungsdateien der VM unangetastet, und alle Änderungen werden in neue Dateien geschrieben. Dies kann im laufenden Betrieb der virtuellen Maschinen geschehen. Ebenfalls ist es möglich, die aktuellen Daten mit den Daten des Snapshots zusammenzuführen, was auch keine Ausfallzeiten mit sich bringt. Nur wenn Sie die Daten seit dem Snapshot verwerfen möchten, wird die virtuelle Maschine gestoppt, auf den alten Stand gebracht und nochmals aktiviert.

Theoretisch können Sie beliebig viele Snapshots anlegen, allerdings ist dies natürlich aufgrund der fehlenden Transparenz bei der Snapshot-Verwaltung und dem aufwendigen Management wenig sinnvoll.

Sobald ein Snapshot angelegt wurde, wachsen die neu erstellten Deltadateien dynamisch mit der Aktivität im Gast. Jede Änderung auf den Festplatten führt also zum Wachstum der Delta-Festplattendatei. Damit ist jede Änderung gemeint – vom Kopieren einer Datei über sicheres Formatieren der Festplatte mit Nullen bis zum Löschen von Dateien. Es findet niemals eine Reduzierung des Plattenbedarfs statt. Allerdings kann eine Deltadatei niemals größer werden als die Originaldatei, von der sie abstammt, da alle Speicherblöcke 1:1 abgebildet wurden. Wird der gleiche Block hundertmal überschrieben, ändert dies nichts an der Größe der Deltadatei. Sobald ein neuer Block geschrieben wird, wächst die Deltadatei mindestens in 15-MB-Schritten mit.

Daher ist es wichtig, zu verstehen, dass zwar nach dem Anlegen des Snapshots der zusätzliche Speicherbedarf maximal verdoppelt werden kann; dies gilt aber für jeden Snapshot. Das heißt, wenn die Deltadatei nach dem ersten Snapshot 5 GB groß ist und ein zweiter Snapshot angelegt wird, so summieren sich die Deltadateien insgesamt auf dem Datastore. Somit müssen Sie sowohl die Anzahl der Snapshots als auch deren Größe im Auge behalten.

Snapshots werden übrigens fast immer von Backup-Produkten genutzt, um virtuelle Maschinen im aktiven Zustand von außen zu sichern (nicht mittels Agent im Gast, sondern durch das vStorage API). Dies hat den Hintergrund, dass die Festplattendateien einer VM im exklusiven Lese-/Schreibzugriff durch den VMkernel sind, bis ein Snapshot angelegt wird. Ab diesem Zeitpunkt können die Ursprungsfestplattendateien gelesen werden, und die letzte Deltadatei ist im exklusiven Schreib-/Lesezugriff durch den VMkernel.

Tabelle 8.8 zeigt den technischen Ablauf eines Snapshots.

Aktion/Dateien der VM	VMDK-Größe	NTFS-Größe	freie Kapazität NTFS
Anlegen der VM mit Thick-Platte			
Vm1.vmdk (c:\)	10,2 GB	10 GB	5 GB
Kapazitätsnutzung im VMFS durch VM	**10,2 GB**		
Kopieren einer DVD im Gast (1 GB)			
Vm1.vmdk (c:\)	10,2 GB	10 GB	4 GB
Anlegen von Snapshot 1			
Vm1.vmdk (c:\)	10,2 GB	10 GB	4 GB
Vm1-000001.vmdk	> 1 MB	10 GB	4G B
Kopieren einer Datei im Gast (500 MB)			
Vm1.vmdk (c:\)	10,2 GB	10 GB	4 GB
Vm1-000001.vmdk	~500 MB	10 GB	3,5 GB
Anlegen von Snapshot 2			
Vm1.vmdk (c:\)	10,2 GB	10 GB	4 GB

Tabelle 8.8 Ein Snapshot und seine Entwicklung in der Übersicht

Aktion/Dateien der VM	VMDK-Größe	NTFS-Größe	freie Kapazität NTFS
Vm1-000001.vmdk	~500 MB	10 GB	3,5 GB
Vm1-000002.vmdk	> 1 MB	10 GB	3,5 GB
Kopieren einer DVD im Gast (2 GB)			
Vm1.vmdk (c:\)	10,2 GB	10 GB	4 GB
Vm1-000001.vmdk	~500 MB	10 GB	3,5 GB
Vm1-000002.vmdk	~2 GB	10 GB	1,5 GB
Kapazitätsnutzung im VMFS durch VM	**12,5 GB**		
Entfernen der beiden Snapshots			
Vm1.vmdk (c:\)	10,2 GB	10 GB	1,5 GB
Kapazitätsnutzung im VMFS durch VM	**10,2 GB**		

Tabelle 8.8 Ein Snapshot und seine Entwicklung in der Übersicht (Forts.)

Wie Sie in Tabelle 8.8 sehen, sind Deltadateien leicht an der Nummerierung *######.vmdk* zu erkennen und wachsen mit den Daten im Gast mit. Die Plattenbelegung im Gastdateisystem wird mit dem Anlegen des Snapshots konserviert und auf den Deltadateien mitgepflegt. Sobald die Snapshots entfernt werden, werden alle Änderungen in die Originalfestplattendateien geschrieben. Die Deltadateien werden gelöscht und belegen keinen zusätzlichen Plattenplatz mehr. Jedes Wachstum der Deltadateien und das Anlegen und Entfernen der Snapshots führt übrigens im FC-Umfeld zu SCSI-Reservations, wodurch ein exzessiver Gebrauch von Snapshots auch schnell zu Leistungsengpässen führt.

Snapshots sind keine Backups

Snapshots werden zwar zur Sicherung von außen durch Software oder Skripte genutzt, dienen aber selbst nicht als Ersatz für Backup-Lösungen. Snapshots sind, wenn überhaupt, kurzzeitig bei Anpassungen im Gast einzusetzen (z. B. zur Aktualisierung des Gastbetriebssystems oder der Applikation) oder eben durch die Backup-Software, die die Snapshots direkt wieder löscht, sobald die Sicherung abgeschlossen wurde.

Wie bereits erklärt wurde, bauen die Snapshots per Copy-on-Write-Verfahren aufeinander auf. Daher dürfen Sie niemals die Snapshot-Kette unterbrechen, indem Sie beispielsweise

Snapshot-Dateien manuell entfernen. Dies führt im schlimmsten Fall zu massivem Datenverlust.

Snapshots entfernen

Das Entfernen von Snapshots entspricht technisch dem Zurückschreiben aller Änderungen seit dem Anlegen der Snapshots auf die Original-VMDK-Dateien respektive auf einem Raw Device Mapping. Das Verfahren wurde bereits mit *vSphere 4 Update 2* entscheidend angepasst.

Die Änderung betrifft die Auswahl DELETE ALL im Snapshot Manager, um sämtliche Snapshots zu entfernen und alle Änderungen auf die Originalplatte zurückzuschreiben.

Bei allen Versionen bis vSphere 4 Update 2 gehen Sie so vor:

1. Originalfestplatte *vm1.vmdk* – 20 GB
2. Snapshot 1 *Vm1-000001* – 1 GB = kann bis auf 8 GB anwachsen
3. Snapshot 2 *Vm1-000002* – 1 GB = kann bis auf 7 GB anwachsen
4. Snapshot 3 *Vm1-000003* – 1 GB = kann bis auf 6 GB anwachsen
5. Snapshot 4 – 5 GB

Durch die Auswahl von DELETE ALL im Snapshot Manager wird zuerst Snapshot 4 in Snapshot 3 zurückgeschrieben, danach Snapshot 3 in Snapshot 2, Snapshot 2 in Snapshot 1 und Snapshot 1 schließlich auf die Originalfestplatte, um danach alle Snapshots zu löschen. Während der Zeit des Zurückschreibens wird zusätzlicher Festplattenplatz benötigt. Kurz vor dem finalen Zurückschreiben könnte VM1 mit all ihren Festplatten bis zu 36 GB verbrauchen (5 + 6 + 7 + 8 + 10 GB).

Ab Version vSphere 4 Update 2 sieht der Vorgang so aus:

1. Originalfestplatte *vm1.vmdk* – 20 GB
2. Snapshot 1 *Vm1-000001* – 1 GB
3. Snapshot 2 *Vm1-000002* – 1 GB
4. Snapshot 3 *Vm1-000003* – 1 GB
5. Snapshot 4 – 5 GB

Durch die Auswahl von DELETE ALL im Snapshot Manager wird zuerst Snapshot 1 auf die Originalfestplatte zurückgeschrieben, danach Snapshot 2, Snapshot 3 und schließlich Snapshot 4, und alle Snapshots werden gelöscht. Es wird kein zusätzlicher Festplattenplatz verbraucht. Das heißt, es bleibt bei 28 GB. Diese Neuerung hat einen entscheidenden Vorteil, da die Festplattennutzung mit Löschung jedes Snapshots nicht zunimmt. Besonders wenn der Datastore schon voll ist, weil die Snapshots wachsen, ist diese Änderung von unschätzbarem Vorteil.

Snapshot Consolidator

VMware hat auf die beschriebene Problematik reagiert und ermöglicht mit dem integrierten *Snapshot Consolidator* auch das Erkennen und Löschen von Snapshots, die im Snapshot Manager nicht mehr sichtbar sind (siehe Abbildung 8.55). Diese unsichtbaren Snapshots haben in der Vergangenheit manchen Administrator zur Verzweiflung getrieben, da die Datastores vollliefen, ohne dass man erkennen konnte, weshalb. Tools wie der *opvizor* konnten diese Snapshots bereits früher aufspüren, indem auf die genutzte Festplatte der VM geachtet wurde und nicht auf den Snapshot Manager.

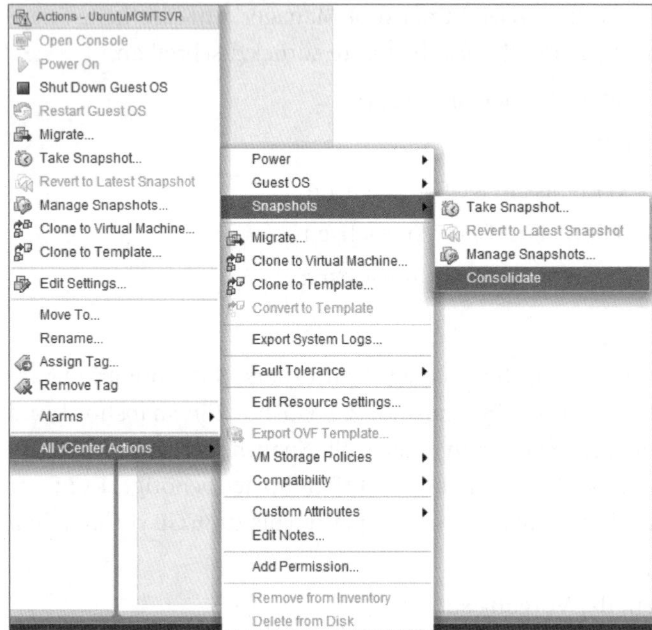

Abbildung 8.55 Snapshot-Consolidate einer VM

Snapshots können aus den verschiedensten Gründen aus dem Snapshot Manager verschwinden, wenn die Beschreibungsdatei der VM-Snapshots korrupt ist.

Dies funktioniert übrigens auch mit der PowerCLI. So stellen Sie fest, welche VMs ein Consolidate gebrauchen können:

```
Get-VM | Where-Object {$_.Extensiondata.Runtime.ConsolidationNeeded}
```

Um ein Consolidate auf eine einzelne VM auszuführen, schreiben Sie:

```
(Get-VM -Name "TestVM").ExtensionData.ConsolidateVMDisks()
```

8.10.8 VM-Speicherprofile

VM-Speicherprofile (VM Storage Policies) sind auf den ersten Blick nur bestimmte Attribute, die Sie zentral im vCenter anlegen (ähnlich wie Custom Attributes) und dem Storage-System zuweisen. Über HOME • VM STORAGE POLICIES erhalten Sie einer Übersicht sämtlicher VM STORAGE POLICIES (siehe Abbildung 8.56).

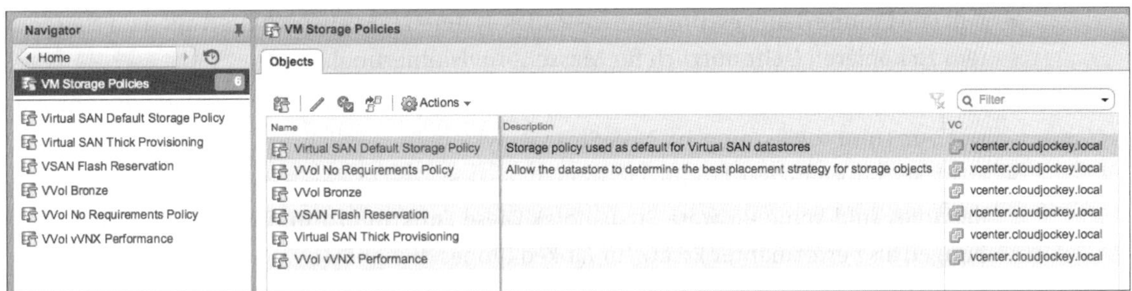

Abbildung 8.56 VM-Speicherprofile

Genauer wird das Vorgehen am Beispiel von VSAN in Abschnitt 8.15.6, »VM Storage Policies für Virtual SAN«, beschrieben.

8.11 VAAI

VAAI, die *VMware vStorage APIs for Array Integration*, ist ein Paket von Programmierschnittstellen, das VMware vSphere die Kommunikation mit den angeschlossenen Storage-Systemen ermöglicht. VAAI wurde bereits mit vSphere 4.1 eingeführt und mit vSphere 5 deutlich erweitert. Die Storage-Hersteller sind auf den Zug aufgesprungen, wodurch der mögliche Funktionsumfang sich deutlich verbessert hat.

VAAI bringt vor allem in der Performance enorme Vorteile, da Storage vMotion vom ESXi-Host komplett auf das Storage-System verlagert werden kann. Das Storage-System erhält lediglich Informationen von vSphere, welche Blöcke kopiert werden sollen und wohin. Statt Datenübertragungen finden nur Pointer-Übertragungen statt, was die Last auf dem Storage-Netzwerk wesentlich verringert.

Weitere Funktionen sind:

- **Atomic Test & Set** (ATS) ermöglicht es, Dateien anzulegen und zu ändern, ohne SCSI-Reservations auf der kompletten LUN zu setzen.
- **Clone Blocks/Full Copy/XCOPY** wird von Storage vMotion genutzt.
- **Zero Blocks/Write Same** wird genutzt, um Blöcke zu löschen bzw. mit Nullen zu beschreiben.

- **Thin Provisioning Block Space Reclamation ESXi 5.x** ermöglicht es dem ESXi-Host, Informationen ans Storage-System zu senden, welche Blöcke nicht mehr durch virtuelle Maschinen mit Daten belegt sind (z. B. weil eine VM gelöscht oder auf einen anderen Datastore migriert wurde – »reclaim«).

vSphere 5 bringt außerdem neue Funktionen für die Nutzung im NAS-Umfeld mit:

- **Full File Clone** erlaubt es, ungenutzte VMDK-Dateien (VM abgeschaltet) auf dem NAS-System zu kopieren (sehr nützlich für Massenprovisionierung).
- **Reserve Space** ermöglicht die Erstellung von Thick-provisioned VMDK-Dateien – vormals war nur ThinProvisioning auf NAS-Storage-Systemen möglich.
- Dank **Native Snapshot Support** können Snapshots direkt durch den Storage erzeugt werden (dies sind keine VMware-Snapshots). Diese Funktion kann für VDI-(Desktop-)Umgebungen als performanter Ersatz für Linked Clones dienen.
- **Extended Statistics** verbessern die Auswertung des real genutzten und provisionierten Plattenspeichers des Datastores (sehr nützlich bei Verwendung von Thin- und Thick-VMDK-Dateien und Snapshots).

Voraussetzung für die Nutzung der VAAI-Funktionen ist ein unterstütztes Storage-System. Meist wird ein Firmware-Upgrade auf dem Storage-System benötigt.

Den VAAI-Status können Sie mittels vCLI auslesen:

```
esxcli -s vcenter -h esx1 storage core device vaai status get
```

Eine Übersicht über die verfügbaren VAAI-Funktionen erhalten Sie mit folgendem Befehl:

```
esxcli -s vcenter -h esx1 storage core claimrules list -c all
```

Folgende Advanced Settings sind VAAI-relevant:

- `/DataMover/HardwareAcceleratedMove`
- `/DataMover/HardwareAcceleratedInit`
- `/VMFS3/HardwareAcceleratedLocking`

8.11.1 VAAI-Einschränkungen

vSphere 5 bietet bei der Umstellung auf VMFS-5 die Möglichkeit einer unterbrechungsfreien Aktualisierung. Wie so oft steckt aber der Teufel im Detail – in diesem Fall in der VAAI-Unterstützung.

Die VAAI-Funktionalität *Atomic Test & Set* (ATS), die die bekannten SCSI-Reservation-Probleme aufhebt, funktioniert nur teilweise, wenn Sie einen von VMFS-3 auf VMFS-5 aktualisierten Datastore benutzen. Das heißt, während VMFS-5 immer auf ATS setzt, kann es bei einem

VMFS-3-zu-VMFS-5-Datastore zu einem Rückfall auf die SCSI-Reservations kommen, wenn ein Problem auftritt.

Außerdem müssen Sie beachten, dass VMFS-5 immer eine Blockgröße von 1 MB benutzt, VMFS-3 allerdings zwischen 1 und 8 MB verwendete. Ein VMFS-5-Upgrade verändert die Blockgröße nicht. Das heißt, ein VMFS-3-Datastore, der mit einer Blockgröße von 8 MB formatiert wurde, bleibt bei 8 MB, auch nachdem er auf VMFS-5 aktualisiert wurde.

Die VAAI-Storage-vMotion-Verlagerung zum Storage (XCOPY) funktioniert nur, wenn die Blockgrößen gleich sind. Haben Quell- und Ziel-Datastore eine Blockgröße von 1 MB, wird die schnelle VAAI-Variante gewählt; sind Quell- und Ziel-Datastore unterschiedlich, wird nicht mit VAAI, sondern wie früher über das Storage-Netzwerk übertragen, was sehr langsam sein kann.

Weitere Limitierungen sind:

- Die Quelle ist ein RDM, das Ziel ist ein Datastore (VMDK).
- Der Quell-VMDK-Typ ist *eagerzeroedthick*, und der Ziel-VMDK-Typ ist *thin*.
- Die Quell- oder die Ziel-VMDK-Datei sind Sparse- oder Hosted-Typen (VMware Server, VMware Workstation).
- das Klonen einer VM mit existierenden Snapshots
- Der VMFS-Datastore ist nicht *aligned* (Partition Alignment), was nur bei manuell angelegten VMFS-Datastores passieren kann; der *vSphere-Client*, *-Web-Client* und Applikationen oder Plugins, die die *vCenter-API* nutzen, legen die VMFS-Partition immer korrekt an.
- Die VM liegt auf einem VMFS-Datastore, der aus mehreren Erweiterungen (Extents) auf unterschiedlichen Storage-Systemen besteht.

8.12 Storage I/O Control

Storage I/O Control (SIOC) erweitert seit vSphere 4.1 die Ressourcenkontrolle um die Einschränkung oder Priorisierung der Kommunikation zwischen ESXi-Host und Datastore bzw. LUN.

Der Unterschied zwischen der Storage-Priorisierung und den Ressourcenkontrollmöglichkeiten von CPU und Hauptspeicher ist allerdings recht groß, da es komplexer ist, die Storage-Kommunikation zu messen und zu kontrollieren. Zum einen existiert die reine Datenübertragungsmenge (Datendurchsatz in IOPS), zum anderen gibt es die Latenzzeiten (Latency in Millisekunden).

Der ein oder andere VMware-Erfahrene wird jetzt kontern, dass es doch schon länger pro virtueller Festplatte möglich war, die Storage-Kommunikation zu kontrollieren. Das ist zwar richtig, allerdings müssen Sie sich im Klaren darüber sein, dass ein großer Unterschied zwischen der Priorisierung auf *vmdk*-Festplatten-Ebene und der Priorisierung auf dem Storage-Level besteht. Wurden 20 virtuelle Maschinen mit Festplatten hoher Priorisierung auf einem Host angelegt, so wurde die Ressourcenkontrolle nutzlos. Es war dem ESX-Host schlichtweg egal, wie viele VMs miteinander konkurrierten und ob Systeme per vMotion auf andere ESX-Hosts migriert wurden, auf denen komplett andere Bedingungen herrschten.

Mit Storage I/O Control passiert ein Austausch zwischen ESX-Hosts und dem Storage-System, sodass eine Priorisierung mit Berücksichtigung der realen Leistungssituation im SAN oder NAS stattfinden kann. Außerdem ist Storage I/O Control in der Lage, die Anteile (Shares) der VMs übergreifend aus vCenter-Sicht zu überwachen.

8.12.1 Voraussetzungen

Um die angestrebte Zentralisierung zu erreichen, werden allerdings auch bestimmte Konfigurationen vorausgesetzt:

- Alle Systeme (ESX-Hosts, Datastores), auf denen SIOC aktiviert ist, müssen durch den gleichen vCenter Server verwaltet werden.
- Die Unterstützung für VMFS-Datastores auf Basis von FC, FCoE und iSCSI muss vorhanden sein.
- Die Unterstützung für NFS-Datastores muss vorhanden sein.
- Es darf keine Unterstützung für Raw Device Mappings (RDM) vorhanden sein.
- Es darf keine Unterstützung für VMFS-Datastores mit mehreren Extents vorhanden sein; es ist nur ein Extent erlaubt.
- Das Storage-Array muss im *VMware Compatibility Guide* (VCG) als SIOC-fähig aufgeführt sein.

8.12.2 Konfiguration

Storage I/O Control (SIOC) wird in zwei Schritten konfiguriert: durch die Aktivierung von SIOC auf dem Datastore und durch die Konfiguration von Anteilen (Shares) auf den entsprechenden VMS.

Die SIOC eines Datastores aktivieren Sie in der DATASTORES UND DATASTORE CLUSTERS-Ansicht (siehe Abbildung 8.57). Dort wählen Sie den gewünschten Datastore aus und schalten dann in den Eigenschaften (PROPERTIES) in der Datastore-Konfiguration (CONFIGURATION-Tab) SIOC aktiv (siehe Abbildung 8.58).

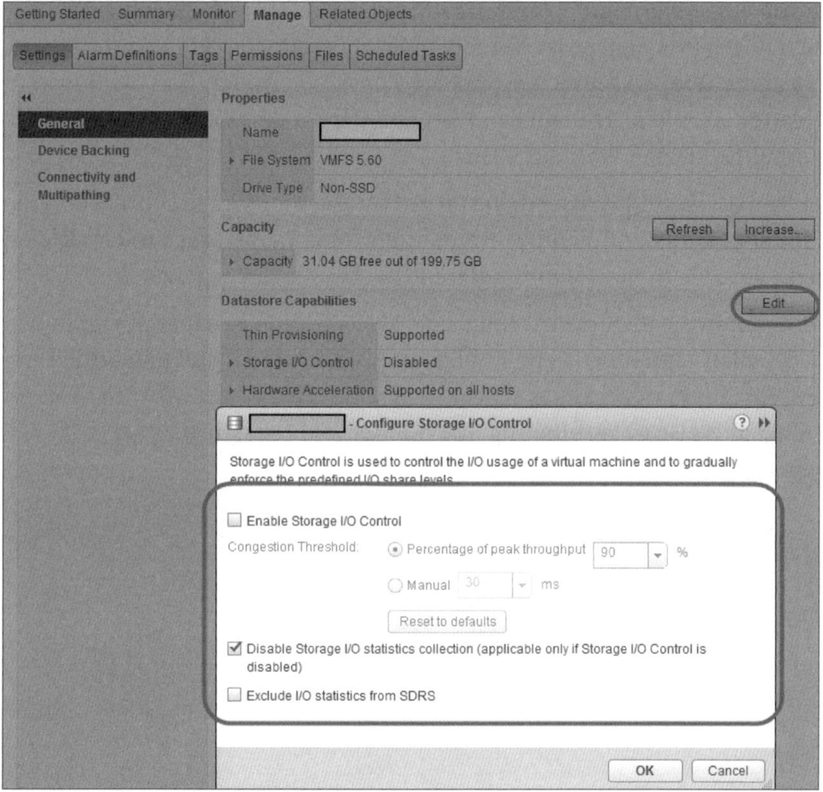

Abbildung 8.57 Auswahl von »Storage I/O Control«

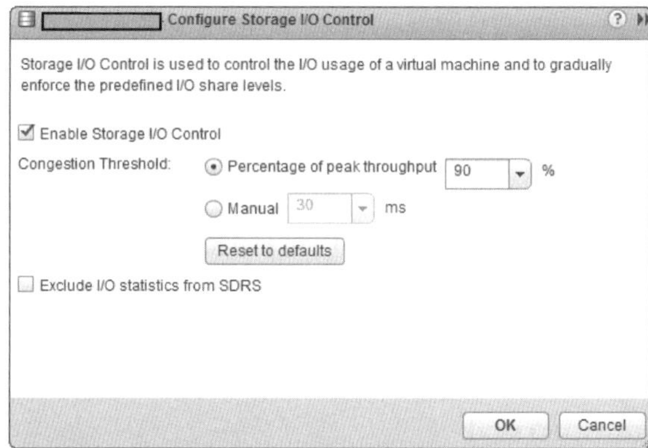

Abbildung 8.58 Aktivierung von SIOC

Die Einstellung CONGESTION THRESHOLD ist die Latenzzeit in Millisekunden, die auf dem Datastore gemessen wird und ab der Storage I/O Control aktiv wird und anhand der VM-Shares die Priorisierung beginnt.

Den Empfehlungen von Herstellern und Experten im Storage-Umfeld zufolge sollte die Congestion Threshold nur selten angepasst werden. Eine Anpassung ist vor allem sinnvoll, wenn die Storage-Systeme über wesentlich schnellere Zugriffe verfügen (z. B. bei Verwendung von SSD-Festplatten – senken Sie dann den Wert auf 10 ms) oder über langsamere (z. B. 7.200-RPM-SATA – erhöhen Sie den Wert auf 50 ms).

Übrigens ist SIOC automatisch auf Datastore-Clustern aktiv, die für Storage DRS (Details dazu finden Sie in Kapitel 4, »Cluster«) genutzt werden; einzelne Datastores außerhalb von Datastore-Clustern müssen Sie manuell konfigurieren.

Im nächsten Schritt nehmen Sie die Priorisierung auf VM-Ebene vor, genauer gesagt in den Eigenschaften der virtuellen Maschine (siehe Abbildung 8.59). Diese Einstellung erfolgt wie in früheren VMware-Versionen mit Shares (High, Normal, Low, Custom), nun aber auf eine zentralisierte Art und Weise in Verbindung mit vCenter und Datastore.

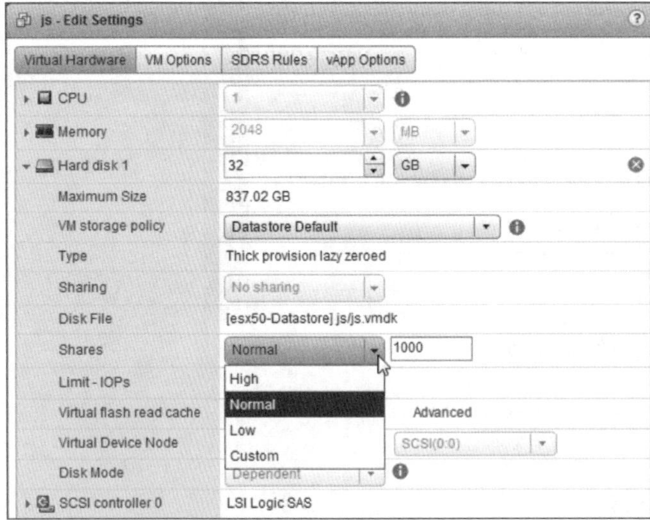

Abbildung 8.59 Konfiguration der »Shares«-Einstellung in den virtuellen Maschinen

Außerdem ist es möglich, die I/O-Operationen der virtuellen Festplatte pro Sekunde zu limitieren (Limit IOPs).

Beachten Sie, dass diese Einstellungen nur greifen, falls Ressourcenengpässe herrschen, sodass es zwischen virtuellen Maschinen zu »Konkurrenzkämpfen« kommt und die Latenzen des Storage höher als der Congestion Threshold sind.

Genau wie bei CPU- oder Memory-Ressourcen ist es seit vSphere 5 möglich, die Storage-Ressourcen zentral z. B. auf Cluster-Ebene einzusehen und gegebenenfalls auch zu verändern (siehe Abbildung 8.60).

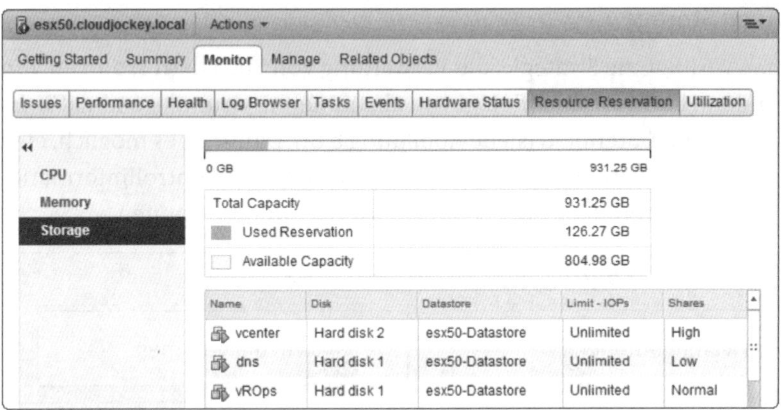

Abbildung 8.60 Zentrale Ressourcenüberwachung

8.13 VASA

Die Schnittstelle VASA (*VMware vStorage APIs for Array Awareness*) dient, wie der Name schon sagt, dazu, an die vSphere-Systeme Informationen vom Storage-System zu übertragen, die dessen Status wiedergeben. Zu diesen Informationen gehören Pfadfehler, ausgefallene RAID-Sets, der Status der Replikation, die Snapshot-Fähigkeit oder der Festplattentyp.

Der sogenannte *VASA-Provider* übergibt die Storage-Informationen an den vCenter Server, der diese weiterverarbeiten kann, z. B. in Form der VM-Speicherprofile.

Der VASA-Provider wird durch den Storage-Hersteller geliefert und muss auf dem vCenter-Server installiert werden. Viele Storage-Hersteller, wie EMC, IBM, Fujitsu usw. stellen bereits VASA-Provider zum Download bereit.

Informationen zu den VASA-Providern finden Sie unter:

http://www.vmware.com/resources/compatibility/search.php?deviceCategory=vasa

8.14 VMware vSphere Virtual Volumes

VMware vSphere Virtual Volumes (kurz *VVols*) wurden erstmalig auf der *VMworld 2012* vorgestellt. Sie sind das Resultat einer mehrjährigen Neuentwicklung, um die Herausforderungen im Bereich der Speicherverwaltung virtueller Infrastrukturen zu meistern. *VVols* sind nebst *VASA* und *VSAN* ein Bestandteil der *Software Defined Storage*-Strategie von VMware. *VVols* wurden mit *vSphere 6.0* eingeführt.

8.14.1 Software Defined Storage

Software Defined Storage verfolgt die Strategie, die Verwaltung von Speicherressourcen von der ihr zugrunde liegenden Hardware-Technologie zu abstrahieren. Grundlegend dafür ist die Trennung von Kontroll- und Datenpfad (siehe Abbildung 8.61). Damit ist es möglich, eine hohe Skalierbarkeit der Lösung zu erreichen, da im Datenpfad keinerlei Kontrollinformationen gesendet werden und die Datenpfade auf Leistung optimiert werden können.

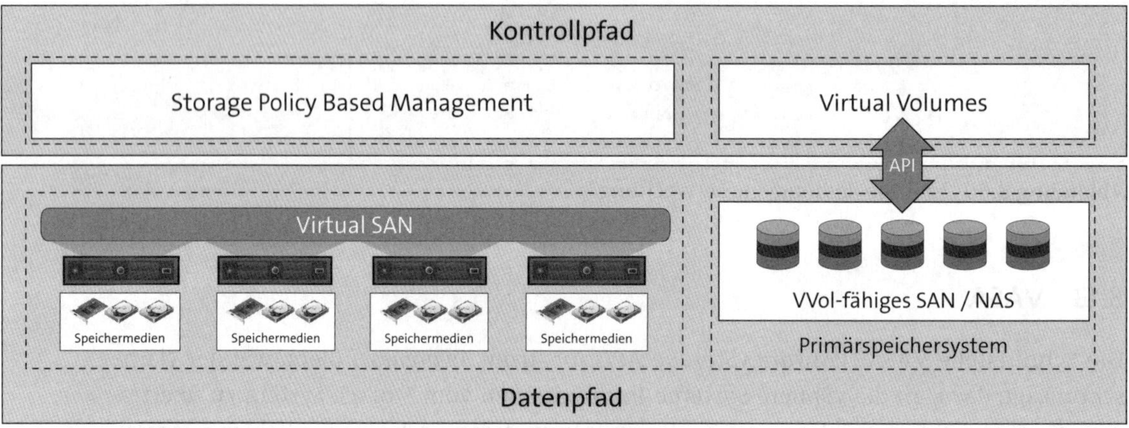

Abbildung 8.61 VMware Software Defined Storage

Wichtige Technologien für den Kontrollpfad sind:

- Storage Policy Based Management (SPBM)
- vSphere API for Storage Awareness (VASA)

SPBM wird in *vCenter* über das Definieren von *VM Storage Policies* zur Verwaltung unterschiedlichster Speicherressourcen realisiert. Es können für ein Speichersystem auch mehrere VM Storage Policies definiert werden, um dessen Eigenschaften abzubilden (beispielsweise mehrere *Storage-Pools* mit unterschiedlichen *Speicher-Tiers* oder Funktionen wie Deduplikation).

Außer den Eigenschaften eines Speichersystems, die über *VASA* von selbigem in *vCenter* eingespeist werden, können den VM Storage Policies auch *Tags* mitgegeben werden. Eine VM Storage Policy wird explizit pro virtueller Festplatte einer VM hinterlegt.

Die Übersicht der virtuellen Maschinen in vCenter gibt Auskunft über die Übereinstimmung der hinterlegten VM Storage Policies mit den konsumierten Speicherressourcen Ihrer virtuellen Festplatten. Sie finden die Information im *vSphere Web Client* unter VMs AND TEMPLATES • <VM> • SUMMARY im Fenster VM STORAGE POLICIES (siehe Abbildung 8.62)

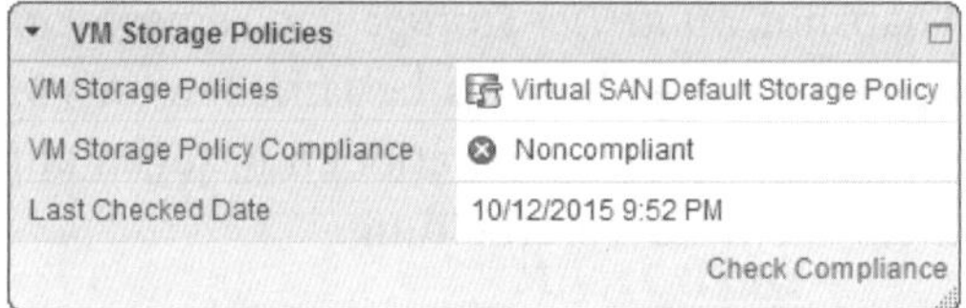

Abbildung 8.62 Information zur Übereinstimmung einer VM mit den »VM Storage Policies«

Einhaltung der VM-Speicherrichtlinien

Sollte eine VM melden, dass ihre virtuellen Festplatten nicht den hinterlegten VM Storage Policies entsprechen (siehe Abbildung 8.62), so können diese mit *Storage vMotion* in den Zieldatenspeicher verschoben werden. Ein Klick auf das Feld CHECK COMPLIANCE im Fenster VM STORAGE POLICIES prüft erneut, ob die Speicherrichtlinien, die für die virtuellen Festplatten hinterlegt sind, eingehalten werden.

Die Hersteller von Speichersystemen steuern einen VASA-Treiber bei, der die Eigenschaften der speichersysteminternen Konfiguration an vCenter übermittelt. Zur Verwaltung von VVols muss ein Speichersystem zwingend über VASA in vCenter eingebunden werden.

Im Datenpfad werden folgende Technologien benötigt:

- VVols oder VSAN
- Anschluss über ein Block-Protokoll (FC, iSCSI, FCoE) oder ein File-(NFS-)Protokoll.
- Die Funktionalität muss aufseiten des Speichersystems implementiert sein, damit es mit VVols umgehen kann. VVols sind Objekte in einem Storage-Container.
- *vSphere APIs for IO Filtering (VAIO)*: Über VAIO werden die nativen *Data Services* eines Speichersystems vermittelt (beispielsweise die Deduplikation).

8.14.2 Architektur von Virtual Volumes

Um eine klare Trennung von Kontroll- und Datenpfad herzustellen, ist eine neue Architektur zur Anbindung externer Speicherressourcen erforderlich (siehe Abbildung 8.63).

Kontrollpfad

Zum Kontrollpfad zählen folgende Elemente:

- Storage Policy-Based Management
- *VASA Provider* zur Kommunikation zwischen dem ESXi-Host und dem Speichersystem

SPBM besteht aus den zwei Komponenten *VM Storage Policies* und *VASA Provider*. Letzerer muss vom Hersteller des Speichersystems geliefert werden. Oftmals ist er integraler Bestandteil des Speichersystems. Erkundigen Sie sich bei Ihrem Lieferanten. Der VASA Provider liefert vCenter Informationen vom Speichersystem zur Kapazität, zur Art der Anbindung und zu definierten Funktionen (beispielsweise Snapshot, *Multi-Tier Storage Pool*) eines Storage-Containers. Diese Informationen wiederum werden wie eingangs beschrieben, in *VM Storage Policies* abgebildet. Der VASA Provider steuert folgende Operationen bezogen auf virtuelle Maschinen und gibt diese an das Speichersystem zur Verarbeitung:

- Provisionieren
- Löschen
- Snapshots
- Full Clones
- Linked Clones
- Storage vMotion (bei ausgeschalteter virtueller Maschine)

Datenpfad

Zum Datenpfad zählen folgende Elemente:

- Anbindung des Speichersystems an einen ESXi-Host via *Protocol Endpoint* (PE)
- Partitionierung des Speichersystems in einen oder mehrere Storage-Pools, die als *Storage-Container* bezeichnet werden
- Speicherung von VVols (Virtual-Machine-Objekte) in den Storage-Containern
- VVol Data Stores
- *vSphere APIs for IO Filtering* (VAIO)

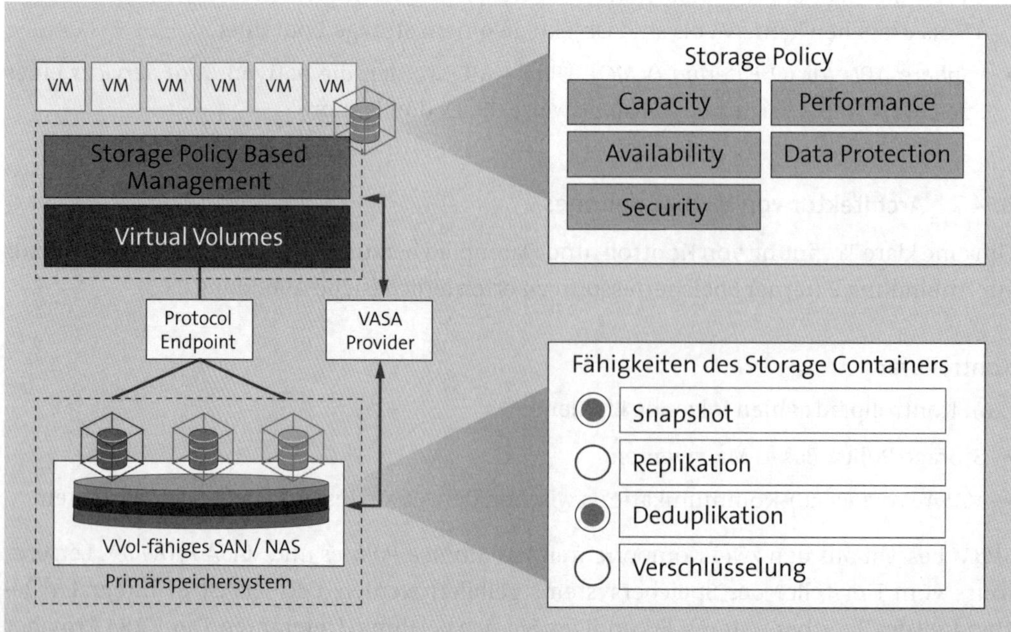

Abbildung 8.63 Architekturübersicht zu Virtual Volumes

Die Kommunikation zwischen dem ESXi-Host und dem Speichersystem erfolgt über die bekannten Protokolle für Block- oder File-Storage. Im Speichersystem muss ein *Protocol Endpoint* (*PE*) konfiguriert werden, um I/O senden zu können. In einem PE sind die Informationen zu der Anbindungsart (Protokoll) hinterlegt und Informationen dazu, welche ESXi-Hosts Zugriff auf die Storage-Container erhalten.

Multi-Pathing- oder Load-Balancing-Richtlinien und -Topologien werden vom PE unterstützt. Um diese Topologien zu nutzen, müssen auf dem Speichersystem so viele PEs erstellt werden, wie es Pfade gibt. Der PE hat den Vorteil, dass die Anzahl benötigter Verbindungen zu einem ESXi-Host (256 LUNs und NFS-Mounts pro ESXi-Host) drastisch reduziert wird. Storage-Container sind typischerweise größer als LUNs, und es können mehrere Storage-Container einem einzelnen PE zugewiesen werden. VVols werden fix einem PE zugewiesen.

Ein Storage-Container ist ein logisches Konstrukt eines Speichersystems und kommt einem Storage-Pool vom Prinzip her sehr nahe. Er arbeitet objektorientiert und beruht nicht auf einem übergeordneten Dateisystem oder LUN. Das heißt, dass die virtuellen Festplatten von VMs direkt als Objekte im Storage-Container vorliegen. Ihm werden weitere Eigenschaften und Data Services in Form von *Capability Sets* hinterlegt (siehe Abbildung 8.63). Beispiele dafür sind Snapshots, Deduplikation oder die Abbildung eines Service-Levels, wie auch vom Benutzer erstellte Tags.

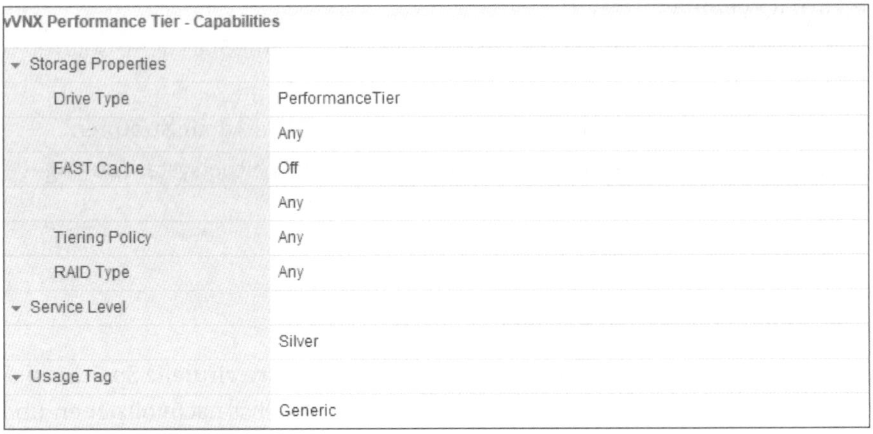

VNX Performance Tier - Capabilities	
▾ Storage Properties	
Drive Type	PerformanceTier
	Any
FAST Cache	Off
	Any
Tiering Policy	Any
RAID Type	Any
▾ Service Level	
	Silver
▾ Usage Tag	
	Generic

Abbildung 8.64 Capability-Profil eines Storage-Containers

Mit Virtual Volumes werden die Objekte bezeichnet, die in einem Storage-Container gespeichert sind. Es gibt fünf Typen von VVols:

- CONFIG – vmx, logs, nvram, log files etc.
- DATA – VMDKs
- MEM – Snapshots
- SWAP – Swap-Dateien
- OTHER – lösungsspezifischer Typ von vSphere

In vCenter wird ein Storage-Container inklusive des Capability Sets als VVol-Datastore repräsentiert. Das Capability Set dient als Grundlage für ein VM-Storage-Profil.

VAIO wird benötigt, um Data Services des Speichersystems zu nutzen. Ein Snapshot einer VM wird im Gegensatz zu VMFS- oder NFS-Datastores direkt auf dem Speichersystem durchgeführt. Dasselbe gilt beispielsweise für eine *Space Reclamation* im Gastbetriebssystem.

VAIO ist ein Framework, das einem VMware-Partner und Hersteller von Speicherlösungen die Entwicklung von Filtern erlaubt, eine I/O-Anfrage zwischen einem Gastbetriebssystem und der mit ihr verbundenen Virtual Disk abzufangen. Dieser I/O wird nicht verarbeitet, ohne den durch den Dritthersteller bereitgestellten I/O-Filter zu durchlaufen. Diese Filter arbeiten auf Ebene vSphere ESXi und nicht auf der Ebene virtueller Maschinen.

In der ersten Version (ESXi 6.0 Update 1) unterstützen I/O-Filter nur Caching und Replikation.

- Caching führt zu einer signifikanten Steigerung von IOPS, reduziert die Latenzzeit und erhöht die Auslastung physikalischer Hardware
- Replikation erlaubt die Konfiguration von Replikations-Richtlinien auf Granularität einer VM (bspw. zum Einsatz bei lokalen- und Fernkopien).

Vorteile von Virtual Volumes

- feinere, auf Granularität einer VM beruhende Kontrolle über externe Speicherressourcen
- Gestraffter und automatisierter Betrieb von Speicherressourcen
- geringerer Verwaltungsaufwand für Speichersystem- und VMware-Administratoren
- Aufgaben, die den Speicherbereich betreffen, werden direkt im Speichersystem durchgeführt (beispielsweise VM-Snapshots).

8.14.3 VVols an einem praktischen Beispiel

Für das folgende Beispiel wurde das in einer Tech Preview verfügbare virtuelle Speichersystem *vVNX* verwendet. Sie können das hier vorgestellte Beispiel selbst nachvollziehen und *vVNX* von *http://switzerland.emc.com/products-solutions/trial-software-download/vvnx.htm* beziehen.

Grundsätzliches zu Softwareversionen

Die in diesem Abschnitt vorgestellten Eigenschaften der verwendeten Produkte beziehen sich auf folgende Release-Stände:

- vVNX 100 3.1.4 – Tech Preview
- vSphere ESXi 6.0 Update 1

Rollen Sie die OVA-Datei aus. Um das Beispiel durchzuspielen, das wir in diesem Abschnitt vorstellen, brauchen Sie zwei IP-Adressen und einen DNS-Eintrag sowie einen Lizenzschlüssel. Letzteren beziehen Sie von EMC.

vVNX benötigt 12 GB Arbeitsspeicher. Dieser wird reserviert. Sollten Sie nicht so viel zur Verfügung haben, ändern Sie die Reservierung des Arbeitsspeichers der virtuellen Maschine. Nach dem Starten der virtuellen Maschine können Sie sich mit den Einwahldaten `admin` und `Password123#` im Web-GUI auf Basis der IP-Adresse von vVNX anmelden.

Sie werden mit dem *Initial Configuration Wizard* begrüßt. Spielen Sie die Lizenz ein, und tragen Sie die DNS- sowie die NTP-Server ein. Verlassen Sie anschließend den Wizard, ohne Storage-Pools, iSCSI-Schnittstellen und NAS-Server zu konfigurieren.

Installationshilfen

EMC veröffentlichte im Rahmen der Tech Preview von vVNX folgende Hilfestellungen:

- Installationshandbuch: *https://community.emc.com/docs/DOC-42029*
- Begleitende Videos: *https://community.emc.com/videos/31347* und *https://community.emc.com/videos/31348*
- Lizenzbezug: *http://www.emc.com/auth/elmeval.htm* und *https://community.emc.com/docs/DOC-43352*

Fügen Sie der virtuellen Maschine vVNX über vCenter mit VMs and Templates • <Virtual VNX VM> • Edit Settings weitere drei abhängige, thin-provisionierte virtuelle Festplatten hinzu. Gehen Sie zurück auf das Web-GUI Ihrer vVNX. Registrieren Sie Ihr vCenter in Unisphere über Access • <VMware> • vCenter • ADD (siehe Abbildung 8.65).

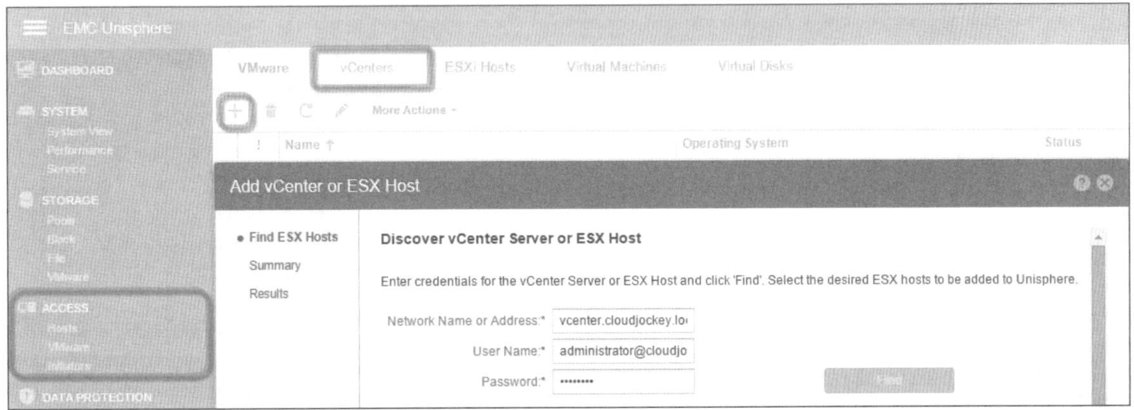

Abbildung 8.65 Registrierung von vCenter in Unisphere

Im nächsten Schritt konfigurieren Sie einen Storage-Pool. Gehen Sie auf Ihr vCenter in Unisphere über Storage • Pools • ADD. Benennen Sie den Storage-Pool, und weisen Sie unter Tier Assignment den Performance Tier zu (siehe Abbildung 8.66). Die Storage Tiers sind dazu da, um die Performance-Eigenschaften der physikalischen Festplatten des Datastores zu beschreiben, auf denen Sie diese virtuellen Festplatten erstellt haben. Dabei unterscheidet vVNX die drei Typen *Extreme Performance Tier* (Flash-Speicher), *Performance Tier* (SAS) und *Capacity Tier* (SATA).

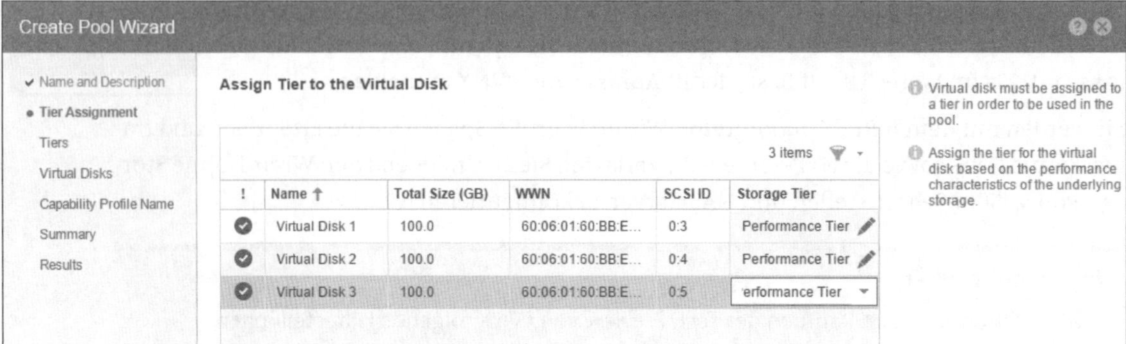

Abbildung 8.66 vVNX-Tier-Assignment

Wählen Sie im nächsten Schritt den soeben erstellten Tier aus, und fügen Sie sämtliche VIRTUAL DISKS dem Storage-Pool hinzu. Unter CAPABILITY PROFILE NAME markieren Sie die Checkbox CREATE VMWARE CAPABILITY PROFILE FOR THE STORAGE POOL, um ein Capability Set zu erstellen.

Definieren Sie in CONSTRAINTS eine oder mehrere Eigenschaften als USAGE TAGS. Sinnvoll sind beispielsweise Angaben zur geplanten Verwendung oder zum Workload. Die übrigen Parameter ergeben sich durch bereits vorhandene Eigenschaften des Storage-Pools (siehe Abbildung 8.67).

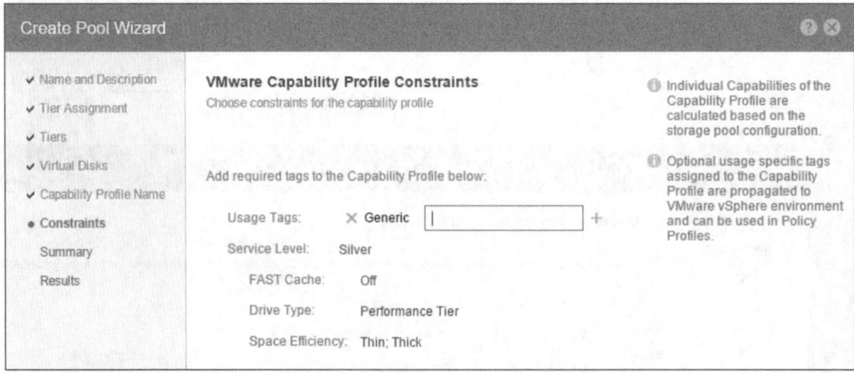

Abbildung 8.67 vSphere Capability Set

Da im Beispiel eine Anbindung der vVNX über NFS gezeigt wird, muss erst ein NAS-Server erstellt werden, da dieser eine Anbindung über eine ihm zugewiesene virtuelle Netzwerkkarte besitzt. Um einen PE zu erstellen, gehen Sie zuerst auf STORAGE • FILE • NAS SERVER • ADD (siehe Abbildung 8.68). Benennen Sie den NAS-Server ❶. Weisen Sie den zuvor erstellten Storage-Pool zu ❷. Belassen Sie die Einstellung bei STORAGE PROCESSOR.

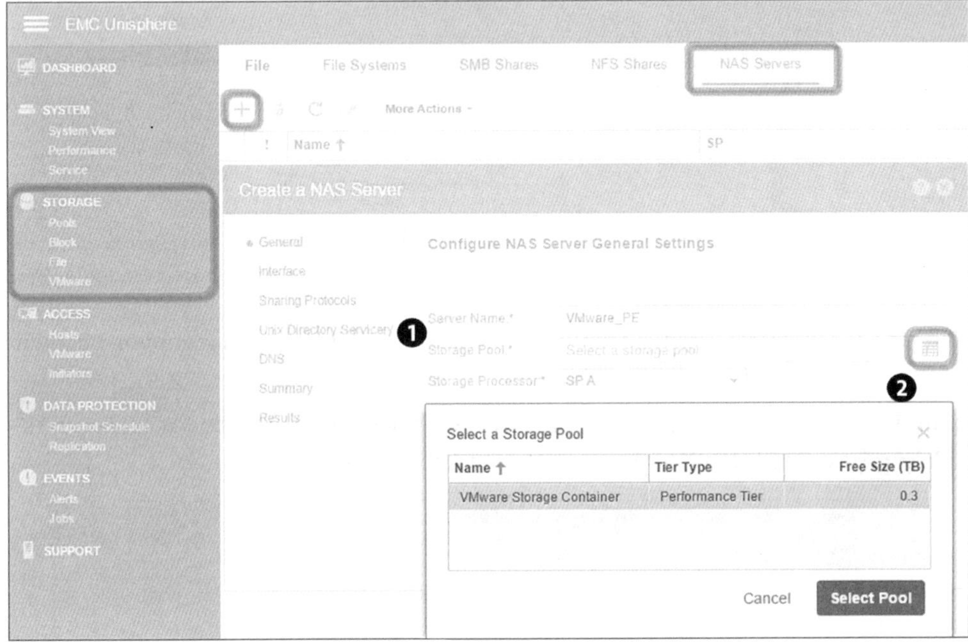

Abbildung 8.68 Vorbereitende Arbeiten zur Erstellung eines des PE

Im nächsten Fenster behalten Sie die Grundeinstellung zum ETHERNET PORT und zur VLAN ID. Geben Sie unter INTERFACE eine IP-Adresse, deren Netzmaske und das Gateway an (siehe Abbildung 8.69).

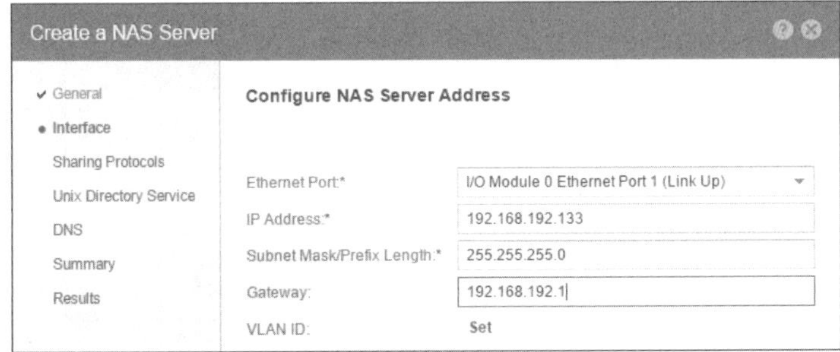

Abbildung 8.69 Konfigurieren der Netzwerkinformationen

Setzen Sie unter SHARING PROTOCOLS einen Haken bei LINUX/UNIX SHARES (NFS) (siehe Abbildung 8.70).

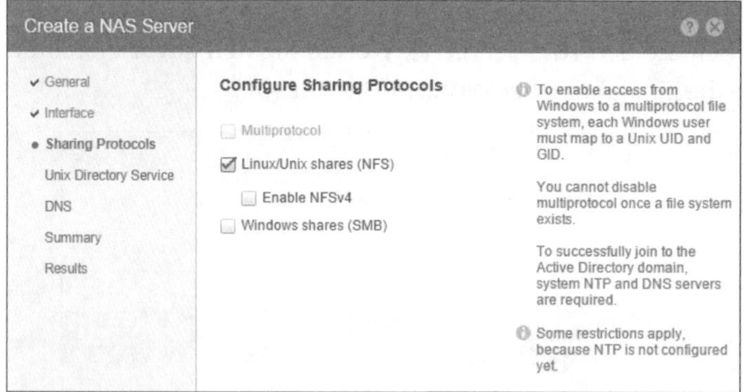

Abbildung 8.70 Auswählen des NFS-Protokolls

Nehmen Sie bei den verbleibenden Menüpunkten keinerlei Änderungen mehr vor. Beenden Sie den Wizard zur Erstellung des NAS-Servers.

Um einen PE zu erstellen, navigieren Sie zu STORAGE • VMWARE • PROTOCOL ENDPOINTS • ADD. Weisen Sie dem PE den NAS-Server zu (siehe Abbildung 8.71).

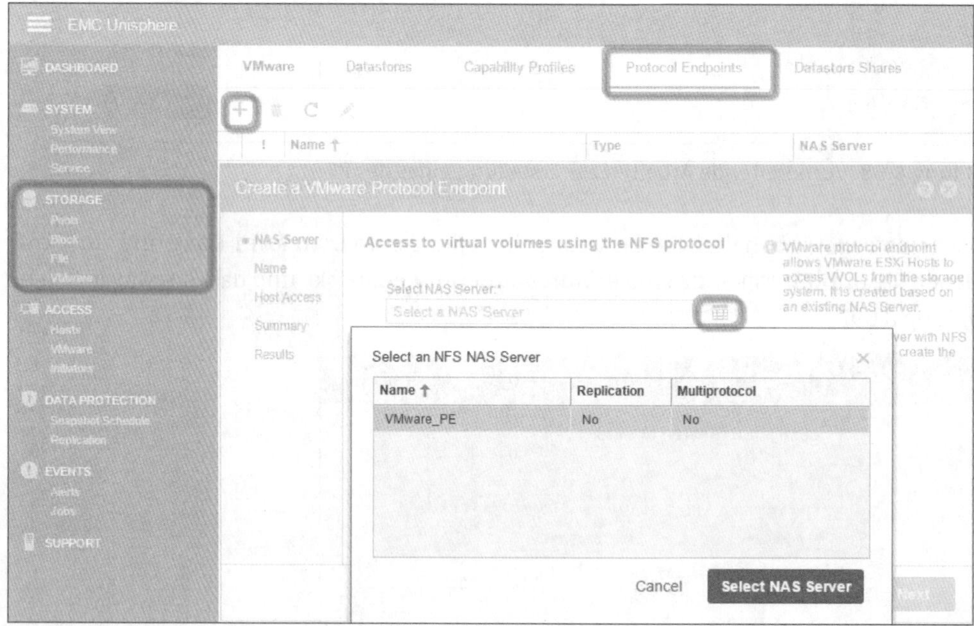

Abbildung 8.71 Konfiguration eines PE

Benennen Sie den PE, und selektieren Sie unter HOST ACCESS die ESXi-Hosts, die über den PE Zugriff auf Storage-Container erhalten sollen. Beenden Sie den Wizard.

Nun wechseln Sie auf den Reiter STORAGE • VMWARE • DATASTORES • ADD. Als VMWARE DATASTORE TYPE wählen Sie VVOLS (siehe Abbildung 8.72).

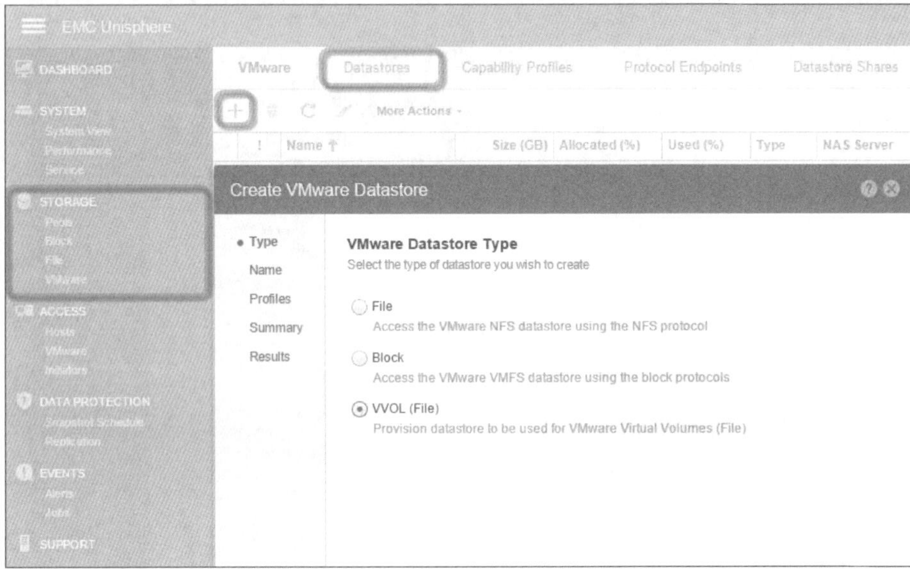

Abbildung 8.72 Konfiguration eines Datastore

Geben Sie dem Storage-Container einen Namen. (Hier sind beispielsweise Namen von Abteilungen aufschlussreich.)

Weisen Sie dem Storage-Container das zuvor definierte Capability Set (hier als Capbility-Profle bezeichnet) zu (siehe Abbildung 8.73). Beenden Sie den Wizard.

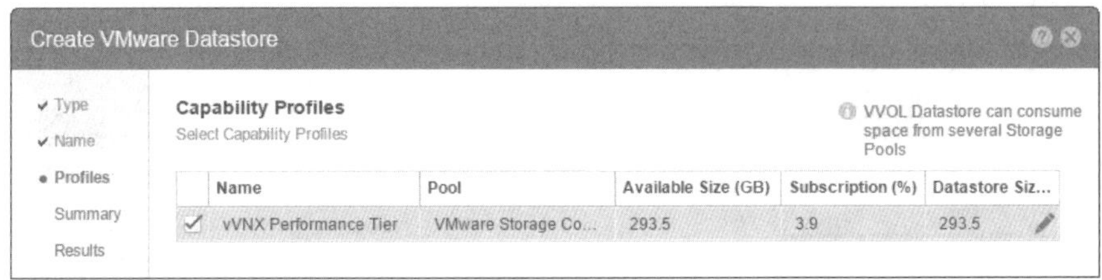

Abbildung 8.73 vVNX-Capability-Set

Nun müssen Sie als Nächstes Ihren PE in vCenter anmelden. Wechseln Sie daher auf den vSphere Web Client über HOME • STORAGE • <VCENTER-EBENE> • MANAGE • STORAGE PROVIDERS • ADD, um den VASA Provider der vVNX zu registrieren. Benennen Sie den Storage Provider. Tragen Sie die URL *https://<IP-Adresse von vVNX Management>:8443/vasa/version.xml* ein. Geben Sie die Anmeldeinformationen des vVNX-Administrators an, und akzeptieren Sie das Sicherheitszertifikat (siehe Abbildung 8.74).

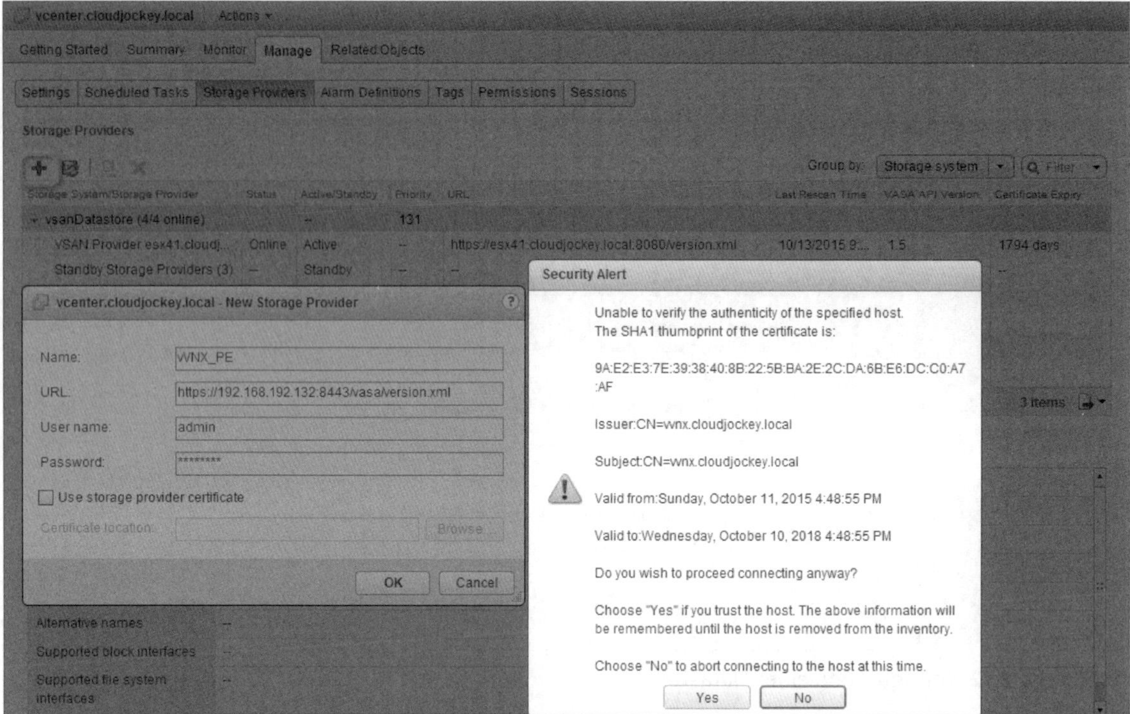

Abbildung 8.74 Anmelden des VASA Providers

Kurze Zeit später ist der Storage Provider erfolgreich in vCenter angemeldet.

Fügen Sie danach den VVol-Datastore über HOSTS AND CLUSTERS • <ZIEL-CLUSTER> • ACTIONS • STORAGE • NEW DATASTORE hinzu. Wählen Sie als Typ VVOL (siehe Abbildung 8.75).

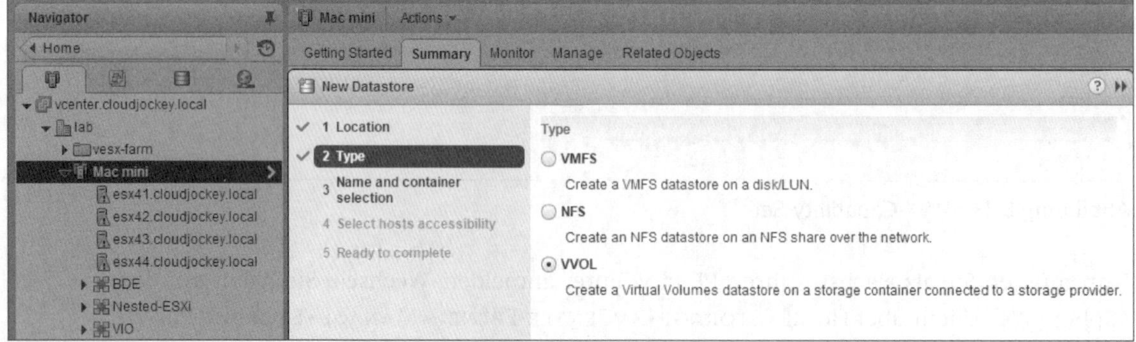

Abbildung 8.75 Hinzufügen eines VVol-Datastores

Entscheiden Sie sich danach für den zuletzt erstellten Storage-Container (siehe Abbildung 8.76).

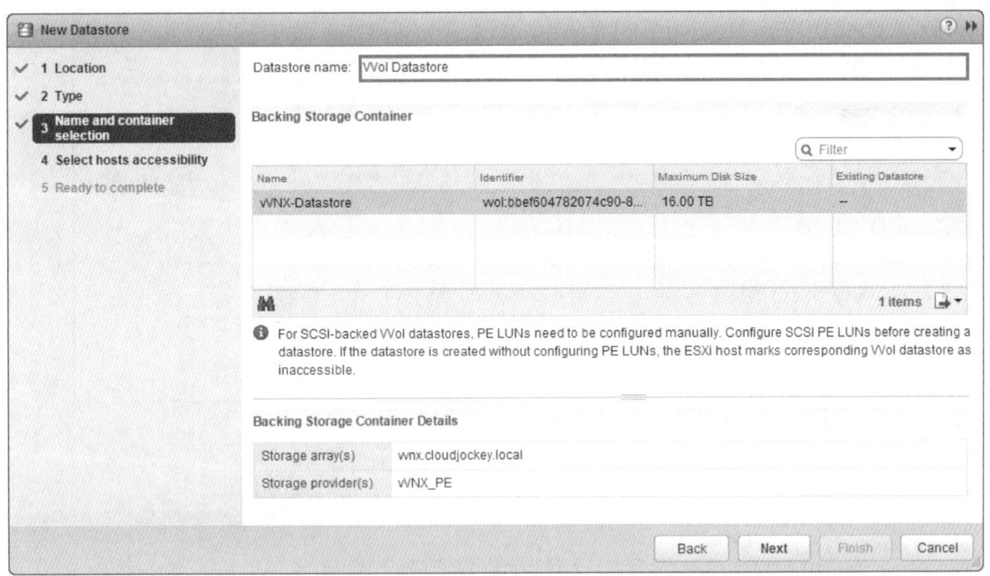

Abbildung 8.76 Zuweisung des Storage-Containers

Gewähren Sie denselben ESXi-Hosts Zugriff auf den VVol-Datastore, die Sie unter Unisphere bereits definiert haben (siehe Abbildung 8.77).

Abbildung 8.77 Host-Zugriff auf den VVol-Datastore

Kurze Zeit später steht der VVol-Datastore zur Verfügung.

Dessen Eigenschaften können Sie mit DATASTORE AND DATASTORE CLUSTERS • <ZIEL-DATASTORE> • MANAGE • SETTINGS unter CAPABILITY SETS einsehen.

Nun erstellen Sie passend zum Capability Set eine neue VM Storage Policy. Klicken Sie dazu auf HOME • STORAGE PROFILES • OBJECTS • ADD, und benennen Sie sie. Wählen Sie aus dem RULES SET 1 • EMC.VVNX.VVOL. Entscheiden Sie sich für den SERVICE LEVEL • SILVER (siehe Abbildung 8.78).

Der Datastore, der dem Profil entspricht, wird nun in der Tabelle STORAGE COMPATIBILITY aufgeführt (siehe Abbildung 8.79). Beenden Sie den Wizard.

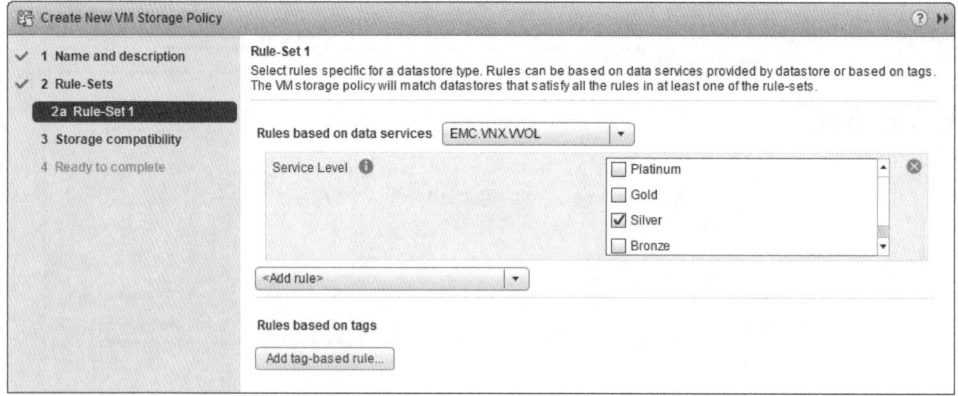

Abbildung 8.78 Rule-Set für Ihr VM-Storage-Profil

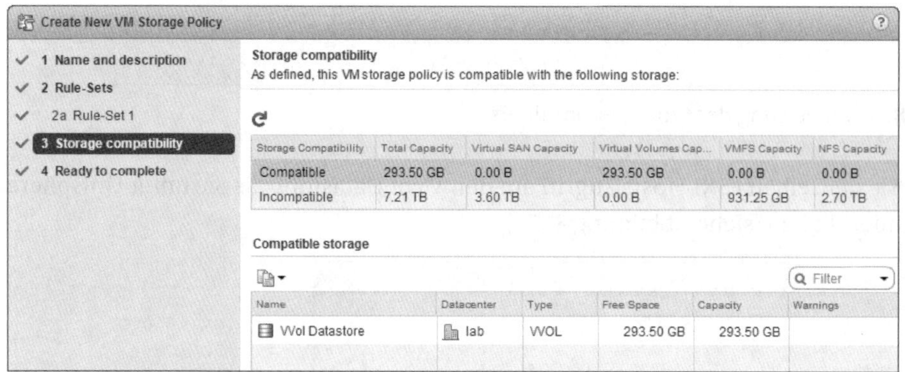

Abbildung 8.79 Kompatibiliät der Speicherressourcen

Wenn Sie nun eine neue virtuelle Maschine erstellen, steht die neue VM STORAGE POLICY unter SELECT STORAGE zur Auswahl und weist auf die kompatiblen Datastores hin (siehe Abbildung 8.80).

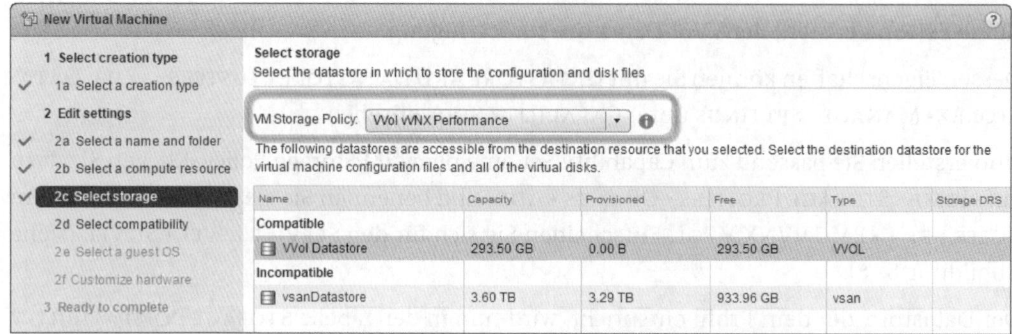

Abbildung 8.80 »VM Storage Profile«-Wahl bei der Erstellung einer neuen VM

Sie können jederzeit das VM-Storage-Profil für virtuelle Festplatten anpassen oder dessen Übereinstimmung mit dem Speicherort der virtuellen Festplatten prüfen (siehe Abschnitt 8.14.1, »Software Defined Storage«).

8.14.4 VVol-Best-Practices

VVol ist eine bahnbrechende neue Technologie. Mit den Best Practices wollen wir Ihnen zeigen, wie Sie eine möglichst gute Erfahrung mit VVol machen können. Einige Best Practices des letzten Abschnitts sind im Folgenden zusammengefasst.

Best Practices zu Storage-Containern

- Studieren Sie die Best Practices zur Erstellung von Storage-Pools oder Storage-Aggregaten beim Hersteller Ihres Speichersystems.
- Auf Basis von Storage-Pools oder -Aggregaten werden Storage-Container konfiguriert.
- In diesem Buch finden Sie Best Practices zu NetApp FAS, EMC VNX und Pure Storage.
- Definieren Sie logische Limits für Storage-Container (SC).
- Begrenzen Sie den Zugriff, indem Sie Grenzen setzen und beispielsweise nach Abteilungen oder Gruppierungen unterscheiden (Usage Tags).
- Nutzen Sie die geplanten Eigenschaften Ihres Speichersystems in vollem Umfang.
- SCs sind individuelle Datastores.
- Deren Storage Capability Sets sollten eine Aufgabe des Speichersystems sein und keine Datenmigrationen in einen anderen SC erfordern.
- Überprovisionieren Sie Ihre SCs keinesfalls.
- Das Ändern der Speicherkapazität eines SCs sollte keine Repartitionierung erfordern.
- Das Provisionieren des Protocol Endpoints (PE) sollte über die Verwaltung des Speichersystems erfolgen.
- PEs müssen für den ESXi-Host erreichbar sein.
- PEs sollten nicht von Hand konfiguriert werden.
- PEs müssen unter Umständen an einen Storage-Prozessor gebunden werden.
- PEs müssen unter Umständen mit ESXi-Hosts assoziiert werden.
- Stellen Sie sicher, dass der PE zur Verbindung der Storage Container an vSphere-Hosts keine höhere LUN-ID zuweist, als dem in Disk.MaxLUN hinterlegten Wert der ESXi-Hosts.
- Ansonsten muss der Parameter Disk.MaxLUNpro ESXi-Host entsprechend angepasst werden.

Virtual Volumes

- Machen Sie Gebrauch von den *VM Storage Policies*.
- Die spezifischen Anforderungen von VVols werden über die Profile abgebildet.

- Die Policies ermöglichen es, die Anforderungen einer VM zu überprüfen (Compliance).
- *VM Storage Policies* ermöglichen eine Abstrahierung unterschiedlicher Eigenschaften eines Speichersystems (beispielsweise ein SC mit Deduplikation oder basierend auf Flash-Speicher) wie auch die Abbildung von Service-Leveln.
- VM-Snapshots haben keinerlei Performance-Engpässe zur Folge
- VVol-Snapshots werden im Speichersystem durchgeführt.
- Das Backup eines Snapshots bringt keine Nachteile in der Leistungsfähigkeit eines VVol mit sich.
- *Cross-Host* oder *Cross-VM Metadata Lock Contention* haben keinerlei Performanceeinbußen bei VVols zur Folge.
- Jede VM besitzt ihr eigenes CONFIG-VVol, um *Cross-Host* und *Cross-VM Content Locks* zu vermeiden (wie bei herkömmlichen, auf LUNs basierenden VMFS-Datastores ohne VAAI).
- *vSphere APIs for Data Protection* werden unterstützt.
- Vom Hot-Add-Mode sollte bei einer Appliance kein Gebrauch gemacht werden.
- Der Hot-Add-Mode bringt die beste Performance, bedingt aber, dass die Backup-Software in einer VM läuft.
- Der SAN-Mode mit einem Standalone-Backup-Host wird nicht unterstützt, da es keine VVol-Driver für Windows- und Linux-Gastbetriebssysteme gibt.
- VADP wird ansonsten in vollem Umfang unterstützt, inklusive der Stilllegung von Snapshots mit den *Microsoft Volume Shadow Copy Services*.

Performance

- Individuelle VVols einer VM können unterschiedlichen Storage-Profilen zugeordnet sein.
- Klassisch: Datenbank-Logs und Datenbank-Daten verfügen über ein Storage-Profil, das ihren Charakteristika entspricht. Sie liegen somit in getrennten Storage-Containern – entsprechend dem zugewiesenen Storage-Profil.
- In den Einstellungen einer VM ist immer ein VM-Storage-Profil hinterlegt. Es kann für die individuellen virtuellen Festplatten angepasst werden.
- Es gibt aber keine individuelle Kontrolle über VM-Storage-Profile für Swap-VVols, Memory-VVols oder Snapshot-VVols.
- Einige Speichersysteme bieten neue Quality-of-Service-Optionen (QoS) für Storage-Container (Capability Sets).
- Pro-VVol-VM-Storage-Profile ermöglichen speichersystemseitig das Abbilden und Einhalten von QoS in der Granularität einer VVol.
- Richten Sie Ihre Aufmerksamkeit auf die I/O-Last individueller PEs.
- Sämtlicher VVol-I/O passiert den PE.
- Das Speichersystem wählt den PE, der den jeweiligen ESXi-Hosts zugewiesen ist.

- Das bringt den Vorteil von Load-Balancing und Multi-Pathing.
- Das Speichersystem kann den Pfad optimieren.
- *Queue Depth* ist eine Limitierung, der Sie bei Block-Storage Beachtung schenken sollten.
- VVols erlauben das Vierfache der gebräuchlichen I/O-Scheduling-Queue-Elemente für PE-Geräte.

Gotchas

- Denken Sie an die Limitierungen Ihres Speichersystems!
- Eine einzelne VM besitzt mehrere VVols.
- Individuelle Objekte bedeuten individuelle VVols (im Minimum vier während des Betriebs).
- Snapshots sind speichersystemabhängig. Je nach Speichersystem zählen Snapshots als individuelle VVols.
- Sizing: Die maximal unterstützte Anzahl an VVols pro Speichersystem ist ein gewichtiger Faktor. Beispiel: Eine VM mit zwei VMDK-VVols mit zwei Snapshots belegt bereits 10 VVol-Plätze.
- In Abhängigkeit vom Speichersystem bieten einige Hersteller eine VASA-Provider-VM (beispielsweise NetApp). Andere wiederum bieten eine native VASA-Unterstützung (beispielsweise EMC VNX).
- SCs brauchen Zugriff auf die VASA-Provider-VM.
- Es bedarf zwingend eines VASA-Provider (VP), um VVol-Speicher zu verwalten.
- Sichern Sie die VP-VM.
- Nutzen Sie vSphere HA oder SMP, um die VP-VM zu schützen.
- Konsultieren Sie die Best Practices Ihres Herstellers.

8.15 VMware Virtual SAN

VMware hat als Nachfolger der *vSphere Storage Appliance* das Produkt *Virtual SAN* (VSAN) platziert, das mit *Version 5.5 Update 1* eingeführt wurde.

> **Grundsätzliches zu Softwareversionen**
>
> Die in diesem Abschnitt vorgestellten Eigenschaften der verwendeten Produkte, die Sie näher kennenlernen, beziehen sich auf folgende Release-Stände:
>
> - Virtual SAN 6.1 – Bestandteil von *vSphere ESXi 6.0 Update 1*

Wie die Storage Appliance verfolgt VSAN kein vollkommen neues Konzept (da etliche Zusatzprodukte von Drittherstellern existieren), sondern integriert die Möglichkeit, den lokalen Festplattenspeicher der ESXi-Hosts als zentralen Massenspeicher zur Verfügung zu stellen. Es ist von seiner Architektur her ein verteiltes, hochskalierendes Speichersystem (siehe Abbildung 8.81, *http://virtualgeek.typepad.com/virtual_geek/2014/01/understanding-storage-architectures.html*).

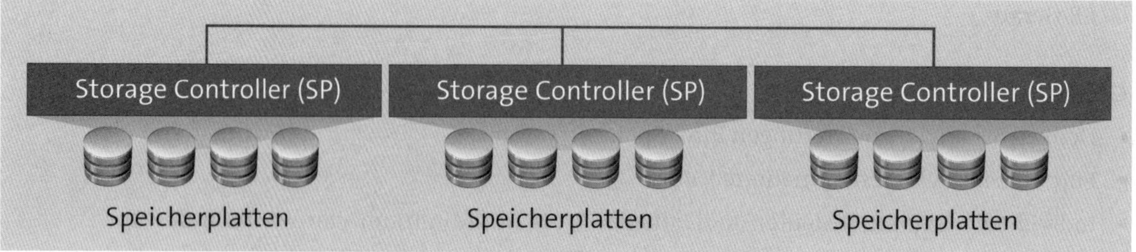

Abbildung 8.81 VSAN-Storage-Architekturtyp: Lose gekoppelt, horizontal skaliert (scale-out)

Durch die Nutzung von lokalen Flash-Karten oder SSD-Festplatten, die bei VSAN vorausgesetzt werden, wird die Leistungsfähigkeit wesentlich besser sichergestellt als bei seinem Vorgänger, der vSphere Storage Appliance.

VSAN zusammen mit NSX zeigt, dass die Entwicklung in Richtung softwaredefiniertes Rechenzentrum geht. Mit der Version 6.1 ist die Software gereift und steht in Skalierung wie in Leistungsfähigkeit traditionellen Speichersystemen in nichts nach bzw. übertrifft diese sogar. VSAN als Datenspeicher findet sich heute als Referenzarchitektur unter der Bezeichnung *Virtual SAN Ready Nodes* oder in Produkten wie *EVO:RAIL* und *EVO SDDC* wieder.

8.15.1 Aufbau und Konzept

Mit jeder Version wird VSAN um neue Funktionen erweitert. Diese stehen in direkter Abhängigkeit zu der Version von vSphere ESXi, da VSAN ein integraler Bestandteil des Kernels ist (siehe Tabelle 8.9).

vSphere-Version	VSAN-Version
vSphere ESXi 5.5 (alle Updates)	VSAN 1.0
vSphere ESXi 6.0	VSAN 6.0
vSphere ESXi 6.0 Update 1	VSAN 6.1

Tabelle 8.9 Korrelation der vSphere-ESXi-Version und der VSAN-Version

VSAN virtualisiert die lokalen physikalischen Speicherressourcen von ESXi-Hosts und wandelt diese in einen riesigen Speicherpool um. Um die Quality-of-Service für die unterschiedlichen Bedürfnisse von Applikationen und virtuellen Maschinen zu gewährleisten, bedient sich VSAN des *Storage Policy-Based Managements*.

VSAN kann als Hybrid- oder All-Flash-Speichersystem konfiguriert werden. Flash-Speicher in Form von SSD-Medien oder Flash-Karten sind immer erforderlich und bilden den Cache des Speichersystems. In einem Hybridsystem wird Flash als Cache eingesetzt und magnetische Festplatten als Speicherkapazität. In einem All-Flash-System kommen ausschließlich SSD-Medien oder Flash-Karten als Cache und Speicherkapazität zum Einsatz.

VSAN kann jederzeit um Kapazität erweitert werden, sei es durch Hinzufügen neuer ESXi-Hosts in den Clusterverbund oder durch den Ausbau weiterer Speicherkapazität von EXi-Hosts, die im VSAN-Clusterverbund partizipieren. Diese Erweiterung kann abhängig davon, wie VSAN konfiguriert ist, vollständig automatisiert erfolgen.

Es können auch ESXi-Hosts ohne eigene Speicherkapazität vom VSAN-Datastore profitieren. Voraussetzung dafür ist, dass sie Mitglied des VSAN-Clusters sind.

Konfiguration von vSphere-ESXi-Hosts zum Einsatz in VSAN

VMware empfiehlt, sämtliche Server, die Sie für VSAN einsetzen wollen, identisch oder sehr ähnlich zu konfigurieren, was die Anzahl und Kapazität von Flash-Speicher, magnetischen Festplatten und Netzwerkkonnektivität betrifft. So kann ein ausbalancierter VSAN-Cluster gebaut werden.

Voraussetzungen

Damit Sie ein VSAN konfigurieren können, müssen folgende minimale Voraussetzungen erfüllt sein:

- zwei ESXi-Hosts
- ein Flash-basierter Speicher, eine magnetische Festplatte
- 1-Gbit-Ethernet-Netzwerk
- vSphere-Lizenz
- vCenter-Lizenz
- Lizenzierung einer von insgesamt drei Versionen (siehe Tabelle 8.10).

Funktion	Standard	Advanced	ROBO (25VM)
SPBM	✓	✓	✓
Read/Write SSD Caching	✓	✓	✓
Distributed RAID	✓	✓	✓
Distributed Switch	✓	✓	✓

Tabelle 8.10 Korrelation vSphere ESXi Version und VSAN-Version

Funktion	Standard	Advanced	ROBO (25VM)
Snapshots/Clones	✓	✓	✓
Rack Awareness	✓	✓	✓
Health Monitoring	✓	✓	✓
vROps Management Pack	✓	✓	✓
vSphere Replication*	✓	✓	✓
ROBO Configuration	✓	✓	✓
Stretched Cluster		✓	
All-Flash		✓	
*) *vSphere Replication* ist exklusiv für VSAN mit einem RPO (maximale Zeit des tolerierbaren Datenverlusts bei asynchroner Replikation) von fünf Minuten konfigurierbar. Daher wird es auch als *VSAN Replication* bezeichnet.			

Tabelle 8.10 Korrelation vSphere ESXi Version und VSAN-Version (Forts.)

Möglichkeiten, VSAN zu evaluieren

VMware bietet Ihnen grundsätzlich zwei Möglichkeiten, VSAN zu testen (*http://www.vmware.com/products/virtual-san/vsan-hol*):

1. Hands-On-Lab (*http://info.vmware.com/content/nee-hol-reg?cid=70180000000NUSt&tenant=1&src=Web_HOL_Overview_VSAN_Link_Global*)
2. Testversion für 60 Tage (*https://my.vmware.com/web/vmware/evalcenter?p=vsan6*)

8.15.2 Funktionen und Eigenschaften

Die Funktionen und Eigenschaften von VSAN sind in Tabelle 8.11 aufgelistet.

Eigenschaft	Kurzbeschreibung
Virtual SAN Health Service	Der Dienst verfügt über vorkonfigurierte Gesundheits-Checks zur Überwachung, zum Troubleshooting und zur Diagnose im Falle von Problemen mit dem vSphere-Cluster oder seinen Komponenten und zur Identifikation potenzieller Risiken.

Tabelle 8.11 Funktionen und Eigenschaften von VSAN 6.1

Eigenschaft	Kurzbeschreibung
Shared Storage Support	VSAN unterstützt VMware-Funktionen wie HA, vMotion und DRS.
Just a Bunch of Disks	VSAN unterstützt JBODs, wie sie in Blade-Server-Umgebungen zum Einsatz kommen. Sie können die Kapazität des VSAN-Datastore erweitern, wenn JBOD-Speicher an Blade-Server angebunden sind.
On-disk-Format	Ab VSAN 6.0 kommt ein neues *On-disk Virtual File Format 2.0* zum Einsatz, das auf der Virsto-Technologie basiert. Es ist ein Dateisystem mit Logging, das über ein hochskalierbares Snapshot- und Clone-Management verfügt.
All-Flash und Hybrid	VSAN kann als All-Flash- oder Hybrid-Cluster konfiguriert werden.
Fault Domains	VSAN unterstützt die Aufteilung in Fault Domains, um ESXi-Hosts vor Ausfällen von Racks oder Chassis zu schützen, sollte VSAN über mehrere Racks oder Chassis konfiguriert sein.
Stretched Cluster	VSAN unterstützt Stretched Cluster über zwei geografisch getrennte Locations (5 ms für Mitglieder im Cluster und 200 ms für Witness Hosts).
Integration von vSphere-Storage-Funktionen	VSAN integriert Funktionen, wie Sie sie von VMFS- und NFS-Datastores kennen, beispielsweise Snapshots, Linked Clones, vSphere Replication und VADP.
VM Storage Policies	VSAN arbeitet mit VM Storage Policies. Sie können jeder VM eine passende VM Storage Policy zuordnen. VMs, denen Sie keine Storage Policy zuweisen, werden automatisch die *Virtual SAN Default Storage Policy* erhalten.
Schnelles Provisionieren	VSAN ermöglicht das schnelle Provisionieren von Speicher im vCenter Server während der Bereitstellung von VMs.

Tabelle 8.11 Funktionen und Eigenschaften von VSAN 6.1 (Forts.)

Storage Policy-Based Management

VSAN ist eng mit den VM Storage Policies verknüpft. Es ist daher wichtig, die Fähigkeiten (Capabilities) zu verstehen, da sie Auswirkungen auf die Anzahl der speicherbietenden Mitglieder im VSAN-Cluster, benötigte Speicherallokation, Konfiguration der ESXi-Hosts und Leistungsfähigkeit haben (siehe Tabelle 8.12).

Regel	Grundeinstellung	Maximum	Kurzbeschreibung
Number of failures to tolerate	1	3	Beschreibt die Anzahl tolerierbarer Ausfälle von Hosts oder Komponenten eines VM-Objekts. Für *n* tolerierte Ausfälle werden $n + 1$ Kopien eines VM-Objekts erstellt, und es werden $2 \times n+1$ Hosts benötigt. Im Fall von Konfigurationen mit zwei Hosts wird ein Witness in Form einer VM benötigt. Der minimale Wert ist 0 und hat zur Folge, dass das VM-Objekt ungeschützt ist.
Number of disk stripes per object	1	12	Die Anzahl der Geräte, über die jedes Replikat eines VM-Objekts ge*stripe*t wird. Ein höherer Wert kann die Leistungsfähigkeit steigern, braucht aber mehr Systemressourcen. Stellen Sie sicher, dass genügend Geräte in den Hosts vorhanden sind, um eine Erhöhung des Wertes zu unterstützen. VMware empfiehlt die Grundeinstellung.
Force provisioning	No	Yes	Bei der Einstellung »Yes« wird das Objekt provisioniert – ungeachtet der potenziellen Verletzung der übrigen Regeln, die in der VM Storage Policy definiert sind. Machen Sie nur in Notfällen davon Gebrauch, beispielsweise während eines Ausfalls. »No« erlaubt eine Provisionierung nur, wenn sämtliche Regeln der VM Storage Policy eingehalten werden können.
Object space reservation	0 %	100 %	Beschreibt die Reservierung der Kapazität vom VSAN-Datastore in Prozent auf Basis der logischen Größe eines VMDK-Objekts. Der Wert 100 bedeutet, dass die VMDK *thick* bereitgestellt wird.

Tabelle 8.12 VM-Storage-Policy-Regeln

Regel	Grundeinstellung	Maximum	Kurzbeschreibung
Flash read cache	0 %	100 %	Eine Änderung des Werts bedeutet die Reservierung von Kapazität des Caching-Flash-Speichers in Prozent als Lesecache des VM-Objekts. Dessen Kapazitätsbedarf wird durch die logische Größe eines VMDK-Objekts errechnet. Die reservierte Kapazität kann nicht von anderen Objekten genutzt werden. Reservierungen werden nicht benötigt, um VMs mit Cache zu versorgen. Vorsicht ist geboten, wenn Sie VMs verschieben wollen, da die Reservierungen in den Einstellungen der VM gespeichert sind. Diese Regel ist nur in Hybrid-VSAN-Konfigurationen anwendbar. Typischerweise muss der Wert nicht angepasst werden. Er kann sich negativ auf die Leistungsfähigkeit auswirken, da der Cache für Lese- und Schreibzugriffe verwendet und dynamisch nach Bedarf angewendet wird.

Tabelle 8.12 VM-Storage-Policy-Regeln (Forts.)

Änderungen an VM Storage Policies

Sollten Sie Änderungen an bestehenden VM Storage Policies vornehmen, so kann das zu einer Resynchronisation des VSAN-Clusters führen.

VSAN-Cache

VSAN benötigt Flash-Speicher als Lese- und Schreibcache für VMs. Dieser Speicher wird nicht zur Kapazität der VSAN-Datastores hinzugezählt.

VSAN schreibt die Daten erst in den Cache, um sie später in den Datenbereich (SSD, SATA, SAS) zu schreiben. Werden die Daten regelmäßig aufgerufen, d. h. sehr häufig genutzt, behält VSAN sie im Cache.

8

VSAN-Geräte und Disk-Groups

Unter VSAN-Geräten (Devices) versteht man gemeinhin einen Flash-Speicher oder eine magnetische Festplatte.

> **Auslastung einzelner Geräte**
>
> Eine Auslastung der Kapazität von 80 % und mehr eines einzelnen Geräts aktiviert die automatische Rebalancierung des VSAN-Clusters. Sie können auch eine manuelle Rebalancierung initiieren, sollte dies erforderlich sein.
>
> Halten Sie daher immer ca. 30 % freie Kapazität verfügbar, um die automatische Rebalancierung zu verhindern und genügend Platz für Wartung und zur Wiederherstellung der Datensicherheit der durch einen potenziellen Komponentenausfall ungeschützter Daten zu haben.

Ein ESXi-Host unterstützt die Anbindung von maximal 42 Geräten, wobei sich diese wie folgt zusammensetzen:

- 7 Flash-Speichergeräte für den Cache
- maximal 35 Datenspeichergeräte (Flash-Speicher oder magnetische Festplatten), unterteilt in maximal fünf Gruppen von 1 + 7 Geräten, wovon ein Gerät immer ein Flash-Speichergerät ist.

Sie können mehrere Geräte zu einer Disk-Group zusammenfassen. Bei der manuellen Zuweisung von Geräten ist es möglich, auch mehr als einen Flash-Speicher dem VSAN-Cache zuzuweisen. Allerdings führt dies Messungen zufolge nicht zu einer Steigerung der Leistungsfähigkeit. Die Konfiguration von zwei Disk Groups mit einem Flash-Speicher und vier Datenspeichergeräten pro Mitglied im VSAN-Cluster weist bereits eine optimale Leistungsfähigkeit auf Größere Verbünde mit mehr Geräten dienen hauptsächlich der Kapazitätserweiterung.

Skalierbarkeit

VSAN kann grundsätzlich nur als Funktion eines vSphere-Clusters eingeschaltet werden. Ein VSAN-Cluster unterstützt bis zu 64 Knoten. Innerhalb eines vSphere-Hosts können die einzelnen Datenträger in eine oder mehrere Disk-Groups eingeteilt werden. Unterstützt werden maximal 42 Datenträger pro Host.

Tests in Labors von VMware ergaben folgende maximale Skalierbarkeit:

- 64 Knoten
- 6400 VMs
- 7 Millionen IOPS
- 8,8 Petabytes Datenspeicherkapazität

Datenschutzmechanismus und Fault Domains

VMware nutzt dabei kein traditionelles RAID-System, sondern RAIN (*Reliable Array of Independant Nodes*) und stellt die Ausfallsicherheit durch Kombination von VASA und Storage Service Policies zur Verteilung der VMs auf mehr als eine Festplatte bzw. einen ESXi-Host her (siehe Abbildung 8.82).

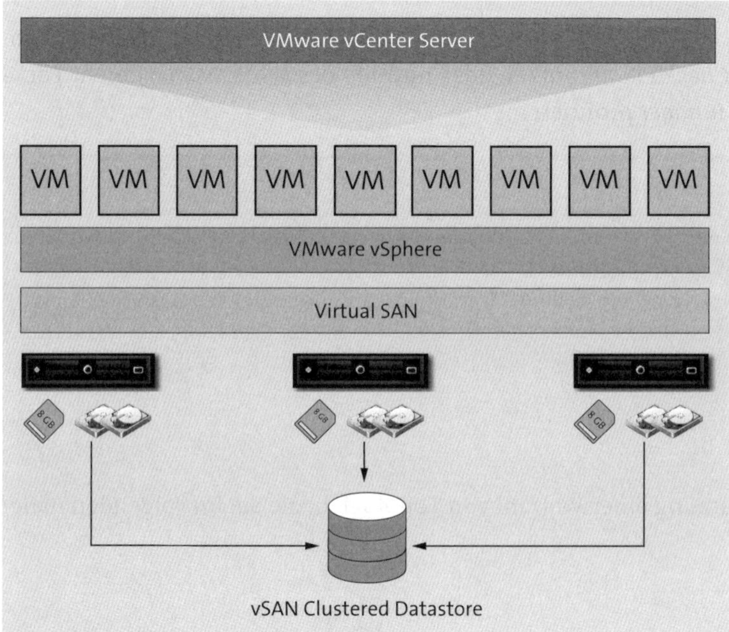

Abbildung 8.82 VMware-VSAN-Aufbau

Ein VSAN-Datastore ist ein objektbasierter Speicher. Seine VMDK-Objekte werden gemäß der ihnen hinterlegten VM Storage Policy geschützt und sind in der Regel »Number of failures to tolerate« definiert. Diese Regel akzeptiert Werte von 0 bis 3, die sich auf die maximal tolerierbare Anzahl ausfallender Hosts und Komponenten beziehen. Gemäß diesem Wert legt VSAN fest, wie viele Kopien eines VM-Objekts erstellt werden dürfen. Diese Kopien sind Clones (1:1-Abbildungen des Objekts). Es existieren zu keinem Zeitpunkt zwei identische Kopien auf demselben Host.

Vor allem in größeren Umgebungen kann die Regel »Number of disk stripes per object« zur Anwendung kommen. Diese definiert die Unterteilung eines VM-Objekts in eine Anzahl gleich großer Anteile. Diese Anteile werden auf unterschiedliche VSAN-Geräte verteilt.

Die Einteilung der VSAN-Geräte eines Clusters in verschiedene Fault Domains dient der Redundanz und gewährleistet die Verfügbarkeit mindestens einer Kopie eines VM-Objekts, wenn ein Chassis (bei Blade-Servern) bzw. ein Server-Rack ausfällt. Diese Redundanz erfordert eine präzise Planung des VSAN-Clusters. Das Minimum ist die Definition von drei Fault Domains mit einem oder mehreren Hosts. Empfohlen werden vier Fault Domains, da diese sämtliche Evakuierungs-Szenarien abdecken und auch im Fehlerfall noch einen Schutz der Daten bietet. Um einen Schutz der Daten für Fault Domains zu gewährleisten, dient die vierte Domain als Ersatz. Sie kommt nur bei einem potenziellen Ausfall einer aktiven Fault Domain zum Einsatz.

Überwachung von VSAN

Zur Überwachung eines VSAN-Clusters bieten sich Ihnen zwei Möglichkeiten: Entweder können Sie das *VSAN Health Check Plugin* nutzen oder mithilfe des VSAN Management Packs vom *vRealize Operations Manager* profitieren.

> **Health Check Plugin**
>
> Das *Health Check Plugin* kann über die Verwaltung vom VSAN-Cluster auf den einzelnen Hosts ausgerollt werden. Es ist ein VIB-Paket, das über vCenter vollständig automatisiert per Mausklick ausgerollt wird. Es wird ein Rolling-Upgrade im laufenden Betrieb des VSAN-Clusters durchgeführt.

8.15.3 Topologien

Ein VSAN erlaubt Unterstützung einer Vielzahl von Topologien, die Sie im Folgenden näher kennenlernen.

Basis-Topologie

Die sicherlich am häufigsten anzutreffende Topologie ist die eines VSAN-Clusters in einem Rechenzentrum (siehe Abbildung 8.83). Sie besteht aus 3 bis maximal 64 Knoten in einem vSphere-Cluster.

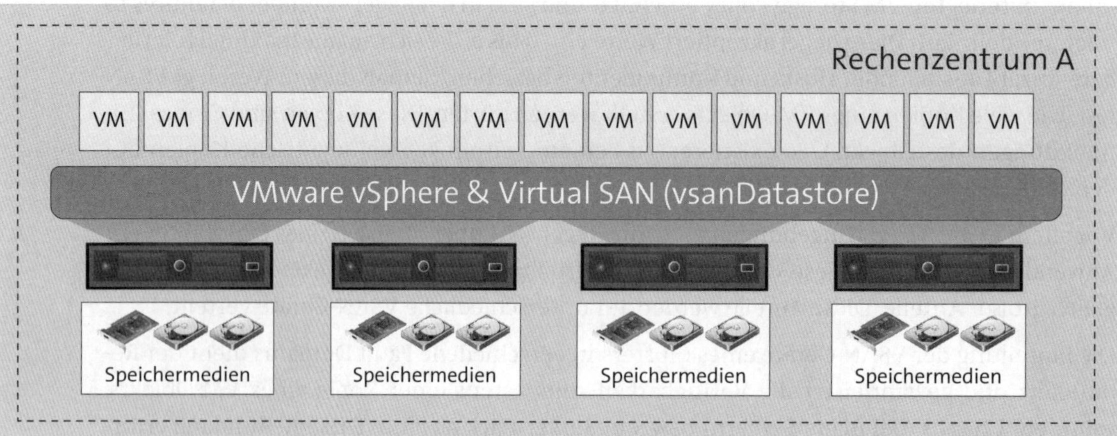

Abbildung 8.83 Einfaches VSAN in einem Rechenzentrum

Remote und Branch-Office (ROBO)

Die Topologie für ROBOs ist der Basis-Topologie ähnlich, besteht jedoch nur aus zwei Mitgliedern, die einen vSphere-Cluster bilden (siehe Abbildung 8.84).

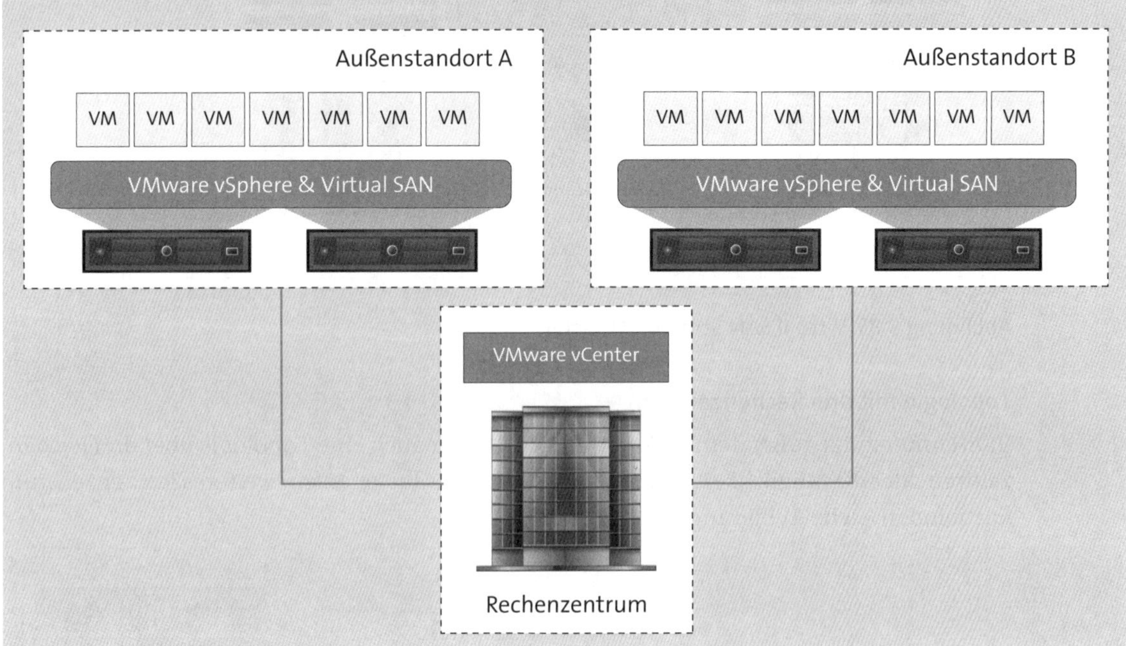

Abbildung 8.84 ROBO-Topologie

Eine Witness-VM wird idealerweise an einem Drittstandort installiert. Sie entscheidet im Ausfall, welches Cluster-Mitglied Priorität erhält. So werden Split-Brain-Szenarien verhindert. Der vSphere-Cluster im ROBO-Standort wird zentral vom vCenter im Rechenzentrum verwaltet.

Virtual SAN Stretched Cluster

Sie können einen einzelnen vSphere-Cluster über zwei Rechenzentren verteilen, sofern Sie eine maximale Latenzzeit von fünf Millisekunden nicht überschreiten (siehe Abbildung 8.85).

Diese Topologie ermöglicht eine Ausfallsicherheit, wie sie bisher kostenintensiven IT-Infrastrukturen vorbehalten war. Die Systemressourcen werden optimal ausgenutzt, da beide Rechenzentren aktive produktive Applikationen und VMs beheimaten. Die Stärke dieser Topologie liegt in ihrer Fähigkeit, selbst im drohenden Katastrophenfall (Desastervorsorge, beispielsweise Dammbruch, der zur potenziellen Überflutung eines Rechenzentrums führt) einen unterbrechungsfreien Betrieb zu gewährleisten.

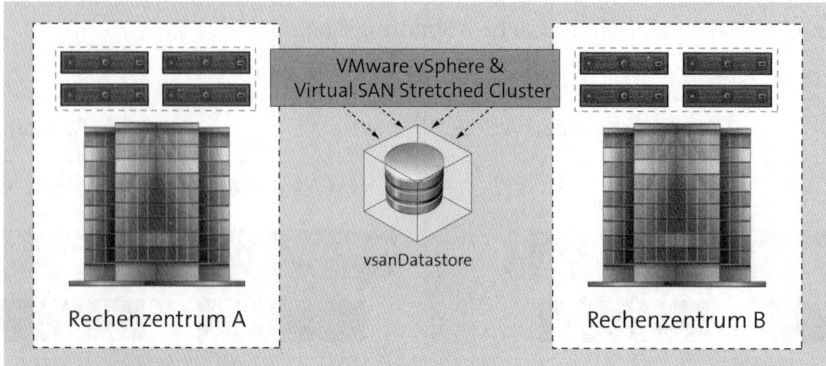

Abbildung 8.85 Virtual SAN Stretched Cluster

Topologie mit drei Rechenzentren

VSAN unterstützt außer dem VSAN Stretched Cluster auch eine Topologie über drei Rechenzentren oder die Möglichkeit, einen VSAN Stretched Cluster an ein weiteres Rechenzentrum anzubinden (siehe Abbildung 8.86).

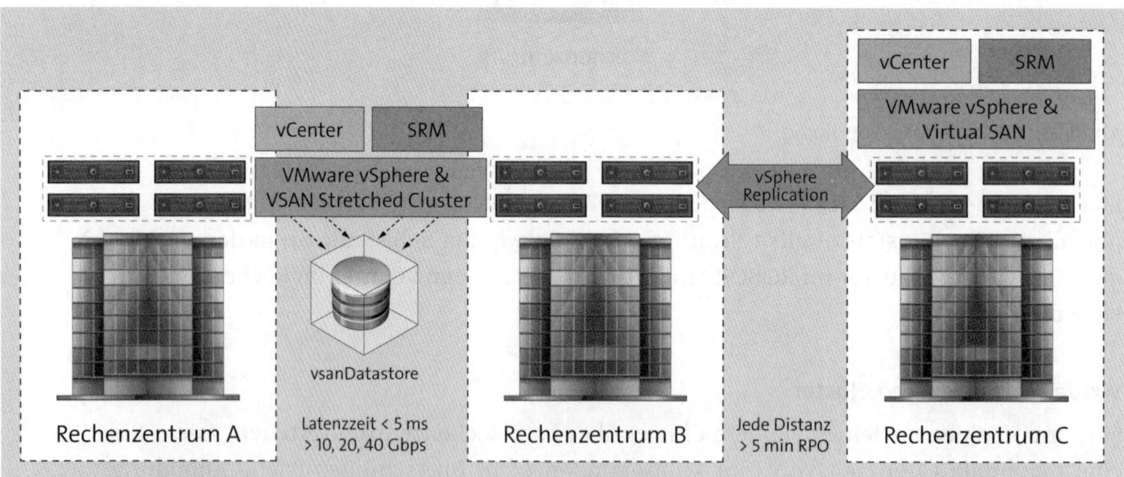

Abbildung 8.86 Topologie mit drei Rechenzentren

Um diese Topologie zu realisieren, müssen Sie sowohl *vSphere Replication* zum Zweck der Datenreplikation an einen Drittstandort als auch das Katastrophenfall-Werkzeug *Site Recovery Manager* implementieren. Die Lösung erfordert den Einsatz zweier Instanzen von vCenter: Eine Instanz betreibt den Stretched Cluster, die zweite den dritten Standort. Diese Topologie erfüllt die höchsten Ansprüche an Verfügbarkeit. Je nach Industrie verpflichten sogar Gesetze Unternehmen zur Umsetzung solcher Topologien.

Multi-prozessor FT

VSAN kann auch mit VMs umgehen, die Fault Tolerance mit bis zu 4 vCPUs einsetzen (siehe Abbildung 8.87).

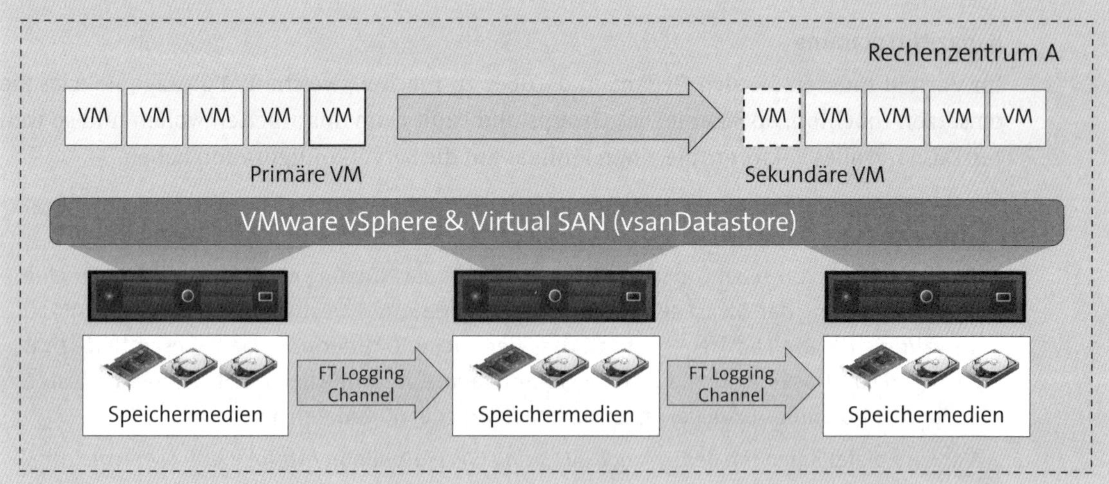

Abbildung 8.87 Multi-Prozessor-Fault-Tolerance

Applikationscluster

VSAN bietet Unterstützung für das *Windows Server Failover Clustering* und für *Oracle Real Application Cluster* (siehe Abbildung 8.88).

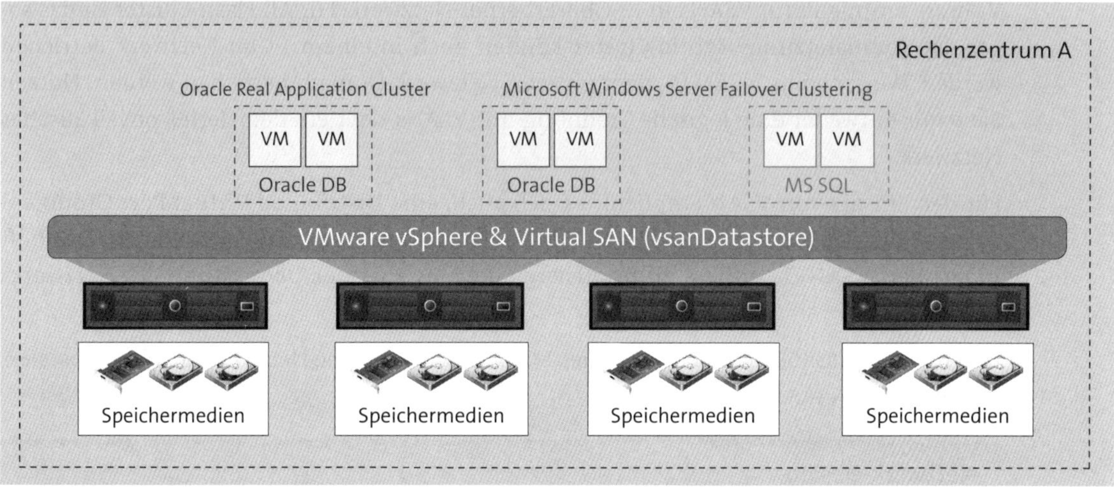

Abbildung 8.88 Applikationscluster

Der Betrieb von Applikationsclustern war bislang ausschließlich nur mit Physical Raw Device Mapping realisierbar.

8.15.4 Sizing

Ein VSAN aufzubauen, gestaltet sich auf den ersten Blick sehr einfach. Im Detail müssen Sie jedoch präzise planen und die Eigenschaften von VSAN verstehen.

Kapazitätsplanung

Im Vorfeld müssen Sie sich Gedanken darüber zu machen, welche VM Storage Policies Sie einsetzen möchten, ob Sie mit Disk Groups und Fault Domains arbeiten wollen und so weiter. Das sind alles Faktoren, die einen Einfluss auf die Serverkonfiguration haben.

Sizing des VSAN-Caches

Das Design der korrekten Größe des Flash-Speichers zur Nutzung als Cache stellt immer eine Herausforderung dar. Sie ist sehr wichtig, um eine optimale Leistungsfähigkeit des VSAN zu gewährleisten. Die Faustregel besagt, dass der Cache 10 % der nutzbaren Gesamtkapazität betragen soll. Das entspricht nicht der Gesamtkapazität sämtlicher VSAN-Geräte im Cluster, sondern wird unter Abzug der Datensicherheit und der Metadaten berechnet.

VMware bietet Ihnen mit dem *Virtual SAN Sizing Calculator* unter *https://vsantco.vmware.com/* eine Hilfestellung, um die optimale Serverkonfiguration zu finden.

Weiterführende Dokumentation finden Sie auch unter *http://www.vmware.com/products/virtual-san/resources.html.*

Netzwerkvoraussetzungen

VMware empfiehlt für VSAN ein 10-Gbit-Ethernet-Netzwerk. Für All-Flash-Cluster ist das sogar die Voraussetzung. Hybrid-Cluster können auch in einem 1-Gbit-Netzwerk betrieben werden. Weiter sollte VSAN in einer eigenen Netzwerk-Domain betrieben werden. Nutzen Sie dafür entweder eine logische Trennung mit VLANs oder ein dediziertes physikalisches Netzwerk.

Für den Einsatz von VSAN empfiehlt es sich auch, eine Distributed Virtual Port Group anzulegen, um mit *Network I/O Control* (NIOC) den Datenverkehr zu kontrollieren. Das hilft Ihnen, den VSAN-Datenfluss zu priorisieren, falls es zu einer Überlastung des Netzwerks kommt.

Beachten Sie, dass Sie beim Einsatz eines 1-Gbit-Netzwerks eine Netzwerkkarte des Hosts exklusiv für VSAN nutzen.

Netzwerk-Design

Um ein redundates Netzwerk für VSAN zu haben, empfiehlt VMware, mit der Funktion *NIC Teaming* zu arbeiten. Redundante VMkernel-Adapter im gleichen Subnetz werden nicht unterstützt.

Weitere Informationen finden Sie in dem folgenden White Paper: *http://www.vmware.com/files/pdf/products/vsan/VMware-Virtual-SAN-Network-Design-Guide.pdf.*

8.15.5 Ein VSAN mit Basis-Topologie einrichten

Die Verwaltung von VSAN ist auf den *vSphere Web Client* beschränkt, und seine Konfiguration kann daher nicht im *vSphere-Client* eingesehen oder verändert werden.

Damit VSAN funktioniert, müssen natürlich die bereits genannten Voraussetzungen von lokalen Flash/SSD- und/oder magnetischen Festplatten in den ESXi-Hosts erfüllt sein.

Netzwerkkonfiguration

Schaffen Sie zuerst die netzwerktechnischen Voraussetzungen. Sie können für Testumgebungen auch einen bestehenden VMkernel-Adapter um die Funktion *Virtual SAN Traffic* erweitern. VMware empfiehlt, eine für VSAN dedizierte Port Group im Distributed Virtual Switch zu konfigurieren.

Vorbereitend erstellen Sie einen neuen VMkernel-Adapter unter Hosts and Clusters • <Ziel-Host> • Manage • VMkernel Adapter • Add. Wählen Sie im Wizard unter • Select connection type den VMkernel Network adapter sowie in Schritt 2 (Select target device) den new standard switch. In Schritt 3 weisen Sie dem neuen Switch einen freien Netzwerk-Adapter zu (siehe Abbildung 8.89).

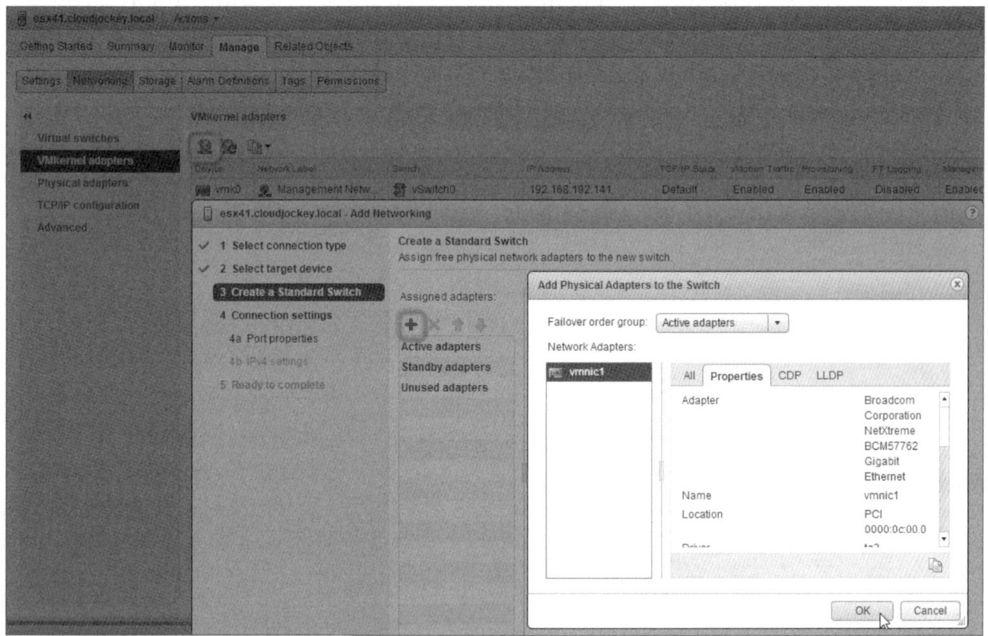

Abbildung 8.89 Zuweisen eines physikalischen Netzwerk-Adapters

Unter CONNECTION SETTINGS • PORT PROPERTIES definieren Sie das NETWORK LABEL und die VLAN ID und setzen einen Haken bei VIRTUAL SAN TRAFFIC (siehe Abbildung 8.90).

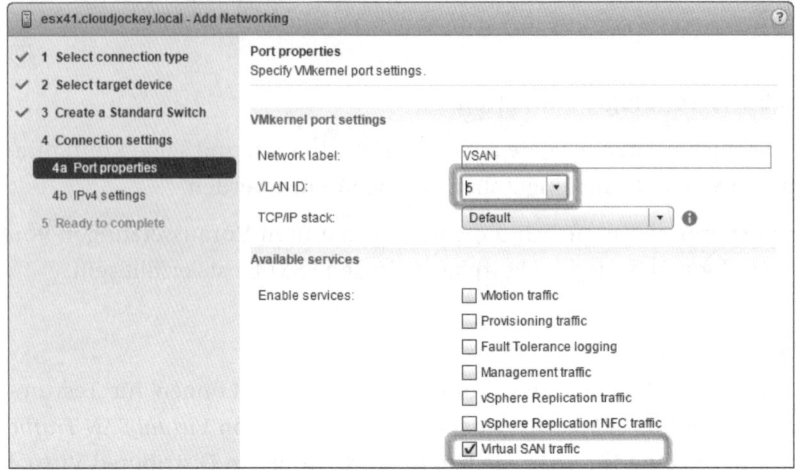

Abbildung 8.90 Definition der Eigenschaften des VMkernel-Adapters

Tragen Sie in CONNECTION SETTINGS • IPV4 SETTINGS die definierten Netzwerkinformationen in der Maske ein. Beenden Sie den Wizard, nachdem Sie Ihre Eingaben überprüft haben. Wiederholen Sie diese Schritte für jeden ESXi-Host, der Mitglied im VSAN-Cluster wird.

Wechseln Sie nun auf NETWORKING • <VCENTER> • RELATED OBJECTS • TOP LEVEL OBJECTS • CREATE NEW DISTRIBUTED SWITCH. Benennen Sie im Wizard den Distributed Virtual Switch (DVS), und wählen Sie die Version DISTRIBUTED SWITCH: 6.0.0. Unter EDIT SETTINGS wählen Sie die Anzahl der Uplinks gemäß der Anzahl der VMkernel-Adapter, die Sie zuvor erstellt haben (siehe Abbildung 8.91).

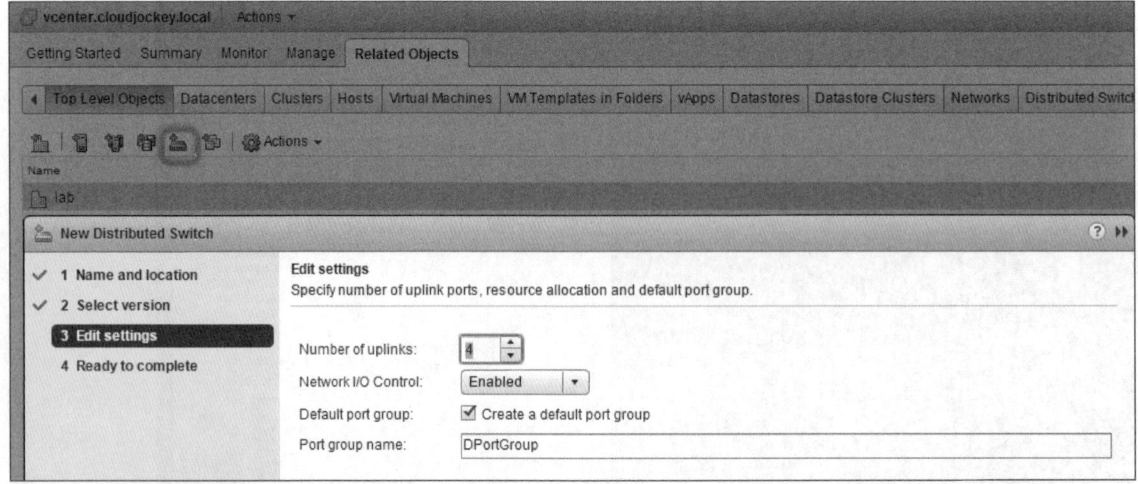

Abbildung 8.91 Konfiguration eines DVS

Nun fügen Sie eine neue Port Group über <Ziel-DVS> • Actions • Distributed Port Group • New Distributed Port Group hinzu. Geben Sie der Port Group einen Namen. In Configure settings geben Sie so viele Ports an, wie Sie VMkernel-Adapter für VSAN angelegt haben. Wählen Sie bei VLAN Type die Option VLAN, und passen Sie die VLAN ID entsprechend an (siehe Abbildung 8.92).

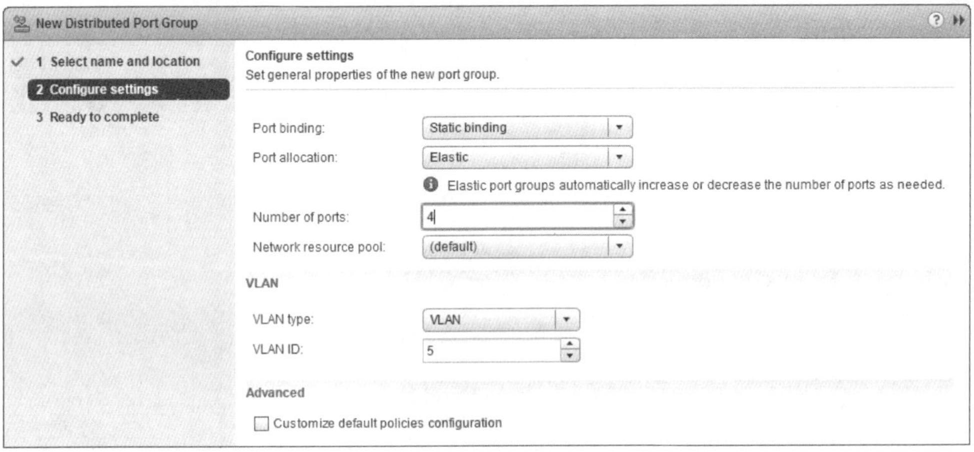

Abbildung 8.92 Erstellen einer Distributed Port Group

Beachten Sie, dass der physikalische Switch auch die VLAN ID kennen muss und dass Sie ihn entsprechend konfigurieren müssen.

Im nächsten Schritt fügen Sie die ESXi-Hosts dem DVS hinzu und migrieren die erstellten VMkernel-Adapter in die VSAN-Port-Group. Gehen Sie dazu auf <Ziel-DVS> • Actions • Add and manage Hosts. Entscheiden Sie sich im Wizard für Add hosts and manage host networking (Advanced) • Add.

In Schritt 2 (Select hosts) klicken Sie auf Add und selektieren die ESXi-Hosts für den VSAN-Cluster. Um die weiteren Konfigurationsschritte zu beschleunigen, setzen Sie in Schritt 3 einen Haken bei Configure identical network settings on multiple hosts (Template Mode). Entscheiden Sie sich für einen Host, der als Vorlage zur Konfiguration der übrigen dient. Voraussetzung für den *Template Mode* ist, dass die vSphere-Hosts netzwerktechnisch identisch ausgestattet sind.

In Schritt 4 (Select Network Adapter Tasks) behalten Sie die Auswahl des Wizards Add bei. Unter Manage physical network adapters (template mode) klicken Sie auf Assign uplink und nehmen den Uplink 1 (siehe Abbildung 8.93, ❶). Nun klicken Sie auf Apply to all ❷. Die Einstellungen werden auf sämtliche Hosts übertragen.

In Schritt 6 (Manage VMkernel network adapters (template mode)) klicken Sie auf Assign port group und nehmen die VSAN-port-group (siehe Abbildung 8.94, ❸). Nun klicken Sie auf Apply to all ❹.

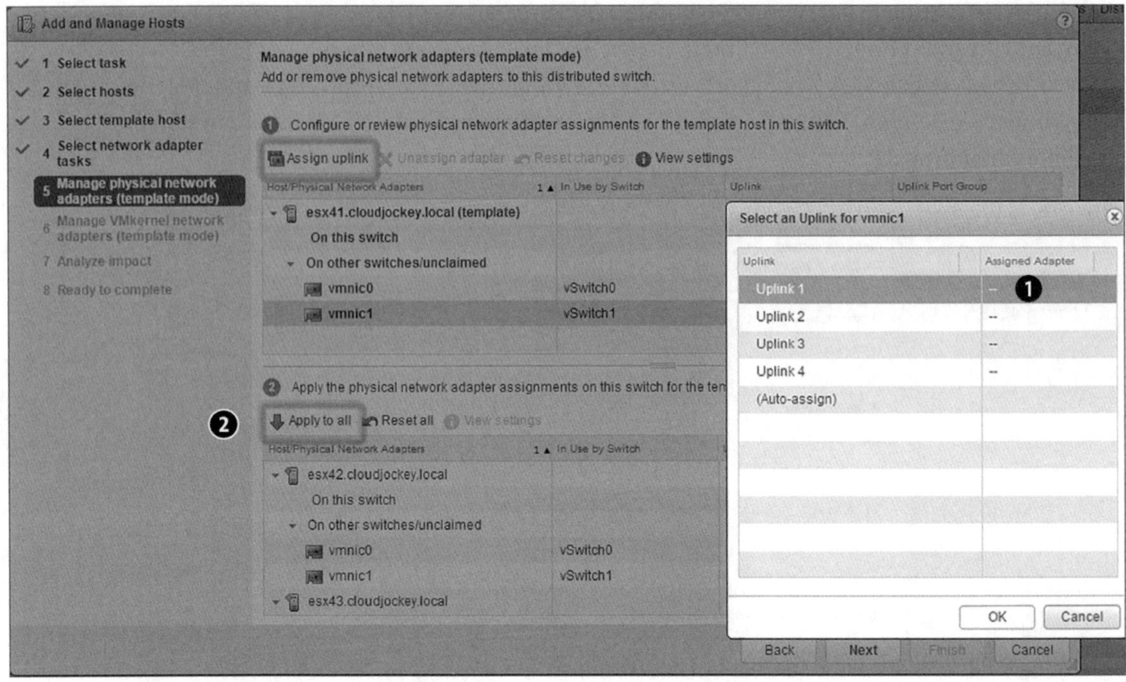

Abbildung 8.93 Zuweisen der Uplinks

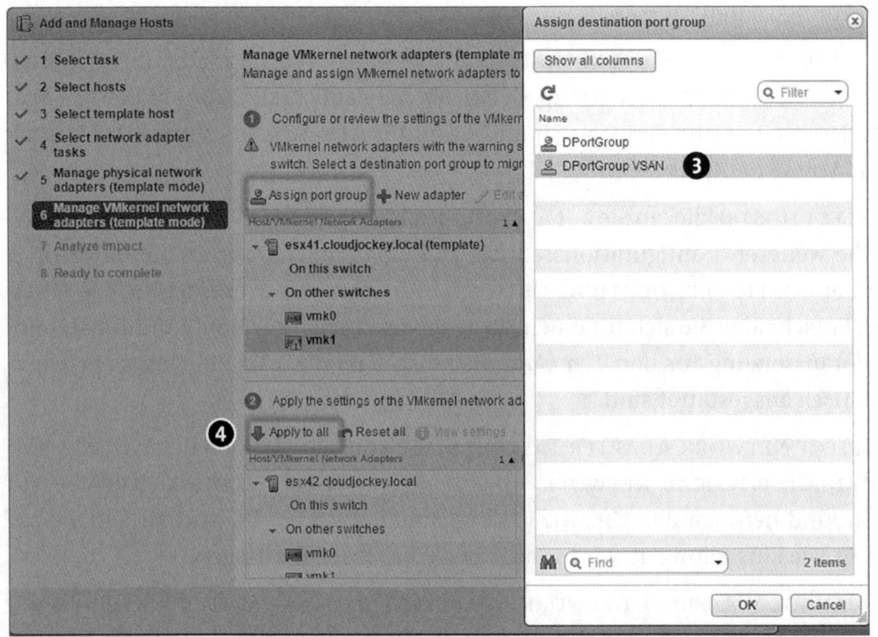

Abbildung 8.94 Hinzufügen der VMkernel-Adapter in die VSAN-Port-Group

Die VMkernel-Adapter werden anschließend rekonfiguriert. Deshalb müssen Sie die bereits gesetzten IP-Adressen der VMkernel-Adapter in der Pop-up-Maske abermals eintragen. Nutzen Sie dazu folgendes Schema: <Ziel-IP-Adresse des 2. Hosts>#<Anzahl der übrigen Hosts> (siehe Abbildung 8.95). Ihre Konfiguration wird auf sämtliche Hosts übertragen.

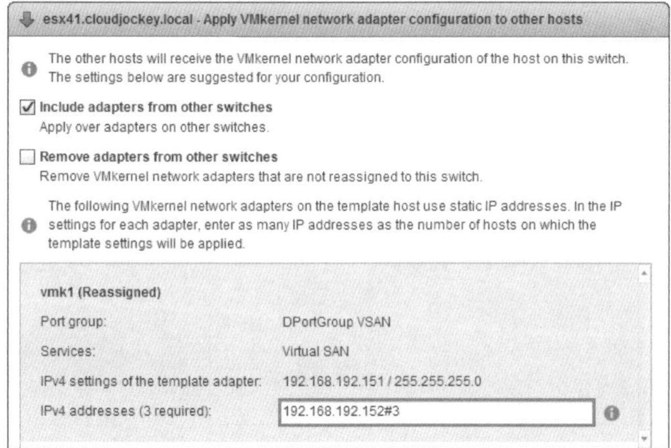

Abbildung 8.95 Angabe der IP-Adressen

Überprüfen Sie Ihre Eingaben, und beenden Sie den Wizard. Optional können Sie über NIOC den Datenverkehr für VSAN priorisieren. Das machen Sie unter <Ziel-DVS> • Manage • Resource Allocation • System traffic mit Edit • Virtual SAN Traffic.

Damit ist die Netzwerkkonfiguration für Ihr VSAN abgeschlossen.

VSAN einrichten

Sollten die ESXi-Hosts noch nicht Mitglieder des für VSAN bestimmten vSphere-Clusters sein, erstellen Sie diesen über Hosts and Clusters • <vCenter> • Related objects • Top level objects • Create a new cluster. Sollte in Ihrem VSAN-Cluster *vSphere HA* eingeschaltet sein, deaktivieren Sie diese Funktion. Sie kann nach der Einrichtung von VSAN natürlich direkt wieder aktiviert werden (siehe Abbildung 8.96).

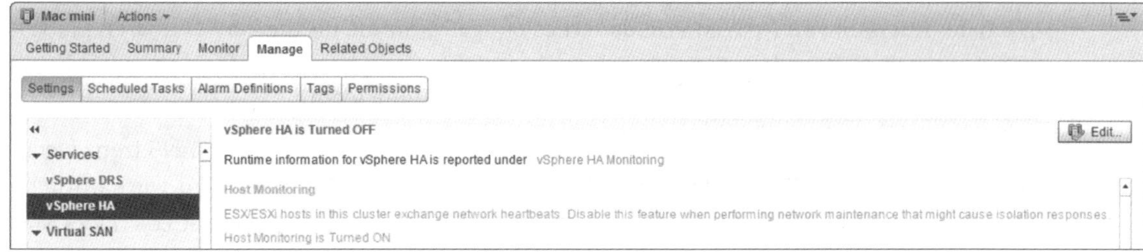

Abbildung 8.96 Deaktivierung der vSphere-HA-Funktionalität im Cluster

In der Verwaltung des vSphere-Servers finden Sie im Abschnitt VIRTUAL SAN die Einstellung zum Anschalten der VSAN-Funktion (siehe Abbildung 8.97).

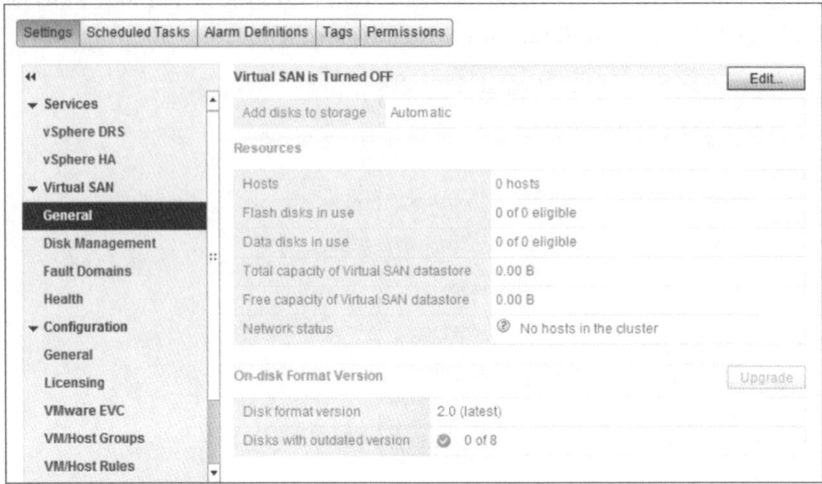

Abbildung 8.97 Übersicht und Status-Information von VSAN

Im Editierungsmodus der Konfiguration existiert eine Auswahl, wie VSAN-Geräte von VSAN verwaltet werden (siehe Abbildung 8.98). AUTOMATIC bedeutet, dass jeder ESXi-Host im VSAN-Cluster seine Platten selbstständig heraussucht und bereitstellt. MANUAL erwartet anschließend die Interaktion des Systemadministrators bei der Festplattenauswahl in der Plattenverwaltung von VSAN.

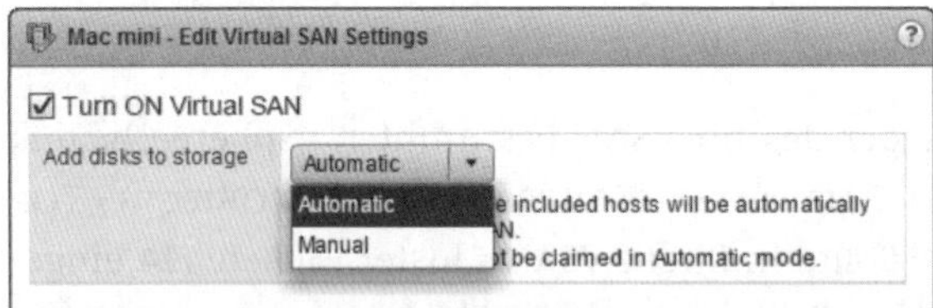

Abbildung 8.98 Auswahl des Plattenverwaltungsverfahrens von VSAN

Nach der Auswahl von AUTOMATIC dauert es einige Minuten, bis die verwendbaren Platten erkannt wurden. Wundern Sie sich daher bitte nicht, wenn in den ersten Sekunden keine Hosts und keine Platten angezeigt werden (siehe Abbildung 8.99).

In der Zwischenzeit kann man von der Evaluationslizenz zu einer vollen VSAN-Lizenz wechseln, wenn man über einen Lizenzschlüssel verfügt. Die VSAN-Lizenz wird wie sämtliche vSphere-Lizenzen über den Web Client unter HOSTS AND CLUSTERS • <ZIEL-CLUSTER> • MANAGE • CONFIGURATION • LICENSING • ASSIGN LICENSE hinzugefügt (siehe Abbildung 8.100).

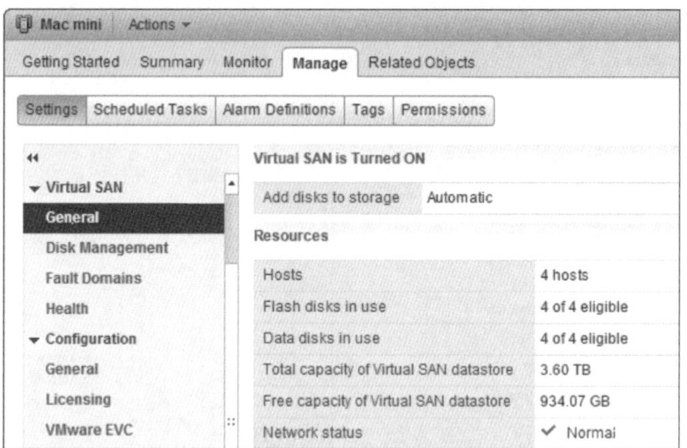

Abbildung 8.99 Informationen zum Status nach der Aktivierung von VSAN

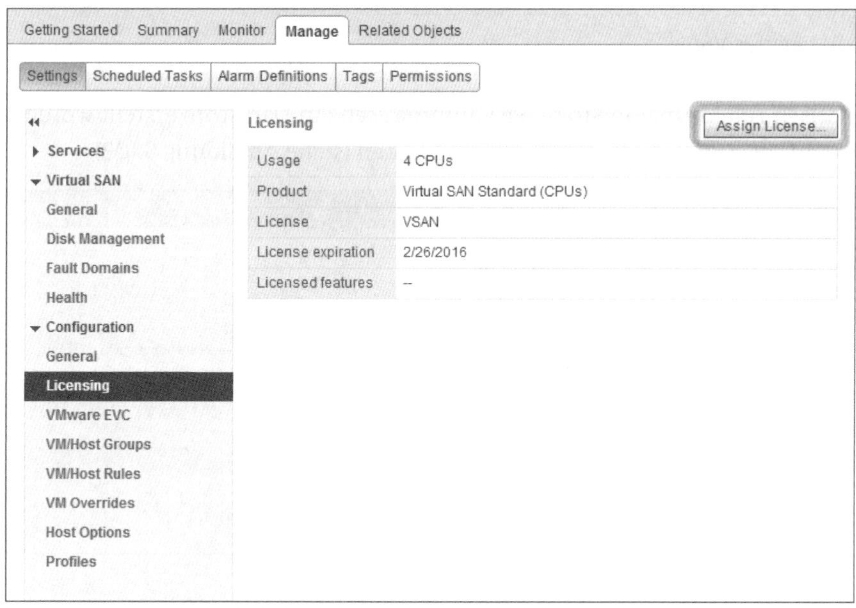

Abbildung 8.100 Einspielen der VSAN-Lizenzen

Wenn Sie nach ein paar Minuten sich erneut den VSAN-Status anschauen, stellen Sie fest, dass sämtliche ESXi-Hosts mit den vorgesehenen Festplatten automatisch erkannt und zugeordnet wurden (siehe Abbildung 8.101).

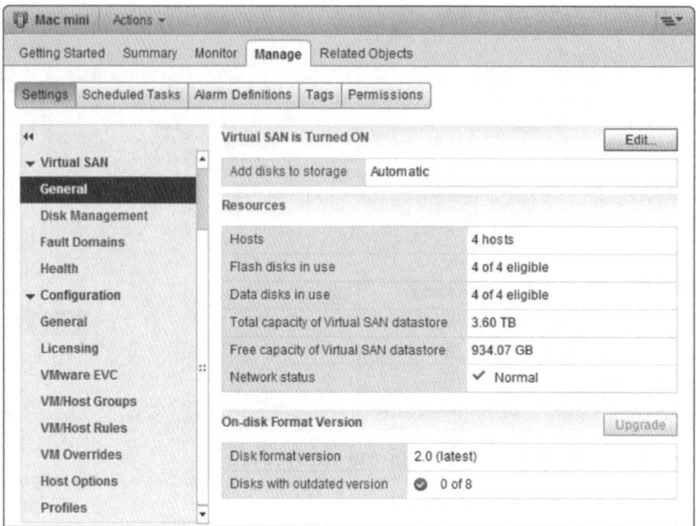

Abbildung 8.101 Aktiviertes VSAN

Aus dem automatisch zugeordneten Storage ist automatisch ein Datastore erstellt worden, der über 3,60 TB verfügt, auf die VMs gelegt werden können (siehe Abbildung 8.102).

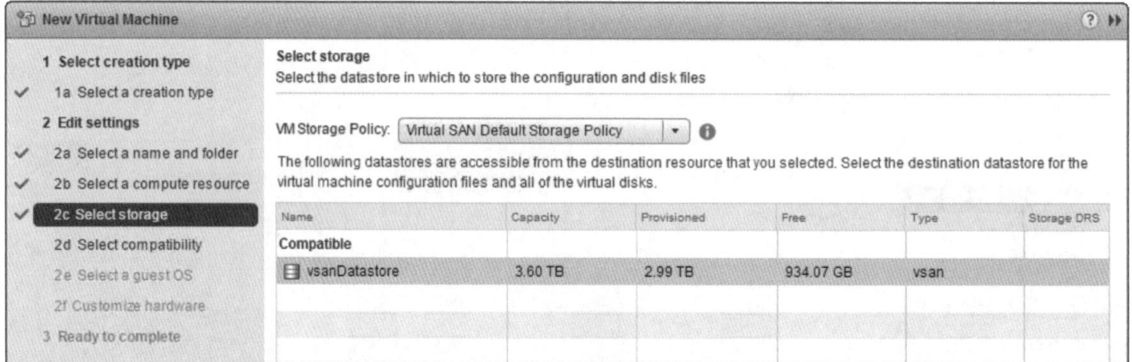

Abbildung 8.102 Anlegen einer VM auf dem VSAN-Datastore

Bei der manuellen Festplattenauswahl hätte die Zuordnung der Platten selbstständig stattfinden müssen, allerdings kann man selbst bei der Option AUTOMATISCH Einblick in die Konfiguration der Platten nehmen und sie minimal anpassen (siehe Abbildung 8.103).

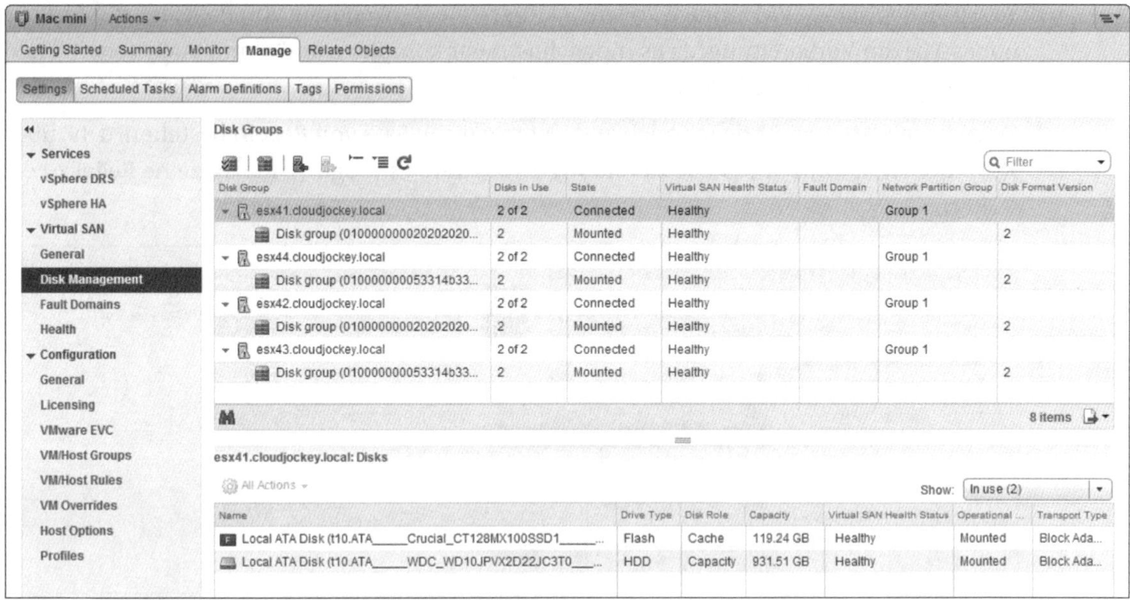

Abbildung 8.103 Festplattenverwaltung innerhalb von VSAN

8.15.6 VM Storage Policies für Virtual SAN

Eine wichtige Ergänzung zu VSAN sind die verwendbaren *Storage Policies*, die es Ihnen ermöglichen, das VSAN-Storage-System intelligenter zu verwalten.

Um in die VM Storage Policies zu gelangen und diese anzulegen, wählen Sie im Startbildschirm des Web Clients VM STORAGE POLICIES unter MONITORING aus (siehe Abbildung 8.104).

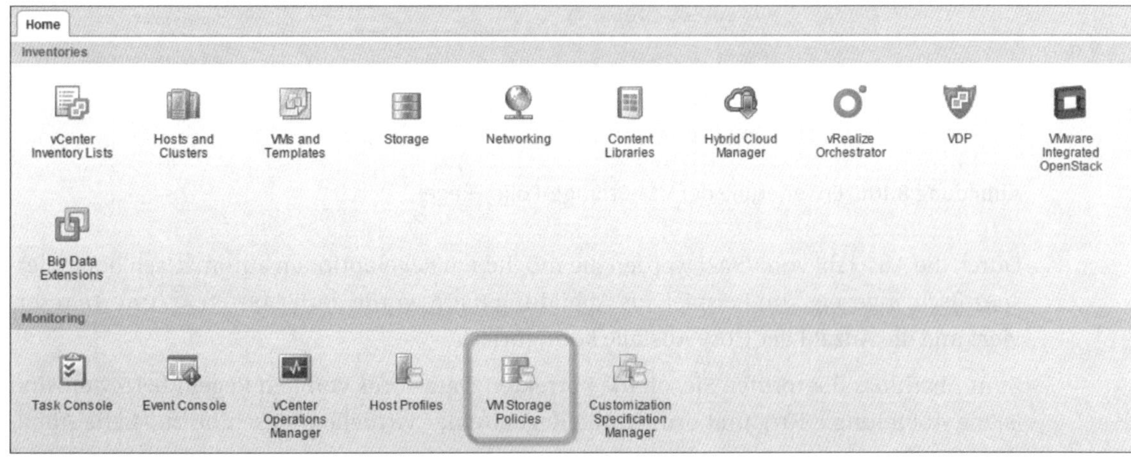

Abbildung 8.104 Konfiguration der »VM Storage Policies«

So schön der Name »VM Storage Policies« klingt – die Verwendung von Policies erfordert ein hohes Maß an Vorbereitung, da es möglich ist, sehr komplexe und damit auch verwirrende oder sogar problembehaftete Regeln zu erstellen.

Diese Regeln können übrigens auch aus einem ganzen Satz von Regeln bestehen, d. h., über Add another rule set (siehe Abbildung 8.105) wäre es möglich, die einzelne Regel zu erweitern.

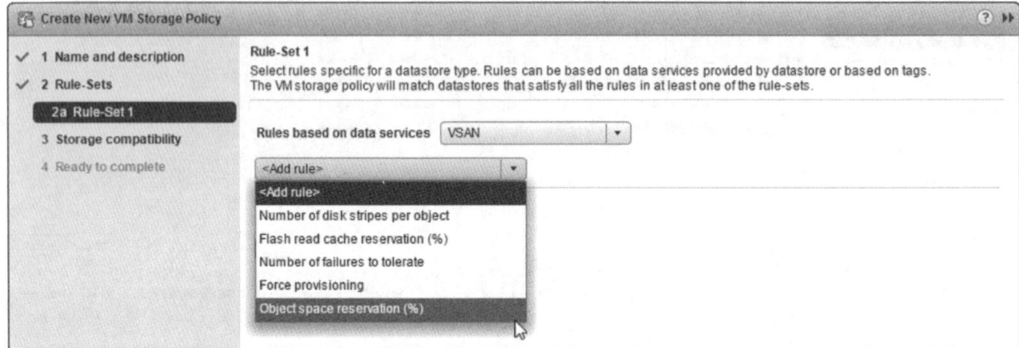

Abbildung 8.105 VM Storage Policy – Regel anlegen

In den Regeln selbst kann man an erster Stelle aussuchen, welchen Hersteller der Storage-Regeln man als Basis nutzen möchte, in unserem Fall ist das VSAN (siehe Abbildung 8.106).

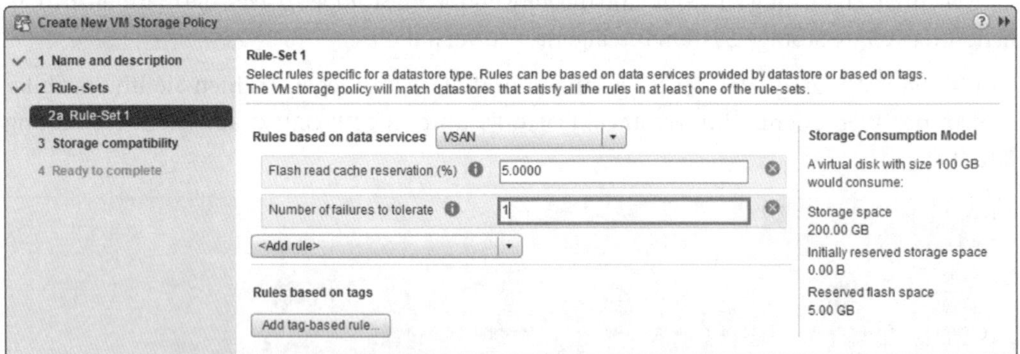

Abbildung 8.106 Erweiterung der VM-Storage-Policy-Regel

Durch die Auswahl von VSAN werden die möglichen Regeloptionen automatisch herstellerspezifisch angezeigt. Im Beispiel aus Abbildung 8.106 wurde der Flash read cache reserviert und die Anzahl der Host-Ausfälle konfiguriert.

Zum Abschluss überprüfen Sie, ob die korrekten Datastores von den Regeln betroffen sind (siehe Abbildung 8.107), und ordnen die Regeln einer virtuellen Maschine zu (siehe Abbildung 8.108).

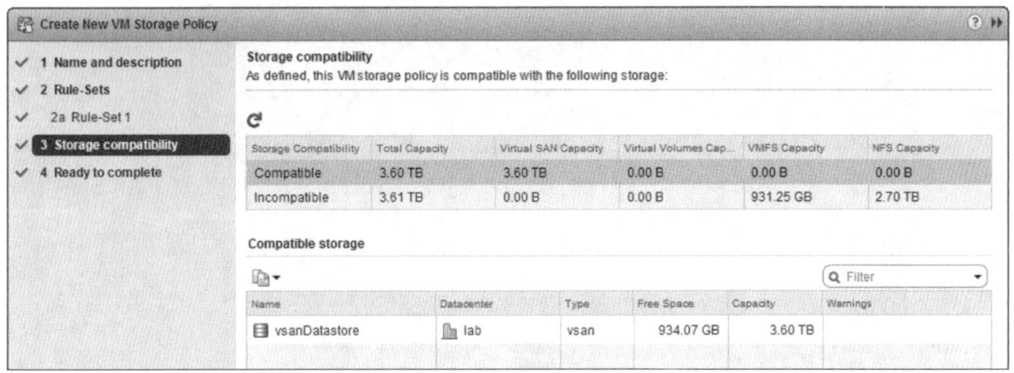

Abbildung 8.107 Auf welche Datastores trifft die VM-Storage-Policy-Regel zu?

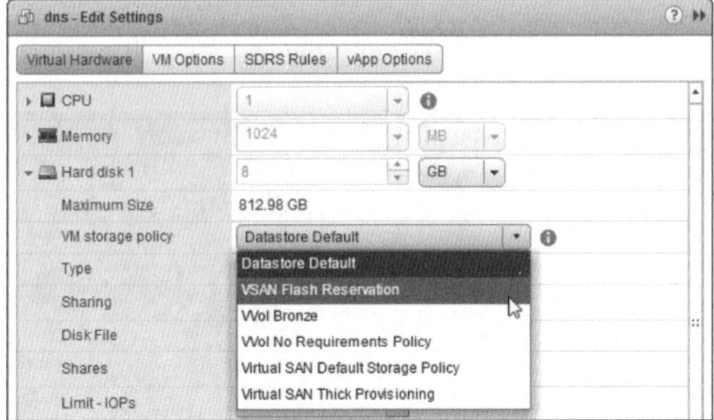

Abbildung 8.108 Zuordnung eines Profils pro VMDK

Testinstallation

Falls Sie übrigens VSAN im Testlabor nachbauen wollen, aber keine physikalischen ESXi-Hosts und auch keine SSD- oder Flash-Komponenten besitzen, empfehlen wir Ihnen folgende URL: *http://www.virtuallyghetto.com/2015/02/how-to-configure-an-all-flash-vsan-6-0-configuration-using-nested-esxi.html.*

8.15.7 VSAN observer

VSAN observer ist ein experimentelles Dashboard zum Überwachen der VSAN-Umgebung. Sie beobachten damit insbesondere die aktuellen Nutzungs- und Lastverhältnisse von VSAN. *VSAN observer* basiert auf der *Ruby Console* (*http://labs.vmware.com/flings/rvc*) von vSphere.

In dem Fall, den Sie in Abbildung 8.109 sehen, werden FUSIONio-Karten für VSAN verwendet, und man kann über die Deep-Dive-Funktion von *VSAN observer* sehr genau die I/O-Optimierung anschauen und im Detail prüfen (siehe Abbildung 8.110).

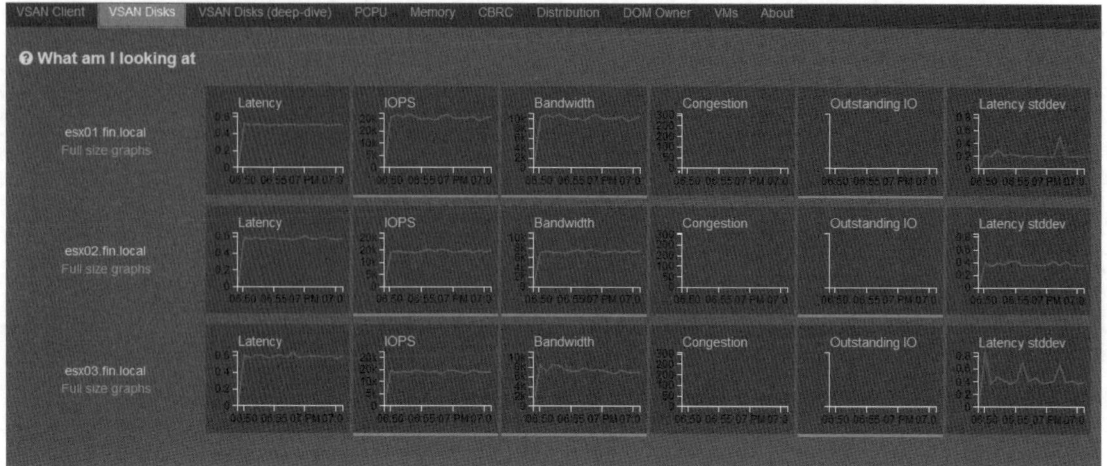

Abbildung 8.109 VSAN-Informationen im Western Digital SANDisk FUSIONio-Dashboard

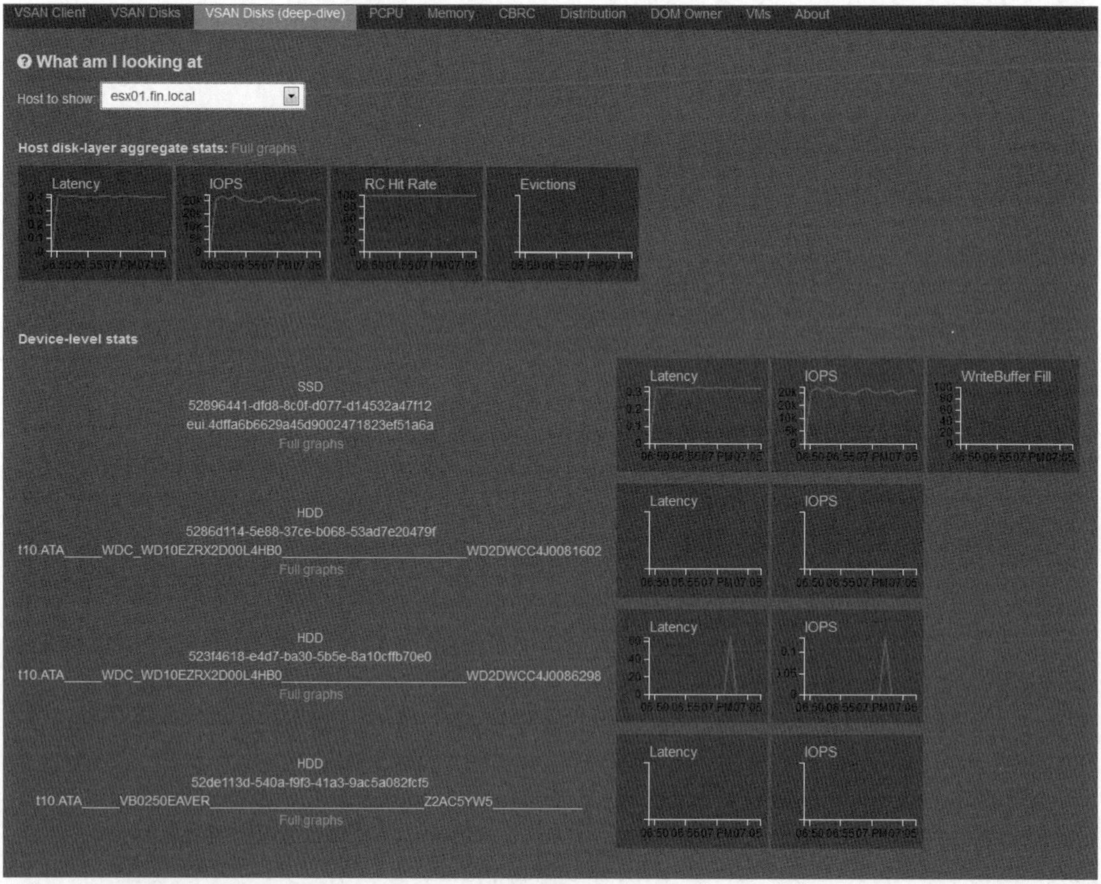

Abbildung 8.110 »VSAN Deep Dive« mit VSAN observer

Sehr gute Blogeinträge zur Installation und zum Betrieb von *VSAN observer* finden Sie unter:

- *http://www.punchingclouds.com/2013/09/02/vsphere-5-5-using-rvc-VSAN-observer-pt1*
- *http://www.punchingclouds.com/2013/09/03/vsphere-5-5-using-rvc-VSAN-observer-pt2*
- *http://www.bussink.ch/?p=1238*

8.16 Best Practices zum Thema Storage

Neben den Best Practices der Hersteller existieren natürlich ein paar mehr oder weniger allgemeingültige Ansätze. Die folgenden Informationen sind nur ein Auszug und keine vollständige Liste. Die bereits in diesem Kapitel erwähnten Themen *Single-Initiator-Zoning*, *Partition Alignment* und *SCSI-Reservations* sollten Sie in jedem Fall beachten.

8.16.1 RAID-Leistungsfähigkeit

Auf den RAID-Typ gehen wir hier nicht detailliert ein, dafür ist die Wikipedia eine sehr gute Anlaufstelle: *http://de.wikipedia.org/wiki/RAID*

Allerdings möchten wir an dieser Stelle gern die oft gestellten Fragen zur RAID-Leistung für die bekanntesten RAID-Level beantworten (siehe Tabelle 8.13).

RAID-Level	1 Frontend-Schreib-I/O = Anzahl der Backend-I/Os
RAID 0	1
RAID 1	2
RAID 5	4
RAID 6	6

Tabelle 8.13 Frontend-I/O vs. Backend-I/O im RAID-Vergleich

In Tabelle 8.13 erkennen Sie, dass ein I/O, das auf die RAID-Gruppe geschrieben wird, im Backend wesentlich mehr I/O-Operationen auslöst. Bei RAID 5 wären dies vier I/Os (Block lesen, Parity lesen, Block schreiben, Parity schreiben). Lesend sind die meisten RAID-Typen zumindest ähnlich, das heißt, bei RAID 0 kann beispielsweise gleichzeitig von beiden Platten gelesen werden, da diese die gleichen Daten enthalten. RAID 0, RAID 10 und RAID 50 erreichen lesend noch höhere Raten als RAID 1 oder RAID 5 bzw. RAID 6.

Dies muss man ins Verhältnis mit den I/Os der Festplatten stellen:

- SATA: ~70–90 I/Os
- SCSI: ~120–150 I/Os
- SAS/FC: 150–180 I/Os

Die Umdrehungsgeschwindigkeit hat natürlich ebenfalls Auswirkungen auf die I/O-Raten. Möchten Sie daher eine mögliche I/O-Geschwindigkeit in einem RAID 5 mit drei FC-Festplatten errechnen, so könnte dies so aussehen:

150 × 3 = 450 I/Os maximal lesen pro Sekunde
450 ÷ 4 = 112,5 I/Os maximal schreiben pro Sekunde

Ginge man von 4-KB-Blöcken wie bei Exchange aus, so wäre der Durchsatz:

450 × 4 = 1800 KB Durchsatz pro Sekunde
112,5 × 4 = 450 KB Durchsatz pro Sekunde

Dies hört sich alles nicht so berauschend an, allerdings sind wir nun auf der reinen Physik, ohne Tuning. Dies wäre beispielsweise bei einem *Direct Attached Storage* (DAS = lokaler Speicher) der Fall, da dort kaum Caching ins Spiel kommt.

Kehrt man zum SAN zurück, dann kann man nicht mehr einfach sagen, was die zu erwartende Performance der Platten ist, da neue Faktoren hinzukommen. Einer der besten Beschleuniger ist zweifelsfrei der Cache – und natürlich auch die Anzahl der Festplatten im RAID. Außerdem verfügen die Hersteller über die verschiedensten Ansätze, um Zugriffsprofile der Anwendungen zu erkennen und diese zu optimieren. Daher ist es unmöglich, ohne Messungen und weitreichende Kenntnisse der verwendeten Applikationen eine Aussage zu treffen.

Im VMware-Umfeld wird dies noch schwieriger, da über die einzelnen Datastores die unterschiedlichsten I/O-Abfragen eingehen, weil viele virtuelle Systeme mit unterschiedlichen Anwendungen gleichzeitig auf dem gleichen gemeinsamen RAID arbeiten. Dadurch entsteht auch ein hoher Anteil an Random-I/O, weswegen die Treffer im Cache abnehmen. Dies bedeutet, dass kleine Caches unter Umständen nutzlos werden.

Als Fazit sind RAID 1, 10 und 50 sehr gut, um hohe Performance zu erreichen. RAID 5 und 6 liefern schlechtere Performance bei höheren Kapazitäten. Daher sollten Sie sich die durch die virtuellen Maschinen zu erwartenden Speicherprofile gut anschauen und nach benötigter Leistung oder Kapazität entscheiden. Außerdem ist das Storage-System mit seiner Architektur gegebenenfalls ideal für die angestrebte Anwendung.

8.16.2 RAID-Größe

Neben der natürlich am häufigsten gestellten Frage nach der richtigen LUN-Größe ist auch immer wieder die Anzahl der Festplatten im einem RAID-Verbund ein spannendes Thema, nach dem gern gefragt wird. Generell gilt natürlich: Je mehr Leistung in den Systemen benötigt wird, desto mehr Festplatten sind sinnvoll. Allerdings muss man bei dieser Behauptung immer beachten, dass die Ausfallsicherheit nicht vernachlässigt werden darf. Würden Sie eine RAID-5-Gruppe mit 100 Festplatten erstellen (vorausgesetzt, es ist technisch möglich), so nähme die Berechnung der Parität wesentlich mehr Zeit in Anspruch als bei einer kleineren RAID-Gruppe.

Des Weiteren skaliert eine RAID-Gruppe nicht unendlich, sodass ein RAID 5 mit 4 Platten bei einer Vergrößerung auf 6 Platten noch linear skaliert, bei einer Erhöhung auf 12 Platten und mehr mit sehr großer Wahrscheinlichkeit aber nicht mehr. Wie weit technisch skaliert werden kann, hängt auch vom Design der RAID-Lösung des Storage-Anbieters ab.

Außerdem ist es vom Leistungsaspekt her egal, ob auf einem RAID 5 mit 4 Platten 10 VMs gut arbeiten oder auf einem RAID 5 mit 16 Platten 40 VMs. Ganz im Gegenteil: Die kleinere RAID-Gruppe könnte sogar eine wesentlich bessere Leistung bringen, da weniger SCSI-Reservations und natürlich Random-I/O passiert. Daher ist es hier sinnvoll, nach einer optimalen RAID-Konfiguration zu schauen, bei der sich Leistung und Ausfallsicherheit die Waage halten. Idealerweise testen Sie daher verschiedene RAID-Konfigurationen und achten darauf, ob ein Engpass bei Kapazität oder Leistung besteht, und passen dementsprechend die RAID-Sets an. Oft hilft hier auch die Arraybelegung der Storage-Hersteller, da bei einem Array mit 14 Festplatten z. B. oft entweder zwei RAID-5-Gruppen à 6 Platten (Benennung 5 + 1 = 5 × Datenkapazität + 1 × Parity-Kapazität) mit zwei Hot-Spare-Platten oder 13 Platten (12 + 1) mit einer Hot-Spare-Platte empfohlen werden.

Diese Zuordnung unterscheidet sich natürlich bei der Nutzung von RAID 1, RAID 6, RAID 10 oder RAID 50 und sollte mit dem Storage-Hersteller hinsichtlich der benötigten Leistung und Ausfallsicherheit abgesprochen werden. Abhängig vom Typ und von der Leistungsfähigkeit der Festplatte können Sie unterschiedlich viele LUNs auf diesem RAID-Set anlegen und mit virtuellen Maschinen befüllen. Generell müssen Sie immer beachten, dass jede LUN und jede virtuelle Maschine auf einer RAID-Gruppe zur Mehrbelastung des Systems durch Random-Zugriffe führt. Daher sind in diesem Fall SCSI-, FC- oder SAS-Platten gegenüber SATA-Festplatten im Vorteil.

Manche Systeme unterstützen die Möglichkeit, RAID-Gruppen miteinander zu vermischen, z. B. über mehrere RAID-5-Gruppen eine RAID-0-Gruppe zu legen. Damit erhöhen Sie die Anzahl der Festplatten eines RAID-Sets und damit die möglichen Datendurchsatzraten.

8.16.3 Geschwindigkeit vs. Kapazität

Das Thema »Geschwindigkeit vs. Kapazität« wird seit der Einführung von SATA-Festplatten und den damit verbundenen enormen Festplattenkapazitäten leider immer mehr vernachlässigt, und es kommt stetig zu Leistungsproblemen im SAN oder zu Diskussionen über den Preis der Storage-Systeme.

Aber warum muss dieses Thema so genau angeschaut werden? Dazu müssen Sie sich wieder ins Gedächtnis rufen, was vor der Virtualisierung war: Man hatte zumeist zwei SCSI- oder FC-Festplatten im RAID 1 in jedem Server. In diesem RAID-Set wurden die Systemdateien, die Auslagerungsdatei und Applikationen abgelegt.

Wenn dieses physische System virtualisiert wird, sinkt der Plattenbedarf nicht. Das heißt, wenn früher 25 % der Festplattenleistung ausgeschöpft wurden, so besteht diese Notwendigkeit auch nach der Virtualisierung.

Schauen Sie sich die virtuelle Infrastruktur genauer an, so sind viele virtuelle Maschinen auf einer oder mehreren LUNs gebündelt, die wiederum auf einer oder mehreren RAID-Gruppen abgelegt sind. Hinzu kommt, dass beim Betrieb mehrerer VMs auf dem gleichen VMFS nahezu ausschließlich Random-Zugriff herrscht (siehe Abbildung 8.111), was bei größerer Datendichte automatisch zu mehr Bewegung des Schreib-/Lesekopfes führt.

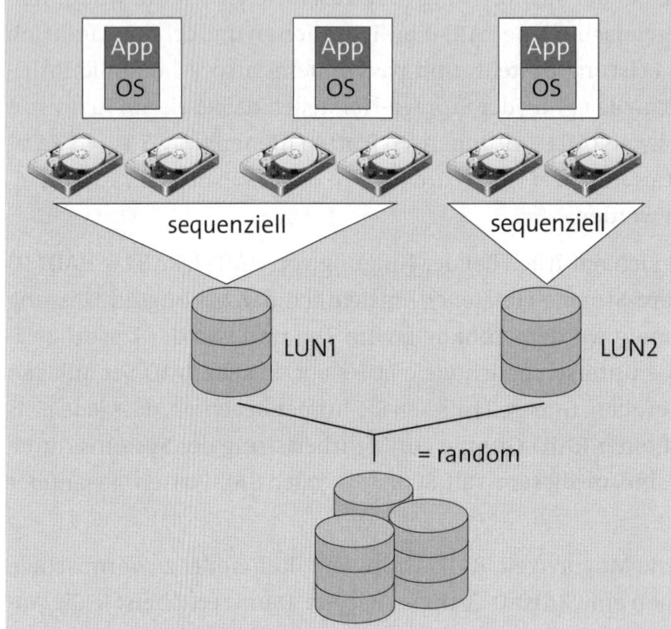

Abbildung 8.111 Sequenzielle Zugriffe durch virtuelle Maschinen auf das gleiche RAID-Set führen zu Random-Zugriffen.

Würden Sie nun fünf 1-TB-SATA-Festplatten in einem RAID 5 bündeln, so kämen Sie auf eine Nutzkapazität von etwa 4 TB, die Sie in vier LUNs à 1 TB aufteilen würden. Damit stehen 4 TB Nutzkapazität – aufgeteilt auf vier LUNs, die mit VMFS formatiert werden – zur Verfügung. Gingen wir im einfachsten Fall von virtuellen Maschinen mit einer Plattennutzung von 40 GB aus, so fänden knapp 25 VMs auf einer LUN Platz. Ziehen wir noch ein wenig Puffer für Snapshots und Swap-Dateien ab, wären es noch 24 VMs. Auf allen LUNs wären es 96 virtuelle Maschinen.

Vergleichen wir dies mit der physischen Hardware von früher:

Vorher:
96 Systeme à 2 Festplatten = 192 SCSI-Festplatten
(pro Platte 72 GB, d. h. eine theoretische Nutzkapazität von 6,75 TB)

Nachher:
96 Systeme = 5 SATA-Festplatten

Aber haben diese Festplatten jetzt auch die Leistungsfähigkeit der 192 SCSI-Festplatten? Selbst wenn wir davon ausgingen, dass die heutigen SATA-Platten mit den früheren SCSI-Festplatten vergleichbar wären (was bei der Performance nicht der Fall ist), dann wäre der Leistungsnachteil der SATA-Lösung immer noch enorm. Gehen wir von 70 IOPS aus, so wäre die SCSI-Lösung gebündelt 38,4-mal schneller, was 13.090 IOPS mehr entspricht.

Diese Rechnung ist natürlich nicht genau und betrachtet auch nicht die Unterschiede zwischen den RAID-Gruppen. Allerdings spiegelt sie den Leistungsunterschied ziemlich gut wider. Somit können Sie sich sehr einfach überlegen, wie leistungsfähig diese RAID-Gruppe mit den fünf SATA-Festplatten wirklich ist und dass Sie die zur Verfügung stehenden Kapazitäten nur ausnutzen könnten, wenn Sie die virtuellen Maschinen immer abgeschaltet ließen.

Bedenken Sie daher immer, dass die Leistungsfähigkeit in IOPS eine viel wichtigere Maßgabe ist als die Kapazitätsmöglichkeiten. Somit ist es auch keine Seltenheit, dass zwar 4 TB zur Verfügung stehen, allerdings nur 1 TB sinnvoll genutzt werden kann, da dadurch die Performance für die virtuellen Maschinen gewährleistet ist. Es kommt auch immer wieder vor, dass aufgrund der Performance auf einer VMFS-Partition nur fünf virtuelle Maschinen betrieben werden können, ganz unabhängig von weiteren Aspekten wie SCSI-Reservation-Conflicts.

8.16.4 LUN-Größe

Wenn Sie Abschnitt 8.16.2, »RAID-Größe«, und Abschnitt 8.16.3, »Geschwindigkeit vs. Kapazität«, bereits gelesen haben, sollte Ihnen schon der ein oder andere Gedanke zu der richtigen LUN-Größe gekommen sein. Idealerweise versuchen Sie, die LUN-Größe auf einen gemeinsamen Nenner zu bringen, um möglichst gleiche LUNs zu erstellen. Das erleichtert die Verwaltung und die Verteilung.

Geht man von VMs mit 40 GB Festplattenkapazität aus, so landet man meist bei acht bis zehn VMs, basierend auf den dahinterliegenden IOPS-Möglichkeiten und dem davon abhängigen Lastbedarf der virtuellen Maschinen. In einem solchen Fall wären 400-GB-LUNs bei einer Planung optimal.

Haben Sie weniger leistungsfressende VMs, so können Sie natürlich mehr Systeme auf einer LUN unterbringen. Arbeiten Sie mit Thin Provisioning auf dem VMFS oder mit Snapshots, so sollte die Anzahl der VMs auf einer LUN aufgrund der SCSI-Reservations kleiner ausfallen. Dort können Sie auf eine LUN-Größe von maximal 1,99 TB gehen. Die Limitierungen beim ESXi-Host-Zugriff können Sie durch die sehr hohen Grenzwerte von vSphere mittlerweile vernachlässigen.

Umgekehrt gilt bei sehr leistungsintensiven Systemen (wie Datenbanken oder Exchange/SAP-Systemen), dass weniger VMs pro LUN oder besser pro RAID-Gruppe betrieben werden.

Existieren Ausreißer, z. B. ein System mit 1,5 TB statt der üblichen 40 GB, so sollten Sie die VM entweder mit Raw Device Mappings oder einer großen LUN versorgen, auf der Sie die VM allein betreiben.

8.16.5 RAID-Rebuild und HP-EVA-Levelling

Immer wieder haben Kunden während des laufenden Betriebs das Problem, dass die I/O-Leistung der virtuellen Maschinen sich für einen gewissen Zeitraum deutlich verringert und plötzlich wieder normal ist. Daran ist nicht selten eine Überlastung des Storage-Prozessors in den Storage-Systemen schuld, die z. B. durch RAID-Rebuild, Deduplizierung, Datenmigrationen oder Levelling ausgelöst wird.

Fällt beispielsweise eine Festplatte in einer RAID-5-Gruppe aus, so muss diese Festplatte ersetzt werden, und die verlorenen Daten werden anhand der Parity berechnet und wiederhergestellt. Es kommt hierbei zu keinem Datenverlust, allerdings wird das RAID-System dadurch belastet, was Geschwindigkeitsnachteile für alle an diesem RAID-Controller angeschlossenen Platten bedeutet. Intelligente Storage-Systeme (EMC, HDS ...) erkennen bereits im Vorfeld, wenn sich bei Festplatten erste Abnutzungserscheinungen zeigen, und füllen die Hot-Spare-Platte schon mit den Daten der entsprechenden Festplatte, bevor diese wirklich ausfällt. In diesem Fall wird der RAID-Rebuild-Prozess minimiert. Ist dies nicht der Fall, so kann ein RAID-Rebuild auch weit über 24 Stunden dauern. In dieser Zeit ist ein RAID-5-Set natürlich stark durch Ausfall der nächsten Festplatte gefährdet, und es kommt zur Leistungsverringerung.

Ein äußerst problematischer Fall ist das Levelling, wie es beispielsweise HP EVA (*Enterprise Virtual Array*) ausführt. Da das EVA-System die RAID-Informationen nicht mittels kompletter Festplatten, sondern mit Festplattenfragmenten über alle zugeteilten Festplatten verteilt, ist die Performance zwar sehr hoch, allerdings müssen die Daten notfalls neu organisiert (verschoben, migriert) werden. Dies ist zum Beispiel der Fall, wenn dem EVA-Pool neue Festplatten zugewiesen werden und die Daten auch mit auf die neuen Festplatten verteilt werden müssen. Dieser Vorgang kann die Speicherleistung enorm verschlechtern, daher sollten Sie einen solchen Schritt auch zeitlich gut überdenken und niemals während der Produktionszeiten ausführen.

Kapitel 9
Converged Systems

In diesem Kapitel stellen wir »Converged Systems« (auch »Converged Infrastructure« genannt) vor, eine neue Kategorie von Produkten, die erst vor Kurzem auf den Markt kam. Converged Systems stießen bei den Kunden auf großen Anklang und haben in nur kurzer Zeit die IT-Landschaft nachhaltig verändert.

Die Autoren dieses Kapitels sind Urs Stephan Alder,
KYBERNETIKA AG /d-on-d
usa@kybernetika.ch
und
Marcel Brunner, VMware Global Solution Consultant
marcelb@vmware.com
Blog: http://cloudjockey.tech

Während der letzten Jahre entstand im IT-Infrastrukturbereich speziell für virtuelle Umgebungen ein neues Marktsegment: die *Converged Systems*, die auch als *Converged Infrastructures* (CI) bezeichnet werden. Ihr Hauptmerkmal ist, dass sie in einem Produkt sämtliche Systemressourcen vereinen, die für den Betrieb virtueller Infrastrukturen erforderlich sind.

Die ersten Vertreter dieser Gattung waren die Vblock-Systeme von VCE, einem Joint Venture der Firmen Cisco, EMC und VMware. Andere namhafte IT-Hersteller folgten mit eigenen Produkten. Das hatte zur Folge, dass sich viele Großunternehmen vom Best-of-Breed-Ansatz zum Betrieb ihrer virtuellen Infrastrukturen verabschiedeten.

Im Segment der kleinen und mittleren Unternehmen (KMU) gab es zunächst keine vergleichbare Lösung, bis ein Silicon-Valley-Start-up, die Firma Nutanix, dieses Feld zu besetzen begann. Sie stellte mit der Hyper-Converged Infrastructure Appliance (HCIA) einen neuen Ansatz einer CI vor. Weitere namhafte Hersteller folgten diesem Beispiel – so auch VMware, das einen Software-Stack mit Namen *EVO:RAIL* anbietet, den Hardware-Hersteller mit ihren Produkten bündeln können.

Jüngst präsentierte VMware auf seiner eigenen Messe VMworld 2015 in San Francisco mit *VMware EVO SDDC* einen weiteren Vertreter von Converged Systems. VMware EVO SDDC vereint die hohe Skalierbarkeit von CI-Systemen mit den Vorzügen von HCIA.

Informationen zu VMware EVO SDDC

Zum Zeitpunkt der Drucklegung des Ihnen vorliegenden Handbuchs war VMware EVO SDDC noch nicht auf dem Markt. Sie finden weiterführende Informationen zum Produkt unter *http://www.vmware.com/products/evosddc/*.

In diesem Kapitel werden Ihnen daher die HCIA-Lösungen von Nutanix und *VMware EVO:RAIL* näher vorgestellt.

9.1 Hyper-Converged Infrastructure Appliance (HCIA)

Unter einer HCIA versteht man, dass die Systemressourcen Prozessor, Arbeitsspeicher, Netzwerkanbindung und Massenspeicher optimal aufeinander abgestimmt zu einem System verbaut sind. Dieses System ist nur wenige Höheneinheiten groß, ist mit passender Verwaltungssoftware ausgestattet und wird als Produkt auf dem Markt angeboten.

Das hat den Vorteil, dass der Käufer keine aufwendigen Evaluationen passender Hardware-Komponenten durchführen muss. Benötigt der Käufer Support im Hardware-Bereich, braucht er nur einen Ansprechpartner kontaktieren. Außerdem sind Software-Upgrades der Komponenten aufeinander abgestimmt sowie auf Verträglichkeit mit der Virtualisierungplattform geprüft. Damit entfallen langwierige Testzyklen, die beim Best-of-Breed-Ansatz immer notwendig waren, wollten Sie unerwünschte Überraschungen vermeiden.

9.2 EVO:RAIL

VMware EVO:RAIL kombiniert Prozessor-, Arbeitsspeicher-, Netzwerk- und Datenspeicherressourcen mit VMware-Virtualisierungs- und Verwaltungssoftware zu einem Gesamtpaket, das als *Hyper-Converged Appliance Infrastructure* (HCIA) bezeichnet wird.

9.2.1 Konzept

EVO:RAIL ist ein Hard- und Software-Bundle und wird in einem Appliance-Form-Faktor ausgeliefert, der zwei Höheneinheiten umfasst. VMware schreibt dabei die Spezifikationen für die Hardware vor und liefert die Softwarekomponenten mit. Das Gesamtpaket wird über verschiedene *Qualified EVO:RAIL Partners* (QEPs) vertrieben und teilweise um eigene Softwarepakete ergänzt. Es lohnt sich, die einzelnen QEPs zu vergleichen, um die für Ihr Rechenzentrum passendste EVO:RAIL zu finden.

Hautmerkmale von EVO:RAIL

- Skalierbare, modulare, hochverfügbare Architektur, die sich als Plattform für Servervirtualisierung, Infrastruktur für virtualisierte Rechenarbeitsplätze sowie Außenstandorte (ROBOs) eignet.
- Vereinfacht den Betrieb, die Verwaltung und Wartung durch abgestimmte Softwarepakete, unterbrechungsfreie Software-Upgrades und ein vereinfachtes Support-Modell.

Technologiepartner

Derzeit unterstützen folgende QEPs *VMware EVO:RAIL*:

- Dell Engineered Solutions for VMware EVO:RAIL
- EMC^2 VSPEX Blue
- Fujitsu Integrated System PRIMEFLEX for VMware EVO:RAIL
- Hitachi Data Systems Hitachie Unified Compute Platform 1000 for VMware EVO:RAIL
- NetApp Integrated VMware EVO:RAIL Solution
- Supermicro EVO:RAIL Solutions
- net one Integrated System Appliance for VMware EVO:RAIL
- inspur EVO all-in-one machine

9.2.2 Einsatzbereiche

EVO:RAIL eignet sich für eine Vielzahl von Anwendungen, die wir im Folgenden kurz erläutern.

Harmonisierung der IT-Infrastruktur

Vor allem der KMU-Bereich kann mit nur einer Appliance bis zu 100 mittelgroße Serversysteme virtualisieren und auf der Plattform betreiben:

- Je nach Anzahl der Knoten finden 100 bis 800 VMs Platz.
- Einfache Erweiterbarkeit; bis zu acht Appliances können als eine Einheit verwaltet werden.
- Die Verfügbarkeit der Applikation ist sichergestellt durch die Funktionen vSphere HA, DRS, Virtual SAN und die EVO:RAIL Engine.

Virtualisierung von EDV-Arbeitsplätzen

Wenn sie um das für VMware EVO:RAIL zugeschnittene Add-on *Horizon for EVO:RAIL* ergänzt wird, kann die Appliance hervorragend für virtualisierte Microsoft-Windows-Arbeitsplätze eingesetzt werden:

- Virtualisierung von 250 bis 2000 Arbeitsplätzen
- Erforderliche Leistungsspitzen wie beim Starten, Einwählen und extensiven Schreib- und Lesevorgängen werden über intelligente Algorithmen durch den Cache-Speicher von Virtual SAN abgefangen.
- einfache Bereitstellung und Konfiguration

Erschließung von Außenstandorten (ROBO)

Größere Firmen können von EVO:RAIL profitieren, indem sie ihre Außenstandorte mit der Appliance ausstatten. Sie vereinfachen so Betrieb und Wartung. Das führt zur Kostensenkung der IT-Infrastruktur an den Außenstandorten.

- Harmonisierung der IT-Infrastruktur an den Außenstandorten
- Eignet sich für Administratoren ohne tiefes VMware-Hintergrundwissen.
- einfache Installation und Betrieb

Hybrid-Cloud-Bereitstellung

Selbst IT-Dienstleistern kann EVO:RAIL Mehrwerte bieten. Sie erhalten eine Virtualisierungslösung, die auf der vSphere-Plattform basiert, die in der Mehrzahl der Unternehmen verbreitet ist. Daraus können neue Dienstleistungen realisiert werden. Beispielsweise können sie kleinen und mittleren Unternehmen Systemressourcen für den Katastrophenfall zur Verfügung stellen.

- EVO:RAIL dient als Building Block für eine virtuelle private Cloud (VPC).
- einfache und konsistente Inbetriebnahme im eigenen Rechenzentrum oder in Dritt-Rechenzentren
- einfache Skalierbarkeit zur Erhöhung der Kapazität

9.2.3 Architektur

Die Architektur von EVO:RAIL ist in puncto Hard- und Software optimal auf eine Vielzahl von Einsatzbereichen abgestimmt.

Systemspezifikationen

Ein System findet in zwei Höheneinheiten Platz und besteht immer aus vier unabhängigen Serverknoten in derselben Konfiguration.

Eine Appliance besteht aus:

- 4 Serverknoten
- Anzahl der Prozessoren: Acht Intel-E5-Prozessoren (Ivy Bridge oder Haswell mit 48, 64, 80 oder 92 Prozessorkernen)

- Arbeitsspeicher: 512, 786, 1024 oder 2048 GB
- Speicherkapazität: 16 oder 27,2 TB Hybrid-Speicher (eine Mischung aus magnetischen Festplatten und Flash-Speicher)
- Netzwerkanbindungen: 8× 10-Gigabit-Ethernet-Netzwerkanschlüsse (Kupfer oder Glasfaser) und 4× 1-Gigabit-Ethernet zur Verwaltung (BMX-Anschlüsse)

Softwarekomponenten

Das Herzstück von EVO:RAIL ist das von VMware mitgelieferte Softwarepaket. Es besteht aus folgenden Komponenten:

- EVO:RAIL Engine – Verwaltungssoftware von EVO:RAIL und Administrationsoberfläche für sämtliche Aufgaben im Betrieb mit der Appliance
- vCenter
- vSphere ESXi Hypervisor
- Virtual SAN
- vRealize LogInsight

Lizenzierung und das »VMware vSphere Loyality Program«

Kunden dürfen ab Version 1.2 der Appliance ihre existierende vSphere-Enterprise-Plus-Lizenz oder vSphere-Enterprise-Plus-Lizenzen als Teil von *Operations Management Enterprise Plus*, *vCloud Suite* oder *Horizon Suite* für die EVO:RAIL-Appliance verwenden, solange diese Lizenzen auf der Version 5.x oder höher beruhen.

Erkundigen Sie sich bei Ihrem Bezugskanal über die genauen Konditionen.

Skalierbarkeit

EVO:RAIL ist als Scale-out-Architektur konzipiert. Das bedeutet, dass Ihr System in gleichen Schritten bezüglich sämtlicher Systemressourcen wächst, die eine Appliance bietet. Mit der Verwaltungssoftware können Sie heute bis zu sieben zusätzliche Appliances als Einheit betreiben. Das ergibt insgesamt 32 Knoten und entspricht damit dem Maximum, das vSphere 5.5 unterstützt.

Die Appliance bietet eine lineare Skalierbarkeit in Hinblick auf Leistungsfähigkeit, Bandbreite und Kapazität (Drei-Wege-Skalierbarkeit oder Scale-out-Architektur). Eine Appliance mit vier Knoten bietet Unterstützung für 100 virtuelle Maschinen oder 250 virtualisierte EDV-Arbeitsplätze. Im Maximalausbau ergibt das 800 virtuelle Maschinen oder 2000 virtualisierte EDV-Arbeitsplätze.

Größenangaben zur Anzahl unterstützter virtueller Maschinen

Die Skalierungsangaben von VMware haben folgende Eckpunkte:

- General Purpose VM Profile: 2 vCPU, 4 GB vMEM, 60 GB vDisk (gespiegelt)
- Horizon View Virtual Desktop Profile: 2 vCPU, 2 GB vMEM, 32 GB vDisk Linked Clones

9.2.4 Inbetriebnahme von EVO:RAIL

Eine große Stärke von EVO:RAIL ist die einfache Inbetriebnahme.

Netzwerktechnische Voraussetzungen zur Inbetriebnahme

Die Mindestanforderung ist ein Top-Of-Rack-Switch (TOR), der 10-Gigabit-Ethernet für die Protokolle IPv4 und IPv6 unterstützt. VMware empfiehlt die Bereitstellung von vier VLANs, um eine logische Trennung des Datenverkehrs wie folgt zu realisieren:

- Management
- vSphere vMotion
- Virtual SAN
- VM-Netzwerk

Wenn Sie zudem den Datenverkehr von VMs nach Abteilungen einteilen, benötigen Sie weitere VLAN-IDs.

Sie benötigen Zugriff auf die Netzwerkdienste DNS, Default Gateway, NTP und optional auf das Active Directory.

Eine Appliance konsumiert insgesamt 14 IP-Adressen:

- vCenter und EVO:RAIL-Engine benötigen jeweils 1 IP-Adresse.
- 4 IP-Adressen zur Verwaltung der ESXi-Hosts
- 4 IP-Adressen für den Datenverkehr von vSphere-vMotion
- 4 IP-Adressen zur Kommunikation der Knoten von Virtual SAN
- optional 4 IP-Adressen für die Out-of-Band-Verwaltung

Reservieren Sie zusätzliche Adressen für den Betrieb virtueller Maschinen. So kann die EVO:RAIL Engine sich aus einem IP-Adressen-Pool beim Ausrollen neuer VMs bedienen.

Wenn die EVO:RAIL im Rack verbaut und verkabelt ist, verbinden Sie Ihren Computer direkt mit einem der 1-Gbit-Anschlüsse der Top-Of-Rack-Switches, an denen Sie die EVO:RAIL angeschlossen haben. Konfigurieren Sie den IP-Anschluss Ihres Computers so, dass er Teil des Installationsnetzwerks von EVO:RAIL ist. Wie Sie das tun, ist in der mitgelieferten Dokumentation beschrieben. Notieren Sie sich auch die Anmeldeinformationen.

Öffnen Sie ein Browserfenster, und tippen Sie folgenden URL ein: *https://<Installations-IP-Adresse von EVO:RAIL>:7443/*. Sie werden mit einem Willkommen-Bild begrüßt und gelangen durch Anklicken der Schaltfläche zum nächsten Bildschirm. Dort müssen Sie das »VMware End User Agreement« akzeptieren.

Im Bildschirm mit der Aufforderung Great, let's get started klicken Sie auf den Button Customize Me, um fortzufahren (siehe Abbildung 9.1).

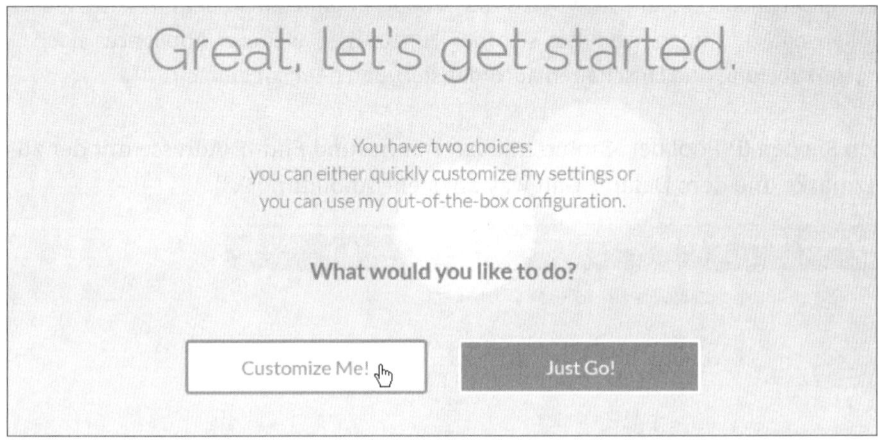

Abbildung 9.1 EVO:RAIL-Installationsauswahl

Die Vorbereitung zur Inbetriebnahme von EVO:RAIL erfolgt über einen Wizard. Sämtliche Änderungen werden sofort pro Untermenü gespeichert.

In der ersten Maske bestimmen Sie unter ESXi hostname prefix die Nomenklatur, nach der die Knoten der Appliance benannt werden. Außerdem tragen Sie den Namen des vCenter-Servers von EVO:RAIL ein (siehe Abbildung 9.2).

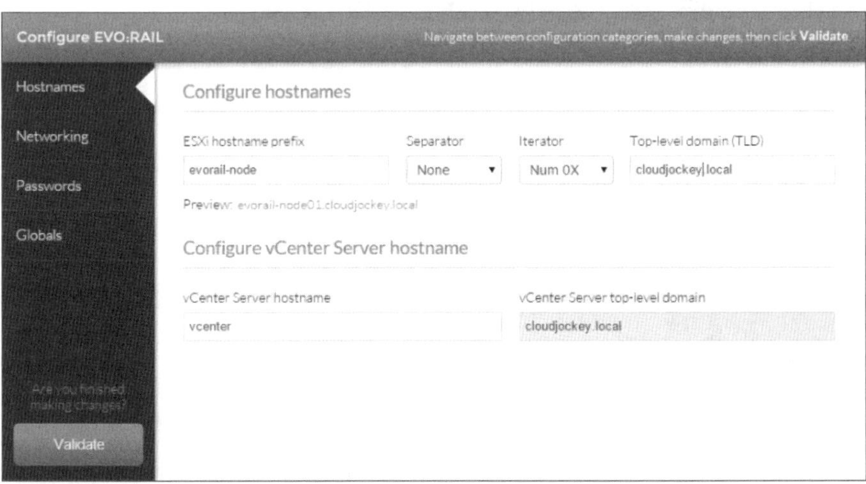

Abbildung 9.2 Tragen Sie die Präfixe der Knotennamen und den Namen des vCenter-Servers ein.

Im nächsten Menüpunkt, NETWORKING, erfolgt die Netzwerkkonfiguration. Sie ist in die Untermenüs EXSI HOSTS, VMOTION, VIRTUAL SAN, VCENTER SERVER und VM NETWORKS aufgeteilt. Tragen Sie dort jeweils die zugeordneten VLANs ein.

Inbetriebnahme weiterer Appliances

EVO:RAIL verwaltet insgesamt acht Appliances als eine Einheit. Wenn Sie bei der Inbetriebnahme der ersten Appliance bereits im Voraus die IP-Pools entsprechend dem IP-Adressenbedarf im Vollausbau eintragen, gestaltet sich das Hinzufügen weiterer Appliances nach deren Einbau, Verkabelung und Einschalten automatisiert und denkbar einfach.

Als Erstes geben Sie den IP-Pool der Knoten inklusive Start- und End-IP-Adresse mit der zugehörigen Netzmaske und dem Default-Gateway an (siehe Abbildung 9.3).

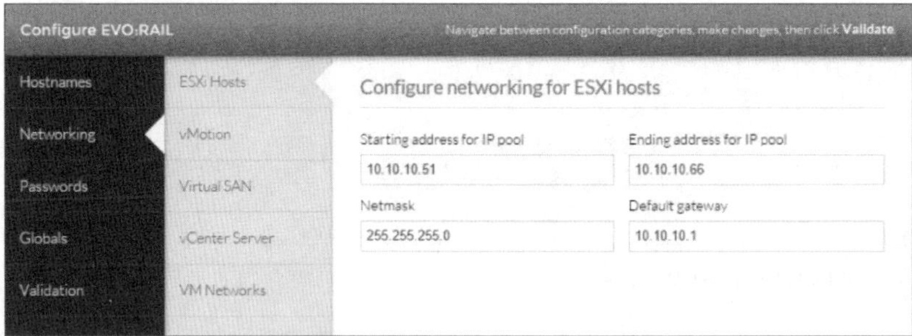

Abbildung 9.3 Konfiguration des Verwaltungsnetzwerks

Nun wiederholen Sie diesen Vorgang für VMOTION (siehe Abbildung 9.4) und VIRTUAL SAN (siehe Abbildung 9.5).

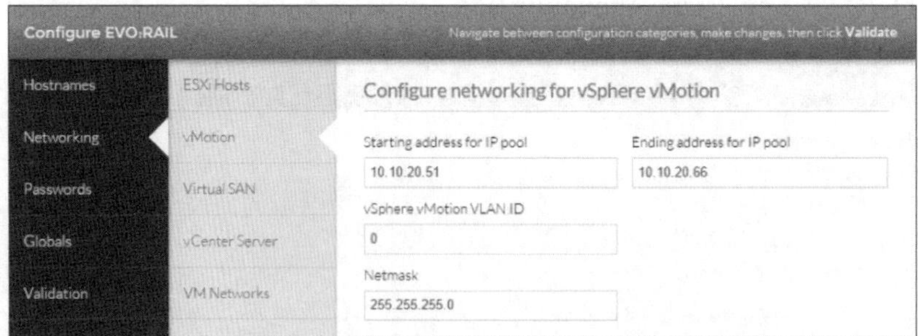

Abbildung 9.4 Konfiguration des Netzwerks für »vSphere vMotion«

Virtual SAN unter EVO:RAIL

Virtual SAN (VSAN) ist die Software-Komponente, die der Appliance Speicherkapazität zur Verfügung stellt. Eine ausführliche Beschreibung von VSAN finden Sie in Kapitel 8, »Storage-Architektur«.

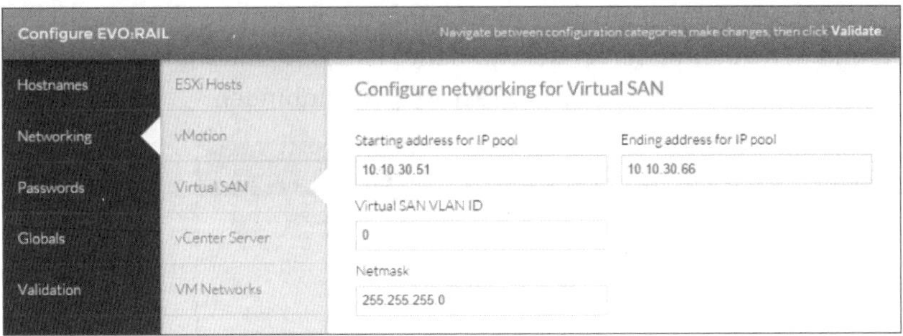

Abbildung 9.5 Netzwerkkonfiguration für VSAN

Auch der bereits vorinstallierte vCenter-Server erhält eine neue IP-Adresse zugewiesen (siehe Abbildung 9.6).

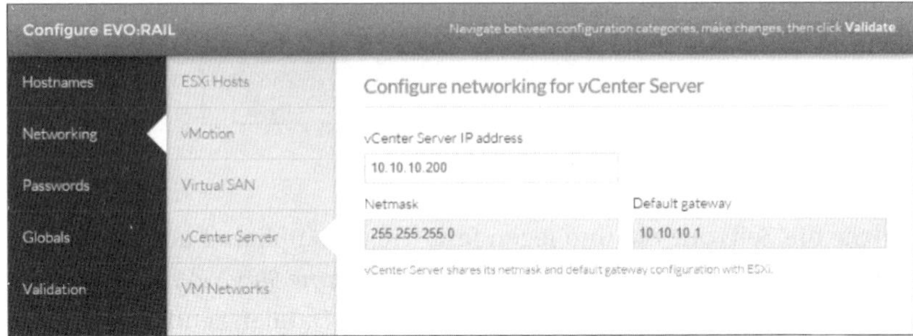

Abbildung 9.6 Konfiguration der Netzwerkinformation von vCenter

Im letzten Teil des Menüs bestimmen Sie die VM NETWORKS mit ihrer entsprechenden VLAN-ID (siehe Abbildung 9.7).

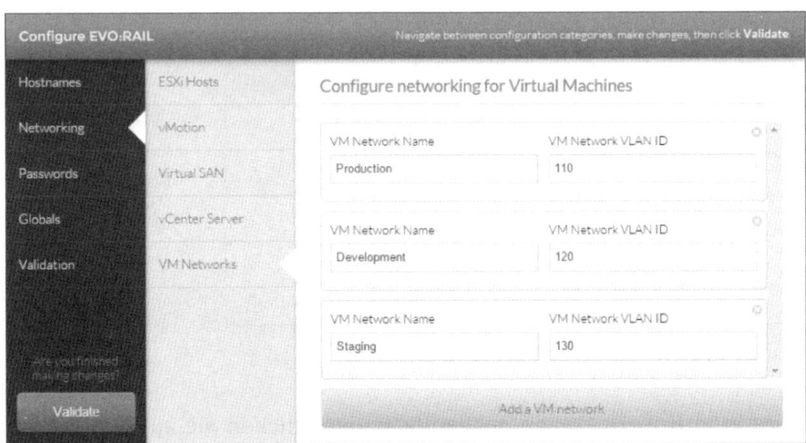

Abbildung 9.7 Konfiguration der VM-Netzwerke

Im Menüpunkt PASSWORDS übertragen Sie die Anmeldeinformationen für den Zugriff auf die einzelnen Knoten und den vCenter-Server der Appliance (siehe Abbildung 9.8). Optional können Sie die Appliance in das Microsoft Active Directory (AD) einbinden.

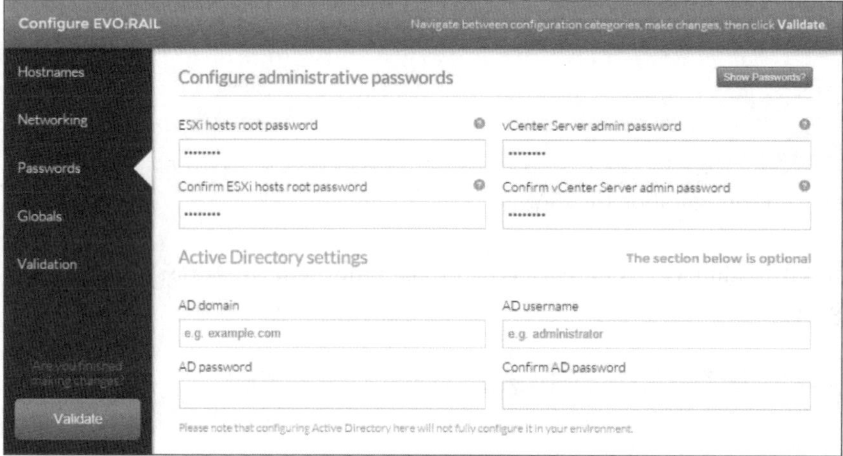

Abbildung 9.8 Anmeldeinformationen für Knoten, vCenter und AD

Unter GLOBALS stellen Sie die Zeitzone ein und legen fest, wie die Appliance auf einen NTP-Server (*Network Time Protocol*) und einen DNS-Server (*Domain Name Service*) zugreifen soll. Außerdem können Sie bestimmen, wohin die Appliance ihre Log-Dateien sendet und ob sie für den Zugang über das Protokoll `http` einen Proxy-Server benötigt (siehe Abbildung 9.9).

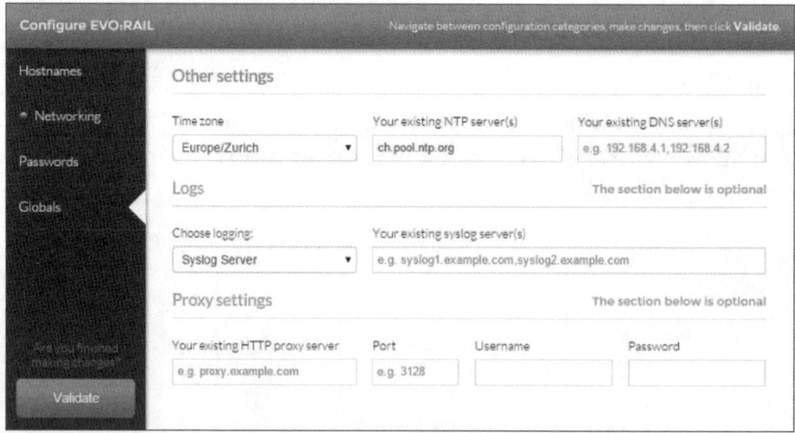

Abbildung 9.9 Einstellungen von Zeitzone, Log-Server und Proxy

Nachdem Sie alle benötigten Informationen ausgefüllt haben, klicken Sie auf den Button VALIDATE in der Navigationsleiste links. Ihre Angaben werden auf Korrektheit überprüft. Wurde die Überprüfung erfolgreich abgeschlossen, erscheint eine Schaltfläche BUILD APPLIANCE (siehe Abbildung 9.10). Klicken Sie darauf.

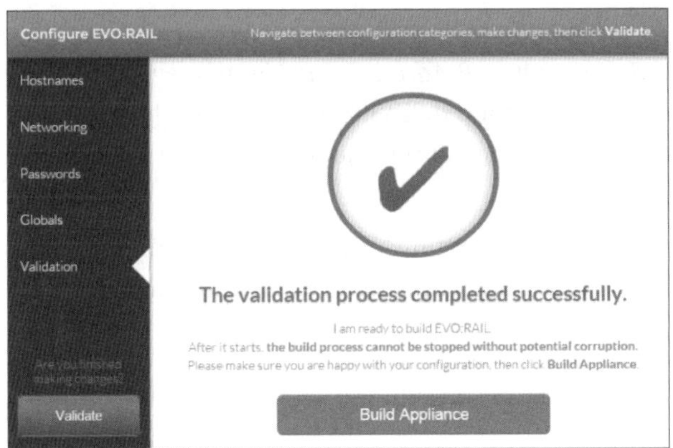

Abbildung 9.10 Starten der Inbetriebnahme

Das Browserfenster wird neu geladen. Folgen Sie der angezeigten Verknüpfung, indem Sie die Aufforderung I WROTE DOWN THE IP ADDRESS. TAKE ME TO IT. anklicken. Nun erscheint ein Fenster, das Sie über den aktuellen Status der Inbetriebnahme von EVO:RAIL informiert (siehe Abbildung 9.11).

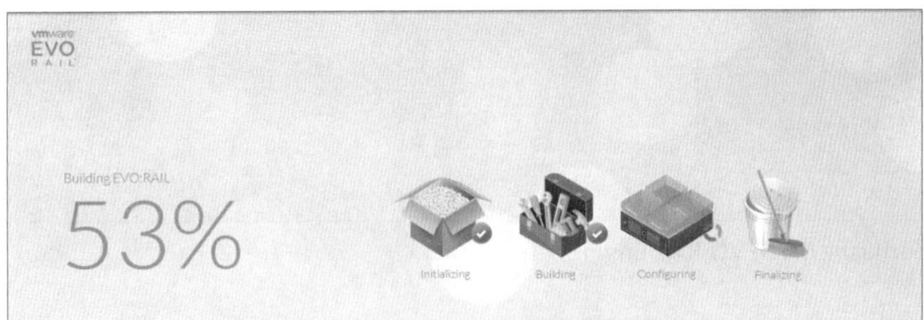

Abbildung 9.11 Automatisierte Bereitstellung von EVO:RAIL

Nach etwa 15 Minuten steht Ihnen die Appliance zur freien Verfügung.

Hinweis zur Inbetriebnahme der Appliance

Je nach QEP kann sich der Vorgang der Inbetriebnahme von EVO:RAIL geringfügig unterscheiden. Das verwendete Beispiel stammt von der Version, die VMware zur Verfügung stellt.

Die in diesem Kapitel vorgestellten Funktionen und Eigenschaften von EVO:RAIL, die Sie näher kennenlernen, beziehen sich auf folgende Release-Stände:

- VMware vCenter Server 5.5.0 build-2001466
- VMware vRealize LogInsight 1.0.0
- VMware ESXi 5.5.0 build-1870748
- VMware EVO:RAIL 1.2.0-2703360

9.2.5 Die »EVO:RAIL Engine« im Überblick

Geben Sie den URL *https://<EVO:RAIL Management-IP-Adresse>:7443/manage* in ein Browserfenster ein, und wählen Sie sich mit den von Ihnen definierten Anmeldeinformationen ein. Verwenden Sie die Anmeldeinformationen der vCenter-Instanz von EVO:RAIL, die Sie beim Aufsetzen der Appliance eingetragen haben.

Nun präsentiert sich Ihnen die webbasierte Verwaltungsoberfläche namens *EVO:RAIL Engine*. Links gibt es eine Navigationsleiste, und Sie finden sich im ersten Menü wieder, das VMs heißt (siehe Abbildung 9.12).

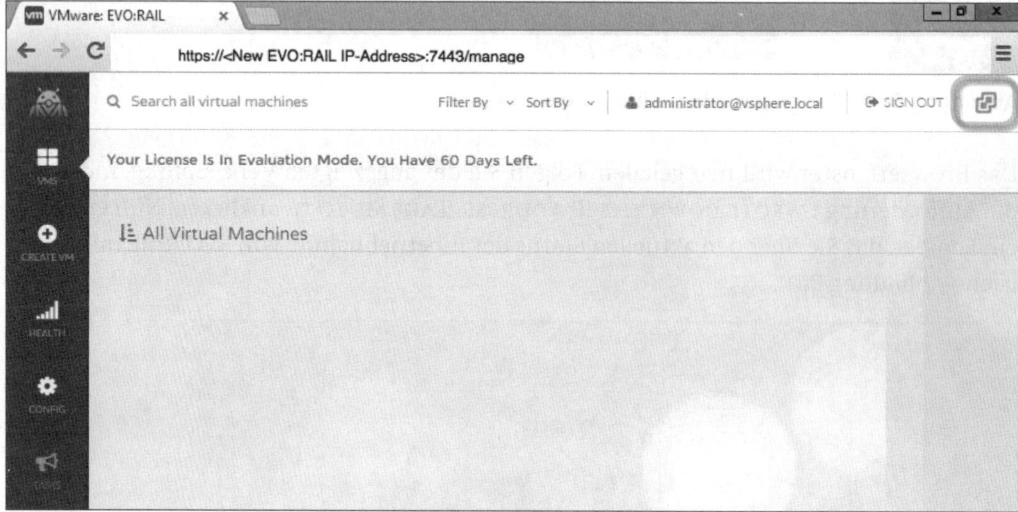

Abbildung 9.12 Oberfläche der »EVO:RAIL Engine«

In diesem Fenster können Sie die virtuellen Maschinen verwalten, die auf der Appliance betrieben werden. Rechts oben finden Sie ein Symbol, um auf das vCenter von EVO:RAIL zuzugreifen und die Verwaltung zu verlassen.

Das zweite Menü, Create VM, stellen wir Ihnen in Abschnitt 9.2.6 vor.

Unter Health finden Sie nützliche Informationen über den Gesamtzustand, aktuelle Statistiken zur Auslastung der Rechenleistung, zum Arbeitsspeicher, zum Datendurchsatz und zur Kapazität sowie die Anzahl verwalteter Appliances (siehe Abbildung 9.13).

Den Status der einzelnen Knoten sowie den Satus von deren Komponenten (Flash-Speicher, magnetische Festplatten und Netzwerkanschlüsse) entnehmen Sie der Übersicht Health • Summary (siehe Abbildung 9.14).

Abbildung 9.13 Übersicht zum Zustand des Gesamtsystems

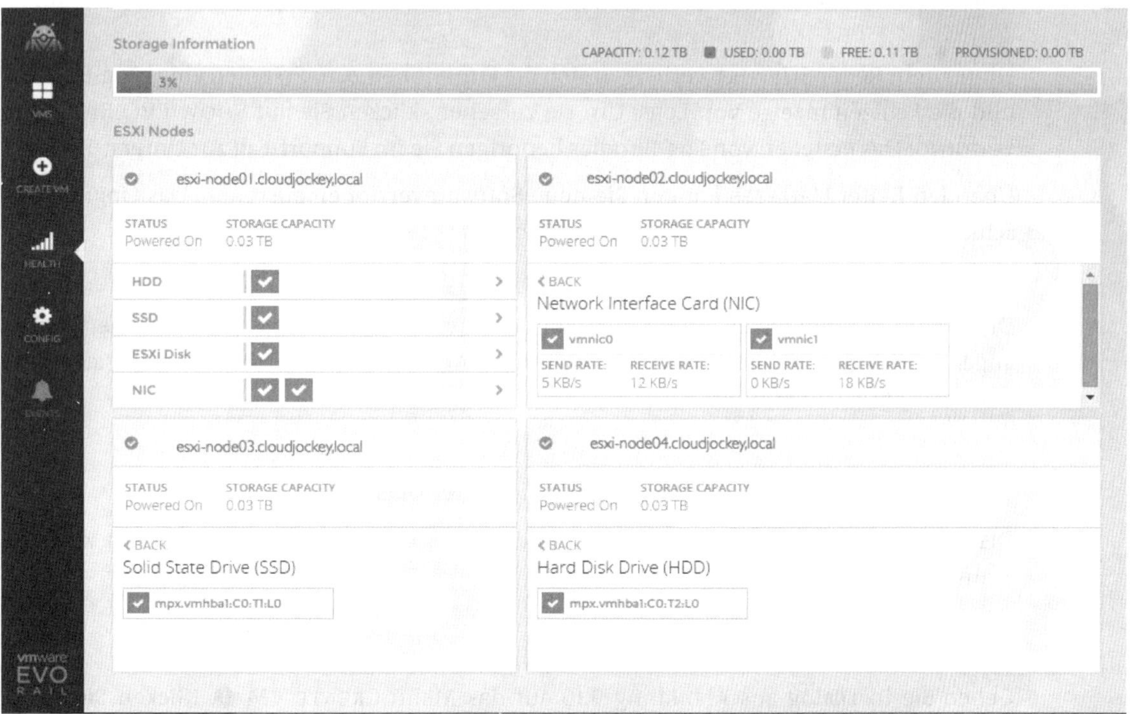

Abbildung 9.14 Detailansicht des Zustandes einzelner Knoten

Ein Klick auf den Reiter Health • Hardware Replacement ruft einen Wizard auf, mit dessen Hilfe Sie die fehlerhafte Komponente eines ausgewählten Knotens ersetzen können. Die Statistiken werden von *VMware vRealize LogInsight* eingespeist.

Das Menü Config ist in die vier Reiter General, Support, Updates und Licensing gegliedert. Unter General können Sie die Sprache ändern und sehen die Release-Stände der Software-Komponenten von EVO:RAIL (siehe Abbildung 9.15).

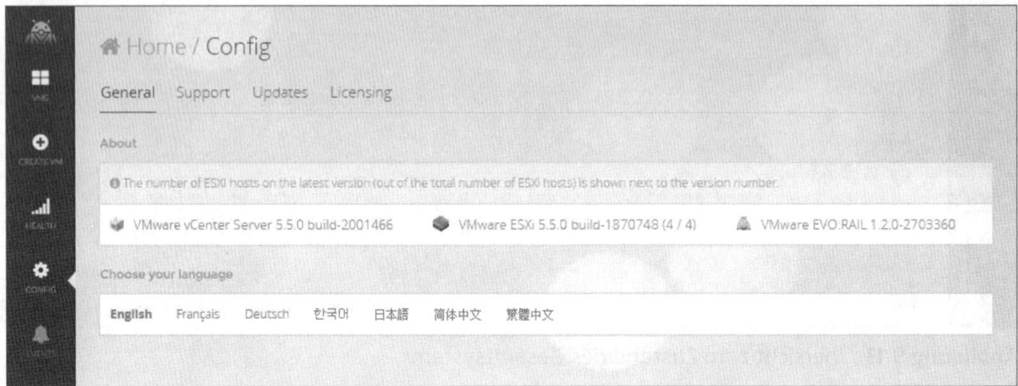

Abbildung 9.15 Übersicht zur Konfiguration

Hinter dem Reiter Support verbergen sich die Funktionen zum Erstellen eines Log-Bundles und die Echtzeitanzeige von Logs. Um sie zu sehen, klicken Sie auf Show EVO:RAIL Live Logging. Das Erstellen von Log-Bundles benötigen Sie im Support-Fall zur Unterstützung.

Über den Reiter Updates können Sie neue Softwareversionen ausrollen. Das Upgrade geschieht automatisiert und wird Ihnen in Abschnitt 9.2.7 vorgestellt.

Der Reiter Licensing informiert Sie über die Lizenzierung der Appliance.

Unter Events, dem letzen Menüpunkt auf der Navigationsleiste, werden kritische Vorfälle angezeigt (Critical) und sämtliche laufenden Arbeiten aufgelistet (Most Recent), die EVO:RAIL aktuell durchführt.

9.2.6 Inbetriebnahme und Verwaltung virtueller Maschinen

Die Inbetriebnahme von virtuellen Maschinen ist denkbar einfach und erfolgt mit wenigen Mausklicks.

Erstellen einer virtuellen Maschine

Gehen Sie in Dialog aus Abbildung 9.16 auf das Menü Create VM ❶. Klicken Sie unter Upload or mount guest OS image auf Upload Image ❷. Browsen Sie unter Upload ISO • Choose File nach der gewünschten ISO-Datei ❸. Laden Sie diese durch Ihre Bestätigung unter Upload Guest OS Image in den Speicherbereich der Appliance ❹.

Abbildung 9.16 Einspielen der Installationsdateien

Benennen Sie Ihre VM in der obersten Zeile des Wizards bei CREATE VM CALLED (siehe Abbildung 9.16). Wählen Sie aus der Liste, die Ihnen jetzt angezeigt wird, den Typ des Gastbetriebssystems aus, der zur hochgeladenen ISO-Datei passt, und bestätigen Sie mit CONTINUE.

Entscheiden Sie sich für eine von drei Größenordnungen der virtuellen Maschine, und bestätigen Sie Ihre Auswahl mit einem Klick auf die Schaltfläche SELECT VM SIZE.

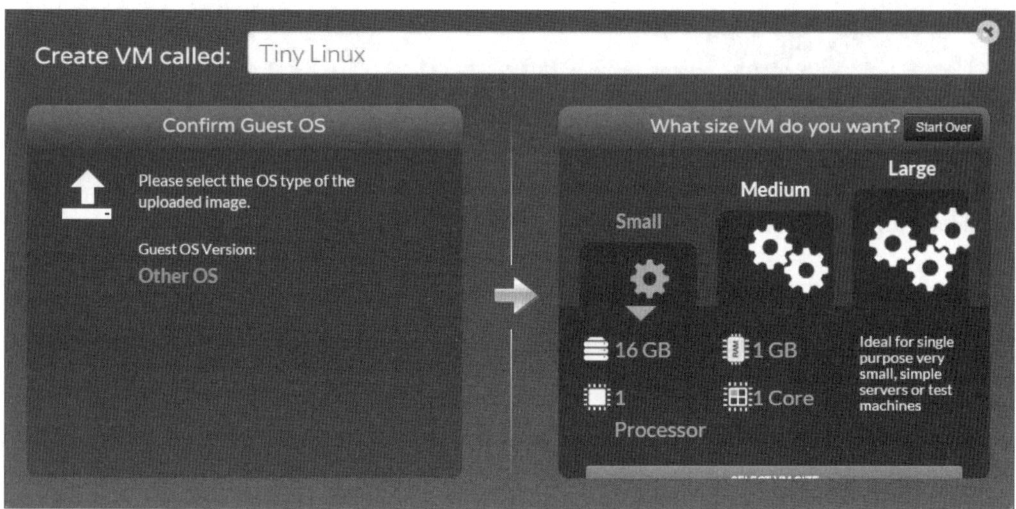

Abbildung 9.17 Zuordnung von Systemressourcen zu der VM, die Sie erstellen

Größen der virtuellen Maschinen

EVO:RAIL bietet Ihnen die Wahl von drei fixen »T-Shirt-Größen« zur Erstellung einer VM an. Sie kommen zu diesem Dialog, wenn Sie bei der Betriebssystemwahl auf OTHER OS klicken. Mit diesen Größen sind folgende Eigenschaften verbunden:

- SMALL (Eignung: sehr kleine Server oder Testmaschinen) – 1 virtueller Prozessor, 1 Prozessorkern, 1 GB Arbeitsspeicher, 16 GB Festplatte
- MEDIUM (Eignung: Serverapplikationen oder EDV-Arbeitsplätze) – 2 virtuelle Prozessoren, 1 Prozessorkern, 2 GB Arbeitsspeicher, 24 GB Festplatte
- LARGE (Eignung: große Applikations- und Datenbankserver – 4 virtuelle Prozessoren, 1 Prozessorkern, 6 GB Arbeitsspeicher, 32 GB Festplatte

Je nach Betriebssystem werden die benötigen Systemressourcen der »T-Shirt-Größen« angepasst. Diese arithmetisch gemittelten Werte beruhen auf Kundenerfahrung.

Im nächsten Schritt entscheiden Sie sich für ein oder mehrere VM-Netzwerke, in das bzw. die die VM eingebunden wird (siehe Abbildung 9.18).

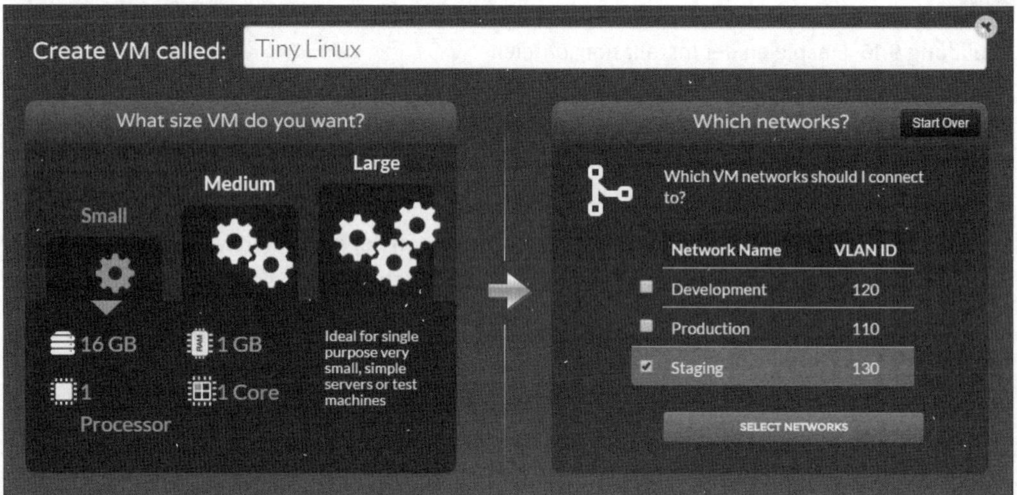

Abbildung 9.18 Wahl der VM-Netzwerke

Diese Netzwerke haben Sie bereits bei der Inbetriebnahme der Appliance definiert.

Im letzten Schritt entscheiden Sie sich noch für eine von insgesamt vier Sicherheitsrichtlinien, die Sie der VM mitgeben wollen (siehe Abbildung 9.19).

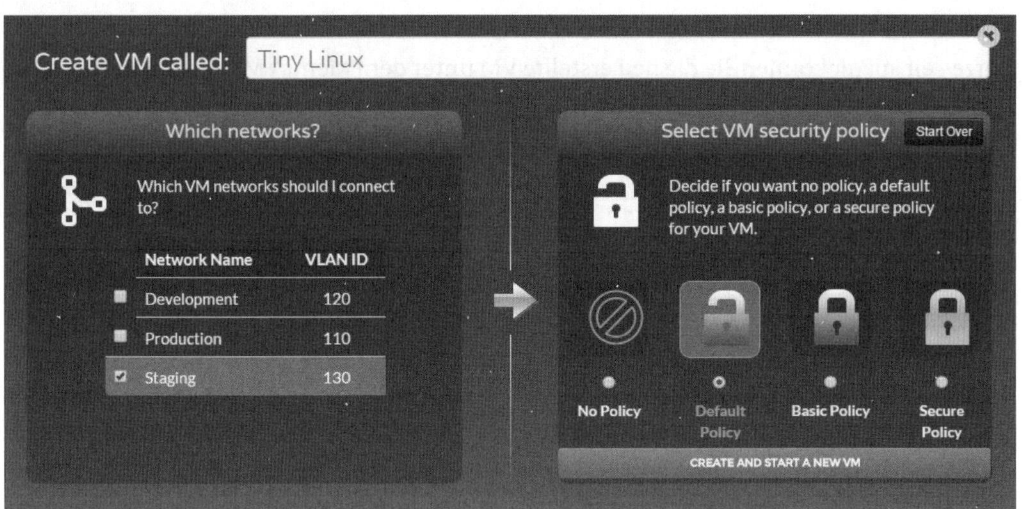

Abbildung 9.19 Wahl der Sicherheitsstufe

In Tabelle 9.1 werden die Eigenschaften der Sicherheitsrichtlinien kurz beschrieben.

Richtlinie	Eigenschaften
NO POLICY	Es werden keine Sicherheitsoptionen konfiguriert und der VM mitgegeben.
DEFAULT POLICY	Ein Risikoprofil, das den üblichen Sicherheitsvorkehrungen entspricht. Das ist der minimale Standard für sämtliche Umgebungen.
BASIC POLICY	Ein Profil, das moderaten Sicherheitsvorkehrungen entspricht und für den Einsatz in Umgebungen mit erhöhten Sicherheitsanforderungen gedacht ist.
SECURE POLICY	Die höchste Sicherheitsstufe. Speziell entwickelt zum Schutz hochsensitiver Daten. Diese Richtlinie wird in militärischen Umgebungen angewendet.

Tabelle 9.1 Beschreibung der Sicherheitsrichtlinien

Weiterführende Informationen zu den vier Sicherheitsrichtlinien

Genauere Spezifikationen finden Sie im »VMware Security Hardening Guide« in der Version vSphere 5.5. Sie finden die Dokumentation unter *http://www.vmware.com/security/hardening-guides*.

Ein Klick auf die grüne Schaltfläche CREATE AND START A VM erstellt und startet die VM.

Verwaltung virtueller Maschinen

Kurze Zeit später können Sie die neu erstellte VM unter dem Menü VMs verwalten (siehe Abbildung 9.20).

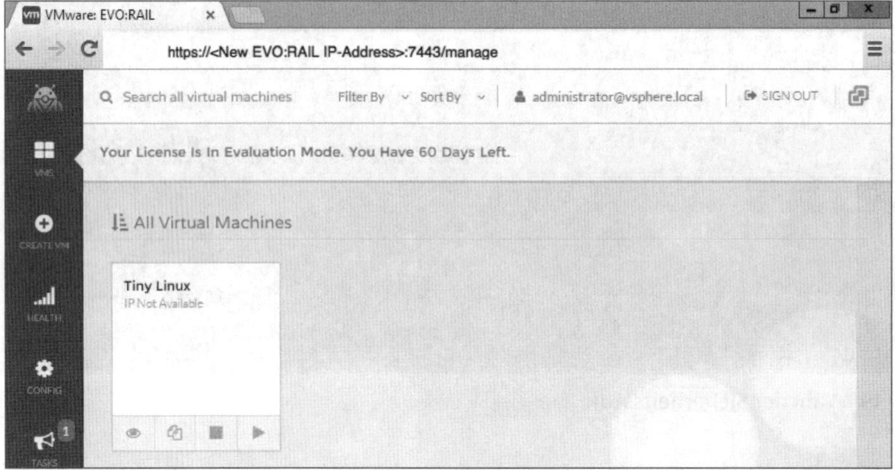

Abbildung 9.20 Übersicht über die virtuellen Maschinen unter EVO:RAIL

Ein Mausklick auf die soeben erstellte VM bietet Ihnen weitere Möglichkeiten, um sie zu verwalten (siehe Abbildung 9.21).

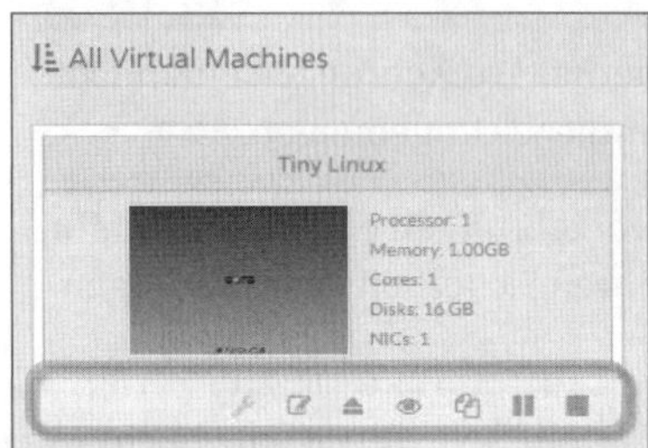

Abbildung 9.21 Das Kontextmenü zu den verfügbaren Operationen einer VM

In Tabelle 9.2 werden die Kontextmenü-Symbole aus Abbildung 9.21 erklärt.

Symbol	Beschreibung
Werkzeug	Installiert VMware Tools in der VM.
Editieren	Umbenennen der VM
Auswerfen	Eine ISO-Datei auswerfen (CD/DVD-ROM)
Ansicht	Öffnen der Konsole

Tabelle 9.2 Beschreibung der Symbole zum Betrieb einer VM

Symbol	Beschreibung
KOPIEREN	Klonen der VM
PAUSE	Anhalten der VM
STOPP	Ausschalten der VM

Tabelle 9.2 Beschreibung der Symbole zum Betrieb einer VM (Forts.)

Weitere virtuelle Maschinen erstellen

Wenn Sie weitere virtuelle Maschinen unter CREATE VM erstellen wollen, können Sie zwischen den Optionen UPLOAD OR MOUNT GUEST OS IMAGE und RE-USE AN EXISTING ISO wählen (siehe Abbildung 9.22).

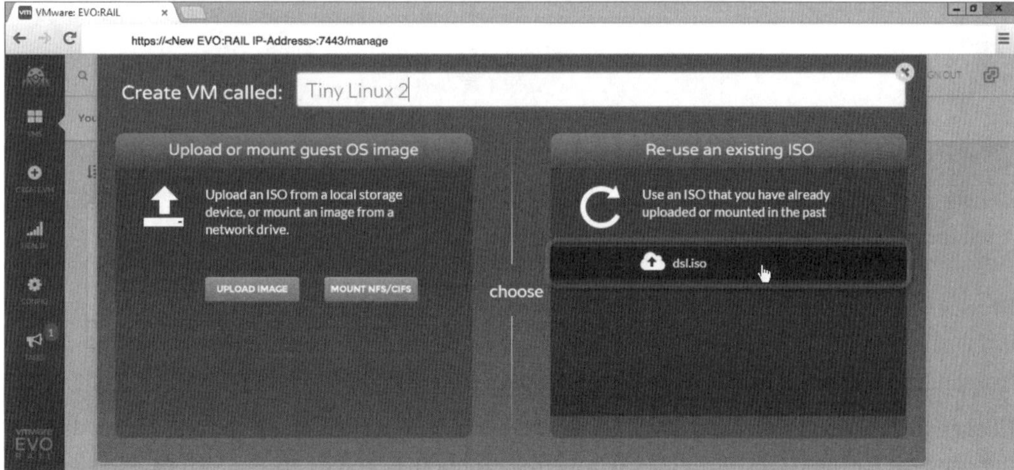

Abbildung 9.22 Ausrollen weiterer virtueller Maschinen

Danach präsentiert sich Ihnen derselbe Vorgang, den wir weiter oben beschrieben haben.

9.2.7 Software-Upgrade

Mit EVO:RAIL ist es denkbar einfach, neue Softwarefunktionen oder Patches einzuspielen und in Betrieb zu nehmen. Das Upgrade erfolgt nach dem Muster eines »Rolling Upgrades«. Das heißt, dass ein Knoten nach dem anderen mit der neuen Software aktualisiert wird. Ein einzelner Knoten wird dafür in den Wartungsmodus versetzt und falls erforderlich neu gestartet.

Informationen zum Upgrade

Ein Upgrade-Paket kann aus einer oder mehreren Dateien bestehen. Spielen Sie alle benötigten Dateien ein, bevor Sie die Upgrade-Prozedur durchführen.

Lesen Sie im Vorfeld die »Release Notes«, um Informationen zum Upgrade zu erhalten.

Klicken Sie in der EVO:RAIL-Engine unter CONFIG • UPDATES • OFFLINE UPDATES auf UPLOAD (siehe Abbildung 9.23).

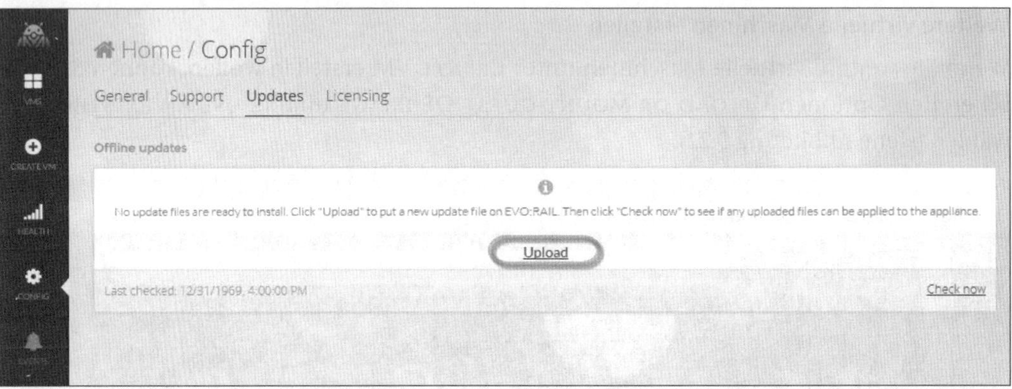

Abbildung 9.23 Vorbereitung zum Software-Update

Browsen Sie nach der zuvor auf Ihrem Rechner zwischengespeicherten Datei, und klicken Sie auf OPEN, um sie in den Speicherbereich Ihrer Appliance zu laden. Wiederholen Sie diesen Vorgang, sollte das Upgrade aus mehreren Paketen bestehen.

Klicken Sie auf CHECK NOW, um die Softwarepakete zu überprüfen ❶. Aktivieren Sie das Update, indem Sie den Schieberegler nach rechts schieben. Er zeigt dann YES an ❷. Betätigen Sie die Schaltfläche UPDATE ❸, um das Update durchzuführen (siehe Abbildung 9.24).

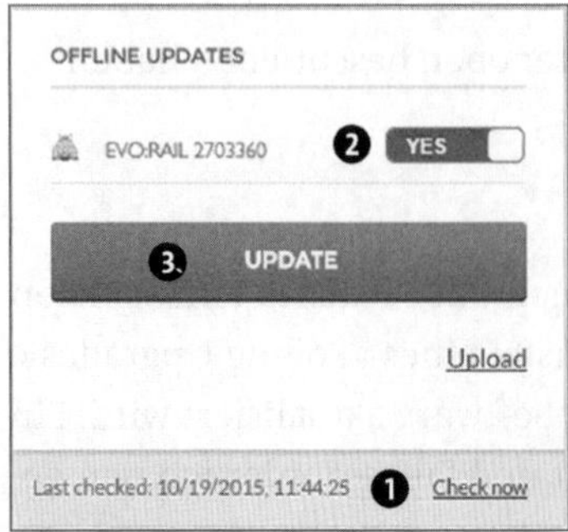

Abbildung 9.24 Initialisieren des Upgrades

Einige Zeit später sind sämtliche Knoten der Appliance auf dem aktuellen Stand. Wie lange es genau dauert, hängt vom Umfang des Upgrades und der Anzahl Knoten ab.

9.2.8 EVO:RAIL antesten

VMware bietet Ihnen die Möglichkeit, sich einen Eindruck von EVO:RAIL zu verschaffen. Nutzen Sie dafür die VMware Hands-On-Labs:

- *http://labs.hol.vmware.com/HOL/console/lab/HOL-SDC-1428-HOL/NEE-8515955456966109/completed*
- *http://labs.hol.vmware.com/HOL/console/lab/HOL-SDC-1628-HOL/NEE-32190440_2980639/*

9.3 Nutanix

Nutanix ist zurzeit der führende Hersteller im Bereich Converged Infrastructures. Die folgenden Beispiele wurden mit vSphere 5.5 und NOS 4.1.1.4 erstellt. Auch wenn dies ein vSphere-6.0-Buch ist, ist die Verwendung von vShpere 5.5 an dieser Stelle unproblematisch, weil sich die vorgestellten Themen zwischen vSphere 5.5 und 6.0 in keiner Weise unterscheiden. Was *Nutanix OS* (NOS) betrifft, so entwickelt Nutanix in sehr kurzer Folge neue SW-Builds, die einen erhöhten Funktionsumfang haben. Die aktuellen Features finden Sie auf der Herstellerwebsite:

http://www.nutanix.com/products/software-editions/

9.3.1 Nutanix-Funktionsumfang

Nutanix war der erste Hersteller, der konsequent auf Converged Infrastructure gesetzt hat. Durch den langjährigen Vorsprung und die stark wachsende Anzahl von verkauften Einheiten ist Nutanix zurzeit die ausgereifteste Lösung am Markt. Andere Lösungen, wie VMware vSAN und EVO:RAIL besitzen in einigen Punkten Ähnlichkeiten, trotzdem sind aber starke Unterschiede bezüglich Software-Architektur und vorhandenen Funktionen auszumachen.

Als Erstes fällt auf, das Nutanix nicht nur mit VMware vSphere eingesetzt werden kann. Es stehen noch zwei weitere Optionen zur Verfügung: *Microsoft Hyper-V* oder *KVM/Acropolis* (Hypervisor inklusive Managementumgebung). Wir behandeln hier nur die VMware-vSphere-Variante.

Wenn es um die Replikation zwischen Clustern/Rechenzentren geht, so stehen asynchrone und synchrone Spiegelung (Metro-Availability) zur Verfügung.

Für die ökonomische Datenhaltung stehen Erasure Coding-X (EC-X), Compression, Deduplication und Thin Provisioning zur Verfügung.

Ein weiteres Merkmal ist die Lokalisierung der Daten. Dies bedeutet, dass der Disk-I/O einer VM auf den lokalen Festplatten des Nodes erfolgt. Wird eine VM zum Beispiel mittels vMotion auf einen anderen Node verschoben, so wandern die Daten im Nutanix-Cluster mit. Damit wird bei lesendem Disk-I/O Netzwerkverkehr vermieden.

Vom Bedienkonzept her ist Nutanix sehr einfach gehalten. Das System lässt sich ohne großen Aufwand implementieren, betreiben und verwalten.

9.3.2 Systemkonzept

Nutanix kann als Appliance (die Basis-Hardware ist Supermicro) über das Nutanix-Partner-Netzwerk bezogen werden oder mit DELL- oder Lenovo-Hardware betrieben werden.

Die wichtigsten Komponenten sind:

- **Block:** Ein Block kann einen Node (Serie 7000), zwei Nodes (Serie 6000/8000) bzw. bis vier Nodes (Serie 1000/3000) enthalten. Die Formfaktoren sind 2U und 3U. Die aktuell erhältlichen Systeme finden Sie auf der Herstellerwebsite unter *http://www.nutanix.com/products/hardware-platforms/*.
- **Node:** Ein Node ist ein physischer Server mit CPU, Memory, Netzwerk und lokalen Festplatten. Auf einem Node wird der Hypervisor installiert, auf dem eine Controller-VM (CVM) mit dem NOS läuft. Außer bei der Serie 1020 sind mindestens 5 Netzwerkanschlüsse vorhanden: 1× IPMI für das Server-Management sowie 2× 10 GB und 2× 1 GB für Failover.
- **CVM:** Die CVM oder Controller-VM ist eine Linux-VM und enthält das Nutanix OS (NOS). Dieses sorgt für die Replikation der CVMs untereinander, für Funktionen wie Snapshots, Replikation zwischen Clustern, Deduplication Ereasure Coding, Compression und auch für die Präsentation einer Management-Schnittstelle.
- **NOS:** NOS steht für Nutanix OS. Das NOS ist in der CVM enthalten. Die in diesem Buch behandelte Software-Version ist die Version 4.1.1.4.

9.3.3 Die Controller-VM (CVM)

Das Herzstück bei Nutanix ist die CVM. Dies ist eine Linux-VM, die das NOS (Nutanix OS) enthält. Weil Nutanix eine VM für Software Defined Storage gewählt hat, ist die Lösung in jede Richtung hoch portabel.

Diese VM könnte vom Konzept her auf jeglicher Rechnerhardware laufen. Zurzeit werden aber nur Supermicro, DELL und Lenovo unterstützt. In Zukunft werden voraussichtlich weitere Hersteller hinzukommen.

Die VM kann schnell an andere Hypervisoren angepasst werden. Darum ist Nutanix auch unter KVM und Microsoft Hyper-V lauffähig. Auch hier wäre es grundsätzlich möglich, die unterstützten Hypervisoren zu erweitern, falls der Hersteller sich dafür entscheidet.

Auf jedem Node ist ein ESXi installiert, auf dem sich eine CVM befindet (siehe Abbildung 9.25).

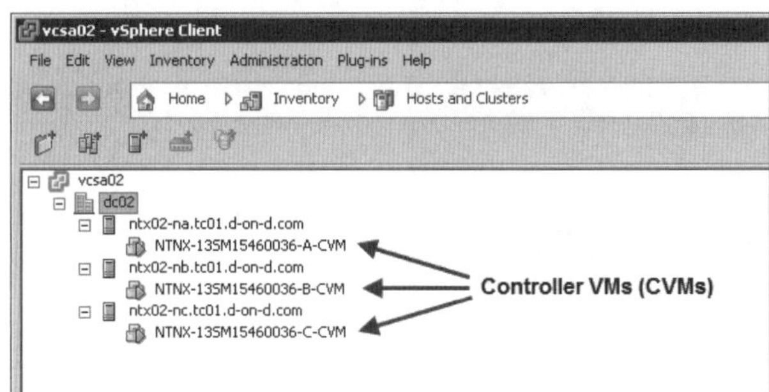

Abbildung 9.25 Nodes mit ESXi und je einer CVM

Schaut man sich die Konfiguration der virtuellen Hardware an, so stellt man Folgendes fest:

- Das Memory der CVM ist voll reserviert. Damit wird sichergestellt, dass sich alle Daten der CVM im physikalischen RAM des ESXi-Hosts befinden – eine Auslagerung von Daten aus dem RAM in eine Swap-Partition ist somit ESXi-seitig ausgeschlossen.
- Bezüglich der RAM-Größe, die in der CVM eingestellt ist, ist ausschlaggebend, ob Compression, Deduplication oder Erasure Coding eingesetzt wird. Je nach verwendeten Funktionen muss mehr RAM konfiguriert werden. Die RAM-Einstellungen variieren von 16 GB bis 64 GB.
- Die CVM besitzt 8 vCPUs und hat ebenfalls eine Reservierung auf MHz. Der SCSI-Controller in der CVM steuert die lokalen Festplatten im Node direkt über eine Passthrough-Konfiguration an (siehe Abbildung 9.26).

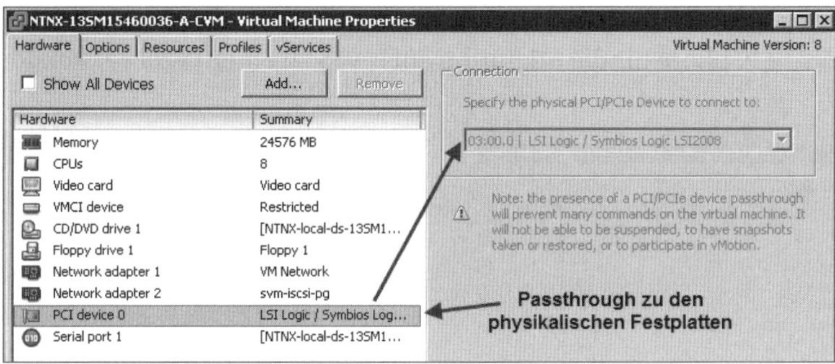

Abbildung 9.26 SCSI-Controller in Passthrough-Konfiguration

Eine CVM besitzt zwei vNICs (siehe Abbildung 9.27). Die eine ist mit dem Netzwerk verbunden, über das eine Kommunikation mit externen ESXi-Hosts und anderen CVMs möglich ist und auch das IPMI-Interface des Nodes erreichbar ist. Die andere vNIC ist mit einem internen vSwitch verbunden. Über diese Netzwerkkarte wird eine interne Kommunikation mit dem ESXi-Host geführt.

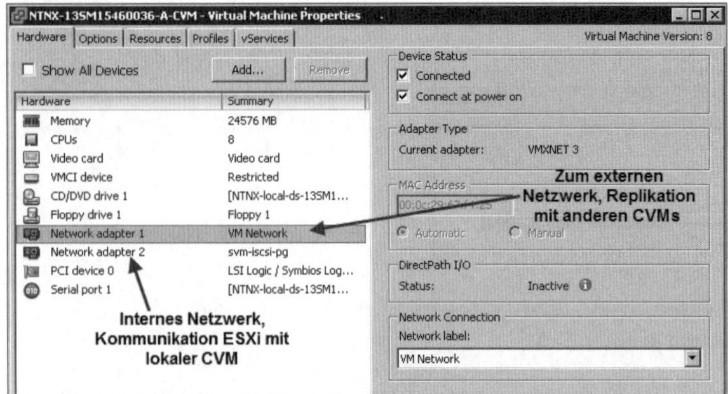

Abbildung 9.27 Die vNICs der CVM und ihre Verbindungen

Die Standard-Netzwerkkonfiguration des ESXi-Hosts ist auf Basis von Standard-Switches implementiert (siehe Abbildung 9.28). vSwitch0 wird zur Kommunikation des externen Netzwerks genutzt. Der *vSwitchNutanix* ist ein interner vSwitch, d. h., dieser virtuelle Switch besitzt keine physische Netzwerkkarte für eine Kommunikation ins externe Netzwerk. Die CVM und der ESXi-Host kommunizieren über das Netzwerk 192.168.5.0/24 und das NFS-v3-Protokoll miteinander. In der Abbildung ist gut zu sehen, dass der VMkernel-Port des ESXi-Hosts die IP-Adresse 192.168.5.1 besitzt. In diesem Zusammenhang ist zu erwähnen, dass der IP-Adressbereich 192.168.5.0/24 in keinem externen Netzwerk des Nutanix-Clusters vorkommen darf, weil ansonsten der Cluster nicht korrekt funktioniert. Sollte der Wunsch bestehen, den Standard-vSwitch (vSS) durch einen Distributed vSwitch (vDS) abzulösen, so ist dies problemlos möglich. In diesem Fall wird nur der vSwitch0 migriert. Es kann das normale Standard-Migrationsverfahren von vSphere für die Migration eines vSS zu einem vDS verwendet werden.

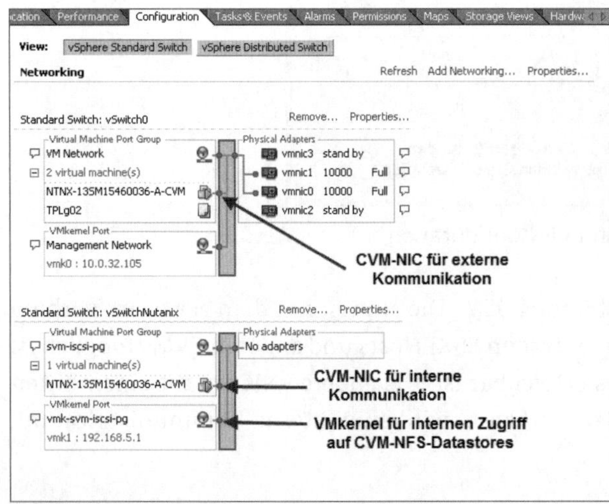

Abbildung 9.28 Das Netzwerk auf dem ESXi-Host

In Anbetracht der vorliegenden Netzwerkkonfiguration stellt sich die Frage, wie und unter welchen Umständen die ESXi-Hosts und CVM's untereinander kommunizieren:

- **Normalbetrieb:** Der ESXi-Host und die CVM wickeln den NFS-I/O über das interne Netzwerk ab. Die CVM repliziert alle vom ESXi-Host geschriebenen Daten auf andere CVMs.
- **CVM fällt aus:** Ist die CVM auf einem Node nicht verfügbar, zum Beispiel während eines Software-Updates, so übernimmt eine CVM auf einem anderen Node die Bereitstellung des NFS-Datastores für den ESXi-Host. Die externe CVM konfiguriert über SSH den NFS-Datastore auf dem ESXi-Host von intern auf die externe IP-Adresse der CVM. Damit erfolgen natürlich nebst der Replikation alle Datenzugriffe über das Netzwerk. Eine Lokalisierung der Daten ist nicht mehr vorhanden.
- **Verschieben einer VM mittels vMotion:** Läuft eine VM auf einem Node, so erfolgt der ganze Festplattenzugriff auf die lokalen Disks im Node. Wird nun die VM auf einen anderen Node verschoben, so kann Folgendes für den neuen Node zutreffen: Er hat nur einen Teil oder gar keine Daten dieser VM auf seinen lokalen Festplatten. Dies gilt insbesondere für die Lesezugriffe. Die CVM des Nodes, auf dem die VM läuft, muss nun die Daten von den CVMs beziehen, die diese Daten besitzen. Alle Daten, die lesenderweise remote bezogen werden mussten, werden nun gleichzeitig von der CVM auf ihren lokalen Festplatten lokalisiert, indem sie auf die Festplatten der CVM geschrieben werden. Danach sind die Daten wieder lokal vorhanden.
- **Ausfall eines Nodes:** Fällt ein Node aus, so ist das wie ein normaler ESXi-Host-Ausfall. Die VMs, die bisher auf dem Node gelaufen sind, gehen offline und werden in einem HA-Cluster wieder auf den verbliebenen, intakten ESXi-Hosts gestartet. Der nun einsetzende Datenzugriff verhält sich so, wie wenn eine VM mittels vMotion auf einen neuen Node verschoben wird.

9.3.4 Der Datenspeicher im Nutanix-Cluster

Der Datenspeicher bei Nutanix gliedert sich in mehrere Bereiche:

- **SSD-Harddisks:** Diese dienen dem Performance-Tier. Hier werden alle »heißen Daten« vorgehalten, also die Daten, auf die aktuell viel zugegriffen wird.
- **SATA-Harddisks:** Diese dienen dem Capacity-Tier. Daten, auf die nicht mehr häufig zugegriffen wird, verlagern sich vom Performance-Tier in den Capacity-Tier.
- **Storage Pool:** Im Storage Pool werden alle physischen Harddisks, SSD- und SATA- Festplatten der Nodes zusammengefasst.
- **Container:** Ein Container wird im Storage-Pool erstellt. Der Container wird als NFS-Mount-Point an die ESXi-Hosts angebunden. Der Container-Name ist auch gleichzeitig der sichtbare Datastore-Name in vSphere. Einem Container können mehrere Eigenschaften zugewiesen werden. Das sind zum einen die Redundanzfaktoren RF2 und RF3, zum anderen Compression, Inline- und Post-Compression sowie die Deduplikation des Perfor-

mance-Tiers und des Capacity-Tiers einzeln oder zusammen. Welche Eigenschaften Sie wählen, hängt von der Art der Daten und der Applikationen ab (siehe auch Abbildung 9.36).

- **vDisk:** Die vDisks verkörpern die Daten der VM.
- **NFS:** Das für vSphere hauptsächlich verwendete Storage-Protokoll ist NFS v3.
- **iSCSI:** iSCSI kann wenn gewünscht ebenfalls verwendet werden. Dies erfolgt meist im Zusammenhang mit Produkten, die nur dann Hersteller-Support erhalten, wenn dieses Protokoll benutzt wird, zum Beispiel *Microsoft Exchange-Server*.

9.3.5 Die Konfiguration eines Nutanix-Systems

Ein Nutanix-Cluster besteht aus mindestens drei Nodes. Damit kann ein Node ausfallen und die Daten sind immer noch verfügbar. Wird die Node-Anzahl auf fünf erhöht, so sind bis zu zwei gleichzeitige Ausfälle möglich.

Die Nutanix-Appliances lassen sich wie normale Server mittels Schnellmontage-Schienen im Rack verbauen. Pro Node sind im Standardfall folgende Netzwerkanschlüsse bereitzustellen: 2× 10 GB (Hauptkommunikation), 2× 1 GB (Failover), 1× 100 MB IPMI (Server-Verwaltung).

Bei Nutanix ist es möglich, zwischen verschiedenen Hypervisoren zu wählen. Dies sind aktuell *VMware vSphere*, *Microsoft Hyper-V* und *KVM*. Dies ist möglich, da die CVM als VM einfach portiert werden kann. Ein Mischbetrieb von verschiedenen Hypervisoren im Cluster ist aber nicht möglich. In der Standardauslieferung erhält man eine vorinstallierte KVM-Umgebung. Für die Installation von anderen Hypervisoren bietet der Hersteller eine eigene Installationsumgebung namens *Foundation* an. Diese ist sehr schnell aufgesetzt und wird über den Webbrowser bedient. Nebst der Installation der Nodes kann abschließend gleich ein Nutanix-Cluster erzeugt werden.

Für eine Integration in VMware vSphere werden die Hosts im vCenter in einem HA/DRS-Cluster betrieben. Auf dem Cluster werden für die CVMs spezifische Einstellungen vorgenommen, die darauf abzielen, diese von den Cluster-Funktionen auszugrenzen.

9.3.6 Die Bedienung des Nutanix-Clusters

Nachdem ein Nutanix-Cluster eingerichtet ist, können Sie ihn mit einem unterstützten Webbrowser verwalten. Dafür kann auf jede der CVMs mit *https://FQDN:9440* zugegriffen werden. Jede der CVMs besitzt diese Verwaltungsschnittstelle, die *Prism* genannt wird.

Mit Prism können die meisten anfallenden Arbeiten über ein Webbrowser-GUI erledigt werden. Spezielle oder heikle Funktionen sind mitunter nicht im GUI vorhanden und müssen über das nCLI (*Nutanix Command Line Interface*) ausgeführt werden.

Das GUI hat zuoberst einen Navigationsbereich für mehrere Funktionen (siehe Abbildung 9.29). Von links nach rechts sind dies:

- Cluster-Name und Cluster-IP-Adresse
- das Hauptmenü für Cluster-Betrieb und -Verwaltung. Es gliedert sich in vier Funktionen:
  - das Hauptmenü für den Cluster-Betrieb
  - Health-Status
  - Alarme
  - Events
- Das Nutanix-N führt zum Menüpunkt HOME.
- Suchfunktion
- Hilfe-Funktion
- Cluster-Konfiguration
- Login-Menü des aktuell angemeldeten Benutzers

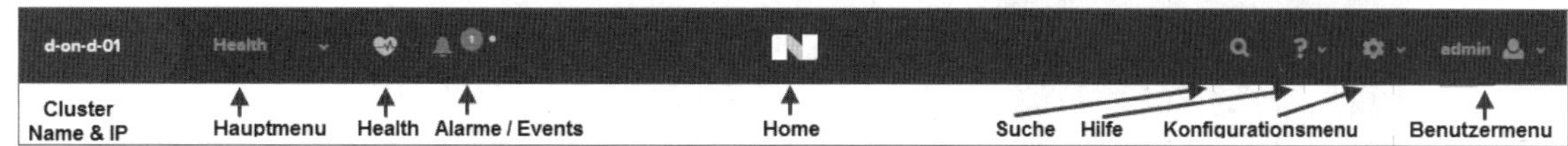

Abbildung 9.29 Die Hauptnavigation

Die HOME-Seite gibt einen Überblick über die wichtigsten Daten des Clusters (siehe Abbildung 9.30).

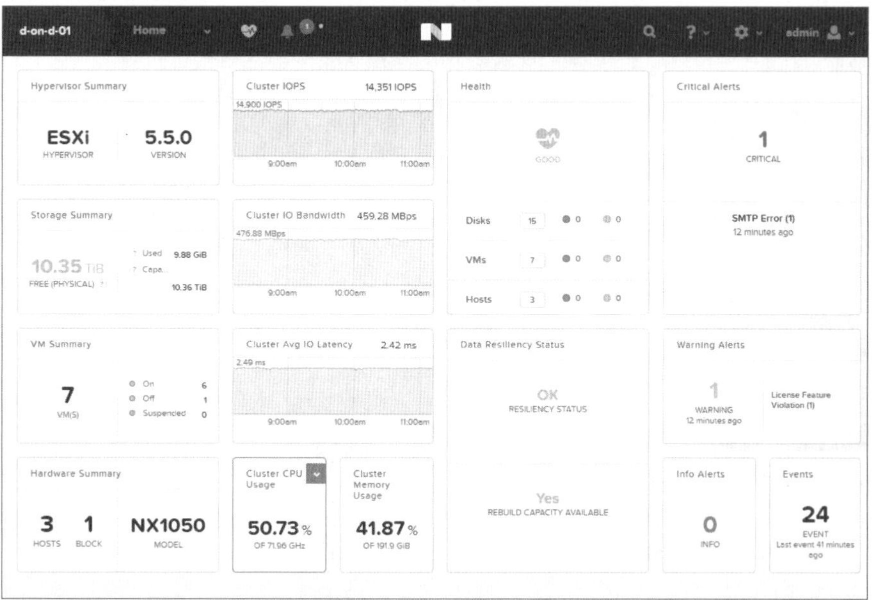

Abbildung 9.30 Das Nutanix Web-Interface »Prism« – Verbindung zu dem Cluster »d-on-d-01«

9.3.7 Prism Central

Wenn Sie mehr als einen Nutanix-Cluster verwalten, können Sie *Prism Central* dazu benutzen. Damit erhalten Sie eine Gesamtübersicht der Systemumgebung und müssen nicht pro Nutanix-Cluster ein Webbrowser-Fenster öffnen.

In Abbildung 9.31 sind zwei Cluster sichtbar. Diese zeigen in der Gesamtübersicht den HEALTH-STATUS an. Wird ein Cluster angeklickt, so wechselt die Ansicht auf den Cluster. Er lässt sich dann so wie mit einer Direktverbindung mittels Webbrowser verwalten.

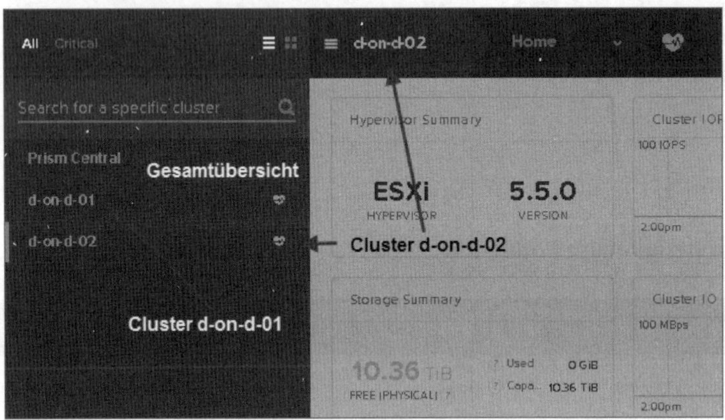

Abbildung 9.31 »Prism Central« mit zwei registrierten Clustern

Kurzbeschreibung des Hauptmenüs

Im Hauptmenü des Nutanix-Clusters können Sie zum einen statistische Daten über die verschiedenen Komponenten einsehen und zum anderen Konfigurationen durchführen (siehe Abbildung 9.32).

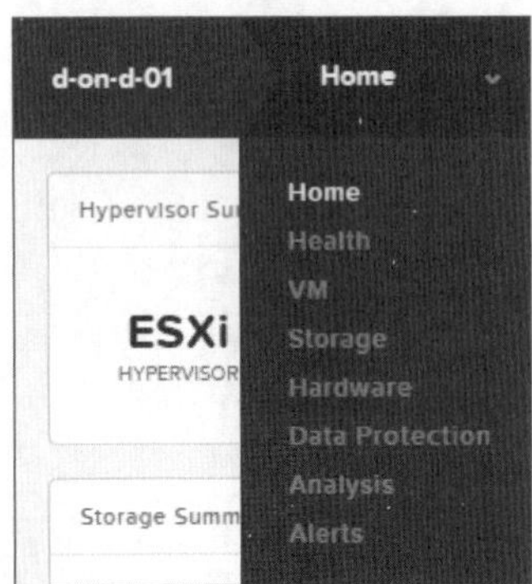

Abbildung 9.32 Hauptmenü des Nutanix-Clusters

Tabelle 9.3 erläutert die Optionen des Hauptmenüs.

Menüpunkt	Bedeutung
HOME	Gesamtübersicht über den Cluster: Anzahl der Nodes, Ressourcenverbrauch der VMs etc.
HEALTH	Gesundheitszustand des Clusters bezüglich Hardware und Software
VM	Sicht auf die VMs: Anzahl der VMs, Ressourcenverbrauch IOPs, CPU, Memory, Darstellung der Top-Verbraucher
STORAGE	Verwendung des Speichers (Disk), IOPs und Latenzzeiten etc. Hier lässt sich auch die gesamte Speicherverwaltung durchführen.
HARDWARE	Anzeige des Hardware-Bestandes, Ressourcenverbrauch auf den Komponenten, Gesundheitszustand der Hardware
DATA PROTECTION	Hier können Snapshots erzeugt und bearbeitet werden. Des Weiteren kann hier asynchrone und synchrone Replikation eingerichtet und verwaltet werden. Laststatistiken der Replikationen sind einsehbar.
ANALYSIS	An dieser Stelle können Sie den Ressourcenverbrauch und die Performance des Systems nachverfolgen.
ALERTS	Hier können Sie die Warnungen, Alarme und Events des Clusters einsehen.

Tabelle 9.3 Die Optionen des »Home«-Menüs

Das Konfigurationsmenü in Abbildung 9.33 dient zur Konfiguration verschiedenster Aspekte, z. B. zur Anbindung an SMTP, SNMP, NTP, DNS, Active Directory etc. In Tabelle 9.4 erläutern wir kurz die Funktion der einzelnen Optionen.

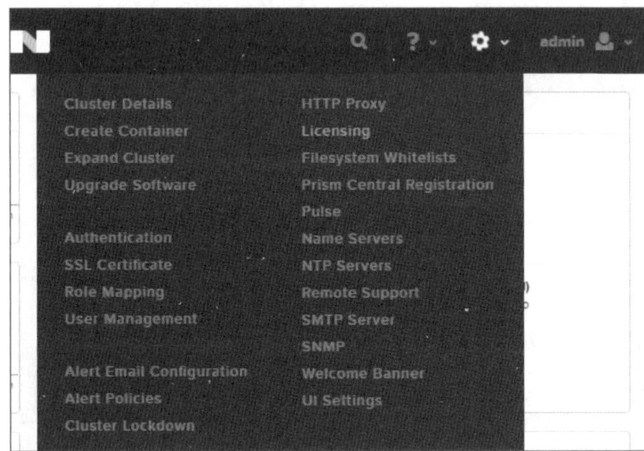

Abbildung 9.33 Das Konfigurationsmenü des Nutanix-Clusters

Menüpunkt	Bedeutung
Cluster Details	Hier sind Informationen wie die Cluster-UUIID, Cluster-ID und Cluster-Incarnation-ID einsehbar. Hier können auch der Cluster-Name und eine Cluster IP-Adresse eingetragen werden.
Create Container	Hier ist die Erstellung eines Containers möglich. Faktisch ist es dieselbe Funktion, wie sie auch im Hauptmenü vorkommt.
Expand Cluster	Hier können zusätzliche Nodes aufgenommen werden, um den Cluster zu erweitern.
Upgrade Software	Damit lässt sich die Software (NOS, Hypervisor, Firmware, NCC) auf eine neuere Version aktualisieren.
Authentication	Damit lässt sich die standardmäßige lokale Authentifizierung von Benutzern auf ein LDAP-Directory, wie zum Beispiel Microsoft Active Directory, erweitern.
SSL Certificate	Hier lässt sich das standardmäßige Self-Signed-SSL-Zertifikat durch andere Zertifikate ersetzen.
Role Mapping	Wurde unter Authentication ein LDAP-Directory angebunden, können Benutzern Rollen für die Verwaltung des Clusters zugewiesen werden.
User Management	Damit lassen sich lokale Benutzer erfassen und über Rollen zur Cluster-Verwaltung berechtigen.
Alert Email Configuration	Hier können Mail-Adressen aufgenommen werden, die Cluster-Meldungen erhalten sollen. Standardmäßig ist hier die Mail-Adresse des Nutanix-Supports aktiv.
Alert Policies	Hier kann die vordefinierte Liste der Alarmdefinitionen angepasst beziehungsweise erweitert werden.
Cluster Lockdown	Damit lässt sich der standardmäßige SSH-Zugriff auf *Key Based SSH Access* umstellen.
HTTP Proxy	Ist eine Internetverbindung des Clusters über einen Proxy-Server gewünscht, so kann hier diese Konfiguration durchgeführt werden.
Licensing	Über diesen Menüpunkt kann der Cluster lizenziert werden.

Tabelle 9.4 Die Optionen des Konfigurationsmenüs

Menüpunkt	Bedeutung
FILESYSTEM WHITELISTS	Soll von Cluster-fremden ESXi-Hosts aus auf die NFS-Datastores des Clusters zugegriffen werden, so kann diesen der Zugriff mittels einer Whitelist gewährt werden. Dies ist vor allem für Migrationen von Umgebungen auf das Nutanix-System von Nutzen.
PRISM CENTRAL REGISTRATION	Damit lässt sich der Nutanix-Cluster in Prism Central registrieren.
PULSE	Hier kann *Pulse* konfiguriert werden. Wenn Pulse aktiv ist, werden Cluster-Status-Informationen direkt und permanent an den Nutanix-Support gesandt.
NAME SERVERS	Konfiguration der DNS-Server
NTP SERVERS	Konfiguration der NTP-Server
REMOTE SUPPORT	Über diesen Menüpunkt lässt sich der Remote-Support entweder permanent oder nur für eine definierte Zeitspanne aktivieren. Dadurch kann der Nutanix-Support über das Internet auf den Cluster zugreifen.
SMTP SERVER	Konfiguration des Mail-Servers
SNMP	Konfiguration von SNMP-Trap-Receivern
WELCOME BANNER	Hier lässt sich eine Willkommensnachricht für die Login-Seite in HTML erstellen.
UI SETTINGS	Damit lässt sich die Login-Seite des Clusters mit oder ohne Animationen konfigurieren.

Tabelle 9.4 Die Optionen des Konfigurationsmenüs (Forts.)

Jeder der aufgeführten Menüpunkte öffnet beim Anklicken ein Fenster, in dem Sie die Konfiguration durchführen. Im oberen Fensterrahmen befindet sich ein Fragezeichensymbol. Wenn Sie es anklicken, erhalten Sie als Hilfestellung erweiterte Informationen zur Konfiguration mit Beispielen. Zum Teil gibt es auch Links zu Videos, die Schritt für Schritt erläutern, wie die Konfiguration durchzuführen ist.

Als einer der dreiundzwanzig Menüpunkte wird jetzt UPGRADE SOFTWARE genauer erklärt. Mit UPGRADE SOFTWARE kann die Aktualisierung des gesamten Software-Stacks über ein Benutzer-Interface vollzogen werden. Wie Sie in Abbildung 9.34 sehen, lassen sich damit das *Nutanix OS* (NOS), der Hypervisor, die Disk-Firmware sowie der Nutanix-Cluster-Check (NCC) aktualisieren. Die Aktualisierung verläuft auf allen Nodes in einem Cluster vollautomatisch.

Bevor eine Aktualisierung durchgeführt wird, läuft im Vorfeld eine Diagnose der betreffenden Komponenten ab. Dies soll verhindern, dass vorhandene Fehler sich negativ auf die Aktualisierung auswirken.

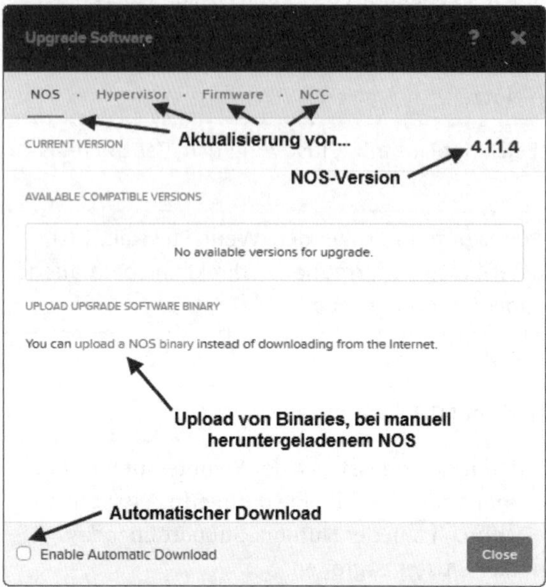

Abbildung 9.34 Software-Aktualisierung für einen Nutanix-Cluster

Verwaltungsschnittstellen

Falls Sie die Verwaltung nicht ausschließlich über die Weboberfläche ausführen wollen, stehen Ihnen weitere Schnittstellen zur Verfügung: *REST API Explorer*, *NCLI* (Nutanix Command Line) und *Powershell Commandlets*. Auf diese Schnittstellen können Sie über das Menü des angemeldeten Benutzers zugreifen (siehe Abbildung 9.35).

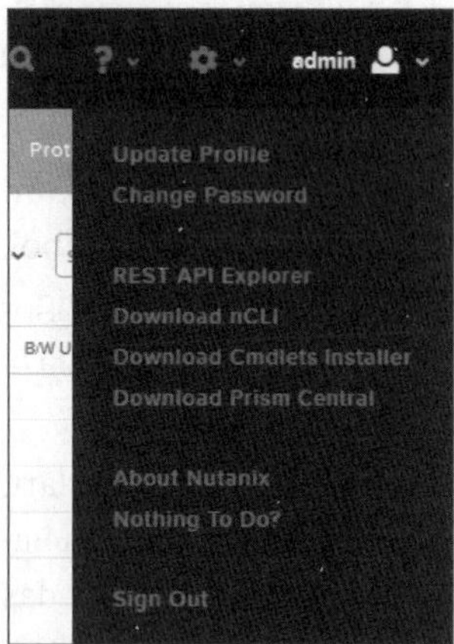

Abbildung 9.35 Admin-Menü mit Verwaltungswerkzeugen

9.3.8 Erstellen eines Containers

Der Container wird in einem existierenden Storage-Pool erstellt und kann mit spezifischen Eigenschaften wie Replikationsfaktor, Kompression, Deduplizierung etc. versehen werden. Der Container nimmt die vDisks auf.

Um einen Container zu erstellen, wechseln Sie ins Hauptmenü STORAGE. Klicken Sie auf + CONTAINER, wird eine Eingabemaske geöffnet, in der Sie die Einstellungen vornehmen können (siehe Abbildung 9.36).

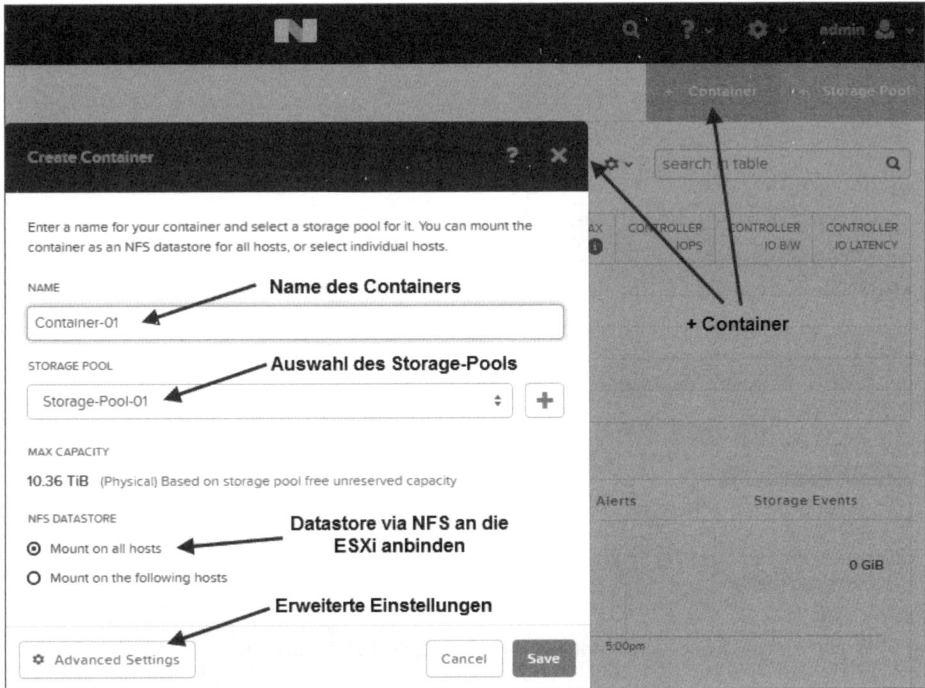

Abbildung 9.36 Erstellen eines Containers

Die Angaben für den ersten Teil der Eingabemaske sind verbindlich. Mittels ADVANCED SETTINGS können Sie dem Container noch weitere Eigenschaften mitgeben werden, z. B. Replikationsfaktor, Kompression, Deduplikation etc. (siehe Abbildung 9.37).

Ein erstellter Container ist bei vSphere nun als NFS3-Datastore sichtbar (siehe Abbildung 9.38).

Nachdem der Container als NFS3-Datastore verfügbar ist, können in ihm VMs gespeichert und betrieben werden.

Abbildung 9.37 Die »Advanced Settings«

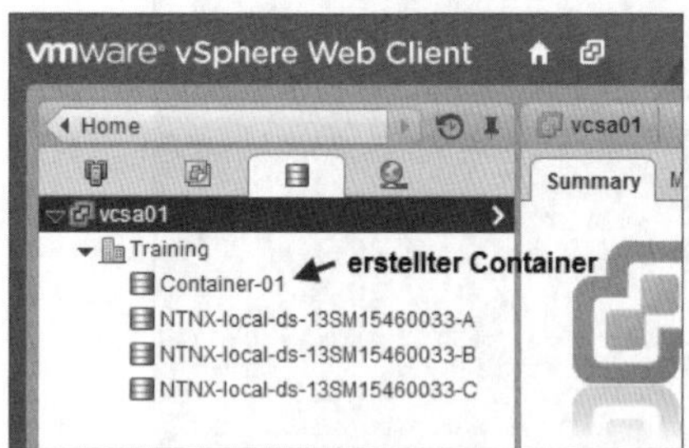

Abbildung 9.38 Der erstellte Container wird als NFS3-Datastore verbunden.

9.3.9 Replikation einrichten (Metro Availability)

In diesem Abschnitt zeigen wir Ihnen, wie eine Replikation mit *Metro Availability* eingerichtet wird. Als alternative Replikationsmöglichkeiten sind die asynchrone Replikation auf einen anderen Nutanix-Cluster und die asynchrone Replikation zu AWS (*Amazon Web Services*) möglich.

Zunächst müssen Sie auf jedem Cluster einen Container erstellen. Die neuen Container müssen beiden Clustern gleich heißen. Dies erfolgt so, wie in Abschnitt 9.3.8 beschrieben. Sind die Container vorhanden, wechseln Sie in das Hauptmenü DATA PROTECTION.

Damit eine Replikation stattfinden kann, müssen die Cluster über TCP/IP miteinander verbunden werden. Dazu klicken Sie im Hauptmenü DATA PROTECTION ❶ auf + REMOTE SITE ❷ (siehe Abbildung 9.39).

Abbildung 9.39 Remote Site einrichten

Für die Einrichtung der Remote Site müssen Sie folgende Mindestangaben machen: Name der Site und IP-Adresse des Remote-Clusters oder der Remote-CVMs. Zusätzlich lassen sich noch Proxy-Server und SSH-Tunnel konfigurieren (siehe Abbildung 9.40).

9

Auf dem anderen Cluster muss dieselbe Einrichtung erfolgen, sodass am Ende eine Replikation auf beide Seiten erfolgen kann.

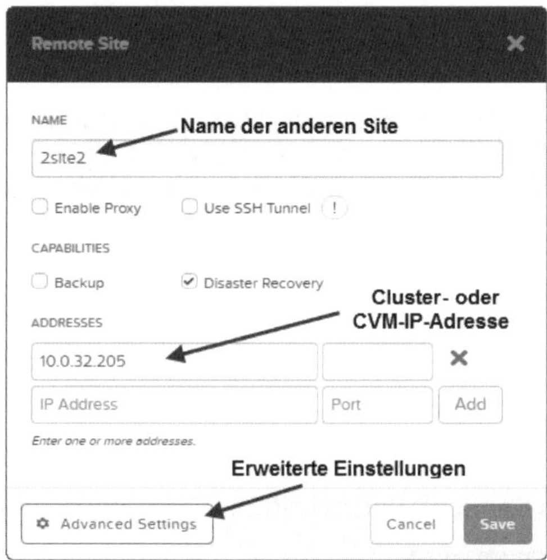

Abbildung 9.40 Die Mindestangaben für die Remote Site

Über die erweiterten Einstellungen (ADVANCED SETTINGS) können Sie die Kompression der replizierten Daten wie auch eine Bandbreitenbegrenzung einstellen. Unter VSTORE NAME MAPPINGS können Sie die Quell-Container des abgehenden Systems mit den Zielcontainern des empfangenden Systems verbinden. Dies ist nur für die asynchrone Replikation von Bedeutung (siehe Abbildung 9.41).

Sind die Remote Site und die Container auf beiden Seiten eingerichtet, so können Sie die Replikation zwischen den Clustern einrichten. Dazu wechseln Sie zum Hauptmenü und wählen den Menü-Eintrag DATA PROTECTION ❸ (siehe Abbildung 9.42).

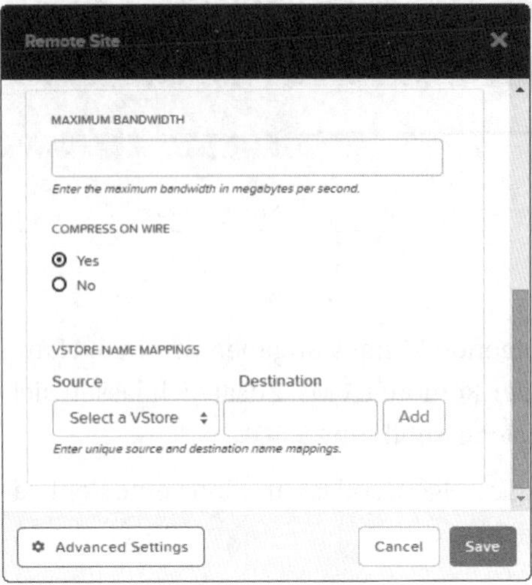

Abbildung 9.41 Die »Advanced Settings« zur »Remote Site«-Option

Abbildung 9.42 Die Metro Availability einrichten

Als Erstes geben Sie einen Namen für die Metro-Availability-Replikation ein ❹ (siehe Abbildung 9.42). Mit NEXT wechseln Sie zum nächsten Konfigurationsschritt.

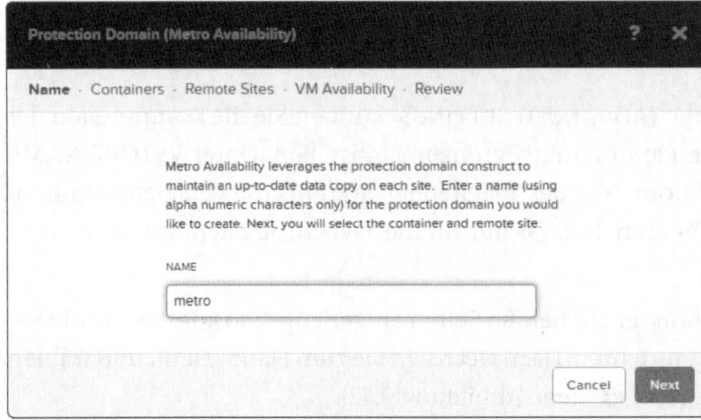

Abbildung 9.43 Name für die Replikationseinrichtung

Im Dialog aus Abbildung 9.44 werden die im Cluster vorhandenen Container präsentiert. Wählen Sie einen Container aus, der auf beiden Clustern gleich benannt ist. Klicken Sie auf NEXT, um Eingaben zur Remote Site zu machen.

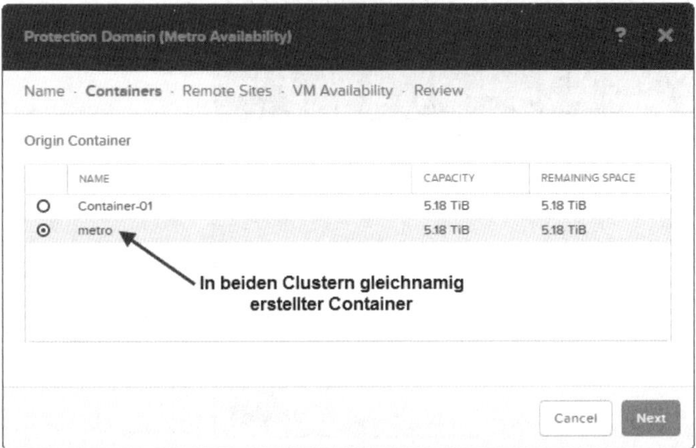

Abbildung 9.44 Hier wählen Sie den Container für die Replikation aus.

In dem Dialog, der nun erscheint, sind die registrierten Remote Sites zu sehen. Wählen Sie die gewünschte Remote Site aus (siehe Abbildung 9.45), und gehen Sie mit NEXT zur Konfigurationsseite VM AVAILABILITY.

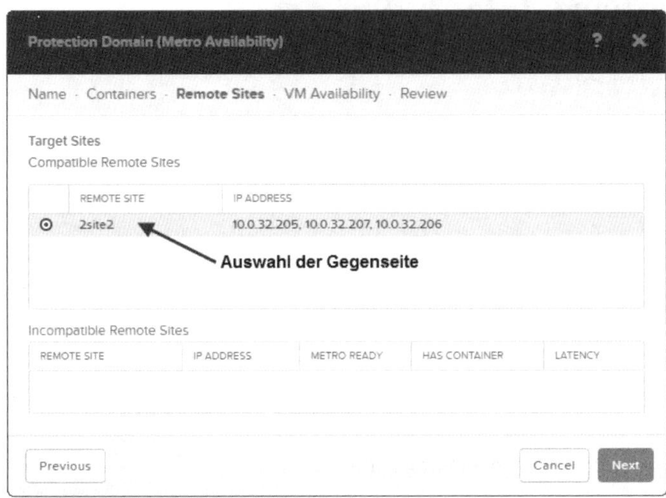

Abbildung 9.45 Auswählen, in welche Remote Site die Replikation erfolgt

Im Dialog aus Abbildung 9.46 bestimmen Sie die Art des Failovers. Es gibt zwei Möglichkeiten:

- Bei der Einstellung MANUALLY muss bei einem Crash des aktiven Clusters die passive Site *promoted* werden. Es ist also ein manueller Eingriff zwingend erforderlich.

- Wurde die Einstellung AUTOMATICALLY AFTER XY SECONDS gewählt, erfolgt der Failover in der angegebenen Zeitspanne automatisch. Das Problem des automatischen Failovers ist, dass es zurzeit keine integrierte Witness-Funktion gibt, um Split-Brain-Bedingungen auszuschließen. AUTOMATICALLY sollte also nur mit Bedacht gewählt werden.

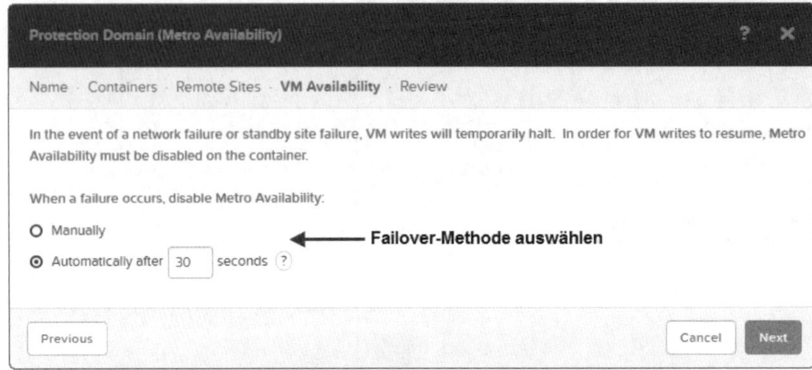

Abbildung 9.46 Failover: automatisch oder manuell?

Im letzten Schritt prüfen Sie unter REVIEW die Einstellungen, die Sie vorgenommen haben (siehe Abbildung 9.47). Wenn alles in Ordnung ist, klicken Sie auf CREATE. Die Konfiguration steht kurz vor dem Abschluss.

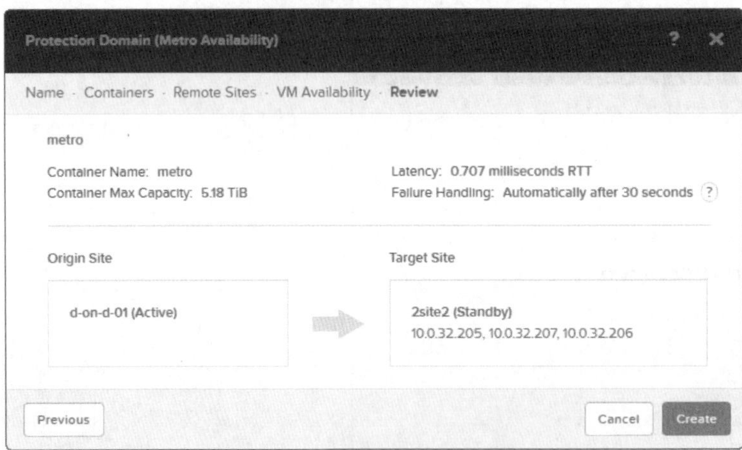

Abbildung 9.47 Zusammenfassung der Replikationseinstellungen

Wichtig bei der Einrichtung der Replikation ist, dass die korrekte Replikationsrichtung vorliegt, damit nicht von einem leeren Container in einen Container mit Daten repliziert wird. Der Warnhinweis aus Abbildung 9.48 erinnert Sie explizit daran. Klicken Sie dann auf YES, wird die Einrichtung abgeschlossen.

Abbildung 9.48 Abschluss der Konfiguration

Die Replikation lässt sich anschließend unter DATA PROTECTION • METRO AVAILABILITY nachverfolgen und auch verwalten (siehe Abbildung 9.49).

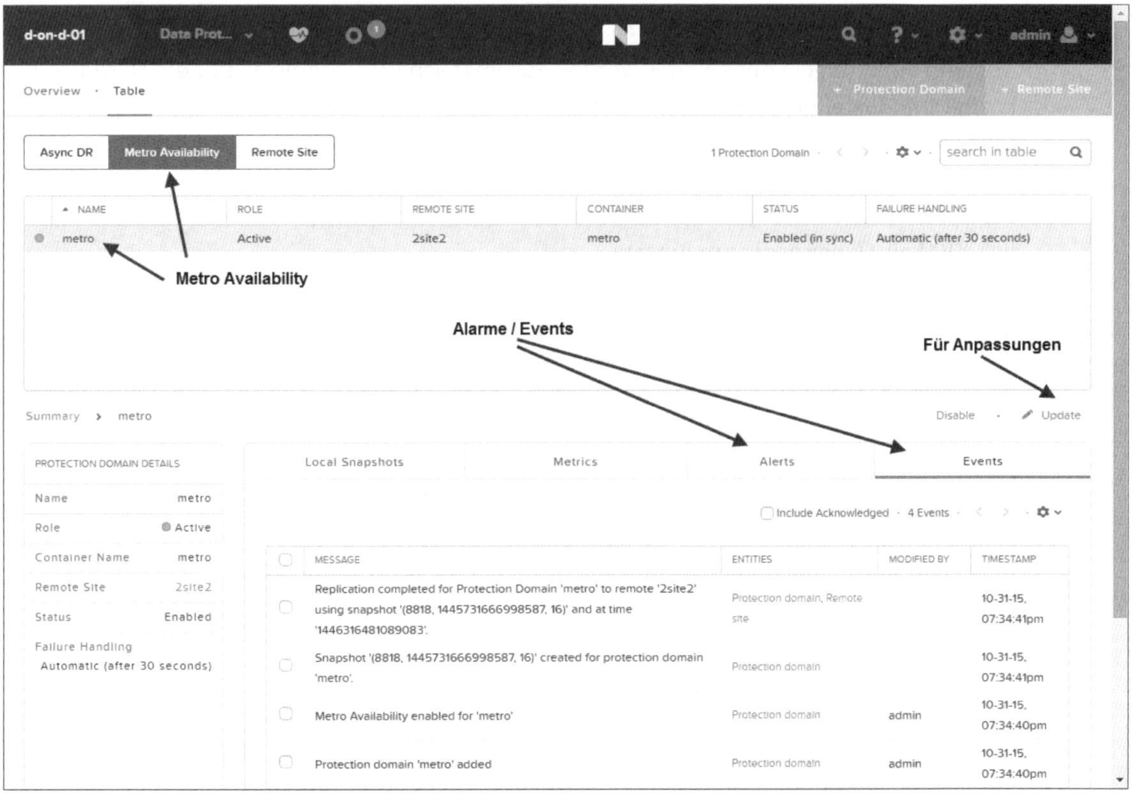

Abbildung 9.49 Details zu der Replikation

Wichtig zu wissen ist: Ein Metro-Cluster ist aktiv/passiv. Der Cluster, bei dem die Replikation eingerichtet wurde, besitzt den aktiven Container. Die Daten werden synchron in den Container des anderen Clusters gespiegelt. Der Daten empfangende Container ist passiv. Sowohl der aktive wie auch der passive Container sind unter demselben Datastore-Namen an die ESXi-Hosts gebunden. Damit sollten keine VMs auf ESXi-Hosts des passiven Containers betrieben werden. Wird dies trotzdem gemacht, so erhöht sich die verbrauchte Netzwerkbandbreite für die Replikation erheblich, da die geschriebenen Daten zum aktiven Container gesendet und danach zurückrepliziert werden.

Diesen Punkt zu beachten ist insbesondere bei vollautomatischem vSphere DRS wichtig, wenn sich alle ESXi-Hosts des passiven wie auch des aktiven Clusters im selben vSphere-Cluster befinden. Zwei Möglichkeiten bieten sich hier an. Die erste ist die Etablierung von DRS-Regeln mittels Host- und VM-Gruppen. Als zweite Ergänzung können die Storage-Policys von vSphere verwendet werden. Dabei werden der Datastore und die Disk-Files der VMs durch eine Policy miteinander verbunden, sodass falsch platzierte VM-Disk-Files als NON-COMPLIANT sichtbar werden.

9.3.10 Erweiterung von Speicher

Mit dem Hinzufügen eines Nodes werden automatisch CPU, Memory und die Harddisk-Kapazität im Cluster erweitert. Dies ist nicht in jedem Fall erwünscht. In Situationen, in denen man genug CPU und Memory-Ressourcen hat, ist nur der Ausbau von Harddisk-Kapazität erwünscht. Dies ist über reine Storage-Nodes möglich. Dabei handelt es sich um Systeme, auf denen nur eine CVM, aber keine anderen VMs laufen. Auf Storage Nodes kommt ausschließlich KVM als Hypervisor zum Einsatz.

9.3.11 Lizenzierung

Es gibt drei Lizenz-Level bei Nutanix: *Starter*, *Pro* und *Ultimate*. Alle Nutanix-Nodes werden standardmäßig mit der Starter-Lizenz ausgeliefert. Sie reicht aus, um einen Cluster einzurichten und Snapshots von VMs im Nutanix-Cluster anzulegen. Sobald Replikation eingesetzt werden sollte, muss eine *Pro*-Lizenz gekauft werden. Ist Metro Availability gewünscht, so müssen Sie zur höchsten Lizenzierungsstufe, *Ultimate*, wechseln. Die Feature-Matrix der einzelnen Editionen finden Sie auf der Herstellerwebsite unter *http://www.nutanix.com/products/software-editions/*.

9.3.12 Acropolis

Acropolis ist ein nativ integrierter Hypervisor mit Management-System, der von Nutanix entwickelt wurde. Als eigenständige Virtualisierungssuite ermöglicht Acropolis den vollständigen Betrieb ohne zusätzliche Kosten für Virtualisierungssoftware. Funktionen wie vMotion, HA, DRS und die Live-Migration von bestehenden Virtualisierungsumgebungen in Acropolis etc. sind damit unterstützt.

9.3.13 Community Edition

Nutanix bietet kostenlos die *Community Edition* an. Damit lässt sich eine Umgebung auf Basis von Acropolis/KVM einrichten. Die Community Edition kann von der Herstellerwebsite *http://www.nutanix.com/products/community-edition/* bezogen werden.

Die Community Edition kann auf Hardware installiert oder in einer virtuellen Umgebung betrieben werden.

Für die Installation auf Hardware wird Folgendes benötigt:

- 1, 3 oder 4 Server
- Intel-CPUs, mindestens 4 Cores mit VT-x Support
- RAID 0 (LSI HBAs) oder AHCI-Speicher-Sub-System
- eine SSD-Harddisk pro Server im Minimum >= 200 GB pro Server
- eine HDD-Festplatte pro Server im Minimum >= 500 GB pro Server
- Intel-Netzwerkkarten

9.3.14 Weitere Informationen – The Nutanix Bible

Im Internet gibt es sehr viele Informationen zu Nutanix: auf der Herstellerwebsite, in Blogs, auf YouTube etc. Eine sehr gute Informationsquelle ist *The Nutanix Bible* (in Englisch) von Steven Poitras unter *http://nutanixbible.com/*. Auf dieser Website erhalten Sie einen sehr guten und detaillierten Einblick in die Funktionsweise von Nutanix.

Kapitel 10
Das EMC-VNX-Speichersystem unter vSphere 6.0

Nach den theoretischen Grundlagen aus Kapitel 8 soll das Buch auch eine praktische Anleitung anhand echter Beispiele liefern. In diesem Kapitel erhalten Sie neben den eigentlichen Erläuterungen für die Umsetzung der verschiedenen Speicheranbindungen von vSphere auch nützliche Tuning- und Optimierungstipps zu EMC-VNX-Speichersystemen.

Autor dieses Kapitels ist Marcel Brunner, VMware Global Solution Consultant
marcelb@vmware.com
Blog: http://cloudjockey.tech

Dieses Kapitel behandelt die aktuelle *EMC² VNX-Serie*. Abweichende Best Practices zu älteren EMC² VNX-Systemen sind speziell gekennzeichnet. Wo es nicht explizit erwähnt wird, verwenden wir immer den *vSphere Web Client* als Grundlage für sämtliche Schritte in vCenter. Die Desktop-Version unterstützt neuere Funktionalitäten nicht mehr. Die Lektüre von Kapitel 8, »Storage-Architektur«, ist empfehlenswert, da es die Konzepte aufzeigt, die auch für den Betrieb von EMC²-Primärspeichersystemen und -Technologien Gültigkeit haben. So sollten Sie bereits den Umgang mit den Speichermöglichkeiten und -eigenschaften von *vSphere*, die redundante Anbindung der Speichernetzwerke etc. verstanden haben. EMC² (das im Verlauf des Kapitels als EMC bezeichnet wird) bietet selbst eine Vielzahl von Primärspeichersystemen an. Sie können sich unter *http://germany.emc.com/storage/index.htm?nav=1* näher darüber informieren.

10.1 Einführung

Die VNX-Produktreihe eignet sich für alle Unternehmen und ist eine skalierbare und anwenderfreundliche Lösung zur Block-, Datei- und Objektspeicherung. Das System verfügt über zwei *Storage-Processors* für die Anbindung der Blockspeicherprotokolle *Fibre-Channel, FCoE* und *iSCSI*. Zur dateisystembasierten Speicherung stehen ein bis maximal acht X-Blades zur Verfügung, die über 1- oder 10-Gigabit-Ethernet Zugriff via CIFS oder NFS ermöglichen. Mit dem Zusatz *EMC Atmos Virtual Edition* können Applikationen direkt via *Atmos API* oder *REST-Protokoll* auf das Speichersystem zugreifen.

Das System bietet eine Vielzahl von Funktionen in Form von insgesamt sechs Software-Suites an:

- **Unisphere Management Suite** (obligatorisch) – Unisphere, Unisphere Remote, Unisphere Analyzer, Unisphere Quality of Service Manager (QoS), VNX Monitoring & Reporting (Version für Speichersystem)
- **FAST Suite** – automatische, selbstoptimierende Datenablage innerhalb von Speicherpools zur Kostenminimierung und Performance-Steigerung mittels unterschiedlicher Festplattentechnologien
- **Security and Compliance Suite** – schützt die Daten vor Veränderung, Löschung und schädlichen Aktivitäten.
- **Local Protection Suite** – ermöglicht den lokalen Schutz von Daten mit kontinuierlichen, logischen Kopien (*Continuous Data Protection*, Snapshots und Clones).
- **Remote Protection Suite** – bietet redundante Datenvorhaltung oder Desasterschutz mittels kontinuierlicher, synchroner oder asynchroner Replikation.
- **Application Protection Suite** – ermöglicht eine applikations- oder VMware-VMFS-konsistente Sicherung Ihrer kritischen Daten oder der gesamtem VMware-Umgebung.

In diesem Kapitel erfahren Sie, wie Sie ein VNX-Speichersystem erfolgreich für den Betrieb von vSphere-basierten virtuellen Infrastrukturen in Ihrem Unternehmen einführen.

10.2 Planung und Konfiguration eines VNX-Systems

Die richtige Planung und Konfiguration eines VNX-Systems ist die Voraussetzung für den performanten Betrieb einer virtuellen Umgebung. Der folgende Abschnitt soll Ihnen die Grundlagen vermitteln, um ein VNX-Speichersystem optimal nutzen zu können.

Grundsätzliches zu Soft- und Firmware-Versionen

Die in diesem Kapitel vorgestellten Eigenschaften der verwendeten Produkte, die Sie näher kennenlernen, beziehen sich auf folgende Release-Stände:

- VNX OE Block 5.33.0
- VNX OE File 8.1.8
- AppSync 2.2.1.1
- Virtual Storage Integrator 6.6 (auch bekannt als *Solutions Integration Services*)
- PowerPath Virtual Edition 6.0
- vRealize Operations Manager Management Pack EMC Storage Analytics 2.1 für vCenter Operations Manager 5.8

Neuere Releases können Erweiterungen und Änderungen mit sich bringen, die in diesem Kapitel getroffene Aussagen überholt erscheinen lassen.

ESXi und VNX-Speichersysteme unterstützen die Protokolle *FC*, *FCoE*, *iSCSI* und *NFS*. Die VNX unterstützt des Weiteren *CIFS* für die Bereitstellung von Netzwerklaufwerken von virtuellen Maschinen mit Windows als Gastbetriebssystem.

Derzeit bietet einzig das in einer Tech Preview verfügbare virtuelle Speichersystem *vVNX* Unterstützung für *VVols*. Mehr über *VVols* erfahren Sie in Kapitel 8, »Storage-Architektur«. Sie können *vVNX* über *http://switzerland.emc.com/products-solutions/trial-software-download/vvnx.htm* beziehen.

Konnektivität verschiedener Block-Technologien

ESXi und VNX unterstützen derzeit den Zugriff auf SCSI-Geräte mit einem SCSI-Transport-Typ. Das heißt, dass auf eine LUN über jeweils ein Protokoll zugegriffen wird. Es ist nicht möglich, dieselbe LUN mit iSCSI und gleichzeitig mit FC oder FCoE anzusprechen. Selbstverständlich unterstützen sowohl ESXi als auch VNX den Parallelbetrieb mehrerer Protokolle auf demselben Host- bzw. Speichersystem.

Ein VNX-System bietet drei Möglichkeiten, Speicherkapazität zu konfigurieren und bereitzustellen:

- **EMC Unisphere** – eine webbasierte, zentrale und grafisch unterstützte Oberfläche zum Verwalten mehrerer VNX-Speichersysteme (siehe Abbildung 10.1)
- **Command Line Interface** – skriptfähige, textbasierte Schnittstelle zur Verwaltung eines Systems
- **EMC Virtual Storage Integrator (Solutions Integration Services)** – frei verfügbare Plug-in-Suite für VMware vCenter zur Ansicht, Erstellung und Manipulation von NFS- und VMFS-Datastores und der VMDK-Dateien virtueller Maschinen sowie Multi-Pathing-Richtlinien und Datensicherungs-Lösungen.

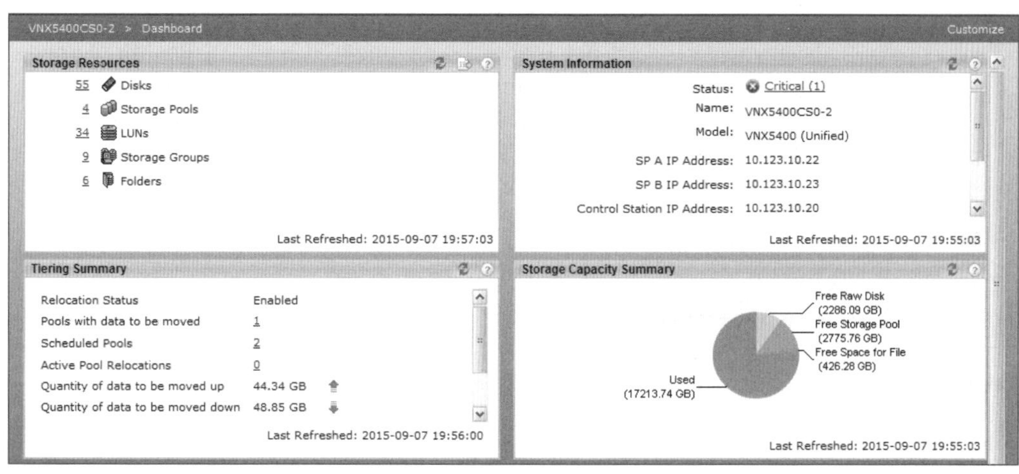

Abbildung 10.1 Dashboard-Ansicht von Unisphere

10.2.1 Unterstützte Speicherprotokolle

VNX-Systeme können blockbasierte Speicherkapazität mit den Protokollen *Fibre-Channel over Ethernet* (FCoE), *Fibre-Channel* (FC) oder *iSCSI* zur Verfügung stellen.

Neben den blockbasierten Möglichkeiten ist auch die Anbindung von Speicherkapazität über das Netzwerkprotokoll NFS sehr populär. Als Kunde haben Sie die Wahl. Sämtliche Protokolle sind mit Vor- und Nachteilen behaftet. Tabelle 10.1 führt die Eigenschaften dieser Protokolle auf.

Funktion	iSCSI	NFS	FCP	FCoE
Beschreibung	Präsentiert ESXi ein blockbasiertes Volumen über ein IP-Netzwerk via TCP/IP.	Präsentiert ein Dateisystem über ein IP-Netzwerk via TCP/IP.	Präsentiert ein blockbasiertes Volumen über ein Fibre-Channel-Netzwerk via FC-Protokoll.	Präsentiert ein blockbasiertes Volumen über ein Ethernet-Netzwerk via enkapsuliertem FC-Protokoll.
Implementierungsoptionen	Abhängiger Software-Initiator (benötigt iSCSI-Stack vom ESXi-Host) oder unabhängiger Hardware-Initiator	Standard-Netzwerkadapter	Host-Bus-Adapter (HBA)	Converged Network Adapter (CNA)
Lastverteilung	Mehrere Verbindungen können in eine Session verpackt werden (Load-Balancing/Failover). Unterstützt 1-GBit-, 10-GBit- und 40-GBit-Ethernet sowie Jumbo Frames.	Unterstützt 1-GBit- oder 10-GBit-Ethernet. Load-Balancing ist bei zwei und mehr NFS-Datastores möglich.	Unterstützt 1-GB-, 2-GB-, 4-GB-, 8-GB- und 16-GB-HBAs.	Unterstützt 10-GBit- oder 40-GBit-Ethernet. Benötigt Jumbo Frames wegen der FC-Protokoll-Payload-Size von 2112 Bytes.

Tabelle 10.1 Wahl des Speicherprotokolls

Funktion	iSCSI	NFS	FCP	FCoE
Ausfallsicherheit	Native Multipathing (NMP) oder Drittherstеller (PowerPath)	Network Adapter Teaming (Link Aggregation)	Native Multipathing (NMP) oder Dritthersteller (PowerPath)	Native Multipathing (NMP) oder Dritthersteller (PowerPath)
Error Checking	Nutzt TCP, das verlorene Pakete neu sendet.	Nutzt TCP, das verlorene Pakete neu sendet.	Verlustfreies Netzwerk. Wird ermöglicht durch Durchsatzbeschränkung bei Überlastung mittels B2B- und E2E-Credits.	Verlustfreies Netzwerk. Wird ermöglicht durch einen Pause-Frame-Mechanismus bei Überlastung.
Sicherheit	Challenge Handshake Authentication Protocol (CHAP). VLAN oder dediziertes Netzwerk, LUN-Masking	VLAN oder privates Netzwerk	VSAN, Zoning, LUN-Masking	VSAN, Zoning, LUN-Masking, Kanalvirtualisierung (CNA)
VAAI	Ja, nativ	Ja, muss pro *ESXi-Host* implementiert werden	Ja, nativ	Ja, nativ
ESXi Boot	Ja, abhängig von Hersteller und Karte; via iBFT (iSCSI Boot Firmware Table für Software- und Hardware-Initiator)	Nein	Ja	Software-FCoE – nein; Hardware-FCoE (CNA) – ja
RDM	Ja	Nein	Ja	Ja

Tabelle 10.1 Wahl des Speicherprotokolls (Forts.)

Funktion	iSCSI	NFS	FCP	FCoE
Maximale Gerätegröße	64 TB	64 TB (abhängig vom Speichersystem)	64 TB	64 TB
Maximale Anzahl der Geräte	256	Default: 8; Maximum: 256	256	256
Protocol direct to VM	Ja, Guest-iSCSI-Initiator	Ja, In-guest-NFS-Client	Blockbasierte Volumen können über NPIV direkt an eine VM gehängt werden. Braucht RDM-Mapping und benötigt Hardware mit NPIV-Unterstützung (FC-Switch, HBA).	Nein
Storage vMotion	Ja	Ja	Ja	Ja
Storage DRS	Ja	Ja	Ja	Ja
SIOC	Ja	Ja	Ja	Ja
MSCS	Nein	Nein	Ja	Nein
Benötigte CPU-Ressourcen	Hoch	Mittel	Gering	Gering
Protokoll-Overhead	Hoch	Mittel	Sehr gering	Gering
Kosteneffizienz	Hoch	Hoch	Mittel	Niedrig

Tabelle 10.1 Wahl des Speicherprotokolls (Forts.)

Wahl des Speicherprotokolls

EMC hat keine Präferenzen zur Nutzung von Speicherprotokollen. Vielmehr sollen Sie ein oder mehrere Protokolle einsetzen, die zu Ihren Applikationen zur Anbindung von Speicherkapazität passen. Beachten Sie, dass der Applikationshersteller unter Umständen ein Protokoll nicht unterstützt (beispielsweise unterstützt Microsoft für Exchange 2013 kein NFS). Ein anderes Beispiel wäre, wenn Sie eine Multipathing-Lösung für eine Ihrer Applikationen benötigen. Diese Lösung gibt es nur für blockbasierten Speicher. Es empfiehlt sich, eine Matrix Ihrer Applikationen nach den folgenden Kriterien zu erstellen, um das richtige Protokoll auszuwählen:

- Unterstützung des Applikationsherstellers
- tolerierte Latenz
- benötigte Bandbreite
- erforderlicher Durchsatz
- Multipathing
- Path-Failover
- Performance

Gerade dann, wenn Sie nicht über eine 10-Gigabit-Ethernet-Infrastruktur verfügen oder geringe Latenzen für Ihre Applikationen benötigen, empfiehlt sich eine FC-SAN-Infrastruktur.

Sollten Sie kein FC-SAN einsetzen und dennoch ein blockbasiertes Protokoll benötigen, bietet iSCSI eine preiswerte Alternative zu FC oder FCoE, das zum Standard moderner Rechenzentren zählt.

10.2.2 VNX-blockbasierte Speicheroptionen – Einleitung

Festplattentypen

Bei VNX-Systemen unterscheidet man drei Festplattentypen, die im selben System betrieben werden können und sich durch unterschiedliche Eigenschaften auszeichnen (siehe Tabelle 10.2).

Typ	Einsatzgebiet
Flash-Festplatten (SSD)	Applikationen, die niedrige Antwortzeiten brauchen, beispielsweise *VMware View Desktops*
Serial Attached SCSI (SAS)	Geschäftskritische, virtualisierte Applikationen mit ausgeglichenen Anforderungen an hohe Performance und Kapazität, beispielsweise *Microsoft Exchange*

Tabelle 10.2 Festplattentypen

Typ	Einsatzgebiet
Nearline SAS (NL-SAS)	Virtualisierte Applikationen, bei denen es auf Durchsatz und unkritische Antwortzeiten ankommt, beispielsweise Infrastrukturdienstleistungen wie DNS, AD; aber auch Applikationen mit hohen Anforderungen an die Kapazität, wie VM-Templates, ISO-Images und Backups oder unveränderliche Daten

Tabelle 10.2 Festplattentypen (Forts.)

Jede Festplatte kann Teil einer *RAID-Gruppe* oder eines *Storage-Pools* sein sowie als *Hot Spare* eingesetzt werden.

VNX-Speichergruppen

Die VNX unterscheidet zwei Arten der Gruppierung von Festplatten: *RAID-Gruppen* und *Storage-Pools*. Während eine klassische RAID-Gruppe die Kapazität durch eine Anzahl von gleichartigen Festplatten in Form von RAID-Group-LUNs (RG-LUNs) zur Verfügung stellt, ermöglichen Storage-Pools virtuelle LUNs (Thin oder Thick/Dense) über mehrere Festplattentypen hinweg. In der neuen VNX-Serie werden in RAID-Gruppen erstellte LUNs symmetrisch (aktiv/aktiv) über beide Storage-Processors angesprochen. Das ist eine Funktion, die Sie typischerweise nur in Systemarchitekturen von High-End-Speichersystemen vorfinden. Das ist eine Neuerung zum *ALUA*-Modell der älteren VNX-Systeme. In Abschnitt 10.2.3 finden Sie nähere Information dazu.

Im Vergleich zu RAID-Gruppen sind Storage-Pools flexibler und dynamischer. Ihre LUN-Typen können *thin* oder *thick* sein. Eine LUN eines Storage-Pools wird segmentiert und als Verbesserung gegenüber älteren VNX-Systemen (1-GB-Slices) in 256-MB-Slices erstellt.

Speichergruppen

VNX unterstützt grundsätzlich den gleichzeitigen Betrieb von mehreren RAID-Levels (0,1, 1/0, 3, 5 und 6). Bei der Erstellung einer RAID-Gruppe wird der RAID-Level festgelegt. Eine RAID-Gruppe besteht immer aus einem Festplattentyp. Storage-Pools können mit RAID 1/0, 5 oder 6 konfiguriert werden. Grundsätzlich besteht ein Storage-Pool aus einer oder mehreren RAID-Gruppen, für die ein RAID-Level beim Anlegen des Storage-Pools festgelegt wird.

Beachten Sie Folgendes: Ist der RAID-Level pro Festplattentyp innerhalb eines Pools festgelegt, kann er bei der Expansion nicht mehr verändert werden. Wenn Sie z. B. für einen Festplattentyp RAID 5 (4+1) verwenden, so ist die kleinstmögliche Ausbaustufe des betroffenen Festplattentyps fünf Festplatten. Für ein RAID 6 (14+2) sind es dementsprechend 16 Festplatten. VNX benötigt für Datenschutzmechanismen wie Snapshots eine oder mehrere RAID-Gruppen.

Für ein gutes Preis-Leistungs-Verhältnis bietet sich RAID 5 (4 + 1) an. Das gilt für RAID-Gruppen wie für Storage-Pools. Alternativ können Sie RAID 6 (14 + 2) nutzen.

Eine Übersicht über die Eigenschaften von RAID-Gruppen und Storage-Pools finden Sie in Tabelle 10.3.

Eigenschaften	RAID-Gruppen	Storage-Pools
Typ	RG-LUN	thin (TLU), thick (DLU)
Allokation	Vollständig	TLU: keine, DLU: Reservation
Maximale Festplatten	16	2–996 (pro Storage-Pool – abhängig von Systemtyp)
Erweiterbar	Ja	Ja
Komprimierbar	Nein	Ja
Deduplizierbar	Nein	Ja (aktuelle VNX-Serie)
SCSI-Unmap	Nein	Ja
Verkleinerbar	Nein	Ja
Automatisches Tiering	Nein	Ja, FAST VP
Rebalancing	Nein	Ja
Restriping bei Erweiterung	Nein	Ja

Tabelle 10.3 Eigenschaften von Speichergruppen (TLU = Thin LUN, DLU = Dense LUN)

FAST VP (Fully Automated Storage Tiering for Virtual Provisioning) bietet Ihnen eine automatische Verschiebung von Datensätzen (*Slices*) innerhalb eines Storage-Pools, der mit unterschiedlichen Festplattentypen konfiguriert ist. Zur Erinnerung, es werden drei Festplattentypen voneinander unterschieden: Flash-Speicher, SAS, NL-SAS (siehe Tabelle 10.4).

Speichersysteme, die mehrere Festplattentechnologien in einem System vereinen, werden oft als *Tiered Storage Arrays* bezeichnet. Für die Konfiguration von *FAST VP* benötigen Sie mindestens einen Festplattentyp. Das Speichersystem analysiert im Hintergrund, welche Datensätze oft im Zugriff sind und welche weniger.

Slices werden manuell oder mittels eines automatischen Zeitplans entsprechend der Zugriffshäufigkeit innerhalb eines Storage-Pools und seiner Tiers migriert. So optimiert das System ständig die Storage-Pools, und die Slices werden gemäß ihrer Zugriffshäufigkeit auf den optimalen Festplatten-Tier gelegt. *FAST VP* greift über den Zeitplan gesteuert ein, sodass seine Vorzüge nach einigen Betriebsstunden richtig zum Tragen kommen.

Tabelle 10.4 zeigt eine Übersicht der konfigurierbaren RAID-Level und schlüsselt auf, wie viele Festplatten das jeweilige Level unterstützt.

Konfiguration	Anzahl der Festplatten	EMC-Empfehlung		
		Flash	*SAS*	*NL*
RAID 1	4 + 4	✓	✓	–
RAID 5	4 + 1	✓	✓	–
RAID 5	8 + 1	–	✓	–
RAID 6	6 + 2	–	–	✓
RAID 6	14 + 2	–	–	✓

Tabelle 10.4 Konfigurationsmöglichkeiten von Storage-Pools

Die in Tabelle 10.4 dargestellten Konfigurationen sind gleich für alle drei *Tiers*. Jedoch ergeben nicht alle Optionen Sinn für den Einsatz in einem entsprechenden Tier. So ist es aus Gründen der Kosteneffizienz unsinnig, Flash-Festplatten mit RAID 6 (6+2) zu konfigurieren. Ebenso empfiehlt es sich aus Kapazitätsgründen nicht, NL-SAS-Festplatten mit RAID-1 zu erstellen. Für Festplatten mit großer Kapazität (mehr als 1 TB) empfiehlt sich der Einsatz von RAID 6.

Einrichten von Storage-Pools

Beim Einrichten eines Storage-Pools entscheiden Sie sich für einen RAID-Schutz (1/0, 5 oder 6) pro Tier. Innerhalb eines Tiers sollten Sie unterschiedliche Festplatten nicht mischen. EMC bietet für denselben Tier Festplatten mit unterschiedlichen Charakteristiken an, beispielsweise unterschiedliche Drehzahlen (10 k oder 15 k) von NL-SAS mit 3 oder 4 TB Kapazität (siehe Abbildung 10.2).

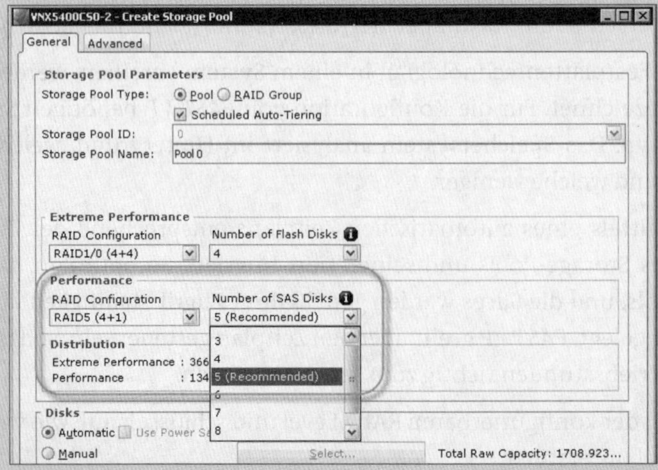

Abbildung 10.2 Empfohlene Einstellungen beim Erstellen eines Pools

> **Storage-Pool-Konfigurationen**
>
> EMC empfiehlt beim Ausbau eines Tiers innerhalb des Storage-Pools eine gleichbleibende Anzahl an Festplatten. (Erfolgt zum Beispiel der erste Ausbau mit fünf Festplatten, so sollten es auch bei der nächsten Erweiterung fünf Festplatten sein.) Ansonsten beeinträchtigen Sie die Performance des Storage-Pools.

RAID-Gruppen-LUNs

Die Charakteristik von RAID-Gruppen-LUNs (RG-LUNs) ist, dass sie den gesamten ihnen zugewiesenen Speicherplatz allozieren. Eine 1-TB-LUN zum Beispiel konsumiert auf einer VNX ein Terabyte. Die LUN wird basierend auf direkt aneinander liegenden Blöcken erstellt.

Ist es gewünscht, dass der Datenzugriff über mehrere RAID-Gruppen verteilt wird, so unterstützt VNX den Zusammenschluss mehrerer RG-LUNs zu einer einzigen LUN, genannt *MetaLUN*. In virtualisierten Umgebungen werden RG-LUNs und MetaLUNs eingesetzt, wenn eine Applikation explizit für sie reservierte Speicherressourcen verlangt.

Global Hot Spares

Das aktive Hot Sparing und die ständig im Hintergrund laufende Überwachung der Festplatten identifizieren potenzielle Ausfälle frühzeitig und schützen so die RAID-Verbünde zusätzlich. *Global Hot Spares* werden separat konfiguriert.

> **Global Hot Spares**
>
> Sie benötigen pro Festplattentyp einen Hot Spare. Faustregel: Planen Sie pro 30 Festplatten eine Global-Hot-Spare-Festplatte ein. In der aktuellen VNX-Serie brauchen Sie die Hot Spare Drives nicht extra erstellen, sondern diese werden regelbasiert zugeordnet. Dafür müssen Sie lediglich die in der Richtlinie definierte Anzahl an Festplatten als Unbound Disks im System belassen. Die Einhaltung dieser Richtlinie wird laufend überprüft.

Die Richtlinien für Hot Spares definieren Sie in Unisphere im Menü Hot Spare Policy (siehe Abbildung 10.3). Dieses finden Sie über die Menüführung System • Hardware • Hot Spare policy.

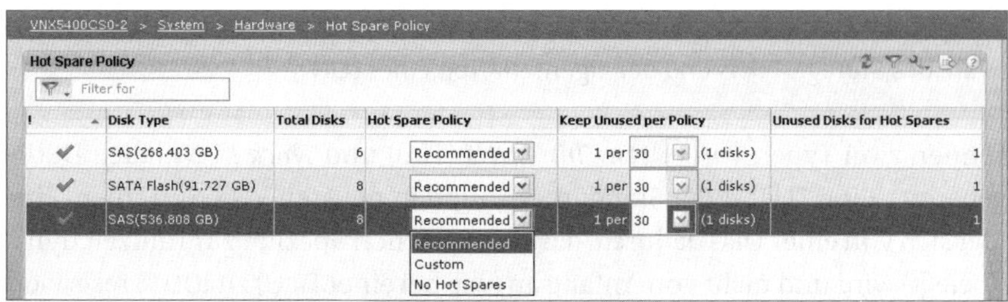

Abbildung 10.3 Richtlinien von Global-Hot-Spare-Festplatten

Bei der manuellen Erstellung von RAID-Gruppen sowie Storage-Pools werden die Richtlinien überprüft (siehe Abbildung 10.4). Sollten Sie auf die automatische Funktion zurückgreifen, werden die Richtlinien immer eingehalten.

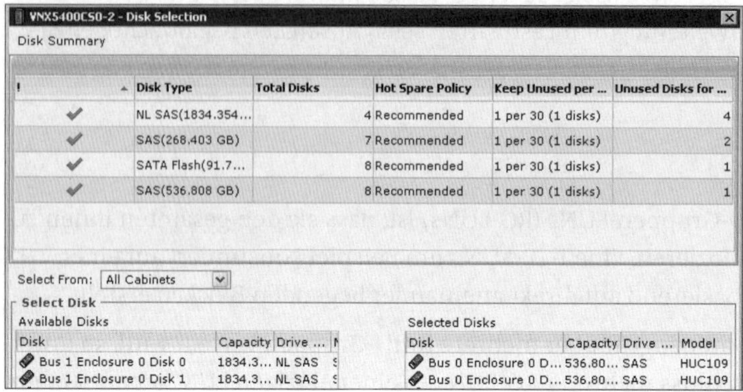

Abbildung 10.4 Überprüfung der Einhaltung der Hot-Spare-Richtlinien

Storage-Pool-LUNs

VNX bietet die Möglichkeit, LUNs zu erstellen, die mehrere Tiers umfassen. Dazu wählen Sie den gewünschten Storage-Pool aus und erstellen die LUN (siehe Abbildung 10.5). *FAST-VP* vermisst zur Laufzeit die Zugriffshäufigkeit auf die Slices und verschiebt diese innerhalb eines Tiers oder über die Tier-Grenzen hinweg stündlich, wenn der vorgegebene Zeitplan dies zulässt. Der Zeitplan kann dabei individuell eingestellt werden.

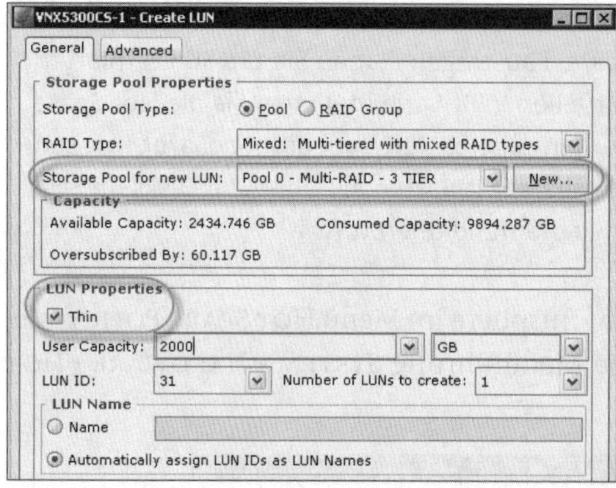

Abbildung 10.5 Wahl des Storage-Pools und der Eigenschaften einer LUN

Storage-Pools kennen zwei Typen von LUNs: *Thin LUNs* (TLU) und *Thick LUNs* (auch DLU – Dense LUNs – genannt). Eine TLU ist der Standardtyp auf den neusten VNX-Systemen. Eine TLU unterscheidet sich von einer DLU dadurch, dass die Speicherkapazität zur Laufzeit dynamisch alloziert (belegt) wird und nicht von Anfang an (wie bei einer DLU) zu 100 % reserviert ist. Eine Überprovisionierung der Gesamtkapazität des Speichersystems, wie sie bei TLUs möglich ist, können Sie mit DLUs nicht abbilden. Die maximale Kapazität einer TLU oder DLU umfasst 16 TB.

Erstellen einer LUN – Datenplatzierungsrichtlinien

Für Storage-Pools mit FAST VP kennt ein VNX-System verschiedene Datenplatzierungsrichtlinien:

- START HIGH THEN AUTO-TIER – platziert die ersten Writes im höchsten Tier und verschiebt diese nach ihrer Zugriffshäufigkeit innerhalb der Tiers.
- AUTO-TIER – platziert die ersten Writes aufgrund verfügbaren Platzes in einem Tier und verschiebt diese nach ihrer Zugriffshäufigkeit innerhalb der Tiers.
- HIGHEST AVAILABLE TIER – platziert die ersten Writes im höchsten Tier und belässt sie da, bis dieser gefüllt ist. Danach werden die Writes im nächstniedrigeren Tier plaziert.
- LOWEST AVAILABLE TIER – platziert die ersten Writes im niedrigsten Tier und belässt sie da, bis dieser gefüllt ist. Danach werden die Writes im nächsthöheren Tier plaziert.
- NO DATA MOVEMENT – Es findet keine Relokation von Daten über die Tiers hinweg statt. Innerhalb des Tiers findet ein Rebalancing statt.

EMC empfiehlt, bei der Erstellung einer LUN aus einem FAST-VP-Storage-Pool die Einstellung START HIGH THEN AUTO-TIER für vSphere-Umgebungen auszuwählen. Sie kann über den *EMC Virtual Storage Integrator* (VSI) gesetzt werden. Das ist ein Werkzeug für VMware-Administratoren zur Verwaltung von EMC-Speichersystemen und eng verwandten Software-Lösungen.

Weiterführende Information finden Sie im White Paper »VNX FAST VP« unter *https://www.emc.com/collateral/white-papers/h12102-vnx-fast-vp-wp.pdf*.

Wichtige Information zu TLUs

Beim Einsatz von TLUs empfiehlt sich eine regelmäßige Überwachung des Systems. Dies gilt umso mehr, da VMware-Administratoren gern mit Thin-Virtual-Disks (VMDK-Dateien) arbeiten. EMC empfiehlt zur Installation die *vSphere APIs for Array Awareness* (VASA). In Abschnitt 10.4.2, »Konfiguration von VASA«, lernen Sie das Einrichten von VASA.

Eine Kombination der beiden Mechanismen nennt man *thin on thin*. vSphere 5.5 kennt die Funktion Thin-Provisioning-Stun, um der gefürchteten »Out-of-Space«-Kondition entgegenzuwirken. Die Funktion Thin-Provisioning-Stun ist eines der »VAAI Primitives«. Sie kann sämtliche VMs eines betroffenen VMFS-Datastores beeinträchtigen. Blöcke, die einmal in einer TLU alloziert sind, bleiben bestehen, auch wenn das Gastsystem sie gelöscht hat. Wie Sie diese ungenutzte Kapazität wieder freigeben, erfahren Sie in Abschnitt 10.2.4, »Best Practices zu blockbasierten Speicheroptionen mit Fibre Channel«.

EMC empfiehlt bei aktuellen Speichersystemen den Einsatz von TLUs aus einem Storage-Pool. Nur so können erweiterte Funktionen wie die Deduplikation genutzt werden.

VNX unterstützt *LUN-Shrinking* (das Verkleinern von ungenutzter Kapazität einer LUN) für alle LUN-Typen. Eine LUN kann nur verkleinert werden (*LUN-Shrinking*), wenn das Betriebssystem dies zulässt. Derzeit ist das nur mit *Windows* möglich.

System-Cache und FAST Cache

Die neusten VNX-Systeme verfügen über einen gemischten Lese- und Schreibcache. Dessen Größe hängt vom Systemtyp der VNX-Produktreihe ab. Sämtliche Schreibvorgänge erreichen zunächst den Schreibcache, der innerhalb des Systems zwischen den beiden Storage-Processors gespiegelt wird.

Der System-Cache kann um Flash-Festplatten erweitert werden. Die Größe dieser als *FAST Cache* bezeichneten Technologie ist wiederum abhängig vom Systemtyp. Im Gegensatz zum *FAST-VP*-Autotiering arbeitet *FAST Cache* als Cache-Erweiterung und nutzt 64-KB-Extents anstelle der 256-MB-Slices (in aktuellen VNX-Systemen) respektive 1-GB-Slices (in der älteren VNX-Serie). Diese Extents werden basierend auf der Zugriffshäufigkeit der enthaltenen Blöcke im FAST Cache bereitgestellt. Folgezugriffe auf Blöcke promovierter Extents werden durch den FAST Cache entsprechend beschleunigt. Wird auf ein Extent nicht mehr zugegriffen, so greifen die Caching-Algorithmen, und der entsprechende Extent wird aus dem FAST Cache verdrängt. Je häufiger ein Lesezugriff auf ein Extent erfolgt, desto größer ist der Geschwindigkeitsvorteil gegenüber den Zugriffen von den Festplatten-Tiers. Zum Beispiel profitieren *VMware-Horizon-View*-Umgebungen enorm von dieser Funktionalität.

FAST Cache bringt nicht nur für den Lesezugriff Vorteile, sondern hilft auch bei Schreibvorgängen und kann den System-Cache signifikant entlasten.

Gegenüberstellung von FAST Cache und einem Storage-Pool mit dedizierten Flash-Festplatten

Flash-Festplatten können sowohl als FAST Cache als auch in einem Storage-Pool zum Einsatz kommen. Daher ist es wichtig, zu verstehen, welche Vorteile sich dadurch ergeben. Der FAST Cache agiert als globaler Cache, der das gesamte VNX-System beschleunigt und sich pro Storage-Pool und RG-LUN ein- aber auch ausschalten lässt. Dagegen kommen Flash-Festplatten im Storage-Pool zum Einsatz, wenn eine bestimmte Applikation durch einen Flash-Tier in diesem Storage-Pool beschleunigt werden soll. Insbesondere Datenbanken mit immer gleichen Zugriffsmustern profitieren von diesem Ansatz.

EMC-Empfehlung zur Nutzung von Flash-Festplatten

Nutzen Sie wertvolle Flash-Festplatten in erster Priorität für FAST Cache.

10.2.3 Konfiguration von VNX für den blockbasierten Zugriff

Für den Einsatz eines VNX-Systems empfiehlt EMC, die Grundeinstellung nicht zu verändern, es sei denn, Sie wollen das System für Applikationen mit höchsten Performance-Ansprüchen optimieren. Sie finden in diesem Abschnitt Empfehlungen zur Leistungssteigerung im Betrieb mit virtuellen Umgebungen. Nach der Installation der VNX mit dem *VNX Installation Assistant for File/Unified* können Sie mit der Konfiguration des Speichersystems beginnen. Diese Routine erläutere ich hier nicht, da sie von EMC gut dokumentiert ist.

VNX Installation Assistant for File/Unified

Führen Sie bei einer Erstinstallation einer VNX unbedingt den *VNX Installation Assistant for File/Unified* aus. Dieses Programm überprüft das System auf fehlerhafte Komponenten und Verkabelung hin. Es bereitet eine Grundkonfiguration gemäß Ihren Angaben vor und führt diese aus. Verzichten Sie auf eine automatische Konfiguration der Speicherkapazität an dieser Stelle.

Verbindung zu VMware vCenter

Sie benötigen eine Installation von Java, um die webbasierte Verwaltung zu starten. Öffnen Sie einen Browser, und verweisen Sie ihn an die *IP-Adresse* oder zum *Fully Qualified Domain Name* (FQDN). Beim Aufsetzen der VNX haben Sie diese Informationen bereits verwendet.

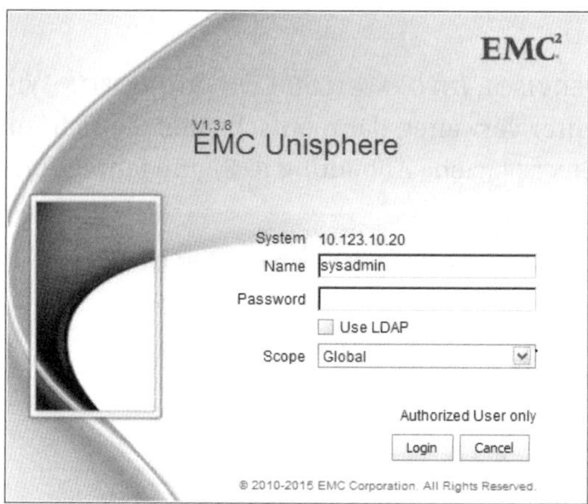

Abbildung 10.6 Einwahl in Unisphere zur Verwaltung der VNX

Achten Sie beim Login darauf, dass der Scope auf Global steht (siehe Abbildung 10.6). Nach dem erfolgreichen Login können Sie die VNX mit *vCenter* und dem ESXi-Server verbinden. Navigieren Sie vom Dashboard zu System List, und wählen Sie die neu installierte VNX aus der Liste aus. Unisphere erlaubt die zentrale Verwaltung mehrerer VNX-Systeme.

Wizards

Für die wichtigsten Aufgaben zur Verwaltung eines VNX-Systems steht Ihnen eine Vielzahl an Wizards zur Verfügung. Diese Helfer finden Sie am einfachsten über die Reiter der Hauptnavigationsleiste (SYSTEM • STORAGE • HOSTS • DATA PROTECTION oder SETTINGS). Tipp: Nutzen Sie möglichst immer Wizards.

Ein Anwendungsbeispiel mit einem Wizard sehen Sie beim Hinzufügen Ihres vCenters und der ESXi-Hosts. Ansonsten verzichte ich in diesem Kapitel auf den Einsatz von Wizards, um die Grundlagen besser zu vermitteln.

Wählen Sie dann HOSTS • VIRTUALIZATION, um ins Menü für die Verwaltung der ESXi-Server zu gelangen. Sie sehen auf der rechten Seite des Dropdown-Menüs eine Auswahl der Wizards, die Ihnen zur Verfügung stehen (siehe Abbildung 10.7).

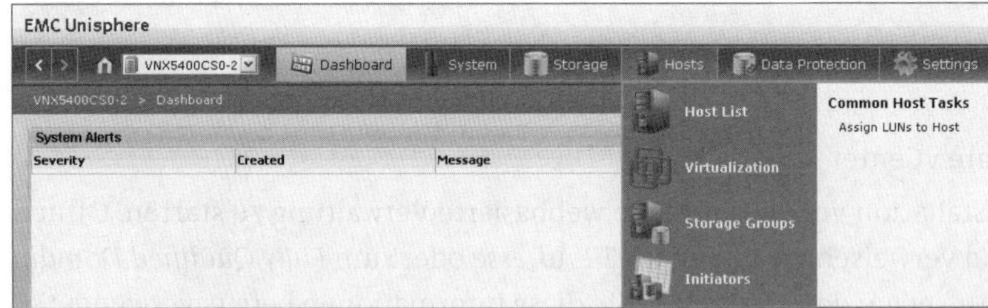

Abbildung 10.7 Menüführung der Verwaltungsoberfläche eines VNX-Systems

Mit einem Klick auf ADD starten Sie den HYPERVISOR INFORMATION CONFIGURATION WIZARD. Werden sämtliche ESXi-Server von vCenter verwaltet, dann entscheiden Sie sich für CONFIGURE MY ESX SERVERS MANAGED BY VCENTER (siehe Abbildung 10.8) und fahren fort.

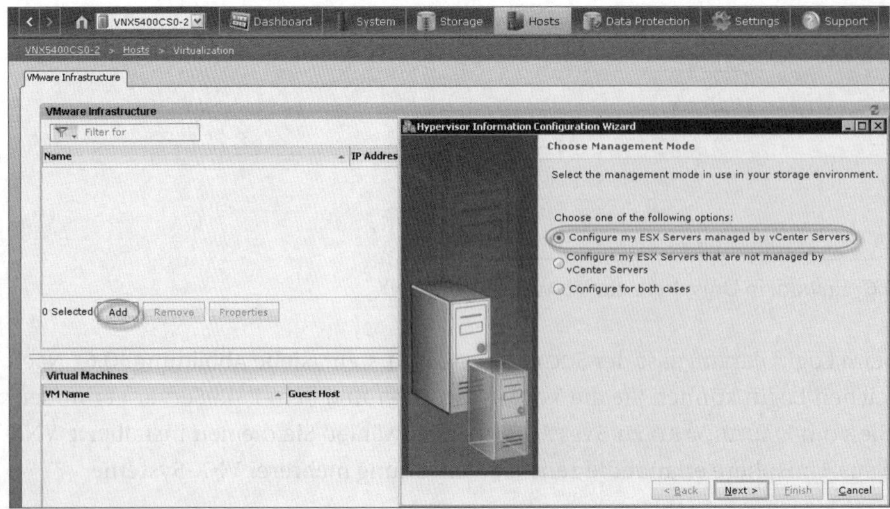

Abbildung 10.8 Der »Hypervisor Information Configuration Wizard«

Sobald Sie im nächsten Fenster auf ADD klicken, erscheint ein Eingabefenster zur Angabe Ihrer vCenter. Füllen Sie dieses mit den erforderlichen Zugangsdaten aus und bestätigen Sie mit OK (siehe Abbildung 10.9). Eine Erfolgsmeldung bestätigt Ihnen die Anmeldung von *vCenter*.

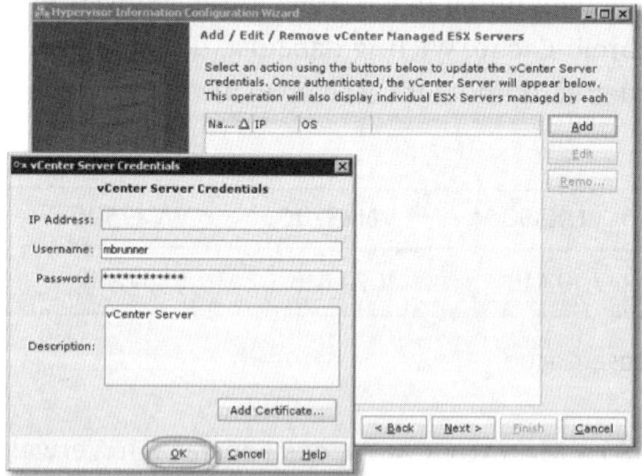

Abbildung 10.9 Anmelden von vCenter im Wizard

In der Übersicht HOSTS • VIRTUALIZATION finden Sie eine Auflistung sämtlicher bekannter ESXi-Server (siehe Abbildung 10.10).

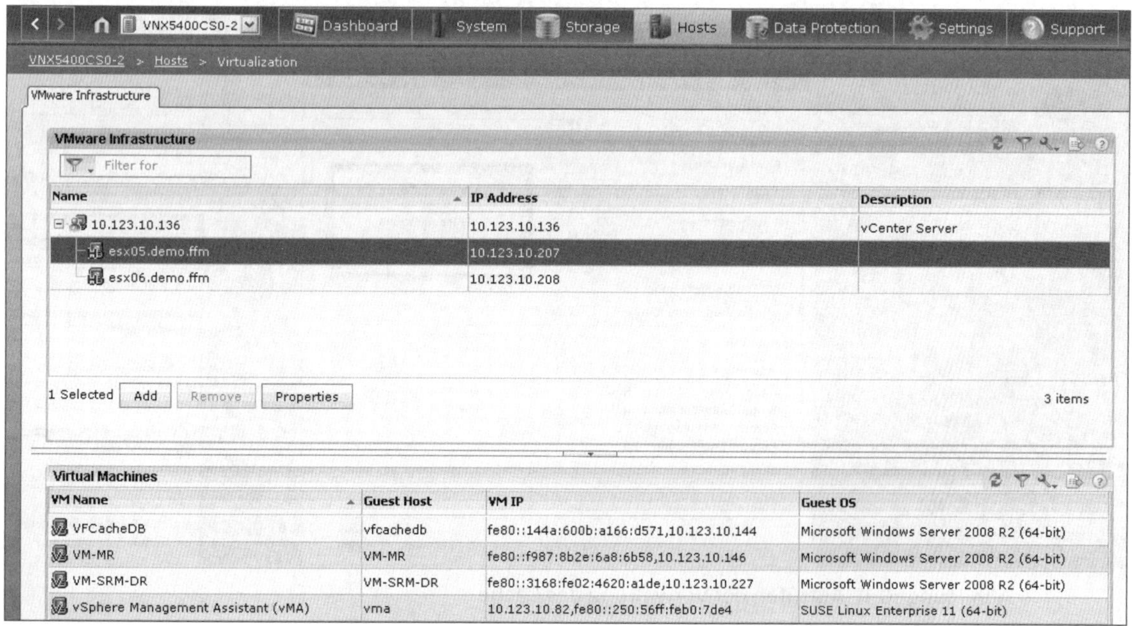

Abbildung 10.10 Übersicht der Unisphere bekannten ESXi-Server und Ansicht der virtuellen Maschinen eines selektierten ESXi-Servers

Cache und FAST Cache

Die Kapazität des VNX-Hauptspeichers variiert je nach VNX-Systemtyp, ist aber nicht ausbaubar. Die Konfiguration des Schreib- und Lese-Caches ist bei VNX2-Systemen nicht mehr notwendig und erfolgt automatisch. Nur bei den älteren VNX-Systemen muss dieser voreingestellt werden. Reservieren Sie für den Lese-Cache initial die Werte aus Tabelle 10.5, und nutzen Sie die verbleibende Kapazität als Schreib-Cache. Wichtig dabei ist, dass möglichst viel Hauptspeicher als Schreib-Cache verwendet wird und der Lese-Cache nie die Werte aus Tabelle 10.5 überschreitet.

SP RAM	VNX5100	VNX5300	VNX5500	VNX5700	VNX7500
Lese-Cache	100 MB	400 MB	700 MB	1024 MB	1024 MB

Tabelle 10.5 Empfohlene Einstellungen für den Lese-Cache

Rufen Sie via SYSTEM • SYSTEM MANAGEMENT • MANAGE CACHE das Fenster zur Verwaltung des Cache auf (siehe Abbildung 10.11). Im Reiter SP CACHE deaktivieren Sie sowohl den WRITE- als auch die READ-Caches. Klicken Sie dann auf APPLY.

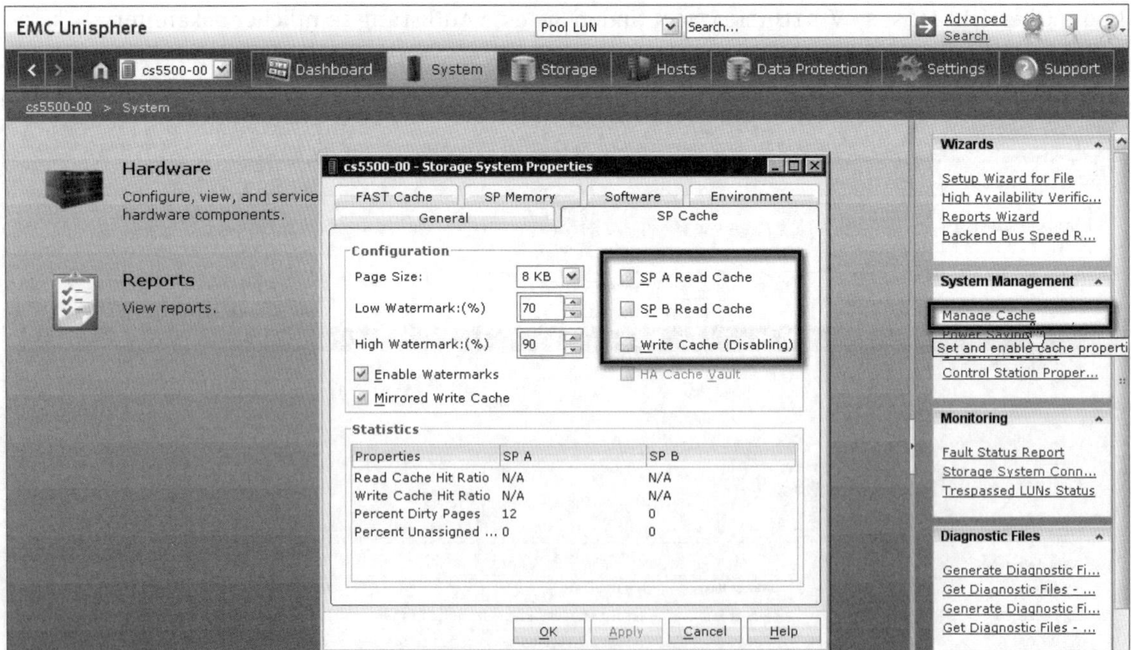

Abbildung 10.11 Aufrufen der Verwaltung des Cache

Wechseln Sie danach zum Reiter SP MEMORY (siehe Abbildung 10.12), um den Hauptspeicher des Speichersystems gemäß den Empfehlungen aus Tabelle 10.5 einzustellen. Das Beispiel bezieht sich auf eine VNX5500. Klicken Sie auf APPLY.

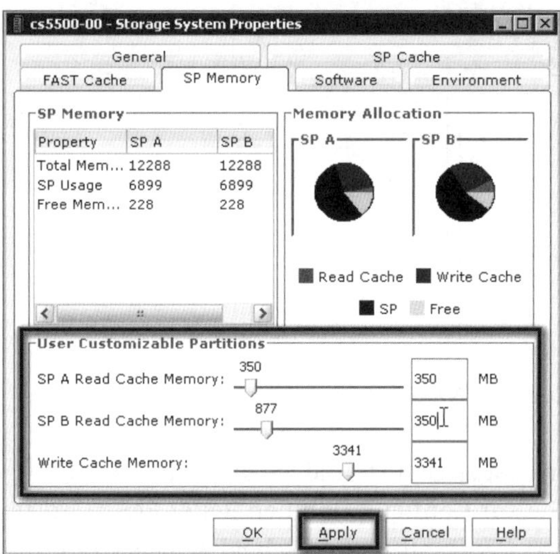

Abbildung 10.12 Einstellen der Werte für Lese- und Schreib-Cache

Gehen Sie wieder zurück zum Reiter SP CACHE, und aktivieren Sie die Schreib- und Lese-Caches erneut. Setzen Sie die PAGE SIZE auf 8 KB (siehe Abbildung 10.13). Bestätigen Sie Ihre Eingaben mit APPLY.

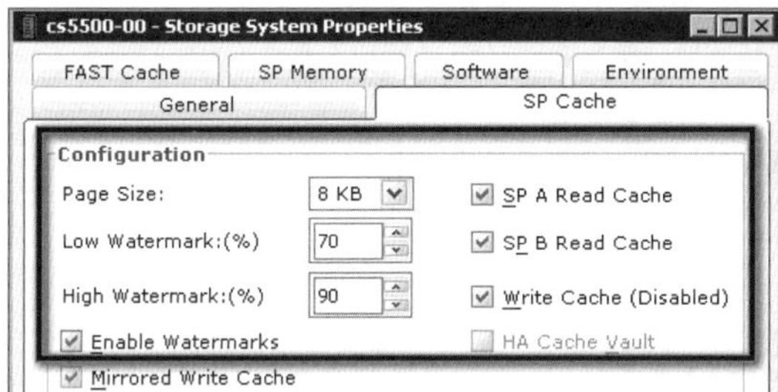

Abbildung 10.13 Aktivieren der Lese- und des Schreib-Caches

Wasserzeichen für den Cache

Sollte es zu Leistungsverzögerungen aufgrund eines zu kleinen Schreib-Caches kommen, verringern Sie die WATERMARK-Werte (empfohlene Werte sind LOW = 60 % und HIGH = 80 %). Das erlaubt ein früheres Auslagern von Blöcken aus dem Cache.

Konfiguration des Storage-Processor-Cache aktueller VNX-Systeme

Bei den aktuellen VNX-Systemen entfällt die Konfiguration des Storage-Processor-Cache (SP-Cache) gänzlich. Sie können auf Wunsch den Schreibcache deaktivieren. Das hätte jedoch Performance-Einbußen zur Folge.

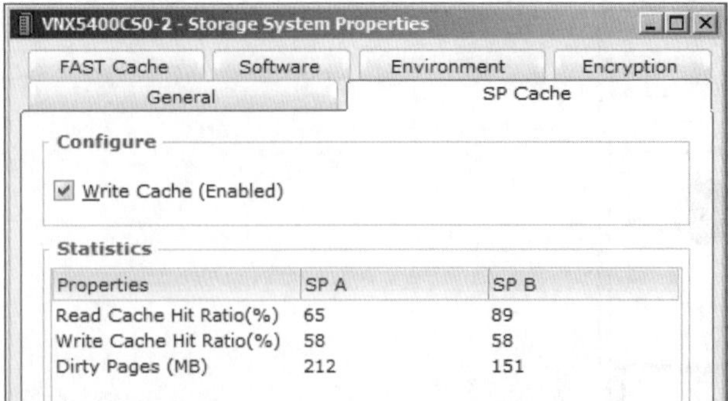

Abbildung 10.14 SP-Cache-Konfiguration der aktuellen VNX-Systeme

Falls Ihr Speichersystem mit Flash-Festplatten ausgerüstet ist und Sie diese als Erweiterung des Hauptspeichers nutzen wollen, wählen Sie zur Konfiguration den Reiter FAST CACHE. Wollen Sie nicht alle Flash-Festplatten als FAST Cache nutzen, entscheiden Sie sich für die Option MANUAL (siehe Abbildung 10.15). Andernfalls können Sie die Grundeinstellung AUTOMATIC beibehalten. Bestätigen Sie Ihre Auswahl mit OK.

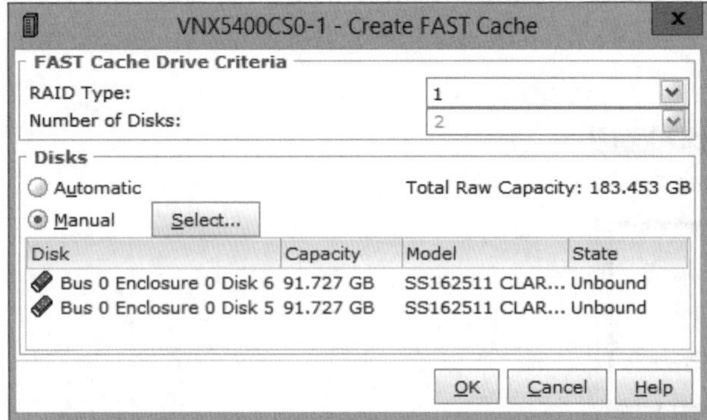

Abbildung 10.15 Konfiguration von FAST Cache

Optimierte Flash-Festplatten

Die aktuellen VNX-Systeme werden mit unterschiedlichen Flash-Festplatten zur optimierten Nutzung von FAST Cache und zur Verwendung in Storage-Pools ausgeliefert. Achten Sie bei der Planung und Anschaffung eines neuen Systems darauf.

Beim Einsatz von FAST Cache wird dieser pro Storage-Pool (siehe Abbildung 10.16) ein- oder ausgeschaltet. Nutzen Sie RAID-Gruppen, so müssen Sie den FAST Cache bei Bedarf pro RG-LUN oder MetaLUN-Komponente aktivieren.

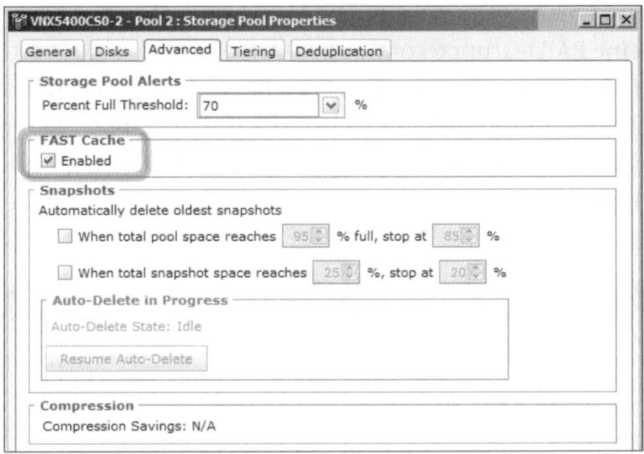

Abbildung 10.16 Konfiguration des Cache in einem Storage-Pool

Einleitung zu RAID-Gruppen, Storage-Pools und LUNs

Es bieten sich Ihnen folgende Möglichkeiten zur Erstellung und Erweiterungen von *VMFS-Datastores*:

- Konfigurieren von RAID-Gruppen
- Bilden von Storage-Pools
- Erstellen von MetaLUNs und RG-LUNs
- LUN-Growing von VMFS-Datastores
- Anlegen von VMFS-Datastores mit Extents
- Zusammenführung von VMFS-Datastores zu einem Datastore-Cluster

Storage-Pools oder RAID-Gruppen?

Prinzipiell rät EMC zur Erstellung von Storage-Pools, da sie im Vergleich zu RAID-Gruppen viele Vorzüge – wie einfachere Verwaltung und erweiterte Datenservices – mitbringen. Nur in Ausnahmefällen, wenn höchste Performance gefragt ist, kommen klassische RAID-Gruppen zum Einsatz, beispielsweise für Applikationen, wo Sie Raw Devices (RDM) oder *eagerzeroedthick* Virtual Disks einsetzen. RAID-Gruppen sind symmetrisch aktiv-aktiv an den Storage-Processors angeschlossen. Das heißt, der bei Storage-Pools verwendete Mechanismus ALUA entfällt.

Es kann durchaus sinnvoll sein, Storage-Pools und RAID-Gruppen parallel einzusetzen. Der Anwendungsfall gibt hierfür den Ausschlag.

RAID-Gruppen

Zur Konfiguration einer RAID-Gruppe gehen Sie auf STORAGE • STORAGE CONFIGURATION • STORAGE POOL (siehe Abbildung 10.17) und klicken auf CREATE ❶. In der Eingabemaske wählen Sie beim STORAGE POOL TYPE den Typ RAID GROUP aus. Die Maske ändert sich je nachdem, ob Sie einen Storage-Pool oder eine RAID-Gruppe konfigurieren. Sie können eine STORAGE POOL ID vergeben und den RAID-Schutz bestimmen. Das Speichersystem unterbreitet Ihnen einen Vorschlag mit den Konfigurationsempfehlungen für die RAID-Gruppe. Dieser Vorschlag wiederum erfolgt anhand der Wahl des RAID-Schutzes sowie der Anzahl der Festplatten, die Ihnen zur Verfügung stehen. Diese Auswahl ist je nach Konfigurationsstand unterschiedlich.

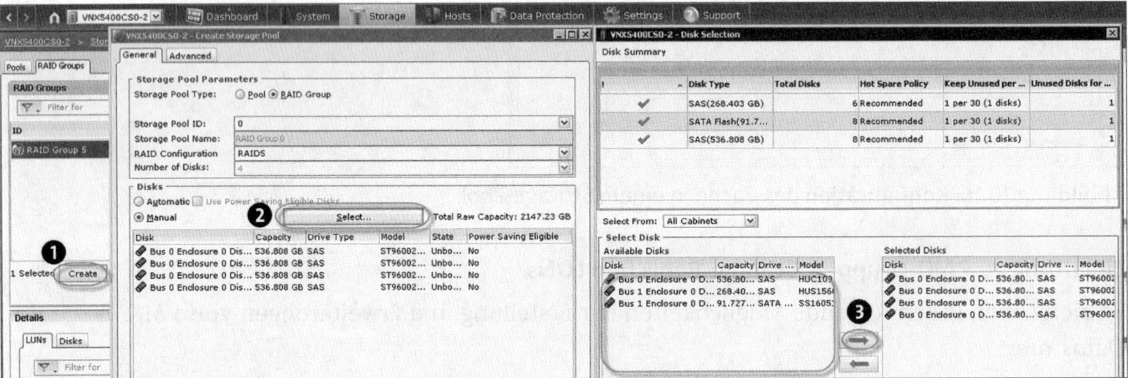

Abbildung 10.17 Manuelles Hinzufügen von Festplatten

Bei den Festplatten steht Ihnen nur ein Typ zur Verfügung. Sie dürfen wählen, ob Sie mit dem Vorschlag zur Konfiguration der RAID-Gruppe einverstanden sind oder ob Sie die Festplatten manuell hinzufügen möchten ❷/❸. Die manuelle Konfiguration der Festplatten steht Ihnen auch für das Erstellen eines Storage-Pools zur Verfügung.

Das VNX-System übernimmt automatisch Aufgaben zur Defragmentierung von RG-LUNs und optimiert so die Performance.

Hinter dem Reiter ADVANCED (siehe Abbildung 10.18) verbergen sich zwei Besonderheiten bei der Festplattenkonfiguration, die vor allem für RAID-Gruppen von *Nearline-SAS-Festplatten* (NL-SAS) gedacht sind. So ermöglicht ein Häkchen bei ALLOW POWER SAVINGS das Herunterfahren von Festplatten, auf die nicht täglich zugegriffen wird. Die zweite Besonderheit ist die Möglichkeit, die zu erstellende RAID-Gruppe auf die Performance von Applikationen mit sequenziellen Lese- und Schreibvorgängen zu trimmen.

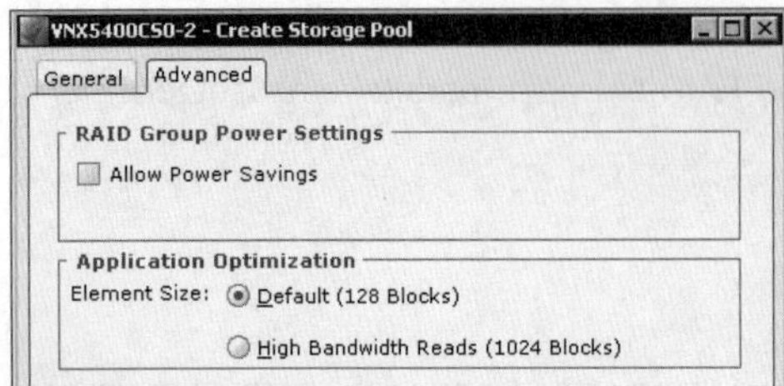

Abbildung 10.18 Erweiterte Konfigurationsmöglichkeiten einer RAID-Gruppe

Storage-Pools

Eine EMC-Empfehlung für die meisten Anwendungsfälle in vSphere-Umgebungen ist die Konfiguration eines oder mehrerer Storage-Pools.

VNX-Modell	5400	5600	5800	7600	8000
Anzahl der Festplatten	40	60	80	120	180

Tabelle 10.6 Empfohlene Festplattenanzahl pro Storage-Pool

10

Empfehlungen für Storage-Pools

- Minimieren Sie »Failure Domains«, und erstellen Sie anstelle eines großen Storage-Pools mehrere kleinere.
- Beherzigen Sie die Faustregeln zu den empfohlenen Festplattenanzahlen pro Storage-Pool aus Tabelle 10.6.
- Nutzen Sie ein Vielfaches von der Ziel-RAID-Konfiguration, beispielsweise 5, 10 oder 15 bei RAID 5 (4+1).
- Planen Sie 5 % freie Kapazität für das *Auto-Tiering* (FAST-Funktion) ein.
- Aktivieren Sie nach der Erstellung einer LUN eines Storage-Pools mit nur einem Tier bei der FAST SETTINGS TIERING POLICY im Reiter ADVANCED die Richtlinie NO DATA MOVEMENT. Das bringt den Vorteil eines kontinuierlichen Load-Balancings mit sich und vermeidet »Hot Spots« über sämtliche Festplatten im Storage-Pool.

Zum Erstellen eines Storage-Pools gehen Sie auf STORAGE • STORAGE CONFIGURATION • STORAGE POOL und klicken auf CREATE. In der Eingabemaske aktivieren Sie SCHEDULED AUTO-TIERING (siehe Abbildung 10.19). Falls Sie beabsichtigen, *Storage Dynamic Resource Scheduling* (SDRS) oder *Storage I/O Control* (SIOC) einzusetzen, beachten Sie die Best Practices in Abschnitt 10.2.4, »Best Practices zu blockbasierten Speicheroptionen mit Fibre Channel«. Wählen Sie den gewünschten RAID-Schutz. Sie erhalten dann eine Übersicht über die empfohlene Anzahl an Festplatten für den Storage-Pool. Diese Empfehlung steht Ihnen pro Festplattentyp *Flash*, *SAS* und *NL-SAS* zur Verfügung. Wählen Sie die gewünschte Anzahl an Festplatten pro Festplattentyp für Ihren Storage-Pool aus. Bei den Empfehlungen handelt es sich um Best Practices. Wie bei der Erstellung von RAID-Gruppen bietet sich Ihnen auch hier die Möglichkeit, die Festplatten manuell zum Storage-Pool hinzuzufügen (vergleiche den Vorgang aus Abbildung 10.17).

Belassen Sie die restlichen Konfigurationsparameter auf ihrer Grundeinstellung, und klicken Sie auf den Reiter ADVANCED. Hier haben Sie die Möglichkeit, FAST CACHE einzuschalten (siehe Abbildung 10.20). Des Weiteren finden Sie Parameter, mit denen Sie das Verhalten von Warnungen (POOL ALERTS), deduplizierten LUNs (DEDUPLICATION) des Storage-Pools und der Snapshots (SNAPSHOTS) einstellen können, sollte der Storage-Pool bestimmte definierte Schwellenwerte der Füllstände überschreiten. Bestätigen Sie Ihre Eingabe mit APPLY. Die Initialisierung des Storage-Pools nimmt wenige Minuten in Anspruch.

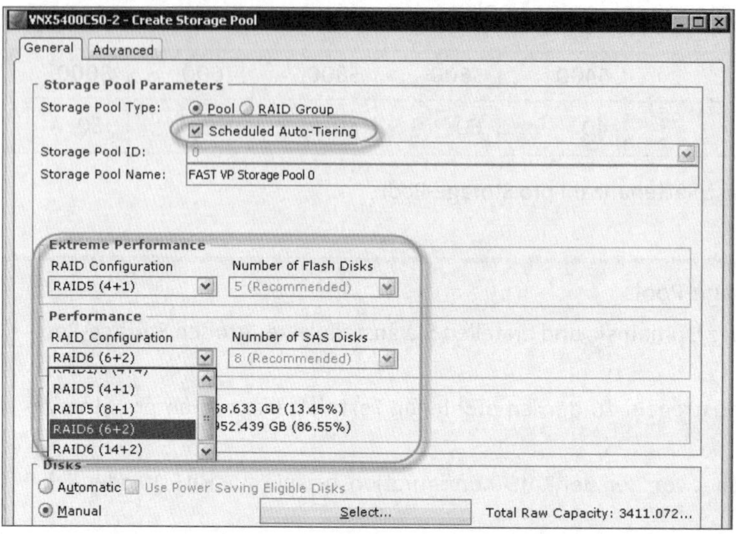

Abbildung 10.19 Eingabemaske zur Erstellung von Storage-Pools oder RAID-Gruppen

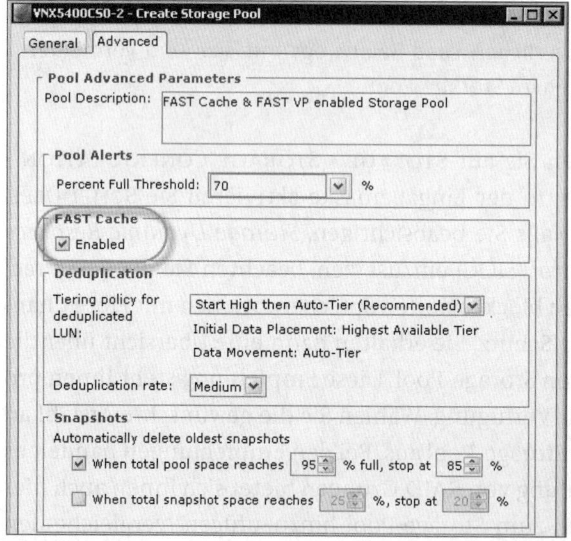

Abbildung 10.20 Erweiterte Konfigurationsmöglichkeiten

Sie dürfen die Relokation der Slices innerhalb eines Storage-Pools gemäß Ihren Wünschen mithilfe eines Zeitplans konfigurieren (siehe Abbildung 10.21). Hierfür klicken Sie einfach auf MANAGE AUTO-TIERING im Menü auf der rechten Seite.

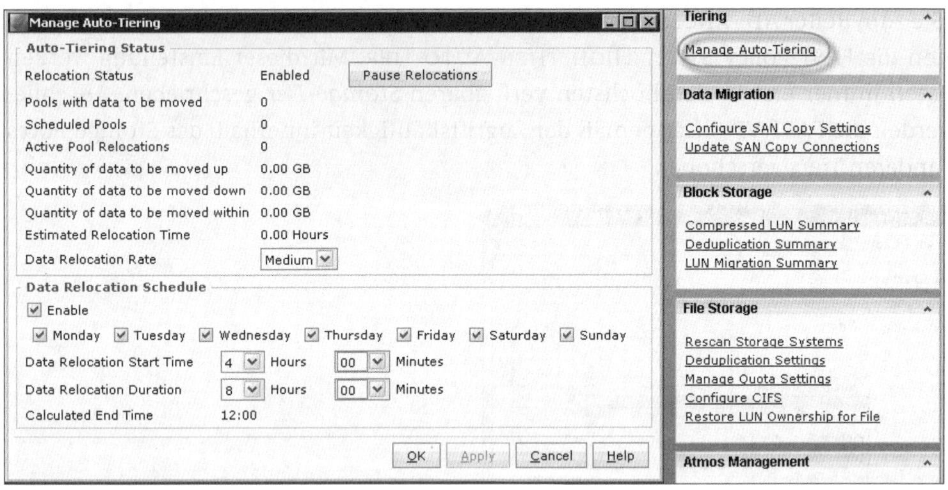

Abbildung 10.21 Planer für das Auto-Tiering

10

Konfiguration einer FC-LUN

Das Speichersystem ist nun bereit, und Sie dürfen die erste LUN erstellen. Wählen Sie STORAGE • LUNs, und klicken Sie im Fenster auf CREATE. Erstellen Sie eine LUN aus dem STORAGE POOL namens POOL FAST VP (siehe Abbildung 10.22). Die LUN soll als TLU ohne Deduplizierung mit einer Kapazität von 4 TB konfiguriert werden. Wahlweise können Sie einen Namen vergeben und eine Start-LUN-ID. Das ist nützlich, falls Sie mehrere LUNs erstellen und diese einfach identifizieren wollen, beispielsweise wenn Sie dem dateibasierten Speicherbereich des VNX-Systems LUNs zur Verfügung stellen.

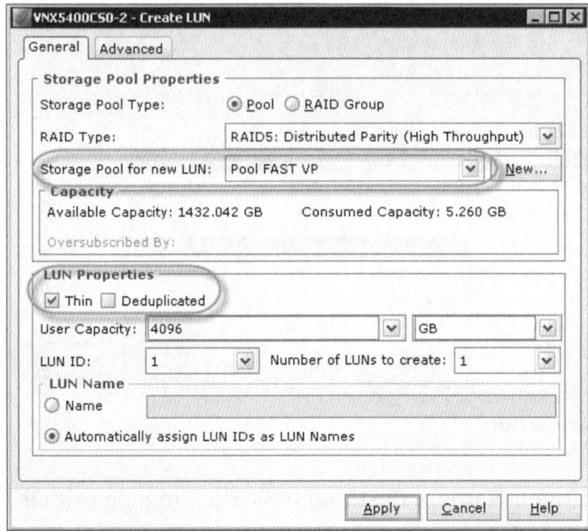

Abbildung 10.22 Maske zum Erstellen einer LUN

Gehen Sie zum Reiter ADVANCED (siehe Abbildung 10.23). Wählen Sie für die Erstplatzierung der Daten die FAST-Policy START HIGH THEN AUTO-TIER. Mit dieser Einstellung werden neue Daten immer erst in den höchsten verfügbaren *Storage-Tier* geschrieben. Anschließend werden die FAST-VP-Slices gemäß der Zugriffshäufigkeit innerhalb des Storage-Pools auf die anderen Tiers verschoben.

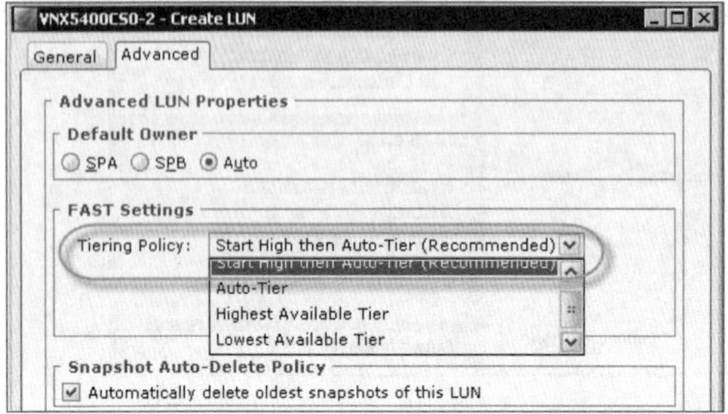

Abbildung 10.23 Wahl der »Tiering Policy«

Die übrigen Einstellungen der Eingabemaske können Sie auf den Grundeinstellungen belassen. Bestätigen Sie Ihre Auswahl mit APPLY.

In einem nächsten Schritt soll die LUN dem vSphere-Cluster zur Verfügung gestellt werden. Dafür müssen Sie das LUN-Masking konfigurieren. Ein VNX-System verwendet dazu das Prinzip der Storage-Groups. Mithilfe einer Storage-Group weisen Sie Hosts und LUNs einander zu. Zur Konfiguration einer Storage-Group gehen Sie zu HOSTS • STORAGE GROUPS und klicken auf CREATE (siehe Abbildung 10.24).

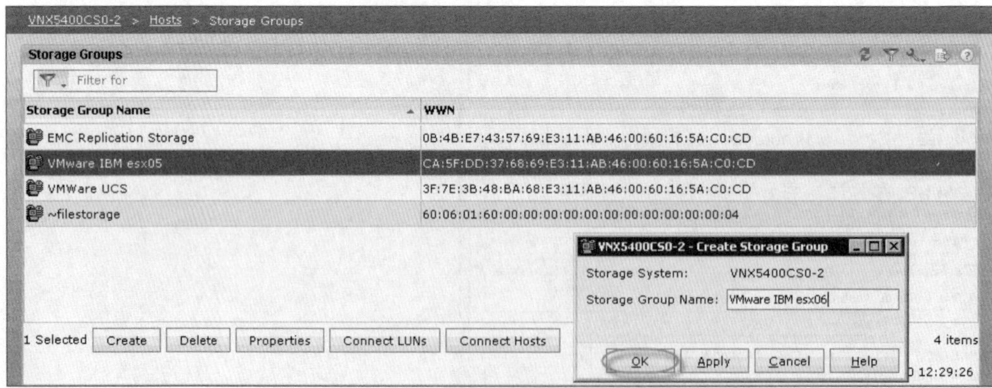

Abbildung 10.24 Namensgebung einer Storage-Group

Geben Sie der Storage-Group einen eindeutigen Namen. Bestätigen Sie die Eingabe mit OK. Folgen Sie den weiteren Anweisungen, um LUNs zur Storage-Group hinzuzufügen.

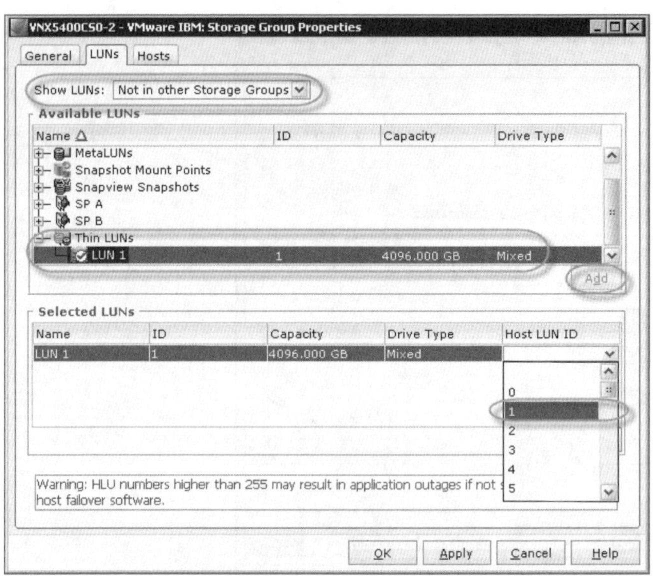

Abbildung 10.25 Auswahl der LUNs in den Eigenschaften einer Storage-Group

Suchen Sie die erstellte LUN in der Baumstruktur, und fügen Sie sie mit ADD hinzu (siehe Abbildung 10.25). Vergeben Sie für die LUN eine HOST LUN ID, und klicken Sie auf APPLY.

Best Practices für Host-IDs

Weisen Sie der Host-ID nach Möglichkeit dieselbe Zahl zu wie die LUN-ID, die das VNX-System zur internen Identifikation benutzt. Das vereinfacht die Zuordnung der LUNs. Ausnahme: Die Host-ID »LUN 0« verwenden Sie ausschließlich als Boot-LUN. Die Host-IDs bis 16 werden für den dateibasierenden Speicherbereich des VNX-Systems reserviert.

Wechseln Sie zum Reiter HOSTS, und fügen Sie den gewünschten Host der Storage-Group hinzu. (siehe Abbildung 10.26). Wählen Sie diesen Host aus der Liste der verfügbaren Hosts (AVAILABLE HOSTS) aus ❶, und weisen Sie ihn der Storage-Group zu ❷. Bestätigen Sie Ihre Auswahl mit OK ❸.

Server-Registrierung unter Unisphere

Unisphere erfordert, dass Server für die Nutzung von Storage-Groups im VNX-System registriert werden. Falls Sie den in Abschnittt 10.2.3 beschriebenen Anweisungen gefolgt sind und Ihr VNX-System mit vCenter verbunden sowie das SAN richtig gezont haben, dann sind die ESXi-Server automatisch registriert. Sie können die Ansicht im Menü unter HOSTS • HOSTS LIST aufrufen. Server können manuell im Menü HOSTS • INITIATORS registriert werden.

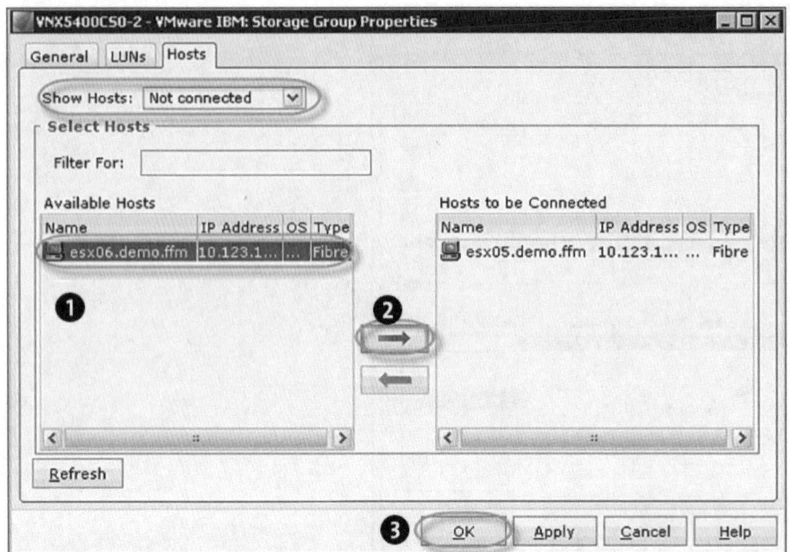

Abbildung 10.26 Auswahl der Hosts in den Eigenschaften einer Storage-Group

Wiederholen Sie den Vorgang, wenn Sie allen ESXi-Hosts, die zu einem vSphere Cluster gehören, den Zugriff auf die erstellte LUN ermöglichen möchten.

Best Practices für Storage-Groups

Im ersten Augenblick erscheint es logischer, einer Storage-Group mehrere ESXi-Hosts zuzuweisen, um ihnen Zugriff auf dieselbe LUN zu geben. Die korrekte Vorgehensweise ist aber genau umgekehrt: Sie bilden pro ESXi-Host eine Storage-Group (LUN-Masking). Das liegt zum einen daran, dass Sie unter Umständen auch vom Host booten wollen und es somit zum Konflikt der Boot-Volumes kommen könnte. Zum anderen vertritt EMC die Philosophie des »Single Initiator – Single Target-Zoning« im SAN.

Die LUN ist jetzt zur Anbindung an den vSphere-Cluster vorbereitet.

Wechseln Sie zu vCenter (siehe Abbildung 10.27). Gehen Sie zur Ansicht MANAGE • STORAGE • STORAGE ADAPTERS der einzelnen ESXi-Server des vSphere-Clusters. Führen Sie einen »Rescan« der HBAs durch, falls die Pfade zu den LUNs nicht angezeigt werden (siehe Abbildung 10.28).

Wechseln Sie den Reiter, und gehen Sie auf RELATED OBJECTS • DATASTORES. Fügen Sie dann die LUN mit dem Wizard ADD STORAGE... einem ESXi-Server hinzu (siehe Abbildung 10.29). Wählen Sie den Typ VMFS, da es sich um die Anbindung einer LUN handelt. Mithilfe eines Schiebereglers können Sie die gewünschte Größe des Datastores festlegen. Dabei können Sie die Kapazität der zugrunde liegenden LUN nicht überschreiten.

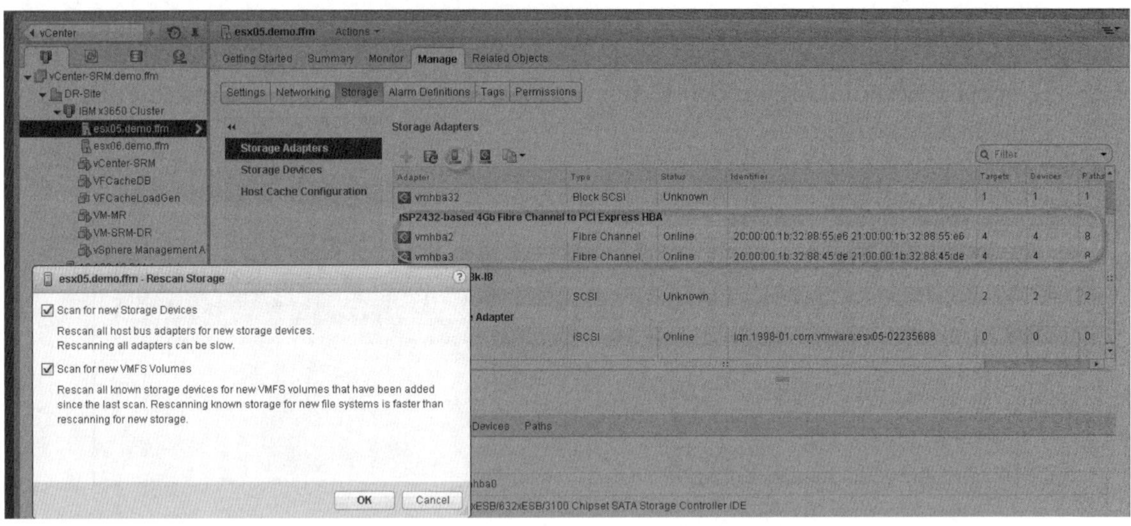

Abbildung 10.27 Darstellung der Storage-Adapter und »Rescan« des Speichers

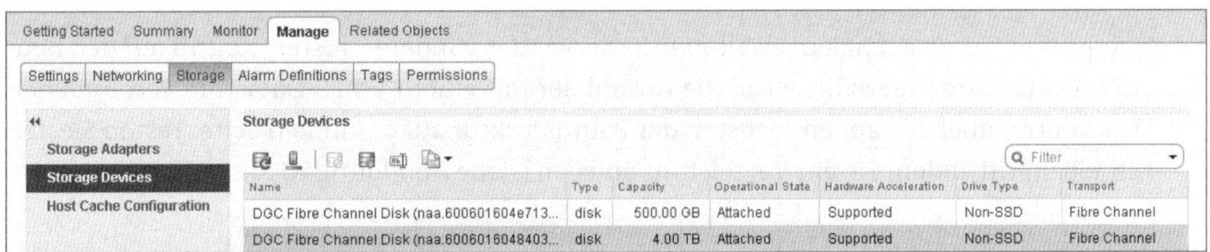

Abbildung 10.28 Überprüfen Sie die Anzeige der LUN.

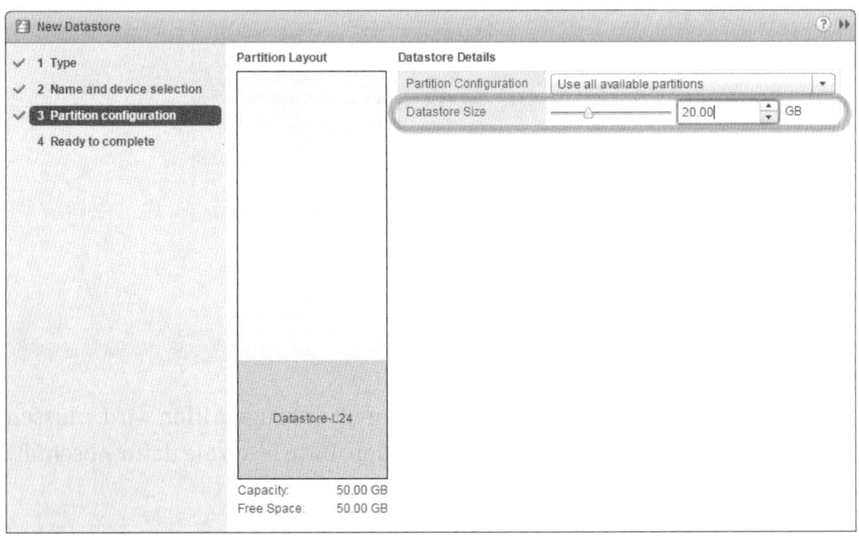

Abbildung 10.29 Erstellen eines VMFS-Datastores mithilfe des Wizards

10

Bei Bedarf bietet sich Ihnen die Möglichkeit, den Datastore über sein Kontextmenü mit INCREASE DATASTORE CAPACITY um eine gewünschte Größenordnung zu erweitern. Dabei ist es aber wiederum nicht möglich, die maximale Kapazität der LUN zu überschreiten. (siehe Abbildung 10.30).

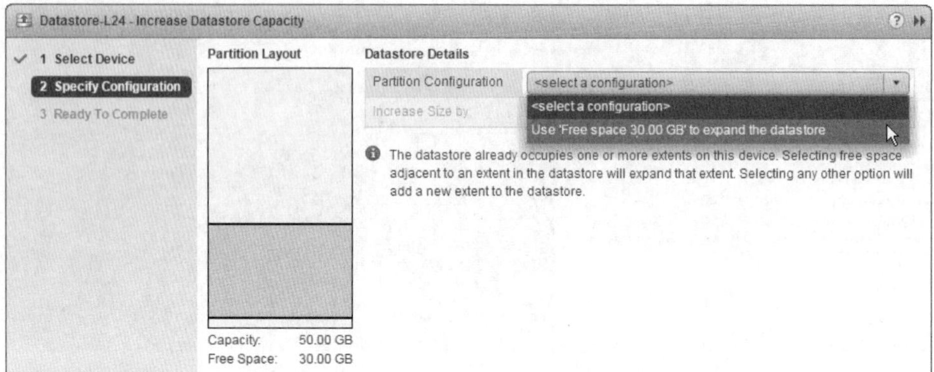

Abbildung 10.30 Erweitern einer LUN

Überprüfen Sie, ob auch dem zweiten ESXi-Server des vSphere-Clusters Zugriff auf den neuen VMFS-Datastore gewährt wird. Die Anzahl der mit einem VMFS-Datastore verbundenen Hosts entnehmen Sie am einfachsten der Baumstruktur auf der linken Seite. Testen Sie den Schreibzugriff, indem Sie ein Verzeichnis anlegen (siehe Abbildung 10.31).

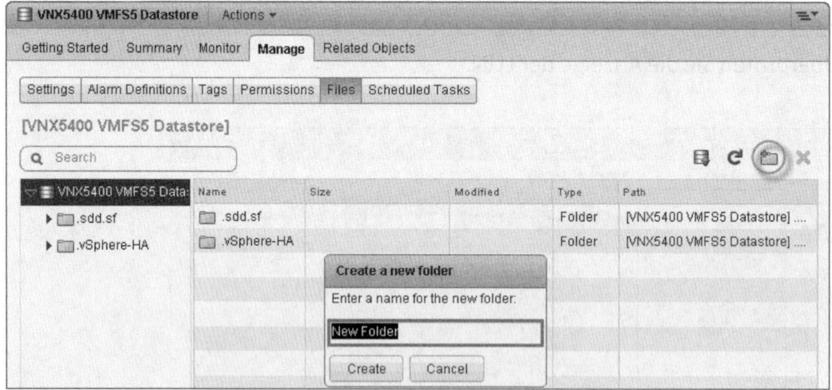

Abbildung 10.31 Zugriff auf den VMFS-Datastore

Konfiguration einer iSCSI-LUN

Die Voraussetzungen zur Anbindung einer LUN, auf die über iSCSI zugegriffen wird, müssen auch auf dem ESXi-Host und im Netzwerk geschaffen werden. Bitte lesen Sie dafür Abschnitt 10.2.5, »Best Practices zu blockbasierten Speicheroptionen mit iSCSI«.

Folgende Arbeitsschritte müssen Sie auf dem VNX-System unternehmen:

1. Richten Sie die Netzwerkkonfiguration für iSCSI ein.
2. Registrieren Sie den iSCSI-Initiator des ESXi-Hosts.
3. Erstellen Sie eine Storage-Group.
4. Fügen Sie die LUN und den ESXi-Server zur Storage-Group hinzu.

Danach müssen Sie noch dafür sorgen, dass der *ESXi-Host* auf die *iSCSI-LUN* zugreifen kann. Die hierfür benötigten Schritte unterscheiden sich je nach Art der Implementation von iSCSI (*Dynamic Discovery* oder *Static Discovery*) ein wenig:

1. Dynamic Discovery (Send Targets) oder Static Discovery
2. Port-Binding
3. Erstellen eines VMFS-Datastores
4. Setzen der Richtlinie für Multi-Pathing

Eine »Discovery-Session« gehört zum iSCSI-Protokoll. Sie liefert sämtliche möglichen oder bekannten Targets eines Speichersystems. Wenn Sie *Dynamic Discovery* einsetzen, antwortet das Speichersystem mit einer Liste verfügbarer Targets jedes Mal, wenn der ESXi-Host es über den Initiator kontaktiert. Im Gegensatz dazu funktioniert *Static Discovery* über einen fixen Eintrag der Adresse des Targets (im IQN- oder EUI-Format). In beiden Fällen benötigen Sie die IP-Adresse des Targets vom Speichersystem.

In diesem Abschnitt möchten wir Ihnen die Anbindung einer iSCSI-LUN mittels Dynamic Discovery darstellen.

Wechseln Sie in Unisphere über SETTINGS • NETWORK zum Menüpunkt SETTINGS FOR BLOCK. Wählen Sie einen physikalischen iSCSI-Port aus, der mit einem Ethernet-Switch verbunden ist. Klicken Sie auf PROPERTIES. In dem Kontextmenü können Sie auch die Einstellung für Jumbo Frames bei den PHYSICAL PORT PROPERTIES (siehe Abbildung 10.32) unter MTU vornehmen. Bestätigen Sie die Änderungen mit ADD.

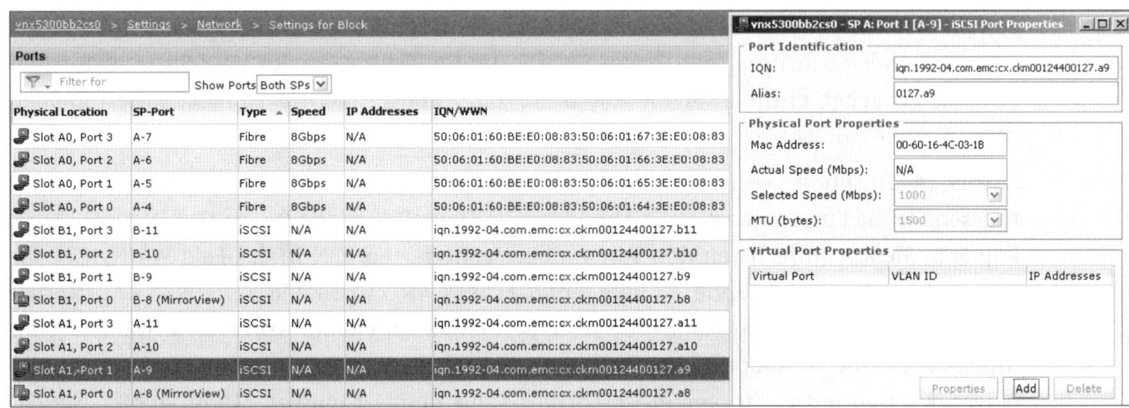

Abbildung 10.32 Netzwerkeinstellungen für iSCSI

Fügen Sie mit Add den Virtual Port mit einer *IP-Adresse* hinzu (siehe Abbildung 10.33). Den IQN können Sie auf der Grundeinstellung belassen. Tragen Sie die gewünschte IP Adress, Subnet Mask und das Gateway ein. Sollten Sie die Ethernet-Switches mit anderen Netzwerkgeräten teilen, setzen Sie eine VLAN ID für den iSCSI-Verkehr. Wahlweise können Sie auch die Sicherheit mit Require initiator authentication erhöhen. Das VNX-System weist der iSCSI-Schnittstelle automatisch den Virtual Port 0 zu. Die iSCSI-Schnittstelle kann auch mit weiteren IP-Adressen belegt werden, die ein VLAN-Tagging erfordern und automatisch einen weiteren Virtual Port zugewiesen bekommen (beispielsweise Virtual Port 1).

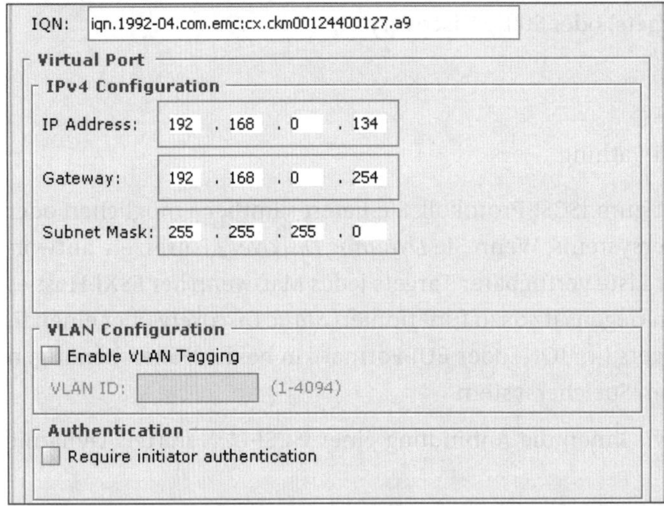

Abbildung 10.33 Eingabemaske der Netzwerkeinstellung für den iSCSI-Port

Wiederholen Sie diesen Vorgang für einen zweiten *iSCSI-Port*, um die Voraussetzungen für eine redundante Anbindung gemäß Abbildung 10.59 zu schaffen. Im Beispiel wurden die iSCSI-Ports Slot A1, Port 1 und Slot B1, Port 1 konfiguriert.

Sollten Sie bislang iSCSI noch nicht am ESXi-Host eingerichtet haben, führen Sie bitte die entsprechenden Schritte durch, bevor Sie mit der Konfiguration des VNX-Systems fortfahren. Das Vorgehen entnehmen Sie Abschnitt 10.2.5, »Best Practices zu blockbasierten Speicheroptionen mit iSCSI«.

Zurück in Unisphere wechseln Sie auf Hosts • Initiators und klicken auf Create. Nun müssen Sie die Eingabemaske aus Abbildung 10.34 ausfüllen. Bei Initiator Information kopieren Sie am einfachsten den von vSphere generierten IQN in das Feld WWN/IQN. Sie finden den IQN im WebSphere Client unter Hosts and Clusters • <Host> • Manage • Storage • Storage Adapters, indem Sie den iSCSI Software Adapter anwählen (oder Ihre iSCSI-Hardware-Adapter). Im ausgegrauten Feld SP-port selektieren Sie den ersten der beiden konfigurierten Storage-Processor-Ports aus dem Dropdown-Menü. Achten Sie darauf, dass der FAILOVER MODE 4 (*ALUA*) gesetzt ist. Wählen Sie einen NEW HOST aus, und geben Sie den *FQDN* sowie die IP-Adresse Ihres gewünschten ESXi-Hosts an. In den ADVANCED OPTIONS überprüfen Sie, ob der ARRAYCOMMPATH angehakt ist. Das hilft später beim Troubleshooting, sollte Ihnen eine LUN nicht richtig angezeigt werden. Bestätigen Sie die Eingaben mit OK.

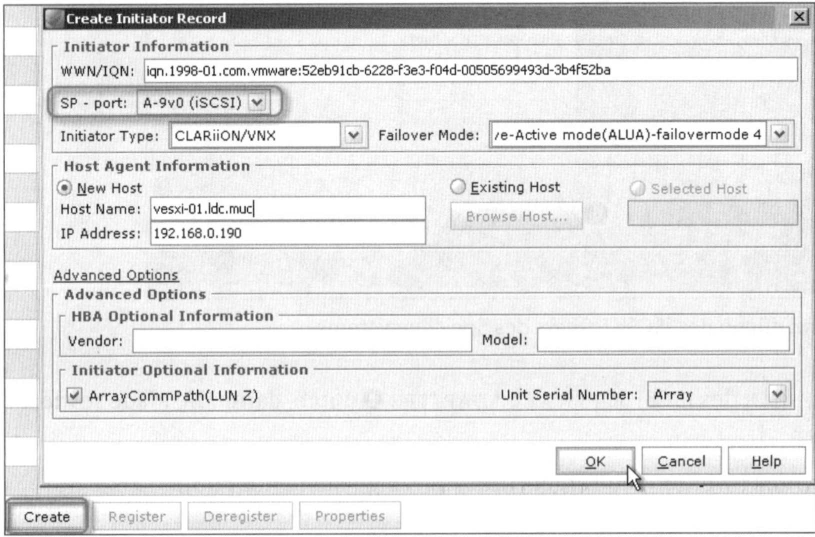

Abbildung 10.34 Erstellen von Initiator-Einträgen

Wiederholen Sie diesen Vorgang für den zweiten Storage-Processor-Port.

Gehen Sie nun auf STORAGE • LUNS, und erstellen Sie eine neue Thin LUN mit einer Kapazität von 1 TB im Storage-Pool. Wechseln Sie dann auf HOSTS • STORAGE GROUPS, und legen Sie eine neue Storage-Group für den jüngst registrierten ESXi-Host und die konfigurierte LUN an. Die dafür notwendigen Schritte finden Sie in diesem Abschnitt.

Wie Sie vielleicht bei einer Nachprüfung in HOSTS • HOST LIST bemerkt haben, wird der neu registrierte *ESXi-Server* zwar aufgelistet, aber der CONNECTION STATUS lautet INACTIVE (siehe Abbildung 10.35).

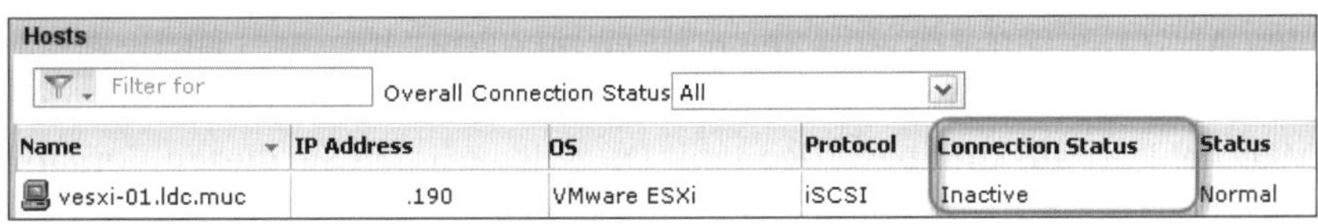

Abbildung 10.35 Ansicht des registrierten ESXi-Hosts

Im *vSphere Web Client* navigieren Sie zu HOSTS AND CLUSTERS • <HOSTS> • MANAGE • STORAGE • STORAGE ADAPTERS und wählen den ISCSI SOFTWARE ADAPTER an (siehe Abbildung 10.36). In ADAPTER DETAILS klicken Sie auf den Reiter TARGETS • DYNAMIC DISCOVERY. Mit

ADD ❶ fügen Sie das iSCSI-Target des Speichersystems hinzu. Tragen Sie die IP-Adresse einer iSCSI-Schnittstelle des Speichersystems ein.

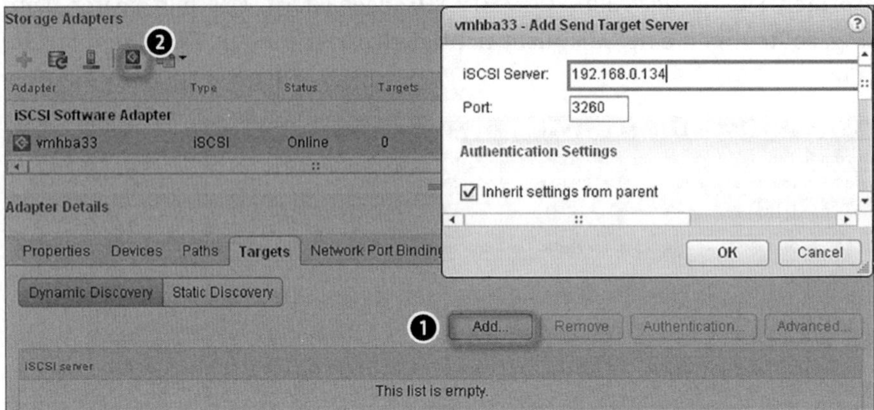

Abbildung 10.36 Hinzufügen des iSCSI-Targets des Speichersystems

Führen Sie einen RESCAN des ISCSI SOFTWARE ADAPTERS ❷ durch, damit die Pfade sowie die LUN erkannt werden.

Unter STATIC DISCOVERY werden die Targets nun angezeigt (siehe Abbildung 10.37).

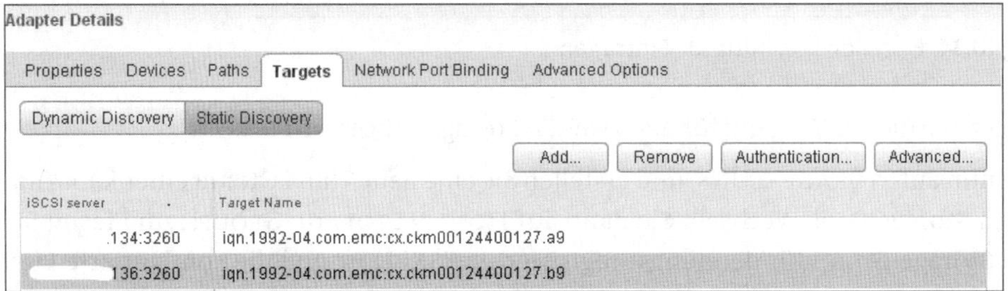

Abbildung 10.37 Anzeige der iSCSI-Targets des Speichersystems

Die »VMkernel-Ports«, die Sie für iSCSI eingerichtet haben, müssen Sie nun an den *iSCSI Software Adapter* binden. Das geschieht mithilfe von *Port Binding*.

Wechseln Sie bei den ADAPTER DETAILS zum Reiter NETWORK PORT BINDING (siehe Abbildung 10.38), und klicken Sie auf das Symbol für Hinzufügen ❸. Im Pop-up-Fenster wählen Sie erst den ersten VMkernel-Port aus und bestätigen mit OK. Wiederholen Sie diesen Vorgang für den zweiten. Starten Sie danach einen Rescan der Adapter ❹.

Erstellen Sie nun einen *VMFS-Datastore*. Wechseln Sie den Reiter, und gehen Sie auf RELATED OBJECTS • DATASTORES (siehe Abbildung 10.39). Fügen Sie dann die iSCSI-LUN mithilfe des Wizards über das Symbol CREATE A NEW DATASTORE hinzu.

Abbildung 10.38 Zuweisen der VMkernel-Adapter zum iSCSI-Adapter

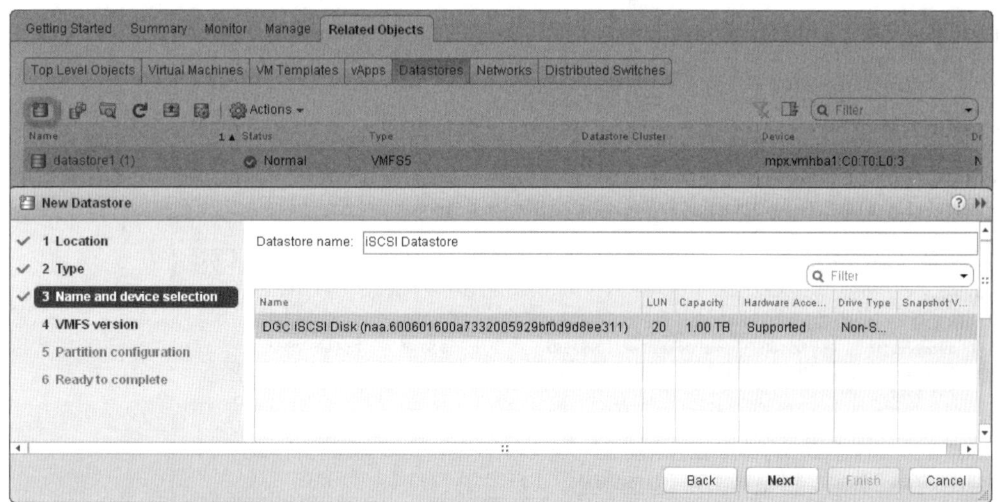

Abbildung 10.39 Erstellen eines VMFS-Datastores über iSCSI

Um von Multipathing zu profitieren, müssen Sie noch die Richtlinie setzen. Am einfachsten geht das über das *EMC VSI* unter dem vSphere Client.

Machen Sie einen Rechtsklick auf den gewünschten ESXi-Host. Wählen Sie aus dem Pop-up-Menü ALL EMC VSI PLUGIN ACTIONS • SET PATH MANAGEMENT aus (siehe Abbildung 10.40). Wählen Sie im Feld POWERPATH/VE die Richtlinie CLARIION OPTIMIZATION für sämtliche VNX DEVICES aus.

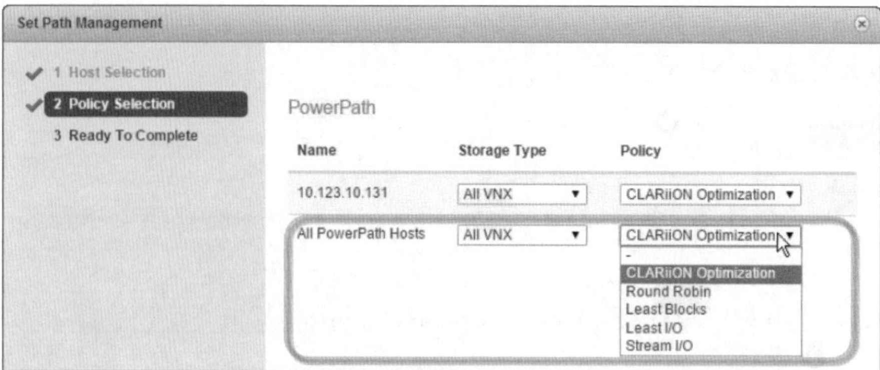

Abbildung 10.40 Setzen der Multi-Pathing-Richtlinien

Falls Sie *PowerPath/VE* nicht installiert haben, ist die iSCSI-LUN unter der Kontrolle von *NMP*. Selektieren Sie als Richtlinie ROUND ROBIN.

Alternativ können Sie auch das CLI nutzen und die Richtlinie über den Befehl

```
esxcli storage nmp satp set -s VMW_SATP_ALUA_CX -P VMW_PSP_RR
```

festlegen.

Im Reiter EMC VSI desselben ESXi-Servers können Sie die soeben vergebene Richtlinie einsehen (siehe Abbildung 10.41, dargestellt mit CLAROPT).

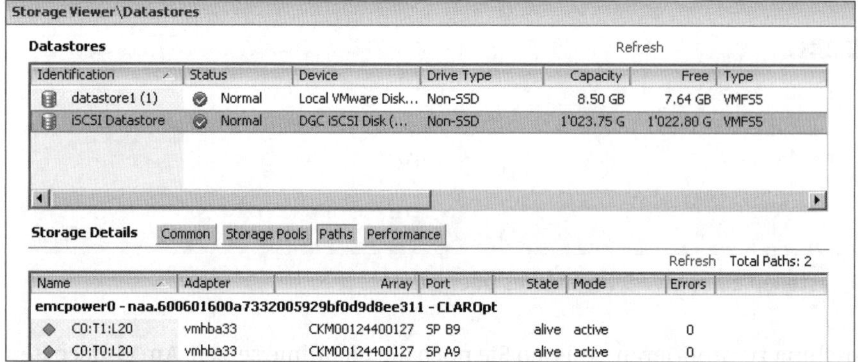

Abbildung 10.41 Ansicht der Richtlinie (CLAROpt) und aktiver Pfade

Mehr über das für EMC-Kunden frei verfügbare *EMC VSI-Plug-in* erfahren Sie in Abschnitt 10.3, »Effizientes Arbeiten mit VNX unter vSphere«, und Abschnitt 10.4.8, »Installation von EMC Solutions Integration Services (SIS)«.

Troubleshooting des iSCSI-Software-Adapters

Sollten Sie auf Probleme bei der Implementation von iSCSI stoßen, so finden Sie im VMware-Knowledge-Base-Artikel 1008083 unter *http://kb.vmware.com/kb/1008083* Hilfe.

Asymmetric Logical Unit Access

Asymmetric Logical Unit Access (ALUA) schützt eine LUN aus einem Storage-Pool vor einem SAN- oder VNX-System-internen Pfadausfall, sodass ein solcher Ausfall kein *LUN-Trespassing* zur Folge hat. (LUN-Trespassing heißt, dass die LUN von ihrem primär zugeordneten Storage-Processor, dem DEFAULT OWNER, zu einem anderen wechselt.)

ALUA hat keinen Effekt auf die Performance des optimalen Pfades. Weiterführende Informationen zu ALUA finden Sie in Abschnitt 10.2.4, »Best Practices zu blockbasierten Speicheroptionen mit Fibre Channel«. Wie Sie *Trespassed LUNs* beheben, lernen Sie in Abschnitt 10.5.1, »Sie haben Trespassed LUNs«.

Zur Erinnerung: *RG-LUNs* werden symmetrisch von beiden Storage-Processors angesprochen.

Überprüfen Sie, dass Ihre ESXi-Server auf dem VNX-System für ALUA konfiguriert sind. Wechseln Sie in *Unisphere* auf HOSTS • INITIATORS (siehe Abbildung 10.42).

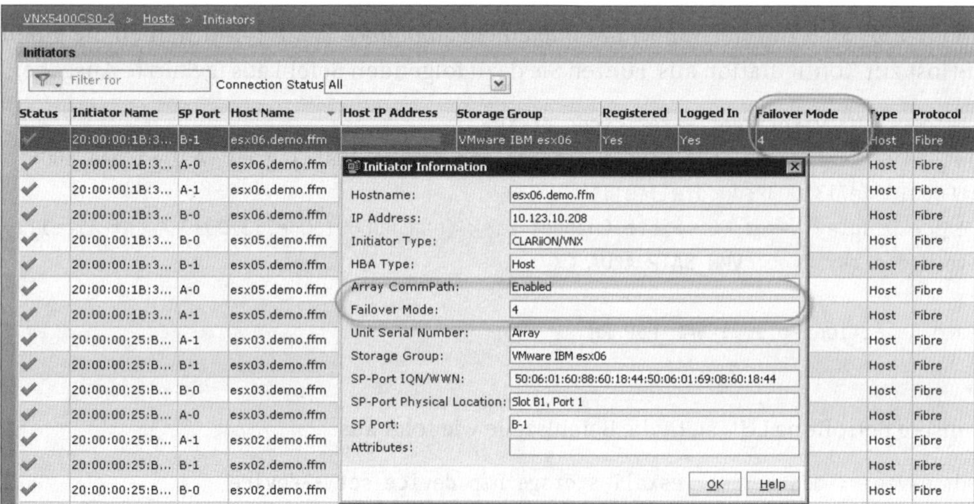

Abbildung 10.42 Überprüfen und Einstellen des »Failover Mode«

Achten Sie auf die Zeile FAILOVER MODE der INITIATOR-Liste. Der Wert muss FAILOVER MODE 4 lauten.

> **Hinweise zu den VNX-»Advanced Options«**
>
> Achten Sie bei der Überprüfung von ALUA auf dem VNX-Speichersystem bei ADVANCED OPTIONS auf die Option ARRAY COMMON PATH (ENABLED). Das Fenster öffnen Sie über die Selektion eines Initiators und das Anklicken von PROPERTIES. Wenn die Anzeige auf ENABLED steht, hilft das im Falle einer Fehlersuche, die Konnektivität des ESXi-Hosts zur VNX festzustellen. In vCenter sehen Sie dann eine *LUN Z*. Das bestätigt die erfolgreiche Verbindung des Speichersystems zum vSphere-Host und deutet darauf hin, dass der Storage-Group keine LUN zugewiesen ist.

Nachdem Sie die Einstellung von ALUA auf dem Speichersystem validiert haben, müssen Sie diese auch für die ESXi-Hosts überprüfen. Diese Überprüfung müssen Sie für jeden Host einzeln vornehmen.

Suchen Sie sich die IDENTIFIER der konfigurierten *LUN* aus. Der Name des Identifiers beginnt mit »naa« (siehe Abbildung 10.43). Notieren Sie sich die ersten acht Zeichen, im Beispiel: »naa.6006«.

DGC Fibre Channel Disk (naa.60060160484035004 27e4bf16469e311)	disk	4.00 TB	Attached	Supported	.Non-SSD	Fibre Channel

Abbildung 10.43 »Storage Devices«-Ansicht

> **Tipp**
> EMC-VNX-Systeme beginnen immer mit den acht Zeichen »naa.6006«.

Verbinden Sie sich mit der *vSphere Management Appliance* (VMA), und wählen Sie einen ESXi-Host zur Konfiguration aus. Führen Sie dazu folgenden Befehl aus (gekürzte Ausgabe):

```
vi-admin@vma:~> vifptarget --set <fqdn or ip>
vi-admin@vma:~< fqdn or ip>> esxcli storage nmp device list | grep -A 7 -i naa.6006
naa.600601604e71310039c4acdfe1fce111
   Device Display Name: DGC Fibre Channel Disk (naa.600601604e71310039c4acdfe1fce111)
   Storage Array Type: VMW_SATP_ALUA_CX
...
   Path Selection Policy: VMW_PSP_RR
...
```

Für unsere betroffene LUN sieht die Befehlszeile wie folgt aus:

```
vi-admin@vma:~<fqdn or ip>> esxcli storage nmp device set --device
  naa.60060160484035004 27e4bf16469e311 --psp VMW_PSP_RR
```

Zur Überprüfung führen Sie abermals den folgenden Befehl aus:

```
vi-admin@vma:~<fqdn or ip>> esxcli storage nmp device list | grep -A 7 -i naa.6006
```

Das Resultat muss wie folgt lauten: `Path Selection Policy: VMW_PSP_RR`. Da die LUN an einen vSphere-Cluster angehängt ist, müssen wir die Befehle auf dem zweiten ESXi-Host wiederholen.

10.2.4 Best Practices zu blockbasierten Speicheroptionen mit Fibre Channel

Ein VNX-System kann für den Einsatz in virtuellen Umgebungen optimiert werden. Generell gelten die folgenden allgemeinen Best Practices:

- Befolgen Sie die Best Practices für vSphere 6.0.
- Befolgen Sie die Best Practices im Netzwerk.
- Nutzen Sie die Best Practices der Applikationen. (Viele Hersteller bieten für ihre Anwendungen und Datenbanken Tuning-Werkzeuge an.)
- Bringen Sie die Firmware auf den neuesten Stand.
- Finden Sie heraus, wie viel Arbeitslast die Applikationen verursachen.
- Nutzen Sie die Grundeinstellungen des Systems.
- Lösen Sie auftretende Probleme sofort.
- Das Anwenden der Best Practices erfolgt am besten »top-down«:
  - Wenden Sie Best Practices am Speichersystem an
  - Machen Sie sich den *FAST Cache* der VNX zunutze.
  - Verwenden Sie das Dateisystem *VMFS-5* mit möglichst großen Datastores.
  - Meiden Sie *RDMs* wenn immer möglich.

Empfohlene Lektüre

Ich empfehle das Studium der folgenden beiden White Paper über ENC VNX-Speichersysteme:

- *Using EMC Storage with VMware vSphere – https://www.emc.com/collateral/hardware/technical-documentation/h8229-vnx-vmware-tb.pdf*).
- *EMC VNX – Unified Best Practices for Performance* (*https://www.emc.com/collateral/software/white-papers/h10938-vnx-best-practices-wp.pdf*)

Applikationen, Datenbanken, virtuelle Maschinen und vSphere 6

Blockbasierter Speicher wird in Form von *VMFS*, *In-Guest-iSCSI* oder von *Raw Device Mappings* (Virtual oder Physical RDM) zur Verfügung gestellt. EMC empfiehlt den Einsatz von VMFS-5. RDMs und In-Guest-iSCSI sollten nur in Spezialfällen Verwendung finden, bei denen sie explizit gefordert werden, wie beispielsweise mit den *Microsoft Cluster Services* (MSCS). Sie führen zu einer beträchtlichen Steigerung der Komplexität virtueller Umgebungen.

Die meisten Applikationen greifen auf ein Dateisystem des Gastbetriebssystems zu. Eine einfache Möglichkeit, die Performance zu steigern, scheint die Defragmentierung der Volumes (*Virtual Disks*) zu sein. Bevor Sie zu diesem Mittel greifen, klären Sie, auf welche Weise die Speicherkapazität zur Verfügung gestellt wird.

Hinweis

In folgenden Fällen ist von einer hostbasierten Defragmentierung abzuraten:

- Sie verwenden TLUs und FAST-VP-LUNs aus einem Storage-Pool sowie komprimierte oder deduplizierte LUNs.
- Sie verwenden RG-LUNs, die auf RAID-Gruppen mit Flash-Festplatten liegen.
- Sie verwenden LUNs, die FAST Cache nutzen.

Wenn Sie *Thin Virtual Disks* und *Thin Provisioning* gleichzeitig einsetzen, ist es ratsam, sicherzustellen, dass der Alarm auf den Datastores (Storage • <Datastore oder Datastore Cluster> • Manage • Alarm Definitions) gelistet und aktiv ist. Sämtliche VNX-Systeme unterstützen *vSphere API for Array Integration* (VAAI) sowie das VAAI-Thin-Provisioning-Primitive *Thin Provisioning Stun*. vCenter bringt den entsprechenden Alarm mit. Sie finden ihn unter <Datacenter> • Manage • Alarm Definitions unter dem Namen Thin-provisioned volume capacity threshold exceeded (siehe Abbildung 10.44).

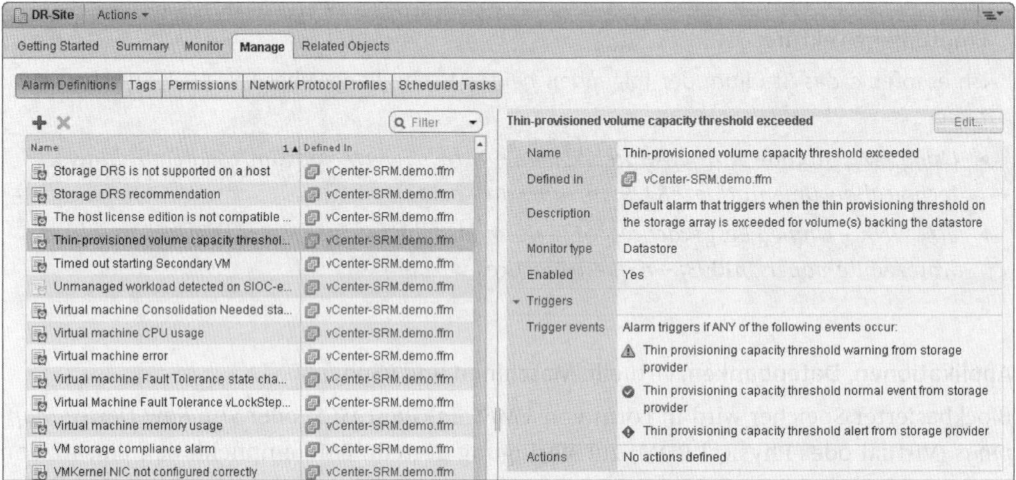

Abbildung 10.44 vCenter-Alarm zur Orchestrierung von Thin Provisioning zwischen Server und Speichersystem

Consistency Groups für geschäftskritische Applikationen

Kritische Applikationen, die Sie – wie an früherer Stelle empfohlen – auch über RG-LUNs als RDMs oder VMFS-Datastores provisionieren, können Sie zusätzlich in logische Gruppen einteilen. Diese bezeichnet EMC als *Consistency Groups* (CG). Das Bilden von CGs ist sinnvoll, wenn Sie virtuelle Festplatten gruppieren wollen, die einer einzelnen Applikation zugewiesen sind. Ein Beispiel wäre eine Oracle-Datenbank, bei der ReDo-Logs, Archive-Logs und die Daten auf verschiedene virtuelle Festplatten aufgeteilt sind.

Mit dem Bilden von CGs wird die Konsistenz über Storage-Pools (TLUs und DLUs) und RG-LUNs hinweg gewährleistet. Das bietet Schutz vor den gefürchteten *Rolling Disasters* (d. h., ein Volume kann nicht mehr beschrieben werden, während die übrigen wie gewohnt arbeiten, was die Inkonsistenz der Daten zur Folge hat).

Um LUNs zu einer CG zusammenzufassen, gehen Sie in *Unisphere* auf DATA PROTECTION • SNAPSHOTS • LUN SNAPSHOTS • CREATE GROUP. Das ruft einen Wizard auf. In ihm benennen Sie die CG und selektieren die gewünschten LUNs. Beenden Sie dann den Wizard. Ihre neu erstellte CG steht jetzt bereit. Das bietet auch den Vorteil, dass Sie *write-order-consistent-Snapshots* oder Fernkopien der in der CG enthaltenen LUNs tätigen können.

Einige Worte zur Einstellung von VMs

Achten Sie vor allem beim Einsatz älterer Gastbetriebssysteme (beispielsweise Windows Server 2003) auf das *Volume Alignment*. Ein Misalignment kann die Performance signifikant beeinträchtigen. In Abschnitt 10.4.6, »Alignment von Volumes«, präsentieren wir Ihnen eine Lösung zum Volume Alignment.

Von einem *Misalignment* spricht man, wenn Blöcke die Grenze der definierten Blockgrößen überschreiten und daher auf dem Speichersystem einen weiteren Block benötigen. Das führt zu einem vermehrten I/O-Aufkommen und schmälert die Performance. Das Volume Alignment muss über die drei Ebenen *Gastbetriebssystem*, *Datastore* und *LUN* des Primärspeichersystems gewährleistet werden.

Performance-Charakteristik von virtuellen Umgebungen

Vor der Einführung von virtuellen Umgebungen hat man Speichersystem-Layouts auf die Performance-Charakteristika der wichtigsten Applikationen ausgelegt. Solche Speicher-Designs können in großen virtuellen Umgebungen weiter genutzt werden. Virtualisierte Applikationen und Datenbanken-Threads greifen direkt durch die Virtualisierungsebene auf die Speicher-Ebene zu, ohne dass das Zugriffsmuster großartig verändert wird. Da aber in virtuellen Umgebungen hochgradig Applikationen konsolidiert werden, müssen gleichzeitig eine Vielzahl von Threads bedient werden, und es entsteht ein sehr verteiltes Zugriffsmuster auf das Speichersystem.

Was ist bei der Planung für bestmögliche Performance zu beachten?

Generell sollten Sie bei der Planung für bestmögliche Performance immer aus Sicht der Applikationen beginnen und so die Konfiguration zum Einsatz unter vSphere angehen.

- Erstellen Sie eine Kritikalitätsmatrix Ihrer Applikationen mit Auslegung auf Performance (hoch, mittel, tief). Diese können Sie später als Storage Policies unter vSphere definieren (Gold, Silber, Bronze). Andere wichtige Kriterien sind Ausfallsicherheit (Desastervorsorge und -prävention), Datensicherheit, Wichtigkeit für das Unternehmen (Hochverfügbarkeit, Daten und Applikation) sowie Recovery Point und Recovery Time Objectives.

- Errechnen Sie den benötigten Durchsatz für sämtliche Applikationen in IOPS oder MB/s.
- Errechnen Sie die Anwortzeiten oder Latenz (beides in Millisekunden).
- Ermitteln Sie den Ressourcenbedarf (Compute, Memory und Speicherkapazität).

VMFS-5 arbeitet mit einer Sub-Block-Größe von 8 KB und einer Blockgröße von 1 MB. Daher ist eine VNX für den Betrieb in einer virtuellen Umgebung auf »Multiple Threads, Small Block, Random IO« zu optimieren.

Hintergrundwissen zur Blockgröße von VNX

Die Blockgröße eines VNX-Speichersystems beträgt 8 KB. Wird eine RAID-Gruppe erstellt, so verwendet das System eine RAID-Group-Stripe-Block-Größe von 64 KB. Bei RAID 5 (4+1) nutzen Sie somit eine Stripe-Size von 256 KB. Vermeiden Sie RAID-Konfigurationen mit ungeraden Zahlen (beispielsweise RAID 1/0 [3+3]).

Performance-Tuning

Charakteristisch für das I/O-Verhalten virtueller Umgebungen ist, dass sie einen hohen Grad an gleichzeitigen I/O-Anfragen aufweisen. Das resultiert in einer stetig hohen Nutzlast der Systemressourcen (HBA, Schnittstellen zum SAN und LUN). Können diese I/O-Anfragen nicht sofort vom System (Host- oder Speichersystem) abgearbeitet werden, landen sie in einer Warteschleife (*Queue*). Die Queue weist eine Obergrenze der maximalen Anzahl an ausstehenden IOs auf. Ist diese erreicht, antwortet entweder der HBA oder die Schnittstelle vom Speichersystem oder die betroffene LUN mit »QFULL« (*queue full*). Normalerweise reagiert der Host mit einer Wartezeit von etwas mehr als einer Sekunde. Tritt dies häufiger auf, beeinträchtigt das die Performance. Die Kapazität der Queue wird als *Queue Depth* bezeichnet und kann definiert werden.

Queue-Depth eines ESXi-Hosts – »Disk.SchedNumReqOutstanding«

vSphere bietet die Möglichkeit, die *Queue-Depth* pro Device anstatt pro ESXi-Host zu setzen. Die Grundeinstellung ist 32. Sie können diesem Parameter einen Wert von 0 bis 256 mitgeben. Verwenden Sie `resxtop` über einen längeren Zeitraum, um die benötigte Queue-Depth (also die maximale Anzahl der ausstehenden IOs) zu bestimmen. Vorsicht ist geboten, da hier eine falsche Einstellung die Performance beeinträchtigen kann. Es empfiehlt sich, nur dann die Grundeinstellung zu ändern, wenn sämtliche anderen Tuning-Möglichkeiten bereits ausgeschöpft sind.

Der VMware-Knowledge-Base-Artikel 1008205 gibt Auskunft zur Bedienung von `resxtop` zur Analyse der Storage-Performance (*http://kb.vmware.com/kb/1008205*).

Den Parameter Disk.SchedNumReqOutstanding können Sie mit dem Befehl esxcli über vMA oder direkt auf dem betroffenen ESXi-Host anpassen. Ein Beispiel anhand des erstellten VMFS-Datastores sieht so aus:

1. Suchen Sie sich Ihr gewünschtes »Device« heraus:

```
~ # esxcli storage core device list | grep naa.6006*
naa.6006016048403500427e4bf16469e311
   Display Name: DGC Fibre Channel Disk (naa.6006016048403500427e4bf16469e311)
   Devfs Path: /vmfs/devices/disks/naa.6006016048403500427e4bf16469e311
naa.6006016043912c00a2f16b5e5892de211
~ #
```

2. Listen Sie die Eigenschaften dieses Device auf. Die letzte Zeile mit dem angegebenen Wert, die No of outstanding IOs with competing worlds: 32 lautet, ist ausschlaggebend (die Ausgabe ist hier gekürzt aufgeführt):

```
~ # esxcli storage core device list --device naa.6006016048403500427e4bf16469e311
naa.6006016048403500427e4bf16469e311
   Display Name: DGC Fibre Channel Disk (naa.6006016048403500427e4bf16469e311)
...
   No of outstanding IOs with competing worlds: 32
~ #
```

3. Ändern Sie den Parameter auf den Wert gemäß Ihrer Analyse mit resxtop:

```
~ # esxcli storage core device set -d naa.6006016048403500427e4bf16469e311 -O 64
```

4. Überprüfen Sie die Einstellung:

```
~ # esxcli storage core device list --device naa.6006016048403500427e4bf16469e311
naa.6006016048403500427e4bf16469e311
   Display Name: DGC Fibre Channel Disk (naa.6006016048403500427e4bf16469e311)
...
   No of outstanding IOs with competing worlds: 64
~ #
```

Um die richtige Queue-Depth-Einstellung Ihres Device des entsprechenden ESXi-Hosts zu setzen, müssen Sie neben der Anzahl der Server, die vom Speichersystem bedient werden, auch die Limits des Speichersystems kennen. Jede Festplatte verfügt über dieselbe Queue-Depth. Der Frontend-Port-Treiber (Schnittstellentreiber zum SAN) wird ein QFULL melden, wenn eine von zwei Bedingungen eintritt:

- Das maximale Queue-Limit von 2048 ist erreicht. (Planen Sie konservativ mit dem Wert 1600.)
- Das maximale Queue-Limit einer LUN ist erreicht. Es errechnet sich aus:
  14 × (Anzahl der Festplatten abzüglich Parität) + 32
  (Beispiel: RAID 5 (4+1): 14 × 4 + 32 = 88)

Vor allem im ESX-Cluster-Betrieb, wo mehrere ESXi-Server auf dieselbe LUN zugreifen, kann eine Erhöhung des Parameters DISK.SCHEDNUMREQOUTSTANDING negative Folgen haben. Mit dem *Unisphere Analyzer*, einem Werkzeug zur Vermessung der VNX-Performance, können Sie Statistikwerte über LUN- und Disk-Queues sammeln.

Den *Unisphere Analyzer* rufen Sie über SYSTEM • HARDWARE • STORAGE HARDWARE • SPs mit einem Rechtsklick auf SP <A/B> • ANALYZER • PERFORMANCE DETAILS auf. Falls das *Performance Logging* auf Ihrem System gestoppt ist, starten Sie es über SYSTEM • MONITORING AND ALERTS • STATISTICS FOR BLOCK, indem Sie den Dienst PERFORMANCE DATA LOGGING aufrufen und starten (siehe Abbildung 10.45).

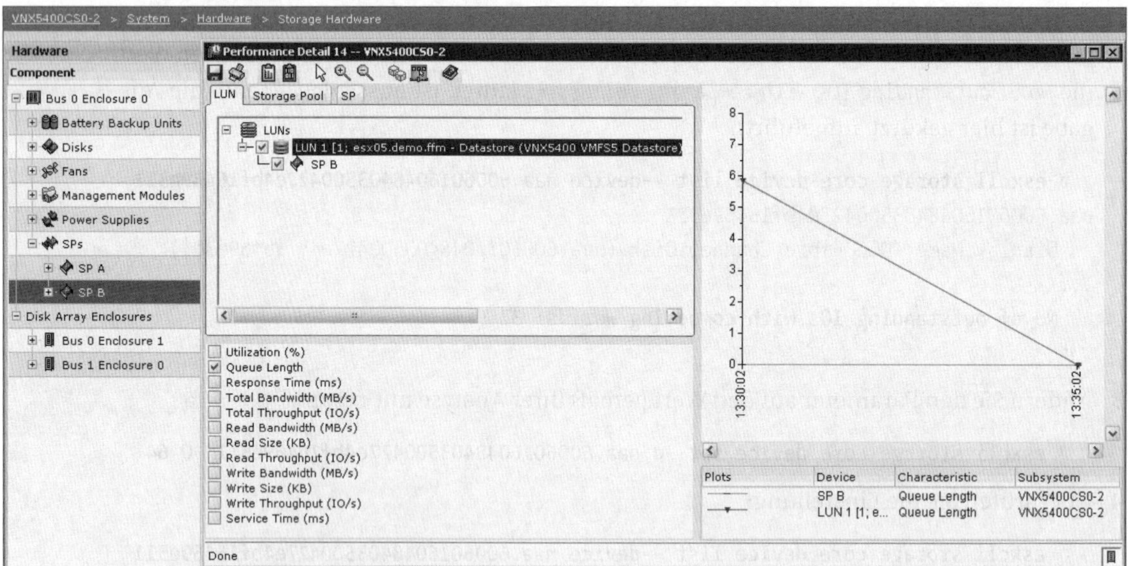

Abbildung 10.45 Unisphere Analyzer

Storage I/O Control

Storage I/O Control (SIOC) gibt Ihnen ein dynamisches Werkzeug an die Hand, das zur Kontrolle und Priorisierung von I/O-Anfragen Ihrer virtuellen Maschinen auf Host-Ebene dient. SIOC arbeitet mit Schwellenwerten für die Latenz, dem sog. *Congestion Threshold*. Wird ein solcher Schwellenwert überschritten, so wird SIOC die Zuweisung der I/O-Anforderungen einzelner virtueller Maschinen gemäß deren Shares in den I/O-Queues der NFS- oder VMFS-Datastores priorisieren.

Sie können die Werte gemäß Tabelle 10.7 manuell anpassen oder die Anpassung SIOC überlassen. Mithilfe des Prozesses *SIOC Workload Injector*, der im Hintergrund läuft, findet der ESXi-Host den richtigen Congestion-Threshold-Wert. Er passt diesen bei Bedarf für den betroffenen Datastore an. Datastore-Cluster kennen nur die Einstellung des *Congestion Threshold* in Millisekunden. Die Werte liegen zwischen 5 und 100 ms.

Tabelle 10.7 listet die von EMC empfohlenen Werte für den *Congestion Threshold* von SIOC auf.

Speichertyp	Congestion Threshold	Bemerkungen
Flash-Festplatten	10–20 ms	–
SAS-Festplatten	20–30 ms	–
FAST VP/Storage-Pool-LUNs (tiered)	35–50 ms	Der einzustellende Wert hängt von der Verteilung der Festplattentypen im Pool ab.
NFS	30 ms	Nutzen Sie im Netzwerk auch QoS und für den vDS NIOC. Wenden Sie Best Practices für NFS im Netzwerk an.

Tabelle 10.7 Empfehlungen für Storage-I/O-Control-Einstellungen

SIOC wird nicht für folgende Konfigurationen unterstützt:

- VMware Raw Device Mappings
- Datastores mit mehreren Extents

Für den Einsatz von SIOC ist es empfehlenswert, im Speichersystem RAID-Gruppen und Storage-Pools ausschließlich den virtuellen Umgebungen zuzuweisen. Denn SIOC erkennt auch I/O-Lasten, die nicht vSphere betreffen. Passen Sie den Congestion-Threshold-Wert entsprechend den Eigenschaften des Datastores an (siehe Abbildung 10.46).

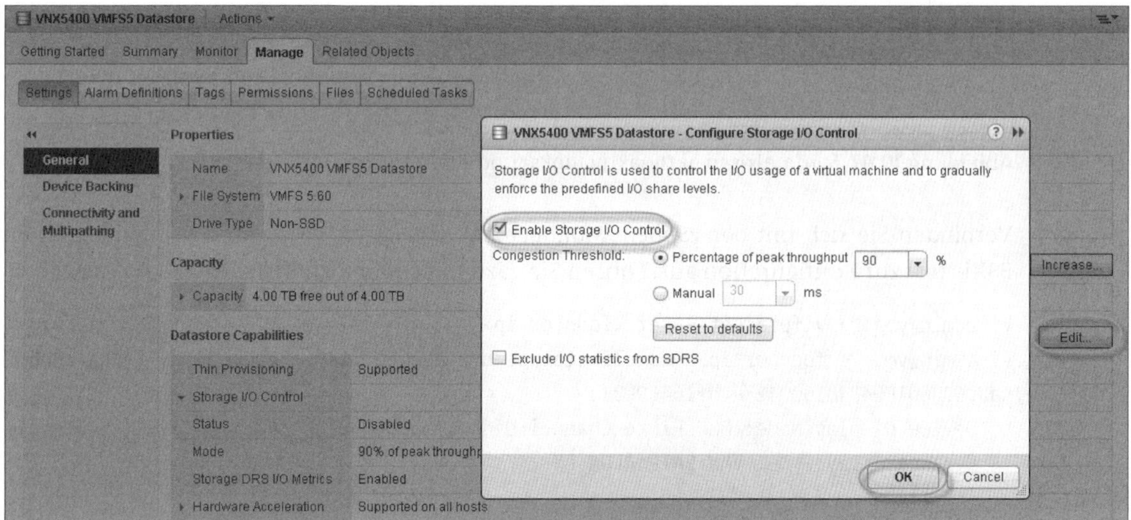

Abbildung 10.46 Einschalten und Konfigurieren von SIOC

Anbindung von vSphere und Multi-Pathing

VNX ist ein Speichersystem mit zwei Storage-Processors (SP). Beide SPs sind aktiv. Eine VNX-LUN gehört explizit zu einem SP, der *Default Owner* genannt wird. Handelt es sich dabei um eine LUN eines Storage-Pools, wird sie nur von einem SP aktiv bedient (siehe Abbildung 10.47, rechte Seite). Das wird als *optimierter Pfad* und *LUN-Ownership* bezeichnet. Fällt der aktive Pfad von einem Host zu einer LUN aus, so hat dies einen systeminternen Pfad-Failover zur Folge. Man spricht dann von *LUN-Trespassing*.

Ein LUN-Trespassing kann häufiger auftreten, beispielsweise bei der Wartung am SAN und beim Ändern eines *Zone Sets*. Um das LUN-Trespassing in solchen Fällen zu verhindern, empfiehlt EMC den Einsatz von ALUA (siehe Abbildung 10.47, rechte Seite). Dieser Mechanismus wird seit vSphere 4.0 unterstützt. Im VNX-System wird er als *Failover Mode 4* bezeichnet. In Unisphere finden Sie unter HOSTS • INITIATORS den Failover Mode pro registriertem Server aufgelistet. Falls der in Abbildung 10.47 mit *Preferred* bezeichnete Pfad ❶ ausfällt, erfolgt der Zugriff auf die LUN automatisch über SP B. SP B greift über SP A auf die LUN zu ❷. Ohne *ALUA* würde die LUN Ownership von SP A nach SP B wechseln.

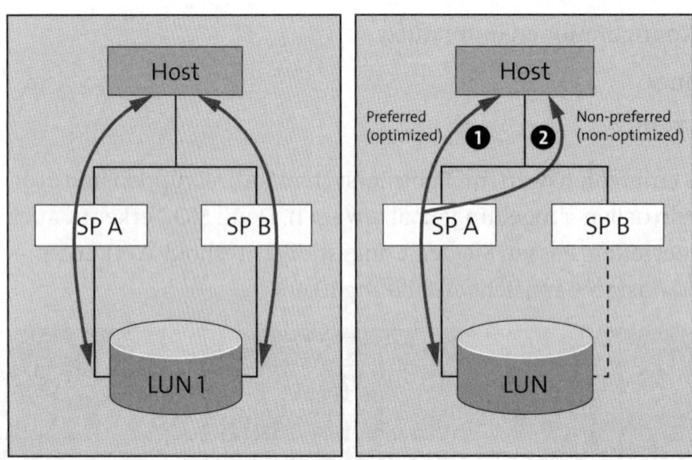

Abbildung 10.47 Symmetrisch aktiv-aktiv (links) und ALUA (rechts)

Verbinden Sie sich mit der *vSphere Management Appliance* (vMA), und wählen Sie einen ESXi-Host zur Konfiguration aus. Führen Sie dazu folgenden Befehl aus (gekürzte Ausgabe):

```
vi-admin@vma:~> vifptarget --set <fqdn or ip>
vi-admin@vma:~< fqdn or ip>> esxcli storage nmp device list | grep -A 7 -i naa.6006
naa.6006016048403500427e4bf16469e311
   Device Display Name: DGC Fibre Channel Disk (naa.6006016048403500427e4bf16469e311)
   Storage Array Type: VMW_SATP_ALUA_CX
...
   Path Selection Policy: VMW_PSP_FIXED
...
```

Empfehlung zum Native Multipathing (NMP)

Achten Sie im Listing oben auf die Zeilen `Storage Array Type` und `Path Selection Policy`. Wenn diese `VMW_SATP_ALUA_CX` bzw. `VMW_PSP_RR` lauten, dann brauchen Sie keine weiteren Schritte zu unternehmen. Gemäß VMware-Knowledge-Base-Artikel 2034799 (*http://kb.vmware.com/kb/2034799*) entspricht das der Grundeinstellung. Falls Sie den *Microsoft Cluster Service* (MSCS) verwenden, ändern Sie die Einstellung auf `VMW_PSP_FIXED` für sämtliche betroffenen LUNs des entsprechenden vSphere-Clusters.

Für unsere betroffene LUN sieht die Befehlszeile wie folgt aus:

```
vi-admin@vma:~<fqdn or ip>> esxcli storage nmp device set --device
  naa.6006016048403500427e4bf16469e311 --psp VMW_PSP_RR
```


Zur Überprüfung senden Sie abermals den folgenden Befehl aus:

```
vi-admin@vma:~<fqdn or ip>> esxcli storage nmp device list | grep -A 7 -i naa.6006
```

Das Resultat sieht so aus: `Path Selection Policy`: **`VMW_PSP_RR`**. Da die LUN mit einem vSphere-Cluster verbunden ist, müssen wir die Befehle auf dem zweiten ESXi-Host wiederholen.

Sollten Ihre ESXi-Server über mehr als zwei Host-Bus-Adapter oder Netzwerkkarten für Datenverkehr verfügen, so empfiehlt EMC den Einsatz von *PowerPath/Virtual Edition* (PPVE; siehe Abbildung 10.48). PPVE ist ein Drittanbieter-Multipath-Plug-in und Path-Failover-Werkzeug. Es erlaubt die aktive Nutzung von bis zu 32 Pfaden. Sie können PPVE für alle Block-Protokolle nutzen.

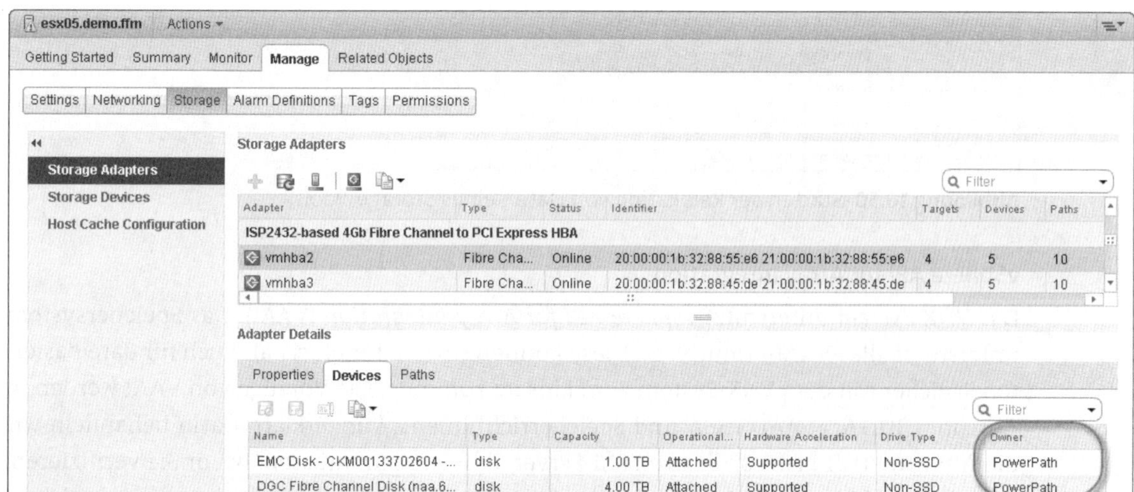

Abbildung 10.48 Informationen eines VMFS-Datastores mit PPVE

Eine Lastverteilung können Sie nicht nur mit dem Einsatz von Multipathing-Werkzeugen erreichen, sondern auch mit *Storage Dynamic Resource Scheduling* (SDRS). SDRS ist nicht mit der FAST-Technologie gleichzusetzen. Es ist ein Mechanismus zur Lastverteilung, der auf I/O und Kapazität basiert.

Mehr über SDRS erfahren Sie in Abschnitt 10.4.7, »Einsatz von Storage DRS«.

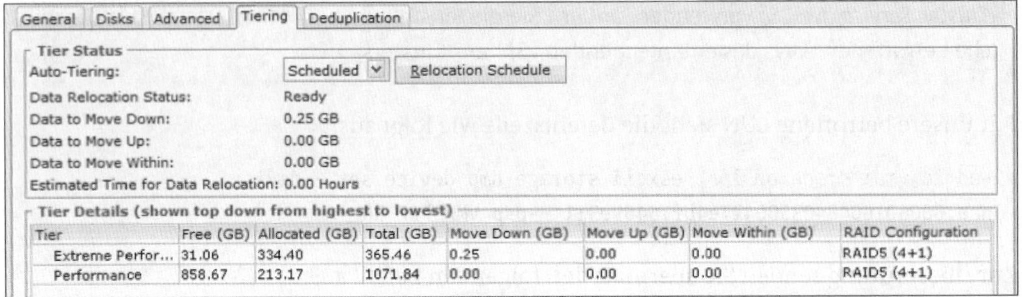

Abbildung 10.49 Empfohlene Relokation der Daten

In Abbildung 10.49 sehen Sie die geschätzte Zeit für die Migration von *Slices*. Sie können die Datenrelokation manuell starten. Klicken Sie mit der rechten Maustaste auf den gewünschten Storage-Pool, und wählen Sie AUTO-TIERING • START DATA RELOCATION (siehe Abbildung 10.50).

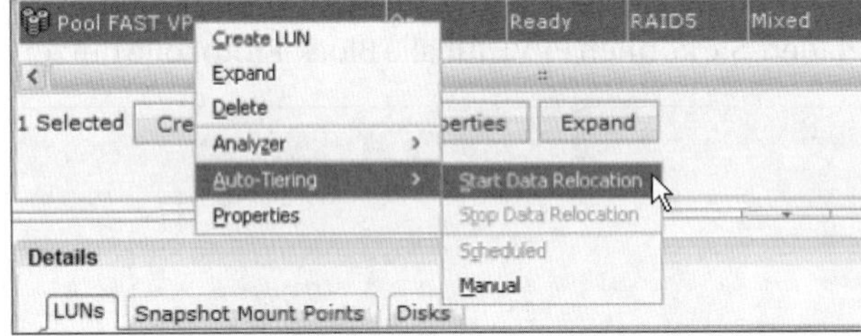

Abbildung 10.50 Starten der Relokation von Daten eines Storage-Pools

vSphere API for Array Integration

Das VNX-*System* unterstützt *vSphere API for Array Integration* (VAAI). Das Speichersystem unterstützt alle »VAAI-Primitives«. Diese können sowohl für block- als auch für dateibasierten Speicher mit dem VNX-System zum Einsatz kommen. Die Vorzüge von VAAI werden in Abschnitt 10.3.6, »VAAI, VASA und Speicherrichtlinien«, kurz erklärt. Darin behandeln wir die ADVANCED SETTINGS, die pro ESXi-Server aktiviert sein müssen. Bevor Sie verifizieren, dass die VAAI-Block-Primitives und die VAAI-Thin-Provisioning-Primitives vom Speichersystem unterstützt werden, überprüfen Sie, ob die notwendigen Parameter in den ADVANCED SETTINGS Ihres ESXi-Hosts eingeschaltet sind.

Um zu überprüfen, dass die VAAI-Primitives eingeschaltet sind, wählen Sie sich in den *vSphere Management Assistant* (vMA) ein.

Mit `vifptarget` gestalten Sie die Befehlseingabe ein wenig leichter und sparen Zeit:

vi-admin@vma:~[10.123.10.207]> **vifptarget --set 10.123.10.208**

Tippen Sie folgende Befehlszeile ein, um zu sehen, ob das VNX-System über eine VAAI-Integration verfügt:

```
vi-admin@vma:~[10.123.10.208]> esxcli storage core plugin list
Plugin name   Plugin class
------------  ------------
VMW_VAAIP_CX  VAAI
VAAI_FILTER   Filter
NMP           MP
vi-admin@vma:~[10.123.10.208]>
```


Der folgende Befehl zeigt auf, ob ein VMFS-Datastore VAAI unterstützt. Nehmen Sie dafür den Gerätenamen des VMFS-Datastores, den Sie bereits erstellt haben (die Ausgabe ist verkürzt abgebildet):

```
vi-admin@vma:~[10.123.10.208]> esxcli storage core device list --device
  naa.6006016048403500427e4bf16469e311
Display Name: DGC Fibre Channel Disk (naa.6006016048403500427e4bf16469e311)
...
Thin Provisioning Status: yes
Attached Filters: VAAI_FILTER
VAAI Status: supported
Other UIDs: vml.02000100006006016048403500427e4bf16469e311565241494420
Is Local SAS Device: false
Is Boot USB Device: false
No of outstanding IOs with competing worlds: 32
vi-admin@vma:~[10.123.10.208]>
```

Nutzen Sie den folgenden Befehl, um die unterstützten VAAI-Primitives des gewünschten Datastores anzeigen zu lassen:

```
vi-admin@vma:~[10.123.10.208]> esxcli storage core device vaai status get
--device naa.6006016048403500427e4bf16469e311

naa.6006016048403500427e4bf16469e311
   VAAI Plugin Name: VMW_VAAIP_CX
   ATS Status: supported
   Clone Status: supported
   Zero Status: supported
   Delete Status: supported
vi-admin@vma:~[10.123.10.208]>
```

Das interessanteste VAAI-Thin-Provisioning-Primitive ist *Dead Space Reclamation*, das in der Befehlsausgabe als `Delete Status` bezeichnet wird. Es gibt nicht genutzte Blöcke wieder frei, was (vor allem) bei Thin Provisioning vorkommt.

Um den Effekt von *Dead Space Reclamation* nachzuvollziehen, führen Sie das folgende kleine Beispiel durch:

1. Erstellen Sie einen VM-Snapshot einer virtuellen Maschine, die auf einem Datastore mit zugehöriger Thin-provisonierten LUN liegt. Im Beispiel verwenden wir Windows 2012 R2.
2. Kopieren Sie eine große Datei (beispielsweise ein *OVA*) auf die virtuelle Maschine. Die Erstellung einer Datei mithilfe von `fsutil` ist hierfür nicht geeignet, da es eine leere Datei erzeugt.
3. Beobachten Sie danach die Kapazitätsangaben der VM, des Datastores und der zugehörigen Thin-provisioned LUN.
4. Gehen Sie mit REVERT TO SNAPSHOT auf den letzten Stand zurück. Sie können den Snapshot danach mit DELETE löschen.
5. Führen Sie den Unmap-Befehl `esxcli storage vmfs unmap --volume-label=volume_label|--volume-uuid=volume_uuid --reclaim-unit=number` durch. Beobachten Sie die neuen Kapazitätsangaben.

Die folgende Bilderreihe dokumentiert den Effekt von *SCSI UNMAP* – wie Sie sehen, gibt *Dead Space Reclamation* die nicht genutzten Blöcke wieder frei.

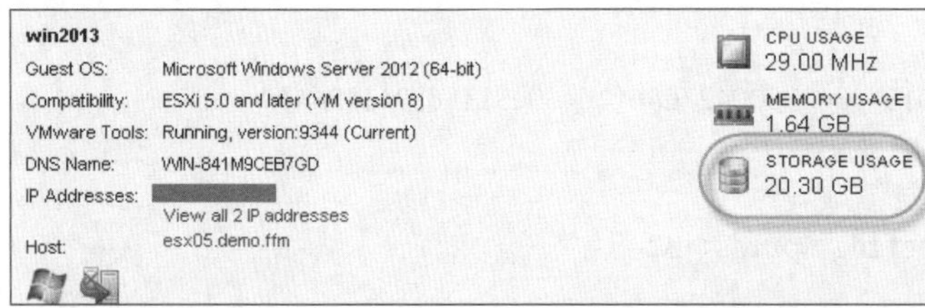

Abbildung 10.51 Kapazitätsangaben der VM vor UNMAP

Abbildung 10.52 Kapazitätsangaben des VMFS-Datastores vor UNMAP

Storage Pool Properties		LUN Capacity	
Storage Pool:	Pool FAST VP	User Capacity:	4096.000 GB
RAID Type:	RAID5	Consumed Capacity:	28.556 GB
Drive Type:	Mixed		
Available Capacity:	1401.482 GB		

Abbildung 10.53 Kapazitätsangaben der TLU vor UNMAP

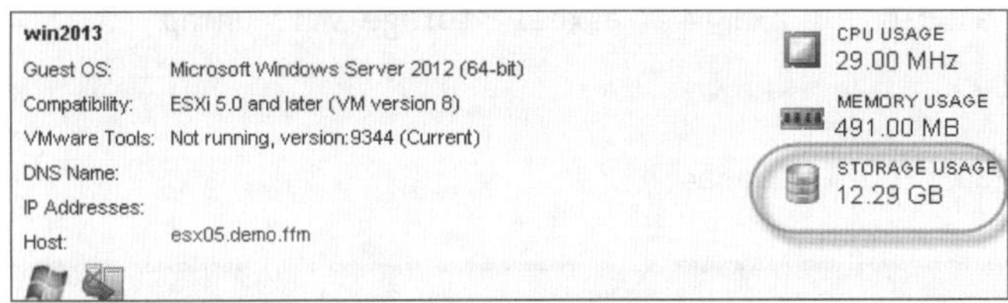

Abbildung 10.54 Kapazitätsangaben der VM nach dem Entfernen des Snapshots und erfolgtem Neustart

Storage Pool Properties		LUN Capacity	
Storage Pool:	Pool FAST VP	User Capacity:	4096.000 GB
RAID Type:	RAID5	Consumed Capacity:	22.043 GB
Drive Type:	Mixed		
Available Capacity:	1407.995 GB		

Abbildung 10.55 Kapazitätsangaben der TLU nach UNMAP

Abbildung 10.56 Kapazitätsangaben des VMFS-Datastores nach UNMAP

Dead Space Reclamation im produktiven Einsatz

In vSphere 5.0 war *Dead Space Reclamation* ein automatisch durchgeführter Prozess. Wie in der letzten Ausgabe dieses Handbuchs beschrieben, führte das in Vergangenheit zu Komplikationen. Diese äußerten sich in Performance-Einbußen. Deswegen beschloss VMware ab vSphere 5.5, dass dieser Prozess nun manuell angestoßen werden muss.

Im VMware-Knowledge-Base-Artikel 2057513 finden Sie weitere nützliche Informationen (*http://kb.vmware.com/kb/2057513*).

Im Folgenden erklären wir Ihnen, wie Sie *VAAI UNMAP* verwenden. Sie müssen direkt auf den ESXi-Host zugreifen, um VAAI UNMAP manuell durchzuführen. Stellen Sie hierfür mit unten stehendem Befehl die UUID des gewünschten Datastores fest. Das geht am einfachsten, indem Sie zum Zielvolume navigieren.

```
# cd /vmfs/volumes/VNX5400\ VMFS5\ Datastore/
/vmfs/volumes/52b43529-6112afff-a13b-001517a5a6a4 #
```

Führen Sie danach den VAAI-UNMAP-Befehl wie im unten stehenden Beispiel beschrieben aus. Der Vorgang kann einige Minuten in Anspruch nehmen.

```
/vmfs/volumes/52b43529-6112afff-a13b-001517a5a6a4 # esxcli storage vmfs unmap
-u 52b43529-6112afff-a13b-001
517a5a6a4
/vmfs/volumes/52b43529-6112afff-a13b-001517a5a6a4 #
```

Überprüfung der Funktion »Space Reclaim« unter Windows

Dead Space Reclamation oder das Freigeben von ungenutzter Kapazität unter Windows Server 2012 kann unter folgendem Windows Registry Key überprüft werden:

HKEY_LOCAL_MACHINE\SYSTEM\CurrentControlSet\Control\FileSystem.

Ändern Sie den Wert des Parameters DisableDeleteNotification. Der Wert muss 0 sein. Das betrifft sämtliche LUNs des Gastbetriebssystems. Weitere Informationen finden Sie im Artikel »Plan and Deploy Thin Provisioning« unter *http://technet.microsoft.com/en-us/library/jj674351.aspx*.

Netzwerkanbindung im FC-SAN

Die folgenden Faktoren beeinflussen die Performance im FC-Netzwerk:

- Geschwindigkeit der Switch-Ports
- Überbuchung der Ports (abhängig vom Hersteller und Switch-Typ)
- Anzahl der Interswitch-Links
- Anzahl der FC-Hops zwischen Server und Speichersystem

EMC vertritt für die Anbindung von FC-SAN das Konzept zweier unabhängiger *Fabrics* (A und B). So können Sie problemlos Wartungsarbeiten am SAN durchführen, ohne dass die Applikationen die Verbindung zum Speichersystem verlieren und deswegen heruntergefahren werden müssten. Das Zoning des SAN sollte immer nach dem Schema »Single Initiator, Single Target« erfolgen.

Idealerweise verbinden Sie mindestens zwei FC-Anschlüsse eines Storage-Processors mit dem SAN und schließen den einen an Fabric A und den anderen an Fabric B an. Verfahren Sie genauso mit dem zweiten Storage-Processor (siehe Abbildung 10.57).

Performance im FC-SAN

Reduzieren Sie für die beste Performance im SAN die Anzahl der Hops vom Server zum Speichersystem. Unter Umständen müssen Sie beim Betreiben größerer SANs die Anschlüsse eines Storage-Processors so verteilen, dass stark ausgelastete Verbindungen auf demselben Switch liegen. In SAN-Core-Edge-Architekturen werden Speichersysteme typischerweise direkt an den *Core* angeschlossen. Das garantiert immer gleich lange Wege zwischen Speichersystem und Server. Es empfiehlt sich, die Anschlüsse des Speichersystems mit Switch-Ports ohne Überbuchung zu verbinden. Serversysteme sind im Normalfall weniger ausgelastet und können auf die übrigen Switch-Ports verteilt werden.

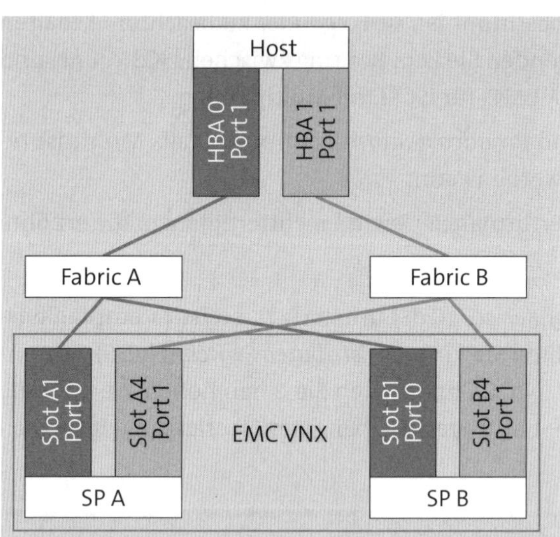

Abbildung 10.57 Anschlüsse an ein einfaches Dual-Fabric-SAN

10.2.5 Best Practices zu blockbasierten Speicheroptionen mit iSCSI

Da es sich bei iSCSI um ein blockbasiertes Speicherprotokoll handelt, gelten die Aussagen, die wir in Abschnitt 10.2.3, »Konfiguration von VNX für den blockbasierten Zugriff«, gemacht haben – es sei denn, es wird ausdrücklich auf Fibre Channel verwiesen.

Netzwerkanbindung im IP-SAN (iSCSI)

Die Ethernet-Infrastruktur sollte mindestens Gigabit-Ethernet unterstützen. Es empfiehlt sich, zwei getrennte physische Netzwerke einzusetzen. Ist das nicht möglich, so isolieren Sie den iSCSI-Verkehr der Switches mit VLANs. Nutzen Sie immer redundante Anschlüsse für iSCSI (zwei Schnittstellen). Vermeiden Sie geroutete und Multi-Hop-Netzwerke. Verwenden Sie für Gigabit-Ethernet-Netzwerke ausschließlich Kabel des Typs *CAT 6* mit möglichst geringer Kabellänge (die Latenz erhöht sich, je länger das Kabel ist).

Bei Ethernet-Switches sollten Sie folgende Einstellungen vornehmen, um beste Performance-Werte zu erreichen:

- Schalten Sie die Auto-Negotiation-Einstellungen zu Pause-Frames aus.
- Setzen Sie eine fixe Geschwindigkeit der Schnittstelle (*Port Speed*).
- Konfigurieren Sie sämtliche beteiligten Geräte mit *full duplex*.
- Achten Sie darauf, dass TCP FLOW CONTROL eingestellt ist.
- Unterbinden Sie *Bridge Protocol Data Units* an den Speichersystem-Ports.
- Schalten Sie *Unicast Storm Control* und das *Spanning Tree Protocol* (STP & RTSP) auf den Switch-Ports aus, die iSCSI-Verkehr (iSCSI Initiator und Target) handhaben.

- Beim VLAN, das für den iSCSI-Verkehr bestimmt ist, ist Folgendes zu beachten: Schalten Sie Multicast sowie Broadcast aus. Verwenden Sie kein Routing zwischen iSCSI-VLAN und anderen VLANs. Konfigurieren Sie zwei VLANs für iSCSI mit Multipathing.
- Schalten Sie *Multicast Storm Control* und *Broadcast Storm Control* ein, falls Multicast respektive Broadcast nicht ausgeschaltet werden kann.
- Verzichten Sie auf Jumbo Frames. Der Performance-Gewinn rechtfertigt nicht die erhöhte Komplexität.

Falls Ihre Ethernet-Infrastruktur *Quality of Service* (QoS) unterstützt, so ist es empfehlenswert, den *i*SCSI-Verkehr zu priorisieren. Sollten Sie *Virtual Distributed Switches* (vDS) verwenden, so aktivieren Sie *Network I/O Control* (NIOC), und stellen Sie einen hohen Wert für die iSCSI-Traffic-Shares (beispielsweise 75) ein. Limitieren Sie bei einer Überlastung zusätzlich die Bandbreite von vMotion-Traffic.

Jumbo Frames im IP-SAN

Mit dem Einsatz von Jumbo Frames lassen sich geringfügige Performance-Steigerungen erzielen. Sie liegen im einstelligen Prozentbereich. Demgegenüber nehmen Sie jedoch eine hohe Komplexität in Kauf, da diese Anbindung jede Komponente im Netzwerk inklusive Initiator-Netzwerkkarten und Target-Netzwerkkarten betrifft. Konsultieren Sie den VMware-Knowledge-Base-Artikel 1007654 (*http://kb.vmware.com/kb/1007654*) zur Konfiguration von *Jumbo Frames*.

Deaktivieren Sie am ESXi-Host die Einstellung zu DELAYEDACK. Sie benötigen dafür das vCenter-Nutzer-Privileg HOST.CONFIGURATION.STORAGE PARTITION CONFIGURATION. Ändern Sie auch den Wert von ISCSI RECOVERY TIMEOUT.

Sie gelangen über die Menüführung <ESXI-HOST> • MANAGE • STORAGE • STORAGE ADAPTER auf den ISCSI SOFTWARE ADAPTER. Sollten Sie keinen *iSCSI Software Adapter* vorfinden, fügen Sie diesen über das grüne Plus-Symbol hinzu.

Befolgen Sie diese Prozedur für ESXi-Server (siehe Abbildung 10.58):

1. Klicken Sie auf den *iSCSI Software Adapter*, den Sie ändern wollen. Das öffnet unterhalb des Adapters eine Konfigurationsmaske ❶.
2. Wechseln Sie auf den Reiter ADVANCED OPTIONS ❷, und suchen Sie den Parameter DELAYEDACK. Gehen Sie auf EDIT ❸, entfernen Sie den Haken ❹, und klicken Sie auf OK, um die Einstellung vorzunehmen.
3. Scrollen Sie weiter zum Parameter RECOVERYTIMEOUT, und geben Sie den Wert 60 ein.
4. Wiederholen Sie diesen Vorgang bei sämtlichen ESXi-Hosts, die Sie mit iSCSI verwenden wollen.

Es ist wichtig, dass Sie zusätzlich zum iSCSI-Timeout von *vSphere ESXi* auch den Timeout der Gastbetriebssysteme einstellen. Diese Einstellung muss für jedes System einzeln erfolgen.

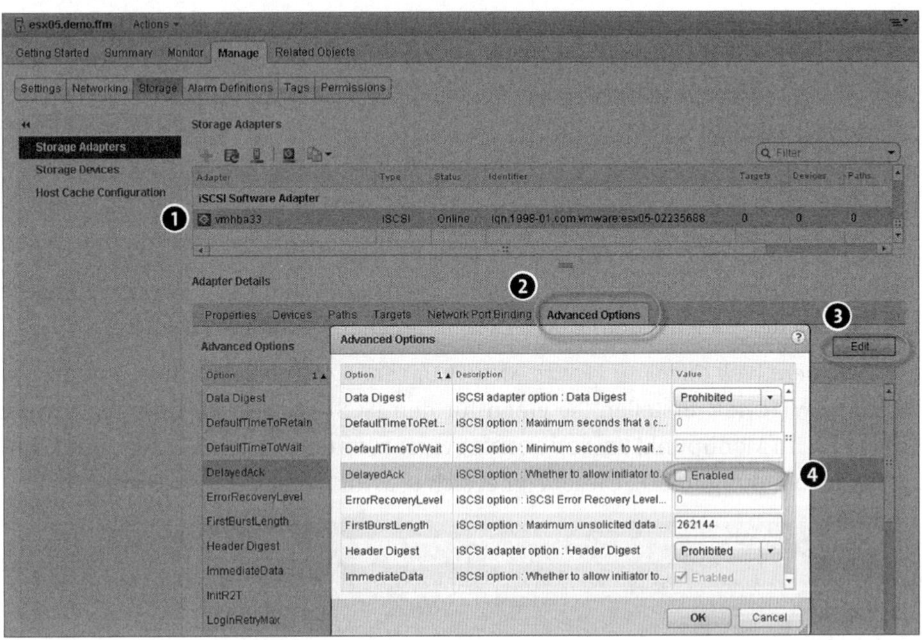

Abbildung 10.58 Deaktivieren von »TCP Delayed Acknowledge«

Das Vorgehen für Windows-Gastbetriebssysteme zeigen wir Ihnen in Abschnitt 10.2.4, »Best Practices zu blockbasierten Speicheroptionen mit Fibre Channel«.

Mit der *Virtual-Port-Technologie* stehen einem VNX-System maximal 32 Ports pro Storage-Processor zur Verfügung. *VLAN-Tagging* (IEE 802.1q) wird sowohl für iSCSI als auch für NFS unterstützt. Auf dem iSCSI-Frontend-Port des VNX-Systems sollten keine Gateways definiert sein. Falls ein Routing nicht vermieden werden kann, müssen die Routen fest definiert werden. Definieren Sie ein eigenes Subnetz oder alternativ ein VLAN für den iSCSI-Verkehr (siehe Abbildung 10.59).

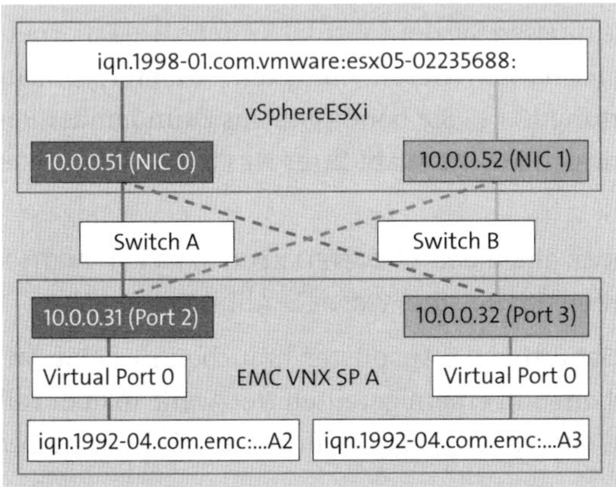

Abbildung 10.59 Initiator-Target-Beziehung

VNX-System – Reservierte Netzwerkadressen und -bereiche

Verwenden Sie bitte folgende Netzwerkadressen und -bereiche *nicht*:

- 128.221.1.248 bis 128.221.1.255
- 192.168.1.1
- 192.168.1.2

Auf dem Speichersystem ist die Konfiguration schon gemäß Abbildung 10.59 erfolgt. Es geht nun darum, dass Sie das auch auf dem *ESXi-Host* entsprechend abbilden.

Gehen Sie im *vSphere Web Client* zu Hosts and Clusters • <Host> • Manage • Networking • Virtual Switches. Erstellen Sie einen für den iSCSI-Verkehr bestimmten Virtual Switch. Wählen Sie im Menüpunkt Select connection type den VMkernel Network Adapter aus (siehe Abbildung 10.60). Dieser eignet sich u. a. für iSCSI.

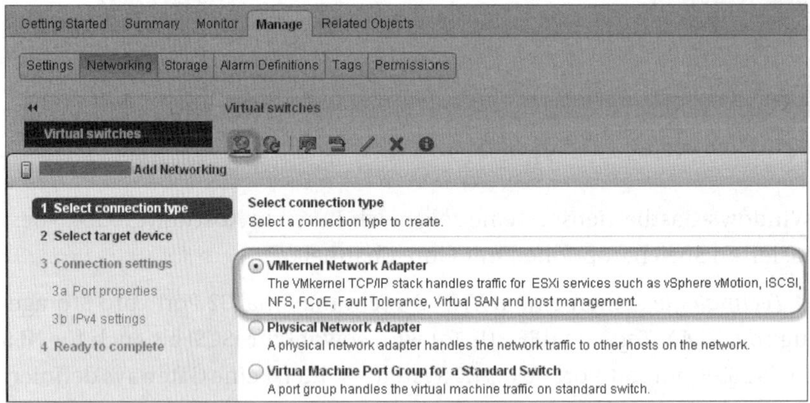

Abbildung 10.60 Hinzufügen von »VMkernel Network Adapter« und vSwitch

Im Schritt Select target device wählen Sie New standard switch.

Im darauffolgenden Menüpunkt des Wizards müssen Sie dem Virtual Switch zwei Ethernet-Schnittstellen (vmnic) mit denselben Eigenschaften (Geschwindigkeit, Adaptertyp, Duplex-Einstellung etc.) zuweisen (siehe Abbildung 10.61). Sie benötigen aus Gründen der Redundanz zwei Ethernet-Schnittstellen. Bestätigen Sie die Wahl Ihrer Network Adapters mit Ok.

Bevor Sie mit Next fortfahren, müssen Sie noch einen der Assigned adapters von Active adapters nach Unused adapters verschieben (im Beispiel vmnic2; Abbildung 10.62).

Benennen Sie im folgenden Schritt die iSCSI-Schnittstelle. Ansonsten brauchen Sie keine Änderungen vorzunehmen – es sei denn, Sie arbeiten in einem geteilten Netzwerk. In dem Fall müssen Sie den iSCSI-Verkehr mittels *VLAN Tagging* trennen. Das erfordert die Eingabe der VLAN ID (siehe Abbildung 10.63).

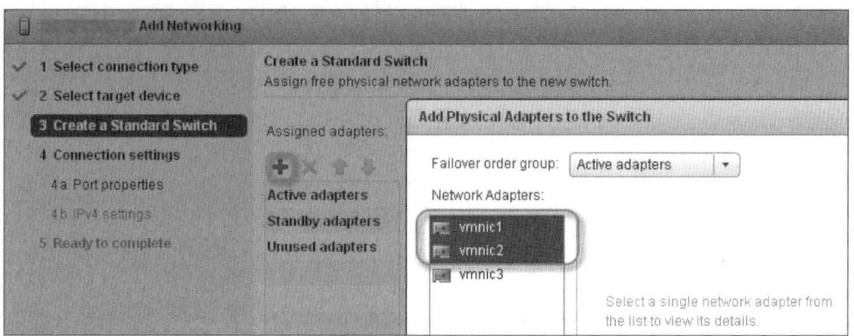

Abbildung 10.61 Hinzufügen von Ethernet-Schnittstellen

Assigned adapters:
Active adapters
(New) vmnic1
Standby adapters
Unused adapters
(New) vmnic2
All Properties CDP LLDP
Adapter Intel Corporation 82545EM Gigabit Ethernet Controller (Copper)
Name vmnic2
Location PCI 02:02.0
Driver e1000
Status
Status Connected
Configured speed, Duplex Auto negotiate
Actual speed, Duplex 1000 Mb, Full Duplex

Abbildung 10.62 Zuweisen der Ethernet-Schnittstelle

Port properties
Specify VMkernel port settings.
VMkernel port settings
Network label: vmk-iscsi-1
VLAN ID: None (0)
IP settings: IPv4
TCP/IP stack: Default
Available services
Enable services: vMotion traffic
Fault Tolerance logging
Management traffic
Virtual SAN traffic

Abbildung 10.63 Die Eigenschaften des VMkernel-Ports festlegen

Da eine Zuweisung der IP-Adresse aus einem DHCP-Pool nicht ratsam ist, tragen Sie eine gewünschte IP-Adresse und die Netzmaske ein (siehe Abbildung 10.64). Klicken Sie auf NEXT, und überprüfen Sie Ihre Eingaben. Klicken Sie dann auf FINISH, um den vSwitch zu erstellen.

Nun müssen Sie zum Zweck der Redundanz einen weiteren VMkernel-Adapter erstellen, da iSCSI diesen Adapter zum Einrichten von MC/S (*Multiple Connections per Session*) benötigt. Das ermöglicht den Aufbau mehrerer TCP-Sessions zwischen Initiator und Target unter einer iSCSI-Verbindung. Das dient dem Multipathing (dem Lesen und Schreiben über beide Pfade) und bei einem Pfadausfall dem automatischen Failover auf den überlebenden Pfad.

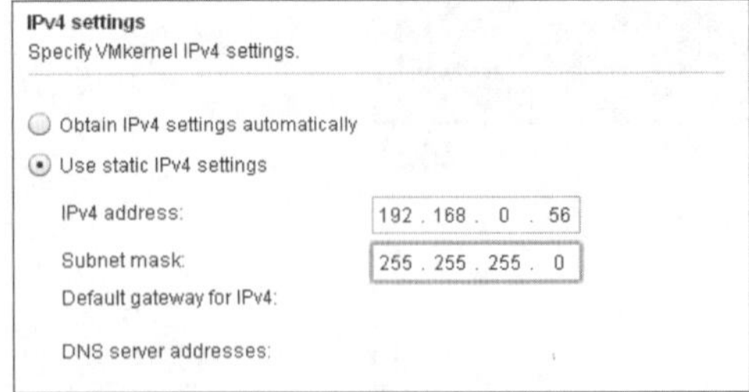

Abbildung 10.64 Setzen der IP-Adresse und Netzmaske

Wechseln Sie anschließend im *vSphere Web Client* zu Hosts and Clusters • <Host> • Manage • Networking • VMkernel Adapters. Klicken Sie auf das Symbol für das Hinzufügen (siehe Abbildung 10.65).

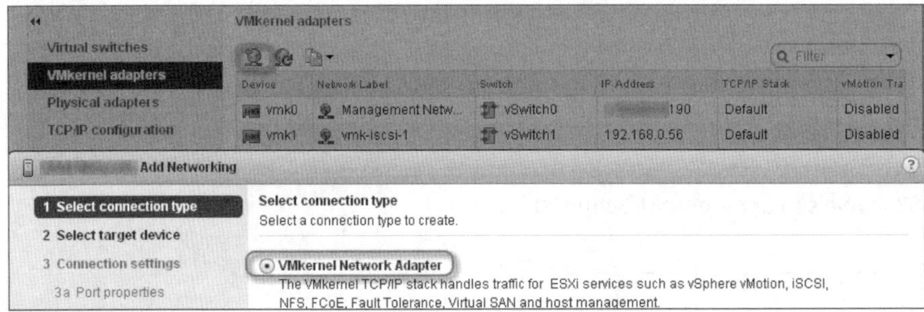

Abbildung 10.65 Hinzufügen eines weiteren VMkernel-Adapters

Wählen Sie bei Select target device den Punkt Select an existing standard switch, und klicken Sie auf Browse (siehe Abbildung 10.66). Wählen Sie den soeben erstellten vSwitch aus, und bestätigen Sie mit Ok und Next.

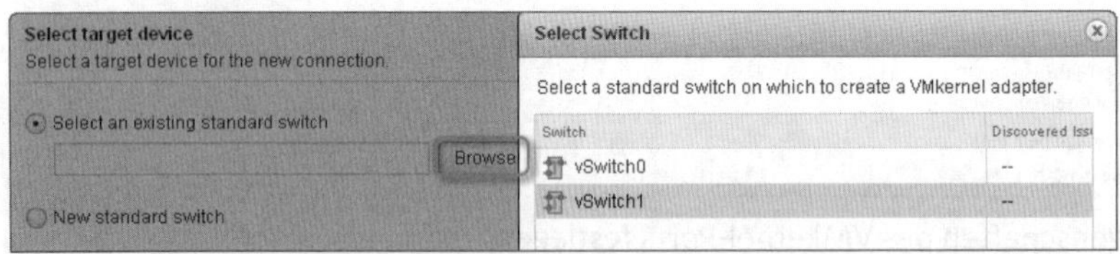

Abbildung 10.66 Auswahl des bestehenden vSwitchs

Fahren Sie im Wizard im Menüpunkt Connection Settings analog zum weiter oben beschriebenen Ablauf fort. Sie müssen im Folgenden die Eigenschaften des iSCSI-Adapters, beispielsweise IP-Adresse und Netzmaske, anpassen.

Falls Sie Jumbo Frames nutzen möchten, klicken Sie im Untermenü Virtual switches auf das Symbol zum Ändern der Eigenschaften. Im Pop-up-Fenster klicken Sie auf Properties und stellen bei MTU den gewünschten Wert ein (siehe Abbildung 10.67). Bestätigen Sie die Änderung mit Ok.

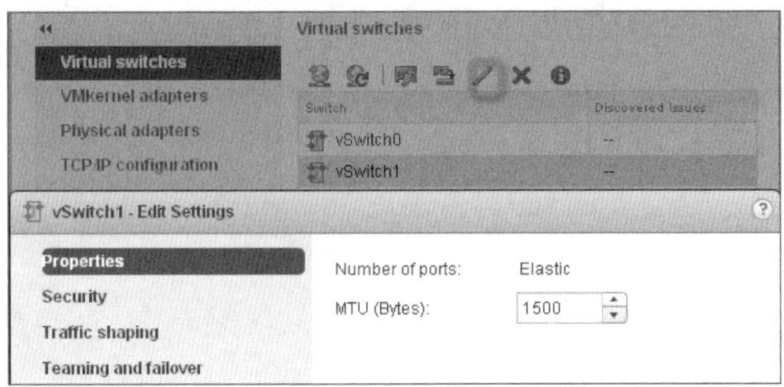

Abbildung 10.67 Setzen der MTU bei einem vSwitch

Sie müssen in einem weiteren Schritt auch die VMkernel-Adapter für Jumbo Frames vorbereiten. Wählen Sie einen der beiden neu konfigurierten Adapter im Untermenü VMKERNEL-ADAPTERS aus, und klicken Sie auf das Symbol zum Ändern der Eigenschaften. Im Pop-up-Fenster klicken Sie auf NIC SETTINGS (siehe Abbildung 10.68), und passen Sie die MTU entsprechend Ihren Vorgaben an. (Jumbo Frames haben eine MTU von 9000.) Bestätigen Sie Ihre Eingabe mit OK.

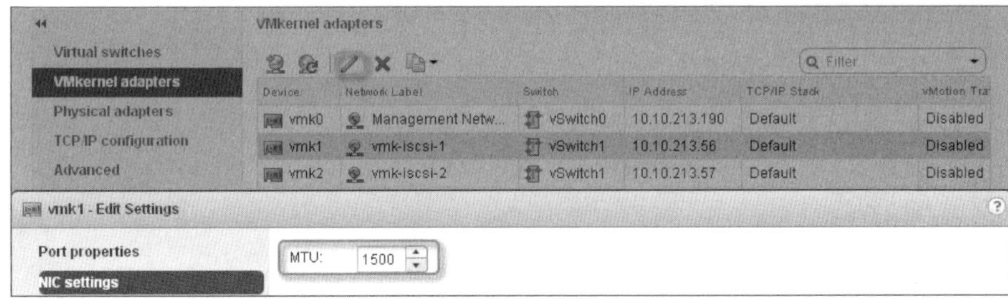

Abbildung 10.68 So passen Sie die MTU eines VMkernel-Adapters an.

Nun folgt ein für die Gewährleistung der Redundanz wichtiger Schritt. Nur wenn der VMkernel-Adapter 1 aktiv über VMNIC1 und der VMkernel-Adapter 2 aktiv über VMNIC2 kommuniziert, sind *Multipathing* und *Failover* möglich.

Gehen Sie nun im *vSphere Web Client* zu HOSTS AND CLUSTERS • <HOST> • MANAGE • NETWORKING • VIRTUAL SWITCHES zurück (siehe Abbildung 10.69). Wählen Sie den Sie zuletzt erstellten VMkernel-Adapter in der grafischen Darstellung an ❶. Klicken Sie als Nächstes auf das Symbol zum Ändern der Eigenschaften ❷.

In EDIT SETTINGS klicken Sie auf TEAMING AND FAILOVER. Setzen Sie einen Haken bei OVERRIDE unterhalb von FAILOVER ORDER. Nun tauschen Sie mit den Pfeilen die beiden Ethernet-Schnittstellen gegeneinander aus, sodass bei ACTIVE ADAPTERS jetzt VMNIC2 und unter UNUSED ADPATERS der Adapter VMNIC1 aufgeführt wird (siehe Abbildung 10.70). Bestätigen Sie die Änderungen mit OK.

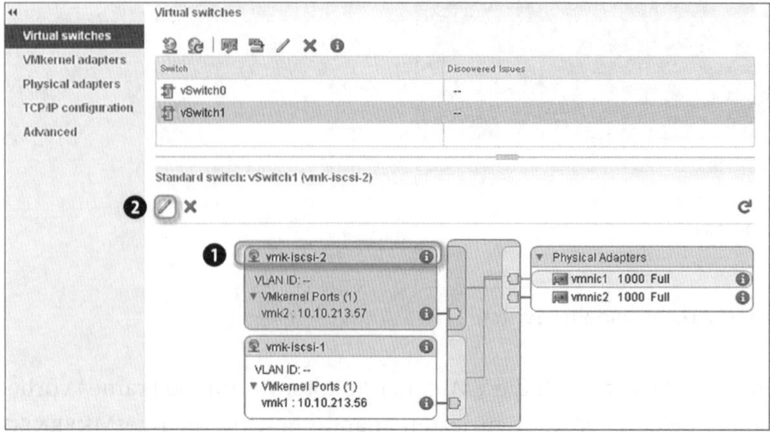

Abbildung 10.69 Auswahl des VMkernel-Adapters

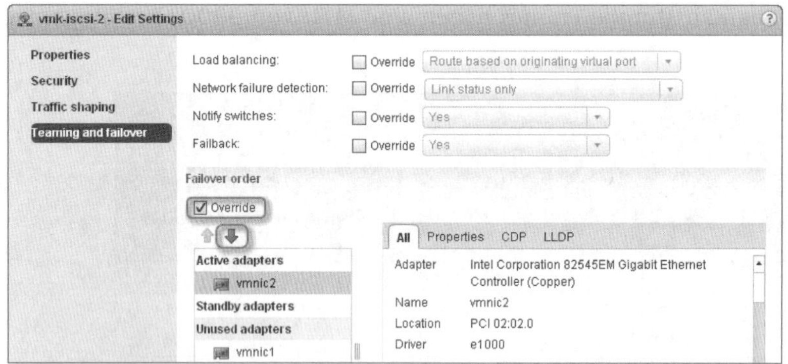

Abbildung 10.70 Hier ändern Sie die Zuweisung der »vmnic«-Adapter.

Verwenden Sie iSCSI als eine Alternative in den Fällen, wo Sie blockbasierten Zugriff aufgrund der Applikation benötigen. Die ESXi-Implementation von iSCSI hat die Eigenschaft, dass nur eine Datenverbindung zwischen einem ESXi-Server und einem einzelnen Speicherziel (Initiator zu Target) aufgebaut wird. Anders als bei NFS können Sie Multipathing-Lösungen (entweder NMP oder PPVE) einsetzen. Dafür benötigen Sie zwei VMkernel-Ports und zwei Ethernet-Schnittstellen. Letztere müssen als Uplink für je einen VMkernel-Port konfiguriert werden. Aufseiten des Speichersystems sollten zwei iSCSI-Targets – aufgetrennt auf die beiden SPs – definiert sein. Idealerweise erfolgt der Anschluss über zwei physische Ethernet-Switches. Verbinden Sie Ihr VNX-System so, dass sich ein Initiator auf zwei Targets einwählt. Dem Initiator sind zwei iSCSI-Ports zugewiesen.

Troubleshooting von iSCSI LUNs

Der VMware-Knowledge-Base-Artikel 1003681 (*http://kb.vmware.com/kb/1003681*) bietet Hilfe im Falle von Konnektivitätsproblemen mit iSCSI-LUNs.

Anbindung der vSphere ESXi-Hosts

VNX ist ein Speichersystem mit zwei *Storage-Processors* (SP). Beide SPs sind aktiv. Eine VNX-LUN gehört explizit zu einem SP; er wird *Default Owner* genannt.

Beim Einsatz von iSCSI empfiehlt es sich, dedizierte Ethernet-Karten zu nutzen. Dabei haben Sie die Auswahl zwischen:

- **NIC:** *Network Interface Card* – gewöhnliche Ethernet-Karte
- **TOE:** Ethernet-Karte mit TCP/IP-Offload-Engine; entlastet die Host-CPU. Im Zusammenspiel mit Jumbo Frames kann es zu ungewöhnlichem Fehlverhalten im Software-Stack kommen. Daher ist vom Einsatz dieser Karten abzuraten.
- **iSCSI HBA:** Host-Bus-Adapter mit Ethernet-Schnittstelle; dediziert für iSCSI, entlastet die Host-CPU

Im Beispiel aus Abbildung 10.71 verwenden wir den Software iSCSI Adapter, der mit gewöhnlichen NICs umgehen kann und somit die kostengünstigste Alternative darstellt. Diesen Adapter müssen Sie erst im ESXi-Host anlegen.

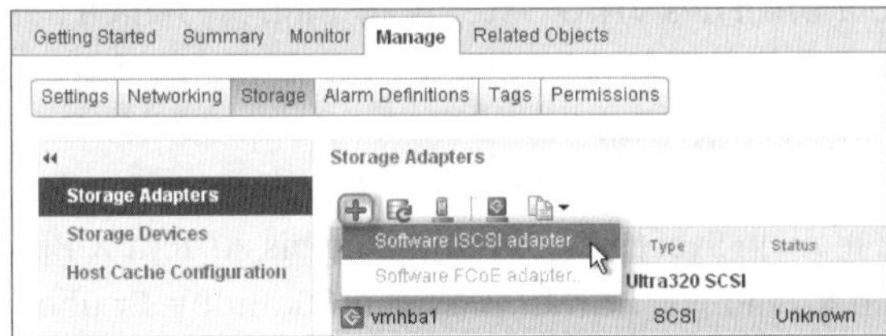

Abbildung 10.71 Hinzufügen eines »Software iSCSI adapter«

Öffnen Sie den *vSphere Web Client*, und navigieren Sie zu Hosts and Clusters • <Host> • Manage • Storage • Storage Adapters. Klicken Sie auf das Symbol für das Hinzufügen. Bestätigen Sie mit Meldung mit Ok.

Einige Worte zur Einstellung von VMs

Falls Sie iSCSI einsetzen, ist es wichtig, den Zeitüberschreitungswert des Gastbetriebssystems einzustellen. Bei einer kurzen Unterbrechung der Konnektivität hilft die Erhöhung dieses Wertes, um die Verfügbarkeit der Applikation besser zu gewährleisten. Das Betriebssystem gaukelt dieser eine bestehende Verbindung vor, solange der Zeitüberschreitungswert nicht erreicht wird.

Diese Einstellung muss für jedes System einzeln erfolgen. *VMware Tools* stellt für diesen Wert automatisch 60 Sekunden ein. EMC empfiehlt eine Erhöhung dieses Werts auf 120 Sekunden. Um diese Einstellung bei Windows-Betriebssystemen vorzunehmen und das Timeout auf 120 Sekunden einzustellen, öffnen Sie die *cmd.exe*. Geben Sie folgenden Befehl ein:

```
reg ADD "HKEY_LOCAL_MACHINE\SYSTEM\CurrentControlSet\services\Disk" /v
TimeOutValue /t REG_DWORD /d 120 /f
```

In-Guest-iSCSI

Mit dem Einsatz eines iSCSI-Initiators innerhalb eines Gastbetriebssystems umgehen Sie den Hypervisor vollständig. Das heißt, dass der ESXi-Host keine Kenntnis von einem mit *In-Guest-iSCSI* angebundenen Speichervolume hat.

Applikationen, Datenbanken, virtuelle Maschinen und vSphere 5

Die Anbindung von iSCSI kann in Form von VMFS-Datastores, In-Guest-iSCSI-Initiatoren oder von Raw Device Mappings (*Virtual* oder *Physical RDM*) erfolgen. EMC empfiehlt den Einsatz von VMFS-5. RDMs und In-Guest-iSCSI sollten nur in Spezialfällen Verwendung finden, die explizit danach verlangen, wie beispielsweise beim Einsatz der *Microsoft Cluster Services* (MSCS). Sie führen zu einer signifikanten Steigerung der Komplexität virtueller Umgebungen.

10.2.6 VNX-dateisystembasierte Speicheroptionen – Einleitung

Mithilfe der *dateisystembasierten Speicheroptionen* des VNX-Systems können Sie neben der blockbasierten Anbindung auch NFS-Datastores in Ihrer virtuellen Umgebung betreiben. Die dateisystembasierte Anbindung von Datastores gewinnt zusehends an Popularität. Deshalb ist es wichtig zu verstehen, wie Sie eine VNX optimal auf diesen Einsatz vorbereiten. Die NAS-Köpfe werden als *X-Blades* bezeichnet. Je nach Systemtyp können Sie bis zu acht X-Blades in einem Cluster-Verbund betreiben. Ein X-Blade ist immer passiv auf Standby. Er übernimmt bei dem Ausfall einer Komponente innerhalb kürzester Zeit sämtliche Einstellungen des fehlerhaften X-Blades.

Die dateisystembasierte Speicheranbindung baut auf der blockbasierten Komponente auf. Daher ist das Studium der blockbasierten Speicheroptionen für das Verständis des folgenden Abschnitts sehr empfehlenswert (ab Abschnitt 10.2.2, »VNX-blockbasierte Speicheroptionen – Einleitung«).

Um den Verwaltungsaufwand der dateisystembasierten Speicheranbindung einfach zu halten, gibt es im *VNX Operating Environment for File* einen Volume-Manager. Dieser kann mit RG-LUNs, TLUs und DLUs umgehen. Wenn Sie Dateisysteme möglichst effizient nutzen wollen, müssen Sie die Best Practices zur Konfiguration einhalten.

Der *Volume Manager* führt neue Begriffe ein, um zwischen block- und dateisystembasierten Speicherkapazitäten zu unterscheiden:

- **Disk Volume** (»dvol«): physische, blockbasierte Speichereinheit; bezeichnet eine LUN.
- **Stripe-Volume:** eine Anordnung von Volumes, die als ein einzelnes Volume wiedergegeben werden
- **Slice-Volume:** eine logische Einheit oder spezifizierte Zone eines Volumes, um kleinere, besser verwaltbare Speichereinheiten zu bilden

10.2.7 Konfiguration der Volumes für Dateisysteme

Um ein Dateisystem auf einer VNX bereitzustellen, müssen Sie einige Schritte im Voraus erledigen:

1. Konfigurieren Sie das Netzwerk.
2. Erstellen Sie eine RAID-Gruppe oder einen Storage-Pool.
3. Stellen Sie LUNs bereit.
4. Fügen Sie die LUNs zur Storage-Group ~FILESTORAGE hinzu.
5. Geben Sie die Kapazität mit Volume-Management bekannt.

Wählen Sie sich über *Unisphere*, die webbasierte Verwaltungsoberfläche, ein, um mit der Konfiguration zu beginnen.

Netzwerkkonfiguration

Gehen Sie zu SETTINGS • NETWORK • SETTINGS FOR FILE, wählen Sie den Reiter DNS, und klicken Sie auf CREATE. Füllen Sie die Maske entsprechend der DNS-Server in Ihrer Infrastruktur aus (siehe Abbildung 10.72).

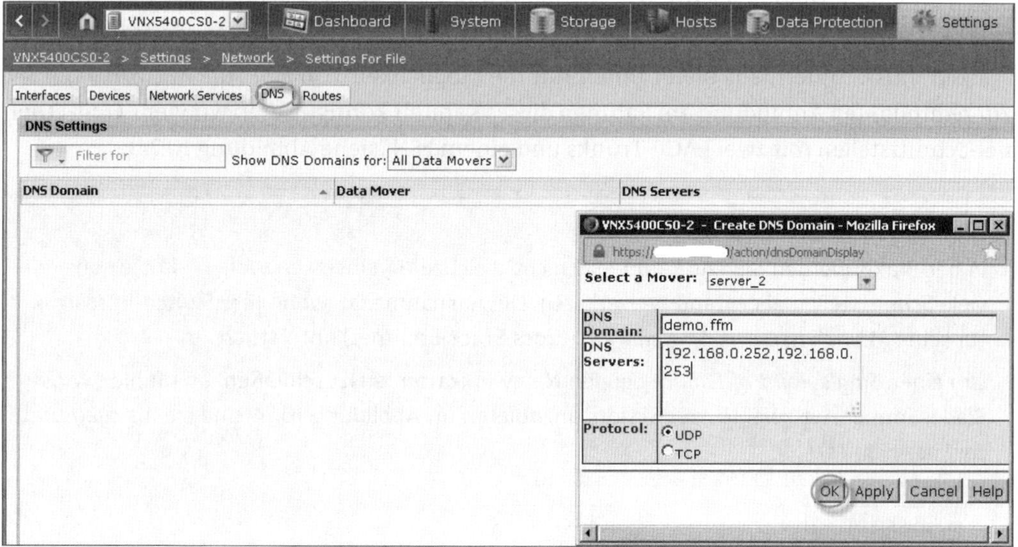

Abbildung 10.72 Konfiguration der DNS-Server

Wenn Sie mehr als einen DNS-Server angeben wollen, so trennen Sie die IP-Adressen mit einem Komma. Achten Sie darauf, den richtigen Data-MOVER anzugeben (bei zwei X-Blades ist es SERVER_2).

Gehen Sie dann auf den Reiter NETWORK SERVICES, und prüfen Sie, dass NFS für den NODE »server_2« im STATE ENABLED ist (siehe Abbildung 10.73). Sollte das nicht der Fall sein, wählen Sie den entsprechenden Service aus und klicken auf ENABLE.

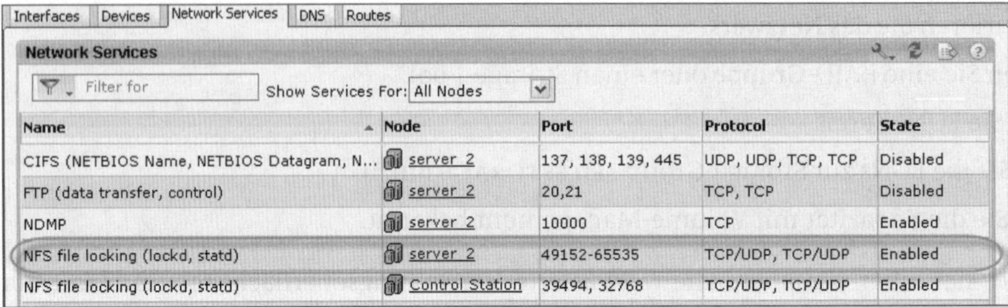

Name	Node	Port	Protocol	State
CIFS (NETBIOS Name, NETBIOS Datagram, N...	server_2	137, 138, 139, 445	UDP, UDP, TCP, TCP	Disabled
FTP (data transfer, control)	server_2	20,21	TCP, TCP	Disabled
NDMP	server_2	10000	TCP	Enabled
NFS file locking (lockd, statd)	server_2	49152-65535	TCP/UDP, TCP/UDP	Enabled
NFS file locking (lockd, statd)	Control Station	39494, 32768	TCP/UDP, TCP/UDP	Enabled

Abbildung 10.73 Verifikation der Netzwerkdienste

Im Reiter DEVICES können Sie das Netzwerk konfigurieren. Diese Konfiguration ist stark von den Möglichkeiten abhängig, die Ihr Netzwerk zulässt. Abschnitt 10.2.8, »Best Practices der dateibasierten Speicheroption«, gibt einige Anregungen zur Konfiguration. Sollten Sie über mehrere primäre X-Blades verfügen, haben Sie die Möglichkeit, die Netzwerkgeräte überall gleich zu konfigurieren. Bestimmen Sie dann den TYPE des Netzwerks. Beachten Sie, dass Ihre Infrastruktur *EtherChannel* oder *Link Aggregation* (IEEE 802.1AX-2008 – LACP) unterstützen muss. Andernfalls bleibt Ihnen nur die Möglichkeit von *Fail Safe Networking* (FSN) zur redundanten Anbindung. Im Rahmen dieses Kapitels konfigurieren wir vier 1-GBit-Ethernet-Schnittstellen mit zwei LACP-Trunks und einem FSN (siehe Abbildung 10.74).

Netzwerkkonfiguration

In der Praxis werden Sie LACP und FSN nicht gleichzeitig einsetzen wollen, da Sie sonst zu viele Schnittstellen als »Standby« verlieren. Die Ausnahme ist, wenn Ihre Switch-Infrastruktur keine *Multichassis Link Aggregation* (Cross-Stack-Ethernet) unterstützt.

Um einen *Single Point of Failure* bei den Netzwerkkarten auszuschließen, empfehlen wir, X-Blades immer mit zwei Netzwerkslots anzubieten (in Abbildung 10.74 sind sie als *cge0* und *cge1* bezeichnet).

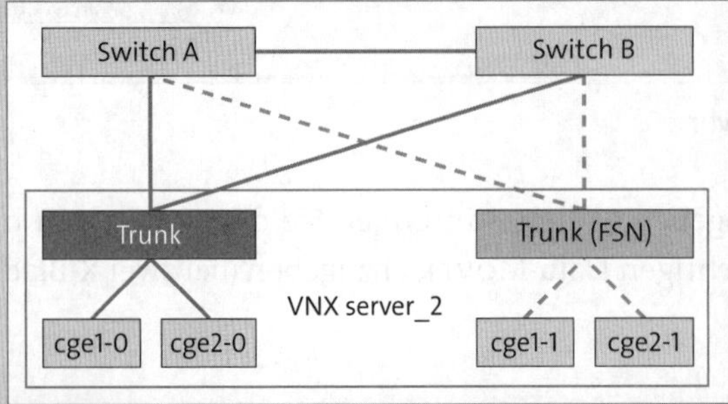

Abbildung 10.74 Netzwerk-Design mit zwei LACP-Trunks und FSN

Klicken Sie auf CREATE. In der Eingabemaske aus Abbildung 10.75 wählen Sie die primären DATA MOVERS (NAS-Header) aus, auf denen das Netzwerkgerät konfiguriert werden soll. Wählen Sie LACP aus, und weisen Sie dem zu erstellenden Netzwerkgerät zwei Schnittstellen zu. Wiederholen Sie den Vorgang, um den zweiten Trunk zu erstellen.

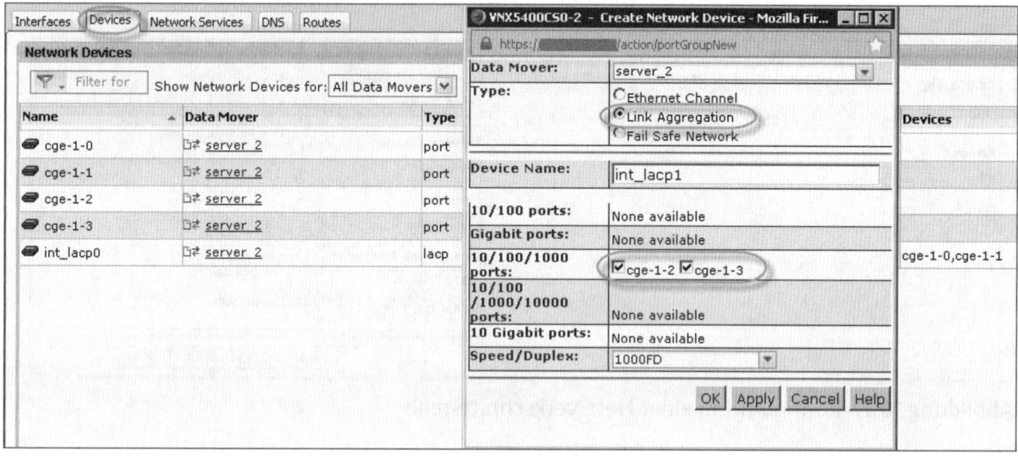

Abbildung 10.75 Erstellung eines Netzwerkgeräts mit LACP

Erstellen Sie nun ein weiteres Netzwerkgerät mit dem Typ FSN (siehe Abbildung 10.76). Wählen Sie hierfür einen Trunk als primären und einen zweiten als sekundären aus. Tragen Sie den gewünschten Netzwerkgerätenamen ein. Bestätigen Sie Ihre Eingaben mit OK.

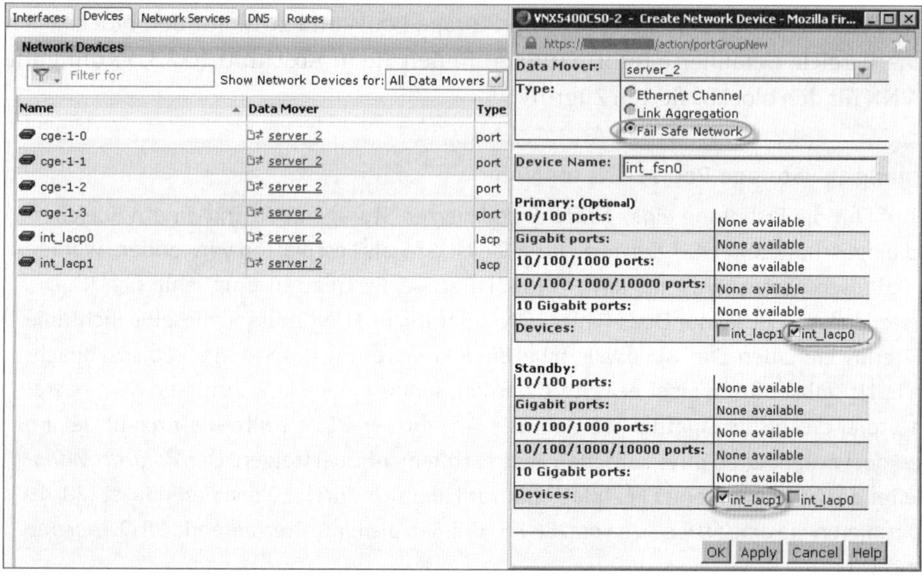

Abbildung 10.76 Konfiguration eines FSN

Wechseln Sie zum Reiter INTERFACES, um ein Netzwerkgerät mit ein oder mehreren Anschlüssen zu konfigurieren (siehe Abbildung 10.77). Achten Sie vor allem auf die Wahl des richtigen DATA MOVERS und des neu erstellten Netzwerkgerätes. Füllen Sie die restliche Eingabemaske mit Ihren Werten aus. Sie brauchen dem Netzwerkanschluss nicht unbedingt einen Namen zu geben. Das ist für die Verwaltung aber sehr empfehlenswert.

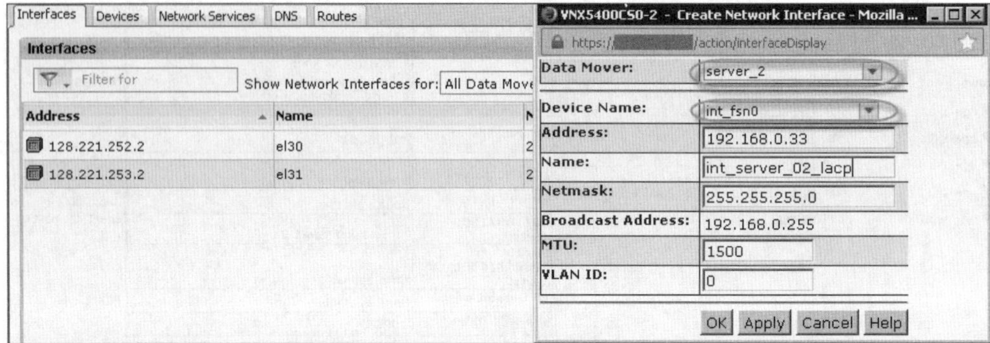

Abbildung 10.77 Konfiguration einer Netzwerkschnittstelle

Zuweisung von Speicherkapazität

Bevor Sie Dateisysteme erstellen können, müssen Sie im VNX-System explizit Speicherkapazität zuweisen. Am einfachsten geht das mit dem Wizard DISK PROVISIONING FOR FILE: Sie finden ihn in der Übersichtsansicht des Reiters STORAGE.

In diesem Abschnitt zeigen wir Ihnen zusätzlich das manuelle Vorgehen. Die Vorgehensweise ist nahezu identisch mit dem Erstellen von Storage-Pools und LUNs für den blockbasierten Speicherbereich. Detaillierte Informationen finden Sie in Abschnitt 10.2.3, »Konfiguration von VNX für den blockbasierten Zugriff«.

Empfehlung zu »Storage-Pools LUNs for NAS«

EMC empfiehlt die Erstellung eines für NAS dedizierten Storage-Pools mit einem Speicher-Tier und eingeschaltetem *FAST Cache*. Sollten Sie NL-SAS als Festplatten verwenden, wählen Sie als Datenschutzmechanismus RAID 6 (6+2). Bei SAS-Festplatten empfiehlt sich RAID 5 (4+1). Erstellen Sie exklusiv nur DLUs (Thick LUNs). Sämtliche LUNs müssen dieselbe Richtlinie für das Tiering einhalten. Das ist vor allem bei einer Erweiterung des Storage-Pools zu beachten. Die LUNs selbst dürfen nicht erweitert werden, sondern neue LUNS müssen dem bestehenden Storage-Pool hinzugefügt werden. Die Anzahl der DLUs sollte die Anzahl der im Storage-Pool vorhandenen physikalischen Festplatten nicht übersteigen. Der *Volume Manager* arbeitet am besten mit einer Festplattenanzahl, die sich durch 20 dividieren lässt (20, 40 usw.). Definieren Sie eine *Stripe Size* von 256 KB. Wählen Sie eine alternierende *SP Ownership* für *Stripe LUNs*.

Die folgenden Schritte bis zur Konfiguration des ersten Dateisystems müssen Sie nur durchführen, falls Sie bei der Inbetriebnahme des VNX-Systems mithilfe des *VNX-Installation-Assistant-for-File/Unified* keine Kapazität provisioniert haben (Ausgangslage dieses Kapitels).

Gehen Sie zu Hosts • Storage Groups. Hier finden Sie eine Storage Group namens ~filestorage. Überprüfen Sie in den Eigenschaften dieser Storage Group im Reiter Advanced, ob die Funktion FAST Cache eingeschaltet und der Storage Pool Alert auf dem Schwellenwert auf 70 % gesetzt ist.

Im nächsten Schritt wählen Sie Storage • LUNs und klicken im Fenster auf Create. Erstellen Sie eine durch die Zahl 5 dividierbare Anzahl von LUNs aus dem Storage Pool namens Pool NAS (siehe Abbildung 10.78). Das gewährleistet eine optimale Lastverteilung. Die LUNs sollen als DLU mit einer identischen Kapazität (maximal 256 TB) konfiguriert werden. Denken Sie daran, für FAST 5 % Reserve abzuziehen. Die maximale LUN ID zur Hostanbindung ist 8192. Wählen Sie Ihre LUN IDs unterhalb dieser Grenze. Vergeben Sie als Namen »nas« und eine Starting ID Ihrer Wahl.

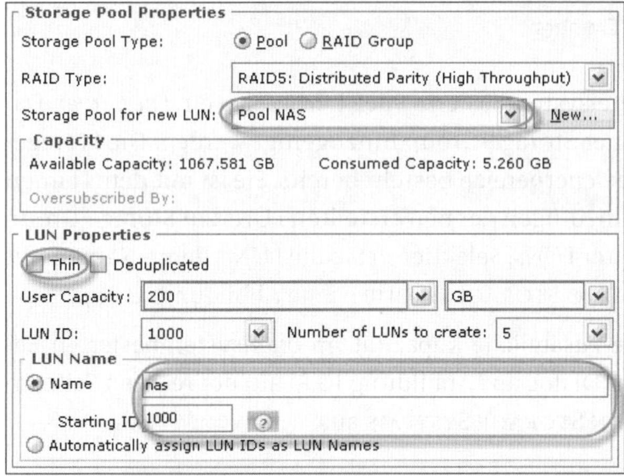

Abbildung 10.78 Konfiguration der LUNs für Dateisysteme

Nachdem Sie die LUNs erstellt haben, setzen Sie die Tiering Policy im Reiter Advanced auf No Data Movement. Bestätigen Sie Ihre Wahl mit Ok. Wiederholen Sie diesen Schritt für sämtliche LUNs des Storage-Pools. Deaktivieren Sie in den Advanced LUN Properties das Kästchen Enable Auto Assign. Überprüfen Sie, ob die LUNs gleichmäßig über die beiden SPs verteilt sind.

Überprüfen Sie nun, ob die neu erstellten LUNs einen alternierenden Storage-Processor als Default Owner haben. Am einfachsten geht das, wenn Sie auf den Reiter Folder wechseln. Klicken Sie auf SP A und danach auf SP B. In der Anzeige sehen Sie, welche LUNs dem SP A respektive dem SP B zugeordnet sind (siehe Abbildung 10.79). Anhand der LUN ID erkennen Sie die gleichmäßige Zuordnung. Die elegantere Alternative bietet sich über das Menü LUN.

Sie können die *LUN-Ownership* mit einem Rechtsklick auf die Spaltenkategorien über CHOOSE COLUMNS als weitere Spalte einblenden.

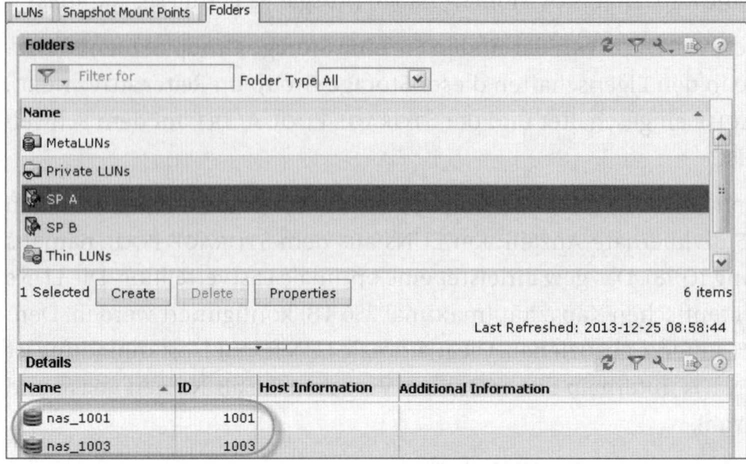

Abbildung 10.79 Überprüfen des Default-Owners

Aus Sicht eines VNX-Systems ist der dateisystembasierte Speicherbereich ein *File Server*. Daher müssen die neu erstellten LUNs einer Storage-Group hinzugefügt werden. Die Storage-Group für den dateisystembasierten Speicherbereich besteht bereits. Sie ist mit dem Namen ~FILESTORAGE gekennzeichnet. Zum Hinzufügen der neu erstellten LUNs zur Storage-Group ~FILESTORAGE wechseln Sie auf den Reiter LUNs. Selektieren Sie die LUNs, deren Namen mit NAS_ beginnen, und klicken Sie auf ADD TO STORAGE GROUP (siehe Abbildung 10.80).

Wie bei einem Server üblich, muss die zusätzliche Kapazität im dateisystembasierten Bereich initialisiert werden. Wählen Sie im Dialog aus Abbildung 10.81 auf der rechten Seite im Bereich FILE STORAGE den Befehl RESCAN STORAGE SYSTEMS aus.

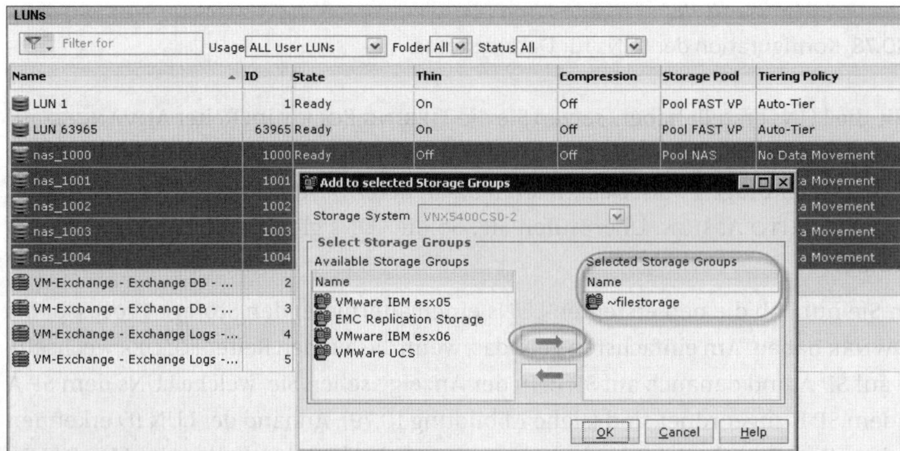

Abbildung 10.80 Hinzufügen von LUNs zu einer Storage-Group

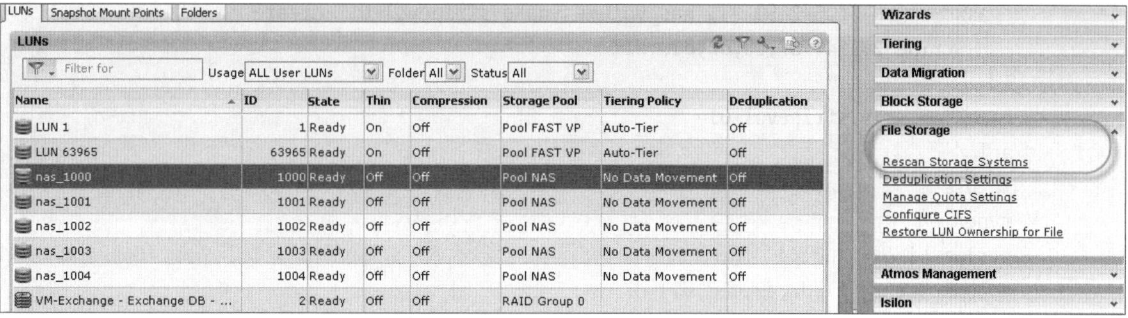

LUNs
Snapshot Mount Points
Folders
LUNs
Filter for
Usage ALL User LUNs
Folder All
Status All
Name | ID | State | Thin | Compression | Storage Pool | Tiering Policy | Deduplication
LUN 1 | 1 | Ready | On | Off | Pool FAST VP | Auto-Tier | Off
LUN 63965 | 63965 | Ready | On | Off | Pool FAST VP | Auto-Tier | Off
nas_1000 | 1000 | Ready | Off | Off | Pool NAS | No Data Movement | Off
nas_1001 | 1001 | Ready | Off | Off | Pool NAS | No Data Movement | Off
nas_1002 | 1002 | Ready | Off | Off | Pool NAS | No Data Movement | Off
nas_1003 | 1003 | Ready | Off | Off | Pool NAS | No Data Movement | Off
nas_1004 | 1004 | Ready | Off | Off | Pool NAS | No Data Movement | Off
VM-Exchange - Exchange DB - ... | 2 | Ready | Off | Off | RAID Group 0
Wizards
Tiering
Data Migration
Block Storage
File Storage
Rescan Storage Systems
Deduplication Settings
Manage Quota Settings
Configure CIFS
Restore LUN Ownership for File
Atmos Management
Isilon

Abbildung 10.81 Initialisierung der neuen LUNs

Loggen Sie sich in das *CLI* ein. Wie das geht, erfahren Sie in Abschnitt 10.4.1, »Command-Line Interfaces (CLIs)«. Sie lernen den Umgang mit den Befehlen `export`, `nas_disk`, `nas_volume` und `nas_pool`. Mit diesen Befehlen erstellen Sie einen *Storage-Pool-for-File*.

Am besten setzen Sie als Erstes die Umgebungsvariablen mit dem Befehl `export`:

```
[nasadmin@VNX5400-2CS0 ~]$ export NAS_DB=/nas
[nasadmin@VNX5400-2CS0 ~]$ export PATH=$PATH:/nas/bin
```

Der »Rescan« der neuen LUNs sollte zwischenzeitlich durchgelaufen sein. Überprüfen Sie, ob die neuen LUNs auch angezeigt werden. Achten Sie auf die Spalte `inuse`, und merken Sie sich den Namen der LUNs (»d*nn*«). Die Ausgabe ist hier verkürzt abgebildet:

```
[nasadmin@VNX5400-2CS0 ~]$ nas_disk -list
id   inuse  sizeMB    storageID-devID    type  name          servers
1     y      22527   CKM00133702604-2007 CLSTD root_disk     1
...
7     n     204799   CKM00133702604-03E8 PERF  d7            1
8     n     204799   CKM00133702604-03E9 PERF  d8            1
9     n     204799   CKM00133702604-03EA PERF  d9            1
10    n     204799   CKM00133702604-03EB PERF  d10           1
11    n     204799   CKM00133702604-03EC PERF  d11           1

[nasadmin@VNX5400-2CS0 ~]$
```

Nun beginnt die Konfiguration der neuen LUNs. Mit dem Befehl `nas_volume` erstellen Sie ein *Stripe-Volume*. Zur Erstellung eines Stripe-Volumes benötigen Sie mindestens zwei LUNs. Ein Stripe-Volume verteilt die Daten optimal über sämtliche partizipierenden LUNs (analog zu einem »RAID-0-Stripe«). Die Größe des Stripes muss 256 KB betragen (das wird automatisch gemacht, falls es nicht explizit in der Befehlszeile angegeben wurde).

```
[nasadmin@VNX5400-2CSO ~]$ nas_volume -name stripevol-01 -create
   -Stripe 262144 d7,d8,d9,d10,d11
id          = 102
name        = stripevol-01
acl         = 0
in_use      = False
type        = stripe
stripe_size = 262144
volume_set  = d7,d8,d9,d10,d11
disks       = d7,d8,d9,d10,d11

Warning 17716815759: truncating volume
        total = 1023995 avail = 1023998 ( 100 % ) (sizes in MB)
[nasadmin@VNX5400-2CSO ~]$
```

Aus dem neu gebildeten *Stripe-Volume* erstellen Sie einen *Automatic Volume Manager (AVM) user-defined NAS pool*. Mit den Optionen `default_slice_flag` und `is_greedy` bestimmen Sie das Verhalten bei der Erstellung und Erweiterung eines Dateisystems. Konkret darf sich das Dateisystem über alle Striped Volumes (in unserem Fall gibt es nur eines) im *Storage Pool for File* ausbreiten, und der *Volume Manager* (AVM) legt es im am wenigsten benutzten größten Bereich des *Storage Pools for File* an oder erweitert es dort.

```
 [nasadmin@VNX5400-2CSO ~]$ nas_pool -create -name slicepool-01 -volumes
stripevol-01 -default_slice_flag y -is_greedy y
id                    = 49
name                  = slicepool-01
description           =
acl                   = 0
in_use                = False
clients               =
members               = stripevol-01
storage_system(s)     = CKM00133702604
default_slice_flag    = True
is_user_defined       = True
thin                  = False
tiering_policy        = No Data Movement/Highest Available Tier
compressed            = False
mirrored              = False
host_io_limits        =
disk_type             = Performance
server_visibility     = server_2
is_greedy             = True
```

```
template_pool        = Pool NAS
num_stripe_members   = 5
stripe_size          = 262144
[nasadmin@VNX5400-2CSO ~]$
```

Erstellen und Exportieren eines Dateisystems

Nun ist das VNX-System bereit für die Erstellung des ersten Dateisystems. Dazu nutzen Sie den Befehl `nas_fs`. Im Beispiel erstellen wir ein Dateisystem über den gesamten Storage-Pool mit Thin Provisioning. Der Schwellenwert zur automatischen Erweiterung ist auf 75 % eingestellt. Der Parameter `fast_clone_level` benötigt das VAAI-Primitive *Snap of Snap*. Mit »Level 1« können Sie Fast Clones erstellen. »Level 2« bedeutet die Unterstützung von *Nested Fast Clones*. Wie Sie diese aktivieren, erfahren Sie in Abschnitt 10.4.3, »Einrichten von ›VAAI for File‹«. Außerdem stellen wir Ihnen die Befehle `server_mountpoint` und `server_mount` vor. Die Ausgabe ist hier verkürzt wiedergegeben:


```
[nasadmin@VNX5400-2CSO ~]$ nas_fs -name nfsstore-01 -create size=64G
pool=slicepool-01 fast_clone_level=2 -auto_extend yes -thin yes -hwm 75%
-max_size 128G -option slice=y mover=server_2 id=1
id          = 13
name        = nfsstore-03
...
auto_ext  = hwm=75%,max_size=131072M,thin=yes
fast_clone_level = unavailable
deduplication    = unavailable
thin_storage     = False
tiering_policy   = No Data Movement/Highest Available Tier
...
[nasadmin@VNX5400-2CSO ~]$
```

Das neue Dateisystem benötigt ein Verzeichnis, über das es angesprochen wird:

```
[nasadmin@VNX5400-2CSO ~]$ server_mountpoint server_2 -create /vmw-vols/nfs-01
server_2 : done
```

Nach diesen beiden Schritten können Sie das Dateisystem dem Verzeichnis zuweisen. Zusätzlich optimieren Sie das Schreib- und Leseverhalten für VMware-Umgebungen mit den beiden Mount-Optionen `noprefetch` und `uncached`:

```
[nasadmin@VNX5400-2CSO ~]$ server_mount server_2
-option rw,noprefetch,uncached,nonotify,noscan nfsstore-01 /vmw-vols/nfs-01
server_2 : done
```

Provisionieren eines Dateisystems

Nun müssen Sie das Verzeichnis via NFS exportieren, damit Sie es den ESXi-Hosts zur Verfügung stellen können. Vergeben Sie die entsprechenden Zugriffsberechtigungen für Ihre ESXi-Server. Im unten stehenden Beispiel dürfen sämtliche Server des Netzwerks 192.168.0.0/24 auf den NFS-Export zugreifen. Schränken Sie den Zugriff des Exports auf die VMkernel-Ports Ihrer ESXi-Hosts ein. Sie benötigen root-Zugriff auf das exportierte Dateisystem. Einzelne IP-Adressen trennen Sie mit einem Doppelpunkt voneinander.

```
[nasadmin@VNX5400-2CS0 ~]$ server_export server_2 -Protocol nfs -name nfsstore-01
-option rw=192.168.0.215/24:192.168.0.216/24,root=192.168.0.215/24:192.168.0.216/24
/vmw-vols/nfs-01
server_2 : done
```

Beachten Sie, dass im webbasierten Client die NFS-Datastores nicht mehr bei den ESXi-Hosts als Datastores gelistet werden, sondern im Reiter STORAGE vertreten sind.

- Eine Performance-Verbesserung erreichen Sie durch die Erhöhung der Anzahl der Threads pro X-Blade:

  ```
  [nasadmin@VNX5400-2CS0 ~]$ server_param server_2 -facility nfs -modify nthreads
  -value 2048
  ```

- Die Aktivierung des Wertes erfordert einen Reboot des jeweiligen X-Blades:

  ```
  [nasadmin@VNX5400-2CS0 ~]$ server_cpu server_2 -reboot now
  ```

- Überprüfen können Sie den Erfolg Ihrer Einstellung mit dem folgenden Befehl:

  ```
  [nasadmin@VNX5400-2CS0 ~]$ server_param server_2 -facility nfs -info nthreads
  ```

Damit können Sie das Dateisystem den EXSi-Hosts zur Verfügung stellen. Gehen Sie ins vCenter, und wählen Sie den ersten ESXi-Host aus, dem Sie Zugriff gewähren wollen. Gehen Sie über das Dropdown-Menü ACTIONS, und klicken Sie auf NEW DATASTORE... Füllen Sie die Maske mit den Angaben zum NFS-Server (den Anschlüssen, die Sie eingangs dieses Abschnitts erstellt haben) sowie mit Angaben zum konfigurierten Verzeichnis aus, und geben Sie dem Datastore einen Namen (siehe Abbildung 10.82).

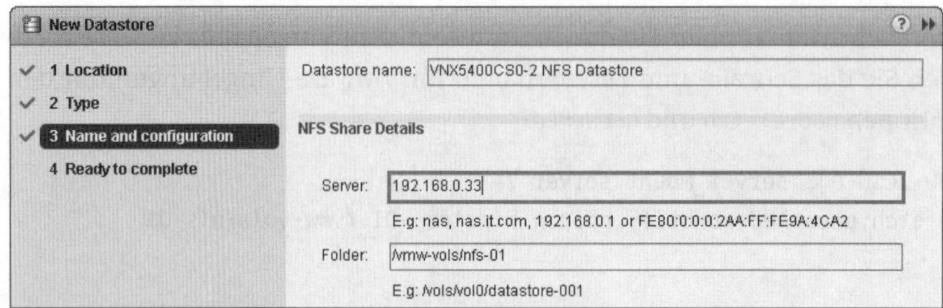

Abbildung 10.82 Provisionieren des NFS-Datastores

Wechseln Sie nun auf den Reiter STORAGE. Mit einem Rechtsklick rufen Sie das Dropdown-Menü auf. Navigieren Sie über ALL VCENTER ACTIONS, und wählen Sie MOUNT DATASTORE TO ADDITIONAL HOSTS... (siehe Abbildung 10.83). Fügen Sie die übrigen ESXi-Server hinzu.

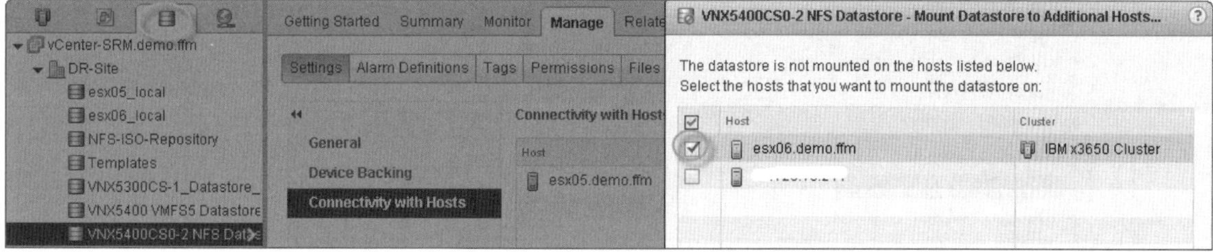

Abbildung 10.83 Hinzufügen gewünschter ESXi-Hosts

10.2.8 Best Practices der dateibasierten Speicheroption

Im Allgemeinen gelten die Best Practices für das VNX-System auch für die dateibasierten Speicheroptionen. Diese finden Sie in Abschnitt 10.2.4, »Best Practices zu blockbasierten Speicheroptionen mit Fibre Channel«.

Applikationen, Datenbanken, virtuelle Maschinen und vSphere 5.5

VNX-Systeme können *dateisystembasierte* Speicherkapazität für VMware-Umgebungen mit dem *NFS-Protokoll* zur Verfügung stellen.

> **Wahl des Speicherprotokolls in einer vSphere-Umgebung**
>
> Falls Sie nicht über eine FC-SAN- oder eine FCoE-Infrastruktur verfügen, ist *NFS* sicherlich das Protokoll erster Wahl. Es gibt Applikationen, die explizit nach einem Blockprotokoll verlangen. Ein Beispiel hierfür ist *Microsoft Exchange* (und zwar alle Versionen). In diesem Fall steht Ihnen mit iSCSI eine gute Alternative zur Verfügung.

Einige Worte zur Einstellung von VMs

Auch beim Einsatz von NFS ist es wichtig, den Zeitüberschreitungswert (*Timeout-Value*) des Gastbetriebssystems zu setzen. Das Vorgehen zeige ich Ihnen in Abschnitt 10.2.4, »Best Practices zu blockbasierten Speicheroptionen mit Fibre Channel«.

Virtuelle Maschinen eines NFS-Datastores werden immer mit Thin-VMDKs erstellt. Die Ausnahme ist, wenn Sie das VAAI-NAS-Primitive *Reserve Space* verwenden. Bei der Erstellung einer virtuellen Maschine müssen Sie das bekannt geben (siehe Abbildung 10.84) oder zu einem späteren Zeitpunkt via *Storage vMotion* den Virtual-Disk-Typ ändern.

Abbildung 10.84 Erstellen einer Thick Virtual Disk in einem NFS-Datastore

Sie erfahren in Abschnitt 10.4.3, »Einrichten von ›VAAI for File‹«, wie Sie VAAI-Primitives für NFS nutzen können.

Anbindung der ESXi-Server

Pro NFS-Datastore baut ESXi nur eine einzige Datenverbindung zwischen einem ESXi-Server und einem einzelnen Speicherziel (*Target-LUN* oder *Mountpoint*) auf. Das liegt daran, dass die ESXi-Implementation des NFSv3-Protokolls auf eine TCP-Session pro Netzwerkverbindung limitiert ist. Die Bandbreite eines einzelnen Datastores ist daher auf die Bandbreite der Datenverbindung beschränkt. Die einzige Möglichkeit, diese Bandbreite zu erhöhen, ist ein Technologiewechsel (z. B. von Gigabit-Ethernet auf 10-GBit-Ethernet).

Sie können lediglich die physische Ebene zum Load-Balancing nutzen. Das bedeutet, dass mehrere NFS-Datastores über unterschiedliche VMkernel-Adapter und VNX-Netzwerkschnittstellen verbunden werden. *SDRS* (Storage DRS) bietet Ihnen die Möglichkeit ausbalancierter NFS-Datastores. Wie Sie SDRS konfigurieren, erfahren Sie in Abschnitt 10.4.7, »Einsatz von Storage DRS«. Voraussetzung für den ausbalancierten und ausfallsicheren Betrieb von NFS-Datastores ist ein redundantes Netzwerk (*Multipath NFS*).

Die Grundeinstellung der Anzahl der NFS-Datastores ändern

ESXi erlaubt bis zu 256 NFS-Datastores und zieht damit mit der Anzahl unterstützter LUNs gleich. Die Grundeinstellung weist acht NFS-Datastores auf. Erhöhen Sie diesen Wert bei Bedarf. Dazu ändern Sie den Parameter NFS.Max.Volumes (siehe dazu auch den VMware-Knowledge-Base-Artikel 2239 unter *kb.vmware.com/kb/2239*).

Diesen Parameter können Sie in <ESXi-Server> • Manage • Settings • Advanced System Settings anpassen. EMC empfiehlt auch eine Änderung folgender Parameter pro ESXi-Host, wenn Sie die Anzahl der NFS-Datastores erhöhen. Sie ändern die Größe der *Heap Memory* vom *TCP/IP-Stack* des Servers. Die Parameter finden Sie auch unter <ESXi-Server> • Manage • Settings • Advanced System Settings.

- Sie können Net.TcpIpHeapSize auf maximal 32 setzen. Erhöhen Sie den Wert gemäß Ihrer Berechnung der TCP/IP-Heap.
- Sie können Net.TcpIpHeapMax auf maximal 512 setzen. Erhöhen Sie den Wert gemäß Ihrer Berechnung der TCP/IP-Heap.

Oben stehende Änderungen verlangen einen Reboot des ESXi-Servers. Gemäß VMware-Knowledge-Base-Artikel 1007909 (*kb.vmware.com/kb/1007909*) errechnen Sie die TCP/IP-Heaps, indem Sie die gegebene Anzahl der NFS-Datastores linear zu den Grundwerten skalieren.

Beispiel: Die Grundeinstellung ist acht NFS-Datastores, HeapSize 6 MB, HeapMax 30 MB (8/6/30). Wenn Sie nun die Anzahl der NFS-Datastores auf 16 erhöhen, so lauten Ihre neuen Werte (16/12/60). Das VMkernel-Log gibt Auskunft über zu geringe Werte der TCP/IP-Heaps.

Des Weiteren sollten Sie folgende Einstellungen an den Parametern unter <ESXi-Server> • Manage • Settings • Advanced System Settings vornehmen:

- Setzen Sie NFS.HeartbeatFrequency auf 12 Sekunden.
- Setzen Sie NFS.HeartbeatTimeout auf 5 Sekunden.
- Setzen Sie NFS.HearbeatDelta auf 5 Sekunden.
- Setzen Sie NFS.HeartbeatMaxFailures auf 10.

Diese Einstellungen erfolgen manuell pro ESXi-Server und müssen für sämtliche ESXi-Server, die auf den NFS-Datastore zugreifen, identisch sein.

Eine Priorisierung der Last- oder I/O-Anforderungen erreichen Sie mit *SIOC*. Stellen Sie den Wert Congestions Threshold auf 30 ms ein, oder – was empfehlenswert ist – setzen Sie Percentage of Peak Throughput auf 90 % (siehe Abbildung 10.85). Sie können SIOC in Storage • <NFS Datastore> • Manage • General • Datastore Capabilities • Edit... anpassen.

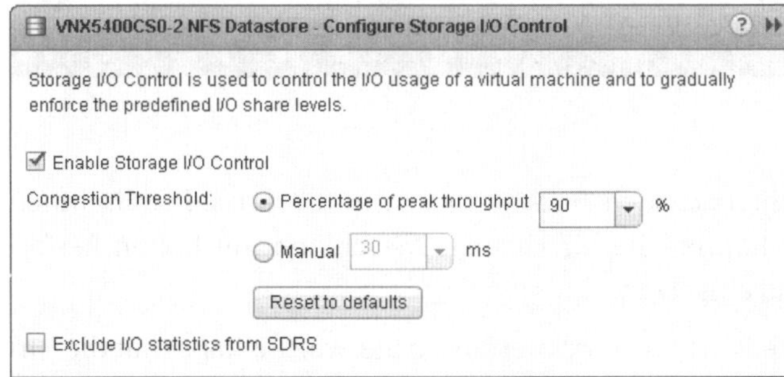

Abbildung 10.85 »Congestion Threshold« für NFS-Datastores

SIOC für NFS-Datastores eignet sich nicht für die folgenden Einsatzgebiete

- Dateiablage
- Mischbetrieb (Außer für *NFS* werden, entgegen den Best Practices, die Festplatten noch für *FC-LUNs* gebraucht.)
- Storage-Pools mit mehr als einem Storage-Tier

NFS-Datastores werden auch gern als Dateiablage für Templates, ISO-Dateien etc. verwendet. Dabei wird der Zugriff auf dasselbe Dateisystem via *CIFS* gewährt.

Oftmals werden die gleichen Festplatten nicht nur für NFS-Datastores, sondern auch für andere Zwecke gebraucht. Das hat höhere Latenzzeiten für den betroffenen NFS-Datastore zur Folge und nimmt damit Einfluss auf das Verhalten von SIOC oder SDRS mit *I/O Metric*.

Ab *vSphere 5.0* erhielten die VAAI-Primitives nicht nur im blockbasierten Bereich Zuwachs, sondern sie wurden auch um NAS-Funktionalitäten ergänzt. *vSphere* kennt folgende vier VAAI-NAS-Primitives:

1. Reserve Space
2. Fast File Clone / Native Snapshot Support
3. Full Clone
4. Extended Stats

Wie Sie VAAI-Primitives für NFS aktivieren, erfahren Sie in Abschnitt 10.4.3, »Einrichten von ›VAAI for File‹«.

Die Unterstützung von *VAAI for NFS* (siehe Abbildung 10.86) sehen Sie in der *vMA* nach Eingabe der folgenden Befehlszeile:

```
vi-admin@vma:/tmp[192.168.0.207]> esxcli storage nfs list
```

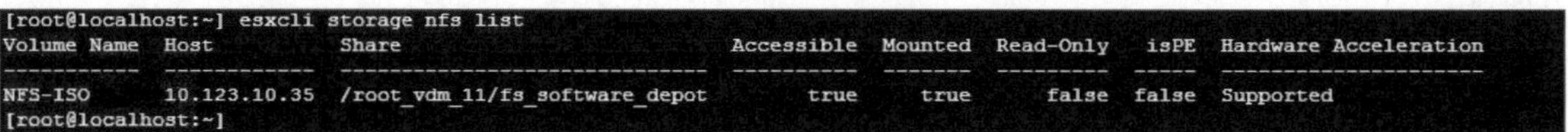

```
[root@localhost:~] esxcli storage nfs list
Volume Name  Host          Share                             Accessible  Mounted  Read-Only   isPE  Hardware Acceleration
-----------  ------------  --------------------------------  ----------  -------  ---------  -----  ---------------------
NFS-ISO      10.123.10.35  /root_vdm_11/fs_software_depot          true     true      false  false  Supported
[root@localhost:~]
```

Abbildung 10.86 VAAI für NFS

Nach erfolgreicher Installation können Sie auch *Thick Virtual Disks* für virtuelle Maschinen auf NFS-Datastores erstellen. Diese können Sie für virtuelle Maschinen mit hohen Performance-Ansprüchen gewinnbringend einsetzen.

Mit dem Befehl `vmkfstools --extendedstat <vol.vmdk>` erfahren Sie, welche Kapazität die Virtual Disk im Datastore belegt. Starten Sie den SSH-Dienst eines ESXi-Servers über <ESXI-SERVER> • MANAGE • SETTINGS • SECURITY PROFILE • SERVICES • EDIT. Loggen Sie sich dann in den ausgewählten ESXi-Server ein.

Erstellen Sie mit dem Befehl `vmkfstools -I` einen *Fast File Clone* einer virtuellen Maschine (*vmdk*-Datei) Ihrer Wahl:

```
/vmfs/volumes/4a3bf523-23fe4813/vSphere Management Assistant (vMA) # vmkfstools
-I  vSphere\ Management\ Assistant\ \(vMA\).vmdk vSphere\ Management\ Assistant\
\(vMA\)-clone.vmdk
```

Schauen Sie sich nun die Kapazitätsangaben des soeben erstellten *Fast File Clones* an. Die Anzeige `Unshared bytes` ist für *Fast Clones* von hohem Interesse. Sie zeigt die effektiv vom *Fast Clone* konsumierte Kapazität an:

```
/vmfs/volumes/4a3bf523-23fe4813/vSphere Management Assistant (vMA) # vmkfstools
--extendedstat  vSphere\ Management\ Assistant\ \(vMA\)-clone.vmdk
Capacity bytes: 3221225472
Used bytes: 1765752832
Unshared bytes: 0
```


Überwachung von NFS-Datastore

Wir empfehlen Ihnen, in der täglichen Arbeit mit NFS-Datastores folgende Maßnahmen zur Überwachung zu ergreifen:

- Richten Sie die VAAI-NAS-Primitives ein, und nutzen Sie sie.
- Erstellen Sie VM-Storage-Profile.

Es ist empfehlenswert, dort ein *Tag* zu erstellen, wo *VASA* nativ keine Unterstützung bietet oder ein Tag ein nützlicher Zusatz ist (beispielsweise der Standort eines Rechenzentrums). Ein solches Tag weisen Sie einer neuen oder bestehenden Speicherrichtlinie zu. Wie Sie benutzerdefinierte Speicherrichtlinien erstellen, erfahren Sie in Abschnitt 10.3.6.

Netzwerkanbindung für NFS

Zur redundanten Anbindung von Netzwerken verwenden Sie *Network Link Aggregation*. Das ermöglicht eine Ausfallsicherheit von NFS-Datastores. Sie haben die Wahl zwischen zwei Protokollen:

- *Link Aggregation Control Protocol*
- *EtherChannel* (nur für Cisco-Switches)

Falls Sie EtherChannel einsetzen, so können Sie von der Funktion *Cross-Stack-EtherChannel* profitieren. Cisco bezeichnet diese Technologie als *Virtual Port Channel* (vPC). Das erlaubt Ihnen, eine Aggregation der Netzwerkschnittstellen über zwei physische Switches zu verteilen, was die Verfügbarkeit erhöht. Sollten Ihre Switches diese Möglichkeit nicht bieten, empfiehlt es sich, bei einer VNX das *Fail-Safe Networking* zu konfigurieren. In Abschnitt 10.2.7, »Konfiguration der Volumes für Dateisysteme«, können Sie nachlesen, wie Sie diese Konfiguration auf einer VNX durchführen.

Ergreifen Sie folgende Maßnahmen, um NFS-Datastores erfolgreich zu betreiben:

- Nutzen Sie mindestens eine Gigabit-Ethernet-Infrastruktur mit zwei physischen Switches.
- Vermeiden Sie geroutete Netzwerke und Multi-Hop-Netzwerke.
- Verwenden Sie für Gigabit-Ethernet-Netzwerke ausschließlich Kabel des Typs CAT 5e oder CAT 6.
- Nutzen Sie Multichassis-Link-Aggregation.
- Isolieren Sie den NFS-Datenverkehr der Switches mit VLANs.
- Setzen Sie eine fixe Geschwindigkeit der Anschlüsse.
- Falls Ihre Ethernet-Infrastruktur *Quality of Service* (QoS) unterstützt, ist es empfehlenswert, die Schnittstellen mit NFS-Verkehr zu priorisieren.
- Unterbinden Sie *Bridge Protocol Data Units* an den Speichersystem-Ports.
- Nutzen Sie das *Rapid Spanning Tree Protocol* (RSTP) oder *Cisco portfast*.
- Konfigurieren Sie sämtliche beteiligten Geräte mit Full Duplex.
- Achten Sie darauf, dass die *TCP Flow Control* eingestellt ist.
- Schalten Sie Auto-Negotiation-Einstellungen zu Pause-Frames aus.

Einstellen von Flow Control am ESXi-Host und dem VNX-System

Flow Control müssen Sie für sämtliche vmnics auf den ESXi-Hosts einstellen, die für den NFS-Traffic verantwortlich sind. Wählen Sie sich via *ssh* in den gewünschten ESXi-Server ein. Überprüfen Sie den Status von Flow Control auf einem vmnic mit folgendem Befehl:

```
~ # ethtool -a vmnic2
Pause parameters for vmnic2:
Autonegotiate: on
RX:            on
TX:            on
```

Nutzen Sie ebenfalls den Befehl `ethtool`, um *Flow Control* einzustellen:

```
~ # ethtool -A vmnic2 autoneg off rx off tx off
```

Damit diese Einstellung im ESXi-Host dauerhaft bleibt, müssen Sie einen Eintrag in `/etc/rc.local` vornehmen.

Sollten Sie auf dem ESXi-Host einen *Virtual Distributed Switch* (vDS) einsetzen, dann verwenden Sie zusätzlich *Network I/O Control* (NIOC – mit dem Wert 75 für NFS-Traffic), um dem NFS-Datenfluss Ihrer ESXi-Hosts eine feste Bandbreite zu garantieren. Vor allem beim Einsatz weniger Ethernet-Schnittstellen ist es ratsam, NIOC einzusetzen, wo verschiedene Dienste (*vMotion*, VM-Verkehr, *FT-Logging* etc.) um Bandbreite konkurrieren. Limitieren Sie bei einer Überlastung zusätzlich die Bandbreite von vMotion-Traffic. Für die Konfiguration von vDS konsultieren Sie bitte Kapitel 7, »Das Netzwerk in VMware vSphere«.

Das Ziel ist es, die redundante Netzwerkinfrastruktur für Multipath-NFS vorzubereiten.

Best Practices für Multipath-NFS

- Stellen Sie sicher, dass es auf physikalischer Ebene keine *Single Points of Failure* gibt. Das betrifft die NIC-Schnittstellen, Switch-Ports, physikalische Switches, VNX-X-Blade-Karten und Schnittstellen.
- Verteilen Sie die *I/O-Last* gleichmäßig über sämtliche verfügbaren *I/O-Pfade*. Erstellen Sie daher mehrere *NFS-Datastores* (zur optimalen Lastverteilung sollte diese Anzahl der Menge der im *ESXi-Host* als *VMkernel-Port* konfigurierten Schnittstellen entsprechen). Aufgrund der Eigenschaft von *TCP/IP*, verbindungsorientiert zu arbeiten, sowie aufgrund der NFS-Implementation von *vSphere* über genanntes Protokoll, wird pro *NFS Datastore* eine Verbindung über einen *I/O-Pfad* hergestellt. Diese Verbindung hat Bestand, bis sie unterbrochen wird und zwischen *ESXi-Host* und *Speichersystem* neu verhandelt wird.
- Konfigurieren Sie *Link Aggregation* auf den X-Blades, den physikalischen Switches sowie auf dem vSwitch des ESXi-Hosts.
- Setzen Sie die *NIC Teaming Load Balancing Policy* des vSwitchs auf ROUTE-BASED ON IP HASH für die Konfiguration von LACP.
- Verbinden Sie den ESXi-Host mit dem X-Blade über zwei physikalische Switches. Konfigurieren Sie die *Multichassis Link Aggregation* so, dass Sie eine redundante Terminierung der Schnittstellen für jeden I/O-Pfad haben (vom X-Blade zum ESXi-Host).

Wie Sie eine NFS-Anbindung erstellen, ist in diesem Abschnitt weiter oben bereits beschrieben worden.

Bei gesättigter Bandbreite können Sie eine Lastverteilung einzelner VMs erreichen, indem Sie mehrere Netzwerkverbindungen zu einem NFS-Datastore einsetzen. Das bedingt, dass Sie mindestens zwei physische Schnittstellen der VNX und ebenso viele Schnittstellen des ESXi-Servers nutzen. In Abschnitt 10.2.7, »Konfiguration der Volumes für Dateisysteme«, lernen Sie, wie Sie die Voraussetzungen hierfür schaffen.

Um eine hochverfügbare NFS-Anbindung zu erstellen, konfigurieren Sie zwei Netzwerkschnittstellen mit einem LACP-Trunk, wie es in Abschnitt 10.2.7 erklärt wird. Erstellen Sie einen neuen vSwitch für VMkernel-vMotion, und weisen Sie ihm zwei aktive vmnics zu. Wählen Sie die Load-Balancing-Richtlinie ROUTE BASED ON IP HASH (siehe Abbildung 10.87).

Provisionieren Sie nun NFS-Datastores, die Sie über die erstellten *LACP*-Geräteschnittstellen des VNX-Systems exportiert haben. Verteilen Sie die Last der virtuellen Maschinen gleichmäßig auf verschiedene Datastores, oder nutzen Sie SDRS zur Automatisierung. Das NIC-Binding mittels ROUTE-BASED ON IP-HASH von vSphere ermöglicht zwar einen Port-Failover, aber kein Load-Balancing eines einzelnen NFS-Datastores. Zur Erinnerung: Es wird nur eine TCP-Session pro NFS-Datastore aufgebaut.

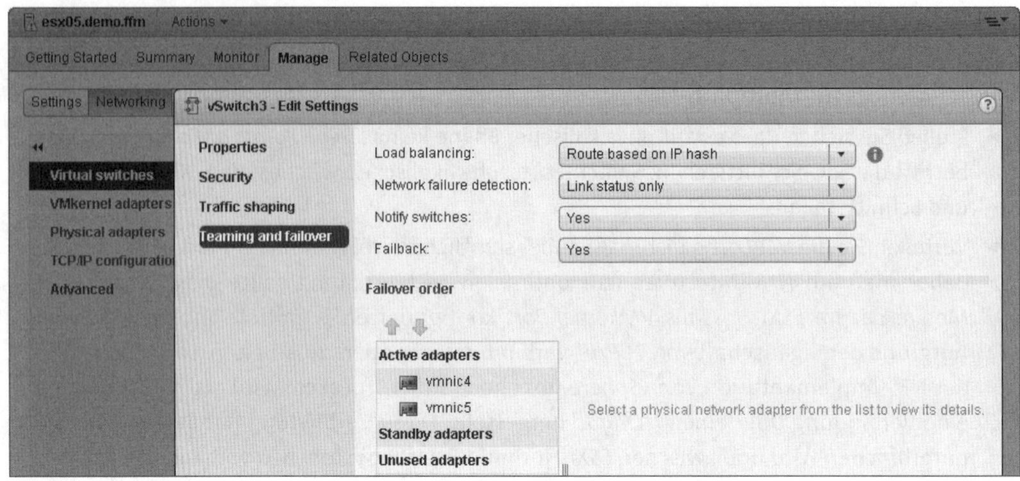

Abbildung 10.87 NIC-Teaming-Einstellungen

Eine automatisierte Möglichkeit, dass verschiedene NFS-Datastores auch unterschiedliche Pfade nutzen, bietet *Round-Robin-DNS*. Der FQDN des NFS-Datastores muss auf mindestens zwei IP-Adressen verweisen. Die DNS-Auflösung geschieht pro NFS-Datastore, und sein DNS-Name wird in der vCenter-Datenbank eingetragen. Von Round-Robin-DNS profitieren nicht nur mehrere NFS-Datastores, deren Verbindung potenziell über mehrere Schnittstellen eines ESXi-Server gleichmässig verteilt werden, sondern auch weitere ESXi-Server. Sie benötigen mehr als einen VMkernel-Port für die Anbindung von NFS-Datastores mit Round-Robin-DNS an einen einzelnen ESXi-Host. Ist ein ESXi-Server einmal über einen Pfad mit dem NFS-Datastore verbunden, so versucht er bei einer Unterbrechung, für den Neuaufbau der Verbindung dieselbe IP-Adresse zu verwenden. Erst der Reboot eines Servers hat eine DNS-Abfrage des FQDNs zur Folge und damit die erneute Zuweisung einer IP-Adresse nach dem Round-Robin-Verfahren.

Konfiguration der Speicherkapazität zur Nutzung für Dateisysteme

Wenn Sie planen, die Dateisysteme auf Basis eines Storage-Pools zu erstellen, sollten Sie ausschließlich *Thick LUNs* (DLU) nutzen. Das Verwenden von *Thin LUNs* (TLU) kann zu beträchtlichen Effizienz- und Performance-Einbußen führen. Dateisysteme allozieren ihren Speicher nach Zylindergruppen. Diese Methode verbraucht schnell die gesamte Kapazität einer TLU.

Sie können die Funktion *Thin Provisioning* (von EMC als *Virtual Provisioning* bezeichnet) von Dateisystemen sowohl für RG-LUNs als auch für DLUs aus einem *Storage Pool* verwenden. In diesem Abschnitt möchten wir Ihnen die Best Practices für *Storage Pools for File* basierend auf DLUs beschreiben.

VNX-Systeme können *thinly-provisioned* Dateisysteme automatisch erweitern. Das spart administrativen Aufwand. Dabei bestimmen Sie die maximale Erweiterbarkeit des Dateisystems und einen Schwellenwert, der festlegt, bei welchem Füllstand eine Erweiterung durchgeführt wird. Ist der Schwellenwert erreicht, wird das Dateisystem automatisch erweitert. Die Grundeinstellung für diesen Schwellenwert ist 90 %. In virtuellen Infrastrukturen, wo mehrheitlich mit großen Dateien gearbeitet wird, empfiehlt sich eine etwas konservativere Einstellung von 75 %. Damit verhindern Sie potenzielle *Out-of-Space Conditions* beim Ausrollen großer virtueller Maschinen. vCenter kennt nur die Kapazitätsobergrenze bei virtuell provisionierten Dateisystemen mit zugeschalteter, selbstständiger Erweiterung.

Verhalten bei einer Erweiterung mit ungenügend freier Storage-Pool-for-File-Kapazität

Sollte bei einer anstehenden Erweiterung eines Dateisystems nicht genügend freie Kapazität vorhanden sein, so beansprucht das Dateisystem den gesamten restlichen Speicher für sich.

Die *Tiering Policy* wird pro DLU festgelegt. Daher empfiehlt EMC die Verwendung derselben Tiering Policy für sämtliche LUNs innerhalb eines Storage-Pools. Wollen Sie einen Storage-Pool für die Erstellung von Dateisystemen verwenden, dann provisionieren Sie die gesamte Kapazität dieses Pools bei seiner Erstellung oder Erweiterung. Konfigurieren Sie sämtliche DLUs, und weisen Sie sie exklusiv der Storage-Group ~FILESTORAGE zu.

Best Practices der Konfiguration von Storage-Pools für Dateisysteme

Verwenden Sie einen Storage-Pool ausschließlich für Dateisysteme. Nutzen Sie die gesamte vorhandene Kapazität. Erstellen Sie pro 4 physischen Festplatten maximal 1 DLU im Storage-Pool. Die Größe sämtlicher TLUs muss identisch sein. Weisen Sie eine Hälfte der TLUs dem ersten Storage-Processor (SP A) und die andere dem zweiten Storage-Processor (SP B) zu. Verwenden Sie RAID 5 (4+1) oder RAID 6 (14+2), wenn Sie mit virtuellen Maschinen ohne Performance-Anforderungen planen. Versuchen Sie, die Anzahl der LUNs in Vielfachen von 10 zu konfigurieren. Teilen Sie die Anzahl der Festplatten durch die Zahl 4, und runden Sie diese auf das nächste Vielfache von 10 auf. Beispiel: Falls Ihr Storage-Pool 24 Festplatten enthält, wählen Sie 10 DLUs.

Beim Erstellen der DLUs wird die eine Hälfte dem SP A und die andere dem SP B zugewiesen. Dieser Vorgang wird *SP-Ownership* genannt. Dabei müssen Sie darauf achten, dass der Allocation-Owner gleich dem Default-Owner ist.

File-Pool-TLUs werden miteinander kombiniert, um ein oder mehrere Dateisysteme über alle Festplatten legen zu können. Dadurch optimieren Sie die Performance, weil mehrere *dvol*-(DLU-)Queues gleichzeitig genutzt werden können. Nutzen Sie eine Stripe-Size von 262.144 Byte (256 KB) für das empfohlene Striping über 5 TLUs. Sollten Sie weniger als 5 TLUs zur Verfügung haben, so nehmen Sie so viele, wie Sie können.

Dateisysteme können in ihrer Größe nicht verkleinert werden. Diese Funktion wird auf Storage-Pool-Ebene zur Verfügung gestellt.

Optimale Balance der SP-Ownership ist wichtig

Achten Sie darauf, dass Sie innerhalb eines Stripe-Volumes die SP-Ownership abwechselnd für aufeinanderfolgende DLUs einsetzen. Über Stripe-Volumes hinweg ist es empfehlenswert, die ersten DLUs mit alternierender SP-Ownership zu konfigurieren.

Beispiel: Stripe-Volume 1: A-B-A-B-A, gefolgt von Stripe-Volume 2: B-A-B-A-B.

Wollen Sie eigene Slices und Stripe-Volumes anlegen, müssen Sie wie folgt verfahren:

1. **Manual Volume Management** (MVM): Erstellen Sie das Stripe-Volume mit dem Befehl `nas_volume`.
2. **User-defined File-Pools**: Fügen Sie die Stripe-Volumes mit dem Befehl `nas_pool` hinzu. Mit einem Parameter bei der Erstellung des Dateisystems bestimmen Sie die Nutzung von Slices. So kann sich das Dateisystem über den ganzen *Storage-Pool for File* erstrecken.

Das Vorgehen entspricht exakt dem, wie Sie es in Abschnitt 10.2.7, »Konfiguration der Volumes für Dateisysteme«, praktisch durchgeführt haben. Allerdings haben Sie entgegen den Best Practices zur Erstellung des *Storage-Pool for File* nur 5 Festplatten anstelle der 20 oder 25 verwendet.

10.3 Effizientes Arbeiten mit VNX unter vSphere

Beim Einsatz von VNX-Systemen profitieren Sie von folgenden Eigenschaften des Systems:

- **Thin Provisioning**: Steigert die Effizienz der Nutzung von Speicherressourcen, indem dynamisch zur Laufzeit die Allozierung der Blöcke stattfindet.
- **Komprimierung**: Einzelne, nicht leistungskritische virtuelle Maschinen können komprimiert werden, sofern sie mit NFS angebunden sind. Komprimierung lässt sich auch auf Block-Ebene realisieren. Dazu braucht man eine LUN aus einem *Storage-Pool*. Diese wird automatisch in eine *TLU* umgewandelt. Nähere Informationen können Sie dem White Paper »EMC VNX2 Deduplication And Compression« (*https://www.emc.com/collateral/white-papers/h12209-vnx-deduplication-compression-wp.pdf*) entnehmen.
- **LUN-Deduplikation** (neuste VNX-Generation): Für einzele Storage-Pool-LUNs kann die Block-Deduplikation eingeschaltet werden, um die Speicherkapazität zu optimieren. Da auch hier sämtliche virtuellen Maschinen eines VMFS-Datastores betroffen sind, müssen Sie sicherstellen, dass sich keine Performance-kritischen VMs darin befinden. Block-Deduplikation arbeitet ausschließlich mit Storage-Pool-TLUs (siehe auch das unter **Komprimierung** referenzierte White Paper).
- **FAST VP** und **FAST Cache**: Erlaubt Ihnen, Slices, auf die häufig zugegriffen wird, automatisch im schnellen Zugriff zu haben. FAST VP optimiert über einen bestimmten Zeitraum, und FAST Cache tut dies *ad hoc*.

- Unterstützt **VAAI** und **VASA**.
- **EMC AppSync** und **Replication Manager**: Erlaubt Ihnen eine VMFS-konsistente oder applikationskonsistente Replikation, das Klonen oder eine Point-in-Time-Kopie vieler virtueller Maschinen und gängiger Applikationen.

> **Voraussetzungen**
>
> Folgende Bedingungen müssen in Ihrer Umgebung erfüllt sein bzw. folgende Softwarepakete müssen installiert sein, um die Techniken dieses Abschnitts anzuwenden:
>
> - bestehende VMFS- und NFS-Datastores
> - EMC Solutions Integration Services (SIS; auch bekannt als *Virtual Storage Integrator* – VSI)
> - VASA und VAAI
> - EMC AppSync

Die hier vorgestellten Techniken zum effizienten Arbeiten unter VMware beruhen mehrheitlich auf den *EMC Solution Integration Services (SIS)*. SIS arbeitet als Plug-in im *vSphere Client* oder im *vSphere Web Client*. In Letzterem finden Sie das Plug-in im NAVIGATOR unter HOME • VCENTER INVENTORY LIST • EMC VSI eingebettet (siehe Abbildung 10.88).

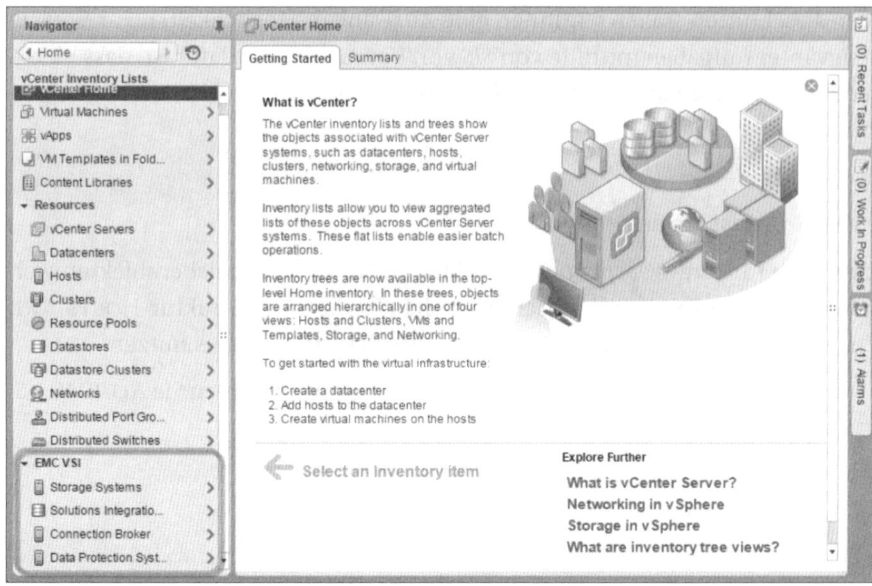

Abbildung 10.88 EMC VSI im vSphere Web Client

SIS bietet je nach Kontext verschiedene Möglichkeiten zur Verwaltung der unterschiedlichen *EMC-Lösungen*. Im Folgenden zeigen wir zwei Beispiele: das erste aus Sicht eines ESXi-Hosts und das zweite aus Sicht einer virtuellen Maschine.

Wenn Sie mit einem Rechtsklick auf einen <Ziel-ESXi-Host> den Befehl All EMC VSI Plugin Actions anwählen, so erscheint das Menü, das Sie in Abbildung 10.89 sehen.

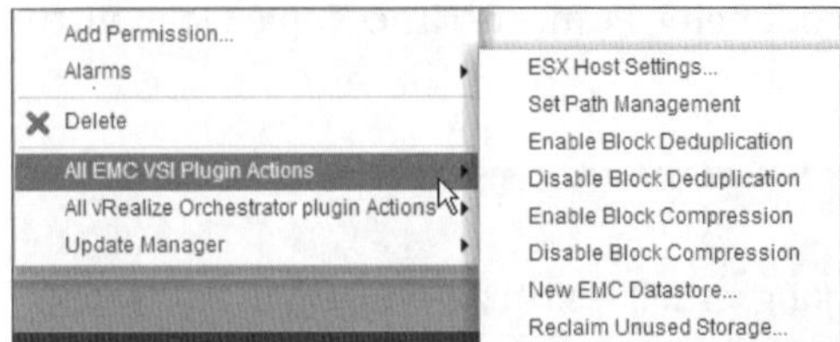

Abbildung 10.89 Die Möglichkeiten von »EMC Virtual Storage Integrator«

Verfahren Sie genauso (<Ziel-VM> • All EMC VSI Plugin Actions), um die Möglichkeiten von SIS im Kontext einer virtuellen Maschine anzuschauen (siehe Abbildung 10.90).

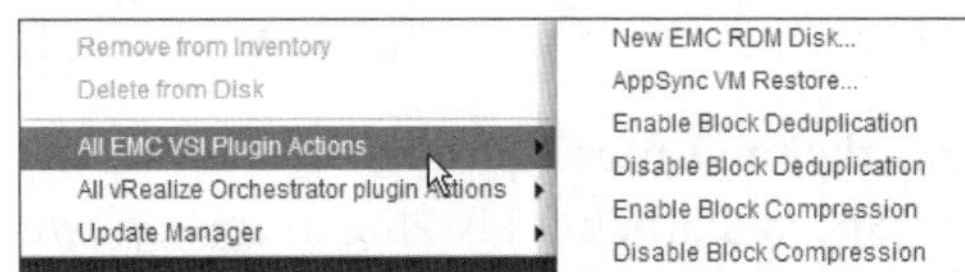

Abbildung 10.90 VM-Möglichkeiten

In den folgenden Abschnitten stellen wir Ihnen eine Auswahl an Möglichkeiten zur Verwaltung Storage-relevanter Aufgaben mithilfe von *SIS* vor. Voraussetzung dafür ist, dass Sie *SIS* mit den notwendigen Diensten installiert, konfiguriert und in *vCenter* registriert haben (siehe dazu Abschnitt 10.4.8).

10.3.1 Einen VMFS-Datastore erstellen

Loggen Sie sich in den *vSphere-Webclient* ein. Zur Manipulation von Speicherobjekten werden Sie in diesem und den folgenden Abschnitten häufig die Menüstruktur Hosts and Clusters • <Ziel-ESXi-Cluster-or-Host> • All EMC VSI Plugin Actions nutzen.

1. Klicken Sie mit der rechten Maustaste auf Ihren *ESXi-Cluster*, und wählen Sie All EMC VSI Plugin Actions • New EMC Datastore.
2. Benennen Sie den zu erstellenden Datastore.
3. Entscheiden Sie sich bei Type für VMFS.
4. Wählen Sie Ihr VNX-System in der Tabelle aus.
5. Selektieren Sie unter Pool selection den Ziel-Storage-Pool.
6. Unter Datastore details bestimmen Sie die Kapazität und die Eigenschaften der LUN, aus der ein VMFS-5-Datastore gebildet wird. Belassen Sie die Werte Default Owner und Tiering Policy in ihrer Grundeinstellung. Die Tiering Policy setzt eine VNX mit unterschiedlichen Storage Tiers voraus. In Abbildung 10.91 sehen Sie eine Beispielkonfiguration.

7. Überprüfen Sie Ihre Eingaben, und bestätigen Sie die Anbindung eines neuen VMFS-Datastores in Ihrem Cluster.

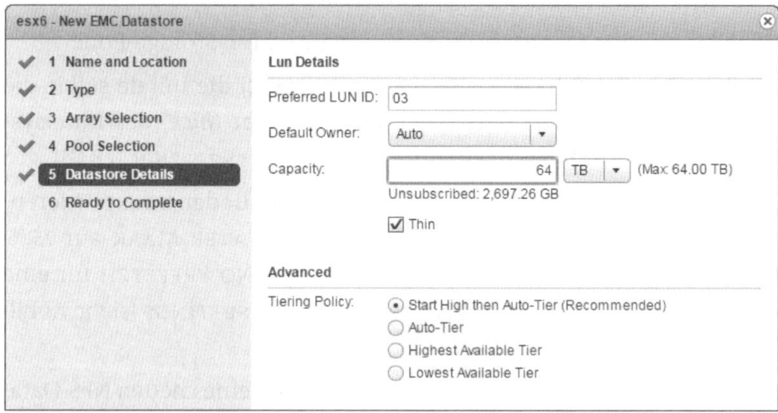

Abbildung 10.91 Erstellen eines VMFS-Datastore mithilfe von SIS

Kurze Zeit später erscheint Ihr neuer Datastore in der Ansicht der DATASTORES AND DATASTORE CLUSTERS. Der neu erstellte VMFS-Datastore steht dem gesamten ESX-Cluster zur Verfügung. Wollen Sie nur einem ESXi-Server Speicherkapazität zur Verfügung stellen, dann entscheiden Sie sich anstelle Ihres *ESX-Clusters* für einen *ESXi-Server*.

Überprüfen der LUN-Ownership

Sie können mit dem EMC SIS die *LUN-Ownership* beim Erstellen eines Datastores bestimmen. Empfohlen ist die Einstellung AUTO (Grundeinstellung). Sie können die *LUN-Ownership* jederzeit überprüfen.

Am einfachsten überprüfen Sie die LUN-Ownership mit folgendem Befehl (er benötigt ein Gastbetriebssystem mit installiertem *naviseccli-Tool*):

```
naviseccli -h 192.168.0.22 -user sysadmin -password sysadmin -Scope 0 getlun
-default
```

10.3.2 Erstellen eines NFS-Datastores

Um einen NFS-Datastore anzulegen, gehen Sie wie folgt vor:

1. Klicken Sie mit der rechten Maustaste auf den *Ziel-ESXi-Cluster*, und wählen Sie ALL EMC VSI PLUGIN ACTIONS • NEW EMC DATASTORE .
2. Benennen Sie den zu erstellenden Datastore.
3. Entscheiden Sie sich bei TYPE für NFS.
4. Wählen Sie Ihr VNX-System in der Tabelle aus.

5. In DATA MOVER SELECTION bestimmen Sie den *Data Mover*, die *IP-Anbindung* und die *ESXi-Hosts*, denen Sie Zugriff auf den Datastore gewähren wollen.
6. Bei PROVISIONING ACTION wählen Sie den TYPE • CREATE NEW NFS DATASTORE.
7. Klicken Sie in der Tabelle bei POOL SELECTION auf den gewünschten Storage-Pool.
8. Bestimmen Sie in Schritt 7 bei NFS EXPORT PROPERTIES (BASIC) die initale sowie die maximale Kapazität und die Weise der Bereitstellung (*thin* oder *thick*) des Dateisystems. Geben Sie als initiale Kapazität 64 GB ein und als maximale Kapazität 128 GB.
9. Gehen Sie im selben Menü auf ADVANCED. Geben Sie einen Pfad für den zu exportierenden Datastore bekannt. Korrigieren Sie den Wert der HIGH WATER MARK auf 75 %. Markieren Sie die Einstellungen DIRECT WRITES ENABLED und NO PREFETCH für eine optimale Performance sowie SET TIMEOUT SETTINGS unter HOST SETTINGS (siehe Abbildung 10.92).
10. Überprüfen Sie Ihre Eingaben, und bestätigen Sie die Anbindung eines neuen NFS-Datastores in Ihrem Cluster.

Kurze Zeit später erscheint Ihr neuer Datastore in der Ansicht DATASTORES AND DATASTORE CLUSTERS. Der neu erstellte *NFS-Datastore* steht den ausgewählten *ESXi-Hosts* im *vSphere-Cluster* zur Verfügung.

Wollen Sie einem spezifischen *ESXi-Server* Speicherkapazität zur Verfügung stellen, dann wählen Sie anstelle Ihres *vSphere-Clusters* einen *ESXi-Server*.

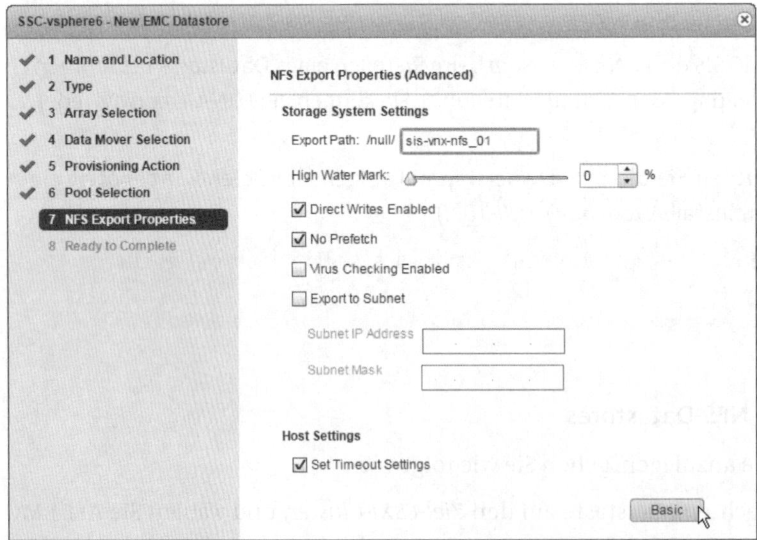

Abbildung 10.92 Advanced Settings von VSI für NFS-Datastores

Wahl des Data-Mover-Interfaces

Für das Load-Balancing von NFS-Datastores ist die alternierende Wahl der IP-Anschlüsse wichtig. Nähere Informationen finden Sie in Abschnitt 10.2.8, »Best Practices der dateibasierten Speicheroption«.

Sie können das Data-Mover-Interface sämtlicher NFS-Datastores überprüfen, die mit einem ESXi-Host genutzt werden können. Wählen Sie einen ESXi-Host. Gehen Sie auf den Reiter EMC VSI, und sortieren Sie die DATASTORES nach DEVICE.

10.3.3 ESXi-Host-Einstellung für VNX

In dem folgenden Abschnitt erfahren Sie, wie Sie *ESXi-Hosts* getreu den *EMC Best Practices* für VNX-Systeme auf einfache Weise optimieren. Zur Erfüllung dieser Aufgabe müssen Sie auf dem *Ziel-Host* kurzfristig Zugriff via `ssh` erlauben. Weiter ist ein Neustart des *ESXi-Servers* erforderlich, um die Einstellungen zu aktivieren.

1. Klicken Sie mit der rechten Maustaste auf den *Ziel-ESXi-Host*, und rufen Sie mit ALL EMC VSI PLUGIN ACTIONS • ESX HOST SETTINGS den Wizard auf.
2. Setzen Sie in Schritt 1 unter SET HOST SETTINGS bei allen aufgeführten Punkten mit Ausnahme des letzten einen Haken (siehe Abbildung 10.93). Ausnahme: Sie sind stolzer Besitzer einer *EMC XtremIO*.
3. In Schritt 2 bei HOST CREDENTIALS gewähren Sie dem Plug-in Zugriff auf den Ziel-Host via `ssh`.
4. Überprüfen und bestätigen Sie Ihre Angaben. Die geänderten Einstellungen werden eingespielt, und der *ESXi-Server* wird neu gestartet.

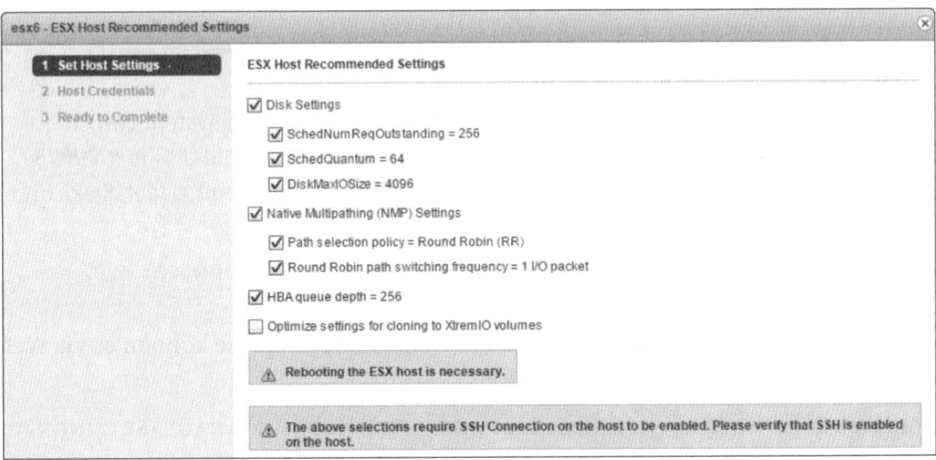

Abbildung 10.93 Host-Einstellungen

10.3.4 Die Einstellungen für das Multipathing ändern

Wenn Sie Anpassungen an der *Multipathing-Policy* vornehmen, so können Sie das ebenfalls über SIS bewerkstelligen. Falls Sie PPVE installiert haben, können Sie auch das Load-Balancing-Verhalten dieser Multipathing-Technologie steuern.

1. Wechseln Sie zur Ansicht HOSTS AND CLUSTERS. Rufen Sie mit einem rechten Mausklick auf einen ESXi-Server Ihrer Wahl den Menüpunkt ALL EMC VSI PLUGIN ACTIONS • SET PATH MANAGEMENT auf. Ein Wizard erscheint.
2. Stellen Sie in Schritt 1, HOST SELECTION, sicher, dass der Ziel-Host markiert ist.
3. In Schritt 2 bei POLICY SELECTION bestimmen Sie den Typ des Speichersystems sowie das Verhalten von Multipathing. Wählen Sie für Ihren Ziel-Host ALL VNX und die Policy CLARIION OPTIMIZATION (siehe Abbildung 10.94). Alternativ können Sie die Richtlinie sämtlicher Hosts optimieren, auf denen PPVE installiert ist (siehe Abbildung 10.95).
4. Überprüfen Sie Ihre Auswahl, und bestätigen Sie mit FINISH.

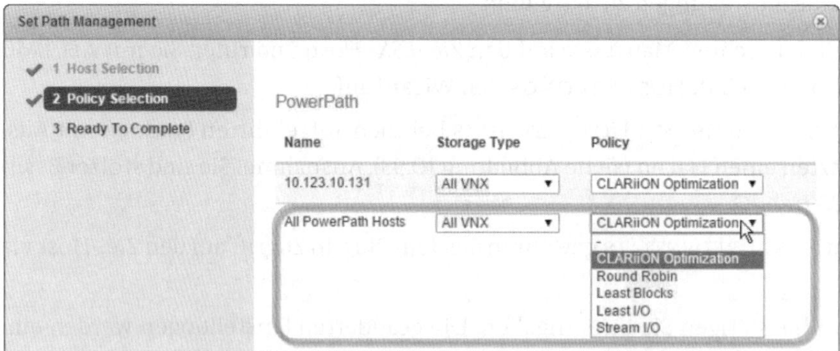

Abbildung 10.94 Einige Möglichkeiten der Multipathing-Richtlinien

Das müssen Sie bei Multipathing beachten

Die Einstellungen mit dem Plug-in werden pro ESXi-Host für ein Speichersystem vorgenommen. Das hat Einfluss auf das Verhalten bei einem Mischbetrieb von RG-LUNs (*aktiv-aktiv*) und Storage-Pool-LUNs (ALUA) bei aktuellen VNX-Systemen. EMC empfiehlt, dabei die Richtlinie ROUND-ROBIN (VMW_PSP_RR) zu verwenden.

Wählen Sie bei PPVE für VNX-Systeme die Richtlinie CLARIION OPTIMIZATION (CO).

Sie haben die Möglichkeit, das Multipathing jederzeit zu überprüfen. Sie können es via Web Client, vMA oder direkt auf dem Ziel-Host mittels CLI tun.

Im vSphere Web Client navigieren Sie über STORAGE • <ZIEL-HOST> • MANAGE • SETTINGS auf CONNECTIVITY AND MULTIPATHING.Wählen Sie einen ESXi-Host aus. Unter MULTIPATHING DETAILS sehen Sie sämtliche Informationen zu der Multipathing-Konfiguration.

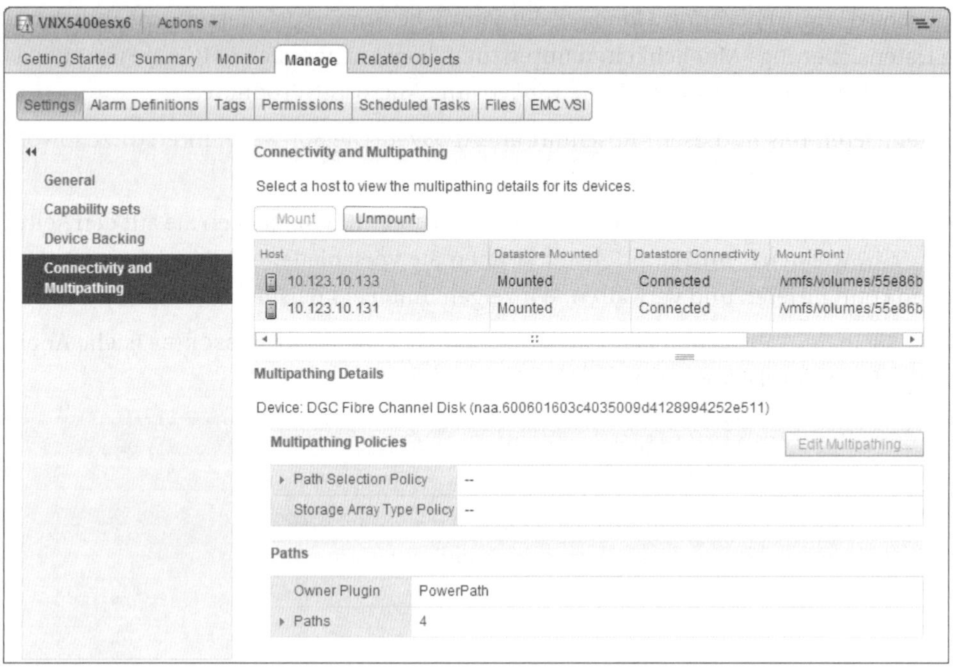

Abbildung 10.95 In diesem Dialog sehen Sie die Multipathing-Richtlinien pro Device.

Für die Ansicht im CLI wählen Sie sich mit *ssh* in den Ziel-Host ein und geben folgenden Befehl ein:

esxcli storage core path list

Die Ausgabe sieht wie folgt aus (gekürzt):

```
naa.600601603c403500d9fc1c878d55e511
    Display Name: DGC Fibre Channel Disk (naa.600601603c403500d9fc1c878d55e511)
    Has Settable Display Name: true
    Size: 51200
    Device Type: Direct-Access
    Multipath Plugin: PowerPath
```

10.3.5 AppSync unter Verwaltung von SIS

SIS erlaubt es Ihnen, *Snaps, Klone* und *Fernkopien* von *Datastores* zu erstellen. Es bietet Ihnen nicht die Wiederherstellungsmöglichkeit, wie Sie sie von Speichersystemen kennen. Diesen Zweck erfüllen sowohl *EMC AppSync* als auch der *EMC Replication Manager*. Beide Pakete bieten Ihnen die Möglichkeit, absturz- und applikationskonsistente Snapshots, Klone oder Fernkopien anzulegen.

Im Unterschied zum *Replication Manager*, der sämtliche Primärspeichersysteme und deren diverse Datensicherungs-Möglichkeiten unterstützt, konzentriert sich *EMC AppSync* auf das VNX-System, *EMC RecoverPoint*, *VMware vSphere* und Microsoft-Produkte.

Wir konzentrieren uns in diesem Abschnitt auf *AppSync*. Die Software unterstützt sowohl *VMFS*- als auch *NFS-Datastores*.

Gehen Sie auf STORAGE • <ZIEL-DATASTORE> • MANAGE • EMC VSI. Klicken Sie auf den Reiter APPSNYC MANAGEMENT. Im Hauptfenster können Sie verschiedene Datensicherungs-Mechanismen konfigurieren und verwalten. Wir zeigen Ihnen ein Beispiel.

Markieren Sie in der Tabelle den Ziel-Datastore, und klicken Sie auf SUBSCRIBE (siehe Abbildung 10.96). Der Wizard öffnet sich.

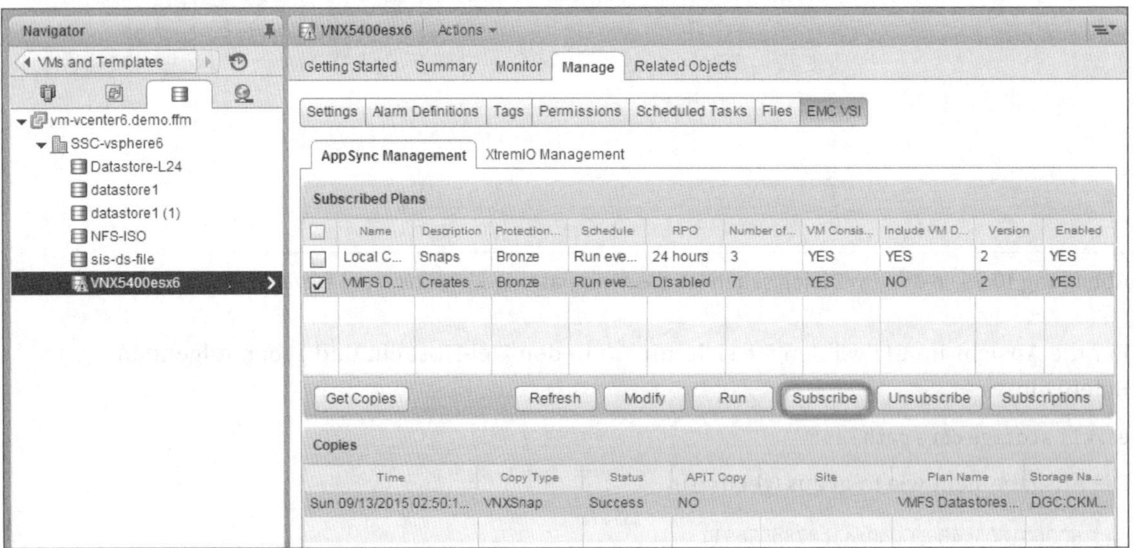

Abbildung 10.96 Das EMC-VSI-Menü von AppSync

1. In Schritt 1, CONFIGURATION PLAN, wählen Sie CREATE AND SUBSCRIBE.
2. Unter BASE OF SERVICE PLAN entscheiden Sie sich für den Plan BRONZE. Er ist eine Vorlage, die eine lokale Kopie eines Datastores erstellt.
3. In BASIC SETTINGS konfigurieren Sie die Details des in Schritt 2 gewählten *Service Plans* (siehe Abbildung 10.97). Benennen Sie den Service Plan, bestimmen Sie die Konsistenz der zu sichernden VMs und die Anzahl vorzuhaltender Kopien. Weiter haben Sie die Möglichkeit, die Zweitkopie an einen Ziel-vSphere-Host anzubinden oder zu entfernen und Sie können in einem Planer festlegen, zu welchen Zeitpunkten der Snapshot erfolgt (siehe Abbildung 10.98).
4. Überprüfen Sie Ihre Eingaben, und bestätigen Sie mit FINISH.

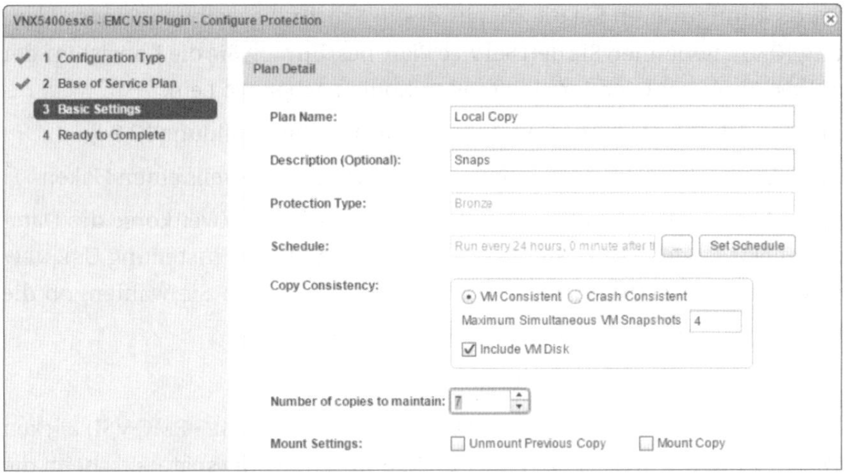

Abbildung 10.97 Konfiguration des Service Plans

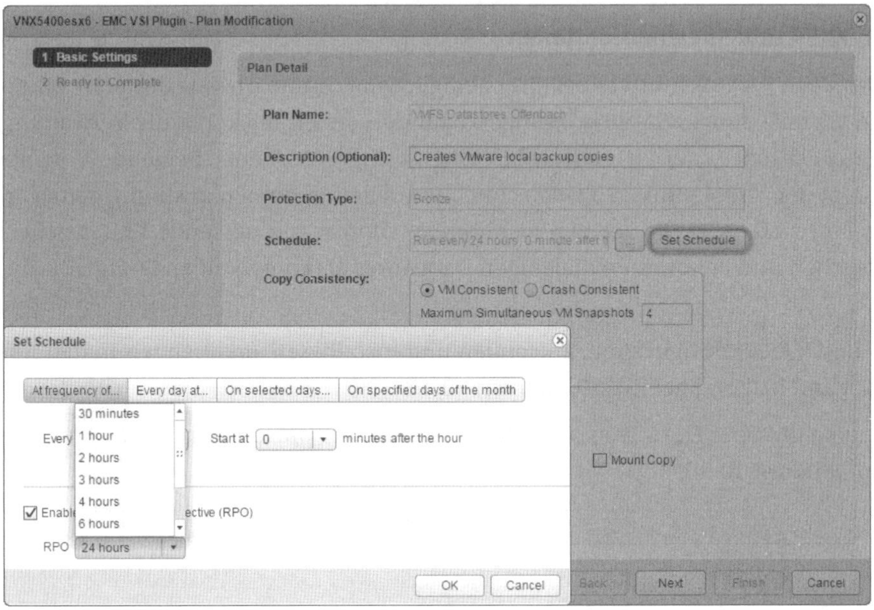

Abbildung 10.98 Konfiguration eines AppSync-Service-Plans für einen VMFS-Datastore

AppSync bietet Ihnen die Möglichkeit der Wiederherstellung von Datastores oder – eleganter und unterbrechungsfrei – für den Quell-Datastore die Restauration einer VM innerhalb einer Zweitkopie (<Ziel-VM> • All EMC VSI Plugin Actions • AppSync VM Restore).

Um dies innerhalb des *vSphere Web Clients* einzustellen, müssen Sie einen weiteren Service Plan erstellen. Verfahren Sie in den ersten beiden Schritten des Wizards so wie in der Anleitung zur Erstellung eines *Service Plans*. Danach befolgen Sie diese Eingaben:

1. In BASIC SETTINGS konfigurieren Sie die Details des in Schritt 2 gewählten *Service Plans* (siehe Abbildung 10.97). Benennen Sie den Service Plan, bestimmen Sie die Konsistenz der zu sichernden VMs. Als Anzahl der vorzuhaltenden Kopien geben Sie 1 ein.
2. Im Planer stellen Sie sicher, dass keine Kopie erstellt wird (siehe Abbildung 10.98).
3. Setzen Sie nun bei UNMOUNT PREVIOUS COPY und MOUNT COPY jeweils einen Haken.
4. Das ruft eine neue Maske auf. Bestimmen Sie den Host, an den die Zweitkopie des Datastores angebunden wird. Bei MOUNT SIGNATURE ist es wichtig, die Einstellung USE NEW SIGNATURE zu wählen. Unter MOUNT COPY WITH ACCESS können Sie wählen, ob die Zweitkopie beschreibbar oder nur im Lesezugriff angebunden wird.
5. Überprüfen Sie Ihre Eingaben, und bestätigen Sie sie mit FINISH.

Im Hauptfenster von AppSync (STORAGE • <ZIEL-DATASTORE> • MANAGE • EMC VSI) klicken Sie auf die Schaltfläche RUN, um den *Service Plan* durchzuführen. Wenig später erscheint die Zweitkopie in der Tabelle COPIES und Sie sehen sie im Navigator unter STORAGE.

10.3.6 VAAI, VASA und Speicherrichtlinien

Während Sie von den VAAI-Primitives bei Ihrer alltäglichen Routinearbeit profitieren, offenbaren sich die Vorteile von VASA nicht zwingend auf den ersten Blick. Für die Verwaltung von *Service Level Objectives* auf virtuellen Maschinen bringt VASA entscheidende Vorzüge und beschleunigt den Arbeitsfluss. So sind schnell virtuelle Maschinen ausfindig gemacht, die *non-compliant* sind; oder Sie können via *Storage vMotion* die passende VM-Speicherrichtlinie aussuchen und bekommen diejenigen Datastores als *compliant* angezeigt, die darauf passen.

Wie Sie VAAI und VASA konfigurieren, anwenden und installieren, erklären wir in den Abschnitten 10.2.3 und 10.2.7 respektive 10.4.3 sowie 10.4.2.

Wenn Sie neu eine VM über DEPLOY FROM TEMPLATE erstellen, präsentiert sich die Eingabemaske wie in Abbildung 10.99.

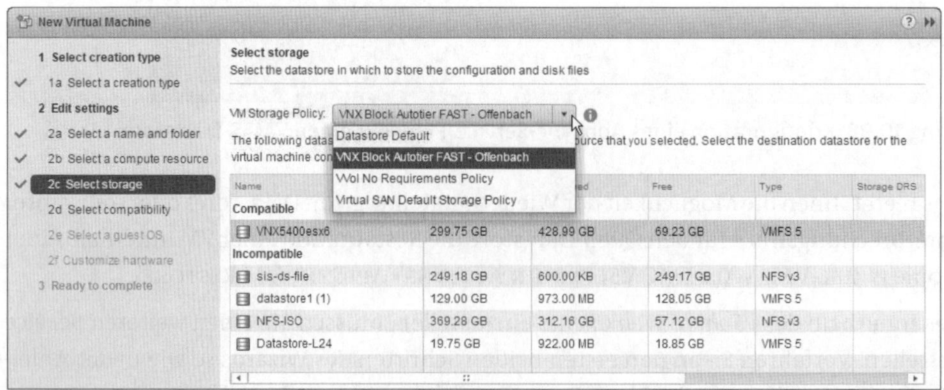

Abbildung 10.99 »Deploy from Template« mit VASA

Storage Policy-Based Management

Mithilfe von *Storage Policy-Based Management (SPBM)* spezifizieren Sie die Eigenschaften eines Datastores und forcieren diese auf Ebene virtueller Maschinen (Compliance). Die Implementation von VASA beruht auf dem *SMI-S*-Standard. SMI-S kann nicht zwischen unterschiedlichen Storage-Pools unterscheiden und klassifiziert diese als *Tiered Storage*. In Fällen, für die keine definierten Funktionen, Eigenschaften oder Begriffe existieren, ist es sinnvoll, eigene in Form von *Tags* zu hinterlegen. Sie erfahren in Abschnitt 10.4.2, »Konfiguration von VASA«, wie Sie VASA installieren.

Tabelle 10.8 listet einen Auszug der 64 vordefinierten Eigenschaften für EMC-Primärspeichersysteme auf. Diese können in einer *VM Storage Policy* im *Rule Set* hinterlegt werden. Sie können bis zu drei Regeln kombinieren, die zutreffen müssen. Sie können einer VM Storage Policy maximal drei solcher Rule Sets hinterlegen, die sich gegenseitig ausschließen (mit dem booleschen Operator ODER). Das heißt, die Einhaltung eines Regelsatzes reicht aus, um die VM Storage Policy zu erfüllen.

10

Eigenschaften
SAS/Fibre Storage; FAST Cache; Thin
Solid State Storage; FAST Cache; Remote Replication; Space Efficiency
Auto Tier Storage; Thin; Remote Replication
NL-SAS/SATA Storage; FAST Cache; Thin; Space Efficiency
Auto Tier Storage; FAST Cache; Space Efficiency
NL-SAS/SATA Storage; Space Efficiency

Tabelle 10.8 Auszug aus der Liste der für EMC-Systeme vordefinierten Speichersystemeigenschaften

Im *vSphere Web Client* können Sie die Eigenschaften eines *VMFS-Datastores* bzw. der ihm zugrunde liegenden *LUN* in einem *Storage-Pool* auslesen (siehe Abbildung 10.100). Sie finden diese unter <ZIEL-DATASTORE> • SUMMARY.

Das funktioniert analog mit *NFS-Datastores* oder *VVols*.

Außerdem bietet *vCenter* die Funktionalität, weiterführende Informationen oder Speichersystemeigenschaften, die nicht über *VASA* orchestriert werden, anhand von *Tags* in einem *Rule Set* zu hinterlegen. Ein Beispiel ist der Standort von physikalischen Ressourcen (Speichersystemen). Informationen wie Eigenschaften oder Funktionen werden bei einer VNX2 über die VASA-Schnittstelle vermittelt, beispielsweise Multi-Tier-Speicher, Komprimierung oder FAST Cache.

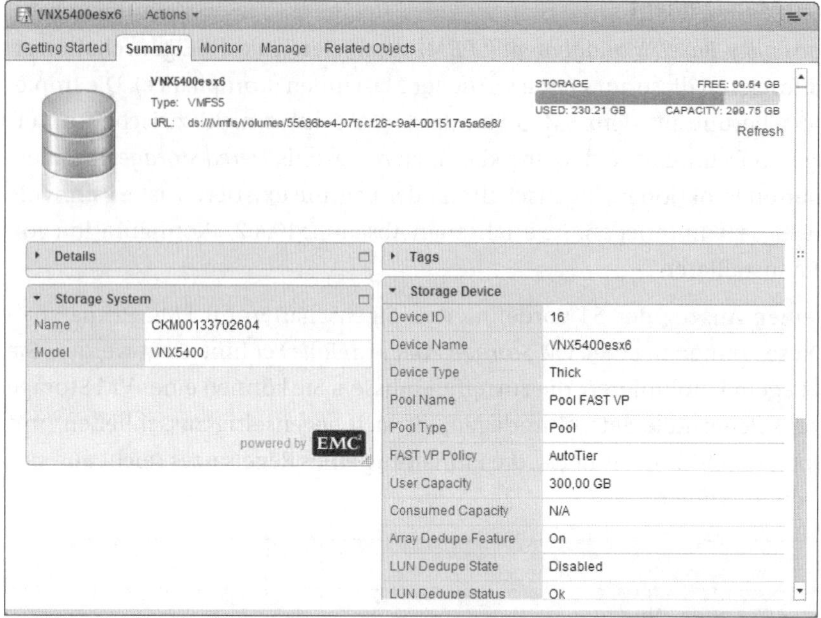

Abbildung 10.100 So lesen Sie die Eigenschaften eines VMFS-Datastores aus.

Erstellen Sie nun Ihr erstes Tag über DATASTORE • MANAGE • TAGS • NEW TAG. Im unten stehenden Beispiel füllen Sie die Maske für einen Standort ab. Erstellen Sie dazu auch gleich eine entsprechende Kategorie mit dem Namen Ihres Rechenzentrums (siehe Abbildung 10.101, ❶). Wählen Sie als ASSOCIATED OBJECT TYPES • ALL OBJECTS aus ❷. Bestätigen Sie Ihre Eingaben.

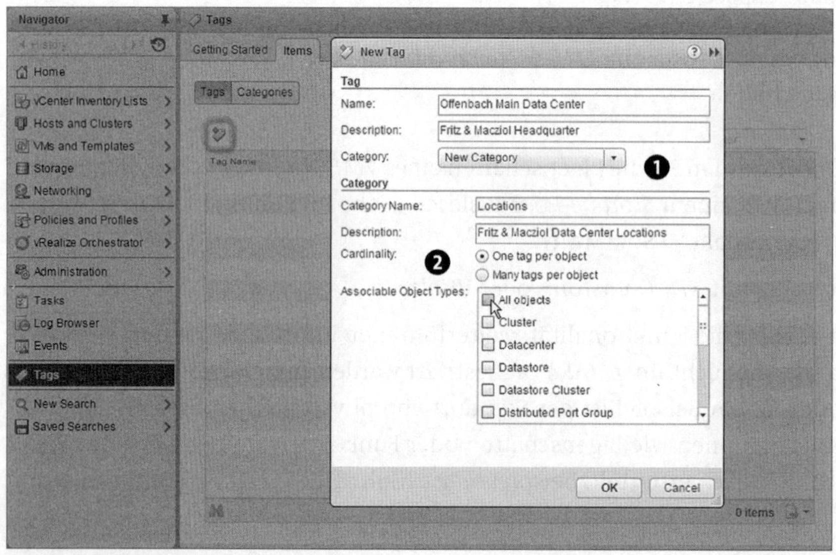

Abbildung 10.101 Erstellen eines Tags

Nun müssen Sie das Tag noch den gewünschten Ziel-Datastores zuweisen. Wechseln Sie zu Datastore • <Ziel-Datastore> • Manage • Tags • Assign Tag (siehe Abbildung 10.102). Klicken Sie auf das Tag und dann auf Assign.

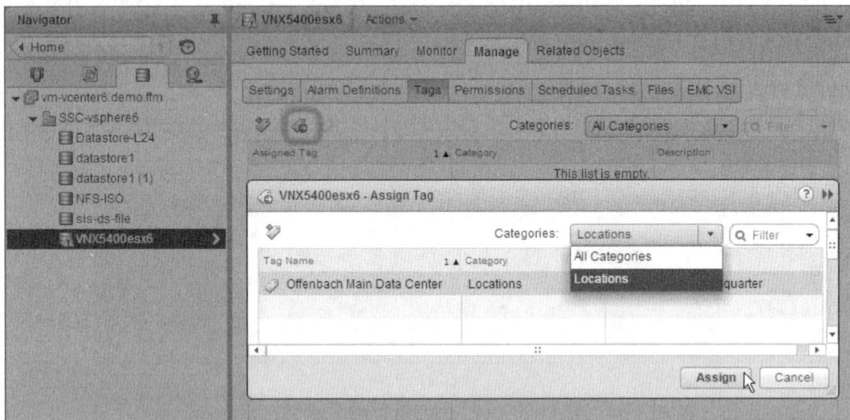

Abbildung 10.102 Zuweisen eines Tags

Um einen sinnvollen Regelsatz (*Storage Policy Based Management*) zu erstellen, sollten Sie die Eigenschaften des Ziel-Datastores vorab auslesen und notieren. Die Bedingung dafür ist, dass der *Storage Provider* (VASA) für das Speichersystem des Ziel-Datastores registriert ist.

Navigieren Sie auf <Ziel-Datastore> • Manage • Settings • Capability Sets. Im Hauptfenster werden die Eigenschaften des entsprechenden Datastores angezeigt (siehe Abbildung 10.103).

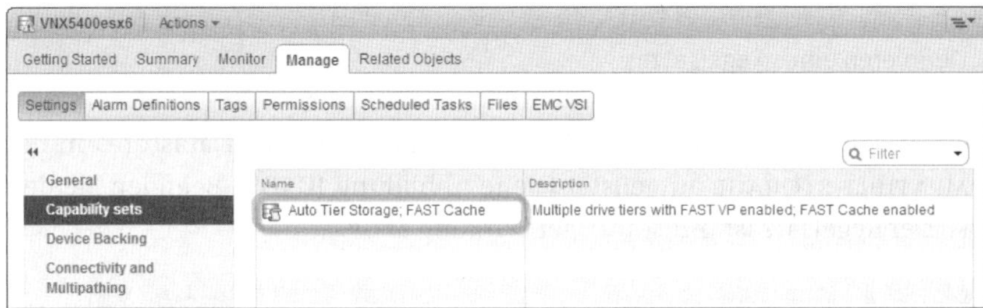

Abbildung 10.103 Auslesen der Eigenschaften eines Datastores

Gehen Sie über Home • VM Storage Policies, um Ihr erstes Speicherprofil zu erstellen (siehe Abbildung 10.104). Klicken Sie auf das Objekt Create New VM Storage Policy. Im aufgerufenen Wizard benennen Sie als Erstes das Speicherprofil. Suchen Sie sich einen sinnigen Namen für die zu erstellende Richtlinie aus. Im folgenden Punkt bestimmen Sie das Regelset. Sie können auch mehrere Regelsets kreieren. Allerdings erhöht das auch die Komplexität.

In der Eingabemaske Rule Set definieren Sie nun einen Regelsatz, der den Eigenschaften des Storage-Pools entspricht, inklusive des vorab erstellten *Tags*. Im vorliegenden Beispiel bestimmen Sie das RULE SET 1. Im Dropdown-Menü bei RULES BASED ON DATA SERVICES klicken Sie auf EMC.VASA10 (Abbildung 10.104, ❶). Dort finden Sie die Option SYSTEM-LABEL.LABEL ❷. In der Maske auf der gleichen Zeile selektieren Sie im Dropdown-Menü exakt die Kombination von Eigenschaften Ihres Ziel-Datastores, die Sie sich vorher notiert haben ❸. Belassen Sie <ADD RULE> so, wie es ist.

Im Dropdown-Menü von RULES BASED ON TAGS gehen Sie auf ADD TAG-BASED RULE. Im Pop-up-Fenster selektieren Sie Ihr soeben erstelltes Tag und bestätigen Ihre Eingabe ❹. Klicken Sie auf NEXT, um fortzufahren.

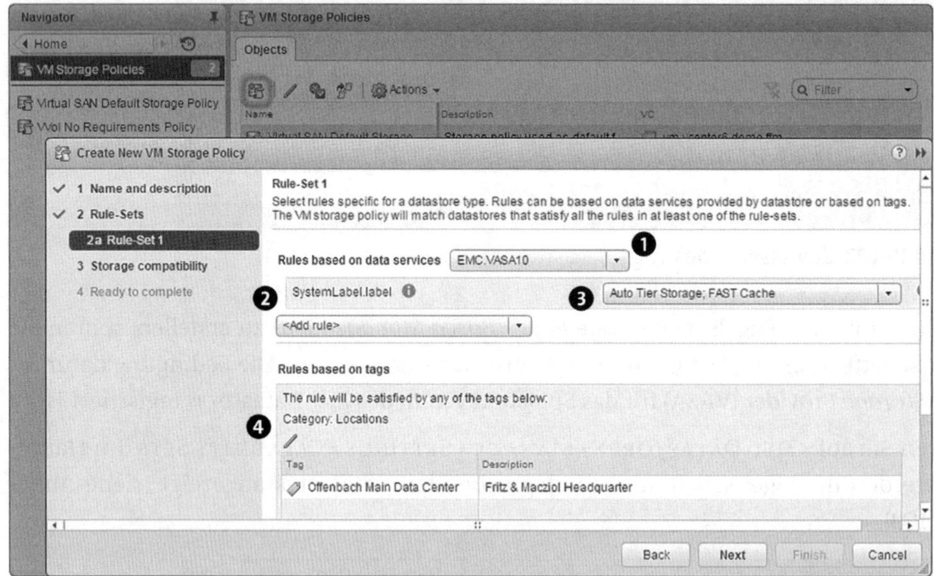

Abbildung 10.104 Definieren eines Regelsatzes

Wenn Sie alles richtig gemacht haben, sehen Sie den Eintrag Ihres Ziel-Datastores in der Tabelle unter COMPATIBLE STORAGE aufgelistet (siehe Abbildung 10.105). Beenden Sie den Wizard mit FINISH. Der Regelsatz ist mit sofortiger Wirkung aktiv.

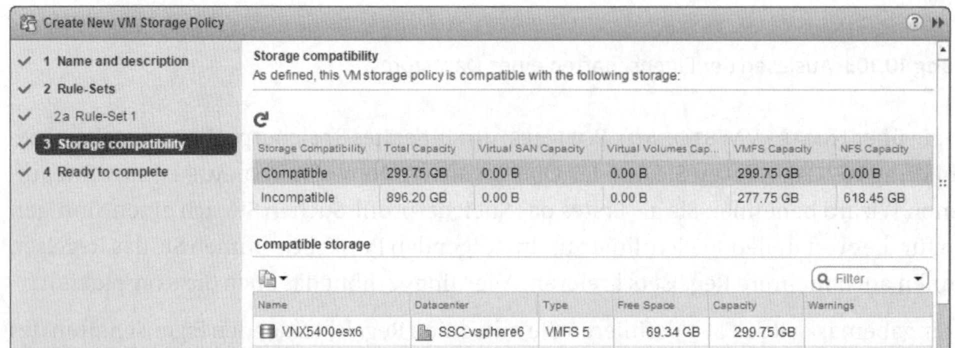

Abbildung 10.105 Auslesen der kompatiblen Speicher über VASA

Gehen Sie nun auf HOME • VMS AND TEMPLATES, und wählen Sie eine virtuelle Maschine aus. Editieren Sie die Eigenschaften der virtuellen Maschine. Dazu klicken Sie auf den Reiter VM OPTIONS • HARD DISK 1 und wählen das VM-Speicherprofil aus. Bestätigen Sie Ihre Wahl (siehe Abbildung 10.106).

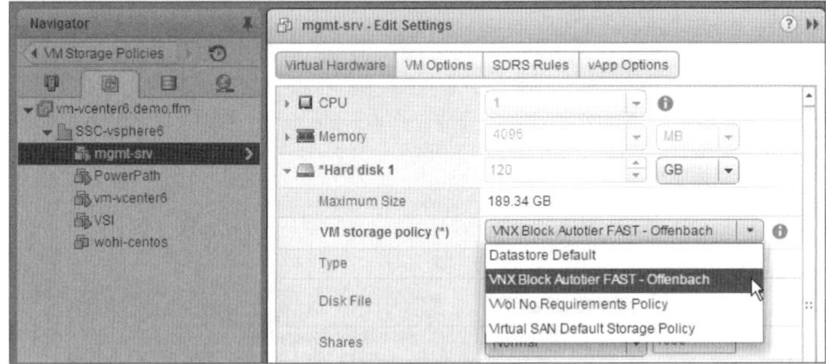

Abbildung 10.106 Wahl der Speicherrichtlinie

Nun werden Sie mit der Meldung konfrontiert, dass die virtuelle Maschine nicht den definierten Richtlinien entspricht. Nutzen Sie *Storage vMotion*, um diesen Zustand zu korrigieren (siehe Abbildung 10.107).

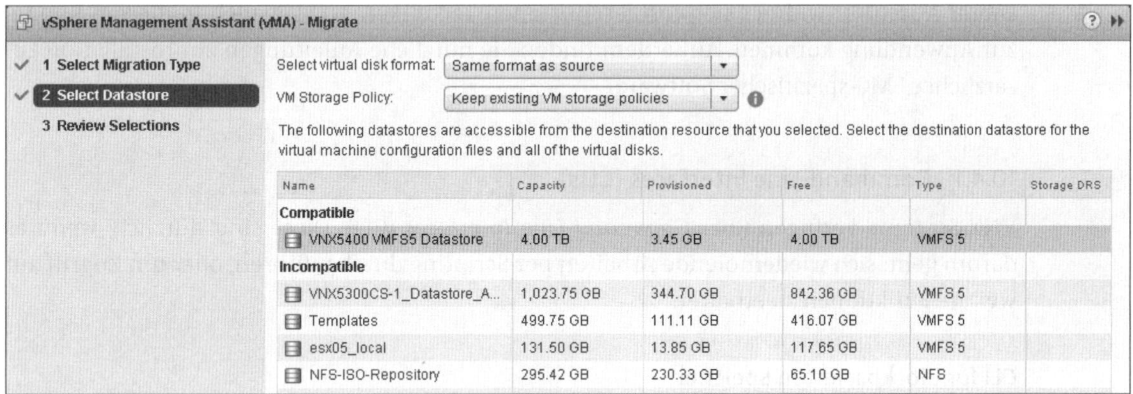

Abbildung 10.107 Anzeige von Datastores mit und ohne Einhaltung der Speicherrichtlinien

Wiederholen Sie diesen Vorgang für die virtuellen Festplatten einer virtuellen Maschine und für sämtliche virtuellen Maschinen, die Sie mit einer Speicherrichtlinie versehen wollen. Wechseln Sie zu HOME • RULES AND PROFILES • VM STORAGE POLICY und klicken Sie zur Überprüfung der Speicherrichtlinien auf CHECK COMPLIANCE. Danach sollten sämtliche virtuellen Maschinen den Richtlinien entsprechen (siehe Abbildung 10.108).

Sollte eine VM gemäß der definierten und ihr hinterlegten Richtlinie über nicht konforme Festplatten verfügen, wird das entsprechend angezeigt. Sie haben nun die Wahl, die betroffenen Festplatten auf einen konformen Datastore zu verschieben oder eine neue Regel zu hinterlegen.

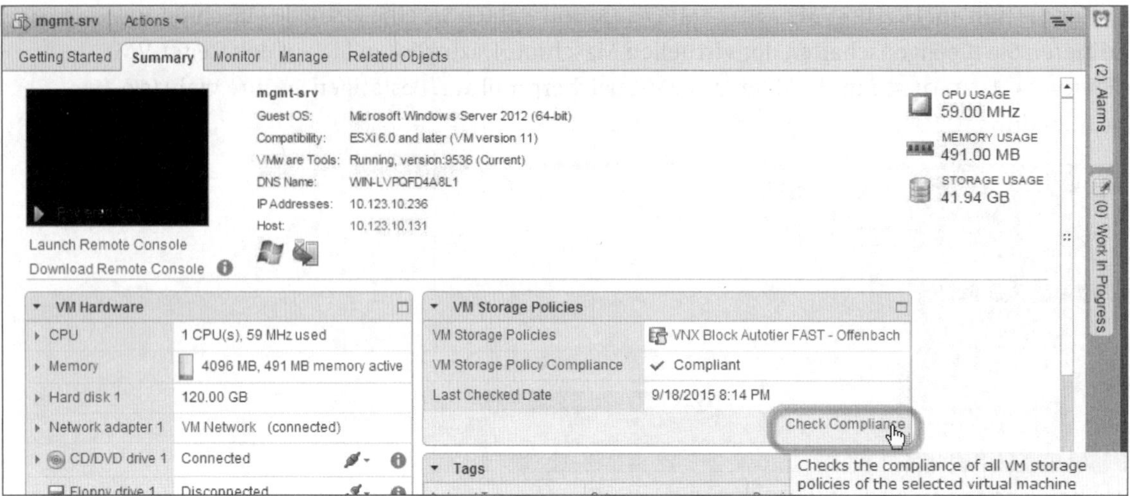

Abbildung 10.108 »Check Compliance« – Überprüfung der Speicherrichtlinien

10.4 Fortgeschrittene Techniken und Anwendungen

Dieser Abschnitt widmet sich fortgeschrittenen Techniken, wie sie auch in diesem Kapitel zur Anwendung kommen. Außerdem finden Sie nützliche Anleitungen zur Installation zusätzlicher EMC-spezifischer Software.

10.4.1 Command-Line Interfaces (CLIs)

VNX-Systeme verfügen über *Command-Line Interfaces* (CLI). Diese sind nützlich, wenn es darum geht, sich wiederholende Arbeiten per Scripting durchzuführen, oder um Zugriff auf weitere Funktionen zu erhalten.

CLI für blockbasierten Speicher

Im Folgenden erfahren Sie, wie Sie bei einer Windows-basierten Installation *Navisphere CLI* aufsetzen. Navisphere ist auch für die Plattformen Linux, Solaris, AIX, HP-UX und VMware erhältlich. Alternativ können Sie auch via CLI für dateisystembasierten Speicher auf den blockbasierten Bereich zugreifen. Wie das funktioniert, erfahren Sie im nächsten Abschnitt.

Die Software ist im Lieferumfang Ihres Speichersystems enthalten.

> **Information zu Navisphere CLI**
>
> Die hier vorgestellte *Navisphere CLI* in der *Version 7.33* können Sie direkt über diesem Link herunterladen:

https://download.emc.com/downloads/DL30859_Navisphere_CLI_(Windows_%C3%82%C2%A0-_all_supported_32_&_64-bit_versions)_7.33.0.0.15.exe

In der EMC-Community finden Sie weitere nützliche Hinweise:

https://community.emc.com/thread/182098

Starten Sie das Installationsprogramm von *Navisphere CLI* (*NaviCLI-Win-32-x86-en_US-7.33.8.1.19-1.exe*). Bei der Installation müssen Sie ein paar Dinge beachten. Lassen Sie die Umgebungsvariable vom Installationsprogramm setzen (siehe Abbildung 10.109).

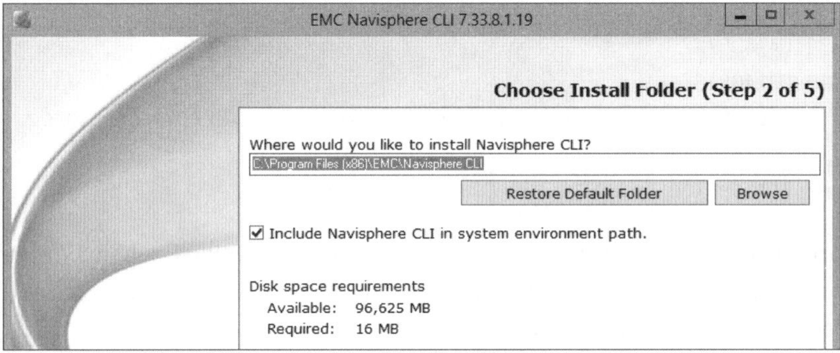

Abbildung 10.109 Die Umgebungsvariable bei der Installation

Wählen Sie die Erstellung des SECURITY FILES, und geben Sie den Benutzernamen und das Passwort des System-Administrators an (Grundeinstellung: `sysadmin`). Achten Sie darauf, dass die SCOPE-Einstellung GLOBAL lautet (siehe Abbildung 10.110).

Do not create security credentials file
Create security credentials file
Username* sysadmin
Password* ********
Scope GLOBAL
Set Verification Level
The verification level is used to determine if the certificate sent by the storage system should be verified.
Low
Do not verify storage system SSL/TLS certificate
Medium
Verify storage system SSL/TLS certificate

Abbildung 10.110 Erstellen eines sicheren Einwahlverfahrens

Selektieren Sie beim VERIFICATION LEVEL zur Überprüfung des Zertifikats in jedem Fall den Wert MEDIUM. Damit stellen Sie sicher, dass das Zertifikat auch überprüft wird.

Beenden Sie die Installation, indem Sie die folgenden Eingabeaufforderungen mit NEXT und FINISH bestätigen. Nach wenigen Minuten ist die Installation beendet, und Sie können über START • RUN... und die Eingabe von `cmd` die Eingabeaufforderung von Windows aufrufen.

Verwenden Sie folgenden Befehl (verkürzte Ausgabe), um die Verbindungsherstellung sowie das Hinterlegen des Sicherheitszertifikats zu einem der beiden *Storage-Processors* des Speichersystems zu testen:

```
C:\Users\Administrator>naviseccli --h 192.168.0.22 -User sysadmin -Password sysadmin
  -Scope 0
...
Certificate details:
Subject:        CN=192.168.0.22,CN=SPA,OU=CLARiiON
Issuer:         CN=10.123.10.22,CN=SPA,OU=CLARiiON
Serial#:        c29362f0
Valid From:     20131104140518Z
Valid To:       20181103140518Z
Would you like to [1]Accept the certificate for this session, [2] Accept and store,
[3] Reject the certificate?
Please input your selection(The default selection is [1]):2
```

Wenn der Befehl korrekt ausgeführt wurde und die Verbindung hergestellt ist, sehen Sie eine Befehlsübersicht vom Speichersystem. Überprüfen Sie mit folgender Befehlszeile sowie -ausgabe, ob das Sicherheitszertifikat vorhanden ist:

```
PS C:\Users\Administrator> naviseccli security -certificate -list
------------------------------------------
Subject:        CN=10.123.10.22,CN=SPA,OU=CLARiiON
Issuer:         CN=10.123.10.22,CN=SPA,OU=CLARiiON
Serial#:        c29362f0
Valid From:     20131104140518Z
Valid To:       20181103140518Z
------------------------------------------
```

CLI für dateibasierten Speicher

Der Zugriff auf das CLI des dateisystembasierten Speichers erfolgt mittels *Secure Shell*. Auf Windows-Systemen nutzen Sie für den Verbindungsaufbau am besten das Programm *PuTTY*. Geben Sie dafür dem Programm die IP-Adresse oder den FQDN der webbasierten Oberfläche (*Unisphere – VNX Control Station*) bekannt. Melden Sie sich als Systemadministrator (nasadmin) an (siehe Abbildung 10.111).

```
EMC VNX Control Station Linux release 3.0 (NAS 8.1.8)
nasadmin@10.123.10.20's password:
Last login: Wed Sep 16 22:29:49 2015 from 10.123.10.236
EMC VNX Control Station Linux   Fri Aug  9 06:58:46 EDT 2013

        *** slot_0 primary control station ***

[nasadmin@VNX5400-2CS0 ~]$
```

Abbildung 10.111 Einwahl in das CLI

Das CLI für den dateisystembasierten Speicher enthält beispielsweise die Steuerungsparameter für den optimierten Zugriff auf Dateisysteme. Die meisten Befehle sind in den Verzeichnissen */nas/bin*, */nas/sbin* und */nasmcd/bin* abgelegt.

10.4.2 Konfiguration von VASA

VNX-Systeme bieten eine native Integration von VASA ab der Version *OE Block 5.32* (Codename *Inyo*). Sie müssen den VNX-Block- und File-Bereich jeweils separat registrieren.

Einrichten von »VASA for Block«

In einem ersten Schritt wechseln Sie auf das VNX-System, um einen Benutzer für VASA anzulegen (siehe Abbildung 10.112, ❶). Öffnen Sie die Eingabemaske zur Erstellung von GLOBAL USERS über <VNX-SYSTEM> • SETTINGS • SECURITY • GLOBAL USERS • ADD ❷. Füllen Sie diese Maske aus ❸. Wählen Sie die Rolle VM ADMINISTRATOR. Bestätigen Sie das Anlegen des Benutzers mit einem Klick auf OK.

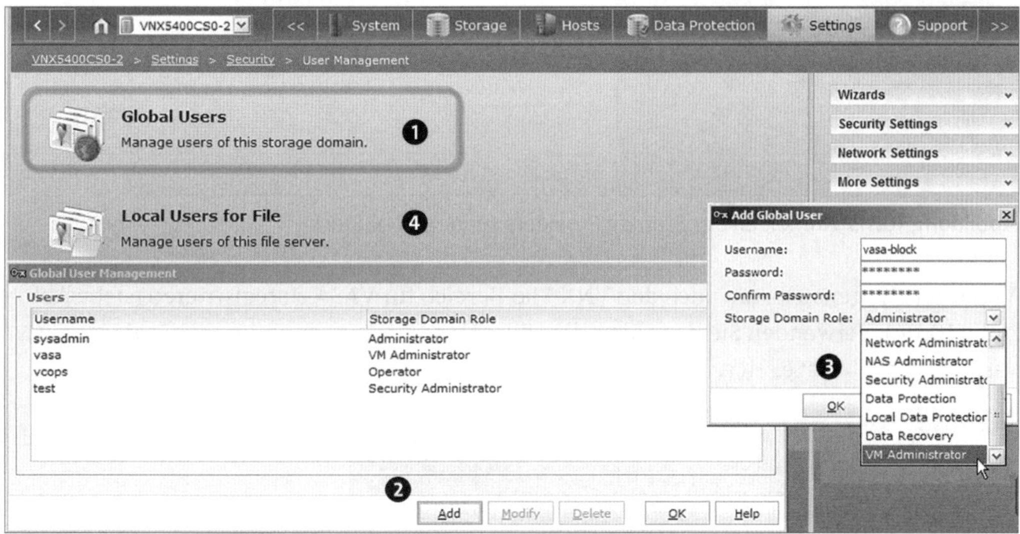

Abbildung 10.112 So legen Sie den Benutzer für VASA an.

Einrichten von »VASA for File«

In einem ersten Schritt wechseln Sie auf das VNX-System, um einen Benutzer für VASA anzulegen (siehe Abbildung 10.112). Öffnen Sie die Eingabemaske zur Erstellung von LOCAL USERS FOR FILE über <VNX-SYSTEM> • SETTINGS • SECURITY • LOCAL USERS FOR FILE • CREATE.

Wiederholen Sie diesen Vorgang für die LOCAL USERS FOR FILE (siehe Abbildung 10.112, ❹). Füllen Sie die Maske aus, und wählen Sie aus der PRIMARY GROUP die Rolle VM ADMIN. Lassen Sie das Feld PASSWORD EXPIRATION (DAYS) leer. Die übrigen Werte belassen Sie in der Grundeinstellung. Bestätigen Sie das Anlegen des Benutzers mit einem Klick auf OK.

Anmeldung der VNX via VASA in vCenter

Gehen Sie zu HOME • DATASTORES • <VCENTER> • MANAGE • STORAGE PROVIDERS, und klicken Sie auf das grüne Plus-Symbol, um VASA einzurichten. Füllen Sie die Maske mit der Benennung des Speichersystems, dem URL `https://<IP- Adresse SP A>/vasa/services/vasaService` sowie dem frisch erstellten Benutzernamen und Passwort aus (siehe Abbildung 10.113). Bestätigen Sie das Sicherheitszertifikat.

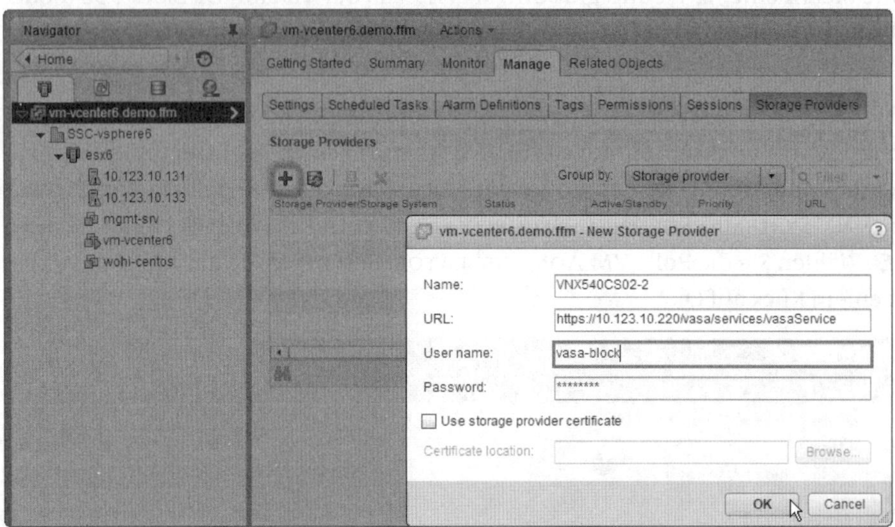

Abbildung 10.113 Anmelden des Storage Providers für den VNX-Block

Verfahren Sie genauso, um auch den VNX-File-Bereich für VASA zu registrieren (siehe Abbildung 10.114). Verwenden Sie dazu aber die URL `https://<IP-Adresse Control Station>:5989/vasa/services/vasaService`.

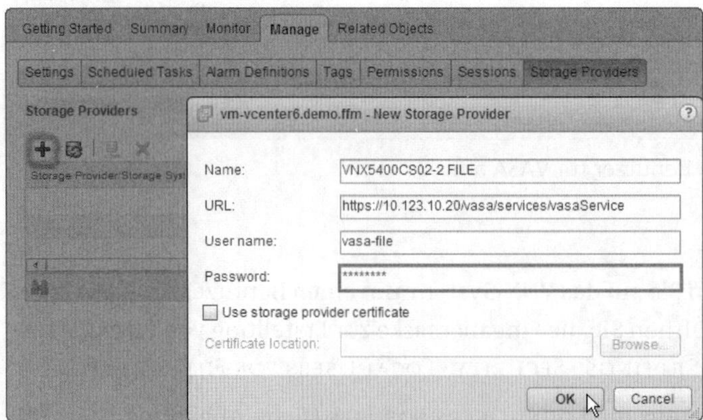

Abbildung 10.114 Registrierung des Storage Providers für den VNX-File-Bereich

Eine erfolgreiche Registrierung eines Storage Providers sieht so aus wie in Abbildung 10.115.

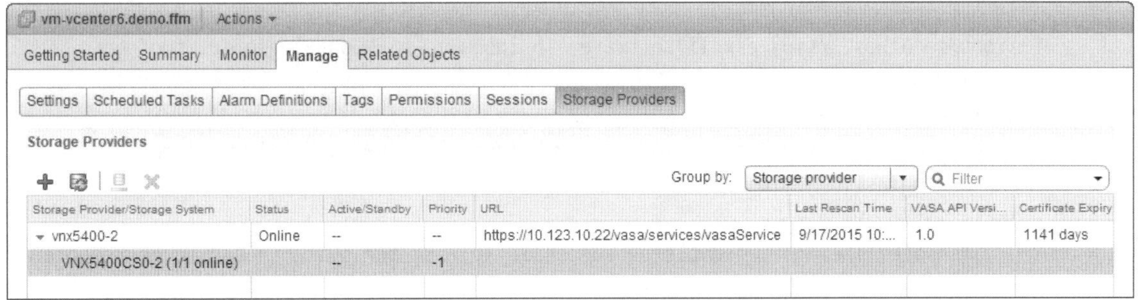

Abbildung 10.115 Status der »Storage Providers«

> **Zertifikate**
>
> Überprüfen Sie, dass die Zertifikate aktuell sind. Sollten Sie auf Fehlermeldungen bei der Registrierung des VASA-Providers stoßen, können Sie die Zertifikate in UniSphere erneuern.
>
> Gehen Sie dafür auf <VNX-System> • Settings • Security • Server Certificates for Block, und klicken Sie auf Add. Browsen Sie in der Eingabemaske nach der Datei, oder kopieren Sie das Zertifikat aus einem Texteditor. Bestätigen Sie Ihre Eingabe. Das Zertifikat wird nun aufgelistet.
>
> Navigieren Sie zu <VNX-System> • Settings • Security • Server Certificates for File• CA Certificates, und klicken Sie auf Import. Browsen Sie in der Eingabemaske nach der Datei, oder kopieren Sie das Zertifikat aus einem Texteditor. Bestätigen Sie Ihre Eingabe. Das Zertifikat wird nun aufgelistet.

10.4.3 Einrichten von »VAAI for File«

Für das Einrichten der VAAI-NAS-Primitives benötigen Sie den *VMware Update Manager* (VUM) und die entsprechende Erweiterung von EMC. Diese können Sie unter diesem URL beziehen: *https://download.emc.com/downloads/DL36290_vStorage-APIs-for-Array-Integration-(VAAI)-Plug-in-2.0.zip*.

In diesem Buch benutzen wir die Version *EMC NAS Plugin 2.0*.

Nach dem Download müssen Sie prüfen, ob Ihre Version des VNX-Systems den Anforderungen genügt. *VAAI für NFS* wird ab Version 7.0.35.x unterstützt. Verbinden Sie sich über SSH mit dem VNX-System. Eine Anleitung finden Sie in Abschnitt 10.4.1, »Command-Line Interfaces (CLIs)«. Geben Sie den Befehl `nas_version` ein.

```
<nasadmin@cs5500-00 ~>$ nas_version
8.1.8-119
```

Die angegebene Version entspricht den Anforderungen.

```
[root@localhost:~] cd /tmp
[root@localhost:/tmp] esxcli software vib install -n EMCNasPlugin -d /tmp/
EMCNasPlugin-2.0
EMCNasPlugin-2.0-6.zip  EMCNasPlugin-2.0.zip
[root@localhost:/tmp] esxcli software vib install -n EMCNasPlugin -d /tmp/
EMCNasPlugin-2.0-6.zip
Installation Result
    Message: The update completed successfully, but the system needs to be rebooted
    for the changes to be effective.
    Reboot Required: true
    VIBs Installed: EMC_bootbank_EMCNasPlugin_2.0-6
    VIBs Removed:
    VIBs Skipped:
[root@localhost:/tmp]
```

Der ESXi-Host muss nun neu gestartet werden.

Alternative Installation

Das *NAS Plugin* können Sie auch über den vCenter Update Manager auf den jeweiligen ESXi-Hosts installieren.

Ein Reboot des ESXi-Hosts ist auch hier erforderlich.

10.4.4 Installation von »EMC PowerPath/VE«

EMC empfiehlt, die *PowerPath Virtual Edition* (PPVE) über den VUM zu installieren. Das Vorgehen gleicht dem bei den *VAAI-NAS-Primitives* in Abschnitt 10.4.3. Die Softwarepakete können Sie von der EMC-Support-Seite beziehen (*support.emc.com*). Sie benötigen folgende Komponenten:

- *PowerPath_VE_6.0_for_VMWARE_vSphere_Install_SW*
- *PowerPath_Virtual_Appliance_1.2_P02_New_Deployment*

Extrahieren Sie das Paket *PowerPath_VE_6.0_for_VMWARE_vSphere_Install_SW.zip*. Sie finden darin das VIB-Paket *EMCPower.VMWARE.6.0.b329.zip*, das Sie zum Aufspielen auf den ESXi-Host benötigen. Kopieren Sie das VIB-Paket mit einem Programm, das das Protokoll `scp` unterstützt, in ein Verzeichnis (beispielsweise */tmp*) auf einen Ziel-ESXi-Host.

Sie benötigen für die Installation Zugriff via `ssh` auf dem Ziel-ESXi-Server. Diesen können Sie über den Web Client starten. Gehen Sie dafür auf <Ziel-Host> • Manage • Settings • Security Profile • Services. Klicken Sie auf Edit. Wählen Sie aus der Liste der Dienste SSH aus, und klicken Sie auf Start (siehe Abbildung 10.116).

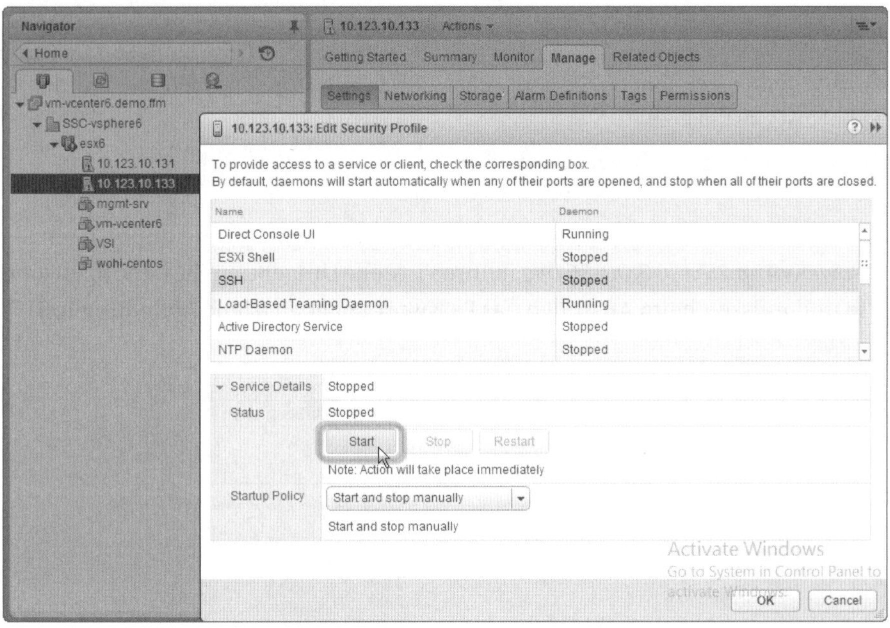

Abbildung 10.116 Starten des SSH-Dienstes

Verlassen Sie den Webclient, und öffnen Sie:

```
[root@localhost:/tmp] esxcli software vib install -d /tmp/
EMCPower.VMWARE.6.0.b329.zip
 Installation Result
    Message: The update completed successfully, but the system needs to be rebooted
    for the changes to be effective.
    Reboot Required: true
    VIBs Installed: EMC_bootbank_powerpath.cim.esx_6.0.0.00.00-b329, EMC_bootbank_
    powerpath.lib.esx_6.0.0.00.00-b329, EMC_bootbank_powerpath.plugin.esx_
    6.0.0.00.00-b329
    VIBs Removed:
    VIBs Skipped:
 [root@localhost:/tmp]
```

Überprüfen Sie die Installation nach erfolgtem Neustart, indem Sie sich mit `ssh` in den ESXi-Host einwählen. Setzen Sie folgenden Befehl ab:

```
[root@localhost:~] esxcli software vib list | grep EMC
powerpath.cim.esx     6.0.0.00.00-b329          EMC     PartnerSupported   2015-09-15
powerpath.lib.esx     6.0.0.00.00-b329          EMC     PartnerSupported   2015-09-15
powerpath.plugin.esx  6.0.0.00.00-b329          EMC     PartnerSupported   2015-09-15
```

Wie Sie sehen, sind die VIB-Pakete erfolgreich eingespielt worden.

Alternative Installation

Das *PowerPath/VE-VIB-Paket* können Sie auch über den *vCenter Update Manager* auf den jeweiligen ESXi-Hosts installieren.

Ein Reboot des ESXi-Hosts ist auch hier erforderlich.

Entpacken Sie die Datei *PowerPath_Virtual_Appliance_2.0_Package.zip*, und importieren Sie die Datei *EMCPower.vApp-2.0.0.00.00-86.ova* in Ihre virtuelle Umgebung. Sie benötigen eine freie IP-Adresse und müssen beim Ausrollen das Passwort angeben (siehe Abbildung 10.117). Starten Sie die *VM*.

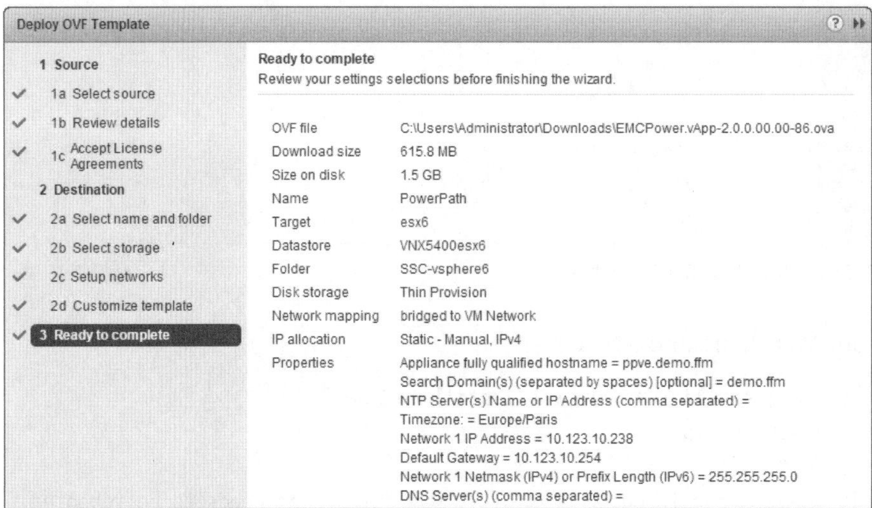

Abbildung 10.117 Ausrollen der PP/VE-Appliance

Kopieren Sie die Lizenzschlüssel, die Sie von EMC erhalten haben, ins Verzeichnis */etc/emc/licenses/*. Das geht am einfachsten mit *WinSCP*. Loggen Sie sich mithilfe von *ssh* in the *PowerPath-VM* (Benutzername: root) ein. Jetzt müssen Sie die ESXi-Server in der PowerPath-VM mit dem Befehl rpowermt register host=<IP address or FQDN> registrieren. Mit rpowermt check_registration host=<IP address or FQDN> überprüfen Sie die Registrierung. Beim erstmaligen Aufruf des Befehls werden Sie aufgefordert, eine Passwort-Phrase für die sogenannte *lockbox* einzugeben. Das ist ein einmaliger Vorgang.

Lizenzierung von PPVE

PPVE wird pro CPU-Socket lizenziert. EMC unterscheidet zwischen zwei Verfahren: *Served* und *Unserved Licensing*. Die erste Variante bedingt die Installation eines Lizenzservers, die zweite nicht. Die Verwaltung der Lizenzen mit einem Lizenzserver ist einfacher und besser geeignet für größere Umgebungen.

10.4.5 VNX-Snapshots und Fernkopien

Im blockbasierten Bereich eines VNX-Systems ist das Konzept von *Snapshots* anders als im dateisystembasierten. Im blockbasierten Bereich wird die *Redirect-On-Write*-Technologie genutzt, um einen Snapshot einer LUN zu erstellen. Im dateisystembasierten Bereich ist der Snapshot eines Dateisystems selbst ein Dateisystem.

VNX-Snapshots gegenüber SnapView

VNX-Snapshots sind eine Neuerung gegenüber der *SnapView*-Technologie, die Sie nach wie vor nutzen können und die auf dem Copy-On-First-Write-Mechanismus beruht.

Sehr gute Informationen über VNX-Snapshots finden Sie im White Paper »VNX Snapshots« unter der URL *http://www.emc.com/collateral/software/white-papers/h10858-vnx-snapshots-wp.pdf*.

Sowohl die blockbasierten VNX-Snapshots wie auch die dateisystembasierten Checkpoints benötigen im Gegensatz zu *SnapView Snaps* und *Clones* keine Vorkehrungen, um einen Snapshot zu erstellen.

Da *Snaps*, *Klone* oder *Fernkopien*, die vom Speichersystem angelegt werden, immer maximal den Schutz absturzsicherer, abhängiger und unabhängiger Kopien ermöglichen, gehen wir an dieser Stelle nicht auf sie ein. Mit dem *Replication Manager*, *AppSync* und *NetWorker* bietet EMC Ihnen Werkzeuge, um VM- sowie applikationskonsistente Kopien zu erzeugen. Dieses Kapitel widmet sich *AppSync*. Sie erfahren in Abschnitt 10.3.5 respektive in Abschnitt 10.4.9, »Installation von ›EMC AppSync‹«, wie Sie die Applikation installieren und einrichten.

10.4.6 Alignment von Volumes

Wenn Sie ein Tool zum einfachen *Alignment* diverser Betriebssysteme suchen, sollten Sie *http://nickapedia.com/2011/11/03/straighten-up-with-a-new-uber-tool-presenting-uberalign/* besuchen. Das Werkzeug ist in zwei Paketen erhältlich:

- *UBERAlign Console 1.1* (für Windows mit .NET 4)
- *UBERAlign vAligner* (OVA-Datei)

Das Werkzeug erlaubt es zum einen, *Misaligned Virtual Machines* zu erkennen und entsprechend zu korrigieren. Zum anderen erlaubt es auch einen *Space-Reclaim* von ungenutzter Speicherkapazität von Thin VMs unter Windows- und Linux-Betriebssystemen. *UberAlign* ist kein offizielles EMC-Werkzeug. Die Überprüfungen des Alignments sind es wert, dieses Werkzeug auszuprobieren. Eine ausführliche Anleitung finden Sie ebenfalls unter dem angegebenen Link.

10.4.7 Einsatz von Storage DRS

Storage DRS (SDRS) bietet einen ähnlichen Umgang mit Speicherressourcen wie *DRS* mit Serverressourcen. SDRS hilft, die Lastverteilung von virtuellen Maschinen bezüglich der Speicheressourcen nach Kapazität und I/O-Last zu automatisieren. Der Einsatz von SDRS ist daher sehr empfehlenswert. Beim Umgang mit VNX-Systemen ist zu beachten, dass Sie nur Datastores mit denselben Eigenschaften in einen Cluster aufnehmen sollten.

Für den Betrieb von SDRS mit TLUs ist es notwendig, *vSphere API for Storage Awareness* (VASA) einzusetzen.

Verwenden Sie paarweise symmetrische Datastores mit äquivalenten Kapazitäts- und Performance-Charakteristiken. Wählen Sie, falls möglich, die LUNs aus unterschiedlichen RAID-Gruppen. Verfahren Sie analog mit LUNs oder Dateisystemen der Storage-Pools. Erstere sollten gleichmäßig über die beiden SPs verteilt sein. Das Ziel ist es, die I/O-Last der Datastores gleichmäßig zu verteilen.

Storage-DRS-Empfehlungen

Wenn Sie *FAST-VP*-Storage-Pools oder mehrere LUNs bzw. Dateisysteme vom selben Storage-Pool verwenden, müssen Sie SIOC in den *SDRS Runtime Rules* deaktivieren. FAST-VP-Storage-Pools verfügen typischerweise über zwei oder drei unterschiedliche *Storage-Tiers*, die sich durch unterschiedliche Latenzzeiten auszeichnen. Der Einsatz von SIOC kann zu unnötigen Storage-vMotion-Tätigkeiten sowie zur unerwünschten Promotion von Slices in einen höheren Tier führen.

Stellen Sie sicher, dass Sie vor dem Einsatz von Storage DRS sowohl VAAI als auch VASA eingerichtet haben. Die Richtlinien von VASA müssen auf den Datastores identisch sein, die Teil des SRDS-Clusters sind.

Weitere Empfehlungen:

- Fügen Sie Datastores immer paarweise dem Datastore-Cluster hinzu.
- Überprüfen Sie die Richtlinien für *Intra-VM-Affinity* und *Inter-VM-Affinity* für geschäftskritische virtuelle Maschinen. Storage DRS kann so die Performance steigern, indem sie die virtuellen Festplatten dieser VMs im Datastore Cluster verteilt.

Belassen Sie die *Migrationsrichtlinien* von SDRS über einen gewissen Zeitraum im manuellen Modus, und beobachten Sie das Verhalten, um die beste Einstellung zu finden. Danach können Sie SDRS vollständig automatisieren.

Tabelle 10.9 bietet Ihnen eine Hilfestellung zum Einsatz von SDRS:

VNX-Funktion	Initiale Platzierung	Migrationsempfehlung
TLU	Ja	Ja, unterstützt mit VASA

Tabelle 10.9 Empfehlungen zum Einsatz von »Storage DRS«

VNX-Funktion	Initiale Platzierung	Migrationsempfehlung
DLU, RG-LUN	Ja	Ja
FAST VP	Ja	Nein, manueller Modus
FAST	Ja	Nein, manueller Modus
Replikation	Ja	Nein, manueller Modus
LUN-Snapshot	Ja	Nein
Deduplikation	Ja	Nein, führt zur Inflation

Tabelle 10.9 Empfehlungen zum Einsatz von »Storage DRS« (Forts.)

Sollten Sie LUNs oder Dateisysteme eines Datastore-Clusters replizieren, empfiehlt es sich, die manuelle Einstellung beizubehalten. Ein Verschieben von virtuellen Maschinen innerhalb eines Datastore-Clusters kann signifikante Auswirkungen auf die Replikation haben und Netzwerk wie Speichersystem unnötig belasten.

SDRS für VMFS Datastores

Gehen Sie in *Unisphere* auf STORAGE • STORAGE POOLS und klicken Sie auf PROPERTIES, um das Tiering-Verhalten des Storage-Pools einzustellen (siehe Abbildung 10.118).

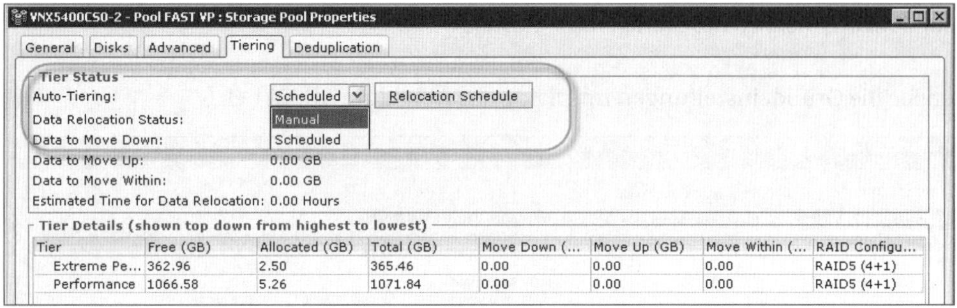

Abbildung 10.118 Umschalten des Tiering-Verhaltens

Sollten Sie gemäß Tabelle 10.9 eine VNX-Funktion mit der SDRS-Migrationsempfehlung »manuell« verwenden, können Sie die Relokation der Daten den Eigenschaften des entsprechenden Storage-Pools entnehmen. Passen Sie den Status gegebenenfalls wie in Abbildung 10.118 an.

Nutzen Sie *VSI* auf der Ebene eines *vSphere-Clusters*, um zwei VMFS-Datastores derselben Größe und Eigenschaften zu erstellen. Der Umgang mit VSI ist in Abschnitt 10.3.1, »Einen VMFS-Datastore erstellen«, erklärt. Achten Sie darauf, dass Sie in ADVANCED die Option

START HIGH THEN AUTO-TIER auswählen und eine LUN dem SP A und die andere dem SP B zuordnen.

Gehen Sie im *vSphere Web Client* auf <DATACENTER> • ACTIONS • STORAGE • NEW DATASTORE CLUSTER, und rufen Sie den Wizard auf (siehe Abbildung 10.119).

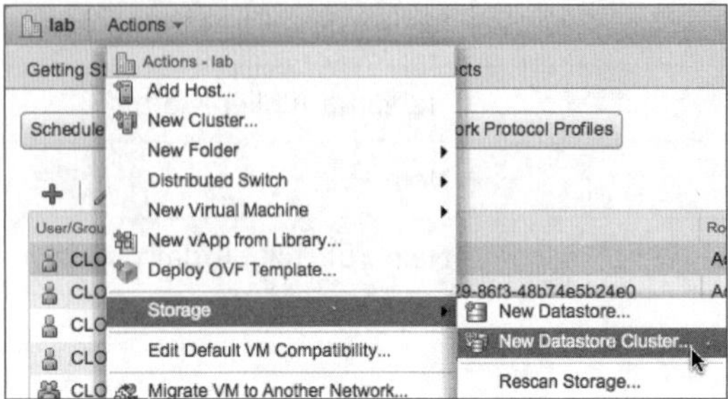

Abbildung 10.119 So rufen Sie den Wizard von SDRS auf.

Benennen Sie den Datastore-Cluster, und lassen Sie den Haken gesetzt (siehe Abbildung 10.120).

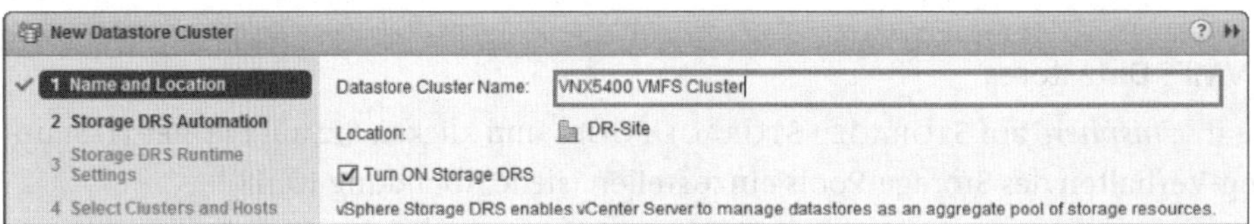

Abbildung 10.120 Benennen des Storage-DRS-Clusters

Behalten Sie die Grundeinstellungen im Dialog aus Abbildung 10.121 bei.

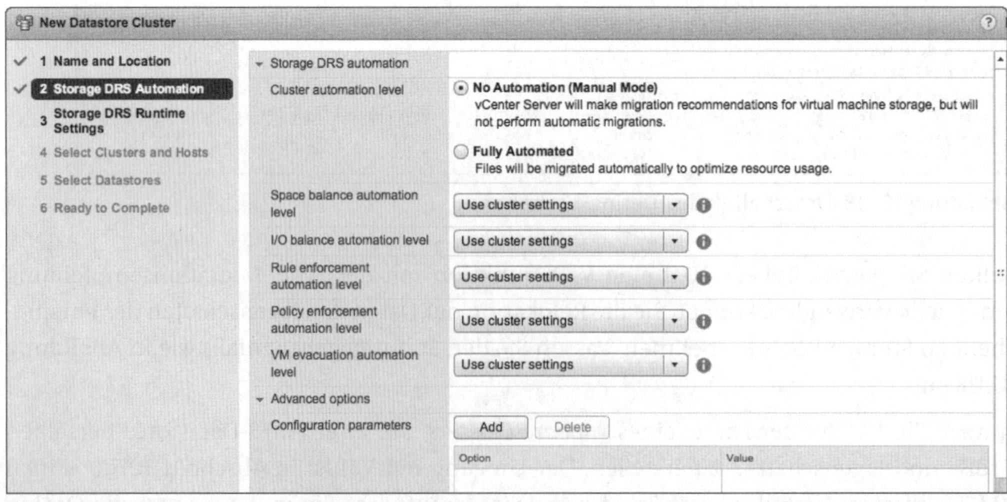

Abbildung 10.121 Storage-DRS-Automation

Im nächsten Schritt entfernen Sie den Haken bei ENABLE I/O METRICS FOR SDRS RECOMMENDATIONS (siehe Abbildung 10.122).

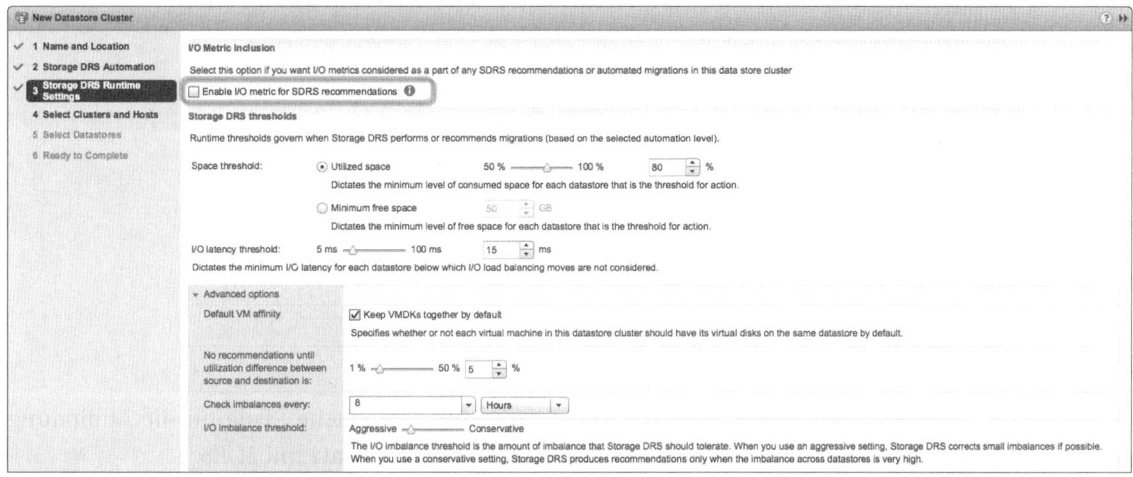

Abbildung 10.122 Einstellungen der SDRS-Runtime

Entfernen Sie den Haken bei KEEP VMS TOGETHER BY DEFAULT bei den Parametern unter ADVANCED OPTIONS (siehe Abbildung 10.123). Das erhöht die Performance, wenn Sie virtuelle Maschinen mit mehreren virtuellen Festplatten einsetzen.

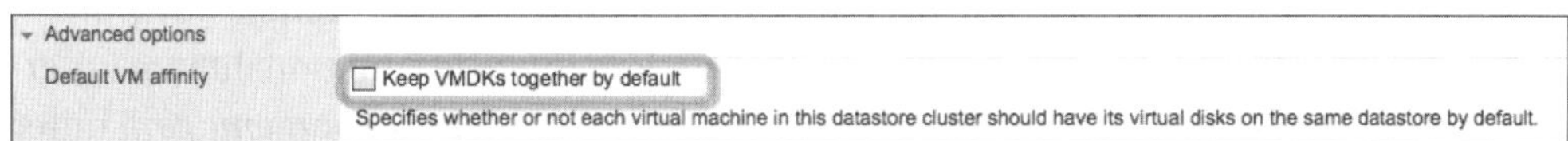

Abbildung 10.123 Erweiterte Einstellungen

Wählen Sie im nächsten Schritt den vSphere-Cluster aus, dem Sie vorher die beiden VMFS-Datastores zugewiesen haben (siehe Abbildung 10.124), und klicken Sie auf NEXT. Danach selektieren Sie diese und beenden den Wizard über FINISH.

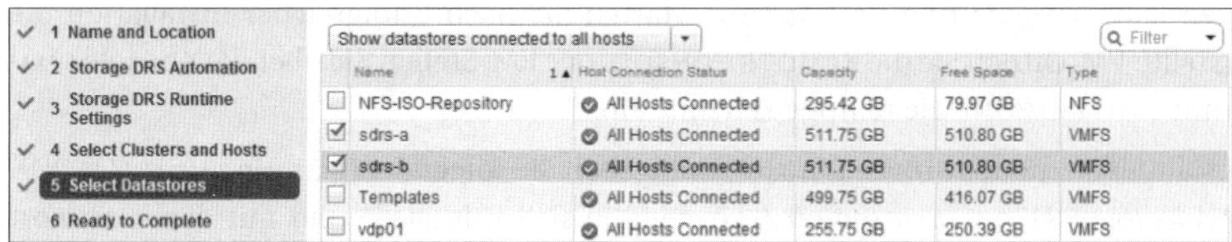

Abbildung 10.124 Auswahl der VMFS-Datastores

SDRS für NFS-Datastores

Erstellen Sie mit VSI eine gerade Anzahl von NFS-Datastores derselben Größe (beispielsweise zwei NFS-Datastores) auf Ebene eines vSphere-Clusters. Diese Anzahl sollte einem Vielfachen oder der gleichen Anzahl der für den NFS-Verkehr zugeordneten *vmkernel*-Schnittstellen entsprechen. Exportieren Sie diese über dementsprechend viele unterschiedliche Ethernet-Schnittstellen, die Sie in VSI alternierend auswählen (siehe Abbildung 10.125).

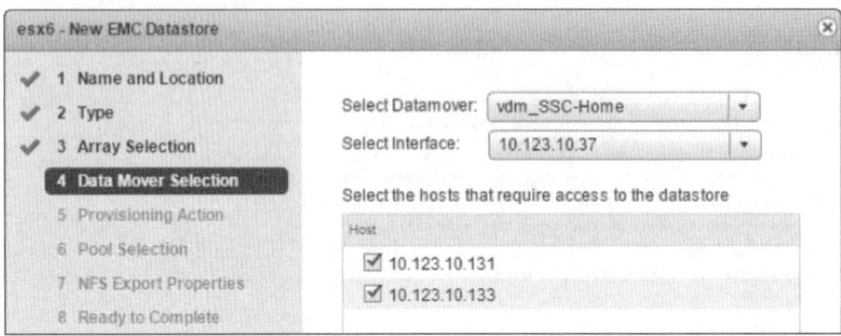

Abbildung 10.125 VSI – Auswahl der Schnittstelle am X-Blade

Sie müssen darauf achten, dass die *ESXi-Server* unterschiedliche Pfade für die Anbindung verwenden. Konfigurieren Sie Round-Robin-DNS für den Einsatz mit SDRS.

Verfahren Sie entsprechend analog der Erstellung eines Datastore-Clusters, wie in Abschnitt 10.4.7, »Einsatz von Storage DRS«, beschrieben.

10.4.8 Installation von EMC Solutions Integration Services (SIS)

EMC Solutions Integration Services (kurz *SIS*, auch bekannt unter *Virtual Storage Integrator – VSI)* ist ein vCenter-Plug-in-Framework. Das heißt, EMC vereint viele Funktionalitäten unterschiedlichster Produkte. Sie finden die benötigte Programmdatei in *support.emc.com* unter dem URL *https://support.emc.com/downloads/34010_VSI-for-VMware-vSphere-Web-Client*. Sie benötigen das Installationspaket *Solutions Integration Service for VMware vSphere* (Dateiname: *emc_solutions_integration_service_v66_x86_64_OVF10.ova*).

Öffnen Sie den Webclient in einem Browserfenster. Spielen Sie den als OVA-Paket ausgelieferten *Solutions Integration Service* (SIS) auf einen *ESXi-Server* oder *-Cluster* Ihrer Wahl auf. Sie benötigen lediglich eine fixe *IPv4-Adresse*. Starten Sie nach erfolgreicher Installation die eben erstellte *VM*. Öffnen Sie die Remote Console der *VM*. Stellen Sie über die Konsole textbasiert mit Set Timezone die richtige Zeitzone ein.

Öffnen Sie nun ein neues Browserfenster, und geben Sie folgenden URL ein: *https://<FQDN oder IP-Adresse>:8843/vsi_usm/admin/*. Loggen Sie sich mit `admin` und mit dem Passwort `ChangeMe` ein. Sie werden anschließend aufgefordert, ein neues Passwort zu setzen.

In der Webapplikation klicken Sie auf VSI Setup in der Baumstruktur auf der linken Seite. Füllen Sie die Eingabefelder von VMware vCenter Information aus, und klicken Sie auf Register (siehe Abbildung 10.126).

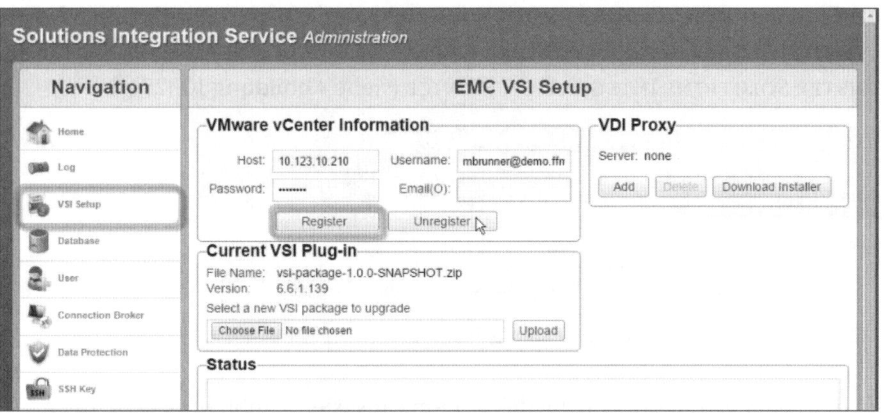

Abbildung 10.126 Registrierung von vCenter

Wenn Sie alles richtig gemacht haben, erscheint im Fenster STATUS die Meldung THE OPERATION WAS SUCCESSFUL. Im Web Client erscheint nun in HOME • VCENTER INVENTORY LISTS (siehe Abbildung 10.127). Scrollen Sie im NAVIGATOR nach unten, und Sie finden unter EMC VSI die eingangs erwähnten Lösungen. Anschließend richten Sie die für VNX benötigten Dienste ein.

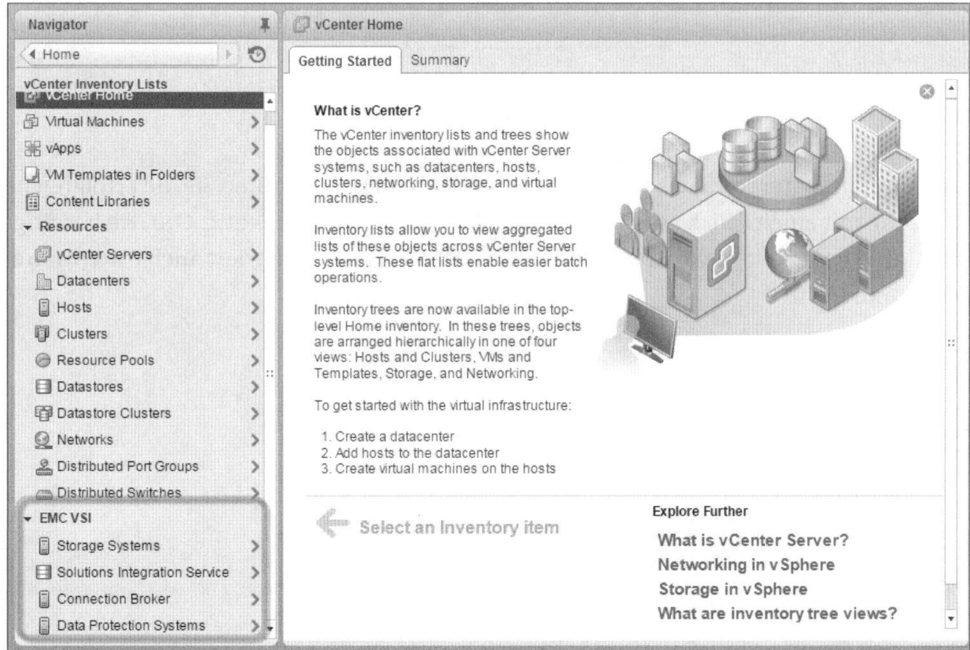

Abbildung 10.127 Webclient Plugin Menü von EMC VSI

Sie müssen das Plug-in nun in vCenter registrieren. Gehen Sie dazu im Navigator über HOME • VCENTER INVENTORY LISTS • EMCVSI auf SOLUTIONS INTEGRATION SERVICE. Klicken Sie auf OBJECTS • REGISTER SOLUTIONS INTEGRATION SERVICE (siehe Abbildung 10.128).

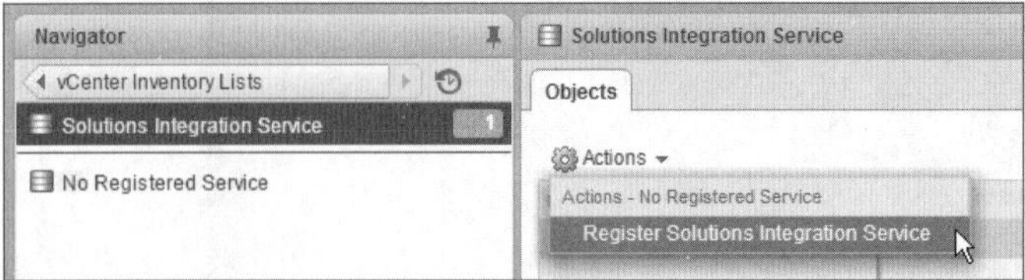

Abbildung 10.128 Menü zur Registrierung des Plug-ins

Füllen Sie nun die Maske zur Registrierung des Plug-ins aus (siehe Abbildung 10.129).

Abbildung 10.129 Maske zur Registrierung des Plug-ins in vCenter

Wenige Minuten später steht das VSI-Plug-in zur Verfügung. Überprüfen Sie die erfolgreiche Registrierung mit einem Klick auf das neue Objekt VSI SERVER. Der Status ONLINE bestätigt die Funktionstüchtigkeit (siehe Abbildung 10.130). Der Vorgang registriert auch Ihr VMware-Benutzerkonto in SIS.

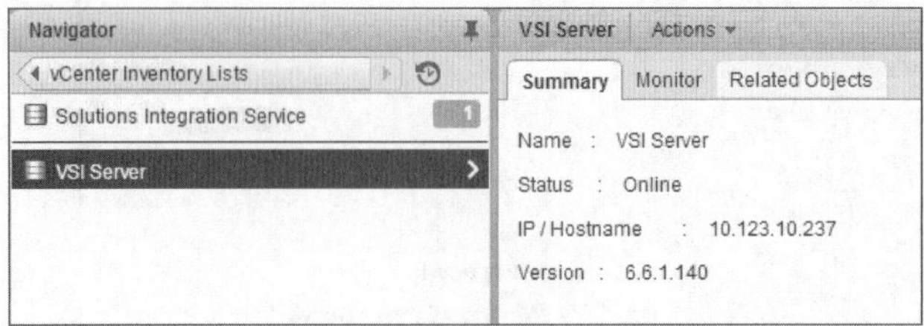

Abbildung 10.130 Überprüfung der Funktionalität des VSI-Plug-ins

Einrichten von Diensten im »Solutions Integration Service«

Die Registrierung von Diensten zur einfachen Verwaltung diverser EMC Speichersystemen, EMC RecoverPoint, AppSync sowie Multi-Pathing-Lösungen PowerPath und VMware Multipathing Module ist hier möglich. Das bedingt, dass die gewünschten Systeme oder Software-Lösungen installiert sind.

Für die Kommunikation zwischen den Diensten des EMC-VSI-Plug-ins mit den oben erwähnten Systemen und Softwarelösungen ist es erforderlich, dass auf den Firewalls die benötigten Ports geöffnet sind. Diese können Sie dem Product Guide »EMC VSI for VMware Websphere Client« entnehmen. Weiter müssen Speichersysteme und Softwarelösungen sowohl über das Web-GUI von SIS registriert als auch in vCenter im VSI-Plug-in angemeldet werden.

Sämtliche Dienste werden im Web-GUI des SIS verwaltet. Öffnen Sie ein neues Browserfenster, und geben Sie die URL *https://<FQDN oder IP-Adresse>:8843/vsi_usm/admin/* ein. Loggen Sie sich als `admin` ein.

Registrierung von AppSync

Wählen Sie im Navigationsmenü des *Solutions Integration Service* DATA PROTECTION aus, und klicken Sie im Hauptfenster unten links auf ADD. Füllen Sie die Maske aus, die Sie in Abbildung 10.131 sehen:

1. Wählen Sie bei DATA PROTECTION TYPE die Option APPSYNC. Tragen Sie den FQDN oder die IP-Adresse des AppSync-Servers ein. Belassen Sie die Angabe zum TCP-Port auf der Grundeinstellung, und geben Sie einen AppSync-Benutzer mit Administrationsrechten bekannt.
2. Bestätigen Sie Ihre Eingaben mit SAVE.

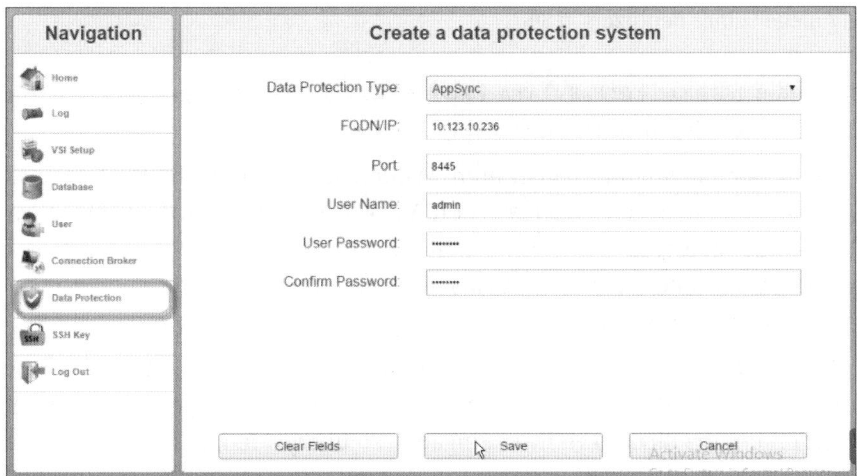

Abbildung 10.131 Anmelden von AppSync

Kurze Zeit später ist AppSync in SIS registriert und Sie können die Applikation über vCenter steuern.

Anlegen eines Benutzerkontos

Für die Registrierung von Speichersystemen benötigen Sie ein Konto mit der Administrationsberechtigung für Speichersysteme. Diese Berechtigung besitzt der Administrator von SIS nicht. Gehen Sie dafür im Navigator auf USER, und klicken Sie im Hauptfenster auf ADD unten links.

Füllen Sie die Maske mit einem Benutzernamen und Passwort Ihrer Wahl aus (siehe Abbildung 10.132). Achten Sie darauf, dass bei USER TYPE die Option STORAGE ADMIN ausgewählt ist.

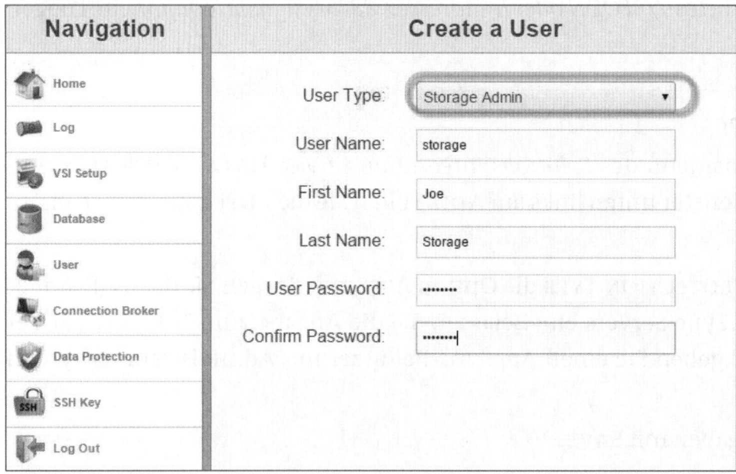

Abbildung 10.132 Anlegen eines Benutzers in SIS

Nun ist AppSync in der LIST OF ACTIVE DATA PROTECTION SYSTEMS eingetragen, die im Nachgang zur erfolgreichen Registrierung erscheint.

Nun müssen AppSync noch in vCenter registrieren. Melden Sie sich im Web Client an, und gehen Sie auf HOME • VCENTER INVENTORY LIST • EMC VSI • DATA PROTECTION SYSTEMS. Im Hauptfenster DATA PROTECTION SYSTEMS mit dem Reiter OBJECTS klicken Sie auf ACTIONS und wählen REGISTER DATA PROTECTION SYSTEMS. Bestimmen Sie als Erstes den PROTECTION SYSTEM TYPE, indem Sie APPSYNC wählen.

Um die übrigen Parameter der Maske ausfüllen zu können, benötigen Sie administrativen Zugriff und müssen die IP-Adresse oder den FQDN und den TCP-Port von AppSync kennen. Klicken Sie auf VERIFY, um die Richtigkeit Ihrer Eingaben zu überprüfen, und bestätigen Sie diese bei Erfolg (siehe Abbildung 10.133).

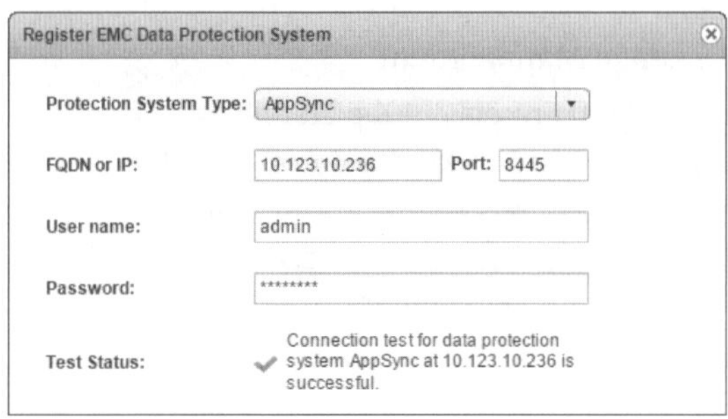

Abbildung 10.133 Registrierung von AppSync im CSI-Plug-in in vCenter

Wenige Sekunden später ist AppSync erfolgreich registriert und zum Einsatz unter vCenter bereit.

Registrierung der VNX

Melden Sie sich im Web-GUI von SIS (*https://<FQDN oder IP-Adresse>:8843/vsi_usm/*) mit dem Konto des zuvor erstellten »Storage Admin«-Benutzers an. Die Registrierung dieses Benutzers erlaubt es dem *Speichersystem-Administrator*, den Zugriff eines *VMware-Administrators* auf die VNX auf Storage-Pool-Ebene einzuschränken.

Klicken Sie im Navigationsmenü auf STORAGE ACCESS. Bestimmen Sie als Erstes den STORAGE SYSTEM TYPE, indem Sie VNX wählen. Um die übrigen Parameter der Maske ausfüllen zu können, benötigen Sie administrativen Zugriff auf BLOCK STORAGE ❶ und FILE STORAGE ❷ und müssen die *IP-Adressen* eines Storage-Processors sowie der *Control-Station* Ihrer VNX kennen. Falls Sie zusätzlich die Funktionen COMPRESSION AND CLONING nutzen wollen, müssen Sie vorab ein *DHSM-Benutzerkonto* auf Ihrer VNX anlegen und in dieser Maske eintragen. Diese Funktion steht exklusiv für NFS (*VNX File*) zur Verfügung. Bestätigen Sie Ihre Eingaben mit SAVE (siehe Abbildung 10.134).

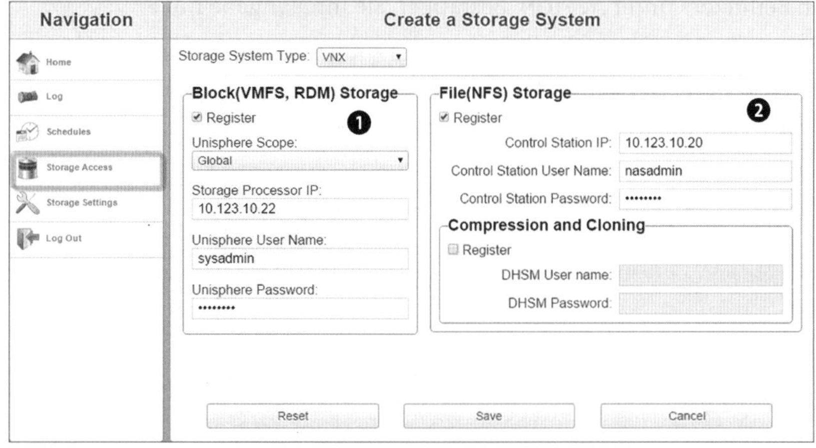

Abbildung 10.134 Speichersystem in SIS anlegen

Informationen zu Distributed Hierarchical Storage Management

Distributed Hierarchical Storage Management (DHSM) ermöglicht die Erstellung eines Systembenutzers, der über Berechtigungen verfügt, *Snaps* und *Clones* für dateisystembasierenden Speicher (VNX File) zu erstellen. Diesen Benutzer müssen Sie für sämtliche aktiven X-Blades (*VNX Data Mover*) anlegen. Achten Sie darauf, dass der Benutzername sowie das Passwort immer gleich lauten. Sie können das im CLI mit dem Befehl `server_http server_2 --info` überprüfen.

Wie eingangs erwähnt, können Sie die Verfügbarkeit von *Storage-Pools* in *vCenter* einschränken. Das hat den Vorteil der Verschlankung des administrativen Aufwands und definierter Prozesse (im Vorfeld bewilligter *Change-Management*-Prozess).

Gehen Sie dazu auf STORAGE ACCESS, und klicken Sie in der Liste auf der Zeile Ihres VNX-Systems unter ACTION auf VIEW (siehe Abbildung 10.135).

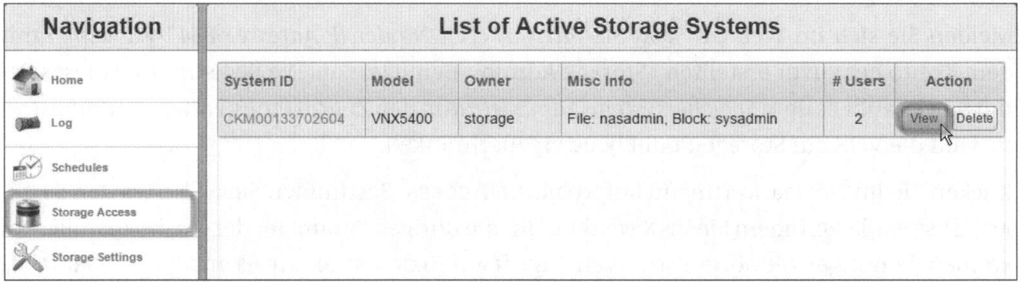

Abbildung 10.135 Aufrufen der Zugriffskontrolle Ihrer VNX

In Folge sehen Sie die in AppSync registrierten Benutzer. Wählen Sie den VMware-Administrator aus, und klicken Sie auf ADD, um ihn zur Liste der Benutzer hinzuzufügen, die zum Zugriff auf Storage-Pools berechtigt sind. Die Erfolgsmeldung ADDED erscheint auf der Zeile des entsprechenden Benutzers unter ACTION. Bestätigen Sie Ihre Eingabe mit SAVE.

Nun kann der Speichersystem-Administrator den VMware-Administrator dazu berechtigen, in Storage-Pools über das *EMC VSI Plugin* VMFS- oder NFS-Datastores anzulegen. Klicken Sie in der Zeile des VMware-Administrators unter ACTION auf POOL (siehe Abbildung 10.136).

Access	Username	Name	Action
R	mbrunner@demo.ffm		Remove Pool (0)
RW	storage	Joe Storage	Remove Pool (5)
	admin		Add

Abbildung 10.136 Berechtigte Benutzer für Storage-Pools unter SIS

Im nun folgenden Hauptfenster finden Sie sämtliche Storage-Pools Ihres VNX-Systems aufgelistet. Unter ACTION können Sie die Berechtigungen für den VMware-Administrator festlegen und mit SAVE bestätigen (siehe Abbildung 10.137).

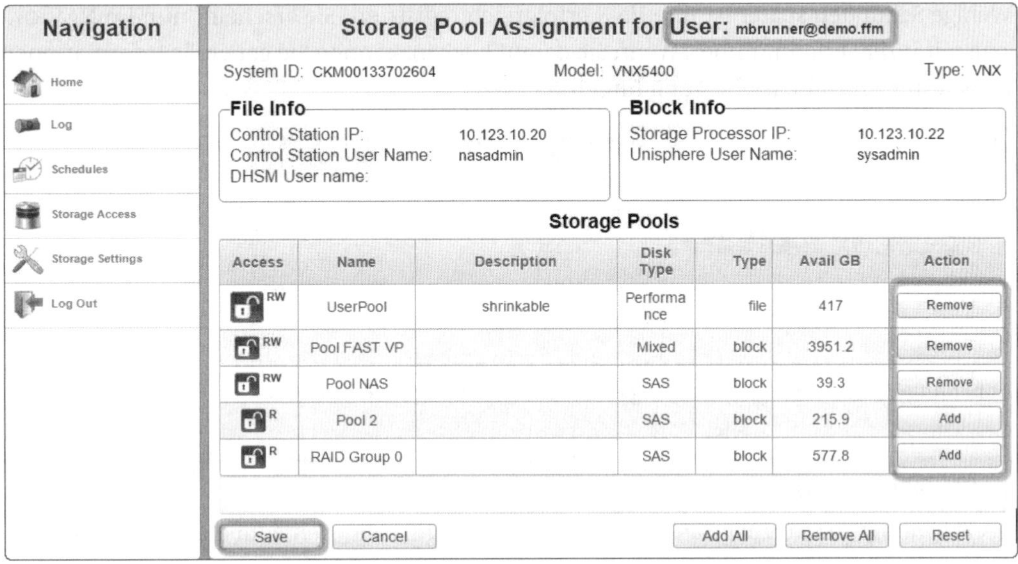

Abbildung 10.137 Steuerung der Zugriffsberechtigungen für einen Benutzer

Um die Registrierung abzuschließen, melden Sie sich im *vSphere Webclient* an und gehen auf HOME • VCENTER INVENTORY LIST • EMC VSI • STORAGE SYSTEMS. Im Hauptfenster STORAGE SYSTEMS mit dem Reiter OBJECTS klicken Sie auf ACTIONS und wählen REGISTER STORAGE SYSTEM (siehe Abbildung 10.138).

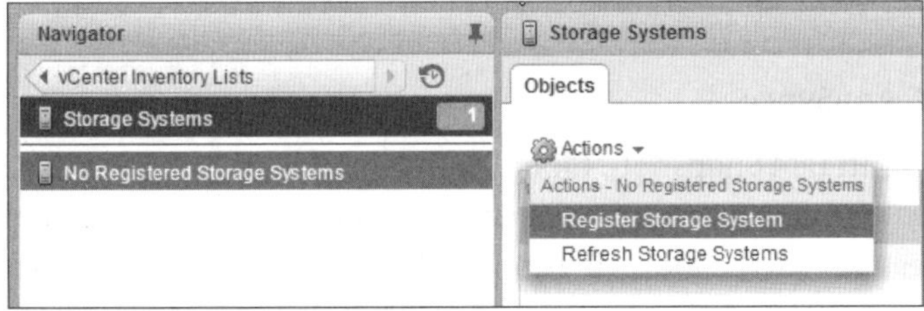

Abbildung 10.138 Registrierung der VNX zur Verwaltung mit SIS in vCenter

Bestimmen Sie als Erstes den STORAGE SYSTEM TYPE, indem Sie VNX WÄHLEN. Der VNX-Block und das VNX-File müssen jeweils separat registriert werden. Entscheiden Sie sich in der Maske entweder für REGISTER AS BLOCK (VMFS, RDM) STORAGE oder für REGISTER AS FILE (NFS) STORAGE.

Um die übrigen Parameter der Maske ausfüllen zu können, benötigen Sie administrativen Zugriff auf BLOCK STORAGE und FILE STORAGE und müssen die IP-Adressen eines Storage-

Processors sowie der Control-Station Ihrer VNX kennen. Falls Sie optional für *VNX File* die Funktionen COMPRESSION AND CLONING nutzen wollen, geben Sie die Anmeldeinformationen des *VNX-File-DHSM-Kontos* bekannt. Bestätigen Sie Ihre Eingabe mit OK.

Wenige Sekunden später ist Ihre VNX erfolgreich registriert. Sie erscheint nun im NAVIGATOR mit ihrer Seriennummer. Wenn Sie darauf klicken, können Sie generelle Informationen zum System abrufen (siehe Abbildung 10.139).

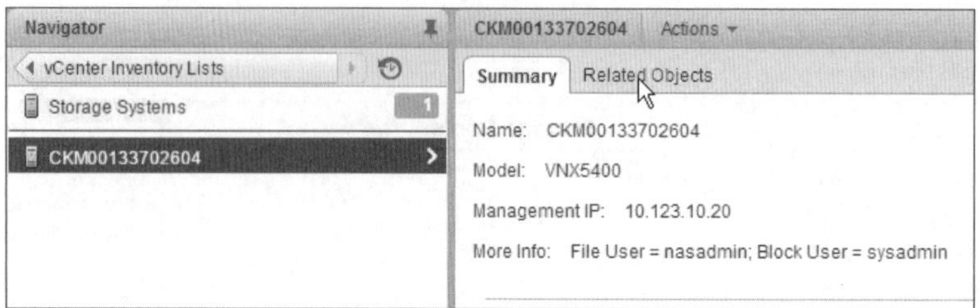

Abbildung 10.139 Zusammenfassung einer erfolgreich registrierten VNX

VSI und Netzwerke

VSI benötigt zur Nutzung sämtlicher Funktionen Zugriff auf *vCenter* und auf das Speichernetzwerk Ihrer NFS-Datastores.

Multi-Pathing

Zur Verwaltung der Multipathing-Lösungen *Native Multi Pathing* und *PowerPath/VE* über das *EMC VSI Plugin* sind keine Registrierungen erforderlich. Falls Sie PowerPath/VE nutzen wollen, muss die Software auf den vSphere-Hosts installiert sein.

10.4.9 Installation von »EMC AppSync«

Der Einsatz von *AppSync*, einer zentralen Snapshot-, Clone- und Replikations-Suite für VNX-Systeme, setzt voraus, dass Sie über entsprechende Lizenzen verfügen. AppSync setzt auf Windows auf und macht sich dessen VSS-Technologie zunutze. Sie können AppSync in einer virtuellen Maschine ab Windows 2008 R2 als Gastbetriebssystem installieren.

Die Softwarepakete können Sie von der EMC-Support-Seite beziehen (*support.emc.com*). Die zu installierenden Pakete bestehen aus zwei Programmen: dem AppSync-Server und dem AppSync-Host-Plug-in. Den Server müssen Sie einmal auf einem Windows-Gastbetriebssystem installieren. Das AppSync-Host-Plug-in kommt auf den zu sicherenden Windows-Gastbetriebssystemen zum Einsatz (beispielsweise auf dem SQL-Datenbankserver).

Folgende Pakete werden für die hier verwendete Version aufgespielt (sie enthalten beide Programme):

1. Grundprogramm: *AppSync-2.2.0.0.zip*
2. Versions-Patch mit zusätzlicher Unterstützung weiterer Systeme: *AppSync-2.2.1.0.zip*
3. kleiner Patch: *AppSync-2.2.1.1.zip*

Vor dem Installationsstart entpacken Sie die Dateien. Installieren Sie die Pakete gemäß der oben aufgeführten Reihenfolge. Wählen Sie für die ersten beiden Softwarepakete die ausführbare Datei. Der kleine Patch wird über das Installationsprogramm AUTORUN-PATCHTOOL.BAT eingespielt.

Die Installation verlangt als einzige Interaktion die Eingabe des Passworts für das Benutzerkonto ADMIN (siehe Abbildung 10.140). Notieren Sie sich die für die Dienste benötigten Firewall-Ports, und stellen Sie sicher, dass Ihr AppSync-Server im Domain-Name-Server-Dienst eingetragen ist.

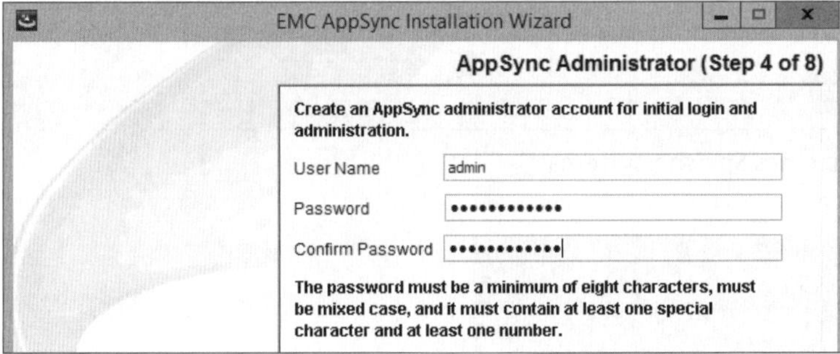

Abbildung 10.140 Installation von AppSync mit Passworteingabe

Damit die webbasierte Applikation starten kann, müssen Adobe Flash und Java JRE1.7 in der 32-Bit-Version vorhanden sein.

Einrichten von »EMC AppSync«

Nun ist AppSync für den ersten Start und somit für die Konfiguration vorbereitet. Im Folgenden geben Sie AppSync zuerst ein Speichersystem an. Beim ersten Login werden Sie dazu aufgefordert und zur Seite SETTINGS • STORAGE INFRASTRUCTURE geleitet.

1. Klicken Sie auf ADD • VNX STORAGE SYSTEM, und füllen Sie die Eingabemaske aus. Sie benötigen die IP-Adressen der *Control Station* und der beiden *Storage-Processors* sowie die Anmeldeinformation eines VNX-Benutzerkontos mit globalen Administrationsrechten (siehe Abbildung 10.141).
2. Nun folgt die Bekanntgabe der vCenter-Server. Gehen Sie auf SETTINGS • VMWARE VCENTER SERVERS, und klicken Sie unten links auf ADD. Füllen Sie die Maske aus, und achten Sie darauf, dass der Haken bei RUN DISCOVERY NOW gesetzt ist. Nach erfolgreicher Anmeldung erkennt AppSync sämtliche Datastores (siehe Abbildung 10.142).

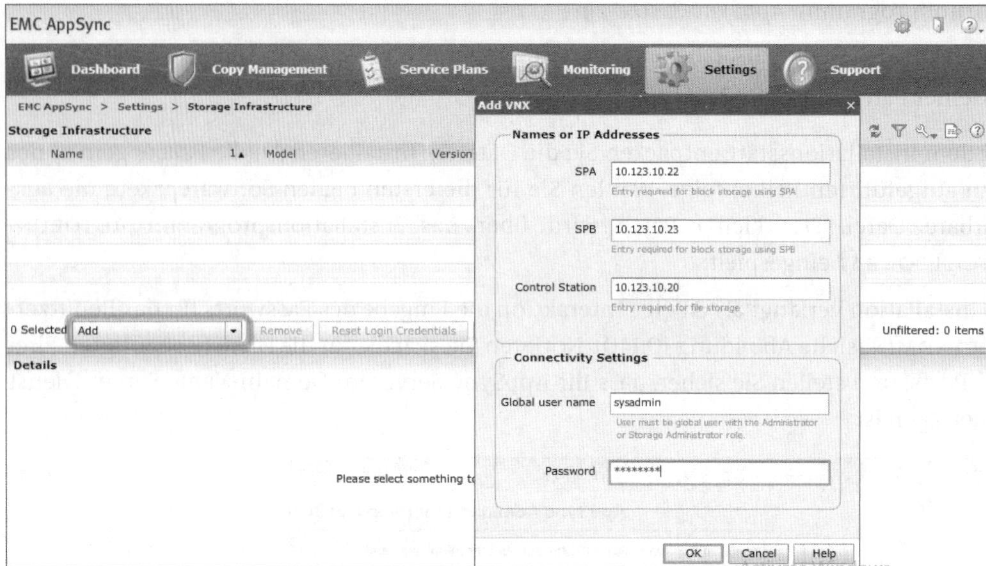

Abbildung 10.141 Hinzufügen eines Speichersystems

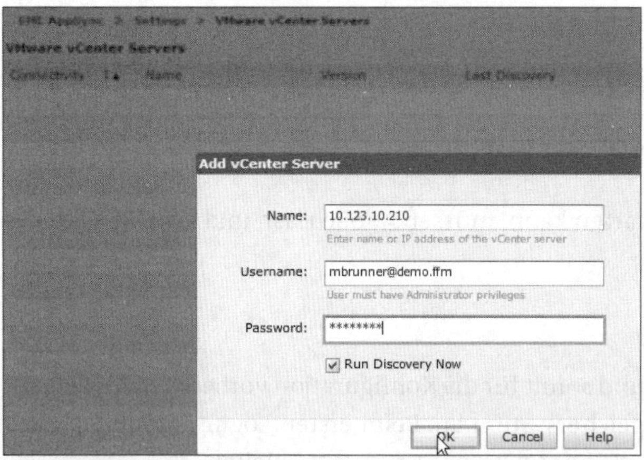

Abbildung 10.142 Registrierung von vCenter in AppSync

Das Hinzufügen weiterer Datastores erfordert einen erneuten *Discovery Run* mit COPY MANAGEMENT • VMWARE DATACENTERS. Klicken Sie links unten auf DISCOVER DATACENTERS • ON VIRTUAL CENTER • <VCENTER SERVER>.

Service Plans

AppSync beruht auf dem Konzept von *Service Plans*. Anhand dieser Pläne bilden Sie Ihre *Service Level Objectives* ab. Service Plans arbeiten objektorientiert. Es existieren bereits Vorlagen für unterschiedliche Szenarien (beispielsweise für die Erstellung eines lokalen

Snapshots). Sie können mit dem Tool auf einfache Weise Kopien von EMC-Primärspeichersystemen verwalten. Es bietet Unterstützung für *VMware Datacenters (vCenter), Microsoft Exchange, Microsoft SQL, File Systems* und *Oracle Database*.

So gehen Sie vor, um Ihren ersten *Service Plan* zu erstellen:

1. Rufen Sie im Menü SERVICE PLANS • VMWARE DATACENTERS auf.
2. Um einen neuen Service Plan zu erstellen, klicken Sie auf CREATE und füllen die Eingabemaske aus. Im Beispiel wählen Sie unter SELECT AN EXISTING PLAN AS TEMPLATE die Vorlage BRONZE und geben dem Service Plan den Namen VMFS DATASTORES LOCAL.
3. Um diesen *Service Plan* an Ihre eigenen Anforderungen anzupassen, klicken Sie auf seinen Namen, der neu in der Tabelle unter SERVICE PLANS • VMWARE DATACENTERS aufgeführt ist.
4. Wählen Sie innerhalb der Maske unter PLAN STARTUP DEFAULTS den STARTUP TYPE • ON DEMAND. Alle übrigen Werte belassen Sie auf der Grundeinstellung. Klicken Sie auf APPLY (siehe Abbildung 10.143)

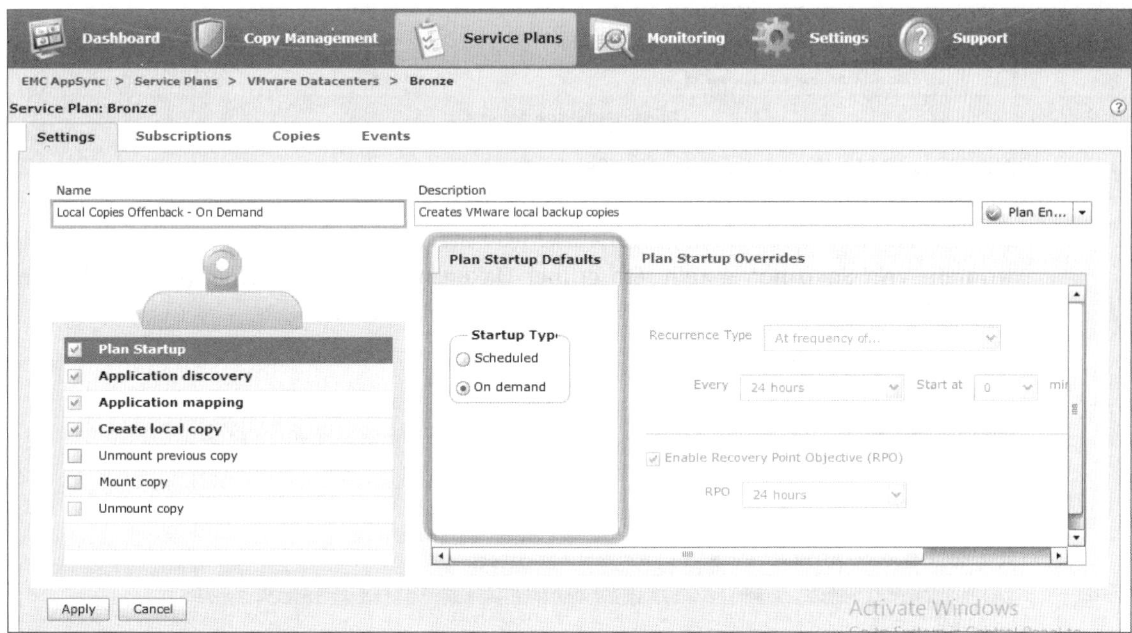

Abbildung 10.143 So editieren Sie die Einstellungen eines Service Plans.

In Schritt 4 können Sie alternativ auch den Planer nutzen, um die Erstellung der Snapshots zu generieren. Dazu wählen Sie unter PLAN STARTUP DEFAULTS den STARTUP TYPE • SCHEDULED. Unter RECURRENCE TYPE bestimmen Sie die Häufigkeit und das Intervall. Weiter können Sie ein *Recovery Point Objective* (die maximal tolerierbare Periode eines Datenverlusts) Ihrer Wahl bestimmen.

Grundsätzlich können Sie einem Service Plan mehrere Datastores zuordnen. Die im Service Plan eingeschriebenen Datastores werden gemäß dem Planer gesichert. Ein Datastore kann durchaus in mehreren Service Plans eingeschrieben sein.

Mit einem Klick auf PROTECTION • VMWARE DATACENTER • <VMWARE DATACENTER> erhalten Sie eine Liste sämtlicher Datastores Ihres vCenters. Selektieren Sie den Datastore des VNX-Systems, und ordnen Sie diesen über PROTECT • SUBSCRIBE TO A PLAN AND RUN • VMFS DATASTORE LOCAL dem soeben erstellten Service Plan zu (siehe Abbildung 10.144).

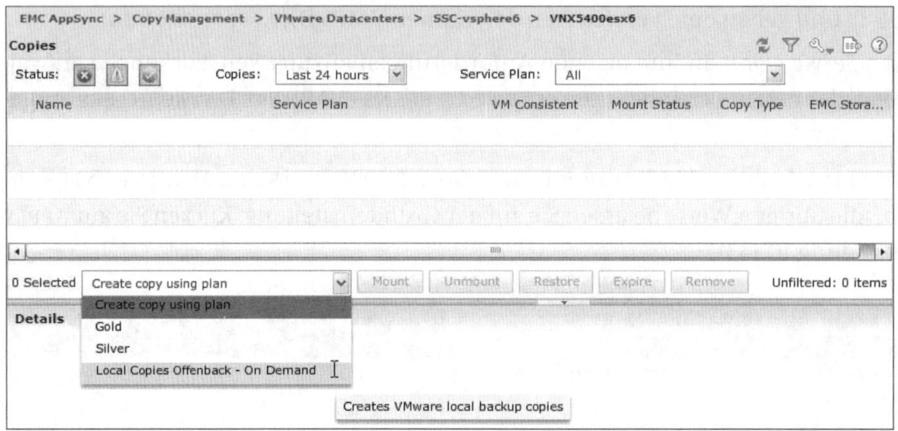

Abbildung 10.144 Zuordnung zu einem Service Plan

Der frisch dem Service Plan zugeordnete VMFS-Datastore wird sofort geschützt. Im Beispiel wird ein VNX-Snapshot erstellt. Ein grüner Haken markiert den Erfolg (siehe Abbildung 10.145). Das funktioniert auch bei VMFS-Datastores mit Extents.

EMC AppSync > Copy Management > VMware Datacenters > SSC-vsphere6

VMware Datastores | Protected Virtual Machines

VMware Datastores

Name	Type	Service Plan	ESX Servers
VNX5400esx6	VMFS	VMFS Datastores Offenbach	10.123.10.131,10.123.10.133
VNX5300 DS1	VMFS		10.123.10.133
NFS-ISO	NFS		10.123.10.131,10.123.10.133
datastore1 (1)	VMFS		10.123.10.131
datastore1	VMFS		10.123.10.133
Datastore-L24	VMFS		10.123.10.131

Abbildung 10.145 Übersicht geschützter und ungeschützter Datastores

10.4.10 Anmerkungen zur Installation von vSphere ESXi

Generell ist es einfacher, ESXi-Server direkt auf den internen Festplatten des physischen Servers zu installieren oder von einem USB-Drive zu booten. Verwenden Sie jedoch Blade-Systeme, bietet sich das Booten über SAN an.

Boot-LUNs in der Größe von 20 GB bieten in jedem Fall mehr als ausreichend Kapazität. Weisen Sie die Boot-LUN der entsprechenden Storage-Group des Hosts zu, und verwenden Sie dabei als HOST LUN ID die Zahl 0 (siehe Abbildung 10.146). Das erlaubt Ihnen, auf einfachste Weise die Boot-LUN von anderen zu unterscheiden. Es gibt Blade-Systeme, die explizit nach einer Boot-LUN 0 verlangen.

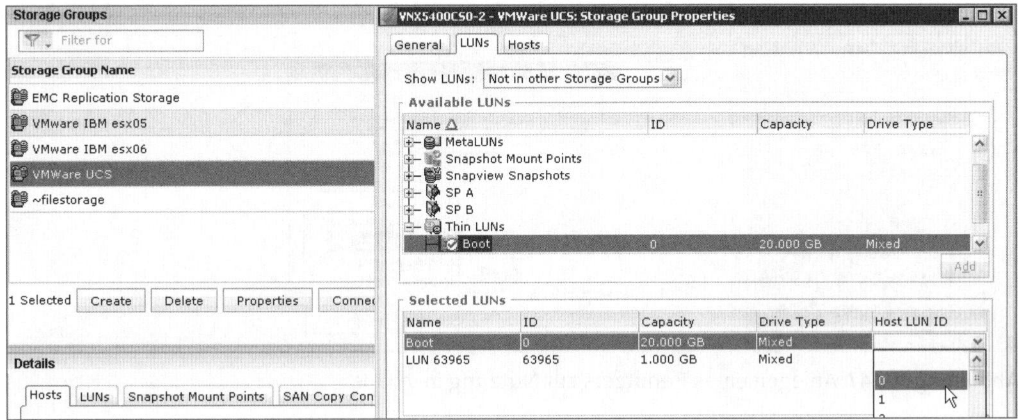

Abbildung 10.146 Zuweisung der Host-ID (LUN 0)

Wenn Sie die Host-ID einer LUN explizit vergeben wollen, müssen Sie die PROPERTIES der gewünschten Storage-Group aufrufen und die LUN auswählen, die hinzugefügt werden soll. Dann können Sie sich die HOST ID aussuchen, wie in Abbildung 10.146 zu sehen ist. Nähere Informationen zur Erstellung einer LUN finden Sie in Abschnitt 10.2.3, »Konfiguration von VNX für den blockbasierten Zugriff«.

10.4.11 Gesamtheitliche Überwachung der vSphere-Infrastruktur

Für VNX-Systeme gibt es mit *EMC Storage Analytics* (ESA) eine Integration in den *vRealize Operations Manager* (kurz *vROps* – früher bekannt als *vCenter Operations Manager*) zur gesamtheitlichen Überwachung Ihrer Infrastruktur.

Zur erfolgreichen Installation von *EMC Storage Analytics* benötigen Sie folgende Softwarepakete:

- vRealize Operations Manager 5.8 (*VMware-vcops-5.8.0.0-1448123-vapp.ova*)
- EMC Storage Analytics (*emc-vcops-adapter-2.1.1-build-22453.pak*) oder
- vRealize Operations Manager for EMC Storage 5.8

In diesem Abschnitt zeige ich Ihnen die Integration von ESA in eine bestehende vROps-Infrastruktur. Sie benötigen hierfür lediglich den vROps-Adapter von EMC. Dieser beinhaltet sämtliche von vROps unterstützten EMC-Systeme.

Im Vorfeld der Installation des ESA-Pakets empfehlen wir das Anlegen eines neuen Benutzerkontos in *Unisphere*. Öffnen Sie die Eingabemaske zur Erstellung von GLOBAL USERS über <VNX-SYSTEM> • SETTINGS • SECURITY • GLOBAL USERS • ADD. Füllen Sie diese aus, und wählen Sie die Rolle OPERATOR (siehe Abbildung 10.147).

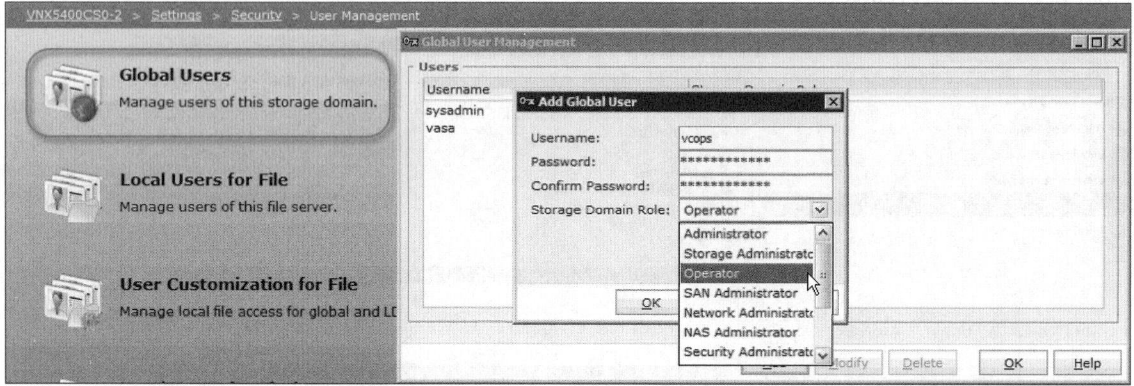

Abbildung 10.147 Anlegen eines Benutzers zur Nutzung in vROps

Wiederholen Sie den Vorgang für *VNX File* über LOCAL USERS FOR FILE.

Wählen Sie sich via Webbrowser in die Administrationskonsole ein (*https://<IP-Adresse oder FQDN>/admin*). Klicken Sie auf den Reiter UPDATE (siehe Abbildung 10.148), anschließend auf BROWSE ❶, und wählen Sie den Storage-Adapter (*emc-vcops-adapter-2.1.1-build-22453.pak*) aus dem Verzeichnis aus ❷. Führen Sie dann das Update aus ❸.

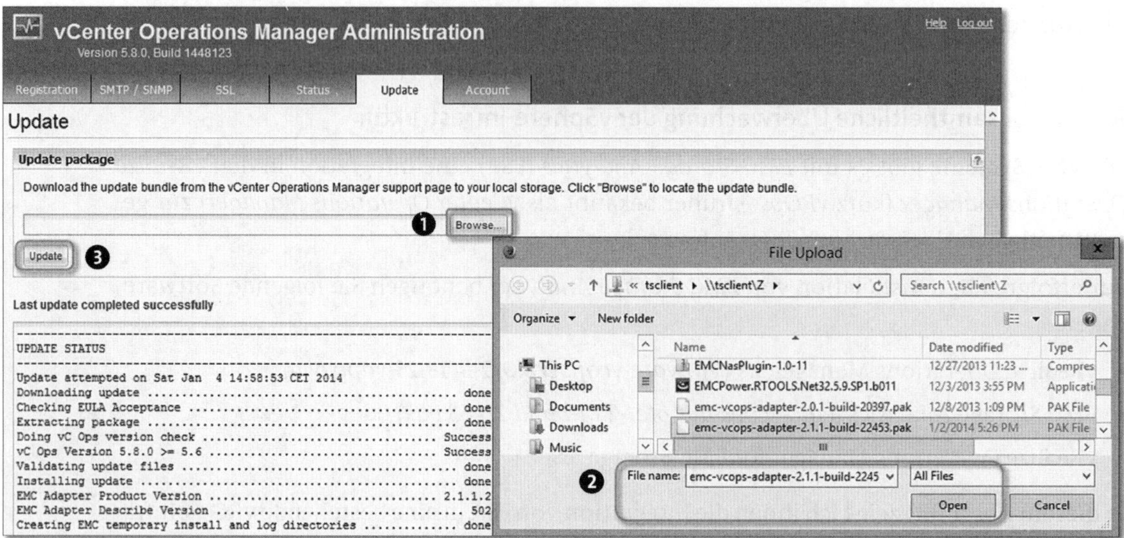

Abbildung 10.148 Einspielen des Storage-Adapters

Einrichten von »EMC Storage Analytics«

Nach erfolgreichem Aufspielen gehen Sie zu *Unisphere* zurück und rufen die System Properties über <VNX System> • System • System Properties auf. Setzen Sie einen Haken bei Statistics Logging. Achten Sie darauf, dass beide SPs aufgelistet sind (siehe Abbildung 10.149).

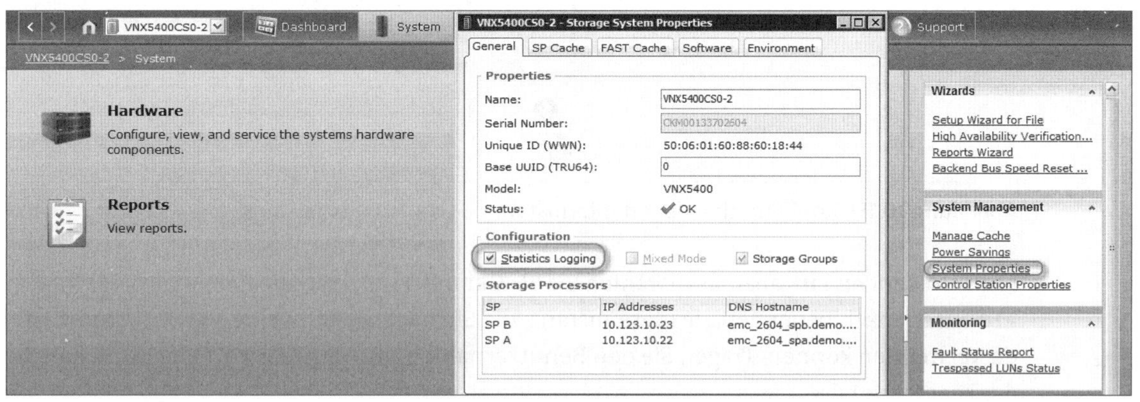

Abbildung 10.149 Einschalten des Statistic Loggings

Nun müssen Sie noch eine vCenter-Instanz des *EMC Storage Adapters* in vROps anlegen. Hierfür öffnen Sie ein neues Webbrowser-Fenster und geben den URL *https://<IP Adresse von vROps>/vcops-custom* ein. Wählen Sie sich als Administrator ein. Gehen Sie auf den Reiter Environment • Configuration • Adapter Instances, und klicken Sie auf Add Adapter Instance. Suchen Sie sich aus den Dropdown-Menüs den Collector • <vCenter Operations Standard Server> und den Adapter Instance Name • <EMC Adapter> aus (siehe Abbildung 10.150).

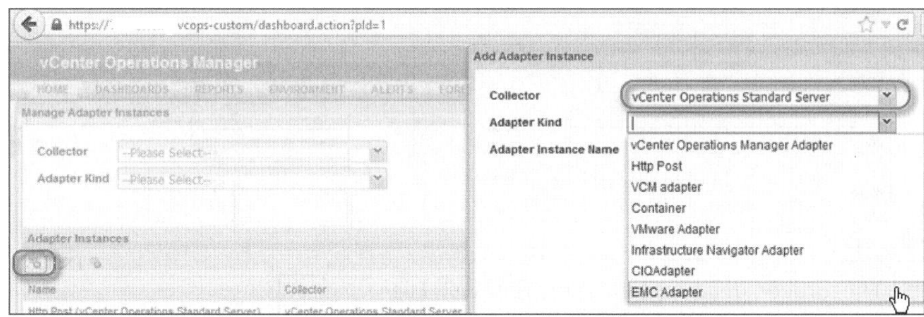

Abbildung 10.150 Auswahl der Adapterinstanz

Füllen Sie die Eingabemaske weiter aus (siehe Abbildung 10.151). Vergeben Sie einen sinnvollen Namen für die Instanz, und tragen Sie die IP-Adresse von SP A sowie den Lizenzschlüssel ein ❹. Belassen Sie die übrigen Werte auf der Standardeinstellung, und klicken Sie rechts von Credentials auf Add ❺.

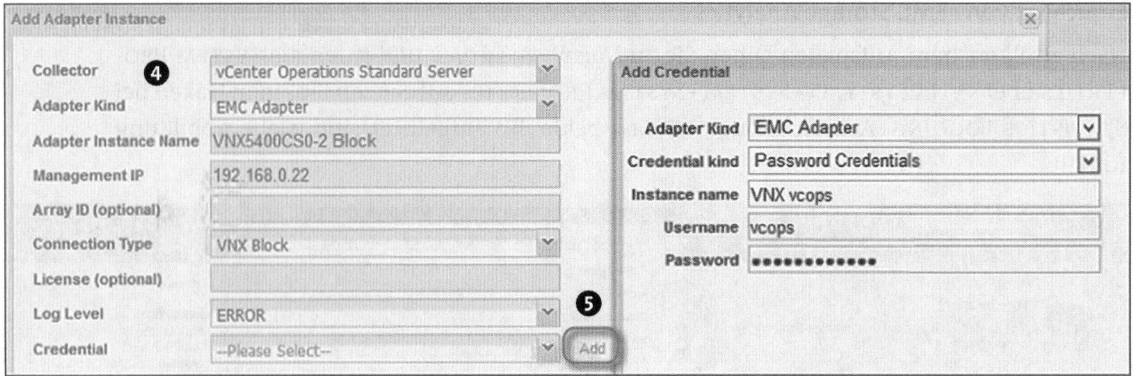

Abbildung 10.151 Konfiguration der Adapterinstanz

In der folgenden Eingabemaske wählen Sie als Credential Kind die Password Credentials aus. Danach benennen Sie diese Instanz, die Sie nachher für weitere VNX-Systeme wiederverwenden können. Tragen Sie den Benutzernamen und das Passwort ein. Schließen Sie das Fenster mit Ok.

Nun klicken Sie in der vorherigen Eingabemaske auf Test. Bei erfolgreichem Test bestätigen Sie Ihre Eingaben mit Ok.

Wiederholen Sie diesen Vorgang für *VNX File*, und wählen Sie als Connection Type • VNX File, bei Management IP die IP-Adresse der Control Station sowie als Credential • <VNX vcops> aus (siehe Abbildung 10.152).

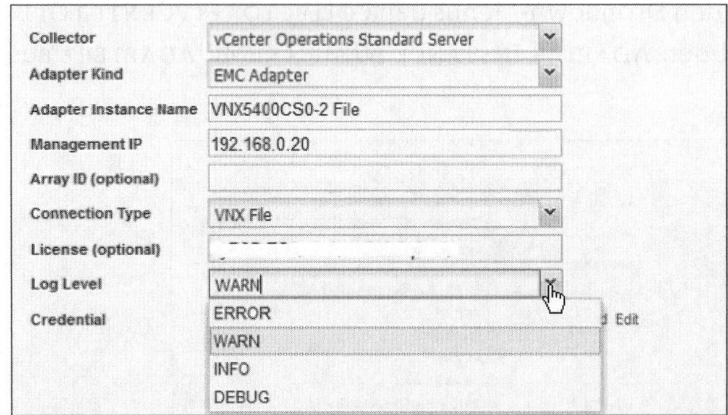

Abbildung 10.152 Hinzufügen der Adapterinstanz für »VNX File«

Nachdem Sie den Adapter für die VNX installiert haben, sieht Ihr *vCenter Operations Manager* so aus wie in Abbildung 10.153.

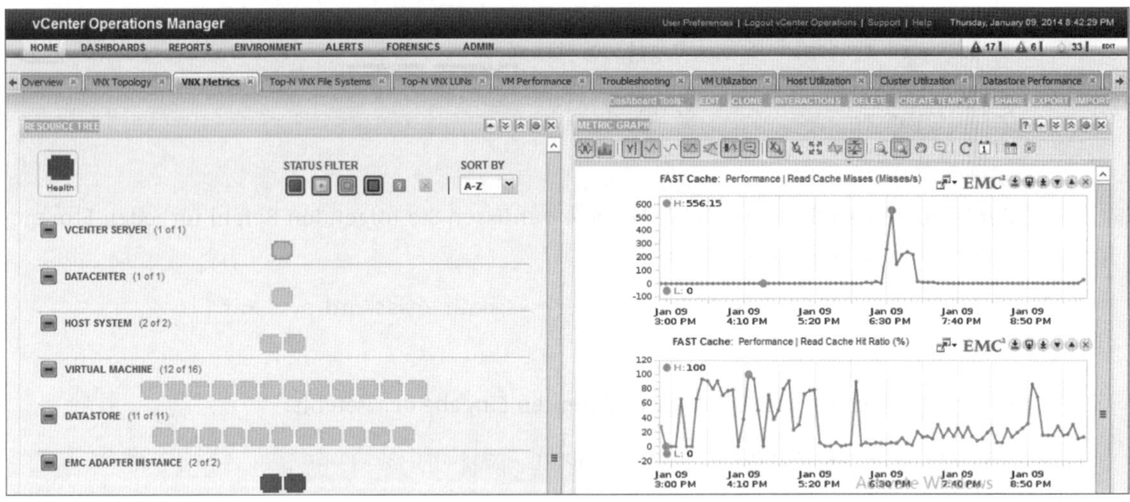

Abbildung 10.153 »VMware vRealize Operations Manager« mit EMC-Adapter

10.5 Troubleshooting – Erste Hilfe

Dieser Abschnitt vermittelt Ihnen nützliche Tipps im Umgang mit einem VNX-System. Er zeigt Ihnen Symptome und die Behebung von Fehlern auf.

10.5.1 Sie haben Trespassed LUNs

Trespassed LUNs im blockbasierten Bereich

Sie stellen fest, dass die Performance Ihrer VMFS-Datastores nachgelassen hat. Sie wissen, dass einer der Indikatoren *Trespassed LUNs* sind (siehe Abbildung 10.154).

```
C:\Users\Administrator>NaviSECCli.exe -h 10.0.25.10 -user sysadmin -password
         -scope 0 getlun -trespass
LOGICAL UNIT NUMBER 1
Default Owner:              SP A
Current owner:              SP B
```

Abbildung 10.154 Beispiel für eine Trespassed LUN

Das heißt, die Ownership einer LUN passt nicht auf die Zuweisung der LUN an den Storage-Processor. Sie können Sie das Dashboard in Unisphere mit einem Fenster konfigurieren, das Auskunft über die Anzahl der *Trespassed LUNs* gibt.

Öffnen Sie das Kommandozeilenprogramm eines virtuellen Servers, auf dem Navisphere CLI installiert ist. Geben Sie folgende Befehlszeile ein:

```
PS C:\Users\Administrator> naviseccli -h 192.168.0.22 -user sysadmin
  -password sysadmin -Scope 0 getlun -trespass
LOGICAL UNIT NUMBER 8
Default Owner:              SP A
Current owner:              SP B
```

Zur Wiederherstellung der *LUN-Ownership* müssen Sie folgenden Befehl für jeden Storage-Processor einzeln durchführen:

```
naviseccli -h <IP-Adresse SP A/B> -user sysadmin -password sysadmin
 -scope 0 trespass mine
```

Überprüfen Sie den Erfolg mit einer erneuten Eingabe des Befehls:

```
naviseccli -h <IP-Adresse> -user sysadmin -password sysadmin
 -Scope 0 getlun -trespass
```

Trespass-Befehl

Dieser Befehl funktioniert nicht für *Private LUNs.* (Das sind LUNs, die das Speichersystem beispielsweise für Snapshots erstellt. Private LUNs erkennen Sie an den sehr hohen LUN-IDs.)

Trespassed LUNs im dateibasierten Bereich

Sie stellen fest, dass die Performance Ihrer NFS-Datastores nachgelassen hat. Sie wissen, dass einer der Indikatoren *Trespassed LUNs* sind (siehe Abbildung 10.155). Das heißt, die Ownership einer LUN passt nicht zur Zuweisung der LUN an den Storage-Processor.

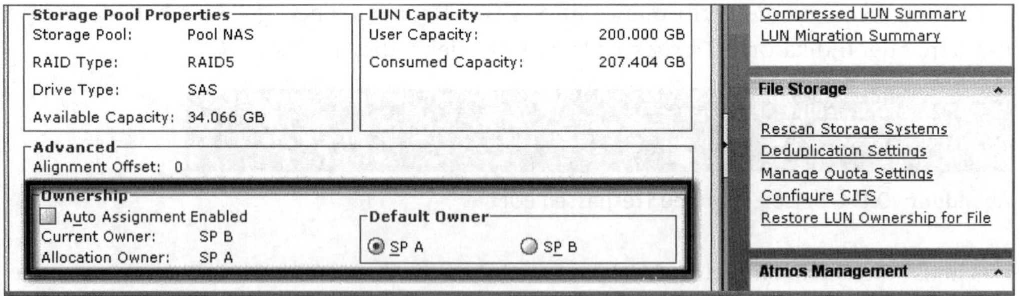

Abbildung 10.155 Trespassed LUN von NAS-Speicher

In UNISPHERE • STORAGE • LUNs sehen Sie, dass Sie *Trespassed LUNs* haben, die dem *Storage-Pool-for-File* angehören. Wählen Sie zur Behebung dieses Zustands im Menü auf der rechten Seite im Bereich STORAGE • STORAGE CONFIGURATIONS • RESTORE LUN OWNERSHIP FOR FILE aus (siehe Abbildung 10.156).

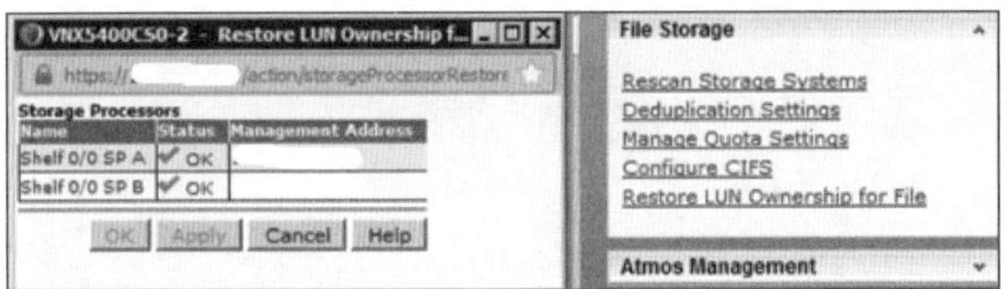

Abbildung 10.156 Wiederherstellen der Default-LUN-Ownership

Nach der Durchführung dieses Prozesses sind die LUNs wieder korrekt zugeordnet.

10.5.2 Verbindungsfehler von »naviseccli«

Es ist wichtig, dass die Verbindung mit `naviseccli` immer funktioniert. Sollte diese einmal fehlschlagen, was sich in Fehlermeldungen bei der Durchführung von Befehlen äußert, so müssen Sie diese Verbindung wiederherstellen.

Im Folgenden sehen Sie ein Beispiel für eine solche Fehlermeldung:

```
C:\Users\Administrator> naviseccli --h <IP-Adresse> -User sysadmin -Password sysadmin
 -Scope 0
A network error occurred while trying to connect: '127.0.0.1'.
Message : Error occurred because connection refused. Management Server is not running.
```

Um diesen Fehler zu beheben, öffnen Sie einen Webbrowser und geben folgenden URL ein: *http://<IP-Adresse SP A/B>/setup* (siehe Abbildung 10.157). Wählen Sie sich mit dem Administrationskonto ein (*sysadmin*).

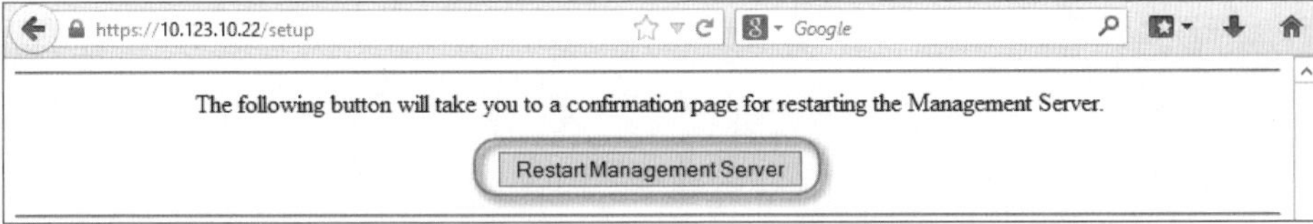

Abbildung 10.157 Neustart des Management-Servers eines Storage-Processors

Wiederholen Sie diesen Vorgang auf dem anderen SP. Bei beiden Vorgängen dauert es mehrere Minuten, bis der entsprechende Management-Server erneut ansprechbar ist.

Kapitel 11
Konfiguration von ESXi und vCenter

Die Konfiguration der Virtual Infrastructure 6 kann sehr umfassend und komplex sein. Es gibt viele Punkte, die Sie konfigurieren können oder müssen, um einen reibungslosen Betrieb zu gewährleisten. Auf diese Punkte gehen wir in diesem Kapitel ein.

Autor dieses Kapitels ist Bertram Wöhrmann, Ligarion
bwoehrmann@ligarion.de

Die gesamte Infrastruktur umfasst nicht nur den vSphere-Host und den vCenter-Server, sondern auch zusätzliche Komponenten. Bei der Konfiguration müssen Sie auch auf andere Komponenten achten, wie zum Beispiel auf den Lizenz-Server oder den NTP-Server. Auf den folgenden Seiten gehen wir näher auf die verschiedenen Komponenten sowie auf die Konfiguration der virtuellen Infrastruktur ein.

Für die eigentlichen Konfigurationsarbeiten können Sie entweder den *vSphere Web Client* oder den *vSphere Client* nutzen. Wir werden aber an dieser Stelle nur auf den Web Client eingehen, weil er seit der Version 5.0 das präferierte Tool für VMware ist und weil nicht alle Konfigurationen mehr im vSphere Client vorgenommen werden können.

An dieser Stelle möchten wir nicht alle Konfigurationsmöglichkeiten abarbeiten, sondern das Ganze themenorientiert behandeln.

Die Themen *Netzwerk* und *Storage* beschreiben wir in eigenen Kapiteln (Kapitel 7 und Kapitel 8).

11.1 Host-Profile

Mit Version 4 der *VMware Virtual Infrastructure* führte VMware ein neues Feature ein, und zwar die *Host-Profile*. Diese Funktion hat weiterhin Bestand und ist seit ihrem Erscheinen stetig erweitert worden. Host-Profile erleichtern die Konfiguration einer Farm von vSphere-Servern. Dadurch ist es möglich, die Konfiguration eines Hosts auf verschiedene andere Hosts zu übertragen und somit identische Systeme zu erhalten.

Es ist nicht mehr nötig, die Konfiguration auf jedem Host einzeln und manuell vorzunehmen. Das spart Zeit, und die Fehleranfälligkeit sinkt; die Enterprise-Plus-Lizenz ist dafür Voraussetzung. In den anderen Versionen von vSphere muss bei der Konfiguration von zehn

Hosts jeder einzelne Host angefasst werden. Dabei kann es schnell einmal zu Fehlern kommen, wenn z. B. »mal eben« ein neues virtuelles Netzwerk eingerichtet werden musste. Dies stört nicht nur den Betrieb erheblich, sondern kann auch dazu führen, dass nicht alle Funktionen in der virtuellen Infrastruktur zur Verfügung stehen.

Achtung

Host-Profile können nur mit vSphere-Servern genutzt werden, die mindestens mit der Version 4.x installiert sind. Ältere Versionen werden nicht unterstützt.

Durch das einmalige Erstellen eines Host-Profils und das Verteilen auf die einzelnen Server ist eine schnelle und sichere Konfiguration einer vSphere-Farm möglich. Das Erstellen und Verteilen dieser Host-Profile beschreiben wir im Folgenden näher. Als Erstes legen Sie ein Host-Profil von einem fertig konfigurierten Host im System an oder importieren ein bestehendes. Auf der MANAGEMENT-Seite des Web Clients oder über das Menü rufen Sie das Fenster für die HOST PROFILES auf (siehe Abbildung 11.1). Im Fenster der Host-Profile können Sie Profile erstellen, duplizieren, löschen und editieren. Außerdem ist es möglich, vorhandene Cluster und ESXi-Hosts mit einem Profil zu verknüpfen.

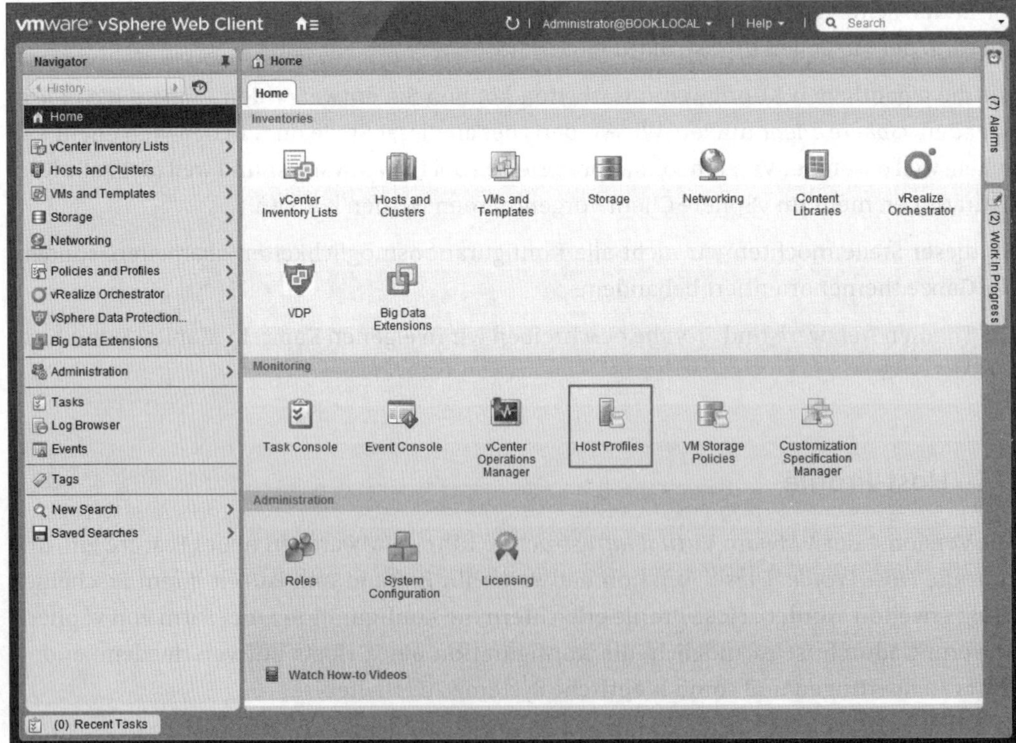

Abbildung 11.1 Aufruf der Host-Profile

Das Verknüpfen der Cluster oder vSphere-Hosts mit einem Host-Profil ähnelt dem Verbinden mit Policies für den *VMware Update Manager*. Sind Hosts mit einem Profil verbunden, können Sie die Hosts auf Konformität prüfen und die Profile auf die Hosts übertragen. Auch wenn Host-Profile die Konfiguration eines Hosts sehr erleichtern, kommen Sie um die eigentliche Konfiguration eines Hosts nicht herum. Auf den nächsten Seiten nehmen wir die Konfigurationen vor.

Wichtig

Die administrativen Passwörter der Hosts und die UUID werden nicht übernommen.

11.1.1 Erstellen eines Host-Profils

Das Erstellen eines Host-Profils ist denkbar einfach. Es werden keine Einstellungen oder Ähnliches in einer Konfigurationsdatei editiert. Zuerst konfigurieren Sie einen vSphere-Host komplett so durch, wie er produktiv zum Einsatz kommen soll. So parametrieren Sie zum Beispiel die Einstellungen für das Netzwerk. Als Beispiel werden drei virtuelle Switches erstellt und mit physischen Netzwerkkarten verbunden, anschließend werden das Management-Netzwerk, *Fault Tolerance* und *vMotion* konfiguriert. Damit diese Einstellungen auch auf die anderen Hosts übertragen werden, muss lediglich ein Profil von diesem Host erstellt werden.

Ebenso ist es möglich, ein Profil zu importieren. Dateien mit der Endung *.vpf* sind die beschriebenen Profildateien für VMware-Hosts. Die Profile werden automatisch in der Datenbank gespeichert. Über den Weg des Exports erhalten Sie eine Datei. So ist es zum Beispiel möglich, eine Datei zu erstellen, um diese dann beim Kunden zu nutzen oder dem Kunden zu schicken. Das Einzige, was Sie nach dem Einspielen noch anpassen müssen, ist die IP-Adresse. Während der Inhalt der Datei in der Oberfläche des vCenters noch recht lesbar aussieht (siehe Abbildung 11.2), so ist der Inhalt der abgespeicherten XML-Datei aufgrund fehlender Umbrüche sehr schwer zu lesen.

Abbildung 11.2 Profildatei eines vSphere-Hosts

Neben den Daten zu der Profildatei finden sich in der SUMMARY im Klartext einige Konfigurationsteile. Über den Reiter MANAGE lässt sich das Profil exportieren oder auch editieren.

11.1.2 Anpassen eines Host-Profils

Haben Sie ein Profil einmal mit einem primären Host erstellt, ist es auch nachträglich möglich, das Profil an Ihre Bedürfnisse anzupassen. Dazu starten Sie den Editiermodus über das Kontextmenü des entsprechenden Profils. Es öffnet sich ein Fenster, das wesentlich mehr offenbart als das SUMMARY-Fenster (siehe Abbildung 11.3).

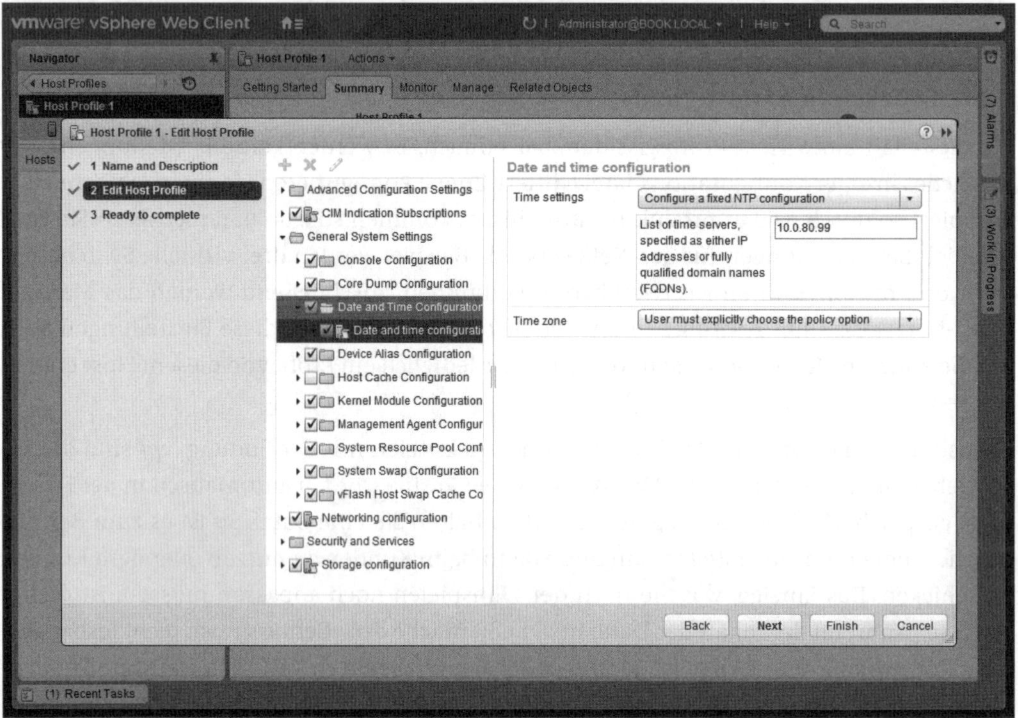

Abbildung 11.3 Editor für Host-Profile

Hier können Sie auch angeben, welche Einstellungen Host-individuell sind und damit beim Verteilen des Profils auf einen neuen Host via Aufforderung angepasst werden müssen. Sind die Anpassungsarbeiten beendet, schließen Sie das Fenster mit OK und können mit dem Profil arbeiten.

11.1.3 Host bzw. Cluster mit einem Profil assoziieren

Nachdem Sie ein Host-Profil erstellt haben, können Sie es noch nicht mit einem Host assoziieren. Dafür müssen Sie als Erstes den Cluster oder den Host mit dem Profil verbinden.

Wählen Sie im Fenster das Profil aus, um über das Auswahlmenü ACTIONS • ATTACH HOSTS AND CLUSTERS Maschinen mit dem Profil zu assoziieren (siehe Abbildung 11.4).

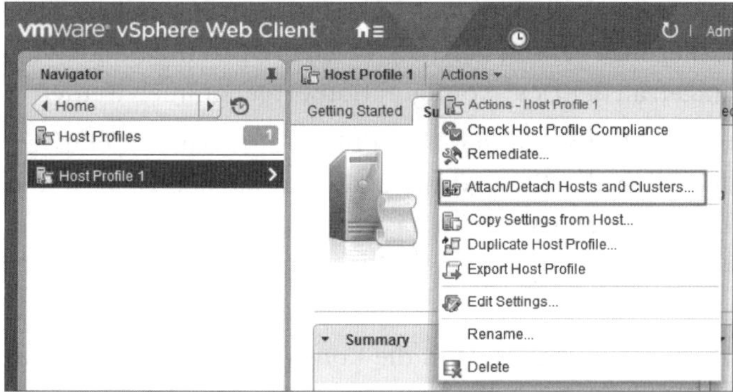

Abbildung 11.4 So binden Sie vSphere-Server an ein Profil.

Wenn Sie alle Maschinen hinzugefügt haben, erscheinen sie nicht im Hauptfenster, aber durch einen Doppelklick auf das Profil werden die verbundenen Objekte angezeigt. Hier ist es möglich, die Host-Profile auf die Maschinen zu übertragen und die nötigen Einstellungen vorzunehmen.

Im Fenster HOST PROFILES kann überprüft werden, welche Host-Konfiguration dem ausgewählten Profil entspricht und welche nicht. Im gezeigten Fall hat schon ein Test der Host-Konfiguration stattgefunden: Ein Host ist *compliant*, zwei sind es nicht. Der Test erfolgt erst durch die Aktivierung von CHECK HOST PROFILE COMPLIANCE, das Sie unterhalb des ACTIONS-Menüs finden.

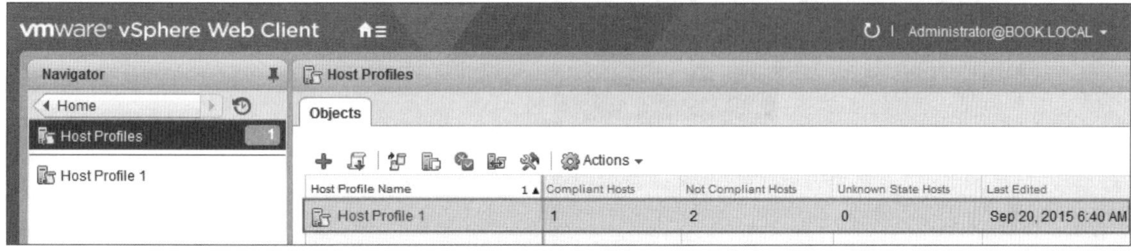

Abbildung 11.5 Anzeige der Compliance der verknüpften Hosts

Sollte der Host nicht *compliant* sein (siehe Abbildung 11.5), versetzen Sie ihn in den Maintenance-Modus und wenden das Profil an.

11.1.4 Anwenden eines Host-Profils

Das Anwenden eines Host-Profils auf einen Host ist nur dann möglich, wenn dieser im Maintenance-Modus ist.

Ist ein geprüfter Host nicht *compliant*, können Sie ein Profil anwenden. Dafür müssen Sie, wie bereits erwähnt, den Host in den Maintenance-Modus versetzen.

Ist ein Host zu sehen, der nicht richtig konfiguriert ist, wird der Host markiert und als nicht compliant angezeigt. Das darunterliegende Fenster zeigt an, welche Fehlkonfiguration vorliegt. So sehen Sie, welche Änderungen an der Host-Konfiguration vorgenommen werden.

Jetzt weisen Sie das Profil dem zweiten Host zu. Ist dieser nicht im Maintenance-Modus, erscheint direkt eine Fehlermeldung. Über das Kontextmenü können Sie den Host in den Maintenance-Modus versetzen, um im folgenden Schritt das Profil zuzuweisen.

Nach der Zuweisung

Sobald Sie alle Einstellungen vorgenommen haben, wird die Konfiguration aktualisiert. In den RECENT TASKS des vCenters erkennen Sie nun den jeweiligen Task dazu. Durch das Verwenden von Host-Profilen wird das Durchführen und Prüfen von Konfigurationsänderungen in großen Umgebungen nicht nur sehr viel einfacher, sondern auch wesentlich weniger fehleranfällig.

Wenn Sie nicht ein gesamtes Profil auf einen Host anwenden möchten, so können Sie einfach ein Duplikat des Profils anfertigen und es entsprechend anpassen. Über die passende Auswahl wird das Profil dann individualisiert.

Sie sehen nach dem Aufruf den Dialog aus Abbildung 11.6, in dem Sie die Aktivierung bzw. Deaktivierung vornehmen können.

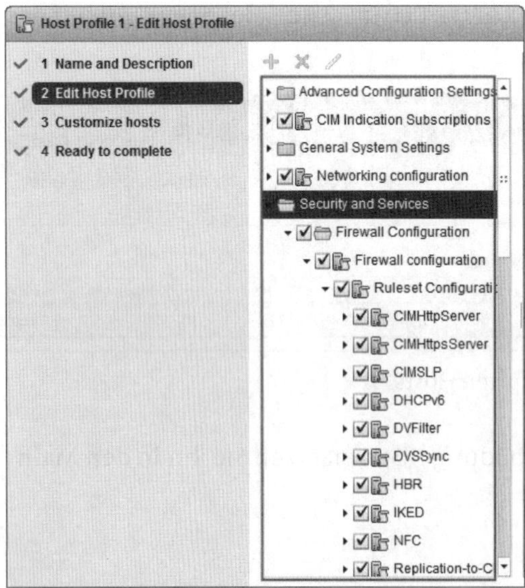

Abbildung 11.6 (De-)Aktivierungsauswahl

Die abgemeldeten Einstellungen werden nicht aus dem Profil gelöscht. Sie können sie ohne Probleme auch wieder aktivieren. Ein möglicher Anwendungsfall: Wenn Sie z. B. Server einsetzen, die unterschiedliche Netzwerkkarten haben oder bei denen die Reihenfolge der NICs eine andere ist, so können Sie ein vorhandenes Profil nutzen. Deaktivieren Sie die Karten, und wenden Sie das Profil an. Anschließend können Sie die Netzwerkkarten per Hand mit den Switches verbinden.

11.1.5 Profile-Compliance

Mit der Einführung der Host-Profile mit vSphere 4.x tat VMware einen großen Schritt hin zur schnellen Vereinheitlichung von Hosts. Unserer Meinung nach fehlten aber noch die passenden Ansichten, um die Host-Compliance übersichtlich darzustellen. Dies hat sich mit der Version 5.0 geändert. Im Web Client ist die Anzeige etwas versteckt, aber das Ergebnis haben Sie in Abbildung 11.5 ja schon gesehen.

11.2 NTP

Das *Network Time Protocol* (NTP) ist ein Standard zur Synchronisierung der Uhrzeit über das Netzwerk. Diese simpel klingende, aber sehr kritische Funktion sollten Sie unter allen Umständen konfigurieren. Eine Uhrzeit, die über alle Systeme im Netzwerk identisch ist, ist für den korrekten und reibungslosen Betrieb einer virtuellen Umgebung absolut notwendig! Probleme handelt man sich schnell ein, wenn man das Prinzip der Bereitstellung der Zeitfunktion nicht kennt. Das System hat eine hierarchische Struktur.

Die einzelnen Hierarchieebenen tragen die Bezeichnung *Stratum* mit einer laufenden Nummer. Je kleiner die Nummer ist, desto genauer ist die Uhrzeit bzw. desto geringer ist die Abweichung. Dabei ist *Stratum 0* die eigentliche Zeitquelle. Diese Zeitquelle wird direkt – nicht über das Netzwerk, sondern per Schnittstelle – mit einem Computer verbunden. Dieser Computer ist Mitglied der *Stratum-1*-Ebene. Systeme, die sich die Zeit von der *Stratum-1*-Ebene holen, bilden die *Stratum-2*-Ebene und so fort. Je tiefer die Ebene ist, auf der die Zeit abgefragt wird, desto größer kann die Zeitabweichung von der Ursprungsquelle sein. Beachten Sie die Besonderheit, dass ab der Ebene 1 jedes Gerät nicht nur Server, sondern auch Client ist (siehe Abbildung 11.7).

Versuchen Sie, die Zeit mit einer möglichst hohen Ebene abzugleichen. Dann sollten Sie keine Probleme mit der Zeit in der virtuellen Landschaft bekommen.

Sie haben verschiedene Möglichkeiten, NTP auf einem vSphere-Server zu konfigurieren. Um die Zeit der virtuellen Maschinen mit dem vSphere-Host zu synchronisieren, können Sie die *VMware Tools* des Gastes verwenden. Dieses Thema behandeln wir in Abschnitt 16.1.3.

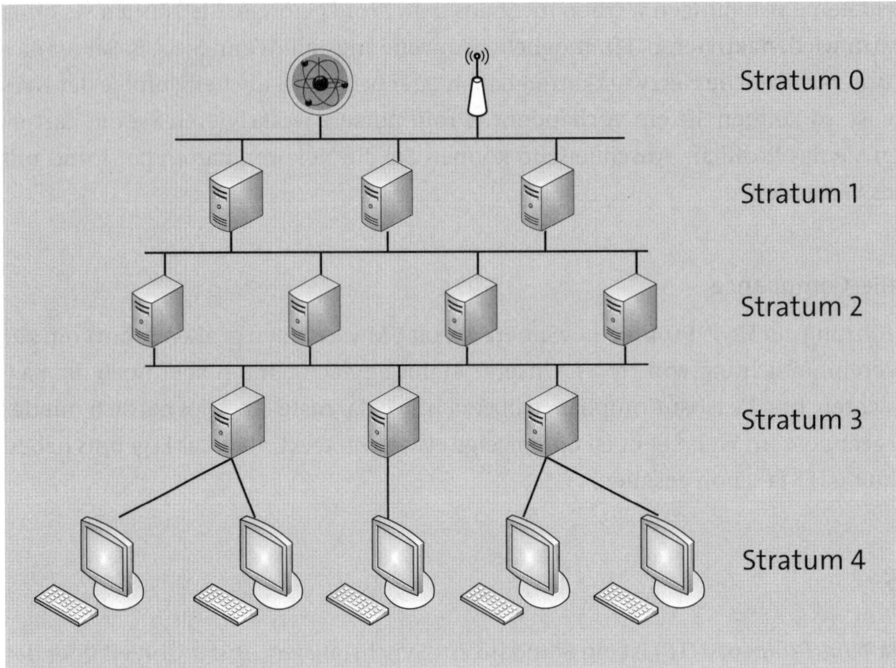

Abbildung 11.7 NTP-Hierarchie

11.2.1 NTP unter ESXi

Unter ESXi konfigurieren Sie NTP mit dem Befehl `vicfg-ntp.pl` des *Remote Command Line Interface (Remote CLI)*. Der Befehl `vicfg-ntp.pl` hat verschiedene Optionen, die in Tabelle 11.1 näher erläutert werden.

Optionen	Beschreibung
`-a|--add`	Name oder IP-Adresse des NTP-Servers, der hinzugefügt werden soll
`-d|--delete`	Name oder IP-Adresse des NTP-Servers, der entfernt werden soll
`-l|--list`	Zeigt alle verwendeten NTP-Server an.
`-h|--vihost`	Der Host, der benutzt werden soll

Tabelle 11.1 Optionen des Befehls »vicfg-ntp.pl«

Bedenken Sie bitte, dass das *Security Profile* des Hosts so angepasst werden muss, dass die NTP-Ports zur Zeitquelle auch zugänglich sind.

11.2.2 NTP-Konfiguration mit dem Web Client

Über den Web Client gibt es ebenfalls eine Option, die NTP-Server zu konfigurieren. Sie müssen sich dabei mit dem vCenter-Server verbinden. Um die NTP-Einstellungen direkt auf dem Host anders zu konfigurieren, müssen Sie mit dem *vSphere-Client* arbeiten.

Über den Reiter MANAGE • SETTINGS • SYSTEM • TIME CONFIGURATION rufen Sie das Konfigurationsfenster auf (siehe Abbildung 11.8).

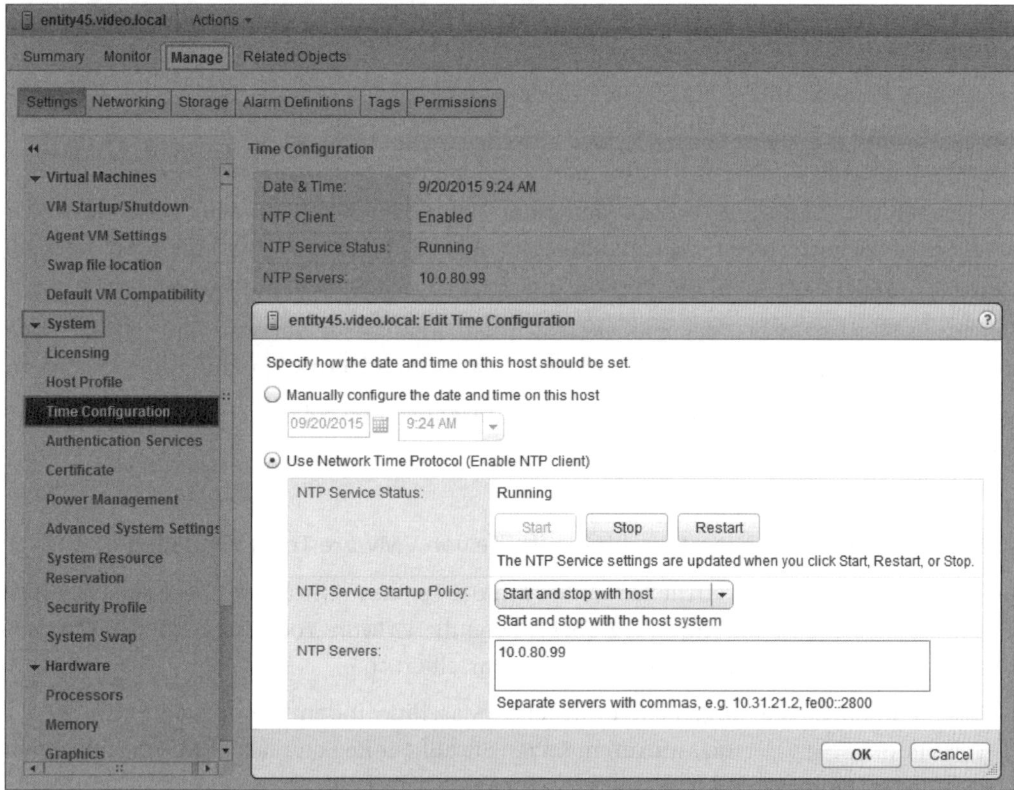

Abbildung 11.8 NTP-Konfiguration über den Web Client

Hier öffnet sich ein Fenster, in dem alle NTP-Einstellungen vorgenommen werden können. Neben der manuellen Konfiguration nehmen Sie an dieser Stelle auch die NTP-Einstellungen vor. Der Zeitdienst wird über drei Parameter konfiguriert. Das sind zum einen die Zeitquellen, die durch Kommata getrennt bei NTP SERVERS eingetragen werden.

Sind die Server eingetragen, können Sie die Start-Art des NTP-Dienstes festlegen, und zwar unter NTP SERVICE STARTUP POLICY. Dabei haben Sie die drei Optionen aus Tabelle 11.2.

Startparameter	Bemerkung
START AND STOP WITH PORT USAGE	Der Dienst wird automatisch gestartet, wenn die Ports in der Firewall freigeschaltet sind. Im Gegenzug dazu wird der Dienst gestoppt, wenn die Ports geschlossen sind.
START AND STOP WITH HOST	Der Dienst wird mit dem Host gestartet und gestoppt.
START AND STOP MANUALLY	Der Dienst muss vom Administrator gestoppt und gestartet werden.

Tabelle 11.2 NTP-Startparameter

Der Punkt NTP SERVICE STATUS zeigt an, ob der Dienst derzeit läuft, und der Dienst lässt sich an dieser Stelle auch starten und anhalten. Wenn Sie den NTP-Server auf diese Art anlegen, müssen Sie auch nicht mehr die Firewall anpassen – dies geschieht automatisch.

Vergessen Sie aber nicht, dass natürlich auch die Firewalls im Netzwerk Ihre NTP-Anfrage durchlassen müssen. Sollte es Probleme geben, liegt es also nicht zwangsläufig am ESXi-Server.

Wird die Verbindung mit dem vSphere-Client direkt auf einen beliebigen Host hergestellt, so stellt sich die Konfiguration anders dar.

11.2.3 NTP in der virtuellen Maschine mithilfe von VMware Tools einstellen

Es ist möglich, die Zeit des virtuellen Gastes mit der Zeit des VMware-vSphere-Hosts zu synchronisieren (siehe Abbildung 11.9). Dabei spielen die *VMware Tools* im virtuellen Gastsystem eine entscheidende Rolle; sie müssen also installiert sein.

Gehen Sie in die Einstellungen einer virtuellen Maschine, indem Sie im Kontextmenü der VM den Punkt EDIT SETTINGS aufrufen. Setzen Sie auf der Registerkarte VM OPTIONS einen Haken an der Option TIME • SYNCHRONIZE GUEST TIME WITH HOST. Nachdem Sie die Checkbox aktiviert haben, gleichen die VMware Tools die Zeit mit dem vSphere-Host ab und passen somit die Zeit des Gastes an.

Wichtig

Die Gastzeitsynchronisation der VMware Tools ist nur dafür ausgelegt, eine zu langsam laufende Uhr zur Zeitanpassung schneller laufen zu lassen. Die Tools können die Zeit nicht langsamer laufen lassen!

Verwenden Sie nicht mehrere Möglichkeiten der Zeitsynchronisation parallel. Gibt es bereits eine globale Unternehmenslösung zur Synchronisierung der Zeit, sollten Sie die virtuellen Maschinen ebenfalls entsprechend konfigurieren; in diesem Fall ist die Checkbox zu deaktivieren. Achten Sie auch darauf, dass Mitglieder einer Domäne ihre Zeit automatisch mit dem *AD-Controller (Active Directory Server)* synchronisieren. Auch in diesem Fall ist von einer Aktivierung der Checkbox SYNCHRONIZE GUEST TIME WITH HOST abzusehen.

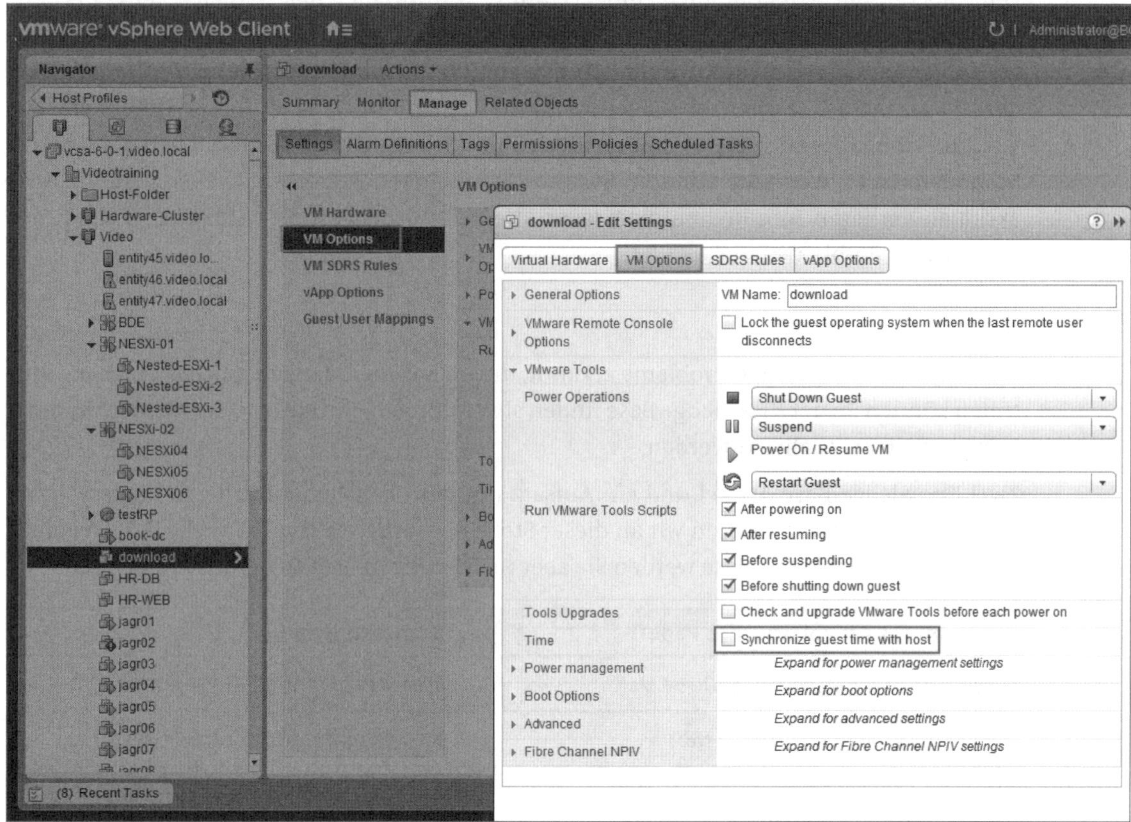

Abbildung 11.9 Aktivierung der Zeitsynchronisation für den Gast

Gerade in großen Umgebungen ist darauf zu achten, dass es einen definierten Prozess gibt, der beschreibt, wie mit dem Thema verfahren wird. Oft wird die Konfiguration der Gäste und der Hosts von unterschiedlichen Teams vorgenommen, was Fehlern Tür und Tor öffnet, wenn kein einheitliches Verfahren für die Zeitsynchronisation existiert.

11.2.4 Probleme mit der Zeitsynchronisation

So schön diese Funktionen sind und so simpel sich das Thema Zeitsynchronisation auch anhört, es gibt einige Tücken und Fallen, auf die Sie achten müssen. Die Zeit ist ein sehr wichtiges Thema in allen Netzwerken, aber vor allem bei der Verwendung von Verzeichnisdiensten.

Warum soll die Zeit überhaupt synchronisiert werden, und wieso kann sie überhaupt aus dem Ruder laufen? Die Mechanismen, die VMware nutzt, um Ressourcen in der virtuellen Umgebung zu sparen, wirken sich auf die Timer im Gast aus. Benötigt der virtuelle Server keine Rechenzeit, erhält er auch keine. Damit bekommt auch der Zeitgeber keine Rechenzeit, und so läuft die Uhr im Gast unregelmäßig. Aber nicht nur bei hohen Idle-Zyklen gibt es Probleme, auch wenn ein Host am oberen Limit läuft, kann es problematisch werden, jeder VM genug CPU-Rechenzeit zu geben, damit der Timer richtig läuft. Der Timer kann sowohl zu schnell als auch zu langsam laufen. Ganz kritisch ist das Zurückstellen der Uhrzeit besonders dann, wenn Sie auf dem System Datenbanken betreiben. Die einzelnen Transaktionen verlieren ihre Reihenfolge, wenn die Zeit zurückgestellt wird. Das ist dann der Beginn aller Probleme.

Allgemeines

Die Firma VMware hat die Probleme erkannt, die im Rahmen der Zeitsynchronisierung auftreten können. In der Knowledge Base finden sich zahlreiche Artikel zu dem Thema, die auch immer wieder aktualisiert werden.

Zwei Knowledge-Base-Artikel und ein Aufsatz mit dem Zeitthema für die Betriebssysteme Linux und Windows möchten wir an dieser Stelle hervorheben (siehe Tabelle 11.3). Bei einer Suche in der Knowledge Base werden Sie aber noch mehr Artikel zu dem Thema finden.

URLs der KB-Artikel bzw. des Papers	Bemerkungen
http://kb.vmware.com/kb/1006427	Timekeeping für Linux-Systeme
http://kb.vmware.com/kb/1318	Timekeeping für Windows-Systeme
http://www.vmware.com/files/pdf/Timekeeping-In-VirtualMachines.pdf	Technisches Papier zu dem Thema

Tabelle 11.3 Knowledge-Base-Artikel zum Thema Zeitsynchronisation

Je nach eingesetztem Linux-Derivat und verwendetem Kernel haben Sie verschiedene Optionen, das Problem anzugehen. Der Linux-Artikel beschreibt, wie Sie bei welchem System mit welchem Kernel verfahren müssen, damit die Zeitsynchronisation einwandfrei funktioniert. Wir verzichten an dieser Stelle darauf, die Informationen direkt anzugeben; bei der Drucklegung des Buches wären Teile davon schon wieder überholt.

Zeitsynchronisation im Active Directory

Der Verzeichnisdienst Active Directory (AD) ist, was die Uhrzeit angeht, hoch kritisch. Die AD-Implementierung von Microsoft erlaubt standardmäßig eine maximale Zeitdifferenz von 5 Minuten für das Kerberos-Protokoll. Fast alle Dienste und Policies arbeiten mit sogenannten *Timestamps*. Bei der Migration von physischen Maschinen zu virtuellen Maschinen werden auch oft die Active-Directory-Server (DCs = Domänen-Controller) migriert. Da diese Server das Herz eines Microsoft-Active-Directory-Netzwerks sind, ist für diese Maschinen meist ein NTP-Server konfiguriert. Sollte dies der Fall sein, müssen Sie darauf achten, dass entweder die Active-Directory-Server die Zeitsynchronisation bestimmen oder die vSphere-Hosts die aktuelle Zeit holen und per VMware Tools an die Gäste geben. Sie dürfen auf keinen Fall beide Möglichkeiten verwenden!

Das Thema »Zeit bei AD-Controllern« können Sie aber mit einigen einfachen Kniffen entschärfen.

Zuerst sollten Sie den Time-Service auf dem AD-Controller anpassen. Rufen Sie dazu den *Registry Editor* auf. Dazu tippen Sie den Befehl `regedit` über START • AUSFÜHREN in das Befehlsfenster ein. Ändern Sie nun im Registry Editor den Wert `HKLM\System\CurrentControlSet\W32Time\Parameters\Type` von `NT5DS` auf `NTP`. Als Timeserver geben Sie einen anderen Stratum-1-NTP-Server an.

Den Wert des Keys `HKLM\System\CurrentControlSet\W32Time\Config\AnnounceFlags` passen Sie von `10` auf `5` an. Hiermit weisen Sie dem Domänen-Controller fest die Funktion eines Zeit-Servers zu. Mit `net stop w32time` und `net start w32time` starten Sie den Zeitdienst nach der Neukonfiguration neu. Abschließend stoßen Sie in der Kommandozeile manuell eine Synchronisation mit dem neuen Stratum-1-Server durch den Befehl `w32tm /resync /rediscover` an.

Nach dieser Konfiguration liegt für die gesamte Domäne eine stabile Zeitquelle vor. Entscheidend ist aber, dass Sie auf allen Servern der Domäne die Zeitsynchronisation über die VMware Tools deaktivieren (siehe Abbildung 11.11)! In den neueren Versionen von vSphere, Fusion und Workstation ist das VMware-Tools-Menü verschwunden. Die zugehörigen Einstellungen können zwar immer noch vorgenommen werden, allerdings geht das nur noch über die Kommandozeile. Das Tool trägt den Namen:

C:\Programm Files\VMware\VMware Tools\VMwareToolboxCmd.exe

Der Aufruf mit dem Parameter `help` zeigt alle möglichen Befehle an (siehe Abbildung 11.10).

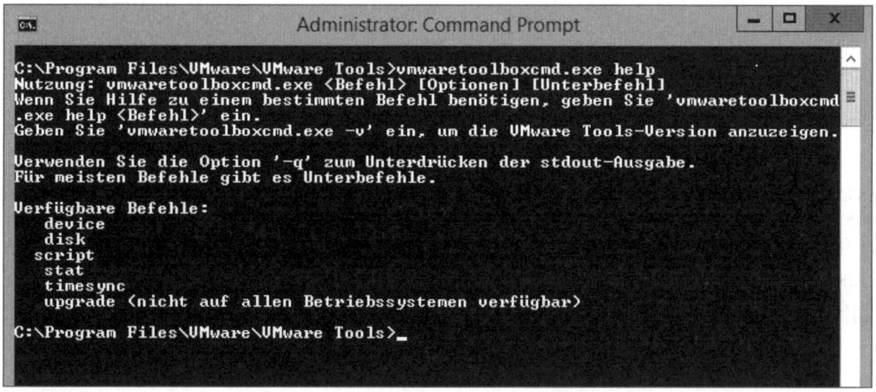

```
Administrator: Command Prompt

C:\Program Files\VMware\VMware Tools>vmwaretoolboxcmd.exe help
Nutzung: vmwaretoolboxcmd.exe <Befehl> [Optionen] [Unterbefehl]
Wenn Sie Hilfe zu einem bestimmten Befehl benötigen, geben Sie 'vmwaretoolboxcmd
.exe help <Befehl>' ein.
Geben Sie 'vmwaretoolboxcmd.exe -v' ein, um die VMware Tools-Version anzuzeigen.

Verwenden Sie die Option '-q' zum Unterdrücken der stdout-Ausgabe.
Für meisten Befehle gibt es Unterbefehle.

Verfügbare Befehle:
   device
   disk
  script
   stat
   timesync
   upgrade (nicht auf allen Betriebssystemen verfügbar)

C:\Program Files\VMware\VMware Tools>_
```

Abbildung 11.10 Befehlsoptionen von »VMwareToolboxCmd.exe«

Die Syntax ähnelt der des Befehls `esxcli`. Die Deaktivierung der Zeitsynchronisation über die VMware Tools gestaltet sich dann auch ganz einfach (siehe Abbildung 11.11).

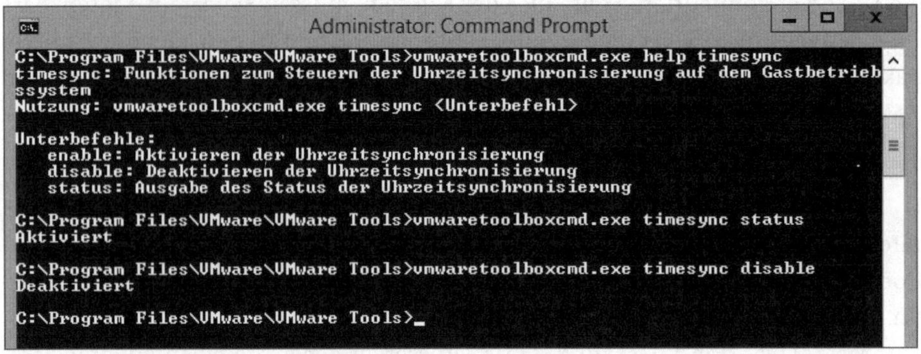

Administrator: Command Prompt

```
C:\Program Files\VMware\VMware Tools>vmwaretoolboxcmd.exe help timesync
timesync: Funktionen zum Steuern der Uhrzeitsynchronisierung auf dem Gastbetrieb
ssystem
Nutzung: vmwaretoolboxcmd.exe timesync <Unterbefehl>

Unterbefehle:
   enable: Aktivieren der Uhrzeitsynchronisierung
   disable: Deaktivieren der Uhrzeitsynchronisierung
   status: Ausgabe des Status der Uhrzeitsynchronisierung

C:\Program Files\VMware\VMware Tools>vmwaretoolboxcmd.exe timesync status
Aktiviert

C:\Program Files\VMware\VMware Tools>vmwaretoolboxcmd.exe timesync disable
Deaktiviert

C:\Program Files\VMware\VMware Tools>_
```

Abbildung 11.11 Deaktivierung der Zeitsynchronisation über die Kommandozeile

11.3 SNMP

Das *Simple Network Management Protocol* (SNMP) ist ein Standard-Netzwerkprotokoll, das Sie zur Überwachung von Hardware verwenden können. Diese Informationen werden auf einem zentralen System gesammelt. Die Kommunikation mit dem zentralen Managementsystem erfolgt über zwei Wege: Entweder sendet das Managementsystem eine Anforderung von Informationen an ein zu überwachendes System oder das zu überwachende System stellt die Überwachungsinformationen selbstständig dem Managementsystem zur Verfügung.

11.3.1 SNMP unter VMware

Das SNMP-Protokoll wird auch von VMware unterstützt. Unter Zuhilfenahme des Netzwerkprotokolls können Sie den vSphere-Server überwachen. Auch hier holt entweder das Managementsystem die Informationen ab, oder der vSphere-Host sendet Informationen bei einem speziellen Event an das zentrale Management. Alle Enterprise-Produkte von VMware (vCenter, vSphere und ESXi) unterstützen das SNMP-Protokoll.

Der SNMP-Agent, der vom VMware-vSphere-Host verwendet wird, ist von Haus aus direkt im System installiert. Der Agent lässt sich mit jeglicher Software nutzen, die mit der *Management Information Base* (MIB) umgehen kann.

Die MIBs sind eine Art Adresse für die zu überwachenden Objekte. Mithilfe dieser Adresse können die Zustandsinformationen des zugehörigen Objekts abgefragt werden. Der Vollständigkeit halber sei noch erwähnt, dass MIBs Zahlenketten sind, die durch Punkte getrennt werden, z. B. `1.3.6.1.4.1`. VMware unterstützt dabei nur *Traps*. Traps sind die Informationen, die unaufgefordert an das Management geschickt werden. Die SNMP-GETs werden ausgelöst, wenn das zentrale Managementsystem gezielte Nachrichten von einem SNMP sprechenden Gerät benötigt. SNMP-GETs werden von ESXi aber nicht unterstützt.

11.3.2 SNMP unter ESXi

Der SNMP-Agent unter ESXi unterstützt im Moment nur SNMP-Traps und keine GETs. Um den Agent zu verwenden, müssen Sie den SNMP-Service aktivieren und eine Community sowie ein Ziel konfigurieren. Diese Arbeit erledigen Sie im Falle des ESXi mit dem *VMware Remote Command Line Interface* (Remote CLI). Der Befehl dazu lautet `vicfg-snmp`. Tabelle 11.4 listet alle Optionen des Befehls `vicfg-snmp` auf.

Optionen	Beschreibung
`-c|--communities`	Setzt die SNMP-Communitys; mehrere durch Kommas trennen.
`-D|--disable`	Stoppt den SNMP-Service.
`-E|--enable`	Startet den SNMP-Service.
`-y|--hwsrc`	Mit den Parametern `sensors` bzw. `indicators` legen Sie fest, ob die IPMI-Sensoren oder die CIM-Indikatoren als Quelle für die Hardwaremeldungen dienen.
`-n|--notraps`	Mit einer kommagetrennten Liste geben Sie die Traps an, die nicht gesendet werden sollen. Die Werte werden mit der Option `-reset` wieder zurückgesetzt.
`-p|--port`	Setzt den Port des SNMP-Agents. Standard ist `udp/162`.
`-r|--reset`	Löscht alle Communitys.
`-s|--show`	Zeigt die SNMP-Agent-Konfiguration an.
`-t|--targets`	Setzt den Host für die Benachrichtigungen: `hostname[@port][/community][,...]`
`-T|--test`	Sendet eine Testbenachrichtigung.
`-h|--vihost`	Der zu benutzende Host

Tabelle 11.4 Optionen des Befehls »vicfg-snmp«

Mit dem Befehl `vicfg-snmp -T` wird der ESXi einen Test-Trap schicken. So überprüfen Sie die Konfiguration und die Einstellungen.

11.3.3 SNMP in Gastbetriebssystemen

Natürlich können Sie das SNMP-Protokoll auch in den verschiedenen Gastbetriebssystemen verwenden. Aufseiten der Virtual Infrastructure ist dafür kein weiteres Eingreifen und keine weitere Konfiguration nötig. Je nach Gastbetriebssystem und Applikation lassen sich SNMP-Einstellungen vornehmen. Über die nötigen Konfigurationsschritte können Sie sich bei dem Hersteller des entsprechenden Betriebssystems informieren.

11.4 DNS

Eine sauber funktionierende Namensauflösung ist die Grundvoraussetzung für eine einwandfrei arbeitende virtuelle Infrastruktur. Aus diesem Grund sollten Sie in der gesamten Umgebung DNS (*Domain Name System*) einsetzen. Ein falsch konfiguriertes DNS kann viele Problembilder haben, die oftmals nicht direkt dem eigentlichen Problem zuzuordnen sind.

Die DNS-Konfiguration eines vSphere-Hosts können Sie über den Web Client vornehmen. Dafür müssen Sie sich direkt am Host oder am vCenter-Server anmelden. Über den Tab MANAGE • NETWORKING • TCP/IP CONFIGURATION gelangen Sie zur Anzeige der IP-Einstellungen. Über das Stiftsymbol kommen Sie zu dem Konfigurationspunkt DNS CONFIGURATION, und mit dem Link PROPERTIES erreichen Sie die Eingabemaske. In dieser Maske machen Sie alle nötigen Eingaben, um den Namensdienst zu konfigurieren (siehe Abbildung 11.12).

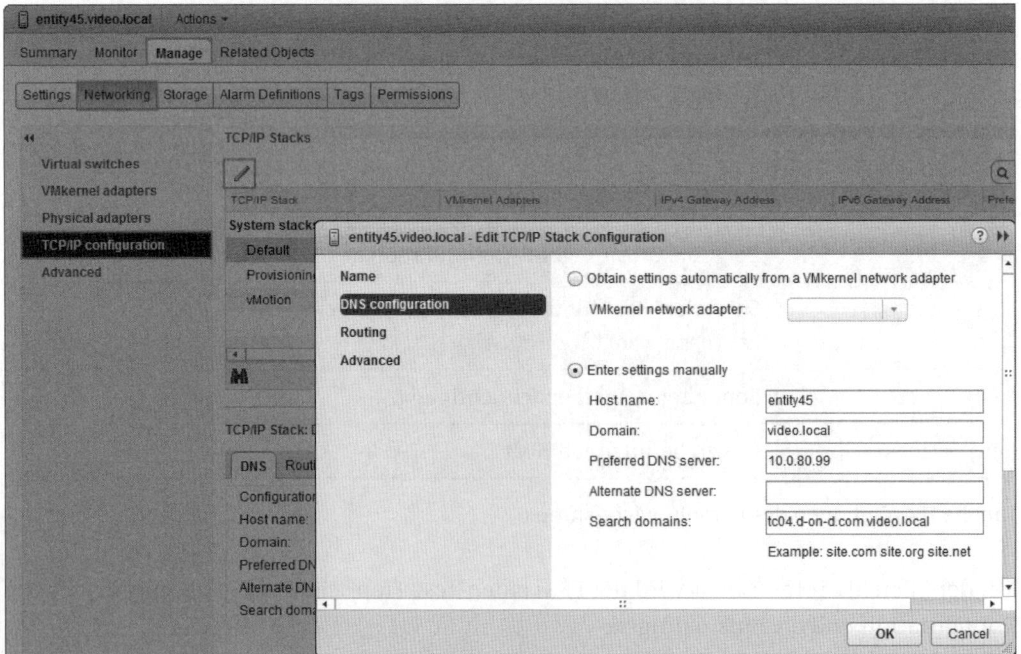

Abbildung 11.12 DNS-Konfiguration der vSphere-Hosts

11.4.1 Routing/Gateway

Eine Änderung am Gateway ist ebenfalls über den Web Client sehr einfach möglich. Der Weg ist identisch mit der Anpassung der DNS-Einstellungen. Rufen Sie einfach den Reiter ROUTING auf. Hier verbirgt sich die Möglichkeit, Gateways für die Service Console sowie den VMkernel einzugeben. Beachten Sie – aber das ist keine vSphere-Eigenart –, dass das Gateway in Ihrem Netzwerksegment liegen muss.

11.5 Einrichtung von Ressourcen-Pools

Nicht nur in großen Umgebungen kann es sinnvoll sein, mit Ressourcen-Pools zu arbeiten, sondern auch in kleineren Landschaften. Dabei lassen sich die Ressourcen-Pools für andere Funktionen zweckentfremden; dazu folgt später mehr in Abschnitt 11.12, »vCenter-Berechtigungen«.

Lassen Sie uns vorn beginnen und kurz in die Thematik einsteigen. Was sind *Ressourcen-Pools* überhaupt? In Ressourcen-Pools werden Teile von CPU- und Memory-Ressourcen eines Hosts zusammengefasst. Dabei ist es möglich, die Parameter des Pools variabel zu gestalten. Aber Pools fassen nicht nur Ressourcen zusammen, sie bieten auch die Möglichkeit der Rechtebündelung. Somit kann es ein Mittel der Wahl sein, Anwendern in »ihren« Ressourcen-Pools mehr Rechte zu geben als auf den anderen Objekten der virtuellen Infrastruktur.

Die Ressourcen-Pools werden in der HOSTS AND CLUSTERS-Ansicht mit einem eigenen Symbol dargestellt – mit einer Ausnahme: Es gibt einen Ressourcen-Pool, der in keiner Ansicht des vCenter Servers angezeigt wird. Dabei handelt es sich um den Root-Ressourcen-Pool. In diesem Pool werden alle Ressourcen eines Hosts bzw. DRS-Clusters zusammengefasst. Hier sehen Sie auch, warum der Pool nicht angezeigt wird: Die Ressourcen von Host bzw. Cluster sind identisch. Alle in einem Pool liegenden virtuellen Maschinen gruppieren sich unter dem Ressourcen-Pool, dem sie angehören.

In Ressourcen-Pools ist es Ihnen möglich, Ressourcen aufzuteilen, bereitzustellen und zu reservieren. Sie können aber auch Ressourcen-Pools ineinander verschachteln.

11.5.1 Erstellung eines Ressourcen-Pools

Das Kontextmenü des Hosts oder Clusters führt zu dem Punkt NEW RESOURCE POOL, mit dem Sie weitere Ressourcen-Pools anlegen können (siehe Abbildung 11.13).

Anschließend erscheint ein Fenster, in dem Sie verschiedene Einstellungen vornehmen können, um den Ressourcen-Pool anzulegen (siehe Abbildung 11.14).

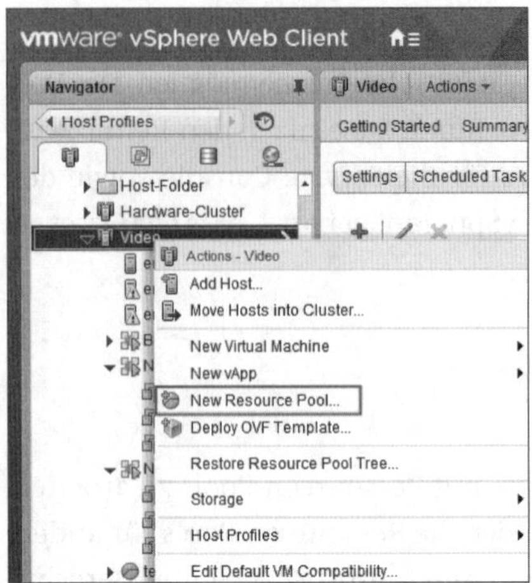

Abbildung 11.13 Neuen Ressourcen-Pool erstellen

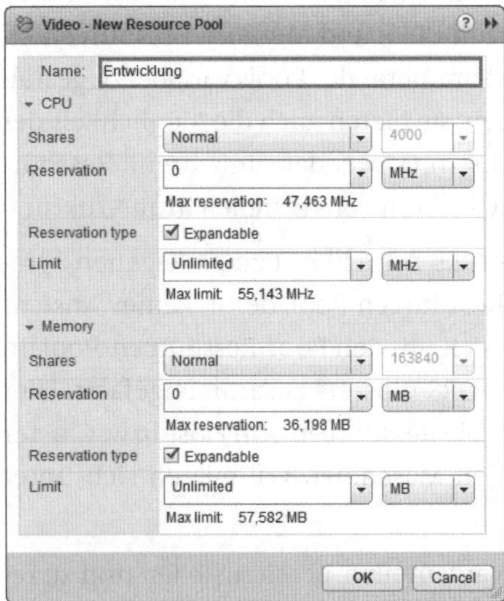

Abbildung 11.14 Konfiguration von Ressourcen-Pools

Im Feld NAME geben Sie einen Namen für diesen neuen Ressourcen-Pool ein. Hier legen wir einen Pool für die Entwicklungsabteilung an. In den anderen Feldern konfigurieren Sie die CPU- und RAM-Ressourcen, die verwendet werden sollen.

Beachten Sie bitte, dass beim Anlegen von Ressourcen-Pools das System eine Plausibilitätsprüfung durchführt, ob die vorhandenen und jetzt zugewiesenen Ressourcen auch zur Verfügung stehen. Optimal wäre es, vor dem Anlegen des Pools zu kontrollieren, ob die noch zur Verfügung stehenden Ressourcen für den Pool ausreichen. Es gibt im vCenter aber leider keine Übersicht, die die zugewiesene Menge an Ressourcen anzeigt. Sie können nur die Gesamtressourcen des Clusters bzw. Hosts einsehen.

Eine Hilfe gibt Ihnen aber VMware im Web Client doch mit: In Abbildung 11.14 sehen Sie die maximal nutzbaren Werte angezeigt. Dabei werden Funktionen wie z. B. HA bei der Berechnung berücksichtigt.

11.5.2 Reservation

Bei dem Teil RESERVATION nehmen Sie auf Wunsch eine Reservierung für den Pool vor. Bei einer Reservierung werden die hier angegebenen Ressourcen dem Pool immer garantiert zugewiesen, wenn diese benötigt werden. In unserem Beispiel aus Abbildung 11.14 werden keine CPU-Ressourcen zugewiesen. Bei den Memory-Ressourcen geben Sie durch den Wert 0 alle Speicherressourcen frei, wenn sie nicht benötigt werden.

11.5.3 Limit

Die Einstellung für LIMIT wirkt ähnlich wie eine Reservierung. Wenn Sie ein LIMIT einstellen, kann dieser Pool maximal diese Ressourcen anfordern und verwenden. Damit ist garantiert, dass virtuelle Maschinen, die in einem Ressourcen-Pool liegen, nicht den Ressourcenbedarf von anderen VMs außerhalb des Pools beeinflussen.

11.5.4 Expandable

Haben Sie im Dialog aus Abbildung 11.14 bei RESERVATION TYPE • EXPANDABLE einen Haken gesetzt, können sich Kinder (virtuelle Maschinen und Pools) eines Vater-Objekts an dessen Ressourcen bedienen. Wenn Sie den Haken nicht gesetzt haben, können Kinder (virtuelle Maschinen und Pools) nur von diesem Pool Ressourcen beziehen, auch wenn der darüber stehende Vater-Pool freie Ressourcen zur Verfügung hat.

Lassen Sie uns das an einem Beispiel verdeutlichen. In Abbildung 11.15 sehen Sie verschachtelte Pools.

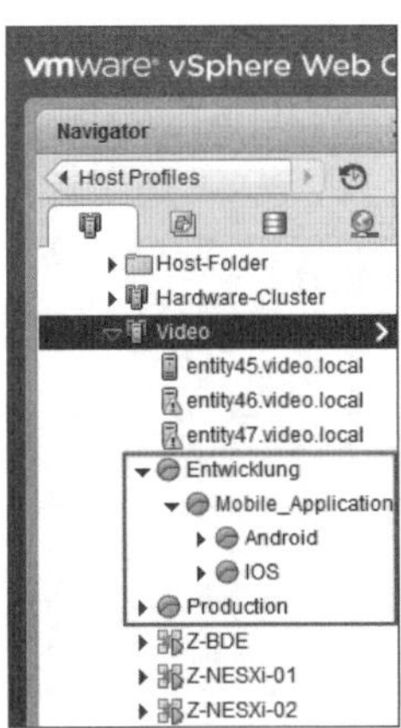

Abbildung 11.15 Verschachtelte Ressourcen-Pools

Sie sehen in dieser Konfiguration zwei Ressourcen-Pools direkt im Wurzelverzeichnis des vCenters: zum einen PRODUCTION und zum anderen ENTWICKLUNG. PRODUCTION ist ein einfacher Ressourcen-Pool, der Ressourcen gemäß seiner Konfiguration bereitstellt und sie für die enthaltenen VMs bereitstellt. Der Pool ENTWICKLUNG enthält noch mehrere untergliederte Ressourcen-Pools, wobei der Pool MOBILE_APPLICATION ebenfalls in zwei weitere Pools verzweigt. Als Beispiel haben Sie nun dem Pool MOBILE_APPLICATION 10.000 MB Memory-Ressourcen und den Pools ANDROID und IOS jeweils 2000 MB Memory-Ressourcen zugewiesen. Ist nun bei den Pools IOS und ANDROID die Option EXPANDABLE RESERVATION aktiviert, dann können die virtuellen Maschinen aus den beiden Pools ANDROID und IOS bei Bedarf jeweils unabhängig voneinander Memory-Ressourcen beim Vater-Pool anfragen und auch bekommen. Benötigen die Maschinen in dem darüber liegenden Pool wieder mehr Ressourcen, werden diese den Tochter-Pools wieder entzogen.

Sie sehen also, dass das Anlegen eines solchen Pools sehr einfach und schnell erledigt ist. Bei großen und komplexen Umgebungen sollten Sie allerdings auf jeden Fall ein grundlegendes Konzept erstellen. Oft entstehen Ressourcen- oder Performance-Probleme aufgrund einer falschen Konfiguration von Ressourcen-Pools in Zusammenhang mit einer großen Infrastruktur.

11.5.5 Shares

Die sogenannten *Shares* greifen immer dann, wenn keine freien Ressourcen mehr zur Verfügung stehen und die virtuellen Maschinen weitere Ressourcen anfordern. In diesem Fall priorisieren die Shares die Ressourcen der virtuellen Maschine anhand eines Share-basierten Modells. Wie viel Zeit das Objekt auf der eingestellten Ressource erhält, hängt immer von den eigenen Shares im Vergleich zu den vorhandenen Gesamt-Shares ab. Hat zum Beispiel eine virtuelle Maschine (VM1) 2000 CPU-Shares und eine zweite virtuelle Maschine (VM2) 4000 CPU-Shares, dann bekommt VM1 33,3 % und VM2 66,6 % der zur Verfügung stehenden CPU-Ressourcen. Die Aufteilungsgrundlage der CPU-Ressourcen bildet die Gesamtsumme aller Shares. Das sind in diesem Fall 6000 Shares (2000 [VM1] + 4000 [VM2]). VMware nutzt drei Standardwerte, die zum Einsatz kommen können. Natürlich ist es auch möglich, eigene Werte zu vergeben. In Tabelle 11.5 sind die Share-Werte aufgelistet.

Shares	CPU-Wert	Memory-Wert
LOW	2000	81.920
NORMAL	4000	163.840
HIGH	8000	326.780
CUSTOM	variabel	variabel

Tabelle 11.5 Standardwerte der Shares

Beachten Sie bitte, dass die Shares für die CPU immer pro CPU vergeben werden. Lassen Sie uns das anhand eines Beispiels erklären. Eine VM mit vier CPUs und dem SHARES-Wert NORMAL erhält vom System 16.000 Shares. Das errechnet sich aus dem SHARES-Wert selbst, multipliziert mit der Anzahl der CPUs. Shares sind zwar ein Mittel der Priorisierung von Ressourcen, aber weniger ist hier definitiv mehr. Bedenken Sie: Je komplexer die Struktur ist, desto schwieriger ist es im Falle von Problemen, die Fehlerursache zu finden. Arbeiten Sie aus diesem Grund nie ohne Konzept, wenn Sie diese Mechanismen nutzen. Wichtig ist ebenfalls eine genaue Dokumentation solcher Konfigurationen, damit bei Problemen alle nötigen Informationen für die Fehlerbehebung vorliegen.

11.6 VMware vApp

Bieten Ressourcen-Pools die Möglichkeit, unterschiedliche virtuelle Maschinen zu gruppieren, so haben Sie die Option, in einer VMware-vApp Server zusammenzufassen, die funktionell zusammengehören. Nicht nur das – es ist sogar möglich, die Abhängigkeiten der Systeme untereinander zu hinterlegen. Soll heißen: Der vCenter-Server weiß genau, in welcher Reihenfolge die Systeme gebootet werden müssen.

Lassen Sie uns das Ganze an einem Beispiel verdeutlichen. Wir nehmen dazu einen Webserver, der als Backend einen Datenbank-Server benötigt. Aus diesen beiden Systemen erzeugen wir nun eine vApp. Doch bevor die Arbeiten beginnen können, benötigen Sie einen DRS-Cluster oder einen VMware-Host mit mindestens Version 3.x.

11.6.1 Erstellen einer vApp

Zum Erstellen einer neuen vApp rufen Sie den entsprechenden Menüpunkt aus dem Kontextmenü auf. Aber nicht auf allen übergeordneten Objekten kann eine vApp angelegt werden. Es gibt nur drei Elemente, die das zulassen: der Cluster, der Ressourcen-Pool und ein Standalone-Host (siehe Abbildung 11.16).

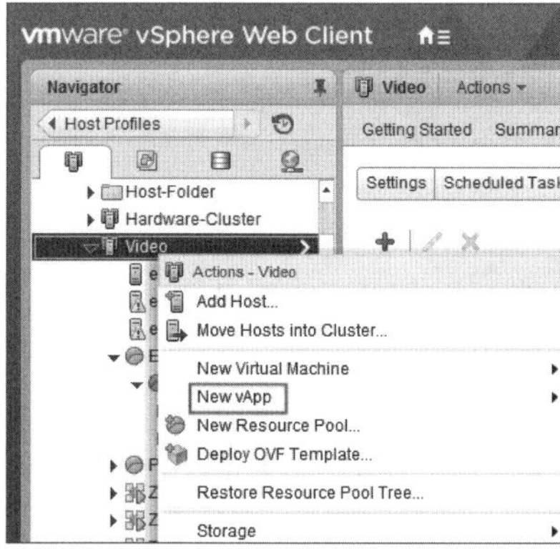

Abbildung 11.16 Erstellen einer vApp über das Kontextmenü

Machen Sie sich Ihre eigenen Gedanken, was für Sie am sinnvollsten ist. Auch hier sollten Sie darauf achten, dass eine Einheitlichkeit vorhanden ist und dass Sie alles so übersichtlich wie möglich halten.

Es startet – wie sollte es auch anders sein – ein Wizard, der Sie durch das Anlegen der vApp führt. Zuallererst gibt es aber noch eine Auswahlmöglichkeit, welche Aktion denn nun durchgeführt werden soll (siehe Abbildung 11.17). Sie können eine neue vApp anlegen oder ein Duplikat einer vApp erstellen. Wir beginnen mit dem ersten Punkt.

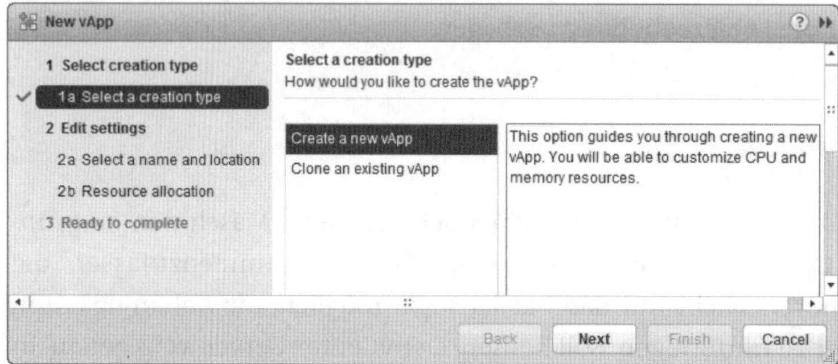

Abbildung 11.17 Erstellen einer vApp

Geben Sie der Applikation einen Namen (siehe Abbildung 11.18). Der Name muss eindeutig sein und darf nicht mit anderen Namen in der virtuellen Infrastruktur kollidieren. Beachten Sie, dass die Länge auf 80 Zeichen beschränkt ist. Es folgt die Angabe des Ablageorts in der Infrastruktur. Ein Ordner oder ein Datacenter können hierbei das Ziel sein.

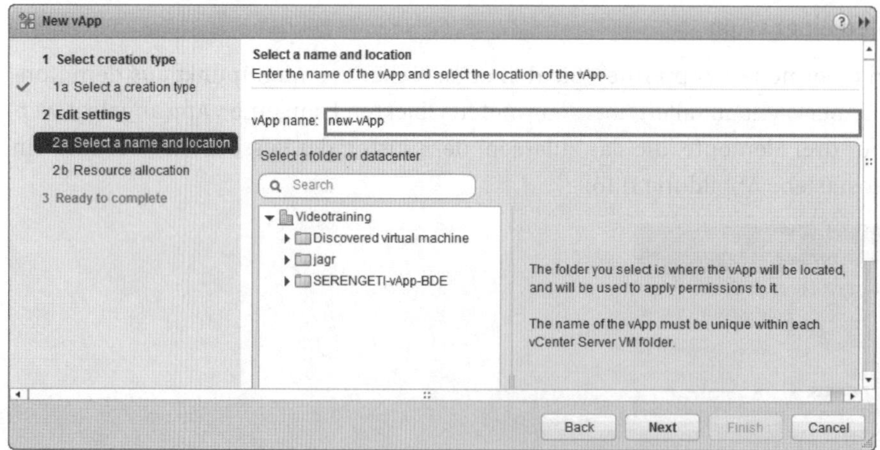

Abbildung 11.18 Anlegen einer vApp und Namensvergabe

Wie schon beim Anlegen eines Ressourcen-Pools können Sie der vApp nun auf Wunsch Ressourcen zuweisen (siehe Abbildung 11.19).

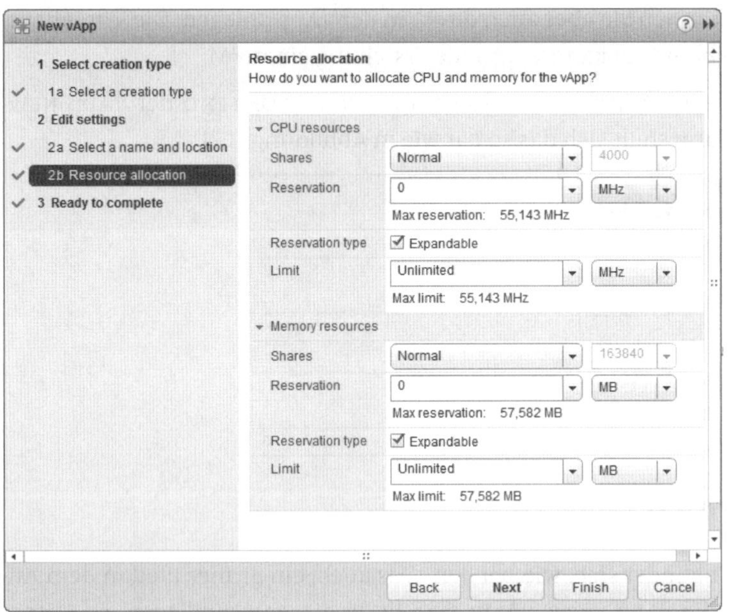

Abbildung 11.19 Ressourcenzuweisung für die vApp

Damit sind die Arbeiten für das Anlegen der vApp schon erledigt. Nach der Zusammenfassung schließen Sie einfach den Dialog.

11.6.2 Verknüpfung einer vApp mit virtuellen Servern

Ist die Hülle für eine vApp komplett angelegt, folgt im nächsten Schritt die Verknüpfung mit anderen vApps oder mit vorhandenen VMs. Die Verknüpfung von bereits vorhandenen VMs mit der vApp erfolgt durch einfaches Drag & Drop (siehe Abbildung 11.20). Der Zustand der virtuellen Maschinen ist für den Aufnahmevorgang unerheblich. Die Aufnahme funktioniert sowohl im ausgeschalteten als auch im eingeschalteten Zustand.

Abbildung 11.20 Erstellte vApp mit ihren zukünftigen VMs

Neue virtuelle Maschinen können Sie aber auch direkt in der vApp anlegen. Die Vorgehensweise entspricht der Ihnen bereits bekannten für die Erstellung einer VM.

Wenn Sie die beiden virtuellen Maschinen WEB-DB und WEB-FRONTEND der vApp NEW-VAPP hinzugefügt haben, dann stellt sich das so dar wie in Abbildung 11.21.

Abbildung 11.21 Fertig erstellte vApp »new-vApp«

Ist die vApp eingeschaltet, befindet sich, wie bei den VMs auch, ein grüner Pfeil in dem Anzeige-Icon. Jetzt haben Sie die vApp »*new_vApp*« erstellt. In dieser vApp liegen ein Datenbank-Server und der dazugehörige Webserver.

Wie Sie in Abbildung 11.22 sehen, ist die vApp kein starres Gebilde. Sie können vApps in vApps erstellen oder dort sogar Ressourcen-Pools anlegen. In der Ressourcenübersicht der vApp sehen Sie dann genau, welche Elemente Bestandteil der vApp sind und wie viele dieser Elemente Teil des Konglomerats sind.

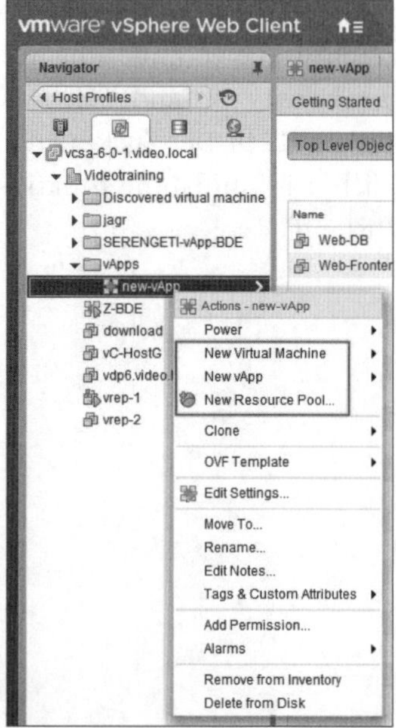

Abbildung 11.22 vApp-Verschachtelungen

11.6.3 vApp-Einstellungen

Über das Kontextmenü EDIT SETTINGS können Sie die Einstellungen der vApp weiter bearbeiten. Bei der Nutzung des Web Clients können Sie alle Einstellungen der vApp im sich öffnenden Fenster vornehmen. Dabei gibt es zwei Bereiche, in denen Veränderungen vorgenommen werden können. Das ist zum einen die DEPLOYMENT- und zum anderen die AUTHORING-Sektion (siehe Abbildung 11.23).

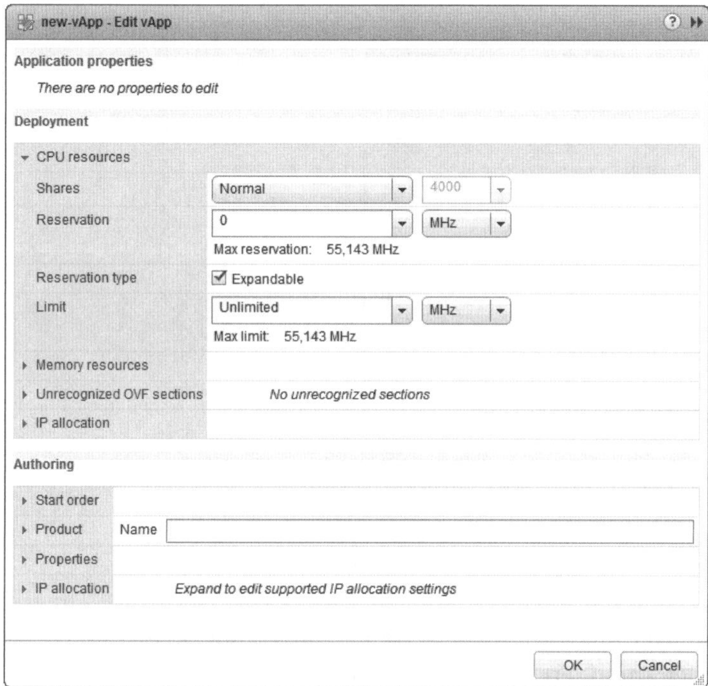

Abbildung 11.23 Anpassung der Ressourcen

Im oberen Bereich erfolgt die Verwaltung der Ressourcen der vApp. Dabei sehen die Einstellungen der CPU- und Speicher-Ressourcen so aus wie bei der Konfiguration des Ressourcen-Pools. Basiert eine vApp auf einem OVF, das nicht mit dem Web Client erstellt worden ist, so können Sie unter UNRECOGNIZED OVF SECTIONS Konfigurationsparameter einsehen, die nicht vom vCenter Server erkannt werden. Die Sektion IP ALLOCATION zeigt die Art der Versorgung der vApp mit den IP-Parametern.

Kommen wir nun zum AUTHORING-Bereich. Wichtig ist hier die START ORDER (siehe Abbildung 11.24). Hier werden die Abhängigkeiten der virtuellen Maschinen innerhalb der vApp abgebildet. Um bei unserem Beispiel zu bleiben: Es muss erst der Datenbank-Server gestartet werden, bevor der Webserver seinen Dienst aufnehmen kann. Durch weitere Parameter werden die Start- bzw. Stoppaktionen der vApp flankiert.

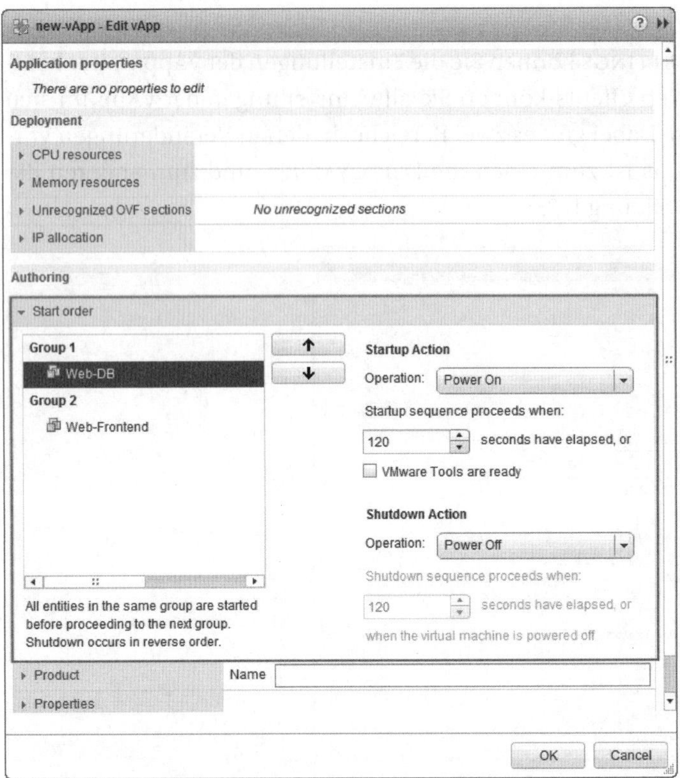

Abbildung 11.24 Festlegen der Startreihenfolge der VMs innerhalb der vApp

Dabei werden die Einschalt- und die Ausschaltaktion getrennt voneinander konfiguriert. Damit die abhängigen Server auch garantiert gestartet worden sind, kann entweder ein Zeitfenster definiert werden oder der Start der VMware Tools wird als Indiz dafür herangezogen, dass ein Server bereit ist, seine Arbeit zu verrichten. In Abbildung 11.24 ist die Startreihenfolge noch falsch eingestellt. Wenn Sie eine VM markieren, können Sie sie mit den Pfeilen in der Startreihenfolge verschieben.

Selbstverständlich erfolgt die Abarbeitung des Ausschaltvorgangs in umgekehrter Reihenfolge, wobei es an dieser Stelle drei unterschiedliche Varianten für den Shutdown-Vorgang gibt:

- Ausschalten
- Gast herunterfahren
- Suspend

In der Sektion PRODUCT kann die vApp personalisiert werden (siehe Abbildung 11.25). Dabei sprechen die Eingabefelder für sich.

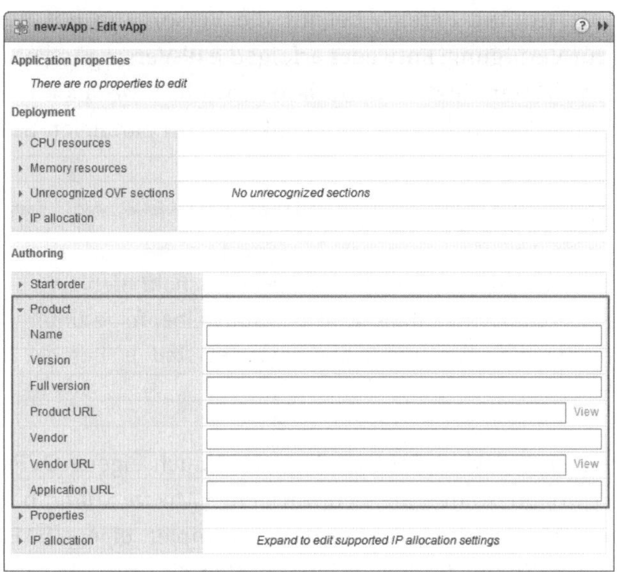

Abbildung 11.25 Personalisierung der vApp

Es folgen die Werte für die Eigenschaften der vApp (siehe Abbildung 11.26). An dieser Stelle können sehr tiefgreifende Anpassungen vorgenommen werden. Es können statische oder dynamische Konfigurationen hinterlegt werden. Dabei gibt es die Möglichkeit der Übergabe von Variablen unterschiedlichen Typs, von Passwörtern und IP-Adressen im statischen Bereich; dynamische Parameter beziehen sich nur auf den Netzwerkbereich.

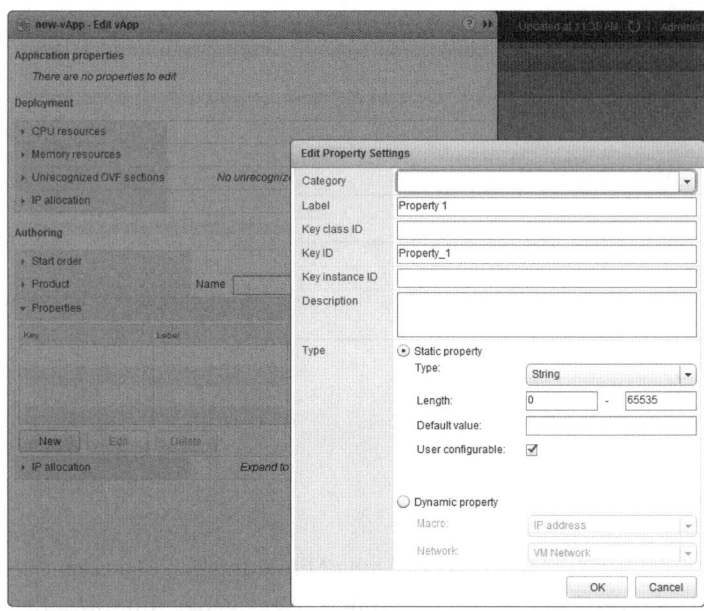

Abbildung 11.26 Hinzufügen von Eigenschaften zu einer vApp

Der letzte Konfigurationspunkt im AUTHORING-Bereich betrifft die Versorgung mit IP-Adressen. Zwei Optionen stehen hier zur Verfügung: Entweder erfolgt die IP-Versorgung per DHCP oder über das OVF-Environment. Unterstützt werden dabei sowohl IPv4- als auch IPv6-Umgebungen. Selbstverständlich werden auch beide Möglichkeiten im parallelen Betrieb unterstützt.

Wichtig

Wenn Sie mit vApps arbeiten, dann denken Sie bitte daran, die Ein- und Ausschaltbefehle nur über das Kontextmenü der vApp zu nutzen. Anderenfalls wird die Startreihenfolge unter Umständen nicht eingehalten. Wurde über die vApp eine Aktion gestartet, sind die Befehle im Kontextmenü der VM ausgeblendet.

Wenn Sie tiefer in das Thema einsteigen und komplexere vApps und auch eigene OVFs (*Open Virtualization Format*) erstellen wollen, sollten Sie sich mit dem *VMware Studio* beschäftigen. Dieses Entwickler-Tool von VMware ermöglicht es Ihnen, komplett eigene VMs zu kreieren. Nähere Informationen zu dem Thema finden Sie auf der Webseite von VMware unter *http://www.vmware.com/products/studio*.

11.6.4 Klonen einer vApp

Nicht nur virtuelle Umgebungen können dupliziert werden, auch bei vApps wird diese Funktion unterstützt. Einstiegspunkt ist das Kontextmenü einer bestehenden vApp.

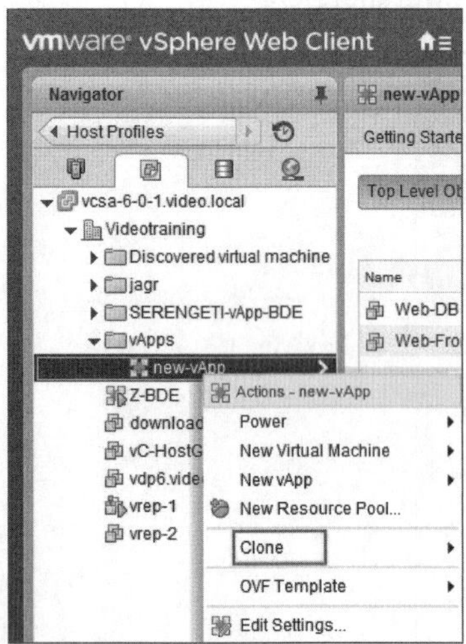

Abbildung 11.27 Klonen einer vApp

Gestartet werden kann die Aktion über das Menü CLONE (siehe Abbildung 11.27). Hier hat sich eine Änderung ergeben. In der Vorversion musste man andere Wege gehen. Im folgenden

Dialogfenster erfolgt dann die Auswahl für die Erstellung eines Klons (siehe Abbildung 11.27). Sie müssen nicht das Kontextmenü an der zu klonenden vApp aufrufen. Die Auswahl erfolgt erst im zweiten Schritt.

Bevor der Ablageort der vApp abgefragt wird, ist es notwendig, das Ziel zu definieren, wo die vApp später laufen soll, also die COMPUTE RESSOURCE. Die DISK RESSOURCE folgt im nächsten Auswahldialog.

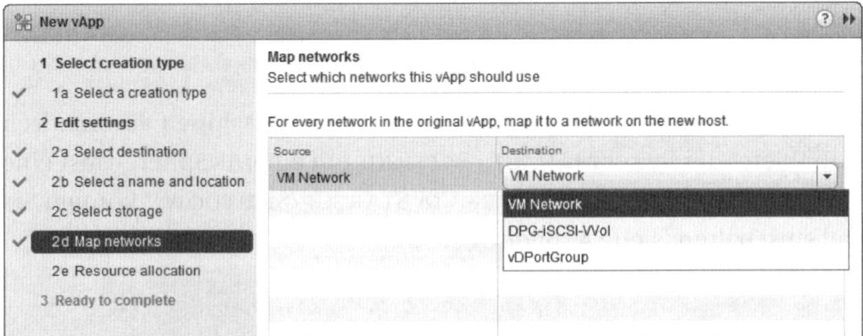

Abbildung 11.28 Mappen der Netzwerk-Anbindungen

Beim Netzwerk muss ein Mapping erfolgen (siehe Abbildung 11.28). Das heißt, es wird konfiguriert, welches Netzwerk der originalen vApp durch welches Netzwerk der virtuellen Infrastruktur ersetzt werden soll, in das die vApp importiert wird. Im letzten Schritt werden dann die Ressourcen der vApp konfiguriert.

Als Ergebnis sehen Sie die neue vApp im Management-Tool (siehe Abbildung 11.29).

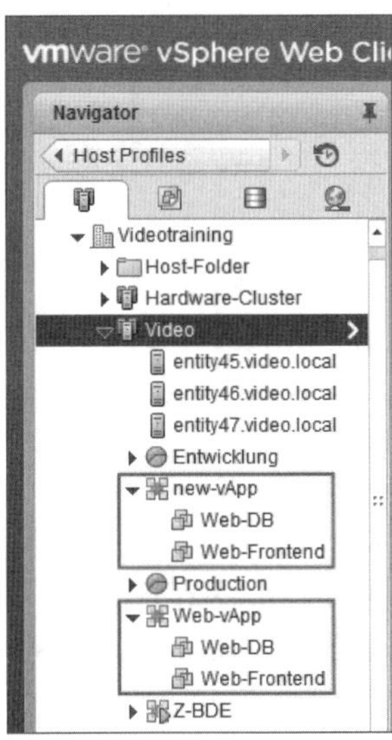

Abbildung 11.29 Die geklonte vApp im Webclient

Achtung

In einer virtuellen Umgebung können VMs mit identischem Namen vorkommen. Das kann passieren, wenn man vApps klont. Zusätzlich ist es dann noch möglich, eine »normale« VM mit identischem Namen anzulegen – und das auch mehrfach, solange die VM in einem anderen Folder angelegt wird.

11.6.5 Automatisches Starten und Stoppen der VMs mit dem Host

Mit dem Start des vSphere-Hosts gibt es die Möglichkeit, virtuelle Maschinen automatisch zu starten. Speziell dafür bietet der Reiter MANAGE • SETTINGS auf einem vSphere-Host eine entsprechende Option. Unter dem Link SOFTWARE • VM STARTUP/SHUTDOWN können Sie dies konfigurieren und einschalten (siehe Abbildung 11.30).

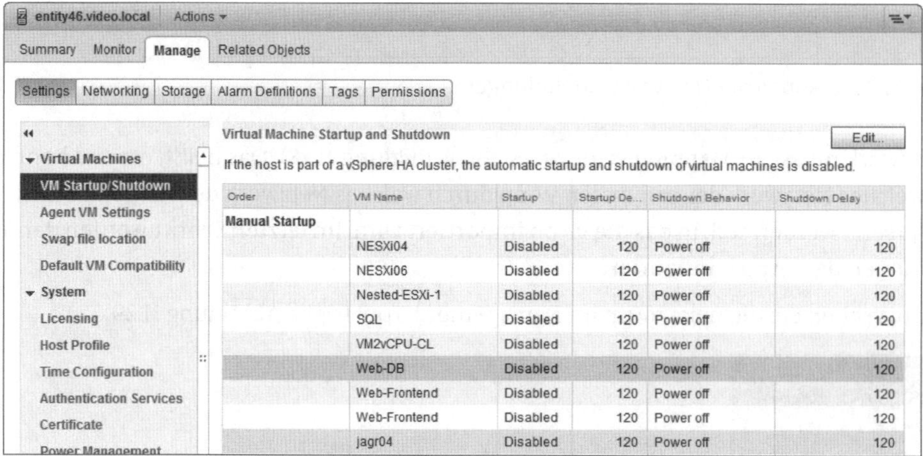

Abbildung 11.30 Konfiguration der automatischen Startup-Funktion

Im oberen Teil des Fensters wird der Status dieses Features leider nicht mehr angezeigt. Es kann also an dieser Stelle nicht mit Bestimmtheit gesagt werden, ob die Funktion aktiviert ist oder nicht. Auch die Anzeige, die Abbildung 11.30 zeigt, ist da nicht aussagekräftig. In der Abbildung ist die Funktion bereits aktiviert. Dadurch besteht die Möglichkeit, die virtuellen Maschinen automatisch zu stoppen oder zu starten. Über die Aktivierung der SYSTEM INFLUENCE-Option lässt sich die Funktion global für den Host aktivieren oder deaktivieren.

Rufen Sie mit dem Button EDIT im rechten Teil des Fensters das in Abbildung 11.31 gezeigte Fenster auf, in dem Sie das automatische Starten und Stoppen der virtuellen Maschinen konfigurieren.

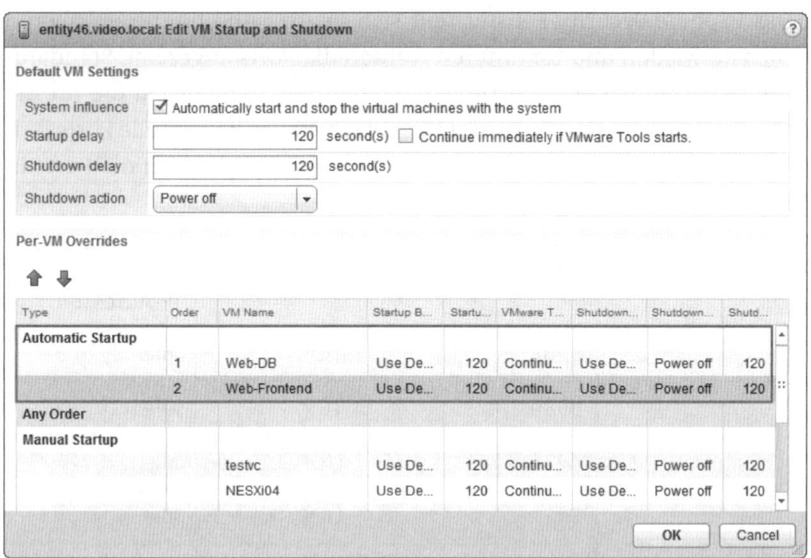

Abbildung 11.31 Das automatische Starten und Stoppen von virtuellen Maschinen aktivieren

Sie müssen die Checkbox AUTOMATICALLY START AND STOP THE VIRTUAL MACHINES WITH THE SYSTEM aktivieren, damit alle anderen Funktionen freigeschaltet werden. Anschließend können Sie das Verhalten der VMs nach einem Neustart des Hosts einstellen.

Für beide Optionen, das Starten und Stoppen, ist es möglich, eine Delay-Zeit anzugeben. Diese Zeit wird noch verstreichen, bevor die Aktionen durchgeführt werden. Bei den Verzögerungszeiten handelt es sich um eine globale Einstellung, die automatisch für alle VMs auf dem Host angewendet wird.

Im unteren Teil des Fensters positionieren Sie über die Pfeil-Buttons gegebenenfalls die virtuellen Maschinen in einer bestimmten Reihenfolge. Die Reihenfolge gibt an, in welcher Abfolge die virtuellen Maschinen gestartet werden. In derselben Reihenfolge – aber von unten nach oben – werden die virtuellen Maschinen heruntergefahren.

Im Beispiel aus Abbildung 11.31 sehen Sie eine unserer Testumgebungen. Nach dem Start des Hosts wird automatisch der Datenbank-Server gestartet und anschließend das Web-Frontend. Virtuelle Maschinen unter dem Bereich MANUAL STARTUP werden nicht automatisch gestartet, sondern bleiben abgeschaltet, bis ein anderer Task oder eine manuelle Aktion die Maschinen bootet. Maschinen unter dem Punkt ANY ORDER werden automatisch vom System gebootet – genau wie die Maschinen unter AUTOMATIC STARTUP.

11.7 vSphere-Security

Der VMware-vSphere-Host ist mit einer Firewall ausgestattet, die den vSphere-Host schützt. Die Firewall ist nach der Installation eingeschaltet und konfiguriert. Auch hier hat sich eine

Änderung ergeben: Das vSphere-Security-Fenster teilt sich in zwei Abschnitte; im oberen finden sich nun die Dienste wieder, und im unteren werden die Ports angezeigt. Standardmäßig werden alle Ports erst einmal geschlossen, abgesehen von denjenigen, die für die Standardkommunikation notwendig sind. In unserer Beispielinstallation sind alle Ports freigeschaltet, die in Tabelle 11.6 und Tabelle 11.7 aufgelistet sind. Dabei haben wir die Ports in eingehende und in ausgehende Ports aufgeteilt.

Dienste	Port	Protokoll	Erlaubte IP-Adressen
CIM Server	5988	TCP	alle
CIM Secure Server	5989	TCP	alle
CIM SLP	427	UDP/TCP	alle
DHCPv6	546	UDP/TCP	alle
DVSSync	8301 / 8302	UDP	alle
NFC	902	TCP	alle
Virtual SAN Clustering Service	12345 / 23451	UDP	alle
DHCP Client	68	UDP	alle
DNS Client	53	UDP	alle
Fault Tolerance	8100 / 8200 / 8300	UDP/TCP	alle
High Availability Agent	8182	UDP/TCP	alle
Virtual SAN Transport	2233	TCP	alle
SNMP Server	161	UDP	alle
SSH Server	22	TCP	alle
vMotion	8000	TCP	alle
vSphere Web Client	902 / 443	TCP	alle
vsavp	8080	TCP	alle
vSphere Web Access	80	TCP	alle

Tabelle 11.6 vSphere-Firewall – eingehende Verbindungen

Dienst	Port	Protokoll	Erlaubte IP-Adressen
CIM SLP	427	TCP	All
DHCPv6	547	TCP	All
DVSSync	8301 / 8302	UDP	All
HBR	44046 / 31031	TCP	All
NFC	902	TCP	All
Replication to Cloud Traffic	10000	TCP	All
WOL	9	UDP	All
Virtual SAN Clustering Service	1235 / 23451	UDP	All
DHCP Client	68	UDP	All
DNS Client	53	TCP/UDP	All
Dynamic Ruleset	8443	TCP	All
Fault Tolerance	80 / 8100 / 8200 / 8300	TCP/UDP	All
vSphere High Availability Agent	8192	TCP/UDP	All
Software iSCSI Client	3260	TCP	All
NTP Client	123	UDP	All
Virtual SAN Transport	2233	TCP	All
vCenter Update Manager	80 / 9000	TCP	All
vMotion	8000	TCP	All
VMware vCenter Agent	902	UDP	All

Tabelle 11.7 vSphere-Firewall – ausgehende Verbindungen

Zusätzlich finden Sie im oberen Teil dieses Fensters (siehe Abbildung 11.32) die Dienste des ESXi-Hosts. Ganz unten in der Ansicht können Sie den Lockdown-Modus aktivieren. Damit wird der Zugriff auf den ESXi-Host eingeschränkt. Ein Zugriff kann dann nur noch über die lokale Konsole erfolgen.

Die Dienste finden sich jetzt auch in diesem Fenster wieder. In Tabelle 11.8 zeigen wir Ihnen, welche Dienste beim vSphere-Host standardmäßig installiert sind und welche Start-Art sie haben.

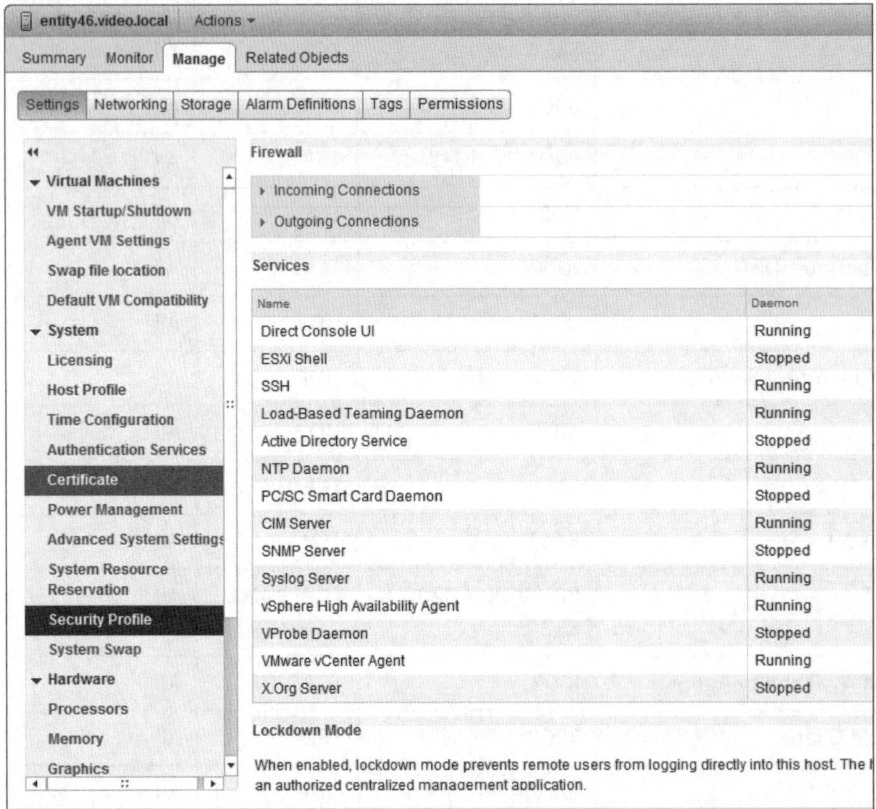

Abbildung 11.32 Security-Einstellungen des ESXi-Hosts

Dienste	Start-Art
Direct Console UI	stopped
ESXi Shell	stopped
SSH	stopped
Load-Based Teaming Daemon	running
Active Directory Service	stopped
NTP Daemon	running

Tabelle 11.8 Dienste, die auf einem ESXi-Host laufen

Dienste	Start-Art
PC/SC Smart Card Daemon	stopped
CIM Server	running
SNMP Server	stopped
Syslog Server	running
vSphere High Availability Agent	running
VProbe Daemon	stopped
VMware vCenter Agent	running
X Org Server	stopped

Tabelle 11.8 Dienste, die auf einem ESXi-Host laufen (Forts.)

Einige Einstellungsanpassungen an den Diensten können Sie sofort sehen, wenn Sie sich auf der lokalen Konsole anmelden, so z. B. die ESXi-Shell.

Wird die Start-Art eines Dienstes geändert, werden im Hintergrund automatisch die Ports in der Firewall aktiviert (siehe Abbildung 11.33). Damit ist gewährleistet, dass auch alle Ports geöffnet werden, die der Service benötigt.

Abbildung 11.33 Dienste-Einstellungen des ESXi-Hosts

Die Start-Art können Sie einfach über die Eigenschaften des Dienstes ändern und für Ihre Zwecke anpassen.

11.7.1 Öffnen und Schließen eines Ports mit dem vSphere Web Client

Um einen Port mit dem Web Client zu öffnen oder zu schließen, müssen Sie sich direkt mit einem vCenter verbinden. Dann ist der VMware-Host auszuwählen, auf dem die Porteinstellungen geändert werden sollen. Der Weg geht über Manage Settings • Security Profile. Man vermutet nicht direkt die Firewall-Einstellungen dahinter, allerdings sind diese genau dort zu finden (siehe Abbildung 11.34). Durch Anklicken des Edit-Buttons im Bereich der Firewall schalten Sie die Ports frei.

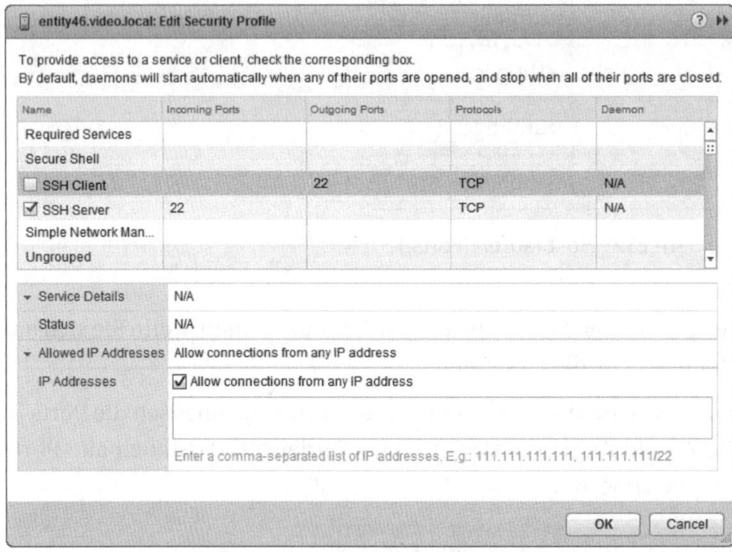

Abbildung 11.34 Portfreischaltungen der vSphere-Firewall

Es wird eine komplette Übersicht angezeigt, welche Ports mit welchen Parametern freigeschaltet sind. Diese können Sie nicht ändern. Es werden nur die gängigen vorkonfigurierten Ports angezeigt, die freigeschaltet werden können.

Im unteren Bereich des Konfigurationsfensters können Sie die IP-Zugriffseinschränkungen konfigurieren.

Das Startverhalten der eingerichteten Freischaltung oder Sperrung von Ports lässt sich individuell konfigurieren. Sie haben drei Optionen für das Startverhalten der Portfreischaltung (siehe Abbildung 11.35).

Start and stop with host ist die Standardoption für alle Ports. Mit dieser Option werden die Dienste direkt mit dem Host gestartet oder beendet. Bei Aktivierung von Start and stop manually startet keine Freischaltung automatisch; der Dienst muss manuell gestartet werden. Wird der Dienst mit dieser Option manuell gestartet und später der Host neu gebootet, ist der Dienst nach dem Neustart nicht mehr verfügbar.

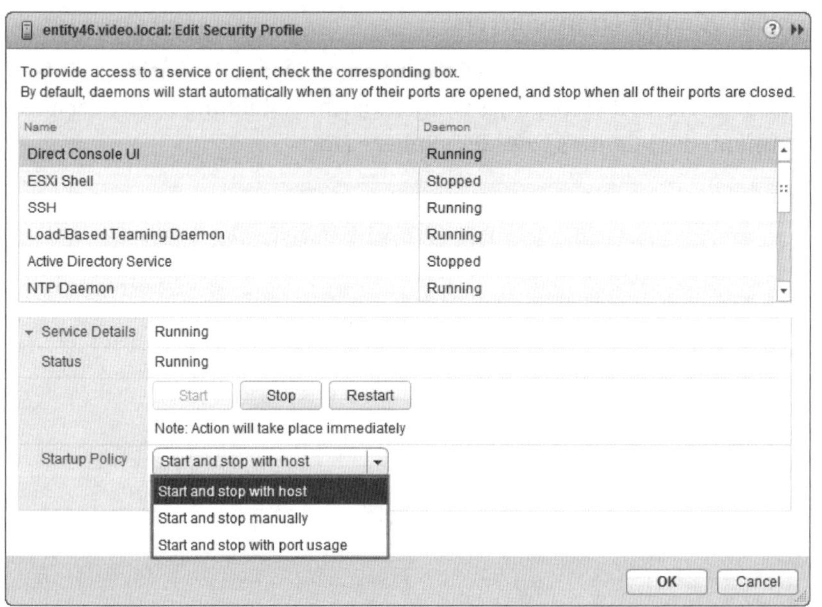

Abbildung 11.35 Start-Arten für Portfreischaltungen

Die dritte Option START AND STOP WITH PORT USAGE startet den Dienst, sobald die zugehörigen Ports freigeschaltet worden sind.

> **Vorsicht**
> Wird ein Port auf der Firewall, der bisher geöffnet war, geschlossen, werden bereits aktive Verbindungen nicht beendet. Die laufende Kommunikation über einen bestimmten nachträglich geschlossenen Port funktioniert so lange weiter, bis die Verbindung getrennt wird.

Sollen Ports freigeschaltet werden, die in dieser Liste nicht auftauchen, bleibt nur der Weg über die Kommandozeilen-Tools oder die vMA, um die Freischaltungen hinzuzufügen.

11.8 Lizenz-Server

Der Lizenz-Server ist integraler Bestandteil des vCenter-Servers und wird automatisch mit installiert. Er verwaltet alle Lizenzen und stellt sie dem vCenter selbst und den vSphere-Hosts zur Verfügung.

11.8.1 Konfiguration des vCenter-Lizenz-Servers

Der Lizenz-Server integriert sich direkt in den vCenter-Server. Der Aufruf erfolgt einfach über die Home • Administration-Homepage des vCenters (siehe Abbildung 11.36) oder alternativ über das Kontextmenü des vCenters bzw. des vSphere-Hosts.

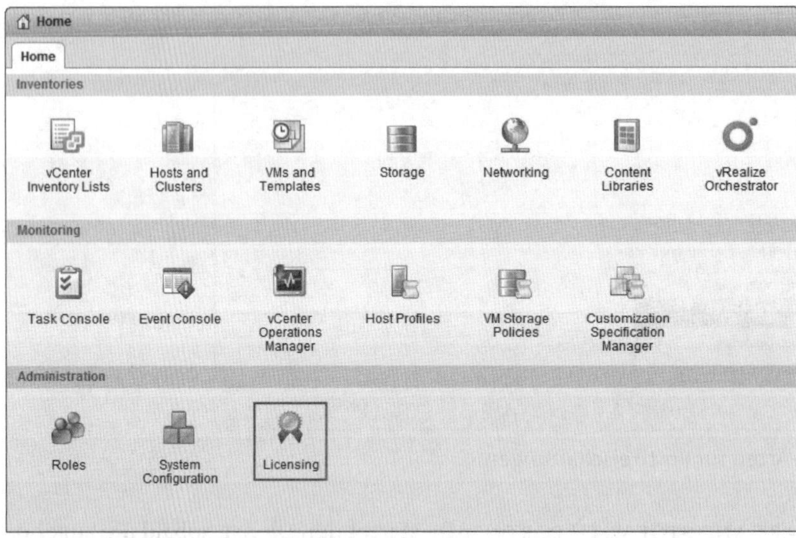

Abbildung 11.36 Aufruf des integrierten Lizenz-Servers

Haben Sie den Lizenz-Server aufgerufen, dann erscheint ein Übersichtsfenster mit den bereits installierten Lizenzen (siehe Abbildung 11.37). Die Ansicht können Sie ändern, indem Sie nach Produkten, Lizenz-Keys und Asset-Daten sortieren. Die angezeigte Liste lässt sich auch exportieren; dabei steht nur das Dateiformat CSV zur Verfügung. Der Export erfolgt über die Zwischenablage.

Abbildung 11.37 Übersicht des Lizenz-Servers

Über das grüne Pluszeichen wird der eigentliche Prozess zum Einpflegen von Lizenzen gestartet (siehe Abbildung 11.38).

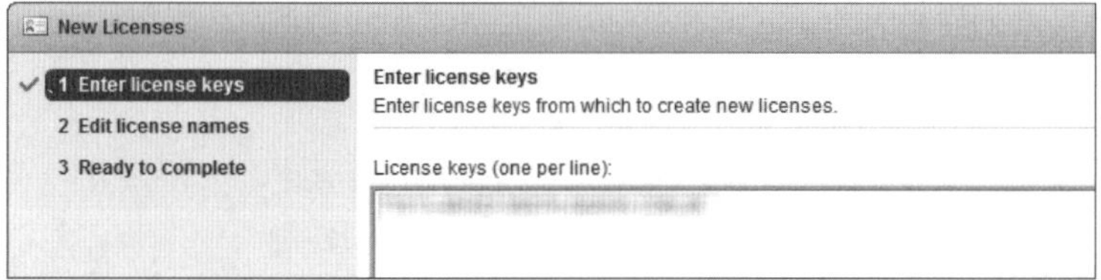

Abbildung 11.38 Hinzufügen von Lizenzen

Das Einpflegen von Lizenzen gliedert sich in mehrere Schritte. Als Erstes tragen Sie den Schlüssel ein. Optional fügen Sie zusätzlich eine Bezeichnung der Lizenz hinzu.

Im zweiten Schritt weisen Sie den Key einem Asset-Satz zu (siehe Abbildung 11.39). Das erfolgt über die Auswahl des Asset-Satzes über die zugehörigen Reiter.

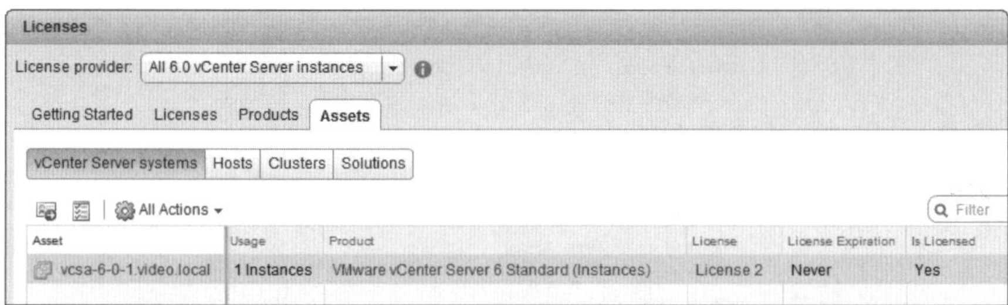

Abbildung 11.39 Zuweisen der Lizenzen zum Asset

Haben Sie keine Angst, wenn Sie größere Umgebungen haben: Sie müssen nicht für jeden Server ein eigenes Lizenzpaket schnüren. Machen Sie es sich einfach, indem Sie einen großen Pool mit Lizenzen bilden und diesem Pool mehrere Server zuweisen. Auch an dieser Stelle können Sie Ihre Arbeit optimieren und vereinfachen.

Verschiedene Sortieroptionen ermöglichen eine Auflistung nach lizenzierten, unlizenzierten oder allen Assets.

Wechselt man in der Ansicht auf den Host selbst, werden dort noch wesentlich ausführlichere Informationen über die Lizenz angezeigt (siehe Abbildung 11.40). Das Informationsfenster listet hier alle inkludierten lizenzpflichtigen Optionen auf. So ist direkt sichtbar, welche Erweiterungen nutzbar sind und welche nicht.

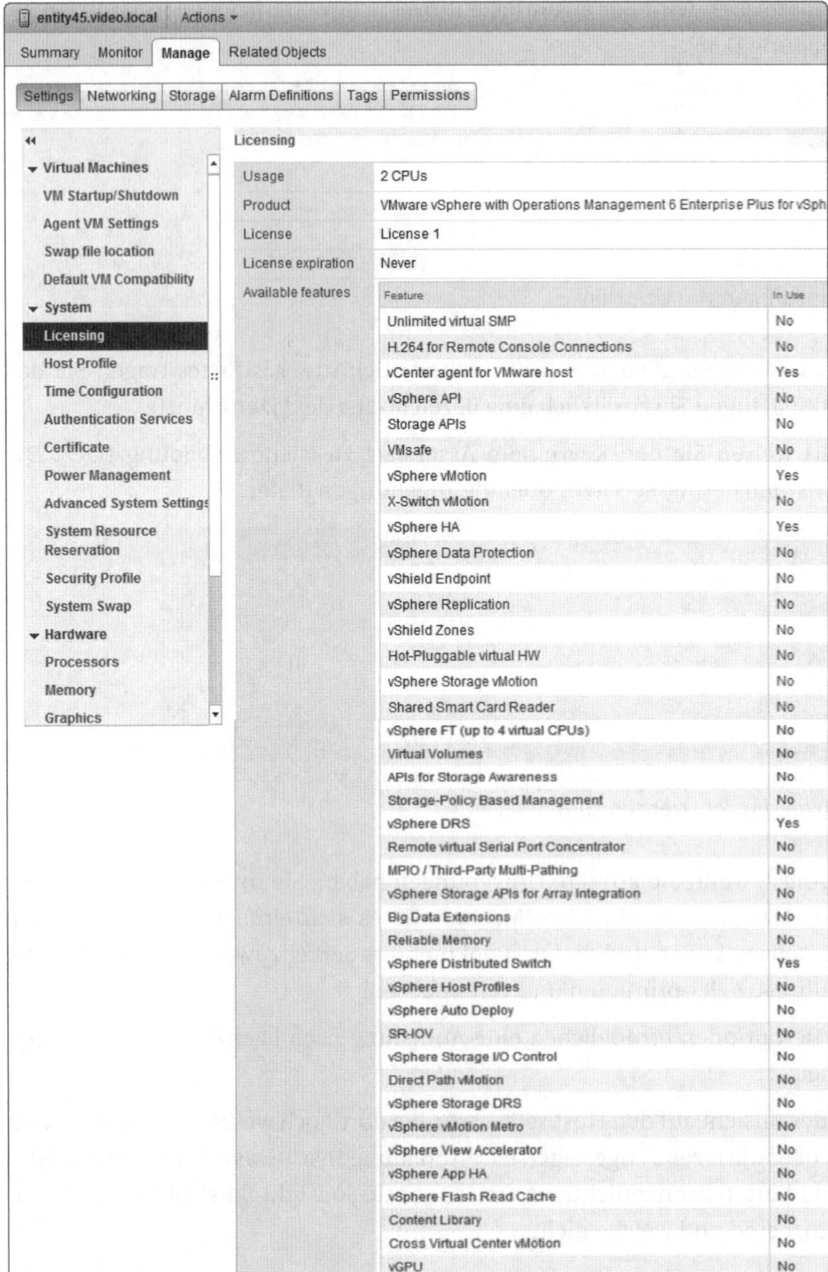

Abbildung 11.40 Umfang der mit dem Host verbundenen Lizenz

Es können aber auch Übersichten für die gesamte Landschaft erstellt werden. Diese Reports finden Sie im vCenter Server über HOME • ADMINISTRATION • LICENSING • REPORTS.

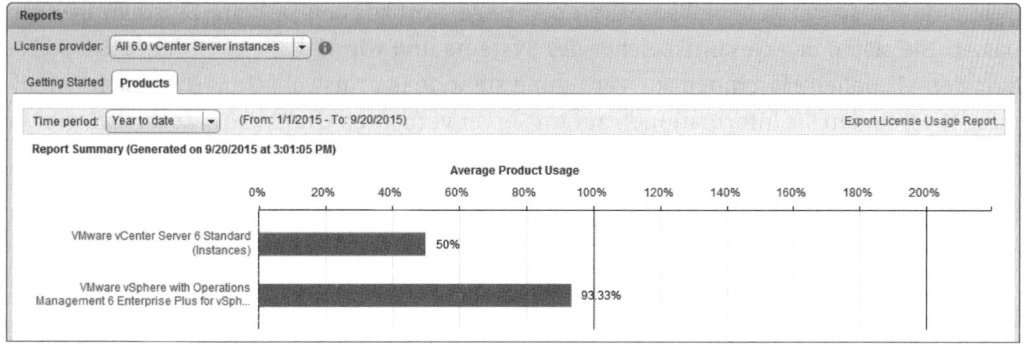

Abbildung 11.41 Ansicht eines Lizenzreports

Im Fenster aus Abbildung 11.41 ist sehr gut sichtbar, wie gut die eingepflegten Lizenzen wirklich ausgenutzt werden. Die Anzeige ist nach den lizenzierten Produkten geordnet.

11.9 Hardware

In diesem Abschnitt möchten wir Ihnen die Einträge in Menü HARDWARE unter MANAGE SETTINGS näherbringen. Sie finden hier unterschiedliche Einstellungen, die direkt im Zusammenhang mit der Server-Hardware stehen. Dabei können Sie überwiegend Informationen abrufen. Die Auswahl PROCESSORS (siehe Abbildung 11.42) zeigt nähere Inforrmationen über die im Host verbaute CPU an. Ein aktiviertes Hyperthreading ist hier leider nicht erkennbar. Des Weiteren werden an dieser Stelle nähere Informationen zur Serverhardware angezeigt.

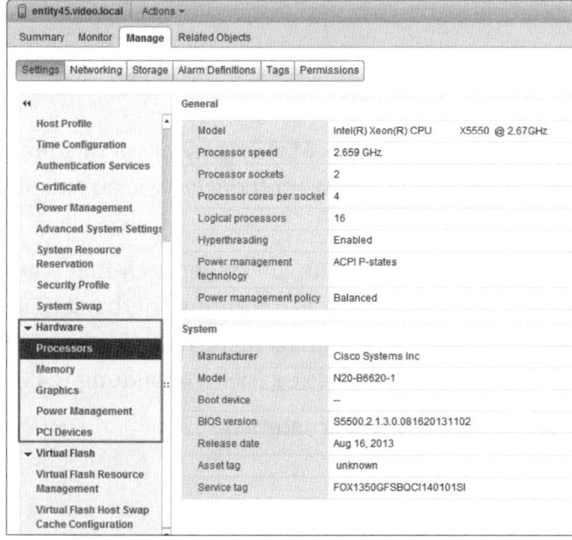

Abbildung 11.42 So rufen Sie die Hardware-Einstellungen auf.

Der Punkt MEMORY ist ebenfalls eine reine Anzeige. Dort können Sie keine Einstellungen anpassen. Sie sehen den Gesamtspeicher des Systems und wie viel Speicher dem Host selbst bzw. den virtuellen Maschinen zur Verfügung steht. In der Auswahl GRAPHICS (siehe Abbildung 11.43) finden Sie Informationen zur im Server verbauten Grafikkarte. Zusätzlich gibt es eine Auflistung aller virtuellen Maschinen, die diese Karte direkt nutzen.

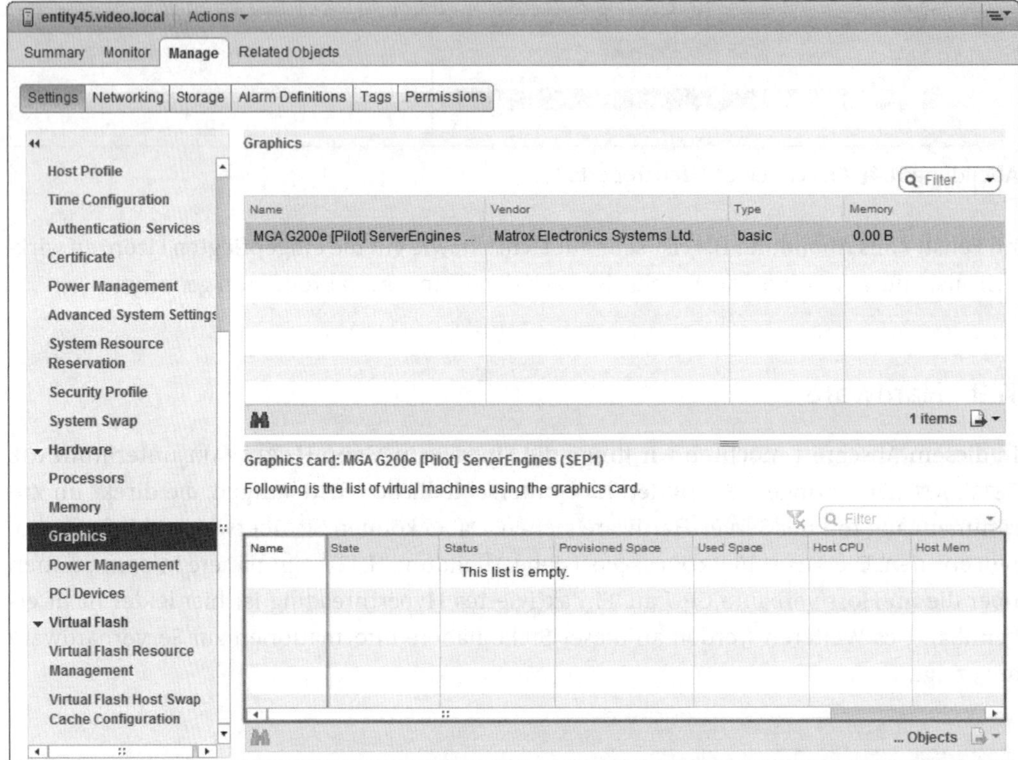

Abbildung 11.43 Verknüpfung von der Grafikkarte zu verbundenen virtuellen Maschinen

Der vorletzte Menüpunkt in der Sektion HARDWARE ist POWER MANAGEMENT (siehe Abbildung 11.44). An dieser Stelle können Sie für den einzelnen Host hinterlegen, wie stromsparend er agieren soll.

Vier unterschiedliche Einstellungen unterschiedlicher Abstufungen finden sich hier. Drei fest vordefinierte Rollen können Sie auswählen und eine Rolle, die frei konfigurierbar ist. Die konfigurierbaren Parameter für die frei einstellbare Power-Management-Rolle finden sich unter MANAGE • SETTINGS • SYSTEM • ADVANCED SYSTEM SETTINGS (siehe Abbildung 11.45).

Hier können Sie dann die Anpassungen an Ihrer Landschaft vornehmen.

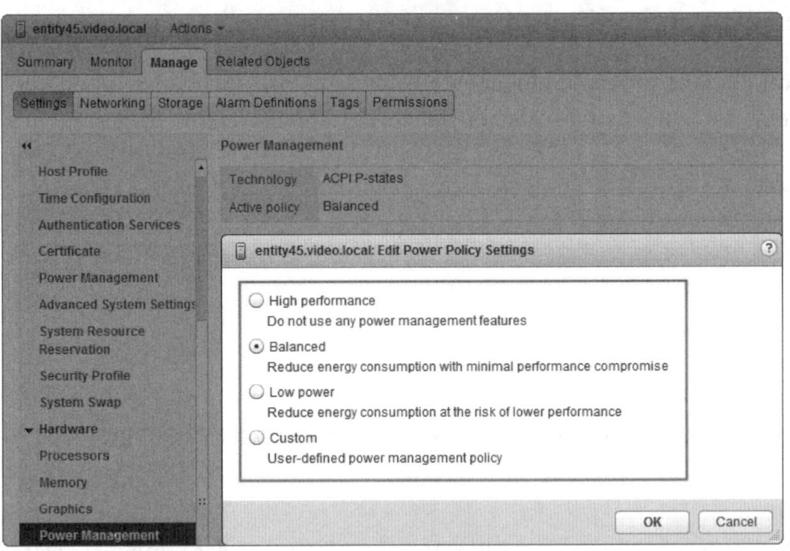

Abbildung 11.44 Parametrierung der Power-Management-Einstellungen für den Host

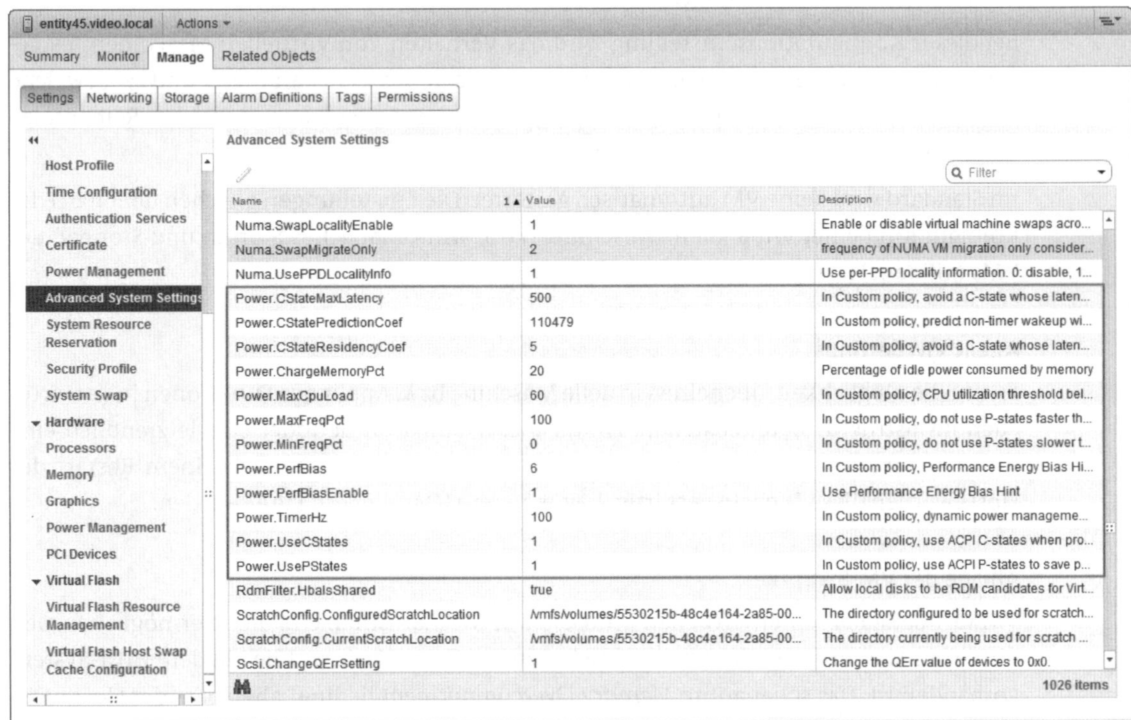

Abbildung 11.45 Anpassung der Power-Management-Parameter

11.10 Erweiterte Softwarekonfiguration

Lassen Sie uns nun auf die Einstellungen eingehen, die Sie am Host noch vornehmen können, die wir aber bis jetzt noch nicht angesprochen haben. Es handelt sich um insgesamt drei Punkte:

- Virtual Machines
- Systemeinstellungen
- System Swap

11.10.1 Virtual Machines

In diesem Bereich werden globale Einstellungen für virtuelle Maschinen vorgenommen.

VM Startup/Shutdown

Die Einstellung der Startreihenfolge von virtuellen Maschinen ist nur dann möglich, wenn der Host nicht Mitglied in einem Cluster ist. Für diesen angesprochenen Fall wird die Startreihenfolge am Cluster konfiguriert.

Bei dieser Konfigurationseinstellung wird das Verhalten von virtuellen Maschinen festgelegt, wenn ein Host gestartet wird. Dahinter verbergen sich zwei Parameter und zwar, welche virtuelle Maschine beim Starten des Hosts gestartet werden soll und in welcher Reihenfolge das geschieht.

Im Standard wird keine VM automatisch gestartet. Die Einstellungen gleichen denen bei der Konfiguration einer vApp (Siehe Abschnitt 11.6.5, »Automatisches Starten und Stoppen der VMs mit dem Host«).

Agent VM Settings

Es gibt die Möglichkeit, über eine virtuelle Maschine bzw. Appliance Funktionen in der virtuellen Infrastruktur bereitzustellen. Hinter dieser Funktion befindet sich letztendlich eine Autostartfunktion für Infrastruktur-Dienste mit der Priorität 0. Nach einem Restart des Hosts werden diese Dienste gestartet, bevor andere VMs eingeschaltet werden.

Ablage der VM-Swapfiles

VMware setzt bei seiner virtuellen Infrastruktur Mechanismen ein, die es ermöglichen, den virtuellen Maschinen mehr Arbeitsspeicher zuzuweisen, als tatsächlich in dem Host-System vorhanden ist. Das sogenannte *Memory-Overcommitment* bedingt aber, dass der Host nicht aktiv genutzten Arbeitsspeicher der einzelnen virtuellen Maschine auslagert. Diese Auslagerung findet, wie bei anderen Systemen auch, ins Filesystem statt. An dieser Stelle gibt es nun die Möglichkeit, festzulegen, an welchen Speicherort der Arbeitsspeicher ausgelagert werden soll. Dabei bietet das System zwei Möglichkeiten: Entweder erfolgt die Ablage in den Ordner, in dem auch die Files der virtuellen Maschine liegen, oder es wird ein dedizierter Datastore ausgewählt.

Default VM Compatibility

An dieser Stelle wird hinterlegt, mit welcher virtuellen Hardwareversion auf dem Host bzw. auf dem Cluster neue virtuelle Maschinen als Standard angelegt werden sollen (siehe Abbildung 11.46).

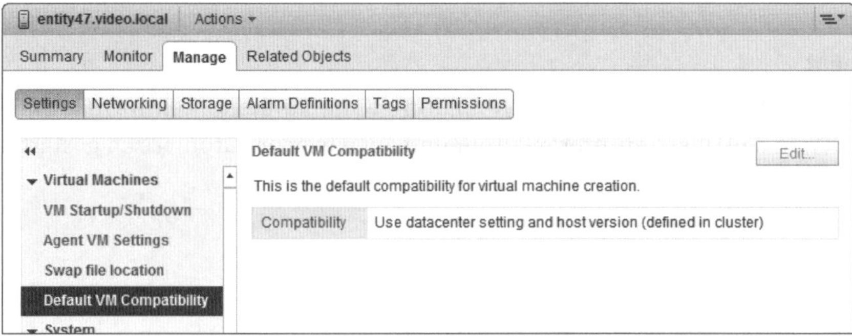

Abbildung 11.46 Festlegung des Standards für die virtuelle Hardware

Editiert wird die Einstellung über den EDIT-Button. Das Editieren ist hier nur möglich, wenn der Host nicht in einem Cluster ist. Damit soll gewährleistet werden, dass auf verschiedenen Hosts VMs mit unterschiedlicher Hardwareversion ausgerollt werden.

Zur Auswahl stehen hier alle Versionen der virtuellen Hardware ab der Version 3.5. Alternativ kann man eine Referenzierung auf die Datacenter-Einstellungen vornehmen.

11.10.2 Systemeinstellungen

Einige der Punkte in dieser Sektion haben wir ja schon beschrieben. Lassen Sie uns nun die noch offenen Punkte näher betrachten.

Die *Authentication*-Dienste werden an dieser Stelle nicht näher besprochen. Ihre Konfiguration finden Sie bei der Einrichtung des *Authentication Proxy* in Abschnitt 11.6.1.

Certificate

Ein neuer Punkt ist die CERTIFICATE-Auswahl. Hier können Sie sich das aktuell gültige Zertifikat anzeigen lassen oder es gegebenenfalls auch erneuern (siehe Abbildung 11.47).

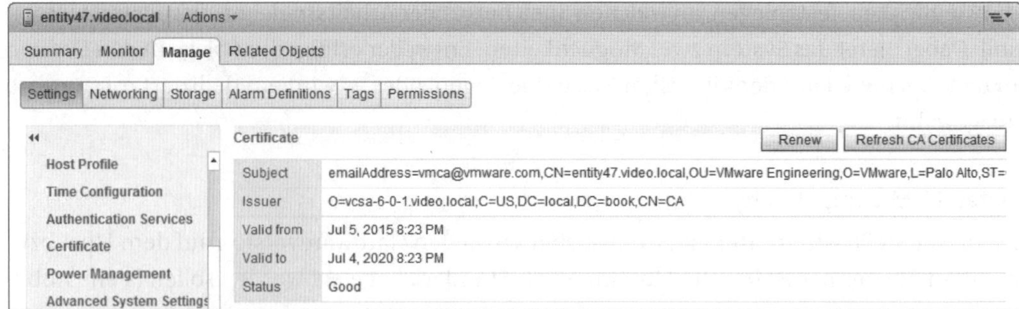

Abbildung 11.47 Anzeige des Host-Zertifikats

Power Management

In der Sektion POWER MANAGEMENT (siehe Abbildung 11.48) können Sie Informationen hinterlegen, mit denen der Host heruntergefahren und auch wieder automatisch gestartet werden kann.

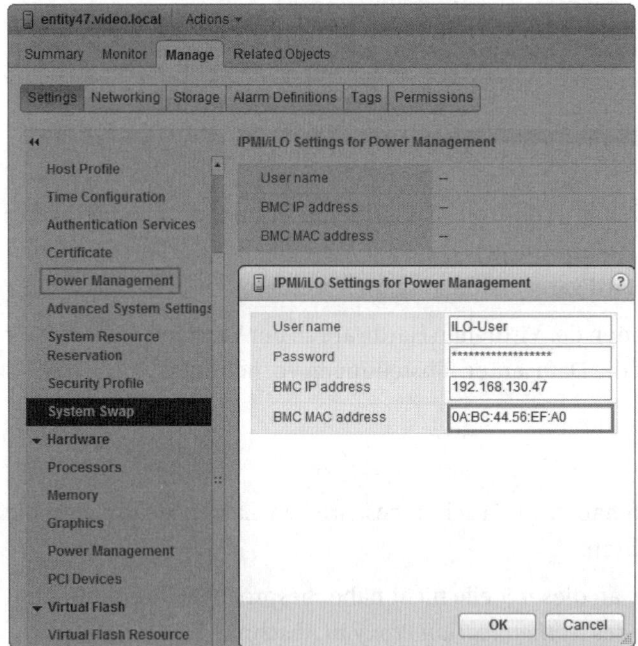

Abbildung 11.48 Parametrierung der Hardware Remote Console

Die hier hinterlegten Einstellungen werden auch von dem *Dynamic Power Management* genutzt, das im Rahmen der Clusterkonfiguration aktiviert werden kann.

Es ist etwas unglücklich, dass es zweimal eine Einstellung mit identischem Namen gibt.

Advanced System Settings

Die ADVANCED SYSTEM SETTINGS sind eigentlich der Dreh- und Angelpunkt für alle Einstellungen. Sämtliche Konfigurationen können hier direkt vorgenommen werden, wenn die zugehörigen Parameter bekannt sind. Letztendlich beruht jede Konfigurationsänderung, die im vCenter vorgenommen wird, auf der Anpassung eines speziellen Parameters. Diese Anpassung kann hier direkt vorgenommen werden. Manche Parameter können gar nicht über die Konsole angepasst werden; dann muss hier die Konfiguration erfolgen.

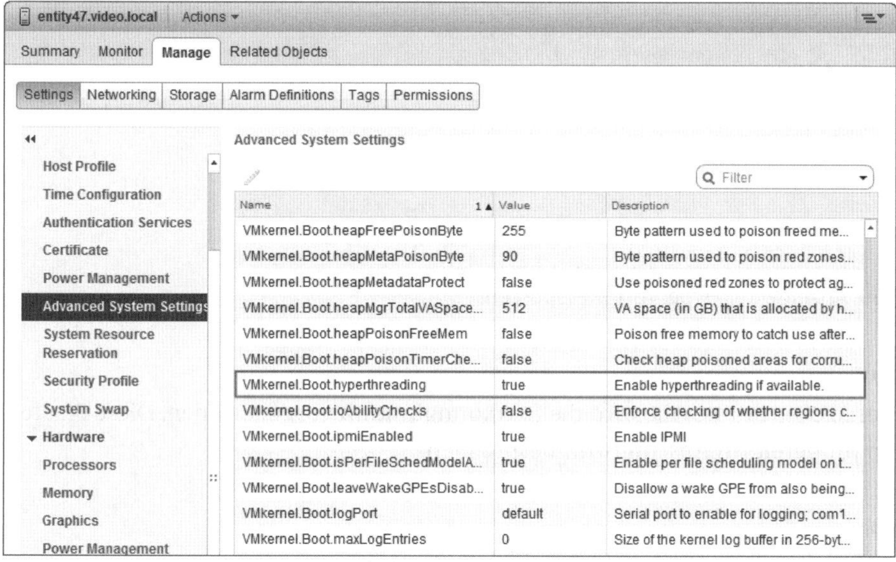

Abbildung 11.49 Änderungen der »Advanced«-Parameter

Als Beispiel sei in Abbildung 11.49 die Aktivierung bzw. Deaktivierung des Hyperthreadings angeführt. In der Version 5.0 gab es noch eine Einstellungsmöglichkeit über ein passendes Fenster und die Aktivierung der Funktion. Bei vSphere 5.5 geht das nur über die ADVANCED SYSTEM SETTINGS. Der dafür verantwortliche Parameter heißt VMKERNEL.BOOT.HYPERTHREADING. Über den Wert TRUE oder FALSE, den Sie hier setzen, wird das Hyperthreading aktiviert oder deaktiviert.

Viele Parameter des vSphere-Hosts können hier angepasst werden. Hier ändern Sie Einstellungen, wenn z. B. der Hardwarehersteller des Storages Sie dazu auffordert. Auch der VMware-Support verlangt von Ihnen hier möglicherweise eine Anpassung von Einstellungen, wenn es Probleme gibt. Viel mehr können wir Ihnen zu diesem Fenster aber nicht berichten, denn für die Funktion der einzelnen Parameter gibt es nur eine Kurzbeschreibung in der rechten Fensterhälfte. Mehr ist nirgends dokumentiert. Nur einige wenige Werte sind in unterschiedlichen Internetforen beschrieben. Ändern Sie nur Werte, wenn der Hardware- oder Software-Support Sie dazu auffordert. Weniger ist auch hier mehr.

System Resource Reservation

Wählen Sie den Punkt SYSTEM RESSOURCE RESERVATION aus. An dieser Stelle lassen sich keine Einstellungen vornehmen. Es handelt sich um eine reine Anzeige (siehe Abbildung 11.50).

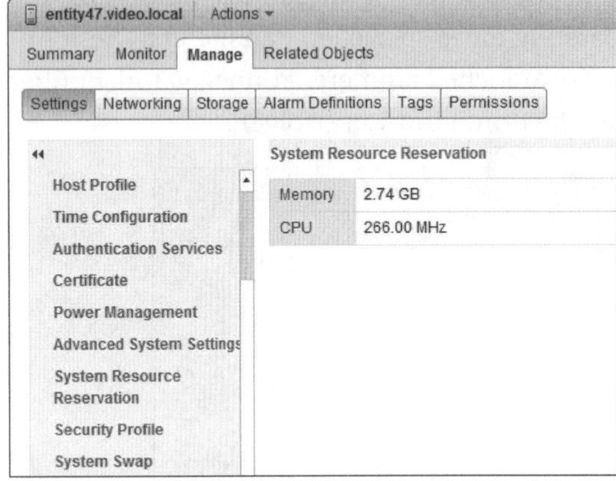

Abbildung 11.50 Anzeige der Hypervisor-Ressourcen

Security Profile

Im Bereich des SECURITY PROFILE wird die Portkonfiguration vorgenommen. Diese Einstellungen haben wir bereits in Abschnitt 11.7 besprochen.

System Swap

Die letzte noch nicht besprochene Einstellung in dieser Sektion ist der SYSTEM SWAP (siehe Abbildung 11.51).

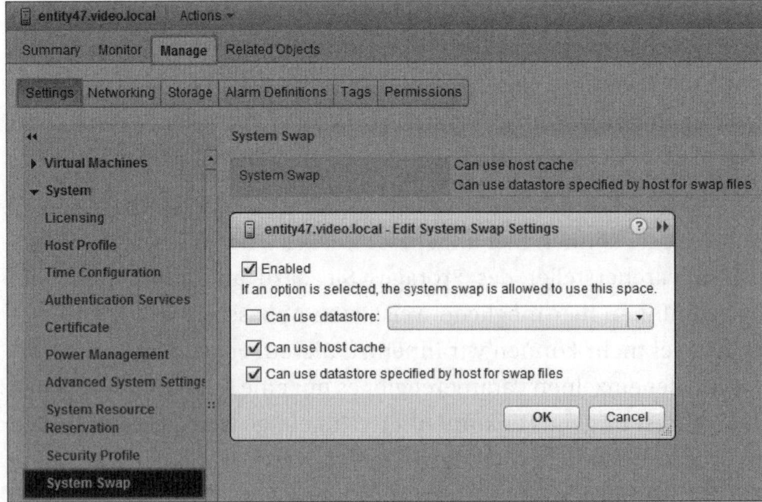

Abbildung 11.51 Einstellung der Art und Weise, ob und wie ein Host swappen soll

Hier legen Sie fest, ob der vSphere-Host Speicher auslagern soll und wenn ja, wohin. Die Einstellungen an sich sollten selbsterklärend sein. Es besteht auch die Möglichkeit, einen festen Datastore für diese Funktion auszuwählen.

11.11 Virtual Flash

Zur Beschleunigung der virtuellen Infrastruktur können Flash-Speichermedien im Host oder zentral genutzt werden. Sie dienen als Lese-Cache für virtuelle Festplatten oder als Ablage für das Swap-File des Hosts.

Virtual Flash Resource Management

Damit der Host Flash-Speicher nutzen kann, muss der Speicher zuerst dem System bekannt gegeben werden. Dabei können nicht nur lokale, sondern auch entfernte Flash-Geräte genutzt werden (siehe Abbildung 11.52).

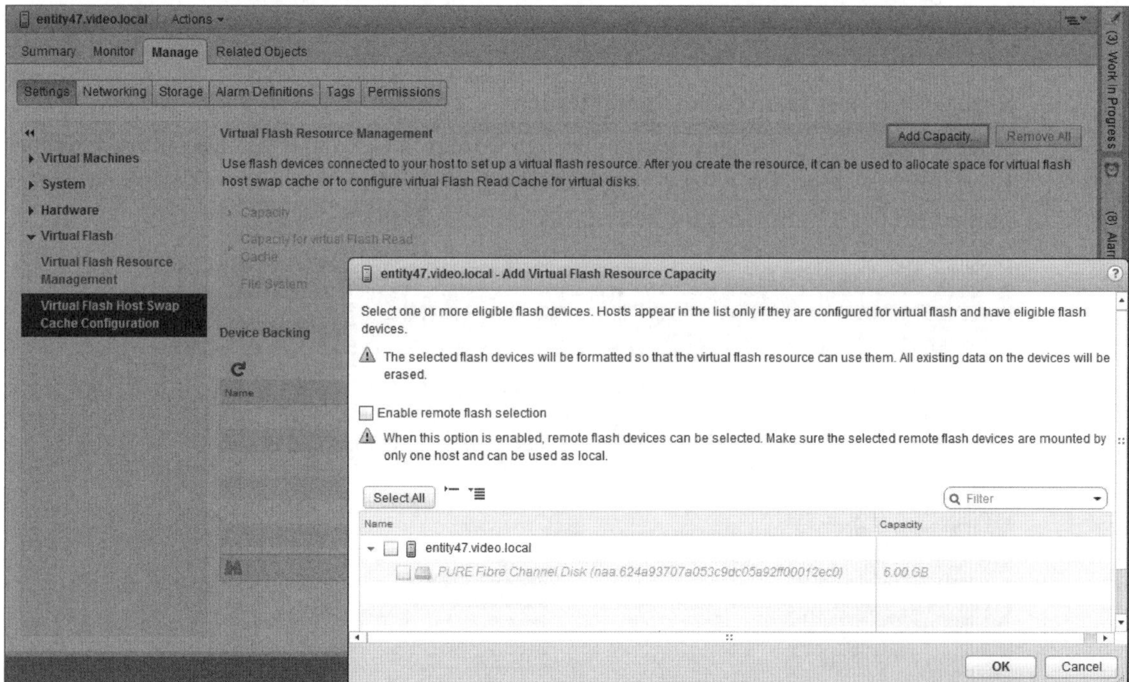

Abbildung 11.52 Bereitstellen von Flash-Speicher

Nach der Einrichtung werden die nutzbaren Größen angezeigt (siehe Abbildung 11.53). Bitte achten Sie auf das Filesystem. Für die Nutzung als Flash-Cache wird ein anderes Filesystem genutzt, das VFFS (*Virtual Flash File System*).

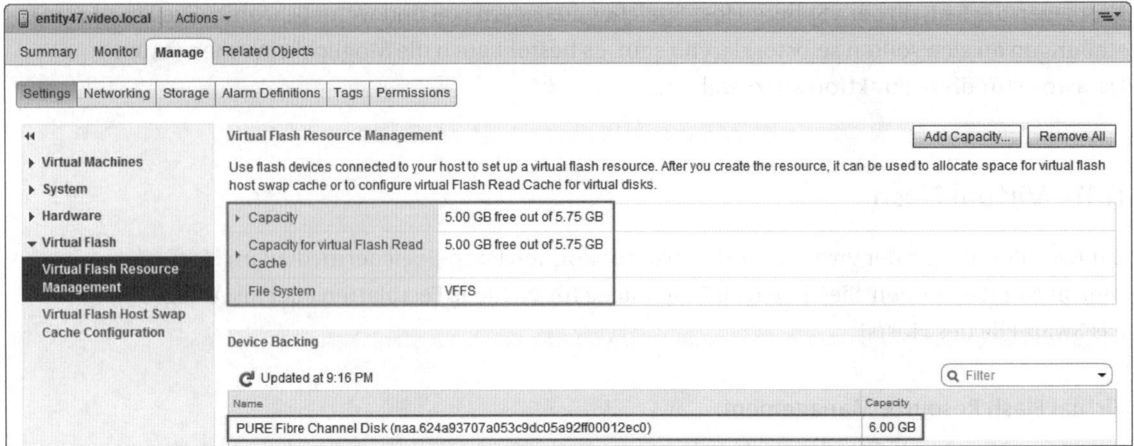

Abbildung 11.53 Nutzgrößen des Flash-Caches

Der angelegte Speicher kann dabei unterteilt werden zur Nutzung als Swap für den Host und für die Nutzung als Flash-Lese-Cache für virtuelle Festplatten.

Virtual Flash Host Swap Cache Configuration

Ist dem Host Flash-Speicher bekannt gegeben worden, so kann der Speicher unterschiedlich konfiguriert werden. Die Einrichtung als Swap-Speicher findet sich direkt unter dem Menüpunkt VIRTUAL FLASH HOST SWAP CACHE CONFIGURATION.

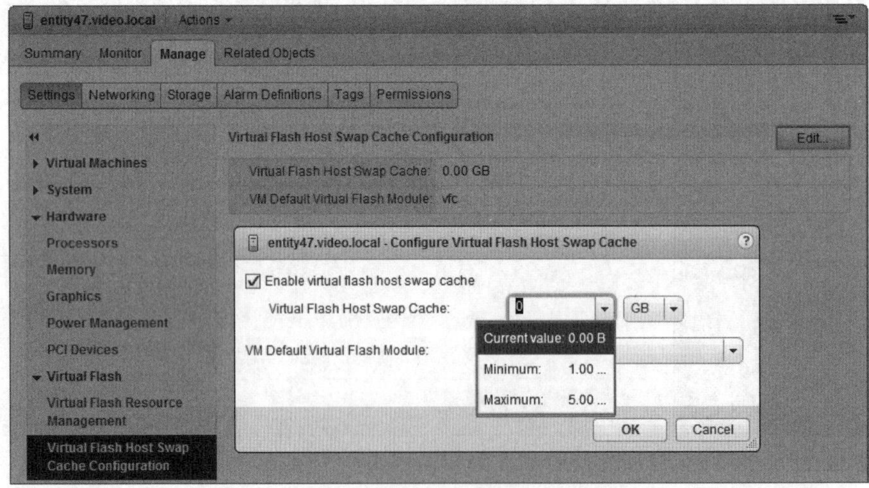

Abbildung 11.54 Festlegen der Swap-Cache-Größe des Hosts

Wie Sie sehen können, ist eine Mindestgröße von 1 GB festgelegt. Jeden nicht genutzten Speicher können Sie für eine VM nutzen. Die Einstellung erfolgt an der virtuellen Festplatte der VM selbst.

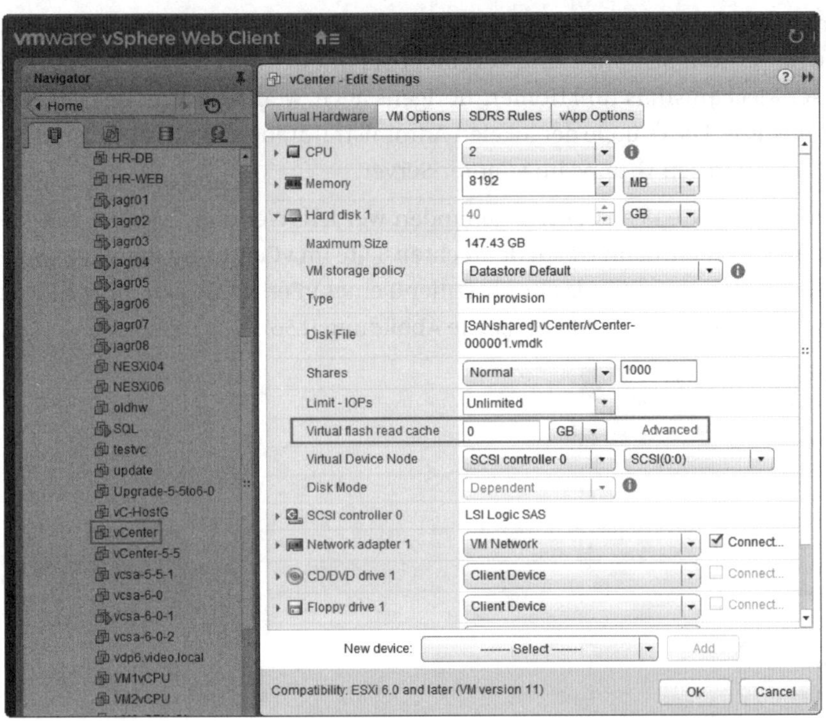

Abbildung 11.55 Aktivierung des Lese-Cache für eine virtuelle Festplatte

Mit dem ADVANCED-Link (siehe Abbildung 11.55) können Sie neben der Lese-Cache-Größe auch die Blockgröße einstellen.

11.12 vCenter-Berechtigungen

Wir haben uns bis jetzt wie selbstverständlich im vCenter bewegt. Aber wie ist das möglich? Woher kennt der vCenter-Server den Benutzer-Account aus dem Betriebssystem? Diese Fragen möchten wir in diesem Abschnitt klären.

VMware integriert den vCenter-Server nahtlos in das Benutzer-Gruppen-System des Windows-Betriebssystems. Ist der Server Mitglied eines *Active Directorys* (ADS), dann können auch Benutzer und Gruppen des ADS im vCenter berechtigt werden. Diese nahtlose Integration kann auch Probleme aufwerfen. Lesen Sie jetzt, wie VMware mit den Berechtigungen im vCenter umgeht.

Berechtigungssysteme führen immer zwei Komponenten zusammen: zum einen die *Anwender* – das können sowohl Benutzer als auch Gruppen sein (wir werden der Einfachheit halber nur noch von den »Benutzern« sprechen) –, zum anderen die *Rechte*. Beides wird in der Managementoberfläche zusammengeführt und bildet so ein Netzwerk für die Administration der gesamten Infrastruktur mit unterschiedlichen Rechteebenen.

Keine Angst, Sie müssen bei der Installation keine Benutzer anlegen. Das vCenter sucht sich automatisch die Gruppe *Administrators* und verbindet sie mit der Administratorengruppe des vCenters. Dieser Mechanismus funktioniert übrigens auch, wenn die Administratorengruppe umbenannt wurde. Die Gruppe der lokalen Administratoren ist damit auch automatisch die Hauptadministratoren-Gruppe im vCenter-Server.

Rechte können an alle Objekte des vCenters gebunden werden. Wenn die Möglichkeit besteht, aktiv Rechte zu vergeben, dann ist auf der rechten Seite im vCenter ein Reiter PERMISSIONS zu sehen. Alternativ nutzen Sie das Kontextmenü eines vCenter Objekts. Hier führen Sie dann die entsprechenden Arbeiten durch (siehe Abbildung 11.56).

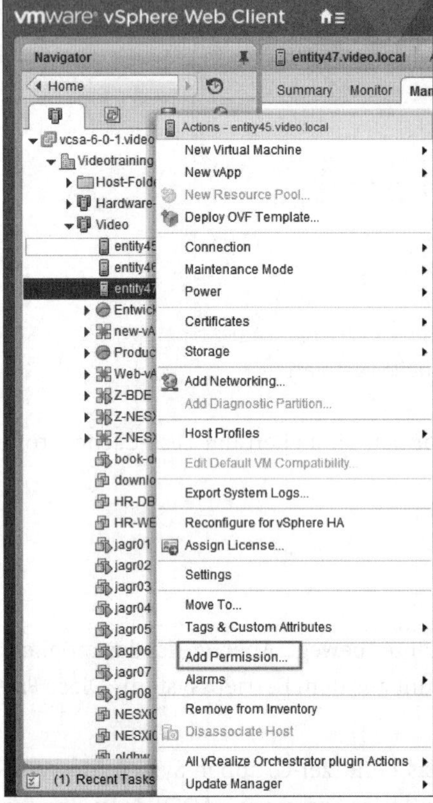

Abbildung 11.56 Rechtevergabe im vCenter

Unsere Empfehlung ist, dass Sie *Rollen* – so nennt VMware die Berechtigungen – für alle benötigten Zwecke erstellen und passend benennen. Lassen Sie in der Domäne ebenfalls passende Gruppen erstellen. Diese beiden Elemente fügen Sie dann im vCenter zusammen. Alle Anwender, die Berechtigungen benötigen, müssen dann nur in die passende ADS-Gruppe geschoben werden, und schon stehen die Berechtigungen. Mit dieser Strategie lassen sich die Benutzer und Rechte sehr einfach einpflegen.

Wie so oft kann man auch hier sagen: Weniger ist mehr. Vergeben Sie nur Rechte für Anwender, die Berechtigungen benötigen, und berechtigen Sie Mitarbeiter nicht schon in vorauseilendem Gehorsam.

11.12.1 Rollen

Nach der Neuinstallation stellt das System eine Reihe von Rollen zur Verfügung. Auf der Management-Homepage finden Sie die ROLLEN. Über das Icon gelangen Sie in die Verwaltung der Benutzerrechte (siehe Abbildung 11.57).

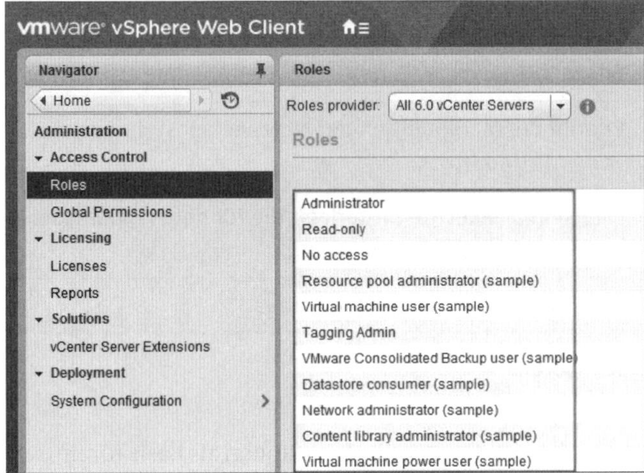

Abbildung 11.57 Management der Benutzerrechte

Wie Sie sehen, stellt das System schon einige Benutzerrollen zur Verfügung. Tabelle 11.9 listet diese auf und beschreibt ihre Funktion.

Rolle	Rollentyp	Bemerkungen
NO ACCESS	System	Das Objekt ist nicht sichtbar, und es können keine Änderungen vorgenommen werden.
READ-ONLY	System	Alle Objekte und Reiter sind sichtbar – mit Ausnahme der Konsole.
ADMINISTRATOR	System	Diese Rolle stellt den Benutzern alle Rechte zur Verfügung. Es gibt keinerlei Einschränkungen.
VIRTUAL MACHINE POWER USER	Beispiel	Diese Rolle verleiht administrative Rechte für die Arbeiten mit virtuellen Maschinen. Das schließt Hardware-Änderungen und das Erstellen von Snapshots ein.

Tabelle 11.9 Beschreibung der Rollentypen

Rolle	Rollentyp	Bemerkungen
Virtual machine user	Beispiel	Entspricht den Rechten des Virtual machine power user ohne die Rechte, Änderungen an der Hardware vorzunehmen und Snapshots zu erstellen.
Resource pool administrator	Beispiel	Gibt das Recht, untergeordnete Ressourcen-Pools anzulegen und zu manipulieren.
VMware Consolidated Backup user	Beispiel	Rechte für die Verwendung von VMware VCB (*VMware Consolidated Backup*)
Datastore consumer	Beispiel	Erlaubt das Erstellen von virtuellen Festplatten oder Snapshots.
Network administrator	Beispiel	Erlaubt die Manipulation der Netzwerkeinstellungen von VMs und Hosts.
Content library administrator	Beispiel	Hier sind alle Rechte hinterlegt, die für das Handling der Content Library notwendig sind.
Tagging Admin	System	Erlaubt das Management von Tags.

Tabelle 11.9 Beschreibung der Rollentypen (Forts.)

Einige Rollen sind mit (sample) gekennzeichnet. Nutzen Sie diese Rollen als Basis für Ihre eigenen Definitionen. Die vier System-Rollen lassen sich nicht ändern, Sie können aber eine Rolle kopieren und anschließend für Ihre Zwecke anpassen. Die Beispiel-Rollen sind manipulierbar. Trotzdem sollten Sie diese Rollen nicht ändern. Über das Kontextmenü erstellen Sie einfach einen Klon der Musterrolle, passen ihn mit dem Edit-Befehl an Ihre Bedürfnisse an und geben ihm einen sprechenden Namen (siehe Abbildung 11.58).

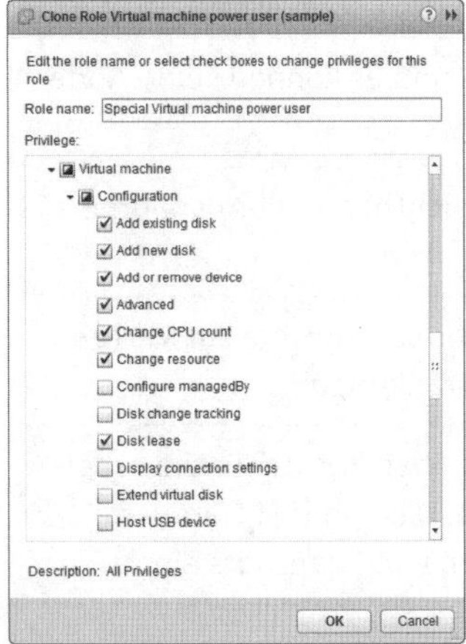

Abbildung 11.58 Anpassen einer Rolle

Selbstverständlich können Sie Rollen auch komplett neu erstellen. Über ADD ROLE legen Sie eine neue Rolle ohne jegliche Rechte an. Diese müssen Sie nur für Ihre Zwecke anpassen. Die Rechte werden immer hierarchisch vererbt. Abbildung 11.59 zeigt die Vererbungsreihenfolge.

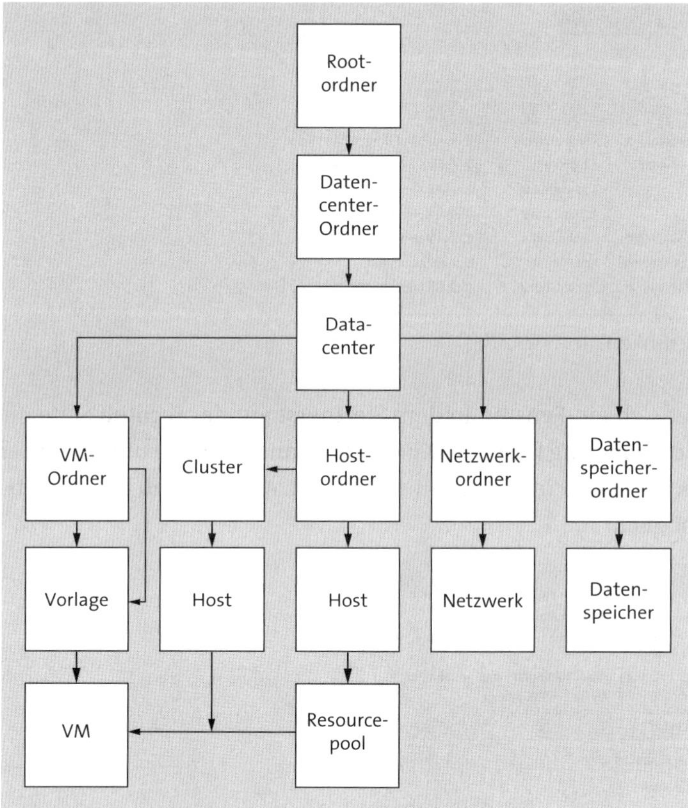

Abbildung 11.59 Form der Rechtevererbung

Wie Sie sehen, übernehmen die meisten Objekte ihre Rechte von einem Vorgänger; einzig die virtuelle Maschine wird von mehreren übergeordneten Objekten beeinflusst. Das müssen Sie berücksichtigen, wenn Sie auf virtuellen Maschinen Rechte vergeben wollen. Außerdem ist es wichtig zu wissen, dass für die Freischaltung von detaillierten Funktionen (wie z. B. das Anhängen einer ISO-Datei) auch auf dem Host und dem Datastore Rechte vorhanden sein müssen.

11.12.2 Benutzer einrichten

Wie oben bereits gesagt, werden im vCenter keine Benutzer erstellt. Der vCenter-Server greift auf die Benutzerdatenbank des Betriebssystems, das Active Directory oder den vSphere SSO zu. Bevor Sie Benutzern Rollen zuweisen, sollten Sie diese Rollen einrichten. Die

Verbindung zwischen dem User und den Rollen erfolgt im vCenter unter dem Reiter PERMISSIONS eines Objekts (siehe Abbildung 11.60).

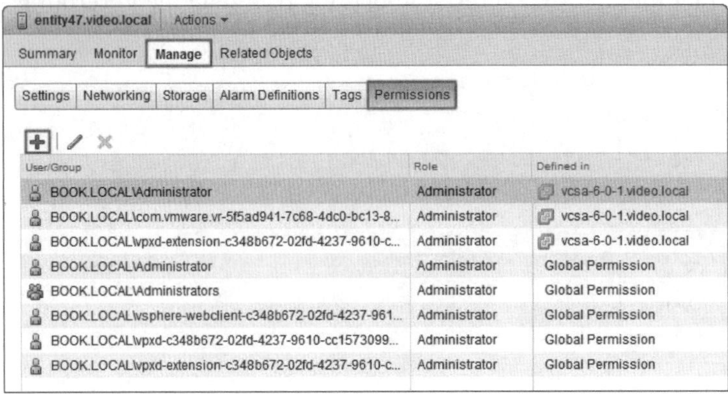

Abbildung 11.60 Neue Rechte verlinken

Nach Aufruf des Dialogs öffnet sich ein Fenster, in dem Sie zuerst auf der rechten Seite die Nutzerrechte auswählen (siehe Abbildung 11.61). Zur Kontrolle können Sie sich unterhalb der Auswahl die zugewiesenen Rechte noch einmal genau anschauen. Änderungen der Zugriffsrechte sind hier nicht mehr möglich.

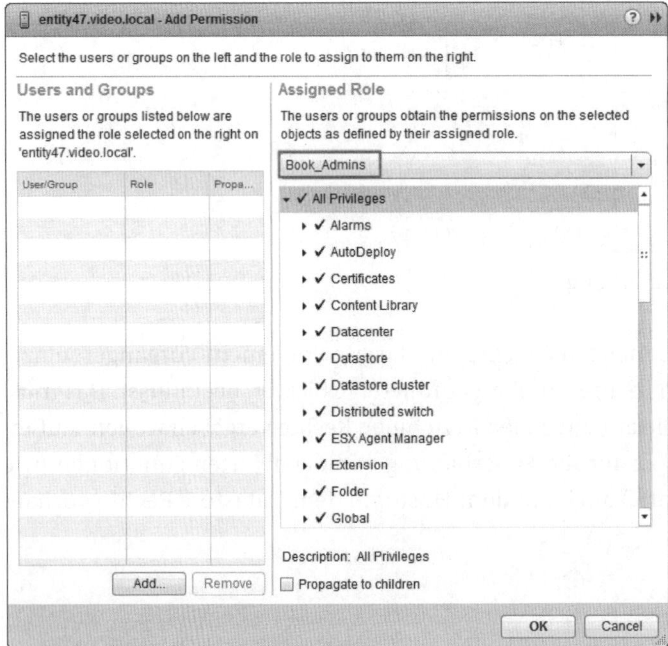

Abbildung 11.61 Einstellen der Rolle

Über den ADD-Button ordnen Sie dem ausgewählten Recht nun die Nutzer oder besser die Gruppen zu (siehe Abbildung 11.61). Im Dropdown-Menü DOMAIN bestimmen Sie die Benutzerdatenbank: entweder die lokale Benutzerdatenbank des vCenters oder das ADS. In diesem Beispiel fügen wir unseren Benutzer-Account dem vCenter hinzu.

Mit dem Abschluss des Dialogs wird der Zusammenhang im Hauptfenster dargestellt (siehe Abbildung 11.62). Selbstverständlich können Sie auch mehrere Objekte hinzufügen und mit dem ausgewählten Recht verbinden.

Abbildung 11.62 Verknüpfung von Gruppen bzw. Benutzern mit den Rollen

Achten Sie auf die Auswahl unten rechts im Fenster. Über die Aktivierung von PROPAGATE TO CHILDREN werden die Rechte an sämtliche untergeordnete Objekte weitergereicht.

Das neu angelegte Recht ist nun in der Oberfläche sichtbar (siehe Abbildung 11.63). Eine große Hilfe ist, dass in der rechten Spalte angezeigt wird, an welcher Stelle der Ursprung des Rechts liegt.

Rechtekonkurrenz

Die Rechte eines einzelnen Users überschreiben die Rechte einer Gruppe. Ebenso haben die Rechte, die weiter unten in der Struktur vergeben werden, eine höhere Priorität als diejenigen, die darüber liegen.

Ein User ist Mitglied in zwei Gruppen: ADMIN im Datacenter und USER (Read-only-Rechte) in einem Ordner *Entwicklung* unterhalb des DCs. Geht der User in den Ordner *Entwicklung*, werden die Admin-Rechte ausgeblendet, und er hat nur Read-only-Rechte.

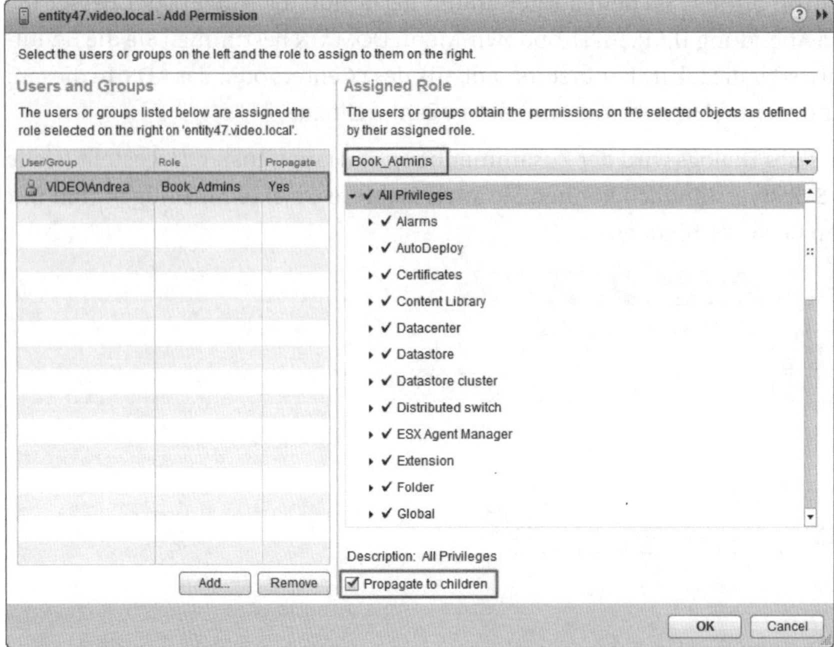

Abbildung 11.63 Neu eingerichtete Rechte für den User »Andrea«

Benutzerrechte werden regelmäßig vom System validiert. Im vCenter können Sie das Zeitintervall einstellen. In den Standardeinstellungen werden die Accounts einmal am Tag (siehe Abbildung 11.64) und bei einem Neustart des Management-Servers überprüft.

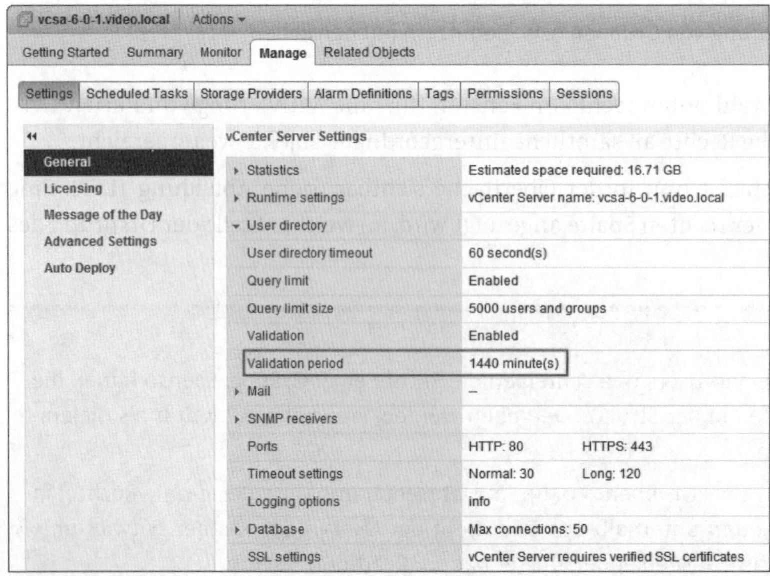

Abbildung 11.64 Berechtigungsvalidierungsintervall

Lassen Sie uns näher darauf eingehen, wie die Überprüfung der Accounts funktioniert. Wird ein vorhandener User »Meier« in »Meier-Schmitz« umbenannt, dann werden bei der nächsten Validierung die Rechte von »Meier« gelöscht, weil es den User nicht mehr gibt.

Verlässt eben dieser Herr »Meier« das Unternehmen und wird sein Account gelöscht, dann werden nach der nächsten Synchronisierung mit der Domäne alle Rechte von Herrn Meier gelöscht. Wird aber vor der nächsten Überprüfung ein Benutzer mit demselben Namen, also wieder »Meier«, neu angelegt, dann erhält der neue User die Rechte im vCenter, die der alte Benutzer schon hatte. Die Ursache für diesen Umstand ist, dass das vCenter nicht die SID (*Security Identifier*) des ADS auswertet. Aus diesem Grund sollten Sie das Refresh-Intervall zum AD verkürzen. Ein Zeitfenster von zwei Stunden ist empfehlenswert.

11.12.3 Absicherung gegenüber dem Betriebssystem

Wie schon am Anfang des Abschnitts angedeutet, kann es ein Problem sein, dass automatisch die lokalen Administratoren auch die Administratoren im vCenter sind. Es hängt nicht unbedingt von der Größe eines Unternehmens ab, wie die Betriebsaufgaben aufgeteilt werden. Die Administratoren des Betriebssystems sind nicht unbedingt auch die Personen, die die virtuelle Landschaft administrieren. Nicht selten werden die Betriebssystemadministratoren zu Gruppen zusammengefasst, und diese Gruppen werden in die lokale Gruppe der Administratoren eines jeden Servers aufgenommen. Folgerichtig sind jetzt alle Mitglieder der Gruppe auch Administratoren im vCenter.

Dieses Problem lässt sich nicht umgehen, indem Sie die Administratorengruppe vor der Installation umbenennen. Die Installationsroutine stellt das selbstständig fest und verlinkt die umbenannte Gruppe mit den vCenter-Administratoren. Es gibt aber einen Weg, diesen Sachverhalt zu umgehen.

Installieren Sie zuerst das vCenter normal auf einem unterstützten System. Anschließend legen Sie nach einem Neustart des Systems eine neue Gruppe auf Betriebssystemebene an; nennen wir die Gruppe »VC-Admins«. In diese Gruppe nehmen Sie nun einen vorhandenen oder neu angelegten lokalen User auf. Alternativ wählen Sie eine Gruppe von vCenter-Administratoren aus dem Active Directory aus. Melden Sie sich jetzt mit einem User an, der Mitglied der lokalen Administratorengruppe ist.

In der Wurzel des vCenters berechtigen Sie die Gruppe »VC-Admins« mit der Rolle der Administratoren. Achten Sie darauf, dass Sie die Rechte durchpropagieren. Anschließend melden Sie sich wieder ab und melden sich neu am vCenter mit einem Benutzer aus der Gruppe der »VC-Admins« an.

Auf der obersten Ebene löschen Sie die Gruppe der Administratoren. In der Übersicht sehen Sie jetzt nur noch die neu angelegte Gruppe der »VC-Admins«.

Es sind jetzt nur noch Anwender im vCenter berechtigt, die auch – über Gruppen oder direkt – Mitglied in der Gruppe »VC-Admins« sind. Für alle anderen Rechteebenen können Sie ebenfalls Gruppen anlegen und diese mit angemessenen Rechten versorgen.

11.13 Performance-Daten des Hosts im vCenter

In der virtuellen Umgebung ist es wichtig, die Leistungsdaten der Landschaft im Auge zu behalten. Zur Überwachung der Leistungsdaten gibt es im vSphere-Client den Reiter PERFORMANCE (siehe Abbildung 11.65).

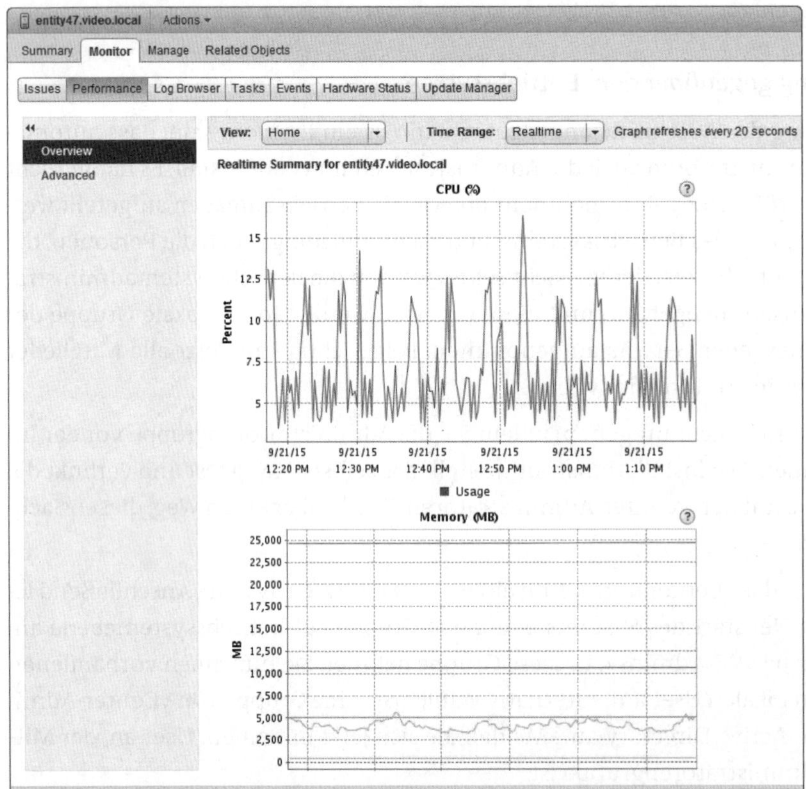

Abbildung 11.65 Performance-Daten für CPU (%) und Memory (MB)

Folgende Werte können Sie sich an dieser Stelle genauer ansehen:

- CPU (%)
- CPU (MHz)
- Memory (%)
- Memory (MB)
- Memory (MBps)

- Disk (ms)
- Disk (Number) (Top 10)
- Disk Rate (KBps) (Top 10)
- Disk Request (Number) (Top 10)
- Network Rate (MBps) (Top 10)
- Network Packets (Number) (Top 10)

Sie können sich Leistungsdaten anzeigen lassen für das Datacenter, den Cluster, den Host, den Ressourcen-Pool, die vApp und die virtuelle Maschine. In Tabelle 11.10 zeigen wir Ihnen, welche Diagrammoptionen wo angezeigt werden können.

Die Diagrammoptionen für die virtuelle Maschine listen wir an dieser Stelle der Vollständigkeit halber mit auf. Auf die Daten der VM gehen wir aber in Kapitel 15, »Virtuelle Maschinen«, mit ein. Nur bei der VM sehen Sie am unteren Rand des Fensters noch eine Zusammenfassung der Diagramme in einer Zeile.

Auch hier haben sich mit vSphere 5.5 Änderungen ergeben. Sie können sich nicht nur die Daten eines Objekts anzeigen lassen, sondern auch die Daten einiger zugrunde liegender Objekte. Diese alternativen Objekte wählen Sie über ein Dropdown-Menü aus. Wir denken, dass an dieser Stelle die Tabelle 11.10 die übersichtlichste Form der Darstellung ist.

Ausgewähltes Objekt	Mögliche Anzeigen
Datacenter	Clusters
	Storage
Cluster	Cluster
	Ressourcen-Pools und virtuelle Maschinen
	Hosts
Hosts	Hosts
	Virtuelle Maschinen
vApp	vApp
	Ressourcen-Pools und virtuelle Maschinen
Resource Pools	Ressourcen-Pools und virtuelle Maschinen
Virtual Machine	Virtuelle Maschine
	Storage

Tabelle 11.10 Performance-Ansichten

Sie müssen an dieser Stelle unterscheiden, ob Sie eine Echtzeitdarstellung sehen möchten oder ob Sie stattdessen ein längerfristiges Intervall betrachten wollen. Echtzeitdarstellungen sind nur beim Host und bei der VM möglich. Tabelle 11.11 zeigt die Optionen für die Echtzeitbeobachtung.

Diagrammoptionen	Beschreibung
Host	CPU (%)
	CPU (MHz)
	Memory (MB)
	Memory (MBps)
	Memory (%)
	Disk (ms)
	Disk (number) (Top 10)
	Disk Rate (KBps) (Top 10)
	Disk Requests (number) (Top 10)
	Network Rate (MBps) (Top 10)
	Network Packets (MBps) (Top 10)
VM	CPU (%) (Top 10)
	CPU Usage (MHz)
	Memory (MB)
	Memory (MBps)
	Memory (%)
	Disk Rate (KBps) (Top 10)
	Disk Requests (number) (Top 10)
	Virtual Disk Rate (KBps) (Top 10)
	Virtual Disk Requests (number) (Top 10)
	Network Rate (MBps) (Top 10)
	Network Packets (number) (Top 10)

Tabelle 11.11 Echtzeit-Performance-Daten

In Tabelle 11.12 finden Sie die Werte für die Langzeitüberwachung, die Sie in der Performance-Betrachtung einsehen können.

Diagrammoptionen	Beschreibung
DATACENTER	CPU (MHz) (Top 10)
	Memory (MB) (Top 10)
CLUSTER	CPU (MHz)
	Memory (MB)
HOST	CPU (%)
	CPU (MHz)
	Memory (Ballon)
	Memory (MBps)
	Memory (%)
	Disk (ms)
	Disk (number)
	Disk (KBps)
	Network (MBps)
VM	CPU (%)
	CPU Usage (MHz)
	Memory (MB)
	Memory (MBps)
	Memory (%)
	Disk (KBps)
	Network (MBps)

Tabelle 11.12 Langzeit-Performance-Daten

Bevor wir uns der ADVANCED-Ansicht zuwenden, möchten wir Ihnen noch zeigen, wie Sie die OVERVIEW-Ansicht noch beeinflussen können. Im zweiten Dropdown-Menü können Sie den zu betrachtenden Zeitraum auswählen. Neben den vorbesetzten Werten REALTIME,

1 DAY, 2 DAYS, 3 DAYS und 4 DAYS können Sie eine CUSTOM-Ansicht wählen, bei der das Intervall frei einstellbar ist (siehe Abbildung 11.66).

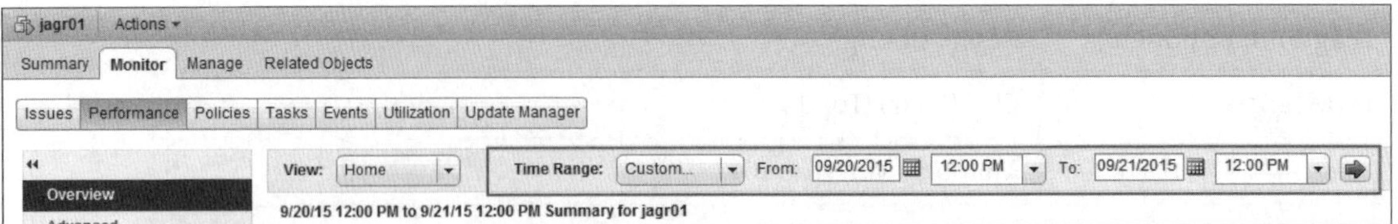

Abbildung 11.66 Einstellung des Betrachtungszeitraums

Wechseln wir nun zu der ADVANCED-Ansicht (siehe Abbildung 11.67). An dieser Stelle können Sie weitere Metriken anzeigen lassen, um die globalen Werte besser beurteilen zu können.

Für jede aufgelistete Diagrammoption gibt es weitere Unterpunkte. So können Sie die zu beobachtenden Objekte auswählen und die passenden Leistungsindikatoren aktivieren. Es wäre müßig, alle Permutationen für alle Punkte aufzuzählen. Sollten Sie die Informationen benötigen, möchten wir Sie an dieser Stelle auf die VMware-Dokumentation verweisen.

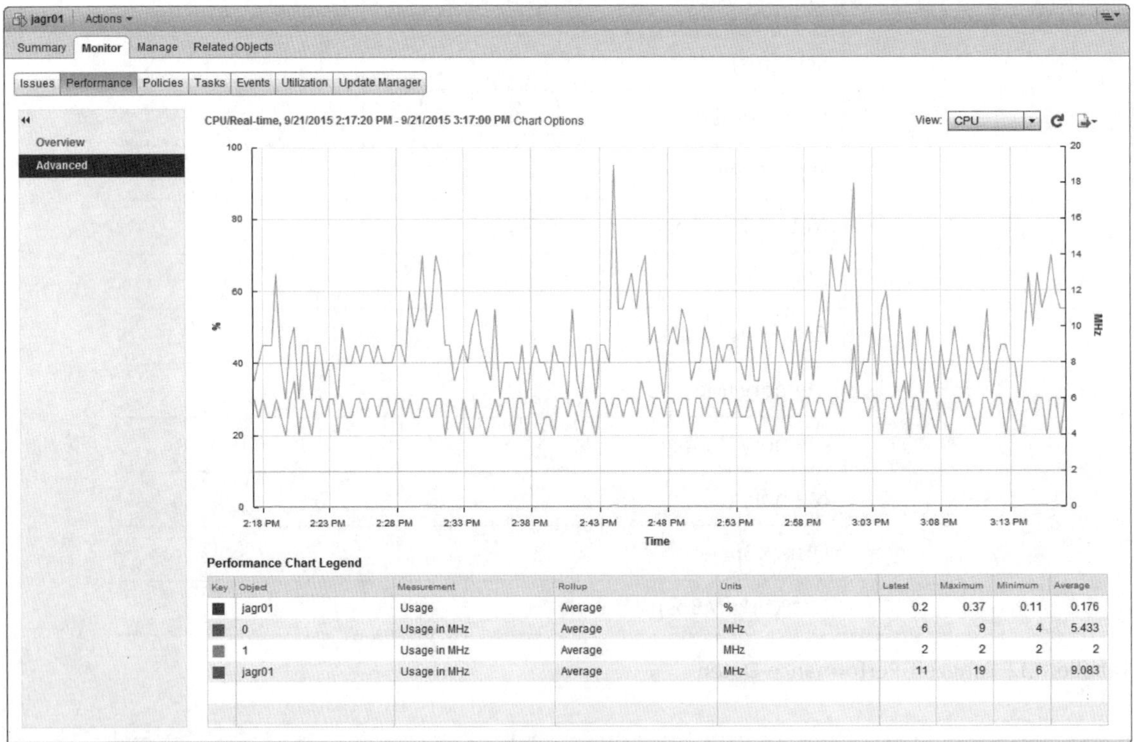

Key	Object	Measurement	Rollup	Units	Latest	Maximum	Minimum	Average
■	jagr01	Usage	Average	%	0.2	0.37	0.11	0.176
■	0	Usage in MHz	Average	MHz	6	9	4	5.433
■	1	Usage in MHz	Average	MHz	2	2	2	2
■	jagr01	Usage in MHz	Average	MHz	11	19	6	9.083

Abbildung 11.67 Übersicht des »Performance«-Views

Das Fenster gliedert sich in zwei große Abschnitte. Im oberen Abschnitt sehen Sie die grafische Darstellung der ausgewerteten Performance-Daten. Im unteren Drittel wird Ihnen angezeigt, welche Daten zur Darstellung kommen. Jedem Parameter ist ein farbiges Kästchen vorangestellt, das die Farbe des zugehörigen Diagrammelements zeigt. Wandern Sie mit der Maus über das Diagramm. Es wird ein kleines Übersichtsfenster eingeblendet, das Ihnen nähere Informationen über den ausgewählten Zeitpunkt gibt. Außer Datum und Uhrzeit sehen Sie die Werte des Zeitpunkts. Dabei werden der Farbcode des Parameters, die Beschreibung und der absolute Wert angezeigt.

Oben auf der rechten Seite haben Sie mehrere Auswahlmöglichkeiten. Im Dropdown-Menü VIEW wählen Sie eines von den Diagrammen aus, die in Tabelle 11.13 aufgeführt sind.

Ansichtsmetriken
CPU
Datastore
Disk
Memory
Network
Power
System
Virtual Disk

Tabelle 11.13 Graphen der »Advanced«-Ansicht

Das folgende Symbol spricht für sich selbst – AKTUALISIEREN. Über das Symbol rechts daneben lässt sich die Ansicht exportieren. Dabei stehen drei Fileformate zur Auswahl: *PNG*, *JPG* und *CSV*.

Bis hier haben wir die Auswertungen genutzt, die VMware in der Standardeinstellung zur Verfügung stellt. Sind für Sie auch andere Kombinationen von Messwerten interessant, gelangen Sie über den Link CHART OPTIONS in ein Fenster zur Anpassung der Anzeige (siehe Abbildung 11.68).

Auf der linken Seite des Fensters wählen Sie die Metrik aus, die Sie betrachten wollen. Das gewünschte Zeitintervall wird im mittleren Bereich des Fensters eingestellt. Die Beschriftung der Auswahl ist eigentlich eindeutig. Nutzen Sie die CUSTOM-Auswahl, dann ist unten links das Zeitintervall individuell einstellbar.

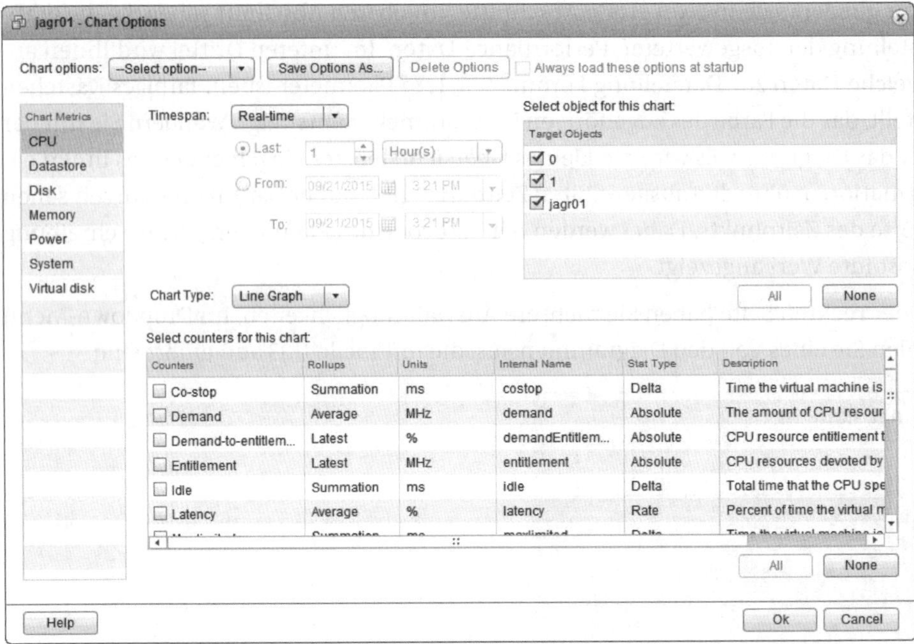

Abbildung 11.68 Anpassung der Diagrammanzeige

Im unteren Bereich können die gewünschten Counter hinzu- oder abgewählt werden. Rechts oben müssen dann noch die zu beobachtenden Objekte ausgewählt werden. Der Graph kann in zwei unterschiedlichen Darstellungsweisen gezeichnet werden. Neben der klassischen Linie kann auch eine gestapelte Graphenansicht ausgewählt werden.

Ihre selbst erstellten Ansichten können Sie über den Button oben abspeichern und anschließend über CHART OPTIONS anzeigen lassen oder löschen. Alle gespeicherten Einstellungen können Sie später unter ihrem Namen auch direkt im PERFORMANCE-Fenster aufrufen.

11.13.1 Performance-Messwerte

Wie Sie sich die verschiedenen Messwerte anzeigen lassen, haben wir erläutert. Nun stellt sich die Frage, wie Sie mit den angezeigten Messwerten umgehen. In diesem Abschnitt wollen wir nur auf einige Werte eingehen, die den Host betreffen. In Kapitel 15, »Virtuelle Maschinen«, werden wir die Auswertung der VM-Performance-Daten gesondert erläutern.

11.13.2 CPU-Performance

Als Erstes betrachten wir die Messwerte für die durchschnittliche CPU-Last des Hosts. Liegt diese im Durchschnitt nicht über 75 % und treten nicht häufig Spitzen von über 90 % auf, dann müssen Sie sich keine Gedanken machen. Falls die Schwellenwerte überschritten werden, müssen Sie kontrollieren, ob die Host-CPU in die Sättigung geht. Dazu überprüfen Sie die CPU READY-Werte aller virtuellen Maschinen, die auf dem betroffenen Host liegen. Überschreitet ein Wert 20.000 ms, dann läuft die CPU zeitweise in der Sättigung. Dadurch werden durchaus auch andere VMs beeinflusst. Können Sie das Problem durch die Performance-Auswertung mit einer VM assoziieren, dann sollten Sie sich näher mit dieser VM beschäftigen. Ein einfacher Weg ist an dieser Stelle, die Anzahl der Host-CPUs zu erweitern oder die Anzahl der virtuellen Maschinen zu verringern. Alternativ machen Sie den Host zum Mitglied eines DRS-Clusters; so kann die VM bei höherem Ressourcenbedarf verschoben werden.

Der bessere Weg ist aber, sich mit den VMs zu beschäftigen, die die Probleme verursachen.

11.13.3 Memory-Performance

Welches sind nun die Punkte, die Sie beim Arbeitsspeicher berücksichtigen müssen? Wie schon in Kapitel 2, »vSphere-Architektur«, beschrieben, erlaubt VMware, mehr Arbeitsspeicher an virtuelle Maschinen zu vergeben, als physisch verbaut ist. Mit dem Ballooning wird dieser Speicher zurückgefordert. Kann nicht genügend Speicher akquiriert werden, muss geswappt werden. Das sind die Werte, die auch bei den Performance-Auswertungen wichtig sind. Hinzu kommt der Wert SHARED bzw. SHARED COMMON. Der letztere Wert zeigt die Größe des Bereichs an, in dem alle virtuellen Maschinen ihre gemeinsamen Speicherseiten ablegen. In SHARED findet sich die Summe an Speicher wieder, die durch das Page-Sharing eingespart wurde.

Der Wert SWAP USED deklariert die Speichermenge, die ins File-System des Hosts geswappt wird. Je stärker das System Speicher auf die Festplatte auslagert, desto stärker leidet die Performance. BALLOON zeigt an, wie viel Speicher aktuell von dem `vmmemctl`-Treiber aus den VMware Tools genutzt wird. Hier sehen Sie nur dann Daten, wenn Sie mit Memory-Overcommitment arbeiten.

11.13.4 Storage-Performance

Was Sie berücksichtigen müssen, damit die Anbindung an den Storage performant ist, und was Sie tun müssen, damit das auch so bleibt, lesen Sie in Kapitel 8.

Die Performance-Werte des Storages können Sie am besten über die Auswerte-Tools des Storages anzeigen und messen. Diese Werte zeigen aber die Gesamt-Performance an aller angeschlossenen Server an, nicht nur von den VMware-Systemen.

Über das Performance-Chart und die Werte READ LATENCY und WRITE LATENCY wird sichtbar, wie lange die Abarbeitung der Lese- bzw. Schreibzyklen dauert. Der USAGE-Wert ist bei Systemen mit mehreren unterschiedlichen Storage-Anbindungen nicht ganz so aussagekräftig. Die Anzeige erfolgt nur für den gesamten Host und nicht für die einzelne LUN oder den einzelnen Storage.

11.13.5 Network-Performance

Hier sehen Sie, wie der Durchsatz auf den Netzwerkschnittstellen ist. Über USAGE wird angezeigt, welche Datenmengen über die einzelnen Adapter fließen. Dieser Wert hilft zu erkennen, ob die Anbindung der Komponenten ausreichend ist oder ob die Bandbreite erhöht werden muss. Sollte der Durchsatz an die Grenze gehen – das ist schön dadurch zu sehen, dass sich im oberen Bereich eine gerade Linie zeigt –, dann müssen Sie kontrollieren, ob und wann dieses Phänomen auftritt. Erst nach einer solchen Analyse sind Gegenmaßnahmen möglich, z. B. eine Erhöhung der Bandbreite. Solche Werte können aber auch entstehen, weil gerade besondere einmalige Aktionen im Netzwerk durchgeführt werden.

Bei der Auswertung der Datenbandbreite müssen Sie berücksichtigen, dass der praktische maximale Durchsatz nie die theoretische Grenze erreicht. Über die Parameter DROPPEDRX und DROPPEDTX lassen sich die verlorenen Pakete darstellen. Diese Werte sind bei öfter auftretenden Übertragungsfehlern hilfreich.

11.14 Weitere Monitor-Funktionen des vCenters

In diesem Abschnitt möchten wir die vCenter-Funktionen erläutern, auf die wir bis jetzt noch nicht eingegangen sind.

Lassen Sie uns Ihnen noch einen kleinen Hinweis geben: Die Suchfunktion, die immer oben rechts im vCenter-Fenster zu sehen ist, ist sehr umfangreich und komplex, bringt Sie aber sehr schnell ans Ziel (siehe Abbildung 11.69).

Alternativ können Sie auch eine Suche über die Navigationsleiste anstoßen. Dazu wählen Sie den Punkt NEW SEARCH aus oder alternativ SAVED SEARCHES für zuvor abgespeicherte Suchvorgänge.

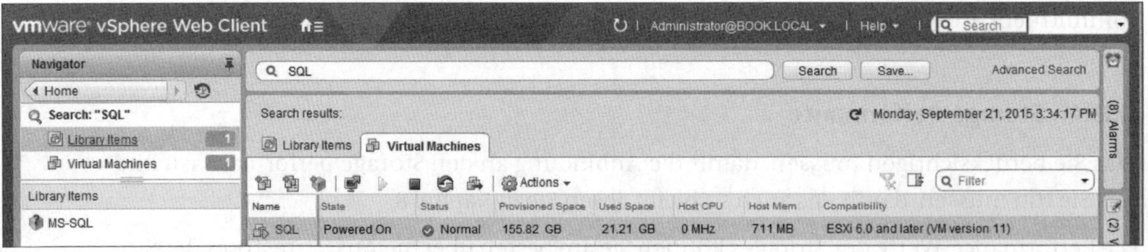

Abbildung 11.69 Suche im vCenter-Server

Die Suche lässt sich sehr granular durchführen, wenn Sie die ADVANCED SEARCH-Auswahl nutzen (siehe Abbildung 11.70).

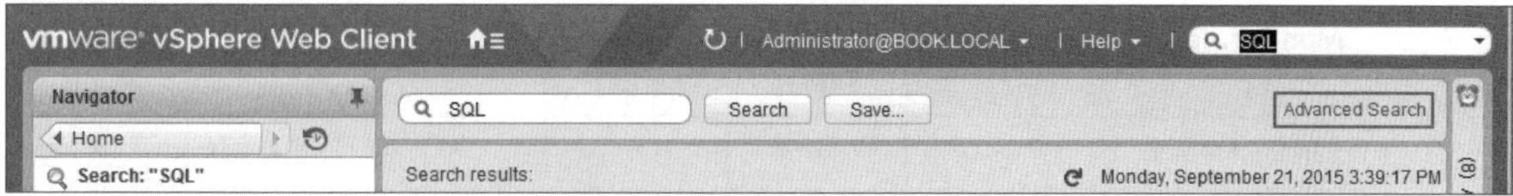

Abbildung 11.70 Detaillierte Suche im vCenter

Es lassen sich verschiedenste Verschachtelungen bei der Suche durchführen, um das gewünschte Ergebnis zu erhalten. Diese Funktion wird aus unserer Sicht aber erst bei größeren Umgebungen oder verlinkten vCenter-Servern interessant.

Kommen wir zu den offenen Anzeige- und Konfigurationsmöglichkeiten beim vCenter-Server. Einen Teil der folgenden Punkte finden Sie über das Monitoring des vCenter-Servers (siehe Abbildung 11.71).

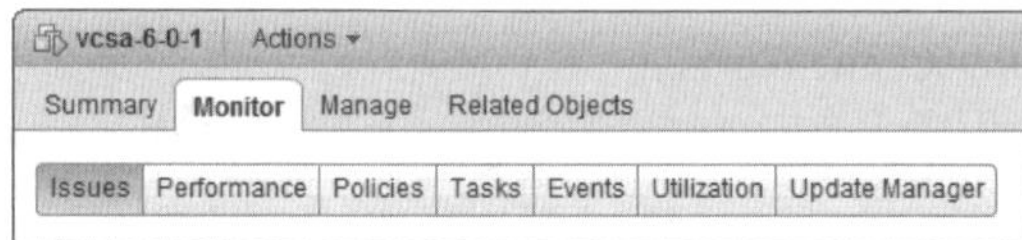

Abbildung 11.71 Monitoring des vCenter-Servers als VM

Auch bei dieser Anzeige variieren die Auswahlmöglichkeiten je nach ausgewähltem Objekt. Zur Verdeutlichung, was wo sichtbar ist, schauen Sie bitte in die drei folgenden Tabellen. Wie haben eine Trennung zwischen der Verwaltungsebene, den Hauptobjekten und der Hardware vorgenommen.

Monitoring	vCenter Server	Data-center	Cluster	Folder	Resource Pools
Issues	✓	✓	✓	✓	✓
Tasks	✓	✓	✓	✓	✓
Events	✓	✓	✓	✓	✓
Performance	×	✓	✓	×	✓
Update Manager	✓	✓	✓	✓	×
Log Browser	✓	×	×	✓	×
Utilization	×	×	✓	×	✓
Resource Reservation	×	×	✓	×	✓
Health	×	×	×	×	×

Tabelle 11.14 Übersicht zum Monitoring: Verwaltungsebene

Monitoring	vCenter Server	Data-center	Cluster	Folder	Resource Pools
Service Health	✓	×	×	×	×
System Logs	✓	×	×	×	×
Profile Compliance	×	×	✓	×	×
vSphere DRS	×	×	✓	×	×
vSphere HA	×	×	✓	×	×
Policies	×	×	×	×	×
Hardware Status	×	×	×	×	×

Tabelle 11.14 Übersicht zum Monitoring: Verwaltungsebene (Forts.)

Monitoring	Host	Virtual Machine	vApp
Issues	✓	✓	✓
Tasks	✓	✓	✓
Events	✓	✓	✓
Performance	✓	✓	✓
Update Manager	✓	✓	×
Log Browser	✓	×	×
Utilization	×	✓	✓
Resource Reservation	×	×	✓
Health	×	×	×
Service Health	×	×	×
System Logs	×	×	×
Profile Compliance	×	×	×
vSphere DRS	×	×	×
vSphere HA	×	×	×

Tabelle 11.15 Übersicht zum Monitoring: Hauptobjekte

Monitoring	Host	Virtual Machine	vApp
Policies	×	✓	×
Hardware Status	✓	×	×

Tabelle 11.15 Übersicht zum Monitoring: Hauptobjekte (Forts.)

Monitoring	Datastore	Virtual Switch	Virtual Distributed Switch	vDS Port-group	vDS Uplink
Issues	✓	×	✓	✓	✓
Tasks	✓	✓	✓	✓	✓
Events	✓	✓	✓	✓	✓
Performance	✓	×	×	×	×
Update Manager	×	×	×	×	×
Log Browser	×	×	×	×	×
Utilization	×	×	×	×	×
Resource Reservation	×	×	×	×	×
Health	×	×	✓	×	×
Service Health	×	×	×	×	×
System Logs	×	×	×	×	×
Profile Compliance	×	×	×	×	×
vSphere DRS	×	×	×	×	×
vSphere HA	×	×	×	×	×
Policies	×	×	×	×	×
Hardware Status	×	×	×	×	×

Tabelle 11.16 Übersicht zum Monitoring: Hardware

11.14.1 Issues

Alle gesammelten *Issues* der virtuellen Umgebung finden Sie zentral an einem Punkt im vCenter-Server. Der Einstiegspunkt an dieser Stelle ist der MONITOR-Reiter des *Management Servers* (siehe Abbildung 11.72).

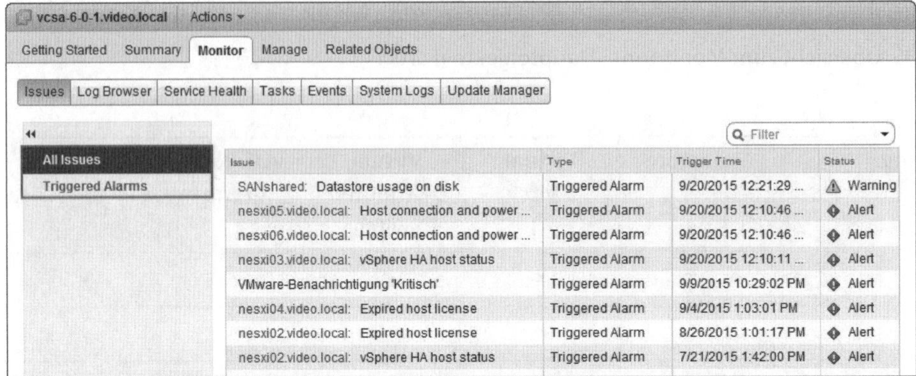

Abbildung 11.72 Anzeige aller gefundenen Issues in der virtuellen Landschaft

In der übersichtlichen Anzeige wird angegeben, an welchem Objekt der Fehler hängt, wann er aufgetreten ist und wie die Klassifizierung ist. Das gefundene Objekt ist dabei ein Link, der beim Anklicken direkt auf das Element verzweigt und so eine Fehlerbehebung ermöglicht.

Die zentrale Anzeige an einer Stelle ist dabei sehr gut gelöst. So ist es nicht notwendig, an vielen Stellen nach Fehlermeldungen zu suchen.

11.14.2 Tasks

Auch wenn es im Web Client direkt eine Task-Anzeige gibt, so sieht man an dieser Stelle die Einträge nur für eine definierte Zeit. Damit es möglich ist, eine Recherche in älteren Objekten durchzuführen, gibt es noch eine zentrale Stelle, an der alle Task-Objekte betrachtet werden können (siehe Abbildung 11.73).

Weiterhin werden der Status des Tasks, das zugehörige Objekt, der ausführende User und der Ausführungszeitstempel angezeigt. Diese Angaben machen eine nachträgliche Analyse von durchgeführten Arbeiten recht einfach.

11.14.3 Events

Besteht die Notwendigkeit, einmal zu einem späteren Zeitpunkt nachzuvollziehen, wann welches Ereignis gelaufen ist und wie es abgeschlossen wurde, dann finden Sie die Information unter dem Menüpunkt MONITOR • EVENTS (siehe Abbildung 11.74).

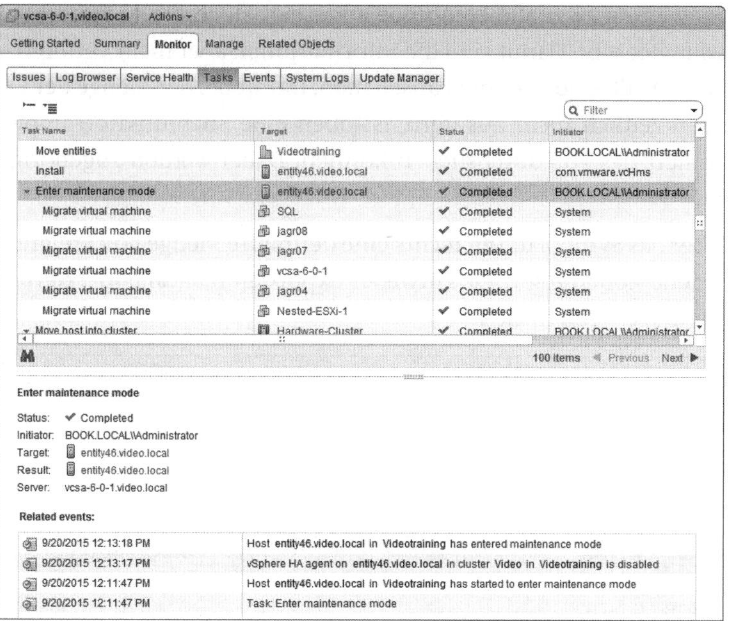

Abbildung 11.73 Übersicht aller Tasks im vCenter-Server

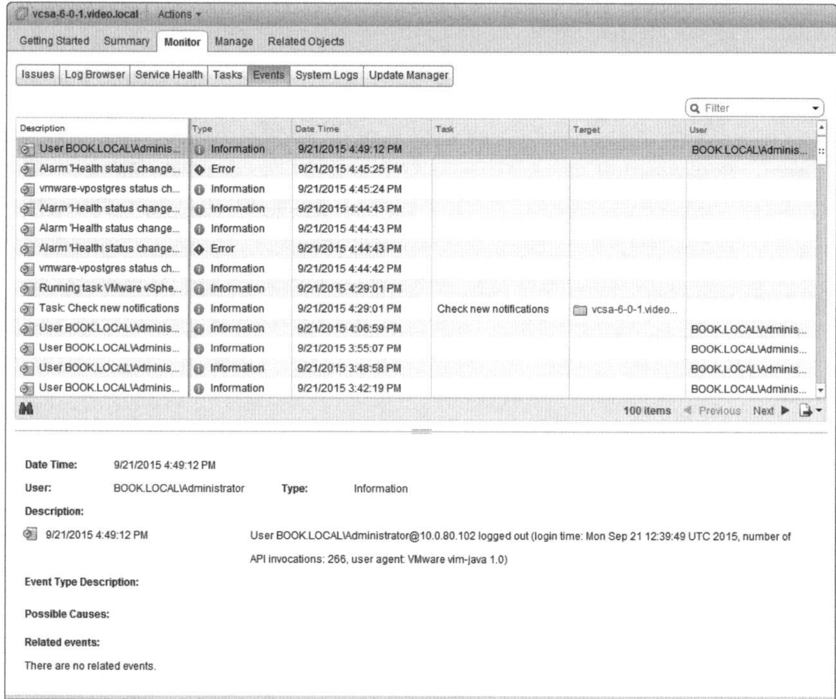

Abbildung 11.74 Anzeige der Events im vCenter

Im Hauptfenster des Clients werden zwar alle Ereignisse angezeigt, doch die Anzeige wird nach relativ kurzer Zeit wieder gelöscht. Damit sind die Informationen aber nicht verloren – im Event-Fenster können Sie sich alles noch einmal anschauen. Damit bei der Menge der Ereignisse die Nachforschungen zeitlich nicht ausufern, ist oben eine Suchfunktion implementiert, über die Sie detailliert das Log durchsuchen können. Dabei werden zugehörige Tasks entsprechend verlinkt.

Bei Bedarf exportieren Sie über das Symbol unten rechts eine definierte Menge von Ereignissen in die Zwischenablage (siehe Abbildung 11.75). Entweder exportieren Sie alle markierten Objekte oder alle Objekte der derzeitigen Ansicht.

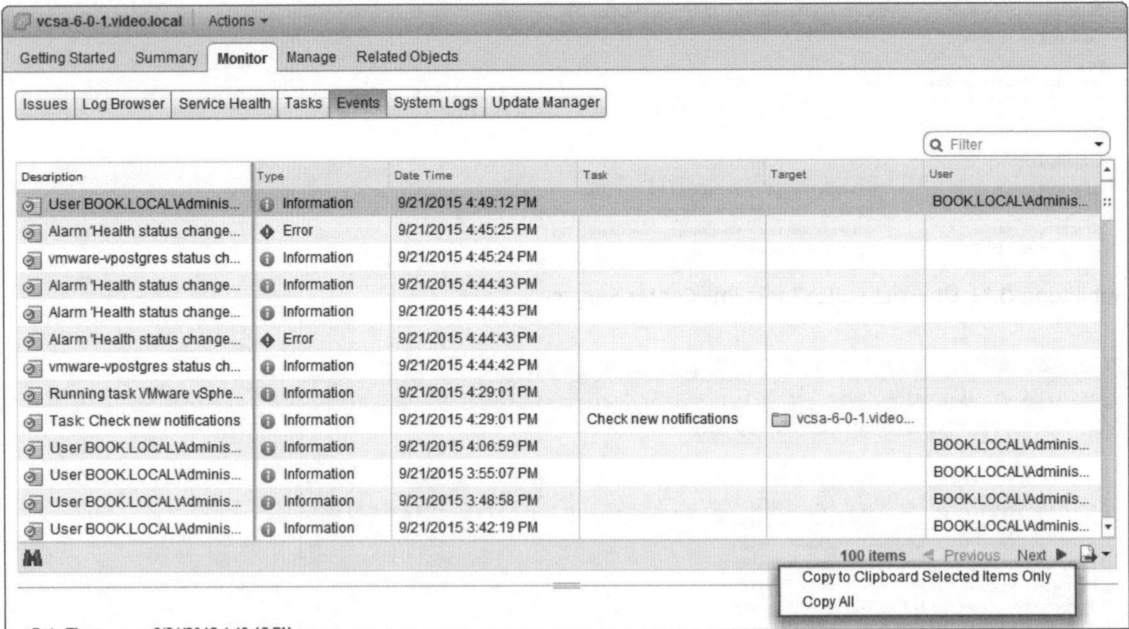

Abbildung 11.75 Export von Ereignissen

11.14.4 Performance

Die Angaben zu diesem Thema finden Sie in Abschnitt 11.13, »Performance-Daten des Hosts im vCenter«.

11.14.5 Update Manager

Die Installation und die Konfiguration des Update Managers werden in Abschnitt 12.1, »Der vCenter Update Manager«, beschrieben.

11.14.6 Log Browser

Einige Objekte stellen Log-Dateien zur Verfügung. Zur genaueren Analyse können diese Dateien eingesehen werden. Es ist nicht notwendig, sich dazu direkt mit den Systemen zu verbinden. Der Web Client stellt sie über das Monitoring zur Verfügung.

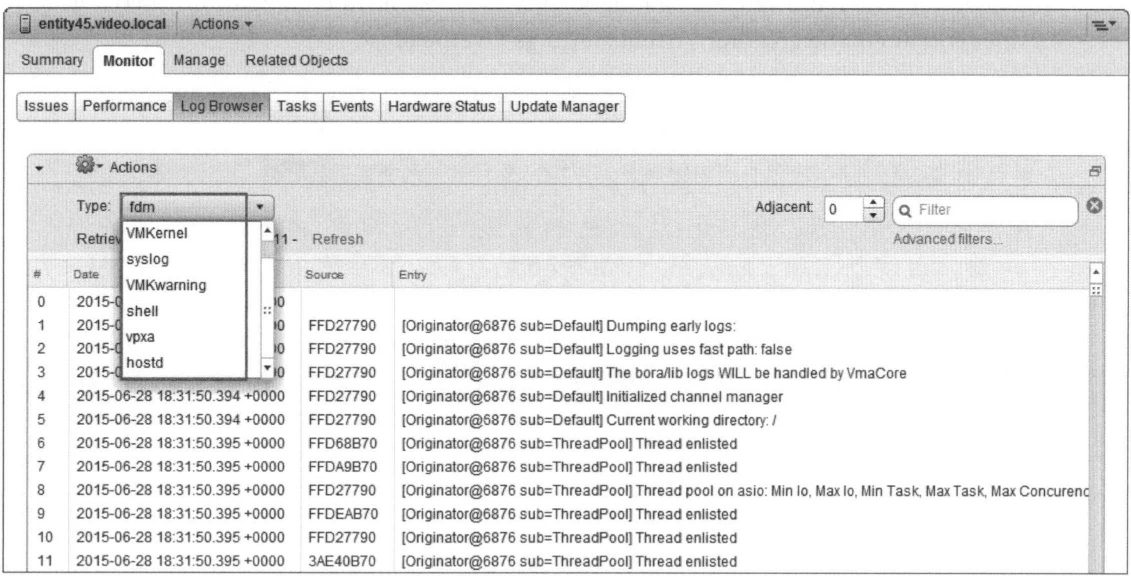

Abbildung 11.76 Einsicht in die Systemlogs, hier beim vSphere Host

Wie Sie in Abbildung 11.76 sehen können, besteht die Möglichkeit, zwischen den unterschiedlichen Logs zu wechseln. So kann je nach Fehlerbild das passende Log durchsucht werden (siehe Abbildung 11.77). Zur Vereinfachung lassen sich Filter setzen. Alternativ können Sie über das ACTIONS-Menü die Art der Suche beeinflussen oder auch die Logs exportieren.

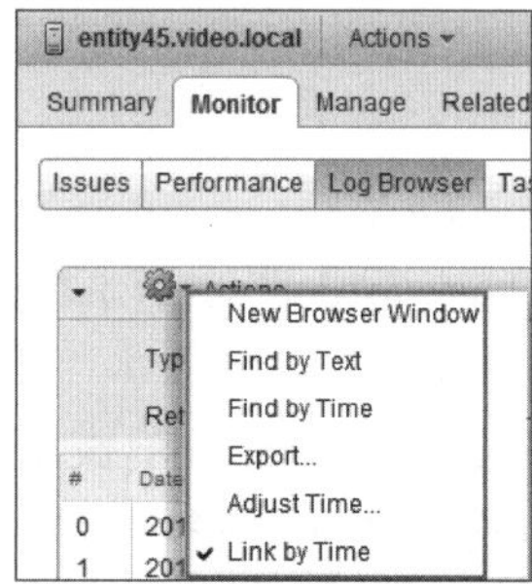

Abbildung 11.77 Festlegen der Suche in den Log-Dateien

11.14.7 Utilization

Die Auslastung des gewählten Objekts anzuzeigen ist die Aufgabe der Monitoring-Auswahl UTILIZATION. Dabei werden die Daten von CPU und Arbeitsspeicher angezeigt. Beim Speicher erfolgt sogar eine Auftrennung der Anzeige in die unterschiedlichen Memory-Nutzarten, wie z. B. Swapped, Ballooned, privat etc. (siehe Abbildung 11.78). Auch lässt sich hier erkennen, wie groß der Virtualisierungs-Overhead ist.

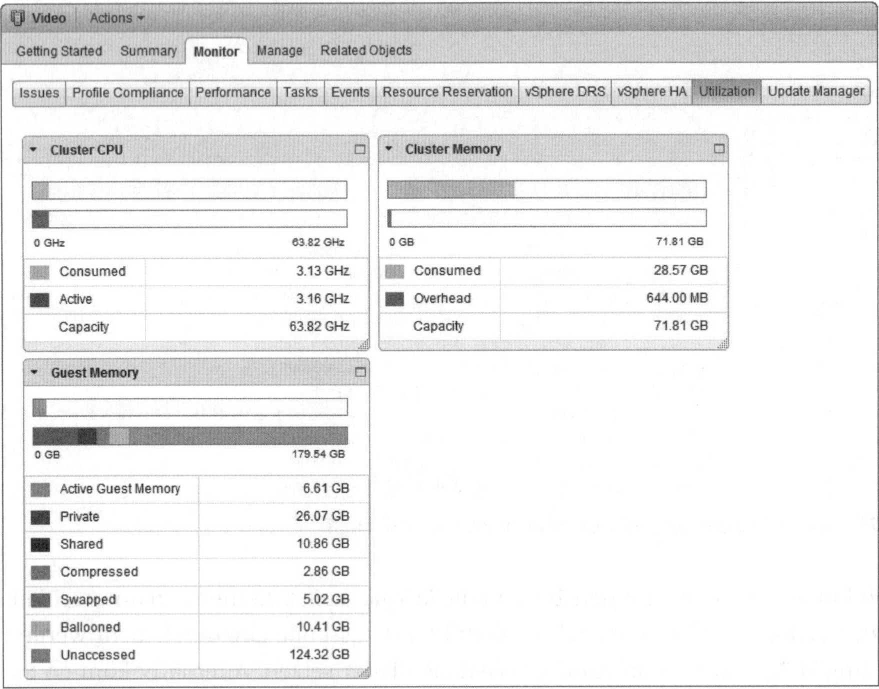

Abbildung 11.78 Ressourcenauslastung eines Clusters

11.14.8 Resource Reservation

Bei der RESOURCE RESERVATION handelt es sich über eine Übersicht, in der angezeigt wird, wie die Reservierungen von CPU, Arbeitsspeicher und Storage festgelegt worden sind (siehe Abbildung 11.79).

Auf der linken Seite können Sie auswählen, welche der Reservierungen Sie einsehen möchten. Im mittleren Bereich findet sich oben eine Gesamtzusammenfassung der Daten, und darunter werden die Daten auf die einzelnen VMs heruntergebrochen. Leider gibt es hier keine einfache Möglichkeit, die Reservierungen zu ändern, so wie es beim vSphere Client möglich war.

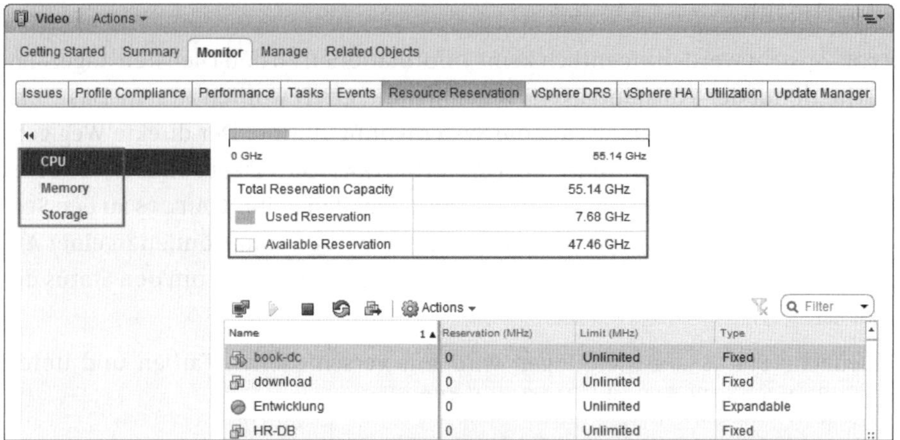

Abbildung 11.79 Reservierungsfestlegungen für CPU, Arbeitsspeicher und Storage

11.14.9 Health

Die HEALTH-Auswahl gibt es nur bei Virtual Distributed Switches. Hier wird angezeigt, welche Hosts mit den vDS verbunden sind und ob der Status nicht zu beanstanden ist (siehe Abbildung 11.80).

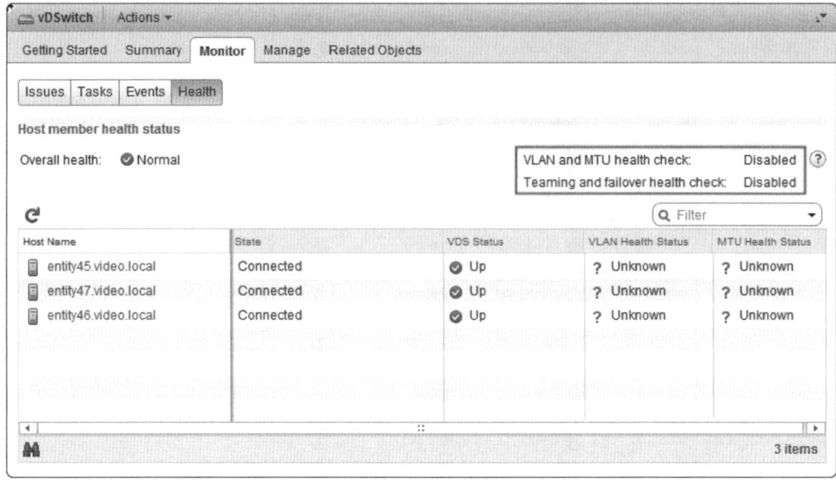

Abbildung 11.80 Health-Status der angeschlossenen Hosts beim vDS

Als zusätzliche Information wird im rechten Bereich dargestellt, welche der beiden Health-Check-Optionen aktiviert ist und welche nicht.

11.14.10 Service Health

In der MONITOR-Ansicht werden eigentlich keine Informationen zu den Diensten angezeigt. Die Auswahl scheint nur der Vollständigkeit halber hier integriert worden zu sein. Das Einzige, was sich dort findet, ist ein Verweis auf die Systemkonfiguration. Der direkte Weg geht über die Favoritenleiste und dann weiter über ADMINISTRATION • DEPLOYMENT • SYSTEM CONFIGURATION. Im mittleren Fenster gehen Sie dann über den Reiter OBJECTS zu den SERVICES. Alle Dienste, die auf dem vCenter Server gestartet worden sind, können in einer Ansicht direkt eingesehen werden. So können Sie schnell feststellen, wie es um den Status der Dienste bestellt ist.

Der unterschiedliche Status der Meldungen wird mit verschiedenen Farben und unterschiedlichen Symbolen markiert (siehe Abbildung 11.81).

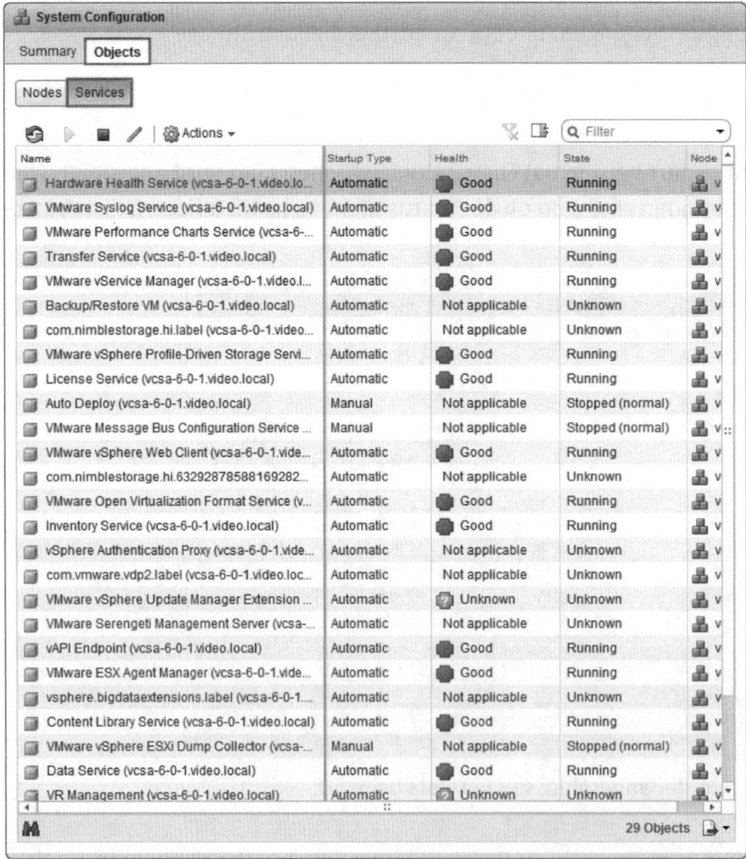

Abbildung 11.81 Status der vCenter-Dienste

Wie Sie sehen, hat unsere Testumgebung derzeit keine Wehwehchen.

11.14.11 System Logs

Ein weiterer sehr wichtiger Punkt ist die Auswertung von Log-Dateien beim vCenter-Server. Auf diese Funktion sind Sie angewiesen, wenn es Unregelmäßigkeiten gibt. Dabei ist es unerheblich, ob Sie selbst nähere Informationen suchen oder ob ein Supporter Informationen aus der virtuellen Landschaft benötigt. Der Weg führt über den Link SYSTEM LOGS. Abbildung 11.82 zeigt Ihnen die Ansicht.

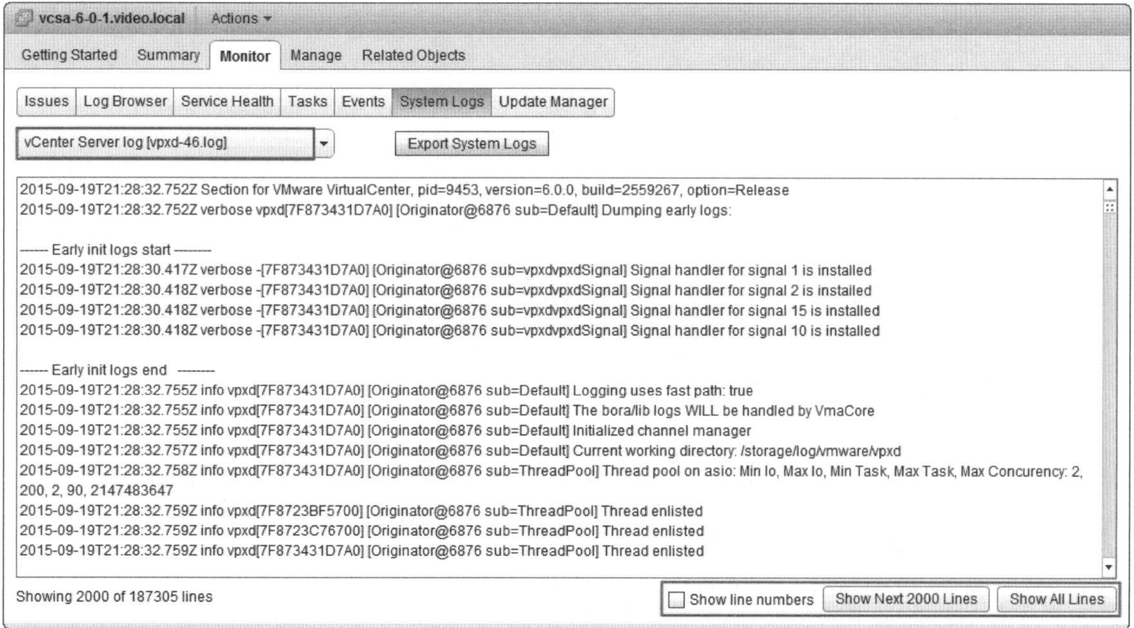

Abbildung 11.82 Anzeige der Log-Dateien

Hier können Sie das Log auswählen, das Sie betrachten wollen. Die Schaltflächen in der unteren Reihe sprechen für sich. Eine Suchfunktion, die früher sehr hilfreich war, gibt es nicht mehr. Für die Analyse größerer Log-Files ist es einfacher, die Daten zu exportieren und dann eine Analyse vorzunehmen. Ist es notwendig, für eine Fehlerauswertung ein aktuelles definiertes Log zu ziehen, dann stoßen Sie den Vorgang über den EXPORT SYSTEM LOGS-Button oben in der Mitte an (siehe Abbildung 11.82).

Haben Sie im ersten Schritt aus Abbildung 11.83 das Datacenter, den Cluster und/oder die passenden Hosts ausgewählt, so können Sie sich im zweiten Schritt entscheiden, ob die Log-Files des vCenter Server ebenfalls in den Export eingeschlossen werden sollen. Aktivieren Sie die Option INCLUDE VCENTER SERVER AND VSPHERE Web CLIENT LOGS, wenn das vCenter und der Client mit einbezogen werden sollen.

Im Auswahlfenster aus Abbildung 11.84 können Sie die gewünschten Daten noch näher spezifizieren.

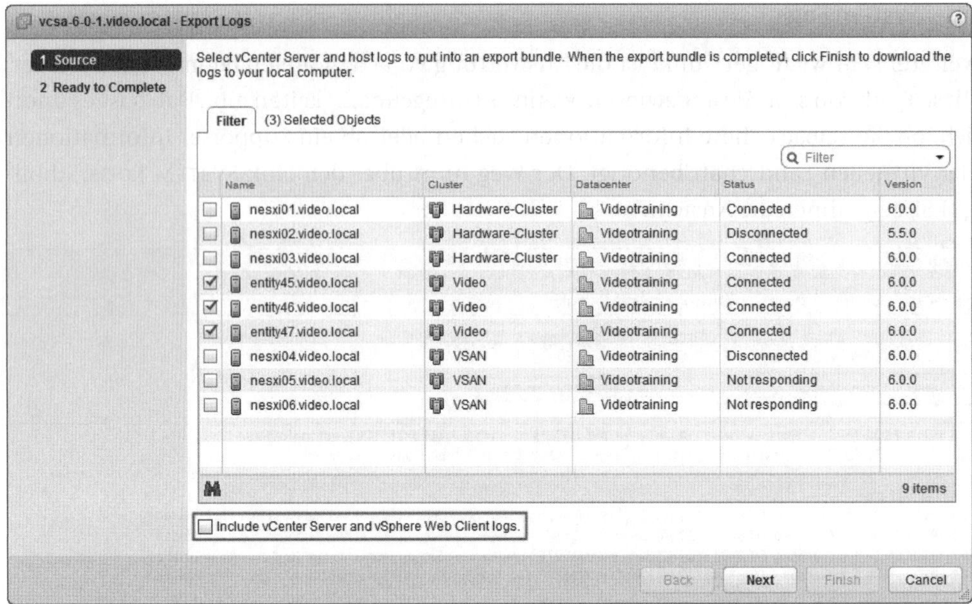

Abbildung 11.83 Export von Log-Dateien

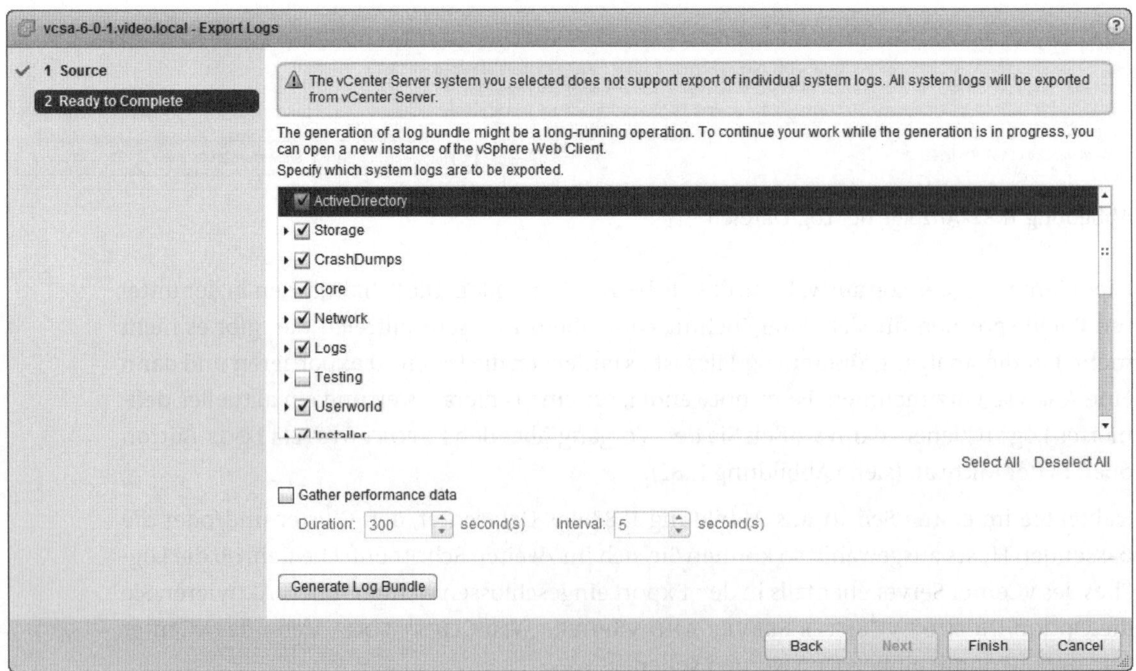

Abbildung 11.84 Auswahl der zu sammelnden Log-Dateien

Auch die Performance-Daten können Sie einbeziehen. Zuerst werden die Logs generiert. Ist dieser Schritt abgeschlossen, so wählen Sie den Speicherort für das exportierte Log und laden es herunter. Die Datei können Sie direkt auswerten oder dem Support übermitteln.

11.14.12 Profile Compliance

Eine Übersicht über den Compliance-Status des Clusters finden Sie unter PROFILE COMPLIANCE (siehe Abbildung 11.85). Hier können Sie auf einen Blick sehen, welche Hosts mit dem Host-Profil verbunden sind und ob sie compliant sind oder nicht.

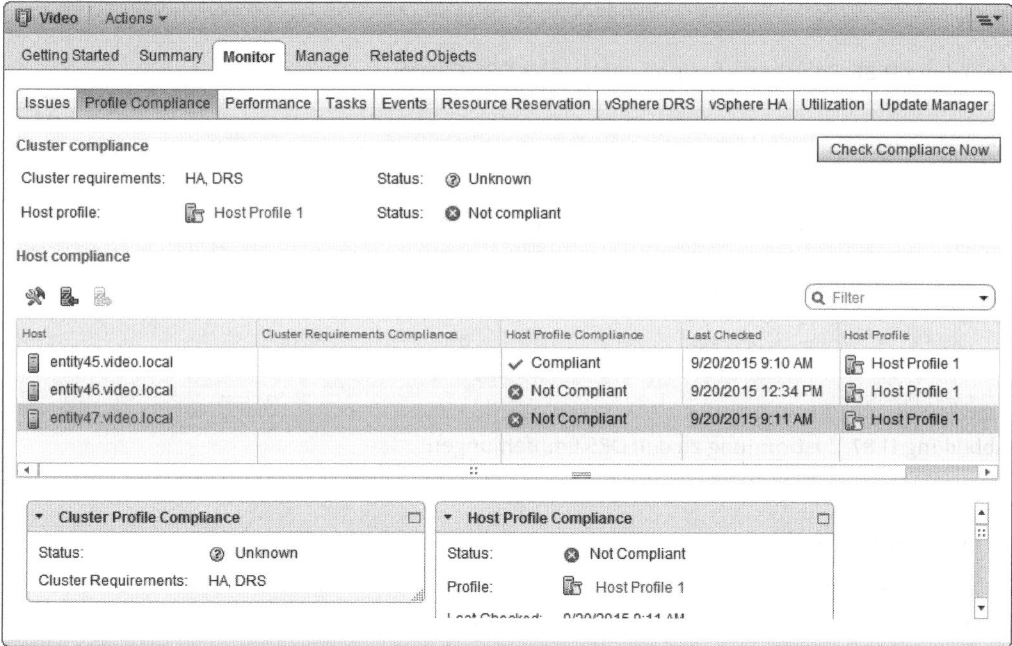

Abbildung 11.85 Compliance-Status der Hosts innerhalb eines Clusters

11.14.13 vSphere DRS

Der DRS-Cluster ist ein komplexes Gebilde. Für die Lastverteilung werden Arbeitsspeicher und CPU-Last herangezogen. Entsprechende Anzeigen finden sich im passenden Auswahlpunkt (siehe Abbildung 11.86). Die drei anderen Auswahlpunkte zeigen die DRS-Historie genauso wie die aufgetretenen Fehler.

Ist der DRS-Cluster nicht als automatisch konfiguriert, so werden unter den RECOMMENDATIONS die Empfehlungen für eine Optimierung des Clusters angezeigt. Über den Button RUN DRS NOW können die Empfehlungen umgesetzt werden.

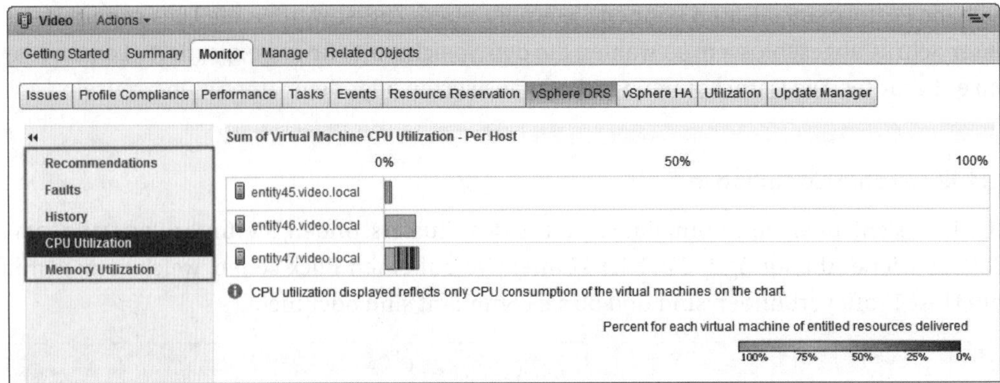

Abbildung 11.86 Speicheraufteilung der VMs im DRS-Cluster

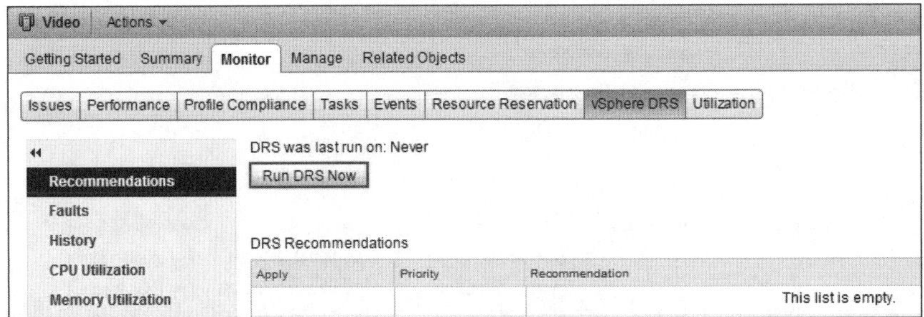

Abbildung 11.87 Zustimmung zu den DRS Empfehlungen

11.14.14 vSphere HA

Der vSphere-HA-Cluster folgt bestimmten Gesetzmäßigkeiten. Informationen zur Laufzeit finden Sie in der Anzeige aus Abbildung 11.88. Auch können Sie sehen, welcher Host HA-Master ist und ob die Slave-Hosts eine Verbindung zum Master haben.

Unter HEARTBEAT werden die Datenbereiche angezeigt, die als Heartbeat genutzt werden.

Konfigurationsfehler werden unter CONFIGURATION ISSUES angezeigt. In der Beispielumgebung zu diesem Buch finden sich dort die beiden Hosts, die nicht compliant sind.

Der letzte Auswahlpunkt zeigt Datenbereiche an, die nicht mehr verbunden sind (PDL: PERMANENT DEVICE LOSS), bzw. zeigt, dass die Pfade zu einem Datenbereich nicht mehr vorhanden sind (APD: ALL PATHS DOWN).

11.14.15 Policies

Virtuelle Maschinen lassen sich mit Policies verbinden, um so z. B. dafür zu sorgen, dass Festplattendateien im »richtigen« Datenbereich abgelegt werden (siehe Abbildung 11.89). Eine Anwendungskontrolle kann hier ebenfalls erfolgen.

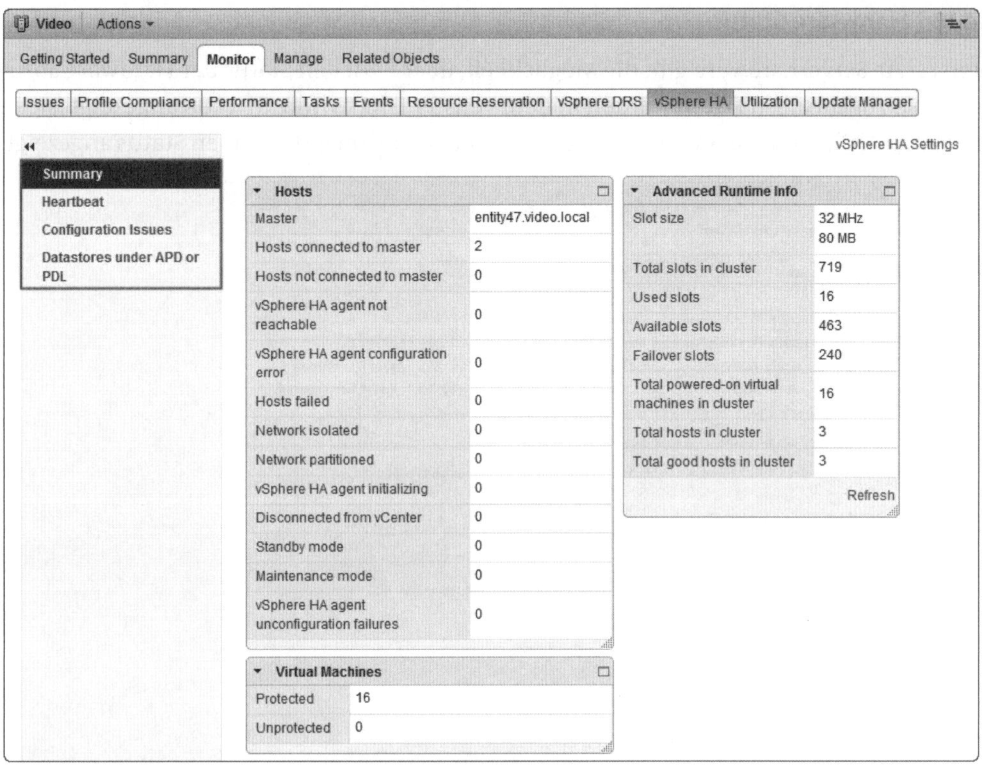

Abbildung 11.88 Informationen zum vSphere-HA-Cluster

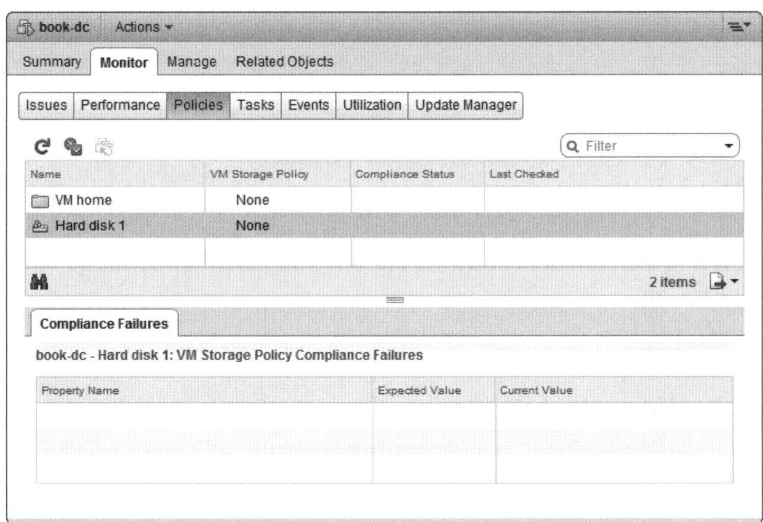

Abbildung 11.89 Policies der virtuellen Maschine

11.14.16 Hardware Status

Unterstützte Serverhardware gibt die Möglichkeit, über IPMI den Status der Hardware abzufragen. Die zugehörigen Daten werden in dem Fenster HARDWARE STATUS angezeigt (siehe Abbildung 11.90). Alle Sensordaten werden hier mit einem entsprechenden Status angezeigt.

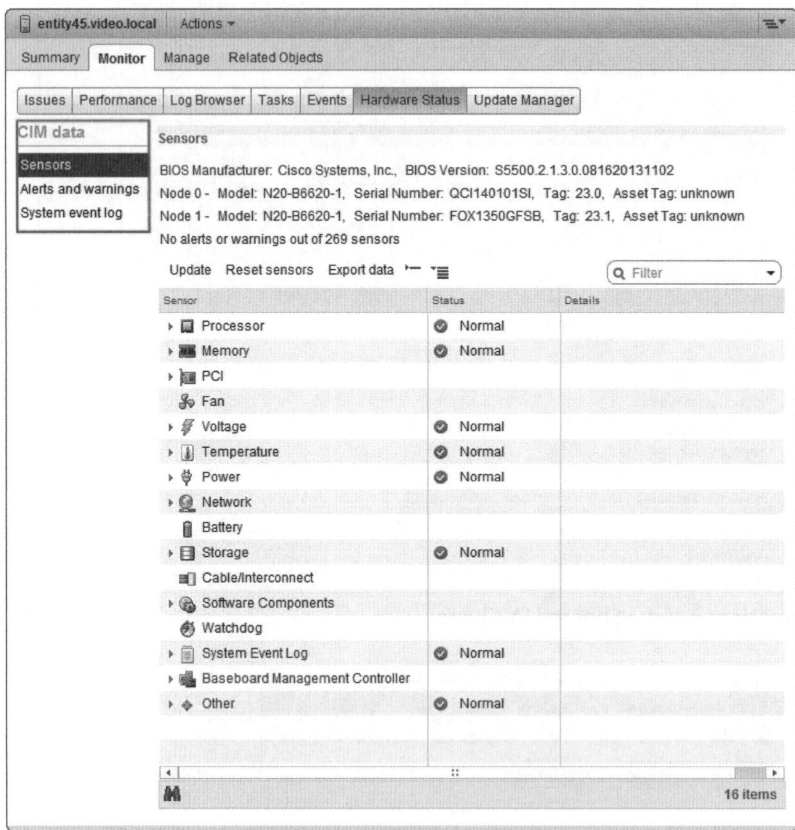

Abbildung 11.90 Hardwarestatus der Host-Hardware

Zusätzlich können Sie in die Log-Dateien der Hardware blicken und sich die Warnungen und Fehlermeldungen anzeigen lassen.

11.15 vCenter-Konfigurationseinstellungen

Jetzt möchten wir noch auf die eigentlichen Konfigurationseinstellungen des vCenter Servers eingehen. Dazu gehen wir das Konfigurationsmenü von oben nach unten durch. Der Einstiegspunkt ist etwas schwieriger zu finden als früher beim vSphere Client.

1. Der Aufruf erfolgt über den VCENTER SERVER-Link im Hauptfenster.
2. Dann gehen Sie weiter über INVENTORY LISTS • VCENTER SERVERS.

3. In dieser Übersicht rufen Sie das vCenter auf, das Sie administrieren wollen.
4. Das Ziel erreichen Sie dann über die Auswahl von MANAGE • SETTINGS • GENERAL und den EDIT-Button.

Lassen Sie uns die Einstellungen der Reihe nach durchsprechen.

Reboot

Achten Sie bitte auf die Anzeigen im Konfigurationsfenster. Ist nach einer Anpassung von Konfigurationsparametern ein Reboot nötig, dann wird dies im Fenster angezeigt (siehe Abbildung 11.91).

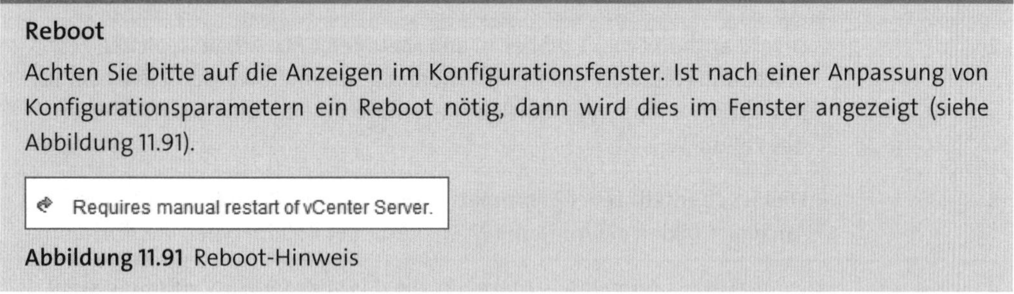

Abbildung 11.91 Reboot-Hinweis

Die Einstellungen betreffen das Sammeln der Performance-Daten. Die Standardeinstellungen sind in Abbildung 11.92 zu sehen. Es gibt an dieser Stelle vier unterschiedliche Regeln, um die Daten zu sammeln und vorzuhalten. Durch das Anklicken der eingestellten Werte erhalten Sie ein Dropdown-Menü, über das Sie die Werte anpassen können. Denken Sie daran, dass ein Ändern der Werte die Größe der vCenter-Datenbank direkt beeinflusst. Dabei ist es sehr hilfreich, dass in dem Fenster sofort angezeigt wird, wie sich die Größe der Datenbank ändert, wenn Sie Parameter anpassen.

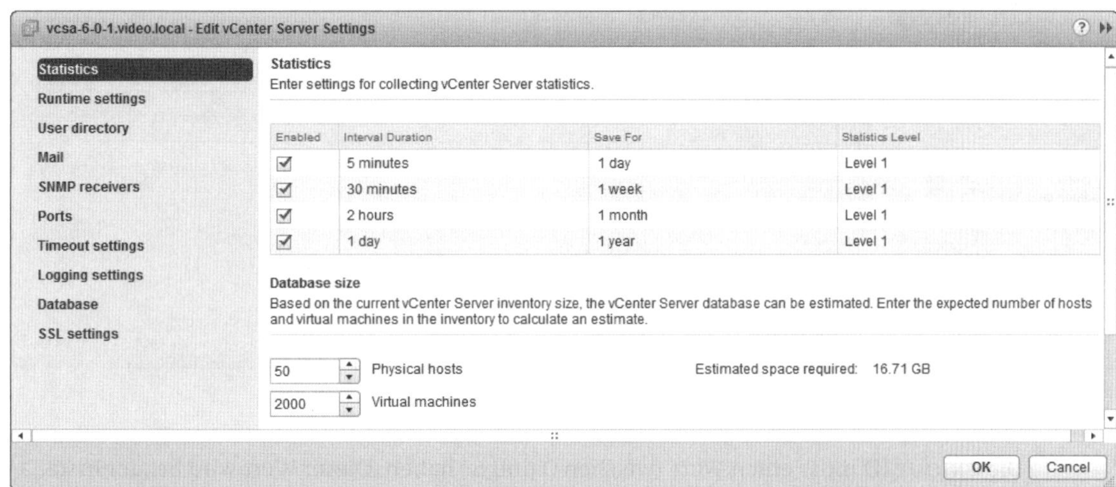

Abbildung 11.92 So stellen Sie die Intervalle für das Sammeln der Auswertungsdaten ein.

Sie können nicht nur das Intervall und die Aufbewahrungszeit einstellen, sondern auch die Sammeltiefe der Daten. In Tabelle 11.17 zeigen wir, welche Informationen wann gesammelt werden.

Statistics-Level	Informationen
1	Die Grundmetriken werden auf diesem Level gesammelt. Das sind die durchschnittliche Nutzung von CPU, Arbeitsspeicher, Festplatte und Netzwerk. Zusätzlich werden die Systemlaufzeit, der Systemtakt und DRS-Metriken protokolliert. Geräte werden auf diesem Level nicht geloggt.
2	Level 2 enthält Level 1, wobei zu den Metriken CPU, Arbeitsspeicher, Festplatte und Netzwerk alle Informationen gesammelt werden, einschließlich des letzten Rollup-Typs. Einzige Ausnahme sind die Min- und Max-Werte des Rollup-Typs.
3	Hier ist ebenfalls Level 2 komplett inkludiert, einschließlich der Geräte. Auch hier bilden die Min- und Max-Werte der Rollup-Typen die Ausnahme.
4	Dieser Level sammelt alle Metriken, die das vCenter zur Verfügung stellt.

Tabelle 11.17 Liste der Statistics-Level

Es folgt die Konfiguration der RUNTIME SETTINGS (siehe Abbildung 11.93). Hier ist die ID des vCenters hinterlegt; den Namen und die IP-Adresse können Sie eintragen.

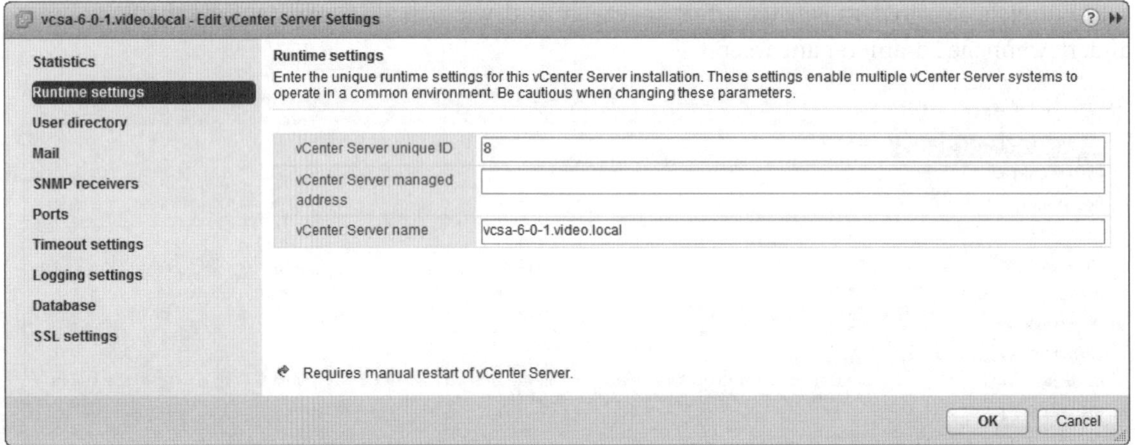

Abbildung 11.93 Einstellungen für die »Runtime settings«

Die UNIQUE ID muss einen Wert zwischen 0 und 63 haben. Dieser Wert wird bei der Installation zufällig vergeben. Die beiden anderen Einträge sprechen für sich.

Es gibt an dieser Stelle im vCenter Einstellungen, die die Zusammenarbeit zwischen dem Active Directory und dem vCenter Server betreffen (siehe Abbildung 11.94).

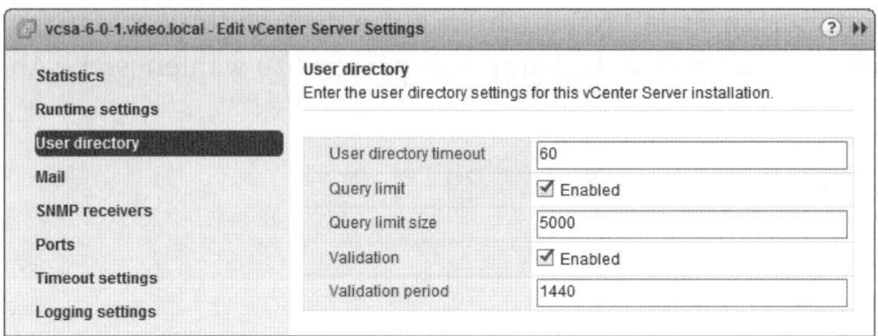

Abbildung 11.94 An dieser Stelle legen Sie das Verhalten zwischen Active Directory und vCenter Server fest.

Die ersten vier Werte bedürfen sicherlich keiner näheren Beschreibung. Die VALIDATION PERIOD ist aber genauer zu betrachten: Sie müssen verstehen, was sie bewirkt, damit Sie eine richtige Konfiguration vornehmen können. Zuerst einmal wird der Wert in Minuten angegeben; der Standardwert 1440 Minuten entspricht also einem ganzen Tag. Es handelt sich hier um das Zeitintervall, in dem ein Abgleich zwischen dem Active Directory und dem vCenter stattfindet.

Wird ein User-Account im AD gelöscht und mit dem gleichen Namen wieder angelegt, so arbeitet der neu angelegte User im vCenter mit den gleichen Rechten wie der alte Anwender, solange die Synchronisierung zwischen beiden Komponenten noch nicht stattgefunden hat. Die Empfehlung an dieser Stelle lautet, den Wert zu modifizieren und das Zeitintervall zu verringern. Die Intervallgröße muss sich an den betriebsinternen Prozessen für das Löschen bzw. die Neueinrichtung von Anwendern orientieren. Werden Anwender nicht sofort gelöscht, sondern erst für eine Übergangszeit deaktiviert, so entschärft sich das Problem. Andernfalls ist ein Wert von 480 gut gewählt. Die Wahrscheinlichkeit, dass an einem Tag das Löschen und das Neuanlegen desselben Users erfolgt, ist doch recht unwahrscheinlich.

Vergessen Sie nicht, die MAIL-Einträge im vCenter-Server vorzunehmen. Neben dem Mailserver tragen Sie eine E-Mail-Adresse, besser noch eine Verteilerliste ein (siehe Abbildung 11.95). An diesen Empfänger werden die Benachrichtigungen gesendet, die das System verschickt.

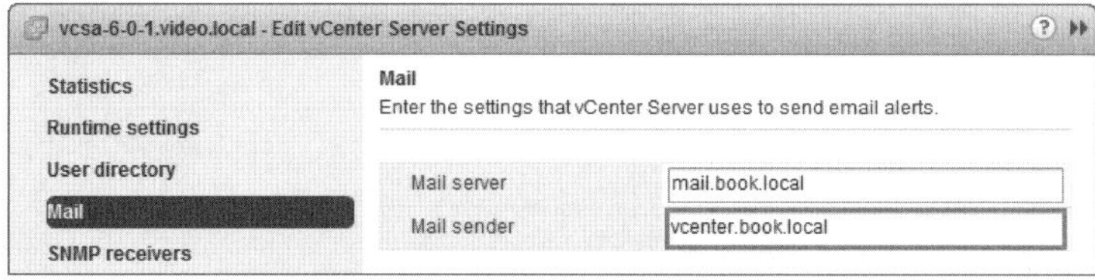

Abbildung 11.95 Einstellung der Mail-Benachrichtigung

Sollen die vom vCenter generierten SNMP-Nachrichten auf einem zentralen Managementsystem ausgewertet werden, dann sind die Parameter passend zu wählen (siehe Abbildung 11.96).

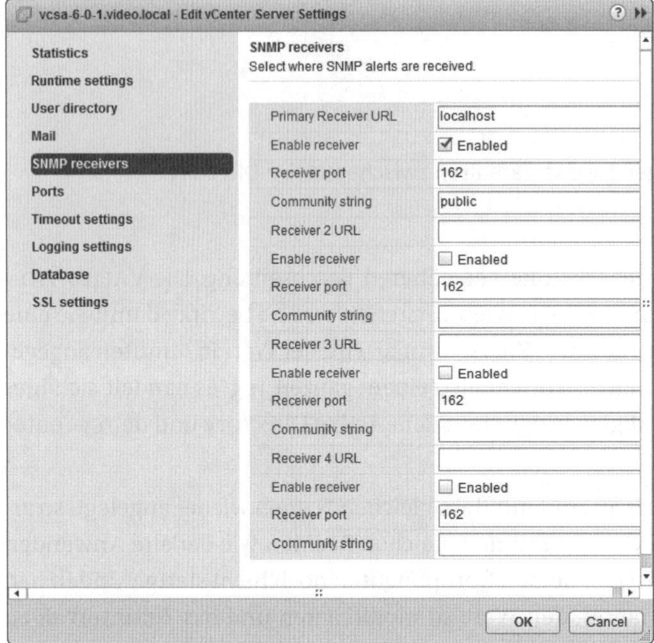

Abbildung 11.96 Konfiguration der SNMP-Empfänger

Es ist dabei nicht nur möglich, ein Ziel zu konfigurieren. Das vCenter unterstützt bis zu vier unterschiedliche Ziele für SNMP-Traps.

Die Zugriffsports für den vCenter-Server lassen sich ebenfalls anpassen. Als Standard ist für HTTP der Port 80 und für HTTPS der Port 443 festgelegt (siehe Abbildung 11.97).

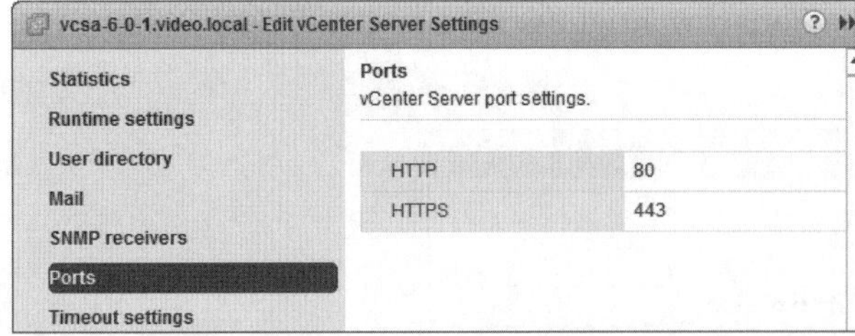

Abbildung 11.97 Kommunikations-Ports des vCenters

Denken Sie daran, eine Änderung in der Zugriffsmetrik zu dokumentieren, damit auch die Kollegen wissen, was zu tun ist, wenn Sie bei Anpassungen nicht anwesend sind.

Für die Kommunikation mit den Objekten in der virtuellen Infrastruktur werden im vCenter Timeout-Werte gesetzt (siehe Abbildung 11.98).

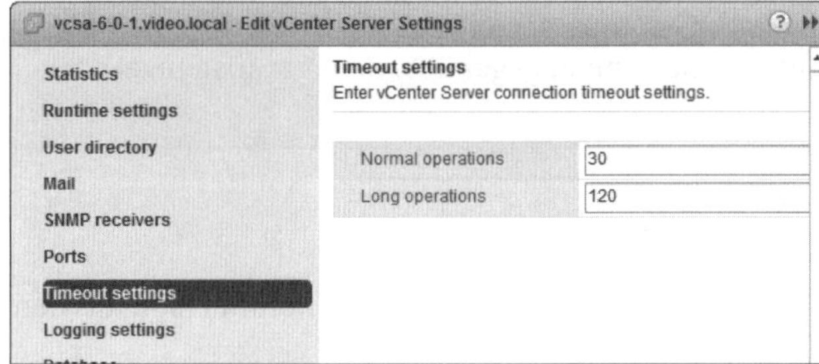

Abbildung 11.98 Zeitüberschreitungseinstellungen

Es werden zwei Vorgänge parametriert: der normale Vorgang und der lange Vorgang. Beide Werte sollten logischerweise nicht auf null gesetzt werden.

Wichtig ist die Einstellung im Dialog für das Log-Level. An dieser Stelle bietet das vCenter sechs Optionen (siehe Abbildung 11.99).

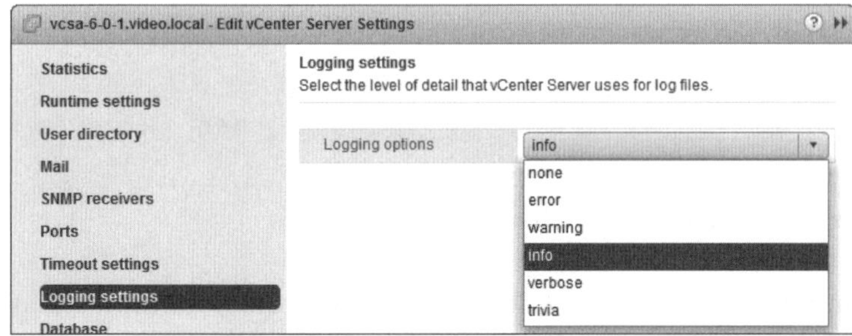

Abbildung 11.99 Logging-Einstellungen

Je nach ausgewähltem Level werden mehr oder weniger Daten gesammelt. Tabelle 11.18 listet die unterschiedlichen Level auf.

Log-Level	Informationen
NONE	Mit dieser Auswahl schalten Sie das Logging komplett ab.
ERROR	Diese Option loggt nur Fehlereinträge.
WARNING	Wählen Sie diesen Punkt, wenn Sie nur Warnungen und Fehler sehen wollen.
INFO	Es werden Informationen, Warnungen und Fehler angezeigt. Das ist das Standard-Log-Level.

Tabelle 11.18 Auflistung der möglichen Log-Level

Log-Level	Informationen
VERBOSE	Dieses Level entspricht dem Level INFO, aber mit ausführlicherem Inhalt.
TRIVIA	In diesem Level wird der Informationsinhalt gegenüber dem VERBOSE-Level noch weiter erhöht.

Tabelle 11.18 Auflistung der möglichen Log-Level (Forts.)

Passen Sie das Level nur an, wenn es notwendig ist; die Datenmengen nehmen sonst einen enormen Umfang an.

Die Anzahl der Datenbankverbindungen ist nach der Installation des vCenter-Servers auf 10 gesetzt. Im Dialog aus Abbildung 11.100 können Sie den Wert ändern.

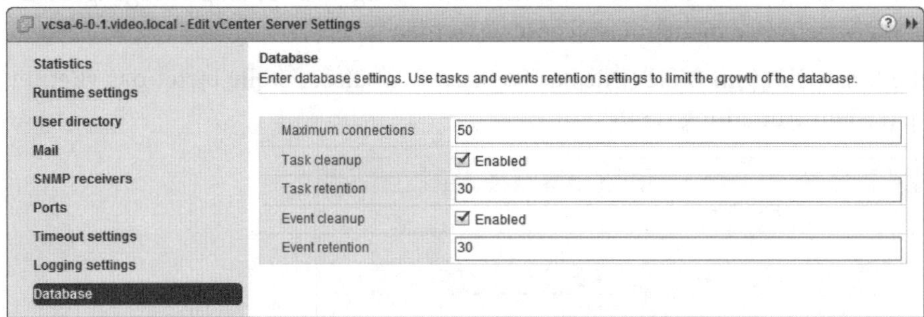

Abbildung 11.100 Anpassungseinstellungen für die Datenbankverbindungen

Erhöhen Sie den Wert, wenn viele zeitkritische Aktionen laufen, was die Kommunikation zwischen vCenter und Datenbank verbessert. Natürlich ist es auch möglich, die Anzahl der Verbindungen zu reduzieren, etwa wenn diese Verbindungen hausintern verrechnet werden. Wünschen Sie, dass die Datenbankgröße nicht zu stark anwächst, begrenzen Sie über die TASK RETENTION das Wachstum der Datenbank. Hier können Sie das Speichern der Events und Tasks einschränken.

Berücksichtigen Sie, dass nach der Aktivierung der *Retention Policy* nicht mehr alle Aktionen in der virtuellen Landschaft nachvollzogen werden können. Es ist also abzuwägen, was wichtiger ist – eine Nachvollziehbarkeit aller Aktionen oder das Einsparen von Festplattenplatz.

Unter SSL SETTINGS können Sie einstellen, wie das vCenter mit den vSphere-Hosts kommuniziert. Vorkonfiguriert ist eine Verbindung mit der Nutzung von SSL-Zertifikaten. Es ist nicht empfehlenswert, diese Einstellung zu ändern (siehe Abbildung 11.101).

Wenn Sie herausfinden wollen, mit welcher Lizenz der vCenter Server versorgt worden ist, so finden Sie diese Information unter MANAGE • SETTINGS • LICENSING (siehe Abbildung 11.102).

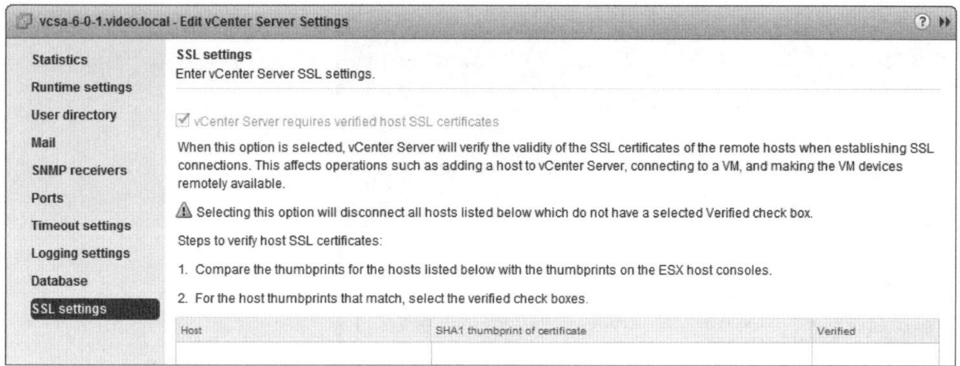

Abbildung 11.101 Aktivierung von SSL-Zertifikaten

Abbildung 11.102 Abfrage der Lizenzeinstellungen des vCenters

Sie können an dieser Stelle aber auch eine Lizenz mit dem vCenter Server verbinden. Ist eine Lizenz eingetragen, so zeigt das System Ihnen, welche Lizenz eingebunden ist, und damit auch, welche Funktionen enthalten sind. Es wird immer nur der Lizenzname angezeigt.

Das vCenter bietet aber auch eine Funktion, mit deren Hilfe die Nutzer auf einfache Art und Weise über Wartungsarbeiten informiert werden können. Über die FUNKTION MESSAGE OF THE DAY (siehe Abbildung 11.103) können solche Nachrichten übermittelt werden. Nach dem Eingeben der Nachricht wird diese sofort allen aktiven Nutzern angezeigt. Anwender, die sich neu am System anmelden, bekommen den Hinweis direkt nach der Anmeldung gezeigt.

Zu guter Letzt bietet VMware mit den ADVANCED SETTINGS eine Option, zusätzlich Parameter einzufügen, die Sie nicht direkt über eine GUI einpflegen können (siehe Abbildung 11.104). Trotzdem werden hier auch die Parameter angezeigt, die Sie über die GUI ändern können und die wir bis zu dieser Stelle besprochen haben. Alle Werte können Sie in den ADVANCED SETTINGS einsehen und auch manipulieren. Zusätzlich besteht die Option, neue Werte einzutragen und über ADD hinzuzufügen.

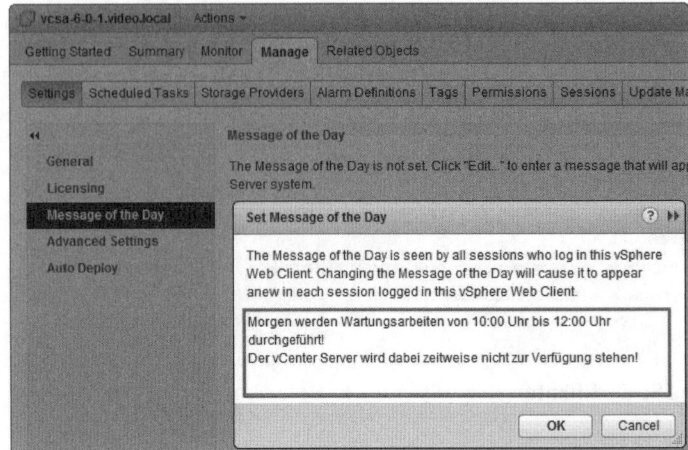

Abbildung 11.103 Übermittlung von Nachrichten an die Nutzer des vCenter Servers

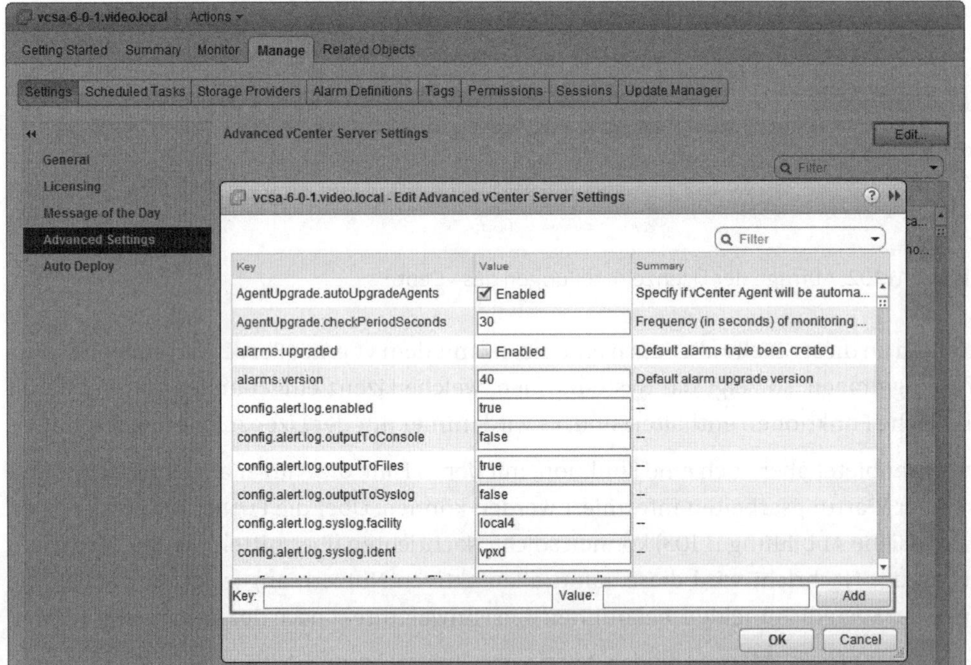

Abbildung 11.104 »Advanced Settings« des vCenters

Das Thema AutoDeploy wird in Abschnitt 12.8, »VMware Auto Deploy«, näher besprochen.

11.16 Manage-Funktionen des vCenters

Im MANAGE-Bereich des vCenter Servers gibt es noch eine Reihe von Einstellmöglichkeiten. Alle noch nicht näher beschriebenen Punkte sollen in diesem Abschnitt vorgestellt werden. Auch in diesem Fall halten wir uns an die Reihenfolge im Web Client.

11.16.1 Scheduled Tasks

Über den Menüpunkt MANAGE • SCHEDULED TASKS gelangen Sie zu einer Liste mit allen Aktionen, die automatisch in der virtuellen Infrastruktur ablaufen. Als zusätzliche Information werden die letzte Ausführung und die nächste Fälligkeit der Aktionen angezeigt.

Mit den Symbolen für START, PROPERTIES und REMOVE manipulieren Sie die Tasks in diesem Fenster. Die Bezeichnungen der einzelnen Schaltflächen lassen keine Fragen offen. Wird ein Task markiert, werden im unteren Bereich des Fensters weitere Informationen dazu angezeigt.

Es gibt zwei Wege, einen neuen Task anzulegen: Entweder wählen Sie den Punkt SCHEDULE A NEW TASK aus (siehe Abbildung 11.105) oder Sie nutzen die Möglichkeiten in der INVENTORY-Ansicht

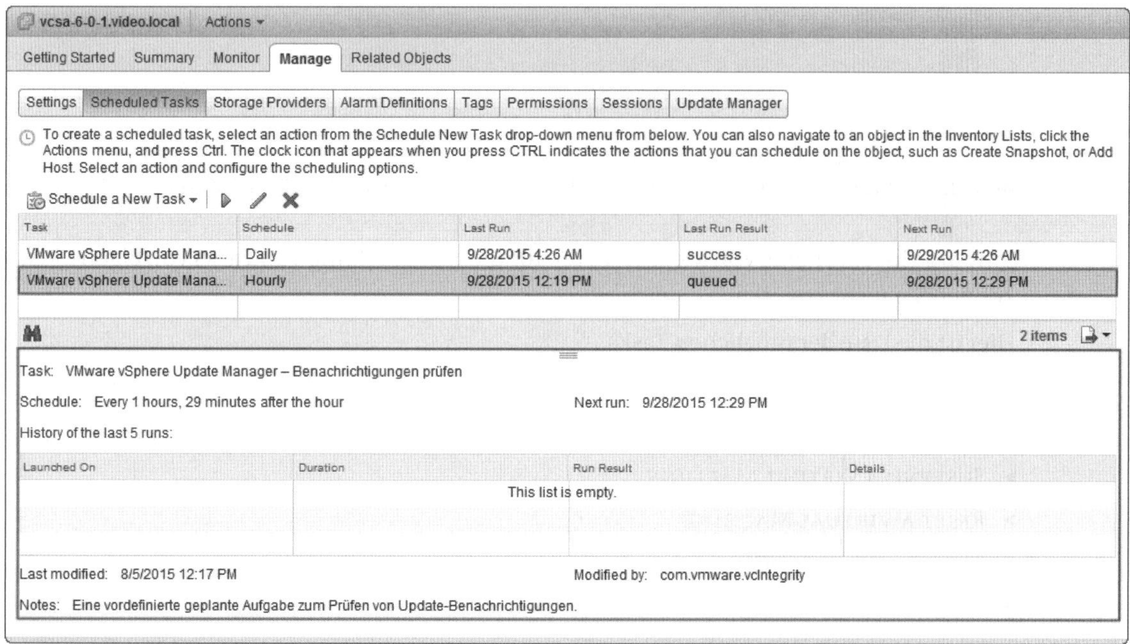

Abbildung 11.105 Übersicht der Scheduled Tasks

In der INVENTORY-Ansicht markieren Sie das gewünschte Objekt und rufen das ACTIONS-Menü auf. Wenn Sie die [Strg]-Taste drücken, wird rechts neben allen Menüpunkten ein Uhrensymbol angezeigt, falls es möglich ist, einen *Scheduled Task* zu erstellen (siehe Abbildung 11.106).

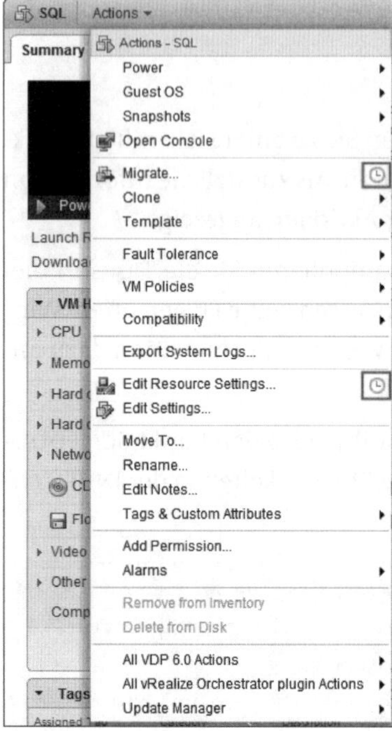

Abbildung 11.106 So erstellen Sie einen »Scheduled Task« über das »Action«-Menü.

VMware gibt eine Reihe von Möglichkeiten für die Neuerstellung von Tasks vor. Eigene Tasks können Sie nicht kreieren.

Hier ist die Liste der möglichen Tasks:

- POWER ON A VIRTUAL MACHINE
- POWER OFF A VIRTUAL MACHINE
- SUSPEND A VIRTUAL MACHINE
- RESET A VIRTUAL MACHINE
- SHUTDOWN GUEST OS
- RESTART GUEST OS
- CLONE A VIRTUAL MACHINE
- MIGRATE A VIRTUAL MACHINE
- CREATE A VIRTUAL MACHINE

- Create a snapshot of a virtual machine
- Add a host
- Edit Ressource Settings
- Scan for Updates
- Change Resource Pool or VM Resource Settings
- Configure Storage I/O Control

Je nach Auswahl des Tasks öffnet sich ein entsprechendes Fenster, das die benötigten Informationen zur späteren Ausführung sammelt. Als Beispiel erstellen wir einen *Scheduled Task* für die Erzeugung eines Snapshots (siehe Abbildung 11.107).

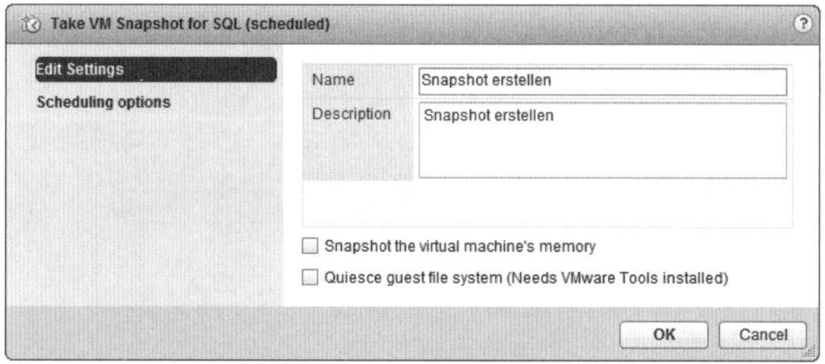

Abbildung 11.107 Erstellung eines »Scheduled Task« über das Kontextmenü der VM

Ist der Task eingerichtet, so müssen Sie dem System noch mitteilen, wann und wie oft die Aktion ausgeführt werden soll (siehe Abbildung 11.108).

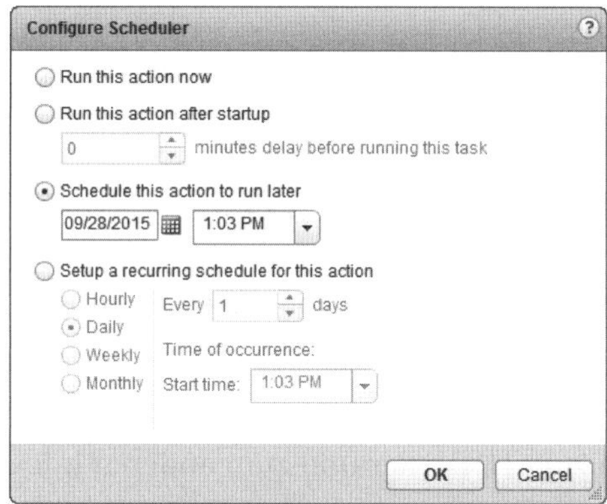

Abbildung 11.108 Zeitliche Steuerung der Aktion

Neben unterschiedlichen einmaligen Aktionen kann ein Task auch als wiederkehrend definiert werden. Ist die Erstellung erfolgt, wird die Aktion auch im Fenster Manage • Scheduled Task angezeigt.

11.16.2 Storage-Providers

Bereits mit vSphere 4.x hat VMware eine Schnittstelle implementiert, über die Storage-Hersteller APIs einbinden können, um Operationen zwischen den VMware-Komponenten und dem Storage zu optimieren. Nehmen wir als Beispiel das *Storage vMotion*: Beim Wechseln des Datastores einer aktiven virtuellen Maschine stößt das Management die Operation an und kontrolliert sie, bis sie abgeschlossen ist. Binden Sie eine API Ihres Storage-Herstellers ein, legt das Management die Aufgabe in deren Hände, spart sich somit Arbeit und hat Ressourcen für andere Aufgaben frei. Der Storage meldet dann nach Abschluss der Arbeiten den Vollzug der gestellten Aufgabe ans vCenter zurück.

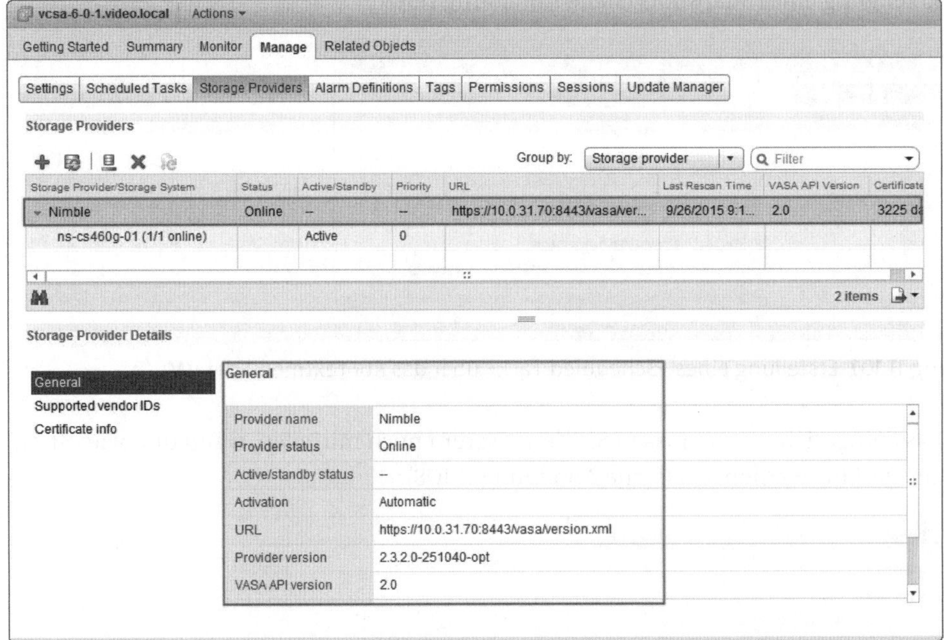

Abbildung 11.109 Übersicht der installierten Storage-APIs

In unserer Testlandschaft ist die Storage-API von *Nimble* zu finden (siehe Abbildung 11.109). Diese API unterstützt vVols von VMware.

Wie Sie in Abbildung 11.110 sehen können, werden hier unterschiedliche Informationen bereitgestellt. Das sind zum einen die Informationen zum Hersteller und zum anderen Infos zum Plug-in-Typ.

Bei der Vendor-ID zeigt das System nur, welche Systeme unterstützt werden. Das sind in diesem Fall nur Server.

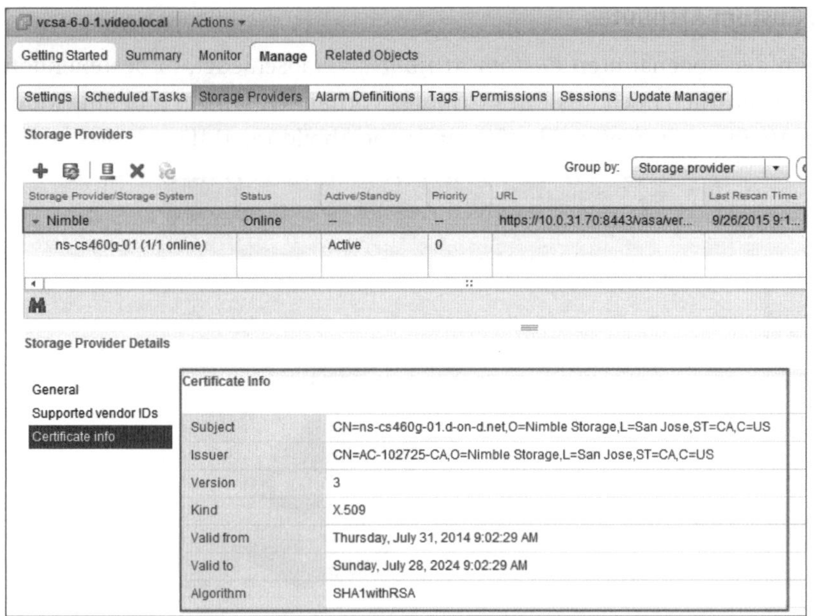

Abbildung 11.110 Zertifikatsinformationen zum Plug-in

Neben den globalen Einstellungen können auch noch die Informationen zum Storage eingesehen werden (siehe Abbildung 11.111).

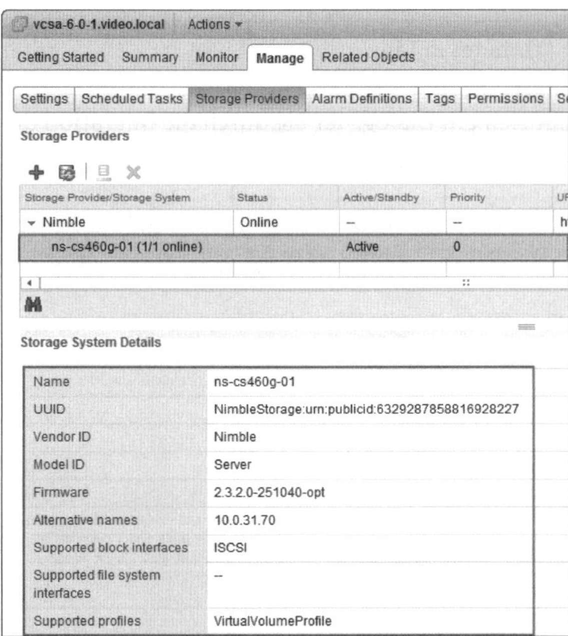

Abbildung 11.111 Informationen zum eingebundenen System-Plug-In

11.16.3 Tags bzw. Custom Attributes

VMware hat sich von den sogenannten *Custom Attributes* verabschiedet. In bestehenden Umgebungen können natürlich noch Custom Attributes vorhanden sein. Es gibt eine Möglichkeit, die Custom Attributes in Tags zu überführen (siehe Abbildung 11.112).

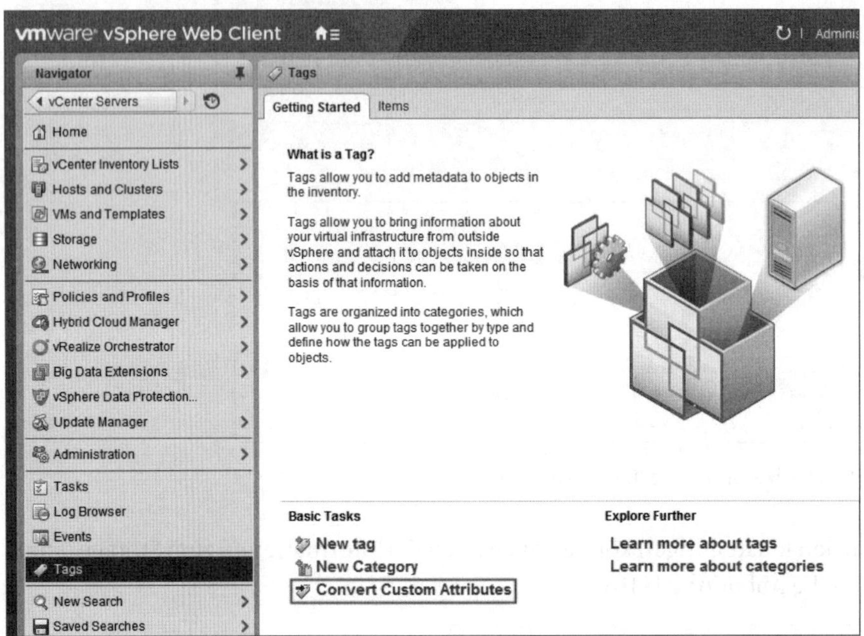

Abbildung 11.112 Konvertierung von Custom Attributes in Tags

Nach dem Aufruf der Konvertierung öffnet sich ein Dialog, der Sie durch die Migration der Attribute führt (siehe Abbildung 11.113).

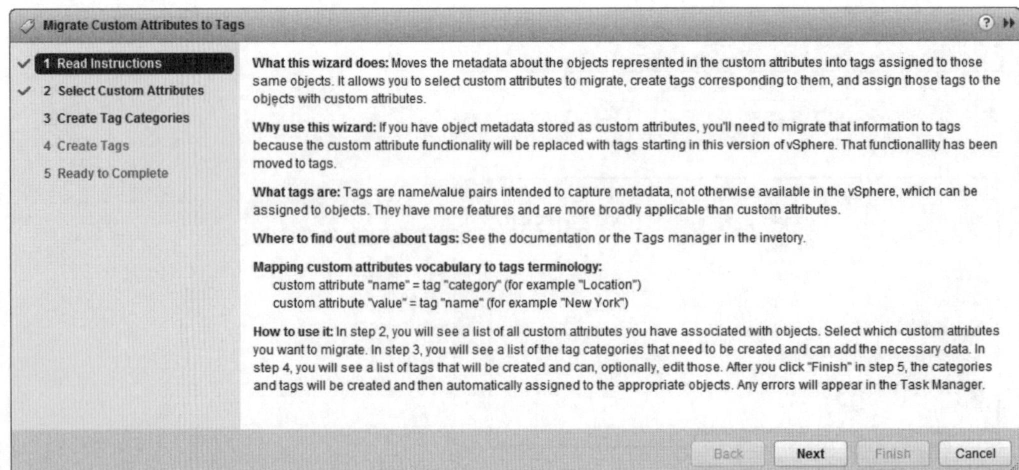

Abbildung 11.113 Migration der Custom Attributes

Nach der Auswahl eines Attributs müssen Sie ihm eine Kategorie und anschließend ein Tag zuweisen. Dann ist die Migration dieses einen Tags abgeschlossen.

Falls Sie keine Custom Attributes einsetzen, können Sie direkt mit Tags arbeiten. Diese können auch an andere Objekte als nur an virtuelle Maschinen angehängt werden.

Abbildung 11.114 Aufruf der Tags-Verwaltung

Durch den Aufruf von TAGS gelangen Sie in das eigentliche Konfigurationsfenster für die Tags (siehe Abbildung 11.115). Dabei können dort die Tags, aber auch zusammenfassende Kategorien definiert werden. Dabei sind die Kategorien das übergeordnete Objekt, in dem wiederum die Tags zusammengefasst werden können.

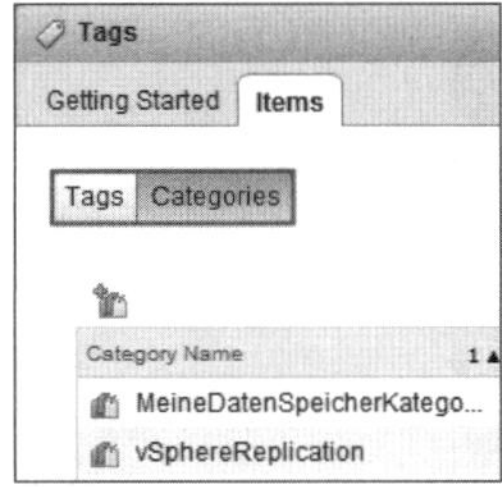

Abbildung 11.115 Tags und Kategorien

Als Erstes erstellen wir eine Kategorie. Dazu wechseln wir in die passende Ansicht und klicken auf das Symbol oberhalb des Anzeigebereichs (siehe Abbildung 11.115).

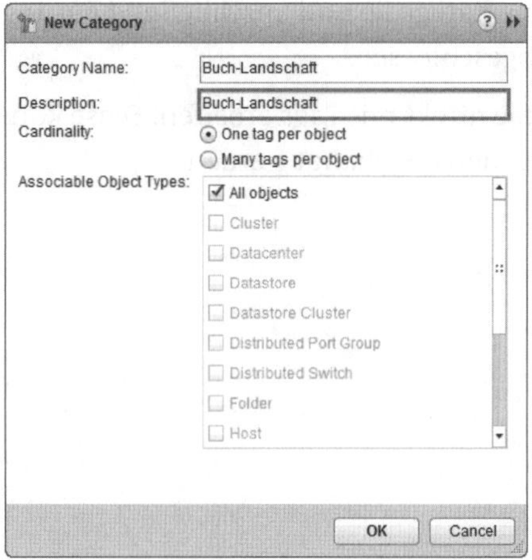

Abbildung 11.116 Erstellen einer Kategorie

Im nächsten Dialog geben Sie der Kategorie einen eineindeutigen Namen und legen fest, wie viele Tags ein Objekt haben kann und welchen Objekten dieses Tag bzw. diese Kategorie zugeordnet werden kann (siehe Abbildung 11.116). Beim Erzeugen des Tags kann dann direkt eine Zuordnung zwischen Tag und Kategorie erfolgen (siehe Abbildung 11.117).

Abbildung 11.117 Zuweisung des Tags zur Kategorie

Die Zuweisung zur virtuellen Maschine, die das Active Directory für die Beispielumgebung zu diesem Buch trägt, erfolgt dann wieder an der virtuellen Maschine – wobei hier auch direkt das Tag erzeugt werden könnte (siehe Abbildung 11.118).

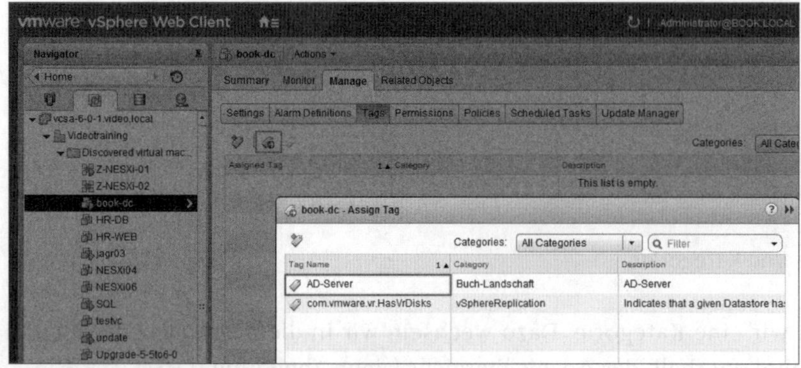

Abbildung 11.118 Zuweisung des Tags zum Objekt

Mit diesem System kann dann eine eigene organisatorische Struktur für die virtuelle Umgebung aufgebaut werden.

11.16.4 Sessions

Für den vCenter-Administrator ist es wichtig, zu sehen, welche User sich am vCenter angemeldet haben. Die Frage, wie lange einzelne Anwender angemeldet sind, ohne etwas gemacht zu haben, wird ebenfalls beantwortet. Über MANAGE • SESSIONS gelangen Sie zum Ziel (siehe Abbildung 11.119).

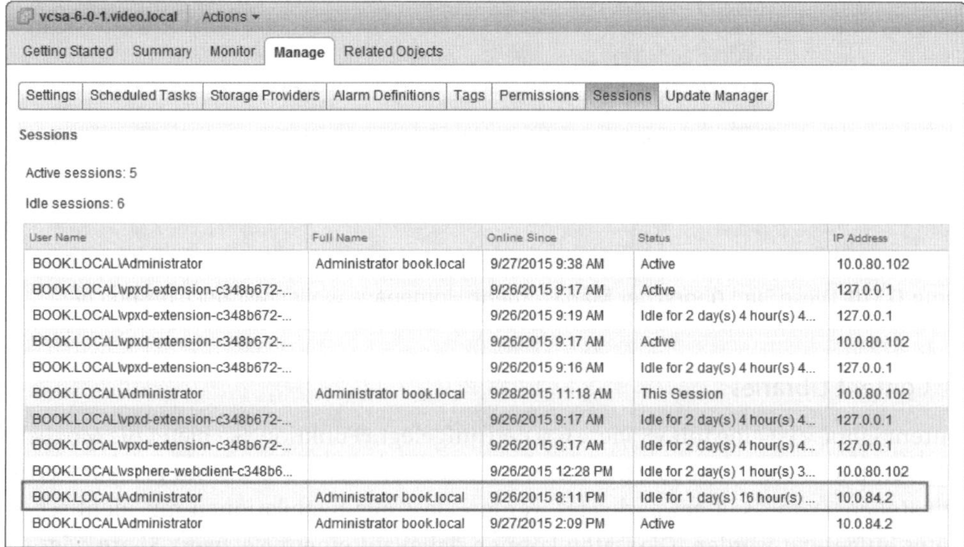

Abbildung 11.119 Verbindungen der Anwender zum vCenter

Außerdem sehen Sie sofort, wenn User doppelt angemeldet sind. Angezeigt werden der Anwendername, die Anmeldezeit, der Status der Sitzung und die IP-Adresse, über die zugegriffen wird. Über das Kontextmenü können die Sitzungen einzelner Anwender im Einzelfall getrennt werden.

11.17 Weitere Einstellungen auf der vCenter-Homepage

Auf der vCenter-Server-Homepage befinden sich noch weitere Funktionen, die wir bisher nicht näher beschrieben haben (siehe Abbildung 11.120). Das wollen wir in diesem Abschnitt nachholen.

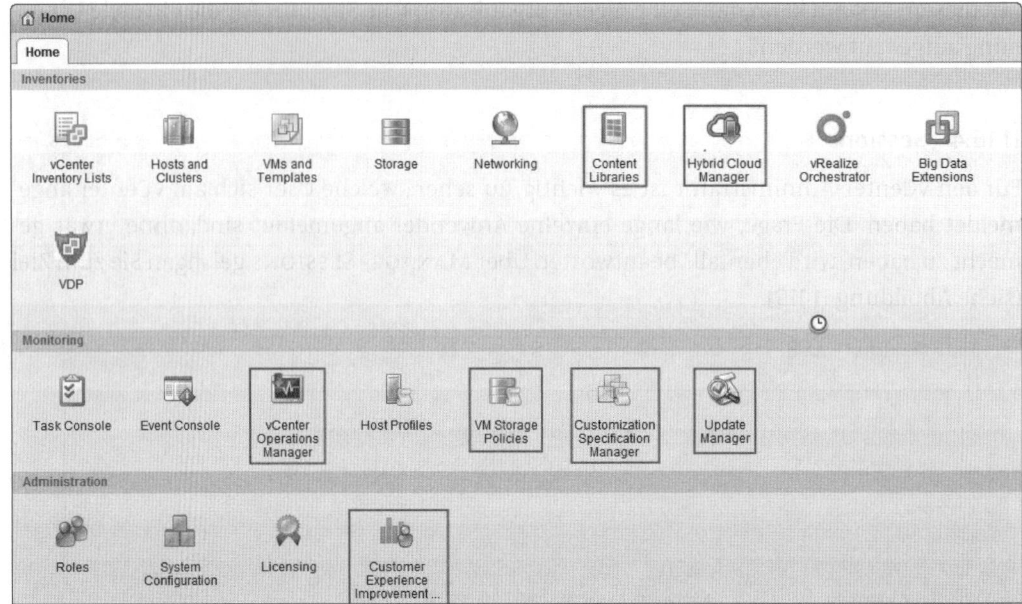

Abbildung 11.120 Diese Funktionen der Management-Homepage wollen wir noch besprechen.

11.17.1 Content Libraries

Die Content Library ist eine mit vSphere 6.0 neu aufgelegte Funktion. Sie bietet die Möglichkeit, alle Templates zentral abzulegen und auch anderen vSphere-Umgebungen zur Verfügung zu stellen. Damit soll gewährleistet werden, dass alle Installationen mit identischen Templates aufgesetzt werden. Die Daten können dabei auf einem Netzwerk-Share oder einem Datastore bereitgestellt werden.

Nach dem Aufruf gelangen Sie direkt in das Übersichtsfenster zur Erstellung einer neuen Library. Falls Sie die GETTING STARTED-Seiten deaktiviert haben, befinden Sie sich im OBJECTS-Menü; hier ist ein Anlegen über das passende Icon möglich (siehe Abbildung 11.121).

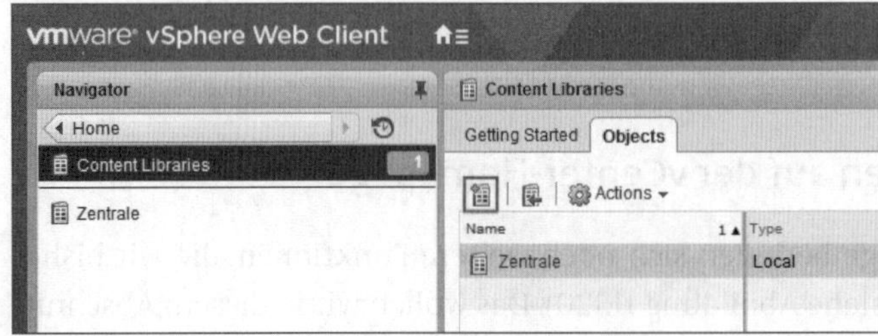

Abbildung 11.121 Anlegen einer Content Library

Nun erwartet das System einige Eingaben von Ihnen. Im ersten Dialog sind das der Name und die Auswahl, welches vCenter die Library beheimaten soll (siehe Abbildung 11.122).

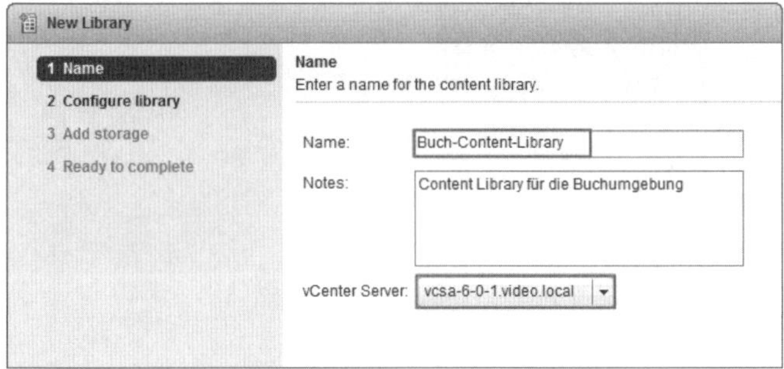

Abbildung 11.122 Erstellen einer Content Library

Im folgenden Dialog haben Sie drei Optionen zur Auswahl. Sie können sich mit einer vorhandenen Library verbinden, Sie können eine lokale Library anlegen, die auch nur lokal zur Verfügung steht, oder Sie können die lokal angelegte Library freigeben. Die letzten beiden Auswahlpunkte benötigen noch die Festlegung, wie mit dem Content umgegangen wird. Entweder wird der gesamte Content sofort heruntergeladen oder der Download erfolgt auf Anforderung vor der Bereitstellung der VM.

Beim Anlegen der lokalen Library ist es möglich, eine Authentifizierung zu aktivieren. Die einzige weitere Einstellmöglichkeit ist die Auswahl des Ablageziels (siehe Abbildung 11.123): entweder im Netzwerk oder auf einem Datastore.

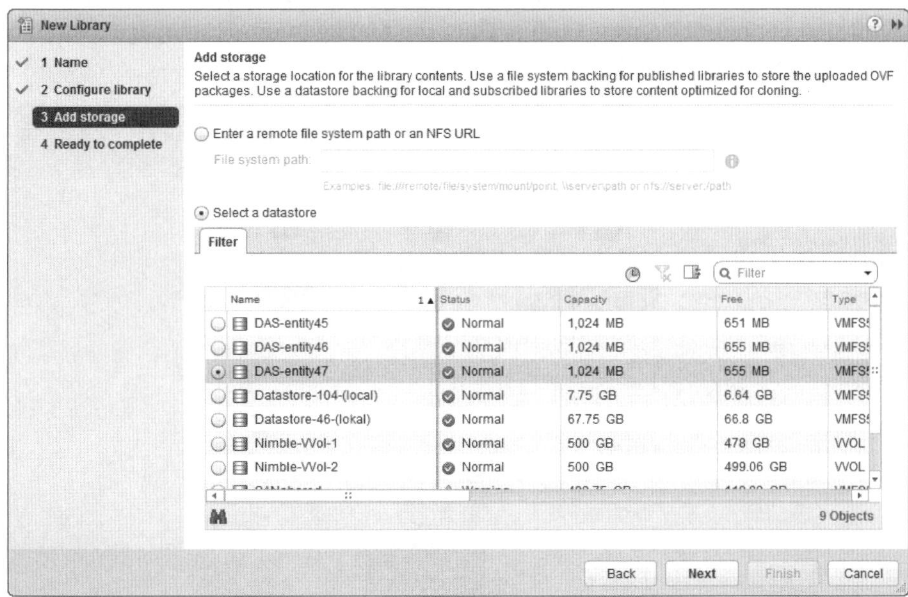

Abbildung 11.123 Festlegung des Library-Speicherorts

Jetzt können Sie vorhandene Maschinen in die Library klonen, um diese dann als Basis für die Bereitstellung zu nutzen (siehe Abbildung 11.124).

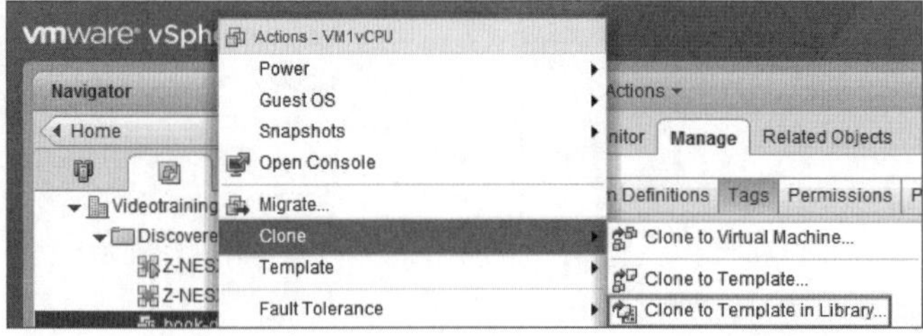

Abbildung 11.124 Füllen der Content Library

Die so erstellten Templates können von allen genutzt werden, die Zugriff auf die Library haben.

11.17.2 Hybrid Cloud Manager

Beim Aufruf des Hybrid Cloud Managers muss Ihr System mit dem Internet verbunden sein. Sie haben dann die Wahl, sich mit einer Internet-Cloud-Lösung zu verbinden (z. B. mit dem Rechenzentrum von VMware), um dort liegende Infrastruktur mit dem vCenter zu managen.

11.17.3 vCenter Operations Manager

Das Monitoring-Tool *vCenter Operations Manager* können Sie seit einiger Zeit auch direkt verbundelt mit den vSphere-Lizenzen kaufen. Über die Management-Homepage kann das Tool installiert werden (siehe Abbildung 11.125).

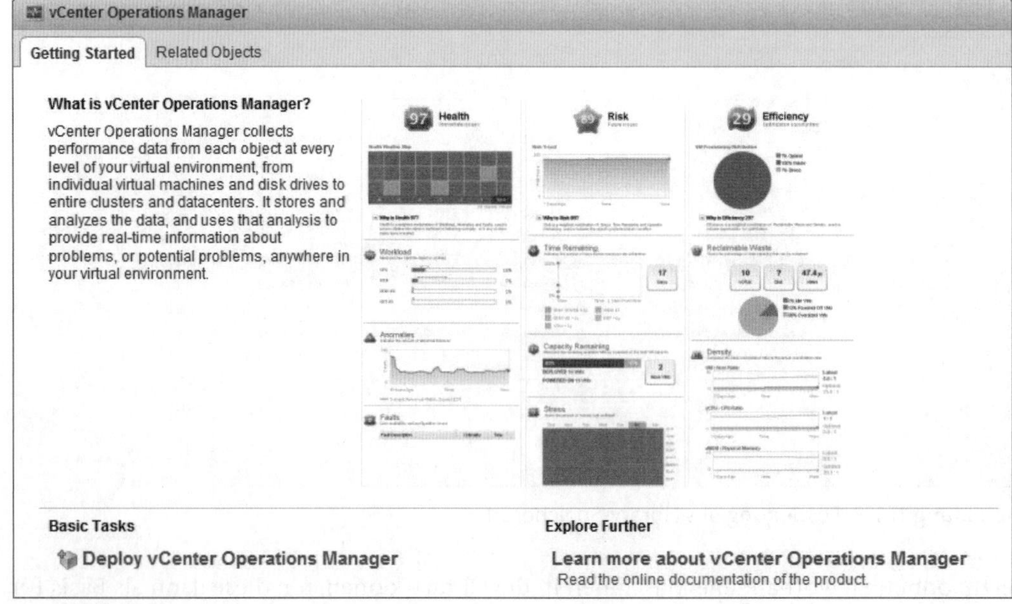

Abbildung 11.125 Import des »vCenter Operations Manager«

Wird der Import angestoßen, verbindet sich die Komponente über das Internet mit dem Download-Portal bei VMware (siehe Abbildung 11.126).

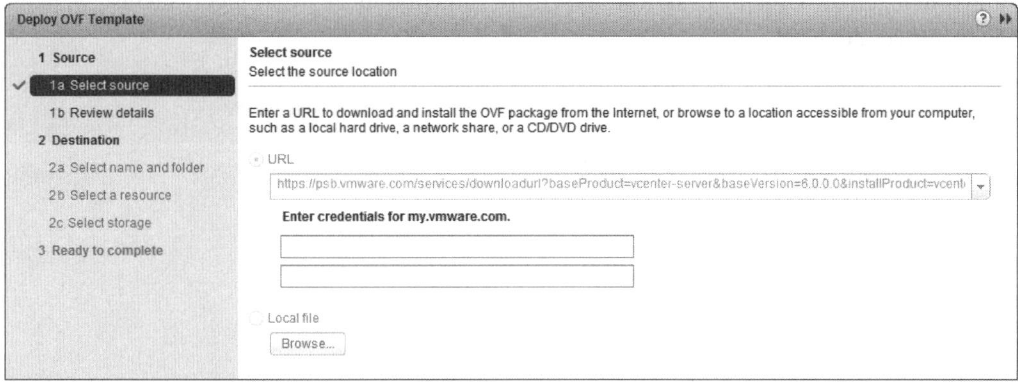

Abbildung 11.126 Download der vRealize Operations

Hier müssen Sie nur die Nutzerdaten eingeben, und schon wird die Appliance heruntergeladen. Voraussetzung dafür ist ein funktionierender Internetzugang.

11.17.4 VM-Speicherregel

Die Speicherprofile (*VW Storage Policies*) sind keine weitere Neuerung. VMware hat diese Funktion mit vSphere 5 eingeführt. Welche Philosophie steht dahinter, und was möchte VMware mit dieser neuen Funktion bezwecken? Schauen wir uns einmal den Prozess der Bereitstellung einer virtuellen Maschine an. Sind die Grunddaten – wie CPU, RAM, Netzwerk und Plattenanzahl sowie deren Größe – festgelegt, müssen Sie entscheiden, welche Leistungsdaten der Storage erfüllen muss. Hinter jeder Speicherregel verbirgt sich eine Storage-Wertigkeit. Eine VM wird nicht mehr direkt auf einem Datastore bereitgestellt, sondern auf einem Speicherprofil, hinter dem sich wiederum ein Storage verbirgt.

Nähere Informationen dazu finden Sie in Kapitel 15, »Virtuelle Maschinen«.

11.17.5 Customization Specification Manager

Beim Anpassen einer virtuellen Maschine oder dann, wenn Sie eine VM klonen, können Sie ein Profil erstellen, das Sie auch später beim erneuten Klonen wieder benutzen können. Alle diese Profile werden an einer zentralen Stelle verwaltet: Wählen Sie auf der Homepage im vSphere-Client den Punkt CUSTOMIZATION SPECIFICATION MANAGER aus (siehe Abbildung 11.120).

Nun können Sie Anpassungen für Windows- und Linux-Betriebssysteme vornehmen. Letztendlich geht es darum, bereits installierte Maschinen, die als Template dienen, zu generalisieren, damit sie ohne Probleme in eine Umgebung eingebunden werden können.

Beim Anlegen müssen Sie zuerst definieren, für welches Betriebssystem die Anpassung genutzt werden soll. Im nächsten Schritt machen Sie die erforderlichen Angaben zur Registrierung und legen die Organisation fest. In Schritt 3 aus Abbildung 11.127 legen Sie fest, welcher Name verwendet wird.

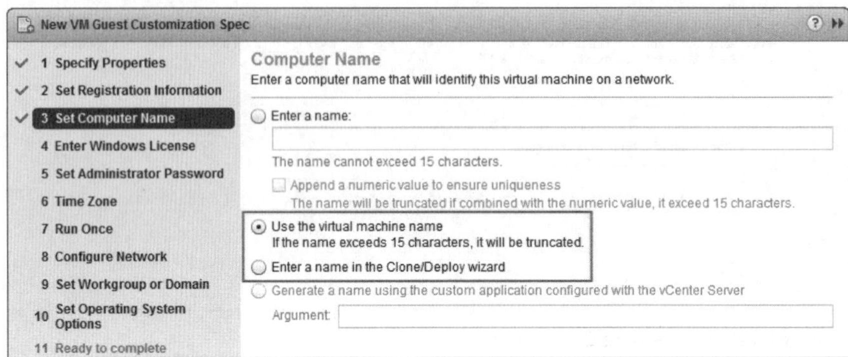

Abbildung 11.127 Namensvergabe

Aus unserer Sicht ist es optimal, der neuen VM den gleichen Namen zu geben wie im vCenter. Das macht den Betrieb am einfachsten. Eine feste Namensvergabe widerspricht eigentlich einem generischen Profil. Einzig die Eingabe des Namens bei der Erstellung halten wir noch für sinnvoll.

Die Lizenzierungsinformationen sind im nächsten Dialog einzugeben, direkt gefolgt vom Passwort für den Administrator-Account und der Festlegung, wie häufig der Administrator automatisch nach dem Neustart angemeldet werden soll. Die Zeitzone gehört ebenso zu den Eingaben wie die RUN-ONCE-Sektion für den einmaligen Start von Skripts oder Installationen.

Die Netzwerkparameter aus Abbildung 11.128 sind ebenfalls eine wichtige Konfiguration. DHCP oder die manuelle Einstellung sind hier möglich.

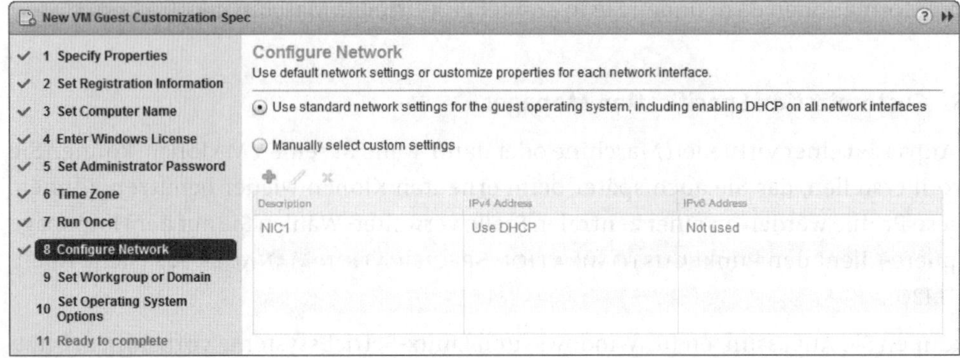

Abbildung 11.128 Festlegung der Netzwerkkonfiguration

Das Hinzufügen zu einer Windows-Domäne ist ebenfalls Bestandteil der Abfragen (siehe Abbildung 11.129), wobei Sie das System aber nur zu einer Workgroup hinzufügen können.

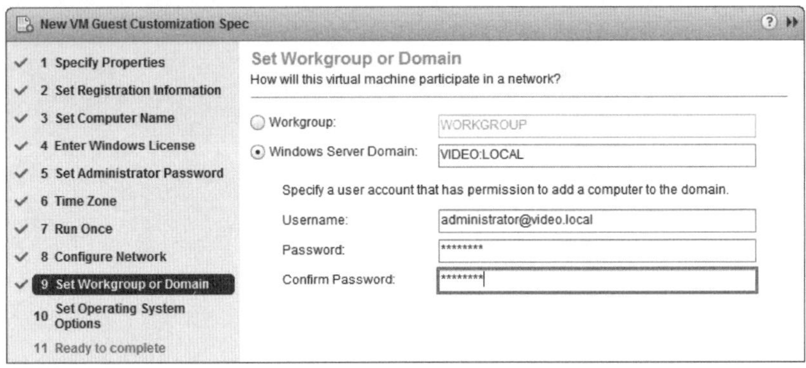

Abbildung 11.129 Einstellungen für die Domänenmitgliedschaft

Im letzten Schritt wird festgelegt, ob bei der Anpassung der VM auch die SID des Systems geändert werden soll. Deswegen machen wir das Ganze ja: Stimmen Sie also zu. Ändern Sie die SID nicht, kann es zu zum Teil abstrusen Fehlern kommen. Sie haben nun ein Anpassungsprofil erstellt, mit dem Sie Windows-Systeme generalisieren können.

Arbeiten Sie auch mit Linux-Systemen, so können Sie auch hier eine passende Anpassung vornehmen. Die Schritte, die Sie dazu durchlaufen müssen, sind aber nicht so zahlreich wie bei der Windows-Anpassung (siehe Abbildung 11.130). Die Eingabe der Zeitzone erfolgt hier anders als zuvor, wobei die Netzwerkparametereinstellung identisch ist.

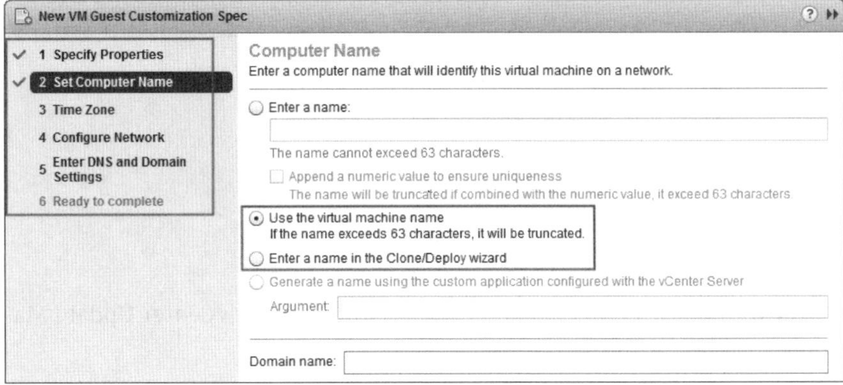

Abbildung 11.130 Namensfestlegung für die neue VM

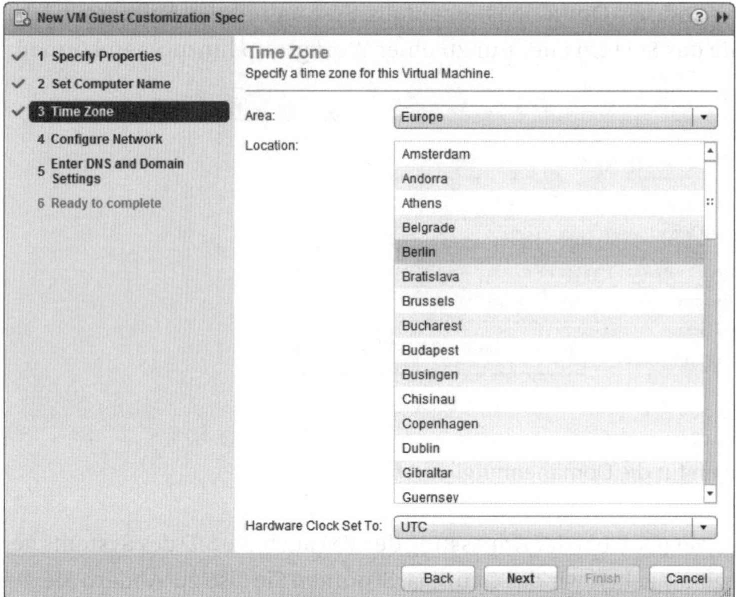

Abbildung 11.131 Zeitzonenfestlegung für die neue VM

Abschließend erwartet Linux die Angabe der DNS-Server, die genutzt werden sollen. Jetzt sind wir auch an dieser Stelle fertig und können nun virtuelle Maschinen mit Windows- und Linux-Betriebssystemen generalisieren.

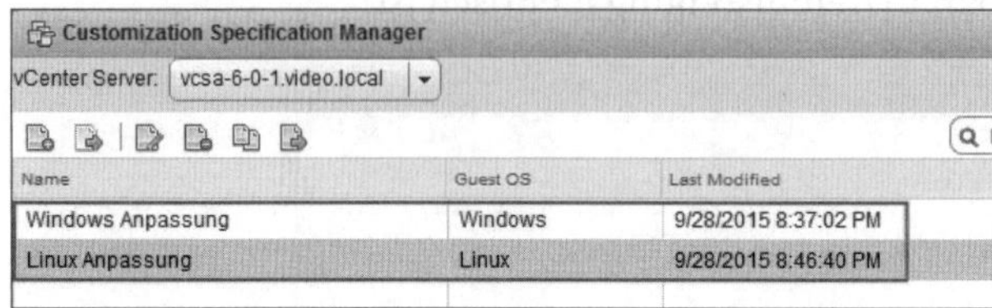

Abbildung 11.132 Anzeige der angelegten Profile

11.17.6 Update Manager

Dem Update Manager widmen wir einen eigenen Abschnitt: 12.1, »Der vCenter Update Manager«.

11.17.7 Customer Experience Improvement

Die Teilnahme am Kundenzufriedenheitsprogramm können Sie über die Auswahl CUSTOMER EXPERIENCE IMPROVEMENT aktivieren. Damit werden VMware Daten zur Nutzerzufriedenheit mit dem Webclient übermittelt.

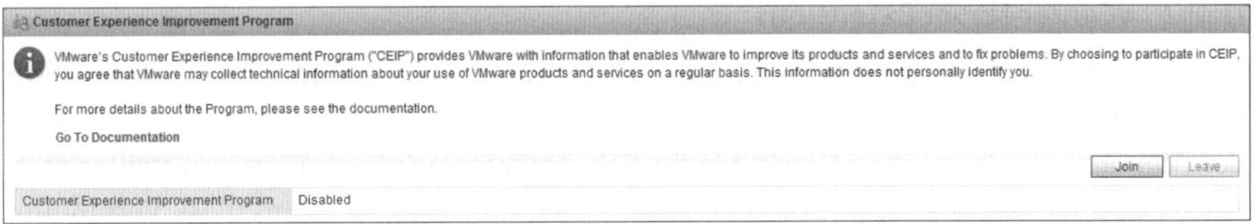

Abbildung 11.133 Beitreten zum Customer Experience Program

11.18 Das Administrationsmenü

In diesem Abschnitt besprechen wir die Menüpunkte aus dem Administrationsbereich der Favoritenleiste, die noch nicht weiter erwähnt worden sind (siehe Abbildung 11.134).

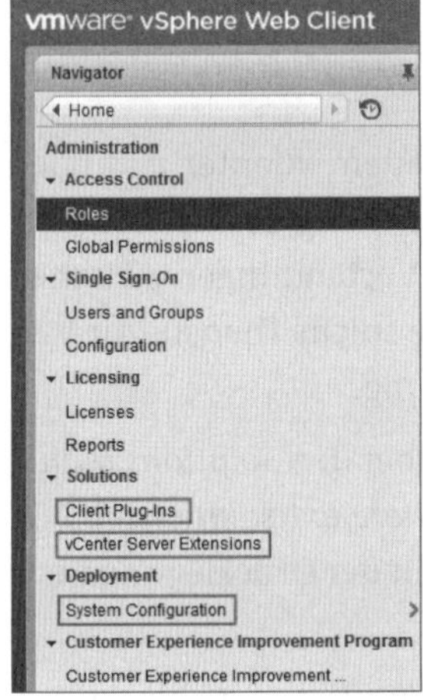

Abbildung 11.134 Noch zu besprechende administrative Menüpunkte

11.18.1 Client Plug-Ins

Das vCenter ist modular aufgebaut und kann durch Plug-Ins erweitert werden. Alle in das vCenter integrierten Plug-Ins können Sie hier finden. Über das Kontextmenü können Sie Dienste aktivieren oder deaktivieren.

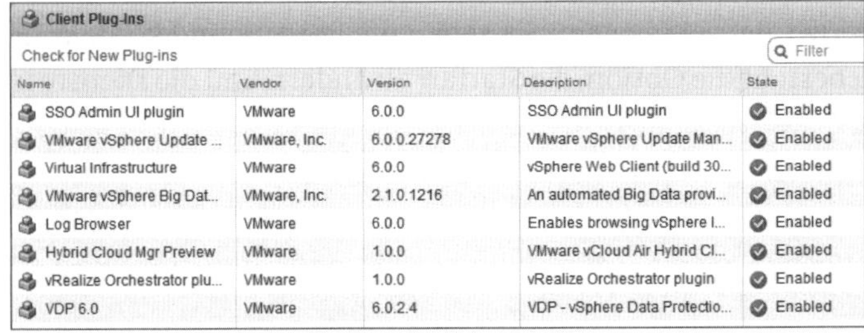

Client Plug-Ins

Check for New Plug-ins

Filter

Name	Vendor	Version	Description	State
SSO Admin UI plugin	VMware	6.0.0	SSO Admin UI plugin	Enabled
VMware vSphere Update ...	VMware, Inc.	6.0.0.27278	VMware vSphere Update Man...	Enabled
Virtual Infrastructure	VMware	6.0.0	vSphere Web Client (build 30...	Enabled
VMware vSphere Big Dat...	VMware, Inc.	2.1.0.1216	An automated Big Data provi...	Enabled
Log Browser	VMware	6.0.0	Enables browsing vSphere l...	Enabled
Hybrid Cloud Mgr Preview	VMware	1.0.0	VMware vCloud Air Hybrid Cl...	Enabled
vRealize Orchestrator plu...	VMware	1.0.0	vRealize Orchestrator plugin	Enabled
VDP 6.0	VMware	6.0.2.4	VDP - vSphere Data Protectio...	Enabled

Abbildung 11.135 Plug-In-Übersicht im vCenter

11.18.2 vCenter Server Extensions

Es ist ja weithin bekannt, dass es die Option gibt, das vCenter um Funktionen zu erweitern. Die Erweiterung, über die wir jetzt sprechen, ist ein zusätzlicher Dienst, wie z. B. der *Replication Manager*. Der installierte Dienst bindet sich direkt in das vCenter ein und stellt weitere Funktionen zur Verfügung. Im *vCenter Server Extensions Manager* wird diese Verbindung von Applikationen mit dem vCenter nun sichtbar.

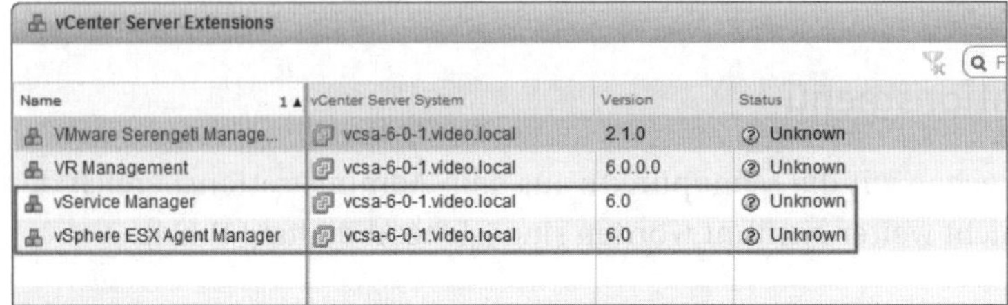

vCenter Server Extensions
Name
vCenter Server System
Version
Status
VMware Serengeti Manage...
vcsa-6-0-1.video.local
2.1.0
Unknown
VR Management
vcsa-6-0-1.video.local
6.0.0.0
Unknown
vService Manager
vcsa-6-0-1.video.local
6.0
Unknown
vSphere ESX Agent Manager
vcsa-6-0-1.video.local
6.0
Unknown

Abbildung 11.136 Standarderweiterung des vCenters

In Abbildung 11.136 sehen Sie die zwei Standard-Solutions, die in jedem vCenter zu finden sind: Das sind der *vSphere ESX Agent Manager*, der sich um das Handling der Host-Agents kümmert, und der *vService Manager*, der für das Management der Verbindungen zwischen einer VM und einer vCenter-Erweiterung zuständig ist. Die VMs, die solche Dienste zur Verfügung stellen, finden Sie durch einen Doppelklick auf die Erweiterung.

Sollten Sie Interesse daran haben, Software zu entwickeln, die sich über den *Solutions Manager* einbinden lässt, so empfehlen wir Ihnen die Dokumentation *vsphere-ext-solutions-51.PDF* von VMware. Eine aktualisierte Version dieses Dokuments lag zur Zeit der Drucklegung noch nicht vor. Sie finden die Datei unter:

http://pubs.vmware.com/vsphere-51/topic/com.vmware.ICbase/PDF/vsphere-ext-solutions-51.pdf

11.18.3 System Configuration

In der SYSTEM CONFIGURATION finden Sie alle gemanagten vCenter der virtuellen Infrastruktur, soweit sie miteinander verbunden sind, und die bereitgestellten Dienste (siehe Abbildung 11.137).

Die Ansicht ähnelt der im Windows-Betriebssystem. Sie sehen die Dienste und können sie starten und stoppen. Weiterhin besteht die Option, die Startart zu ändern und die Dienste in gewissen Grenzen zu editieren.

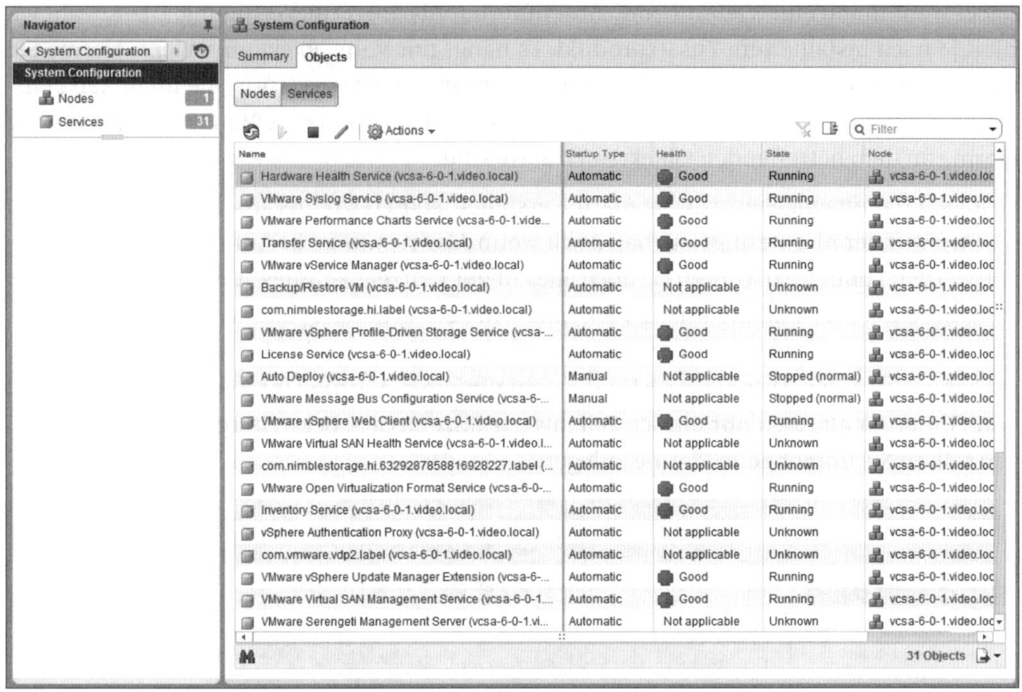

Abbildung 11.137 Diensteübersicht des vCenter Servers

11.19 Einrichten von Alarmen

Abschließend möchten wir in diesem Abschnitt auf die Alarmierungsfunktionen im vCenter-Server eingehen. Beim Vergleich mit der Vorgängerversion fällt auf, dass sich die Anzahl der möglichen Alarme in vCenter 6.x weiter erhöht hat. Des Weiteren besteht auch die Möglichkeit, eigene Alarme zu kreieren und so die Alarmierung an die eigenen Bedürfnisse anzupassen.

Alarme können Sie mit fast jedem Objekt in der Infrastruktur verbinden, als da wären:

- Datacenter
- Cluster
- Host
- Datastore
- Datastore-Cluster
- Distributed Virtual Switch
- Distributed Virtual Switch Portgroup
- Virtual Machine
- vCenter Server

Dabei steht Ihnen eine Vielzahl von vordefinierten Alarmen zur Verfügung. Die Anzahl variiert je nach installiertem Zusatzprodukt. Es hängt nur vom Objekt ab, welche Alarme Sie nutzen können. Unterschieden wird dabei zwischen den DEFINITIONS, die im linken Fensterabschnitt zu sehen sind, und den TRIGGERED ALARMS. Der letzte Punkt zeigt an, welche Alarme an dem betreffenden Objekt auch aktiv sind.

Bevor wir darauf eingehen, wie Sie Alarme erstellen, sollten wir uns anschauen, wie VMware die Struktur der Alarme angelegt hat. Auch wenn Alarme nur an bestimmte Objekte gebunden werden können, so wurden sie doch alle auf der Wurzelebene des vCenters definiert. Das ist auch schön in Abbildung 11.138 zu erkennen. In der mittleren Spalte ist direkt zu sehen, wo ein Alarm definiert wurde. Nur an diesem Definitionsort kann ein einmal definierter Alarm manipuliert werden. Dies gilt auch für die vordefinierten Alarme. Unsere Empfehlung ist, bei vordefinierten Alarmen nur die Schwellenwerte anzupassen. Bei weitergehenden Änderungen sollten Sie immer neue Alarme anlegen.

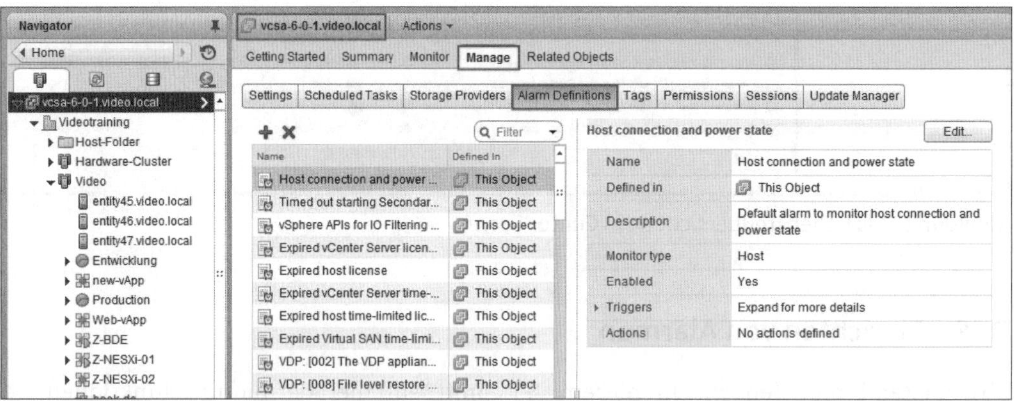

Abbildung 11.138 Alarmdefinitionen im vCenter

Am einfachsten ist es, die Definitionen immer in der vCenter-Wurzel anzulegen und dann passend weiter unten mit den Objekten zu verbinden. Alarme werden erst in der Ansicht TRIGGERED ALARMS sichtbar, wenn sie aktiviert wurden. Neu erstellt werden Alarme über das grüne Pluszeichen oberhalb der ALARM DEFINITIONS-Ansicht. Es öffnet sich ein Dialog, in dem Sie die weiteren Parameter eingeben (siehe Abbildung 11.139). Legen Sie einen neuen Alarm an, sind diverse Grundeinstellungen vorzunehmen.

Neben einem eindeutigen Namen müssen Sie festlegen, für welches Objekt Sie den Alarm generieren. Was soll überwacht werden – ein Ereignis oder bestimmte Zustände? In diesem ersten Fenster können Sie den Alarm auch direkt aktivieren. Jetzt definieren Sie die Zustände, die überwacht werden sollen. Es steht eine lange Liste von Optionen zur Verfügung. Wählen Sie die passende Option aus, und markieren Sie den STATUS, der für den Trigger wichtig ist. Abschließend hinterlegen Sie in diesem Fenster die Konditionen für den Alarm (siehe Abbildung 11.140).

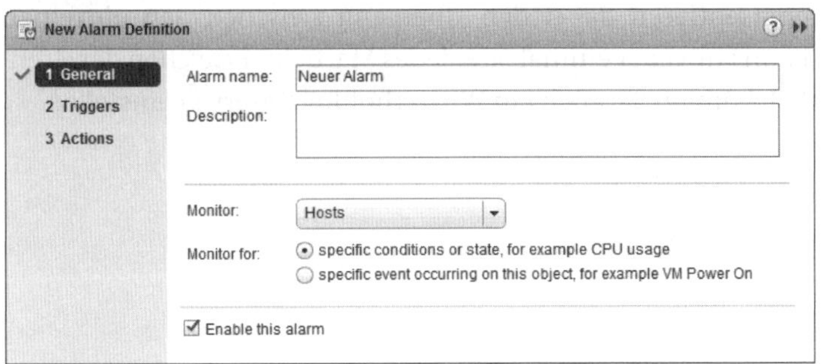

Abbildung 11.139 Grundparameter eines Alarms

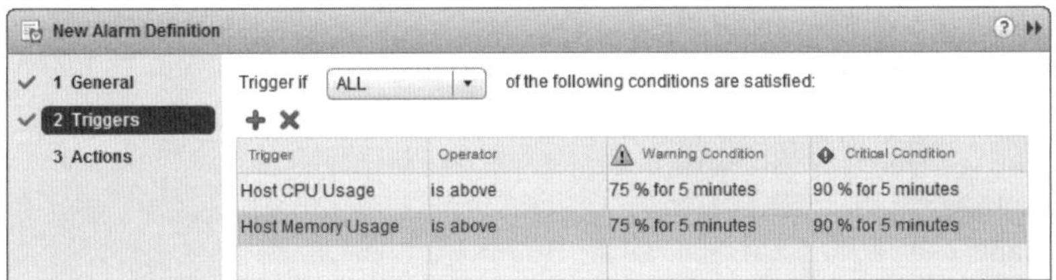

Abbildung 11.140 Trigger des Alarms

Sie können im Alarm auch mehrere Events hinterlegen.

Abschließend wählen Sie im Dropdown-Menü die Aktion, die bei einem Alarm ausgeführt werden soll (siehe Abbildung 11.141).

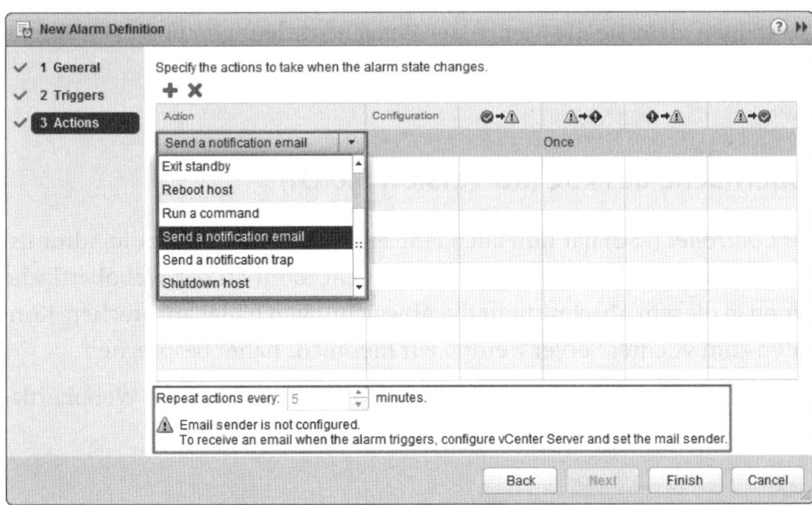

Abbildung 11.141 Parametrierung der Alarmaktion

Je nach Auswahl können Sie unter CONFIGURATION auch noch einen Eintrag vornehmen. In den rechten vier Spalten definieren Sie, bei welchem Statuswechsel die Aktion durchgeführt werden soll. Die Symbole repräsentieren dabei den Übergang zwischen den einzelnen Schwellenwerten. Die Aktion kann entweder einmal oder jedes Mal beim Erreichen der Grenze ausgeführt werden. Zusätzlich können Sie auch ein Wiederholungsintervall einstellen.

Mögliche Alarmaktionen
Enter Maintenance Mode
Exit Maintenance Mode
Enter Standby
Exit Standby
Reboot Host
Shutdown Host
Run Command
Send a notification Email
Send a notification Trap

Tabelle 11.19 Alarmaktionen

Die Alarmfunktion bietet eine Fülle von Möglichkeiten (siehe Tabelle 11.19). Nutzen Sie sie, aber achten Sie darauf, nicht so viele Alarme zu erstellen, dass Ihr Postfach geflutet wird. Die Anzahl sollten Sie so wählen, dass Sie die Menge der Benachrichtigungen noch bewältigen können.

11.20 Die Weboberfläche des PSC (ab Version 6.0 U1)

Der *Platform Services Controller* (PSC) hat nun auch eine eigene Oberfläche für die Administration. Dafür müssen Sie sich nur mit einem gültigen SSO-Account an der Weboberfläche anmelden. Wir möchten in diesem Abschnitt nur die Abweichungen näher ansprechen. Konfigurationsgleichheiten zum vCenter Server werden wir hier nicht näher besprechen.

Wenn Sie sich mit einem SSO-Account angemeldet haben, zeigt sich Ihnen die Weboberfläche aus Abbildung 11.142.

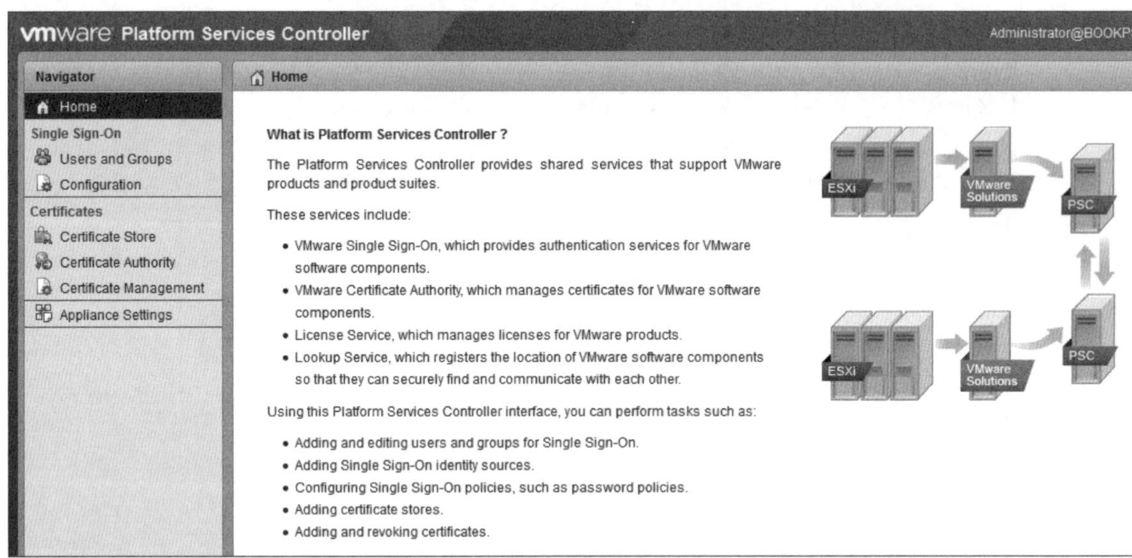

Abbildung 11.142 Die Administrationsoberfläche des PSC

Hier bietet sich eine Reihe von Konfigurationsmöglichkeiten, die wir mit Ihnen der Reihe nach abarbeiten möchten. Beginnen wir mit dem Bereich USERS AND GROUPS (siehe Abbildung 11.143).

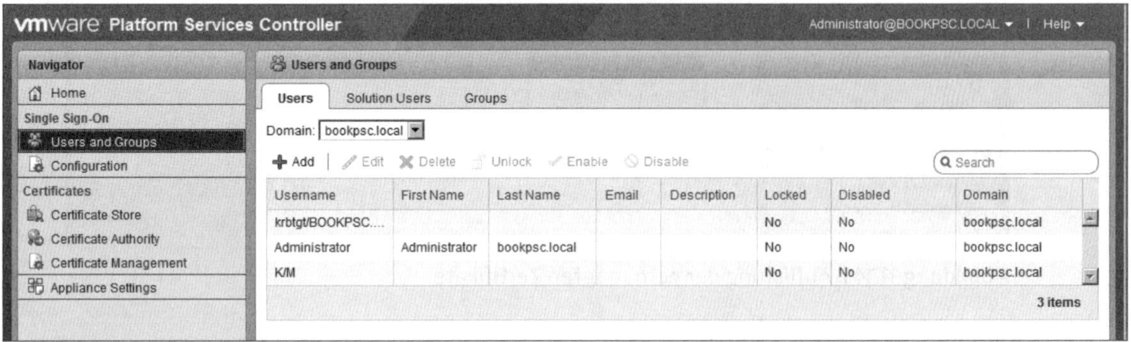

Abbildung 11.143 Festlegen der SSO-Benutzer

Diese Ansicht kennen Sie vermutlich schon, denn sie ist identisch mit der Ansicht beim vCenter Server mit integriertem PSC. Unter dem nächsten Punkt (CONFIGURATION) ist es möglich, die Parametrierung der Richtlinien vorzunehmen (siehe Abbildung 11.144).

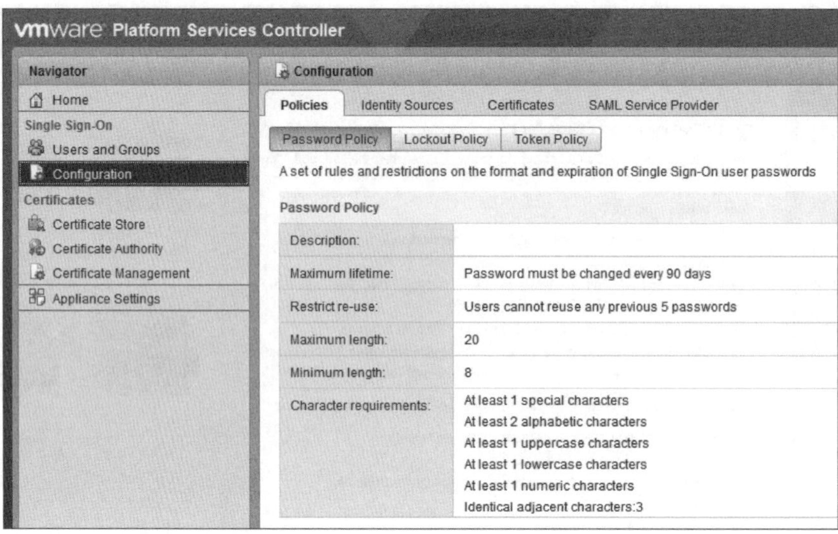

Abbildung 11.144 Festlegung der SSO-Konfiguration

Der nächste Abschnitt beschäftigt sich mit den Zertifikaten (siehe Abbildung 11.145). Hier sehen Sie eine Auftrennung nach den unterschiedlichen Zertifikaten.

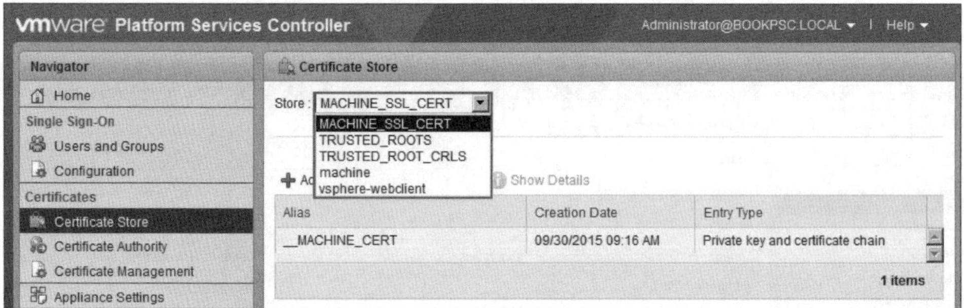

Abbildung 11.145 Auflistung der gemanagten Zertifikate

Mit dem PSC wird ja auch eine eigene CERTIFICATE AUTHORITY installiert. Den zugehörigen Zertifikats-Store können Sie unter dem Punkt CERTIFICATE STORE einsehen (siehe Abbildung 11.146).

An dieser Stelle finden Sie alle Informationen zu den in der gemanagten virtuellen Infrastruktur befindlichen Zertifikaten. Dabei wird zwischen aktiven, abgelehnten und abgelaufenen Zertifikaten unterschieden. Bei allen drei Auswahlpunkten können Sie sich nur die Informationen anzeigen lassen. Eine Manipulation der Zertifikate ist nicht möglich.

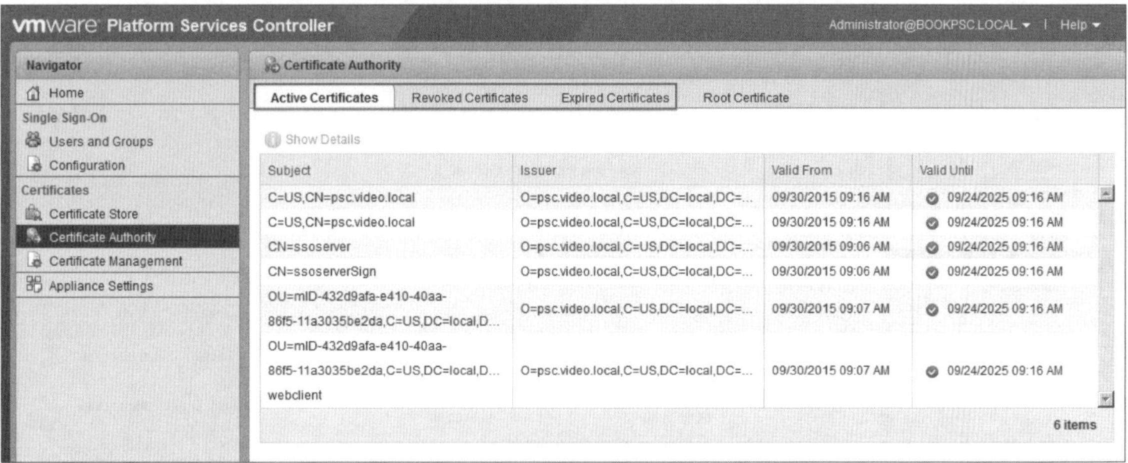

Abbildung 11.146 Diese Zertifikate sind im System vorhanden.

Beim Root Certificate-Reiter ist das hingegen anders (siehe Abbildung 11.147).

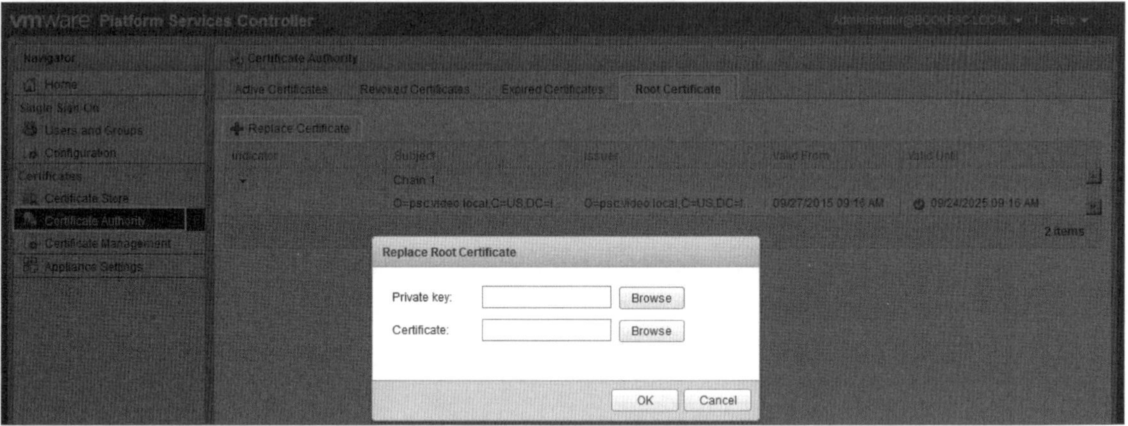

Abbildung 11.147 Austausch des Root-Zertifikats

Hier können Sie das Root-Zertifikat austauschen. Um den Austausch durchzuführen, geben Sie den privaten Schlüssel und das Zertifikat an.

Beim Zertifikatsmanagement (Certificate Management, siehe Abbildung 11.148) muss zuerst eine Verbindung zum zu managenden System hergestellt werden. Mit dem Systemnamen und einem SSO-Administrator wird die Verbindung hergestellt.

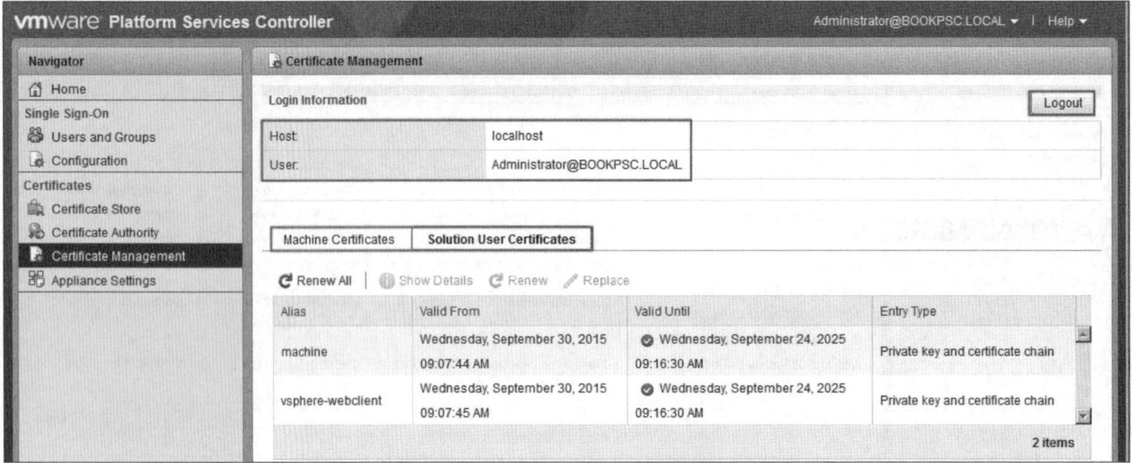

Abbildung 11.148 Die Zertifikate der zu administrierenden Instanz

Alle Zertifikate der angesprochenen Instanz werden jetzt angezeigt, und zwar sowohl das Maschinenzertifikat als auch die Zertifikate für die installierten Lösungen. Über den LOGOUT-Button wird die Verbindung zu dem System wieder gekappt.

Der letzte Auswahlpunkt in der Favoritenleiste sind die APPLIANCE SETTINGS. Hier gibt es zwei Reiter, wobei der erste nur einen Link enthält (siehe Abbildung 11.149).

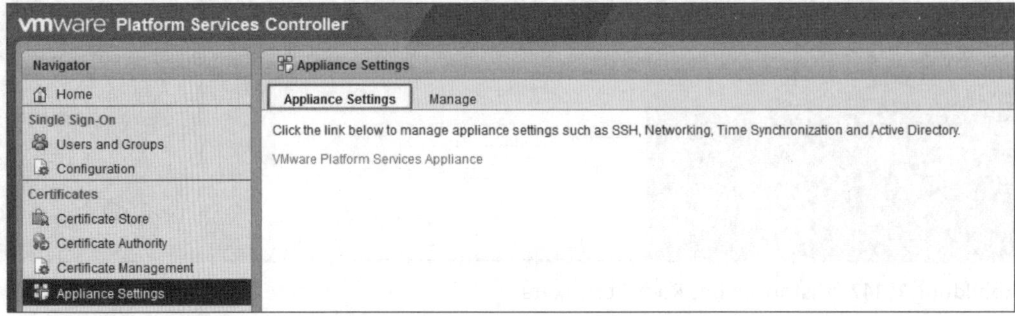

Abbildung 11.149 Aufruf der Management-Webseite

Der Link verweist auf die Management-Webseite des PSC. In diesem Fall ist der PSC als Linux Appliance bereitgestellt worden. Von daher zeigt der Link auf die Seite *https://<IP-Adresse bzw. FQDN PSC>:5480*. Dort müssen Sie sich dann wieder anmelden, um die Konfiguration anpassen zu können.

Beim Punkt MANAGE, der letzten möglichen Einstellung, erfolgt die Einbindung des *PSC* in eine Domäne.

Sie benötigen neben dem Domänennamen noch einen administrativen Account aus der Domäne, der das Recht hat, die Maschine in die Domäne aufzunehmen.

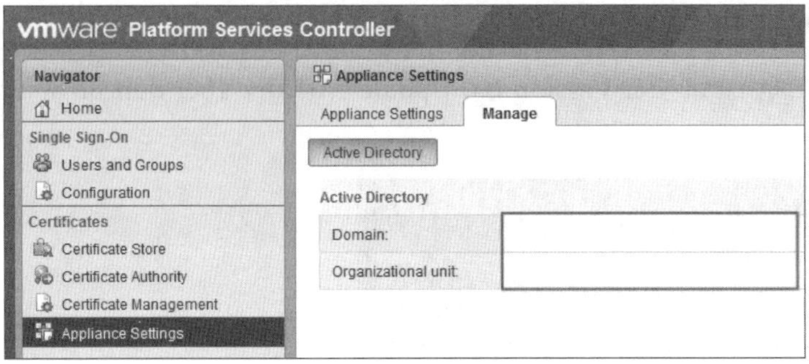

Abbildung 11.150 Einbinden des PSC in eine Domäne

Mit dem Webinterface hat VMware eine attraktive Möglichkeit geschaffen, den PSC zu administrieren – vor allem, weil die Implementierung in HTML5 erfolgt ist.

11.21 VMware vCenter Server Appliance

Ist die *VMware vCenter Server Appliance* (VCSA) importiert, können Sie sie einfach einschalten. Die Konsole stellt sich dann so dar wie in Abbildung 11.151. Sie könnten an dieser Stelle auch die Konfiguration vornehmen. Über den Webbrowser gibt es keine Möglichkeit der Administration.

> **Achtung**
> Das gilt nur für die vCenter Server Appliance 6.0!

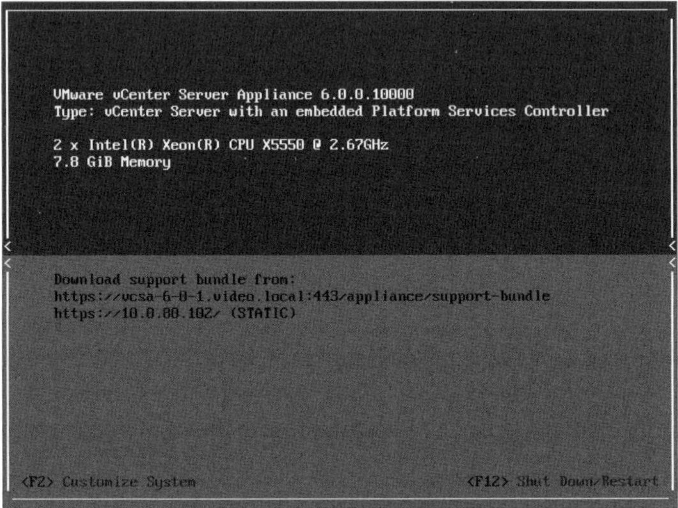

Abbildung 11.151 Konsolenoberfläche der VCSA

11.22 Die Weboberfläche der VCSA (ab Version 6.0 U1)

Eine Administration der VCSA ist ab der Version 6.0 Update 1 wieder über den Browser möglich.

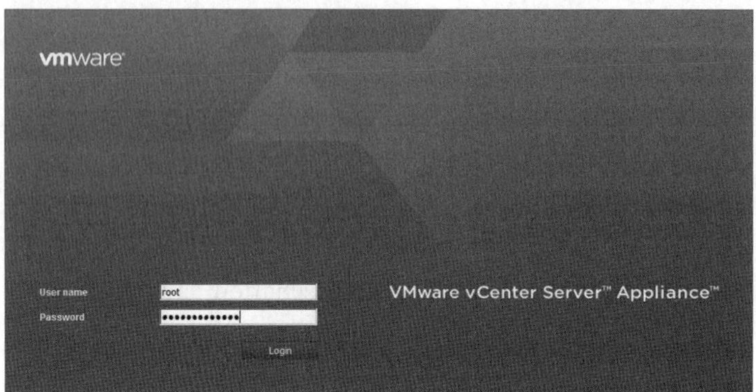

Abbildung 11.152 Anmeldung an der Managementoberfläche der VCSA

Ist die Anmeldung erfolgt (siehe Abbildung 11.152), sehen Sie eine aufgeräumte Oberfläche für das Management der Appliance. Die Oberfläche gliedert sich in zwei Bereiche: Auf der linken Seite steht der Navigator und auf der rechten Seite die Anzeige.

Die Übersicht zeigt Ihnen den allgemeinen Status der Appliance an (siehe Abbildung 11.153).

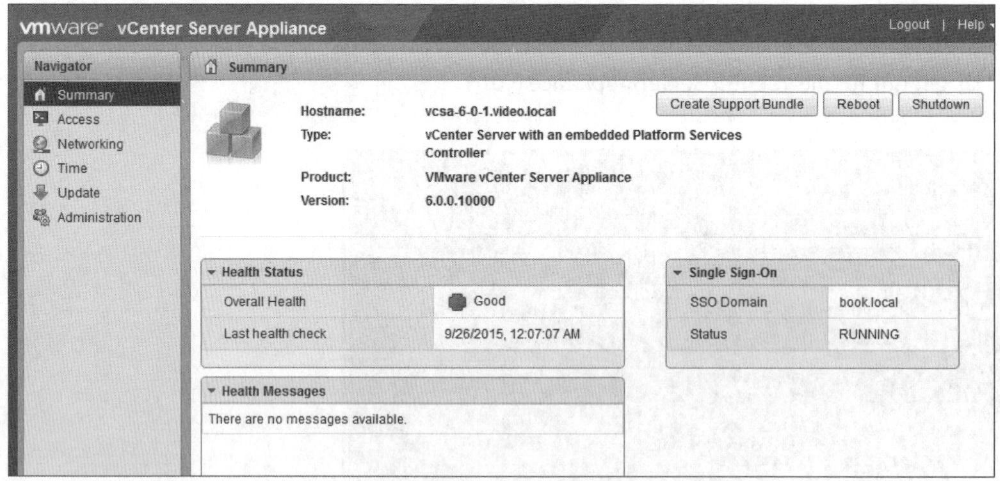

Abbildung 11.153 Statusanzeige der »vCenter Server Appliance«

Des Weiteren können Sie hier ein Support Bundle erstellen lassen oder die Appliance herunterfahren bzw. neu starten.

Hinter ACCESS (siehe Abbildung 11.154) verbirgt sich die Festlegung der Zugriffsmöglichkeiten. Aktivieren Sie hier den SSH-Zugriff oder stellen Sie die Bash-Shell als Standard ein.

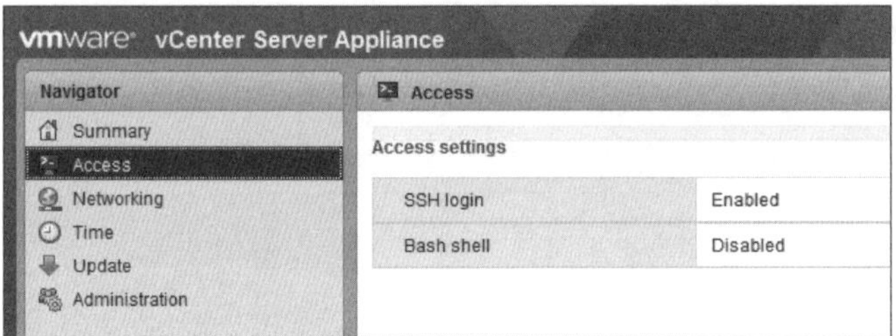

Abbildung 11.154 Einstellen der Zugriffsmöglichkeiten

Der große Block der Netzwerkeinstellungen findet sich hinter der NETWORKING-Auswahl (siehe Abbildung 11.155).

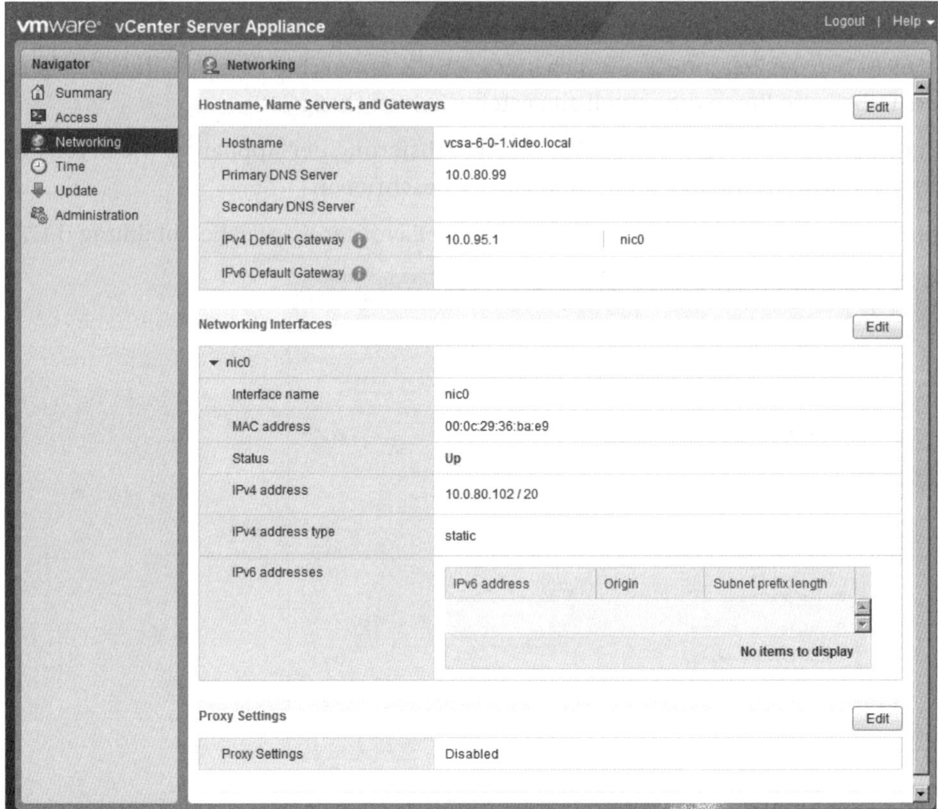

Abbildung 11.155 Die Netzwerkeinstellungen der »vCenter Server Appliance«

Die gesamte Netzwerkkonfiguration kann hier geändert werden. Alle Anpassungen legen Sie hier fest. Neu für Version 6.x ist die Konfiguration von Proxy-Einstellungen. Diese sind erneut notwendig durch die Wiedereinführung des Updates über die Weboberfläche.

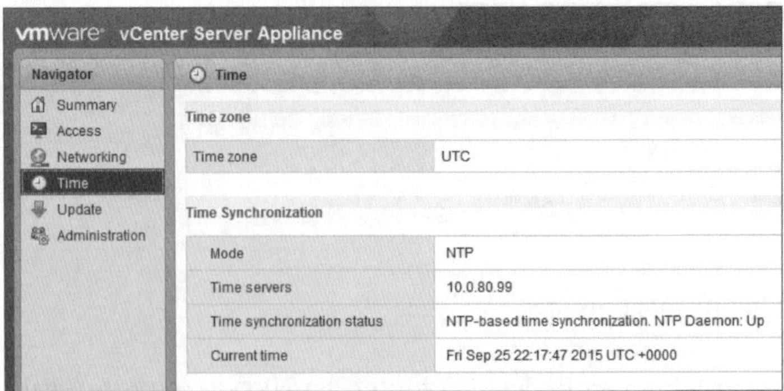

Abbildung 11.156 Einstellungen der Zeit-Sourcen

Auch die Zeiteinstellungen können Sie über die Weboberfläche vornehmen (siehe Abbildung 11.156). Neben der Zeitzone lassen sich hier auch die unterschiedlichen Zeitquellen konfigurieren. Dabei wird Ihnen die aktuell eingestellte Zeit angezeigt.

Hinter der Auswahl UPDATE verbirgt sich die Aktualisierung der Appliance, wie bereits in Abschnitt 5.4, »VMware vCenter Server Appliance«, beschrieben.

Die Administration ist der letzte Auswahlpunkt in der Favoritenliste (siehe Abbildung 11.157).

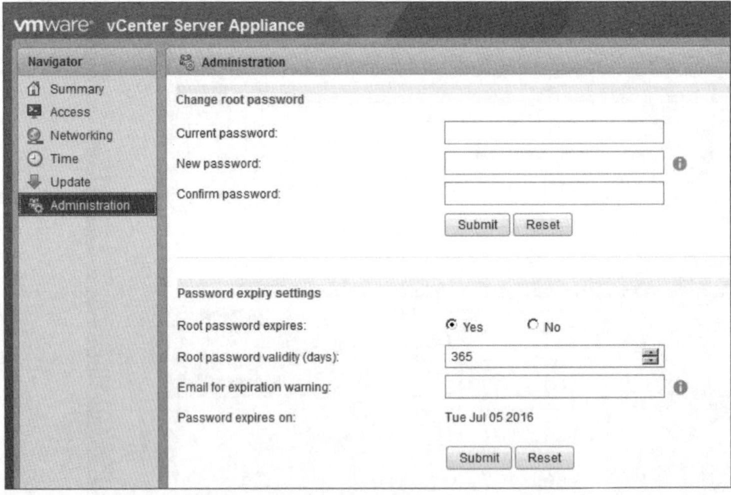

Abbildung 11.157 Administration der VCSA

Die unterste Auswahl betrifft nur die Sicherheit des Systems. Es folgt die Festlegung bzw. Änderung des Passworts und die Definition der Passwortregeln für die Komplexität und das Verfallsdatum der Angaben.

Die Wiederauferstehung des Webmanagements der Appliance gefällt uns sehr gut, und sie ist auch gut realisiert. Da hier HTML5 zum Einsatz kommt, wird kein Flash benötigt. Die Umgewöhnung ist daher nicht so groß für alle diejenigen, die noch mit Version 5.5 arbeiten.

Kapitel 12
Konfiguration von vCenter-Add-ons

In Kapitel 11 haben wir uns mit der Konfiguration des vCenters und des Hosts beschäftigt. In diesem Kapitel gehen wir näher auf die Konfiguration der vCenter-Add-ons ein.

Autor dieses Kapitels ist Bertram Wöhrmann, Ligarion
bwoehrmann@ligarion.de

In Kapitel 11 lag der Schwerpunkt auf den Basisfunktionen des vCenter Servers. Jetzt kommen wir zu zusätzlichen Optionen, die Ihnen als Administrator das Leben sehr erleichtern.

So besteht die Möglichkeit, mit dem *vCenter Update Manager* Host-Systeme zu patchen. Danach beschäftigen wir uns mit der Verlinkung von vCenter-Servern, bevor wir uns mit der Funktionalität des *vSphere Management Assistants* auseinandersetzen. Die Beschreibung der Konfiguration von Log- und Dump-Files folgt in Abschnitt 12.4. Das Management von VMware-fremden Hypervisoren findet sich im Abschnitt 12.5. *Das vCenter Host Gateway*. Der *Authentication Service* steht als Nächstes auf der Liste. Einen recht großen Abschnitt werden in den Abschnitten 12.7 und 12.8 die Installationsfunktionen für Hosts einnehmen. Die Konfiguration der vSphere Replication Appliance findet sich unter 12.9, gefolgt von den *Big Data Extensions* und *vSphere App HA*. Der *VMware Converter* wird zwar nicht mehr direkt ins vCenter eingebunden, aber dennoch soll er hier nicht fehlen.

12.1 Der vCenter Update Manager

Der *VMware vCenter Update Manager* ist ein eigenständiges kostenloses Produkt zur Aktualisierung der VMware-Hosts. Das Patchen von virtuellen Maschinen beinhaltet nur die Aktualisierung der virtuellen Hardware und der VMware Tools. Beispielsweise zum Patchen von Client-Betriebssystemen müssen Sie eigene Mechanismen oder den *VMware Configuration Manager* einsetzen bzw. Software von Drittherstellern verwenden.

Achtung
Für diese Auflage hatten wir vor, alle Anleitungen im Buch auf die Nutzung des *vSphere Web Client* umzustellen. An dieser Stelle ist das aber nur bedingt möglich. **(Das gilt nur für die Version 6.0!)**

Wir werden die Konfiguration komplett mit dem Web Client durchführen, was aber die Version 6.0 Update 1 voraussetzt.

Der Update Manager wird nicht während der Installation des *VMware vCenter Servers* installiert. Wie wir bereits in Kapitel 5, »Installation«, beschrieben haben, installiert sich der Update Manager separat und wird später als Plug-in im vCenter sowie in den zugehörigen Clients hinzugefügt. Selbstverständlich kann der Update Manager auch mit der *vCenter Server Appliance* genutzt werden.

In diesem Abschnitt werden wir näher auf den VMware Update Manager eingehen und alle dabei wichtigen Punkte und Themen behandeln.

Exemplarisch zeigen wir Ihnen die vorbereitenden Arbeiten, die Sie durchführen müssen, um die Software effektiv nutzen zu können. Beachten Sie bitte dabei, dass die Anwendung von Updates auf die ESXi-Hosts nicht mehr nur unter HOSTS AND CLUSTERS durchgeführt werden muss. Jeder Host kann nun auch direkt in seiner Ansicht gepatcht werden.

12.1.1 Installation

Die Installation des Update Managers haben wir ausführlich in Kapitel 5, »Installation«, beschrieben.

Das Plug-in

Der Umgang mit Plug-ins hat sich mit dem Web Client etwas geändert. Nach der Installation des Update Managers ist es nicht mehr notwendig, das Plug-in zu installieren; es bindet sich automatisch im Web Client ein. Sollten Sie das Plug-in nicht sehen, so können Sie nach dem Tool suchen, und zwar im Bereich FAVORITEN • ADMINISTRATION • SOLUTIONS • CLIENT PLUG-INS.

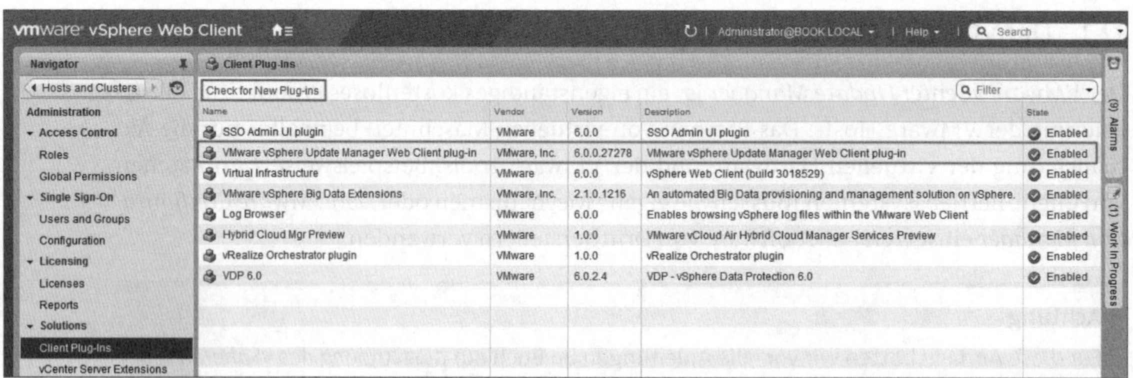

Abbildung 12.1 Das Update-Manager-Plug-in

Für die Konfiguration des Serverparts haben Sie zwei Einstiegsmöglichkeiten: entweder über die Favoriten oder über die Homepage (siehe Abbildung 12.2).

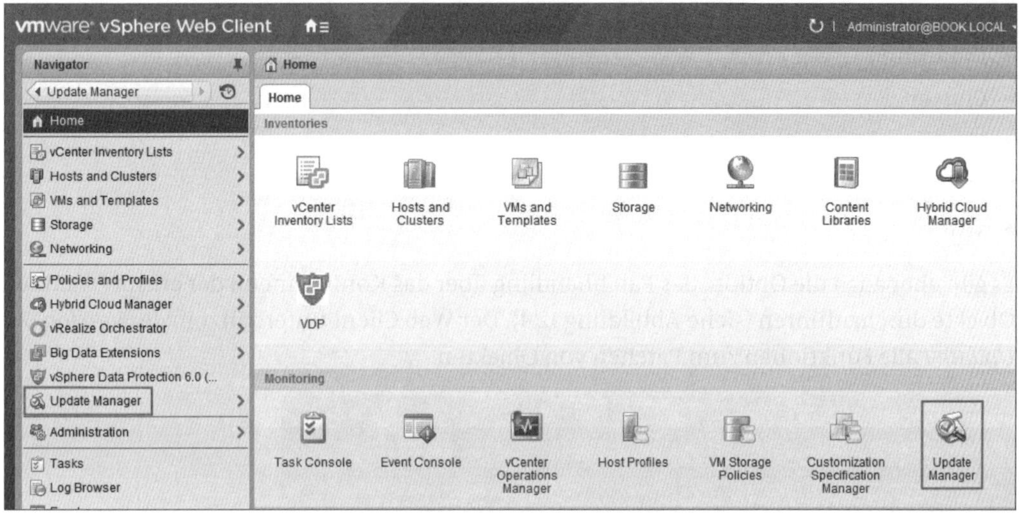

Abbildung 12.2 Einstiegspunkte zur Konfiguration des Update Managers

Damit ist die Installation des Update Managers abgeschlossen, und er ist nun bereit zur Konfiguration. Über den Button UPDATE MANAGER gelangen Sie in das Hauptfenster des Update Managers (siehe Abbildung 12.3).

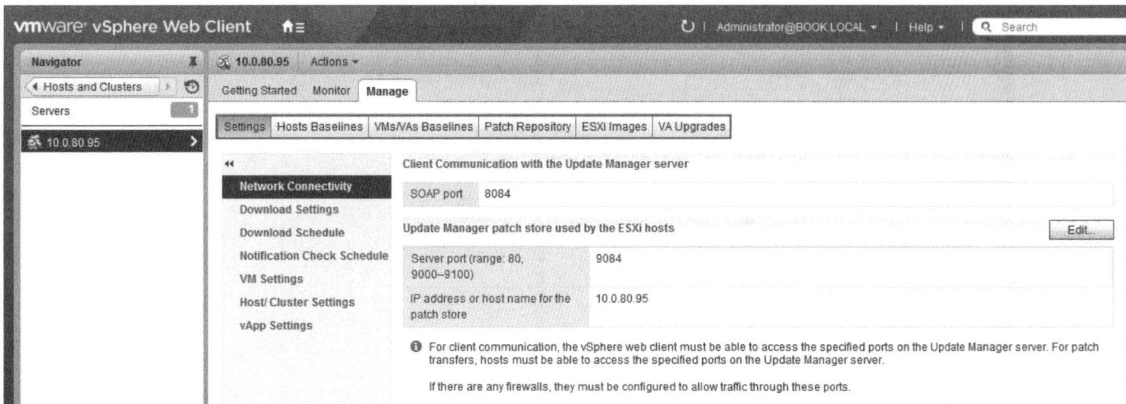

Abbildung 12.3 Konfiguration des Update Managers

Dort wählen Sie zunächst den Update-Manager-Server aus, den Sie administrieren möchten, und klicken dann den MANAGE-Reiter an, um die administrativen Arbeiten durchführen zu können. Hier gibt es sieben Auswahlpunkte, die wir mit Ihnen später durchgehen möchten, beginnend mit der NETWORK CONNECTIVITY.

Elemente des Update Managers finden sich unter dem MANAGE-Reiter einiger Objekte im Client. Dazu gehören:

- vCenter
- Datacenter
- Cluster
- Host
- Ordner
- VM

Es gibt aber auch die Option, das Patchhandling über das Kontextmenü der entsprechenden Objekte durchzuführen (siehe Abbildung 12.4). Der Web Client unterstützt in der *Version 6.0 Update 1* alle Funktionen zum Patchen von Objekten.

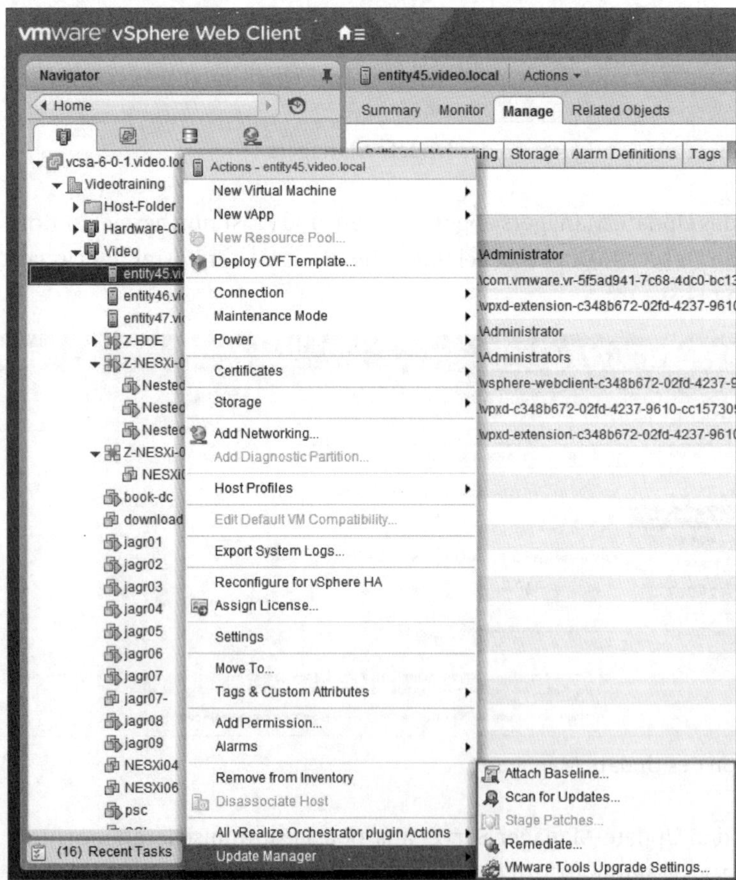

Abbildung 12.4 Kontextmenü fürs Patchen

12.1.2 Konfiguration

Als Erstes müssen Sie den Update Manager konfigurieren. Das Managementfenster hat sechs Reiter: SETTINGS, HOST BASELINES, VMS/VAS BASELINES PATCH REPOSITORY, ESXI IMAGES und VA UPGRADES (siehe Abbildung 12.5).

Wir beginnen mit den Einstellungen (Reiter SETTINGS) für den Update Manager, die Sie auf der linken Seite der Abbildung sehen.

Netzwerkkonfiguration

Über den Link NETWORK CONNECTIVITY gelangen Sie in das Konfigurationsfenster, in dem Sie die Kommunikations-Ports der Applikation einstellen.

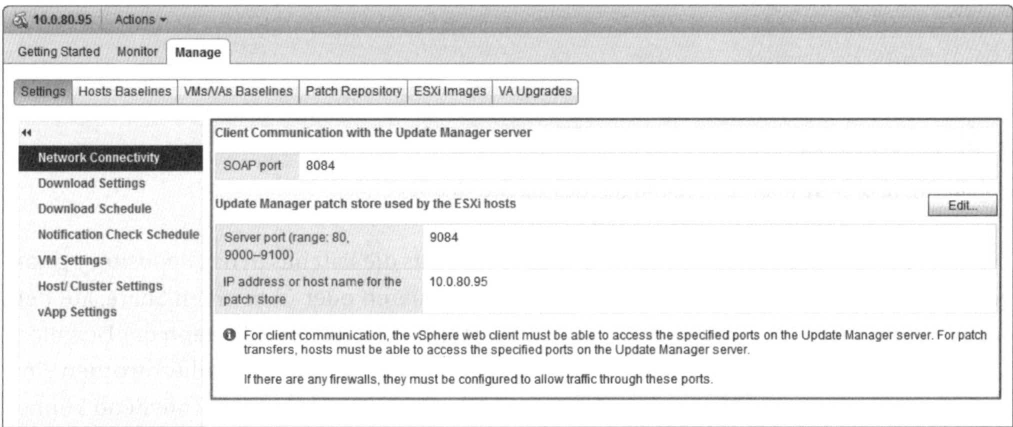

Abbildung 12.5 Netzwerkkonfiguration des Update Manangers

Dabei handelt es sich um die Verbindung von Client und Applikation und um den Port für den Zugriff auf das Patch-Repository sowie um die Ziel-IP-Adresse oder den DNS-Namen des Repositorys.

Wir empfehlen immer die Standard-Ports beizubehalten, soweit das geht. Die Ports lassen sich hier zwar leicht ändern, aber die benötigten weiteren Kommunikationspartner müssen ja auch noch anpassen.

Download-Einstellungen

Im Konfigurationsabschnitt DOWNLOAD SETTINGS konfigurieren Sie das Netzwerk der Server-Komponente. Bereiten Sie den Server dafür vor, die gewünschten Patches in das Repository zu laden (siehe Abbildung 12.6). An dieser Stelle ist es wichtig, dass genügend Speicherplatz auf der Festplatte vorhanden ist, auf der das Repository liegt (siehe auch Kapitel 5, »Installation«).

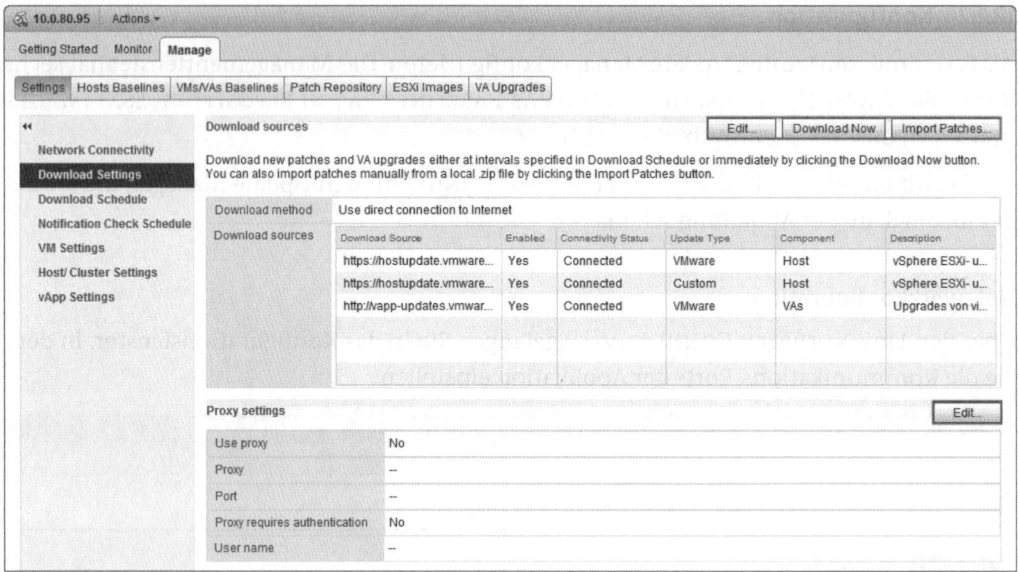

Abbildung 12.6 Download-Einstellungen des Update Managers

Die erste Einstellung betrifft die Festlegung, von wo aus die Patches in das Repository gelangen. Das kann entweder direkt aus dem Internet passieren oder über einen Share, auf dem vorhandene Patches abgelegt worden sind. Das ist in der Regel der Fall, wenn der Download Manager und der Update Manager auf zwei getrennten Maschinen installiert worden sind. So kann der Download Manager die Patches aus dem Internet laden. Anschließend können die Patches im Update Manager importiert werden.

Selbstverständlich können Sie die Quellen, von denen Patches geladen werden, weiter durch eigene Quellen ergänzen.

In dem Dialog aus Abbildung 12.6 sind noch drei Bereiche zu besprechen:

- Mit dem Button Download Now kann das Herunterladen augenblicklich gestartet werden.
- Möchten Sie z. B. Treiber oder zusätzliche Software von dem Hersteller Ihrer Serverhardware einbinden, ist der Button Import Patches der passende Auswahlpunkt. Hier müssen Sie dann ein ZIP-File angeben, das die passenden VIB-Files enthält. So können Sie dann den Update Manager nutzen, um herstellerspezifische Softwarekomponenten in VMware zu integrieren.
- Der untere Bereich im mittleren Anzeigefenster betrifft den Zugang zum Internet für den Download. Falls Sie Proxy-Einstellungen nutzen müssen, lassen die sich hier eintragen.

Für beide Einstellungsbereiche gelangen Sie über den jeweiligen Edit-Button in die passenden Eingabemasken.

Download-Zeitplaner

Der Update Manager enthält einen Zeitplaner für das Herunterladen von Patches. Dieser Prozess lässt sich in dem Fenster DOWNLOAD SCHEDULE automatisieren. Nach dem Aufruf werden Ihnen wie in Abbildung 12.7 die derzeitig gültigen Einstellungen gezeigt.

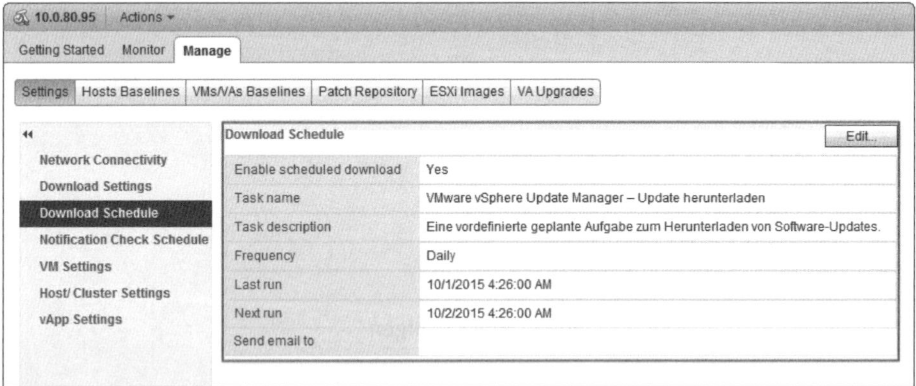

Abbildung 12.7 Der Download-Zeitplaner des Update Managers

Möchten Sie den Job anpassen, öffnen Sie über den Button EDIT eine Dialogbox zum Einstellen der Parameter (siehe Abbildung 12.8).

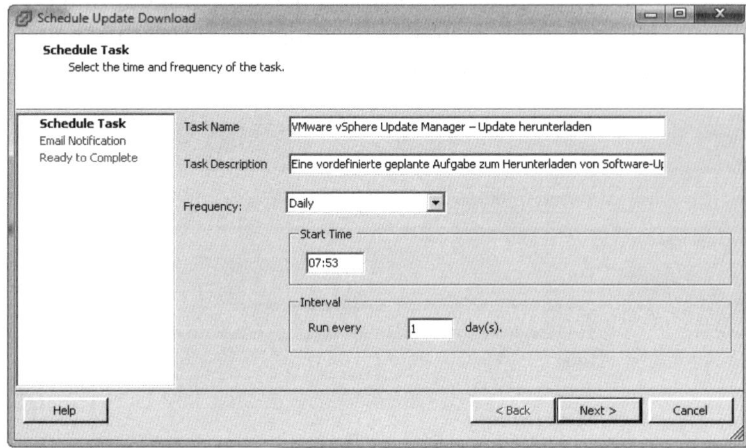

Abbildung 12.8 Parametrierung des Download-Tasks

An sich ist das Fenster selbsterklärend. Je nach ausgewählter Download-Frequenz ergeben sich unterschiedliche Konfigurationsoptionen (siehe Abbildung 12.9). Zur Verfügung stehen die Download-Frequenzen ONCE, HOURLY, DAILY, WEEKLY und MONTHLY. Die Frequenz des Downloads sollten Sie davon abhängig machen, welche Systeme gepatcht werden sollen. Wir sind der Meinung, dass der Wochenrhythmus empfehlenswert ist. Ein stündlicher oder täglicher Rhythmus scheint nicht sonderlich sinnvoll zu sein. Aber auch hier spielen die Sicherheitsrichtlinien im Unternehmen eine große Rolle.

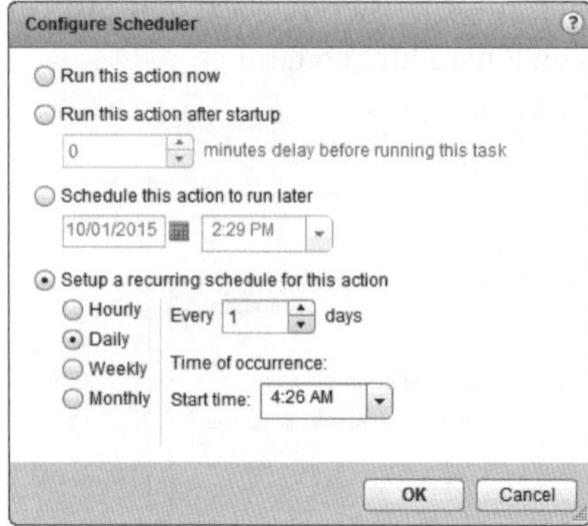

Abbildung 12.9 Die standardmäßigen Scheduler-Einstellungen

Ist der Job eingerichtet, besteht noch die Möglichkeit, eine E-Mail-Adresse anzugeben, die den Administrator benachrichtigt, wenn neue Patches heruntergeladen wurden.

Benachrichtigungsintervall

Unter Notification Check Schedule konfigurieren Sie das Benachrichtigungsintervall (siehe Abbildung 12.10). Wie oft soll das System nach Benachrichtigungen Ausschau halten, damit Sie immer rechtzeitig über neue Patches informiert sind?

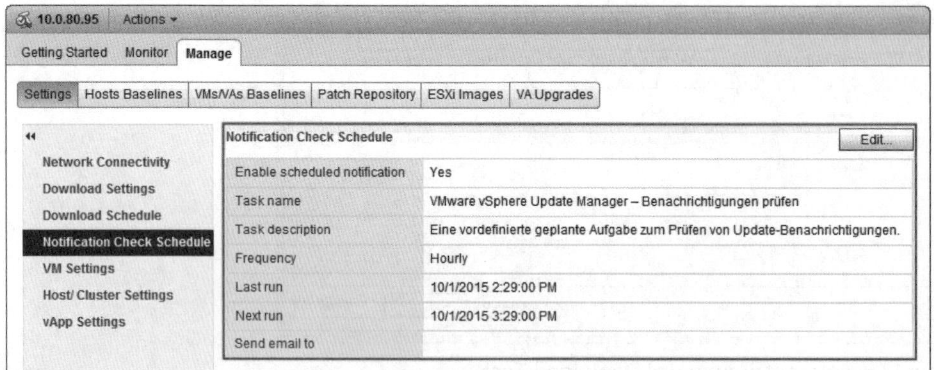

Abbildung 12.10 Die Voreinstellungen für Benachrichtigungen

Hier ist das Zeitintervall kürzer als beim Download-Intervall.

Gast-Einstellungen

Eine sehr interessante Option geben Ihnen die VM Settings an die Hand: Sie können die Patch-Arbeiten mit Unterstützung der Snapshot-Funktionalität durchführen (siehe Abbildung 12.11). Wie funktioniert das Ganze? Bevor der Patch-Vorgang im Gast angestoßen wird, initiiert der Update Manager einen Snapshot. Ist der Snapshot erstellt, werden die Patch-Arbeiten durchgeführt.

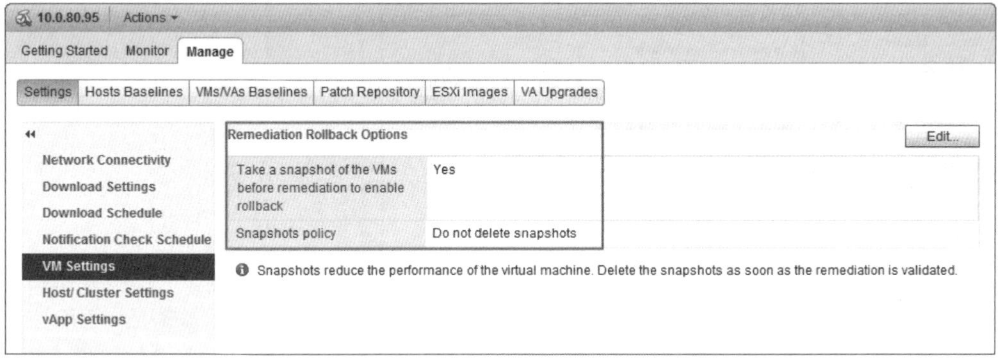

Abbildung 12.11 Einstellungen für den Gast

Im Konfigurationsfenster können Sie nun einstellen, was mit dem Snapshot passieren soll: Entweder wird er angelegt und bleibt weiter aktiv, oder Sie geben ein Zeitfenster vor, nach dem er zurückgeschrieben wird. Ist das Zeitfenster optimal gewählt, dann bleibt genug Zeit, um den Gast und seine Applikation zu testen und zu entscheiden, ob das Patchen erfolgreich war oder ob der Ursprungszustand wiederhergestellt werden muss.

ESX-Host-/Cluster-Einstellungen

Das Verhalten des Hosts beim Patchen parametrieren Sie unter Host/Cluster Settings (siehe Abbildung 12.12). Startet der Patch-Vorgang für einen Host, wird als Erstes versucht, den vSphere-Host in den Maintenance-Modus zu versetzen. Ist das nicht möglich, kommen die Einstellungen zum Tragen, die in diesem Fenster vorgegeben wurden.

Als Erstes legen Sie fest, was mit laufenden virtuellen Maschinen passieren soll. Die Möglichkeiten sind, die virtuellen Maschinen unverändert zu lassen (Do not change VM Power state), sie in den Suspend-Modus zu versetzen (Suspend virtual Machines) oder sie herunterzufahren (Power off virtual Machines); in den beiden letzten Fällen wird danach erneut versucht, den Host zu patchen.

Eine wichtige Funktion ist, entfernbare Geräte, die ein vMotion verhindern, temporär zu deaktivieren, damit die Arbeiten durchgeführt werden können.

Für den Fall, dass der Host nicht in den Maintenance-Modus versetzt werden kann, konfigurieren Sie das Wiederholintervall in Stunden oder Minuten und die Anzahl der Wiederholungen.

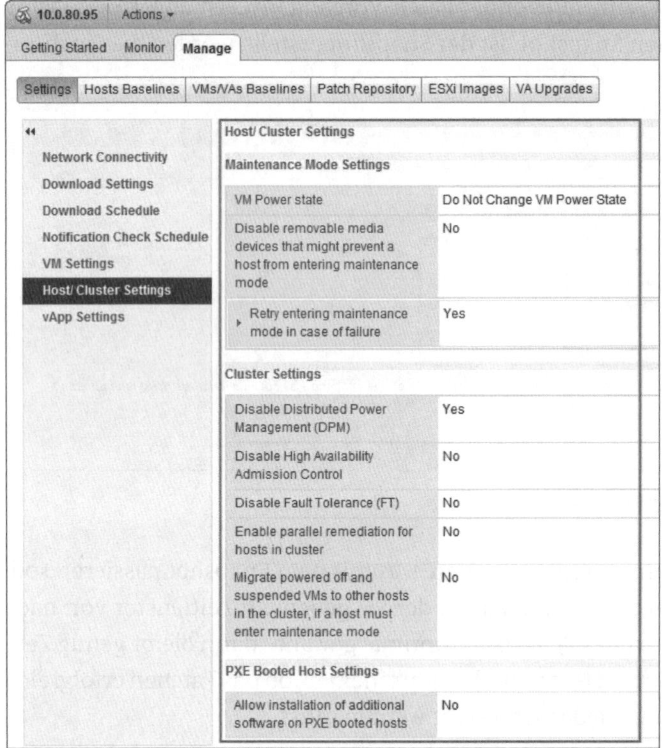

Abbildung 12.12 Konfiguration des Hosts im Update Manager

Es folgen die Einstellungen für Cluster, mit denen Sie vorgeben, welche Funktionen für den Patch-Zeitraum im Cluster deaktiviert werden. Dazu zählen *Distributed Power Management*, *High Availability Admission Control* und *Fault Tolerance*. Das Verhalten von ausgeschalteten virtuellen Maschinen im Suspend-Modus können Sie genauso bestimmen wie das parallele Einspielen von Patches. Zusätzliche Software kann auch auf den Hosts eingespielt werden, aber nur auf solchen, die per PXE gebootet werden.

vApp-Konfiguration

Im Konfigurationsabschnitt vAPP SETTINGS bestimmen Sie, wie sich eine vApp nach dem Patchen verhält (siehe Abbildung 12.13).

Ist die Option ENABLE SMART REBOOT AFTER REMEDIATION aktiviert, sorgt der Update Manager dafür, dass alle von einer vApp betroffenen Appliances und VMs selektiv neu gestartet werden. Damit erreichen Sie, dass die Abhängigkeiten der Systeme untereinander eingehalten werden. Deaktivieren Sie diese Option, bleiben die Abhängigkeiten der VMs untereinander unberücksichtigt, und die VMs werden in der Reihenfolge des Patchens neu gestartet. Das kann abschließend aber dazu führen, dass die vApp nicht funktioniert, weil die Boot-Reihenfolge nicht eingehalten wurde.

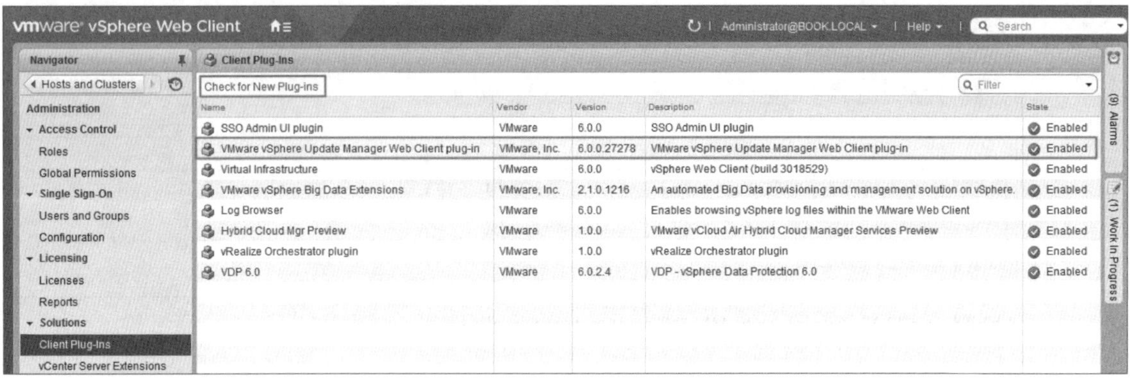

Abbildung 12.13 Das Verhalten einer vApp im Update Manager konfigurieren

12.1.3 Host-Baselines

In diesem und den folgenden Abschnitten besprechen wir die übrigen Reiter auf der MANAGE-Seite des Update Managers (siehe Abbildung 12.14, oben). Wir beginnen mit HOSTS BASELINES.

Host-Baselines sind die Elemente, die Sie neben Baseline-Gruppen mit Objekten verbinden können. Die Host-Baselines enthalten Patches oder Gruppen von Patchen. Wie das Ganze erstellt wird, lesen Sie in Abschnitt 12.1.10. In Baseline-Gruppen können Host-Baselines zusammengefasst werden. Eine Übersicht über beide Elemente finden Sie in Abbildung 12.14.

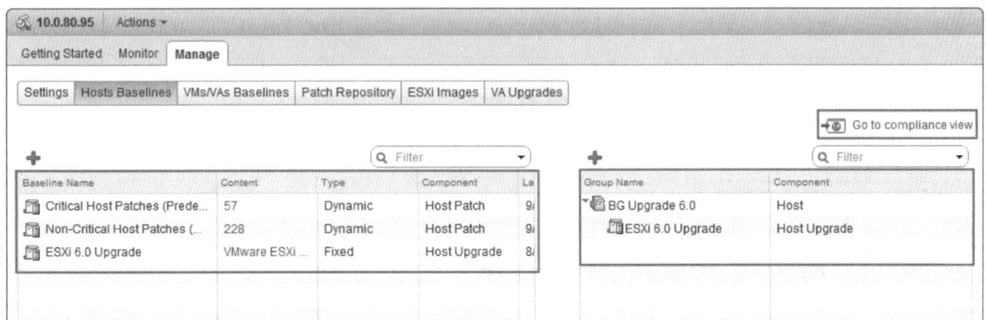

Abbildung 12.14 Ansicht der hostbasierten Baselines

In der Übersicht gibt es einen zusätzlichen Link, über den man direkt zur Compliance-Ansicht wechseln kann.

12.1.4 VMs/VAs Baselines

Gleiches gilt für die Ansicht VMs/VAs BASELINES. Der einzige Unterschied ist, dass in dieser Ansicht nur Elemente angezeigt werden, die mit virtuellen Maschinen und Appliances zu tun haben (siehe Abbildung 12.15).

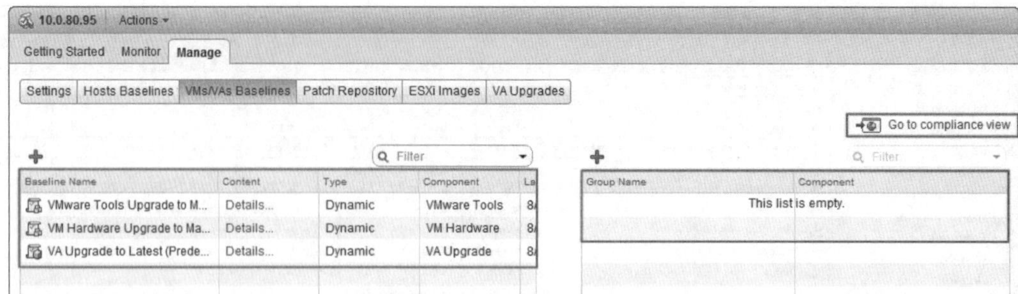

Abbildung 12.15 Ansicht der VM/VA-basierten Baselines

Der Link zur Compliance-Ansicht verzweigt an dieselbe Stelle wie bei den Host-Baselines, nämlich zum UPDATE MANAGER-Reiter auf dem vCenter Server.

12.1.5 Patch Repository

Alle Patches sehen Sie in der Anzeige PATCH REPOSITORY, und das mit verschiedenen zusätzlichen Informationen (siehe Abbildung 12.16). So wird hier z. B. die Wichtigkeit angegeben oder für welche Version die einzelnen Patches sind und wann sie erschienen sind. Über das Kontextmenü können Sie sich die Eigenschaften eines Patches anzeigen lassen. Interessant ist auch die Information, welche weitergehenden Aktionen beim Einspielen dieser Patches notwendig sind.

10.0.80.95 Actions

Getting Started | Monitor | Manage

Settings | Hosts Baselines | VMs/VAs Baselines | Patch Repository | ESXi Images | VA Upgrades

Patch Repository

Go to compliance view

Import Patches... | Add to baseline... | Show patch details... | Filter

Patch Name	Product	Release Date	Type	Severity	Category	Impact	Vendor	Patch ID
Cisco Nexus 10...	embeddedEsx 5....	3/20/2013 5:59:0...	Host Extension	Important	Enhancement	Maintenance Mo...	Cisco Systems, I...	VEM510-201210...
Cisco Nexus 10...	embeddedEsx 5....	2/20/2013 12:17:...	Host Extension	Important	BugFix	Maintenance Mo...	Cisco Systems, I...	VEM510-201212...
Cisco Nexus 10...	embeddedEsx 5....	1/21/2013 11:26:...	Host Extension	Important	Enhancement	Maintenance Mo...	Cisco Systems, I...	VEM510-201301...
Cisco Nexus 10...	embeddedEsx 5....	6/20/2013 3:58:1...	Host Extension	Important	Enhancement	Maintenance Mo...	Cisco Systems, I...	VEM510-201306...
Cisco Nexus 10...	embeddedEsx 5....	9/29/2013 3:57:0...	Host Extension	Important	BugFix	Maintenance Mo...	Cisco Systems, I...	VEM510-201309...

Abbildung 12.16 Patch-Repository des Update Managers

Die Möglichkeiten reichen von keiner zusätzlichen Aktion über einen Reboot und den Wechsel in den Maintenance-Modus über einen Reboot und den Wechsel in den Maintenance-Modus bis zum Restart des *hostd*-Dienstes. Sie können hier jeden Patch direkt zu einer Baseline hinzufügen. Diese wiederum kann dann zum Patchen genutzt werden.

12.1.6 ESXi Images

Haben Sie im vorhergehenden Reiter die Patches gesehen, werden im Reiter ESXi IMAGES alle ESXi-Images angezeigt, die im System zu finden sind (siehe Abbildung 12.17). Dabei ist die Anzeige zweigeteilt. Im oberen Teil finden Sie das importierte Installations-Image und im unteren Teil die enthaltenen Softwarepakete und Treiber.

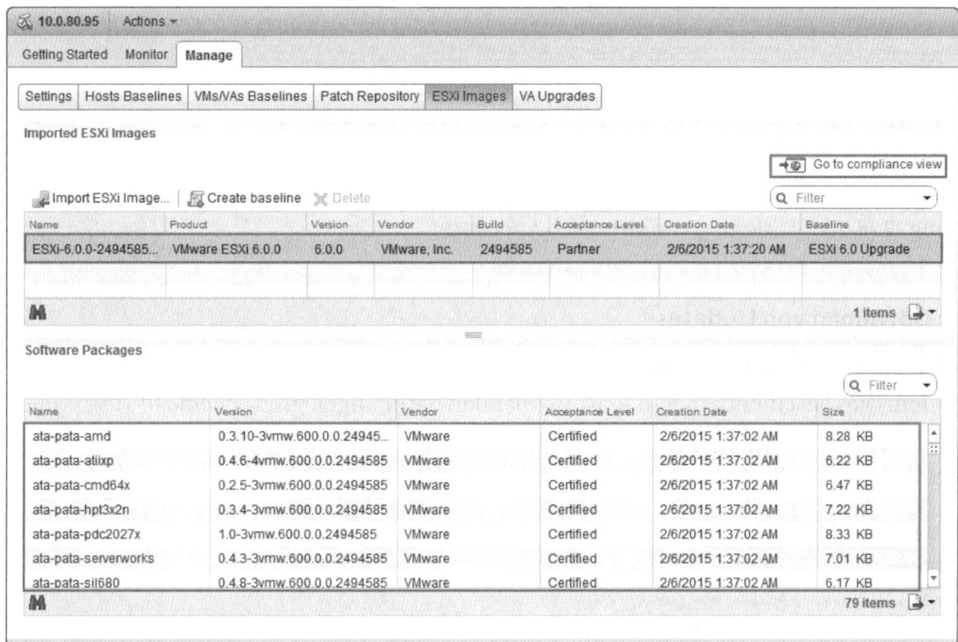

Abbildung 12.17 Anzeige der ESXi-Images

Die Informationen ähneln denen, die Sie als Ausgabe bekommen, wenn Sie sich im PowerCLI mit dem Befehl `Get-EsxSoftwarePackages` die Softwarepakete eines Images anzeigen lassen. Sie finden hier die Version, den Hersteller, das Acceptance-Level, das Release-Datum und die Größe des Softwarepakets. Weitere Manipulationen können Sie hier nicht vornehmen. Einzig beim Import müssen Sie das Image direkt einer Baseline zuweisen.

12.1.7 VA Upgrades

Mit der Version 5.x ist die Funktion des Patchens von *Virtual Appliances* (VA) neu hinzugekommen. Alle Informationen zu den Aktualisierungen der VAs finden Sie auf dem Reiter VA UPGRADES (siehe Abbildung 12.18).

Hier finden sich logischerweise auch die Aktualisierungen der vAppliances von VMware.

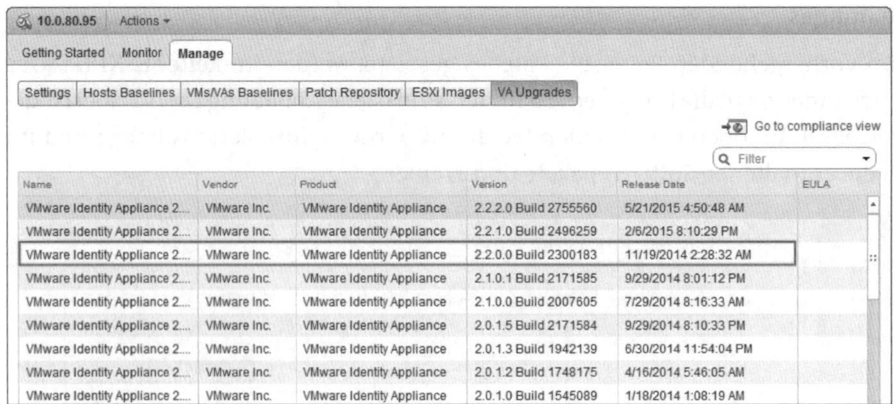

Abbildung 12.18 Aktualisierung von virtuellen Appliances

12.1.8 Download von Updates

Nachdem Sie alle nötigen Einstellungen vorgenommen haben, können Sie die Updates herunterladen. Dies geschieht am einfachsten über den dafür angelegten *Scheduled Task*. Mit einem Rechtsklick auf diesen Task und der Auswahl von RUN führen Sie ihn aus. Anschließend werden die Updates direkt heruntergeladen (siehe Abbildung 12.19).

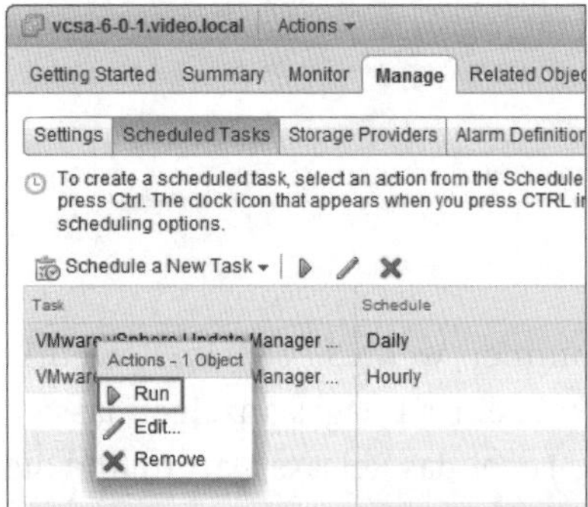

Abbildung 12.19 VMware Update Manager – Download der Patches

Jetzt wird ein Task im Fenster der RECENT TASKS gestartet. Hier erkennen Sie, dass der Update Manager Patches herunterlädt (siehe Abbildung 12.20).

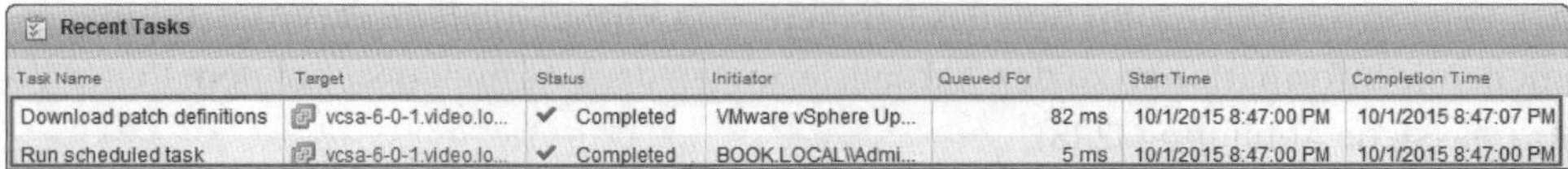

Abbildung 12.20 VMware Update Manager – Task: Download der Patches

Wird der Task zum ersten Mal angestoßen, kann der Vorgang ziemlich lange dauern, je nachdem, welche Patches heruntergeladen werden müssen.

12.1.9 Download von Updates auf Offline-Update-Manager

Zum Herunterladen von Patches auf einen dedizierten Download-Server müssen Sie auf jeden Fall die Kommandozeile bemühen. Zuerst müssen Sie aber die Applikation installieren. Dazu gehen Sie auf das Installationsmedium des vCenter Server in das Unterverzeichnis *umds*. Dort rufen Sie Datei *VMware-UMDS.exe* auf und führen die Installation durch. Für den Download-Manager gibt es keine GUI. Damit die Routinen einwandfrei funktionieren, müssen Sie die Befehle im Programmverzeichnis absetzen. Für Sie sind zwei Dateien wichtig: die ausführbare Datei *vmware-umds.exe* und die Konfigurationsdatei *downloadConfig.xml*.

Der Download-Manager muss auf einem dedizierten Server installiert werden, und es darf kein *VMware Update Manager* auf der Maschine installiert sein. Beide Systeme schließen einander aus!

Die verschiedenen Aufrufparameter der *vmware-umds.exe*-Datei sehen Sie in Abbildung 12.21.

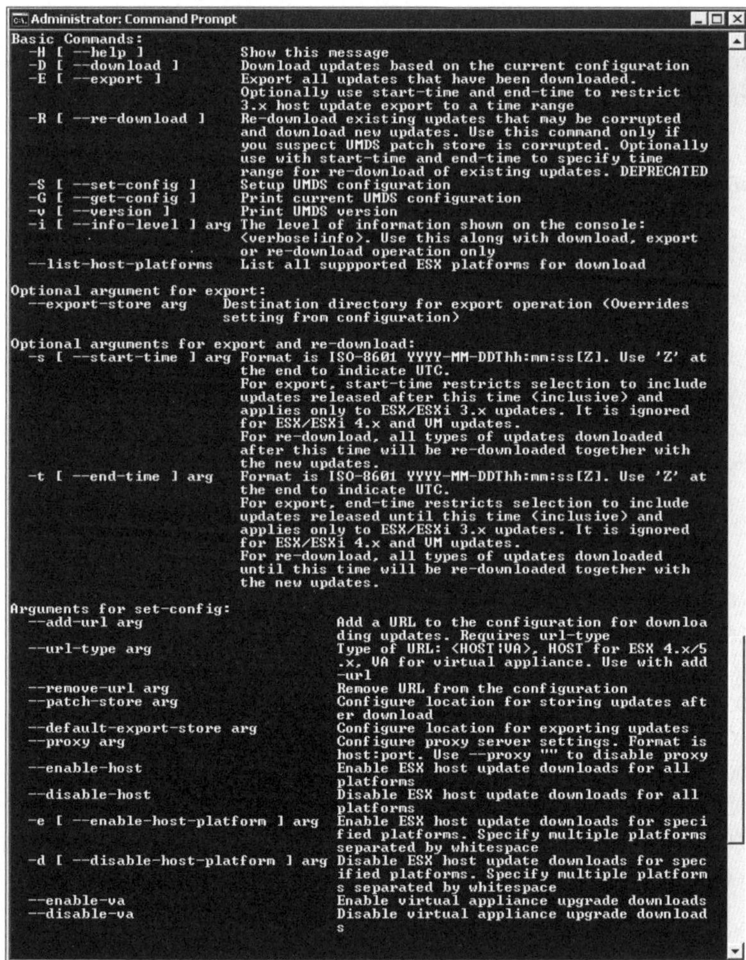

Abbildung 12.21 Befehlsparameter von »vmware-umds.exe«

Es gibt zwei Wege, um zu bestimmen, welche Patches heruntergeladen werden sollen:

1. Parametrierung der Downloads über die Kommandozeile
2. Einschränkung der Downloads durch Anpassen der Konfigurationsdatei

Im Handbuch wird nur die Nutzung der Kommandozeile beschrieben. Die Befehle für das Deaktivieren des Downloads von ESX-/ESXi-3.x-Patches sehen wie folgt aus:

```
vmware-umds.exe -S -enable-hosts
vmware-umds.exe -S -d esx-3.5.0 embeddedEsx-3.5.0
```

Mit der Kommandozeile können Sie die Konfiguration weiter anpassen. Der einfachere Weg ist aber das Anpassen der Konfigurationsdatei; hier können Sie die Einschränkungen ebenfalls konfigurieren.

In der Konfigurationsdatei (*downloadConfig.xml*) lassen sich die Anpassungen auch manuell vornehmen. Sollen z. B. keine ESX-3.x-Patches heruntergeladen werden, weil Sie eine reine vSphere-Umgebung haben, entfernen Sie einfach die Zeile `<ESX3xUpdateUrl>...` Schon werden beim Download nur noch Patches für vSphere ab Version 4 berücksichtigt.

```
<Config>
  <patchStore>C:\ProgramData\VMware\VMware Update Manager\Data\
  </patchStore>
  <exportStore></exportStore>
  <proxySettings>
     <useProxyServer></useProxyServer>
     <!-- true -->
     <proxyServer></proxyServer>
     <!-- proxy.vmware.com -->
     <proxyPort></proxyPort>
     <!-- 3128 -->
  </proxySettings>
  <contentSettings>
     <hostInclude id="0001">embeddedEsx-4.0.0-INTL</hostInclude>
     <hostInclude id="0002">embeddedEsx-4.1.0-INTL</hostInclude>
     <hostInclude id="0003">esx-4.1.0-INTL</hostInclude>
     <hostInclude id="0004">embeddedEsx-5.0.0-INTL</hostInclude>
     <hostInclude id="0005">esx-3.5.0-INTL</hostInclude>
     <hostInclude id="0006">embeddedEsx-3.5.0-INTL</hostInclude>
     <hostInclude id="0008">esx-4.0.0-INTL</hostInclude>
     <hostUpdateEnabled>true</hostUpdateEnabled>
     <vaUpgradeEnabled>true</vaUpgradeEnabled>
  </contentSettings>
  <langs>ENU</langs>
  <vaConfig>
```

```
    <vaUpgradeUrl id="1">http://vapp-updates.vmware.com/vai-catalog/index.xml
    </vaUpgradeUrl>
  </vaConfig>
  <HostConfig>
    <ESX3xUpdateUrl>https://www.vmware.com/PatchManagementSystem/
    patchmanagement</ESX3xUpdateUrl>
    <ESX4xUpdateUrl>https://hostupdate.vmware.com/software/VUM/PRODUCTION/main/
    vmw-depot-index.xml</ESX4xUpdateUrl>
    <ESXThirdPartyUpdateUrl id="1">https://hostupdate.vmware.com/software/VUM/
    PRODUCTION/csco-main/csco-depot-index.xml
    </ESXThirdPartyUpdateUrl>
    <!-- ESXThirdPartyUpdateUrl id="url3">http://foo.com/index.xml
    </ESXThirdPartyUpdateUrl -->
  </HostConfig>
  <database>
    <initialConnections>8</initialConnections>
    <maxConnections>8</maxConnections>
  </database>
  <log>
    <name>vmware-downloadService</name>
    <level>verbose</level>
    <memoryLevel>error</memoryLevel>
    <outputToConsole>false</outputToConsole>
    <components>
      <lib.vdb.vdbStatement>
        <level>info</level>
      </lib.vdb.vdbStatement>
      <lib.vdb.vdb>
        <level>info</level>
      </lib.vdb.vdb>
    </components>
  </log>
</Config>
```

In Abbildung 12.22 finden Sie noch ein paar weitere Beispiele für den Download-Manager.

Als Nächstes können Sie die Updates herunterladen. Dies stoßen Sie mit dem Befehl `vmware-udms -download` an. Ist der Job abgeschlossen, befinden sich die gewünschten Patches im zugehörigen Verzeichnis, das Sie während der Installation als Patch-Repository angegeben haben. Exportieren Sie das Patch-Repository mit folgendem Befehl:

```
vmware-cmd --export -export-store <Pfad>
```

```
Administrator: Command Prompt
Examples:

        To add a new ESX 4.x/5.x patch depot URL
                vmware-umds.exe -S --add-url https://hostname/index.xml --url-type HOST

        To remove a URL
                vmware-umds.exe -S --remove-url https://hostname/index.xml

        To list all supported platforms for downloading ESX host updates
                vmware-umds.exe --list-host-platforms

        To enable downloading of ESX host and virtual appliance updates
                vmware-umds.exe -S --enable-host --enable-va

        To enable downloading of only ESX 4.0 and ESXi 4.0 host updates
                vmware-umds.exe -S --disable-host
                vmware-umds.exe -S -e esx-4.0.0 embeddedEsx-4.0.0

        To disable downloading of only ESX 3.5 and ESXi 3.5 host updates
                vmware-umds.exe -S --enable-host
                vmware-umds.exe -S -d esx-3.5.0 embeddedEsx-3.5.0

        To download updates based on the current configuration
                vmware-umds.exe -D

        To export all downloaded updates to F:\UMDS-store
                vmware-umds.exe -S --default-export-store F:\UMDS-store
                vmware-umds.exe -E
        OR
                vmware-umds.exe -E --export-store F:\UMDS-store

C:\Program Files (x86)\VMware\Infrastructure\Update Manager>_
```

Abbildung 12.22 Beispiele für »vmware-udms.exe«

Wesentlich mehr Funktionen stellt das Tool nicht zur Verfügung, außer den Optionen, einen erneuten Download von Patches anzustoßen oder nur die Patches erneut herunterzuladen, die korrupt sind. Diese Option sollten Sie nur nutzen, wenn das Datenverzeichnis des Update Managers Schaden genommen hat.

Abschließend müssen Sie die Patches noch auf den vCenter-Server importieren (siehe Abbildung 12.23). Das erfolgt über das vCenter selbst.

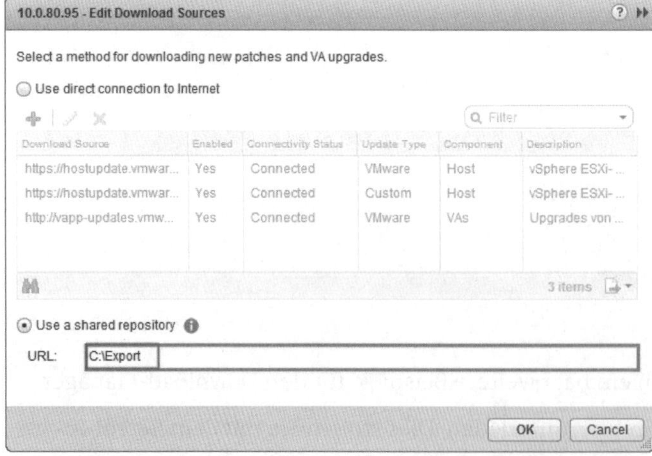

Abbildung 12.23 Import von Patches aus einer externen Quelle

Bitte beachten Sie, dass Sie das Importverzeichnis nicht löschen dürfen. Beim Import der Patches werden nur die Metadaten in das Patch-Verzeichnis kopiert, die Patches selbst verbleiben im Verzeichnis der Importquelle. Ist der Import abgeschlossen, sind die importierten Patches im Repository sichtbar und können genutzt werden (siehe Abbildung 12.23).

Unter dem Punkt RECENT TASKS ist der erfolgreiche Importjob noch sichtbar. Nachdem die Patches nun im System hinterlegt sind, können Sie mit den weiterführenden Arbeiten beginnen.

12.1.10 Baselines

Eine Baseline erstellen

Damit die Updates angewandt werden können, müssen Sie eine sogenannte *Baseline* erstellen. Diese Baseline legen Sie im Menü des Update Managers an und weisen sie später einem bestimmten Objekt im Inventory des vCenters zu. So ist es möglich, eine Baseline für die vSphere-Hosts zu erstellen und sie dann entweder einem Datacenter, einem Ordner oder einem einzelnen Host zuzuordnen (siehe Abbildung 12.24).

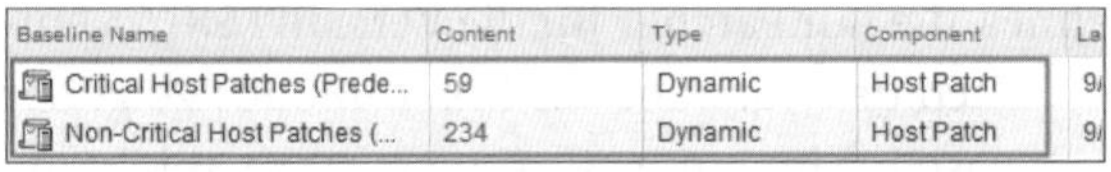

Baseline Name	Content	Type	Component	La
Critical Host Patches (Prede...	59	Dynamic	Host Patch	9/
Non-Critical Host Patches (...	234	Dynamic	Host Patch	9/

Abbildung 12.24 vCenter-Update-Manager-Baselines

Nach der Installation des vCenter Update Managers stehen bereits zwei Baselines zur Verfügung (in der Auswahl HOSTS): eine für kritische und eine für unkritische Patches. In der Ansicht VMs/VAs BASELINES sehen Sie drei Baselines: eine für die Aktualisierung der *VMware Tools*, eine für die Aktualisierung der virtuellen Hardware und eine dritte für das Upgrade von Virtual Appliances.

Interessant ist die Möglichkeit, eine Baseline zu erstellen, die nicht alle verfügbaren Patches enthält, sondern die Funktions-Updates ausschließt. Somit spielen Sie beim Patchen der Hosts nur die Korrekturen ein. Im umgekehrten Fall besteht die Option, nur Funktionserweiterungen zu installieren. So trennen Sie Patches und Updates und können sie unabhängig voneinander anwenden.

Um eine neue Baseline zu erstellen, klicken Sie auf den Pluszeichen-Link im Fenster HOST BASELINES des Update Managers. Daraufhin startet ein Wizard, der Sie durch das Erstellen einer neuen Baseline führt (siehe Abbildung 12.25).

Der Dialog stellt drei verschiedene Optionen für das Anlegen einer Baseline zur Auswahl: HOST PATCH, HOST EXTENSION und HOST UPGRADE. Die Baseline für den HOST PATCH kann einen FIXED-Status bekommen. In diesem Fall werden die Patches aus dem Repository fest zugeordnet. Am Status der Regel wird sich zukünftig nichts ändern. Im Gegensatz dazu steht der Status DYNAMIC: Bei der Erstellung werden die Regeln dynamisch erstellt. Das bedeutet, dass alle neu heruntergeladenen Patches, die der Auswahl entsprechen, automatisch zur Baseline hinzugefügt werden. Dabei ist es unerheblich, ob Patches schon vorhanden sind oder zukünftig heruntergeladen werden.

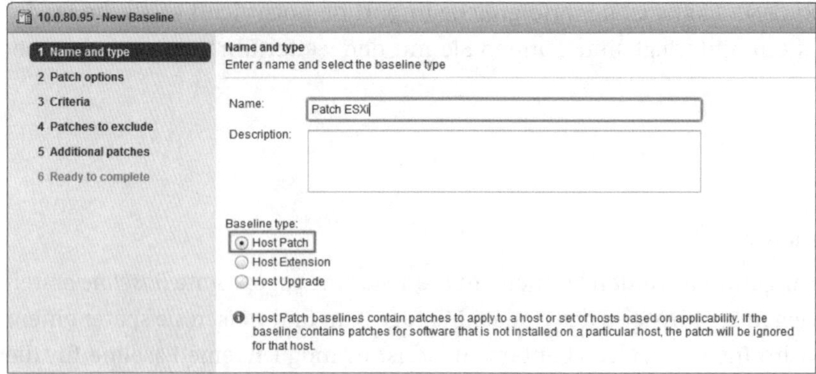

Abbildung 12.25 Erstellen einer neuen Baseline

In unserem Beispiel erstellen wir zwei Baselines, die nur Patches für die Version ESXi 5.5 enthalten, getrennt nach Updates und Patches. Nach der Auswahl des FIXED-Modus zeigt der Wizard das Fenster, in dem Sie die Patches der Baseline hinzufügen können (siehe Abbildung 12.26). Das Hinzufügen von Patches erfolgt über die Auswahlkästchen vor jedem Patch.

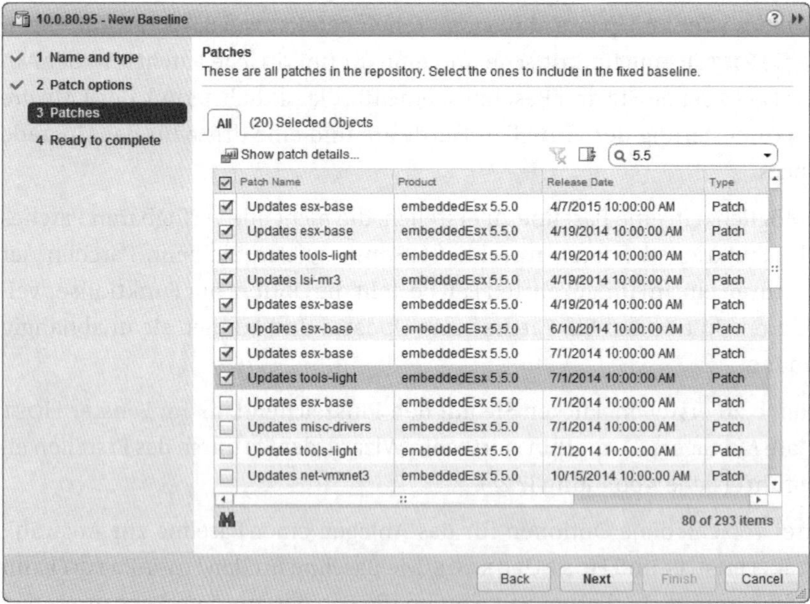

Abbildung 12.26 Aufnahme der Patches in die Baseline

Öffnen Sie einen Patch per Doppelklick, um den zugehörigen Knowledge-Base-Artikel zu lesen. Voraussetzung dafür ist aber ein funktionierender Internetzugang.

Wären wir den Weg über die dynamische Baseline gegangen, würde sich der Dialog so darstellen wie in Abbildung 12.27.

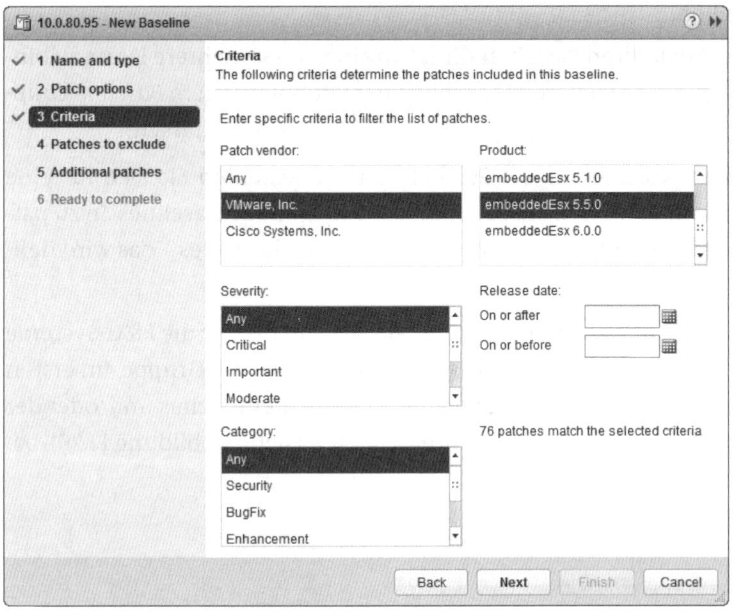

Abbildung 12.27 Erstellung einer dynamischen Baseline

Die Reduzierung der Auswahl erfolgt im nächsten Fenster durch die Auswahl der Patches, die ignoriert werden sollen. Das Gegenteil erfolgt im nächsten Schritt: Hier können Patches explizit hinzugefügt werden, auch wenn sie nicht den Kriterien entsprechen. Damit ist auch schon das Erstellen der dynamischen Baseline abgeschlossen.

Hier sehen Sie sehr schön den Unterschied: Die Baseline ordnet die Patches automatisch zu. Es werden nur Dateien hinzugewählt, die für ESXi 5.5.x bestimmt sind. Den Filter mit den Inkludierungsoptionen erreichen Sie über den EDIT-Link. Sie werden jetzt sehen, dass sich die Anzahl der enthaltenen Patches in der dynamischen Baseline ändert, wenn VMware neue Patches für die Version 5.5.x bereitstellt, in der statischen Baseline aber nicht (siehe Abbildung 12.28).

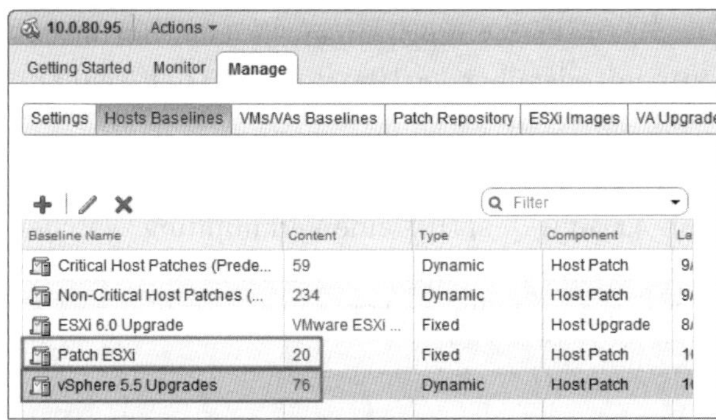

Abbildung 12.28 Anzeige der erstellten Baselines

Eine Baseline-Gruppe erstellen

Auch wenn es möglich ist, die erstellten Baselines direkt an einen oder mehrere Hosts zu binden, bietet der Update Manager eine weitere Möglichkeit der Gruppierung: In *Baseline-Gruppen* können Sie wiederum Patch- und/oder Upgrade-Baselines zusammenfassen.

Tun Sie sich selbst und Ihren Kollegen einen Gefallen, und entscheiden Sie sich für eine durchgehende Strategie: Entweder binden Sie Patch- und/oder Upgrade-Baselines an zu patchende Objekte, oder Sie nutzen Gruppen, aber vermischen Sie nicht beides – das wird definitiv unübersichtlich.

Abschließend legen Sie eine Baseline-Gruppe an, in der Sie alle Patches für die ESXi-Systeme sammeln. Über den PLUS-Link erreichen Sie den Dialog zur Erstellung der Gruppe. Im ersten Fenster wird nur der Name abgefragt. Das Zuordnen der Updates, der Patches und/oder der Erweiterungen zur Gruppe erfolgt in den nächsten drei Schritten (siehe Abbildung 12.29), bevor Sie den Dialog schließen.

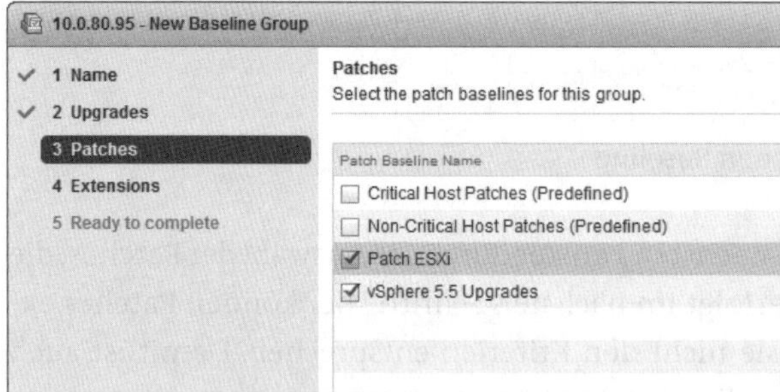

Abbildung 12.29 Zuordnung von Patches zur Gruppe

Hiermit sind die Arbeiten abgeschlossen, und es ist nun möglich, mit den Baselines zu arbeiten.

Mit Baselines arbeiten

Nach den vorbereitenden Arbeiten können Sie die Host-Baseline bzw. Baseline-Gruppe mit einem Host verbinden (siehe Abbildung 12.30). Die Verbindung können Sie dabei nur am Objekt herstellen: entweder über das Kontextmenü oder über den UPDATE MANAGER-Reiter im MANAGE-Bereich.

An erster Stelle steht die Auswahl eines Hosts oder Clusters. Auf dem Reiter des UPDATE MANAGER erzeugen Sie dann über den Button ATTACH BASELINE eine Verknüpfung zwischen Host und Baseline. Klicken Sie dann noch auf SCAN FOR UPDATES. Anschließend wird sofort gezeigt, ob der Host *compliant* ist oder nicht (siehe Abbildung 12.31).

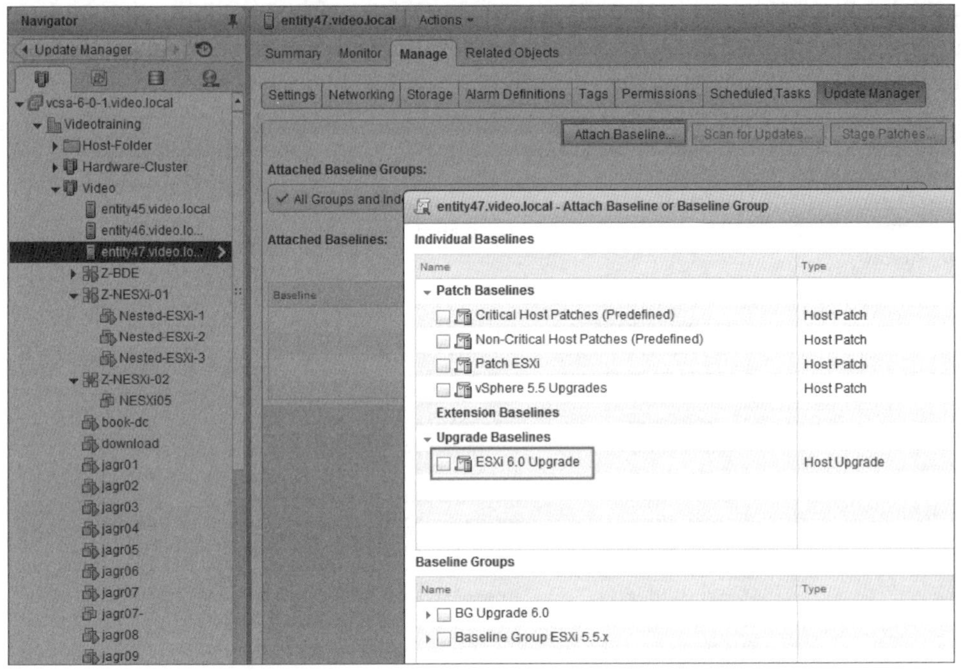

Abbildung 12.30 Verknüpfung von Host und Baseline

Abbildung 12.31 Compliance-Status

Es ist nicht schwer zu erkennen, dass der Host Patches benötigt, damit er auf dem aktuellen Stand ist.

Doch bevor wir die Patches einspielen – was übrigens über den REMEDIATE-Button geschieht –, möchten wir kurz auf den STAGE PATCHES-Button eingehen. Dieser sorgt dafür, dass die Patches *nur* auf die zu patchende Maschine geladen werden. Der eigentliche Patch-Vorgang läuft dann wesentlich schneller ab.

Wenn Sie den Patch-Vorgang jetzt starten, wird angezeigt, welche Baselines mit dem Host verknüpft sind. Es folgt eine Zusammenfassung aller zur Anwendung kommenden Patches mit der Möglichkeit, einzelne Patches zu entfernen (siehe Abbildung 12.32).

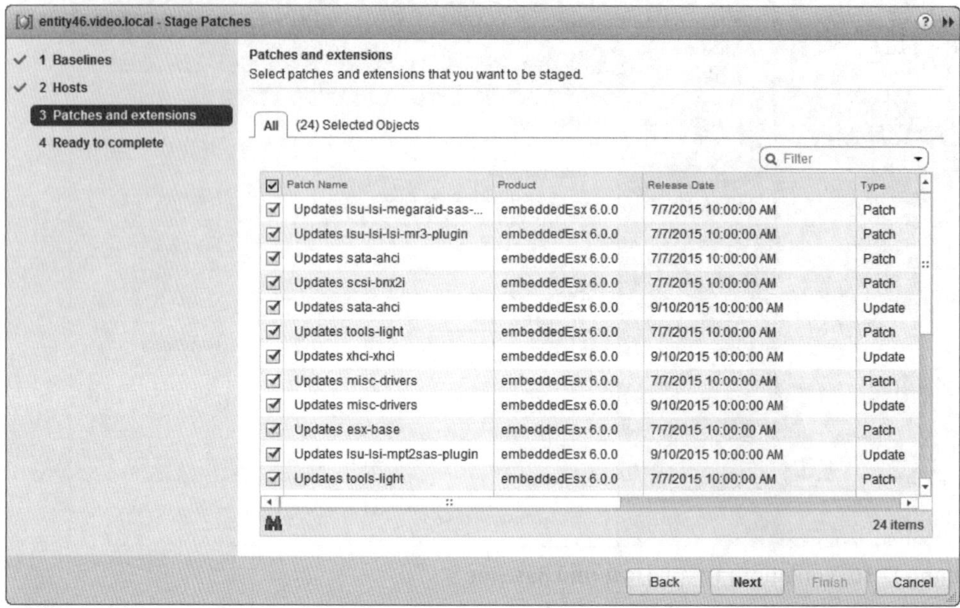

Abbildung 12.32 Abwahl von Patches vor dem Start des Patch-Vorgangs

Legen Sie nun fest, ob der Task sofort starten soll oder ob er zu einem bestimmten Zeitpunkt automatisch die Patch-Arbeiten durchführt.

Beim Einspielen von Patches bzw. Upgrades ist schön zu sehen, dass der Host zuerst automatisch in den Maintenance-Modus gefahren wird, bevor die Patch-Arbeiten beginnen. Nach dem Abschluss der Arbeiten erfolgt ein automatischer Reboot. Ist das System wieder erreichbar, wird erneut ein Compliance-Check angestoßen. Waren die Patch-Arbeiten erfolgreich, zeigt sich das an dem großen grünen Button auf der Update-Manager-Seite.

Haben Sie keine Angst vor dem Patchen von kompletten Clustern. Es werden natürlich nicht alle Systeme auf einmal gepatcht, sondern nach und nach. Zur Unterstützung wird die Funktion *vMotion* eingesetzt. Das Patchen beginnt so z. B. mit dem ersten Host. Durch die Aktivierung des Maintenance-Modus werden die laufenden VMs evakuiert und auf die restlichen betriebsbereiten vSphere-Hosts verschoben. Nach dem Abschluss der Patch-Arbeiten wird der Maintenance-Modus automatisch wieder deaktiviert, und der Host kann wieder virtuelle Maschinen aufnehmen. Erst jetzt wird mit dem nächsten Host begonnen. Es bleiben immer so viele Ressourcen frei, wie nötig sind, damit die Leistung der VMs nicht beeinflusst wird. Sie können das aber auch anders einstellen. Das sollten Sie jedoch nur dann tun, wenn Sie virtuelle Maschinen haben, die durch die Fault-Tolerance-Option ausfallsicher gestaltet werden.

Status einer Baseline und ihrer Objekte

Jede Baseline, die zugewiesen wurde, hat einen bestimmten Status. Dieser hängt davon ab, welchen Status die verknüpften Systeme haben. Es wird der Zustand von einzelnen Hosts angezeigt, es gibt aber auch eine Zusammenfassung, die über den Gesamtstatus informiert (siehe Abbildung 12.33).

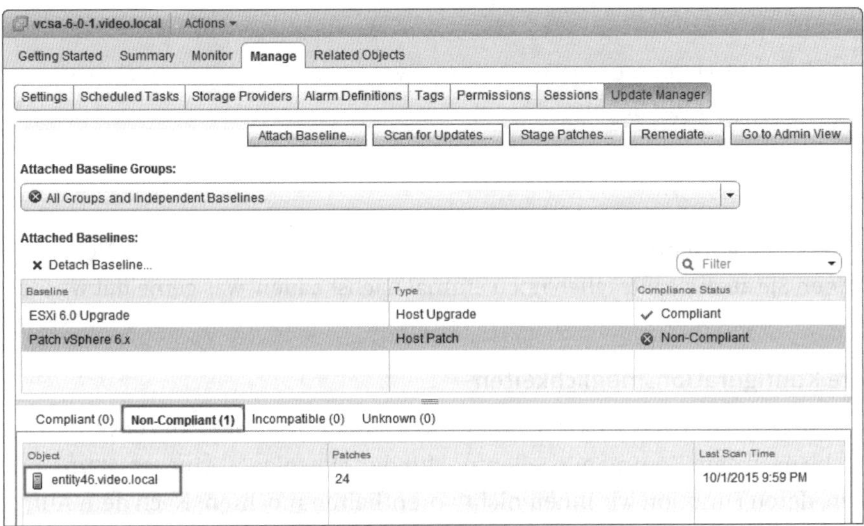

Abbildung 12.33 vCenter-Update-Manager-Status

Sollten Maschinen unter dem Link UNKNOWN angezeigt werden, müssen Sie einen Scan durchführen, um zu überprüfen, welche Patches installiert wurden. Dazu starten Sie einen SCAN-Task über den entsprechenden Link oder über das Kontextmenü von Host oder Cluster. Der Button SCAN FOR UPDATES führt ebenfalls einen Scan durch.

Update der VMware Tools

Auch mit dieser Version des Update Managers können Sie die VMware Tools und die virtuelle Hardware der virtuellen Maschinen aktualisieren (siehe Abbildung 12.34).

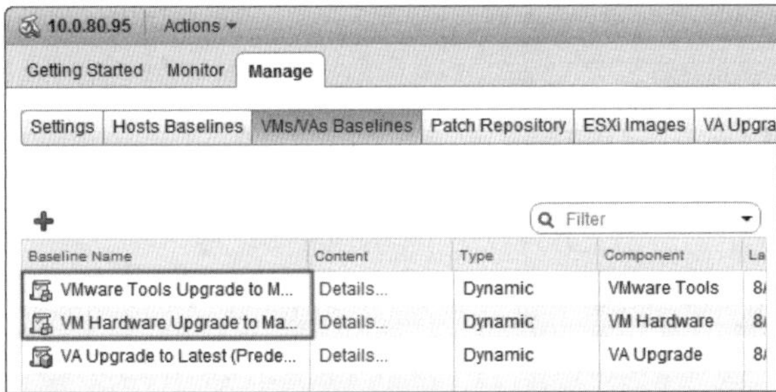

Abbildung 12.34 Vordefinierte Baselines zur Aktualisierung der VMware Tools und virtueller Hardware

Diese Funktion werden vor allem diejenigen zu schätzen wissen, denen ein größeres Upgrade bevorsteht. Da der Update Manager auch das Upgrade des Hosts unterstützt, können Sie den kompletten Upgrade-Pfad über den Update Manager beschreiten und haben eine zentrale Konsole, die den aktuellen Status dokumentiert.

12.1.11 Events

In einer großen Übersicht werden unter MONITOR • EVENTS alle Ereignisse aufgelistet, die mit dem Update Manager zu tun haben.

12.1.12 Notifications

Eine Liste der erzeugten Benachrichtigungen finden Sie in der Ansicht MONITOR • NOTIFICATIONS. Hier können Sie auch nachträglich noch einmal nachschauen, was gemeldet wurde.

12.1.13 Weitere Konfigurationsmöglichkeiten

Manchmal findet man noch so das ein oder andere, wenn man sich direkt im Filesystem bewegt. Bei der Suche nach dem Kommandozeilentool für den Download-Manager ist uns eine Datei aufgefallen, deren Funktion wir Ihnen nicht vorenthalten möchten: Nach dem Aufruf der Datei *C:\Program Files (x86)\VMware\Infrastructure\Update Manager\VMwareUpdateManagerUtility.exe* öffnet sich ein Fenster, das die Konfiguration des Download bzw. Update Managers erlaubt.

Es zeigt sich ein Fenster, das dazu dient, die Konfiguration des VMware Update Managers anzupassen (siehe Abbildung 12.35).

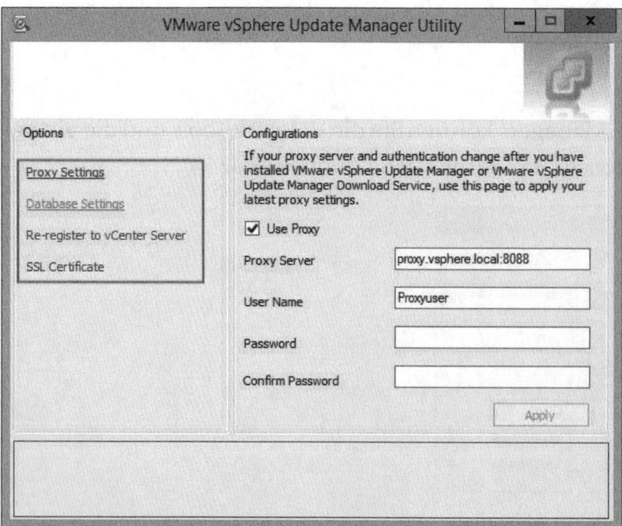

Abbildung 12.35 Nachträgliche Konfiguration des »VMware Update Managers«

Sie können hier Dinge konfigurieren, die direkt über das vCenter nicht einstellbar sind. Einzig die Proxy-Einstellungen können Sie auch direkt über das vCenter umkonfigurieren. Alle anderen Einstellungen sind nur hier parametrierbar. Das betrifft die Verbindung zur Datenbank, das SSL-Zertifikat und die Registrierung des Update Managers am vCenter-Server.

12.2 VMware vCenter Linked Mode

Durch die Einführung des *Linked Mode* beim vCenter-Server ist es möglich, mehrere vCenter-Server miteinander zu verbinden, sodass Sie einen *Single Point of Contact* für die Anmeldung haben. Das heißt, dass Sie sich an einem vCenter-Server anmelden und damit auch die verlinkten Hosts und virtuellen Maschinen administrieren können, ohne sich an jeder Infrastruktur extra anmelden zu müssen.

Die Verlinkung erfolgt nicht mehr über eine Installation, sondern über gemeinsame Platform Services Controller (PSC). Alle vCenter-Server, die mit einem PSC verbunden sind, werden automatisch miteinander verlinkt.

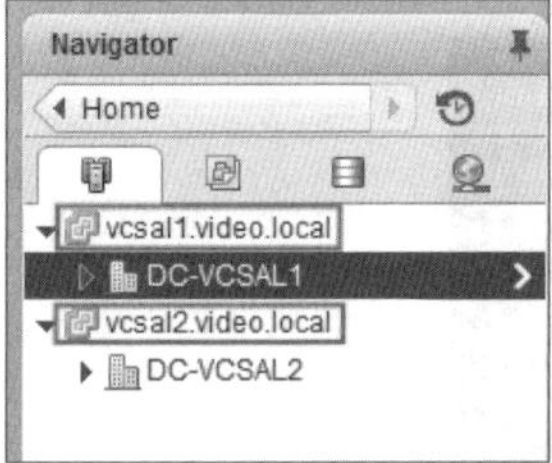

Abbildung 12.36 Linked Mode zweier vCenter Server Appliances mit einem PSC

> **Hinweis**
> Das gilt nicht nur für die Windows-Version, die *vCenter Server Appliance* kann hier genauso zum Einsatz kommen.

12.3 vSphere Management Assistant (vMA)

Die Konfiguration des *vSphere Management Assistant* (vMA) erfolgt nach dem Import und kann über zwei Wege erfolgen: Entweder nutzen Sie die virtuelle Konsole des vMA oder Sie führen die Arbeiten über das Webinterface durch.

Wird die Appliance zum ersten Mal gestartet, müssen Sie einige Eingaben tätigen, um das System nutzen zu können. Der Name der Maschine wird abgefragt sowie die Netzwerkparameter und das Passwort des administrativen Users »vi-admin«. Mit dem »root«-User können Sie sich nicht direkt an der Konsole anmelden. Sie müssen mit dem Kommando `sudo` arbeiten, um im »root«-Kontext Befehle abzusetzen. Zusätzlich wird automatisch ein Read-only-Account eingerichtet. Dieser Account »vi-user« hat standardmäßig kein Passwort. Vor der Vergabe eines Kennworts ist dieser Account nicht nutzbar.

Es können allerdings leichte Schwierigkeiten auftreten, wenn Sie die Einstellungen für den vMA vornehmen. Diese Schwierigkeiten hängen davon ab, wie Ihr Environment konfiguriert ist. Sollten Sie eine Fehlermeldung beim Starten der Appliance erhalten, dann müssen Sie die Einstellungen anpassen. Hoffentlich haben Sie noch im Hinterkopf, wie Sie die IP-Zuweisung beim Import konfiguriert haben.

Kommen wir nun zu der eigentlichen Konfiguration des vMA. Wir möchten mit Ihnen beide Wege beschreiten; anschließend können Sie entscheiden, welche Art der Konfiguration Sie bevorzugen. Beginnen wir mit der Kommandozeile. Nach dem Import der Appliance wird diese gestartet, und Sie erreichen sie durch den Aufruf der Konsole.

12.3.1 Kommandozeile

Nach dem Start finden Sie das Fenster aus Abbildung 12.37 vor.

```
Initializing random number generator                                 done
   VMware vmci driver:                                                  done
   VMware vmmemctl driver:                                              done
   Starting VMware Tools guest operating system daemon:                 done
Starting vmware-vifpd:                                               done

Starting vmware-vma:
Verifying vMA UUID ...
Verifying vMA UUID in firstboot ...
Removing existing vMA DB ...

Updating sysctl configuration ...

Starting network configuration ...

 Main Menu

0)      Show Current Configuration (scroll with Shift-PgUp/PgDown)
1)      Exit this program
2)      Default Gateway
3)      Hostname
4)      DNS
5)      Proxy Server
6)      IP Address Allocation for eth0
Enter a menu number [0]: _
```

Abbildung 12.37 Basiskonfiguration des vMA

Für den Fall, dass Sie das Konfigurationsmenü erneut starten wollen, können Sie es auch selbst erneut aufrufen. Dazu wechseln Sie in das Verzeichnis */opt/vmware/vma/bin*. Hier können Sie dann mit dem Befehl `sudo ./vmware-vma-netconf` das Konfigurationsmenü erneut starten.

Haben Sie die beiden anderen Policies konfiguriert, beenden Sie den Dialog mit `q`. Sie werden dann noch aufgefordert, ein Passwort zu vergeben. Die Passwortrichtlinien sind wie folgt:

- mindestens 8 Zeichen
- Großbuchstaben

- Kleinbuchstaben
- Ziffern
- Sonderzeichen

Sollten Sie später das Passwort ändern wollen, so verwenden Sie einfach den Linux-Befehl `passwd`.

Die Maschine versorgt sich dann über den eingestellten Mechanismus mit den Netzwerkparametern. Sind die Arbeiten abgeschlossen, landen Sie im Standardschirm der Appliance (siehe Abbildung 12.38).

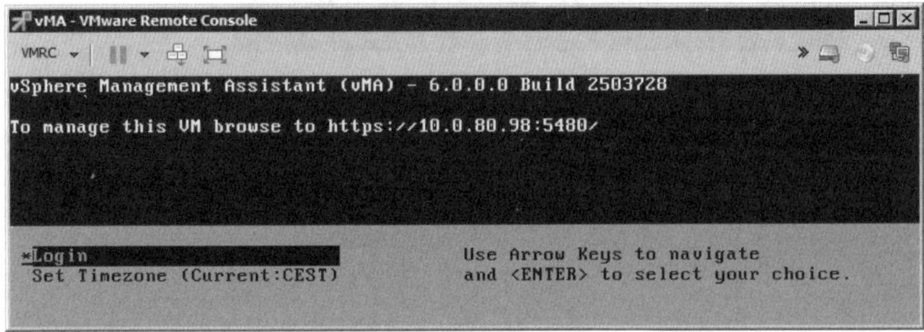

Abbildung 12.38 Standardschirm des vMA

12.3.2 Webinterface

Die weitergehende Konfiguration können Sie jetzt im Webinterface vornehmen. Dazu rufen Sie die URL *https://<IP vMA>:<5480>* auf und melden sich an (siehe Abbildung 12.39).

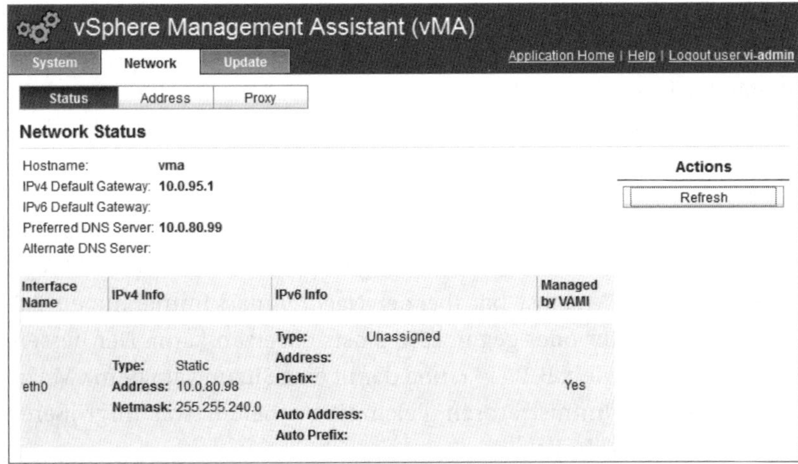

Abbildung 12.39 Konfiguration des vMA

Alle Konfigurationspunkte, die Sie über die Kommandozeile einstellen konnten, können Sie auch hier in einer einfachen Weboberfläche anpassen – mit Ausnahme der Update-Funktion.

Der STATUS zeigt sich mit dem ersten Auswahlpunkt, und die eigentliche Update-Funktion verbirgt sich auf dem Reiter UPDATE.

Hier können Sie die Art des Updates bzw. der Update-Überprüfung einstellen (siehe Abbildung 12.40). Aktivieren Sie einen Automatismus, und entscheiden Sie, ob das Update nur heruntergeladen oder anschließend auch direkt installiert wird. Dabei dient nicht nur das Internet als Quelle. Die Aktualisierung kann auch über eine CD oder über ein Repository im lokalen Netzwerk erfolgen. Damit sind die Basisarbeiten abgeschlossen. Lassen Sie uns nun kurz auf die Nutzung des vMA eingehen.

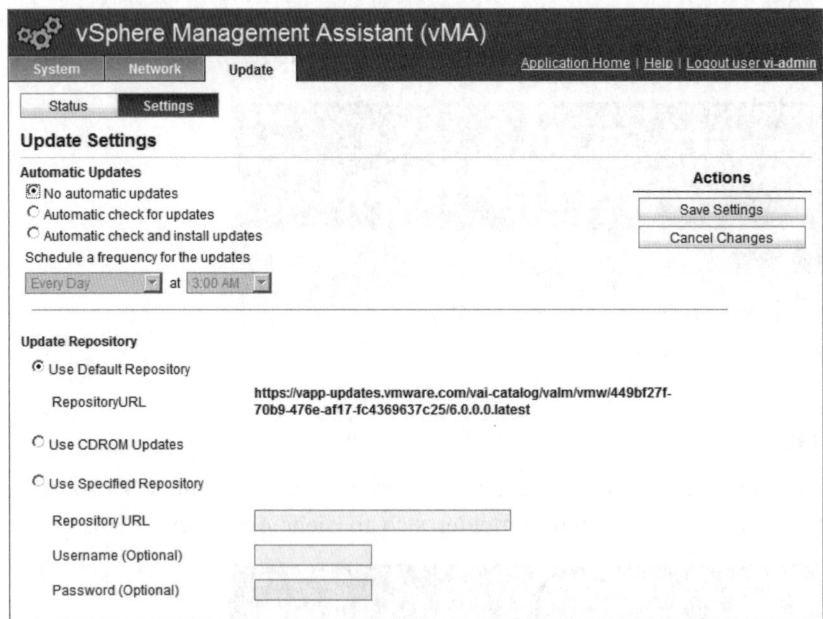

Abbildung 12.40 Update-Mechanismus für die vMA

12.3.3 Basisbedienung

Jetzt sind wir am Ziel angekommen und können uns um die eigentliche Nutzung des vMA kümmern. Für das Absetzen von Befehlen über den vMA gibt es grundsätzlich zwei Wege. Der erste führt über die Konsole der VM selbst, hat aber den Nachteil, dass immer nur ein Administrator Befehle gegen das vCenter oder gegen ESXi-Hosts absetzen kann. Der bessere Weg ist, einen SSH-Client zu nutzen, wie z. B. PuTTY, und damit eine Sitzung auf dem vMA zu öffnen. So können auch mehrere Administratoren gleichzeitig arbeiten, was in größeren Landschaften nicht unbedingt ungewöhnlich ist.

Domänenanbindung

Grundsätzlich sieht VMware unterschiedliche Schritte vor, um sich gegenüber dem vCenter bzw. dem ESXi-Host zu authentifizieren. Sie können die Credentials im lokalen Store ablegen oder in eine Windows-Domäne aufnehmen. In letzterem Fall liegen keine User-Daten auf dem vMA. Dieser Weg ist aus unserer Sicht der bessere, aus dem zuletzt genannten Grund.

Der Befehl `sudo domainjoin-cli join <domain-name> <domain-admin-user>` fügt den vMA in eine Windows-Domäne ein, und Sie können nun deren Authentifizierungsmechanismen nutzen. Vergessen Sie den abschließenden Reboot nicht, sonst werden die Änderungen nicht übernommen. Mit der Domänenmitgliedschaft des vMA können Sie eine *Unattended*-Authentifizierung zu allen VMware-Objekten durchführen. Voraussetzung dafür ist, dass diese Objekte Mitglied in der Windows-Domäne sind. Als Fazit ist zu sagen: Wenn der vMA Mitglied einer Domäne ist, dann sollten auch die ESXi-Hosts in derselben Domäne stehen.

Wie Sie diese Arbeiten durchführen, dazu kommen wir jetzt. Zuallererst ist ein Tool auf dem Domänen-Controller zu installieren. Es handelt sich dabei um das Tool *ktpass*. Sind Ihre Server immer aktuell gepatcht, so finden Sie die Datei im Filesystem Ihres Servers im Verzeichnis *%windows%\system32*. Erzeugen Sie jetzt auf dem Domänen-Controller eine Datei, und kopieren Sie sie anschließend auf die *Virtual Management Appliance*. Bevor wir nun zu dem Befehl kommen, treffen wir noch folgende Festlegungen:

12

- `<vma-dc>` entspricht dem Domänennamen.
- `<foo>` entspricht einem beliebigen Anwender, der administrative Rechte auf dem vCenter-Server hat.

Setzen Sie nun den folgenden Befehl ab:

```
ktpass /out foo.keytab /princ foo@VMA-DC.ENG.VMWARE.COM /pass ca...
 /ptype KRB5_NT_PRINCIPAL
-mapuser <vma-dc>\<foo>
```

Nach dem Durchlauf des Befehls haben Sie die Datei *foo.keytab* erzeugt. Kopieren Sie sie auf den vMA, und zwar in den Pfad */home/local/VMA-DC/foo*. Nun müssen Sie dem Filesystem auf dem vMA eine neue Datei spendieren. Das Skript, das Sie jetzt erstellen, sorgt dafür, dass die Kerberos-Tickets aktualisiert werden. Erzeugen Sie dazu ein Skript namens *renew_kerberos* im Verzeichnis */etc/cron.hourly/*, und füllen Sie es mit dem folgenden Inhalt:

```
#!/bin/sh
su -- vma-dc\foo -c '/usr/bin/kinit -k -t /home/local/VMA-DC/foo/foo.keytab foo'
```

Im Rhythmus von 60 Minuten wird das Ticket über einen Lauf des Skripts aktualisiert.

Bis jetzt haben wir nur mit dem administrativen Account gearbeitet, dem »vi-admin«. Der vMA hat aber noch einen anderen Account: den »vi-user« für den normalen User. Dieser Account hat zwar kein Passwort, kann aber nur genutzt werden, nachdem ein Passwort vergeben wurde. Das ist nun keine wirklich schwere Aufgabe: Nach der Anmeldung mit dem »vi-admin« setzen Sie einfach den Befehl `sudo passwd vi-user` ab, und schon ist der Account »vi-user« freigeschaltet. Jetzt haben Sie alle vorbereitenden Arbeiten durchgeführt und können sich nun mit den Hosts bzw. dem vCenter beschäftigen.

Der einfachste Weg zur Administration ist nun, das vCenter dem vMA bekannt zu machen. Der Befehl `vifp addserver <FQDN vCenter-Server> --authpolicy adauth` übernimmt diese Aufgabe. Das System fragt Sie nach dem Absetzen des Befehls nach einem User-Account. Dieser Domänen-Account muss natürlich Rechte auf dem vCenter haben. Der Befehl `vifp listservers -long` gibt Ihnen eine Liste der verbundenen Objekte aus mit weiteren Informationen zur Art des Objekts und zur Authentifizierungsart. Möchten Sie Befehle gegen einen speziellen Host absetzen, ist zuvor das Target festzulegen. Dazu nutzen Sie den Befehl `vifptarget set | -s <server>`. Die folgenden Kommandos werden nun an den Server `<server>` weitergeleitet.

Fastpath-Authentifizierung

Die Fastpath-Authentifizierung ist eine Möglichkeit, eine sessionbezogene Authentifizierung zu nutzen, die aber nicht persistent ist. Dazu nutzen Sie das Kommando `vifp addserver <FQDN Server> --authpolicy fpauth`. Jetzt können Sie weitere Befehle gegen Objekte der virtuellen Infrastruktur absetzen.

Arbeiten mit dem vMA

Wir könnten jetzt den Umfang des Buchs locker verdoppeln, wenn wir alle Möglichkeiten zur Nutzung von Befehlen zusammenschreiben würden, aber das Buch hat jetzt schon einen so großen Umfang, dass wir das Thema an dieser Stelle nicht noch weiter ausbreiten wollen. Aus diesem Grund möchten wir auf die White Papers von VMware verweisen, die Sie wälzen können, wenn Sie weitere Informationen benötigen. Das Paper zum vMA finden Sie unter:

https://pubs.vmware.com/vsphere-60/topic/com.vmware.ICbase/PDF/vma_60_guide.pdf

Eine Referenz für die Kommandozeilenbefehle finden Sie in der Online-Dokumentation unter:

http://pubs.vmware.com/vsphere-60/topic/com.vmware.vcli.examples.doc/cli_about.html

12.4 Log-Dateien-Management

VMware stellt unterschiedliche Mechanismen bereit, um Log-Dateien zentral vorzuhalten. Dabei ist die primäre zentrale Instanz das vCenter. Von hier aus können die Logs aber auch an ein zentrales System weitergeleitet werden.

12.4.1 VMware ESXi Dump Collector

Wie schon beschrieben, dient der Dump Collector als zentrales Sammelbecken für Core-Dumps von ESXi-Hosts. Dieser Dienst ist notwendig geworden, weil vSphere die Funktion bietet, ESXi im Arbeitsspeicher laufen zu lassen, ohne dass eine lokale Installation erfolgen muss.

Der Dump Collector wird in der Dienste-Ansicht konfiguriert, die Sie unter NAVIGATOR • ADMINISTRATION • SYSTEM CONFIGURATION • SERVICES • VMWARE VSPHERE ESXI DUMP COLLECTOR finden. Über das Kontextmenü kann der Dienst gestartet, gestoppt und angehalten werden. Weiterhin können Sie hier die Startart ändern. Wenn Sie an dieser Stelle das EDIT-Menü aufrufen, können Sie die Einstellungen des Dienstes ändern.

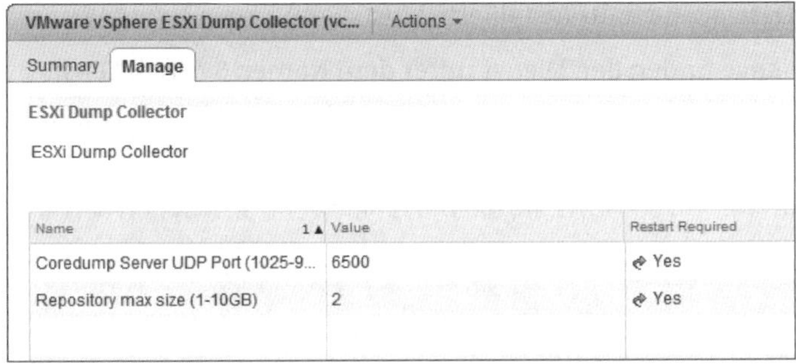

Abbildung 12.41 Konfigurationseinstellungen des Dump Collectors

Die Konfiguration selbst erfolgt auf dem ESXi-Host. Diesem muss der Collector bekannt gegeben werden. Sie können hier zwei Wege beschreiten: Die Hostprofile nehmen die Einstellung mit, oder Sie nutzen die Kommandozeile mit dem passenden ESXCLI-Befehl. Den Hosts muss »beigebogen« werden, wie der Dump-Server heißt und über welchen Port mit ihm kommuniziert wird. Das Kommando zum Hinzufügen eines Hosts lautet:

```
esxcli system coredump network set --interface-name vmk0
 --server-ipv4 xx.xx.xx.xx --server-port 6500
```

Der Dump muss über einen *vmkernel-nic* laufen. Angesprochen wird das System über die IP-Adresse. Dabei ist der Standard-Port der IP-Port 6500 (siehe Abbildung 12.41). Nach der Konfiguration müssen Sie die Funktion des dezentralen Dumpens für den Host noch mit dem folgenden Befehl aktivieren:

```
esxcli system coredump network set --enable true
```

Alternativ binden Sie die Arbeiten an ein Hostprofil, wie bereits beschrieben. Dazu wechseln Sie auf die Homepage des vCenters, wählen die HOST PROFILE-Option und wählen im folgenden Fenster ein Profil aus, das Sie für die Nutzung des Dump Collectors konfigurieren wollen. Oder Sie legen ein neues Profil an. In dem zu editierenden Profil suchen Sie die Option für den Dump Collector und parametrieren die Einstellungen gemäß dem aufgebauten Dump-Collector-Server.

12.4.2 vSphere Syslog Collector

Der Grund für die Entwicklung eines eigenen Syslog-Servers deckt sich mit den Gründen für die Entwicklung des ESXi Dump Collectors: Sie haben damit die Option, den ESXi-Host nur im Arbeitsspeicher laufen zu lassen. Nach einem Absturz des Systems wären alle Logs weg, und so könnte im Nachhinein keine Fehleranalyse durchgeführt werden. Natürlich macht das zentrale Sammeln der Log-Dateien auch für installierte Hosts Sinn.

Nutzer der vCenter Server Appliance finden den Dienst unter dem Namen Syslog-Dienst.

> **Hinweis**
>
> VMware gibt eine maximale Anzahl von 30 Hosts an, die mit einem zentralen Syslog-Server gemanagt werden können.

Kommen wir zurück zur Konfiguration des Syslog-Ziels. Die Einstellungen können über den Web-Client oder über die vCLI konfiguriert werden. Im Client gibt es im Gegensatz zu den anderen Funktionen keinen eigenen Menüpunkt. Die Einstellungen nehmen Sie im CONFIGURATION-Reiter des Hosts vor. Unter SOFTWARE • ADVANCED SETTINGS • SYSLOG GLOBAL finden Sie die für den Syslog-Server relevanten Einstellungen (siehe Abbildung 12.42)

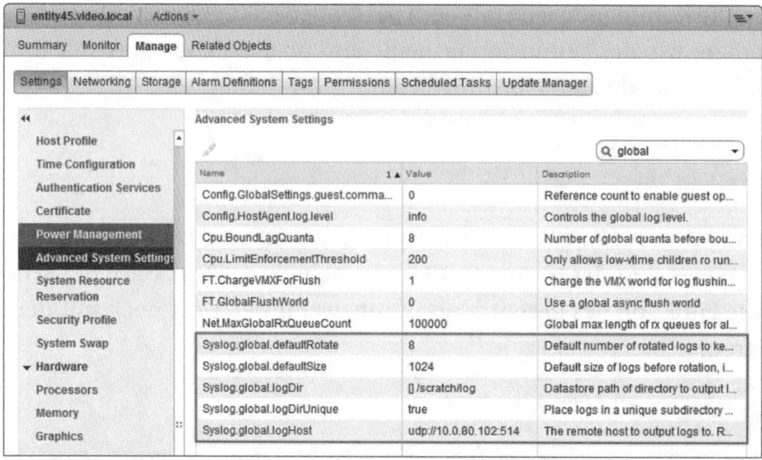

Abbildung 12.42 Syslog-Server-Einstellungen

In Tabelle 12.1 beschreiben wir kurz die fünf Parameter.

Parameter	Beschreibung	Defaultwert
SYSLOG.GLOBAL.DEFAULT-ROTATE	Anzahl der Logs, die behalten werden sollen. Für remote abgelegte Logs spielt dieser Wert keine Rolle.	8

Tabelle 12.1 Parameter zur Einstellung des Log-Servers

Parameter	Beschreibung	Defaultwert
Syslog.global.default-Size	Standardgröße des Protokolls in KB, nach dem eine Log-Rotation durchgeführt wird. Dieser Wert hat keinen Einfluss auf Remote-Log-Server.	1024
Syslog.global.logDir	Diesen Parameter haben wir der Vollständigkeit halber mit aufgeführt. Bei unseren Recherchen haben wir aber keine Dokumentation zu diesem Eintrag gefunden.	[] /scratch/log
Syslog.global.logDir-Unique	Logfiles werden im Verzeichnis *[Datastorename] Verzeichnisname/Filename* abgelegt. Ist das Verzeichnis nicht vorhanden, wird es automatisch angelegt. Dies trifft auch für remote angelegte Datastores zu.	True
Syslog.global.logHost	Hier wird die Adresse eines zentralen Syslog-Servers angegeben. Dabei werden die Protokolle UDP, TCP und SSL unterstützt. Der Eintrag erfolgt in der Form: *<Protokoll>://<Hostname>:514.* Sollten Sie bei der Installation des Syslog-Servers einen anderen Port angegeben haben, so ist das bei der Konfiguration der Adresse entsprechend zu berücksichtigen.	–

Tabelle 12.1 Parameter zur Einstellung des Log-Servers (Forts.)

Kommen wir nun zur Konfiguration über die Kommandozeile. Zu Beginn sollten Sie sich die Werte der Konfigurationsparameter anzeigen lassen. Das erfolgt mit diesem Befehl:

```
esxcli system syslog config get
```

Im Fenster werden nun die fünf Parameter mit ihren Werten angezeigt. Möchten Sie einen oder mehrere der Werte anpassen, so können Sie die Manipulation wie folgt vornehmen:

```
esxcli system syslog config set --logdir=/path/to/directory/
 --loghost=RemoteHostname --logdir-unique=<true|false> --default-rotate=NNN
 --default-size=NNN
```

Parameter, die Sie nicht ändern wollen, lassen Sie einfach weg. Sie sehen, es ist recht simpel, die Anpassung für den Syslog-Server vorzunehmen. Damit die Änderungen, die Sie in der Kommandozeile vorgenommen haben, auch wirksam werden, laden Sie mit dem folgenden Kommando die geänderte Konfiguration und schalten sie aktiv:

```
esxcli system syslog reload
```

vCenter Server Appliance

Der vCenter Server kann seinerseits die Log-Dateien an ein zentrales System weiterleiten. Dazu müssen Sie in die SERVICES-Ansicht des vCenters gehen. Hier gibt es vier Einstellmöglichkeiten (siehe Tabelle 12.2 und Abbildung 12.43).

Parameter	Beschreibung
COMMON LOG LEVEL	Festlegung des Log-Levels. Gültige Werte sind: INFO, NOTICE, WARN, ERROR, ALERT UND EMERG; * bedeutet: »alles übermitteln«
HOST	IP-Adresse oder Hostname des Ziels für die Log-Dateien
PORT	Port für den Syslog-Server. Die Ports 514 (UDP) und 1514 (TCP) sind ohne Konflikt nutzbar.
PROTOCOL	Unterstützt werden UDP, TCP und TLS.

Tabelle 12.2 Parameter zur Einstellung des Log-Servers

Leider ist die Eingabemaske für die Werte nicht ganz gelungen. Es erfolgt zwar eine Überprüfung der Eingaben, aber es gibt keine Auswahlmöglichkeit für den COMMON LOG LEVEL. Die gültigen Werte entnehmen Sie bitte Tabelle 12.2.

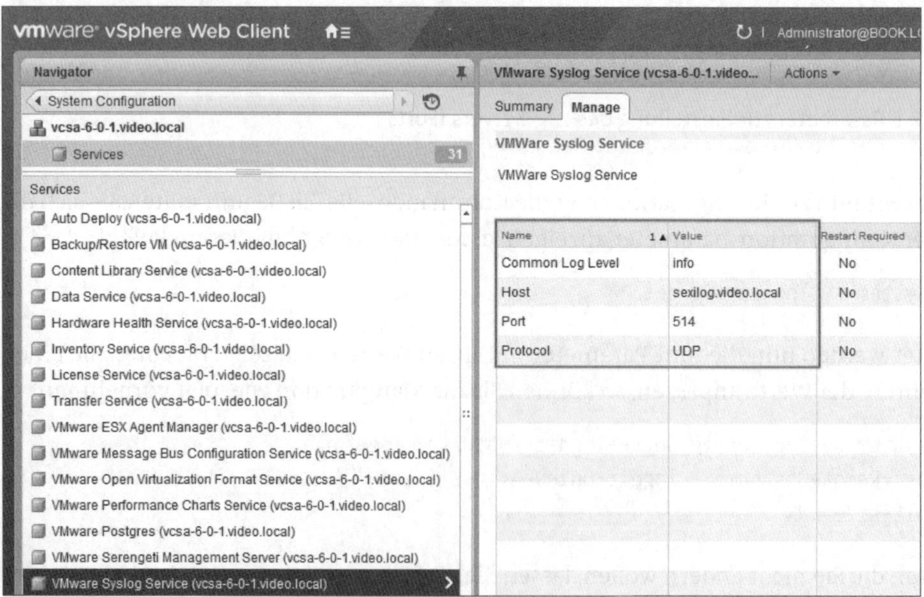

Abbildung 12.43 Dienste-Parametrierung für die Weiterleitung der Syslogs

Leider kann an dieser Stelle nur ein Log-Ziel angegeben werden. Für die Festlegung weiterer Ziele müssen Sie auf die Kommandozeile wechseln. In der Datei */etc/vmware-syslog/syslog.conf* können weitere Eintragungen vorgenommen werden (siehe Abbildung 12.44).

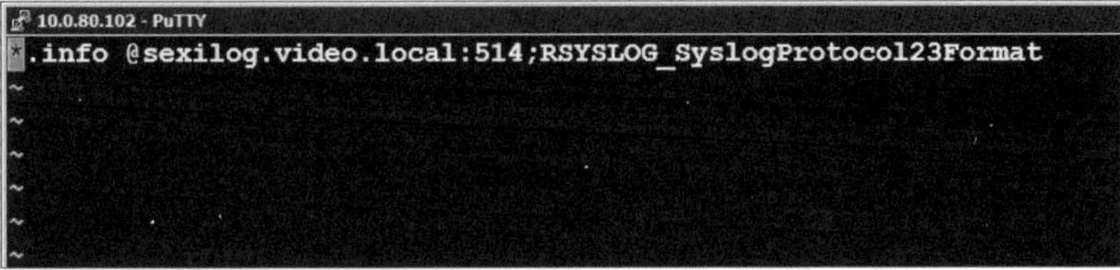

Abbildung 12.44 Einstellungen für mehrere Log-Server

Nachdem Sie Einträge in der Datei geändert haben, müssen Sie den Dienst neu starten:

```
/etc/init.d/vmware-syslog restart
```

Wichtig ist es zu wissen, welche Logs an das System weitergeleitet werden. Dazu schauen Sie bitte einfach in das File */etc/vmware-syslog/custom-file-location.conf*.

Zusammengefasst stellt sich das Ganze so dar wie in Tabelle 12.3 bis Tabelle 12.5.

Parameter	Beschreibung
applmgmt-audit	Appliance-Management
Vmdird	VMware-Directory-Dienst
vmafdd	Authentifizierungs-Framework
vmcad	VMware-Zertifikatsdienst
rbd	Auto-Deploy-Dienst
rsyslog	Remote-Syslog-Dienst

Tabelle 12.3 Weitergeleitete Logs für die VMware-Dienste

Watchdog-Regeln	Beschreibung
watchdog-rhttpproxy	Reverse-HTTP-Proxy-Dienst
watchdog-syslog	Syslog-Dienst
watchdog-vmware-vpostgres	vPostgres-DB-Dienst
watchdog-vpxd	vCenter-Server-Dienst
watchdog-vws	vCenter-Web-Dienst

Tabelle 12.4 Weitergeleitete Logs für die Watchdog-Regeln

Betriebssystemdienste	Beschreibung
audispd	Audit-Ereignis-.Dispatcher
auditd	Audit-System

Tabelle 12.5 Weitergeleitete Logs für die Betriebssystemdienste

vCenter Server unter Windows

Beim vCenter Server unter Windows sieht das folgerichtig anders aus. Die Konfigurationsdatei für die Parametrierung des Log-Servers finden Sie unter *C:\Programm Data\VMware\vCenter Server\cfg\vmsyslogcollector\config.xml*:

```
<Config>
  <defaultInstallPath>C:\Program Files\VMware\vCenter Server\vmsyslogcollector\
  </defaultInstallPath>
  <defaultConfigPath>C:\ProgramData\VMware\vCenterServer\cfg\vmsyslogcollector\
  </defaultConfigPath>
  <defaultLogPath>C:\ProgramData\VMware\vCenterServer\logs\vmsyslogcollector\
  </defaultLogPath>
  <defaultDataPath>C:\ProgramData\VMware\vCenterServer\data\vmsyslogcollector
  </defaultDataPath>
  <serviceAddress>vcenter.video.local</serviceAddress>
  <defaultWebPort>8109</defaultWebPort>
  <defaultValues>
    <maxSize>2</maxSize>
    <rotate>8</rotate>
    <port>514</port>
    <protocol>tcp,udp</protocol>
    <sslPort>1514</sslPort>
  </defaultValues>
  <ssl>
    <defaultSSLPath>C:\ProgramData\VMware\vCenterServer\cfg\vmsyslogcollector\ssl
    </defaultSSLPath>
    <privateKey>vmsyslogcollector.key</privateKey>
    <certificate>vmsyslogcollector.crt</certificate>
  </ssl>
  <vCenterServer>
    <address>vcenter.video.local</address>
    <port>80</port>
    <user>Administrator@bw.local</user>
  </vCenterServer>
  <messageFormat>
```

```
    <hostnamePosition>1</hostnamePosition>
  </messageFormat>
  <events>
    <start>C:\Program Files\VMware\vCenter Server\vmsyslogcollector\bin\vecsync.bat
    </start>
    <stop></stop>
  </events>
  <debug>
   <level>1</level>
  </debug>
</Config>
```

Hier können Sie Einstellungen vornehmen und müssen anschließend den Dienst neu starten.

Allgemeines

Es sind aber noch weitere Informationen, die wichtig sind, denn nicht alle Log-Dateien werden automatisch weitergeleitet. Das *vpxd.log* gehört zum Beispiel standardmäßig nicht dazu, und das obwohl es eigentlich das wichtigste Log ist. Aber hier können Sie über die ADVANCED SETTINGS Abhilfe schaffen (siehe Abbildung 12.45).

Abbildung 12.45 Weiterleitung der Log-Datei »vpxd.log« an einen zentralen Log-Server

12.4.3 Der freie Syslog-Remote-Host »SexiLog«

Das Tool *Sexilog* ist frei und baut auf Standardkomponenten auf. Sie können es nach der Anleitung auf der Webseite auch selbst installieren, ohne mit der Appliance zu arbeiten. Sie finden die Informationen unter *http://www.sexilog.fr*.

Nach der Bereitstellung ist es notwendig, sich an der Maschine anzumelden. Dazu müssen Sie die voreingestellten Werte für die Anmeldung kennen:

Kennung: `root`

Passwort: `Sexi!Log`

Nach der Anmeldung werden Sie direkt in ein Konfigurationsmenü geleitet (siehe Abbildung 12.46), über das Sie die Einstellungen der Appliance anpassen.

```
Hostname:    sexilog
IP:
Netmask:
GW:

Filesystem          Size  Used Avail Use% Mounted on
rootfs              7.6G  1.5G  5.7G  21% /
/dev/sdb1            50G  180M   47G   1% /sexilog

 elasticsearch [ RUNNING ]              riemann       [ RUNNING ]
 logstash      [ RUNNING ]              node-app      [ RUNNING ]

==================================================================

Please choose an option:

0) Logout                              5) Network settings
1) Shell                               6) Change console keymap (for Frenchies)
2) Reboot system                       7) Riemann (e-mail) settings
3) Halt system
4) Restart SexiLog services

[SEXILOG] : _
```

Abbildung 12.46 Konfiguration der SexiLog-Appliance

> **Hinweis**
>
> Das voreingestellte Tastaturlayout ist das englische!
>
> Die einzige Alternative über das Konfigurationsmenü ist das französische Tastaturlayout.

Durch Auswahl des Menüpunkts 5 können Sie die Netzwerkeinstellungen anpassen (siehe Abbildung 12.47).

```
==================================================================

 Network configuration
 Here are settings that will be applied:

 IP:       10.0.80.91
 Netmask:  255.255.240.0
 Gateway:  10.0.95.1
 DNS:      10.0.80.99
 Hostname: sexilog

 Updating your network settings will reboot your appliance.

Are you sure you want to update network settings of this machine? (y/N): _
```

Abbildung 12.47 Anpassung der Netzwerkeinstellungen

Nach der Einstellung der Netzwerkparameter und deren Bestätigung erfolgt ein Reboot der Maschine.

Jetzt ist es noch notwendig, die VMware-Komponenten mit dem System zu verbinden, so wie Sie das im Abschnitt 12.4.2 gesehen haben.

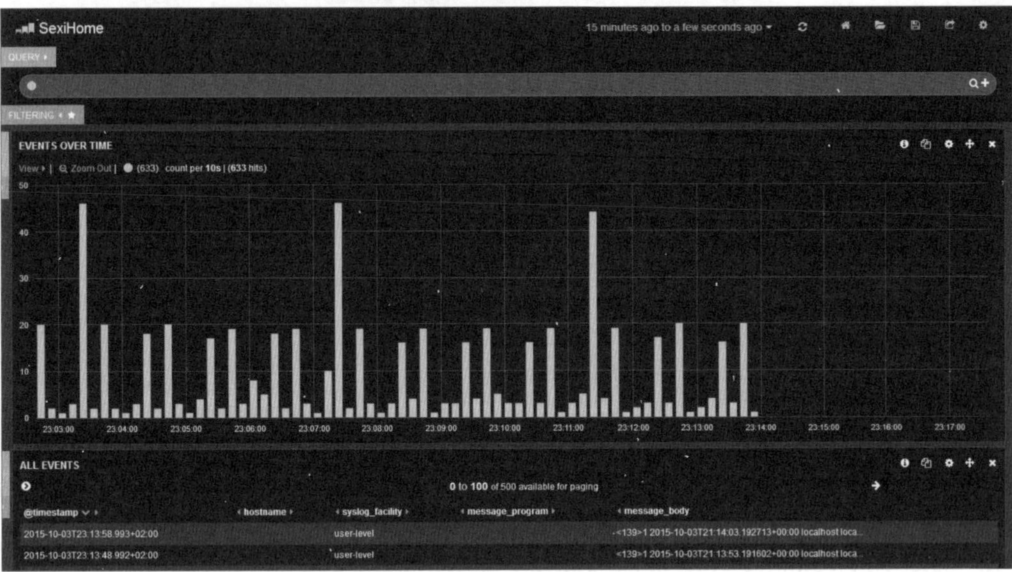

Abbildung 12.48 Oberfläche von SexiLog

12.5 Das vCenter Host Gateway

Das *vCenter Host Gateway* wird so konfiguriert wie viele andere VMware-Appliances auch. Sie rufen einfach die Konfigurationswebseite mit der URL *https://<ip.adresse oder FQDN>:5480* auf und melden sich dort an.

Abbildung 12.49 Das Management Interface der vCenter Host Gateway Appliance

Auf dem ersten Reiter (siehe Abbildung 12.49) finden Sie die Funktionen für das Neustarten der Appliance und für den Download der Support-Files. Mit dem Button Time rufen Sie die Konfigurationseinstellungen für die Zeitsynchronisation auf (siehe Abbildung 12.50).

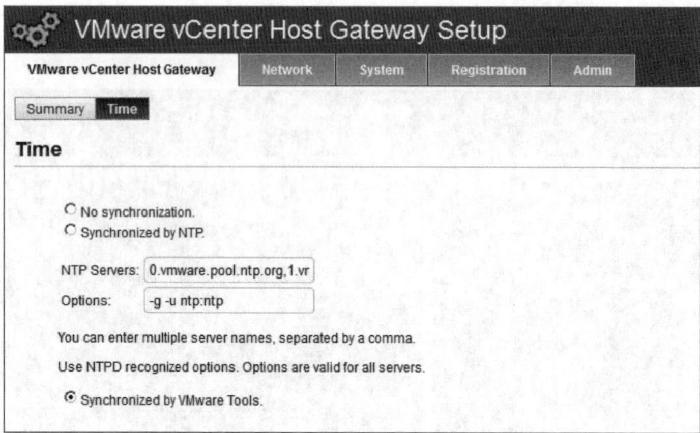

Abbildung 12.50 Festlegung der Zeitsynchronisation

Die Auswahl ähnelt der anderer Systeme. Sie können hier mit NO SYNCHRONIZATION die Synchronisation deaktivieren, wovon wir ausdrücklich abraten. Nutzen Sie stattdessen entweder die *VMware Tools* oder geben Sie einen NTP-Server an.

Der Reiter NETWORK fasst alle Einstellungen zur Netzwerkkonfiguration zusammen (siehe Abbildung 12.51).

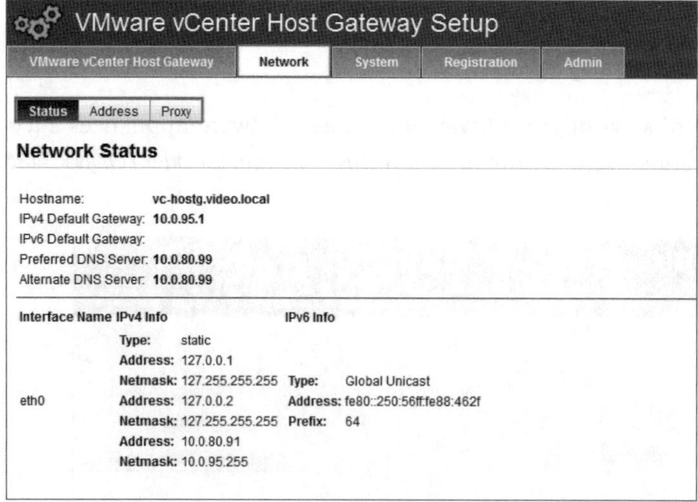

Abbildung 12.51 Die Netzwerkeinstellungen des Host-Gateways

Neben den IP-Einstellungen kann hier auch ein Proxy eingetragen werden, falls das in Ihrem Netzwerk notwendig ist.

Hinter dem SYSTEM-Reiter verbergen sich die Daten der Appliance und die Links für das Herunterfahren bzw. Neustarten der Appliance.

Der wichtigste Punkt findet sich unter dem REGISTRATION-Reiter (siehe Abbildung 12.52). Hier wird das Host-Gateway mit dem vCenter-Server verbunden, damit die Funktionalität des Gateways genutzt werden kann.

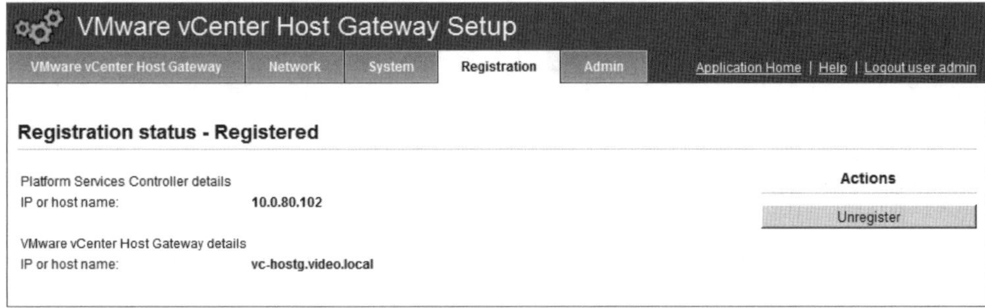

Abbildung 12.52 Registrieung des Gateways am vCenter Server

Der Reiter ADMIN zeigt die administrativen Funktionen (siehe Abbildung 12.53). Hier können Sie das Passwort des Users »admin« ändern und den Zugriff per SSH aktivieren bzw. deaktivieren.

Ist die Konfiguration erfolgreich abgeschlossen, können Sie auch andere Hypervisoren ins vCenter aufnehmen und von dort aus managen.

Abbildung 12.53 Passwort und Zugriffseinstellungen

Das Management erfolgt recht einfach. Wenn Sie einen Host der Umgebung hinzufügen wollen, dann haben Sie eine Auswahl, von welchem Typ der Host sein soll (siehe Abbildung 12.54).

Auch wenn Sie hier drei Einstellmöglichkeiten sehen, sind derzeit nur *ESXi* und *Hyper-V* unterstützt. *KVM* wird wohl folgen. (Wir haben auch Installationen gesehen, in denen hier noch die Auswahl *vCloud Air* zu sehen war.)

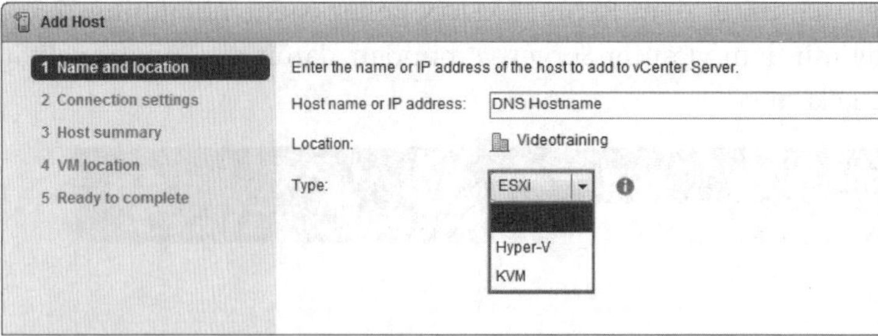

Abbildung 12.54 Typauswahl beim Hinzufügen eines Hosts

> **Hinweis**
> Sie können keine Systeme einem bestehenden Cluster hinzufügen. Optimaler Ansatzpunkt ist hier das Datacenter.

Um den Zugriff auf die Server zu ermöglichen, muss auf dem Hyper-V-System *winrm* konfiguriert werden. Als Beispiel möchten wir Ihnen zeigen, wie die Nutzung des HTTP-Protokolls aktiviert wird. Durch den Aufruf von `winrm quickconfig` aktivieren Sie die Schnittstelle, die Sie in Abbildung 12.55 sehen.

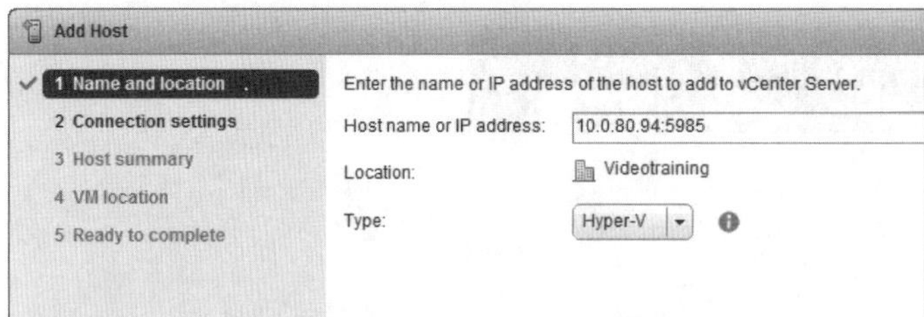

Abbildung 12.55 Einbinden eines Hyper-V-Hosts

Nach der Eingabe von Benutzername und Passwort folgen die gleichen Dialoge, wie beim Hinzufügen eines vSphere-Hosts, und schon sehen Sie den Host im Web Client und können ihn von hier aus administrieren.

12.6 Authentication Services

VMware stellt unterschiedliche Mechanismen für die Authentifizierung am Host bereit. Während es in den Vorgängerversionen nur den Authentication Proxy gab, so haben Sie nun noch die Option, sich mit einer Smart Card anzumelden.

Schauen wir uns zuerst die Authentication-Proxy-Konfiguration näher an.

12.6.1 VMware vSphere Authentication Proxy

Der Authentication Proxy ist eine weitere neue Komponente, die VMware mit der Version 5.x eingeführt hat. Er erleichtert es Ihnen, ESXi-Hosts in ein Active Directory aufzunehmen. Sie brauchen keine Active-Directory-Credentials einzugeben, um einen Host einer Domäne hinzuzufügen.

Sie müssen unterschiedliche Arbeitsschritte durchführen, um den Authentication Proxy zu konfigurieren. Dabei kommt es darauf an, welche IIS-Version Sie auf dem Proxy installiert haben. Aus diesem Grund werden wir im Folgenden immer eine kleine Tabelle einfügen, die die unterschiedlichen Konfigurationsschritte für den *IIS (Internet Information Server)* beschreibt. Zu Beginn der Konfigurationsarbeiten müssen Sie dem IIS bekannt geben, welche Hosts den Dienst nutzen dürfen. Dazu passen Sie die IIS-Konfiguration so an, wie in Tabelle 12.6 beschrieben.

IIS-Version	Arbeitsschritte
IIS 6.x	1. Öffnen Sie die COMPUTER ACCOUNT MANAGEMENT WEB SITE. 2. Öffnen Sie das Kontextmenü des virtuellen Verzeichnisses *CAM ISAPI*. 3. Wählen Sie den Menüpunkt PROPERTIES • DIRECTORY SECURITY • EDIT IP ADDRESS AND DOMAIN NAME RESTRICTIONS • ADD GROUP OF COMPUTERS aus.
IIS 7.x	1. Öffnen Sie die COMPUTER ACCOUNT MANAGEMENT WEB SITE. 2. Klicken Sie auf der linken Seite auf das Objekt CAM ISAPI, und öffnen Sie den Punkt IPv4 ADDRESS AND DOMAIN RESTRICTIONS. 3. Wählen Sie ADD ALLOW ENTRY • IPv4 ADDRESS RANGE aus.

Tabelle 12.6 Bekanntgabe der Hosts, die den IIS nutzen sollen

Jetzt kommt es darauf an, ob Sie den Host per *Auto Deploy* aufgesetzt haben oder nicht. Ist dem nicht so, dann müssen Sie das Zertifikat ändern. Hier können Sie ein selbst generiertes oder ein offizielles Zertifikat nutzen (siehe Tabelle 12.7).

Zertifikatsart	Vorgehensweise
Selbst erzeugtes Zertifikat	Haben Sie das Defaultzertifikat durch ein eigenes ersetzt, dann fügen Sie einfach den Host dem vCenter hinzu. Danach vertraut der Authentication Proxy dem Host.

Tabelle 12.7 Zertifikatskonfiguration

Zertifikatsart	Vorgehensweise
CA-erzeugtes Zertifikat	Fügen Sie das Zertifikat dem lokalen Zertifikatsspeicher auf dem Authentication Proxy hinzu, und starten Sie den Dienst neu. ▸ **Windows Server 2003** Kopieren Sie das Zertifikat in das folgende Verzeichnis: *C:\Documents and Settings\All Users\Application Data\VMware\vSphere Authentication Proxy\trust* ▸ **Windows Server 2008/2012** Kopieren Sie das Zertifikat in das folgende Verzeichnis: *C:\Program Data\VMware\vSphere Authentication Proxy\trust*

Tabelle 12.7 Zertifikatskonfiguration (Forts.)

Damit die Funktion des Authentication Proxys für ESXi-Hosts genutzt werden kann, müssen Sie die beiden Systeme miteinander bekannt machen. Bei der Nutzung von Hostprofilen passiert das automatisch. Nutzen Sie diese nicht, so haben Sie noch einige weitere Schritte abzuarbeiten.

Sie müssen das Zertifikat auf den Proxy exportieren und auf dem ESXi-Host wieder importieren. Dazu exportieren Sie zuerst das Zertifikat. Der Arbeitsschritt erfolgt wieder im IIS (siehe Tabelle 12.8).

IIS-Version	Arbeitsschritte
IIS 6.x	1. Öffnen Sie die Computer Account Management Web Site. 2. Wählen Sie Properties • Directory Security • View Certificate aus. 3. Exportieren Sie das Zertifikat über Details • Copy to File. 4. Aktivieren Sie die zusätzlichen Optionen Do Not Export the Private Key und Base-64 encoded X.509 (CER).
IIS 7.x	1. Öffnen Sie die Computer Account Management Web Site. 2. Öffnen Sie die Bindings-Dialogbox. 3. Wählen Sie HTTPS Bindings aus. 4. Wählen Sie Edit • View SSL Certificate. 5. Exportieren Sie das Zertifikat über Details • Copy to File. 6. Aktivieren Sie die zusätzlichen Optionen Do Not Export the Private Key und Base-64 encoded X.509 (CER).

Tabelle 12.8 Zertifikatsexport

Logischerweise folgt nun der Import auf dem ESXi-Host. Gehen Sie dazu auf den Host, der das Zertifikat bekommen soll. Wählen Sie hier einen beliebigen Datastore aus, und browsen Sie diesen. Mit UPLOAD FILE kopieren Sie das exportierte Zertifikat auf den Datastore. Wählen Sie anschließend das Zertifikat auf dem ESXi-Host aus, und öffnen Sie es.

Gehen Sie auf die Konfigurationsseite des Hosts, und wählen Sie MANAGE • SETTINGS • AUTHENTICATION SERVICES. Der Link IMPORT CERTIFICATE bringt Sie einen Schritt weiter. Fügen Sie hier den gesamten Pfad zu dem Zertifikat ein, und zwar in der Form *<Datastore-Name><Dateipfad><Zertifikatsdateiname>*. Im unteren Eingabefeld wird die IP-Adresse des Authentication Proxys erwartet. Damit sind die vorbereitenden Arbeiten abgeschlossen. Jetzt können Sie den Host der Domäne hinzufügen. Auch dazu müssen Sie wieder nach MANAGE • SETTINGS • AUTHENTICATION SERVICES auf dem ESXi-Host gehen (siehe Abbildung 12.56).

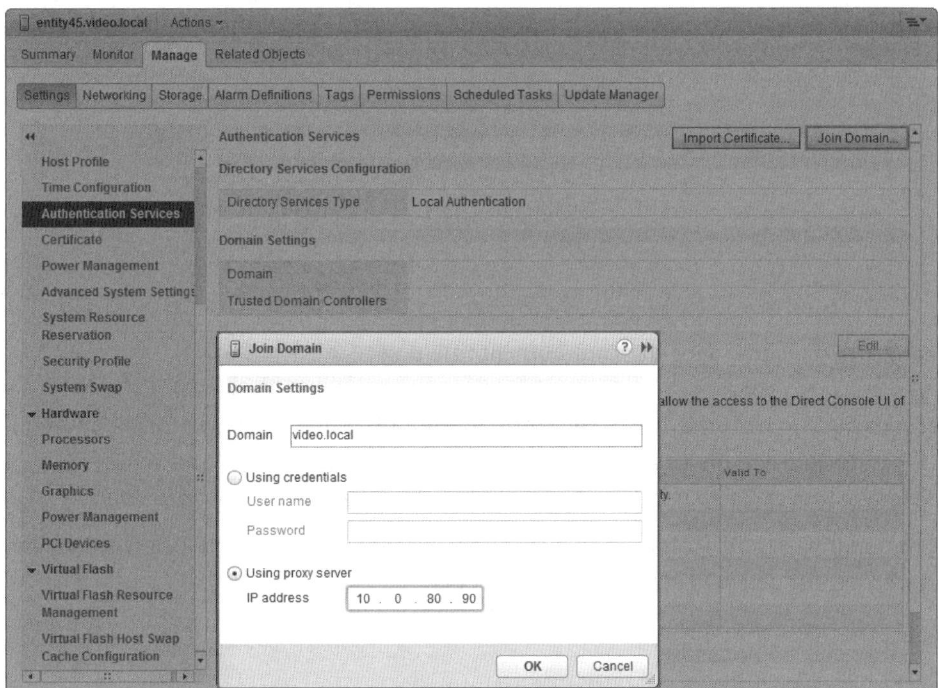

Abbildung 12.56 Hinzufügen des ESXi-Hosts zur Domäne

Mit der Betätigung des Buttons JOIN DOMAIN schließen Sie die Arbeiten ab.

12.6.2 Smartcard-Authentifizierung

Mit vSphere 6.0 ist es nun möglich, sich am Host mit einer Smartcard zu authentifizieren. Die Voraussetzung für die Nutzung ist, dass die vSphere-Hosts Mitglieder in einer Domäne sind, die eine Smartcard-Authentifizierung erlaubt. Des Weiteren muss an dem Host ein

Smartcard-Reader installiert sein. Die Smartcard ersetzt dann bei der Anmeldung an der DCUI die klassische Anmeldung mit Benutzername und Passwort.

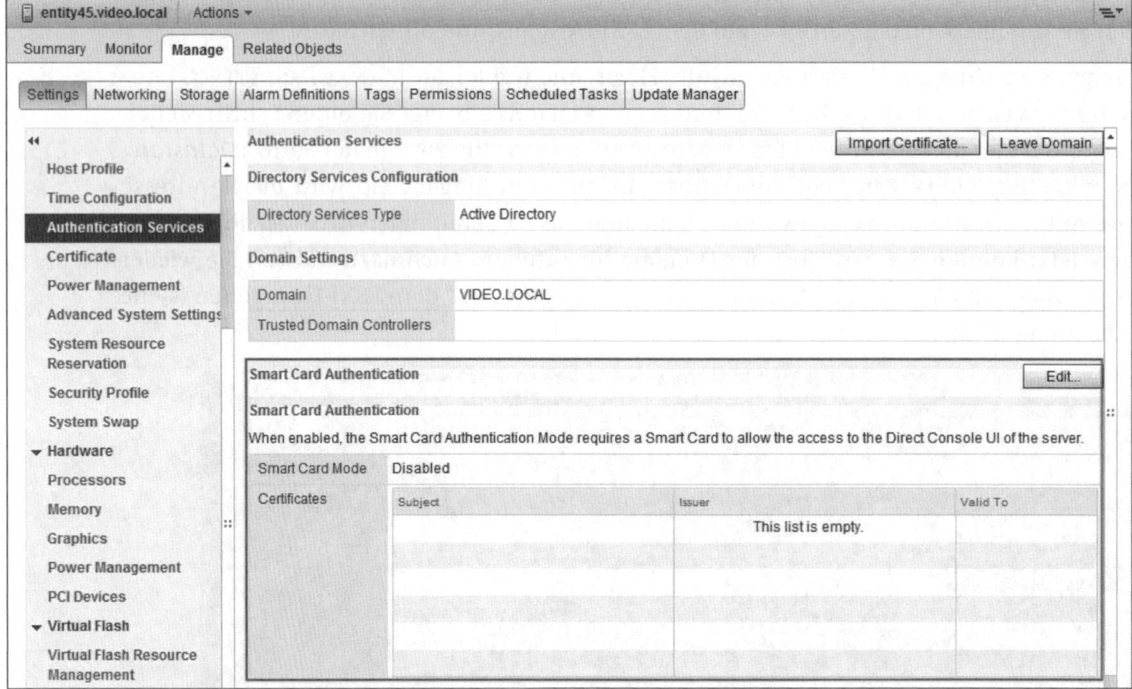

Abbildung 12.57 Aktivierung der Smartcard-Authentifizierung

Nach der Aktivierung der Smartcard-Authentifizierung über den EDIT-Button (siehe Abbildung 12.57) müssen noch die passenden Zertifikate eingespielt werden, und schon können Sie sich über die Serverkonsole mit der Smartcard an der lokalen Konsole anmelden.

Diese Funktionalität ist für Unternehmen sinnvoll, die sehr hohe Sicherheitsansprüche haben, und weniger für den »Otto-Normal-Anwender«.

12.7 VMware vSphere Image Builder

Innerhalb von Abschnitt 5.3.4 haben wir die Installation des *Image Builders* beschrieben (Sie müssen nichts tun, außer das PowerCLI zu installieren). Hier möchten wir exemplarisch zeigen, wie Sie ein Image erstellen. Eine Konfiguration des Image Builders ist nicht notwendig. Die passenden Cmdlets sind Teil des PowerCLI.

Der erste Schritt besteht darin, das Depot mit dem folgenden Befehl bekannt zu machen (siehe auch Abbildung 12.58):

```
Add-EsxSoftwareDepot -DepotUrl C:\Depot\VMware-ESXi-6.0.0-2494585-depot.zip
```

```
VMware vSphere PowerCLI 6.0 Release 1
          Welcome to VMware vSphere PowerCLI!

Log in to a vCenter Server or ESX host:              Connect-VIServer
To find out what commands are available, type:       Get-VICommand
To show searchable help for all PowerCLI commands:   Get-PowerCLIHelp
Once you've connected, display all virtual machines: Get-VM
If you need more help, visit the PowerCLI community: Get-PowerCLICommunity

       Copyright (C) VMware, Inc. All rights reserved.

PowerCLI C:\Program Files (x86)\VMware\Infrastructure\vSphere PowerCLI> cd ..
PowerCLI C:\Program Files (x86)\VMware\Infrastructure> cd ..
PowerCLI C:\Program Files (x86)\VMware> cd ..
PowerCLI C:\Program Files (x86)> cd ..
PowerCLI C:\> cd depot
PowerCLI C:\depot> ls


    Directory: C:\depot


Mode                LastWriteTime     Length Name
----                -------------     ------ ----
d----        06.07.2015     12:48            cp025390
-a---        06.07.2015     12:46     802528 cp025390.zip
-a---        17.03.2015     17:17  377109674 VMware-ESXi-6.0.0-2494585-HP-600.9.1.39-Mar2015-depot.
                                             zip

PowerCLI C:\depot> Add-EsxSoftwareDepot -DepotUrl C:\depot\VMware-ESXi-6.0.0-2494585-depot.zip

Depot Url
---------
zip:C:\depot\VMware-ESXi-6.0.0-2494585-depot.zip?index.xml

PowerCLI C:\depot> _
```

Abbildung 12.58 Erstellen eines Depots

Ein Depot-File kann bereits unterschiedliche Profile enthalten. Diese können Sie sich anzeigen lassen:

```
Get-EsxImageProfile
```

Das Original-Depot-File von VMware selbst enthält bereits zwei Profile: das Standardprofil und das No-Tools-Profil (siehe Abbildung 12.59). Diese Profile können Sie nicht ändern; sie sind schreibgeschützt. Das hindert Sie aber nicht daran, diese Profile zu duplizieren und anschließend an Ihre Bedürfnisse anzupassen.

```
PowerCLI C:\depot> Get-EsxImageProfile

Name                           Vendor          Last Modified   Acceptance Level
----                           ------          -------------   ----------------
ESXi-6.0.0-2494585-no-tools    VMware, Inc.    06.02.2015 0... PartnerSupported
ESXi-6.0.0-2494585-standard    VMware, Inc.    06.02.2015 0... PartnerSupported

PowerCLI C:\depot> _
```

Abbildung 12.59 Profile im Standard-Depot-File

Wir erstellen nun eine Kopie des Standardprofils, um sie später für unsere Arbeiten zu nutzen:

```
New-EsxImageProfile -CloneProfile ESXi-6.0.0-2494585-standard
 -Name "Eigene_vSphere6_Installation" -Vendor ME
```

Ein sehr wichtiger Punkt ist das Acceptance-Level. Es gibt an, welche VIBs (*vSphere Installation Bundles*) in das Profil eingebunden werden dürfen. Die dazu möglichen Werte finden Sie in Tabelle 12.9.

Acceptance-Level
VMwareCertified
VMwareAccepted
PartnerSupported
CommunitySupported

Tabelle 12.9 Mögliche Werte für das Acceptance-Level

Es kann also erforderlich sein, das Level an Ihre Bedürfnisse anzupassen. Der Befehl sieht dann wie folgt aus:

```
New-EsxImageProfile -CloneProfile ESXi-5.5.0-1331820-standard
 -Name "Eigene_vSphere5-5_Installation" -AcceptanceLevel CommunitySupported
```

Alternativ können Sie einzelne Anpassungen auch nachträglich mit dem Befehl `Set-EsxImageProfile` vornehmen. Lassen Sie uns nun kontrollieren, welche Installationspakete das Profil enthält (siehe Abbildung 12.60). Auch hierfür gibt es ein passendes Kommando:

```
Get-ESXSoftwarePackage
```

Logischerweise sind alle Softwarepakete VIBs, und alle werden geladen, soweit benötigt. Zu Beginn steht nun die Analyse, was zu tun ist. Welche Arbeiten könnten zu erledigen sein? Möglichkeiten wären das Hinzufügen und Entfernen von VMware Infrastructure Bundles (VIBs).

Als Beispiel ersetzen wir den vorhandenen *tg3*-Treiber für Netzwerkkarten der Firma *Broadcom* durch den aktuelleren.

Beide Aktionen möchten wir Ihnen jetzt zeigen. Beginnen wir mit dem Entfernen eines Pakets, was beispielsweise auf jeden Fall relevant ist, wenn ein Treiber aktualisiert werden muss. Sie müssen dann zuerst den alten Treiber entfernen und anschließend den neuen Treiber einspielen.

```
Remove-EsxSoftwarePackage -ImageProfile Eigene_vSphere6_Installation
-SoftwarePackage net-tg3
```

Wollen Sie kontrollieren, welche Änderungen Sie im Profil vorgenommen haben, verwenden Sie folgenden Befehl:

```
(Get-EsxImageProfile -Name "Eigene_vSphere6_Installation").VibList
```

Nachdem Sie den aktuellen Treiber bei HP heruntergeladen haben, können Sie ihn zum Profil hinzufügen.

```
VMware vSphere PowerCLI 6.0 Release 1
ehci-ehci-hcd              1.0-3vmw.600.0.0.2494585        VMware   06.02.2015 02...
block-cciss                3.6.14-10vmw.600.0.0.2494585    VMware   06.02.2015 02...
xhci-xhci                  1.0-2vmw.600.0.0.2494585        VMware   06.02.2015 02...
scsi-mptspi                4.23.01.00-9vmw.600.0.0.249...  VMware   06.02.2015 02...
nmlx4-core                 3.0.0.0-1vmw.600.0.0.2494585    VMware   06.02.2015 02...
ata-pata-atiixp            0.4.6-4vmw.600.0.0.2494585      VMware   06.02.2015 02...
mtip32xx-native            3.8.5-1vmw.600.0.0.2494585      VMWARE   06.02.2015 02...
esx-xserver                6.0.0-0.0.2494585               VMware   06.02.2015 02...
sata-sata-promise          2.12-3vmw.600.0.0.2494585       VMware   06.02.2015 02...
sata-ahci                  3.0-21vmw.600.0.0.2494585       VMware   06.02.2015 02...
qlnativefc                 2.0.12.0-5vmw.600.0.0.2494585   VMware   06.02.2015 02...
net-bnx2x                  1.78.80.v60.12-1vmw.600.0.0...  VMware   06.02.2015 02...
lsu-lsi-mptsas-plugin      1.0.0-1vmw.600.0.0.2494585      VMware   06.02.2015 02...
ohci-usb-ohci              1.0-3vmw.600.0.0.2494585        VMware   06.02.2015 02...
sata-sata-nv               3.5-4vmw.600.0.0.2494585        VMware   06.02.2015 02...
lsu-lsi-lsi-msgpt3-pl...   1.0.0-1vmw.600.0.0.2494585      VMware   06.02.2015 02...
misc-drivers               6.0.0-0.0.2494585               VMware   06.02.2015 02...
scsi-mptsas                4.23.01.00-9vmw.600.0.0.249...  VMware   06.02.2015 02...
esx-dvfilter-generic-...   6.0.0-0.0.2494585               VMware   06.02.2015 02...
ata-pata-sil680            0.4.8-3vmw.600.0.0.2494585      VMware   06.02.2015 02...
ata-pata-serverworks       0.4.3-3vmw.600.0.0.2494585      VMware   06.02.2015 02...
nmlx4-en                   3.0.0.0-1vmw.600.0.0.2494585    VMware   06.02.2015 02...
net-nx-nic                 5.0.621-5vmw.600.0.0.2494585    VMware   06.02.2015 02...
ata-pata-hpt3x2n           0.3.4-3vmw.600.0.0.2494585      VMware   06.02.2015 02...
net-e1000e                 2.5.4-6vmw.600.0.0.2494585      VMware   06.02.2015 02...
sata-sata-sil24            1.1-1vmw.600.0.0.2494585        VMware   06.02.2015 02...
tools-light                6.0.0-0.0.2494585               VMware   06.02.2015 02...
sata-sata-svw              2.3-3vmw.600.0.0.2494585        VMware   06.02.2015 02...
elxnet                     10.2.309.6v-1vmw.600.0.0.24...  VMware   06.02.2015 02...
ata-pata-amd               0.3.10-3vmw.600.0.0.2494585     VMware   06.02.2015 02...
net-bnx2                   2.2.4f.v60.10-1vmw.600.0.0....  VMware   06.02.2015 02...
scsi-hpsa                  6.0.0.44-4vmw.600.0.0.2494585   VMware   06.02.2015 02...
net-e1000                  8.0.3.1-5vmw.600.0.0.2494585    VMware   06.02.2015 02...
scsi-megaraid2             2.00.4-9vmw.600.0.0.2494585     VMware   06.02.2015 02...
scsi-bnx2i                 2.78.76.v60.8-1vmw.600.0.0....  VMware   06.02.2015 02...
emulex-esx-elxnetcli       10.2.309.6v-0.0.2494585         VMware   06.02.2015 02...
misc-cnic-register         1.78.75.v60.7-1vmw.600.0.0....  VMware   06.02.2015 02...
lsu-lsi-lsi-mr3-plugin     1.0.0-1vmw.600.0.0.2494585      VMware   06.02.2015 02...
scsi-adp94xx               1.0.8.12-6vmw.600.0.0.2494585   VMware   06.02.2015 02...
esx-tboot                  6.0.0-0.0.2494585               VMware   06.02.2015 02...
ata-pata-pdc2027x          1.0-3vmw.600.0.0.2494585        VMware   06.02.2015 02...
uhci-usb-uhci              1.0-3vmw.600.0.0.2494585        VMware   06.02.2015 02...
sata-ata-piix              2.12-10vmw.600.0.0.2494585      VMware   06.02.2015 02...
net-mlx4-core              1.9.7.0-1vmw.600.0.0.2494585    VMware   06.02.2015 02...
ipmi-ipmi-devintf          39.1-4vmw.600.0.0.2494585       VMware   06.02.2015 02...
net-cnic                   1.78.76.v60.13-2vmw.600.0.0...  VMware   06.02.2015 02...
net-forcedeth              0.61-2vmw.600.0.0.2494585       VMware   06.02.2015 02...
lsi-msgpt3                 06.255.12.00-7vmw.600.0.0.2...  VMware   06.02.2015 02...
cpu-microcode              6.0.0-0.0.2494585               VMware   06.02.2015 02...
scsi-aic79xx               3.1-5vmw.600.0.0.2494585        VMware   06.02.2015 02...
net-mlx4-en                1.9.7.0-1vmw.600.0.0.2494585    VMware   06.02.2015 02...
scsi-megaraid-mbox         2.20.5.1-6vmw.600.0.0.2494585   VMware   06.02.2015 02...
net-enic                   2.1.2.38-2vmw.600.0.0.2494585   VMware   06.02.2015 02...
scsi-fnic                  1.5.0.45-3vmw.600.0.0.2494585   VMware   06.02.2015 02...
net-tg3                    3.131d.v60.4-1vmw.600.0.0.2...  VMware   06.02.2015 02...
ata-pata-cmd64x            0.2.5-3vmw.600.0.0.2494585      VMware   06.02.2015 02...
nmlx4-rdma                 3.0.0.0-1vmw.600.0.0.2494585    VMware   06.02.2015 02...
nvme                       1.0e.0.35-1vmw.600.0.0.2494585  VMware   06.02.2015 02...
lsu-lsi-megaraid-sas-...   1.0.0-1vmw.600.0.0.2494585      VMware   06.02.2015 02...
ipmi-ipmi-msghandler       39.1-4vmw.600.0.0.2494585       VMware   06.02.2015 02...
net-vmxnet3                1.1.3.0-3vmw.600.0.0.2494585    VMware   06.02.2015 02...
scsi-bnx2fc                1.78.78.v60.8-1vmw.600.0.0....  VMware   06.02.2015 02...
ipmi-ipmi-si-drv           39.1-4vmw.600.0.0.2494585       VMware   06.02.2015 02...

PowerCLI C:\depot> _
```

Abbildung 12.60 Installationspakete im Profil

Kopieren Sie den heruntergeladenen Treiber in das Depotverzeichnis, und extrahieren Sie das Offline-Bundle aus der ZIP-Datei.

Bevor Sie den neuen Treiber in das Profil laden können, müssen Sie ihn zuerst dem Depot hinzufügen (siehe Abbildung 12.61):

```
Add-EsxSoftwareDepot -DepotUrl C:\Depot\tg3-3.317h.v55.1-offline_bundle-2460118.zip
```

```
PowerCLI C:\depot> Add-EsxSoftwareDepot -DepotUrl C:\Depot\tg3-3.137h.v55.1-offline_bundle-2460118.z
ip

Depot Url
---------
zip:C:\Depot\tg3-3.137h.v55.1-offline_bundle-2460118.zip?index.xml

PowerCLI C:\depot> _
```

Abbildung 12.61 Einbinden eines Treibers in das Image

Jetzt ist der richtige Zeitpunkt gekommen, um den neuen Treiber in das Profil zu importieren (siehe Abbildung 12.62):

```
Add-EsxSoftwarePackage -ImageProfile Eigene_vSpher6_Installation
-SoftwarePackage net-tg3
```

```
PowerCLI C:\depot> Add-EsxSoftwarePackage -ImageProfile Eigene_vSpher6_Installation -SoftwarePackage
 net-tg3

Name                           Vendor          Last Modified   Acceptance Level
----                           ------          -------------   ----------------
Eigene_vSpher6_Installation    ME              04.10.2015 1... CommunitySupported

PowerCLI C:\depot> _
```

Abbildung 12.62 Entfernen und Hinzufügen von VIBs

Wenn Sie sich jetzt die Pakete im Profil anschauen, so können Sie den ersetzten Treiber lokalisieren (siehe Abbildung 12.63).

```
VMware vSphere PowerCLI 6.0 Release 1
xhci-xhci                  1.0-2vmw.600.0.0.2494585        VMware      06.02.2015 02...
scsi-mptspi                4.23.01.00-9vmw.600.0.0.249...  VMware      06.02.2015 02...
nmlx4-core                 3.0.0.0-1vmw.600.0.0.2494585    VMware      06.02.2015 02...
mtip32xx-native            3.8.5-1vmw.600.0.0.2494585      VMWARE      06.02.2015 02...
esx-xserver                6.0.0-0.0:2494585               VMware      06.02.2015 02...
sata-sata-promise          2.12-3vmw.600.0.0.2494585       VMware      06.02.2015 02...
sata-ahci                  3.0-21vmw.600.0.0.2494585       VMware      06.02.2015 02...
qlnativefc                 2.0.12.0-5vmw.600.0.0.2494585   VMware      06.02.2015 02...
net-bnx2x                  1.78.80.v60.12-1vmw.600.0.0...  VMware      06.02.2015 02...
lsu-lsi-mptsas-plugin      1.0.0-1vmw.600.0.0.2494585      VMware      06.02.2015 02...
ohci-usb-ohci              1.0-3vmw.600.0.0.2494585        VMware      06.02.2015 02...
sata-sata-nv               3.5-4vmw.600.0.0.2494585        VMware      06.02.2015 02...
lsu-lsi-lsi-msgpt3-pl...   1.0.0-1vmw.600.0.0.2494585      VMware      06.02.2015 02...
misc-drivers               6.0.0-0.0.2494585               VMware      06.02.2015 02...
scsi-mptsas                4.23.01.00-9vmw.600.0.0.249...  VMware      06.02.2015 02...
esx-dvfilter-generic-...   6.0.0-0.0.2494585               VMware      06.02.2015 02...
ata-pata-sil680            0.4.8-3vmw.600.0.0.2494585      VMware      06.02.2015 02...
ata-pata-serverworks       0.4.3-3vmw.600.0.0.2494585      VMware      06.02.2015 02...
net-forcedeth              0.61-2vmw.600.0.0.2494585       VMware      06.02.2015 02...
nmlx4-en                   3.0.0.0-1vmw.600.0.0.2494585    VMware      06.02.2015 02...
net-nx-nic                 5.0.621-5vmw.600.0.0.2494585    VMware      06.02.2015 02...
ata-pata-hpt3x2n           0.3.4-3vmw.600.0.0.2494585      VMware      06.02.2015 02...
net-e1000e                 2.5.4-6vmw.600.0.0.2494585      VMware      06.02.2015 02...
sata-sata-sil24            1.1-1vmw.600.0.0.2494585        VMware      06.02.2015 02...
tools-light                6.0.0-0.0.2494585               VMware      06.02.2015 02...
sata-sata-svw              2.3-3vmw.600.0.0.2494585        VMware      06.02.2015 02...
elxnet                     10.2.309.6v-1vmw.600.0.0.24...  VMware      06.02.2015 02...
net-cnic                   1.78.76.v60.13-2vmw.600.0.0...  VMware      06.02.2015 02...
ata-pata-amd               0.3.10-3vmw.600.0.0.2494585     VMware      06.02.2015 02...
net-bnx2                   2.2.4f.v60.10-1vmw.600.0.0....  VMware      06.02.2015 02...
scsi-aic79xx               3.1-5vmw.600.0.0.2494585        VMware      06.02.2015 02...
scsi-megaraid2             2.00.4-9vmw.600.0.0.2494585     VMware      06.02.2015 02...
scsi-hpsa                  6.0.0.44-4vmw.600.0.0.2494585   VMware      06.02.2015 02...
scsi-bnx2i                 2.78.76.v60.8-1vmw.600.0.0....  VMware      06.02.2015 02...
lsu-lsi-mpt2sas-plugin     1.0.0-1vmw.600.0.0.2494585      VMware      06.02.2015 02...
misc-cnic-register         1.78.75.v60.7-1vmw.600.0.0....  VMware      06.02.2015 02...
lsu-lsi-lsi-mr3-plugin     1.0.0-1vmw.600.0.0.2494585      VMware      06.02.2015 02...
scsi-adp94xx               1.0.8.12-6vmw.600.0.0.2494585   VMware      06.02.2015 02...
esx-tboot                  6.0.0-0.0.2494585               VMware      06.02.2015 02...
ata-pata-pdc2027x          1.0-3vmw.600.0.0.2494585        VMware      06.02.2015 02...
uhci-usb-uhci              1.0-3vmw.600.0.0.2494585        VMware      06.02.2015 02...
ata-pata-atiixp            0.4.6-4vmw.600.0.0.2494585      VMware      06.02.2015 02...
net-mlx4-en                1.9.7.0-1vmw.600.0.0.2494585    VMware      06.02.2015 02...
net-mlx4-core              1.9.7.0-1vmw.600.0.0.2494585    VMware      06.02.2015 02...
ipmi-ipmi-devintf          39.1-4vmw.600.0.0.2494585       VMware      06.02.2015 02...
emulex-esx-elxnetcli       10.2.309.6v-0.0.2494585         VMware      06.02.2015 02...
nvme                       1.0e.0.35-1vmw.600.0.0.2494585  VMware      06.02.2015 02...
ehci-ehci-hcd              1.0-3vmw.600.0.0.2494585        VMware      06.02.2015 02...
cpu-microcode              6.0.0-0.0.2494585               VMware      06.02.2015 02...
net-tg3                    3.137h.v55.1-1OEM.550.0.0.1...  Broadcom    21.12.2014 01...
net-e1000                  8.0.3.1-5vmw.600.0.0.2494585    VMware      06.02.2015 02...
scsi-mpt2sas               19.00.00.00-1vmw.600.0.0.24...  VMware      06.02.2015 02...
net-enic                   2.1.2.38-2vmw.600.0.0.2494585   VMware      06.02.2015 02...
scsi-fnic                  1.5.0.45-3vmw.600.0.0.2494585   VMware      06.02.2015 02...
net-tg3                    3.131d.v60.4-1vmw.600.0.0.2...  VMware      06.02.2015 02...
ata-pata-cmd64x            0.2.5-3vmw.600.0.0.2494585      VMware      06.02.2015 02...
nmlx4-rdma                 3.0.0.0-1vmw.600.0.0.2494585    VMware      06.02.2015 02...
scsi-megaraid-mbox         2.20.5.1-6vmw.600.0.0.2494585   VMware      06.02.2015 02...
lsu-lsi-megaraid-sas-...   1.0.0-1vmw.600.0.0.2494585      VMware      06.02.2015 02...
ipmi-ipmi-msghandler       39.1-4vmw.600.0.0.2494585       VMware      06.02.2015 02...
net-vmxnet3                1.1.3.0-3vmw.600.0.0.2494585    VMware      06.02.2015 02...
scsi-bnx2fc                1.78.78.v60.8-1vmw.600.0.0....  VMware      06.02.2015 02...
ipmi-ipmi-si-drv           39.1-4vmw.600.0.0.2494585       VMware      06.02.2015 02...

PowerCLI C:\depot> _
```

Abbildung 12.63 Anzeige des integrierten Netzwerktreibers

Abschließend bleibt Ihnen nur noch das Erstellen des ISO-Files, wenn Sie direkt mit einem Datenträger arbeiten wollen:

```
Export-EsxImageProfile -ImageProfile Eigene_vSpher6_Installation
 -FilePath D:\depot\Eigene_vSpher6_Installation.iso -ExportToIso
```

Alternativ erzeugen Sie ein Offline-Bundle für die Verwendung im Auto-Deploy-Server:

```
Export-EsxImageProfile -ImageProfile Eigene_vSpher6_Installation
 -FilePath D:\depot\Eigene_vSpher6_Installation.zip -ExportToBundle
```

Sie können nicht beide Exporte in einem Schritt erzeugen, sondern müssen beide Zeilen nacheinander aufrufen. Wir hoffen, Sie haben einen kleinen Überblick bekommen, wie Sie mit dem Image Builder arbeiten können, um Ihre Bedürfnisse in diesem Umfeld abzudecken.

12.8 VMware Auto Deploy

Kommen wir jetzt zu dem *Auto Deploy Server*. Die Konfiguration des Dienstes erfolgt auf dem Reiter MANAGE, und dort lassen sich wenige rudimentäre Einstellungen vornehmen (siehe Abbildung 12.64).

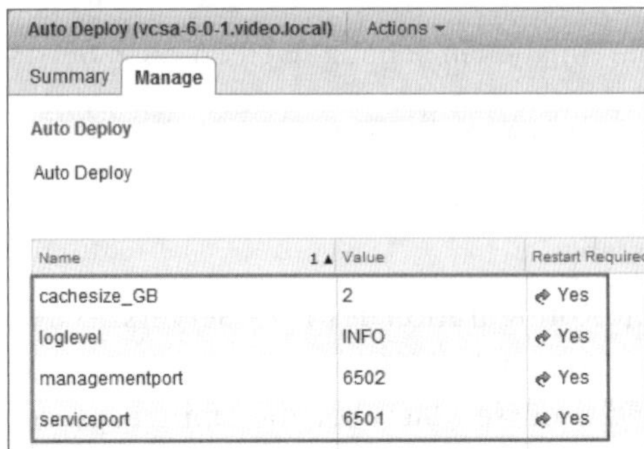

Abbildung 12.64 Einstellungen des Auto-Deploy-Dienstes

Nach dem Anpassen der Einstellungen sollten Sie den Dienst neu starten.

Sollten Sie Abschnitt 12.7 über den Image Builder noch nicht gelesen haben, so sei Ihnen das an dieser Stelle empfohlen, denn Sie benötigen ein Image, das Sie für die Installation nutzen können. Die Installation der Auto-Deploy-Funktion haben wir ja schon in Abschnitt 5.3.4, »Installation von vCenter«, beschrieben, jetzt geht es an die Konfiguration und die Nutzung.

Hinweis

Bevor Sie den *Auto Deploy Server* nutzen können, möchten wir Sie noch einmal auf die zusätzlichen Komponenten hinweisen, die im Netzwerk erreichbar sein müssen, damit Sie dieses Add-on verwenden können:

- TFTP-Server
- DHCP-Server

Wie schon im Installationskapitel beschrieben, sind wir nicht auf die Installation der zusätzlichen Komponenten eingegangen, die für die einwandfreie Funktion benötigt werden. Bei der Konfiguration werden wir zumindest den Part beschreiben, der für die Darstellung der Auto-Deploy-Funktion wichtig ist. Es gibt verschiedene freie TFTP-Server, die Sie für diese Belange nutzen können. In einige davon ist DHCP integriert. Lassen Sie uns exemplarisch zwei Softwarepakete aufführen, um Ihnen einen Anhaltspunkt zu geben:

- TFTP-Server **ohne** DHCP:
  http://www.solarwinds.com/products/freetools/free_tftp_server.aspx
- TFTP-Server **mit** DHCP:
  http://tftpd32.jounin.net/tftpd32_download.html

Achtung

Achten Sie darauf, dass die Ports, die im Netz für die Funktionen benötigt werden, auch freigeschaltet sind – auch auf dem Server.

Die Konfiguration führen wir mit dem TFTP-Server von *SolarWinds* durch, weil in unserem Netzwerk bereits ein DHCP-Server zur Verfügung steht.

Über das Menü FILE • CONFIGURE gelangen Sie in die Konfiguration des TFTP-Servers. Ist diese abgeschlossen, wird ein Verzeichnis im Filesystem angelegt. Haben Sie die Einstellung nicht verändert, ist das der Pfad *C:\TFTP-Root*. Jetzt müssen Sie über die Homepage des vSphere Web Clients die Konfigurationsseite des VMware Auto Deploys aufrufen. Das erfolgt im vCenter Server über MANAGE • SETTINGS • AUTO DEPLOY. Über den Link DOWNLOAD TFTP BOOT ZIP laden Sie die Bootdatei für den TFTP-Server herunter (siehe Abbildung 12.65).

Falls Sie mit dem *Internet Explorer* arbeiten, sollten Sie dazu die *Enhanced Internet Security* deaktivieren. Entpacken Sie die heruntergeladene Datei in das Verzeichnis des TFTP-Servers (siehe Abbildung 12.66). In unserem Fall wäre das *C:\TFTP-Root*.

Damit der *Auto Deploy Server* einwandfrei funktioniert, müssen Sie den DHCP-Server konfigurieren. Wie Sie das machen, hängt stark von dem DHCP-Server ab, den Sie verwenden. In vielen Infrastrukturen kommt der Microsoft-DHCP-Server zum Einsatz, und daher gehen wir auf seine Konfiguration genauer ein. Technisch gesehen müssen die Werte #66 und #67 des DHCP angepasst werden (siehe Abbildung 12.67).

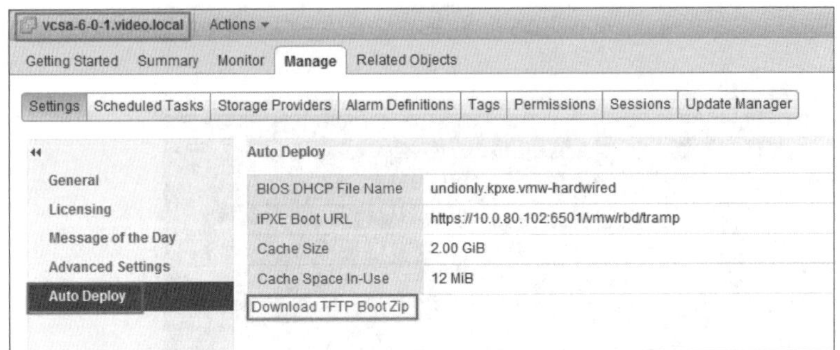

Abbildung 12.65 Download des TFTP-Bootfiles

Name	Date modified	Type	Size
snponly64.efi	01.10.2011 22:10	EFI File	90 KB
snponly64.efi.vmw-hardwired	01.10.2011 22:10	VMW-HARDWIRED ...	90 KB
tramp	01.10.2011 22:10	File	1 KB
undionly.0	01.10.2011 22:10	0 File	67 KB
undionly.kpxe	01.10.2011 22:10	KPXE File	67 KB
undionly.kpxe.debug	01.10.2011 22:10	DEBUG File	74 KB
undionly.kpxe.debugmore	01.10.2011 22:10	DEBUGMORE File	78 KB
undionly.kpxe.vmw-hardwired	01.10.2011 22:10	VMW-HARDWIRED ...	67 KB

Abbildung 12.66 Inhalt des TFTP-Server-Verzeichnisses

DHCP

File Action View Help

DHCP / clouddc.book.local / IPv4 / Scope [192.168.0. / Address Pool / Address Lease / Reservations / Scope Options / Server Options / Filters / Allow

Option Name	Vendor	Value
003 Router	Standard	192.168.0.254
006 DNS Servers	Standard	192.168.0.209, 192.168.0.254, 127...
015 DNS Domain Name	Standard	book.local
066 Boot Server Host Name	Standard	192.168.0.209
067 Bootfile Name	Standard	undionly.kpxe.vmw-hardwired

Abbildung 12.67 DHCP-Einstellungen für die Nutzung des TFTP-Dienstes

Als ersten Test können Sie jetzt einen Host booten. Sie werden sehr schnell sehen, ob alles richtig konfiguriert ist. In diesem Fall zeigt eine Fehlermeldung den Erfolg: Das System kann kein ESXi-Image finden. Ähnelt die Meldung, die Sie erhalten, derjenigen in Abbildung 12.68, dann ist alles bis zu dieser Stelle richtig konfiguriert. Sie können die Informationen der Anzeige aber auch für sich nutzen, und zwar, um ein Alleinstellungsmerkmal für den Host zu finden.

Die weiteren Arbeiten erfolgen nun im *PowerCLI*. Wie Sie dieses einrichten, damit Sie Ihre Arbeiten durchführen können, haben wir bereits in Abschnitt 6.15 beschrieben.

Verbinden Sie sich zuallererst mit den vCenter-Server:

```
Connect-VIServer 10.0.80.102
```

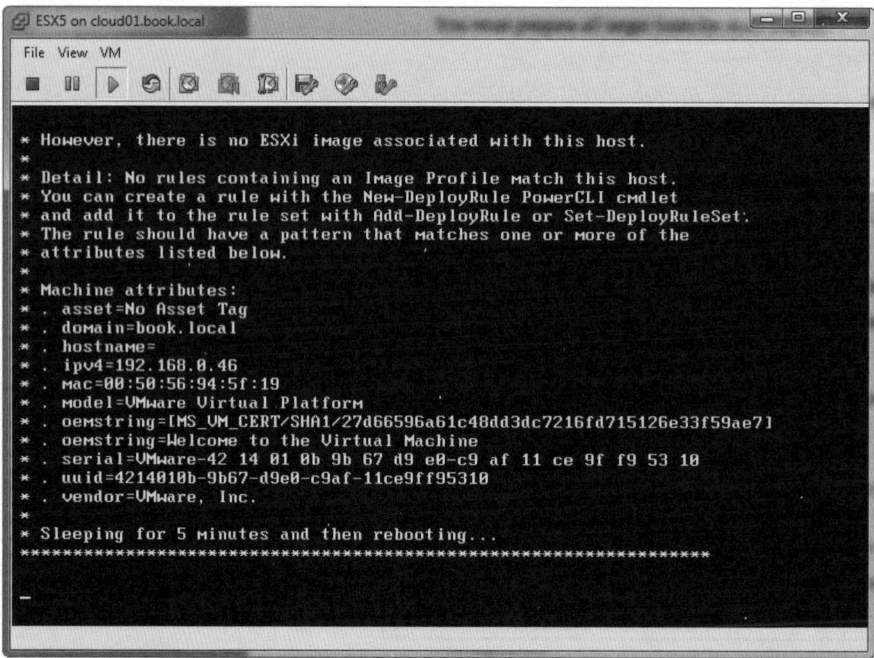

Abbildung 12.68 Die Verbindung zwischen DHCP und TFTP funktioniert einwandfrei.

Wie Sie bereits im vorangehenden Abschnitt gelesen haben, müssen Sie ein Softwaredepot anlegen und bekannt geben. Das war auch die Ursache für die Fehlermeldung bei Booten des Hosts: Dem System fehlte das Softwaredepot mit einem ESXi-Boot-Image. Verbinden Sie das Installations-Image mit dem Auto-Deploy-Dienst des vCenter Servers:

```
Add-EsxSoftwareDepot C:\depot\VMware-ESXi-6.0.0-2494585-depot.zip
```

In jedem Image sind unterschiedliche Profile enthalten, die Sie mit

```
Get-EsxImageProfile
```

auflisten. Wählen Sie Ihr gewünschtes Profil aus, um es für die Installation zu nutzen. Der Befehl zeigt Ihnen eine Ausgabe wie in Abbildung 12.69.

```
PowerCLI C:\depot> Add-EsxSoftwareDepot C:\depot\VMware-ESXi-6.0.0-2494585-depot.zip

Depot Url
---------
zip:C:\depot\VMware-ESXi-6.0.0-2494585-depot.zip?index.xml

PowerCLI C:\depot> Get-EsxImageProfile

Name                             Vendor          Last Modified    Acceptance Level
----                             ------          -------------    ----------------
ESXi-6.0.0-2494585-no-tools      VMware, Inc.    06.02.2015 0...  PartnerSupported
ESXi-6.0.0-2494585-standard      VMware, Inc.    06.02.2015 0...  PartnerSupported

PowerCLI C:\depot> _
```

Abbildung 12.69 Anzeige der im Depot enthaltenen Profile

Würden Sie das erste Profil nutzen, könnten Sie vom vCenter-Server aus keine *VMware Tools* installieren. Das wollen wir aber nicht, deshalb verwenden wir das zweite Profil:

```
New-DeployRule -Name "Virtual-ESX" -Item "ESXi-6.0.0-2494585-standard"
 -Pattern "mac=00:50:56:94:5f:19"
```

Das System lädt nun die benötigten Dateien auf den Auto-Deploy-Server hoch, damit die Installation angestoßen werden kann und der Prozess alle benötigten Files erhält. Die MAC-Adresse sorgt dafür, dass das Profil fest einem Host zugewiesen wird. Abschließend ist die folgende Regel zu aktivieren:

```
Add-DeployRule -DeployRule Virtual-ESX
```

Die Installation läuft nun einwandfrei durch, und Sie erhalten einen neuen installierten ESXi-Host. Aber der Host, den Sie dann im vCenter vorfinden, muss noch komplett durchkonfiguriert werden. Auch hier möchten wir kurz darauf eingehen, warum es so wichtig ist, auch diese weitergehenden Schritte automatisch durchführen zu können. Der Zeitaufwand für die Konfiguration eines Hosts ist wesentlich höher als für die Installation. Hier herrscht also Optimierungsbedarf, damit die installierten vSphere-Hosts schnell bereitgestellt werden können. Zu guter Letzt sei wieder die ESXi-»Installation« im Arbeitsspeicher genannt. Kann der Host nicht bis zum letzten Schritt automatisch konfiguriert werden, ergibt diese Art der Installation keinen Sinn. Für diese Herausforderung hat VMware auch das passende Werkzeug im Koffer. Lassen Sie uns darauf nun eingehen.

Am besten nehmen Sie den gerade installierten Host und konfigurieren ihn komplett durch. Beziehen Sie auch den Storage, das NTP, das Netzwerk und alle anderen Einstellungen ein, die Sie in Ihrer Landschaft bzw. im Cluster brauchen werden. Anschließend erstellen Sie ein Hostprofil. In unserem Beispiel nehmen wir den Namen AUTOINST-PROFIL. Achten Sie darauf, dass Sie möglichst alle Einstellungen in dem Hostprofil hinterlegen, sodass Sie bei der Verteilung des Profils keine Einstellungen mehr von Hand erledigen müssen. Mit den jetzt vorgenommenen Einstellungen könnten wir ein neues Profil erstellen, und dann könnte die Installation erfolgen. Lassen Sie uns aber zuvor noch einen weiteren Parameter mit aufnehmen. Wir gehen davon aus, dass die meisten von Ihnen Ihre Hosts zumindest teilweise in Clustern organisiert haben. Damit das auch automatisch funktioniert, müssen Sie wieder das PowerCLI konsultieren. Der HA-Agent muss mit an das Profil gebunden werden:

```
Add-EsxSoftwareDepot http://10.0.80.20:80/vSphere-HA-depot
```

Wie schon einmal im Image-Builder-Abschnitt beschrieben, erstellen wir nun eine Kopie des Standardprofils und fügen den HA-Agent hinzu. Wir geben hier nur noch einmal die Befehlsliste an, die Erklärungen dazu finden Sie in Abschnitt 12.7, »VMware vSphere Image Builder«.

```
New-EsxImageProfile -CloneProfile ESXi-6.0.0-2494585-standard
 -Name "Eigene_vSpher6_Installationmit-HA" -AcceptanceLevel CommunitySupported

Add-EsxSoftwarePackage -ImageProfile "Eigene_vSpher6_Installationmit-HA"
 -SoftwarePackage vmware-fdm
```

Es kann notwendig sein, eine aktive Deploy-Rule vorher zu entfernen. Dazu verwenden Sie folgenden Befehl:

```
Remove-DeployRule -DeployRule <Rule-Name>.
```

Jetzt erstellen Sie eine neue Rolle und geben zusätzlich an, in welchem Cluster das System eingebunden werden soll. In diesem Fall trägt er den Namen `HA-DRS-Cluster-1`:

```
New-DeployRule -Name "ProdHARule" -Item "Eigene_vSpher6_Installationmit-HA",
 Autoinst-Profil, HA-DRS-Cluster-1 -Pattern "mac=00:50:56:94:5f:19"
Add-DeployRule -DeployRule "ProdHARule"
```

Wenn Sie jetzt die Installation erneut starten, werden Sie sehen, dass der Host so konfiguriert wird, wie Sie es wünschen, mit dem passenden Hostprofil versehen und auch in den Cluster aufgenommen wird.

Hinweis

Wie schon gesagt, können Sie das Profil nur mit einem Host nutzen. Andere Hosts haben möglicherweise zum Teil andere Einstellungen, die Sie aber über das Profil individuell anpassen können, so z. B. die IP-Adresse des vMotion-Netzwerks.

Alle Einstellungen haben wir bis jetzt mit dem klassischen *vCenter Server* durchgeführt. Wollen Sie mit der *Appliance* arbeiten, dann ist ein Großteil der Arbeitsschritte identisch, aber das Handling der Dienste ist ein anderes.

12.8.1 »VMware Auto Deploy« mit der »vCenter Server Appliance«

Ein Vorteil der *Virtual vCenter Server Appliance* (vCSA) ist, dass Sie keinen dedizierten DHCP- und auch keinen separaten TFTP-Server benötigen. Die Appliance bringt von Haus aus alles mit, was Sie brauchen. Sie müssen das Ganze nur aktivieren und die Konfiguration entsprechend anpassen. Die passenden Stellen werden Sie nicht in der Web-Oberfläche finden, dazu müssen Sie sich schon auf die Kommandozeile bemühen.

Für die Einstellungen des DHCP-Dienstes auf der vCSA müssen Sie die Datei */etc/dhcpd.conf* konfigurieren. Die Einstellungen für unsere Landschaft sehen wie folgt aus:

```
ddns-update-style interim;
ignore client-updates;
```

```
subnet 10.0.80.0 netmask 255.255.240.0 {
pool {
option routers       10.0.95.250;
option subnet-mask     255.255.240.0;
option domain-name-servers  10.0.80.4;
option domain-name     "book.local";
option time-offset     +3600; # MEZ
default-lease-time     21600;
max-lease-time       43200;
range          10.0.81.30 10.0.81.50;
filename    "undionly.kpxe.vmw-hardwired";
allow unknown-clients;
}
```

Was das Thema DHCP betrifft, sind wir jetzt aber erst die Hälfte des Weges gegangen. Das System muss jetzt noch wissen, über welches Interface der Dienst bereitgestellt werden soll. Dazu editieren Sie die Datei */etc/sysconfig/dhcpd*. Ergänzen Sie hier folgenden Eintrag:

```
DHCPD_INTERFACE="eth<x>"
```

Dabei steht <x> für die Nummer der Netzwerkkarte. Jetzt können Sie den DHCP-Dienst starten. Dazu passen Sie im ersten Schritt die Run-Level-Informationen des Systems an. Das heißt, dass Sie die Systeminformation so anpassen, dass der DHCP-Service automatisch gestartet wird, wenn Sie die Appliance einschalten:

```
chkconfig dhcpd on
```

Es folgt der Start des Dienstes mit:

```
service dhcpd start
```

Jetzt nehmen wir sofort den letzten Teil des Weges in Angriff, den TFTP-Dienst. Auch hier sind einige wenige Konfigurationsschritte durchzuführen. Werfen wir zuerst einen Blick in das Dateisystem der vCSA. Dort finden Sie unter dem Pfad */tftpboot* einige Dateien (siehe Abbildung 12.70).

```
vcsa-6-0-1:/tftpboot # ls -lian
total 508K
688131 drwxr-xr-x  2 root root 4.0K Jul  6 20:12 .
     2 drwxr-xr-x 25 root root 4.0K Oct  4 10:06 ..
688136 -rw-r--r--  1 root root   11 Sep 25 21:03 snponly32.efi
688138 -rw-r--r--  1 root root   11 Sep 25 21:03 snponly32.efi.vmw-hardwired
688137 -rw-r--r--  1 root root   11 Sep 25 21:03 snponly64.efi
688139 -rw-r--r--  1 root root   11 Sep 25 21:03 snponly64.efi.vmw-hardwired
688840 -rw-r--r--  1 root root  126 Jul  6 20:12 tramp
688132 -rw-r--r--  1 root root 116K Sep 25 21:03 undionly.kpxe
688133 -rw-r--r--  1 root root 116K Sep 25 21:03 undionly.kpxe.nomcast
688134 -rw-r--r--  1 root root 116K Sep 25 21:03 undionly.kpxe.vmw-hardwired
688135 -rw-r--r--  1 root root 116K Sep 25 21:03 undionly.kpxe.vmw-hardwired-nomcast
vcsa-6-0-1:/tftpboot #
```

Abbildung 12.70 Inhalt des »tftpboot«-Ordners

Sie sehen, es sind genau die Dateien, die Sie für den TFTP-Dienst benötigen. Jetzt muss nur noch der Dienst aktiviert werden; das kennen Sie ja schon vom DHCP-Dienst:

```
chkconfig atftpd on
```

Es folgt der Start des Dienstes mit:

```
service atftpd start
```

Sie bemerken an dieser Stelle den entscheidenden Vorteil der Appliance: Sie müssen nicht nach anderen Softwarepaketen suchen; die Appliance bringt alles mit, was Sie für den Auto Deploy benötigen.

12.9 VMware vSphere Replication Appliance

Die Konfiguration der *vSphere Replication Appliance* gestaltet sich recht einfach. Auch hier gibt es nach dem Import und dem anschließenden Start der Appliance die Option, über den Webbrowser das System weiter zu konfigurieren (siehe Abbildung 12.71). Dazu stellen Sie die Verbindung über die URL *https://<FQDN oder IP-Adresse der vSphere Replication Appliance>:5480* her. Die Anmeldung erfolgt mit dem root-Account und dem beim Import vergebenen Passwort.

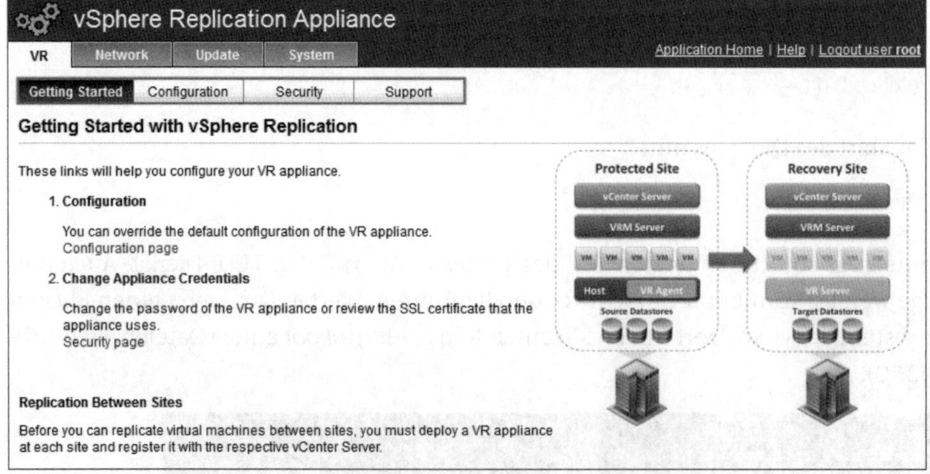

Abbildung 12.71 Startseite der »vSphere Replication«-Konfiguration

Über zwei Links ist eine direkte Verzweigung zu unterschiedlichen Konfigurationspunkten möglich. Wir wollen aber die einzelnen Punkte direkt durchgehen.

Der CONFIGURATION-Button verzweigt direkt in die Grundkonfiguration der Appliance (siehe Abbildung 12.72). Neben der Festlegung der zu nutzenden Datenbank wird hier auch die Verknüpfung mit dem zugehörigen vCenter Server hergestellt.

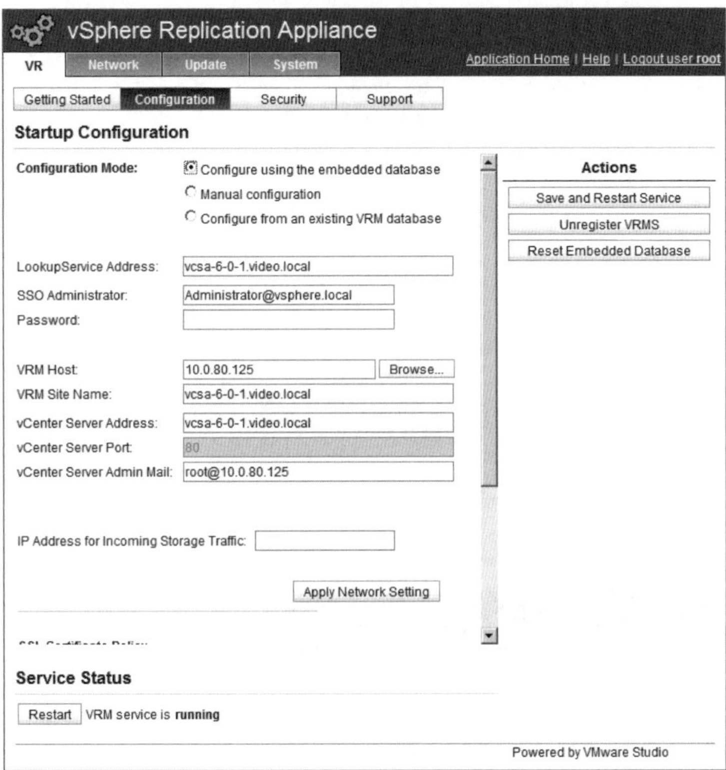

Abbildung 12.72 Grundkonfiguration der »Replication Appliance«

Last, but not least ist es möglich, hier eine weitergehende Konfiguration des Zertifikatshandlings vorzunehmen. Dabei kann ein Zertifikat generiert werden oder es wird einfach ein vorhandenes importiert.

Hinter dem SECURITY-Button verbirgt sich das Setzen des administrativen Passworts, und hier können die Daten des genutzten SSL-Zertifikats eingesehen werden. Wie z. B. auch beim vCenter Server kann das System im Falle eines Problems und des daraus resultierenden Support-Calls eine Anzahl von Log-Dateien zur weiteren Analyse exportieren. Der SUPPORT-Button verlinkt Sie an die passende Stelle.

Über den NETWORK-Reiter rufen Sie neben dem aktuellen Status auch alle relevanten Netzwerkeinstellungen auf (siehe Abbildung 12.73). Die Einstellungen unterteilen sich in zwei Bereiche: in die eigentlichen IP-Einstellungen und in die Proxy-Einstellungen, damit das System das Internet erreichen kann und so eine direkte Aktualisierung des Systems möglich ist. Diese kann dann über den UPDATE-Reiter erfolgen (siehe Abbildung 12.74).

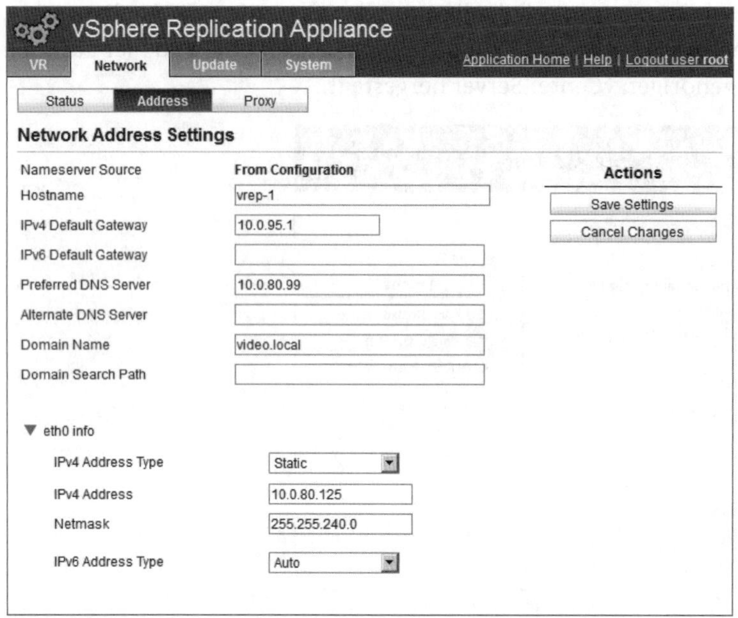

Abbildung 12.73 Parametrierung der Netzwerkkonfiguration

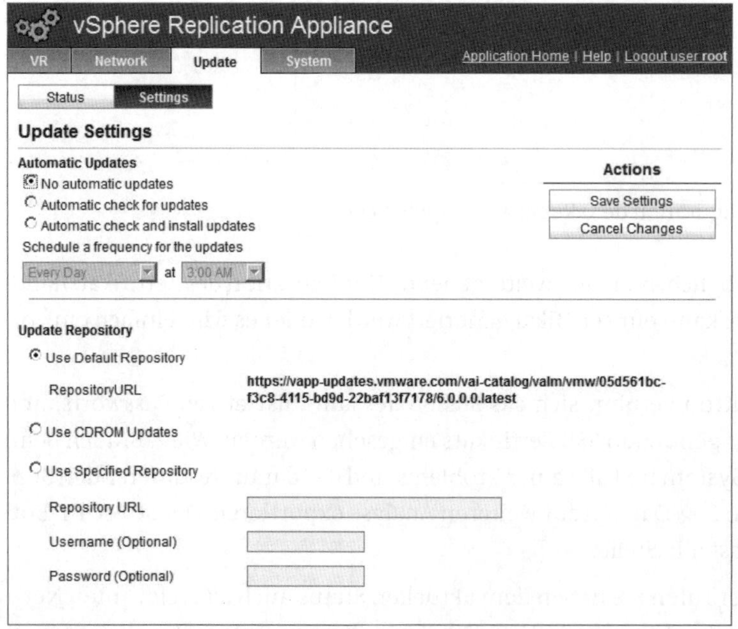

Abbildung 12.74 Update der »vSphere Replication Appliance«

Auch hier gibt es eine Statusanzeige und einen Bereich, in dem die Konfiguration erfolgen kann. Dabei können Sie festlegen, ob automatisch nach Updates gesucht werden soll und ob diese dann ebenfalls automatisch eingespielt werden sollen. Damit das Ganze auch funktioniert, müssen Sie dem System beibringen, wo es nach den Updates suchen soll. Außer auf einem lokalen Repository kann die Suche auf einer CD oder direkt im Internet erfolgen.

Der letzte Reiter gibt Informationen der Appliance selbst – wenn gewünscht, auch über das OVF – preis und erlaubt es dem Administrator, das System herunterzufahren oder neu zu starten. Hier findet sich auch die Einstellung der Zeitzone.

Wird aus Lastgründen eine weitere Appliance importiert, so müssen Sie mit dem *vSphere Replication Add-on* arbeiten. Auch dieses System hat eine Weboberfläche zur Administration. An dieser Stelle lassen wir die identischen Konfigurationspunkte weg und gehen nur auf die Unterschiede ein – besser gesagt auf den Unterschied, denn es gibt nur einen unter dem Punkt VRS • CONFIGURATION (siehe Abbildung 12.75). Hier ist es nur möglich, ein bestehendes Zertifikat zu importieren oder ein neues Zertifikat erzeugen zu lassen.

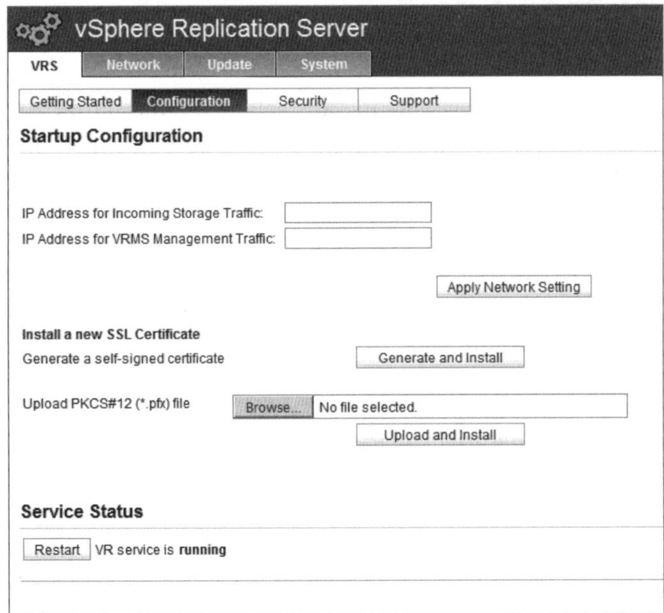

Abbildung 12.75 Konfiguration des »vSphere Replication Appliance Add-ons«

Alle anderen Konfigurationspunkte sind mit der Haupt-Appliance identisch.

Damit sind aber die Konfigurationsmöglichkeiten nicht erschöpft. Wird der Web Client gestartet, eröffnen sich dem Administrator weitere Optionen der Konfiguration (siehe Abbildung 12.76).

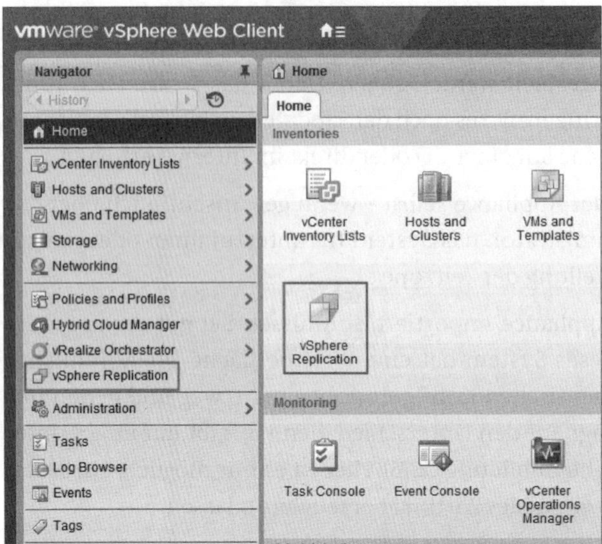

Abbildung 12.76 Verzweigungsmöglichkeiten zur Replikationsfunktion im Web Client

Egal welcher Weg genutzt wird, es erfolgt eine Verzweigung ans selbe Ziel und damit zur Anzeige der vCenter Server im mittleren Bereich im Zusammenhang mit dem Replikationsservice (siehe Abbildung 12.77).

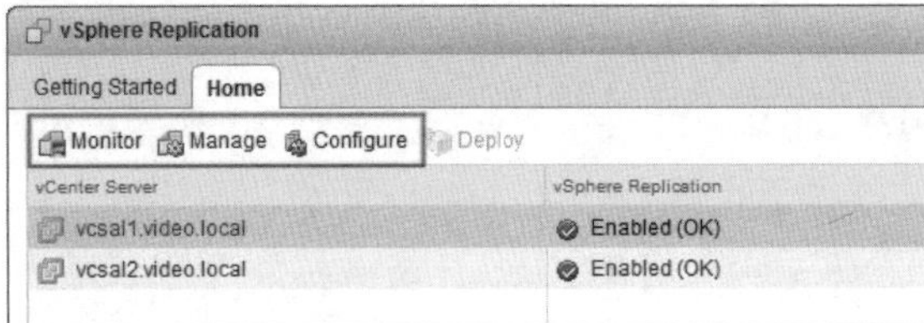

Abbildung 12.77 Administration des »vSphere Replication Appliance Add-ons«

Entweder erfolgt nun die Verzweigung zum Monitoring oder direkt zur Administration. Beim Monitoring folgt die Anzeige des Replikationsdatenverkehrs (siehe Abbildung 12.78).

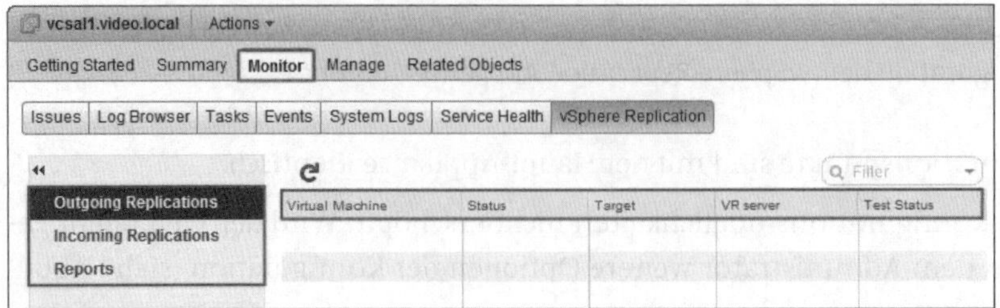

Abbildung 12.78 Datenverkehrsanzeige der Replikation

Die Anzeige wird dabei sehr detailliert dargestellt, getrennt nach VM und den Einstellungen. Eine Untergliederung erfolgt dabei nach ausgehendem und eingehendem Datenverkehr.

Beim Management lassen sich weitergehende Einstellungen vornehmen (siehe Abbildung 12.79).

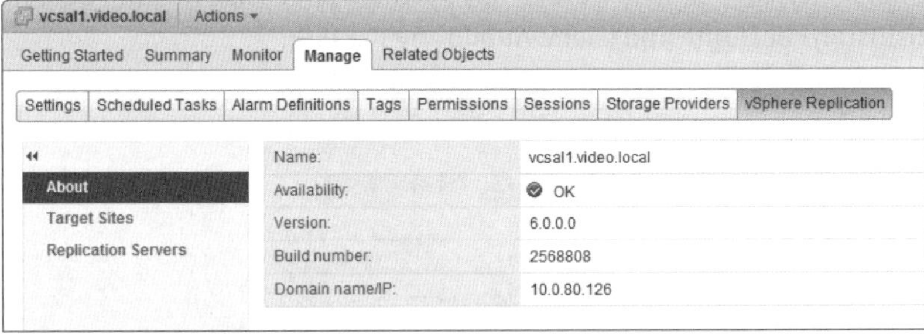

Abbildung 12.79 Administration über den Web Client

Im ersten Fenster finden Sie die Versionsnummer der Appliance neben einigen Grundwerten. Interessanter wird es unter dem Punkt TARGET SITES (siehe Abbildung 12.80). Dort müssen Änderungen vorgenommen werden, wenn die Replikation auf einen zweiten Standort erfolgen soll.

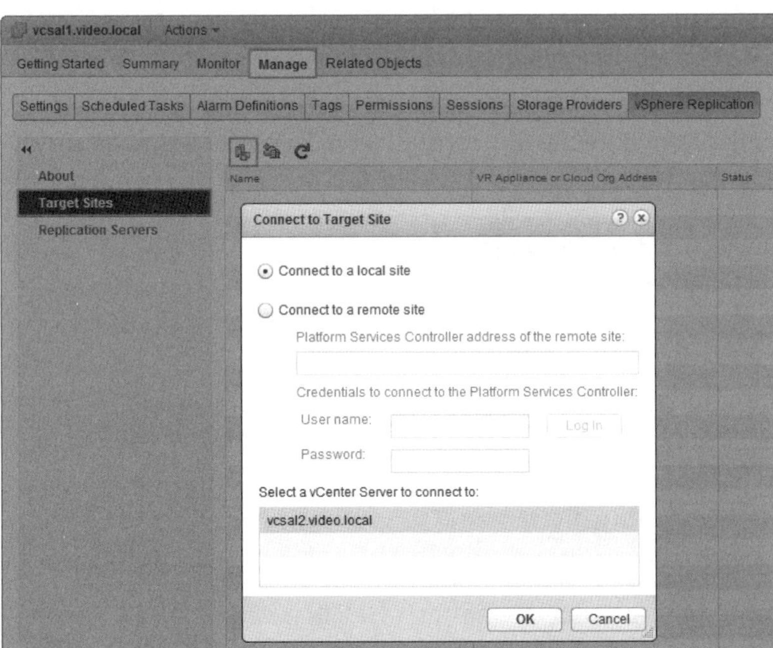

Abbildung 12.80 Einbinden einer zweiten Site

In diesem Dialog wird nun nicht eine weitere Replikations-Appliance angegeben, zu der das Ziel hin repliziert werden soll. Der Ziel-Ansprechpartner ist in diesem Falle das vCenter, in dem die andere Appliance bereitgestellt worden ist. Außer dem FQDN bzw. der IP-Adresse des vCenter-Servers und den passenden Zugangsdaten wird hier nichts benötigt.

Mit dem Menüpunkt REPLICATION SERVERS werden alle Systeme angezeigt, die im vCenter-Server als Replikationsinstanz bekannt sind (siehe Abbildung 12.81).

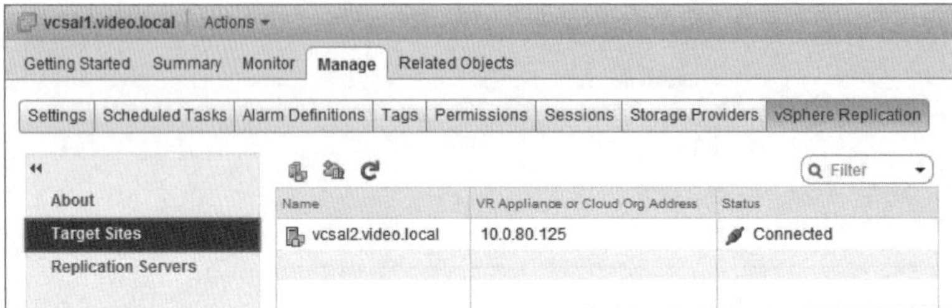

Abbildung 12.81 Auflistung aller Replikationsinstanzen eines vCenter Servers

Zur Erweiterung der Landschaft können an dieser Stelle aber noch weitere Replikationsinstanzen hinzugefügt werden (über das erste Symbol). Falls Sie über andere Wege schon weitere Instanzen im vCenter importiert haben, können diese hier bekannt gegeben werden.

In der Übersicht der Replikationsinstanzen sind nun mehrere Systeme aufgelistet. Dabei deutet die Anzeige EMBEDDED auf die Hauptinstanz hin.

Der Vollständigkeit halber möchten wir noch darauf hinweisen, dass verschiedene Arbeitspunkte auch über das Kontextmenü des vCenter-Servers erreichbar sind (siehe Abbildung 12.82).

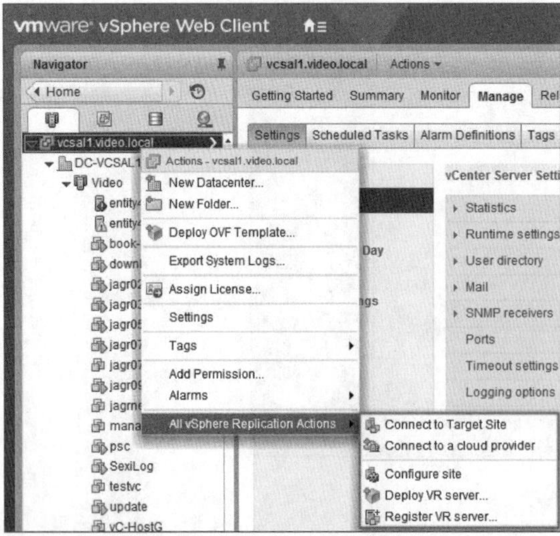

Abbildung 12.82 Das Kontextmenü des vCenter-Servers mit Konfigurationspunkten der Replikationsfunktionalität

Der erste, vierte und fünfte Punkt verzweigt dabei auf die schon bekannten Punkte im Web Client; der dritte Punkt verzweigt direkt auf die Konfigurationswebseite zu dem passenden Unterpunkt. Selbstverständlich müssen Sie im Vorfeld die Anmeldedaten eingeben.

Zusätzlich möchten wir an dieser Stelle noch erwähnen, wie der Einsprungspunkt zur Replikationskonfiguration einer VM ist. Auch hier führt der Weg über das Kontextmenü, aber über das Kontextmenü der zu replizierenden virtuellen Maschine (siehe Abbildung 12.83).

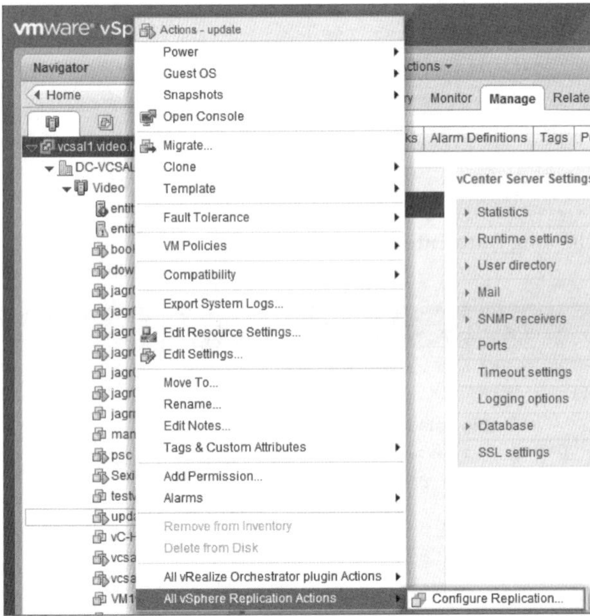

Abbildung 12.83 Konfiguration einer VM-Replikation

12.10 VMware vSphere Big Data Extensions

Wenn Sie die *Big Data Extensions Appliance* importiert und das Plug-in installiert haben, können Sie mit der Konfiguration der Appliance beginnen. Dabei finden Sie auch zu ihr, wie bei der *vSphere Replication Appliance*, zwei Einstiegspunkte (siehe Abbildung 12.84).

Konfigurationspunkte gibt es nicht viele bei der *Big Data Extensions* (BDE) *Appliance* (siehe Abbildung 12.85).

Die *Big Data Extensions Appliance* ist letztendlich »nur« ein Mantel, unter dem Hadoop-Cluster zusammengefasst und gemangt werden. Die Systeme selbst müssen auf den bekannten Wegen in die virtuelle Infrastruktur gebracht werden und können dann später über die Administration in die BDE eingefügt werden. Damit das sauber funktioniert, benötigt das System aber Ressourcen, die es nutzen kann. Das sind im Wesentlichen Datenbereiche und Netzwerke. Unter dem Link RESOURCES können Sie diese Komponenten zuweisen (siehe Abbildung 12.86).

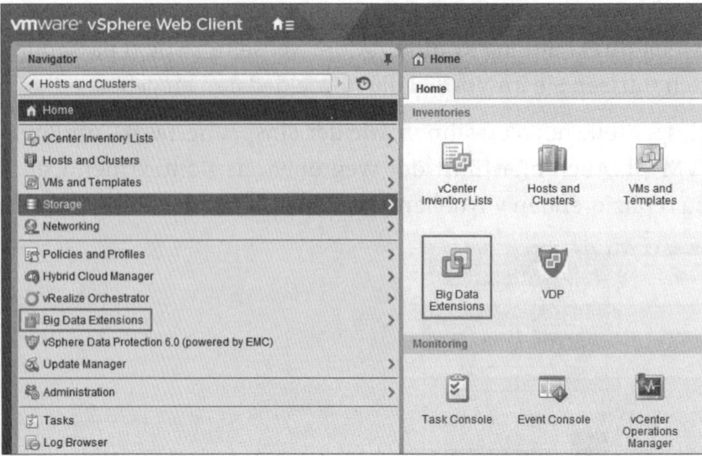

Abbildung 12.84 Die Einstiegspunkte für die »Big Data Extensions Appliance«

Abbildung 12.85 Übersicht der BDE-Systeme

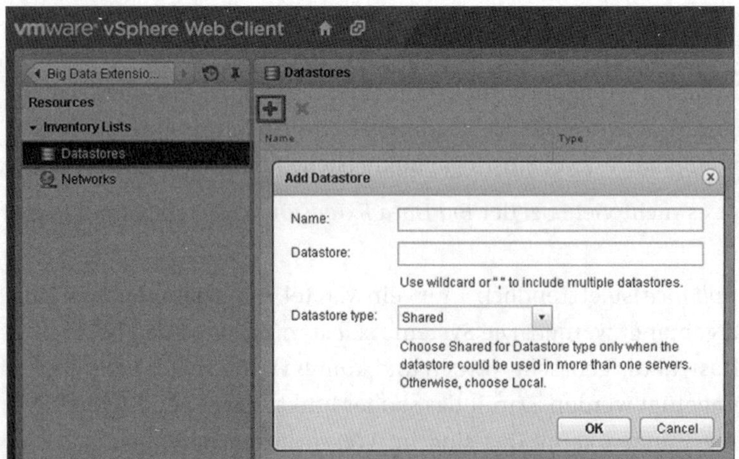

Abbildung 12.86 Zuweisen von Datastore-Ressourcen

Die Datastores, die Teil der BDE-Umgebung sein sollen, können lokal oder *shared* sein, das ist vollkommen unerheblich. Dabei können auch mehrere Datenbereiche unter einem Namen zusammengefasst werden.

Im Netzwerkumfeld ist die Einbindung ebenfalls sehr simpel (siehe Abbildung 12.87).

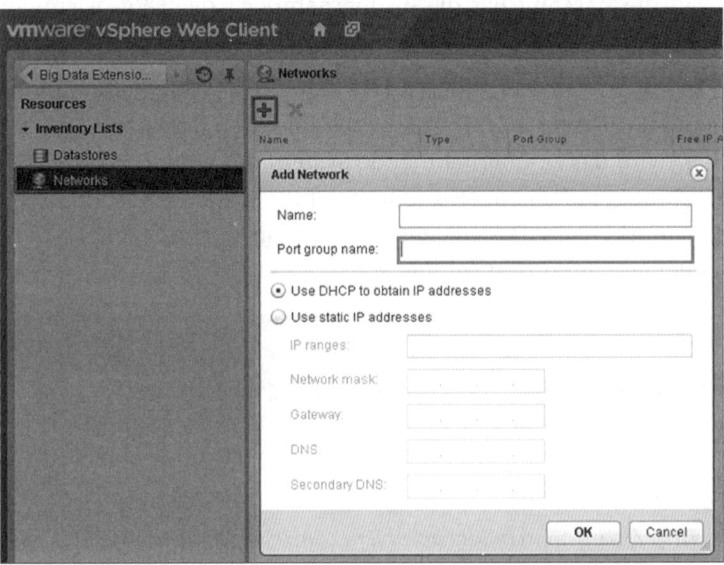

Abbildung 12.87 Einbindung von Netzwerkressourcen in den BDE-Cluster

Hier erfolgt die Bindung am Portgruppennamen. Die Zuweisung von IP-Adressen erfolgt über einen vorhandenen DHCP-Server oder über systemeigene Mechanismen. Die anzugebenden Werte sind dabei selbsterklärend.

Die Systeme, die in die BDE integriert werden, finden sich dann auch entsprechend in der Cluster-Anzeige der Erweiterung. Mehr Einstellungen können an dieser Stelle nicht vorgenommen werden. Auch anderswo findet sich keine weitere Konfigurationsmöglichkeit.

12.11 VMware vSphere App HA

vSphere App HA ist nicht mehr Bestandteil von vSphere 6.0. Aus diesem Grund wird sie in dieser Auflage nicht weiter beschrieben.

12.12 VMware vCenter Converter Standalone

Wie wir bereits in Abschnitt 5.7 erwähnt haben, gibt es den *vCenter Converter* nur noch in der *Standalone*-Version. Die ins vCenter integrierte Komponente ist nicht mehr Bestandteil der aktuellen Version. Bevor wir die weitere Vorgehensweise beschreiben, möchten wir kurz erläutern, welche Optionen es gibt und wann sie genutzt werden können.

Der *vCenter Converter* – viele werden ihn noch als »P2V« oder »VMware Converter« kennen – ermöglicht die Konvertierung von Computern in eine virtuelle Maschine. Es ist dabei nicht entscheidend, welche Hardware die Maschine hat, die Sie übernehmen wollen. Viel wichtiger ist, dass der Converter in der Lage ist, die systemkritischen Treiber nicht nur zu entfernen, sondern auch durch VMware-konforme zu ersetzen.

Es gibt zwei Möglichkeiten, den Converter zu nutzen: als sogenannten Coldclone oder als Hotclone. Bei einem *Coldclone* wird das zu übernehmende System mit einer Converter-CD gestartet, und der Server wird direkt auf einem Host oder vCenter-Server importiert, ohne dass das zu übernehmende System aktiv ist. Das erzeugte Image kann auch auf einem Datenträger gespeichert und anschließend importiert werden.

Hinweis

Leider hat VMware die Coldclone-Funktionalität nicht weiter verfolgt, aber gerade für einige Systeme hat es sich als wichtig erwiesen, diese Vorgehensweise zu nutzen. Wenn Sie den Bedarf haben, sie zu nutzen, dann suchen Sie im Netz die Version 3.0.3 des Converters: Sie ist die letzte Version mit der Unterstützung dafür.

Sie werden z. B. hier fündig: *http://stuff.thatcouldbeaproblem.com/ISOs/coldclone303.iso*

Im Falle des *Hotclones* wird ein aktiver Server im laufenden Betrieb übernommen. Bevor die Arbeiten beginnen können, wird ein Agent auf dem System installiert. Je nach Gastbetriebssystem ist ein Neustart des Servers notwendig.

Für die Abbildung der Funktion wird ein Snapshot auf dem zu übernehmenden System erzeugt. Alle Änderungsdaten werden in diesen Snapshot geschrieben. So übernehmen Sie zuerst die statischen Daten. Ist dieser Schritt abgeschlossen, erstellen Sie erneut einen Snapshot und so fort. Dies geschieht so lange, bis die Maschine übernommen ist. Problematisch wird es, wenn die Applikation nicht angehalten wird. Ist die Übernahme abgeschlossen, können sich die Daten der Source-Maschine weiterhin ändern, und damit sind das Quell- und das Zielsystem nicht identisch. Sorgen Sie deshalb dafür, dass keine Client-Applikation auf das System zugreifen kann. Die Übernahme wird dann auch schneller vonstattengehen.

Hinweis zur Konvertierung

Soll das *Hotclone*-Verfahren genutzt werden, ist es zumindest bei Datenbank-Applikationen empfehlenswert, die Datenbank zu stoppen, bevor Sie die Übernahme starten. Ebenso sollten Sie bei anderen Applikationen verfahren, die hohe Änderungsraten im Content haben.

Die Übernahme von Computern mit dem *vCenter Converter* funktioniert nicht für alle Betriebssysteme. In der folgenden Übersicht sehen Sie die Systeme, die unterstützt werden.

OS-Support

- Windows Vista SP2 (32 Bit und 64 Bit)
- Windows 7 (32 Bit und 64 Bit)
- Windows 8 (32 Bit und 64 Bit)
- Windows 8.1 (32 Bit und 64 Bit)
- Windows 10 (32 Bit und 64 Bit)
- Windows Server 2008 SP2 (32 Bit und 64 Bit)
- Windows Server 2008 R2 (64 Bit)
- Windows Server 2008 (64 Bit)
- Windows Server 2008 R2 (64 Bit)
- Windows Server 2012 (64 Bit)
- Windows Server 2012 R2 (64 Bit)
- CentOS 6.x (32 Bit und 64 Bit)
- CentOS 7.0 (64 Bit)
- Red Hat Enterprise Linux 4.x bis 6.x (32 Bit und 64 Bit)
- Red Hat Enterprise Linux 7.0 (64 Bit)
- SUSE Linux Enterprise Server 10.x bis 11.x (32 Bit und 64 Bit)
- SUSE Linux Enterprise Server 12.x (64 Bit)
- Ubuntu 12.04 (32 Bit und 64 Bit)
- Ubuntu 14.x bis 15.10 (32 Bit und 64 Bit)

Hinweis

Sollte der Bedarf bestehen, ältere Systeme zu konvertieren, dann laden Sie sich bei VMware einen Converter in einer älteren Version herunter.

Es ist unerheblich, auf welcher Plattform die zu übernehmende Maschine läuft. Solange Sie ein unterstütztes Betriebssystem nutzen, kann die Maschine übernommen werden. Es werden an dieser Stelle nur die Mechanismen vom Betriebssystem genutzt.

Achtung

Bei der Konvertierung von Linux-Systemen gelten folgende Bedingungen für das Filesystem: Übernommen werden ext2, ext3, ext4, reiserfs, vfat und xfs. Alle anderen Filesysteme werden nach ext3 oder ext4 konvertiert!

Es wundert nicht, dass es mittlerweile auch möglich ist, mit Drittherstellers-Tools erstellte Images zu übernehmen. In Tabelle 12.10 sind die unterstützten Tools aufgelistet.

Drittherseller-Tools	Bemerkungen
Acronis Trueimage Echo 9.1 und 9.5	*.tib*
Acronis Trueimage Home 10 und 11	*.tib*
Symantec Backup Exec System Recovery 6.5, 7.0, 8.0	Nur *sv2i*-Format
Norton Ghost 10, 12, 14	Nur *sv2i*-Format
Parallels Desktop 2.5, 3.0 und 4.0	Nur *.pvs* und *.hdd*. Komprimierte Platten werden nicht unterstützt.
Parallels Workstation 2.x	Nur *.pvs*. Komprimierte Platten und Virtuozzo-Container werden nicht unterstützt.
StorageCraft ShadowProtect Desktop 2.0, 2.5, 3.0, 3.1, 3.2	Nur *.spf*
StorageCraft ShadowProtect Server 2.0, 2.5, 3.0, 3.1, 3.2	Nur *.spf*
StorageCraft ShadowProtect Small Business Server (SBS) 2.0, 2.5, 3.0, 3.1, 3.2	Nur *.spf*
StorageCraft ShadowProtect IT Edition 2.0, 2.5, 3.0, 3.1, 3.2	Nur *.spf*
Microsoft Virtual PC 2004	Nur *.vmc*
Microsoft Virtual PC 2007	Nur *.vmc*
Microsoft Virtual Server 2005	Nur *.vmc*
Microsoft Virtual Server 2005 R2	Nur *.vmc*

Tabelle 12.10 Von »VMware Converter Standalone« unterstützte Drittthersteller-Tools

12.12.1 Bereitstellung der Sysprep-Tools zur Anpassung von Windows-Maschinen

Die Microsoft-Sysprep-Tools müssen auf dem VMware-vCenter-Converter-Server vorhanden sein, auf dem der *vCenter Converter* ausgeführt wird. Anderenfalls kann die Maschine, die übernommen werden soll, beim Import mit dem Converter nicht angepasst werden.

Im Verzeichnis *%ALLUSERSPROFILE%\Application Data\VMware\VMware vCenter Converter Standalone\sysprep* befinden sich Ordner für verschiedene Betriebssysteme (siehe Tabelle 12.11).

Verzeichnisname	Betriebssystem	Bemerkungen
xp	Windows XP	Nur mit älterem Converter nutzbar
xp-64	Windows XP (64 Bit)	Nur mit älterem Converter nutzbar
srv2003	Windows Server 2003	–
srv2003-64	Windows Server 2003 (64 Bit)	–

Tabelle 12.11 Verzeichnisnamen für die Sysprep-Ablage

In den in Tabelle 12.11 genannten Ordner müssen Sie die passenden Sysprep-Tools kopieren. Sie finden die Sysprep-Dateien auf jeder Windows-CD im Verzeichnis *SUPPORT\TOOLS* in der Datei mit dem Namen *Deploy.cab*. Durch das Kopieren der Dateien in die entsprechenden Ordner ist es möglich, die Zielmaschine beim Import anzupassen.

Bei neueren Windows-Betriebssystemen sind die Sysprep-Tools im OS enthalten und müssen nicht mehr im System abgelegt werden.

Es gibt keine GUI mehr, um die *sysprep*-Files hochzuladen. Sie müssen sich selbst darum kümmern. Je nach eingesetzter Version müssen Sie die Ordner mit den Files entweder nach */etc/vmware-vpx/sysprep* kopieren (für die VCSA) oder nach *%ALLUSERSPROFILE%\VMware\VMware VirtualCenter\Sysprep* für das Windows-basierte vCenter.

12.12.2 »VMware vCenter Converter Standalone« verwenden

Nach dem Aufruf des Clients und dem Start erscheint eine ganz eigene Oberfläche (siehe Abbildung 12.88).

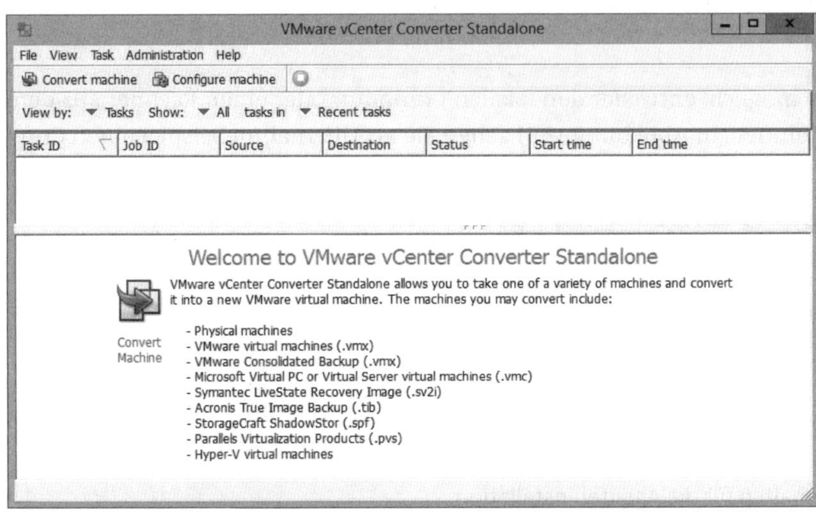

Abbildung 12.88 Die Willkommensseite zu »vCenter Converter Standalone«

Über den Link CONVERT MACHINE starten Sie den Wizard für den Import eines Computers. Geben Sie direkt auf der ersten Seite die Daten der Quellmaschine ein (siehe Abbildung 12.89).

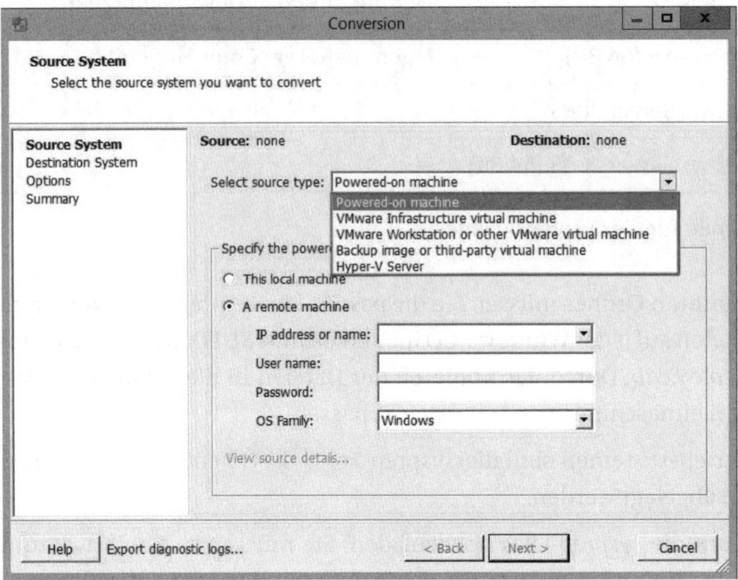

Abbildung 12.89 Die Daten der Quellmaschine

Unter SELECT SOURCE TYPE stehen Ihnen fünf Möglichkeiten zur Auswahl:

- POWERED-ON MACHINE
- VMWARE INFRASTRUCTURE VIRTUAL MACHINE
- VMWARE WORKSTATION OR OTHER VMWARE VIRTUAL MACHINE
- BACKUP IMAGE OR THIRD-PARTY VIRTUAL MACHINE
- HYPER-V SERVER

Des Weiteren ist es möglich, entweder den lokalen Computer oder einen Rechner aus dem Netzwerk zu übernehmen. In Abbildung 12.91 sehen Sie als Übernahmebeispiel einen Computer aus dem Netzwerk.

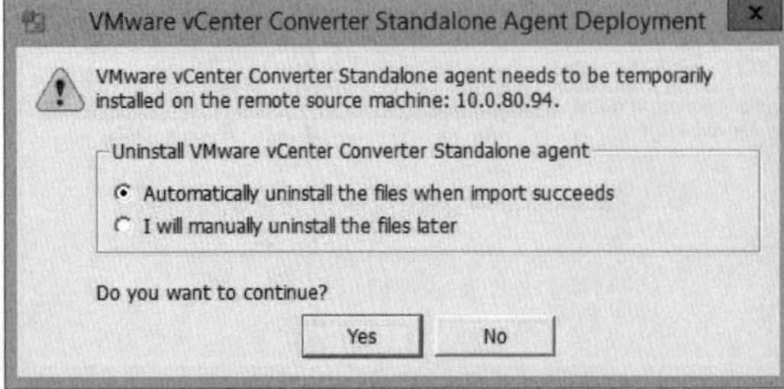

Abbildung 12.90 Verhalten für die Agenteninstallation

Nachdem der Client installiert worden ist, müssen Sie festlegen, auf welches Ziel die Migration erfolgen soll. Dazu benötigen Sie die Anmeldedaten für die passende virtuelle Infrastruktur.

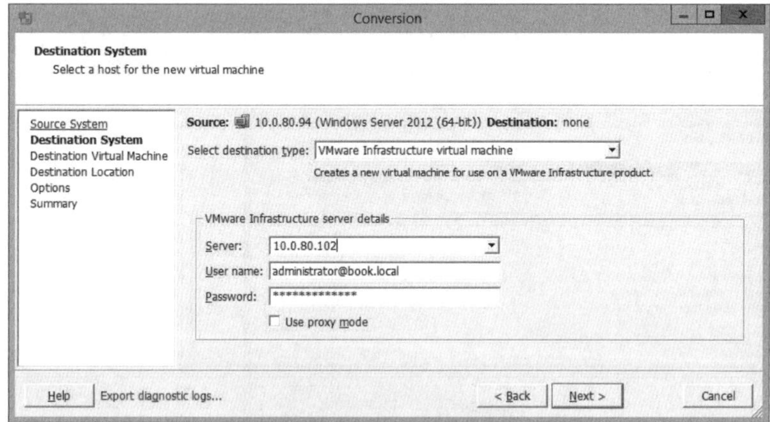

Abbildung 12.91 Anmeldung an der virtuellen Infrastruktur zur Übernahme eines Systems

Nach einem Klick auf NEXT versucht die Applikation, sich mit der zu übernehmenden Maschine zu verbinden, und fragt anschließend nach dem Ziel.

Es geht nun an die Eingabe der Parameter für den Host, der die neue virtuelle Maschine aufnehmen soll (siehe Abbildung 12.92). Sagen Sie nun dem System, wo die neue VM abgelegt wird und wie ihr Name sein soll.

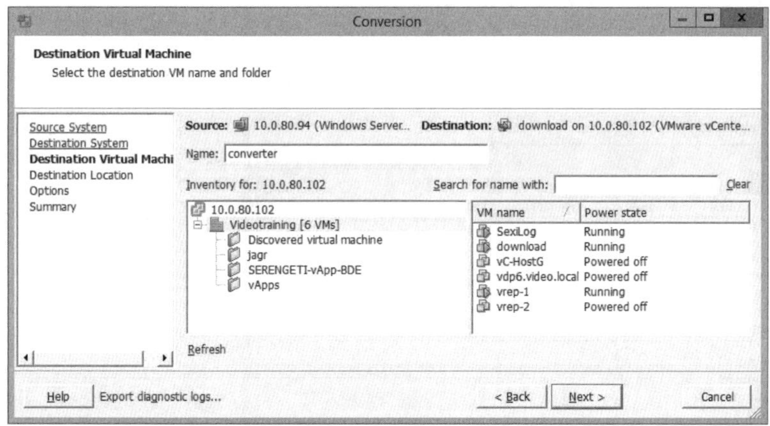

Abbildung 12.92 Ablageziel und Name der konvertierten VM

Im folgenden Dialog (siehe Abbildung 12.93) müssen Sie dem System sagen, auf welchem Host die VM angelegt werden soll. Wählen Sie außerdem den DATASTORE und die Version der virtuellen Maschine. Eine Überprüfung der benötigten Ressourcen findet an dieser Stelle nicht statt.

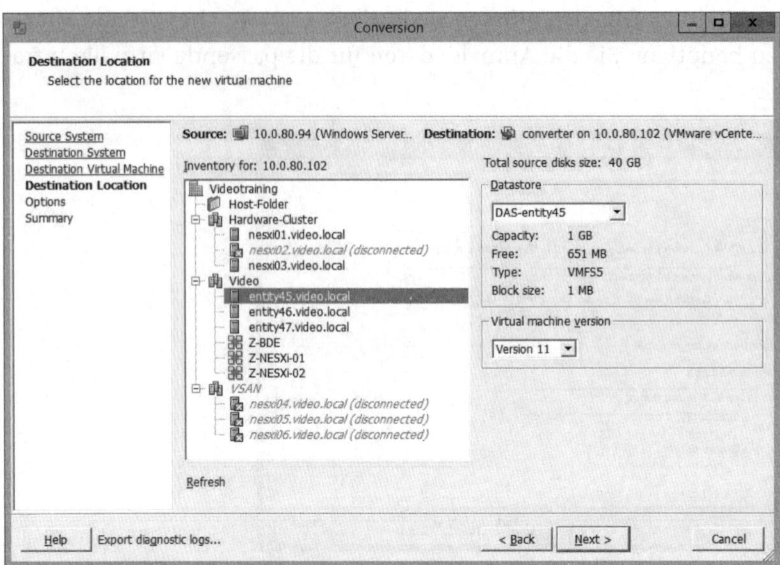

Abbildung 12.93 Ablageziel, Datastore, Host und VM-Version

Im nächsten Dialog (siehe Abbildung 12.94) können Sie alle Einstellungen für die zu konvertierende VM anpassen. Sie sehen schon, dass der Plattenplatz nicht ausreicht. Das liegt aber daran, dass die Konvertierung noch mit einer Festplatte im Thick-Format durchgeführt wurde.

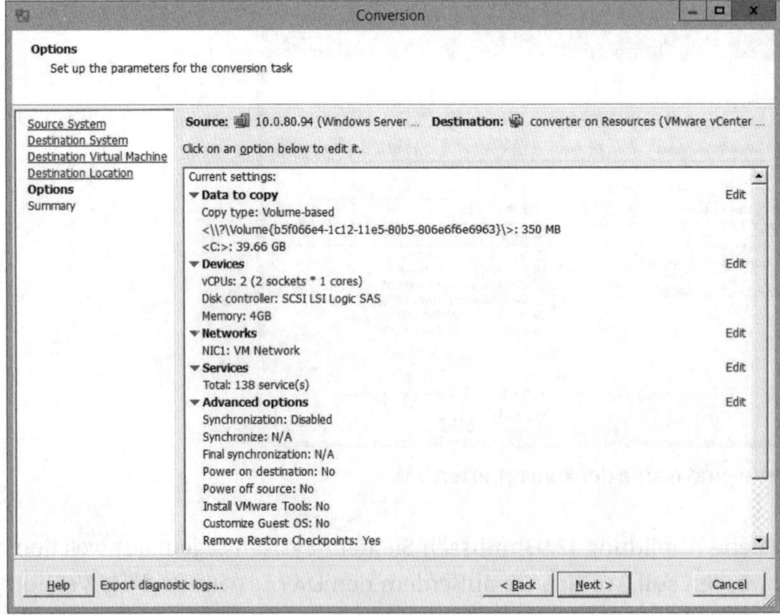

Abbildung 12.94 Anpassung der Festplatteneinstellungen

Options – Data to copy

Data to copy ermöglicht die Anpassung der zu übernehmenden Festplatte. Wollen Sie weitergehende Änderungen am Layout vornehmen, wechseln Sie über den Link Edit in die Advanced-Ansicht. Es empfiehlt sich, die beiden Auswahlfelder im unteren Bereich aktiviert zu lassen. Das optimiert zum einen die neue Zielmaschine und zum anderen die Performance der VM.

Die folgende Ansicht stellt nur die Auswahl und Ansicht zur Verfügung, welche Festplatten übernommen werden sollen. Weitere Einstellungen sind hier nicht möglich.

Richtig interessant ist der Reiter Destination Layout (siehe Abbildung 12.95), den Sie über den *Advanced Link* erreichen. Er bietet weitergehende Konfigurationsoptionen. Auch hier können Sie selbstverständlich die Ziel-LUN noch einmal anpassen. Ein wichtiger Punkt in diesem Dialog ist die Änderung des Plattentyps von Thick auf Thin oder umgekehrt. Bei der Auswahl Flat wird der gesamte Festplattenspeicher, den die virtuelle Festplatte benötigt, sofort allokiert. Bei Thin wird nur der Plattenplatz belegt, der aktuell auch beschrieben ist.

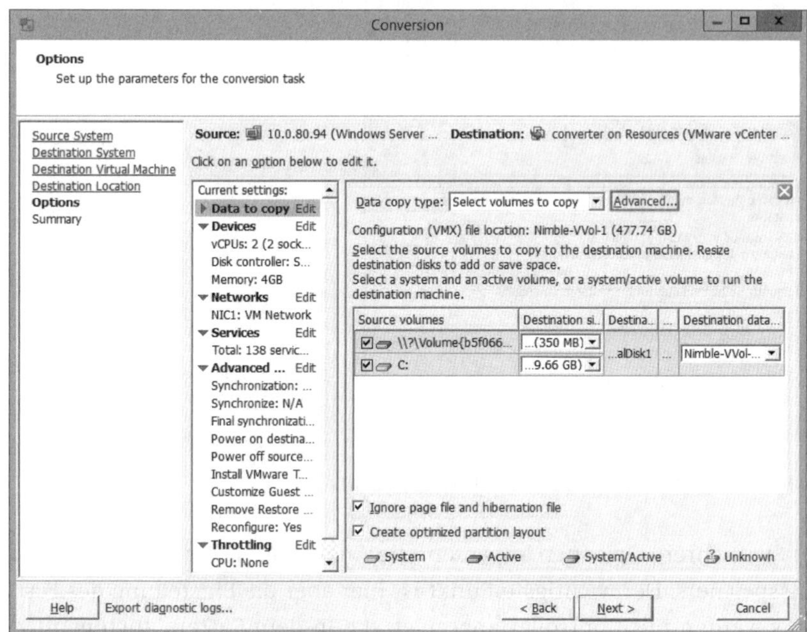

Abbildung 12.95 Festplattenkonfiguration

Die angegebene Festplattengröße markiert die obere Grenze. Achten Sie bei der Nutzung dieser Option darauf, dass genügend freier Platz auf der LUN vorhanden ist. Selbst wenn zu Beginn nur ein Bruchteil der virtuellen Platte genutzt wird, kann der verwendete Plattenplatz ganz schnell steigen und dann Probleme verursachen.

Von Haus aus werden die Platten und Partitionen so abgebildet, wie die Aufteilung auf dem Quellsystem war. Möchten Sie diese Aufteilung ändern, fügen Sie über Add Disk eine neue

Festplatte hinzu. Markieren Sie die Partition, die auf eine eigene Festplatte verschoben werden soll, und bringen Sie sie über die Buttons MOVE UP oder MOVE DOWN an die gewünschte Position. Diese Vorgehensweise bietet den Vorteil, dass Sie im Nachhinein leicht die Größe einer Partition ändern können, ohne zuvor eine dahinter liegende Partition mit einer passenden Software verschieben zu müssen.

Options – Devices

Der folgende Dialog ist extrem komplex. Einen Großteil der Parameter des Zielcomputers können Sie an dieser Stelle anpassen (siehe Abbildung 12.96). Auf die verschiedenen Optionen gehen wir jetzt einzeln ein. VMware gibt Ihnen durch eine Bewertung der einzelnen Punkte ein Hilfsmittel an die Hand: Ist vor den einzelnen Devices ein rotes oder gelbes Zeichen, sollten Sie sich die entsprechende Konfiguration genau anschauen; es ist nicht ausgeschlossen, dass es dort Probleme gibt.

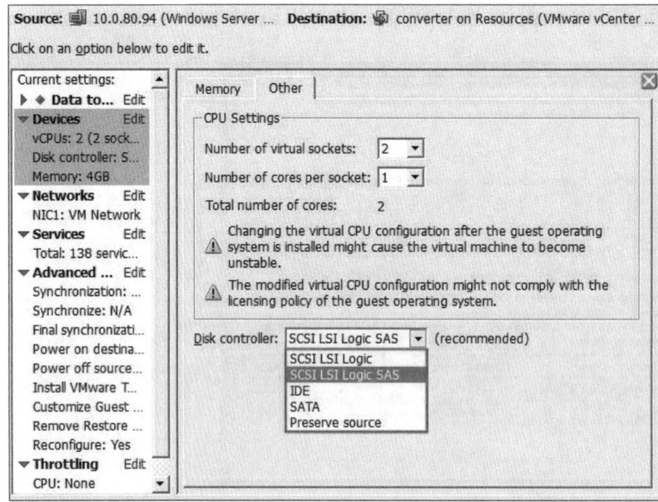

Abbildung 12.96 So passen Sie die Parameter der Zielmaschine an.

Bei DEVICES können Sie mehrere Optionen anpassen: die Anzahl der CPUs bzw. Cores und die Größe des Arbeitsspeichers. Der wichtigste Punkt ist hier aber die Einstellung des Festplatten-Controllers. Es werden nur Controller angezeigt, die in dem System auch genutzt werden können. Wenn Sie den Controller-Typ z. B. von IDE auf SCSI ändern, ist es wichtig, dass Sie die *VMware Tools* automatisch mitinstallieren lassen, damit Ihr System später auch booten kann.

Options – Networks

Unter NETWORKS stellen Sie das virtuelle Netzwerk ein, an das die Zielmaschine angeschlossen werden soll. Den Verbindungsstatus beim Start des Computers bestimmen Sie in der rechten Spalte CONNECT AT POWER-ON (siehe Abbildung 12.97).

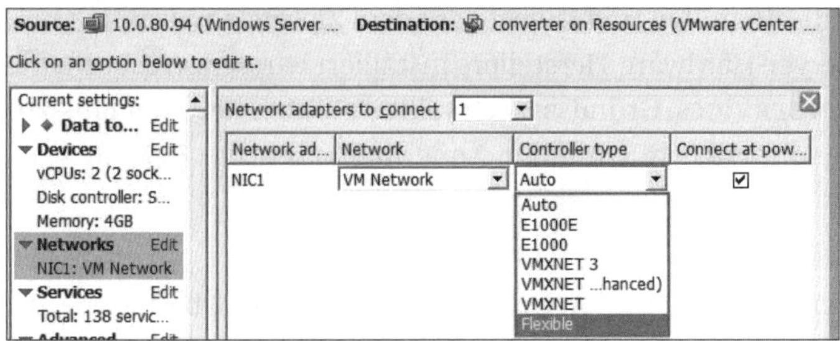

Abbildung 12.97 Parametrierung der Netzwerkeinstellungen

Selbstverständlich können Sie zusätzliche Netzwerkkarten hinzufügen. Die Grenze liegt hier bei 10 Adaptern.

Options – Services

SERVICES bietet eine Anpassung der Dienste sowohl auf dem Quell- als auch auf dem Zielsystem (siehe Abbildung 12.98). Gibt es Dienste, die beim Import besser nicht aktiv sein sollten, so müssen Sie sie hier deaktivieren. Sehen Sie sich dazu den Reiter SOURCE SERVICES an. Wir denken da z. B. an einen SQL-Server oder ähnliche Dienste, hinter denen sich ein starkes Änderungspotenzial auf der Festplatte verbergen kann. Nicht alle Dienste sind manipulierbar, aber ein Großteil der installierten ist es. Die Start-Art aller Dienste des Zielsystems können Sie hingegen anpassen. Beachten Sie, dass der Computer einige Services auf jeden Fall benötigt, damit er starten kann.

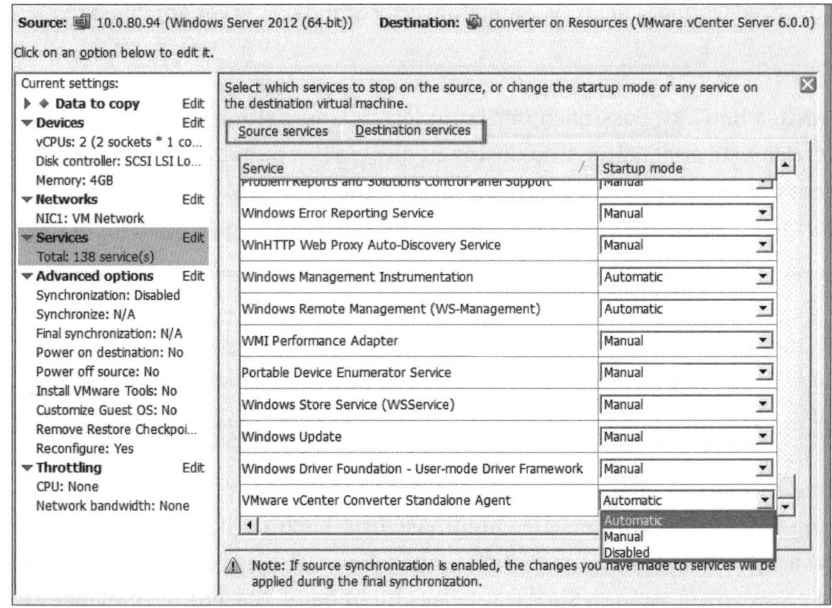

Abbildung 12.98 Dienste-Einstellungen

An dieser Stelle können Sie bereits eingreifen und Dienste auf dem Zielsystem deaktivieren, die über die System-Tools des Server-Hardware-Herstellers installiert wurden. Wechseln Sie dazu auf den Reiter DESTINATION SERVICES. Grundsätzlich sollten Sie aber bei einer Eins-zu-eins-Übernahme an dieser Stelle sehr vorsichtig mit den Änderungen sein.

Options – Advanced options

Unter ADVANCED OPTIONS geben Sie an, welche Aktionen im Rahmen der Übernahme zusätzlich durchgeführt werden sollen (siehe Abbildung 12.99). Dabei wird zwischen Aktionen vor dem Abschluss der Übernahme und nach der Übernahme unterschieden.

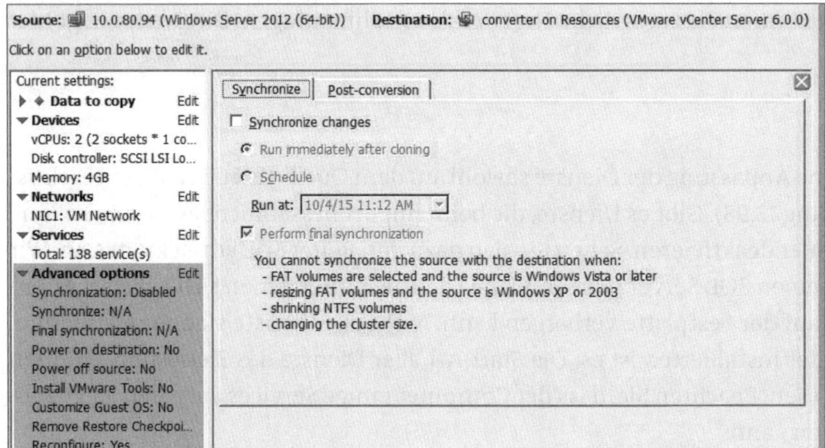

Abbildung 12.99 »Advanced Options« beim »vCenter Converter Standalone« vor Abschluss der Übernahme

SYNCHRONIZE CHANGES bewirkt, dass nach der kompletten Übernahme des Quellsystems alle nicht benötigten Dienste angehalten und die bis zu diesem Zeitpunkt aufgelaufenen Änderungen im Content auf das Zielsystem synchronisiert werden. Diesen Job können Sie zeitgesteuert oder sofort nach dem Abschluss der Übernahme starten.

> **Hinweis**
>
> Es gibt Randbedingungen, die die Synchronisierung verhindern. Dazu gehören das Ändern von FAT-Partitionen, das Verkleinern von NTFS-Partitionen oder das Anpassen der Cluster-Größe der Festplatte.

Die nächsten Punkte steuern das Verhalten von Quell- und Zielsystem nach der Übernahme (siehe Abbildung 12.100). Sie können die Quellmaschine nach dem Vorgang automatisch starten (POWER ON DESTINATION MACHINE), oder Sie lassen das Ziel ausgeschaltet (POWER OFF SOURCE MACHINE). Achten Sie darauf, dass nicht beide Maschinen gleichzeitig aktiv sind, denn dann wären zwei identische Server im Netz, was zu Problemen führen kann. INSTALL VMWARE TOOLS ON THE DESTINATION VIRTUAL MACHINE ist an sich selbsterklärend. Wir empfehlen, diese Option zu aktivieren.

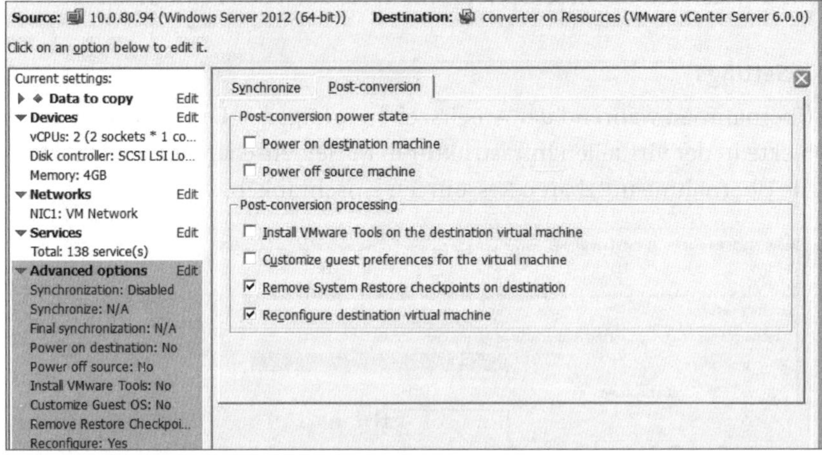

Abbildung 12.100 Verhalten nach der Übernahme

Der folgende Punkt, CUSTOMIZE GUEST PREFERENCES FOR THE VIRTUAL MACHINE, ermöglicht es Ihnen, die Systemkonfiguration eines Windows-Servers anzupassen. Es werden Eingaben für die in Tabelle 12.12 genannten Punkte erwartet.

Optionen	Parameter
Computer-Informationen	▸ Computername ▸ Benutzername ▸ Organisationsname ▸ Erstellung einer neuen SID
Windows-Lizenz	Einstellung der Lizenzierungsart: pro Server oder pro Arbeitsplatz
Zeitzone	Einstellen der Zeitzone
Netzwerk	Hier stellen Sie die Netzwerkparameter ein.
Arbeitsgruppe/Domain	Steht das Zielsystem in einer Arbeitsgruppe, oder soll es Mitglied einer Domäne sein?

Tabelle 12.12 Parameterübersicht für die Anpassung von Windows-Systemen

REMOVE SYSTEM RESTORE CHECKPOINTS ON DESTINATION entfernt alle Punkte, die in der Systemwiederherstellung unter Windows gesetzt sind. Die Systemwiederherstellung ermöglicht es, das System in den Zustand zurückzuversetzen, den es zu einem definierten Zeitpunkt in der Vergangenheit hatte. In den meisten Fällen ist es nicht nötig, im späteren virtuellen System auf diese Punkte zuzugreifen. RECONFIGURE DESTINATION VIRTUAL MACHINE installiert die nötigen Device-Treiber. Diese Option sollten Sie auf jeden Fall aktivieren.

Options – Throttling Settings

Es kann sein, dass Übernahmen während der Arbeitszeiten erfolgen sollen. Um zu vermeiden, dass andere Objekte in der virtuellen Infrastruktur in Mitleidenschaft gezogen werden, können Sie die für die Übernahme nutzbaren Ressourcen einschränken.

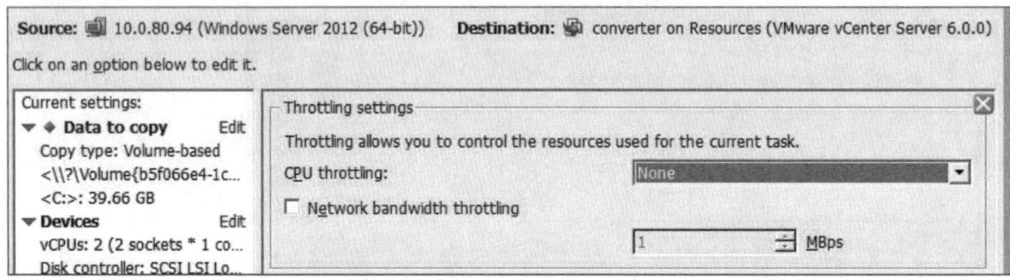

Abbildung 12.101 Ressourceneinschränkung für die Übernahme

Sie können hier nicht nur die maximale Netzwerkbandbreite festlegen, sondern auch die CPU-Ressourcen beschränken (siehe Abbildung 12.101). Das erfolgt aber nicht numerisch, sondern über die Einstellungen LIGHT, MEDIUM und NONE. Selbstverständlich hat das Einfluss auf das Zeitfenster, das für die Übernahme benötigt wird.

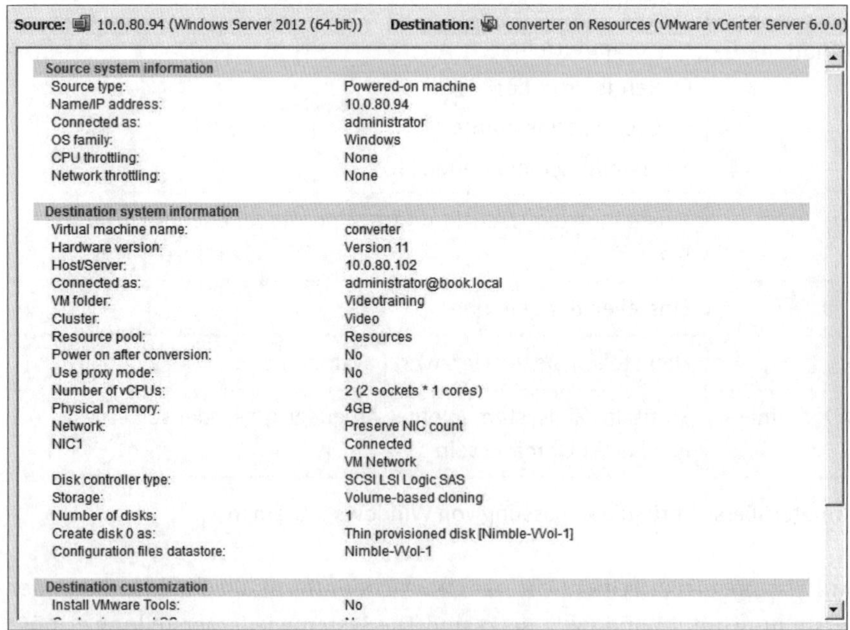

Abbildung 12.102 Zusammenfassung der Übernahme

Nach der Betätigung von NEXT erscheint eine Zusammenfassung aller Einstellungen (siehe Abbildung 12.102). Sollten noch Defizite – also Unstimmigkeiten bei der Konfiguration – vorhanden sein, werden Sie oben im Fenster darauf hingewiesen. Mit FINISH starten Sie den Import der Maschine. Der Vorgang nimmt je nach Größe der Quellmaschine eventuell längere Zeit in Anspruch. Im Hauptfenster wird jetzt der Job angezeigt, und Sie können dort den aktuellen Status des Jobs während der Konvertierung kontrollieren.

12.12.3 Nacharbeiten nach der Übernahme

Bevor Sie die importierte Maschine starten, sollten Sie sich die Konfiguration der virtuellen Maschine anschauen. Löschen Sie die Hardwarekomponenten, die Sie nicht benötigen, so z. B. die serielle Schnittstelle, die parallele Schnittstelle und Audio. Achten Sie auch darauf, dass bei Wechselmedien das Client-Device eingestellt ist. Verbinden sollten Sie Floppy und CD-ROM nur, wenn Sie sie benötigen. Unter Umständen ist es später sehr zeitaufwendig, ein verbundenes CD-ROM-Laufwerk zu suchen. Dies kann zu Problemen in der virtuellen Infrastruktur führen und auch Funktionen aushebeln.

Ist der Server dann gestartet, sollten Sie die gesamte installierte Software auf den Prüfstand stellen. Deinstallieren Sie alle vom Hardwarehersteller gelieferten Tools, wie Treiber für Remote-Konsole, RAID-Treiber, Netzwerktreiber und Konfigurations-Tools für die Computerhardware. Nach der systemspezifischen Software geht es den überflüssigen Treibern des Windows-Systems an den Kragen. Legen Sie dazu eine neue System-Environment-Variable an. Sie lautet `devmgr_show_nonpresent_devices` und bekommt den Wert 1. Anschließend rufen Sie den Gerätemanager und den Menüpunkt ANSICHT • AUSGEBLENDETE GERÄTE auf. Jetzt können Sie die nicht benötigten Gerätetreiber deinstallieren. Eine relativ einfache Richtschnur ist, sich alle Treiber anzuschauen, die mit einem ausgegrauten Symbol markiert sind. Haben Sie die Arbeiten abgeschlossen, sollten Sie den Computer neu starten. Jetzt kann die Maschine nach einem ausführlichen Applikationstest den Job des alten Servers übernehmen.

Sie können sich die Arbeit auch erleichtern: Es gibt im Netz eine ISO-Datei, die die Arbeit für Sie übernehmen kann. Sie finden den Artikel und den Download-Link unter:

http://communities.vmware.com/docs/DOC-15187/version/4

Die Vorgehensweise ist dabei ganz einfach: Setzen Sie zuerst, wie bereits beschrieben, die Environment-Variable. Mounten Sie anschließend das heruntergeladene ISO-Image in die VM, und öffnen Sie eine Eingabeaufforderung. Wechseln Sie anschließend auf das ISO-Image, und wählen Sie das für Ihr System richtige Unterverzeichnis (siehe Tabelle 12.13).

Windows-Version	Unterverzeichnis
Windows 32 Bit	*i386*
Windows 64 Bit	*x64*
Windows für Itanium-Systeme	*ia64*

Tabelle 12.13 Zuordnung der Unterverzeichnisse zu Windows-Versionen

In dem Unterverzeichnis befindet sich eine Datei mit dem Namen *removedevices.js*. Starten Sie sie, und die nicht benötigten Gerätetreiber werden automatisch entfernt.

Kapitel 13
Datensicherung von vSphere-Umgebungen

In diesem Kapitel lernen Sie die Möglichkeiten kennen, die »VMware Data Protection« zur Datensicherung und -wiederherstellung von VMware-vSphere-Umgebungen bietet. »VMware Data Protection« ist eine moderne Alternative zur traditionellen Datensicherung. Außerdem zeigen wir Ihnen, wie Sie diese Lösung mit EMC-Technologien erweitern können. Für Leser, die Produkte von Drittherstellern einsetzen, bietet das Kapitel eine Einführung in die Datensicherung und -wiederherstellung auf konzeptioneller Ebene.
Einige der hier vorgestellten Techniken können Sie sich auch im Blog »Cloud Jockey« anschauen oder nachlesen.

Autor dieses Kapitels ist Marcel Brunner, VMware Global Solution Consultant
marcelb@vmware.com
Blog: http://cloudjockey.tech

13

13.1 Einführung

Die Datensicherung gehört thematisch, neben der Hochverfügbarkeit und dem Wiederanlauf im Katastrophenfall, zur *IT Business Continuity*. Dieses Kapitel widmet sich dem Thema *Datensicherung*, das heißt, wir befassen uns mit dem Sichern der Daten von Applikationen, aber auch mit dem Sichern infrastruktureller Komponenten wie dem Gastbetriebssystem. Weiter werden auch Konzepte zum Wiederanlauf aus Sicht der Datensicherung behandelt.

Wir verwenden in diesem Kapitel den *vSphere Web Client* als Grundlage für sämtliche Schritte in vCenter.

Grundsätzliches zu Soft- und Firmware-Versionen

Die in diesem Kapitel vorgestellten Produkte beziehen sich auf folgende Release-Stände:

- VMware vSphere Data Protection 6.0.1.5
- EMC Data Domain 5.6.0.3
- EMC Avamar 7.2

Neuere Releases können Erweiterungen und Änderungen mit sich bringen, die in diesem Kapitel getroffene Aussagen überholt erscheinen lassen.

13.1.1 Allgemeines zur Datensicherung

VMware vSphere 6.0 bietet verschiedene Optionen für die Datensicherung und -wiederherstellung in virtuellen Umgebungen.

Bevor Sie eine Datensicherung Ihrer virtuellen Umgebung tätigen, sollten Sie Richtlinien definieren. Diese wiederum beruhen auf den *Service Level Objectives* (SLO) Ihres angebotenen Dienstes (beispielsweise einer E-Mail-Applikation wie *Microsoft Exchange*). Dabei ist es von Vorteil, mit den Begriffen und Kürzeln aus Tabelle 13.1 vertraut zu sein.

Kürzel	Begriff	Erklärung
RPO	Recovery Point Objective	Wiederherstellungspunkt: Wie viel Datenverlust darf der Dienst maximal haben?
RTO	Recovery Time Objective	Wiederherstellungszeit: Wie schnell muss der Dienst wieder verfügbar sein?
RT	Retention Time	Aufbewahrungszeit: Wie lange muss eine einzelne Datensicherung eines Dienstes aufbewahrt werden? Das kann auch rechtliche Aspekte beinhalten (beispielsweise bei Röntgenbildern).
	Datensicherungsgenerationen	Wie viele Kopien eines Dienstes müssen vorgehalten werden?
	Häufigkeit der Datensicherung	Wie oft müssen die Daten des Dienstes gesichert werden?
	Änderungsrate	Wie groß ist die Datenmenge, die sich pro Zyklus ändert? (Hier geht es um die effektiv neu geschriebenen Datenblöcke.)
	Datensicherungsschema	Auf welche Art muss die Datensicherung erfolgen (vollständige, inkrementelle, differenzielle Sicherung)?

Tabelle 13.1 Begriffe der Datensicherung

Die Werte, die Sie aus den Objectives in Tabelle 13.1 ableiten, entscheiden sowohl über die Wahl der Datensicherungs*methoden* als auch über die zugrunde liegende *infrastrukturelle Architektur*. Je nach den Möglichkeiten der Plattformen, die Sie einsetzen, gibt es herstellerspezifische Unterschiede. Dieses Kapitel konzentriert sich auf die VMware-eigenen Technologien.

13.1.2 Die zwei Typen der Datensicherung

Prinzipiell unterscheidet man zwischen zwei Typen der Datensicherung:

- *logische* Datensicherung (eine vom Primärspeichervolumen abhängige Kopie, beispielsweise *VMware Snapshot*)
- *physikalische* Datensicherung (eine vom Primärspeichervolumen unabhängige Kopie, beispielsweise *VMware Clone*)

Logische Datensicherung

Eine *logische Datensicherung* legt ein Point-in-Time-Abbild (*Snapshot, Klon, Replikation*) einer virtuellen Maschine, eines VMFS-Datastores, einer LUN oder eines Dateisystems an. Logische Datensicherungen erfolgen sehr schnell und nutzen die Speicherkapazität im *Primärspeichersystem* oder in dessen Replikat. Die Wiederherstellung der Daten aus einer logischen Datensicherung erfolgt sehr schnell im Vergleich zu Datensicherungen auf Sekundärspeichersystemen. Das hängt direkt mit den IT-Prozessen (Standard Operating Procedures) zur Restauration der Daten sowie von der verwendeten Technologie ab. Die logische Datensicherung ermöglicht eine kurze Wiederanlaufzeit eines Dienstes oder – was weitaus üblicher ist – die Wiederherstellung einzelner Dateien. Logische Datensicherung schützt Sie beispielsweise vor korrupten virtuellen Maschinen oder versehentlich gelöschten Dateien innerhalb der VMs.

Physikalische Datensicherung

Im Gegensatz zur logischen Datensicherung erstellen Sie bei der *physikalischen Datensicherung* eine vollständige, unabhängige Kopie einer virtuellen Maschine, eines VMFS-Datastores, einer LUN oder eines Dateisystems. Das gibt Ihnen die Möglichkeit, diese Kopie in einem anderen Speichersystem abzulegen – sei es traditionell in einer Bandbibliothek oder (wie im Verlauf dieses Kapitels beschrieben) via *vSphere Data Protection* (VDP) in einem oder mehreren dedizierten VMFS-Datastores. Nachteilig wirken sich der Speicherkapazitätsbedarf und die längere Laufzeit der Datensicherung aus. Moderne Datensicherungstechnologien erlauben es, sowohl den Kapazitätsbedarf (Komprimierung oder Deduplizierung der Daten) als auch deren Laufzeit (quellbasierte Deduplizierung) zu optimieren.

Ein weiteres Einsatzgebiet, das physikalische Datensicherungen oder eigenständige Zweitkopien erfordert, sind gesetzliche Vorgaben, wie sie beispielsweise das Handelsgesetzbuch in Deutschland oder die Geschäftsbücherverordnung in der Schweiz zur Aufbewahrung digitaler Daten vorschreiben. Damit ist auch immer eine Mindestaufbewahrungsfrist (Retention Time) dieser Daten verknüpft.

13.1.3 Stufenweises Datensicherungskonzept

Bei der gleichzeitigen Nutzung von logischer und physikalischer Datensicherung spricht man von einem *stufenweisen Datensicherungskonzept*.

Es ist daher durchaus eine »Best Practice«, sowohl die physikalische wie auch die logische Datensicherung für einen Dienst einzusetzen, um ein SLO (*Service Level Objective*) vollständig abzudecken. Ein SLO kann durchaus auch nach Lösungen zur Desaster-Vorsorge verlangen.

Bei einem Systemausfall (beispielsweise einer VM) oder bei Datenverlust, empfiehlt es sich immer – verausgesetzt, die Datenkonsistenz ist gemäß SLO gegeben – auf diejenige Sicherungskopie zurückzugreifen, von der aus die Wiederherstellung am schnellsten erfolgt (Beispiel: Snapshot vom Primärspeichersystem).

Tabelle 13.2 fasst die verschiedenen Stufen samt ihrer Vor- und Nachteile zusammen.

Art der Sicherung	Vorteil	Nachteil
Snapshot, Clone (logisch)	Schnelle Wiederherstellung	Keine Sicherheit vor Primärspeichersystemausfall
Lokale Datensicherung (physikalisch)	Schnelle Wiederherstellung	Kein Schutz vor Standort- oder Zweitspeichersystemausfall
Replikation (logisch)	Schneller Wiederanlauf bei Standort- oder Primärspeichersystemausfall	Hohe Kosten für Zweitstandort
Datensicherung an Zweitstandort (physikalisch)	Sicherung gegen Standortausfall	Langsamere Wiederherstellung, Kosten für Zweistandort

Tabelle 13.2 Stufenweises Konzept zur Datensicherung

Typischerweise werden Sie aufgrund der schnellen Wiederherstellungszeit häufiger logische Datensicherungen durchführen als physikalische. Die logische Datensicherung kann aber die physikalische Datensicherung keinesfalls ersetzen, weil sie weder Schutz vor einem Systemausfall (logischer oder physikalischer Natur) noch vor einen Medienbruch (Datenspeicherung auf einem Zweitsystem oder anhand eines anderen Speichermodells) bietet. Durch die Art und Weise, wie sie organisiert ist, gibt es keine Funktionstrennung. Die logische Datensicherung (Snapshot) ist in den Kapitel 8 und Kapitel 14 ausführlich beschrieben.

13.2 Grundlagen der Datensicherung

Bei der Datensicherung treffen Sie immer wieder auf die Begriffe, die in Tabelle 13.3 aufgelistet sind.

Begriff	Beschreibung
Sekundärspeichersystem	Dediziertes Speichersystem zum Zweck der Datensicherung. Das System kann auf Festplatten, Bändern oder optischen Medien oder auf einer Kombination daraus basieren.
Full Backup	Vollständige Datensicherung eines Systems, einer Datenbank oder einer Applikation
Incremental Backup	Inkrementelle Datensicherung, ausgehend von der Datensicherung, die zuletzt stattgefunden hat
Differential Backup	Differenzielle Datensicherung, ausgehend vom letzten vollständigen Backup
Synthetic Full	Synthetische, vollständige Datensicherung. Aus den letzten vollständigen und inkrementellen oder differenziellen Datensicherungen wird periodisch eine vollständige Datensicherung zusammengestellt. Die Sicherungsapplikation steuert diesen Vorgang.
Incremental Forever	Zunächst wird eine vollständige Datensicherung eines Systems, einer Datenbank oder einer Applikation angelegt, und danach folgen nur noch inkrementelle Datensicherungen über den Lebenszyklus.
Image-Level	Es wird die gesamte virtuelle Maschine oder es werden einzelne virtuelle Festplatten gesichert. Die Wiederherstellung von Dateien oder Verzeichnissen innerhalb des Gastbetriebssystems ist mit *vSphere Data Protection* möglich. *VMware Tools* wird benötigt, um *VM-konsistent* zu sichern. (Das blockiert kurzzeitig Schreibvorgänge auf das Dateisystem.)
File-Level	Die Datensicherung geschieht auf Dateisystemebene innerhalb eines Gastbetriebssystems und benötigt einen Agenten. *vSphere Data Protection* greift auf *VMware Tools* zurück.

Tabelle 13.3 Begriffe der Datensicherung

Begriff	Beschreibung
Application-Level	Die Datensicherung erfolgt innerhalb des Gastbetriebssystems und sichert wahlweise entweder die gesamte Applikation und Datenbank oder einzelne Instanzen. Dafür wird ein spezieller Agent benötigt. Dieser verwendet bei *vSphere Data Protection* die quellenbasierte Deduplikation.
Changed Block Tracking	Inkrementelle Image-Level-Datensicherung, die auf den Datenblöcken basiert, die während eines Datensicherungsintervalls geändert wurden (siehe auch Abschnitt 13.4.4).
Deduplikation	Bei der Deduplikation von Daten werden Datensätze in kleine Einheiten variabler oder fixer Länge zerlegt und dann werden doppelt vorkommende identische Einheiten gelöscht.
Quellenbasierte Deduplikation	Die Deduplikation geschieht im Gastbetriebssystem, der Applikation oder in einem Datensammler (Proxy-System), bevor die Daten über ein Netzwerk zum Sekundärspeichersystem gesendet werden.
Zielbasierte Deduplikation	Die Deduplikation der Daten erfolgt direkt im Sekundärspeichersystem.

Tabelle 13.3 Begriffe der Datensicherung (Forts.)

Wenn es um die Wiederherstellung von Daten geht, ist nur die vollständige Datensicherung wertvoll. Die inkrementelle und die differenzielle Datensicherung sind letztlich technologische Kompromisse, um die Datensicherung innerhalb eines definierten Zeitfensters realisieren zu können. Das wirkt sich nachteilig auf die Restauration der Daten aus, die dafür umso mehr Zeit in Anspruch nimmt. Dabei müssen erst inkrementelle oder differenzielle Daten nach der Wiederherstellung der letzten vollständigen Datensicherung bis zum gewünschten Stand zurückgespielt werden, bis das System wieder betriebsbereit ist.

Die Methode *Synthetic Full* ist sehr nützlich, da sie es erlaubt, Daten ab der ersten Sicherung nur noch inkrementell zu sichern und so bestehende Zeitfenster trotz Datenwachstums einzuhalten. Die Sicherungsapplikation generiert periodisch Vollkopien, die sich entsprechend schnell wiederherstellen lassen.

13.2.1 Deduplikation

Am vielversprechendsten ist allerdings die Kombination von *Changed Block Tracking* und quellenbasierter Deduplikation. *vSphere Data Protection* verwendet diese Technologie. Dieses Produkt wird Ihnen in diesem Kapitel näher vorgestellt.

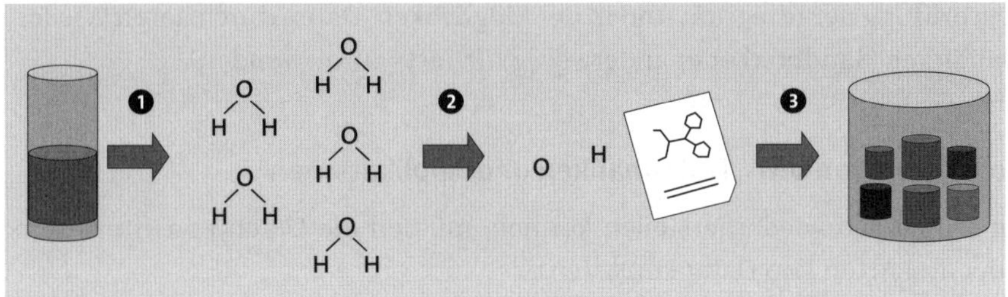

Abbildung 13.1 Funktionsweise der Deduplikation von vSphere Data Protection

Abbildung 13.1 zeigt, wie Deduplikation vom Prinzip her funktioniert:

❶ Aufbrechen der Daten in ihre Atome (variable Längen der Datensegmente im Falle von VDP oder Data Domain)

❷ Einmaliges Senden und Speichern dieser Atome

❸ Das führt zu 500-facher Reduktion an gespeicherten Daten.

Diese Deduplikation kann an der Quelle, also im Gastsystem, dem ESXi-Server unter Verwendung des DD-Boost-Protokolls oder am Ziel und damit in VDP oder der Data Domain stattfinden. Im virtuellen Umfeld ist die quellenbasierte Deduplikation am effizientesten. Sie profitiert davon, dass nur die eineindeutigen Datensegmente sämtlicher auf einem ESXi-Server laufenden VMs und VDP gesendet werden. Dort wiederum werden nur die eindeutigen Datensegmente sämtlicher durch VDP geschützten VMs gespeichert.

13.2.2 Medien zur physikalischen Datensicherung

Datensicherung und Archivierung bilden in der IT-Infrastruktur eine Ausnahme, was die Speichermedien betrifft. Im Primärspeicherbereich werden ausschließlich Festplatten bzw. neuerdings Flash-Speicher verwendet. Mannigfaltiger präsentiert sich die Situation der verwendeten Medien im Bereich der Datensicherung. Da finden Sie Bänder, optische Medien, Festplatten und sogar auch Flash-Speicher. Aber am häufigsten treffen Sie wohl immer noch Bandbibliotheken an. Festplattenbasierte Speichersysteme werden jedoch zunehmend populärer.

Bänder sind sehr günstige Medien, was Anschaffung, Betrieb (Strom- und Kühlungskosten) und den Transport (Auslagerung zur Desaster-Vorsorge) betrifft. Ihre Nachteile sind der enorme Aufwand bei der Datenwiederherstellung, ihre Unzuverlässigkeit in Sachen Datenkonsistenz sowie eine mangelhafte Validierung der Datenintegrität.

Festplatten sind vergleichsweise teuer in der Anschaffung und im Betrieb, obwohl Technologien wie Deduplikation und Abschaltung von Festplattenbereichen dem entgegenwirken. Sie eignen sich nicht zum Transport und erfordern zur Desaster-Vorsorge entweder den Betrieb eines zweiten Rechenzentrums, die Erstellung von Bandkopien zur Auslagerung oder eine Cloud-basierte Lösung. Ihre Vorteile liegen in der schnellen Wiederherstellung, der kontinuierlichen Überprüfung der Integrität und in der Möglichkeit, Daten durch deren Wiederherstellung zu validieren (Sandbox) oder anderweitig für Tests zu verwenden.

13.2.3 Datenkonsistenz von VMs, Datenbanken und Applikationen

Damit Sie Daten erfolgreich wiederherstellen können, müssen die Daten konsistent sein. Man unterscheidet drei Arten von Datenkonsistenz:

- **inkonsistente Datensicherung oder korrupte Daten:** Das wäre z. B. ein auf Band gesicherter unleserlicher Datenbestand. Diese unerwünschte Form wird hier nur der Vollständigkeit halber aufgeführt. Sie wird nicht weiter erläutert.
- **absturzkonsistente Datensicherung:** Hierbei handelt es sich um eine Sicherung einer virtuellen Maschine ohne Agenten oder Applikations-Plug-ins.
- **applikationskonsistente Datensicherung:** Dies ist die Sicherung einer Applikation innerhalb einer virtuellen Maschine mittels Agenten oder Plug-in.

Absturzkonsistente Datensicherung

Unter einer absturzkonsistenten Datensicherung logischer oder physikalischer Natur versteht man die agentenfreie Sicherung einer virtuellen Maschine oder eines gesamten *VMFS-Datastores*. Eine absturzkonsistente Datensicherung kommt bei virtuellen Maschinen ohne geschäftskritische Applikationen und Datenbanken zur Anwendung oder dann, wenn es keinen spezifischen, produktabhängigen Datensicherungsagenten gibt. In vielen Anwendungsfällen genügt diese Art der Datensicherung. Dabei wird vorausgesetzt, dass die *VMware Tools* installiert sind und dass die Sicherungsapplikation oder der Sicherungsvorgang den *VSS Provider* oder den *File System Sync Driver* ansprechen kann. Beide können die Schreibvorgänge des Dateisystems eines unterstützten Gastbetriebssystems kurzfristig stilllegen, um eine konsistente Datensicherung auf Basis der virtuellen Maschine zu ermöglichen (man spricht dann von *VM-konsistenter Sicherung*).

Applikationskonsistente Datensicherung

Von einer *applikationskonsistenten Datensicherung* ist die Rede, wenn der Datenzugriff auf die Applikation oder auf die angebundene Datenbank zum Zweck der Sicherung kurzfristig stillgelegt wird. Dazu brauchen Sie spezielle Software in Form von Datensicherungsagenten (beispielsweise *VMware Tools*) oder *Plug-ins*. Sollte eine Applikation nicht von der eingesetzten Software unterstützt werden, bietet sich alternativ ein Script oder ein manueller Eingriff an, der die Applikationsdienste stoppt. *VMware Tools* bieten eine Integration in *Microsoft Shadow Copy Services*. Diese wiederum erlauben das kurzzeitige Einfrieren eines *Microsoft SQL*-Datenbankdienstes. Das Zusammenspiel der beiden Technologien ermöglicht die Erstellung einer *applikations-* beziehungsweise *datenbankkonsistenten* Datensicherung.

Traditionell werden geschäftskritische Applikationen kurzweilig oder über Nacht stillgelegt und die Daten gesichert. Mit zunehmenden Datenmengen und schrumpfenden Datensicherungsfenstern – falls sie überhaupt noch vorhanden sind – ist diese Methode zusehends impraktikabel. Moderne Ansätze, wie der Einsatz von *Changed Block Tracking* (CBT) in Verbindung mit *quellenbasierter Deduplikation* oder Snapshots, bieten Abhilfe.

vSphere Data Protection verfügt über diese Datensicherungsagenten für die Microsoft-Applikationen *Exchange*, *SQL* und *SharePoint*. Diese können bequem über die vCenter-Erweiterung »VDP« heruntergeladen werden.

13.2.4 Sicherung von mehrschichtigen Applikationen oder vApps

Im Aufbau komplexere virtuelle Maschinen oder vApps mit definierten *Anti-Affinity*-Richtlinien zur Lastverteilung auf unterschiedliche VMFS-Datastores gestalten die absturzkonsistenten Datensicherungen ungleich schwieriger. Hier scheitern Sie mit der erwähnten Methode eines Point-in-Time-Abbilds oder eines Klons der betroffenen VMFS-Datastores. Beispiele solcher Applikationen sind:

- *Microsoft Exchange*: Clientzugriff- und Postfachserver
- *Microsoft SharePoint:* Web-Frontend- und -Backend-Datenbank-Server
- *Webapplikationen:* Web- und Datenbankserver

Consistency Groups

Einige Speichersystemhersteller bieten zur Abbildung solcher Datensicherungsszenarien sogenannte *Consistency Groups* (CG), die mehrere *VMFS-Datastores* zu einer logischen Einheit zusammenfassen. Eine CG erlaubt das kurzfristige simultane Einfrieren (Sperren der Schreibvorgänge mehrerer VMFS-Datastores respektive LUNs) zum Zweck einer konsistenten Datensicherung. Die absturz- sowie applikationskonsistente Datensicherung bedient sich desselben Mechanismus auf Ebene des Primärspeichersystems. Von diesem profitiert sowohl die logische wie auch die physikalische Datensicherung.

Erkundigen Sie sich beim Hersteller, ob das in Ihrer Firma eingesetzte Speichersystem und gegebenenfalls die Datensicherungssoftware diese Funktion unterstützen.

13.3 Die fünf Prinzipien einer konsequenten Datensicherung

Eine konsequent durchgeführte Datensicherung verfolgt die Prinzipien eines Medienbruchs, der Datenkopien, einer Indexierung und Prüfung sowie auf organisatorischer Ebene die Funktionstrennung.

13.3.1 Medienbruch

Beim Medienbruch unterscheidet man den logischen vom physikalischen Typ. (Früher verstand man darunter die Sicherung auf Band, eine andere Technologie.)

- **Logischer Medienbruch:** Eine Datensicherungsapplikation sichert Daten in einen dedizierten Bereich. Beispiel: Sie verwenden *vSphere Data Protection* mit einem *VMFS-Datastore*, der auf einem Primärspeichersystem im dedizierten Plattenbereich liegt. Vorteil: Verwaltung einer Speichersysteminfrastruktur, bessere Kapazitätsauslastung des Systems. Nachteil: mittleres Risiko beim Release Management und bei einem potenziellen Systemausfall.
- **Physikalischer Medienbruch:** Die Datensicherungsapplikation sichert Daten auf ein dediziertes System. Beispiel: *vSphere Data Protection Advanced* speichert Daten in ein dediziertes Sekundärspeichersystem. Vorteil: geringes Risiko beim Release Management, da für das Primär- und das Sekundärspeichersystem unterschiedliche Technologien sowie getrennte Systeme zum Einsatz kommen. Nachteil: Verwaltung zweier unterschiedlicher Komponenten in der Speichersysteminfrastruktur, verbunden mit höheren Kosten.
- **Kein Medienbruch:** Die Datensicherungsapplikation verwaltet das Erstellen von Snapshots, Klonen oder replizierte Datenkopien. Vorteil: native Integration im Primärspeichersystem, bessere Kapazitätsauslastung des Systems, schnelle Datenwiederherstellung. Nachteil: hohes Risiko beim Release Management; bei Snapshots kommt die Abhängigkeit von den Primärvolumen hinzu. Außerdem kann ein Systemausfall oder Datenkorruption einzelner Primärvolumen zum Verlust intakter Kopien führen.

13.3.2 Datenkopien

Datenkopien können Sie in mannigfaltiger Art erstellen, entweder auf dem Primärspeicher oder auf anderen Speichersystemen. Auch die Datenträger können unterschiedlicher Art sein, wie Festplatten, Bänder oder optische Medien. Wie in Abschnitt 13.1.2 erläutert wurde, unterscheidet man zwischen logischer und physikalischer Datensicherung. Ein entscheidender Faktor bei der Wahl der einzusetzenden Technologien ist die Aufbewahrungsfrist der Daten. Diese kann auch gesetzlich reguliert sein. Es ist durchaus eine gängige Praxis, gleichzeitig die logische und die physikalische Datensicherung zu nutzen. Die Kosten, die aufgrund des Speicherbedarfs einer Kopie entstehen, sind dabei nicht zu unterschätzen.

Die populärsten Technologien der logischen Datensicherung sind:

- **Snapshot einer VM**

  Vorteil: Granularität auf Ebene einer VM, schnelle Datensicherung und -wiederherstellung, VM-konsistent und mit VMware Tools unter Windows dateisystemkonsistent.

  Nachteil: hoher Verwaltungsaufwand, Abhängigkeit von der produktiven VM. Höhere Kosten der benötigten Speicherkapazität im Vergleich zu einem Sekundärspeichersystem.

- **Snapshot einer VM oder .vmdk-Datei (VVol Datastores)**

  Vorteil: Granularität auf Ebene einer VM oder virtuellen Festplatte (*.vmdk*-Datei), schnelle Datensicherung und -wiederherstellung, VM-konsistent. Transparenz im Storage Container und VVol-Datastore.

  Nachteil: hoher Verwaltungsaufwand, Abhängigkeit von der produktiven VM. Höhere Kosten der benötigten Speicherkapazität im Vergleich zu einem Sekundärspeichersystem.

- **Snapshot eines Datastores (LUN, Dateisystem)**

  Vorteil: schnelle Datensicherung und -wiederherstellung, VM-konsistent.

  Nachteil: Granularität und Indexierung der Datensicherung auf Ebene eines Datastores (kann bei *Storage DRS* oder *Storage vMotion* zu Inkonsistenzen in der Datensicherung führen); Abhängigkeit vom produktiven Datastore. Höhere Kosten der benötigten Speicherkapazität im Vergleich zu einem Sekundärspeichersystem.

- **Snapshot eines RDMs (LUN)**

  Vorteil: hohe Granularität, schnelle Datensicherung und -wiederherstellung, applikationskonsistent.

  Nachteil: hoher Verwaltungsaufwand, eingeschränkt auf spezielle Agenten für Applikationen im Gastbetriebssystem, Abhängigkeit vom produktiven Datastore. Höhere Kosten der benötigten Speicherkapazität im Vergleich zu einem Sekundärspeichersystem.

- **Klon eines Datastores oder RDMs**

  Vorteil: von der Quelle unabhängige Datenkopie im selben Primärspeichersystem. Ansonsten gelten dieselben Vor- und Nachteile wie für Snapshots von Datastores und RDMs.

- **Replikation eines Datastores oder RDMs**

  Vorteil: von der Quelle unabhängige Datenkopie in einem zweiten Primärspeichersystem; zumeist an einem anderen Standort. Ansonsten gelten dieselben Vor- und Nachteile wie für Klone von Datastores und RDMs. Höhere Kosten der benötigten Speicherkapazität im Vergleich zu einem Sekundärspeichersystem.

Wichtig zu verstehen ist, dass logische Datensicherungen das Prinzip des Medienbruchs nicht abbilden können. Dafür bieten sie eine schnelle Datenwiederherstellung. Mit der physikalischen Datensicherung lässt sich ein Medienbruch abbilden. Dabei werden Datenkopien wahlweise auf den folgenden Medien angelegt:

- Datensicherung auf festplattenbasierten Sekundärspeichersystemen
- Datensicherung auf Band und optischen Medien

Die Vor- und Nachteile können Sie in Abschnitt 13.2.2, »Medien zur physikalischen Datensicherung«, nachlesen. Die physikalische Datensicherung und -wiederherstellung braucht mehr Zeit als die logische. Eine Ausnahme ist *VM Instant Access*, eine Eigenschaft von *EMC Avamar*, der technischen Mutter von *VDP*. In Abschnitt 13.9.3 wird diese beschrieben.

13.3.3 Indexierung

Eine Indexierung bzw. ein Datensicherungskatalog ist nichts anderes als die grafische Repräsentation der Datenbank einer Sicherungsapplikation, die darüber Buch führt, was zu welchem Zeitpunkt wie gesichert wurde. Moderne Sicherungsapplikationen können durchaus sowohl physikalische wie auch logische Datenkopien verwalten und zudem unterscheiden, welche Art von Konsistenz (VM oder Applikation) genutzt wurde.

Eine Indexierung hilft Ihnen nicht nur bei der Sicherung von Daten, sondern auch bei ihrer Restauration und protokolliert deren Status (Erfolg, Misserfolg, keine Sicherung). Ohne sie ist eine Datensicherung belanglos, da Sie unmöglich wissen können, ob Sie die gesamte virtuelle Infrastruktur erfasst haben. Neue virtuelle Maschinen können automatisch indiziert werden, falls die Richtlinien entsprechend gesetzt sind. So riskieren Sie nicht, mit nicht gesicherten Gastbetriebssystemen zu arbeiten.

13.3.4 Validierung

Einzig eine stetige Überprüfung garantiert die Verwendbarkeit der gesicherten Daten im Falle ihrer Wiederherstellung. Grundsätzlich unterscheidet man zwei Arten, die kombiniert am wirksamsten sind:

1. Integritätsprüfung
2. Validierung

Moderne festplattenbasierte Speichersysteme bieten die Möglichkeit der Integrationsprüfung sämtlicher Daten. Das geschieht auf Blockebene und garantiert nicht, dass die Daten wiederverwendbar restauriert werden können. Die Integrationsprüfung bietet aber eine zusätzliche Sicherheit, dass die Daten so wiederhergestellt werden, wie sie gesichert wurden.

Einen Schritt weiter geht die Validierung. Mit deren Hilfe starten Sie virtuelle Maschinen in einer isolierten Umgebung (Sandkasten) und überprüfen damit, ob die Wiederherstellung tatsächlich im Ernstfall möglich ist. Sollte ein Test fehlschlagen, können Sie noch korrigierend eingreifen.

13.3.5 Funktionstrennung

Die Funktionstrennung ist Aufgabe der Organisation. Sie muss die Voraussetzungen dafür schaffen, dass die Funktionstrennung realisiert werden kann.

Um die Funktionstrennung auch technisch umzusetzen, müssen die unten aufgelisteten Voraussetzungen erfüllt sein:

- Es muss unterschiedliche Benutzerkonten geben, die explizit einer Person zugewiesen und ihr eineindeutig zuzuordnen sind.
- Sämtliche Zugriffe auf die Systeme werden aufgezeichnet (Logging) und können im Bedarfsfall ausgewertet werden und sind gemäß Unternehmensvorgaben archiviert.

- Die Systeme unterstützen den rollenbasierten Zugriff, wobei die Rollen in Form von Regeln über Zugriffsrechte hinterlegt werden. Eine oder mehrere Regeln werden Benutzern oder Gruppen zugeordnet.
- Das Arbeiten mit generellen Benutzerkonten ist unterbunden und wird nur in Spezialfällen mit Genehmigung des Managements und unter Aufsicht einer Zweitperson gestattet (beispielsweise das `root`-Konto bei Linux-Systemen).
- Sämtliche Passwörter werden regelmäßig geändert und müssen Sicherheitsrichtlinien entsprechen, die vom Unternehmen festgelegt werden.

13.4 VMware-Werkzeuge zur Datensicherung

VMware bringt von Haus aus gute Werkzeuge zur Datensicherung mit, die wir Ihnen im Folgenden vorstellen:

- *VMware Tools* (VSS-Modul für Windows-Gastbetriebssysteme)
- *VM Snapshot* (Seine Funktionalität wird in Kapitel 15, »Virtuelle Maschinen«, ausführlich beschrieben.)
- *vSphere API for Data Protection* (VADP)
- *Changed Block Tracking*
- *VMware Data Protection* (VDP)

13.4.1 VMware Tools

Jede Installation von *VMware Tools* auf Windows-Gastbetriebssystemen bringt ein *VSS-Modul* mit. Das ist ein Modul zur Unterstützung einer automatischen Sicherung virtueller Maschinen. Dies bietet den Vorteil VM-konsistenter Snapshots. Dabei werden applikatorische Dienste (Prozesse) unterbrochen, und die virtuelle Festplatte wird kurzfristig stillgelegt. Diesen Mechanismus machen sich viele Sicherungsapplikationen zunutze. Das VSS-Modul ist im Lieferumfang sämtlicher aktueller Versionen von Windows enthalten. Für Linux-Gastbetriebssysteme bietet *VMware Tools* leider keinen analogen Mechanismus. Es ist Drittherstellern von Sicherungsapplikationen überlassen, einen solchen zur Verfügung zu stellen.

Funktionsweise von »Microsoft Volume Shadow Copy Services« (VSS)

Microsoft bietet mit *VSS* einen Mechanismus zur Erstellung konsistenter Schattenkopien (*Shadow Copies*). Dieser bietet geschäftskritischen Applikationen sowie Dateisystemdiensten auf schnelle Wiederherstellung abgestimmte Lösungen. Das von *VMware Tools* mitgelieferte VSS-Modul beinhaltet einen *VSS Snapshot Provider* (VSP) und einen *VSS Requestor*. Letzterer reagiert auf Ereignisse einer externen Sicherungsanwendung. Er wird vom VMware-Tools-Dienst instanziiert, wenn ein Sicherungsvorgang angestoßen wird. Der als

Windows-Dienst registrierte VSP informiert den ESXi-Server, sobald eine Applikation stillgelegt wird, um einen Snapshot der virtuellen Maschine zu erstellen. Detaillierte Information zu *Microsoft VSS* finden Sie unter *https://technet.microsoft.com/en-us/library/ee923636(v=ws.10).aspx*.

VMware Tools und Datensicherungsagenten

Vorsicht ist geboten, wenn Datensicherungsagenten von Drittherstellern innerhalb derselben virtuellen Maschine installiert sind. Falls diese auch ein VSS-Modul mitbringen, kann dieses mit dem Modul der *VMware Tools* konkurrieren. Das kann zur Folge haben, dass keine Datensicherung durchgeführt werden kann. Im VMware-Knowledge-Base-Artikel 1018194 wird das Symptom beschrieben (*http://kb.vmware.com/kb/1018194*). Die Lösung besteht in der benutzerdefinierten Neuinstallation von *VMware Tools* und im Weglassen des VSS-Moduls.

Sollten Sie einen einzelnen VSP deaktivieren müssen, so finden Sie eine entsprechende Hilfestellung im VMware-Knowledge-Base-Artikel 1031200 (*http://kb.vmware.com/kb/1031200*).

Weiterführende Informationen über den Funktionsumfang von *VMware Tools* finden Sie in Kapitel 15, »Virtuelle Maschinen«.

13.4.2 VM Snapshot

Viele Sicherungsapplikationen machen sich die Vorteile eines *VM-Snapshots* – nach Möglichkeit in Kombination mit dem VSS-Modul von *VMware Tools* – zunutze, um auf Ebene des Speichersystems einen VM-konsistenten Snapshot eines VMFS- oder NFS-Datastores durchzuführen. Ohne *VMware Tools* ist der Snapshot absturzsicher. Das heißt, das Gastbetriebssystem kann wieder anlaufen, bietet aber nicht dieselbe Qualität der Konsistenz, da das Dateisystem während des Snapshot-Vorgangs nicht stillgelegt werden kann.

Die Funktionsweise eines VM-Snapshots wird in Kapitel 15 ausführlich beschrieben.

vSphere API for Array Integration (VAAI)

Datensicherungen, die auf dem oben genannten Prozess beruhen, können spürbare Performance-Engpässe auf Datastores hervorrufen, die mehrere virtuelle Maschinen beheimaten. Das liegt daran, dass die VM-Snapshots sequenziell abgearbeitet werden und den gesamten Datastore der betroffenen virtuellen Festplatte blockieren, bis der Snapshot vollendet ist. Dieses Problem adressiert die VAAI-Funktion *Atomic Test And Set* (ATS).

Um Datastores nicht unnötig lange durch den Stilllegungsprozess von VSS zu blockieren, empfiehlt es sich, zu überprüfen, ob ATS auf betroffenen ESXi-Servern eingeschaltet ist. Das ist die Grundeinstellung von *vSphere 5.5*. Wählen Sie sich zur Überprüfung in den *vSphere Management Assistant* (vMA) ein, und senden Sie die Befehlszeile

```
vmkfstools -Ph -v1 /vmfs/volumes/[VMFS-volume-name]
```

an einen Zielhost. Voraussetzung für diese Funktion ist, dass das Primärspeichersystem VAAI unterstützt. Die Voraussetzung ist erfüllt, wenn in der dritten Zeile Folgendes erscheint:

```
Mode: public ATS-only
```

Sollte das nicht der Fall sein, unterstützt entweder Ihr Primärspeichersystem VAAI nicht oder die Einstellung ist ausgeschaltet. Das wiederum können Sie mit dem Befehl `esxcli storage core device list` überprüfen.

Zur Erinnerung: Wenn Sie die *vSphere Management Appliance* nutzen, müssen Sie den Zielhost mit der Befehlszeile `vifptarget --set [target host]` auswählen. Näheres entnehmen Sie dem VMware-Knowledge-Base-Artikel 1033665 (*http://kb.vmware.com/kb/1033665*).

13.4.3 vSphere API for Data Protection

Die *vSphere API for Data Protection* (VADP) ist ein Datensicherungs-Framework. Es bietet den Sicherungsapplikationen die Möglichkeit einer zentralen, effizienten, ESXi-Server-entlastenden und LAN-freien Datensicherung virtueller Maschinen. Eine Sicherungsapplikation, die VADP anspricht, kann virtuelle Maschinen sichern, ohne dass ein Datensicherungsagent im Gastbetriebssystem installiert ist. Das hat den Vorteil, dass der ESXi-Host vom Datensicherungsprozess weitgehend entlastet wird. Das erlaubt es Ihnen, mehr virtuelle Maschinen produktiv auf einem ESXi-Server laufen zu lassen, und hat einen positiven Kosteneffekt.

Mithilfe von VADP können Sie eine SAN-basierte Datensicherung ohne Auszeit für die virtuellen Maschinen durchführen, weil es sich die Fähigkeiten von *VM Snapshots* zunutze macht. Das ermöglicht Ihnen eine unterbrechungsfreie Datensicherung zu einem beliebigen Zeitpunkt, ohne dass Sie spezielle Datensicherungsfenster benötigen.

VADP benötigt keine zusätzlichen Komponenten, sondern ist integraler Bestandteil eines Datensicherungsprodukts. In Tabelle 13.4 finden Sie eine Auflistung der Funktionen.

Eigenschaft oder Funktion	VADP
Benötigt zusätzliches Softwarepaket und Installation	Nein, ist Bestandteil der Datensicherungssoftware
Vollständige Sicherung der virtuellen Maschine (Image-Level)	Ja, ein Arbeitsschritt für die Kopie – von der Quelle zum Ziel
Inkrementelle Sicherung der VM (Image-Level)	Ja, mit *Change Block Tracking*
Sicherung auf Datei-Ebene	Ja, für Windows und Linux
Vollständige Wiederherstellung der VM (Image-Level)	Ja

Tabelle 13.4 Funktionen von VADP

Eigenschaft oder Funktion	VADP
Inkrementelle Wiederherstellung der VM (Image-Level)	Ja
Wiederherstellung von Dateien innerhalb der VM	Ja, mit Wiederherstellungsagenten
CLI für Image-Level-Sicherung	Nein
CLI für Sicherung auf Dateiebene	Ja

Tabelle 13.4 Funktionen von VADP (Forts.)

13.4.4 Changed Block Tracking

Changed Block Tracking (CBT) ist eine Technologie von VMware, die die inkrementelle Datensicherung von virtuellen Maschinen ermöglicht. Bei einer *inkrementellen* Datensicherung werden immer nur die Daten gesichert, die sich seit der letzten Datensicherung geändert haben. Das beschleunigt den Prozess der Datensicherung erheblich. CBT speichert dabei nur die zuletzt geänderten Datenblöcke und nicht etwa vollständig geänderte Dateien.

CBT ermöglicht sowohl eine inkrementelle Sicherung der virtuellen Festplatten von virtuellen Maschinen als auch deren Wiederherstellung. Voraussetzung für die Wiederherstellung mittels CBT ist allerdings, dass diese direkt in die Quell-VM erfolgt.

Voraussetzungen für CBT

- CBT läuft ab ESXi 4.0 und Hardware-Version 7 virtueller Maschinen.
- Von der virtuellen Maschine dürfen keine Snapshots existieren.
- Um eine erfolgreiche Datensicherung mit CBT durchzuführen, muss der I/O durch den *vSphere Storage Stack* gehen (kein Support für pRDM und vRDM in den Independent Modes).
- Die virtuelle Maschine sollte zum Einrichten ausgeschaltet sein.
- Achten Sie darauf, dass die virtuelle Maschine beim ihrem Aufstarten keine *VM-Snapshots* enthalten sollte, damit *CBT* einwandrei funktioniert. Lesen Sie dazu auch den Knowledge-Base-Artikel 1035096 (*kb.vmware.com/kb/1035096*).

CBT ist in der Grundeinstellung ausgeschaltet. Datensicherungssoftware wie VDP schaltet CBT automatisch auf zu sichernden VMs ein, sobald die Datensicherung dieser VMs angestoßen wird. CBT erstellt daraufhin eine *CTK*-Datei pro virtueller Festplatte im selben Verzeichnis. In diese Datei werden die geänderten Blöcke eingetragen. Die Datensicherungssoftware speichert nach der ersten Vollsicherung nur noch diese Datei anstelle der virtuellen Maschine.

CBT Bug

Mit dem Erscheinen von vSphere 6.0 hat sich leider auch ein Bug in CBT eingeschlichen. Er betrifft sämtliche Datensicherungssoftware, die die Technologie nutzen (siehe Knowledge-Base-Artikel 2136854 (*kb.vmware.com/kb/2136854*).

Spielen Sie daher den Patch ESXi600-201511001 ein. Nähere Informationen finden Sie im Knowledge-Base-Artikel 2137545 (*kb.vmware.com/kb/2137545*).

Werden virtuelle Maschinen mit *Storage vMotion* (beispielsweise *Storage DRS*) verschoben, werden die von CBT gespeicherten geänderten Blöcke verworfen und der Prozess zurückgesetzt. CBT kann auch den Faden verlieren, sollte die VM gestoppt (Power Off) werden oder der ESXi-Host abstürzen.

CBT auf virtuellen Maschinen einschalten

Um CBT zu nutzen, müssen Sie – abhängig von der Datensicherungssoftware – die virtuelle Maschine und sämtliche zugehörigen virtuellen Festplatten konfigurieren. Gehen Sie hierfür auf <VM> • EDIT SETTINGS • VM OPTIONS • ADVANCED • EDIT CONFIGURATION, und tragen Sie folgende Werte ein:

- `ctkEnabled = "TRUE"`
- `scsix:y.ctkEnabled = "TRUE"` (beispielsweise `scsi0:0.ctkEnabled = "TRUE"`)

Den letzten Eintrag müssen Sie für sämtliche virtuellen Festplatten und *Dependent vRDMs* wiederholen. Weitere Informationen finden Sie im VMware-Knowledge-Base-Artikel 1031873 (*http://kb.vmware.com/kb/1031873*).

VDP nimmt diese Einstellungen bei sämtlichen VMs automatisch vor, außer bei den eingeschalteten VMs, auf denen *VMware Tools* nicht installiert ist.

13.4.5 »vSphere Data Protection« und »vSphere Data Protection Advanced«

Mit *vSphere 6.0* erfuhr *vSphere Data Protection* eine Neuerung. Das Produkt umfasst nun sämtliche Funktionen von *vSphere Data Protection Advanced* und wurde in der aktuellen Version geringfügig weiterentwickelt. *vSphere Data Protection* ist ab der Suite *VMware vSphere Essentials Plus* im Lieferumfang enthalten.

vSphere Data Protection Advanced wurde mit dem Erscheinen von *vSphere Data Protection 6.0* eingestellt. Dadurch profitieren Sie sofort von den Erweiterungen, die die Edition *Advanced* mit sich bringt, unter anderem:

- applikationskonsistente Datensicherung
- Verifikation der Datensicherung in einem Testumfeld
- Unterstützung sämtlicher Datensicherungs-Topologien für Fernkopien

vSphere Data Protection wird ausführlich in Abschnitt 13.6, »Planung einer Datensicherungsumgebung«, erklärt.

Unterstützung von VVol-Datastores

Offiziell wird die Datensicherung von VVol-Datastores mit VDP 6.0 nicht unterstützt. Das können Sie unter *https://www.vmware.com/support/vdr/doc/vdp_600_releasenotes.html* nachlesen.

13.4.6 »vSphere Data Protection« und »vSphere Replication«

In Unternehmen, die virtuelle Infrastrukturen basierend auf VMware einsetzen, wird häufig gefragt, welche Lösung passender ist: *vSphere Data Protection* (VDP) oder *vSphere Replication*. Grundsätzlich können Sie durchaus beide Produkte einsetzen. Beide gehören zum Thema »IT Business Continuity«, verfolgen aber jeweils einen anderen Zweck: VDP ist der Disziplin »Datensicherung« zuzuordnen, während *vSphere Replication* in den Bereich »Disaster Recovery« gehört.

Dementsprechend erstellt VDP mehrfache Kopien virtueller Maschinen zu bestimmten Zeitpunkten und bewahrt diese über einen definierten Zeitraum auf. *vSphere Replication* repliziert VMs an einen Zweitstandort für den Fall eines Desasters und bietet die Möglichkeit, diese wieder zu starten, falls das Unglück eintritt.

So kopiert *vSphere Replication* immer die aktuellen Änderungen einer VM an den Zweitstandort. Sollten potenzielle logische Fehler mitkopiert worden sein, werden diese nach Ablauf von maximal 24 frei definierbaren Zeitintervallen entdeckt. (Die Zeitintervalle reichen von 15 Minuten bis 24 Stunden.) In diesem Fall muss auf die Datensicherung zurückgegriffen werden. Im Gegenzug ist der potenzielle Datenverlust bei *vSphere Replication* wesentlich geringer, da die Zeitintervalle der Replikation minimal 5 Minuten betragen (im Zusammenspiel mit VSAN 6.1).

Eigenschaft oder Funktion	VDP-Replikation	vSphere Replication
RPO	24 Stunden	5 Minuten bis 24 Stunden
RTO	*n* Minuten bis einige Stunden	3 bis 5 Minuten
Aufbewahrungsfrist	Langzeitaufbewahrung. Typischerweise 30 bis 180 Tage	Kurzzeitaufbewahrung bis 24 Replikate
Anwendungsfall	Sicherung an Zweitstandort, höhere RPOs, RTOs	VMware Site Recovery Manager, Replikation von VMs, tiefere RTOs, RPOs

Tabelle 13.5 Vergleich von VDP und vSphere Replication

Eigenschaft oder Funktion	VDP-Replikation	vSphere Replication
Effizienz im Netzwerk	Datendeduplikation, sehr hohe Effizienz	Replikation geänderter Daten (Delta), hohe Effizienz
Fernkopien individueller VMs	Ja	Ja
Verschlüsselung	Ja	Nein
Zeitplaner	Ja	Nein

Tabelle 13.5 Vergleich von VDP und vSphere Replication (Forts.)

13.5 Datensicherungstopologien

Dieser Abschnitt behandelt die Grundlagen von Topologien, wie sie auch in der Praxis Anwendung finden. Die Datensicherung und -wiederherstellung ist die Versicherung für Unternehmensdaten. Eine Datensicherung ist eine Kopie der Unternehmensdaten. Das Ziel einer Datensicherung ist immer die konsistente Wiederherstellung der Daten. Darauf muss ein Datensicherungskonzept abzielen.

Zur Wiederholung: Eine konsequent durchgeführte Datensicherung impliziert

- einen Medienbruch,
- das vollständige Erstellen von Datenkopien,
- das Führen eines Sicherungskatalogs oder Index und
- die Prüfung von Kopien sowie
- die Funktionstrennung.

Allerdings ist die Durchführung einer konsequenten Datensicherung sämtlicher Unternehmensdaten mit dem einhergehenden Datenwachstum wirtschaftlich kaum tragbar. Daher wurden neue Technologien entwickelt, die einen nicht unerheblichen Beitrag zur Wirtschaftlichkeit der Sicherungslösungen leisten. Weiter gilt es, eine Klassifizierung der Daten nach deren Wertigkeit über den Lebenszyklus durchzuführen. Diese sollte im Einklang mit der Kritikalität der IT-Dienste sein, die auf diese zugreifen. Diese Maßnahmen sind erforderlich für ein Unternehmen, um Datensicherung wirtschaftlich tragbar zu halten.

In vielen Unternehmen besteht bereits eine Klassifikation von IT-Diensten; sie sind in *Service Level Objectives* (SLO) definiert. Die im SLO definierten Werte beeinflussen im Zusammenspiel mit den finanziellen Möglichkeiten maßgeblich, wie Sie *IT Business Continuity* im Allgemeinen und Datensicherung im engeren Sinne technisch abbilden. Auch dürfen Sie nicht außer Acht lassen, dass die Wertigkeit vieler Daten über die Zeit abnimmt. Das heißt, dass Daten unterschiedlich verwaltet werden müssen (archiviert anstatt gesichert), um die

IT-Infrastruktur zu entlasten. Es ist durchaus üblich und sogar notwendig, die physikalische und die logische Datensicherung zu kombinieren, um die SLOs vollständig abzudecken.

Die in diesem Abschnitt vorgestellten Topologien von *vSphere Data Protection* (VDP) können in Datensicherungsarchitekturen verwendet werden. Sie bilden die Grundlage einer konsequent durchgeführten Datensicherung einer virtuellen Umgebung, da sich mit jeder Topologie vier der vorgestellten Prinzipien abbilden lassen (Medienbruch, Datenkopien, Indexierung sowie Validierung).

In diesem Abschnitt werden Ihnen Topologien auf Basis von *vSphere Data Protection* vorgestellt. Die technische Realisierung zeigen wir Ihnen in Abschnitt 13.6, »Planung einer Datensicherungsumgebung«.

Empfehlung basierend auf dem Prinzip »Medienbruch«

VDP-Appliances werden vollständig in vCenter verwaltet. Aufgrund des Medienbruchs wird aus Sicht einer Datensicherungsarchitektur empfohlen, die Appliances und deren Datenspeicher von den Produktivsystemen zu trennen.

Wo das aus wirtschaftlichen Gründen nicht möglich ist, sollten Sie versuchen, Ihre Architektur möglichst nahe an diesem Ideal abzubilden. Konkret heißt das: Nutzen Sie Ihren vCenter-Server auch für VDP, und verwenden Sie nach Möglichkeit einen dedizierten Speicherbereich im Primärspeichersystem als Datenspeicher für die Appliances oder besser ein eigenständiges Primär- oder Sekundärspeichersystem (beispielsweise *EMC Data Domain*, das in diesem Kapitel vorgestellt wird).

13.5.1 Topologien zur lokalen Datensicherung

Die Appliance *vSphere Data Protection* (VDP) bietet von Haus aus die Möglichkeit zur lokalen Datensicherung.

Lokale Datensicherung mit einem Datenspeicher

Seit Version 6.0 kann VDP ein Sekundärspeichersystem als externen, zusätzlichen Datenspeicher einbinden (siehe Abbildung 13.2). Der vSphere-Administrator hat bei der Definition einer Sicherung die Wahl, ob als Ziel *VSAN*, ein *VMFS- oder NFS-Datastore* und alternativ eine *Data Domain* genutzt werden soll. In den Abschnitten 13.8.2, 13.10.7 und 13.11.2 lernen Sie die technische Umzusetzung kennen.

»EMC Data Domain« und Avamar-Systeme

Nähere Informationen über Datensicherungslösungen von EMC finden Sie unter *http://germany.emc.com/backup-and-recovery/index.htm?nav=1*.

Wenn Sie *VDP* mit einem externen Datenspeicher verbinden, sind Sie von der Einschränkung befreit, maximal 8 TB Speicherkapazität pro Appliance ansprechen zu können.

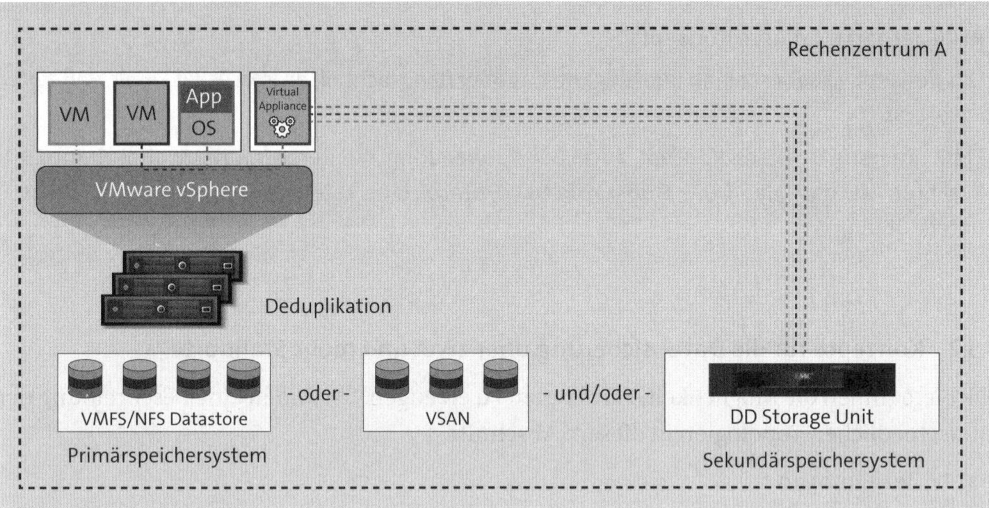

Abbildung 13.2 Konzept zur lokalen Datensicherung

Lokale Datensicherung mit zwei Datenspeichern

Der Einsatz von VDP versetzt Sie in die Lage, nicht nur einen Datastore (als Datenspeicher einzubinden, sondern auch ein Data-Domain-System. Das hat den sehr eleganten Vorteil, dass Sie einen Backup-Job einfach klonen können. Der Original-Backup-Job nutzt einen traditionellen Datastore als Datenspeicher, und dessen Klon verwendet eine *Data Domain Storage Unit*. Damit können Sie ein Datensicherungskonzept über zwei naheliegende Standorte realisieren (siehe Abbildung 13.3). Wie das funktioniert, erfahren Sie in Abschnitt 13.8.2.

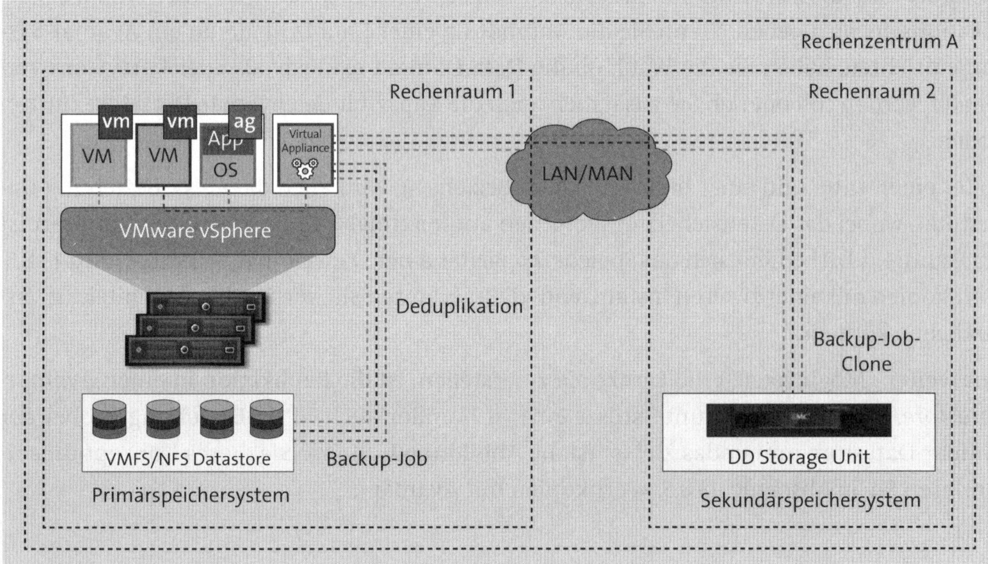

Abbildung 13.3 Topologie für die Datensicherung in getrennten Rechenräumen (Campus)

Realisierbarkeit dieses Konzepts

Das Konzept ist sehr schlank und elegant, hat aber den Nachteil, dass VDP ein *Single Point of Failure* ist.

EMC unterstützt dieses Konzept auch bei Verwendung mehrerer Subnetze (Routing). Zu beachten ist, dass das *Data Domain Boost Protocol* eine Latenzzeit von maximal 20 ms unterstützt.

13.5.2 Konzepte für die Datensicherung über zwei und mehr Standorte

VDP bietet Ihnen die Möglichkeit, Fernkopien zu erzeugen. Sie finden eine Beschreibung der unterschiedlichen Topologien in diesem Abschnitt.

- »1:1«-Beziehungen
- »1:N«- und »N:1«-Beziehungen
- »N:1:1«- Beziehung

»1:1«-Beziehungen

Wenn Sie zwei oder mehrere *VDP-Appliances* in Ihren Rechenzentren verwalten, haben Sie die Möglichkeit, deren lokale Datensicherungen zu replizieren. Das hat den Vorteil, dass sich auch bidirektionale Replikationen realisieren lassen (siehe Abbildung 13.4). Es ist damit die flexibelste Lösung. Als Datenspeicher können Sie wahlweise VMFS-Datastores oder *Data-Domain*-Systeme nutzen, wobei das Replikat entsprechend der Konfiguration den nativen Datastore oder die Data Domain nutzt. Sie haben keine Möglichkeit, die *Data Domain* als Replikationsziel anzugeben. Wenn Sie die Anbindung einer Data Domain an ein Avamar-System einrichten, haben Sie die Wahl, ob die Data Domain exklusiv als Speichersystem verwendet werden soll oder ob Sie zusätzlich auch die Kapazität des Avamar-Datastore nutzen wollen.

Außer einer »1:1«- und einer bidirektionalen Beziehung wird auch die »1:N«-Beziehung unterstützt, wobei das Datensicherungsvolumen auf maximal 8 TB im Zielsystem limitiert ist (Ausnahme: VDP bedient sich der Speicherkapazität einer Data Domain). In Abschnitt 13.8.3, »Fernkopien mit einer zweiten Instanz von VDP«, erfahren Sie, wie Sie diese Architektur verwirklichen können.

Eine weitere Möglichkeit, eine Fernkopie zu erstellen, ist die Replikation in einen *Avamar-Datastore*. Dieses Konzept unterstützt eine »1:1«- oder auch »1:N«-Beziehung, wobei der Avamar-Datastore immer das Ziel ist (siehe Abbildung 13.5). Wie Sie dieses Konzept umsetzen, lesen Sie in Abschnitt 13.8.5, »Fernkopien mit Avamar«.

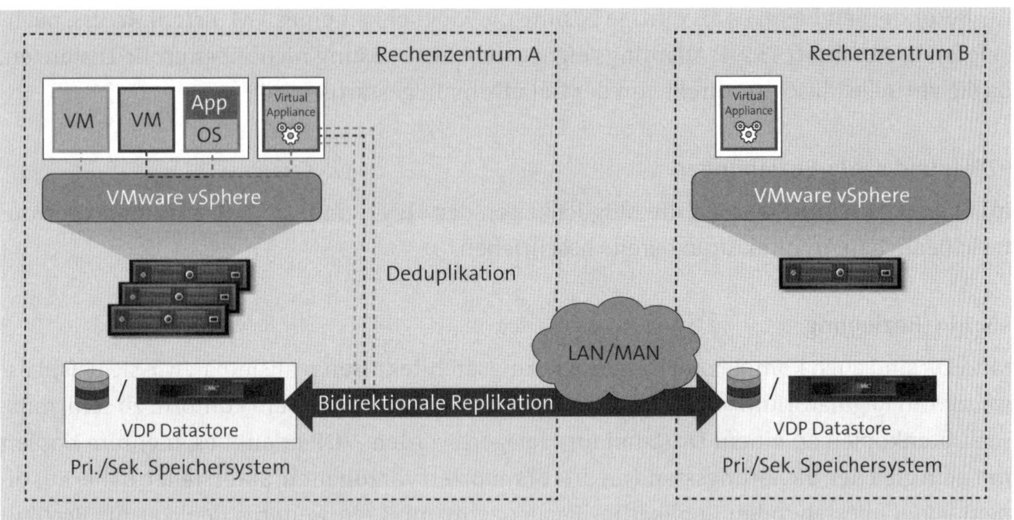

Abbildung 13.4 Konzept für eine bi-direktionale Ferndatensicherung mit VDP

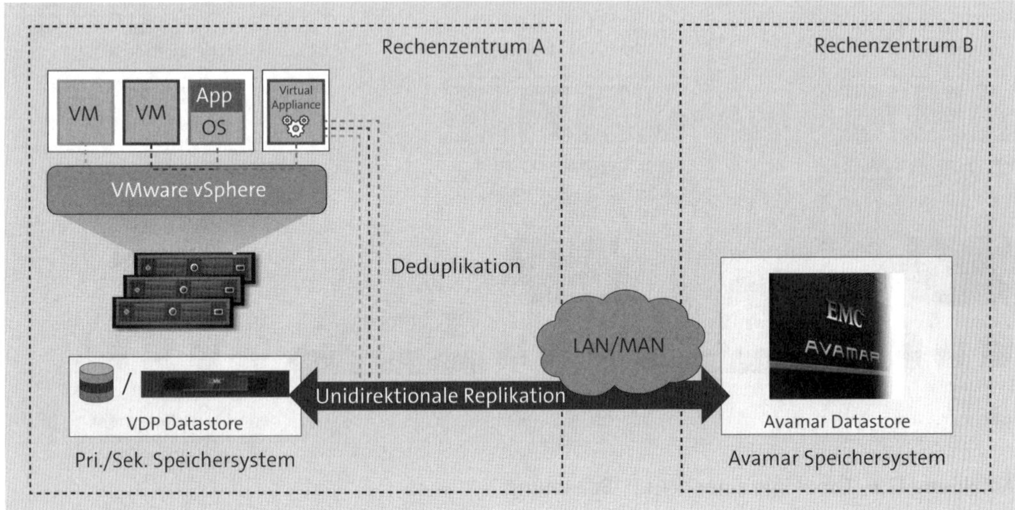

Abbildung 13.5 Architektur: Fernreplikation mit EMC Avamar Speichersystem

Abschließend gibt es noch die erweiterte Architektur, bei der sowohl VDP als auch Ihr Fernziel *Avamar* auf die an beiden Standorten lokalen Data-Domain-(DD-)Systeme als Datenspeicher zugreifen. Dieses Konzept unterstützt eine 1:1- wie auch eine »1:N«-Beziehung. In Abschnitt 13.8.4, »Replikation mit Data Domain«, erfahren Sie, wie Sie das Konzept in der Praxis umsetzen.

Als Besonderheit bietet es als einzige Lösung die Möglichkeit eines *VM Instant Access*, nachzulesen in Abschnitt 13.9.4. Allerdings eignet sich diese Lösung nicht über große Distanzen, da die virtuelle Maschine direkt von der Data Domain gestartet wird.

»1:N«- und »N:1«-Beziehungen

Im oberen Abschnitt wurden die Möglichkeiten der »1:N«- und »N:1«-Beziehungen der unterschiedlichen Architekturen bereits beschrieben.

»N:1:1«- Beziehung

Mit VDP sind auch komplexere Datensicherungsarchitekturen realisierbar, wie sie beispielsweise vom Regulatorium »Basel II« gefordert werden. Um mit diesem konform zu sein, müssen Datenkopien an einem Drittstandort gelagert werden. VDP erlaubt es, mehrere Kopien mit dem gleichen Sicherungsstand an drei Standorten vorzuhalten. Sie erstellen dabei aus einem bereits bestehenden Replikat im Rechenzentrum B ein weiteres Replikat für Rechenzentrum C. Das Replikat in Rechenzentrum B seinerseits stammt in der Originalkopie vom Rechenzentrum A (siehe Abbildung 13.6).

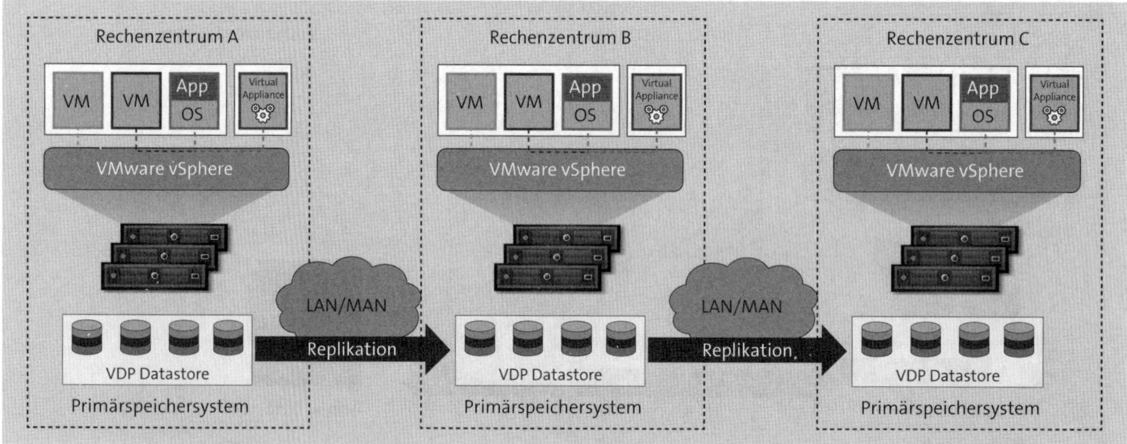

Abbildung 13.6 Topologie einer »N:1.1«-Beziehung

13.6 Planung einer Datensicherungsumgebung

In diesem Abschnitt beschreiben wir die Funktionsvielfalt von *vSphere Data Protection* (VDP). Das Produkt ist eine Virtual Appliance und somit einfach in Ihre vSphere-Umgebung zu integrieren. Im Unterschied zu ihrem Vorgänger *vSphere Data Recovery* nutzt VDP *EMC² Avamar* als Technologie.

13.6.1 Funktionsübersicht zu VDP

Für Ihre Planung finden Sie in Tabelle 13.6 eine Auflistung der Eigenschaften von VDP.

	VDP
Maximale Anzahl der VMs	abhängig von der Größe der VMs
Appliances (Proxys) pro vCenter	10
Maximale Kapazität (native Speicherressourcen)	8 TB
Variable Längendeduplikation	✓
Globale Deduplikation	✓
Gastbetriebssystemseitige Deduplikation	✓
Change Block Tracking	✓
CBT Restore	✓
Microsoft Exchange	✓
Exchange Single Mailbox Restore	✓
Microsoft SharePoint	✓
Microsoft SQL	✓
Flexibler Zeitplaner und Aufbewahrungsfristen	✓
Replikationstopologien	1:1, 1:n, n:1, n:1:1
Replikationsziele	VDP, Avamar
Verschlüsselung der Replikation	✓
Granulare *.vmdk*-Dateisicherung und -wiederherstellung	✓
Wiederherstellung einzelner Dateien innerhalb der VM	✓
Direkte Wiederherstellung auf ESXi-Host ohne vCenter (Limits: siehe *http://kb.vmware.com/kb/2053871*)	✓
Flexible Platzierung von Speicherressourcen	✓
Zuweisen existierender Kapazität einer VDP an eine andere VDP-Appliance	✓

Tabelle 13.6 Funktionsumfang von VDP

	VDP
Automatisierte Überprüfung der Datensicherungen	✓
vSphere-Integration	✓
Wiederherstellung in einem Schritt	✓

Tabelle 13.6 Funktionsumfang von VDP (Forts.)

13.6.2 Ressourcenplanung von »vSphere Data Protection«

vSphere Data Protection wird als Appliance installiert und über vCenter verwaltet.

Zusätzlich zu der Kapazität, die die Appliance in Anspruch nimmt, brauchen die zu sichernden VMs einen Datastore. Planen Sie die Datensicherungsumgebung von Anfang an genau, da später hinzugefügte Kapazität das Storagedesign beeinflusst (siehe Tabelle 13.7). Das könnte negative Folgen in puncto Leistungsfähigkeit nach sich ziehen. Performance-Tests können jederzeit durchgeführt werden (siehe Abschnitt 13.10.5).

Appliance-Größe	CPU	RAM	Festplatten
0,5 TB	4	4096 MB	3 × 256 GB
1,0 TB	4	4096 MB	3 × 512 GB
2,0 TB	4	6144 MB	3 × 1024 GB
4,0 TB	4	8192 MB	6 × 1024 GB
6,0 TB	4	10.240 MB	9 × 1024 GB
8,0 TB	4	12.288 MB	12 × 1024 GB

Tabelle 13.7 Ressourcenbedarf unterschiedlicher VDP-Deployments

Port-Einstellungen

VDP benötigt verschiedene offene Ports mit den Protokollen TCP oder UDP zur Kommunikation mit seinen Schnittstellen (beispielsweise vCenter, SSO etc.). Die Liste können Sie dem Administrationshandbuch entnehmen.

13.6.3 Skalierung von »vSphere Data Protection«

Sollte die maximale Kapazität einer Appliance nicht ausreichen oder sollten aufgrund von Performance-Engpässen keine weiteren Sicherungen möglich sein, kann diese wie folgt erweitert werden:

- »Scale-Up«-Architektur
- »Scale-Out«-Architektur

»Scale-Up«-Architektur

Außer einer Erweiterung der in Tabelle 13.7 gezeigten Kapazitäten durch VMFS- oder NFS-Datastores, ist es möglich, ein EMC-Data-Domain-System einzubinden (siehe Abbildung 13.7).

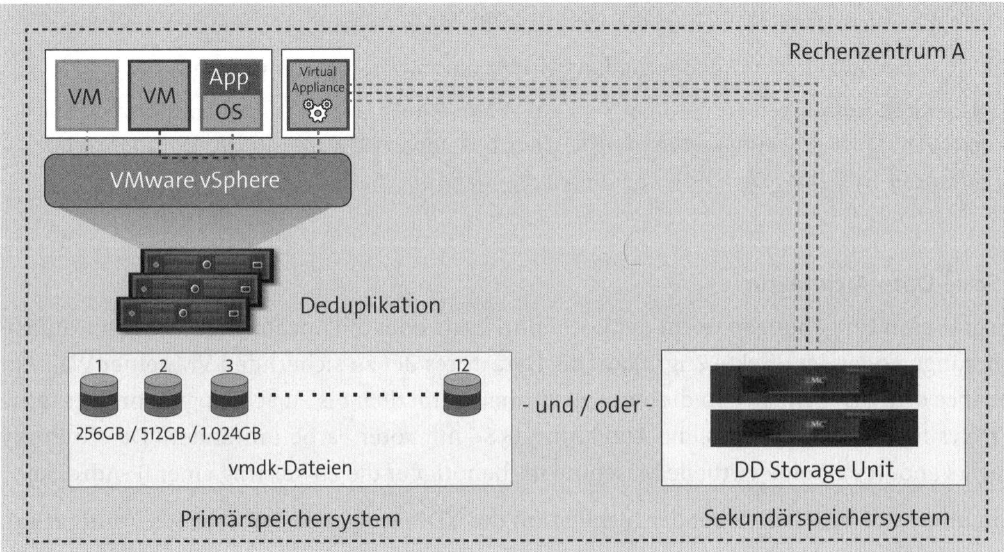

Abbildung 13.7 Erweiterungsmöglichkeiten der VDP-Appliance

Die maximal adressierbare Kapazität wird dann vom Data-Domain-System vorgegeben. Eine *VDP-Appliance* kann nur eine Data Domain einbinden. Sollte die Data Domain exklusiv zur Datensicherung genutzt werden, werden im Datastore von VDP die Metadaten abgelegt. Diese Konfiguration empfehlen wir. In Tabelle 13.8 finden Sie eine Auflistung von Data-Domain-Kapazitäten zur Planung der Größe der Appliance, die die Metadaten aufnehmen soll.

VDP-Speicherplatz für Metadaten	Dateisystemgröße der Data Domain
0,5 TB	Bis 16 TB
1,0 TB	Größer als 16 TB bis 64 TB
1,0 TB (zusätzlich)	Pro weitere 64 TB
8,0 TB (maximale Ausbaustufe)	512 TB

Tabelle 13.8 Größenbestimmung der VDP-Appliance

In Abschnitt 13.10.6 und Abschnitt 13.10.7 erfahren Sie, wie Sie die Speicherkapazität einer VDP expandieren können.

Informationen zur Berechnung der Anzahl der Appliances pro Data-Domain-Modell

Auch bei Data-Domain-Systemen gibt es empfohlene Limits, wie viele VDP-Appliances eingebunden werden können. Ihre Anzahl hängt von der maximalen Anzahl der Verbindungen sowie der Datenströme ab, die gleichzeitig bei konstanter Performance des Systems unterstützt werden. Dabei handelt es sich um ein Soft Limit in Abhängigkeit von den Modellen.

VDP selbst nutzt in der Grundeinstellung ein Maximum von 16 Datenströmen.

Nähere Informationen entnehmen Sie dem White Paper zur Integration von Data Domain mit VDP (*http://www.vmware.com/files/pdf/techpaper/VMware-vSphere-Data-Protection-Advanced-EMC-Data-Domain-Integration.pdf* – siehe dort Seite 8, letzter Abschnitt).

»Scale-Out«-Architektur

In größeren Umgebungen reicht der Datendurchsatz oder die Anzahl gleichzeitiger Datensicherungen oder der direkte Zugriff auf die Datastores der zu sichernden VMs einer VDP-Appliance oftmals nicht aus. In diesem Fall können zusätzlich bis zu acht sogenannte externe Proxys installiert werden (siehe Abbildung 13.8– mit roter Farbe umrandet). Da ein Proxy nichts anderes als eine virtuelle Maschine ist, benötigt er die Zuweisung einer IP-Adresse.

Ein interner Proxy wurde bei der Installation der VDP-Appliance automatisch konfiguriert. Er wird deaktiviert, sobald Sie externe Proxys hinzufügen.

Die optimale Anzahl einzusetzender externer Proxys ermitteln Sie über Performance-Messungen Ihrer Datensicherungsinfrastruktur.

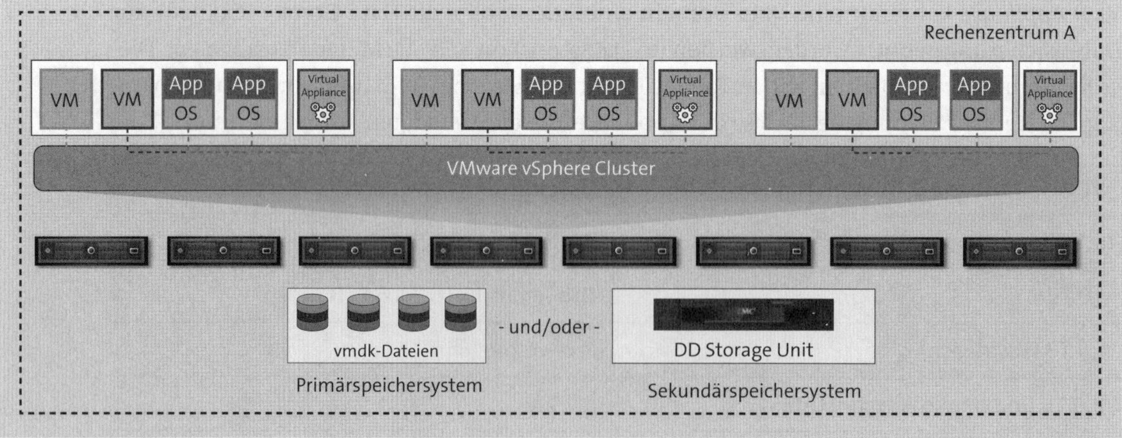

Abbildung 13.8 Datensicherungskonzept mit externen VDP-Proxies

In Abschnitt 13.11.1 erfahren Sie, wie Sie externe Proxys hinzufügen und konfigurieren.

Nebst dem Ausrollen weiterer Proxys besteht auch die Möglichkeit, mehrere eigenständige VDP-Appliances auszurollen. Das ist wichtig, wenn Sie ein Mandantenkonzept einführen wollen und beispielsweise Datensicherungen von den Abteilungen Finanzen und Personalwesen logisch getrennt aufbewahren möchten. Nähere Informationen dazu finden Sie in Abschnitt 13.7.4, »Einrichten von Mandanten«.

13.7 Implementation von VDP

In diesem Abschnitt erfahren Sie, wie *vSphere Data Protection* (VDP) gemäß den Topologien installiert, konfiguriert und in Betrieb genommen wird, die wir in Abschnitt 13.5 beschrieben haben.

13.7.1 Datensicherung mit »vSphere Data Protection«

VMware bietet mit *vSphere Data Protection* (VDP) eine Software, die ab *VMware vSphere 5.1 Essentials Plus* zum Lieferumfang gehört. Wie viele VMs Sie pro Appliance sichern können, hängt von Ihrer konfigurierten Speicherkapazität, der Größenordnung der VMs und den gewichtigen Datensicherungsparametern ab (wie der Änderungsrate pro Zyklus und Aufbewahrungsfrist).

VDP ist eine Appliance, die in Ihrer vSphere-Umgebung ausgerollt und gestartet werden muss. Sie integriert sich nahtlos in den *vSphere Web Client* und wird durch einen eigenen Menüpunkt repräsentiert. Die Speicherkapazität zum Sichern Ihrer VMs bezieht VDP aus einem oder mehreren Datastores Ihrer Wahl.

Best Practices zur Inbetriebnahme von VDP

- Stellen Sie sicher, dass sämtliche zu sichernde VMs mindestens auf Hardware-Version 7 sind. Das ermöglicht die Sicherung mit CBT.
- Installieren Sie *VMware Tools* auf sämtlichen zu sichernden VMs. So profitieren Sie von File-Level-Restores.
- Überprüfen Sie die Zeitsynchronisation aller zu sichernden VMs über *VMware Tools*, einschließlich VDP.
- Nutzen Sie einen dedizierten VMFS-5-formatierten Datastore für die Datenablage von VDP.
- Um von der Eigenschaft *SCSI HotAdd* zu profitieren, die von VDP genutzt wird, muss die VDP-Appliance oder einer ihrer externen Proxy-Server über direkten Zugriff auf den/die Datastore(s) der zu sichernden VMs verfügen. Das erlaubt es, die Snapshots der VM direkt an VDP zu mounten, um so deren Sicherung zu beschleunigen.
- Bei großen bis sehr großen Umgebungen mit mehreren Instanzen von *VDP-Appliances* empfiehlt es sich, einen dedizierten *ESXi-Server* zu nutzen, der diese beheimatet. Dadurch erreichen Sie, dass die Last von den Produktionsservern genommen wird.

13.7.2 Installation und Inbetriebnahme einer lokalen VDP

VDP wird als *OVA*-Datei ausgeliefert bzw. kann von der Herstellerseite als *OVA*-Datei heruntergeladen werden.

Vor der Installation müssen Sie folgende Schritte durchführen:

1. Stellen Sie sicher, dass *vCenter* und sämtliche ESXi-Hosts über Zeitsynchronisation mittels NTP verfügen.
2. Registrieren Sie vorab VDP im *Domain Name Server* (Forward und Reverse Lookup).
3. Stellen Sie einen Datastore bereit, damit VDP drei Virtual Disks mit einer Kapazität von je 256 GB, 512 GB oder 768 GB erstellen kann. Alternativ können Sie bereits bestehende Datastore(s) auswählen. Sie sollten aber gleiche Performance-Charakteristika aufweisen.

Rollen Sie danach die *OVA*-Datei aus. Nebst den üblichen Parametern benötigt die Appliance eine IP-Adresse und eine Kapazität von 100 GB, die auch »thin provisioned« werden kann. In wenigen Minuten steht Ihnen VDP zur Verfügung.

Empfehlungen zur Installation von VDP

Als Format der virtuellen Festplatten wählen Sie »Eager Zero Thick«.

Die zur Datensicherung von VDP verwendeten virtuellen Festplatten sollten Sie von einem dedizierten Datastore provisionieren, der auf einer LUN eines dedizierten Storage-Pools, RAID-Verbunds oder Aggregats eines Speichersystems basiert (physikalische Trennung, logischer Medienbruch).

Für die physikalischen Festplatten des Speichersystems können Sie *Nearline-SAS* verwenden.

Wie Sie das in der Praxis umsetzen können, erfahren Sie in Kapitel 10, »Das EMC-VNX-Speichersystem unter vSphere 6.0«, am Beispiel eines EMC^2-VNX-Systems. Analog funktioniert das selbstverständlich auch mit Speichersystemen anderer Hersteller.

Wie bei VMware-Appliances üblich, wird auch VDP über ein Konfigurationsmenü angepasst, das Sie mit LAUNCH CONSOLE in der Übersicht der entsprechenden virtuellen Maschine aufrufen. Öffnen Sie ein neues Browser-Fenster, und geben Sie folgenden URL ein:

`https://<IP-Adresse /FQDN>:8543/vdp-configure/`

Mit den Einwahldaten `root` und `changeme` wählen Sie sich in die Konfigurationsoberfläche ein. Gehen Sie dazu wie folgt vor:

1. Konfigurieren Sie das Netzwerk.
2. Stellen Sie die Zeitzone ein.
3. Setzen Sie die Einwahldaten (Passwortvergabe).
4. Registrieren Sie das vCenter.
5. Bestimmung der Größe von VDP anhand der Speicherkapazität

6. Zuweisung von Geräten.
7. Überprüfen Sie die CPU- und Speicherangaben, und passen Sie sie gegebenenfalls an (min. 4 CPUs, 4096 MB RAM).

Überprüfen Sie die Netzwerkeinstellungen. HOSTNAME und DOMAIN sind angegeben, wenn Sie die Registrierung im *Domain Name Server* korrekt durchgeführt haben. Die nächsten drei Schritte sind selbsterklärend.

Im Schritt CREATE STORAGE bestimmen Sie, wie viel Speicherkapazität dem Datensicherungsbereich von VDP zur Verfügung steht (wahlweise 0,5, 1, 2, 4, 6, 8 TB) oder Sie binden den Speicher einer bereits bestehenden Appliance an.

Sie können zu einem späteren Zeitpunkt VDP mehr Speicherplatz zuweisen. Das Wachstum geschieht dann in den Schritten analog zur Wahl der initialen Größe. Das hat unmittelbare Auswirkungen auf die Größe (ab 2 TB pro Festplatte 1024 GB) und die Anzahl der Festplatten und somit auf den kommenden Schritt.

In diesem müssen Sie drei oder mehr virtuelle Festplatten zuweisen. Entfernen Sie den Haken bei STORE WITH APPLIANCE, um den Datastore für den Datenspeicher von VDP frei wählen zu können (siehe Abbildung 13.9). Für den produktiven Einsatz von VDP empfehlen wir Ihnen, die virtuellen Festplatten THICK EAGER-ZEROED zu provisionieren. Sie haben nun die Wahl, die virtuellen Festplatten über ein oder mehrere Datastore(s) zu verteilen.

13

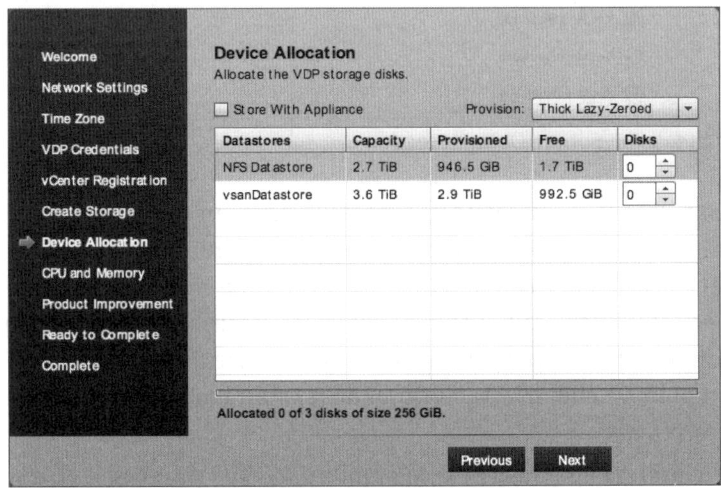

Abbildung 13.9 Allokation der virtuellen Festplatten

Nach den Angaben zu CPU und Memory können Sie im letzten Schritt einen Performance-Test durchführen und danach die Appliance booten lassen. Die Appliance übernimmt Ihre Eingaben und konfiguriert VDP zum Betrieb.

Bei einem erneuten Login in den *vSphere Web Client* sehen Sie im Navigationsbereich auf der linken Seite sowie auf dem HOME-Bildschirm die vCenter-Extension VDP.

13.7.3 Menüführung von VDP

Klicken Sie auf das Icon vSPHERE DATA PROTECTION, und stellen Sie eine Verbindung zu VDP mit CONNECT her. Nun wird Ihnen der Startbildschirm präsentiert (siehe Abbildung 13.10). Dieser wartet gleich mit den wichtigsten Aufgaben auf. Im mittleren Bildschirmbereich sehen Sie die Reiter, hinter denen sich zahlreiche Bedienmöglichkeiten verbergen.

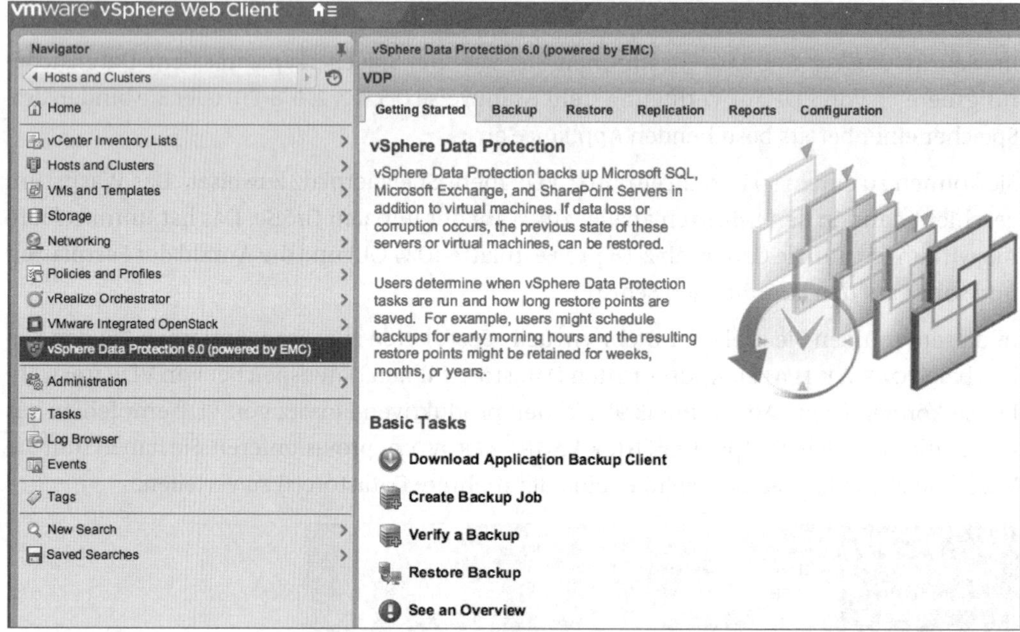

Abbildung 13.10 Menüoberfläche von »vSphere Data Protection«

Beginnen Sie von hinten mit dem Reiter CONFIGURATION. Sie können in diesem unter BACKUP APPLIANCE das Datensicherungszeitfenster definieren, erfahren mehr über den Status von VDP und können Gast-Agenten zu den Microsoft-Produkten SharePoint-, Exchange- und SQL-Server herunterladen. Außerdem bietet diese Registerkarte noch die beiden Untermenüs LOG und EMAIL. In Letzterem können Sie sich die Datensicherungsrapporte nach einem Terminplan zusenden lassen. Hinter dem Zahnrädchen verbirgt sich die Integritätsprüfung der Appliance.

Über den Reiter REPORTS erhalten Sie eine Übersicht über den Status der Appliance. Weiter erfahren Sie im Reiter TASK FAILURES die Details zu den fehlgeschlagenen Aufträgen. In JOB DETAILS sind Ihre gesamten Aufträge aufgelistet, aufgeteilt in BACKUPS, REPLICATION und BACKUP VERIFICATION. Im letzten Reiter, UNPROTECTED CLIENTS, finden Sie eine Auflistung sämtlicher ungesicherter VMs (siehe Abbildung 13.11). Unter REPORTS ist es möglich, sämtliche Tabellen, die Sie in den Untermenüs sehen, als Datei im CSV-Format zu exportieren.

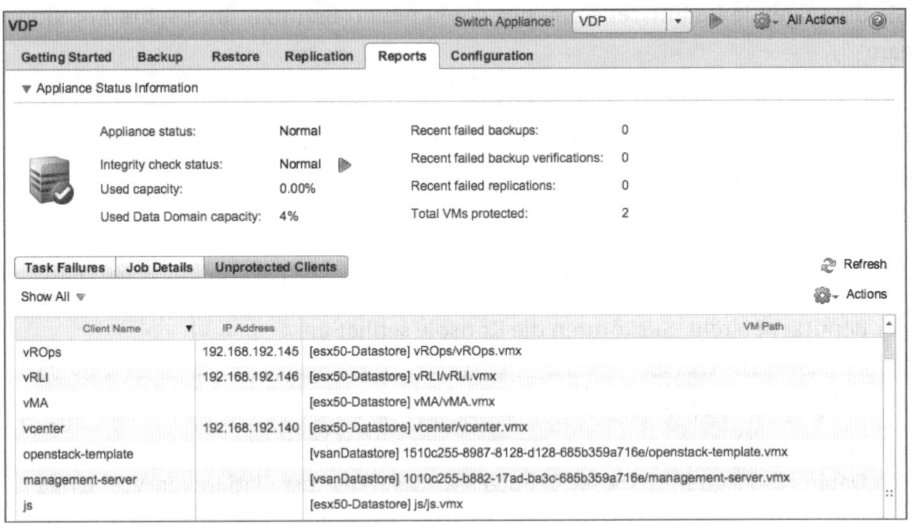

Abbildung 13.11 Liste sämtlicher ungesicherter Klienten

Unter REPLICATION können Sie die Fernkopien verwalten. Wie Sie eine Replikation einrichten, erfahren Sie in den Abschnitten 13.8.3 sowie 13.8.4.

Die beiden Reiter BACKUP und RESTORE erlauben die Sicherung respektive die Wiederherstellung einzelner VMs oder von Dateien innerhalb dieser VMs.

13.7.4 Einrichten von Mandanten

Mit dem Einrichten von Benutzern mit unterschiedlichen Zugriffsbereichen innerhalb der VDP-Appliance erreichen Sie eine Funktionstrennung und Mandantenfähigkeit. Die Benutzer funktionieren mit VDP und Avamar (ab Version 7.1). Minimale Voraussetzungen für den Mandantenbetrieb sind entweder zwei und mehr VDP-Appliances oder eine VDP und eine Avamar-Umgebung.

Die Mandantenfähigkeit ist nur gegeben, wenn Sie pro Abteilung unterschiedliche VDP-Appliances einsetzen und dann in eine VDP replizieren, auf der diese Mandanten eingerichtet sind (»N:1«). Jede VDP-Appliance agiert dann aus Sicht der Ziel-VDP als ein Mandant.

Um einen Benutzer einzurichten, gehen Sie wie folgt vor:

1. Loggen Sie sich mit *ssh* auf der Ziel-VDP-Appliance ein: `ssh -l admin rvdp.cloudjockey.local`. Verwenden Sie dazu das Passwort, das Sie bei der Implementation von VDP für den Benutzer *root* angelegt haben.
2. Melden Sie sich als Benutzer *root* an: `su root`.
3. Wechseln Sie mit `cd /usr/local/vdr/configure/bin` das Verzeichnis.

4. Geben Sie die folgende Befehlszeile ein, um einen neuen Benutzer und seine Abteilung anzulegen:

   ```
   ./create_av_domain.rb --company=<Firmenname> --department=
   <optional:Abteilungsname> --username=<Benutzerkonto> --password=
   <Passwort zum Benutzerkonto>
   ```

   konkret:

   ```
   ./create_av_domain.rb -c cloudjockey.local -d test-dev  -u devuser -p developer
   ```

Damit ist der Benutzer erstellt. Sie können die Konsole schließen.

VDP-Benutzerkonto zur Replikation

Das Benutzerkonto `repluser` verfügt über globale Rechte und Zugriffe. Es kann auf sämtliche replizierten Daten zurückgreifen. Dieser Benutzer wird bei der Installation von VDP eingerichtet.

Nun wechseln Sie zur VDP-Appliance, die Sie explizit für eine Abteilung eingerichtet haben, und erstellen einen Replikationsjob. Wie das geht, erfahren Sie in Abschnitt 13.8.3. Wichtig ist, dass Sie als Ziel Ihre Ziel-VDP-Appliance angeben, auf der Sie auch den Mandanten eingerichtet haben (siehe Abbildung 13.12).

Der Pfad, wo das Replikat der Datensicherung zu liegen kommt, lautet gemäß dem Firmennamen, gefolgt von der Abteilung – in unserem Beispiel: `cloudjockey.local/test-dev`. Überprüfen Sie die erfolgreiche Anmeldung an der Ziel-Appliance, indem Sie auf die Schaltfläche VERIFY AUTHENTICATION klicken.

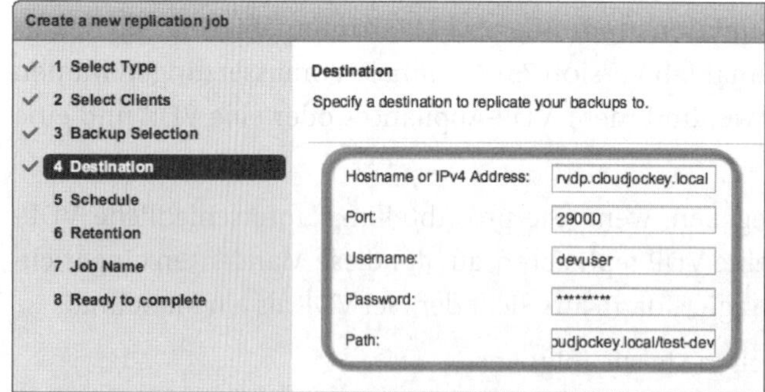

Abbildung 13.12 Eingabemaske der Ziel-Appliance und des Mandanten

13.8 Erstellen von Datensicherungen

In diesem Abschnitt richten wir Datensicherungsjobs ein. Dazu verwenden wir die Topologien, die wir in Abschnitt 13.5 eingerichtet haben.

Die Appliance bietet neben der Erstellung lokaler Datensicherungen auch die Möglichkeit an, Fernkopien einzurichten. Als Ziel der Fernkopien können Sie eine andere VDP-Appliance oder auch *EMC² Avamar wählen.* Beide Optionen unterstützen ein *EMC² Data Domain*-System zur Erweiterung der Speicherkapazität,

Die Datenreplikation wird verschlüsselt und nutzt den TCP-Port 29000. Es werden nur bereits deduplizierte Daten übertragen.

Die Datenreplikation bedarf einer genauen Planung und auch eines Sizings des Replikationsziels. Das Erstellen einer Replikation selbst dauert nur wenige Minuten.

13.8.1 Lokale Datensicherungsjobs auf der Basis von VDP einrichten

Gehen Sie auf den Reiter GETTING STARTED (siehe Abbildung 13.10), und klicken Sie auf CREATE BACKUP JOB. Ein Wizard wird aufgerufen. Wählen Sie innerhalb einer VM zunächst zwischen den Datensicherungstypen GUEST IMAGES oder APPLICATIONS. In diesem Beispiel entscheiden Sie sich für GUEST IMAGES.

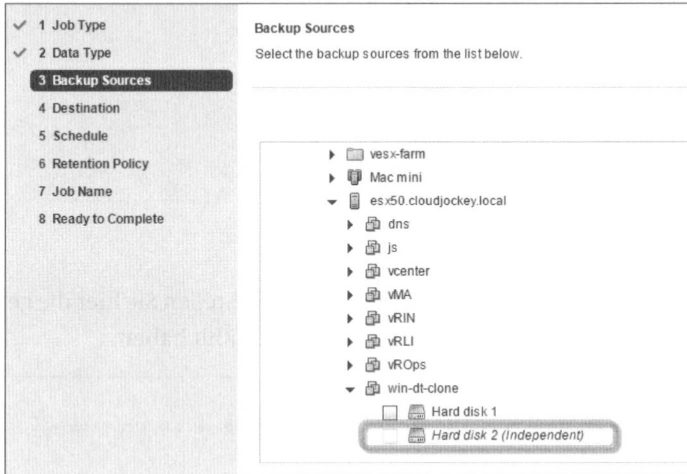

Abbildung 13.13 Datensicherung von individuellen Festplatten inklusive Optionen (Als »pRDM« und »vRDM Independent« konfigurierte Festplatten sind ausgegraut dargestellt.)

Wählen Sie die Option INDIVIDUAL DISKS zur Datensicherung aller potenziell möglichen virtuellen Festplatten einer virtuellen Maschine. (Unabhängige Festplatten wie pRDM, Independent Virtual Disk und Independent vRDM können nicht mit VDP gesichert werden.) Selektieren Sie die zur Sicherung gewünschten virtuellen Festplatten einer oder mehrerer VMs Ihrer Wahl (siehe Abbildung 13.13).

Unterschied zwischen »Full Image«- und »Individual Disks«-Datensicherung

Bei einer Datensicherung mit »Full Image« ist die Granularität sämtlicher virtuellen Festplatten einer VM einzubeziehen. Im Gegensatz dazu bietet die Methode »Individual Disks« die Datensicherung ausgewählter, virtueller Festplatten unabhängig von der virtuellen Maschine. Letztere Methode bietet sich zur Abbildung der individuellen SLOs von Applikationen an.

Mit INDIVIDUAL DISKS werden die übrigen Dateien, wie *.vmx*-Dateien usw., nicht gesichert.

Im darauf folgenden Planer bestimmen Sie, wann die Datensicherung zu erfolgen hat (siehe Abbildung 13.14). Belassen Sie die Einstellung auf DAILY.

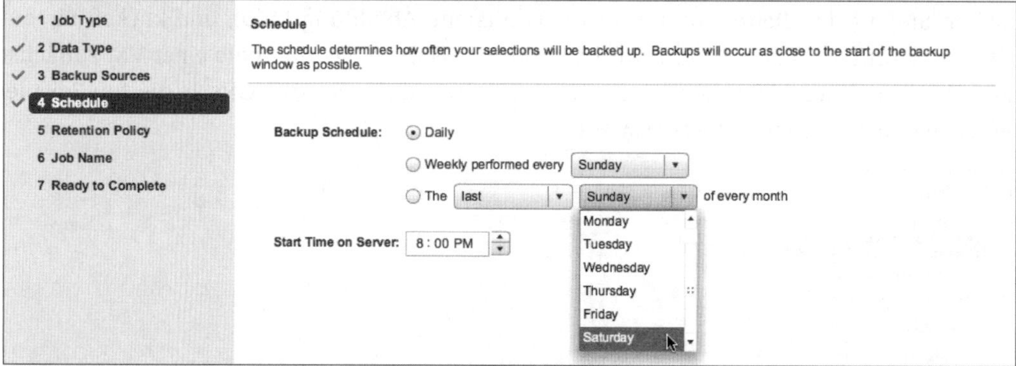

Abbildung 13.14 Planer von VDP

Nun folgt das Menü der Aufbewahrungsfristen (siehe Abbildung 13.15). Stellen Sie hier die gewünschten Werte gemäß den SLOs der VMs ein, die Sie soeben ausgewählt haben.

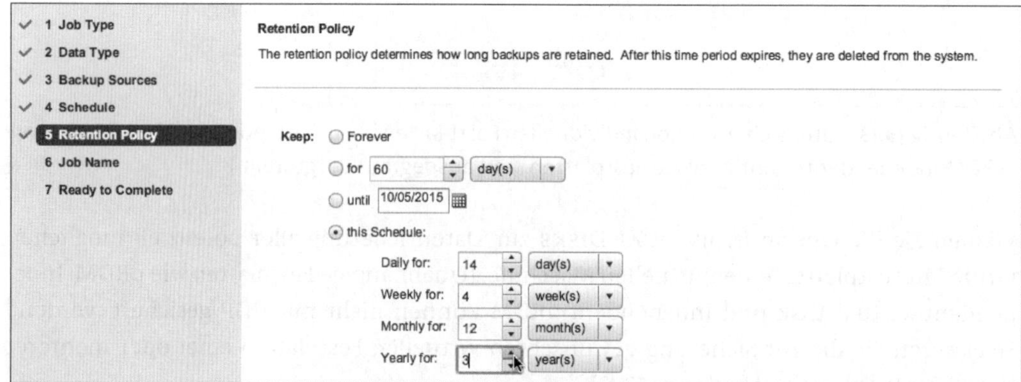

Abbildung 13.15 Eingabemaske der Aufbewahrungsfristen nach SLO

Zum Schluss müssen Sie nur noch den BACKUP JOB benennen, die Eingaben überprüfen und mit FINISH den Wizard schließen. Mit dem Button BACKUP NOW können Sie alternativ einen

Backup-Job sofort anstoßen. Andernfalls erfolgt die erste Datensicherung zu dem im Zeitplan definierten Zeitpunkt.

Im Reiter BACKUP finden Sie die Möglichkeiten, einen Backup-Job zu erstellen, zu klonen, abzuändern, anzuhalten oder zu löschen (siehe Abbildung 13.16).

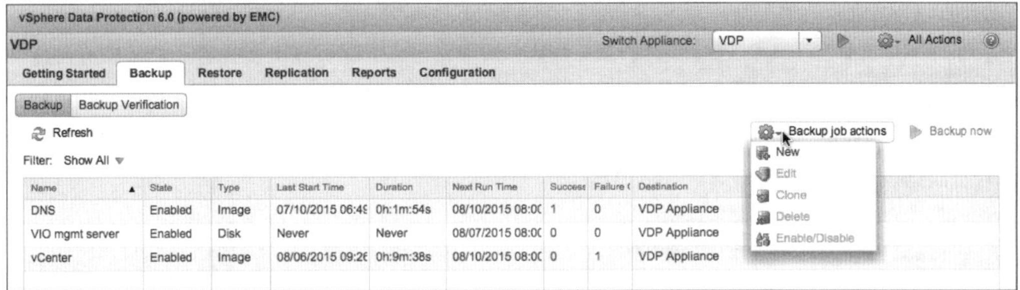

Abbildung 13.16 Optionen des Backup-Menüs

13.8.2 Lokale Datensicherung auf Basis von Data Domain

Wenn Sie nun einen Backup-Job erstellen, ändern oder klonen, können Sie erneut das Ziel festlegen.

Das Ziel wird als DESTINATION bezeichnet, und Sie können zwischen *VDP* und *Data Domain* als Datenspeicher wählen (siehe Abbildung 13.17). Ansonsten gehen Sie so vor, wie in Abschnitt 13.8.1 beschrieben.

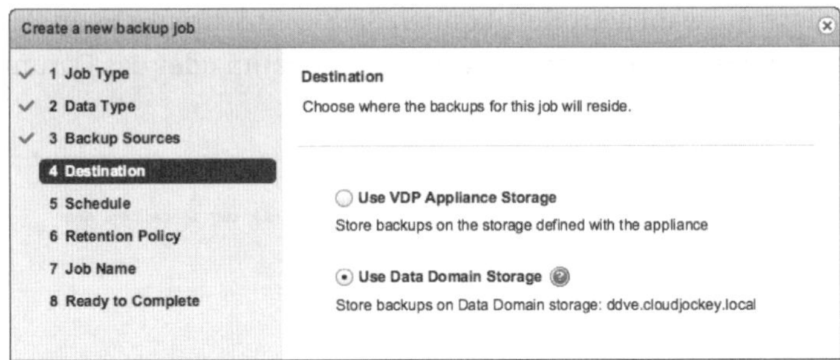

Abbildung 13.17 Wahl des Speicherziels

13.8.3 Fernkopien mit einer zweiten Instanz von VDP

Verbinden Sie sich auf Ihre VDP-Appliance, und wählen Sie das Register REPLICATION an. Zum Erstellen einer Fernkopie klicken Sie im Dropdown-Menü REPLICATION JOB ACTIONS auf NEW. Das ruft den Wizard CREATE A NEW REPLICATION JOB auf.

Im ersten Schritt treffen Sie die Wahl, ob Sie eine Fernkopie von »Applikation und Gastsysteme« oder von einer bereits bestehenden »replizierten Datensicherung« erstellen möchten. Nehmen Sie für dieses Beispiel Ersteres. Definieren Sie die virtuellen Maschinen, die repliziert werden sollen. Es werden nur solche VMs aufgelistet, die auch in einem *Backup-Job* gesichert sind (siehe Abbildung 13.18).

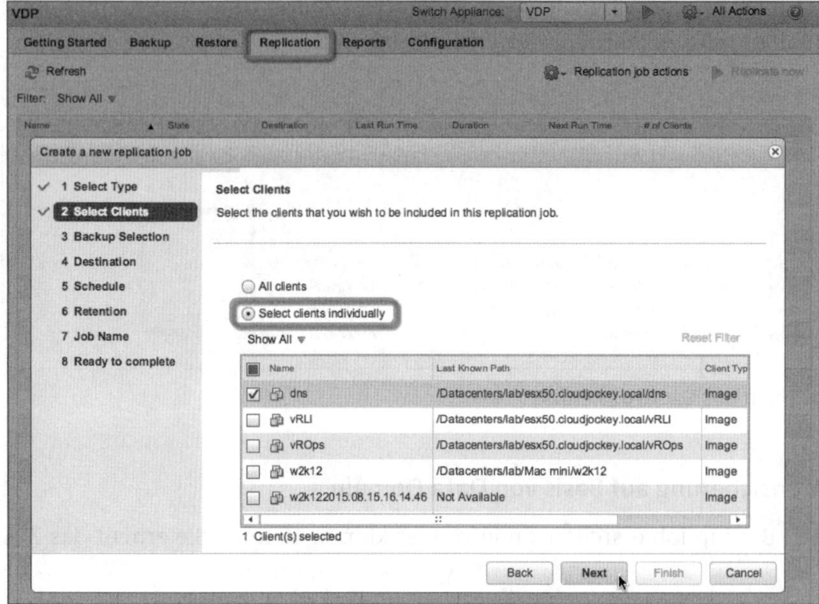

Abbildung 13.18 Auswahl der zu replizierenden virtuellen Maschinen

Im nächsten Bildschirm definieren Sie den *Backup-Typ* (täglich, wöchentlich, monatlich, jährlich, benutzerintiiert). Ist diese Auswahl getroffen, können Sie sie einschränken – in Bezug auf die Anzahl der zu replizierenden Datensicherungen, den Zeitraum oder das Datum (siehe Abbildung 13.19).

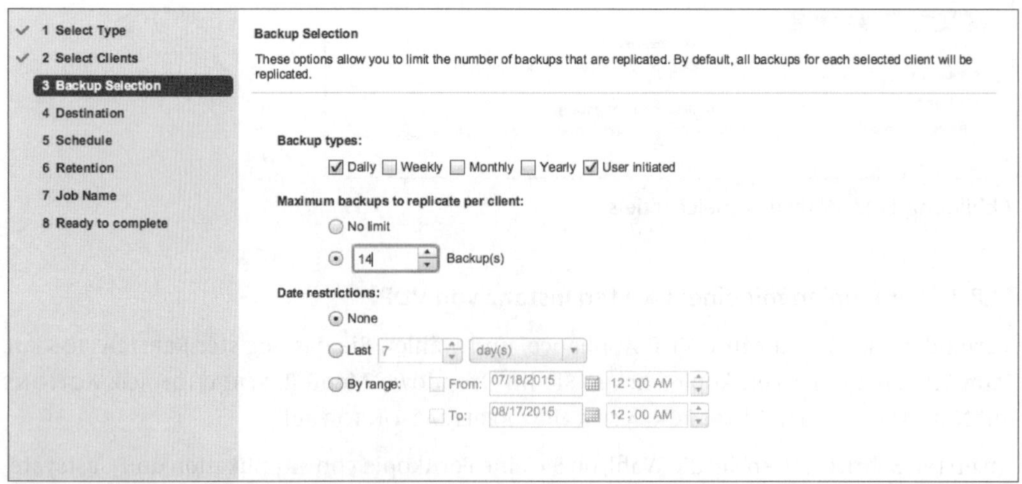

Abbildung 13.19 Anzahl der Replikationen

Nun geben Sie als Ziel der Fernkopie eine *VDP-Instanz* an. Benutzen Sie hierfür den USERNAME `repluser`, den *VDP* von Haus aus zur Verfügung stellt (siehe Abbildung 13.20, ❶). Nach Eingabe des Passwortes (es handelt sich hierbei um dasselbe, das Sie auch für Administrationszwecke bei der Installation von VDP angegeben haben) überprüfen Sie die sichere Verbindung mit VERIFY AUTHENTICATION ❷.

Destination
Specify a destination to replicate your backups to.

Hostname or IPv4 Address: rvdp.cloudjockey.local
Port: 29000 ❶
Username: repluser
Password: ********
Path:

Verify authentication ❷

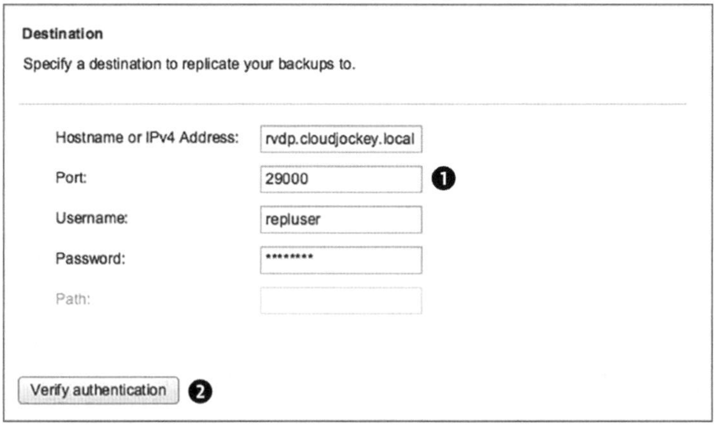

Abbildung 13.20 Angaben des Replikationsziels

Im Zeitplaner können Sie festlegen, zu welchen Zeitpunkten die Replikation zu erfolgen hat und wann diese starten soll (siehe Abbildung 13.21).

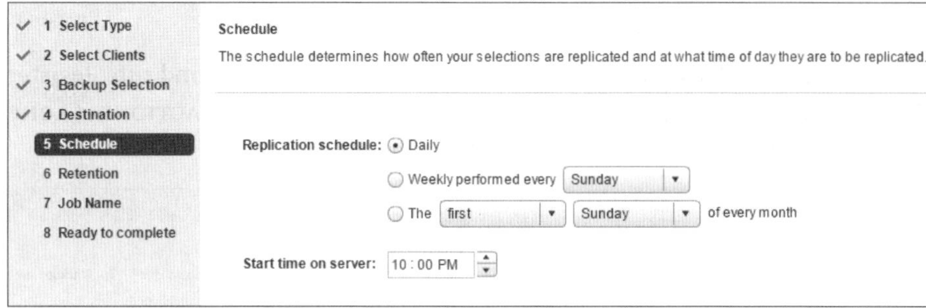

Abbildung 13.21 Zeitplaner der Replikation

Neben der Auswahl, welche der Datensicherungen repliziert werden (Menüpunkt 3 BACKUP SELECTION), legen Sie nun die Aufbewahrungsfristen des Replikats unter Menüpunkt 6 RETENTION fest (siehe Abbildung 13.22). Nachdem das gemacht ist, geben Sie dem *Replication Job* einen Namen und kontrollieren in der folgenden Übersicht sämtliche Eingaben. Ein Klick auf FINISH beendet den Wizard und erstellt den *Replication Job*.

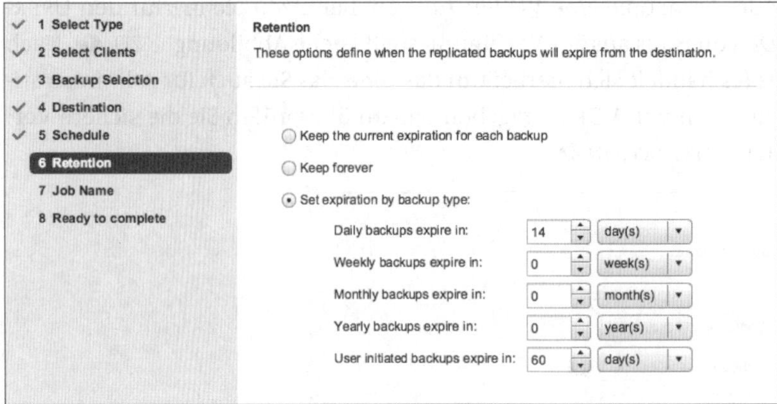

Abbildung 13.22 Eingabemaske der Aufbewahrungsfristen

13.8.4 Replikation mit Data Domain

Wir betrachten im Folgenden zwei Fallbeispiele zum Erstellen von Fernkopien:

1. das Klonen von Backup-Jobs mit den Destinationen VDP und *Data Domain* (Das entspricht der in Abschnitt 13.5.1 vorgestellten Topologie.)
2. eine Replikation von VDP zu *Avamar*, beide mit *Data Domain* als Datenspeicher (Das entspricht der in Abschnitt 13.5.2 vorgestellten Topologie.)

Fallbeispiel 1: Klonen von Backup-Jobs

Im ersten Fallbeispiel gehen Sie im *vSphere Web Client* auf die VDP-Instanz und zum Register BACKUP. Wählen Sie einen Backup-Job aus, und gehen Sie auf BACKUP JOB ACTIONS • CLONE (siehe Abbildung 13.23). Das ruft den Wizard zum Erstellen von Klonen auf.

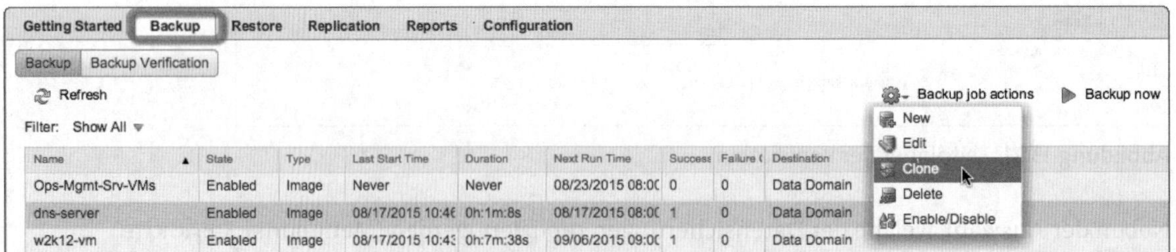

Abbildung 13.23 Aufrufen des Clone-Wizards

Die zu sichernden virtuellen Maschinen sollten Sie so belassen, wie sie sind, da Sie einen Klon eines Datensicherungsauftrags erstellen. Ändern Sie im Wizard die DESTINATION auf USE DATA DOMAIN STORAGE ab (siehe Abbildung 13.24).

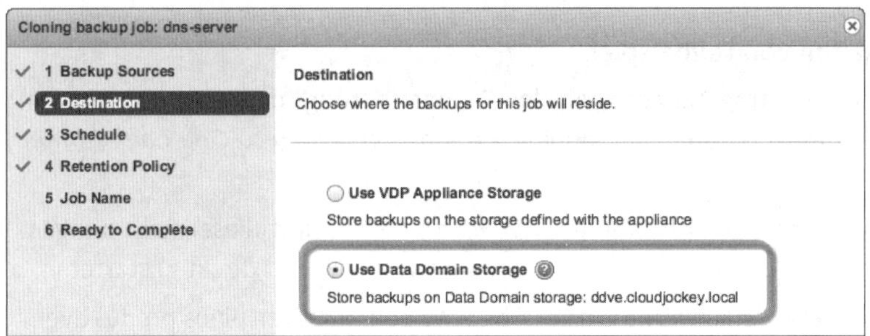

Abbildung 13.24 Änderung des Datenspeicherziels

Es steht Ihnen frei, den Zeitplaner sowie die Aufbewahrungsfristen zu editieren. Beenden Sie den Wizard nach der Namensvergabe, auf die die übliche Zusammenfassung der getätigten Einstellungen folgt. Der geklonte Backup-Job wird zum gewählten Zeitpunkt gestartet.

Die Replikationsmöglichkeiten von Fallbeispiel 1

Fallbeispiel 1 eignet sich hervorragend zur zentralen Datensicherung mehrerer VDP-Instanzen auf ein zentrales Data-Domain-System.

Fallbeispiel 2: Replikation von VDP zu Avamar auf Basis von Data Domain

Im zweiten Fallbeispiel wird zwischen logischer und physikalischer Replikation unterschieden. Über die logische Ebene verwalten Sie sämtliche Replikationen. Auf physikalischer Ebene nutzen Sie Data-Domain-Systeme. Diese Vorgehensweise ist die Voraussetzung für das Funktionieren auf logischer Ebene und nutzt die *DD-Boost*-Technologie.

Um die Fernkopie von einer VDP mit einer DD als Datenspeicher zu *Avamar* in einem zweiten Rechenzentrum zu ermöglichen, müssen sowohl VDP als auch *Avamar* über einen Datenspeicher in unterschiedlichen *Data-Domain*-Systemen, also über eine *Storage Unit* (Mtree), verfügen.

Zunächst müssen Sie die Schritte zum Einrichten von *Avamar* sowie zur Anbindung von DD durchführen, die in Abschnitt 13.11.3 beschrieben werden. Nun brauchen Sie nur noch die Replikation von VDP zu konfigurieren. Die Datenwiederherstellung der Fernkopie funktioniert so, wie in Abschnitt 13.9.3 beschrieben. Alternativ können Sie für die Restauration einer virtuellen Maschine auch *VM Instant Access* verwenden. Diese Möglichkeit bietet sich exklusiv für *Avamar* mit *Data Domain* als Datenspeicher.

Replikationsmöglichkeiten von Fallbeispiel 2

Fallbeispiel 2 eignet sich hervorragend zur zentralen Datensicherung mehrerer VDP-Instanzen auf ein zentrales *Avamar*-System. Die Topologie nennt sich *Many-to-One* oder *Fan-in Replication*.

Sie profitieren zudem von der Eigenschaft eines *VM Instant Access*. Mit dieser wird die *VM* vom Sekundärspeichersystem (*Avamar* und *Data Domain*) via *NFS-Export* direkt gestartet.

Das ermöglicht einen schnellen Zugriff und ein sofortiges Wiederanlaufen eines produktiven Dienstes oder einer Applikation. Im Hintergrund kann die *VM* per *Storage vMotion* auf den gewünschten Ziel-Datastore verschoben werden. Ein weiteres Anwendungsgebiet ist das Testen einer VM auf ihre Konsistenz.

In Abschnitt 13.9.4 lernen Sie, wie Sie *VM Instant Access* sowohl einrichten als auch durchführen.

13.8.5 Fernkopien mit Avamar

Da das Vorgehen bis auf den hier erläuterten Menüpunkt 4 DESTINATION des Wizards identisch mit dem Ablauf ist, den wir in Abschnitt 13.8.3 beschrieben haben, schlagen Sie das Einrichten eines *Replication Jobs* bitte dort nach.

Geben Sie als neues Replikationsziel anstelle der VDP-Instanz nun *Avamar* als Ziel an. Nun geben Sie als Ziel der Fernkopie eine *Avamar*-Instanz an. Benutzen Sie hierfür den USERNAME `repluser`. Das Passwort wurde bei der Installation von *Avamar* eingerichtet (siehe Abbildung 13.25, ❶). Verifizieren Sie die Verbindung ❷.

Sie können einem bestehenden Replikationsjob jederzeit ein neues Ziel zuweisen. Selektieren Sie den zu ändernden Replication Job. Klicken Sie dann auf die Schaltfläche REPLICATION JOB ACTIONS • MANAGE DESTINATION.

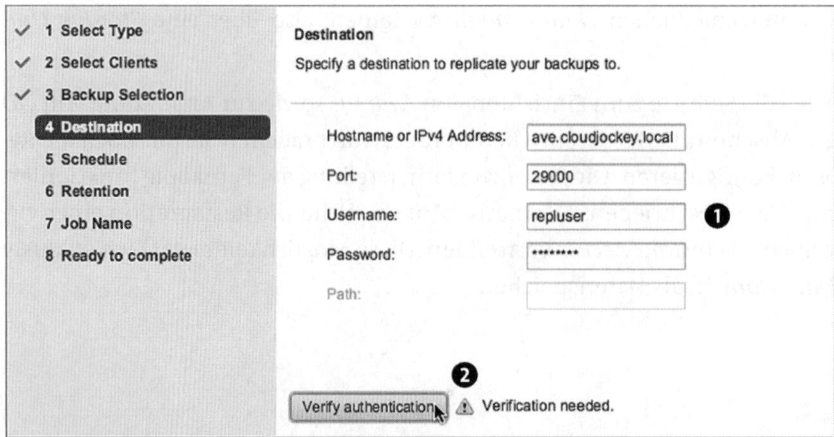

Abbildung 13.25 Angabe des Replikationsziels Avamar-Datastore

Bidirektionale Datenreplikation und Unterstützung verschiedener Topologien

Das gängige Konzept einer bidirektionalen Replikation wird damit sehr kosteneffizient ermöglicht. Das heißt, Sie sichern Ihre VMs und Applikationen an zwei Standorten lokal ab und erstellen an beiden Fernkopien (»Replication Jobs«, siehe Tabelle 13.9).

Lokale Kopie	Fernkopie	Ferndatensicherung
VDP – native Kapazität	VDP – native Kapazität	Nativ gespeichert
VDP – native Kapazität	VDP – DD-Kapazität	Auf DD gespeichert
VDP – DD-Kapazität	VDP – DD-Kapazität	Auf DD gespeichert
VDP nativ oder DD	Avamar-Datastore	Auf Avamar gespeichert
VDP nativ oder DD	Avamar mit DD-Kapazität	Auf DD gespeichert

Tabelle 13.9 Beziehung der Lokalität der lokalen und Ferndatensicherung

13.9 Datenwiederherstellung

Datensicherungen werden zu dem Zweck getätigt, die Daten im Fehlerfall oder bei Datenverlust wiederherstellen zu können. Dabei ist es wichtig zu eruieren, was passiert ist und wie die Daten oder der Dienst am schnellsten und konsistent wieder verfügbar gemacht werden können. Die Wiederherstellung muss nicht zwingend über VDP erfolgen, sondern es kann auch ein Snapshot einer VM oder eines Datastores am schnellsten zum gewünschten Ergebnis führen. In diesem Abschnitt wird die Wiederherstellung gemäß den in Abschnitt 13.5 vorgestellten Topologien aufgezeigt.

Die meisten Wiederherstellungsanforderungen betreffen Daten innerhalb eines Gastbetriebssystems. VDP bietet nebst der Wiederherstellung ganzer VMs auch die Möglichkeit der Datenwiederherstellung innerhalb des Gastbetriebssystems.

VDP und VVol-Datastores zur Datensicherung und -wiederherstellung

Zum heutigen Zeitpunkt wird die Datensicherung von VMs, die auf einem VVol-Datastore liegen, nicht unterstützt.

13.9.1 Wiederherstellung von lokalen Daten

Mit der Wiederherstellung von lokalen Daten ist gemeint, dass VDP im lokalen Rechenzentrum läuft. Dabei spielt es keine Rolle, ob der Datenspeicher via Datastores oder *Data Domain* an VDP angebunden ist.

Jede mit VDP erstellte Datensicherung ist ein *Full Backup*, selbst wenn mit CBT (*Changed Block Tracking*) inkrementell gesichert wird. Das hat den Vorteil, dass nicht erst das zuletzt gespeichterte Full Backup wiederhergestellt werden muss sowie sämtliche inkrementellen Sicherungen nachgezogen werden müssen, um den gewünschten Zustand der virtuellen Maschine zu rekonstruieren, sondern dass direkt auf den Wunschzeitpunkt zurückgesetzt werden kann. Der Einsatz von CBT bringt in dem Falle noch einen erheblichen Vorteil mit sich, da nur die inkrementelle Sicherung zum gewünschten Zeitpunkt eingespielt werden muss. Die Bedingungen dafür sind erstens, dass als Ziel der Originalort der virtuellen Maschine gewählt wird, und zweitens, dass die Daten im Volume noch vorhanden sind (*vmdk*- und *CBT*-Datei).

Für die Wiederherstellung an den Originalort muss die virtuelle Maschine ausgeschaltet sein. Bei der Wiederherstellung an eine andere Lokation kann die VM auch in Betrieb sein (siehe Abbildung 13.26).

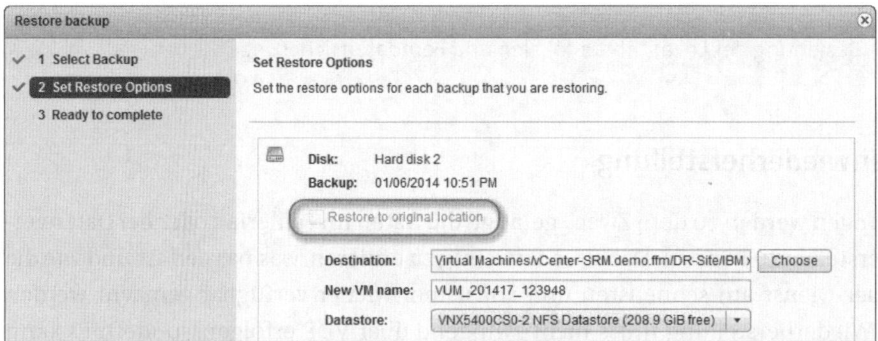

Abbildung 13.26 Wiederherstellung einer virtuellen Festplatte bei einer VM in Betrieb

Sie haben die Wahl zwischen der Wiederherstellung der gesamten VM oder einer bzw. mehrerer *virtueller Festplatten*. Entscheiden Sie sich für die Wiederherstellung einer virtuellen Maschine, so können Sie diese nach erfolgreichem Abschluss der Wiederherstellung von *vCenter* automatisch starten lassen.

Die Wiederherstellung von virtuellen Maschinen oder Festplatten kann von unterschiedlichen Orten aus erfolgen:

- von einem VM-Objekt im *Web Client*: Rechtsklick auf die VM und gehen Sie im Dropdown-Menü auf All VDP 6.0 Actions • Restore Rehearsal
- über das VDP-Appliance-Plug-in im *Web Client*
- über den *VDP Restore Client* (nur zur Wiederherstellung von Dateien innerhalb einer *VM*): https://<IP Adresse oder FQDN>:8543/flr/

> **Wiederherstellung von virtuellen Festplatten**
>
> Vor der Datenwiederherstellung müssen sämtliche Snapshots einer virtuellen Maschine gelöscht werden.
>
> Für weiterführende Information zu Snapshots konsultieren Sie den VMware-Knowledge-Base-Artikel 1025279 (*http://kb.vmware.com/kb/1025279*).

Lokale Wiederherstellung einer VM

Gehen Sie im *vSphere Web Client* zu VSPHERE DATA PROTECTION, und wählen Sie im Fenster GETTING STARTED • RESTORE BACKUP aus. Das führt Sie direkt zum Reiter RESTORE (siehe Abbildung 13.27). In der präsentierten Oberfläche haben Sie die Möglichkeit, Fernkopien oder lokale Daten wiederherzustellen, zu sperren (die Datensicherung einer VM wird nicht gelöscht, selbst wenn die Aufbewahrungsfrist verstrichen ist) oder zu entsperren, zu löschen oder die Auswahl aufzuheben. Sie können auch mehrere Wiederherstellungen parallel laufen lassen.

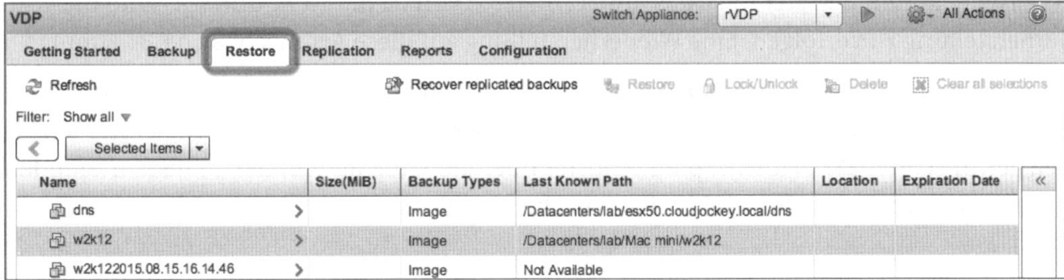

Abbildung 13.27 Die Möglichkeiten im Menü »Restore«

Stellen Sie sicher, dass die wiederherzustellende VM ausgeschaltet ist, um diesem Beispiel zu folgen. Klicken Sie auf die gewünschte VM (siehe Abbildung 13.28). Bei großen Datenbeständen helfen Ihnen Filter, die Anzeige einzuschränken.

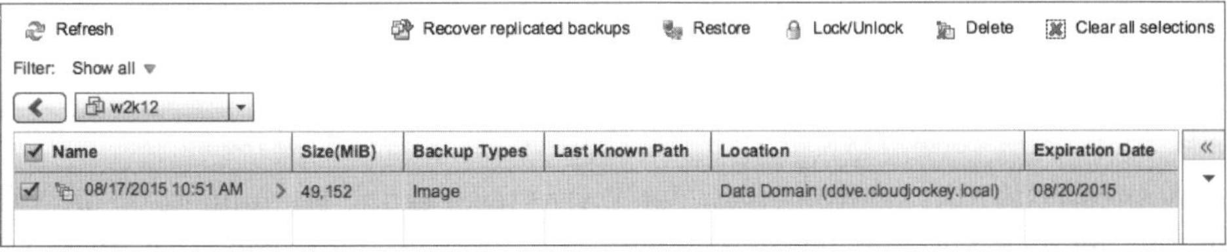

Abbildung 13.28 Auswahl der Wiederherstellung einer VM

Um den Wizard RESTORE BACKUP aufzurufen, klicken Sie auf RESTORE. Im Fenster SELECT BACKUP fahren Sie mit NEXT fort.

Belassen Sie im nächsten Schritt den Haken bei RESTORE TO ORIGINAL LOCATION, und setzen Sie einen Haken bei POWER ON (siehe Abbildung 13.29).

Beenden Sie den Wizard, um die Wiederherstellung der virtuellen Maschine anzustoßen.

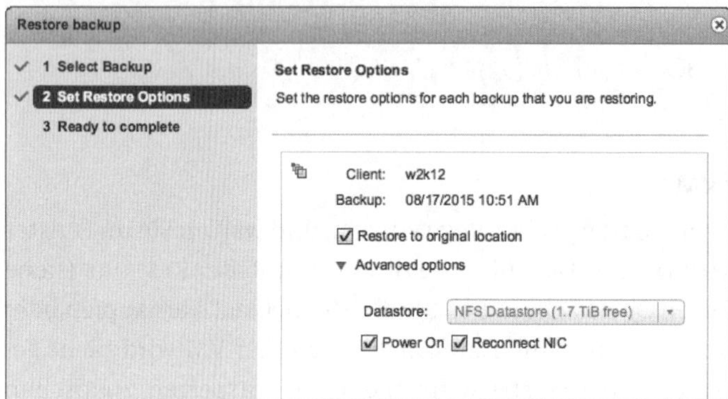

Abbildung 13.29 Wahl der Wiederherstellungsoptionen

Wechseln Sie zum Register REPORTS, und öffnen Sie von da die TASK CONSOLE, um die Wiederherstellung zu verfolgen. Eine Wiederherstellung auf diese Art macht sich CBT zunutze.

Alternativ entfernen Sie den Haken bei RESTORE TO ORGINAL LOCATION (siehe Abbildung 13.31, ❶) und klicken bei DESTINATION auf CHOOSE ❷. Im neu geöffneten Fenster wählen Sie den gewünschten ESXi-Host, vSphere-Cluster oder die vApp als Ziel der zu restaurierenden VM aus und bestätigen Ihre Wahl mit OK (siehe Abbildung 13.30).

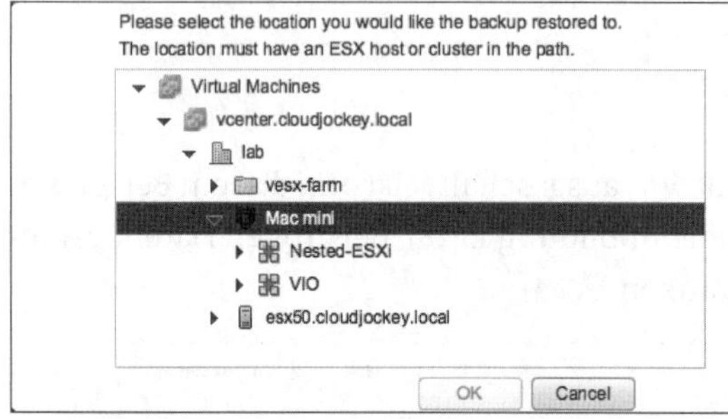

Abbildung 13.30 Optionen zur Wiederherstellung einer VM

In den ADVANCED OPTIONS selektieren Sie den DATASTORE ❸ und bestimmen, ob die VM gestartet und mit dem Netzwerk verbunden wird ❹. Fahren Sie mit einem Klick auf NEXT fort, und überprüfen Sie Ihre Angaben. Beenden Sie den Wizard mit FINISH, um die Wiederherstellung zu starten (siehe Abbildung 13.31).

Diese Art der Wiederherstellung hat einen *Full Image Restore* zur Folge und profitiert nicht von CBT, da ein anderes Ziel gewählt wurde.

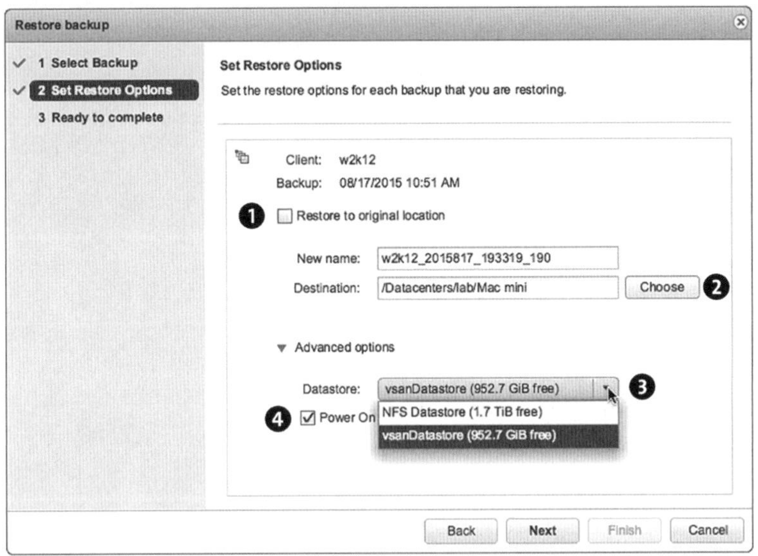

Abbildung 13.31 Auswahl der Wiederherstellungslocation

Lokale Wiederherstellung einer individuellen Festplatte

Stellen Sie sicher, dass die VM ausgeschaltet ist, die Sie wiederherstellen wollen. Gehen Sie im *vSphere Web Client* zu VSPHERE DATA PROTECTION und von da zum Reiter RESTORE. Wählen Sie eine virtuelle Maschine zur Wiederherstellung aus, und klicken Sie zweimal auf sie. Der BACKUP TYPE hat sich nun von IMAGE in DISK geändert (siehe Abbildung 13.32). Wählen Sie eine virtuelle Festplatte aus, indem Sie einen Haken links neben sie setzen.

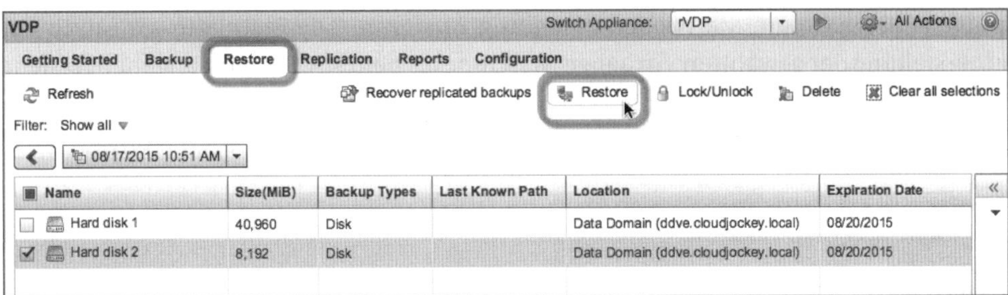

Abbildung 13.32 So wählen Sie die virtuelle Festplatte aus, die wiederhergestellt werden soll.

Klicken Sie auf RESTORE, um den Wizard aufzurufen, und fahren Sie mit NEXT bei Menüpunkt 2 SET RESTORE OPTIONS fort. Entfernen Sie den Haken bei RESTORE TO ORGINAL LOCATION, und klicken Sie bei DESTINATION auf CHOOSE (siehe Abbildung 13.33).

Im neu geöffneten Fenster (siehe Abbildung 13.34) wählen Sie den gewünschten ESXi-Host, vSphere-Cluster, eine vApp oder VM aus und bestätigen Ihre Wahl mit OK.

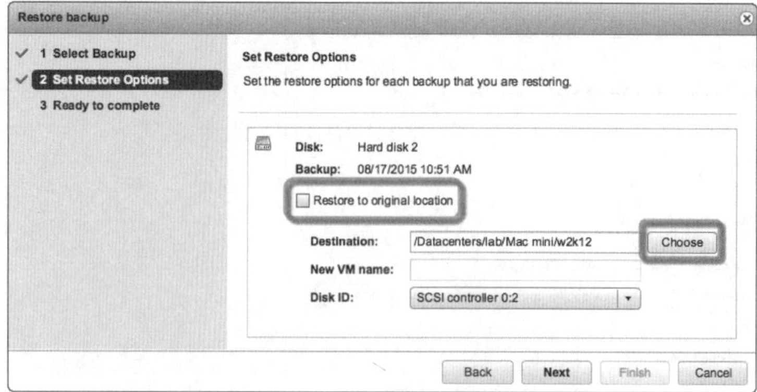

Abbildung 13.33 Optionen zum Wiederherstellen der Festplatte

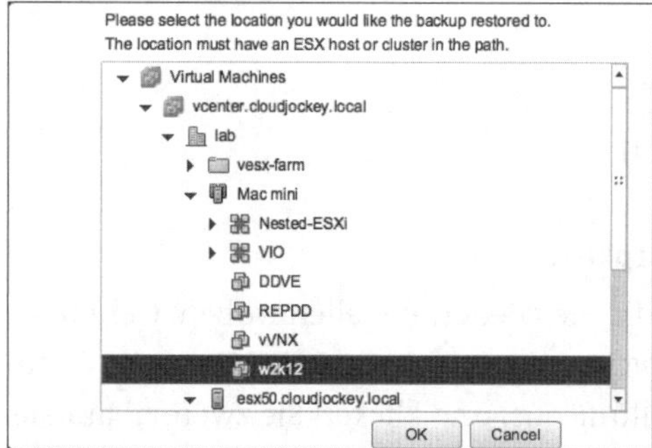

Abbildung 13.34 Das Ziel der Wiederherstellung

Klicken Sie auf FINISH, um die Wiederherstellung zu starten. Die Festplatte wird nach der Wiederherstellung der gewählten virtuellen Maschine als neues SCSI-Gerät angehängt (siehe Abbildung 13.35: HARD DISK 2).

Verfolgen Sie den Restore-Job über RECENT TASKS oder über REPORTS • TASK CONSOLE.

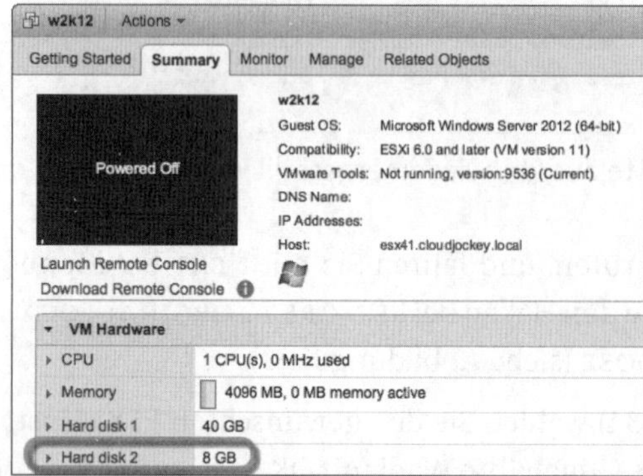

Abbildung 13.35 Präsentation der wiederhergestellten Festplatte

Sie können die Eigenschaften der wiederhergestellten virtuellen Festplatte der virtuellen Maschine ändern, damit das Verhalten beim Starten der VM Ihren Bedürfnissen entspricht. Je nach Anwendungsfall erfordert es auch eine Änderung im *Disk-* oder *Volume-Management* im Gastbetriebssystem.

Lokale Wiederherstellung von Dateien und Verzeichnissen

VDP unterstützt außerdem die Wiederherstellung von Dateien und Verzeichnissen für Windows- und Linux-Gastbetriebssysteme. Unterstützt werden auch *dependent vRDMs*.

Wechseln Sie in das Gastbetriebssystem, von dem aus Sie Daten wiederherstellen möchten. Alternativ wählen Sie ein Gastbetriebssystem desselben Typs, das von der Appliance gesichert wurde.

Öffnen Sie ein Fenster im Webbrowser, und navigieren Sie zu folgendem URL:

```
https://<IP Adresse oder FQDN>:8543/flr/
```

Wählen Sie sich wie folgt ein:

- **auf dem Gastbetriebssystem, von dem Sie die Dateien wiederherstellen wollen:** im Basis-Modus mit einem Benutzer, der über lokale Administrationsrechte verfügt

  oder
- **auf einem beliebigen Gastbetriebssystem desselben Typs:** Wählen Sie den *erweiterten Modus* (klicken Sie auf ADVANCED LOGIN) mit einem Benutzer, der über lokale Administrationsrechte verfügt, sowie Ihr *vCenter*-Benutzerkonto.

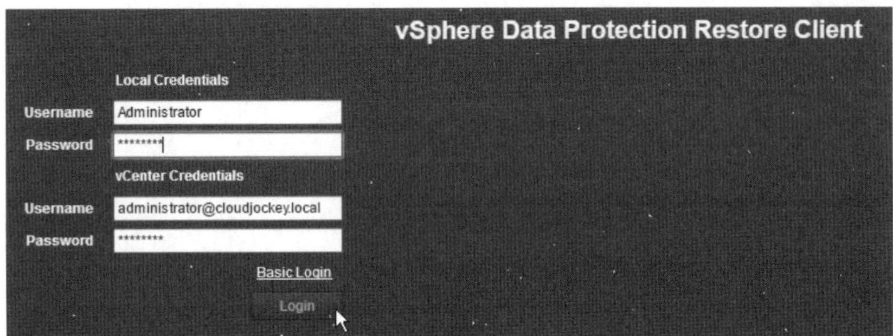

Abbildung 13.36 Anmeldung am »vSphere Data Protection Restore Client«

Klicken Sie auf die Schaltfläche RESTORE FILES. Ein Pop-up-Fenster öffnet sich, in dem Sie eine oder mehrere gewünschte Festplatten mounten können (siehe Abbildung 13.37, ❶). Wählen Sie eine oder mehrere Festplatten innerhalb der präsentierten VMs aus ❷. Sie müssen die Festplatten jeweils einzeln selektieren und auf MOUNT klicken. Beenden Sie das Fenster mit CLOSE, sobald Sie die gewünschten Festplatten ausgewählt haben.

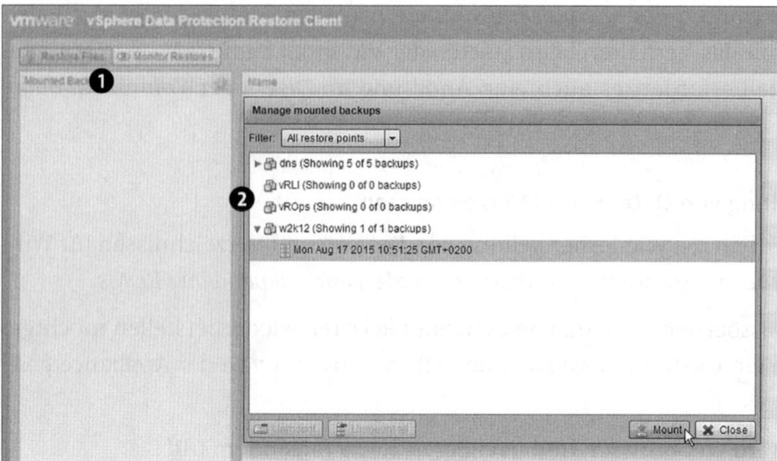

Abbildung 13.37 Auswahl der Festplatten zum Wiederherstellen von Dateien

Im Dateibrowser blättern Sie zu den Verzeichnissen und Dateien, die Sie wiederherstellen wollen (siehe Abbildung 13.38, ❸). Klicken Sie auf RESTORE SELECTED FILES... in der unteren rechten Bildschirmhälfte ❹. Es öffnet sich ein Pop-up-Fenster, in dem Sie das Zielverzeichnis der wiederherzustellenden Daten auswählen. Ein Klick auf RESTORE restauriert die ausgewählten Dateien und Verzeichnisse ❺.

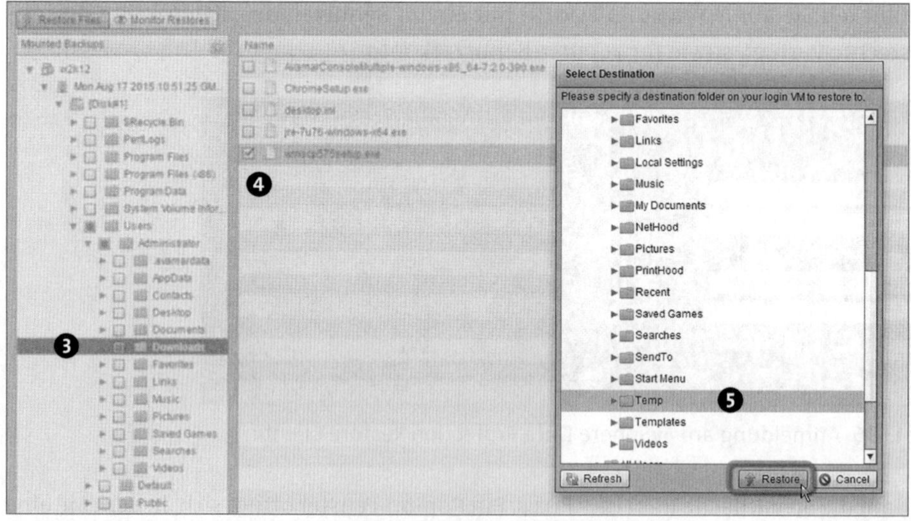

Abbildung 13.38 Wahl des Restaurationsziels im »Restore Client«

Mit einem Klick auf MONITOR RESTORES (siehe Abbildung 13.39) können Sie den Fortschritt der Datenwiederherstellung beobachten.

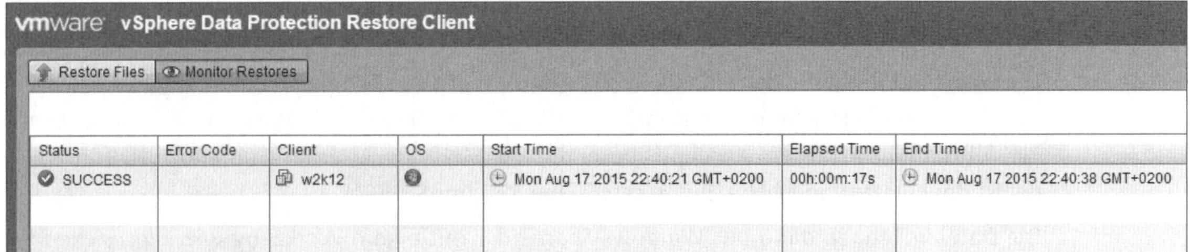

Abbildung 13.39 Überwachung der Datenwiederherstellung innerhalb des Gastsystems

Bevor Sie den *Restore Client* verlassen, sollten Sie die Festplatten wieder unmounten. Über das Zahnrädchen rechts von MOUNTED BACKUPS rufen Sie ein Dropdown-Menü auf und können den Befehl UNMOUNT ALL anwählen.

Einschränkungen von VDP-Client-Restore

- File Level Restore (FLR) hat folgende Einschränkungen:
- keine Anzeige und Wiederherstellung von Symbolic Links
- Der FLR-Browser unterstützt maximal 5000 Verzeichnisse oder Dateien innerhalb eines Verzeichnisses.
- Sie können nicht mehr als 5000 Dateien oder Verzeichnisse in einem Vorgang wiederherstellen.
- Es gibt folgende Einschränkungen beim Logical Volume Management (LVM):
- Eine .vmdk-Datei muss exakt einem logischen Volume zugeordnet sein.
- Es werden nur Ext2- oder Ext3-Formatierungen unterstützt (primäre Partition mit oder ohne Master Boot Record).
- Folgende NTFS-Technologien werden nicht unterstützt:
- dedupliziertes NTFS-Dateisystem
- Resilient File System (ReFS)
- Außerdem werden folgende vmdk-Dateien nicht unterstützt:
- unformatierte Festplatten
- Dynamic Disks sowie Multi Drive Partitions (zwei oder mehr virtuelle Festplatten in einer Partition)
- Ext4-, FAT16-, FAT32-Dateisysteme
- GUID Partition Tables
- verschlüsselte oder komprimierte Partitionen

> **Best Practices bei der Dateiwiederherstellung des Gastbetriebsystems**
>
> Die Praxis hat gezeigt, dass ein Full-Restore der VM als Zweitkopie an einen anderen Zielort zwecks Wiederherstellung von Dateien innerhalb des Gastbestriebsystems schneller zum Ziel führt als die in diesem Abschnitt beschriebene Methode. Alternativ und noch zielführender ist der Einsatz von *VM Instant Access* (siehe Abschnitt 13.9.4).
>
> Die Dateien können dann per *Windows-Share* oder mit einem Werkzeug wie *winscp.exe* in die Quell-VM kopiert werden.

13.9.2 Notfall-Wiederherstellung

VDP läuft unabhängig von *vCenter*. Das eröffnet die Möglichkeit, virtuelle Maschinen wiederherzustellen, ohne dass *vCenter* direkt involviert ist.

Um diese Art der Wiederherstellung zu nutzen, öffnen Sie ein neues Browserfenster und geben folgenden URL ein:

```
https://<IP-Adresse/FQDN>:8543/vdp-configure
```

Mit den Einwahldaten `root` und <Passwort> wählen Sie sich in die Konfigurationsoberfläche ein.

Wechseln Sie zum Register EMERGENCY RESTORE (siehe Abbildung 13.40). Wählen Sie aus der Liste die VM aus, die Sie wiederherstellen wollen, und klicken Sie auf die Schaltfläche RESTORE.

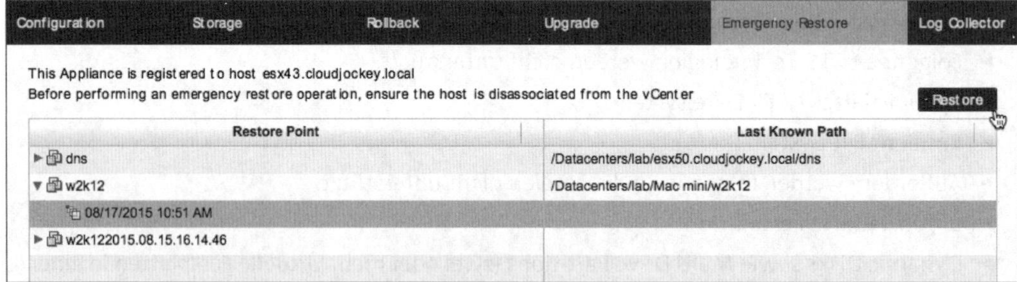

Abbildung 13.40 VDP-Notfall-Wiederherstellung von VMs

Im Pop-up-Fenster geben Sie Ihre Anmeldedaten (`root`) und den ESXi-Host an, auf dem die VM ursprünglich beheimatet war (siehe Abbildung 13.41). Der ESXi-Server gibt eine negative Rückmeldung, sollte er der falsche Ziel-Host sein.

Damit wird die VM wiederhergestellt.

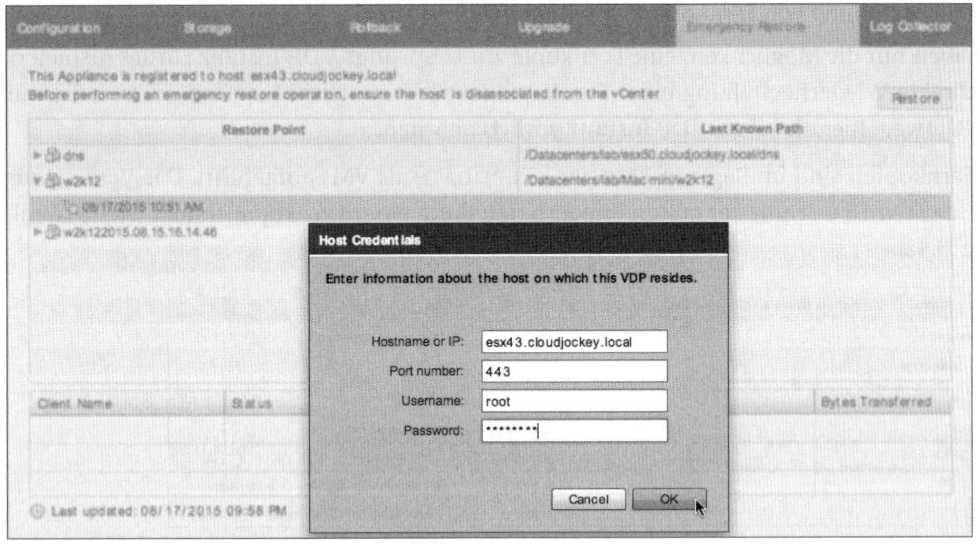

Abbildung 13.41 Wiederherstellung der VM an den Zielserver

Wichtige Information zum »Emergency Restore«

Der ESXi-Host, auf dem die VM liegt, darf nicht in *vCenter* angemeldet sein, bzw. das entsprechende *vCenter* darf nicht mehr verfügbar sein. Ansonsten muss die Datenwiederherstellung über die *vCenter*-Oberfläche von VDP oder VDPA erfolgen.

13.9.3 Datenwiederherstellung aus Fernkopien

Mit der Wiederherstellung von Fernkopien ist gemeint, dass die Datenrestauration nicht vom lokalen Rechenzentrum der betroffenen VMs oder Applikationen aus erfolgt.

Dieser Abschnitt behandelt die Wiederherstellung von Fernkopien (replizierten Daten) von VDP anhand unterschiedlicher Topologien, wie sie in Abschnitt 13.5.2, »Konzepte für die Datensicherung über zwei und mehr Standorte«, vorgestellt wurden:

- Zurückspielen der Daten aus einer nichtlokalen VDP-Instanz
- Datenwiederherstellung von *Avamar*

Der verschlüsselte Replikationsmechanismus überträgt nur deduplizierte Daten zur Erstellung einer ersten Fernkopie. Mit der Zeit müssen immer weniger Datensätze repliziert werden, da diese dem Zielort schon bekannt sind. Dank der globalen Deduplizierung an Quelle und Ziel im Zusammenspiel mit CBT erhalten Sie eine sehr effiziente Datensicherung von Fernkopien.

Wiederherstellung von Fernkopien aus einer VDP-Instanz

Sie haben nur die Möglichkeit, eine Fernkopie zur Ursprungs-VDP-Instanz zurückzuspielen. Die direkte Wiederherstellung einer Fernkopie ist nicht möglich. Insofern müssen Sie mit dem Umweg über die lokale VDP-Instanz vorlieb nehmen.

Die Fernkopien sind im Register RESTORE • REPLICATE als VMs aufgeführt. Das Verzeichnis REPLICATE wird erst mit der ersten Wiederherstellung einer Fernkopie erstellt (siehe Abbildung 13.42).

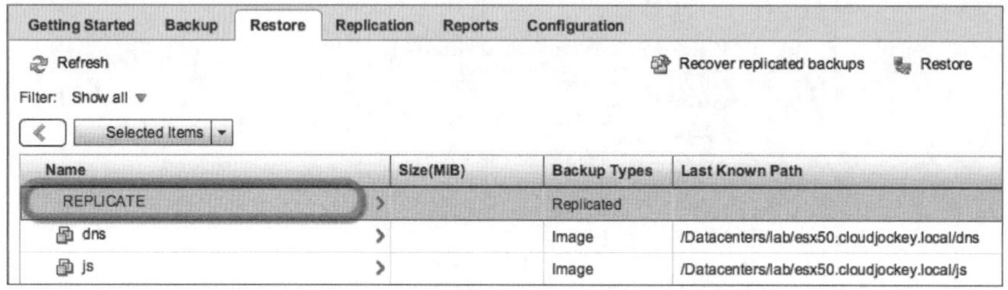

Abbildung 13.42 Auffinden von replizierten Datensicherungen

Wechseln Sie innerhalb der VDP-Appliance in vCenter zum Reiter RESTORE und klicken Sie auf RECOVER REPLICATED BACKUPS. In dem Wizard, der nun erscheint, füllen Sie die Maske mit den Angaben zur Ziel-VDP-Instanz, die die wiederherzustellende Fernkopie enthält, und mit den Angaben zu dem Benutzer, der über die Berechtigung verfügt, auf die Fernkopie zuzugreifen (siehe Abbildung 13.43, ❶). Verifzieren Sie diese Angaben ❷. Sollten Sie mit Mandanten arbeiten, wählen Sie sich mit dem entsprechenden Benutzer ein. Das Benutzerkonto `repluser` verfügt über globale Rechte und Zugriffe. Es kann auf sämtliche replizierten Daten zurückgreifen.

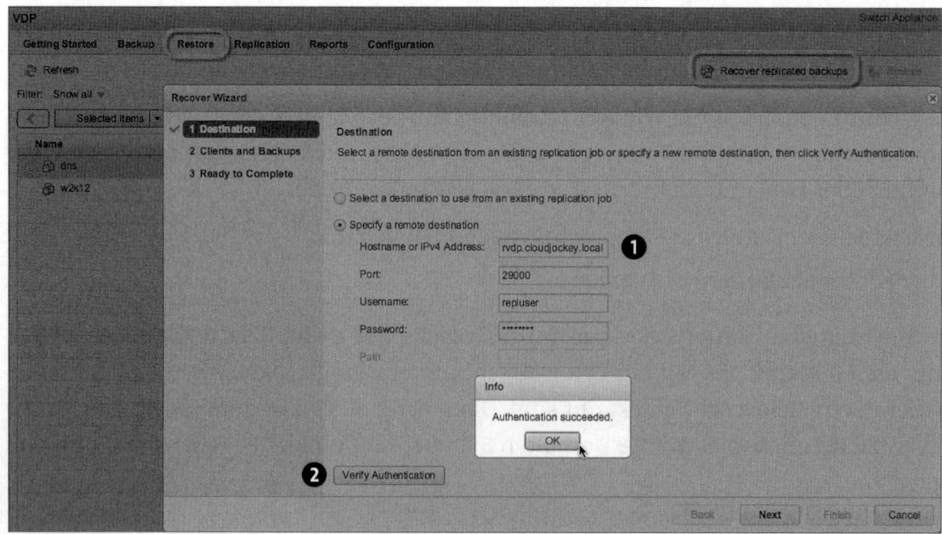

Abbildung 13.43 Restauration von Fernkopien in VDP

Wählen Sie aus der Liste im Menüpunkt 2 CLIENTS AND BACKUPS die gewünschten Daten oder VMs zur Wiederherstellung aus, überprüfen Sie die Werte, und klicken Sie auf FINISH, um den Auftrag ausführen zu lassen (siehe Abbildung 13.44).

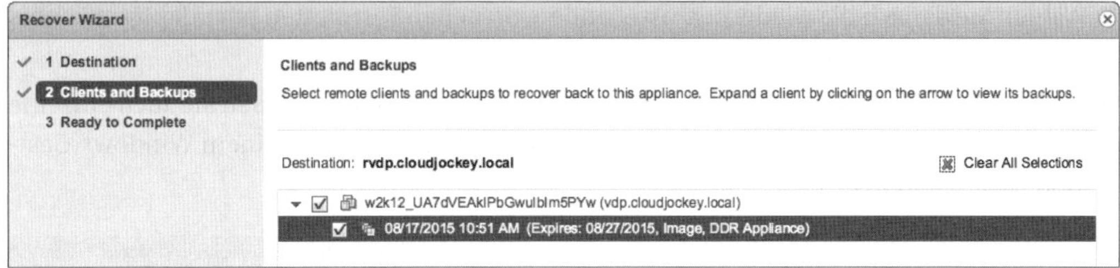

Abbildung 13.44 Auswahl der zu replizierenden Fernkopie

Einige Zeit später steht Ihnen die Fernkopie lokal zur Verfügung und Sie können die Daten wiederherstellen. Navigieren Sie zum Reiter RESTORE innerhalb der Appliance. Wählen Sie im Filter REPLICATE (siehe Abbildung 13.45, ❸) aus. Selektieren Sie die wiederherzustellende VM ❹. Klicken Sie auf die Schaltfläche RESTORE ❺.

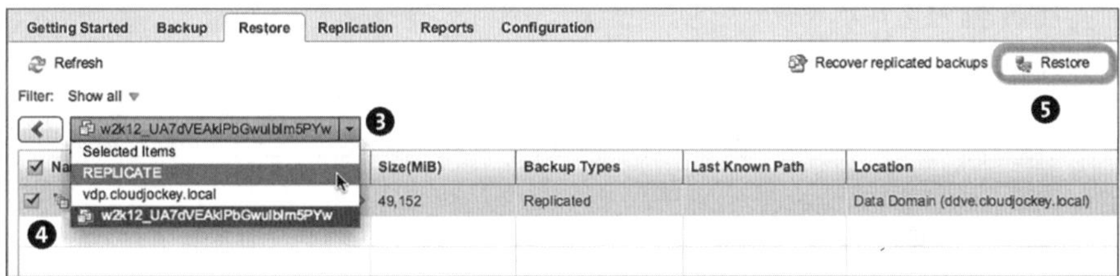

Abbildung 13.45 Wiederherstellung der lokal zurückkopierten Replikate

Wie Sie zur Wiederherstellung lokaler Daten vorgehen müssen, können Sie detailliert in Abschnitt 13.9.1 nachlesen.

Datenwiederherstellung von Avamar

Wählen Sie sich mit dem neu erstellten Benutzer `vdprestore` in die *Avamar-Administratorkonsole* ein. Klicken Sie auf BACKUP & RESTORE und im neuen Fenster auf das Register RESTORE.

Die folgenden Schritte zur Wiederherstellung einer virtuellen Maschine sowie einer oder mehrerer virtueller Festplatten beziehen sich auf Abbildung 13.46.

❶ Blättern Sie im Navigationsfenster zum gewünschten *vCenter* und zu den darin enthaltenen VIRTUAL MACHINES. Diese sind logistisch an der Avamar-Domäne unter REPLICATE • <DOMAIN> • <vCENTER> aufgehängt. Klicken Sie auf VIRTUAL MACHINES.

❷ Klicken Sie auf die VM, die Sie wiederherstellen wollen.

❸ Wählen Sie ein Datum mit einer Datensicherung aus (gelb markierte Tage). Ihre Wahl wird blau markiert, und sämtliche Sicherungen dieses Tages werden aufgelistet.

❹ Wählen Sie die gewünschte Datensicherung an.

❺ Wählen Sie danach die wiederherzustellenden virtuellen Festplatten oder das Verzeichnis ALL VIRTUAL DISKS an.

❻ Klicken Sie auf das RESTORE NOW-Symbol oben links. Alternativ können Sie auch einzelne Dateien wiederherstellen oder eine NTFS-formatierte *.vmdk-Datei* einem Windows-Gastsystem bereitstellen.

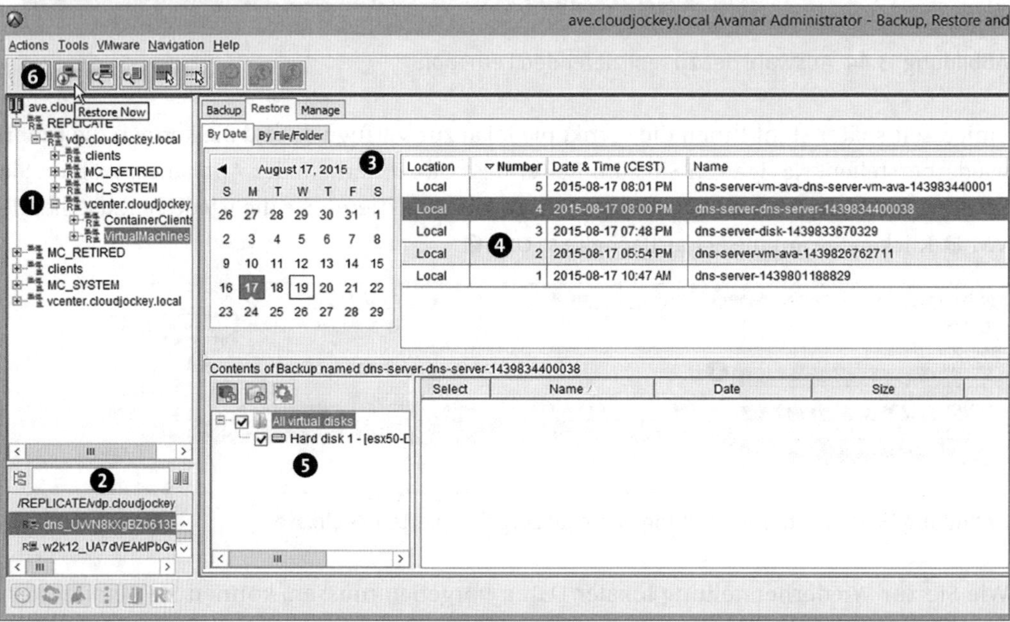

Abbildung 13.46 Wiederherstellung einer VM in Avamar

Ein neues Fenster erscheint, in dem Sie bestimmen, auf welche Art die Wiederherstellung zu erfolgen hat. Wählen Sie, ob Sie die Wiederherstellung der virtuellen Festplatte in eine existierende VM durchführen wollen, einer anderen VM zuordnen möchten oder ob Sie eine neue VM erstellen wollen.

Da es sich um eine Wiederherstellung von einer Fernkopie handelt und somit (simuliert) ein Ausfall vorliegt, wählen Sie die Wiederherstellungsoption RESTORE TO A NEW VIRTUAL MACHINE (siehe Abbildung 13.47). Der Button CONFIGURE DESTINATION... steht Ihnen nur bei einem Benutzer mit Administrationsrechten für *Avamar* zur Verfügung. In diesem Wizard können Sie definieren, wohin die virtuelle Maschine restauriert wird. Im Beispiel aus Abbildung 13.48 wird die VM am ursprünglichen Speicherort wiederhergestellt.

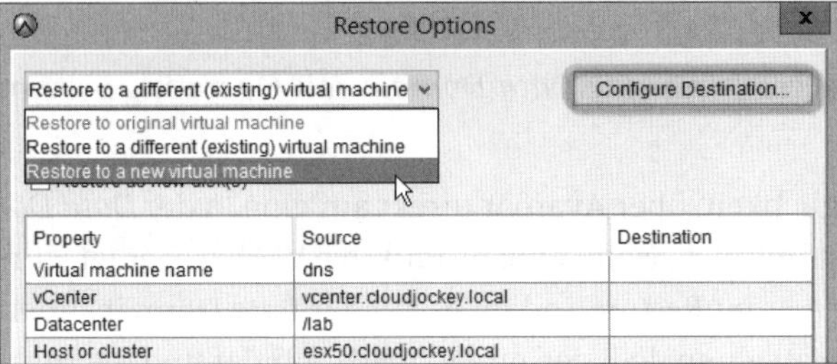

Abbildung 13.47 Wiederherstellungsoptionen virtueller Festplatten

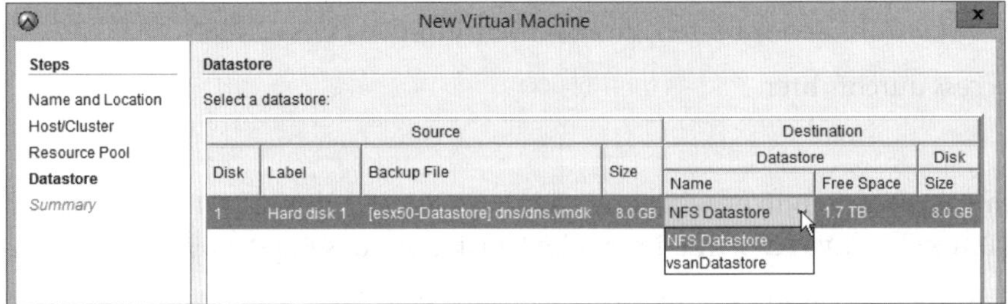

Abbildung 13.48 Mit dem Wizard bestimmen Sie das Ziel der Restauration einer VM.

Klicken Sie auf MORE OPTIONS (siehe Abbildung 13.49, ❼), um CBT ein- oder auszuschalten (bei Wiederherstellung zur Ursprungslokation der VM), um das Verhalten der VM bei erfolgtem Start zu steuern und um spezielle Anpassungen in Form von Attributen zu hinterlegen ❽. Klicken Sie zweimal auf OK, um die Fenster zu schließen und die Wiederherstellung zu starten.

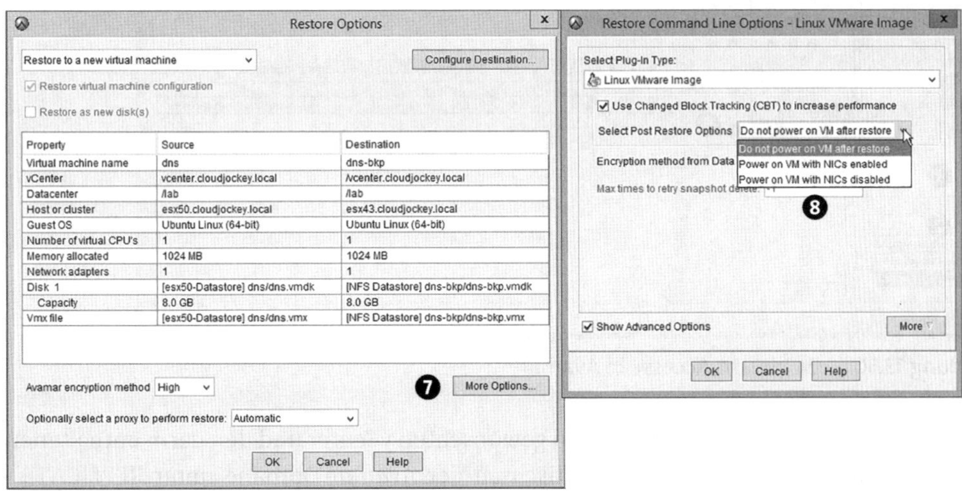

Abbildung 13.49 Optionen der Datenwiederherstellung

Nach abgeschlossener Restauration können Sie die VM wieder in *vCenter* verwalten.

13.9.4 VM Instant Access

Die Voraussetzungen für *VM Instant Access* sind eine *Data Domain* mit Operating-System 5.2.1, 5.3.x oder 5.4. und *Avamar 7.0*.

VM Instant Access bietet Ihnen die Möglichkeit, über Avamar direkt auf eine in der *Data Domain* gesicherte VM zuzugreifen. Das ist hilfreich, wenn eine produktive VM beschädigt wurde. *Avamar* steuert den Prozess für *VM Instant Restore*, indem es auf der Data Domain einen NFS-Export erstellt, diesen über *vCenter* an einen dedizierten ESXi-Host bindet und die Fernkopie als VM registriert. Letztere kann vom *vSphere*-Administrator manuell gestartet werden und mit *Storage vMotion* in die Produktion überführt werden.

Der Prozess von *VM Instant Access* besteht aus zwei Schritten:

1. *VM Instant Access* durchführen
2. aufräumen

Wählen Sie sich mit dem Benutzer `vdprestore` in die *Avamar-Administratorkonsole* ein. Klicken Sie auf BACKUP & RESTORE und im neuen Fenster auf das Register RESTORE.

Die folgenden Schritte zum sofortigen Zugriff auf eine virtuelle Maschine (*VM Instant Access*) beziehen sich auf Abbildung 13.50:

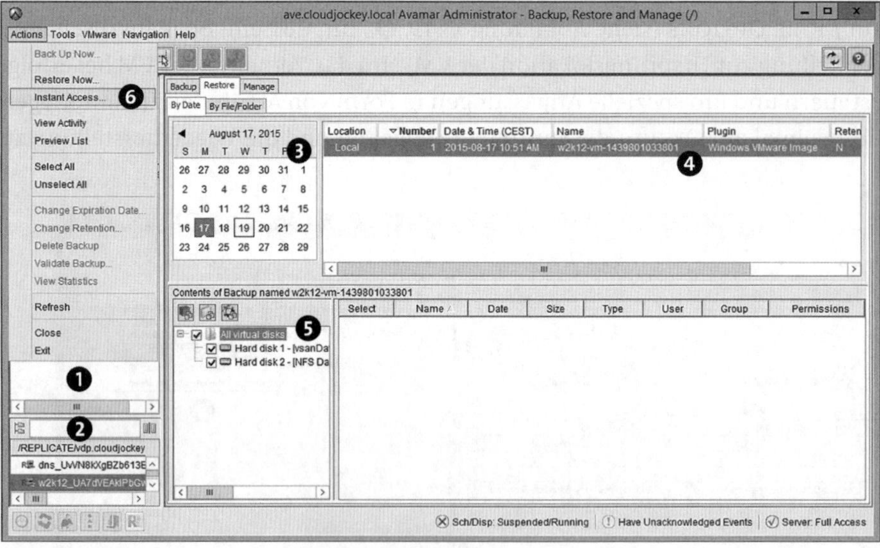

Abbildung 13.50 »VM Instant Access« in Avamar

❶ Blättern Sie im Navigationsfenster zum gewünschten *vCenter* und den darin enthaltenen VIRTUAL MACHINES. Diese sind logistisch an der *Avamar*-Domäne unter REPLICATE • <DOMAIN> • <VCENTER> aufgehängt. Klicken Sie auf VIRTUAL MACHINES. (Ist in nicht abgebildet, da verdeckt.)

❷ Klicken Sie auf die VM, die Sie starten wollen. (Diese Auswahl ist in ebenfalls verdeckt.)

❸ Wählen Sie ein Datum mit einer Datensicherung aus (gelb markierte Tage). Ihre Wahl wird blau markiert, und sämtliche Sicherungen dieses Tages werden aufgelistet.

❹ Wählen Sie die gewünschte Datensicherung an.

❺ Wählen Sie danach das Verzeichnis der wiederherzustellenden virtuellen Festplatten an.

❻ Gehen Sie über das Menü ACTIONS auf INSTANT ACCESS....

In der Eingabemaske klicken Sie auf CONFIGURE DESTINATION. Im Wizard wählen Sie den Namen der zu startenden VM sowie den gewünschten ESXi-Host aus. Der Übersicht entnehmen Sie die Angaben zur Originaldatei (hier als SOURCE bezeichnet) sowie (mit DESTINATION betitelt) die Angaben zur VM in *Instant Access* (siehe Abbildung 13.51). Die Bestätigung Ihrer Angaben führt den Prozess aus.

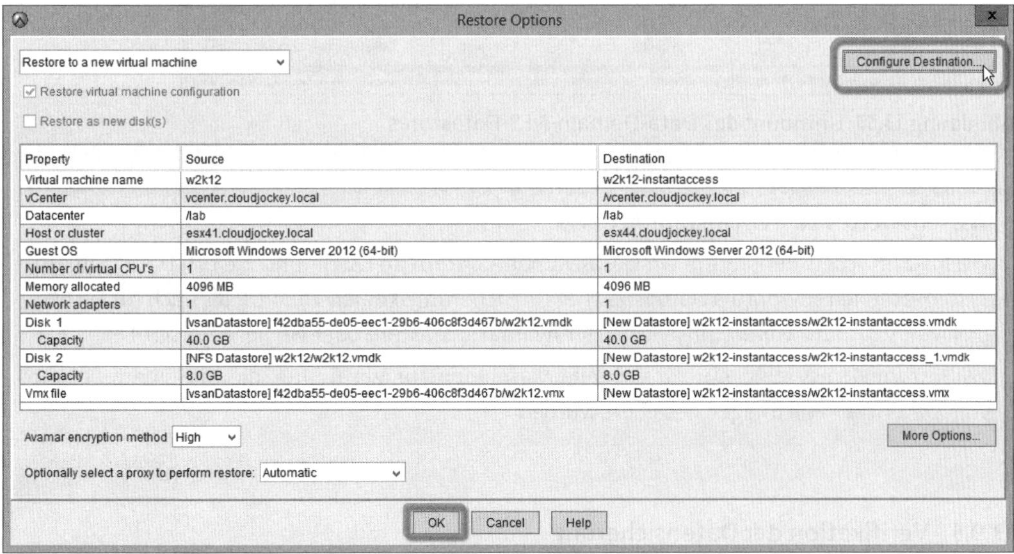

Abbildung 13.51 Originalangaben der VM und neues Ziel

Kurze Zeit später steht Ihnen die von *VM Instant Access* in *vCenter* registrierte virtuelle Maschine startklar zur Verfügung. Die VM startet von einem NFS-Export des Data-Domain-Systems aus, das als Datenspeicher für *Avamar* dient (siehe Abbildung 13.52). Starten Sie die virtuelle Maschine.

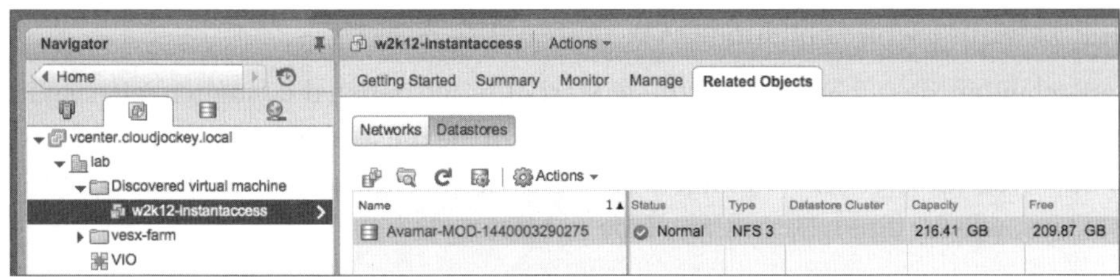

Abbildung 13.52 NFS-Datastore von »VM Instant Access« unter vCenter

Nun migrieren Sie die virtuelle Maschine mit *Storage vMotion*. Dieser Prozess löscht die durch *VM Instant Access* gestartete Fernkopie der VM auf der *Data Domain*. Die restlichen Fernkopien derselben VM bleiben bestehen.

Der von Avamar exportierte Data-Domain-NFS-Export wird innerhalb von 24 Stunden entfernt. Alternativ empfiehlt es sich, das selbst vorzunehmen. Navigieren Sie dafür in der *Avamar-Administratorkonsole* zu SERVER • DATA DOMAIN NFS DATASTORES (siehe Abbildung 13.53). Wählen Sie den Datastore an, und klicken Sie auf UNMOUNT/REMOVE.

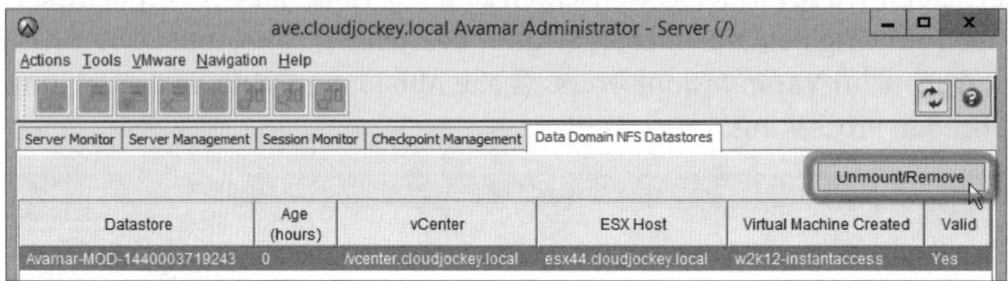

Abbildung 13.53 Unmount des Data-Domain-NFS-Datastores

Wissenswertes zu »VM Instant Access«

VM Instant Access benötigt je ein Data-Domain-System an Quell- und Zielort. Data Domain-Systeme dienen sowohl als Datenspeicher für Sicherungskopien von VDP als auch für Fernkopien von VDP auf *Avamar* (physikalischer Avamar-Datastore oder virtuelle Version).

VM Instant Access steht nur für virtuelle Maschinen zur Verfügung, die mit einem Backup vom Datentyp »Full Image« gesichert wurden.

13.9.5 Verifikation der Datensicherung

Ein wichtiger Bestandteil einer konsequent durchgeführten Datensicherung ist ihre Überprüfung in regelmäßigen Abständen. Genau das ermöglicht die Eigenschaft *Backup Verification* von VDP als Zusatz zur Integritätsprüfung.

Klicken Sie auf das Icon VSPHERE DATA PROTECTION, und stellen Sie eine Verbindung zu VDP mit CONNECT her. Wechseln Sie zum Register RESTORE und auf BACKUP VERIFICATION.

Betätigen Sie die Schaltfläche BACKUP VERIFICATION JOB ACTIONS, und wählen Sie aus dem Pop-up-Menü NEW aus (siehe Abbildung 13.54).

Im Wizard entscheiden Sie sich für eine virtuelle Maschine. Sie haben die Möglichkeit, sich in diese einzuwählen und ein Script durchzuführen. Sollten Sie diese Eingabemaske nicht ausfüllen, wird ein »Heartbeat Check« durchgeführt. Im dritten Schritt entscheiden Sie sich für einen ESXi-Host sowie für einen Datastore (siehe Abbildung 13.55).

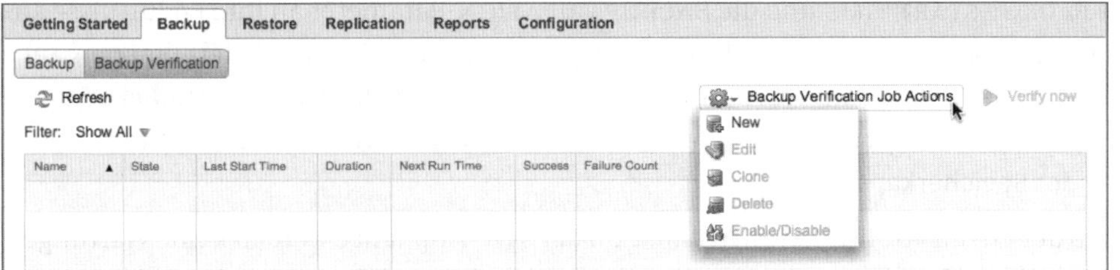

Abbildung 13.54 Anlegen der Verifikation einer Datensicherung

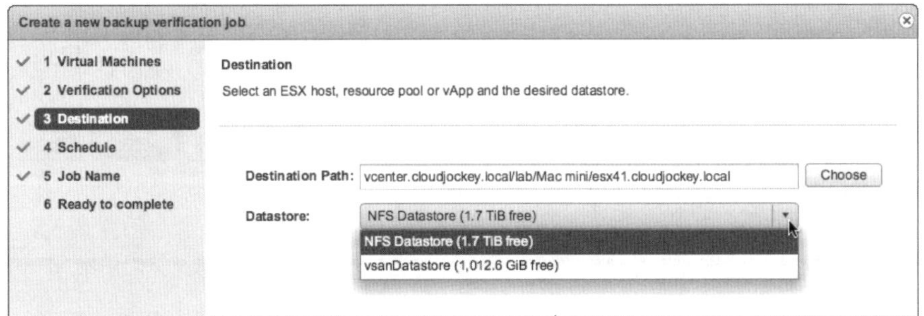

Abbildung 13.55 Wahl des Ziel-Hosts und -Datastores zur Verifikation

Im darauffolgenden Zeitplaner legen Sie fest, zu welchen Zeitpunkten die Verifikation stattfinden soll. Abschließend geben Sie dem *Verification Job* einen Namen und überprüfen Ihre Eingabe.

Überprüfung erfolgreicher Datensicherungen

Sie haben die Möglichkeit, die virtuelle Maschine über Verify now sofort zu überprüfen. Die VM wird auf den Ziel-Datastore aufgespielt und in einem isolierten Umfeld auf dem Ziel-Host gestartet. Die VM wird dabei nicht mit dem Netzwerk verbunden, um Konflikte mit dem Produktivsystem zu vermeiden.

13.10 Wartung von »vSphere Data Protection«

VDP muss von Zeit zu Zeit gewartet werden. In diesem Abschnitt beschreiben wir unterschiedliche Aufgaben, die im täglichen Betrieb anfallen. Dazu gehört der Integritätscheck der VDP-eigenen Datenbank zur Aufbewahrung der Metadaten.

13.10.1 Definition des Wartungsfensters

Navigieren Sie im vCenter innerhalb der VDP-Appliance über Configuration • Backup Appliance zum Fenster Backup window configuration. Klicken Sie auf Edit. Sie können nun die BACKUP START TIME und die BACKUP DURATION-Parameter an Ihre Bedürfnisse anpassen (siehe Abbildung 13.56, ❶). In der angegebenen, sich täglich wiederholenden Zeitspanne wird VDP seinerseits Wartungen durchführen (beispielsweise die Validierung und Erstellung eines Checkpoints, oder die Durchführung von Aufräumarbeiten zwecks Optimierung der Speicherkapazität).

Innerhalb der ersten 48 Stunden ab Installation der VDP-Appliance werden keine Wartungen durchgeführt, um ihr genug Zeit einzuräumen, initiale Datensicherungen durchzuführen.

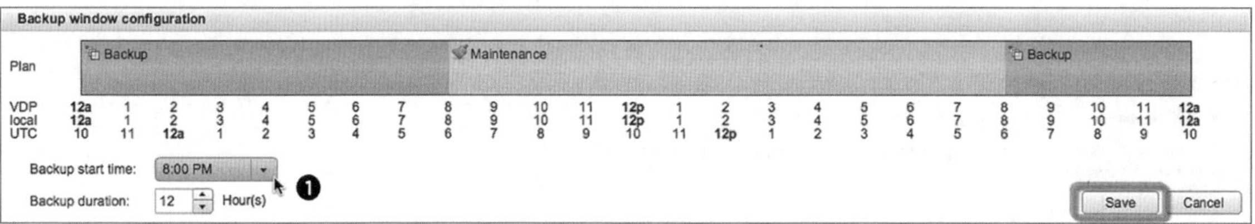

Abbildung 13.56 Einstellen des Wartungsfensters von VDP

> **Wartungsfenster**
> Vermeiden Sie es, Datensicherungsjobs im Wartungszeitfenster durchzuführen!

Wie Sie auf Checkpoints zurückgreifen, lernen Sie in Abschnitt 13.10.3.

13.10.2 Integritätsprüfung

Eine Integritätsprüfung der gesicherten Daten ist ein essenzieller Bestandteil einer Datensicherungslösung. VDP bietet diese wichtige Möglichkeit. Sie wird automatisiert durchgeführt und kann auf Wunsch manuell angestoßen werden.

Um eine Integritätsprüfung durchzuführen, stellen Sie im *vSphere Web Client* über das Plugin eine Verbindung zur gewünschten Appliance her. Wechseln Sie die Ansicht zum Reiter CONFIGURATION, und wählen Sie aus dem Dropdown-Menü des SETTINGS-Symbols RUN INTEGRITY CHECK (siehe Abbildung 13.57).

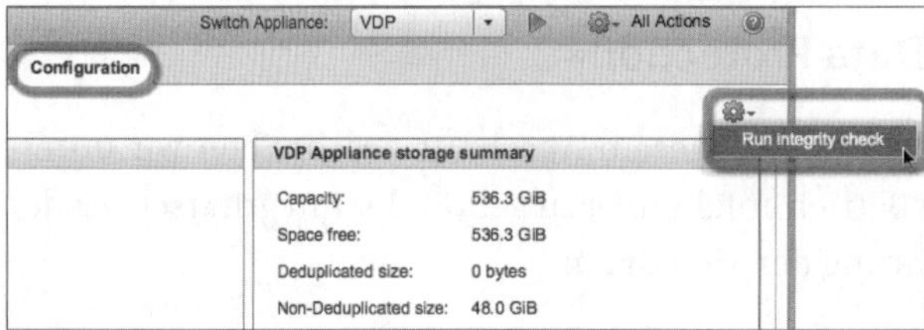

Abbildung 13.57 Prüfung der Integrität der gespeicherten Daten

Dieser Vorgang stoppt den normalen Wartungsdienst, bis der Checkpoint erfolgreich erstellt ist.

13.10.3 VDP-»Rollback« und -»Checkpoints«

Bei *Rollback und Checkpoints* handelt es sich nicht um eine Datenwiederherstellung von virtuellen Maschinen, sondern vielmehr um die Datenwiederherstellung der Appliance, um sie bei einer Inkonsistenz wieder in einen konsistenten Zustand zu versetzen. Zu diesem Zweck legt VDP regelmäßig einen als *Checkpoint* bezeichneten Snapshot an. Sollte die Appliance in einen inkonsistenten Zustand geraten (beispielsweise ihr Index), so können Sie zum letzten validierten Checkpoint der Appliance zurückkehren. Sie verlieren sämtliche Datensicherungen zwischen dem aktuellen Zustand und dem letzten Checkpoint.

Um einen *Rollback* der Appliance durchzuführen, öffnen Sie ein Browserfenster und geben den URL `https://<IP-Adresse oder FQDN>:8543/vdp-configure/` ein.

Gehen Sie zum Reiter ROLLBACK, und entsperren Sie den Zugriff auf CHECKPOINT TAG mit UNLOCK TO ENABLE ROLLBACK OPERATION. Danach erscheint die Meldung VDP ROLLBACK ENABLED (siehe Abbildung 13.58, ❶). Wählen Sie den letzten validierten Checkpoint aus ❷, und betätigen Sie die Schaltfläche PERFORM VDP ROLLBACK TO SELECTED CHECKPOINT ❸. Sie müssen die Warnung mit YES bestätigen.

13

Etwa 15 Minuten später ist die Appliance im zuletzt validierten konsistenten Zustand.

Abbildung 13.58 Rollback der Appliance auf Basis von Checkpoints

13.10.4 VDP ausschalten

Eine VDP-Instanz kann über den in vCenter üblichen Prozess zum Herunterfahren von VMs oder vApps ausgeschaltet werden (siehe Abbildung 13.59).

Auf dieselbe Art kann die VDP-Instanz wieder gestartet werden.

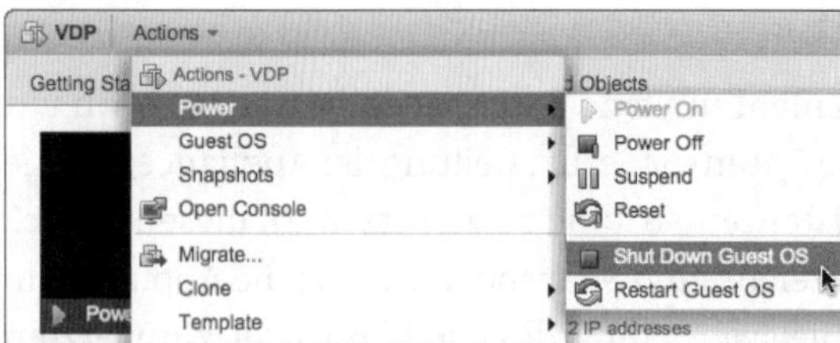

Abbildung 13.59 So wird eine VDP-Instanz heruntergefahren

Wissenswertes

Fahren Sie sämtliche Instanzen von VDP und Ihre Proxys (in dieser Reihenfolge) herunter, wenn Sie Wartungsarbeiten an vCenter vornehmen (beispielsweise Patches und Updates einspielen). Wenn Sie VDP wieder in Betrieb nehmen wollen, starten Sie erst alle Proxys und danach die ihnen zugeordnete VDP-Instanz. Warten Sie, bis alle Proxys betriebsbereit sind. (Den Login-Bildschirm sehen Sie in der Konsole.)

Sollte eine VDP-Instanz nicht richtig starten können, so wird sie auf den letzten Checkpoint zurückgreifen. Sämtliche Datensicherungen zwischen der Zeit des letzten Checkpoints und dem Wiederanlauf der Appliance sind verloren. Erstellen Sie daher manuell einen Checkpoint, bevor Sie das System herunterfahren. Wie Sie diesen Vorgang initiieren, ist in Abschnitt 13.10.3 beschrieben.

13.10.5 Performance-Tests

Um einen *Performance-Test* der Appliance durchzuführen, öffnen Sie ein Browserfenster und geben den URL `https://<IP-Adresse oder FQDN>:8543/vdp-configure/` ein.

Gehen Sie zum Reiter STORAGE, und klicken Sie auf den Reiter PERFORMANCE ANALYSIS innerhalb der Oberfläche (siehe Abbildung 13.60, ❶). Wählen Sie den gewünschten Datastore aus ❷, und klicken Sie auf die Schaltfläche RUN.

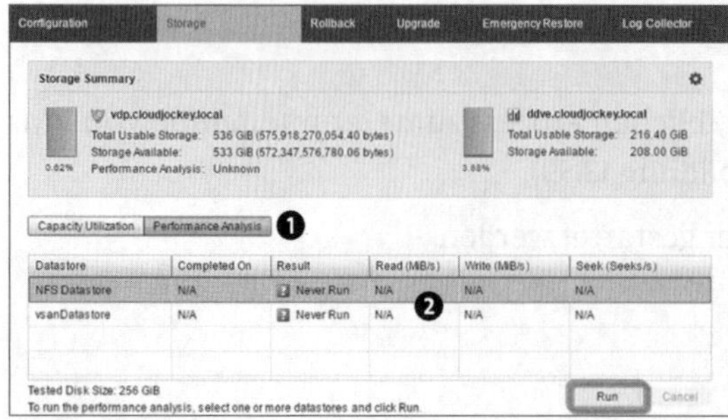

Abbildung 13.60 Durchführung von Performance-Tests

Sie können diese Tests jederzeit wiederholen (beispielsweise nach einer Kapazitätserweiterung).

13.10.6 Erweiterung der nativen Kapazität einer VDP-Instanz

Sollte der initial zugewiesene native Speicherplatz von VDP nicht mehr ausreichend sein, so kann er bis auf maximal acht Terabyte erweitert werden.

Um die Kapazität einer Appliance zu erweitern, öffnen Sie ein Browserfenster und geben den URL https://<IP-Adresse oder FQDN>:8543/vdp-configure/ ein.

Gehen Sie zum Reiter STORAGE, klicken Sie auf das Zahnrad im grauen Kasten rechts oben, und wählen Sie EXPAND STORAGE (siehe Abbildung 13.61).

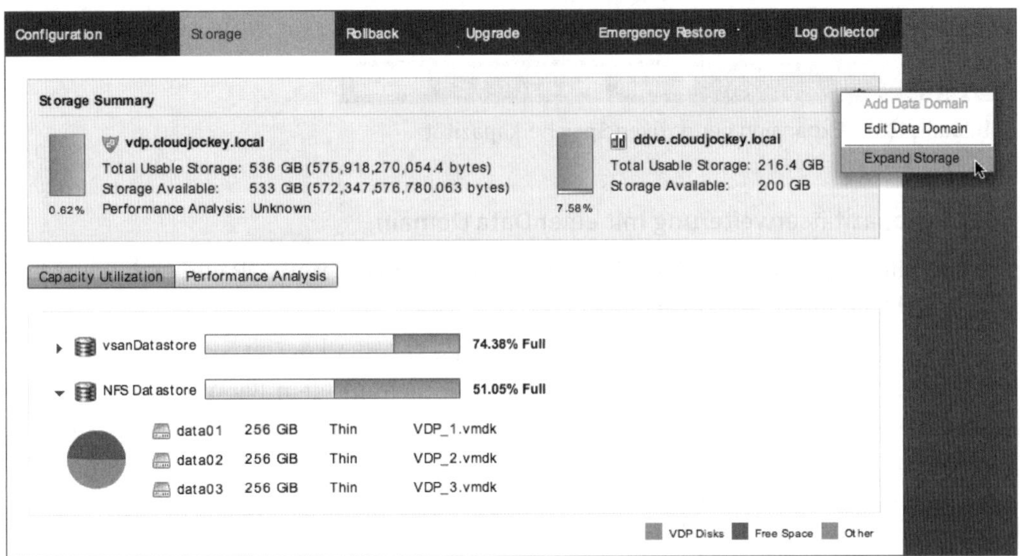

Abbildung 13.61 Aufrufen des Wizards zur Erweiterung

Wählen Sie in dem Wizard, der nun erscheint, die gewünschte Erweiterung der nativen Speicherkapazität. Im nächsten Fenster weisen Sie die gewählte Kapazität einem oder mehreren der aufgeführten Datastores zu. Je nach Zielgröße hat das Auswirkungen auf die zur Verfügung stehende Auswahl. Eine Kombination wie die Erweiterung der drei bestehenden *.vmdk*-Dateien sowie die Allokation zusätzlicher *.vmdk*-Dateien in Datastores Ihrer Wahl kann die Folge sein (siehe Abbildung 13.62).

Treffen Sie Ihre Wahl, und beenden Sie den Wizard, indem Sie auf NEXT klicken, Ihre Angaben prüfen und dann auf FINISH klicken.

Wenige Zeit später steht die zusätzliche Kapazität zur Verfügung.

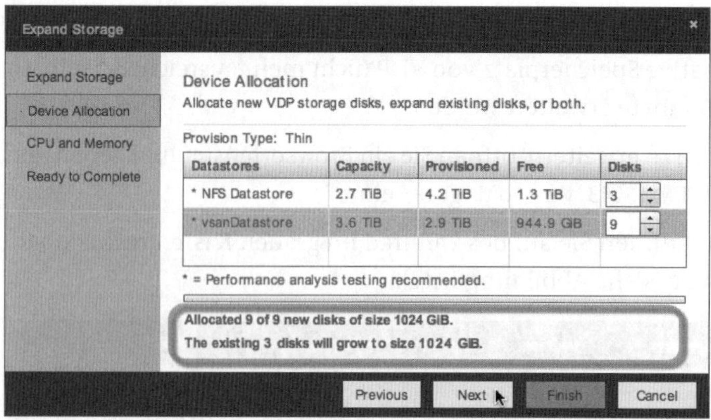

Abbildung 13.62 Expansion der nativen Speicherkapazität

13.10.7 Kapazitätserweiterung mit einer Data Domain

Grundsätzlich muss ein Data-Domain-System für den Einsatz mit VDP vorbereitet werden. Wie das geht, erfahren Sie in Abschnitt 13.11.2.

Öffnen Sie ein neues Browserfenster, und navigieren Sie mit dem URL `https://<IP-Adresse oder FQDN>:8543/vdp-configure/` zu VDP. Wählen Sie sich mit dem Benutzer `root` ein, und wechseln Sie auf den Reiter STORAGE. Klicken Sie auf das Zahnrad-Symbol und dann auf ADD DATA DOMAIN (siehe Abbildung 13.63).

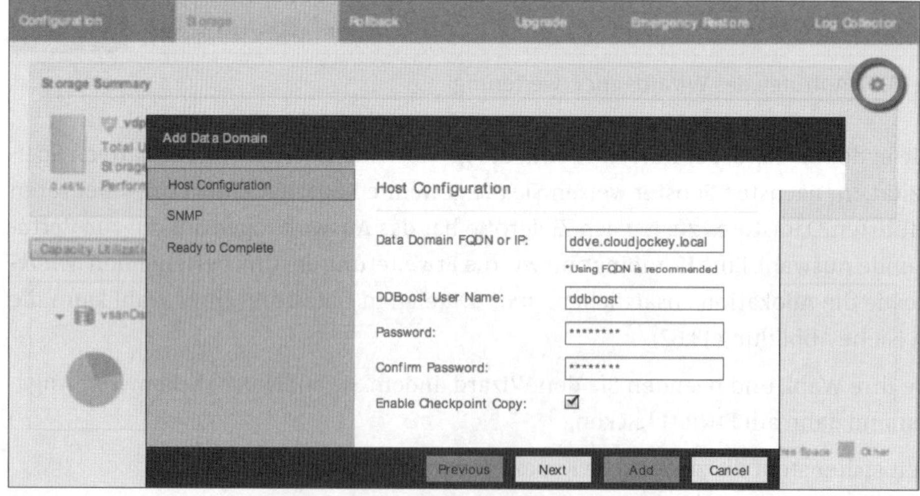

Abbildung 13.63 Hinzufügen einer Data Domain als Datenspeicher von VDP

Nun öffnet sich ein Wizard. Tragen Sie den FQDN der Data Domain (DD), die als Datenspeicher für VDP vorbereitet ist, sowie die Anmeldedaten des für *DD Boost* erstellten Benutzerkontos ein (siehe Abbildung 13.63). Bestätigen Sie die Angaben mit NEXT.

Im Menü SNMP des Wizards tragen Sie den zuvor notierten Namen oder einen *Community Name* Ihrer Wahl in das Feld SNMP COMMUNITY STRING ein (zum Beispiel »Public«). Überprüfen Sie die beiden TCP-Port-Angaben, oder belassen Sie es bei der Grundeinstellung, falls Sie bei der Data Domain SNMP nicht konfiguriert haben.

Klicken Sie auf NEXT und danach auf ADD, um die Data Domain als Datenspeicher für VDP hinzuzufügen. Einige Minuten später steht Ihnen der neue Datenspeicher zur Verfügung (siehe Abbildung 13.64).

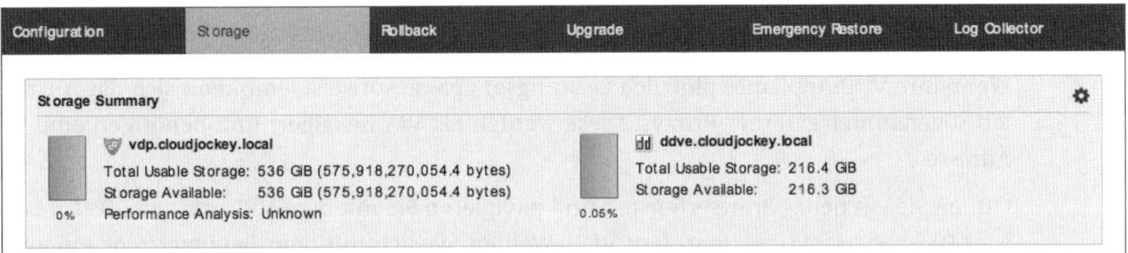

Abbildung 13.64 Konfigurationsmenü VDP – erfolgreiche Anbindung von Data Domains

DD Boost benötigt eine STORAGE UNIT (ein Verzeichnis im Dateisystem), wo es die Daten speichert. Dieses wird von VDP selbst angelegt (siehe Abbildung 13.65).

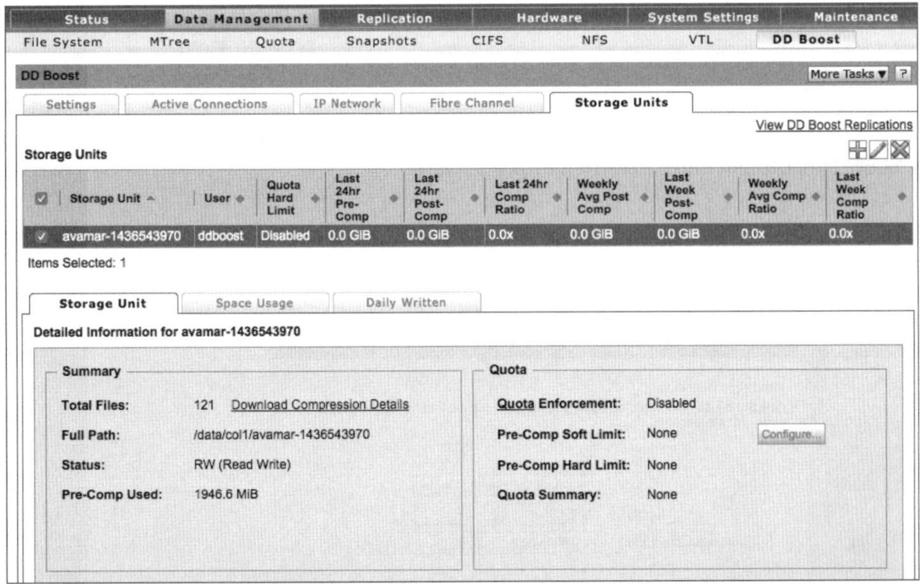

Abbildung 13.65 Data Domain Boost Storage Unit

> **Intergration von »Data Domains« als Datenspeicher von VDP**
>
> Dieser Vorgang kann nicht rückgängig gemacht, sondern nur abgeändert werden.

13.11 Anhang

In diesem Abschnitt werden Ihnen Methoden vorgestellt, die notwendig sind, um bestimmte Topologien zu realisieren, wie sie in Kapitel aufgezeigt werden. Es handelt sich dabei um Arbeitsschritte, die in den vorigen Abschnitten als »erfolgt« vorausgesetzt werden. Sie sind jedoch nicht zwingend dem Verantwortungsbereich eines Administrators »virtueller Infrastrukturen« zugewiesen.

13.11.1 Einrichten von Proxys für VDP

Wenn Ihre VDP-Appliance plötzlich Leistungsengpässe aufweist, empfiehlt sich das Ausrollen sogenannter externer Proxys. Diese werden als VM installiert und benötigen eine IP-Adresse.

Öffnen Sie ein neues Browserfenster, und navigieren Sie mit dem URL `https://<IP-Adresse oder FQDN>:8543/vdp-configure/` zu VDP. Wählen Sie sich mit dem Benutzer `root` ein, und wechseln Sie auf den Reiter CONFIGURATION • PROXIES. Klicken Sie auf das Zahnrad-Symbol, und wählen Sie ADD EXTERNAL PROXY (siehe Abbildung 13.66).

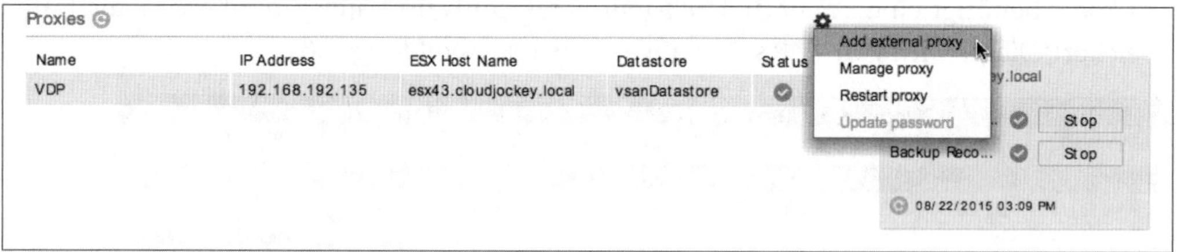

Abbildung 13.66 Hinzufügen eines externen Proxy-Servers

Füllen Sie die Eingabemaske entsprechend Ihren Präferenzen für Ziel-Host, -Datastore und -Netzwerk aus (siehe Abbildung 13.67). Klicken Sie auf NEXT.

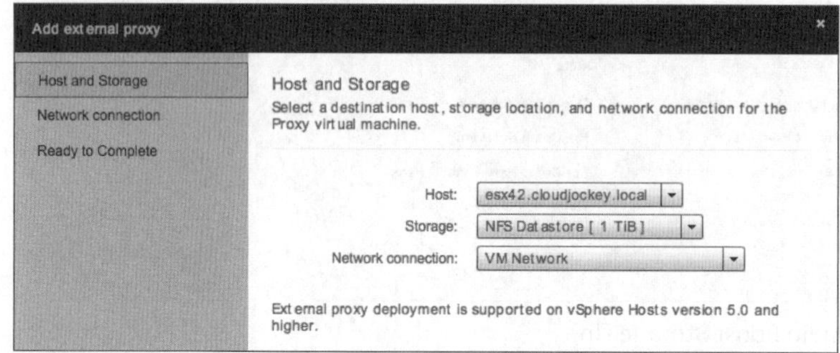

Abbildung 13.67 Ressourcenzuweisung zum Einrichten des VDP-Proxy

In der folgenden Maske des Wizards geben Sie die Netzwerkkonfiguration für den auszurollenden Proxy bekannt (siehe Abbildung 13.68). Fahren Sie mit NEXT fort, und bestätigen Sie

Ihre Eingaben, nachdem Sie sie überprüft haben, mit FINISH. Wichtig: Der Proxy muss einen DNS-Eintrag aufweisen, sonst kann er nicht ausgerollt werden.

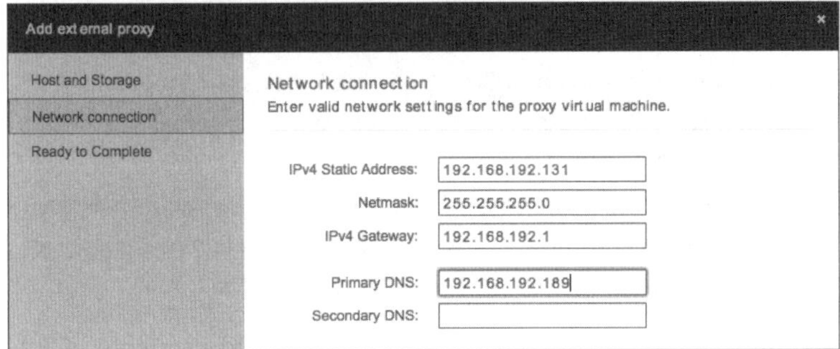

Abbildung 13.68 Netzwerkeinstellungen

Kurze Zeit später steht der Proxy als *VMware Combined File-Level Restore and Image Proxy* zur Verfügung (siehe Abbildung 13.69).

Abbildung 13.69 Ein externer Proxy-Server und seine Dienste

Der interne Proxy-Server wird mit der Installation des externen abgelöst und wird daher nicht mehr aufgelistet.

13.11.2 Bereitstellen von EMC Data Domain als Datenspeicher von VDP

Mit VDP bietet sich Ihnen die Möglichkeit, ein EMC-Data-Domain-System (DD) als Datenspeicher einzubinden. Das bietet den Vorteil, dass Sie von den Vorzügen dieses Systems profitieren. Dabei muss eine DD nicht einer einzigen VDP-Instanz dediziert zugeordnet werden, sondern kann durchaus auch von anderen Datensicherungsprogrammen genutzt werden. Eine DD kann als zusätzlicher Datenspeicher von VDP dienen.

Die Einbindung einer DD ermöglicht VDP, mehr als 8 TB Speicherkapazität anzusprechen. Eine Übersicht finden Sie in Abschnitt 13.6.3.

Empfehlungen zur expliziten Verwendung von Data Domains als Datenspeicher

- Wenn Sie planen, *Data Domains* als Datenspeicher zu nutzen, so empfiehlt es sich, keine Datensicherungen auf dem VPD-internen Datenspeicher anzulegen (Verwaltbarkeit).
- Falls Sie planen, Datenreplikation einzusetzen, sollten Sie keine Datensicherungen in den VDP-internen Datenspeicher legen, da diese sonst nicht repliziert werden. Dazu nutzt VDP die Replikation von Data Domains.
- Da Sie eine VDP mit internem Datenspeicher anlegen müssen, nutzen Sie »Thin Provision Disks« für diesen Speicher, um keinen unnötigen Speicherplatz zu belegen. Gehen Sie sonst so vor, wie in Abschnitt 13.7.2 beschrieben ist.

Folgende Vorkehrungen müssen Sie treffen, um ein Data-Domain-System erfolgreich als VDP-Datenspeicher anzubinden:

1. Nutzen Sie zur Anmeldung an der Data Domain (DD) deren FQDN.
2. Stellen Sie sicher, dass DNS an der DD richtig konfiguriert ist.
3. *Forward DNS Lookup* und *Reverse DNS Lookup* müssen für VDP, DD und Backup-Clients eingerichtet sein.
4. **Optional:** Konfiguration einer SNMP-Community bei der DD.
5. Die DD-Boost-Lizenz muss auf der DD eingespielt sein.
6. Ein DD-Boost-Benutzer muss auf der DD eingerichtet sein.
7. *DD Boost* muss auf der DD eingeschaltet sein.
8. **Optional:** Falls Sie Fernkopien mit VDP machen wollen, wird auch eine Replikationslizenz für beide DD-Systeme benötigt sowie die Einrichtung der Replikation selbst.
9. NTP muss auf der DD eingerichtet sein.
10. Eine aktive IP-Schnittstelle für *DD Boost* muss auf der DD im Datensicherungsnetzwerksegment zugewiesen sein.

»DD Boost« kurz erklärt

DD Boost ist eine Technologie, die eine quellenbasierte Deduplikation ermöglicht. Als Quelle dient typischerweise ein Server oder Client. VDP seinerseits verfügt über eine DD-Boost-Integration und ist somit ein Client aus Sicht eines Data-Domain-Systems.

Der *DD-Boost-Client* dedupliziert die Daten und sendet diese zur *Data Domain*, die sich im Falle einer VDP ihrerseits der Data Domain als Datenspeicher bedient.

Wie Sie das einrichten, erfahren Sie in diesem Abschnitt.

Der erste Schritt besteht darin, *DD Boost* zu konfigurieren:

1. Wählen Sie sich über ein Webbrowser-Fenster in das DD-System ein: `http://<IP-Adresse oder FQDN>/ddem/`

2. Nehmen Sie als Benutzernamen `sysadmin` oder einen Benutzernamen mit administrativen Rechten, und geben Sie dessen Passwort ein.
3. Wählen Sie das DD-System im linken Fenster aus. Überprüfen Sie das Vorhandensein der DD-Boost- und optional der Replikationslizenz über SYSTEM SETTINGS • LICENSES.
4. In SYSTEM SETTINGS • GENERAL CONFIGURATION • TIME AND DATE SETTINGS validieren Sie, ob NTP eingeschaltet ist. Sie müssen dieselben NTP-Server eintragen, die Sie auch für die Zeitsynchronisation Ihrer vCenter-Umgebung verwenden.
5. Nun notieren Sie sich in SYSTEM SETTINGS • GENERAL CONFIGURATION • SNMP den *Community Name* (in diesem Beispiel PUBLIC) sowie dessen TCP-Ports. Dieser Schritt ist optional und nur dann durchzuführen, falls SNMP auf der DD eingerichtet ist.
6. Klicken Sie auf den Reiter ACCESS MANAGEMENT • LOCAL USERS innerhalb von SYSTEM SETTINGS, und legen Sie über die Schaltfläche CREATE ein neues Benutzerkonto mit der MANAGEMENT ROLE `Admin` an (siehe Abbildung 13.70). VDP verlangt nach diesem Benutzerkonto und der entsprechenden Rolle.
7. Wechseln Sie nun auf DATA MANAGEMENT • DD BOOST, klicken Sie unter USERS WITH DD BOOST ACCESS auf das Symbol HINZUFÜGEN (siehe Abbildung 13.71), und wählen Sie den soeben angelegten Benutzer mit dem Namen `ddboost` an.
8. Klicken Sie danach bei DD BOOST STATUS auf die Schaltfäche ENABLE, um DD Boost einzuschalten.

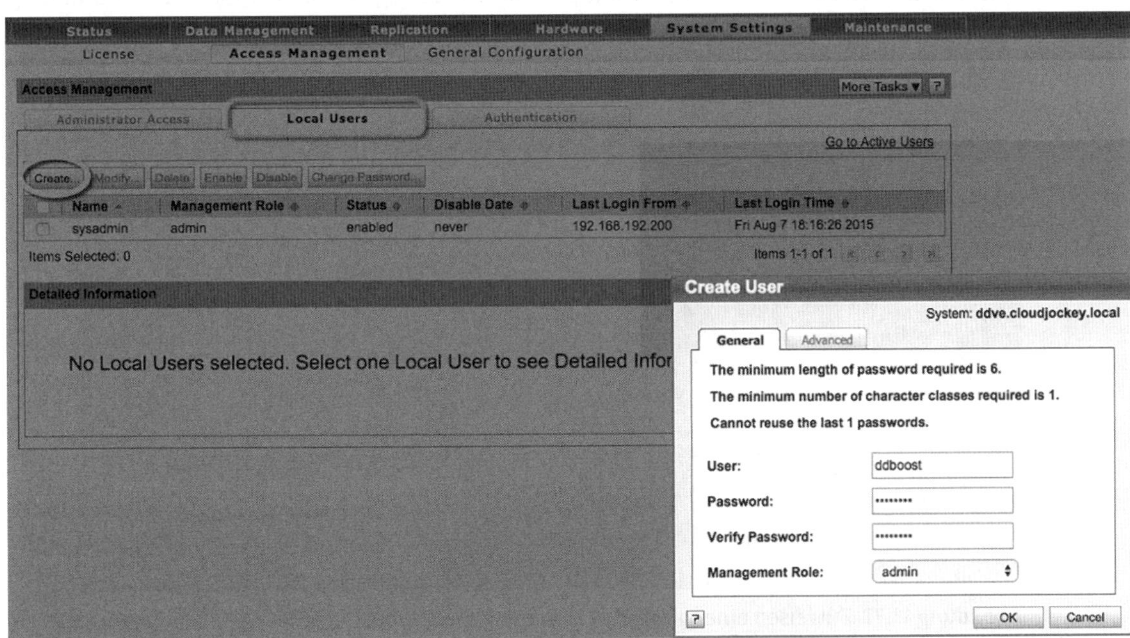

Abbildung 13.70 Anlegen eines DD-Boost-Benutzerkontos

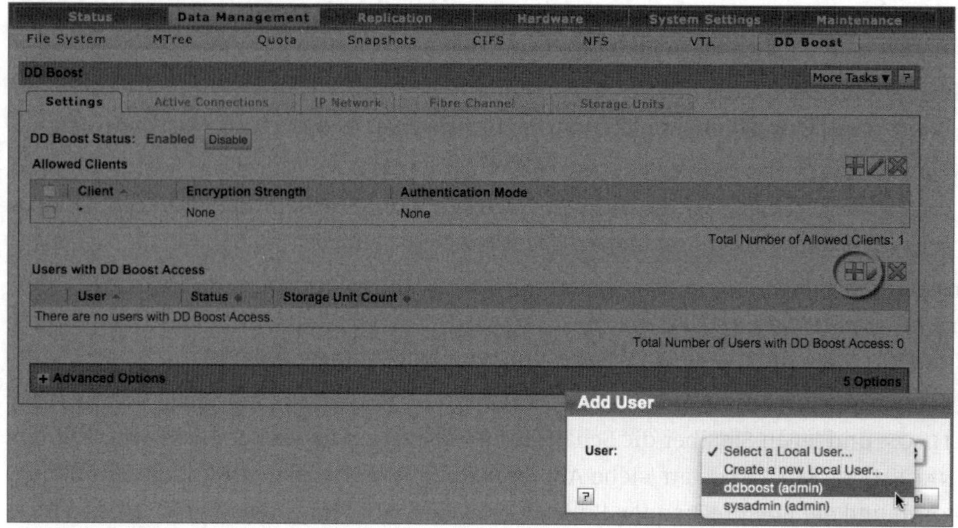

Abbildung 13.71 Zuweisen des DD-Boost-Benutzerkontos zu DD-Boost

Wechseln Sie nun zum Reiter IP NETWORK innerhalb des Menüs von DD BOOST. Wählen Sie bei INTERFACES GROUP die gewünschte GROUP mit einem Haken an, und klicken Sie rechts auf das Symbol HINZUFÜGEN. Im Pop-up-Fenster benennen Sie die INTERFACE GROUP und setzen einen Haken in die Box. Bestätigen Sie das Anlegen der Gruppe (siehe Abbildung 13.72). Damit weisen Sie *DD Boost* einen Netzwerkanschluss zu.

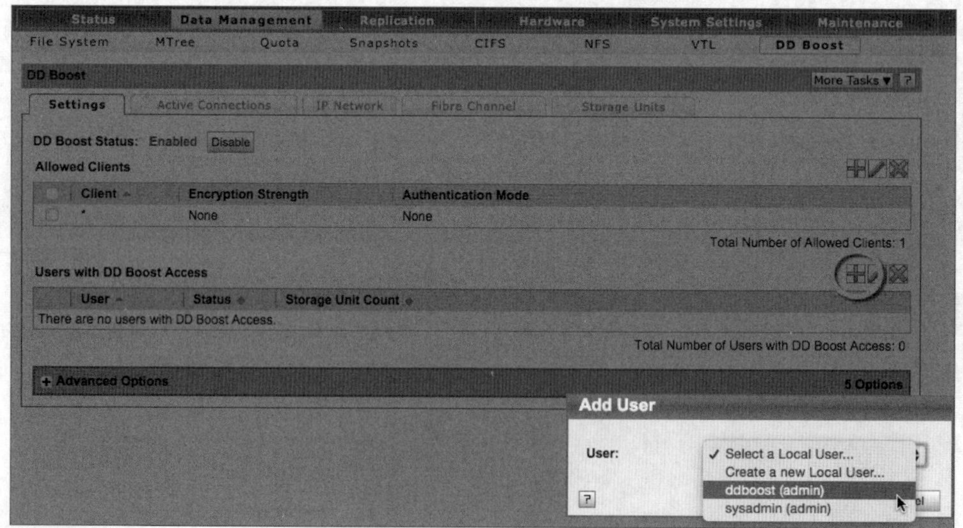

Abbildung 13.72 Zuweisen einer »Interface Group« für »DD Boost«

13.11.3 Einrichten von Avamar zum Betrieb mit VDP

In diesem Abschnitt erfahren Sie, wie Sie Avamar für den Betrieb als Fernziel von VDP-Instanzen bereitstellen.

Installation der Avamar-Administratorkonsole

Die Wiederherstellung einer mit VDP erstellten Fernkopie (*Replication*) gestaltet sich etwas aufwendiger, da dieser Prozess nicht nativ in der Appliance abgebildet ist. Das heißt, dass Sie sich Zugang zum *Avamar-System* verschaffen müssen, um daraus Ihre VM zu restaurieren.

Voraussetzung dafür ist – außer einem *Avamar-Proxy-Server* – der Zugang zu einer *Avamar-Administrationskonsole*. Es gibt sie sowohl für Windows- als auch für Linux-Gastbetriebssysteme. Wir zeigen Ihnen die Installation unter *Windows Server 2012*. Die Applikation erfordert *Java*.

1. Öffnen Sie auf einem Windows-Gastbetriebssystem ein Webbrowser-Fenster, und geben Sie folgenden URL ein:

```
http://<IP-Adresse oder FQDN von Avamar>/
```


2. Klicken Sie auf Downloads, und navigieren Sie zum Verzeichnis von Windows (64 bit).
3. Laden Sie das *Java Runtime Environment* von dieser Seite sowie die Datei *AvamarConsole-Multiple-windows-x86_x64a-<version>.exe* (siehe Abbildung 13.73).
4. Laden Sie zusätzlich die Datei *AvamarCombinedProxy-linux-sles11_64-<Version>.ova* an einen Ort herunter, auf den Sie über den *vSphere Web Client* zugreifen können. Sie finden die Dateien unter VMware vSphere EMC Avamar • VMware Image Backup FLR.

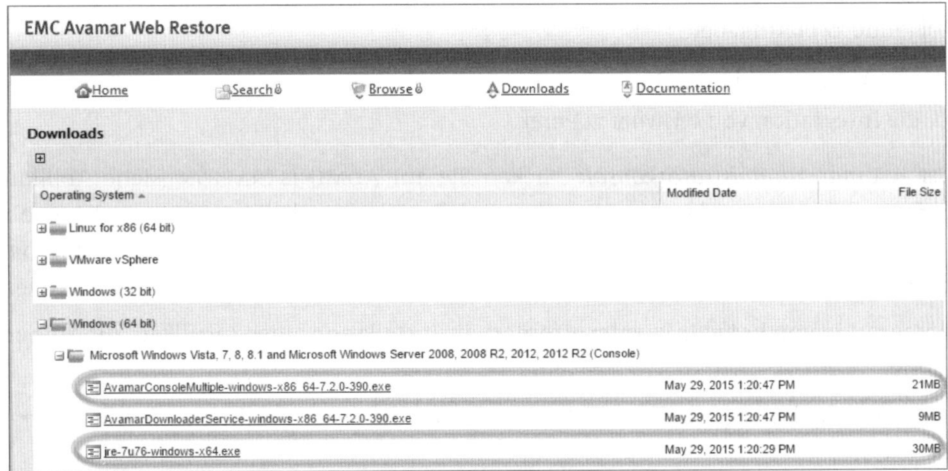

Abbildung 13.73 Dateien zur Installation der Avamar-Konsole

5. Installieren Sie die beiden Windows-Pakete in der aufgeführten Reihenfolge.

Nach einer erfolgreichen Installation sehen Sie den Avamar-Administrator als Verknüpfung auf Ihrem Schreibtisch. Starten Sie ihn. Wählen Sie sich mit dem *Fully Qualified Domain Name* vom Avamar-System (FQDN), Ihrem Benutzernamen (beispielsweise MCUser), Ihrem Passwort sowie der Avamar-Domäne (/ steht für *root*) oder einer -subdomäne ein. Der Benutzer muss mindestens über das Zugriffsrecht »Administrator« verfügen (siehe Abbildung 13.74).

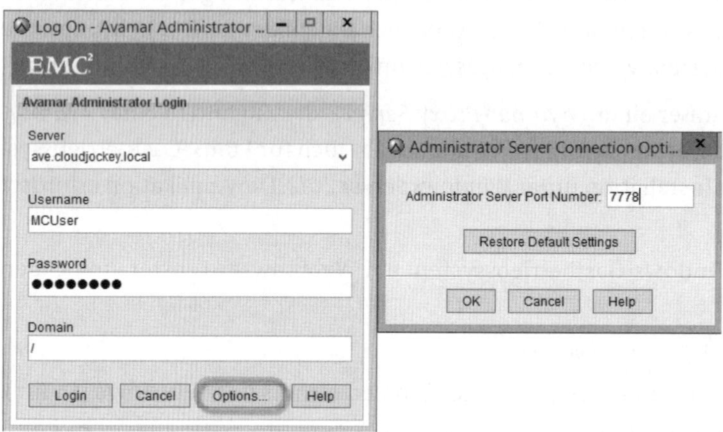

Abbildung 13.74 Anmeldefenster der Avamar-Administratorkonsole

Einrichten eines Avamar-Benutzerkontos und vCenter-Anmeldung

Im vorliegenden Beispiel wird von einer Erstinstallation ausgegangen. Daher nutzen Sie den Benutzer `MCUser` zur Einwahl. Dieser verfügt über Administrationsrechte. Sie benötigen ihn für folgende zwei Aufgaben:

- für das Anlegen weiterer Benutzer
- für die Integration von *VMware vCenter*

In der *Avamar-Administratorkonsole* klicken Sie auf ADMINISTRATION (siehe Abbildung 13.75, ❶) und danach auf das ADD USER-Symbol ❷. Füllen Sie die Maske zum Anlegen eines Benutzers (im Beispiel `vdprestore`) aus, und geben Sie diesem die Rolle ADMINISTRATOR ❸. Bestätigen Sie Ihre Eingabe mit OK, und verlassen Sie die Avamar-Administratorkonsole.

Die Integration von *VMware vCenter* erfordert die Installation eines Zertifikats zur Authentifizierung.

Importieren Sie das Sicherheitszertifikat. Sie finden die Datei auf Ihrem *vCenter Server*. Sie heißt *rui.crt*.

- Windows Server 2008 und höher:

  `C:\Program Data\VMware\VMware VirtualCenter\SSL\rui.crt`
- VMware vCenter Server Appliance (VCSA):

  `/etc/vmware-vpx/ssl/rui.crt`

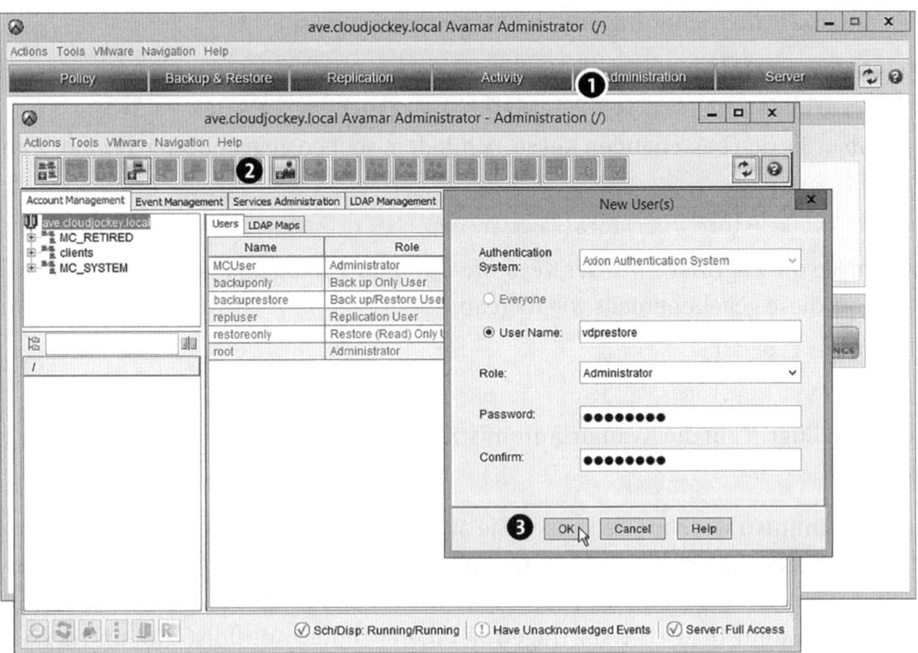

Abbildung 13.75 Anlegen eines Benutzerkontos in Avamar

Um auf *VCSA* zuzugreifen, melden Sie sich mit Ihren vCenter-Benutzernamen an und wählen *sftp* als Übertragungsprotokoll. Bei der Übertragung selbst müssen Sie darauf achten, dass Sie die Datei im binären Modus kopieren.

Kopieren Sie die Datei *rui.crt* ins Verzeichnis */tmp* des Avamar-Servers. Nutzen Sie dafür `winscp` oder ein ähnliches Werkzeug. Wählen Sie *scp* als Übertragungsprotokoll.

Um das Zertifikat einzuspielen, gehen Sie wie folgt vor:

1. Wählen Sie sich mit `ssh` mit dem Benutzer `admin` in den Avamar-Server ein.
2. Geben Sie den Befehl `dpnctl stop mcs` ein. Er stoppt Zugriffe auf die Avamar-Administratorkonsole.
3. Wechseln Sie nun den Benutzer mit dem Befehl `su root`.
4. Erstellen Sie eine Kopie des Keystores in */tmp*:

   ```
   cp /usr/local/avamar/lib/rmi_ssl_keystore /tmp/
   ```
5. Fügen Sie die Datei *rui.crt* dem Keystore hinzu:

   ```
   cd /tmp
   $JAVA_HOME/bin/keytool -import -file rui.crt -alias vcenter  -keystore rmi_ssl_keystore
   ```
6. Geben Sie das Passwort des Keystores ein (Grundeinstellung: `changeme`).
7. Bestätigen Sie den Import des Zertifikats durch Eingabe von `yes`.

8. Erstellen Sie eine Datensicherung des bestehenden Keystores:

   ```
   cd /usr/local/avamar/lib
   cp rmi_ssl_keystore rmi_ssl_keystore.<datum>
   ```

9. Überschreiben Sie den bestehenden Keystore mit dem soeben abgeänderten temporären Keystore:

   ```
   cp /tmp/rmi_ssl_keystore /usr/local/avamar/lib
   ```

10. Überprüfen Sie die Zugriffsrechte der Keystore-Datei im Verzeichnis */usr/local/avamar/lib*. Passen Sie diese gegebenenfalls wie folgt an:

    ```
    chmod 777 rmi_ssl_keystore
    chgrp root rmi_ssl_keystore
    ```

11. Geben Sie den Zugriff auf die Avamar-Administratorkonsole mit dem Befehl `dpnctl start mcs` wieder frei.

In der Avamar-Administratorkonsole klicken Sie auf ADMINISTRATION und danach auf das NEW CLIENT-Symbol (siehe Abbildung 13.76, ❶). Füllen Sie die Maske zum Anlegen eines neuen Clients aus. Wählen Sie als CLIENT TYPE • VMWARE VCENTER ❷, und geben Sie dessen FQDN oder IP-Adresse ein. In ROOT USER tragen Sie einen vCenter-Administrator und dessen Passwort ein ❸. Klicken Sie auf OK, und der neue Client wird in *Avamar* angelegt.

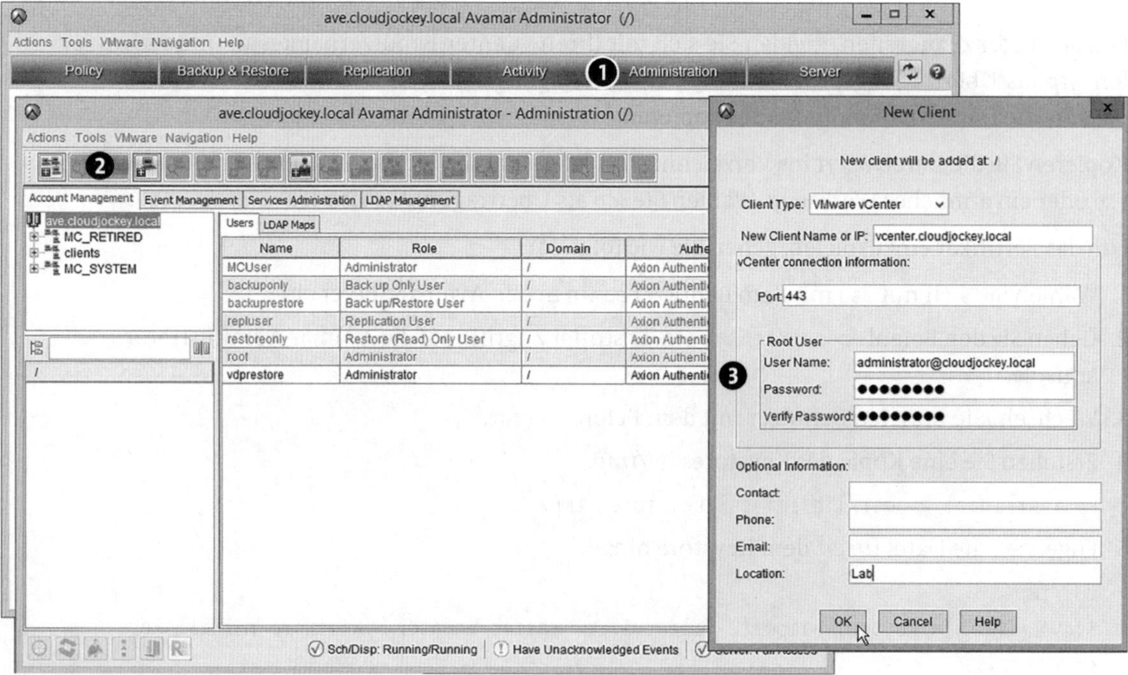

Abbildung 13.76 Anlegen eines neuen Clients in Avamar

Integration von VDP in Avamar

Um eine erste erfolgreiche Wiederherstellung von einer Fernkopie durchzuführen, müssen Sie als Letztes noch einen *Avamar-Proxy-Client* installieren. Stellen Sie sicher, dass die VM bereits im DNS-Register eingetragen ist. Rollen Sie dafür die Datei *AvamarCombinedProxy-linux-sles11_64-<Version>.ova* in *vCenter* aus. Sie benötigen dafür eine IP-Adresse sowie einen Eintrag im DNS.

Starten Sie anschließend die *Proxy-VM*, und öffnen Sie deren vREMOTE CONSOLE in *vCenter*. Entscheiden Sie sich für die Registration des Proxys an einem *Avamar-System* und damit für Option 1 (siehe Abbildung 13.77).

```
 .... registering proxy

   Press 1 to register the Proxy, otherwise press 2 to exit.

Main Menu
---------
1) Register Universal Proxy with an Avamar Management Console
2) quit

Your choice:
Please choose 1 or 2.
```


Abbildung 13.77 Registrierung des Avamar-Proxy-Servers

Geben Sie dann den *FQDN* des *Avamar-Systems* an. Als Letztes benötigt der Proxy noch die *Avamar Server Domain* (in unserem Beispiel /, siehe Abbildung 13.78).

```
=== Client Registration and Activation ===

This script will register and activate the client with the Administrator server.

Enter the Administrator server address (DNS text name or numeric IP address, DNS
 name preferred): ave.cloudjockey.local

Enter the Avamar server domain [clients]: /_
```

Abbildung 13.78 Aktivierung des Proxy-Servers

Sie werden mit der Anzeige `Registration Complete` belohnt.

Nun müssen Sie den *Avamar-Proxy* noch im *Avamar-Server* dem gewünschten *vCenter* zuweisen.

Wählen Sie sich mit Ihrem Benutzerkonto in die *Avamar-Administratorkonsole* ein. Gehen Sie auf ADMINISTRATION. Wählen Sie im Browser auf der linken Seite CLIENTS und in / Ihren <AVAMAR-PROXY> an (siehe Abbildung 13.79, ❶). Navigieren Sie im Menü ACTIONS • ACCOUNT MANAGEMENT zu EDIT CLIENT ❷.

In der Eingabemaske überprüfen Sie beim Register DATASTORES, ob alle *Datastores* ausgewählt sind (siehe Abbildung 13.80, ❸). Sollte das nicht der Fall sein, korrigieren Sie das über die Taste SELECT ALL. Verfahren Sie ebenso im Reiter GROUPS ❹. Bestätigen Sie Ihre Eingaben mit OK. Nun ist *Avamar* für die Wiederherstellung von Fernkopien eingerichtet.

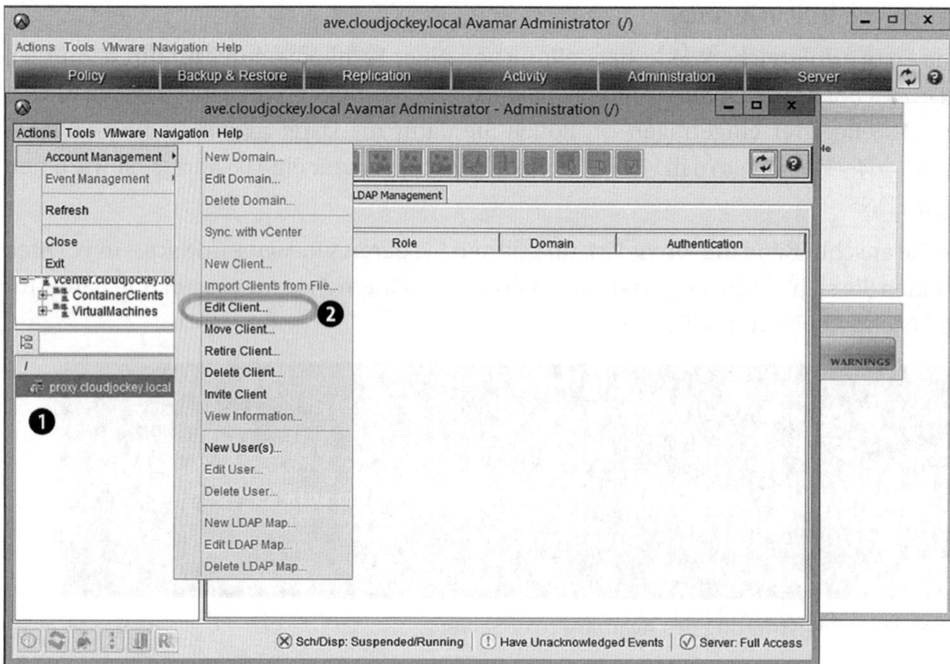

Abbildung 13.79 Editieren eines Avamar-Clients

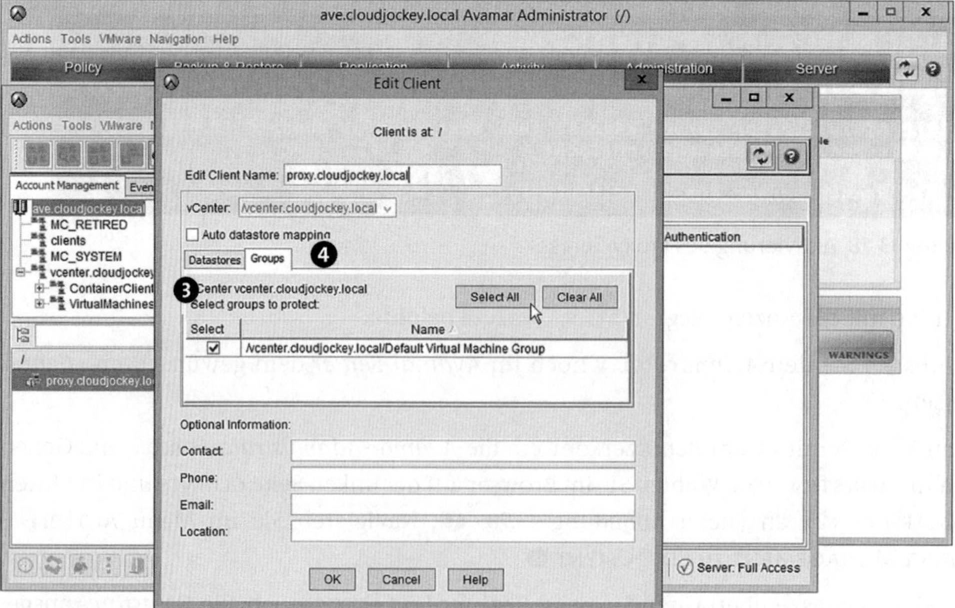

Abbildung 13.80 Konfiguration des Avamar-Proxys

Anbindung von Avamar an das lokale Data-Domain-System

Falls die *VDP-Instanz* ihre Daten auf ein Data-Domain-System sichert, empfiehlt sich bei der Benutzung eines Avamar-Systems die Einbindung eines *lokalen Data-Domain-Systems* (gemäß der *Datensicherungstopologie*, wie sie in Abschnitt 13.5.2 beschrieben ist).

> **VM Instant Access**
>
> *VM Instant Access* ist eine Technologie, die das sofortige Wiederanlaufen einer VM aus einer Fernkopie oder einer auf Avamar gesicherten VM erlaubt. Damit ein solches Wiederanlaufen funktioniert, ist es zwingend erforderlich, dass ein Data-Domain-System in Avamar eingebunden wird und die Datensicherungen oder Replikate dieses System als ihr Sicherungsziel nutzen. Die Funktion *VM Instant Access* ist in Abschnitt 13.9.4 beschrieben.

Diese Anbindung wird typischerweise von demjenigen eingerichtet, der für die Datensicherungsinfrastruktur verantwortlich ist. Sie ist hier der Vollständigkeit halber beschrieben:

1. Öffnen Sie die *Avamar-Administrationskonsole*, und loggen Sie sich mit einem Benutzer ein, der über Administrationsrechte verfügt (beispielsweise dem weiter oben erstellten Benutzer `vdprestore`).
2. Navigieren Sie zum Reiter SERVER • SERVER MANAGEMENT (siehe Abbildung 13.81, ❶ und ❷).
3. Rufen Sie die Maske ADD DATA DOMAIN SYSTEM über das gleichnamige *rot-schwarze Symbol* auf ❸. Füllen Sie sie mit den erforderlichen Angaben wie FQDN und Benutzerinformationen aus. (Nutzen Sie ein auf der Data Domain eingerichtetes und autorisiertes Benutzerkonto für DD-BOOST, ❹).
4. Der auf der Data Domain liegende Datenspeicher von Avamar wird in der Grundeinstellung als Ziel für Fernkopien verwendet, sofern Sie den Haken bei USE SYSTEM AS DEFAULT REPLICATION STORAGE setzen.
5. Ermitteln Sie über die Schaltfläche GET STREAM INFO die vom Data-Domain-System maximal möglichen parallelen Datenströme ❺. Diese Zahl wird automatisch eingetragen. Sie können Sie verringern, falls das aufgrund Ihres Datensicherungsnetzwerks erforderlich ist.
6. Wechseln Sie nun innerhalb der Maske zum Reiter SNMP ❻. Geben Sie auf ihm den SNMP COMMUNITY STRING an. Ändern Sie gegebenenfalls die beiden Port-Nummern.
7. Bestätigen Sie die korrekt ausgefüllte Maske mit OK. Im Data-Domain-System wird nun eine *Storage Unit* für das Avamar-System eingerichtet. Damit können Daten – vom Avamar-System gesteuert – gesichert werden.

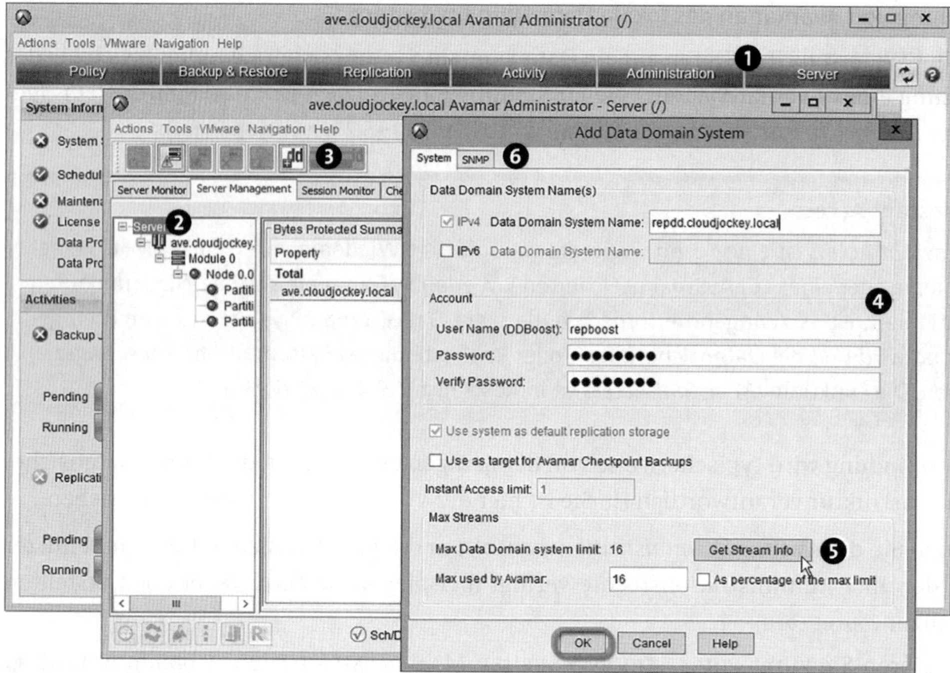

Abbildung 13.81 Eine »Data Domain« als Datenspeicher für Avamar hinzufügen

13.11.4 Opvizor Snapwatcher zur Verwaltung logischer Datenkopien (VM Snapshots)

Snapwatcher ist ein Opvizor-Produkt zur Erkennung und Verwaltung von VMware-vSphere-Snapshots aller Art. Das Produkt ist für den typischen VMware-Administrator gedacht und unterstützt ihn bei der täglichen Arbeit mit VMware-Snapshots – insbesondere mit defekten Snapshots, die auch Zombie- oder *Inconsistent Snapshots* genannt werden.

Snapwatcher ermöglicht dabei die Überwachung der VM-Snapshots und das Löschen normaler und defekter Snapshots.

Abbildung 13.82 Opvizor Snapwatcher

Gerade das Finden und Entfernen defekter Snapshots, die von vCenter nicht mehr gesehen und verwaltet werden (Snapshot Manager), aber trotzdem von der virtuellen Maschine verwendet werden, kann sehr viel Zeit in Anspruch nehmen und kostet Speicherplatz (siehe Abbildung 13.83).

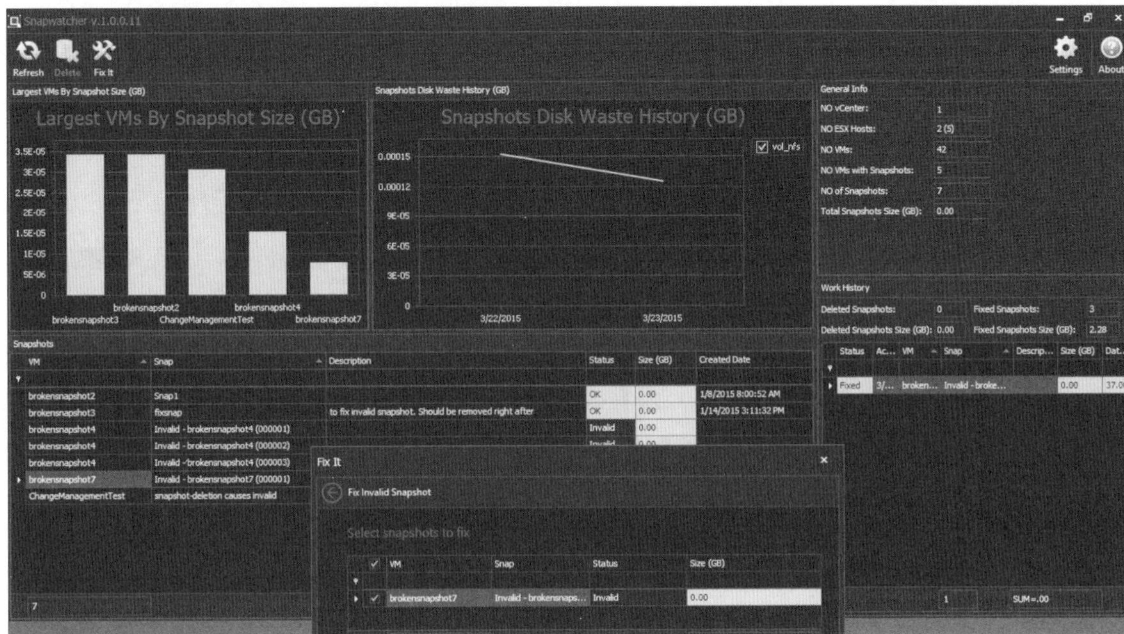

Abbildung 13.83 Beheben eines defekten VM-Snapshots

Generell ist zwar auch VMware der Ansicht, dass man VM-Snapshots nur kurzzeitig und eher vorsichtig einsetzen sollte, aber in der Zwischenzeit basieren die meisten Backup-Produkte auf VMware-Snapshots.

Falls es dann zu defekten Snapshots kommt (zumeist beim Löschen der Snapshots, wenn diese gesperrt sind), können Sie im VMware-KB-Artikel 2017072 (*http://kb.vmware.com/kb/2017072*) nachlesen, wie sie zu beheben sind.

Snapwatcher bietet folgende Funktionen:

- **Überwachen von VM-Snapshots in der gesamten VMware vSphere infrastructure** – Eine gleichzeitige Verbindung zu mehreren vCenter-Systemen ist möglich.
- **Zurückgewinnen von unnötigem VM-Snapshot-Speicherplatz** – Größensortierung von VM-Snapshots anhand der realen Gesamtgröße (inkl. Zombie-Snapshots)
- **Fix Zombie Snapshots** – Finden und Löschen von inkonsistenten und gesperrten VM-Snapshots.

Snapwatcher kann daher in allen Fällen von problematischen VM-Snapshots helfen, die unter anderem das Starten oder die Migration von virtuellen Maschinen verhindern oder einfach nur unnötig Platz verbrauchen. Der Platzverbrauch ist dabei nicht zu unterschätzen und kann durchaus in die Terabyte-Region gehen.

Übrigens ist es möglich, die historischen Daten in Snapwatcher anzuzeigen, um die Löschung von belegtem Plattenplatz als Trend nachzuverfolgen (siehe Abbildung 13.84).

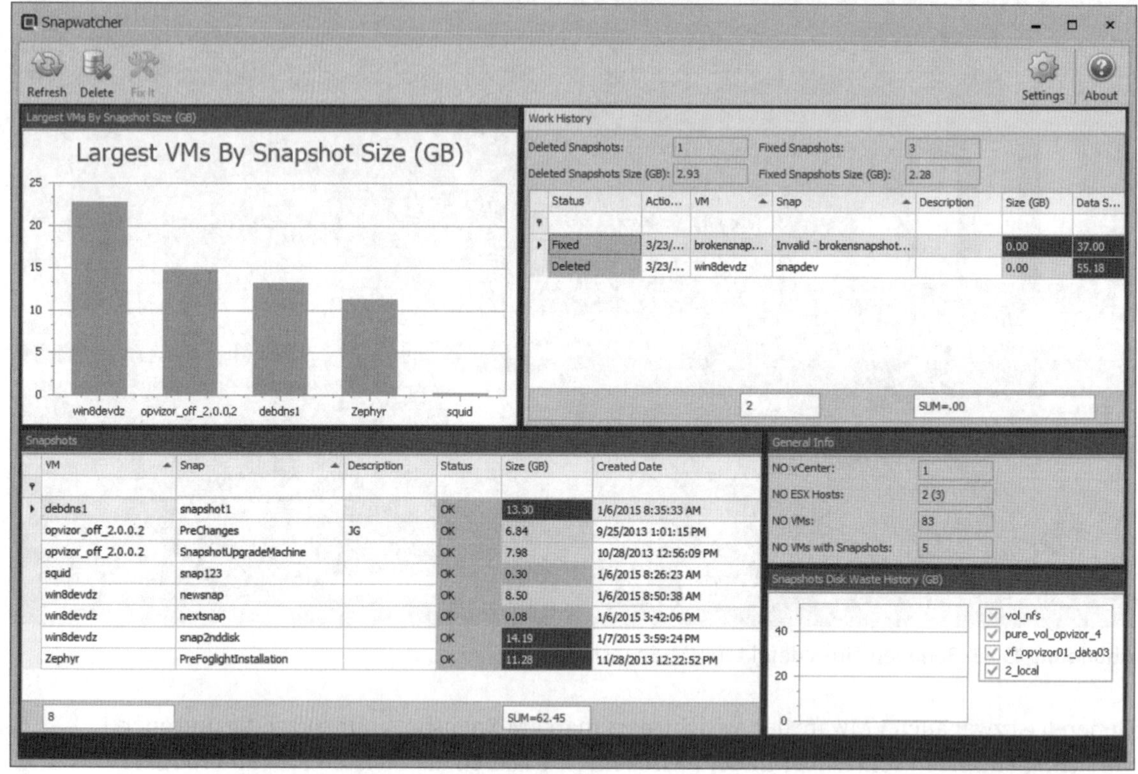

Abbildung 13.84 Verwaltung von VM-Snapshots

Aufbau und Funktion von Snapshots bei virtuellen Maschinen sind in Kapitel 15 beschrieben.

Snapwatcher kann unter *http://www.snapwatcher.com* kostenlos getestet werden. Nach 14 Tagen müssen Sie allerdings eine Lizenz kaufen, um die Snapshot-Probleme weiterhin beheben zu können.

Kapitel 14
Ausfallsicherheit

Dieses Kapitel beschäftigt sich mit der Ausfallsicherheit und der Hochverfügbarkeit der virtuellen Infrastruktur und ihrer Komponenten. Die Sicherung von Hosts und VMs ist genauso Thema dieses Kapitels wie die Konfiguration des »Microsoft Cluster Service«.

Autor dieses Kapitels ist Bertram Wöhrmann, Ligarion
bwoehrmann@ligarion.de

Zur Abbildung der Funktionen müssen Sie sich nicht nur auf dem Drittanbieter-Markt orientieren, auch VMware bietet Add-ons an, mit denen Sie solche Aufgaben lösen können.

14.1 Sicherung – Rücksicherung

Eines der wichtigsten Themen beim Betrieb einer virtuellen Infrastruktur ist die Sicherung der verschiedenen Komponenten. Zur Datensicherung der virtuellen Maschinen kommen noch Sicherungen der VMware-vSphere-Hosts hinzu. Des Weiteren müssen Sie eine Backup-Strategie für den vCenter-Server, die zugehörige Datenbank und weitere Komponenten der Infrastruktur erarbeiten. Es gibt verschiedene Alternativen, um diese Aufgaben zu erfüllen. In diesem Kapitel gehen wir auf verschiedene Möglichkeiten ein, die einzelnen Komponenten zu sichern.

14.1.1 Sicherung des vSphere-Hosts

Wie geht man nun mit der Sicherung der Host-Systeme um? Schauen wir einmal zurück, wie ein Host installiert wird und welche Daten er vorhält.

Die Installation eines vSphere-Hosts geht grundsätzlich sehr schnell. Der Zeitfaktor wird nur dadurch beeinflusst, wie die Installation erfolgt: ob manuell, per Skript oder über eine Installations-Appliance. Die Daten, die ein Host vorhält, sind eigentlich nur Konfigurationsdaten. Alle anderen Informationen gehören zu den virtuellen Maschinen und liegen auf dem Datastore oder in der Datenbank des vCenter-Servers.

Es ist sinnlos, über die Sicherung nachzudenken, wenn Sie aufgrund der Lizenzierung mit Hostprofilen arbeiten können. In diesem Fall gestaltet sich der Prozess der Inbetriebnahme nach der Installation recht einfach. Steht die Funktion der Hostprofile lizenztechnisch nicht zur Verfügung, können Sie die Konfiguration auch mit dem Befehl `vicfg-cfgbackup` sichern. Mit dem *PowerCLI* können Sie ebenfalls ein passendes Skript nachbauen, um die Konfiguration zu sichern bzw. zurückzuschreiben. In den folgenden Listings sehen Sie die passenden Skripte dazu, die Sie in der Community finden können:

Sicherung

```
function LoadSnapin{
 param($PSSnapinName)
 if (!(Get-PSSnapin | where {$_.Name -eq $PSSnapinName})){
  Add-pssnapin -name $PSSnapinName
 }
}

# Load PowerCLI snapin
LoadSnapin -PSSnapinName "VMware.VimAutomation.Core"

# Variables
[string] $vCenter = "vcenter.domain.local" # vCenter FQDN
[string] $BackupPath = "C:\Host_Backup" # Folder to copy the Host backups to

# Connect to vCenter
Connect-VIServer -Server $vCenter
# Get All Connected Hosts
$eVMHs = Get-View -ViewType HostSystem |?{$_.config.product.ProductLineId
 -eq "embeddedEsx"} |?{$_.Runtime.ConnectionState -eq "connected"}

# For each Host in All Connected Hosts
Foreach ($eVMH in $eVMHs)
{
  # Backup Host config
  Set-VMHostFirmware -VMHost $eVMH.name -BackupConfiguration
  -DestinationPath $BackupPath
}
```

Rücksicherung

```
function LoadSnapin{
 param($PSSnapinName)
 if (!(Get-PSSnapin | where {$_.Name -eq $PSSnapinName})){
 Add-pssnapin -name $PSSnapinName
 }
}
```

```
# Load PowerCLI snapin
LoadSnapin -PSSnapinName "VMware.VimAutomation.Core"

# Variables
[string] $vCenter = "vcenter.domain.local" # vCenter FQDN
[string] $backupFile = "C:\Host_Backup\configBundle-esx01.domain.local.tgz"
# ESX(i) host backup file
[string] $esxHost = "esx01.domain.local" # FQDN of ESX(i) to be restored
[string] $esxAccount = "root" # local ESX(i) account for the Host to be restored
[string] $esxPasswd = "password" # password for ESX(i) account named above

# Connect to ESX(i) Host
connect-viserver -Server $esxHost -User $esxAccount -Password $esxPasswd

# Put host in maintenance mode
set-VMHost -vmhost $esxHost -state Maintenance
# Get Host Firmware
Get-VMHostFirmware -VMHost $esxHost
# Restore Host Firmware
Set-VMHostFirmware -VMHost $esxHost -Restore -SourcePath $backupFile -Force

# Disconnect from Host
Disconnect-VIServer -Server $esxHost -Confirm:$false
```


Nähere Informationen zu den Skripten finden Sie unter:

http://techdump.co.uk/2011/10/esxi-host-configuration-backup-and-restore-script-using-powercli

14.1.2 Arbeit mit Installationsskripten

Mit einem Installationsskript oder einer Installations-Appliance sind Neuinstallationen in sehr kurzer Zeit möglich. Das wird mit den neuen Funktionen *Image Builder* und *Auto Deploy* sehr stark vereinfacht.

Die Zeit, die Sie brauchen, um sich mit den neuen Funktionen vertraut zu machen, ist unserer Meinung nach gut investiert. Sie erhalten auf diese Weise eine optimierte automatisierte Installation. Damit schlagen Sie zwei Fliegen mit einer Klappe: Zum einen ist das System im Fehlerfall schnell wieder am Start, zum anderen können Sie neue Systeme schneller in Betrieb nehmen. Sie brauchen allerdings die Enterprise-Plus-Lizenz, um die Auto-Deploy-Funktion nutzen zu können. Es steht Ihnen aber die Option offen, mit dem *Image Builder* ein für Sie passendes Image zu erstellen. Dieses können Sie über andere Installations-Appliances, wie z. B. die EDA, verteilen.

14.1.3 Sicherung der Komponenten

Der erste Teil dieses Abschnitts beschäftigt sich mit allgemeinen Möglichkeiten, die verschiedenen Komponenten zu sichern, die für den Betrieb einer virtuellen Landschaft nötig sind. Dabei gehen wir nicht näher auf spezielle Produkte ein. Wir möchten darlegen, was wie gesichert werden sollte bzw. gesichert werden kann.

Wir können Ihnen natürlich nur Empfehlungen geben und technisch darstellen, was möglich ist. In vielen Unternehmen gibt es aber Richtlinien, die dem Administrator erst einmal keinen Spielraum für die Vorgehensweise beim Thema Datensicherung und Datenrücksicherung lassen. Es kann also gut sein, dass Sie erst Entwicklungsarbeit leisten müssen, damit Sie den technisch optimalen Weg gehen können.

Sicherung des Managements

Wir gehen davon aus, dass alle Applikationskomponenten auf einem Server installiert sind. Lediglich die Datenbank kann auch auf einem anderen Server bereitgestellt werden. Für die grundsätzliche Strategie zur Sicherung der betroffenen Server ist es entscheidend, ob Applikationen und Datenbank auf einem System liegen oder nicht. Schon bei der Abwägung, ob Datenbank und Applikation voneinander getrennt werden, sollten Sie die Datensicherung immer in der Planung berücksichtigen. Vergessen Sie nie, dass jede Verfügbarkeit nur so gut ist wie das schwächste Glied in der Kette.

Sicherung des vCenter Servers

Der *VMware vCenter Server* ist einer der entscheidenden und wichtigsten Faktoren in einer virtuellen Landschaft. Obwohl über diese Komponente alle wichtigen Arbeiten durchgeführt werden und alle Fäden der Umgebung hier zusammenlaufen, ist ein Ausfall des vCenters im Grunde erst einmal nichts, was eine laufende Umgebung stark beeinträchtigt. Zwar stehen einige Funktionen nicht zur Verfügung, das ist aber unter Umständen zu verschmerzen.

Bevor Sie tiefer in die Planung einsteigen, sollten Sie sich vergegenwärtigen, welche Funktionen bei einem Ausfall des Managements nicht zur Verfügung stehen. Tabelle 14.1 zeigt Ihnen, auf welche Eigenschaften Sie bei einem Ausfall verzichten müssen und welche Basiseigenschaften Sie weiterhin im Betrieb unterstützen.

Funktion	Funktion ohne Virtual Center
vMotion	Nein
VMware DRS	Nein
VMware Storage DRS	Nein
Ressourcen-Pool	Nein

Tabelle 14.1 Funktionsstatus bei inaktivem vCenter Server

Funktion	Funktion ohne Virtual Center
vSphere HA: Restart VM	Ja
vSphere HA: Admission Control Add new host to cluster	Nein
vSphere HA: Add new host to cluster	Nein
vSphere HA: Host rejoins the Cluster	Ja
Erstellen eines VDS	Nein
Storage-I/O-Kontrolle konfigurieren	Nein
Netzwerk-I/O-Kontrolle konfigurieren	Nein

Tabelle 14.1 Funktionsstatus bei inaktivem vCenter Server (Forts.)

Mit den Daten, die Ihnen jetzt vorliegen, können Sie entscheiden, wie lange das System ausfallen darf, bevor es für den Betrieb kritisch wird. Darf die Ausfallzeit nur minimal sein, empfehlen wir den Einsatz des *vCenter Server Heartbeats*, alternativ den Einsatz eines Cold-Standby-vCenter-Servers als virtuelle Maschine.

Alle wichtigen Daten und Informationen des VMware vCenters liegen in der Datenbank. Im Falle einer Zerstörung des vCenters wäre es möglich, den Server neu zu installieren und durch Anhängen der Datenbank direkt weiterarbeiten zu können. Das geht natürlich nur, wenn die Datenbank auf einem getrennten System zur Verfügung gestellt wird. Die Datensicherung erfolgt in diesem Fall klassisch: für den Applikations-Server als dateibasierte Sicherung und für die Datenbank über einen Wartungsplan. Welche Datensicherungssoftware Sie nutzen wollen, bleibt Ihnen überlassen. Es sollte das Produkt zum Einsatz kommen, für das schon Know-how in Ihrem Hause vorhanden ist.

Sicherung der vCenter-Server-Datenbank

Eine der wichtigsten Komponenten in der virtuellen Landschaft ist die Datenbank, mit der das vCenter arbeitet. In dieser Datenbank werden alle relevanten Daten gespeichert. Dementsprechend ist eine Sicherung der Datenbank notwendig und wichtig. Sollte es in Ihrer Firma einen Datenbank-Server für zentrale Aufgaben geben oder auch »nur« einen Datenbank-Server, der noch eine weitere Datenbank aufnehmen kann, dann empfehlen wir Ihnen, diesen zu nutzen. Zum einen wird dann eine einzeln liegende Datenbank nicht vergessen, zum anderen können Sie sie einfach in die Standardprozesse integrieren. Das Thema Sicherung ist dann auch recht einfach abgehandelt: Sie verwenden einfach den bekannten Firmenstandard, was eine einfache Einbettung in die bestehenden Betriebsprozesse bedeutet.

An dieser Stelle beschreiben wir kurz das Prinzip und die Grundlagen einer Datenbanksicherung. Diese Beschreibung ist allgemein gehalten, geht also in keiner Weise auf ein spezielles Produkt ein.

Die Datensicherung einer Datenbank kann im Normalfall nicht mit dem Programm zur Datensicherung des Betriebssystems vollständig abgedeckt werden. Mit dieser Software lassen sich nur mehrere oder einzelne Files sichern. Sollen Datenbanken im laufenden Betrieb gesichert werden, benötigen Sie einen herstellerspezifischen Datenbank-Agent, der das Handling für die Arbeiten übernimmt. Dieser Agent garantiert, dass die Sicherung konsistent ist und somit auch für den Aufbau eines neuen Servers genutzt werden kann.

Die einfachste und sicherste Methode der Datenbanksicherung ist eine komplette Sicherung der Datenbank im heruntergefahrenen Zustand. Bei dieser Sicherung sind keine Daten der Datenbank im Zugriff, sodass Sie sie ohne Probleme sichern können. Diese Methode ist allerdings aufgrund der geforderten Verfügbarkeit der Datenbanksysteme meist nicht umsetzbar.

Die Alternative zum Backup der Datenbank im heruntergefahrenen Zustand ist die Sicherung im Online-Modus. Dabei wird die Datenbank im laufenden Betrieb gesichert – also während des Zugriffs auf die Daten. Der Nachteil bei dieser Methode ist, dass Inkonsistenzen nicht komplett ausgeschlossen werden können. Trotz alledem wird mindestens einmal, besser aber regelmäßig, eine Offline-Sicherung der Datenbank benötigt. Auf diese Sicherung setzt die Online-Sicherung dann auf. Alle Transaktionen, die in einem Datenbanksystem stattfinden, werden in den Log-Dateien gespeichert. Aus diesem Grund ist es wichtig, diese Log-Dateien ebenfalls zu sichern. Nach dem Rücksichern der Datenbank können Sie so, durch das Einspielen der Transaktionen, einen Status wiederherstellen, der sehr nahe an dem letzten produktiven Stand ist.

Wir empfehlen, eine Offline-Sicherung einmal pro Woche durchzuführen sowie eine tägliche Online-Sicherung vorzunehmen. Zusätzlich sollten Sie die Log-Dateien mehrmals täglich wegschreiben. Die Rücksicherung erfolgt nach den im Unternehmen bekannten Prozessen. Ist die Offline-Sicherung eingespielt, verarbeiten Sie die zusätzlich aufgelaufenen Log-Dateien, um so auf den letztmöglichen Stand zu kommen. Das eigentliche Vorgehen bedarf an dieser Stelle keiner näheren Beschreibung.

14.2 Cluster-Konfiguration

Die Firma *VMware* unterstützt den Einsatz des *Microsoft Cluster Service* (MSCS) unter *vSphere*. Wer sich jetzt fragt, »Wozu eigentlich, VMware bietet ja auch ein HA für den Host-Ausfall«, dem sei gesagt, dass es durchaus Sinn ergibt, einen MSCS-Cluster in einer virtuellen Umgebung aufzubauen. In Kundenumgebungen ist es nicht selten so, dass zwar für ein produktives System ein Cluster eingesetzt wird, aber für die Entwicklung vermeintlich Kosten gespart werden, indem ein Standalone-Server verwendet wird. Das muss nicht sein, denn unter VMware ist eine solche Landschaft einfach und kostengünstig abbildbar. Ein weiteres mögliches Szenario ist der Test für das Update einer Cluster-Landschaft. Abseits der produktiven Umgebung können Sie in aller Ruhe die Reihenfolge für ein Update erarbeiten, ohne die Verfügbarkeit der produktiven Kundensysteme zu beeinflussen.

Für die Abbildung eines Clusters gibt es grundsätzlich drei Möglichkeiten: Zum Ersten können Sie den Cluster mit zwei virtuellen Maschinen auf einem Host aufbauen. Alternativ verteilen Sie die Cluster-Knoten auf mehrere Hosts. Abschließend gibt es auch Support für einen Cluster mit einem physischen und einem virtuellen Knoten. Im Folgenden werden wir einzeln auf die verschiedenen Konfigurationsmöglichkeiten eingehen. Zuvor möchten wir aber noch die Voraussetzungen für den Einsatz von MSCS auf virtuellen Servern erläutern.

14.2.1 Voraussetzungen für den »Microsoft Cluster Service«

Damit Sie den Cluster von *VMware vSphere* unterstützt aufbauen können, müssen soft- und hardwareseitig diverse Voraussetzungen erfüllt sein. Tabelle 14.2 listet die Bedingungen für den Einsatz auf.

Komponente	Bedingung
Betriebssystem	Windows Server 2003 Windows Server 2008 Windows Server 2008 R2 Windows Server 2012 Windows Server 2012 R2
Virtual SCSI-Adapter	LSI Logic Parallel for Windows Server 2003 LSI Logic SAS for Windows Server 2008 und neuer
Festplattenformat	Anlegen der Festplatten mit der Option EAGERZEROEDTHICK. Das heißt, beim Anlegen wird der gesamte Festplattenplatz alloziert und mit Nullen beschrieben.
Virtual NIC	Standardadapter für alle Betriebssysteme
Festplatten- und Netzwerkkonfiguration	Zuerst sind die Netzwerkadapter und anschließend die Festplatten hinzuzufügen.
Anzahl der Knoten	Bei Windows Server 2003 werden maximal 2 Knoten unterstützt. Kommt Windows Server 2008 oder eine neuere Version zum Einsatz, werden bis zu 5 Knoten unterstützt.

Tabelle 14.2 Voraussetzungen für MSCS

Komponente	Bedingung
I/O-Timeout	Der Wert des Registry-Keys: `HKEY_LOCAL_MACHINE\System\CurrentControlSet\Services\Disk\TimeOutValue` ist auf mindestens 60 zu setzen. Bei der Neuerstellung des Clusters wird der Wert automatisch zurückgesetzt.
NTP-Server	Deaktivieren Sie die Zeitsynchronisierung über die *VMware Tools*, und nutzen Sie nur die Standarddomänen-Synchronisation.
Domäne	Beide Knoten müssen Mitglied einer Windows-Domäne sein.

Tabelle 14.2 Voraussetzungen für MSCS (Forts.)

Je nach Applikation, die geclustert werden soll, ist auf das richtige *Service Pack* zu achten. Die passenden Informationen dazu finden Sie bei VMware auf folgender Webseite:

http://kb.vmware.com/selfservice/microsites/search.do?cmd=displayKC&docType=kc&docTypeID=DT_KB_1_1&externalId=1037959

Zusätzlich zu diesen Bedingungen müssen Sie beim Anlegen der Festplatten ein Augenmerk darauf richten, wie Sie sie einrichten und wie Sie sie zur Verfügung stellen. Tabelle 14.3 zeigt, was unterstützt wird.

Festplattentyp	Cluster auf einem Host	Cluster auf mehreren Hosts	Physischer/ virtueller Cluster
Virtuelle Festplatte im VMFS	Ja	Nein	Nein
Raw Device Mapping (Virtual Compatibility Mode)	Ja	Ja	Nein
Raw Device Mapping (Physical Compatibility Mode)	Nein	Ja	Ja

Tabelle 14.3 Kompatibilität der einzelnen Festplattentypen

Es ist selbstverständlich möglich, mit virtuellen Maschinen, die vom SAN gebootet werden, einen Cluster aufzubauen. Sie müssen jedoch bedenken, dass solche Landschaften extrem komplex sind und die Fehlersuche sich ebenfalls nicht einfach gestaltet.

Der *Microsoft Cluster Service* selbst hat noch ein paar Einschränkungen, die den Einsatz verbieten, und zwar:

- Alle zum Einsatz kommenden Hosts müssen dieselbe Version des Host-Betriebssystems haben. Gemischte Umgebungen werden nicht unterstützt.
- Cluster dürfen in HA- und in DRS-Umgebungen eingesetzt werden.

- *VMware Fault Tolerance* wird nicht unterstützt.
- Clustering ist auf NFS-Platten nicht erlaubt.
- *vMotion* von Cluster-Knoten wird nur für virtuelle Cluster auf getrennten physischen Hosts unterstützt.
- N-Port-ID-Virtualisierung (NPIV) ist nicht erlaubt.
- Die Nutzung einer Multipathing-Software im Gast ist nicht erlaubt.

Möchten Sie ein *Cluster Continuous Replication Environment* für *Exchange* aufsetzen, ist das grundsätzlich möglich. Achten Sie darauf, dass Sie die Cluster-Knoten virtuell aufbauen.

Die Installation der Cluster Services für die drei verschiedenen Möglichkeiten (ein Host, mehrere Hosts, zwischen Knoten) beschreiben wir in den Abschnitten 14.2.2 bis 14.2.4. In den darauf folgenden Abschnitten gehen wir nur noch auf die lösungsspezifischen Dinge ein.

14.2.2 Cluster-Konfiguration auf einem Host

Abbildung 14.1 veranschaulicht die Cluster-Konfiguration auf einem Host. Hier ist schön zu sehen, dass beide betroffenen VMs auf einem Host liegen, die Daten aber nicht alle auf einer LUN liegen müssen.

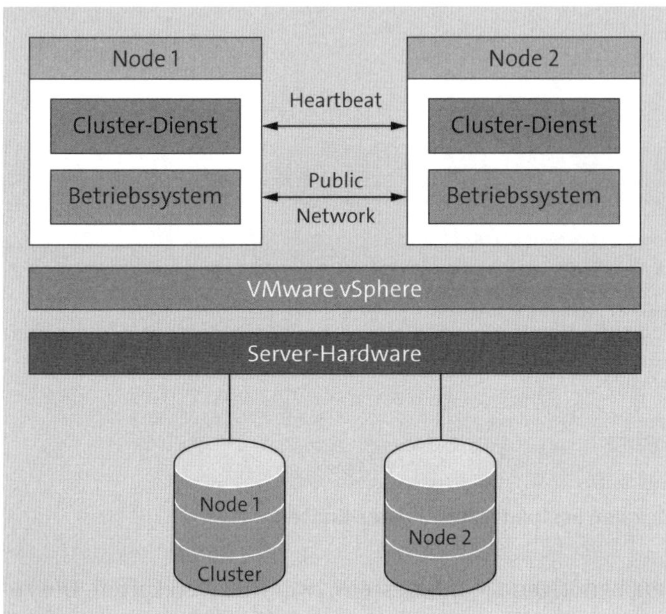

Abbildung 14.1 »Microsoft Cluster Service« auf einem ESX-Host

Die einfachste Variante des MSCS in einer virtuellen Infrastruktur ist der Cluster auf einem Host. Als Erstes legen Sie die virtuellen Maschinen mit ihren lokalen, nicht gemeinsam genutzten Ressourcen an.

Erstellen Sie nun die beiden Cluster-Knoten, und nutzen Sie dabei eine »typische« VM-Konfiguration. Verwenden Sie ein unterstütztes Betriebssystem, das selbstverständlich beim Anlegen der VM eingestellt werden muss. Beim Einrichten der Festplatte für das Betriebssystem ist es wichtig, die korrekte Festplattenoption zu wählen. Die Option Support clustering features such as Fault Tolerance wird so nicht mehr ausgewiesen. Sie müssen die Option Thick provision eager zeroed nutzen. Diese stellt die Festplatte so bereit, wie sie bei einem Cluster benötigt wird (siehe Abbildung 14.2). Hinter dieser Alternative verbirgt sich die Option *eagerzeroedthick*. Das heißt, der Speicherplatz der Disk wird direkt reserviert und mit Nullen vollgeschrieben.

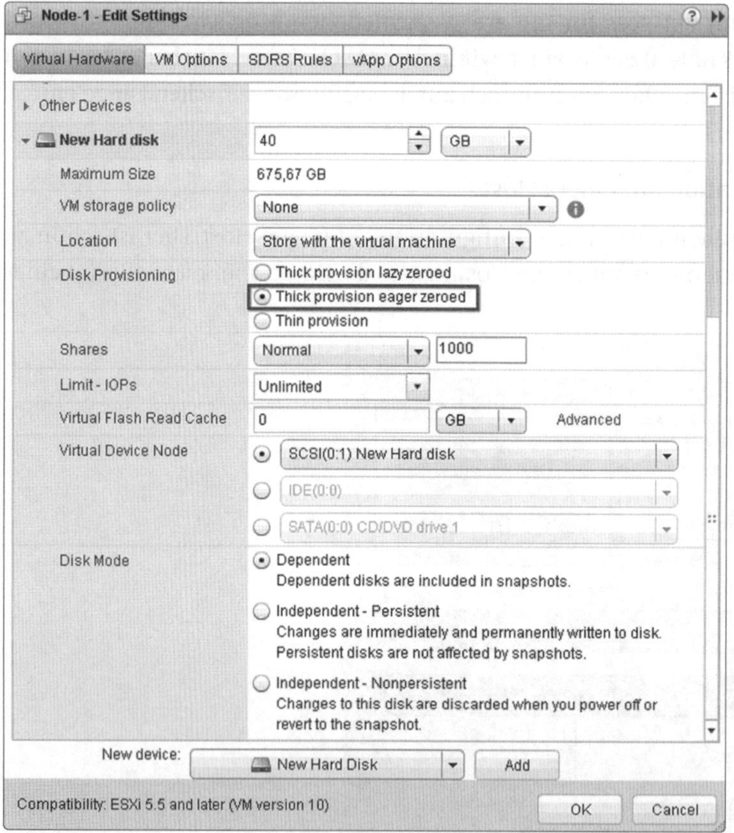

Abbildung 14.2 Konfiguration der lokalen Festplatte des Cluster-Knotens

Bei der Konfiguration des Clusters benötigen Sie mindestens zwei Netzwerkkarten. Die zusätzliche Karte wird dem Server hinzugefügt. Achten Sie darauf, dass Sie für die zweite Karte dieselbe »Hardware« nutzen, die auch bei der ersten Karte zum Einsatz kommt. Im Beispiel aus Abbildung 14.3 ist eine Netzwerkkarte für den internen Heartbeat-Traffic eingerichtet und eine zweite für den Client-Zugriff. Sie sehen außerdem, dass die VM eine aktuelle Hardwareversion hat.

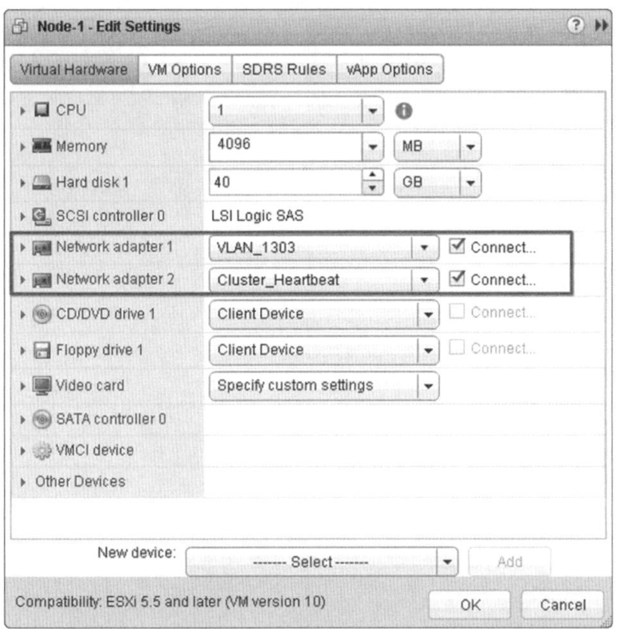

Abbildung 14.3 Konfiguration eines Cluster-Knotens

Den zweiten Cluster-Knoten legen Sie mit der gleichen Konfiguration an. Sind die Server-Hüllen bereitgestellt, installieren Sie auf beiden Systemen das Betriebssystem und bringen es auf das aktuelle Patch-Level. Den Heartbeat konfigurieren Sie in ein privates Netzwerk ohne Gateway, und NetBIOS over TCP/IP deaktivieren Sie. Bevor Sie mit der Einrichtung der gemeinsam genutzten Festplatten beginnen, sollten Sie beide Server in die Domäne aufnehmen.

Jetzt richten Sie eine gemeinsame Festplatte ein. Beginnen Sie mit den Arbeiten auf dem ersten Knoten. Über die Einstellungen des ersten Cluster-Knotens fügen Sie eine neue Festplatte hinzu. Die Festplatte sollte in demselben Verzeichnis liegen wie die Dateien der virtuellen Maschine. Auch in diesem Fall ist die Option zu setzen, dass es sich um eine Cluster-Festplatte handelt (siehe Abbildung 14.4).

Unter den Advanced Options der Festplatte geben Sie bei dem Abschnitt Virtual Device Node die SCSI-ID für das neue Festplatten-Device an. Die erste Festplatte wird eine ID mit einer führenden Null haben. Aus diesem Grund muss bei der zweiten Festplatte die ID eine andere führende Ziffer haben. Was passiert nun im Hintergrund bei der Änderung der Einstellung? Die erste Ziffer gibt an, über welchen SCSI-Adapter die Festplatte bedient wird. Durch die Auswahl einer anderen führenden Ziffer bei der SCSI-ID wird dem System ein zusätzlicher SCSI-Festplatten-Controller hinzugefügt. Für die weitere Vorgehensweise ist das enorm wichtig. Es wäre sonst nicht möglich, dass zwei virtuelle Systeme auf eine Festplatte zugreifen können (siehe Abbildung 14.5). Die SCSI-ID setzt sich wie folgt zusammen: `<Controllernummer>:<SCSI-Gerätenummer>`.

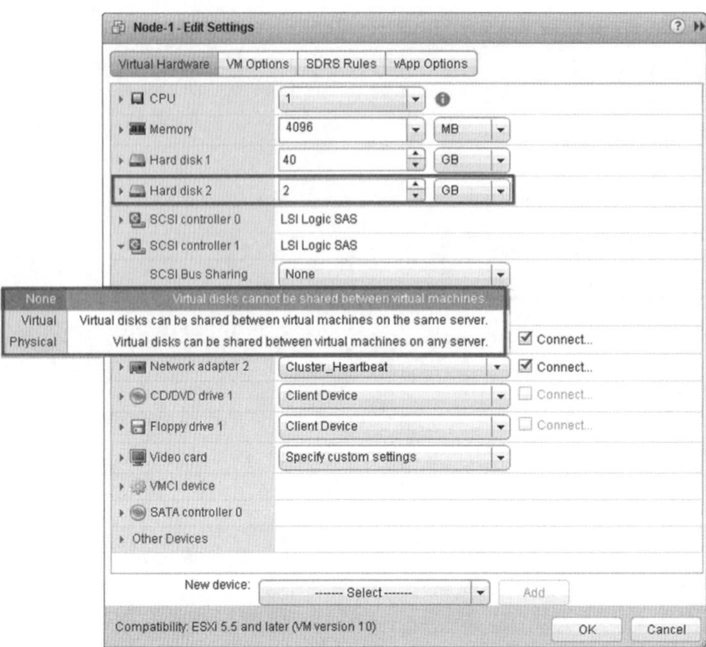

Abbildung 14.4 Anlegen einer gemeinsamen Festplatte auf dem ersten Knoten

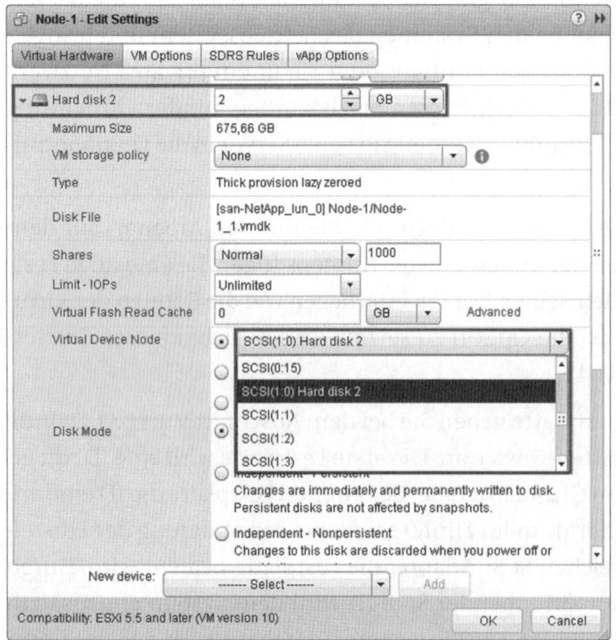

Abbildung 14.5 Auswahl der SCSI-ID

Nun ist die neue Festplatte in der Konfiguration der VM sichtbar. Über CHANGE TYPE bestimmen Sie den SCSI-Controller-Typ (siehe Abbildung 14.6).

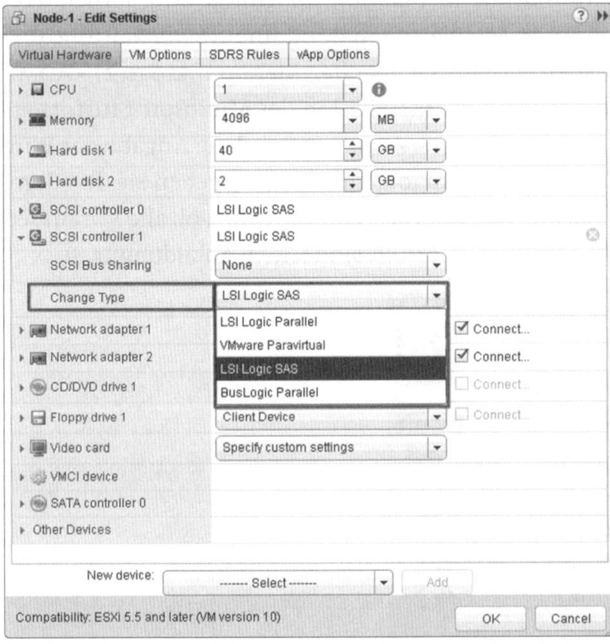

Abbildung 14.6 Auswahl des Controller-Typs für das gesharte Device

In Tabelle 14.4 sehen Sie, welcher Controller-Typ zu Ihrem Betriebssystem passt.

Betriebssystem	Controller-Typ
Windows Server 2003	LSI LOGIC PARALLEL
Windows Server 2008/R2	LSI LOGIC SAS
Windows Server 2012	LSI LOGIC SAS

Tabelle 14.4 Abhängigkeit zwischen Betriebssystem und Festplatten-Controller

Damit der Zugriff von zwei virtuellen Maschinen auf eine gemeinsame Festplatte erfolgen kann, ist der Modus für SCSI BUS SHARING zu konfigurieren. In diesem speziellen Fall wählen wir VIRTUAL. So können zwei VMs direkt auf eine VMDK-Datei zugreifen, solange sich die zugreifenden virtuellen Maschinen auf einem Host befinden (siehe Abbildung 14.7).

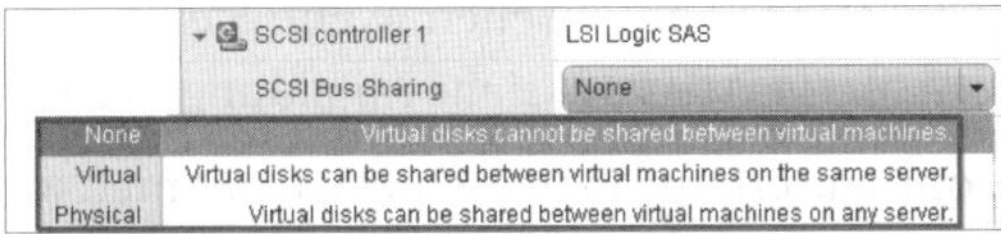

Abbildung 14.7 Konfiguration des SCSI-Bus-Sharings

Die hardwaretechnischen Arbeiten auf dem ersten Knoten sind nun abgeschlossen. Jetzt können Sie mit der Einrichtung des Clusters im Betriebssystem beginnen. Eine funktionierende DNS-Auflösung ist für eine einwandfreie Installation unbedingt erforderlich. Formatieren Sie die zukünftigen gemeinsamen Festplatten in der Computerverwaltung, und versehen Sie sie mit Laufwerksbuchstaben. Stoßen Sie über den Menüpunkt START • ADMINISTRATIVE TOOLS • CLUSTER ADMINISTRATOR die Installation des Microsoft-Clusters an. Es startet ein Wizard für die Einrichtung des Clusters. Zu Beginn wird die Angabe der Windows-Domäne und des Cluster-Namens erwartet. Im folgenden Dialog geben Sie den Computernamen des ersten Cluster-Knotens an. Jetzt überprüft die Software, ob alle Voraussetzungen für die endgültige Installation des Clusters erfüllt sind (siehe Abbildung 14.8).

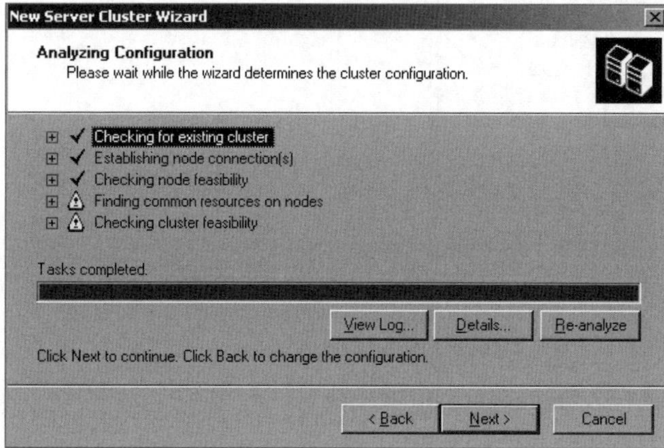

Abbildung 14.8 Check der Cluster-Konfiguration

Der Wizard erfragt nun die IP-Adresse für den Cluster. Einen Domänen-Account für den Start des Cluster-Dienstes erwartet die Installationsroutine einen Schritt später. Die übliche Installationszusammenfassung wird angezeigt, bevor Sie den eigentlichen Installationsvorgang starten. An dieser Stelle können Sie auch auswählen, auf welcher Festplatte die *Quorumdisk* installiert werden soll (siehe Abbildung 14.9).

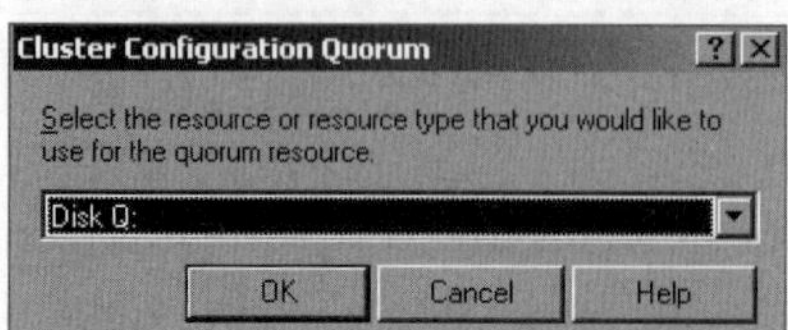

Abbildung 14.9 Auswahl der Quorumdisk

Nach Abschluss der Arbeiten können Sie das Installations-Log einsehen. Wenn Sie den Wizard beenden, sehen Sie den Cluster im CLUSTER ADMINISTRATOR (siehe Abbildung 14.10).

Nachdem der erste Cluster-Knoten vollständig konfiguriert und eingerichtet ist, nehmen wir uns den zweiten virtuellen Cluster-Knoten vor. Auch hier müssen wir eine zweite Festplatte mit dem System verbinden. Der Unterschied besteht darin, dass wir keine neue Festplatte anlegen, sondern eine bereits vorhandene mit der zweiten VM verbinden. Es handelt sich um die Festplatte, die beim *ClusterNode1* an den zweiten Festplatten-Controller gehängt wurde. Geben Sie der Festplatte die gleiche ID wie auf dem ersten Server.

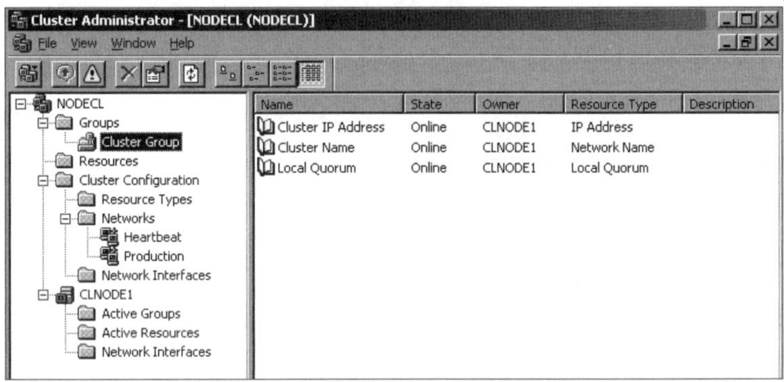

Abbildung 14.10 Der Cluster nach der Installation des ersten Knotens

Jetzt ist der Cluster-Service auf dem zweiten Cluster-Knoten bereitzustellen.

Auch hier starten Sie über den Menüpunkt START • ADMINISTRATIVE TOOLS • CLUSTER ADMINISTRATOR die Aufnahme des zweiten Knotens in den Cluster-Verbund. Für die Aufnahme eines zweiten Knotens gibt es einen eigenen Auswahlpunkt. Hier wird auch die Eingabe des Namens des Clusters erwartet. Jetzt wird – wie bei der Initialinstallation – geprüft, ob alle Voraussetzungen für die Aufnahme des Knotens erfüllt sind. Geben Sie im nächsten Dialogfenster das Passwort des angezeigten Accounts ein, und starten Sie mit zwei weiteren Klicks die Installation. Jetzt ist der Cluster erfolgreich installiert (siehe Abbildung 14.11).

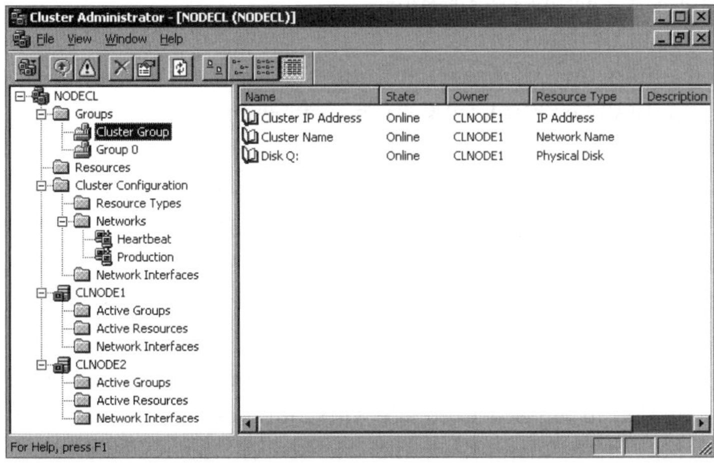

Abbildung 14.11 Erfolgreich installierter Cluster mit zwei Knoten

Die Arbeiten sind jetzt so weit abgeschlossen, dass Sie die Applikation installieren können.

14.2.3 Cluster-Konfiguration über mehrere Hosts

Im Gegensatz zu der Konfiguration aus Abschnitt 14.2.2 liegen die Cluster-Daten der beiden Knoten jetzt nicht auf einer virtuellen Festplatte, sondern auf einer eigenen dedizierten LUN. Beide Cluster-Mitglieder greifen direkt auf den Storage zu. Das File-System wird direkt über das Betriebssystem des Clusters angelegt. Alle anderen virtuellen Maschinen können die *Raw LUN* nicht sehen (siehe Abbildung 14.12).

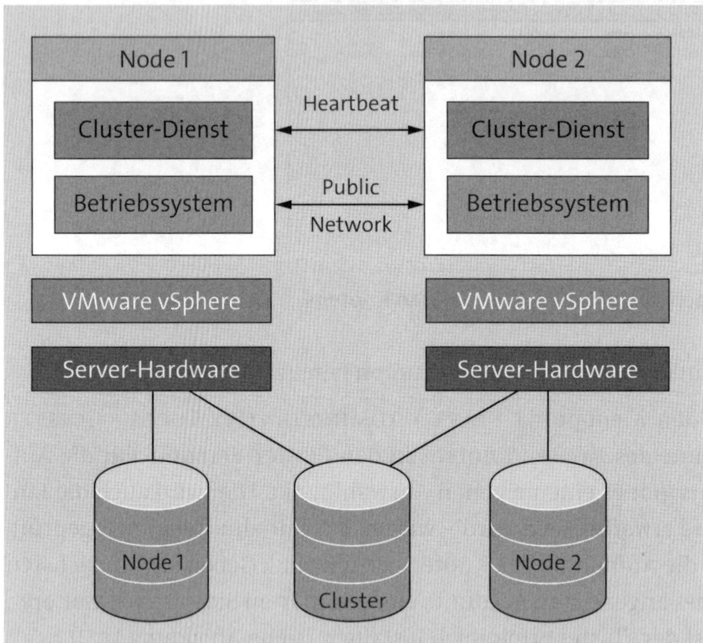

Abbildung 14.12 MSCS ist hier mit VMs über zwei Hosts verteilt.

Es ist möglich und wird auch unterstützt, den zweiten Knoten eines Clusters über unterschiedliche Hosts zur Verfügung zu stellen. Die Konfiguration und Bereitstellung der beiden Grundmaschinen ist mit den Schritten absolut identisch, die wir im vorherigen Abschnitt beschrieben haben. Die Arbeiten unterscheiden sich lediglich beim Anlegen der gemeinsam genutzten (*shared*) Festplatten. In diesem Fall können Sie nämlich keine virtuelle Festplatte nutzen, sondern müssen sogenanntes *Raw Device Mapping* verwenden. Das bedeutet, dass Sie eine SAN-LUN direkt mit der virtuellen Maschine verbinden. Der SCSI-BUS-SHARING-Modus ist auf PHYSICAL zu setzen.

Ist diese Platte im Betriebssystem sichtbar, richten Sie das File-System ein. Jetzt stellen Sie den Cluster bereit, was sich von den Arbeitsschritten, die wir schon beschrieben haben, in keiner Weise unterscheidet. Ist der erste Cluster-Knoten betriebsbereit, fügen Sie den zweiten Knoten dem Cluster hinzu. Hierbei gibt es unter Umständen Herausforderungen, die recht einfach zu lösen sind. Das Hinzufügen des zweiten Knotens kann zu Problemen führen, wenn das Raw-Device auf beiden Servern nicht dieselbe ID hat. Das ist durchaus möglich und wird auch unterstützt. Es kann sein, dass der Knoten sich nicht hinzufügen lässt. In diesem Fall klicken Sie beim Hinzufügen des zweiten Knotens im Auswahlfenster des Computers auf den ADVANCED-Button (siehe Abbildung 14.13) und deaktivieren die Option für die Verifikation des Storages (siehe Abbildung 14.14). Die weitere Vorgehensweise gestaltet sich wie bei der vorherigen Variante.

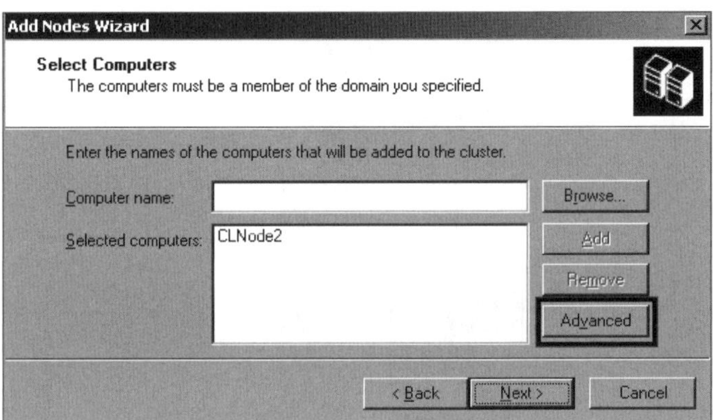

Abbildung 14.13 Aufruf der »Advanced«-Option

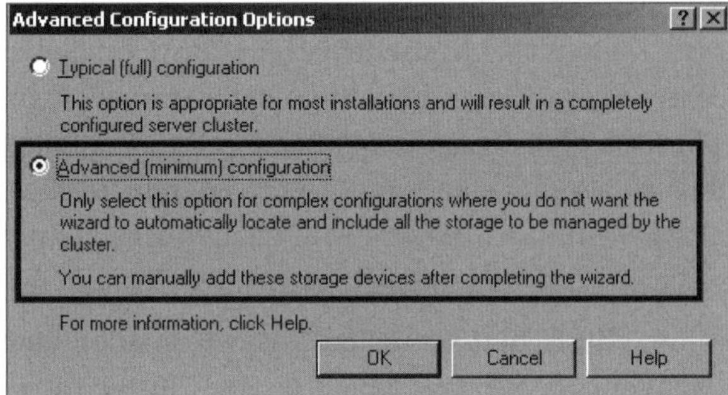

Abbildung 14.14 Aktivierung der »Advanced (minimum) configuration«

14.2.4 Cluster-Konfiguration zwischen physischem und virtuellem Knoten

Diese Variante unterscheidet sich nur geringfügig von der Konfiguration in Abschnitt 14.2.3, denn eigentlich liegen die beiden Cluster-Knoten auf verschiedenen Hosts (siehe Abbildung 14.15). Auch wenn der eine Host ein dedizierter physischer Server ist, so besteht der Unterschied nur in der Bereitstellungsreihenfolge.

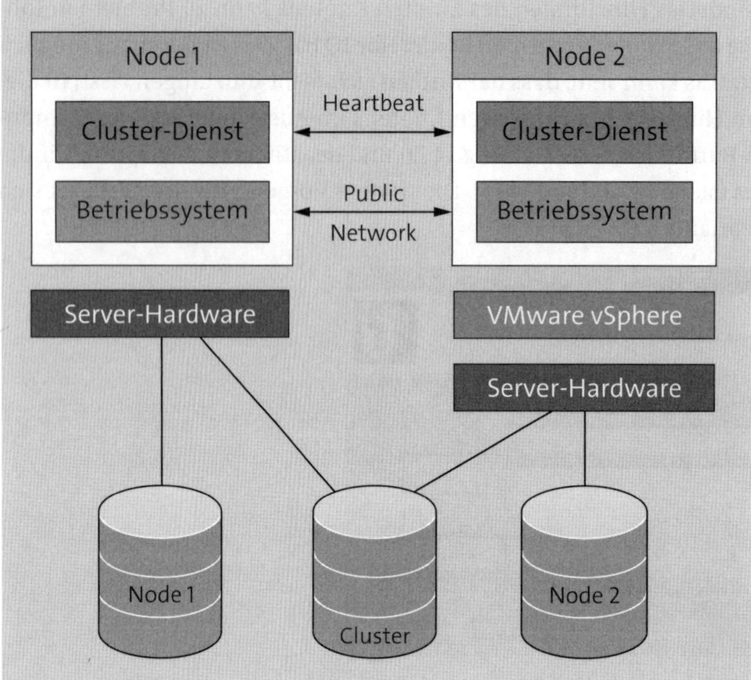

Abbildung 14.15 Physischer/virtueller MS-Cluster

Der Unterschied besteht darin, dass der erste Knoten ein physischer ist. Die Einstellungen in der VM müssen Sie anders als in der zuletzt beschriebenen Variante nicht anpassen. Auch hier wird ein *Raw Device Mapping* mit physisch gemeinsam genutzten Platten eingesetzt, aber die Reihenfolge ist eine andere. Nachdem Sie auf beiden Servern das passende freigegebene Betriebssystem installiert haben, fahren Sie mit den Arbeiten auf dem virtuellen Knoten fort. Den physischen Knoten nehmen Sie erst im zweiten Schritt in den Cluster auf.

Welchen Vorteil bringt nun die Nutzung eines physischen/virtuellen Clusters? In Abbildung 14.16 haben wir das einmal veranschaulicht. Wenn Sie sich anschauen, welche Cluster-Typen in der Regel in Betrieb genommen werden, dann fällt auf, dass meistens Active/Passive-Cluster aufgesetzt werden. Das bedeutet: Primär ist ein Knoten aktiv, und der andere wartet darauf, dass der erste den Dienst versagt.

Das führt dazu, dass die Kosten für den Cluster recht hoch sind. Es werden zwei Server gekauft, damit ein Dienst zur Verfügung gestellt werden kann.

Jetzt kommt der Vorteil der Virtualisierung voll zum Tragen: Kommen mehrere Cluster in der Firma zum Einsatz, dann werden die primär aktiven Systeme als physische Maschine abgebildet, und die zweiten Cluster-Knoten werden virtuell aufgebaut. Der Vorteil liegt auf der Hand: Die Maschine, die die virtuellen Systeme aufnimmt, ist zwar etwas größer zu dimensionieren, aber man macht sich den Umstand zunutze, dass es recht unwahrscheinlich ist, dass alle Cluster gleichzeitig ausfallen. So übernimmt der virtuelle Host die Arbeit, wenn es zu einem Ausfall kommt oder bei Wartungsaufgaben. Auf diese Weise können Sie die zu nutzenden Ressourcen im Rechenzentrum reduzieren. Sie sparen Stellplatz, Netzwerk-Ports, SAN-Ports, Strom und Klimatisierung. Demgegenüber stehen zwar die Lizenzkosten von VMware, aber das rechnet sich recht bald.

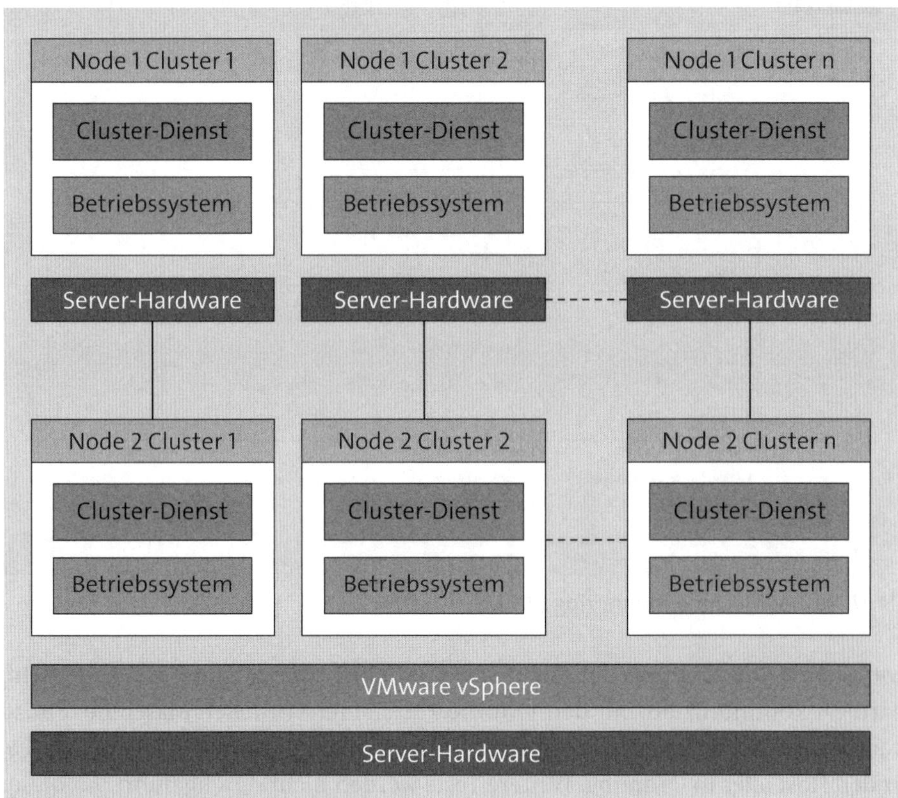

Abbildung 14.16 vSphere-Host mit mehreren MS-Cluster-Knoten

14.3 Virtual Machine Monitoring

Seit der Version 3.5 der *Virtual Infrastructure* bietet VMware eine Funktion, mit der Sie prüfen können, ob die virtuellen Maschinen reagieren. Wann kann die Funktion genutzt werden? Was genau leistet sie?

Das *Virtual Machine Monitoring* (VMM) ist eine Unterfunktion des *vSphere HA*, was bedeutet, dass Sie die Funktion nur in einem aktiven HA-Cluster nutzen können. Erst wenn die HA-Funktionalität in einem Cluster aktiviert ist, steht die Funktion zur Verfügung (siehe Abbildung 14.17).

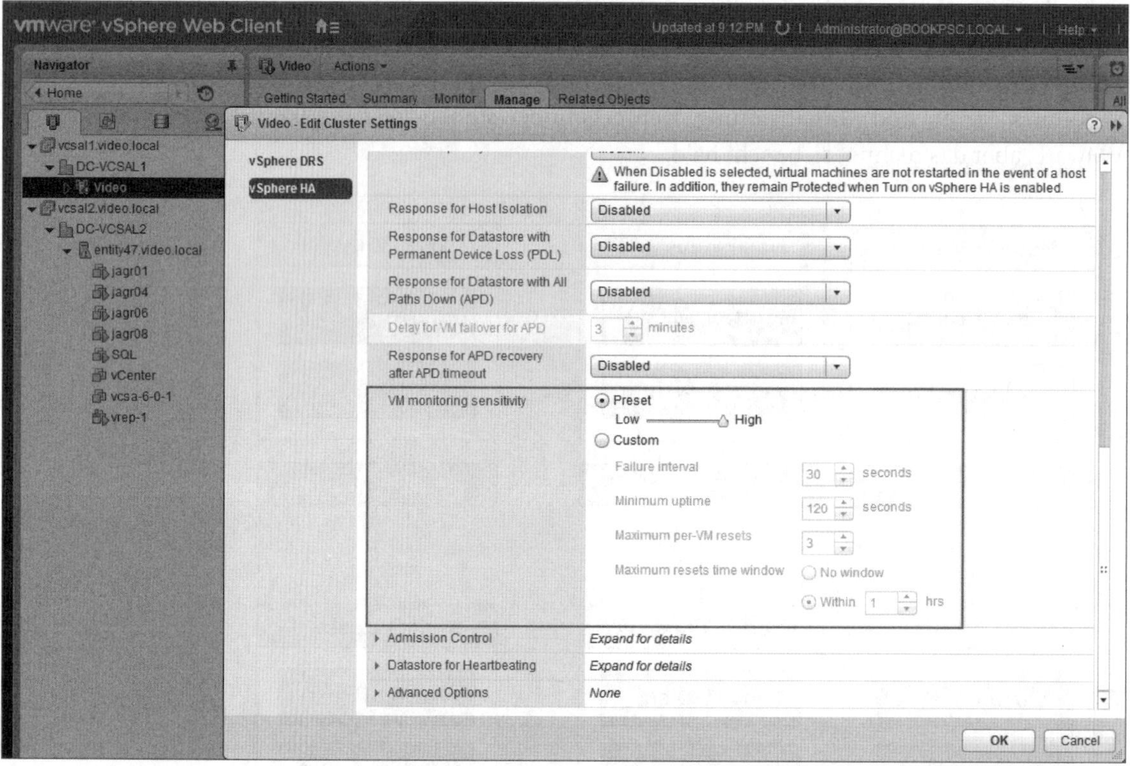

Abbildung 14.17 Virtual Machine Monitoring (VMM)

Die Funktion ist eine Ergänzung zu dem schon bekannten *Heartbeat* zur virtuellen Maschine. Der Heartbeat kommuniziert mit den *VMware Tools* einer virtuellen Maschine, um zu kontrollieren, dass sie noch einwandfrei arbeitet. Antworten die VMware Tools ordnungsgemäß, ist für den Host alles in Ordnung. Weitere Tests werden nicht durchgeführt. An dieser Stelle greift das *Virtual Machine Monitoring* ein. Diese Funktion überwacht zusätzlich die Aktivitäten der Festplatte und der Netzwerkkarte. Zeigen sich bei der Auswertung der beiden Funktionen Unregelmäßigkeiten, wird die virtuelle Maschine neu gestartet. Sie können die Überwachungsfunktion der VM erweitern. Über die Auswahl VM AND APPLICATION MONITORING lassen sich über das VM-Monitoring auch Applikationen überwachen. Nutzen können Sie diese Funktion aber nur, wenn Ihre Applikation eine passende Schnittstelle zu den VMware Tools hat.

Die Art und Weise, wie die Maschine neu startet, können Sie selbst definieren (siehe Abbildung 14.18). Zuallererst aktivieren Sie das VM MONITORING oben im Fenster. Zwei Optionen bieten sich Ihnen zur Auswahl: Entweder stellen Sie alle Kontrollwerte manuell ein, oder Sie greifen auf die Parameter zurück, die Sie über den Schieberegler regulieren können.

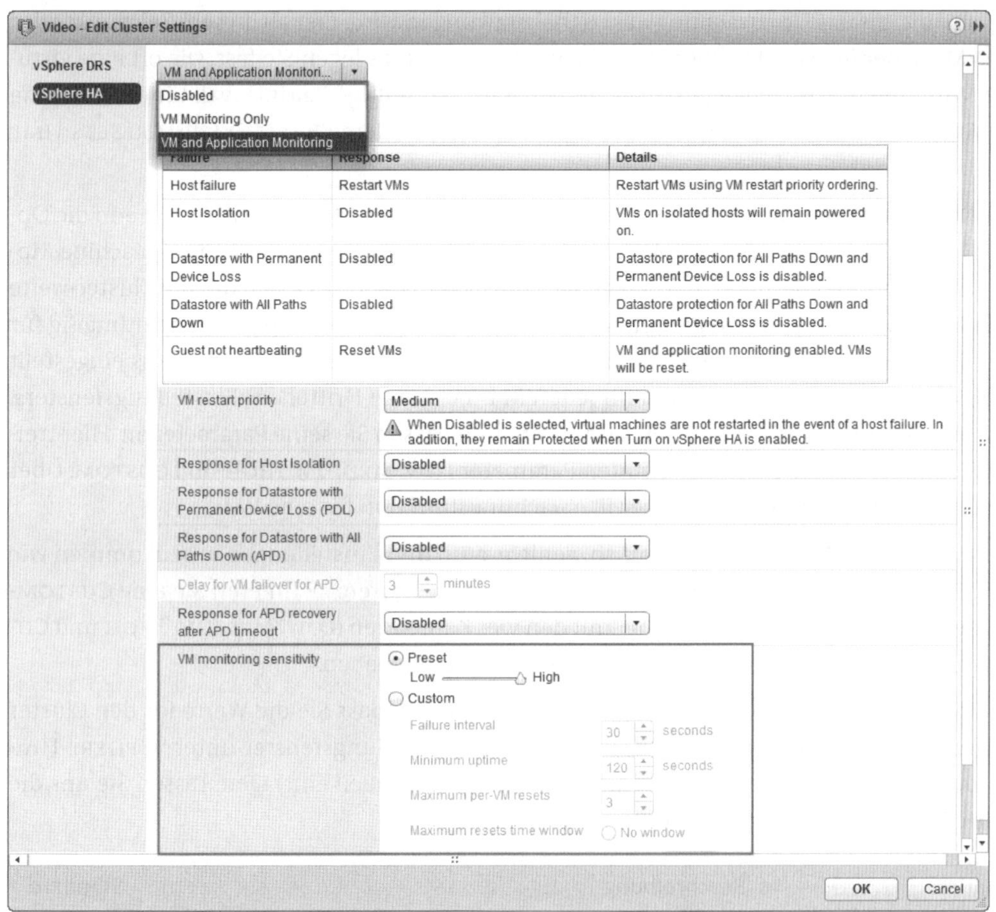

Abbildung 14.18 Konfiguration des VMM

Mit dem Regler lassen sich drei mögliche Parametrierungen einstellen (siehe Tabelle 14.5).

Monitoring Sensitivity	Failure Interval	Minimum Uptime	Maximum per-VM Resets	Maximum Resets Time Window
LOW	120 Sekunden	8 Minuten	3	7 Tage
MIDDLE	60 Sekunden	4 Minuten	3	1 Tag
HIGH	30 Sekunden	2 Minuten	3	1 Stunde

Tabelle 14.5 Überwachungsparameter des VMM

Das FAILURE INTERVAL gibt an, wie lange die Bedingung erfüllt sein muss, bevor ein Fehler angezeigt wird. Die MINIMUM UPTIME bezeichnet ein Zeitintervall, das nach dem Start der

VM abläuft, bis das Überwachungstaktsignal erzwungen wird. Erst ab diesem Zeitpunkt wird die VM wieder überwacht. Über MAXIMUM PER-VM RESETS legen Sie fest, wie oft eine virtuelle Maschine maximal neu gestartet werden darf. Das gültige Zeitintervall für die Messung der Anzahl der Reboots ist die Einstellung, die sich hinter dem Wert MAXIMUM RESETS TIME WINDOW verbirgt.

Der Neustart des virtuellen Servers im Falle eines Fehlers erfolgt automatisch, wenn die Option in der Konfiguration des VMM aktiviert wurde. Die Optionen des Virtual Machine Monitorings sind jetzt definiert. Bei den genannten Regeln handelt es sich um die Cluster-weite Standardeinstellung für den gesamten HA-Cluster. Diese Einstellung gilt standardmäßig für *alle* virtuellen Maschinen des Clusters. Sollen einige der virtuellen Server anders eingestellt sein, konfigurieren Sie das einzeln für jede VM im unteren Drittel des Einstellungsfensters. Wählen Sie einfach einen virtuellen Server aus, und passen Sie seine Parameter an. Hier treffen Sie wieder auf die bereits bekannten Parameter LOW, MEDIUM, HIGH und CUSTOM. Über den Wert NONE deaktivieren Sie die Überwachungsfunktion für eine VM.

Wir raten Ihnen: Versuchen Sie, mit so wenig granularen Einstellungen auszukommen wie möglich. Es geht sonst einfach die Übersichtlichkeit verloren. Definieren Sie eine CUSTOM-Einstellung, und versuchen Sie dann, mit den vier Kategorien (LOW, MEDIUM, HIGH und CUSTOM) zurechtzukommen, die Sie danach zur Verfügung haben.

Der Vollständigkeit halber möchten wir noch erwähnen, dass Sie die Werte für den Cluster auch anders manipulieren können, indem Sie im Einstellungsfenster unter VSPHERE HA • ADVANCED OPTIONS die Werte für die Einstellungen manuell eintragen. Lassen Sie uns die Werte in Tabelle 14.6 kurz erläutern.

Option	Beschreibung	Standard
CLUSTERSETTINGS	Sollen die Cluster-Einstellungen oder die Einstellungen der VM genutzt werden?	Cluster
ENABLED	Ist der Service aktiviert?	Nein
FAILUREINTERVAL	Definiert, wie lange eine VM maximal nicht antworten darf, bevor sie auf »fehlerhaft« gesetzt wird.	30 Sek.
MAXFAILURES	Anzahl der Fehler, die im MAXFAILUREWINDOW auftreten dürfen, bevor die Überwachung eingestellt wird	3
MAXFAILUREWINDOW	Anzahl von Sekunden, in denen MAXFAILURE auftreten darf, bevor die Überwachung eingestellt wird	1 Sek.
MINUPTIME	Zeit in Sekunden, die der Server benötigt, um neu zu starten. Für dieses Zeitintervall wird die Überwachung ausgesetzt.	120 Sek.

Tabelle 14.6 Virtual Machine Monitoring – »Advanced Options«

Mit dem VMM können Fehlfunktionen in einem virtuellen Server abgefangen werden. Als Beispiel sei hier der allseits bekannte Bluescreen genannt. Ein solcher Missstand ließe sich mit dem VMM beheben. Es besteht durchaus die Option, mit dieser Funktion die Verfügbarkeit von virtuellen Maschinen zu erhöhen. Kommt eine Fehlfunktion in einer VM öfter vor, sodass VMM einen Systemneustart durchführt, sollten Sie genau analysieren, warum das so ist. Sie können davon ausgehen, dass in diesem Fall ein Fehler in der VM vorliegt, der selbstverständlich behoben werden muss. Die Zuverlässigkeit der Funktion lässt sich im Grunde genommen sehr einfach testen: Halten Sie einfach die *VMware Tools* im laufenden Betrieb an. Die Verbindung des Taktsignals reißt ab, und die Maschine wird nach dem festgesetzten Intervall neu gestartet.

14.4 Fault Tolerance

Fault Tolerance ist eine Technologie von VMware, die mit der Version vSphere 4.x neu eingeführt wurde. Sie dient zur unterbrechungsfreien Bereitstellung eines Server-Dienstes.

Die Funktionsweise und die Voraussetzungen von VMware Fault Tolerance haben wir in Kapitel 4, »Cluster«, näher beschrieben.

14.5 vSphere Replication

vSphere Replication ist eine Funktion, die VMware mit vSphere 5.1 integriert hat. Sie dient zur Replikation von virtuellen Maschinen.

Die Replikation wird direkt über das Kontextmenü der Virtuellen Maschine eingerichtet und zwar über ALL vSPHERE REPLICATION ACTIONS • CONFIGURE REPLICATION. Danach öffnet sich ein Wizard, der Sie durch die Konfiguration führt (siehe Abbildung 14.19).

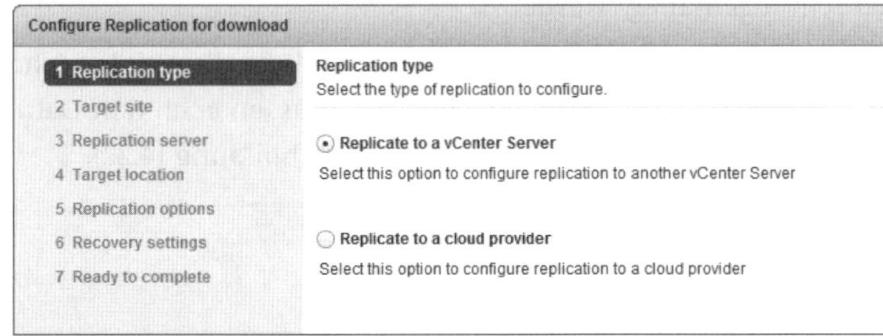

Abbildung 14.19 Festlegen des Replikationstyps

Alles beginnt mit der Festlegung des Replikationstyps. Sie müssen hier entscheiden, ob die Replikation zu einem vCenter-Server oder in die Cloud erfolgt. Danach legen Sie das Ziel für die Replikation fest (siehe Abbildung 14.20). Das Ziel kann auch identisch mit dem Quell-vCenter sein.

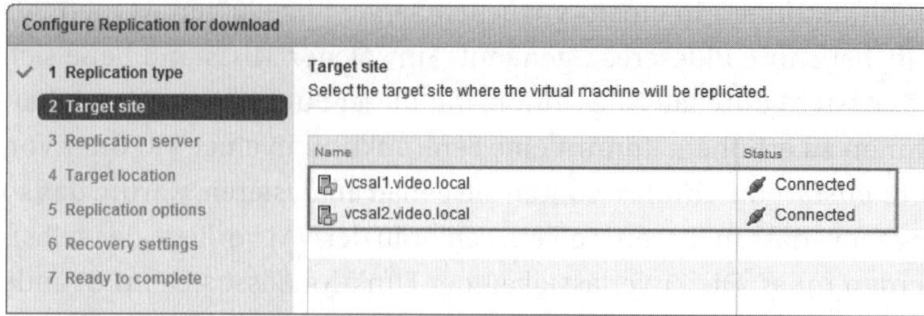

Abbildung 14.20 Auswahl des Ziel-vCenters

In der Übersicht können Sie direkt auch den Status des vCenters sehen und somit auch feststellen, ob eine Replikation stattfinden kann.

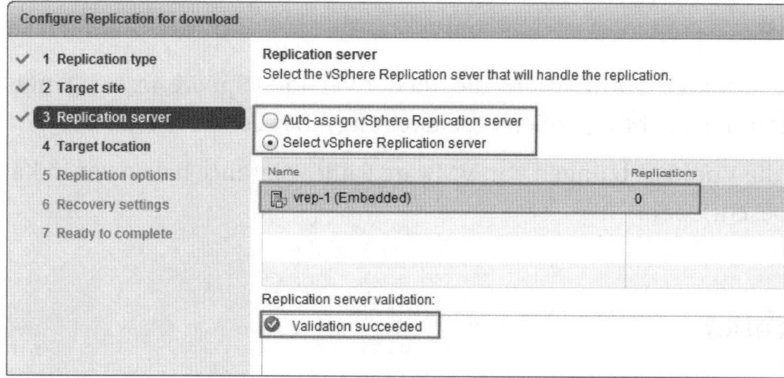

Abbildung 14.21 Zuordnung des Replikationsprozesses zur Replikations-Appliance

Die Replikation einer virtuellen Maschine muss einer Replikations-Appliance fest zugeordnet werden. Das geschieht im Dialog aus Abbildung 14.21. Hier sehen Sie alle dem vCenter zugeordneten Replikationseinheiten, und zusätzlich wird darüber informiert, wie viele Replikationen von dieser Einheit schon gemanagt werden.

Die Auswahl der Einheit kann manuell oder automatisch erfolgen. Für die erfolgreiche Durchführung reicht es nicht aus, das Ziel-vCenter anzugeben. Sie müssen auch den Datastore auswählen, auf dem das Replikat gespeichert werden soll (siehe Abbildung 14.22).

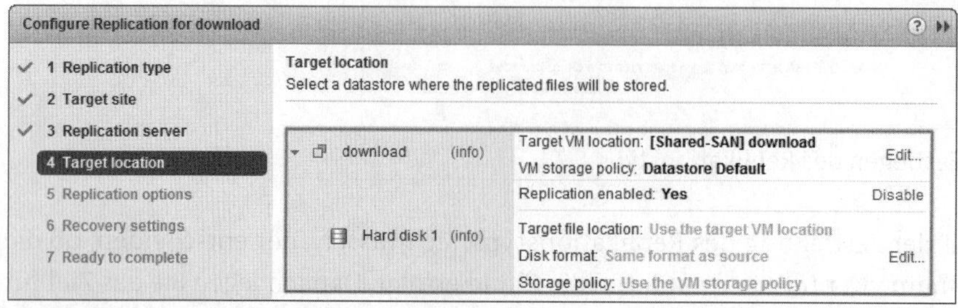

Abbildung 14.22 Festlegung des Ziel-Datastores

Zur Optimierung des Replikationsergebnisses ist es möglich, die Datenübertragung zu komprimieren. Zusätzlich oder alternativ kann das Filesystem vor der Replikation beruhigt werden (siehe ENABLE QUIESCING in Abbildung 14.23). Letzteres kann aber unter Umständen zu Ausfallzeiten führen.

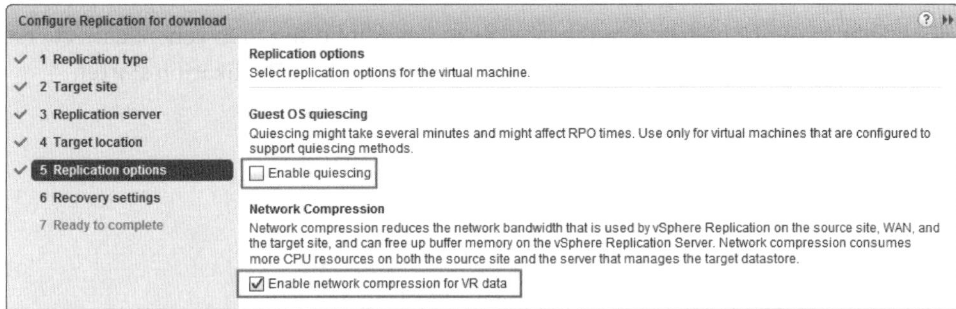

Abbildung 14.23 Festlegen der Replikationsoptionen

Anders als bei einer Spiegelung wird bei einer Replikation bewusst auf die absolute Aktualität des Replikats verzichtet. Die Zeiteinstellungen finden Sie im Dialog aus Abbildung 14.24.

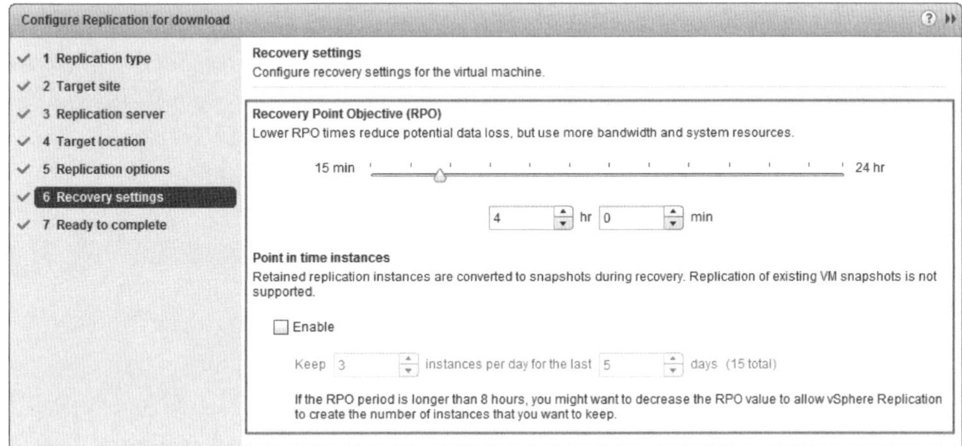

Abbildung 14.24 Festlegung der Replikationsparameter

Der Wert für das RECOVERY POINT OBJECTIVE (RPO) kann minimal 15 Minuten annehmen und maximal 24 Stunden. Das RPO entspricht dem Zeitfenster, um das die replizierte Maschine dem Original »hinterherhinkt«. Es wird hier das zeitliche Delta zwischen Original und Kopie definiert. Der zweite hier einstellbare Parameter ist der Wert für POINT IN TIME INSTANCES. Damit können Sie definieren, wie viele Snapshots einer replizierten Maschine das System aufbewahren soll.

Hinweis

Es handelt sich hier um replikationseigene Snapshots. Auf klassische Weise erstellte Snapshots werden nicht repliziert.

Sie können jetzt in der Übersicht der RECENT TASKS aus Abbildung 14.25 sehen, dass zuerst die VM für die Replikation eingerichtet wird und anschließend die Replikation startet.

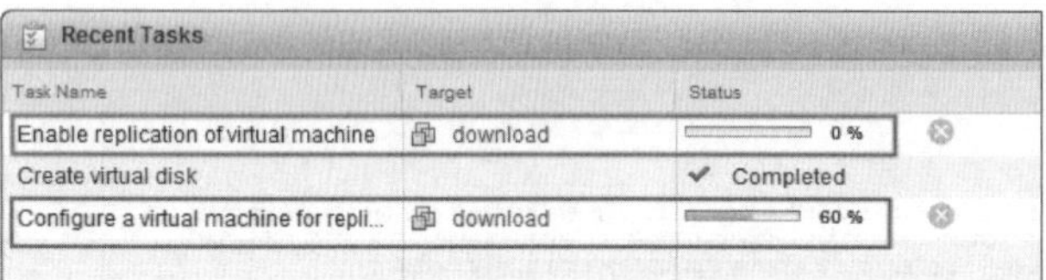

Task Name	Target	Status
Enable replication of virtual machine	download	0 %
Create virtual disk		Completed
Configure a virtual machine for repli...	download	60 %

Abbildung 14.25 Arbeitsschritte für die Aktivierung der Replikation

Ist eine VM für die Replikation aktiviert worden, so erweitert sich das Kontextmenü um einige weitere Menüpunkte (siehe Abbildung 14.26).

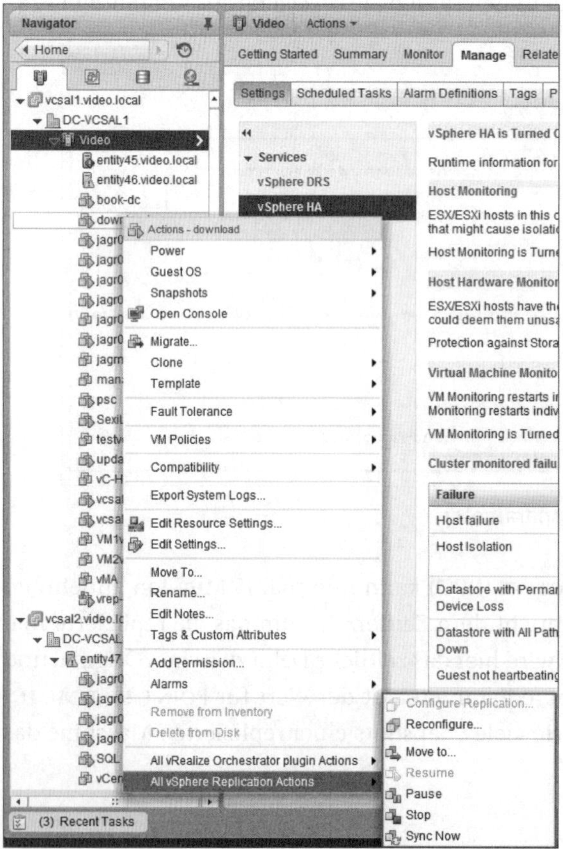

Abbildung 14.26 Kontextmenü einer VM mit aktivierter Replikation

Die Auswahlpunkte sprechen für sich. Mit ihnen können Sie die Replikation steuern bzw. die Replikation umkonfigurieren.

14.5.1 Aktivierung des Replikats

Jede Replikation ist ja eine schöne Sache, aber wie können Sie eine replizierte VM wieder in Betrieb nehmen, wenn es mit der originalen Maschine Probleme gegeben hat? Das geht relativ einfach, aber nur auf dem Ziel-vCenter-Server (siehe Abbildung 14.27).

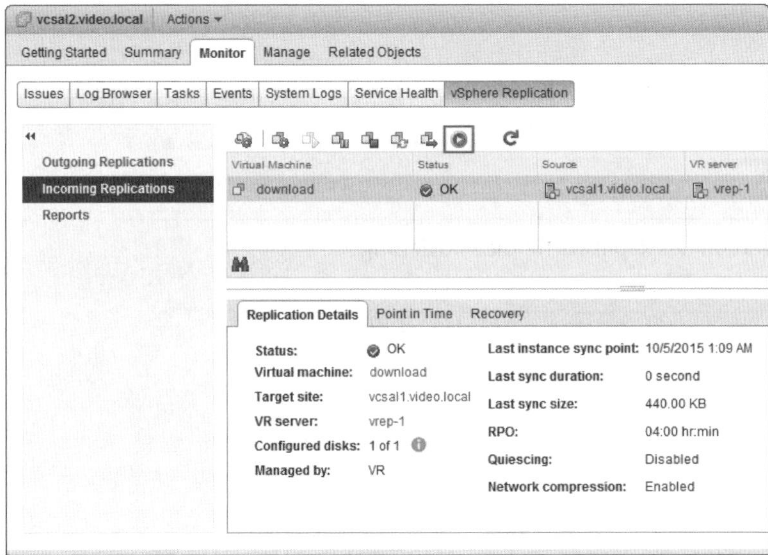

Abbildung 14.27 Aktivierung des Replikats

Gehen Sie für die Aktivierung eines Replikats auf das Ziel-vCenter-System. Dort finden Sie auf dem Reiter MONITOR die Auswahl VSPHERE REPLICATION. Wenn Sie jetzt auf die Auswahl INCOMIMG REPLICATIONS wechseln und dann eine replizierte VM auswählen, können Sie sie aktivieren: entweder über das Kontextmenü oder über das rote Icon mit dem weißen Pfeil in der Mitte.

Nach dem Aufruf startet erneut ein Wizard, der Sie durch die einzelnen Arbeitsschritte führt.

Schauen Sie sich zunächst die Meldung ganz unten in Abbildung 14.28 an. Dort wird angezeigt, dass das Replikat nicht aktiviert werden kann, weil die Master-Maschine noch aktiv ist.

Außerdem haben Sie in diesem Dialog zwei weitere Auswahlmöglichkeiten. Sie können eine erneute Synchronisierung durchführen, was aber eine aktive Master-VM voraussetzt, oder Sie nutzen die letzten Synchronisationsdaten.

Die Festlegung des Zielordners nehmen Sie als Nächstes vor (siehe Abbildung 14.29).

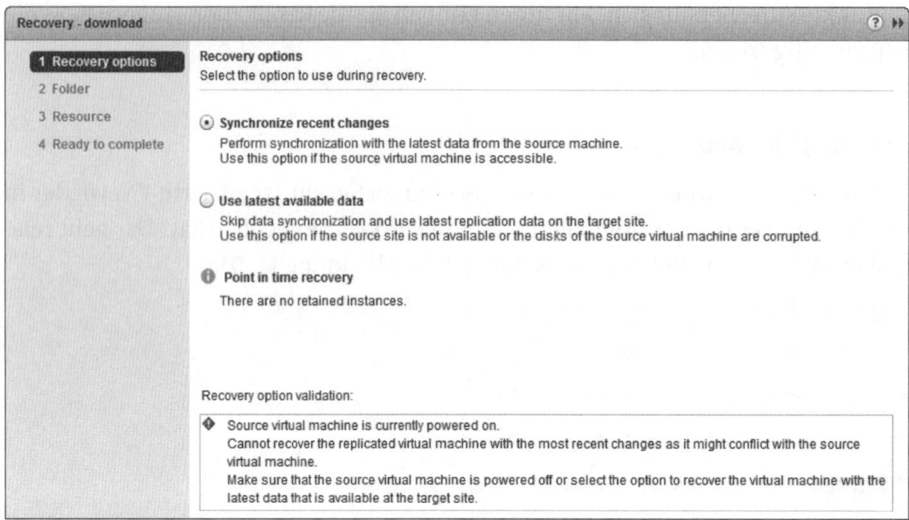

Abbildung 14.28 Konfiguration des Replikats für die Aktivierung

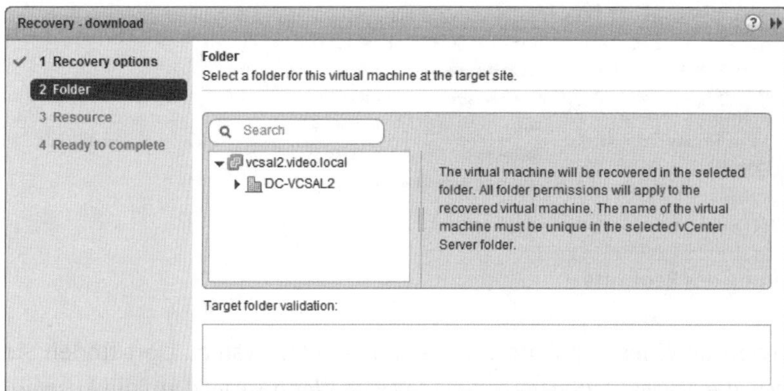

Abbildung 14.29 Festlegung des Zielordners

Natürlich möchte das System noch wissen, auf welcher Host-Ressource die VM bereitgestellt werden soll. Und abschließend legen Sie fest, ob nach der Wiederherstellung die VM gestartet werden soll.

Sie sehen, die Einrichtung der Replikation ist nicht kompliziert. Bedenken Sie aber bitte, dass eine Replikation Bandbreite benötigt.

Kapitel 15
Virtuelle Maschinen

In diesem Kapitel behandeln wir virtuelle Maschinen – von den Grundlagen bis hin zur Erstellung, zur Konfiguration und zum Betrieb.

Autor dieses Kapitels ist Jan Große, Login Consultants Germany GmbH
jgrosse@vpantheon.com

15.1 Grundlagen

In diesem Kapitel erhalten Sie einen Überblick darüber, was virtuelle Maschinen sind, aus welchen Bestandteilen sie sich zusammensetzen und welche Konfigurationsmöglichkeiten Sie Ihnen bieten.

15.1.1 Virtuelle Hardware

Die virtuelle Hardware ist die Basis einer virtuellen Maschine. Ähnlich wie bei physikalischer Hardware werden in ihr diverse Parameter der virtuellen Maschine bestimmt. Jedoch gibt es den großen Vorteil, dass sich viele Eigenschaften der virtuellen Hardware durch eine Änderung in der Konfiguration anpassen und somit ohne Eingriff in die physische Hardware ändern lassen.

Virtuelle Hardwareversion

Bevor Sie sich mit den virtuellen Komponenten befassen, müssen Sie sich um die Version der virtuellen Hardware kümmern. Sie definiert die Möglichkeiten der virtuellen Hardware. Dazu zählen Komponenten, Maxima und Konfigurationsmöglichkeiten. Die Releases der virtuellen Hardwareversion erscheinen häufig in Kombination mit großen Releases von VMware. Sie werden allerdings nicht standardmäßig eingespielt. Stattdessen müssen Sie bestehende virtuelle Maschinen entweder von Hand oder mithilfe einer Regel upgraden.

Mit VMware vSphere 6.0 ist die virtuelle Hardware mit der Versionsnummer 11 aktuell. In Tabelle 15.1 sehen Sie, welche virtuellen Hardwareversionen derzeit von den gelisteten vSphere-Versionen unterstützt werden.

Virtuelle Hardwareversion	Unterstützte Basis
11	ESXi 6.x
10	ESXi 5.5
9	ESXi 5.1
8	ESXi 5.0
7	ESXi/ESX 4.x
4	ESX 3.x
3	ESX 2.x

Tabelle 15.1 Virtuelle Hardwareversionen

Eine vollständige Liste der virtuellen Hardwareversionen und zusätzliche unterstützte Produkte, wie zum Beispiel VMware Workstation, finden Sie unter *http://kb.VMware.com/kb/1003746*.

Die Hardwareversion der virtuellen Maschine darf nicht höher sein, als die höchste vom ESX(i)-Host unterstütze Version, die ihr in Tabelle 15.1 zugeordnet ist. So ist es zum Beispiel nicht möglich, eine virtuelle Maschine mit der Hardwareversion 11 auf einem ESXi 5.5 zu starten, da dort maximal die Hardwareversion 10 unterstützt wird. Anders herum laufen virtuelle Maschinen mit der Hardwareversion 10 auf einem ESXi 6.0.

Die virtuelle Hardware bestimmt auch die maximal unterstützten Eigenschaften einer virtuellen Maschine. In Tabelle 15.2 sehen Sie die Werte der Version 11.

Hardware	Maximum
Arbeitsspeicher (GB)	4080
Logische Prozessoren	128
CPU-Kerne pro Sockel	128
SCSI-Adapter	4
SATA-Adapter	30
Netzwerkkarten	10
Video-Speicher (MB)	512
SVGA-Bildschirme	10

Tabelle 15.2 Maxima der virtuellen Hardwareversion 11

Hardware	Maximum
PCI Passthrough	16
Serielle Schnittstellen	32
Parallele Schnittstellen	3
Floppy-Laufwerke	2

Tabelle 15.2 Maxima der virtuellen Hardwareversion 11 (Forts.)

Neben diesen Maxima sind die folgenden Features mit der Hardwareversion 11 eingeführt worden:

- **vNUMA aware hot-add RAM:** Sind die CPUs einer VM über mehrere NUMA-Knoten verteilt, so wird der via Hot-Add hinzugefügte Arbeitsspeicher über diese Knoten verteilt.
- **WDDM-1.1-Beschleunigung**
- **USB 3.0 xHCI 1.0:** USB-3.0-Unterstützung mit voller Geschwindigkeit
- **Support für virtuelle Grafikkarten wie NVIDIA vGPU:** Mithilfe dieser Technik können nun auch grafikintensive Anwendungen (z. B. CAD-Anwendungen) auf einer virtuellen Maschine laufen.

Darüber hinaus werden in der neuen Version 11 zusätzlich die folgenden Gastbetriebssysteme unterstützt:

- Oracle Unbreakable Enterprise Kernel Release 3 Quarterly Update 3
- Asianux 4 SP4
- Solaris 11.2
- Ubuntu 12.04.05
- Ubuntu 14.04.1
- Oracle Linux 7
- FreeBSD 9.3
- Mac OS X 10.10

Eine vollständige Liste der unterstützten Betriebssysteme finden Sie unter *http://www.VMware.com/resources/compatibility/search.php?deviceCategory=guestos*.

Gastbetriebssystem

Die Art des Gastbetriebssystems kann beim Anlegen festgelegt und im späteren Verlauf verändert werden. Der Typ kann frei gewählt werden. So kann etwa ein Windows ausgewählt werden, obwohl in der VM in Wirklichkeit ein Linux installiert ist. Diese Auswahl hat Auswirkungen auf die mögliche Konfiguration (z. B. auf auswählbare Features bzw. Komponenten).

CPU

Die CPU der virtuellen Maschine bildet eine besondere Ausnahme. Die CPU wird – abgesehen von der Anzahl an Kernen – dem Gastbetriebssystem komplett offengelegt. Zugriffe der VM auf die CPU werden vom Hypervisor direkt (nach einem Scheduling-Prinzip) an die physische CPU weitergeleitet. Die virtuelle Maschine sieht also (sofern nicht via EVC verändert) sämtliche Eigenschaften der CPU, inklusive Typ, Leistung pro Kern etc.

Lediglich die Anzahl der Kerne/CPUs und der Umfang der Features der CPU, die der VM zur Verfügung gestellt werden sollen, können manipuliert werden. Beim Einschränken der Features ist es allerdings nur möglich, Features zu verstecken, um eine Abwärtskompatibilität neuer CPUs zu älteren CPUs serverübergreifend zu ermöglichen. Weitere Informationen zum Thema EVC (*Enhanced vMotion Compatibility*) finden Sie in Kapitel 4, »Cluster«.

Eine wichtige Eigenschaft der virtuellen CPU ist, dass Typ, Befehlssatz sowie der maximale Takt der physischen CPU direkt an die virtuelle Maschine weitergereicht werden. Sollte physisch eine CPU mit einem maximalen Takt von 3 GHz pro Kern verbaut sein, so ist dies auch der maximale Takt, den die virtuelle Maschine sieht. Dieser Wert kann nicht durch Limits oder andere Einstellungen verändert werden. Der Befehlssatz kann durch den Einsatz von EVC, über den Cluster oder per CPU-ID-Maske pro virtueller Maschine eingeschränkt werden.

Bei der Vergabe von virtuellen CPUs an die virtuelle Maschine sollten Sie die physischen Gegebenheiten beachten. In der Regel ist es sinnvoll, die Anzahl vCPUs so klein wie möglich zu halten, um dem Ressourcen-Management des Hypervisors die Arbeit zu erleichtern. Des Weiteren sollten Sie darauf achten, dass die Anzahl der vCPUs pro VM nur in bewusst gewählten Situationen die Anzahl der CPU-Kerne übersteigt, die pro physischem Sockel zur Verfügung stehen.

Arbeitsspeicher

Der Arbeitsspeicher einer virtuellen Maschine muss sich nicht zwingend 1:1 im Arbeitsspeicher des Hypervisors wiederfinden. Verschiedene Mechaniken des Hypervisors versuchen, die Ressource optimal zu managen. Somit kann Arbeitsspeicher in die Swap-Datei auf dem Datastore ausgelagert werden, und es gibt eine Art Deduplizierung für den Arbeitsspeicher namens *Transparent Page Sharing* (TPS). Außerdem kann der Hypervisor im Falle von Engpässen versuchen, durch *Ballooning* Arbeitsspeicher umzuverteilen, der von anderen VMs nicht mehr benötigt wird. Für diesen Mechanismus sind die *VMware Tools* zwingend notwendig.

Beim Konfigurieren des Arbeitsspeichers ist es wichtig zu wissen, dass nicht nur die Ressource Arbeitsspeicher, sondern auch Datastore-Speicher im Rahmen einer Swap-Datei vergeben wird. Die Swap-Datei einer virtuellen Maschine liegt, solange es nicht anders konfiguriert ist, mit im Verzeichnis der virtuellen Maschine und hat die Größe des an die VM vergebenen Arbeitsspeichers abzüglich der Menge an reserviertem Arbeitsspeicher. Die Formel zur Berechnung der Größe der Swap-Datei lautet somit:

Arbeitsspeicher – reservierter Arbeitsspeicher = Größe der Swap-Datei

Ein einfaches Beispiel:

Eine virtuelle Maschine besitzt 4 GB Arbeitsspeicher und keinerlei Reservierung.

4 GB – 0 GB = 4 GB

Somit ist die Swap-Datei 4 GB groß.

Vergibt man nun eine Reservierung von 1 GB, lautet die Rechnung wie folgt:

4 GB – 1 GB = 3 GB

Die Swap-Datei schrumpft in diesem Fall also um 1 GB.

Dieses Sparpotenzial hat allerdings auch Nachteile. Mit Reservierungen wird man unflexibel und macht es dem Hypervisor schwer bis unmöglich, Ressourcen dynamisch zu verteilen. Man macht sich also mit zu umfangreichen Reservierungen einen der großen Vorteile der Virtualisierung zunichte.

Bei der Planung der virtuellen Infrastruktur sollten diese Werte miteinbezogen werden. In verschiedenen Situationen kann sich die Nutzung von Reservierungen zum Verkleinern der Swap-Datei des VMkernels für die VM als sehr nützlich erweisen.

CD/DVD-Laufwerk

Das virtuelle CD-Laufwerk verhält sich abgesehen von der Kapazität ähnlich wie das Diskettenlaufwerk. CD-Laufwerke können entweder per IDE oder SATA angebunden werden. Einmal verbunden, wird das Laufwerk im Gastbetriebssystem immer angezeigt, egal ob ein Medium eingelegt ist oder nicht. Medien können im ein- und ausgeschalteten Zustand eingelegt sowie auch entfernt werden. Eine Ausnahme stellt hier das Verbinden eines Mediums dar, das über eine Remote-Konsole erfolgt. Dieses Medium kann nur im eingeschalteten Zustand verbunden werden. Folgende Möglichkeiten, ein Medium »einzulegen«, stehen beim virtuellen CD/DVD-Laufwerk zur Verfügung:

- **Clientgerät:** An dieser Stelle stehen zwei Möglichkeiten zur Verfügung. Beide erfordern eine Verbindung via Remote-Konsole zur virtuellen Maschine. Es kann entweder ein physisches Laufwerk oder eine über den Client erreichbare ISO-Datei verbunden werden.
- **Datenspeicher-ISO-Datei:** Bei dieser Option kann eine ISO-Datei, die sich auf einem mit dem ESXi-Host verbundenen Datastore befindet, mit dem virtuellen Laufwerk verbunden werden.
- **CD-Laufwerk des Hosts verbinden:** Das CD-Laufwerk des ESXi-Hosts wird mit dem virtuellen Laufwerk des Gastbetriebssystems verbunden. So kann ein physisches Medium im virtuellen Gastsystem genutzt werden.

Diskettenlaufwerk

Beim virtuellen Diskettenlaufwerk wird eine Komponente in den virtuellen Gast eingebunden, die sich als Diskettenlaufwerk darstellt. Bei der Möglichkeit, ein Medium »einzulegen«, gibt es verschiedene Verfahren. Solange das Diskettenlaufwerk verbunden ist, steht es im Gast zur Verfügung. Medien können sowohl im ausgeschalteten als auch im eingeschalteten Zustand hinzugefügt oder entfernt werden. Folgende Möglichkeiten stehen Ihnen zur Verfügung, um ein Medium einzubinden:

- **Client-Device:** Sie verbinden eine *.flp*-Datei über eine Remote-Konsolenverbindung mit der VM.
- **Disketten-Image auf Datenspeicher:** Sie verbinden ein *.flp*-Image mit dem virtuellen Diskettenlaufwerk. Dabei befindet sich das *.flp*-Image auf einem Datastore, der mit dem ESXi-Host verbunden ist.
- **Diskettenlaufwerk des Hosts verbinden:** Sie verbinden das Medium, das sich im Diskettenlaufwerk des ESXi-Hosts befindet, mit der VM.

Festplattencontroller

Um einer VM Festplatten zuweisen zu können, benötigen Sie mindestens einen Festplattencontroller. Es gibt verschiedene Typen von Festplattencontrollern, und beim Erstellen einer VM wird abhängig von dem Betriebssystem, das Sie in der VM-Konfiguration ausgewählt haben, ein Controllertyp eingebunden.

Der Controller kann bei Bedarf entweder entfernt und durch einen anderen Controller ersetzt oder durch weitere Controller ergänzt werden. Bei einem solchem Tausch sollten Sie vor allem darauf achten, dass der Controller sowohl kompatibel ist als auch unterstützt wird und dass der entsprechende Treiber im Gastbetriebssystem installiert ist. Eine solche Konfiguration kann zum Beispiel sinnvoll sein, um virtuellen Maschinen einen zusätzlichen paravirtualisierten Adapter zuzuordnen, der bei Applikationen mit hohen Durchsatzraten ideal ist.

Es gibt folgende Typen von Festplattencontrollern:

- **PVSCSI:** ein paravirtueller SCSI-Controller. Er wurde entwickelt, um möglichst wenig Last auf der CPU des Hypervisors zu erzeugen, und bietet bestmögliche Performance. Vor einem Einsatz dieses Controllers sollte sichergestellt werden, dass das Gastbetriebssystem über den entsprechenden Treiber verfügt. Ansonsten muss das Gast-OS zuerst unter der Verwendung eines anderen Controllers installiert und der Controller-Typ nach der Installation der VMware Tools (und somit auch der Treiber) auf PVSCSI geändert werden.
- **LSI Logic SAS:** ein ebenfalls sehr performanter Adapter
- **LSI Logic Parallel:** eines der Urgesteine der virtuellen SCSI-Controller; auch bekannt unter dem Namen »LSI Logic«. Dank der Queue-Länge von 32 und der breiten Verfügbarkeit von Treibern ist dieser Controller eine häufig gewählte Variante.

- **BusLogic:** ebenfalls eines der Urgesteine der virtuellen SCSI-Controller. Die meisten alten Betriebssysteme (etwa ein Windows 2000) können diesen Controller nutzen. Aufgrund seiner Queue-Länge von 1 ist die Performance allerdings stark limitiert. Dieser Controller sollte nach Möglichkeit nicht mehr benutzt werden.
- **AHCI SATA:** Ein SATA-Controller, der seit der virtuellen Hardwareversion 10 unterstützt wird. Unterstützte Betriebssysteme sind Windows Vista und aufwärts, Linux ab der Kernel-Version 2.6.29 und Mac-Betriebssysteme.

Festplatten

Die Festplatte einer virtuellen Maschine liegt auf einem Datastore, der an den Hypervisor angebunden ist. Es gibt dabei verschiedene Modi und Eigenschaften, die beachtet werden müssen.

- **Festplattenmodus**: Es gibt drei verschiedene Festplattenmodi, die zur Auswahl stehen:
  - **Abhängig:** Festplatten in diesem Modus werden wie normale Festplatten behandelt. Änderungen auf ihnen werden sofort geschrieben, und sie werden in Snapshots berücksichtigt.
  - **Unabhängig – dauerhaft:** In diesem Modus werden Änderungen ebenfalls sofort und dauerhaft geschrieben, sie werden allerdings nicht in Snapshots berücksichtigt.
  - **Unabhängig – nicht dauerhaft:** Dieser Modus, auch *Kiosk Mode* genannt, verwirft Änderungen auf der Festplatte bei einem Herunterfahren oder beim Wiederherstellen eines Snapshots der VM.
- **Provisionierung**: Bei der Provisionierung wird festgelegt, wie die Datendatei der VM sich verhalten soll. Es gibt insgesamt drei verschiedene Möglichkeiten:
  - **Thin Provisioning:** Thin Provisioning bedeutet, dass es zwar aus der virtuellen Maschine heraus so aussieht, als wäre die Festplatte tatsächlich so groß wie konfiguriert, auf dem Datastore hingegen wird nur der Speicherplatz verbraucht, den die Maschine tatsächlich benötigt. Dieser verbrauchte Speicherplatz wird bei ansteigendem genutzten Plattenplatz in der VM erhöht. Beachten Sie, dass der Betrieb solcher Systeme eine stetige Überwachung des genutzten Plattenplatzes bzw. große Puffer voraussetzt, da bei einem rasanten Anstieg des genutzten Plattenplatzes vieler virtueller Maschinen (etwa bei einem Patch-Day oder beim Rollout von Software) schnell der gesamte genutzte Plattenplatz steigt und Datastores somit zulaufen können.
  - **Thick Provisioning Eager Zeroed:** Beim Thick Provisioning Eager Zeroed wird der für die VM konfigurierte Festplattenplatz auf dem Datastore komplett in Beschlag genommen und anschließend einmalig mit Nullen vollgeschrieben, bevor er genutzt werden kann. Dieser Vorgang kann einige Zeit in Anspruch nehmen.
  - **Thick Provisioning Lazy Zeroed:** Beim Thick Provisioning Lazy Zeroed wird – anders als beim Eager-Zeroed-Verfahren – der Plattenplatz nur in Beschlag genommen, aber

zunächst nicht mit Nullen gefüllt. Dies passiert erst bei der Nutzung der Bereiche und kann eine Latenz im Vergleich zum Eager-Zeroed-Verfahren bedeuten. In vielen Fällen ist dieser Unterschied so verschwindend gering, dass er vernachlässigt werden kann.

- **RAW-Device-Mappings**: RAW-Device-Mappings (RDM) stellen eine große Ausnahme dar, was den Aufbau angeht. RAW-Device-Mappings sollten nur verwendet werden, wenn es besondere Anforderungen gibt, die nur durch RDMs umsetzbar sind. RAW-Device-Mapping bedeutet, dass eine virtuelle Maschine nicht auf einem geteilten Datastore abgelegt wird, sondern dass Sie exklusiven Zugriff auf eine LUN oder eine Festplatte im Hypervisor bekommen. RAW-Device-Mappings können entweder im physischen oder virtuellen Modus erstellt werden. Der physische Modus hat den Vorteil, dass direkt auf die LUN zugegriffen wird und dies somit SAN-Aware-Anwendungen zugutekommt. Diese Art der Verwendung hat allerdings auch den Nachteil, dass – anders als beim virtuellen Modus – ein Klonen oder eine Umwandlung in ein Template der virtuellen Maschine nicht möglich ist. Ebenso ist die Verwendung von Snapshots auf einem physischen RDM nicht möglich. Der virtuelle Modus eines RAW-Device-Mappings bietet eine erhöhte Flexibilität. So können Sie entscheiden, ob die Änderungen auf der Festplatte dauerhaft geschrieben oder nach einem Neustart der VM verworfen werden sollen, und Sie können Snapshots anlegen und die Maschine klonen.

Netzwerkkarten

Um einen Zugriff auf die VM und natürlich auch die Kommunikation von der VM mit anderen Systemen zu ermöglichen, ist natürlich mindestens ein Weg erforderlich, um mit dem Netzwerk zu kommunizieren. Für diesen Zweck bietet VMware verschiedene virtuelle Netzwerkkarten an. Typischerweise kommen heutzutage die Typen E1000, VMXNET3 und SR-IOV zum Einsatz. Darüber hinaus gibt es aber noch verschiedene andere.

Anbei der Vollständigkeit halber die vollständige Liste der existierenden virtuellen Netzwerkkarten:

- **E1000:** Die E1000 ist eine virtuelle Emulation der *Intel 82545EM*-Gigabit-Netzwerkkarte. Sie hat den Vorteil, dass viele Betriebssysteme bereits bei der Installation den passenden Treiber an Bord haben und somit sofort eine Netzwerkverbindung aufgebaut werden kann. Windows ab Server 2003 (32 Bit), XP Professional 64 Bit und Linux ab der Kernel-Version 2.4.19 bringen den notwendigen Treiber schon in der Standardinstallation mit.
- **E1000e:** eine emulierte Variante der *Intel Gigabit NIC 82574*. Diese Version der NIC ist seit der virtuellen Hardware 8 verfügbar und wird standardmäßig ab Windows 8 verwendet. Für Linux hingegen ist E1000e nicht über das User Interface auswählbar.
- **VMXNET:** der erste Adapter der VMware-VMXNET-Reihe. Diese Netzwerkkarten haben kein physisches Gegenstück und fallen unter die Kategorie der Paravirtualisierung. Es ist zwingend notwendig, die VMware Tools und somit die darin für die VMXNET-Karten enthaltenen Treiber im Gastbetriebssystem zu installieren, um sie verwenden zu können.

- **VMXNET 2 (Enhanced):** eine erweiterte Variante der VMXNET. In dieser Version gibt es vor allem Performance-Erweiterungen, etwa die Unterstützung für Jumbo Frames und Hardware-Offload. Diese Netzwerkkarte kann ab der ESX-Version 3.5 eingesetzt werden. Wie bei der VMXNET muss der entsprechende Treiber über die VMware Tools installiert werden, um sie nutzen zu können.
- **VMXNET 3:** Die VMXNET 3 ist, anders als der Name es vermuten lassen könnte, *keine* Erweiterung der VMXNET2 oder VMXNET. Sie ist ein paravirtualisierter Netzwerkadapter, dessen Fokus vor allem auf Performance liegt. Sie wird ab der virtuellen Hardwareversion 7 unterstützt, und wie die VMXNET und die VMXNET2 funktioniert sie nur in Verbindung mit den entsprechenden Treibern aus den VMware Tools. Der Funktionsumfang ist identisch mit dem der VMXNET 2. Hinzu kommen Funktionen wie Multiqueue-Unterstützung und IPv6-Offload.
- **Vlance:** Vlance ist die virtuelle Nachbildung der *AMD 79C970 PCnet32-LANCE NIC*. Es ist eine recht in die Jahre gekommene Variante eines NIC mit einem maximalen Durchsatz von 10 Mbps. Treiber sind in den meisten 32-Bit-Betriebssystemen bis Windows Vista und aufwärts verfügbar.
- **Flexible:** Diese Netzwerkkarte stellt einen Hybriden dar. Beim Booten verhält sie sich wie eine Vlance-NIC, nach dem Bootvorgang (installierte VMware Tools vorausgesetzt) wird sie dann in eine VMXNET-NIC umgeschaltet.
- **SR-IOV Passthrough:** Seit der vSphere 5.1 wird Single-Root-I/O-Virtualisierung (SR-IOV) in Verbindung mit Intel-Prozessoren unterstützt. Ab der Version 5.5 funktioniert SR-IOV ebenfalls mit AMD-Prozessoren. SR-IOV wird für virtuelle Gastsysteme empfohlen, die einen hohen Datendurchsatz haben oder empfindlich sind, was die Latenzzeiten betrifft. Bei der Verwendung von SR-IOV werden die Zugriffe der virtuellen Maschine auf das Netzwerk direkt an die Netzwerkkarte gesendet. Der Netzwerkverkehr wird also nicht über den VMkernel geleitet. So kann ein großer Teil der CPU-Last auf dem Hypervisor, der durch Netzwerkzugriffe der VM provoziert wird, vermieden werden, und die Latenz wird verbessert. Wenn Sie planen, SR-IOV zu verwenden, achten Sie darauf, dass sowohl der Hypervisor als auch die Gast-VM den entsprechenden NIC unterstützen. Des Weiteren muss im BIOS des Hypervisors die Funktion I/O-Memory-Management aktiviert sein. Eine Reservierung des Arbeitsspeichers der virtuellen Maschine ist beim Einsatz von SR-IOV ebenfalls empfehlenswert.

15.1.2 Virtuelle Maschinendateien

Die Konfiguration sowie der Inhalt der virtuellen Maschine werden in den im Hypervisor konfigurierten Datastores gespeichert. Eine virtuelle Maschine besteht aus mehreren Dateien, die verschiedene Aufgaben und Inhalte haben. In der klassischen Konfiguration finden sich die Dateien alle auf einem Datastore in einem Verzeichnis wieder. Das Verzeichnis hat den Namen der virtuellen Maschine. Die in dem Verzeichnis enthaltenen Dateien haben ebenfalls den Namen der VM und unterscheiden sich durch Erweiterungen des Namens und unterschiedliche Endungen, die Ihre unterschiedlichen Funktionen widerspiegeln.

Von dieser klassischen Konfiguration kann abgewichen werden. So können zum Beispiel verschiedene Festplatten der virtuellen Maschine auf verschiedenen Datastores untergebracht werden. Dies kann unter anderem aus Platz- oder Performance-Gründen notwendig sein.

Es gibt folgende Dateitypen:

- **.vmx:** die Konfigurationsdatei der virtuellen Maschine. In ihr sind große Teile der Konfiguration festgehalten.
- **.vmxf:** eine zusätzliche Konfigurationsdatei für virtuelle Maschinen in einem Team. Sollte die VM aus dem Team entfernt werden, bleibt diese Datei weiterhin bestehen.
- **.nvram:** Die *.nvram*-Datei speichert Informationen zu BIOS- bzw. UEFI-Einstellungen.
- **flat.vmdk:** die eigentliche Festplatte der VM. In dieser Datei sind die Dateien der VM abgelegt. Sollten mehrere Festplatten existieren, so werden sie durch eine Nummerierung der Dateien unterschieden. Das Format ist »Servername_*Nummer*-flat.vmdk«.
- **.vmdk:** die Beschreibung der Festplatte. Jede angehängte Festplatte hat eine *.vmdk*-Datei, in der die Beschreibung sowie der Name der Festplatte abgelegt sind. Das Namensformat ist, abgesehen von dem »flat.«, identisch zu dem der *flat.vmdk*-Dateien: »Servername_*Nummer*.vmdk«.
- **.vmsn:** die Snapshot-Dateien. In diesen Dateien werden die Änderungen gespeichert, die ab dem Anlegen eines Snapshots anfallen. Sollte die Maschine über mehrere Festplatten verfügen, so wird pro Festplatte jeweils eine Datei angelegt. Sollten mehrere Snapshots angelegt werden, so werden diese durch fortlaufende Nummern unterschieden. Das Namensformat sieht wie folgt aus: »Servername-Snapshot*Nummer*.vmsn«.
- **.vmsd:** die Snapshot-Beschreibung. In ihr werden verschiedene Informationen zu den entsprechenden Daten eines Snapshots festgehalten, unter anderem IDs und Informationen zum Weg der Snapshot-Kette für einen Snapshot. Um den Weg einer Snapshot-Kette nachvollziehen zu können, müssen die Informationen sämtlicher Snapshot-Beschreibungen miteinander kombiniert werden.
- **.vswp:** Dies ist die Swap-Datei der virtuellen Maschine. Ihre Größe ist identisch mit der Größe des Arbeitsspeichers abzüglich der Menge des Arbeitsspeichers, der für die Maschine reserviert ist. Sie dient dem Hypervisor zum Auslagern des Arbeitsspeichers. Auch wenn das Auslagern des Arbeitsspeichers eher eine Ausnahme darstellen sollte, wird diese Datei immer angelegt. Dies sollte bei der Planung berücksichtigt werden.
- **.log:** Bei dieser Datei ist der Name zugleich auch die Funktion. Sie enthält Log-Einträge zur VM selbst. Sie stellt eine Ausnahme dar, was den Namen angeht. Sie heißt unabhängig vom Namen der VM immer »VMware.log«. Nach einem Power On bzw. Power Off wird sie rotiert. Die aktuelle Datei ist immer die »VMware.log«, und sie wird bei einer Rotation

dann zur »VMware-*Nummer*.log« umbenannt. Bei der nächsten Rotation wird diese Nummer dann entsprechend erhöht. Da die Dateien in der Standardkonfiguration nur bei einem Power Off/On rotiert werden, kann es passieren, dass sie aufgrund von hoher Laufzeit der VM und/oder aufgrund von Fehlern auf eine nicht zu unterschätzende Größe wachsen. Es gibt Angriffsszenarien, in denen bewusst Fehler provoziert werden, um Einträge in der *VMware.log*-Datei auszulösen und somit die Datastores zum Volllaufen zu bringen. Um ein solches Worst-Case-Szenario zu vermeiden, empfiehlt es sich, eine maximale Größe für die Log-Datei festzulegen. Dies kann durch Anpassen bzw. Einfügen des Parameters `log.rotateSize = **Größe in Bytes**` in der *.vmx*-Datei der VM geschehen. Weitere Informationen zu Parametern bezüglich der *VMware.log*-Dateien finden Sie unter *http://kb.VMware.com/kb/8182749*.

- **.vmss:** In dieser Datei wird der Arbeitsspeicher einer virtuellen Maschine gespeichert, die angehalten (*suspended*) wird.

Hinweis

Wird eine virtuelle Maschine umbenannt, so behalten sowohl die Ordner als auch die Dateien der VM den alten Namen. Die Namen werden erst bei einem nachgelagerten Storage vMotion auf den neuen VM-Namen aktualisiert.

15.1.3 VMware Tools

Die *VMware Tools* sind eine Sammlung von Applikationen und Treibern, die in einer virtuellen Maschine installiert werden. Sie verbessern die Performance der VM, schaffen die Möglichkeit, Geräte zu nutzen, indem sie die entsprechenden Treiber zur Verfügung stellen, und bieten eine Kommunikationsschnittstelle zum Management. Mehr Informationen zu den VMware Tools finden Sie in Abschnitt 15.12, »VMware Tools«.

15.2 Konfiguration der virtuellen Hardware

Bei der Konfiguration der virtuellen Maschine finden Sie viele Einstellungsmöglichkeiten. Im Folgenden werden sie der Reihe nach beschrieben. Bitte beachten Sie, dass viele Teile der Konfiguration bereits in Abschnitt 15.1, »Grundlagen«, behandelt wurden. Die Themen Reservierungen, Limits und Shares werden in Abschnitt 15.6, »Ressourcen-Management«, behandelt.

15.2.1 Ändern der Hardware und HotPlug

Zu einer virtuellen Maschine können Komponenten hinzugefügt werden. Ebenso können Komponenten verändert und auch wieder entfernt werden. Für viele Komponenten gilt das sowohl im ausgeschalteten als auch im eingeschalteten Zustand. Im eingeschalteten Zustand wird dieser Vorgang als *HotPlug* bezeichnet. Seit der virtuellen Hardwareversion 8 ist dies auch für Arbeitsspeicher und CPUs möglich. (Eine entsprechende Unterstützung des Gastbetriebssystems ist hierbei zwingend vorausgesetzt.) Mehr zu diesem Thema finden Sie in Abschnitt 15.11, »Konfiguration und Anpassung von virtuellen Maschinen«.

15.2.2 CPU

In den folgenden Abschnitten behandeln wir alles, was Sie im Zusammenhang mit der CPU beachten müssen.

Cores vs. Sockets

Es gibt zwei Möglichkeiten, die im Gastbetriebssystem verfügbaren CPU-Kapazitäten zu bestimmen: über Cores und über Sockets. Die Verteilung hat technisch auf Hypervisor-Ebene keine Auswirkungen. Diese Option dient vielmehr dazu, Anforderungen der Lizenzmodelle verschiedener Softwarehersteller zu bedienen. Die Anzahl CPUs/Kerne pro virtueller Maschine kann die Anzahl physischer CPUs nicht übersteigen. Das Übersteigen der Anzahl der CPU-Kerne einer virtuellen Maschine über die Grenzen einer physischen CPU kann zu Performance-Problemen führen.

HotPlug

Seit der virtuellen Hardwareversion 8 ist das Hinzufügen von CPUs im laufenden Betrieb der VM möglich. Achten Sie bei der Verwendung darauf, dass das verwendete Gastbetriebssystem dieses Feature unterstützt. Beachten Sie, dass bei der Aktivierung von der HotPlug keine Verwendung von vNUMA stattfinden kann. Die virtuelle Maschine erhält somit keine Informationen über die Verwendung von NUMA und kann keine betriebssystem- oder applikationsspezifischen Features für NUMA verwenden. Dieser Zustand kann eine deutliche Verschlechterung der Leistung der virtuellen Maschine mit sich bringen. Sollten Sie auf die Verwendung von vNUMA angewiesen sein, so hilft nur ein Deaktivieren von HotPlug.

CPU-ID-Maske

Mithilfe der CPU-ID-Maske kann, ähnlich wie bei der Verwendung des EVC-Modus in Clustern, eine Kompatibilität der virtuellen Maschine über ESXi-Hosts mit CPUs hergestellt werden, die über verschiedene Feature-Sets verfügen. Diese Einstellungen können nur im ausgeschalteten Zustand der VM geändert werden. Es gibt die Möglichkeit, das NX/XD-Flag (ein Security-Feature auf der CPU) für den Gast ein- bzw. auszublenden. Darüber hinaus können in den erweiterten Einstellungen die Register manuell angepasst werden.

Hardwarevirtualisierung

Mithilfe der Hardwarevirtualisierung werden Virtualisierungsfeatures der CPU für das Gastbetriebssystem sichtbar und nutzbar gemacht. Somit können zum Beispiel Hypervisoren virtualisiert werden. Sie können also ein ESXi in einer virtuellen Maschine installieren.

Leistungsindikatoren

Das Aktivieren der CPU-Leistungsindikatoren kann Entwicklern dabei helfen, Performance-Probleme via Software-Profiling zu identifizieren. Die Mindestvoraussetzung zur Nutzung dieses Features ist der Einsatz von ESXi 5.1 oder höher sowie von Intel-Prozessoren ab der Nehalem-Generation oder von AMD-Prozessoren ab der Greyhound-Generation. Es kann passieren, dass bestimmte Leistungsindikatoren nicht zur Verfügung stehen, wenn Fault Tolerance im Einsatz ist oder wenn das BIOS des ESXi-Hosts selbst Leistungsindikatoren verwendet.

CPU/MMU-Virtualisierung

Mit den Optionen für die CPU/MMU-Virtualisierung kann über die Nutzung der Hardwareunterstützung für CPU und MMU (Memory Management Unit) entschieden werden. Folgende Modi stehen zur Auswahl:

- **Automatisch**: Der Hypervisor legt automatisch aufgrund des Prozessortyps und der virtuellen Maschine einen Modus fest. Je nach Arbeitsauslastung kann sich diese Einstellung negativ auf die Leistung des Systems auswirken.
- **Software-CPU und -MMU**: Es werden softwarebasierte Mittel sowohl für die Verwaltung der CPU als auch der MMU eingesetzt.
- **Hardware-CPU, Software-MMU**: Die Verwaltung der CPU läuft über die CPU-Features, die MMU wird via Software von VMware verwaltet.
- **Hardware-CPU und -MMU**: Sowohl CPU als auch MMU werden über die Hardwareunterstützung betrieben.

Wird eine Auswahl getroffen, die nicht kompatibel zum Hypervisor ist oder anderen Einstellungen widerspricht, so wird sie mit der Einstellung AUTOMATISCH überschrieben.

Processor Scheduling Affinity

Dieses Features steht nur zur Verfügung, wenn die Maschine sich nicht in einem DRS-Cluster befindet. Es bietet die Möglichkeit, die Verteilung der CPUs der virtuellen Maschine manuell zu steuern. Die Affinität kann entweder als Range und oder als Liste angegeben werden. Sie kann also zum Beispiel: »2-6«, »2,3,4« oder »2-3,4,5,6« lauten. Es müssen mindestens so viele Affinitäten angegeben werden, wie virtuelle CPUs in der VM konfiguriert sind.

HT Sharing

Mit der Hyperthreading-Technik ist es möglich, einen physischen CPU-Kern als zwei Kerne auszugeben. Die Leistung wird somit nicht verdoppelt, aber kann besser genutzt werden. Mit der Einstellung HT SHARING kann nun abseits vom Ressourcen-Management festgelegt werden, wie mit dieser virtuellen Maschine im Hinblick auf Hyperthreading verfahren werden soll. Folgende Möglichkeiten stehen zur Verfügung:

- **Any:** Während der Laufzeit kann die virtuelle CPU einer virtuellen Maschine sich den Kern mit anderen virtuellen CPUs dieser Maschine oder anderer virtueller Maschinen teilen.
- **None:** Der CPU-Kern wird zur Laufzeit ausschließlich von der virtuellen CPU der virtuellen Maschine und von keiner anderen genutzt.
- **Internal:** Diese Einstellung tritt nur in Kraft, wenn die VM über genau zwei virtuelle CPUs verfügt. Sollte sie über eine andere Anzahl an CPUs verfügen, so ist das Verhalten genau wie bei der Einstellung NONE. Zur Laufzeit der virtuellen CPU kann sich die virtuelle Maschine den physischen Kern mit der zweiten virtuellen CPU teilen.

15.2.3 Arbeitsspeicher – Memory-HotPlug

Seit der virtuellen Hardwareversion 8 ist das Hinzufügen von Arbeitsspeicher im laufenden Betrieb möglich. Achten Sie bei der Verwendung darauf, dass das verwendete Gastbetriebssystem dieses Features unterstützt. Weitere Informationen zum Thema HotPlug finden Sie in Abschnitt 15.11, »Konfiguration und Anpassung von virtuellen Maschinen«.

15.2.4 SCSI Controller – SCSI-Bus-Sharing

Das SCSI-Bus-Sharing bietet die Möglichkeit, mehrere virtuelle Maschinen auf eine Festplatte zugreifen zu lassen, wie es etwa beim Quorum eines Clusters notwendig sein kann. Es gibt drei verschiedene Modi:

- **Keine**: In diesem Fall können Festplatten, die über diesen Controller verbunden sind, nicht mit anderen virtuellen Maschinen gemeinsam genutzt werden.
- **Virtuell**: Virtuelle Festplatten an diesem Controller können von anderen virtuellen Maschinen genutzt werden, die sich auf dem gleichen ESXi-Host befinden.
- **Physisch**: Diese virtuellen Festplatten können von mehreren virtuellen Maschinen genutzt werden, unabhängig davon, auf welchem ESXi-Host sie sich befinden.

15.2.5 Festplatten

Im Zusammenhang mit Festplatten müssen Sie auf die VM-Speicherrichtlinie und den vFRC achten.

VM-Speicherrichtlinie

Eine Speicherrichtlinie grenzt den wählbaren Storage auf die Datastores ein, die dem jeweiligen Profil entsprechen. Mehr zum Einrichten und Verwalten von VM-Speicherrichtlinien finden Sie in Abschnitt 15.10, »Speicherrichtlinien für virtuelle Maschinen«.

vFlash-Lesecache (vFRC)

Mithilfe des vFlash-Lesecache kann ein Teil der virtuellen Festplatte in einen Cache-Bereich (SSD) des Hypervisors geladen werden, um die Performance beim Lesen der virtuellen Festplatte zu erhöhen. Mindestvoraussetzung zur Nutzung von vFRC (vFlash Read Cache) ist ESXi 5.5. Neben der Größe des zu cachenden Bereichs kann noch eine Block-Größe festgelegt werden. Um die benötigte Block-Größe zu bestimmen, empfiehlt sich eine Analyse der VM mithilfe von Tools wie *vscsiStats*.

15.2.6 Netzwerk – MAC-Adresse

Sie können entweder automatisch eine MAC-Adresse zuordnen lassen oder eine Adresse manuell vergeben. Die automatische Vergabe von MAC-Adressen erfolgt über das vCenter oder direkt über den Host, wenn ein ESXi-Host ohne vCenter betrieben wird.

Die MAC-Adressvergabe über das vCenter setzt sich wie folgt zusammen:

- Die ersten 3 Bytes bestehen aus dem OUI (*Organizationally Unique Identifier*) 00:50:56 von VMware.
- Das Byte 4 errechnet sich aus 80 + vCenter-Server-ID.
- Die Bytes 5 und 6 werden über zufällige Werte vergeben.

Die Vergabe von MAC-Adressen auf einem alleinstehenden ESXi-Host erfolgt auf Basis eines Algorithmus. Der Algorithmus generiert die Adressen wie folgt:

- Die ersten 3 Bytes der MAC-Adresse sind immer der VMware-OUI 00:0C:29. Dieser OUI ist speziell für die Vergabe von MAC-Adressen über ESX(i)-Hosts vorgesehen.
- Die Bytes 4 und 5 werden auf denselben Wert gesetzt, der den letzten 2 Bytes der primären IP-Adresse des Hosts entspricht.
- Das Byte 6 wird über einen Hash generiert, der über den Namen der Konfigurationsdatei der virtuellen Maschine errechnet wird.

Die generierten MAC-Adressen werden vom ESXi-Host nur für eingeschaltete und suspendierte virtuelle Maschinen gespeichert. Es kann also passieren, dass nach einem Neustart die Adresse der virtuellen Maschine wechselt. Die manuelle Vergabe ist hingegen statisch. Die MAC-Adresse bleibt immer auf demselben gesetzten Wert. Bei der manuellen Vergabe sollten Sie beachten, dass die vergebene Adresse bei sämtlichen eingeschalteten, mit dem Netzwerk verbundenen Komponenten nur ein einziges Mal vorkommen sollte.

15.2.7 Video Card

Im Zusammenhang mit der Grafikdarstellung sind folgende drei Punkte zu beachten.

Anzahl der Anzeigen

Hier kann die Anzahl der verfügbaren Anzeigen, also der Bildschirme, konfiguriert werden.

Gesamter Videoarbeitsspeicher

Der für die virtuelle Maschine verfügbare Videoarbeitsspeicher kann ebenfalls konfiguriert werden. VMware liefert in der GUI für die Einstellungen einen *Videoarbeitsspeicher-Rechner* mit. Mithilfe dieses Rechners können Sie bestimmen, wie viel Videospeicher für die zu betreibenden Anzeigen bei einer gewissen Auflösung erforderlich ist.

3D-Einstellungen

Um die Verwendung von 3D-Anwendungn in virtuellen Maschinen zu ermöglichen bzw. zu beschleunigen, können Sie die 3D-Unterstützung für die virtuelle Maschine aktivieren. Es gibt drei unterschiedliche Einstellungen:

- **Automatisch:** Es wird automatisch nach Verfügbarkeit einer physischen GPU und in Abhängigkeit vom Gastsystem gewählt, ob der Software- oder Hardwaremodus genutzt wird.
- **Software:** Es wird eine Softwarevariante genutzt. Selbst wenn eine physische GPU vorhanden sein sollte, wird sie nicht genutzt.
- **Hardware:** Es wird eine physische GPU genutzt. Sollte keine solche GPU im ESXi-Host vorhanden sein, so kann die virtuelle Maschine nicht gestartet werden.

15.2.8 DirectPath I/O PCI

Über *DirectPath I/O* können physische PCI-Komponenten im ESXi-Host direkt an die virtuelle Maschine durchgereicht werden. Das Einbinden einer solchen Konfiguration ist eine 1:1-Verbindung. Eine Komponente steht in einem solchen Fall also exklusiv der einen VM zur Verfügung, der sie hinzugefügt wurde, und kann nicht zusätzlich vom Hypervisor oder anderen virtuellen Maschinen genutzt werden.

Die Verwendung von DirectPath I/O bringt einige Einschränkungen mit sich. Unter anderem ist die Verwendung von HotPlug, vMotion, Suspend, Fault Tolerance, HA und Snapshots nicht möglich. Der Einsatz von DRS funktioniert nur bedingt. Die VM kann Teil eines DRS-Clusters sein, kann aber nicht via vMotion migriert werden. Eine besondere Ausnahme stellt die Verwendung von Cisco-UCS-Systemen an dieser Stelle dar. Durch die Verwendung von Cisco-VM-FEX-(*Virtual Machine Fabric Extender*-)Distributed-Switches können vMotion, das HotPlug von virtuellen Komponenten, Suspend, HA, DRS sowie Snapshots auf dieser speziellen Hardware genutzt werden.

Um eine PCI-Komponente in einer virtuellen Maschine hinzuzufügen, muss sie zuvor im Hypervisor reserviert und anschließend über Einstellungen der virtuellen Maschine als neues PCI-Gerät hinzugefügt werden. Der Dialog der Konfiguration bietet anschließend ein Auswahlmenü mit den verfügbaren PCI-Geräten.

15.3 Optionen für die virtuellen Maschinen

15.3.1 VM-Namen ändern

Unter diesem Punkt kann der Name der virtuellen Maschine geändert werden. Beachten Sie, dass beim Ändern des Namens nur der angezeigte Name geändert wird; sämtliche Ordner und Dateien auf dem Datastore behalten ihren alten Namen. Der einfachste Weg, den Namen des Verzeichnisses und der Dateien zu ändern, ist ein Storage-vMotion auf einen anderen Datastore.

15.3.2 Gastbetriebssystem anpassen

Sollte das Gastbetriebssystem durch ein Upgrade oder durch eine Neu-Installation gewechselt haben, so empfiehlt es sich, auch die Version des Gastbetriebssystems in den Einstellungen der virtuellen Maschine anzupassen. Durch diese Änderung werden die verfügbaren Komponenten und Standards für die virtuelle Maschine angepasst. Beachten Sie, dass bei einer nachträglichen Änderung die bestehenden Komponenten nicht angepasst werden. Sie sollten also im Falle einer Änderung des Betriebssystems prüfen, ob es sinnvoll oder sogar zwingend notwendig ist, Komponenten zu entfernen, zu tauschen oder hinzuzufügen.

15.3.3 Remotekonsole

Die Remotekonsole bietet Möglichkeiten, um die Sicherheit beim Zugriff über die Konsole zu erhöhen. So kann hier gewählt werden, dass das Gastbetriebssystem automatisch gesperrt wird, wenn die letzte Remotekonsole zur VM geschlossen wird. Häufig kommt es nämlich vor, dass Nutzer sich aus Gewohnheit durch das Schließen der Konsole von einem System verabschieden. In diesem Fall bleibt der Nutzer im Gastbetriebssystem im Normalfall weiterhin eingeloggt, und der nächste Nutzer, der sich über eine Remotekonsole mit dem System verbindet, kann mit dem eingeloggten Account im Gastbetriebssystem weiterarbeiten.

Eine weitere Möglichkeit ist das Einschränken der maximalen Anzahl gleichzeitiger Verbindungen via Remotekonsole zur VM. VMware schlägt im Security-Hardening-Guide vor, diese Einstellung auf eine gleichzeitige Verbindung zu setzen. So kann sich kein weiterer Nutzer mit einer virtuellen Maschine verbinden, um Einblick in die Tätigkeit des anderen Nutzers zu bekommen. Diese Einstellung sollte mit Vorsicht gewählt werden: Sollte ein Nutzer vergessen, die Remotekonsole zu schließen, so nimmt er sämtlichen anderen Nutzern die Möglichkeit, die Maschine über die Remotekonsole zu administrieren, bis er sie wieder freigibt.

15.3.4 VMware Tools

Zu den VMware Tools können Sie folgende Einstellungen vornehmen.

Betriebsvorgänge

Über die Betriebsvorgänge kann gesteuert werden, welche Aktion beim Ausschalten, Anhalten und Neustarten der VM durchgeführt werden soll. So kann beim Ausschalten zwischen einem Herunterfahren der VM über den Gast oder einem simplen PowerOff entschieden werden.

Skripte

Die VMware-Tools-Skripte können nach dem Einschalten oder Fortsetzen bzw. vor dem Anhalten oder Herunterfahren einer virtuellen Maschine ausgelöst werden. In ihnen kann man Aktionen definieren, wie etwa das Starten oder Stoppen einer Datenbank. Die auszuführenden Standard-Skripte sind unter Windows-Betriebssystemen in *Program Files\VMware\VMware Tools* und unter Linux unter */etc/VMware-tools* hinterlegt. Folgende Skripte stehen standardmäßig zur Verfügung:

- **poweroff-vm-default:** Dieses Skript wird beim Ausschalten bzw. beim Reset ausgeführt.
- **poweron-vm-default:** Dieses Skript wird beim Einschalten oder beim Wiederhochfahren nach einem Reset der VM ausgeführt.
- **resume-vm-default:** Dieses Sript wird ausschließlich nach einem Resume aus einem Suspend ausgeführt. In virtuellen Maschinen mit Windows-Betriebssystem, die DHCP nutzen, wird nach einem Resume über dieses Skript das DHCP-Lease der VM erneuert. Bei virtuellen Maschinen, die Linux, Mac OS X, Solaris oder FreeBSD als Betriebssystem nutzen, startet dieses Skript den Netzwerk-Service der VM.
- **suspend-vm-default:** Dieses Skript wird bei einem Suspend der VM ausgeführt. Im Standard-Skript wird unter Windows (und nur bei Nutzung von DHCP) die IP-Adresse freigegeben. Unter Linux, Mac OS X und FreeBSD wird der Netzwerk-Service gestoppt.

Diese vier Standard-Skripte können angepasst werden. Alternativ können Sie die Sammlung um eigene Skripte erweitern. Skripte unter Windows müssen als Batch-Datei, unter Linux als ausführbare Script-Datei (Shell, Perl o. Ä.) vorliegen und können über den Befehl `VMwareToolboxCmd` verwaltet werden.

Automatische Aktualisierung der VMware Tools

Bei jedem Einschalten der VM kann geprüft werden, ob die aktuelle Version der VMware Tools installiert ist. Ist dies nicht der Fall, werden die Tools automatisch auf den neuesten verfügbaren Stand aktualisiert.

Wenn Sie die automatische Aktualisierung wählen, sollten Sie sich über die eventuellen Gefahren im Klaren sein. Dazu gehört unter anderem ein möglicher Ausfall von einzelnen

Komponenten oder sogar des gesamten Betriebssystems, wenn das Update nicht erfolgreich durchgeführt werden konnte oder andere Applikationen sich mit dem Update nicht vertragen.

15.3.5 Zeitsynchronisation

Es besteht die Möglichkeit, die Zeit der virtuellen Maschine regelmäßig mit der Zeit des ESXi-Hosts zu synchronisieren. Dies macht Sinn, wenn kein NTP-Server für die virtuelle Maschine zur Verfügung steht. Die Zeit wird in diesem Fall alle 60 Sekunden vom Host über die VMware Tools an das Betriebssystem der VM übermittelt. Die Zeit wird bei der Synchronisation nur vor- und niemals zurückgestellt.

Bitte beachten Sie, dass selbst dann, wenn diese Option nicht aktiviert ist, die Zeit bei bestimmten Aktionen (etwa bei einem Resume der VM) trotzdem zwischen Host und Gast abgeglichen wird. Dies kann nur über eine Anpassung der Konfiguration der VM in der *.vmx*-Datei verhindert werden. Schalten Sie dazu die VM aus, und ändern bzw. ergänzen Sie die folgenden Einträge in der *.vmx*-Datei:

```
tools.syncTime = "FALSE"
time.synchronize.continue = "FALSE"
time.synchronize.restore = "FALSE"
time.synchronize.resume.disk = "FALSE"
time.synchronize.shrink = "FALSE"
time.synchronize.tools.startup = "FALSE"
```

Starten Sie die VM anschließend wieder.

15.3.6 Energieverwaltung

In der Energieverwaltung können Sie Einstellungen zum Standby-Modus, wie etwa *Wake on LAN*, festlegen.

Standby-Aktion

Über die Standby-Konfiguration kann gewählt werden, ob die VM bei der Aktion STANDBY angehalten wird oder ob die virtuelle Maschine eingeschaltet bleibt und das Gastbetriebssystem in den Standby-Modus versetzt wird.

Wake on LAN

Über die Option WAKE ON LAN kann bestimmt werden, ob und welche Netzwerkadapter für die Wake-on-LAN-Funktion genutzt werden können, um die Maschine über das Netzwerk aufzuwecken.

15.3.7 Startoptionen

Bei den Startoptionen müssen Sie die folgenden Punkte gegebenenfalls konfigurieren.

Firmware

Im Bereich der Firmware können Sie festlegen, ob für die virtuelle Maschine ein BIOS oder ein EFI genutzt werden soll. Eine nachträgliche Änderung kann dazu führen, dass das Gastbetriebssystem der VM nicht mehr gestartet werden kann.

Startverzögerung

Die Startverzögerung wird in Millisekunden angegeben. Mit ihr legen Sie die Zeit für eine Pause zwischen dem Einschalten der virtuellen Maschine und dem tatsächlichen Hochfahren fest. In dieser Pause können Sie beispielsweise virtuelle CD-ROM-Laufwerke über die Remotekonsole mit einem ISO-Image bestücken, das dann zum Booten der VM genutzt wird.

BIOS-Setup erzwingen

Beim nächsten Start der virtuellen Maschine wird automatisch das BIOS der VM aufgerufen.

Wiederherstellung bei fehlgeschlagenen Startvorgängen

Sollte beim Starten der virtuellen Maschine kein Medium gefunden werden, von dem gebootet werden kann, so wird die Maschine nach einer festzulegenden Zeit neu gestartet. Achten Sie darauf, dass dieser Wert – anders als die Startverzögerung – nicht in Millisekunden, sondern in Sekunden angegeben wird.

15.3.8 Erweiterte Konfiguration

Bei der erweiterten Konfiguration stehen Ihnen die Optionen zur Verfügung, die im Folgenden aufgeführt sind.

Beschleunigung deaktivieren

Mit der Funktion kann zeitweise die Performance der virtuellen Maschine verlangsamt werden. Dies kann Ihnen dabei helfen, Probleme zu beheben, die beim Installieren oder zur Laufzeit einer Applikation auftreten und die Maschine zum Stillstand bringen. Diese Funktion sollte nur aktiviert werden, um das entsprechende Problem zu umgehen, und anschließend schnellstmöglich wieder deaktiviert werden.

Protokollierung aktivieren

Über diese Option kann die Protokollierung der virtuellen Maschine in die *VMware.log*-Datei ein- bzw. ausgeschaltet werden. Mehr Informationen zum Thema *VMware.log* finden Sie in Abschnitt 15.1.2, »Virtuelle Maschinendateien«.

Debuggen und Statistiken

Das Erfassen von erweiterten Debugging- bzw. Statistik-Informationen kann dem technischen Support von VMware im Falle eines Fehlers in Ihrer virtuellen Umgebung helfen, das Problem besser analysieren zu können. Diese Einstellungen sollten Sie nur aktivieren, wenn sie wirklich benötigt werden, da sie sonst nur unnötig Speicherplatz verbrauchen. Nachdem der Fehler behoben wurde, sollte wieder zum Modus NORMAL AUSFÜHREN gewechselt werden.

Speicherort der Auslagerungsdatei

An dieser Stelle kann der Speicherort der Auslagerungsdatei der VM bestimmt werden. Es gibt insgesamt drei Möglichkeiten:

- **Standard:** In der Standard-Einstellung wird der Speicherort übernommen, der im Cluster oder auf dem Host der virtuellen Maschine festgelegt wurde.
- **Verzeichnis der virtuellen Maschine:** Die Auslagerungsdatei wird im selben Verzeichnis wie die virtuelle Maschine gespeichert.
- **Vom Host angegebener Datenspeicher:** Es wird der auf dem Host vorhandene Datenspeicher als Speicherort für die Swap-Dateien verwendet. Sollte es nicht möglich sein, die Auslagerungsdatei an dem angegebenen Ort zu speichern, so wird sie im Verzeichnis der virtuellen Maschine gespeichert.

Egal welche Variante genutzt wird, die Größe der Swap-Datei sollte in einem Sizing immer berücksichtigt werden. Des Weiteren kann das Ablegen von Auslagerungsdateien, die nicht für alle beteiligten Hosts während eines vMotion-Vorgangs sichtbar sind, die Leistung von vMotion negativ beeinflussen.

Konfigurationsparameter

Es ist möglich, weitere Konfigurationsparameter hinzuzufügen bzw. bestehende Parameter zu ändern. Diese Änderungen sollten nur aufgrund von Anweisungen des technischen Supports von VMware bzw. aufgrund von technischen Dokumentationen angepasst werden.

Latenzempfindlichkeit

Seit der vSphere-Version 5.5 bietet VMware die Möglichkeit, virtuelle Maschinen mit einer Latenzempfindlichkeit zu versehen. Eine Anpassung der Latenzempfindlichkeit empfiehlt sich für virtuelle Maschinen mit latenzsensitiven Anwendungen. Solche Anwendungen können zum Beispiel Berechnungen in Echtzeit oder VOIP sein. In vSphere 6.0 gibt es derzeit vier verschiedene Stufen, über die die Empfindlichkeit reguliert werden kann:

- Niedrig
- Normal
- Mittel
- Hoch

VMware empfiehlt, die Stufen NIEDRIG und MITTEL bis einschließlich zur ESXi-Version 6.0 nicht zu verwenden. Häufig empfiehlt es sich, die gewählte Einstellung durch weitere Anpassungen (wie das Reservieren von Ressourcen) sowie durch das Anpassen einzelner Komponenten (wie Netzwerk und Storage) zu ergänzen.

15.3.9 Fibre-Channel-NPIV

Die N-Port-ID-Virtualisierung (NPIV) bietet die Möglichkeit, physische Fibre-Channel-HBA-Ports des Hosts über mehrere virtuelle Ports zu teilen. Über diese virtuellen Ports kann dann der Zugriff auf LUNs konfiguriert werden. Voraussetzung für den Einsatz von NPIV ist, das Sie Hosts und Switches verwenden, die NPIV unterstützen. Auf die freigegebene LUN sollte sowohl der Host als auch die VM zugreifen können. Jeder virtuelle Port bekommt vom Host oder vCenter mindestens eine einzigartige *WWN* (*World Wide Name*) mit den dazugehörigen *WWPN* (*World Wide Port Name*) und *WWNN* (*World Wide Node Name*).

15.4 Virtuelle Maschinen erstellen

Es gibt diverse Wege, um virtuelle Maschinen zu erstellen. Die gängigsten Verfahren sind das Erstellen einer neuen, »leeren« virtuellen Maschine mithilfe des vSphere Web Client, das Erstellen einer virtuellen Maschine ausgehend von einem Template über den vSphere Web Client oder das Importieren einer VM aus einer bestehenden OVF- oder OVA-Grundlage. Über diese Methoden hinaus gibt es aber noch diverse andere Möglichkeiten:

- **Klonen einer bestehenden virtuellen Maschine:** Hierbei wird eine bestehende Maschine dupliziert. Dabei müssen Sie anschließend verschiedene Änderungen vornehmen, damit sich die Komponente nicht in die Quere kommt. So müssen Sie unter anderem die Adressen ändern, die zur Kommunikation dienen, und IDs ändern, die zur eindeutigen Identifikation erforderlich sind.
- **P2V-Migration:** Das ist die Migration einer physischen Maschine (oder einer Maschine, die in einer anderen virtuellen Infrastruktur vorhanden ist) zu einer virtuellen Maschine – etwa mit dem *VMware Converter*.
- **Kopieren und Registrieren einer virtuellen Maschine:** Vorausgesetzt, die virtuelle Maschine hat ein unterstütztes Format, dann kann sie auf Datastore-Ebene kopiert und anschließend in vSphere registriert werden. Bei einer solchen Kopie müssen Sie genau wie beim Klonen beachten, dass sich die Ursprungs- und die Ziel-VM nicht gegenseitig im Betrieb stören.
- **PowerCLI:** Die *VMware PowerCLI* kann für diverse Deploy-Methoden genutzt werden.

15.4.1 Erstellen einer neuen virtuellen Maschine

Um in einer vSphere-Infrastruktur eine neue virtuelle Maschine zu erstellen, die anschließend zum Beispiel über einen Datenträger (*.iso*) oder über das Netzwerk mit einem Betriebssystem bestückt werden kann, nutzen Sie am besten den entsprechenden Wizard.

Öffnen Sie im Web Client die Ansicht VMs und Vorlagen, und wählen Sie ein Datencenter aus, in dem Sie die virtuelle Maschine erstellen möchten. Starten Sie den Wizard über Neue virtuelle Maschine erstellen. Wählen Sie dann den Punkt Eine neue virtuelle Maschine erstellen (siehe Abbildung 15.1).

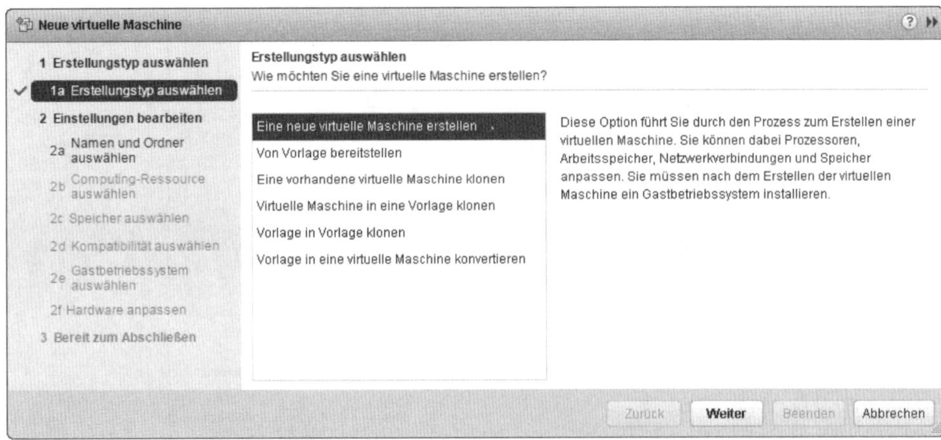

Abbildung 15.1 Der »Neue virtuelle Maschine«-Wizard

Legen Sie in Schritt 2a nun einen Namen für die Maschine fest, und wählen Sie ein Datencenter bzw. einen Ordner aus, in dem die virtuelle Maschine organisatorisch abgelegt werden soll.

In Schritt 2b wählen Sie eine Computing-Ressource für die virtuelle Maschine aus. Die Ressource kann entweder ein Cluster, ein ESXi-Host, eine vAPP oder ein Ressourcen-Pool sein.

Konfigurieren Sie in Schritt 2c einen Datenspeicher, auf dem die Dateien der virtuellen Maschine abgelegt werden sollen. Sie können die Auswahl an dieser Stelle vereinfachen, indem Sie Speicherrichtlinien nutzen.

Mit Auswahl der Kompatibilität in Schritt 2d legen Sie die virtuelle Hardwareversion der virtuellen Maschine fest. Wählen Sie hier im Dropdown-Menü Kompatibel mit die Option ESXi 6.0 und höher. Durch diese Auswahl wird die virtuelle Maschine mit der aktuellen virtuellen Hardwareversion 11 erstellt.

Mit dem Festlegen des Gastbetriebssystems in Schritt 2e wird automatisch eine Vorauswahl an Hardware für die VM getroffen und wird auch die spätere Auswahl an verfügbarer Hardware auf das Gastbetriebssystem zugeschnitten. Wählen Sie hier das Gastbetriebssystem, das Sie später in der virtuellen Maschine installieren wollen.

In Schritt 2f können Sie nun die virtuelle Hardware an die geplante Nutzung anpassen. Fügen Sie die virtuelle Hardware hinzu bzw. verändern Sie die Mengen der bereits vorhandenen virtuellen Komponenten (siehe Abbildung 15.2). Entfernen Sie aber auch virtuelle Hardware, die Sie nicht zu nutzen gedenken.

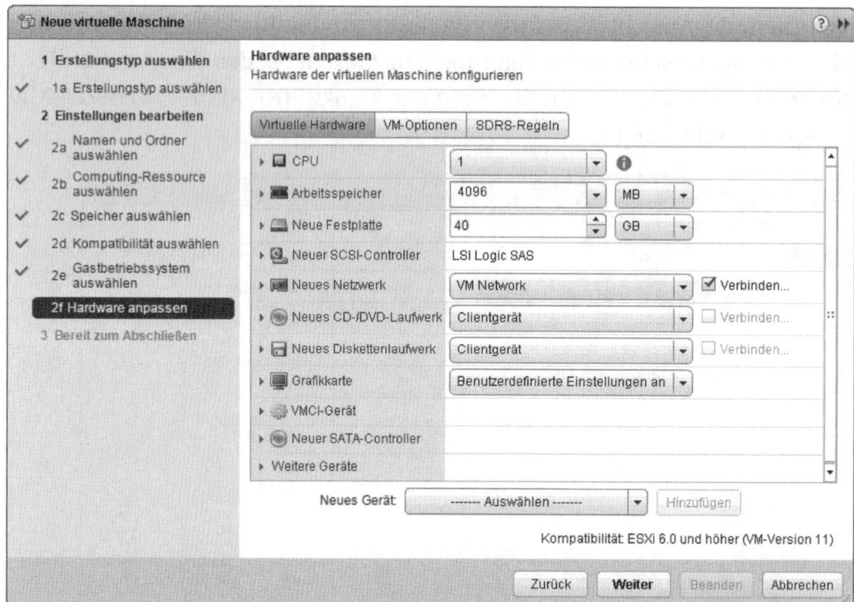

Abbildung 15.2 Der »Neue virtuelle Maschine«-Wizard – Hardware anpassen

Neben den VM-Optionen können in diesem Schritt auch SDRS-Regeln (*Storage Dynamic Ressource Scheduling*) hinzugefügt und bearbeitet werden.

Hinweis

Manche Einstellungen einer virtuellen Hardware können nur geändert werden, wenn sie hinzugefügt werden. Das gilt beispielsweise für den Adapter-Typ der virtuellen Netzwerkkarte. Wird hier eine Karte als E1000 hinzugefügt, so kann sie später nicht in eine VMXNET3-NIC geändert werden. In diesem Fall müssen Sie die E1000-Karte entfernen, eine neue Karte mit dem Typ VMXNET3 hinzufügen und anschließend die Konfiguration im Gastbetriebssystem anpassen.

Schließen Sie die Erstellung der virtuellen Maschine nach Prüfen der Übersicht ab. Die virtuelle Maschine wird nun erstellt.

15.4.2 Installieren des Gastbetriebssystems

Zur Installation des Gastbetriebssystems kann entweder ein Medium wie eine ISO-Datei oder eine Installation über das Netzwerk per PXE genutzt werden.

Um der VM mitzuteilen, von welchem Medium aus gebootet werden soll, nutzen Sie das Boot-Menü. Dieses kann nach dem Start der virtuellen Maschine über eine Konsole mit der Taste [Esc] aufgerufen werden. Typischerweise ist der Start allerdings so schnell, dass dies nur funktioniert, wenn man eine STARTVERZÖRGERUNG in den STARTOPTIONEN der VM konfiguriert. Ein Wert von 5000 Millisekunden verschafft Ihnen in der Regel einen ausreichend großen Buffer.

1. Stellen Sie sicher, dass die virtuelle Maschine über ein CD-ROM-Laufwerk bzw. eine Netzwerkverbindung verfügt.
2. Setzen Sie die Startverzögerung auf einen ausreichend großen Wert.
3. Öffnen Sie eine Konsole zur virtuellen Maschine. Wollen Sie eine CD oder ISO-Datei von Ihrem lokalen Rechner zur Installation nutzen, so sollten Sie hier auf die VMRC als Konsole zurückgreifen. Beachten Sie bei der Installation von einem Arbeitsplatz aus, dass sich die Installation je nach Verbindung zum Datacenter erheblich in die Länge ziehen kann.
4. Starten Sie nun die virtuelle Maschine, und setzen den Fokus in die VM.
5. Betätigen Sie die [Esc]-Taste während des Startvorgangs.
6. Das Boot-Menü öffnet sich (siehe Abbildung 15.3).

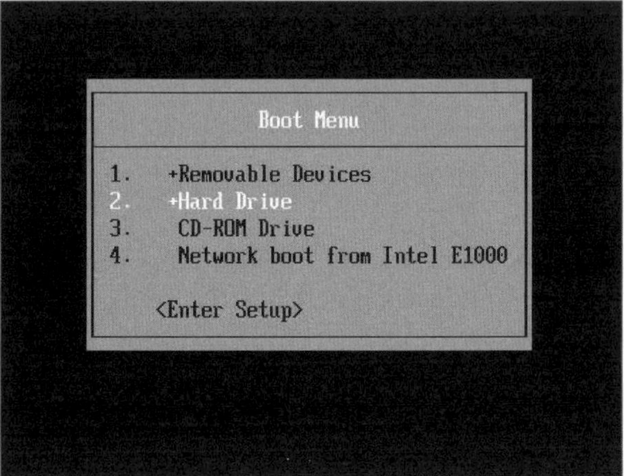

Abbildung 15.3 Das Boot-Menü für die virtuelle Maschnine

7. Soll zur Installation eine CD bzw. eine ISO-Datei genutzt werden, verbinden Sie diese Datei nun über die Konfiguration der virtuellen Maschine bzw. über die Konsole.
8. Wählen Sie nun das Boot-Medium aus, das genutzt werden soll.
9. Die Installation startet wie gewohnt.

Beachten Sie nach abgeschlossener Installation, dass Sie die Startverzögerung sowie sämtliche nicht länger benötigten Medien entfernen.

15

15.5 Aktualisieren der virtuellen Hardware

Wie wir in Abschnitt 15.1, »Grundlagen«, beschrieben haben, verfügt jede virtuelle Maschine über eine virtuelle Hardware. VMware empfiehlt, die virtuelle Hardwareversion immer auf den aktuellen Stand zu heben. Nur wenn die aktuelle Version verwendet wird, können auch sämtliche neuen Features zum Einsatz kommen.

Bitte beachten Sie, dass ein Upgrade der virtuellen Hardware es unmöglich macht, die virtuelle Maschine auf ESXi-Hosts starten zu lassen oder zu migrieren, die über eine ältere ESXi-Version verfügen. So kann zum Beispiel eine virtuelle Maschine mit der Hardwareversion 11 nicht auf einem ESXi 5.5 laufen.

Um die virtuelle Hardware zu aktualisieren, gibt es zwei Möglichkeiten. Sie können zum einen die Hardware von Hand aktualisieren. Das funktioniert allerdings nur, wenn die VM ausgeschaltet ist und muss dann manuell ausgelöst werden. Die zweite Möglichkeit ist, die Aktualisierung der virtuellen Hardware zu planen. Das bedeutet, die Hardware wird beim nächsten Neustart der virtuellen Maschine automatisch auf den aktuellen Stand gebracht.

Beide Varianten sowie auch das Abbrechen eines geplanten Upgrades finden Sie über das Kontextmenü der virtuellen Maschine unter dem Punkt KOMPATIBILITÄT. Ein Upgrade-Vorgang sollte laut VMware in den folgenden Schritten ablaufen:

1. Aktualisieren Sie die VMware Tools (und starten Sie wenn notwendig die VM neu).
2. Fahren Sie die virtuelle Maschine herunter.
3. Upgraden Sie die virtuelle Hardware.
4. Starten Sie die virtuelle Maschine.
5. Sollte das Betriebssystem einen Neustart nach der Installation neuer Komponenten erfordern, so folgen Sie bitte der Anweisung und starten das System neu. (Bei Linux reicht häufig ein Neustart der betroffenen Services.)

15.6 Ressourcen-Management

Die Ressourcen der virtuellen Maschine werden über das Ressourcen-Management des Hypervisors gesteuert. In diesem Fall werden sämtliche virtuellen Maschinen gleich behandelt. In Ausnahmefällen kann es Sinn machen, dieses Ressourcen-Management durch verschiedene Einstellungen zu bearbeiten. Die Einstellungen können pro virtueller Maschine bzw. pro Komponente gesetzt werden. Sie können das Ressourcen-Management in folgenden Punkten anpassen: CPU, Arbeitsspeicher, Festplatten, Netzwerk.

15.6.1 CPU

Reservierung

Die Leistung der konfigurierten vCPUs kann in physischer Form teilweise oder vollständig reserviert werden. Die Reservierung wird nicht in Form von Sockeln oder Kernen angegeben, sondern in MHz oder GHz und ist immer absolut. Sie muss also, falls es zu einer Änderung der Ressourcen im Host oder Gast kommt, bei Bedarf angepasst werden.

Die Reservierung der Ressource sorgt dafür, dass diese Leistung immer ad hoc für die VM abrufbar ist und sie nicht anderen virtuellen Maschinen oder Prozessen des Hypervisors um diesen Teil der Ressourcen konkurrieren muss. Dies bedeutet aber nicht, dass der reservierte Bereich nie von anderen virtuellen Maschinen genutzt werden kann. Es handelt sich hierbei vielmehr um eine Zusicherung, dass wenn die virtuelle Maschine mit der Reservierung die Leistung abfragt, sie ihr auch wirklich zur Verfügung gestellt wird.

Verfügt eine virtuelle Maschine über eine Reservierung von 1000 MHz, nutzt aber nur 500 MHz, so können die verbleibenden 500 MHz so lange von anderen virtuellen Maschinen genutzt werden, bis sie von der VM mit der Reservierung benötigt werden.

Reservierungen können für verschiedene Szenarien sinnvoll sein. Es kann etwa ein kleiner Teil der CPU reserviert werden, um der Maschine eine gewisse Grundleistung zur Verfügung zu stellen, damit sie auch bei hoher CPU-Last des Hypervisors noch schnell und ausreichend Rechenzeit bekommt. Ein weiteres Szenario kann eine hohe oder sogar vollständige Reservierung der Rechenleistung der VM sein. Eine solch hohe Reservierung ermöglicht es, dass die Rechenleistung immer schnellstmöglich verfügbar ist, und minimiert das Aufkommen von Wartezeiten für das Gastsystem. Eine solch hohe Reservierung kann auch eine sinnvolle Ergänzung zum Erhöhen der Latenzsensitivität einer virtuellen Maschine sein.

Um eine Reservierung der CPU festzulegen, öffnen Sie die Einstellungen der virtuellen Maschine und klappen den Dialog zur Konfiguration der virtuellen CPU auf. Tragen Sie im Punkt RESERVIERUNG die zu reservierende Menge ein. Um eine bestehende Reservierung aufzuheben, tragen Sie »0« ein. Die Reservierung tritt unmittelbar und ohne Neustart in Kraft.

Beachten Sie, dass durch das Reservieren von Ressourcen immer die Flexibilität leidet und dass Sie solche Reservierungen im Sizing berücksichtigen sollten. Vor dem Starten einer virtuellen Maschine bzw. beim Übertragen einer virtuellen Maschine via vMotion auf einen anderen Host wird über die Admission-Control-Funktion geprüft, ob die reservierten Ressourcen auf einem Hypervisor zur Verfügung stehen. Sollten die reservierten Ressourcen nicht zur Verfügung stehen, so kann die Maschine nicht gestartet werden. Ein vMotion schlägt in diesem Fall fehl, und die VM bleibt auf dem ursprünglichen Host.

Limit

Das Limit stellt eine Beschränkung der Ressource dar. Es wird wie bei der Reservierung nicht auf Basis von CPUs oder Kernen gesetzt, sondern auf Basis der Taktfrequenz und ist ebenfalls absolut. Diese Limitierung birgt allerdings auch einige Tücken, die beachtet werden sollten. Wie wir schon in Abschnitt 15.1.1, »Virtuelle Hardware«, beschrieben haben, sieht die virtuelle Maschine die Eigenschaften der CPU. Dazu gehört auch der maximale Takt, den die CPU pro Kern zur Verfügung stellen kann. Dieser kann über das Limit zwar reduziert werden, wird allerdings nicht an das Gastbetriebssystem kommuniziert. Überschreitet die virtuelle Maschine anschließend das gesetzte Limit, kommt es unvermeidlich zu Wartezeiten (CPU-Ready).

Am besten wird das anhand eines Beispiels deutlich: Gehen wir davon aus, dass der Hypervisor über eine CPU mit 4 Kernen verfügt, die jeweils einen maximalen Takt von 3 GHz zur Verfügung stellen können, und dass eine virtuelle Maschine mit einer vCPU konfiguriert ist. Diese Maschine sieht die maximale Taktfrequenz von 3 GHz. Sollte dieser der virtuellen Maschine zur Verfügung gestellte Takt über ein Limit auf egal welchen Wert unterhalb von 3 GHz reduziert werden, so sieht das Gastbetriebssystem weiterhin, dass eine maximale Taktfrequenz von 3 GHz zur Verfügung steht.

Gehen wir an dieser Stelle von einem Limit von 1,5 GHz aus. Solange die virtuelle Maschine maximal eine Leistung von 1,5 GHz abruft, gibt es keinerlei Problem. Ab dem Überschreiten der 1,5 GHz wird das System automatisch vom Hypervisor ausgebremst. Das bedeutet, dass die VM ab dem Überschreiten der 1,5 GHz mit weiteren Anfragen an die CPU warten muss.

Diese Wartezeit wird *CPU-Ready* genannt und beschreibt, wie lange die virtuelle Maschine auf die Verarbeitung von einem einzelnen Takt auf der physischen CPU warten muss, bevor er tatsächlich ausgeführt wird. Hohe CPU-Ready-Zeiten können zu einer deutlichen Verschlechterung bis hin zum Stillstand bzw. zu Fehlersituationen im Betriebssystem führen, da Aktionen nicht mehr zeitnah genug ausgeführt werden können.

Limits sollten also nur in absoluten Ausnahmesituationen eingesetzt werden. Solche Situationen können etwa Tests oder Systeme sein, die aufgrund eines Fehlers permanent hohe CPU-Leistungen verursachen, ohne die Leistung wirklich zu benötigen.

Shares

Shares bestimmen Anteile, die eine virtuelle Maschine beim Ressourcen-Management des Hypervisors zugeordnet bekommt. Diese Anteile sind im Gegensatz zu Reservierungen und Limits relativ und skalieren somit bei Veränderungen der Anzahl an CPUs/Cores. Je mehr Shares eine virtuelle Maschine besitzt, desto höher ist die Priorität beim Ressourcen-Management. VMware hat, um Sie bei der Vergabe von Shares zu unterstützen, drei Kategorien mit einer entsprechenden Anzahl an Shares pro konfigurierter CPU/Core vordefiniert (siehe Tabelle 15.3).

Kategorie	Shares pro CPU/Core
Low	500
Normal	1000
High	2000

Tabelle 15.3 CPU-Shares

Eine virtuelle Maschine mit 4 vCPUs in der Kategorie NORMAL hat also 4 × 1000 Shares = 4000 Shares. Die Verwendung von Shares ist zwingend notwendig und kann nicht abgeschaltet werden. In der Standard-Konfiguration sind Shares immer auf den Wert NORMAL gesetzt.

Um die CPU-Shares einer virtuellen Maschine anzupassen, öffnen Sie die Konfiguration der virtuellen Maschine und passen den Wert SHARES in der erweiterten Konfiguration der CPU an. Beachten Sie, dass das Manipulieren der Shares einer virtuellen Maschine zwingend Auswirkungen auf das Ressourcen-Management anderer virtueller Maschinen hat, da geänderte Ressourcen die Prioritäten der virtuellen Maschinen auf einem Hypervisor untereinander verschieben.

15.6.2 Arbeitsspeicher

Beim Arbeitsspeicher müssen Sie sich um die Reservierung sowie um Limits und Shares kümmern.

Reservierung

Reservierungen des Arbeitsspeichers verhalten sich ähnlich wie Reservierungen der CPU. Um einer virtuellen Maschine einen Bereich an Arbeitsspeicher im physischen Speicher zu garantieren, kann der Arbeitsspeicher teilweise oder auch ganz reserviert werden. Solange der reservierte Bereich nicht in Anspruch genommen wird, kann er von anderen Systemen genutzt werden.

Eine Anpassung von Reservierungen des Arbeitsspeichers sollte im Sizing einer virtuellen Infrastruktur berücksichtigt werden, da er verschiedene Faktoren beeinflusst. Die Flexibilität der gesamten Infrastruktur wird durch die Vergabe von Reservierungen gesenkt. Eine virtuelle Maschine mit Reservierungen kann nur gestartet oder auf einen anderen Server über vMotion übertragen werden, wenn die reservierten Ressourcen zu Verfügung stehen. Reservierter Arbeitsspeicher wird immer im physischen Speicher des ESXi-Hosts verwaltet und wird niemals in eine Swap-Datei ausgelagert. Diese Eigenschaft der Reservierung ist dafür verantwortlich, dass die Swap-Datei einer virtuellen Maschine um den Bereich reservierten Arbeitsspeichers verkleinert wird.

Um eine Reservierung für den Arbeitsspeicher einer VM zu definieren, öffnen Sie in der Konfiguration der VM die erweiterten Einstellungen zum Arbeitsspeicher. Es gibt nun die Möglichkeit, einen festen, absoluten Bereich einzutragen. Sollten Sie den gesamten Bereich des Arbeitsspeichers reservieren wollen, nutzen Sie dazu die Checkbox GESAMTEN GASTARBEITSSPEICHER RESERVIEREN (ALLE GESPERRT). Durch diese Option wird die Reservierung beim Ändern der Größe des Arbeitsspeichers automatisch an die aktuelle Größe angepasst.

Limit

Eine Limitierung des Arbeitsspeichers ähnelt ebenfalls einem Limit auf der CPU. Auch wenn der Hypervisor mehr Ressourcen zur Verfügung stellen könnte, wird er der virtuellen Maschine nie mehr Arbeitsspeicher zur Verfügung stellen, als im Limit festgelegt ist. Wenn keine Limitierung festgesetzt wird, ist das Limit identisch mit der Größe des konfigurierten Arbeitsspeichers. Limitierungen können zum Beispiel genutzt werden, um zu testen, wie sich die virtuelle Maschine bei einer höheren Auslastung des Hosts verhalten würde. Greift eine virtuelle Maschine mit einer Limitierung auf mehr Arbeitsspeicher zu, als das Limit erlaubt, so wird automatisch die Swap-Datei der VM genutzt, um den darüber hinausgehenden Arbeitsspeicherbedarf der VM zu decken. Um ein Limit für den Arbeitsspeicher festzulegen, tragen Sie das Limit in der Konfiguration der virtuellen Maschine unter den erweiterten Einstellungen des Arbeitsspeichers beim Punkt GRENZWERT ein.

Shares

Die Shares des Arbeitsspeichers definieren die Priorität, mit der Arbeitsspeicheranfragen der virtuellen Maschine vom Host verarbeitet werden. Für die Shares des Arbeitsspeichers gibt es drei vordefinierte Optionen (siehe Tabelle 15.4).

Kategorie	Shares pro MB Arbeitsspeicher
Low	5
Normal	10
High	20

Tabelle 15.4 Arbeitsspeicher Shares

Darüber hinaus kann auch die Option BENUTZERDEFINIERT gewählt werden, um einen frei wählbaren Wert zu setzen.

Achten Sie bei der Vergabe der Shares einer virtuellen Maschine darauf, dass Sie damit nicht nur die einzelne virtuelle Maschine manipulieren, sondern auch sämtliche neben ihr laufenden VMs. Die Prioritäten sämtlicher virtueller Maschinen werden relativ über Ihre Shares in Abhängigkeit zueinander gemanagt.

15.6.3 Festplatte

Bei der Konfiguration der Festplatte legen Sie Shares und die Grenzwert-IOPs fest.

Shares

Über die Shares der Festplatte legen Sie die Priorität der Zugriffe auf die Festplatte relativ zu den anderen Festplatten fest. Auch hier gibt es wieder drei vordefinierte Auswahlmöglichkeiten (siehe Tabelle 15.5).

Kategorie	Shares pro Festplatte
Low	500
Normal	1000
High	2000

Tabelle 15.5 Festplatten-Shares

Bei den Festplatten-Shares ist es darüber hinaus ebenfalls möglich, einen frei wählbaren Wert über die Option BENUTZERDEFINIERT zu setzen.

Grenzwert-IOPs

Auch bei der Festplatte ist es möglich, ein Limit für Zugriffe (IOPs) festzulegen. In der Standardkonfiguration ist dieser Wert unbegrenzt, er kann aber auf einen frei wählbaren Wert gesetzt werden.

15.6.4 Netzwerk

Das Ressourcen-Management des Netzwerks kann in Form von Limits und Shares gesteuert werden. Dies geschieht nicht über die Netzwerkkarte selbst, sondern über die Funktion *Network I/O Control* (NIOC) und ist nur in Distributed vSwitches verfügbar. Mehr zu diesem Thema finden Sie in Abschnitt 7.6.6, »Network I/O Control«.

15.7 USB-Geräte

Seit der virtuellen Hardwareversion 7 können USB-Geräte mit virtuellen Maschinen verbunden werden. Es können entweder USB-Geräte genutzt werden, die direkt an den ESXi-Host angeschlossen sind, oder USB-Geräte, die an ein System angeschlossen sind, das eine Verbindung zur Konsole der virtuellen Maschine herstellt.

Um die Verbindung zu einem USB-Gerät herzustellen, das an einen ESXi-Host angeschlossen ist, muss die virtuelle Maschine beim Verbinden auf diesem Host laufen. Sie kann anschließend via vMotion verschoben werden, und die Verbindung besteht weiterhin. Sollte die VM neu gestartet werden, muss sie wieder auf dem Host gestartet werden, an den das USB-Gerät angeschlossen ist.

Zum Verbinden eines USB-Geräts mit einer virtuellen Maschine sind insgesamt drei Komponenten notwendig: ein USB-Arbitrator, ein USB-Controller und das USB-Gerät selbst. Diese Komponenten sorgen dafür, dass die USB-Geräte erkannt und weitergereicht werden können. Sie bringen auch einige Einschränkungen mit sich, die bereits bei der Planung der virtuellen Infrastruktur berücksichtigt werden sollten.

15.7.1 USB-Komponenten

In den folgenden Unterabschnitten stellen wir die drei USB-Komponenten genauer vor.

USB-Arbitrator

Der USB-Arbitrator verwaltet die USB-Verbindungen. Er überwacht den Host im Hinblick auf verbundene USB-Geräte und regelt den Zugriff auf die Geräte. Auf jedes USB-Gerät kann immer nur jeweils eine virtuelle Maschine zugreifen. Weitere Anfragen werden vom USB-Arbitrator gesperrt. Der USB-Arbitrator kann maximal 15 USB-Controller auf einem Host verwalten. USB-Geräte, die mit USB-Controllern verbunden sind, die über die Nummer 15 hinausgehen, können nicht an virtuelle Maschinen weitergereicht werden.

USB-Controller

Der USB-Controller stellt dem Betriebssystem die Möglichkeit zur Verfügung, USB-Geräte zu verbinden. Es gibt zwei virtuelle USB-Controller:

- **EHCI+UHCI:** unterstützt USB 2.0 und USB 1.1. Er unterstützt sowohl ein Verbinden von USB-Geräten vom ESXi-Host aus als auch von USB-Geräten, die über den VMware Client angebunden werden. Dieser Controller wird von den meisten Betriebssystemen unterstützt.
- **xHCI:** xHCI bietet Unterstützung für USB 3.0, 2.0 und 1.1. Es wird sowohl ein Verbinden von USB-Geräten vom ESXi-Host aus als auch über den VMware Client unterstützt. Seit der vSphere-Version 6.0 ist nun auch ein Verbinden von USB-3.0-Geräten über den ESXi-Host möglich. In den vorherigen Versionen war es nur möglich, USB-2.0- und -1.1-Geräte über den Host einzubinden. Als Gastbetriebssysteme werden für den xHCI Linux mit einer Kernelversion 2.6.35 oder höher und Windows ab der Version 8 bzw. Server 2012 unterstützt.

Jeder virtuellen Maschine können maximal 8 USB-Controller hinzugefügt werden.

Hinweis

In virtuellen Maschinen mit Linux-Gastbetriebssystem kann jeder Controllertyp jeweils nur einmal konfiguriert werden. Sie können also entweder einen der beiden oder beide Controller gleichzeitig verwenden. Die Verwendung von USB-3.0-(Superspeed-)Geräten, die mit dem ESXi-Host verbunden sind, wird unter Linux nicht unterstützt.

USB-Geräte

Es können bis zu 20 USB-Geräte mit einer virtuellen Maschine und ebenfalls bis zu 20 USB-Geräte pro ESXi-Host verbunden werden. Ein USB-Gerät kann immer nur exklusiv mit einem System verbunden werden. Eine Liste unterstützter USB-Geräte können Sie unter dem Link *http://kb.VMware.com/kb/1021345* in der VMware Knowledge Base finden.

15.7.2 Ein USB-Gerät hinzufügen und entfernen

Um ein USB-Gerät zu einer virtuellen Maschine hinzuzufügen, gehen Sie wie folgt vor:

USB-Controller hinzufügen

Sollte die virtuelle Maschine, der ein USB-Gerät hinzugefügt werden soll, bereits über einen USB-Controller verfügen, den Sie für das USB-Gerät verwenden möchten, so können Sie diesen Schritt überspringen.

1. Öffnen Sie die Einstellungen der virtuellen Maschine über die Aktion EINSTELLUNGEN BEARBEITEN.
2. Wählen Sie am unteren Rand des Fensters aus dem Dropdown-Menü NEUES GERÄT die Option USB-CONTROLLER, und klicken Sie auf HINZUFÜGEN (siehe Abbildung 15.4).
3. In der LISTE VIRTUELLE HARDWARE erscheint nun ein NEUER USB CONTROLLER. Wählen Sie in seinen erweiterten Einstellungen, ob ein USB-2.0- oder -3.0-Controller hinzugefügt werden soll (siehe Abbildung 15.5).
4. Bestätigen Sie den Dialog EINSTELLUNGEN BEARBEITEN, indem Sie auf OK klicken.

Der USB-Controller ist nun im Gastbetriebssystem verfügbar. Stellen Sie sicher, dass der Treiber ordnungsgemäß installiert wurde und das Gerät bereit zur Verwendung ist. VMware empfiehlt, keine Treiber von Drittanbietern zu verwenden.

Sie können nun USB-Geräte über den ESXi-Host oder über den VMware Client verbinden.

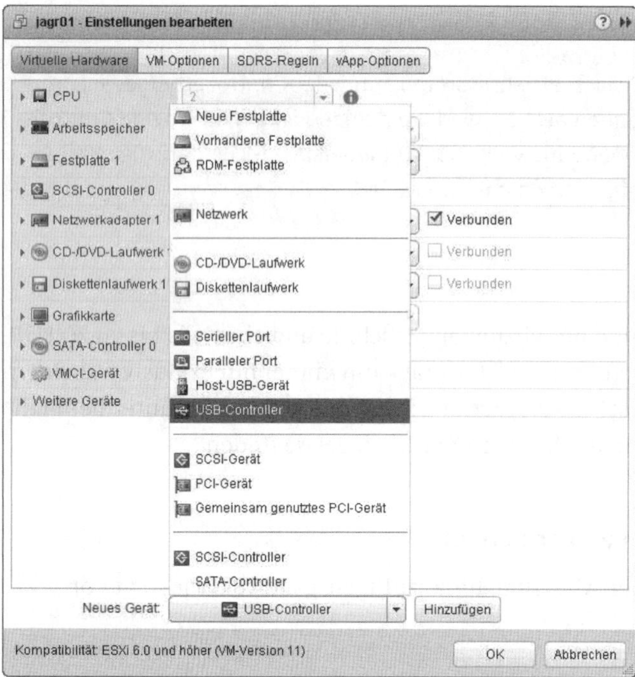

Abbildung 15.4 USB-Controller hinzufügen

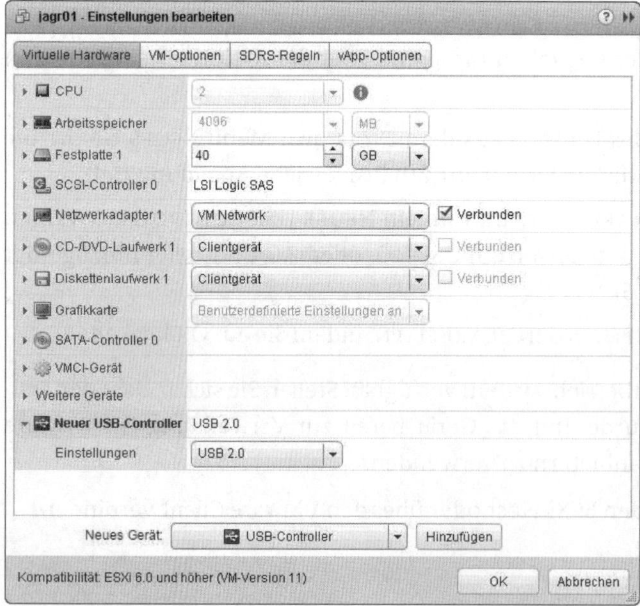

Abbildung 15.5 USB-Controller-Typ konfigurieren

ESXi-Passthrough-USB-Gerät hinzufügen

1. Stellen Sie sicher, dass das USB-Gerät mit dem ESXi-Server verbunden ist, auf dem die virtuelle Maschine ausgeführt wird, und dass die VM über einen zum USB-Gerät passenden USB-Controller verfügt.
2. Öffnen Sie die Einstellungen der virtuellen Maschine über die Aktion EINSTELLUNGEN BEARBEITEN, und wählen Sie über die Option NEUES GERÄT (NEW DEVICE) den Punkt HOST-USB-GERÄT (HOST USB Device) aus (siehe Abbildung 15.6).

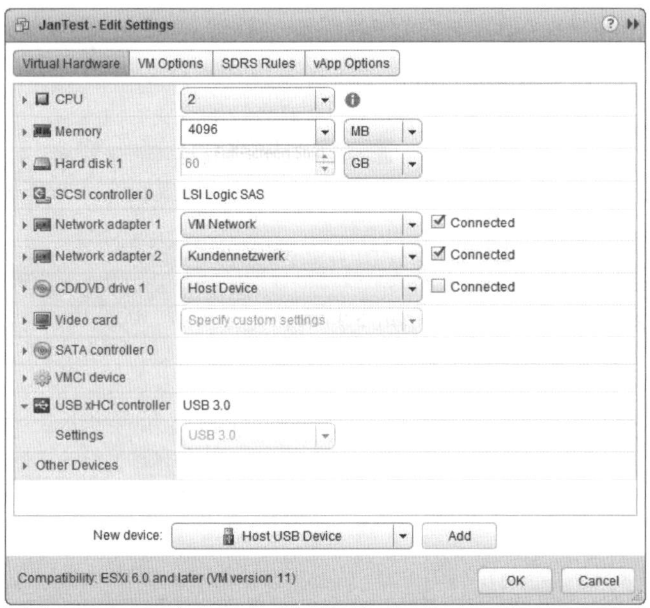

Abbildung 15.6 ESXi-Passthrough-USB-Gerät hinzufügen

3. Klicken Sie auf HINZUFÜGEN (ADD).
4. Wählen Sie im Dropdown-Menü unter VIRTUELLE HARDWARE (VIRTUAL HARDWARE) im Bereich NEUES HOST-USB-GERÄT (NEW HOST USB DEVICE) das USB-Gerät aus, zu dem Sie eine Verbindung herstellen wollen (siehe Abbildung 15.7).
5. Sie können nun in den erweiterten Einstellungen des Geräts festlegen, ob das USB-Gerät VMOTION-UNTERSTÜTZUNG (VMOTION SUPPORT, siehe Abbildung 15.8) erhalten soll.

Hinweis

Sollten Sie vMotion für das USB-Gerät aktiveren, so kann die virtuelle Maschine auf andere Hosts verschoben werden. Der Zugriff auf das USB-Gerät bleibt dabei bestehen. Sollte die Maschine ausgeschaltet bzw. neu gestartet werden, so muss der neue Startvorgang wieder auf dem Host erfolgen, mit dem das USB-Gerät verbunden ist.

Abbildung 15.7 ESXi-Passthrough-USB-Gerät hinzufügen, Schritt 2

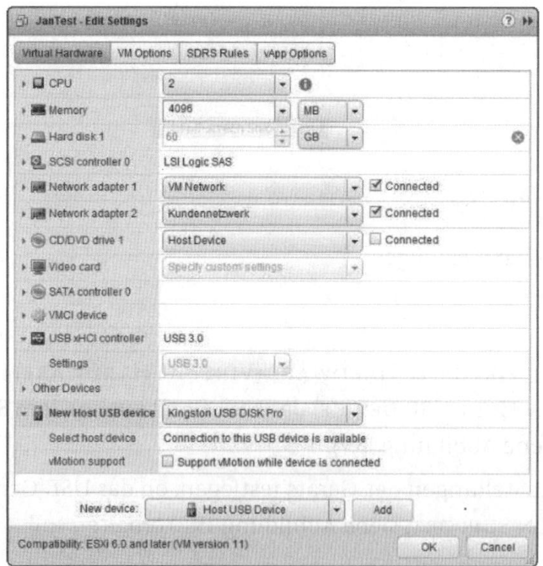

Abbildung 15.8 ESXi-Passthrough-USB-Gerät auswählen

6. Beenden Sie den Dialog EINSTELLUNGEN BEARBEITEN, indem Sie auf OK klicken.

Das USB-Gerät ist nun im Gastbetriebssystem verfügbar.

> **Hinweis**
> Wenn ein Gerät via ESXi-Passthrough mit einer virtuellen Maschine verbunden ist, so wird diese Verbindung mithilfe des Pfades zum USB-Gerät und nicht auf Basis der Geräte-ID gespeichert. Sie können das USB-Gerät am ESXi-Host entfernen und danach wieder mit demselben Port verbinden. Es wird automatisch wieder mit der virtuellen Maschine verbunden. Dies funktioniert nicht, wenn Sie beim Wiedereinstecken einen anderen USB-Port wählen! Des Weiteren funktioniert der Auto-Reconnect nicht, wenn das USB-Gerät gegen ein Gerät mit einer anderen USB-Spezifikation im selben Port ausgetauscht wird. Ein USB-2.0-Gerät in Port 1 wird also nicht ordnungsgemäß wieder verbunden, wenn es durch ein USB-1.1-Gerät in Port 1 ersetzt wird.

ESXi-Passthrough-USB-Gerät entfernen

Um das über ESXi-Passthrough verbundene USB-Gerät zu trennen, entfernen Sie es zuerst über das Betriebssystem der virtuellen Maschine. Gehen Sie anschließend im VMware Web Client zur ÜBERSICHT der virtuellen Maschine. Suchen Sie in der Liste der VM-HARDWARE nach dem USB-Gerät, das entfernt werden soll. Sie können die Verbindung nun über einen Klick auf das Verbindungssymbol TRENNEN beenden (siehe Abbildung 15.9).

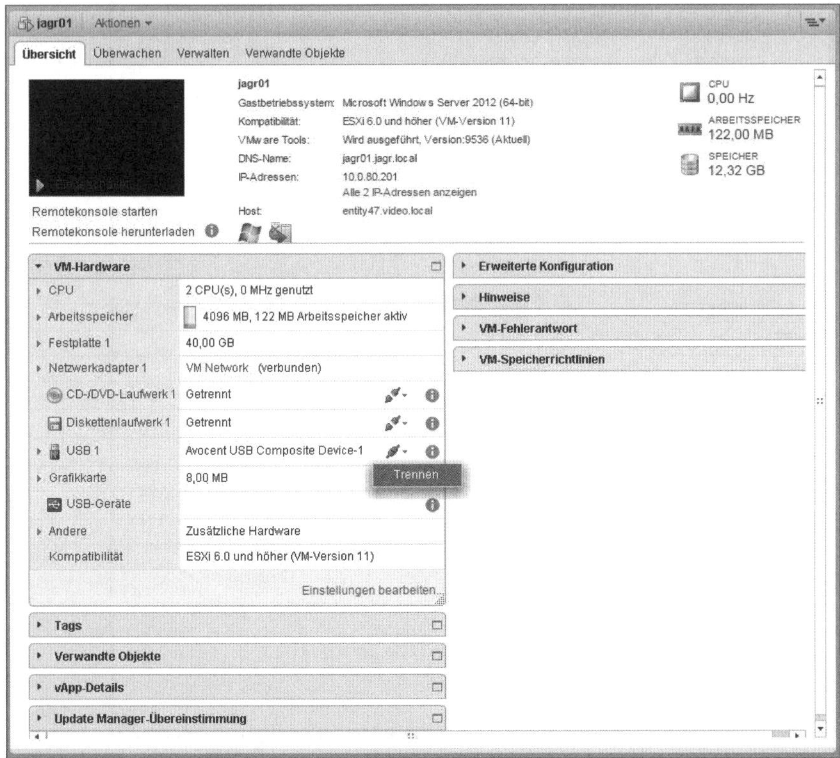

Abbildung 15.9 ESXi-Passthrough-USB-Gerät trennen

VMware-Client-USB-Gerät hinzufügen

Um ein USB-Gerät über eine Verbindung über eine Remote-Konsole mit der virtuellen Maschine verbinden zu können, muss die virtuelle Maschine ebenfalls über einen USB-Controller verfügen.

Zur Verbindung kann nicht jede Konsolenverbindung genutzt werden. Über den Web Client werden nur Verbindungen über die VMRC (*VMware Remote Console*) unterstützt. Darüber hinaus können Sie auch die Remote-Konsole des VMware C#-Clients nutzen, um ein USB-Gerät zu verbinden.

Die VMRC können Sie einfach bei VMware herunterladen. Sie ist eine vollwertige Applikation und funktioniert als Erweiterung zum Web Client. Den passenden Link für den Download der VMRC finden Sie im VMware Web Client in der Übersicht der virtuellen Maschinen unter REMOTEKONSOLE HERUNTERLADEN (*http://www.vmware.com/go/download-vmrc*).

Um die VMRC zu nutzen, öffnen Sie die Konsole nicht über die Aktionen oder das Kontextmenü der virtuellen Maschine. Nutzen Sie stattdessen den Link REMOTEKONSOLE STARTEN in der Übersicht der VM (siehe Abbildung 15.10).

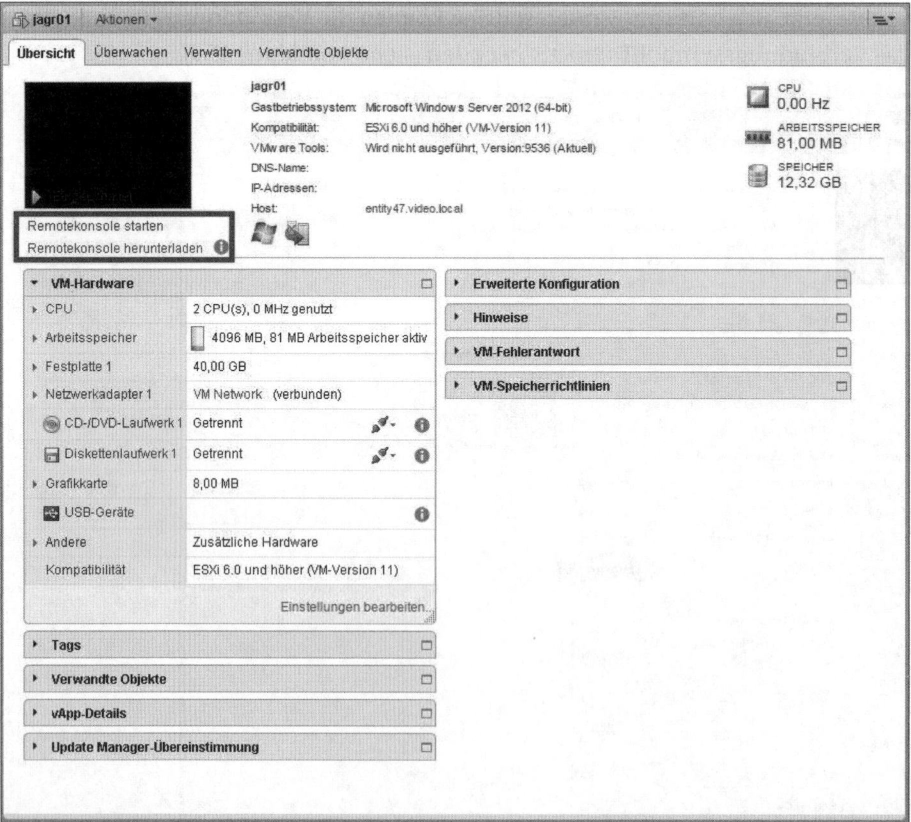

Abbildung 15.10 VMRC herunterladen und starten

Um ein USB-Gerät via VMRC zu verbinden, gehen Sie über die ÜBERSICHT der virtuellen Maschine zur Konsole und wählen die Option REMOTEKONSOLE STARTEN.

Sie können nun in der VMware Remote Console über das Menü VMRC • REMOVABLE DEVICES eine Liste der derzeit am Client verfügbaren USB-Geräte einblenden. Wählen Sie das passende Gerät, und klicken Sie auf CONNECT (DISCONNECT FROM HOST), um ein Gerät vom PC zu trennen und mit der virtuellen Maschine zu verbinden.

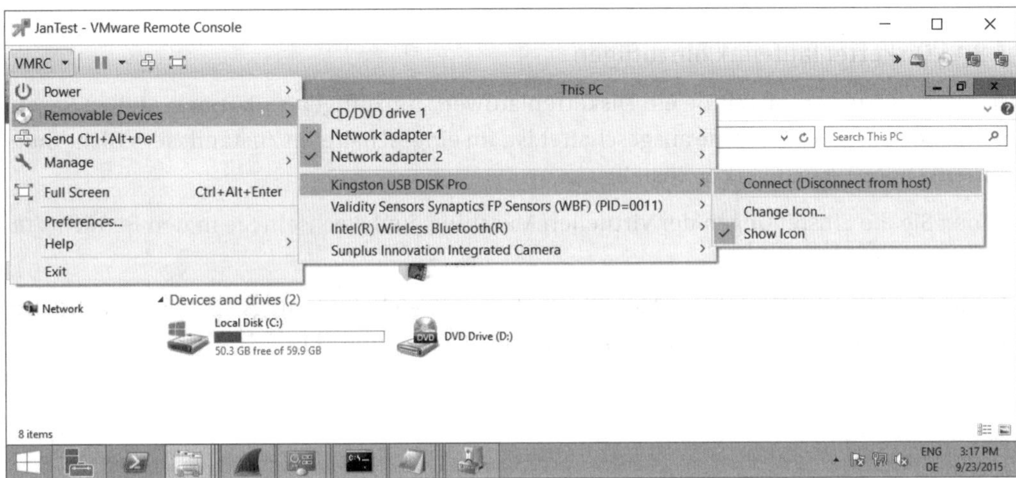

Abbildung 15.11 VMRC-USB-Gerät verbinden

Das USB-Gerät kann nun ganz normal in der virtuellen Maschine verwendet werden.

> **Hinweis**
> Auch hier gilt – wie bei der Verbindung über ESXi-Passthrough –, dass ein USB-Gerät immer nur exklusiv mit einem System verbunden sein kann. Sie können also zum Beispiel einen USB-Speicherstick immer nur entweder mit Ihrem PC oder via VMRC mit einer virtuellen Maschine verbinden.

VMware-Client-USB-Gerät

Um das Gerät nach der Verwendung wieder zu entfernen, entfernen Sie es zuerst im Gastbetriebssystem. Anschließend kann es einfach über das Kontextmenü von VMRC mit der Option REMOVABLE DEVICES und den Unterpunkt DISCONNECT (CONNECT TO HOST) des verbundenen Geräts wieder entfernt werden.

Alternativ dazu können Sie das USB-Gerät auch mit der Methode entfernen, die wir weiter oben im Abschnitt »ESXi-Passthrough-USB-Gerät entfernen« erklärt haben.

15.8 Wechselmedien

Neben USB-Geräten können auch Wechselmedien wie CDs, DVDs oder Floppy-Disks mit virtuellen Maschinen verbunden werden. Voraussetzung für das Verbinden ist ein entsprechendes virtuelles Disketten- bzw. CD/DVD-Laufwerk in der virtuellen Maschine.

Beachten Sie, dass verbundene Wechselmedien ein vMotion unterbinden können.

15.8.1 Diskettenlaufwerk hinzufügen

Um einer virtuellen Maschine ein Diskettenlaufwerk hinzufügen zu können, stellen Sie zuerst sicher, dass die Maschine ausgeschaltet ist. Im eingeschalteten Zustand ist es nicht möglich, ein Diskettenlaufwerk zu installieren.

Öffnen Sie die Einstellungen der virtuellen Maschine, und wechseln Sie in den Bereich VIRTUELLE HARDWARE.

Wählen Sie über das Dropdown-Menü im unteren Bereich des Dialogs ein DISKETTENLAUFWERK aus, und klicken Sie auf HINZUFÜGEN (siehe Abbildung 15.12).

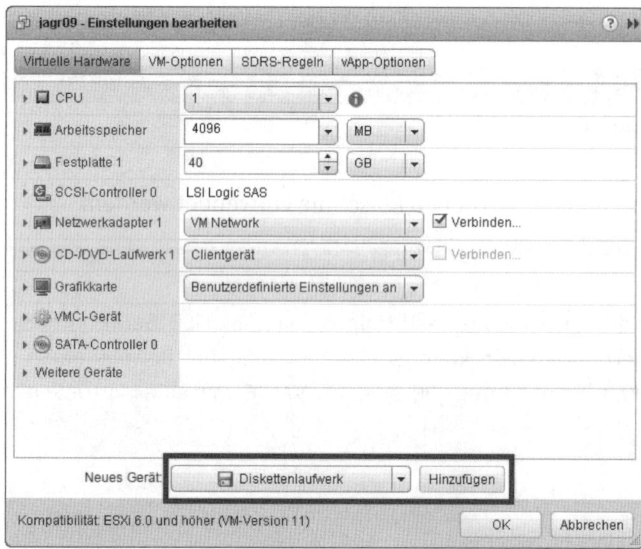

Abbildung 15.12 Diskettenlaufwerk hinzufügen

Bestätigen Sie den Dialog mit OK, und starten Sie die virtuelle Maschine. Sie können nun Medien mit dem virtuellen Diskettenlaufwerk verbinden.

15.8.2 Eine Diskette mit einer virtuellen Maschine verbinden

Virtuelle Maschinen können über verschiedene Wege mit Disketten verbunden werden. Es können entweder physische Laufwerke oder auch *.flp*-Dateien über Systeme genutzt werden, die via VMRC mit der VM verbunden sind. Oder es können *.flp*-Dateien auf Datastores genutzt oder erstellt werden, die an ESXi-Hosts angebunden sind.

Egal ob es sich um ein physisches Diskettenlaufwerk am Hypervisor oder an einer Maschine mit VMRC-Verbindung handelt – es ist nicht möglich eine Diskette aus einem solchen physischen Laufwerk mit dem virtuellen Diskettenlaufwerk zu verbinden. Die *.flp*-Dateien können entweder über Datastores erstellt werden, die eine Verbindung zum ESXi-Host haben, oder über Systeme eingespielt werden, die über die VMRC verbunden sind.

Unter ESXi ist es nicht möglich, physische Diskettenlaufwerke des ESXi-Hosts mit virtuellen Diskettenlaufwerken zu verbinden. Solche Verbindungen können ausschließlich unter ESX 3.5, 4.0 und 4.x hergestellt werden. Sie sollten mit Vorsicht genutzt werden, da sie ein vMotion und somit auch DRS der virtuellen Maschine unterbinden. Die Verbindung muss vor einem vMotion zwingend gelöst werden.

Die Konfiguration zu Einstellung des virtuellen Diskettenlaufwerks finden Sie in den Einstellungen der jeweiligen virtuellen Maschine im Abschnitt VIRTUELLE HARDWARE unter dem Punkt DISKETTENLAUFWERK. Es stehen insgesamt drei Optionen zur Auswahl (siehe Abbildung 15.13).

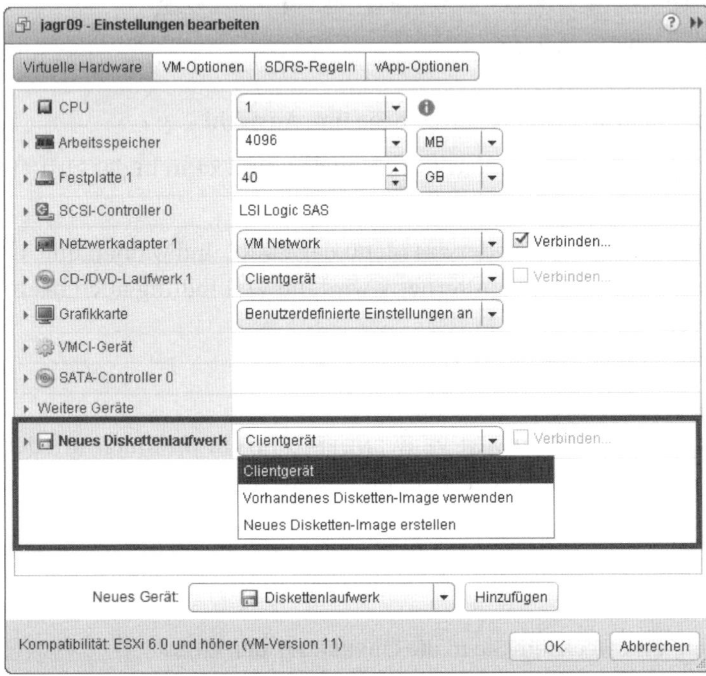

Abbildung 15.13 Neues Diskettenlaufwerk konfigurieren

Clientgerät

Über CLIENTGERÄT kann eine *.flp*-Datei über die VMRC mit der virtuellen Maschine verbunden werden.

Um das Clientgerät zu verbinden, öffnen Sie die VMRC über den Punkt REMOTEKONSOLE STARTEN in der ÜBERSICHT der virtuellen Maschine.

Wählen Sie im Menü VMRC • REMOVABLE DEVICES • DISKETTENLAUFWERK N • CONNECT TO DISK IMAGE FILE (FLP) wie in Abbildung 15.14.

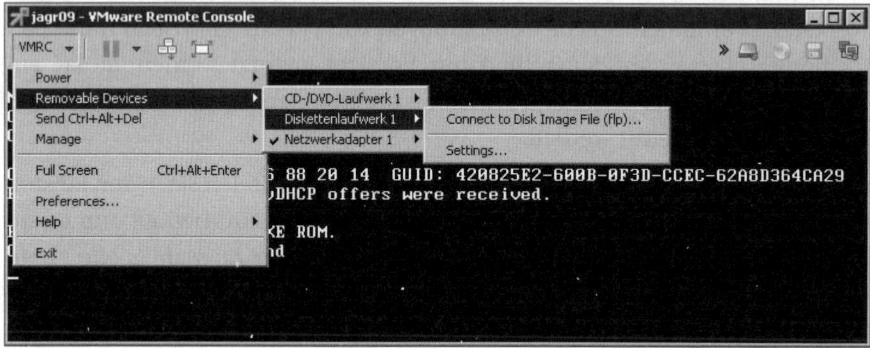

Abbildung 15.14 ».flp«-Datei über VMRC verbinden

Wählen Sie die zu verbindende Datei aus, und bestätigen Sie Ihre Auswahl.

Die *.flp*-Datei wird nun in das virtuelle Diskettenlaufwerk eingelegt und kann in der virtuellen Maschine benutzt werden.

Um die Verbindung zu beenden, nutzen Sie wieder das Menü der VMRC und wählen im Untermenü des Diskettenlaufwerks DISCONNECT. Alternativ wird die Verbindung auch beendet, indem die VMRC geschlossen wird.

Vorhandenes Disketten-Image verwenden

Über die Option VORHANDENES DISKETTEN-IMAGE VERWENDEN kann ein *.flp*-Image mit der VM verbunden werden, das auf einem Datastore liegt, der mit dem Host verbunden ist.

Zum Verbinden eines solchen Images stellen Sie sicher, dass die Option VORHANDENES DISKETTEN-IMAGE VERWENDEN in den Einstellungen des virtuellen Diskettenlaufwerks eingestellt ist.

Schließen Sie die Einstellungen, und wechseln Sie in die ÜBERSICHT der VM.

Klicken Sie im Bereich VM-HARDWARE auf das Verbindungsicon in der Zeile DISKETTENLAUFWERK N (siehe Abbildung 15.15).

Wählen Sie MIT DEM DISKETTEN-IMAGE AUF EINEM DATENSPEICHER VERBINDEN. Der Dialog DATEI AUSWÄHLEN aus Abbildung 15.16 erscheint. Wählen Sie die Datei, zu der Sie eine Verbindung herstellen wollen, und bestätigen Sie mit OK.

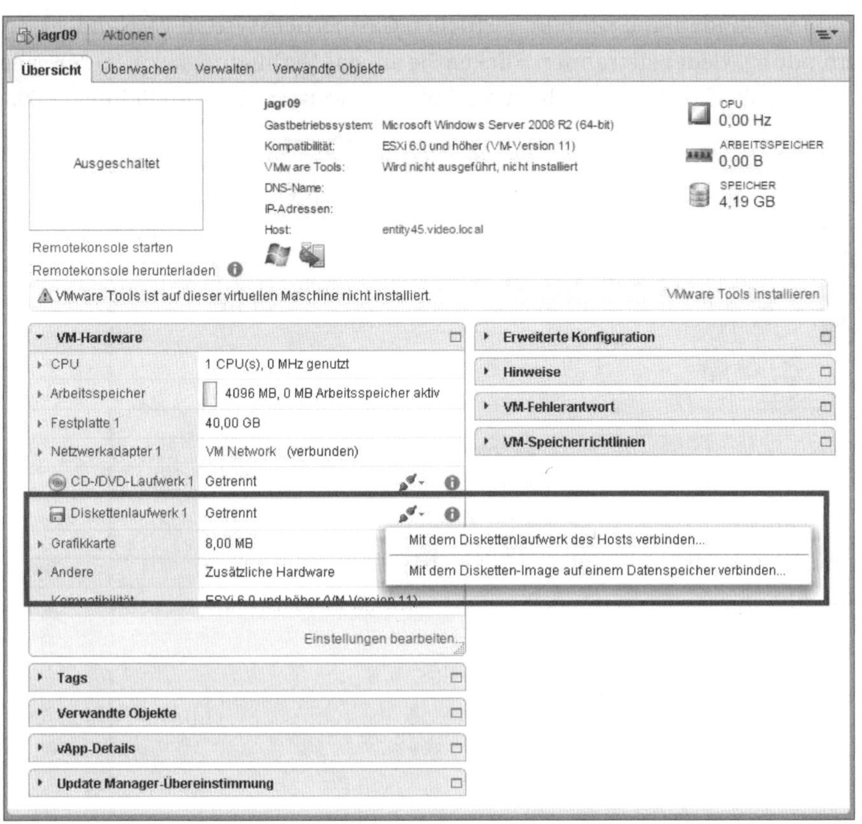

Abbildung 15.15 Verbindung mit einer ».flp«-Datei auf einem Datastore herstellen.

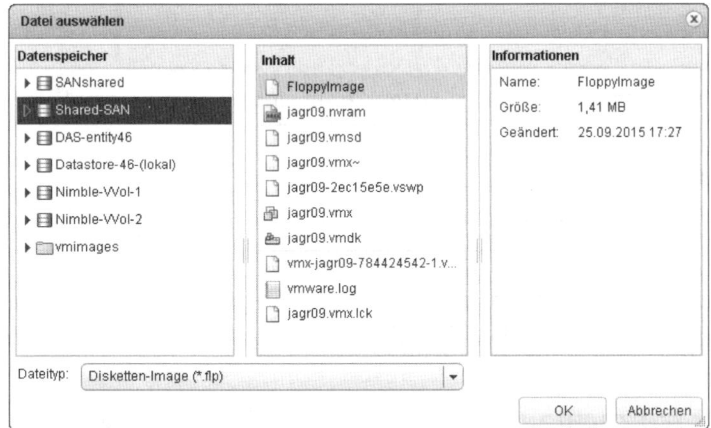

Abbildung 15.16 Die ».flp«-Datei auf dem Datenspeicher auswählen

Die Datei wird nun verbunden und kann im virtuellen Gastbetriebssystem verwendet werden. Um die Verbindung wieder zu trennen, klicken Sie auf das Verbindungsicon in der Zeile des virtuellen Diskettenlaufwerks und wählen die Option TRENNEN (siehe Abbildung 15.17).

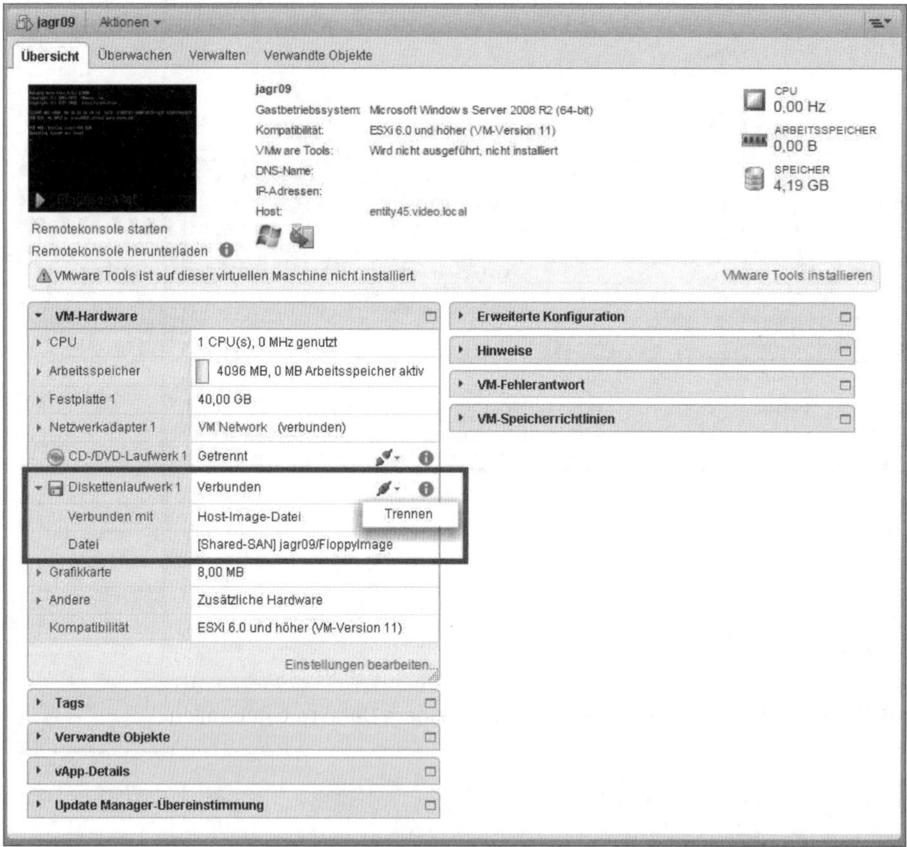

Abbildung 15.17 Trennen der Verbindung zu einer ».flp«-Datei, die auf einem Datenspeicher liegt.

Neues Disketten-Image erstellen

Über den Menüpunkt NEUES DISKETTEN-IMAGE ERSTELLEN kann ein neues Disketten-Image auf einem Datastore erstellt werden, der mit einem Host verbunden ist.

Um ein solches Image anzulegen, wählen Sie einfach in den Einstellungen der virtuellen Maschine im Bereich VIRTUELLE HARDWARE aus dem Dropdown-Menü unter DISKETTENLAUFWERK N • NEUES DISKETTEN-IMAGE ERSTELLEN.

Nun öffnet sich der Dialog DATEI SPEICHERN UNTER. Wählen Sie ein Verzeichnis auf einem Datastore aus, und tragen Sie in der oberen Zeile einen Namen für das *.flp*-Image ein (siehe Abbildung 15.18).

Abbildung 15.18 Disketten-Image erstellen

Bestätigen Sie die Eingaben mit OK.

Das Image wird automatisch mit einer Größe von 1,41 MB erstellt und in das virtuelle Diskettenlaufwerk »eingelegt« (siehe Abbildung 15.19).

15

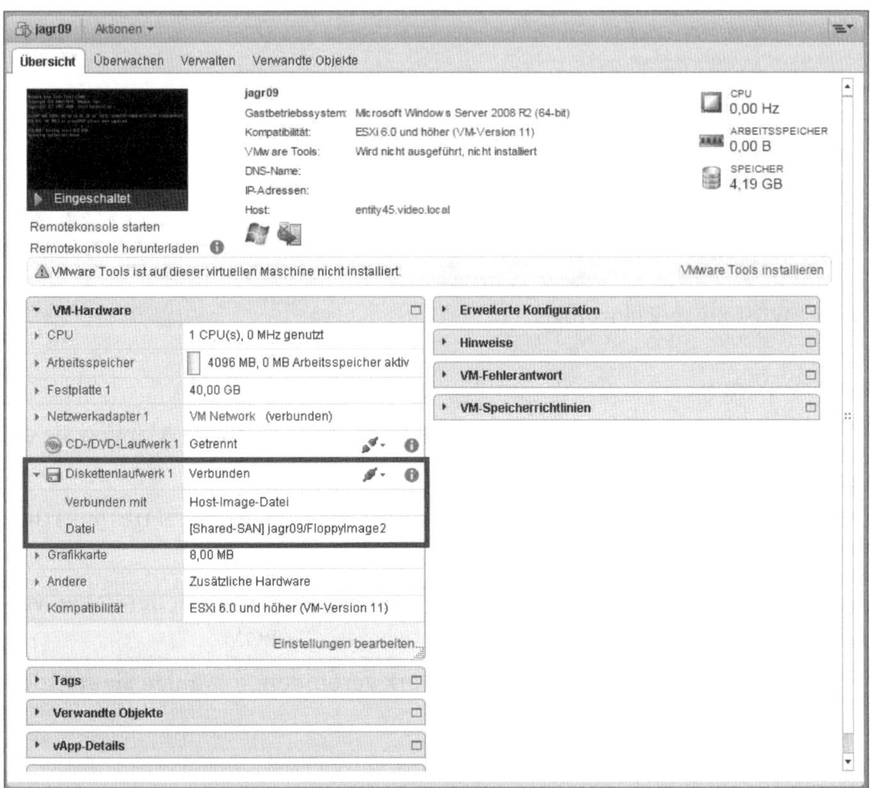

Abbildung 15.19 Verbindung zum neu erstellten Disketten-Image.

Um das Image nach der Benutzung wieder zu entfernen, klicken Sie auf das Verbindungsicon in der Übersicht der virtuellen Maschine und wählen TRENNEN.

15.8.3 CD/DVD-Laufwerk zur virtuellen Maschine hinzufügen

CD/DVD-Laufwerke können im laufenden Betrieb zu einer virtuellen Maschine hinzugefügt werden. Sie können entweder über SATA oder IDE angebunden werden.

Um ein CD/DVD-Laufwerk zur virtuellen Maschine hinzuzufügen, gehen Sie in die Einstellungen der virtuellen Maschine.

Im Bereich VIRTUELLE HARDWARE wählen Sie nun im Dropdown-Menü von NEUES GERÄT ein CD-/DVD-LAUFWERK (siehe Abbildung 15.20).

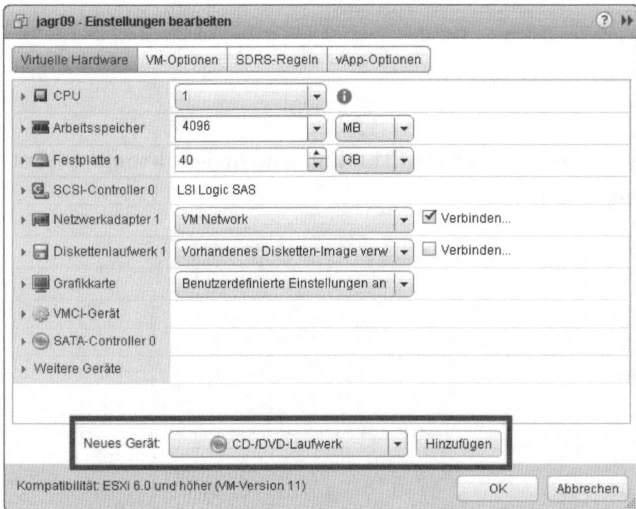

Abbildung 15.20 CD/DVD-Laufwerk hinzufügen

Klicken Sie auf HINZUFÜGEN.

Ein neues CD/DVD-Laufwerk erscheint in der Liste der virtuellen Hardware. Klappen Sie die Optionen des Laufwerks auf (siehe Abbildung 15.21).

In diesen Einstellungen legen Sie nun den GERÄTEMODUS sowie den KNOTEN DES VIRTUELLEN GERÄTS fest:

- Planen Sie, ein physisches, mit dem ESXi-Host verbundenes Laufwerk mit der VM zu verbinden, so wählen Sie für den Gerätemodus PASSTHROUGH-CD-ROM.
- Wollen Sie eine ISO-Datei mit dem virtuellen Laufwerk verbinden, so wählen Sie stattdessen CD-ROM EMULIEREN.

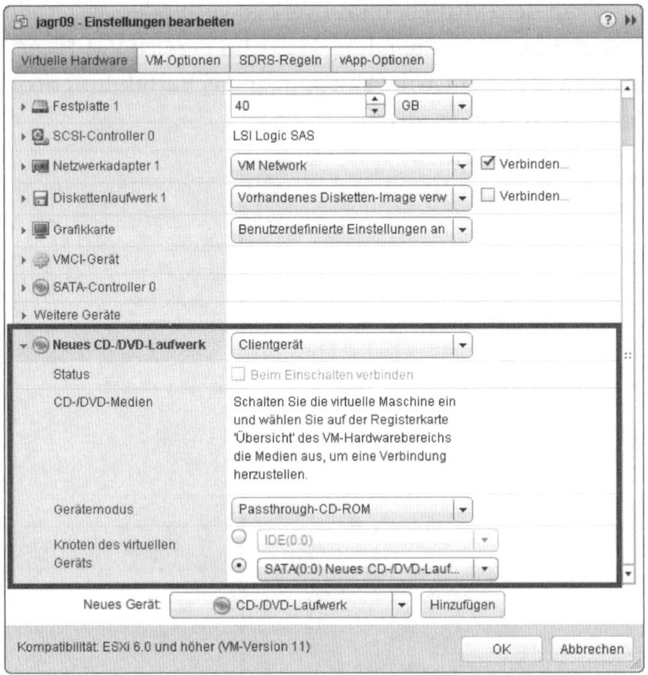

Abbildung 15.21 Neues CD/DVD-Laufwerk konfigurieren

Unter KNOTEN DES VIRTUELLEN GERÄTS stellen Sie nun ein, ob das Gerät via SATA oder IDE verbunden werden soll. Zusätzlich können Sie noch von Hand eine ID auswählen.

Klicken Sie nach dem Setzen der Parameter auf OK. Sie können nun ein Medium mit dem virtuellen CD/DVD-Laufwerk verbinden.

15.8.4 CD/DVD mit virtueller Maschine verbinden

Um ein CD- oder DVD-Medium mit dem Laufwerk der virtuellen Maschine zu verbinden, können Sie verschiedene Möglichkeiten nutzen. Sie können entweder physische Laufwerke des ESXi-Hosts oder ISO-Dateien von an den Host angebundenen Datastores verwenden. Oder Sie nutzen eine Verbindung mit der VMRC zur virtuellen Maschine, um ein physisches Laufwerk oder eine ISO-Datei, die über den Client erreichbar ist, mit dem virtuellen CD/DVD-Laufwerk zu verbinden.

Physisches Laufwerk des ESXi-Hosts mit dem virtuellen Laufwerk verbinden

Sie können ein physisches Laufwerk des ESXi-Hosts mit dem virtuellen Laufwerk einer virtuellen Maschine verbinden. Beachten Sie dabei, dass eine solche Verbindung ein vMotion und somit auch ein DRS der virtuellen Maschine unmöglich macht. Trennen Sie die Verbindung also, sobald sie nicht mehr benötigt wird.

Um ein physisches Laufwerk des Hosts mit dem virtuellen Laufwerk zu verbinden, wechseln Sie in die ÜBERSICHT der virtuellen Maschine (siehe Abbildung 15.22). Im Bereich VM-HARDWARE wählen Sie nun unter dem Punkt CD-/DVD-LAUFWERK N über das Verbindungsicon die Option MIT DEM CD-LAUFWERK DES HOSTS VERBINDEN.

Abbildung 15.22 CD-Laufwerk des ESXi-Hosts mit der VM verbinden.

Der Dialog HOSTGERÄT AUSWÄHLEN öffnet sich. Wählen Sie über das Dropdown-Menü das Laufwerk, mit dem Sie eine Verbindung herstellen wollen (siehe Abbildung 15.23).

Abbildung 15.23 Physisches CD-Laufwerk auswählen

Bestätigen Sie den Dialog mit OK.

Das Laufwerk wird nun verbunden, und Medien, die in das physische Laufwerk eingelegt werden, können in der virtuellen Maschine genutzt werden.

Um die Verbindung zu beenden, klicken Sie in der ÜBERSICHT der VM im Bereich VM-HARDWARE auf das Verbindungsicon neben dem CD-Laufwerk und wählen die Option TRENNEN (siehe Abbildung 15.24.

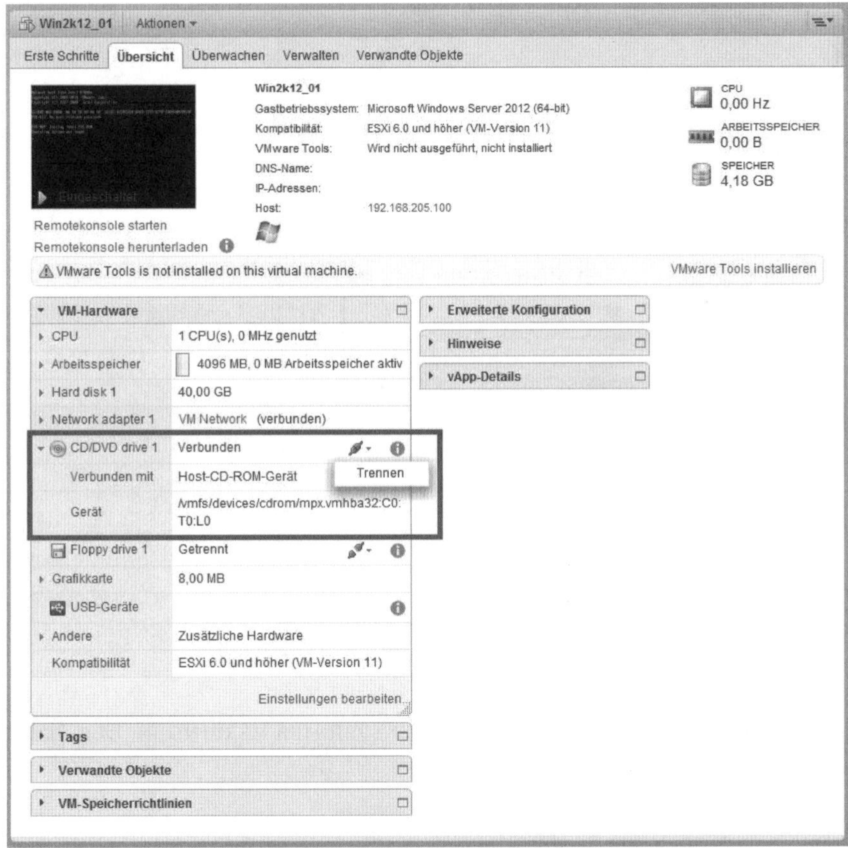

Abbildung 15.24 Verbindung zum physischen CD-Laufwerk trennen

> **Hinweis**
>
> Beachten Sie, dass physische Laufwerke, die mit dem ESXi-Host verbunden werden sollen, zwingend über SCSI verbunden werden müssen, um sie an eine VM weiterreichen zu können. SCSI-Geräte können nur im ausgeschalteten Zustand des Hosts verbunden werden.

ISO-Datei von Host-Datenspeicher verbinden

Um eine ISO-Datei von einem mit dem Host verbundenen Datastore in das virtuelle CD/DVD-Laufwerk einzulegen, öffnen Sie die ÜBERSICHT der virtuellen Maschine.

Klicken Sie im Bereich VM-HARDWARE auf das Verbindungsicon in der Zeile CD-/DVD-LAUFWERK N (siehe Abbildung 15.25).

Abbildung 15.25 Datenspeicher-ISO-Datei verbinden

Wählen Sie die Option MIT CD/DVD-IMAGE AUF DATENSPEICHER VERBINDEN. Der Dialog DATEI AUSWÄHLEN öffnet sich (siehe Abbildung 15.26).

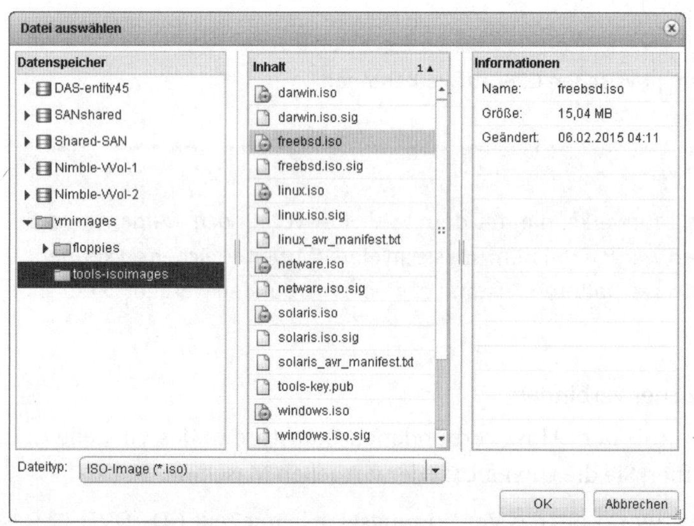

Abbildung 15.26 Datenspeicher-ISO-Datei auswählen

Wählen Sie die ISO-Datei aus, mit der Sie eine Verbindung herstellen wollen, und bestätigen Sie mit OK.

Die Datei ist nun mit dem CD-Laufwerk der virtuellen Maschine verbunden. Um die Verbindung zu beenden, klicken Sie in der ÜBERSICHT der VM im Bereich VM-HARDWARE auf das Verbindungsicon neben dem CD-Laufwerk und wählen die Option TRENNEN.

Physisches Laufwerk oder ISO-Datei via VMRC verbinden

Um ein physisches Laufwerk oder eine ISO-Datei über die VMRC mit einer virtuellen Maschine zu verbinden, öffnen Sie in der VMRC das Menü VMRC • REMOVABLE DEVICES • CD/DVD DRIVE N (siehe Abbildung 15.27).

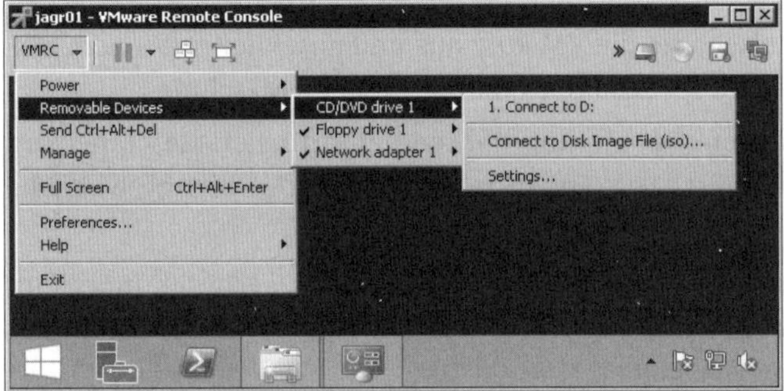

Abbildung 15.27 CD/DVD über VMRC verbinden

Sie können nun entweder über 1. CONNECT TO <LAUFWERK> ein physisches Laufwerk verbinden. Oder Sie können über die Option CONNECT TO DISK IMAGE FILE (ISO) eine ISO-Datei mit der virtuellen Maschine verbinden, die über den Client-PC erreichbar ist.

Um die Verbindung zu beenden, öffnen Sie das Menü VMRC • REMOVABLE DEVICES • CD/DVD DRIVE N erneut und trennen die Verbindung, oder schließen Sie die Verbindung der VMRC.

15.9 Betriebszustände einer virtuellen Maschine

Eine virtuelle Maschine kann drei verschiedene Betriebszustände annehmen: eingeschaltet, ausgeschaltet, angehalten.

Um diese Zustände zu steuern, stehen in vSphere verschiedene Aktionen zur Verfügung.

Hinweis

Wenn die VMware Tools in der virtuellen Maschine installiert sind, werden zu den verschiedenen Aktionen entsprechende Skripte innerhalb der VM ausgeführt. Weiter Informationen zu den VMware-Tools-Skripten finden Sie in Abschnitt 15.3.4, »VMware Tools« unter »Skripte«.

- **Einschalten**: Die virtuelle Maschine wird eingeschaltet.
- **Ausschalten**: Die virtuelle Maschine wird ausgeschaltet. Diese Aktion entspricht dem Ziehen eines Netzsteckers an einer physischen Maschine.
- **Anhalten**: Wird eine virtuelle Maschine angehalten, so wird der Inhalt des Arbeitsspeichers in eine *.vmss*-Datei auf den Datenspeicher der virtuellen Maschine geschrieben. Die VM wird anschließend ausgeschaltet. Diesen Vorgang kann man sich wie ein Konservieren des Zustands der Maschine auf dem Datastore vorstellen.
- **Fortsetzen**: Der Inhalt des Arbeitsspeichers der virtuellen Maschine wird aus der *.vmss*-Datei wieder geladen, und die VM wird auf den Betriebszustand »gestartet« gesetzt. Die virtuelle Maschine wird also an dem Punkt fortgesetzt, an dem sie zuvor beim Anhalten gestoppt wurde.
- **Zurücksetzen**: Das Zurücksetzen schaltet die VM kurz aus und anschließend wieder ein. Es ist das virtuelle Gegenstück des Reset-Schalters einer physischen Maschine.
- **Gastbetriebssystem herunterfahren**: Das Herunterfahren der virtuellen Maschine wird über das Gastbetriebssystem ausgelöst. Diese Funktion steht nur zur Verfügung, wenn die VMware Tools installiert sind.
- **Gastbetriebssystem neu starten**: Die virtuelle Maschine wird neu gestartet, indem im Gastbetriebssystem ein Neustart ausgelöst wird. Diese Funktion steht ebenfalls nur zur Verfügung, wenn die VMware Tools installiert sind.

15.10 Speicherrichtlinien für virtuelle Maschinen

Speicherrichtlinien bieten die Möglichkeit, Datenspeicher innerhalb der vSphere in verschiedene Kategorien einzuteilen. Diese Kategorien können dann virtuellen Festplatten oder virtuellen Maschinen zugeordnet werden, um das Installieren sowie die Verwaltung der Compliance der virtuellen Maschine möglichst einfach zu gestalten. Viele moderne Speichergeräte liefern bereits über die VAAI eigene Speicherrichtlinien mit. Über diese vom Hersteller gelieferten Speicherrichtlinien hinaus können eigene Tag-basierte Speicherrichtlinien erstellt werden. Speicherrichtlinien eignen sich beispielsweise, um verschiedene Datenspeicher in Kategorien, nach Redundanz oder Leistungsfähigkeit zu unterteilen. Die Installation und Verwaltung der virtuellen Maschinen kann durch solche Speicherrichtlinien erheblich erleichtert werden.

15.10.1 Eine Tag-basierte Speicherrichtlinie erstellen

Um eine eigene Speicherrichtlinie zu erstellen, müssen Sie die Datastores, die Sie verwenden wollen, zuerst mit Tags versehen.

Wechseln Sie dazu in die Ansicht SPEICHER. Wählen Sie nun den Datastore aus, der später zu einer Speicherrichtlinie hinzugefügt werden soll. Öffnen Sie dann in der Ansicht VERWALTEN die Kategorie TAGS.

Sie können jetzt über den Button mit dem kleinen Schild und dem grünen Plus ein neues Tag hinzufügen (siehe Abbildung 15.28).

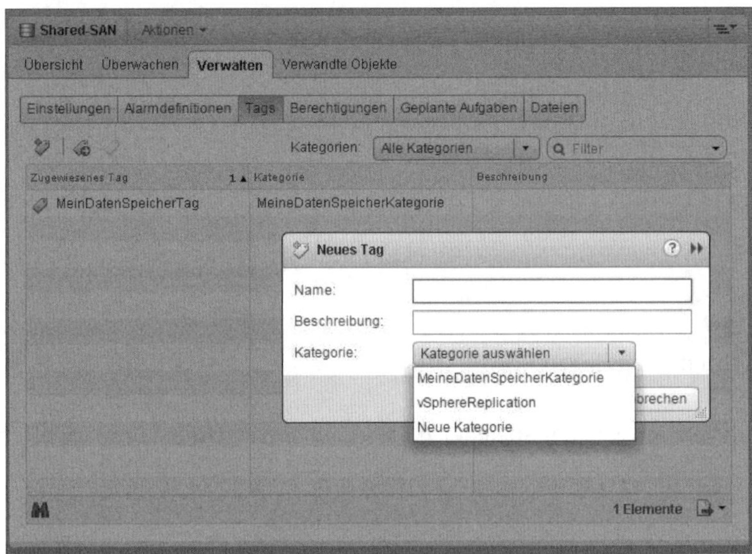

Abbildung 15.28 Tag zu Datenspeicher hinzufügen

Wählen Sie einen Namen, und fügen Sie eine Beschreibung hinzu.

Erstellen Sie über das Dropdown-Menü eine Kategorie, zu der dieses Tag hinzugefügt werden soll.

Wollen Sie mehrere Datenspeicher zu der Speicherrichtlinie hinzufügen, so versehen Sie die restlichen Datenspeicher mit dem Tag. Wechseln Sie dazu auf den Datastore, wählen Sie statt der Option NEUES TAG die Option TAG ZUWEISEN, und wählen Sie das zuvor erstellte Tag aus.

Wechseln Sie nun in den Bereich SPEICHERRICHTLINIEN, und klicken Sie auf das Symbol NEUE VM-SPEICHERRICHTLINIE ERSTELLEN.

Wählen Sie den VCENTER SERVER, dem die Richtlinie hinzugefügt werden soll, und vergeben Sie einen NAMEN und eine BESCHREIBUNG.

Im zweiten Schritt wählen Sie nun über den Button TAG-BASIERTE REGEL HINZUFÜGEN zuerst die erstellte Kategorie und dann das entsprechende Tag aus (siehe Abbildung 15.29). An dieser Stelle können Sie auch mehrere Tags einer Kategorie aktivieren.

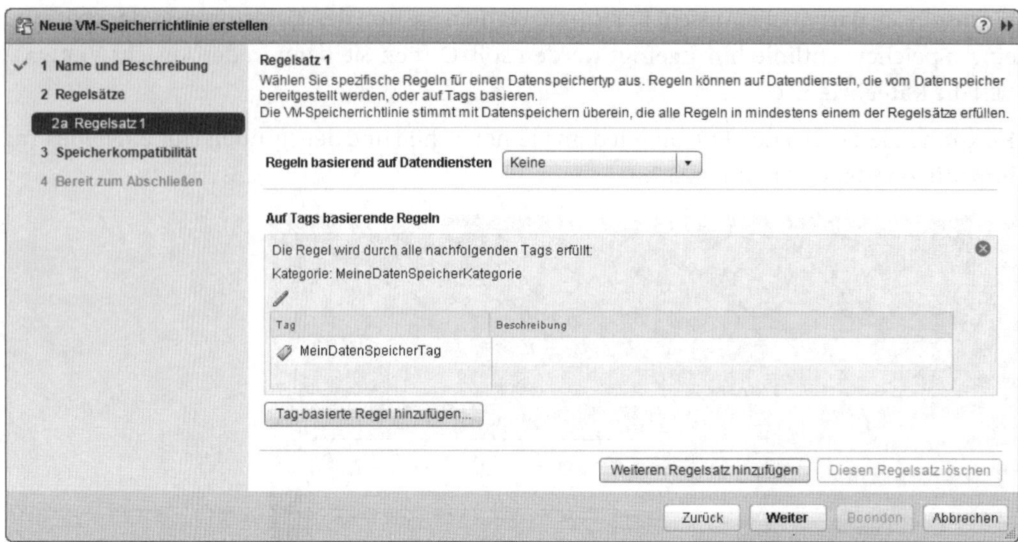

Abbildung 15.29 Speicherrichtlinie Tags hinzufügen

Im dritten Schritt wird nun gezeigt, welcher Speicher zu der Speicherrichtlinie kompatibel ist (siehe Abbildung 15.30).

Abbildung 15.30 Speicherkompatibilität der Speicherrichtlinie prüfen

Prüfen Sie die Übersicht, und schließen Sie das Zufügen der Speicherrichtlinie in Schritt 4 ab. Sie können die Speicherrichtlinie nun virtuellen Festplatten zuweisen.

15.10.2 Speicherrichtlinien zuweisen

Speicherrichtlinien können entweder beim Erstellen der virtuellen Maschine oder auch nachträglich zur virtuellen Maschine hinzugefügt werden. Sie werden pro Festplatte vergeben. So kann eine virtuelle Maschine über verschiedene Speicherrichtlinien verfügen.

Um der Festplatte einer bestehenden VM eine Speicherrichtlinie zuzuweisen, öffnen Sie die Einstellungen der virtuellen Maschine.

Klappen Sie im Bereich VIRTUELLE HARDWARE die Konfiguration der entsprechenden Festplatte auf (siehe Abbildung 15.31).

Abbildung 15.31 Speicherrichtlinie zu virtueller Festplatte zuweisen

Wählen Sie unter VM-SPEICHERRICHTLINIE nun die entsprechende Richtlinie aus, und bestätigen Sie Ihre Auswahl mit OK.

Die Speicherrichtlinie ist nun aktiv, und Sie können die Compliance der Festplatte prüfen.

Eine weitere Möglichkeit ist das Verwalten der Speicherrichtlinie über AKTIONEN der virtuellen Maschine. Öffnen Sie dazu die Option VM-RICHTLINIEN • VM-SPEICHERRICHTLINIEN VERWALTEN (siehe Abbildung 15.32).

Sie können nun eine VM-Speicherrichtlinie auswählen und auf sämtliche Festplatten der virtuellen Maschine anwenden oder in der jeweiligen Zeile pro Festplatte der virtuellen Maschine eine Speicherrichtlinie aus einem Dropdown-Menü auswählen.

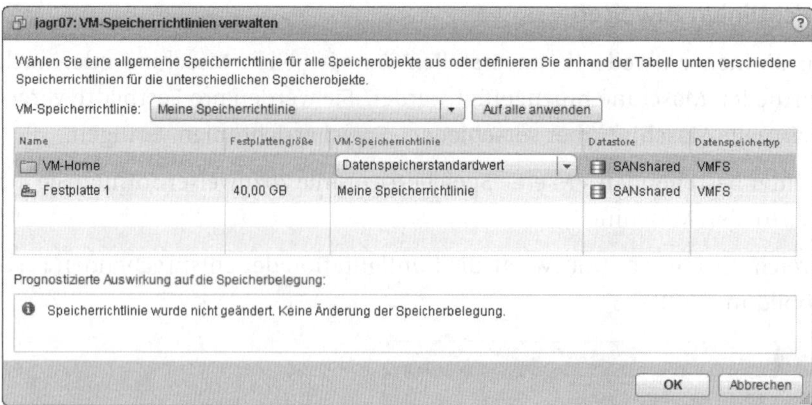

Abbildung 15.32 VM-Speicherrichtlinien verwalten

15.10.3 Compliance der Speicherrichtlinie prüfen

Die Speicherrichtlinien einer virtuellen Maschine können Sie einfach über die ÜBERSICHT der virtuellen Maschine prüfen. Im Bereich VM-SPEICHERRICHTLINIEN erhalten Sie einen Überblick über die Compliance und können eine erneute Prüfung über die Funktion ÜBEREINSTIMMUNG PRÜFEN anstoßen (siehe Abbildung 15.33).

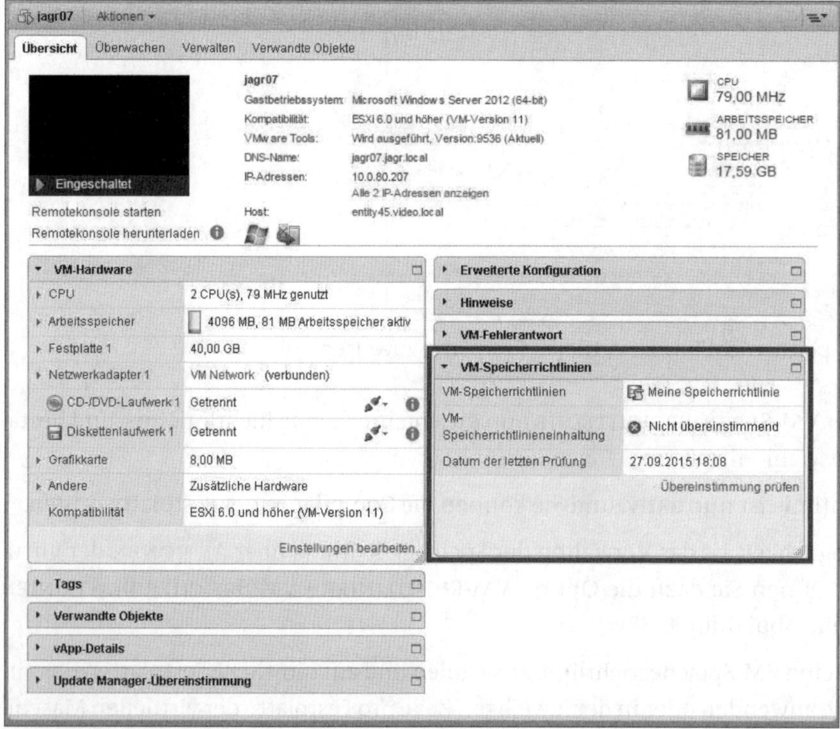

Abbildung 15.33 VM-Speicherrichtlinien-Status

15.11 Konfiguration und Anpassung von virtuellen Maschinen

Die Ausstattung einer virtuellen Maschine kann sowohl beim Erstellen als auch im Nachhinein angepasst werden. Ob das Hinzufügen, Anpassen und Entfernen dabei entweder im eingeschalteten oder im ausgeschalteten Zustand der Maschine erfolgen muss, hängt von der virtuellen Hardware, deren Konfiguration und dem entsprechenden Gastbetriebssystem ab. Manche virtuelle Hardware kann zwar im laufenden Betrieb erweitert werden, wird allerdings erst bei einem Neustart des Gastbetriebssystems erkannt und somit verfügbar.

15.11.1 HotPlug

Das Hinzufügen von Hardware im laufenden Betrieb bezeichnet man als *HotPlug* oder *HotAdd*. Für virtuelle CPUs und Arbeitsspeicher können Sie HotAdd seit der virtuellen Hardwareversion 7 nutzen. Das Hinzufügen von Mehrkern-CPUs im laufenden Betrieb ist seit der virtuellen Hardwareversion 8 möglich.

15.11.2 HotPlug von virtuellen CPUs

Das Hinzufügen von virtuellen Einzelkern-CPUs im laufenden Betrieb ist seit der virtuellen Hardwareversion 7 möglich. Das Hinzufügen von Multikern-CPUs ist ab der virtuellen Hardwareversion 8 verfügbar. Um das Feature nutzen zu können, muss es zuvor in den Einstellungen der einzelnen virtuellen Maschine aktiviert werden. Das Aktivieren kann ausschließlich im ausgeschalteten Zustand der virtuellen Maschine erfolgen. Sollten Sie also davon ausgehen, dass Sie die CPUs der virtuellen Maschine ständig erweitern müssen, so macht es Sinn, diese Option schon bei der Erstellung der virtuellen Maschine zu aktivieren. Sie finden die Option in den Einstellungen der virtuellen Maschine im Bereich VIRTUELLE HARDWARE unter den erweiterten Einstellungen der CPU. Beachten Sie dabei, dass diese Option nur zur Verfügung steht, wenn das ausgewählte Gastbetriebssystem sie auch unterstützt.

Laut VMware wird das Hinzufügen von CPUs via HotAdd ab Windows Server 2008 und Windows Server 2008 R2 ausschließlich in der Datacenter-64-Bit-Edition sowie ab Windows Server 2012 in der *Standard*, *Enterprise* und *Datacenter Edition* unterstützt. Ein HotRemove, also das Entfernen von CPUs im laufenden Betrieb, ist bei Windows-Betriebssystemen derzeit nicht möglich.

Bei Linux-Betriebssystemen beginnt der Support für HotAdd ab der Kernel-Version 2.6.14. Bei aktuellen Linux-Kernel-Versionen wird sowohl HotPlug als auch HotRemove unterstützt.

Hinweis

Das Hinzufügen von CPUs via HotPlug beendet sämtliche bestehenden Verbindungen von USB-Geräten zur virtuellen Maschine und stellt sie anschließend wieder her. Es empfiehlt sich, die USB-Geräte ordnungsgemäß zu entfernen, bevor man CPUs über HotPlug hinzufügt.

15.11.3 HotPlug von Arbeitsspeicher

HotPlug für Arbeitsspeicher steht ab der virtuellen Hardwareversion 7 zur Verfügung. Auch hier ist die Unterstützung des Gastbetriebssystems notwendig. Wie beim HotPlug der CPU gilt, dass zuvor das Feature pro virtueller Maschine aktiviert werden muss. Die Option findet sich auch hier in den Einstellungen der VM, und zwar unter den Einstellungen des Arbeitsspeichers im Bereich VIRTUELLE HARDWARE. Auch das Aktivieren der HotPlug-Funktion für den Arbeitsspeicher ist nur im ausgeschalteten Zustand des Gastsystems möglich.

Das Hinzufügen von Arbeitsspeicher via HotPlug wird bei Windows ab den folgenden Versionen unterstützt:

- Windows Server 2003 Enterprise Edition und Datacenter Edition 32 Bit
- Windows Server 2003 Service Pack 1 Enterprise Edition und Datacenter Edition 64 Bit
- Windows Server 2008 Enterprise und Datacenter Edition
- Windows Server 2008 R2 Enterprise und Datacenter Edition
- Windows Server 2012 Standard, Enterprise und Datacenter Edition

Bei Linux ist mindestens ein Kernel 2.6.14 Voraussetzung.

Wenn Sie Arbeitsspeicher in Linux-Gastsystemen via HotPlug hinzufügen, kann es dazu kommen, dass das Betriebssystem den erkannten Speicher nicht sofort zur Verfügung stellt. Um den Speicher verfügbar zu machen, muss häufig nicht neu gestartet werden, sondern es reicht ein Online-Nehmen des Arbeitsspeichers. Informationen zu diesem Thema finden Sie in der VMware Knowledge Base unter *http://kb.vmware.com/kb/1012764*.

15.11.4 MAC-Adresse ändern

Die MAC-Adresse einer virtuellen Netzwerkkarte wird im Normalfall automatisch vergeben. Sie kann bei Bedarf aber auch manuell geändert werden. Diese Änderung kann ausschließlich im ausgeschalteten Zustand der VM erfolgen. Die MAC-Adresse kann auf verschiedene Arten geändert werden. Im Folgenden beschreiben wir, wie Sie die virtuelle MAC-Adresse über den Web Client ändern:

1. Stellen Sie sicher, dass die virtuelle Maschine ausgeschaltet ist.
2. Gehen Sie in die Einstellungen der virtuellen Maschine, und wechseln Sie in den Bereich VIRTUELLE HARDWARE.
3. Öffnen Sie die Einstellungen der Netzwerkkarte, und wählen Sie im Dropdown-Menü der MAC-ADRESSE die Option MANUELL aus (siehe Abbildung 15.34).
4. Sie können nun im Feld für die MAC-Adresse eine eigene Adresse nach der VMware-OUI 00:50:56 vergeben oder die vorgegebene OUI löschen und ebenfalls durch eine eigene OUI ersetzen (siehe Abbildung 15.35).

Abbildung 15.34 MAC-Adresse manuell setzen

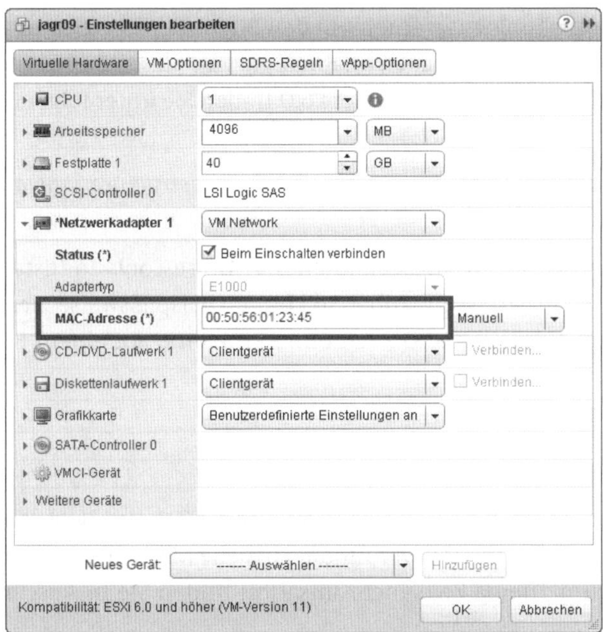

Abbildung 15.35 MAC-Adresse eintragen

15

5. Bestätigen Sie die eingegebene MAC-Adresse über OK, und starten Sie die virtuelle Maschine. Die Netzwerkverbindung wird nun über die neu vergebene MAC-Adresse hergestellt.

Hinweis

Beachten Sie, dass MAC-Adressen zumindest innerhalb des Netzwerks immer einzigartig sein sollten.

15.12 VMware Tools

Die VMware Tools sind eine Sammlung von Applikationen und Treibern, die auf jeder virtuellen Maschine installiert und regelmäßig aktualisiert werden sollte. Sie sorgen für die Unterstützung von VMware-eigener Hardware, wie zum Beispiel der VMXNET-Netzwerkkarten, und bieten darüber hinaus die Möglichkeit zur Kommunikation des ESXi-Hosts mit der virtuellen Maschine. So kann eine virtuelle Maschine nicht nur hart ausgeschaltet werden, sondern ebenso ordnungsgemäß heruntergefahren werden. Weitere Features sind das Ausführen von Skripten beim Starten, Herunterfahren, Suspend oder Resume einer virtuellen Maschine. Die VMware Tools sind außerdem zwingend notwendig für die Verwendung von Ballooning.

Bis zur Version 9.x wurden die VMware Tools zusammen mit den Builds der ESXi-Server veröffentlicht. Seit der Version 10.0.0 werden sie nun auch unabhängig von diesen Builds veröffentlicht. Die aktuelle Version der VMware Tools für vSphere 6.0 finden Sie unter folgendem Link:

https://my.vmware.com/web/vmware/info/slug/datacenter_cloud_infrastructure/vmware_vsphere/6_0#drivers_tools

Achten Sie darauf, immer die aktuellste verfügbare Version der VMware Tools zu installieren. Die Version der VMware Tools ist abwärtskompatibel. So können beispielsweise virtuelle Maschinen mit der VMware-Tools-Version 10.0.0 auch ohne Probleme auf einem ESXi-Host mit der Version 5.5 betrieben werden.

15.12.1 Zeitsynchronisation

Die Zeit einer virtuellen Maschine kann über die VMware Tools mit der Zeit des Hosts abgeglichen werden. Dies macht Sinn, wenn kein NTP-Sever für die virtuelle Maschine zur Verfügung steht. Mehr Informationen zum Thema Zeitsynchronisation finden Sie in Abschnitt 15.3.5, »Zeitsynchronisation«.

15.12.2 Installation der VMware Tools unter Windows

Um die VMware Tools zu installieren, nutzen Sie am besten den vSphere Web Client:

1. Öffnen Sie die ÜBERSICHT der virtuellen Maschine, und wählen Sie im Dropdown-Menü AKTIONEN • GASTBETRIEBSSYSTEM • VMWARE TOOLS INSTALLIEREN (siehe Abbildung 15.36).

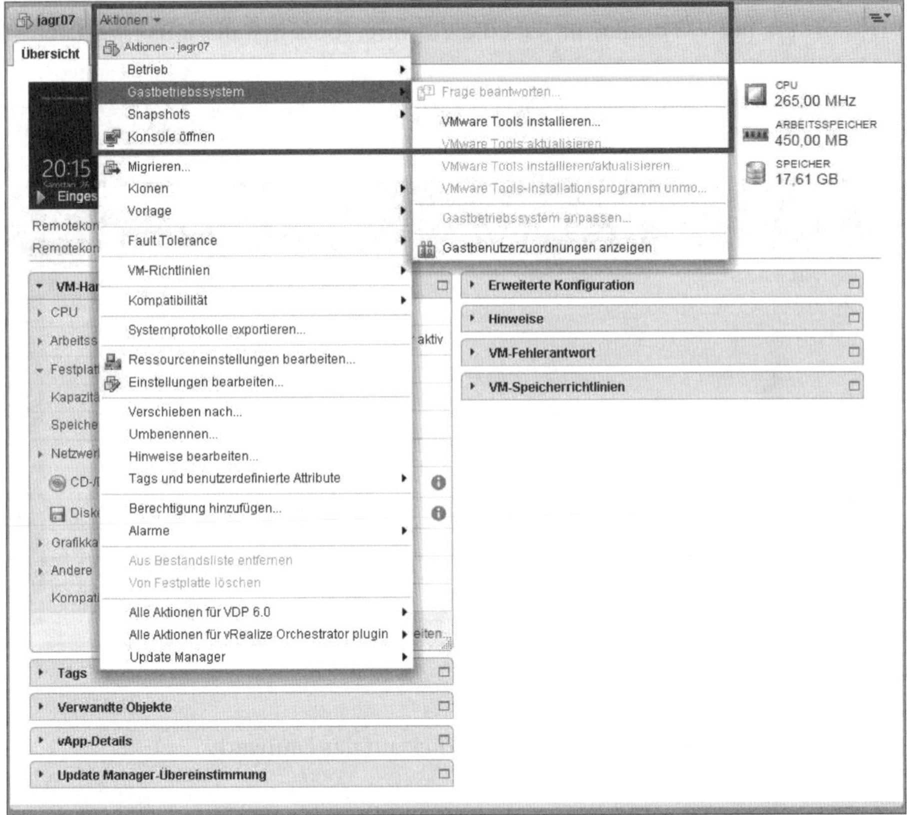

Abbildung 15.36 VMware Tools installieren

2. Es folgt ein Dialog VMWARE TOOLS INSTALLIEREN (siehe Abbildung 15.37), den Sie mit dem Button MOUNTEN bestätigen.

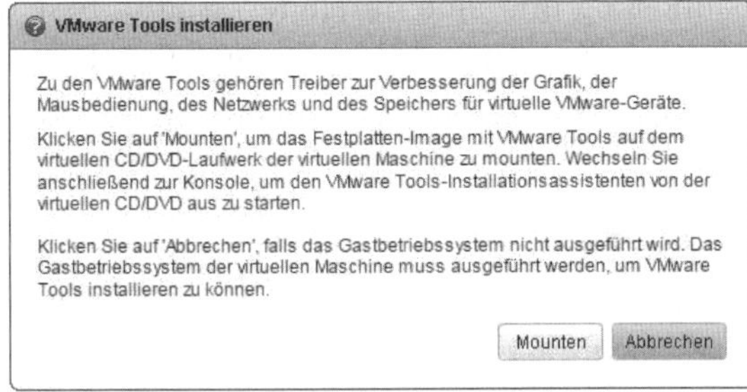

Abbildung 15.37 VMware Tools mounten

Die CD mit den VMware Tools wird nun in das virtuelle CD/DVD-Laufwerk eingebunden. Die Auswahl, welches VMware-Tools-Image angebunden wird, erfolgt in Abhängigkeit vom ausgewählten Betriebssystem in den Einstellungen der virtuellen Maschine.

3. Öffnen Sie nun eine Konsole zur virtuellen Maschine, und melden Sie sich am Gastbetriebssystem an.
4. Im DVD-Laufwerk der VM finden Sie jetzt die VMware-Tools-Installations-DVD (siehe Abbildung 15.38).

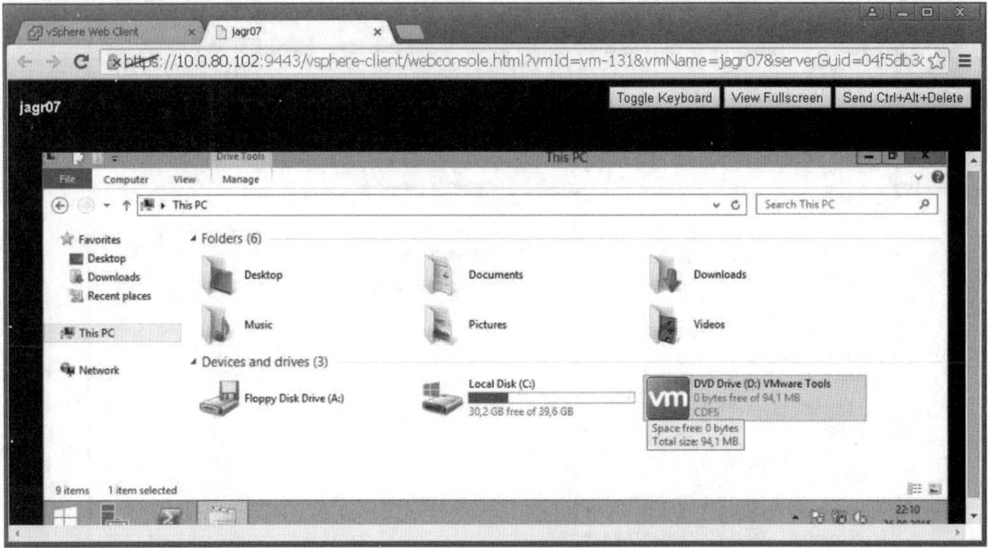

Abbildung 15.38 Die VMware-Tools-Installations-DVD

5. Starten Sie die Installation über einen Doppelklick auf das Laufwerk.
6. Der Installer der VMware Tools öffnet sich. Sie können nun zwischen einer Standardinstallation, einer angepassten und einer vollständigen Installation auswählen. Typischerweise ist die Standardinstallation der zu wählende Weg.

Nachdem die Installation abgeschlossen ist, muss das Betriebssystem neu gestartet werden. Nach dem Neustart sollten die klassischen Symptome einer virtuellen Maschine, wie das Ruckeln der Maus, eine niedrige Bildschirmauflösung und eine hakelnde Tastatur, beseitigt sein. Sie können nun Geräte verwenden, die VMware-eigene Treiber erfordern, und die Funktionen nutzen, die die VMware Tools erfordern.

15.12.3 Installation der VMware Tools unter Linux

Zur Installation der VMware Tools führen Sie die Schritte aus Abschnitt 15.12.2, »Installation der VMware Tools unter Windows«, durch – bis inklusive des Mountens der DVD.

1. Wechseln Sie nun in die Konsole, und mounten Sie die Installations-DVD in einen Pfad Ihrer Wahl mit:

   ```
   mount /dev/<CDROM> <Pfad>
   ```

2. Wechseln Sie nun zum Pfad der Installations-DVD:

   ```
   cd <Pfad>
   ```

3. Kopieren Sie die auf der DVD enthaltene *.tar.gz*-Datei in ein Verzeichnis Ihrer Wahl:

   ```
   cp VMwareTools-x.x.x-NNN.tar.gz <ZielVerzeichnis>
   ```

4. Entpacken Sie die *.tar.gz*-Datei:

   ```
   tar zxf VMwareTools-x.x.x-NNN.tar.gz
   ```

5. Wechseln Sie in das Unterverzeichnis *vmware-tools-distrib*:

   ```
   cd vmware-tools-distrib
   ```

6. Starten Sie nun die Installation der VMware Tools über das Skript *vmware-install.pl*:

   ```
   ./vmware-install.pl
   ```

7. Beantworten Sie die Fragen der Installation. Um die Standardwerte zu wählen, nutzen Sie einfach die [↵]-Taste zum Beantworten der Fragen.

Nach der Installation müssen entweder sämtliche betroffenen Services oder muss das gesamte Betriebssystem neu gestartet werden. Folgen Sie an dieser Stelle den Anweisungen des Installer-Skripts.

Hinweis

Für viele Linux-Distributionen bietet VMware sogenannte OSPs (*Operating System Specific Packages*). Diese OSPs sind speziell für die jeweilige Linux-Distribution angefertigte Pakete. Sie liegen im jeweils passenden Paket-Format vor, beispielsweise als *.deb* oder *.rpm*.

Für folgende Gastbetriebssysteme bietet VMware derzeit OSPs:

- CentOS 4.0 bis 6.0
- Red Hat Enterprise Linux 3.0 bis 6.x
- SUSE Linux Enterprise Server 9 bis 11
- SUSE Linux Enterprise Desktop 10 bis 11
- Ubuntu Linux 8.04 bis 12.04

Informationen zum Download sowie zur Installation der OSPs finden Sie auf der VMware-Seite unter folgendem Link:

http://packages.vmware.com/tools/docs/manuals/osp-esxi-51-install-guide.pdf

15

15.12.4 Den Status der VMware Tools prüfen

Um den Status der VMware Tools für eine virtuelle Maschine zu prüfen, nutzen Sie den VMware Web Client. Öffnen Sie die ÜBERSICHT der virtuellen Maschine. Sie finden im oberen Bereich eine Zeile VMWARE TOOLS (siehe Abbildung 15.39).

Abbildung 15.39 Den Status der VMware Tools prüfen

In diesem Status bekommen Sie die Information, ob die Tools installiert sind, ob die aktuellste (auf dem ESXi-Host verfügbare) Version der Tools installiert ist bzw. unterstützt wird und ob Upgrades verfügbar sind.

15.12.5 Aktualisierung der VMware Tools

Die Aktualisierung der VMware Tools kann entweder manuell erfolgen, oder Sie können die virtuelle Maschine mithilfe des Update Managers so konfigurieren, dass beim Einschalten der Maschine geprüft wird, ob eine neue Version der VMware Tools verfügbar ist. Die aktuelle Version wird dann automatisch installiert.

Achten Sie bei der Aktualisierung immer darauf, dass die Installation der neuen VMware Tools eventuell einen Neustart erfordert. Virtuelle Maschinen, die nicht mindestens auf dem Stand 5.1 der VMware Tools sind bzw. nicht mindestens ein Windows Vista als Gastbetriebssystem einsetzen, benötigen bei der Aktualisierung immer einen Neustart. Des Weiteren müssen auch Systeme, die diese Anforderungen erfüllen, einem Neustart unterzogen werden, wenn neue Komponenten der VMware Tools installiert werden oder Komponenten der Installation einen Neustart erfordern. Weitere Informationen dazu, welche Komponenten einen Neustart erfordern, finden Sie in der VMware Knowledge Base unter *http://kb.vmware.com/kb/2015163*.

Linux-Gastbetriebssysteme benötigen meist einen Neustart der vom Upgrade betroffenen Services oder einen Neustart der gesamten VM.

Automatische Aktualisierung der VMware Tools

Die Konfiguration des automatischen Upgrades können Sie über den Cluster oder in den Einstellungen der virtuellen Maschine konfigurieren.

Die Konfiguration innerhalb der virtuellen Maschine beschreiben wir in Abschnitt 15.3.4, »VMware Tools«, unter »Automatische Aktualisierung der VMware Tools«.

Für eine Konfiguration über den Cluster öffnen Sie das AKTIONEN-Menü des jeweiligen Clusters (siehe Abbildung 15.40).

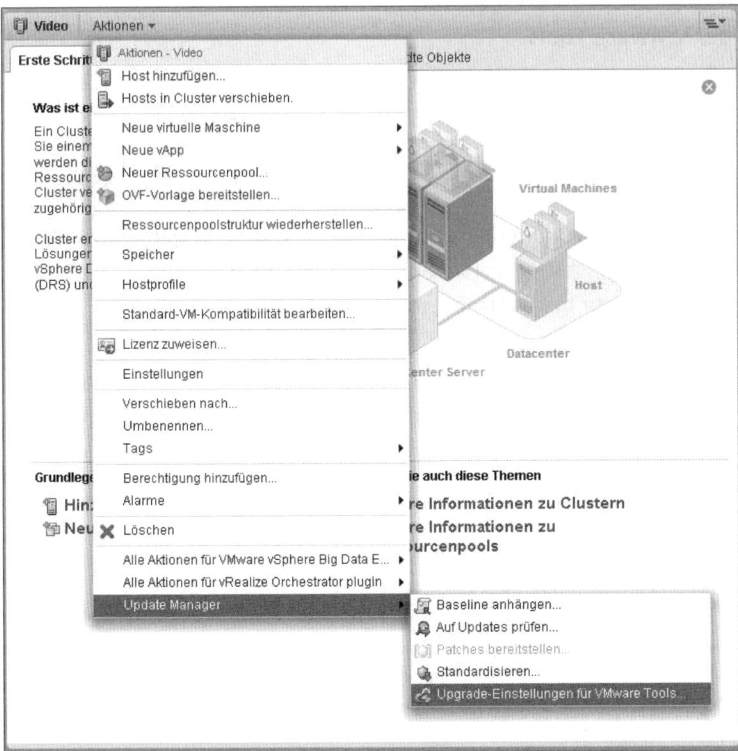

Abbildung 15.40 Die VMware Tools automatisch aktualisieren

Wählen Sie den Menüpunkt UPDATE MANAGER • UPGRADE-EINSTELLUNGEN FÜR VMWARE TOOLS.

Sie können nun diejenigen virtuellen Maschinen, die automatisch auf den aktuellen Stand der VMware Tools gebracht werden sollen, im Dialog UPGRADE-EINSTELLUNGEN VON VMWARE TOOLS BEARBEITEN über die jeweilige Checkbox in der Zeile der VM markieren (siehe Abbildung 15.41).

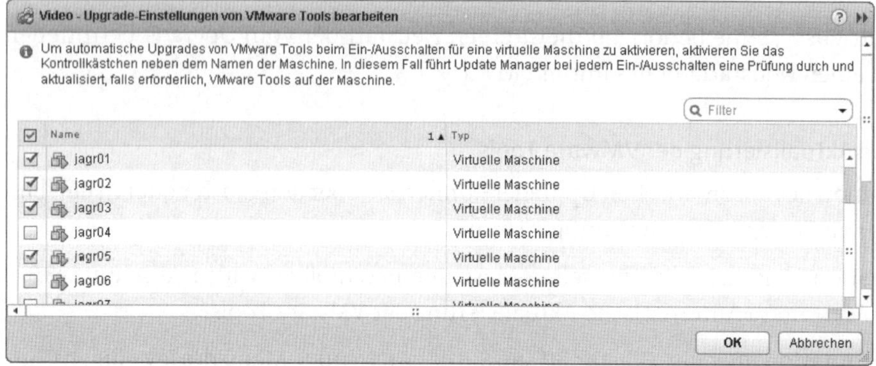

Abbildung 15.41 Auswahl von virtuellen Maschinen für ein automatisches VMware-Tool-Upgrade

Manuelle Aktualisierung der VMware Tools

Zur manuellen Aktualisierung der VMware Tools öffnen Sie das AKTIONEN-Menü der virtuellen Maschine. Wählen Sie GASTBETRIEBSSYSTEM • VMWARE TOOLS AKTUALISIEREN.

> **Hinweis**
>
> Sollten Sie diesen Punkt nicht finden, so kann das daran liegen, dass die VMware Tools über ein OSP installiert wurden oder die derzeitige Version nicht korrekt erkannt werden kann. In diesem Fall folgen Sie den Schritten zur Installation der VMware Tools.

Sie können nun im Dialog VMWARE TOOLS AKTUALISIEREN auswählen, ob Sie ein INTERAKTIVES UPGRADE oder ein AUTOMATISCHES UPGRADE ausführen wollen (siehe Abbildung 15.42).

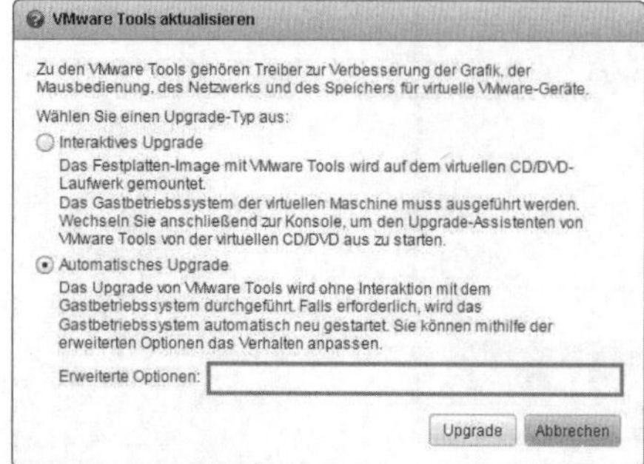

Abbildung 15.42 VMware-Tools-Upgrade-Variante wählen

- Das INTERAKTIVE UPGRADE funktioniert exakt wie die Installation der VMware Tools.
- Das AUTOMATISCHE UPGRADE führt die Installation der neuen Version automatisch aus. Es können ERWEITERTE OPTIONEN hinzugefügt werden, um beispielsweise einen Neustart nach der Installation zu unterdrücken.

Bestätigen Sie das AUTOMATISCHE UPGRADE mit dem Button UPGRADE.

Die Installation der neuen VMware Tools läuft nun im Hintergrund. Sie können den Status über die ÜBERSICHT der virtuellen Maschine im Bereich VMWARE TOOLS oder im Bereich KÜRZLICH BEARBEITETE AUFGABEN des vCenters finden.

15.13 Migration von virtuellen Maschinen

Grundsätzlich gibt es zwei Möglichkeiten zur Migration einer virtuellen Maschine: Sie können entweder den laufenden Teil der virtuellen Maschine migrieren und die Maschine somit von ESXi-Host A zu ESXi-Host B verschieben oder die Dateien der virtuellen Maschine von Datenspeicher A zu Datenspeicher B verschieben.

Bei diesen beiden Arten der Migration unterscheidet man dann jeweils, ob im eingeschalteten Zustand oder im ausgeschalteten Zustand der Maschine migriert wird.

Eine Migration kann innerhalb eines Clusters, von einem Cluster zu einem anderen Cluster und mit der vSphere-Version 6.0 jetzt sogar von einem vCenter in ein anderes vCenter erfolgen.

15.13.1 vMotion

Die Migration einer virtuellen Maschine im eingeschalteten Zustand von einem Host zu einem anderen bezeichnet man in vSphere als *vMotion*.

1. Um einen vMotion-Vorgang zu starten, öffnen Sie das AKTIONEN-Menü der virtuellen Maschine, die Sie migrieren wollen, und wählen MIGRIEREN.
2. Wählen Sie die Option NUR COMPUTING-RESSOURCE ÄNDERN.
3. Sie können nun bestimmen, auf welche Ressource die VM migriert werden soll und welche Portgruppen auf dem Ziel nach der Migration genutzt werden.
4. Wählen Sie abschließend, ob das System mit einer hohen oder einer normalen Priorität behandelt werden soll, und schließen Sie die Migration ab.

Das System wird nun live migriert und kann während der Migration normal benutzt werden.

Weitere Informationen zum Thema finden Sie in Kapitel 3, »vMotion und Storage vMotion«.

15.13.2 Storage vMotion

Das Migrieren der Dateien auf einem Datenspeicher einer virtuellen Maschine bezeichnet man in vSphere als *Storage vMotion*.

1. Um eine virtuelle Maschine einem Storage vMotion zu unterziehen, öffnen Sie das AKTIONEN-Menü der virtuellen Maschine.
2. Wählen Sie nun die Option NUR SPEICHER ÄNDERN.
3. Im Folgenden können Sie den Ziel-Datenspeicher und das Zielformat wählen. Möchten Sie beispielsweise eine zuvor im Thin-Format abgelegte VM lieber im Thick-Eager-Zeroed-Format abspeichern, so können Sie dies bei der Migration angeben.

Weitere Informationen zum Thema Storage vMotion finden Sie in Kapitel 3, »vMotion und Storage vMotion«.

15.13.3 Hybrid-Migration

Zusätzlich zu den Optionen, eine virtuelle Maschine entweder einem vMotion oder einem Storage vMotion zu unterziehen, ist es möglich, ein Storage vMotion gleichzeitig mit einem vMotion durchführen zu lassen. Auf diese Art kann eine virtuelle Maschine auch migriert werden, wenn der Quell- und der Ziel-Host keinen gemeinsamen Datenspeicher besitzen.

1. Starten Sie eine Hybrid-Migration über das Menü AKTIONEN • MIGRIEREN.
2. Wählen Sie SOWOHL COMPUTING- ALS AUCH SPEICHERRESSOURCEN ÄNDERN. Sie können nun entscheiden, ob Sie zuerst eine Computing-Ressource oder zuerst einen Datenspeicher wählen wollen.
3. Im Folgenden bestimmen Sie den Ziel-Host, den Ziel-Datenspeicher und das Netzwerk, das auf dem Ziel-Host für die virtuelle Maschine verwendet werden soll.

Auch hier können Sie wie beim vMotion vor dem Abschließen der Migration noch eine Priorität gegenüber anderen Migrationen festlegen.

15.14 Klone

Mithilfe des Klonens können virtuelle Maschinen vervielfältigt werden. Die VM kann dabei als virtuelle Maschine oder als Template geklont werden. Ein Klon muss dabei nicht zwingend eine 1:1-Kopie einer virtuellen Maschine sein. VMware bietet beim Klonen verschiedene Anpassungsmöglichkeiten. So können Sie die Maschinen schon auf den Verwendungszweck vorbereiten. Sollten Sie nicht planen, die Quell-VM im Nachgang vollständig durch den Klon zu ersetzen, können Ihnen diese Anpassungen dabei helfen, einzigartige Adressen sowie IDs der virtuellen Maschine durch neue, dann auch wieder wirklich einzigartige Werte zu ersetzen.

Der Klon kopiert die Konfiguration sowie die Festplatten der VM. Der Zustand einer laufenden VM wird bei einem Klon verworfen. Sollte die Maschine während des Klonens also laufen, so ist es für den Klon anschließend so, als hätten Sie die Maschine hart ausgeschaltet. Snapshots werden bei einem Klon-Vorgang automatisch gelöscht. Sie erhalten bei dem Klon also nur den aktuellen Stand des Systems.

15.14.1 Klon erstellen

Bevor Sie eine virtuelle Maschine klonen, stellen Sie sicher, dass keine I/O-intensiven Anwendungen auf dem System laufen. Eine hohe I/O-Last kann beim Kopieren der virtuellen Festplatten dafür sorgen, dass der Klon-Vorgang entweder extrem lange läuft oder sogar aufgrund einer Zeitüberschreitung abgebrochen wird.

Wählen Sie nun im AKTIONEN-Menü der VM den Punkt KLONEN • AUF VIRTUELLE MASCHINE KLONEN (siehe Abbildung 15.43).

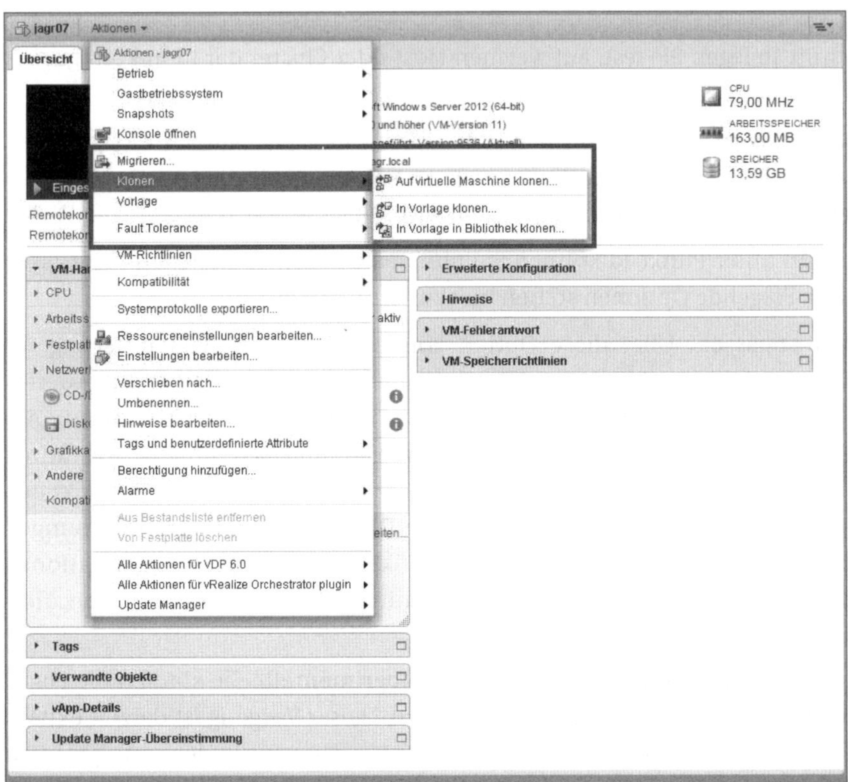

Abbildung 15.43 Den Klon-Vorgang starten

Wählen Sie nun einen Namen und einen Speicherort für die virtuelle Maschine aus (siehe Abbildung 15.44).

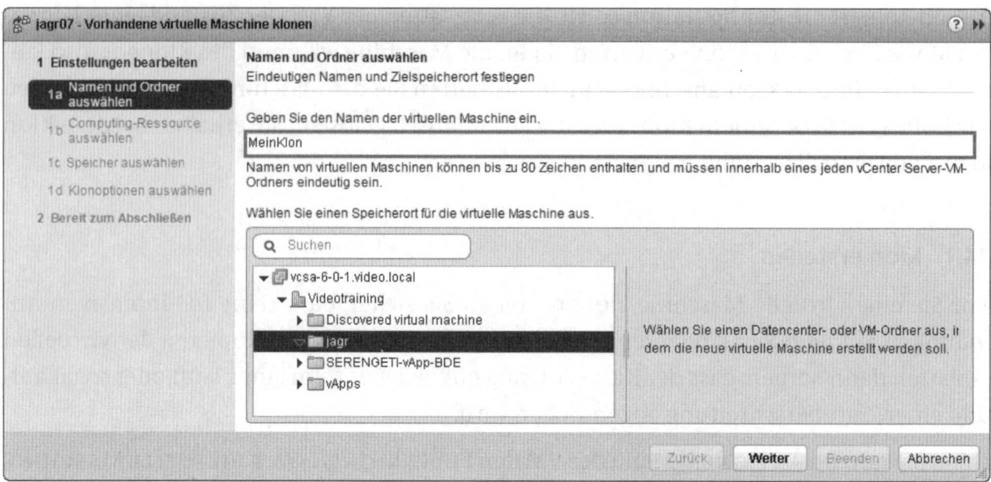

Abbildung 15.44 VM klonen: Name und VM-Verzeichnis angeben

Im folgenden Schritt 1b legen Sie fest, auf welchen Host oder Cluster der Klon konfiguriert werden soll.

Im Schritt 1c können Sie wählen, auf welchen Datenspeicher die Dateien des Klons kopiert werden sollen und welche Speicherrichtlinie verwendet werden soll. Sie können an dieser Stelle das Format der Festplattendateien anpassen, beispielsweise von Thick auf Thin.

In den Klonoptionen unter Punkt 1d können Sie nun verschiedene Punkte zum Anpassen des Klons festlegen. Folgende Optionen stehen hier zur Verfügung:

- **Betriebssystem anpassen**: Über diese Option können Sie die Individualisierung für Microsoft-Windows-Gastbetriebssysteme für die Punkte REGISTRIERUNGSINFORMATIONEN, COMPUTERNAME, LIZENZ, ADMINISTRATOR-PASSWORT, ZEITZONE, NETZWERK, ARBEITSGRUPPE/DOMÄNE sowie das Erstellen einer neuen SID und das einmalige Ausführen eines Skripts konfigurieren. Für Linux-Betriebssysteme können Sie an diesem Punkt den Computernamen, die Zeitzone, das Netzwerk sowie DNS- und Domänen-Einstellungen konfigurieren. Die Anpassungen werden über Spezifikationen gesteuert. Informationen zum Anlegen einer Spezifikation finden Sie in Abschnitt 11.17.5, »Customization Specification Manager«.
- **Hardware dieser virtuellen Maschine anpassen (experimentell)**: Sie können die Hardware der virtuellen Maschine beim Klonen verändern. Dieser Vorgang ist derzeit experimentell. Es ist zu empfehlen, die Änderungen an der Hardware nach dem erfolgreichen Klonen der VM durchzuführen.
- **Virtuelle Maschine nach dem Erstellen einschalten**: Die virtuelle Maschine wird nach dem erfolgreichen Klon-Vorgang gestartet.

Schließen Sie den Vorgang ab, um das Klonen der VM zu starten.

15.15 Vorlagen

Vorlagen (auch *Templates* genannt) stellen eine Basis dar, von der aus virtuelle Maschinen erstellt werden können. Sie können ein Betriebssystem samt Software und Konfiguration beinhalten. Anders als virtuelle Maschinen können sie nicht eingeschaltet werden. Für Änderungen muss ein Template zuvor in eine virtuelle Maschine umgewandelt und nach der Änderung wieder in ein Template konvertiert werden.

Templates können entweder auf einem Datenspeicher oder in einer Bibliothek gespeichert werden. Das Verwenden der Bibliothek hat den Vorteil, dass sie geteilt und in andere vCenter eingebunden werden kann. Somit müssen Templates nicht zu den einzelnen vCentern kopiert werden.

Um eine Vorlage zu erstellen, kann entweder eine virtuelle Maschine umgewandelt oder geklont werden, oder es kann ein *.ovf*-Paket zum Import eines Templates in eine Bibliothek genutzt werden.

Hinweis

Bitte beachten Sie, dass Templates, die auf einem Datenspeicher liegen, nur in der Ansicht VMs und Vorlagen und nicht in der Ansicht Hosts und Cluster sichtbar sind!

15.15.1 Eine Vorlage aus einer virtuellen Maschine erstellen

Um eine Vorlage aus einer virtuellen Maschine zu erstellen, stehen verschiedene Wege zur Verfügung.

Der wohl einfachste Weg ist das Umwandeln einer bestehenden VM in eine Vorlage. Die virtuelle Maschine kann nach der Konvertierung nicht mehr als virtuelle Maschine genutzt werden. Das heißt, für Änderungen am Template müssen Sie entweder eine virtuelle Maschine auf Basis der Vorlage erstellen oder das Template wieder zurück in eine virtuelle Maschine konvertieren. Gerade bei Microsoft-Gastbetriebssystemen sollten Sie den Weg über die Konvertierung nutzen, um einen unnötigen Sysprep-Vorgang zu vermeiden. Die Anzahl an möglichen Sysprep-Vorgängen innerhalb einer Windows-Installation ist meist begrenzt.

Virtuelle Maschine in Vorlage umwandeln

Um eine virtuelle Maschine in eine Vorlage umzuwandeln, wählen Sie im Aktionen-Menü der virtuellen Maschine die Option Vorlage • In Vorlage konvertieren.

Bestätigen Sie in der Abfrage, dass die VM in eine Vorlage konvertiert werden soll.

Virtuelle Maschine in Vorlage klonen

Das Klonen einer virtuellen Maschine in eine Vorlage erfolgt über das AKTIONEN-Menü der virtuellen Maschine. Wählen Sie KLONEN • IN VORLAGE KLONEN.

In dem Wizard, der nun erscheint, geben Sie in Schritt 1a einen Namen ein und wählen einen Ordner, in dem das Template erstellt werden soll (siehe Abbildung 15.45).

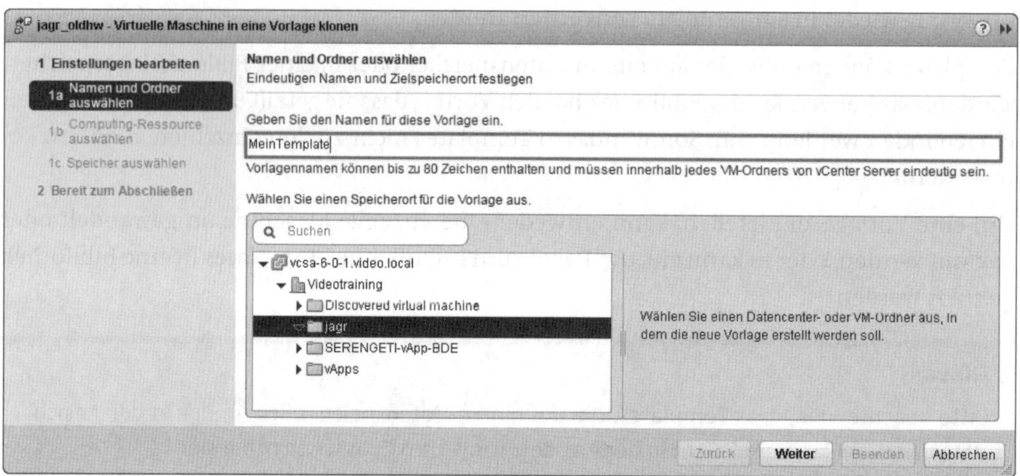

Abbildung 15.45 Eine virtuelle Maschine in Vorlage klonen.

Legen Sie einen Host- bzw. einen Cluster als Computing-Ressource fest, und geben Sie an, auf welchen Datenspeicher die Vorlage gespeichert werden soll.

Schließen Sie das Klonen ab.

Virtuelle Maschine in Bibliothek klonen

Der Weg, eine virtuelle Maschine in ein Template in einer Bibliothek zu klonen, führt ebenfalls über das AKTIONEN-Menü der virtuellen Maschine.

Wählen Sie dazu KLONEN • IN VORLAGE IN BIBLIOTHEK KLONEN.

Passen Sie bei Bedarf den Namen der Vorlage an (siehe Abbildung 15.46).

Sie können außerdem konfigurieren, ob die Vorlage die MAC-Adressen der Netzwerkadapter behalten soll.

Über die Option ZUSATZKONFIGURATION EINBEZIEHEN können Sie erweiterte Parameter übernehmen lassen, zum Beispiel IP-Adressen, die in der Konfiguration der VM eingetragen sind. Bestätigen Sie den Dialog mit OK, um die virtuelle Maschine in die Bibliothek klonen zu lassen.

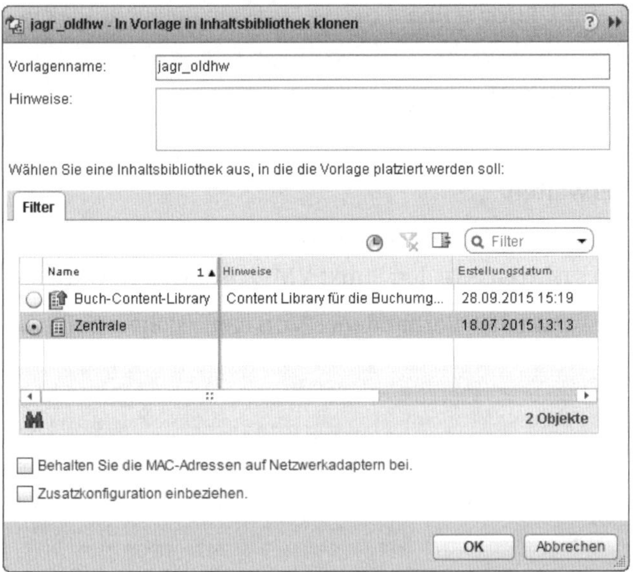

Abbildung 15.46 Vorlage in Inhaltsbibliothek klonen

15.15.2 Eine Vorlage in die Bibliothek importieren

Um ein .ovf-Paket mit einem Template in eine Bibliothek zu importieren, öffnen Sie die INHALTSBIBLIOTHEKEN aus der Kategorie BESTANDSLISTEN.

Wählen Sie nun die Inhaltsbibliothek aus, und führen Sie die Aufgabe BIBLIOTHEKSELEMENT IMPORTIEREN aus.

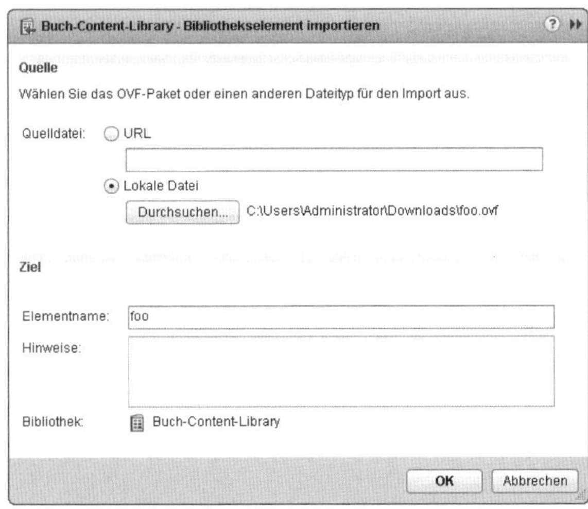

Abbildung 15.47 Ein ».ovf«-Paket-Template in eine Bibliothek importieren

Sie können nun eine Quelldatei über eine URL oder über LOKALE DATEI in die Bibliothek importieren.

Schließen Sie den Import ab, indem Sie mit OK bestätigen.

15.15.3 VM-Vorlagen in Ordnern verwalten

Um die Templates, die sich auf Datenspeichern befinden, innerhalb eines vCenters zu verwalten, nutzen Sie aus der VCENTER-BESTANDSLISTE den Punkt VM-VORLAGEN IN ORDERN.

Sie bekommen damit eine Übersicht sämtlicher vorhandener Vorlagen (siehe Abbildung 15.48).

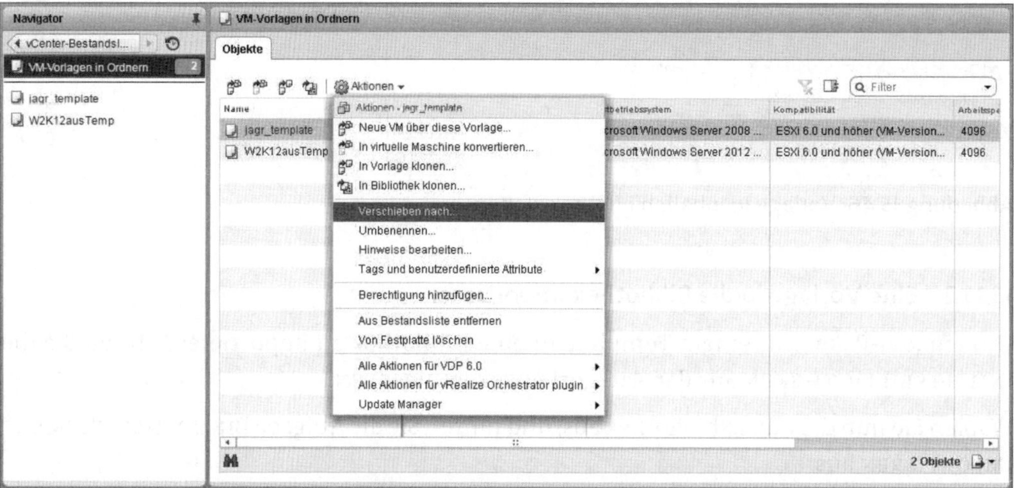

Abbildung 15.48 VM-Vorlagen in Ordern

Darüber hinaus stehen Ihnen hier an zentraler Stelle folgende Funktionen zur Verfügung:

- eine VM über ein Template erstellen
- Vorlagen in virtuelle Maschinen konvertieren
- Vorlagen für neue Vorlagen klonen
- Vorlagen in Bibliotheken klonen
- Vorlagen verschieben
- Berechtigungen der Vorlagen verwalten
- Hinweise, Tags und Attribute bearbeiten
- Vorlagen aus dem Bestand entfernen
- Vorlagen löschen

15.15.4 Eine virtuelle Maschine aus einer Vorlage erstellen

Wechseln Sie in die Ansicht der VMs UND VORLAGEN und wählen Sie die Vorlage, welche als Basis für die neue virtuelle Maschine dienen soll. Wählen Sie über das Menü des Templates nun die Option NEUE VM ÜBER DIESE VORLAGE, um eine neue VM zu erstellen (siehe Abbildung 15.49).

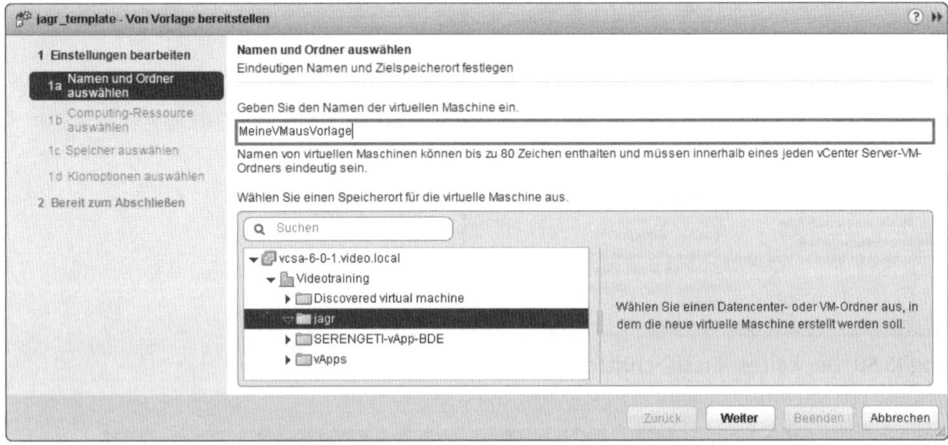

Abbildung 15.49 Eine virtuelle Maschine aus einer Vorlage bereitstellen

15

Der weitere Ablauf ist identisch mit dem Vorgang, den wir in Abschnitt 15.14.1, »Klon erstellen«, beschrieben haben.

15.16 Die virtuelle Maschine im VMware vSphere Web Client

Im vSphere Web Client gibt es verschiedene Reiter, die Informationen bzw. Konfigurationsmöglichkeiten der virtuellen Maschine zugänglich machen. Diese Reiter werden in diesem Abschnitt der Reihe nach beschrieben. In den Reitern ÜBERWACHEN, VERWALTEN und VERWANDTE OBJEKTE gibt es jeweils noch einen Satz Reiter innerhalb des eigentlichen Reiters.

15.16.1 Erste Schritte

Im Reiter ERSTE SCHRITTE (siehe Abbildung 15.50) finden Sie eine Kurzbeschreibung, was eine virtuelle Maschine ist. Dort werden grundlegende Aufgaben beschrieben, wie das Ein-/Ausschalten und Anhalten der VM sowie das Bearbeiten ihrer Einstellungen.

Wenn Sie der Meinung sind, dass Sie diesen Reiter nicht benötigen, so können Sie ihn über den Menüpunkt HILFE • ALLE ERSTE-SCHRITTE-SEITEN AUSBLENDEN in der rechten oberen Ecke des Web Clients deaktivieren (siehe Abbildung 15.51). Beachten Sie dabei jedoch, dass Sie damit nicht nur die ERSTE SCHRITTE-Reiter der virtuellen Maschinen, sondern auch sämtlicher anderer Funktionseinheiten abgeschaltet werden.

Abbildung 15.50 Der Reiter »Erste Schritte«

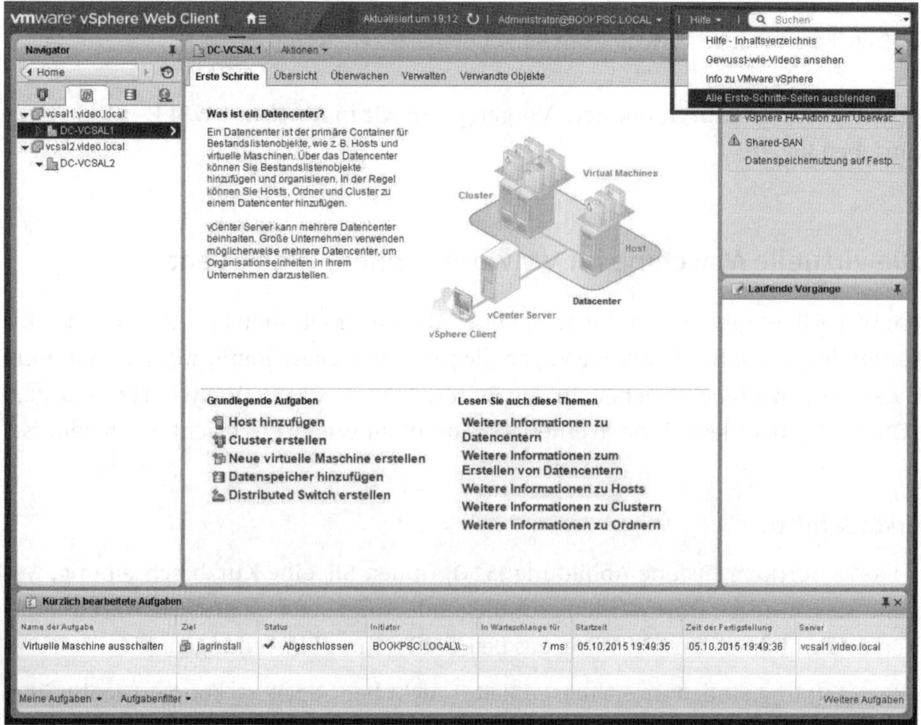

Abbildung 15.51 »Erste Schritte« ausblenden

15.16.2 Übersicht

Auf dem Reiter ÜBERSICHT finden Sie einen Überblick über die Konfiguration, die genutzten Ressourcen und diverse andere Parameter der virtuellen Maschine. Die Übersicht ist dabei grob in drei Bereiche unterteilt (siehe Abbildung 15.52).

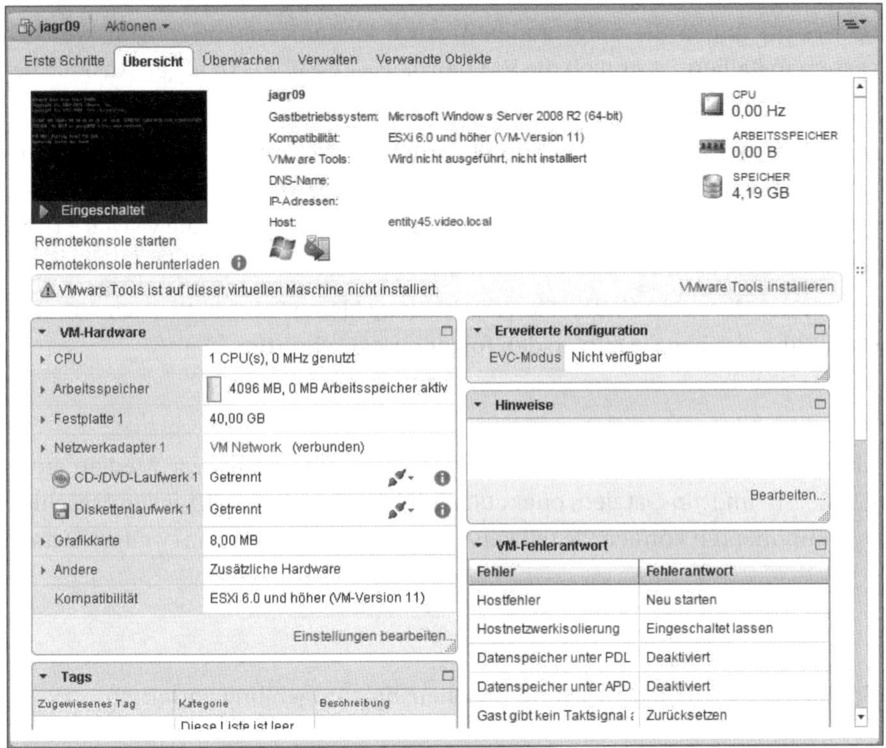

Abbildung 15.52 »Übersicht« der virtuellen Maschine

Ganz oben findet sich ein Bereich, der eine knappe Übersicht über die VM bietet. Neben einem kleinen Status-Bild der Konsole mit dem Power-Zustand und der Möglichkeit, die VMRC herunterzuladen und zu starten, finden Sie hier folgende Informationen:

- Name der VM
- Gastbetriebssystem
- virtuelle Hardwareversion
- Status der VMware Tools
- DNS-Name
- IP-Adressen
- Host, der derzeit für die Maschine als Computing-Ressource konfiguriert ist

Rechts daneben finden Sie den Status der derzeit genutzten Ressourcen:

- CPU
- Arbeitsspeicher
- Datenspeicher

Unter dieser Übersicht finden Sie unter anderem noch kleine Icons, die zeigen, welches Gastbetriebssystem installiert ist und ob die VM beispielsweise über HA gegen Ausfälle gesichert ist.

Im Bereich zwischen diesem Überblick und den Fenstern weiter unten finden Sie Warnungen und Alarme zu Problemen der virtuellen Maschine. Diese werden nur eingeblendet, wenn sie ausgelöst werden. Ein solcher Fehler kann zum Beispiel sein, dass die VMware Tools nicht installiert sind.

Im unteren Bereich der Übersicht finden Sie verschiedene kleine Fenster, die sich auf- und zuklappen lassen. Wir schreiben sie kurz in den folgenden Abschnitten.

VM-Hardware

Hier können Sie die Komponenten der virtuellen Maschine einsehen sowie Medien (etwa CD-Laufwerke bzw. *.iso*- und *.flp*-Dateien) oder auch USB-Geräte mit der virtuellen Maschine verbinden. Die Komponenten können Sie teilweise ebenfalls aufblättern, um weitere Details zu erhalten.

Tags

Hier können Sie Tags der virtuellen Maschine einsehen, hinzufügen und entfernen.

Verwandte Objekte

Im Fenster VERWANDTE OBJEKTE werden die beteiligten Komponenten (wie Netzwerk, Cluster, Host und Datenspeicher) angezeigt. Über einen Klick auf die jeweilige Komponente können Sie zum entsprechenden Objekt springen.

vApp-Details

Die vApp-Details beinhalten die erweiterten Informationen zur vApp. Diese zeigen den Hersteller, bzw. Anbieter, die Versionsnummer und das Produkt der vApp (siehe Abbildung 15.53).

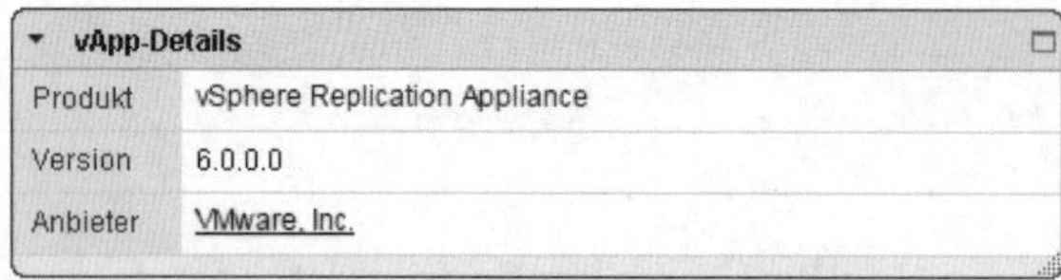

Abbildung 15.53 »Übersicht – vApp-Details«

Erweiterte Konfiguration

Im Fenster ERWEITERTE KONFIGURATION sehen Sie, ob und in welchem Zustand die virtuelle Maschine für EVC konfiguriert ist.

Hinweise

In den Hinweisen können Sie Kommentare zur virtuellen Maschine einsehen und bearbeiten.

VM-Fehlerantwort

Das Fenster VM-FEHLERANTWORT (siehe Abbildung 15.54) gibt einen Überblick über die Reaktionen auf Fehler der virtuellen Maschine bzw. über Fehler, die sich auf die VM auswirken.

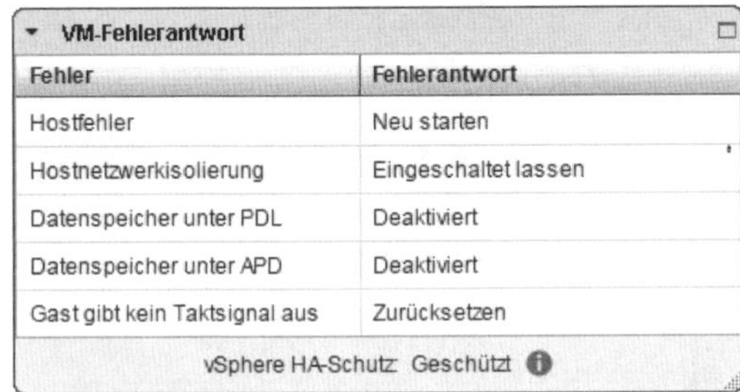

VM-Fehlerantwort
Fehler
Fehlerantwort
Hostfehler
Neu starten
Hostnetzwerkisolierung
Eingeschaltet lassen
Datenspeicher unter PDL
Deaktiviert
Datenspeicher unter APD
Deaktiviert
Gast gibt kein Taktsignal aus
Zurücksetzen
vSphere HA-Schutz: Geschützt

Abbildung 15.54 »Übersicht – VM-Fehlerantwort«

VM-Speicherrichtlinien

Im Fenster VM-SPEICHERRICHTLINIEN (siehe Abbildung 15.55) können Sie die derzeit konfigurierten Speicherrichtlinien einsehen und die Einhaltung der Richtlinien prüfen.

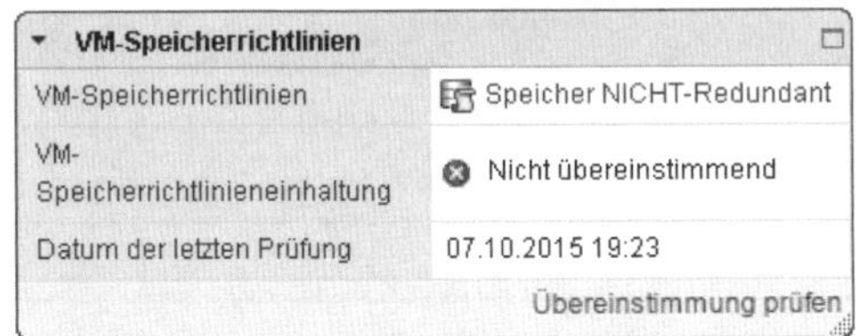

Abbildung 15.55 »Übersicht – VM-Speicherrichtlinien«

15.16.3 Überwachen

Der Reiter ÜBERWACHEN bietet einen Überblick über alles, was mit der Laufzeit der virtuellen Maschine zu tun hat.

Der Reiter ist in sechs weitere Reiter unterteilt: PROBLEME, LEISTUNG, RICHTLINIEN, AUFGABEN, EREIGNISSE und AUSLASTUNG.

Probleme

Auf dem Reiter PROBLEME finden Sie unter anderem die Informationen, die auch auf der Übersicht angezeigt werden. Darüber hinaus gibt es hier noch eine Kategorie, in der AUSGELÖSTE ALARME gezeigt werden. Die Alarme können vordefiniert oder auch selbst konfiguriert sein.

Leistung

Auf dem Reiter LEISTUNG werden im Überblick vorkonfigurierte Leistungsgraphen zur virtuellen Maschine gezeigt. In der vorkonfigurierten Ansicht werden Graphen zur CPU-, Arbeitsspeicher-, Datenspeicher- sowie Netzwerklast gezeigt (siehe Abbildung 15.56). Es lassen sich verschiedene Zeiträume festlegen, die angezeigt werden sollen.

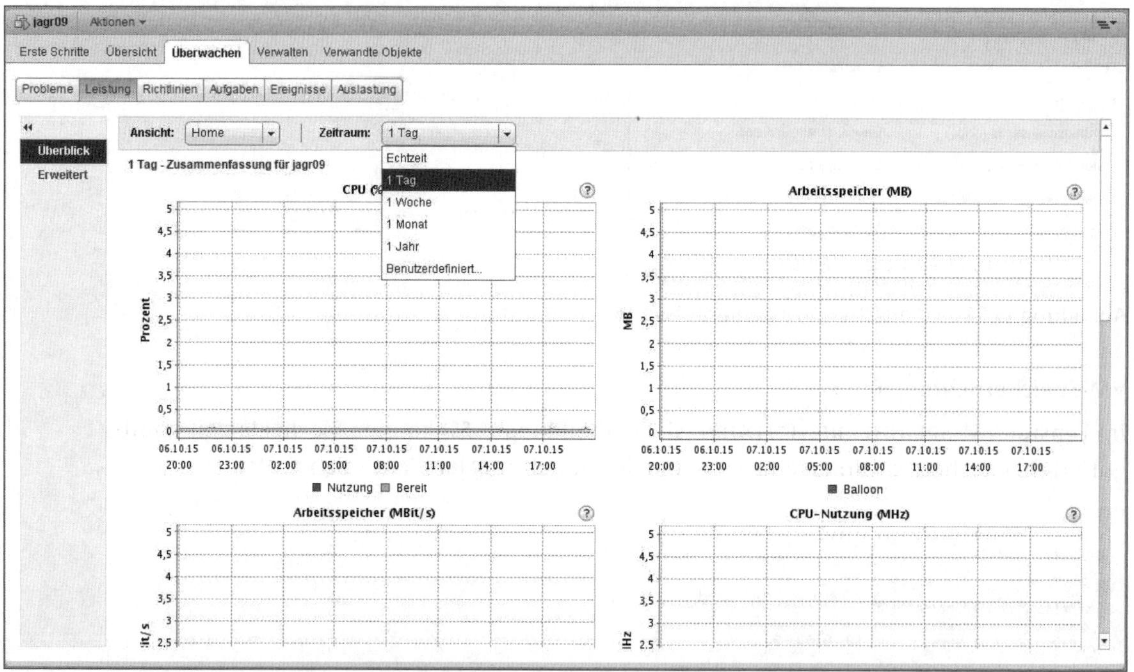

Abbildung 15.56 Vordefinierte Leistungsgraphen der virtuellen Maschine

Neben diesen vordefinierten Graphen können unter dem Punkt ERWEITERT noch eigene Graphen konfiguriert werden (siehe Abbildung 15.57).

Diese Graphen können Sie über den Punkt DIAGRAMMOPTIONEN konfigurieren (siehe Abbildung 15.58) und anschließend über die Option ANSICHT auswählen.

Abbildung 15.57 Benutzerdefinierte Leistungsgraphen der virtuellen Maschine

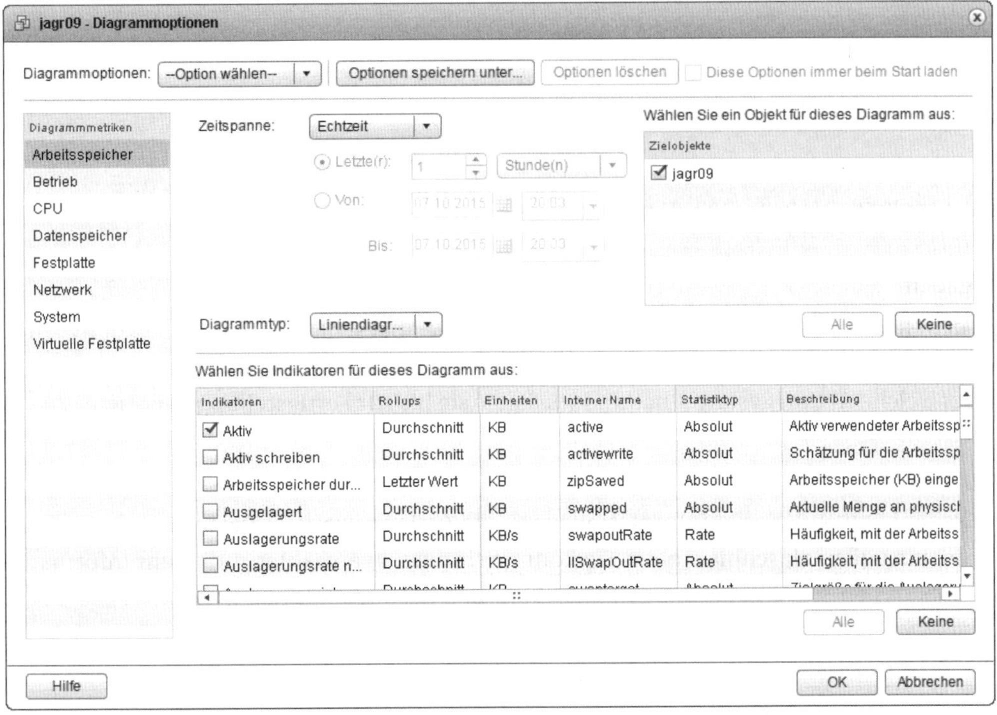

Abbildung 15.58 Konfiguration benutzerdefinierter Leistungsgraphen der virtuellen Maschine

Neben den verschiedenen Kategorien – wie Arbeitsspeicher, Stromverbrauch, CPU, Datenspeicher, Festplatte, Netzwerk, System und virtuelle Festplatte – können Sie hier auch die Werte der einzelnen Kategorien, die Zeitspanne und den Diagrammtyp auswählen.

Richtlinien

Auf dem Reiter RICHTLINIEN können Sie die Speicherrichtlinien überprüfen und Übereinstimmungsfehler im Detail einsehen (siehe Abbildung 15.59).

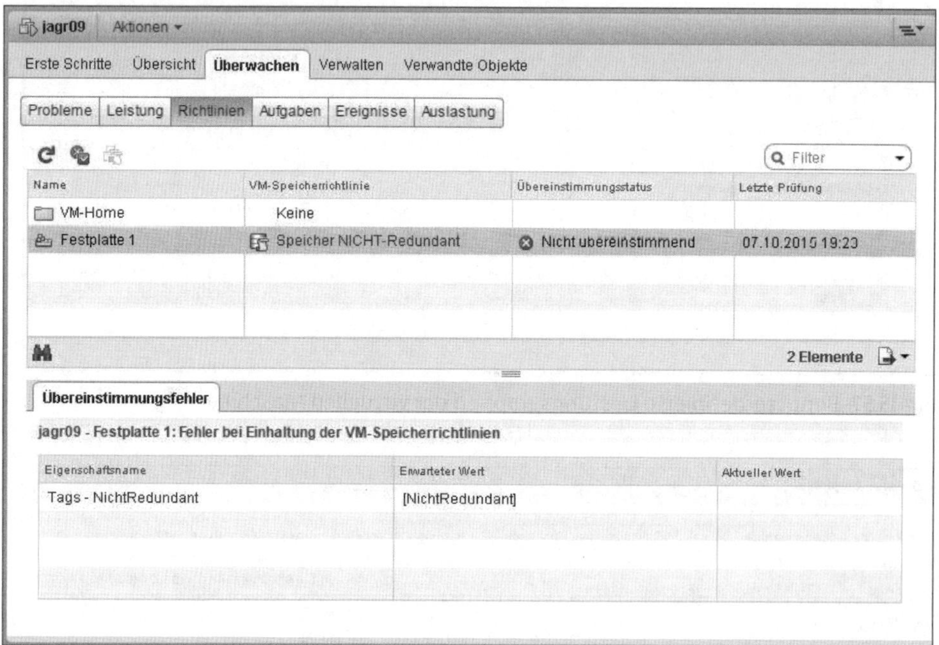

Abbildung 15.59 Der Reiter »Richtlinien« der virtuellen Maschine im Detail

Aufgaben

Auf dem Reiter AUFGABEN werden bestehende sowie abgeschlossene Aufgaben der virtuellen Maschine gezeigt (siehe Abbildung 15.60). Sie können hier nachvollziehen, welcher Benutzer welche Aktion gestartet hat und wie lange sie bis zur Fertigstellung benötigte.

Ereignisse

Der Reiter EREIGNISSE zeigt Informationen wie die Zustandswechsel, die im Zusammenhang mit der virtuellen Maschine stehen. Sie können sie einzeln anwählen, um mehr Informationen über das entsprechende Ereignis zu bekommen (siehe Abbildung 15.61).

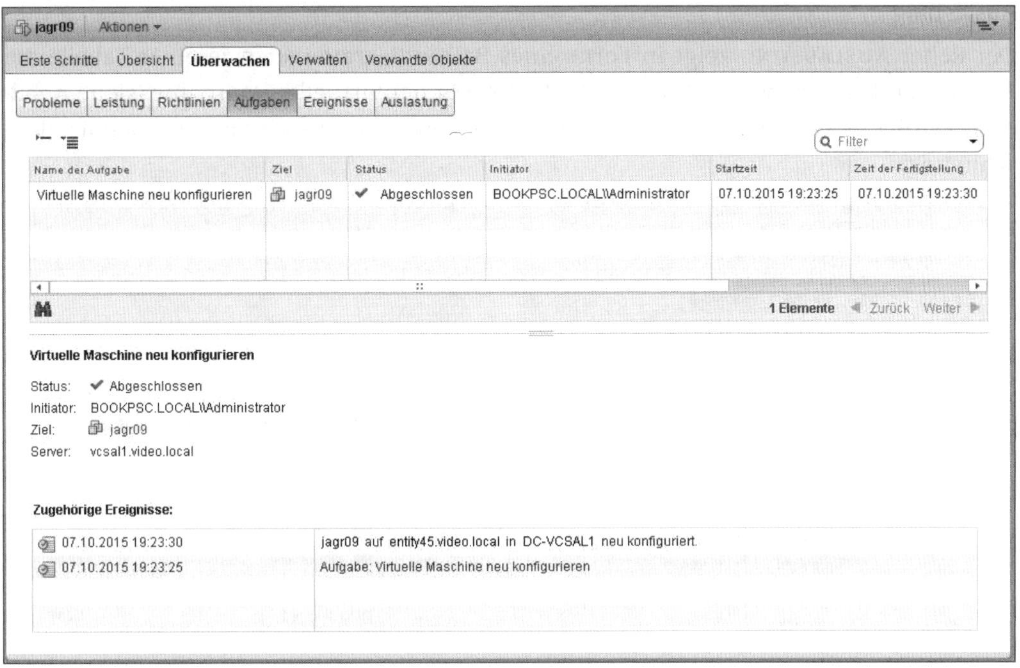

Abbildung 15.60 Der Reiter »Aufgaben« der virtuellen Maschine

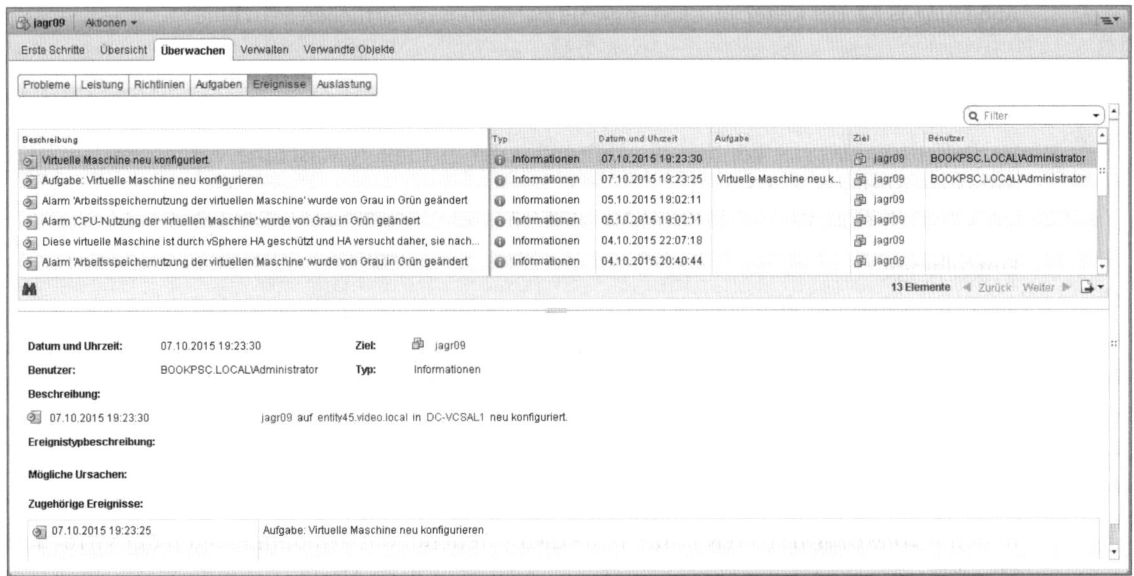

Abbildung 15.61 »Ereignisse« der virtuellen Maschine

Auslastung

Der Reiter AUSLASTUNG zeigt in Form eines Balkendiagramms sowie einer Tabelle die Ressourcen-Nutzung von CPU und Arbeitsspeicher der virtuellen Maschine (siehe Abbildung 15.62). Der Ressourcen-Verbrauch der virtuellen Maschine wird hier im Detail aufgeschlüsselt.

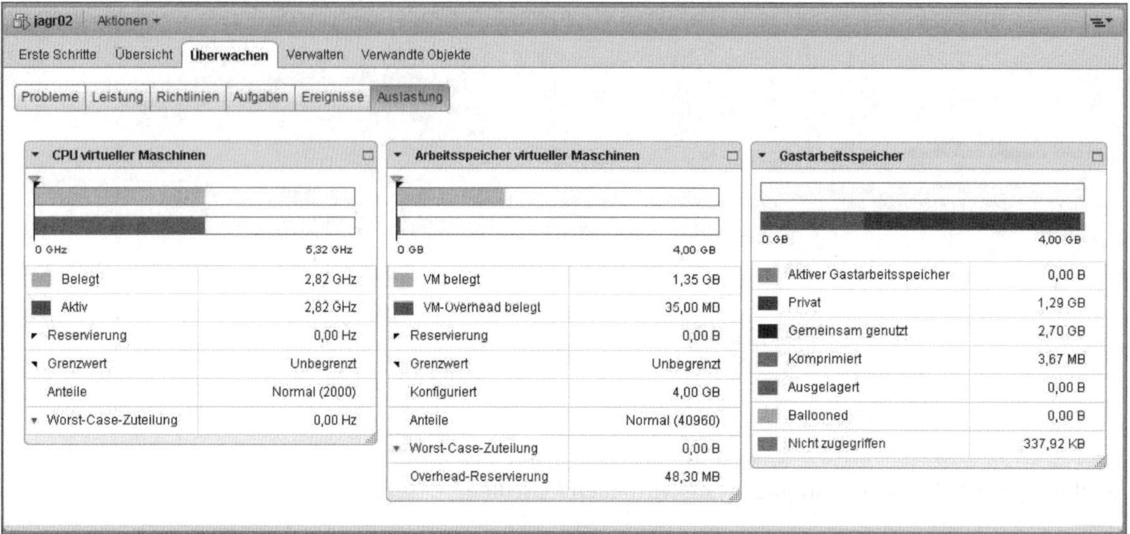

Abbildung 15.62 Der Reiter »Auslastung« mit den Daten zur virtuellen Maschine

15.16.4 Verwalten

Im Reiter VERWALTEN können Einstellungen der virtuellen Maschine vorgenommen und Aufgaben geplant werden.

Einstellungen

Die Optionen unter EINSTELLUNGEN sind weitgehend deckungsgleich mit den Dialogen, die über AKTIONEN • EINSTELLUNGEN BEARBEITEN erreichbar sind. Darüber hinaus finden Sie hier noch den Punkt GASTBENUTZERZUORDNUNGEN. Über diese Zuordnung können Sie Nutzer, die Zugang zur vSphere haben, mit Nutzern aus der virtuellen Maschine verknüpfen.

Alarmdefinitionen

In den ALARMDEFINITIONEN können Sie die bestehenden Alarmdefinitionen der virtuellen Maschine einsehen, neue Alarme erstellen und vorhandene Alarme verändern. Beachten Sie, dass Alarme, die in anderen Objekten als der virtuellen Maschine definiert sind, auch in dem jeweiligen Objekt geändert werden müssen, das Sie in der Spalte DEFINIERT IN finden (siehe

Abbildung 15.63). Alarme, die auf der Ebene der virtuellen Maschine erstellt werden, gelten nur für diese virtuelle Maschine. Wollen Sie einen Alarm erstellen, der für mehrere virtuelle Maschinen gültig ist, dann wählen Sie eine über der VM liegende Ebene, wie etwa das vCenter.

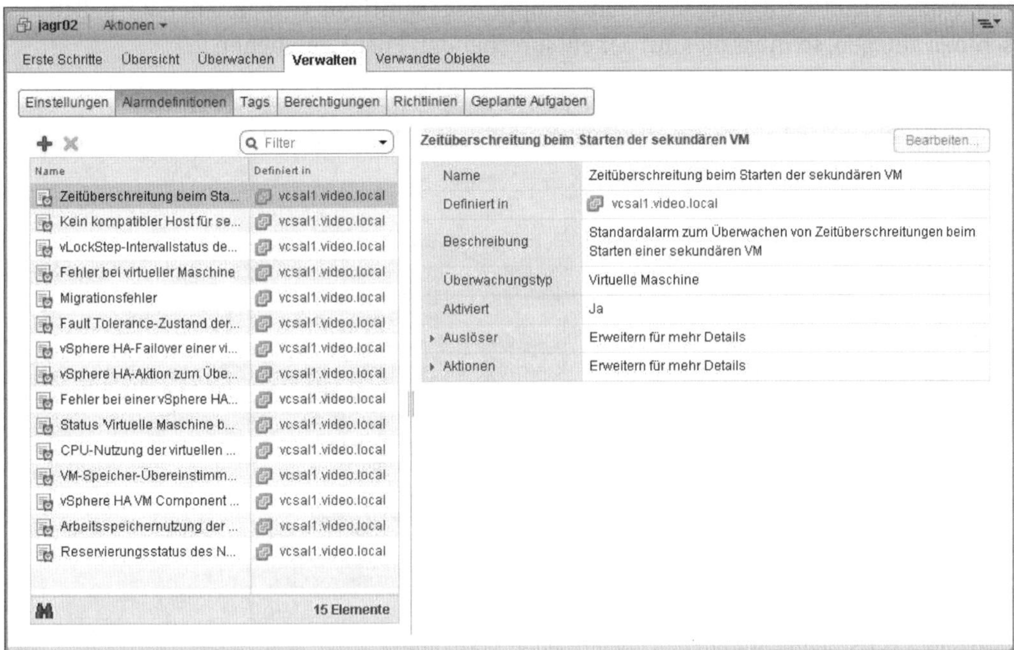

Abbildung 15.63 »Alarmdefinition« der virtuellen Maschine

Tags

Über den Reiter TAGS können Sie der virtuellen Maschine Tags zuweisen (siehe Abbildung 15.64). Das können entweder bestehende Tags sein, oder Sie können neue Tags und Kategorien (in denen die Tags abgelegt werden) erstellen und zuweisen.

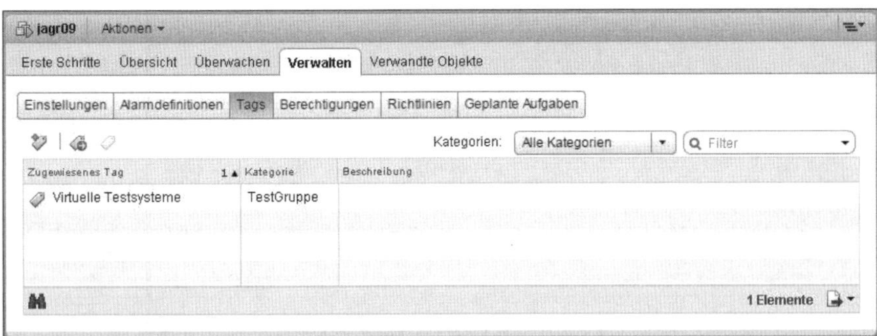

Abbildung 15.64 »Tags« der virtuellen Maschine

Berechtigungen

Im Reiter BERECHTIGUNGEN können Sie Zugriffsrechte für Einstellungen und Zugriffe der virtuellen Maschine einsehen und verwalten (siehe Abbildung 15.65). Bitte beachten Sie, dass für die virtuelle Maschine angelegte Berechtigungen auch nur für die virtuelle Maschine gelten. Wollen Sie Berechtigungen für eine Gruppe oder sämtliche vorhandenen virtuellen Maschinen anlegen, so muss dies auf der entsprechenden Ebene geschehen.

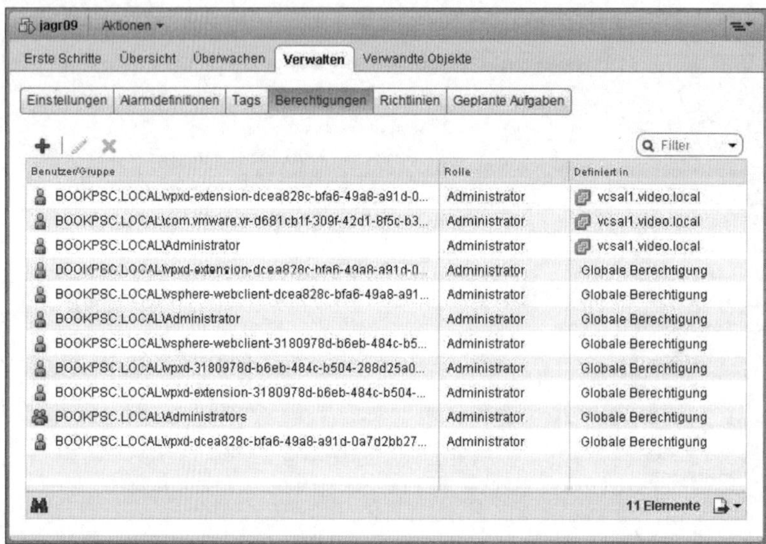

Abbildung 15.65 »Berechtigungen« der virtuellen Maschine

Richtlinien

Auf dem Reiter RICHTLINIEN können Sie die Speicherrichtlinien der VM einsehen und bearbeiten (siehe Abbildung 15.66).

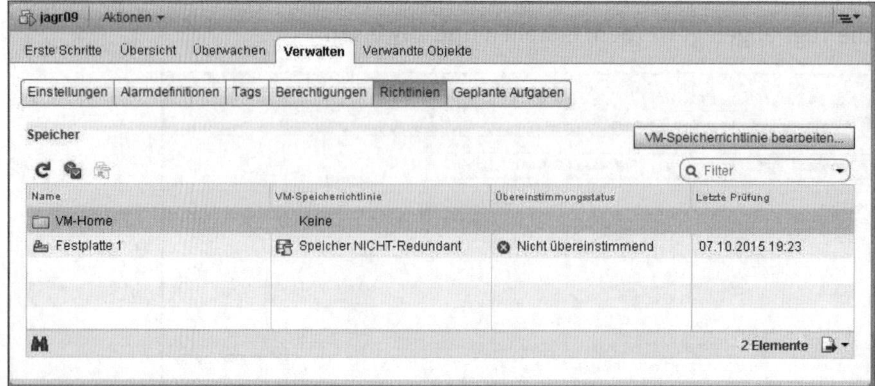

Abbildung 15.66 »Richtlinien« der virtuellen Maschine

Geplante Aufgaben

Auf dem Reiter GEPLANTE AUFGABEN können Sie Aufgaben für die virtuelle Maschine einsehen und erstellen (siehe Abbildung 15.67). Zu den möglichen Aufgaben gehören:

- Power-Zustände (Einschalten, Ausschalten, Reset, Suspend)
- Gastbetriebssystem neu starten bzw. herunterfahren
- Migrieren der VM via vMotion bzw. Storage vMotion
- Klonen zu einer VM
- Ressourceneinstellungen bearbeiten (CPU/RAM)
- Snapshot erstellen

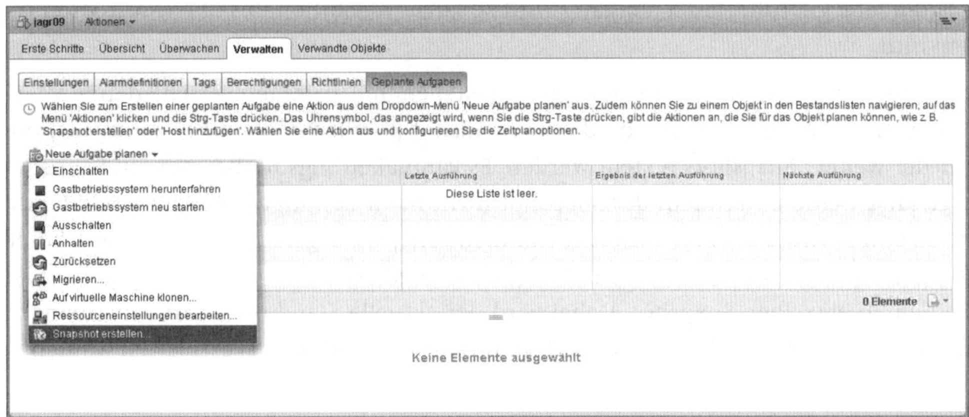

Abbildung 15.67 »Geplante Aufgaben« der virtuellen Maschine

15.16.5 Verwandte Objekte

Der Reiter VERWANDTE OBJEKTE zeigt die Netzwerke an, mit denen die VM verbunden ist, sowie die Datenspeicher, auf denen Dateien der virtuellen Maschine abgelegt sind (siehe Abbildung 15.68).

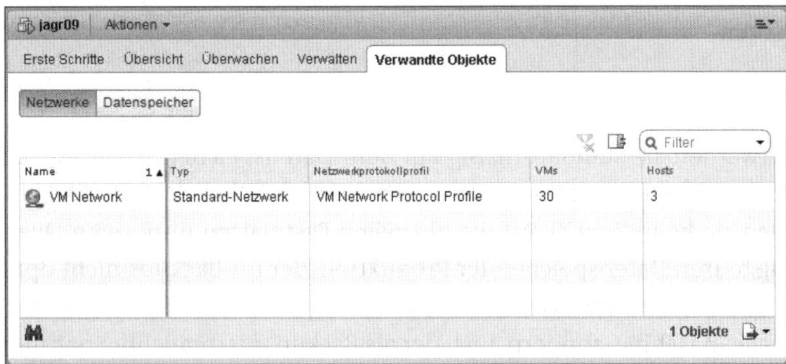

Abbildung 15.68 »Verwandte Objekte« der virtuellen Maschine

15.17 Snapshots

Snapshots bieten die Möglichkeit, den aktuellen Zustand einer virtuellen Maschine festzuhalten. Das gilt für die Festplatten, den Arbeitsspeicherinhalt, den Zustand und die Konfiguration der jeweiligen virtuellen Maschine. Dabei werden die Informationen aus dem Arbeitsspeicher auf dem Datenspeicher abgelegt. Der Inhalt der Festplatte wird eingefroren, und Änderungen, die ab dem Erstellen des Snapshots erfolgen, werden in eine Delta-Datei geschrieben. Ein Snapshot legt also keine Kopie der virtuellen Festplatten an, sondern speichert lediglich Änderungen in einer anderen Datei. Bei Lesezugriffen auf die virtuelle Festplatte wird zuerst in dem obersten Snapshot im entsprechenden Bereich nachgesehen. Wird dort nichts gefunden, wird der nächste darüber liegende Snapshot bzw. die ursprüngliche Festplattendatei geprüft. Dieser Vorgang wird so lange wiederholt, bis die Information gefunden wird.

Es ist möglich, mehrere Snapshots in Folge zu erstellen und zwischen verschiedenen Snapshot-Ständen zu wechseln. Auch von diesen Snapshot-Ständen können beim Zurückspringen wieder weitere Snapshots erstellt werden. Es kann allerdings immer nur ein Snapshot aktiv genutzt werden. Nachdem der Snapshot nicht mehr benötigt wird, kann er gelöscht werden. Beim Löschen können entweder sämtliche Snapshots gelöscht werden; der aktuell aktive Stand der VM wird dabei in die Dateien der virtuellen Maschine geschrieben. Oder Sie löschen einen einzelnen Snapshot. Dabei wird der aktuelle Stand dem darüber liegenden Stand übergeben; Informationen aus den Daten-Deltas der virtuellen Festplatten werden in den darüber liegenden Stand geschrieben.

Snapshots eignen sich beispielsweise hervorragend, um einen Stand vor einer Installation einer Applikation oder einem Upgrade innerhalb einer virtuellen Maschine festzuhalten. Nach der erfolgreichen Installation kann der neue Stand dann einfach zurückgeschrieben und die Maschine weiterbetrieben werden. Im Fehlerfall kann einfach zum ursprünglichen Stand der VM gewechselt und von vorne begonnen werden. Über die Snapshot-Ketten können dabei selbstverständlich auch Snapshots von einzelnen Schritten während eines solchen Installationsvorgangs angelegt werden. Obwohl eine maximale Anzahl von 32 Snapshots pro virtueller Maschine unterstützt wird, sollten Sie die Anzahl der Snapshots immer so gering wie möglich halten.

Snapshots werden häufig als Backups missbraucht. Für diesen Zweck eignen sie sich allerdings nur bedingt. Auch wenn mithilfe von Snapshots alte Stände einer VM wiederhergestellt werden können, werden sie standardmäßig auf dem Datenspeicher der virtuellen Maschine gespeichert und schützen somit Ihre Daten nicht beim Ausfall des Datenspeichers. Des Weiteren verursachen sie beim Zugriff auf die virtuellen Festplatten unnötigen Overhead und kosten unnötig teuren Datenspeicher der Produktion, der für Backups nicht optimiert ist. Schlussendlich ist im Falle eines Defekts in einem Snapshot oder einer Snapshot-Kette nicht nur die virtuelle Maschine, sondern auch der als Backup missbrauchte Snapshot nicht mehr nutzbar.

Der Einsatz von Snapshots kann an vielen Stellen sehr hilfreich sein. Denken Sie allerdings daran, dass Snapshots eine nicht zu unterschätzende Größe annehmen können. Jeder Snapshot einer virtuellen Maschine kann bis zur vollständigen Größe der Festplattendateien wachsen. Hinzu kommt die Größe des Arbeitsspeichers – vorausgesetzt, er wird ebenfalls mit in den Snapshot einbezogen. Die Nutzung von Snapshots und insbesondere von langen Snapshot-Ketten stellt dazu einen nicht zu unterschätzenden Mehraufwand für den Hypervisor und den Storage dar.

Für Systeme wie Domain-Controller und Datenbanken sollten Sie Snapshots möglichst nicht verwenden. Diese Systeme vertragen meist das Zurückkehren zu einem früheren Punkt nicht, und es kann zu Fehlern bzw. Inkonsistenzen kommen.

Viele Backup-Produkte für vSphere arbeiten auf Basis von Snapshots. Bei einem Backup-Vorgang mit einem solchen Produkt wird zuerst ein Snapshot der virtuellen Maschine erstellt, und anschließend kann das Backup-Produkt die ursprünglichen Daten-Dateien der virtuellen Maschine kopieren, ohne dass Veränderungen während des Backup-Vorgangs in diese Datei geschrieben werden. Bei der Verwendung eines solchen Produkts sollten Sie regelmäßig prüfen, ob die Snapshots nach einem solchen Vorgang ordnungsgemäß gelöscht wurden.

15.17.1 Snapshot erstellen

Um einen Snapshot zu erstellen, wählen Sie aus dem AKTIONEN-Menü der virtuellen Maschine den Punkt SNAPSHOTS • SNAPSHOT ERSTELLEN (siehe Abbildung 15.69).

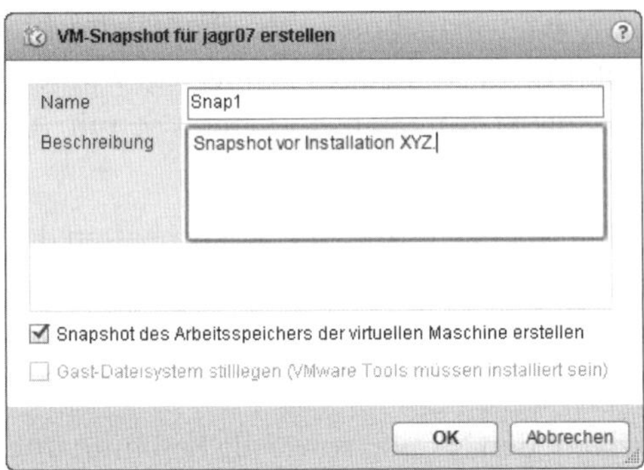

Abbildung 15.69 Snapshot erstellen

Legen Sie einen Namen sowie eine Beschreibung für den Snapshot fest.

Sie können nun wählen, ob Sie zusätzlich zum Snapshot der virtuellen Festplatte und der Konfiguration auch einen Snapshot des Arbeitsspeichers erstellen lassen möchten. Diese Option gibt Ihnen die Möglichkeit, bei einem späteren Zurückkehren zum Snapshot genau an dem Punkt fortzusetzen, an dem die Maschine sich befand.

15.17.2 Snapshots verwalten

Um die bestehenden Snapshots einer virtuellen Maschine zu verwalten, nutzen Sie den Snapshot-Manager.

Öffnen Sie den Snapshot-Manager über das AKTIONEN-Menü der VM, und wählen Sie SNAPSHOTS • SNAPSHOTS VERWALTEN (siehe Abbildung 15.70).

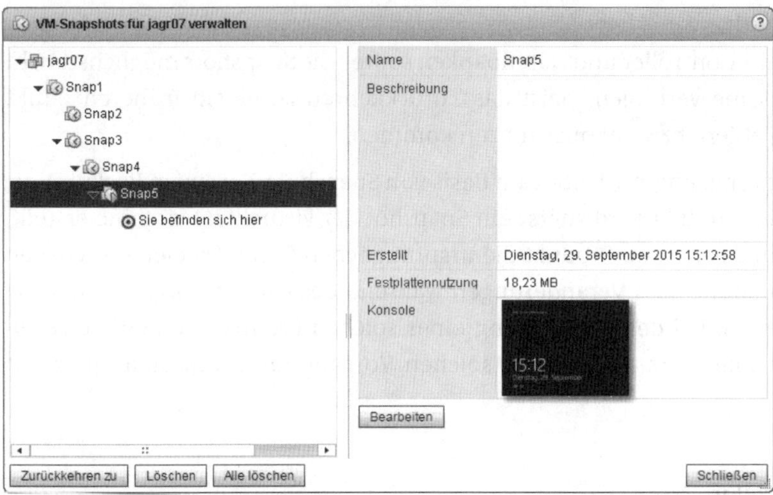

Abbildung 15.70 Snapshot-Manager

Im Snapshot-Manager sehen Sie nun auf der linken Seite die Struktur der Snapshots der ausgewählten virtuellen Maschine. Die Struktur zeigt, welche Snapshots in welcher Hierarchie existieren und ob sie inklusive Arbeitsspeicherinhalt und Zustand der VM angelegt wurden. Snapshots mit einem kleinen grünen Pfeil stehen dabei für Snapshots der VM mit Arbeitsspeicherinhalt.

Auf der rechten Seite des Dialogs bekommen Sie eine Übersicht über die Eigenschaften des jeweils gewählten Snapshots. Die Übersicht zeigt den Namen, eine Beschreibung (die beim Anlegen des Snapshots selbst erstellt werden muss), das Erstellungsdatum, die derzeitige Festplattennutzung und einen Screenshot der Konsole der virtuellen Maschine.

Über die Option BEARBEITEN haben Sie die Möglichkeit, den Namen sowie die Beschreibung des Snapshots anzupassen.

Snapshot(s) löschen

Einen Snapshot zu löschen bedeutet nicht, den Zustand aus dem Snapshot zu verwerfen und somit zu einem früheren Stand zurückzukehren. Es bedeutet, dass man nach dem Löschen nur noch den aktuellen Zustand der virtuellen Maschine behält. Eine Ausnahme bildet dabei das Löschen von Snapshots einer Snapshot-Kette, die nicht aktiv ist, bzw. das Löschen von Snapshots hinter dem derzeit aktiven Stand. Ihre Daten werden gelöscht.

Haben Sie beispielsweise einen oder mehrere Snapshots während der Installation einer Applikation angelegt und ist die Installation nun erfolgreich abgeschlossen, dann können Sie durch das Löschen der Snapshots die Daten persistent in die ursprünglichen Dateien der virtuellen Maschine schreiben lassen und die Snapshots somit verwerfen.

Durch das Löschen von Snapshots schaffen Sie nicht nur Speicherplatz auf den Datenspeichern, sondern gehen auch potenziellen Fehlern (wie einer Korruption) aus dem Weg und vermeiden Leistungsengpässe, die durch die Lesezugriffe auf die virtuelle Maschine mit Snapshot(s) ausgelöst werden.

Bedenken Sie, dass das Löschen je nach Größe der Snapshot-Dateien sehr viel Zeit und auch Leistung des Hypervisors und Datenspeichers in Anspruch nehmen kann.

Zum Löschen von Snapshots stehen zwei Möglichkeiten zur Verfügung. Sie können entweder alle Snapshots löschen oder nur einzelne:

- Wenn Sie alle Snapshots löschen, legen Sie fest, dass der aktuelle Stand der virtuellen Maschine in die ursprünglichen Dateien der VM geschrieben wird und Sie nur noch diesen Stand nutzen können. Sämtliche anderen Snapshots werden dabei gelöscht. Um alle Snapshots zu löschen, wählen Sie im Snapshot-Manager die Option ALLE LÖSCHEN und bestätigen die Abfragen.
- Alternativ dazu können Sie einzelne Snapshots löschen. Wählen Sie dazu den Snapshot, den Sie löschen wollen, im Snapshot-Manager aus, und wählen Sie die Option LÖSCHEN. Befindet sich der ausgewählte Snapshot in der aktiven Snapshot-Kette vor dem derzeit aktiven Punkt, so werden sämtliche darin enthaltenen Änderungen der Konfiguration sowie der Festplatten in den darüber liegenden Snapshot geschrieben. Sollte der Snapshot beim Löschen nicht Bestandteil der aktiven Snapshot-Kette sein bzw. hinter dem derzeit aktiven Snapshot der Maschine liegen, so wird er gelöscht, ohne dass die Daten in einen anderen Teil übernommen werden. So kann beispielsweise der Snapshot »Snap2« aus Abbildung 15.70 gelöscht werden, ohne dass sein Inhalt in den darüber liegenden Snapshot »Snap1« geschrieben wird. Beim Löschen von Snapshot »Snap4« hingegen werden seine Informationen in den Snapshot »Snap3« übernommen.

Zu einem Snapshot zurückkehren

Snapshots können dazu genutzt werden, um zu einem alten Stand der virtuellen Maschine zurückzukehren.

Wählen Sie dazu im Snapshot-Manager den entsprechenden Snapshot aus, nutzen Sie die Option ZURÜCKKEHREN ZU, und bestätigen Sie Ihre Auswahl.

Die virtuelle Maschine wird nun an dem von Ihnen ausgewählten Punkt fortgesetzt. Bitte beachten Sie, dass die virtuelle Maschine ausgeschaltet ist, wenn Sie zu einem Snapshot zurückkehren, der keinen Snapshot des Arbeitsspeichers beinhaltet.

Sollten Sie die Snapshots auf Ebenen, die über dem nun genutzten Zustand liegen, nicht mehr benötigen, so können Sie diese nun im Snapshot-Manager auswählen und löschen.

15.17.3 Snapshot-Konsolidierung

Beim Einsatz von Snapshots kann es zu diversen Problemen kommen. Ein häufiges Problem ist, dass bestehende Snapshots nicht im Snapshot-Manager aufgeführt werden. Der Ursprung dieses Fehlers ist in der Vorgehensweise zu finden, mit der VMware Snapshots löscht. In dem Moment, in dem das Löschen eines Snapshots angestoßen wird, wird der Snapshot sofort aus dem Snapshot-Manager gelöscht. Erst nach dem Löschen der Informationen aus dem Snapshot-Manager werden die Festplattendaten des Snapshots in die darüber liegenden Dateien geschrieben. Wird dieser Vorgang nicht erfolgreich abgeschlossen, so erhält man als Endergebnis einen Snapshot, der weiterhin als solcher funktioniert, aber nicht mehr über den Snapshot-Manager verwaltet werden kann. Neue Snapshots werden in einer solchen Situation weiterhin an die bestehende Snapshot-Kette angehängt und tauchen ebenfalls nicht im Snapshot-Manager auf.

Um dieses Problem zu lösen, hat VMware das Feature der Snapshot-Konsolidierung eingeführt. Einen Überblick über die virtuellen Maschinen, die einer Snapshot-Konsolidierung bedürfen, bekommen Sie in der Übersicht der virtuellen Maschinen, beispielsweise über die Ordneransicht VERWANDTE OBJEKTE • VIRTUELLE MASCHINEN (siehe Abbildung 15.71). Sie können nun über die Spalte KONSOLIDIERUNG ERFORDERLICH oder über den Filter KONSOLIDIERUNG ERFORDERLICH • JA die Systeme herausfiltern, die konsolidiert werden müssen.

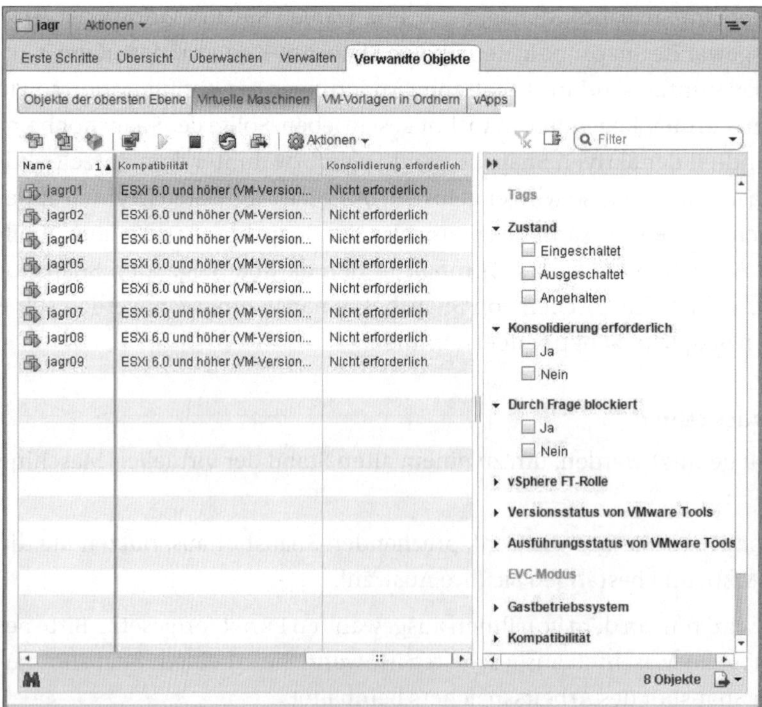

Abbildung 15.71 Übersicht virtueller Maschinen – Konsolidierung erforderlich

Um eine Konsolidierung auszulösen, öffnen Sie das Kontextmenü der virtuellen Maschine und wählen SNAPSHOTS • KONSOLIDIEREN.

Hinweis

Überprüfen Sie nach der Konsolidierung die Verzeichnisse der virtuellen Maschine auf den Datenspeichern auf weiterhin bestehende Snapshot-Dateien. Prüfen Sie darüber hinaus, ob die *.vmx*-Datei der virtuellen Maschine noch einen Verweis auf einen Snapshot enthält.

15.18 vSphere Replication

vSphere Replication bietet die Möglichkeit, virtuelle Maschinen zu replizieren und wiederherzustellen.

Informationen zum Thema vSphere Replication finden Sie in Abschnitt 14.5, »vSphere Replication«.

15.19 Erweitertes VM-Management

15

In diesem Abschnitt befassen wir uns damit, wie Sie Prozesse einer virtuellen Maschine beenden, die Leistung einer VM überprüfen und die VM gegebenenfalls optimieren.

15.19.1 Prozesse einer virtuellen Maschine beenden

Wenn eine virtuelle Maschine nicht mehr reagiert und auch die Steuerfunktionen über den vSphere Web Client bzw. die PowerCLI keine Wirkung mehr zeigen, so kann dies auf einen Fehler im Hypervisor hinweisen. Um den Knoten an dieser Stelle zu lösen, hilft dann häufig nur noch das Beenden des Prozesses der virtuellen Maschine auf dem ESXi-Host.

Hinweis

Gehen Sie mit dem Beenden von Prozessen auf einem ESXi-Host vorsichtig um. Das Beenden eines falschen Prozesses kann im Extremfall zum kompletten Ausfall des Hypervisors führen und somit auch sämtliche anderen virtuellen Maschinen betreffen. Wenn Sie unsicher sind, verschieben Sie alle virtuellen Maschinen bis auf die betroffene via vMotion auf einen anderen Host, bevor Sie einen Prozess beenden.

Stellen Sie zuerst fest, welcher Host als Computing-Ressource für die virtuelle Maschine festgelegt ist. Die Information finden Sie in der ÜBERSICHT der virtuellen Maschine unter dem Punkt HOST.

Aktivieren Sie nun eine Möglichkeit, um auf die Konsole des ESXi-Hosts zuzugreifen. Zur Auswahl stehen an dieser Stelle entweder der Remote-Zugriff auf den Host via SSH oder ein Eingriff über die ESXi-Shell direkt am Host.

Starten Sie den entsprechenden Dienst unter dem Punkt VERWALTEN • SICHERHEITSPROFIL • DIENSTE. Alternativ dazu können Sie die Dienste auch an der Konsole des ESXi-Hosts über das Menü TROUBLESHOOTING OPTIONS aktivieren.

Hinweis

Um die ESXi-Shell auf der Konsole des ESXi-Hosts zu öffnen, drücken Sie [Alt] + [F1].

Öffnen Sie nun eine Verbindung via SSH oder per ESXi-Shell, und melden Sie sich an.

An dieser Stelle gibt es jetzt zwei Wege, um die virtuelle Maschine zu beenden:

- Möglichkeit 1 ist das Beenden über:

  ```
  kill -9 <Prozess ID>
  ```

  Um die Prozess-ID der virtuellen Maschine herauszufinden, nutzen Sie folgenden Befehl:

  ```
  ps | grep vmx
  ```

  Als Ergebnis bekommen Sie eine Liste der Prozesse laufender virtueller Maschinen auf dem ESXi-Host (siehe Abbildung 15.72).

  Suchen Sie nun einen Prozess, den Sie der hängenden virtuellen Maschine zuordnen können, und nutzen Sie die zweite in der Spalte aufgeführte ID, um den Prozess der virtuellen Maschine zu beenden. In Abbildung 15.72 wäre das in diesem Fall die ID `635701` für die virtuelle Maschine `jagr02`.

  Nutzen Sie nun die Prozess-ID, um den Prozess zu beenden.

- Die zweite Möglichkeit ist das Beenden der virtuellen Maschine über *esxtop*.

  Öffnen Sie dazu *esxtop*, und wechseln Sie mit der Tastenkombination [⇧] + [V] in die Ansicht VIEW VM ONLY.

  Zum Beenden der virtuellen Maschine benötigen Sie die *Leader World Id*. Die Spalte der LEADER WORLD ID können Sie über die Spaltenauswahl von *esxtop* hinzufügen. Drücken Sie [F], um in das Menü zu gelangen. Über den Buchstaben [C] können Sie nun die LWID-(Leader World Id-)Spalte aktivieren. Bestätigen Sie die Auswahl mit [↵].

  Öffnen Sie nun über den Buchstaben [K] die »World to kill (WID)«-Funktion.

  Damit der Prozess beendet wird, tragen Sie die LWID aus der Zeile der virtuellen Maschine ein und bestätigen mit [↵].

```
[root@entity45:~] ps | grep vmx
35557   35557  vmx
35558   35558  vmx
35565   35558  vmx-vthread-8
35577   35557  vmx-vthread-6
35578   35558  vmx-mks:management-server
35581   35558  vmx-svga:management-server
35586   35557  vmx-vthread-7:Nested-ESXi-3
35587   35557  vmx-vthread-8:Nested-ESXi-3
35589   35557  vmx-mks:Nested-ESXi-3
35591   35558  vmx-vcpu-0:management-server
35592   35558  vmx-vcpu-1:management-server
35593   35558  vmx-vcpu-2:management-server
35594   35558  vmx-vcpu-3:management-server
35595   35557  vmx-svga:Nested-ESXi-3
35599   35557  vmx-vcpu-0:Nested-ESXi-3
35600   35557  vmx-vcpu-1:Nested-ESXi-3
789790  789790  vmx
789793  789790  vmx-vthread-5
789794  789790  vmx-mks:jagr09
789795  789790  vmx-svga:jagr09
789796  789790  vmx-vcpu-0:jagr09
635701  635701  vmx
635706  635701  vmx-vthread-6
635707  635701  vmx-mks:jagr02
635708  635701  vmx-svga:jagr02
635709  635701  vmx-vcpu-0:jagr02
635710  635701  vmx-vcpu-1:jagr02
604338  604338  vmx
604342  604338  vmx-vthread-6
604343  604338  vmx-mks:update
604344  604338  vmx-svga:update
604345  604338  vmx-vcpu-0:update
604346  604338  vmx-vcpu-1:update
840266  840266  vmx
840270  840266  vmx-vthread-6
840271  840266  vmx-vthread-7:psc
840272  840266  vmx-vthread-8:psc
840273  840266  vmx-vthread-9:psc
840274  840266  vmx-mks:psc
840275  840266  vmx-svga:psc
840276  840266  vmx-vcpu-0:psc
840277  840266  vmx-vcpu-1:psc
[root@entity45:~]
```

Abbildung 15.72 Liste der VM-Prozesse auf einem ESXi-Host

15.19.2 Die Leistung einer virtuellen Maschine überprüfen

Wenn es zu Leistungsproblemen mit einer VM kommen sollte und keine Auswirkungen innerhalb der virtuellen Maschine zu finden sind, so kann eine Suche nach der Ursache in der virtuellen Infrastruktur durchaus Sinn machen. Die häufigsten Ursachen, warum virtuelle Maschinen trotz ausreichender Provisionierung »langsam« sind, werden hier beschrieben.

CPU-Ready

CPU-Ready beschreibt die Zeit, die eine virtuelle Maschine darauf warten muss, bis ein Takt tatsächlich verarbeitet wird. Diese Wartezeit kann durch folgende Szenarien verursacht werden:

- **Zu hohe »Virtuelle-zu-physische-CPU«-Ratio auf dem ESXi-Host**: Wenn zu viele virtuelle CPUs an virtuelle Maschinen auf einem Host vergeben sind, kann der ESXi-Host die Anfragen irgendwann nicht mehr zeitnah verarbeiten. Versuchen Sie, die Rate zu senken, indem Sie einen Teil der VMs auf andere (weniger ausgelastete) Hosts verschieben. Eine weitere Möglichkeit ist, die Anzahl der CPUs innerhalb der VMs zu verringern.

- **Monster-VM – eine virtuelle Maschine ist über mehrere CPUs verteilt**: Wenn eine virtuelle Maschine über eine so hohe Zahl virtueller CPUs verfügt, dass sie über mehrere physische CPUs verteilt ist, dann kann das für eine deutliche Verschlechterung der Leistung sorgen. Versuchen Sie, die Anzahl vCPUs möglichst immer unter der maximalen Anzahl der Prozessorkerne einer physischen CPU zu halten.
- **Eine hohe Anzahl virtueller CPUs innerhalb einer virtuellen Maschine**: Eine virtuelle Maschine muss – egal wie viele Kerne der vCPU in dem Moment tatsächlich genutzt werden – immer warten, bis eine gleich große Zahl physischer CPU-Kerne verfügbar ist. Dieser Effekt kann CPU-Ready-Zeiten fördern.
- **Die CPUs des ESXi-Hosts sind ausgelastet**: Auch wenn die CPUs in einer virtuellen Infrastruktur selten der Flaschenhals sind – sollten die CPUs eines ESXi-Hosts bis zum Anschlag ausgelastet sein, so kommt es automatisch zu Wartezeiten.

Um zu erkennen, ob die virtuelle Maschine aufgrund von CPU-Ready derzeit lahmt, können Sie diese Zeiten mit verschiedenen Verfahren prüfen.

- Das erste Verfahren ist die Nutzung von *esxtop* bzw. *resxtop*.

  Eine Anleitung zum Öffnen von *esxtop* finden Sie im Abschnitt 15.19.1, »Prozesse einer virtuellen Maschine beenden«.

  Im *esxtop* wechseln Sie nun mit [⇧] + [V] zur VIEW VM ONLY.

  Aktivieren Sie über den Buchstaben [F] in der Auswahl die Spalten:

  `D: Name = Name`

  `F: %STATE TIMES = CPU State Times`

  Kehren Sie mit [↵] zur Übersicht zurück.

  Sie sehen nun den Namen der virtuellen Maschinen sowie entsprechende Spalten zum Zustand der CPU-Zeiten (siehe Abbildung 15.73).

```
 2:30:45pm up 14 days  4:17, 653 worlds, 7 VMs, 15 vCPUs; CPU load average: 0.20, 0.19, 0.18
PCPU USED(%): 7.2 1.6 2.5 2.5 2.9 7.6 3.1 3.5 0.3 1.6 1.6 0.3 0.8 0.3 0.1 111 AVG: 9.2
PCPU UTIL(%): 6.8 2.4 2.3 3.5 2.9 7.9 3.3 3.1 0.3 1.5 1.3 0.4 0.8 0.7 0.2 100 AVG: 8.6
CORE UTIL(%): 9.0     5.7      10      6.1      1.8      1.5      1.4      100     AVG:  17

NAME               %USED    %RUN    %SYS   %WAIT %VMWAIT    %RDY   %IDLE  %OVRLP   %CSTP  %MLMTD  %SWPWT
jagr07             16.43   16.23    0.01  575.73    0.18   99.15   74.15    0.01   11.38   99.01    0.00
Nested-ESXi-3       3.08    4.19    0.06  899.52    0.28    0.20  196.35    0.02    0.00    0.00    0.00
psc                 3.43    3.72    0.03  999.68    0.12    0.07  196.86    0.02    0.00    0.00    0.00
management-serv     1.80    1.74    0.02  900.00    0.42    0.07  399.71    0.02    0.00    0.00    0.00
update              4.75    4.54    0.05  697.85    0.00    0.04  196.57    0.01    0.00    0.00    0.00
jagr02              1.55    1.42    0.00  700.00    0.35    0.01  199.17    0.00    0.00    0.00    0.00
jagr09              0.08    0.09    0.00  600.00    0.43    0.01   99.87    0.00    0.00    0.00    0.00
```

Abbildung 15.73 esxtop CPU-Ready (%RDY)

Durch Drücken von [R] können Sie nun noch die Zeilen nach %RDY sortieren lassen.

Ein CPU-Ready-Wert ab 5 % gilt als Warnung, ein Wert ab 10 % kann die VM schon deutlich verlangsamen. Bei der Auswertung sollte berücksichtigt werden, dass diese Werte pro vCPU gelten. Die Rechnung sieht wie folgt aus:

CPU-Ready = %RDY ÷ (Anzahl virtueller CPU × Anzahl virtueller CPU-Kerne)

Ein %RDY von 20 % auf einer virtuellen Maschine mit 8 vCPUs würde somit am Ende

20 % ÷ 8 = 2,5 %

entsprechen und wäre somit noch vollkommen im Rahmen.

- Eine weitere Möglichkeit, den CPU-Ready-Wert auszulesen, ist der Performance-Graph der virtuellen Maschine im vSphere Web Client.

  Sie finden den passenden Graphen »CPU (%) (Top10)« im Bereich ÜBERWACHEN • LEISTUNG • ÜBERBLICK der VM (siehe Abbildung 15.74).

Abbildung 15.74 CPU-Ready im Performance-Graphen einer VM

Anders als in früheren Versionen von vSphere wird der CPU-Ready-Wert in vSphere 6.0 nun auch in Prozent und nicht mehr in Millisekunden angegeben.

15.19.3 Optimieren von virtuellen Maschinen

Zur Optimierung von virtuellen Maschinen gibt es einige grundsätzliche Dinge, die sowohl bei der Installation als auch im Betrieb beachtet werden sollten.

Grundsätzlich gilt, dass virtuelle Maschinen, die in der geringstmöglichen Größe angelegt werden, dem Hypervisor die beste Möglichkeit bieten, Ressourcen zu verteilen. Ein guter Ansatz ist das Minimalprinzip. Stellen Sie VMs mit der kleinstmöglichen Ausstattung zur Verfügung, und erweitern Sie Ressourcen im Bedarfsfall. Prüfen Sie regelmäßig, ob die Ressourcen der VMs tatsächlich genutzt werden, und entfernen Sie überschüssige Kapazitäten.

Installieren Sie möglichst auf sämtlichen virtuellen Maschinen die *VMware Tools*. Prüfen Sie regelmäßig, ob die installierten VMware Tools auf dem aktuellsten Stand sind, und aktualisieren Sie schnellstmöglich.

Gehen Sie sparsam und vorsichtig mit den Mitteln zum Ressourcen-Management um. Ein Limit auf einer virtuellen Maschine kann schnell zu einem ungewollten Engpass werden. Die falsche Verteilung von Shares – das gilt übrigens auch für die Verwendung von Ressourcen-Pools – kann die Prioritäten schnell in eine ungewollte Richtung verschieben. Zu hohe Reservierungen machen die Umgebung unflexibel und können teilweise dazu führen, dass VMs nicht mehr gestartet oder via vMotion verschoben werden können.

Prüfen Sie regelmäßig, ob die Snapshots der virtuellen Maschinen noch benötigt werden. Eine interne Policy, die eine maximale Aufbewahrungsfrist für Snapshots vorgibt, kann dabei helfen.

Kapitel 16
Die Lizenzierung von vSphere 6

Oftmals sind die Lizenzierungsmodelle von Software auf den ersten Blick nicht so klar, wie mancher es sich wünschen würde. In diesem Kapitel werden wir genau diesen Sachverhalt angehen. Wir werden versuchen, ein Höchstmaß an Transparenz in die Lizenzierung von vSphere und die damit verbundenen Fragestellungen zu bringen. Außerdem werden wir Fragen zum Support behandeln und das Lizenzportal näher beleuchten.

Autor dieses Kapitels ist Günter Baumgart
guenter.baumgart@anmax.de

Die Lizenzierungsmodelle der Softwarehersteller sind sehr unterschiedlich. Jeder Hersteller hat eigene Methoden, seine Software zu vermarkten. Daher müssen Sie darauf achten, dass Sie das Lizenzierungssystem vor der Bestellung verstanden haben, da sonst sehr schnell große Schäden entstehen. Im Vorfeld müssen immer sehr viele Fragen beantwortet werden, beispielsweise:

- Wie viele Pakete oder Bundles gibt es überhaupt?
- Welche Merkmale sind in welchem Paket enthalten?
- Was kosten Lizenzen?
- Worauf basiert die Lizenzierung eigentlich?

Sicher haben Sie sich auch schon oft derartige Fragen stellen müssen und hoffentlich auch immer richtige Antworten bekommen. Die Beispiele zur Lizenzierung, die Sie auf den Folgeseiten finden werden, enthalten hier und da auch Preise. Diese stammen aus der Preisliste von VMware (Stand: April 2015). Bitte fragen Sie, wenn Sie eine Beschaffung planen, immer nach aktuellen Preisen für die Lizenzen. Prüfen Sie lieber einmal mehr nach, ob sich in der Kombination der Softwaremerkmale kürzlich Änderungen ergeben haben. Wer möchte schon, nachdem er alles mühevoll zusammengestellt hat und im Unternehmen unterschiedlichste Hürden nehmen musste, letztendlich erfahren, dass der Etat doch nicht ausreicht? Der umgekehrte Fall kommt eigentlich eher seltener vor.

Auch müssen Sie immer im Auge behalten, dass es sogenannte *Acceleration Kits* gibt. Hierbei handelt es sich um Pakete, die im Vergleich zu Einzellizenzen einen deutlichen Preisvorteil bieten. An dieser Stelle wird bereits klar, dass eine genaue Kenntnis der VMware-Lizenz-Thematik zu Einsparungen führen kann.

16.1 Die unterschiedlichen Editionen und Kits

VMware bot zum Zeitpunkt der Drucklegung dieser neuen Auflage mehrere unterschiedliche Gruppen von Paketen an. In der Vergangenheit musste beachtet werden, dass nicht alle Pakete erweiterbar waren. Dies ist seit der Version 5.5 von vSphere nicht mehr der Fall. Der große Vorteil hierbei liegt auf der Hand: Sie müssen sich im Vorfeld keine Gedanken mehr darüber machen, wie und in welcher Form Sie zukünftig Ihre Umgebung betreiben möchten. Sie können einfach später auf eine andere Version hochrüsten und die benötigten Merkmale und Erweiterungen erst dann nutzen, wenn Sie sie auch brauchen. Eine Fehlinvestition ist somit nicht mehr so schnell getätigt.

16.1.1 Grundlegende Informationen zur Lizenzierung

Einige von Ihnen werden sich sicherlich noch daran erinnern, dass Ende August 2012 im Rahmen der VMware World in San Francisco die nicht besonders beliebte Lizenzierung nach *Virtual Memory* (vRAM) abgeschafft wurde. VMware kehrte damals für seine *Kits* (Pakete) und *Editions* zu seinem alten »Preis pro CPU, Prozessor bzw. Sockel«-Lizenzmodell zurück.

Was ist hier gemeint: Kerne in der CPU oder komplette CPUs?

Ein Prozessor bzw. eine CPU wird in einen Sockel auf einem Mainboard eines Computers gesteckt. Innerhalb eines Prozessors befinden sich in der Regel mehrere Kerne. Jeder dieser einzelnen Kerne (Cores) innerhalb des Prozessors bzw. der CPU stellt eigentlich einen Prozessor bzw. eine CPU dar. Das ist für die Lizenzierung allerdings nicht entscheidend. Bei der Lizenzierung gilt: Es spielt keine Rolle, wie viele Kerne sich in einem Prozessorgehäuse bzw. einer CPU befinden. Die Regel lautet: Ein Prozessor bzw. eine CPU bzw. ein Sockel benötigt eine vSphere-Lizenz.

Diese neue recht einfache Lizenzierungsregel gilt natürlich auch rückwirkend für alle bisher erschienenen vSphere-5-Versionen. Das bedeutet, dass die in diesem Kapitel beschriebenen Lizenzierungsregeln für die Versionen *vSphere 5.0, 5.1, 5.5* und auch für die Version *6.0* gelten.

16.1.2 vSphere 6 – Hypervisor for free

Der ESXi Server ist nach wie vor die kostenfreie Variante des Hypervisors zur Server-Virtualisierung aus der VMware-Produktfamilie. Wie Abbildung 16.1 zeigt, unterstützt diese Server-Variante Acht-Wege-vSMP, was bedeutet, dass eine virtuelle Maschine auf diesem Host maximal acht virtuelle CPUs (vCPUs) besitzen darf. Für den physikalischen Host, auf dem der freie Hypervisor ausgeführt wird, gilt hingegen keine Sonderbeschränkung in Bezug auf die Ausstattung mit physikalischem Hauptspeicher (pRAM) und physikalischen Cores (pCores) in einer CPU. Die Obergrenzen werden allein durch die im Dokument angegebenen Maximalwerte für die Konfiguration von VMware vSphere 6 festgelegt (*http://www.vmware.com/files/de/pdf/vsphere-60-configuration-maximums.pdf*).

Was die physikalische Ausstattung des freien Hypervisors angeht, gibt es gegenüber den Regeln in früheren Versionen mit vSphere 6 nun keine Einschränkungen mehr. Das heißt, für den freien ESXi gelten im Hinblick auf die Hauptspeichermenge eines ESXi-Hosts, die Anzahl von CPUs im ESXi-Host und die Anzahl von Kernen in der CPU des ESXi-Hosts dieselben Maximalwerte wie für den Standard-ESXi-Host. Es gibt also keine diesbezüglichen Limitierungen mehr! Und es gibt noch eine weitere Neuerung für den freien ESXi-Host. Die Unterstützung für NFS 4.1 ist ebenfalls nun in vSphere 6 gewährleistet.

Merkmale	VMware Hypervisor
physical CPU	unlimited
physical Cores per CPU	unlimited
vSMP (Virtual Symmetric Multi-Processing)	8 vCPUs [8-way]
H.264 for Remote Console Connections	
vCenter Agent für VMware-Host	
Update Manager	
vSphere API	
Speicher-APIs	
VMsafe	
VMotion™	
Cross Switch VMotion™	
vSphere Data Protection	
HA (High Availability)	
vSphere Replication	
vShield Endpoint	
vShield Zones	
Storage Vmotion ™	
FT (Fault Tolerance)	
Hot Add virtual Hardware	
Hot-Pluggable virtual Hardware	
Shared Smart Card Reader	
Content Library	
VASA (APIs for Storage Awareness)	
Profilgesteuerter Speicher	
VVOLs (Virtual Volumes)	
Reliable Memory (Zuverlässiger Arbeitsspeicher)	
Big Data Extensions (Hadoop-Workloads auf vSphere ausführung)	
VSPC (Virtual Serial Port Concentrator)	
DRS (Distributed Resources Scheduler)	
DPM (Distributed Power Management)	
VAAI (Storage-APIs für die Array-Integration)	
MPIO (Storage-APIs für Third-Party Multipathing)	
Storage DRS	
Storage I/O Control	
Network I/O Control	
SR-IOV (Single Root I/O Virtualization)	
Flash Read Cache	
vSphere View Accelerator	
App HA	
Distributed Switch	
Host Profiles	
Direct Path VMotion™	
Cross vCenter VMotion™	
Long Distance VMotion™ (Metro VMotion™)	
Cross Virtual Center VMotion™	
Auto Deploy	
NVIDIA Grid vGPU	
	0 EUR

Stand der Preisliste: April 2015

Abbildung 16.1 Die Leistungsmerkmale des ESXi, in der freien Version des »VMware Bare Metal Hypervisors«

16

Dass Sie für den *ESXi for Free* einen Lizenzschlüssel benötigen, liegt auf der Hand. Wie sollte es sonst möglich sein, den 60-Tage-Trial-Modus zu verlassen? Installieren Sie einen Host mit dem ESXi-ISO, läuft der Hypervisor nach dem Neustart sofort mit dem Funktionsumfang von *Enterprise Plus* für einen Zeitraum von 60 Tagen.

Um einen *ESXi for Free*-Schlüssel zu bekommen, gehen Sie einfach auf die Internetseite *http://www.vmware.com/go/DE-get-esxi*. Wenn Sie dann auf dem *VMware vSphere Hypervisor 6.0 Download Center* sind, können Sie sich einen Lizenzschlüssel für den Betrieb eines *Hypervisors for Free* bei VMware generieren. Sie dürfen mit dem Lizenzschlüssel für den freien ESXi-Server maximal 100 physische Server betreiben. Support erhalten Sie für den freien Hypervisor nicht.

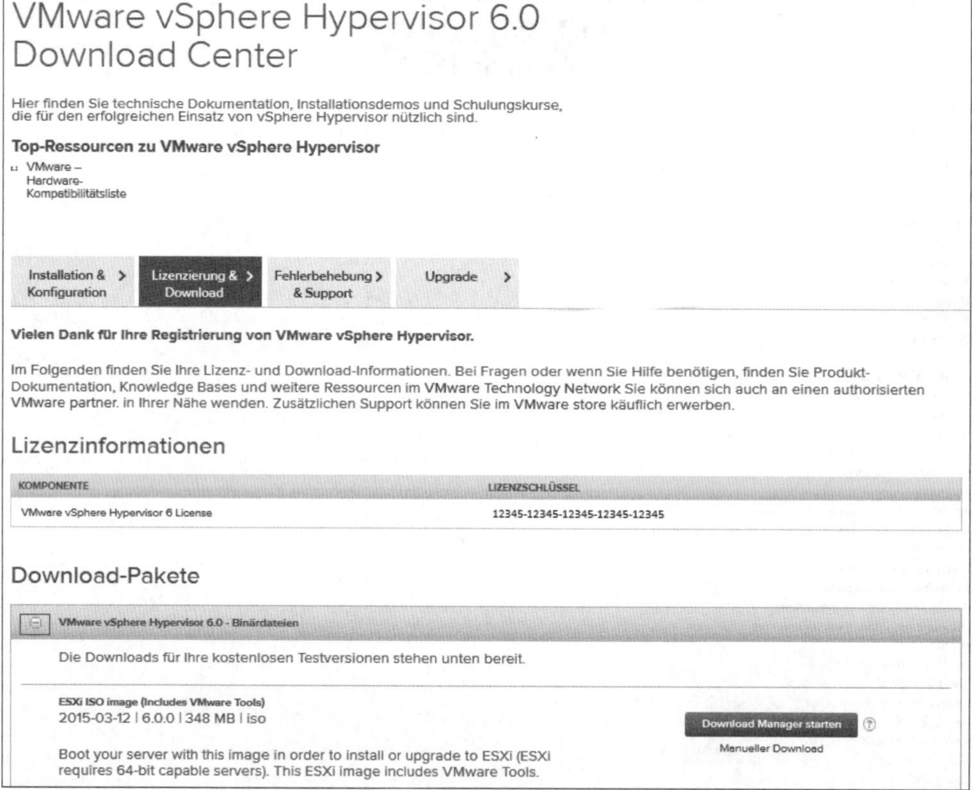

Abbildung 16.2 Im Download Center des freien Hypervisors können Sie ein ESXi-ISO-Image und eine dazugehörige Lizenz herunterladen.

16.1.3 vSphere 6 – Essentials Kit

Eine weitere Möglichkeit, Virtualisierung zu praktizieren, stellt VMware mit seinen *Essentials*-Paketen zur Verfügung.

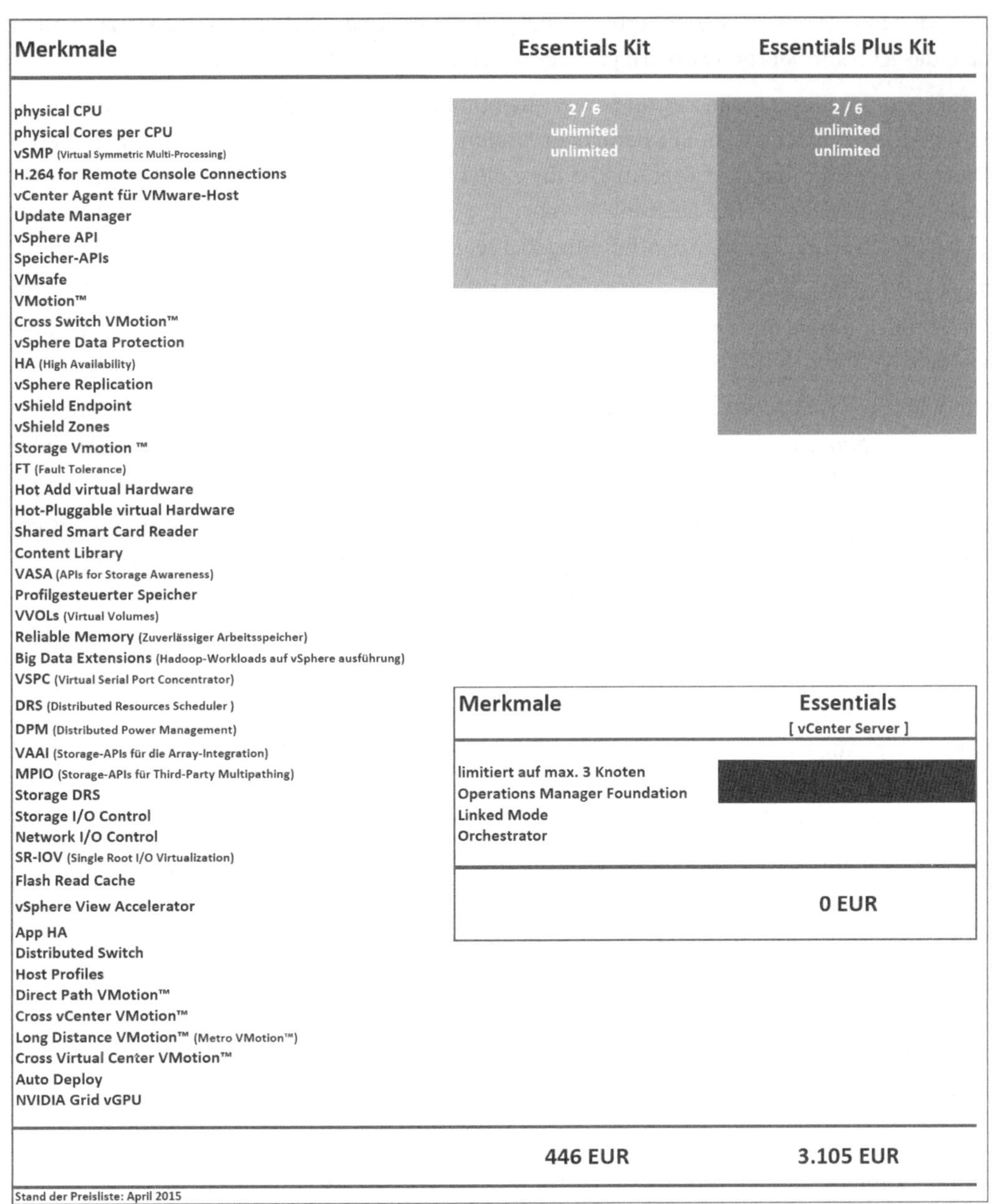

Merkmale	Essentials Kit	Essentials Plus Kit
physical CPU	2 / 6	2 / 6
physical Cores per CPU	unlimited	unlimited
vSMP (Virtual Symmetric Multi-Processing)	unlimited	unlimited
H.264 for Remote Console Connections		
vCenter Agent für VMware-Host		
Update Manager		
vSphere API		
Speicher-APIs		
VMsafe		
VMotion™		
Cross Switch VMotion™		
vSphere Data Protection		
HA (High Availability)		
vSphere Replication		
vShield Endpoint		
vShield Zones		
Storage Vmotion ™		
FT (Fault Tolerance)		
Hot Add virtual Hardware		
Hot-Pluggable virtual Hardware		
Shared Smart Card Reader		
Content Library		
VASA (APIs for Storage Awareness)		
Profilgesteuerter Speicher		
VVOLs (Virtual Volumes)		
Reliable Memory (Zuverlässiger Arbeitsspeicher)		
Big Data Extensions (Hadoop-Workloads auf vSphere ausführung)		
VSPC (Virtual Serial Port Concentrator)		
DRS (Distributed Resources Scheduler)		
DPM (Distributed Power Management)		
VAAI (Storage-APIs für die Array-Integration)		
MPIO (Storage-APIs für Third-Party Multipathing)		
Storage DRS		
Storage I/O Control		
Network I/O Control		
SR-IOV (Single Root I/O Virtualization)		
Flash Read Cache		
vSphere View Accelerator		
App HA		
Distributed Switch		
Host Profiles		
Direct Path VMotion™		
Cross vCenter VMotion™		
Long Distance VMotion™ (Metro VMotion™)		
Cross Virtual Center VMotion™		
Auto Deploy		
NVIDIA Grid vGPU		
	446 EUR	3.105 EUR

Merkmale	Essentials [vCenter Server]
limitiert auf max. 3 Knoten	
Operations Manager Foundation	
Linked Mode	
Orchestrator	
	0 EUR

Stand der Preisliste: April 2015

Abbildung 16.3 Die Leistungsmerkmale des Small-Business-Pakets

Essentials ist grundsätzlich in zwei unterschiedlichen Variationen erhältlich: Als *Essentials* und als *Essentials Plus*. Doch kommen wir nun zurück zum Konzept von *Essentials*. Das Interessante an dieser Idee ist, dass der *vCenter Server* in den Essentials-Paketen in der Version *Essentials* enthalten ist (siehe Abbildung 16.3). Der vCenter Server kann in diesen Versionen zwar nur in einem Dreiknotenverbund mit je maximal zwei CPU-Hosts eingesetzt werden, aber das ist bei modernen Servern ja unter Umständen kein Nachteil.

Denken Sie an dieser Stelle z. B. an Server, die mit zwei Sockeln ausgestattet sind und jeweils 12 Kerne je CPU enthalten. Ein derartiger Dreiknotenverbund enthält immerhin 72 Kerne. Diese Menge an möglicher Leistung ist für viele kleine und mittlere Anwender oftmals viel mehr als hinreichend. Die Leistungsmerkmale dieser beiden Essentials-Versionen können sich wirklich sehen lassen, wie Abbildung 16.3 zeigt.

Zusätzlich zu den Merkmalen der ESXi-Version umfassen die *Essentials*-Versionen die *H.264 for Remote Console Connections*, den *vCenter Agent für VMware-Host*, die Speicher-APIs, die vSphere APIs und den *Update Manager* sowie *VMsafe*.

Die Variante *Essentials Plus* bietet darüber hinaus *High Availability* (HA), *vSphere Data Protection*, *vMotion*, *vSphere Replication*, *vShield Endpoint* und *vShield Zones* sowie das neue *Cross Switch VMotion™*.

Das ganze *Essentials*-Paket ist, wie gesagt, in beiden Varianten für drei Hosts mit je zwei CPU-Sockeln ausgelegt. Das vSMP ist in beiden der vSphere-6-Essentials-Versionen unbeschränkt. Das heißt, dass die Maximalwerte für vSMP aus dem Guide »Maximalwerte für die Konfiguration – (VMware vSphere6)« (*http://www.vmware.com/files/de/pdf/vsphere-60-configuration-maximums.pdf*) gelten.

Die Größe des physischen RAMs eines Hosts ist ebenfalls unbeschränkt. Auch hier gelten wieder die Angaben aus dem Guide »Maximalwerte für die Konfiguration – (VMware vSphere 6)«. Natürlich gibt es auch keinerlei Beschränkungen bei der maximalen Anzahl der Kerne in den CPUs, die in Ihren Hosts enthalten sind.

Was die Erweiterung angeht, bietet VMware Ihnen alle Möglichkeiten des Upgrades. Upgrades von *Essentials* hin zu *Essentials Plus* sind genauso möglich wie von beiden Essentials-Versionen auf jedes andere *Acceleration Kit* für Enterprise-Environments. So ist ein Upgrade von *VMware vSphere 6 Essentials* hin zu *vSphere 6 with Operations Management Standard Acceleration Kit* ohne Weiteres möglich.

Dem Wachsen einer Umgebung und der Erweiterung der Funktionalität von Umgebungen sind somit aus der Sicht der Lizenzierung keine Grenzen gesetzt.

16.1.4 vSphere 6 – Standard, Enterprise und Enterprise Plus

Die drei Editionen *vSphere 6 Standard*, *Enterprise* und *Enterprise Plus* haben natürlich ebenfalls keinerlei Beschränkungen; lizenztechnisch ist auch hier immer noch alles möglich. Die Lizenzierung geschieht auf Basis eines einzelnen Sockels. Das heißt, dass Sie beispielsweise für einen physischen Server, der mit vier Sockeln ausgerüstet ist, die alle mit CPUs bestückt sind, vier ESXi-Server-Lizenzen benötigen (siehe Abbildung 16.4).

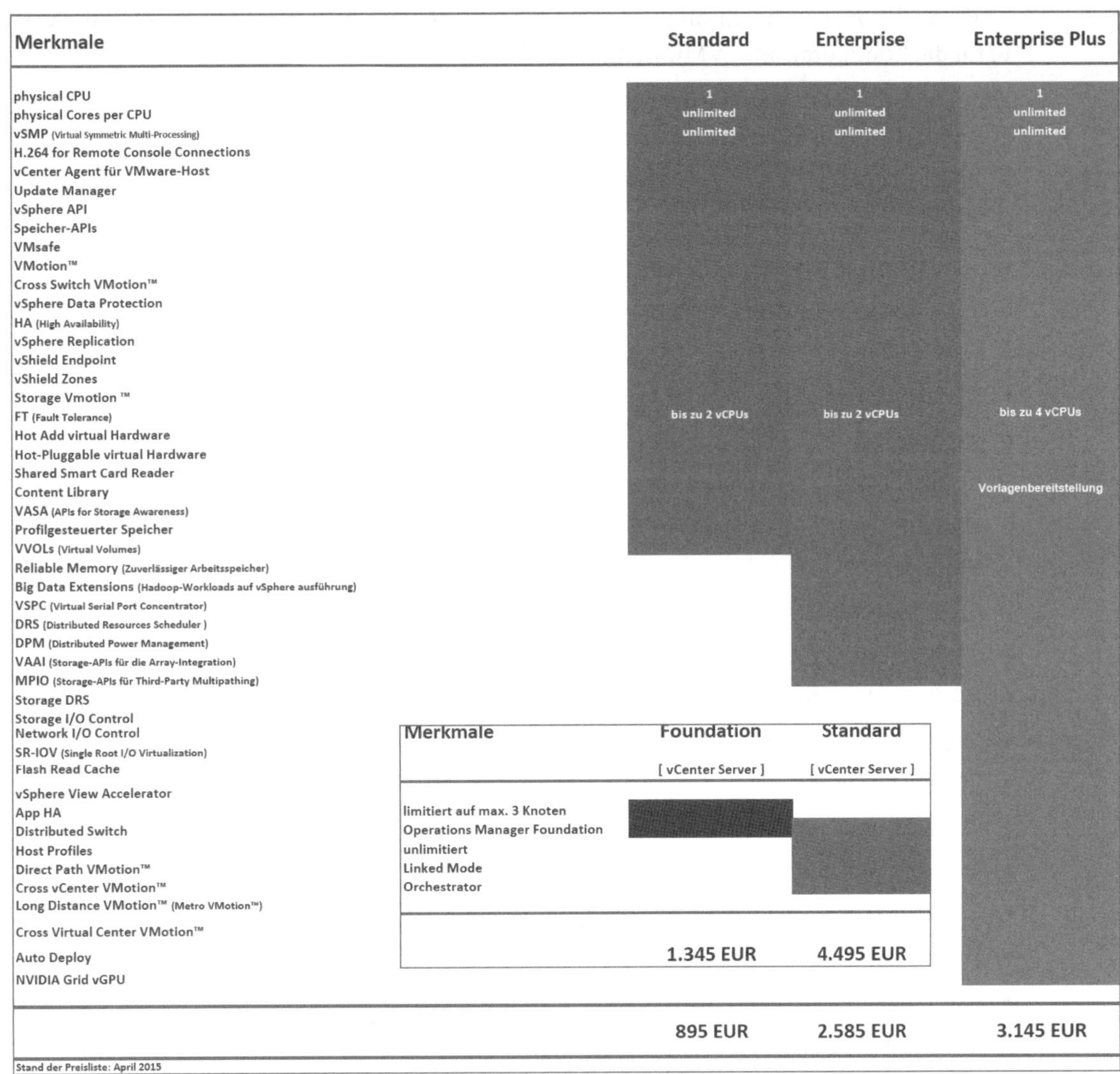

Merkmale	Standard	Enterprise	Enterprise Plus
physical CPU	1	1	1
physical Cores per CPU	unlimited	unlimited	unlimited
vSMP (Virtual Symmetric Multi-Processing)	unlimited	unlimited	unlimited
H.264 for Remote Console Connections			
vCenter Agent für VMware-Host			
Update Manager			
vSphere API			
Speicher-APIs			
VMsafe			
VMotion™			
Cross Switch VMotion™			
vSphere Data Protection			
HA (High Availability)			
vSphere Replication			
vShield Endpoint			
vShield Zones			
Storage Vmotion ™			
FT (Fault Tolerance)	bis zu 2 vCPUs	bis zu 2 vCPUs	bis zu 4 vCPUs
Hot Add virtual Hardware			
Hot-Pluggable virtual Hardware			
Shared Smart Card Reader			
Content Library			Vorlagenbereitstellung
VASA (APIs for Storage Awareness)			
Profilgesteuerter Speicher			
VVOLs (Virtual Volumes)			
Reliable Memory (Zuverlässiger Arbeitsspeicher)			
Big Data Extensions (Hadoop-Workloads auf vSphere ausführung)			
VSPC (Virtual Serial Port Concentrator)			
DRS (Distributed Resources Scheduler)			
DPM (Distributed Power Management)			
VAAI (Storage-APIs für die Array-Integration)			
MPIO (Storage-APIs für Third-Party Multipathing)			
Storage DRS			
Storage I/O Control			
Network I/O Control			
SR-IOV (Single Root I/O Virtualization)			
Flash Read Cache			
vSphere View Accelerator			
App HA			
Distributed Switch			
Host Profiles			
Direct Path VMotion™			
Cross vCenter VMotion™			
Long Distance VMotion™ (Metro VMotion™)			
Cross Virtual Center VMotion™			
Auto Deploy			
NVIDIA Grid vGPU			
	895 EUR	2.585 EUR	3.145 EUR

Merkmale	Foundation [vCenter Server]	Standard [vCenter Server]
limitiert auf max. 3 Knoten		
Operations Manager Foundation		
unlimitiert		
Linked Mode		
Orchestrator		
	1.345 EUR	4.495 EUR

Stand der Preisliste: April 2015

Abbildung 16.4 Die Leistungsmerkmale der Editionen im Enterprise-Umfeld

Die Beschränkung bezüglich der Kerne einer CPU ist gegenüber früheren Versionen von vSphere in vSphere 6 ebenfalls vollständig aufgehoben worden. Es gilt: Die Anzahl von Kernen einer CPU ist unlimitiert. Des Weiteren gibt es bezüglich vSMP in den Versionen *Standard*, *Enterprise* und *Enterprise Plus* ebenfalls keine Limitierungen. Das heißt, dass auch hier die Maximalwerte für vSMP aus dem Guide »Maximalwerte für die Konfiguration – (VMware vSphere 6)« gelten (siehe *http://www.vmware.com/files/de/pdf/vsphere-60-configuration-maximums.pdf*). Weiter ist die Ausstattung der Hosts mit Hauptspeicher (pRAM) auch in diesen drei Editionen unbeschränkt. Es gelten hierbei ebenfalls die Aussagen aus »Maximalwerte für die Konfiguration – (VMware vSphere 6)«.

Die *Standard*-Lizenz enthält über die Leistungsmerkmale der freien Version hinaus die im Folgenden aufgelisteten Leistungsmerkmale:

- Physical CPU
- Physical Cores per CPU
- vSMP (Virtual Symmetric Multi-Processing)
- H.264 for Remote Console Connections
- vCenter Agent für VMware-Host
- Update Manager
- vSphere API
- Speicher-APIs
- VMsafe
- VMotion™
- Cross Switch VMotion™
- vSphere Data Protection
- HA (High Availability)
- vSphere Replication
- vShield Endpoint
- vShield Zones
- Storage vMotion™
- FT (Fault Tolerance)
- Hot Add virtual Hardware
- Hot-Pluggable virtual Hardware
- Shared Smart Card Reader
- Content Library
- VASA (APIs for Storage Awareness)
- Profilgesteuerter Speicher
- VVOLs (Virtual Volumes)

Die *Enterprise*-Lizenz umfasst zusätzlich zu den Leistungsmerkmalen der Standard-Edition die im Folgenden aufgelisteten Leistungsmerkmale:

- Reliable Memory (zuverlässiger Arbeitsspeicher)
- Big Data Extensions (Hadoop-Workloads auf vSphere-Ausführung)
- VSPC (Virtual Serial Port Concentrator)

- DRS (Distributed Resources Scheduler)
- DPM (Distributed Power Management)
- VAAI (Storage-APIs für die Array-Integration)
- MPIO (Storage-APIs für Third-Party Multipathing)

Die *Enterprise Plus*-Edition bietet darüber hinaus die folgenden Leistungsmerkmale:

- Storage DRS
- Storage I/O Control
- Network I/O Control
- SR-IOV (Single Root I/O Virtualization)
- Flash Read Cache
- vSphere View Accelerator
- App HA
- Distributed Switch
- Host Profiles
- Direct Path vMotion™
- Cross vCenter vMotion™
- Long Distance vMotion™ (Metro vMotion™)
- Cross Virtual Center vMotion™
- Auto Deploy
- NVIDIA Grid vGPU

Also hat VMware auch in vSphere 6 wieder einmal durch Leistungsmerkmale deutlich gemacht, dass es sich bei *Enterprise Plus* um ein Lizenzierungsmodell für große IT-Infrastrukturen handelt.

Beim *vCenter Server* gibt es nach wie vor zwei unterschiedliche Methoden der Lizenzierung:

- Zum einen gibt es die Variante der Limitierung auf drei Knoten, wobei hier die Größe der drei physischen Server nicht beschränkt ist. Setzen Sie zum Beispiel Acht-Sockel-Maschinen ein, die je Sockel und CPU 12 Kerne enthalten, kommen Sie bei der Lizenzierung bezüglich *Foundation* auf stolze 288 Kerne.
- Zum anderen besteht die Möglichkeit, eine unlimitierte Version zu erwerben, die dann auch das Merkmal *Linked Mode* enthält und den Einsatz des Orchestrators gestattet.

Die auf drei Knoten limitierte Version wird, wie bereits erwähnt, als *Foundation* und die unlimitierte Version als *Standard* bezeichnet. Natürlich hat VMware auch hier keine Ausnahme beim Upgrade gemacht: Ein Upgrade von *vCenter Server Foundation* hin zu *vCenter Server Standard* ist ebenfalls problemlos möglich.

16.1.5 vSphere 6 – Operations Management Enterprise

In Abschnitt 16.1.4 ging es um die drei Editionen *vSphere 6 Standard, Enterprise* und *Enterprise Plus*. Diese drei Editionen wurden von VMware um Funktionen zur Überwachung, Kapazitätsoptimierung und Betriebstransparenz ergänzt.

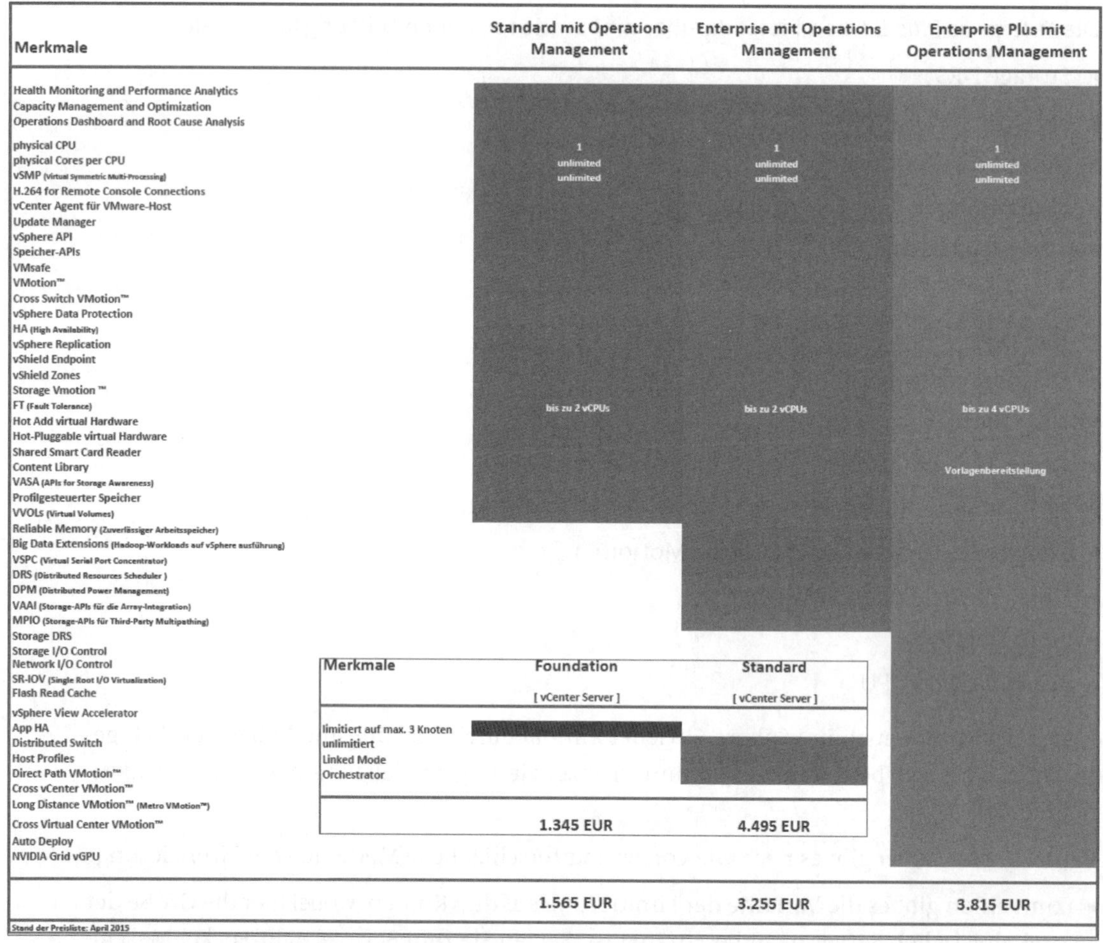

Merkmale	Standard mit Operations Management	Enterprise mit Operations Management	Enterprise Plus mit Operations Management
Health Monitoring and Performance Analytics			
Capacity Management and Optimization			
Operations Dashboard and Root Cause Analysis			
physical CPU	1	1	1
physical Cores per CPU	unlimited	unlimited	unlimited
vSMP (Virtual Symmetric Multi-Processing)	unlimited	unlimited	unlimited
H.264 for Remote Console Connections			
vCenter Agent für VMware-Host			
Update Manager			
vSphere API			
Speicher-APIs			
VMsafe			
VMotion™			
Cross Switch VMotion™			
vSphere Data Protection			
HA (High Availability)			
vSphere Replication			
vShield Endpoint			
vShield Zones			
Storage Vmotion ™			
FT (Fault Tolerance)	bis zu 2 vCPUs	bis zu 2 vCPUs	bis zu 4 vCPUs
Hot Add virtual Hardware			
Hot-Pluggable virtual Hardware			
Shared Smart Card Reader			
Content Library			Vorlagenbereitstellung
VASA (APIs for Storage Awareness)			
Profilgesteuerter Speicher			
VVOLs (Virtual Volumes)			
Reliable Memory (Zuverlässiger Arbeitsspeicher)			
Big Data Extensions (Hadoop-Workloads auf vSphere ausführung)			
VSPC (Virtual Serial Port Concentrator)			
DRS (Distributed Resources Scheduler)			
DPM (Distributed Power Management)			
VAAI (Storage-APIs für die Array-Integration)			
MPIO (Storage-APIs für Third-Party Multipathing)			
Storage DRS			
Storage I/O Control			
Network I/O Control			
SR-IOV (Single Root I/O Virtualization)			
Flash Read Cache			
vSphere View Accelerator			
App HA			
Distributed Switch			
Host Profiles			
Direct Path VMotion™			
Cross vCenter VMotion™			
Long Distance VMotion™ (Metro VMotion™)			
Cross Virtual Center VMotion™			
Auto Deploy			
NVIDIA Grid vGPU			
	1.565 EUR	3.255 EUR	3.815 EUR

Merkmale	Foundation [vCenter Server]	Standard [vCenter Server]
limitiert auf max. 3 Knoten		
unlimitiert		
Linked Mode		
Orchestrator		
	1.345 EUR	4.495 EUR

Stand der Preisliste: April 2015

Abbildung 16.5 Erweiterung um Funktionen zur Überwachung, Kapazitätsoptimierung und Betriebstransparenz

Die Merkmale, der *Standard-*, *Enterprise-* und *Enterprise Plus*-Editionen sind hierbei vollständig identisch (siehe Abbildung 16.5) geblieben. Zu den Editionen *Standard, Enterprise* und *Enterprise Plus* sind die folgenden Merkmale hinzugekommen:

- Health Monitoring and Performance Analytics
- Capacity Management and Optimization
- Operations Dashboard and Root Cause Analysis

Durch diese Ergänzung entstehen somit drei völlig neue Editionen

- *VMware vSphere with Operations Management Standard*
- *VMware vSphere with Operations Management Enterprise*
- *VMware vSphere with Operations Management Enterprise Plus*

16.1.6 vSphere 6 – Acceleration Kits

Wie Sie in Abschnitt 16.1.3, »vSphere 6 – Essentials Kit«, bereits gesehen haben, können Sie auch im Paket lizenzieren und natürlich auch *Standard-*, *Enterprise-* und *Enterprise Plus*-Pakete einsetzen. Auch diese Pakete sind nachträglich beliebig in alle Richtungen zu ergänzen oder zu erweitern.

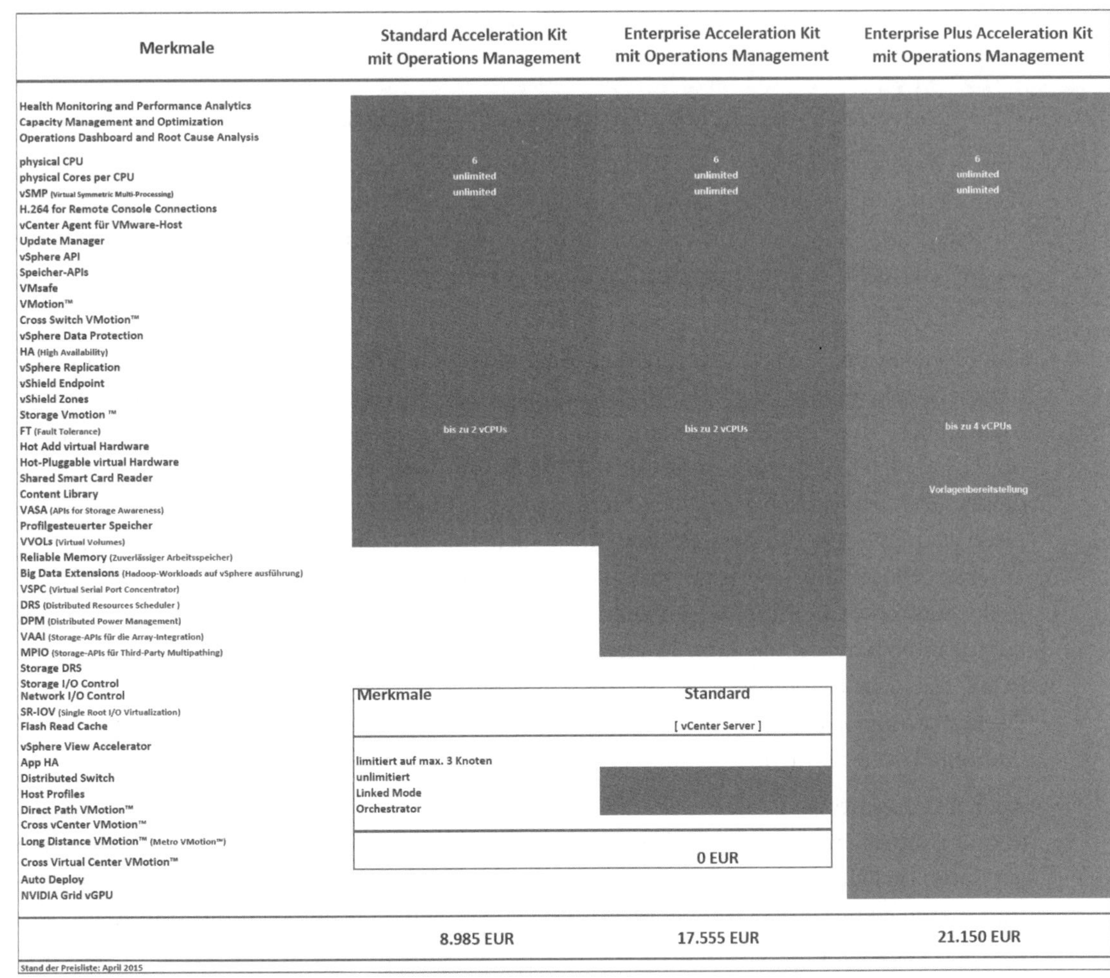

Merkmale	Standard Acceleration Kit mit Operations Management	Enterprise Acceleration Kit mit Operations Management	Enterprise Plus Acceleration Kit mit Operations Management
Health Monitoring and Performance Analytics			
Capacity Management and Optimization			
Operations Dashboard and Root Cause Analysis			
physical CPU	6	6	6
physical Cores per CPU	unlimited	unlimited	unlimited
vSMP (Virtual Symmetric Multi-Processing)	unlimited	unlimited	unlimited
H.264 for Remote Console Connections			
vCenter Agent für VMware-Host			
Update Manager			
vSphere API			
Speicher-APIs			
VMsafe			
VMotion™			
Cross Switch VMotion™			
vSphere Data Protection			
HA (High Availability)			
vSphere Replication			
vShield Endpoint			
vShield Zones			
Storage Vmotion ™			
FT (Fault Tolerance)	bis zu 2 vCPUs	bis zu 2 vCPUs	bis zu 4 vCPUs
Hot Add virtual Hardware			
Hot-Pluggable virtual Hardware			
Shared Smart Card Reader			
Content Library			Vorlagenbereitstellung
VASA (APIs for Storage Awareness)			
Profilgesteuerter Speicher			
VVOLs (Virtual Volumes)			
Reliable Memory (Zuverlässiger Arbeitsspeicher)			
Big Data Extensions (Hadoop-Workloads auf vSphere ausführung)			
VSPC (Virtual Serial Port Concentrator)			
DRS (Distributed Resources Scheduler)			
DPM (Distributed Power Management)			
VAAI (Storage-APIs für die Array-Integration)			
MPIO (Storage-APIs für Third-Party Multipathing)			
Storage DRS			
Storage I/O Control			
Network I/O Control			
SR-IOV (Single Root I/O Virtualization)			
Flash Read Cache			
vSphere View Accelerator			
App HA			
Distributed Switch			
Host Profiles			
Direct Path VMotion™			
Cross vCenter VMotion™			
Long Distance VMotion™ (Metro VMotion™)			
Cross Virtual Center VMotion™			
Auto Deploy			
NVIDIA Grid vGPU			
	8.985 EUR	17.555 EUR	21.150 EUR

Merkmale	Standard [vCenter Server]
limitiert auf max. 3 Knoten	
unlimitiert	
Linked Mode	
Orchestrator	
	0 EUR

Stand der Preisliste: April 2015

Abbildung 16.6 Die Leistungsmerkmale der Pakete innerhalb der Enterprise-Klasse

Anders als den *Essentials*-Paketen aus Abschnitt 16.1.3 wurde diesen Paketen eine vCenter-Server-Standard-Instanz beigelegt. Somit sind nicht nur *Linked Mode* und *Orchestrator* enthalten, sondern es können so viele Hosts am vCenter-Server registriert werden, wie es das Dokument »Maximalwerte für die Konfiguration – (VMware vSphere 6)« gestattet. In der aktuellen Version liegt das vCenter-Server-Maximum bei 1000 Hosts und das Maximum eingeschalteter virtueller Maschinen bei 10.000 virtuellen Maschinen je vCenter-Server:

http://www.vmware.com/files/de/pdf/vsphere-60-configuration-maximums.pdf

Die Pakete der *Enterprise*-Klasse sind allerdings ausschließlich in der Kombination mit den Merkmalen des *Operations Management* erhältlich (siehe Abbildung 16.6). Somit können Sie die folgenden Pakete erwerben:

- *vSphere with Operations Management Standard Acceleration Kit*
- *vSphere with Operations Management Enterprise Acceleration Kit*
- *vSphere with Operations Management Enterprise Plus Acceleration Kit*

16.1.7 VMware vSphere Remote Office Branch Office (ROBO) Editions

Eine weitere speziell angepasste Variante ist das *VMware vSphere 6 for Retail and Branch Offices*, die sogenannten *ROBO-Lizenzierungen*. ROBO steht für: Remote Office Branch Office. Die ROBO-*Lizenzen* sind für die Anbindung von Remote-Sites gedacht. Remote-Sites – oder oft auch als ROBO-Sites bezeichnete Locations – können zum Beispiel Zweigniederlassungen eines Unternehmens sein.

Eine *ROBO*-Lizenz steht in zwei Basis-Lizenzmodellen als *Standard* und *Advanced* zur Verfügung. Der Lizenzumfang eines *ROBO-Pakets* beträgt 25 virtuelle Maschinen. Hierbei ist es unerheblich, wie viele ESXi-Hosts in der Umgebung sind, da auf der Basis von virtuellen Maschinen lizenziert wird. Ist in der ROBO-Lokation bereits ein vCenter vorhanden, kann dieser sebstverständlich genutzt werden. Aber es steht Ihnen natürlich auch frei, einen separaten vCenter-Server für die nach dem ROBO-Schema lizenzierten virtuellen Maschinen einzusetzen. Diesen müssen Sie allerdings extra dafür beschaffen. Benötigen Sie mehr als 25 virtuelle Maschinen in Ihrer Zweigniederlassung, so können Sie ein weiteres 25er-Lizenz-Pack hinzukaufen und können dann 50 virtuelle Maschinen in Ihrem ESXi-Pool laufen lassen. Die ROBO-Lizenzen können Sie ausschließlich in vCenter Server ab der Version *5.5 U2* benutzen. Die Funktionen der beiden Lizenzierungsvarianten *Standard* und *Advanced* könnnen Sie Abbildung 16.7 entnehmen.

Auch interessant: Wenn Sie z. B. zwei Außenstandorte neben Ihrem Heimatstandort haben, dann könnte es für Sie von Interesse sein, an beiden Außenstandorten virtuelle Maschinen auf Basis von ROBO-Lizenzierung zu betreiben. Dabei ist es auch möglich, dass Sie z. B. aus Ihrem 25er-ROBO-Paket 15 virtuelle Maschinen an dem einen Außenstandort und 10 an dem anderen Außenstandort betreiben. Sie sehen, Sie können auch Ihre ROBO-Lizenzen über mehrere Standorte hinweg verteilen. Die Anzahl der Standorte ist hierbei unbeschränkt.

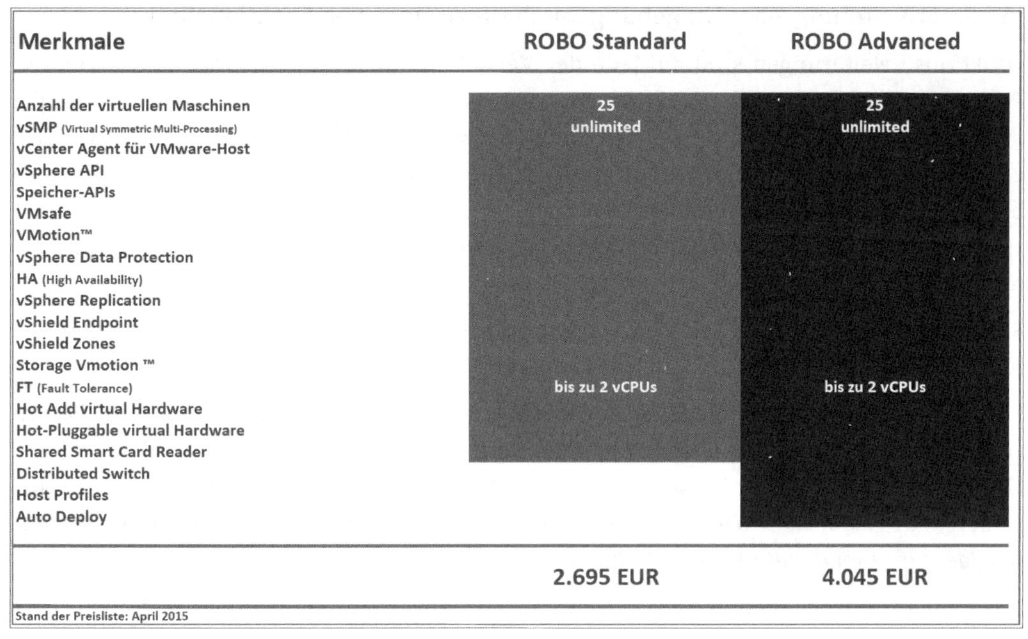

Merkmale
ROBO Standard
ROBO Advanced
Anzahl der virtuellen Maschinen
vSMP (Virtual Symmetric Multi-Processing)
vCenter Agent für VMware-Host
vSphere API
Speicher-APIs
VMsafe
VMotion™
vSphere Data Protection
HA (High Availability)
vSphere Replication
vShield Endpoint
vShield Zones
Storage Vmotion ™
FT (Fault Tolerance)
Hot Add virtual Hardware
Hot-Pluggable virtual Hardware
Shared Smart Card Reader
Distributed Switch
Host Profiles
Auto Deploy
25
unlimited
bis zu 2 vCPUs
25
unlimited
bis zu 2 vCPUs
2.695 EUR
4.045 EUR
Stand der Preisliste: April 2015

Abbildung 16.7 ROBO-Lizenzen stehen in den zwei Basis-Lizenzmodellen »Standard« und »Advanced« zur Verfügung.

Aber Vorsicht! Achten Sie aber immer darauf, dass Sie die beiden ROBO-Editionen *Advanced* und *Standard* nicht zusammen in einer gemischten Umgebung betreiben. Es ist auch nicht gestattet, am gleichen Standort ROBO-Lizenzen und normale vSphere-Lizenzen zu mischen. Das heißt, es ist lizenzrechtlich nicht erlaubt, vSphere-ROBO-Lizenzen und vSphere-Standard-Lizenzen am gleichen Außenstandort zu nutzen.

Wenn Sie sich noch intensiver mit dem Thema der ROBO-Site-Anbindung beschäftigen möchten, können Sie sich unter

- *http://www.vmware.com/files/pdf/vsphere/VMware-IDC-Benefits-of-Virtualizing-Remote-and-Branch-Offices-Whitepaper.pdf,*
- *https://blogs.vmware.com/smb/2014/10/new-offer-designed-remote-branch-offices-robo-vsphere-remote-office-branch-office-standard-advanced-editions.html* und
- *http://www.vmware.com/files/pdf/vsphere/VMware-IDC-Value-Virtualizing-Remote-Offices-Branch-Offices.pdf*

weitere Datenblätter herunterladen und die entsprechenden Details noch einmal nachschlagen.

16.1.8 Erweiterung einer Umgebung durch Hinzufügen von Funktionalität

Funktionserweiterungen sind auf jede der Versionen *Standard*, *Enterprise* und *Enterprise Plus* mit und auch ohne die Merkmalerweiterung *Operations Management* anwendbar. Bei der Version *Enterprise Plus* kann das Merkmal *Distributed vSwitch* um den *Cisco Nexus 1000V* erweitert werden. Die Versionen *Standard* und *Enterprise* lassen sich durch Upgrades in jede beliebige Version umwandeln. Das heißt, Sie können durchaus auch Versionsstufen überspringen. So ändern Sie zum Beispiel eine *Standard*-Lizenz durch Upgrade direkt in eine *Enterprise*- oder *Enterprise Plus*-Lizenz um.

Sie können aber auch den *VMware Hypervisor*, die freie Version des ESXi, den Sie in Abschnitt 16.1.2 kennengelernt haben, hin zu jeder anderen Version upgraden.

Eine weitere Möglichkeit, eine Funktionserweiterung durchzuführen, besteht darin, die einzelnen Versionen *Standard*, *Enterprise* und *Enterprise Plus* mit und auch ohne das Merkmal *Operations Management* hin zu den einzelnen Versionen der *vCloud Suite 6* umzuformen. Näheres zur *vCloud Suite 6 und deren Lizenzierung finden Sie unter http://www.vmware.com/files/de/pdf/vCloud-Suite-Pricing-Packaging-Whitepaper.pdf.*

Das EVAL-Experience-Programm von VMware, das VMware zusammen mit der *VMware User Group* (VMUG) ins Leben gerufen hat, ist ideal für eine Lab-Umgebung geeignet. Dieses Programm kann als Nachfolgeprogramm des *VMTN Subscription Program* betrachtet werden. Auf der Site *https://www.vmug.com/Advantage* können Sie sich für das EVAL-Experience-Programm registrieren. Das Programm umfasst 9 VMware Applications, die Sie für 200 USD 365 Tage lang nutzen dürfen.

Das EVAL-Experience-Paket enthält die folgenden Produkte:

- *VMware vCenter Server Standard for vSphere 6*
- *VMware vSphere® with Operations Management™ Enterprise Plus*
- *VMware vCloud Suite® Standard*
- *VMware vRealize™ Operations Insight™*
- *VMware vRealize Operations™*
- *VMware vRealize Log Insight™*
- *VMware vRealize Operations for Horizon®*
- *VMware Horizon® Advanced Edition*
- *VMware Virtual SAN™*
- *VMware Virtual SAN™All Flash Add On*

Neben dem Individual-Paket für 200 USD gibt es auch noch die Corporate-Pakete. Diese Pakete sind für Unternehmen gedacht, die eine größere Anzahl an Usern mit dem EVAL-Experience-Paket ausstatten möchten. Sie können zwischen zwei Benutzern für 180 USD pro Nutzer und bis zu acht Usern für 160 USD pro Benutzer auswählen. Im Web-Shop auf der Seite *https://www.vmug.com/p/cm/ld/fid=11* finden Sie eine entsprechende Übersicht.

16.2 Support und Subscription

Generell ist es nicht möglich, im Umfeld der hier betrachteten Produkte Lizenzen bei VMware zu erwerben, ohne auch Support und Subscription (womit der Abonnement-Service gemeint ist) mitzukaufen. Allerdings müssen weder Support noch Subscription nach Ablauf der Laufzeit nachgekauft werden. In der Praxis ist es aber durchaus sinnvoll, Support und Subscription am Ende des Support- und Subscription-Vertrages zu erneuern. Auch wenn im Unternehmen derzeit Störungen ohne die Nutzung des VMware-Supports behoben werden, ist nicht immer gesagt, dass dies auch in Zukunft immer der Fall sein wird. Diese Frage muss aber jeder Administrator für sich selbst entscheiden. Bei der Subscription liegt die Sache etwas anders: Subscription bedeutet, dass Sie neue Versionen oder Updates bei Neuerscheinung herunterladen können und einsetzen bzw. benutzen dürfen.

VMware unterscheidet bei den Server-Produkten, dem allgemeinen Support, grundsätzlich zwischen zwei unterschiedlichen Arten von Support und Subscription: zwischen der Stufe *Basic* und der Stufe *Production*.

Bei den Laufzeiten für Support und Subscription können Sie zwischen einem, zwei und drei Jahren wählen. Falls Sie darüber hinaus größere Zeiträume für Support und Subscription wünschen, ist dies in der Regel auch möglich. Allerdings müssen Sie dies individuell anfragen.

16

VMware erreichen Sie im Support-Fall hier in Europa bei der Stufe *Basic* von Montag bis Freitag in der Zeit von 7.00 Uhr bis 19.00 Uhr und bei der Stufe *Production* rund um die Uhr an sieben Tagen in der Woche und an 365 Tagen im Jahr.

Wenn Sie alle Einzelheiten zu Support und Subscription in Bezug auf die Stufen *Basic* und *Production* nachlesen möchten, empfehlen wir Ihnen das *basic.pdf* (*http://www.vmware.com/files/pdf/support/basic.pdf* und *https://www.vmware.com/de/support/services/basic.html*) sowie das *production.pdf* (*http://www.vmware.com/files/pdf/support/production.pdf* und *https://www.vmware.com/de/support/services/production*).

Eine sehr interessante Variante aus dem Bereich Support stellen die beiden Varianten im Umfeld des *geschäftskritischen Supports* von VMware dar, dem sogenannten Premier Support. Diese Support-Arten sind für alle gedacht, die *Mission Critical* und *Business Critical Environments* betreiben. Diese Support-Arten sind als eine Ergänzung zum bereits erläuterten Production-Support zu betrachten. Bei dieser Art von Support wird eine enge Beziehung zwischen dem Hersteller und dem Kunden hergestellt. So stehen dedizierte Ansprechpartner und vieles mehr zur Verfügung. Auch hierfür verweisen wir auf die entsprechenden Datenblätter von VMware. Sie finden die Informationen zum Business Critical Support (BCS) unter *http://www.vmware.com/files/pdf/support/business_critical.pdf* und *https://www.vmware.com/de/support/services/bcs.html*. Die weiterführenden Informationen zum Mission Critical Support (MCS) finden Sie unter *https://www.vmware.com/de/support/services/mission-critical.html* und *https://www.vmware.com/files/pdf/support/mission-critical.pdf*.

Einer der wesentlichsten Unterschiede zwischen diesen beiden Support-Arten ist sicherlich der, dass im Mission Critical Support der *Vor-Ort-Support für außerordentliche Eskalationen* enthalten ist. Eine sehr gute, detaillierte und vergleichende Übersicht finden Sie unter *https://www.vmware.com/de/support/services/compare.html*.

Eine ganz andere Art von Support – ohne enthaltene Subscription – steht mit dem Einzelfall-Support (*Per Incident Support*) für ESXi und *vSphere 6 Essentials* zur Verfügung. Der Einzelfall-Support ermöglicht es, VMware-Support auf Einzelfallbasis zu erwerben. Hier können Sie drei unterschiedliche Einzelfall-Support-Pakete für einen, drei oder fünf einzelne Support-Fälle (Incident-Packs) kaufen. Anfragen stellen Sie und Antworten erhalten Sie wahlweise über das Internet oder telefonisch. Eine Einzelfall-Support-Anfrage ist in der Zeit von Montag bis Freitag von 7.00 Uhr bis 19.00 Uhr möglich. Detailliertere Informationen erhalten Sie im Dokument *perincident.pdf* (*http://www.vmware.com/files/pdf/support/perincident.pdf* und *https://www.vmware.com/de/support/services/incident.html*) von VMware.

Sollte einmal Unklarheit darüber herrschen, ob für ein vorhandenes VMware-Produkt noch Support geboten wird, können Sie dies unter *http://www.vmware.com/de/support/support-resources/tools/* überprüfen (siehe Abbildung 16.8).

Abbildung 16.8 Überprüfung von Support-Berechtigungen

Eine weitere sehr gute Informationsquelle zum Thema Support stellt VMware Ihnen mit dem Dokument »VMware Technical Support Welcome Guide« zur Verfügung. Sie finden es unter *http://www.vmware.com/files/pdf/support/tech_support_guide.pdf*.

Suchen Sie allerdings etwas in deutscher Sprache, dann gibt es noch ein etwas älteres Dokument vom März 2010 unter *http://www.vmware.com/files/de/pdf/support/VMware-Technical-Support-Guide-GG-de.pdf*.

16.2.1 Die unterschiedlichen Schweregrade

VMware bietet die Möglichkeit, die Schweregrade (engl. *severity*) der Support-Anfrage zu klassifizieren. Grundsätzlich werden vier Schweregrade unterschieden. Im Wesentlichen werden diese Auswahlmöglichkeiten angeboten, um die relevanten Auswirkungen eines Problems auf die Systeme in einem Unternehmen zu erfassen. Die Einstufung eines Problems in den entsprechenden Schweregrad hat eine direkte Auswirkung auf die Reaktionsgeschwindigkeit des VMware-Support-Teams.

- *Schweregrad 1* liegt vor, wenn die Produktions-Server oder andere unternehmenskritische Systeme ausgefallen sind und eine Behelfslösung nicht unmittelbar zur Verfügung steht bzw. wenn für wesentliche Teile der unternehmenskritischen Daten ein erhebliches Verlust- oder Beschädigungsrisiko besteht, die Services in unannehmbarem Umfang ausgefallen sind oder wenn gar der Geschäftsbetrieb in erheblichem Umfang unterbrochen wurde.
- Um *Schweregrad 2* handelt es sich, wenn eine wichtige Funktion maßgeblich beeinträchtigt ist. In dieser Klassifikationsstufe kann der Betrieb mit Einschränkungen fortgesetzt werden und eine vorübergehende Behelfslösung steht auch zur Verfügung.
- *Schweregrad 3* geben Sie an, wenn die Support-Anfrage sich auf Situationen mit zum Teil unkritischem Funktionsverlust der Software bezieht. Es liegen Beeinträchtigungen bestimmter Komponenten vor, und der Anwender kann die Software weiterhin nutzen.
- Unter *Schweregrad 4* sind unkritische Probleme (wie zum Beispiel ein Fehler in der Dokumentation oder Ähnliches) zu verstehen. Dieser Schweregrad bezieht sich auf eher allgemeine Fragen, die keiner zeitnahen Reaktion bedürfen.

16.2.2 Wie stellen Sie eine Support-Anfrage bei VMware?

Eine Anfrage beim VMware-Support stellen Sie telefonisch oder über die Website von VMware. Bevor Sie eine Support-Anfrage stellen, ist es ratsam, bereits einige Informationen zu notieren, die normalerweise vom VMware-Support-Mitarbeiter grundsätzlich angefordert werden: der Name des Anfragenden, der Name der Firma und die Telefonnummer, unter der der Anfragende erreichbar ist. Falls Sie wegen einer früheren Support-Anfrage anrufen, sollten Sie deren Referenznummer kennen. Natürlich ist eine kurze Beschreibung des Problems erforderlich. Im Anschluss teilt der VMware-Support-Mitarbeiter Ihnen eine Referenznummer mit. Diese Referenznummer bleibt so lange erhalten, bis die Support-Anfrage vollständig beantwortet oder das Problem behoben wurde.

Oftmals muss der Support weiterführende Informationen anfordern, um Probleme zu diagnostizieren und die Support-Anfrage zügig bearbeiten zu können (siehe Abbildung 16.9).

Darum ist es unter Umständen extrem hilfreich, wenn die Umgebung gut dokumentiert ist. Diagramme und Dateien zur System-, Storage- und/oder Netzwerkkonfiguration sind für den Support bei der Problemerkennung und der damit verbundenen Problembehebung ausgesprochen hilfreich. Außerdem wird der Support nach Protokolldateien oder der Core-Datei (`vm-support`-Diagnosedatei) fragen. Werfen Sie einfach einmal einen Blick in die *VMware Knowledge Base*. Unter »Collecting diagnostic information using the vm-support command in VMware ESX/ESXi – KB1010705« (*http://kb.vmware.com/selfservice/microsites/search.do?language=en_US&cmd=displayKC&externalId=1010705*) finden Sie die Anleitung, wie Sie mit dem Command Line Utility `vm-support` arbeiten.

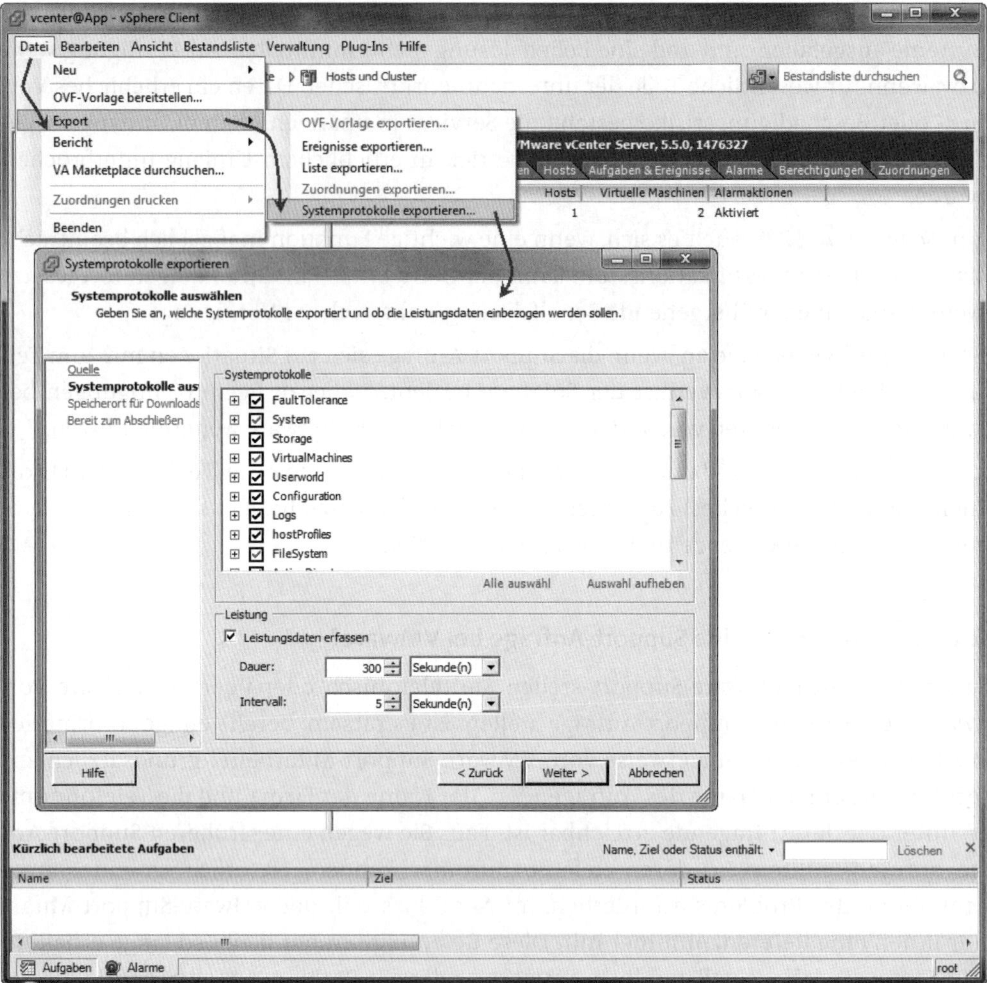

Abbildung 16.9 Erstellen der VMware-Support-Informationen mit dem »VMware Infrastructure Client«

Wie Sie sehen, können Sie die System-Logs für Ihre Anfrage beim VMware- Support auf drei unterschiedliche Arten gewinnen:

- mittels *Command Line Utility*
- mittels *VMware Infrastructure Client* (siehe Abbildung 16.9)
- mittels *VMware Web Client* (siehe Abbildung 16.10)

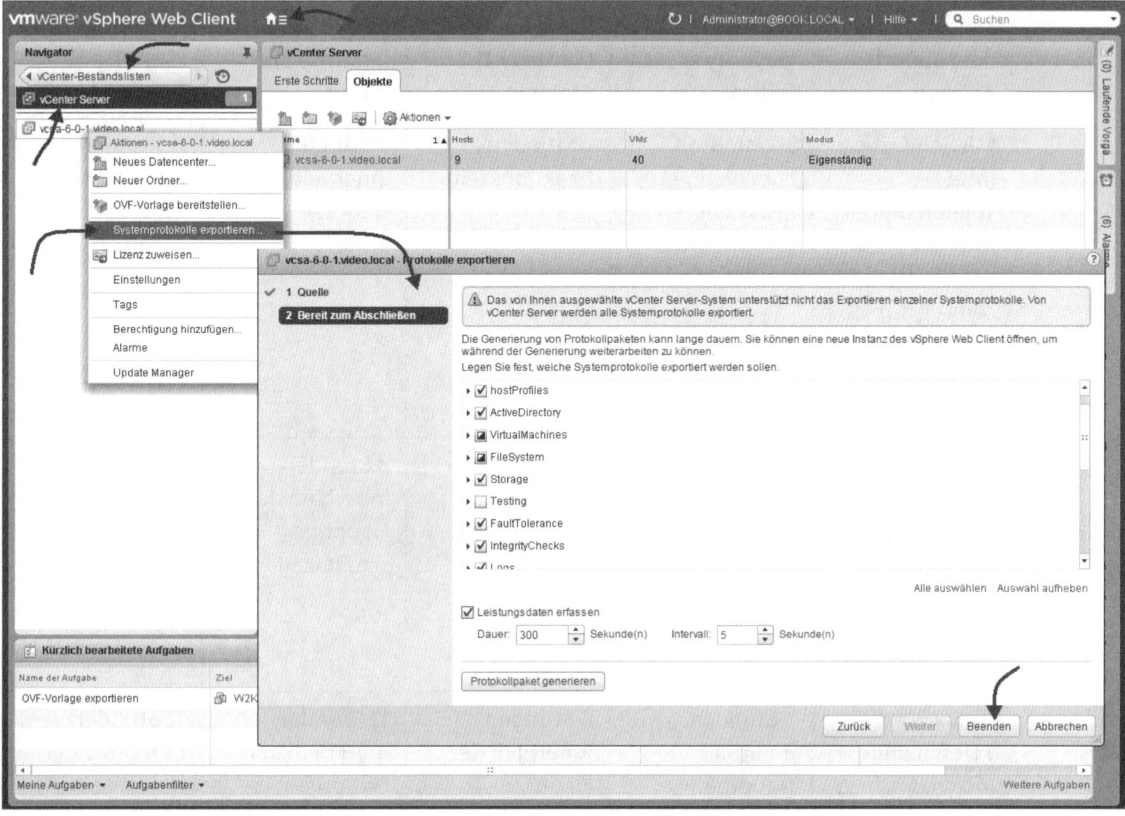

Abbildung 16.10 Erstellen der VMware-Support-Informationen mit dem »VMware Web Client«

Der VMware-Knowledge-Base-Artikel KB2032892 (*http://kb.vmware.com/selfservice/microsites/search.do?language=en_US&cmd=displayKC&externalId=2032892*) beschreibt, wie Sie die Diagnoseinformationen mittels *VMware Web Client 6* für Ihren *Support Case* bzw. *Support Incident* sammeln können.

An dieser Stelle sollten Sie gut mit Ihrem System vertraut sein, um dem Support die geforderten Informationen geben zu können. Die Reaktionszeit des VMware-Supports ist je nach Support-Stufe unterschiedlich, wie Tabelle 16.1 und Tabelle 16.2 zeigen.

Klassifikation der Support-Anfrage	Schweregrad 1 (Severity 1) Critical	Schweregrad 2 (Severity 2) Major	Schweregrad 3 (Severity 3) Minor	Schweregrad 4 (Severity 4) Cosmetic
Mission Critical (MCS) **Telefon und Internet** *http://www.vmware.com/de/support/services/mission-critical.html*	30 Minuten oder weniger Reaktionszeit 24 × 7	2 Stunden Reaktionszeit 12 × 7	4 Stunden innerhalb der Hauptgeschäftszeit	8 Stunden innerhalb der Hauptgeschäftszeit
Production **Telefon und Internet** *http://www.vmware.com/de/support/services/production.html*	30 Minuten oder weniger Reaktionszeit 24 × 7	4 Stunden innerhalb der Hauptgeschäftszeit	8 Stunden innerhalb der Hauptgeschäftszeit	12 Stunden innerhalb der Hauptgeschäftszeit
Basic **Telefon und Internet** *http://www.vmware.com/de/support/services/basic.html*	4 Stunden innerhalb der Hauptgeschäftszeit	8 Stunden innerhalb der Hauptgeschäftszeit	12 Stunden innerhalb der Hauptgeschäftszeit	12 Stunden innerhalb der Hauptgeschäftszeit
VMware-Support auf Einzelfallbasis **Internet** **Telefon und Internet** http://www.vmware.com/de/support/services/incident.html	4 Stunden für VMware EXSi innerhalb der Hauptgeschäftszeit. Alle weiteren Support-Fälle innerhalb von 24 Stunden in den Hauptgeschäftszeiten	24 Stunden innerhalb der Hauptgeschäftszeit	24 Stunden innerhalb der Hauptgeschäftszeit	24 Stunden innerhalb der Hauptgeschäftszeit

Tabelle 16.1 Reaktionszeit des VMware-Supports

Klassifikation der Support-Anfrage [XaaS-Support]	Schweregrad 1 (Severity 1) Critical	Schweregrad 2 (Severity 2) Major	Schweregrad 3 (Severity 3) Minor	Schweregrad 4 (Severity 4) Cosmetic
SaaS Production Telefon und Internet *http://www.vmware.com/de/support/services/saas-production.html*	30 Minuten oder weniger Reaktionszeit 24 × 7	4 Stunden innerhalb der Hauptgeschäftszeit	8 Stunden innerhalb der Hauptgeschäftszeit	12 Stunden innerhalb der Hauptgeschäftszeit
SaaS Basic Telefon und Internet *http://www.vmware.com/de/support/services/saas-basic.html*	60 Minuten oder weniger Reaktionszeit 24 × 7	4 Stunden innerhalb der Hauptgeschäftszeit	8 Stunden innerhalb der Hauptgeschäftszeit	12 Stunden innerhalb der Hauptgeschäftszeit
IaaS Production Telefon und Internet *http://www.vmware.com/de/support/services/iaas-production.html*	30 Minuten oder weniger Reaktionszeit 24 × 7	4 Stunden innerhalb der Hauptgeschäftszeit	8 Stunden innerhalb der Hauptgeschäftszeit	12 Stunden innerhalb der Hauptgeschäftszeit

Tabelle 16.2 Reaktionszeit des VMware-XaaS-Supports (gehostet)

Zusätzlich hierzu bietet VMware noch zwei weitere Arten des Supports an. Hierbei handelt es sich um speziellen Support für Developer. Die Rede ist von den Support-Stufen *vFabric Developer* und dem *SDK Support*. Wenn Sie Genaueres hierzu erfahren möchten, dann können Sie unter *http://www.vmware.com/files/pdf/support/sdk.pdf* und *http://www.vmware.com/files/pdf/support/VMware_vFabric_Developer_Support_Datasheet.pdf* nachlesen, wie dieser Support funktioniert. Diese Arten des Supports wurden nun sogar noch um eine weitere Support-Art ergänzt, nämlich um den *Open Source Support für Entwickler* (*http://www.vmware.com/de/support/services/open-source-support.html*). Der Open Source Support ist ein 24×7-Production-Support und umfasst mehr als 400 der Fortune 500.

Eine telefonische Support-Anfrage

Eine telefonische Eröffnung einer Support-Anfrage stellen Sie in Deutschland unter *0800 100 6711* oder *0695 170 9016*. Für andere Länder stehen ebenfalls derartige Support-Rufnummern zur Verfügung. Sie finden sie unter folgendem Link:

https://www.vmware.com/support/contacts/germany.html

Der Telefon-Support wird in Deutschland ausschließlich innerhalb der Hauptgeschäftszeiten in der Landessprache angeboten. Außerhalb der Hauptgeschäftszeiten erfolgt der Telefon-Support in englischer Sprache.

Die Hauptgeschäftszeit innerhalb von Europa beginnt montags bis freitags jeweils um 7.00 Uhr und endet um 19.00 Uhr Ortszeit. Auf der Internet-Site »Einreichen von Support-Anfragen« (*http://www.vmware.com/de/support/file-sr/file-sr-phone.html*) können Sie weitere Informationen zum Thema »So stellen Sie eine telefonische Support-Anfrage« nachlesen.

Sie sollten aber die folgenden Informationen bereits vorliegen haben, wenn Sie beim VMware-Support anrufen:

- den Namen desjenigen, der den Support-Fall bei Ihnen bearbeiten wird
- den Namen Ihrer Firma
- die Telefonnummer oder Pager-Nummer, unter der Sie erreichbar sind
- eine kurze Beschreibung des Problems
- Falls Sie aufgrund einer früheren Anfrage anrufen, müssen Sie auch die Referenznummer dieser Support-Anfrage bereithalten.

Support-Anfrage über die Website

Die andere Art, eine Support-Anfrage zu stellen, ist die Anfrage über das Internet. Zu diesem Zweck hat VMware die Adresse *http://www.vmware.com/de/support* eingerichtet. Gehen Sie dann innerhalb der SUPPORTRESSOURCEN in den Bereich von MY VMWARE, und klicken Sie auf den Hyperlink SUPPORT. Melden Sie sich mit Ihrem VMware-Account an. Wenn Ihre Anmeldung erfolgreich war, dann befinden Sie sich nun auf der Site GET SUPPORT in MY VMWARE. Sie haben jetzt die Möglichkeit, Ihren Support-Fall einer von drei Rubriken zuzuordnen (siehe Abbildung 16.11):

- TECHNICAL
- PRODUCT LICENSING OR ACCOUNT
- GENERAL INQUIRY

Hierbei treffen Sie quasi eine Vorauswahl, um schneller zum Ziel zu gelangen. Wenn Sie z. B. unter PRODUCT LICENSING Ihre Auswahl getroffen haben, dann wird Ihre Anfrage mit den Möglichkeiten Ihres Support-Vertrages in Übereinstimmung gebracht und Sie können Ihren Support-Fall mit einem Klick auf die Taste CONTINUE SUPPORT REQUEST eröffnen.

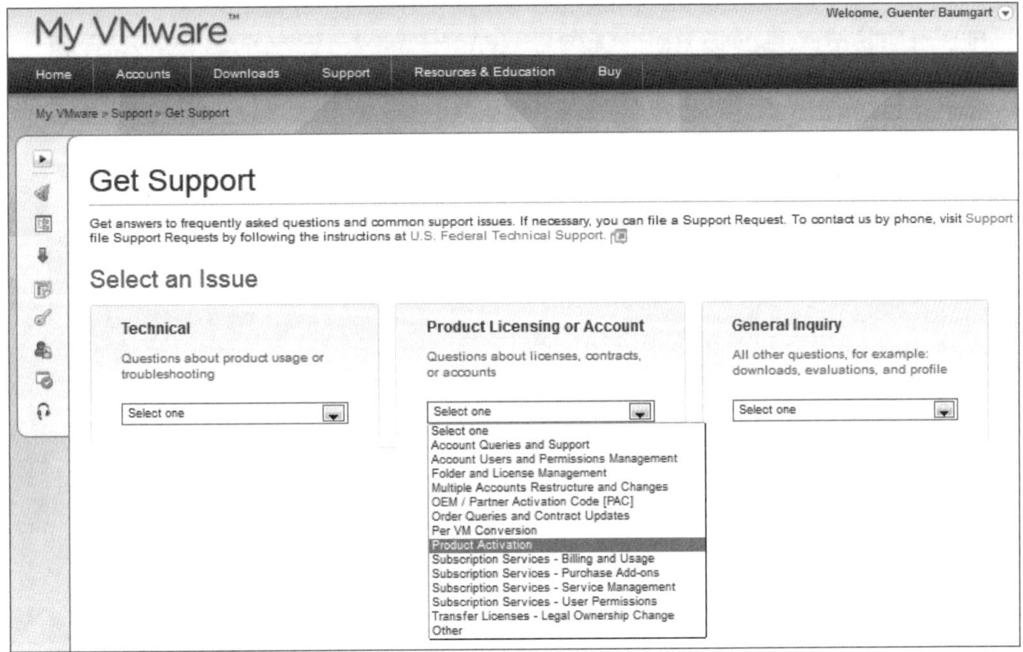

Abbildung 16.11 Kategorisierung einer Support-Anfrage

Bevor Sie aber nun weiter mit der Erstellung eines Incidents fortfahren, können Sie unter SUGGESTED RESOURCES bereits Dokumente einsehen, die zu Ihrem Problem passen könnten. Passend zu Ihrem bereits eingegrenzten Problem wird die *VMware Knowledge Base* durchsucht und Ihnen das zur Auswahl gestellt, was bereits vorhanden ist. Ist nichts für Sie dabei oder wollen Sie sofort einen Support-Case eröffnen, dann klicken Sie auf den Button CONTINUE SUPPORT REQUEST. Sie gelangen dann auf eine Formular-Site (siehe Abbildung 16.12) zur Erstellung einer Support-Anfrage.

Über die Site *https://my.vmware.com/group/vmware/support-contracts* erreichen Sie SUPPORT BY PRODUCT bzw. SUPPORT NACH PRODUKTEN und sehen dort alle von Ihnen erworbenen Support-Verträge für sämtliche Produkte bzw. Lizenzen. Der Spalte STATUS können Sie entnehmen, ob Ihr Vertrag noch gültig ist oder nicht. Unterschieden wird anhand der Status ACTIVE (noch unter Support) und EXPIRE (Support ist ausgelaufen). Damit Sie die Übersicht nicht verlieren, hat VMware Ihnen hier eine Filterfunktion mit auf die Site gebracht. Hier können Sie anhand von STATUS, SUPPORT LEVEL und PRODUCT Ihre Verträge gefiltert anzeigen lassen.

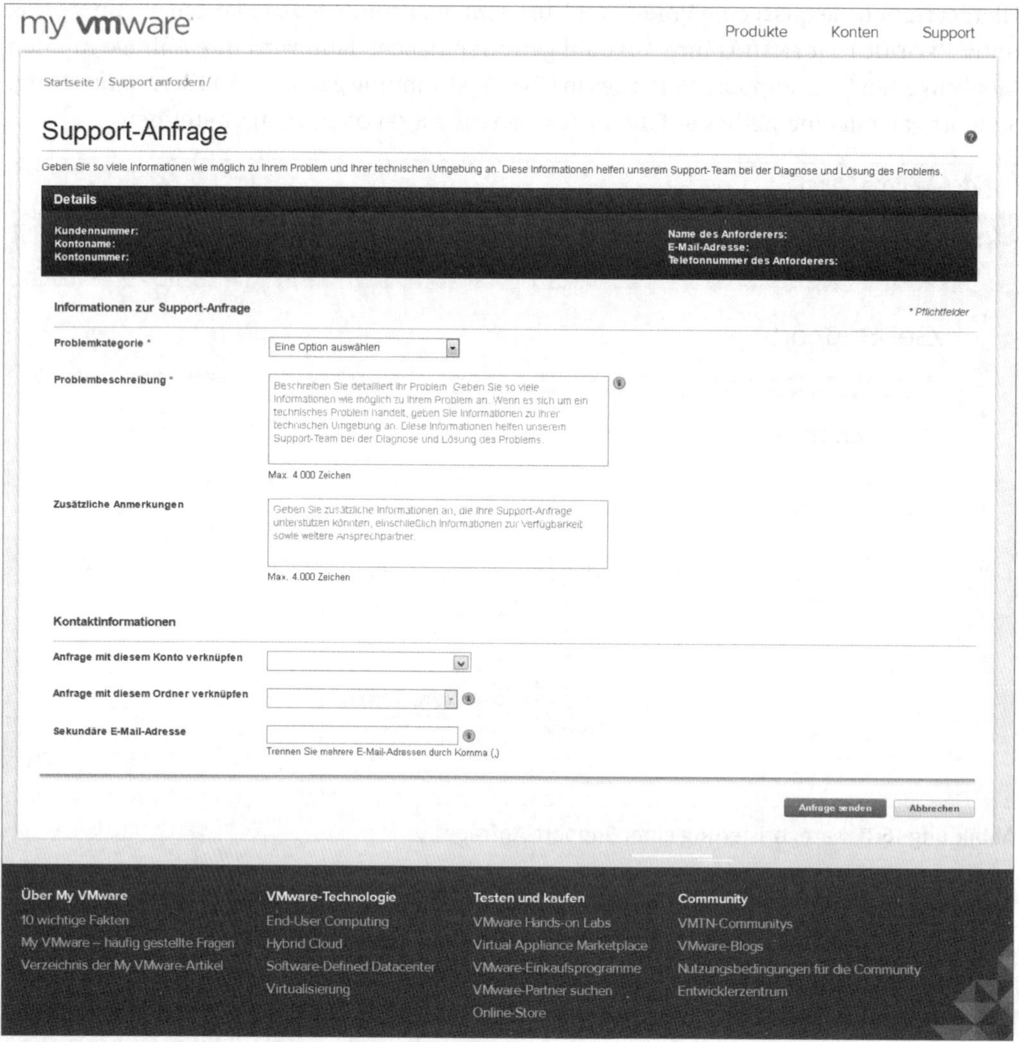

Abbildung 16.12 Der VMware-Internet-Support

Knowledge Base

Sie können selbstverständlich auch gezielt in die *VMware Knowledge Base* gehen (siehe Abbildung 16.13). Sie erreichen die Knowledge Base ohne Anmeldung über den Link *http://kb.vmware.com/selfservice/microsites/microsite.do* und mit Anmeldung über den Link *http://www.vmware.com/go/sr*. Die VMware Knowledge Base ist eine wichtige Informationsquelle, die so manche Support-Anfrage schon im Vorfeld überflüssig macht.

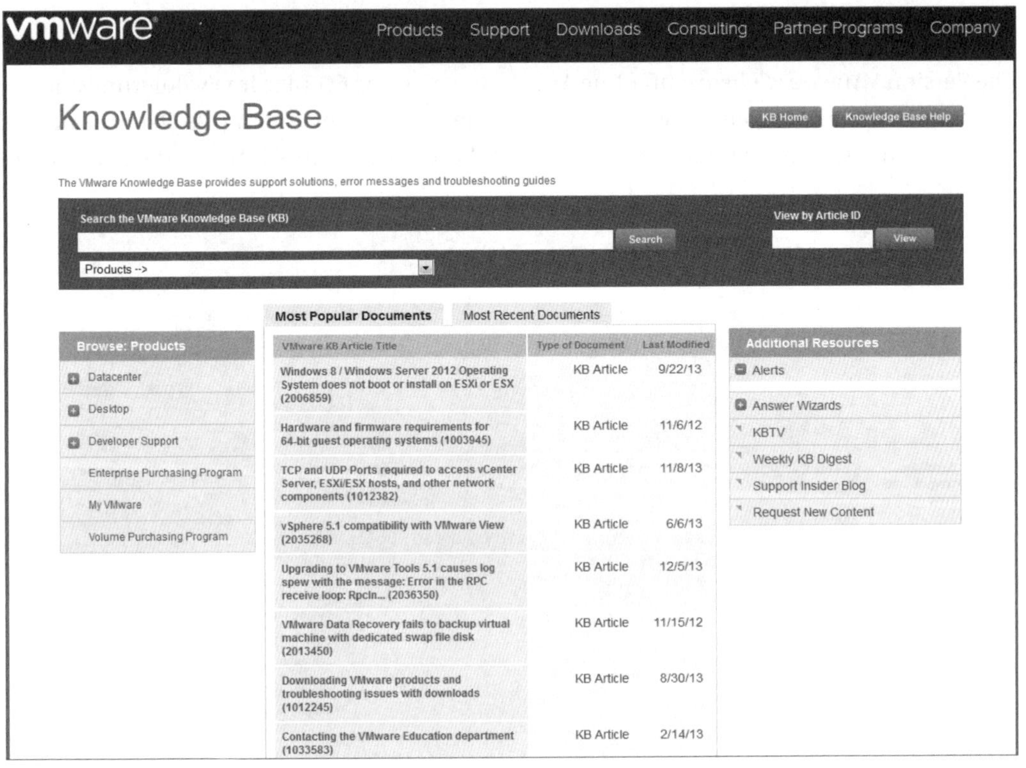

Abbildung 16.13 VMware Knowledge Base

Sie können die Dokumente, die in der Knowledge Base hinterlegt sind, durchsuchen und dadurch auf höchst effiziente Art und Weise an Informationen gelangen. Die Knowledge Base ist – wenn es nicht gerade um Support im Bereich von Schweregrad 1 oder 2 geht – eine durchaus geeignete Methode, sich selbst zu helfen.

Hinzu kommen weitere Selbsthilfe-Tools, wie Dokumentation, technische Ressourcen (*http://www.vmware.com/de/support/support-resources/pubs/vsphere-esxi-vcenter-server-6-pubs*) oder Diskussionsforen (*https://communities.vmware.com/welcome*) und Anwendergruppen (*https://communities.vmware.com/community/vmtn/vmug/forums/emea*). Ressourcen für Entwickler finden Sie unter *https://communities.vmware.com/community/vmtn/developer/*.

Das Schließen einer Support-Anfrage

In der Regel wird eine Support-Anfrage geschlossen, wenn der Anfragende bestätigt, dass eine Lösung erzielt wurde. Auch gilt eine Support-Anfrage als geschlossen, wenn VMware nach drei Kontaktversuchen in einem Zeitraum von 10 Tagen keine Rückmeldung vom Anfragenden erhält (*http://www.vmware.com/files/de/pdf/support/tech_support_guide.pdf*). Es kommt natürlich vor, dass Support-Anfragen aus bestimmten Gründen nicht gelöst werden können. In einem derartigen Fall wird die Support-Anfrage dann ebenfalls geschlossen.

16.3 Die vSphere-6-Lizenzen

Die Version *VMware vSphere* läuft ohne Angabe einer Lizenz 60 Tage im Evaluierungsmodus (*https://www.vmware.com/try-vmware*) – mit vollem Funktionsumfang. Besitzen Sie bereits Lizenzen oder haben Sie Lizenzen bestellt, sind diese im VMware-Lizenzportal jederzeit abrufbar.

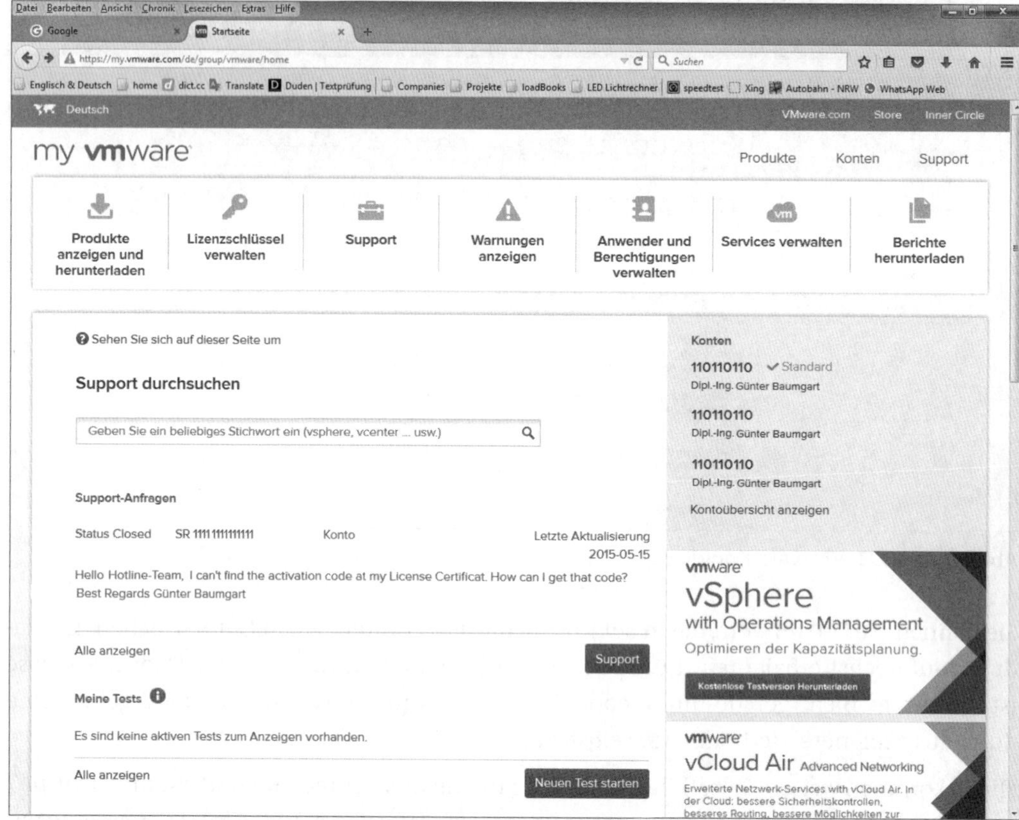

Abbildung 16.14 Ein Blick auf das Lizenzportal

Das Lizenzportal finden Sie unter der URL *https://my.vmware.com/group/vmware/my-licenses*. Alternativ erreichen Sie das Portal über die VMware-Startseite (*http://www.vmware.com/de*) und klicken dann auf My VMware. Nun werden Sie auf die Login-Seite verlinkt. Nach Eingabe Ihrer Anmeldedaten werden Sie auf Ihr My VMware-Lizenzportal weitergeleitet. Hier können Sie nun über den Hyperlink Lizenzschlüssel verwalten zu Ihren Lizenzen gelangen (siehe Abbildung 16.14).

Obwohl es mittlerweile sicherlich kaum noch Environments geben wird, in denen VI3 anzutreffen ist, können Sie dennoch über das aktuelle Lizenzportal das alte VI3-Lizenzportal erreichen.

Klicken Sie hierzu im MY VMWARE-Lizenzportal auf PRODUKTE. In dem Fenster, das sich nun öffnet, finden Sie unter der Überschrift MEINE PRODUKTE VERWALTEN den Hyperlink VI3 LICENSE PORTAL (siehe Abbildung 16.15).

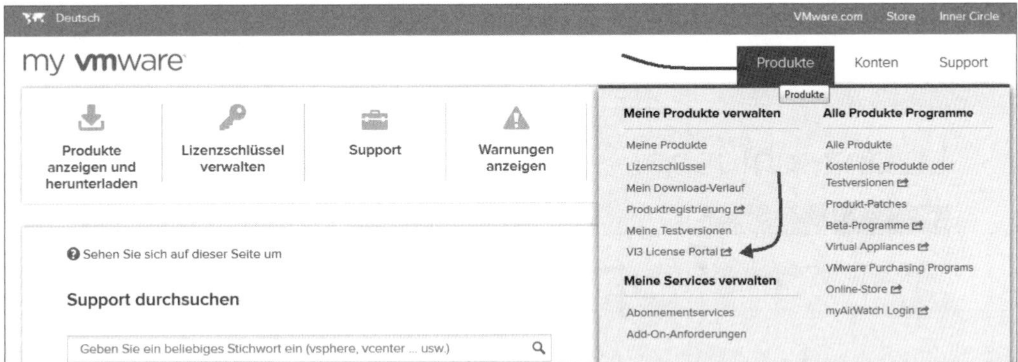

Abbildung 16.15 Die Lizenzen für vSphere und die Vorgängerversion VI3 sind getrennt anwählbar und in unterschiedlichen Portalen zu finden.

16.3.1 Der Umgang mit Lizenzschlüsseln

Geben Sie als URL in Ihren Browser *https://my.vmware.com/group/vmware/my-licenses* ein, und Sie gelangen auf die Anmeldeseite (siehe Abbildung 16.16). Haben Sie die richtige Benutzerkennung mit Passwort eingegeben, werden Sie in Ihren Lizenzbereich weitergeleitet.

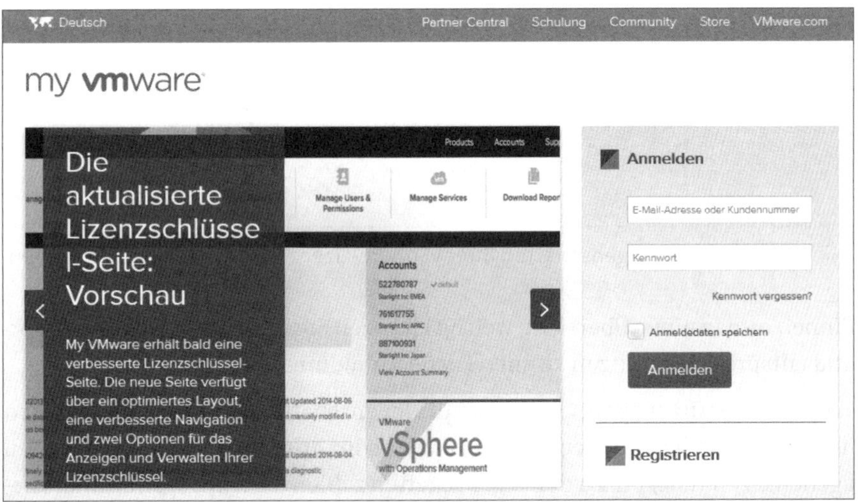

Abbildung 16.16 Die Anmeldeseite ermöglicht Ihnen den Zugang zu Ihrem Lizenzportal.

Hier werden Ihnen nun die Lizenzen angezeigt (siehe Abbildung 16.17), die Sie eingepflegt haben. Sollte einer Ihrer Kollegen auch VMware-Lizenzen aktiviert haben, dann muss er diese explizit für Sie freischalten, damit Sie die Lizenzen ebenfalls sehen können.

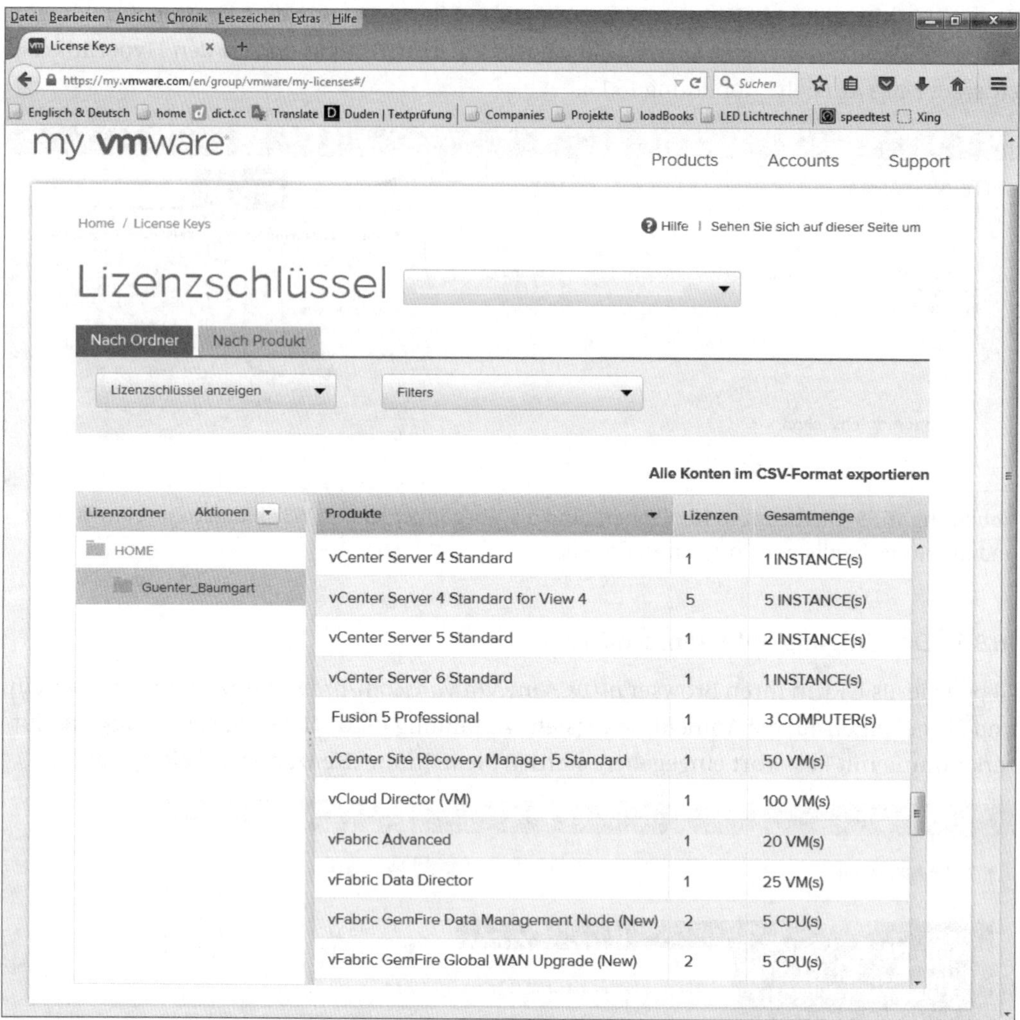

Abbildung 16.17 Hier können Sie die Eigenschaften Ihrer vSphere-Lizenzen einsehen und verwalten.

Das Portal zeigt Ihnen nun in einer Übersicht, welche Lizenzen Sie in welcher Menge zur Verfügung haben und entsprechend nutzen können (siehe Abbildung 16.17).

Für jedes Produkt, das Sie besitzen, können Sie sich die Eigenschaften der Lizenzen anzeigen lassen, indem Sie doppelt auf die entsprechende Lizenz und im Anschluss daran auf den Pfeil vor der eingetragenen Lizenz klicken. Zu den Eigenschaften zählen die Auftragsnummer (siehe Abbildung 16.18), das Bestelldatum und natürlich auch die bestellte Menge. Die Lizenznummer gehört ebenso dazu wie die Angabe, ob die Lizenz noch unter Support ist. Außerdem können Sie für Ihre Dokumentation hier auch einen Kommentar hinterlegen. Klicken Sie auf ANMERKUNG HINZUFÜGEN, und Sie können Ihren Lizenzen eigene Informationen hinzufügen.

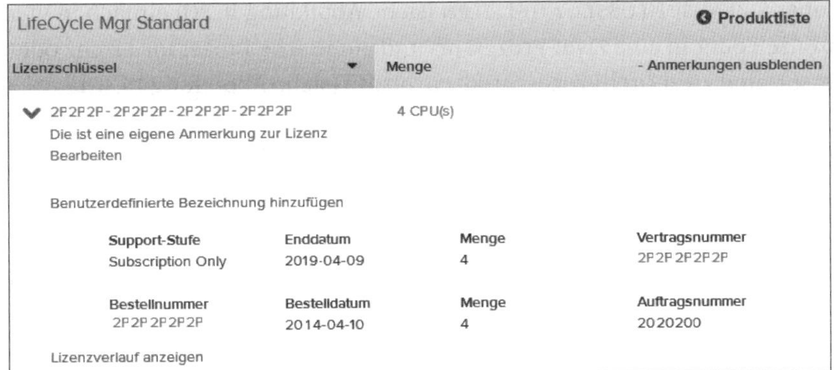

Abbildung 16.18 Ergänzende Informationen zur Lizenz hinzufügen

Bei der Anzahl der Lizenzen werden anfänglich Lizenzen für mehrere CPUs angezeigt. Nehmen wir einmal an, dass in unserem Portal ein Lizenzschlüssel für acht CPUs steht. Wenn Sie diese Lizenz nun teilen möchten, dann gehen Sie folgendermaßen vor. Sie können in der Auswahlbox mit der Bezeichnung LIZENZSCHLÜSSEL AUFTEILEN auswählen, was Sie nun als Nächstes machen möchten (siehe Abbildung 16.19).

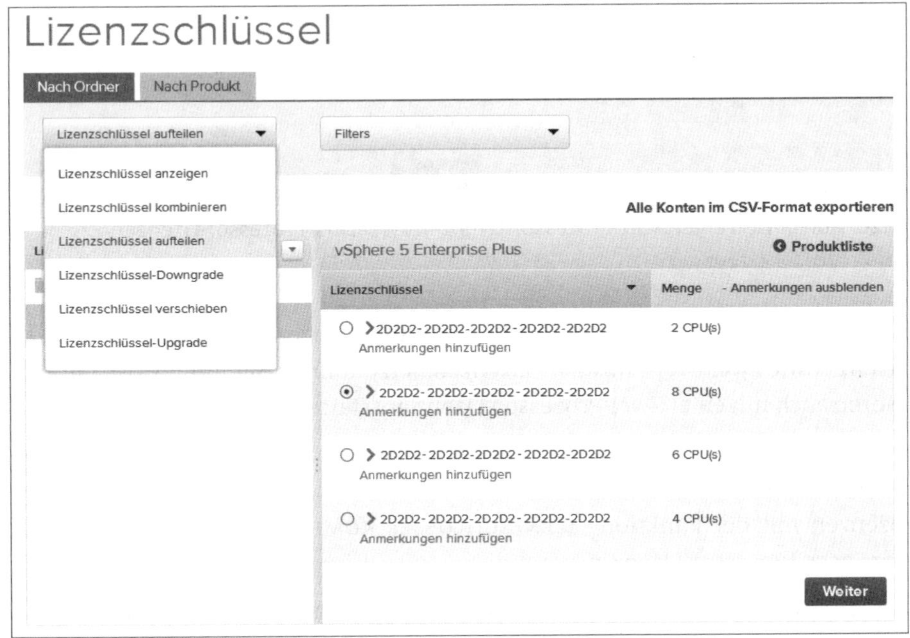

Abbildung 16.19 Sie können die Möglichkeiten bezüglich der Lizenz-Key-Bearbeitung über eine Combo-Box auswählen.

Damit beispielsweise ein einzelner Host auch optimal lizenziert werden kann, können Sie im Portal zuvor einen neuen Lizenz-Key für eine Zwei-Prozessor-Maschine erstellen. Dazu teilen Sie die Lizenz über LIZENZSCHLÜSSEL AUFTEILEN (siehe Abbildung 16.20) einfach in vier Zwei-Prozessor-Lizenzen oder in eine Zwei-Prozessor- und eine Sechs-Prozessor-Lizenz oder in eine Zwei-Prozessor- und zwei Drei-Prozessor-Lizenzen auf (siehe Abbildung 16.20).

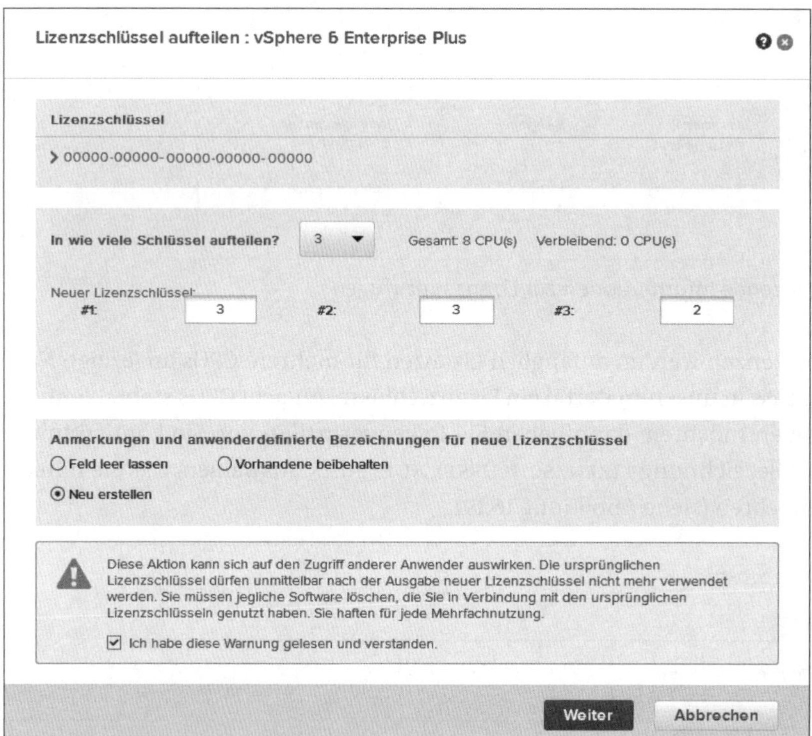

Abbildung 16.20 Aufsplitten einer Acht-Prozessor-Lizenz in zwei Drei-Prozessor-Lizenzen und eine Zwei-Prozessor-Lizenz

Nachdem Sie auf WEITER geklickt haben, finden Sie in Ihrem Lizenzportal auch eine Zwei-Prozessor-Lizenz sowie zwei Drei-Prozessor-Lizenzen. Jetzt können Sie Ihren Host mit den zwei Prozessoren auch mit einer Zwei-Prozessor-Lizenz ausstatten.

Wenn Sie nun eine Sechs-Prozessor-Lizenz benötigen und z. B. aktuell nur über eine Zwei-Prozessor-Lizenz und eine Vier-Prozessor-Lizenz verfügen, setzen Sie einfach diese beiden Prozessor-Lizenzen mit der Funktion LIZENZSCHLÜSSEL KOMBINIEREN (siehe Abbildung 16.19) zu einer Sechs-Prozessor-Lizenz zusammen.

Nachdem Sie im Dialog aus Abbildung 16.21 auf WEITER geklickt haben, ist im Portal nun auch dieser Lizenzschlüssel zu sehen. Den erzeugten Sechs-Prozessor-Lizenz-Key tragen Sie einfach in den vCenter-Server oder einen ESXi-Host mit sechs CPUs ein, und schon können Sie den Host oder das vCenter selbst lizenztechnisch aktivieren.

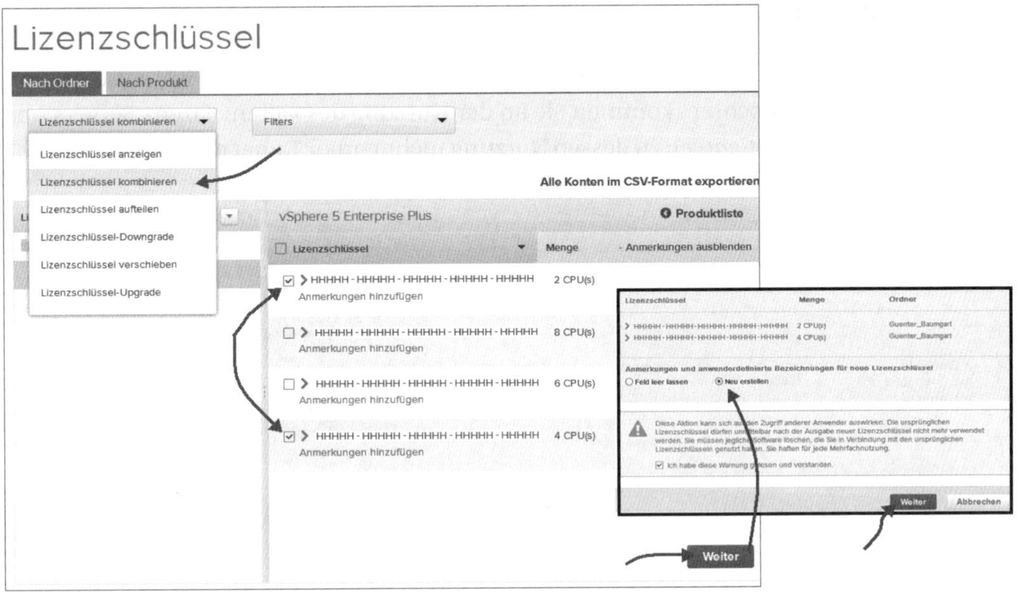

Abbildung 16.21 Zusammenführen einer Zwei-Prozessor-Lizenz und einer Vier-Prozessor-Lizenz zu einer Sechs-Prozessor-Lizenz

16.3.2 Die Historie der Lizenz-Keys

Selbstverständlich bietet VMware auch eine Historie der Lizenz-Keys (siehe Abbildung 16.22) an. Des Weiteren können Sie den Orderstatus aufrufen, Lizenzen downgraden oder ein Upgrade bestellen (siehe Abbildung 16.19). Das gesamte Handling für die Lizenzen geschieht sehr anwenderfreundlich und transparent in diesem Portal.

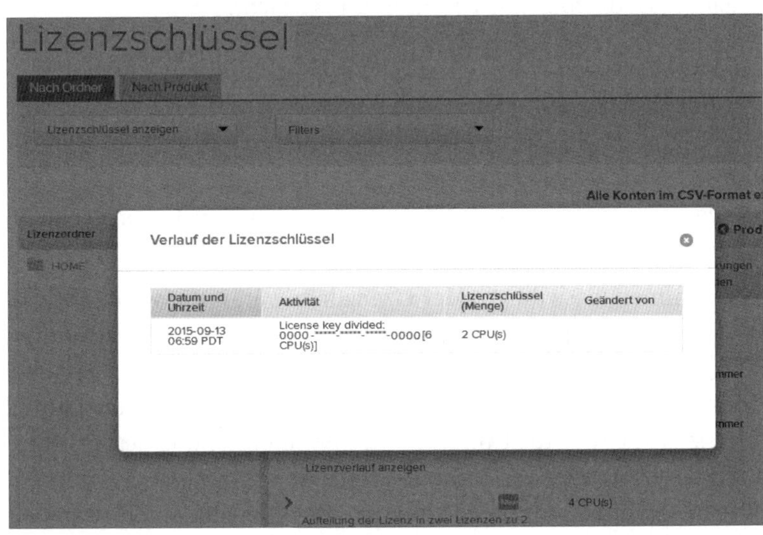

Abbildung 16.22 Die Aufteilungshistorie eines Lizenzschlüssels

16.4 Die VI3-Lizenzierung

Wenn Sie auch heute in Zeiten von vSphere 6 noch weiterhin ESX-3.x-Host-Systeme mit vCenter 6 verwalten möchten, kommen Sie an der Nutzung des »alten« Lizenz-Servers und an der Anpassung von *vCenter 6* zu dessen Nutzung nicht vorbei. Daher erläutern wir im Folgenden, wie Sie die VI3-Lizenzierung nutzen (siehe Abbildung 16.23).

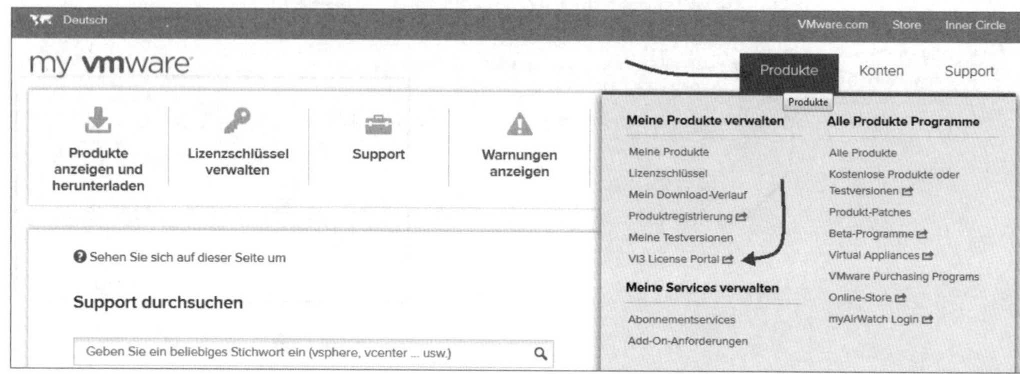

Abbildung 16.23 So schalten Sie auf die VI3-Lizenzierung um.

16.4.1 Lizenzdateien ansehen, anlegen, verändern und abrufen

Nach der Anmeldung mit dem Portal-Account, dem die Lizenzen zugeordnet sind, erscheint die Ansicht mit allen verfügbaren und bereits aktivierten Lizenzen. An diesem Portal hat sich, was das Handling und das Look & Feel angeht, seit geraumer Zeit nichts mehr verändert. Wenn Sie noch VI3-Lizenzen benutzen, können Sie die Tätigkeiten in Ihrem Lizenzportal unverändert in alter Gewohnheit weiter verrichten. Für alle diejenigen, die noch niemals mit diesem Portal zu tun hatten, ist die folgende Beschreibung gedacht.

Die VMware-Lizenzen sind modular in Komponenten aufgeteilt (siehe Abbildung 16.24).

Im Falle eines Verlustes einer Lizenzdatei können Sie jederzeit im VMware-Lizenzportal eine neue erstellen (siehe Abbildung 16.25) und sich diese entweder per E-Mail zusenden lassen oder direkt herunterladen.

Dies gilt natürlich auch für den Fall, dass die vorhandenen Lizenzdateien nicht korrekt angelegt sind oder aus dem einen oder anderen Grund verändert werden müssen.

Es kann natürlich auch vorkommen, dass die Art der Lizenzdatei verändert werden muss. Nach einem Klick auf GENERATE NEW LICENSE FILE zum Neuerstellen einer Lizenz werden Sie nach dem Lizenzmodell gefragt (siehe Abbildung 16.26). Es gibt grundsätzlich zwei Arten von Lizenzdateien im Lizenzmodell von VI3: die *server-* und die *hostbasierte* Lizenzierung. Bei der serverbasierten Lizenzierung wird die Umgebung unter Einbeziehung des VMware-Lizenz-Servers lizenziert. Bei der hostbasierten Methode lizenzieren Sie einen oder mehrere Hosts direkt, ohne den Lizenz-Server zu nutzen. Hierbei wird die Lizenzdatei direkt an den Host gebunden bzw. importiert.

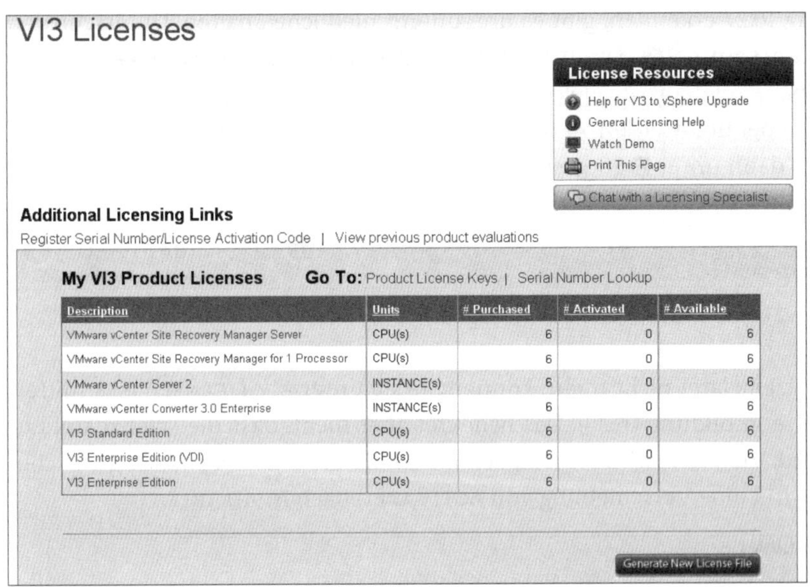

Abbildung 16.24 Übersicht über die verfügbaren und aktiven VI3-Lizenzen

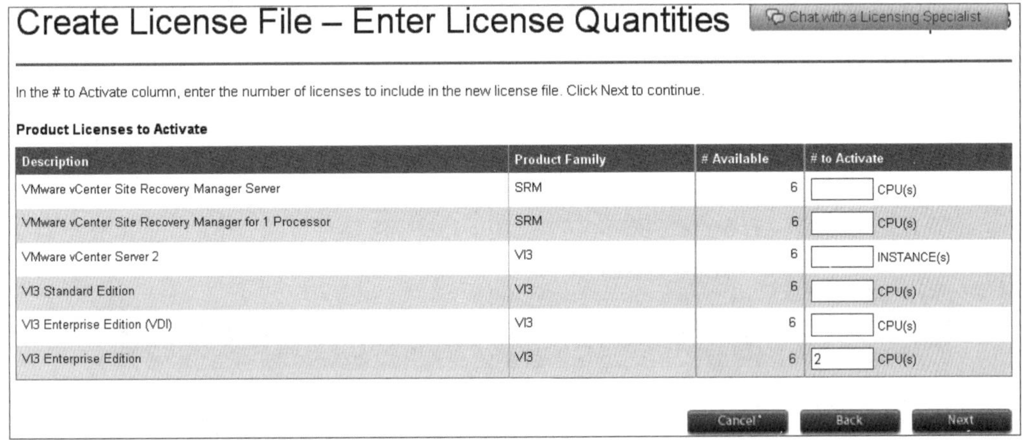

Abbildung 16.25 Erstellen einer Lizenz

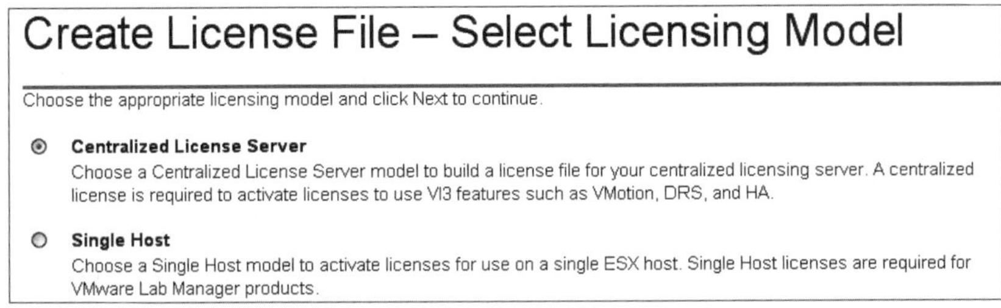

Abbildung 16.26 Das VI3-Lizenzmodell

Wie Sie in Abbildung 16.27 erkennen, gibt es drei unterschiedliche Spalten. Unterschieden wird nach insgesamt gekauften ❶, bereits aktivierten ❷ und noch verfügbaren ❸ Lizenzen. Die letztgenannte Spalte zeigt an, wie viele Lizenzen noch zur Benutzung zur Verfügung stehen oder derzeit nicht benutzt werden. Aktivieren Sie verfügbare Lizenzen, werden diese unter ❸ abgezogen und dann unter ❷ gutgeschrieben.

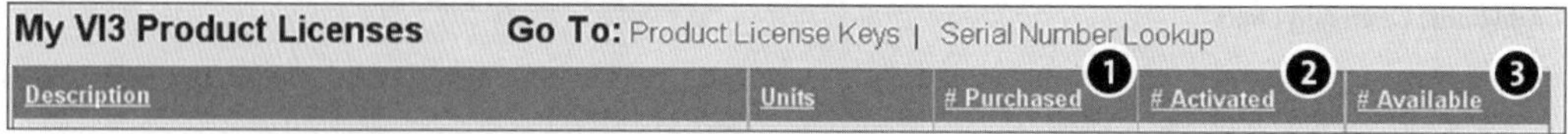

Abbildung 16.27 Es sind keine aktiven Lizenzen verfügbar.

Benötigen Sie eine Lizenzdatei nicht mehr, können Sie sie unter My License Files mittels Delete löschen (siehe Abbildung 16.28). Das bedeutet aber nicht, dass die Lizenzdatei tatsächlich gelöscht wird. Vielmehr wird sie lediglich innerhalb der Portalverwaltung verschoben. Das Delete bewirkt eine Verschiebung von Activated nach Available.

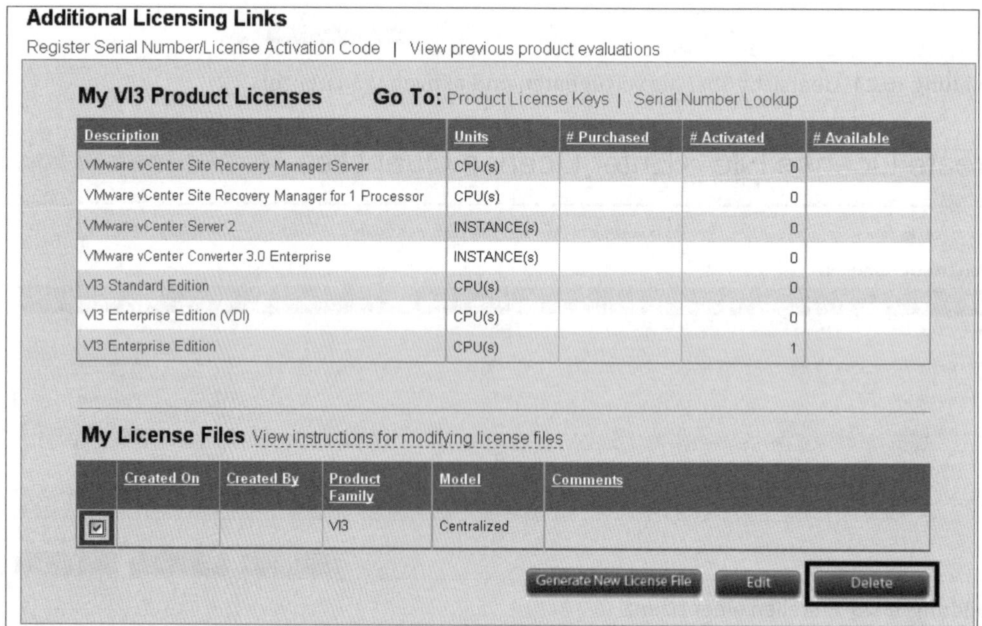

Additional Licensing Links

Register Serial Number/License Activation Code | View previous product evaluations

My VI3 Product Licenses Go To: Product License Keys | Serial Number Lookup

Description	Units	# Purchased	# Activated	# Available
VMware vCenter Site Recovery Manager Server	CPU(s)		0	
VMware vCenter Site Recovery Manager for 1 Processor	CPU(s)		0	
VMware vCenter Server 2	INSTANCE(s)		0	
VMware vCenter Converter 3.0 Enterprise	INSTANCE(s)		0	
VI3 Standard Edition	CPU(s)		0	
VI3 Enterprise Edition (VDI)	CPU(s)		0	
VI3 Enterprise Edition	CPU(s)		1	

My License Files View instructions for modifying license files

	Created On	Created By	Product Family	Model	Comments
☑			VI3	Centralized	

Generate New License File | Edit | Delete

Abbildung 16.28 Löschen einer bereits erzeugten Lizenzdatei

Im Anschluss daran können Sie diese Lizenz wieder zur Generierung einer neuen Lizenzdatei benutzen.

Nach optionaler Angabe eines Kommentars (siehe Abbildung 16.29) können Sie eine Lizenzdatei herunterladen oder per E-Mail weiterleiten (siehe Abbildung 16.30). Letzteres ist natürlich für Berater interessant, die so im Auftrag des Kunden vor der Installation bereits alles vorbereiten können.

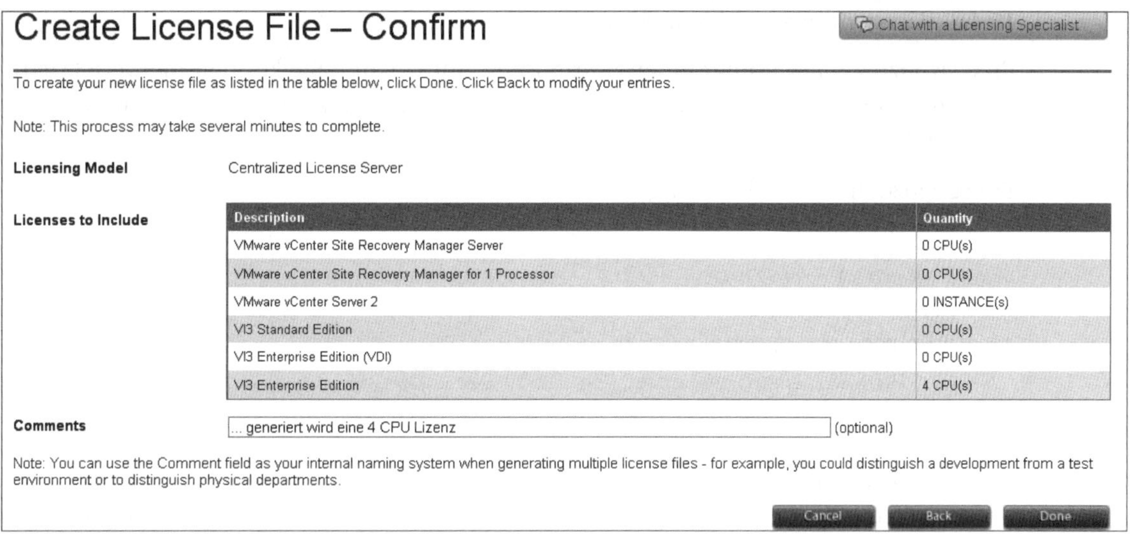

Abbildung 16.29 Erstellung einer neuen Lizenzdatei inklusive Kommentar

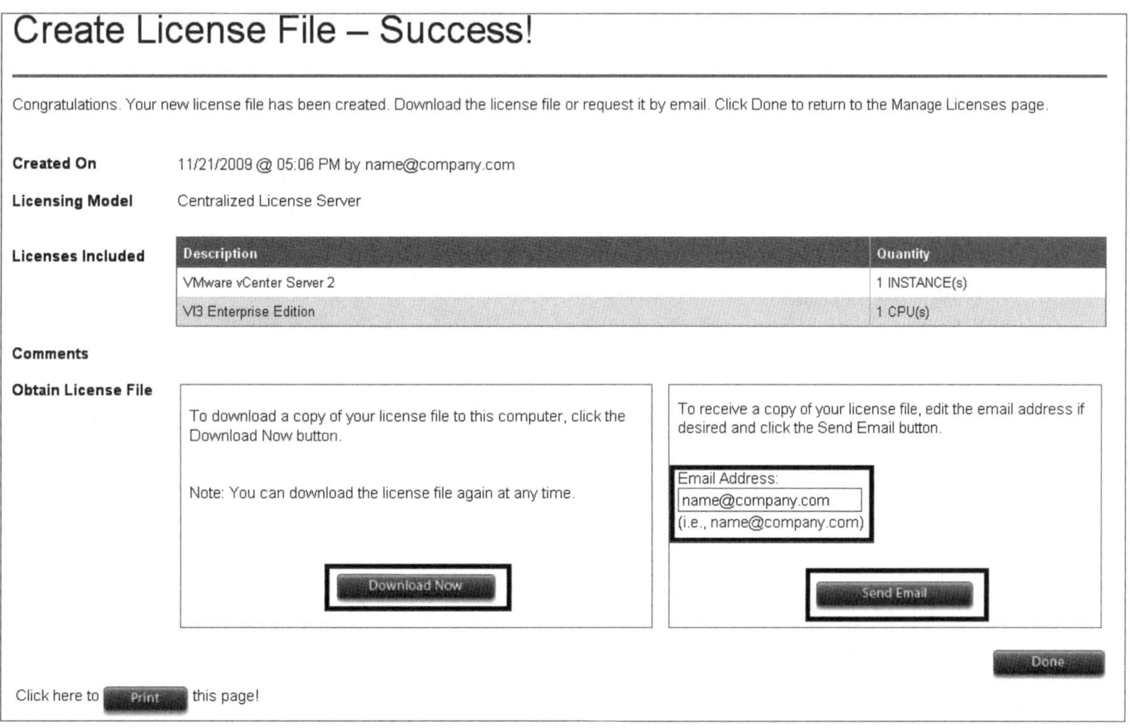

Abbildung 16.30 Versenden oder Herunterladen der Lizenzdatei

Leider existiert keine Möglichkeit, innerhalb des alten Lizenzportals ein Benutzerkonto für mehrere Personen freizugeben.

16.4.2 Lizenzdateien – Lizenz-Server

Eine Lizenzdatei hat immer einen bestimmten Aufbau, und Sie können mehrere Lizenzdateien miteinander kombinieren. Die Kombination der Lizenzen erfolgt entweder über das Portal oder auch manuell.

Eine Lizenzdatei ist wie folgt aufgebaut:

```
SERVER this_host ANY 27000
VENDOR VMWARELM port=27010
USE_SERVER
INCREMENT PROD_VC VMWARELM 2005.05 permanent 1 \
 VENDOR_STRING=licenseType=Server ISSUED=19-Dec-2006 \
 NOTICE=FulfillmentId=214114 SIGN=" "
```

Die ersten drei Zeilen einer Lizenzdatei dienen der Zuordnung durch den Lizenz-Server. Erst danach folgen die eigentlichen Lizenzschlüssel, mit denen die Funktionen freigeschaltet werden können. Möchten Sie mehrere Lizenzdateien kombinieren, müssen diese ersten Zeilen am Anfang der Datei lediglich ein einziges Mal vorkommen. Alle weiteren mit `INCREMENT` beginnenden Teile dürfen Sie aus mehreren Dateien zusammenkopieren.

Aus der Zeile, die mit dem Wort `INCREMENT` beginnt, können Sie das Produkt (`PROD_VC`; vCenter Server), die Gültigkeit (`permanent`), das Erstellungsdatum (`19-Dec-2006`) und den Lizenztyp (`licenseType=Server`) *serverbasiert* auslesen.

Die Zeile `VENDOR_STRING` kann die unterschiedlichsten Zusatzinformationen enthalten oder aus einer Lizenz eine bestimmte Funktion entfernen. Außerdem ist die Zahl hinter der Gültigkeit (`permanent`) sehr wichtig, da sie die Anzahl der Lizenzen dieses Typs beschreibt. Im vorliegenden Fall handelt es sich um eine Lizenz. Wären beispielsweise 20 ESX-Server-Sockel lizenziert, fänden Sie hier die Zahl `20` anstelle der `1`.

Folgende Produktlizenztypen werden derzeit verwendet:

Produktlizenz	String
Virtual Center Server	PROD_VC
ESX Server Starter	PROD_ESX_STARTER
ESX Server Standard	PROD_ESX_FULL
VMware Consolidated Backup	ESX_FULL_BACKUP
Virtual Center Agent VMware ESX	VC_ESXHOST
VMware vMotion	VC_VMOTION

Tabelle 16.3 Lizenztypen

Produktlizenz	String
VMware High Availability	VC_DAS
VMware DRS	VC_DRS

Tabelle 16.3 Lizenztypen (Forts.)

Alle Lizenzdateien werden im Programmverzeichnis des VMware-Lizenz-Servers (*%programfiles%\VMware\VMwareLicense Server\Licenses*) abgelegt. Es ist ohne Weiteres möglich, mehrere Dateien im gleichen Verzeichnis zu speichern. Der Lizenz-Server-Dienst liest diese entsprechend nacheinander aus.

Index

A

B

C

D

E

F

G

H

I

M

N

O

P

Q

R

S

T

U

V

W

X

Z

- Konzeption, Installation und Konfiguration
- Anwendungsszenarien und praxisrelevante Lösungen
- Inkl. Active Directory, Hyper-V, Zertifikatsdienste, Integration von Windows 7 und Windows 8, Live Migration, ReFS, Tags u. v. m.

Ulrich B. Boddenberg

Windows Server 2012 R2

Das umfassende Handbuch

Ein Muss für jeden Administrator: das Handbuch vom branchenweit anerkannten Experten! Ob Hyper-V, Active Directory, Remotedesktopdienste, IIS, SharePoint Services, Hochverfügbarkeit oder Sicherheit. Neben diesen konkreten Technologien geht es auch um Grundlagen wie Netzwerkprotokolle, Kerberos-Authentifizierung oder die eingesetzte Hardware. Zentrale Aspekte wie Performance, Verfügbarkeit und Sicherheit ziehen sich durch das gesamte Buch. Mit diesem hundertprozentig lösungsorientierten Buch erledigen Sie alle Aufgaben rund um Windows Server sicher und schnell!

1.392 Seiten, gebunden, 59,90 Euro
ISBN 978-3-8362-2013-2
4. Auflage 2014
www.rheinwerk-verlag.de/3259

Immer gut informiert: Bestellen Sie unseren Newsletter!

■ Umfassendes Know-how zur IT-Anbindung an den Cloud-Dienst

■ Exchange-, SharePoint- und Lync-Online-Administration

■ Aus der Praxis: Active-Directory-Integration, hybride Bereitstellungen, PowerShell-Automation u.v.m.

Markus Widl

Microsoft Office 365

Das umfassende Handbuch

Wenn Sie Exchange, SharePoint oder Lync ganz oder teilweise in die Cloud migrieren oder direkt in Office 365 einrichten wollen, dann ist dieses Buch Ihr fundierter Begleiter! Mit allem, was Sie zur Einrichtung und Verwaltung der Dienste wissen müssen, inklusive neuer Dienste wie dem Office Graphen, Delve und Office 365-Gruppen.

1.022 Seiten, gebunden, 59,90 Euro
ISBN 978-3-8362-2962-3
3. Auflage 2015
www.rheinwerk-verlag.de/3657

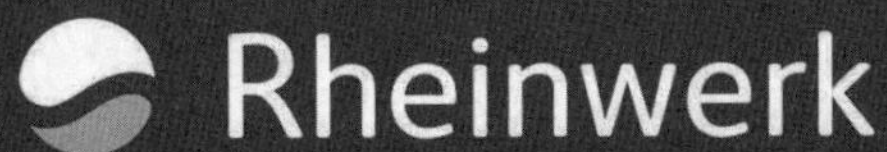

- Grundlagen, Planung, technische Umsetzung
- Vernetzung von KNX, DALI, 1-Wire, EnOcean und Linux-Server
- Inkl. Automation mit HomeServer, Raspberry Pi, Cubietruck und vollständigem Praxisszenario

Stefan Heinle

Heimautomation mit KNX, DALI, 1-Wire und Co.

Das umfassende Handbuch

Wenn Sie Ihr Zuhause teilweise oder vollständig professionell mit KNX automatisieren möchten, dann ist das Ihr Buch: Es begleitet Sie bei allen Schritten von der Planung über die Auswahl der Komponenten bis hin zu Einbau, Parametrierung, Vernetzung und Absicherung – stets unterstützt von nützlichen Planungshilfen, Einkaufslisten und zahllosen Praxistipps! Selbstverständlich mit dabei: Zentrale Grundlagen der Elektrik, der intelligenten Gebäudetechnik und Programmierung.

1.267 Seiten, gebunden, 49,90 Euro
ISBN 978-3-8362-3461-0
erschienen November 2015
www.rheinwerk-verlag.de/3749

Wie hat Ihnen dieses Buch gefallen?
Bitte teilen Sie uns mit, ob Sie zufrieden waren, und bewerten Sie das Buch auf:
www.rheinwerk-verlag.de/feedback

Ausführliche Informationen zu unserem aktuellen Programm samt Leseproben finden Sie ebenfalls auf unserer Website. Besuchen Sie uns!

www.rheinwerk-verlag.de